2012年国家社会科学基金西部项目

汉藏英民族事务简明词典

曾 路 主编

民族出版社

图书在版编目(CIP)数据

汉藏英民族事务简明词典/曾路主编．—北京：民族出版社，2020.7
ISBN 978-7-105-16089-1

Ⅰ.①汉… Ⅱ.①曾… Ⅲ.①民族事务—中国—词典—汉、藏、英
Ⅳ.①D633.1-61

中国版本图书馆CIP数据核字(2020)第108341号

策划编辑：虞　农
责任编辑：虞　农　赵　莹　丹真多杰
封面设计：金　晔
出版发行：民族出版社
地　　址：北京市和平里北街14号
邮　　编：100013
网　　址：http://www.mzpub.com
印　　刷：河北鑫兆源印刷有限公司
经　　销：各地新华书店
版　　次：2021年9月第1版　2021年9月北京第1次印刷
开　　本：787毫米×1092毫米　1/16　字数：2152千字
印　　张：86
定　　价：435.00元
ISBN 978-7-105-16089-1/D・3169(汉505)

该书如有印装质量问题，请与本社发行部联系退换
汉文编辑一室电话：010-64271909　　发行部电话：010-64224782

本词典编纂组成员

主　　编：曾　路
副 主 编：陈玉堂
　　　　　蒋　霞　泽让供
编纂组员：吴永强　甲　满
　　　　　冯玉娟　根秋登子
　　　　　郎维伟　李　果

前　言

在我国，民族事务是一个实践范围相对明确、学理解释又比较宽泛的政治术语。广义而言：凡55个法定族别的少数民族在全社会系统中涉及的相关事项，皆可谓民族事务。而狭义者仅指纳入国家机关职责范围、属于公共事务之列的少数民族的相关事项。为呈现工具类辞书对研究辖域的属性要求，本词典是从广义的层面汇集和整理目标词条。

中国存在多种民族文字的实际情况，在辞书编纂中只限于汉文载体显然是不完善的，所产生的交互效果也是有限的；而当下，涉及民族事务领域的辞书本来就稀少，对应的多语种专科词典更是阙如。如此情形叠加造成的学术与需求空间自然是巨大的，这也为我们提供了一个绝佳的创新机会——尝试将藏文嵌入多语种专科词典的翻译载体中。

我们遵守辞书学的基本原理，并以之为圭臬，着重从政府文件、权威工具书、官网及实地考据四大资料群中择取词条，且特别注意收集近三十年来民族实践中肇立的新观点和新方法，最终在民族学、语言学、翻译学等专家的指导下确定词目的数量、内容和释义的格式、意涵。希望做到：既可使所编的词典简而不凡，又可为旧的辞书成果补苴罅漏。

秉承马克思主义的民族观和阐扬中国共产党的民族理论是我们贯彻如一的研究路线。在此认知框架下，收词立目均以"客观""科学""规范"为原则；释义则遵循"简""新""专"的理念。为避免本词典百科知识化，各词源被严格甄别，筛选出与民族事务关联度较高的词条，并突出政策、法规、制度、机构、组织、会议、事件、文献、人物、工程等重要组元，而将民族语言系属、民族节日等常识类事项集中在附录中分列。

编者在搜集双语文献和三语语料的同时，关注相关题材的境外英语表述方式及其意识形态取向，并拟定出一定的翻译策略：对于使用频度较高的英语用法，在坚持正确的政治方向前提下直接采用；次之者，则适当取舍，既考虑读者在具体语境中的接受度，又体现翻译归化的忠实原则；而对于不符合事实的表述方式，无论使用频度高低，坚决弃之不用！

《汉藏英民族事务简明词典》编纂组

2017年9月

总　目

凡例	(1)
词目	(1)
词典正文	(1)
附录	(949)
中国的5个自治区、30个自治州、120个自治县（旗）	(949)
中国民族乡镇数及其在各省、自治区、直辖市的分布	(1014)
中国28个人口较少民族	(1016)
中国主要民族文字的类型	(1017)
中国少数民族语言系属	(1019)
中国少数民族节日	(1021)
中国少数民族乐器	(1057)
中国少数民族传统体育、竞技、武术	(1078)
中国少数民族舞蹈	(1106)
中国少数民族民歌（古歌）、曲调、曲艺、戏剧	(1124)
中国少数民族习俗	(1153)
中国少数民族巫师的称谓	(1174)
中国少数民族传统工艺及工艺品	(1178)
中国少数民族传统服饰及织造品	(1189)
中国少数民族传统食品、饮品	(1200)
中国少数民族传统居住形式	(1217)
中国少数民族民间文学	(1226)

凡 例

一、本词典是一部以汉语为基础检索路径的实用型三语词典，每一词条均包括汉、藏、英三种文字的简明释义。

二、将中国的55个少数民族作为选词对象框定族别范围，适当增加关于藏族的词条比例，突出三语词典包含的藏文属性。

三、汉藏翻译中的民族名称等译音参照《汉藏对照词典》（民族出版社，2003年版）之译法生成。

四、以少数民族的现、当代题材为主，近、古代题材为辅，完成时间流序的界定，目的是要更多地为现实需求提供参考。

五、全书分"正文""附录"两大板块，牵及词条共计2376条（不算附录），词条的汉文释义字数多控制在130字以内。

六、词序一律按汉语拼音字母顺序排列，并相应地用A、B、C……作为正文词目与释义之单元区隔标识，以便从速检索。

七、词目主要有名词、名词性词组、数字加名词或名词性词组的组合三种形式；释义则采用诠释型词典的方法，对时间、地点、人物、事件等要素予以精练的概述。

八、词条的翻译遵循专业的对等原则，为民族事务领域内相对标准的译文范式。

九、编辑方法：将关乎民族事务范畴的重要组元（见词典"前言"）作为主线，辅之以常识性民族知识；使用规范、凝练的描述语言，突出词典的简明特色。

十、在操作层面，选词立目的导向是对接民族事务的关联性，但具体到每部分词条组元上则各有其侧重点。

十一、"人物"词条的遴选：主要包括少数民族的宗教、政治领袖及中华人民共和国成立以后为民族事业作出贡献的典型民族人士。

十二、"事件"词条的甄别：主要以清代为时间节点往后推选，并偏向于与藏民族关联之重大事件。

十三、"文献"词条的裁留：关注各民族不同历史时期的代表性文献，特别是民族流脉、民族团结、民族文化等方面的内容，尽可能多地包纳不同族别之记录载体。

十四、"文件"词条的择取：着重筛选1949年以后民族事务范畴内的国家级文件，特别是权益保障、制度设计、发展规划等方面的内容，主要归口于国务院（政务院）及各部委等职能部门的公开发文。

十五、因为"附录"板块涉及的内容繁多，不可能尽数整理为词条，故多录入的是少数民族符号化的文化范式。

十六、有关人口的数据，主要采用"全国第六次人口普查"结果。

十七、有关行政区域面积的数据，主要采用国家公布的 2012 年统计结果。

十八、有关少数民族人口在总人口中的占比数据，主要采用各政府官网公布的结果（迄至 2013 年底）。

词 目

A

阿昌语 ………………………… (1)
ཨ་ཁང་སྐད།
Achang language

阿昌族 ………………………… (1)
ཨ་ཁང་རིགས།
Achang language

阿恩德 ………………………… (2)
ཨ་ཨེན་དེ།
A'engde

阿尔布巴事件 ………………… (2)
ངག་ལམ་སྦྱར་གསུམ་གྱི་དོན་རྐྱེན།
Ngabopa Affairs

阿尔德 ………………………… (3)
ཨར་དེ།
Arat

阿尔泰语系 …………………… (3)
ཨར་ཐེའི་སྐད་རྒྱུད།
The Altaic language family

阿格乃 ………………………… (3)
ཨ་གིར་ནའི།
Agenai

阿古柏（1820—1877） ……… (4)
ཨ་གུའུ་པའི།（1820—1877）
Yaqub Beg（1820-1877）

阿訇 …………………………… (4)
ཨ་ཧུང་།
Ahong（Akhond）

阿加 …………………………… (4)
ཨ་ཅ།
Ajia

阿克赛钦地区 ………………… (5)
ཨ་ཁེསའི་ཆེན་ས་ཁུལ།
Aksai chin area

阿克苏办事大臣 ……………… (5)
ཨ་ཁེསུའུ་དོན་གཅོད་བློན་ཆེན།
Aksu Amban

阿拉坦汗（1507—1582） …… (5)
ཨ་ལ་ཐན་ཧན།（1507—1582）
Alatan Khan（1507-1582）

《阿拉坦汗传》 ………………… (6)
《ཨ་ལ་ཐན་ཧན་ལོ་རྒྱུས》
Biography of Alatan Khan

阿里昆莎机场 ………………… (6)
མངའ་རིས་དགུན་ས་གནམ་གྲུ་འབབ་ཐང་།
Ngari Gunsa Airport

阿帕克和卓麻扎 ……………… (7)
ཨ་པ་ཁེ་ཧོ་ཀྲུའུ་མ།
Apakhoja Mazar

阿沛·阿旺晋美（1910—2009） …… (7)
ངག་དབང་འཇིགས་མེད།（1910—2009）
Ngapoi Ngawang Jigme

· 1 ·

阿奇木伯克 ……………… (7)
ཨ་ཅེ་མུའུ་པེ་ཁེ།
Hakim beg

阿沙 …………………………… (8)
ཨ་ཤ།
A-Sha

阿吾勒 …………………………… (8)
ཨ་མུའུ་ལེ།
Awel

《阿细民歌及其语言》 …… (8)
《ཨ་ཞིའི་དམངས་གླུ་དང་དེའི་སྐད་ཆ》
Folk Ballads and Languages of the Axi people

阿细人 ………………………… (9)
ཨ་ཞི་པ།
Axi people

艾提尕尔清真寺 ………… (9)
ཨེའི་ཐི་གཱར་དབྱི་སི་ལ་ཆོས་ཁང་།
Heytgah Meschit

爱新觉罗 ……………………… (9)
ཨེའི་ཞིན་ཀྱོ་རོ།
Aysinjoro

安班 …………………………… (9)
ཨམ་བན།
Amban

安多 …………………………… (9)
ཨ་མདོ།
Amdo

安多方言 …………………… (10)
ཨ་མདོའི་ཡུལ་སྐད།
Amdo Dialect

安多哇 ……………………… (10)
ཨ་མདོ་པ།
Amdowa

《安多政教史》 …………… (10)
《མདོ་སྨད་ཆོས་འབྱུང》
Religion and Politics in Amdo

安健（1877—1929） ……… (10)
ཨན་ཅན《１８７７－１９２９》
Anjian (1877-1929)

安居工程 …………………… (11)
བདེ་སྡོད་ལས་གཞི།
The Comfortable Housing Project

安拉 ………………………… (11)
ཨན་ལ།
Allah

安西都护府 ………………… (12)
ཨན་ཞི་བདེ་སྲུང་ལས་ཁུངས།
Anxi Frontier Command

安西四镇 …………………… (12)
ཨན་ཞི་གྲོང་རྡལ་བཞི།
Four Garrison Commands of Anxi

安远庙 ……………………… (12)
ཨན་ཡོན་དགོན་པ།
Anyuan Temple

岸本 ………………………… (13)
མངའ་དཔོན།
AnBen

奥伦 ………………………… (13)
ཨོ་ལུན།
Aolun

B

八白室 ……………………… (14)
དཀར་བཅུད་ཁང་།
Eight White Rooms

八邦寺 ……………………… (14)
དཔལ་སྤུངས་དགོན་པ།
Palpung Monastery

八番 ……………………… (14)
སྦུན་བཅུད།
Bafan

八廓街 …………………… (14)
བར་སྐོར་ལམ།
Barkhor Street

八排瑶 …………………… (15)
པའི་ཡའོ་བཅུད།
Bapaiyao

《八七扶贫攻坚计划》 ……… (15)
《བཅུད་བདུན་དབུལ་སྐྱོར་འགག་སྒྲོལ་འཆར་གཞི》
The Seven-Year Priority Poverty
    Alleviation Program

《八旗通志》 ……………… (16)
《དར་ཚོ་བརྒྱད་ཀྱི་དེབ་ཐེར》
History and Statutes of the
    Eight Banners

八旗制度 ………………… (16)
དར་ཚོ་བརྒྱད་ཀྱི་ལམ་ལུགས།
Eight Banners System

八省区蒙古文教材协作小组 …… (17)
ཞིང་སྡེངས་བརྒྱད་ཀྱི་སོག་ཡིག་གི་སློབ་གཞི་མཉམ་སྦྱར་ཚོགས་ཆུང་།
Eight Provinces/Regions Mongolian
    Textbook Coordination Group

八省区蒙古语文工作协作小组 …… (17)
ཞིང་སྡེངས་བརྒྱད་ཀྱི་སོག་ཡིག་མཉམ་ལས་ཚོགས་ཆུང་།
Eight Provinces/Regions Mongolian
    Language Work Coordination Group

八思巴 (1235—1280) ……… (18)
འགྲོ་མགོན་ཆོས་རྒྱལ་འཕགས་པ། (1235—1280)
Pagba (Pha-kpa) (1235-1280)

八思巴文 …………………… (18)
འཕགས་ཡིག
Pagba script

八诏 ……………………… (18)
པ་གྲོ།
Bazhao

巴利语系佛教 ……………… (18)
པ་ལིའི་སྐད་རྒྱུད་ཀྱི་ནང་བསྟན།
Pali Language Buddhism

巴图鲁 …………………… (19)
པ་ཐུའུ་ལོ།
Baturu

巴扎 ……………………… (19)
པ་ག
Bazaar

《拔协》 …………………… (19)
《ས་བཞེད》
Testament of Ba

白登之围 ………………… (19)
པའེ་ཏེང་རིའི་བོའི་བསྐོར་བཅིལ།
Battle of Baideng

白狄 ……………………… (20)
པའེ་ཏི།
Baidi

白帝天王 ………………… (20)
པའེ་ཏི་རྒྱལ་པོ།
White Emperor Heavenly Kings
    (Baidi tianwang)

《白国因由》 ……………… (21)
《པའེ་གོ་བྱུང་ཚུལ》
Origins of the Bai Kingdom

《白桦法典》 ……………… (21)
《པའེ་ཧྭ་ཁྲིམས་ཡིག》
Regulations on Birch Bark

白裤瑶 …………………… (21)
དོར་དཀར་ཡའོ།
Bai Ku Yao

《白狼歌》……………………（21）
《པའི་ལང་གཞས》
Pai-lang Songs

白利寺……………………（22）
བེ་རི་དགོན།
Baili Temple

《白琉璃史》……………………（22）
《བཻ་ཌཱུརྱ་དཀར་པོ》
On the White Glaze

白马氏……………………（23）
པའི་མའི་རུས།
Baima Di

白马岗……………………（23）
པདྨ་བཀོད།
Pemako

白那查……………………（23）
པའི་ན་ཁ།
Bainacha

白山派……………………（24）
པའི་ཤན་གྲུབ་མཐའ།
Aktaglik Sect

《白史》……………………（24）
《དེབ་དཀར》
White History

白寿彝（1909—2000）……………（24）
པའི་ཧྲོའུ་དབྱིས། (༡༩༠༩—༢༠༠༠)
Bai Shouyi (1909-2000)

白文……………………（25）
པའི་ཡིག
Bai Characters

白语……………………（25）
པའི་སྐད།
Bai Language

白灾……………………（25）
དཀར་སྐྱོན།
The White Disaster

白子国……………………（26）
པའི་ཙི་རྒྱལ་ཁབ།
State of Bai

白族……………………（26）
པའི་རིགས།
Bai people

百越……………………（27）
པའི་ཡུའེ།
Baiyue

《百越先贤志》……………（27）
《པའི་ཡུའི་སྔོན་བྱོན་དམ་པའི་བྱུང་རབས》
Biographies of Virtuous Ancestors of Bai Yue

柏孜克里克千佛洞……………（27）
པོ་ཙི་ཁོ་ལི་ཁོསང་རྒྱས་སྟོང་སྐུའི་བྲག་ཕུག
Bezeklik thousand-Buddha Caves

摆坝……………………（28）
པའི་པ།
Baiba

摆孙……………………（28）
པའི་སུན།
Baisun

摆庄……………………（29）
པའི་གྲོང་།
Baizhuang

班禅八世（1854—1882）…………（29）
པཎ་ཆེན་སྐུ་ཕྲེང་བརྒྱད་པ། (༡༨༥༤—༡༨༨༢)
The 8th Panchen Lama (1854-1882)

班禅额尔德尼……………………（29）
པཎ་ཆེན་ཨེར་ཏེ་ནི།
Panchen Erdeni

班禅二世（1439—1504）………（30）
པཎ་ཆེན་སྐུ་ཕྲེང་གཉིས་པ་བསོད་ནམས་ཕྱོགས་གླང་།
（༡༤༣༩—༡༥༠༤）
The 2nd Panchen (1439-1504)

班禅九世（1883—1937）………（30）
པཎ་ཆེན་སྐུ་ཕྲེང་དགུ་པ་ཆོས་ཀྱི་ཉི་མ།（༡༨༨༣—༡༩༣༧）
The 9th Panchen (1883-1937)

班禅堪布会议厅 ………（30）
པཎ་ཆེན་ནང་མ་ཁང་།
Panchen Kampus Assembly

班禅六世（1738—1780）………（31）
པཎ་ཆེན་སྐུ་ཕྲེང་དྲུག་པ་དཔལ་ལྡན་ཡེ་ཤེས།
（༡༧༣༨—༡༧༨༠）
The 6th Panchen (1738-1780)

班禅七世（1782—1853）………（31）
པཎ་ཆེན་སྐུ་ཕྲེང་བདུན་པ།（༡༧༨༢—༡༨༥༣）
The 7th Panchen (1782-1853)

班禅三世（1505—1566）………（32）
པཎ་ཆེན་སྐུ་ཕྲེང་གསུམ་པ།（༡༥༠༥—༡༥༦༦）
The 3rd Panchen (1505-1566)

班禅十世（1938—1989）………（32）
པཎ་ཆེན་སྐུ་ཕྲེང་བཅུ་པ།（༡༩༣༨—༡༩༨༩）
The 10th Panchen (1938-1989)

班禅四世（1567—1662）………（33）
པཎ་ཆེན་སྐུ་ཕྲེང་བཞི་པ།（༡༥༦༧—༡༦༦༢）
The 4th Panchen (1567-1662)

班禅五世（1663—1737）………（33）
པཎ་ཆེན་སྐུ་ཕྲེང་ལྔ་པ།（༡༦༦༣—༡༧༣༧）
The 5th Panchen (1663-1737)

班禅一世（1385—1438）………（34）
པཎ་ཆེན་སྐུ་ཕྲེང་དང་པོ།（༡༣༨༥—༡༤༣༨）
The 1st Panchen (1385-1438)

班洪事件 ………（34）
པན་ཧོང་དོན་རྐྱེན།
Banhong Incident

班智达 ………（35）
པཎྜི་ཏ།
Pandit

半农半牧区 ………（35）
རོང་མ་འབྲོག
Half farming and half pastoral region

邦达机场 ………（35）
སྤང་མདའ་གནམ་གྲུ་འབབ་ཐང་།
Bamda Airport

邦克楼 ………（35）
པང་ཁོའུ།
Bangke Pagoda

包产到群 ………（36）
འགན་གཙང་ལེན་གྱི་ཕྱུགས་ཁྱུ།
Contracting output quotas on the herd basis

包尔汉（1894—1989）………（36）
པོར་ཧན།（༡༨༩༤—༡༩༨༩）
Burhan (1894-1989)

包衣喇嘛 ………（37）
པའོ་དབྱི་བླ་མ།
Baoyi (bondservants) Lama

胞族 ………（37）
ཕུན་བླ་མི་རིགས།
Phratry

《宝贝念珠》………（37）
《ཨུ་ཏིག་ཕྲེང་བཛིས》
The Precious Rosary (Erdeni-yin Erike)

保安语 ………（38）
པོའོ་ཨན་སྐད།
Bonan language

保安族 ………（38）
པོའོ་ཨན་རིགས།
Bonan people

保卫新疆和平民主同盟 …………… (38)
ཞིན་ཅང་བདེ་སྲུང་དམངས་གཙོའི་མཉམ་མཐུན།
Xinjiang League for the Defence of
　　Peace and Democracy

《保障少数民族语言权利的北京—
　奥斯陆建议书》 ……………… (39)
《གངས་ཞུང་མི་རིགས་ཀྱི་སྐད་དབང་ལ་ཁག་ཐེག་བྱེད་པའི་
པེ་ཅིན་ཨོ་སི་ལུའི་གྲོས་མོལ་ཡི་གེ》
Beijing-Oslo Recommendations on
　Protection for the Rights of
　Linguistic Minorities

暴力恐怖势力 ……………………… (39)
དྲག་སྤྱོད་འཇིགས་སྐུལ་སྟོབས་ཤུགས།
Terrorism

北狄 ………………………………… (40)
བྱང་དི།
Beidi, or northern Di

北方民族大学 ……………………… (40)
བྱང་ཕྱོགས་མི་རིགས་སློབ་ཆེན།
Beifang University of Nationalities

北京大学社会学人类学研究所 …… (40)
པེ་ཅིན་སློབ་ཆེན་སྤྱི་ཚོགས་རིག་པ་མིའི་རིགས་རིག་
པའི་ཞིབ་འཇུག་ཁང་།
Institute of Sociology and Anthropology
　in Peking University

北京市回民学校 …………………… (41)
པེ་ཅིན་གྲོང་ཁྱེར་ཧུའེའི་རིགས་སློབ་གྲྭ།
Beijing Huimin School

《北京市少数民族
　权益保障条例》 ……………… (41)
《པེ་ཅིན་གྲོང་ཁྱེར་གྲངས་ཞུང་མི་རིགས་ཀྱི་ཞིབ་དབང་ཁག་
ཐེག་བྱེད་པའི་སྲོལ་ཡིག》
Regulations on Protecting Rights and
　Interests of Ethnic Minorities
　in Beijing

北京西藏中学 ……………………… (42)
པེ་ཅིན་བོད་སློབས་སློབ་འབྲིང་།
Beijing Tibet Middle School

北京种族问题国际学术讨论会 …… (42)
པེ་ཅིན་རིགས་རྒྱུད་གནད་དོན་རྒྱལ་སྤྱིའི་རིག་གཞུང་
བགྲོ་གླེང་ཚོགས་འདུ།
The International Symposium on
　Racial Problems

北凉 ………………………………… (43)
པེ་ལིའང་།
Northern Liang

北辽 ………………………………… (43)
ལིའོ་བྱང་མ།
Northern Liao

北面官 ……………………………… (43)
བྱང་ཕྱོགས་དཔོན་པོ།
Northern Khitan Officials

北平私立西北中学 ………………… (44)
པེ་ཕིང་སྒེར་བཙུགས་ནུབ་བྱང་སློབ་འབྲིང་།
Beijing Northwestern Middle School

北庭都护府 ………………………… (44)
པེ་ཊིང་བདེ་སྲུང་ཁང་།
Protectorate-General of the
　Northern Court

北庭古城遗址 ……………………… (45)
པེ་ཊིང་མཁར་རྙིང་གནའ་ཤུལ།
Beiting ruins

北魏 ………………………………… (45)
སྨེ་རྒྱལ་རབས་བྱང་མ།
Northern Wei

北匈奴 ……………………………… (45)
ཞུང་ནུའུ་བྱང་མ།
Northern Xiongnu

北元 ……………………（46）
ཡོན་རྒྱལ་རབས་བྱང་མ།
Northern Yuan

北周 ……………………（46）
གོའུ་རྒྱལ་རབས་བྱང་མ།
Northern Zhou

贝功达 …………………（47）
པེ་གུང་ད།
Bei Gongda

贝勒 ……………………（47）
པེ་ལེ།
Beile

贝叶经 …………………（47）
ཏ་ལའི་ལོ་མའི་ཆོས་དཔེ།
Beiye Jing (the Pattra-leaf scriptures)

贝子庙 …………………（48）
པའི་ཙི་དགོན་པ།
Beizi Temple

孛儿帖赤那 ……………（48）
པོ་ཨེར་ཏེ་ཁྲིན།
Baurjihin

本钦 ……………………（48）
དཔོན་ཆེན།
Benqin

本教 ……………………（48）
བོན།
Bon

比丘 ……………………（49）
དགེ་སློང་།
Bhikkhu

比丘戒 …………………（49）
དགེ་སློང་གི་སྡོམ་པ།
Bhikku disciplines

比丘尼戒 ………………（49）
དགེ་སློང་མའི་སྡོམ་པ།
Bhiksuni disciplines

《裨海纪游》…………（49）
《མཚོ་ཆུང་ཡུལ་སྐོར་ཟིན་བྲིས》
Observations on the Aborigines of Taiwan

边疆建设事业补助费 …（50）
མཐའ་མཚམས་འཛུགས་སྐྲུན་ལས་དོན་གྱི་རོགས་སྐྱོར་དངུལ།
Operating Expenses to Subsidize Border Construction

边疆少数民族 …………（50）
མཐའ་མཚམས་གྲངས་ཉུང་མི་རིགས།
Ethnic Groups of China's Borderlands

边境村寨便民工程 ……（51）
མཐའ་མཚམས་གྲོང་སྡེའི་དབང་མའི་ལས་གཞི།
Project to Provide Convenience to the Border people

边境地方贸易 …………（51）
མཐའ་མཚམས་ས་ཁུལ་ཚོང་དོན།
Frontier and Local Trade

边境地区和少数民族聚居地区
基本建设补助费 ……（51）
མཐའ་མཚམས་ས་ཁུལ་དང་གྲངས་ཉུང་མི་རིགས་འདུས་སྡོད་ཁུལ་གྱི་གཞི་རྩའི་འཛུགས་སྐྲུན་གྱི་རོགས་སྐྱོར་དངུལ།
Subsidies for the Basic Construction in the Borderlands and Areas Inhabited by the Ethnic Minorities

边境贸易 ………………（52）
མཐའ་མཚམས་ཚོང་།
Border Trade

边境民间贸易 …………（52）
མཐའ་མཚམས་དམངས་ཁྲོད་ཀྱི་ཚོང་།
Trade between Border Citizens

边境水利建设工程 ……………… (53)
མཐའ་མཚམས་ཀྱི་ཆུ་བེད་འཛུགས་སྐྲུན་ལས་གཞི།
Border Water Conservancy
    Construction Project

边境文化固边工程 ……………… (53)
མཐའ་མཚམས་ཀྱི་རིག་གནས་མཐའ་བརྟན་ལས་གཞི།
Culture Project to Safeguard the Border

边境信息下乡工程 ……………… (54)
མཐའ་མཚམས་ཆ་འཕྲིན་གཞི་རིམ་དུ་སྤྱེལ་བའི་ལས་གཞི།
Project of Bringing Information to
    the Border Villages

边民互市 …………………………… (54)
མཐའ་མཚམས་ཡུལ་མིའི་བར་གྱི་ཉོ་ཚོང་།
Trade Fairs for Border Residents

《边销茶国家储备管理办法》 ……… (54)
《རྒྱལ་ཁབ་ཀྱི་མཐའ་མཚམས་ཇ་ཚོང་གཉེར་
    གསོག་དོ་དམ་བྱ་ཐབས》
Administrative Rules on National Reserve
    of Tea-leaf for Border Sales

《边州入四夷道里记》 ……………… (55)
《མཐའ་ཁུལ་རྫོང་དག་ནས་སློབ་སློབ་ཡུལ་
    བཞིར་བགྲོད་པའི་ལམ་ཡིག》
Research on the Way and Distance to
    Peripheral States and Nations

伯克 …………………………………… (55)
བོ་ཁོ།
Burke

伯克制度 ……………………………… (55)
བོ་ཁོའི་ལུགས།
Burke system

博巴 …………………………………… (56)
བོད་པ།
Boba

博如坎 ………………………………… (56)
བོ་རུ་ཁན།
Bo Rukan

渤海国 ………………………………… (56)
བོ་ཧའི་རྒྱལ་ཁབ།
Bohai

僰 ……………………………………… (57)
པོ།
Bo people

《补过斋文牍》 ……………………… (57)
《ཕུན་གྱོན་སྦྱོང་གི་ཡིག་རིལ》
Records from the Studio of Rectification

《补助汉藏僧侣游学规则》 ………… (57)
《རྒྱ་བོད་ཡུལ་གྱུར་སློབ་གཉེར་བཅུན་པར་རོགས་
    སྐྱོར་བྱེད་པའི་སྒྲིག་ལམ》
Rules for Subsidizing Han and Tibetan
    Buddhist Monks' Study

不落夫家 ……………………………… (58)
ཁྱོ་གའི་ཚང་དུ་མི་འདུག་པ།
Uxorilocal custom

布达拉宫 ……………………………… (58)
པོ་བྲང་པོ་ཏ་ལ།
Potala Palace

《布顿佛教史》 ……………………… (59)
《བུ་སྟོན་ཆོས་འབྱུང》
History of Buddhism by Bu-ston

布朗语 ………………………………… (59)
ཕུའུ་ལང་སྐད།
Blang language

布朗族 ………………………………… (60)
ཕུའུ་ལང་རིགས།
Blang people

布嫩语 ………………………………… (60)
ཕུའུ་ནེན་སྐད།
Bunun language

· 8 ·

布努语 …………………………… (60)
ཕུན་ནུའི་སྐད།
Bunu

布依文 …………………………… (61)
ཕུན་དབྱིའི་ཡི་གེ
The Written Form of Buyi Language

布依语 …………………………… (61)
ཕུན་དབྱི་སྐད།
Buyi Language

布依族 …………………………… (61)
ཕུན་དབྱི་རིགས།
Buyi people

部落 ……………………………… (62)
ཚོ་པ།
Tribe

部落联盟 ………………………… (62)
ཚོ་པའི་མཉམ་འབྲེལ།
Tribal alliance

部族 ……………………………… (62)
ཚོ་རིགས།
Sub-tribal groups

C

财政三项照顾 …………………… (64)
དོར་སྲིད་ཀྱི་ལྷ་ཚོགས་རིགས་གསུམ།
Three Preferential Financial Policies

财政转移支付 …………………… (64)
དོར་སྲིད་ས་དལ་སྤྱོད་སྤྲོད།
Financial Transfer Payments

《仓央嘉措情歌集》 …………… (64)
《ཚངས་དབྱངས་རྒྱ་མཚོའི་མགུར་གླུ》
The Love Songs of 6th Dalai Lama Tsangyang Gyatso

草畜平衡 ………………………… (65)
རྩྭ་ཕྱུགས་དོ་མཉམ།
Livestock and Rangeland Balance

草畜平衡制度 …………………… (65)
རྩྭ་ཕྱུགས་དོ་མཉམ་ལམ་ལུགས།
Livestock and Rangeland Balance System

草畜双承包 ……………………… (66)
རྩྭ་ཕྱུགས་གཉིས་པོ་འགན་ལེན།
Livestock and Rangeland Double-Contract Responsibility System

《草原》 ………………………… (66)
《རྩྭ་ཐང》
The Grassland

草原工作站 ……………………… (67)
རྩྭ་ཐང་གི་ལས་ཚོགས།
Rangeland Workstation

草原生态保护补助奖励机制 …… (67)
རྩྭ་ཐང་གི་སྐྱེ་ཁམས་སྲུང་སྐྱོབ་རོགས་དངུལ་ཆ་དགའ་སྐྱོད་ལུགས།
Grassland Ecological Protection Subsidy and Reward Program

草原石人 ………………………… (68)
རྩྭ་ཐང་གི་རྡོ་སྐུ།
Grassland Stone Figures

草原畜牧业 ……………………… (68)
རྩྭ་ཐང་འབྲོག་ལས།
Grassland animal husbandry

《册授护国宣化广慧大师班禅
额尔德尼仪式》 ……………… (68)
《དིན་སྐྱོང་དིལ་བསྒྱུགས་ཀྱི་མཁྱེན་ཡངས་སྟོན་དཔོན་པ་ཆེན་ཨེར་ཏེའི་ལ་མེད་དགགས་གནང་བའི་མཛད་སྒོ》
Ceremony for granting the title "Protector of the Country, Propagator of Transformation, Great Master of Infinite Wisdom" to Panchen Eerdeni

茶马古道 …………………………（69）
ཇ་རྟའི་ཚོང་ལམ།
Ancient Tea Horse Road

茶马互市 …………………………（69）
ཇ་རྟའི་ཚོང་ཁྲོམ།
Market of trading tea and horse

察布查尔渠 ………………………（70）
ཁྲ་པོ་ཁྲ་ཡར་ཆུ་ཀ
Qapqal（Chabuchaer）Irrigation Channel

察隅 ………………………………（70）
རྫ་ཡུལ།
Chayu

差巴 ………………………………（71）
ཁྲལ་པ།
Chaba

柴达木循环经济试验区 …………（71）
ཚོ་འདམ་དཔལ་འབྱོར་འཁོར་རྒྱུག་ཚོད་ལྟའི་ཁུལ།
Tsaidam Circulation Economy Experimental Zone

单于 ………………………………（71）
ཁན་ཡུས།
Chanyu

澶渊之盟 …………………………（72）
ཁན་ཡོན་མནའ་མ་བཞུན།
Chanyuan Treaty

阐化王 ……………………………（72）
ཁན་ཧྲུ་རྒྱལ་པོ།
Chanhuawang（prince who expounds Buddhism）

阐教王 ……………………………（73）
སྤྲགས་ཆེན་རྒྱལ་པོ།
Chanjiaowang（Prince of the Propagation of the Doctrine of the Buddha）

昌都地区人民解放委员会 ………（73）
ཆབ་མདོ་ས་ཁུལ་མི་དམངས་བཅིངས་འགྲོལ་ཨུ་ལྷན་ལྷན་ཁང་།
Changdu Region People's Liberation Committee

昌都战役 …………………………（73）
ཆབ་མདོའི་གཡུལ་འགྱེད།
Changdu Campaign

长狄 ………………………………（74）
ཁང་ཏི།
Changdi

长庆会盟 …………………………（74）
ཁང་ཆིང་མནའ་མ་བཞུན།
Changqing Alliance

朝鲜人民会 ………………………（74）
ཁོར་ཞེན་མི་དམངས་ཚོགས་འདུ།
The Korean people League

朝鲜文 ……………………………（75）
ཁོར་ཞེན་ཡི་གེ
Korean alphabet

朝鲜语 ……………………………（75）
ཁོར་ཞེན་སྐད།
Korean Language

朝鲜族 ……………………………（76）
ཁོར་ཞེན་མི་རིགས།
Chaoxian（Korean）people

朝鲜族医学 ………………………（76）
ཁོར་ཞེན་རིགས་ཀྱི་གསོ་རིག
Korean Medicine

成达师范学校 ……………………（77）
ཁིང་ཏ་དགེ་འོས་སློབ་གྲྭ།
Chengda Normal School

成都西藏中学 ……………………（77）
ཁིང་ཏུའི་བོད་སློང་སློབ་འབྲིང་།
Chengdu Tibet Middle School

·10·

成汉 ·············· (78)
ཁྱིང་ཧན།
Cheng Han

成吉思汗（1162—1227） ·············· (78)
ཇིང་གིར་རྒྱལ་པོ། (༡༡༦༢—༡༢༢༧)
Genghis Khan (1162-1227)

成吉思汗陵 ·············· (79)
ཇིང་གིར་རྒྱལ་པོའི་བང་སོ།
Tomb of Genghis Khan

成年式 ·············· (79)
དར་མའི་མཛད་སྒོ།
Adult Ceremony

承德避暑山庄 ·············· (79)
ཁྱིང་ཏེ་ཚ་གཡོལ་རི་གྲོང་།
Chengde Imperial Summer Resort

城市民族工作 ·············· (80)
གྲོང་ཁྱེར་མི་རིགས་ཀྱི་ལས་དོན།
Ethnic Work in Urban Areas

《城市民族工作条例》 ·············· (80)
《གྲོང་ཁྱེར་མི་རིགས་ལས་དོན་སྒྲོལ་ཡིག》
Regulations on Urban Ethnic
  Minorities' Work

墀德松赞（?—815） ·············· (80)
ཁྲི་ལྡེ་སྲོང་བཙན། (?—༨༡༥)
Tride Songtsen (? -815)

墀德祖赞（704—755） ·············· (81)
ཁྲི་ལྡེ་གཙུག་བཙན། (༧༠༤—༧༥༥)
Tride Tsuktsen (704-755)

墀松德赞（742—797） ·············· (81)
ཁྲི་སྲོང་ལྡེ་བཙན། (༧༤༢—༧༩༧)
Trisong Detsen (742-797)

墀祖德赞（803—838） ·············· (82)
ཁྲི་གཙུག་ལྡེ་བཙན། (༨༠༣—༨༣༨)
Tritsuk Detsen (803-838)

尺尊公主（?—649） ·············· (82)
ཁྲི་བཙུན་ཀོང་ཇོ། (?—༦༤༩)
Princess Bhrikuti (? -649)

《赤雅》 ·············· (82)
《ཁྲི་ཡ》
Chiya

重庆西藏中学 ·············· (83)
ཁྱུང་ཆིང་བོད་སློབས་སློབ་འབྲིང་།
Chongqing Tibet Middle School

《筹办中央民族学院
  试行方案》 ·············· (83)
《ཀྲུང་དབྱང་མི་རིགས་སློབ་གྲིང་འཇུགས་པའི་
  ཇ་སྙིག་འཆར་གཞི》
Tentative Scheme for Preparation for the
  Establishment of the Central
  University for Nationalities

出家功德司 ·············· (84)
རབ་བྱུང་བའི་ཀུན་སྟོད་སི།
Office of Merit and Virtue for
  the Monks

出旗为民 ·············· (84)
དར་དོར་དམངས་འཛིན།
Sending Chinese Banners out
  Banner Membership

初俄 ·············· (84)
ཁུའེ།
Chu'e

楚布寺 ·············· (84)
མཚུར་ཕུ་དགོན།
Tsurphu Monastery

畜股 ·············· (85)
ཕྱུགས་ཀང་།
Livestock Stock

畜股报酬 ………………………… (85)
ཕྱུགས་གང་ཐོབ་ཆ།
Livestock Stock Dividends

川边镇守使 ………………………… (85)
ཁྲོམ་མཐའི་སྲུང་སྲུང་པ།
Sichuan Frontier Garrison Commander

《川西边事辑览》 ………………… (86)
《ཁྲོམ་ནུབ་མ་མཐའ་ཁུལ་གྱི་གནས་ཚུལ་མཐོང་བྱེས》
An Overview of West Sichuan Frontier Affairs

川藏公路 ………………………… (86)
ཁྲོམ་བོད་གཞུང་ལམ།
Sichuan-Tibetan Highway

传大召 …………………………… (87)
སྨོན་ལམ་ཆེན་མོ།
Grand Summons Ceremony

《传统傣族医学手稿》 …………… (87)
《དའི་རིགས་ཀྱི་སྲོལ་རྒྱུན་སྨན་གཞུང་བྱེས་མ》
Manuscripts of Traditional Dai Medical Science

春营地 …………………………… (88)
སོས་ཁའི་རུ་ར།
Spring Camp

慈禧太后（1835—1908）………… (88)
རྒྱལ་ཡུམ་ཚེ་ཞིག (1835—1908)
Empress Dowager Cixi (1835-1908)

从夫居 …………………………… (89)
ཁྱོ་པོར་མཉམ་འདུག
Patrilocal residence

从妻居 …………………………… (89)
ཆུང་མར་མཉམ་འདུག
Matrilocal residence

爨碑 ……………………………… (89)
ཚོན་ཚང་གི་བཀོས་ཡིག
Cuan Tablet Inscription

爨氏 ……………………………… (90)
ཚོན་ཚང་གི་ཁྱིམ་རྒྱུད།
The Cuan family

村村通工程 ……………………… (90)
གྲོང་ཚོ་ཀུན་ཁྱབ་ལས་གཞི།
Project to Extend Radio and TV Coverage to Every Village

D

达岗 ……………………………… (91)
དྭ་གང་།
Da Gang

达格 ……………………………… (91)
དྭ་གེ།
Da Ge

达海（1595—1632）……………… (91)
དྭ་ཧའི (1595—1632)
Dahai (1595-1632)

达喇嘛 …………………………… (91)
དྭ་བླ་མ།
Da Lama

达赖八世（1758—1804）………… (92)
དྭ་ལའི་བླ་མ་སྐུ་ཕྲེང་བརྒྱད་པ། (1758—1804)
The 8th Dalai Lama (1758-1804)

《达赖班禅代表来京展觐办法》 … (92)
《རྒྱལ་བ་ཏཱ་ཱ་ཱི་སྐུ་ཚབ་པ་པེ་ཅིན་དུ་འབྱོར་ཞུར་ཡོང་བའི་བྱེད་ཐབས》
Methods for the Representatives of the Dalai Lama and the Panchen Erdeni to Come to the Capital

《达赖大师圆寂褒崇典礼》 ……… (92)
《དྭ་ལའི་བླ་མའི་དགོངས་རྫོགས་མཛད་སྒོ》
Sacrificial Rituals for the Death of the 13th Dalai Lama

达赖二世（1475—1542） ……… （93）
དྭ་ལའི་བླ་མ་སྐུ་ཕྲེང་གཉིས་པ། (༡༤༧༥—༡༥༤༢)
The 2nd Dalai (1475-1542)

达赖九世（1805—1815） ……… （93）
དྭ་ལའི་བླ་མ་སྐུ་ཕྲེང་དགུ་པ། (༡༨༠༥—༡༨༡༥)
The 9th Dalai (1805-1815)

达赖喇嘛 ……………………… （94）
དྭ་ལའི་བླ་མ།
Dalai Lama

达赖六世（1683—1706） ……… （94）
དྭ་ལའི་བླ་མ་སྐུ་ཕྲེང་དྲུག་པ། (༡༦༨༣—༡༧༠༦)
The 6th Dalai (1683-1706)

达赖七世（1708—1757） ……… （95）
དྭ་ལའི་བླ་མ་སྐུ་ཕྲེང་བདུན་པ། (༡༧༠༨—༡༧༥༧)
The 7th Dalai (1708-1757)

达赖三世（1543—1588） ……… （95）
དྭ་ལའི་བླ་མ་སྐུ་ཕྲེང་གསུམ་པ། (༡༥༤༣—༡༥༨༨)
The 3rd Dalai (1543-1588)

达赖十二世（1856—1875） …… （96）
དྭ་ལའི་བླ་མ་སྐུ་ཕྲེང་བཅུ་གཉིས་པ། (༡༨༥༦—༡༨༧༥)
The 12th Dalai (1856-1875)

达赖十三世（1876—1933） …… （96）
དྭ་ལའི་བླ་མ་སྐུ་ཕྲེང་བཅུ་གསུམ་པ། (༡༨༧༦—༡༩༣༣)
The 13th Dalai (1876-1933)

达赖十世（1816—1837） ……… （97）
དྭ་ལའི་བླ་མ་སྐུ་ཕྲེང་བཅུ་པ། (༡༨༡༦—༡༨༣༧)
The 10th Dalai (1816-1837)

达赖十一世（1838—1855） …… （97）
དྭ་ལའི་བླ་མ་སྐུ་ཕྲེང་བཅུ་གཅིག (༡༨༣༨—༡༨༥༥)
The 11th Dalai (1838-1855)

达赖四世（1589—1616） ……… （98）
དྭ་ལའི་བླ་མ་སྐུ་ཕྲེང་བཞི། (༡༥༨༩—༡༦༡༦)
The 4th Dalai (1589-1616)

达赖五世（1617—1682） ……… （98）
དྭ་ལའི་བླ་མ་སྐུ་ཕྲེང་ལྔ་པ། (༡༦༡༧—༡༦༨༢)
The 5th Dalai (1617-1682)

达赖一世（1391—1474） ……… （99）
དྭ་ལའི་བླ་མ་སྐུ་ཕྲེང་དང་པོ། (༡༣༩༡—༡༤༧༤)
The 1st Dalai (1391-1474)

达兰萨拉 ……………………… （99）
དྷ་རམ་ས་ལ།
Dharamsala

达垅噶举 ……………………… （100）
སྟག་ལུང་བཀའ་བརྒྱུད།
Taklung Kagyu

达鲁花赤 ……………………… （100）
ཏ་ལུའུ་ཧུ་ཁྲི།
Daluhuachi

达浦生（1874—1965） ………… （100）
ཏ་ཕུའུ་ཉིན། (༡༨༧༤—༡༩༦༥)
Da Pusheng (1874-1965)

达旺地区 ……………………… （101）
ཏ་དབང་ས་ཁུལ།
Dawang area

达旺细哲 ……………………… （101）
ཏ་དབང་བཞི་གྲ།
Dawangxizhe

达斡尔语 ……………………… （101）
ཏ་སྦོར་སྐད།
Daur language

达斡尔族 ……………………… （102）
ཏ་སྦོར་རིགས།
Daur people

达延汗（约1474—1517） ……… （102）
ཏ་ཡན་ཧན། (ཕལ་ཆེར་༡༤༧༤—༡༥༡༧)
Dayan Khan (ca. 1474-1517)

达扎路恭纪功碑 ……………（103）
སྟག་སྒྲ་ཀླུ་ཁོང་གི་མཛད་རྗེས་རྡོ་རིང་།
Takdra Lukhong Stele

达孜县工业园 ……………（103）
སྟག་རྩེ་རྫོང་གི་བཟོ་ལས་ཁུལ།
Dagze Industrial Park

鞑靼 ……………………………（103）
ད་དྲན།
Tatar

大宝法王 …………………（104）
རིན་ཆེན་ཆོས་རྗེ།
Great Treasure Prince of Dharma

大乘法王 …………………（104）
ཐེག་ཆེན་ཆོས་རྗེ།
Great Vehicle Prince of Dharma

大乘佛教 …………………（104）
ཐེག་ཆེན།
Mahayana Buddhism

大慈法王 …………………（104）
བྱམས་ཆེན་ཆོས་རྗེ།
Great Mercy Prince of Dharma

大非川之战 ………………（105）
ད་བྲེ་བོན་གྱི་གཡུལ་འགྱེད།
Battle of Dafeichuan

大汉族主义 ………………（105）
རྒྱ་ཆེན་པོའི་རིང་ལུགས།
Han chauvinism

大贺氏 ……………………（105）
ད་ཧོ་ཧྲི།
Daheshi

大金得胜陀颂碑 …………（105）
ཅིན་ཆེན་པོའི་རྒྱལ་ཁར་བསྟོད་པའི་རྡོ་རིང་།
Great Jin Dynasty Victory Memorial Stele

《大金吊伐录》 ……………（106）
《ཅིན་ཆེན་པོའི་ལོ་རྒྱུས་དགར་ཆག》
History of the Jurchen Conquest
　of Northern China

《大理古代文化史稿》 ………（106）
《ད་ལི་གནའ་རབས་རིག་གནས་ལོ་རྒྱུས་བྲིས་མ།》
The Draft of the Ancient Cultures of Dali

大理国 ……………………（106）
ད་ལི་རྒྱལ་ཁབ།
Kingdom of Dali

大理国段氏 ………………（107）
ད་ལི་རྒྱལ་ཁབ་ཀྱི་ཏོན་ཕྱིམ་རྒྱུད།
Duan of the Kingdom of Dali

大理国经幢 ………………（107）
ད་ལི་རྒྱལ་ཁབ་ཀྱི་མཆོད་ཆེན།
Dali Buddhist Scripture Stone Pillar

大历国 ……………………（108）
ད་ལི་རྒྱལ་ཁབ།
Kingdom of Great Succession

大连民族学院 ……………（108）
ད་ལེན་མི་རིགས་སློབ་གྲྭ།
Dalian Nationalities University

大论 ………………………（109）
བློན་ཆེན།
Dalun

大民族主义 ………………（109）
མི་རིགས་ཆེན་པོའི་རིང་ལུགས།
Big-nationality chauvinism

大戎 ………………………（109）
རོང་ཆེན་པོ།
Darong

大盛魁 ……………………（109）
ད་ཞིང་ཁྲིའི།
Dashengkui Firm

《大唐西域记》 ………………… (110)
《ཐང་ཆེན་པོའི་ནུབ་བགྲོད་ཟིན་བྲིས།》
Great Tang Records on the
　　Western Regions

大小和卓之乱 ………………… (110)
ཧོ་གྲོའི་ཆེ་ཆུང་གཉིས་ཀྱི་གྱེན་ལོག
Revolt of the Altishahr Khojas

大义宁国 ……………………… (111)
དབྱི་ཉིང་ཆེན་མོའི་རྒྱལ་ཁབ།
Da Yining

大昭寺 ………………………… (111)
གཙུག་ལག་ཁང་།
Jokhang Temple

大祚荣（？—719）………… (111)
ཊ་ཙོའོ་རུང་། (？—༧༡༩)
Da Zuorong（？-719）

傣仂 …………………………… (112)
ཊའི་ལེ།
Dai Le Group

傣历 …………………………… (112)
ཊའི་རིགས་ལོ་ཐོ།
Dai Calendar

傣文 …………………………… (112)
ཊའི་ཡིག
Dai Script

傣语 …………………………… (113)
ཊའི་སྐད།
Dai language

傣族 …………………………… (113)
ཊའི་རིགས།
Dai people

傣族贝叶文化 ………………… (114)
ཊའི་རིགས་ཀྱི་ཏ་ལའི་ལོ་མའི་རིག་གནས།
Dai Beiye Culture

傣族医学 ……………………… (114)
ཊའི་རིགས་ཀྱི་གསོ་རིག
Dai Ethnic Medicine

代本 …………………………… (114)
མདའ་དཔོན།
Daiben

《待遇蒙藏学生章程》 ………… (115)
《སོག་བོད་སློབ་མའི་དམིགས་བསལ་སྒྲིག་ཡིག》
Regulation for Positive Treatment for
　　Mongolian and Tibetan Students

《丹珠尔》 ……………………… (115)
《བསྟན་འགྱུར།》
Tengyur

单行条例 ……………………… (115)
《ཁེར་སྒྲུབ་སྒྲིག་ཡིག》
Specific regulations

《当代中国的民族工作》 ……… (115)
《དེང་རབས་ཀྲུང་གོའི་མི་རིགས་ལས་དོན།》
Ethnic Work in Contemporary China

《党和国家民族政策宣传
　　教育提纲》 ………………… (116)
《ཏང་དང་རྒྱལ་ཁབ་ཀྱི་མི་རིགས་སྲིད་ཇུས་དྲིལ་བསྒྲགས་
　　སློབ་གསོའི་གནད་བསྡུས།》
Outline of the Publicity and Education
　　of Ethnic Policy

党项族 ………………………… (116)
ཊང་ཞང་རིགས།
Dangxiang people

刀耕火种 ……………………… (117)
བསྲེག་རྨོས་ཞིང་འདེབས།
Slash-and-burn

道 ……………………………… (117)
ཊའོ།
Dao（circuit）

道教 ……………………………（117）
ཏའོ་ཅོའི་ཆོས་ལུགས།
Taoism

德昂语 …………………………（118）
དེ་ཨང་སྐད།
De'ang languge (Palaung Language)

德昂族 …………………………（118）
དེ་ཨང་རིགས།
De'ang people

《德格土司传》 ………………（118）
《སྡེ་དགེས་སྐྱོང་གི་རྣམ་ཐར》
The Biography of Dege Chieftain

德格印经院 ……………………（119）
སྡེ་དགེ་པར་ཁང་།
Dege Sutra Printing House

德古 ……………………………（119）
དེ་ཀུའུ།
Degu

德木齐 …………………………（119）
དེ་མུའུ་ཆེ།
Demuqi

德王 ……………………………（119）
དེ་ཕྱང་།
Prince De

邓恩铭（1901—1931）………（120）
དེང་ཨེན་མིན།（༡༩༠༡—༡༩༣༡）
Deng Enming (1901-1931)

邓小平民族理论 ………………（121）
དེང་ཞའོ་ཕིང་གི་མི་རིགས་རིགས་པའི་གཞུང་ལུགས།
Deng Xiaoping's Theory on Ethnic Groups

氐 ………………………………（121）
ཏི།
Di

氐羌 ……………………………（121）
ཏི་ཆཱང་།
Diqiang

底页 ……………………………（122）
ཏི་ཡེ།
Diye

地方民族民主联合政府 ………（122）
ས་གནས་མི་རིགས་དམངས་གཙོའི་མཉམ་འབྲེལ་སྲིད་གཞུང་།
Democratic Coalition Government of the Local Ethnic Groups

地方民族事务委员会主要职能 ……（122）
ས་གནས་མི་རིགས་དོན་གཅོད་ཨུ་ཡོན་ལྷན་ཁང་གི་འགན་ཕྱོགས་གཙོ་བོ།
The main functions of the Local Committee for Ethnic Affairs

地方民族主义 …………………（123）
ས་གནས་མི་རིགས་རིང་ལུགས།
Local nationalism

地方自治 ………………………（123）
ས་གནས་རང་སྐྱོང་།
Regional Autonomy

地藏王菩萨 ……………………（123）
ས་ཡི་སྙིང་པོ།
Ksitigarbha

帝师 ……………………………（124）
དཔུ་བླ།
Imperial Preceptor (Dishi)

第巴 ……………………………（124）
སྡེ་པ།
Diba

第二次全国边防工作会议 ……（125）
རྒྱལ་ཡོངས་མཐའ་སྲུང་གི་ལས་དོན་ཚོགས་འདུ་ཐེངས་གཉིས་པ།
The Second National Frontier Defense Work Conference

第二次全国对口支援
　　新疆工作会议 ……………（125）
རྒྱལ་ཡོངས་ཀྱིས་ཞིན་ཅང་ལ་སྦྱར་རོགས་སྐྱོར་བྱེད་པའི་
　　ལས་དོན་ཚོགས་འདུ་ཐེངས་གཉིས་པ།
The Second National Work Conference
　　on "Pairing Assistance" Projects
　　to Support Xinjiang's Development
第二次全国民族教育会议 …………（126）
རྒྱལ་ཡོངས་ཀྱི་མི་རིགས་སློབ་གསོའི་ཚོགས་འདུ་ཐེངས་གཉིས་པ།
The Second National Conference on
　　Minority Education
第二次西藏工作座谈会 ……………（126）
བོད་ལྗོངས་ལས་དོན་སྐོར་གྱི་བཞུགས་མོལ་ཚོགས་
　　ཐེངས་གཉིས་པ།
The Second National Conference on
　　Work in Tibet
第二次中央民族工作会议 …………（127）
ཀྲུང་དབྱང་མི་རིགས་ལས་དོན་ཚོགས་འདུ་ཐེངས་གཉིས་པ།
The Second Central Ethnic
　　Work Conference
第穆呼图克图 ………………………（127）
དེ་མོ་ཧོ་ཐོག་ཐུ།
Demo Hutuktu
第三次全国对口支援
　　新疆工作会议 ……………（128）
རྒྱལ་ཡོངས་ཀྱིས་ཞིན་ཅང་ལ་སྦྱར་རོགས་སྐྱོར་བྱེད་པའི་
　　ཚོགས་འདུ་ཐེངས་གསུམ་པ།
The Third National Work Conference on
　　"Pairing Assistance" Projects to
　　Support Xinjiang's Development
第三次全国民族教育会议 …………（128）
རྒྱལ་ཡོངས་ཀྱི་མི་རིགས་སློབ་གསོའི་གྲོས་ཚོགས་ཐེངས་གསུམ་པ།
The Third National Conference
　　on Minority Education

第三次西藏工作座谈会 ……………（129）
བོད་ལྗོངས་ལས་དོན་སྐོར་གྱི་བཞུགས་མོལ་ཚོགས་
　　འདུ་ཐེངས་གསུམ་པ།
The Third National Conference
　　on Work in Tibet
第三次中央民族工作会议 …………（129）
ཀྲུང་དབྱང་མི་རིགས་ལས་དོན་ཚོགས་འདུ་ཐེངས་གསུམ་པ།
The Third Central Ethnic
　　Work Conference
第十世班禅大师纪念馆 ……………（130）
པཎ་ཆེན་སྐུ་ཕྲེང་བཅུ་པའི་དྲན་གསོ་ཁང་།
The Tenth Panchen Lama
　　Memorial Hall
第四次全国对口支援
　　新疆工作会议 ……………（130）
རྒྱལ་ཡོངས་ཀྱིས་ཞིན་ཅང་ལ་སྦྱར་རོགས་སྐྱོར་བྱེད་པའི་
　　ལས་དོན་ཚོགས་འདུ་ཐེངས་བཞི་པ།
The Fourth National Work Conference
　　on "Pairing Assistance" Projects
　　to Support Xinjiang's
　　Development
第四次全国民族教育会议 …………（130）
རྒྱལ་ཡོངས་ཀྱི་མི་རིགས་སློབ་གསོའི་ཚོགས་འདུ་ཐེངས་བཞི་པ།
The Fourth National Conference
　　on Minority Education
第四次西藏工作座谈会 ……………（131）
བོད་ལྗོངས་ལས་དོན་སྐོར་གྱི་བཞུགས་མོལ་
　　ཚོགས་འདུ་ཐེངས་བཞི་པ།
The Fourth National Conference
　　on Work in Tibet
第五次全国民族教育会议 …………（132）
རྒྱལ་ཡོངས་ཀྱི་མི་རིགས་སློབ་གསོའི་ཚོགས་འདུ་ཐེངས་ལྔ་པ།
The Fifth National Conference on
　　Minority Education

第五次西藏工作座谈会 ………… （132）
བོད་སྟོངས་ལས་དོན་སྐོར་གྱི་བཞུགས་མོལ་
ཚོགས་འདུ་ཐེངས་ལྔ་པ།
The Fifth National Conference
on Work in Tibet

第一次全国对口支援
新疆工作会议 ………………（133）
རྒྱལ་ཡོངས་ཀྱིས་ཞིན་ཅང་ལ་ཁ་སྤྲོར་རོགས་སྐྱོར་
བྱེད་པའི་ལས་དོན་ཚོགས་འདུ་ཐེངས་དང་པོ།
The First National Work Conference on
"Pairing Assistance" Projects to
Support Xinjiang's Development

第一次全国民族教育会议 ………（133）
རྒྱལ་ཡོངས་ཀྱི་མི་རིགས་སློབ་གསོའི་ཚོགས་འདུ་ཐེངས་དང་པོ།
The First National Conference
on Minority Education

第一次全国民族贸易会议 ………（134）
རྒྱལ་ཡོངས་ཀྱི་མི་རིགས་ཚོང་དོན་ཚོགས་འདུ་ཐེངས་དང་པོ།
The First National Ethnic Trade Conference

第一次全国民族统计
工作座谈会 ………………（134）
རྒྱལ་ཡོངས་ཀྱི་མི་རིགས་སྡོམ་རྩིས་ལས་དོན་སྐོར་གྱི་
བཞུགས་མོལ་ཚོགས་འདུ་ཐེངས་དང་པོ།
The First Forum on the Ethnic
Statistics Work

第一次全国牧区工作会议 ………（135）
རྒྱལ་ཡོངས་འབྲོག་ཁུལ་གྱི་ལས་དོན་ཚོགས་འདུ་ཐེངས་དང་པོ།
The First National Work Conference
for Pastoral Areas

第一次西藏工作座谈会 ………（135）
བོད་སྟོངས་ལས་དོན་སྐོར་གྱི་བཞུགས་མོལ་
ཚོགས་འདུ་ཐེངས་དང་པོ།
The First National Conference on
Work in Tibet

第一次中央民族工作会议 ………（136）
ཀྲུང་དབང་མི་རིགས་ལས་དོན་ཚོགས་འདུ་ཐེངས་དང་པོ།
The First Central Ethnic
Work Conference

第一届全国民族医药工作会议 ……（136）
རྒྱལ་ཡོངས་ཀྱི་མི་རིགས་གསོ་རིགས་ལས་དོན་
ཚོགས་འདུ་སྐབས་དང་པོ།
The First National Ethnic Medicine
Work Conference

第一届全国少数民族文艺会演 ……（137）
རྒྱལ་ཡོངས་ཀྱི་གྲངས་ཉུང་མི་རིགས་རིག་རྩལ་འཁྲབ་
སྟོན་སྐབས་དང་པོ།
The First National Art Shows of
Ethnic Minorities

《滇略》………………（137）
《ཡུན་ནན་དཔྱད་བསྡུས》
Dian Lüe（Local Gazetteer of Yunnan）

《滇黔土司婚礼记》 ………………（137）
《ཡུན་གུའི་ས་སྐྱོང་གི་གཉེན་སྟོན་ཞིབ་བཀོད》
Memoir of my Marriage to a Chieftain's
Danghter in the Yunnan and
Guizhou Areas

《滇史》 ………………（138）
《ཡུན་ནན་ལོ་རྒྱུས》
Dian Shi（The History of Yunnan）

《滇云历年传》 ………………（138）
《འདང་ཡུན་ལོ་རྒྱུས》
The Chronicle of Yunnan

《滇载记》 ………………（138）
《ཡུན་ནན་གྱི་དེབ་ཐེར》
Dian Zai Ji

滇藏公路 ………………（139）
ཡུན་བོད་གཞུང་ལམ།
The Yunnan-Tibet Highway

典属国 …………………………（139）
ཐར་སྐྱོང་དཔོན།
The Director of Dependent States

丁零 ……………………………（139）
ཏིང་ལིང་།
Dingling people

丁洛 ……………………………（140）
སྟེང་ལོ།
Dingluo

定 ………………………………（140）
སྟོང་།
Ding

定居游牧 ………………………（141）
གཏན་སྡོད་འབྲོག་ལས།
Inhabited Pasturage

定向招生、定向分配 …………（141）
དམིགས་འཛུགས་སློབ་བསྡུ་དང་། དམིགས་འཛུགས་ལས་བགོ།
Preferred Enrollment and Preferred Assig-nment of Jobs

《定藏纪程》 …………………（142）
《སྟེང་བོད་ལམ་ཡིག》
Travel Notes of Pacifying Tibet

丢木拉 …………………………（142）
ཏིའུ་མུའུ་ལ།
Diu Mula

东巴画 …………………………（142）
སྟོན་པའི་རི་མོ།
Dongba drawing

东巴教 …………………………（143）
སྟོན་པའི་ཆོས་ལུགས།
Dongba religion

《东巴经》 ……………………（143）
《སྟོན་པའི་ཆོས་གཞུང》
The Dongba Scripture

东巴文 …………………………（143）
སྟོན་པའི་ཡི་གེ།
The Dongba Script

东北回民联合会 ………………（144）
བྱང་ཤར་ཧུའི་དམངས་ཀྱི་མཉམ་འབྲེལ་ལྷན་ཚོགས།
The Federation of Hui people in Northeast China

东部裕固语 ……………………（144）
ཡུས་གོར་ཤར་མའི་སྐད།
The Eastern Yugur Language

东丹（926—982） ……………（145）
ཏན་ཤར་མ། (༩༢༦—༩༨༢)
Eastern Khitan（926-982）

《东番记》 ……………………（145）
《འཕེན་ཤར་མའི་ཞིན་བྲིས》
DongFan Ji（Records of Eastern Barbarians）

东番夷 …………………………（145）
འཕེན་ཡི་ཤར་མ།
DongFanYi

东海女真 ………………………（145）
ཤར་རྒྱ་མཚོའི་ཉུས་ཀྲེན།
Donghai Jurchens

东海三部 ………………………（146）
ཤར་རྒྱ་མཚོའི་ཚོ་ཁག་གསུམ།
The Three Tribes of Donghai Jurchens

东胡 ……………………………（146）
ཧུའུ་ཤར་མ།
Donghu people

东路垦务公司 …………………（146）
ཤར་ལམ་ཀློ་བཀོ་གུང་སི།
The East-Road Reclamation Company

东蒙古人民自治政府 ………… （146）
བོག་པོ་ཤར་མའི་མི་དམངས་རང་སྐྱོང་སྲིད་གཞུང་།
Eastern Mongolian people's
　　Autonomous Government

东羌 ……………………………… （147）
ཚའང་ཤར་མ།
The East Qiang people

东四清真寺 …………………… （147）
ཤར་གྱི་རྒྱུན་སྐྲ་བཞིའི་དཔྱི་སི་ལིན་ཆོས་ཁང་།
The Dongsi Mosque

东突厥 ………………………… （147）
གུ་གུ་ཤར་མ།
Eastern Turkic

东突厥斯坦 …………………… （148）
གུ་གུ་སི་ཐན་ཤར་མ།
The East Turkestan

东突厥斯坦共和国 …………… （148）
གུ་གུ་སི་ཐན་ཤར་མའི་སྤྱི་མཐུན་རྒྱལ་ཁབ།
East Turkestan Republic

东夏 …………………………… （149）
ཏུང་ཤ།
Eastern Xia

东乡语 ………………………… （149）
ཏུང་ཞང་སྐད།
Dongxiang Language

东乡族 ………………………… （150）
ཏུང་ཞང་རིགས།
Dongxiang people

东夷 …………………………… （150）
ཏུང་དབྱི།
Dong Yi (Eastern Barbarians)

东正教 ………………………… （150）
དོས་རྒྱུད་ཆོས་ལུགས་ཤར་མ།
Eastern Orthodox Church

冬营地 ………………………… （151）
དགུན་མཚོ།
Winter camp

侗文 …………………………… （151）
ཏུང་ཡིག
The Dong Script

侗语 …………………………… （152）
ཏུང་སྐད།
Dong Language

侗族 …………………………… （152）
ཏུང་རིགས།
The Dong people

峒 ……………………………… （153）
ཐུང་།
Dong

《峒溪纤志》 ………………… （153）
《ཐུང་ཞིའི་ལོ་རྒྱུས་སྙན་པ》
The Record of Dongxi Areas

独贵龙运动 …………………… （153）
ཏོའུ་གུའི་ལུང་ལས་འགུལ།
Duguilong movement

独龙语 ………………………… （154）
ཏུའུ་ལུང་སྐད།
The Derung Language

独龙族 ………………………… （154）
ཏུའུ་ལུང་རིགས།
The Derung people

独龙族历法 …………………… （155）
ཏུའུ་ལུང་རིགས་ཀྱི་ལོ་ཐོ་རྩི་ལུགས།
Derung calendar

都松芒波杰（670—704） ………… （155）
འདུས་སྲོང་མང་པོ་རྗེ། (༦༧༠—༧༠༤)
Dusong Mangban（670-704）

杜瓦 ……………………………（156）
ཧུའ་ཝ།
Duwa

杜文秀（1827—1872）…………（156）
ཧུའ་ཝུན་ཞིའུ། （༡༨༢༧—༡༨༧༢）
Du Wenxiu（1827-1872）

度牒 ……………………………（156）
གྲྭ་བཙུན་ལག་འཁྱེར།
Du Die

堆巴 ……………………………（156）
སྟོད་པ།
Dui Ba

堆穷 ……………………………（157）
དོས་ཆུང་།
Dui Qiong

对口援疆 ………………………（157）
ཁ་སྦྱར་ཞིན་སྐྱོར།
"Pairing Assistance" Projects to Support Xinjiang's Development

对口支援 ………………………（157）
ཁ་སྦྱར་རོགས་སྐྱོར།
"Pairing Assistance" Projects

对偶婚 …………………………（158）
ཆ་སྒྲིག་གཉིས་སྦྱོར།
Antithetic Marriage（Pairing marriage）

《对西藏民主改革的指示》………（158）
《བོད་སྲིད་དོན་དམངས་གཙོ་བཅོས་སྐྱོར་ལ་
གནང་བའི་འདུ་བ་སྟོན》
Instructions on Democratic Reforms in Tibet

对藏工作的八项方针 ……………（159）
བོད་སྲིད་ལས་དོན་གྱི་དོན་ཚན་བརྒྱད།
Eight-point Proposal on Work in Tibet

敦 ………………………………（159）
དུན།
Dun

多伦诺尔会盟 …………………（159）
དོ་ལུན་ནོ་ཨར་མཉམ་ཚོགས།
Dolunnuoer Alliance

多民族国家 ……………………（160）
མི་རིགས་མང་བའི་རྒྱལ་ཁབ།
Multi-ethnic state

《多仁班智达传》 ………………（160）
《རྡོ་རིང་པཎྜི་ཏའི་རྣམ་ཐར》
Rdo-Rings-Bstan's Biography

多松年（1906—1927）…………（161）
ཧུའོ་སུང་ཉན། （༡༩༠༦—༡༩༢༧）
DuoSongnian（1906-1927）

多元文化政策 …………………（161）
སྣ་མང་རིག་གནས་སྲིད་ཇུས།
Multicultural policy

多则 ……………………………（161）
དོར་ཙེ།
Duoze

朵甘都指挥使司 ………………（161）
མདོ་ཁམས་ཧུའུ་བཀོད་འདོམས་སི།
Mdo-khams Itinerant High Commandery

朵甘思 …………………………（162）
མདོ་ཁམས་སི།
Duogansi

朵思麻 …………………………（162）
མདོ་སྨད།
Mdo-Smad

E

俄力思军民元帅府 ……………（163）
མངའ་རིས་དམག་དམངས་དམག་སྤྱི་ཁང་།
E-Li-Si Army-Civilian Marshal Office

俄罗斯族 …………………（163）
ཨུ་རུ་སུའི་རིགས།
The Russian people

俄惹 ………………………（163）
ཨུ་ལག
Ere

额附 ………………………（164）
ཨེ་ཧྥུ།
Efu

额真 ………………………（164）
ཨེ་གྲེན།
Ezhen

厄萨 ………………………（164）
ཨོ་ས།
Esa

鄂伦春语 …………………（164）
ཨོ་ལུན་ཁྲུན་གྱི་སྐད།
Oroqen language

鄂伦春族 …………………（165）
ཨོ་ལུན་ཁྲུན་རིགས།
Oroqen (Olunchun) people

鄂温克语 …………………（165）
ཨོ་ཝུན་ཁེའི་སྐད།
Ewenki language

鄂温克族 …………………（165）
ཨོ་ཝུན་ཁེ་རིགས།
Ewenki people

鄂西长阳红六军 …………（166）
ཨོ་ཞིའི་ཁྲང་དཡང་དམར་དམག་འབུམ་ཐོག་དྲུག་པ།
The Changyang Sixth Red
    Army in West Hubei

《尔比尔吉》 ……………（166）
《ཨར་པི་ཨར་ཅི》
Erbierji

尔玛 ………………………（167）
ཨར་མ།
Erma

二二八起义 ………………（167）
གཉིས་པའི་ཟེར་བརྒྱད་ལོས་ལངས།
The 228 Uprising

F

法华寺石窟 ………………（168）
ཧྥ་ཧྭ་དགོན་པའི་བྲག་ཕུག
The Fahua Temple Grotto

法会 ………………………（168）
ཆོས་ཚོགས།
Dharma assembly

法门 ………………………（168）
ཆོས་སྒོ
Dharma-mukha

法难 ………………………（168）
ཆོས་གནོགས།
Dharma Tragedy

法王 ………………………（169）
ཆོས་རྒྱལ།
Dharma King

《番汉合时掌中珠》 ……（169）
《བྷན་ཧན་ཟུང་བསྒྱུར་མཐིལ་གྱི་མུ་ཏིག》
Pearl in the Palm (*or the Timely Pearl*)

蕃坊 ………………………（170）
བྷན་གྲོང་།
Fan Corner

藩胡 ………………………（170）
བྷན་ཧུའུ།
Fanhu (Fence Jurchen)

犯屯 …………………………（170）
བུན་ཐུན།
Fantun (criminal settlement)

泛突厥主义 ……………………（171）
གྲུ་གུ་ཆེན་པོའི་རིང་ལུགས།
Pan-Turkism

泛伊斯兰主义 …………………（171）
དཔྱི་སི་ལན་ཆེན་པོའི་རིང་ལུགས།
Pan-Islamism

梵文 ………………………………（172）
ལེགས་སྦྱར།
Sanskrit

方国瑜（1903—1983）…………（172）
ཧྥང་གོ་ཡུས།（１９０３—１９８３）
Fang Guoyu (1903-1983)

方略馆 …………………………（173）
འཆར་སྒྲིག་ཁང་།
Fang Lue Guan (the Military Archives Office)

费孝通（1910—2005）…………（173）
ཧྥེ་ཞའོ་ཐུང་།（１９１０—２００５）
Fei Xiaotong (1910-2005)

丰宁押荒局 ……………………（173）
ཧྥེང་ཉིང་བགྲེས་འགོག་ཅུས།
Fengning Reclamation Bureau

风马旗 …………………………（174）
རླུང་རྟའི་དར་ཅོག
Wind-Horse Flag

风雨桥 …………………………（174）
ཆར་རླུང་ཟམ།
Wind & Rain Bridge

封建农奴制 ……………………（175）
བཀས་བཀོད་རྒྱུད་འཛིན་ཞིང་བྲན་ལམ་ལུགས།
Feudal Serfdom

风诏碑 …………………………（175）
ཧྥེང་གའོ་རྡོ་རིང་།
Fengzhao stone tablet

佛本之争 ………………………（175）
བན་བོན་འཁྲུག་རྩོད།
The Conflict between Buddhism and Bonism

佛教三宝 ………………………（176）
དཀོན་མཆོག་གསུམ།
Three Treasures in Buddhism

佛教四大菩萨 …………………（176）
ནང་པའི་བྱང་ཆུབ་སེམས་དཔའ་བཞི།
Four Great Bodhisattvas

扶持人口较少民族发展
工作领导小组 ………………（176）
མི་གྲངས་ཉུང་ཞིང་བའི་གྲངས་ཉུང་མི་རིགས་གོང་སྤེལ་
ལས་ཀར་བཟུར་སྟོར་ཀྱི་འགོ་ཁྲིད་ཚོ་ཆུང་།
"*Program to Support the Development of Minorities with Less Population*" Work Leading Group

《扶持人口较少民族发展规划
（2005—2010）》 …………（177）
《མི་གྲངས་ཉུང་ཞིང་བའི་གྲངས་ཉུང་མི་རིགས་གོང་སྤེལ་ལ་བཟུར་
སྐྱོར་བྱེད་པའི་འཆར་གཞི（２００５—２０１０）》
Development Plan for Supporting Smaller Ethnic Minorities (2005-2010)

《扶持人口较少民族发展规划
（2011—2015）》 …………（177）
《མི་གྲངས་ཉུང་ཞིང་བའི་གྲངས་ཉུང་མི་རིགས་གོང་སྤེལ་ལ་བཟུར་
སྐྱོར་བྱེད་པའི་འཆར་གཞི（２０１１—２０１５）》
Development Plan for Supporting Smaller Ethnic Minorities (2011-2015)

扶贫开发部委联系制 …………（178）
དབུལ་སྐྱོར་གསར་སྤེལ་གྱི་པུའུ་ཨུའི་འབྲེལ་གཏུག་ལམ་ལུགས།
Ministries and Commissions Liaison System on Poverty Alleviation and Development

扶余国 ………………………（179）
ཧྥུ་ཡུས་རྒྱལ་ཁབ།
Fuyu Kingdom

伏藏 …………………………（179）
གཏེར་བཏོན།
Terma

茯茶 …………………………（179）
ཇ་ནག
Fu tea

福晋 …………………………（180）
ཧྥུ་ཅིན།
Fujin

福陵 …………………………（180）
ཧྥུ་ལིན་བང་སོ།
Fuling Tomb

福州清真寺 …………………（181）
ཧྥུ་གྲོའུ་དྭི་སི་ལན་ཚོས་ཁང་།
Fuzhou Mosque

抚黎司 ………………………（181）
ལི་སྐྱོར་སི།
Fulisi (Pacification Commission of the Li people)

抚水州蛮 ……………………（181）
ཧྥུ་ཧྲུའི་གྲོའུ་མན།
Fushuizhouman (barbarians)

辅教王 ………………………（182）
ཆོས་སྐྱོང་རྒྱལ་པོ།
Fujiaowang (Assistant Prince of Doctrine)

父系氏族制 …………………（182）
ཕ་རྒྱུད་རུས་རྒྱུད་ལུགས།
Patriarchal clan system

父子连名制 …………………（182）
ཕ་བུའི་མིང་སྦྱར་ལུགས།
Patronymic linkage naming system

傅懋勣（1911—1988）………（183）
ཧྥུ་མའོ་ཅི།（1911—1988）
Fu Maoji (1911-1988)

G

呷西 …………………………（184）
ཀུ་ཞིས།
Gaxi

嘎查 …………………………（184）
ཀུ་ཁ།
Gacha

嘎古 …………………………（184）
ཀུ་གུའུ།
Gagu

嘎山达 ………………………（185）
ཀུ་ཧྲན་ཏྲ།
Gashanda

嘎辛 …………………………（185）
ཀུ་ཞིན།
Gaxin

噶丹·松赞林寺 ……………（185）
དགའ་ལྡན་སྲོང་བཙན་གླིང་དགོན་པ།
Ganden Sumtseling Monastery

噶当派 ………………………（185）
བཀའ་གདམས་གྲུབ་མཐའ།
Kadam

噶尔丹（1644—1697）………（186）
གོར་ཏན།（1644—1697）
Galdan (1644-1697)

噶举派 ………………………（186）
བཀའ་བརྒྱུད་པ།
Kagyu

噶朗王 ………………………（187）
དགའ་ལང་རྒྱལ་པོ།
King Ka gnam

噶伦制 ………………………（187）
བཀའ་བློན་ལས་ལུགས།
Galun (frontier post) System

《噶伦传》 …………………（188）
《བཀའ་བློན་རྟོགས་བརྗོད》
Galun zhuan (Autobiography of Dokharwa Tsering Wanggyel)

噶玛嘎孜画派 ………………（188）
གཀར་སྒར་བྲིས་ལུགས།
Karma Gardri Painting School

噶玛噶举派 …………………（188）
གཀར་བཀའ་བརྒྱུད་པ།
Karma Kargyu

噶玛黑帽系 …………………（189）
གཀར་ཞྭ་ནག་པ།
Karma Black Hats Sect

噶玛红帽系 …………………（189）
གཀར་ཞྭ་དམར་པ།
Karma Red Hats Sect

噶厦 …………………………（190）
བཀའ་ཤག
Kashag (Gaxia)

尕最 …………………………（190）
གག་ཙེ།
Gazui

改汉法庭 ……………………（190）
རྒྱར་སྒྱུར་ཁྲིམས་ཁང་།
Court of Changing the Surname into Han

《改进边疆寺庙
 暂行办法》 ………………（191）
《མཐའ་ཁུལ་གྱི་དགོན་པའི་སློབ་གསོ་ལེགས་བསྒྱུར་གྱི་གནས་སྐབས་བྱ་ཐབས》
Tentative Measures on Improving Frontier Monastic Education

改土归流 ……………………（191）
སྟི་དཔོན་འབྲེན་ནས་གཞུང་དཔོན་གཏོང་བ།
Replacing Native Chieftains with State Officials

干栏 …………………………（192）
གན་ལན།
Ganlan residential architecture style

甘丹墀巴 ……………………（192）
དགའ་ལྡན་ཁྲི་པ།
Ganden Tripa

甘丹颇章政权 ………………（193）
དགའ་ལྡན་ཕོ་བྲང་སྲིད་དབང་།
Gandain Phodrang Regime

甘丹寺 ………………………（193）
དགའ་ལྡན་དགོན་པ།
Ganden Monastery

《甘宁青史略》 ……………（193）
《གན་ཞིང་མཚོ་སྟོད་ཀྱི་ལོ་རྒྱུས་མདོར་བསྡུས》
Brief History of Gansu, Ningxia and Qinghai

《甘珠尔》 …………………（194）
《བཀའ་འགྱུར》
Kangyur

高昌 …………………………（194）
གའོ་ཁང་།
Gaochang

高昌古城 ……………………（194）
གའོ་ཁང་གནའ་མཁར།
Ancient City of Gaochang

高昌馆 ……………………（195）
གའོ་ཁང་ཁང་།
Gaochang Guan (Gaochang Institute)

《高昌馆杂字》 ……………（195）
《གའོ་ཁང་ཁང་གི་འབོལ་ཡིག》
Gaochangguan Zazi
(*a Sino-Uygur glossary*)

高度自治 ……………………（195）
ཚད་མཐོའི་རང་སྐྱོང་།
High degree of autonomy

高句丽 ………………………（195）
གའོ་ཆུས་ལི།
Gaogouli

高山族 ………………………（196）
གའོ་ཤན་རིགས།
The Gaoshan people

高校心系边境产学研用活动 …（196）
མཐོ་རིམ་སློབ་གྲྭས་མཐའ་ཁུལ་གྱི་ཐོན་སྐྱེད་ཞིབ་སྦྱོང་
ལ་སེམས་ཁུར་བྱེད་པའི་བྱེད་སྒོ།
Colleges Feel Concerned about Border Areas on Industry-Education-Research-Application Cooperation

高校支援新疆少数民族人才
培养协作计划 ………………（197）
ཤར་ལྗོངས་མཐོ་སློབ་ཀྱིས་ཞིན་ཅང་གྲངས་ཉུང་མི་རིགས་
ཀྱི་མི་འཛིན་ཐབས་ཚུལ་སློབ་པར་རོགས་རམ་གྱི་
མཉམ་སྦྱབ་འཆར་གཞི།
Plan for the Higher Education Institutes to Aid Xinjiang

仡佬语 ………………………（197）
གེ་ལའོ་སྐད།
Gelao language

仡佬族 ………………………（198）
གེ་ལའོ་རིགས།
Gelao people

哥巴文 ………………………（198）
གུ་པའི་ཡི་གེ
Geba script

格达（1903—1950）…………（199）
དགེ་སྟག (1903—1950)
Geda

格底林耶 ……………………（199）
ཀེ་ཏི་ཡིན་ཡེ།
Kadiri-yah

格尔登寺 ……………………（199）
རྔ་བའི་གི་རྟི་དགོན།
Gerdeng Monastery

格格 …………………………（200）
གེ་ག
Gege (Princess)

格贵 …………………………（200）
དགེ་བསྐོས།
Gegui

格隆 …………………………（201）
དགེ་སློང་།
Gelong

格鲁派 ………………………（201）
དགེ་ལུགས་པ།
Gelug

格鲁派六大寺 ………………（201）
དགེ་ལུགས་པའི་དགོན་ཆེན་དྲུག
The Six Monasteries of Gelug

格西 …………………………（201）
དགེ་བཤེས།
Geshe

葛逻禄 ………………………（201）
ཀར་ལོའི་ལུག
Karluks

《各级人民政府民族事务委员会
　　试行组织通则》…………（202）
《རིམ་པ་ཁག་གི་མི་དམངས་སྲིད་གཞུང་གི་མི་རིགས་དོན་གཅོད་ཨུ་
　　ཡོན་ལྷན་ཚོགས་ཀྱི་ཚོད་ལྟའི་རྩ་འཛུགས་སྤྱིག་ལམ》
General Trial Organization Rule for
　　Ethnic Affairs Commission of People's
　　Government at All Levels
根布 ……………………………（202）
གན་པོ།
Genbu
公房 ……………………………（202）
གཞུང་ཁང་།
Social Place for the Unmarried
公私合营牧场 …………………（203）
གཞུང་སྒེར་མཉམ་གཉེར་ཕྱུགས་ར།
State-Private Jointly Owned Pasture
龚绥（1891—1969）…………（203）
གུང་སྲུའི།（༡༨༩༡—༡༩༦༩）
Gong Shou
巩宁城 …………………………（204）
གུང་ཞིང་མཁར།
Gongning city
拱北 ……………………………（204）
གུང་པེ།
Qubbah
贡嘎机场 ………………………（204）
གོང་དཀར་གནམ་གྲུ་ཐང་།
Gonggar Airport
贡噶宁波（1092—1158）……（205）
གུན་དགའ་སྙིང་པོ།（༡༠༩༢—༡༡༥༨）
Kunga Nyingpo
贡龙制度 ………………………（205）
གུང་ལུང་ལམ་ལུགས།
Gonglong system

贡却杰布（1034—1102）……（206）
དགོན་མཆོག་རྒྱལ་པོ།（༡༠༣༤—༡༡༠༢）
Khon Kongchog Galpo
供经供饭 ………………………（206）
མང་ཇ་བསྐོལ་བ།
Gongjing Gongfan (offering financial
　　backing and other forms of
　　support to a monastery)
句町国 …………………………（206）
ཅུས་ཐིང་རྒྱལ་ཁབ།
Gouding Kingdom
姑娘田 …………………………（207）
བུ་མོའི་ཞིང་།
Land for unmarried girl
姑爷种和丈人种 ………………（207）
ཁྱོ་བོའི་རྒྱུད་པ་དང་ཞང་པོའི་རྒྱུད་པ།
Marriage System Wife-givers &
　　Wife-takers
古格王朝遗址 …………………（207）
གུ་གེ་རྒྱལ་རབས་ཀྱི་རྗེས་ཤུལ།
The Site of the Ancient Guge Kingdom
《古兰经》 ………………………（208）
《ཁུ་རན་གསུང་རབ།》
The Quran
鹘提悉勃野 ……………………（208）
བོ་ལྡེ་སྤུ་རྒྱལ།
Vo-ldc-spu-rgyal
固山 ……………………………（208）
གུའུ་ཧྲན།
Gushan
故宫 ……………………………（209）
གནའ་བོའི་ཕོ་བྲང་།
The Imperial Palace

《关于帮助西藏地方进行建设
　　事项的决定》……………（209）
《བོད་ལྗོངས་ས་ཁུལ་རོགས་སྐྱོར་ལས་གཞི་འཛུགས་
　　སྐྲུན་བྱེད་རྒྱུའི་སྐོར་གྱི་གཏན་འབེབས》
Decision on Matters Concerning Supporting
　　and Aiding Tibet in Construction

《关于保障一切散居的少数民族成分享
　　有民族平等权利的决定》………（210）
《གངས་ཉུང་མི་རིགས་ཐོར་འདུས་ཀྱི་གྲུབ་ཆ་ཡོད་ཚད་ལ་
　　རིགས་འདྲ་མཉམ་དབང་ཆ་སྤྱོད་ཆོག་པའི་
　　གཏན་སྒོར་གྱི་གཏན་འབེབས》
Decision on Protecting people of All
　　Ethnic Minorities Living in
　　Scattered Groups to Enjoy the
　　Right of Equality

《关于边境贸易有关
　　问题的通知》……………（210）
《མཐའ་མཚམས་ཚོང་ཚོང་སྐོར་གྱི་གནད་དོན་
　　དང་འབྲེལ་བའི་བརྡ་ཐོ》
Circular of the State Council Regarding
　　Relevant Issues on Frontier Trade

《关于表彰全国民族团结进步模范
　　集体和模范个人的决定》………（211）
《རྒྱལ་ཡོངས་མི་རིགས་མཐུན་སྒྲིལ་ཡར་ཐོན་གྱི་མིག་དཔེའི་
　　སྤྱི་སྦོར་ཚོགས་པ་དང་མི་སྒེར་ལ་གཟེངས་བསྟོད་
　　བྱེད་རྒྱུའི་གཏན་འབེབས་སྐོར》
Decision of Commending to the
　　Advanced "Ethnic unity,
　　Collective progress" Model
　　Units and Individuals

《关于不要强迫回族实行火葬
　　问题的通知》……………（211）
《ཧུའེ་རིགས་ལ་བཙན་གྱིས་ཕུང་བསྲེག་ལག་བསྟར་བྱེད་དུ་
　　མི་འཇུག་པའི་གནད་དོན་སྐོར་གྱི་བརྡ་ཐོ》
Circular on No Enforcement on the
　　Hui's Implementation
　　of Cremation

《关于成立西藏自治区筹备
　　委员会的决定》……………（212）
《བོད་རང་སྐྱོང་ལྗོངས་ཀྱི་སྒྲིག་ཁྱོན་སྒྲུབ་ཁང་
　　འཛུགས་རྒྱུའི་སྒོར་གྱི་གཏན་འབེབས》
Decision on the Establishment of the
　　Preparatory Committee for the
　　Founding of the Tibet
　　Autonomous Region

《关于处理带有歧视或侮辱少数民族
　　性质的称谓、地名、碑碣、
　　匾联的指示》……………（212）
《གངས་ཉུང་མི་རིགས་ལ་མཐོང་ཆུང་ངམ་བརྙས་བཅོས་
　　ལྡན་པའི་འབོད་སྒྲངས་དང་། ས་མིང་། རྡོ་རིང་
　　ཡིག》སྦྱང་གསོགས་ཐག་གཅོད་བྱེད་རྒྱུའི་
　　སྐོར་གྱི་མཛུབ་སྟོན》
Directives on the Handling of the Titles,
　　Names of Places, Tablets and
　　Signboards Which Are Discriminative
　　and Insulting to Ethnic Minorities

《关于促进牧区又好又快发展的
　　若干意见》……………（213）
《འབྲོག་ཁུལ་གོང་སྤྱིགས་ཤིག་ཞིད་ཤུར་བཤོད་བར་སྐྱུལ་
　　འདེད་གཏོང་རྒྱུའི་བསམ་འཆར་འགའ》
Opinions of the State Council on
　　Promoting Sound and Rapid
　　Development of Pastoral Areas

《关于大力加强少数民族文字图书
　　出版工作的报告》……………（213）
《གངས་ཉུང་མི་རིགས་ཡི་གེའི་དཔེ་དེབ་པར་སྐྲུན་ལས་དོན་
　　ལ་ཤུགས་སྟོན་ཆེན་པོ་རྒྱག་རྒྱུའི་སྐོར་གྱི་སྙན་ཞུ》
Report Concerning Strengthening
　　the Publication on Books in
　　Minority Languages

《关于大力培养少数民族高层
　　次骨干人才的意见》 ……… （214）
《གངས་ཞུང་མི་རིགས་ཀྱི་མཐོ་རིམ་ཁག་འཛིན་འཛིན་ཐབ་
　　ཅན་གསོ་སྐྱོང་བྱེད་པར་ཤུགས་རྒྱག་པའི་
　　སྐོར་གྱི་བསམ་འཆར།》
Opinions on Training High-level
　　Backbone Talented Personnel
　　for Ethnic Minorities

《关于第十世班禅大师治丧和转世
　　问题的决定》 ………………… （214）
《པཎ་ཆེན་སྐུ་ཕྲེང་བཅུ་པའི་འདས་མཆོད་དང་ཡང་སྲིད་
　　ཀྱི་གནད་དོན་སྐོར་གྱི་གཏན་འབེབས།》
Decisions on the Funeral Arrangements
　　and Reincarnation of the Tenth
　　Panchen Lama

《关于对口支援西藏、新疆地区
　　本科高等学校的通知》 ……… （215）
《བོད་ལྗོངས་དང་ཞིན་ཅང་ས་ཁུལ་གྱི་མཐོ་རིམ་དངོས་
　　གཞི་སློབ་གྲྭར་ཁུངས་རོགས་སྐོར་བྱེད་
　　རྒྱུའི་སྐོར་གྱི་བརྡ་ཐོ།》
Circular on Counterpart Support for
　　the Undergraduate Colleges and
　　Universities in Tibet and Xinjiang

《关于对全国143个少数民族贫困县
　　实施教育扶贫的意见》 ……… （215）
《རྒྱལ་ཡོངས་ཀྱི་གྲངས་ཉུང་མི་རིགས་དབུལ་པོའི་རྫོང་
　　༡༤༣་གྱི་སློབ་གསོར་དབུལ་སྐྱོར་བྱེད་རྒྱུའི་
　　སྐོར་གྱི་བསམ་འཆར།》
Opinions on the Educational Poverty
　　Alleviation to 143 Poverty-stricken
　　Ethnic Minority Counties

《关于对涉及伊斯兰教的出版物
　　加强管理的通知》 …………… （216）
《དཔྱི་སི་ལན་གྱི་ཆོས་ལུགས་དང་འབྲེལ་ཡོད་ཀྱི་དཔེ་དེབ་
　　པར་སྐྲུན་དོ་དམ་ལ་ཤུགས་རྒྱག་པའི་སྐོར་གྱི་བརྡ་ཐོ།》
Circular on Strengthening the Management
　　of Publications Regarding Islam

《关于扶持人口较少民族发展
　　问题的复函》 ………………… （216）
《མི་གྲངས་ཆུང་ཉུང་བའི་གྲངས་ཉུང་མི་རིགས་གོང་སྤེལ་
　　རོགས་རམ་གནད་དོན་སྐོར་གྱི་བསྐྱར་ལན།》
Letter in Replying to Supporting the
　　Development of Ethnic Minorities
　　with Smaller Population

《关于副食品商业工作中贯彻民族政策、
　　尊重民族习惯、做好副食品
　　供应的联合指示》 …………… （216）
《ཞོར་ཟས་ཚོང་ལས་ལས་ཀའི་ཁྲོད་མི་རིགས་སྲིད་ཇུས་
　　ལག་བསྟར་དང་། མི་རིགས་གོམས་གཤིས་ལ་བཀུར་
　　འཇོག ཞོར་ཟས་འདོན་སྤྲོད་ལེགས་པོ་ཡོང་བའི་
　　སྐོར་གྱི་མཉམ་འབྲེལ་བཀའ་སློབ།》
Joint Instructions on Implementing
　　Ethnic Policy, Respecting Ethnic
　　Habits, and Good-supplying of
　　Non-staple Food in the Non-staple
　　Food Commercial Business

《关于改变地方民族民主
　　联合政府的指示》 …………… （217）
《ས་གནས་མི་རིགས་ཀྱི་དམངས་གཙོའི་མཉམ་འབྲེལ་
　　སྲིད་གཞུང་ལ་བསྒྱུར་བཀོད་ཀྱི་བཀའ་སློབ།》
Directives on Changing the Local
　　Ethnic Democratic Coalition
　　Governments

《关于高等学校优先录取少数民族
　　学生的通知》 ………………… （218）
《མཐོ་རིམ་སློབ་གྲྭས་གྲངས་ཉུང་མི་རིགས་ཀྱི་སློབ་མ་
　　དགག་བསལ་གྱིས་བསྡུ་བའི་སྐོར་གྱི་བརྡ་ཐོ།》
Circular on Universities and Colleges to
　　Give Priority to the Admission
　　of Minority Students

《关于各少数民族创立和改革文字的
   文字方案批准程序和批准后
   实验推行时的分工问题》……… (218)
《གདངས་ཞུང་མི་རིགས་སོ་སོའི་ཡི་གེ་བཟོ་བ་དང་བཅོས་
   བསྒྱུར་བྱེད་པའི་ཡིག་ཕྲོག་གི་དུས་གཞི་ལ་ཆོག་མཆན་
   བགོད་པའི་བགྱུད་རིམ་དང་ཆོག་མཆན་བགོད་
   རྗེས་ཚོད་ལྟ་ལག་བསྟར་བྱེད་སྐབས་ཀྱི་ལས་
   བགོས་སྐོར་གྱི་གནད་དོན》
Regulations on the Procedures for
   Approving, Creating, and Designing
   Plans for the Minority Written Script
   and the Division of Tasks on
   Implementing and Popularizing
   These New Plans
《关于公开发行的书籍报刊中
   慎重对待民族、宗教
   问题的通知》……………… (218)
《མངོན་གསལ་གྱིས་འགྲེམས་སྤེལ་བྱེད་པའི་དཔེ་དང་དུས་
   དེབ་ཏུ་མི་རིགས་དང་ཆོས་ལུགས་གནད་དོན་ལ་གཟབ་
   ནན་བྱེད་དགོས་པའི་སྐོར་གྱི་བརྡ་ཕོ》
Circular on the Cautious Treatment in
   Addressing Ethnic and Religious Issues
   for the Books, Newspapers and
   Periodicals Released Publicly
《关于供应少数民族金银首饰
   价格的电报通知》……………… (219)
《གདངས་ཞུང་མི་རིགས་ལ་གསེར་དངུལ་རྒྱན་ཆའི་རིན་
   གོང་འདོན་སྤྲོད་བྱེད་པའི་སྐོག་འཕྲིན་བརྡ་ཕོ》
Telegraph on the Price of Gold and
   Silver Ornaments Supplied for
   Ethnic Minorities

《关于鼓励杂居、散居禁猪的少数
   民族发展养羊、养牛和做好
   收购供应工作的通知》………… (219)
《ཕག་གསོ་སྨི་ཆོག་པའི་གདངས་ཞུང་མི་རིགས་འདྲེས་སྡོད་
   དང་འཐོར་འདུས་ཁྱུ་ཏུ་ནོར་ལུག་གསོ་བ་དང་བཙོ་
   ཉོ་གོས་སྤེལ་བྱེད་པར་སྐུལ་བའི་སྐོར་གྱི་བརྡ་ཕོ》
Circular on Encouraging Scattered or Mixed
   Ethnic Minorities Who Forbid Pork
   Consumption to Develop Sheep and
   Cattle Farming and Doing well in
   the Purchasing and Supplying Work
《关于国家民族事务委员会工作任务和
   机构设置的通知》……………… (220)
《རྒྱལ་ཁབ་མི་རིགས་དོན་གཅོད་ཨུ་ཡོན་ལྷན་ཁང་གི་ལས་གཞིའི་
   ལས་འགན་དང་ལས་ཁུངས་གསར་འཛུགས་སྐོར་གྱི་བརྡ་ཕོ》
On the Task and Institutional settings
   of State Ethnic Affairs Commission
《关于国务院〈殡葬管理条例〉中
   尊重少数民族的丧葬
   习俗规定的解释》……………… (220)
《རྒྱལ་སྲིད་སྤྱི་ཁྱབ་ཁང་གི《བེམ་པོ་སྐྱེལ་སྦྱས་དོ་དམ་སྲོལ་
   ཡིག》ཁྲོད་གདངས་ཞུང་མི་རིགས་ཀྱི་དུར་འཇུག་གོམས་
   སྲོལ་ལ་བརྩི་འཇོག་དགོས་པའི་སྐོར་གཏན་འབེབས་
   ཀྱི་འགྲེལ་བཤད》
Interpretation on the Provisions of the
   Funeral Customs of Ethnic Minorities
   of Regulations on Funeral And Interment
   Control Issued by State Council
《关于过去几年内党在少数民族中
   进行工作的主要经验总结》…… (221)
《འདས་པའི་ལོ་འགའི་ནང་དུ་ཏང་གིས་གདངས་ཞུང་མི་རིགས་
   ལས་དོན་སྒྲུབ་པའི་ཉམས་མྱོང་གཙོ་བོ་ཕྱོགས་སྡོམ་སྐོར》
Summary of the Main Experience of
   Party Work among Ethnic Minorities
   in the Past Few Years

《关于划分西藏农村阶级
　的方案》…………………（221）
《བོད་སྡོད་གྲོང་གསེབ་ཀྱི་གྲལ་རིམ་བགོ་
　སྡངས་སྐོར་གྱི་དུས་གཞི》
Scheme on Determining Class Status
　in Tibetan Rural Areas

《关于恢复或改正民族成分的
　处理原则的通知》……………（222）
《མི་རིགས་གྲུབ་ཆ་བསྐྱར་གསོ་དང་ལོ་བསྒྱུར་བྱེད་པའི་
　ཚད་དོན་སྐོར་གྱི་བརྡ》
Guidelines for Restoring or Amending
　Ethnic Minority Status

《关于回汉通婚后汉族一方及其子女
　愿随回族生活的，按回族标准
　供应副食品问题的通知》………（222）
《རྒྱ་ཧུའི་གཉེན་སྒྲིག་བྱས་རྗེས་རྒྱ་ཕྱོགས་དང་དེའི་བུ་བུ་མོ་
　རྣམས་ཧུའི་རིགས་གོམས་སྲོལ་ལྟར་འཚོ་བ་སྐྱེལ་འདོད་ན།
　ཧུའི་རིགས་ཀྱི་ཚད་གཞི་ལྟར་ཟས་རིགས་སྟོང་པའི་
　གནད་དོན་སྐོར་གྱི་བརྡ》
Circular on the Supply of Non-staple
　Food according to the Same Standards
　for the Hui people on the Side of
　Han and their Children if They are
　Willing to Follow the Hui's
　Customs and Lifestyle in the
　Hui-Han Intermarriage

《关于回回民族问题的提纲》……（223）
《ཧུའི་ཧུའི་མི་རིགས་གནད་དོན་སྐོར་གྱི་གནད་བསྡུས》
Outline on the Question of the
　Hui people

《关于回民工作的指示》…………（224）
《ཧུའི་རིགས་ལས་ཀའི་སྐོར་གྱི་མཛུབ་སྟོན》
Directive on the Work with the Hui people

《关于继承发扬民族医药学
　的意见》…………………（224）
《མི་རིགས་ཀྱི་གསོ་རིག་རྒྱུན་འཛིན་དང་དར་སྤེལ་
　སྐོར་གྱི་བསམ་འཆར》
Opinions on Inheriting and Developing
　the Medicine of Ethnic Minorities

《关于继续对国家定点企业生产和
　经销单位经销的边销茶免征
　增值税的通知》…………（224）
《རྒྱལ་ཁབ་ཀྱི་གཏན་ཁབ་ཁྱིམ་ཚོན་སྐྲུན་དང་ཚོང་གཉེར་
　ལས་ཁུངས་ཀྱིས་ཚོང་འགྲེམ་བྱེད་པའི་མཐའ་འགྲེམ་ཇ་
　ལ་སྣུ་སྦྱུར་དུ་ཁྲལ་གཅོག་པའི་བརྡ》
Circular on Continuous Exemption of
　Value-added Tax for Brick Tea
　Produced by State Designated
　Enterprises and Sold by
　Selling Units

《关于继续对民族贸易企业执行
　增值税优惠政策的通知》………（225）
《མི་རིགས་བར་གྱི་ཚོང་ཁ་ལས་ལ་ཁྲལ་བསྣུར་གཞིགས་སྟོང་
　བྱེད་རྒྱུ་མུ་མཐུད་དུ་སྤྱོད་པའི་སྐོར་གྱི་བརྡ》
Circular on Continuing the Value-added
　Tax Relief Policy on Goods Sold by
　National Trade Enterprises

《关于加快少数民族和民族地区职业
　教育改革和发展的意见》………（225）
《གྲངས་ཉུང་མི་རིགས་དང་གྲངས་ཉུང་མི་རིགས་ས་ཁུལ་དུ་
　ཆེད་ལས་སློབ་གསོ་བཅོས་བསྒྱུར་དང་འཕེལ་རྒྱས་རྗེ་
　མགྱོགས་སུ་གཏོང་བའི་སྐོར་གྱི་བསམ་འཆར》
Proposals on Accelerating the Reform
　and Development of Vocational
　Education in Ethnic Minority
　Regions and Regional
　Ethnic Autonomy Areas

《关于加强领导和进一步办好高等
　院校少数民族班的意见》………（226）
《མཐོ་རིམ་སློབ་གྲྭའི་གྲངས་ཉུང་མི་རིགས་འཛིན་གྲྭར་
འགོ་ཁྲིད་དང་སྒྱུར་བཞི་ལེགས་སུ་སྐྱེལ་
བའི་སློར་གྱི་བསམ་འཆར།》
Opinions on Strengthening Guidance of and Operating Ethnic Minority Classes Well at Colleges and Universities

《关于加强民族法规和民族政策执行
　情况监督检查工作的意见》……（226）
《མི་རིགས་ཁྲིམས་སྲོལ་དང་མི་རིགས་སྲིད་ཇུས་ལག་བསྟར་
བྱས་པའི་གནས་ཚུལ་ལ་ལྟ་སྐུལ་ཞིབ་བཤེར་གྱི་ལས་
ཀར་ཤུགས་རྒྱག་པའི་སློར་གྱི་བསམ་འཆར།》
Opinions on Strengthening Supervision over the Implementation of Regulations and Policies in Ethnic Minority Areas

《关于加强民族教育工作若干
　问题的意见》………………（227）
《མི་རིགས་སློབ་གསོའི་ལས་ཀར་ཤུགས་རྒྱག་པའི་
སློར་གྱི་བསམ་འཆར་འགའ།》
Opinions on a number of Issues Related to Strengthening the Work of Ethnic Education

《关于加强民族贸易和民族用品
　生产供应工作的意见》…………（227）
《མི་རིགས་ཀྱི་ཉོ་ཚོང་དང་མི་རིགས་མཁོ་ཆས་ཐོན་སྐྱེད་
འདོན་སྤྲོད་ལས་ཀར་ཤུགས་རྒྱག་པའི་སློར་
གྱི་བསམ་འཆར།》
Opinions on Strengthening the Work on the Ethnic Trade and the Production and Supply of Ethnic Articles

《关于加强民族散杂居地区少数
　民族教育工作的意见》…………（228）
《མི་རིགས་ཐོར་འདུས་སློབ་ཁུལ་གྱི་གྲངས་ཉུང་མི་རིགས་སློབ་
གསོའི་ལས་དོན་ལ་ཤུགས་རྒྱག་པའི་སློར་གྱི་བསམ་འཆར།》
Opinions on Strengthening Ethnic Minority Education Work in Areas of Scattered and Mixed Ethnic Communities

《关于加强全国民族医药工作
　的几点意见》………………（229）
《མི་རིགས་ཀྱི་སྨན་བཅོས་ལས་ཀར་ཤུགས་རྒྱག་པའི་
སློར་གྱི་བསམ་འཆར་འགའ།》
Opinions on Strengthening the Work of the National Ethnic-minority Medicine

《关于加强少数民族传统体育
　工作的意见》………………（229）
《གངས་ཉུང་མི་རིགས་ཀྱི་སྲོལ་རྒྱུན་ལུས་རྩལ་ལས་ཀར་
ཤུགས་རྒྱག་སློར་གྱི་བསམ་འཆར།》
Opinions on Strengthening the Work of Traditional Ethnic Sports

《关于建立民族教育行政
　机构的决定》………………（229）
《མི་རིགས་སློབ་གསོའི་སྲིད་འཛིན་ལས་ཁུངས་འཛུགས་
པའི་སློར་གྱི་གཏན་འབེབས།》
Decisions on the Establishment of Ethnic Education Administrative Agency

《关于建立民族乡问题
　的通知》……………………（230）
《མི་རིགས་ཞང་འཛུགས་པའི་གནད་དོན་སློར་གྱི་བརྡ་ཐོ།》
Circular on the Issue of the Establishment of Ethnic Townships

《关于建立民族乡若干问题
　的指示》……………………（230）
《མི་རིགས་ཞང་གསར་སྐྲུན་པའི་གནད་དོན་འགའི་
སློར་གྱི་མཛུབ་སྟོན།》
Directives on Several Issues Related to the Establishment of Ethnic Townships

《关于将清真食品列入少数民族特
　　需用品目录的通知》……………（231）
《དཔྱི་སི་ལན་གྱི་ཟས་རིགས་གྲངས་ཉུང་མི་རིགས་ཀྱི་
　　ཁྱད་མཁོའི་ཟས་རིགས་དཀར་ཆག་ལ་འགོད་
　　པའི་སྐོར་གྱི་བརྡ་ཐོ།》
Circular on Putting Muslim Food into
　　the Catalog of Special Necessities
　　for Ethnic Minorities

《关于今后在行文中和书报
　　杂志里一律不用"满清"
　　的称谓的通知》………………（231）
《དེང་ཕྱིན་ཆད་གཞུང་ཡིག་དང་དཔེ་ཆ། ཚགས་པར།
　　དུས་དེབ་སོགས་སུ་མན་ཆིང་ཞེས་པའི་མིང་
　　གཏན་ནས་མི་བགོལ་བའི་བརྡ་ཐོ།》
Circular on Abandoning the Term
　　"Manqing（meaning Qing Dynasty
　　established by Manchu）" in the
　　Writing, Books, Newspapers
　　and Magazines in the Future

《关于进一步促进宁夏经济社会
　　发展的若干意见》………………（232）
《ཞིད་ཞའི་སྤྱི་ཚོགས་དཔལ་འབྱོར་གོང་སྤེལ་སྔར་
　　ལས་གྱུར་སྐྱེལ་འདེད་སྐོར་གྱི་བསམ་འཆར་འགའ།》
Several Opinions on Further Promoting
　　Economic and Social Development
　　in Ningxia

《关于进一步促进新疆经济社会
　　发展的若干意见》………………（232）
《ཞིན་ཅང་གི་སྤྱི་ཚོགས་དཔལ་འབྱོར་གོང་སྤེལ་སྔར་
　　ལས་གྱུར་སྐྱེལ་འདེད་སྐོར་གྱི་བསམ་འཆར་འགའ།》
Several Opinions on Further Promoting
　　Social and Economic Development
　　in Xinjiang

《关于进一步繁荣发展少数民族
　　文化事业的若干意见》…………（233）
《གྲངས་ཉུང་མི་རིགས་ཀྱི་རིག་གནས་ལས་དོན་སྔར་
　　ལས་གྱུར་གོང་སྤེལ་དང་དར་སྤེལ་སྐོར་གྱི་
　　བསམ་འཆར་འགའ།》
Several Opinions on Further Invigorating
　　and Developing Cultural Undertakings
　　in Minority Areas

《关于进一步加强科技援藏工作
　　的若干意见》……………………（233）
《ཚན་རྩལ་གྱིས་བོད་སྐྱོར་ལས་གར་སྔར་བས་ཤུགས་
　　རྒྱག་པའི་སྐོར་གྱི་བསམ་འཆར།》
Opinions on Further Strengthening the
　　Science and Technology Assistance
　　to Tibet

《关于进一步加强民族工作加快少数
　　民族和民族地区经济社会
　　发展的决定》……………………（234）
《མི་རིགས་བྱ་བར་ཤུགས་སྟོན་དང་གྲངས་ཉུང་མི་རིགས་དང་
　　གྲངས་ཉུང་མི་རིགས་ཁུལ་གྱི་སྤྱི་ཚོགས་དཔལ་འབྱོར་
　　འཕེལ་རྒྱས་ལས་གྱུར་ཇེ་མགྱོགས་སུ་གཏོང་བའི་
　　སྐོར་གྱི་ཐག་གཅོད།》
Decision on Further Strengthening the
　　Work on the Ethnic Minorities and
　　Accelerating the Economic and Social
　　Development of the Ethnic Minorities
　　and Minority Areas

《关于进一步加强贫困地区、民族地区
　　女童教育工作的十条意见》……（235）
《དབུལ་ཕོངས་དང་མི་རིགས་ཁུལ་གྱི་བུ་མོའི་སློབ་གསོའི་ལས་
　　གར་སྔར་ལས་ཤུགས་རྒྱག་པའི་སྐོར་གྱི་བསམ་འཆར་བཅུ།》
Ten Suggestions on Strengthening Girls'
　　Education in Poverty and Ethnic
　　Minority Areas

《关于进一步加强少数民族和民族地区
　　科技工作的若干意见》………… (235)
《གངས་ཅན་མི་རིགས་དང་མི་རིགས་ས་ཁུལ་གྱི་ཚན་རྩལ་
ལས་གནད་སྲུང་ལས་ཤུགས་རྒྱག་པའི་སྐོར་གྱི་
བསམ་འཆར་འགའ》
Several Opinions on Further Strengthening
the Work on the Science and
Techno logy of the Ethnic Minorities
and Minority Areas

《关于进一步加强少数民族双语教育
　　科研工作的意见》…………… (236)
《གངས་ཅན་མི་རིགས་ཀྱི་སྐད་གཉིས་སློབ་གསོའི་ཚན་
རིག་ཞིབ་འཇུག་ལས་གནད་སྲུང་ལས་ཤུགས་
རྒྱག་པའི་སྐོར་གྱི་བསམ་འཆར》
Opinions on Further Strengthening Scientific
Research Work on the Bilingual
Education of Ethnic Minorities

《关于进一步加强少数民族文化
　　工作的意见》………………… (236)
《གངས་ཅན་མི་རིགས་ཀྱི་རིག་གནས་ལས་གནད་ལ་
ཤུགས་རྒྱག་པའི་སྐོར་གྱི་བསམ་འཆར》
Opinions on Further Strengthening
Cul tural Services for Ethnic Minorities

《关于进一步开展民族团结进步
　　创建活动的意见》……………… (236)
《མི་རིགས་མཐུན་སྒྲིལ་ཡར་ལས་གོང་དུ་སྤེལ་བའི་བྱེད་
སྒོའི་སྐོར་གྱི་བསམ་འཆར》
Opinion on Further Launching Activities
To Establish Ethnic Unity and Progress

《关于进一步做好培养选拔少数民族
　　干部工作的意见》……………… (237)
《གངས་ཅན་མི་རིགས་ཀྱི་གཞུང་ཞབས་པ་གདམས་བགོད་
གསོ་སྐྱོང་ལས་གན་ལེགས་སུ་གཏོང་བའི་
སྐོར་གྱི་ལས་གའི་བསམ་འཆར》
Opinions on Taking Further Measures to
Do Well in Works to Train and Select
Minority Cadres

《关于近期支持西藏经济社会
　　发展的意见》…………………… (237)
《ཉེ་དུས་བོད་ལྗོངས་ཀྱི་ཚོགས་དཔལ་འབྱོར་འཕེལ་རྒྱས་
གཏོང་བའི་སྐོར་གྱི་བསམ་འཆར》
Opinions on Recent Support for
Socioeconomic Development in Tibet

《关于经济发达省市对口支援边远
　　少数民族地区卫生事业建设
　　的实施方案》…………………… (238)
《དཔལ་འབྱོར་དར་རྒྱས་ཆེ་བའི་ཞིང་ཆེན་དང་གྲོང་ཁྱེར་གྱི་
མཐའ་ཁུལ་གངས་ཉུང་མི་རིགས་ས་ཁུལ་གྱི་འཕྲོད་བསྟེན་
ལས་རིགས་འཛུགས་སྐྲུན་ལ་ཁ་སྦྱར་རོགས་སྐྱོར་ལམ་
བསྟར་བྱེད་པའི་སྐོར་གྱི་ཐུས་གཞི》
Implementation Plan for Economically-
developed Provinces and Cities
Providing Pairing Assistance to
the Health Undertakings in the
Remote Ethnic Minority Areas

《关于"九五"期间民族贸易和民族
　　用品生产有关问题的批复》…… (238)
《དགུ་ལྔ་སྐབས་ཀྱི་མི་རིགས་ཚོང་གྱི་ཚོང་དང་མི་རིགས་
མཁོ་ཆས་ཐོན་སྐྱེད་སྐོར་གྱི་གནད་དོན་བསྒྲུབ་བདེར》
Reply on the Relevant Issues Concerning
the Ethnic Trade and the Production
of Ethnic Articles during the Ninth
Five-Year Plan Period

《关于抗战中蒙古民族
　　问题提纲》……………………… (239)
《ལྡུར་འགོག་དུས་འབྲུག་སྐབས་སུ་སོག་པོའི་མི་རིགས་
གནད་དོན་སྐོར་གྱི་རྩ་གནད》
Outline on the Issue of the Mongolian
Ethnic Group in the War
of Resistance

《关于扩大内地新疆高中班招生
规模的意见》 ……………… （239）
《ནང་ལོགས་ཞིན་ཅང་གི་མཐོ་འབྲིང་འཛིན་གྲྭའི་སློབ་བསྡུའི་
རྒྱ་ཚོན་རྒྱ་ཆེར་གཏོང་བའི་བསམ་འཆར།》
Opinion on the Expansion of the
Enrolment of Inland Xinjiang Senior
High School Classes

《关于蒙藏之决议案》 …………… （240）
《སོག་བོད་སྐོར་གྱི་གྲོས་ཆོད།》
Resolution on Mongolian and
Tibetan Affairs

《关于蒙古问题的决议案》 ……… （240）
《སོག་པོའི་གནད་དོན་སྐོར་གྱི་གྲོས་ཆོད།》
Resolution on the Issues of Mongolia

《关于苗族问题的决议》 ………… （241）
《མིའོ་རིགས་གནད་དོན་སྐོར་གྱི་གྲོས་ཆོད།》
Resolution on Issues of the Miao people

《关于民主党派为边疆地区建设服务
挂钩会议的报告》 ……………… （241）
《དམངས་གཙོའི་ཏང་ཕྱོགས་ཀྱིས་མཐའ་མཚམས་ས་ཁུལ་
འཛུགས་སྐྲུན་གྱི་ཞབས་ཞུའི་འབྲེལ་མཐུད་ཚོགས་
འདུའི་སྙན་ཞུ།》
Report on the Meeting of Democratic
Parties and Groups to Secure
Coordination in Efforts to Serve
the Construction of the
Border Regions

《关于民族工作几个重要
问题的报告》 ……………… （242）
《མི་རིགས་ལས་དོན་སྐོར་གྱི་གནད་དོན་གཙོ་བོ་འགའི་སྙན་ཞུ།》
Report on several important issues
related to the ethnic work

《关于民族贸易和民族特需商品生产
贷款利率事宜的通知》 ………… （242）
《མི་རིགས་ཀྱི་ཚོང་འཆམ་དང་མི་རིགས་ཁྱད་མཁོའི་ཚོང་ཟོག་
ཐོན་སྐྱེད་དངུལ་སྐྱིའི་སྐྱེད་གཅོག་སྐོར་གྱི་བརྡ་བོ།》
Circular on the Relevant Issues on the
Interest Rate of the Loans for Ethnic
Trade and the Production of the
Commodities Specially Needed by
Minority Ethnic Groups

《关于民族事务的几项决定》 …… （243）
《མི་རིགས་ལས་དོན་སྐོར་གྱི་ཐག་གཅོད་འགའ།》
Resolutions Related to Ethnic
Minority Affairs

《关于民族问题的决议》 ………… （243）
《མི་རིགས་གནད་དོན་སྐོར་གྱི་གྲོས་ཆོད།》
Resolutions Related to Ethnic
Minority Issues

《关于民族学院干部轮训转向正
规培训的意见》 ……………… （244）
《མི་རིགས་སློབ་གྲྭ་ཆེན་གྱི་གཞུང་ཞབས་པ་རིམ་འཁོར་གསལ་
སྦྱོང་ནས་ཚད་ལྡན་གྱི་གསལ་སྦྱོང་བྱེད་པར་བསྒྱུར་
བའི་སྐོར་གྱི་བསམ་འཆར།》
Opinions on the Transfer of the Minority
Cadres from Rotational Training to
Regular Training in Colleges
for Ethnic Minorities

《关于内地高等学校招收新疆少数民族学生
及管理工作的暂行规定》 ……… （244）
《ནང་ལོགས་མཐོ་རིམ་སློབ་གྲྭས་ཞིན་ཅང་གྲངས་ཉུང་མི་
རིགས་སློབ་མ་བསྡུ་བ་དང་དོ་དམ་ལས་དོན་སྐོར་
གྱི་སྐབས་སྐྱོར་གཏན་ཞིག》
Interim Provisional Regulation on the
Enrollment and Administration of
Ethnic Minority Students from Xinjiang

《关于内地十九省市为西藏办学的
　　几项具体规定》…………… (245)
《ནང་ཁོངས་ཀྱི་ཞིང་ཆེན་དང་གྲོང་ཁྱེར་བཅུ་དགུས་བོད་སློབས་
　　སློབ་གྲྭ་འཛུགས་པའི་ཞིབ་ཆའི་དོན་ཚན་ཁ་
　　ཤས་ཀྱི་གཏན་ལས།》
Detailed Regulations about Running
　　Schools for Tibet in 19 Inland
　　Provinces and Municipalities
《关于内蒙工作的意见》………… (245)
《ནང་སོག་ལས་དོན་སྐོར་གྱི་བསམ་འཆར།》
Opinions on Inner Mongolian work
《关于抢救、整理少数民族
　　古籍的请示》……………… (246)
《གངས་ཉུང་མི་རིགས་ཀྱི་གནའ་དཔེ་སྒྱུར་སྐྱོབ་དང་ལེགས་
　　སྒྲིག་སྐོར་གྱི་སྙན་ཞུ་ཞིག》
Request of the State Ethnic Affairs
　　Commission on Saving and
　　Collating Ancient Minority Books
《关于全国重点高等学校试办少数
　　民族班的通知》……………… (246)
《རྒྱལ་ཡོངས་ཀྱི་གཙོ་གནད་མཐོ་རིམ་སློབ་གྲྭར་གངས་ཉུང་མི་
　　རིགས་ཚོགས་ཆུང་འཛིན་གྲྭ་འཛུགས་པའི་སྐོར་གྱི་བརྡ་ཐོ》
Circular on Establishing Ethnic
　　Classes in Key Universities
《关于全国重点高等医学院培养少数
　　民族高级医学人才的意见》…… (247)
《རྒྱལ་ཡོངས་ཀྱི་གཙོ་གནད་མཐོ་རིམ་གསོ་རིག་སློབ་གླིང་
　　དུ་གངས་ཉུང་མི་རིགས་ཀྱི་མཐོ་རིམ་གསོ་རིག་ཤེས་
　　ལྡན་མི་སྣ་གསོ་སྐྱོང་སྐོར་གྱི་བསམ་འཆར།》
Opinions on Cultivating Advanced
　　Medical Talents of Ethnic-minorities
　　in Key Medical Colleges

《关于认真做好信仰伊斯兰教民族
　　人员用餐工作的通知》……… (247)
《དཔེ་ཡིན་ཆོས་ལུགས་ལ་དད་པའི་ཡི་རིགས་ཀྱི་མི་སྣའི་ཟས་
　　སྐྱོང་ལས་གནད་ཏན་གྱིས་ལེགས་པོར་སྐྱོང་བའི་སྐོར་གྱི་བརྡ་ཐོ》
Circular Concerning Doing Well on
　　Providing Islamic Meal of the
　　Islamic Passengers
《关于少数民族毕业生分配
　　工作的指示》……………… (247)
《གངས་ཉུང་མི་རིགས་ཀྱི་མཐར་ཕྱིན་སློབ་མར་ལས་
　　བགོ་སྐོར་གྱི་མཛུབ་སྟོན》
Instructions Concerning the Work of Job
　　on Placement of the Graduates
　　of Ethnic Minorities
《关于少数民族地区的五年建设
　　计划的若干原则性意见》……… (248)
《གངས་ཉུང་མི་རིགས་ས་ཁུལ་གྱི་ལོ་ལྔའི་འཛུགས་སྐྲུན་འཆར་
　　གཞིའི་སྐོར་གྱི་རྩ་དོན་རང་བཞིན་གྱི་བསམ་འཆར་འགའ》
Principles of the Five-year Construction
　　Plan for the Minority Areas
《关于少数民族教育事业经费
　　问题的指示》……………… (248)
《གངས་ཉུང་མི་རིགས་སློབ་གསོ་ལས་གཞིའི་གྲོན་དངུལ་
　　གནད་དོན་སྐོར་གྱི་མཛུབ་སྟོན》
Directives on Budget Issues of the
　　Education of Ethnic Minorities
《关于深化改革加快发展民族
　　教育的决定》……………… (249)
《མི་རིགས་སློབ་གསོ་ལ་ཚོན་བསྐྱར་གཏིང་ཟབ་དང་འཕེལ་
　　རྒྱས་རྗེ་མགྱོགས་སུ་གཏོང་བའི་སྐོར་གྱི་ཐག་གཅོད》
Resolution on Deepening the Reform and
　　Accelerating the Development of the
　　Education for Ethnic Minorities

《关于深入开展民族团结宣传
　　教育活动的意见》 ………… (249)
《མི་རིགས་མཐུན་སྒྲིལ་དྲིལ་བསྒྲགས་སློབ་གསོའི་བྱེད་སྒོ་
　　གཏིང་ཟབ་སྤེལ་བའི་སློར་གྱི་བསམ་འཆར།》
Opinion on Further Carrying out
　　Publicity and Educational Activities
　　on Ethnic Solidarity
《关于慎重对待少数民族风俗
　　习惯问题的通知》 ………… (250)
《གྲངས་ཉུང་མི་རིགས་ཀྱི་ཡུལ་སྲོལ་གོམས་གཤིས་ལ་གཟབ་
　　ནན་བྱེད་པའི་གནད་དོན་སློར་གྱི་བརྡ་ཐོ།》
Circular on Cautious Treatment of the
　　Customs and Traditions of the
　　Ethnic Minorities
《关于我国民族政策
　　的几个问题》 ……………… (250)
《རང་རྒྱལ་མི་རིགས་སྲིད་ཇུས་སློར་གྱི་གནད་དོན་འགའ།》
Several Problems Concerning the
　　Ethnic Policy
《关于西藏地区市县行政区域
　　划分的决定》 ……………… (251)
《བོད་ལྗོངས་ས་ཁུལ་དུ་གྲོང་ཁྱེར་དང་རྫོང་གི་སྲིད་འཛིན་
　　ས་ཁོངས་དབྱེ་སྡངས་སློར་གྱི་གཏན་འབེབས།》
Decision on the Administrative Divisions
　　of Tibet Autonomous Region
《关于西藏地区土地制度改革
　　的实施办法》 ……………… (251)
《བོད་ལྗོངས་ས་ཁུལ་དུ་ས་ཞིང་བཅོས་བསྒྱུར་ལམ་ལུགས་
　　ལག་བསྟར་བྱེད་པའི་སློར་གྱི་བྱེད་ཐབས།》
Measures for Implementing Land Reform
　　in Tibet Autonomous Region

《关于西藏地区土地制度
　　改革方案》 ………………… (251)
《བོད་ལྗོངས་ས་ཁུལ་གྱི་ཞིང་ལམ་ལུགས་བཅོས་བསྒྱུར་
　　སློར་གྱི་ཇུས་གཞི།》
Scheme on Land System Reform in
　　the Tibetan Areas
《关于西藏工作方针的指示》 …… (252)
《བོད་ལྗོངས་ལས་ཀའི་བྱེད་ཕྱོགས་སློར་གྱི་མཛུབ་སྟོན།》
Directive Concerning Policies on
　　Work in Tibet
《关于宣传报道和文艺创作要正确对待
　　少数民族习俗问题的通知》 …… (252)
《དྲིལ་བསྒྲགས་འགོད་པ་དང་རིག་རྩལ་གསར་རྩོམ་དུ་གྲངས་
　　ཉུང་མི་རིགས་ཀྱི་ཡུལ་སྲོལ་གོམས་གཤིས་ལ་ལྟ་སྟངས་
　　ཡང་དག་འཛིན་པའི་གནད་དོན་སློར་གྱི་བརྡ་ཐོ།》
Circular on Problems Concerning Treating
　　Customs of Ethnic Minorities Correctly
　　in Publicity, Reports and Art Works
《关于严格执行变更民族成分有关
　　规定的通知》 ……………… (253)
《མི་རིགས་གྲུབ་ཆ་འགྱུར་བ་གཏོང་བར་གཟབ་ནན་
　　སློར་གྱི་བརྡ་ཐོ།》
Circular Concerning Strict Implementation
　　of the Relevant Provisions on
　　Changing Ethnic Identities
《关于严格执行党和国家民族政策
　　有关问题的通知》 ………… (253)
《གཞུང་ནས་སློབ་ཏུང་དང་རྒྱལ་ཁབ་ཀྱི་མི་རིགས་སྲིད་
　　ཇུས་ལག་བསྟར་བྱེད་པའི་འབྲེལ་ཡོད་གནད་
　　དོན་སློར་གྱི་བརྡ་ཐོ།》
Circular on Issues Regarding the Strict
　　Implementation of the Party and
　　Government Policies on
　　Ethnic Minorities

《关于严禁在新闻出版和文艺作品中
　　出现损害民族团结
　　内容的通知》……………（254）
《གསར་འགྱུར་ཚགས་པར་དང་རིག་རྩལ་བརྩམས་ཆོས་
　　སུ་མི་རིགས་མཐུན་སྒྲིལ་ལ་གནོད་པའི་ནན་
　　དོན་སྟོར་འགོག་པའི་བརྡ་ཕོ》
Circular on Strictly Prohibiting Contents
　　that Harm Ethnic Unity in News
　　Publications and Works of Art
　　and Literature
《关于有关西藏交通运输
　　问题的决定》……………（254）
《བོད་སྟོངས་འགྲིམ་འགྲུལ་སྐྱེལ་འདྲེན་གནད་
　　དོན་སྐོར་གྱི་གཏན་འབེབས》
Decision on Matters Concerning Tibetan
　　Traffic and Transportation
《关于在边远省份和少数民族地区
　　建立收音站的通知》……………（255）
《མཐའ་འཁྱོལ་གྱི་ཞིང་ཆེན་དང་གྲངས་ཉུང་མི་རིགས་ས་ཁུལ་
　　དུ་སྒྲ་སྡུད་ས་ཚིགས་འཛུགས་པའི་སྐོར་གྱི་བརྡ་ཕོ》
Circular on Building Radio Stations in
　　Remote Provinces and Ethnic
　　Minority Areas
《关于在各级学校注意进行党的
　　民族政策和加强民族团结
　　教育的通知》……………（255）
《རིམ་པ་སོ་སོའི་སློབ་གྲྭ་ཁག་ཏུ་གི་མི་རིགས་སྲིད་ཇུས་དང་མི་
　　རིགས་མཐུན་སྒྲིལ་ལ་ཤུགས་རྒྱག་པའི་སློབ་གསོ་སྤྲ་
　　བར་མཐའ་འཛེམ་བྱེད་པའི་སྐོར་གྱི་བརྡ་ཕོ》
Circular on Paying Attention to the
　　Education of the Party's Ethnic
　　Policy and Strengthening National
　　Unity in Schools at All Levels

《关于在少数民族地区进行农业社会
　　主义改造问题的指示》……………（256）
《གྲངས་ཉུང་མི་རིགས་ས་ཁུལ་དུ་ཞིང་ལས་སྤྱི་ཚོགས་རིང་
　　ལུགས་བསྒྱུར་བཀོད་གནད་དོན་སྐོར་གྱི་མཛུབ་སྟོན》
Directive on Problems Concerning the
　　Socialist Transformation of Agriculture
　　in Ethnic Minority Areas
《关于在少数民族学校推行中国汉语
　　水平考试试点的通知》……………（257）
《གྲངས་ཉུང་མི་རིགས་ཀྱི་སློབ་གྲྭར་ཀྲུང་གོའི་རྒྱ་ཡིག་ཚོད་
　　རྒྱག་གཞིའི་ཚོད་ལྟའི་ས་གནས་ཁྱབ་སྤེལ་སྐོར་གྱི་བརྡ་ཕོ》
Ciucular on Trial Runs Promotion HSK
　　Tests in Some Minority Regions
　　and Prefectures
《关于在西藏平息叛乱中实行民主改革
　　的若干政策问题》……………（257）
《བོད་སྟོངས་སུ་རོག་ཟིང་ཞི་འགུག་ཞི་འཇགས་བཟང་བའི་
　　ཁྲོད་དུ་དམངས་གཙོ་བཅོས་བསྒྱུར་ལག་བསྟར་བྱེད་
　　པའི་སྲིད་ཇུས་ཀྱི་གནད་དོན་འགའ》
Conducting the Democratic Reform While
　　quelling the Rebellion in Tibet
《关于在宣传报道和文艺创作中防止
　　继续发生丑化、侮辱少数
　　民族事件的通知》……………（258）
《དྲིལ་བསྒྲགས་འགོད་པ་དང་རིག་རྩལ་གསར་རྩོམ་ནང་དུ་
　　གྲངས་ཉུང་མི་རིགས་ལ་བརྣས་བཅོས་དང་བཅོག་
　　བཙོའི་དོན་རྐྱེན་མུ་མཐུད་དུ་འབྱུང་བ་
　　བཀག་འགོག་སྐོར་གྱི་བརྡ་ཕོ》
Circular on Preventing the Incident of
　　Defaming and Insulting Ethnic
　　Minorities in Publicity, Reports
　　and Works of Art

《关于招收少数民族优秀青年进入
　高等学校学习的意见》………（258）
《མཐོ་རིམ་སློབ་གྲྭ་གནས་ཞུང་མི་རིགས་ན་གཞོན་ཕུལ་བྱུང་
སློབ་མ་བསྡུ་བའི་སྒོར་གྱི་བསམ་འཆར》
Opinions on Recruiting Outstanding Youth
　of Minorities to Study in the
　Higher Institution

《关于正确处理少数民族地区宗教
　干扰学校教育问题的意见》……（259）
《གངས་ཞུང་མི་རིགས་ས་ཁུལ་ཆོས་ལུགས་ཀྱིས་སློབ་གྲྭའི་
སློབ་གསོ་ལ་བར་ཆད་བྱེད་པའི་གནད་དོན་ལ་ཡང་
དག་པའི་སྒོ་ནས་ཐག་གཅོད་སློར་གྱི་བསམ་འཆར》
Opinions Concerning the Correct Handling
　of the Issue of Religion Interfering
　in School Education in
　Ethnic Minority Areas

《关于正确处理新形势下影响民族
　团结问题的意见》………………（259）
《གནས་བབས་གསར་པའི་འོག་གངས་ཞུང་མི་རིགས་ཀྱི་
མཐུན་སྒྲིལ་ལ་ཤུགས་རྐྱེན་ཐེབས་པའི་གནད་དོན་ཡང་དག་པའི་སློ་
ནས་ཐག་གཅོད་པའི་སློར་གྱི་བསམ་འཆར》
Opinions Concerning the Correct Handling
　of the Issue of Ethnic Solidarity
　in the New Situation

《关于执行赎买政策的
　具体办法》……………………（260）
《བློ་བོ་སྦྱིན་ཚུར་ལག་བསྟར་བྱེད་པའི་ཞིབ་ཕྲའི་བྱེད་ཐབས》
Specific Measures for the Implementation
　of the Policy of "Buying Out"

《关于中国公民确定民族
　成分的规定》…………………（260）
《ཀྲུང་གོའི་སྤྱི་དམངས་ཀྱི་མི་རིགས་གྲུབ་ཆ་གཏན་འབེབས་
བྱེད་པའི་སློར་གྱི་གཏན་འབེབས》
Provisions on Determining the Ethnic
　Identity of Chinese Citizens

《关于中国境内少数民族
　问题的决议案》………………（261）
《ཀྲུང་གོའི་ནང་ཁུལ་གྱི་གངས་ཞུང་མི་རིགས་གནད་
དོན་སློར་གྱི་གྲོས་ཆོད》
Resolution on the Question of Ethnic
　Minorities in China

《关于组织经济较发达地区与经济
　欠发达地区开展扶贫
　协作的报告》…………………（261）
《དཔལ་འབྱོར་ཆུང་དང་རྒྱས་ཆེ་བའི་ས་ཁུལ་དུ་དཔལ་འབྱོར་
དར་རྒྱས་མི་ཆེ་བའི་ས་ཁུལ་དུ་དབུལ་སྐྱོར་རོགས་ལས་ཚ་
འཇུགས་སློལ་བའི་སློར་གྱི་སྙན་ཞུ》
Report on Organizing Cooperation for
　Poverty Alleviation Between
　Economi-cally Less Developed and
　Economically Developed Regions

《关于做好当前民族文化
　工作的意见》…………………（262）
《མིག་སྔའི་མི་རིགས་རིག་གནས་ལས་དོན་ལེགས་
སྒྲུབ་སློར་གྱི་བསམ་འཆར》
Opinions on Further Improving the
　Current Ethnic Culture Work

《关于做好对信奉伊斯兰教各少数
　民族旅客伙食供应的通知》……（262）
《དབྱི་སི་ལན་ཆོས་ལུགས་ལ་དད་པའི་གངས་ཞུང་མི་
རིགས་ཀྱི་འགྲུལ་པར་ཁས་འདོན་སློར་གྱི་ལས་
ཁ་ལེགས་སྒྲུབ་སློར་གྱི་བརྡ་བོ》
Circular Regarding the Proper Provision
　of Food for Passengers of All
　Islamic Minorities

《关于做好少数民族语言文字
　管理工作的意见》……………（263）
《གངས་ཞུང་མི་རིགས་ཀྱི་སྐད་ཡིག་དོ་དམ་ལས་དོན་
ལེགས་སྒྲུབ་སློར་གྱི་བསམ་འཆར》
Opinions on Taking Further Measures
　to Do Well in Works to Manage
　Languages of Ethnic Minorities

《关于做好杂居、散居少数
　　民族工作的报告》 ……………（263）
《འདྲེས་སྡོད་དང་འཕར་སྡོད་གྲངས་ཉུང་མི་རིགས་ཀྱི་
　　ལས་དོན་ལེགས་སྒྲུབ་སྐོར་གྱི་སྙན་ཞུ》
Report on Further Improving the Work
　　of Ethnic Minorities Living Together
　　or in Scattered Communities
《管理喇嘛寺庙条例》 ……………（264）
《བོད་ཀྱི་དགོན་པའི་དགོན་པར་དོ་དམ་བྱེད་
　　པའི་ཁྲིམས་སྒྲོལ》
Provisions on Managing Lamasery
灌顶 ……………………………………（264）
དབང་སྐུར་བ།
Abhisheka (the ritual of "pouring
　　from the peak")
灌顶国师 ………………………………（265）
དབང་བསྐུར་དབུ་བླ།
Abhiseka Master of the State
广惠司 …………………………………（265）
གོང་ཧེ་སི།
Guanghuisi (an administrative organ
　　for the use of Arabic medicine)
广西北部湾经济区 ……………………（265）
ཀོང་ཞི་བྱང་ཁུལ་མཚོ་ཁུག་དཔལ་འབྱོར་ཁུལ།
Guangxi Beibu Gulf Economic Zone
《广西北部湾经济区
　　发展规划》 ……………………（265）
《ཀོང་ཞི་བྱང་ཁུལ་མཚོ་ཁུག་གི་དཔལ་འབྱོར་
　　ཁུལ་གོང་སྤེལ་གྱི་འཆར་གཞི》
Guangxi Beibu Gulf Economic Zone
　　Development Plan
《广西苗瑶教育实施方案》 ………（266）
《ཀོང་ཞི་མིའོ་དང་ཡའོའི་སློབ་གསོ་ལག་བསྟར་བྱས་གཞི》
Implementation Plans on the Education
　　of the Miao and the Yao people
　　in Guangxi

广西民族大学 …………………………（266）
ཀོང་ཞི་མི་རིགས་སློབ་ཆེན།
Guangxi University for Nationalities
《广西壮族民居初步
　　调查报告》 ……………………（267）
《ཀོང་ཞི་ཀྲོང་རིགས་ཀྱི་སྡོད་ཁང་ལ་བཏག་དཔྱད་
　　ཐོག་མར་བྱས་པའི་སྙན་ཞུ》
Preliminary Report on the Residences
　　of Zhuang people in Guangxi
广西壮族自治区博物馆 ……………（267）
ཀོང་ཞི་ཀྲོང་རིགས་རང་སྐྱོང་ལྗོངས་དངོས་མང་བཤམས་སྟོན་ཁང་།
Museum of Guangxi Zhuang
　　Autonomous Region
归化军 …………………………………（268）
གུའི་ཧྭ་དམག
Guihua Army
归化族 …………………………………（268）
གུའི་ཧྭ་རིགས།
Guihua people
鬼方 ……………………………………（268）
གུའི་ཕང་།
Guifang
贵州民族大学 …………………………（269）
གུའི་ཀྲོའུ་མི་རིགས་སློབ་ཆེན།
Guizhou Minzu University
国际人类学与民族学联合会
　　第16届世界大会 ……………（269）
རྒྱལ་སྤྱིའི་མིའི་རིགས་རིག་པ་དང་མི་རིགས་རིག་པའི་
　　མཉམ་འབྲེལ་ཚོགས་འདུ་ཐེངས་༡༦པའི་
　　འཛམ་གླིང་ཚོགས་ཆེན།
The 16th Conference of the International
　　Union of Anthropological and
　　Ethnological Sciences

国家民委兼职委员单位 ……… （270）
རྒྱལ་ཁབ་མི་རིགས་དོན་གཅོད་ཨུ་ཡོན་ལྷན་ཁང་གིས་ལས་
འགན་གཅིག་ལྕོགས་བྱེད་པའི་ཨུ་ཡོན་སྡེ་ཁག
Name List of the Part-time Unit Members of the State Ethnic Affairs Commission

国家民委民族问题研究中心 ……… （270）
རྒྱལ་ཁབ་མི་རིགས་དོན་གཅོད་ཨུ་ཡོན་ལྷན་ཁང་གི་མི་
རིགས་གནད་དོན་ཞིབ་འཇུག་ལྟེ་བ།
Research Center on Ethnic Issues under the State Ethnic Affairs Commission

《国家民委社会团体管理办法》 ……… （271）
《རྒྱལ་ཁབ་མི་རིགས་དོན་གཅོད་ཨུ་ཡོན་ལྷན་ཁང་གི་སྤྱི་
ཚོགས་ཚོགས་པའི་དམ་བྱ་ཐབས》
Administrative Measures on Social Groups of State Ethnic Affairs Commission

国家民委突出贡献专家奖 ……… （271）
རྒྱལ་ཁབ་མི་རིགས་དོན་གཅོད་ཨུ་ཡོན་ལྷན་ཁང་གི་འབུར་
ཐོན་མཛད་རྗེས་ཆེད་མཁས་པའི་བྱ་དགའ།
Award for Experts with Outstanding Contributions to the State Ethnic Affairs Commission

国家民委学术委员会 ……… （272）
རྒྱལ་ཁབ་མི་རིགས་དོན་གཅོད་ཨུ་ཡོན་ལྷན་ཁང་གི་
རིག་གཞུང་ཨུ་ཡོན་ལྷན་ཚོགས།
Academic Committee of the State Ethnic Affairs Commission

国家民委重点实验室 ……… （272）
རྒྱལ་ཁབ་མི་རིགས་དོན་གཅོད་ཨུ་ཡོན་ལྷན་ཁང་གི་
གཙོ་གནད་ཚོད་ལྟ་ཁང་།
The National Key Laboratory of the State Ethnic Affairs Commission

国家民委主管社团 ……… （273）
རྒྱལ་ཁབ་མི་རིགས་དོན་གཅོད་ཨུ་ཡོན་ལྷན་ཁང་གི་
གཙོ་གཉེར་སྤྱི་ཚོགས་ཚོགས་པ།
Social Groups and Organizations Administrated by the State Ethnic Affairs Commission

国家民族事务委员会 ……… （273）
རྒྱལ་ཁབ་མི་རིགས་དོན་གཅོད་ཨུ་ཡོན་ལྷན་ཁང་།
State Ethnic Affairs Commission（SEAC）

国家民族事务委员会第二次委员（扩大）会议 ……… （274）
རྒྱལ་ཁབ་མི་རིགས་དོན་གཅོད་ཨུ་ཡོན་ལྷན་ཁང་གི་ཐེངས་
གཉིས་པའི་ཨུ་ཡོན་（རྒྱ་བསྐྱེད་）ཚོགས་འདུ།
The Second Enlarged Conference of Members of the State Ethnic Affairs Commission

国家民族事务委员会第三次委员（扩大）会议 ……… （274）
རྒྱལ་ཁབ་མི་རིགས་དོན་གཅོད་ཨུ་ཡོན་ལྷན་ཁང་གི་ཐེངས་
གསུམ་པའི་ཨུ་ཡོན་（རྒྱ་བསྐྱེད་）ཚོགས་འདུ།
The Third Enlarged Conference of Members of the State Ethnic Affairs Commission

国家民族事务委员会第一次委员（扩大）会议 ……… （275）
རྒྱལ་ཁབ་མི་རིགས་དོན་གཅོད་ཨུ་ཡོན་ལྷན་ཁང་གི་ཐེངས་
དང་པོའི་ཨུ་ཡོན་（རྒྱ་བསྐྱེད་）ཚོགས་འདུ།
The First Enlarged Conference of Members of the State Ethnic Affairs Commission

国家民族事务委员会主要职能 ……（275）
རྒྱལ་ཁབ་མི་རིགས་དོན་གཅོད་ཨུ་ཡོན་ལྷན་ཁང་གི་
འགན་ནུས་གཙོ་བོ།
The Major Functions of the State Ethnic Affairs Commission

《国民政府特派护送班禅大师回藏
　　专使入藏训条》·············（275）
《རྒྱལ་དབང་སྲིད་གཞུང་གིས་པཎ་ཆེན་རིན་པོ་ཆེ་
　　ཕྱིར་བོད་ཡུལ་དུ་བསྐྱལ་བར་ཆེད་དུ་བྱུང་
　　དམག་ཨང་གསལ་པའི་སྒྲིག་ཡིག》
Instructions of the Nationalist Government
　　for people to Be Sent to Escort
　　Master Panchen Back to Tibet
国师·······················（276）
དཔེ་བླ།
Guoshi（State Master）
《国务院实施〈中华人民共和国民族
　　区域自治法〉若干规定》·········（276）
《རྒྱལ་སྲིད་སྤྱི་ཁྱབ་ཁང་གིས〈ཀྲུང་ཧྭ་མི་དམངས་སྤྱི་མཐུན་
　　རྒྱལ་ཁབ་མི་རིགས་ས་ཁོངས་རང་སྐྱོང་ཁྲིམས་
　　ལག་བསྟར་བྱེད་པའི〉ཐག་གཅོད་འགའ》
Provisions on the Implementation of
　　Law of the People's Republic of
　　China on Regional Ethnic
　　Autonomy
国务院西部地区开发领导小组······（277）
རྒྱལ་སྲིད་སྤྱི་ཁྱབ་ཁང་གི་ནུབ་རྒྱུད་གསར་སྤེལ་འགོ་ཁྲིད་ཚོགས་ཆུང་།
Leading Group for Western Region
　　Development of the State Council
国语骑射···················（277）
རྒྱལ་སྐད་བོན་འཕེན།
Manchu Language and Riding-Shooting
果基小约丹（1894—1942）········（278）
གོ་ཅུ་ཞོའོ་ཡོ་ཏན།（１８９４—１９４２）
Guoji Xiaoyuedan
《过山榜》··················（278）
《གའོ་ཧྲན་པང་》
Passport for Crossing the Mountains

H

哈达·······················（280）
ཁ་བཏགས།
Hada

哈德成（1888—1943）···········（280）
ཧ་ཏེ་ཁྲེང་།（１８８８—１９４３）
Ha Decheng

哈拉·······················（281）
ཧ་ལ།
Hala

哈拉回·····················（281）
ཧ་ལ་ཧུའི།
Ha-La-Hui people

哈拉目·····················（281）
ཧ་ལ་མུ།
Halamu

哈剌契丹···················（281）
ཧ་ཚོ་ཆི་ཏན།
Kara Khitan（Hala Qidan）

哈尼语·····················（282）
ཧ་ཉི་སྐད།
Hani language

哈尼族·····················（282）
ཧ་ཉི་རིགས།
Hani people

哈萨克文···················（282）
ཧ་སག་ཡི་གེ
Kazakh alphabets

哈萨克语···················（283）
ཧ་སག་སྐད།
Kazakh language

哈萨克族 …………………… (283)
ཧ་སག་རིགས།
Kazakh people

海固事变 …………………… (284)
ཧའི་གུའུ་དུས་འགྱུར།
Hui Uprising of Haiyuan and Guyuan County

海西女真 …………………… (284)
ཧའི་ཞི་ནུས་ཀྱིན།
Haixi Jurchens

汉傣 …………………… (285)
ཧན་ཏའི།
Han Dai

汉军八旗 …………………… (285)
རྒྱ་དམག་དར་ཚོན་བརྒྱད།
Han Eight banners

汉藏语系 …………………… (285)
རྒྱ་བོད་སྐད་རྒྱུད།
Sino-Tibetan languages

汉字院 …………………… (286)
ཧན་ཚེ་ཡོན།
Hanzi Academy (Chinese Characters Court)

杭州凤凰寺 …………………… (286)
ཧང་གྲོའུ་ཕྲུན་ཧོང་ཚོས་ཁང་།
Hangzhou Phoenix Mosque

合款 …………………… (286)
ཧོ་ཁོན།
Hekuan

合州之战 …………………… (287)
ཧོ་གྲོའུ་དམག་འཐབ།
The War of Hezhou (Diaoyu Fortress War)

何秋涛（1824—1862） ………… (288)
ཧོ་ཆིའུ་ཐའོ། (༡༨༢༤—༡༨༦༢)
He Qiutao (1824-1864)

和林格尔汉墓壁画 …………… (288)
ཧོ་ལིན་གིར་ཏུན་རྒྱལ་རབས་ཀྱི་བང་སོའི་ལྡེབས་རིས།
Mural Painting of Tomb of Han Dynasty in Horlinger

和平改革 …………………… (289)
ཞི་བདེའི་བཅོས་སྒྱུར།
Peaceful Reform

和亲 …………………… (289)
གཉེན་འབྲེལ།
Heqin (marriage alliance)

和戎 …………………… (289)
མཚོན་འཇོག
Herong (Peace with Rong people)

和硕特部 …………………… (290)
ཧོ་ཧྲོའུ་ཐེ་ཚོཔ།
Heshuote tribe

和卓 …………………… (290)
ཧོ་གྲོ།
Khoja

《河西吐蕃经卷及文书》 ……… (290)
《ཆུ་ནུབ་བོད་ཀྱི་བཀའ་ཚོམ་ཧོག་དྲིལ་ཡིག་ཆ》
Tubo Buddhist Sutras and Manuscripts in Hexi Corridor

荷冒 …………………… (291)
ཧོ་མའོ།
Hemao

荷少 …………………… (291)
ཧོ་ཧྲུའོ།
Heshao

赫图阿拉老城 ………………… (291)
ཧོ་ཐུའུ་ཨལམ་ལའོ་ཁྲིང་།
Hetuala City

赫哲语 …………………… (292)
ཧོ་གྲེའི་སྐད།
Hezhe language

赫哲族 ……………………（292）
ཧོ་གྲེ་རིགས།
Hezhe people

黑龙江将军 ……………（292）
ཧེ་ལུང་ཅང་གི་དམག་དཔོན།
General of Heilongjiang

《黑龙江外记》 ………（293）
《ཧེ་ལུང་ཅང་གི་ཟིན་བྲིས།》
Unofficial Chronicles of Heilongjiang

黑旗军 …………………（293）
དར་ནག་དམག
The Black Flag Army

黑山派 …………………（294）
རི་ནག་ཚོགས་པ།
Qara-taghlyq

黑水都督府 ……………（294）
ཧེ་ཧྲུའི་པའི་སྦྱང་དམག་ཁྱབ་ཀྱི་ལས་ཁུངས།
Heishui Dudufu

黑灾 ……………………（295）
ནག་སྐྱོན།
Black Disaster

弘化公主（623—698）…（295）
ཧུང་ཧྭ་གུང་ཇོ། (༦༢༣—༦༩༨)
Princess Honghua (623-698)

红珊瑚 …………………（295）
བྱུ་རུ་དམར་པོ།
Red Coral

《红史》 ………………（296）
《དེབ་ཐེར་དམར་པོ།》
Red Annual or Deb-ther-dmar-po

红灾 ……………………（296）
མེ་སྐྱོན།
Red Disaster

后金 ……………………（296）
ཅིན་ཕྱི།
Later Jin

后藏 ……………………（297）
བོད་ཕྱི།
"Back" Tibet

呼毕勒罕 ………………（297）
ཧུའུ་པི་ལེ་ཧན།
Hubilehan

呼和浩特清真大寺 ……（298）
མཁར་སྔོན་པོའི་སི་ལན་གྱི་ཆོས་ཁང་ཆེན་མོ།
Hohhot Great Mosque

呼图克图 ………………（298）
ཧོ་ཐོག་ཐུ།
Khutuktu

忽必烈（1215—1294）…（299）
སེ་ཆེན་རྒྱལ་པོ། (༡༢༡༥—༡༢༩༤)
Kublai Khan (1215-1294)

忽里勒台 ………………（299）
ཧེ་ལུ་ལེ་ཐེ།
Hulietai

胡登州（1522—1597）…（300）
ཧུའུ་ཏེང་འབྲོའུ། (༡༥༢༢—༡༥༩༧)
Hu Dengzhou (1522-1597)

胡人 ……………………（300）
ཧུའུ་མི།
Hu peoples (The Barbarians)

湖北民族学院 …………（301）
ཧུའུ་པེ་མི་རིགས་སློབ་གྲྭ།
Hubei Institute for Nationalities

虎夫耶 …………………（301）
ཧུའུ་བྲེ་ཡེ།
Khufiyya

护法功德司 (301)
བསྟན་སྲུང་ཡོན་ཏན་དཔོན་པོ།
Offce of Merit and Virtue
for Taoist Affairs

护教王 (301)
བསྟན་སྲུང་རྒྱལ་པོ།
Guardian Prince of Doctrine

护羌校尉 (302)
ཚང་སྲུང་ཞོའི་མཁའི།
Colonel Protector of the Qiang
(Hu Qiang Xiaowei)

护乌桓校尉 (302)
ཕོའོ་ཧྭན་སྲུང་བའི་ཞོའི་མཁའི།
Colonel Protector of the Wuhuan
(HuWuhuan Xiaowei)

《花的原野》 (303)
《མེ་ཏོག་གི་ལྗོང་ཐང་》
Flourishing Flowers

花山崖壁画 (304)
ཧུ་ཧྲན་བྲག་དོས་ཀྱི་ལྡེབས་རིས།
The Hua-shan Precipice Fresco

花腰傣 (304)
ཀེད་ཁྲའི་ཏྲའི་རིགས།
Hua Yao Dai people
(Colorful-Waistband Dai)

华尔功成烈（1915—1966） (304)
དཔལ་མགོན་འཕྲིན་ལས། (1915—1966)
Palgonchrinle (1915-1966)

《华夷译语》 (305)
རྒྱ་སོག་སྐད་གཉིས་ཤན་འབྱེད།
Chinese-Barbarian Dictionary

化觉巷清真寺 (305)
ཧུ་ཅུའོ་སྲང་ལམ་གྱི་དག་བྱི་ལམ་གྱི་ཆོས་ཁང་།
Huajuexiang Mosque

化瑶局 (306)
ཧུ་ཡའོ་ཆུས།
Bureau of Pacifying the Yao people

怀圣寺 (306)
དགོན་མཆོག་རྗེན་དྲན་ཆོས་ཁང་།
Huaisheng Mosque

怀圣寺光塔 (307)
དགོན་མཆོག་རྗེན་དྲན་ཆོས་ཁང་གི་གོང་བ་མཆོད་རྟེན།
The Lighthouse (minaret) inside the
Huaisheng Mosque

《皇朝藩部要略》 (307)
《གོང་མའི་རྒྱལ་རབས་ཀྱི་ལོ་རྒྱུས་མདོར་བསྡུས》
A Summary of the Frontier Regions of
the Imperial Qing Dynasty

皇太极（1592—1643） (308)
ཧོང་ཐའེ་ཇི། (1592—1643)
Huang Taiji (1592-1643)

黄道婆（约1245—1330） (308)
ཧོང་ཏའོ་པོ། (ཕལ་ཆེར1245—1330)
Huang Daopo (1245-1330)

《黄琉璃史》 (309)
《བཻཌཱུརྱ་སེར་པོ》
The Yellow Beryl: History of the Gelukpa

黄慕松（1883—1937） (309)
ཧོང་མུའུ་སུང་། (1883—1937)
Huang Musong (1883-1937)

黄正清（1903—1997） (309)
ཧོང་གྱེན་ཆིན། (1903—1997)
Huang Zhengqing (1903-1997)

回鹘 (310)
ཧུའེ་ཧུ།
Huihu

回鹘文 (310)
ཧུའེ་ཧུའུ་ཡི་གེ
The Uighur alphabet

回回 ……………………………（311）
ཧུའི་ཧུའི།
Huihui

《回回民族问题》……………（311）
《ཧུའི་ཧུའི་མི་རིགས་ཀྱི་གནད་དོན》
On the Question of Huihui Ethnicity

回回司天监 ……………………（312）
ཧུའི་ཧུའི་གནམ་དཔྱད་སྟེ་ལས།
Huihui Astronomical Bureau

回回药物院 ……………………（312）
ཧུའི་ཧུའི་སྨན་རྫས་ཁང་།
Huihui (Muslim) Pharmaceutical Bureaus

《回回原来》……………………（312）
《ཧུའི་རིགས་འབྱུང་ཁུངས》
Huihui yuanlai (The Origins of the Huihui)

回疆 ……………………………（313）
ཧུའི་སྟོངས།
Huijiang (Muslim Frontier)

《回疆则例》……………………（313）
《ཧུའི་སྟོངས་ཀྱི་བཅའ་ཡིག》
Regulations for the Muslim Frontier

回族 ……………………………（314）
ཧུའི་རིགས།
The Hui people

会社制 …………………………（314）
ཧུའི་ཚེ་ལམ་ལུགས།
Huishe System

会同馆 …………………………（315）
མཉམ་འཛོམས་ཁང་།
Huitongguan (the Bureau of Interpreters)

活佛转世 ………………………（315）
སྤྲུལ་སྐུའི་ལམ་ལུགས།
Reincarnation System for the Living Buddhas

霍尔 ……………………………（316）
ཧོར།
Hor

J

基督教 …………………………（317）
ཡེ་ཤུ་ཆོས་ལུགས།
Christianity

基诺族 …………………………（317）
ཅི་ནུའོ་རིགས།
Jinuo people

基恰 ……………………………（318）
སྤྱི་ཁྱབ།
Chikyap

基萨 ……………………………（318）
སྤྱི་ས།
Jisa

羁縻都司卫所 …………………（318）
འཇམ་བྱེད་བདེ་སྲུང་ཁང་།
Jimi Regional Military Commissions and Garrisons

羁縻府州 ………………………（319）
འཇམ་བྱེད་སྒྲུ་ཁུལ།
The prefecture of Jimi

羁縻制度 ………………………（319）
འཇམ་བྱེད་ལམ་ལུགས།
Jimi System

吉哈德 …………………………（320）
ཅི་ཧ་ཏེ།
Jihad

吉林将军 ………………………（320）
ཅི་ལིན་དམག་དཔོན།
General of Jilin

《吉林省散居少数民族权益
　保障条例》…………………（321）
《ཅི་ལིན་ཞིང་ཆེན་གྱིས་གྱིས་འབོར་དུ་གནས་པའི་གྲངས་ཉུང་མི་
རིགས་ཀྱི་ཞི་དབང་ལ་སྲུང་སྐྱོབ་བྱེད་པའི་སྲོལ་ཡིག》
Regulations of Jilin Province on Protection
　of Rights and Interests of Scattered
　Ethnic Minority Groups
《吉林外记》 ……………………（321）
《ཅི་ལིན་གྱི་ཕྱིའི་ཟིན་བྲིས》
Jilin Waiji (Miscellaneous Records
　from Jilin)
吉索 ………………………………（322）
སྲིས
Jisuo
计丁授田 …………………………（322）
མི་གྲངས་ལྟར་ས་ཞིང་བགོ་བ།
Per Capita Land-allocation Policy
季节牧场 …………………………（322）
དུས་ཚིགས་ཀྱི་འབྲོག་ས།
Seasonal Pasture
季节性畜牧 ………………………（322）
དུས་ཚིགས་ལྟར་ཕྱུགས་སྐྱོང་བ།
Seasonal Grazing
冀中军区回民支队 ………………（323）
ཏོའི་དབུས་དམག་གི་ཅུའི་རིགས་དམངས་དམག་དུ་ཡལ།
The Huis Branch of the Middle Hebei
家庭公社 …………………………（324）
ཁྱིམ་ཚང་གུང་རྗེ།
Family/household Commune
嘉木样 ……………………………（324）
འཇམ་དབྱངས་བཞད་པ།
Jamyang Shepa
嘉戎哇 ……………………………（324）
རྒྱལ་རོང་པ།
Jiarongwa

嘉戎语 ……………………………（325）
རྒྱལ་རོང་སྐད།
Jiarong (Rgyalrong) languages
甲本 ………………………………（325）
བརྒྱ་དཔོན།
Gyapon
甲错 ………………………………（325）
བརྒྱ་ཚོ།
Gyatso
贾曹杰（1364—1432）…………（325）
རྒྱལ་ཚབ་རྗེ།（༡༣༦༤—༡༤༣༢）
Gyaltsab Je
《贾理》 …………………………（326）
《ཅ་ལི》
Miao's Jiali (Miao language:
　Jax of Jaxli)
贾拓夫（1912—1967）…………（326）
ཅ་ཐོའོ་ཧྥུ།（༡༩༡༢—༡༩༦༧）
Jia Tuofu
《坚持和完善民族理论政策体系规划
　（2011—2015）》……………（327）
《མི་རིགས་གཞུང་ལུགས་ཀྱི་བློ་རྟགས་དང་མ་ལག་རྒྱུན་འཛིན་
དང་འཕྲུལ་རྗེ་ཚད་དུ་གཏོང་བའི་འཆར་གཞི
（༢༠༡༡—༢༠༡༥）》
The Plan of Upholding and Improving
　the System of Ethnic Theory and
　Policy (2011-2015)
坚昆 ………………………………（327）
ཅན་ཁུན།
Jiankun
翦伯赞（1898—1968）…………（328）
ཅན་པོ་ཙན།（༡༨༩༨—༡༩༦༨）
Jian Bozan

建州女真 ………………（328）
ཅན་གྲོའུ་ཡུའུ་གན།
Jianzhou Jurchens

建州三卫 ………………（329）
ཅན་གྲོའུ་ཡི་དམག་སྲིད་སྡེ་གནས་གསུམ།
Three Military Administrations of Jianzhou

江苏省常州西藏民族中学 ……（329）
ཅང་སུའུ་ཞིང་ཆེན་ཁྱང་གྲོའུ་བོད་སྡོངས་མི་རིགས་སློབ་འབྲིང་།
Changzhou Tibetan Middle School in Jiangsu Province

江孜保卫战 ……………（329）
རྒྱལ་རྩེ་དམག་འཐབ།
Battle of Gyantse

交错从表婚 ……………（330）
ཞེ་འབྲེལ་གཉེན་སྒྲིག
Cross-cousin marriage

交河故城 ………………（330）
གཙང་པོའི་འདྲེས་མདོའི་གནའ་མཁར།
Jiaohe ruins

教门 ……………………（331）
ཅའོ་མོན།
Jiao Men (Hui-Muslim)

结绳记事 ………………（331）
ཐག་གུར་མདུད་པ་རྒྱབ་ནས་དོན་གྱི་བྱུང་ཚུལ་འགོད་པ།
Record-keeping by Knotted Ropes

结束班禅堪布会议厅委员会 …（331）
པཎ་ཆེན་མཁན་པོ་ནང་མ་སྣང་གྲོས་ལས་མཚམས་བཞག་པ།
The Approval of Ending the Panchen Kampus Assembly

羯 ………………………（332）
ཅེ་རིགས།
Jie

《解放苗瑶决议案》 …………（332）
《མིའོ་རིགས་དང་ཡོའོ་རིགས་བཅིངས་འགྲོལ་གཏོང་རྒྱའི་གྲོས་ཆོད་ཡི་གེ》
Resolution on the Liberation of the Miao and Yao

解决我国民族问题的基本政策 ……（333）
རང་རྒྱལ་གྱི་མི་རིགས་གནད་དོན་ཐག་གཅོད་བྱ་ཐབས་ཀྱི་གཞི་རྩའི་སྲིད་ཇུས།
The Basic Policy for Resolving Ethnic Issues in China

金 ……………………（333）
ཅིན་རྒྱལ་རབས།
The Jin Dynasty

金奔巴 …………………（334）
གསེར་བུམ།
Golden Bumpa

金城公主（689—739）………（334）
ཀྱིམ་ཤིང་ཀོང་ཇོ། (༦༨༩—༧༣༩)
Jincheng Pricess (689-739)

《金刚经》 ……………（334）
《རྡོ་རྗེ་གཅོད་པ》
Jingang Jing (the Diamond Sutra)

金门 ……………………（335）
ཅིན་མོན།
Jinmen

金牌信符 ………………（335）
གསེར་བྱང་།
Golden Plate Proof

金瓶掣签 ………………（336）
གསེར་བུམ་དཀྱུགས་ནས་སྤྲུལ་སྐུ་ངོས་འཛིན་ལུགས།
The system of Lot-drawing from a Golden Urn

《金史》 ………………（336）
《ཅིན་གྱི་ལོ་རྒྱུས》
History of the Jin Dynasty

禁牧 ……………………………（337）
ཙྭ་བཀག
Grazing Prohibition

京语 ……………………………（337）
ཅིང་སྐད
The Jing Language

京族 ……………………………（337）
ཅིང་སྐད
The Jing people

经济发达省市同少数民族地区对口
支援和经济技术协作
工作座谈会 ………………（338）
དཔལ་འབྱོར་དར་རྒྱས་ཞིང་ཆེན་དང་ཐབ་གཏོགས་
གྲོང་ཁྱེར་གྱིས་གྲངས་ཉུང་མི་རིགས་ཁུལ་ལ་སྦྱོར་
གྱིས་རོགས་སྐྱོར་དང་དཔལ་འབྱོར་ལག་རྩལ་ཐད་
རོགས་ལས་ཀྱི་བཞུགས་མོལ་ཚོགས་འདུ།
Work Conference on Promoting the Economic and Technical Cooperation and Pairing-Assistance between the Economically Developed Areas and Minority Areas

经名 ……………………………（339）
ཅིན་མིན་ཚོས་ལུགས།
Jingming（Muslim name）

经堂教育 ………………………（339）
ཆོས་ཁང་སློབ་གསོ།
Jingtang Education（the mosque education）

经文班 …………………………（339）
དབྱི་སི་ལན་གྱི་ཚོས་སྡིང་།
Islamic Class

景颇文 …………………………（340）
ཅིང་ཕོ་རིགས་ཀྱི་ཡི་གེ
Jingpo Script

景颇语 …………………………（340）
ཅིང་ཕོ་སྐད
Jingpo Language

景颇族 …………………………（340）
ཅིང་ཕོ་རིགས།
Jingpo people

景颇族山官制度 ………………（341）
ཅིང་ཕོ་རིགས་ཀྱི་རི་དཔོན་ལམ་ལུགས།
The Jingpo's Shan-official（Mountain Master）System

景真八角亭 ……………………（342）
ཅིང་གྱེན་གྲོང་གི་ལྷ་ཁང་ཟུར་བརྒྱད་མ།
Jingzhen Octagonal Pavilion

净礼 ……………………………（342）
གཙང་མཆོད
Ablution

境内外国人宗教活动 …………（342）
རང་རྒྱལ་དུ་ཕྱི་རྒྱལ་པས་སྤྱེལ་བའི་ཆོས་ལུགས་བྱེད་སྒོ
Religious Activities of Foreigners in China

九黎 ……………………………（343）
ཡི་ཚོ་དགུ
Nine Li Tribe

九姓 ……………………………（343）
རུས་དགུ
Jiuxing（nine surnames）

九姓胡 …………………………（343）
རུས་དགུ་ཧུའུ
Jiuxinghu（nine surname Hu）

九姓回纥 ………………………（343）
ཧུའི་ཧུའི་ཚོ་དགུ
Jiuxinghuihe（nine surname Huihu

九姓回鹘可汗碑 ………………（344）
ཧུའི་ཧུའི་ཚོ་དགུའི་ཁོཆན་རྡོ་རིང་།
Nine Surname Huihu Khan Monument

九夷 ………………………… （344）
དབྱི་ཚོ་དགུ།
Jiu Yi (the Nine Tribes)

舅权 ………………………… （344）
ཞང་ཚོའི་དབང་དབང་ལས་ལུགས།
Avunculate

鞠氏 ………………………… （345）
ཀུ་ཞུད།
The Ju family

具足戒 ………………………… （345）
དགེ་སློང་གི་འདུལ་ཁྲིམས།
Upasampada

军台 ………………………… （346）
དམག་དོན་ས་ཚིགས།
Military postal station

骏马奖 ………………………… （346）
རྟ་མཆོག་རྒྱགས་ཅན་གྱི་བྱ་དགའ།
Horse Award for Minority Literatures

K

喀什噶尔参赞大臣 ……………… （347）
ཁ་ཆི་གར་བསྐོད་ཞུགས་བློན་ཆེན།
Kashgar Ministerial Attache

卡尔信 ………………………… （347）
ཀོག་སྟོད་ལམ་ལུགས།
Ka'erxin

卡伦 ………………………… （347）
འགོག་སྲུང་རྟེན་གཞི།
Karun

卡洛 ………………………… （348）
ཁ་ལོ།
Kaluo

卡若遗址 ……………………… （348）
ཁ་རུབ་གནའ་ཤུལ།
Karuo Site

卡瓦 ………………………… （348）
ཁ་པ།
Kawa

开化黎瑶民族案 ……………… （348）
མིན་རི་གས་དང་ཡའོ་རིགས་ཀྱི་དཔའ་བོན་འབྱེད་རྒྱས་དང་འབྲེལ་བའི་ཚོད་ཡིག
Resolutions on Enlightening Li and Yao Ethnic Groups

堪布 ………………………… （349）
མཁན་པོ།
Khenpo

堪钦 ………………………… （349）
མཁན་ཆེན།
Khenchen

堪穷 ………………………… （349）
མཁན་ཆུང་།
Khenchung

堪苏 ………………………… （349）
མཁན་གཟུར།
Khensur

坎儿井 ………………………… （350）
ཁྲོན་པ་མ་ཐེལ་འཛུལ་མ།
Kaner Wells (Karezes)

康巴 ………………………… （350）
ཁམས་པ།
Khampa

康村 ………………………… （350）
ཁམས་ཚན།
Kangcun

康方言 ………………………… （350）
ཁམས་སྐད།
Kham Dialect

康区 ………………………… （351）
ཁམས།
Kham (Khams or Kamu)

柯尔克孜文 ………………（351）
བོར་ལེ་ཚིའི་ཡིག
Kirgiz script

柯尔克孜语 ………………（351）
བོར་ལེ་ཚིག་སྐད
Kirgiz language

柯尔克孜族 ………………（352）
བོར་ལེ་ཚིའི་རིགས
Kirgiz people

柯尔克孜族历法 ……………（352）
བོར་ལེ་ཚིའི་རིགས་ཀྱི་ལོ་རྩིས
Kirgiz Calendar

科巴 ………………………（353）
ཁོལ་པོ
Keba

磕长头 ……………………（353）
རྐྱང་ཕྱག
The Tibetan kowtow

可敦 ………………………（353）
ཁ་ཏུན
Kedun

可汗 ………………………（353）
ཁ་གན
Khan

可可西里自然保护区 ………（354）
ཨ་ཆེན་གངས་རྒྱབ་རང་བྱུང་སྲུང་སྐྱོབ་ཁུལ
Kekexili Nature Reserve

克恩 ………………………（354）
ཁེ་ཨེན
Ke'en

克尔白 ……………………（355）
ཁུར་པའི
Kaaba

克孜尔千佛洞 ……………（355）
ཁེ་ཙེ་ཨེར་གྱི་གངས་རྒྱས་སྟོང་གི་བྲག་ཕུག
Kizil Thousand Buddha Caves

刻木记事 …………………（355）
གིང་ལ་བརྐོས་རྒྱབ་ནས་བྱུང་ཚུལ་འགོད་པ
Keeping Records by Notching Wood

孔木散 ……………………（356）
ཁུང་མུའུ་སན
Kong-mu-sa

孔雀奖 ……………………（356）
རྨ་བྱ་རྟགས་ཅན་གྱི་བྱ་དགའ
Peacock Award

苦聪人 ……………………（356）
ཁུའུ་ཚོང་པ
The Kucong

库布林耶 …………………（357）
ཁུའུ་པུའུ་ལིན་ཡེ
Kubriyah

库木吐喇千佛洞 …………（357）
ཁུའུ་མུའུ་ཐུའུ་ལའི་གངས་རྒྱས་སྟོང་གི་བྲག་ཕུག
Kumtura Thousand Buddha Caves

款词 ………………………（358）
ཁུན་ཚིག
Kuan Ci

款首 ………………………（358）
ཁུན་མཚོན་འགོ་པ
Kuanshou

奎璧（1903—1986） ………（358）
ཁུའེ་པི (1903—1986)
Kui-bi（1903-1986）

昆明夷 ……………………（359）
ཁུན་མིང་དབྱི
Kunming Yi（Barbarian）

昆明植物研究所民族植物学研究室 ……(359)
ཁུན་མིང་སྐྱེ་དངོས་ཞིབ་འཇུག་ཁང་གི་མི་རིགས་སྐྱེ་དངོས་
རིག་པ་ཞིབ་འཇུག་ཁང་།
Department of Ethnobotany, Kunming Institute of Botany

《括苍畲民调查记》 ……(359)
《ཁུའོ་ཚང་ཞེ་རིགས་ཀྱི་བརྟག་དཔྱད་ཞིབ་འཇུག》
Report on the She people in Kuocang

阔端（1206—1251） ……(360)
གོ་དན། (༡༢༠༦—༡༢༥༡)
Godan (1206-1251)

廓尔喀 ……(360)
གོར་ཁ།
Gurkha

《廓尔喀纪略》 ……(361)
《གོར་ཁའི་དོན་རྐྱེན་རགས་བསྡུས》
Gurkha Account

廓尔喀入侵西藏事件 ……(361)
གོར་དམག་གིས་བོད་དུ་བཙན་འཛུལ་བྱས་པ།
Gurkha Invasion of Tibet

L

拉卜楞寺 ……(362)
བླ་བྲང་བཀྲ་ཤིས་འཁྱིལ།
Labrang Monastery

拉达克 ……(362)
ལ་དྭགས།
Ladakh

拉祜文 ……(363)
ལ་ཧུའུ་ཡི་གེ
Lahu script

拉祜语 ……(363)
ལ་ཧུའུ་སྐད།
Lahu language

拉祜族 ……(363)
ལ་ཧུའུ་རིགས།
Lahu people

拉机 ……(364)
ལ་བྲང་།
Laji

拉珈语 ……(364)
ལ་ཅ་སྐད།
Lakkia language

拉库奴隶起义 ……(364)
ཕྲུག་ལོའི་བྲན་གཡོག་འོས་ལངས།
Slave uprisings in the year of Laku

拉然巴格西 ……(365)
དགེ་བཤེས་ལྷ་རམས་པ།
Gexe Lharampa

拉让强佐 ……(365)
བླ་བྲང་ཕྱག་མཛོད།
Larang Qiangzuo

拉萨兵变 ……(365)
ལྷ་སའི་དམག་འགྱུར།
Mutiny in Lhasa

拉萨军事管制委员会 ……(366)
ལྷ་སའི་དམག་དོན་དོ་དམ་ཨུ་ཡོན་ལྷན་ཁང་།
Lhasa Military Control Commission

《拉萨市民族团结进步条例》 ……(366)
《ལྷ་ས་གྲོང་ཁྱེར་གྱི་མི་རིགས་མཐུན་སྒྲིལ་ཡར་ཐོན་
སྐྱོད་སྟངས་ཀྱི་ཁྲིམས་སྲོལ།》
Regulations on unity and progress of ethnic minorities in Lhasa

《拉萨条约》 ……(367)
《ལྷ་སའི་ཆིངས་ཡིག》
Lhasa Treaty

拉萨一区四园 ……(367)
ལྷ་སའི་ཁུལ་གཅིག་དང་གླིང་སྐོར་བཞི།
Lhasa One Zone and Four Parks

《拉施德史》 …………………（368）
《ལ་ཤི་དིའི་ལོ་རྒྱུས།》
The history of Rashid

拉藏汗（？—1717）…………（368）
ལྷ་བཟང་ཧན།（？ —༡༧༡༧）
Lha-bzang Khan

喇嘛 …………………………（369）
བླ་མ།
Lama

《喇嘛登记办法》 ……………（369）
《བླ་མའི་ཐོ་འགོད་ཐབས།》
The Method of Lama Registration

《喇嘛奖惩办法》 ……………（369）
《བླ་མའི་ཞལ་གཅོད་ཐབས།》
The Method of Rewarding and Punishing Lama

喇嘛教 ………………………（369）
བླ་མའི་ཆོས་ལུགས།
Lamaism

《喇嘛转世办法》 ……………（370）
《སྤྲུལ་སྐུའི་ཡང་སྲིད་འཚོལ་ཐབས།》
The Method of Lama Incarnation

徕远司 ………………………（370）
ལའེ་ཡོན་སི།
Eastern Turkestan Bureau

兰州大学西北少数民族研究中心／民族学研究院 ……………（370）
ལན་གྲོའུ་སློབ་གྲྭ་ཆེན་མོའི་ནུབ་བྱང་གྲངས་ཉུང་མི་རིགས་ཞིབ་འཇུག་ལྟེ་བའི／མི་རིགས་ཞིབ་འཇུག་སློབ།
Center For studies of Ethnic Minorities in Northwest China of Lanzhou University／Institute of Ethnology

蓝帽回回 ……………………（371）
ཞྭ་མོ་སྔོན་ཅན་ཧུའེ་ཧུའེ།
Blue-cap Huihui

朗达玛（？—842）……………（371）
གླང་དར་མ།（？ —༨༤༢）
Langdarma（also Glang-dar-ma）（？ -842）

朗生 …………………………（371）
ནང་བཟན།
Nangzan（also Nangzen, Nangzan, Nangsen）

朗爷田 ………………………（372）
ལང་ཡེ་ཞིང་ས།
Fields of Blang lord

朗孜夏 ………………………（372）
སྣང་རྩེ་ཤག
Langzixia

劳役寨 ………………………（372）
ལས་ཁལ་སྡེ་བ།
Corvee Labor Village

老派 …………………………（372）
རྙིང་ཕྱོགས།
The earliest school of Islam in China

老少边穷地区 ………………（373）
རྙིང་ཞུང་མཐའ་དབུལ་ཁུལ།
Former revolutionary base areas, areas inhabited by ethnic minorities, remote and border areas and poverty-stricken areas

老少边穷地区开发贷款 ………（373）
རྙིང་ཞུང་མཐའ་དབུལ་ཁུལ་དུ་བསྐྱེད་དངུལ་འཇོག་པ།
Development Loan Project for Former revolutionary base areas, areas inhabited by ethnic minorities, remote and border areas and poverty-stricken areas

老舍（1899—1966）……………（373）
ལའོ་ཞི།（༡༨༩༩—༡༩༦༦）
Lao She（1899-1966）

乐人院 ……………………（374）
རོལ་དབྱངས་གླིང་།
Yeh Jn Yan

《泐史》……………………（374）
《ལིའི་ལོ་རྒྱུས》
Le-shi (History of the Le)

雷必喜饶（? —?）…………（375）
ལེགས་པའི་ཤེས་རབ (? -?)
Legs pa'i shes rab (? -?)

黎语 ……………………（375）
ལི་སྐད།
Li language

黎语支 ……………………（375）
ལི་སྐད་ཀྱི་ཡན་ལག
Li language branch

黎族 ……………………（376）
ལི་རིགས།
Li people

黎族合亩制 ………………（376）
ལི་རིགས་ཀྱི་མཉམ་འདེབས་ལུགས།
The "Hemu Institution" of the Li people

礼功 ……………………（377）
གུས་མཆོད།
Ritual Prayer Five Times a Day

李四光（1889—1971）………（377）
ལི་སི་ཀོང (1889—1971)
Li Siguang (1889-1971)

李元昊（1003—1048）………（377）
ལི་ཡོན་ཧའོ (1003—1048)
Li Yuanhao (1003-1048)

里甲制 ……………………（378）
ལི་ཅཱ་ཀྱིའི་ལམ་ལུགས།
The Administrative Community (Li-jia) System

俚 ……………………（379）
ལི།
Li

理藩院 ……………………（379）
མཐའ་སྐྱོང་ཁང་།
Lifan Yuan (Court of Territorial Affairs)

《理藩院则例》………………（380）
《མཐའ་སྐྱོང་ཁང་གི་རྩ་དོན》
Lifanyuan zeli (Precedents of Court of Territorial Affairs)

吏读 ……………………（380）
ལི་ཏུའུ་ཡིག
Li Du (official's reading)

傈僳文 ……………………（381）
ལི་སུའུ་ཡིག
Lisu script

傈僳语 ……………………（381）
ལི་སུའུ་སྐད།
Lisu language

傈僳族 ……………………（381）
ལི་སུའུ་རིགས།
Lisu people

凉山彝族等级内婚制 ………（382）
རི་བོ་ལིའང་ཧྲན་གྱི་དབྱིས་རིགས་ཀྱི་རིགས་རྣམ་གཞན་སྒྲིག་ལམ་ལུགས།
Hierarchal Endogamy of Liangshan Yi people

凉山彝族家支制度 …………（382）
རི་བོ་ལིའང་ཧྲན་དབྱིས་རིགས་ཀྱི་ཁྱིམ་ལག་ལམ་ལུགས།
Clan System of Yi people in Liangshan

梁聚五（1892—1977）………（382）
ལིའང་ཅཱུ་ཝུའུ (1892—1977)
Liang Juwu (1892-1977)

两个长期不变 ……………（383）
ཡུན་རིང་དུ་འགྱུར་བ་གཉིས།
Two Long-term Right

两个共同 ……………………（383）
མཉམ་དུ་འབད་དགོས་པ་གཉིས།
Two Commons

两个离不开 …………………（384）
བྲལ་ཐབས་མེད་པ་གཉིས།
Two Essential Interdependence

两个屏障四个基地 …………（384）
འགག་ཚ་གཉིས་དང་གཞི་ཚ་བཞི།
Two Barriers and Four Bases

两个屏障四个基地和
　一个桥头堡 ……………（385）
འགག་གཉིས་གནས་གཞི་བཞི་དང་རྟེན་གཞི་གཅིག
Two Barriers, Four Bases and One
　Stronghold

两基 …………………………（385）
གཞི་ཚ་གཉིས།
Two Basics

两免一补 ……………………（386）
རྩ་ཆག་ཏུ་གཏོང་བ་གཉིས་དང་རོགས་གསབ་གཅིག་གི་སྲིད་རྫས།
Two remissions and one subsidy

两委重设 ……………………（386）
ཨུ་ལྷན་ཁང་གཉིས་ཀྱི་བསྐྱར་འཛུགས།
Restore of two commissions

辽朝 …………………………（387）
ལིའོ་རྒྱལ་རབས།
Liao Dynasty

《辽东志》……………………（387）
《ལིའོ་ཤར་མའི་རྣམ་བཤད》
Liaodong Gazetteer

《辽金元三史国语解》………（388）
《རྒྱལ་རབས་གསུམ་གྱི་ལོ་རྒྱུས་ཀྱི་སྙིང་འགྲེལ》
Lexicographical Work of the Three
　Books on the History of Liao,
　Jin and Yuan Dynasty

辽沈之战 ……………………（388）
ལིའོ་ཞེན་ཁུལ་དུ་བསྐྲངས་པའི་སྟེ་གཡར།
Liaoyang-Shenyang War

僚 ……………………………（389）
ལིའོ།
Liao

列本 …………………………（389）
ལི་དཔོན།
Lieben

林 ……………………………（389）
ལིང་།
Lin

林惠祥（1901—1958）………（389）
ལིན་ཧུའི་ཞང་། (1901—1958)
Lin Huixiang (1901-1958)

林卡 …………………………（390）
གླིང་ཀ
Lingka

林耀华（1910—2000）………（390）
ལིན་ཡའོ་ཧྭ། (1910—2000)
Lin Yaohua (1910-2000)

林芝机场 ……………………（390）
ཉིང་ཁྲིའི་གནམ་གྲུ་འབབ་ཐང་།
Nyingchi Mainling Airport

《临海水土志》………………（391）
《ལིན་ཧེ་ཁུལ་གྱི་ཆུའི་རྣམ་བཤད》
Records of Land and Water at Linhai

凌纯声（1902—1981）……………（391）
ལིང་ཁྲུན་ཤིང་། （１９０２—１９８１）
Ling Chunsheng (1902-1981)

岭北行省 ………………………（392）
ལིང་པའི་ཞིང་ཆེན།
Lingbei Xingsheng (The Secretariat of Lingbei)

《岭表录异》………………………（392）
《རི་བོ་ཕྱུའི་ལིང་རྒྱུད་ཀྱི་ཞིབ་པོ》
Ling Biao Lu Yi (A Record of South of the Five Ridges)

《岭外代答》………………………（392）
《ལིན་ཕྱིའི་ཞིབ་པྲིས》
Lingwai daida (Representative Answers to the Question about the Regional Beyond the Mountains in the South)

领司奔寨 …………………………（393）
ལིན་སི་པེན་གུའི།
Lingsibenzhai

领主 ………………………………（393）
མངའ་བདག
The lord

令支 ………………………………（394）
ལིན་གྱི།
Lingzhi

刘格平（1903—1992）……………（394）
ལིའུ་ཀོ་ཕིང་། （１９０３—１９９２）
Liu Geping (1903-1992)

刘三姐 ……………………………（394）
ལིའུ་སན་ཅེ།
Liu Sanjie (the third sister of the Liu family)

刘智（约1664—约1730）………（395）
ལིའུ་ཀྲི། （１６６４—１７３０）
Liu Zhi (ca. 1664-ca. 1730)

流动贸易 …………………………（395）
འགུལ་སྐྱོད་ཚོང་ཚོང་།
Flow trade

流官 ………………………………（396）
ཨམ་བན།
Liuguan (circulatory officials)

《流沙坠简》………………………（396）
《དེབ་ཐེར་ཕྱུའི་ཧྲ་གྲུའི་ཚན》
Liushazhuijian

《柳边记略》………………………（396）
《རྒྱ་ལྕང་འགྲམ་གྱི་རགས་བྲིས》
Liubianjilue (Description of lands within and without the Willow Palisade)

柳条边 ……………………………（397）
ལྕག་ཕྲེན་ར་བ།
The Willow Palisade

六大政策 …………………………（397）
སྲིད་ཇུས་ཆེན་པོ་དྲུག
The Six Policies

六狄 ………………………………（397）
དི་ཚོ་དྲུག
Six Di (a term given to northern tribes in ancient China)

六谷部 ……………………………（398）
ཀླུང་ཚོ་དྲུག
Six-valley tribe

六年不改方针 ……………………（398）
བོད་དྲུག་ལ་མི་བསྒྱུར་བའི་བྱེད་ཕྱོགས།
The decision that no reform should be carried out in Tibet within six years

六戎 …………………………（398）
རོང་ཚོ་དྲུག
Six Rong

六十二项援藏工程 ………………（399）
བོད་སྐྱོངས་ལ་རོགས་སྐྱོར་བྱེད་པའི་དོན་ཚན་དྲུག་ཅུ་རེ་གཉིས།
Sixty-two Construction Projects in Aiding Tibet

六万户 ……………………………（399）
ཁྲི་སྐོར་དྲུག
Six Tumens (unit of ten thousand)

六信 ………………………………（400）
ཡིད་ཆེས་དྲུག
The Six Articles of Faithis

六诏 ………………………………（400）
གདོ་ཚོ་དྲུག
Liu Zhao (six tribes)

六字真言 …………………………（400）
མ་ཎི་ཡིག་དྲུག
Six-Character Truth

六族共和 …………………………（401）
མི་རིགས་དྲུག་གི་སྤྱི་མཐུན།
Six Races Under One Union

龙巴门 ……………………………（401）
ལུང་པ་མོན།
Longba Gate

龙口城 ……………………………（402）
འབྲུག་ཁ་མཁར།
Longkou (Dragon Head) Town

龙尾城 ……………………………（402）
འབྲུག་རྗེ་མཁར།
Longwei (Dragon Tail) Town

龙夏·多吉次杰（1881—1940）……（402）
ལུང་ཤར་རྡོ་རྗེ་ཚེ་བརྒྱལ་（1881—1940）
Lungshar Rdorje Tshergyal (1881-1940)

龙云（1884—1962）………………（403）
ལུང་ཡུན།（1884—1962）
Long Yun (1884-1962)

陇 …………………………………（404）
ལུང་།
Long

楼兰古城 …………………………（404）
ལོའུ་ལན་གནའ་མཁར།
Ancient City of Loulan

卢汉（1895—1974）………………（404）
ལུའུ་ཧན།（1895—1974）
Lu Han (1895-1974)

卢水胡 ……………………………（405）
ལུའུ་ཆུ་ཧོར།
Lushui Hu

泸州蛮 ……………………………（405）
ལུའུ་གྲོའུ་མན།
Luzhou Barbarian

鲁明善（1271—1368）……………（405）
ལུའུ་མིང་ཧྲན།（1271—1368）
Lu Mingshan (1271-1368)

轮牧 ………………………………（406）
རྩྭ་ཁ་རེས་སྐོར་གྱིས་ཕྱུགས་འཚོ་ཐབས།
Rotational Grazing

《论傣族诗歌》 …………………（406）
《ཏའེའི་རིགས་ཀྱི་སྙན་ངག་སྐྱོང་བ》
On the Poetry of the Dai people

《论十大关系》 …………………（407）
《འབྲེལ་བ་བཅུའི་རྩམ་བཤད》
On the Ten Major Relationships

罗殿国 ……………………………（407）
ལོའོ་ཏེན་རྒྱལ་ཁབ།
Luodian Kingdom

· 57 ·

罗罗 ………………………… （407）
ལོ་ལོ།
Luoluo

珞巴语 ………………………… （407）
ལྷོ་པའི་སྐད།
Lhoba Language

珞巴族 ………………………… （408）
ལྷོ་པ་རིགས།
Lhoba people

珞渝 ………………………… （408）
ལྷོ་ཡུལ།
Luoyu

吕振羽（1900—1980） ………… （409）
ལུའི་གྲིན་ཡུས།（１９００—１９８０）
Lv Zhenyu (1900-1980)

绿松石 ………………………… （409）
གཡུ།
Turquoise

M

马步芳（1903—1975） ………… （410）
མ་པུའུ་ཧྥང་།（１９０３—１９７５）
Ma Bufang (1903-1975)

马长寿（1907—1971） ………… （410）
མ་ཁང་ཬོུ།（１９０７—１９７１）
Ma Changshou (1907-1971)

马哈只碑 ……………………… （411）
མ་ཧ་ཀྱིའི་རྫ་རིང་།
Grave Stele of Ma Hazhi

马赫穆德·喀什噶尔
（1008—1105） ……………… （411）
མ་ཧོ་མུའུ་ཏེ་·ཁོ་ཆིན་ཀོ་ཨེར（１００８—１１０５）
Mahmud al-Kashgari (1008-1105)

马鸿宾（1884—1960） ………… （412）
མ་ཧུང་པིན།（１８８４—１９６０）
Ma Hongbin (1884-1960)

马坚（1906—1978） ……………… （412）
མ་ཅན།（１９０６—１９７８）
Ma Jian (1906-1978)

马克思主义民族观 ……………… （413）
མར་ཁེ་སེ་རིང་ལུགས་ཀྱི་མི་རིགས་ལྟ་ཚུལ།
Marxist Concepts on Ethnicity

马明心（1719—1781） ………… （413）
མ་མིང་ཞིན།（１７１９—１７８１）
Ma Mingxin (1719-1781)

马朴（1878—1950） …………… （414）
མ་ཕུ།（１８７８—１９５０）
Ma Pu (1878-1950)

马松亭（1895—1992） ………… （414）
མ་སུང་ཐིན།（１８９５—１９９２）
Ma Songting (1895-1992)

马学良（1913—1999） ………… （415）
མ་ཞུའེ་ལིཨང་།（１９１３—１９９９）
Ma Xueliang (1913-1999)

马注（1640—1711） ……………… （415）
མ་ཀོུ།（１６４０—１７１１）
Ma Zhu (1640-1711)

玛尔巴（1012—1097） ………… （416）
མར་པ།（１０１２—１０９７）
Marpa (1012-1097)

玛鲁 ………………………… （416）
མ་ལུ།
Malu

玛尼堆 ………………………… （416）
མ་ཎི་རྡོ་འབུམ།
Manidui

买卖婚 ……………………………（416）
གཉེན་སྒྲིག་བོ་ཚོང་ལམ་ལུགས།
Mercenary Marriage

麦积山石窟 ………………………（417）
རི་བོ་མའི་ཅེ་ཧྲན་བྲག་ཕུག
The Maijishan Grottos

麦加 ………………………………（417）
མའི་ཅ་གྲོང་ཁྱེར།
Mecca

麦克马洪线 ………………………（418）
མའི་ཁོག་མ་ཧུང་གི་ས་ཐིག
McMahon Line

《蛮书》 …………………………（418）
《མན་གྱི་དེབ་ཐེར》
Manshu (Book of the Barbarians)

满天星放牧法 ……………………（418）
སྐར་ཚོགས་བཀྲམ་པའི་རྩྭ་མ་ཅན་གྱི་ཕྱུགས་འཚོ་སྟངས།
Open-herding

满-通古斯语族 …………………（419）
མན་ཐུང་གུའུ་སིའི་སྐད་རིགས།
Manchu-Tungusic languages

满文 ………………………………（419）
མན་ཇུའི་ཡི་གེ
Manchu script

《满文大藏经》 …………………（419）
《མན་ཡིག་གི་བཀའ་འགྱུར》
Manchu Tripitaka

《满文老档》 ……………………（420）
《མན་ཡིག་གི་ཡིག་ཆགས་རྙིང་པ》
The Old Manchu Chronicles

满语 ………………………………（420）
མན་ཇུའི་སྐད
Manchu language

满语支 ……………………………（421）
མན་ཇུའི་སྐད་ལག
The Manchu Language Branch

满洲 ………………………………（421）
མན་ཇུ
Manzhou (Manchuria)

满洲八大姓 ………………………（421）
མན་ཇུའི་རུས་ཆེན་བརྒྱད།
The Eight surnames of Manchu

《满洲实录》 ……………………（422）
《མན་ཇུ་རྒྱལ་རབས་ཀྱི་དངོས་བྱུང》
Veritable Records of the Manchus

《满洲源流考》 …………………（422）
《མན་ཇུའི་འབྱུང་ཁུངས་འཚོལ་ཞིབ》
Researches on Manchu Origins

满族 ………………………………（422）
མན་རིགས།
Manchu people

芒松芒赞（637—676）…………（423）
མང་སྲོང་མང་བཙན། (༦༣༧—༦༧༦)
Mangsong Mangtsen (637-676)

毛拉 ………………………………（423）
མོའི་ལྰ།
Maula

毛南语 ……………………………（424）
མོའི་ནན་སྐད།
Maonan Language

毛南族 ……………………………（424）
མོའི་ནན་རིགས།
Maonan people

牦牛 ………………………………（424）
གཡག
Yak

牦牛踩场 …………… （425）
ཆེག་བརྫི།
Yaks Used for Threshing

冒顿（？—公元前174）………（425）
མའོ་ཏུན།（？—སྤྱི་ལོ་སྔོན་གྱི་174）
Modu（？-174 BC）

么些 …………………… （425）
མོ་ཞེ།
Mexie

门巴语 ………………… （425）
མོན་པའི་སྐད།
Moinba language

门巴族 ………………… （426）
མོན་པ་རིགས།
Moinba people

门宦 …………………… （426）
མོན་ཚོན།
Menhuan

门隅 …………………… （427）
མོན་ཡུལ།
Monyul

门孜康 ………………… （427）
སྨན་རྩིས་ཁང་།
Menzikang

《蒙藏边区人员派赴各机关
  服务暂行办法》 ………… （427）
《སོག་བོད་མཐའ་ཁུལ་དུ་ཞབས་ཞུ་སྨྲ་ལམས་ཁུངས་སོ་
སོར་གཏོང་བའི་གནས་སྐབས་ཀྱི་བྱེད་ཐབས།》
Temporary Methods for people Sent from the Border Areas in Mongolia and Tibet to Serve in the Government Offices

《蒙藏边区人员任用条例》 ……… （428）
《སོག་བོད་མ་མཐའ་ཁུལ་མི་སྣ་བསྐོ་སྟོད་ཀྱི་སྲོལ་ཡིག》
Provisions on Appointing the Mongolian and Tibetan people in Border Areas

《蒙藏公文程式》 …………… （428）
《སོག་བོད་ཀྱི་གཞུང་ཡིག་འབྲི་སྲོལ།》
Forms and Formulas of Mongolian and Tibetan Official Documents

蒙藏委员会 …………………… （429）
སོག་བོད་ཨུ་ཡོན་ལྷན་ཁང་།
Mongolian and Tibetan Affairs Commission

蒙藏委员会驻藏办事处 …………（429）
སོག་བོད་ཨུ་ཡོན་ལྷན་ཁང་གི་བོད་སྡོད་དོན་གཅོད་ཁང་།
Tibet Agency of Mongolian and Tibetan Affairs Commission

《蒙藏委员会组织法》 …………（429）
《སོག་བོད་ཨུ་ཡོན་ལྷན་ཁང་གི་རྩ་འཛུགས་ཁྲིམས།》
The Organization Law of Mongolian and Tibetan Affairs Commission

蒙藏学校 ………………………（430）
སོག་བོད་སློབ་གྲྭ།
Mongolian and Tibetan School

蒙藏院 …………………………（430）
སོག་བོད་སྒྱིང་།
Mongolian and Tibetan Affairs Yuan

《蒙鞑备录》 …………………（431）
《མོང་ཏྲའི་ཐེན་བཀོད།》
A Refined Report of the Mongolian Tartars

蒙哥（1209—1259）……………（431）
མོང་ཀོ།（1209—1259）
Mengge（1209-1259）

蒙格 …………………………（432）
མོང་གུའེ།
Mengge

蒙古八旗 ……………………（432）
སོག་པོའི་དར་བརྒྱད།
Mongol Eight Banners

蒙古国子监 ……………………（432）
བོག་པོའི་རྒྱལ་ཁབ་སློབ་དཔྱོད།
Directorate of Education for Mongols

蒙古汗国 ………………………（433）
བོག་པོའི་ཧན་རྒྱལ་ཁབ།
The Mongol khanate

《蒙古黄金史》 ………………（433）
《བོག་པོའི་རྫོགས་ལྡན་ལོ་རྒྱུས》
The Golden History of the Mongols

蒙古军政府 ……………………（433）
བོག་དམག་སྲིད་གཞུང་།
The Mongolian Military Government

《蒙古秘史》 …………………（434）
《བོག་པོའི་གསང་བའི་ལོ་རྒྱུས》
Secret history of the Mongols

《蒙古农民》 …………………（434）
《བོག་པོའི་ཞིང་པ》
Farmers of Mongolian

蒙古四大汗国 …………………（435）
བོག་པོའི་དཔོན་ཆེན་བཞི།
The Four Mongol Khanates

蒙古文化促进会 ………………（435）
བོག་པོའི་རིག་གནས་ཡར་སྐྱེལ་ཚོགས་པ།
Mongolian Cultural Promotion Association

蒙古文字 ………………………（435）
བོག་ཡིག
Mongolian Script

《蒙古游牧记》 ………………（436）
《བོག་པོའི་རུ་བའི་ཟིན་ཐོ》
Record of Mongolian Nomad

蒙古语 …………………………（436）
བོག་སྐད།
Mongolian

蒙古语族 ………………………（437）
བོག་པོའི་སྐད་རིགས།
Mongolian Language Family

《蒙古源流》 …………………（437）
《བོག་པོའི་བྱུང་རབས》
The Origin of Mongolians

《蒙古自治八项原则》 ………（437）
《བོག་པོ་རང་སྐྱོང་གི་རྩ་དོན་བརྒྱད》
Eight Principles of the Autonomy of Mongolia

蒙古自治邦 ……………………（438）
བོག་པོའི་རང་སྐྱོང་ཚོགས་པ།
The Puppet Mongolia Autonomous State

蒙古自治政府 …………………（438）
བོག་པོ་རང་སྐྱོང་སྲིད་གཞུང་།
Autonomous Government of Mongolia

蒙古族 …………………………（439）
བོག་རིགས།
Mongolian people

蒙古族医学 ……………………（439）
བོག་པོའི་གསོ་རིག
Mongolian Medicine

蒙汉分治、旗县并存 …………（440）
རྒྱ་བོག་སོར་སྐྱོང་། དར་རྫོང་མཉམ་གནས།
Respective Governance of the Mongols and the Han, Coexistence of Banner and County

《蒙回藏王公等爵章条例》 ………（440）
《བོག་ཧུའེ་བོད་ཀྱི་སྐུ་དྲག་གི་མཚན་གནས་རྟགས་མའི་སྒྲོལ་ཡིག》
Provisions on the Badge of Mongolian, Hui and Tibetan Nobility

《蒙冀协定》 …………………（440）
《བོག་པོ་དང་ཧྲོའི་གྲོས་ཆིངས》
Mongolia-Hebei Agreement

蒙疆联合自治政府 ………… (441)
བོག་ཅང་མཉམ་སྦྲེལ་རང་སྐྱོང་སྲིད་གཞུང་།
The Mengjiang United Autonomous Government

蒙舍 ……………………… (441)
མོང་ཧྲེ།
Mengshe

蒙氏 ……………………… (442)
མོན་གྱི་རུས་རྒྱུད།
The Meng family

《蒙文启蒙诠释》 ………… (442)
《སོག་ཡིག་སློབ་འབྱེད་ཞིབ་བརྗོད》
The Interpretation of Mongolian Language Textbook

蒙政会 …………………… (442)
སོག་པོའི་སྲིད་ཚོགས།
The Mongol Local Autonomy Political Affairs Committee

盟 ………………………… (443)
མནའ།
A league

盟旗制度 ………………… (443)
མནའ་དར་གྱི་ལམ་ལུགས།
The League-Banner System

孟－高棉语族 …………… (443)
མོན་-ཀོ་སྨྱེན་སྐད་རིགས།
The Mon-Khmer language

弥药 ……………………… (444)
མི་ཉག
The Mi Nyag

米波 ……………………… (444)
མི་པོགས།
Mibo

《米拉日巴传》 …………… (444)
《མི་ལ་རས་པའི་རྣམ་ཐར》
Biography of Milarepa

米兰古堡 ………………… (445)
མི་ལའི་གནའ་མཁར།
Miran fort

米杂 ……………………… (445)
མི་ཙ།
Miza

密本 ……………………… (445)
མི་དཔོན།
Miben

密村 ……………………… (445)
མི་ཚན།
Micun

密宗 ……………………… (446)
གསང་སྔགས།
Mizong (Vajrayana/Esoteric School)

勉唐画派 ………………… (446)
སྨན་ཐང་ལུགས།
Mantang School

勉语 ……………………… (447)
མེན་སྐད།
Mien language

缅寺 ……………………… (447)
འབར་དགོན།
The Mian temple

缅语支 …………………… (447)
འབར་སྐད་ཡལ།
The Burmish Language Branch

《苗防备览》 ……………… (447)
《མུའོ་ཡི་འགོག་གྲབ་རིས》
Guidance for Guarding the Miao people

《苗疆屯防实录》 ……………（448）
《མུན་ཡིམ་ཐབ་འགོག་དག་སྲུང་དངོས་བྲིས》
Records of Garrisons in Miao Frontiers

苗文 …………………………（448）
མུན་ཡིག
Miao script

苗瑶语族 ……………………（449）
མུན་ཡའོ་སྐད་རིགས།
The Miao-Yao languages

苗语 …………………………（449）
མུན་སྐད།
Miao language

苗语支 ………………………（450）
མུན་སྐད་ལག
Miao Language Branch

《苗帚苗钟集》 ………………（450）
《མུན་ཕྱགས་མུན་ཅོང་བསྡུས་པ》
The Collected Stories of the Miao people in Xiangxi

苗族 …………………………（450）
མུན་རིགས།
Miao people

《苗族救星》 …………………（451）
《མུན་རིགས་ཀྱི་མགོན་སྐྱབས》
The Savior of the Miao people

苗族医学 ……………………（451）
མུན་རིགས་ཀྱི་གསོ་རིག
The Miao medicine

妙应寺白塔 …………………（452）
མུན་དབྱིན་དགོན་གྱི་མཆོད་རྟེན་དཀར་པོ།
The White Dagoba of the Miaoying Monastery

民汉双语教学 ………………（452）
མི་རིགས་དང་རྒྱའི་སྐད་གཉིས་སློབ་ཁྲིད།
Bilingual teaching of ethnic languages and Han language

民家 …………………………（452）
མིང་ཚ།
Minjia

民主改革 ……………………（453）
དམངས་གཙོ་བཅོས་བསྒྱུར།
The democratic reform

民族八省区 …………………（453）
མི་རིགས་ཀྱི་ཞིང་ལྗོངས་བརྒྱད།
The eight ethnic regions

民族班 ………………………（453）
མི་རིགས་འཛིན་གྲྭ།
The ethnic minority classes

民族差异 ……………………（454）
མི་རིགས་ཀྱི་ཁྱད་པར།
The ethnic differences

民族出版社 …………………（454）
མི་རིགས་དཔེ་སྐྲུན་ཁང་།
The Ethnic Publishing House

《民族词典》 …………………（455）
《མི་རིགས་ཚིག་མཛོད》
The Ethnic Dictionary

《民族大团结》邮票 …………（455）
《མི་རིགས་མཐུན་སྒྲིལ་ཆེན་མོ》
"Unity of Ethinc Groups" Stamps

民族的宗教性 ………………（455）
མི་རིགས་ཀྱི་ཆོས་ལུགས་རང་བཞིན།
The religiousness of an ethnic group

民族地区补助费 ……………（456）
མི་རིགས་ཁུལ་གྱི་རོགས་དངུལ།
The subsidy for ethnic minority areas

· 63 ·

民族地区定额财政补贴 …………（456）
མི་རིགས་ས་ཁུལ་གྱི་གཏན་དངུལ་ཟུར་སྤྲོད་གབ་སྟོན།
The fixed fiscal subsidy to ethnic
    minority areas
民族地区改革开放试验区 …………（456）
མི་རིགས་ས་ཁུལ་གྱི་བསྐྱར་བཅོས་སྒོ་འབྱེད་ཀྱི་ཚོད་ལྟའི་ཁུལ།
Reform and Opening-Up Experimental
    Zones in Ethnic Areas
民族地区教育基础薄弱县普通
    高中建设工程 ……………………（457）
མི་རིགས་ས་ཁུལ་གྱི་རྨང་གཞིའི་སློབ་གསོ་ཞན་པའི་རྫོང་དུ་
ཐུན་མོང་མཐོ་འབྲིང་སྐྲུན་པའི་ལས་གཞི།
Counstruction project for senior high
    schools in counties with a weak
    educational foundation in regions
    inhabited by ethnic groups
民族地区开展民主改革和社会主义
    改造的基本方针 …………………（457）
མི་རིགས་ས་ཁུལ་དུ་དམངས་གཙོ་བཅོས་བསྒྱུར་དང་སྤྱི་ཚོགས་
རིང་ལུགས་བསྒྱུར་བཀོད་སྤེལ་བའི་གཞི་རྩའི་ཕྱེད་ཕྱོགས།
The fundamental principles of the
    implementation of the democratic
    reform and socialist transformation
    in ethnic groups areas
民族地区双语教育推进工程 ………（458）
མི་རིགས་ས་ཁུལ་དུ་སྐད་གཉིས་སློབ་གསོ་སྤེལ་བའི་ལས་གཞི།
Promoting bilingual education
    in ethnic areas
民族地区双语科普工程 ……………（458）
མི་རིགས་ས་ཁུལ་གྱི་སྐད་གཉིས་ཚན་བརྡལ་གྱི་ལས་གཞི།
Bilingual Science Popularization
    Program in Ethnic Areas

民族地区义务教育学校标准化
    建设工程 …………………………（459）
མི་རིགས་ས་ཁུལ་འགན་འབབ་སློབ་གསོའི་སློབ་གྲྭ་ཚད་
ལྡན་འཛུགས་སྐྲུན་གྱི་ལས་གཞི།
Standardization in Compulsory Education
    Schools in Ethnic Minority Areas
民族发展权 ……………………………（459）
མི་རིགས་འཕེལ་རྒྱས་ཀྱི་དབང་ཆ།
The Right to Development of Ethnic
    Minorities
民族法 …………………………………（459）
མི་རིགས་ཁྲིམས།
Ethnic Law
民族法规体系建设工程 ……………（460）
མི་རིགས་ཁྲིམས་སྲོལ་མ་ལག་སྐྲུན་པའི་ལས་གཞི།
The Program to Establish Ethnic Laws
    and Regulations System
民族法学 ………………………………（460）
མི་རིགས་ཁྲིམས་ལུགས་རིག་པ།
Ethnic Law Science
民族法制建设 …………………………（460）
མི་རིགས་ཁྲིམས་ལུགས་འཛུགས་སྐྲུན།
The Construction of Ethnic
    Legal System
民族法制体系 …………………………（461）
མི་རིགས་ཁྲིམས་ལུགས་ཀྱི་མ་ལག
Ethnic Legal System
《民族法制体系建设"十二五"规划
    （2011—2015）》 ………………（461）
《མི་རིགས་ཁྲིམས་ལུགས་མ་ལག་སྐྲུན་པའི་བཅུ་གཉིས་ལྔའི་
འཆར་འགོད། （༢༠༡༡—༢༠༡༥）》
*The 12th Five-Year Plan on Construction
    of the Ethnic Legal System
    （2011-2015）*

民族分裂势力 …………………（462）
མི་རིགས་ཁ་བྲལ་སྟོབས་ཤུགས།
Ethnic Secession Forces

民族分裂主义 …………………（462）
མི་རིགས་ཁ་བྲལ་རིང་ལུགས།
Ethnic Secessionism

民族风俗 ………………………（462）
མི་རིགས་ཀྱི་ཡུལ་སྲོལ།
Ethnic Customs

民族干部 ………………………（463）
མི་རིགས་གཞུང་ཞབས་པ།
Ethnic cadre

民族干部挂职锻炼制度 ………（463）
མི་རིགས་གཞུང་ཞབས་པ་འགན་བཀལ་སྦྱོང་
བདར་ལམ་ལུགས།
Systems for Ethnic Cadres to Suspend Their jobs for Training

民族干部学校 …………………（464）
མི་རིགས་གཞུང་ཞབས་པའི་སློབ་གྲྭ།
The Institute of Ethnic Administrators

民族隔阂 ………………………（464）
མི་རིགས་འགལ་ཟླ།
Ethnic Estrangement

民族工作对港澳台交流与
  合作工程 ……………………（464）
མི་རིགས་ལས་ཀ་གང་ཨོ་ཐེའི་གསུམ་ལ་འབྲེལ་འདྲིས་
དང་མཉམ་ལས་ཀྱི་ལས་གཞི།
The Program to Promote Exchange and Cooperation between Chinese Mainland and Hong Kong, Macao and Taiwan in Ethnic Affairs

民族工作对外交流与合作工程 ……（464）
མི་རིགས་ལས་ཀ་ཕྱི་ཕྱོགས་འབྲེལ་འདྲིས་དང་
མཉམ་ལས་ཀྱི་ལས་གཞི།
The Program to Promote Internationally Cultural Exchange and Cooperation in Ethnic Affairs

民族工作机构 …………………（465）
མི་རིགས་ལས་དོན་གྱི་སྒྲིག་གཞི།
Ethnic Affairs Organizations

民族工作社会化 ………………（465）
མི་རིགས་ལས་དོན་སྤྱི་ཚོགས་ཅན།
Socialization of Ethnic Affairs

《民族工作文献选编
  （1990—2002）》 ……………（465）
《མི་རིགས་ལས་དོན་གྱི་ཚད་ལྡན་ཡིག་ཆ་གདམས་སྒྲིག
（༡༩༩༠—༢༠༠༢）》
Selected Documents on Ethnic Work
  （1990-2002）

《民族工作文献选编
  （2003—2009）》 ……………（466）
《མི་རིགས་ལས་དོན་གྱི་ཡིག་ཆ་གདམས་སྒྲིག
（༢༠༠༣—༢༠༠༩）》
Selected Documents on Ethnic Work
  （2003-2009）

民族共同地域 …………………（467）
མི་རིགས་ཐུན་མོང་གི་ས་ཁོངས།
Ethnic Common Domain

民族共同体 ……………………（467）
མི་རིགས་ཐུན་མོང་ཚན།
Ethnic Community

民族共同心理素质 ……………（467）
མི་རིགས་ཐུན་མོང་གི་བསམ་པའི་དོ་པོ།
Ethnic Common Psychological Diathesis

民族共同语 …………………（467）
མི་རིགས་ཀྱི་སྤྱི་སྐད།
Ethnic Common Language

民族构成 ……………………（468）
མི་རིགས་ཀྱི་གྲུབ་ཚུལ།
Ethnic Proportions

民族关系 ……………………（468）
མི་རིགས་ཀྱི་འབྲེལ་བ།
Ethnic Relations

民族观 ………………………（468）
མི་རིགས་ཀྱི་ལྟ་བ།
Ethnic Outlook

民族国家 ……………………（468）
མི་རིགས་ཀྱི་རྒྱལ་ཁབ།
Nation States

民族互助 ……………………（468）
མི་རིགས་མཉམ་རོགས།
Mutual Ethnic Aid

民族画报社 …………………（468）
མི་རིགས་བརྙན་པར་ཁང་།
Ethnic Pictorial Press

民族机动金 …………………（469）
མི་རིགས་བབ་བསྟུན་དངུལ།
Special Reserved Funds for
    Ethnic Minorities

民族间事实上的不平等 ……（469）
མི་རིགས་བར་གྱི་དོན་དངོས་ཐོག་གི་འདྲ་མཉམ་མིན་པ།
Actual Disparity among Ethnic Groups

民族教育 ……………………（469）
མི་རིགས་སློབ་གསོ།
Ethnic Education

民族教育政策体系 …………（470）
མི་རིགས་སློབ་གསོའི་སྲིད་ཇུས་ཀྱི་མ་ལག
Ethnic Education Policy System

民族经济 ……………………（470）
མི་རིགས་དཔལ་འབྱོར།
Ethnic Economy

民族经济学 …………………（471）
མི་རིགས་དཔལ་འབྱོར་རིག་པ།
Ethnic Economics

民族精神 ……………………（471）
མི་རིགས་ཀྱི་བསམ་པ།
National Spirit

民族聚居区 …………………（471）
མི་རིགས་འདུས་སྡོད་ཁུལ།
Concentrated Area of Ethnic Groups

民族理论政策研究工程 ……（471）
མི་རིགས་གཞུང་ལུགས་སྲིད་ཇུས་ལ་ཞིབ་འཇུག་ལས་གཞི།
Project of Ethnic Theory and
    Policy Research

民族联合 ……………………（472）
མི་རིགས་མཉམ་འབྲེལ།
Ethnic Alliance

民族矛盾 ……………………（472）
མི་རིགས་འགལ་བ།
Ethnic Contradictions

民族贸易 ……………………（472）
མི་རིགས་བར་གྱི་ཚོང་།
Ethnic Trade

民族贸易公司 ………………（472）
མི་རིགས་བར་གྱི་ཚོང་ཀུང་སི།
Ethnic Trade Companies

民族贸易和民族特需用品生产供应
    的现行扶持政策 …………（473）
མི་རིགས་བར་གྱི་ཚོང་དང་མི་རིགས་ཁྱད་སྤྱོད་ཕོན་རྫས་ཐོན་སྐྱེད་མཁོ་སྤྲོད་བྱེད་པའི་ལྟའི་རོགས་འདེགས་སྲིད་ཇུས།
Preferential Policies toward Ethnic
    Trade and the Production of
    Special Articles Used by
    Minority peoples

民族贸易三项照顾政策 ……………（473）
མི་རིགས་བར་གྱི་ཚོང་ཕན་གྱི་ལྟ་སྐྱོང་སྲིད་ཇུས་གསུམ།
Threefold Preferential Policy toward Ethnic Trade

民族贸易贴息贷款 …………………（474）
མི་རིགས་བར་གྱི་ཚོང་གི་བསྐྱེད་དངུལ་སྐྱེད་ཀ
Discount-Interest Loan for Ethnic Trade

民族贸易县 …………………………（474）
མི་རིགས་བར་གྱི་ཚོང་རྫོང་།
The Designated Ethnic Trade Counties

民族民主革命 ………………………（475）
མི་རིགས་དམངས་གཙོའི་གསར་བརྗེ།
National-Democratic Revolution

民族平等 ……………………………（475）
མི་རིགས་འདྲ་མཉམ།
Ethnic Equality

民族平等政策 ………………………（475）
མི་རིགས་འདྲ་མཉམ་གྱི་སྲིད་ཇུས།
Ethnic Equality Policy

民族区域经济 ………………………（476）
མི་རིགས་ས་ཁོངས་དཔལ་འབྱོར།
Regional Economy in Ethnic Areas

民族区域自治的基本原则 …………（476）
མི་རིགས་རང་སྐྱོང་ས་ཁོངས་ཀྱི་རྩ་བའི་རྩ་དོན།
Basic Principles on Regional Autonomy for Ethnic Minorities

民族区域自治地方 …………………（476）
མི་རིགས་ས་ཁོངས་རང་སྐྱོང་ས་ཁུལ།
Ethnic Autonomous Area

民族区域自治具有的要素 …………（477）
མི་རིགས་ས་ཁོངས་རང་སྐྱོང་གི་གྲུབ་ཆ།
Elements of regional ethnic autonomy

民族权利 ……………………………（477）
མི་རིགས་ཀྱི་དབང་ཆ།
Rights of ethnic groups

民族认同 ……………………………（477）
མི་རིགས་ངོས་འཛིན།
Ethnic identity

民族融合 ……………………………（477）
མི་རིགས་མཉམ་འདྲེས།
Ethnic integration

民族识别调查组 ……………………（477）
མི་རིགས་ངོས་འཛིན་བཀྲག་དཔྱད་ཚོགས་པ།
Ethnic identification investigation team

民族事务 ……………………………（478）
མི་རིགས་ཀྱི་ལས་དོན།
Ethnic affairs

民族事务服务体系建设工程 ………（478）
མི་རིགས་ལས་དོན་ཞབས་ཞུའི་ལམ་སྲོལ་བའི་ལས་གཞི།
Project for Building a Service System for Ethnic Affairs

民族特点 ……………………………（479）
མི་རིགས་ཀྱི་ཁྱད་ཆོས།
Ethnic characteristics

民族特权 ……………………………（479）
མི་རིགས་ཁྱད་དབང་།
Ethnic privileges

民族体育 ……………………………（479）
མི་རིགས་ལུས་རྩལ།
Ethnic sports

民族同化 ……………………………（480）
མི་རིགས་འདུ་བསྒྱུར།
Ethnic assimilation

民族统计工作 ………………………（480）
མི་རིགས་སྟོན་རྩིས་ལས་ཀ
Ethnic statistical work in China

民族团结 ……………………………（480）
མི་རིགས་མཐུན་སྒྲིལ།
Ethnic unity

民族团结教育 ……………………（481）
ཨི་རིགས་མཐུན་སྒྲིལ་གྱི་སློབ་གསོ།
Ethnic unity education

《民族团结教育通俗读本》 …………（481）
《ཨི་རིགས་མཐུན་སྒྲིལ་གྱི་སློབ་གསོའི་རྒྱུན་སྤྱོད་ཀློག་དེབ།》
Ethnic Unity Education:
    A Popular Reading

民族团结进步创建工程 ……………（482）
ཨི་རིགས་མཐུན་སྒྲིལ་གོང་སྤེལ་གསར་འཛུགས་ཀྱི་ལས་གཞི།
Projects to Establish Ethnic Unity
    and Progress

民族团结进步创建活动 ……………（482）
ཨི་རིགས་མཐུན་སྒྲིལ་གོང་སྤེལ་གསར་འཛུགས་ཀྱི་བྱ་འགུལ།
Activities to Establish Ethnic Unity
    and Progress

民族团结进步双模表彰 ……………（483）
ཨི་རིགས་མཐུན་སྒྲིལ་གོང་སྤེལ་གྱི་གཟེངས་བསྟོད་རྣམ་གཉིས།
Dual Commendation on Ethnic Unity
    and Progress

民族团结誓词碑 ………………………（483）
ཨི་རིགས་མཐུན་སྒྲིལ་མནའ་ཚིག་རྡོ་རིང་།
The Monument to the National Unity Oath

民族团结杂志社 ………………………（484）
ཨི་རིགས་མཐུན་སྒྲིལ་དུས་དེབ་ཁང་།
Ethnic Groups Unity Publishing House

民族团结政策 …………………………（484）
ཨི་རིགས་མཐུན་སྒྲིལ་སྲིད་ཇུས།
Ethnic unity policy

民族文化 ………………………………（484）
ཨི་རིགས་རིག་གནས།
Ethnic culture

民族文化宫 ……………………………（485）
ཨི་རིགས་རིག་གནས་ཕོ་བྲང་།
Ethnic Cultural Palace

《民族文学》 ……………………………（485）
《ཨི་རིགས་རྩོམ་རིག》
National Literature

《民族文学研究》 ………………………（485）
《ཨི་རིགས་རྩོམ་རིག་ཞིབ་འཇུག》
Studies of Ethnic Literature

民族问题 ………………………………（486）
ཨི་རིགས་གནད་དོན།
Ethnic issues

民族问题理论 …………………………（486）
ཨི་རིགས་གནད་དོན་གྱི་གཞུང་ལུགས།
Theory of ethnic issues

"民族问题五种丛书" ………………（486）
"ཨི་རིགས་གནད་དོན་གྱི་དཔེ་ཚོགས་རིགས་ལྔ།"
Five Serial Books on Ethnic Issues

民族物资交流大会 ……………………（487）
ཨི་རིགས་རྒྱུ་དངོས་བརྗེ་སྤྱོད་ཚོགས་ཆེན།
Ethnic Commodity Fair

"民族希望之星"班 …………………（487）
"ཨི་རིགས་རེ་སྐོང་འཛིན་པའི་" འཛིན་གྲྭ།
"Star of Hope" Class for Minority Students

民族乡 …………………………………（488）
ཨི་རིགས་ཞང་།
Ethnic townships

《民族乡行政工作条例》 ……………（488）
《ཨི་རིགས་ཞང་སྲིད་འཛིན་ལས་ཀའི་དོན་ཚན།》
Regulations on the Administration Work
    of Ethnic Townships

民族心理学 ……………………………（488）
ཨི་རིགས་སེམས་ཁམས་རིག་པ།
Ethno-psychology

民族形成 ………………………………（489）
ཨི་རིགས་གྲུབ་པ།
Formation of ethnic groups

民族学 …………………………（489）
མི་རིགས་རིག་པ།
Ethnology

民族学校 …………………………（489）
མི་རིགས་སློབ་གྲྭ།
Ethnic Schools

民族学院 …………………………（489）
མི་རིགས་སློབ་གླིང་།
Colleges for Nationalities

民族压迫 …………………………（490）
མི་རིགས་གནན་གནོན།
Ethnic oppression

《民族研究》 ……………………（490）
《མི་རིགས་ཞིབ་འཇུག》
Ethno-national Studies

民族医药 …………………………（490）
མི་རིགས་ཀྱི་སྨན་དང་སྨན་བཅོས།
Ethnic Medicines

民族医药保护与发展工程 ………（490）
མི་རིགས་ཀྱི་སྨན་བཅས་སྲུང་སྐྱོབ་དང་གོང་འཕེལ་ལས་གཞི།
Project to Preserve and Develop Ethnic Medicines

《民族译丛》 ……………………（491）
《མི་རིགས་ཡིག་བསྒྱུར་དེབ་ཚོགས》
Collected Translations on Ethnic Groups

民族用品商店 ……………………（491）
མི་རིགས་ཀྱི་སྤྱོད་རྫས་ཚོང་ཁང་།
Ethnic articles store

民族用品生产基地 ………………（492）
མི་རིགས་སྤྱོད་ཆས་ཐོན་སྐྱེད་ལྟེ་གནས།
Production bases of ethnic articles

民族语言 …………………………（492）
མི་རིགས་སྐད་ཆ།
Ethnic language

民族语言学 ………………………（492）
མི་རིགས་སྐད་བརྡ་རིག་པ།
Ethnolinguistics

民族预科 …………………………（493）
མི་རིགས་བུ་སློབ་འཛིན་གྲྭ།
Preparatory Class for minority students

民族院校和民族地区高校教育
　质量提升工程 …………………（493）
མི་རིགས་སློབ་གླིང་དང་མི་རིགས་ཁུལ་གྱི་མཐོ་རིམ་སློབ་གསོའི་སྤུས་ཚད་མཐོར་འདེགས་ཀྱི་ལས་གཞི།
Project in improving educational and teaching quality in colleges and universities for nationalities and colleges in ethnic regions

民族院校和民族地区高校学生
　锻炼平台搭建工程 ……………（494）
མི་རིགས་སློབ་གླིང་དང་མི་རིགས་ཁུལ་གྱི་མཐོ་རིམ་སློབ་གྲྭའི་སློབ་མའི་སྦྱོང་བརྡར་སྟེགས་བུ་སྒྲུབ་པའི་ལས་གཞི།
Project to build internship platforms in colleges and universities for nationalities and colleges in ethnic regions

民族杂居区 ………………………（494）
མི་རིགས་འདྲེས་སྡོད་ས་ཁུལ།
Multi-ethnic areas

民族战争 …………………………（494）
མི་རིགས་དམག་འཁྲུག
War between ethnic groups
　（the national war）

民族政策 …………………………（494）
མི་རིགས་སྲིད་ཇུས།
The policy towards ethnic groups

民族政治学 ………………………（495）
མི་རིགས་ཆབ་སྲིད་རིག་པ།
Ethnic politics

民族至上 …………………（495）
མི་རིགས་བླ་ན་མེད་པ།
Ethnic supremacy

民族中学 …………………（495）
མི་རིགས་སློབ་འབྲིང་།
Ethnic middle schools

民族主体性 ………………（495）
མི་རིགས་གཙོ་བྱུང་རང་བཞིན།
Ethnic subjectivity

民族主义 …………………（495）
མི་རིགས་རིང་ལུགས།
Nationalism

民族自治地方变通执行权 …………（496）
མི་རིགས་རང་སྐྱོང་ས་ཁུལ་གྱི་བཀས་བཅོས་ལག་བསྟར་དབང་།
Right to implement with certain alterations in ethnic autonomous areas

民族自治地方财政管理权 …………（496）
མི་རིགས་རང་སྐྱོང་ས་ཁུལ་གྱི་ནོར་སྲིད་བདག་གཉེར་དབང་།
Right to administer the finances in ethnic autonomous areas

《民族自治地方财政管理暂行办法》 ………（497）
《མི་རིགས་རང་སྐྱོང་ས་ཁུལ་གྱི་ནོར་སྲིད་བདག་གཉེར་འཕྲལ་སྦྱོང་གྱི་བྱེད་ཐབས》
Provisional Measures for Financial Administration in Ethnic Autonomous Areas

民族自治地方的行政地位 …………（497）
མི་རིགས་རང་སྐྱོང་ས་ཁུལ་གྱི་སྲིད་འཛིན་གོ་གནས།
Administrative status of ethnic autonomous areas

民族自治地方的自治权利 …………（497）
མི་རིགས་རང་སྐྱོང་ས་ཁུལ་གྱི་རང་སྐྱོང་ཞི་དབང་།
Autonomy right of the ethnic autonomous areas

民族自治地方发展文化教育的权利 …………（498）
མི་རིགས་རང་སྐྱོང་ས་ཁུལ་གྱི་རིག་གནས་སློབ་གསོ་གོང་སྤེལ་གཏོང་བའི་ཞི་དབང་།
The right to develop culture and education of ethnic autonomous areas

民族自治地方进行贸易活动的权利 …………（498）
མི་རིགས་རང་སྐྱོང་ས་ཁུལ་གྱི་ཚོང་བྱ་འགུལ་གྱི་ཞི་དབང་།
The right to pursue trade activities of ethnic autonomous areas

民族自治地方经济自治权 …………（499）
མི་རིགས་རང་སྐྱོང་ས་ཁུལ་གྱི་དཔལ་འབྱོར་རང་སྐྱོང་དབང་ཆ།
The economic autonomous right of ethnic autonomous areas

民族自治地方立法权 …………（499）
མི་རིགས་རང་སྐྱོང་ས་ཁུལ་གྱི་ཁྲིམས་འཛུགས་དབང་ཆ།
The legislative power of ethnic autonomous areas

民族自治地方培养民族干部权 ……（499）
མི་རིགས་རང་སྐྱོང་ས་ཁུལ་གྱི་མི་རིགས་གཞུང་ཞབས་པ་སྐྱོང་བའི་དབང་།
The right to train ethnic cadres of ethnic autonomous areas

民族自治地方语言文字自主权 ……（500）
མི་རིགས་རང་སྐྱོང་ས་ཁུལ་གྱི་སྐད་དང་ཡི་གེའི་བདག་དབང་།
The autonomous right to use languages of ethnic autonomous areas

民族自治地方预备费 …………（500）
མི་རིགས་རང་སྐྱོང་ས་ཁུལ་གྱི་གྲབས་དངུལ།
The reserve fund of ethnic autonomous areas

民族自治地方组织公安部队权 ……（501）
མི་རིགས་རང་སྐྱོང་ས་ཁུལ་གྱི་སྤྱི་བདེ་དམག་འཛུགས་པའི་དབང་ཆ།
The right to organize local public security forces of ethnic autonomous areas

民族自治机关 ……………… (501)
མི་རིགས་རང་སྐྱོང་ལས་ཁུངས།
The organs of self-government of ethnic autonomous areas

民族自治条例 ……………… (501)
མི་རིགས་རང་སྐྱོང་ཁྲིམས་སྲོལ།
Regulations on ethnic autonomy

摸顶 ……………………… (501)
མགོ་ལ།
Head-touching

摩教 ……………………… (502)
མོ་ཆོས།
Mo or Moism

摩梭人 …………………… (502)
མོ་སོའི་པ།
The Mosuo or Moso

莫高窟 …………………… (503)
མོ་ཀོ་བྲག་ཕུག
The Mogao Caves

貊 ………………………… (503)
མོ།
Mo

漠北蒙古 ………………… (503)
བྱེ་བྱང་སོག་པོ།
Mongolia located in the north of the Desert

漠南蒙古 ………………… (504)
བྱེ་ལྷོ་སོག་པོ།
Mongolia located in the south of the Desert

漠西蒙古 ………………… (504)
བྱེ་ནུབ་སོག་པོ།
Mongolia located in the west of the Desert

靺鞨 ……………………… (504)
མོ་ཏོ།
The Mohe (or Malgal, Mogher)

母语 ……………………… (505)
ཕ་སྐད།
Mother Tongue

母子（女）连名制 ………… (505)
མ་བུའི་（བུ་མོ་）མིང་སྦྲེལ་ལམ་ལུགས།
Mother-son/daughter linkage naming system

木兰围场 ………………… (505)
ཤིང་རའི་རི་དྭགས་རྫོང་གནས།
Mulan Hunting Ground

木契 ……………………… (506)
ཁྲམ་ཤིང་།
Wooden tally-sticks

木氏土司 ………………… (506)
རྒྱུད་ས་དཔོན།
Chieftains from the Mu family

木增（1587—1646）………… (506)
རྒྱུ་ཙུན།（1587—1646）
Mu Zeng (1587-1646)

仫佬族 …………………… (507)
མུའུ་ལའོ་རིགས།
Mulao people

牟尼赞普（774—798）……… (508)
མུ་ནེ་བཙན་པོ།（774—798）
Mune Tsenpo (774-798)

牧场公有，自由放牧 ……… (508)
རྩྭ་སྤྱི་དབང་དང་། ཕྱུགས་འཚོར་རང་དབང་།
Public ownership of pastures, freedom of grazing

牧工商联合企业 ………… (508)
འབྲོག་པའི་བཟོ་ཚོང་མཉམ་འབྲེལ་ཞིབ་ལས།
Husbandry-industry-commerce Allied Enterprise

牧区 …………………………（508）
འབྲོག་ཁུལ།
Pastoral Areas in China

牧区三十条 ……………………（509）
འབྲོག་ཁུལ་དོན་ཚན་30།
30 Articles for Pasturing Areas

牧区扶贫专项贴息贷款 …………（509）
འབྲོག་ཁུལ་གྱི་རྒྱུད་སྐྱོར་བྱུན་གཅིག་དལ་བསྐྱེ་
ཆེད་སྐྱོད་ལས་གཞི།
The concessional loans for special aid items at discounted interest in the pasturing areas

牧区赎买政策 …………………（509）
འབྲོག་ཁུལ་བླུ་ཉོའི་སྲིད་ཇུས།
The policy of redemption in the pastoral areas

牧业生产责任制 ………………（510）
ཕྱུགས་ལས་ཐོན་སྐྱེད་འགན་འཁྲིའི་ལུགས།
The system of production responsibility of animal husbandry

牧业税 …………………………（510）
ཕྱུགས་ལས་དཔྱ་ཁྲལ།
Animal husbandry tax

慕容氏 …………………………（510）
མུའུ་རུང་རིགས་རྒྱུད།
Murong or Muren

穆斯林 …………………………（511）
མུའུ་སི་ལིན།
The Muslim

穆斯林朝觐 ……………………（511）
མུའུ་སི་ལིན་གྱི་མཇལ་སྐོར།
Hajj

N

那扎尔（1770—1848）………（512）
ན་ག་ཞིར། (1770—1848)
Nazari

纳西语 …………………………（512）
འཇང་སྐད།
Naxi language

纳西族 …………………………（512）
འཇང་རིགས།
Naxi people

南蕃回回 ………………………（513）
ནན་པོ་ཧུའི་ཧུའི།
Nanfan Huihui

南方少数民族山区经济座谈会 ……（513）
ལྷོ་ཕྱོགས་གྲངས་ཉུང་མི་རིགས་ཀྱི་རི་ཁུལ་དཔལ་འབྱོར་བཞུགས་མོལ་ཚོགས་འདུ།
Symposium on Economic Development in Southern Mountainous Regions where the Minorities Reside

南方丝绸之路 …………………（513）
ལྷོ་ཕྱོགས་ཀྱི་དར་གོས་ཚོང་ལམ།
Southern Silk Road

南疆西四城暴乱 ………………（514）
ལྷོ་ཞིང་ཆང་གི་ཉུབ་མཁར་བཞིའི་ཟིང་འཁྲུག
Riot in the four cities of Southern Xinjiang

南京净觉寺 ……………………（514）
ནན་ཅིན་གཙང་དག་དགོན།
Jinjue Mosque

南蛮 ……………………………（515）
ནན་མན།
Southern Barbarians

·72·

南匈奴 …………………………（515）
ཞང་ཧུའུ་སློམ།
Southern Xiongnu

南亚语系 …………………………（515）
ཡ་སྦྱང་སྐོམའི་སྐད་རྒྱུད།
The Austroasiatic languages

南诏 ………………………………（516）
གྲོ་སྩོམ།
Nanzhao State

南诏德化碑 ………………………（516）
གྲོ་སྩོམའི་ཏེ་ཧུ་རྡོ་རིང་།
Nanzhao Dehua Stone Tablet

南诏六曹 …………………………（516）
གྲོ་སྩོམའི་ཚན་དྲུག
Liucao (the six ministries) of Nanzhao

《南诏源流纪要》 …………………（517）
《གྲོ་སྩོམའི་འབྱུང་ཁུངས་རྩ་གནད།》
Origins of the Nanzhao Kingdom

《南诏中兴国史画卷》 ……………（517）
《གྲོ་སྩོམའི་རྒྱལ་ཁབ་ཀྱི་ལོ་རྒྱུས་རི་མོ་ཤོག་དྲིལ།》
A Painting Scroll of the Zhongxing Period of the Nanzhao

喃字 ………………………………（517）
ནན་ཡིག
Chu Nom

《脑筋急转弯》事件 ………………（518）
《རིག་སྟོབས་འཕྲེད་པ།》ཡི་དོན་རྐྱེན།
Brain-teaser Puzzles Incident

内婚制 ……………………………（518）
ནང་མིའི་གཉེན་སྒྲིག
Endogamy

内蒙古博物院 ……………………（518）
ནང་སོག་གི་དངོས་བཤམས་ཁང་།
Inner Mongolia Museum

内蒙古草原文化遗产保护日 ………（519）
ནང་སོག་རྩྭ་ཐང་གི་རིག་གནས་ཤུལ་བཞག་སྲུང་སྐྱོབ་ཉིན།
Inner Mongolia Grassland Cultural Heritage Day

内蒙古人民共和国临时政府 ………（519）
ནང་སོག་མི་དམངས་སྤྱི་མཐུན་རྒྱལ་ཁབ་གནས་སྐབས་སྲིད་གཞུང་།
Provisional Government of the Inner Mongolian Republic

内蒙古民族大学 …………………（520）
ནང་སོག་མི་རིགས་སློབ་ཆེན།
Inner Mongolia University for Nationalities

内蒙古农工兵大同盟 ……………（520）
ནང་སོག་ཞིང་བཟོ་དམག་གི་མཉམ་མཐུན་ཆེན་མོ།
Inner Mongolia Grand Alliance of Peasants, Workers and Soldiers

内蒙古人民革命党 ………………（521）
ནང་སོག་མི་དམངས་གསར་བརྗེ་ཏང་།
Inner Mongolia People's Revolutionary Party

内蒙古人民自卫军 ………………（521）
ནང་སོག་གི་མི་དམངས་རང་སྲུང་དམག
Inner Mongolia Self-Defense Corps

内蒙古自治运动联合会 …………（521）
ནང་སོག་རང་སྐྱོང་ལས་འགུལ་མཉམ་འབྲེལ་སྐྱོན་ཚོགས།
Inner Mongolia Autonomous Movement Union

内三院 ……………………………（522）
ནང་སྦྱོང་གསུམ།
Three Palace Academies

内属蒙古 …………………………（522）
ནང་གཏོགས་སོག་པོ།
The Direct-controlled Mongols

内务府 ……………………（523）
ནང་གཉེར་ཁང་།
The Imperial Household Department

内藏 ………………………（523）
ནང་བོད།
Inner Tibet

尼宫哈刹 …………………（523）
ནེ་གུང་ཧ་ཐྲ།
Nigonghasha

尼哈 ………………………（523）
ཉི་ཧ།
Niha

尼莫尔 ……………………（524）
ཉི་མོ་ཨེར།
Nimoer

涅巴 ………………………（524）
གཉེར་པ།
Nyerpa

涅尕 ………………………（524）
གཉེར་ག
Niega

宁国公主 …………………（525）
ཉིང་གོ་ཀོང་ཇོ།
Princess Ningguo

宁玛派 ……………………（525）
རྙིང་མ་པ།
Nyingma

宁蒙协定 …………………（525）
ཉིང་སོག་མཆན་ཡིག
Ningmeng Agreement

宁夏博物馆 ………………（526）
ཉིང་ཞའི་རྫས་བཤམས་ཁང་།
Ningxia Museum

《宁夏回族自治区民族
教育条例》………………（526）
《ཉིང་ཞའི་ཧུའི་རིགས་རང་སྐྱོང་ལྗོངས་ཀྱི་མི་རིགས་
སློབ་གསོའི་རྩ་དོན།》
Regulations of Ningxia Hui Autonomous
Region on Ethnic Education

牛街清真寺 ………………（527）
ནིའུ་སྲང་གི་ཁ་ཆེའི་ཆོས་ཁང་།
The Niujie Mosque

牛录制 ……………………（527）
མདའ་ཐོག་ལུགས།
Niru system

农村26条 …………………（528）
གྲོང་སྡེའི་རྩ་དོན་२६།
26 Principles on Rural Areas

农村公社 …………………（528）
གྲོང་སྡེ་གུང་སྡེ།
Rural Commune

农牧民合作经济组织 ……（528）
ཞིང་ཕྱུགས་མཉམ་ལས་ཀྱི་དཔལ་འབྱོར་རྩ་འཛུགས།
Cooperative Economic Organization
between Farmers and Herdsmen

农牧区幼儿园建设工程 …（529）
ཞིང་འབྲོག་ཁུལ་གྱི་བྱིས་གཉེར་ཁང་འཛུགས་པའི་ལས་གཞི།
Construction Project of Kindergartens
in Pastoral Areas

农奴 ………………………（529）
ཞིང་བྲན།
Serfs

农奴制的地租形式 ………（529）
ཞིང་བྲན་ལམ་ལུགས་ཀྱི་ས་བོགས་རྣམ་པ།
The land rent of the serfdom system

农奴主 ……………………（530）
ཞིང་བདག
Serf owners

《农桑衣食撮要》 …………… （530）
《ཞིང་ལས་སོ་ནམ་གནད་བསྡུས།》
Essentials of Mulberry Farming for Food and Clothing

奴儿干都司 ………………… （530）
ནུའུ་ཨེར་གན་ཆུའུ་སི།
Nurgan Regional Military Commission

奴隶制 ……………………… （531）
བྲན་གཡོག་ལམ་ལུགས།
Slavery

奴隶主 ……………………… （531）
བྲན་གཡོག་བདག་པོ།
Slave owners

努尔哈赤（1559—1626）…… （531）
ནོར་ཧ་ཁྲི། （༡༥༥༩—༡༦༢༦）
Nurhaci (1559-1626)

努图克 ……………………… （531）
ནུའུ་ཐུའུ་ཁེ།
Nutuke

怒语 ………………………… （532）
ནུའུ་སྐད།
Nu language

怒族 ………………………… （532）
ནུའུ་རིགས།
Nu people

诺伙 ………………………… （533）
ནུའུ་ཧོུ།
NuoHuo

女真馆 ……………………… （533）
ནུའུ་ཀྱིན་ཁང་།
Department for the Jurchen language

女真文 ……………………… （533）
ནུའུ་ཀྱིན་ཡི་གི།
Jurchen script

女真语 ……………………… （534）
ནུའུ་ཀྱིན་སྐད།
Jurchen language

女真族 ……………………… （534）
ནུའུ་ཀྱིན་རིགས།
The Jurchens

P

帕竹地方政权 ……………… （535）
ཕག་གྲུའི་ས་གནས་སྲིད་དབང་།
The Phagdru local regime

帕竹噶举 …………………… （535）
ཕག་གྲུ་བཀའ་བརྒྱུད།
Phagdru Kagyu

潘光旦（1899—1967）……… （535）
ཕན་གོང་ཏན། （༡༨༩༩—༡༩༦༧）
Pan Guangdan (1899-1967)

盘瓠 ………………………… （536）
པན་ཧུའུ།
Panhu

《培养少数民族干部
试行方案》 ………………… （536）
《གྲངས་ཉུང་མི་རིགས་ཀྱི་གཞུང་ཞབས་པ་སྐྱེད་སྐྱོང་
བྱེད་པའི་ཚོད་ལྟའི་ཐབས་གཞི།》
The Trial Scheme for Training Cadres for Ethnic Minorities

《培养少数民族高层次骨干人才
计划的实施方案》 ………… （537）
《གྲངས་ཉུང་མི་རིགས་ཀྱི་མཐོ་རིམ་ཁག་འཛིན་མི་སྣ་
གསོ་སྐྱོང་དང་འཆར་འགོད་ཐབས་གཞི།》
Program of Cultivating High-level Backbone Talents of Ethnic Minorities

皮罗阁（697—748）………… （537）
པི་ལུའོ་ཀོ། （༦༩༧—༧༤༨）
Piluoge (697-748)

匹播城 …………………………（538）
འཕན་པོ་མཁར།
Pibo Castle

片马问题 …………………………（538）
ཕེན་མ་གནད་དོན།
Pianma Incident

平地瑶 …………………………（538）
བདེ་ཐང་ཡོའོ།
Pingdi Yao

《平定罗刹方略》 ……………（539）
《སྲིན་པོ་ཞི་འཇམ་གྱི་ཐབས་གཞི་ཆེན་པོ》
Strategic Narrative of the Pacification of Russia

《平桂纪略》 ……………………（539）
《ཀོང་ཞི་ཞི་འཇགས་སུ་བཏང་བའི་ཉིན་བསྡུས》
Brief Records of Pacifying Guangxi

《平回志》 ………………………（539）
《ཧུའི་དམངས་ཞི་འཇགས་སུ་བཏང་བའི་ལོ་རྒྱུས》
Ping Hui Zhi (Record of the pacification of the Hui)

平埔族群 …………………………（540）
ཕིན་ཕུའུ་རིགས་ཚོགས།
Pingpu peoples

平行从表婚 ………………………（540）
ཉེ་མཚམས་གཉེན་སྒྲིག
Parallel Cousin Marriage

颇罗鼐（1689—1747） ………（540）
ཕོ་ལྷ་པ།（1689—1747）
Polhanas (1689-1747)

《颇罗鼐传》 ……………………（541）
《མི་དབང་རྟོགས་བརྗོད》
The Life Story of Polhanas

破雪放牧 …………………………（541）
གངས་ག་ཤག་ཕྱུགས་སྐྱོང་།
Snow-removing and Grazing

蒲寿庚（宋、元） ………………（542）
ཕུའུ་ཐོའུ་གེང་།（སུང་དང་ཡོན་རྒྱལ་རབས）
Pu Shougeng

濮 …………………………………（542）
ཕུའུ་རིགས།
Pu

普哈丁墓园 ………………………（543）
ཕུའུ་ཧ་ཏིང་བང་སོ།
Puhading Cemetery

普米语 ……………………………（543）
ཕུའུ་སྨི་སྐད།
Pumi language

普米族 ……………………………（543）
ཕུའུ་སྨི་རིགས།
Pumi people

《普通高等学校少数民族预科班、
民族班管理办法（试行）》 ……（544）
《མཐོ་རིམ་སློབ་གྲྭ་དཀྱུས་མའི་གྲངས་ཉུང་མི་རིགས་ཀྱི་སྔོན་གྲབས་འཛིན་གྲྭ་དང་མི་རིགས་འཛིན་གྲྭའི་དོ་དམ་བྱེད་ཐབས（ཚོད་ལྟ）》
Methods for Managing Preparatory Classes and Ethnic-oriented Classes for Ethnic Minorities in Ordinary Higher Education Institutes (for Trial Implementation)

普陀宗乘之庙 ……………………（544）
པོ་ཏ་ལ་དགོན།
Putuo Zongcheng (Temple of the Potaraka Doctrine)

普贤菩萨 …………………………（545）
འཕགས་པ་ཀུན་ཏུ་བཟང་པོ།
] Universal Worthy (Samantabhadra) Bodhisattva

溥仪（1906—1967） ……………… （545）
ཕུའུ་དབྲི། (༡༠༠༦—༡༠༦༧)
Pu Yi (1906-1967)

Q

妻姊妹婚 ……………………… （547）
ཚེམ་སྲིང་བག་ལེན།
Sororate marriage

《奇异的性婚俗》事件 …… （547）
《ཁྱད་མཚར་བའི་འཁྲིག་འབྲེལ་བག་ལེན་ཡུལ་སྲོལ》
གྱི་དོན་རྐྱེན།
Weird Sex Marriage Customs Incident

旗地 …………………………… （547）
དར་ཞིང་།
The Banner land

旗人 …………………………… （548）
དར་པ།
Bannerman

旗人包衣 ……………………… （548）
དར་པ་བོའི་ཡིས།
Bondservants (Baoyi)

乞伏姓 ………………………… （548）
ཆི་ཕུའི་རུས།
Qifu (surname)

乞颜姓 ………………………… （549）
ཆི་ཡན་གྱི་རུས།
Qiyan (surname)

弃猎归农 ……………………… （549）
རྔོན་རོར་ཞིང་ལུགས།
Abandoning hunting for farming

契丹 …………………………… （549）
ཆི་ཏན།
Khitan

《契丹国志》 ………………… （550）
《ཆི་ཏན་རྒྱལ་དེབ》
Records of Khitan Empire

契丹文 ………………………… （550）
ཆི་ཏན་ཡི་གེ
Khitan script

千百户制度 …………………… （551）
བརྒྱ་དཔག་དང་སྟོང་དཔག་ལམ་ལུགས།
System of Qianhu (1,000 househoulds) and Baihu (100 househoulds)

前藏 …………………………… （551）
བོད་དབུས་མ།
Front Tibet

《黔记》 ……………………… （552）
《གུའི་གྲོའུ་ཞིན་ཐིས》
Records of Guizhou

《黔苗图说》 ………………… （552）
《གུའི་གྲོའུ་མུའོ་རིགས་ཀྱི་གནས་ཚུལ་རིས་འགྲེལ》
Illustrated Account of the Miaos in Guizhou

《黔南识略》 ………………… （553）
《གུའི་གྲོའུ་ལྷོའི་མཐོང་བ་མདོར་བསྡུས》
A handbook of Guizhou

羌 ……………………………… （553）
ཆང་།
Qiang

羌语 …………………………… （553）
ཆང་སྐད།
Qiang language

羌族 …………………………… （554）
ཆང་རིགས།
Qiang people

抢婚 …………………………… （554）
མནའ་མ་འཕྲོག་པ།
Marriage by capture

《钦定藏内善后章程》……………（555）
《དངས་སྲོན་བོད་ཀྱི་འདུག་བདེའི་སྒྲིག་ཡིག》
Ordinance by the Imperial House Concerning Better Governance of Tibet

《钦定皇舆西域图志》……………（555）
《དངས་སྲོན་ཉུབ་སྟོངས་ཞེན་པོ》
Imperially Commissioned Gazetteer of the Western Regions of the Imperial Domain

《钦定外藩蒙古回部王公表传》……………（555）
《དངས་སྲོན་སོག་ཧུའི་མཐའ་མཚམས་ཀྱི་སོ་བ་རྒྱལ་དཔོན་གྱི་ཆོགས་བརྗོད》
Imperially Ordained Genealogical Tables and Biographies of the Princes and Dukes of the Outer Mongols and the Muslim Leaders

钦则画派……………（556）
མཁྱེན་བརྩེའི་བྲིས་ལུགས།
Chentse School

沁阳清真寺……………（556）
ཅིན་ཡང་དཔྱི་སི་ལན་ཆོས་ཁང་།
Qinyang Mosque

青岛民族工作座谈会……………（557）
ཅིང་ཏའོ་མི་རིགས་ལས་དོན་གྱི་བཞུགས་མོལ་ཆོགས་འདུ།
Qingdao Ethnic Work Conference

青海海南藏族自治州生态畜牧业国家可持续发展实验区……………（557）
མཚོ་སྔོན་མཚོ་ལྷོ་བོད་རིགས་རང་སྐྱོང་ཁུལ་སྐྱེ་ཁམས་འབྲོག་ལས་རྒྱལ་ཁབ་ཀྱི་རྒྱུན་མཐུད་འཕེལ་རྒྱས་ཀྱི་དངོས་བཤེར་ཁུལ།
National Sustainable Development Experimental Zone of Ecological Animal Husbandry in Hainan Tibetan Autonomous Prefecture, Qinghai province

青海回教促进会……………（558）
མཚོ་སྔོན་ཧུའི་ཆོས་ཀྱི་སྐུལ་སྒྲིལ་ཆོགས་འདུ།
Qinghai Islamic Promotion Council

青海民族大学……………（558）
མཚོ་སྔོན་མི་རིགས་སློབ་ཆེན།
Qinghai Nationalities University

青海牧区六州……………（559）
མཚོ་སྔོན་འབྲོག་ལས་ཁུལ་དྲུག
Six prefectures for grazing in Qinghai

《青史》……………（559）
《དེབ་ཐེར་སྔོན་པོ》
Blue Annals

《青史演义》……………（560）
《པོ་རྒྱུས་དེབ་ཐེར་ལས་བྱུང་བའི་གཏམ་རྒྱུད》
Historical novel based on Genghis Khan's life

《青藏高原区域生态建设与环境保护规划（2011—2030）》……………（560）
《མཚོ་བོད་མཐོ་སྒང་ས་ཁོངས་ཀྱི་སྐྱེ་ཁམས་འཛུགས་སྐྲུན་དང་ཁོར་ཡུག་སྲུང་སྐྱོབ་ཀྱི་འཆར་འགོད（༢༠༡༡—༢༠༣༠）》
Regional Plan on Ecological Construction and Environmental Protection on the Qinghai-Tibet Plateau (2011-2030)

青藏公路……………（561）
མཚོ་བོད་གཞུང་ལམ།
Qinghai-Tibet Highway

青藏铁路……………（561）
མཚོ་བོད་ལྕགས་ལམ།
Qinghai-Tibet railway

清东陵（河北）……………（562）
ཅིང་གི་བང་སོ་ཤར་མ།（ཧོ་པེ）
Eastern Qing tombs

清高宗（1711—1799）……（562）
ཆེན་གོང་ཙུང༌། (༡༧༡༡—༡༧༩༩)
Emperor Gaozong of the Qing
　　Dynasty (1711-1799)

清圣祖（1654—1722）……（563）
ཆེན་ཀྲིན་ཙུའུ། (༡༦༥༤—༡༧༢༢)
Emperor Shengzu of the Qing
　　Dynasty (1654-1722)

《清实录》……（563）
《ཆེན་གི་ཟིན་ཐོ་བདེན་པ》
Veritable Records of the Qing Dynasty

《清文汇书》……（564）
《ཆེན་ཡིག་བསྡུས་དཔེ》
The Complete Collection of the
　　Manchurian Language

《清文鉴》……（564）
《ཆེན་ཡིག་གསལ་བའི་མེ་ལོང་》
The Mirror to the National Language

《清文启蒙》……（564）
《ཆེན་ཡིག་སློབ་འབྱེད》
Qing Language Primer

《清文虚字指南编》……（565）
《ཆེན་ཡིག་ཚིག་ཕྲད་ཕྱོགས་སྟོན་སྒྲིག་དཔེ》
Guide to Qing Language Function Words

清西陵……（565）
ཆེན་གི་བང་སོ་ནུབ་མ།
Western Qing Tombs

清昭陵……（566）
ཆེན་གི་ཀྲའོ་བང་སོ།
Zhaoling (Zhao Mausoleum of the
　　Qing Dynasty)

《清真大学》……（566）
《དཔྱི་སི་ལན་གྱི་སློབ་ཆེན》
Great Learning of Islam

《清真铎报》……（566）
《དཔྱི་སི་ལན་གྱི་དྲིལ་བརྡ་ཚགས་པར》
Islamic Bell

清真三食……（567）
དཔྱི་སི་ལན་གྱི་ཟས་གསུམ།
Three Islamic foods

清真四专……（567）
དཔྱི་སི་ལན་གྱི་ཆེད་ལས་བཞི།
Four Specialized-requirements of
　　Islamic Food

清真寺……（567）
དཔྱི་སི་ལན་གྱི་ཆོས་ཁང༌།
Mosque

清真学社……（567）
དཔྱི་སི་ལན་གྱི་ཚོགས་པ།
Islamic Society

邛部州蛮……（568）
ཁྱུང་པུའུ་གྲོའུ་མན།
Qiong tribe

秋营地……（568）
སྟོན་གནས་ས་ཁུལ།
Autumn Camp

瞿昙寺……（569）
གྲོ་ཚང་དགོན།
Qutan Temple

曲诺……（569）
ཆུས་ནུའུ།
Qunuo

曲水县工业园……（570）
ཆུ་ཤུར་རྫོང་བཟོ་ལས་ར་བ།
The Industrial Park in Qushui County

· 79 ·

全国城市民族工作座
　　谈会（浙江）……………（570）
རྒྱལ་ཡོངས་གྲོང་ཁྱེར་གྱི་མི་རིགས་ལས་དོན་གྱི་བཞུགས་
　　མོལ་ཚོགས་འདུ། （ཞེ་ཅང་）
National Urban Ethnic Work Conference
　　（Zhejiang）

全国集中连片特困民族
　　地区（范围）………………（571）
རྒྱལ་ཡོངས་གཅིག་བསྡུས་ཀྱི་དཀའ་ངལ་ཞེན་ཏུ་ཆེ་བའི་
　　མི་རིགས་ས་ཁུལ་སྐོར། （ཁྱབ་ཁོངས）
National concentrated contiguous poor
　　ethnic minority areas （regions）

全国连片特困地区（范围）………（571）
རྒྱལ་ཡོངས་ཀྱི་དཀའ་ངལ་ཞེན་ཏུ་ཆེ་བའི་ས་
　　ཁུལ་སྐོར། （ཁྱབ་ཁོངས）
National contiguous poor areas （region）

《全国民族教育发展与改革
　　指导纲要（试行）》……………（572）
《རྒྱལ་ཡོངས་མི་རིགས་སློབ་གསོ་འཕེལ་རྒྱས་དང་བཅོས་
　　སྒྱུར་མཛུབ་སྟོན་གྱི་རྩ་གནད། （ཚོད་ལྟ）》
Outlines for Ethnic Education Development
　　and Reform （for Trial Implementation）

全国民族贸易和民族用品生产
　　工作会议（1981）……………（572）
རྒྱལ་ཡོངས་མི་རིགས་ཚོང་གི་ཚོང་དོན་དང་མི་རིགས་མཁོ་ཆས་
　　ཐོན་སྐྱེད་ལས་ཀའི་གྲོས་ཚོགས། （1981）
National Work Conference on Ethnic
　　Trade and Production of Ethnic
　　Goods （in 1981）

《全国民族贸易和民族用品生产
　　工作会议纪要》………………（573）
《རྒྱལ་ཡོངས་མི་རིགས་ཚོང་གི་ཚོང་དོན་དང་མི་རིགས་མཁོ་
　　ཆས་ཐོན་སྐྱེད་སྐོར་གྱི་གྲོས་ཚོགས་གནད་བསྡུས》
Minutes of National Meeting on Ethnic
　　Trade and the Production of
　　Ethnic Articles

全国民族团结进步教育基地………（573）
རྒྱལ་ཡོངས་མི་རིགས་མཐུན་སྒྲིལ་ཡར་རྒྱས་སློབ་
　　གསོའི་གཞི་གནས།
National Ethnic Solidarity and Progress
　　Education Base

《全国民族团结进步教育基地评审
　　命名办法》……………………（574）
《རྒྱལ་ཡོངས་མི་རིགས་མཐུན་སྒྲིལ་ཡར་རྒྱས་སློབ་
　　གསོའི་གཞི་གནས་ཞིབ་དཔྱད་ཀྱི་མིང་
　　འདོགས་པའི་ཐབས་ཤེས།》
Assessment & Naming Approaches to
　　the National Ethnic Unity and
　　Progress Education Base

全国民族卫生会议………………（574）
རྒྱལ་ཡོངས་མི་རིགས་འཕྲོད་བསྟེན་གྲོས་ཚོགས།
National Conference on Ethic
　　Minority Health

全国民族自治区重点新闻
　　网站联盟………………………（575）
རྒྱལ་ཡོངས་མི་རིགས་རང་སྐྱོང་ལྗོངས་ཀྱི་གནད་ཆེའི་
　　གསར་འགྱུར་དྲ་ཚིགས་མཉམ་འབྲེལ།
National Key News Network Alliance
　　in Autonomous Regions

全国人民代表大会民族委员会……（575）
རྒྱལ་ཡོངས་མི་དམངས་འཐུས་མིའི་ཚོགས་ཆེན་མི་
　　རིགས་ཨུ་ཡོན་ལྷན་ཁང་།
Ethnic Affairs Committee of National
　　People's Congress

全国少数民族传统体育运动会……（576）
རྒྱལ་ཡོངས་ཀྱི་གྲངས་ཉུང་མི་རིགས་སྲོལ་རྒྱུན་
　　ལུས་རྩལ་འགྲན་ཚོགས།
National Traditional Ethnic Minority
　　Sports Meeting

全国少数民族地区经济发展战略
　　问题讨论会 ·················· (577)
རྒྱལ་ཡོངས་གྲངས་ཉུང་མི་རིགས་ས་ཁུལ་དཔལ་འབྱོར་
འཕེལ་རྒྱས་གཏད་དོན་གྱི་གྲོས་ཚོགས།
National Seminar on Economic Development
　　Strategy in Minority Areas
全国少数民族地区先进科技工作者
　　代表座谈会（首次）········· (577)
རྒྱལ་ཡོངས་གྲངས་ཉུང་མི་རིགས་ས་ཁུལ་གྱི་སྟོན་ཐོ་
ཚན་རྩལ་ལས་བྱེད་མཁན་གྱི་འཐུས་མིའི་བཞུགས་
མོལ་ཚོགས་འདུ། (ཐོག་མ)
National forum of representatives of
　　advan-ced scientific and technological
　　workers in minority areas
　　 (the first time)
全国少数民族古籍整理出版
　　规划小组 ···················· (578)
རྒྱལ་ཡོངས་གྲངས་ཉུང་མི་རིགས་གནའ་དཔེའི་དག་སྒྲིག་
པར་སྐྲུན་འཆར་འགོད་ཚོ་ཆུང་།
National planning group for the collating
　　and publishing of ancient books
　　of ethnic minorities
全国少数民族古籍整理工作
　　座谈会（首次）··············· (578)
རྒྱལ་ཡོངས་གྲངས་ཉུང་མི་རིགས་གནའ་དཔེའི་དག་སྒྲིག་
ལས་ཀའི་བཞུགས་མོལ་ཚོགས་འདུ། (ཐོག་མ)
National forum on the collating of
　　minority ancient books
　　 (the first time)
全国少数民族计划生育
　　工作会议（首次）············· (579)
རྒྱལ་ཡོངས་གྲངས་ཉུང་མི་རིགས་འཆར་ལྡན་སྐྱེ་སྲིད་
བཅའ་ལས་ཀྱི་གྲོས་ཚོགས། (ཐོག་མ)
National conference on family
　　planning in minority areas
　　 (the first time)

全国少数民族卫生工作
　　会议（1983）················ (579)
རྒྱལ་ཡོངས་གྲངས་ཉུང་མི་རིགས་འཕྲོད་བསྟེན་ལས་
ཀའི་ཚོགས་འདུ། (1983)
National Conference on Ethic Minority
　　Health (in 1983)
全国少数民族文化工作
　　会议（首次）··················· (580)
རྒྱལ་ཡོངས་གྲངས་ཉུང་མི་རིགས་ཀྱི་རིག་གནས་ལས་
ཀའི་ཚོགས་འདུ། (ཐོག་མ)
National conference on the cultural
　　work of ethnic minorities
　　 (the first time)
全国少数民族文艺会演 ············ (580)
རྒྱལ་ཡོངས་གྲངས་ཉུང་མི་རིགས་ཀྱི་རིག་
གནས་སྒྱུ་རྩལ་གྱི་འཁྲབ་སྟོན།
National Ethnic Minority Arts Festival
全国万里边疆文化长廊建设 ········ (581)
རྒྱལ་ཡོངས་མཐའ་མཚམས་རིང་བའི་རིག་གནས་
ཁྱམས་རིང་གི་འཛུགས་སྐྲུན།
The Great National Borderland Cultural
　　Corridor Program
全国文化志愿者边疆行活动 ········ (581)
རྒྱལ་ཡོངས་རིག་གནས་རང་མོས་ཅན་མཐའ་མཚམས་
སུ་བསྐྱོད་པའི་བྱ་འགུལ།
Trips by volunteers to bring cultural
　　services to border areas
全国兴边富民行动重点县 ·········· (582)
རྒྱལ་ཡོངས་མཐའ་ཁུལ་དར་ཞིང་དམངས་ཕྱུག་
སྐྱེད་པའི་རྟོང་གཙོ་རྫོང་།
Target counties in the national policy
　　to vitalize border areas and
　　enrich the people living there

全国中小学教材审定委员会藏文
  教材审查委员会 ………………（582）
རྒྱལ་ཡོངས་སློབ་གྲྭ་ཆུང་འབྲིང་གི་སློབ་དེབ་བཤེར་འབེབས་
ཨུ་ཡོན་ལྷན་ཁང་གི་བོད་ཡིག་སློབ་དེབ་ཞིབ་
བཤེར་ཨུ་ཡོན་ལྷན་ཁང་།
National Primary and Secondary School Textbooks Review Committee-Tibetan Textbook Review Committee

全国中小学教材审定委员会朝鲜
  文教材审查委员会 ……………（583）
རྒྱལ་ཡོངས་སློབ་གྲྭ་ཆུང་འབྲིང་གི་སློབ་དེབ་བཤེར་འབེབས་
ཨུ་ཡོན་ལྷན་ཁང་གི་ཁྲོའོ་ཞེན་སྐད་ཡིག་སློབ་དེབ་
ཞིབ་བཤེར་ཨུ་ཡོན་ལྷན་ཁང་།
National Primary and Secondary School Textbooks Review Committee-Korean Textbook Review Committee

全国中小学教材审定委员会蒙古
  文教材审查委员会 ……………（583）
རྒྱལ་ཡོངས་སློབ་གྲྭ་ཆུང་འབྲིང་གི་སློབ་དེབ་བཤེར་འབེབས་
ཨུ་ཡོན་ལྷན་ཁང་གི་སོག་ཡིག་སློབ་དེབ་ཞིབ་
བཤེར་ཨུ་ཡོན་ལྷན་ཁང་།
National Primary and Secondary School Textbooks Review Committee-Mongolian Textbook Review Committee

泉州清净寺 ………………………（584）
ཆོན་གྲོའུ་ཡོངས་དག་ཆོས་ཁང་།
Qingjing Mosque in Quanzhou

却论 ………………………………（584）
ཆོས་བློན།
Quelun

群婚 ………………………………（585）
ཚོགས་ཀྱི་གཉེན་སྒྲིག
Group marriage

R

热贡艺术 …………………………（586）
རེབ་གོང་སྒྱུ་རྩལ།
Regong art

热振活佛 …………………………（586）
ར་སྒྲེང་སྤྲུལ་སྐུ།
Reting Living Buddha

热振事件 …………………………（586）
ར་སྒྲེང་དོན་རྐྱེན།
Reting event

人口兴旺政策 ……………………（587）
མི་གྲངས་འཕེལ་བའི་སྲིད་ཇུས།
Population boom policy

仁蚌巴统治时期 …………………（587）
རིན་སྤུངས་པའི་དབང་བསྒྱུར་དུས་སྐབས།
Rinpungpa reign

戎蛮 ………………………………（588）
རོང་མན།
Rongman

柔然 ………………………………（588）
རུའུ་རན།
Rouran

如 …………………………………（588）
རུ།
Ru

如本 ………………………………（589）
རུ་དཔོན།
Rupon

《如意宝树史》 ……………………（589）
《ཆོས་འབྱུང་དཔག་བསམ་ལྗོན་བཟང་》
The Auspicious Wish-Fulfilling Tree

《瑞竹堂经验方》 ……………… (589)
《དུའི་གྲོལ་ཐང་གི་ཉམས་མྱོང་སྨན་པོ།》
Formulas from Experience from the Rui Zhu Tang Pharmacy

S

撒拉回 ……………………………… (590)
ས་ལར་ཧུའི།
Salar Hui

撒拉语 ……………………………… (590)
ས་ལར་སྐད།
Salar Language

撒拉族 ……………………………… (590)
ས་ལར་རིགས།
Salar people

撒尼人 ……………………………… (591)
ས་ཉི་པ།
Sani people

萨班·贡噶坚赞 (1182—1251) ……………… (591)
ས་པཎ་ཀུན་དགའ་རྒྱལ་མཚན། (1182—1251)
Sapan Kunga Gyaltsen (1182-1251)

萨尔浒之战 ……………………… (591)
ས་ར་ཧུང་གི་འཐབ་རྩོད།
Battle of Sarhu

萨迦地方政权 ……………………… (592)
ས་སྐྱའི་ས་གནས་སྲིད་དབང་།
Local government of Sakya

萨迦法王 ………………………… (592)
ས་སྐྱའི་ཆོས་རྗེ།
Sakya Throne-Holder

《萨迦格言》 ……………………… (593)
《ས་སྐྱ་ལེགས་བཤད》
Sakya motto

萨迦派 …………………………… (593)
ས་སྐྱའི་གྲུབ་མཐའ།
Sakya sect

萨迦寺 …………………………… (593)
ས་སྐྱ་དགོན་པ།
Sakya Monastery

萨满教 …………………………… (594)
སྒྲུབ་ཚུལ་ལུགས།
Shamanism

萨囊彻辰 (1605—?) ……………… (594)
ས་ནང་ཁྲི་འཛིན།(1605—?)
Sanang Zhechen (1605-?)

赛典赤·赡思丁 (1211—1279) …… (595)
སེར་ཆུའི་·གྱེན་སི་ཏིང་།
(1211—1279)
Sayyid Ajjal Shams al-Din (1211-1279)

赛福鼎·艾则孜 (1915—2003) …… (595)
སེར་ཕུའུ་ཏིང་·ཨེ་ཙེ་ཙི། (1915—2003)
Saifuddin Azizi (1915-2003)

三包免费教育 ……………………… (596)
ལག་ལེན་གསུམ་གྱི་རིན་མེད་དགོས་པའི་སློབ་གསོ།
Policy of covering education tuition, food, and boarding expenses

三北防护林工程 …………………… (596)
བྱང་གསུམ་ནགས་སྲུང་བཟོ་སྐྲུན།
Three-North Shelter Forest Program

三不两利政策 ……………………… (596)
མི་བྱེད་པ་གསུམ་དང་ཕན་གཉིས་ཀྱི་སྲིད་ཇུས།
Three-Nos and Two-Benefits Policy

三大禁条四项注意 ………………… (597)
དགག་བྱ་ཆེན་པོ་གསུམ་དང་གཟབ་བྱ་བཞི།
Three Bans and Four Points for Attention

三大领主 ……………………（597）
མངའ་བདག་ཆེན་པོ་གསུམ།
Three major estate-holders

三反两利运动 ………………（598）
གསུམ་ཆོལ་གཉིས་ཕན་གྱི་ལས་འགུལ།
Three-Anti and Two-Benefits Campaign

三反三算运动 ………………（598）
གསུམ་ཆོལ་གསུམ་རྩིས་ཀྱི་ལས་འགུལ།
Three-Anti and Three-Investigation-
  and-Punishment Movement

三反双减运动 ………………（599）
གསུམ་ཆོལ་གཉིས་འཕྲིའི་ལས་འགུལ།
Three-Anti and Two-Reduction Movement

三个离不开 …………………（599）
ཁ་བྲལ་མི་ཐུབ་པ་གསུམ།
Three essential interdependence

三股势力 ……………………（599）
སྟོབས་ཤུགས་ལོག་གསུམ།
Three Evil Forces

三江源自然保护区 …………（600）
རྫ་འབྲི་རྔ་གསུམ་མགོ་ཁུངས་ཀྱི་རང་བྱུང་སྲུང་སྐྱོབ་ཁུལ།
San Jiangyuan Nature Reserve (Three-
  River Source National Nature Reserve)

三结合政策 …………………（600）
མཉམ་སྦྲེལ་གསུམ་གྱི་སྲིད་ཇུས།
Three Combinations Policy

三省朝鲜文教材协作小组 ……（601）
ཞིང་ཆེན་གསུམ་གྱི་འཛིན་ཞུ་གྱི་ཡིག་གི་ཡིག་སྦྱོང་དེབ་
  མཉམ་སྤྱོད་ཚོ་ཆུང་།
Three Provinces Korean Textbook
  Coordination Group

三西地区 ……………………（601）
རུབ་གསུམ་ས་ཁུལ།
Three Western Regions

三西地区农业综合开发建设资金 ……（601）
རུབ་གསུམ་ས་ཁུལ་གྱི་ཞིང་ལས་ཕྱོགས་བསྡུས་གསར་
  སྤེལ་འཛུགས་སྐྲུན་གྱི་མ་དངུལ།
Construction Fund for comprehensive
  agricultural development in the
  Three Western Regions

三一六计划 …………………（602）
གསུམ་གཅིག་དྲུག་གི་འཆར་གཞི།
The 3-1-6 plan

散杂居少数民族 ……………（602）
ཐོར་འཐུག་དང་འདྲེས་འཐུག་གི་གྲངས་ཉུང་མི་རིགས།
Ethnic minorities in scattered
  areas/regions

桑吉悦希（1917—2008）……（602）
སངས་རྒྱས་ཡེ་ཤེས། （༡༩༡༧—༢༠༠༨）
Sanggyai Yexe (1917-2008)

桑结嘉措（1653—1705）……（603）
སངས་རྒྱས་རྒྱ་མཚོ། （༡༦༥༣—༡༧༠༥）
Sangye Gyamtso (1653-1705)

桑耶寺 ………………………（604）
བསམ་ཡས་དགོན་པ།
Samye Monastery

色拉寺 ………………………（604）
སེ་ར་དགོན་པ།
Sera Monastery

色目人 ………………………（605）
སེ་མུའུ་པ།
Semu people

僧差 …………………………（605）
བན་དེའི་ཁྲལ།
Monastery Laborers

沙毕那尔 ……………………（605）
ཤ་པི་ནར།
Shabnar Laborers

沙弥 …………………………（605）
དགེ་ཚུལ།
Shami

沙弥戒 ………………………（606）
དགེ་ཚུལ་གྱི་སྡོམ་པ།
Samantha precepts

沙陀 …………………………（606）
ཧ་ཐུའོ།
The Shatuo

莎车 …………………………（606）
ཧ་ཆེ།
Shache（Yarkant）

晒佛 …………………………（607）
གོས་སྐུ་བཀྲམ་པ།
Sunning Buddha

山东省济南西藏中学 …………（607）
ཧྲན་ཏུང་ཞིང་ཆེན་ཅི་ནན་བོད་སློབས་སློབ་འབྲིང་།
Tibetan Middle School in Jinan, Shandong province

山区土地改革 ………………（607）
ནད་ལྡོག་རི་ཁུལ་གྱི་ས་ཞིང་བཅོས་བསྒྱུར།
Land Reform in Ethnic Mountainous Regions

山戎 …………………………（608）
ཧན་རོང་།
Shan Rong

山越 …………………………（608）
ཧན་ཡུའེ།
Shanyue

陕甘宁省豫海县回民自治政府 …（608）
ཧན་ཀན་ཉིང་ཞིང་ཆེན་ཡུས་ཧའེ་རྫོང་ཧུའེ་རིགས་རང་སྐྱོང་སྲིད་གཞུང་།
Yuhai Hui Autonomous Government of Shanxi-Gansu-Ningxia Border Regions

商上 …………………………（609）
ཕྱག་མཛོད།
Shang shang

商卓特巴 ……………………（609）
ཕྱག་མཛོད་པ།
Shangzhuoteba

上海清真商团 ………………（609）
ཞང་ཧའེ་དབྱི་སི་ལན་ཚོང་ཚོགས།
Shanghai Muslim Merchant Corps

上三旗 ………………………（610）
དར་གོང་མ་གསུམ།
The "Upper Three Banners"

尚 ……………………………（610）
ཞང་།
Shang

尚论掣逋突瞿 ………………（610）
ཞང་བློན་ཆེན་པོ་ཐམས་ཅད།
Zhang blon sNa chen po

烧汤捞油 ……………………（611）
ཐང་སྐྱིག་སྙུམ་འདོན།
Boiling soup and scooping oil

少数民族 ……………………（611）
གྲངས་ཉུང་མི་རིགས།
Ethnic Minorities

少数民族濒危语言抢救与
　保护工程 …………………（612）
གྲངས་ཉུང་མི་རིགས་ཀྱི་སྐད་ཡིག་ཉེན་ཁར་འཕྲད་པ་སྲུང་སྐྱོབ་དང་སྲུང་སྐྱོབ་ཀྱི་ལས་གཞི།
The campaign to rescue and preserve the endangered minority languages

少数民族参观团 ……………（612）
གྲངས་ཉུང་མི་རིགས་ལྟ་སྐོར་ཚོགས་པ།
The visiting delegation composed of the representatives of the ethnic minorities

少数民族传统文化展
　　演评奖活动 ……………………（613）
གངས་ཅན་མི་རིགས་ཀྱི་སྲོལ་རྒྱུན་རིག་གནས་འགྲེམ་
　　སྟོན་ལེགས་འདེམས་མཛད་སྒོ།
Ethnic Traditional Culture
　　Exposition Awards
少数民族地区 ……………………（613）
གངས་ཅན་མི་རིགས་ཀྱི་ས་ཁུལ།
Ethnic minority areas
《少数民族地区补助费的
　　管理规定》………………………（613）
《གངས་ཅན་མི་རིགས་ས་ཁུལ་གྱི་རོགས་སྐྱོར་འགྲོ་
　　གྲོན་དོ་དམ་གཏན་འབེབས》
Administrative measures on subsidies
　　in ethnic minority areas
少数民族地区的民主改革 …………（614）
གངས་ཅན་མི་རིགས་ས་ཁུལ་གྱི་དམངས་གཙོའི་བཅོས་སྒྱུར།
Democratic reform in ethnic
　　minority areas
少数民族地区的社会改革 …………（614）
གངས་ཅན་མི་རིགས་ས་ཁུལ་གྱི་སྤྱི་ཚོགས་བཅོས་སྒྱུར།
Social reform in ethnic minority areas
《少数民族地区妇幼卫生事业
　　"七五"规划》………………（615）
《གངས་ཅན་མི་རིགས་ས་ཁུལ་གྱི་བུད་མེད་བྱིས་པའི་འཕྲོད་
　　བསྟེན་བྱ་གཞག་བདུན་ལྔའི་འཆར་འགོད》
The 7th Five-Year Plan on developing
　　the maternal and child health in
　　ethnic minority areas
少数民族地区社会主义改造 ………（615）
གངས་ཅན་མི་རིགས་ས་ཁུལ་གྱི་སྤྱི་ཚོགས་རིང་
　　ལུགས་བཅོས་བསྒྱུར།
Socialist transformation in the
　　ethnic minority areas

少数民族地区土地改革 ……………（616）
གངས་ཅན་མི་རིགས་ས་ཁུལ་གྱི་ཞིང་བཅོས་བསྒྱུར།
Land reform in ethnic minority areas
少数民族发展教育补助费 …………（616）
གངས་ཅན་མི་རིགས་སློབ་གསོ་གོང་སྤེལ་རོགས་གསབ་དངུལ།
Education Development Subsidies for
　　the Ethnic Minorities
少数民族发展资金 …………………（617）
གངས་ཅན་མི་རིགས་འཕེལ་རྒྱས་གཏོང་བའི་མ་དངུལ།
Fund for Ethnic Minorities Development
《少数民族发展资金管理办法》…（617）
《གངས་ཅན་མི་རིགས་འཕེལ་རྒྱས་གཏོང་བའི་
　　མ་དངུལ་དོ་དམ་བྱེད་ཐབས》
Administrative Measures on the Fund
　　for Ethnic Minorities Development
少数民族高层次骨干人才
　　培养计划 ………………………（618）
གངས་ཅན་མི་རིགས་ཀྱི་མཐོ་རིམ་ཀད་འཛིན་པ་
　　གསོ་སྐྱོང་བྱེད་པའི་འཆར་གཞི།
Project to cultivate ethnic minority
　　high-level backbone talents
少数民族古籍保护工程 ……………（618）
གངས་ཅན་མི་རིགས་ཀྱི་དཔེ་རྙིང་སྲུང་སྐྱོབ་བྱེད་པའི་ལས་གཞི།
The Project for the Protection
　　of Ethnic Ancient Books
少数民族广播影视 …………………（619）
གངས་ཅན་མི་རིགས་ཀྱི་རླུང་བསྒྲགས་བརྙན་འཕྲིན།
The ethnic radio, film and television
少数民族和民族地区干部教育
　　培训工程 ………………………（619）
གངས་ཅན་མི་རིགས་དང་མི་རིགས་ས་ཁུལ་གྱི་གཞུང་ཞབས་
　　པར་སློབ་གསོ་དང་སྦྱོང་བརྡར་བྱེད་པའི་ལས་གཞི།
The project for education and training
　　of minority cadres in ethnic areas

少数民族和民族地区综合
　　扶贫示范项目 ……………（619）
གངས་ཉུང་མི་རིགས་དང་མི་རིགས་ཁུལ་སྤྱི་ཡོངས་
　　ནས་དབུལ་སྐྱོར་དཔེ་སྟོན་གྱི་ལས་ཚན།
The pilot project of comprehensive
　　poverty alleviation for ethnic
　　minority groups and in
　　ethnic areas
少数民族科技骨干特殊
　　培养计划 ………………（620）
གངས་ཉུང་མི་རིགས་ཚན་རྩལ་གཞུང་འཛིན་གྱི་དམིགས་
　　བསལ་གསོ་སྐྱོང་འཆར་གཞི།
A special program for nurturing
　　backbone scientific personnel
　　of ethnic-minoriteis
少数民族流动人口 ……………（620）
གངས་ཉུང་མི་རིགས་ཀྱི་གནས་སྤོའི་མི་གྲངས།
Ethnic minority floating population
少数民族流动人口服务管理
　　体系建设 ………………（621）
གངས་ཉུང་མི་རིགས་ཀྱི་མི་གྲངས་སྤོ་སྐྱོད་ལ་ཞབས་
　　ཞུའི་དོ་དམ་མ་ལག་གི་འཛུགས་སྐྲུན།
Construction of the system of the
　　service and management of ethnic
　　minority floating population
少数民族流动人口问题 ………（621）
གངས་ཉུང་མི་རིགས་ཀྱི་གནས་སྤོའི་མི་གྲངས་ཀྱི་གནད་དོན།
Problems of the floating population
　　of ethnic minorities
少数民族贫困地区温饱基金 ………（622）
གངས་ཉུང་མི་རིགས་དབུལ་པོའི་ས་ཁུལ་གྱི་ལྟོ་གོས་
　　འཛོམས་པའི་མ་དངུལ།
The basic need fund for the poverty-
　　stricken ethnic minority areas

少数民族人才发展工程 ………（622）
གངས་ཉུང་མི་རིགས་ཤེས་ལྡན་མི་སྣ་འཕེལ་
　　རྒྱས་ཀྱི་ལས་གཞི།
Ethnic minority talent development project
少数民族社会历史大调查 ………（623）
གངས་ཉུང་མི་རིགས་ཀྱི་སྤྱི་ཚོགས་ལོ་རྒྱུས་ཀྱི་
　　བརྟག་དཔྱད་ཆེན་མོ།
The investigation of ethnic social history
少数民族社会历史调查组 ………（623）
གངས་ཉུང་མི་རིགས་སྤྱི་ཚོགས་ལོ་རྒྱུས་
　　ཀྱི་བརྟག་དཔྱད་ཚོ་ཁག
The ethnic social and historical
　　investigation team
少数民族事业 ………………（624）
གངས་ཉུང་མི་རིགས་ཀྱི་ལས་དོན།
Undertakings related to ethnic
　　minority groups
《少数民族事业"十一五"
　　规划》………………（624）
《གངས་ཉུང་མི་རིགས་ཀྱི་ལས་དོན་བཅུ་གཅིག་ལྔའི་འཆར་འགོད》
The 11th Five-year Plan for Development
　　of Undertakings Related to Ethnic
　　Minority Groups
少数民族特色村寨保护与
　　发展工程 ………………（625）
ཁྱད་ཆོས་ལྡན་པའི་གངས་ཉུང་མི་རིགས་ཀྱི་གྲོང་སྡེ་
　　སྲུང་སྐྱོབ་དང་འཕེལ་རྒྱས་ཀྱི་ལས་གཞི།
Program for protecting and developing
　　ethnic minority villages with
　　unique characteristics
少数民族特需商品 ……………（625）
གངས་ཉུང་མི་རིགས་ལ་དགོས་མཁོ་བའི་ཆོང་རྫས།
Special commodities needed by
　　ethnic minorities

· 87 ·

少数民族特需商品传统生产工艺和
技术保护工程 ……………… (625)
གངས་ཉུང་མི་རིགས་ལ་ཆེད་མཁོའི་ཚོང་ཟོག་གི་སྲོལ་རྒྱུན་བཟོ་
སྐྲུན་བཟོ་རྩལ་དང་ལག་རྩལ་སྲུང་སྐྱོབ་ཀྱི་ལས་གཞི།
The project for protecting traditional
production process and technologies
of the special commodities needed
by ethnic minorities

少数民族特需用品目录 ………… (626)
གངས་ཉུང་མི་རིགས་ལ་ཆེད་མཁོའི་ཅ་ལག་གི་དཀར་ཆག
The catalog of the special commodities
needed by ethnic minorities

少数民族特需用品四特征 ………… (626)
གངས་ཉུང་མི་རིགས་ལ་ཆེད་མཁོའི་ཐོན་རྫས་ཀྱི་ཁྱད་ཆོས་བཞི།
Features of Special Commodities Needed
by Ethnic Minorities

少数民族特种产品 ……………… (627)
གངས་ཉུང་མི་རིགས་ཀྱི་ཁྱད་ཆོས་ལྡན་པའི་ཐོན་རྫས།
Special products produced by
ethnic minorities

少数民族文化读本编撰
出版工程 …………………… (627)
གངས་ཉུང་མི་རིགས་རིག་གནས་ཀྱི་སློབ་དེབ་ཕྱོགས་
སྒྲིག་པར་སྐྲུན་གྱི་ལས་གཞི།
The project for editing and publishing
ethnic culture reader

少数民族文化建设春雨工程 ……… (628)
གངས་ཉུང་མི་རིགས་རིག་གནས་འཛུགས་སྐྲུན་གྱི་
དཔྱིད་ཆར་ལས་གཞི།
Spring Rain Project for constructing
ethnic culture

少数民族文物 ……………………… (628)
གངས་ཉུང་མི་རིགས་ཀྱི་གནའ་རྫས།
Ethnic cultural relics

少数民族文物保护工程 …………… (629)
གངས་ཉུང་མི་རིགས་ཀྱི་གནའ་རྫས་སྲུང་སྐྱོབ་ལས་གཞི།
The project for protecting ethnic
cultural relics

少数民族语言大调查活动 ………… (629)
གངས་ཉུང་མི་རིགས་སྐད་ཆ་ཞིབ་བཤེར་གྱི་ལས་འགུལ་ཆེན་མོ།
An investigation of ethnic
minority languages

少数民族语言调查工作队 ………… (629)
གངས་ཉུང་མི་རིགས་སྐད་ཆ་ཞིབ་བཤེར་གྱི་ལས་དོན་ཚོགས་པ།
The investigation team of ethnic
minority languages

少数民族语言文字规范化信息化
建设工程 …………………… (630)
གངས་ཉུང་མི་རིགས་ཀྱི་སྐད་ཡིག་ཚོད་ལྡན་ཅན་དང་ཆ
འཕྲིན་ཅན་འཛུགས་པའི་ལས་གཞི།
The project to informationize and normalize
ethnic minority language and scripts

少数民族专项照顾商品 …………… (630)
གངས་ཉུང་མི་རིགས་ཆེད་དུ་གཟིགས་སྐྱོང་གི་ཚོང་རྫས།
Aid relief commodities for
ethnic minorities

畲语 ……………………………… (631)
ཞེ་རིགས་ཀྱི་སྐད།
She language

畲族 ……………………………… (631)
ཞེ་རིགས།
She people

社 ………………………………… (631)
ཞེ།
She

社会主义民族 …………………… (632)
སྤྱི་ཚོགས་རིང་ལུགས་མི་རིགས།
Socialist nation

社会主义民族关系 ……………… (632)
སྤྱི་ཚོགས་རིང་ལུགས་མི་རིགས་ཀྱི་འབྲེལ་བ།
Socialist ethnic relations

社田 …………………………… (632)
ཞིང་།
She field

沈阳故宫 ……………………… (632)
ཞེན་དབྱང་གནན་བོའི་ཕོ་བྲང་།
Shenyang Imperial Palace

生产文化站 …………………… (633)
ཐོན་སྐྱེད་རིག་གནས་ཀྱི་འབབ་ཚིགས།
Production cultural station

生女真 ………………………… (633)
ཇིན་ཞུའུ་གཡི།
"raw" Jurchens

省部级领导干部民族工作专题研
讨班（首次） ……………… (633)
ཞིང་ཆེན་དང་པུའུ་རིམ་པའི་འགོ་ཁྲིད་གཞུང་ཞབས་
པའི་མི་རིགས་ལས་ཀའི་ཆེད་དོན་དཔྱད་
བགྲོ་འཛིན་གྲྭ། (ཐོག་མ།)
Seminar on the Work of Ethnic Affairs
    for Leaders at the Provincial or
    Ministerial Level (First-time)

《圣立义海》 ………………… (634)
《ཇིང་ལི་དྲི་ཧའི》
The Sea of Meanings, Established
    by the Saints

《圣训》 ……………………… (634)
《དམ་པའི་བསླབ་བྱ》
Hadith

盛京 …………………………… (635)
ཇིང་ཅིན།
Shengjing

盛世才（1895—1970）……… (635)
ཇིན་ཇི་ཚའི། (1895—1970)
Sheng Shicai (1895-1970)

《十六法典》 ………………… (635)
《ཁྲིམས་ཡིག་ཞལ་ལྕེ་བཅུ་དྲུག》
The 16-Article Code

十七世噶玛巴认定 …………… (636)
གཙང་པ་སྐུ་ཕྲེང་བཅུ་བདུན་པའི་ངོས་འཛིན།
Affirmation of the 17th Karmapa

《十七条协议》 ……………… (636)
《དོན་ཚན་བཅུ་བདུན་གྱི་གྲོས་མཐུན》
The 17-article agreement

《十三法典》 ………………… (637)
《ཁྲིམས་གཞུང་ཞལ་ལྕེ་བཅུ་གསུམ》
The 13-Article Code

十世班禅大师灵塔祀殿 ……… (637)
པཎ་ཆེན་སྐུ་ཕྲེང་བཅུ་པའི་སྐུ་གདུང་མཆོད་རྟེན་ལྷ་ཁང་།
Palace for Panchen Lama (10th) Pagoda

十项保护和不干涉 …………… (638)
སྲུང་སྐྱོབ་དགོས་པ་དང་ཐེ་གཏོགས་བྱེད་མི་ཆོག་པ་བཅུ།
Ten protections and non-interventions

十项废除 ……………………… (638)
དོར་དགོས་པ་བཅུ།
Ten Abolishment

什叶派 ………………………… (638)
ཅི་ཨེ་ཕྱོགས་ལྷག
Shia Islam

石堡城 ………………………… (638)
རྩེ་རྫོང་མཁར།
Shipu city

石牌律 ………………………… (639)
རྫ་བྱང་གི་ཁྲིམས།
"Rules on Stone Tablet" of Yao people

石牌头人 ……………………（639）
རྡོ་བྱང་གི་འགོ་བ།
Shipai (Stone Tablet) Headman

石牌制 ………………………（640）
རྡོ་བྱང་ལུགས།
Shipai (Stone Tablet) System

石钟山石窟 …………………（640）
ཇི་གྱུང་རི་བོའི་བྲག་ཕུག
Shizhong Mountain Grottos

实扒 …………………………（640）
ཞི་པ།
Shipa

《使高昌记》 ………………（641）
《གའོ་ཁང་དུ་བགྲོད་པའི་ཞིབ་བོ།》
Record of Gaochang

氏族 …………………………（641）
རུས་རྒྱུད།
Clan

氏族制度 ……………………（641）
རུས་རྒྱུད་ལམ་ལུགས།
Clan system

世界佛教徒联谊会 …………（641）
འཛམ་གླིང་ནང་ཆོས་རྗེས་འཇུག་པའི་
མཐུན་འབྲེལ་ཚོགས་འདུ།
World Fellowship of Buddhists (WFB)

室韦 …………………………（642）
ཞི་ཝེ།
Shiwei

释教 …………………………（642）
ཤཱཀྱའི་ཆོས་ལུགས།
Sakyamunism

首届全国民族医药特色疗法总结
展示推广活动 ……………（642）
སྐབས་ཐོག་མའི་རྒྱལ་ཡོངས་མི་རིགས་སྨན་རྫས་ཀྱི་ཁྱད་
ཆོས་མངོན་ཡིན་པའི་བཅོས་ཐབས་ཕྱོགས་བསྡུས་
འགྲེམ་སྟེལ་གྱི་བྱ་འགུལ།
First National Exhibition and Promotion of Special Ethnic Medical Therapy

首届中国民族服装服饰博览会 ……（643）
སྐབས་ཐོག་མའི་ཀྲུང་གོའི་མི་རིགས་ཀྱི་གྱོན་ཆས་རྒྱན་
ཆའི་བཀས་སྟོན་ཚོགས་འདུ།
First Chinese Ethnic Costumes and Ornaments Fair

《授记根本三十颂》 ………（643）
《ལུང་སྟོན་པ་རྩ་བ་སུམ་ཅུ་པ》
The Root Grammar in Thirty Verses

书子房 ………………………（644）
ཧྲུའུ་ཙུ་ཧྥང་།
Shuzi Office

疏勒 …………………………（644）
ཧྲུའུ་ལེ།
Shule

赎买政策 ……………………（644）
བླུ་ཉོའི་སྲིད་ཇུས།
Policy of Redemption

熟女真 ………………………（645）
ཧྲུའུ་ཉིའུ་གྱིན།
Tamed Jurchen

属国制 ………………………（645）
རྒྱལ་གཏོགས་ལམ་ལུགས།
The Vassal State System

双反三算运动 ………………（645）
གཉིས་ཆོག་གསུམ་རྩིས་ཀྱི་ལས་འགུལ།
Two Anti's and Three Settling Accounts

双语现象 …………………（645）
སྐད་གཉིས་ཀྱི་སྣང་ཚུལ།
Bilingual Phenomenon

双语制 ……………………（646）
སྐད་གཉིས་ལམ་ལུགས།
Policy of Bilingualism

水达达 ……………………（646）
ཆུའི་ཏ་ད།
Shuidada

水傣 ………………………（646）
ཆུའི་ཏའི།
Shui (water) Dai

水家苗 ……………………（646）
ཆུའི་ཅ་མྱོན།
Shuijia Miao

水历 ………………………（646）
ཆུའི་རིགས་ཀྱི་ལི་ཐོ།
Shui Calendar

水书 ………………………（647）
ཆུའི་ཡིག
Shui script (Shuishu)

水语 ………………………（647）
ཆུའི་སྐད།
Shui language

水族 ………………………（647）
ཆུའི་རིགས།
Shui people

《朔方》 …………………（648）
《བྱང་ཕྱོགས》
Shuofang literary magazine

搠思吉斡节儿（生卒年不详）……（648）
ཆུའི་སི་ཅི་སྤོ་ཚེར།（སྐྱེ་འདས་ལོ་མི་གསལ）
Chos-kyihod-zer

司曹 ………………………（649）
སྲིད་ཚོག
Sicao

司迥 ………………………（649）
སྲིད་སྐྱོང་།
Sikyong

司廓 ………………………（649）
སྲིད་ཁང་།
Sikuo

司伦 ………………………（649）
སྲིད་བློན།
Silun

司沛 ………………………（650）
སྲིད་དཔོན།
Sipei

丝绸之路 …………………（650）
སྲིད་དཔོན།
The Silk Road

私庄百姓 …………………（650）
གཞིས་ཞིང་གི་མི་སེར།
Private Farmstead Folks

思普殖边总办公署 ………（651）
སི་ཕུའུ་མཐའ་གནས་སྤྱིའི་གཞུང་ལས་ཁང་།
Sipu Frontier Chief Bureau

斯坦因 ……………………（651）
སི་ཐན་དབྱིན།
Marc Aurel Stein

《四部医典》……………（651）
《གསོ་རིག་རྒྱུད་བཞི》
Four Medical Classics

《四川土夷考》…………（652）
《སི་ཁྲོན་ཐུའུ་དབྱིའི་ཞིབ་ཡིག》
Notes on the Native Tribes in Sichuan

四大贝勒 ·············· （652）
ཡེ་ལེ་རྣམ་བཞི།
Four Mighty Beiles (Princes)

四大林 ················ （653）
གླིང་བཞི།
Four Great Monasteries

四反双减运动 ·········· （653）
བཞི་བཀོལ་གཉིས་འཕྲིའི་ལས་འགུལ།
Four Anti's and Two Reductions

四个维护 ·············· （653）
སྲུང་སྐྱོབ་བཞི།
Four safeguards

四三会议 ·············· （654）
བཞི་གསུམ་གྲོས་ཚོགས།
April Third Meeting

四十三项援藏工程 ······ （654）
བོད་སྐྱོར་བྱེད་པའི་རྣམ་གྲངས་ཞེ་གསུམ།
43 Tibet-aiding Projects

四十条优惠政策 ········ （655）
དམིགས་སྐྱུང་དོན་ཚན་བཞི་བཅུའི་སྲིད་ཇུས།
40 Preferential Policies

四水六岗卫教军 ········ （655）
ཆུ་བཞི་སྒང་དྲུག་བསྟན་སྲུང་དམག
Four Rivers, Six Ranges of Hills
 Tibetan Defenders of the Faith
 Volunteer Army

四夷 ·················· （656）
དབྱི་བཞི།
Siyi (Four Barbarians)

四夷馆 ················ （656）
དབྱི་བཞིའི་མགྲོན་ཁང་།
Siyiguan (institute of the four
 barbarian languages)

四子部落 ·············· （656）
བུ་བཞིའི་ཚོ་པ།
The Tribes of the Four Brothers

寺坊 ·················· （656）
དགོན་འཁོར།
Sifang (Mosque Community)

寺庙民主管理委员会 ···· （657）
དགོན་སྡེའི་དབང་ཚོད་དམ་ཁྱུ་ལྡན་སྐྱོང་ཁང་།
Democratic Administrative Committee
 of Temples

松江清真寺 ············ （657）
སུང་ཅང་དབྱི་ཤིན་གྱི་ཚོགས་ཁང་།
Songjiang Mosque

松赞干布（617？—650） ····· （657）
སྲོང་བཙན་སྒམ་པོ། (༦༡༧? —༦༥༠)
Songzan Ganbu (617? -650)

《苏定》 ·············· （658）
《སུའུ་ཏིང་》
Suding

苏菲主义 ·············· （658）
སུའུ་ཧྥེ་རིང་ལུགས།
Sufism

苏拉喇嘛 ·············· （658）
སུའུ་ལ་བླ་མ།
Sula Lama

《苏力牙》 ············ （659）
《སུའུ་ལི་ཡ།》
Suliya

苏鲁克制度 ············ （659）
སུའུ་ལུའི་ལམ་ལུགས།
Surug system

苏温 ·················· （659）
སུའུ་ཝུན།
Suwen

苏易 ……………………（659）
སུའུ་དབྱི།
Suyi

酥油花 …………………（660）
མེ་ཏོག་མཆོད་པ།
Butter Sculpture

素尔波且·释迦迥乃
（1002—1062）………（660）
ཟུར་པོ་ཆེ་ཤཱཀྱ་འབྱུང་གནས། (༡༠༠༢—༡༠༦༢)
Surpoche Shakya Jungne (1002-1062)

肃慎 ……………………（661）
སུའུ་ཅིན།
Sushen people

绥蒙政府 ………………（661）
སུའི་མོན་སྲིད་གཞུང་།
Suimeng Government

碎叶 ……………………（661）
སུའི་ཡེ།
Suyab

索观瀛（1898—1967）……（662）
སོ་གོན་ཡིན། (༡༨༩༨—༡༩༦༧)
Suo Guanying (1898-1967)

索伦杆 …………………（662）
སོ་ལོན་ཀཱ་བ།
Suolun Pole

T

塔布噶举 ………………（664）
དགས་པོ་བཀའ་བརྒྱུད།
Taboh kagyu

塔布工布地区 …………（664）
དགས་པོ་ཀོང་པོའི་ས་ཁུལ།
Tabu Gongbu District

塔布囊 …………………（664）
ཐ་པོ་ནང་།
Tabunang

塔尔寺 …………………（664）
སྐུ་འབུམ་དགོན་པ།
Kumbum Monastery

塔吉克语 ………………（665）
ཐ་ཅི་ཁེ་སྐད།
Tajik language

塔吉克族 ………………（665）
ཐ་ཅི་ཁེ་རིགས།
Tajik people

塔塔尔语 ………………（666）
ཐ་ཐར་སྐད།
Tatar language

塔塔尔族 ………………（666）
ཐ་ཐར་རིགས།
Tatar people

台吉 ……………………（666）
ཐའི་ཅི།
Taiji

《台湾番族考》 …………（667）
《ཐའི་ཝན་རིགས་རྒྱུད་ལག་གི་ཅོག་དཔྱོད》
The Research on the Aborigines in Taiwan

台语支 …………………（667）
ཐའི་སྐད་ཀྱི་ཡལ་ག
Tai-Languages Branch

太原清真古寺 …………（667）
ཐའི་ཡོན་དབྱི་སི་ལན་གྱི་ཚོས་ཁང་རྙིང་པ།
Taiyuan Ancient Mosque

唐东杰布（1385—1464）……（668）
ཐང་སྟོང་རྒྱལ་པོ། (༡༣༨༥—༡༤༦༤)
Thangtong Gyalpo (1385-1464)

唐蕃会盟碑 ……………… (668)
བོད་རྒྱ་མཐུན་འབྲེལ་རྡོ་རིང་།
Tang-Tubo Alliance Tablet

唐古特 …………………… (668)
ཐང་གུའུ་ཏེ།
Tangut

唐卡 ……………………… (669)
ཐང་ཀ
Thangka

桃花石 …………………… (669)
ཐའོ་ཧུ་ཅི
Tabgac

陶云逵(1904—1944) ……… (669)
ཐའོ་ཡོན་ཁུའི། (༡༩༠༤—༡༩༤༤)
Tao Yunkui (1904-1944)

特困少数民族地区(范围) ……… (670)
ཚེས་དབུལ་བའི་གྲངས་ཉུང་མི་རིགས་ས་ཁུལ།
Extremely poverty-stricken ethnic minority regions

特色优势产业发展工程 ……… (670)
ཁྱད་ཆོས་ཅན་དང་འབུར་ཐོན་ཐོན་ལས་སྤེལ་བའི་ལས་གཞི།
The Development Project on Competitive Industries with Characteristics

《天方典礼》 ……………… (671)
《ཐེན་ཧྥང་གི་མཛད་སྒོ།》
Tianfang Dianli (The Rites of Islam)

天方教 …………………… (671)
ཐེན་ཧྥང་ཆོས་ལུགས།
Tianfang (also called the Arabian belief)

《天方性理》 ……………… (671)
《ཐེན་ཧྥང་གི་རང་བཞིན་གཏན་ཚིགས།》
Tianfang Xingli (The Metaphysics of Islam or The Philosophy of Arabia)

《天方至圣实录》 ……………… (672)
《ཐེན་ཧྥང་དམ་པའི་ལོ་རྒྱུས་དངོས་བྱུང་མ།》
Tianfang zhisheng shilu (The True Record of the Prophet of Islam)

天津红光中学 …………………… (672)
ཐེན་ཅིན་ཧུང་ཀོང་སློབ་འབྲིང་།
Tianjin Hongguang Middle School

天津清真大寺 …………………… (672)
ཐེན་ཅིན་དབྱི་སི་ལན་ཚོས་ཁང་ཆེན་མོ།
Tianjin Mosque

天课 ……………………………… (673)
གནམ་ལ་མཆོད་འབུལ།
Zakat

《天盛年改新定律令》 …………… (673)
《ཐེན་ཧྲེང་ལོའི་ཁྲིམས་སྲོལ་གསར་བསྒྱུར་བསྒྲགས་ཡིག》
The Revised and Newly Endorsed Code for the Designation of Reign "Celestial Prosperity"

天珠 ……………………………… (674)
གཟི།
Dzi bead

天主教 …………………………… (674)
གནམ་བདག་ཆོས་ལུགས།
Catholicism

田官等级 ………………………… (674)
ཞིང་དཔོན་རིམ་པ།
Land and official rank

铁保(1752—1824) ……………… (674)
ཐིའེ་པའོ། (༡༧༥༢—༡༨༢༤)
Tie Bao (1752-1824)

铁虎清册 ………………………… (675)
ལྕགས་སྟག་ལོའི་བཞེར་ཡིག
An Inventory of the Year of the Iron-Tiger

铁勒 ………………………… (676)
ཐིའེ་ལེ།
Tiele

通古斯巴什古城 ……………… (676)
ཐུང་གུའུ་སི་པ་ཅི་གནའ་མཁར།
Ancient city of Tunguska

通济监 …………………………… (676)
དངུལ་རྒྱགས་ལྟ་སྐུལ་པ།
Director of Tongji

通政院 …………………………… (677)
སྲིད་འབྲེལ་སྡིང་།
Office of Transmission (an agency of the Ministry of War)

同化政策 ………………………… (677)
འདྲ་བསྒྱུར་སྲིད་ཇུས།
Assimilation policy

同心县清真大寺 ………………… (677)
ཐུང་ཞིན་རྫོང་དཱུད་སི་ལན་ཆོས་ཁང་ཆེན་མོ།
Tongxin Great Mosque

《同音》 ………………………… (678)
《སྐད་མཐུན》
Homophones (sound same)

同元藏文网 ……………………… (678)
ཐུང་ཡོན་བོད་ཡིག་དྲ་རྒྱས།
Tongyuan Tibetan Language Net

头曼城 …………………………… (678)
ཐོའུ་མན་མཁར།
Touman city

头目公 …………………………… (679)
ཐོའུ་མུའུ་གུང་།
Toumugong (chieftain)

头人 ……………………………… (679)
མགོ་པ།
Headman

突厥 ……………………………… (679)
གུ་གུ
Turk

突厥文 …………………………… (679)
གུ་གུའི་ཡི་གེ
Turkic script

《突厥语词典》 ………………… (680)
《གུ་གུའི་སྐད་ཀྱི་ཚིག་མཛོད》
Turkic Dictionary

突厥语族 ………………………… (680)
གུ་གུའི་སྐད་རིགས།
Turkic language family

图腾崇拜 ………………………… (680)
ཐུའུ་ཐེང་དད་མོས།
Totem worship

图瓦人 …………………………… (681)
ཐུའུ་ཝ་མི།
Tuvas

屠寄 (1856—1921) ……………… (681)
ཐུའུ་ཅི། (༡༨༥༦—༡༩༢༡)
Tu Ji (1856-1921)

土尔扈特部 ……………………… (682)
ཐུའུ་ཨེར་ཧུའུ་ཐེ་ཚོ་པ།
Torghut

土家语 …………………………… (682)
ཐུའུ་ཅ་སྐད།
Tujia language

土家族 …………………………… (682)
ཐུའུ་ཅ་རིགས།
Tujia people

土默特部 ………………………… (683)
ཐུའུ་མོ་ཐེ་པ།
Tumed Tribe

土木之变 …………………… (683)
ས་ཁྱད་དུས་འགྱུར།
Tumu Incident

土司 ………………………… (683)
ཡུལ་དཔོན།
Chieftain

土司制度 …………………… (684)
ཡུལ་དཔོན་ལམ་ལུགས།
Chieftain system

土王城遗址 ………………… (684)
ཐུའུ་ཝང་མཁར་གྱི་གནའ་ཤུལ།
Tuwang Ancient City Site

土族 ………………………… (685)
ཐོར་རིགས།
Tu people

土族语 ……………………… (685)
ཐོར་སྐད།
Tu language

吐蕃等处宣慰使司都元帅府 ……… (686)
ཐུ་ཏྦོད་སོགས་ཀྱི་ཡུལ་གསལ་བསྐུལ་ཁྲིམས་
དཔོན་དམག་སྤྱི་ཁྱབ།
Chief Military Commands in the Pacification Offices for Tubo and Other Regions

吐蕃等路宣慰使司都元帅府 ……… (686)
ཐུ་ཏྦོད་སོགས་ཀྱི་ལུའུ་གསལ་བསྐུལ་ཁྲིམས་
དཔོན་དམག་སྤྱི་ཁྱབ།
Chief Military Commands in the Pacification Offices for Tubo and Other Routes

《吐蕃历史文书》 …………… (686)
《བོད་རྒྱལ་རབས་ཀྱི་ལོ་རྒྱུས་ཡིག་ཚ》
Tibetan Historical Documents from Dunhuang

吐蕃王朝 …………………… (687)
བོད་བཙན་པོའི་རྒྱལ་རབས།
Tubo Dynasty

吐谷浑 ……………………… (687)
འ་ཞ།
Tuyuhun

推进民族事务信息化建设 ………… (688)
མི་རིགས་ཀྱི་ལས་དོན་ཆ་འཕྲིན་ཅན་དུ་
སྐྱེལ་བའི་ལས་གཞི།
Plan to promote information construction of ethnic affairs

退牧还草工程 ……………… (688)
ཕྱུགས་རྫོར་རྩྭ་སྐྱོང་གི་ལས་གཞི།
Project of returning grazing lands to grasslands

吞弥·桑布扎（生卒年不详）…… (689)
ཐོན་མི་སམ་བྷོ་ཊ།（འཁྲུངས་འདས་ལོ་མི་གསལ）
Thonmi Sambhota (birth and death dates are unknown)

屯垦戍边 …………………… (689)
ས་སྦྱང་ཞིང་འདེབས།
Stationing garrison troops to cultivate and guard its border areas

屯田 ………………………… (690)
དམག་སྟོང་ཞིང་འདེབས།
Military agro-colonies

驮羊 ………………………… (690)
ཁལ་ལུག
Pack Sheep

拓跋氏 ……………………… (691)
ཐུའོ་པ་རིགས་རྒྱུད།
Tuoba clan

W

佤德昂语支 ·················（692）
དབའ་དེ་ཨང་སྐད་ཡལ།
Va-De'ang language branch

佤语 ·····················（692）
དབའ་སྐད།
Va language

佤族 ·····················（692）
དབའ་རིགས།
Va people

外八庙 ···················（693）
ཕྱིའི་དགོན་པ་བརྒྱད།
Eight Outer Temples

外藏 ·····················（693）
ཕྱི་བོད།
Outer Tibet

外藩蒙古 ·················（693）
ཕྱི་སྲོང་སོག་པོ།
Vassal State Mongolia

外婚制 ···················（694）
གཞན་ཕྱིར་འགྲོ་བའི་ལམ་ལུགས།
Exogamy

外交局 ···················（694）
ཕྱི་འབྲེལ་ཁང་།
Bureau of Foreign Affairs

外蒙古 ···················（694）
ཕྱི་སོག
Outer Mongolia

万部华严经塔 ·············（695）
མདོ་ཕལ་པོ་ཆེ་ཁྲི་འབུམ་གྱི་མཆོད་རྟེན།
Wanbu Huayanjing (Ten Thousand Volumes of Huayan Scriptures) Pagoda

王岱舆（约1573—1657）·····（695）
དབང་ཏའེ་ཡུས།（སྤྱི་ལོ་༡༥༧༣—༡༦༥༧）
Wang Daiyu（ca. 1573-1657）

王静如（1903—1990）·······（696）
དབང་ཅིན་རུའུ།（༡༩༠༣—༡༩༩༠）
Wang Jingru（1903-1990）

王静斋（约1871—1949）·····（696）
དབང་ཅིན་གྲའེ།（སྤྱི་ལོ་༡༨༧༡—༡༩༤༩）
Wang Jingzhai（ca. 1871-1949）

王连芳（1920—2000）·······（697）
དབང་ལན་ཧྥང་།（༡༩༢༠—༢༠༠༠）
Wang Lianfang（1920-2000）

王昭君 ···················（697）
དབང་གྲོ་ཅུན།
Wang Zhaojun

望门居 ···················（698）
དབང་མོན་སྡོད་གནས།
Duolocal

韦拔群（1894—1932）·······（698）
ཝེ་པ་ཆུན།（༡༨༩༤—༡༩༣༢）
Wei Baqun（1894-1932）

韦国清（1913—1989）·······（699）
ཝའེ་གོ་ཆིང་།（༡༩༡༣—༡༩༨༩）
Wei Guoqing（1913-1989）

围栏放牧 ·················（700）
ར་བསྐོར་ནས་ཕྱུགས་འཚོ་བ།
Grazing in enclosed grassland

维吾尔文 ·················（700）
ཝུ་གུར་གྱི་ཡི་གེ
Uyghur script

维吾尔语 ·················（700）
ཝུ་གུར་སྐད།
Uyghur language

· 97 ·

维吾尔族 ……………… (701)
ཡུ་གུར་རིགས།
Uyghur people

维吾尔族医学 ……………… (701)
ཡུ་གུར་རིགས་ཀྱི་གསོ་རིག
Uyghur Medicine

卫巴 ……………… (701)
དབས་པ།
Weiba

卫藏 ……………… (702)
དབུས་གཙང་།
Wei Zang (U-Tsang/Central Tibet)

卫藏方言 ……………… (702)
དབུས་གཙང་ཡུལ་སྐད།
Wei Zang Dialect

《卫藏通志》 ……………… (702)
《དབུས་གཙང་ལོ་རྒྱུས》
General History of Central Tibet

卫拉特 ……………… (703)
སོག་པོ།
Oirats

畏兀儿 ……………… (703)
ཡེ་སུའུ་ཨེར།
Weiwur

文成公主（625—680） ……………… (703)
རྒྱ་བཟའ་ཀོང་ཇོ། （༦༢༥—༦༨༠）
Princess Wencheng (625-680)

文馆 ……………… (704)
ཡིག་ཁང་།
Literary Institute

《文海》 ……………… (704)
《ཚིག་མཚོ》
Sea of Characters

文津阁 ……………… (705)
ཡིག་ཚགས་གནམ་ཁང་།
Wenjin Chamber

文殊菩萨 ……………… (705)
འཕགས་པ་འཇམ་པའི་དབྱངས།
Manjushri

文殊山石窟 ……………… (705)
འཇམ་དབྱངས་བྲག་ཕུག
Wenshu Mountain Grottoes

翁村 ……………… (706)
ཕུང་གྲོང་།
Wengcun

翁独健（1906—1986） ……………… (706)
ཕུང་ཏུའུ་ཅན། （༡༩༠༦—༡༩༨༦）
Weng Dujian (1906-1986)

窝阔台（1186—1241） ……………… (707)
གོར་གོ་དན། （༡༡༨༦—༡༢༤༡）
Ogedei Khan (1186-1241)

我国关于少数民族语言文字
  的基本政策 ……………… (707)
རང་རྒྱལ་གྱི་གྲངས་ཉུང་མི་རིགས་སྐད་ཡིག་གི་
  ཁྱབ་གཞིའི་སྲིད་ཇུས།
Basic policies concerning the languages
  of the ethnic minorities in China

卧尔兹 ……………… (708)
ཝོ་ཨེར་ཙི།
Woerzi (Al Wa'z)

卧龙国家自然保护区 ……………… (708)
ཕོའི་ལུང་རྒྱལ་ཁབ་རང་བྱུང་སྲུང་སྐྱོབ་ཁུལ།
Wolong National Nature Reserve

渥巴锡（约1742—
  约1774） ……………… (709)
ཕོ་པ་ཞི། （ཕལ་ཆེར་༡༧༤༢—ཕལ་ཆེར་༡༧༧༤）
Ubashi Khan (ca. 1742-ca. 1774)

乌·白辛（1920—1966）……………（709）
སྦུལ་པའི་ཞིན། (༡༩༢༠—༡༩༦༦)
Wu Baixin（1920-1966）

乌浒人 ……………………………（710）
སྦུལ་ཧུའུ་རིན།
The Wuhu people

乌桓 ………………………………（710）
སྦུལ་ཧེན།
Wuhuan

乌碣岩之战 ………………………（710）
སྦུལ་ཚའི་བྲག་རྫོའི་དམག་འཐབ།
Battle of Wu Jieyan

乌拉制度 …………………………（711）
འུ་ལག་ལམ་ལུགས།
Vu-lag System

乌兰布通之战 ……………………（711）
སྦུལ་ལན་པང་ཐུང་གི་དམག་འཐབ།
Battle of Ulan Butong

乌兰夫（1906—1988）………………（712）
སྦུལ་ལན་ཧྲུ། (༡༩༠༦—༡༩༨༨)
Ulanhu（1906-1988）

乌兰牧骑 …………………………（712）
སྦུལ་ལན་སྨུ་ཆི།
Ulan Muqir

乌鲁木齐都统 ……………………（712）
སྦུལ་ལུམ་ཆི་གྲོང་དཔོན།
Urumqi Military Command

乌蛮 ………………………………（713）
སྦུལ་མན།
Wuman

乌思藏 ……………………………（713）
དབུས་གཙང་།
Wusi-Zang（Dbus-Gtsangor U-Tsang）

乌思藏都指挥使司 ………………（714）
དབུས་གཙང་བཀོད་འདོམས་རྗེ་སི།
U-Tsang Regional Military Commission

乌思藏纳里速古鲁孙等三路宣慰使司都元帅府 ………………………（714）
དབུས་གཙང་ན་ལི་སུའུ་གུའུ་ལུའུ་སུན་སོགས་ལུའུ་གསུམ་གྱི་གསལ་བསྒྲགས་ཞིབས་དཔོན་དམག་སྤྱི་ཁང་།
Chief Military Command under the Pacification Commissioner's Office in Nalisugulusun of Wusi-Zang

乌孙 ………………………………（714）
སྦུལ་སུན།
Wusun

乌孜别克文 ………………………（715）
སྦུལ་ཙིའི་པིའི་ཁེ་ཡི་གེ
Ozbek script

乌孜别克语 ………………………（715）
སྦུལ་ཙིའི་པིའི་ཁེ་སྐད།
Ozbek language

乌孜别克族 ………………………（715）
སྦུལ་ཙིའི་པིའི་ཁེ་རིགས།
Ozbek people

吴朝向（1778—1870）………………（716）
སྦུལ་ཁྲའོ་ཞང་། (༡༧༧༨—༡༨༧༠)
Wu Chaoxiang（1778-1870）

吴文彩（1798—1845）………………（716）
སྦུལ་ཝུན་ཚའི། (༡༧༩༨—༡༨༤༥)
Wu Wencai（1798-1845）

吴文藻（1901—1985）………………（717）
སྦུལ་ཝུན་ཙའོ། (༡༩༠༡—༡༩༨༥)
Wu Wenzao（1901-1985）

吴泽霖（1898—1990）………………（717）
སྦུལ་ཙེ་ལིན། (༡༨༩༨—༡༩༩༠)
Wu Zelin（1898-1990）

· 99 ·

吴忠信（1884—1959）……（718）
སྦུའུ་གྲུང་ཞིན།（༡༨༨༤—༡༩༥༩）
Wu Zhongxin (1884-1959)

五尺道 ……………………（718）
ཁུ་ལྕིའི་ལམ།
Wuchi Road

五当召 ……………………（719）
ལྔ་སྒྲུབ་དགོན་པ།
Wudang Zhao Monastery

五功 ………………………（719）
ལས་བྱ་ལྔ།
Five pillars of Islam

《五功释义》 ………………（719）
《ལས་སུ་བྱ་བ་ལྔ་ཡི་མཆན་འགྲེལ།》
Explanation of the Five pillars of Islam

五国部 ……………………（720）
རྒྱལ་ཁབ་ལྔའི་ཚོ་པ།
Five Nations

五个认同 …………………（720）
ངོས་ལེན་ལྔ།
Five Identities

五胡十六国 ………………（721）
ཧུའུ་ལྔ་དང་རྒྱལ་ཁབ་བཅུ་དྲུག
Sixteen Kingdoms of the Five Barbarians

五明 ………………………（721）
རིག་གནས་ལྔ།
Panca vidya

五省、自治区藏族教育协作领导
小组和协调小组 ………（722）
སློབས་ཞིང་ལྔའི་བོད་རིགས་ཀྱི་སློབ་གསོ་འཆ་སྒྱུར་གྱི་
འགོ་ཁྲིད་ཚོགས་ཆུང་དང་མཐུན་སྒྱུར་ཚོགས་ཆུང་།
Five Provinces/Regions Tibetan Education Leadership Group

五通十有 …………………（722）
ལྔ་ཁྲིད་བཅུ་ཡོད།
Accesses to 5 types of infrastructure services and 10 living and working facilities

五溪蛮 ……………………（723）
ཆུ་ལྔའི་མན།
Barbarians of the Five Creeks

《五音切韵》 ………………（723）
《དབྱངས་ལྔའི་སྒྲོར་ཚུལ།》
Wu Yin Qie Yun (The rhyme tables of five sound categories)

五族共和 …………………（724）
རིགས་ལྔ་སྙེམས་མཐུན།
Five Races Under One Union

伍精华（1931—2007）……（724）
སྦུའུ་ཅིན་ཧྭ།（༡༩༣༡—༢༠༠༧）
Wu Jinghua (1931-2007)

X

西安大学习巷清真寺 ………（726）
ཞི་ཨན་སློབ་ཆེན་ཞི་ལམ་གྱི་དཱུ་སི་ཨན་ཆོས་ཁང་།
Xi'an Daxuexi Lane Mosque

西安广仁寺 ………………（726）
ཞི་ཨན་རྒྱལ་བསྟན་དར་རྒྱས་གླིང་།
Xi'an Guangren Lama Temple

西北民族大学 ……………（726）
ནུབ་བྱང་མི་རིགས་སློབ་གྲྭ་ཆེན་མོ།
Northwest University for Nationalities

西北少数民族师资培训中心 ………（727）
ནུབ་བྱང་གྲངས་ཉུང་མི་རིགས་ཀྱི་དགེ་རྐན་
གསབ་སྦྱོང་ལྟེ་གནས།
The Northwest Ethnic Minority Teachers Training Center

西部大开发 …………………（728）
ནུབ་ཕྱོགས་གསར་སྐྲུན་ཆེན་མོ།
Western Development Strategy

西部两基攻坚计划 ……………（728）
ནུབ་ཕྱོགས་གཞི་གཉིས་སྲ་བརྟན་གྱི་འཆར་གཞི།
Plan of Two Basics Action in Western Region of China

西部民族风情艺术节 …………（728）
ནུབ་ཕྱོགས་མི་རིགས་གོམས་སྲོལ་གྱི་སྒྱུ་རྩལ་དུས་ཆེན།
Art Festival on Folk Customs of Ethnic Minorities in Western China

西部裕固语 ……………………（729）
ནུབ་ཕྱོགས་ཀྱི་ཡུ་གོར་སྐད།
Western Yugur language

西部之光访问学者 ……………（729）
ནུབ་ཕྱོགས་ཀྱི་འོད་སྣང་ཞེས་ལྡན་པའི་བཅར་འདྲི།
"Light of the West" for the training of visiting scholars

西道堂 …………………………（730）
ཞིས་ཏའོ་ཐང་།
Xidaotang

西电东送 ………………………（730）
ནུབ་གློག་ཤར་འདྲེན།
The West-East Electricity Transfer Project

西蕃 ……………………………（731）
ནུབ་བོད།
Xifan (Western Barbarians)

西关清真大寺 …………………（731）
ཞི་གོན་དཔྱི་སི་ལན་ཆོས་ཁང་།
Xiguan Mosque

西胡 ……………………………（731）
ནུབ་ཧོར།
Xihu (Western Hu)

《西疆交涉志要》 ……………（732）
《ནུབ་ཅང་གྲོས་མོལ་གནད་བསྡུས།》
Records of Negotiation in Western Xinjiang

西辽 ……………………………（732）
ནུབ་ལེའོ།
Western Liao

西姆拉会议 ……………………（732）
སུམ་ལའི་གྲོས་ཚོགས།
Simla Conference

西南民族大学 …………………（733）
ལྷོ་ནུབ་མི་རིགས་སློབ་གྲྭ་ཆེན་མོ།
Southwest Minzu University

西南夷 …………………………（733）
ལྷོ་ནུབ་ཀྱི་དབྱི།
Xinanyi (southwestern barbarians)

《西南彝志》 …………………（734）
《ལྷོ་ནུབ་དབྱིས་རིགས་ཀྱི་རྣམ་བཤད།》
A Record of the Yi in the Southwest

西宁办事大臣 …………………（734）
ཟི་ལིང་དོན་གཅོད་བློན་ཆེན།
Xining Amban

西宁东关清真大寺 ……………（735）
ཟི་ལིང་ཏུང་གོན་གྱི་དཔྱི་སི་ལན་ཆོས་ཁང་ཆེན་མོ།
Xining Dongguan Great Mosque

西气东输 ………………………（735）
ནུབ་རླངས་ཤར་འདྲེན།
West-East Gas Pipeline Project

西羌 ……………………………（736）
ནུབ་ཆང་།
Western Qiang

西秦 ……………………………（736）
ཆིན་ནུབ་མ།
Western Qin

西戎 ……………………（736）
ཤུབ་རོང་།
Xirong (Western Rong)

西山八国 …………………（736）
ཞིས་ཧྲན་རིའི་རྒྱལ་ཁབ་བརྒྱད།
Eight Kingdoms of Xishan (Western Mountains)

西双版纳 …………………（737）
ཞི་ཙོང་པན་ན།
Xishuang Banna

西双版纳自然保护区 ………（737）
ཞི་ཙོང་པན་ན་རང་བྱུང་སྲུང་སྐྱོབ་ཁུལ།
Xishuangbanna Nature Reserve

西突厥 ……………………（738）
གྲུ་གུ་ནུབ་མ།
Western Tujue (Turks)

西突厥斯坦 ………………（738）
གྲུ་གུ་ནུབ་མ་སི་ཐན།
Western Turkestan

西魏 ………………………（738）
ཝེ་རྒྱལ་རབས་ནུབ་མ།
Western Wei Dynasty

西夏 ………………………（739）
མི་ཉག
The Western Xia regime

西夏国学 …………………（739）
མི་ཉག་རྒྱལ་སློབ་སྒྲིང་།
Sinology of the Western Xia

西夏王陵 …………………（739）
མི་ཉག་རྒྱལ་པོའི་བང་སོ།
Mausoleum of the Western Xia Dynasty

西夏文 ……………………（740）
མི་ཉག་ཡི་གེ
Tangut script

西夏语 ……………………（740）
མི་ཉག་སྐད།
Tangut language

西新工程 …………………（740）
བོད་ཞིན་ལས་གཞི།
Tibet-Xinjiang Project

西燕 ………………………（741）
ཡན་ནུབ་མ།
Western Yan

西域都护府 ………………（741）
ནུབ་ཡུལ་དུ་སྲུང་སྐྱོང་སྡིང་།
The Protectorate of the Western Regions

《西域番国志》 ……………（741）
《ནུབ་ཡུལ་རྒྱལ་ཕྲན་གྱི་ལོ་རྒྱུས》
Xiyu fan guozhi (Record of the kingdoms in the Western Regions)

西域三十六国 ……………（742）
ནུབ་ཡུལ་རྒྱལ་ཁབ་སུམ་ཅུ་སོ་དྲུག
Thirty-Six Kingdoms of the Western Regions

《西域水道记》 ……………（742）
《ནུབ་ཡུལ་རྒྱལ་ལམ་ཟིན་ཐོ》
Record of the Waterway of the Western Regions

《西域同文志》 ……………（743）
《ནུབ་ཡུལ་ཡིག་རིགས་དྲུག་གི་ཚིག་མཛོད》
Polyglot Dictionary of the Western Regions

《西域闻见录》 ……………（743）
《ནུབ་ཡུལ་མཐོང་ཐོས》
Record of things seen and heard in the Western Regions

西藏百万农奴解放纪念日 ……（743）
བོད་ལྗོངས་ཞིང་བྲན་ས་ཡ་མང་ཅན་འགྲོལ་གྱི་རྗེས་དྲན་ཉིན་མོ།
Anniversary of the emancipation of millions of serfs and slaves in Tibet

西藏班 …………………… （744）
བོད་སློབ་འཛིན་གྲྭ།
Tibet class

西藏壁画艺术 ……………… （744）
བོད་ཀྱི་ལྡེབས་རིས་སྒྱུ་རྩལ།
Tibetan fresco art

西藏博物馆 ………………… （745）
བོད་ལྗོངས་འགྲེམས་བཤམས་ཁང་།
Tibet Museum

西藏传统手工艺技能培训学校 …… （745）
བོད་ལྗོངས་སྲོལ་རྒྱུན་ལག་ཤེས་བཟོ་རྩལ་སྦྱོང་བའི་སློབ་གྲྭ།
Tibetan Traditional Craftsmanship Training School

西藏大学 …………………… （745）
བོད་ལྗོངས་སློབ་གྲྭ་ཆེན་མོ།
Tibet University

《西藏的民族区域自治》 ………… （746）
《བོད་ལྗོངས་ཀྱི་མི་རིགས་ས་ཁོངས་རང་སྐྱོང་》
Regional Ethnic Autonomy in Tibet

《西藏的现代化发展》 …………… （746）
《བོད་ལྗོངས་ཀྱི་དེང་རབས་ཅན་འཕེལ་རྒྱས》
Tibet's March Toward Modernization

《西藏的主权归属与人权状况》 ………… （746）
《བོད་ལྗོངས་ཀྱི་བདག་དབང་དང་འགྲོ་བ་མིའི་ཐོབ་ཐང་གི་གནས་ཚུལ།》
The ownership of sovereignty and human right in Tibet

《西藏第一届国会议员选举法》 … （747）
《བོད་ལྗོངས་ཀྱི་སྐབས་དང་པོའི་རྒྱལ་ཚོགས་གྲོས་མིའི་འདེམས་བསྐོ་བཅའ་ཁྲིམས།》
Executive Law for the Electoral of Parliament Members for the First Session of Tibet

西藏工委 …………………… （747）
བོད་ལྗོངས་ལས་དོན་ཨུ་ཡོན་ལྷན་ཁང་།
Tibet Work Committee

西藏和平解放 ……………… （748）
བོད་ལྗོངས་ཞི་བས་བཅིངས་འགྲོལ།
The peaceful liberation of Tibet

西藏后弘期佛教 …………… （748）
བོད་ཀྱི་བསྟན་པ་ཕྱི་དར།
Tibetan Later Dissemination (phyi dar) of Buddhism

西藏警官高等专科学校 ………… （749）
བོད་ལྗོངས་ཉེན་རྟོག་དཔོན་རིགས་མཐོ་རིམ་ཆེད་སློབ་སློབ་གྲྭ།
Tibet Police Officers' Institute

西藏拉萨经济技术开发区 ………… （749）
བོད་ལྗོངས་ལྷ་སའི་དཔལ་འབྱོར་ལག་རྩལ་གསར་སྤེལ་ཁུལ།
Lhasa economic and technological development zone in Tibet

西藏民主改革 ……………… （750）
བོད་ལྗོངས་དམངས་གཙོའི་བཅོས་བསྒྱུར།
Tibetan Democratic Reform

《西藏民主改革50年》 …………… （750）
《བོད་ལྗོངས་དམངས་གཙོ་བཅོས་བསྒྱུར་གྱི་ལོ་ངོ་༥༠》
Fifty Years of Democratic Reform in Tibet

西藏民族学院 ……………… （750）
བོད་ལྗོངས་མི་རིགས་སློབ་གླིང་།
Tibet University for Nationalities

《西藏民族政教史》 ……………… （751）
《བོད་ལྗོངས་མི་རིགས་ཆོས་སྲིད་ལོ་རྒྱུས》
Political and Religious History of the Tibetan people

西藏牧区民主改革 ………………… （751）
བོད་ལྗོངས་འབྲོག་ཁུལ་གྱི་དམངས་གཙོ་བཅོས་བསྒྱུར།
Democratic reform in pastoral areas of Tibet

西藏农牧民安居工程 …………（752）
བོད་ལྗོངས་རོང་འབྲོག་དམངས་ཀྱི་བདེ་གནས་
སྡོད་ཁང་ལས་གཞི།
Housing projects for local
farmers and herdsmen

西藏农奴制 ………………（752）
བོད་ལྗོངས་ཀྱི་ཞིང་བྲན་ལམ་ལུགས།
Tibetan serfdom

西藏农业区民主改革 ………（753）
བོད་ལྗོངས་རོང་ཡུལ་གྱི་དམངས་གཙོ་བཅོས་བསྒྱུར།
Democratic Reform in the agricultural
areas of Tibet

西藏前弘期佛教 ……………（753）
བོད་ཀྱི་བསྟན་པ་སྔ་དར།
Earlier dissemination（snga dar）of
Buddhism in Tibet

西藏青少年发展基金会 ……（754）
བོད་ལྗོངས་ན་གཞོན་འཕེལ་རྒྱས་ཐེབས་རྩ་ཚོགས་པ།
Tibetan Youth Development Foundation

《西藏日报》 ………………（754）
《བོད་ལྗོངས་ཉིན་རེའི་ཚགས་པར》
Tibet Daily

西藏三大寺 …………………（754）
བོད་ལྗོངས་གདན་ས་ཆེན་པོ་གསུམ།
Three major monasteries in Tibet

西藏少数民族专业技术人才特殊
培养工作会议 ……………（755）
བོད་ལྗོངས་གྲངས་ཉུང་མི་རིགས་ཀྱི་ལག་རྩལ་ཆེད་ལས་
དམིགས་སྐྱོང་ལས་ཀའི་གྲོས་ཚོགས།
Work conference on special training of
professional and technical ethic
personnel in Tibet

西藏生态安全屏障保护及建设
规划（2008—2030）》 …………（755）
བོད་ལྗོངས་སྐྱེ་ཁམས་བདེ་སྲུང་སྲུང་སྐྱོབ་དང་འཛུགས་སྐྲུན་
གྱི་འཆར་འགོད།（༢༠༠༨—༢༠༣༠ལོ།）
Plan for Ecology Safety Barrier
Protection and Construction in
Tibet（2008-2030）

西藏寺庙民主改革 …………（756）
བོད་ལྗོངས་དགོན་སྡེར་དམངས་གཙོ་བཅོས་བསྒྱུར་བྱས་པ།
Democratic reform in monasteries
in Tibet

《西藏图考》 ………………（756）
《བོད་ཡུལ་རིས་དཔྱད》
Geographical records of Tibet

《西藏王臣记》 ……………（757）
《དེབ་ཐེར་དཔྱིད་ཀྱི་རྒྱལ་མོའི་གླུ་དབྱངས》
Records of Tibetan Kings and Officials

《西藏王统记》 ……………（757）
《རྒྱལ་རབས་གསལ་བའི་མེ་ལོང》
Clear Mirror on Royal Genealogy

《西藏文化的保护与发展》 ……（758）
《བོད་ཀྱི་རིག་གནས་སྲུང་སྐྱོབ་དང་གོང་སྤེལ》
Protection and Development of
Tibetan Culture

《西藏文艺》 ………………（758）
《བོད་ཀྱི་རྩོམ་རིག་སྒྱུ་རྩལ》
Tibetan Literature and Arts

西藏武装叛乱 ………………（758）
བོད་ཀྱི་དྲག་པའི་ཟིང་འཁྲུག
Armed rebellion in Tibet

西藏药王山 …………………（759）
ལྕགས་པོ་རི།
Medicine King Mountain in Tibet

西藏藏医学院 ……………………（759）
བོད་ལྗོངས་བོད་ལུགས་གསོ་རིག་སློབ་གྲྭ་ཆེན་མོ།
Tibetan Traditional Medical College

西藏职业技术学院 ………………（760）
བོད་ལྗོངས་ཆེད་ལས་ལག་རྩལ་སློབ་གླིང་།
Tibet Vocational Technical College

《西藏志》 …………………………（760）
《བོད་ཀྱི་དེབ་ཐེར》
Annals of Tibet

西藏自治区保护文物 ……………（761）
བོད་རང་སྐྱོང་ལྗོངས་ཀྱི་རིག་དངོས་སྲུང་སྐྱོབ།
The Cultural Relics Under Protection in Tibet Autonomous Region

西藏自治区筹备委员会 …………（761）
བོད་རང་སྐྱོང་ལྗོངས་ག་སྒྲིག་ཨུ་ཡོན་ལྷན་ཁང་།
Preparatory Committee for the Autonomous Region of Tibet

西藏自治区筹委会土地制度
改革委员会 ……………………（761）
བོད་རང་སྐྱོང་ལྗོངས་ག་སྒྲིག་ཨུ་ཡོན་ལྷན་ཁང་ས་ཞིང་ལམ་ལུགས་བཅོས་བསྒྱུར་ཨུ་ཡོན་ལྷན་ཚོགས།
Land Reform Committee of the Preparatory Committee for Tibet Autonomous Region

《西藏自治区对外国人来藏登山管理条例》（修改）………（762）
《བོད་རང་སྐྱོང་ལྗོངས་ཀྱི་ཕྱི་མི་བོད་ཡུལ་དུ་རི་ལ་འགྲོ་བར་ཡོང་བའི་དོ་དམ་སྒྲིག་གི་སྲོལ་ཡིག》（བསྐྱར་བཅོས།）
Rules and Regulations on the Management of the Foreign Mountaineers in Tibet Autonomous Region

西藏自治区歌舞团 ………………（762）
བོད་རང་སྐྱོང་ལྗོངས་གླུ་གར་ཚོགས་པ།
Song and Dance Troupe of Tibet Autonomous Region

《西藏自治区各级人民代表大会
选举条例》 ……………………（763）
《བོད་རང་སྐྱོང་ལྗོངས་རིམ་པ་སོ་སོའི་མི་དམངས་འཐུས་མི་ཚོགས་ཆེན་གྱི་འདེམས་བསྐོའི་སྲོལ་ཡིག》
Rules for Election of Deputies to the people's Congresses at Various Levels in the Tibet Autonomous Region

西藏自治区经济工作咨询小组 ……（763）
བོད་རང་སྐྱོང་ལྗོངས་དཔལ་འབྱོར་ལས་ཀའི་སློབ་འདྲི་ཚན་ཆུང་།
Economic Work Advisory Group in Tibet Autonomous Region

《西藏自治区流动人口服务
管理条例》 ……………………（764）
《བོད་རང་སྐྱོང་ལྗོངས་མི་གྲངས་འགྲོ་འོང་ཞབས་ཞུའི་དོ་དམ་སྲོལ་ཡིག》
Regulations of Tibet Autonomous Region on the Administration of Floating Population

西藏自治区民间艺术之乡 ………（764）
བོད་རང་སྐྱོང་ལྗོངས་དམངས་ཁྲོད་སྒྱུ་རྩལ་བའི་སྡོན་སྡེ་བ།
Home of folk art in Tibet Autonomous Region

《西藏自治区人权事业
的新进展》 ……………………（764）
《བོད་རང་སྐྱོང་ལྗོངས་འགྲོ་མིའི་ཐོབ་ཐང་ལས་དོན་གྱི་འཕེལ་རིམ་གསར་པ》
New Progress in Human Rights in the Tibet Autonomous Region

《西藏自治区"十一五"（2006—2010）
规划项目方案》 ………………（765）
《བོད་རང་སྐྱོང་ལྗོངས་ཀྱི་བཅུ་གཅིག་ལྔའི་（༢༠༠༦—༢༠༡༠）ལས་གཞིའི་འཆར་ཟིན》
The 11th Five-Year Plan (2006-2010) in Tibet Autonomous Region

西藏自治区特色艺术之乡 ……… （765）
བོད་རང་སྐྱོང་ལྗོངས་ཁྱད་ཕུན་སྒྱུ་རྩལ་ཏུ་གྲྲ།
Home of art with characteristics in Tibet Autonomous Region

西藏自治区图书馆 ……………… （766）
བོད་རང་སྐྱོང་ལྗོངས་དཔེ་མཛོད་ཁང་།
Tibet Autonomous Region Library

《西藏奏疏》 …………………… （766）
《གོང་མར་འབུལ་བའི་བོད་དོན་ཞུ་ཡིག》
Memorials on Tibet

《西招图略》 …………………… （767）
《བོད་སྐྱོང་ཐབས་དུས》
Concise records of Tibet

奚族 ……………………………… （767）
ཞི་རིགས།
The Kumo Xi

锡伯文 …………………………… （768）
ཞི་སོ་ཡི་གེ
Xibe script

锡伯语 …………………………… （768）
ཞི་སོ་སྐད།
Xibe language

锡伯族 …………………………… （768）
ཞི་སོ་རིགས།
Xibe people

溪卡 ……………………………… （769）
གཞིས་ཀ
Shika

溪州铜柱 ………………………… （769）
ཞི་གྲོའུ་ཟངས་ཀྱི་ཀ་བ།
Xizhou Copper Pillar

席力图召 ………………………… （769）
ཁྲི་པའི་དགོན།
Xilitu Monastery

喜饶嘉措（1884—1968） ……… （770）
ཤེས་རབ་རྒྱ་མཚོ（１８８４—１９６８）
Sherab Gyatso (1884-1968)

夏克刀登（1900—1960） ……… （770）
ཞ་གོད་སྟོབས་ལྡན（１９００—１９６０）
Shaka Tobden

夏鲁派 …………………………… （771）
ཞྭ་ལུ་གྲུབ་མཐའ།
Shalu

夏营地 …………………………… （771）
དབྱར་མཚེར།
Summer campsite

仙鹤寺 …………………………… （772）
ཞན་ཧོ་ཆོས་ཁང་།
Mosque of the Immortal Crane

鲜卑 ……………………………… （772）
ཞན་པེ།
Xianbei

显宗 ……………………………… （773）
མདོ་ལུགས།
Exoteric Buddhism

猃狁 ……………………………… （773）
ཞན་ཡོན།
Xianyun

县级数字图书馆援疆行动 ……… （773）
རྫོང་རིམ་པའི་གྲངས་རིག་དཔེ་མཛོད་ཁང་
གིས་ཞིན་ཅང་བྱེད་སྒོ།
The Move to Assist Xinjiang to Build the County level Digital Library

乡约制 …………………………… （774）
ཞང་སྲོལ་ལམ་ལུགས།
Contractual arrangement for the villages

香巴噶举 ………………………… （774）
ཤངས་པ་བཀའ་བརྒྱུད།
Shangpa Kagyu

香格里拉 ……………… (775)
གཡུ་ལུང་།
Shangri-la

湘西方言 ……………… (775)
ཞང་ཞིའི་ཡུལ་སྐད།
Western Hunan dialect

湘西革屯运动 …………… (775)
ཞང་ཞིའི་ཞིང་འཛུར་བཅོས་ལས་འགུལ།
Tuntian (Garrison Troops' Land)
    Reform Movement in Western Hunan

襄樊之战 ……………… (776)
ཞང་ཕན་དམག་འཁྲུག
Battle of Xiangyang

象雄文明 ……………… (776)
ཞང་ཞུང་ཤེས་རིག
Xiangxiong Civilization

小乘佛教 ……………… (777)
ཐེག་པ་ཆུང་དུ།
Hinayana

小昭寺 ………………… (777)
ར་མོ་ཆེ་གཙུག་ལག་ཁང་།
Ramoche Monastery

协尔邦列空 …………… (778)
ཕྱག་དཔང་ལས་ཁུངས།
Xieerbangliekong

谢扶民（1910—1974） … (778)
ཞེ་ཕུ་མིན།（1910—1974）
Xie Fuming

辛夏巴 ………………… (778)
ཞིང་གཤག་པ།
Zhingshak

《新红史》 …………… (779)
《དེབ་དམར་གསར་མ》
New Red Annals

新疆班 ………………… (779)
ཞིན་ཅང་འཛིན་གྲྭ།
Xinjiang Classes

《新疆的发展与进步》 ……… (779)
《ཞིན་ཅང་གི་འཕེལ་རྒྱས་དང་ཡར་ཐོན》
Development and Progress in Xinjiang

《新疆的历史与发展》 ……… (780)
《ཞིན་ཅང་གི་ལོ་རྒྱུས་དང་འཕེལ་རྒྱས》
History and Development of Xinjiang

新疆军区生产建设兵团 …… (780)
ཞིན་ཅང་གི་དམག་སྡེ་འཛུགས་སྐྲུན་དཔུང་སྡེ།
Production and Construction Corps of
    the Xinjiang Military District

《新疆识略》 …………… (781)
《ཞིན་ཅང་རགས་བཤད》
Concise Description of Xinjiang

新疆四一二政变 ………… (781)
ཞིན་ཅང་བཞི་གཅིག་གཉིས་སྲིད་འགྱུར།
Coup 412 in Xinjiang

《新疆图志》 …………… (782)
《ཞིན་ཅང་པར་རིས་དེབ་ཐེར》
Gazetteer of Xinjiang Maps

新疆吐蕃古藏文简牍 ……… (782)
ཞིན་ཅང་གི་ཐུ་བོད་ཡིག་རྙིང་བྱང་བུ།
Xinjiang Tubo Ancient Tibetan Bamboo
    and Wooden Slips

新疆维吾尔自治区博物馆 …… (783)
ཞིན་ཅང་ཡུ་གུར་རང་སྐྱོང་ལྗོངས་དངོས་མང་
    བཤམས་སྟོན་ཁང་།
Xinjiang Uyghur Autonomous
    Region Museum

《新疆维吾尔自治区民族语言文字
　　使用管理暂行规定》 …………（783）
《ཞིན་ཅང་ཡུ་གུར་རང་སྐྱོང་ལྗོངས་ཀྱི་མི་རིགས་སྐད་ཡིག་བེད་
　　སྤྱོད་དོ་དམ་སྲོལ་གྱི་གནས་སྐབས་གཏན་ཞིག》
Provisional Regulations of Administration
　　for the Use of Ethnic Languages in
　　the Xinjiang Uyghur Autonomous Region
《新疆维吾尔自治区语言
　　文字工作条例》 ………………（784）
《ཞིན་ཅང་ཡུ་གུར་རང་སྐྱོང་ལྗོངས་སྐད་ཡིག་
　　ལས་ཀའི་སྲོལ་ཡིག》
Regulations for Work Concerning Spoken
　　and Written Languages in the Xinjiang
　　Uyghur Autonomous Region
新疆文化协会 ……………………（784）
ཞིན་ཅང་རིག་གནས་མཐུན་ཚོགས།
Xinjiang Culture Association
新疆夏合勒克奴隶制 ……………（785）
ཞིན་ཅང་ཞའ་ལེ་ཁོ་བྲན་གཡོག་ལམ་ལུགས།
Xinjiang Xiaheleke Slavery
新疆伊犁马 ………………………（785）
ཞིན་ཅང་དབྱི་ལིའི་རྟ།
Ili horses
新疆伊斯兰教职业人员
　　参观团（首批） ………………（785）
ཞིན་ཅང་དབྱི་སི་ལན་ཆོས་པའི་སྐོར་ཞིབ་ཚོགས་པ།（ཐོག་མ）
The First Visiting Delegation of Xinjiang
　　Islam Professionals
新千年中国少数民族风采
　　展示大赛 ………………………（786）
སྟོང་ལོ་གསར་པའི་ཀྲུང་གོའི་གྲངས་ཉུང་མི་རིགས་
　　ཀྱི་བྱམས་སྟོན་འགྲན་ཚོགས།
New Millennium Talent-show Contest
　　for the Chinese Ethnic Minorities

《新时期民族工作文献选编》 ……（786）
《དུས་སྐབས་གསར་པའི་མི་རིགས་ལས་དོན་གྱི་ཡིག་
　　ཕྱུང་ཡིག་ཆ་གདམས་སྒྲིག》
Selected Documents on Ethnic Work
　　during the New Era
《新苏临时通商协定》 ……………（787）
《ཞིན་སུའི་གནས་སྐབས་ཚོང་འགྱུར་མཉམ་ཆིངས》
The Temporary Trade Agreement between
　　Xinjiang and the Soviet Union
新藏公路 …………………………（787）
ཞིན་བོད་གཞུང་ལམ།
Xinjiang-Tibet Highway
新中国成立时少数民族的四种
　　经济社会形态 …………………（788）
ཀྲུང་གོ་གསར་པ་ཆགས་པ་སྐབས་གྲངས་ཉུང་མི་རིགས་
　　ཀྱི་དཔལ་འབྱོར་གྱི་རྣམ་པ་བཞི།
The Four Formations of the Economic
　　and Social Development of ethnic
　　groups at the time of the
　　founding of New China
《新中国民族工作十讲》 …………（788）
《ཀྲུང་གོ་གསར་པའི་མི་རིགས་ལས་དོན་གྱི་འཆད་ཁྲིད་བཅུ》
Ten Lectures on Chinese Ethnic Work
兴边富民行动 ……………………（789）
མཐའ་དར་དམངས་ཕྱུག་བྱ་འགུལ།
The Program of Revitalizing Border and
　　Enriching the people
兴安城总管衙门 …………………（789）
ཞིན་ཨན་མཁར་སྤྱི་གཉེར་ཡ་མོན།
Xing'an Garrison
《兴边富民行动"十一五"规划》 …（789）
《མཐའ་དར་དམངས་ཕྱུག་བྱ་འགུལ་གྱི་བཅུ་གཅིག་
　　ལྔའི་འཆར་འགོད》
The 11th Five-Year Plan for Revitalizing
　　Border and Enriching the people

行省制度 ………………………… (790)
ཞིང་ཆེན་ལམ་ལུགས།
"Xingsheng (provinces)" administrative system

匈奴 …………………………… (790)
ཧུན་ནུའུ།
Xiongnu

休牧 …………………………… (791)
རྩྭ་གསོབ།
Rotational Grazing

须弥山石窟 …………………… (791)
རི་རབ་ལྷུན་པོའི་བྲག་ཕུག
Xumishan Grottoes

许亨植(1909—1942) ………… (792)
ཞིས་ཧོན་ཀྲི། (༡༩༠༩—༡༩༤༢)
Xu Hengzhi (1909-1942)

宣政院 ………………………… (792)
སྲིད་བསྒྲགས་སྒྲིང་།
Xuanzhengyuan (Commission for Buddhist and Tibetan Affairs)

薛延陀 ………………………… (793)
ཞོལ་ཡན་ཐོ།
Xueyantuo

学本 …………………………… (793)
བློག་དཔོན།
Xue Ben

学卡 …………………………… (793)
བློག་ཁ།
Xue ka

《学习、使用和发展藏语文的
若干规定(试行)》 ………… (794)
《བོད་སྐད་ཡིག་སློབ་པ་དང་བཀོལ་སྤྱོད། འཕེལ་རྒྱས་གཏོང་བའི་བཅའ་འཛིན་འགའ། (ཚོད་ལྟའི་ལག་བསྟར)》
Provisions on the Study, Use and Development of the Tibetan Language (For Trial Implementation)

学校民族团结教育推进工程 ……… (794)
སློབ་གྲྭའི་མི་རིགས་མཐུན་སྒྲིལ་སློབ་གསོ་སྒྲུབ་འདེད་ལས་གཞི།
Project for Advancing the Schools' Ethnic Unity Education

《学校民族团结教育指导
纲要(试行)》 ………………… (795)
《སློབ་གྲྭའི་མི་རིགས་མཐུན་སྒྲིལ་སློབ་གསོའི་མཛུབ་སྟོན་གནད་བསྡུས། (ཚོད་ལྟའི་ལག་བསྟར)》
Outline on Education of Ethnic Unity in Schools (Trial)

雪莲花 ………………………… (795)
མེ་ཏོག་གངས་ལྷ།
Snow lotus

雪列空 ………………………… (795)
ཞོལ་ལས་ཁུངས།
Xueliekong (Zhol pa las khungs)

逊尼派 ………………………… (796)
ཞུན་ཉི་གྲུབ་མཐའ།
Sunnite

Y

压迫民族 ……………………… (797)
གནོན་གཅོན་མི་རིགས།
Oppressive Ethnic Groups

牙含章(1916—1989) ………… (797)
ཡཱ་ཧན་གྲང་། (༡༩༡༦—༡༩༨༩)
Ya Hanzhang (1916-1989)

牙帐 …………………………… (797)
ཡ་གུར།
Ya Zhang

雅克萨之战 …………………… (798)
ཡཱ་ཁོས་དམག་འཁྲུག
The Battle of Yakesa

焉耆—龟兹语文 ……………… （798）
ཡན་ཆེ་—གུའེ་ཚིའི་སྐད།
Yanqi-Qiuci language

延边大学 …………………… （798）
ཡན་པན་སློབ་གྲྭ་ཆེན་མོ།
Yanbian University

《炎徼纪闻》 ………………… （799）
《ཡན་ཅཱོ་ཡི་ཐོས་ཐེན》
Record of Things Heard on the Torrid Frontier

沿边（境）等级公路建设工程 …… （799）
མཐའ་མཚམས་རིམ་ཅན་གཞུང་ལམ་གྱི་འཛུགས་སྐྲུན་ལས་གཞི།
Border Classified-highway Construction Pro-ject

燕齐 …………………………… （800）
ཡན་ཆེ།
Yanqi

羊同 …………………………… （800）
གཡང་སྟོང་།
Yangtong

杨成志（1902—1991） ………… （800）
དབྱང་ཁྲེང་ཀྲི། (1902—1991)
Yang Chengzhi (1902-1991)

杨东生（1918—1982） ………… （801）
དབྱང་ཏུང་ཞིན། (1918—1982)
Yang Dongsheng (1918-1982)

杨复兴（1929—2000） ………… （801）
དབྱང་ཧྥུ་ཞིན། (1929—2000)
Yang Fuxing (1929-2000)

杨静仁（1918—2001） ………… （802）
དབྱང་ཅིན་རེན། (1918—2001)
Yang Jingren (1918-2001)

瑶老制 ………………………… （802）
ཡའོ་ལའོ་ལམ་ལུགས།
Yaolao System

瑶语 …………………………… （803）
ཡའོ་སྐད།
Yao language

瑶语支 ………………………… （803）
ཡའོ་སྐད་ཡན་ལག
Branch of Yao language

瑶族 …………………………… （803）
ཡའོ་རིགས།
Yao people

瑶族医学 ……………………… （804）
ཡའོ་རིགས་ཀྱི་གསོ་རིག
Yao ethnic medicine

耶律阿保机（872—926） ……… （804）
ཡེ་ལུའི་ཨ་པའོ་ཆི། (872—926)
YeLv ABaoJi (872-926)

也松格碑 ……………………… （805）
ཡེ་སུང་གོ་རྡོ་རིང་།
The stele of Yesongge

野人女真 ……………………… （805）
དམུ་བོད་ཉུའུ་ཀྲིན།
Wild Jurchens

叶赫部 ………………………… （805）
ཡེ་ཧོ་ཚོ་པ།
Yehe tribe

叶护 …………………………… （806）
ཡེ་ཧོ།
Yabgu

一百八十个工程建设项目 ……… （806）
འཛུགས་སྐྲུན་རྣམ་གྲངས་བརྒྱ་དང་བརྒྱད་ཅུ།
The construction of 180 projects

一百一十七个建设项目（援藏） …… （806）
འཛུགས་སྐྲུན་རྣམ་གྲངས་བརྒྱ་དང་བཅུ་བདུན། (བོད་རོགས)
The 117 construction projects in Tibet (aiding Tibet)

一个中心、两件大事、
　　三个确保 ………………（807）
ཁྱེ་བ་གཅིག་དང་དོན་ཆེན་གཉིས། ཁག་ཐག་གསུམ།
One Center, Two Important Tasks,
　　Three Guarantees
"1+10" 民族文化生态保护
　　网络项目 ………………（807）
གཅིག་ཐོག་བཅུ་སྦྲོན་གྱི་མི་རིགས་སྐྱེ་ཁམས་སྲུང་
　　སྐྱོང་དྲ་བའི་ལས་གཞི།
"1+10" network project for the
　　ecological protection of ethnic culture
一减少、二达到、三提升 …………（808）
ཡུང་འཕྲི་གཅིག་དང་ཕོགས་གཉིས། མཐོར་འདེགས་གསུམ།
One Reduction, Two Realizations,
　　Three Advances
一江两河工程 ……………（809）
གཙང་པོ་གཅིག་དང་ཆུ་བོ་གཉིས་ཀྱི་ལས་གཞི།
"One Jiang, two Rivers" project
伊赫瓦尼 ……………………（809）
དབྱི་ཧོ་ཕན་ནི།
Yihewani（Ikhwan）
伊犁将军 ……………………（809）
དབྱི་ལི་དམག་དཔོན་ཆེན་མོ།
General of Ili
伊玛目 ………………………（810）
དབྱི་མ་མོ།
Imam
《伊米德史》………………（810）
《དབྱི་མི་ཏེ་ལོ་རྒྱུས།》
The History of Yimide
伊斯兰教 ……………………（811）
དབྱི་སི་ལན་ཆོས་ལུགས།
Islam

伊斯兰教历 ………………（811）
དབྱི་སི་ལན་གྱི་ཆོས་རྩིས།
Islamic calendar
伊斯兰教圣墓 ……………（812）
དབྱི་སི་ལན་ཆོས་ཀྱི་དམ་པའི་བང་སོ།
Islamic Holy Tomb
伊斯兰原教旨主义 ………（812）
དབྱི་སི་ལན་གྱི་གདོད་མའི་ཆོས་ལུགས་རིང་ལུགས།
Islamic Fundamentalism
《伊塔通商章程》…………（812）
《དབྱི་ཐང་ཚོང་འགྱུར་སྒྲིག་ཡིག》
Treaty of Yita
依禅 …………………………（813）
དབྱི་ཁན།
Ishan
依禅派 ………………………（813）
དབྱི་ཁན་གྲུབ་མཐའ།
Ishan Sect
依峒蛮 ………………………（813）
དབྱི་ཐུང་མན།
Yidong Man（Barbarians）
移民实边 ……………………（813）
དབངས་སྤོས་མཐའ་བརྟན།
Immigration Policy to Strength
　　the Border
彝汉结盟纪念碑 …………（814）
དབྱིས་རྒྱ་མཉམ་འབྲེལ་དྲན་རྟེན་རྡོ་རིང།
Yi-Han Alliance Monument
彝文 …………………………（814）
དབྱིས་ཡིག
Yi script
彝语 …………………………（815）
དབྱིས་སྐད།
Yi language

彝语支 ……………………（815）
དབྱིས་སྐད་ཡན་ལག
Branch of Yi language

彝族 ………………………（816）
དབྱིས་རིགས།
Yi people

彝族的太阳历 ……………（816）
དབྱིས་རིགས་ཀྱི་ཉི་མའི་ལོ་རྩིས།
Solar calendar of Yi people

彝族医学 …………………（817）
དབྱིས་རིགས་གསོ་རིག
Yi ethnic medicine

亦黑迭尔丁（生卒年不详）………（817）
དབྱི་ཧེ་ཏེར་ཏིན། （འཁྲུངས་འདས་ལོ་མི་གསལ།）
Yeheidie'erding

译仓 ………………………（818）
ཡིག་ཚང་།
Yicang

易地扶贫 …………………（818）
གནས་སྤོས་དབུལ་སྐྱོར།
The poverty alleviation relocation project

挹娄 ………………………（818）
དབྱི་ལོའོ།
Yilou

益民公司 …………………（819）
དམངས་ཕན་ཀུང་སི།
Yimin Company

阴山岩画 …………………（819）
ཡིན་ཧྲན་བྲག་རིས།
The Rock Paintings of Yinshan Mountains

尹湛纳希（1837—1892）…………（820）
ཡིན་གྲན་ན་ཞི། (༡༨༣༧—༡༨༩༢)
Vanchinbalyn Injinash (1837-1892)

《饮膳正要》 ……………（820）
《གསོལ་བཞེས་གནད་བསྡུས།》
Correct Preparation and Application of Delicious Broth

印纳马 ……………………（821）
ཐམ་ཏ།
Horses branded with seals

《英俄同盟条约》 ………（821）
《དབྱིན་ཨུའི་མཉམ་འབྲེལ་ཆིངས་ཡིག》
The Anglo-Russian Agreement

庸 …………………………（821）
གཡུང་།
Yong (G. yung)

雍布拉康 …………………（821）
ཡུམ་བུ་བླ་སྒང་།
Yungbulakang Palace (Yumbulagang Palace)

雍和宫 ……………………（822）
དགའ་ལྡན་བྱིན་ཆགས་གླིང་།
Yonghe Temple

永宁阿氏土知府 …………（822）
ཡུང་ཉིང་ཨ་རྒྱུད་པའི་ཐུན་གྱི་སྐུ་ཚབ།
Yongning Ashi Tu Zhifu (the native prefect of Yongning)

永宁寺碑 …………………（823）
ཡུང་ཉིང་དགོན་པའི་རྡོ་རིང་།
Yongning Temple Stele

游牧民定居工程 …………（823）
འབྲོག་ཁྱིམ་གཏན་འདུག་ལས་གཞི།
Construction of permanent housing for nomadic herdsmen

游牧民族 …………………（824）
འབྲོག་པའི་མི་རིགས།
Nomadic people

游牧宗法封建制 ……………… (824)
འབྲོག་པའི་བགས་རྒྱུད་དབང་སྟོང་ལམ་ལུགས།
Nomadic patriarchal feudal-owner system

于阗 ………………………… (825)
ཡུས་ཐེན།
Yutian

于阗文 ……………………… (825)
ཡུས་ཐེན་ཡིག
Yutian script

于越 ………………………… (825)
ཡུས་ཡུའི།
Yuyue

宇妥·元丹贡布（708—?） ……… (825)
གཡུ་ཐོག་ཡོན་ཏན་མགོན་པོ། (༧༠༨—?)
Yutuo Yuan Dan Kampot (708-?)

《宇宙人文论》 ……………… (826)
《འཛིག་རྟེན་མི་ཆོས་ལ་དཔྱད་པ》
Outlooks on Universe and Human Being

语系 ………………………… (826)
སྐད་རྒྱུད།
Language family

语支 ………………………… (827)
སྐད་ལག
Language branch

语族 ………………………… (827)
སྐད་རིགས།
Language group

玉素甫·哈斯·哈吉甫
（生卒年不详） ……………… (827)
ཡུས་སུའུ་ཧྲུའུ་ཧཱ་སི་ཧཱ་ཅི་ཧྲུའུ། (འཁྲུངས་འདས་མི་གསལ།)
Yusuf Khass Hajib

玉兹 ………………………… (828)
ཡུས་ཙི།
Yuci

《御制五体清文鉴》 …………… (828)
《གསར་ལུ་གནས་སྦྱོར་གྱི་མཆུའི་གསར་གསལ་བའི་མེ་ལོང》
Pentaglot Dictionary

裕固族 ……………………… (828)
ཡུ་གོར་རིགས།
The Yugur people

裕谦（1793—1841） …………… (829)
ཡུས་ཆན། (༡༧༩༣—༡༨༤༡)
Yu Qian (1793-1841)

元上都城遗址 ………………… (829)
ཡོན་རྒྱལ་རབས་ཀྱི་རྒྱལ་ས་ཤོག་མའི་མཁར་གྱི་རྗེས་ཤུལ།
Site of Shangdu of the Yuan Dynasty (1271-1368)

原始宗教 …………………… (830)
གདོད་མའི་ཆོས་ལུགས།
Primitive Religion

援藏干部 …………………… (830)
བོད་རོགས་ལས་བྱེད་པ།
Cadres sent to support Tibet

援助西藏发展基金会 ………… (831)
བོད་རོགས་སྐྱོར་འཕེལ་རྒྱས་ཐེབས་རྩ་ཚོགས་པ།
Tibet Development Fund

约翰逊线 …………………… (831)
ཡོའོ་ཧན་ཞུན་མཚམས་ཐིག
The Johnson Line

《月华》 …………………… (832)
《ཟླ་བ་གྲགས》
Yuehua (Moonlight)

月即别 ……………………… (832)
ཡུའི་ཅི་པིའི།
Yuejibie

月氏 ………………………… (832)
ཡུའི་ཅི།
Yuezhi

《粤风·壮歌》……（833）
《ཡེ་ཕུང་། གྲོང་གཞས》
Zhuang Songs from Yuefeng (book of folksongs from Guiping)

《粤西偶记》……（833）
《ཡེ་ཤུ་ཕོལ་བྲིས》
Yuexi Ouji (Notes on Guangxi)

云门山大觉禅寺……（833）
ཡོན་མོན་རི་བོའི་ཐེག་ཆེན་དགོན།
Yunmen Mountain Dajue Temple

云南大学西南边疆少数
民族研究中心……（834）
ཡུན་ནན་སློབ་ཆེན་སྟོ་ནུབ་མཐའ་མཚམས་ཀྱི་གྲངས་ཉུང་མི་རིགས་ཞིབ་འཇུག་ལྟེ་གནས།
Center for Studies of the Ethnic Minorities in the Southwestern Borderland of China of Yunnan University

《云南机务钞黄》……（834）
《ཡུན་ནན་དོན་གནད་དེབ་སེར་མ》
Documents of Yunnan Affairs

《云南买马记》……（835）
《ཡུན་ནན་རྟ་ཉོ་ཟིན་ཐོ》
A Record of Horse Trade in Yunnan

云南民族大学……（835）
ཡུན་ནན་མི་རིགས་སློབ་ཆེན།
Yunnan Minzu University

《云南志略》……（836）
《ཡུན་ནན་དེབ་ཐེར་རགས་བསྡུས》
A General Record of Yunnan

Z

载瓦文……（837）
ཙའི་ཝ་ཡི་གེ
Zaiwa script

载瓦语……（837）
ཙའི་ཝ་སྐད།
Zaiwa language

赞普……（837）
བཙན་པོ།
Zanpu (Btsan-po)

赞普钟……（838）
བཙན་པོའི་གཏུང་།
Tsanpo chung

赞善王……（838）
དགེ་འཕགས་རྒྱལ་པོ།
Promotion Prince of Virtue

藏獒……（838）
བོད་ཁྱི།
Tibetan mastiff

藏巴……（839）
གཙང་པ།
Zangba (Tsangpa)

藏巴汗……（839）
གཙང་པ་རྒྱལ་པོ།
Tsangpa Khan

藏币……（839）
བོད་དངུལ།
Tibetan Currency

藏波战争……（840）
གཙང་སྤོ་དམག་འཁྲུག
Tibet-Bomi Wars

藏传佛教……（840）
བོད་བརྒྱུད་ནང་བསྟན།
Tibetan Buddhism

《藏传佛教活佛转世管理办法》…（840）
《བོད་བརྒྱུད་ནང་བསྟན་གྱི་སྤྲུལ་སྐུའི་ཡང་སྲིད་དོ་དམ་བྱེད་ཐབས》
Measures on the Management of the Reincarnation of Living Buddhas

藏红花 …………………… （841）
གུར་གུམ།
Saffron

藏历 ……………………… （841）
བོད་ཀྱི་ལོ་ཚིས།
Tibetan calendar

藏羚羊 …………………… （842）
གཙོད།
Tibetan antelope

藏缅语族 ………………… （842）
བོད་འབར་སྐད་རིགས།
The Tibeto-Burman language group

藏南 ……………………… （842）
བོད་ལྷོ།
Southern Tibet

藏王墓 …………………… （843）
བཙན་པོའི་བང་སོ།
Tombs of Tibetan Kings

藏文 ……………………… （843）
བོད་ཡིག
Tibetan script

《藏文白话报》 ………… （844）
《བོད་ཡིག་ཕལ་སྐད་ཚགས་པར》
Tibetan Vernacular Newspaper

《藏文大藏经》 ………… （844）
《བོད་ཡིག་གི་བཀའ་བསྟན།》
Tibetan Buddhist Canon

藏香 ……………………… （845）
བོད་སྤོས།
Tibetan incense

藏学 ……………………… （845）
བོད་རིག་པ།
Tibetology

《藏医药大典》 ………… （845）
《བོད་ཀྱི་གསོ་རིག་ཀུན་འདུས》
The Encyclopedia of Tibetan Medicine

藏语 ……………………… （846）
བོད་སྐད།
Tibetan

藏语系佛教 ……………… （846）
བོད་སྐད་རྒྱུད་ཀྱི་སངས་རྒྱས་ཆོས་ལུགས།
Tibetan language Buddhism

藏语支 …………………… （846）
བོད་སྐད་ཀྱི་ཡན་ལག
Tibetan Branch

藏纸 ……………………… （846）
བོད་ཤོག
Tibetan paper

藏族 ……………………… （847）
བོད་རིགས།
Tibetan people

藏族格萨尔彩绘石刻 …… （847）
བོད་ཀྱི་གེ་སར་ཚོན་ལྡན་རྡོ་བཀོས།
Tibetan King Gesar painted rock carving

藏族医学 ………………… （848）
བོད་ལུགས་གསོ་རིག
Tibetan medical science

早务曼 …………………… （848）
ཚའི་ཕྱུ་མན།
Zaowuman

则溪 ……………………… （848）
ཚེ་ཞི།
Zexi

泽当 ……………………… （849）
རྩེད་ཐང་།
Zedang（Tsetang）

扎仓 …………………………（849） གྲྭ་ཚང་། Dratsang	张冲（1900—1980）……………（853） ཟང་ཁྲུང་། (1900-1980) Zhang Chong (1900-1980)
扎马鲁丁（生卒年不详）………（850） ཟམ་ལུའུ་ཏིང་། (སྐྱེས་འདས་ལོ་མི་གསལ།) Jamaluddin	张穆（1805—1849）……………（854） ཟང་མུའུ། (1805-1849) Zhang Mu (1805-1849)
扎什伦布寺 ……………………（850） བཀྲ་ཤིས་ལྷུན་པོ་དགོན། Tashilunpo Monastery	《张胜温画卷》…………………（854） 《ཟང་ཧྲིན་ཝེན་གྱི་མཛེས་རིས》 *Picture Scroll of Zhang Shengwen*
扎西德勒 ………………………（850） བཀྲ་ཤིས་བདེ་ལེགས། Zhaxi Dele	章嘎 ………………………………（855） གམ་ཀ Zhangga
扎喜旺徐（1913—2003）………（851） བཀྲ་ཤིས་དབང་ཕྱུག (1913-2003) Tashi Wangchuk (1913-2003)	章嘉呼图克图 …………………（855） ལྕང་སྐྱ་ཧོ་ཐོག་ཐུ། Changkya Khutukhtu
札萨 ……………………………（851） ཛ་སག Dsasag	章京 ……………………………（855） གམ་ཅིན། Zhang Jing
札萨克 …………………………（852） ཛ་སག་ཁོ། Jasak	长子继承权 ……………………（856） བུ་ཆེ་བའི་རྒྱུད་འཛིན་དབང་ཆ། Primogeniture
札萨克喇嘛 ……………………（852） ཛ་སག་ལོ་བླ་མ། Jasak Lama	昭君墓 …………………………（856） ཀྲོ་ཅུན་གྱི་བང་སོ། Zhaojun Tomb
斋功 ……………………………（852） ཟས་བཅད། Fasting	召景哈 …………………………（857） གཱོ་ཅིང་ཧ། Zhaojingha
瞻对事件 ………………………（852） དགའ་འདུལ་དོན་རྐྱེན། Zhandui Incident	召勐 ……………………………（857） གཱོ་མེང་། Zhao Meng
站赤 ……………………………（853） གན་ཁྲི། Zhanchi	召片领 …………………………（857） གཱོ་ཕིན་ལིང་། Zhaopianling

· 116 ·

召庄 ……………………………（858）
གནོ་གྲོང་།
Zhaozhuang

赵朴初（1907—2000）…………（858）
གནོ་ཕུ་ཆུའི།（༡༩༠༧—༢༠༠༠）
Zhao Puchu (1907-2000)

哲蚌寺 …………………………（858）
འབྲས་སྤུངས་དགོན།
Drepung Monastery

哲布尊丹巴呼图克图 …………（859）
རྗེ་བཙུན་དམ་པ་ཧོ་ཐོག་ཐུ།
Jebtsundamba Khutuktu

哲合林耶 ………………………（859）
གྷི་ཧོ་ལིན་ཡེ།
Zhehelinye (Jahriyya)

哲康 ……………………………（859）
འབྲས་ཁང་།
Zhekang

浙江省绍兴县西藏民族中学 …（859）
གྲི་ཅང་ཞིང་ཆེན་ཙོ་ཞིན་རྫོང་གི་བོད་སློབས་མི་
རིགས་སློབ་འབྲིང་།
Tibetan Middle School in Shaoxing County of Zhejiang province

贞元十年之役 …………………（860）
གན་ཡོན་བྱི་ལོ་བཅུ་པའི་གཡུལ་འགྱེད།
Battle in the 10th Year of Zhenyuan

《正教真诠》 ……………………（860）
《དམ་ཆོས་དགོངས་འགྲེལ་རྣམ་དག》
A True Explanation of the Right Religion

郑和（1371—1433）……………（861）
གྲིན་ཧོ།（༡༣༧༡—༡༤༣༣）
Zheng He (1371-1433)

政教合一制度 …………………（861）
ཆོས་སྲིད་ཟུང་འབྲེལ་ལམ་ལུགས།
The system combining religion with politics

《政务院关于地方民族民主联合政府实施办法的决定》 ……………（862）
《སྲིད་དོན་སྒྲིག་ཁྱབ་སྒྲིང་གིས་ས་གནས་མི་རིགས་ཀྱི་དམངས་གཙོའི་མཉམ་འབྲེལ་སྲིད་གཞུང་ལག་བསྟར་སྒྲུབ་ཐབས་སྐོར་གྱི་གཏན་འབེབས།》
Decision of the Government Administration Council on Measures for the Work on Local Ethnic Democratic Coalition Governments

政务院民族工作会议制度 ……（862）
སྲིད་དོན་སྒྲིག་ཁྱབ་ཁང་གི་མི་རིགས་ལས་དོན་གྱི་གྲོས་ཚོགས་ལམ་ལུགས།
Ethnic Work Conference System of the Government Administration Council

政务院少数民族招待委员会 …（863）
སྲིད་དོན་སྒྲིག་ཁྱབ་ཁང་གི་གྲངས་ཉུང་མི་རིགས་རྟེ་ལེན་ལྷུ་ཡོན་ལྷན་ཁང་།
Government Administration Council Reception Committee for Deputies from Ethnic Groups

政务院文教委员会少数民族语言文字研究指导委员会 ……………（863）
སྲིད་དོན་སྒྲིག་ཁྱབ་ཁང་གི་རིག་སློབ་ལྷུ་ཡོན་ལྷན་ཁང་གི་གྲངས་ཉུང་མི་རིགས་ཀྱི་སྐད་ཡིག་ཞིབ་འཇུག་མཛུབ་སྟོན་ལྷུ་ཡོན་ལྷན་ཁང་།
Steering Committee for Ethnic Language and Writing Research under the Commission of Culture and Education of the Government Administration Council

支援经济不发达地区发展资金 …… (864)
དཔལ་འབྱོར་རྗེས་ལུས་ས་ཁུལ་ལ་རོགས་སྐྱོར་གྱི་ཐེབས་དངུལ།
Fund to Aid the Development of
Underdeveloped Regions
直接过渡 …………………………… (864)
ཐད་ཀར་བར་བརྒལ།
Direct Transition
止贡噶举派 ………………………… (864)
འབྲི་གུང་བཀའ་བརྒྱུད།
Drikhung Kagyu Sect
止贡林变 …………………………… (865)
འབྲི་གུང་གླིང་ལོག
The War between Drikung and Sakya
智力支边 …………………………… (865)
རིག་པས་མཐའ་སྐྱོང་།
The program of intellectual support
for the border areas
《智者喜宴》 ……………………… (865)
《ཆོས་འབྱུང་མཁས་པའི་དགའ་སྟོན》
A Scholar's Feast
中国—阿拉伯国家
博览会（首届） ………………… (866)
སྐབས་དང་པོའི་ཀྲུང་གོ་དང་ཨ་རབ་རྒྱལ་ཁབ་ཀྱི་དངོས་
མང་བཤམས་སྟོན་ཚོགས་འདུ།
The first China-Arab States Expo
中国边疆史地研究中心 …………… (866)
ཀྲུང་གོའི་མཐའ་ཁུལ་གྱི་ལོ་རྒྱུས་ཞིབ་འཇུག་ལྟེ་གནས།
Research Center for Chinese Borderland
History and Geography
中国朝鲜语学会 …………………… (867)
ཀྲུང་གོའི་ཁྲའོ་ཞན་སྐད་ཀྱི་སློབ་ཚོགས།
Chinese Korean Society
《中国大百科全书·民族卷》 …… (867)
《ཀྲུང་གོའི་ཤེས་བྱ་ཀུན་འདུས་ཆེན་མོ། མི་རིགས་ཀྱི་པོད》
The Complete Encyclopedia of China
(*Ethnic Volume*)
《中国的民族区域自治》 ………… (868)
《ཀྲུང་གོའི་མི་རིགས་ས་ཁོངས་རང་སྐྱོང་》
Regional Autonomy for Ethnic
Minorities in China
中国的民族识别 …………………… (868)
ཀྲུང་གོའི་མི་རིགས་ངོས་འཛིན།
Ethnic Identification in China
《中国的民族政策与各民族共同
繁荣发展》 ……………………… (869)
《ཀྲུང་གོའི་མི་རིགས་སྲིད་ཇུས་དང་རིགས་སོ་སོའི་མི་
རིགས་ཐུན་མོང་དར་རྒྱས་གོང་འཕེལ་གཏོང་བ》
China's Ethnic Policies and Common
Prosperity and Development of
All Ethnic Groups
《中国的少数民族政策
及其实践》 ……………………… (869)
《ཀྲུང་གོའི་གྲངས་ཉུང་མི་རིགས་སྲིད་ཇུས་དང་དེའི་ལག་བསྟར》
National Ethnic Policy and Its
Practice in China
中国—东盟博览会 ………………… (870)
ཀྲུང་གོ—ཤར་མནའ་འབྲེལ་དངོས་མང་འགྲེམ་ཚོགས།
China-ASEAN Expo (CAEXPO)
中国佛教协会 ……………………… (870)
ཀྲུང་གོའི་ནང་བསྟན་མཐུན་ཚོགས།
The Buddhist Association of China
中国佛学院 ………………………… (871)
ཀྲུང་གོའི་ནང་བསྟན་སློབ་གླིང་།
The Buddhist Academy of China
《中国各民族传统文化
百科全书》 ……………………… (871)
《ཀྲུང་གོའི་མི་རིགས་སོ་སོའི་སྲོལ་རྒྱུན་རིག་གནས་
ཀུན་བཏུས་དཔེ་ཚོགས》
Encyclopedia of Traditional Chinese
Culture of All Ethnic Groups

中国各民族分布的特点 ……………（871）
གུང་གོའི་མི་རིགས་སོ་སོའི་ཁྱབ་སྡངས་ཀྱི་ཁྱད་ཆོས།
The Distribution Characteristics of
　Ethnic Groups in China

《中国共产党民族理论政策
　干部读本》……………………（872）
《གུང་གོ་གུང་ཁྲན་ཏང་གི་མི་རིགས་གཞུང་ལུགས་སྲིད་
　ཇུས་ཀྱི་གཞུང་ཞབས་པའི་སློབ་དེབ》
Ethnic Theories and Policies of the
　Communist Party of China:
　A reader for Cadres

中国古代民族法制 ………………（872）
གུང་གོའི་གནའ་རབས་མི་རིགས་ཁྲིམས་ལུགས།
Ethnic Legal System in ancient China

中国光彩事业 ……………………（873）
གུང་གོའི་གཟི་བརྗིད་ལས་དོན།
China Guangcai (Glory) Program

中国汉语水平考试 ………………（873）
གུང་གོའི་རྒྱ་སྐད་ཀྱི་ཚད་ལེན་རྒྱུགས་གཞི།
Chinese Language Proficiency Test

中国回教俱进会 …………………（874）
གུང་གོའི་ཧུའེ་ཆོས་མཉམ་ཞུགས་ཚོགས་པ།
Chinese Muslim Mutual
　Progress Association

中国回教学会 ……………………（874）
གུང་གོའི་ཧུའེ་ཆོས་སློབ་ཚོགས།
Chinese Islamic Association

中国回民文化协进会 ……………（874）
གུང་གོའི་ཧུའེ་རིགས་རིག་གནས་མཐུན་སྦྱོར་ཚོགས་པ།
Chinese Muslim Culture
　Promotion Association

中国回族博物馆 …………………（875）
གུང་གོའི་ཧུའེ་རིགས་དངོས་མང་བཤམས་སྟོན་ཁང་།
Hui Museum in China

中国回族青年会 …………………（875）
གུང་གོའི་ཧུའེ་རིགས་ན་གཞོན་ཚོགས་པ།
Chinese Hui (Muslim) Youth League

中国基督教三自爱国
　运动委员会 ……………………（876）
གུང་གོའི་ཡེ་ཤུའི་ཆོས་ལུགས་ཀྱི་རང་བོས་གསུམ་གྱི་
　རྒྱལ་གཅེས་ལས་འགུལ་ཨུ་ཡོན་ཚོགས་པ།
National Committee of the Three-Self
　Patriotic Movement of the Protestant
　Churches in China

中国基督教协会 …………………（876）
གུང་གོའི་ཡེ་ཤུའི་ཆོས་ལུགས་མཐུན་ཚོགས།
China Christian Council

中国民主革命时期的民族问题 ……（877）
གུང་གོའི་དམངས་གཙོགས་བཟེད་པའི་སྐབས་
　ཀྱི་མི་རིགས་གནད་དོན།
Ethnic Issues in the Period of the
　Chinese Democratic Revolution

《中国民族报社》…………………（877）
གུང་གོའི་མི་རིགས་ཚགས་པར་ཁང་།
China Ethnic News

中国民族古文字研究会 …………（878）
གུང་གོའི་མི་རིགས་ཡིག་རྙིང་ཞིབ་འཇུག་ཚོགས་པ།
Chinese Association for Ancient Scripts
　of Ethnic Groups

《中国民族关系史纲要》…………（878）
《གུང་གོའི་མི་རིགས་འབྲེལ་བའི་ལོ་རྒྱུས་གནད་བསྡུས》
Essential History of Ethnic
　Relations of China

中国民族建筑研究会 ……………（879）
གུང་གོའི་མི་རིགས་འཇུགས་སྐྲུན་ཞིབ་འཇུག་ཚོགས་པ།
National Ethnic Architecture Institute
　of China

中国民族理论学会 ……………… (879)
གུང་གོའི་མི་རིགས་གཞུང་ལུགས་སློབ་ཚོགས།
Chinese Ethnic Theory Association

《中国民族民间文艺
集成志书》………………… (879)
《གུང་གོའི་མི་རིགས་ཀྱི་དམངས་ཁྲོད་ཚོལ་རིག་སྒྱུ་
རྩལ་ཀུན་བཏུས་དེབ་ཡིག》
Chinese Ethnic Folk Literature
and Arts Collections

中国民族起源和发展上的
四个突出特点 ……………… (880)
གུང་གོའི་མི་རིགས་བྱུང་འཕེལ་གྱི་ཁྱད་ཆོས་
འབུར་བོན་རྣམ་བཞི།
Four outstanding characteristics in the
origin and development of
Chinese ethnic history

中国民族区域自治地方数 ………… (880)
གུང་གོའི་མི་རིགས་ས་ཁོངས་རང་སྐྱོང་ས་ཁུལ་གྱི་ཁ་གྲངས།
Numbers of Ethnic Autonomous Region

中国民族区域自治制度 …………… (880)
གུང་གོའི་མི་རིགས་ས་ཁོངས་རང་སྐྱོང་ལམ་ལུགས།
Regional ethnic autonomy system

中国民族识别的总原则 …………… (881)
གུང་གོའི་མི་རིགས་དོས་འཛིན་གྱི་སྤྱིའི་རྩ་དོན།
General Principle for the Work of
Ethnic Identification

中国民族识别第二阶段 …………… (881)
གུང་གོའི་མི་རིགས་དོས་འཛིན་གྱི་རིམ་པ་གཉིས་པ།
Second Period for the Work of
Ethnic Identification

中国民族识别第三阶段 …………… (881)
གུང་གོའི་མི་རིགས་དོས་འཛིན་གྱི་རིམ་པ་གསུམ་པ།
Third Period for the Work of
Ethnic Identification

中国民族识别第一阶段 …………… (882)
གུང་གོའི་མི་རིགས་དོས་འཛིན་གྱི་རིམ་པ་དང་པོ།
First Period for the Work of
Ethnic Identification

中国民族识别三方面 ……………… (882)
གུང་གོའི་མི་རིགས་དོས་འཛིན་གྱི་ཕྱོགས་གསུམ།
Three Aspects of China's Work on
Ethnic Identification

中国民族史 ………………………… (882)
གུང་གོའི་མི་རིགས་ལོ་རྒྱུས།
Chinese Ethnic History

中国民族史学会 …………………… (883)
གུང་གོའི་མི་རིགས་ལོ་རྒྱུས་སློབ་ཚོགས།
Chinese Association for Ethnic History

中国民族事务管理 ………………… (883)
གུང་གོའི་མི་རིགས་ལས་དོན་དོ་དམ།
China ethnic affairs management

中国民族卫生协会 ………………… (883)
གུང་གོའི་མི་རིགས་འཕྲོད་བསྟེན་མཐུན་ཚོགས།
China Ethnic Health Association

中国民族文字 ……………………… (884)
གུང་གོའི་མི་རིགས་ཡི་གེ
Chinese ethnic scripts

《中国民族问题研究集刊》 ………… (884)
《གུང་གོའི་མི་རིགས་གནད་དོན་ཞིབ་འཇུག་ཕྱོགས་བསྒྲིགས》
Collected Research on China Ethnic Issues

《中国民族信息年鉴
（创刊号）》 ……………………… (884)
《གུང་གོའི་མི་རིགས་ཀྱི་ཆ་འཕྲིན་ལོ་རེའི་མི་ལོང་
（གསར་བཏོན་དེབ）》
China's Yearbook of Ethnic Information
（Initial Issue）

中国民族学学会 …………………… (885)
གུང་གོའི་མི་རིགས་རིག་པའི་སློབ་ཚོགས།
Association of Chinese Ethnology

中国民族研究团体联合会 ………… (885)
རྒྱ་གར་གྱི་མི་རིགས་ཞིབ་འཇུག་ཚོགས་པའི་
མཉམ་འབྲེལ་ཚོགས་པ།
China Federation of Societies of
 Ethnic Studies

中国民族医药协会 ………………… (886)
རྒྱ་གར་གྱི་མི་རིགས་གསོ་རིག་མཐུན་ཚོགས།
China Ethnic Medicine
 Association

中国民族语文翻译中心（局）…… (886)
རྒྱ་གར་གྱི་མི་རིགས་སྐད་ཡིག་ཡིག་སྒྱུར་ལྟེ་གནས། (ཁྲུས)
China Ethnic Language Translation
 Center (Bureau)

中国民族语言 …………………… (887)
རྒྱ་གར་གྱི་མི་རིགས་སྐད་བརྡ།
Chinese ethnic language

中国民族语言学会 ……………… (887)
རྒྱ་གར་གྱི་མི་རིགས་སྐད་བརྡའི་སློབ་ཚོགས།
Chinese Society of Ethnic Languages

中国民族政策基本原则 ………… (887)
རྒྱ་གར་གྱི་མི་རིགས་སྲིད་ཇུས་ཀྱི་གཞི་རྩའི་རྩ་དོན།
Basic principle of ethnic policy

中国民族政策研究会 …………… (888)
རྒྱ་གར་གྱི་མི་རིགས་སྲིད་ཇུས་ཞིབ་འཇུག་ཚོགས་པ།
Chinese Association for Ethnic
 Policy

中国民族志 ……………………… (888)
རྒྱ་གར་གྱི་མི་རིགས་དེབ་ཐེར།
Chinese ethnography

中国民族自治地方类型 ………… (888)
རྒྱ་གར་གྱི་མི་རིགས་རང་སྐྱོང་ས་ཁུལ་གྱི་རིགས།
Types of Chinese ethnic
 autonomous region

中国民族宗教网 ………………… (889)
རྒྱ་གར་གྱི་མི་རིགས་ཆོས་ལུགས་དྲ་བ།
The Website of Chinese Ethnic Religions

中国（青海）藏毯国际展览会 …… (889)
རྒྱ་གར་གྱི་(མཚོ་སྔོན་) བོད་གདན་རྒྱལ་
སྤྱིའི་འགྲེམ་སྟོན་ཚོགས་འདུ།
China (Qinghai) Tibetan Carpet
 International Fair

中国人口较少民族 ……………… (890)
རྒྱ་གར་གྱི་གྲངས་ཉུང་ཉུང་བའི་མི་རིགས།
Ethnic Groups with Small Population

中国人口较少民族经济社会
 发展研究课题组 ……………… (890)
རྒྱ་གར་གྱི་གྲངས་ཉུང་ཉུང་བའི་མི་རིགས་དཔལ་འབྱོར་
སྤྱི་ཚོགས་སྤེལ་བའི་ཞིབ་འཇུག་གྲོས་གཞིའི་ཚོ་ཆུང་།
Economic and Social Development
 Research Team of Chinese Ethnic
 Groups with Small Population

中国人类学民族学研究会 ……… (890)
རྒྱ་གར་གྱི་རིགས་རིག་པ་དང་མི་རིགས་
རིག་པའི་ཞིབ་འཇུག་ཚོགས་པ།
China Union of Anthropological and
 Ethnological Sciences

中国人民政治协商会议全国委员
 会民族和宗教委员会 ………… (891)
རྒྱ་གར་གྱི་དམངས་ཆབ་སྲིད་གྲོས་མོལ་ཁང་འདུའི་
རྒྱལ་ཡོངས་ཨུ་ཡོན་ལྷན་ཁང་མི་རིགས་དང་
ཆོས་ལུགས་ཨུ་ཡོན་ལྷན་ཚོགས།
Subcommittee of Ethnic and Religious
 Affairs of National Committee of
 the CPPCC

《中国少数民族》 ……………… (891)
《རྒྱ་གར་གྱི་གྲངས་ཉུང་མི་རིགས》
Ethnic Minorities in China

中国少数民族 DNA 基因库 ……… (892)
གུང་གོའི་གྲངས་ཉུང་མི་རིགས་ཀྱི་DNA གཞི་གྲངས་མཛོད།
Chinese Ethnic Minorities' DNA Gene Pool

中国少数民族（地区）经济学 …… (892)
གུང་གོའི་གྲངས་ཉུང་མི་རིགས་ (ས་ཁུལ་)
ཀྱི་དཔལ་འབྱོར་རིག་པ།
Chinese Ethnic Minorities (area) Economics

中国少数民族对外交流协会 ……… (892)
གུང་གོའི་གྲངས་ཉུང་མི་རིགས་ཀྱི་ཕྱི་ཕྱོགས་
འབྲེལ་བའི་མཐུན་ཚོགས།
China Ethnic Minorities Association for External Exchanges

《中国少数民族分布图集》 ……… (893)
《གུང་གོའི་གྲངས་ཉུང་མི་རིགས་ཁྱབ་སྟངས་ཀྱི་རིས་འདུས།》
Atlas of Distribution of Ethnic Minorities in China

中国少数民族古籍总目提要
编纂工程 ……………… (893)
གུང་གོའི་གྲངས་ཉུང་མི་རིགས་ཀྱི་ཡིག་ཚང་དཀར་ཆག་
གི་གནད་བསྡུས་ཕྱོགས་བསྒྲིགས་ལས་གཞི།
Compilation Project on the catalogues and abstracts of the ancient books of the ethnic minorities

中国少数民族计划生育政策 ……… (894)
གུང་གོའི་གྲངས་ཉུང་མི་རིགས་འཆར་ལྡན་
བུ་བཙའི་སྲིད་ཇུས།
Family Planning Policy for Ethnic Minorities

"中国少数民族简史丛书" ……… (894)
《གུང་གོའི་གྲངས་ཉུང་མི་རིགས་ལོ་རྒྱུས་
རགས་རིམ་གྱི་དཔེ་ཚོགས།》
A Collection of Brief Histories of Ethnic Minorities in China

中国少数民族经济研究会 ………… (895)
གུང་གོའི་གྲངས་ཉུང་མི་རིགས་དཔལ་འབྱོར་
ཞིབ་འཇུག་ཚོགས་པ།
China Association of Ethic Economy

中国少数民族聚居特点 …………… (895)
གུང་གོའི་གྲངས་ཉུང་མི་རིགས་འདུས་སྡོད་ཁྱད་ཆོས།
Characteristics of the ethnic minority's concentrated communities

中国少数民族民间文学 …………… (896)
གུང་གོའི་གྲངས་ཉུང་མི་རིགས་དམངས་ཁྲོད་ཙོམ་རིག
Chinese ethnic minority folk literature

中国少数民族七大类节日 ………… (896)
གུང་གོའི་གྲངས་ཉུང་མི་རིགས་དུས་ཆེན་རིགས་བདུན།
Seven types of festivals of the Chinese ethnic minorities

中国少数民族人权 ………………… (896)
གུང་གོའི་གྲངས་ཉུང་མི་རིགས་ཀྱི་མིའི་ཞི་དབང་།
Human Rights of Ethnic Minorities

中国少数民族散居特点 …………… (897)
གུང་གོའི་གྲངས་ཉུང་མི་རིགས་བོར་ཆགས་ཁྱད་ཆོས།
Characteristics of the ethnic minority's scattered communities

"中国少数民族社会历史调查
资料丛刊" ……………………… (897)
《གུང་གོའི་གྲངས་ཉུང་མི་རིགས་སྤྱི་ཚོགས་ལོ་རྒྱུས་
བརྟག་ཞིབ་ཡིག་ཆའི་དེབ་ཚོགས།》
A Collection of Reports on the Investigation of Socio-historical Condition of Ethnic Minorities in China

中国少数民族双语教学研究会 …… (898)
གུང་གོའི་གྲངས་ཉུང་མི་རིགས་སྐད་གཉིས་སློབ་
ཁྲིད་ཞིབ་འཇུག་ཚོགས་པ།
Research Center for Ethnic Minority Bilingual Teaching

中国少数民族文化呈现的
　　四个鲜明特点 …………（898）
གུང་གོའི་གྲངས་ཉུང་མི་རིགས་རིག་གནས་ཀྱི་
　　ཁྱད་ཆོས་མཚོན་གསལ་བཞི།
Four distinct characteristics of Chinese
　　ethnic minority culture
中国少数民族文化艺术促进会 ……（898）
གུང་གོའི་གྲངས་ཉུང་མི་རིགས་རིག་གནས་སྒྱུ་
　　རྩལ་ཡར་སྐྱེད་ཚོགས་པ།
China Association for Promoting
　　Ethnic Minority Culture and Art
中国少数民族文化艺术基金会 ……（899）
གུང་གོའི་གྲངས་ཉུང་མི་རིགས་རིག་གནས་སྒྱུ་
　　རྩལ་ཞིབས་རྟེན་ཚོགས་པ།
China Ethnic Minority Culture
　　and Art Fund
中国少数民族文物保护协会 ………（899）
གུང་གོའི་གྲངས་ཉུང་མི་རིགས་རིག་དངོས་
　　སྲུང་སྐྱོབ་མཐུན་ཚོགས།
China Association for Preservation
　　of Ethnic Minorities' Relics
中国少数民族文学学会 ……………（900）
གུང་གོའི་གྲངས་ཉུང་མི་རིགས་རྩོམ་རིག་ཚོགས་པ།
China Ethnic Literature Society
中国少数民族文学研究
　　资料库课题 ………………………（900）
གུང་གོའི་གྲངས་ཉུང་མི་རིགས་ཀྱི་རྩོམ་རིག་ཞིབ་
　　འཇུག་ཡིག་མཛོད་ཀྱི་སྒྲུབ་གཞི།
Project of database on China ethnic
　　literature research
中国少数民族舞蹈 ………………（901）
གུང་གོའི་གྲངས་ཉུང་མི་རིགས་ཞབས་བྲོ།
China ethnic minority dance

中国少数民族戏剧 ………………（901）
གུང་གོའི་གྲངས་ཉུང་མི་རིགས་ཟློས་གར།
China ethnic minority dramas
中国少数民族现状与发展调查 ……（901）
གུང་གོའི་གྲངས་ཉུང་མི་རིགས་ཀྱི་ད་ལྟའི་གནས་
　　བབས་དང་གོང་འཕེལ་བརྟག་བཤེར།
Investigation on the current situation
　　and development of the
　　Chinese ethnic minorities
中国少数民族音乐 ………………（902）
གུང་གོའི་གྲངས་ཉུང་མི་རིགས་རོལ་དབྱངས།
China ethnic minority music
中国少数民族语言调查 ……………（902）
གུང་གོའི་གྲངས་ཉུང་མི་རིགས་སྐད་
　　ཆར་བརྟག་བཤེར།
Ethno-linguistic Investigation in China
"中国少数民族语言
　　简志丛书" …………………………（902）
《གུང་གོའི་གྲངས་ཉུང་མི་རིགས་སྐད་ཆའི་ལོ་རྒྱུས་
　　རགས་བསྡུས་དཔེ་ཚོགས》
A series of Collection of the
　　Chinese Ethnic Languages
《中国少数民族乐器志》 …………（903）
《གུང་གོའི་གྲངས་ཉུང་མི་རིགས་རོལ་ཆས་རྒྱུས་བརྗོད》
Annals of the Musical Instruments of
　　the Chinese Ethnic Minorities
中国少数民族哲学及社会
　　思想史学会 ………………………（903）
གུང་གོའི་གྲངས་ཉུང་མི་རིགས་མཚན་ཉིད་རིག་པ་
　　དང་སྤྱི་ཚོགས་བསམ་བློའི་ལོ་རྒྱུས་སློབ་ཚོགས།
The Academic Society of the History
　　of Philosophical and Social Ideas
　　in Chinese Ethnic Minorities

"中国少数民族自治地方
　概况丛书" ……………………（904）
《གུང་གོའི་གྲངས་ཉུང་མི་རིགས་རང་སྐྱོང་ས་ཁུལ་གྱི་
　གནས་ཚུལ་མདོར་བསྡུས་དཔེ་ཚོགས།》
A Series of Collection of Surveys of
　Ethnic Autonomous Regions in China

中国社会科学院民族
　文学研究所 ………………………（904）
གུང་གོའི་སྤྱི་ཚོགས་ཚན་རིག་ཁང་གི་མི་རིགས་
　རྩོམ་རིག་ཞིབ་འཇུག་ཁང་།
Research Institute of the Ethnic
　Literature of Chinese Academy
　of Social Sciences

中国社会科学院民族学与人类
　学研究所 …………………………（905）
གུང་གོའི་སྤྱི་ཚོགས་ཚན་རིག་ཁང་གི་མི་རིགས་རིག་པ་
　དང་མིའི་རིགས་རིག་པ་ཞིབ་འཇུག་ཁང་།
The Research Institute of Ethnology and
　Anthropology of Chinese Academy
　of Social Sciences

中国社会主义民族关系的
　基本特征 …………………………（905）
གུང་གོའི་སྤྱི་ཚོགས་རིང་ལུགས་མི་རིགས་འབྲེལ་
　བའི་རྩ་བའི་ཁྱད་ཆོས།
The basic characteristics of China's
　socialistic ethnic relations

中国社会主义时期的民族问题 ……（905）
གུང་གོའི་སྤྱི་ཚོགས་རིང་ལུགས་དུས་སྐབས་ཀྱི་
　མི་རིགས་གནད་དོན།
Ethnic issues of Socialist Period in China

中国世界民族学会 …………………（906）
གུང་གོའི་འཛམ་གླིང་མི་རིགས་སློབ་ཚོགས།
Chinese Society of World
　Ethno-National Studies

中国天主教爱国会 …………………（906）
གུང་གོའི་གནམ་བདག་ཆོས་ལུགས་རྒྱལ་གཅེས་ཚོགས་པ།
Chinese Catholic Patriotic Association

中国突厥语研究会 …………………（906）
གུང་གོའི་ཊུའུ་ཁྲེད་ཡིག་ཞིབ་འཇུག་ཚོགས་པ།
Chinese Research Association of
　Turkic Languages

中国西部研究与发展促进会 ………（907）
གུང་གོའི་ནུབ་ཁུལ་ཞིབ་འཇུག་དང་འཕེལ་རྒྱས་
　ཡར་སྐུལ་ཚོགས་པ།
The Promotion Association Of Research
　and Development for West China

中国西藏文化保护与发展协会 ……（907）
གུང་གོའི་བོད་ལྗོངས་རིག་གནས་སྲུང་སྐྱོབ་
　དང་དར་སྤེལ་ཚོགས་པ།
China Association for Preservation
　and Development of Tibetan Culture

中国西藏文化旅游创意园 …………（908）
གུང་གོའི་བོད་ལྗོངས་རིག་གནས་ཡུལ་སྐོར་གསར་བཞེངས་གླིང་།
Tibet Cultural Tourism Creative Park

中国西藏新闻网 ……………………（908）
གུང་གོའི་བོད་ལྗོངས་གསར་འགྱུར་དྲ་ཚིགས།
China Tibet News Web

《中国西南的古纳西王国》 ………（908）
《གུང་གོའི་ལྷོ་ནུབ་ཀྱི་གནའ་བོའི་འདང་རྒྱལ་ཁབ།》
The Ancient Na-Khi Kingdom of
　Southwestern China

中国民族识别依据的具体原则 ……（909）
གུང་གོའི་མི་རིགས་དགར་བའི་གཞི་འཛིན་སའི་བྱེ་བྲག་རྩ་དོན།
Specific principles on ethnic
　identification in present China

中国现今散居少数民族新变化 ……（909）
གུང་གོའི་ད་ལྟའི་གནས་ཤུལ་མི་རིགས་ཧོར་
　ཚགས་ཀྱི་འགྱུར་ལྡོག་གསར་པ།
New changes of the present day
　scattered Chinese ethnic minorities

中国信仰伊斯兰教的少数民族 …… （909）
རྒྱ་ནག་གི་ཡི་སི་ལམ་གྱི་ཆོས་ལུགས་ལ་དད་
པའི་གྲངས་ཉུང་མི་རིགས།
Ethnic minorities that believe in Islam in China

中国—亚欧博览会 …… （910）
རྒྱ་ནག་—ཡ་ཨོའུ་འགྲེམ་སྟོན་ཚོགས་འདུ།
China-Eurasian Expo

中国伊斯兰教解经 …… （910）
རྒྱ་ནག་གི་ཡི་སི་ལམ་གྱི་གསུང་རབ་དགོངས་འགྲེལ།
China Islam allegorical interpretation

中国伊斯兰教经学院 …… （911）
རྒྱ་ནག་གི་ཡི་སི་ལམ་གྱི་གསུང་ཆོས་སློབ་གླིང་།
China Islamic Institute

中国伊斯兰教协会 …… （911）
རྒྱ་ནག་གི་ཡི་སི་ལམ་གྱི་ཆོས་ལུགས་མཐུན་ཚོགས།
China Islamic Association

中国藏毯协会 …… （911）
རྒྱ་ནག་གི་བོད་གདན་མཐུན་ཚོགས།
China Tibetan Carpet Association

《中国藏学》 …… （912）
《རྒྱ་ནག་གི་བོད་རིག་པ།》
China Tibetology

中国藏学研究中心 …… （912）
རྒྱ་ནག་གི་བོད་རིག་པའི་ཞིབ་འཇུག་ལྟེ་གནས།
China Tibetology Research Center

中国藏学研究珠峰奖 …… （913）
རྒྱ་ནག་གི་བོད་རིག་པའི་ཞིབ་འཇུག་གི་ཇོ་
མོ་གླང་མའི་བྱ་དགའ།
The Qomolangma Award of China Tibetology Research

中国藏医药文化博物馆 …… （913）
རྒྱ་ནག་གི་བོད་ལུགས་གསོ་རིག་རིག་གནས་ཀྱི་དངོས་
མང་བཤམས་སྟོན་ཁང་།
China Tibetan Medicine & Culture Museum

中国藏语系高级佛学院 …… （914）
རྒྱ་ནག་བོད་བརྒྱུད་ནང་བསྟན་མཐོ་རིམ་སློབ་གླིང་།
High-level Tibetan Buddhism College of China

《中华大藏经》 …… （914）
《རྒྱ་དུའི་བཀའ་འགྱུར།》
Chinese Tripitaka

中华回乡文化园 …… （914）
རྒྱ་ཧུའི་ཡུལ་རིག་གནས་གླིང་།
China Hui Culture Park

中华民族团结进步协会 …… （915）
རྒྱ་དུའི་མི་རིགས་མཐུན་སྒྲིལ་
ཡར་ཐོན་མཐུན་ཚོགས།
Ethnic Unity and Progress Association of China

中华民族一家亲文化下
基层活动 …… （915）
རྒྱ་དུ་མི་རིགས་རིག་གནས་ཁྱིམ་ཚང་གཅིག་པ་གཞི་
རིམ་དུ་ཞུགས་པའི་བྱ་འགུལ།
Grassroots cultural activities in China

《中华人民共和国民族
区域自治法》 …… （915）
《རྒྱ་དུ་མི་དམངས་སྤྱི་མཐུན་རྒྱལ་ཁབ་ཀྱི་མི་རིགས་
ས་ཁོངས་རང་སྐྱོང་གི་ཁྲིམས།》
Law of the People's Republic of China on Regional Ethnic Autonomy

《中华人民共和国民族区域
自治实施纲要》 …… （916）
《རྒྱ་དུ་མི་དམངས་སྤྱི་མཐུན་རྒྱལ་ཁབ་མི་རིགས་ས་
ཁོངས་རང་སྐྱོང་ལག་བསྟར་གྱི་རྩ་གནད།》
The Program for the Implementation of Regional Ethnic Autonomy of the People's Republic of China

中华苏维埃中央博巴自治政府 …… (917)
གུང་དུ་སུའུ་ཝེེད་གུང་དབང་བོད་པ་
རང་སྐྱོང་སྲིད་གཞུང་།
Chinese Soviet Central Boba Government

《中华苏维埃中央政府对
回族人民的宣言》 ……………… (917)
《གུང་དུ་སུའུ་ཝེེད་གུང་དབང་སྲིད་གཞུང་གིས་ཧུའེའི་རིགས་
མི་དམངས་ལ་བཏོན་པའི་བསྒྲགས་གཏམ》
Declaration of the Chinese Soviet Central
Government for the Hui people

中南民族大学 ………………… (918)
གུང་ནན་མི་རིགས་སློབ་གྲྭ་ཆེན་མོ།
South-central University for Nationalities

中尼公路 ……………………… (918)
གུང་བལ་གཞུང་ལམ།
China-Nepal Highway

中小学少学少数民族文字教材 ………… (918)
སློབ་གྲྭ་ཆུང་འབྲིང་གི་གྲངས་ཉུང་མི་རིགས་ཡི་གེའི་སློབ་དེབ།
Primary and Secondary School Textbooks
in Ethnic Minority Languages

中央关于西藏工作的十条意见 …… (918)
གུང་དབྱུང་གི་བོད་སྟོངས་ལས་དོན་སྐོར་གྱི་བསམ་འཆར་བཅུ།
Ten suggestions of the Party Central
Committee on Tibet Work

中央民族大学 ………………… (919)
གུང་དབྱུང་མི་རིགས་སློབ་གྲྭ་ཆེན་མོ།
Minzu University of China

中央民族大学少数民族
经济研究所 ……………… (919)
གུང་དབྱུང་མི་རིགས་སློབ་ཆེན་གྱི་གྲངས་ཉུང་མི་རིགས་
དཔལ་འབྱོར་ཞིབ་འཇུག་ཁང་།
Research Institute of Ethnic Minority
Economy in Minzu University of China

中央民族访问团东北
内蒙古访问团 ……………… (920)
གུང་དབྱུང་མི་རིགས་འཚམས་འདྲི་ཚོགས་པ་བར་
བྱང་ནང་སོག་འཚམས་འདྲི་ཚོགས་པ།
Delegation sent by the central government
to visit the ethnic minorities in the
Northeast and Inner Mongolia

中央民族访问团西北访问团 ……… (920)
གུང་དབྱུང་མི་རིགས་འཚམས་འདྲི་ཚོགས་པ་ནུབ་
བྱང་འཚམས་འདྲི་ཚོགས་པ།
Delegation sent by the central government
to visit the ethnic minorities in
the Northwest

中央民族访问团西南访问团 ……… (921)
གུང་དབྱུང་མི་རིགས་འཚམས་འདྲི་ཚོགས་པ་ལྷོ་
ནུབ་འཚམས་འདྲི་ཚོགས་པ།
Delegation sent by the central government
to visit the ethnic minorities in
the Southwest

中央民族访问团中南访问团 ……… (921)
གུང་དབྱུང་མི་རིགས་འཚམས་འདྲི་ཚོགས་པ་དབུས་
ལྷོ་འཚམས་འདྲི་ཚོགས་པ།
Delegation sent by the central government
to visit the ethnic minorities in
the Central-South

中央民族干部学院 ……………… (922)
གུང་དབྱུང་མི་རིགས་གཞུང་ཞབས་པའི་སློབ་གླིང་།
Central Institute of Ethnic
Administrators

中央民族歌舞团 ………………… (922)
གུང་དབྱུང་མི་རིགས་གླུ་གར་ཚོགས་པ།
Central Ethnic Song and
Dance Ensemble

中央新疆工作座谈会（首次）……（923）
གུང་དབྱིན་ཞིན་ཅང་ལས་ཀའི་བགྲོ་གླེང་
ཚོགས་འདུ། (ཐོག་མ)
The First Xinjiang Work Forum

《中英藏印条约》……………（923）
《གུང་དབྱིན་བོད་ཧྲིན་ཆིངས་ཡིག》
Anglo-Chinese Convention of 1890

《中英藏印续约》……………（924）
《གུང་དབྱིན་བོད་ཧྲིན་ཆིངས་ཡིག་གི་མཐུད་ཡིག》
Regulations regarding Trade, Communication, and Pasturage to be Appended to the Anglo-Chinese Convention of 1890

《中英续订藏印条约》…………（924）
《གུང་དབྱིན་བསྐྱར་བཀོད་ཀྱི་བོད་ཧྲིན་ཆིངས་ཡིག》
Convention Between Great Britain and China Respecting Tibet

种畲 ………………………（925）
ཅེ་འདེབས།
Zhongshe

种族隔离研究国际专家会议 ………（925）
རིགས་རྒྱུད་འབྱེད་གཅོད་ཞིབ་འཇུག་རྒྱལ་སྤྱིའི་
ཆེད་མཁས་ཚོགས་འདུ།
The International Meeting of Experts on Racial Segregation Research

仲译钦波 …………………（926）
དྲུང་ཡིག་ཆེན་པོ།
Trunyichemmo

周保中（1902—1964）……………（926）
གྲོའུ་པའོ་གྲུང་། (༡༩༠༢—༡༩༦༤)
Zhou Baozhong (1902-1964)

朱德海（1911—1972）……………（926）
གྲུའུ་ཏེ་ཧའེ། (༡༩༡༡—༡༩༧༢)
Zhu Dehai (1911-1972)

珠尔默特那木札勒（?—1750）…（927）
འབྱུར་མེད་རྣམ་རྒྱལ། (?—༡༧༥༠)
Gyurme Namgyal (?-1750)

珠峰自然保护区 ……………（927）
ཇོ་མོ་གླང་མའི་རང་བྱུང་སྲུང་སྐྱོབ་ཁུལ།
Qomolangma Nature Reserve

《主巴白莲教法史》……………（928）
《འབྲུག་པ་བད་དཀར་ཆོས་འབྱུང》
A History of Drukpa White Lotus Buddhism

主巴噶举 ……………………（928）
འབྲུག་པ་བཀའ་བརྒྱུད།
Drukpa Kagyu

主儿乞部 ……………………（928）
གྱོར་ཆན་ཚོག
Jurkin tribe

主麻日 ………………………（929）
གྲོའུམ་དུས་ཆེན།
Jumah

主体民族 ……………………（929）
མི་རིགས་གཙོ་བོ།
Major nationality

驻藏大臣 ……………………（929）
བོད་སྡོད་ཨམ་བན།
Grand Minister Resident of Tibet

转经 …………………………（930）
བསྐོར་བ།
Zhuanjing

转世灵童 ……………………（930）
སྤྲུལ་སྐུ་རྟོགས་འཛིན།
Soul boy

庄房 …………………………（930）
གྲོང་ཁང་།
Zhuangfang

· 127 ·

壮傣语支 …………………… (931)	卓生 ………………………… (935)
གྲོང་ཊའི་སྐད་རིགས་ཡན་ལག	ཊོ་ཧྲུན།
Zhuang-Dai language branch	Zhuosheng

壮侗语族 …………………… (931)　　孜拉扎 ……………………… (935)
གྲོང་ཏུང་སྐད་རིགས། 　　ཅེ་སློབ་ག
Zhuang-Dong Language Group 　　Zilazha

壮文 ………………………… (931)　　孜恰 ………………………… (935)
གྲོང་ཡིག 　　ཅེ་ཕྱག
Zhuang script 　　Ziqia

壮语 ………………………… (932)　　孜仲 ………………………… (935)
གྲོང་སྐད། 　　ཅེ་ཧྲུང་།
Zhuang language 　　Zizhong

壮族 ………………………… (932)　　兹莫 ………………………… (936)
གྲོང་རིགས། 　　ཙམོ།
Zhuang people 　　Zimo

壮族医学 …………………… (933)　　仔本 ………………………… (936)
གྲོང་རིགས་ཀྱི་གསོ་རིག 　　ཅེ་འབུལ།
Zhuang ethnic medicine 　　Tsipon

准 …………………………… (933)　　仔康 ………………………… (936)
གྲུན། 　　ཅེས་ཁང་ལས་ཁུངས།
Zhun 　　Tsikhang

准噶尔部 …………………… (933)　　仔康拉扎 …………………… (937)
ཧྲུན་གར་ཚོཔ། 　　ཅེས་ཁང་སློབ་ག
Dzungar tribe 　　Tsikhang Laptra

准噶尔军侵扰西藏事件 …… (934)　　自治旗 ……………………… (937)
ཧྲུན་གར་དམག་གི་བཙན་འཛུལ་གྱི་ལྷ་སའི་དོན་རྐྱེན། 　　རང་སྐྱོང་ཆེས།
Incident of Dzungar Invasion 　　Autonomous Banner
of Tibet

卓巴 ………………………… (934)　　自治区 ……………………… (937)
ཊོ་པ། 　　རང་སྐྱོང་ལྗོངས།
Zhuoba 　　Autonomous Region

卓尼 ………………………… (934)　　自治区民族事务行政管理 … (938)
མཚོན་གཞིར། 　　རང་སྐྱོང་ལྗོངས་མི་རིགས་ལས་དོན་གྱི་སྲིད་འཛིན་དོ་དམ།
Zhuoni 　　Administrative Management of Ethnic
　　Affairs in Autonomous Region

自治区民族事务行政决策 ………… （938）
རང་སྐྱོང་ལྗོངས་མི་རིགས་ལས་དོན་གྱི་སྲིད་འཛིན་ཐག་ཆོད།
Administrative Decision-Making of Ethnic
　　Affairs in Autonomous Region

自治区民族事务行政执行 ………… （938）
རང་སྐྱོང་ལྗོངས་མི་རིགས་ལས་དོན་སྲིད་འཛིན་ལག་བསྟར།
Administrative Execution of Ethnic
　　Affairs in Autonomous Region

自治区人民政府的地位 …………… （938）
རང་སྐྱོང་ལྗོངས་མི་དམངས་སྲིད་གཞུང་གི་གོ་གནས།
Status of Autonomous Regional
　　People's Government

自治区人民政府的人员组成与任期 … （939）
རང་སྐྱོང་ལྗོངས་མི་དམངས་སྲིད་གཞུང་གི་མི་སྣ་སྒྲུབ་
　　ཚུལ་དང་ལས་འགན་འཁུར་ཡུན།
Manning and Tenure of Autonomous
　　Regional People's Government

自治区人民政府的职权 …………… （939）
རང་སྐྱོང་ལྗོངས་མི་དམངས་སྲིད་གཞུང་གི་འགན་དབང་།
Function and Power of Autonomous
　　Regional People's Government

自治区政府的领导机构 …………… （940）
རང་སྐྱོང་ལྗོངས་སྲིད་གཞུང་གི་འགོ་ཁྲིད་སྒྲིག་གཞི།
Leading Organs of the Autonomous
　　Regional Government

自治区主席 ………………………… （940）
རང་སྐྱོང་ལྗོངས་ཀྱི་ཀྲུའུ་ཞི།
Chairman of Autonomous Region

自治县 ……………………………… （941）
རང་སྐྱོང་རྫོང་།
Autonomous County

自治县县长 ………………………… （941）
རང་སྐྱོང་རྫོང་གི་རྫོང་དཔོན།
County Magistrate of Autonomous County

自治制 ……………………………… （941）
རང་སྐྱོང་ལམ་ལུགས།
Autonomy system

自治州 ……………………………… （942）
རང་སྐྱོང་ཁུལ།
Autonomous prefecture

自治州州长 ………………………… （942）
རང་སྐྱོང་ཁུལ་གྱི་ཁུལ་དཔོན།
Autonomous prefecture commissioner

宗 …………………………………… （943）
རྫོང་།
Zong

宗本 ………………………………… （943）
རྫོང་དཔོན།
Zongben

宗教 ………………………………… （943）
ཆོས་ལུགས།
Religion

宗教的民族性 ……………………… （943）
ཆོས་ལུགས་ཀྱི་མི་རིགས་རང་བཞིན།
Religious ethnicity

宗教活动 …………………………… （944）
ཆོས་ལུགས་བྱ་འགུལ།
Religious activity

宗教极端势力 ……………………… （944）
ཆོས་ལུགས་ཐལ་སྐྱོད་སྟོབས་ཤུགས།
Religious extremist force

宗教禁忌 …………………………… （944）
ཆོས་ལུགས་འཛེམ་བྱ།
Religious taboo

《宗教事务条例》 ………………… （945）
《ཆོས་ལུགས་བྱ་གཞག་ཁྲིམས་སྲོལ》
The Regulation on Religious Affairs

宗教团体 …………………… (945)
ཆོས་ལུགས་ཚོགས་པ།
Religious group

宗教信仰自由 ………………… (945)
ཆོས་ལུགས་དད་པ་རང་མོས།
Freedom of Religious Belief

宗教院校 …………………… (946)
ཆོས་ལུགས་སློབ་གྲྭ།
Religious academy

宗喀巴（1357—1419） ……… (946)
ཙོང་ཁ་པ།（1357—1419）
Tsongkhapa (1357-1419)

《宗喀巴大师传》 …………… (947)
《རྗེ་ཙོང་ཁ་པ་ཆེན་པོའི་རྣམ་ཐར》
The Biography of Master Tsongkhapa

宗主国 ……………………… (947)
བདག་དབང་རྒྱལ་ཁབ།
Suzerain

族群 ………………………… (947)
རིགས་ཚོ།
Ethnic group

左宝贵（1837—1894） ……… (947)
ཙོན་པོའི་གུའི།（1837—1894）
Zuo Baogui (1837-1894)

左抵 ………………………… (948)
ཙོན་ཏི།
Zuodi

坐床典礼 …………………… (948)
ཁྲི་གསོལ་མཛད་སྒོ།
The sitting-in-the-bed ceremony

词典正文

A

阿昌语 阿昌族的语言，属于汉藏语系藏缅语族缅语支，主要分布在中国云南省德宏傣族景颇族自治州的陇川、梁河、芒市以及保山市的龙陵等县市。中缅边境缅甸一侧也有分布。现使用人数约3万多。

ཨ་ཁང་སྐད། ཨ་ཁང་རིགས་ཀྱི་སྐད་ཆ། རྒྱ་བོད་སྐད་རྒྱུད་ཀྱི་བོད་འབར་སྐད་རིགས་ཀྱི་བོངས་སུ་གཏོགས། རིགས་ཆེན་པའི་རིགས་རང་སྐྱོང་ཁུལ་གྱི་ལུང་ཁྲོད་དང༌། བོད་ཧྲེ་དང༌། པའི་ཧྲན་གྲོང་ཁྱེར་གྱི་ལུང་ལིང་སོགས་རྫོང་དང་གྲོང་ཁྱེར་དག་ཡིན། རྒྱ་འབར་མ་ཐབ་མཚམས་ཀྱི་འབར་མའི་ཕྱོགས་སུབ་ཁུལ་ཡོད། ད་ལྟ་བེད་སྤྱོད་པ་མི་ཁྲི་འཕྲག་ཡོད།

Achang language is a language of Achang people, which belongs to Burmese dialects, a Tibeto-Burman language of the Sino-Tibetan language family. The users of Achang language mainly lived at Longchuan, Lianghe, Mangshi and Longling of Baoshan in Dehong Dai and Jingpo Autonomous Prefecture in Yunnan province. It also distributed in Burma's side of the Sino-Burmese border area. There are over 30,000 people today speaking the Achang language.

阿昌族 中国的少数民族。主要分布于云南省德宏傣族景颇族自治州的陇川、梁河、芒市以及保山市的龙陵等县市。此外，在邻国缅甸也有部分阿昌族分布。有自己的语言，但没文字，多数阿昌族人兼通汉语文和傣语文。人口39555人（2010年）。农业、手工业较为发达。

ཨ་ཁང་རིགས། ཀྲུང་གོའི་གྲངས་ཉུང་མི་རིགས་ཤིག ཁྲབ་ཡུལ་ཚོ་བོ་ཀྲུང་གོའི་ཡུན་ནན་ཞིང་ཆེན་ཏེ་ཧོང་ཏའི་རིགས་ཆེན་པའི་རིགས་རང་སྐྱོང་ཁུལ་གྱི་ལུང་ཁྲོད། བོད་ཧྲེ། པའི་ཧྲན་གྲོང་ཁྱེར་གྱི་ལུང་ལིང་སོགས་རྫོང་དང་གྲོང་ཁྱེར་དག་ཡིན། གཞན་ཡང་མཆེད་རྒྱལ་འབར་མའི་ཁོངས་སུ་འང་ཨ་ཁང་རིགས་ཡོད། རང་གི་སྐད་ཆ་ཡོད། བོན་ཀྱང་ཡི་གེ་མེད་པས་ཨ་ཁང་རིགས་ཕལ་མོ་ཆེས་རྒྱ་ཡིག་དང་ཏའི་ཡིག་བེད་སྤྱོད་བྱེད། མི་གྲངས་ལ་ ༣༩༥༥༥ཡོད།（ ༢༠༡༠ལོ ）ཞིང་ལས་དང་ལག་ཤེས་བཟོ་ལས་དར་རྒྱས་ཆེ།

Achang people is one of China's ethnic groups, mainly lived at Longchuan, Lianghe, Mangshi and Longling of Baoshan in Dehong Dai and Jingpo Autonomous Prefecture in Yunnan province. Moreover, parts of Achang people also live in the neighboring Burma. They have their own language but no indigenous writing system, and most Achang people can master both Chinese and Dai language. The population of Achang is 39,555 (2010), and their agriculture and handicraft industry are relatively developed.

阿恩德 东乡语音译，意为"村落"。旧时东乡族以父系血缘关系形成的聚落形式和宗族组织。一般由同一姓氏的十几户、几十户乃至上百户人家组成，包括因人口繁衍而派生的几个或十几个村落。由德高望重的"乡老"管理内部事务。

ཨ་ཨེན་དེ། དུང་ཞང་སྐད་ཀྱི་སྒྲ་བསྒྱུར། ཚོ་བའི་དོན། གནའ་བོར་དུང་ཞང་རིགས་ཀྱི་བོ་ཕྱུད་ཁྱུད་རྒྱུད་ལས་གྲུབ་པའི་མཉམ་འདུས་རྣམ་པ་དང་ཡུལ་རྒྱུད་ཚོགས་པ་ཞིག་ཡིན། སྦྱར་བཏང་དུ་རུས་རྒྱུད་གཅིག་པའི་དུང་ཕྱིར་ཁ་ཤས་སམ། བཅུ་ཕྲག་ནས་བརྒྱའི་བར་གྱི་དུང་ཕྱིར་གྱིས་གྲུབ་སྟེ། དེའི་ནང་དུ་མི་གྱངས་འཕེལ་བ་ལ་ཚོ་པ་ཁ་ཤས་སམ་བཅུ་ཕྲག་ཁ་འདུས། ཚོ་པའི་ནང་གི་རྒྱན་རབས་པ་རྣམས་ཀྱིས་ནང་གི་དོན་དག་ལ་དོ་དག་གི་འགན་ཁུར་བྱེད།

A'engde, a transliteration of the Dongxiang language, means "village". It is a settlement form and religious organization of Dongxiang ethnic group shaped by patrilineal kinship in ancient times. It generally was composed by a dozen or dozens of, even hundreds of families with the same last name, including several or a dozen of villages derived from multiplication. The internal affairs are under the control of the highly-respected people.

阿尔布巴事件 清代西藏掌权贵族之间的内讧。雍正五年（1727），阿尔布巴等3位噶伦（见"噶伦制"词条）联合敌杀首席噶伦康济鼐于拉萨。颇罗鼐噶伦闻讯后与康济鼐之弟组织军队进攻拉萨，双方激战于孜江、申扎等地。阿尔布巴等3位噶伦被擒并被清廷处死，颇罗鼐总管藏政。

ངག་ལམ་སྦྱར་གསུམ་གྱི་དོན་རྐྱེན། ཆིང་རྒྱལ་རབས་སྐབས་སུ་བོད་ཀྱི་དབང་འཛིན་སྐུ་དྲག་བར་བྱུང་བའི་འགལ་བ་ཞིག་ཡིན། གོང་མ་ཡུང་ཀྲིན་གྱི་ཁྲི་ལོ་ལྔ་པར་（1727）ངག་ལམ་སྦྱར་གསུམ་བགར་བློན་（བགར་བློན་ལམ་ལུགས་ཀྱི་ཚིག་ལ་སྟོས།）མཉམ་འབྲེལ་གྱི་བགར་བློན་གཙོ་བོ་ཁང་ཆེན་པ་ལྷ་སར་བཀྲོངས། པོ་ལྷ་བའི་སྣེ་གསེར་རྗེས་སུ་ཁང་ཆེན་པའི་ནུ་བོ་དང་དཔུང་སྐྲིག་ཏེ་ལྷ་སར་དཔུང་འཇུག་བྱས། ཕྱོགས་གཉིས་ཀྱི་དམག་གིས་རྩེ་རྒྱང་དང་ཤེན་ཁྲག་སོགས་སུ་འཁྲུག་འཛིང་དྲག་པོ་རྗེས། ངག་ལམ་སྦྱར་གསུམ་ཁམས་ནས་སྐྲོངས་བོ་གསུམ་གཟུང་བཅད་པ་དང་། ཆིང་སྲིད་གཞུང་གིས་སྲོག་ཁྲིམས་བཏང་། པོ་ལྷ་བ་ནས་སྟོབས་རྒྱས་ཀྱིས་བོད་ཀྱི་སྲིད་སྐྱོང་མཛད།

Ngabopa Affairs are the internal conflicts among Tibetan power aristocracy in the Qing Dynasty. During the fifth year of Yongzheng's reign, Kalon Ngabopa and other two Kalons (see "Kalon" entry) jointly killed the enemy chief Kalon Khangchennas in Lhasa. After hearing the news, Kalon Pholhanas and the brother of Kancennas launched a punitive attack in Lhasa, fighting fiercely in Zijiang and Shenzha, etc. The three Kalons, including Ngabopa were captured and executed by the Qing Government. After that, Pholhanas took control of the Tibetan political affairs.

阿尔德 蒙古语音译，意为"平民"或"百姓"。清代蒙古族平民的一种称呼。

ཨར་ཏེ། སོག་པོའི་སྐད་ཀྱི་སྒྲ་བསྒྱུར། མི་སེར་རམ་འབངས་ཀྱི་དོན། ཆིང་རྒྱལ་རབས་སུ་སོག་པོའི་རིགས་འབངས་ཀྱི་འབོད་ཚུལ་ཞིག་ཡིན།

Arat, a Mongolian term for the ordinary Mongolian laborers, is the term used in the Qing Dynasty.

阿尔泰语系 语言系属分类方法划分的一组语群。包括60多种语言，集中于中亚、东北亚及其临近地区，主要由各个时期的入侵者带来的语言和当地语言互相融合形成。包括突厥、蒙古、满-通古斯3个语族。主要分布在中国、土耳其、蒙古国、中亚、俄罗斯、伊朗、阿富汗以及东欧的一些国家。

ཨར་ཐེའི་སྐད་རྒྱུད། སྐད་རྒྱུད་དུ་གཏོགས་པའི་རིགས་འབྱེད་ཐབས་ཀྱིས་དབྱེ་བའི་སྐད་ཚོགས་ཀྱི་ཞིག དེའི་ནང་སྐད་རིགས་ ༦༠ ལྷག་ཡོད། དེ་དག་ཡ་སྦྱིང་དང་ཤར་བྱང་ཨ་སེའི་མཐའ་འཁོར་དུ་མ་ཉག་འདུས་ཡོད། དེའི་མཐའ་འཁོར་དུ་མ་ཉག་འདུས་པ་དེ་ཙོ་པོ་ནི་དུས་རབས་སོ་སོའི་བཙན་འཛུལ་པ་དང་གནས་དེའི་སྐད་ཆ་གཉིས་མཉམ་འདྲེས་བྱུངས་གྲུབ་པ་ཞིག་ཡིན། ནང་དུ་འཇར་ཐུར་དང་སོག་པོ། མན་ཇུའི་བཅས་སྐད་རིགས་གསུམ་འདུས་ཡུལ་གྱུར་གོ་དང་ཕུར་ཁི། སོག་པོའི་རྒྱལ་ཁབ། ཡ་ཞིང་དབུས་མ། ཨུ་རུ་སུ། ཨི་ལང་། ཨ་ཕུ་ཧན། ཤར་ཕར་མའི་རྒྱལ་ཁབ་ཁ་ཤས་བཅས་ཡིན།

The Altaic language family belongs to a set of language groups of classification, including more than 60 languages, mainly distributed in central Asia, Northeast Asia, and its neighboring areas. The formation of that is mainly caused by the mutual integration of the languages brought by invaders at different periods, including Turkic, Mongolian and Manchu-Tungusic languages, which mainly distributed in China, Turkey, Mongolia, Central Asia, Russia, Iran, Afghanistan and some eastern European countries.

阿格乃 撒拉语音译，意为"兄弟""本家子"。撒拉族历史上存在过的一种父系血缘组织。由兄弟分居后的若干家庭组成。内部禁止通婚，同辈以兄弟姊妹相称。各小家庭自成独立的经济单位，平时在生产和生活上互帮互助；遇有大事，大家同心协力解决。

ཨ་གེར་ནའི། ས་ལར་སྐད་ཀྱི་སྒྲ་བསྒྱུར། ཕུན་ཟླ་དང་རང་ཁྱིམ་གྱི་བུ་ཞེས་པའི་དོན། ས་ལར་རིགས་ཀྱི་ལོ་རྒྱུས་ཐོག་ཏུ་བྱུང་མྱོང་བའི་ཕ་རྒྱུད་རྒྱུན་གྱི་ཚ་འཛུགས་ཤིག དཔེ་སྲུན་ཁྲིམ་བགོས་ཀྱིན་གྱུར་པའི་ཁྱིམ་ཚང་ཁ་ཤས་ཀྱི་གྲུབ་འཛུགས་ཤིག་ཡིན། ནང་ཁུལ་དུ་གཉེན་སྒྲིག་མི་ཆོག་མེས་པོའི་མིང་པོ་མིང་སྲིང་ཞུན་མོར་འདོན་བྱེད། ཁྱིམ་ཚང་ཆུང་བ་རེ་རེར་ཚོགས་ཀྱི་དཔལ་འབྱོར་སྟེ་ཚོག་ཞིག་ཡིན་པ་དང་། རྒྱུན་ལྡན་དུ་ཐོན་སྐྱེད་དང་འཚོ་བའི་ཐད་ནས་གཅིག་ཕྱོགས་ནས་གཅིག་གསོ་བྱེད། དོན་ཚན་ཆེན་པོ་འཕྲད་ན་ཁྱིམ་ཚང་ཡོངས་ཀྱིས་མཉམ་འཛོམ་བྱེད།

Agenai is a Salar term for brothers living in the same family and is constructed on the basis of a paternal lineage. Patrilineal kinship organization did exist in the history of Salar ethnic group, formed by several families after the brothers' household division.

Marriage is prohibited among households of the same agenai, and peers should be regarded as brothers and sisters. The independent economic units constructed by each small family would help each other both in daily life and labor work. If there happen to be some tough things, all members will work together to solve problems.

阿古柏（1820—1877） 19世纪中期中亚浩罕汗国的高级军官。阿古柏为其汉名。在沙俄以及英帝国的幕后支持下，于1865年至1877年成立哲德沙尔汗国。期间，率军入侵中国新疆，史称"阿古柏之乱"。后被清朝陕甘总督左宗棠击败。

ཨ་གུན་བའི། (༡༨༢༠—༡༨༧༧) དུས་རབས་ ༡༩ པའི་དུས་དཀྱིལ་དུ་ཡ་སྐྱིད་དབུས་མའི་ཏོ་ཧུའུ་ཧན་རྒྱལ་ཁབ་ཀྱི་ཚེས་མཐོའི་དམག་དཔོན་ཞིག ཨ་གུན་བའི་དེ་རྒྱ་མིང་ཡིན། རྱ་ཞུ་དང་དབྱིན་བསྟན་རྒྱལ་གྱི་ལྐོག་གི་རྒྱབ་སྐྱོར་འོག ༡༨༦༥ནས་༡༨༧༧བར་གྱི་ཏེ་ཧུར་ཧན་རྒྱལ་ཁབ་བཙུགས། དེའི་རིང་དུ་དམག་བཏང་ནས་ཀྲུང་གོའི་ཞིན་ཅང་བཙན་འཛུལ་བར་ལོ་རྒྱུས་སུ་ཨ་གུན་བའི་ཟིང་འཁྲུག་ཅེས་འབོད། རྗེས་སུ་ཅིན་རྒྱལ་རབས་ཀྱི་ཧྲན་ཀན་སྤྱི་ཁྱབ་ཙོའོ་ཙུང་ཐང་གིས་ཕམ་པར་བཏང་།

Yaqub Beg (1820-1877) was the commander-in-chief of the army of the Khanate of Kokand in Central Asia in the middle of the 19th century. With the support of Russian and Britain empires at the back, Yaqub Beg founded the country of Ci Dshal Khan from 1865 to 1877. During this period, he launched attacks against Xinjiang, China, known as "the revolt of Yaqub Beg" in history. And later the troops were defeated by Zuo Zongtang, Governor General of Shaanxi and Gansu in the Qing Dynasty.

阿訇 波斯语，意为老师或学者。回族穆斯林对主持清真寺宗教事务人员的称呼。

ཨ་ཧུང་། པར་སིག་གི་སྐད། སློབ་དཔོན་ནམ་མཁས་པའི་དོན། ཧུའེ་རིགས་སུལ་ལིའེ་ཀྱིས་མུལ་སི་ལིན་ཚོས་ཁང་གི་ལས་དོན་ལ་མགོ་འཛིན་པའི་མིའི་མིང་དུ་འབོད།

Ahong (Akhond), a Persian term for teachers or scholars, is a title for Muslim clerics by the Hui people.

阿加 彝语"阿图阿加"的简称，意为"主子寨旁的奴"。是解放前川、滇大小凉山彝族奴隶社会5个等级中的一个。为已成婚安家的生产奴隶，约占当地彝族总人口的33%，地位仅高于呷西。民主改革后废除。

ཨ་ཅ། དབྱིས་སྐད་ཀྱི་ཨ་ཐུའི་ཨ་ཅ་ཞེས་པའི་བསྡུས་མིང་། གཙོ་བུམས་ཚོ་པའི་འགྲམ་གྱི་གཡོག་པོ་ཞེས་པའི་དོན། བཙན་འགྲོལ་ཡར་སྔོན་དུ་ཁྲོན་དང་ཏེན་གྱི་ལྱང་ཧྲན་ཆེ་ཆུང་གི་དབྱིས་རིགས་བྲན་གཡོག་སྤྱི་ཚོགས་ཀྱི་ཡུལ་རིམ་ལྔའི་ནང་གི་གཅིག་ཡིན། འཁོར་བ་བཟུང་ཟིན་པའི་ཐོན་བསྐྱེད་བྲན་གཡོག་ཡིན། དབྱིས་རིགས་ཀྱི་སྤྱིའི་མི་གྲངས་ལས་༣༣%ཙམ་ཡོད། གོ་གནས་ཁ་ཞེས་ལས་མཐོ། དམངས་གཙོ་བཅོས་བསྒྱུར་རྗེས་མེད་པར་བཟོས།

Ajia, an abbreviation for "Atu Ajia" in the Yi language, means "slaves beside the master's village", which is one of the five ranks of Yi's slave society before liberation in the Greater and Lesser Liangshan Mountain area of Sichuan and Yunnan province. Slaves who get married account for about 33% of local Yi population, and their social position is only superior to Gaxi. The system has been abolished since the democratic reform.

阿克赛钦地区 阿克赛钦是突厥语，意为"中国的白石滩"。位于中国新疆、西藏两自治区与印度的边界西段。绝大部分属新疆和田行政区域管辖。历史上，其中约3万平方公里的土地被"约翰逊线"非法划入印度。中国历届政府均未予承认。

ཨ་ཁེ་སའི་ཆེན་ས་ཁུལ། ཨ་ཁེ་སའི་ཆེན་ནི་གུ་གུའི་སྐད། གུང་གོའི་དཀར་གོང་སྦྲེང་ཞེས་པ་ཡིན། གནས་ཡུལ་གུའི་ཞིན་ཅང་དང་བོད་རང་སྐྱོང་ལྗོངས། ཉིས་རྟའི་རྒྱ་ཁྱི་མཐའ་མཚམས་ནུབ་ས་ཡིན། ཕལ་མོ་ཆེ་ཞིང་ཅུའི་ཞེན་ཏན་གྱི་མཁན་ཁོངས་སུ་འདུས། ལོ་རྒྱུས་ཐོག་དེའི་ནང་གི་ས་སྟྱེ་ཨེ་གྲུ་བཞིའི་ཨེ་ཁྲི་ལྷག་ཙམ་ཡོངས་ཀྱིས་ཉོ་ཧན་གྲོན་གྱི་ཐིག་གིས་ཁྲིམས་དང་མི་མཐུན་པའི་ཐོག་ཧྲིན་ཏུའི་བོར་བཏགས་པ། དེ་གུང་གོའི་རབས་རིམ་བྱོང་གི་སྲིད་གཞུང་ནས་མཁའ་ལེན་མ་ཞུས།

Aksai chin area Aksai chin means "White Sand of China" in Turki, which is located in Xinjiang, Tibet autonomous regions and the western part of the borderline of India. Most parts are under the jurisdiction of Hetian administrative areas of Xinjiang. In history, about 30,000 square kilometers of land were put illegally into India by the "Johnson line", which has never been admitted by successive governments in China.

阿克苏办事大臣 清代官名。乾隆二十四年（1759）置。掌管阿克苏回城事务。三十一年并隶乌什，四十三年复设。光绪九年（1883），新疆建省后裁撤。

ཨ་ཁེ་སུའི་དོན་གཅོད་བློན་ཆེན། ཆིང་གི་དཔོན་མིང་ཞིག དཱ་ཆན་ལུང་གི་ལོ་ཉེར་བཞི་པར་བཙུགས། （1759）ཨ་ཁེ་སུའི་ཧུའེའི་མཁར་གྱི་དོན་གཅོད་དབང་འཛིན། ཁྲི་སོ་གཅིག་པར་འུའུ་ཧྲུ་དུ་དང་། ཁྲི་ཞེ་གསུམ་པར་བསྐྱར་གསོབཏང་། གོང་ཞིས་ཁྲི་ལོ་དགུ་པར། （1883）ཞིན་ཅང་ཞིང་ཆེན་བཙུགས་རྗེས་མེད་པར་བཏང་།

Aksu Amban is an official title in the Qing Dynasty, which was set up in the twenty-fourth year（1759）of the Emperor Qianlong, in charge of affairs in Aksu. It was affiliated to Wushi in the thirty-first year and reset in the forty-third year of the Emperor Qianlong. In the ninth year of Emperor Guangxu（1883）, it was dissolved after the establishment of Xinjiang province.

阿拉坦汗（1507—1582） 即"俺答汗"，又译作"阿勒坦汗"。阿拉坦是其名字，意思为"金子"。16世纪后期蒙古土默特部重要首领，孛儿只斤氏，成吉思汗黄金家族后裔，达延汗孙。藏传佛教格鲁派在蒙古地区的广泛传播与其推崇有关。

ཨ་ལ་ཐན་ཧན། （1507—1582） གཞན་ཨའི་ཏུ་ཧན་དང་ཨ་ལེ་ཐན་ཧན་གསོགས་སུ་བསྒྱུར་བྱེད་སྲོལ་མང་། ཨ་ལ་ཐན་ནི་མིའི་མིང་ཞིག་སྟེ། གོ་དོན་དུ་གསེར་ཡིན། དུས་རབས་14པའི་མཇུག་ཏུ་སོག་པོ་ཐུ་མེར་ཚོའི་དཔོན་པོ་གཙོ་བོ་ཞིག བོ་ཨེར་ཀྱི

ཅན་ཏེ། རིང་གིར་རྒྱལ་པོའི་གསེར་ནག་ཁྲིད་རྒྱུད་ཀྱི་རྗེས་རབས་པ་སྟེ། ཏུ་ཡན་ཧན་གྱི་ཚ་པོ་ཡིན། དེ་བོ་དགེ་ལུགས་པ་སོག་པོའི་ས་ཁུལ་དུ་ཁྱབ་སྤེལ་བྱེད་པར་འབྲེལ་བ་གཙོ་བོ་ཡོད།

Alatan Khan (1507-1582), namely "Andahan", is also translated as "Aletan Khan". Alatan is his name, means "gold". He was a vital chief of Tumd tribe, Mongolia, in the late 16th century, Borjigin, descendant of the pure lineage of Genghis Khan, and Dayan Khan's grandson. He was related to the wide spread of the Gelug Sect of Tibetan Buddhism in Mongolia.

《阿拉坦汗传》 蒙古历史文献。作者及成书年代不详。它以诗文形式叙述了成吉思汗到阿拉坦汗，再从阿拉坦汗到他孙子数百年间蒙古发生的重大历史事件，其中突出反映阿拉坦汗一生和他在蒙古地区传播佛教的经过。是研究明代蒙古社会历史和研究蒙古文学艺术的重要文献。

《ཨ་ལ་ཐན་ཧན་ཕོ་རྒྱུས》 སོག་པོའི་ལོ་རྒྱུས་ཡིག་ཚང་ཞིག རྩོམ་པ་པོ་དང་ལོ་ཚིགས་མི་གསལ། དེ་ནི་སྙན་ངག་གི་ལུགས་ཀྱིས་ཇིང་གིར་རྒྱལ་པོ་དང་ཨ་ལ་ཐན་ཧན་གྱི་ལོ་རྒྱུས་ཞིབ་བརྗོད་བྱས་པ་དང་། ཨ་ལ་ཐན་ཧན་ནས་བོའི་ཚ་བོ་རབས་ཚ་རྒྱུད་པར་སོ་བ་བརྒྱ་ཕྲག་དེ་སོག་པོའི་བྱུང་བའི་ལོ་རྒྱུས་དོན་ཆེན་གལ་ཆེ་རྣམས་བརྗོད་ཡོད། དེའི་ནང་ནས་ཆེས་མངོན་གསལ་མཚོན་པ་ནི་ཨ་ལ་ཐན་ཧན་གྱི་མི་ཚེ་གཅིག་པོ་དང་། བོད་སོག་པོའི་ས་ཁུལ་ནང་ཆོས་ཁྱབ་སྤེལ་བཏང་བའི་བརྒྱུད་རིམ་ཡིན། མིང་རྒྱལ་རབས་ཀྱི་སོག་པོའི་སྤྱི་ཚོགས་ལོ་རྒྱུས་དང་སོག་པོའི་རྩོམ་རིག་སྒྱུ་རྩལ་ལ་ཞིབ་འཇུག་བྱེད་པའི་ཡིག་ཚ་གལ་ཆེན་ཞིག་ཡིན།

Biography of Alatan Khan, not quite clear of the author and time, is the Mongolian historical document. Written in the form of poetry, it tells the important historic events from Genghis Khan to Alatan Khan, then to his grandsons in the hundreds of years in Mongolian history. It specifically emphasizes the life of Alatan Khan and his efforts in introducing Buddhism in Mongolia. It is an important document for the study of the Mongolian society and the Mongolian literature and art in the Ming Dynasty.

阿里昆莎机场 西藏自治区的民航机场。位于西藏阿里地区狮泉河镇西南，海拔高度4274米，机场跑道长度4500米，宽度为45米，飞行区等级为4D级。2010年通航。

མངའ་རིས་དགུན་ས་གནམ་གྲུ་འབབ་ཐང་། བོད་རང་སྐྱོང་ལྗོངས་ཀྱི་དམངས་སྤྱོད་གནམ་གྲུའི་འབབ་ཐང་ཞིག་ཡིན། གནས་ཡུལ་བོད་ལྗོངས་མངའ་རིས་ས་ཁུལ་གྱི་སེང་ཁ་འབབ་གྲོང་རྡལ་གྱི་ཉུབ་ལྷོར་ཡོད། མཚོ་ངོས་ལས་མཐོ་ཚད་སྤྱི་རྡེར་༤༢༧༤ ཡོད་པ་དང་། གནམ་གྲུའི་རྒྱུགས་ལམ་རིང་ཚད་ལ་སྤྱི་རྡེར་༤༥༠༠ ཞིང་ལ་སྤྱི་རྡེར་༤༥ ཡོད། གནམ་གྲུའི་འབབ་ཐང་ཨང་རིམ་4D ཡིན། ༢༠༡༠ལོར་གནམ་གྲུ་དངོས་སུ་བསྐྱོད།

Ngari Gunsa Airport, located in the southeast of Shiquanhe town, Ngari region, Tibet, is a civil aviation airport in Tibet Autonomous Region. With an altitude of 4,274 meters, it has a runway of 4,500 meters in length and 45 meters in width, and the grade of the airfield is 4D. It started operations in 2010.

阿帕克和卓麻扎 "麻扎",为阿拉伯语音译,原意为晋谒之处或陵墓。位于喀什近郊,是喀什地区伊斯兰教白山派首领阿帕克和卓及其家族的墓地,为新疆著名的伊斯兰教建筑。始建于17世纪。圆拱形主墓室为陵园主体。

ཨ་པ་ཁེ་ཧོ་ཀྲཱོུན་མ་ཀྲ། ཨ་ག་ཞི་ཨ་རབ་ཀྱི་སྐད་དེ།མཆོད་ཁམ་བང་སོའི་དོན། གནས་ཡུལ་འབུལ་རྗེའི་ཉེ་འགྲམ་ཡིན། དེ་ནི་ཁུ་ཇི་ཡ་གྲུའི་དབུ་ཁྲིད་ཆོས་ལུགས་པའི་ཐུན་གྲུབ་མཐའི་གཙོ་འཛིན་པ་ཨ་པ་ཁེ་ཧོ་གྲོལ་ཁྲིམས་ཀྱི་བང་སོའི་ཡིན། ཞིན་ཅང་གི་གྲགས་ཆེན་གྱི་བཀྲོ་ལི་ལན་གྱི་བཟོ་བཀོད་སྐྱེད་གྲགས་ཅན་ཞིག་ཀྱང་ཡིན། དུས་རབས་17པར་ཐོག་མར་བཙུགས། ལྷ་གནས་དབུས་ཀྱི་བང་སོ་འབུར་མ་ཞིག་ཡིན།

Apakhoja Mazar Mazar is a transliteration from Arabic, originally means ancestor's churchyard or cemetery. Located in the outskirt of Kashi, it is the cemetery of Apakhoja, the chief of the Islamic Aktaglik Sect in Kashi, and his family. Built since the 17th century, the Islamic Architecture there is well-known. The main tomb with a large dome is the principal part of the cemetery.

阿沛·阿旺晋美(1910—2009) 藏族。西藏拉萨人。1951年任西藏地方政府赴北京谈判的首席代表,同中央人民政府代表签订关于和平解放西藏办法的协议。历任全国人大常委会副委员长、全国政协副主席、中国西藏文化保护与发展协会会长等职。1955年被授予中将军衔。享年100岁。

ང་བོད་བཀའ་དབང་འཛིགས་མེད།(1910—2009) བོད་རིགས། བོད་ལྗོངས་ལྷ་ས་པ། 1951ལོར་བོད་ས་གནས་སྲིད་གཞུང་གིས་པེ་ཅིན་གྲོས་མོལ་བྱེད་པའི་འཐུས་ཚབ་པར་བཀོད། ཀྲུང་དབྱང་མི་དམངས་སྲིད་གཞུང་གི་འཐུས་ཚབ་ལྷན་དུ་བོད་ཞི་བས་བཅིངས་འགྲོལ་སྐོར་གྱི་གྲོས་མཐུན་ལ་མིང་རྟགས་བཀོད། རྒྱལ་ཡོངས་དམངས་ཆེན་གྱི་ཨུའུ་ཡོན་གྱི་གཞོན་པ་དང་། རྒྱལ་ཡོངས་སྲིད་གྲོས་ཀྱི་ཀྲུའུ་ཞི་གཞོན་པ། ཀྲུང་གོའི་བོད་ཀྱི་རིག་གནས་སྲུང་སྐྱོབ་དང་གོང་འཕེལ་མཐུན་ཚོགས་ཀྱི་ཚོགས་གཙོ་སོགས་ལ་ཞུགས་ཏེ། 1855ལོར་དམག་དཔོན་འབྲིང་རིམ་གྱི་གོ་བ་གནང་། ན་ཚོད 100 ལ་བཞུགས།

Ngapoi Ngawang Jigme, born in 1910, of Tibetan ethnic group, was a native of Lhasa, Tibet. As the chief negotiator of Tibet local government in 1951, he signed an accord with central government in Beijing on measures for peaceful liberation of Tibet. Ngapoi Ngawang Jigme successively held the posts of the vice chairman of the NPC, vice chairman of CPPCC, and president of China Association for the Preservation and Development of Tibetan Culture, and was conferred the military rank of lieutenant general in 1955. Ngapoi Ngawang Jigme died in 2009 at the age of 100.

阿奇木伯克 旧时南疆各城维吾尔族最高官员的称呼。为伯克中地位最高者。清乾隆二十四年(1759)后,改革伯克制度,废世袭,削弱其权力。光绪十年(1884),新疆建省后裁撤。

ཨ་ཆེ་སུབུ་བེ་ཁེ། གནན་པོའི་སྟོ་མ་ཐའི་མཁར་གོ་སོའི་ཡུ་གུར་རིགས་ཀྱི་ཆེས་མཐོའི་དཔོན་གནས་ཤིག་གི་འབོད་ཤིང་། པེ་ཞི་ནན་གི་གོ་གནས་ཆེས་མཐོ་བ་ཡིན། ཆན་ལུང་ཁྲི་ལོ་ཉེར་བཞི་པའི་(১৭৫৯) གཞུང་ཏུ་པེ་བེ་ལམ་ལུགས་སུ་བསྒྱུར་ཏེ། རྒྱུད་འཛིན་ལུགས་མེད་པར་བཅོས་ཤིང་། དབང་ཆ་ཇེ་ཆུང་དུ་བཏང་། གོང་ཞིས་ཁྲི་ལོ་བཅུ་པར་(১৮৮৪) ཞིན་ཅང་དུ་ཞིན་ཆེ་བཙུགས་རྗེས་མེད་པར་བཟོས།

Hakim beg, an old title of the Uygur nationality's supreme official in the southern Xinjiang, refers to commanders or chiefs. After the twenty-fourth year of the Qing emperor Qianlong (1759), the government reformed the Baig (Beg) system, abolished hereditary succession and weakened the Baig (Beg)'s power. After Xinjiang was set as a province in the tenth year of emperor Guangxu (1884), this system had been abolished.

阿沙 怒语音译。解放前怒族社会中氏族或家族组织的氏族长或家族长。

ཨ་ཤ། ནུའུ་སྐད་སྒྲ་བསྒྱུར། བཅིངས་འགྲོལ་སྔོན་གྱི་ནུའུ་རིགས་སྤྱི་ཚོགས་ནང་རུས་རྒྱུད་དམ་ཁྱིམ་རྒྱུད་ཀྱིས་རྩ་འཛུགས་བྱས་པའི་རུས་རྒྱུད་དཔོན་པོའམ་ཁྱིམ་རྒྱུད་དཔོན་པོ་ཡིན།

A-Sha, a transliteration from the language of Nu people, was a title for the chief of a tribe or a clan in the Nu people before the liberation of China.

阿吾勒 亦称"阿乌尔"。旧时新疆伊犁等地哈萨克族最小的生产组织和游牧聚落，相当于牧村。

ཨ་སྦུ་ལི། ཨ་སྦུའུ་ཨར་ཡང་ཟེར། གནའ་བོའི་ཞིན་ཅང་གི་ཨི་ལི་སོགས་ས་ཁུལ་གྱི་ཧ་སག་གི་ཆེས་ཆུང་བའི་ཐོན་སྐྱེད་རྩ་འཛུགས་དང་འབྲོག་ཏུ་འགྲོ་བའི་གྲོང་སྡེ་དང་འདྲ།

Awel, also called "Awal", was the smallest Kazak unit of production and nomadic tribe in places like Yili, Xinjiang. It is as big as a pastoral village.

《阿细民歌及其语言》 彝汉对照的彝族民歌及其语言结构的著作。袁家骅著。1953年中国科学院出版。通过记录云南阿细（彝族支系）民歌，分析论述了阿细语言的语音系统和语法特点，为研究少数民族语言提供了第一手口语材料。

《ཨ་ཞིའི་དམངས་གླུ་དང་དེའི་སྐད་ཆ》 དབྱིན་རྒྱ་ཤན་སྦྱར་གྱི་དབྱིན་རིགས་དམངས་གླུ་དང་དེའི་སྐད་བརྡའི་སྒྲིག་གཞིའི་བརྩམས་ཆོས། ཡོན་ཅཱ་ཧྭས་མཛད། ১৯৫৩ལོར་ཀྲུང་གོ་ཚན་རིག་སྐྱེད་ཁང་ནས་པར་སྐྲུན་བྱས། ཡུན་ནན་ཨ་ཞི་(དབྱིན་རིགས་ཀྱི་ཡལ་ལག་ཅིག)ཡི་དམངས་གླུ་ཟིན་བྲིས་སུ་ཕབ་པར་བརྒྱུད་ནས་ཨ་ཞིའི་སྐད་ཆ་དང་སྐད་གདངས་མ་ལག་བློང་གཞུང་གི་ཁྱད་ཆོས་ལ་བྱེ་ཞིབ་འགྲེལ་བ་མཛད་དེ་གྲངས་ཉུང་མི་རིགས་ཀྱི་སྐད་ཆ་ཞིབ་འཇུག་ལ་ཆེས་གལ་ཆེ་བའི་ཁ་སྐད་ཀྱི་ཆ་མཚོན་སྦྱོར་བྱས་ཡོད།

Folk Ballads and Languages of the Axi people, a book about Yi Ballads in Yi-Chinese and its language structure. Written by Yuan Jiahua, it was published in 1953 by the Chinese Academy of Sciences. By presenting Axi's (a branch of Yi nationality) ballads in Yunnan province, it analyses and illustrates the phonetic system and grammar of the Axi language. It is the first-hand spoken language materials for the study of languages of ethnic minorities.

阿细人 彝族的一个支系。彝语音译为"阿细泼",意为阿细人。分布于云南弥勒、宜良、昆明等地。

ཨ་ཞི་བ། དབྱིན་རིགས་ཀྱི་ཡན་ལག་ཅིག དབྱིན་སྐད་ཕྱིར་བསྒྱུར་ན་ཨ་ཞི་ཟེར། དོན་ཨ་ཞི་ཡི་མི་ཡིན། ཡུན་ནན་གྱི་མིའི་ལེ་དང་ཡུན་ལང་། ཁུན་མིང་སོགས་ཀྱི་ས་ཆར་ཁྱབ་ཡོད།

Axi people, a branch of Yi people, also called "Axipo" from the transliteration of Yi language which means people of Axi. They live in places like Mile, Yiliang, Kunming of Yunnan province.

艾提尕尔清真寺 始建于 1442 年。是全疆最大的一座伊斯兰教礼拜寺,也是中亚最具影响力的三大清真寺之一。占地 25 亩,坐落在喀什市中心艾提尕广场西侧。其古建筑群坐西朝东,由寺门塔楼、庭园、经堂和礼拜殿 4 部分组成。

ཨེ་ཐི་ག་འདྲི་སི་ལན་ཚོགས་ཁང་། ༡༤༤༢ ལོར་འཛུགས་འགོ་བཙུགས། ཞིན་ཅང་ས་ཁུལ་ཡོངས་ཀྱི་ཆེས་ཆེ་བའི་དྲི་སི་ལན་ཆོས་ལུགས་ཀྱི་ཆོས་ཁང་། ད་དུང་ཡང་སྐྱིད་དུ་ཤུགས་ལྡན་ཆེ་ཤོས་ཆེ་བའི་དྲི་སི་ལན་ཚོགས་ཁང་གསུམ་གྱི་ཡ་གྱལ་ཞིག་ཡིན། ས་མུའུ་ ༢༥ ཟིན། ཁ་ཪི་ཤིར་གྲོང་ཁྱེར་གྱི་ལྟེ་བའི་ཨེ་ཐི་ག་ཁ་ཁང་ཆེན་གྱི་ནུབ་ངོས་སུ་ཆགས་ཡོད། དེའི་གནའ་བོའི་འཛུགས་སྐྲུན་སྡེ་ཚན་ནི་ནུབ་ལ་ཁ་འཕྱོགས་ཞིང་། ཆོས་སྐུ་དང་བསྐོར་མཆོད་ཁང་། བཞི་ལས་གྲུབ།

Heytgah Meschit, built in 1442, is the biggest mosque in Xinjiang and one of the three most influential mosques in Central Asia. It is located in the west of Heytga square in the city center of Kashi, and covers an area of 25 mu. The east-facing ancient structures mainly consist of four parts: the mosque tower, the garden, the scripture hall and the prayer rooms.

爱新觉罗 满族姓氏。清王朝创建者努尔哈赤的族姓。满语"爱新"为金,"觉罗"为姓的意思。

ཨའེ་ཞིན་ཀྱོ་རོ། མན་རིགས་ཀྱི་རུས་མིང་། ཆིང་རྒྱལ་རབས་གསར་འཛུགས་པ་ནོར་ཧྲི་ཡི་རིགས་རུས། མན་སྐད་དུ་ཨེ་ཞིན་ཞེས་པ་གསེར་གྱི་དོན་དང་། ཀྱོ་རོ་ཞེས་པ་རུས་མིང་ཡིན།

Aysinjoro, is a surname in the Manchu nationality. It was the clan name of Nurhachi, the founding father of the Qing Dynasty. "Aysin" in the Manchu language means "gold" ("Jin") and "joro" is the family name.

安班 满语音译,原意为"大臣"。藏族用以专指驻藏办事大臣。

ཨམ་བན། མན་སྐད་སྒྲ་བསྒྱུར། དོན་ལ་བློན་ཆེན་ཟེར། བོད་རིགས་ཀྱིས་ཆེད་དུ་བོད་བཞུགས་ཨམ་བན་ལ་ཟེར།

Amban, a transliteration from the Manchu language, originally means "minister". In Tibet, it refers specifically to the high commissioners.

安多 地区名。大致指今青海巴颜喀拉山以东,包括甘肃、青海部分地区和四川阿坝藏族羌族自治州北部在内的广大地区。

ཨ་མདོ། ས་ཁུལ་གྱི་མིང་། ཕལ་ཆེར་དེང་སང་གི་མཚོ་སྔོན་ཨ་ཆེན་རི་བོའི་ཤར་ཕྱོགས་ཏེ་གན་སུའུ་དང་མཚོ་

བོན་གྱིས་ཁྱབ་ཁག་ཅིག་སྟེ་བོད་ཇ་པ་བོད་རིགས་ཆབས་རིགས་རང་སྐྱོང་ཁུལ་གྱི་བྱང་ཕྱོགས་ཀྱི་རྒྱ་ཆེ་བའི་ས་ཁུལ།

Amdo, a place name, refers roughly to the vast region present-day to the east of Bayan Har Mountains, Qinghai, including Gansu and the north of Sichuan Aba Tibetan and Qiang Autonomous Prefecture.

安多方言 藏语三大方言之一。主要分布在安多地区。语音上保留了较多的古藏语复辅音声母，没有声调。这一点和卫藏方言、康方言不同。

ཨ་མདོའི་ཡུལ་སྐད། བོད་ཀྱི་ཡུལ་སྐད་ཆེན་པོ་གསུམ་གྱི་ཡ་གྱལ་ཞིག ཨ་མདོའི་ས་ཁུལ་དུ་གཙོ་བོར་ཁྱབ་ཡོད། སྐད་གདངས་ཀྱི་ཕྱོགས་ནས་གནའ་བོའི་བོད་སྐད་ཀྱི་གསལ་བྱེད་འདུས་མ་མང་པོ་ལྷག་ཅིང་གི་འགྱུར་མེད། འདིའི་ཐོག་ནས་དབུས་གཙང་དང་ཁམས་ཀྱི་ཡུལ་སྐད་དང་མི་མཚུངས།

Amdo Dialect, one of the three dialects in Tibetan language, is distributed mainly over the Amdo area. It retains much initial consonant clusters in archaic Tibetan language, and is not a tonal language, which is different from U-Tsang dialect and Kham dialect.

安多哇 藏语音译。居住在安多地区以及西藏北境的藏族自称。"哇"意为人。

ཨ་མདོ་བ། ཨ་མདོ་ས་ཁུལ་དང་ལྷའི་བྱང་ཕྱོགས་ཀྱི་བཅའ་སྡོད་བྱེད་པའི་བོད་པའི་མིང་། བ་ནི་བདག་པོ་སྟོན་བྱེད་ཀྱི་སྒྲ།

Amdowa, a transliteration from Tibetan language, refers to the Tibetan people who live in Amdo district and the north of Tibet. "Wa" means people.

《安多政教史》 藏文书名。藏族学者扎贡巴·丹巴饶阶于清同治四年（1865）完成的有关安多地区藏传佛教发展、藏汉民族交往的地方专史。共3卷。

《མདོ་སྨད་ཆོས་འབྱུང་》 དཔེའི་མིང་། བོད་ཀྱི་མཁས་པ་བྲག་དགོན་པ་བསྟན་པ་རབ་རྒྱས་ཀྱིས་ཆིང་ཐོང་ཀྲིའི་ལོ་བཞི་པར་（1865）ཕྱིས་ཟིན་པའི་ཨ་མདོའི་ཡུལ་གྱི་ཁག་གི་བོད་རྒྱུད་ནང་བསྟན་འཕེལ་ཚུལ། དང་བོད་རྒྱ་མི་རིགས་པར་འབྲེལ་འདྲིས་སྟོན་གྱི་ལོ་རྒྱུས་བོད་ཡིག་གསུམ་ཡོད།

Religion and Politics in Amdo, is a book written by Zhagongba Danba Raojie in the fourth year of the Qing emperor Tongzhi (1865). Divided into three volumes, it records the development of Tibetan Buddhism and the local history of the communication between Han people and Tibetan people.

安健（1877—1929） 贵州少数民族民主革命的先驱及代表人物。彝族。贵州六枝特区人。1905年东渡日本留学，同年首批加入同盟会。后成为孙中山的得力助手。历任中华革命军贵州司令长官、国民革命军第九军党代表等要职。病逝后追任陆军上将。

ཨན་ཅན།《1877—1929》 གའེ་གྲོའུ་གནས་ཆུང་མི་རིགས་ཀྱི་དམངས་གཙོ་གསར་བརྗེའི་སྔོན་གྲོན་པའམ་འཐུས་ཚབ་མི་སྣ་དངོས་རིགས། གའེ་གྲོའུ་འདུའི་དགས་བསལ་ཁུལ་གྱི་མི་ཡིན། 1905ལོར་ཤར་ཕྱོགས་ཉི་ཧོང་དུ་སློབ་སྦྱོང་བྱེད་པར་སོང་། ལོ་དེར་གན་འཛིན་མཐུན་ཚོགས་པའི་ཞུགས་ཤིག་ཡིན་པར་གྱུར། དེའི་ཕྱིས་སུན་ཀྱུང་ཞན་ལག་རོགས་གལ་ཆེན་ཞིག་ཏུ་གྱུར།

གུང་དུ་གསར་བརྗེ་དམག་གི་ཀཱན་ཀྲོའུ་དམག་གི་སི་ལིང་དང་རྒྱལ་དམངས་གསར་བརྗེ་དམག་དགུ་པའི་ཏང་གི་འཐུས་མིའི་འཕྲུལ་ཚོགས་ལས་འགན་གལ་ཆེ་རིམ་ཁུར་བས། སྐྱ་མ་འདས་པར་སྐྱེས་དམག་ཅུང་ཅང་གི་འགན་བཞེས།

Anjian (1877-1929), the pioneer and representative of the democratic revolution of the ethnic groups in Guizhou, of Yi nationality, is a native of Liuzhi, Guizhou. He went to study in Japan in 1905, and at the same year he joined the Chinese Revolutionary League. Later he became one of Sun Yat-sen's right-hand man, and had served as Guizhou Commander of the China Revolution Army, party representative of the Ninth Army of the National Revolutionary Army, etc. He was posthumously conferred as the Army General after died of an illness.

安居工程 在我国，现指由政府负责组织建设，向城乡中低收入住房困难户提供的具有社会保障性质的住宅建设示范工程。包括廉租住房建设，棚户区改造，游牧民定居工程，农牧民住房新建或改造，农村危房改造。

བདེ་སྡོད་ལས་གཞི། དེ་རང་རྒྱལ་དུ་སྲིད་གཞུང་གིས་འགན་ཁུར་ནས་རྩ་འཛུགས་བྱས་ཏེ། གྲོང་ཁྱེར་དང་གྲོང་གསེབ་ཀྱི་དཔལ་འབྱོར་ཡོང་སྒོ་ཆུང་ཙམ་སྡོད་ཁང་གི་དཀའ་ངལ་ལ་རོགས་བྱེད་པའི་སྤྱི་ཚོགས་ཀྱི་འགན་སྲུང་རང་བཞིན་གྱི་སྡོད་གནས་ལས་གཞི་དཔེ་མཚོན་ཏེ། བོགས་ཡོལ་དམའ་བའི་སྡོད་གནས་བཟོ་སྐྲུན་དང་། ཁྱིམ་ཁང་བསྐྱར་སྐྲུན། འབྲོག་པའི་གཏན་སྡོད་ལས་གཞི། ཞིང་འབྲོག་མི་དམངས་ཀྱི་སྡོད་ཁང་གསར་སྐྲུན་བསྐྱར་སྐྲུན། གྲོང་གསེབ་ཀྱི་ཉེན་ཁ་ཅན་གྱི་ཁང་པ་ཡང་སྐྱར་བཅོས་ཡིན།

The Comfortable Housing Project, is a demonstrating housing project organized and led by the government in China. In the nature of social security, it is built for and provided to the low and middle-income residents in both cities and the countryside. This project involves: construction of low rent housing, transformation of Shantytowns, nomads' settlement, construction and modification of nomads' housing and reconstruction of dilapidated buildings.

安拉 伊斯兰教所信仰的创造宇宙万物的独一主宰的名称。阿拉伯语音译。通用波斯语、乌尔都语和突厥语的穆斯林称之为"胡达"（意为"自有者"）。中国通用汉语的穆斯林在沿用安拉、胡达称呼的同时，还将其译称为"真主"（唯一真实的主宰）等。

ཨན་ལཱ། དཔྱི་སི་ལན་ཆོས་ལུགས་ཀྱིས་དད་པའི་འཇིག་རྟེན་ཁམས་ཅད་གསར་སྐྲུན་བྱེད་པའི་རྟ་གཅིག་གི་ཡིན། ཨ་རབ་སྐད་སྒྲ་བསྒྱུར། ཏ་ཞིག་ཕུའི་ཧུད་སྐད་དང་གུ་གུའི་སྐད་སོགས་སྟོང་པའི་མུའི་སི་ལིང་གིས་"ཧུའུ་དྲ"（དོན་རང་དབང་ཅན）ཟེར་གྱང་གོ་ད་རྒྱ་སྐད་བཀོལ་པའི་མུའི་སི་ལིང་གིས་ཨན་ལ་ཧུའུ་དྲ་ཟེར་ཚུལ་ད་དུང་དེ་བསྒྱུར་ནས་"མཚོག་བདག"（བདེན་པའི་མཚོག་གཅིག་པུ）ཟེར།

Allah, a transliteration from Arabic, is the only true God Almighty in Islam who created the universe. Those Muslim who are skilled in Persian, Urdu and Turki call him "Allāh" (means "almighty"). While in China those Muslim who are skilled in Chinese would both call him Allah or Allāh, but also translate it into "god" (the only true almighty).

安西都护府 唐朝设于西域的军政机构。公元640年，唐朝为加强对西域地区的控制，于交河城（见"交河故城"词条）设立，后移至龟兹（今新疆库车）。最大管辖范围曾一度包括天山南北，并至葱岭以西至达波斯。还统辖安西四镇的重兵。

ཨན་ཞི་བདེ་སྲུང་ལས་ཁུངས། ཐང་རྒྱལ་རབས་ཀྱིས་ནུབ་ཡུལ་དུ་བཙུགས་པའི་དམག་སྲིད་ལས་ཁུངས། སྤྱི་ལོ་༦༤༠ལ་ཐང་རྒྱལ་རབས་ཀྱིས་ནུབ་ཡུལ་ས་ཁུལ་ལ་ཚོད་འཛིན་ཇེ་ཆེར་གཏོང་ཆེད་ རྫོང་ཆུ་མཁར་ (རྫོང་རྒྱགཎ་མཁར་ཞིག་སྙེད་ལ་གཟིགས) དུ་བཙུགས་ཤིང་ དེའི་ཕྱིས་རྒྱུའི་ཚོ་ (དེང་ཞིན་ཅང་ཁོག་ཆེ) ལ་སྤོས། སྔོན་མའི་ཁོངས་ཆེ་བའི་སྐབས་སུ་ཕན་ཆུ་སྤོའི་བྱང་ལྷོ་ཚོན་ལིའི་ནུབ་ཕྱོགས་ནས་དུ་ཟིག་ཏུ་སླེབས། ད་དུང་ཨན་ཞི་གྲོང་རྡལ་བཞིའི་གཙོ་དམག་དགར་དུ་བསྟན།

Anxi Frontier Command, is a military and administrative organ established by the Tang Dynasty in the Western Regions. In order to enhance control over the west regions, in AD 640 the Tang government established it in Jiaohe (see the entry "Jiaohe"), and then moved it to Qiuci (present-day Kuche, Xinjiang). Its largest jurisdiction used to cover the regions from the north and south of the Tianshan Mountain to the west of the Congling Mountain Range and Persia. Besides, it also commanded the military force in Four Garrison Commands of Anxi.

安西四镇 指唐朝前期在西北地区设置，由安西都护府统辖的4个军镇。即龟兹、于阗、疏勒、焉耆（相当一段时期为碎叶）四镇。

ཨན་ཞི་གྲོང་རྡལ་བཞི། ཐང་རྒྱལ་རབས་ཀྱི་དུས་རིམ་སྔར་ནུབ་བྱང་ས་ཁུལ་དུ་བཙུགས་ཤིང་ཨན་ཞི་བདེ་སྲུང་ལས་ཁུངས་ཀྱིས་དབང་བསྒྱུར་བའི་གྲོང་རྡལ་བཞི་སྟེ། རྒྱུའི་ཚོ་དང་། ཡུའུ་ཐན། ཧྲུ་ལི། ཡོན་ཆེ་(བར་སྐབས་ཤིག་ཏུ་སུའི་ཡེ་ཟེར) བཅས་སོ།

Four Garrison Commands of Anxi, were the four garrison commands established by the early Tang government in the northwest region. The four garrison commands, namely Qiuci, Yutian, Shule and Suiye (or Suyab, formerly Yanqi), were commanded by the Anxi Frontier Command.

安远庙 "外八庙"之一，位于河北承德。清朝时，准噶尔蒙古的达什达瓦部众迁居承德，乾隆帝为表示"怀柔远人"之意，命仿新疆伊犁固尔扎庙式样修建此庙，名"安远"，俗称"伊犁庙"。清乾隆二十九年（1764）建成。原建筑占地达2.6万平方米。现仅存普渡殿、山门和乾隆诗碑。

ཨན་ཡོན་དགོན་པ། ཕྱིའི་དགོན་པ་བརྒྱད་ཀྱི་གྲས་ཏེ་ཧི་བེའི་ཏེ་ཏུ་གནས། ཆིང་རྒྱལ་རབས་སྐབས། ཇུན་གར་བའི་སོག་པོ་ཏ་ཞི་ཏ་ཝ་ཚོ་ཁག་ཏེ་ཏུ་གནས་སྤོར་དང་གོར་མ་ཆག་ལུང་གིས་མགྱོན་པོ་དགའ་བསུ་བྱེད་པའི་མཚོན་དོན་གྱིས། ཞིན་ཅང་དབྱི་གོར་བཀག་དགོན་པའི་བཟོ་དབྱི་དང་བསྟུན་ནས་དགོན་པ་འདི་བཏབ། མིང་།

ཨན་ཡོན། དགའ་རྒྱུན་དུ་དབྱི་ལི་དགོན་པ་ཟེར། ཆིང་ཆན་ཡུང་ཁྲི་ལོར (1764) པར་སྐྲུན་བྱེད། མ་གཞིའི་འཇོགས་སྣུམ་ཀྱིས་ས་ཞིང་སྒྱུ་བཞི་མ་ཁྲི་ར། ༼ཞེད་དེ་བར་ཀུན་བསྒྲལ་ལྷ་ཁང་དང་དགོན་པའི་རྒྱལ་སྒོ་ཆན་ཡུང་སྐྱེན་དགག་རྟོ་རིང་བཅས་ལྷག་ཡོད།

Anyuan Temple, one of the "Eight Outer Temples", is located in Chengde, Hebei. During the Qing Dynasty, the Dashidava tribe of the Junggar Mongolia immigrated to Chengde. The Qing emperor Qianlong, aimed to conciliate the far-off, gave an order to imitate the Kuldja Temple in Yili, Xinjiang, and build "Anyuan" Temple (commonly called "Yili Temple"). It was built in the 29th year of the Qing Emperor Qianlong (1764). It covers an area of 26,000 square meters, but now only the Pudu Hall, the Temple Gate and the Qianlong Poem Tablet are preserved.

岸本 藏语音译，意为"度支官"。吐蕃官名。以管理财务为主。

མངན་དཔོན། ཆེས་དཔོན་ཞིག བོད་བཙན་པོའི་དཔོན་གནས་ཤིག གཙོ་བོ་རྒྱུ་རྫས་དོ་དམ་བྱེད་མཁན་ཡིན།

AnBen, a transliteration from the Tibetan language, means "fiscal officer". It was a Tubo official title, whose task was to manage fiscal affairs and revenues.

奥伦 鄂伦春语，意为高处或顶部。是在森林密集的山中，利用自然生长的树木悬空而建的四柱高脚仓库。等高砍下4棵树，在树杈上横好4根木杆，呈正方形，顶部是八字形，覆以桦树皮。储藏暂时不用的衣物、肉干、粮食和野菜野果等。

ཨོ་ལུན། ཨོ་ལུན་ཁྱུན་གྱི་སྐད། གོ་དོན་མཐོ་སའམ་ཐོག་རྩེ། ནགས་ཚལ་སྟུག་པོའི་རི་ནང་དུ་རང་བྱུང་གིས་སྐྱེ་བའི་ཤིང་སྡོང་བར་སྣང་དུ་དཔྱངས་ནས་སྐྱོན་པའི་ཀ་བ་བཞི་ཅན་གྱི་མཛོད་ཁང་ཞིག མཛོ་ཆད་མཚུངས་པའི་ཤིང་སྡོང་བཞི་བཅད་རྗེས། ཕྱོགས་ཐོག་ཏུ་དཀྱུག་པ་བཞི་འཕྲེད་ཕྱིས་ནས་གྲུ་བཞི་ཁ་གང་གྲུབ། རྩེ་རྒྱ "八" དབྱིབས་ཡིན། ཐོག་ལ་སྟག་པ་ཤུན་བཀབ་ཡོད། གནས་སྐབས་སུ་བེད་སྤྱོད་མི་དགོས་པའི་གོས་རིགས་དང་གསོལ། འབུ་རིགས་དང་འབྲུ་སྐྱེས་རྩོ་ཚལ་དང་ཤིང་ཏོག་སོགས་ཉར་གསོག་བྱེད་ཆགས།

Aolun, a name from the Oroqen language, means high place or the top. In the mountainous area with thick woods, people make use of the natural trees to build storehouse in the air with four pillars. They cut down some parts of four trees to keep them at the same hight, and nail four wooden poles on the branches of the four trees in square at the bottom and a splayed shape on the top. Then they cover the store house with the birch bark. people use it to store clothes, dried meat, grain, wild vegetables and fruits, etc.

B

八白室 元太祖成吉思汗的灵堂。1227 年成吉思汗死后，造长陵，并修建白室 8 间，作为寝庙。后遂以"八白室"为其陵寝专称。

དགར་བརྒྱད་ཁང་། ཡོན་རྒྱལ་རབས་ཀྱི་མེས་པོ་རིང་གིར་རྒྱལ་པོའི་གདུང་ཁང་། ༡༢༢༧ལོར་ཅིང་གིར་རྒྱལ་པོ་སྐུ་འདས་རྗེས་ཤིང་ལིང་བོ་དང་སྒ་ཁང་དགར་བརྒྱད་བཞེངས། རྗེས་སུ་དགར་བརྒྱད་ཁང་ཞེས་ཆེད་དུ་ཕོད་གི་བང་སོའི་འབོད་སྟངས་ཤིག་ཏུ་གྱུར།

Eight White Rooms are the mourning halls for Emperor Taizu of Yuan, Genghis Khan. Changling Mausoleum was built after Genghis khan's death in 1227, as well as eight white rooms were designed as temples for his tomb. Afterwards, the eight white rooms became a fixed term for mausoleum.

八邦寺 藏传佛教噶举派在康区的主寺，与西藏楚布寺并称为噶举派两大圣地。位于四川德格县。迄今已有 800 多年历史。八邦寺意为"吉祥聚汇寺"。其建筑沿山而上，层层叠叠，取势巧妙，十里可见。

དཔལ་སྤུངས་དགོན་པ། ཁམས་ཁུལ་དུ་ཡོད་པའི་བོད་རྒྱལ་ནང་བསྟན་བཀའ་བརྒྱུད་མཐའི་མ་དགོན་པ་གཉིས་བཀའ་བརྒྱུད་པའི་གནས་ཆེན་གཉིས་སུ་གྲགས། ཡི་ཁྱིམ་གི་ལོ་རྒྱུས་ལོ་ངོ་བརྒྱད་བརྒྱ་ལྷག་གི་ལོ་རྒྱུས་ཡོད་པ་ཟེར། བཞེངས་སྟངས་རིའི་བང་རིམ་བཞིན་ཇེ་མཐོར་བཏུད་ཡོད་པས། བརྗིད་ཆགས་ཞིང་ལེ་བར་བཅུ་ཕྲག་ནས་བལྟས་ཀྱང་མཐོང་ཐུབ།

Palpung Monastery, as the main temple of the Kagyu Sect of Tibetan Buddhism in Kham, the Eastern Tibet, is known as two holy lands along with Tsurphu Monastery in Tibet by the Kagyu. It is located in Dege, Sichuan, covering eight hundred years of history so far. Palpung Monastery stands for "Auspicious Gathering Temple". The buildings are built along the mountain, tier upon tier, a marvelous creation, which are visible ten miles away.

八番 元代对居住于今贵州省贵阳、惠水一带少数民族的总称。包括小龙番、大龙番、卧龙番、程番、洪番、方番、石番和卢番。

ཕན་བརྒྱད། ཡོན་རྒྱལ་རབས་སྐབས་དེང་སང་གི་ཀུའི་ཞིན་ཆེ་ཀཽེ་དབྱང་དང་དབའི་ཧུའི་ཧྲུའི་ཀྱི་ཁྱུང་ཆུང་མི་རིགས་རྣམས་ཀྱི་སྤྱི་མིང་། ཞོའུ་ལུང་ཕན་དང་ཏ་ལུང་ཕན། ཝོ་ལུང་ཕན། ཁྲིན་ཕན། ཧུང་ཕན། ཕང་ཕན། ཧྲི་ཕན། ལུའུ་ཕན་བཅས་ལའོ།

Bafan was a generic term for the ethnic minorities who lived in Guiyang and around Huishui areas in Guizhou province in the Yuan Dynasty, including Xiaolong Fan, Dalong Fan, Wolong Fan, Cheng Fan, Hong Fan, Fang Fan, Shi Fan and Lu Fan.

八廓街 又名"八角街"。位于拉萨旧城区，是著名的转经道和商业中心，较完整地保存了古城的传统面貌和居住方式。原街道只是单一围绕大昭寺的转经道，藏族人称为"圣路"。现逐渐扩展为围绕大昭寺周围的大片旧式老街区，周长1000余米。

བར་སྐོར་ལམ། ལྷ་སའི་གྲོང་ཁྱེར་རྙིང་པར་ཡོད། སྐད་གྲགས་ཆེ་བའི་སྐོར་ལམ་དང་ཚོང་གནས་ཤིག་ཡིན། གནའ་བོའི་གྲོང་ཁྱེར་གྱི་ཆགས་སྟངས་དང་སྡོད་གནས་བྱེད་སྟངས་ཆ་ཚང་རྒྱུན་སྲུང་བྱས་ཡོད། ཁྲོམ་ལམ་སྔོན་མ་གཙུག་ལག་ཁང་རྐྱང་རྐྱང་བསྐོར་བའི་བསྐོར་ལམ་ཞིག་བོད་ཡིག་འདི་ལ་ཆོས་ལམ་ཟེར། དེང་སང་རྒྱ་ཆེར་བསྐྱེད་ཀྱི་གཙུག་ལག་ཁང་འཁྲིས་ཀྱི་ཁྲོམ་ལམ་རྙིང་པའི་ཚོགས་ཁག་ཀྱི་ཡོད་དོ། ཚག་ལ་བསྐོར་བ་བྱེད་བཞིན་ཡོད། མཐའ་སྐོར་རིང་ཚད་ལ་སྨི་༡༠༠༠ཙམ་ཡོད།

Barkhor Street, also called "Bajiao street", is located in the old town of Lhasa. It is a popular devotional circumambulation for pilgrims and locals and also a commercial center, with more complete preservation of the traditional outlook of the ancient city and the way of living. The former road was a circumambulation road built around the Jokhang temple, which was called "Holy Road" by Tibetans. Now it is gradually expanded to enclose big old blocks around the Jokhang temple, and it is 1,000 meters in girth.

八排瑶 清代对广东连南、连山两县部分瑶族的他称。因所住村寨称为"排村"，主要住在8个大排，故名。

པའི་ཡའོ་བརྒྱད། ཆིང་རྒྱལ་རབས་སྐབས་གོང་ཏུང་ལན་ནན་དང་ལན་ཧྲན་རྫོང་གཉིས་ཀྱི་ཡའོ་རིགས་འགའ་ཞིག་གཞན་ལ་ཟེར། ཕོ་ཚོ་སྡོད་ཕོའི་སྡོང་གྲོང་ཞེར་ཞིང་། པའི་གྲོང་བརྒྱད་དུ་གཞི་བཅའ་བས་པའི་ཡའོ་བརྒྱད་ཟེར།

Bapaiyao is another name for part of Yao people of Liannan county and Lianshan county in Guangdong in the Qing Dynasty. It got the name because the dwelling houses were building in rows, and villagers mainly lived in eight big rows.

《八七扶贫攻坚计划》 文件名。国家扶贫规划。1994年开始实施，计划用七年左右时间，基本解决我国农村8000万贫困人口的温饱问题。在确定的592个国家重点扶持贫困县中，民族自治地方有257个，占总数的43.4%。

《བརྒྱད་བདུན་དབུལ་སྐྱོར་འགག་སྒྲོལ་འཆར་གཞི》 ཡིག་ཆའི་མིང་། རྒྱལ་ཁབ་ཀྱི་དབུལ་སྐྱོར་འཆར་འགོད། ༡༩༩༤ལོར་འགོ་ཚུགས་ནས་ལག་བསྟར་བྱས། འཆར་གཞི་ནི་ལོ་བདུན་ཡར་མར་ལ་རང་རྒྱལ་གྱི་ཞིང་གྲོང་གི་དབུལ་ཕོངས་མི་གྲངས་ཁྲི་༨༠༠༠གི་ལྟོ་གོས་ཀྱི་གནད་དོན་ཐག་གཅོད་བྱེད་པ། རྒྱལ་ཁབ་ཀྱིས་གཏན་འཁེལ་དུ་གཏན་ཁེལ་བྱས་པའི་དབུལ་སྐྱོར་དགོས་པའི་རྫོང་ཡིན། མི་རིགས་རང་སྐྱོང་ས་གནས་༢༥༧འདུག སྤྱིའི་ཡོངས་ཀྱི་བརྒྱ་ཆ་༤༣.༤ཆིན།

The Seven-Year Priority Poverty Alleviation Program is a plan of national poverty alleviation, which was introduced in 1994. The program plans to spend around seven years, basically solving the feeding and clothing problem of 80 million needy people in rural areas. Of the named 592 poverty-stricken counties at the top of the state aid-the-poor agenda, 257 regions are situated in ethnic autonomous areas, accounting for 43.5% of the total number.

《八旗通志》 清朝官方编纂的汉语满族史书，也是清代官修的八旗制度的重要志书。分为《八旗通志初集》《钦定八旗通志》两部，共606卷，40万字。八旗制度是清代满族特有的社会组织形式，对清王朝的建立和巩固起了极为重要的作用。

《དར་ཚོ་བརྒྱད་ཀྱི་དེབ་ཐེར》 ཆེང་རྒྱལ་རབས་གཞུང་གིས་ཚོགས་སྒྲིག་བྱས་པའི་རྒྱ་ཡིག་གི་མན་ཇུའི་རྒྱལ་རབས་ཀྱི་དེབ་ཞིག་ཡིན། ཆེང་རྒྱལ་རབས་སྐབས་ཀྱི་དཔོན་རྒྱུད་ལས་ལུགས་ཏེ་དར་ཚོ་བརྒྱད་ལས་ལུགས་ཀྱི་དེབ་ཐེར་རྩ་ཆེན་ཞིག་ཀྱང་ཡིན། 《དར་ཚོ་བརྒྱད་ཀྱི་དེབ་ཐེར་ཐོག་མ》 དང་ 《ཆན་བཀའི་དར་ཚོ་བརྒྱད་ཀྱི་དེབ་ཐེར》 ཞེས་ཁག་གཉིས་སུ་མི་ཡོད་ལ། སྟོམ་པ་བོ་༦༠༦དང་ཡིག་འབྲུ་འབུམ་༤ཡོད། དར་ཚོ་བརྒྱད་ལས་ལུགས་ནི་ཆེང་རྒྱལ་རབས་ཀྱི་མན་ཇུར་དམིགས་སུ་ཡོད་པའི་སྤྱི་ཚོགས་ཀྱི་རྩ་འཛུགས་རྣམ་པ་ཞིག་ཡིན་ཞིང་། ཆེང་རྒྱལ་རབས་གསར་འཛུགས་དང་བརྟན་བརླིང་བྱུས་པ་གལ་ཆེན་པོན་ཡོད།

History and Statutes of the Eight Banners is an official compilation of historical records of Manchu in Chinese in the Qing Dynasty, which is also known as the important annals of eight banner system revised officially by the Qing Dynasty. It is divided into two parts, Primary Anthology of the Eight Banners and Comprehensive history of the Eight Banners, imperially ordained, 606 volumes in total, 400,000 words. The eight banners system is a peculiar organizational form of Manchu in the Qing Dynasty, which plays a key role for the establishment and consolidation of the Qing Dynasty.

八旗制度 清代满族的社会组织形式。努尔哈赤于明万历二十九年（1601），建立黄、白、红、蓝四旗。四十三年，在原有牛录制的基础上，创建了八旗制度，即在原有的四旗之外，增编镶黄、镶白、镶红、镶蓝四旗，把后金管辖下的所有人都编在旗内。

དར་ཚོ་བརྒྱད་ཀྱི་ལམ་ལུགས། ཆེང་རྒྱལ་རབས་སྐབས་ཀྱི་སྤྱི་ཚོགས་ཀྱི་རྩ་འཛུགས་རྣམ་པ་ཡིན། ནུར་ཏུ་ཆེའུ་ཡིས/༡༦༠༡/ལོར་དཀར་སེར་དམར་སྔོན་སྟེ་དར་ཚོ་བཞི་བཙུགས་ཤིང་། /༡༦༡༣/ལོར་སྔར་ཡོད་ཀྱི་མ་ཏན་ཚོལ་ལམ་ལུགས་ཀྱི་ཁུང་གཞིའི་ཐོག་དར་ཚོ་བརྒྱད་ཀྱི་ལམ་ལུགས་བཙུགས་ཏེ། སྔར་གྱི་དར་ཚོ་བཞིའི་སྟེང་ལ་སེར་པོ་དང་དཀར་པོ། དམར་པོ། སྔོན་པོ་ཞེས་དར་ཚོ་བཞི་གསར་དུ་བསྣན་ཅིང་། ཆེང་རྒྱལ་རབས་ཁུང་སྤྱོད་ལྡོགས་ཀྱི་སྲིད་དབང་མངའ་འོག་གི་མི་ཚང་མ་དར་ཚོ་ལམ་ལུགས་སུ་བྱས།

Eight Banners System is a form of social organization of Manchu in the Qing Dynasty. Nurhachi set up four colors of banners, yellow, white, red and blue in the 29th year of the Ming Emperor Wanli (1601). In the 43rd year of the Ming Emperor Wanli, on the basis of the Niulu system, in addition to the original four plain banners, Nurhachi added another four banners, Bordered Yellow Banner, Bordered White Banner, Bordered Red Banner and Bordered Blue Banner, incorporating the Jurchen tribes into the Qing military establishment.

八省区蒙古文教材协作小组 全称"内蒙古、新疆、青海、甘肃、宁夏、辽宁、吉林、黑龙江八省区蒙古文教材协作小组"。1973年八省区共同决定成立。任务是制定有关学科的教学大纲；协作编译修订一套十年制中小学蒙古文教材；解决教材的出版、印刷、发行等问题。1976年在吉林长春正式宣布成立。

ཞིང་སྲོངས་བརྒྱད་ཀྱི་སོག་ཡིག་གི་སློབ་གཞི་མཉམ་སྦྱར་ཚོ་ཆུང་། ཞིས་ཆ་ཚང་ལ་ནང་སོག་དང་ཞིན་ཅང་། མཚོ་སྔོན། ཀན་སུའུ། ཞིང་ཞིའུ། ལའོ་ཉིང་། ཅི་ལིན། ཧེ་ལུང་ཅང་སོགས་ཞིང་སྲོངས་བརྒྱད་ཀྱི་སོག་ཡིག་གི་སློབ་དེབ་མཉམ་སྦྱར་ཚོ་ཆུང་། ༡༩༧༣ལོར་ཞིང་སྲོངས་བརྒྱད་ཀྱིས་ཐུན་མོང་དུ་ཐག་བཅད་པ་གཏན་ཁེལ་བ་དང་། འགན་འཁྲི་དེ་སློབ་ཚན་གྱི་སློབ་ཁྲིད་གཏན་འབེབས་དང་། ལོ་བཅུའི་ལུགས་ཀྱི་སློབ་གྲྭ་འབྲིང་ཆུང་གི་སོག་ཡིག་སློབ་དེབ་ཚ་ཚང་ཞིག་མཉམ་སྦྱར་གྱིས་བསྒྱུར་སྒྲིག་བྱེད་པ། སློབ་དེབ་པར་སྐྲུན་དང་དཔར་འདེབས། འགྲེམས་སྤེལ་སོགས་ཀྱི་གནད་དོན་ཐག་གཅོད་པ་སོགས་ཡིན། ༡༩༧༦ལོའི་ཅི་ལིན་ཁུལ་ཁྲོན་དུ་དངོས་སུ་ཚོགས་པ་ཁྱབ་བསྒྲགས་བྱས།

Eight Provinces/Regions Mongolian Textbook Coordination Group, the full name of which is *Inner Mongolia, Xinjiang, Qinghai, Gansu, Ningxia, Liaoning, Jilin, Heilongjiang-Eight Provinces/Regions Mongolian Textbook Coordination Group*. It was set up through the determination jointly made by the eight provinces/regions in 1973. Its task is to formulate teaching syllabus of relevant disciplines, collaboratively compile and devise a set of ten-year primary and secondary school Mongolian textbooks, and solve problems such as publishing, printing, distributing. It officially announced its founding in Changchun Jilin province in 1976.

八省区蒙古语文工作协作小组 是有关蒙古语文工作的政府间协作机构。于1975年在内蒙古呼和浩特成立。成员单位：内蒙古、黑龙江、吉林、辽宁、河北、甘肃、青海和新疆。旨在为该八省区的蒙古语文事业在民族教育、文化艺术、新闻出版等领域的发展搭建一个平台。

ཞིང་སྲོངས་བརྒྱད་ཀྱི་སོག་ཡིག་མཉམ་ལས་ཚོ་ཆུང་། དེའི་སོག་ཡིག་གི་ལས་ཀ་དང་འབྲེལ་བའི་སྲིད་གཞུང་བར་གྱི་མཉམ་སྦྱོར་ལས་ཁུངས་ཤིག་ཡིན། ༡༩༧༥ལོར་ནང་སོག་གི་མཁར་སྔོན་པོར་ཚུགས། དེའི་གྲས་སུ་ནང་སོག་དང་ཧེ་ལུང་ཅང་། ཅི་ལིན། ལའོ་ཉིང་། ཧོ་པེ། གན་སུའུ། མཚོ་སྔོན། ཞིན་ཅང་བཅས་འདུས་ཡོད། དེའི་དམིགས་ཡུལ་ནི་ཞིང་ཆེན་བརྒྱད་པོ་འདིའི་སོག་ཡིག་ལས་དོན་ཏེ། མི་རིགས་ཀྱི་སློབ་གསོ་དང་རིག་གནས་སྒྱུ་རྩལ། གསར་འགྱུར་པར་སྐྲུན་སོགས་ཀྱི་ཁྱབ་ཁོངས་ཀྱི་འཕེལ་རྒྱས་ལ་རམ་འདེགས་ཞུ་ཕྱིར་ཡིན།

Eight Provinces/Regions Mongolian Language Work Coordination Group is a collaborative organization related to Mongolian language among government agencies. It was founded in Hohhot, Inner Mongolia in 1975. Provinces/Regions included Inner Mongolia, Heilongjiang, Jilin, Liaoning, Hebei, Gansu, Qinghai and Xinjiang. The aim of this group is to build a platform for the development of using Mongolian language in the ethnic education, the culture and art, the press and publication, and other fields in the eight provinces.

八思巴（1235—1280） 藏传佛教萨迦派第五代祖师。西藏萨迦人。八思巴是尊称，意为"圣者"。蒙哥汗三年（1253），忽必烈从其受佛戒。中统元年（1260），世祖尊其为国师。至元元年（1264），使领总制院事，统辖藏族聚居地区事务。六年，制成蒙古新字，加号"大宝法王"。有著作30余种。

འགྲོ་མགོན་ཆོས་རྒྱལ་འཕགས་པ། (𑄴𑄦𑄳𑄦𑄭—𑄴𑄦𑄳𑄦𑄨) བོད་བརྒྱུད་ནང་བསྟན་གྱི་ས་སྐྱ་པའི་གདུང་རབས་ལྔ་པ་ཡིན། འབྲུངས་ཡུལ་ས་སྐྱ་འཕགས་པ་ནི་མཚན་མའི་མིང་སྟེ། ཁྱད་དུ་འཕགས་པའི་དོན་ཡིན། མོང་གུར་ཧན་ལོ་གསུམ་པ་སྟེ། (𑄴𑄦𑄳𑄦𑄫𑄫) ལོར། གོང་མ་སེ་ཆེན་གྱིས་ཁོང་གི་དྲུང་ནས་སྡོམ་པ་ཞུས། (𑄴𑄦𑄳𑄦𑄭𑄦) ལོར། གོང་མས་ཁོང་ཉིད་དབུ་བླར་བཀུར། (𑄴𑄦𑄳𑄦𑄩𑄦) ལོར། གོང་མའི་བཀའ་བགོད་བཞིན་ཆོས་སྲིད་ཀྱི་ལས་སྣེ་མཐོང་དེ་བོད་བསྐོར་བཅུ་གསུམ་གྱི་བདག་དབང་བཟུང་། (𑄴𑄦𑄳𑄦𑄭𑄪) ལོར། སོག་ཡིག་གསར་མ་མཛད། ཆོས་རྒྱལ་རིན་པོ་ཆེ་ཞེས་པའི་མཚན་སྙན་གསོལ། གསུང་ཆོས་སུ་ལྷག་བཞུགས།

Pagba (Pha-kpa) (1235-1280), born in Sakya, Tibet, is the fifth founder of the Sakya sect of Tibetan Buddhism. Pagba is a courtesy title for "Saint". In the 3rd year of Mongke Khan (1253), Kublai Khan was initiated into monkhood by Pagba. In the first year of Zhongtong (1260), he was honored as State Master. In the first year of Zhiyuan (1264), he was authorized to be in charge of the Supreme Control Commission, governing affairs of Tibetan areas. In the sixth year, Pagba created new Mongolian script. And Pagba was honored as "Karmapa", with works more than thirty types.

八思巴文 元朝忽必烈时期由"国师"八思巴创制的蒙古新字，世称"八思巴蒙古新字"。八思巴文的创制推广在一定程度上推进了蒙古社会的文明进程。

འཕགས་ཡིག ཡོན་རྒྱལ་རབས་གོང་མ་སེ་ཆེན་གྱི་སྐབས། དཔལ་ལྔ་འགྲོ་མགོན་ཆོས་རྒྱལ་འཕགས་པས་མཛད་པའི་སོག་ཡིག་གསར་མ་ཡིན་ཞིང་། འགྲོ་མགོན་པའི་སོག་ཡིག་གསར་མ་ཞེས་གྲགས། ཡིག་རིགས་དེ་གསར་གཏོད་དང་རྒྱ་ཆེན་སྤེལ་བ་དེས་ཆོས་ཅན་ཞིག་ནས་སོག་པོའི་སྤྱི་ཚོགས་ཀྱི་དཔལ་ཡོན་གོང་འཕེལ་ཚུལ་བསྟན་ཡོད།

Pagba script was a new form of Mongolian script created by Pagba, the "State Master" of Kublai Khan's reign in the Yuan Dynasty, which was called "new Mongolian Script of Pagba". The creation and popularization of the Pagba script promoted the civilization progress of Mongolian society to some extent.

八诏 唐初分布于今云南洱海周围8个地方政权的统称。

པ་ཀྲའོ། ཐང་རྒྱལ་རབས་ཀྱི་དུས་མགོར། དེང་གི་ཡུན་ནན་ཨར་ཧའི་མཚོའི་མཐའ་འཁོར་དུ་ཡོད་པའི་ས་གནས་སྲིད་དབང་བཅུད་ཀྱི་སྤྱི་མིང་ཡིན།

Bazhao is a generic term of eight local authorities distributed in regions around today's Erhai Lake, Yunnan in the early Tang Dynasty.

巴利语系佛教 南传上座部佛教的别名。

པ་ལིའི་སྐད་རྒྱུད་ཀྱི་ནང་བསྟན། ཐེག་ཆུང་གནས་བརྟན་སྡེ་བའི་ལུགས་ཀྱི་མིང་གཞན།

Pali Language Buddhism is another name for the Theravada Buddhism.

巴图鲁 满语译音，有"勇将"之意。明朝时女真人即开始使用此称号，后来成为清朝政府的一种荣誉封号。

བ་ཐུར་ལུའོ། མན་ཇུའི་སྐད་སྒྲ་རང་སོར་བཟུང་བ་སྟེ་དཔའ་རྒྱལ་གྱི་དོན་མཚོན་ཞིང་། མིང་རྒྱལ་རབས་སྐབས་སུ་ནས་གྱུར་པས་ཤིང་གི་འབོར་སྡངས་འདི་ཐོག་མར་སྤྱད། རྗེས་སུ་ཆིང་སྲིད་གཞུང་གི་ཆེ་བསྟོད་ཀྱི་ཆོ་ལོའམ་འཐོབ་ཞིག་ཏུ་གྱུར།

Baturu is a term of Manchu language for "warrior" or "brave". Jurchens started to use the title in the Ming Dynasty, and it gradually became a title of honor of the Qing government.

巴扎 波斯语音译，意为"集市"。我国新疆维吾尔等族人民从事商贸活动的场所。

བ་ཛ། པར་ཞིག་གི་སྐད་སྒྲ་རང་སོར་བཟུང་བ་ཚོང་ཁྲོམ་གྱི་དོན་ཡིན། རང་རྒྱལ་གྱི་ཡི་གུར་སོགས་མི་རིགས་ཀྱིས་ཚོང་ལས་སྤེལ་གནས་ཤིག་ཡིན།

Bazaar, a Persian term for "market", is a place for commercial activities engaged by Uygur and other ethnic people in Xinjiang, China.

《拔协》 藏文书名。著者标名为8世纪后半期吐蕃大臣巴·赛囊。为埋于地下后被人挖掘出的"藏书"。据考订实系12世纪前后作品。主要叙述墀松德赞时期佛教与本教斗争及桑耶寺拔戎噶举（教派）建立的历史。在藏文史籍中占重要地位。

《ཨ་བཞེད》 བོད་ཡིག་གི་དཔེའི་མིང་། དེའི་རྩོམ་པ་པོ་ནི་དུས་རབས་བརྒྱད་པའི་དུས་མཇུག་གི་བོད་ཀྱི་བློན་ཆེན་བ་གསལ་སྣང་ཡིན་པར་བཀོད་པ་དང་། ཞོག་ཏུ་སྦས་པ་ཕྱིས་སུ་བཏོན་པས་གཏེར་མ་ཡིན་ཞིང་འཇོག་གི་འཛིན་དུ་ལྟར་ན་དེའི་དུས་རབས་བཅུ་གཉིས་ཡས་མས་ཀྱི་བརྩམས་ཆོས་ཡིན་པར་སྟོང་བྱུང་། དེ་ནང་དུ་རྒྱལ་པོ་ཁྲི་སྲོང་ལྡེའུ་བཙན་སྐབས་ཀྱི་ནང་བོན་པར་གྱི་རྩོད་པ་དང་བསམ་ཡས་དགོན་པའི་འབའ་རོམ་བཀའ་བརྒྱུད་(གྲུབ་མཐའ་ཞིག)བཅུགས་པའི་ལོ་རྒྱུས་གཙོར་བཀོད་ཅིང་། བོད་ཀྱི་ལོ་རྒྱུས་ཡིག་ཆའི་ཁྲོད་ཀྱི་གནས་གལ་ཆེན་ཞིག་ཡིན།

Testament of Ba, a title of a Tibetan book, whose author was marked Ba Salnang, the minister of Tubo in the later period of the eighth century, was dug out after years' burying. According to the textual research, it is actually a piece of works around the 12th century. It mainly tells the history of the struggle between Buddhism, Bon-religion during the reign of King Trisong Detsen and the foundation of Barong Kagyu Sect in the Samye monastery, which features prominently in Tibetan historigraphical works.

白登之围 匈奴与西汉的一次战役。公元前201年，匈奴冒顿单于围攻西汉马邑（今山西朔县），招降守将韩王信，继攻太原。汉高祖七年（公元前200），刘邦领军30余万迎战，中计被匈奴围困于白登山（今大同市东北）达7日。后贿冒顿单于妻，始得脱围。

པའི་ཏེང་རིའི་བོའི་བསྐོར་བཅིལ། ཧུང་ནུའི་རིགས་

དང་ཧུན་ཆུབ་མའི་བར་གྱི་འཐབ་འཛིང་ཞིག གླེ་བོའི་སྟོན་གྱི་༢༠༡ལོར། ཞུང་ཉུའི་རིགས་ཀྱི་མོ་ཏུའུ་ཞིས་པར་ཏུན་ཆུབ་མའི་མ་དབྱི（དེང་གི་ཧྲན་ཞི་ཞིང་ཆེན་ཞོ་ཟོང་）ལ་བསྐོར་རུང་བྱས་ཏེ། ཡུང་དགག་ཧན་ཝང་ཞིན་ཆེར་བཀུག་ནས་སུ་མ་ཐུན་དུ་ཐའེ་ཡོན་ལ་ཚོལ། སྐྱེ་བོའི་སྟོན་གྱི་༢༠༠ལོར། ལིའོ་པང་གིས་དམག་འབུལ་གསུམ་ལྷག་ཁྲིད་དེ་འཐབ་ཀྱང་དཀྲ་བོའི་གཡོ་འོག་ཏུ་ཚུད་ནས་པའེ་ཏུན་རི་བོར（དེང་གི་ཏུ་ཐོང་གྲོང་ཁྱེར་བྱང་ཤར་ཁུལ་）ཉིན་བདུན་རླག་གི་རིང་ལ་བསྐོར་བཅིང་ཐེབས། ཕྱིས་སུ་མའོ་ཏུན་གྱི་ཆུང་མ་དངུལ་འབུལ་བྱེད་དེ་གཏོད་བསྐོར་བཅིལ་ལས་ཐར།

Battle of Baideng is a military conflict between the Huns (Xiongnu) and the Western Han army. In 201 BC, Modu Chanyu besieged Mayi (present-day Shuo county in Shanxi province) of the Western Han Dynasty, continually assaulted Taiyuan after summoning the defense commissioner King Xin of Han to surrender. In the seventh year of the Han Emperor Gaozu (200 BC), Liubang led more than 300,000 soldiers to fight, and was surrounded by the Huns in the Baideng Mountain (present-day the northeast of Datong city) for seven days. After bribing the wife of Modu Chanyu, the siege was then relieved.

白狄 古代少数民族之一。春秋前期主要分布于今陕北一带。公元前550年东迁至今石家庄一带。东迁后的白狄主要由鲜虞、肥、鼓、仇由4个氏族组成。后肥氏、鼓氏、仇由氏为晋所灭。公元前507年鲜虞建立中山国，公元前406年为魏文侯所灭。

པའེ་ཏི། གནའ་བོའི་གྲངས་ཉུང་མི་རིགས་ཀྱི་གྲུལ་ཞིག ཁྱོན་ཆེ་རྒྱལ་རབས་ཀྱི་དུས་མགོར་གཙོ་བོར་དེང་གི་ཧྲན་ཞིའི་བྱང་ཕྱོགས་སུ་ཁྱབ་ཆེ། སྐྱེ་བོའི་སྟོན་གྱི་༥༥༠ལོར། པར་དུ་དེང་གི་རྗེ་ཀྲོང་ཕྱོགས་སུ་གནས་སྤོས། པར་དུ་གནས་སྤོས་རྗེས་ཀྱི་པའེ་ཏིའི་གཙོ་བོ་ཞན་ཡོན་དང་སྒྲུ། ཆོའི་བཅས་དུས་རྒྱུད་བཞི་གྲུབ་ཅིང་། ཕྱིས་སུ་ཕྲེ་དང་གུའི་རྒྱུད། ཆོའི་རྒྱུད་གསུམ་ཅིན་གྱིས་རྩ་མེད་བཏང་། སྐྱེ་བོའི་སྟོན་གྱི་༥༠༧ལོར་ཞན་ཡུན་གིས་ཀྲུང་ཧྲན་རྒྱལ་ཁབ་བཙུགས། སྐྱེ་བོའི་སྟོན་གྱི་༤༠༦ལོར་ཝའེ་ཝུན་ཧོའུ་ཡིས་རྩ་མེད་དུ་བཏང་།

Baidi is one of ancient ethnic minorities, mainly distributed in present-day Northern Shanxi area in the early of the Spring and Autumn period, and migrated eastward to today's Shijiazhuang in 550 BC. After migration, Baidi was mainly made up with four clans, including Xianyu, Fei, Gu and Qiu. Later, Fei, Gu and Qiu clans were defeated by the Jin. In 507 BC, ethnic group of Xianyu established Zhongshan State, which was conquered by Marquess Wen of Wei in 406 BC.

白帝天王 湖南湘西土家族崇拜的神祇。传说土家族先人务相死后变为白虎，被奉为白帝天王。

པའེ་ཏི་རྒྱལ་པོ། ཧུའུ་ནན་ཞང་ཞིའི་ཐུའུ་ཅ་མི་རིགས་ཀྱིས་དད་བློས་བྱེད་པའི་ཡུལ་ལྷ་ཞིག་ཡིན། ཐུའུ་ཅ་མི་རིགས་ཀྱི་མེས་པོ་ཝུའུ་ཞང་ཤི་རྗེས་སྟག་དཀར་པོར་གྱུར་པས། དེ་ལ་པའེ་ཏི་གནམ་གྱི་རྒྱལ་པོ་ཞེས་མཚན་གསོལ།

White Emperor Heavenly Kings (Baidi tianwang) is the deity worshipped by Tujia people in the western regions of Hunan province. It is said that Wuxiang, the ancestor of Tujia, turned into a white tiger after his death. Hence he was enshrined as White Emperor Heavenly Kings.

《白国因由》 书名。记载云南大理白族古老神话传说的典籍。主要为传说中的唐南诏时佛教观音菩萨十八化，开辟大理地区之事。一卷。清康熙四十五年（1706），云南大理府太和县（今大理市）圣元寺僧寂裕刊行。

《པའི་གོ་བྱུང་ཚུལ》 དཔེ་ཆའི་མིང་། ཡུན་ནན་དུ་ཡིལའི་རིགས་ཀྱི་གནའ་བོའི་ལྷ་སྒྲུང་བཀོད་པའི་དེབ་ཅིག་ཡིན། དེའི་ནང་དོན་གཙོ་བོ་ནི་དག་རྒྱུད་ཀྱི་བྱང་དུ་འབྱུང་བའི་དུས་སུ་ནང་པའི་སྐྱེན་རས་གཟིགས་ཀྱི་རྣམ་སྤྲུལ་བཅོ་བརྒྱད་འདང་གི་ས་ཁུལ་གསར་དུ་པའི་ཚུལ་ཡིན། བམ་པོ་གཅིག ཆེང་ཁང་ཞིས་ཁྲི་ལོ་ཞེ་པ（1706）ལོར། ཡུན་ནན་དུ་ལི་སྲིད་པའི་རྫོང་（དེང་དུ་ལི་གྲོང་ཁྱེར）ཆུན་ཡོན་དགོན་པའི་བཙུན་པ་ཇི་ཡུའིས་པར་དུ་བཀྲམས།

Origins of the Bai Kingdom is an ancient book recorded with the ancient myths and legends of the Bai people of Dali, Yunnan. It mainly accounted the event that the Guanyin (a Bodhisattva) of the Buddhism appeared in Dali in the guise of a Buddhist monk during the Nanzhao times in the Tang Dynasty, and it had one volume. In the 45th year of the reign of emperor Kangxi (1706), it was printed and published by the monk Jiyu of the Shengyuan temple in Taihe county, Dali prefecture (present-day Dali city) in Yunnan province.

《白桦法典》 明朝后期喀尔喀蒙古（见"外蒙古"词条）领主颁布的诸法规之一。

《པའི་ཏུ་ཁྲིམས་ཡིག》 མིང་རྒྱལ་རབས་ཀྱི་དུས་མཇུག་གི་སོག་པོའི་གཁའ་ལ་ཁ་（ཕྱི་སོག་ཅེས་པར་གཟིགས）ཡིག་བསྐུལ་པའི་ཁྲིམས་ཡིག་ཕྲག་ཕྲོལ་གོང་གི་གྲས་ཤིག་ཡིན།

Regulations on Birch Bark is a generic term of laws promulgated by feudal lords of Khalkha Mongols (see the entry "Outer Mongolia") in the later Ming Dynasty.

白裤瑶 瑶族的一个支系。因男子都穿着及膝的白裤而得名。主要聚居在广西西北的南丹县八圩、里湖瑶族乡和贵州荔波县瑶山瑶族乡一带。

དོར་དཀར་ཡའོ། ཡའོ་རིགས་ཀྱི་དུས་ཆེན་ཞིག་ཡིན། སྐྱེས་པ་རྣམས་ཀྱིས་དོར་མ་དཀར་པོ་ཙོན་པས་མིང་དུ་ཐོགས། ཁོ་ཚོའི་གཙོ་ཆེ་ཉུང་བྱུང་ཁྱུང་གི་ནུབ་བྱང་ཟོང་ཏན་གྱི་པ་གཞུ་དང་ལི་ཧོ་ཡའོ་རིགས་ཞང་། ཀུའེ་གྷོ་ལི་པོ་རྫོང་གི་ཡའོ་ཧུན་ཡའོ་རིགས་ཞང་རྣམས་སུ་འདུས་བསྡད་བྱས་ཡོད།

Bai Ku Yao, a branch of Yao people, is known for knee-length white trousers worn by men. They mainly live in Baxu and Lihu Yao villages of Nandan county in the Northwest of Guangxi and Yaoshan Yao villages of Libo county in Guizhou province.

《白狼歌》 东汉白狼羌（古族）的诗歌。永平（58—75）年间，四川茂汶一带西部的白狼部首领唐菆去到洛阳，在汉廷唱出颂歌3首。这3首歌有辞44句，并带有白狼语的汉字记音。是现存反映藏缅语族语言特点的最早的历史文献。

《པའི་ལང་གཞས》 ཧན་ཤར་མའི་པའི་ལང་ཚབང་རིགས་ཀྱི་སྐྱེན་དག་ ཡོང་ཕིང (སྤྱི་ལོ་༥༨—༧༥) བོད། སི་ཁྲོན་མའོ་ཝུན་ནུབ་ཕྱོགས་ཀྱི་པའི་ལང་ཚོ་པའི་འགོ་བྱེད་ཆ་མའོ་དབྱུར་དུ་བསླེབས་ཏེ་ ཧན་གྱི་པོ་བྲང་ལ་སྐྱེན་གསུམ་བླངས། གཞས་དེར་ཚིག་རྐང་ཡོད་པ་མ་ཟད། རྒྱ་ཡིག་གིས་སྒྲ་ཚབ་བྱས་པའི་པའི་ལང་སྐད་ཡོད། འདི་ནི་ཨིག་སྟར་ཡོད་པའི་བོད་འབར་སྐད་རྒྱུད་ཀྱི་སྐད་བཞིའི་ཁྱད་ཆོས་འགོད་པའི་ལོ་རྒྱུས་ཡིག་ཚགས་བོས་ཡིན།

Pai-lang Songs was about the poems for the Pai-lang Qiang group (ancient group) in the Eastern Han Dynasty. During the years of Yongping (from AD 58 to AD 75), Tangzou, the head of Pai-lang tribe in the west of Maowen, in Sichuan province, went to Luoyang to sing three anthems in the Han court. These anthems consisted of 44 four-syllable lines with the phonetic notation of Chinese scripts for Pai-lang language. It is the earliest historical document reflecting the language features of Tibeto-Burman language.

白利寺 藏传佛教格鲁派寺院，位于四川甘孜县。清康熙元年（1662）建。是宗教爱国人士五世格达活佛主持过的寺庙，也是1936年红军长征路过此地时成立的"甘孜博巴政府"所在地。其全称"白日利众生祥寺"，意为"青岗山利众生祥瑞洲"。现存主殿为藏式一底二楼阁楼式建筑。

བེ་རི་དགོན། བོད་རྒྱུད་ནང་བསྟན་དགེ་ལུགས་པའི་དགོན་པ་ཡིན། སི་ཁྲོན་དཀར་མཛེས་རྫོང་དུ་ཡོད། ༡༦༦༢ལོར་བཞེངས་ཤིང་། རྒྱལ་གཅེས་ཆོས་ལུགས་མི་སྣ་སྐུ་ཕྲེང་ལྔ་པ་སྐུ་སྐུ་སྒྲོལ་ལྭ་བས་སྐྱོང་བའི་དགོན་པ་ཡིན། ༡༩༣༦ལོར་དམར་དམག་རྒྱང་སྲོང་སྐབས་བཙུགས་པའི་དཀར་མཛེས་བོད་པའི་སྲིད་གཞུང་གནས་ཡུལ་ཡིན། མིང་ཚང་ཆ་ཚང་ལ་པེ་རི་ཀུན་ཕན་བཀྲ་ཤིས་དགོན་ཟེར། ད་ལྟའི་འདུ་ཁང་གཙོ་བོ་ནི་བོད་ལུགས་བརྩེགས་གཉིས་ཁྱིམས་དང་ལྡན་པ་ཞིག་གོ

Baili Temple, a temple of the Gelug Sect of Tibetan Buddhism, is located in Ganzi county in Sichuan province. It was set up in the first year of the reign of Emperor Kangxi (1662). It was a temple hosted by a religious patriot, the fifth Living Buddha Geda, as well as the site of "Boba Government of Ganzi" established by the Red Army when they passed by this place in 1936. Its full name is "Auspicious Temple of All Beings", which means "an auspicious region for beings of Qinggang Mountain". The main shrines that actually exist today are loft-like buildings with three stories in Tibetan style.

《白琉璃史》 藏文书名。藏族学者桑结嘉措（1653—1705）著。以拉萨木刻版传世。主要内容为天文、历算等学科论述。

《བེ་ཌཱུརྻ་དཀར་པོ》 བོད་ཡིག་གི་དཔེ་ཆའི་མིང་། སྡེ་སྲིད་སངས་རྒྱས་རྒྱ་མཚོ（༡༦༥༣—༡༧༠༥）བརྩམས། ལྷ་སར་ཤིང་དཔར་དུ་བཏབས་ཡོད། ནང་དོན་གཙོ་བོ་སྐར་རྩིས་སོགས་ཀྱི་སྐོར་ཡིན།

On the White Glaze, written by Sangye Gyatso (1653-1705), a Tibetan scholar, was handed down at Lhasa where it was printed on woodblocks, which mainly tells contents of disciplines such as astronomy, calendar calculation, etc.

白马氏 我国古代西南地区氐族的一部。汉武帝元鼎六年（公元前111），于其地置武都郡。分布在今四川北部及甘肃东南部。

པའི་མའི་རུས། རང་རྒྱལ་གནའ་རབས་ཀྱི་ལྷོ་ནུབ་ཕྱོགས་ཀྱི་དུས་རྒྱུད་ཅིག་ཧན་མཱུའུ་ཏི་ཞིའོ་ཏུག་པ་（སྤྱི་ལོ་སྔོན་གྱི ༡༡༡）པོར་སྨད་ཧུའུ་ཀྲོང་དུ་གནས་ཆགས། དེ་གི་ས་ཁོན་ནི་ད་ལྟའི་སི་ཁྲོན་བྱང་ཕྱོགས་དང་ཀན་སུའུ་ཡི་ཤར་ལྷོ་ཕྱོགས་ཡིན།

Baima Di was one of Di tribes in southwestern areas in ancient China. In the sixth year (111 BC) of the Yuanding reign in the Western Han Dynasty, Wudu prefecture was set up in these areas. They lived in the north of today's Sichuan province and the southeast of today's Gansu province.

白马岗 地名。藏语音译，意为"刻画的莲花"。位于西藏墨脱，传为神秘之地，被藏传佛教教徒视作金刚女圣的身躯，故历史上朝圣者众多，曾有大批门巴族迁居于此。

པདྨ་སྐྱོང་། བོད་སྐྱོང་མེ་ཏོག་རྫོང་དུ་ཡོད་པའི་ས་ཞིག་པད་པའི་རི་བོ་ཞེས་རྫོ་མཚོན་པའི་གནས་མཆོག་ཅིག་ཏུ་བརྩིས། ནག་པའི་སྟེག་འཇུག་པས་རྡོ་རྗེ་མཁའ་འགྲོའི་གནས་བཅས་དེ་གནས་མཇལ་བྱེད་པ་གནར་དེ་གཞིས་སུ་ཞེན་ཏུ་མང་། གནས་དེར་མོན་པ་རིགས་མང་པོ་འཚོ་གནས་གནང་ཡོད།

Pemako, a Tibetan term for place, means "Lotus Array", which is located in Motuo, Tibet, a mysterious place as it is said. This place was divinized as the body of the goodness of Vajra by lamas, attracting many pilgrims in history. A large number of Monpa people ever migrated here.

白那查 鄂温克族猎民信奉的山神。其形象是在粗树上绘制的长须老人。狩猎途中，猎人遇到高山、岩洞、卧牛石和怪石，都认为是白那查住的地方，猎获野兽也是白那查"恩赐"的结果。所以，遇绘有白那查的大树，要用兽肉献祭，饮酒用餐时先敬白那查。

པའི་ན་ཁ། ཨུ་ཝུན་ཁེའི་རིགས་ཀྱི་རྔོན་པ་དད་པའི་གའི་བདག་ཅིག་ཡིན། རྒྱལ་བའི་སྐྲ་སྒོག་ཐོག་བཀོས་པའི་རྒན་པོ་སྨྲ་ར་ཅན་ཞིག་ཡིན། རིགས་འཛིན་རྔོན་རྣམས་ཀྱི་རྔོན་རྒྱག་སྐབས་རི་མཐོ་བ་དང་། བྲག་ཁུངུང། རྡོ་ཡ་མཚན་ཅན་བཅས་དང་འཕྲད་ཚེ་དེ་པའི་ན། གནས་པར་བརྩིས་འབྱུང་། རྔོན་རྒྱག་ཕན་ཆད་ཀྱུན་ལ་པར་རོ་འཇོག་བྱེད། དེ་བས་བའི་ན་འདུག་རི་ཡོད་པའི་སྡོང་པོ་དང་འཕྲད་ཚེ་རྗོན་པ་དང་ཁང་གིས་མར་པའི་ན་ཁ་མཆོད་སྲོལ་ཡོད།

Bainacha was a mountain deity worshipped by hunters of Ewenki people. The image of the mountain deity is a bearded old man craved on big trees. During their hunting expedition, if these hunters meet some high mountains, caves, crouched cattle-like rocks and grotesque stones, they will consider those as a place where Bainacha lives. And the harvests are gifts from the mountain deity. Hence, as long as they come across the trees with the deity's image, they will offer up a sacrifice with animal meat, and only drink after proposing a toast to the mountain deity.

白山派 伊斯兰教苏菲主义在中国新疆地区的派别之一。又称"白山宗"，俗称"白帽回"。

པའི་དུན་གྲུབ་མཐའ། གུང་གོའི་ཤིན་ཅང་ཡོད་པའི་ཨི་སི་ལན་ཆོས་ལུགས་ཀྱི་སུའུ་ཧྥེ་རིང་ལུགས་ཀྱི་གྲུབ་མཐའ་ཞིག་ཡིན། པའི་དུན་ཙོང་ངམ་ཨུ་དཀར་ལོ་ཅེས་ཀྱང་ཟེར།

Aktaglik Sect is one of sects of Islam Sufism in Xinjiang areas, China. It is also called "Baishan Sect", commonly known as "white-hat Hui".

《白史》 1. 蒙古史书。全名《崇高至上转轮圣王十善福白史》，主要记述元代史迹，特别是佛教教程。2. 近代藏族学者根敦琼培所著史书。参考敦煌古藏文等资料写成，其中藏族古代史较多。另有鄂尔多斯《白史》和白文著书《白古通记》之又名。

《དེབ་དཀར》 ༡སོག་པའི་ལོ་རྒྱུས་དཔེ་ཆ་ཞིག མིང་ཆ་ཚང་ལ《བླ་མེད་པའི་ཆོས་རྒྱལ་དགེ་བཅུའི་བྱུང་བ་དེབ་ཐེར་དཀར་པོ》ཟེར། ནན་དོན་གཙོ་བོ་ཡུན་རྒྱལ་རབས་སྐབས་ཀྱི་ནན་ཆོས་རྒྱལ་ཡིན། ༢ ཉེ་རབས་ཀྱི་རྒྱལ་སྐྱབས་དགེ་འདུན་ཆོས་འཕེལ་གྱིས་ཧུན་ཏོང་གི་ཆ་གཙོར་བཟུང་ནས་བྲིས་པའི་སྐྱབས་དཔེའི་ཆ་ཞིག་ཏེ། གཞི་བོ་བོད་བཙན་པོའི་སྐབས་ཀྱི་ལོ་རྒྱུས་བརྗོད་ཡོད། གཞན་ཨུ་ཤུའུ་གྲིས་ཀྱི《དེབ་དཀར》དང་ཡི་དཀར་པོའི་བརྗོད་ཚད《གཉན་རབས་ཟིན་བྲིས་དཀར་པོ》སོགས་ལས་ཀྱང་མིང་དེ་ཐོགས།

White History First, it is a history book of Mongolia, the full name of which is *White History of the Dharma with the Ten Virtues*. It mainly records the historical sites or relics of the Yuan Dynasty, especially the Buddhism tutorials. Second, White Annals, is a book written by the modern Tibetan scholar Gedun Choephel. The writer consulted much about the ancient Tibetan language and other information of Dunhuang, especially references more about Tibetan ancient history. It also refers to another name about the White Annals of Erdos and Comprehensive records of Bai history.

白寿彝（1909—2000） 中国著名史学家、回族史和伊斯兰教史专家，河南开封人，回族。1932年毕业于燕京大学国学研究所，先后执教于云南大学、中央大学、北京师范大学，致力于中国民族史、中国史学史及中国通史的研究。曾任五届全国人大民族委员会副主任等职。

པའི་ཆོའུ་དབྱིས（༡༩༠༩—༢༠༠༠） གུང་གོའི་མིང་གྲགས་པའི་ལོ་རྒྱུས་སློབ་དཔོན་དང་། ཧྥུའི་རིགས་ཀྱི་ལོ་རྒྱུས་ཁས་པ་ཞིག་ཡིན། སྐྱེ་ཡུལ་ཧོའུ་ནན་ཁེའུ་ཕུང་ཡིན། ༡༩༣༢ལོར་ཡན་ཅིན་སློབ་ཆེན་མཐར་ཕྱིན་པ་དང་། ཕྱི་རྗེས་སུ་ཡུན་ནན་སློབ་ཆེན་དང་། གུང་དབྱང་སློབ་ཆེན། པེ་ཅིན་ནོར་སློབ་ཆེན་སོགས་ནས་སློབ་ཁྲིད་བྱས་མྱོང་། གུང་གོའི་མི་རིགས་ལོ་རྒྱུས་དང་། གུང་གོའི་ལོ་རྒྱུས་སློབ་གཞུང་ལོ་རྒྱུས་འཇུག་ཆེན་བྱས་ཡོད། སྐབས་ལྔ་པའི་རྒྱལ་ཡོངས་མི་རིགས་ཆབ་ཁེ་ཨུ་ཡོན་ཚོགས་པའི་གཙུའི་རིང་གཞོན་པ་སོགས་པའི་འགན་འཁུར་བྱོང་།

Bai Shouyi (1909-2000), a famous Chinese historian and prominent expert on Chinese Hui and Muslim history, was born in Kaifeng, Henan province, Hui nationality.

After graduating from the Institute of Sinological Studies of Yanjing University in 1932, he successively taught in Yunnan University, National Central University and Beijing Normal University, devoting himself into the study of Chinese ethnic history, Chinese historiography and General History of China. He was also a former deputy director of the Nationalities Committee of the National people's Congress, etc.

白文 白族使用的文字。约起源于宋代。大部分是汉字的直接借用，少量是参照汉字的自造生字，用以记录白语，被称为"方块白文"，现在已基本失传。目前，白族推广使用的文字为用拉丁字母拼写语音的文字，称为"拉丁白文"或"新白文"。

པའི་ཡིག པའི་རིགས་ཀྱིས་སྤྱོད་པའི་ཡི་གེ། སུང་རྒྱལ་རབས་སྐབས་སུ་བྱུང་། ཡི་གེ་མང་ཆེ་བ་ནི་རྒྱ་ཡིག་སྐྱར་གཞི་བྱས་ཡོད་ཅིང་། ཁ་ཤས་ནི་རྒྱ་ཡིག་ལ་བལྟས་ནས་བཟོས་པ་ཡིན། མི་གཞན་ལ་འི་ཡིག་གྲུ་བཞི་མ་ཞེས་གྱུང་ཟེར། དཔེ་ལྟ་ཡི་གེའི་ཆམས་ཤིན། དེ་སྐབས་པའི་རིགས་ཀྱི་རྒྱ་ཁྱབ་ཏུ་སྤྱོད་བཞིན་པའི་ཡི་གེ་ནི་ཧི་གསལ་བགྲང་སྟ་སྟོང་བྱས་ནས་བཟོས་པ་ཡིན་ལ། ལ་ཏིང་པའི་ཡིག་དང་པའི་ཡིག་གསར་མ་ཞེས་འབོད།

Bai Characters are the scripts used by Bai people, roughly originated from the Song Dynasty. Most of the words are borrowed from Chinese characters directly, a small amount are their own creation with the tip from Chinese characters. It is used to record the Bai language and was called "Square Bai Characters", which now has been largely lost. At present, the words popularized by Bai people are made from spelling and pronunciation of Latin alphabet, which is called "Latin Bai Scripts" or "New Bai Scripts".

白语 白族使用的语言。主要分布在云南大理白族自治州及相邻的州县里。属汉藏语系藏缅语族彝语支，又名"民家语"。介乎彝语及汉语之间，基本语序不同于其他藏缅语的主宾谓，而与汉语的主谓宾相同。

པའི་སྐད། པའི་རིགས་ཀྱི་སྐད་དེ། ཡུན་ནན་ཞིང་ཆེན་གྱི་ཏ་ལིའི་པའི་རིགས་རང་སྐྱོང་ཁུལ་དང་དེའི་འདབ་འབྲེལ་གྱི་ས་ཆར་ཁྱབ་རྒྱ་ཆེ། སྐད་ཁྱིམ་གྱི་ཕྱོགས་ནས་བོད་འབར་སྐད་ཁྱིམ་ལ་གཏོགས། མིད་གཞན་ཞིག་ཏུ་སྐད་གྱུང་ཟེར། བརྡ་སྦྱོར་གྱི་ཕྱོགས་ནས་རྒྱ་སྐད་དང་འདྲ།

Bai Language is a language used by Bai people, which is mainly distributed in the Bai autonomous prefecture and neighboring prefectures and counties in Dali, Yunnan province. It belongs to the branch of the Yi language of Tibeto-Burman language, also known as "Minjia Language". It is somewhere between the language of Yi and Chinese, and the basic word order, such as the subjects, predicates and objects are different from other Tibeto-Burman language, but the same with Chinese.

白灾 亦称"雪灾"。我国北方草原牧区常有的自然灾害之一。积雪过多、结成冰层后，放牧和转场困难，牲畜无法采食牧草，因冻饿发生疾病和死亡。多发生在高寒草原的冬、春季节。

དཀར་སྐྱོན། མེ་གཞན་ལ་གངས་སྐྱོན་ཡང་ཟེར། རང་རྒྱལ་གྱི་བྱང་ཕྱོགས་འབྲོག་ཁུལ་ལ་རྒྱུན་དུ་འབྱུང་བའི་རང་བྱུང་གནོད་སྐྱོན་ཞིག་སྟེ། ཁ་བ་བབས་དྲག་དང་དེ་དར་དུ་གྱུར་ཏེ་རྗེས་ཕྱོགས་རིགས་ལ་ཟ་རྒྱུ་མེད་པར་གྱུར་ཏེ་ནད་རིགས་བྱུང་བ་སོགས་དང་བསྟུན་ནས་ཕྱུགས་རིགས་ཤང་པོ་ཤུགས་ཆེ་བ་ལ་ཟེར།

The White Disaster, also called "Snow Plague", is one of the common natural disasters in grassland pastoral area in north China. Thick accumulated snow and ice makes grazing and transitions much difficult and no enough grass to feed the livestock. Hence, disease and death caused by freeze and hunger are not uncommon, and it particularly occurs in alpine grassland during winter and spring season.

白子国 白族传说所建古国名。相传约在公元前2世纪末，西汉武帝时的白族张氏始祖仁果建于益州郡白崖（今云南弥渡县红崖）。三国时改称"建宁国"，唐初传至三十三代，逊位于南诏乌蛮蒙氏。

པའི་ཚེ་རྒྱལ་ཁབ། པའི་རིགས་ཀྱི་དག་རྒྱལ་ཁག་གཅིག་སྟེ། སྐྱི་ལོའི་སྔོན་གྱི་དུས་རབས་གཉིས་པའི་མཇུག་ཏུ་དར་བར་གྲགས་ལ། ཞིན་ཧན་གྱི་སྐབས་ཀྱི་པའི་རིགས་ཀྱང་ཅི་ཡིས་དེ་གི་ཡུན་ནན་ཞུས་ཧུའུ་ཡིན་ཀྲོའུ་པའི་ཡའི་ལ་བཞུགས་པར་བཤད། རྒྱལ་ཁག་གསུམ་གྱི་སྐབས་སུ་མིང་ཅན་ཞིང་རྒྱལ་ཁག་ཞེས་པར་བསྒྱུར་ཅིང་། ཐང་རྒྱལ་རབས་ནས་རབས་སོ་གསུམ་བར་བརྒྱུད་པར། རྒྱལ་སྲིད་འཛིན་སྟོགས་མི་དང་ཕྱུའུ་མན་གྲོགས་ཚུལ་ལ་བཟེད།

State of Bai, an old country that was said to be built by the Bai people, was built in Bai Ya, Yizhou county (present-day Hongya, Midu, Yunnan province) by Renguo, the first ancestor of Zhang's family, in the late 2nd century BC under the emperor Wudi of the West Han Dynasty. During the Three Kingdom period, it was called "Jianning", and in the early Tang Dynasty when the imperial throne was passed to its thirty-third generation, it was taken over by Wuman group of NanZhao Kingdom.

白族 西南边疆少数民族。自称"白子""白尼"等。主要分布在云南、贵州、湖南等省，其中以云南省的白族人口最多，四川省、重庆市等地也有分布。人口为1933510人（2010年）。使用白语，通用汉语文。宋元明时使用过"方块白文"。善经营农业。

པའི་རིགས། ལྷོ་ནུབ་མཐའ་མཚམས་ཀྱི་ཡོད་པའི་གྲངས་ཉུང་མི་རིགས་ཤིག་སྟེ། པའི་ཙཱིི་དང་པའི་ཉིའུ་ཞེས་རྒྱང་འབོད། དེང་གི་ཡུན་ནན་དང་ཀུའེ་ཀྲོའུ། ཧུའུ་ནན་སོགས་ཞིང་ཆེན་ཁག་ཏུ་དབང་བ་དང་། དེ་དག་ཁྲོད་ཡུན་ནན་ཞིང་ཆེན་ཙམ་ན་པའི་རིགས་ཀྱི་གྲངས་ཅན་མང་ཤོས་ཡོད། སུའུ་ཁྲོན་ཞིང་ཆེན་དང་ཁྲུང་ཆིན་གྲོང་ཁྱེར་སོགས་གནས་ཡུལ་དུའང་ཡོད། ༢༠༡༠ལོར་སྤྱིའི་རྩིས་ངུས་པའི་མི་གྲངས་༡༩༣༣༥༡༠ཡོད། རིགས་འདིའི་སྐད་དང་རྒྱ་སྐད་གཉིག་བཀོལ། ཡོན་དང་མིང་རྒྱལ་རབས་ནས་སྐད་ཡིག་བཀོལ་སྤྱོད། རིགས་འདིའི་ཞིང་ལས་གཉེར་བར་ཤིན་ཏུ་མཁས།

Bai people also call themselves as "Baizi", "Baini" in the southwest border area. Having a population of 1,933,510 (2010), they are geographically distributed in Yunnan, Guizhou, Hunan, Sichuan and Chongqing etc, of which most live in concentrated communities in Yunnan province. They use the Bai language, and Chinese is commonly used as well. During the Yuan and Ming dyanasties, they used "Square Bai Characters", and they are skilled in farming.

百越 中国古族名。亦作"粤""越""百粤"等。是居于现今中国南方和古代越人有关之各个不同族群的总称。分布在今浙、闽、粤、桂等地，因部落众多，故总称"百越"。与今壮、布依、侗、傣、水、黎、毛南、仫佬等族有渊源关系。亦指百越居住的地方。

བའི་ཡུའི། རང་རྒྱལ་གནའ་རབས་ཀྱི་མི་རིགས་ཤིག ཡུའི་དང་བའི་ཡུའི་སོགས་འབོད་སྟངས་མང་། དེ་ནི་གུང་གོའི་ལྷོ་ཕྱོགས་དང་གནའ་རབས་ཡུའི་རིགས་སོགས་རིགས་རྒྱུད་མི་འདྲ་བའི་སྤྱི་མིང་ཡིན། འདུས་སྡོད་ས་ཆའི་དེ་ཡི་ཅང་དང་། ཕུན། གོང་ཏུང་། གོང་ཞི་སོགས་ཡིན། རིགས་འདིར་ཚོ་ཁག་མང་པོ་ཡོད་པས་སྤྱི་མིང་དུ་བའི་ཡུའི་ཞེས་གྲགས། དེ་ཡི་ཞོར་ལ་རིགས་དང་། ཕུའི་དྲི། ཏུང་། ཏའི། ཞུའི། མའོ་ནན། མུའུ་ལའོ་རིགས་སོགས་དང་རིགས་རྒྱུད་ཀྱི་འབྲེལ་བ་ཡོད།

Baiyue, peoples in ancient China, also called "Yue（粤）", "Yue（越）", "Baiyue（百粤）" etc., was a generic name for all the Vietnamese ethnic groups in ancient time and Vietnamese who live in South China today. It has been called Baiyue because they live in provinces such as Zhejiang, Fujian, Guangdong, Guangxi etc, and it has many tribes. They have an ancient linage relationship with ethnic minorities today like Zhuang, Buyi, Dong, Dai, Shui, Li, Maonan, Mulao and so on. Besides, those places they live in are also called Baiyue.

《百越先贤志》 书名。明代欧大任撰。4卷。主要根据《国语》《史记》《汉书》等书，搜辑了包括越王勾践疆域在内，断自东汉，兼及会稽郡（古郡名，在今江浙地区）的百越先贤100多人，为之立传。

《བའི་ཡུའི་སྔོན་བྱོན་དམ་པའི་བྱུང་རབས》 དཔེ་ཆའི་མིང་། མིང་འོའུ་ཏ་རེན་གྱིས་བརྩམས། ཤོག་བམ་བོ་བཞི་ཡོད། རྒྱའི་དེབ་ཤེར《གོ་ཡུས》དང《སྟེ་ཅིས》《ཏན་ཧྲུའུ》སོགས་གཞིར་བཟུང་ནས་ཐུས་བའི་པའི་ཡུའི་རིགས་ཀྱི་སྔོན་བྱོན་དམ་པ་བརྒྱ་ལྷག་གི་བྱུང་བ་བརྗོད་ཡོད།

Biographies of Virtuous Ancestors of Bai Yue, a book written by Ou Daren in the Ming Dynasty, has four volumes in total. It involves the legendary of more than a hundred great minds of Baiyue in places like Goujian's state of Yue and Kuaiji (an ancient county in Zhejiang province), from the East Han Dynasty. Their stories are collected from books like *Discourses of the States, Records of the Grand Historian, Book of Han* etc.

柏孜克里克千佛洞 新疆吐鲁番现存石窟中洞窟最多、壁画内容最丰富的石窟群。位于吐鲁番市东45公里的火焰山下，木头沟西岸的悬崖上。南北朝后期始凿。

现存洞窟 57 个。柏孜克里克系维吾尔语，有"山腰"之意。

པེ་ཙེ་ཁེ་ལི་ཁེ་བཅས་རྒྱས་སྟོང་སྐུའི་བྲག་ཕུག

ལེ་ཡུལ་ཐུའུ་ལུའུ་སྐུན་གྲོང་ཁྱེར་ནས་ལེ་བར་ཞེ་ལྔའི་མཚམས་སུ་ཡོད་པའི་མེ་འབར་རི་བོའི་འདབས་ཀྱི་མུའུ་ཐིག་ཡུལ་བའི་ཞུར་རོའི་གཡང་གཟར་སྟེང་ན་ཡོད། བྱང་རྒྱལ་རབས་ནམས་སུ་བཀོས་པ་ཡིན་ལ། ད་ལྟ་ཕུག་ཁྱོན་ལྔ་བཅུ་གོ་བདུན་ཡོད། པེ་ཙེ་ཁེ་ལི་ཁེ་ཞེས་པ་དེ་ཡུ་གུར་གྱི་སྐད་ཡིན་ལ། དེའི་ནང་དོན་ནི་ཀེད་ཚེས་པའི་དོན་ཡིན་པར་བཤད།

Bezeklik thousand-Buddha Caves is a complex of Buddhist cave grottos in Turpan, Xinjiang, and the frescoes are the most terrific ones among all the grottoes. It locates in the east of Turban city, on a cliff in the west coast of Mutou Gou, 45 kilometers from the flaming mountains. Chiseled since the late Southern and Northern Dynasties, it has fifty-seven caves in total now. Bezeklik originates from Uygur's language, meaning "halfway up the hill".

摆坝 意即"山野派"。云南西双版纳傣族所信佛教教派之一。主要流传于勐马、勐混、勐海、勐遮各坝区以及勐海县布朗族聚居的布朗山等地，以勐混佛寺为中心。其戒律较严，规定吃素、不杀生、无事不得入村等。佛寺大多建于村外。

བའི་པ། ཡུན་ནན་ཞིང་ཆེན་ཞི་ཤོང་པན་ན་ཡི་ཏའེ་རིགས་ཀྱིས་དད་པའི་ནང་ཆོས་གྲུབ་མཐའ་ཞིག་ཡིན་ཏེ། དེ་ཡིན་ན་ད་མིན་ཏོན་ཨི་ཞེས་པ་ཡུལ་དགའ་ལྡན་ཞེས་པའི་དོན་ཡིན། དེའི་ནང་དོན་རེ་ཆེད་ཅེས་པའི་དོན་ཡིན་པར་བཤད། པོ་ཙོ་ཁོ་ཞེས་པ་དེ་ཡུ་གུར་གྱི་སྐད་ཡིན་ལ། དེའི་ནང་དོན་ནི་ཀེད་ཚེས་པའི་དོན་ཡིན་པར་བཤད།

མེན་ཏོན་དགོན་ཞེས་པ་ཕྱིར་བཟུང་ཡོད་ཅིང་། འདུལ་བའི་བཅས་ཁྲིམས་ཐབ་དགར་ནས་ལྷོང་པ་དང་། སྲོག་གཅོད་མི་། དོན་མེད་དུ་གྲོང་དང་ཁྱིམ་ལ་མི་རྒྱུ་སོགས་ཅུང་ཞིག་ཁ་པོ་ཡོད། དགོན་པ་ཕལ་མོ་ཆེ་གྲོང་དང་རྒྱང་ཐག་རིང་བར་ཆགས་ཡོད།

Baiba, i. e. "lotus temple sect", is one of the Daizu Buddhist sects in Xishuang Banna, Yunnan province. Centered on the Menghun Buddhist monastery, it is distributed at the mountainous area of Mengma, Menghun, Menghai, Mengzhe and Mount Bulang, Menghai county, where the Bulang people inhabit. The temples are always built outside the village, and there are strict disciplines: abstaining from eating meat, no killing, no admittance to the village without permission, etc.

摆孙 又称"田园派"。云南西双版纳傣族地区佛教教派之一。僧侣分 11 个教阶。主要流传于景洪、勐罕、勐腊、勐旺、勐棒等坝区，以景洪宣慰街大佛寺为中心。其戒律不如摆坝严格，与村民来往频繁。

བའི་སུན། ཞིང་ར་བ་ཞེས་པའི་དོན་ཡིན། ཡུན་ནན་ཞི་ཏོང་པན་ནའི་ཏའེ་རིགས་ཀྱི་དད་པའི་ནང་ཆོས་གྲུབ་མཐའ་ཞིག ལུགས་འདིས་རབ་བྱུང་བ་རིགས་བཅུ་གཅིག་ཏུ་དབར་ཡོད་པ་དང་། ཅིན་ཧོང་དང་མུན་ཧན། མུན་པང་སོགས་ས་ཆར་དར་ཁྱབ། ཅིན་ཧོང་ཞོན་ཞེས་པའི་དགོན་པ་ལུགས་འདིའི་དགོན་གནས་གཙོ་བོ་ཡིན། འདུལ་ཁྲིམས་བོན་གི་པའི་པ་དང་བསྡུར་ན་ཅུང་སྟོང་ཆེད། གྲོང་མི་དང་ཕར་འགྲོ་ཚུར་འོང་ཚེས་ལས་ཡོད།

Baisun, i. e. "garden temple sect", is one of

the Daizu Buddhist sects in Xishuang Banna, Yunnan province. The monks are divided into eleven classes. Centered on the Buddhist monastery in Xuanwei street, Jinghong, it is popular in Jinghong, Menghan, Mengla, Mengwang, Mengbang, etc. Monks of this sect take frequent mutual visits with local villagers, and their disciplines are not so strict as Baiba's.

摆庄 云南德宏等地傣族所信仰的佛教中影响较大的一个教派。僧侣教阶分夏备、召商、召门、召吉四等。戒律较宽松，可食荤腥，亦可吸烟饮酒。寺院建在村寨中，有寺产。

པའི་གྲོང་། ཡུན་ནན་ཏེ་ཧོང་ས་ཚའི་ཏའི་རིགས་ཀྱི་དད་པའི་ནང་ཆོས་ལས་ཤུགས་རྐྱེན་ཆེ་བའི་གྲུབ་མཐའ་ཞིག རབ་བྱུང་བར་རིགས་པའི་དབྱེ་ཡོད། འདུལ་ཁྲིམས་ཤུགས་སྟོབས་པས་དགར་ཟས་བསྟེན་ཆོག་ལ། ཐན་དང་ཆང་སྤྱོད་པའང་ཡོད། དགོན་པ་ཕལ་མོ་ཆེ་སྒྲོང་ཡོད་ཅིང་། དགོན་པའི་ཐོན་ལས་ཀྱང་ཡོད།

Baizhuang is a comparatively influential Daizu Buddhist sect around Dehong, Yunnan. The monks there are divided into four classes: Jiabei, Zhaoshang, Zhaomen and Zhaoji. They don't have many strict principles, and they are allowed to eat meat, drink wine and smoke. Their temples are built in the villages with their own properties.

班禅八世（1854—1882） 本名丹贝旺秋。后藏托布加（今南木林县内）人。清咸丰七年（1857）金瓶掣签认定为转世灵童。21岁时受比丘戒。光绪四年（1878）为达赖十三世剃发，并取法名。卒于扎什伦布寺。

པཎ་ཆེན་སྐུ་ཕྲེང་བརྒྱད་པ། (1854—1882) བསྟན་པའི་དབང་ཕྱུག་ནི་སྤྱི་ལོ (1854) ལོར་གཙང་ཕྱོགས་རྒྱལ་ཏུ་སྐུ་འཁྲུངས། དགུང་ལོ་ཞེ་གཅིག་སྟེང་རྒྱལ་དབང་བཅུ་གསུམ་པའི་མཐུན་ནས་དགེ་ཚུལ་ཁྲིད་བཞེས་ཏེ་དགེ་སློང་གི་སྡོམ་པ་བཞེས། (1878) ལོར་གཞན་འབག་བཞིན་ཤུན་པོར་དགོང་པ་རྫོགས།

The 8th Panchen Lama (1854-1882), named Tenpai Wangchuk, was born at Tuobujia (present-day in Nanmulin) in southern Tibet, and was confirmed through lot-drawing from the golden urn as the reincarnation of a Grand Living Buddha in the seventh year of Xianfeng (in 1857). The 8th Panchen received the pre-novice ordination when he was twenty-one years old, and gave tonsure to the 13th Dalai Lama and gave him the Buddhist name in the fourth year of Guangxu (in 1878). He died in the Tashilhunpo Monastery.

班禅额尔德尼 西藏佛教格鲁派中与达赖喇嘛并列的两大宗教领袖之一。班禅是梵文"班智达"（大学者）和藏文"禅波"（意为"大"）的简称。1713年清廷封班禅五世为"班禅额尔德尼"。"额尔德尼"是满语词，意为"珍宝"。从此这一活佛系统得此封号。

པཎ་ཆེན་ཨེར་ཏེ་ནི། རྒྱལ་བ་གཉིས་པོ་གཉིས་དང་བསྟུན་གྱི་དགེ་ལུགས་གྲུབ་མཐའི་ཆོས་བརྒྱུད་ཀྱི་ཟླ་ཕྲོགས་ཤིག་ཡིན། པཎ་ནི་ལེགས་སྦྱར་སྐད་དེ། ཕོན་སྐད་དུ་

གནས་ལུ་རིག་པའི་དོན་ཡིན། སྐྱེ་བོ་བདུན་འཁོར་བ་ཧ
ཅན་སྐྱ་ཕྱེད་ལུ་བར་ཆེན་སྙིང་གཞུང་གིས་ཡེར་ཏེ་དེ་ཞེས
པའི་མཚན་གནད། དེའི་ཕྱིར་སྐྱ་ཕྱེད་རིམ་བྱོན་དག
ལའང་མཚན་དེ་ཐོགས། ཡེར་ཏེ་ནི་སོག་སྐད་ཀྱི་བོ
སྐུད་དུ་རིན་པོ་ཆེའི་དོན་ཡིན།

Panchen Erdeni is a leader of the highest ranking lama as the Dalai Lama in the Gelug school of Tibetan Buddhism. Panchen is the shortened form of Sanskrit pandit (learned man) and Tibetan chen (great). In 1713, the 5th Panchen was granted honorific titles by the Qing government as "Panchen Erdeni". "Erdeni" is a word in Manchu language, meaning "treasure". From then on, this honorific title has been granted to the Living Buddha system.

班禅二世（1439—1504） 本名索南却朗。后藏温萨（今日喀则市内）人。幼年被送到甘丹寺出家，以第四任甘丹墀巴巴梭·却吉坚赞为师。其曾为达赖二世授沙弥戒。母寺为日喀则附近之温贡寺。后被追认为班禅二世。

བཅུ་ཆེན་སྐུ་ཕྲེང་གཉིས་པ་བསོད་ནམས་ཕྱོགས་གླང་། (༡༤༣༩—༡༥༠༤) དེ་གེའི་གཞིས་རྩེ་ས་ཁུལ་ནས་སྐུ་འཁྲུངས། ཆུང་དུའི་དུས་དགའ་ལྡན་དགོན་པོར་རབ་ཏུ་བྱུང་སྟེ། བ་སོ་ཆོས་ཀྱི་རྒྱལ་མཚན་དགེ་བཤེས་ལ་བསྟེན། ཏཱ་ལའི་བླ་མ་སྐུ་ཕྲེང་གཉིས་པ་ལ་དགེ་བསྙེན་གྱི་སྡོམ་པ་བཞེས།

The 2nd Panchen (1439-1504), named Sonam Qyuelang, was born at Wensa (present-day Rikaze/Shigatse) in southern Tibet. He was a lama in the Gandan Monastery when he was a child, and learned from the fourth Gandanchibabasuo. Quejijianzan, and he gave the 2nd Dalai vows of an ordained monk. Wengong monastery near Rikaze is his alma mater, and later he was posthumously confirmed as the 2nd Panchen.

班禅九世（1883—1937） 本名却吉尼玛。西藏塔布准巴（今隆子境内）人。清光绪十八年（1892）在扎什伦布寺坐床。时英国蓄意侵略西藏，挑拨班禅与达赖关系。1923年被迫出走，1937年入藏受阻，卒于青海玉树。

བཅུ་ཆེན་སྐུ་ཕྲེང་དགུ་པ་ཆོས་ཀྱི་ཉི་མ། (༡༨༨༣—༡༩༣༧) དཔའ་རིས་ལྡགས་པོ་ཀ་གནར་དུ་སྐུ་འཁྲུངས། དཔའ་རིས་བཀྲ་ཤིས་ལྷུན་པོའི་གདན་སར་ཁྲི་ཐོག་ཏུ་བཀོད། རྗེས་སུ་དབྱིན་ཇི་བའི་འགལ་ཟླའི་དབང་གིས་རྒྱུན་དུ་ཡོངས། ༡༩༢༧ལོར་ཕྱིར་བྱོན་དུ་ཡོངས་སྐབས་རྫ་སྨྱུག་མགོར་དགོངས་པ་རྫོགས།

The 9th Panchen (1883-1937), named Choekyi Nyima, was born in Tabuzhunba (present-day Longzi, Tibet). In the eighteenth year of Guangxu, he took the enthronement ceremony in the Tashilhunpo Monastery. At that time, the United Kingdom intended to invade Tibet, and sowed discord between Panchen and Dalai. He had to leave in 1923, and was prevented from going back to Tibet in 1937 and died in Yushu, Qinghai.

班禅堪布会议厅 原西藏班禅系统管理政教事务的机构。1923年班禅九世与达赖十三世、驻藏大臣产生政治分歧，在南京建立班禅行辕，后改称班禅堪布会议厅，简称"堪厅"。1961年在西藏自治区筹备委员会第四十一次会议上，堪厅结束其历史使命。

པཎ་ཆེན་ནང་མ་ཁང་། སྔོན་བོད་ཀྱི་པཎ་ཆེན་བླ་བྲང་གིས་སྲིད་འཛིན་དོ་དམ་གྱི་ལས་ཁུངས་ཤིག་ཡིན། ༡༩༢༣ལོར་བླ་བྲང་འགས་རྒྱུན་གྱི་དབང་གིས་པཎ་ཆེན་སྐུ་དགུ་པས་ནན་ཅིན་དུ་བསྡགས། ༡༩༤༡འོར་བོད་རང་སྐྱོང་ལྗོངས་ག་སྒྲིག་ལྷན་ཚོགས་འདུ་སྐབས་༤༡པའི་སྲིད་ཁུངས་ཁུངས་དེའི་འགན་མཐུས་ཟོགས་པའོ། །

Panchen Kampus Assembly, the former institution of Panchen system which governed Tibetan religion-political affairs. In 1923, the 9th Panchen had political differences with the 13th Dalai and the grand minister resident of Tibet. In Nanjing, he set up the field headquarters, and later changed its name to Panchen Kampus Assembly, namely "Kampus Assembly" for short. In 1961, the Preparatory Committee for the Tibet Autonomous Region held the 41st meeting, and decided to end the historical mission of the Panchen Kampus Assembly.

班禅六世（1738—1780） 本名贝丹意希。西藏南木林人。清乾隆六年（1741）入扎什伦布寺出家，三十年受清朝颁赐金册，四十二年为达赖八世授比丘戒。四十五年至热河（今承德）贺清高宗七十寿辰。八月随清高宗回北京，后因出痘圆寂。

པཎ་ཆེན་སྐུ་ཕྲེང་དྲུག་པ་དཔལ་ལྡན་ཡེ་ཤེས། (༡༧༣༨—༡༧༨༠) གངས་ཅན་བྱང་ངོས་རྣམ་གླིང་དུ་འཁྲུངས། པོའི་གསེར་ཁྲི་མངའ་གསོལ། དགུང་ལོ་བཞི་པར་དབུས་སུ་ཕེབས་ནས་ཏཱ་ལའི་བླ་མ་བཟང་མཆོག་དབངས་ནས་དགེ་ཚུལ་གྱི་སྡོམ་པ་བཞེས། དགུང་ལོ་ཞེ་ལྔའི་ཕོ་བྲང་ཡུལ་དུ་ཕེབས། ༡༧༨༠འོར་པེ་ཅིན་དུ་སྦི་དགོང་ཞེས་པར་དགོངས་པ་རྫོགས།

The 6th Panchen (1738-1780), named Palden Yeshe, was born in Nanmulin, Tibet. In the sixth year of Qianlong (1741), he became a lama in Tashilhunpo Monastery, and was granted the golden book and golden seal in the 30th year of the Qing Emperor Qianlong, and twelve years later he gave the Eighth Dalai Lama his prenovice ordination. In 1780, in Rehe (present-day Chengde) he was invited to celebrate Qianlong's 70th birthday. In that August, he went to Beijing together with Qianlong, and caught smallpox and died in Beijing.

班禅七世（1782—1853） 本名丹贝尼玛。后藏白朗宗人。3岁时迎至扎什伦布寺。清乾隆五十六年（1791）廓尔喀兵入侵后藏时，曾移住拉萨。翌年，清军驱逐廓尔喀兵，清军统帅曾与其议立《藏内善后章程》。嘉庆十五年（1810）清廷颁给第七世班禅额尔德尼金册。享年72岁。

པཎ་ཆེན་སྐུ་ཕྲེང་བདུན་པ། (༡༧༨༢—༡༨༥༣) མཚན་བསྟན་པའི་ཉི་མ། གཙང་ཤང་སྣང་པ་རོམས་དུ་འཁྲུངས། དགུང་ལོ་གསུམ་གྱི་སྟེང་བཀྲ་ཤིས་ལྷུན་པོར་གདན་དྲངས། དགུང་ལོ་བཅུ་པར་ཏཱ་ལའི་བླ་མ་འཇམ་དཔལ་རྒྱ་མཚོས་དགེ་ཚུལ་གྱི་སྡོམ་པ་བཞེས། དགུང་ལོ་

དོན་གཉིས་ཐོག་དགོངས་པ་རྫོགས།

The 7th Panchen (1782-1853), named Tenpai Nyima, was born in Bailangzong, southern Tibet. He was invited to Tashilhunpo Monastery when he was three years old. In the fifty-sixth year of the Qing emperor Qianlng, he moved to Lhasa because of the invasion of Gurkha invaders. After Gurkha invaders were dispelled next year by Qing government troops, Qing commander in chief formulated *Regulations for the Better Governing of Tibet* with him. The Qing government granted him the official position the 7th Panchen Erdeni and the golden book and golden seal in the 15th year of the Qing emperor Jiaqing. He died at the age of 72.

班禅三世（1505—1566） 本名温萨巴罗桑敦主。后藏温萨（今日喀则市内）人。11 岁时出家。33 岁时在哲蚌寺受比丘戒。后又到后藏各地云游，传播"格鲁派"教法。母寺为日喀则附近之温贡寺。后被追认为班禅三世。

པཎ་ཆེན་སྐུ་ཕྲེང་གསུམ་པ། (༡༥༠༥—༡༥༦༦)

དབེན་ས་པ་བློ་བཟང་དོན་གྲུབ་ནི་གཙང་དབེན་སར་སྐུ་འཁྲུངས། དགུང་ལོ་ ༡༡ སྟེང་རབ་ཏུ་བྱུང་། དགུང་ལོ་ ༣༣ སྟེང་འབྲས་སྤུངས་དགོན་པར་དགེ་སློང་གི་སྡོམ་པ་བཞེས། གནས་ཚེས་མེད་དུ་ཕེབས་ནས་རྗེའི་རིང་ལུགས་ཕྱོགས་མཐར་སྤེལ། ༡༧༦༦ལོར་དབེན་ས་ཆོས་ཀྱི་པོ་བྲང་དུ་དགོངས་པ་རྫོགས།

The 3rd Panchen (1505-1566), named Ensapa Lobsang Dondrup, was born at Wensa (present-day Rikaze/Shigatse) in southern Tibet. He became a lama at the age of 11, and ordained as a monk at the age of 33 at the Drepung Monastery. Later he went to travel and spread the religious doctrine of the "Gelug Sect" around southern Tibet and other places. Wengong monastery near Rikaze was his alma mater, and later he was posthumously confirmed as the 3rd Panchen.

班禅十世（1938—1989） 本名确吉坚赞。藏族。青海循化人。1943 年被班禅堪布会议厅认定为班禅九世的转世灵童，迎往塔尔寺供养。1949 年，国民党中央政府批准其为十世班禅。1951 年，出席《关于和平解放西藏办法的协议》签字仪式。曾任全国人大常委会副委员长等职。

པཎ་ཆེན་སྐུ་ཕྲེང་བཅུ་པ། (༡༩༣༨—༡༩༨༩)

ཆོས་ཀྱི་རྒྱལ་མཚན་ནི་མདོ་སྨད་ཞིན་ཧྭ་རྫོང་དུ་འཁྲུངས། ༡༩༤༣ལོར་པཎ་ཆེན་ཆོས་ཀྱི་ཁང་དུ་པཎ་ཆེན་སྐུ་གོང་མའི་ཡང་སྲིད་དུ་ངོས་བཟུང་། ༡༩༤༩ལོར་གོ་མིན་ཏང་དབུས་གཞུང་གིས་ནས་མཆོག་སྤྲུལ་བཀའ་པ་རྒྱུད་པ་ཆེན་སྐུ་ཕྲེང་བཅུ་པའི་མཚན་བཞེས་དང་སྐུ་འབུམ་དགོན་དུ་ཕྱི་གསོལ་རྒྱབ་མཛད། ༡༩༥༡ལོར《བོད་ཞི་བས་བཅིངས་འགྲོལ་སྐོར་གྱི་གྲོས་མཐུན》ཞིག་གཏགས་འགོར་པའི་མཛད་སྒོར་ཞུགས། རྒྱལ་ཡོངས་དམངས་ཆེན་རྒྱུན་ལས་ཨུ་ཡོན་གྱུང་གཞོན་པའི་འགན་ཁུར་སྦྱོང་།

The 10th Panchen (1938-1989), named Choekyi Gyaltsen, was born in Xunhua, Qinghai. He was confirmed as the reincarnation boy of the 9th Panchen by the Panchen Kampus Assembly and invited to the

Kumbum Monastery in 1943. Six years later, he was approved as the 10th Panchen by the Central Government of Kuomingtang. In 1951, he attended the signing ceremony of Agreement on Measures for the Peaceful Liberation of Tibet. He also had served as vice-chairman of the NPC Standing Committee.

班禅四世（1567—1662） 本名罗桑却吉坚赞。后藏人。达赖四世和达赖五世的戒师。13岁出家，明万历十六年（1588）受比丘戒并去甘丹寺学经，后返扎什伦布寺任座主，四十五年任哲蚌、色拉二寺座主。后与达赖五世、固始汗共遣使朝清。卒后建立班禅转世系统。

པན་ཆེན་སྐུ་ཕྲེང་བཞི་པ། (༡༥༦༧—༡༦༦༢)

བློ་བཟང་ཆོས་ཀྱི་རྒྱལ་མཚན་གཙང་སྟོད་སྤུ་རུ་སྐུ་འཁྲུངས། ཏཱ་ལའི་བླ་མ་སྐུ་ཕྲེང་བཞི་པ་དང་ལྔ་པ་གཉིས་ཀྱི་མཛད་པོ། དགུང་ལོ་བཅུ་གསུམ་པར་རབ་ཏུ་བྱུང་། མིང་གི་ཝན་ལི་བཅུ་དྲུག་པ་(༡༥༨༨)ལོར་དགེ་ཚུལ་གྱི་སྡོམ་པ་བཞེས་ཏེ་དགའ་ལྡན་དུ་ཆོས་ལ་ཞུགས། ཕྱིས་བཀྲ་ཤིས་ལྷུན་པོར་ལོག་ནས་ཁྲི་པ་མཛད། དགུང་ལོ་བཞི་བཅུ་ང་ལྔར་འབྲས་སྤུངས་དང་སེ་ར་གཉིས་ཀྱི་ཁྲི་པ་མཛད། རྗེས་སུ་རྒྱལ་དབང་ལྔ་པ་དང་གུ་ཤྲཱི་དང་མཉམ་དུ་ཆིང་དོར་མར་མཚམས་འཛིན་ཡིག་གི་སྟེན་དང་བཅས་པ་ཕུལ། བཞིགས་རྗེས་པཎ་ཆེན་སྐུ་ཕྲེང་གི་ཡང་སྲིད་ངོས་འཛིན་པའི་འགྲོ་ཆོགས།

The 4th Panchen (1567-1662), named Losang Cho kyi Gyaltsen, was born in southern Tibet. He was the master who ordained the 4th Dalai and the 5th Dalai into monkhood. He became a monk at the age of 13; he received his pre-novice ordination and went to study in the Ganden Monastery in the 16th year of Ming Emperor Wanli (1588). Later, he went back to the Tashilhunpo Monastery and became the Great Master, and in the 45th year of Ming Emperor Wanli, he became the Great Master of the Drepung monastery and the Sera monastery. Later, together with the 5th Dalai and Gushi Khan, he dispatched his envoy to the Qing government. The reincarnation system was built after he died.

班禅五世（1663—1737） 本名罗桑益西。后藏托布加（今南木林境内）人。1667年迎至扎什伦布寺坐床。达赖五世示寂后，主持达赖六世寻认、受戒诸事。达赖六世被废，又为拉藏汗所立之意希嘉措受戒、命名。至达赖七世进藏，复主持其坐床大典。1713年，清廷加封"班禅额尔德尼"。

པན་ཆེན་སྐུ་ཕྲེང་ལྔ་པ། (༡༦༦༣—༡༧༣༧)

བློ་བཟང་ཡེ་ཤེས་ནི་གཙང་ཐོབ་རྒྱལ་དུ་སྐུ་འཁྲུངས། ༡༦༦༧ལོར་དུ་བའི་བླ་མ་ལྔ་པ་ཆེན་པོ་བཀྲ་ཤིས་ལྷུན་པོ་དགོན་དུ་གདན་དྲངས་ནས་གསེར་ཁྲི་མངའ་གསོལ། རྒྱལ་དབང་ལྔ་པ་འདས་རྗེས་རྒྱལ་མཆོག་དྲུག་པ་མཆོག་དགེ་བསྙེན་དང་རབ་བྱུང་། དགེ་ཚུལ་བཅས་ཀྱི་སྡོམ་པ་འབོགས་པར་མཛད། རྒྱལ་མཆོག་དྲུག་པ་ཕྱི་ལས་ཕབ་རྗེས་ལྷ་བཟང་བདག་གིས་ཡེ་ཤེས་རྒྱ་མཚོ་རྒྱལ་བའི་འཛིན་དུ་བཅུག་དེ་ནས་རྒྱལ་དབང་སྐུ་ཕྲེང་བདུན་པ་བོད་དུ་ཕེབས་སྐབས་ཀྱང་མཚམས་འཛིན་གྱི་སྐུ་ཕྲེང་གི་སྟོང་པ་འབོགས་པར་མཛད། ༡༧༡༣ལོར་ཆིང་གཞུང་གིས་པཎ་ཆེན་ཨེར་ཏེ་ནི་ཞེས་པའི་ཆོ་ལོ་བསྩལ།

The 5th Panchen (1663-1737), named Lobsang Yeshi, was born at Tuobujia (present-day Nanmulin) in southern Tibet. He was invited to the Tashilhunpo Monastery in 1667. After the death of the 5th Dalai, he was responsible for the selection and administering the vows of a novice monk of the next Dalai. As the 6th Dalai was abolished, proclaimed by Lhasang Khan, he gave the novice vows of monk-hood to Yeshe Gyatso and gave him the religious name. Under the direction of 5th Panchen, the 7th Dalai took the novice vows of monk-hood when he went to Tibet. In 1713, he was posthumously confirmed as "Panchen Erdeni".

班禅一世（1385—1438） 本名格雷贝桑。后藏拉堆朵雄（今昂仁县内）人。明永乐五年（1407）拜宗喀巴为师。宣德五年（1430）接替贾曹杰任第二任甘丹墀巴。藏族僧众尊称他和宗喀巴、贾曹杰为"杰亚赛松"，意为"父子三尊"。后人追认为班禅一世。

པན་ཆེན་སྐུ་ཕྲེང་དང་པོ། (1385—1438)
མཁས་གྲུབ་དགེ་ལེགས་དཔལ་བཟང་ཞེས་ལ་སྟོད་བྱང་དུ། ཕྱག་ན་སྐུ་འཁྲུངས། 1407ལོར་རྗེ་རིན་པོ་ཆེ་དགེ་བཅུན་དུ་བསྟེན་པ། 1430ལོར་རྒྱལ་ཚབ་རྗེ་རྗེས་སུ་མཛད་དེའི་དགའ་ལྡན་ཁྲིའི་གདན་ས་བཟུང་། བོད་ཀྱི་ཆོས་ལུགས་ཕྱོགས་ནས་རྗེ་ཙོང་ཁ་པ་དང་རྒྱལ་ཚབ་རྗེ། མཁས་གྲུབ་གསུམ་ལ་རྗེ་ཡབ་སྲས་གསུམ་ཞེས་མཁས་གྲུབ་ཞིའི་ལུགས་ཀྱི་སྐྱེས་ཆེ་པོར་བཀུར། ཕྱིས་སུ་པཎ་ཆེན་སྐུ་ཕྲེང་དང་པོར་ངོས་འཛིན་མཛད།

The 1st Panchen (1385-1438), named Gelek Pelzang, was born at Laduiduoxiong (pres-

ent-day Angren) in southern Tibet. In the fifth year of Ming Emperor Yongle, he acknowledged Tsongkhapa as his teacher. And in the fifth year of Emperor Xuande (1430), he succeeded Gyaltsab Je as the second Ganden Tripa. Buddhist monks in Tibet honored him, Tsongkhapa and Gyaltsab Je as "the Je Yabsesum", which means "the Three of Lord Father and Sons". He was posthumously confirmed as the 1st Panchen.

班洪事件 云南各族人民反抗英帝国主义武装侵占佤族班洪和班佬等部落共管地区（佧佤山区，该地区现属于缅甸）银矿的斗争。1934年，英国派兵侵占佤族班洪和班佬等部落地区的银矿，激起当地各族人民的愤怒。班洪王与班佬王邀集周围部落，组成3支武装，抗击英军，收复了失地。

པན་ཧོང་དོན་རྐྱེན། ཡུན་ནན་རིགས་སོ་སོའི་མི་དམངས་ཀྱིས་དབྱིན་བཙན་རྒྱལ་རིང་ལུགས་ཀྱིས་དཔུང་རིགས་པས་བཏོང་དང་པན་ལོ་ཁག་གི་ཁ་ཚ་བཏུད་དུ་བཟུང་ནས་དངུལ་གཏེར་བཀོ་བ་ལ་རྒོལ་རྒྱབ་པའི་འཐབ་འཛིང་ཞིག་ཡིན། 1934ལོར་དབྱིན་རྗེ་པོ་གི་དཔའ་རིགས་ས་མཚོའི་དངུལ་གྱི་གཏེར་ཁ་བཀོབ་པ་ས་གནས་རིགས་སོ་སོའི་མི་དམངས་ཀྱི་ཁོང་ཁྲོ་འཁབ་འཛིང་བརྒྱུད་ནས་ས་ཆ་ཤོར་བ་བླངས་པའི་དོན་རྐྱེན་ཞིག་ཡིན།

Banhong Incident people of all ethnic groups in Yunnan province fought against the British invaders who encroached upon the silver mine in the district (namely Kawa mountainous area where now belongs to Burma) administrated jointly by Banhong of Va people and tribes like Banlao. In 1934, the British invaded the silver mine in the district administrated jointly by Banhong of Va people and tribes like Banlao, which annoyed local people of all ethnic groups. Leaders of Banhong and Banlao called on other brother tribes around to make up three bands of armed force; they fought against the British army and recaptured the lost territory.

班智达 佛教术语。来自于梵文，意为学识渊博的大学者。在藏传佛教中常被当成是一种尊称使用。

པཎྜི་ཏ། ནང་པའི་ཆོས་སྐད་ཅིག་འབྱུང་ཁུངས་ལེགས་སྦྱར་གྱི་ཡི་གེ། ནང་དོན་གནས་ལྔ་རིག་པ་སྟེ་མཁས་པ་ཆེན་པོའི་དོན། བོད་བརྒྱུད་ནང་བསྟན་དུ་ལེགས་སྦྱར་གྱི་བོར་བཞག་གིས་བེད་སྤྱོད་བྱེད།

Pandit, a Buddhist terminology, comes from Sanskrit and means accomplished scholar. In Tibetan Buddhism, it has been commonly used as a respectable title.

半农半牧区 亦称"农牧区""过渡区"。即农业区和纯牧区交界的地区。在我国，现在这类地区多为少数民族与汉族杂居区，经营畜牧业的基本上是少数民族。

རོང་མ་འབྲོག ཞིང་གཞན་ལ་ཞིང་མ་འབྲོག་གམ་བར་བརྒལ་ཡུལ་ཞེས་བརྗོད། རོང་བ་དང་འབྲོག་པ་གཉིས་ཀའི་བར་མཚམས་ས་ཁུལ། རང་རྒྱལ་དུ་ད་ལྟ་ས་ཁུལ་འདིའི་རིགས་ཀྱི་གྲངས་ཉུང་མི་རིགས་དང་རྒྱ་མི་ཆབ་གཅིག་ཏུ་འདུས་ཡོད། འབྲོག་ལས་བཞིན་འཁྱེར་མཁན་ཕལ་ཆེ་བ་ནི་གྲངས་ཉུང་མི་རིགས་ཡིན།

Half farming and half pastoral region, also called "farming and pastoral area", "transitional area", refers to the transitional area between farming area and pastoral area. In China, many ethnic groups have been living there together with the Han nationality and animal husbandry was mainly managed by ethnic groups there.

邦达机场 西藏自治区的民航机场。位于藏东昌都地区邦达大草原、玉曲河西岸狭长的山谷中。海拔4300多米，跑道全长5公里多，是目前中国跑道最长的民用机场。1994年启用。

སྦྲང་མདའ་གནམ་གྲུ་འབབ་ཐང་། བོད་རང་སྐྱོང་ལྗོངས་ཀྱི་དམངས་སྤྱོད་གནམ་གྲུའི་འབབ་ཐང་། གནས་ཡུལ་བོད་ལྗོངས་ཤར་ཕྱོགས་ཀྱི་ཆབ་མདོ་ས་ཁུལ་མདའ་རྫ་ཐང་གི་ཡུལ་ཆུའི་ནུབ་འགྲམ་གྱི་ལུང་པར་ཡོད། མཚོངས་ལས་མཐོ་ཚད་སྨི་༤༣༠༠ལྷག་དང་། རྒྱག་ལམ་རིང་ཚད་སྤྱི་ལེ་༥ལྷག་ཡོད། མིག་སྔར་རྒྱ་ནག་གི་རྒྱག་ལམ་ཆེས་རིང་བའི་དམངས་སྤྱོད་གནམ་གྲུའི་འབབ་ཐང་ཡིན། ༡༩༩༤ལོར་སྤྱོད་འགོ་ཚུགས།

Bamda Airport, a civil aviation airport in the Tibet Autonomous Region, is located in Changdu Bamda prairie, east of Tibet, the long narrow valley in the west bank of Yuqu river. With an elevation of 4,300 metres, and a runway of 5 kilometers, it is a civil aviation airport in China with the longest runway at present. It was put into use in 1994.

邦克楼 阿拉伯语音译，意为"尖塔、高塔、望塔"，即宣礼塔。中国穆斯林称邦克楼。专门用作宣礼或确定斋戒月起讫日期观察新月, 是清真寺群体建筑的组成部分之一。

བང་ཁེ་མཆོད་རྟེན། ཨ་རབ་སྐད་ཀྱི་སྒྲ་བསྒྱུར། དོན་དོན་མཆོད་རྟེན་རྩེ་ཕྲམས་མཆོད་རྟེན་མཐོན་པོ། མཆོད་རྟེན་རྒྱང་མཐོང་། ཡང་ན་གོང་བཀུར་མཆོད་རྟེན་ཞེས་པ་ཡིན། གུང་གོའི་ཨུལ་སི་ལིན་གྱིས་བང་ཁོའུ་ཞེས་འབོད། དེའི་ལྗོངས་གནས་ཀྱི་ལྷ་བ་ནས་བཟུང་ལྷ་བ་གསར་ཆོས་པར་བགྱུར་བསྟིམས་ལྷ་ཞིག་བྱེད་པའི་ཆེད་སློང་གི་གནས་སྟེ། ཁ་ཆེའི་ཆོས་ཁང་གི་ཕྱུན་མོང་བཟོ་སྐྲུན་གྱི་གྲུབ་ཆ་ཞིག་ཡིན།

Bangke Pagoda, namely minaret, is a transliteration from Arabic language; it means "obelisk, high tower, watch tower". Muslims in China call it Bangke Pagoda. It has been specifically used to provide a vantage point from which the call to prayer, or adhan, is made, and to watch the moon so as to make sure the date for religious observance in fasts' month. It is a component of the mosque buildings.

包产到群 我国畜牧业生产责任制的一种形式。1978年后主要在北方牧区和南方山区推行。其要点:"一户一群",以户为单位承包一群牲畜,实行"五定一奖"("五定"主要指定头数、成畜保活率、幼畜保活率、增长指标、完成任务数,"一奖"即超产奖励)。

འཁར་གཅང་ཞེང་གྱི་ཕྱུགས་ཁྲལ། རང་རྒྱལ་འབྲོག་ལས་ཐོན་སྐྱེད་ཀྱི་འགན་ལེན་ལམ་ལུགས་ཀྱི་རྣམ་པ་ཞིག་ཡིན། ༡༩༧༨ལོའི་གཤུམ་དུ་བྱང་ཕྱོགས་ཀྱི་འབྲོག་ལས་ག་ཞིག་ལམ་བསྟར་སྤྱེད། དགོངས་དོན་ལ་གཅིག་ཏུ་གཅིག་ཅེས་པ་སྟེ། ཁྲིམ་ཚང་རྩེ་སྒོ་ཞིག་བྱེད་ཕྱུགས་ཁྲིའི་ཞིག་གི་འཁར་། པ། འཁར་གཞི་ལྟ་དང་བྱ་དགག་གཅིག་ཅེས་པ་ལག (འཁར་གཞི་ལྟ་ནི། ཁ་གྲངས་དང་ཕྱུགས་ཆེ་བ་གསོན་སྐྱོང་གི་ཚད། ཕྱུགས་ཆུང་བ་གསོན་སྐྱོང་གི་ཚད། གོང་འཕེལ་གྱི་དམིགས་འབེན། ལས་འགྲུབ་བྱུང་བའི་གྲངས་ཀ་བཅས་ཡིན། བྱ་དགག་གཅིག་ནི་ཕྱུགས་ཀྱི་གྱང་ག་འཁར་གཞི་ལས་བརྒྱལ་ན་བྱ་དགག་སྟེར་བ།)

Contracting output quotas on the herd basis, a form of production responsibility system in husbandry, has been implemented since 1978 mainly in northern pastoral areas and southern mountainous areas. Main points are as follows: "one herd for one household", namely contracts a herd of livestock on a household basis, and the "five assignments and one reward" policy ("five assignments": the number of livestock, survival rate of the adult livestock, survival rate of the baby livestock, growth target and productive results. "one reward": reward for the extra production.) is implemented.

包尔汉(1894—1989) 中国当代社会活动家,突厥语学者。维吾尔族。祖籍新疆阿克苏。1912年从俄国回到新疆。曾任国民政府驻苏联斋桑领事、新疆省政府主席等职。1949年起义。历任全国政协副主席、中国伊斯兰教协会名誉会长、全国人大民族委员会副主任委员等职。

བོར་ཧན།(༡༨༩༤—༡༩༨༩) གུང་གོའི་དེ་རབས་ཀྱི་སྤྱི་ཚོགས་བྱ་འགུལ་པ་དང་གུ་གུའི་སྐད་ཀྱི་ཆེད་མཁས་པ། ཡུགུར་རིགས། ཕ་ཡུལ་ཞིན་ཅང་ཨ་ཁེ་སུའུ། ༡༩༡༢ལོར་ཨུ་རུ་ནས་ཕྱིར་ཞིན་ཅང་དུ་འོང་། རྒྱལ་

དབངས་སྲིད་གཞུང་གི་གཞུན་ཞེན་དུ་སྡོད་པའི་སྲུང་སྲུང་
གཞུན་ཚོགས་པ་དང་། ཞིན་ཅང་ཞིན་ཆེན་སྲིད་གཞུང་གི་
གུན་ཞི་བཅས་བྱེད་སྤྱོད།)༡༩༤༩ ལོ་ནས་རྒྱལ་ཡོངས་
སྲིད་གྲོས་ཀྱི་གཞུན་ཞི་གཞོན་པ་དང་གུང་གོའི་ཁ་ཆེ་སྲི་
ཆོས་ལུགས་མཐུན་ཚོགས་ཀྱི་མཚན་འཛིན་ཚོགས་གཙོ།
རྒྱལ་ཡོངས་དབངས་ཆེན་གྱི་མི་རིགས་དོན་གཅོད་ཨུ་ཡོན་
ལྷན་ཁང་གི་གུན་རེན་གཞོན་པ་བཅས་ལྟ་གཙུག་ཏུ་བྱུང་།

Burhan (1894-1989), a community leader in contemporary China, a Turki scholar, was a Uyghur whose ancestral home was Aksu, Xinjiang Uygur Autonomous Region. He went back to Xinjiang from Russia in 1912, and used to hold the post of consul general for Kuomintang at the Soviet Union, chairman of Xinjiang province, etc. After the uprising in 1949, he served as Vice Chairman of the Chinese Political Consultative Conference, honorary chairman of Chinese Islamic Association, the vice-chairman of ethnic affairs commission of the National People's Congress, etc.

包衣喇嘛 指清代内务府镶黄、正黄、正白三旗包衣佐领（官职）下人出生的喇嘛。

པའོ་དབྱི་བླ་མ། ཅིང་རྒྱལ་རབས་སྐབས་ཀྱི་ནང་གཞིས་སྦྱིང་གི་སེར་སྐྱ་དང་། སེར་པོ། དཀར་པོ་བཅས་དར་ཚོ་གསུམ་པོའི་དབྱི་ཚོའི་ཡིན། （གོ་གནས་ཤིག） དཔོན་རིགས་སུ་འབྱུངས་པའི་བླ་མར་བསྟན།

Baoyi (bondservants) **Lama**, refers to the Lama born at the family of bondservants under Upper Three Banner's platoon leaders (the Bordered Yellow Banner, Plain Yellow Banner and Plain White Banner)

of the Imperial Household Department.

胞族 原始社会同一部落中两个或两个以上的氏族结合成的介于氏族和部落之间的社会组织，是氏族与部落的中间环节。

སྤུན་བརྒྱུད་མི་རིགས། གདོད་མའི་སྤྱི་ཚོགས་སུ་ཚོ་པ་གཅིག་གི་ནང་དུ་གཉིས་སམ་གཉིས་ཡན་གྱི་རུས་རྒྱུད་ཀྱིས་གྲུབ་པའི་རུས་རྒྱུད་དང་པའི་བར་གྱི་སྤྱི་ཚོགས་འཛུགས་ཤིག་སྟེ། དེ་ནི་རུས་རྒྱུད་དང་ཚོ་པའི་བར་འབྲེལ་མཐུད་ཡིན།

Phratry, a social organization combined with two or more clans of the same tribe in primitive society. It differs between clan and tribe, and is an intermediate link between them.

《宝贝念珠》 蒙古编年史。成书于19世纪50年代。作者噶尔丹。除记述1849年以前蒙古的一般历史外，还提供了1636年至1736喀尔喀蒙古（见"外蒙古"词条）的史料。

《སུ་དིག་ཕྲེང་མཛེས》 སོག་པོའི་ལོ་རྒྱུས། དུས་རབས་བཅུ་དགུ་པའི་ལོ་རབས་ལྔ་བཅུ་པར་བརྩམས། ཆོམ་པ་པོ་ནི་གཱར་ཏན། དེའི་ནང་དུ་༡༨༤༩ལོའི་ཡན་ཆད་ཀྱི་སོག་པོའི་ལོ་རྒྱུས་བཀོད་ཡོད་པ་མ་ཟད། སྤྱི་༡༦༣༦ནས་༡༧༣༦འི་བར་གྱི་ཁ་ལ་སོག་པོའི་("ཕྱི་སོག" ཆིག་སྦྱིན་ལ་ལྟོས)ལོ་རྒྱུས་ཀྱང་བཀོད་ཡོད།

The Precious Rosary (Erdeni-yin Erike) is a Mongolian chronicle. Written by Galdan in the 1850s, it includes an account of Mongolian history before 1849, and historical data of Khalkha Mongolia (see the entry "Outer Mongolia") from 1636 to 1736.

保安语 属阿尔泰语系蒙古语族。主要分布在甘肃积石山保安族东乡族撒拉族自治县和临夏县，青海同仁县保安城附近的下庄、嘎斯尔等地。部分土族所使用的语言同保安语基本上一致。分大河家和同仁两个方言。

པའོ་ཨན་སྐད། ཨ་ཨར་ཐའི་སྐད་ཁོངས་ཀྱི་སོག་པོའི་སྐད་རིགས་སུ་གཏོགས། ཁྲུབ་ཡུལ་གཙོ་བོ་ནི་ཀན་སུའུ་ཅིམ་ཧྲི་ཧུན་རེ་པོའི་པའོ་ཨན་རིགས་དང་། ཏུང་ཞང་རིགས། ས་ལར་རིགས་རང་སྐྱོང་རྫོང་དང་ཀ་ཆུ་རྫོང་། མཚོ་སྔོན་ཐུན་རེན་རྫོང་གི་པའོ་ཨན་མཁར་ཉེ་འཁྲིས་ཀྱི་གྲོང་ཚེ་དང་ཀཱ་སར་སོགས་ཡིན། ཏོར་རིགས་ཁ་ཤས་ཀྱི་བཀོལ་བའི་སྐད་རིགས་དང་པའོ་ཨན་སྐད་ནི་ཕལ་ཆེར་མཐུན། དེ་ལ་ཏ་ཧུ་སྲ་དང་ཐུན་རེན་ཏེ་ཡུལ་སྐད་རིགས་གཉིས་སུ་དབྱེ་ཡོད།

Bonan language, a Mongolian language of the Altaic family, mainly distributes in Jishishan Bonan, Dongxiang and Salar Autonomous County, Gansu province; and Xiazhuang, Gasier near Bonan City of Tongren county, Qinghai province. Some people of Tu ethnic group use almost the same language as Bonan language. In general it can be classified into Dahejia and Tongren dialects.

保安族 中国西北少数民族。大部聚居在甘肃积石山保安族东乡族撒拉族自治县境内。有人口20074人（2010年），使用保安语，多数人兼通汉语文。"保安"系本族自称。旧时因信仰伊斯兰教和风俗习惯与当地回族略同，被称为"保安回"。主要从事农业、手工业。

པའོ་ཨན་རིགས། ཀྲུང་གོའི་ནུབ་བྱང་ཕྱོགས་ཀྱི་གྲངས་ཉུང་མི་རིགས་ཤིག བང་ཚོགས་ཀན་སུའུ་ཅིམ་ཧྲི་ཧུན་པའི་པའོ་ཨན་རིགས་དང་ཏུང་ཞང་རིགས་ས་ལར་རིགས་རང་སྐྱོང་རྫོང་དུ་འདུས་ཡོད། མི་གྲངས་ནི་ ༢༠༠༧༤ ཡིན། (༢༠༡༠ལོ) ཁོ་ཚོས་པའོ་ཨན་སྐད་བཤད་ཅིང་། མང་ཤོས་ཀྱིས་རྒྱ་སྐད་ཀྱང་སྐྱོང་ཤེས། པའོ་ཨན་ཞེས་པ་རང་དག་རང་ལ་འབོད་པའི་མིང་ཡིན། གཞན་དུས་སུ་ཏབྱི་སི་ལན་གྱི་ཆོས་ལུགས་ལ་དད་པ་དང་ཡུལ་སྲོལ་གོམས་གཤིས་ནི་གནས་དེའི་ཧུའེ་རིགས་དང་ཕལ་ཆེར་མཚུངས་འདུག་པས་ཁོང་ཡང་ཧུའེ་ཞེས་བཏགས། གཙོ་བོ་ཞིང་ལས་དང་ལག་ཤེས་བཟོ་ལས་གཉེར་བཞིན་ཡོད།

Bonan people, a minority in the northwest of China, mainly situated in Jishishan Bonan, Dongxiang and Salar Autonomous County, Gansu province. It has a population of 20,074 (2010). They speak Bonan language, and most of them can also speak and write Mandarin Chinese like the majority Han people. Their name "Bonan", actually is what they claim themselves, and because they believe in Islamism, they share the same custom as the local Hui people, thus they are also called "Bonan Hui". They are engaged mainly in agriculture and handicraft.

保卫新疆和平民主同盟 新疆各族人民统一战线组织。1948年在新疆伊宁成立。阿合买提江·哈斯木为主席。以《同盟》等报刊为阵地，主张巩固和加强各族人民的团结，反对帝国主义和国民党反动统治，实现各族人民的自由平等。后改名"新疆人民民主同盟"。1952年解散。

ཞིན་ཅང་བདེ་སྲུང་དམངས་གཙོའི་མཉམ་མཐུན། ཞིན་ཅང་རིགས་སོ་སོའི་མི་དམངས་འཐབ་ཕྱོགས་གཅིག་གྱུར་གྱི་རྩ་འཛུགས། ༡༩༤༨ལོར་ཞིན་ཅང་དབྱི་ཉིང་དུ་ཚོགས། ཨ་ཧུའུ་མའེ་ཐེ་ཅང་་་གི་མའོ་གྲུའུ་ཞིར་བསྐོས། 《མཉམ་མཐུན》སོགས་དུས་དེབ་ཏུ་འཕར་སྟོང་སྟེ། རིགས་སོ་སོའི་མཐུན་སྒྲིལ་ཤུགས་སྟོབས་དང་རྒྱ་བསྐྱེད་ཀྱིས་བཙན་རྒྱལ་རིང་ལུགས་དང་གོ་མིན་ཏང་ལོག་སྤྱོད་སྒེར་སྒྱུར་ཁག་གི་དབང་སྒྱུར་ལ་འོ་རྩོལ་བཏང་། རིགས་སོ་སོའི་རང་དབང་འདྲ་མཉམ་སོགས་མཐོན་འགྱུར་ཡོང་བའི་འདོད་ཚུལ་འཆང་། རྗེས་སུ་དེའི་མིང་ཞིན་ཅང་མི་དམངས་དམངས་གཙོ་མཉམ་ལ་བཞེ། ༡༩༥༢ལོར་ཐོར།

Xinjiang League for the Defence of Peace and Democracy is a united front organization of all ethnic groups in Xinjiang province. It was initiated in Yining, Xinjiang, in 1948, and Ehmetjan Qasim was the chairman. By taking the magazine *League* as their front, they advocated strengthening and enhancing the solidarity among all ethnic groups, struggling against the rule of imperialist and reactionary Kuomintang, and accomplishing the freedom and equality among all ethnic groups. It was renamed "people's Democratic League of Xinjiang" afterwards, and was dismissed in 1952.

《保障少数民族语言权利的北京—奥斯陆建议书》 文件名。国家民委民族问题研究中心自2005年起与挪威奥斯陆大学法学院挪威人权中心开展合作，重点就保护少数民族语言权利的政策和法律进行国际比较研究，多次合作召开学术研讨会，联合形成该建议书。

《གྲངས་ཉུང་མི་རིགས་ཀྱི་སྐད་དབང་ལ་ཁག་ཐེག་བྱེད་པའི་པེ་ཅིན་ཨོ་སི་ཡུའུ་གྲོས་འཆར་ཡི་གེ》ཡིག་ཆའི་མིང་། རྒྱལ་ཁབ་མི་རིགས་དོན་གཅོད་ཨུ་ཡོན་ལྷན་ཁང་གི་མི་རིགས་གནད་དོན་ཞིབ་འཇུག་ལྟེ་ཡིས། ༢༠༠༥ལོར་ནོར་ཝེ་ཨོ་སི་ཡུའུ་སློབ་ཆེན་ཁྲིམས་རིག་སློབ་གླིང་གི་ནོར་ཝེ་མི་དབང་ལྟེ་གནས་དང་མཉམ་སྦྲེལ་བྱེད་པའི་འགོ་བཙུགས་ཏེ། གྲངས་ཉུང་མི་རིགས་ཀྱི་སྐད་དབང་སྲུང་སྐྱོབ་གཙོ་བོར་བཟུང་བའི་སྲིད་ཇུས་དང་ཁྲིམས་ཀྱི་རྒྱལ་སྤྱིའི་བསྡུར་བའི་ཞིབ་འཇུག་བྱས་པར། རིག་གཞུང་བགྲོ་གླེང་ཐེངས་མང་དུ་འཚོགས་ཏེ། མཉམ་འབྲེལ་དང་བཞག་པའི་གྲོས་ཚོགས་ཡི་གེ་ཞིག་ཡིན།

Beijing-Oslo Recommendations on Protection for the Rights of Linguistic Minorities Center for Ethnic Studies of the State Ethnic Affairs Commission has worked with the Faculty of Law at Norwegian Centre for Human Rights of the University of Oslo since 2005, focusing on international comparative study on the policies and laws for linguistic minorities, convening academic symposium for many times, finally jointly forming the recommendations.

暴力恐怖势力 在我国，现将"恐怖主义"进一步明确为"三股势力"之一的暴力恐怖势力。主要指通过使用暴力或其他毁灭性手段制造恐怖，以达到某种政治目的的团体或组织。

དྲག་སྤྱོད་འཇིགས་སྐུལ་སྟོབས་ཤུགས། རང་རྒྱལ་དུ་འཇིགས་སྐུལ་རིང་ལུགས་དེ་སྟོབས་ཤུགས་གསུམ་ལས་དྲག་སྤྱོད་འཇིགས་སྐུལ་སྟོབས་ཤུགས་སུ་གསལ་པོར་དབྱེ་

གཏན་ཁྲིམས། དེ་ནི་དྲག་ཤུགས་དང་པ་རོལ་རྫ་མེད་དུ་གཏོང་ཐབས་ཅན་གྱི་འཇིགས་སྐུལ་སྤྱོད་པ་སྟེ། ཆབ་སྲིད་དམིགས་ཡུལ་ག་གེ་མོ་འགྲུབ་པ་དམིགས་ཡུལ་དུ་བཟུང་བའི་ཚོགས་པའམ་རྩ་འཛུགས་ཤིག་ལ་སྟོན།

Terrorism In our country it is clarified as one of the "three forces" of terrorism, extremism, separatism. It mainly refers to the group or organization that achieves certain political purpose by violent or other destructive means of terror.

北狄 古代华夏人对北方少数民族的统称。最早起始于周代。北狄又可分为"狄"与"东胡"两部分。是今维吾尔、哈萨克、柯尔克孜、乌孜别克、蒙古、满、鄂伦春、鄂温克等民族的先民。

བྱང་དི། གནའ་བོའི་དུ་ན་མེ་རིགས་ཀྱིས་བྱང་ཕྱོགས་གྲངས་ཉུང་མི་རིགས་ལ་འབོད་པའི་སྟི་མིང་། དེ་ནི་ཀྲོའུ་རྒྱལ་རབས་སྐབས་སུ་ཐོག་མར་བྱུང་བ། བྱང་དི་ལ་ཏི་དང་ཤར་ཧུའུ་ཞེས་ཁག་གཉིས་སུ་དབྱེ། དེ་གི་ཡུ་གུར་དང་ཧ་ཁོར་ལེ་ཙི། འུ་ཙི་པེའི་ཁི། སོག་པོ། མན་ཇུ། ཨོ་ལུན་ཁྲུན། ཁྲུན། ཨོ་ཝུན་ལེ་སོགས་མི་རིགས་དག་གི་མེས་པོ་ཡིན།

Beidi, or northern Di is a generic name for northern ethnic minorities during the Qin and Han Dynasties. It is recorded as early as the Zhou Dynasty. It can be divided into two tribes, "Di" and "Donghu", and it is the ancestors of today's Uygur, Kazak, Kirgiz, Uzbek, Mongolia, Manchu, Oroqen, Ewenki and other nationalities.

北方民族大学 是一所涵盖文学、理学、工学、法学、历史学、管理学、经济学、艺术学 8 个学科门类，国家民委直属的高等学校，也是我国唯一一所建立在少数民族自治区的部属综合性民族高校。位于银川市。始建于 1984 年，2008 年更为现名。占地 1150 亩。

བྱང་ཕྱོགས་མི་རིགས་སློབ་ཆེན། རིག་ཚན་དང་ཚན་ཚན། བཟོ་རིག ཁྲིམས་རིག ལོ་རྒྱུས་རིག་པ། དོ་དམ་རིག་པ། དཔལ་འབྱོར་རིག་པ། སྒྱུ་རྩལ་རིག་པ་བཅས་བསྡོམས་ཚན་སྐུ་ རྡུས་པའི་རང་རྒྱལ་མི་རིག་དོན་གཅོད་ཨུ་ཡོན་ལྷན་ཁང་གི་ཐད་གཏོགས་ཀྱི་མཐོ་རིམ་སློབ་ཆེན་ཞིག་ཡིན། རང་རྒྱལ་གྱི་གྲངས་ཉུང་མི་རིགས་རང་སྐྱོང་ཁུལ་དུ་བཙུགས་པའི་ཚ་འཛིན་ཚན་མི་རིགས་སློབ་གྲྭ་གཅིག་པུའང་ཡིན། གནས་ཡུལ་དབྱིན་ཁྲོན་གྲོང་ཁྱེར། ༡༩༨༤ལོར་བཙུགས། ༢༠༠༨ལོར་ཕྱིའི་མིང་འདི་ལ་བསྒྱུར། རྒྱ་ཁྱོན་མུའུ་༡༡༥༠ཟིན།

Beifang University of Nationalities, also called North Minzu University, is a higher education institute directly under the administration of the State Ethnic Affairs Commission, having a range of disciplines covering 8 categories, namely, literature, science, engineering, law, history, management, economy, and art. It is the only ethnic university built in the ethnic autonomous region. It is founded in 1984 in the city of Yinchuan, covering an area of 1,150 mu, and re-named as its present name in 2008.

北京大学社会学人类学研究所 原名"北京大学社会学研究所"。于 1985 年成立，是一个以研究为主，并承担博士后、博士、硕士培养任务及一系列本科教学工作的机构。1987 年被列为国家教委文科重点研究所之一。1992 年更为现名。

པེ་ཅིན་སློབ་ཆེན་སྤྱི་ཚོགས་རིག་པ་མིའི་རིགས་རིག་པའི་ཞིབ་འཇུག་ཁང་། སྔར་མིང་ལ་པེ་ཅིན་སློབ་ཆེན་སྤྱི་ཚོགས་རིག་པ་ཞིབ་འཇུག་ཁང་ཟེར། ༡༩༨༥ལོར་ཚུགས། དེས་ཞིབ་འཇུག་ཀྱི་བྱ་གཙོར་བྱུང་བ་མ་ཟད། འབུམ་རམས་ཕྱི་མ་དང་། འབུམ་རམས་པ། ཞིབ་འཇུག་སློབ་མ་སྐྱོང་འགན་ཁུར་བ། དོའི་གཞི་སློབ་ཁྲིད་ཀྱི་ལས་དོན་རབ་དང་རིམ་པ་སྒྲུབ་པའི་ལས་ཁུངས་ཞིག་ཡིན། ༡༩༨༧ལོར་རྒྱལ་ཁབ་སློབ་ཡོན་རིག་ཚོགས་གཙོ་གནད་ཞིབ་འཇུག་ཁང་གི་གྲས་སུ་བཅུགས། ༡༩༩༢ལོར་ད་ལྟའི་མིང་འདིར་བསྒྱུར།

Institute of Sociology and Anthropology in Peking University was formerly known as "Institute of Sociology in Peking University". Founded in 1985, it mainly focuses on research, and undertakes the mission of postdoctoral, doctor and master training and a series of teaching work of undergraduate. In 1987 it was on the list of the national key research institute of liberal arts education by State Education Commission of the PRC. In 1992, the Institute of Sociology was re-named as the Institute of Sociology and Anthropology at Peking University.

北京市回民学校　1925 年建校。1949 年，其前身成达师范、西北中学和燕山中学一起，组建成新中国成立后第一所少数民族学校——国立回民学院。后几经变迁。1985 年回民中学和六十八中两校合一，改名为北京市回民学校。现占地面积 87 亩。

པེ་ཅིན་གྲོང་ཁྱེར་ཧུའེ་རིགས་སློབ་གྲྭ། ༡༩༢༥ལོར་ཚུགས། ༡༩༤༩ལོར་དེའི་ལམ་གཞི་ཡིན་པའི་ཆིན་ད་དགེ་ཐོན་དང་། ནུབ་བྱང་སློབ་འབྲིང་། ཡན་ཧུན་སློབ་འབྲིང་བཅས་ཆིག་སྒྲིལ་བྱས་ནས་ཀྱང་གོ་གསར་པ་ཚུགས་རྗེས་ཀྱི་གྲངས་ཉུང་མི་རིགས་སློབ་གྲྭ་ཐོག་མ་སྟེ། རྒྱལ་བཙུགས་ཧུའེ་རིགས་སློབ་སྦྱོང་ཟེར་བ་བཙུགས། རྗེས་སུ་སྟོབས་འགྱུར་ཐེངས་འགའ་བྱུང་། ༡༩༨༥ལོར་ཧུའེ་རིགས་སློབ་འབྲིང་དང་སློབ་འབྲིང་རེ་བརྒྱད་པ་གཉིས་མཉམ་སྐྱེལ་བྱས་ནས་པེ་ཅིན་ཧུའེ་རིགས་སློབ་གྲྭ་ཞེས་པར་བསྒྱུར། རྒྱ་ཁྱོན་མུའུ་ར་བཞིན།

Beijing Huimin School was founded in 1925. In 1949, its predecessor ChengDa Normal School, Northwest High School and Yanshan School formed the first ethnic minority school in our country after liberation-National Institute for the Hui people. After several changes, Huimin School and No. 68 Middle School joined together in 1985, and was renamed as the Beijing Huimin School. Now it covers an area of 87 mu.

《北京市少数民族权益保障条例》　1998 年由北京市第十一届人民代表大会常务委员会第六次会议通过。共 7 章 42 条。就该市行政区域内除汉族以外的各民族的权益保障作出具体规定，涉及政治平等，发展民族经济、教育、文化、卫生事业，尊重民族风俗习惯等诸多方面。

《པེ་ཅིན་གྲོང་ཁྱེར་གྲངས་ཉུང་མི་རིགས་ཀྱི་ཁེ་དབང་ཁག་ཐེག་བྱེད་པའི་སྲོལ་ཡིག》 ༡༩༩༨ལོར་པེ་ཅིན་གྲོང་ཁྱེར་སྐབས་བཅུ་གཅིག་པའི་མི་དམངས་འཐུས་ཚོགས་ཐེངས་དྲུག་པར་གཏན་འབེབས་བྱུང་། བསྟན་པ་ས་བཅད་ཆེ་གྲས་ཆ་ལ་རེ་ཡོད། དེ་གྲོང་ཁྱེར་འདིའི་སྲིད་འཛིན་ས་ཁུལ་ཁོངས་ཀྱི་རྒྱ་རིགས་ཕུད་པའི་

རིགས་སོ་སོའི་ལེ་དབང་ཁག་ཐེག་ལ་ཞིབ་ཕྲའི་གཏན་འབེབས་དང་། ཆབ་སྲིད་འདྲ་མཉམ། མི་རིགས་དཔལ་འབྱོར་འཕེལ་རྒྱས། སློབ་གསོ། རིག་གནས། བདེ་སྲུང་། བཅས་། མི་རིགས་ཀྱི་ཡུལ་སྲོལ་གོམས་གཤིས་ལ་བརྩི་སྲུང་སོགས་རིགས་མང་པོ་འདུ།

Regulations on Protecting Rights and Interests of Ethnic Minorities in Beijing was passed at the sixth session of the Standing Committee of the Eleventh Beijing Municipal people's Congress. There are a total of 7 chapters with 42 articles. It makes specific provisions to safeguard the rights and interests of ethnic minorites in the administrative area, involving political equality, development of the ethnic economy, education, culture, health, respecting the ethnic customs, etc.

北京西藏中学 创建于 1987 年。北京市重点教育援藏单位，直属中共北京市委教育工委、市教委领导。是目前西藏自治区以外的规模最大的西藏中学，现占地面积3.5万平方米。位于北京市朝阳区北四环东路高原街1号。学生均来自于西藏自治区。

པེ་ཅིན་བོད་སློབས་སློབ་འབྲིང་། ༡༩༨༧ ལོར་ཆགས། པེ་ཅིན་གྲོང་ཁྱེར་གྱི་གཙོ་གནད་སློབ་གསོ་བོད་སྐྱོར་རྒྱབ་སྐྱོར་བྱེད་པའི་སྡེ་ཁག་སྟེ། ཀུང་ཀུང་པེ་ཅིན་གྲོང་ཁྱེར་སློབ་གསོའི་ལས་དོན་ཨུ་ཡོན་དང་། གྲོང་ཁྱེར་སློབ་གསོའི་འགོ་ཁྲིད་ཀྱི་ཐད་གཏོགས་ཡིན། རྒྱ་ཁྱོན་སྐྱི་གྲུ་བཞི་མའི་༣.༥ ཁྲིན། གནས་ཡུལ་ནི་པེ་ཅིན་གྲོང་ཁྱེར་ཁོའུ་ཡང་ཁུལ་བྱང་བཞིའི་ཤར་ལམ་མཁའ་ལྡིང་སྲང་ལམ་ཨང་རྟགས་ ༡ པར་ཡོད་པ་དང་། སློབ་མ་ཚང་མ་བོད་རང་སྐྱོང་ལྗོངས་ཀྱི་ཡིན།

Beijing Tibet Middle School was founded in 1987. It is the key education unit for aiding Tibet, which is under the leadership of the Education Committee of CPC Beijing Municipal Committee and Beijing City Board of Education. Now it is the largest Tibet middle school outside the Tibet Autonomous Region, covers an area of 35,000 square meters, and is located in No. 1 Gaoyuan Street in the northern 4th Ring Rd in Chaoyang District in Beijing City. Students are all from the Tibet autonomous region.

北京种族问题国际学术讨论会 1984 年召开。是一次探讨种族主义和种族隔离制度赖以产生的政治、经济、社会、文化等原因的非正式的专家磋商会议，是联合国第二个反对种族主义和种族歧视十年行动计划的一个组成部分，来自11个国家的30多位种族问题专家和观察员出席会议。

པེ་ཅིན་རིགས་རྒྱུད་གནད་དོན་རྒྱལ་སྤྱིའི་རིག་གཞུང་བགྲོ་གླེང་ཚོགས་འདུ། ༡༩༨༤ ལོར་འཚོགས། དེའི་རིགས་རྒྱུད་རིང་ལུགས་དང་རིགས་རྒྱུད་འབྱེད་གཏོང་ལམ་ལུགས་བྱུང་ཐུབ་པའི་ཆབ་སྲིད་དང་དཔལ་འབྱོར། སྤྱི་ཚོགས་དང་རིག་གནས་སོགས་ཀྱི་མཚན་ལ་ཟོག་དཔྱོད་བསྟུན་བྱེད་པའི་ཆེད་མཁས་པ་གྲོས་བསྡུར་ཚོགས་འདུ་ཤིག་ཡིན། ཨ་མཚམ་འབྲེལ་རྒྱལ་ཚོགས་ཀྱི་ཐེངས་གཉིས་པ་རིགས་རྒྱུད་རིང་ལུགས་དང་རིགས་རྒྱུད་དམའ་འབེབས་ལ་ངོ་རྒོལ་བྱེད་པའི་ལོ་བཅུའི་འཆར་གཞི་ཡི་གྲུབ་ཆ་ཞིག་ཀྱང་ཡིན། རྒྱལ་ཁབ་ ༡༡ ནས་ཕེབས་པའི་རིགས་རྒྱུད་གནད་དོན་མཁས་དང་ལྟ་ཕོག་པ་ ༣༠ ལྷག་ཚོགས་འདུར་

ཞུགས་ཡོད།

The International Symposium on Racial Problems was held in Beijing in 1984. It is an informal expert consultation on political, economical, social, cultural and other reasons which lead to racism and segregation, and it's an integral part of the second ten-year plan of the United Nations against racism and racial discrimination. More than 30 experts and observers from 11 countries attended the meeting.

北凉 十六国之一。公元401年匈奴沮渠氏所建。建都今甘肃张掖。盛时有今甘肃西部及青海、宁夏、新疆各一部。公元439年为北魏所灭。

བེ་ལིཡང་། རྒྱལ་ཁབ་བཅུ་དྲུག་གི་ནང་གསེས་གཅིག་སྟེ། ལོ་༤༠༡（སྤྱི་ལོ）ཚེས་ཉུའུ་ཚོས་རིགས་རྒྱུད་ཀྱིས་བཙུགས་པ་དང་། རྒྱལ་ས་དེའི་གན་སུའུ་ཞིང་ཆེན་གྱི་ཀྲང་ཡེ་བྱས། དར་རྒྱས་དེའི་དུས་ཀྱི་གན་སུའུ་ནུབ་ཕྱོགས་དང་མཚོ་སྔོན། ཉིན་ཞ། ཞིན་ཅང་སོགས་ཀྱི་ས་ཁུལ་འདུས། སྤྱི་ལོ་༤༣༩ལོར་པའི་བྱང་ཝེས་བསྣུབས།

Northern Liang, one of the Sixteen Kingdoms (398-439), was built in 401 by Xiongnu Juqu's and its capital was Zhangye. At the height of its power and splendour, it had one tribe respectively in western Gansu, Qinghai, Ningxia and Xinjiang. It was annihilated by Northern Wei in 439.

北辽 辽末契丹族建立的临时政权。辽保大二年（1122）初，天祚帝被金兵追击逃入夹山。3月，皇族耶律大石与宰相李处温等拥立耶律淳为帝，号天锡皇帝（宣宗），史称北辽。次年灭亡。

ལིའོ་བྱང་མ། ལིའོ་རྒྱལ་རབས་ཀྱི་མཇུག་ཏུ་ཆི་ཏན་རིགས་ཀྱིས་བཙུགས་པའི་གནས་སྐབས་ཀྱི་དབང་ཤེད་ཡིན་པའི་དུ་ལོ་གཉིས་པའི་(1122)ལོ་འགོར་ཐེན་ཚོའི་གོང་མ་ཅིན་དམག་གི་ཕྱགས་སྟོང་ལོག་ཏུ་ཧྲུ་རི་པོར་བྲོས་བྱུབས། ཟླ་གསུམ་པར། གོང་མའི་རིགས་རྒྱུད་ཡའེ་ལིས་ཏ་ཞི་དང་བློན་ཆེན་ལི་ཁྲུའུ་ཝུན་སོགས་ཀྱིས་ཡའེ་ལིས་ཁྲོན་གོང་མ་རྒྱལ་པོར་བཀུར་བ་དང་། བོ་ཏགས་ཐེན་ཞིན་གོང་མ་(ཞོན་ཚུང)བྱས། ལོ་རྒྱུས་ཐོག་ལིའོ་བྱང་མ་ཟེར། དེའི་ལོ་གཉིས་པར་འཇིག

Northern Liao was the temporary power established by the Khitans at the end of the Liao Dynasty. At the beginning of the second year of Liao Bao (1122), Emperor Tian Zuo was chased by soldiers of Jin Dynasty and fled into Mt. Jia. In March, the Royal Yelv Dashi and Prime Minister Li Chuwen helped Yelv Chun become the emperor, the Emperor Tianxi (Xuan Zong), known as the Northern Liao. The next year the brief existence of Northern Liao ended.

北面官 辽官名。其制在辽太祖、太宗时初步形成，以契丹原有官制为基础，统制契丹族。

བྱང་ཕྱོགས་དཔོན་པོ། ལིའོ་རྒྱལ་རབས་ཀྱི་དཔོན་རིགས་ཤིག ལིའོ་ཐའེ་ཚུའི་དང་ཐའེ་ཙུང་གི་སྐབས་སྟོང་མར་གྲུབ་པ་དང་། ཆི་ཏན་རིགས་ཀྱི་སྔར་ཡོད་དཔོན་ཡུགས་རྩང་གཞི་བྱས་ཏེ། ཆི་ཏན་མི་རིགས་ལ་དབང་བསྒྱུར་བྱས།

Northern Khitan Officials The official system took shape at the time of Emperor

Taizu and Taizong in the Liao Dynasty on the basis of original Khitan official system. The northern officials mainly governed the Khitan Tartars and other nomadic peoples.

北平私立西北中学 1928年由白崇禧、马福祥等回族人士创立于北平。抗战爆发后，部分迁至成都、兰州两地办学。1950年在北京的部分并入回民学院。1952年成都分校定名为"成都西北中学"。1957年兰州分校改名为"兰州回民中学"。

པེ་ཞིང་སྒེར་བཙུགས་ནུབ་བྱང་སློབ་འབྲིང་།

༡༩༢༨ལོར་པེ་ཞིང་དུ་ཧུའེ་རིགས་མི་པེ་ཞིན་ཞིས་དང་མ་ཧྥུའུ་ཞང་སོགས་ཀྱིས་ རིག་པར་པེ་ཞིན་དུ་བཙུགས་པ་དང་། ཉར་འགོག་དམག་འཁྲུག་འགོ་བརྩམས་རྗེས། ཁ་ཤས་ཁྲིན་ཏུའུ་དང་ལན་གྲུའུ་ལ་གནས་སྤར། ༡༩༥༠ལོར་པེ་ཅིན་དུ་ཡོད་པའི་ཆ་ཤས་དེ་ཧུའེ་རིགས་སློབ་གྲིང་དང་མཉམ་སྐྱིམ་བྱས། ༡༩༥༢ལོར་ཁྲིན་ཏུའུ་ཡི་ཆ་ཤས་སློབ་གྲུའི་མིང་"ཁྲིན་ཏུའུ་ནུབ་བྱང་སློབ་འབྲིང་"ལ་བསྒྱུར། ༡༩༥༧ལོར་ལན་གྲུའི་ཆ་ཤས་སློབ་གྲུའི་མིང་"ལན་གྲུའི་ཧུའེ་རིགས་སློབ་འབྲིང་"ལ་བསྒྱུར།

Beijing Northwestern Middle School was founded by the Hui people like Bai Chongxi, Ma Fuxiang in Beijing in 1928. After the outbreak of Counter-Japanese War, some moved to Chengdu and Lanzhou. The remaining part in Beijing was merged into Hui college in 1950. In 1952, the branch in Chengdu was entitled "Northwest High School of Chengdu". In 1957, the branch in Lanzhou was named "Lanzhou Huimin Middle School".

北庭都护府 唐六都护府之一。武周长安二年（702），武则天于庭州（今新疆吉木萨尔北破城子）置北庭都护府，管理西突厥故地，仍隶属于安西都护府。景云二年（711），北庭都护府升为大都护府，由大都护正二品（后升为从一品）管理。与安西都护府分治天山南北。

པེ་ཐིང་བདེ་སྲུང་ཁང་།

ཐང་གི་བདེ་སྲུང་ཁང་དྲུག་གི་ནང་གསེས་གཅིག ཕུའུ་གྲོའུ་ཁྲང་ཨན་ལོ་གཉིས་པར་（༧༠༢）ཕུའུ་ཙེ་ཐེན་གྱིས་ཐིང་ཀྲུའུ་（དེང་གི་ཞིན་ཅང་ཆུས་མོའུན་ཨར་པེ་ཕོང་ཚེང་）དུ་པེ་ཐིང་བདེ་སྲུང་ཁང་བཙུགས། བྱང་ཕྱོགས་སུ་གུ་ལ་བདག་གཉེར་བྱེད་ཞིང་། སྔར་བཞིན་ཨན་ཞི་བདེ་སྲུང་ཁང་ལ་གཏོགས་ཅིང་ཡུན་ལོ་གཉིས་པར་（༧༠༢）པེ་ཐིང་བདེ་སྲུང་ཁང་དེ་བདེ་སྲུང་ཆེན་པོར་གོ་གནས་སྤར། བདེ་སྲུང་ཆེན་པོ་རིམ་པ་གཉིས་པ་དོ་མས་（ཕྱིས་སུ་རིམ་པ་དང་པོར་འཕར）བདག་གཉེར་བྱས། ཨན་ཞི་བདེ་སྲུང་ཁང་དང་ཆབས་ཅིག་ཡེན་ཧུན་རི་བོའི་ལྷོ་བྱང་གཉིས་གར་དབང་བསྒྱུར་བྱས།

Protectorate-General of the Northern Court, one of the six outposts established by the Tang Dynasty, was set up by Wu Zetian in the second year of Chang'an Wu's Zhou Dynasty (702) in Tingzhou (now Pochengzi to the North of Jimsar Xinjiang), to control the area of West Turkistan, and is under the command of the Anxi Protectorate. In the second year of Jingyun (711), Protectorate-General of the Northern Court was promoted to a higher rank, managed by Regular Second Grade (later Deputy First Grade). Together with Anxi Protectorate, it controlled north and south of the Tianshan Mountains.

北庭古城遗址 亦称"北庭故城",俗称"破城子"。位于新疆吉木萨尔县城以北。古城略呈长方形,分内、外两重,外城周长近5公里。唐代在此设北庭都护府,元代在此设别失八里元帅府。明初毁于战火。

བེ་ཐིང་མཁར་གྲོང་གནའ་ཤུལ། "པེ་ཐིང་གནའ་གྲོང་" ཡང་ཟེར། དགའ་རྒྱལ་ཕྱོར་ན་ "གྲོང་རྙིང་" ཞེས་ཀྱང་འབོད། ཞིན་ཅང་ཅུས་སོའི་ས་ཨར་རྫོང་གི་ཤར་ཕྱོགས་སུ་ཡོད། གནའ་གྲོང་དེ་གྲུ་བཞིའི་གཟུགས་བརྙན་དབྱིབས་ལྟར་མཚོན་ལ། ཕྱི་ནང་རིམ་པ་གཉིས་ཡོད། རའི་མཐའ་འཁོར་རིང་ཚད་ཕལ་ཆེར་སྤྱི་ལེ་༥ཙམ་ཡོད། ཐང་རྒྱལ་རབས་ཀྱི་སྐབས་སུ་གནས་འདིར་བེ་ཐིང་བདེ་སྲུང་ཁང་བཞི་ཆགས་པ་དང་། ཡོན་རྒྱལ་རབས་ཀྱི་དུས་པའི་ཕྱི་ཡིག་དམག་སྒྱུ་བཙུགས། མིང་རྒྱལ་རབས་ཀྱི་དུས་མགོར་དམག་འཁྲུག་ཐོག་ནས་མེད་པར་བྱུང་།

Beiting ruins, also known as "ancient city of Beiting", was commonly called as "Pochengzi". It was located in the north of Jimsar county of Xinjiang, and the shape of the ancient city was generally rectangular, divided into inner and outer wall, and the perimeter of the outer wall was nearly 5 kilometers. Protectorate-General of the Northern Court was set in the Tang Dynasty, and capital of the federation of the five cities was set in the Yuan Dynasty. It was destroyed in the early Ming Dynasty.

北魏 北朝的第一个政权。公元386年由拓跋珪所建立,定都平城(今大同市)。后统一华北。493年迁都洛阳,皇帝改元姓。534年分裂为东魏与西魏。550年东魏亡于高洋,建立北齐。557年西魏亡于宇文觉,建立北周。

བྱེ་རྒྱལ་རབས་བྱང་མ། རྒྱལ་རབས་བྱང་བའི་རྒྱལ་སྲིད་ཐོག་མ། སྤྱི་ལོར་འཕོར་ཐོའི་གཉའི་ཡིས་བཙུགས། རྒྱལ་ས་ཕིན་ཀྲུན (དེང་གི་ཏ་ཐུང་གྲོང་ཁྱེར) བྱས། རྗེས་སུ་དབུས་ཁུལ་གཅིག་གྱུར་བྱས། ༤༩༣ལོར་རྒྱལ་ས་ཡང་ཡང་ལ་སྤར། གོང་མའི་དུས་ཡིག་ལ་བསྒྱུར། ༥༣༤ལོར་ཕའི་རྒྱལ་རབས་ཤར་མ་དང་ཕའི་རྒྱལ་རབས་ནུབ་མ་གཉིས་སུ་གྱེས། ༥༥༠ལོར་ཕའི་རྒྱལ་རབས་ཤར་མ་གོང་མའི་གཡང་གི་དུས་ལ་འཇིག་ཏེ། ཆི་རྒྱལ་རབས་བྱང་མ་བཙུགས། ༥༥༧ལོར་ཕའི་རྒྱལ་རབས་ནུབ་མ་ཡོན་བུན་ཅོའི་དུས་ལ་འཇིག་ཏེ། གྲོའི་རྒྱལ་རབས་བྱང་མ་བཙུགས།

Northern Wei, the first regime in the northern dynasties. It was founded by Tuoba Gui in AD 386, and its capital was Pingcheng (now Datong city). Afterwards he reunified the North China. He moved the capital to Luoyang in 493, and the Emperor renamed themselves the Yuan. In 534 the country split into Eastern and Western Wei Dynasty. In 550 Eastern Wei was destroyed by Gao Yang, who founded Northern Qi. In 557 Western Wei was destroyed by Yuwen Jue, who founded Northern Zhou.

北匈奴 东汉时对留居漠北的匈奴人的称呼。公元48年匈奴分裂成两部,蒲奴单于率部留居漠北,控制西域诸国。和帝时,北匈奴被东汉和南匈奴击败,一部分西迁,其余留居鄂尔浑河流域,后被鲜卑所并。

བྱང་ཧྲུའུ་ནུའུ། ཏུན་རྒྱལ་རབས་ཤར་མའི་དུས་སུ་

པའི་ཁྱུ་ཀྱི་ཞུང་ནུའི་འབོད་མིང་། སྐྱེ་ལོ་༤༨ལོར་ ཞུང་ནུའི་ཁག་གཉིས་སུ་གྱེས་ཏེ། པོ་ནུའི་ཧན་ཡུའ་ མོ་ པའི་ཁྱུ་དུ་འདུས་སྡོད་བྱེད་དུང་བྱང་ཕྱོགས་རྒྱལ་ཕྲན་ དག་ལ་དབང་བསྒྱུར་བྱས། གོང་མ་ཧེའི་སྐབས་དུས། རྒྱལ་རབས་ཤར་མ་དང་ཞུང་ནུའི་ལྷོ་མ་གཉིས་ཀྱིས་ ཞུང་ནུའི་བྱང་མ་ཕམ་པར་བཅུག་ཏེ། ཁ་ཤས་ནུབ་བསྐྱོད་བྱས། ཤག་མ་རྣམས་ཨུ་ཨོན་ཧོན་གཙང་པོའི་རྒྱུད་དུ་འདུས་སྡོད་ བྱས། རྗེས་སུ་ཞན་པེ་ཡིས་ལོངས་སུ་བཅུག

Northern Xiongnu are those who lived in Mobei during the Eastern Han Dynasty. Xiongnu split into two parts in AD 48, Punu Chanyu led his forces and lived in Mobei, governing countries in the west. And when the Emperor He was in power, Northern Xiongnu was defeated by the Eastern Han Dynasty and Southern Xiongnu, a part moving to the west, the rest staying in the regions along Orkhon River, and finally being merged by Xianbei.

北元 （明）徐达大军攻陷大元帝国首都大都后，退居蒙古高原的原元朝宗室建立的政权。因国号仍叫大元，以其地处塞北，故称北元。延续年代始于洪武元年（1368），终于建文四年（1402）。

ཡོན་རྒྱལ་རབས་བྱང་མ། མིང་རྒྱལ་རབས་ཀྱི་ཞུའི་ དགག་ཤུགས་ཀྱིས་ཡོན་ཆེན་པོའི་རྒྱལ་ས་ཏུ་ཧུའི་བཙན་ བཟུང་བྱས་རྗེས། ནང་སོག་མཐོ་སྒང་དུ་ཕྱིར་ཉུར་བྱས་པའི་ ཡོན་རྒྱལ་རབས་སྔ་དུག་རིགས་རྒྱུད་ཀྱི་བཙུགས་པའི་ སྲིད་དབང་། དེའི་ཕྱིར་རྒྱལ་ཁབ་སྔར་བཞིན་ཡོན་ཆེན་ པོ་ཟེར་བ་དང་། ས་ཕྱོགས་བྱང་མཐའ་ཡིན་པས། མིང་ ལ་ཡོན་རྒྱལ་རབས་བྱང་མ་ཞེས་བཏགས། ཧོན་ འབུད་ལོ་རབས་དང་པོ་ཁྲུའི་ལོ་དང་པོར་(1368)འགོ་བཙུགས་པ་དང་། ཅན་བུན་ལོ་བཞི་པར་(1402)འཇིག་གོ

Northern Yuan is the imperial regime of the previous power of the Yuan Dynasty. When Xu Da led his Ming armies and managed to capture the capital Dadu of the great empire Yuan, then the Mongols retreated to the Mongolia plateau, where the name Great Yuan was formally carried on. Since it was located in the north, it was known as the Northern Yuan. It began in the first year of Hong Wu(1368), and ended in the fourth year of Jianwen (1402).

北周 朝代名。北朝之一，鲜卑宇文氏所建。公元557年初宇文觉废西魏恭帝自立，国号周，建都长安（今西安），史称北周，亦称"后周"。公元577年灭北齐，统一中国北方。公元581年为隋所代。

ཀྲོའུ་རྒྱལ་རབས་བྱང་མ། རྒྱལ་རབས་ཞིག་གི་མིང་། བྱང་གི་རྒྱལ་རབས་ཀྱི་ནང་གསེས་གཅིག་ཞན་པེ་ཡོན་ བུན་རིགས་བརྒྱུད། སྐྱེ་ལོ་༥༥༧ལོར་ཡོན་བུན་ ཅོའི་ཡིས་ཐའི་རྒྱལ་རབས་ཉུབ་མའི་གོང་མ་གོང་ཏི་སྤར་ ཕབ་ཏེ་རང་ཉིད་གོང་མར་བསྐོས། རྒྱལ་ཁབ་ཀྱི་ མིང་ལ་ཀྲོའུ་རྒྱལ(དེང་གི་ཞི་ཨན)བྱས། དེ་ལ་ རྒྱལ་ཐོག་ཏུ་ཀྲོའུ་རྒྱལ་རབས་བྱང་མ་ཞེས་འབོད། "ཧོའུ་ ཀྲོའུ་རྒྱལ་རབས་ཞེས་མ"ཡང་ཟེར། སྐྱེ་ལོ་༥༧༧ལོར་ཆི་ བྱང་མ་བསྐྱུར་བྱས་ཏེ། ཀྲུང་གོའི་བྱང་ཕྱོགས་གཅིག་གྱུར་ བྱས། སྐྱེ་ལོ་༥༨༡ལོར་སུའི་རྒྱལ་རབས་ཀྱིས་ཚབ་བྱས།

Northern Zhou, one of the Northern Dynasties, was founded by Xianbei Yuwen clan. In the early 557 Yuwen Jue abolished Western Wei's emperor Gong, took his place and set the name Zhou, the capital Chang'an (now Xi'an), establishing Northern Zhou. In AD 577, it destroyed Northern Qi Dynasty, unified North China. And it was replaced by Sui Dynasty in 581.

贝功达 满语音译，意为"家长"。操满-通古斯语族语言诸民族和达斡尔族，过去对父系小家庭家长或户主的称谓。通常由男性长辈担任。

བེ་གུང་ད། མན་སྐད་སྒྲ་བསྒྱུར། "ཁྱིམ་བདག" གི་དོན། མན་ཐུང་གོའུ་སི་སྐད་རིགས་སྐྱོད་པའི་མི་རིགས་འགའ་ཤས་དང་ཏ་ཧོར་མི་རིགས་ལ་མཚོན་ན། སྔོན་ཆད་ཕ་རྒྱུད་ཁྱིམ་ཚང་ཆུང་ངུའི་ཁྱིམ་བདག་གི་མིང་། སྤྱིར་བཏང་དེ་སྐྱེས་པ་རྒན་པས་འགན་ཁུར།

Bei Gongda, the transliteration of Manchu language, means "the head of the family (patriarch)". Bei Gongda was the address by people who spoke Manchu-Tungus language and the Daur people to heads in patriarchal families in the past. Usually the post was held by male elders.

贝勒 满语音译，意为"管理众人"，亦即"旗之王"。原为满族贵族的称号，复数为"贝子"。后成为清代两个不同等级的爵位名称，相当于王或诸侯，地位次于亲王、郡王。

བེ་ལེ། མན་སྐད་སྒྲ་བསྒྱུར། "མི་མང་ལ་དོ་དམ་བྱེད་མཁན" གྱི་དོན། "དར་ཆའི་རྒྱལ་པོ" ཡང་ཡིན། སྤྱིར་གྱི་མན་རིགས་སྐུ་དྲག་གི་འབོད་མིང་། "བེ་ཙེ" ཡང་ཡོད་དེ། རྗེས་སུ་ཆིང་རྒྱལ་རབས་ཀྱི་རིམ་པ་མི་

གཅིག་པའི་དཔོན་པོའི་མིང་དུ་གྱུར། རྒྱལ་ཕྲན་རྒྱལ་པོ་དང་ཕལ་ཆེར་འདྲ། ཆུན་ཝང་དང་ཆུན་ཝང་གི་གོ་གནས་ལས་དམའ།

Beile, the transliteration of Manchu language, means "management of other people", also "Banner Lord". Originally it was an address to Manchu nobility, plural form as "Beizi". They are used to refer to two different ranks of nobility in the Qing Dynasty, and their rank is equivalent to the prince or lord, just a little lower than "Prince of the First Rank".

贝叶经 写在贝树叶子上的经文。源于古印度。有2500多年的历史。在造纸技术还没有传到印度之前，印度人就用贝树叶子书写东西。佛教徒们也用贝叶书写佛教经文，贝叶经的名字由此而来。后作为文化载体传入中国等国家。

ཏ་ལའི་ལོ་མའི་ཆོས་དཔེ། ཏ་ལའི་ལོ་མའི་སྟེང་དུ་བྲིས་ཡོད་པའི་ཆོས་དཔེ། ཁྲུངས་ནི་གནའ་བོའི་རྒྱ་གར་ཡིན། ལོ་ངོ་ ༢༥༠༠ ལྷག་གི་ལོ་རྒྱུས་ཡོད། ཤོག་བཟོ་རྒྱལ་ཉིང་རྒྱ་གར་དུ་མ་དར་གོང་དེའི་མི་སྟེང་དུ་ཡིག་འགོད་པ་དང་། ནང་བ་ཆོས་ཀུན་ཏུ་ཏ་ལའི་མ་བོའི་སྟེང་དེ་ཆོས་དཔེའི་བཀླགས་པ་རེད། ཏ་ལའི་མའི་ཆོས་དཔེའི་ཞེས་པའི་མིང་ཡང་དེ་ལྟར་ཐོགས། རྗེས་སུ་རིག་གནས་ཀྱི་ལུས་ཐོག་ནས་ཀྲུང་གོ་སོགས་རྒྱལ་ཁབ་མང་པོར་ཁྱབ།

Beiye Jing (the Pattra-leaf scriptures), is Buddhist scriptures written on pattra leaves. It originated in India, and has a history of more than 2,500 years. The Indians used to writing on the pattra leaves before the circulation of paper-making skills from China.

The Buddhists had to write the scriptures on the pattra leaves, and that's the origin of the Pattra-leaf Scriptures. The Pattra-leaf scripture was introduced to China and other countries as a cultural carrier.

贝子庙 内蒙古著名庙宇之一。位于锡林浩特市北部。建于1743年。由当时的"贝子旗"巴拉吉日道尔吉贝子和巴拉米尔伦德布一世活佛主持兴建，故名。又因该庙一世活佛曾获"班智达"（大学者）称号，又名"班智达葛根庙"。占地1.2平方公里，标志建筑为七座大殿、五座活佛殿、五座佛塔。

པའི་སྡེ་དགོན་པ། ནང་སོག་གི་དགོན་སྡེ་ཁག་ལས་གྲགས་ཅན་ཞིག ཞི་ལུའེ་ཧུའོ་ཐེ་གྲོང་ཁྱེར་གྱི་བྱང་ངུ་ཡོད་པ་དང་། ༡༧༤༣ལོར་སྐབས་དེའི་ "པའི་སི་དར་ཚོ" པའི་སི་དཔལ་ཞིགས་ཚོ་རུ་རྗེ་རྡོ་རྗེ་དང་དཔལ་ཞིགས་མེར་ལུན་བདག་པོ་སྐུ་ཕྲེང་དང་པོའི་མཛད་སྐོང་འོག་གསར་དུ་བཞེངས་པས་མིང་ཡང་དེ་ལྟར་ཐོགས། དེའི་ཕྱིར་དགོན་པ་དེའི་མིང་ལ་ "པཎྜི་ཏ" ཡི་མིང་རྒྱུན་དགོན་ཡང་འབོད། རྒྱ་ཁྱོན་ལེ་གྲུ་བཞིན་ 1.2 འཛིན་འདུ་གང་ཆེན་པོ་བདུན་དང་། བླ་མའི་གཟིམ་ཁང་ལྔ། མཆོད་རྟེན་ལྔ་བཅས་ནི་མཚོན་རྟགས་རང་བཞིན་གྱི་འཛུགས་སྐྲུན་ཡིན།

Beizi Temple, one of the famous temples in Inner Mongolia, was founded in 1743 and was located in the north Xilinhaote city. It took its name after the name of the Banner (Qi) where it used to be located. The living Buddha Bala Jiri Daoerji Beizi and Bala Mier Lundebu I, presided over the construction of the temple. Because the Rinpoche of the temple once won the title of "pandita" (Profound Scholar), it is also known as Pandita Gegen Temple. It covers an area of 1.2 square kilometers, whose landmark building is seven Halls, five Buddha Temples and five pagodas.

孛儿帖赤那 蒙古语音译，意为"苍色的狼"。传说中的蒙古族祖先。

བོ་ཨེར་ཏེ་ཁྲི་ན། སོག་སྐད་སྒྲ་བསྒྱུར། "སྔོན་གྱི་སྤྱང་ཀུ" ཡི་དོན། དག་རྒྱུན་སོག་གི་སྲོག་པོའི་མེས་པོ།

Baurjihin, the transliteration of Mongolian, means "blue wolf". It was the Mongolian ancestor according to the legend.

本钦 藏语音译，意为"大官"。元代西藏官职名，为元代统治乌思藏地区的萨迦地方政权的军政首领，又称"萨迦本钦"。经国师举荐，皇帝任命。

དཔོན་ཆེན། ཡོན་རྒྱལ་རབས་སྐབས་ཀྱི་བོད་སྟོང་དཔོན་གནས་ཞིག་གི་མིང་། ཡོན་གྱིས་དབུས་གཙང་ཁུལ་དབང་བསྒྱུར་བྱེད་པའི་ས་སྐྱའི་ས་གནས་སྲིད་གཞུང་གི་དམག་སྲིད་ཀྱི་འགོ་འཁྲིད། "ས་སྐྱ་དཔོན་ཆེན" ཡང་ཟེར། གོ་ཆེས་གཞེངས་སྦྲེལ་བྱས་ཏེ། གོང་མས་དཔོན་ཆེན་གྱི་གོ་སར་བསྐོས།

Benqin, the transliteration of Tibetan, means "officers in high position". It was the address of Tibet officers in the Yuan Dynasty, military leaders of Sakya's local government in U-Tsang Tibetan area ruled by the Yuan government. It was known as "Sakya Benqin". They were recommended by the grandmaster of the country and appointed by the emperor.

本教 藏族原始社会时期产生的本土宗教。

崇拜鬼神精灵和自然物，重祭祀、跳神和占卜等。后辛饶弥沃在吸收和改革原始本教的基础上创立了"雍仲本教"，使本教得以统一。7世纪后，经"佛本之争"，本教在西藏失去统治地位。由此，佛、本两教又互相影响和吸收，遂有藏传佛教。

བོན། བོད་གདོད་མའི་སྤྱི་ཚོགས་སུ་བྱུང་བའི་གདོད་མའི་ཆོས་ལུགས། ལྷ་འདྲེ་དང་རང་བྱུང་ཁམས་ལ་དད་མོས་དང་། དམར་མཆོད། ལྷ་ཅེད། མོ་རྩིས་སོགས་གཙིགས་ཆེན་བྱེད། རྗེས་སུ་སྟོན་པ་གཤེན་རབ་ཀྱིས་གདོད་མའི་བོན་ཆོས་དང་ཞེ་དང་བཅོས་སྒྱུར་སྟོགས་དེའི་ཁྲ་གཞིའི་སྟེང་དུ་གཡུང་དྲུང་བོན་གསར་གཏོད་མཛད་པོན་ཆོས་མཆོག་ཏུ་གྱུར་བྱས། དུས་རབས་བདུན་པའི་རྗེས་སུ་བན་བོན་འཐབ་རྩོད་བརྒྱུད་ནས་བོན་ཆོས་ཀྱིས་བོད་དབང་བསྒྱུར་བའི་གནས་རིམ་གྱིས་ཤམས་དེར་བསྐྱུར་བན་བོན་གཉིས་ཕན་ཚུན་དང་ལེན་དང་ཤུགས་རྐྱེན་འོག་བོད་བརྒྱུད་ནང་བསྟན་ཆོས་ལུགས་བྱུང་།

Bon, the native religion produced during the period of Tibetan primitive society, worships spirits, elves and natural objects, and values ritual, dancing, and divination. Later Shenrab Miwo created the "Yungdrung Bon Religion" on the basis of absorbing and reforming the original Bon Religion, so that Bon Religion got unified. After the seventh century, by controversy between Bon and Buddhism, Bon Religion lost its dominant status in Tibet. Thus, Bon and Buddhism influence and absorb from each other, and by that way, Tibetan Buddhism exists.

比丘 梵语的音译。意译"乞士"，以上从诸佛乞法，下就俗人乞食得名，为佛教出家"五众"之一。指年满20岁、受过具足戒的男性出家人。相应的女性出家人称为比丘尼，中国又俗称"尼姑"。

དགེ་སློང་། ལེགས་སྦྱར་སྐད་ཀྱི་དོན་བསྒྱུར། ལེགས་སྦྱར་སྐད་དུ་དགེ་སློང་། གོང་གསང་རྒྱལ་ལས་ཆོས་སློང་དང་། འོག་མི་སྐྱེས་ལས་ཟས་སློང་བའི་སློང་ནས་མིང་ཐོགས་པ། ནང་བའི་རབ་བྱུང་བ་དགེ་སློང་ལྔའི་ནང་གི་གཅིག་ཡང་ཡིན། ལོ་ཉི་ཤུ་ལོན་རྗེས་དགེ་སློང་གི་སྡོམ་པ་བླངས་པའི་དགེ་སློང་ཕོ་དང་། དེ་དང་སྟོབས་པ་རིགས་མཐུན་པའི་དགེ་སློང་མོ་སྟེ་དགེ་སློང་མ་ཞེས་ཡོད།

Bhikkhu, the transliteration of Sanskrit, free translation as "beggars", which meant begging laws from different Buddhas, food from common people, was one of the "five monks". He must be at least twenty years old, a male monk who experienced the rite of ordination. The corresponding female monks are called bhikkhuni, which is commonly known as "nun" in China.

比丘戒 见"具足戒"词条。

དགེ་སློང་གི་ཁྲིམས་པ། དགེ་སློང་གི་སྡོམ་པའི་མིང་ཚིག་ཏུ་གསལ།

Bhikku disciplines See the entry "Upasampada".

比丘尼戒 见"具足戒"词条。

དགེ་སློང་མའི་ཁྲིམས་པ། དགེ་སློང་མའི་སྡོམ་པའི་མིང་ཚིག་ཏུ་གསལ།

Bhiksuni disciplines See the entry "Upasampada".

《神海纪游》 又名《采硫日记》。郁永河著。清康熙三十六年（1697）其受命赴台湾采炼硫黄，遍历高山族村庄。后把在台见闻撰文汇编成书。书中描绘了17世纪的台湾风土民情，是研究清代高山族历史的重要文献。

《མཚོ་ཆུང་ཡུལ་སྐོར་བྱེད་བྲིས》 མིང་གཞན་ལ《སུ་ཇེ་འཕུ་བའི་ཞིབ་པོ》ཡོའུ་ཡུང་དུ་ཡིས་བརྩམས། ཆིང་རྒྱལ་རབས་ཁང་ཞིའི་ཁྲི་ལོ་སོ་དྲུག་ལོར（1697）བགའོ་སྲན་ཐབ་ཁག་ཏུ་སུ་ཇེ་འཕུ་བར་སོང་སྟེ། གའོ་ཧྲན་རིགས་ཀྱི་གྲོང་སྡེ་ཐམས་ཅད་ལ་གནས་སྐོར་བྱས། རྗེས་སུ་གའོ་སྲན་གྱི་འབྱུང་ཁུངས་ཡི་གེར་བཀོད། དེ་དུས་ཀྱི་ཆ་བརྩམས་དཔེ་ཆའི་ནང་དུས་རབས་བཅུ་བདུན་པའི་ཐའེ་ཝན་གྱི་ཡུལ་སྲོལ་གོམས་གཤིས་བྲིས་ཡོད། ཆིང་རྒྱལ་རབས་སྐབས་ཀྱི་གའོ་ཧྲན་མི་རིགས་ཀྱི་ལོ་རྒྱུས་ལ་ཞིབ་འཇུག་བྱེད་པའི་དཔེ་རྟེན་གལ་ཆེན་ཞིག་ཡིན།

Observations on the Aborigines of Taiwan is also known as *Travel Diary of Sulfur Mining* and the author is Yu Yonghe. He got his mission from the Qing emperor Kangxi to Taiwan for mining and refining sulfur in the thirty-sixth year（1697）, traveling about in villages with Gaoshan people. Then he wrote a book about what he saw and heard in Taiwan. He described Taiwan customs in the seventeenth Century in this book. It's the important literature for the study on the history of Gaoshan ethnic group in the Qing Dynasty.

边疆建设事业补助费 我国边疆地区建设专款。1977年设置。用于黑龙江、吉林、辽宁、内蒙古、甘肃、新疆、西藏、云南、广西、广东、福建、浙江、山东等省、自治区发展生产、整修商业网点、维修公路和邮电设施以及发展文教卫生事业等。款项的75%以上用于边疆的少数民族地区。

མཐའ་མཚམས་འཛུགས་སྐྲུན་ལས་དོན་གྱི་རོགས་སྐྱོར་དངུལ། རང་རྒྱལ་མཐའ་མཚམས་ས་ཁུལ་བསྐྲུན་པའི་ཆེད་དངུལ། ༡༩༧༧ལོར་བཀོད་སྒྲིག་བྱས། ཧེ་ལུང་ཅང་དང་། ཅི་ལིན། ལིའོ་ཉིང་། ནང་སོག་གསུམ། ཞིན་ཅང་དང་། བོད་ལྗོངས། ཡུན་ནན། ཀོང་ཞི། ཀོང་ཏུང་། ཧྥུ་ཅན། ཀྲེ་ཅང་ཧན་ཏུང་བཅས་ཞིང་ཆེན་དང་རང་སྐྱོང་ལྗོངས་ཀྱི་ཐོན་སྐྱེད་གོང་འཕེལ་དང་། ཚོང་ལས་དྲ་ཚིགས་བཟོ་བཅོས། གཞུང་ལམ་བཟོ་བཟོ་གསོ་སྒྲིག་ རིག་གནས་སློབ་གསོ་བདེ་སྲུང་གཞི་ཡི་འཕེལ་རྒྱས་སོགས་ལ་བཀོལ་སྤྱོད་བྱེད། མ་དངུལ་གྱི་བརྒྱ་ཆའི་དོན་ལྔ་ཡན་ཆད་ཞིང་གི་གནས་ཉུལ་མི་རིགས་ས་ཁུལ་ལ་བེད་སྤྱོད།

Operating Expenses to Subsidize Border Construction, a special fund for construction in frontier regions in China, was set up in 1977. It was used for the development of the production, the renovation of commercial networks, the repair of the road and post facilities, and the development of cultural and educational and medical and health undertakings in province and autonomous regions, such as Heilongjiang, Jilin, Liaoning, Inner Mongolia, Gansu, Xinjiang, Tibet, Yunnan, Guangxi, Guangdong, Fujian, Zhejiang, and Shandong. More than 75% of the fund was used for the minority areas in the border regions.

边疆少数民族 指聚落地位于中国边境地区的少数民族。

མཐའ་མཚམས་གྲངས་ཉུང་མི་རིགས། ཀྲུང་གོའི་མཐའ་མཚམས་ས་ཁུལ་དུ་འདུས་སྡོད་བྱེད་པའི་གྲངས་ཉུང་མི་རིགས་ལ་བསྟན།

Ethnic Groups of China's Borderlands refer to those ethnic ones who settle in the border areas of China.

边境村寨便民工程　我国的政策性规划。由2011年国务院颁布的《兴边富民行动规划（2011—2015年）》提出，重点建设与群众切身利益相关的中小微型基础设施，用以解决群众基本出行、用电、清洁能源使用、安全饮水、村容村貌改善等问题，方便群众防洪抗旱、轮牧转场。

མཐའ་མཚམས་གྲོང་སྡེའི་དམངས་བདེ་ལས་གཞི། རང་རྒྱལ་གྱི་སྲིད་ཇུས་རང་བཞིན་གྱི་འཆར་གཞི། ༢༠༡༡ལོར་རྒྱལ་སྲིད་སྤྱི་ཁྱབ་ཁང་གིས་སྤེལ་བའི《མཐའ་སྐྱོང་དམངས་ཕྱུག་བྱ་འགུལ་འཆར་གཞི(༢༠༡༡—༢༠༡༥)》ལས་བཏོན་པར། མང་ཚོགས་ཀྱི་ཟ་བའི་ཁེ་ཕན་དང་འབྲེལ་བའི་རྣམ་པའི་ལས་གཞི་ཆེ་མ་ཆུང་གསུམ་སྟེ་བར་བཟུང་ནས་འཛུགས་སྐྲུན་བྱས་ཏེ། མི་དམངས་ཀྱི་གཞི་རྩའི་འགྲོ་འདུག་དང་གློག་སྤྱོད། ནུས་ཁུངས་གཙང་བཀྲོལ། བཏུང་ཆུ་བདེ་འཇགས། གྲོང་སྡེའི་རྣམ་པ་ལེགས་སྒྱུར་གྱི་གནད་དོན་གཏོད་བྱུས་ནས། མི་དམངས་ཀྱི་ཆུ་འགོག་ཐན་འགོག་དང་རྩྭ་ར་བརྗེ་སྒྱུར་ལ་སྟབས་བདེ་བའི་བཟོ་པོ།

Project to Provide Convenience to the Border people is the program made by the government. In 2011, the *Program of Revitalizing Border and Enriching the people* was issued by the State Council, which aims to give priority to develop the small and medium-sized infrastructure facilities that relates to the very interests of the people, to solve problems as transport, electricity, clean energy, safe drinking water, village's face-lift etc., and to offer people convenience to deal with floods and drought and rotational pasture.

边境地方贸易　在我国，现指两国边境地方政府根据贸易协定签订合同，由两国地方外贸或边境贸易管理机构指定企业在规定的交货品种范围和指定经由口岸进行商品交换的一种贸易方式。

མཐའ་མཚམས་ས་ཁུལ་ཚོང་དོན། རང་རྒྱལ་དུ་རྒྱལ་ཁབ་གཉིས་ཀྱི་མཐའ་མཚམས་ས་གནས་སྲིད་གཞུང་གིས་ཚོང་དོན་གྲོས་ཆིངས་གཞིར་བཟུང་ནས། རྒྱལ་ཁབ་གཉིས་ཀྱི་ས་གནས་ཕྱི་ཚོང་ངམ་ཡང་ན་མཐའ་མཚམས་ཚོང་དོན་དོ་དམ་གྱི་དེས་གཏན་ཁེལ་བྱས་པའི་ཁེ་ལས་ཀྱིས་གཏན་ལ་ཕབ་པའི་ཚོང་ཟོག་སྣ་ཚོགས་ཀྱི་ཁྱབ་ཁོངས་དང་། དེས་གཏན་གྱི་སྒྲུ་ཁུན་ཚོང་ཟོག་བརྗེ་རེས་བྱེད་པའི་ཚོང་དོན་ཐབས་ལམ་ཞིག་ལ་བསྟུན།

Frontier and Local Trade refers to a way of commodity exchange under the contract signed by the two local governments between China and its neighboring countries, which stipulated the delivery varieties and the specified ports by enterprises designated by the local foreign trade or border trade management institutions.

边境地区和少数民族聚居地区基本建设补助费　1979年国家设置专款。用于黑龙江、吉林、辽宁、内蒙古、甘肃、新疆、西藏、云南、广西、广东、福建、浙江、山东、贵州、宁夏、青海、四川等17个省、自治区边境和山区的公路、广播、电视、人畜饮水等基本建设事业。款项约80%用于少数民族地区。

མཐའ་ མཚམས་ ས་ ཁུལ་ དང་ གྲངས་ ཉུང་ མི་
རིགས་འདུས་སྡོད་ཁུལ་ གྱི་ གཞི་ རྩའི་འཛུགས་
སྐྲུན་ གྱི་ རོགས་ སྐྱོར་ དངུལ། ༡༩༧༩ལོ་ནས་རྒྱལ་
ཁབ་ཀྱིས་ཆེན་མཁྲེགས་དངུལ་བཀྲོལ་སྟེ། ཧེ་ལུང་ཅང་
དང་ཨི་ཞིན། ནན་སོག གན་སུའུ། ཞིན་ཅང། བོད་
ལྗོངས། ཀོང་ཞི། ཀོང་ཏུང། ཁྲུའུ་ཅང། ཀྲིའུ་ཅང། ཧྲན་
ཏུང། ཀུའི་གྲོའུ། ཉིང་ཞ། མཚོ་སྔོན། སི་ཁྲོན་སོགས་
ཞིང་ཆེན་༡༧དང༌། རང་སྐྱོང་ལྗོངས་ཀྱི་མཐའ་མཚམས་
དང་ཁྱོར་ གྱི་ གཞུང་ ལམ་ དང་། རླུང་ བསྒྲགས། བརྙན་
འཕྲིན། མི་ཕྱུགས་ཀྱི་འཐུང་ཆུ་སོགས་གཞི་རྩའི་འཛུགས་
སྐྲུན་ཐད་ ལ་ སྤྱོད་ པ། ཆེ་ དཔལ་ ལས་ ༨༠%གནས་ ཉུང་
མི་རིགས་ས་ཁུལ་དུ་བེད་སྤྱོད་བྱས།

Subsidies for the Basic Construction in the Borderlands and Areas Inhabited by the Ethnic Minorities, set by the state in 1979, are used for the construction of highway, radio and television, drinking water and other infrastructures in 17 provinces and autonomous regions like Heilongjiang, Jilin, Liaoning, Inner Mongolia, Gansu, Xinjiang, Tibet, Yunnan, Guangxi, Guangdong, Fujian, Zhejiang, Shandong, Guizhou, Ningxia, Qinghai, Sichuan. About 80% of the subsidy is used in the minority areas.

边境贸易 在我国，现指边境地区，在一定范围内边民或企业与邻国边境地区的边民或企业之间的货物贸易。主要分以下几种形式：边民互市贸易、边境民间贸易、边境地方贸易。

མཐའ་མཚམས་ཚོ་ཚོང་། རང་རྒྱལ་དུ་མཐའ་
མཚམས་ས་ཁུལ་གྱི་ཁྱབ་ཁོངས་དེས་ཅན་དང་། མཐའ་
མཚམས་ས་ཁུལ་གྱི་མི་དམངས་དང་ཞི་ལས་ཁྱིམ་ཁྱིམ་
མཚོན་རྒྱལ་ཁབ་ཀྱི་མཐའ་མཚམས་ས་ཁུལ་གྱི་མི་དམངས་
དང་ཞི་ལས་ཁོག་ཏོག་ཚོང་བྱེད་པར་ཟེར། གཙོ་བོ་
གཉིས་ཀྱི་རིགས་འགའ་འདུག མཐའ་མཚམས་ཡུལ་མི་
བར་གྱི་ཚོང་དང་། མཐའ་མཚམས་དམངས་ཁྲོད་ཀྱི་ཚོ་
ཚོང་། མཐའ་ཁུལ་གྱི་ས་གནས་ཚོ་ཚོང་བཅས་སོ།

Border Trade in China, now refers to goods exchange in regions along the borderline between border residents or enterprises in a certain range and those in neighboring countries. It is mainly divided into several kinds: trade fairs for border residents, trade between border citizens, and local border trade.

边境民间贸易 在我国，现指经地方政府批准，由具有一定法人资格的国有或集体对外商号或公司，以民间形式同外国商人开展贸易活动方式。贸易不受金额限制，进出口商品要纳入海关监督。

མཐའ་མཚམས་དམངས་ཁྲོད་ཀྱི་ཚོ་ཚོང་། རང་
རྒྱལ་དུ་ས་གནས་སྲིད་གཞུང་གི་ཆོག་མཆན་ཐོབ་ཅིང་།
ཁྲིམས་མིའི་ཐོབ་ཐང་ངེས་ཅན་ཡོད་པའི་རྒྱལ་དབང་རམ་
ཚོགས་པའི་ཕྱི་ལ་སྤྱོད་པའི་ཚོང་རྟགས་སམ་ཀུང་སི་
དམངས་ཆོགས་ཀྱི་རྣམ་པས་ཕྱི་རྒྱལ་ཚོང་པ་དང་སྟོང་
འཚོང་བྱ་འགུལ་སྤེལ་བ། ཕོ་ཚོང་ལ་དངུལ་གུངས་ཀྱི་ཚད་
བཀག་མེད། ཕྱིར་གཏོང་ནང་འདྲེན་གྱི་ཚོང་ཟོག་ནི་མཚོ་
འགོག་གི་ཆོག་ཞིབ་ཏུ་ཚུད་ཡོད།

Trade between Border Citizens in our country is a way of trade approved by the local government. The state-owned or collective foreign firms with corporate capacity carry out trading activities with foreign businessmen in the non-governmental manner. The trade is not restricted by the amount of money, and the import and export commodities are under the supervision of customs.

边境水利建设工程 我国的政策性规划。由2011年国务院颁布的《兴边富民行动规划（2011—2015年）》提出，统筹边境地区防洪、灌溉、农村供水、水电开发、水土保持等各类水利建设任务，做好边境地区大江大河治理、控制性枢纽工程、病险水库除险加固、界河治理、节水灌溉、小水电及农村电气化等工程建设。

མཐའ་མཚམས་ཀྱི་ཆུ་བེད་འཛུགས་སྐྲུན་ལས་གཞི། རང་རྒྱལ་གྱི་སྲིད་དུས་རང་བཞིན་གྱི་འཆར་འགོད། ༢༠༡༡ལོར་རྒྱལ་སྲིད་སྤྱི་ཁྱབ་ཁང་གིས་ཁྱབ་བསྒྲགས་པའི《མཐའ་ཁུལ་དར་སྤེལ་དང་མི་དམངས་ཕྱུག་བསྒྱུར་བྱ་འགུལ་གྱི་འཆར་འགོད་（༢༠༡༡—༢༠༡༥）》དུ་བཀྲ་བྱ་བཏོན་པ་ལྟར་ན། མཐའ་མཚམས་ས་ཁུལ་ཆུ་ཞོད་འགོག་དང་། ཞིང་ཆུ་འདྲེན་པ། ཞིང་སྡེའི་ཆུ་ཐོན་སྦྱོར། ཆུ་གློག་གསར་སྐྲུན། ཆུ་སླུང་འཛིན་སྤོང་གྱི་ཆུ་བེད་འཛུགས་སྐྲུན་ལ་གཅིག་གྱུར་འཆར་འགོད་བྱེད་པ་དང་། མཐའ་མཚམས་ས་ཁུལ་གྱི་ཆུ་ཀླུང་བདག་སྐྱོང་། ཆུ་བེད་འཛུགས་སྐྲུན་འགག་གནད་ཅན་དང་གས་རལ་ཅན་གྱི་ཆུ་མཛོད་ལ་ཉེན་སེལ་དང་བརྟན་བཟོ་བ། ས་མཚམས་ཆུ་བོ་བདག་སྐྱོང་། ཆོས་ལྡན་གྱི་ཆུ་འདྲེན་པ། ཆུ་གློག་ཆུང་ངུ་དང་ཞིང་སྡེའི་གློག་ཤུགས་ཅན་དུ་བསྒྱུར་བ་སོགས་ཀྱི་ལས་གཞིའི་འགོག་སྐྲུན་བྱེད་པའོ། །

Border Water Conservancy Construction Project is the program made by the government. In 2011, the *Program of Revitalizing Border and Enriching the people* was issued by the State Council, which aims to plan well water conservancy construction of regions along the borderline like flood prevention, irrigation, water supply in rural areas, hydropower development, soil and water conservation, and work well on the construction projects like harnessing of medium and small rivers, water-control project, reinforcement of unsafe reservoirs, regulation of the border river, water-saving irrigation, small hydropower stations and electrification program in the rural area.

边境文化固边工程 我国的政策性规划。由2011年国务院颁布的《兴边富民行动规划（2011—2015年）》提出，重点支持少数民族语言文字普遍使用的边境地区，大力开展国产优秀影视作品、科普作品的翻译发行，并提高市场投放的时效性和普及性。

མཐའ་མཚམས་ཀྱི་རིག་གནས་མཐའ་བརྟན་ལས་གཞི། རང་རྒྱལ་གྱི་སྲིད་དུས་རང་བཞིན་གྱི་འཆར་འགོད་དེ། ༢༠༡༡ལོར་རྒྱལ་སྲིད་སྤྱི་ཁྱབ་ཁང་གིས་ཁྱབ་བསྒྲགས་བྱས་པའི《མཐའ་ཁུལ་དར་སྤེལ་དང་མི་དམངས་ཕྱུག་བསྒྱུར་བྱ་འགུལ་གྱི་འཆར་འགོད་（༢༠༡༡—༢༠༡༥）》དུ་བཀྲ་བྱ་བཏོན་པ་ལྟར་ན། གྲངས་ཉུང་མི་རིགས་ཀྱི་སྐད་ཡིག་གི་རྒྱུན་ཁྱབ་བེད་སྤྱོད་བྱེད་བཞིན་པའི་མཐའ་མཚམས་ས་ཁུལ་དུ་རྒྱབ་སྐྱོར་ཤུགས་ཆེན་བྱེད་དགོས་ཐུབ་བྱེད། རྒྱལ་ནང་ནས་ཐོན་པའི་སློབ་བསྟན་འཕྲིན་དང་ཚན་རྩལ་ཁྱབ་བསྒྲགས་ཅན་གྱི་བརྙན་འཕྲིན་བཟོ་བྱ་ལ་སྐད་འདེར་བྱེད་པ་དང་། ཁྲོམ་རའ་འདོན་སྤྲོད་བྱེད་པའི་དུས་ཡུན་རང་བཞིན་དང་ཁྱབ་བརྡལ་རང་བཞིན་མཐོར་འདེགས་བྱེད་རྒྱུའོ། །

Culture Project to Safeguard the Border

is the program made by the government. In 2011, the *Program of Revitalizing Border and Enriching the people* was issued by the State Council, which aims to support the border areas where minority languages are commonly used, to carry out the cause of translating and issuing the excellent domestic films, television works, popular science works, and to improve the efficiency and popularity of their being put on the market.

边境信息下乡工程　我国的政策性规划。由2011年国务院颁布的《兴边富民行动规划（2011—2015年）》提出，重点建设涉边、涉农信息服务平台，加强边境贸易、边境文化交流、气象服务、科技等方面的信息服务，提高边境地区农业生产和农产品销售的信息化水平。

མཐའ་མཚམས་ཆ་འཕྲིན་གཞི་རིམ་དུ་སྐྱེལ་བའི་ལས་གཞི། རང་རྒྱལ་གྱི་སྲིད་ཇུས་རང་བཞིན་གྱི་འཆར་འགོད་དེ། ༢༠༡༡ལོར་རྒྱལ་སྲིད་སྤྱི་ཁྱབ་ཁང་གིས་ཁྱབ་བསྒྲགས་བྱས་པའི《མཐའ་ཁུལ་དར་སྤེལ་དང་མི་དམངས་ཕྱུག་བསྐྲུན་གྱི་འཆར་འགོད（༢༠༡༡—༢༠༡༥）》དུ་བཏོན་པ་ལྟར་ན། མཐའ་མཚམས་དང་འབྲེལ་བའམ། མཐའ་མཚམས་ཞིང་པའི་ཆ་འཕྲིན་ཞབས་ཞུ་སྒྲིག་པའི་འཇུག་སྣོན་སྒྲུབ་གཞི་སྟོབས་སྐྱེད་དགོས་པ་དང་། མཐའ་མཚམས་ས་ཁུལ་གྱི་ཚོང་དང་རིག་གནས་བརྗེ་རེས། གནམ་གཤིས་ཞབས་ཞུ་ཚན་རྩལ་འདོན། ཚན་རྒྱལ་སོགས་ཀྱི་ཆ་འཕྲིན་ཞབས་ཞུ་བྱ་བ་དང་། མཐའ་མཚམས་ཁུལ་གྱི་ཞིང་ཕྱོན་ཐོན་དང་ཞིང་ཕྱོན་ཉར་ཚོང་གི་ཆ་འཕྲིན་རང་བཞིན་གྱི་ཆ་ཚད་གོང་ས་གཏོང་རྒྱུ།

Project of Bringing Information to the Border Villages is the program made by the government. In 2011, the *Program of Revitalizing Border and Enriching the people* was issued by the State Council, which focuses on the construction of information service platforms related to border and agriculture, on the strengthening of the information services related to border trade, cultural exchange, meteorological service, science and technology and other aspects, on the improvement of the informationization of agricultural production and sales of agricultural products in border areas.

边民互市　在我国，现指边境地区在边境线20公里以内，经政府批准的开放点或指定的集市上，在不超过规定的金额或数量范围内进行的商品交换活动。

མཐའ་མཚམས་ཡུལ་མིའི་བར་གྱི་ཉོ་ཚོང་། རང་རྒྱལ་དུ་དངོས་བསྟན་མཐའ་མཚམས་ས་ཁུལ་གྱི་མཐའ་མཚམས་ཐིག་ནང་རྡོན་སྟེ་སྤྱི་ལེ་༢༠ཡི་ཚུན་ཆད་དུ་སྲིད་གཞུང་གི་ཆོག་མཆན་ཐོག་བཙུགས་པའམ་གཏན་འབེབས་ཀྱིས་རར་གཏན་འཁེལ་གྱི་དགུལ་འབོར་དང་། གྲངས་འབོར་གྱི་ཁྱབ་ཁོངས་ནང་ཚོང་ཟོག་བརྗེ་རེས་བྱེད་པའི་བྱ་འགུལ་ལ་ཟེར།

Trade Fairs for Border Residents in China refer to goods exchange activities in open or specified bazaars approved by the government within 20 kilometers around the border, not exceeding the prescribed money or quantity.

《边销茶国家储备管理办法》　文件名。2002年由国家计委、财政部联合制定。

以完善边销茶国家储备管理制度，保证边销茶市场稳定供应。

《རྒྱལ་ཁབ་ཀྱི་མཐའ་མཚམས་ཏ་ཆོང་གནས་གསོག་དོ་དམ་བྱ་བབས》 ཡིག་ཚིག་གི་མིང་། ༢༠༠༢ལོར་རྒྱལ་ཁབ་ཆེས་གཞིར་ཡུ་ལོན་ལྷན་ཁང་དང་ནོར་སྲིད་པུའི་གཉིས་ཀྱིས་ལྷན་དུ་བཟོས། མཐའ་མཚམས་ཏ་ཡི་ཆོང་རྒྱལ་ཁབ་ཀྱི་གནས་གསོག་དོ་དམ་ལམ་ལུགས་འཕུས་ཚད་དུ་བཏང་ནས། མཐའ་མཚམས་ཀྱི་ཏ་ཡི་ཆོང་ཁྲོམ་རའི་མཁོ་འདོན་བརྟན་འཇགས་འགན་ལེན་བྱེད་པ་ཞིག་གོ།

Administrative Rules on National Reserve of Tea-leaf for Border Sales, was formulated jointly by the State Planning Commission and Ministry of Finance in 2002, in order to improve the management system of the national reserve of tea-leaf for border sales, and to ensure the stable supply of border-trade tea.

《边州入四夷道里记》 书名。原称《皇华四达记》。唐代贾耽撰。成书于真元十四年（798）前。记载由唐边州入四夷要道，计海道二、陆路五，叙述翔实，是研究唐代边疆地理的重要资料。

《མཐའ་ཁུལ་རྫོང་དག་ནས་སྐྱོ་སྐྱོའི་ཡུལ་བཞིར་བགྲོད་པའི་ལམ་ཡིག》 དཔེ་ཆའི་མིང་། སྔར་མིང་ལ《དོན་དུ་ཡུལ་བཞིར་བགྲོད་པའི་ལམ་ཡིག》ཞེས་བ་ཞིག། ཐང་རྒྱལ་རབས་ཀྱི་ཀྲཱ་དན་གྱིས་བརྩམས། ཀྲིན་ཡོན་ཁྲི་ལོ་བཅུ་བཞིའི་（༧༩༨）ལོའི་སྟོང་བརྩམས་གྲུབ་བྱུང་། ཐང་གི་མཐའ་ཁུལ་རྫོང་དག་ནས་སྐྱོའི་ཡུལ་བཞིར་བགྲོད་པའི་ལམ་འགག་དང་། མཚོ་ལམ་གཉིས། སྐམ་ལམ་ལྔ་སོགས་ཞིབ་ཕྲ་གསལ་པོར་བཀོད་ཡོད། ཐང་རྒྱལ་རབས་ཀྱི་མཐའ་ཁུལ་ས་

ཁམས་ཞིབ་འཇུག་བྱེད་པའི་ཡིག་ཆགས་ཆེན་ཞིག་ཡིན།

Research on the Way and Distance to Peripheral States and Nations, previously was known as *The Record of the Imperial Glory Reaching Four Directions*. It was written by Jia Dan 798 years ago in the Tang Dynasty. It records the key roads to peripheral states and nations, two seaways and five roads, all in detail. It provides important data to study the geography of the frontier in the Tang Dynasty.

伯克 系突厥语的音译，意为"王""首领""头目""统治者""官吏"以及"老爷""先生"。在新疆历史上是维吾尔族地方官吏的总称。一般认为唐代文献上的"匐"即是"伯克"的异译。

ཊ།ཁོ། ཏུ་གུའི་སྐད་ཀྱི་སྒྲ་བསྒྱུར་ཡིན། རྒྱལ་པོ་དང་འགོ་གཙོ་འགོ་བ། དབང་བསྒྱུར་མཁན། དཔོན་པོ། ཟླ་ཞབས་སོགས་ཀྱི་དོན་ཡོད། ལེ་ཡུལ་གྱི་ལོ་རྒྱུས་སྟེང་དུ་གུར་བའི་ས་གནས་དཔོན་པོའི་སྤྱི་མིང་ཡིན་འདུག ཕྱིར་བཏང་དུ་ཐང་རྒྱལ་རབས་ཀྱི་ཡིག་ཚང་དུ་བྱུང་བའི"ཕུའུ"ནི་པོ་ཁེའི་སྒྲ་ལོག་བསྒྱུར་ཞིག་ཡིན་པར་འདོད།

Burke, the transliteration of Turkic language, means "king", "leader", "ruler", "officer", "master", and "Mr.". In the history of Xinjiang it is the common name of Uygur local officers. It is generally believed that "Fu" in the literatures of Tang Dynasty is the indirect translation of "Burke".

伯克制度 清末以前新疆回部（见"回疆"词条）实行的官制。主要通行于维吾尔、柯尔克孜、塔吉克等族聚居地区。

1759 年，平定大小和卓之乱后，清廷保留了回部原有的伯克官职，并加以改革，将其纳入清朝官制中。同治年间新疆各地民变和阿古柏之乱后，伯克制度趋于瓦解。

ཕོ་ཁོ་ལམ་ལུགས། ཆེན་རྒྱལ་རབས་དུས་འདུག་ཡན་ཆད་དུ་ལི་ཡུལ་གྱི་ཧུའེ་སྡེ་རུ་(ཆོག་སྲིད་ཧུའེ་ཡུལ་ཞེས་པར་གསལ།) སྤྱོད་པའི་དཔོན་ལུགས་ཤིག་ཡིན། གཙོ་བོ་ཧུའེ་རིགས་དང་བོར་ལི་ཙི་རིགས། ཐ་ཇི་ཁེ་རིགས་སོགས་ཀྱིས་ཁྱབ་ཏུ་བཞེད་སྤྱོད་བྱས། ༡༧༥༩ལོར། ཆེན་སྲིད་གཞུང་གིས་ཧེ་ཙོ་ཆུང་གི་ཟིང་འཁྲུག་ཞི་འཇགས་སུ་བཏང་རྗེས་ཧུའེ་སྡེའི་སྔར་གྱི་པོ་ཁོ་ལས་བྱའི་གོ་གནས་རྒྱུན་འཛིན་བྱས། གཞན་གྱི་དཔོན་ལུགས་བོད་དུ་བསྒྱུར། ཁྱུང་གྱི་རྒྱལ་སྲིད་ཀྱི་ཡིག་ལས་ཁྱོན་བོར་སློབ་སྦྱོང་མི་མང་ཞིག་འཁྲིད་དེ་གཀང་། འདི་ཐོག་འཁྲུག་རྗེས་སུ་བོ་ཁོ་ལམ་ལུགས་རིམ་གྱིས་ཞིག་རལ་དུ་སོང་།

Burke system, an official system in Hui people in Xinjiang before the Qing Dynasty (see "Hui Jiang"), is mainly applied in the area with Uygur, Kirgiz and Tajik people. In 1759, after pacifying the chaos of Big and Small Hezhuo, the Qing government retained the previous Burke system in Hui people, reformed, and incorporated it into the official system of the Qing Dynasty. In the year of Tongzhi, after the revolts around Xinjiang and Yakoob chaos, Burke system tended to collapse.

博巴　藏语音译。藏族称居住地区为"博"，最初专指前藏、后藏，后来逐渐扩大范围。"巴"，是人的意思。博巴现已成为藏族共同使用的民族自称。

བོད་པ། བོད་རིགས་ཀྱིས་སྡོད་ཁུལ་ལ་བོད་ཞེས་འབོད་ཆེས་ཐོག་མར་དབུས་དང་གཙང་ལ་གོ་ཞིང་རྗེས་སུ་རིམ་གྱིས་ཁྱབ་ཁོངས་ཇེ་ཆེར་ཕྱིན། པའི་མིའི་དོན་ནས་བཤད་ཡིན། བོད་པ་ནི་ད་ལྟ་བོད་མི་རིགས་སྤྱིར་སྤྱོད་བཞིན་པའི་མི་རིགས་ཀྱི་མིང་ཡིན།

Boba is the transliteration of Tibetan. The Tibetans' living area is called "Bo", and at the beginning it refers to Front Tibet and Back Tibet, but now its scope is gradually expanded. "Ba" means people. Boba has now been commonly used by Tibetans to name themselves.

博如坎　鄂伦春族旧时对各种"神"的统称。

བོ་རུ་ཁན། ཨོ་ལོན་ཁྲུན་རིགས་ཀྱིས་ཟླ་དུས་སུ་སྣོང་པའི་ལྷ་སྟེའི་མིང་།

Bo Rukan was the old address to various kinds of "God" collectively by the Oroqen people.

渤海国　唐时以靺鞨粟末部为主体建立，统治东北地区的地方民族政权。698 年粟末首领大祚荣建立靺鞨国。713 年唐玄宗册封大祚荣为渤海郡王，统辖忽汗州，加授忽汗州都督，从此以渤海为号，成为唐朝羁縻州（见"羁縻府州"词条）。762 年唐廷诏令渤海为国。926 年被契丹国所灭。

པོ་ཧའེ་རྒྱལ་ཁབ། ཐང་རྒྱལ་རབས་སྐབས་སུ་མོ་ཧིའོ་མོ་ཚོ་བ་གཙོ་བྱས་ནས་བཙུགས། བྱང་ཤར་ཁུལ་དབང་བསྒྱུར་བའི་ས་གནས་མི་རིགས་སྲིད་དབང་ཡིན། ༦༩༨ལོར་སོ་མོའི་འགོ་བ་ཏ་ཏུང་རུང་གིས་མོ་ཧའེ་རྒྱལ་ཁབ་བཙུགས། ༧༡༣ལོར་ཐང་ཞོན་ཙུང་གིས་ཏ་ཙུ་རུང་ལ་པོ་ཧའེའི་རྒྱལ་པོའི་ཆོ་ལོ་གནང་སྟེ་ཧུན་ཧན་

ཡི་དབང་བསྒྱུར་བ་སྟེ། ཧུའུ་ཧན་གོའུ་ཡི་ལྟ་སྐུལ་བར་བསྐོས། དེ་ནས་བཟུང་པོ་ཧའི་ཡི་མཚན་ཏགས་བྱས་ནས་ཐང་རྒྱལ་རབས་ཀྱི་ཅིས་འཛིན་བྱེད་རྒྱུ་ཁུལ་དུ་གྱུར། ("འཛིམ་བྱེད་རྒྱུ་ཁུལ་" ཞིག་ལ་བསྟོགས) ༩༢༦ལོར་ཐང་སྲིད་གཞུང་གིས་པོ་ཧའི་རྒྱལ་ཁབ་ཏུ་བགྲས་བཅད། ༼འཛིམ་ར་ཆེ་ཏན་རྒྱལ་ཁབ་ཀྱིས་བསྟབས།

Bohai, a state set in the Tang Dynasty, part of Mohe Sumo as its main body, is a local government to rule the Northeast. In 698, Sumo's leader, Da Zuorong, founded the state Mohe. In 713, Tang Xuanzong named Da Zuorong as the leader of the Bohai State, governing the Huhan State, and granted him Commander in Chief, then used Bohai as its name, and became a Jimi State of the Tang Dynasty (see "Jimifuzhou"). In 762, the Tang government gave an edict that Bohai was a country. In 926, it was destroyed by the country Khitan.

僰 中国古代西南地区少数民族名。春秋前后居住在以僰道为中心的今川南以及滇东一带。

པའོ། གུང་གོའི་གནའ་བོའི་ནུབ་སྟོའི་ས་ཁུལ་གྱི་གྲངས་ཉུང་མི་རིགས་ཞིག་གི་མིང༌། ཁྱུན་ཆིའི་ཡར་སྔོན་དུ་པའོ་ཡི་འདུས་སྡོད་ལྟེ་བ་དེང་གི་སི་ཁྲོན་ལྷོ་དང་ཡུན་ནན་ཤར་རྒྱུད་ཡིན།

Bo people are a minority population in Southwestern China in ancient times. Before and after the Spring and Autumn Period, Bo people lived in Bo-Road areas in today's southern Sichuan and eastern area of Yunnan province.

《补过斋文牍》 新疆史料汇编。杨增新编。正编32卷，1921年刊行。续编14卷，1926年刊行。3编6卷，1934年刊行。内容包括呈文、戡定、建设、水利、防蒙、俄哈、外交、令文、财政、国防等。

《བུའུ་གུའོ་སྐྱིང་གི་ཡིག་ཏིལ》 ཡི་ཡུལ་གྱི་ལོ་རྒྱུས་ཡིག་ཚ་ཕྱོགས་བསྡུས། དབང་ཙུན་ཞིན་གྱིས་བསྒྲིགས། མ་བྲིས་ལ་བོད་དུའི་པོ་གཞིས་ཡོད། ༡༩༢༡ལོར་འགྲེམས་སྤེལ་བྱས། ཁ་སྐོང་ལ་གཞི་དུའུ་བཞིའི་ཡོད། ༡༩༢༦ལོར་འགྲེམས་སྤེལ་བྱས། ཡང་སྐོང་ལ་ཤོག་གྲངས་དྲུག་ཡོད། ༡༩༣༤ལོར་འགྲེམས་སྤེལ་བྱས། དེའི་ནང་གཙོ་བོ་སྙིང་ཡིག་དང༌། ཐིང་འཇུག་ཞི་ཞེན། འཛུགས་སྐྲུན། ཆུ་བེད། སོག་པོ་འགོག་སྲུང༌། ཨུ་ཧ། ཕྱི་འབྲེལ། བཀའ་ཡིག་ནོར་སྲིད། རྒྱལ་སྲུང་སོགས་བསྡུས་ཡོད།

Records from the Studio of Rectification is the compilation about Xinjiang history by Yang Zengxin. Thirty-two volumes were published in 1921. Fourteen continuation volumes were published in 1926. Three series six volumes were published in 1934. It includes petitions, survey, construction, water conservancy, defense of Mongolia, Russia and Kazakhstan, foreign affairs, instructions, finance, national defense, etc.

《补助汉藏僧侣游学规则》 文件名。1935年由蒙藏委员会公布。详细规定了以沟通汉藏文化为目的赴藏或赴国内其他地区游学僧人的资格与条件，及其应遵守的规则和应享受的待遇等。

《རྒྱ་བོད་ཡུལ་གྱུར་སློབ་གཉེར་བརྩོན་པར་རོགས་སྐྱོར་བྱེད་པའི་སྒྲིག་ལམ》 ཡིག་ཆའི་མིང༌། ༡༩༣༥ལོར་བོད་སོག་ཨུ་ཡོན་ལྷན་ཁང་གིས་ཁྱབ

བསྐྱགས་བྱས། འདིའི་ནང་དུ་རྒྱ་བོད་རིག་གནས་ཀྱི་
འབྲེལ་འདྲིས་དམིགས་ཡུལ་བྱས་པའི་བོད་ནང་དུ་ཡོང་
བའམ་རྒྱ་ཡུལ་དུ་བཞུད་པའི་ཡུལ་སྐོར་སློབ་གཉེར་བཙུན་
པའི་ཐོབ་ཐང་དང་ཚ་རྒྱན་གཏན་འབེབས་གསལ་བྱས་
ཡོད། དེ་ཚོས་བརྩི་སྲུང་བྱེད་དགོས་པའི་སྒྲིག་ལམ་དང་
གོངས་སྤྱོད་བྱེད་ཚག་པའི་ལེ་དབང་སོགས་ཀྱང་
བཀོད་ཡོད།

Rules for Subsidizing Han and Tibetan Buddhist Monks' Study was published in 1935 by the Mongolian and Tibetan Affairs Commission. It lists in detail the qualifications of the monks who come to Tibet or other areas in China for the purpose of Han-Tibetan cultural exchange, the rules they should obey, and what kind of treatment they could get, etc.

不落夫家 解放前黎、壮、侗、苗、瑶、等民族的部分地区尚存的一种婚姻形式。又称"坐家"等。新娘结婚后两三天即返回娘家，不住夫家。每逢农忙、节日或夫家办婚丧等事，才到夫家小住数日，然后又再回娘家。一般维持一两年，以至七八年。

ཁྱིམ་ཚང་དུ་མི་འདུག་པ། བཅིངས་འགྲོལ་མ་བྱས་
གོང་གི་ལིས་དང་། ཀྲོང་། མིའོ། ཡའོ་མི་རིགས་སོགས་ཀྱི་
ས་ཁུལ་ལ་ཧ་ཤས་ཀྱི་གཉེན་སྟོན་གསར་སྟོལ་ཞིག་མེད་
གཞན་ལ་"ཁྱིམ་འདུག"ཀྱང་ཟེར། གཉེན་སྒྲིག་གི་
ཞིན་གཉིས་པ་གསུམ་པ་ནས་བག་མ་ཕྱིར་རང་ཁྱིམ་
སོང་ཚོག་ཏེ། ཁྱོ་ག་ཚང་དུ་མི་འདུག་དུས་རྒྱུན་གྱི་སྟོང་
ལས་དང་དུས་ཆེན་ནམ། ག་ཚང་གི་སྟོན་མོ་སོགས་ཀྱི་
སྐབས་སུ་དེ་ཚོག་ཞིག་འདུར་བསྡད་རྗེས་ཕྱིར་རང་ཁྱིམ་
དུ་ལོག་པ་བྱས་དགོ་འགྲོ་གཉིས་ནས་ཡང་ན་ལོ་

བདུན་བརྒྱད་ཀྱི་རྒྱུན་སྲོང་།

Uxorilocal custom is one marriage form which still existed in some parts of the areas of the Li, Zhuang, Dong, Miao, Yao nationality before liberation. It is also called "sit-in-house". On the second or third day after the wedding, the bride would return to her parents' home, not living in the husband's home. The bride would go to her husband's home to live several days only when busy farming seasons, festivals or weddings and funerals of her husband's home come. After these days, she would soon return to her parents' home. Generally this period would last for one or two years, even for seven or eight years.

布达拉宫 西藏现存最大的宫堡式建筑群。位于拉萨市区西北的红山上。"布达拉"或译"普陀"，梵语意为"佛教圣地"。7世纪时松赞干布迁都拉萨，始建布达拉宫作为王宫。17世纪重建后，成为多代达赖喇嘛的冬宫居所，也是西藏政教合一的统治中心。现占地面积36万余平方米。

ཕོ་བྲང་པོ་ཏ་ལ། བོད་ལྗོངས་སུ་ད་ལྟ་ཡོད་པའི་བཙན་
རྫོང་རྣམས་པའི་འཛུགས་སྐྲུན་ཆེན་ཆེ་བ་ཡིན། ལྷ་ས་གྲོང་
ཁྱེར་གྱི་བྱང་ཕྱོགས་ཕྱོགས་ཀྱི་དམར་པོ་རིའི་སྟེང་ཆགས་ཡོད་
པོ་ཏ་ལའམ་ཕྱུའི་བོད་ཞེས་པ་ལེགས་སྦྱར་སྐད་དུ་ནང་
པའི་གནས་མཆོག་གི་དོན་ཡིན། དུས་རབས་བདུན་པར་
སྲོང་བཙན་སྒམ་པོས་རྒྱལ་ས་ལྷ་སར་སྤོས་ཤིང་། པོ་བྲང་
པོ་ཏ་ལ་ཕྱག་བཏབ་རྒྱལ་པོའི་ཕོ་བྲང་དུ་བཞེངས་སྐྲུན་བྱས།
དུས་རབས་ (17) པར་བསྐྱར་བཞེངས་བྱས་རྗེས་རྒྱལ་

· 58 ·

དབང་སྐུ་ཕྲེང་རིམ་བྱོན་གྱི་དགུན་བཞུགས་པོ་བྲང་བྱས། དེ་ནི་བོད་སྲོངས་ཆོས་སྲིད་ཟུང་འབྲེལ་གྱི་དབང་བསྒྱུར་བྱེ་གནས་ཡིན་ལ། རྒྱ་ཁྱོན་སྟུག་བཞིན་ཁྲི་ན༣༦༠ལྷག་བྱུང་།

Potala Palace, the extant largest castle-like architecture group in Tibet, is located in Hong mountain, northwest of Lhasa city. "Potala" or "Putuo", means "the holy land of Buddhism" in Sanskrit. Songtsan Gampo moved its capital to Lhasa in the seventh century, and built Potala Palace as the palace. After it was rebuilt in the 17th century, it became a residence of multi-generations of the Dalai Lama in the winter, and also the dominant center of Tibetan unification of the state and the church. Now it covers an area of more than 360 thousand square meters.

《布顿佛教史》 成书于元至治二年 (1322)。布顿·仁钦朱著。被称为藏传佛教历史、文化的经典性作品。实分3部分：1. 佛教概论；2. 佛教历史（是藏族历史上最早成型的佛教教法史）；3. 藏文大藏经分类目录（是藏文大藏经的雏形）。

《བུ་སྟོན་ཆོས་འབྱུང་》 ཡོན་རྒྱལ་རབས་ཀྱི་གུ་གོ་གཉིས་པར་ (༡༣༢༢) བུ་སྟོན་རིན་ཆེན་གྲུབ་ཀྱིས་བརྩམས། བོད་བརྒྱུད་ནང་བསྟན་ཆོས་ལུགས་ཀྱི་ལོ་རྒྱུས་དང་རིག་གནས་ཀྱི་ཆོས་མཆོག་བརྩམས་ཆོས་སུ་གྲགས། གཞུང་དངོས་ཁག་གསུམ་གྱིས་གྲུབ་པ་སྟེ། ༡ ནང་བསྟན་སྤྱི་བཤད། ༢ སངས་རྒྱས་ཆོས་ལུགས་ཀྱི་ལོ་རྒྱུས (བོད་ཀྱི་ལོ་རྒྱུས་སུ་སངས་རྒྱས་ཆོས་ལུགས་ཀྱི་ཆོས་འབྱུང་ཆེས་སྔ་ཤོས་ཡིན)། ༣ བོད་འགྱུར་བཀའ་འགྱུར་རིགས་འབྱེད་དཀར་ཆག (བོད་འགྱུར་བཀའ་འགྱུར་གྱི་མ་ཕྱི་ཡིན)

History of Buddhism by Bu-ston was written on the 2nd year of Zhizhi reign in the Yuan Dynasty (1322). Written by Buston Rinchengrub, the book was known as classics of history and culture of the Tibetan Buddhism. It includes three parts: Introduction to Buddhism, Buddhist history (the earliest formed Buddhist religion history in Tibetan history), and catalogue of Tibetan Tripitaka (the prototype of the Tibetan Tripitaka).

布朗语 布朗族使用的语言。属南亚语系孟-高棉语族佤德昂语支。与佤语、德昂语较近。主要分布在云南的勐海县。在缅甸和泰国也有分布。分布朗、乌两个方言。

བྲང་ལང་སྐད། བྲའུ་ལང་རིགས་ཀྱིས་སྤྱོད་བཞིན་པའི་སྐད། ཨེ་ཞེ་ཡ་ལྷོ་མའི་སྐད་ཁོངས་མང་གཱ་ཝན་སྐད་རིགས་ཁ་མེར་སྐད་རིགས་ཡན་ལག་ཏུ་གཏོགས། དབར་སྐད་དང་ཏུའེ་ཨང་སྐད་ལ་ཅུང་ཟད། གཙོ་བོ་ཡུན་ནན་ཞིང་ཆེན་མིའང་ཧའི་རྫོང་དུ་སྤྱོད། འབར་མ་དང་ཐེ་ལན་རྒྱལ་ཁབ་ཏུ་སྤྱོད་པ་ཡང་ཡོད། དེ་ལ་བུའུ་ལང་དང་ཝུའི་ཞེས་ཡུལ་སྐད་རིགས་གཉིས་སུ་དབྱེ།

Blang language is the language of the Blang people, and belongs to the Mon-Khmer of the Palaungic branch of the Austroasiatic language family. It is close to the languages of the Wa and and the De'ang language. It is mainly distributed in Menghai County in Yunnan province, and also in Burma and Thailand, including two dialects, Blang and Wu.

布朗族 中国的少数民族。其先民在先秦时为"百濮"（见"濮"词条）的一支。主要聚居在云南西双版纳傣族自治州及澜沧、双江、镇康等地。总人口 119639 人（2010 年）。有本族语言，无文字，习汉文。信仰佛教，崇拜祖先。农业以种植早稻为主，善种茶。

བྲུའུ་ཡངས་རིགས། གྲུང་གོའི་གྲངས་ཉུང་མི་རིགས་ཤིག འདིའི་མེས་པོ་ནི་ཆིན་ཡར་སྔོན་དུ་ཕུའི་བཙུན་ཕ་ལ་གྱུར་ཡོད། གཙོ་བོ་ཡུན་ནན་ཞི་ཏིང་པན་ན་ཏའི་རིགས་རང་སྐྱོང་ཁུལ་དང་ཏྲ་ཁྲ། ཏྲིང་ཅང་། ཀྲེན་ཁྲམ་སོགས་འདུས་སྡོད་བྱས་ཡོད། སྤྱིའི་མི་གྲངས་༡༡༩༦༣༩ (༢༠༡༠ལོ) རང་མི་རིགས་ཀྱི་སྐད་ཡོད་ལ་ཡི་གེ་མེད་ཅིང་རྒྱ་ཡིག་སློབ། སངས་རྒྱས་ཆོས་ལུགས་ལ་དད་པ་དང་མེས་པོར་བཀུར། ཞིང་ལས་ལ་གཙོ་བོ་སྔ་སྟོན་འབྲས་འདེབས་ཤིང་ཇ་སྟོང་འདོགས་པར་ལེགས་ཏུ་མཁས།

Blang people is an ethnic minority in China. Its ancestors in the pre-Qin Dynasty is a branch of "Bai Pu" (see the entry "Pu"). Blang people live mainly in Xishuangbanna Dai Autonomous Prefecture in Yunnan and Lancang County, Shuangjiang County, Zhenkang County, etc. It has a population of 119,639 (2010). It has its own language but without a written form. Blang people learn Chinese, believe in Buddhism, and worship its ancestors. In agriculture, Blang people mainly plant early rice and are good at growing tea.

布嫩语 中国台湾自称"布嫩"的高山族使用的语言。由词素合成法构成含有词组意义的合成词，是布嫩语构词的重要形式。属南岛语系印度尼西亚语族。分布在台湾省高雄县北部关山和玉里等地区。

བྲུའུ་ནེན་སྐད། གྲུང་གོའི་ཐའེ་ཝན་ལ་ཡོད་པའི་ཞེས་འབོད་པའི་གའོ་ཧྲན་རིགས་ཀྱིས་སྤྱོད་པའི་སྐད་རིགས། ཚིག་རྒྱུ་འདྲེས་འགྱུར་ཐབས་ཀྱིས་ཚིག་ཚོགས་དོན་སྣོད་ཡོད་པའི་འདྲེས་འགྱུར་ཚིག་ཏུ་གྲུབ་པ་ནི་བྲུའུ་ནེན་སྐད་ཀྱི་ཚིག་གི་གྲུབ་ལུགས་ཀྱི་གཙོ་བོ་ཡིན། དེ་ནི་ལྷོ་གླིང་སྐད་ཁོངས་ཀྱི་ཨིན་ཏུ་ནི་ཤི་ཡ་སྐད་རིགས་སུ་གཏོགས། ཐའེ་ཝན་ཞིང་ཆེན་གའོ་ཞུང་རྫོང་གི་བྱང་ཕྱོགས་ཀོན་ཧྲན་དང་ཡུས་ལིས་སོགས་སུ་ཁྱབ་ཡོད།

Bunun language is the language used by Gaoshan people who call themselves "Bunun" in Taiwan of China. The important morphological method is the synthesis of morphemes to compound words which permit limitless combinations with compound words having the meaning of phrases. It belongs to Indonesian group of Austronesian languages, and is distributed in Guanshan and Yuli, the north area of Gaoxiong County in Taiwan province.

布努语 自称"布努"的瑶族使用的语言。属汉藏语系中苗瑶语族的苗语支。主要分布在中国广西都安、巴马、凌云、南丹、田东、平果、东兰、凤山等县的部分山区，贵州、湖南、云南靠近广西的某些县也有一些使用者。

བྲུའུ་ནུའུ་སྐད། རང་ལ་"བྲུའུ་ནུའུ"ཞེས་འབོད་པའི་ཡའོ་རིགས་ཀྱིས་སྤྱོད་པའི་སྐད། བོད་རྒྱ་སྐད་ཁོངས་མིའོ་ཡའོ་སྐད་རིགས་ལས་མིའོ་སྐད་ཡན་ལག་ཏུ་གཏོགས། གཙོ་བོ་གྲུང་གོའི་ཀོན་ཞི་ཞིང་ཆེན་གྱི་ཏུའུ་ཨན། པ་མ། ལིང་ཡུན། ནན་ཏན། ཐེན་ཏུང། ཕིན་གུའོ། ཏུང་ལན། ཧྲིང་ཧྲན་སོགས་རྫོང་གི་རི་ཁུལ་དུ

ཁྲ་ཡོད་ལ། གུའི་གྲོང་དང་ཧུའུ་ནན། ཡོན་ནན་ཞེ་བའི་ཡུན་ནན་གྱི་རྫོང་ཁ་ཤས་སུའང་བཀོལ་སྤྱོད་བྱེད་མཁན་ཉུང་ཤས་ཡོད།

Bunu, language used by Yao people who call themselves "Bunu", belongs to the Miao branch of Miao Yao languages in the Sino-Tibetan language family. It is mainly used in the mountainous areas of Du'an, Bama, Lingyun, Nandan, Tiandong, Pingguo, Donglan, Fengshan County in Guangxi province of China, and there are also a number of users in some counties in Guizhou, Hunan, Yunnan that are close to Guangxi.

布依文 中国布依族使用的文字。布依族历史上没有文字，通用汉文。1956年制订了以拉丁字母为基础的布依文方案（草案）。1981年在此基础上依据布依语望谟话进行了修改。

པུའུ་དབྲིའི་ཡི་གེ། གྲུང་གོའི་པུའུ་དབྲི་རིགས་ཀྱིས་སྤྱོད་པའི་ཡི་གེ། པུའུ་དབྲི་རིགས་ལ་ལོ་རྒྱུས་སུ་ཡི་གེ་མེད་པས་རྒྱ་ཡིག་བེད་སྤྱོད་བྱེད། ༡༩༥༦ལོར་ལ་ཐིན་གསལ་བྱང་གི་སྒྲ་གའི་བྱས་པའི་པུའུ་དབྲི་ཡི་གེའི་འཆར་ཟིན་(མ་ཟིན་)བསྒྲིགས། ༡༩༨༡ལོར་དེའི་རྩ་གཞིར་སྟེང་པུའུ་དབྲི་སྐད་ཀྱི་ཕང་མོའི་ཕལ་སྐད་ལ་གཞི་བཅོལ་ནས་བཅོས་སྒྲིག་བྱས།

The Written Form of Buyi Language is the spelling used by Buyi people. Buyi people didn't have their own written form in the history, and they used Chinese. The Buyi language scheme (draft) was formulated based on the Latin alphabet in 1956, and was amended on the basis of Wangmo dialect of Buyi in 1981.

布依语 布依族的语言。属汉藏语系壮侗语族壮傣语支。布依语实际上和壮语的北部方言是同一种语言。主要分布在贵州南部、中部、西部和西南部。分黔南、黔中、黔西3种土语。越南的热依族也说布依语。

པུའུ་དབྲིའི་སྐད། པུའུ་དབྲི་རིགས་ཀྱི་སྐད། བོད་རྒྱ་སྐད་ཁོངས་ཀྱི་ཀྲུང་སྐད་རིགས་གྲོང་ཏའེ་སྐད་རིགས་ཡན་ལག་ཏུ་གཏོགས། བོན་དངོས་ཀྱི་པུའུ་དབྲི་སྐད་ནི་ཀྲོང་སྐད་ཀྱི་བྱང་ཕྱོགས་ཡུལ་སྐད་དང་གཅིག་ཡིན་ལ། གཙོ་བོ་གུའི་གྲོང་གི་ལྷོ་ཕྱོགས་དང་དབུས་ཕྱོགས། ནུབ་ཕྱོགས་དང་ལྷོ་ནུབ་ཕྱོགས་སུ་ཁྱབ། པུའུ་དབྲི་སྐད་ལ་ཆན་ནན། ཆན་ཀྲུང་། ཆན་ཞི་བཅས་ཀྱི་སྤྱོད་སྤྱོད་སྐད་རིགས་གསུམ་འདུག ཡོན་ནན་གྱི་ཛི་དབྲི་རིགས་ཀྱིས་ཀྱང་པུའུ་དབྲིའི་སྐད་སྨྲ།

Buyi Language, the language used by Buyi people, belongs to the Zhuang-Dai branch of Zhuang-Dong language in the Sino-Tibetan language family. Buyi language is in fact the same language as the dialect of northern Zhuang people. It is mainly used in southern, central, western and southwestern part of Guizhou province. It has three dialects: Qiannan (South Guizhou), Qianzhong (Middle Guizhou), Qianxi (West Guizhou). Giay people in Vietnam also use Buyi language.

布依族 云贵高原东南部的世居民族，与古代的"僚"、"百越"、"百濮"（见"濮"词条）有渊源关系。人口有2870034人（2010年）。主要聚居在黔南和黔西南两个布依族苗族自治州，占全国布依族人口的97%。有本族语言，通用汉语文。以农业为主，种植水稻的历史较为悠久。

པུའི་རིགས། ཡུན་གུའི་ས་མཐོའི་ཤར་ལྷོའི་གདོད་མའི་མི་རིགས། གནའ་བོའི་"ལའོ"དང་།"པའི་ཡོ"དང་།"པའི་ཕུ"སོགས་ལ་འབྱུང་ཁུངས་ཀྱི་འབྲེལ་བ་ཡོད།（２０１０）གཙོ་ཆེར་པོ་ནི་དང་ཆེན་སྟོན་ཉུང་གི་ཕུའི་དབྱེ་རིགས་མིའི་རིགས་རང་སྐྱོང་ཁུལ་གཉིས་སུ་འདུས་སྡོད་བྱས་ཡོད། རྒྱལ་ཡོངས་ཀྱི་པུའི་རིགས་ཀྱི་སྤྱིའི་མི་གྲངས་ཀྱི（97%）ཟིན། རང་མི་རིགས་ཀྱི་སྐད་ཡིག་ལ་རྒྱུན་ལྡན་བྱེད་པར། ཞིང་ལས་གཙོ་བོར་གཞི་བཞིན་འབྲས་འདེབས་འཛུགས་ཀྱི་ལོ་རྒྱུས་རིང་ཡུན་རེད།

Buyi people, aborigines living in the southeast of Yunnan-Guizhou Plateau, with a population of 2,870,034 (2010), are related to ancient "Liao", "Baiyue", "Bai Pu" (see the entry "Pu") in their origin. They live mainly in the two Buyi and Miao Autonomous Prefecture in south and southwest of Guizhou, accounting for 97% of the whole Buyi people. They have their own language, and Chinese is in common use. They live mainly on agriculture, and they have a long history of rice cultivation.

部落　一般指原始社会民众由若干血缘相近的宗族、氏族结合而成的集体。形成于原始社会晚期。有较明确的地域、名称、方言、宗教信仰和习俗，有管理内部公共事务的机构。

ཚོ་པ། སྔར་བཏང་དུ་གདོད་མའི་སྤྱི་ཚོགས་སྐབས་ཁག་རྒྱུད་ཀྱི་འབྲེལ་བ་ཡོད་པའི་དུས་ཚོ་སྐོར་ཞིག་མཉམ་འདུས་ནས་གྲུབ་པའི་མཉམ་སྦྲེལ་ལ་ཟེར། དེ་ནི་གདོད་མའི་ཚོགས་ཀྱི་དུས་མཇུག་ཏུ་གྲུབ། ས་ཁོངས་དང་མིང་། ཡུལ་སྐད། ཆོས་ལུགས་དད་མོས་དང་ཡུལ་སྲོལ་གོམས་འདྲིས་ཆུང་གསལ་པོ་ཡོད། ནང་ཁུལ་གྱི་གཞུང་དོན་དམ་བྱེད་པའི་སྒྲིག་གཞི་ཞིག་ཡོད།

Tribe generally refers to a group composed of a plurality of kindred clans in primitive society. It was formed in the late period of primitive society with specific territory, names, dialects, religious beliefs and customs, and organizations in charge of internal public affairs.

部落联盟　原始社会后期形成的部落联合组织，通常由若干近亲或近邻部落组成，结成联盟的主要目的在于共同合作出征或自卫等军事行动。

ཚོ་པའི་མཉམ་འབྲེལ། གདོད་མའི་སྤྱི་ཚོགས་དུས་མཇུག་ཏུ་གྲུབ་པའི་ཚོ་པའི་མཉམ་འབྲེལ་རྩ་འཛུགས་ལ་ཟེར་ཞིང་། རྒྱུན་པར་ཉེ་འབྲེལ་ལམ་ཉེ་མཚམས་ཀྱི་ཚོ་པ་ཐ་གྱིས་གྲུབ། ཚོ་པའི་མཉམ་འབྲེལ་སྒྲིག་པའི་དམིགས་ཡུལ་གཙོ་བོ་ནི་དམག་རྒྱག་དང་རང་སྲུང་སོགས་དམག་དོན་བགྲོད་མཉམ་དུ་སྒྲེལ་ཆེད་རེད།

Tribal alliance, tribal organization formed in the late period of primitive society, was usually composed of several neighboring or kindred tribes. The main purpose is to cooperate for going out to battles, self defenses or other military operations.

部族　民族共同体发展中的一种历史类型。指氏族和部落之后、现代民族以前的处于奴隶社会和封建社会时期的民族共同体。

ཚོ་རིགས། མི་རིགས་ཕུན་མོང་ཚོགས་པ་གོང་འཕེལ་འགྲོ་ཀྱི་ལོ་རྒྱུས་ཀྱི་གནས་སྟངས་རིགས་ཤིག་ཡིན། དུས་ཚོ་

དང་ཚོཔའི་རྗེས་ནས། དེང་རབས་མི་རིགས་སྟོན་གྱི་སྔན་གཡོག་སྤྱི་ཚོགས་དང་བཀས་བཀོད་རྒྱུད་འཛིན་སྤྱི་ཚོགས་དུས་སྐབས་ཀྱི་མི་རིགས་ཕུན་མོང་ཚོགས་པ་ཞིག་གོ།

Sub-tribal groups, a type of tribal community during its development in the history, refers to the tribal community in the period of slave and feudal society, after clan and tribe but before modern nation.

C

财政三项照顾 指中央财政给予民族地区的三项财政照顾政策。新中国成立以来，我国实行的民族自治地方财政管理体制，除对体制上的照顾之外，主要的特殊财政支持有3项：一是少数民族地区补助费；二是少数民族机动金；三是财政预备费高于其他地区。

ཆོས་སྲིད་ཀྱི་ལྷ་རྟོགས་རིགས་གསུམ། གུང་དབུས་གཞིས་མི་རིགས་ས་ཁུལ་ལ་ནོར་སྲིད་རོགས་སྐྱོར་བྱེད་པའི་སྲིད་ཇུས་རིགས་གསུམ་ཡིན། གུང་གོ་གསར་པ་དབུ་བརྩེས་པ་ནས་བཟུང་། རང་རྒྱལ་གྱིས་ལག་བསྟར་བྱེད་བཞིན་པའི་མི་རིགས་རང་སྐྱོང་ས་ཁུལ་གྱི་ནོར་སྲིད་དོ་དམ་ལམ་ལུགས་དེས་ལམ་ལུགས་ཐོག་ནས་རོགས་སྐྱོར་བྱེད་པ་ལས་གཞན། དམིགས་བསལ་གྱི་ནོར་སྲིད་རོགས་སྐྱོར་གཙོ་ཚོ་རིགས་གསུམ་ཡོད་དེ། གཅིག་ནི་གྲངས་ཉུང་མི་རིགས་ས་ཁུལ་གྱི་རོགས་ཕན་དངུལ། གཉིས་ནི་གྲངས་ཉུང་མི་རིགས་ས་ཁུལ་གྱི་འགྲོ་རྒྱུག་དངུལ། གསུམ་ནི་ནོར་སྲིད་སྔོན་རྩིས་དེ་ས་ཁུལ་གཞན་ལས་མཐོ་བ་བཅས་སོ། །

Three Preferential Financial Policies was made by the central government for ethnic minority areas. Since the establishment of the People's Republic of China, the financial management system in ethnic minority autonomous regions was implemented. Besides the special financial system, the main preferential financial policies include: "Ethnic Region Subsidies", "Flexible Ethnic Region Fund", and "Raising the Proportion of the Financial Reserve Fund of the Ethnic Regions".

财政转移支付 我国现今实行的一种财政资金转移或财政平衡制度。是以各级政府之间所存在的财政能力差异为基础，以实现各地公共服务水平的均等化为主旨。

ནོར་སྲིད་མ་དངུལ་སྤར་སྤྲོད། རང་རྒྱལ་གྱིས་ད་ལྟ་ལག་བསྟར་བྱེད་བཞིན་པའི་ནོར་སྲིད་མ་དངུལ་སྤོ་བཤད་ནོར་སྲིད་དོ་མཉམ་ལམ་ལུགས་ཤིག་ཡིན། དེ་ནི་རིམ་པ་སོ་སོའི་སྲིད་གཞུང་བར་གནས་པའི་ནོར་སྲིད་ནུས་པའི་ཁྱད་པར་གྱིས་རྐང་གཞི་བྱས་ནས། ས་ཁུལ་སོ་སོའི་སྤྱི་པའི་ཞབས་ཞུའི་ཆུ་ཚད་འདྲ་མཉམ་ཅན་དུ་མངོན་འགྱུར་བྱེད་པ་དམིགས་ཡུལ་བྱས་པ་ཞིག་གོ །

Financial Transfer Payments is a financial funds transfer or financial balance system currently used in our country. It is based on the financial capacity variance existing among governments at different levels, and focused on the realization of equalization of public services in every area.

《仓央嘉措情歌集》 17世纪末至18世纪间，达赖六世仓央嘉措创作的诗歌集。由后人编辑而成。汉译有66首和124首等版本。歌集多取比兴，直抒胸怀，自然流畅，通俗易懂，为藏族诗歌创作开拓了新的诗风。在西藏文学史、世界诗坛上都享有盛誉。

《ཚངས་དབྱངས་རྒྱ་མཚོའི་མགུར་གླུ》 དུས་རབས་བཅུ་བདུན་པའི་མཇུག་ནས་དུས་རབས་བཅོ་བརྒྱད་པའི་བར་ལ་རྒྱལ་དབང་དྲུག་པ་ཚངས་དབྱངས་རྒྱ་

མཚོམས་བསྒྲིགས་པའི་སྙན་མགུར་ཡི་རབས་པས་བསྡུ་སྒྲིག་
བྱས་པ་ཞིག་ཡིན། རྒྱ་ཡིག་ཏུ་བསྒྱུར་བར་མགུར་གླུ་གྲངས་རེ་
དྲུག་ཅུ་དང་བརྒྱ་དང་ཉེར་བཞི་ཅན་སོགས་ཡོད་ལ།
མགུར་སྒྱུར་དཔེའི་འཇོག་མང་པོ་ཡོད་ཅིང་གོ་སླ་སྟོན་འདུས་
ཞིག་ཡིན། བོད་ཀྱི་སྙན་དག་ཙོམ་སྒྱོལ་གསར་པ་གཏོད་པ་
དང་། བོད་ཀྱི་ཚོམ་རིག་ལོ་རྒྱུས་སུ་སྙན་པའི་གྲགས་
པ་འབར།

The Love Songs of 6th Dalai Lama Tsangyang Gyatso was written by Tsangyang Gyatso from the end of 17th century to the 18th century, later collected and edited by later generations. The collection has been translated into different Chinese versions including one version of 66 love songs, one version of 124 love songs and so on. What's more, it represents a new poetic style of Tibetan poetry that is direct to express feelings, easy to understand and natural in expression, most of which apply metaphor and analogy (a traditional poetic expression technique). Moreover, it enjoys a high reputation in Tibetan literary history and even in world poetry.

草畜平衡 在我国，现指为保持草原生态系统良性循环，在一定时间内，草原使用者或承包经营者通过草原和其他途径获取的可利用饲草饲料总量与其饲养的牲畜所需的饲草饲料总量保持动态平衡。

རྩྭ་ཕྱུགས་དོ་མཉམ། རང་རྒྱལ་དུ་དངོས་བསྟན་རྩྭ་ཐང་གི་སྐྱེ་ཁམས་མ་ལག་གི་ཞིགས་པའི་འཁོར་རྒྱུག་རྒྱུན་འཁྱོངས་བྱེད་ཆེད། དུས་ཡུན་ངེས་ཅན་ཞིག་ནང་རྩྭ་ཐང་དངོས་སྤྱོད་བྱེད་མཁན་ནམ་འཁམ་འཁྱེར་སྐྱོང་བྱེད་མཁན་གྱིས་རྩྭ་ཐང་དང་ཐབས་ལམ་གཞན་བརྒྱུད་ནས་ཐོབ་པའི་གཟན་རྩྭ་གཟན་ཆས་ཀྱི་སྟི་ཚོམ་དེ་གསོས་པའི་ཕྱུགས་ཟོག་གི་ཚོམ་འབོར་དང་འགུལ་རྣམ་དོ་མཉམ་ཡིན་པ་ཞིག་ཟེར།

Livestock and Rangeland Balance In order to keep the virtuous cycle of the ecological system of the rangeland, in a certain period of time, the users or contractors and operators must keep a dynamic balance between the total amount of forage gotten through the rangeland or other ways available and the total amount of forage needed by the livestock they feed.

草畜平衡制度 2005年农业部颁布《草畜平衡管理办法》，规定从2005年3月1日起国家对草原实行草畜平衡制度。原则是加强保护，促进发展；以草定畜，增草增畜；因地制宜，分类指导；循序渐进，逐步推行。

རྩྭ་ཕྱུགས་དོ་མཉམ་ལམ་ལུགས། ༢༠༠༥ལོར་ཞིང་ལས་པུའི་ཡིས《རྩྭ་ཕྱུགས་དོ་མཉམ་དོ་དག་ཐབས་བཀོད》ཅན་བསྒྲགས་བྱས་ཤིང་། ༢༠༠༥ལོའི་ཟླ་གསུམ་པའི་ཚེས་གཅིག་ནས་བཟུང་རྒྱལ་ཁབས་ཀྱིས་རྩྭ་ཐང་ལ་རྩྭ་ཕྱུགས་དོ་མཉམ་ལམ་ལུགས་ལག་བསྟར་བྱེད་རྒྱུ་ཡིན། རྩྭ་དོན་ནི་སྲུང་སྐྱོང་ལ་ཤུགས་སྟོན་དང་འཕེལ་རྒྱས་ལ་སྐུལ་འདེད། རྩྭ་ལ་གཞིགས་ནས་ཕྱུགས་སྐྱོང་ཞིང་རྩྭ་འཕེལ་ཕྱུགས་འཕེལ། ཡུལ་ལྡར་དུས་འགྲོ་བྱེད་པ་སྟེ་རིགས་དགར་མཇུག་སྟོན། གོམ་པ་རིམ་བགྲོད་ཀྱིས་ལག་བསྟར་བྱེད་རྒྱུའོ། །

Livestock and Rangeland Balance System In 2005, the Ministry of Agriculture issued *Measures for the Management of Forage-livestock Balance*, in which it is prescribed that the forage-livestock balance system will be taken into practice from March 1, 2005. Its principles are to protect and develop the rangeland; the amount of livestock are limited by the capacity of the rangeland, the expansion of the rangeland can be followed by the increase of the livestock; to take actions that suit the local circumstances and draw up categorized guidelines; that measures must be taken step by step, and gradually introduced.

草畜双承包　1984年内蒙古自治区牧区工作会议决定，在牧区全面推行草原分片承包、牲畜作价归户的"双包制"。即"草场公有，承包经营，牲畜作价，户有户养"，把"人畜草""责权利"有机地统一协调起来。这就是首先在内蒙古实行，后在全国牧区推行的草畜双承包责任制。

རྩྭ་ཕྱུགས་གཉིས་པོ་འགན་ལེན། ༡༩༨༤ལོར་ནང་སོག་རང་སྐྱོང་ལྗོངས་འབྲོག་ཁུལ་བྱ་བའི་ཚོགས་འདུར་གཏན་འཁེལ་བྱས་པ་ལྟར། འབྲོག་ཁུལ་ནས་རྩྭ་ཐང་ཁག་བགོས་ཀྱིས་འགན་ལེན་བྱེད་པ་དང་ཕྱུགས་ཟོག་གོང་གཏན་འགྲོ་བར་བགོ་བའི་འགན་ལེན་བྱུང་གི་ལམ་ལུགས་ལ་ཟེར། དེའི་རྩ་སྤྱི་དབང་དང་། འགན་ལེན་བདག་གཉེར། ཕྱུགས་ཟོག་གོང་གཏན། འགྲོ་ལ་ཕྱུགས་ཡོད་པ་ཞིག་སྟེ། མི་དང་ཕྱུགས། རྩྭ་ཐང་། འགན་དབང་སོགས་ཉུན་ལྔན་ཀྱི་གཅིག་གྱུར་སྐྱོམས་སྒྲིག བྱས་པ་རེད། འདིའི་དང་ཐོག་ནང་སོག་ནས་ལག་ལེན་བྱས་ཤིང་། རྗེས་སོར་རྒྱལ་ཡོངས་ཀྱི་འབྲོག་ཁུལ་ནས་ལག་ལེན་བྱས་པའི་རྩྭ་ཕྱུགས་གཉིས་པོ་འགན་ལེན་འགས་ལུགས་རེད།

Livestock and Rangeland Double-Contract Responsibility System In 1984, the Inner Mongolia Autonomous Region pastoral work conference decided to implement the "double-contracting system", in which the rangeland was divided into small pieces and distributed to herders' households, and livestock is allotted to the households regarding its values in the whole pastoral area. It means that the rangeland is owned by the state, but can be contracted out and managed by the individuals; the livestock is evaluated and owned by the households. This system coordinates herders, rangeland and the livestock as well as responsibilities, rights and profits. The system was first implemented in Inner Mongolia and then carried out in other pastoral areas in the country.

《草原》　内蒙古文联主办的汉文文学期刊。1950年创刊，是全国5个民族自治区中创刊最早的文学刊物，"文化大革命"期间曾停刊。该刊立足本区，面向全国，发表了大量优秀文学作品，为内蒙古以及我国文学事业的繁荣与发展做出了贡献。

《རྩྭ་ཐང》 ནང་སོག་རྩོམ་རིག་མཐུན་ཚོགས་ཀྱིས་གཙོ་སྐྱོང་བྱས་པའི་རྒྱའི་རྩོམ་རིག་དུས་དེབ་ཞིག ༡༩༥༠ལོར་དཔར་འགྲོ་ཆགས། དེ་ནི་རང་རྒྱལ་གྱི་རང་སྐྱོང་ལྗོངས་ལྔའི་ཁྲོད་དཔར་དུ་བཏོན་ཐོས་ཀྱི་རྩོམ་རིག་དུས་དེབ་ཡིན། རིག་གནས་གསར་བརྗེའི་སྐབས་སུ་དཔར་མཚམས་བཞག དུས་དེབ་འདིས་རང་སྐྱོང་ལྗོངས་ལ་གཞི་བཅོལ་ཞིང་རྒྱལ་ཡོངས་ལ་ཁ་ཕྱོགས་ནས་ཕུལ་བྱུང་གི

ཚོམ་རིག་བཅུམས་ཆོས་མཐུན་པོ་སྦྱེལ་ཏེ། ནང་སོག་དང་རང་རྒྱལ་གྱི་ཚོམ་རིག་ལས་དོན་གྱི་འཕེལ་རྒྱས་ལ་འབུལ་བྱེད་མཛད་པ་བཞག

The Grassland is sponsored by Inner Mongolia literary and arts association, a Chinese literary journal. It started publication in 1950, the first literary journal in the five ethnic minority autonomous regions, and stopped publication during the Cultural Revolution. Footholding in the Inner Mongolian region, the journal is also open to the whole nation, having published a large amount of excellent literary works, contributing a lot to the development and prosperity of literature both in the region and the whole nation.

草原工作站 解放后，我国政府为在牧区取得指导畜牧业生产、文化教育、贸易供销和卫生保健事业等各项工作的经验而建立的机构。工作站通过提高牧民的觉悟、引导他们走集体化道路，建设社会主义。其主要任务是传授先进技术、推广科学经验。

རྩྭ་ཐང་གི་ལས་ཚོགས། བཅིངས་འགྲོལ་རྗེས་སུ་རང་རྒྱལ་སྲིད་གཞུང་གིས་འབྲོག་ཁུལ་དུ་ཕྱུགས་ལས་ཐོན་སྐྱེད་དང་། རིག་གནས་སློབ་གསོ། ཚོང་ལས་ཏོ་ཚོང་དང་བདེ་ཐང་འཕྲོད་བསྟེན་སོགས་ཀྱི་ལས་དོན་ལས་ཉམས་མྱོང་བསྩལ་ཕྱིར་བཙུགས་པའི་ལས་ཁུངས་ཤིག་ཡིན། ལས་ཚོགས་ཀྱིས་འབྲོག་པའི་རྟོགས་པ་རྗེ་མཐོར་བཏང་ནས་ཁུན་མོང་ཅན་གྱི་ལམ་ལ་ཁྲིད་པ་དང་། སྤྱི་ཚོགས་རིང་ལུགས་འཛུགས་སྐྲུན་བྱེད་པ་རེད། དེའི་ལས་འགན་གཙོ་བོའི་སྟོང་ཕོབ་ལག་རྩལ་འཕྲིན་པ་དང་ཚན་རིག་ཉམས་མྱོང་སྤེལ་སྙེབ་བ་དེ་རེད།

Rangeland Workstation refers to the institution which is set up after the liberation in order to gain experience of livestock production, culture education, trade and marketing, health care, etc. Through enhancing political consciousness of the herdsmen, leading them to take the path of collectivization, the workstation makes contribution to the construction of socialism. Its main tasks are to pass on advanced technical skills and popularize scientific experience.

草原生态保护补助奖励机制 2010年由国务院常务会议决定建立。2011年起，在内蒙古、新疆（含建设兵团）、西藏、青海、四川、甘肃、宁夏和云南8个省区实施。涉及禁牧补助，草畜平衡奖励，牧民的生产性补贴政策，牧区教育、牧民培训和牧民转移就业等问题。

རྩྭ་ཐང་གི་སྐྱེ་ཁམས་སྲུང་སྐྱོབ་རོགས་སྟོན་བ་དགའ་སྟོན་ཕྱགས། ༢༠༡༠ལོའི་རྒྱལ་སྲིད་སྤྱི་ཁྱབ་ཁང་རྒྱུན་ལས་གྲོས་ཚོགས་ཀྱིས་གྲོས་ཆོད་བཟུར་བཏུགས། ༢༠༡༡ལོ་ནས་བཟུང་། ནང་སོག་དང་ཞིན་ཅང། (འདུགས་སྡན་དམག་ཁག་འདུས) བོད་ལྗོངས། མཚོ་སྔོན། སི་ཁྲོན། ཀན་སུའུ། ཉིང་ཞ། ཡུན་ནན་སོགས་ཞིང་ཆེན་དང་རང་སྐྱོང་ལྗོངས་བརྒྱད་པོར་ལག་བསྟར་བྱས། ནང་དོན་ལ་ཕྱུགས་འགོག་རོགས་སྟོན་དང་། ཕྱུགས་དོ་མཉམ་བྱ་དགའ། འབྲོག་པའི་ཐོན་སྐྱེད་རང་བཞིན་གྱི་རོགས་སྟོན་སྲིད་ཇུས། འབྲོག་ཁུལ་སློབ་གསོ། འབྲོག་པར་གཡོག་སྦྱོང་དང་ལས་འགྱུར་ལས་སྟོང་སྒྲུབ་པ་འབྱེད་པ་སོགས་ཀྱི་གནད་དོན་སོགས་འདུས།

Grassland Ecological Protection Subsidy and Reward Program is decided by the executive meeting of the State Council in 2010 and implemented since the beginning of the year 2011 in Inner Mongolia, Xinjiang (including Xinjiang Production and Construction Corps), Tibet, Qinghai, Sichuan, Gansu, Ningxia and Yunnan. It involves subsidies for grazing prohibition, rewards for forage-livestock balance, policies about herdsmen's productive subsidies, education in the pastoral area, training and transfer employment of the herdsmen, etc.

草原石人 以石材为主雕刻的许多栩栩如生的人像。在中国主要分布在阿勒泰草原和伊犁昭苏草原上。一般认为是古突厥人在草原上留下的历史见证。它们或随葬于墓中，或守护在墓前，面向东方。是新疆草原上的一大历史人文景观。

རྩྭ་ཐང་གི་རྡོ་སྐུ། དོ་རྒྱུ་ཆ་བྱད་གཙོ་གསོན་ཞམས་ལྷན་པའི་མི་གཟུགས་བརྩོས་ཡོད་པའི་རྡོ་སྐུ། རང་རྒྱལ་དུ་ཨ་ལུ་ཐའི་རྩྭ་ཐང་དང་དབྲིལ་ལི་གྱོ་སུའུ་རྩྭ་ཐང་དུ་བྱུང་ཡོད། ཡོངས་གྲགས་ལུ་གུ་ཀོའི་མི་རུ་ག་པའི་རྩྭ་ཐང་གི་ཧེམ་ཤུལ་ཡིན་པར་བཤད། དེ་ཚོའི་རེ་འགའ་དུར་དུ་སྦྱངས་ཡོད་ལ། ཡང་འགའ་ཞིག་དུར་མདུན་གྱི་དུར་སྲུང་ཡིན་ཏེ་གདོང་ཤར་ལ་ཕྱོགས་ནས་འགྲེང་ཡོད། དེ་ནི་ཞིན་ཅང་རྩྭ་ཐང་སྟེང་གི་ལོ་རྒྱུས་རིག་གནས་སྐོར་གྱི་ཁམས་ཤིག་ཡིན།

Grassland Stone Figures are lifelike portraits made mainly of stone. In China, they are distributed mainly in Atlay grassland and Yili Zhaosu grassland. The portraits are generally thought to be the historical proof of the existence of the Turks in the grassland. They are buried with the dead in the tomb or guarded in front of the tomb, facing the east. This is a great historical and cultural landscape in Xinjiang.

草原畜牧业 以草原为生产基地、牧草为主要饲料，采取放牧方式饲养牲畜，以取得畜产品的物质资料生产部门。我国内蒙古、新疆、青海、宁夏、西藏等省区的蒙古、藏、哈萨克、柯尔克孜、塔吉克和裕固等少数民族主要从事此业。

རྩྭ་ཐང་འཛོག་ལས། རྩྭ་ཐང་དེ་ཐོན་སྐྱེད་ཀྱི་གནས་བྱས་ཤིང་། ཕྱུགས་རྩྭ་དེ་གཟན་ཆས་གཙོ་བོ་བྱེད། འཚོ་སྐྱོང་གི་རྣམ་པ་ཕྱུགས་སྐྱོང་པ་ལ་བརྟེན་ནས་ཕྱུགས་ལས་ཐོན་ཧྲས་ཐོབ་པར་བྱེད་པའི་དངོས་པོའི་རྒྱུ་ཆའི་ཐོན་སྐྱེད་སྡེ་ཁག་ཡིན། རང་རྒྱལ་གྱི་ནང་སོག་དང་ཞིན་ཅང་། མཚོ་སྔོན། ཉིན་ཞའ། བོད་ལྗོངས་སོགས་ས་ཁུལ་གྱི་སོག་པོ་དང་། བོད། ཧ་སག་ཁོའེ་ཨེར་ཁེ་ཙེ། དང་ཡུ་ཏོར་སོགས་གུང་ཚུང་མི་རིགས་གཙོ་བོ་ལས་འདིར་ཞུགས།

Grassland animal husbandry is the material production department, taking the grassland as the production base, the grazing as the main forage, pasturing livestock in order to get animal by-products. The Mogol, Tibetan, Kazak, Khalkhas, Tajik and Yugu nationalities in Inner Mogolia, Xinjiang, Qinghai, Ningxia, Tibetan, etc. mainly practice this trade.

《册授护国宣化广慧大师班禅额尔德尼仪式》 1931年由国民政府参军处典礼局为举行册授班禅大师名号典礼仪式而制定的条文。正文6条。涉及授仪时间、参加人员、典礼人员服装、接待礼仪等内容。并附册授典礼秩序19条。

《དྲིན་སྐྱོང་དྲིལ་བསྒྲགས་ཀྱི་མཁྱེན་ཡངས་སྒྲུབ་དབོན་པར་ཆེན་ཨེར་དེ་ནི་ལ་མིང་དགས་གནང་བའི་མཛད་སྒོ》 ༡༩༣༡ལོར་རྒྱལ་དབངས་སྲིད་གཞུང་དམག་ཁུལ་མཛད་སྒོ་ཁུལ་གྱིས་པཎ་ཆེན་རིན་པོ་ཆེའི་མིང་རྟགས་གནང་བའི་མཛད་སྒོ་བར་བཙོས་པའི་ཡིག་ཆ་ཡིན། ཡིག་ཆ་དངོས་ལ་དོན་ཚན་དྲུག་ཡོད། གཙོ་བོ་མིང་རྟགས་གནང་བའི་དུས་དང་། ཚོགས་ཞུགས་མི་སྣ། མཛད་སྒོའི་མི་སྣའི་གྱོན་གོས། ཕྱེན་ཡུལ་གྱི་ལུགས་སོལ་འདུས། དེའི་ཞོར་ལ་མཛད་སྒོའི་སྒྲིག་ལམ་དོན་ཚན་བཅུ་དགུ་བཀོད་ཡོད།

Ceremony for granting the title "Protector of the Country, Propagator of Transformation, Great Master of Infinite Wisdom" to Panchen Eerdeni are articles made by Ceremony Bureau in Department of Military Affairs of the Nationalist Government for the ceremony of granting the title-The Great Master Panchen in 1931. There are 6 articles, involving the time of granting, the participants, dresses for the participants, reception etiquettes and so on. It is attached by 19 articles about the order of the granting ceremony.

茶马古道 中国西南地区，以人力、马帮、牦牛驮队为主要交通工具的民间商贸通道。源于古代西南边疆与西北边疆的茶马互市，以"贩茶换马"而得名。兴于唐宋，盛于明清。大致分川藏、滇藏两路，连接川滇藏，延伸入不丹、尼泊尔、印度境内，直至西亚、西非红海海岸。

ཇ་རྟའི་ཚོང་ལམ། ཀྲུང་གོའི་སྟོ་ཉུབ་ས་ཁུལ་དུ་མིའི་ཤུགས་དང་ཏ་རྒྱག གཡག་རྒྱུད་གཙོ་བོར་འགྱུར་བའི་དམངས་ཁྲོད་ཀྱི་ཚོང་ལམ་ཞིག་ཡིན། འབྱུང་གནས་གནའ་བོའི་ནུབ་སྟོ་མཐའ་མཚམས་དང་བྱང་མཐའ་མཚམས་ཀྱི་ཇ་རྟའི་ཚོང་ར་སྟེ། ཇ་དུ་བརྗེ་བའི་ཚོང་ལས་ཡིན་དེ་ཐོགས། ཐང་སུང་གི་སྐབས་ཐོག་མར་བྱུང་ཞིང་། མིང་ཆིང་གི་སྐབས་སུ་དར་རྒྱས་བྱུང་། ཆེ་ཕྱོགས་སུ་འབྲི་ན་ཁྲོན་བོད་དང་། དིན་བོད་བར་གྱི་ལམ་ཁག་གཉིས་ཡོད། རིན་ཚད་འབྲུག་དང་འབར་མ། རྒྱ་གར་ནང་དུ་ཕོན་པ་དང་། སྟེང་ཤུབ་མ་ནས་སྟེ་སྟེང་ཤུབ་མའི་རྒྱ་མཚོ་དམར་པོའི་མཚོ་འགྲམ་དུ་བསྒྲེངས།

Ancient Tea Horse Road is a nongovernment trade channel in the southwest regions of China, with the horse caravans as its main transportation. The name is originated from the market of trading tea and horse in southwest and northwest frontiers in the ancient times, which is famous for the tea-horse interchange trade. The trade tended to grow in the Tang and Song Dynasties, and flourished in the Ming and Qing Dynasties. The road is divided to two branches: the Sichuan-Tibet Road and the Yunnan-Tibet road, and it links three provinces: Sichuan, Yunnan and Tibet, extending to the Kingdom of Bhutan, Nepal and India, and leading as far as to the west Asia and shores of the Red Sea in west Africa.

茶马互市 古代中国中原地区与西南和西北少数民族和国家的一种以茶易马或以马换茶为中心内容的贸易方式。兴于唐宋，盛于明清。茶马互市范围近与蒙古族、藏族等通商，远至缅甸、印度、中亚地区和俄罗斯等地。

ཇ་རྟའི་ཚོང་ཁྲོམ། དེ་ནི་རང་རྒྱལ་གནའ་རབས་ཀྱི་དབུས་ཁུལ་ནས་སྟོད་ནུབ་དང་ནུབ་བྱང་ཁུལ་གྱི་གྲངས་ཉུང་མི་རིགས་ཁག་དང་རྒྱལ་ཁབ་པོ་སོར་ཇ་དང་རྟ་ཡི་ཚོང་ཟོག་གཙོར་ཚོང་ཇ་དང་རྟ་བརྗེ་རེས་བྱེད་པའི་གཙོ་བོར་བྱེད་པའི་ཚོང་གི་རྣམ་པ་ཞིག་ཡིན་པ་དང༌། ཐང་སུང་རབས་དར་རྒྱས་ཕྱེ་ཏེ་མིང་ཆིང་གི་རབས་སུ་ཡང་རྒྱར་སོན། ཇ་རྟའི་ཚོང་ཁྲོམ་ཀྱི་ཁྱབ་ཁོངས་ནི་ཉེ་བ་སོག་པོའི་མི་རིགས་དང་བོད་རིགས་དང་རིང་བ་འབར་མ་དང༌། རྒྱ་གར། སྐྱིད་དབུས་ཁུལ་དང་ཨུ་རུ་སུ་སོགས་དང་འབྲེལ་ཡོད།

Market of trading tea and horse is a way of trade between the central plain area in ancient China and the ethnic minorities and countries in the southwest and northwest areas. It focused on the interchange of the tea and horses. The trade tended to grow in the Tang and Song Dynasties, and flourished in the Ming and Qing Dynasties. The market covers as near as the Mongolian, the Tibetan regions and as far as Burma, India, the Central Asian areas, and Russia, etc.

察布查尔渠 史称"锡伯渠"。清代锡伯族开挖的灌溉水渠。1764年,清廷从今沈阳征调锡伯军民西迁到新疆伊犁,进驻察布查尔屯垦戍边。1802年起,锡伯军民开山引伊犁河水,修凿大渠。1808年竣工,渠长200余里。该渠迄今还发挥效益。

ཁ་པོ་ཁུ་ཨར་རྒྱ་ཀ། བོ་རྒྱས་སུ་ཞི་པོ་ཆུ་ཀ་འདྲ་ཟེར་ཆིང་རྒྱལ་རབས་སྐབས་ཞི་པོ་རིགས་ཀྱིས་ཆུ་ཀ་དེ་བཀོག་པ་ཞིག 1764ལོར་ཆིང་རྒྱལ་པོས་ཉིན་དབྱང་ནས་ཞི་པོ་ དབྱིས་ལ་དམག་ཉུལ་འཇོན་བྱས་ཏེ། ཐ་པོ་ཐ་ཨར་ཆུ་ཀའི་འགྲམ་དུ་སླེབས་ནས། 1802ལོར་ཞི་པོ་དམག་མིས་ ཤུགས་ཡོད་དགུས་ཆུ་ཀ་དེ་བཀོས་ནས་1802ལོར་འགྲུབ། ཆུ་ཀའི་རིང་ཚད་ཆ་ལ་ཕལ་ཆེར་སྤྱི་ལེ་300ལྷག་ ཡོད། ད་ལྟའང་ཆུ་ཀ་དེས་ནུས་པ་ཆེན་པོ་འདོན་བཞིན་ཡོད།

Qapqal (Chabuchaer) Irrigation Channel, historically called Xibe canal, is dug by the Xibe people for irrigation. In 1764, the Qing government called up soldiers and people from today's Shenyang city to Ili, Xinjiang, stationed in Qapqal for reclamation and guarding the border. From the year of 1802, the Xibe soldiers and people started to dig into the mountain and draw water from the Ili River, and constructed the irrigation channel. The canal was completed in 1808, with a length of more than 200 li, which is still in use today.

察隅 1.地区名。位于西藏东南部,雅鲁藏布江支流察隅河流域,与云南省相连,南接印度,东南邻缅甸。2.县名。西藏林芝地区下属的一个县。面积31659平方公里,人口3万(2011年),县政府驻竹瓦根镇。

ཚ་ཡུལ། 1 ས་ཁོངས། བོད་ལྷོ་ཤར་སྟོད་ཕྱོགས་ཁུལ་དང་ཡར་ཀླུང་གཙང་པོའི་ཡན་ལག་ཙ་ཆུའི་འབབ་ཡུལ་དང༌། ཡུན་ནན་ཞིང་ཆེན་དང་འབྲེལ་ཞིང༌། ལྷོ་རྒྱ་གར་ཉི་བ་དང༌། ཤར་ལྷོ་འབར་མར་ཉེ། 2 རྫོང་མིང། བོད་ཀོང་པོ་ས་ཁུལ་གྱི་རྫོང་ཞིག རྒྱ་ཁྱོན་སྤྱི་ལེ་གྲུ་བཞི་ 31659ཡོད་པ་དང་། མི་གྲངས་ཁྲི་3 (2011ལོ) རྫོང་སྲིད་གཞུང་འགྲོ་བ་དགོན་ཀུན་གྲོང་

རྫ་ཡུལ་ཡོད།

Chayu 1. Name of one region, located in the southeast part of Tibet, drainage basin of Chayu river-one tributary of the Yarlung Zangbo river, connects with Yunnan province, India in the south, Burma in the southeast. 2. Name of a county. A subordinate county of Linzhi Region, Tibet, with an area of 31,659 square kilometres, a population of more than 30,000 (2011), the county government is in the town of Zhuwagen.

差巴 藏语，意为支差者。是领种地方政府的差地，为地方政府和所属农奴主支差的人，地位高于堆穷。

ཁྲལ་པ། ཁྲལ་ཁྱབ་པའམ་ཁྲལ་བསྡུ་བའི་དོན། དེ་ནི་ས་གནས་སྲིད་གཞུང་གི་ཁྲལ་ཞིང་པ་སྟེ། ས་གནས་སྲིད་གཞུང་དང་དེར་གཏོགས་ཀྱི་ཞིང་བདག་ལས་ཁྲལ་ཞིང་མཁན་ལགས། གོ་གནས་དོས་ཆུང་ལས་མཐོ།

Chaba, Tibetan language, means the person who were serfs bearing taxes and errands for the local government and the serf owner. Chaba's social status is higher than Duiqiong (one part of the serf class).

柴达木循环经济试验区 国家首批13个循环经济产业试点园区之一。也是目前国内面积最大、资源较为丰富、唯一布局在青藏高原少数民族地区的循环经济产业试点园区。2005年批准成立。位于青藏高原北部、青海省西北部，面积25.6万平方公里。

ཚ་འདམ་དཔལ་འབྱོར་འཁོར་རྒྱུག་ཚོང་ལྟའི།

ཁུལ། རྒྱལ་ཁབ་ཀྱིས་ཐོག་མར་བདམས་ཐོན་བྱུང་བའི་དཔལ་འབྱོར་འཁོར་རྒྱུག་ཐོན་ལས་ཀྱི་གྲས་ཡིན། མིག་སྔར་རྒྱལ་ནང་དུ་ཁྱོན་ཆེས་ཆེ་བ་དང་། ཐོན་ཁུངས་ཕུན་སུམ་ཚོགས་པ། མདོ་དབུས་མཐོ་སྒང་གཅིག་ཁྱབ་རིགས་ས་ཁུལ་དུ་དཔལ་འབྱོར་འཁོར་རྒྱུག་ཐོན་ལས་ཚོད་བཞེར་ས་ཁྱོན་གཅིག་པུ་ཡིན། ༢༠༠༥ལོར་ཚུགས། དེ་མདོ་དབུས་མཐོ་སྒང་གི་བྱང་ཁུལ་དང་། མཚོ་སྔོན་ཞིང་ཆེན་གྱི་ནུབ་བྱང་ཁུལ་དུ་གནས། རྒྱ་ཁྱོན་ལ་སྒྱུ་ལེ་གྲུ་བཞི་མ་ཁྲི༢༥.༦ཡོད།

Tsaidam Circulation Economy Experimental Zone is one of the first thirteen circulation economy industry pilot parks in China. It covers the largest area, has rich resources, and is the only park located in the minority area in Qinghai-Tibet Plateau. It was approved in 2005 and is located in the northern part of Qinghai-Tibet Plateau, the northwestern part of Qinghai Province, covering an area of 256,000 square kilometers.

单于 匈奴人对其部落联盟首领的专称，意为"广大之貌"。始创于匈奴头曼单于，之后这个称号一直继承下去，直到匈奴灭亡。东汉三国时，有乌丸（见"乌桓"词条）、鲜卑的部落使用"单于"称号。至两晋十六国，皆改称为"大单于"，但地位已不如前。

ཧན་ཡུས། ཧུང་ནུའི་པས་མཉམ་འབྲེལ་ཚོའི་དཔོན་པོ་འབོད་ཚུལ་ཞིག ལོག་རྒྱ་ཆེ་བའི་དོན་ཡིན། ཧུང་ནུའི་ཐོབ་མན་ཁྲལ་ཡུས་ནས་སྲོལ་དེ་བྱུང་། དེའི་རྗེས་སུ་ཧུང་ནུའི་རྒྱུད་པར་གྱིས་དུས་ཡུན་རིང་པོར་འབོད་སྲོལ་རྒྱུན་འཛིན་བྱས། ཧན་ཤར་མའི་རྒྱལ་རབས་གསུམ་གྱི་སྐབས་སུ། ཝུའུ་ཝན་ཞེས་པའི་ཚོ་ཁག་གིས་ཀྱང་ཁྲལ་ཡུས་ཀྱི་འབོད་ཚུལ་འདི་བཀོལ། ཅིན་གཉིས་རྒྱལ་རབས

བཅུ་དྲུག་སྐབས་སུ་ཁེན་ཡུས་དེ་ཁེན་ཡུས་ཆེན་མོར་བསྒྱུར་ཀྱང་། གོ་གནས་སྟོན་དང་མེད་དོ། །

Chanyu was the title used by the Xiongnu clan to call their chief which means "Immense appearance", "son of endless sky". It was created by Touman Chanyu and continued to be used until Xiongnu perished. During the three kingdoms of the Eastern Han Dynasty, the title Chanyu was used by Wuwan (see Wuhuan) and Xianbei clan. It was superseded by Dachanyu in the eastern and western Jin Dynasty and sixteen countries, but the status was lost.

澶渊之盟 北宋与辽缔结和约的事件。宋真宗景德元年（1004），辽军南下深入宋境。宋军坚守辽军背后城镇，又在澶州（亦称澶渊郡）城下射杀辽将萧挞凛。辽提和议。宋真宗畏敌，遂与辽订和约。规定宋每年送辽岁币银10万两、绢20万匹。史称"澶渊之盟"。

ཁན་ཡོན་མཆན་མཐུན། སུང་བྱང་མ་དང་ལིའོ་རྒྱལ་རབས་བར་ཞི་ཆིངས་བཞག་པའི་དོན་རྐྱེན་ཞིག སུང་ཀྲེན་ཚུན་ཅེན་ཏེ་ལོར་（1004）ལིའོ་དམག་སྟོབས་ཀྱིས་ལྷོ་ལ་སྐྱོད་པ་དང་། སུང་དམག་གིས་ལིའོ་དམག་རྒྱབ་ཀྱི་གྲོང་བརྡལ་སྲུང་བྱས། དེ་ནས་ཁེན་ཡོན་（ཁེན་ཡོན་ཁུན་ཡང་ཟེར）མཁར་དུ་ལིའོ་དམག་དཔོན་འོའི་ཏུ་ལིན་ལ་མདའ་འཕོག་ནས་བཀྲོངས། སུང་གུན་སུང་གིས་ཕོར་སྣག་ནས་ལིའོ་དང་ཞི་ཆིངས་བཞག་དེ་ལས། སུང་གིས་ལོ་རེ་ལིའོ་ལ་དངུལ་སྲང་ཁྲི 10 དང་། དར་སྣམ་ཡུག་ཁྲི 20 སྤྲོད་རྒྱུ་བཅས་གཏན་འབེབས་བྱས། དེ་ལ་ལོ་རྒྱུས་སུ་ཁེན་ཡོན་མཆན་མཐུན་ཟེར།

Chanyuan Treaty is made by the Northern Song and the Liao for peace. In the first Jingde year of Emperor Song Zhenzong (1004), the Liao army went south to the territory of Song. The Song army holds fast to its position, protecting the cities and towns and the officer of Liao army named Xiao Dalin was shoot off by the Song soldier in Chanzhou, also called Chanyuan County. The Liao proposed for peace negotiation. Emperor Zhenzong was afraid of the enemies, so he made a peace treaty with Liao. Song agreed to pay an annual indemnity or tribute of 200,000 bolts of silk and 100,000 tael of silver, which is historically called the Chanyuan Treaty.

阐化王 明朝对西藏帕竹地方政权首领的世袭封爵。当时封的藏族五王之一。洪武二十一年（1388）封扎巴坚参为"灌顶国师"；永乐四年（1406）加封为"灌顶国师阐化王"。

ཁན་ཧུ་རྒྱལ་པོ། མིང་རྒྱལ་རབས་ཀྱིས་བོད་སྟོད་ལུང་ཕྱོགས་གཙོས་གནས་སྲིད་དབང་བཟུང་བའི་རྒྱུད་འཛིན་པ་གཙོ་བའི་ཚོ་བོ་ཞིག སྐབས་དེའི་བོད་ཀྱི་རྒྱལ་པོ་ལྔའི་ཡ་གྱལ་ཞིག་ཡིན། ཧུང་ཝུའི་ཁྲི་ལོ་ཉེར་གཅིག་ལོར་（1388）གྲགས་པ་རྒྱལ་མཚན་ལ་"འཕགས་པའི་བླ་མ"ཞེས་པའི་མཚན་གསོལ། ཡུང་ལེའི་ཁྲི་ལོ་བཞི་པར་（1406）འཕགས་པའི་བླ་མ་ཆུན་ཏུ་རྒྱལ་པོ་ཞེས་པའི་མཚན་གསོལ།

Chanhuawang (prince who expounds Buddhism) is a hereditary title given to the local regime leader of Pagmodru by the Ming government, one of the five princes of the Tibet nationality. The twenty-first year of Hongwu (1388), Drakpa Gyaltsen was given the title of "Grand Tutor" as a respected monk, and in the fourth year of Yongle (1406), he was granted another title "Grand Tutor, Chanhuawang (prince who expounds Buddhism)".

阐教王 明代授予西藏藏传佛教止贡噶举派首领的世袭封号。永乐十一年（1413），明廷封西藏止贡寺座主领真巴儿吉监藏为阐教王。

ཕྱག་ཆེན་རྒྱལ་པོ། མིང་རྒྱལ་རབས་ཀྱིས་བོད་རྒྱུད་ནང་པའི་ཆོས་ལུགས་ཏེ། འབྲི་གུང་བཀའ་བརྒྱུད་པའི་བླ་མར་བསྩལ་བའི་མིང་ཐོབ་ཅིག་ཡིན། ཡུང་ལི་ལོ་བཅུ་གཅིག་པ（1413）ལོར། མིང་སྲིད་གཞུང་གིས་འབྲི་གུང་དགོན་པའི་ཁྲི་བ་གླགས་པ་འབྱུང་གནས་ཕྱག་ཆེན་རྒྱལ་པོ་ཞེས་པའི་མཚན་བསྩལ།

Chanjiaowang (Prince of the Propagation of the Doctrine of the Buddha) is a hereditary title given to the leader of Zhigung Gagyu Sect of the Tibetan Buddhism by the Ming government. The eleventh year of Yongle (1413), the Ming government gave this title to Linzenbal Gyangyanzang-the abbot of Monastery of Zhigung in Tibet.

昌都地区人民解放委员会 人民政权组织。1951年在昌都战役胜利、昌都地区解放的基础上，通过召开昌都地区第一届人民代表会议成立。直属中央人民政府政务院管辖，王其梅为主任，驻昌都宗，辖昌都、察雅、江卡等23宗。

ཆབ་མདོ་ས་ཁུལ་མི་དམངས་བཅིངས་འགྲོལ་ཨུ་ཡོན་ལྷན་ཁང་། མི་དམངས་སྲིད་དབང་གི་རྩ་འཛུགས་ཤིག 1951ལོར་ཆབ་མདོའི་གཡུལ་འགྱེད་དུ་རྒྱལ་ཁ་ཐོབ་རྗེས། ཆབ་མདོ་བཅིངས་འགྲོལ་བྱས་པའི་རྒྱབ་གཞིའི་སྟེང་། ཆབ་མདོ་ས་ཁུལ་དུ་སྐབས་དང་པོའི་དམངས་འཐུས་ཚོགས་གྲོས་ཚོགས་སུ་འདེམས་ཐོན་བྱུང་ནས་ཚུགས། ཀྲུང་དབྱང་མི་དམངས་སྲིད་གཞུང་གི་སྲིད་དོན་ལྷན་རྒྱ་ཐད་ཀར་བདག་གཏོགས་པ་དང་། ཝང་ཆི་མིའུ་ཡིས་རུ་དཔོན་གནད་ཀྱི་ཁེར་དུ་བྱས། བོད་སུ་ཆབ་མདོ་དང་། ཁྲ་གཡབ། རྒྱ་མཁར་བཅས་འཛིན་ཡོད།

Changdu Region People's Liberation Committee is people's regime organization. In 1951 on the basis of the victory of Changdu Campaign and the liberation of Changdu area, the council was formed in the first people's representative conference of Changdu. It was led directly by the Government Administration Council, the director was Wang Qimei, located in Changdu County, with Changdu, Chaya, Jiangka, etc. in total 23 counties under its administration.

昌都战役 1950年中央人民政府与西藏噶厦政府谈判破裂后，人民解放军为解放昌都而实施的战役。经大小20余次战斗，歼灭昌都总署和6个代本（相当于团）的全部及3个代本的大部，促使一个代本起义，一举攻占昌都。此役，为和平解放西藏奠定了基础。

ཆབ་མདོའི་གཡུལ་འགྱེད། 1950ལོར། ཀྲུང་དབྱང་མི་དམངས་དང་བོད་ཞོངས་བཀའ་ཤག་

གཞུང་བར་གྱི་སྙིང་ཆོལ་གྲོས་འཆམ་མ་བྱུང་རྗེས། མི་
དམངས་བཅིངས་འགྲོལ་དམག་གིས་ཆབ་མདོ་བཅིངས་
འགྲོལ་བྱེད་ཆེད་བརྒྱབ་པའི་གཡུལ་འགྱེད་ཅིག་དམག་
འཁྲུག་ཆེ་ཆུང་ཐེངས་ཉི་ཤུ་ལྷག་བརྒྱབ་དེ་ཆབ་མདོ་ས་
ཁུལ་གྱི་སྤྱི་ཁྱབ་ཁང་དང་དམག་སྒར་ཆིག་པོ་དྲུག་དང་།
དམག་སྒར་གསུམ་གྱི་མང་ཆེ་བ་རྩ་མེད་དུ་བཏང་བ་དང་།
དམག་སྒར་གཅིག་གི་འོས་ལངས་ལ་སྨྲ་མ་བཏང་བ་
དང་། ཚོད་ཐབས་གཅིག་གིས་ཆབ་མདོ་བཟུང་། ཞེས་
འདིའི་གཡུལ་འགྱེད་ཀྱིས་བོད་སྟོངས་ཞི་བས་བཅིངས་
འགྲོལ་གཏོང་བར་ཕུགས་མའི་རྫིང་གཞི་བཏིང་བའོ། །

Changdu Campaign is launched for the emancipation of Changdu County when the negotiation between Central people's Government and Tibetan Gaxia Government failed. After over 20 battles, Changdu general administration, six regiments and the majority of three regiments were destroyed, impelling one regiment peacefully surrendered, and Changdu County was captured. This campaign lays the foundation for the peaceful emancipation of Tibet.

长狄 亦作"长翟"等。我国古代少数民族。为春秋时狄族的一支,因其人高大而得名。

ཁང་དེ། "ཁང་གྱི" སོགས་ཀྱང་ཟེར། རང་རྒྱལ་གནའ་
རབས་གྲངས་ཉུང་མི་རིགས་ཤིག་ཡིན། ཁྱུན་ཚིའུ་དུས་
རབས་ཀྱི་དེ་རིགས་ཀྱི་མ་ལག་ཅིག་དེ། རིགས་དེའི་
སྟོབས་ཚབས་ཆེས་ཆེ་བས་མིང་དེ་ཐོགས།

Changdi, also called "Chanddi", is the ancient ethnic minority in our country, and is also one of the branches of Di nationality in Spring and Autumn Period. The nationality got its name because of the people's height (Chang means tall).

长庆会盟 唐长庆元年(821),吐蕃赞普墀祖德赞派员到长安请求会盟,双方在长安举行会盟仪式。二年,唐朝派人到吐蕃寻盟,与吐蕃结盟于今拉萨。因会盟发生在唐长庆年间,故史称"长庆会盟"。亦称"甥舅和盟"。三年,将盟文刻石立碑。

ཁང་ཆིང་མཆན་མཐུན། ཐང་རྒྱལ་རབས་ཁང་ཆིང་
ལོ་དང་པོར་(༨༢༡)། བོད་ཀྱི་བཙན་པོ་ཁྲི་གཙུག་
ལྡེ་བཙན་གྱིས་ཁྱན་ཨན་དུ་པོ་ཉ་བཏང་ནས་མཆན་འཛོམས་
པའི་ཞུ་ཞུས། ཕྱོགས་གཉིས་ཀས་ཁྱན་ཨན་དུ་མཆན་
མཐུན་གྱི་མཛད་སྒོ་སྤེལ། ལོ་གཉིས་པར། ཐང་གིས་བོད་
ལ་པོ་གདགས་ནས་མཆན་མཐུན་ཞུས་ཏེ། བོད་དང་
དེང་གི་ལྷ་སར་འདུམ་འགྲིག་བྱས། མཆན་མཐུན་དེ་ཐང་
གི་ཁང་ཆིང་ལོར་འཁེལ་པས། ལོ་རྒྱུས་སུ་དེ་ལ་ཁང་ཆིང་
པོའི་མཆན་མཐུན་ནམ་དབོན་ཞང་མཆན་མཐུན་ཡང་
ཟེར། ལོ་གསུམ་པར། མཆན་མཐུན་ཡི་གེ་རྡོ་རིང་སྟེང་
དུ་བཀོས།

Changqing Alliance The first year of Changqing in the Tang Dynasty (821), Tritsug Detsen sent people to Chang'an to ask for alliance, the two parties held a ceremony for this alliance. The second year of Changqing, Tang Dynasty sent people to Tubo, looking for allies and allied with Tubo in the present-day Lhasa. Since the alliance was made in Changqing period, so it is historically called Changqing Alliance, another name is "Nephew-uncle Alliance". In the third year of Changqing, the oath was inscribed on the erected stele.

朝鲜人民会 日本帝国主义在吉林延边地

区设立的特务机关。1928年成立。一般设在日本警察驻地附近，由朝奸担任领导，监督控制当地朝鲜族人民言行。后在南、北满朝鲜族聚居区普遍设立。日本降后废除。

ཁོའུ་ཞན་མི་དམངས་ཚོགས་འདུ། ཤར་པན་བཙན་རྒྱལ་རིང་ལུགས་ཀྱིས་ཅེ་ཞིད་མཐའ་ཁུལ་དུ་བཙུགས་པའི་དམིགས་བསལ་ལས་ཁུངས་ཤིག ༡༩༢༨ལོར་ཚུགས། སྤྱིར་བཏང་དུ་ཤར་པན་ཉེན་རྟོག་པ་གནས་གཞིའི་ཚུར་ཡོད། ཁོའུ་ཞན་རང་རིགས་ཀྱི་ཁ་བྲལ་བྱེད་ཀྱི་ཁྲིད་སྟངས་ལ་ལྟོག་དང་ཚོད་འཛིན་བྱེད། མྱིས་སུ་གི་ཁོའུ་ཞན་རིགས་ཀྱི་འདུས་འཁོར་ཡོངས་དུ་བཙུགས། ཤར་པན་འགོ་བཏགས་རྗེས་མེད་པར་བཟོས།

The Korean people League is a secret service set up by the Japanese imperialists in Yanbian area in 1928. It was usually set up near the Japanese police stations and headed by the Korean nationality traitors to supervise and control words and deeds of the local Korean people. Later it was widely set up in agglomerations where Korean people live. It was abolished after Japan's surrender.

朝鲜文 朝鲜族使用的拼音文字。1444年创制。初称"训民正音"，后改称朝鲜文。初有28个字母，其中辅音字母17个，元音字母11个。1527年改进，减少1个辅音字母，改排字母顺序，规定了字母的名称。1954年朝鲜重订字母表，不再夹用汉字，但韩国现仍夹用汉字。

ཁོའུ་ཞན་ཡི་གེ ཁོའུ་ཞན་མི་རིགས་ཀྱིས་སྦྱོད་པའི་གསལ་བྱེད་ཡི་གེ ༡༤༤༤ལོར་གསར་བཟོ་བྱས། ཐོག་མར་"དམངས་སློང་སྒྲ་གསལ"ཞེར་བ་དང་རྗེས་སུ་ཁོའུ་ཞན་ཡི་གེར་བསྒྱུར། དེ་དང་ཐོག་དབྱངས་གསལ་ཡི་གི་འབྱོང་ཆེན། དེའི་ནང་དུ་གསལ་བྱེད་ ༡༧དང་དབྱངས་ ༡༡ཡོད། ༡༥༢༧ལོར་བསྒྱུར་བཅོས་བཏང་ནས་གསལ་བྱེད་ཡི་གི་གཅིག་མེད་པར་བཏང་བ་ཡི་གེའི་རིམ་བསྒྲིགས་ཏེ་ཡི་གེའི་མིང་གཏན་ལ་ཕབ། ༡༩༥༤ལོར་ཁོའུ་ཞན་བྱང་མས་དབྱངས་གསལ་ཡི་གེ་རེའུ་མིག་གཏན་འབེབས་བྱས་ནས་རྒྱ་ཡིག་བར་བཅུག་མི་དགོས་པར་བྱས། འོན་ཀྱང་ཧན་གོ་རྒྱལ་ཁབ་ཀྱིས་ལྟར་བཞིན་རྒྱ་ཡིག་བར་བཅུགས་ཕྱས་ཡོད།

Korean alphabet is the alphabetic writing used by the Korean people. It was created in 1444 and was firstly called "The Proper Sounds for the Education of the people", later was called Korean alphabet. At first it included 28 letters, 17 consonants and 11 vowels. It was improved in 1527, one consonant was omitted, the orders of letters were rearranged, and the name of each letter is added. In 1954, the North Korean revised the alphabet, so Chinese characters would no longer be used among the Korean writing system, but in South Korea, Chinese characters are still in use.

朝鲜语 朝鲜族的通用语言。韩国称"韩国语"，二者差别细微。是一种流行于东北亚朝鲜半岛及其附近区域的语言。对于朝鲜语的系属划分迄今没有明确定论，一般划为语系未定的孤立语言。有部分学者主张属于阿尔泰语系。

ཁོའུ་ཞན་སྐད། ཁོའུ་ཞན་མི་རིགས་ཀྱི་སྤྱི་སྤྱོད་སྐད་ཆ

དང་། ཧན་གོ་རྒྱལ་ཁབ་ཀྱིས་"ཧན་གོའི་སྐད" ཟེར། དེ་གཉིས་ལ་མི་འདྲ་བ་ཞེན་ཏུ་ཆུང་། ཡ་སྦྱིང་ཅུང་སར་གྱི་ཁོར་ཞེན་ཉིད་སྦྱིང་དང་དེའི་ཉི་འདབས་སུ་ཁྱབ་པའི་སྐད་ཆ་ཞིག་ཡིན། ཁོར་ཞེན་སྐད་ཀྱི་རྒྱུད་ཁུངས་གང་ཡིན་ད་ལྟར་གཏན་འབེབས་བྱས་མེད། སྐྱེར་བཏད་དུ་སྐད་རྒྱུད་མེད་པའི་ཞིར་ཚོགས་རང་བཞིན་གྱི་སྐད་དུ་བགྲོས་ཡོད། འོན་ཀྱང་ཆེན་མཁས་པ་རེ་འགས་དེ་ནི་ཨར་ཐའི་སྐད་རྒྱུད་ཡིན་པར་ཡང་བཤད།

Korean Language is universally used by the Korean people. In South Korean, their language is called "South Korea Language". There is only slight difference between the two languages. It is prevalent in the Korean peninsula and nearby areas of Northeast Asia. It is still uncertain today which language family it belongs to, so it is regarded as an independent language without a family. While some scholars hold the view that it belongs to Altaic family.

朝鲜族 东亚主要民族之一。主要分布在朝鲜半岛的朝鲜、韩国，中国和俄罗斯远东地区及原属苏联的加盟共和国。在中国境内的朝鲜族是中国的一个少数民族，人口为1933510人（2010年），现在使用的语言文字称为朝鲜语和朝鲜文，主要从事农业。

ཁོའི་འཞེན་མི་རིགས། ཡ་སྦྱིང་ཤར་མའི་མི་རིགས་གཙོ་བོའི་གྲས་ཤིག་གཙོ་བོ་ཁོའི་འཞེན་ཉིད་སྦྱིང་གི་ཁོའི་འཞེན་དང་ཧན་གོ། གྱུང་གོ་དང་ཨུ་རུ་སུའི་ཤར་ཕྱོགས་ཁུལ། མིན་སྲོལ་ཀྱི་སུ་ལེའི་ཀྱི་མཉམ་འབྲེལ་སྤྱི་མཐུན་རྒྱལ་ཁབ་སོགས་སུ་ཁྱབ། གྱུང་གོའི་ཞེན་འཇོའི་ཁོའི་འཞེན་མི་རིགས་དེ་གུང་ཞུང་མི་རིགས་དང་གསེས་ཤིག་ཡིན། མི་གྲངས་ ༡༩༣༣༥༡༠་ཡོད། (༢༠༡༠ལོ) ད་ལྟ་སྦྱོད་པའི་སྐད་ཡིག་འབོན་ཞེན་སྐད་ཡིག་ཡིན་པ་དང་། ཞིང་ལས་གཙོ་གནེར་བྱེད།

Chaoxian (Korean) people is one of the main ethnicities in East Asia that has other names such as Corea. Its people mainly distributes in South Korea, North Korean on the Korean Peninsula, China, and the Far East region in Russia and republics which were once parts of the Soviet Union. Korean ethnic group in China is an ethnic minority with a population of 1,933,510 (2010). The language and writing system they use are called Korean language and Korean alphabet, and they mainly engaged in agriculture.

朝鲜族医学 民族医学。在吸收中医药理论的基础上，结合本族防治疾病的经验而形成发展起来的传统医学体系。19世纪便提出从理论到临床诊治都独具特点的"四象医学"学说。施用的方剂主要有两种，一是四象方剂，二是借用适用的中医方剂。特色疗法有太极针法等。

ཁོའི་འཞེན་རིགས་ཀྱི་གསོ་རིག མི་རིགས་གསོ་རིག དེའི་གྱུང་སྨན་འཁུང་ལུགས་ཀྱི་རྒྱུད་གཞིའི་སྟེང་ལ། རིགས་རང་ཉིད་ཀྱི་སྨན་བཅོས་ཐབས་ཤེས་ཟུང་འབྲེལ་གྱིས་གྲུབ་འཁྱེལ་བྱུང་བའི་སྲོལ་རྒྱུན་གསོ་རིག་ལ་ལག་ཅིག་ཡིན། དུས་རབས་བཅུ་དགུ་པ་ནས་གཞུང་ལུགས་དང་ལག་ལེན་ཐབས་གཉིས་མིན་ཁྱད་ཆོས་ཀྱི་"སྐྱང་རྟགས་བཞིའི་གསོ་རིག"གི་བགད་སྲོལ་བྱུང་། བེད་སྤྱོད་ཀྱི་ལག་ཐབས་གཙོ་བོ་གཉིས་ཡོད། གཅིག་རྟགས་བཞིའི་ཐབས་དང་། ཅིག་ཤོས་གྱུང་སྨན་ལག་ཐབས་གཡར་སྤྱོད་བྱེད་པ་ཡིན། ཁྱད་ལྡན་གྱི་སྨན་བཅོས་ཐབས་ལ་མཐེ་

|ལྦ་བཅོས་སོགས་ཡོད།

Korean Medicine is an ethnic medicine. Its development combined the theory of traditional Chinese medicine and the experience of prevention and treatment of diseases among the Chaoxian people. In the 19th century they proposed the theory of "Four-Constitution Medicine" with unique feature on theoretical or clinical diagnosis and treatment. There are two kinds of prescriptions: one is the Four-Constitution prescription, the other is proper traditional Chinese medicine prescription. Particular therapies include taichi acupuncture therapy, etc.

成达师范学校 中国最早的回民师范学校。1925 年创办，初设于济南。以培养伊斯兰教"经汉兼通"并能胜任教长、宗教团体会长和学校校长的新型阿訇为宗旨。创办人唐柯三任校长，学制 6 年。后停办，复课，迁重庆、北平。解放后并入回民学院，为北京市回民学校前身。

ཁྲེང་ཏ་དགེ་འོས་སློབ་གྲྭ། གུང་གོའི་ཆེས་སྔ་བའི་ཧུའེི་རིགས་དགེ་ཐོན་སློབ་གྲྭ་ཡིན། ཉིང་༡༩༢༥ལོར་ཚེ་ནན་དུ་བཙུགས། དེས་དབྱེ་ཨི་ལན་ཆོས་ལུགས་ཀྱི་གསུང་རབ་དང་རྒྱ་གཞུང་མཉམ་སྦྱོང་བྱེད་པར་མ་ཟད། ཆོས་དཔོན་བཟུང་ཚོགས་པ་དང་། ཆོས་ཚོགས་ཀྱི་ཚོགས་གཙོ་དང་སློབ་གྲྭའི་སློབ་གཙོའི་རྐལ་པ་གསར་པ་སྟེ། ཨ་ཧོང་གསོ་སྐྱོང་དམིགས་ཡུལ་དུ་བཟུང་བ་ཞིག་ཡིན། གསར་འཛུགས་མཁན་ཐང་ཁུའེ་སན་གྱིས་ལོ་གསུམ་ལ་སློབ་གཙོའི་འགན་བླངས། སློབ་ཡུན་ལོ་༦། རྗེས་སུ་མཚམས་བཞག་བསྐྱར་སློབ་ཀྱི་གནས་ཁྱེར་ཆིང་དང་པེ་ཕིང་དུ་སྤོས། བཅིངས་འགྲོལ་རྗེས་སུ་ཧུའེི་རིགས་སློབ་གླིང་དང་ཆབ་སྲིལ་བསྡུས་ཏེ།

པེ་ཅིན་གྲོང་ཁྱེར་གྱི་ཧུའེི་རིགས་སློབ་གྲྭའི་ཐོག་མ་ཡིན།

Chengda Normal School was the earliest Hui people normal school. It was established in 1925 in Jinan. Its aim is to foster Islam people who can be good both at Islamism and Chinese and can be competent in being an imam, leader of a religious group and principal of schools. The founder Tang Kesan was the president. The length of schooling was six years. Later it was closed down and resumed classes again, and moved to Chongqing, Peking. After the liberation, it was merged into the Huimin college, which was the predecessor of Beijing Huimin School.

成都西藏中学 1989 年建立。是四川省委、省政府为贯彻落实中央"智力援藏"精神，经原四川省教育委员会批准建立的一所省属重点中学。学校地处成都武侯区，占地面积 40 亩。

ཁྲེང་ཏུའུ་བོད་སློབས་སློབ་འབྲིང་། ༡༩༨༩ལོར་ཡི་ཁྲོན་ཞིང་ཆེན་ཨུ་ཡོན་ལྷན་ཁང་དང་ཞིང་ཆེན་སྲིད་གཞུང་གིས་"ཤེས་ཚད་བོད་འདེགས་"ཀྱི་བསམ་བློ་དང་། ཡི་ཁྲོན་ཞིང་ཆེན་སློབ་གསོ་ཨུ་ཡོན་ལྷན་ཁང་གིས་གཏན་འབེབས་བྱས་ནས་བཙུགས་པའི་ཞིང་ཆེན་ལ་གཏོགས་པའི་གཙོ་གནས་སློབ་འབྲིང་ཞིག་ཡིན། ཁྲེང་ཏུའུ་ཝུའུ་ཧུའུ་ཆུས་སུ་ཡོད། རྒྱ་ཁྱོན་ལ་མུའུ་༤༠ཡོད།

Chengdu Tibet Middle School was set up in 1989. Approved by former Sichuan Provincial Commission of Education, this provincial key middle school was established by Sichuan provincial party committee and provincial government for the implementation of the policy of "Supporting Tibet by Talents" which was issued by the central government. It is located in Wuhou District of Chengdu with a total area of 40 mu.

成汉 五胡十六国之一。301年巴氏族领袖李特在蜀地领导西北难民反抗晋朝的统治，304年其子李雄称成都王；两年后称帝，国号"成"，定都成都。338年雄侄李寿改国号为"汉"。故史称"成汉"。347年为东晋所灭。

ཁེང་ཧན། ཧུའི་ལྡིའི་རྒྱལ་ཁབ་བཅུ་དྲུག་གི་གྲས་ཤིག ༣༠༡ལོར་པ་ཏི་རིགས་ཀྱི་འགོ་གཙོ་ལི་ཐུ་ཡིས་སི་ཁྲོན་ཡུལ་དུ་ནུབ་བྱང་གི་མི་རིགས་ལ་འཁྱེར་ཏེ་ཅིན་རྒྱལ་རབས་ཀྱི་དབང་སྒྱུར་ལ་ངོ་རྒོལ་བྱས། ༣༠༤ལོར་ཁོའི་བུ་ལི་ཞུང་གིས་ཁྱུའི་ཡི་རྒྱལ་པོར་བསྐོ། ལོ་གཉིས་པར་གོང་མར་བསྐོ་སྟེ། རྒྱལ་རྟགས་ཁྲེང་དང་། རྒྱལ་ས་ཁྲེང་ཏུའུ་བྱས། ༣༣༨ལོར་ཚ་བོའི་ཐབ་ཡིས་རྒྱལ་རྟགས་ཁན་ལ་བསྒྱུར། བོ་རྒྱུས་སུ་ཁྲེང་ཧན་ཡང་ཟེར། ༣༤༧ལོར་ཅིན་རྒྱལ་རབས་ཤར་མས་རྩ་མེད་བཏང་།

Cheng Han was a state of the Sixteen Kingdoms during the Jin Dynasty (265-420) in China. In 301, the leader of Badi ethnic minority-Li Te revolted the regime of Jin Dynasty with the support of the northwest refugees in Sichuan area, and in 304, his son-Li Xiong claimed himself the Lord of Chengdu and King two years later, titling Cheng, setting the capital in Chengdu. In 338, the nephew of Li Xiong-Li Shou changed the title to Han. So it was called Cheng Han. In 347, it was wiped out by the Eastern Jin Dynasty.

成吉思汗（1162—1227） 即元太祖。世界史上杰出的政治家、军事家。蒙古乞颜孛儿只斤氏人。名铁木真，汗号成吉思汗。1206年，被推举为全蒙古大汗，统一各部。后多次发动对外战争，征服地域西达黑海海滨，东括几乎整个东亚。1271年，元朝建立后被追尊为元朝皇帝。

ཇིང་གིར་རྒྱལ་པོ། (༡༡༦༢—༡༢༢༧) ཡོན་རྒྱལ་རབས་ཀྱི་མེས་པོ། འཛམ་གླིང་ལོ་རྒྱུས་ཐོག་གི་ཕུལ་དུ་བྱུང་བའི་ཆབ་སྲིད་པ་དང་དམག་དོན་པ་ཞིག སོག་པོ་ཆི་ཡན་ཚོ་པའི་རྒྱུད་ཡིན་པ་དང་། མིང་ལ་ཐེམ་ཆེན་དང་། རྒྱལ་རྟགས་ལ་ཇིང་གིར་རྒྱལ་པོ་ཟེར། ༡༢༠༦ལོར་སོག་པོ་ཡོངས་ཀྱི་རྒྱལ་པོར་གདམས་ནས་ཚོ་ཁག་བོ་བོ་གཅིག་གྱུར་བྱས། རྗེས་ནས་ཕྱི་ཕྱོགས་སུ་དམག་འཁྲུག་ཁ་ཆེན་པོ་སྤེལ་ཏེ་ནུབ་ཏུ་མཚོ་ནག་དང་ཤར་ལ་སྐྱིང་ཧར་ཁུལ་ཕྱེད་བོ་བཟུང་། ༡༢༧༡ལོར་ཡོན་རྒྱལ་རབས་བཙུགས་རྗེས་སུ་ཡོན་ཆེན་མོའི་གོང་མར་བགྱུར།

Genghis Khan (1162-1227) is known as the first emperor of Yuan Dynasty and an outstanding politician, strategist in history. He was born of the Borjigin clan in Mongolia. His name is Temujin, title of Khan is Genghis. In 1206, he was elected as the great Khan of Mongolia, uniting the Mongol confederations. Later, he launched several wars on other foreign countries, the area he conquered reached the shore of the Black Sea in the west and almost the whole Eastern Asia in the east. In 1271, Yuan Dynasty was set up and he was honored as an emperor.

成吉思汗陵 位于内蒙古鄂尔多斯市伊金霍洛旗。历史上多次迁移，抗日战争期间陵墓八白室迁至青海塔尔寺，1954年由塔尔寺迁回。现陵于1956年修建，建筑面积1500多平方米。陵内有成吉思汗生平功业绘画及其坐像、遗物，并陈列有元代文物。如今的成吉思汗陵乃是一座衣冠冢。

ཇིང་གིར་རྒྱལ་པོའི་བང་སོ། ནང་སོག་གི་ཨེར་ཏོ་སི་གྲོང་ཁྱེར་གྱི་ཡི་ཅིན་ཧའོ་ལའོ་དར་ཅུ་ཡོད། ལོ་རྒྱུས་ཐོག་ཏུ་གནས་སྤོས་མང་པོ་བྱུང་། ཞྱར་འགོག་དམག་འཁྲུག་སྐབས་བང་སོའི་ཆི་ནས་མཚོ་སྔོན་སྐུ་འབུམ་དུ་སྤོས། དུས་༡༩༥༤ལོར་སྐུ་འབུམ་ནས་ཕྱིར་སྤོས། ད་ལྟའི་བང་སོ། ༡༩༥༦ལོར་བཟོ་བཅོས་བྱས། དེའི་རྒྱ་ཁྱོན་སྦྲ་སྟེགུ་བཞི་མ་༡༥༠༠ལྷག་ཡོད་པ་དང་། བང་སོའི་ནང་དུ་ཇིང་གིར་རྒྱལ་པོའི་མཛད་རྗེས་རི་མོ་ཆེན་མོ་རི་མོ་དང་སྐུ་འདྲ། རྒྱུ་དངོས། གཞན་ཡང་རྒྱལ་རབས་གསུམ་གྱི་རིག་སྲོལ་དངོས་པོགས་ཡོད་། དེ་ལྟར་ཇིང་གིར་རྒྱལ་པོའི་བང་སོའི་འདས་ཆས་སྤྲས་པའི་བང་སོ་ཞིག་ཡིན།

Tomb of Genghis Khan is located in Yijinholo County of Erdos City, Inner Mongolia. It has been removed several times and was moved to Taer Lamasery in Qinghai during the Counter-Japanese War and moved back in 1954. The present tomb was built in 1956 with an area of more than 1,500 square meters. There are paintings about Genghis Khan's achievements in his life and his sitting status, and remains, also some cultural relics of Yuan Dynasty in the tomb. The present tomb is just a cenotaph.

成年式 原始社会中男女青少年进入成年阶段时举行的一种仪式。亦称"成丁礼""入社式"。目的在于把达到性成熟期的青少年引进成年人的生活中。

དར་མའི་མཛད་སྒོ། གདོད་མའི་སྤྱི་ཚོགས་སུན་ཆུང་ཕོ་མོ་རྣམས་དར་ལ་བབས་སྐབས་སྤྱོད་པའི་མཛད་སྒོ་ཞིག་ཡིན། དེ་ལ་དར་བབས་དུས་སམ་འཚོ་གྱུར་དུ་ཆུད་པ་ཡང་ཟེར། དམིགས་ཡུལ་ནི་དར་བབས་ཀྱི་ཕོ་གསར་མོ་གསར་ཆོས་དར་མའི་འཚོ་བར་རོལ་རྒྱུ་ཡིན།

Adult Ceremony is held for the young girls and boys who are stepping into the adulthood. It is also called ritual of being an adult or ceremony of entering the society. It is made to lead the sexually maturing teenagers to a life of adults.

承德避暑山庄 中国现存占地最大的古代帝王宫苑。清代皇帝避暑和处理政务的场所。位于河北省承德市北部。始建于1703年，历经清康熙、雍正、乾隆三朝，占地564万平方米，耗时80多年建成。为中国四大名园之一。

ཁྲེང་ཏེ་ཚ་གཡོལ་རི་གྲོང་། མིག་སྔར་གྲུང་གོར་ཉར་ཚགས་བྱས་པའི་རྒྱ་ཁྱོན་ཆེས་ཆེ་བའི་གནའ་རབས་གོང་མའི་ཕོ་བྲང་ཅིག་ཡིན། ཆིང་རྒྱལ་རབས་ཀྱི་གོང་མ་ཚ་གཡོལ་དང་སྲིད་ཀྱི་བྱ་བ་བསྒྲུབ་ས་ཡིན། ཧོ་པེ་ཞིང་ཆེན་གྱི་ཁྲེང་ཏེ་གྲོང་ཁྱེར་གྱི་བྱང་ཕྱོགས་སུ་ཡོད། ༡༧༠༣ནས་ཕྱག་མར་བསྐྲུན། ཕོ་རྒྱལ་སུ་གོང་མ་ཁང་ཞིས་དང་། ཡུང་ཀུན། ཆན་ལུང་བཅས་རྒྱལ་རབས་གསུམ་བརྒྱུད། རྒྱ་ཁྱོན་ལ་སྦྲ་སྟེགུ་བཞི་མ་ཁྲི་༥༦༤ཡོད་ལ་ལོ་ངོ་༨༠རིང་དུ་སྐྱེན་ཚར། དེའི་གྲུང་གོའི་སྐྱེད་ཚལ་ཆེན་པོ་བཞིའི་གྲས་ཤིག་ཡིན།

Chengde Imperial Summer Resort (literally "Mountain Resort for Avoiding the

Heat") covers the largest area among the existing ancient empirical palaces. It is a place for Qing emperors to avoid summer heat and deal with the government affairs. Situated north of the city of Chengde, Hebei province, it was first built in 1703. The long construction period spanned the reigns of three Qing Dynasty emperors-Emperors Kangxi, Yongzheng, and Qianlong, and the palace complex covered an area of 5,640,000 square meters, and it was constructed over 80 years. It is one of the four well-known palaces in China.

城市民族工作 是我国民族工作的一种重要类型。指以城市少数民族为主要对象的民族工作以及与城市功能相联系的民族工作。

གྲོང་ཁྱེར་མི་རིགས་ཀྱི་ལས་དོན། དེ་ནི་རང་རྒྱལ་མི་རིགས་ལས་དོན་ལས་གཙོ་བོའི་རིགས་ཤིག་ཡིན། གྲོང་ཁྱེར་གྱི་གྲངས་ཉུང་མི་རིགས་གཙོ་བོར་བཟུང་བའི་མི་རིགས་ལས་དོན་དང་གྲོང་ཁྱེར་བྱེད་ནུས་དང་འབྲེལ་བའི་མི་རིགས་ལས་དོན་ཞིག་ལ་གོ

Ethnic Work in Urban Areas is an important China's Ethnic Policy to guarantee the legitimate rights and interests of minority peoples living in both urban areas and scattered minority communities.

《城市民族工作条例》 文件名。1993年经国务院批准，由国家民委发布。旨在加强城市民族工作，保障城市少数民族的合法权益，促进适应城市少数民族需要的经济、文化事业的发展。共26条。涉及城市民族工作的诸多具体问题。

《གྲོང་ཁྱེར་མི་རིགས་ལས་དོན་སྲོལ་ཡིག》 ཡིག་ཆའི་མིང་། ༡༩༩༣ལོར་རྒྱལ་སྲིད་སྤྱི་ཁྱབ་ཁང་གིས་ཆོག་བགྲོད་ཐོབ་ནས། རྒྱལ་ཁབ་མི་རིགས་དོན་གཅོད་ཨུ་ཡོན་ལྷན་ཁང་གིས་ཁྱབ་བསྒྲགས་བྱས། དེ་གྲོང་ཁྱེར་མི་རིགས་ལས་གཡར་སྒུགས་བསྟུན་དང་། གྲོང་ཁྱེར་གྱི་གྲངས་ཉུང་མི་རིགས་ཀྱི་ཁྲིམས་མཐུན་ཁེ་དབང་སྲུང་སྐྱེལ། གྲོང་ཁྱེར་གྱི་གྲངས་ཉུང་མི་རིགས་ལ་འཚམ་པའི་དཔལ་འབྱོར་དང་རིག་གནས་བྱ་བའི་གོང་སྤེལ་ལ་སྐུལ་འདེད་གཏོང་བ། བསྡོམས་པས་དོན་ཚན་༢༦ཡོད། གྲོང་ཁྱེར་གྱི་གྲངས་ཉུང་མི་རིགས་ཀྱི་ཞིབ་ཕྲའི་གནད་དོན་སྐོར་མང་ཞིག་ཡོད།

Regulations on Urban Ethnic Minorities' Work is the name of a document, approved by the State Council in 1993, issued by the State Ethnic Affairs Commission. It aims to strengthen the urban ethnic work, ensure the legal rights of urban ethnic minorities and promote economic and cultural works, which is necessary for the development of urban ethnic minorities. It is made up of 26 items, including many details such as the urban ethnic minorities' employment.

墀德松赞（？—815） 吐蕃赞普。墀松德赞幼子。798年即位。继续推行其父弘扬佛教的政策：翻译佛经，兴建寺院，任用僧人参政，赞普宫殿内设佛教道场，王室成员出家为僧等。其间还曾同南诏、唐朝、回鹘发生过战争。

ཁྲི་ལྡེ་སྲོང་བཙན།（？—༨༡༥）བོད་ཀྱི་བཙན་པོ་སྟེ། ཁྲི་སྲོང་ལྡེ་བཙན་གྱི་སྲས་ཡིན། ༧༩༨ལོར་ཁྲི་འདོན། ཡབ་ཀྱིས་སངས་རྒྱས་ཆོས་ཁྱབ་སྤེལ་བཏང་བའི་སྲིད་ཇུས་མུ་མཐུད་དུ་བཟུང་ནས། ཆོས་གཞུང་

བསྒྱུར་བ་དང་དགོན་སྡེ་བཚུགས་པ། རབ་བྱུང་བ་སྲིད་དུ་
ཞུགས་ཚོགས་པ། བཙན་པོའི་ཕོ་བྲང་ནང་དུ་སངས་རྒྱས་
ཆོས་ལུགས་ཀྱི་ཆོ་ག་ར་བཚུགས་པ། རྒྱལ་པོའི་ཁྲིམ་རྒྱུད་
རབ་ཏུ་བྱུང་བ་སོགས་སོ། །སྐབས་དེར་ད་དུང་འཛིན་བོ་
མ་དང་ཐང་རྒྱལ་རབས། ཧུའེ་ཧུའུ་བཅས་ལ་དམག་
རྒྱབ་བྱོང་།

Tride Songtsen (?-815) was a Tubo Btsan-po, the yonger son of Khri-srong-lde-btsan. Accessioned in 798, he continued to carry out the policies of spreading Buddism like his father: translating Buddhism texts, building temples, employing Buddhists as officials and setting Buddhism rites in the Btsan-po palace, and allowing the imperial members to be Buddhists. In his regime, it had wars with Nanzhao, Tang Dynasty and Huihu.

埒德祖赞（704—755） 吐蕃赞普。都松芒波杰之子。在位期间迎娶唐朝金城公主，此后多次同唐朝发生战争，又多次议和。此外又同唐朝、黑衣大食（阿拔斯王朝）争夺西域霸权，并将南诏招诱为吐蕃属国。755年为属下贵族弑杀。

ཁྲི་ལྡེ་གཙུག་བརྟན (༧༠༤—༧༥༥) བོད་ཀྱི་
བཙན་པོ་སྟེ། འདུས་སྲོང་མང་པོའི་རྗེས་ལས་ཡིན། རྒྱལ་
པོ་འདིའི་རིང་ལ་ཐང་རྒྱལ་རབས་ནས་ཅིན་ཁྲིན་ཀོང་ཇོ་
ཁབ་ཏུ་བསུས། ཕྱིས་སུ་ཐང་རྒྱལ་རབས་ལ་དམག་
འཁྲུག་རེ་དང་གྲོས་འཆམ་རེ་བྱེད་མྱང་པོར་བྱུང་།
གཞན་ཐང་རྒྱལ་རབས་དང་ལུན་ཏུ་ཟིག (ཨ་པོ་སི་
རྒྱལ་རབས) སོགས་ལ་དམག་འཐབ་སྟེལ་ནས་ནུབ་
ཕྱོགས་ཀྱི་བཙན་དབང་འཛིན་ཆོད་བྱས་པར་མ་ཟད།
འཇང་བོད་ཀྱི་བཙན་པོའི་མངའ་འོག་ཏུ་བཅུག་

༧༥༤ལོར་མངའ་འོག་གི་བློན་པོས་བཀྲོངས།

Tride Tsuktsen (704-755) was a Tubo Butsan-po, the son of Dul srong mang po rje. During his reign, he married the Jincheng Pricess from the Tang Dynasty, and then he had many wars with the Tang Dynasty and still made many peace agreements. Besides, he fought for power in the Western Region against the Tang Dynasty and Abbasid Dynasty and induced Nanzhao as his dependant state. In 755, he was killed by his subordinates.

埒松德赞（742—797） 吐蕃赞普。埒德祖赞之子。755年即位。其间国势达到鼎盛。东联南诏，西攻大食，南侵天竺，并一度突入长安。他还为藏传佛教的弘扬起了极为重要的作用，与松赞干布、埒祖德赞被后世尊为"吐蕃三法王"。其后期吐蕃由盛转衰。

ཁྲི་སྲོང་ལྡེ་བཙན (༧༤༢—༧༩༧) བོད་ཀྱི་
བཙན་པོ་སྟེ། ཁྲི་ལྡེ་གཙུག་བཙན་གྱི་ཚ་བོ་ཡིན།
༧༥༥ལོར་ཁྲི་ལ་འཁོད། སྐབས་དེར་བཙན་པོའི་རྒྱལ་
ཁབ་ཡང་སྟེང་སོན་པས། ཤར་དུ་འཇང་དང་ཆུབ་ཏུ་
ཟིག སྟོད་ཏུ་ཀྲུ་གར། སྐབས་ཤིག་ལ་ཁྱན་ཡང་བླངས།
བོད་གོས་སངས་རྒྱས་ཆོས་ལུགས་སྤེལ་བར་ནུས་པ་ཆེ་
ཤུག་ཐོན་པས། སྲོང་བཙན་སྒམ་པོ་དང་ཁྲི་གཙུག་ལྡེ་
བཙན་གསུམ་ལ་ཕྱིས་སུ་ཆོས་རྒྱལ་མེས་དབོན་རྣམ་གསུམ་
ཞེས་མཚན་སྙན་སྒྲོགས། སླར་ཚེ་སླར་དུ་བོད་བཙན་པོའི་རྒྱལ་
རབས་ཉམས་རྒུད་དུ་གྱུར་འགྲོ་འཚུགས།

Trisong Detsen (742-797) was a Tubo Butsan-po, the son of Xide zuzan, accessioned in 755. During his reign, the state power came to the highest. In the east, it associated with Nanzhao, attacked Dashi in the west, invaded India in the south and once charged into Chang'an. He played an important role in the spreading of Tibetan Buddhism. Together with Songtsen Gampo and Khri-gtsug-lde-btsan, he was prized as one of the "three Tubo Dharma". After him, Tubo began to change from prosperity to recession.

墀祖德赞（803—838） 吐蕃赞普。墀德松赞之子。815 年即位。在位期间极力推崇佛教。唐长庆元年（821）始，在其倡导下，唐朝和吐蕃盟和，史称为"长庆会盟"。838 年，墀祖德赞去世，其弟朗达玛立为赞普。

ཁྲི་གཙུག་ལྡེ་བཙན（༧༠༣—༨༣༥） བོད་ཀྱི་བཙན་པོ་སྟེ། ཁྲི་ལྡེ་སྲོང་བཙན་གྱི་སྲས་ཡིན། དགུང་ལོར་རྒྱལ་སྲིད་བཟུང་། རྒྱལ་སྲིད་བཟུང་སྐབས་སངས་རྒྱས་ཆོས་ལུགས་ལ་བསྟེན་མེད་པའི་གོང་བཀུར་བྱས། ཐང་རྒྱལ་རབས་ཁྲེ་ཆིང་དང་པོར（༨༢༡）ཐང་རྒྱལ་རབས་དང་འདུམ་མཛད། དེ་ལ་ལོ་རྒྱུས་སུ་ཁྲེ་ཆིང་མཐུན་མཐུན་ཟེར། དགུངས་ལོར། ཁྲི་གཙུག་ལྡེ་བཙན་འདས། ཁོང་གི་ནུ་བོ་གླང་དར་མ་འུ་དུམ་བཙན་པོ་ལ་བཀོད།

Tritsuk Detsen (803-838) was a Tubo Butsan-po, the son of Khri-lde-srong-btsan, accessioned in 815. During his reign, he strongly spread and revered Buddhism. During the year of changqing of the Tang Dynasty (821), with his proposition, Tang and Tubo made a peace agreement, which is later called Changqing Alliance. He died in 838 and his younger brother Glang dar ma became the Butsan-po.

尺尊公主（?—649） 亦作"墀尊公主""尼婆罗公主"等。出生于尼婆罗（今尼泊尔）。贞观十五年（641）（一说 624 年），远嫁吐蕃赞普松赞干布，成为第一皇后。她同时将佛教引入西藏。

ཁྲི་བཙུན་ཀོང་ཇོ（?—༦༤༩）བལ་བཟའ་ཀོང་ཇོ་ཡང་ཟེར། སྐྱེས་ཡུལ་བལ་པོར། གུན་ཀོན་ཁྲི་ལོ་བཅོ་ལྔ་པ（༦༤༡）（ཁ་ཅིག་གིས་༦༢༤）བོར་བོད་ཀྱི་བཙན་པོ་སྲོང་བཙན་སྒམ་པོས་ཁབ་ཏུ་བསུས། རྒྱལ་ཁབ་གནས་ནས་བསུས་པའི་བཙུན་པོའི་བཙུན་མོ་ཐོག་མ་ཡིན། མོ་དང་དུས་མཉམ་དུ་སངས་རྒྱས་ཆོས་ལུགས་བོད་ལ་དར།

Princess Bhrikuti (?-649) was also called as Princess Xizun, Princess Nepal, etc. She was born in Nepal and in the fifteenth year of Zhenguan (641), married to the Tubo Btsan-po Songtsen Gampo and became the first empress. With her, she brought Buddhism to Tibet.

《赤雅》 明末记述广西少数民族情况的笔记体著作。邝露（1604—1650 年）编。共 3 卷。卷一记各土司以及各部落、各部族、各民族的制度、风俗；卷二记述岭西山川古迹；卷三记述物产及杂录。

《ཁྲི་ཡ》 མིང་རྒྱལ་རབས་ཀྱི་དུས་མཇུག་ཏུ་ཀོང་ཞི་གནས་ལུང་མི་རིགས་ཀྱི་གནས་ཚུལ་བྲིས་སུ་ཡོད་པའི་བརྩམས་ཆོས་ཞིག་ཡིན། ཀོང་ལུའུ（༡༦༠༤—༡༦༥༠ལོ）ཡིས་སྒྲིག་བསྒྲིགས་པས་དེབ་གསུམ་ཡོད། དེབ་དང་པོར་དཔོན་པོ་ས་དང་འཚོ་བ་སོ་སོ། རིགས་སོ་སོ། མི་རིགས་སོ་སོའི་ལམ་ལུགས། གོམས་སྲོལ་སོགས་བྲིས་ཡོད་པ་དང་། གཉིས་པར་དེ་རྒྱ་ནགས་

གསུམ་བྱིས་ཡོད། གསུམ་པར་རྒྱུ་དངོས་རྫ་ཆེན་རིགས་བཅས་བྱིས་ཡོད།

Chiya was a note-style masterpiece, recording the conditions of ethnic minorities in Guangxi province, edited by Kuang Lu (1604-1650). It consisted of three volumes. Volume one was a recording of the systems and customs of each tribe, ethnicity and the chieftains. Volume two recorded the mountains and historical sites at the west of Guangxi. Volume three recorded the local products and other things.

重庆西藏中学 1985年在原重庆市三十一中学的基础上创办，1995年更名为重庆西藏中学。也是重庆市唯一以援藏教育为主、藏汉合校的高级完全中学。学校坐落在歌乐山云顶峰下，占地5.6万余平方米。

《ཁྲུང་ཆིང་བོད་སློབས་སློབ་འབྲིང་།》 ༡༩༨༥ལོར་དང་མའི་ཁྲུང་ཆིང་གྲོང་ཁྱེར་སློབ་འབྲིང་སུམ་ཅུ་སོ་གཅིག་པའི་རྨང་གཞིའི་སྟེང་གསར་དུ་འཛུགས། ༡༩༩༥ལོར་ཆིང་བོད་སློབས་སློབ་འབྲིང་ཞེས་པའི་མིང་འདིར་བརྗེ། ཁྲུང་ཆིང་གྲོང་གྱིས་བོད་སློབས་སློབ་གསོ་རྒྱབ་སྐྱོར་གཙོ་བྱས་ཏེ་བོད་རྒྱ་མཉམ་སློབ་ཀྱི་མཐོ་རིམ་ཆ་ཚང་སློབ་འབྲིང་ཞིག་ཡིན། སློབ་གྲྭའི་ནི་གླེ་ལེ་རིའི་ཡོན་ཕུན་རིའི་འདབས་སུ་ཆགས་པ་དང་རྒྱ་ཁྱོན་སྤྱི་བ་བཞི་མ་ཁྲི་༥.༦ལྷག་བཟུང་ཡོད།

Chongqing Tibet Middle School was founded on the base of Chongqing No. 31 middle school in 1985 and renamed in 1995. It is the only combined junior and high school of Tibetan and Han students aimed at Tibet-assisting education. The school locates at the foot of Gele Mountains of Chongqing, covering an area of over 56 thousand square meters.

《筹办中央民族学院试行方案》 文件名。1950年政务院批准。主要为中央民族学院提出3项任务：1. 为国内各少数民族培养中、高级干部。2. 研究中国少数民族问题以及各少数民族语文、历史文化、社会经济，发扬并介绍各民族的优良历史文化。3. 组织和领导关于少数民族文字方面的编译工作。

《ཀྲུང་དབྱང་མི་རིགས་སློབ་གླིང་འཛུགས་པའི་བྱ་སྲོལ་འཆར་གཞི》 ཡིག་ཆའི་མིང་། ༡༩༥༠ལོར་རྒྱལ་སྲིད་སྤྱི་ཁྱབ་གྲོས་ཁང་གིས་ཆོག་བཀོད་བྱོས། གཙོ་བོར་ཀྲུང་དབྱང་མི་རིགས་སློབ་གླིང་ལ་འོས་འགན་གསུམ་བཏོན་པ་སྟེ། དང་པོ། རྒྱལ་ནང་གི་གྲངས་ཉུང་མི་རིགས་སོ་སོའི་ནང་གཞུང་ཁམས་པ་ཆེ་འབྲིང་སྐྱོང་དགོས་པ། གཉིས་པ། གྲངས་ཉུང་མི་རིགས་སོ་སོའི་གནད་དོན་དང་སྐད་ཡིག་ལོ་རྒྱུས་རིག་གནས། སྤྱི་ཚོགས་དཔལ་འབྱོར་བཅས་ལ་ཞིབ་འཇུག་དང་། མི་རིགས་སོ་སོའི་ལོ་རྒྱུས་ཕུལ་བྱུང་རིག་གནས་དེ་སྦོར་དང་དར་སྤེལ་དགོས་པ། གསུམ་པ། གྲངས་ཉུང་མི་རིགས་ཡི་གེའི་སྐོར་གྱི་རྩོམ་སྒྱུར་ལས་འཛུགས་དང་འགོ་ཁྲིད་བྱ་དགོས་པ།

Tentative Scheme for Preparation for the Establishment of the Central University for Nationalities is approved by the State Council in 1950. There are three main tasks for the institute: firstly, to cultivate cadres of higher and middle rank for the ethnic minorities; secondly, to study on Chinese ethnic and the language, historical culture and social economy, and to promote and introduce the excellent historical cultures of each ethnic minorities; thirdly, to organize and lead the edition and translation work of ethnic minorities' languages.

出家功德司 西夏官署名。为管理宗教事务的机构，位居次品（即五品中的第二级）。

རབ་བྱུང་བའི་ཀུན་སློང་སྡེ། ཨེ་ཤིག་གི་དཔོན་གནས་ཤིག་གི་མིང་། དེ་ནི་ཆོས་ལུགས་ལས་ཀར་བདག་གཉེར་བྱེད་པའི་ལས་ཁུངས་ཤིག་ཡིན། གོ་གནས་རིམ་པ་（རིམ་པ་ལྔའི་ནང་གི་གཉིས་པ་ཡིན་པ།）

Office of Merit and Virtue for the Monks was the office name in the Western Xia regime. It managed affairs about religions and was graded a deputy rank, i. e. the second grade in the fifth rank.

出旗为民 "取消旗籍转入民籍"的简称。清代改旗籍为民籍的一种措施，主要适用于汉军八旗。

དར་དོར་དམངས་འཇིག །"དེ་ནི་དར་ཚོ་དོར་ནས་དམངས་ཁོངས་འཇིན་པའི་"བསྡུས་ཚིག་ཡིན་པ་དང་། ཆིང་རྒྱལ་རབས་ཀྱི་དུས་སུ་དར་ཚོ་དམངས་ཁོངས་ལ་བསྒྱུར་བའི་བྱེད་ཐབས་ཤིག་ཡིན། གཙོ་བོ་སྟོང་ས་རྒྱ་དམག་དར་ཚོ་བརྒྱད་ཡིན།

Sending Chinese Banners out Banner Membership, was short for changing from the bannerman membership to a citizen membership, which was a measure in the Qing Dynasty, mainly applied to the Eight Banners of Han troops.

初俄 傈僳语音译，意为"由同一祖先的后代所组成的集团"。旧时云南怒江傈僳族地区氏族组织的残余。

ཁྱུ་ཨེ། ཨེ་སུའུ་སྐད་ལྷ་བསྒྱུར། ནང་དོན་མེས་པོ་གཅིག་ལས་འཆེད་པའི་ཕྱི་རབས་ཚོགས་པ། སྔ་ཚོགས་ཀྲིང་པའི་ཡུན་ནན་ནུའུ་ཅང་གི་ཨེ་སུའུ་རིགས་ས་ཁུལ་གྱི་རུས་རྒྱུད་རྩ་འཛུགས་ཀྱི་ལྷག་རོ་ཞིག་ཡིན།

Chu'e is the transliteration of Lisu language, which means the group made up of the decedents of the same ancestors. It was the remnant of clan organizations of Lisu ethnic minority in Nujiang region, Yunnan province.

楚布寺 藏传佛教噶玛噶举派的主寺。位于拉萨以西堆龙德庆县西北楚布河上游。1189年建立。其建筑群以大殿为中心，包括经堂、佛堂、护法殿、佛学院、密宗修习院等。藏传佛教活佛转世制度在这里创立。

མཚུར་ཕུ་དགོན། བོད་བརྒྱུད་ནང་བསྟན་གྱི་ཀརྨ་བཀའ་བརྒྱུད་པའི་མ་དགོན་ཡིན། དེ་ནི་ལྷ་ས་ནུབ་ཕྱོགས་ཀྱི་སྟོད་ལུང་བདེ་ཆེན་རྫོང་གི་ནུབ་བྱང་ཕྱོགས་ཀྱི་མཚུར་ཕུ་གཙང་པོའི་སྟོད་བརྒྱུད་དུ་ཆགས། 1189 ལོར་བཏབ། ལྷ་ཁང་གཙོ་བྱས་པའི་འདུ་ཁང་དང་། མགོན་ཁང་། བྱ་ཁང་། རྒྱུད་གྲྭ་སོགས་ཀྱིས་གྲུབ་པ། བོད་བརྒྱུད་ནང་བསྟན་གྱི་སྤྲུལ་སྐུའི་ལམ་ལུགས་འདི་ནས་འགོ་ཚུགས།

Tsurphu Monastery is Karma Kagyu's primary monastery of Tibetan Buddhism. It is located in the upstream of Chubu River which is in the northwest part of Duilong De Qing County, in the west of Lhasa. Built in 1189, the architectural complex is centered on the main temple hall, including the scripture hall, hall for worshiping the Buddha, dharmapalas hall, Buddhist college, Tantric practice court and so on. The reincarnation system in

Tibetan Buddhism is created here.

畜股 我国合作化时期，对内蒙古、新疆等少数民族地区牧民私有牲畜入社采取的计酬形式。牲畜股份一般采取作价折算股份，也有按标准牲畜折算股份的。为了照顾牧民的实际利益，合作社按照牧民股份的多少，付给适当的报酬。

ཕྱུགས་སྐལ། རང་རྒྱལ་གྱི་མཉམ་ལས་ཅན་གྱི་སྐབས་སུ་ནང་སོག་དང་ཞིན་ཅང་སོགས་གྲངས་ཉུང་མི་རིགས་ཁུལ་གྱི་འབྲོག་པར་སྒྱེར་གྱི་ཕྱུགས་ཟོག་ལ་གྲངས་ཚད་ཞིག་ཡིན་པའི་རྩམ་པ་ཞིག་ཡིན། ཕྱུགས་སྐལ་ནི་རྒྱུན་པར་རིན་གོང་པ་ཆགས་ཁག་འཛིན་པ་དང་། ཕྱུགས་ཟོག་གི་ཚད་ལྡན་རིན་གོང་གི་ཆེས་མིན་ཞིག་ཡིན། འབྲོག་པའི་དངོས་ཡོད་ཀྱི་ཞིན་ལ་འཛིགས་བསམས་གཏིང་ཕྱིར་མཉམ་ལས་ཁང་གིས་འབྲོག་པའི་མ་ཀང་གི་མང་ཉུང་ལྟར་སྤྲ་ཆ་ཕྱིར་སྤྲད་པའོ། །

Livestock Stock is a way of paying the herders who joined the commune with their own livestock in Inner Mongolia and Xinjiang minority area. The livestock stock is valued according to the discounting to the market price as well as the standard of the livestock. In order to ensure the interests of the herders, the cooperative commune gave them dividends according to the stocks they held.

畜股报酬 是畜牧业社会主义改造中的一项重要政策。即在我国合作化运动中，对牧民的牲畜入社，给予合理的报酬。有多种计股办法。牧民牲畜入社后，都给社员留乘马、奶牛和一定数量的食用羊，牲畜报酬一般每年付给入社牲畜折价款总额的2%～5%。

ཕྱུགས་སྐལ་ཐོབ་ཆ། དེ་ནི་ཕྱུགས་ལས་སྤྱི་ཚོགས་རིང་ལུགས་བསྒྱུར་བཀོད་ཁྲོད་ཀྱི་སྲིད་ཇུས་གལ་ཆེན་ཞིག་ཡིན་པ་རང་རྒྱལ་མཉམ་ལས་ཀྱི་ལས་འགུལ་ནང་དུ། འབྲོག་པའི་ཕྱུགས་ཟོག་མཉམ་ལས་ཁང་དུ་བཅུག་པར་སྨྲ་ཆ་ཚོ་འཚམ་སྤྱིར་བ། མ་ཀང་བརྩི་ཐབས་མང་པོ་ཡོད་པ་དང་། འབྲོག་པ་དེར་ཞུགས་རྗེས། བཅོན་ཏའམ་བཞོན་ཟོག དེ་མིན་དུད་གྱངས་ཚད་ངེས་ཅན་ཞིག་པའི་བཟའ་སོགས་སྟེར་བ་དང་། ཕྱུགས་ཟོག་བླ་ཚེ་རྒྱུན་ལྡན་དུ་རེ་ཕྱུགས་ཟོག་མཉམ་ལས་ལ་བཅུག་པའི་སྤྱིའི་རིན་གོང་གི་བརྒྱ་ཆ་2—5 ཕྱིར་སྤྲེར་བར། །

Livestock Stock Dividends were given to the herders as they joined the commune with their livestock during the cooperative movement. It was a very important policy in the process of socialist transformation of animal husbandry. There were a few ways of accounting stocks. When the herders joined the commune, commune members could have a number of riding horses, cows and sheep for their own use. At the end of every year, the herders would get 2%-5% of their livestock value as stock dividends.

川边镇守使 民国时期掌管川边（后称西康）特别区域的军政长官。主要负地方绥靖之责，辖军民二政，一般系由师长或混成旅旅长、旅长兼充。昌都等地归其管辖。

ཁྲིན་མཐའི་བྲོང་སྲུང་བ། མིན་གོའི་སྐབས་སུ་ཁྲིན་མཐའ་ཁུལ་ (རྗེས་སུ་ཞུབ་ཁམས་ཡང་ཟེར) དམིགས་བསལ་ཁུལ་གྱི་དམག་སྲིད་དཔོན་པོ་ཞིག གཙོ་བོ་ཁུལ་དེ་ཞོད་འཇགས་ཡོང་ཐབས་དང་། དམག་དཔོངས་གཉིས་སྲིད་ཀྱི་དབང་བསྒྲུབ། ཕྱིར་བཏང་དུ་རྫི་གྱང་དང་

ཡུའུ་བཤེས་ཡུའུ་གུང་དང་། ཡུའུ་གུང་བཅས་གཅིག ལྕོགས་བྱས། ཆབ་མདོ་སོགས་མངའ་ཁོངས་སུ་གཏོགས།

Sichuan Frontier Garrison Commander was a military official of Sichuan Frontier special area (later called Xikang) in the period of Republic of China. It mainly took the responsibility for local appeasing and managing the military and civil administration. Generally it was assigned to division commander, mixed brigade commander or brigade commander. Areas of Changdu and so on were under its administration.

《川西边事辑览》 书名。谢培筠编著。1935年出版。8编。系根据作者在川西北藏、羌民族地区实地考察之记载编辑而成。记述了藏、羌民族地区的社会、历史、政治、经济、军事、民族等情况，尤以林、矿、药材、交通等经济方面记载为详。

《ཁྲིན་ཞུབ་མཐའ་ཁུལ་གྱི་གནས་ཚུལ་མཐོང་བྱས》 དཔེ་ཆའི་མིང་། ཞིའེ་ཕེའི་དབྱིན་གྱིས་རྩོམ་སྒྲིག་བྱས། ༡༩༣༥ལོར་པར་དུ་བཏབ། སྒྲིག་ཐེངས་བརྒྱད། རྩོམ་པ་པོས་སི་ཁྲོན་ཞུབ་བྱང་གི་བོད་དང་ཆང་རིགས་ཀྱིས་ཁྱུལ་བརྒྱག་ཞིབ་འཇུག་བྱས་ལས་སྒྲུབ་པ་ཞིག་ཡིན། བོད་དང་ཆང་རིགས་ཀྱི་སྤྱི་ཚོགས་དང་ལོ་རྒྱུས། ཆབ་སྲིད། དཔལ་འབྱོར། དམག་དོན། མི་རིགས་སོགས་ཀྱི་གནས་ཚུལ་དང་། དེ་མིན་ནགས་ཚལ་དང་གཏེར་ཁ། སྨན་རིགས། འགྲོ་འགྲུལ་སོགས་དཔལ་འབྱོར་ཕྱོགས་ཀྱི་གནས་ཚུལ་ཡང་ཞིབ་པར་བྱིས་ཡོད།

An Overview of West Sichuan Frontier Affairs was edited by Xie Peiyun, pubished in 1935, and made up of 8 volumes. It was compiled according to the author's investigation in the Tibetan and Qiang ethnic regions. It was a recording of social, historical, political, economic, military, ethnic conditions in the Tibetan and Qiang ethnic regions, especially specified in aspects like the forestry, mining, medicine and transportation, etc.

川藏公路 原称康藏公路。是中国筑路史上工程最艰巨的公路之一。1950年始建。最初起点位于四川雅安，后延长至成都，终点西藏的拉萨，是318国道的一部分。川藏公路从四川新都桥处分为南北两线，北线全长2412公里，南线总长2149公里。

ཁྲིན་བོད་གཞུང་ལམ། དང་ཐོག་ཁམས་བོད་གཞུང་ལམ་ཟེར། དེ་ནི་ཀྲུང་གོའི་གཞུང་ལམ་འཛུགས་སྐྲུན་གྱི་ལོ་རྒྱུས་ནང་དུ་དཀའ་ལས་ཆེ་ཤོས་ཀྱི་གཞུང་ལམ་གྱིས་ཞིག་ཡིན། ༡༩༥༠ལོར་སྐྲུན་འགོ་བཙུགས། མགོ་འཛུགས་ས་ནི་སི་ཁྲོན་གཡའ་ངན་ཡིན། དེ་ནས་ཁྱབ་ཏུ་དང་མཐར་སྟེ་བོད་ལྗོངས་ལྷ་སར་གཏུགས། རྒྱལ་ལམ་༣༡༨པའི་གྲུབ་ཆ་ཞིག་ཡིན། ཁྲིན་བོད་གཞུང་ལམ་ནི་སི་ཁྲོན་ཞིན་ཏུའུ་ཟམ་ཆེན་མཚམས་བྱས་ཏེ་སྟོ་བྱང་གཉིས་སུ་བགོས་ཤིང་། བྱང་གི་རིང་ཚད་ལ་སྤྱི་ལེ་༢༤༡༢དང་། ལྷོའི་རིང་ཚད་སྤྱི་ལེ་༢༡༤༩ཡོད།

Sichuan-Tibetan Highway, firstly called Kang-Tibetan highway, is one of the most difficult-to-construct roads in the history of road-building in China. It was initially built in 1950 with its starting point in Ya'an of Sichuan, then extended to Chengdu, ended in Lhasa of Tibet, and it is a section of the No. 318 National Trunk Highway. Sichuan-

Tibetan highway is divided to the south and north road from Xindu Bridge in Sichuan, the north road is as long as 2,412km long and the south road 2,149km long. It is one of the most difficult-to-construct roads in the history of road-building in China.

传大召 藏传佛教的一种仪式，意为"大祈愿"法会。从藏历正月初三至二十四日，拉萨三大寺僧众及卫藏、安多和康区各地信众齐集大昭寺进行各种宗教活动。正月十五日夜拉萨八角街陈列酥油灯、酥油花，歌舞庆祝，称为"灯节"。法会上举行辩经，考选格西。最后以送鬼仪式结束。

སྨོན་ལམ་ཆེན་མོ། བོད་རྒྱུད་ནང་བསྟན་ཆོས་ལུགས་ཀྱི་མཛད་སྒོ་ཞིག་ཡིན། བོད་ཟླ་དང་པོའི་ཚེས་གསུམ་ནས་ཉེར་བཞིའི་བར། ལྷ་སའི་དགོན་ཆེ་གསུམ་གྱི་རབ་བྱུང་བ་གཙོས་ཏེ། མདོ་དབུས་ཁམས་གསུམ་བཅས་ནས་ཆོས་ལུགས་མཛད་སྒོ་སྣ་ཚོགས་སྤྱེལ་བ་དང་། ཆོས་བཞིའི་དགོང་མོར་ལྷ་སའི་བར་བསྐོར་སྦྱིང་ནས་མར་མེ་དང་། མེ་ཏོག་མཆོད་པ་བཅམས་ཏེ་གླུ་གར་གྱི་མཛད་སྒོ་སྤྱེལ་བ་དེར། "མེ་ཏོག་མཆོད་པའི་དུས་ཆེན" ཟེར། སྨོན་ལམ་ཆེན་མོར་ཆོས་རྩོད་དང་ལྷ་རམས་དགེ་བཅས་འཇོག་པ་དང་། མཐར་བྱམས་པ་སྤྱིང་བསྐོར་སོགས་བྱས་ནས་མཇུག་བསྡུ།

Grand Summons Ceremony is a ritual in Tibetan Buddhism, referring to an assembly for prayer. From January 3 to 24 of Tibetan calendar, Buddhists of the three temples in Lhasa and believers from Tibet, Kangba and Amdo gather in Jokhang Temple to do all kinds of religious activities. On January 15, Barkhor Street is exhibited by butter lamps and butter sculpture; people dance and sing, which is called the Lantern Festival. In the assembly, Buddhists debate over scriptures, electing Gexi, and the festival is ended by the rituals of sending away the ghosts.

《传统傣族医学手稿》 傣族古典医学著作。记载了传统傣医关于医药、方剂、制剂方面的理论和治疗方法。至今保存下来的有在贝叶上书写的"贝叶本"和用树皮制成的纸张转抄的"棉纸本"多种。目前已从中整理编写出版了傣、汉文对照的《德宏傣药验方集》及《西双版纳傣药志》等。

《ཏའི་རིགས་ཀྱི་སྲོལ་རྒྱུན་སྨན་གཞུང་བྲིས་མ》 ཏའི་རིགས་ཀྱི་གནའ་བོའི་སྨན་གཞུང་ཞིག་ཡིན། དེར་ཏའི་རིགས་ཀྱི་སྨན་རྟག་དང་བཀག་བཅོས་དང་། བཀའ་ཕྱོགས་ཀྱི་གཞུང་ལུགས་དང་སྨན་བཅོས་ཐབས་ཞིབ་སྟོར་བསྒྲིགས་ཡོད། ད་དུང་ཤར་ཆགས་པར་མའི་སྟེང་དུ་བྲིས་པའི་དེབ་དང་། ཤིང་ཤུན་གྱི་ཐོག་བཀོད་པ་བཅས་མི་ཉུང་བ་ཡོད། མིག་སྔར་སྒྲིག་ཚོགས་བྱས་པར་ཏའི་ཡིག་དང་། རྒྱ་ཡིག་གཉིས་བྱས་པའི《ཏེ་ཧོང་ཏའི་སྨན་དཔྱད་བསྡུས》།《ཞི་ཏོང་པན་ནའི་ཏའི་སྨན་ལོ་རྒྱུས》སོགས་ཡོད།

Manuscripts of Traditional Dai Medical Science is a masterpiece of Dai people classic medical science. It records the theories and therapies about medicine, prescription and pharmacy. The existing one includes the Pettra Leaves edition which is scripted on the pettra leaves and Cotton Paper edition which is scripted on the paper made from bark. Today, after collation and edition, there are Dehong Dai Medicine Prescription and Records of Xishuangbanna Dai Medicine in both Dai and Chinese languages.

春营地 现特指适合牲畜春季放牧的牧场。流行于内蒙古、新疆、青海等省区的少数民族牧区。选择的条件和冬营地相似。因这些地区早春的气候还很寒冷，过冬的牲畜体力消耗大，又处于产仔、哺育幼畜的时候。要求开阔，向阳，风小，能保证牲畜吃到提前返青的牧草。

བོས་ཁའི་རྟ་ར། བོས་ཁར་ཕྱུགས་རྫོགས་འཚོ་ས་ ཕྱུགས་ར་ལ་ཟེར། ནང་སོག་དང་ཞིན་ཅང་། མཚོ་སྔོན་ སོགས་ཞིང་ཆེན་དང་ལྗོངས་ཀྱི་གྲངས་ཉུང་མི་རིགས་ ཁུལ་དུ་དར་ཁྱབ་ཆེ། གཉམས་དགུན་པའི་ཚ་རྒྱལ་དགུན་ ས་དང་འདྲ། རྒྱུ་མཚན་ས་ཁུལ་འདི་དག་དཔྱིད་ཀའི་ ནམ་ཟླ་དགུན་ཟླ་བཞིན་གྲང་རྔུལ་ཆེ་བ་དང་། དགུན་ བཀྲལ་བས་ཧ་ཕྱེད་ཕྱུགས་ཟོག་ཕྱུགས་ཟོག་རྣམས་བཙོས་ པའི་དུས་དང་། ཕྱུའུ་ཉུ་ལྱུད་རན་པ་བཅས་ཡིན། དེར་ བརྟེན་ཁོར་ཡངས་ཤིང་རྩྭ་རྒྱུ་འཛོམས་པའི་ཕྱུགས་ར་ཞིག་ སྟོན་ལ་ག་སྒྲིག་བྱ་དགོས་པའོ། །

Spring Camp refers to the pasture which is suitable for grazing in the spring. It is popular in minority pasture areas in Inner Mongolia, Xinjiang, Qinghai, etc. The selection conditions are similar to those of a winter camp. In those pasture areas, temperature is still low in early spring, livestock after the whole winter has consumed a lot of energies, and it is right the time of giving birth and feeding the babies. So make sure that the livestock can eat herbage which revives in advance on a wide, exposed to the sun and pasture with light wind is very important.

慈禧太后（1835—1908） 即孝钦显皇后。出生于北京城。叶赫那拉氏，满洲镶蓝旗人，后抬旗入镶黄旗。清文宗咸丰皇帝的妃子，清穆宗同治皇帝的生母。以皇太后身份或垂帘听政，或临朝称制，为自1861年至1908年间大清帝国的实际统治者，为期仅次于清朝康熙帝和乾隆帝。

རྒྱལ་ཡུམ་ཚི་ཞིས། （１８３５—１９０８） བདེ་ ཆེན་ཞེན་རྒྱལ་མོའང་ཞེས། པེ་ཅིན་དུ་སྐྱེས། དུས་ཡེ་ཧེ་ ན་ལ་དང་། མན་ཇུ་དར་ཚོན་སྔོན་པོའི་མི་ཡིན་མོད། ཕྱིས་སུ་དར་ཚོན་སེར་པོ་གོང་སྒྱུར་བྱས། ཆིང་ཁུན་ཙུང་ ཞན་ཕེང་གི་བཙུན་མོ་དང་། ཆིང་མུའུ་ཙུང་ཐུང་ཅིའི་རྒྱལ་ པོའི་མ་ཡུམ་ཡིན། རྒྱལ་ཡུམ་གྱི་མིང་དང་ཡོལ་རྒྱལ་ནས་ སྲིད་ལ་ཞུགས་པ། གནས་སྐབས་སྲིད་སྲུང་སོགས་ཀྱི་མིང་ བཟུང་སྟེ། １８６１ནས１９０８བར་ཆིང་གོང་ མའི་དངོས་དབང་བཟུང་བས། དབང་བཟུང་པའི་དུས་ ཡུན་གོང་མ་ཁང་ཞི་དང་ཆན་ལུང་གཉིས་དང་དུ་ལས་མ་ཉུང་།

Empress Dowager Cixi（1835-1908） i.e. Empress Xiao-Qin Xian, born in Beijing, her family name was Yehenala, belonging to the Bordered Blue Banner, then promoted to the Bordered Yellow Banner. She was the concubine of Emperor Xianfeng in the Qing Dynasty, the biological mother of Emperor Tongzhi. She attended to state affairs behind the bamboo curtain or worked as an emperor with the identity of empress dowager and was the real ruler of the Qing Empire from 1861 to 1908. The time of her reign was only next to that of Emperor Kangxi and Emperor Qianglong.

从夫居 父权制时代流行的女嫁男、居夫家的婚姻习俗。通常称为"夫方居住婚"。它的产生是由于生产力不断发展，男子在生产中占据主导地位，而妇女沦为从属地位的结果。

ཁྱོ་བོར་མཉམ་འདུག བས་དབང་འཛིན་སྐབས་སུ་དར་བའི་བུད་མེད་སྐྱེས་པ་ཚོང་ལ་གནས་ལ་འགྲོ་བའི་གཉེན་སྒྲོལ་ཞིག གྱུལ་ཕུལ་དུ་ཁྱོག་ཚོང་དུ་འདུག་པའི་གཉེན་སྒྲོལ་ཟེར། དེ་ནི་ཐོན་སྐྱེད་ནུས་ཤུགས་འཕེལ་རྒྱས་ཁྱོད་སྐྱེས་པས་ཐོན་སྐྱེད་ཀྱི་གཙོ་ཤུགས་འཕུར་ཞིང་བུད་མེད་གཞོགས་འདེགས་ཀྱི་གནས་སུ་ཡོད་པའི་མཇུག་འབྲས་ཡིན།

Patrilocal residence refers to a very popular marriage custom of which women married men and lived in men's house in patriarchal era. It is generally called patrilocal marriage. It was the result of the continuous development of the productive forces which leads to men's dominating role in production while women's subordination towards men.

从妻居 母权制时期流行的男嫁女、居妻家的婚姻习俗。亦称"妻方居住婚"。由望门居演变而来。因这种婚姻仍然是暂时的结合，夫妻未组成独立的经济单位，故无论结合或离异都很容易，只要妻方不满意，就可命男子离去。

ཆུང་མར་མཉམ་འདུག མས་དབང་འཛིན་སྐབས་སུ་དར་བའི་སྐྱེས་པ་བུད་མེད་ཚང་ལ་མག་པར་འགྲོ་བའི་གཉེན་སྒྲོལ་ཞིག ཆུལ་ཕྱུང་དུ་ཆུང་མ་ཚང་དུ་འདུག་པའི་གཉེན་སྒྲོལ་ཀྱང་ཟེར། གཉེན་སྒྲོལ་འདིའི་རིགས་གནས་སྐབས་ཀྱི་མཉམ་འདུག་ཡིན་པ་ལས། ཁྱོ་ཤུག་གཉིས་ལ་སྒེར་གྱི་དཔལ་འབྱོར་སྡེ་ཚན་གྱུབ་མེད་པ་བཟའ་ཟོར་བྱེད་སླ། ཆུང་མ་ཚང་གི་ཡིད་ལ་བབས་ཚོགས་པ་ཕྱིར་ཕུད་ཆོག་པ་ཞིག་ཡིན།

Matrilocal residence refers to a very popular marriage custom of which men married women and lived in women's house in matriarchal era. It is generally called matrilocal marriage. It is evolved from the idea of duolocal residence. It is fairly easy for two person's binding or divorce because such marriages are still temporary binding, the couple did not form an independent economic unit. As long as the wives are not satisfied with the husbands, she can order the husband to leave.

爨碑 又称"二爨"，是指《爨龙颜碑》和《爨宝子碑》这两方碑刻。分存于云南陆良和曲靖。对研究爨氏统治时期的历史具有重要价值，在中国书法史上地位也极高。

ཚོན་ཚང་གི་བཀོས་ཡིག མིང་གཞན་ལ་ཚོན་གཉིས་ཀྱང་ཟེར། དེ་ནི་《ཚོན་ལུང་ཡན་རྡོ་བཀོས》དང་《ཚོན་པའི་ཚེ་རྫོ་བཀོས》གཉིས་ལ་ཟེར། ཡུན་ནན་ལུའི་ལིང་དང་ཆུ་ཆིན་ས་ཆ་གཉིས་སུ་སོ་སོར་ཚགས་བྱས་ཡོད། དེས་ཚོན་ཚང་གི་ཁྲིམ་རྒྱུད་ཀྱི་དབང་བསྒྱུར་སྐབས་ཀྱི་ལོ་རྒྱུས་ལ་ཞིབ་འཇུག་བྱེད་པར་རིན་ཐང་ཡོད་ཅན་ཞུ་ནོད་དུ་མ་ཟད། ཀྲུང་གོའི་ཡིག་གཟུགས་ལོ་

རྒྱུས་སུ་འངད་གོ་གནས་གལ་ཆེན་བཟུང་ཡོད།

Cuan Tablet Inscription is also called Two Cuan, refering to the stone tablets of Cuanlongyan and Cuanbaozi, which are saved in Luliang and Qujing respectively of Yunnan province. They have a great value in the study of history during the reign of Cuan family and have a high reputation in the Chinese calligraphy history.

爨氏 原为彝族中的豪强。三国时期，诸葛亮南征，采取"以夷制夷"的政策，爨氏开始发展壮大。后期的爨氏是南中地区统治集团的统称。

ཚོན་ཚང་གི་ཁྱིམ་རྒྱུད། དང་ཐོག་དབྱིས་རིགས་ནང་གི་ཐུག་བདག་ལ་བསྟན། རྒྱལ་ཁབ་གསུམ་གྱི་དུས་སུ་གོའུ་གི་ལིའང་གིས་ལྷོ་འདུལ་སྐབས། ཡི་ཡིས་ཡི་སྐྱོང་ལུགས་ཀྱི་སྲིད་ཇུས་སྤྱད་དེ། ཚོན་རྒྱུད་ཀྱི་སྟོབས་རིམ་བཞིན་རྒྱས། ཕྱིས་སུ་ཚོན་ཚང་གི་ཁྱིམ་རྒྱུད་དེ་ལྷོ་དབུས་ཁུལ་གྱི་དབང་བསྒྱུར་ཚོགས་པར་འབོད་པའི་སྤྱི་མིང་དུ་ཆགས།

The Cuan family was once a strong power of the Yi people. During the three kingdoms period, the Cuan family began getting stronger by the policy called "To rely on minorities is to overwhelm minorities". The later Cuan family is a joint name for the ruling circles in south-central district.

村村通工程 是为解决广播电视信号覆盖"盲区"农民群众收听广播、收看电视问题而由国家组织实施的一项工程。1998年开始实施，到2010年底，全面实现20户以上已通电的自然村全部通广播电视。少数民族等地区政府给予一定资金补助。

གྲོང་ཚོ་ཀུན་ཁྱབ་ལས་གཞི། དེ་ནི་རླུང་འཕྲིན་དང་བརྙན་འཕྲིན་བརྡ་རྟགས་ཀྱིས་ལོང་ཁུལ་ཀུན་ཁྱབ་པར་བྱས་ཏེ། ཞིང་པ་ཡང་ཚོགས་ཀྱིས་རླུང་འཕྲིན་ཉན་ཐུབ་པ་དང། བརྙན་འཕྲིན་ལྟ་ཐུབ་པའི་གནད་དོན་ཐག་གཅོད་པའི་རྒྱལ་ཁབ་རང་ཉིད་ཀྱིས་སྒྲུབ་པའི་ལས་གཞི་ཞིག་ཡིན། 1998ལོར་འགོ་ཚུགས་ནས་2010ལོའི་མཇུག་ཏུ་དུད་ཁྱིམ་20ཡན་གྱི་གློག་ཡོད་པའི་རང་བྱུང་གྲོང་ཚོ་མར་རླུང་འཕྲིན་དང་བརྙན་འཕྲིན་མཐོང་འགྱུར་བྱུང། གྲངས་ཉུང་མི་རིགས་སོགས་ས་ཁུལ་གཞུང་ལས་དངུལ་གྱི་རོགས་རམ་རེ་ཅན་བྱས།

Project to Extend Radio and TV Coverage to Every Village is implemented by the government, launched in 1998, aiming to extend the radio and television coverage to the "blind area" of villages. To the end of 2010, the radio and television have successfully covered villages with over 20 households that have used electricity. The project in ethnic minority areas can receive subsidies from the local government.

D

达岗 德昂语音译，意为"总伙头"。旧时云南德昂族中的大头人。

དུ་གང་། དེ་ཨང་སྐད་སྒྲ་བསྒྱུར། མགོ་གཙོ་ཞེས་པའི་དོན། གནའ་བོར་ཡུན་ནན་དེ་ཨང་རིགས་བོད་ཀྱི་མགོ་དཔོན་ཡིན།

Da Gang, a transliterated word from De'ang language which means headman, refers to the chief of De'ang people in Yunnan province in the past days.

达格 佤语音译，意为"伙头"或"二伙头"。旧时云南沧源一带佤族村寨头人名称。

དུ་གེ། དབའ་སྐད་སྒྲ་བསྒྱུར། མགོ་གཙའམ་མགོ་གཙོ་གཞོན་པར་གོ། གནའ་བོར་ཡུན་ནན་ཚང་ཡོན་ས་ཆའི་དབའ་རིགས་བོའི་སྡེ་དཔོན་གྱི་འབོད་ཚུལ་ཞིག

Da Ge, a transliterated word from Wa language which means tribal chief or chieftain, refers to the head of Wa village in the ancient Cangyuan area of Yunnan province.

达海（1595—1632） 清代文人，新满文创制者。满洲正蓝旗人。天聪六年（1632），清太宗皇太极诏谕达海改善满文，将易混淆的辅音区分开来，称"有圈点满文"。他还翻译《明会典》等书。38岁病卒。谥号"文成"，立碑纪绩。

དུ་ཧའེ། (༡༥༩༥—༡༦༣༢) ཆིང་རྒྱལ་རབས་སྐབས་ཀྱི་མཁས་པ། མན་ཡིག་གསར་མ་གསར་གཏོད་མཁན། མན་ཇུ་དར་ཚོན་སྔོའི་མི་ཡིན། ཐེན་ཚུང་ཁྲི་ལོ་དྲུག་པར་(༡༦༣༢) ཆིང་གོང་མ་ཐང་ཐའེ་ཇི་གནང་བས་མན་ཡིག་ལ་བཅོས་འགོད་བཏུབ། འཁྲུལ་སླ་བའི་གསལ་བྱེད་དག་དབྱེ་བ་བཀར་དེར་ཐིག་གོར་ཅན་མན་ཡིག་ཟེར། ཕོང་གིས་ད་དུང་《མིང་ཧུའི་ཆིན་མཛོད》སོགས་དཔེ་ཆ་མང་པོ་བསྒྱུར། དགུང་ལོ་སོ་བརྒྱད་སྟེང་ནད་ཀྱིས་འདས། མིང་གཞན་ལ་ཕུན་ཁྲེང་ཟེར། འཇོང་རྗེས་ཀྱི་རྟོ་རིང་བཞེངས་ཡོད།

Dahai (1595-1632), a scholar of Manchu Plain Blue Banner in Qing Dynasty, is the inventor of new Manchu language. In Tiancong 6th year (1632), he was ordered by the emperor Huang Taiji to create punctuation in order to improve the form and phonetics of Manchu, which became known as fully punctuated New Manchu. Dahai also translated several books including *Statutes of the Ming Dynasty*. He passed away at the age of 38 with the posthumous title Wencheng and was monumentalized to be in honor of his contributions.

达喇嘛 清代蒙古地区藏传佛教僧职名。地位在活佛和执掌政教的寺庙主持之下。

དུ་བླ་མ། ཆིང་རྒྱལ་རབས་སྐབས་སུ་སོག་པོའི་ས་ཁུལ་གྱི་བྱ་བ་དང་བླ་མའི་མིང་། གོ་གནས་སྤྲུལ་སྐུ་དང་ཆོས་སྲིད་བདག་གཉེར་བ་ལས་དམའ་བའི་དགོན་པའི་དབང་འཛིན་པ།

Da Lama is a title of monks of Tibetan Buddhism in Mongolian region during the Qing Dynasty. It is inferior to Living Buddha and the one who presides over power in the temple.

达赖八世（1758—1804） 藏传佛教格鲁派领袖。本名强白嘉措。生于后藏地区的一个贵族家庭。1762 年被迎入布达拉宫坐床。1781 年奉清高宗命亲政。其间，乾隆皇帝制定了著名的金瓶制度。廓尔喀入侵西藏事件后与清廷拟定《藏内善后章程》。1804 年卒，享年 46 岁。

དྲ་ལའི་བླ་མ་སྐུ་ཕྲེང་བརྒྱད་པ།（༡༧༥༨—༡༨༠༤） བོད་རྒྱུད་ནང་བསྟན་དགེ་ལུགས་པའི་དབུ་ཁྲིད། མཚན་དངོས་འཇམ་དཔལ་རྒྱ་མཚོ། གཙང་སྟོད་ས་ཆའི་སྐུ་དྲག་ཅིག་ཏུ་འཁྲུངས། ༡༧༦༢ལོར་ཕོ་བྲང་ཏ་ལར་གདན་འདྲེན་ཞུས་ཏེ་གསེར་ཁྲིར་མངའ་གསོལ། ༡༧༨༡ལོར་ཅིང་རྒྱལ་རབས་གོང་མ་གའོ་ཙུང་གིས་བཀའ་གནང་ནས་སྲིད་སྐྱོང་མཛད། དེའི་རིང་དུ་ཆན་ལུང་གོང་མས་གསེར་བུམ་དཀྲུག་པའི་ལམ་ལུགས། གྲོལ་གཏོད། གོར་ཁས་བོད་ལ་བཙན་འཛུལ་བྱས་རྗེས་ཅིང་སྲིད་གཞུང་གི《བོད་ནང་བྱམས་སྐྱོང་སྒྲིག་ཡིག》ལ་གྲོས་ཐག་བཅད། ༡༨༠༤ལོར་དགོངས་པ་རྫོགས། དགུང་ལོ་༤༦བཞུགས།

***The 8th Dalai Lama* (1758-1804)**, the leader of the Tibetan Buddhism Gelug sect, was originally named Jamphel Gyatso. Born in a noble family of Tsang, he was invited to succeed in Potala Palace in 1762. In 1781, he received an order from Emperor Gaozong to enthrone in 1781, during which, the Emperor Qianlong formulated the famous Gold Bottle Lot. After putting down the Gorkha of Nepal, the 8th Dalai Lama signed an agreement called *The Authorized Regulations for the Better Governing of Tibet* with Qing government. He died at the age of 46 in 1804.

《达赖班禅代表来京展觐办法》 文件名。1934 年由国民政府公布。共 7 条。规定了达赖喇嘛、班禅额尔德尼应每年轮派代表一人来京报告西藏政情，向蒙藏委员会报到，谒总理陵，进见行政院院长、国民政府主席等事宜。

《རྒྱལ་བའི་སྐུ་ཚབ་པ་ཞིག་དུ་འཛུལ་ཞུགས་ཕོད་པའི་བྱེད་ཐབས》 ཡིག་ཆའི་མིང་། ༡༩༣༤བོད་རྒྱལ་དབངས་སྲིད་གཞུང་གིས་ཁྱབ་བསྒྲགས་བྱས། སྟོམ་དོན་ཚན་བདུན་ཡོད། ཏ་ལའི་བླ་མ་དང་པཎ་ཆེན་ཨེར་ཏེ་ནི་རྣམ་གཉིས་ཀྱིས་སྐུ་ཚབ་པ་ཞིག་ལོ་རེར་འཁོར་ཏེ་ཅིན་དུ་སྲིད་དོན་ཡར་ཞུ་གཏོང་རྒྱུ་དང་། བོད་སོག་ཡུལ་ཁང་དུ་སྙིང་པོ་འགོད་རྒྱུ། ཙུན་ལིའི་བང་སོར་འཚལ་བ་དང་། སྲིད་འཛིན་སླིང་གི་སླིང་དཔོན་དང་རྒྱལ་དབངས་སྲིད་གཞུང་གི་ཀྲུའུ་ཞི་སོགས་ལ་མཇལ་འཕྲད་འབུལ་བའི་དོན་ཕོ་སྐྲིག་བྱ་རྒྱུ་སོགས་གཏན་ལ་ཕབ་པའོ།།

Methods for the Representatives of the Dalai Lama and the Panchen Erdeni to Come to the Capital was issued by the Republic of China in 1934. The document consists of 7 items in all and prescribes Dalai Lama and the Panchen Erdeni should assign one representative in turns annually to fulfill following duties, to do political reports in Beijing, to report to the Commission for Mongolian and Tibetan Affairs, to visit graves of premiers, to call on the Prime Minister of the Republic of China as well as the President of the Republic of China, and so on.

《达赖大师圆寂褒崇典礼》 1934 年由国民政府内政部、蒙藏委员会为十三世达赖圆寂举行褒崇典礼而制定的条文。内容包括：国民政府特派大员赴藏致祭，颁给玉册玉印，颁给祭文、祭品，发给治丧费，在京开追悼大会，奉经21天等。

《ད་ལའི་བླ་མའི་དགོངས་རྫོགས་མཛད་སྒོ》

ཀྲུང་དབྱང་རྒྱལ་དབང་སྲིད་གཞུང་ནང་སྲིད་པུའུ་དང་། བོད་སོག་ལྷུ་ཡོན་ཁང་གིས་ཏཱ་ལའི་བླ་མ་སྐུ་ཕྲེང་བཅུ་གསུམ་པ་དགོངས་པ་ཆོས་དབྱིངས་སུ་འཕོས་པའི་མཛད་སྒོ་གཏན་པར་གྱི་ཡིག་ཆ། རྒྱལ་དབངས་སྲིད་གཞུང་གིས་བོད་དུ་སྐུ་ཚབ་མངགས་ཏེ། གཤིན་འཛར་ས་དཁར་བ། མཆོད་སྟོན། འདས་མཆོད་གཉེར་དགུལ། བཅས་གནང་བ་དང་། པེ་ཅིན་དུ་ཞིན་ཞིའི་ཚོགས་རིང་འདེབས་མཆོད་འཚོགས།

Sacrificial Rituals for the Death of the 13th Dalai Lama is an article issued by the Ministry of the Interior of the Republic of China and the Commission for Mongolian and Tibetan Affairs in honor of the nirvana of the 13th Dalai. The article includes many activities: the assigned envoy attending the funeral of 13th Dalai Lama in Tibet, issuing jade books and seal, offering the condolence and sacrifice, giving the funeral service fare, holding the memorial meeting in the capital, chanting sutras for about 21 days, etc.

达赖二世（1475—1542） 藏传佛教格鲁派早期代表人物。本名根敦嘉措。后藏达纳人。11 岁入扎什伦布寺。弘治七年（1494）往哲蚌寺。正德七年（1512）回扎什伦布寺任堪布，后又回哲蚌寺任堪布，兼任色拉寺堪布。旋在哲蚌寺西南建甘丹颇章（"颇章"意为宫殿）。圆寂后追认为二世达赖喇嘛。

ད་ལའི་བླ་མ་སྐུ་ཕྲེང་གཉིས་པ（1475—1542） བོད་བརྒྱུད་ནང་བསྟན་དགེ་ལུགས་པའི་དུས་སྔའི་ཚོན་མཚོན། མཚན་དངོས་དགེ་འདུན་རྒྱ་མཚོ། གཙང་ཏུ་ནག་གི་ཡིན། དགུང་ལོ་བཅུ་གཅིག་ཐོག་བཀྲ་ཤིས་ལྷུན་པོའི་དགོན་པར་ཞུགས། ཧུང་ཀྲིའི་ལོ་བདུན་པར（1494）འབྲས་སྤུངས་སུ་ཕེབས། ཀྲིན་ཏིའི་ལོ་བདུན་པར（1512）བཀྲ་ཤིས་ལྷུན་པོའི་དགོན་པར་ཕེབས་ཏེ་མཁན་པོ་མཛད། སླར་ཡང་འབྲས་སྤུངས་སུ་ཕྱིར་ཕེབས་ནས་མཁན་པོ་མཛད། ཆབས་ཅིག་ཏུ་སེ་ར་དགོན་པའི་མཁན་པོའང་ཡུས། འབྲས་སྤུངས་དགོན་པའི་ལྷོ་ནུབ་ཏུ་དགའ་ལྡན་ཕོ་བྲང་བཞེངས། དགོངས་པ་རྫོགས་རྗེས་ད་ལའི་བླ་མ་སྐུ་ཕྲེང་གཉིས་པར་ངོས་འཛིན་མཛད།

The 2nd Dalai（1475-1542） is an early representative of Tibetan Buddhism Gelug sect. As a native of Dana in Tsang, he was called originally Gendun Gyatso. He went to Tashihunpo Monastery at the age of 11 and then headed towards Drepung Monastery in 1494. In 1512, he returned to Tashihunpo Monastery to be the khenpo and then became the khenpo of Drepung Monastery as well as Sera Monastery. He lived in a palace in the southwest of Drepung Monastery and was posthumously accepted as the second Dalai Lama.

达赖九世（1805—1815） 藏传佛教格鲁派领袖。本名隆朵嘉措。生于原西康邓柯地方。清嘉庆十三年（1808）被迎入布达拉宫坐床，从班禅七世。二十年暴卒于布达拉宫，年仅 11 岁，是历世达赖中年寿最短的一位。

དྭ་ལའི་བླ་མ་སྐུ་ཕྲེང་དགུ་པ། (༡༨༠༥—༡༨༡༥) བོད་རྒྱུད་ནང་བསྟན་དགེ་ལུགས་པའི་དབུ་ཁྲིད་པ་ཡིན། མཚན་དངོས་ལུང་རྟོགས་རྒྱ་མཚོ། འབྱུངས་ཡུལ་མདོ་ཁམས་སྡེ་དགེའི་མདའ་གོང་གི་མདའ་ཁོག་ཡིན། ཅིང་རྒྱལ་རབས་རྟུ་ཆིན་ཁྲི་ལོ་བཅུ་གསུམ་པར་ (༡༨༠༨) བོ་བྲ་པོ་ཏཱ་ལར་གདན་དྲངས་ཏེ་གསེར་ཁྲིར་མངའ་གསོལ། པཎ་ཆེན་སྐུ་ཕྲེང་བདུན་པ་སློབ་དཔོན་དུ་བསྟེན། རྟུ་ཆིན་ཁྲི་ལོ་ཉི་ཤུ་པ་ ༡༨༡༤ ལོར་པོ་ཏཱ་ལར་དགོངས་པ་རྫོགས། ལོ་བཅུ་གཅིག་ལ་ཞལ་བཞུགས་གནང་། དྭ་ལའི་བླ་མ་སྐུ་ཕྲེང་རིམ་བྱོན་ལས་བཞུགས་ཡུན་ཆེས་ཐུང་བ་ཡིན།

The 9th Dalai (1805-1815), originally called Lungtok Gyatso, was a leader of Tibetan Buddhism Gelug sect. He was born in Dengke, a place of the original Xikang. At the 13th year of the reign of emperor Jiaqing (1808), he was enthroned at the Potala Palace and became a disciple of the 7th Panchen. At the 20th year of the reign of emperor Jiaqing, he died in the Potala Palace at the age of 11, the one who had the shortest life among all the Dalai Lama.

达赖喇嘛 藏传佛教格鲁派中与班禅并列的两大宗教领袖之一。达赖，蒙古语音译"大海"之意；喇嘛，藏语音译"上师"之意。该称号初为明代蒙古俺答汗（见"阿拉坦汗"词条）赠给达赖三世的尊号。1653年，清世祖福临正式册封达赖五世为"达赖喇嘛"，承认达赖在西藏地方的政治和宗教地位。

དྭ་ལའི་བླ་མ། བོད་དང་པཎ་ཆེན་རིན་པོ་ཆེ་གཉིས་དགེ་ལུགས་གྲུབ་མཐའི་བླ་མ་ཆེས་ཆེ་ཁག་གཉིས་ཡིན། དྭ་ལའི་སོག་པོའི་སྐད་སྒྱུར་ཏེ་རྒྱ་མཚོའི་དོན་ཡིན། བླ་མ་བོད་སྐད་དོན་འགོད། ཨིན་རྒྱལ་རབས་སྐབས་ཀྱི་སོག་པོའི་རྒྱལ་པོ་ཨན་དུ་ཧན་གྱིས་དུ་དྭ་ལའི་བླ་མ་སྐུ་ཕྲེང་གསུམ་པར་མཚན་འདི་ཐོག་མར་གསོལ། ༡༦༥༣ལོར་ཅིང་རྒྱལ་རབས་ཀྱི་ཤི་ཙོའུ་ཧྥུ་ལིན་ཞེས་གྱིས་དུ་ལའི་བླ་མ་སྐུ་ཕྲེང་ལྔ་པར་དྭ་ལའི་བླ་མའི་མཚན་དབོན་དུ་བསྩལ་ནས། དྭ་ལའི་བླ་མས་བོད་ཀྱི་ས་གནས་ཀྱི་ཆོས་སྲིད་གཉིས་ཀྱི་དབང་འཛིན་རྒྱལ་ཁབ་ལྔངས།

Dalai Lama was one of the leaders with the same status of Panchen in the Gelug sect. Dalai means ocean in Mongolian, and Lama is the equivalent of the Sanskrit word "guru", or spiritual teacher. This title was first conferred to the third Dalai by the Mogolian King Altan Khan in the Ming Dynasty. In 1653, Emperor Shizu of Qing Fulin (Emperor Shunzhi) officially bestowed Dalai Lama on the 5th Dalai and recognized Dalai's political and religious status in Tibet.

达赖六世（1683—1706） 藏传佛教格鲁派领袖。本名仓央嘉措。西藏门隅人。康熙三十六年（1697）被认定为达赖五世的转世，从班禅五世，入布达拉宫坐床。后因桑结嘉措与拉藏汗交恶连带被清廷废黜，执送北京。卒于青海湖畔。著有《仓央嘉措情歌集》。

དྭ་ལའི་བླ་མ་སྐུ་ཕྲེང་དྲུག་པ། (༡༦༨༣—༡༧༠༦) བོད་རྒྱུད་ནང་བསྟན་དགེ་ལུགས་པའི་དབུ་ཁྲིད་པ་ཡིན། མཚན་ལ་ཚངས་དབྱངས་རྒྱ་མཚོ། དབུས་གཙང་མོན་ལ་ཡུལ་གསུམ་དུ་སྐུ་འཁྲུངས། ཅིང་རྒྱལ་རབས་ཀྱི་གོང་མ་ཁང་ཞིའི་ལོ་སུམ་ཅུ་སོ་དྲུག་པར་ (༡༦༩༧) རྒྱལ་བ་ལྔ་པའི་ཡང་སྲིད་དུ་ངོས་

འཇིན་མཆོག ། པཧ་ཆེན་སྐུ་ཕྲེང་ལྔ་པའི་བུ་ལའི་གསེར་ཁྲིར་མངའ་གསོལ། ཕྱིས་སུ་སྡེ་སྲིད་སངས་རྒྱ མཚོ་དང་ལྷ་བཟང་བདུན་པར་འཁྲུགས་ཤིང་དམས་ནས་ཆེན་པོའི་བཀའ་གཞུང་གིས་པེ་ཅིང་དུ་གནས་དབྱུང་བཏང་། མཚོ་སྔོན་པོའི་འགྲམ་ནས་དགོངས་པ་རྫོགས། གསུང་རྩོམ《ཚངས་དབྱངས་རྒྱ་མཚོའི་མགུར་གླུ》བཞུགས།

The 6th Dalai (1683-1706), originally called Cangyang Gyaco, was a leader of Tibetan Buddhism Gelug sect. He was born in Menyu prefecture, Tibet. In the 36th year of the reign of Emperor Kangxi (1697), he was discovered as the reincarnation of the 5th Dalai, and became a disciple of the 5th Panchen and was enthroned at the Potala Palace. He was deposed by the Qing government because of the killing of Sangye Gyatso by Lhabzang Khan, and sent to Beijing. He passed away near the bank of Qinghai Lake. The 6th Dalai wrote the book enitiled *Cangyang Gyaco Love Songs*.

达赖七世（1708—1757） 藏传佛教格鲁派领袖。本名格桑嘉措。今四川理塘人。9 岁时被青海蒙古和硕特部迎入塔尔寺。1720 年正式受清廷册封。1728 年迁往理塘，后再移居今四川道孚惠远寺，1735 年始返拉萨。1751 年受清廷之命掌管西藏行政事务，政教合一局面开始。1757 年卒于布达拉宫。

དྲ་ལའི་བླ་མ་སྐུ་ཕྲེང་བདུན་པ།（1708—1757）བོད་རྒྱུད་ནང་བསྟན་དགེ་ལུགས་པའི་དབུ་ཁྲིད་ཡིན། མཚན་དངོས་སྐལ་བཟང་རྒྱ་མཚོ། སི་ཁྲོན་ཞིང་ཆེན་ལི་ཐང་རྫོང་གི་མི། དགུང་ལོ་དགུའི་སྟེང་ཚོའི་སྔོན་སོག་པོ་དང་ཧོ་ཤོད་ཚོ་པས་སྐུ་འབྲན་བྱས་པ ། 1720 འོར་ཆེན་གཞུང་གིས་དགོས་དངོས་འཛིན་གནང་། 1723 འོར་ཕྱིར་ལི་ཐང་ཉིད་ལ་རྗེས་སུ་ཧྲུའི་མཁར་ཐར་དགོན་པར་ཕེབས་ནས་བཞུགས། 1735 འོར་ལྷ་སར་ཆེད་ལ་བསྐྱར་འགྲོ་ཆོག 1751 འོར་ཆེན་གཞུང་གིས་བཀའ་ཕབ་ནས་བོད་ཀྱི་ཆོས་སྲིད་གཉིས་ཀྱི་འཛིན་འཁུར། དེ་ནས་བཟུང་ཆོས་སྲིད་ཟུང་འབྲེལ་རྣམ་པའི་འགོ་ཚུགས། 1757 འོར་པོ་ཏ་ལར་དགོངས་པ་རྫོགས།

The 7th Dalai (1708-1757), originally called Kelzang Gyatso, was a leader of Lamaism Gelug sect (yellow sect). He was born in Litang, Sichuan province. As a boy of nine years old, he was sent to Taer Temple by Mongolian the Khoshud Troop of Qinghai. He was conferred by the Qing government in 1720 and moved to Litang in 1728. Later, he moved to Huiyuan Temple in Daofu county, Sichuan province. He went to Lhasa in 1735 and was ordered to take in charge of the administrative affairs of Tibet in 1751, which began the union of politics and religion. The 7th Dalai passed away in Potala Palace.

达赖三世（1543—1588） 藏传佛教格鲁派早期代表人物。本名索南嘉措。藏族。西藏堆龙（今堆龙德庆）人。4 岁时被作为达赖喇嘛的继承人迎入哲蚌寺。万历六年（1578）被俺答汗尊称为"达赖喇嘛"。得这一尊号后，格鲁派立即把索南嘉措确定为第三世达赖喇嘛。后在访北京途中圆寂。

དྲ་ལའི་བླ་མ་སྐུ་ཕྲེང་གསུམ་པ། (༡༥༤༣—༡༥༨༨) བོད་རྒྱུད་ནང་བསྟན་དགེ་ལུགས་པའི་དུས་སྔ་མའི་ཚོན་མཚོན་པ། མཚན་དངོས་ལ་བསོད་ནམས་རྒྱ་མཚོ། སྟག་སྟོད་ལྗོངས་ (དེ་སྔ་སྟོད་ལུང་བདེ་ཆེན) དུ་སྐུ་འཁྲུངས། དགུང་བཞིའི་ཐོག་ལ་དུ་ལའི་བླ་མའི་ཡང་སྲིད་དུ་ངོས་འཛིན་མཛད་ནས་འབྲས་སྤུངས་དགོན་པར་གདན་དྲངས། མིང་རྒྱལ་རབས་ཀྱི་གོང་མ་ཐན་ཡིའི་ལོ་དག་པར་ (༡༥༧༨) ཨན་དུ་ཧན་གྱིས་དྲ་ལའི་བླ་མ་ཞེས་མཚན་གནང་། མཚན་འདི་ཐོབ་རྗེས་དགེ་ལུགས་པས་བསོད་ནམས་རྒྱ་མཚོ་དྲ་ལའི་བླ་མ་སྐུ་ཕྲེང་གསུམ་པར་དོར་འཛིན་མཛད། ཕྱིས་སུ་པེ་ཅིན་དུ་མཆོངས་འདྲེན་ཞིབས་པའི་ལམ་བར་དུ་དགོངས་པ་རྫོགས།

The 3rd Dalai (1543-1588), originally called Sonam Gyatso, was the early representative of the Tibetan Buddhism Gelug sect. He was born in Duilong Deqing county of Tibet. At the age of 4, he was sent to Drepung Monastry as the successor of Dalai Lama. In 1578, he received the courtesy title of Dalai Lama from Altan Khan. After obtaining this title, Sonam Gyatso was confirmed as the 3rd Dalai Lama by the Gelug sect. He passed away on the way to Beijing.

达赖十二世（1856—1875） 藏传佛教格鲁派领袖。本名成烈嘉措。出生于西藏娘布沃噶宗启的大贵族——"拉鲁"家族。咸丰八年（1858）金瓶掣签认定，由摄政热振三世为之剃发取名，暂住罗布林卡。十年（1860）入布达拉宫坐床。十二年（1862）奉清穆宗命亲政。20岁卒于布达拉宫。

དྲ་ལའི་བླ་མ་སྐུ་ཕྲེང་བཅུ་གཉིས་པ། (༡༨༥༦—༡༨༧༥) བོད་རྒྱུད་ནང་བསྟན་དགེ་ལུགས་པའི་དབུ་ཁྲིད་པ་ཡིན། མཚན་དངོས་འཕྲིན་ལས་རྒྱ་མཚོ། བོད་ལྷོ་ཁའི་ཚོལ་དགའ་རྡོང་གི་སྐུ་དྲག་ལྷ་ཀླུ་སྐུ་འབྱུངས། ཅིང་རྒྱལ་རབས་ཞན་ཧྥུན་ཕོ་བརྒྱད་པར་ (༡༥༨༢) གསེར་འབུམ་དཀྲུགས་ཏེ་རྫས་འཛིན་མཛད། སྲིད་སྐྱོང་རྫ་སྟེང་གསུམ་པའུ་བཞིན་དེ་མཚན་གསོལ། གནས་སྐབས་སུ་ནོར་བུ་གླིང་ཁར་བཞུགས། ཞན་ཧྥུན་ཐོ་བཅུ་པར་པོ་ཏཱ་ལའི་གསེར་ཁྲི། མངའ་གསོལ། ཞན་ཧྥུན་བཅུ་གཉིས་པར་ཆིང་གོང་མ་མུའུ་ཙུང་གིས་བཀའ་ཐབས་ནས་སྲིད་དོན་འཛིན། དགུང་ལོ་ཉི་ཤུའི་ཐོག་པོ་ཏཱ་ལར་དགོངས་པ་རྫོགས།

The 12th Dalai (1856-1875), originally called Trinley Gyatso, was a leader of the Tibetan Buddhism Gelug sect. He was born in the noble Lhalu's family of Tibet. In 1858, according to the lot-drawing, he was tonsured and named by the Prince Regent Living Buddha Rezhen and temporarily stayed in Norbulingka. In 1860, he was enthroned in the Potala Palace. Two year later, he took in charge of the political affairs of Tibet with the order from Emperor Muzong of Qing. The 12th Dalai passed away when he was 20 years old.

达赖十三世（1876—1933） 藏传佛教格鲁派领袖。本名土登嘉措。西藏塔布朗敦（今朗县）人。光绪二十一年（1895）亲政。其政治态度摇摆不定，曾反抗英国侵略，也有联俄主张。辛亥革命后走上依靠英国的错误道路。1924年后主动靠拢祖国，为西藏领土完整做出贡献。1933年圆寂于拉萨。

ད་ལའི་བླ་མ་སྐུ་ཕྲེང་བཅུ་གསུམ་པ། (༡༨༧༦—
༡༩༣༣) བོད་བརྒྱུད་ནང་བསྟན་དགེ་ལུགས་པའི་དབུ་
ཁྲིད་པ་ཡིན། མཚན་དངོས་ཐུབ་བསྟན་རྒྱ་མཚོ། སྐྱེ་
དགོས་པོ་སྣང་མཉན་དུ། (དེང་སང་སྣང་རྫོང་) སྐུ་
འབྱུངས། ཆེན་རྒྱལ་རབས་གོང་མ་གོང་གི་བྲི་ལོ་ཉི་ཤུ་རྩ་
གཅིག (༡༨༩༥) བོར་ཕྱིན་དོན་མངགས་བོད་ཀྱི་
ཆབ་སྲིད་དགོངས་པར་འགྱུར་བ་མང་། དབྱིན་ཇིའི་
བཙན་འཛུལ་དོ་རྒོལ་དང་ཨུ་རུ་སུར་མཉམ་འབྲེལ་བྱེད་
པའི་དགོངས་ཚུལ་བཟུང་བ་དང་། ཤོགས་ཕག་ལོའི་
གསར་བརྗེ་རྗེས་སུ་དབྱིན་ཇིའི་རྒྱབ་སྐྱོར་ལ་རེ་བའི་
དགོངས་ཚུལ་ཡང་བཟུང་། ༡༩༢༤ལོར་རང་འགུལ་གྱིས་
མེས་རྒྱལ་དཔལ་དུ་ཕྱིར་ལོག་སྟེ། བོད་ཀྱི་མངའ་ཁོངས་ཆ་
ཚང་ཡོང་བར་མཛད་རྗེས་བཞག ༡༩༣༣ལོར་དགོངས་
པ་རྫོགས།

The 13th Dalai (1876-1933), originally called Thubten Gyatso, was a leader of the Tibetan Buddhism Gelug sect (yellow sect). He was born in today's Nangxian county of Tibet. In 1895, he got the enthronement. However, he did not have the clear political footing. He used to resist the British invasion and have the idea to unite Russia. After the Revolution of 1911, he went to depend on UK. In 1924, he voluntarily came back to the motherland and made contributions to the territorial integrity of Tibet. In 1933, he passed away in Lhasa.

达赖十世（1816—1837） 藏传佛教格鲁派领袖。本名楚臣嘉措。康区理塘（今四川理塘）人。清道光二年（1822）被迎入布达拉宫坐床。13岁时入哲蚌寺学习经论，后从班禅七世。十七年（1837）卒于布达拉宫，年仅22岁。

ད་ལའི་བླ་མ་སྐུ་ཕྲེང་བཅུ་པ། (༡༨༡༦—
༡༨༣༧) བོད་བརྒྱུད་ནང་བསྟན་དགེ་ལུགས་པའི་
དབུ་ཁྲིད་པ་ཡིན། མཚན་དངོས་ཚུལ་ཁྲིམས་རྒྱ་མཚོ།
ཁམས་ལི་ཐང་ (དེང་སང་གི་སི་ཁྲོན་ལི་ཐང་) དུ་སྐུ་
འབྱུངས། ཆེན་རྒྱལ་རབས་གོང་མ་ཏའོ་གོང་གི་ལོ་གཉིས་
པར (༡༨༢༢) པོ་བྲང་པོ་ཏ་ལར་གདན་དྲངས་ཏེ་
གསེར་ཁྲིར་མངའ་གསོལ། དགུང་ལོ་བཅུ་གསུམ་པ་
འབྲས་སྤུངས་དགོན་དུ་ཆོས་གཞུང་སློབ་གཉེར་མཛད་
ཕྱིར་སུ་པཎ་ཆེན་སྐུ་ཕྲེང་བདུན་པའི་མཉན་དུ་བཅར།
ཏའོ་གོང་བྲི་ལོ་བཅུ་བདུན་པར་དགོངས་པ་རྫོགས་པ་
དགུང་ལོ་ཉི་གཉིས་ལས་མ་བཞུགས།

The 10th Dalai (1816-1837), originally called Tsultrim Gyatso, was a leader of the Tibetan Buddhism Gelug sect. He was born in today's Litang county, Sichuan province. In 1822, he was enthroned at the Potala Palace. At the age of 13, he entered Drepung Monastery to learn Buddhist scripture and became the disciple of the 7th Panchen. He passed away in Potala Palace in 1837 when he was only 22 years old.

达赖十一世（1838—1855） 藏传佛教格鲁派领袖。本名凯珠嘉措。出生于今四川道孚县惠远寺附近。清道光二十二年（1842）迎入布达拉宫坐床，从班禅七世。咸丰五年（1855）受清文宗命亲政，同年暴卒于布达拉宫，年仅18岁。

ད་ལའི་བླ་མ་སྐུ་ཕྲེང་བཅུ་གཅིག (༡༨༣༨—
༡༨༥༥) བོད་བརྒྱུད་ནང་བསྟན་དགེ་ལུགས་པའི་
དབུ་ཁྲིད་པ་ཡིན། མཚན་དངོས་མཁས་གྲུབ་རྒྱ་མཚོ།
ཧྲུའུ་ཁྲོན་གི་མགར་ཐར་དགོན་པའི་ཉེ་འགྲམ་དུ་སྐུ་

འབྱུང་། ཆེད་རྒྱལ་རབས་གོང་མ་ཏའོ་གོང་ཁྲི་ཞེར་གཞིས་（༡༨༥༥）པར་པོ་ཏ་ལར་གདན་དྲངས་ཏེ་གསེར་ཁྲིར་མངའ་གསོལ། ཞེན་སྐྱུང་ཁྲི་ལོ་ལྔ་པར་（༡༨༤༢）ཆེད་ཕན་ཆུང་གིས་བཀའ་ཕབ་ནས་སྲིད་སྐྱོང་མཛད། བོད་པོ་གྲུབ་པོ་ཏ་ལར་དགོངས་པ་རྫོགས། དགུང་ལོ་བཅོ་བརྒྱད་ལས་མ་བཞུགས།

The 11th Dalai (1838-1855), originally called Khedrup Gyatso, was a leader of the Tibetan Buddhism Gelug sect. He was born near today's Huiyuan Temple in Daofu county, Sichuan province. In 1842, he was enthroned at the Potala Palace. As a disciple of the 7th Panchen, he took in charge of the political affairs of Tibet with the order from Emperor Wenzong of Qing in 1855, and in the same year he died suddenly at the age of 18.

达赖四世（1589—1616） 藏传佛教格鲁派领袖。本名云丹嘉措。内蒙古土默特（今呼和浩特市）人。蒙古族。土默特部首领俺答汗曾孙。万历三十年（1602）赴拉萨哲蚌寺，拜班禅四世为师。曾任哲蚌、色拉两寺堪布。圆寂于哲蚌寺。

དྭ་ལའི་བླ་མ་སྐུ་ཕྲེང་བཞི་པ།（༡༥༨༩—༡༦༡༦）བོད་རྒྱུད་ནང་བསྟན་དགེ་ལུགས་པའི་དབུ་ཁྲིད་པ་ཡིན། མཚན་དངོས་ཡོན་ཏན་རྒྱ་མཚོ། སོག་པོ་ཐུའུ་མོག་ཐུ་（དེང་སང་གི་མཁར་སྟོན་པོ་གྲོང་ཁྱེར）དུ་སྐུ་འཁྲུངས། སོག་རིགས། ཐུའུ་མོག་ཐུ་ཚོ་བའི་ཚོ་དཔོན་ཨན་དུ་ཧན་གྱི་མེད་ཚོ་མ་གསལ།）གྱི་ཡང་ཚ་ཡིན། ཆེད་རྒྱལ་རབས་ཐན་ལི་ལོ་སུམ་ཅུ་（༡༦༠༢）པར་འབྲས་སྤུངས་དགོན་པར་གདན་དྲངས་ནས་པཉྩེན་སྐུ་ཕྲེང་བཞི་པའི་སློབ་དཔོན་

བསྟེན། བོད་གྱིས་འབྲས་སྤུངས་དགོན་པ་དང་སེ་ར་དགོན་པ་གཉིས་ཀྱི་མཁན་པོ་མཛད། འབྲས་སྤུངས་སུ་དགོངས་པ་རྫོགས།

The 4th Dalai (1589-1616), originally called Yonten Gyatso, was a leader of the Tibetan Buddhism Gelug sect. He was born in today's Huhhot, Inner Mongolia. As a member of the Mongolian nationality, he was the great-grandson of Altan Khan of the Tumed Mongols. In 1602, he went to Drepung Monastry in Lhasa and became the disciple of the 4th Panchen. He used to be the abbot of Drepung Monastry and, later Sera Monastry. He passed away in Drepung Monastry.

达赖五世（1617—1682） 藏传佛教格鲁派领袖。本名阿旺罗桑嘉措。出生于山南。6岁时被认定为达赖四世的转世。以后从班禅大师。明崇祯十五年（1642）被固始汗尊为藏传佛教最高领袖。后到北京弘法，被清廷封为"西天大善自在佛所领天下释教普通瓦赤喇旦达赖喇嘛"。66岁圆寂。

དྭ་ལའི་བླ་མ་སྐུ་ཕྲེང་ལྔ་པ།（༡༦༡༧—༡༦༨༢）བོད་རྒྱུད་ནང་བསྟན་གྱི་དགེ་ཁྲིད་པ་ཡིན། མཚན་དངོས་ངག་དབང་བློ་བཟང་རྒྱ་མཚོ། བོད་ལྗོངས་ལྷོ་ཁ་སྐུ་འཁྲུངས། དགུང་ལོ་དྲུག་ཏུ་ལའི་བླ་མ་སྐུ་ཕྲེང་བཞི་པའི་ཡང་སྲིད་དུ་ངོས་འཛིན་མཛད། ཕྱིས་སུ་པཉྩེན་རིན་པོ་ཆེ་སྨོན་དཔོན་དུ་བསྟེན། མིང་རྒྱལ་རབས་ཁྲི་ཡི་ལོ་བཅོ་ལྔར་（༡༦༤༢）སེ་ཆེན་རྒྱལ་པོ་གོ་ལ་ཆོས་ཀྱི་ཆེན་མཐའི་བོད་སའི་མཆོད་སྐོར་གནང་། ཕྱིས་སུ་པེ་ཅིན་དུ་དམ་ཆོས་ཀྱི་སྒྲུང་དུ་ཕེབས། ཆིང་གོང་གཞུང་གིས་བོད་ལ་ཆུར་གནས་ཆེན་དཔར་

· 98 ·

བདེ་བར་གཤེགས་པའི་བསྟན་རྒྱས་ཀྱི་བཀའ་ལུང་། གནམ་བསྐོས་ལྷ་འགྲོ་ཐམས་ཅད་བསྟེན་པ་གཅིག་ཏུ་གྱུར་པ། འགྱུར་མེད་རྡོ་རྗེ་འཆང་རྒྱ་མཚོའི་བླ་མ་ཞེས་མཚན། གསོལ། དགུང་ལོ་དྲུག་ཅུ་རེ་དྲུག་ཐོག་དགོངས་པ་རྫོགས།

The 5th Dalai (1617-1682), originally called Ngawang Lobsang Gyatso, was a leader of the Tibetan Buddhism Gelug sect. He was born in Shannan Prefecture. At the age of 6, he was recognized as the reincarnation of the 4th Dalai and followed 4th Panchen. In 1642, he was reputed as the supreme leader by the Gushi Khan. Later, he went to Beijing to spread Buddhism. The Emperor gave Gyatso a parting gift of an elaborate gold seal reading "Dalai Lama, Overseer of the Buddhist Faith on Earth Under the Great Benevolent Self-subsisting Buddha of the Western Paradise". He passed away at the age of 66.

达赖一世（1391—1474） 藏传佛教格鲁派早期代表人物。本名根敦朱巴。出生于后藏萨迦寺附近的一个牧场主家庭。15岁在纳塘寺出家为僧，拜宗喀巴为师，成为其八大弟子之一。后到后藏弘法，明正统十二年（1447）创建扎什伦布寺。卒后，被格鲁派追认为一世达赖喇嘛。

ཏཱ་ལའི་བླ་མ་སྐུ་ཕྲེང་དང་པོ། (༡༣༩༡— ༡༤༧༤) བོད་བརྒྱུད་ནང་བསྟན་དགེ་ལུགས་པའི་དུས་སྔ་མའི་ཚབ་མཚོན་པ། མཚན་དངོས་དགེ་འདུན་གྲུབ། གཙང་སྨྲ་སྐྱ་དགོན་པའི་ཉེ་འཁོར་གྱི་འབྲོག་ཁྱིམ་ཞིག་ཏུ་འཁྲུངས། དགུང་ལོ་བཅོ་ལྔའི་ཐོག་སྣར་ཐང་

དགོན་དུ་དགེ་གཚུག་ཕྱུང་ནས་རབ་ཏུ་བྱུང་། རྗེ་ཙོང་ཁ་པའི་བུ་སློབ་དགུ་བསྟེན་ཏེ། རྗེ་ཙོང་ཁ་པའི་སློབ་བུ་བརྒྱད་ཀྱི་གྲས་སུ་གྱུར། ཕྱིས་སུ་གཙང་དུ་ཕེབས་ནས་ཆོས་སྤེལ། མིང་རྒྱལ་རབས་ཀྱིས་ཕྱིང་ཁྲི་ལོ་ཉེར་གཉིས་པར་ (༡༤༤༧) བཀྲ་ཤིས་ལྷུན་པོའི་དགོན་པ་བཏབ། རྗེས་སུ་དགེ་ལུགས་པས་དུ་ལའི་བླ་མ་སྐུ་ཕྲེང་དང་པོར་ངོས་འཛིན་མཛད།

The 1st Dalai (1391-1474), originally called Gendun Druppa, was the early representative of the Tibetan Buddhism Gelug sect. He was born in a ranchero family near Sakya Temple. When he was 15, he became a monk in Natang Temple and became one of Tsongkapa's eight disciples. Later, he went to Tsang to spread Buddhism. In 1447, he founded Tashilhunpo Monastry. He was posthumously accepted as the first Dalai by the Gelug sect.

达兰萨拉 位于印度北部喜马偕尔邦西北山区。分上下两部分。下达兰萨拉主要是当地印度人居住；上达兰萨拉亦称"麦罗甘吉"，为中国流亡藏人聚居区，也是所谓的"西藏流亡政府"盘踞的地方。该非法组织以此为基地，从事分裂祖国的活动。

ཊཱ་རམ་སཱ་ལ། ཧིན་དུའི་རི་བོ་ཆེ་མ་ལ་ཡའི་ནུབ་བྱང་ཁུལ་དུ་ཡོད། སྟོད་སྨད་གཉིས་སུ་བགོས། སྨད་ཕྱོགས་ཊཱ་རམ་སཱ་ལར་ནི་ཡུལ་དེའི་ཉིན་རྟ་པ་གནས་སྡོད་བྱེད་ཡུལ་གཙོ་བོ་ཡིན། སྟོད་ཕྱོགས་ཊཱ་རམ་སཱ་ལར་སྨན་ལྐར་བཅུན་ཞེས་གྲགས། གཙོ་བོ་ནི་ཀྲུང་གོའི་ཡུལ་གྱི་བོད་མིའི་འདུས་སྡོད་ཁུལ་ཏེ། བོད་པ་ཡུལ་གྱུར་སྤྱི་གཞུང་གི་གནས་ཡུལ་ཡིན། ཁྲིམས་འགལ་ཚོ་འཛུགས་དེ་ནས་རྗེ་གནས་བཟུང་ནས་མེས་རྒྱལ་ཁ་བྲལ་གཏོང་

བའི་བྱ་འགུལ་སྤེལ་བཞིན་ཡོད།

Dharamsala is located in the northwestern area of Himachal Pradesh in India. It is divided into two parts. McLeod Ganj in Upper Dharamshala inhabits the fugitive Tibetans and it is the so-called home for the Tibetan government in exile. The illegal organization took it as their base and engaged in the secessionist activities in an attempt to split China. The Lower Dharamshala resides the local Indians.

达垅噶举 藏传佛教塔布噶举派帕竹噶举分支之一。由达垅塘巴·扎西贝创建。1180年达垅塘巴在拉萨附近达垅地方建达垅寺，由此得名。

སྟག་ལུང་བཀའ་བརྒྱུད། བོད་བརྒྱུད་ནང་བསྟན་ལས་དགས་པོ་བཀའ་བརྒྱུད་ཀྱི་ཕག་གྲུ་བཀའ་བརྒྱུད་ཀྱི་ཡན་གསེས་ཤིག སྟག་ལུང་ཐང་པ་བཀྲ་ཤིས་དཔལ་གྱིས་སྲོལ་བཏོད་མཛད། ༡༡༨༠ལོར་སྟག་ལུང་ཐང་པས་ལྷ་སའི་ཉེ་འཁོར་དུ་སྟག་ལུང་དགོན་པ་བཏབ། དེ་ནས་བཟུང་སྟག་ལུང་བཀའ་བརྒྱུད་ཀྱི་མཚན་ཐོགས།

Taklung Kagyu is a branch of Tibetan Buddhism Taklung Kagyu Phaktru Kagyu sect. It is established by Taklung Thangpa Tashi Pal. In 1180, the monastery was founded by Taklung Thangpa Tashi Pal, on a site about 120 km north of Lhasa.

达鲁花赤 蒙古汗国和元朝的官名，为所在地方、军队和官衙的最大监治长官。蒙古语音译，"镇守者"之意。当时蒙古贵族征服了许多其他民族和国家，鉴于单独进行统治不便，于是委付当地领袖人物治理，派出达鲁花赤监临，位于当地官员之上，掌握最后裁定权。

ད་ལུ་ཧྭ་ཁྲི། སོག་པོ་རྒྱལ་ཁབ་དང་ཡོན་རྒྱལ་རབས་ཀྱི་དཔོན་པོ་ཞིག གནས་ཡུལ་དང༌། དམག་དཔུང༌། ཡ་མོན་བཅས་ཀྱི་ཆེས་མཐོའི་ལྟ་སྐུལ་དཔོན་པོ་ཡིན། སོག་སྐད་ཀྱི་སྒྲ་བསྒྱུར་ཏེ་སྲུང་སྐྱོབ་བྱེད་མཁན། སྐབས་དེར་སོག་རིགས་ཀྱི་མི་རིགས་གཞན་པ་མང་པོ་མངའ་འོག་ཏུ་བསྡུས་ཏེ། ཁེར་མཁས་དབང་སྒྱུར་བྱེད་ལ་བདེ་བ་གནས་དེ་གའི་དཔོན་པོ་ཚོག་སྐྱོང་དུ་བསྐོས་ནས། ད་ལུ་ཧྭ་ཧྲི་ལྟ་སྐུལ་བྱེད་དུ་མངགས། ད་ལུ་ཧྭ་ཁྲི་གོ་གནས་ནི་ཡུལ་དེའི་དཔོན་ཆེན་ལས་མཐོ་བས་ཆེས་མཐོའི་ཐག་གཅོད་དབང་ཆ་ཡོད།

Daluhuachi was the official title in the Mongol khanate and Ming Dynasty. It was the chief executive in the local government, army and yamen. In the Mongolian language, the word means "garrison officer". As the Mongolian noble families conquered so many other nations, which was not easy for them to individually rule, they assigned the local leader to govern under the supervision of Daluhuachi, who was superior to the local officers in position and had the final ruling power.

达浦生（1874—1965） 中国伊斯兰教学者，中国现代"四大阿訇"之一。江苏人。回族。早年在北京创立回文师范学堂。1912年开始主管甘肃省的伊斯兰教教育工作。1928年，与他人在上海合办伊斯兰教师范学校并任校长。解放后，曾任中国伊斯兰教协会副主任等职。1965年在北京去世。

ད་ཕའུ་ཛིང༌། (༡༨༧༤—༡༩༦༥) ཀྲུང་གོའི་ད་བྱི་སི་ལན་ཆོས་ལུགས་ཀྱི་མཁས་པ་ཞིག ཀྲུང་གོའི་དེང་

རབས་ཀྱི་ཨ་དོང་ཆེ་བཞིའི་གྲས། ཅང་སུའུ་ཞིང་ཆེན་དུའི་རིགས། ཚོ་སྐྱོད་དུ་པེ་ཅིན་ལ་ཧུའིའི་རིགས་དགེ་ཕོན་སློབ་གྲྭ་བཙུགས། ༡༩༡༢ལོར་ཀན་སུའུ་ཞིང་ཆེན་གྱི་ཧྲི་ལམ་ཆོས་ལུགས་སློབ་གསོ་ལས་དོན་ལ་གཙོ་བོའི་འགན་ཁུར། ༡༩༢༨ལོར་གཞན་དང་མཉམ་དུ་ཤང་ཧེའི་ཧུའི་ལམ་ཆོས་ལུགས་དགེ་ཕོན་སློབ་གྲྭ་བཙུགས་ནས་སློབ་གཙོའི་འགན་ཁུར། རྒྱལ་ཁབ་ཚུགས་རྗེས། ཀྲུང་གོ་ཧུའི་རིགས་ལ་ཆོས་ལུགས་ཚོགས་པའི་རྒྱུན་ཞི་གཞོན་པ་སོགས་བྱུར། ༡༩༦༥ལོར་པེ་ཅིན་དུ་གཤེགས།

Da Pusheng (1874-1965) is an Islamist scholar in China and one of "the Four Imams" in modern China. As the Hui people, he was born in Jiangsu province. In his early years, he established the Islamic Normal School in Beijing. In 1912, he began to take charge of the educational work of Islam in Gansu province. In 1928, he cooperated with others to establish the Islamic normal school in Shanghai and played the role of president. After liberation, he used to be the vice dean of Chinese Islamic Association. In 1965, he passed away in Beijing.

达旺地区 地区名。现属于西藏山南地区的错那县管辖。面积有2172平方公里。是南藏门隅地区重要的政治、宗教中心。达旺地区自古都是中国的领土，目前仍被印度控制。

ཏ་དབང་ས་ཁུལ། ས་ཁུལ་གྱི་མིང་། དེང་བོད་ལྗོངས་ལྷོ་ཁ་ས་ཁུལ་གྱི་མཚོ་སྣ་རྫོང་གི་ཁོངས་སུ་གཏོགས། རྒྱ་ཁྱོན་སྟོང་ལེ་གྲུ་བཞི་མ་ར་༢༡༧༢ཡོད། ལྷོ་ཁའི་མོན་པའི་གྲུའི་ཞི་གནའ་པ་སོགས་ཀྱི་གལ་ཆེའི་ཆབ་སྲིད་དང་ཆོས་ལུགས་ཀྱི་གཞི་གནས་ཡིན། ཏ་དབང་ས་ཁུའི་གནའ་ནས་བ་རང་གུང་གོའི་མངའ་ཁོངས་ཡིན་ཡང་། ཞིག་སྤྱར་ཏིན་ཧྲས་བཟུང་ཡོད།

Dawang area is under the jurisdiction of Cona county in the Shannan prefecture of Tibet. It covers an area of 2,172 square kilometers as the political and religious center in Menyu prefecture. Dawang area has been China's territory since ancient times, but it is still controlled by India.

达旺细哲 藏语音译，意为"达旺四人行政会议"。清代西藏门隅地区的政教统治机构。

ཏ་དབང་བཞིའི་གྲུ། ཏ་དབང་མི་བཞིས་སྲིད་དོན་གྲོས་ཚོགས་ཀྱི་དོན་ཡིན། ཆིང་རྒྱལ་རབས་སྐབས་སུ་ལྷ་སའི་མོན་ཡུལ་ས་ཁུལ་གྱི་ཆོས་སྲིད་དབང་བསྒྱུར་ལས་ཁུངས་ཤིག་ཡིན།

Dawangxizhe, a transliterated word, means administrative meeting among four people in Dawang area, which was an organization of religious and political agencies in Menyu prefecture of Tibet in the Qing Dynasty.

达斡尔语 达斡尔族使用的语言。属阿尔泰语系蒙古语族。使用者分布于内蒙古呼伦贝尔市海拉尔区、黑龙江齐齐哈尔市附近的嫩江流域以及新疆塔城等地区。在语法和词汇上都有明显的通古斯语特征。分布特哈、齐齐哈尔、海拉尔、伊利4种方言。

ད་འོར་སྐད། ད་འོར་རིགས་ཀྱིས་སྤྱོད་པའི་སྐད་པའི་ཀ་ཨར་ཐའི་སྐད་རྒྱུད་ཀྱི་སོག་པོའི་སྐད་རིགས་ཡིན། བེད་སྤྱོད་མཁན་གྱི་ཁྱབ་ཁོངས་སོག་ཧུའི་ལོར་པེར་གྲོང་ཁྱེར་གྱི་ཧའི་ལར་ཁུལ་དང་། ཧེ་ལུང་ཅང་ཆི་ཆི་ཧར་གྲོང་ཁྱེར་གྱི་ཉེ་འགྲམ་གྱི་ནན་ཆང་གཙང་པོའི་འབབ་རྒྱུད། ཞིན་ཅང་

ཐག་འཁེལ་ས་ཁུལ་སོགས་སུ་ཁྱབ་ཡོད། བཏང་སྦྱོང་དང་ཐ་སྙད་ཐད་ནས་ཐུང་གུའི་སི་སྐད་རིགས་ཀྱི་ཁྱད་ཆོས་དམིགས་བསལ་སྟོན། དེར་བྷུ་ཐའུ་ཕུ་དྲ། ཚེ་ཚེ་ཧར། ཧའེ་ལར། དབྱིས་ལི་བཅས་ཡུལ་སྐད་བཞི་དབྱེ་ཡོད།

Daur language refers to the language used by Daur people. It belongs to Mongolic group of Altaic language family. Its users are scattered in the areas such as Hailar area of Hulun Buir in Inner Mongolia, Nenjiang river basin near Qiqihar in Heilongjiang and Tacheng in Xinjiang. It shows the distinguishing characteristic of Tunguistic language in grammar and vocabulary with dialects like Butha, Qiqihar, Hailar and Ili.

达斡尔族 中国的少数民族。达斡尔意即"开拓者"。一说族源来自契丹。主要聚居在内蒙古和黑龙江,少数居住在新疆塔城等地。人口有 131992 人(2010年)。大多信仰多神教,有本民族语言,没文字,主要使用汉文,少数人兼用满文、蒙古文和哈萨克文。以牧业为主,渔猎是其传统生产活动。

ད་སྒོར་རིགས། གུང་གོའི་གྲངས་ཉུང་མི་རིགས་ཤིག ད་སྒོར་ཞེའི་གསར་གཏོད་མཁན་གྱི་དོན་ཡིན་ཟེར། བཀོད་སྒོར་ལ་མེས་པོ་ཆེ་ཏན་རིགས་ཡིན་ཟེར། གཙོ་བོར་ནང་སོག་དང་ཧེ་ལུང་ཅང་དུ་འདུས་སྡོད་བྱས་པ་དང་། ཉུང་ཤས་ཤིག་ཞིན་ཅང་ཐ་ཁྲེང་སོགས་སུ་ཁྱབ་ཡོད། མི་གྲངས་ 131992 ༼༢༠༡༠ལོར༽ ཡོད། མང་པོས་ལྷ་མང་ཆོས་ལུགས་ལ་དད་པ་བྱེད། རང་མི་རིགས་ཀྱི་སྐད་ཡིག་ཡོད་མེད། གཙོ་བོ་རྒྱ་ཡིག་བེད་སྤྱོད་གཏོང་། ཉུང་ཤས་ཤིག་གིས་མན་ཇུ་དང་སོག་པོ། ད་ས་ཁ་བཅས་ཀྱི་ཡི་གེའང་ལས་རིགས་གཙོ་བོར་ཕྱུགས་ལས་དང་། ཉ་ལས་དང་རྔོན་ལས་སོགས་ཡིན།

Daur people is one of the ethnic groups in China. Daur means pioneers. It is said that Daur people are the descendants of Khitan people and most of them inhabit in Inner Mongolia and Heilongjiang, while some of them reside in places such as Tacheng of Xinjiang. They numbered 131,992 (2010). Many Daurs are shamanists. They have their own language without written script. Daurs mainly use Chinese, and a small part of them use Manchu, Mongolian and Kazakh as well as Chinese. They are engaged in animal husbandry and supplemented by the traditional production activity like fishing and hunting.

达延汗(约 1474—1517) 明代蒙古可汗。约于成化十六年(1480)即汗位。后击败瓦剌,翦除各割据势力,统一了漠南蒙古各部,结束了有明以来北方地区扰攘动乱的局面,被誉为蒙古历史上的"中兴之主"。

ད་ཡན་ཧན། ༼ཕལ་ཆེར་ 1474—1517༽ མིང་རྒྱལ་རབས་སྐབས་ཀྱི་སོག་པོའི་རྒྱལ་པོ་ཞིག ཐ་ཆེར་ཁྲེང་ཧུ་ཁྲི་ལོ་བཅུ་དྲུག ༼༡༤༨༠༽ པར་ཁྲིར་འཛུལ། ཕྱིས་སུ་ཝཱ་ཚེ་ཕམ་པར་གཏོང་ཞེས་བཅད། བཟུང་གི་སྟོབས་ཤུགས་རྣམས་པ་མཐུག་སྒྲིལ་ཏེ། བྱེ་སྦོར་སོག་པོའི་ཚོ་ཁག་དག་གཅིག་གྱུར་བྱས། མིང་རྒྱལ་རབས་ནས་འཆགས་པའི་བྱང་ཕྱོགས་ས་ཁུལ་གྱི་འཁྲུག་རྟོག་རྣམ་པ་ཡང་མཇུག་སྒྲིལ་བས། སོག་པོའི་ལོ་རྒྱུས་སུ་སྟོབས་ལྡན་རྒྱལ་པོ་ཡི་མཚན་ཐོབ།

Dayan Khan(ca. 1474-1517) was the Mongolian Khan in the Ming Dynasty. In

1480, he took the rule. After defeating Wala and eliminating the separatist forces, Dayan Khan united all tribes in Monan-Mogolia and ended the perturbation from the Northern areas since Ming Dynasty. He is remembered as one of the most glorious Mongolian Emperors.

达扎路恭纪功碑 位于拉萨布达拉宫前的吐蕃石碑。碑身通高 8 米，刻有藏文正书。吐蕃赞普墀松德赞为其部将达扎路恭于唐广德元年（763）率兵攻掠长安纪功而建。是研究唐蕃关系的重要文物。

སྟག་སྒྲ་ཁོང་གི་མཛད་རྗེས་རྡོ་རིང་། ལྷ་སའི་པོ་ཏཱ་ལའི་མདུན་གྱི་རྡོ་རིང་ཡིན། རྡོ་རིང་དེའི་མཐོ་ཚད་ལ་སྨི་༨ཡོད་དང་། བོད་ཡིག་གཞུང་ཡིག་བཀོད་ཡོད། བོད་བཙན་པོ་ཁྲི་སྲོང་ལྡེ་བཙན་གྱིས་རང་གི་དམག་དཔོན་སྟག་སྒྲ་ཀློང་གིས་དམག་ཁྲིད་ནས་ཐང་རྒྱལ་རབས་ཀྱི་རྒྱལ་ས་ཁང་ཨན་བླངས་པའི་མཛད་རྗེས་ཆེད་དུ་རྡོ་རིང་དེ་བཅུགས་པ་ཡིན། དེ་ནི་ཐང་བོད་བར་གྱི་འབྲེལ་བ་ཞིབ་འཇུག་བྱེད་པའི་རིག་དངོས་རྩ་ཆེན་ཞིག་ཡིན།

Takdra Lukhong Stele is a Tubo stele in front of the Potala Palace of Lhasa. With the height of 8 meter, the stone tablet is engraved with script of Tibetan language. It was established by King Trisong Detsen in 763 in honor of his military officer Takdra Lukhong's occupation of Chang'an with his army. It is the historic cultural heritage for the study of the relationship between Tang and Tubo.

达孜县工业园 2002 年开建。位于拉萨市达孜县城以西 1 公里处。规划总面积约 6 平方公里。分高原生物和藏医药产业功能区、民族文化和手工业功能区、新能源和制造业功能区。2011 年升格为西藏自治区区级工业园区。

སྟག་རྩེ་རྫོང་གི་བཟོ་ལས་ཁུལ། ༢༠༠༢ལོར་སྐྲུན་འགོ་བཙུགས། ལྷ་ས་གྲོང་ཁྱེར་གྱི་སྟག་རྩེ་རྫོང་གི་ཐུབ་ཏུ་སྒྲིག་གཅིག་གི་མཚམས་སུ་ཡོད། འཆར་བཀོད་ཀྱི་སྤྱིའི་ཁྱོན་ཡོངས་ཆེ་ཆུང་ལ་གྲུ་བཞིའི་ལ་ཡོད། མཐོ་སྒང་སྐྱེ་དངོས་དང་བོད་སྨན་བཟོ་ཚོང་ལས་རིགས་ཁུལ། མི་རིགས་རིག་གནས་དང་ལག་རྩལ་ལས་རིགས་ཁུལ། ནུས་ཤུགས་གསར་པ་དང་བཟོ་སྐྲུན་ལས་རིགས་ཁུལ་བཅས་རིགས་བགར་ཡོད། ༢༠༡༡ལོར་བོད་རང་སྐྱོང་ལྗོངས་ལྗོངས་རིམ་པའི་བཟོ་ལས་ཁུལ་དུ་སྤོགས།

Dagze Industrial Park, located one kilometer away in the west of Dagze County in Lhasa, was established in 2002. It was planned to cover an area of 6 square kilometers, consisting of several functional areas like plateau biology and Tibetan medicine industry functional area, national culture and handicraft industry functional area as well as new energy and manufacturing functional area. In 2011, it was upgraded to the industrial park at the Tibet autonomous region level.

鞑靼 中国古代北方游牧民族名称。亦作"达怛""达旦""达靼""达达""塔塔儿"等。最早见于唐代记载。为突厥统治下的一个部落。唐末，突厥衰亡，鞑靼部落逐渐强大，其名称遂成为北方诸部的泛称，其指称范围随时代不同而有异。

ད་དར། གནའ་བོ་ཀྲུང་གོའི་བྱང་ཕྱོགས་ཕྱུགས་འཚོའི

མི་རིགས་ཞིག གྱ་ཡིག་ཏུ་འདི་སྟོན་ཚ་ཚོགས་ཞིག་ཡོད།
མིང་འདིའི་ཆེས་སྔ་བོས་ཐང་ཡིག་ཏུ་ཡོད། གུ་གུས་དབང་
སྒྱུར་འོག་གི་ཚོ་པ་ཞིག་ཡིན། ཐང་རྒྱལ་རབས་ཀྱི་དུས་
མཇུག་ཏུ་གུ་གུ་ཉམས་རྒུད་སོང་ནས་ཏ་དྲེར་རིམ་གྱིས་
སྟོབས་རྒྱས་པ། ཏ་དྲེར་གྱི་མིང་འདི་རིམ་བཞིན་བྱང་
ཕྱོགས་ཀྱི་ཚོ་པ་ཐམས་ཅད་ཀྱི་སྤྱི་མིང་ལ་ཆགས། དེའི་
མཚན་འདོགས་ནི་དུས་སྐབས་མི་གཅིག་པ་དང་བསྟུན་ནས་
འགྱུར་ལྡོག་བྱུང་།

Tatar refers to the nomads of the north in the ancient China. It was first recorded in Tang Dynasty as a tribe under control of Turkic. Near the end of Tang Dynasty, Turkic decayed while Tatar tribe was increasingly powerful. And the word tater was used to refer to all the tribes in North. Their name was used to denote different people according to different times.

大宝法王 元、明两代授予藏传佛教领袖人物的最高封号。

རིན་ཆེན་ཆོས་རྗེ། ཡོན་རྒྱལ་རབས་དང་མིང་རྒྱལ་རབས་གོང་མས་ནང་བསྟན་དབུ་ཁྲིད་པར་གནང་བའི་ཆེས་མཐོ་བའི་མཚན་སྙན་ཞིག་ཡིན།

Great Treasure Prince of Dharma was the highest title given to leaders of Tibetan Buddhism during the Yuan Dynasty and Ming Dynasty.

大乘法王 明代授予藏传佛教萨迦派领袖人物的封号。

ཐེག་ཆེན་ཆོས་རྗེ། མིང་རྒྱལ་རབས་གོང་མས་ས་སྐྱའི་དབུ་བླ་གནན་པའི་ཆེས་མཐོ་བའི་མཚན་སྙན་ཞིག་ཡིན།

Great Vehicle Prince of Dharma was the title given to the leaders of sect of Sakya in the Ming Dynasty.

大乘佛教 佛教两大派别的一支。公元1世纪左右形成于印度。因自称能运载无量众生从生死大河之此岸到达菩提涅槃之彼岸，成就佛果，故名。传出印度本土的大乘佛教主要指中国佛教中的汉、藏两大系统。其伦理倡导慈悲一切众生，力主以功德回向他人等。

ཐེག་ཆེན། ནང་པའི་གྲུབ་མཐའ་ཆེན་པོ་གཉིས་ཀྱི་གྲས་ཤིག སྤྱི་ལོ་དུས་རབས་དང་པོ་ཡས་མས་སུ་རྒྱ་གར་དུ་བྱུང་། མཁན་མཚམས་སེམས་ཅན་ཐམས་ཅད་སྐྱེ་ག་ན་འཆིའི་ཕུག་བསྲུང་གི་རྒྱ་མཚོ་གོལ་ནས། གངས་རྒྱ་ཀྱི་གོ་འཕངས་ཐོབ་པར་བྱང་རྒྱ་ཀྱི་སེམས་བསྐྱེད་པ་མིན་འདི་ཐོག ཉིན་ཏུ་རང་ཁོང་བཀལ་བའི་ཐེག་ཆེན་ལུགས་གཙོ་བོར་གྱུང་གོའི་ནང་བསྟན་ནང་གི་རྒྱ་བོད་ཆོས་རྒྱུད་གཉིས་ཡོད། དེའི་ཐུགས་བསྐྱེད་ནི་སེམས་ཅན་ཀྱི་དོན་དུ་བྱང་སེམས་བསྐྱེད་པ་དང་། གཞན་དོན་དུ་དགེ་བ་བསྔོ་བ་ཡིན།

Mahayana Buddhism is one of the two Buddhism schools. It originated in India in 1st Century AD. Mahayana got the name because it claimed that it was able to carry people from the bank of the river of death to the other bank of the bodhisattvas Nirvana and become Buddha. It's said that the native Indian Mahayana Buddhism mainly refers to Chinese Buddhism among Han people and Tibetans and advocates to regard all the living beings with great compassion and to respond others with merits.

大慈法王 明代授予藏传佛教格鲁派领袖人物的封号。

བྱམས་ཆེན་ཆོས་རྗེ། མིང་རྒྱལ་རབས་གོང་མས་བོད་

ཀྱི་དགེ་ལུགས་གྲུབ་མཐའི་དབུ་ཁྲིད་གནང་བའི་ཆེས་མཐོ་
བའི་མཚན་སྙན་ཞིག

Great Mercy Prince of Dharma is the title given to the leaders of Tibetan Buddhism Gelug sect in the Ming Dynasty.

大非川之战 唐朝为了收复安西四镇和帮助吐谷浑复国而与吐蕃军队进行的战役。公元670年，唐与吐蕃在大非川（今青海共和西南切吉旷原）作战，唐军失败，因而丧失了安西四镇和吐谷浑。

ད་ཕྲེ་ཁྲོན་གྱི་གཡུལ་འགྱེད། ཐང་རྒྱལ་རབས་ཀྱིས་ཨན་ཞིའི་སྡེ་བའི་གྲོང་ཁྱེར་བཞི་དང་འ་ཞའི་རྒྱལ་ཁབ་ཕྱིར་འཛུགས་པར་རྒྱབ་སྐྱོར་ཆེད་དོད་དམག་ལ་འཐབ་པའི་གཡུལ་འགྱེད་ཅིག་ཡིན། སྤྱི་ལོ་(༦༧༠)ལོར་ཐང་བོད་བར་དུ་ད་ཕྲེ་ཁྲོན་(དེ་ནི་མཚོ་སྔོན་གུང་ཧོའི་ལྷོ་ནུབ་ཀྱི་ཅིས་ཐང་ཆེན་)དུ་དམག་འཁྲུག་རྒྱག་ཐང་དམག་ཕམ་ནས་ཨན་ཞིའི་སྡེ་བའི་དང་འ་བོད་ལ་བོར།

Battle of Dafeichuan was a battle between Tang and Tubo, during which Tang wanted to recapture the four towns in Anxi and helped Tuyuhun to establish his kingdom again. In AD 670, Tang fought against Tubo at Dafeichuan (present-day Qieji Pasture, Gonghe County of Hainan Prefecture, Qinghai Province). As a result, Tang was defeated and lost four towns in Anxi and Tuyuhun.

大汉族主义 种族主义意识形态。又称"大汉沙文主义""皇汉主义"等。是一种主张一切事务以汉族利益为优先，认为汉族地位高于其他民族的民族主义。

རྒྱ་ཆེན་པོའི་རིང་ལུགས། རིགས་རྒྱུད་རིང་ལུགས་ཀྱི་འདུས་འཛིན་ཚུལ་ཞིག མིང་གཞན་ལ་རྒྱ་ཆེན་པོ་ཧུ་ཧྥུན་རིང་ལུགས་དང་། རྒྱ་རྗེ་རིང་ལུགས་སོགས་འབོད། དེའི་དོན་དག་ཡོད་ཏོ་ཚོག་རྒྱ་རིགས་ཀྱི་ཞི་ཕན་དང་རྒྱའི་གོ་གནས་མི་རིགས་གཞན་ལས་མཐོ་བར་འདོད་པའི་མི་རིགས་རིང་ལུགས་ཞིག་ཡིན།

Han chauvinism is a kind of nationalism, which advocates that the interest of Han people comes first in all affairs and that Han peoples are superior to others in social status.

大贺氏 契丹族的一支。源于东胡。

ད་ཧོ་ཧྲི། ཆི་ཏན་རིགས་ཀྱི་ཚོ་ཁག་ཅིག་འབྱུང་ཁུངས་ཏུའུ་ཧུའུ་ཡིན།

Daheshi is a branch of the Khitan people originated from Donghu (Eastern barbarians).

大金得胜陀颂碑 金代石碑。立于吉林省松原市扶余县，是金代第五帝世宗完颜雍为追记先祖女真族杰出首领完颜阿骨打建国功业而立。立于1185年。全高3.2米，由碑首、碑身和碑座3部分组成。碑身刻有碑文800余字，正面为汉文，背面为女真文。

ཅིན་ཆེན་པོའི་རྒྱལ་ཁར་བཟོད་པའི་རྡོ་རིང་། ཅིན་རྒྱལ་རབས་སྐབས་ཀྱི་རྡོ་རིང་ཞིག ཅི་ལིན་ཞིང་ཆེན་སུང་ཡོན་གྲོང་ཁྱེར་ཕྲུའུ་ཡུའུ་རྫོང་དུ་ཡོད། དེའི་ཅིན་རྒྱལ་རབས་ཀྱི་རྒྱལ་པོ་ལྔ་པ་ཕུན་ཡན་ཡུང་གིས་མེས་པོ་ཉུས་རིགས་ཀྱི་ཕུལ་བྱུང་དཔོན་པོ་ཕུན་ཡན་ཨ་ཀོ་ཏ་ཡི་ཁབ་བཅུགས་པའི་མཛད་རྗེས་ལ་རྗེས་དྲན་ཆེད་བཅུགས་པའི་རྡོ་རིང་ཡིན། ༡༡༨༥ལོར་ཚུགས། མཐོ་ཚད་སྤྱི་༣.༢འགྱེད། རྡོ་རིང་དེ་མགོ་དང་། དོག ཁྲི་བཅས་གསུམ་ལས་གྲུབ། རྡོ་རིང་ལོས་སུ་ཡིག་འབྲུ་༨༠༠ལྷག་བཀོས་ཡོད་པའི་མདུན་ངོས་རྒྱ་ཡིག་དང་། རྒྱབ་ངོས་ཉུས་

ཀེ་ཡི་གི་ཡིན།

Great Jin Dynasty Victory Memorial Stele is the stone tablet in Jin Dynasty. It stands in Fuyu county, Songyuan Jilin province. The stele was erected by Wanyan Yong (the fifth king of Jin Dynasty) in honor of the achievements of their predecessor Wanyan Aguda, the outstanding leader of Jurchens. It was erected in 1185 with the height of 3.2 meters. The monument consists of three parts: the head (beishou), the body (beishen), and the base (beizuo). It bears about 800 words with Chinese on the front side and Jurchen script on the back.

《大金吊伐录》 书名。金代官撰。辑录北宋末年史、金往来国书与金灭辽、破京，建立楚、齐傀儡政权文件。全书163篇，三分之二不见于他书记载，史料价值极高。

《ཅིན་ཆེན་པོའི་ལོ་རྒྱུས་དཀར་ཆག》 དཔེའི་མིང་། ཅིན་རྒྱལ་རབས་ཀྱི་དཔོན་པོས་བྲིས། སུང་བྱང་མའི་མཇུག་གི་ལོ་རྒྱུས་དང་། ཅིན་གྱིས་རྒྱལ་ཁབ་བར་བྲིས་པའི་འཕྲིན་ཡིག ཅིན་གྱིས་ལའོ་བསྣུབས་ནས་རྒྱལ་ས་བླངས་ཏེ། ཁུའུ་བཙུགས་པ་དང་། ཁེའི་གཞན་བཀོལ་དབང་གི་ཡིག་ཆ་སོགས་ཡོད། དེ་བྲིས་པོར་ཆོན་པ 163 ཡོད། ནང་དོན་གྱི་གསུམ་ཆ་གཉིས་དེ་དཔེ་གཞན་པར་རྙེད་མི་ཐུབ་པས་ལོ་རྒྱུས་རྒྱུ་ཆ་ཤིན་ཏུ་ཆ་གནད་ཆེན་ཡིན།

History of the Jurchen Conquest of Northern China was written by officers in Jin Dynasty. It recorded the credentials with Jin, the history of the last stage of the North Song Dynasty, of Liao Dynasty's extinction by Jin, the occupation of its capital as well as the establishment of the Chu and Qi puppet government. The whole book consisted of 163 chapters and two thirds could not be found in other counterparts. So it's of great value as historical records.

《大理古代文化史稿》 书名。徐嘉瑞撰。初版于1949年，1978年再版。是一部有关今云南大理地区古代文化的资料书稿。上至远古，下迄宋代，尤以唐宋南诏、大理国时期诸文化为详。

《ད་ལི་གནའ་རབས་རིག་གནས་ལོ་རྒྱུས་བྲིས་མ》 དཔེའི་ཚེ་མིང་། ཞེ་རབས་པ་ཞུའུ་ཇཱ་རེན་གྱིས་བརྩམས། གུར་ལོར་པར་དུ་བཏབ་མ་བཏབ། གུར་ལོར་བསྐྱར་དུ་པར། དེ་ནི་དེ་གི་ཡུན་ནན་དུ་ཡོད་པའི་ད་ལིའི་གནའ་རབས་རིག་གནས་དང་འབྲེལ་བ་ཡོད་པའི་རྒྱུ་ཆ་ཞིག་ཡིན། གདོད་མ་ནས་སུང་རྒྱལ་རབས་བར་དང་། ཁྱད་པར་དུ་ཐང་དང་སུང་རྒྱལ་རབས་སྐབས་ཀྱི་འཛང་སོ་མ་དང་། ད་ལི་རྒྱལ་ཁབ་ཀྱི་རིག་གནས་ཞིབ་པར་ཡོད།

The Draft of the Ancient Cultures of Dali was written by Xu Jiarui. The book was first published in 1949 and reprinted in 1978. The material was about ancient cultures of Dali, Yunnan province from antiquity to Song Dynasty, especially cultures in the period of the Nanzhao Dynasty and the Kingdom of Dali.

大理国 五代至宋时以白族为主体建立的封建领主政权。937年段思平（见"大理段氏"词条）建国，定都羊苴咩城

(今大理旧城西），国号"大理"。辖今云南全境、四川西南部等地。后权臣高升泰改国号为"大中国"。其死后归政于段氏，史称"后理国"。1253年忽必烈征云南，灭大理国。

ཏ་ལི་རྒྱལ་ཁབ། རྒྱལ་རབས་ལྔ་ནས་སུང་རྒྱལ་རབས་བར་པའི་རིགས་གཙོ་བོའི་བཀའ་བཀོད་རྒྱུད་འཛིན་གྱི་སྲིད་དབང་ཞིག་ཡིན། ༼འཐོར་ཏོན་སི་ཕིན་༽ ཏ་ལི་ཏོན་རྒྱུད་ཀྱི་མི་ཆེན་དུ་གསལ༽ གྱིས་རྒྱལ་ཁབ་བཙུགས། རྒྱལ་ས་དབྱུང་ཅིན་དབྱང་མཁར་བྱས། ༼དེའི་ཏ་ལི་མཁར་རྙིང་ཉུབ་མ་༽ རྒྱལ་ཁབས་ཏ་ལིའི་མངའ་འོངས་དེ་གི་ཡུན་ནན་ས་ཁུལ་ཡོད་དང། སི་ཁྲོན་ནུབ་ལྷོའི་ཁུལ་ཡིན། ཕྱིས་སུ་བློན་པོ་དབང་ཆེན་ཀའོ་ཧྲེ་ཐེས་རྒྱལ་རབས་ཀྱི་གོ་ཆེན་པོ་ལ་བསྒྱུར། བོད་འདས་རྗེས་སྲིད་དབང་ཏོན་ཁྱིམ་རྒྱུད་ཀྱི་ལག་ཏུ་ཕྱིར་ཕོག བོ་རྒྱལ་སུ་དེར་ཏ་ལི་རྒྱལ་ཁབ་ཕྱི་མ་ཞེས་གགས། ༡༢༥༣ལོར་སེ་ཆེན་རྒྱལ་པོས་ཡུན་ནན་ལ་དམག་དྲངས་ནས། ཏ་ལི་རྒྱལ་ཁབ་འཇིག

Kingdom of Dali was a feudal regime established mainly by Bai people from the Five Dynasties to Song Dynasty. In 937, Duan Siping established the regime with its capital in today's western areas of Dali old city and gave his regime the name "Dali". He had jurisdiction over many places, such as today's Yunnan province and southwestern areas of Sichuan province. Later the influential minister Gao Shengtai changed the name of the kingdom as "the Kingdom of Dazhong". After his death, he arranged for the throne to revert back to the Duan family and it was called by people the "Kingdom of Houli (Later Dali)", where "hou" meant "the later" and "li", meant "to clean up". In 1253, Kublai Khan conquered Yunnan and destroyed Kingdom of Dali.

大理国段氏 大理国时期段姓统治者。其历史始于公元937年，通海节度使段思平开创大理国，成为大理国的国王。一直到1254年忽必烈攻下大理国都羊苴咩城、东都鄯阐城，俘获末代皇帝段兴智结束。共历段氏22位帝王。

ཏ་ལི་རྒྱལ་ཁབ་ཀྱི་ཏོན་ཁྱིམ་རྒྱུད། ཏ་ལི་རྒྱལ་ཁབ་ཀྱི་དབང་སྒྱུར་བ་ཏོན་ཁྱིམ་རྒྱུད་ཡིན། དེའི་ལོ་རྒྱུས་ནི་སྤྱི་ལོ་༼འཐོར་ཏོར༽ སྤོང་ཧའི་དམག་དཔོན་ཏོན་སི་ཕིན་གྱིས་ཏ་ལི་རྒྱལ་ཁབ་བཙུགས་ནས་རྒྱལ་པོར་བཞུགས་ཏེ་འགོ་ཚུགས། དེར་མཐུད༼༡༢༥༤༽ལོར་སེ་ཆེན་རྒྱལ་པོས་ཏ་ལི་རྒྱལ་ཁབ་ཀྱི་རྒྱལ་ས་དབྱུང་ཅིའུ་དབྱང་མཁར་དང། ཤར་གྱི་རྒྱལ་ས་ཧྲན་ཁྲན་མཁར་བཟུང་ནས། ཏ་ལི་རྒྱལ་ཁབ་ཀྱི་མཐའ་མའི་གོང་མ་ཏོན་ཤིན་གྲོའི་བཟུང་ནས་མཇུག་སྒྲིལ། དེའི་བར་ཏོན་གྱི་རྒྱལ་རབས་ཞེར་གཉིས་བྱུང།

Duan of the Kingdom of Dali refers to the rulers with their surname of Duan in Kingdom of Dali. Its history began in 937 when Duan Siping, the military commissioner of Tonghai, established Kingdom of Dali and became the king and ended in 1254 when Kublai Khan conquered its capital and captured the last king Duan Xingzhi. 22 Duan rulers got their enthronements.

大理国经幢 宋代大理国所建的经幢。为方锥状红砂石雕，幢体七级八面，通高6.5米。整个经幢层次分明地雕满佛教密宗佛、菩萨、天王、力士、鬼奴诸神像共 300 余尊。幢身还刻有汉文、梵文佛经。20 世纪初古幢从昆明地藏寺废墟出土，现藏于昆明市博物馆。

ད་ལི་རྒྱལ་ཁབ་ཀྱི་མཆོད་རྟེན། སུང་རྒྱལ་རབས་སྐབས་སུ་ད་ལི་རྒྱལ་ཁབ་ཀྱིས་བཞེངས་པའི་རྡོའི་མཆོད་རྟེན་ཞིག རྩ་བར་བརྒྱད་བཟོས་ཏེ་བརྩེགས་རིམ་བདུན་དང་ཟུར་བརྒྱད། མཐོ་ཚད་ལ་སྨི་༦.༥༠ ཡོད། བརྩེགས་རིམ་རེ་རེའི་རྡོ་སུ་སངས་རྒྱལ་དང་། བྱང་སེམས། རྒྱལ་ཆེན། ཀུན་མི། གཤིན་རྗེ། གནོད་སྦྱིན་གསང་སྔགས་ཀྱི་ལྷ་ཚོགས་སྟོང་པ་གསུམ་བརྒྱ་ལྷག་བཀོད་ཡོད། མཆོད་རྟེན་གྱི་རྡོ་སུ་ཨ་ཧིན་ཡོད་ཡིག་དང་། རྒྱ་ཡིག་ལེགས་པར་ཡི་གེའི་ཚོགས་གཟུང་ཡང་བཀོད་ཡོད། དུས་རབས་ཉི་ཤུ་པའི་སྟོད་དུ་ལོང་མིང་མའི་སྟེང་པོ་དགོན་གྱི་གཤེགས་བཞེད། ད་ལྟ་ལོང་མིང་དངོས་མང་བཤམས་སྟོན་ཁང་དུ་ཉར་ཚགས་བྱས་ཡོད།

Dali Buddhist Scripture Stone Pillar was established by the Kingdom of Dali in the Song Dynasty. It is a seven-storeyed stone construction with an octagon underside and a total height of 6.50 meters. The whole pillar column is clearly engraved with Tantra statues such as Bodhisattva, Guardian Kings, redpolls, halls and flying immortals. Altogether, there are 300 exquisite and beautiful josses. The pillar column is covered with Chinese and Sanskrit sutra. In the early of the 20th century, the pillar column was unearthed from the ruins of Ksitigarbha Bodhisattva Temple of Kunming. Now it is restored in the museum of Kunming.

大历国 壮族历史上的地方政权名。建于宋代，由侬智高于 1042 年在今广西靖西建立，后改名为"大南国"。

ད་ཡི་རྒྱལ་ཁབ། གྲོང་རིགས་ལོ་རྒྱུས་ཐོག་གི་ས་གནས་སྲིད་དབང་ཞིག་གི་མིང་། སུང་རྒྱལ་རབས་སྐབས་སུ་ཆགས། ༡༠༤༢ ལོར་ནུང་ཀྲི་ཀོའི་ཡིས་དེང་གི་ཀོང་ཞིའི་ཅིན་ཞི་དུ་བཙུགས། རྗེས་སུ་མིང་ད་ནན་རྒྱལ་ཁབ་ཏུ་བསྒྱུར།

Kingdom of Great Succession was the name of the local authorities in the history of Zhuang people. It was established by Nong Zhigao in today's Jingxi, Guangxi province in 1042. Later, it was renamed the Kingdom of the Great South.

大连民族学院 是一所涵盖工、理、经、管、文、法六大学科门类，直属于国家民委的高等学校。是唯一设在东北和沿海开放地区、以工科和应用学科为主要特色的综合性民族高等学校。位于大连市。1984 年筹建。有两个校区，占地 77.6 万平方米。

ད་ལན་མི་རིགས་སློབ་གྲྭ། དེ་ནི་བཟོ་དང་ཚེན། དཔལ་འབྱོར། ཚོང་རིག ཁྲིམས་ལུགས་བཅས་ཁྱད་ཚན་ཆེན་མོ་དྲུག་འདུས་པའི་རྒྱལ་ཁབ་མི་རིགས་དོན་གཅོད་ཀྱི་ཡོན་ལྷན་ཁང་གི་ཐད་གཏོགས་སློབ་གྲྭ་ཞིག་ཡིན། བྱང་ཤར་དང་མཚོ་འགྲམ་གསར་སྒྲེལ་ཁུལ་དུ་བཙུགས་པའི་བཟོ་ཚན་དང་བཀོལ་སྤྱོད་རིག་ཚན་ཆེད་ཆོས་གཙོ་བོར་བཟུང་བའི་ཕྱོགས་བསྡུས་རང་བཞིན་གྱི་སློབ་གྲྭ་གཅིག་པུར་ཡིན། ད་ལན་གྲོང་ཁྱེར་དུ་ཆགས་ཡོད། ༡༩༨༤ ལོར་འཛུགས་རྒྱུའི་གྲ་སྒྲིག་བྱས། སློབ་ཁང་གཉིས་ཡོད། རྒྱ་ཁྱོན་སྤྱིའི་བཞི་ཁྲི ༧༧.༦ ཡིན་ཡོད།

Dalian Nationalities University is one of the universities under the direct jurisdiction of State Ethnic Affairs Commission. There are 6 main disciplines: engineering, science, economics, management, liberal arts, and law. It is the only comprehensive nationalities university featured by engineering and applied disciplines located in Northeast and the Coastal opening areas. The university, located in Dalian, was established in 1984. It consists of two campuses with an area of 776,000 square meters.

大论 吐蕃官号。吐蕃谓"臣"为"论"。大相称大论，与副相一起统理国事。

བློན་ཆེན། བོད་ཀྱི་དཔོན་གནས་ཤིག བོད་ཀྱི་ཟའི་ཞུལ་ལ་བློན་ཞེས་འབོད། རྒྱའི་ཏ་ཞང་" དང་བློན་ཆེན་གཉིས་འདུས། དེ་དང་བློན་པོ་གཞོན་པས་མཉམ་དུ་རྒྱལ་སྲིད་སྐྱོང་།

Dalun is the official title name of Tibetan Empire. The Tubo Kingdom calls "counselor (chen)" as "lun". So a senior counselor is Dalun who took charge of the national affairs with the junior counselor.

大民族主义 种族主义意识形态。指大民族强制被压迫民族同化，并使他们在政治、经济、文化等方面处于从属地位。是剥削阶级思想在民族关系上的反映。在中国主要表现为大汉族主义。

མི་རིགས་ཆེན་པོའི་རིང་ལུགས། མི་རིགས་རིང་ལུགས་འདི་ཞེས་ཀྱི་རྣམ་པ་ཞིག མི་རིགས་ཆེན་པོས་བཙན་གྱིས་གནན་གཞོན་ཐེབས་པའི་མི་རིགས་རང་འདྲ་བསྒྱུར་བ་དང་། ཆབས་ཅིག་ཏུ་དེ་དག་གི་ཆབ་དཔལ་རིག་གསུམ་གཞན་འོག་ཏུ་ཆོད་པ་ཞིག དེའི་བཟོ་གྱུལ་རིམ་བརྩམས་བློའི་མི་རིགས་འབྲེལ་བའི་སྟེང་ཚུལ་ཞིག་ཡིན། ཀྲུང་གོར་གཙོ་བོ་རྒྱ་ཆེན་པོའི་རིང་ལུགས་ཀྱི་མ་ཚུལ།

Big-nationality chauvinism refers to the nationalism that the big nation forces the repressed peoples to be assimilated and keeps them under their control in political, economic and cultural aspects. It reflects the bourgeois ideology in ethnic relations. In China, this is called specifically Han chauvinism.

大戎 古族名，戎人的一支。春秋时分布在今山西太原附近的晋国境内。

རོང་ཆེན་མོ། གནའ་བོ་མི་རིགས་ཤིག རོང་པའི་གུས་ཤིག ཁྲིད་ཆིའི་སྐབས་དེའི་གི་ཏུན་ཞིའི་ཐེ་ཡོན་འགྲམ་གྱི་ཅིན་རྒྱལ་ཁབ་ཀྱི་ནང་ཁུལ་དུ་ཁྱབ་ཡོད།

Darong is a branch of Rong tribe. They inhabited in Jin State near Taiyuan, Shanxi Province in the Spring and Autumn Period.

大盛魁 清代山西人开办的对蒙古贸易的最大商号。极盛时有员工六七千人，商队骆驼近两万头。1929年，归化城（今呼和浩特）总号倒闭，其历史就此结束。

ད་ཤིང་ཁྭེ། ཆིང་རྒྱལ་རབས་སྐབས་ཧུན་ཞི་པ་བཙུགས་པའི་སོག་པོ་དང་ཚོང་དོན་བྱེད་སའི་ཆེས་ཆེ་བའི་ཁྲོམ་ར་ཞིག་ཡིན། དར་རྒྱས་ཆེ་དུས་ལས་མི་སྟོང་ཕྲག་དྲུག་བདུན་འདུས་པ་དང་། ཚོང་པའི་རྔ་མོ་གི་ཊ་མོ་བུ་གཉིས་ཙམ་འདུས། 1929 ལོར་གནས་དེའི་ (དེང་གི་མཁར་སྟོང་པོ) སྐུ་བརྒྱུད་ནས་དེའི་ལོ་རྒྱུ་མཇུག་རྫོགས།

Dashengkui Firm was the biggest firm founded by traders from Shanxi province doing trade with Mongolia during the Qing Dynasty. In its peak day, it owned 6,000-7,000 employees and about 20,000 camels. In 1929, the main firm in today's

Huhhot went bankrupt and ended its history.

《大唐西域记》 简称《西域记》。唐玄奘口述，门人辩机编集。共12卷。成书于唐贞观二十年（646）。为玄奘游历印度、西域旅途之见闻录。记录了其游历之地区、国家和城邦的地理、交通、气候、物产、民族、语言、宗教、风俗习惯等方面的情况。

《ཐང་ཆེན་པོའི་རྒྱབ་བགྲོད་བྱེན་བྲིས》 བསྡུས་མིང་ལ《ནུབ་བགྲོད་བྱེན་བྲིས》། ཐང་རྒྱལ་རབས་ཀྱི་ཞེན་ཙང་གིས་ངག་ཐོག་ནས་གསུངས་ཏེ། བོད་ཀྱི་སློབ་མ་པར་ཆི་ཡིས་རྩོམ་སྒྲིག་བྱས། སྟོང་ཕྲག་བཅུ་གཉིས་ཡོད། ཐང་ཀྱི་ཀོན་ཀྲི་ཧྭོ་ཞི་ཧུ་པར（༧༨）པར་དུ་བཏབ། རང་དོན་གཙོ་བོ་ཞེན་ཙང་རྒྱ་གར་དུ་བགྲོད་པ་དང་། ལམ་བར་གྱི་མཐོང་ཐོས་བྱེན་ཐོར་བགོད་ཡོད། དེ་ལས་བར་གྱི་མཐོང་ཐོས་ཁུལ་དང་། རྒྱལ་ཁབ། མཁར་སྒྲོན་གྱི་ས་ཁམས། འགྲོ་འགྲུལ། གནམ་གཤིས། ས་རིགས། སྐྱེད་ཡིག ཚོས་ལུགས། ཡུལ་སྲོལ་གོམས་གཤིས་བཅས་ཀྱི་གནས་ཚུལ་བཀོད་ཡོད།

Great Tang Records on the Western Regions was a book written by the disciples of Xuan Zang according to his dictation. It consisted of 12 volumes and was compiled in 646. The book recorded what Xuan Zang heard and saw on the journey to India and Western Regions. It recorded many aspects, such as geology, transport, climate, local products, people, language, religion, and customs of the countries he visited.

大小和卓之乱 新疆回部（见"回疆"词条）首领霍集占兄弟（即大小和卓，霍集占为小）发动的叛乱。1758年，霍集占举兵自立。次年乾隆发兵征讨，双方在库车、叶尔羌、和阗等地交战。大小和卓兵败西逃，被巴达克山首领擒杀。此役标志清代中国统一战争的完成，天山南路重归。

ཧོ་ཀྱོའི་ཆེ་ཆུང་གཉིས་ཀྱི་གྱེན་ལོག ཞིན་ཅང་ཧུའེ་ཚོ་ཁག་གི（ཧུའེ་ཅང་གི་མིང་ཚིག་ལ་བལྟོས།）འགོ་ཁྲིད་ཧོ་ཅི་གན་བ་སྤུན（ཧོ་ཀྱོའི་ཆེ་ཆུང་གཉིས་ཧོ་ཅི་གན་ནི་གཞུང་པོ་ཡིན།）གཉིས་ཀྱིས་འགོ་ཁྲིད་པའི་གྱེན་ལོག་ཟེར་བ། ༡༧༥༤ལོར་ཧོ་ཅི་གན་སྟེར་གྱི་དམག་བསྡུས། ཕྱི་ལོར་གོང་མ་ཆ་ལུང་གིས་དམག་དྲངས་ཏེ་ཕྱོགས་གཉིས་གས་ཁུ་དང་། ཡེར་ཆང་། ཧུ་ཐན་ས་ཆར་དམག་འཁྲུག་བརྒྱབ། ཧོ་ཀྱོའི་ཆེ་ཆུང་གཉིས་ཕམ་ནས་ནུབ་ཏུ་བྲོས་མོད། པ་ད་ཏའི་གཡུལ་འགྱིན་གྱིས་ཆེད་རྒྱལ་རབས་ཀྱིས་གུང་གོ་གཅིག་འགྱུར་བྱེད་པའི་དམག་འཁྲུག་ཡོངས་སུ་གྲུབ་པ་མཚོན། ཏེ་པོ་ཐན་ཧུན་གྱི་ལྷོ་ཕྱོགས་ཕྱིར་བླངས།

Revolt of the Altishahr Khojas was launched by the leader Huo Jizhan and his brother in Hui Jiang. In 1758, Huo Jizhan established a new kingdom with his soldiers. The next year Emperor Qianlong oppressed the rebellion by leading his army. Two parties were at war in places such as Kuqa, Yarkant, Khotan, and so on. After the defeat, the two brothers escaped to the west where they were captured and killed by the leader in Badakhshan. The battle marked the accomplishment of the country's unity in the Qing Dynasty with the return of the south areas in Tianshan Mountains.

大义宁国 又称"大义宁"、"义宁国"。唐末云南地方割据政权。929年杨干贞建立，历一帝8年，937年被通海节度使段思平（见"大理段氏"词条）攻灭。

དཔེ་ཉིང་ཆེན་མོའི་རྒྱལ་ཁབ། འབོད་ཚུལ་གཞན་དུ་དཔེ་ཉིང་ཆེན་མོ་དང་དཔེ་ཉིང་རྒྱལ་ཁབ་ཀྱང་ཟེར། ཐང་རྒྱལ་རབས་དུས་མཇུག་ལ་ཡུན་ནན་ཁུལ་གྱི་བཅད་བཟུང་དབང་ཆ་ཞིག ༼༩༢༩་ལོར་དབང་གཱན་གྱིས་བཙུགས། རྒྱལ་པོ་གཅིག་གིས་ལོ་བརྒྱད་རིང་དུ་བཟུང་། ༼༩༣༧་ལོར་ཐོང་ཧའེ་དྲུང་དེ་དྲག་དཔུང་སྤྱི་ཁྱབ་ཏོན་སི་ཕིན་ (ཏ་ལི་ཏོན་རྒྱུད་ཀྱི་མིང་ཚིག་ལ་བལྟོས།) གྱིས་རྩ་མེད་བཏང་།

Da Yining was the local regime in Yunnan province in the late Tang Dynasty. In 929, it was founded by Yang Ganzhen. In 937, it was destroyed by Duan Siping, the military commissioner of Tonghai.

大昭寺 藏传佛教寺院。位于拉萨老城区中心。始建于唐贞观二十一年（647），是松赞干布为纪念尺尊公主入藏而建。现有面积2.51万平方米，有20多个殿堂。大殿正中供奉释迦牟尼12岁时等身镀金铜像，两侧配殿供奉松赞干布、文成公主、尺尊公主等人的塑像。

གཙུག་ལག་ཁང་། བོད་རྒྱུད་ནང་བསྟན་གྱི་དགོན་པ་ཞིག ལྷ་སའི་གནའ་གྲོང་ཁུལ་གྱི་དབུས་སུ་ཡོད། ཐང་རྒྱལ་རབས་ཀྱི་ཀོན་ཞིའི་ལོ་ཉེར་གཅིག་པར་ (༦༤༧) བཞེངས་འགོ་ཚུགས། སྲོང་བཙན་སྒམ་པོས་བཙུན་མོ་བལ་བཟའ་ཁྲི་བཙུན་བོད་དུ་བསུས་པར་རྗེས་དྲན་ཆེད་བཞེངས་པ། ད་ལྟའི་རྒྱ་ཁྱོན་སྤྱིའི་བསྡོམས་སུ་རྒྱ་གྲུ་བཞི་མའི་སི་མི་འབུམ་ ༢.༥༡ དང་ལྷ་ཁང་ཉི་ཤུ་ལྷག་ཡོད། ལྷ་ཁང་དབུས་མར་ཇོ་བོ་ཤཱཀྱ་ཐུབ་པ་དགུང་ལོ་བཅུ་གཉིས་པའི་སྐུ་ཚད་མ།

Jokhang Temple, a monastery of Tibetan Buddhism, is located in the center of the old city of Lhasa. It was founded in 647 and built by King Songtsan Gampo in honor of Princess Bhrikuti's coming to Tibet. Now this famous temple covers an area of 25,100 square meters and consists of over 20 halls. In the center of the main hall, there stands the gold-plated solid bronze of Shakyamuni the same size of the 12 year-old Shakyamuni. In both side halls stand statues of King Songtsan Gampo, Princess Wencheng and Bhrikuti, etc.

大祚荣（？—719） 即公元7世纪末中国东北地区渤海郡国的创始人——渤海太祖（698—719年在位），谥号"大圣明武高大王"，是中国历史上杰出的少数民族军事家、政治家，史称创造渤海的"海东盛王"。

ཏ་ཙོའོ་རུང་། (？—༧༡༩) དུས་རབས་བདུན་པར་ཀྲུང་གོ་བྱང་ཤར་ས་ཁུལ་གྱི་པོའོ་ཧའེ་རྒྱལ་ཕྲན་འཛུགས་མཁན་ (༦༩༨—༧༡༩བར་སྲིད་བཟུང་) པོའོ་ཧའེའི་མེས་པོ་ཡིན། གུས་མིང་དུ་ཏཱ་ཤིང་མིང་ཝུའུ་ཀའོ་རྒྱལ་པོ་ཆེན་པོར་འབོད། ཀྲུང་གོའི་ལོ་རྒྱུས་ཐོག་གི་གྲགས་ཅན་མི་རིགས་ཀྱི་ཕུལ་བྱུང་དམག་དོན་པ། ཆབ་སྲིད་པ། པོའོ་ཧའེའི་རྒྱལ་ཁབ་འཛུགས་མཁན་མཚོ་ཤར་ཁུལ་གྱི་སྟོབས་ལྡན་རྒྱལ་པོར་གྲགས།

Da Zuorong (?-719) In the late 7th century Da Zuorong established the state of

Bohai in Northeast China and became the king of the kingdom. He reigned from 699 to 719. Da Zuorong was given the posthumous name "King Gao of Bohai". He was an outstanding minority strategist and politician in history, known as "Prefecture King of Bohai".

傣仂 亚洲东部的一个民族，近半数分布在中国云南的西双版纳傣族自治州，其余主要分布在缅甸掸邦、老挝北部、泰国北部和越南莱州省等地。在中国被划为傣族的一支。

ཏའེ་ལེ། ཡ་སྦྱིང་ཤར་ཕྱོགས་ཀྱི་མི་རིགས་ཤིག མི་རིགས་ཀྱི་ཕྱེད་ཀ་ཙམ་རྒྱ་གོའི་ཡུན་ནན་ཞི་ཤོང་པན་ན་ཏའེ་རིགས་རང་སྐྱོང་ཁུལ་དུ་ཁྱབ་ཡོད། གཞན་པ་དག་འབར་མའི་ཧན་པང་དང་། ལོ་སོའི་བྱང་ཁུལ། ཐེ་ཐེ་ནམ་གྱི་ལེ་གུའུ་ཞིང་ཆེན་སོགས་སུ་ཁྱབ། རང་རྒྱལ་དུ་ཏའེ་རིགས་ནང་གསེས་ཤིག་ཏུ་བགར་ཡོད།

Dai Le Group is a minority group at the east of Asia. About half of them are distributed in the Xishuangbanna Dai Autonomous Prefecture, and the others are mainly distributed in Shan State of Myanmar, the north of Laos, the north of Thailand and Lai Chau Province of Vietnam. It is regarded as a branch of the Dai people in China.

傣历 傣族传统历法。傣语称"祖腊萨哈"，意即小历，是一种阴阳合历。现行傣历始于明代以前。公历639年为其元年。平年是354天，闰年是384天或385天。傣历的年是阳历年，月却是阴历月。一年分冷、热、雨三季，19年置7个闰月。

ཏའེ་རིགས་ལོ་ཐོ། ཏའེ་རིགས་ཀྱི་སྲོལ་རྒྱུན་ལོ་ཐོ་ཞིག ཏའེ་རིགས་སྐད་དུ་ཚུ་ན་ས་ཧ་སྟེ། ལོ་ཐོ་ཆུང་བའི་དོན་ཡིན། དེའི་ལུགས་གསར་སྲིད་བཟུང་བའི་ལོ་ཚེས་ཤིག་ཡིན། དེང་ཏའེ་རིགས་ཀྱིས་སྤྱོད་པའི་ལོ་ཚེས་ནི་མིང་རྒྱལ་རབས་གོང་ནས་བྱུང་། སྤྱི་ལོ༦༣༩ལོའི་ལོ་དང་པོ། ཚད་ལྡག་མེད་པའི་ལོ་ལ་ཉིན་༣༥༤ཡོད་པ་དང་། ཟླ་ལྷག་གི་ལོ་ལ་ཉིན་༣༨༤འམ་ཡང་ན་༣༨༥ཡོད། ཏའེ་རིགས་ཀྱི་ལོ་ཚེས་ལུགས་གསར་དང་། ཟླ་ཚེས་ཀྱང་ཡིན། ལོ་གཅིག་ལ་གྲང་གྲོད་ཆར་གསུམ་གྱི་དུ་ཚིགས་དབྱེ་ཡོད། ལོ་བཅུ་དགུའི་ནང་དུ་ཟླ་ལྷག་བདུན་ཡོད།

Dai Calendar is a traditional calendar of the Dai people, and is called in Dai language Chula Sakarat, literally Folk Calendar, which is a lunisolar calendar. The current calendar dates back before the Ming Dynasty. The first year of it is year 639 in Gregorian calendar. There're 354 days in common years and 384 or 385 days in the leap year. The year in Dai calendar is the solar year, while the month is lunation. The year is divided into three seasons: the cold season, the hot season and the rainy season. Seven leap months are intercalated in nineteen years.

傣文 傣族传统文字，伴随佛教的传入而产生，源于古印度字母系统的一种拼音文字。因使用地区的不同，可分傣那文、傣泐文、傣绷文、金平傣文和新平傣文五种。字序自左而右，行序自上而下。20世纪50年代，对傣那文和傣泐文做了一些改进，称"新傣文"。

ཏའི་ཡིག གཏའི་རིགས་ཀྱི་སྲོལ་རྒྱུན་ཡི་གི ནངས་རྒྱུས་ཆོས་ལུགས་བྱུང་བ་དང་དུས་མཉམ་དུ་བྱུང་། འབྱུང་ཁུངས་གནའ་བོའི་ཧིན་དུའི་དབྱངས་གསལ་ཡི་གི་ཞིག་ལ་སྟེ་སྟོར་ཡི་གི་ཞིག་ཡིན། ས་ཁུལ་སོ་སོར་བགོར་སྤྱོད་མི་འདྲ་བས་ཏའི་ནུའི་ཡི་གེ་དང་། ཏའི་པའོའི་ཡི་གེ ཏའི་ཞིན་ཕིང་ཡི་གེ་བཅས་རིགས་ལྔར་བགར་ཡོད། ཡི་གི་སྦྱོར་གཤོལ་གནས་གཡས་གཡོན་དང་། ཚིག་གྲེལ་གོང་ནས་འོག་ཏུ་བྲིས་པ་ཞིག་ཡིན། དུས་རབས་ཉི་ཤུ་པའི་ལོ་རབས་ལྔ་བཅུ་པར། ཏའི་ནུའི་ཡི་གི་དང་ཏའི་པའོའི་ཡི་གི་ལ་དག་བཅོས་ཀྱིས་"ཏའི་ཡིག་གསར་མར"འབོད།

Dai Script is the traditional script of Dai people which came into being along with the introduction of Buddhism. It comes from an alphabetic writing of ancient Indian alphabet. According to different using areas, it can be divided into five kinds: Daina script, Daile script, Tai Pong script, Jinping Dai script, and Xinping Dai sctipt. The character order is from left to right and the line order is from top to bottom. Daina script and Daile script were improved in the 1950s, which is called Simplified Dai Script.

傣语 傣族的语言。旧称"摆夷语"。属汉藏语系壮侗语族壮傣语支。主要有德宏、西双版纳和金平3种方言。主要分布在云南西双版纳傣族自治州、德宏傣族景颇族自治州以及云南西南和南部的一些县。

ཏའི་སྐད། ཏའི་རིགས་ཀྱི་སྐད་ཆ། སྔོན་ཆད་པའི་དབྱི་སྐད་ཟེར། རྒྱ་བོད་སྐད་རྒྱུད་ཀྱི་གྲོང་ཏུང་སྐད་རིགས་ལ་གྲོང་ཏའི་སྐད་ལག་ཅིག་ཡིན། ཡུལ་སྐད་གཙོ་བོ་དེ་ཧོང་། ཏའི་རིགས་རང་སྐྱོང་ཁུལ་དང་ཧི་ཧོང་ཏའི་རིགས་ཆིང་པོ་རིགས་རང་སྐྱོང་ཁུལ། ཡུན་ནན་གྱི་སྟོ་ནུབ་དང་སྟོ་ལྷོའི་སྟོང་གསལ་བྱུང་པ་ཡོད།

Dai language is the language of Dai people which is once called the Baiyi language that belongs to Zhuang-Dai branch in Zhuang-Dong group of Sino-Tibetan family. It has three main dialects: Daina dialect, Daile dialect and Jinping dialect. It is used primarily in the Xishuangbanna Dai Autonomous Prefecture, Dehong Dai and the Dehong Dai and Jingpo Autonomous Prefecture and some counties in the southwest and south part of Yunnan.

傣族 中国少数民族。源于百越族群。旧称"摆夷族"。主要居于云南西双版纳傣族自治州、德宏傣族景颇族自治州以及耿马和孟连两个傣族自治县，散居于云南大部。人口 1261311 人（2010 年）。信仰南传上座部佛教。有本族语言文字。以农业为主。

ཏའི་རིགས། ཀྲུང་གོའི་གྲངས་ཉུང་མི་རིགས་ཤིག འབྱུང་ཁུངས་པའི་ཡུའི་རིགས་ཀྱི་ཚོ་པ་ཁག་འདུས་སྟོང་ཡུལ་གཙོ་བོ་ཡུན་ནན་ཞི་ཧོང་པན་ན་ཏའི་རིགས་རང་སྐྱོང་ཁུལ་དང་། ཏེ་ཧོང་ཏའི་རིགས་ཅིང་པོ་རིགས་རང་སྐྱོང་ཁུལ། ཅི་ལ་དང་མོང་ལན་ལ་ཏའི་རིགས་རང་སྐྱོང་རྫོང་གཉིས་སོགས་ཡིན། ཡུན་ནན་ས་ཁུལ་མང་ཆེ་པོར་སྔར་བར་འདུས་བྱས་ཡོད། སྤྱིའི་མི་གྲངས་1261311 (2010ལོར) ཡོད། ལྷོ་རྒྱུད་གནས་བསྟན་ཐེག་དམན་ཆོས་ལུགས་དད་བྱེད། རང་གི་སྐད་ཡིག་ཡོད། ཞིང་ལས་གཙོ་བོ་ཡིན།

Dai people is one of the ethnic groups of

China which derives from Baiyue ethnic groups. It was once called the Baiyi people. The Dai people mainly live in the Xishuangbanna Dai Autonomous Prefecture of Yunnan, the Dehong Dai and Jingpo Autonomous Prefecture and Dima and Menglian Autonomous County, and some live scattered in Yunnan. The population is 1,261,311 (2010) and almost all of them believe in Theravada Buddhism. They have their own language and they depend on agriculture for their livelihood.

傣族贝叶文化 傣族传统文化的一种象征性提法。之所以称为"贝叶文化",是因为它保存于用贝叶制作而成的贝叶经本里而得名。

ཏའི་རིགས་ཀྱི་ཏ་ལའི་ལོ་མའི་རིག་གནས།
ཏའི་རིགས་སྲོལ་རྒྱུན་རིག་གནས་ཀྱི་མཚོན་བྱེད་རང་བཞིན་ཞིག་ཡིན། ཏ་ལའི་ལོ་མའི་རིག་གནས་ཞེས་བརྗོད་པ་ནི། ཏ་ལའི་ལོ་མའི་ཐོག་ཏུ་ཆོས་གཞུང་བྲིས་ནས་འཇར་ཚགས་བྱང་མེད་དེ་ཐོགས།

Dai Beiye Culture is a symbolic wording of Dai traditional culture. It is called Beiye Culture because it is kept in the Pattra-leaf Scriptures which are made by pattra leaves.

傣族医学 民族医学。傣医吸收古印度医学、汉医学的部分内容,总结出"四塔五蕴"理论,认为"四塔""五蕴"二者结合,构成一个有思维能力和生命活动的完整的人躯体,并制定了"热病冷治、寒病温治、虚病补之"的治疗方案。有睡药、研磨药、刺药等独特应用。

ཏའི་རིགས་ཀྱི་གསོ་རིག མི་རིགས་གསོ་རིག་
ཏའི་རིགས་གསོ་རིག་གིས་གནའ་བོའི་རྒྱ་གར་དང་རྒྱའི་
གསོ་རིག་གི་ནང་དོན་ཁ་ཤས་བླངས་ཏེ། ཇེན་བཞི་དང་
ཕུན་པོ་ལྔ་ཡི་གཞུང་ལུགས་སྒྲོལ་གཏོད། ཇེན་བཞི་
དང་ཕུན་པོ་ལྔ་ཟུང་འབྲེལ་གྱིས་རིག་པའི་ནུས་པ་དང་
ཚེ་སྲོག་གི་འགུལ་སྐྱོད་འཐུས་ཚང་བའི་མིའི་ལུས་ཕུང་ཞིག་
གྲུབ་པར་དགོངས་བཟུང་། ཚན་གྱང་སེལ་དང་གྲང་ནད་ཚ་
སེལ། ཤུལ་ཞས་གསོབ་ཡི་སྨན་བཅོས་ཐབས་ལམ་ལག་
བྱེད། གཉིད་སྨན་དང་ཞིབ་འཐག་བྱས་པའི་སྨན། ཚེར་
སྨན་སོགས་ཁྱད་ཕུན་གྱི་སྨན་སྦྱོར།

Dai Ethnic Medicine is a kind of ethnic medicine. It absorbs partial contents of the ancient Indian and Chinese medicine, summarizes the "Theory of Four Elements (wind, fire, water and earth) and Five Skandhas (form, consciousness, feeling, perception, and formation)" and considers the combination of "four elements" and "five aggregates" form a complete human body which has thinking ability and life ability. It also develops the therapy of "to cure calenture by cold medicine, to cure cold by warm medicine, to cure deficiency by nourishment". It has the typical therapy of sleeping medicine, grinding medicine and acupuncture.

代本 藏语音译,旧时西藏地方政府军职名。位居四品,相当于团长。

མདའ་དཔོན། གནའ་དུས་ཀྱི་བོད་ཀྱི་ས་གནས་སྲིད་
གཞུང་དམག་དཔོན་གྱི་གོ་མའི་མིང་། རིམ་པ་བཞི་པའི་
ཚད་དེ་ཕལ་ཆེར་དཔུང་ལག་ཞིག་གི་ཁག་གཙོ་འདྲ།

Daiben is the transliteration of Tibetan language. In ancient times, it referred to a military position name of local government in Tibetan. It is the Forth Rank, equivalent to Regimental Commander.

《待遇蒙藏学生章程》 文件名。1929 年由国民政府教育部公布。共 12 条。要求蒙古各盟旗、西藏地方政府、蒙藏各级学校及蒙藏相连的沿边各省县政府保送蒙藏学生，由蒙藏委员会核明后转送相应学校，并分公、私立学校免减学费，毕业后可择优介绍各机关或分发蒙藏各地方服务。

《བོད་སོག་སློབ་མའི་དམིགས་བསལ་སྦྱིག་ཡིག》 ཡིག་ཚེད་མིང་། 1929ལོར་རྒྱལ་དབང་སྲིད་གཞུང་སློབ་གསོ་པུའི་ཡིག་ཁྱབ་བསྒྲགས་བྱས། སློབ་དོན་ཚན་བཅུ་གཉིས་ཡོད། སོག་པོའི་ཚོགས་ཁོ་སོ་དང་བོད་ལྗོངས་ས་གནས་སྲིད་གཞུང་། བོད་སོག་གི་རིམ་སོའི་སློབ་གྲྭ་དང་བོད་སོག་དང་འབྲེལ་བའི་མཚམས་འགྲམ་ཞིང་ཆེན་སོའི་རྫོང་གྱིས་གཞུང་གིས་བོད་སོག་སློབ་མ་རིགས་འདེམས་སྒྲུག་བྱས་ཏེ། བོད་སོག་ཨུ་ཡོན་ལྷན་ཁང་གིས་བཏག་དཔྱད་རྗེས་འོས་མཐུན་གྱི་གཞུང་སློབ་གང་རུང་སྤྱོར་སྐྱོར་རིན་མི་དགོས་པར་བསྐྱལ་བ། མཐར་ཕྱིན་དམིགས་བསལ་གྱི་ཡེས་ཁྱེད་གསལ་ནས། བོད་སོག་གི་ས་གནས་སོ་སོར་བགོས་ནས་ཞབས་ཞུ་སྒྲུབ་པ་བཅས་སོ།》

Regulation for Positive Treatment for Mongolian and Tibetan Students is promulgated by the Ministry of Education of the Republic of China. It includes 12 items which require the administrative divisions of Mongolia, the local government of Tibet, schools at various levels of Mongolia and Tibet and the county government, the provincial government next to Mongolian and Tibetan areas to recommend Mongolian and Tibetan students, who would be sent to the relevant colleges and schools after being verified by the Commission for Mongolian and Tibetan Affairs, and be given free remission schemes according to public and private schools. They could be recommended to each agency or be allotted to serve for the local places of Mongolia and Tibet.

《丹珠尔》 见《藏文大藏经》词条。

《བསྟན་འགྱུར》 《བོད་ཡིག་གི་བཀའ་བསྟན་འགྱུར》ཞེས་ཚིག་ལ་བལྟོས།

Tengyur See the entry of *Tibetan Tripitaka*.

单行条例 在我国，现指民族自治地方的人民代表大会在自治权的范围内，根据当地民族的政治、经济和文化特点，制定的关于某一方面具体事项的规范性文件。

《ཁྱེར་སྦྱོད་སྒྲིག་ཡིག》 རང་རྒྱལ་དུ་མིག་སྔར་མི་རིགས་རང་སྐྱོང་ཁུལ་གྱི་མི་དམངས་འཐུས་ཚོགས་ཀྱིས་རང་སྐྱོང་དབང་ཚད་ཀྱི་ཁྱོན་ཁོངས་སུ། མི་རིགས་ཀྱི་ཆབ་སྲིད་དང་དཔལ་འབྱོར། རིག་གནས་བཅས་ཀྱི་བྱེད་ཚོས་ལ་གཞིགས་ནས། གཏན་ལ་ཕབ་པའི་དོན་དག་ག་གེ་མོ་བྱེ་བྲག་སྒོར་གྱི་ཚད་ལྡན་ཡིག་ཆ་ཞིག་ཡིན།

Specific regulations now refer to the normative documents which are formulated according to the local ethnic features of politics, economy and culture about a specific event within the scope of the right of autonomy of people's Congress in the ethnic autonomous areas.

《当代中国的民族工作》 书名。1993 年由当代中国出版社出版。全书共分两卷，

· 115 ·

近90万字。由邓国群、马洪、武衡主持编写。以丰富的资料，阐述了我国民族工作的发展历程，实事求是地总结了民族工作的经验和教训。

《དེང་རབས་ཀྱང་གོའི་མི་རིགས་ལས་དོན》 དཔེ་ཚེའི་མིང་། ༡༩༩༣ལོར་དེང་རབས་ཀྱང་གོའི་དཔེ་སྐྲུན་ཁང་གིས་པར་སྐྲུན་བྱས། ཆ་ཚང་པར་དེབ་གཉིས་ཡོད། ཆེག་ཁྲི་ཁྲི་༩༠ཙམ་ཡོད། ཏེན་གོ་ཆུན་དང་མ་ཧོང། ཕུའུ་ཧན་བཅས་ཀྱིས་རྩོམ་སྒྲིག་འགན་ཁུར། རྒྱུ་ཆ་ཕུན་སུམ་ཚོགས་པས་རང་རྒྱལ་མི་རིགས་ལས་དོན་གོ་འཕེལ་གྱི་བརྒྱུད་རིམ་གསལ་བཙོད་བྱས་ཏེ། དོན་དངོས་བདེན་འཚོལ་གྱི་སྒོ་ནས་མི་རིགས་ལས་དོན་གྱི་མཉམ་ཉམས་དང་བསྡུར་བྱ་ཕྱོགས་སྟོན་བྱས་ཡོད།

Ethnic Work in Contemporary China was a book which was published in 1993 by Contemporary China Publishing House. It has 2 volumes and consists of almost 900,000 words. The book, edited by Deng Guoqun, Ma Hong, and Wu Heng, set forth the development process of Chinese ethnic work and honestly summarized the experience and lessons of ethnic work.

《党和国家民族政策宣传教育提纲》 文件名。2008年由中宣部、国家民委共同发布。内容分4部分：1. 民族团结是关系国家前途命运的重大问题。2. 党的民族政策是民族团结的生命线。3. 全面理解、准确把握党和国家民族政策的基本内容。4. 把党和国家的民族政策落到实处。

《ཏང་དང་རྒྱལ་ཁབ་ཀྱི་མི་རིགས་སྲིད་ཇུས་དྲིལ་བསྒྲགས་སློབ་གསོའི་གཞན་བསྡུས》 ཡིག་ཚའི་མིང་། ༢༠༠༨ལོར་ཀྱང་དབྱང་དྲིལ་བསྒྲགས་པུའུ་དང་རྒྱལ་ཁབ་མི་རིགས་དོན་གཅོད་ཨུ་ཡོན་ལྷན་ཁང་གིས་མཉམ་དུ་སྤེལ། ནང་དོན་ཕྱོགས་བཞི་ནས་བགྲོད། དང་པོ། མི་རིགས་མཐུན་སྒྲིལ་ནི་རྒྱལ་ཁབ་ཀྱི་འཆར་གཏད་འགྲེལ་བའི་གནད་དོན་ཆེན་པོ་ཡིན། གཉིས་པ། ཏང་གི་མི་རིགས་སྲིད་ཇུས་ནི་མི་རིགས་མཐུན་སྒྲིལ་གྱི་ཚེ་སྲོག་རྩ་བ་ཡིན། གསུམ་པ། ཏང་དང་རྒྱལ་ཁབ་ཀྱི་མི་རིགས་སྲིད་ཇུས་ཀྱི་གཞིའི་ནང་དོན་ལ་ཕྱོགས་ཡོངས་ནས་གོ་བ་ལེན་ནུས་པ་དང་ཏིག་པར་དགོས་པ། བཞི་པ། ཏང་དང་རྒྱལ་ཁབ་ཀྱི་མི་རིགས་སྲིད་ཇུས་ལག་བསྟར་མངོན་འགྱུར་བྱེད་དགོས།

Outline of the Publicity and Education of Ethnic Policy is a document which was issued in 2008 by the Central Propaganda Department and the State Ethnic Affairs Commission. It consists of four parts: 1. Ethnic unity is of great importance to the future and destiny of a nation. 2. The party's ethnic policy is the lifeline to the ethnic unity. 3. Understand comprehensively and grasp correctly the basic content of ethnic policies of the party and the state. 4. The party and the country's ethnic policies should be put into effect.

党项族 我国古代北方少数民族。为西羌族的一支，故又称"党项羌"。后建立以党项羌族为主体的西夏政权。1227年，西夏被蒙古所灭，党项羌人流散各地，多与当地各族融合。

ཏང་ཞང་རིགས། རང་རྒྱལ་གནའ་རབས་བྱང་ཕྱོགས་ཀྱི་གྲངས་ཉུང་མི་རིགས་ཤིག་ཆགས་ཤུབ་མའི་མི་རིགས་ཀྱི་ཡན་ལག་ཅིག་ཡིན། དེར་ཞན་ཆགས་དུབར་འབོད། རྗེས་སུ་ཏང་ཞང་ཆགས་གཙོ་བྱས་པའི་ཞི་ཞག་སྲིད་དབང་ཚུགས། ༡༢༢༧ལོར། སོག་པོས་ཞི་ཞག་རྒྱལ་རབས་བསྣུབས་པ་དང་།

ཏང་ཞང་ཚབད་པ་རྣམས་ཁ་ཐོར་ཏེ། མི་རིགས་གཞན་དང་མཉམ་འདྲེས་སོང་།

Dangxiang people is an ethnic minority in the north of ancient China which belongs to the western Qiang people. So it is also called Dangxiang Qiang. The Western Xia regime was built on the basis of Dangxiang Qiang people. In 1227, the Western Xia regime was defeated by Mongolian; the Dangxiang Qiang people scattered about and mixed together with the local nationalities.

刀耕火种 一种原始耕种方法。记载出自《旧唐书·严震传》。即用刀、斧砍伐地面上的草木，然后焚烧成灰做肥料，就地挖坑下种。

བསྒྲེག་རྐྱེན་གྱིས་འདེབས། གདོད་མའི་ས་ཞིང་འདེབས་ཐབས་ཤིག《ཐང་ཡིག་རྙིང་མའི་ཡན་གྲུན་རྣམ་ཐར》ལས་དངས། སའི་ཕྱོགས་ཀྱི་རྩི་ཤིང་གི་དང་སྟ་རིས་བྱེག་ནས་མེར་བསྲེགས་རྗེས་ལྱུད་རྫས་སུ་དང་དུར་བསྐལ་ནས་འཛོག་པའོ། །

Slash-and-burn is a traditional way of cultivation. The record came from *Book of Tang the Biography of Yan Zhen*. It is a way to use knives and axes to cut down plants in forests or woodlands and burn them to ashes to make fertilizer, and then to dig holes and sow.

道 特指秦朝在少数民族地区设置的不同于普通郡县的地方行政机构。

ད་འོ། ཆིན་རྒྱལ་རབས་ཀྱིས་གྲངས་ཉུང་མི་རིགས་ས་ཁུལ་དུ་བཚུགས་པའི་ནང་ཁོངས་ཀྱི་ཅིག་ཆོང་དང་མི་འདྲ་བའི་ས་གནས་སྲིད་དོན་ལས་ཁུངས་ཞིག་ལ་ཆེད་དུ་བསླབ།

Dao (circuit) refers to the administrative division set in the minority areas in the Qin Dynasty which are different from the province and county in general area.

道教 中国固有的一种本土宗教。创立于东汉时期。当今道教主要分为全真派和正一派两大教派。奉老子为教祖，尊称为"太上老君"，以《老子五千文》为主要经典。道教对中华文化的各个层面都产生了深远影响。中国的少数民族中，壮、瑶、布依、土家等族受其影响较深。

ཏའོ་ཅའོ་ཆོས་ལུགས། ཀྲུང་གོའི་རང་ས་ནས་བྱུང་བའི་ཆོས་ལུགས་ཤིག ཏུན་ཧན་མའི་སྐབས་གསར་དུ་བཏུང་། དེང་གི་ཏའོ་ཅའོ་ཆོས་ལུགས་དེ་ཆོས་ཀྱི་གྲུབ་མཐའ་དང་གཙོ་ཨིག་གྲུབ་མཐའ་ཡི་ཚེ་ཁག་གཉིས་ཡོད། ལའོ་ཙིའི་མེར་བགྲང་ཏེ། གུས་མིང་དུ་ཏེ་ཐང་ལའོ་ཆིན་ཞེས་འབོད། 《ལའོ་ཙིའི་ཡི་གེ་སྟོང་ལྔ》ནི་ཆོས་གཞུང་གཙོ་བོར་འཛིན། ཏའོ་ཆོས་ལུགས་ཀྱིས་ཀྲུང་དབའི་རིག་གནས་ཀྱི་ཕྱོགས་སོ་སོར་ཤུགས་རྐྱེན་ཟབ་མོ་ཐེབས་ཡོད། ཀྲུང་གོའི་གྲངས་ཉུང་མི་རིགས་ཁོངས་ཀྱི་གོང་རིགས་དང་། ཡའོ་རིགས། པུའི་རིགས། ཐུའུ་ཅ་རིགས་སོགས་ལའང་ཤུགས་རྐྱེན་ཟབ་མོ་ཐེབས་ཡོད།

Taoism is a native religion of China which was founded during the Eastern Han Dynasty. Nowadays Taoism can be mainly divided into Quanzhen Taoism and Zhengyi Taoism. Laozi is regarded as the founder of Taoism who is known as The Grand Supreme Elderly Lord. One of the main classics is Tao Te Ching. Taoism has a profound influence on Chinese culture in all dimensions. Among the minority nationalities of China, the Zhuang people, the Buyi people, the Yao people, and the Tujia people are more influenced by Taoism.

德昂语 德昂族使用的语言，原称"崩龙语"，属南亚语系孟-高棉语族佤德昂语支。在中国，主要分布于云南省的潞西、镇康、保山、瑞丽、陇川、耿马、梁河、澜沧、永德和盈江等地。可分为纳盎、布雷、若买3个方言。在国外，主要分布于缅甸境内。

དེ་ཨང་སྐད། དེ་ཨང་རིགས་ཀྱི་སྐད་ཅ། དང་ཐོག་པོར་ལུང་སྐད་ཅེས་འབོད། ཡ་སྐྱིང་སློ་མའི་སྐད་རྒྱུད་ཀྱི་མོན་གཱར་ཆེན་སྐད་རིགས་ལས་ཕ་དེ་ཨང་སྐད་ལག་ཡིན། གུང་གོར་ཡུན་ནན་གྱི་ཡུན་ཞི་དང་། ཀྲེན་ཁང་། པའོ་ཧྲན། རོང་ལི། ལུང་ཁྭན། ཀིས་མ། ལཱང་ཆུ། ཇོ་ཆུ། ཡུང་ཏེ་ས་ཁུལ་སོགས་སུ་གཙོ་ཆེ་བར་ཁྱབ་ཡོད། ན་དབང་དང་། པུལ་འབོ། རེའི་མན་བཅས་ཡུལ་སྐད་རིགས་གསུམ་དུ་དབྱེ། ཡི་རྒྱལ་དུ་གཙོ་བོ་འབར་མར་ཁྱབ་ཡོད།

De'ang languge (Palaung Language) is the language used by the Palaung people. It belongs to the va-de'ang branch in Mon-Khmer of Austro-Asiatic family. In China, it is distributed in Luxi, Zhenkang, Baoshan, Ruili, Longchuan, Gengma, Lianghe, Lancang, Yongde, Yingjiang and some places in Yunnan. It has three dialects which are Liang, Bulei, and Rumai. It is also used in Myanmar besides China.

德昂族 原名"崩龙族"，1985年改名为德昂族。"德昂"，意思是石岩。在中国，主要分布于云南的潞西、镇康、保山、瑞丽、陇川、耿马、梁河、澜沧、永德和盈江等地。人口20556人（2010年）。有本族语言，无文字。信奉上座部佛教和原始宗教。以农业为主，善于种茶。

དེ་ཨང་རིགས། དང་ཐོག་པོར་ལུང་རིགས་ཞེར་ག་འདྲར་དེ་ཨང་རིགས་ལ་བསྒྱུར། དེ་ཨང་གི་གན་དོན་ནི་ཕག་རིའི་དོན་ཡིན། གུང་གོར་གཙོ་བོ་ཡུན་ནན་གྱི་ཡུལ་ཞི་དང་། ཀྲེན་ཁང་། པའོ་ཧྲན། རོའི་ལི། ལུང་ཁྭན། ཇི་མ། ལཱང་ཆུ། ཇོ་ཆུ། ཡོང་ཏེ་ས་ཡིན་ཇཱང་སོགས་ཁྱབ་ཡོད། སྤྱིའི་མི་གྲངས་༢༠༥༥༦ (༢༠༡༠ལོར) ཡོད། མི་རིགས་རང་གི་སྐད་ཡོད་ལ་ཡི་གེ་མེད། ཆོས་ལུགས་གཙོ་བོ་ཐེག་ཆུང་ཆོས་ལུགས་དང་གདོད་མའི་ཆོས་ལུགས་ཡིན། ཞིང་ལས་གཙོ་གཉེར་ཞིང་ཇ་ལོ་འདེབས་པར་མཁས།

De'ang people, which was once called the Palaung people, got its name in 1985. De'ang means "rock". The De'ang people are mainly distributed in Luxi, Zhenkang, Baoshan, Ruili, Longchuan, Gengma, Lianghe, Lancang, Yongde, Yingjiang and some places in Yunnan. It has a population of 20,556 (2010). They have their own language but no writing scripts; they believe in Theravada Buddhism and primitive religion. Agriculture plays an important role in their daily life. They are good at tea planting.

《德格土司传》 藏文书名。藏族学者强巴贡噶坚赞著，记述了四川德格地区土司世系的历史。约成书于19世纪前半期，有德格木刻版。

《སྡེ་དགེ་ས་སྐྱོང་གི་རྣམ་ཐར》 བོད་ཡིག་དཔེའི་ཆ། བོད་ཀྱི་མཁས་དབང་བྱམས་པ་ཀུན་དགའ་རྒྱལ་མཚན་གྱིས་བརྩམས། དུས་རབས་བཅུ་དགུ་པའི་དུས་སྟོད་དུ་སྦྱོ

དགེའི་ཞིང་པར་དུ་བསྒོས། སི་ཁྲོན་སྡེ་དགེའི་རྒྱལ་པོའི་གདུང་རྒྱུད་ཞན་དོན་གཙོ་བོར་བརྗོད་ཡོད།

The Biography of Dege Chieftain is a Tibetan book which was written by the Tibetan scholar Qamba Gonggar Gyeltsen. The book was completed in the early 19th century, and has the edition of Dege woodblock. It tells the history of the Sichuan Dege chieftain's genealogy.

德格印经院 始建于1729年。坐落于德格县城。至今保存着22万余块木刻古印版。在藏族聚居地区三大印经院中，以收藏典籍最广博、门类最齐全、管理完备而严格、原材料制作考究、印刷高质量，以及对古建筑物、壁画、印版和其他文物全面而有效的收藏和保护而位居首位。

སྡེ་དགེ་པར་ཁང༌། ༡༧༢༩ལོར་བཞེངས་འགོ་ཚུགས། སྡེ་དགེ་རྫོང་ཐོག་ཏུ་ཡོད། ད་ལྟ་པར་ཤིང་རྙིང་པ་ཁྲི་རེ་ལྷག་ཉར་ཚགས་བྱས་ཡོད། བོད་ཀྱི་པར་ཁང་ཆེན་གསུམ་གྱི་ནང་ནས་འཚར་ཚགས་ཤོས་པའི་བསྐལ་བཅོས་མང་བ་དང༌། ནང་དོན་ཕུན་སུམ་ཚོགས་པ། བདག་གཉེར་ཚད་དང་ལྡན་པ། མ་བཅོས་རྒྱུ་ཆ་མཐོང་ཆེན་འཛིན་པ། པར་སྐྲུན་གྱི་སྤུས་ཚད་ལེགས་པ། གནའ་བོའི་བཟོ་བཀོད་དང་ལྡེབས་རིས། པར་ཤིང་དང་གནའ་རྫས་གཞན་དག་བདག་གཉེར་སྲུང་སྐྱོབ་ལེགས་པོ་བྱས་པ་སོགས་གནས་དང་པོར་གནས།

Dege Sutra Printing House was built in 1729. It is situated in Dege County. About 2.2 million woodblock scripture was stored in it. Among the three top sutra printing houses of Tibetan, it ranks first not only for the most extensive ancient books and records, the most complete categories, the detailed and strict management, the exquisite production of raw materials and the high-quality printing, but also for the wide and effective enshrinement and protection of the ancient buildings, the murals, the printings and the other historical relics.

德古 彝语音译，意为"善于辞令的尊者"。解放前川、滇大小凉山家支头人的称呼之一。

དེ་ཁུ། དབྱིན་རིགས་སྐད་ཀྱི་སྒྲ་བསྒྱུར། ནང་དོན་ཆོས་སྟོན་གྱི་མཁས་ཅན། བཅིངས་འགྲོལ་སྔོན་ཕྱོག་དང༌། ཏེན་(གན་སུའུ་)ཀྱི་ལྱང་ཧུན་ཆེ་ཆུང་ཁྱིམ་རྒྱུད་ཀྱི་དཔོན་པོའི་འབོད་སྲང་རིགས་ཤིག་ཡིན།

Degu is the transliteration of Yi Language which refers to the venerable person who is good at words. It was one of the appellations used to call the headmen by the Greater and Lesser Liangshan Mountains in Sichuan and Yunnan before liberation.

德木齐 俗称"二喇嘛"。旧时蒙古族聚居地区藏传佛教寺庙内管理庶务和会计的喇嘛。

དེ་སྨུའུ་ཆི། དཀར་རྒྱུན་དུ་བླ་མ་གཉིས་པ་ཞེས་འབོད། གནའ་བོར་སོག་པོས་ཁྱུལ་གྱི་བོད་ཀྱི་དགོན་པའི་ནང་བཟང་འཁྱུང་དང་རྩིས་གཉེར་གྱི་འགན་ཁུར་བའི་ཕྱག་མཛོད་ལགས།

Demuqi, known as the Second Lama, is the Lama who was in charge of the general affairs and the financial affairs of the Tibetan Buddhism Temple in the ancient Mongolian areas.

德王 即"德穆楚克栋鲁普"。内蒙古锡林郭勒盟苏尼特右旗人。蒙古族。主张内蒙古独立。历任蒙古军政府总裁、蒙疆联合自治政府主席、蒙古自治政府主席等职。1950年从蒙古人民共和国引渡回国收监。1963年特赦后被聘为内蒙古文文史馆馆员。

དེ་ཞང་། ཡང་ན་དེ་མའོ་ཁྲུའུ་ཏུང་ལོའོ་ཕུའུ། ནང་སོག་ཞི་ལིན་གོའོ་ལི་མཉའ་འབྲེལ་སྤུན་དེ་ཕུ་ཡའོ་ཆེས་ཀྱི་མི་ཡིན། སོག་རིགས། སོག་པོ་རང་བཙན་གྱི་འདོད་ཚུལ་བཟུང་། སོག་པོའི་དམག་སྲིད་སྟེ་ཁབ་དང་། ཞིང་ཅང་དང་སོག་པོ་མཉམ་འབྲེལ་སྐྱོང་སྲིད་གཞུང་གི་ཀྲུའུ་ཞི་སོག་པོ་རང་སྐྱོང་སྲིད་གཞུང་གི་ཀྲུའུ་ཞི་སོགས་ཀྱི་འགན་རིམ་པ་བཞིན་ཁུར། ༡༩༥༠ལོར་སོག་པོ་མི་དམངས་སྤྱི་མཐུན་རྒྱལ་ཁབ་ནས་རྒྱལ་ནང་དུ་ཚུར་ཁྲིད་ནས་བཙོན་འཇུག་བྱས། ༡༩༦༣ལོར་བཙོན་ནས་གྲོལ་དེ་ནང་སོག་གི་སོག་པོའི་རིག་གནས་ལོ་རྒྱུས་ཁང་གི་ལས་བྱེད་གདན་འདྲེན་བྱས།

Prince De, known as Demchugdongrub, belongs to the Sonid Right Banner of Xilin Gol League of Inner Mongolia. He is a Mongolian people who proposed the independence of Inner Mongolia. He served as the president of the Mongol Military Government, the chairman of the Mengjiang United Autonomous Government, the chairman of the Inner Mongolian Autonomous Government, etc. He was delivered back to China from the People's Republic of Mongolia in 1950 and was put into prison. In 1963, after the special pardon, he was hired as the librarian of the Research Institute of Culture and History of Inner Mongolia.

邓恩铭（1901—1931） 中国共产党创始人之一。贵州荔波人。水族。1920年，他与王尽美等组织励新学会，介绍俄国十月革命，抨击社会现状。次年，成立共产主义小组。先后出席中共第一、二次全国代表大会。曾任中共山东省委书记。1928年，邓恩铭在济南被捕，后就义。

དིང་ཨེན་མིན（༡༩༠༡—༡༩༣༡） ཀྲུང་གོ་གུང་ཁྲན་ཏང་སྲོལ་གཏོད་མཁན་གྱི་གྲས་ཤིག ཀུའི་གྲོའུ་ལི་པོའི་པ། ཆུའི་རིགས། ༡༩༢༠ལོར་ཁོང་དང་ཝང་ཅིན་མེའི་སོགས་ཀྱིས་ཡར་སྐྱོད་གསར་པ་རིག་གཞུང་ཚོགས་བཙུགས་ཏེ། ཨུ་རུ་སུའི་ཟླ་བཅུ་པའི་གསར་བརྗེས་སྟོན་བྱས་ནས་སྤྱི་ཚོགས་དངོས་ཡོད་གནས་ཚུལ་ལ་འགག་པ་རྒྱག ཕྱི་ལོར་གུང་ཁྲན་རིང་ལུགས་ཀྱི་ཚོགས་ཆུང་དུ་བསྐྲུན། རྗེ་གླེག་ཏུ་ཀྲུང་གུང་ཚོགས་ཆེན་དང་པོ་དང་གཉིས་པ་བཅས་ཀྱི་རྒྱལ་ཡོངས་འཐུས་ཚབ་པར་ཞུགས། གུང་གུང་གི་ཧྲན་ཏུང་ཞིང་ཆེན་ཕྱེད་ཞུའི་ཧྲུའུ་ཅིའི་འགན་ཁུར། ༡༩༢༨ལོར་དིང་ཨེན་མིན་ཅི་ནན་ནས་འཛིན་བཟུང་བྱས། མ་འགྱངས་པར་བདོན་དོན་དུ་བསྒྲོངས།

Deng Enming (1901-1931), was one of the founders of the Chinese Communist Party. He was a Shui people from Libo, Guizhou. In 1920, he organized the New Society with Wang Jinmei and other people to introduce the October Revolution of Russia and to criticize the social situation of that time. The next year, the communist group was founded. He attended the first and the second National Congress of the CPC. He held the post of the provincial secretary of Shandong. In 1928, he was captured in Jinan, and sacrificed his life heroically.

邓小平民族理论 即"邓小平有中国特色社会主义民族理论"。是邓小平建设有中国特色社会主义理论的重要组成部分。基本构架为：核心层次——民族发展；基础层次——民族问题的基本论点；中心层次——政策和制度保障；目的层次——最终实现各民族共同繁荣。

ཏེང་ཞའོ་ཕིང་གི་མི་རིགས་རིགས་པའི་གཞུང་ལུགས། ཡང་ན་ཏེང་ཞའོ་ཕིང་གི་རྒྱུང་གོའི་ཁྱད་ཆོས་ལྡན་པའི་སྤྱི་ཚོགས་རིང་ལུགས་ཀྱི་མི་རིགས་གཞུང་ལུགས། དེའི་ཏེང་ཞའོ་ཕིང་གིས་རྒྱུང་གོའི་ཆོས་ལྡན་པའི་སྤྱི་ཚོགས་རིང་ལུགས་འཇོག་སྐྲུན་གཞུང་ལུགས་ཀྱི་གྲུབ་ཆ་གཙོ་བོ་ཞིག་ཡིན། གཞི་རྩའི་སྒྲིག་གཞི། སྙིང་བོད་ཀྱི་རིམ་པ—མི་རིགས་འཕེལ་རྒྱས། རྨང་གཞིའི་རིམ་པ—རིགས་གནད་དོན་གྱི་རྩ་བའི་བཛོད་བྱ། ལྟེ་བའི་རིམ་པ—སྲིད་ཇུས་དང་ལམ་ལུགས་ཁག་ཟིག་དམིགས་ཡུལ་གྱི་རིམ་པ—མཐར་མཐར་མི་རིགས་ཚང་མ་མཉམ་དུ་ཡར་འཕེལ་འབྱུང་བ་བཅས་སོ།

Deng Xiaoping's Theory on Ethnic Groups, known as the socialist theory of ethnic groups with Chinese characteristics, is an important part of Deng Xiaoping's Theory of building socialism with Chinese characteristics. The basic structure is as follows: the vital level is the development of all ethnic groups; the basic level is the basic point of ethnic issues; the central level is the policy and system guarantee; the objective level is to realize the prosperity of all ethnic groups.

氐 中国古族名。原在中国北部和西部的广大地区游牧。从东汉起陆续内迁，主要居住在今陕西、甘肃、四川等广大地区；从事畜牧、农业。魏晋时大量接受汉族文化和生产技术。历史上曾建立过仇池、前秦、后凉等地方政权。

ཏི། རྒྱུང་གོའི་གནའ་རབས་མི་རིགས་ཤིག དེ་རིགས་ཐོག་མར་རྒྱུང་གོའི་བྱང་ཕྱོག་དང་ནུབ་ཕྱོགས་ཀྱི་རྒྱ་ཆེ་བའི་ས་བའི་འབྲོག་ལས་ཡིན། ཧན་རྒྱལ་རབས་ཤར་མ་ནས་བཟུང་རིམ་བཞིན་ནང་ལོག་ཏུ་གནས་སྤོས། དེ་ཧྲན་ཞི་དང་། གན་སུའུ། སི་ཁྲོན་རྒྱ་ཆེ་བའི་ཁྱུལ་དུ་འཚོ་སྡོད་བྱེད། ཕྱོག་མ་ནས་ཕྱུགས་ལས་དང་ཞིང་ལས་གཉེར། མི་ཚེ་རྒྱལ་རབས་སྐབས་ཀྱི་རིགས་གནས་དང་ཐོན་སྐྱེད་ལག་རྩལ་མང་ཞིག་དང་ལེན་བྱས། ཧན་རྒྱུལ་ཕྱོག་གི་ཁྱུའི་འདང་ཆེན་ཟོན་མ། ཞིང་གཞུང་མ་བཅས་ས་གནས་སྲིད་དབང་བཙུགས་མྱོང་།

Di was an ancient Chinese ethnic group which once nomadized around the northern and western part of China. They moved inland from the Eastern Han Dynasty and lived in Shanxi, Gansu, Sichuan and so on. They worked on raising livestock and farming. In the Wei and Jin Dynasties, they accepted the culture and technology of the Han people. They founded the Kingdoms of Qiuchi, the Former Qin, and Houliang (the Later Liang) in history.

氐羌 我国古代少数民族氐与羌的并称。氐、羌两字连用泛指古代分布在今陕西、甘肃、青海、四川西部的民族。

ཏི་ཆའང་། རང་རྒྱུལ་གནའ་བོའི་གྲངས་ཉུང་མི་རིགས་ཏི་དང་ཆའང་གཉིས་ཀྱི་འདུས་མིང་། ཏི་ཆའང་ཡི་གེ་གཉིས་མཉམ་དུ་སྤྱོད་པས་གནའ་རབས་སུ་ཧྲན་ཞི་དང་། གན་སུའུ། མཚོ་སྔོན། སི་ཁྲོན་ནུབ་པ་བཅས་སུ་

བགྲམ་ནས་སྡོད་པའི་མི་རིགས་ཞིག་ཡིན།

Diqiang was the joint name of the Chinese ancient ethnic groups Di and Qiang. Di and Qiang refer to the ethnic groups that were distributed in Shanxi, Gansu, Qinghai and the western part of Sichuan.

底页 拉祜族音译，意为"家族"。解放前云南西南部边疆沿线部分拉祜族地区的家族公社。

དི་ཡེ། ལ་ཧུའུ་རིགས་སྐད་ཀྱི་སྒྲ་བསྒྱུར། ཁྱིམ་རྒྱུད་ཀྱི་དོན། བཅིངས་འགྲོལ་འགོང་དུ་ཡུན་ནན་སྟོད་ལྷོའི་མཐའ་མཚམས་ཁྱུང་རྒྱུད་ཀྱི་ཁྱིམ་རྒྱུད་སྤྱི་ཚོགས་ཞིག

Diye is the people of Lahu people which means "family". It is the clan commune in some Lahu areas along the frontier of the southwest of Yunnan province before liberation.

地方民族民主联合政府 中华人民共和国成立初期，为保障散杂居地区的少数民族在政权机关中享有平等权利而建立的地方政权。

ས་གནས་མི་རིགས་དམངས་གཙོ་མཉམ་འབྲེལ་སྲིད་གཞུང་། ཀྲུང་ཧྭ་མི་དམངས་སྤྱི་མཐུན་རྒྱལ་ཁབ་དབུ་བརྙེས་པའི་དུས་མགོར། ཕྱོགས་འཛོམས་ཀྱི་གནས་ཚུང་མི་རིགས་དག་གིས་སྲིད་དབང་ལས་ཁུངས་ནང་དུ་འདྲ་མཉམ་གྱི་ཞི་དབང་ཐོབ་པའི་ཕྱིར་བཙུགས་པའི་ས་གནས་སྲིད་གཞུང་ཞིག་ཡིན།

Democratic Coalition Government of the Local Ethnic Groups was established at the inception of the People's Republic of China for the purpose that the equal rights to join in the political organs can be guaranteed among the ethnic groups who scatter around the country and live together with each other.

地方民族事务委员会主要职能 贯彻执行国家关于民族工作的路线、方针和政策；研究、制定、宣传、监督实施有关民族工作的政策法规；指导、监督有关民族区域自治制度的建设和民族区域自治法、自治条例、单行条例的贯彻实施；办理有关保障少数民族各项权利的事宜等。

ས་གནས་མི་རིགས་དོན་གཅོད་ཨུ་ཡོན་ལྷན་ཁང་གི་འགན་འཁུར་གཙོ་བོ། རྒྱལ་ཁབ་ཀྱི་མི་རིགས་ལས་དོན་སྐོར་གྱི་ལམ་ཕྱོགས་དང་། ཐད་ཕྱོགས། སྲིད་ཇུས་ལག་བསྟར་མཐའ་འཁྱོལ་བར་སྒྲུབ་ཅིང་། མི་རིགས་ལས་དོན་སྐོར་གྱི་སྲིད་ཇུས་ཁྲིམས་སྲོལ་ཞིབ་འཇུག་དང་གཏན་འབེབས། ཁྱབ་བསྒྲགས། ལྟ་སྐུལ་མཛད། འགྱུར་བཅོས་བྱེད་པ། མི་རིགས་ས་ཁུལ་གྱི་རང་སྐྱོང་ལུགས་འཛུགས་སྐྲུན་དང་། མི་རིགས་ས་ཁུལ་རང་སྐྱོང་ཁྲིམས་ལུགས། རང་སྐྱོང་སྒྲིག་ཡིག བྱེར་སྒྲིག་སྒྲིག་ཡིག་བཅས་ཀྱི་ལག་བསྟར་མཐའ་འཁྱོལ་བར་མཛད་སྟོན་དང་ལྟ་སྐུལ་བྱེད་པ། གངས་ཉུང་མི་རིགས་ཀྱི་ཐོབ་ཐང་སོ་སོའི་ཞི་དབང་ཁག་སྲུང་སྐྱོབ་ཀྱི་ལས་དོན་སྒྲུབ་པ་སོགས་སོ། །

The main functions of the Local Committee for Ethnic Affairs is to implement the country's guidelines and policies concerning ethnic works; to study, formulate, disseminate, and supervise the implementation of the policies and regulations related to the ethnic affairs; to instruct and supervise the establishment of the system of the regional autonomy for the national minorities and the carrying-out of the Law on the regional ethnic autonomy, autonomous regulations and specific rules;

and to conduct works to ensure each and every rights belonging to minorities and so on.

地方民族主义 亦称"狭隘民族主义"。是一种以孤立、保守、排外为特征的民族主义表现。相对大民族主义而言。往往表现为忽视民族团结在祖国统一大家庭中的地位,只看到本民族暂时的、局部的利益,惧怕先进事物,维护本民族中某些落后消极的东西,阻碍本民族的进步和发展。

ས་གནས་མི་རིགས་རིང་ལུགས། མིང་གཞན་ལ་མི་རིགས་གུ་དོག་རིང་ལུགས་ཀྱང་ཟེར། དེའི་ཁྱད་རྒྱུད་དང་ཁྲིད་ཞིབ། གཞན་འབད་བྱེད་ཚོགས་སུ་གྱུར་པའི་མི་རིགས་རིང་ལུགས་ཀྱི་མཚོན་ཚུལ་ཞིག་སྟེ། མི་རིགས་ཆེན་པོའི་རིང་ལུགས་དང་སྦོས་འཇོག་སྦོས་བཞག་པ། དུས་རྒྱུན་པར་མེས་རྒྱལ་གཅིག་གྱུར་ཁྱིམ་ཚང་ཆེན་མོའི་ནང་གི་མི་རིགས་མཉམ་སྦྲེལ་གྱི་གོ་གནས་སྟོང་མེད་དུ་བཏང་སྟེ། རང་མི་རིགས་ཀྱི་མི་ཐུན་གྱི་ཁེ་ཕན་ལ་ཕར་དམིགས་ནས། སྔོན་མཐོང་བྱ་དངོས་དང་ཞེན་མི་ཡོད་པར། མི་རིགས་རང་གི་རྙེས་ལུས་ཞན་མེད་ཀྱི་དངོས་པོ་ག་གེ་མོ་གྱུང་འཛིན་གྱིས་རང་མི་རིགས་ཀྱི་གོང་འཕེལ་ལ་བགགས་རྒྱ་ཐེབས་པའོ།།

Local nationalism, known as parochial nationalism as well, a manifestation of nationalism, is characterized by isolation, conservation and exclusiveness. Compared with big-nationality chauvinism, it usually shows the feature of disregarding the importance of the national solidarity in the reunited family, only focusing on temporary and local interests of their own nation, being afraid of advanced things and clinging to some negative backward things, as a result, hindering the progress and development of their own nation.

地方自治 在一定的领土范围之内,全体居民组成法人团体(地方自治团体),在宪法和法律规定的范围内,并在国家监督之下,按照自己的意志组织地方自治机关,利用本地区的财力,处理本区域内公共事务的一种地方政治制度。

ས་གནས་རང་སྐྱོང་། ས་ཁོངས་ངེས་ཅན་ནང་གི་སྡོད་དམངས་ཡོངས་ཀྱིས་ཁྲིམས་པའི་ཚོགས་པ་(ས་གནས་རང་སྐྱོང་ཚོགས་པ)གྲུབ་ནས། རྩ་ཁྲིམས་དང་ཁྲིམས་ལུགས་ཀྱིས་གཏན་ལ་ཕབ་པའི་ཁྱབ་ཁོངས་དང་། མ་ཟད་རྒྱལ་ཁབ་ཀྱི་ལྟ་སྐུལ་འོག མི་རིགས་རང་གི་རེ་འདུན་ལྟར་ས་གནས་རང་སྐྱོང་ལས་ཁུངས་རྩ་འཛུགས་དང་། རང་ཁོངས་ཀྱི་རྒྱུ་ནོར་སྤྱད་དེ་རང་ཁུལ་གྱི་སྤྱི་པའི་ལས་དོན་ཐག་གཅོད་ཚོགས་པའི་ས་གནས་རང་སྐྱོང་ལམ་ལུགས་ཤིག་ཡིན།

Regional Autonomy refers to the governance that within certain territory coverage, all residents comprise a legal entity (local autonomous group). Within the scope of the constitution and law, under the supervision of the country, regional autonomy is a local political system which allows the local residents to form their autonomous organ in accordance with their own will and to make use of local economic strength to manage the regional public affairs.

地藏王菩萨 佛教四大菩萨之一。因其"安忍不动如大地,静虑深密如秘藏",故名地藏。与观音、文殊、普贤一起,深受世人敬仰。以其"久远劫来屡发弘愿",故被尊称为"大愿地藏王菩萨"。

ས་ཡི་སྙིང་པོ། ནང་པའི་བྱང་ཆུབ་སེམས་དཔའ་ཆེན་པོ་བཞིའི་གྲས། མི་གཡོ་བའི་བཟོད་པ་བཞིན་བོ་ས་ཆེན་པོ་དང་འདྲ་ཞིང་། གསང་བ་ཟབ་མོའི་ཏིང་འཛིན་གྱི་སྟིང་པོའམ་རྒྱལ་པོ་ལྟ་བུར་གྱུར་པས་མཚན་དེ་ལྟར་ཐོགས་པ། དེ་དང་སྤྱན་རས་གཟིགས། འཇམ་པའི་དབྱངས། ཀུན་ཏུ་བཟང་པོ་བཅས་བཞིའ་ལ་འཇིག་རྟེན་པ་རྣམས་ཀྱིས་ཆེས་མེད་པའི་དད་པ་འཐོབ། དེ་ལས་དགའ་བ་དཔག་མེད་སེམས་བྱང་ཆུབ་ཀྱི་སེམས་བསྐྱེད་པས། ཐོགས་པ་ཆེན་པོ་འགགས་པའི་སྙིང་པོ་ཞེས་མཚན་ཐོགས།

Ksitigarbha is one of the four principle bodhisattvas in Buddhism. He got the name because he is at ease and unmoving like the great earth and contains deep secrets, as the result of stillness contemplation. He is deeply revered by the common people together with Avalokitesvara, Manjusri, and Samantabhadra. He is hailed as *Bodhisattva King Earth-Matrix of the Great Vow (Dayuan Dizang Pusa)* for his vow to take responsibility for the instruction of all beings in the six worlds in the era between the parinirvana of the Buddha and the rise of Maitreya.

帝师 元朝皇帝从吐蕃请来喇嘛充当的一种最高神职。从元世祖忽必烈起,元累朝皇帝都供奉帝师。元代各帝师都是乌思藏佛教流派之一萨迦派的高僧。

དབུ་བླ། ཡོན་གོང་མས་བོད་ནས་གདན་དྲངས་པའི་བླ་མར་གནང་བའི་ཆོས་ཀྱི་གོ་ཆེས་མཐོ་བ་ཞིག་ཡོན་གོང་མ་མི་ཆེན་ནས་བརྩུང་དེ་གོང་མ་སོ་སོའུ་བླ་བསྟེན་ཡོན་རྒྱལ་རབས་དུས་མགོར་བོད་ས་གནས་སྲིད་གཞུང་གི་དབོན་མིད་ཞིག ནང་དོན་སྲིད་དོན་སྒྲུབ་ཁྱབ་པ་ཞིག་ཡིན་ཏུ། བླ་སྐུ་ཆོས་ཀྱི་སོག་པོའུ་དུ་ཧོང་ཐུ་ཚབས་དབང་དུ་བཙུགས་པའི་ས་གནས་སྲིད་དོན་ནང་དུ་ཞུགས་ཏེ། བོད་ཀྱིས་གནས་སྲིད་དོན་ཞིབ་ཕྲ་ཐག་གཅོད་པའོ། །

Imperial Preceptor (Dishi) is the highest official title that the lama performed at the request of the emperor of the Yuan Dynasty. Starting from the Kublai Khan, all emperors worshiped the Dishi who are the prestigious monks from the Sakya, a sect of the Tibetan Buddhism.

第巴 藏语音译,原意为"部落长"。1. 藏族社会中某些部落组织的头人及地方实力集团领袖人物的称谓。2. 清初西藏地方官名,意为"政务总管"。代表达赖参与蒙古和硕特部在西藏建立的地方政权。具体处理西藏地方政务。

སྡེ་པ། ཚོའི་འགོ་དཔོན་གྱི་དོན། ༡ བོད་སྤྱི་ཚོགས་ནང་དུ་ཚོ་པ་འགའི་འགོ་དཔོན་དང་ས་ཕྱོགས་ཀྱི་དབང་ཡོད་ཚོགས་པའི་དཔོན་པོའི་འབོད་ཚུལ་ཞིག ༢ ཆིང་རྒྱལ་རབས་དུས་མགོར་བོད་ས་གནས་སྲིད་གཞུང་གི་དཔོན་མིང་ཞིག ནང་དོན་སྲིད་དོན་སྤྱི་ཁྱབ་པ་ཞིག་ཡིན་དུ། བོད་སྐུ་ཆོས་ཀྱི་སོག་པོའི་ཧུ་ཧོང་ཐུ་ཚབས་དབང་དུ་བཙུགས་པའི་ས་གནས་སྲིད་དོན་ནང་དུ་ཞུགས་ཏེ། བོད་ཀྱིས་གནས་སྲིད་དོན་ཞིབ་ཕྲ་ཐག་གཅོད་པའོ། །

Diba, the transliteration from Tibetan, originally means the Chief of the tribe. First, it was the name entitled to the heads of some tribal society in Tibetan society and the leaders of the local military groups. Second, it was an official name, Chief Administrator of Government Affairs, representing the Dalai Lama to participate in the Tibetan local authority established by Heshuote tribe of Mongolia and governing the Tibetan local affairs specifically.

第二次全国边防工作会议 1979年在北京召开。乌兰夫做了报告。会上针对我国边境地区多为经济欠发达的少数民族地区的现状，最终确定了东部发达省市对口支援边境及少数民族地区的具体方案，由此拉开了边境地区开放搞活经济的序幕。

རྒྱལ་ཡོངས་མཐའ་སྲུང་གི་ལས་དོན་ཚོགས་འདུ་ཐེངས་གཉིས་པ། ༡༩༧༩ལོར་པེ་ཅིན་དུ་འཚོགས། ཕུའུ་ལན་སྐྲས་སྙན་ཞུ་གནང་། ཚོགས་འདུས་རང་རྒྱལ་མཐའ་མཚམས་ཁུལ་གྱི་དཔལ་འབྱོར་འཕེལ་བ་ཞན་པའི་གངས་ཉུང་མི་རིགས་ས་ཁུལ་གྱི་གནས་ཚུལ་ལ་དམིགས་ནས། ཤར་ཁུལ་གྱི་དཔལ་འབྱོར་འཕེལ་ཚད་མཐོ་བའི་ཞིང་ཆེན་ལ་རོགས་སྐྱོར་ལ་སྤྱར་བའི་མཐའ་ཁུལ་དང་གངས་ཉུང་མི་རིགས་ས་ཁུལ་གྱི་ཞིབ་ཕྲའི་འཆར་གཞི་མཇུག་མཐར་གཏན་འབེབས་མཛད། དེ་ནས་བཟུང་མཐའ་མཚམས་ས་ཁུལ་གྱི་ཕྱིན་འབྱེད་དཔལ་འབྱོར་འགོ་ཚུགས།

The Second National Frontier Defense Work Conference was held in 1979 at which Ulanhu delivered a report. To solve the problem that our country's frontiers are mostly the minorities with rather less-developed economy, the meeting finalized the concrete solution that eastern coastal provinces and cities support the frontier areas and minority areas as a partner. From then on, the new era of opening-up in frontier areas was ushered in to add dynamism to local economy.

第二次全国对口支援新疆工作会议 一次对口支援新疆的成果展示会、工作检查会、经验交流会、部署推动会。2011年在北京召开。有关方面负责人近300人出席。会议认为：一年来，援疆工作取得了显著成绩，但仍要做好援疆规划，把推动发展和维护稳定有机结合起来，开创援疆工作新局面。

རྒྱལ་ཡོངས་ཀྱིས་ཞིན་ཅང་ལ་ཁ་སྦྱར་རོགས་སྐྱོར་བྱེད་པའི་ལས་དོན་ཚོགས་འདུ་ཐེངས་གཉིས་པ། ཞིན་ཅང་ལ་ཁ་སྦྱར་རོགས་སྐྱོར་གྱི་གྲུབ་འབྲས་སྟོན་པ་དང་། གར་བཀུག་དཔད། མཉམ་སྐྱོང་འཇོག་རེས། སྒྲིག་ཞིབ་ལ་བསྐོན་སྐུལ་བྱེད་པའི་ཚོགས་འདུས་ཤིག་ཡིན། ༢༠༡༡ལོར་ཅིན་དུ་འཚོགས། འབྲེལ་ཡོད་འགན་ཁུར་བ་སྙམ་བརྒྱ་ཚོགས་འདུར་བཞུགས། ཚོགས་འདུས་ལོ་གཅིག་གི་རིང་ཞིན་རོགས་ལས་དོན་ལ་གྲུབ་འབྲས་མངོན་གསལ་ཐོབ། དོན་ཀྱང་སུ་མ་ཟད་དུ་ཞིན་རོགས་བཀོད་སྒྲིག་ལེགས་པོ་བཟོ་དགེས་ཏེ། འཕེལ་རྒྱས་སྐུལ་སྐྱེད་དང་བརྟན་འཇགས་སྲུང་བ་ཟུང་འབྲེལ་བྱས་ནས་ཞིན་རོགས་ལས་ཀའི་རྣམ་པ་གསར་པ་གསར་སྣ་འབྱེད་དགོས་པ་བསྟན།

The Second National Work Conference on "Pairing Assistance" Projects to Support Xinjiang's Development was held in Beijing in 2011. About 300 leaders who were in charge of the project attended the session, and it was a session of exhibiting the achievements, examining on works, sharing experiences and promoting the deployment. Consensuses were reached that during the last year the program of supporting Xingjiang gained remarkable achievements, but good and proper plans still need to be made in order to combine the work of promoting the development with the work of maintaining the stability and finally to open up new prospects in Xinjiang.

第二次全国民族教育会议 1956 年由教育部和中央民委在北京联合召开。代表共 154 人。会议提出：要使少数民族的教育事业逐步接近和赶上汉族发展水平，为此，在民族地区要有步骤地开展扫盲和普及小学义务教育等工作。同时，会议还讨论了今后十年全国民族教育事业的规划纲要。

རྒྱལ་ཡོངས་ཀྱི་མི་རིགས་སློབ་གསོའི་ཚོགས་འདུ་ཐེངས་གཉིས་པ། ༡༩༥༦ལོར་སློབ་གསོ་ཕུའི་དང་ཀྲུང་དབྱང་མི་རིགས་དོན་གཅོད་ཨུ་ཡོན་ལྷན་གཉིས་མཉམ་འབྲེལ་གྱིས་པེ་ཅིན་དུ་འཚོགས། འཐུས་མི་བསྡོམས་པས་༡༥༤ཡོད། ཚོགས་ཐོག་ཏུ་གྲངས་ཉུང་མི་རིགས་ཀྱི་སློབ་གསོའི་ཚོད་རིམ་གྱིས་རྒྱ་རིགས་ཀྱི་ཚོད་དང་ཉེ་པ་དང་དེའི་རྗེས་ཚོད་དགོས་པ་བརྗོད། དེའི་ཕྱིར། མི་རིགས་ས་ཁུལ་དུ་རིམ་བཞིན་ཡིག་རྨོངས་སེལ་བ་དང་སློབ་ཆུང་གི་འོས་འགན་སློབ་གསོ་ཁྱབ་བསྒྲགས་དུ་གཏོང་བ་སོགས་ཀྱི་ལས་དོན་དང། ཆབས་ཅིག་ཏུ་དེས་ལོ་བཅུ་ཡི་མི་རིགས་སློབ་གསོ་ལས་ཀའི་འཆར་གཞི་མདོར་བསྡུས་སློར་ཡང་གྲོས་མོལ་བྱས།

The Second National Conference on Minority Education was jointly presided by the Ministry of Education and the Central Ethnic Affairs Committee. There were 154 delegates and they came up with the proposal that the educational business of the minorities should catch up with that of the Han nationality gradually. To achieve this goal, carrying out the work of wiping out illiteracy and popularizing compulsory education of the primary school step by

step in minority regions was needed. The meeting also discussed the outline of the minority educational business of the next 10 years.

第二次西藏工作座谈会 1984 年由中共中央书记处主持在北京召开。会议研究了进一步放宽经济政策让西藏人民尽快富裕起来的问题。形成1984 年《西藏工作座谈会纪要》，确定了 43 项援藏工程。此后，西藏农村经济得到迅速发展，经济社会由封闭型向开放型、由供给型向经营型转变。

བོད་ལྗོངས་ལས་དོན་སྐོར་གྱི་བཞུགས་མོལ་ཚོགས་ཐེངས་གཉིས་པ། ༡༩༨༤ལོར་ཀྲུང་གུང་ཀྲུང་དབྱང་ཧྲུའུ་ཅི་ཆུའི་ཡིས་འགོ་བཟུང་སྟེ་པེ་ཅིན་དུ་འཚོགས། བོད་ལྗོངས་དཔལ་འབྱོར་སྲིད་ཇུས་སྤར་བས་རྗེ་སྟོད་ཏུ་བཏང་ནས། བོད་ལྗོངས་མི་དམངས་མགྱོགས་པོར་འབྱོར་ཡོང་བའི་གནད་དོན་ལ་ཞིབ་འཇུག་བྱས། ༡༩༨༤ལོར《བོད་ལྗོངས་ལས་དོན་གྱི་བཞུགས་མོལ་ཚོགས་ཚ་གནད》དངོས་སུ་གྲུབ་སྟེ། བོད་ལྗོངས་ལ་རོགས་སྐྱོར་ལས་ཚན་༤༣གཏན་འཁེལ་བྱས། དེ་ནས་བཟུང། བོད་ལྗོངས་གྲོང་གསེབ་ཀྱི་དཔལ་འབྱོར་མགྱོགས་མྱུར་དང་འཕེལ་རྒྱས་བྱུང་ནས། དཔལ་འབྱོར་སྤྱི་ཚོགས་སྒོ་བརྒྱབ་རྣམ་པ་ལས་སྒོ་འབྱེད་དང། འདོན་སྤྲོད་རྣམ་པ་ལས་ཆོང་གཉེར་རྣམ་པར་འགྱུར་བ་བཏང།

The Second National Conference on Work in Tibet was held in 1956 by the Secretariat of the Central Committee of the Communist Party of China in Beijing. The meeting discussed the issue to adopt more liberal economic policies to enrich the Tibetan people quickly. In the conference the Summary of the Work

Conference on Tibet of 1984 was formed and 43 projects to aid Tibet were confirmed. Afterwards, the Tibetan rural economy developed quickly, and the economic society changed from enclosed type to open type, from supplying type to operating type.

第二次中央民族工作会议 1999年在北京召开。主题为"加快少数民族和民族地区经济发展和社会进步"。会议认识到：加快少数民族和民族地区的发展，不仅是经济问题，也是政治问题，并同全中国的现代化息息相关。朱镕基总理还就加快少数民族和民族地区发展提出五点意见。

ཀྲུང་དབྱང་མི་རིགས་ལས་དོན་ཚོགས་འདུ་ཐེངས་གཉིས་པ། ༡༩༩༩ལོར་པེ་ཅིན་དུ་འཚོགས། བརྗོད་བྱུང་གཙོ་བོ་ནི་གྲངས་ཉུང་མི་རིགས་དང་མི་རིགས་ས་ཁུལ་གྱི་དཔལ་འབྱོར་གོང་འཕེལ་དང་སྤྱི་ཚོགས་མདུན་སྐྱོད་དེ་མགྱོགས་སུ་གཏོང་བ་ཡིན། ཤེས་ཚོགས་ཀྱིས་གྲུབ་ལུང་མི་རིགས་དང་མི་རིགས་ས་ཁུལ་གྱི་འཕེལ་རྒྱས་དེ་མགྱོགས་སུ་གཏོང་བ་དེ། དཔལ་འབྱོར་གནད་དོན་ཡིན་པ་མ་ཟད། ཆབ་སྲིད་གནད་དོན་ཡང་ཡིན་པ་དང་། ཆབས་ཅིག་ཏུ་ཀྲུང་གོའི་དེང་རབས་ཅན་དུ་བཞག་སྐོར་དང་མཐུན་པར་ངོས་ཟིན། ཀྲོའུ་རུང་ཅི་ཡིས་གྲངས་ཉུང་མི་རིགས་ས་ཁུལ་དང་མི་རིགས་ས་ཁུལ་གྱི་འཕེལ་རྒྱས་སྐོར་ལ་དགོངས་འཆར་ལྔ་བཏོན།

The Second Central Ethnic Work Conference was held in Beijing in 1999. The theme was to accelerate the economic development and social progress of the ethnic minority areas. The conference showed that to accelerate the development in minority areas was not only an economic problem, but also a political issue, and was closely related to the Chinese modernization. Premier Zhu Rongji also put forward five points of views of accelerating the development of the ethnic minorities and minority areas.

第穆呼图克图 藏传佛教格鲁派活佛之一。因其祖庙为林芝地区的第穆羌纳寺，故称第穆呼图克图，系西藏四大呼图克图之一。1757年达赖七世卒，当时的第穆呼图克图受清廷之命摄政西藏地方政务，为西藏格鲁派政教合一地方政权摄政制度之开端。

དེ་མོ་ཧོ་ཐོག་ཐུ། བོད་བརྒྱུད་ནང་བསྟན་དགེ་ལུགས་པའི་སྤྲུལ་སྐུ་ཞིག རབ་བྱུང་སྐབས་གནས་ཉིད་ཁྲི་ཁྲི་གྱི་དེ་མོ་འཆམ་སྣ་དགོན་ཡིན་པས། མཚན་ལ་དེ་མོ་ཧོ་ཐོག་ཐུ་ཞེས་འབོད། བོད་ཀྱི་ཧོ་ཐོག་ཐུ་ཆེན་པོ་བཞིའི་ནང་གི་གཅིག་ཡིན། ༡༧༥༧ལོར། རྒྱལ་མཆོག་བདུན་པ་དགོངས་པ་རྫོགས་རྗེས། སྐབས་དེར་དེ་མོ་ཧོ་ཐོག་ཐུ་ལ་བོད་ཀྱི་ས་གནས་དབང་སྒྱུར་བར་ཆེད་སྤྱོད་གཞུང་གིས་བཀའ་གནང་བ། དེས་བོད་དུ་དགེ་ལུགས་གྲུབ་མཐའི་ཆོས་སྲིད་མཉམ་འབྲེལ་སྲིད་དབང་གི་འགོ་ཚུགས་པར་བྱས།

Demo Hutuktu was one of the Living Buddhas of the Gelug Sect of Tibetan Buddhism. His ancestor temple was Qiangna Monastery of Linzhi area, so he was called the Demo Hutuktu, one of the four Tibetan Hutuktus. In 1757, Dalai VII died, and then Demo Hutuktu was assigned by the Qing Emperor to manage Tibet local affairs, which was the beginning of the regent system of the unification of the state and the church of the Gelug Sect of Tibetan.

第三次全国对口支援新疆工作会议 2012年在北京召开。有关方面负责人共430人出席。主要任务：总结新一轮对口支援新疆工作全面实施以来取得的成绩和经验，研究解决存在的困难和问题，部署当前和今后一个时期对口支援新疆工作，进一步推进新疆跨越式发展和长治久安。

རྒྱལ་ཡོངས་ཀྱིས་ཞིན་ཅང་ལ་ཁ་སྦྱར་རོགས་སྐྱོར་བྱེད་པའི་ཚོགས་འདུ་ཐེངས་གསུམ་པ། ༢༠༡༢ལོར་པེ་ཅིན་དུ་འཚོགས། ཞེངས་འཛིན་པའི་ཚོགས་འདུ་ལ་བསྟོས་པས་འབྲེལ་ཡོད་མི་སྣ་༤༣༠ལྷག་ཞུགས། ལོ་ཚོས་སྐབས་གསར་པའི་ཞིན་ཅང་ལ་ཁ་སྦྱར་རོགས་སྐྱོར་བྱེད་པའི་ལས་ཀ་དེ་ཕྱོགས་ཡོངས་ནས་སྒྲུབ་པར་མ་ཟད། ལས་ཀའི་གྲུབ་འབྲས་ཀྱི་དགའ་ལག་དང་གནད་དོན་ཐག་གཅོད་བྱེད་པར་ཞིབ་འཇུག་དང་། ཡུལ་འབྲས་དང་ཞམས་མྱོང་སྙི་སྒྲོབ་བྱས་ཏེ། མིག་སྔར་དང་ལོ་འོངས་པའི་ལ་སྦྱར་རོགས་སྐྱོར་ལས་དོན་བཀོད་སྒྲིག་བྱས་མཐར་དང་ཞིན་ཅང་ས་ཁུལ་གཏན་འཇགས་དང་མགྱོགས་མྱུར་དང་འཕེལ་རྒྱས་འགྲོ་བར་སྐུལ་འདེད་བྱས།

The Third National Work Conference on "Pairing Assistance" Projects to Support Xinjiang's Development was held in Beijing in 2012. A total of 430 people in charge of it attended the session. The main task were to summarize the achievements and experience in the new round of the full implementation of the counterpart support work in Xinjiang, to study and solve the existing difficulties and problems, to deploy the current and future counterpart support work in Xinjiang, and to further promote the development and the long-term peace and stability of Xinjiang.

第三次全国民族教育会议 1981年教育部和国家民委在北京联合召开。代表共273人。会议总结了少数民族教育的历史经验，确定了少数民族教育事业在调整时期的方针、任务。会议有4个主要报告，涉及民族教育的任务、党的民族政策、民族教育工作内容等问题。

རྒྱལ་ཡོངས་ཀྱི་མི་རིགས་སློབ་གསོའི་གྲོས་ཚོགས་ཐེངས་གསུམ་པ། ༡༩༨༡ལོར་རྒྱལ་ཁབ་སློབ་གསོ་པུའུ་དང་མི་རིགས་དོན་གཅོད་ཨུ་ཡོན་ལྷན་ཁང་གཉིས་ཀྱི་རྩ་འཛུགས་འོག་པེ་ཅིན་དུ་འཚོགས། བསྡོམས་པས་འཐུས་མི་༢༧༣ཞུགས། ཚོགས་འདུའི་སྟེང་མི་རིགས་སློབ་གསོའི་ལས་དོན་སྐོར་གྱི་ལོ་རྒྱུས་ཉམས་མྱོང་སྙི་སྒྲོབ་བྱས་ཏེ། སྟོམས་སྒྲིག་དུས་སྐབས་ཀྱི་མི་རིགས་སློབ་གསོའི་ལས་འཆར་དང་ཁ་ཕྱོགས་གཏན་འབེབས་བྱས་པར་མ་ཟད། ཚོགས་འདུའི་ནང་དོན་གཙོ་བོ་ནི་མི་རིགས་སློབ་གསོའི་ལས་འགན་དང་། ཏང་གི་མི་རིགས་སྲིད་ཇུས། མི་རིགས་སློབ་གསོའི་སློབ་གྲྭའི་ཞིབ་ཕྲའི་གནད་དོན་བཅས་གནད་དོན་ཐབས་གཅོད་བྱེད་པ་ཡིན།

The Third National Conference on Minority Education was held jointly by the Ministry of Education and the State Ethnic Affairs Commission in Beijing in 1981. The number of the representatives presented at the conference was 273. The meeting summed up the historical experience of education for ethnic minorities, determined the policy and task of minority education

第三次西藏工作座谈会 1994年由中共中央、国务院主持在北京召开。围绕西藏的发展和稳定两件大事，进一步明确加强西藏工作的指导思想，落实加快发展和维护稳定的各项措施，形成《中共中央、国务院关于加快西藏发展、维护社会稳定的意见》；落实了援藏的62个项目。

བོད་ལྗོངས་ལས་དོན་སྐོར་གྱི་བཞུགས་མོལ་ཚོགས་འདུ་ཐེངས་གསུམ་པ། ༡༩༩༤ལོར་ཀྲུང་གུང་ཀྲུང་དབྱང་དང་རྒྱལ་སྲིད་སྤྱི་ཁྱབ་ཁང་གཉིས་ཀྱིས་གཅིག་གྱུར་འགོ་ཁྲིད་འོག་པེ་ཅིན་དུ་འཚོགས། ཚོགས་འདུའི་སྟེང་བོད་ལྗོངས་ཀྱི་འཕེལ་རྒྱས་ལ་གཞི་བཅོལ་ཏེ་བོད་ལྗོངས་ལས་དོན་འཛུགས་ཁྲིད་བསམ་བློར་གཏན་འབེབས་དང་། བོད་ལྗོངས་མགྱོགས་མྱུར་དང་གཏན་འཇགས་འཕེལ་རྒྱལ་འགྲོ་བའི་སྐོར་གྱི་ཐབས་ཇུས་ལག་བསྟར་བྱས་ནས། 《ཀྲུང་གུང་ཀྲུང་དབྱང་དང་རྒྱལ་སྲིད་སྤྱི་ཁྱབ་ཁང་གཉིས་ཀྱིས་བོད་ལྗོངས་མགྱོགས་མྱུར་དང་འཕེལ་རྒྱས་དང་སྤྱི་ཚོགས་གཏན་འཇགས་སྐོར་གྱི་ལྟ་ཚུལ》ཞེས་པའི་ཡིག་ཆ་སྤེལ་བར་མ་ཟད། བོད་ལྗོངས་ལ་རོགས་སྐྱོར་བྱེད་པའི་ལས་དོན་༦༢ལག་བསྟར་བྱས།

The Third National Conference on Work in Tibet was held in 1994 by the CPC Central Committee and the State Council in Beijing. Centered on two major issues the development and stability of Tibetan, the forum further defined the guideline of enhancing the work in Tibet, implemented the various measures to accelerate the development and to maintain stability. The CPC Central Committee and the State Council's *Opinions on Accelerating the Development and Maintaining the Social Stability of Tibet* was published. 62 projects to aid Tibet were finalized.

第三次中央民族工作会议 2005年在北京召开，主题为"以科学发展观统领民族工作，促进民族地区和谐发展"。会议重点研究加快少数民族和民族地区经济社会发展，实现全面建设小康社会的目标；并在"平等、团结、互助"的社会主义民族关系中，加上"和谐"二字。

ཀྲུང་དབྱང་མི་རིགས་ལས་དོན་ཚོགས་འདུ་ཐེངས་གསུམ་པ། ཚོན་རིག་གི་འཕེལ་རྒྱས་ལྟ་བས་མི་རིགས་ལས་དོན་ལ་དཔུའི་ཁྲིད་བྱས་ནས། མི་རིགས་ཁྱུལ་ཞིབ་མཐུན་འཕེལ་རྒྱས་འགྲོ་རྒྱུ་བརྗོད་བྱ་ཡིན་པའི་ཚོགས་འདུ་དེ་༢༠༠༥ལོའི་པེ་ཅིན་དུ་འཚོགས། ཚོགས་འདུའི་སྟེང་གཙོ་བོར་གྲུང་མི་རིགས་ས་ཁུལ་གྱི་དཔལ་འབྱོར་འཕེལ་རྒྱས་དང་ཕྱོགས་ཡོངས་ནས་འཚོར་འབྲིང་ཚོགས་ལ་སླེབས་པའི་དམིགས་འབེན་མངོན་འགྱུར་བྱེད་པའི་ཐབས་ལ་དཔྱད་ཞིབ་བྱས་ཏེ། སྤྱར་ཡོངས་པའི་འདྲ་མཉམ་དང་མཐུན་སྒྲིལ་རོགས་རེས་ཀྱི་རྩ་དོན་སྟེང་འཆམ་མཐུན་ཞེས་པའི་རྩ་དོན་ཁ་སྣོན་བྱས།

The Third Central Ethnic Work Conference was held in Beijing in 2005. The theme of it was to guide the ethnic work from the scientific development perspective, and to promote the harmonious development of ethnic areas. The meeting focused on researching and accelerating the economic and social development of the ethnic minority areas, and achieving the goal of building a well-off society. Moreover, in the socialist ethnic relations of "equality, unity, mutual assistance", "harmony" was added to it.

第十世班禅大师纪念馆 位于十世班禅大师主寺——青海循化撒拉族自治县文都乡文都大寺内。1991 年落成，建筑面积 730 平方米，以藏族建筑风格为主。内放班禅十世灵塔，保存着大师生前的法宝《甘珠尔》、法座、袈裟及大量历史文化遗迹。

པཎ་ཆེན་སྐུ་ཕྲེང་བཅུ་པའི་དྲན་གསོ་ཁང་།
པཎ་ཆེན་བཅུ་པ་བཞུགས་གནས་ཀྱི་གཙོ་དགོན་སྟེ། མཚོ་སྔོན་ཞིང་ཆེན་ཞོན་ཧྭ་ས་ལར་རིགས་རང་སྐྱོང་རྫོང་གི་ཝོན་ཏུ་དགོན་ཆེན་དུ་ཡོད། ༡༩༩༡ལོར་བཞེངས་གྲུབ་གནང་། རྒྱ་ཁྱོན་ལ་སྤྱི་ལེ་གྲུ་བཞི་༧༣༠ཡོད། བོད་ལུགས་ཀྱི་ཁྱད་ཆོས་གཙོ་བོར་བཟུང་ནས་བརྩིགས་པ་ཡིན། ནང་གི་ཉིང་གཙོར་པཎ་ཆེན་བཅུ་པ་མཆོག་གི་སྐུ་གདུང་མཆོད་རྟེན་དང་མཉམ་བཞག《བཀའ་འགྱུར》བཞུགས། ཁྲོགས་ཤུལ་བཞག་རིགས་མང་པོར་ཆེན་ཡོད་དོ།།

The Tenth Panchen Lama Memorial Hall was situated in the Tenth Panchen Lama main temple-Wendu Monastery in Wendu Village of Xunhua Salar Autonomous County of Qinghai. Completed in 1991, the building covered an area of 730 square meters; the main style of the abbey is the Tibetan architectural style. In it there placed his spirit stupa, a Tibetan Buddhist pagoda to commemorate great souls, and preserved the master's Dharma Jewel "Kanjur", throne, robes and a large number of historical and cultural relics.

第四次全国对口支援新疆工作会议 2013 年在北京召开。有关方面负责人共 190 人出席。会议主要分析了新疆工作形势，研究部署了就业、教育、人才等援疆重点工作，特别是要抓住打造丝绸之路经济带的历史机遇，深入推进新疆跨越式发展和长治久安。

རྒྱལ་ཡོངས་ཀྱིས་ཞིན་ཅང་ལ་ཁ་སྦྱར་རོགས་སྐྱོར་བྱེད་པའི་ལས་དོན་ཚོགས་འདུ་ཐེངས་བཞི་པ། ༢༠༡༣ལོར་པེ་ཅིན་དུ་འཚོགས། འབྲེལ་ཡོད་མི་སྣ་༡༩༠ཞུགས། ཚོགས་འདུའི་སྟེང་ཞིན་ཅང་ལས་དོན་གྱི་གནས་བབས་དང་ལས་ཞུགས། སློབ་གསོ་ཤེས་ཡོན་མི་སྣ་གསོར་སྦྱོང་བཅས་ལས་དོན་གལ་ཆེན་དག་ལ་ཞིབ་འཇུག་དང་། ནང་སྒྲིག་བྱ་དར་གཏོང་ལས་ཀྱི་དཔལ་འབྱོར་སྐུད་ཁྱིད་བྱས་པའི་གོ་སྐབས་དང་འཛིན། བྱས་ནས་ཡུན་རིང་འཕེལ་རྒྱས་དང་འཕེལ་རྒྱས་གཏན་འཇགས་ཡོངས་པ་བཅས་ཀྱི་སྐྱིད་སྒུ་གལ་ཆེན་བཏོན།

The Fourth National Work Conference on "Pairing Assistance" Projects to Support Xinjiang's Development was held in Beijing in 2013. A total of 190 people in charge of it attended the session. The meeting mainly analyzed the situation of Xinjiang, studied and deployed employment, education, talents and other important work to aid Xinjiang, especially to take the historical opportunity of the Silk Road Economic Belt, and further promote the leapfrog development and the long-term stability of Xinjiang.

第四次全国民族教育会议 1992 年国家教委和国家民委在北京联合召开。代表共

200多人。大会的主要内容：学习邓小平关于建设有中国特色的社会主义的一系列重要论述，贯彻中央民族工作会议精神，总结交流民族教育工作的经验，明确今后改革和发展民族教育的方针和任务。

རྒྱལ་ཡོངས་ཀྱི་མི་རིགས་སློབ་གསོའི་ཚོགས་འདུ་ཐེངས་བཞི་པ། ༡༩༩༢ལོར་རྒྱལ་ཁབ་སློབ་གསོའི་ཡུལ་ལྷན་ཁང་དང་རྒྱ་ཁབ་མི་རིགས་དོན་གཅོད་ལྷན་གཉིས་ཀྱིས་འཁྲིད་འོག་པེ་ཅིན་དུ་འཚོགས། བསྡོམས་པས་འཐུས་མི་༢༠༠ཞུགས། ཚོགས་འདུའི་ནང་དོན་གཙོ་བོ་ནི་ཏུན་ཞོའོ་ཕིན་གྱིས་ཀྲུང་གོའི་ཁྱད་ཆོས་ལྡན་པའི་སྤྱི་ཚོགས་རིང་ལུགས་འཛུགས་སྐྲུན་བྱེད་པའི་དགོངས་པ་ལ་སློབ་སྦྱོང་བྱས་ནས། ཀྲུང་དབྱུང་གི་རིགས་གྲོལ་ཚོགས་ཀྱི་བསམ་བློའི་སྲོལ་ཞིང་རྒྱུན་འཁྱོངས་དང་། མི་རིགས་སློབ་གསོའི་ཉམས་མྱོང་བརྗེ་རེས་དང་ཕྱོགས་སྒོམ་བྱས་ཏེ། མ་འོངས་པའི་མི་རིགས་སློབ་གསོ་བསྒོ་བཅོས་བསྒྱུར་དང་འཕེལ་རྒྱས་ཀྱི་བྱེད་ཕྱོགས་དང་འོས་འགན་གསལ་པོར་བཏོན།

The Fourth National Conference on Minority Education was held jointly by the Ministry of Education and the State Ethnic Affairs Commission in Beijing in 1992. The number of the representatives presented at the conference was more than 200. The main content of the conference were to study the theories proposed by Deng Xiaoping on building the socialism with Chinese characteristics, to implement the spirit of the Central Ethnic Work Conference, to sum up and to exchange the work experience of the minority education, and to define the policy and task of future reform and the development of minority education.

第四次西藏工作座谈会 2001年由中共中央、国务院主持在北京召开。会议分析了21世纪初西藏工作面临的形势和任务，研究了进一步做好西藏工作的一些重大问题。会议决定，加大对西藏的建设资金投入和优惠政策的力度，加强对口支援。确定了国家直接投资项目117个，对口援藏项目70个。

བོད་ལྗོངས་ལས་དོན་སྐོར་གྱི་བཤུགས་མོལ་ཚོགས་འདུ་ཐེངས་བཞི་པ། གུང་གུང་དབུང་དང་རྒྱལ་ཡིད་སྦྱི་ཁྱབ་ཁང་གཉིས་ཀྱི་འགོ་འཁྲིད་འོག་༢༠༠༡ལོར་པེ་ཅིན་དུ་འཚོགས། ཚོགས་འདུའི་སྟེང་དུས་རབས་༢༡པའི་དུས་འགོར། བོད་ལྗོངས་ལས་དོན་གྱི་གནད་དུ་གྱུར་པའི་གནས་བབས་དང་། ལས་འགན་དེ་མིན་གནད་དོན་ཁག་ལ་ཞིབ་འཇུག་བྱས་མཐར། བོད་ལྗོངས་ལ་མ་དངུལ་གཏོང་ཚད་ཇེ་མང་དང་། དམིགས་བསལ་སྲིད་ཇུས་ལག་བསྟར་ཤུགས་ཆེན་གཏོང་། ཁ་སྣུར་རོགས་སྐྱོར་ཤུགས་སྟོབས་ཆེ་རུ་གཏོང་། ཁ་སྣུར་རོགས་སྐྱོར་གྱི་རྣམ་གྲངས་༡༡༧དང་། བོད་ལྗོངས་ཁ་སྣུར་རོགས་སྐྱོར་གྱི་རྣམ་གྲངས་༧༠གཏན་འཁེལ་བྱས།

The Fourth National Conference on Work in Tibet was held in 2001 by the CPC Central Committee and the State Council in Beijing. The meeting analyzed the situation and tasks that Tibet faced in the new century, discussed some major issues to further improve the work of Tibet. The meeting made the decision to increase the construction fund of Tibet, to reinforce the preferential policies and to strengthen the counterpart support. 117

projects of the state direct investment and 70 projects of counterpart support were determined in the meeting.

第五次全国民族教育会议 2002年教育部、国家民委在北京联合召开。代表共200余人。会议根据我国社会主义市场经济改革进一步深化、对外开放进一步扩大、科教兴国和西部开发战略的实施向纵深发展的新形势，进一步明确了民族教育改革发展的方针任务、政策措施和努力方向。

རྒྱལ་ཡོངས་ཀྱི་མི་རིགས་སློབ་གསོའི་ཚོགས་འདུ་ཐེངས་ལྔ་བ། སློབ་གསོ་པུའུ་དང་རྒྱལ་ཁབ་མི་རིགས་དོན་གཅོད་ཨུ་ལྷན་གཉིས་ཀྱི་རྩ་འཛུགས་འོག་ ༢༠༠༢ ལོར་པེ་ཅིན་དུ་འཚོགས། བསྡོམས་པར་འཐུས་མི་ ༢༠༠ ལྷག་ཞུགས། ཚོགས་འདུའི་སྟེང་རང་རྒྱལ་གྱི་སྤྱི་ཚོགས་རིང་ལུགས་ཀྱི་ཁྲོམ་རའི་དཔལ་འབྱོར་བསྐྱར་བཅོས་ཟབ་དང་། ཕྱི་ཕྱོགས་སྒོ་འབྱེད་ཤུགས་ཆེ་དང་། ཚན་རིག་སློབ་གསོས་རྒྱལ་ཁབ་སྐྱོང་བ་དང་། ནུབ་ཕྱོགས་གསར་སྐྱེད་ཀྱི་ཐབས་བྱུས་ལག་བསྟར་བྱས་ཏེ་གཏིང་ཟབ་ཏུ་འགྲོ་བཞིན་པའི་གསར་སྣང་ལ་གཞིར་བཟུང་ནས། མི་རིགས་སློབ་གསོ་བསྐྱར་བཅོས་དང་འཕེལ་རྒྱས་ཀྱི་བྱེད་ཕྱོགས་ཕབས་དང་འབད་ཕྱོགས་སོགས་གོམ་གང་མདུན་སྤོས་སློབ་གསལ་པོར་བཏོན།

The Fifth National Conference on Minority Education was held jointly by the Ministry of Education and the State Ethnic Affairs Commission in Beijing in 2002. The number of the representatives presented at the conference was more than 200. Measures and policies of minority education were determined in the conference based on the new situation that the reform of Chinese socialist market economy was deepened, the process of opening to the outside world was widened, and the strategy of developing the country through science and education and the strategy of further development in the western regions was developed.

第五次西藏工作座谈会 2010年由中共中央、国务院主持在北京召开。会议从各方面丰富、发展、完善了中国共产党的治藏方略，开辟了西藏工作理论的新境界。制定继续加大对西藏的特殊优惠政策和扶持措施。将对口支援西藏的做法推广到对口支援青海，并对加快四省藏族聚居地区经济社会发展做出全面部署。

བོད་ལྗོངས་ལས་དོན་སྐོར་གྱི་བཅར་འདྲི་ཚོགས་འདུ་ཐེངས་ལྔ་བ། ཀྲུང་གུང་ཀྲུང་དབྱང་དང་རྒྱལ་སྲིད་སྤྱི་ཁྱབ་ཁང་གཉིས་ཀྱི་རྩ་འཛུགས་འོག་ ༢༠༡༠ ལོར་པེ་ཅིན་དུ་འཚོགས། ཚོགས་འདུའི་སྟེང་གུང་ཁྲན་ཏང་གིས་བོད་སྲོངས་ལ་སྲུང་ལམ་འཛུགས་ཆེད་དང་། ཕྱོགས་གྲུབ་ཏེ་ཚོགས་སུ་བཏང་སྟེ། ཕྱོགས་ཡོངས་ནས་བོད་ལྗོངས་ལ་ཕན་པའི་དམིགས་བསལ་བྱེད་ཐབས་དང་རོགས་སྐྱོར་བྱེད་ཐབས་གཏིང་འཕེལ་བྱས་པར་མ་ཟད། བོད་ལྗོངས་ལ་ཁ་སྦྱོར་རོགས་སྐྱོར་བྱེད་པའི་ཐབས་ལམ་དག་མཚོ་སྔོན་ལ་ལག་བསྟར་བྱས་ནས། བོད་ཁམས་ཀྱི་ཞིང་ཆེན་བཞིའི་དཔལ་འབྱོར་མགྱོགས་སྒྱུར་ཀྱིས་འཕེལ་བར་ཕྱོགས་ཡོངས་ནས་བགོད་སྒྲིག་བྱེད་པའི་སྒྲུབ་བྱ་བཏོན།

The Fifth National Conference on Work in Tibet was held in 2010 by the CPC Central Committee and the State Council in Beijing. The meeting enriched, developed and perfected the policies of the CPC of governing Tibet from every aspect, opened up a new frontier of the theory on Tibetan work. The meeting enacted the special preferential policies and supportive measures to continue to support Tibet. The meeting decided that the counterpart support work of Tibet was to be extended to the counterpart support of Qinghai, and made comprehensive deployment to accelerate economic and social development in Tibetan Regions in the Four Provinces of Qinghai, Sichuan, Yunnan and Gansu.

第一次全国对口支援新疆工作会议 2010年在北京召开。有关方面负责人共200余人出席。会议主要内容：学习贯彻中央关于组织开展新一轮对口支援新疆工作的重要决策，对进一步加强和推进对口支援新疆工作进行动员部署。涉及19个省市对口支援新疆。

རྒྱལ་ཡོངས་ཀྱིས་ཞིན་ཅང་ལ་ཁ་སྦྱར་རོགས་སྐྱོར་བྱེད་པའི་ལས་དོན་ཚོགས་འདུ་ཐེངས་དང་པོ། ༢༠༡༠ལོར་པེ་ཅིན་དུ་འཚོགས། སྐོར་པས་འབྲེལ་ཡོད་མི་སྣ་༢༠༠ལྷག་ཞུགས། ཚོགས་འདུའི་ནང་དོན་གཙོ་བོ་ནི་ཀྲུང་དབྱུང་གིས་སྐོར་གསར་པའི་ནང་ཞིན་ཅང་ལ་སྐྱོར་རོགས་སྐྱོར་བྱེད་པའི་སྐོར་གྱི་ལས་དོན་གལ་ཆེན་དག་ལ་སློབ་སྦྱོང་བྱས་ནས། རོགས་སྐྱོར་ལས་དོན་སྔར་ལྷག་འཕྱུར་དང་ཁོང་འཕེལ་ཡོང་བ། ད་དུང་འབྲེལ་ཡོད་ཞིང་ཆེན་༡༩ཡིས་ཞིན་ཅང་ལ་སྦྱར་རོགས་སྐྱོར་བྱེད་པ་བཅས་ལ་བགོ་སྐྱིག་བྱ་རྒྱུ་བཅས་སོ།

The First National Work Conference on "Pairing Assistance" Projects to Support Xinjiang's Development was held in Beijing in 2010. A total of 200 people in charge of it attended the session. The main contents were to study and implement the policy of the CPC Central Committee on the organization of carrying out a new round of counterpart support to Xinjiang, and to mobilize and deploy the work further and boost the counterpart support to Xinjiang. Nineteen provinces were responsible for the counterpart support to Xinjiang.

第一次全国民族教育会议 1951年由教育部组织在北京召开。代表共126人。会议旨在制定新中国民族教育之方针及政策措施。提出了要以培养少数民族干部为主要任务，同时加强少数民族地区的小学教育和成人业余教育等问题。还讨论了《培养少数民族师资的试行办法（修正草案）》等多个文件。

རྒྱལ་ཡོངས་ཀྱི་མི་རིགས་སློབ་གསོའི་ཚོགས་འདུ་ཐེངས་དང་པོ། སློབ་གསོ་པུའུ་ཡིས་འཇོགས་འགོད་༡༩༥༡ལོར་པེ་ཅིན་དུ་འཚོགས། བཙལ་བ་འཐུས་མི་ཟུར་༡༢༦ལྷགས། ཚོགས་འདུའི་སྟེང་གྱི་གསར་པའི་མི་རིགས་སློབ་གསོའི་ཁ་ཕྱོགས་དང་སྲིད་ཇུས་འཇོག་བྱ་ཞིང་། གྲངས་ཉུང་མི་རིགས་ཀྱི་གཞུང་ཞབས་པ་གསོ་སྐྱོང་བྱེད་པའི་བྱ་གལ་ཆེ་བཟུང་པར་མ་ཟད། དུས་མཚུངས་སུ་གྲངས་ཉུང་མི་རིགས་ཁུལ་གྱི་སློབ་ཆུང་སློབ་གསོ་དང་དར་མའི་ལས་ཆོར་སློབ་གསོ་སོགས་ལ་ཤུགས་སྟོན་བྱེད་དགོས་པའི་གནད་དོན་ཁྱབ་བསྒྲགས་བྱས་ཏེ། གྲངས་ཉུང་མི་རིགས་ཀྱི་དགེ་རྒན་སྟེ་ཁག་གསོ་སྐྱོང་བྱེད་པའི་ཐབས་ལམ་གྱི

ཡིག་ཚད་པོ་བཏོན།

The First National Conference on Minority Education was held by the Ministry of Education in Beijing in 1951. The number of the representatives presented at the conference was 126. The aim was to enact policies and measures of the new China's minority education. It proposed that the main task was to train the minority cadres and at the same time to enhance importance of the primary school education and adult education in ethnic minority areas. The conference discussed some documents such as the *Trial Measures for the training of minority teachers (the Amended Draft)*.

第一次全国民族贸易会议 1951年在北京召开。由中央贸易部组织。参加大会者共149人。主要议题：确定少数民族地区贸易的方针政策，解决少数民族贸易工作中存在的问题及交流各地区少数民族贸易工作的经验。会议强调民族贸易工作既是经济工作，也是政治工作。

རྒྱལ་ཡོངས་ཀྱི་མི་རིགས་ཚོང་དོན་ཚོགས་འདུ་ཐེངས་དང་པོ། གུང་དབྱང་ཏེ་ཚོང་ཕྱུའི་ཡི་ཚ་འཛུགས་འོག ༡༩༥༡ལོར་པེ་ཅིན་དུ་འཚོགས། ཕྱིར་སྡོམ་མི་ ༡༤༩ཞུགས། བཙོད་དོན་གཙོ་པོ་ནི་གུངས་ཉུང་མི་རིགས་ས་ཁུལ་གྱི་བོ་ཚོང་གི་བྱེད་ཕྱོགས་སྲིད་ཇུས་ལ་ཁག་ཐག་གཅོད་དང་། ནོ་ཚོང་ལས་གའི་གོན་གསའ་པའི་གནད་དོན་ཆེ་ཆུང་ཐག་གཅོད། ས་ཁུལ་སོ་སོའི་མི་རིགས་པར་ཀྱི་ནོ་ཚོང་གི་ལས་གའི་ཉམས་མྱོང་བརྗེ་རེས་བྱེད་པ། ཚོགས་འདུར་ཤུགས་སྟོན་བྱས་པའི་མི་རིགས་བར་གྱི་ནོ་ཚོང་གི་ལས་གནའི་དེ་དཔལ་འབྱོར་ཀྱི་ལས་ཞིག་ཡིན་པར་མ་ཟད། ཆབ་སྲིད་ལས་གཞི་ཞིག་ཀྱང་ཡིན་པའོ། །

The First National Ethnic Trade Conference was held in Beijing in 1951. It was organized by the Central Ministry of Trade. A total of 149 people attended the conference. The main topics were to determine the policy of trade in minority areas, to solve the problems of trade in minority regions and to exchange experience of the work of ethnic trade. The meeting stressed that the work of ethnic trade was not only economic work, but also political work.

第一次全国民族统计工作座谈会 1981年由国家民委主持在北京召开。16个省、自治区的民族事务部门和统计部门派代表参加了会议。这次会议为民族统计工作的恢复和发展奠定了基础。

རྒྱལ་ཡོངས་ཀྱི་མི་རིགས་སྟོམ་རྩིས་ལས་དོན་སྐོར་གྱི་བགྲོས་མོལ་ཚོགས་འདུ་ཐེངས་དང་པོ། རྒྱལ་ཁབ་མི་རིགས་དོན་གཅོད་ཨུ་ཡོན་ལྷན་ཁང་གི་ཚ་འཛུགས་འོག ༡༩༨༡ལོར་པེ་ཅིན་དུ་འཚོགས། ཞིང་ཆེན་འདིའི་ཚོགས་འདུ་ལ་ཞིང་ཆེན ༡༦གྱི་རང་སྐྱོང་ལྡོངས་དང་། མི་རིགས་ལས་དོན་ལས་ཁུངས། སྟོམ་རྩིས་ལས་ཁུངས་བཅས་ཀྱི་འཐུས་མི་ཞུགས། ཚོགས་འདིས་མི་རིགས་སྟོམ་རྩིས་ལས་དོན་སླར་གསོ་དང་འཕེལ་རྒྱས་ལ་རྨང་གཞི་བཏིང་།

The First Forum on the Ethnic Statistics Work was convened in 1981 by the State Ethnic Affairs Commission in Beijing. Representatives from ethnic affairs departments and statistical departments of 16 provinces, autonomous regions attended the

第一次全国牧区工作会议 1987年由国务院组织在北京召开。代表共176人。会议认为，牧区的经济政治地位十分重要，关系到我国陆地边疆少数民族地区的发展及畜产品供给基地、生态屏障的建设。为此，会议就牧区工作经验、牧区经济工作的指导方针、牧区畜牧业的政策和措施进行了总结、研讨。

རྒྱལ་ཡོངས་འབྲོག་ཁུལ་ལས་ཀའི་ཚོགས་འདུ་ཐེངས་དང་པོ། ༡༩༨༧ལོར་རྒྱལ་སྲིད་སྤྱི་ཁྱབ་གྱིས་པེ་ཅིན་དུ་འཚོགས། འཐུས་མི་བསྡོམས་པ་༡༧༦ཡོད། ཚོགས་ཆེན་གྱིས་འདྲོག་ཁུལ་གྱི་དཔལ་འབྱོར་ཆབ་སྲིད་གནས་བབ་ཏུ་ཆུང་གལ་ཆེ་བ་སྟེ། རང་རྒྱལ་སྐམ་སའི་མཐའ་མཚམས་ཀྱི་གྲངས་ཉུང་མི་རིགས་ས་ཁུལ་འཕེལ་རྒྱས་དང་ཕྱུགས་ཟོག་འདོན་སྐྱེད་གཏན་སྒོའི་གཞལ། ཁམས་སྐྱོངས་བཅོལ་སྲུང་བའི་འདུག་སྒྲུན་སོགས་འགྲེལ་བ་ཡོད་པར་དགོངས། དེར་བརྟེན་ཤོས་ཚོགས་འདིས་འབྲོག་ཁུལ་ལས་ཀའི་ཉམས་མྱོང་དང་འབྲོག་ཁུལ་དཔལ་འབྱོར་ལས་དོན་གྱི་སྟེ་འཛིན་བྱེད་ཕྱོགས། འབྲོག་ཁུལ་ཕྱུགས་ལས་ཀྱི་སྲིད་ཇུས་དང་ཐབས་ཤེས་སོགས་ལ་ཕྱོགས་སྡོམ་དང་དཔྱད་བགྲོ་བྱས།

The First National Work Conference for Pastoral Areas was held in Beijing in 1987, and 176 representatives attended the conference. The conference noted that the economic-political status of pastoral areas is of great importance; it concerns both the development in borderland minority areas of inland China and the construction of bases of supply of livestock products and ecological protective screens. Besides, the conference had also summarized and studied the working experience, guiding principles for the economic work, policies and measures for the development in pastoral areas.

第一次西藏工作座谈会 1980年在北京召开。会议进一步明确了西藏面临的任务及需要解决的方针政策等问题，并形成《西藏工作座谈会纪要》。会议还确立了中央的援助和特殊政策，使西藏出现了一批前所未有的现代工业和交通设施，为现代化建设奠定了良好的基础。

བོད་ལྗོངས་ལས་དོན་སྐོར་གྱི་བཞུགས་མོལ་ཚོགས་འདུ་ཐེངས་དང་པོ། ༡༩༨༠ལོར་པེ་ཅིན་དུ་འཚོགས། ཚོགས་འདུའི་སྟེང་བོད་ལྗོངས་ཀྱི་མིག་སྔའི་ལས་འགན་དང་དེར་དུ་ཐག་གཅོད་དགོས་པའི་བྱེད་ཕྱོགས་སྲིད་ཇུས། གནད་དོན་གསལ་བསྒྲགས། དེ་བཞིན《བོད་ལྗོངས་ལས་དོན་སྐོར་གྱི་བཞུགས་མོལ་ཚོགས་འདུའི་གནད་བསྡུས》གྲུབ་པ་དང་། ཚོགས་འདུའི་སྟེང་ཀྲུང་དབྱུང་གིས་ས་གནས་ལ་རོགས་སྐྱོར་དང་དམིགས་བསལ་སྲིད་ཇུས་རྣམས་ཁ་ཐག་དུ་བོད་ལྗོངས་ནས་སྔར་མེད་ཀྱི་བཟོ་ཚོང་དང་འགྲིམས་འགྲུལ་འཛུགས་སྐྲུན་བྱས་ཏེ། དེང་རབས་ཅན་འཛུགས་སྐྱོན་ལ་ལམ་གཞི་ལེགས་པོ་འདིང་བ་བཅས་སོ།

The First National Conference on Work in Tibet was held in Beijing in 1980. The meeting further determined the task that Tibet faced and the policies needed to be dealt with, and came up with the *Summary of the Work Conference on Tibet*. The meeting also established the policies on the assistance from the central government and some other special policies, resulting in the appearance of modern industries and traffic facilities in Tibet.

第一次中央民族工作会议 1992年在北京召开。会议主题：加强各民族的大团结，为建设有中国特色的社会主义携手前进。会议确定了20世纪90年代我国民族工作的大政方针和主要任务。开创了以"中央民族工作会议"的方式来确立各个阶段民族工作最重要的指导性原则与最重大的战略主张的先例。

གུང་དབང་མི་རིགས་ལས་དོན་ཚོགས་འདུ་ཐེངས་དང་པོ། ༡༩༩༢ལོར་པེ་ཅིན་དུ་འཚོགས་ཚོགས་འདུའི་བརྗོད་མི་རིགས་སོ་སོའི་མཐུན་སྒྲིལ་བྱས་ནས་ཐུན་མོང་གིས་ཀྲུང་གོའི་ཁྱད་ཆོས་ལྡན་པའི་སྤྱི་ཚོགས་རིང་ལུགས་འཛུགས་སྐྲུན་བྱེད་པ་ཞེས་པའི་བརྗོད་གཞི་བཏོན། པར་མ་ཟད། དུས་རབས་༢༠པའི་ལོ་རབས་༩༠པའི་རང་རྒྱལ་མི་རིགས་ལས་དོན་གྱི་ཁ་ཕྱོགས་གཙོ་བོ་འབེབས་བྱས་པ་དང་། གུང་དབང་གིས་མི་རིགས་ལས་དོན་གྱི་ཚོགས་འདུའི་རྒྱལ་བ་གསར་བ་གཏོད་དེ། དུས་སྐབས་སོ་སོའི་མི་རིགས་ལས་དོན་གྱི་རྩ་དོན་དང་ཐབས་རྟགས་གཏན་འབེབ་བྱས།

The First Central Ethnic Work Conference was held in Beijing in 1992. The theme of the conference was to strengthen the unity of all ethnic groups, to march forward hand in hand for the construction of the socialism with Chinese characteristics. The meeting determined the fundamental policy and main tasks of China's ethnic work in the 1990s. It set a precedent as follows: to establish the most important guiding principles and the grea-

test strategic proposition of the ethnic work in each stage through the means of Central Ethnic Work Conference.

第一届全国民族医药工作会议 1984年由卫生部和国家民委在内蒙古呼和浩特市联合召开。参会代表100多人。会议历史性地总结了我国民族医药工作的情况，明确了民族医药在卫生工作中的地位和作用，制定了《民族医药事业"七五"发展规划和意见》等。

རྒྱལ་ཡོངས་ཀྱི་མི་རིགས་གསོ་རིག་ལས་དོན་ཚོགས་འདུ་སྐབས་དང་པོ། འཕྲོད་བསྟེན་པུའུ་དང་རྒྱལ་ཁབ་མི་རིགས་དོན་གཅོད་ཨུ་ཡོན་ལྷན་ཁང་གཉིས་ཀྱིས་འབྲུག་འོག་ནང་སོག་མཁར་སྐྲོང་པོའི་གྲོང་ཁྱེར་དུ་༡༩༨༤ལོར་འཚོགས། ཚོགས་འདུའི་སྟེང་རང་རྒྱལ་གྱི་མི་རིགས་གསོ་རིག་གནས་ཚུལ་སྒྲོགས་སྒྲོམ་བྱས་ཏེ། རང་རྒྱལ་གྱི་འཕྲོད་བསྟེན་ལས་དོན་ཁྲོད་མི་རིགས་གསོ་རིག་གིས་བཟུང་པའི་གོ་གནས་དང་བྱེད་ནུས་ཁྱབ་བསྒྲགས་དང་།《མི་རིགས་གསོ་རིག་ལས་དོན་སྐོར་གྱི་བདུན་ལྔའི་འཕེལ་རྒྱས་འཆར་གཞི་དང་བསམ་ཚུལ》ཀྱི་ཡིག་ཆ་བཏོན།

The First National Ethnic Medicine Work Conference was held jointly by the Ministry of Health and the State Ethnic Affairs Commission in Inner Mongolia at Hohhot city in 1984. More than 100 representatives participated in it. The meeting historically summed up the work of ethnic medicine in China, illustrated clearly the status and function of ethnic medicine in health work, formulated *the Seventh Five-year Plan and Advice on the Development of*

Ethnic Medicine, etc.

第一届全国少数民族文艺会演 1980 年由文化部、国家民委联合组办。共有 55 个少数民族的专业、业余演员 2000 余人参加会演,演出 109 场共 400 多个文艺节目。大部分节目是新作,题材多样,内容广泛,且都具有本民族鲜明的艺术特色。

རྒྱལ་ཡོངས་ཀྱི་གྲངས་ཉུང་མི་རིགས་རིག་རྩལ་འཁྲབ་སྟོན་སྐབས་དང་པོ། ༡༩༨༠ལོར་རིག་གནས་པུའི་དང་རྒྱལ་ཁབ་མི་རིགས་དོན་གཅོད་ཨུ་ལྷན་གཉིས་མཉམ་འབྲེལ་ཡོས་གཙོ་སྐྱ་བྱས་བསྟོལ་པ། བྱངས་ཉུང་མི་རིགས་ཀྱི་ཆེད་ལས་པ་༥༥དང་། འཁྲབ་སྟོན་པ་༢༠༠༠ལྷག་ཚོགས་འདུ་དང་འཁྲབ་སྟོན་ལ་ཞུགས། འཁྲབ་ཐེངས་༡༠༩དུ་རིག་རྩལ་མི་ཚན་༤༠༠ལྷག་འཁྲབ་སྟོན་བྱས། འཁྲབ་ཚན་མང་ཆེ་བ་གསར་སྒྲིག་དང་། བརྗོད་བྱ་སྣ་མང་། ནང་དོན་རྒྱ་ཆེ་བ། གཞན་ཚང་མར་མི་རིགས་ཀྱི་སྒྱུ་རྩལ་ཁྱད་ཆོས་གསལ་དོ་པོ་ཡོད་པའོ། །

The First National Art Shows of Ethnic Minorities was organized jointly by the Ministry of Culture and the State Ethnic Affairs Commission in 1980. More than 2,000 actors and actress both professional and amateur from 55 minorities attended the joint performance, and they performed 109 scenes and more than 400 theatrical items. Most of the programs are new works that have diverse topics, extensive contents and distinct features of the ethnic art.

《滇略》 书名。(明)谢肇淛撰。10 卷。此书乃万历间其在云南为官时所著。分版略、胜略、产略、俗略、绩略、献略、事略、文略、夷略、杂略等 10 略。其中夷略记云南少数民族历史习俗极详。

《ཡུན་ནན་དཔྱད་བསྡུས》 དཔེ་ཆའི་མིང་། དེའི་མིང་རྒྱལ་རབས་ཀྱི་གོང་མ་ཞན་ཞིའུ་སྐྲགས་སུ། ཡུན་ནན་གྱིས་གནས་དོན་པོའི་གྱིང་གུ་ཡིས་བཙམས། དེའི་ནང་དུ་ཐ་ཁྱབ་དཔྱད་བསྡུས་དང་། དགའ་བསྐྱོལ་དཔྱད་བསྡུས། ཐོན་གཉེར་ཐུབ་འབྲས་དཔྱད་བསྡུས། དོན་ཆེན་དཔྱད་བསྡུས། དཔེ་རྟིང་དཔྱད་བསྡུས། རི་དགས་དཔྱད་བསྡུས། རྩ་འཛོམས་དཔྱད་བསྡུས་བཅུ་པོ་བཅུ་བཞུགས། ནང་གསེས་ཀྱི་མི་རིགས་དཔྱད་བསྡུས་སུ་ཡུན་ནན་གྱིས་གནས་པའི་གྲངས་ཉུང་མི་རིགས་ཀྱི་དཔངས་སྲོལ་དང་ལོ་རྒྱུས་ཤོག་ཞིབ་ཏུ་བཀོད་ཡོད།

Dian Lüe (Local Gazetteer of Yunnan), written by Xie Zhaozhi in the Ming Dynasty, contains 10 volumes. The writer wrote this book during his tenure in Yunnan in the Wanli reign period of the Ming Dynasty. It has 10 parts, including the brief introduction to territories, sceneries, resources, customs, achievements, stories, affairs, cultures, ethnic minorities, and miscellanies, among which the records of customs of ethnic minorities of Yunnan Province, is very accurate and concrete.

《滇黔土司婚礼记》 (清)陈鼎撰。1 卷。撰者清初随其叔宦滇,后与彝族土司之女结婚。此书记述婚礼繁文缛节及豪侈情况,为亲身经历纪实。是研究彝族土司婚姻礼俗的第一手资料。

《ཡུན་ཀྱིའི་ས་སྐྱོང་གི་གཉེན་སྒྲོལ་ཞིབ་བཀོད》 དཔེ་ཆ་འདིའི་རྩོམ་པ་པོ་ནི་ཆིང་རྒྱལ་རབས་ཀྱི་ཁྲེན་ཏུའུ

ཡིན། ཁོ་རང་ཕུ་བོ་དང་འགྲོགས་ནས་ཡུན་ནན་ས་ཁུལ་
དུ་ཕྱིན་སྐྱོང་ཡོས་རྗེས་དབྱིས་རིགས་ཀྱི་དཔོན་པོའི་སྲས་མོ་
དང་གཉེན་སྒྲིག། དེ་འདིའི་ནང་དུ་ཚོགས་སྣེ་ཚོགས་དང་
གཉེན་སྟོན་སོགས་གཟབ་རྒྱས་དང་བཀོད་ཡོད། དེ་
འདིའི་ཚོད་པ་པོའི་སྐུ་དངོས་རྒྱུད་པ་ཡིན་སྟབས། དབྱིས་
རིགས་དཔོན་པོའི་གཉེན་སྒྲོལ་ཞིབ་འཇུག་བྱེད་པའི་ཡིག་
ཆ་བདེན་པ་ཞིག་ཡིན།

Memoir of my Marriage to a Chieftain's Danghter in the Yunnan and Guizhou Areas, composed of one volume, was written in the Qing Dynasty by Chen Ding, who went to Yunnan in the earlier years with his uncle, who was an official there. Later, he married the daughter of a Chieftain of the Yi people. Based upon his own experience, the writer wrote how luxurious and complex the wedding ceremony was, which makes it the firsthand data when the customs of Yi Chieftains' wedding ceremonies are studied.

《滇史》 也名《滇事纪略》。（明）诸葛元声撰。万历（1573—1620）刊本。14卷。记自远古，止于明初云南史事。为研究云南民族史的重要参考书。

《ཡུན་ནན་ལོ་རྒྱུས》 མིང་གཞན་ལ《འདང་ཡུན་གནད་བསྡུས》ཞེར་ཞིང་། དེབ་འདི་ནི་མིང་རྒྱལ་རབས་ཀྱི་གྲོལ་ཀུ་ཡོན་ཞིང་གྱིས་བརྩམས། གོང་མ་ཝན་ལི་(1573—1620ལོར) ཡིག་སྐུགས་སུ་པར་དུ་བཏབ། བམ་པོ་14ཡོད། དེབ་འདིའི་ནང་དུ་བསྐལ་པ་ཡ་ཐོག་ནས་མིང་རྒྱལ་རབས་དུས་མགོའི་བར་གྱི་ལོ་རྒྱུས་དང་དོན་རྐྱེན་སོགས་བཀོད་ཡོད་པས། ཡུན་ནན་མི་རིགས་ཀྱི་ལོ་རྒྱུས་ཞིབ་འཇུག་གི་དཔྱད་གཞི་གལ་ཆེན་

ཞིག་ཡིན།

Dian Shi (The History of Yunnan), also named *The Brief History of Yunnan*, was written by Zhuge Yuansheng and published in the Wanli reign period of the Ming Dynasty (1573-1620). With 14 volumes, the book covers a thousand-year period from the ancient times to the early Ming Dynasty. It is one of the most vital bibliographies for studying the history of ethnic minorities in Yunnan.

《滇云历年传》 云南编年史书。（清）倪蜕撰。12卷。记自远古，迄于清乾隆元年（1736）云南史事。对研究云南少数民族史有一定参考价值。

《འདང་ཡུན་ལོ་རྒྱུས》 ཡུན་ནན་ལོ་རྒྱུས་དེབ་ཐེར། ཆིང་རྒྱལ་རབས་ཀྱི་ཉིའུ་ཕེ་ཡིས་བརྩམས། བམ་པོ་12ཡོད། ཐོག་ནས་ཆིང་རྒྱལ་རབས་གོང་མ་ཆན་ལུང་བར་གྱི་ལོ་རྒྱུས་དག་བཀོད་ཡོད། བསྡོམས་པས་ལེའུ་12རེད། དེ་འདིའི་ནང་དོན་ཕུན་སུམ་ཚོགས་པར་མ་ཟད། ཡུན་ནན་གྲངས་ཉུང་མི་རིགས་ཀྱི་ལོ་རྒྱུས་སོགས་ལ་ཞིབ་འཇུག་བྱེད་པའི་དོན་སྙིང་གལ་ཆེན་ལྡན།

The Chronicle of Yunnan, written by Ni Tui in the Qing Dynasty, contains 12 volumes and is a chronological book of the history of Yunnan, which covers the history of Yunnan from the ancient times to the first year of Emperor Qianlong (1736). It is a valuable reference for the history of ethnic minorities in Yunnan.

《滇载记》 书名。杨慎撰。1卷。约成书于明朝嘉靖（1522—1566）初年。主要记述唐南诏蒙氏、宋大理国以迄明初白族段氏史迹。

《滇载记》 དཔེ་ཆའི་མིང་། མིང་རྒྱལ་རབས་ཀྱི་ཡང་ཆེན་གྱིས་བརྩམས། པོད་གཅིག་ཡོད། པལ་ཆེར་མིང་གོང་མ་ཇུའུ་ཅིན། (1522—1566) གྱི་དུས་འཁོར་དེབ་ཏུ་བསྒྲིགས། འདིའི་ནང་དུ་ཐང་པོ་ཐང་རྒྱལ་རབས་སྐབས་ཀྱི་འཇང་ཡུལ་གྱི་དུས་མིད་ཅན་དང་། སུང་རྒྱལ་རབས་ཀྱི་ཏ་ལི་རྒྱལ་ཁབ་ནས་མིང་རྒྱལ་རབས་དུས་མགོའི་པའི་རིགས་ཀྱི་དུས་ཏོས་ཅན་གྱི་པོ་རྒྱས་མཛད་དོན་སོགས་བཀོད་ཡོད།

Dian Zai Ji, written by Yang Shen in the Ming Dynasty, contains one volume and is a chronological book of Yunnan. It was completed at the first year in the Jiajing reign period of the Ming Dynasty (1522-1566). It covers the history of Nanzhao Montessori in Tang Dynasty and history of Duan (Bai people) from the Kingdom of Dali in the Song Dynasty to the early Ming Dynasty.

滇藏公路 214 国道的一部分。1974 年完成并且通车。长 714 公里。起点为云南景洪，经过西藏芒康、左贡、昌都、类乌齐至青藏界多普玛。在西藏境内有一段与川藏公路南线 318 国道共线。它穿过横断山区原始森林，横跨金沙江，翻过百芒雪山和洪拉山。

ཡུན་བོད་གཞུང་ལམ། རྒྱལ་ལམ་ཨང་༢༡༤ཡི་ཁག་གཅིག་ ༡༩༧༤ལོར་ཞིག་འགྲུབ་བྱུང་སྟེ་སྐྲུན་འབོར་ཁར་བསྐྱོད་ཐུབ། རིང་ཚད་ལ་སྤྱི་ལེ་ ༧༡༤ ཡོད། དེའི་ཡུན་ནན་ཅིན་ཧོང་ནས་འགོ་བཙུགས་ཏེ། བོད་ལྗོངས་སྨར་ཁམས་དང་མཛོ་སྒང་། ཆབ་མདོ། རི་བོ་ཆེ་སོགས། བརྒྱུད་ནས་མཚོ་བོད་ལམ་ཁའི་གྱི་ཏོ་ཕུ་མར་སླེབ། བོད་ལྗོངས་ཀྱི་ཁྱོར་དུ་གཞུང་ལམ་དུས་པ་ཞིག་དང་ཁོན་པོད་གཞུང་ལམ་གྱི་ལྷོ་ཐིག་༣༡༨ རྒྱལ་ལམ་དང་མཉམ་དུ་འགྲོ། དེས་འཕང་བཅད་རིའི་ཁྱོན་གྱི་གདོད་མའི་ནགས་ཚལ་རྒྱུད་པ་དང་། རྒྱལ་མོ་རྔུལ་ཆུ་འཕང་བརྒལ། པད་མ་གངས་རི་དང་ཧོང་ལ་བརྒལ་བཅས་བརྒལ་དགོས།

The Yunnan-Tibet Highway is a section of No. 214 Naitional Trunk Highway. It was completed and opened to traffic in 1974. With a length of 714km, this highway starts from Jinghong Yunnan to Duopumanei at the Qinghai-Tibet border, traversing Mangkam, Zogang, Chamdo, Riwoq in Tibet. Part of Yunnan-Tibet Highway in Tibet is collinear with the southern line of Sichunan-Tibet Highway (No. 318 National Trunk Highway). The Yunnan-Tibet Highway crosses the primeval forests of the Hengduan mountainous area and the Jinshajiang River, and climbs over the Baimang Snowy Mountain and Mt. Hongla.

典属国 古代官职。源于秦汉，意思是负责属国的官员，少数民族事务由其负责。

བྱར་སྐྱོང་དཔོན། གནའ་དུས་ཀྱི་དཔོན་གནས་ཤིག་ཆེས་ཐོག་མར་ཆིན་ནས་ཧན་རྒྱལ་རབས་བར་དར། དོན་ནི་བྱར་གཏོགས་རྒྱལ་ཁབ་ཀྱི་དོན་གཉེར་དཔོན་པོ་སྟེ། གྲངས་ཉུང་མི་རིགས་ཀྱི་ལས་དོན་སོགས་ལ་འགན་ཁུར་བཞིན་ཡོད།

The Director of Dependent States is the name of government official in ancient China. Originated in the Qin Dynasty, it refers to those who direct the affairs of dependent states, as well as affairs of ethnic groups.

丁零 中国古族名，与今维吾尔族有渊源。

秦汉时，游牧于今贝加尔湖一带。后被匈奴征服。曾联合他族对抗匈奴终使其分裂。三国时，其一部仍在今贝加尔湖以南游牧，称"北丁零"；一部迁至今新疆阿尔泰山和塔城一带，称"西丁零"。东汉时部分丁零人南迁，至南北朝时，渐与当地民族融合。

དིང་ལིང་། གུང་བོའི་གནའ་བོའི་མི་རིགས་ཤིག ད་ལྟའི་ཡུགུར་རིགས་ཀྱི་འབྱུང་ཁུངས་ཡིན། ཆིན་དང་ཧན་རྒྱལ་རབས་དུས་སུ་དེང་གི་པེ་ཀ་ཨར་མཚོ་འགྲམ་དུ་འབྲོག་ལས་བྱེད་བཞིན་ཡོད། མི་རིགས་གཞན་པ་དང་མཉམ་འབྲེལ་བྱས་ནས་ཞུང་ནུའི་ལོ་རྒོལ་བྱས་ཤིང་མཐར་ཞུང་ནུའི་དབང་དུ་བསྡུས། རྒྱལ་ཁབ་གསུམ་གྱི་སྐབས་སུ་ཕྱོགས་ཁག་གསུམ་དུ་གྱེས། ཁག་གཅིག་ནི་པེ་ཀ་ཨར་མཚོ་ཡི་ལྷོ་ཕྱོགས་སུ་འབྲོག་ལས་གཞིར་བཟུང་སྟེ་བྱིད་བྱང་ཟེར། ཁག་གཅིག་ནི་དེང་གི་ཞིན་ཅང་ཨར་ཐའི་རི་རྒྱུད་དང་ཐ་ཁྲེང་རྒྱུད་དུ་གནས་སྤོས་བྱས། དེ་དག་ལ་ཞིན་ཞེས་ཟེར། ཧན་ཤར་མའི་དུས་སྐབས་སུ་དིང་ལིང་ཁ་ཤས་ལྷོ་ཕྱོགས་སུ་གནས་སྤོས། རྒྱལ་རབས་ལྷོ་བྱང་སྐབས་སུ་རིམ་གྱིས་ས་དེའི་མི་རིགས་དང་འདྲེས་པར་གྱུར།

Dingling people, an ancient tribe of today's Uyghur people living in Xinjiang, was living along the Lake Baikal in the Qin and Han Dynasty. The Dingling tribe was later subjugated by the Xiongnu confederacy, and was disintegrated in its anti-Xiongnu confrontations allied with other tribes. During the period of the Three Kingdoms, a branch of the Dingling people remained pasturing along Lake Baikal and was called the Northern Dingling while another tribe moved to the Altai Mountains and Tacheng of Xinjiang and was called the Western Dingling. During the Eastern Han Dynasty, parts of the Dingling people migrated south, and gradually acculturated with the local people till the Northern and Southern Dynasties.

丁洛 藏语音译，意为"远处的珞巴"。旧时藏族对远离藏族聚居地区的珞巴族聚居地区及人民的俗称。

བྱིང་ལོ། ནང་བོད་སྐད་རིང་གི་སྒྲ་བསྒྱུར་ཏེ། འདིའི་འཇུག་དོན་ནི་རིང་བའི་སྐབས་སུ་བོད་མི་རྣམས་ཀྱིས་དབུས་ཁུལ་དང་ཐག་རིང་བའི་ལྷོ་པ་ས་ཁུལ་ལ་འབོད་པའི་སྟོང་ཞིག་གོ

Dingluo, transliterated from Tibetan language, means "Lhoba people from faraway lands". It is the popular term that Tibetans called Lhoba lands and people far away from Tibetan areas in old days.

定 指西藏门巴族和藏族部分地区历史上宗（相当于县）以下的一级行政区划。其范围略小于措（相当于区或乡）。

སྡིང་། བོད་ལྗོངས་མོན་པ་དང་བོད་ཁུལ་གྱི་ས་ཁུལ་ཁག་ཀྱི་ས་གནས་བགོ་སྡངས་མས་ཆག་སྲིད་མངའ་ཁོངས་དབྱེ་སྡངས་ཤིག དེ་ནི་ལོ་རྒྱུས་ཕྱོག་གི་རྫོང་（ནང་ལུགས་ཀྱི་རྫོང་དང་ཐལ་ཆེར་མཉམ）རིམ་པའི་འོག་གི་རིམ་པ་དང་བྱེད་འཛིན་མངའ་ཁོངས་ཞིག་ཡིན། དེའི་ཁྱབ་ཁོངས་ཚོ་པ་ལས་ཅུང་ཆུང（ཐལ་ཆེར་ཞང་དམ་ཡུལ་ཚོ་དང་འད）

Ding refers to an administrative division of Monpa and parts of areas in the Tibet Autonomous Region in the old days. It is subordinate to Zong (equal to the administrative division of County) and a slightly less than Cuo (equal to the regional township) for the administrative region.

定居游牧 定居与游牧相结合的一种畜牧业生产经营方式。在我国牧区合作化运动中开始推行。与游牧相比，居住点开始固定，出现有住房、有棚圈和其他生产生活设施的村镇雏形，可供冬春季节使用。夏秋季节，仍将牲畜赶到远离居民点的牧场上放牧。

གཏན་སྡོད་འབྲོག་ལས། གཏན་སྡོད་དང་ཡུལ་འཁྱར་འབྲོག་ལས་གཉིས་ཕན་ཚུན་བྱུང་དུ་འབྲེལ་བའི་ཕྱུགས་ལས་ཐོན་སྐྱེད་ཀྱི་རྣམ་པ་ཞིག་སྟེ། འདི་ནི་རང་རྒྱལ་གྱི་འབྲོག་ལས་མཉམ་ལས་ཅན་གྱི་བྱ་འགུལ་ཁྲོད་ནས་ཐོག་མར་བྱུང་། ཡུལ་འཁྱར་འབྲོག་ལས་དང་བསྡུར་ན། སྡོད་གནས་གཏན་འཇགས་སུ་སོང་བས་ཁང་པ་དང་ཚོའི་ཁྱིམ་ཆགས་གཞན་དག་ཆགས་པའི་གྲོང་རྡལ་གྱི་རྣམ་པ་བྱུང་། སྟོན་དགུན་དེ་དག་དགུན་དུས་དང་དཔྱིད་དུས་བེད་སྤྱད་བྱེད་ཚོགས་པ་ལས། དབྱར་ཁ་དང་སྟོན་ཁའི་དུས་སུ་སླར་བཞིན་སྒོ་ཕྱུགས་སྡོད་གནས་དང་ཐག་རིང་བའི་སར་དེད་དེ་འཚོ་སྐྱོང་བྱེད་བཞིན་ཡོད།

Inhabited Pasturage, carried out during the Cooperative Movements in China's pastoral areas, was a mode of production and operation of animal husbandry, which combined settlement with nomadic life. Compared with the Nomadic, settlements began to be fixed. There appeared the form of a village including houses, livestock sheds, other productions and living facilities for winter and spring. In spring and summer, people would graze far away from residential areas.

定向招生、定向分配 我国为帮助边远、少数民族地区和某些工作条件比较艰苦的行业培养人才，把招生来源地和毕业生分配去向适当结合起来的一项政策（招生时明确毕业后的就业方向）。在录取分数、学杂费、奖学金、就业等方面有特别优待。1982年试行，1983年大面积招生，1988年划定定向范围。

དམིགས་འཛུགས་སློབ་བསྡུ་དང་། དམིགས་འཛུགས་ལས་བགོ། རང་རྒྱལ་གྱིས་མཐའ་འཁོབ་དང་གྲངས་ཉུང་མི་རིགས་ས་ཁུལ། ལས་གནའི་ཆ་རྐྱེན་ཞན་པའི་ལས་རིགས་ཀྱི་མི་སྣ་གསོ་སྐྱོང་ལ་རོགས་རམ་བྱེད་པ་སྟེ། སློབ་བསྡུའི་འབྱུང་གནས་དང་སློབ་མཐར་ཕྱིན་པ་གནང་ཞིག་ཏུ་ལས་བགོ་འོས་མཐུན་བྱེད་པ་བཙམ་མཚམས་འབྲེལ་བྱས་པའི་སྲིད་ཇུས་ཤིག (སློབ་བསྡུའི་དུས་སུ་སློབ་མཐར་ཕྱིན་རྗེས་ཀྱི་ལས་བགོའི་ཁ་ཕྱོགས་གསལ་པོ་ཡིན) དེ་ལ་ནང་དུ་བསྡུ་བའི་སྐར་མ་དང་སློབ་ཡོན། སློབ་ཆགས་བྱ་དགའ། ལས་བགོ་སོགས་ཕྱོགས་གང་ཐད་ནས་དམིགས་བསལ་གྱི་ལྷག་ཚོགས་ཡོད། ༡༩༨༢ལོར་ཚོད་ལྟ་སྤྱད། ༡༩༨༣ལོར་སློབ་མ་རྒྱ་ཆེན་པོ་བསྡུས། ༡༩༨༨ལོར་དམིགས་འཛུགས་ཁྱབ་ཁོངས་ལ་འཚར་གཞི་བཟོས།

Preferred Enrollment and Preferred Assignment of Jobs is a policy implemented to help cultivate talents for remote areas, ethnic minority areas and some fields with tough working conditions, aiming to combine the source of recruited students with their job assignment (occupational orientation confirmed during the enrollment). Students of this type have special preferential treatment, such as enrollment standards, tuition and fees, scholarships, employment, etc. It was put into practice on a trial basis in 1982, and it was implemented to enroll students in large-scale in 1983, and it stipulated the preferential scope in 1988.

《定藏纪程》 清代入藏游记。扬州人吴廷伟撰。1卷。康熙五十九年（1720）作者自西宁起程至拉萨，又自拉萨经成都返回西宁。书中对沿途山川、道里及各地风土人情多有记述。

《སྙིང་བོད་ལམ་ཡིག》ཆིང་རྒྱལ་རབས་སྐབས་བོད་སྟོངས་འགྲིམ་པའི་ཉིན་ཐོ། ཚོམ་པ་པོ་ནི་དབྱང་གྲོའུ་པ་བོན་ཤེ་ཐེར་པ་ཡིན། བོད་གཞིག་ཡོད། ཚོམ་པ་ཁང་ཞེས་ཁྲི་ཧོ་ལོ་དཀུ་པོར་ 1720 ལོར་ནས་ལྷ་ས་དང་། ལྷ་ས་ནས་ཁྱིང་ཧུའི་བརྒྱུད་དེ་ཕྱིར་ཟི་ཉིང་དུ་ལྡབས་པའི་ལམ་བར་གྱི་རི་རྒྱུད་དང་རྒྱུ་པོ། ས་གནས་སོ་སོའི་མི་རིགས་ཀྱི་ཡུལ་སྲོལ་གོམས་གཤིས་སོགས་མང་པོ་བཀོད་ཡོད།

Travel Notes of Pacifying Tibet, written by Wu Tingwei in the Qing Dynasty with one volume in total, was mainly about his travel in Tibet. In the 59th year of the reign of Emperor Kangxi（1720）, the author set out from Xining to Lhasa with the troops of Qing Dynasty and then came back from Lhasa to Xining via Chengdu. The book recorded the mountains and rivers, the roads and mileages, and local customs along the journey.

丢木拉 布朗语音译，即"家族长"。旧时云南勐海布朗族地区家族长的称谓。

ཌིའུ་མུའུ་ལ། པུའུ་ལང་གི་སྐད་སྒྲེ། ཁྱིམ་རྒྱུད་ཀྱི་གན་ཞེས་པའི་དོན་ཡིན། འཇིག་རྟེན་རྙིང་པའི་སྐབས་སུ་ཡུན་ནན་མིན་ཧེ་ཀྱི་པུའུ་ལང་མི་དམངས་ཚོའི་ཁྱིམ་རྒྱུད་ཀྱི་གན་པ་རྣམས་ལ་བཟོད་པའི་མིང་ཞིག

Diu Mula, transliterated from Blang pronunciation, means "the leader of a family". It was the appellation of patriarch in Manghai Blang areas, Yunnan.

东巴画 东巴文化艺术的一项重要内容。以纳西族信奉中的神灵、传说中的祖先及动物等为主要描绘内容。有经卷图画、木牌画、纸牌画和卷轴画等形式。以木片、东巴纸、麻布等为材料；用竹笔蘸松烟墨勾画轮廓，然后敷以各种自然颜色。以线条表现为主，不注重形体比例；许多画面亦字亦画。

སྟོན་པའི་རི་མོ། སྟོན་པའི་རིག་གནས་སྒྱུ་རྩལ་གྱི་ནང་དོན་གཙོ་བོ་ཞིག་ཡིན། འཇང་མི་རིགས་ཀྱིས་དད་པའི་ལྷ་དང་། དཀར་རྒྱུན་བྱོན་གྱི་མེས་པོ། སྲོག་ཆགས་སོགས་ནི་འབྲི་བའི་ནང་དོན་གཙོ་བོ་ཡིན། ཆོས་རིག་དང་ཤིང་རིག པོག་རིག་སོགས་ཀྱི་རྣམ་པ་ཡོད། ཤིང་དུམ་སྟོན་པའི་ཤོག་བུ། རས་རས་སོགས་རྒྱུ་ཆ་བྱས་ཡོད། སྨྱུག་མས་སྦྱི་ཤོག་བྲིས་རྟེན་རྡོ་མཚོན་སྣུམ་ཚོགས་བྱུགས། ཐིག་རིས་ཀྱི་མཚོན་སྟངས་ནི་གཙོར་འཛིན་པ་ལས་ཚོན་ལུགས་མི་བྱེད། རི་མོ་མང་པོ་ཞིག་གི་ཐོག་ལའང་རི་མོ་དང་ཡི་གེ་གཉིས་བྲིས་ཚོག

Dongba drawing is an important part of the Dongba culture and art. The main depicting contents are the gods that the Naxi people believe in, and the ancestors and animals in the legendary. There is scripture drawing, board drawing, card drawing and scroll drawing. With wood chip, Dongba paper, and linen cloth as the materials, the drawing is outlined with the bamboo pen dipped with pine-soot ink. Then it is applied with various kinds of natural colors. The drawing puts an emphasis on the line manifesting, not on the proportion of the form and structure. Some drawings are with words and pictures.

东巴教 纳西族普遍信奉的原始多神教。主要有祖先、鬼神、自然崇拜。活动形式有祭天、丧葬仪式、驱鬼、禳灾、卜卦等。《东巴经》是其主要经书。起源于原始巫教，同时具有原始巫教和宗教的特征。因其巫师纳西语称"东巴"，故名。

《སྟོན་པའི་ཆོས་ལུགས།》 འདང་མི་རིགས་ཀྱིས་ཡོངས་ཁྱབ་དད་པ་བྱེད་པའི་གདོད་མའི་ལྷ་མང་ཆོས་ལུགས་ཤིག བོ་ཆོས་དང་པ་ཀྲུ་ཡུལ་གཙོ་བོ་ནི་མེས་པོ་དང་ལྷ་འདྲེ། རང་བྱུང་ཁམས་སོགས་ཡིན། ཚོ་གའི་རྣམ་པ་ལ་གནམ་མཆོད་དང་། འདས་མཆོད། སྒྱུག་པ། གདོན་འགོག་མོ་འདེབས་ཕྱ་ཕབ་བཅས་ཡོད། 《སྟོན་པའི་གཞུང་》 ནི་ཆོས་ཀྱི་གཞུང་དཔེའི་གཙོ་བོ་ཞིག་ཡིན། ཆོས་ལུགས་འདིའི་གདོད་མའི་བོན་ཆོས་ལས་དར་བ་ཡིན། གདོད་མའི་བོན་ལུགས་དང་ཆོས་ལུགས་ཀྱི་ཁྱད་ཆོས་ཟུར་དུ་འབྱེད། དེར་བརྟེན་འདང་གི་སྣག་ཀྱིས་ཆོས་བགད་པའི་ལྷ་པ་ལ་སྟོན་པ་ཞེར་བའི་ཆོས་ལུགས་འདིའི་མིང་ཡང་དེ་ལྟར་ཐོག

Dongba religion is a primitive polytheism practiced generally by the Naxi people, who are found in southwestern China. Their belief includes ancestors, ghosts and gods, nature worship. There are lots of activities including the worship of heaven, the funeral ceremony, the avoidance of a disaster, the divination. The Dongba religion, with the Dongba Scripture as its important classics is originated from sorcery. It remains characteristics of the original sorcery and religions. Dongba was named for the missionaries of Dongba Scripture.

《东巴经》 纳西族东巴教的经书。多用东巴文写成。通常书写在树皮制成的厚棉纸上。现存的《东巴经》约4万册，其中不雷同的书目约1000种。主要为宗教方面的内容，也有历史传说和文学作品等。

《སྟོན་པའི་ཆོས་གཞུང་》 འདང་མི་རིགས་ཀྱི་སྟོན་པའི་ཆོས་ལུགས་ཀྱི་གཞུང་། ཕལ་མོ་ཆེ་འདང་གི་སྐད་ཀྱིས་བྲིས་ཡོད། ཆོས་གཞུང་དེར་ཤུན་གྱིས་བཟོས་པའི་ཤོག་སུམ་ཐུག་པོའི་སྟེང་དུ་བྲིས་ཡོད། ད་ལྟར་ལག་སོན་གྱི་《སྟོན་པའི་ཆོས་གཞུང་》ཕལ་ཆེར་དེབ་ཁྲི་བཞི་ཙམ་ཡོད་པ་དང་། དེའི་ནང་དུ་རིགས་མི་གཅིག་པ་དཔེ་དེབ་སྟོང་ཕྲག་གཅིག་ལྷག་ཡོད། ནང་དོན་གཙོ་བོ་ཆོས་ལུགས་ཀྱི་སྐོར་དང་། གཞན་ལོ་རྒྱུས་དག་རྒྱུན་དང་རྩོམ་རིག་བརྩམས་ཆོས་ཀྱི་སྐོར་ཡང་འདུག

The Dongba Scripture, written in Dongba script, is an important classic book of dongba religion. It is generally recorded on the thick cotton papers made from the bark. There are about 40,000 volumes, among which more than 1,000 are not duplicates. The Scripture is mainly about the religions, the folk tales and literatures.

东巴文 纳西族所使用过一种兼备表意和表音成分的图画象形文字。源于《东巴经》。由于这种文字由东巴（智者）所掌握，故名。有1000多个单字，词语丰富，能够表达细腻的情感，能记录复杂的事件，亦能写诗作文。被誉为文字的

"活化石"。

སྟོན་པའི་ཡི་གེ། འཇང་རིགས་ཀྱིས་བེད་སྤྱོད་བྱེད་པའི་ཡི་གེ། སྐུ་རྟེན་མཚོན་པའི་རི་མོའི་རིགས་ཀྱི་ཡ་རིས་ཡི་གེ་ཞིག འབྱུང་ཁུངས《སྟོན་པའི་ཆོས་གཞུང་》གཞུང་དེ་ལ་མཁས་པའི་སྟོན་པ་ཚོས་སྒྲོག་ཤེས་པ་ན་མིང་དེ་ལྟར་ཐོགས། ཡིག་རིགས་འདི་ལ་ཡིག་གྱངས་སྟོང་སྐྱག་ཡོད། ཆིག་དོན་ཕུན་སུམ་ཚོགས་ཤིང་ཞིབ་ཚགས་ཤུགས་པ། དོན་རྐྱེན་རྙོག་འཛིང་ཅན་སོགས་ཡིག་ཐོག་ཏུ་འགོད་ཐུབ་པར་མ་ཟད། སྐྱེན་ཚོར་སོགས་ཡང་འདི་ཐུབ། ད་ལྟ་ཡི་གེ་འདི་ལ་ཡི་གེའི་འགྱུར་རྫོ་གསོན་པོ་ཞེས་པའི་མཚན་སྙན་ཐོབ།

The Dongba Script, used by the Naxi people in southern China, is a system of pictographic glyphs. The script was originally used in the Dongba Scripture and used by Dongbas. There are about a thousand glyphs, but this number is fluid as new glyphs are coined. Those glyphs, known as a living fossil of text, can be used to express emotions, to record complex events and literature.

东北回民联合会 解放战争时期，中国共产党领导下的回民群众团体之一。1946年在东北解放区成立。其任务是领导东北各地的回民联合会。对组织、发动回民积极支援解放战争发挥了主要作用。

བྱང་བར་ཧུའེ་དམངས་ཀྱི་མཉམ་འབྲེལ་ཚོགས། བཅིངས་འགྲོལ་དམག་འཁྲུག་སྐབས་སུ་གུང་གོ་གུང་ཁྲན་ཏང་གི་འགོ་ཁྲིད་བྱེད་པའི་ཧུའེ་དམངས་མཉམ་འབྲེལ་གྱི་ཆོགས་པ་ཞིག་ཡིན། ༡༩༤༦ལོར་བྱང་ཤར་བཙོགས། དེའི་ལས་འགན་ནི་བྱང་ཤར་གི་ས་ཁུལ་དུ་བཅའ་སྡོད་ཧུའེ་དམངས་མཉམ་འབྲེལ་ཆོགས་པར་

དཔེ་ཁྲིད་དེ། བཅིངས་འགྲོལ་དམག་འཁྲུག་ལ་རམ་འདེགས་བྱེད་རྒྱུ་དེ་ཡིན། སྐྱེན་ཚོགས་འདིའི་ཧུའེ་དམངས་ལ་རྟ་འཇུགས་དང་དཔེ་ཁྲིད་བྱས་ཏེ་བཅིངས་འགྲོལ་དམག་འཁྲུག་བྱེད་ཉམས་གལ་ཆེན་ཐོབ།

The Federation of Hui people in Northeast China, founded in the northeast liberation areas in 1946 during the War of Liberation, was one of the Hui organizations that were under the leadership of the Communist Party of China. Its mission was to lead the federation of Hui people at different northeast areas. The federation played a major role in organizing and mobilizing the Hui people to actively support the liberation war.

东部裕固语 部分裕固族使用的语言。主要分布于甘肃省张掖市肃南裕固族自治县东南部地区。属于阿尔泰语系蒙古语族。与属于突厥语族的西部裕固语不能沟通。

ཡུས་ཀོར་བར་མའི་སྐད། ཡུ་ཀོར་རིགས་ཁག་ཅིག་གིས་བེད་སྤྱོད་བྱེད་པའི་སྐད་ཆ། ཁྱབ་ཡུལ་གཙོ་བོ་གན་ཞིན་ཆེན་གུང་ཡེ་གྲོང་ཁྱེར་ཡུ་ཀོར་རིགས་རང་སྐྱོང་རྫོང་གི་ཤར་ལྷོའི་ས་ཁུལ་ཡིན། ཨར་ཐའི་སྐད་རྒྱུད་སོག་པོའི་སྐད་རིགས་སུ་གཏོགས། བྱུ་གུའི་སྐད་རིགས་སུ་གཏོགས་པའི་ཡུ་ཀོར་ནུབ་མ་དང་སྐད་བརྗེ་མི་འབྱོང་།

The Eastern Yugur Language, spoken within the Yugur people, is widely used in the Southern Yugur Autonomous County of Zhangye City in Gansu province. It belongs to Altai family Mongolic languages. The eastern Yugur language is quite different from the Western Yugur one, which is a branch of Turkic.

东丹（926—982） 辽朝灭亡渤海国后在其地设立的一个属国，亦称"东辽"。

ཏན་གར་མ། (༩༢༦—༩༨༢) ལིའོ་རྒྱལ་རབས་ཀྱིས་པོ་དེ་རྒྱལ་ཁབ་བསྣུབས་རྗེས། ས་དེར་ཁོང་གཏོགས་ཀྱི་རྒྱལ་ཁབ་ཞིག་བཙུགས་པ་དེ་ལ་ལིའོ་ཤར་མ་ཡང་ཟེར། པོ་འུན་(འའཕར་གནས)།

Eastern Khitan (926-982), also called "Eastern Liao", was a vassal state established by Liao Dynasty (the Khitan) to rule the realm of the Bohai empire after conquering it.

《东番记》 历史文献。明朝陈第1603年所著。全文1400余字，记述了台湾西部沿岸的少数民族生活习俗与地理风光，为最早描绘台湾平埔人（台湾平野地区的少数民族）生活的著作。

《འབྱིན་གར་མའི་ཞིབ་བྲིས》 ལོ་རྒྱུས་ཡིག་ཚང་། ༡༦༠༣ལོར་མིང་རྒྱལ་རབས་ཀྱི་ཞིན་ཏི་ཨེས་བརྩམས། དེབ་འདིའི་ནང་དུ་ཐའེ་ཝན་རྒྱུད་ཀྱི་མཚོ་འགྲམ་དུ་འཚོ་བའི་ནང་མི་རིགས་ཞིག་གི་གོམས་གཤིས་དང་། ཁམས་ཡུལ་སྟོངས་སོགས་བཀོད་ཡོད། ཚེ་སྔ་མོའི་ཐའེ་ཕན་ཕིན་ཕུའུ་མིའི་ (ཐའེ་ཕན་བའི་ཐང་གི་གནས་ཉུང་མི་རིགས) འཚོ་བ་བརྗོད་པའི་བརྩམས་ཆོས་ཞིག་ཡིན།

DongFan Ji (Records of Eastern Barbarians), written by Chen Di in the Ming Dynasty in 1603, was a historical document. With more than 1,400 words in total, the book recorded the living customs and the geographical scenery along the west coast of Taiwan. It was the earliest portray of the life of Taiwanese Plains ethnic groups (the category of Taiwanese people originally residing in low land regions).

东番夷 明朝对台湾高山族的称谓。

འབྱིན་ཡི་གར་མ། ཐང་རྒྱལ་རབས་ཀྱིས་ཐའེ་ཝན་གོ་ཧན་མི་རིགས་ལ་འབོད་པའི་མིང་ཞིག་ཡིན།

DongFanYi was the appellation of Taiwan Gaoshan ethnic group in the Ming Dynasty.

东海女真 女真族三大部之一。16世纪初建州三卫已确立，海西四部（海西女真的4个部落）也已形成，并各已形成了稳固的联盟集团，有了各自的地域范围，于是在他们区域之外的女真人被统称为东海女真。后被建州女真降服。

གར་རྒྱ་མཚོའི་ཉུས་ཀྱིན། ཉུས་ཀྱིན་ཁག་གསུམ་གྱི་གྲས་ཤིག ༡༦དུས་རབས་བཅུ་དྲུག་པའི་དུས་འགོར་ཚན་གྱོན་སན་ཆིར་ཚུགས། མཚོ་ཞུན་ཚོ་ལྔ་བའི་(མཚོ་ཞུན་ཉུས་ཀྱིན་གྱི་ཚོ་ལྔ་བ) ཡང་ཆགས་ཟིན་པས། སོ་སོར་མཉམ་འབྲེལ་ཚོགས་པ་དང་། ཁོངས་ཡོངས་པར་ཟད། ཁྱབ་ཁོངས་དེ་དུ་མི་གཏོགས་པའི་ཉུས་ཀྱིན་པ་ཚོ་མ་ལ་གར་རྒྱ་མཚོའི་ཉུས་ཀྱིན་ཟེར། རྗེས་སུ་ཚན་ཡེ་ཉུས་ཀྱིས་བསྟབས།

Donghai Jurchens were a group of the Jurchens as identified by the Chinese of the Ming Dynasty. In the early 16th century, three military garrisons of Jianzhou had been established and the Four Great Tribes of Haixi Jurchens formed their own stable alliance group and had their own territories. Those Jurchens who lived outside their territory were therefore called Donghai Jurchens, who were later conquered by Jianzhou Jurchens.

东海三部 清初对分布在今吉林省的长白山麓（延吉以北）与乌苏里江、牡丹江、黑龙江沿岸及海滨地区的瓦尔喀、虎尔哈、窝集 3 部的合称。明代为野人女真的一部分。

བར་རྒྱ་མཚོའི་ཚོ་ཁག་གསུམ། ཆིང་རྒྱལ་རབས་ཀྱི་དུས་མགོར། དཔལ་ཅི་ཞིན་ཞིང་ཆེན་གྱི་ཁྱ་པེ་རི་བོའི་(ཡན་ཅིའི་བྱང་རྒྱུད) དང་སྦུའུ་སུའུ་གཙང་པོ་དང་མོ་ཏན་གཙང་པོ། ཧེ་ལུང་ཅང་གཙང་འགྲམ། མཚོ་རྒྱུད་ས་ཁུལ་དུ་ཁྱབ་ཡོད། དེའི་སྔོན་དང་། ཏོར་ཧ། ཝོ་ཅིའི་གསུམ་ལ་འབོད་པའི་སྤྱི་མིང་སྟེ། མིང་རྒྱལ་རབས་སྐབས་ཀྱི་དགུ་ཞོན་ཉུས་ཀྱི་པའི་ལག་གཅིག་ཡིན།

The Three Tribes of Donghai Jurchens, parts of the Wild Jurchens in the Ming Dynasty, was the collective appellation of the tribe of Waerka, Huerha and Woji in Changbai Mountains of Jilin Province, the Ussuri River, the Mudan River, the Heilong Jiang and the Beachfront in the early Qing Dynasty.

东胡 古代游牧民族。在中国春秋战国时期强盛一时，因居匈奴（胡）以东而得名。自商代初年到西汉，东胡存在了大约 1300 年。东胡、秽貊、肃慎被称为古东北三大民族。

ཧུའུ་བར་མ། གནའ་བོའི་འབྲོག་ལས་གཉེར་བའི་མི་རིགས་ཤིག། གུང་གོའི་ཁུན་ཆེའུ་གྱུ་གོའི་སྐབས་སུ་འཕེལ་རྒྱས་ཆེན་པོ་བྱུང་། དེའི་ཞུད་རྒྱུ (ཧུའུ) ཡི་ཤར་ཕྱོགས་སུ་ཡོད་པས་མིང་དེར་ཐོགས། མི་རིགས་འདིའི་ཤར་རྒྱལ་རབས་ཀྱི་དུས་མགོ་ནས་ནུབ་རྒྱལ་རབས་བར་དུ་མི་ཆེན་པོ་ཞིག་གི་༡༣༠༠ལྷག་གནས། ཧུའུ་བར་མ་དང་ཧུའུ་མ་བཙས་དང་སུའུ་ཤིན་གསུམ་བོའི་མི་རིགས་ཀྱུ་ཟེར།

Donghu people, one of the ancient group of nomadic people, was named for living on the east of Xiongnu (Hu). The tribe was very strong in the Spring and Autumn and the Warring States period. Donghu, together with Huimo, and Sushen, the Great three aboriginal peoples of the ancient Northeast China, existed for nearly 1300 years from the early Shang Dynasty to the Western Han Dynasty.

东路垦务公司 清末在内蒙古官商合办的垦务机构。光绪二十八年（1902）由清朝垦务大臣贻谷创设于张家口。1908 年停办。

བར་ལམ་ཚོ་བཀོད་གུང་སི། ཆིང་རྒྱལ་རབས་དུས་མགོར་ནང་སོག་ས་ཁུལ་དུ་ཚོང་དཔོན་ཚོང་མཉམ་འབྲེལ་སྟངས་བཙུགས་པའི་གུང་སི་ཞིག། གོང་ཞིའི་ཁྲི་ཞེས་བཅུགད་པ་(༡༩༠༢ལོར) ཆིང་རྒྱལ་རབས་ཀྱི་ཚོ་བཀོད་བློན་ཆེན་ཡུས་གུའུ་ཡིས་གྱེན་ཅ་ཁེའུ་དུ་བཙུགས། ༡༩༠༨ལོར་ལས་འཚམས་བཞག

The East-Road Reclamation Company was founded by officials and businessmen in Inner Mongolia in the late Qing Dynasty. The company was founded by the Qing Dynasty reclamation minister Yi Gu in the twenty-eighth year reign of Emperor Guangxu (1902) in Zhangjiakou and closed in 1908.

东蒙古人民自治政府 蒙古族封建上层博彦满都等在内蒙古东部地区组建的自治政权。1946 年成立于兴安盟的葛根庙（今乌兰浩特附近）。同年 5 月撤销，建立内蒙古自治运动联合会东蒙总分会，同时成立兴安省政府。

བོག་པོ་ནར་མའི་མི་དམངས་རང་སྐྱོང་སྲིད་གཞུང་། བོག་པོའི་སྐུ་དྲག་ཡན་མན་ཏུའི་ཡིས་ནང་བོག་ཤར་ཕྱོགས་ས་ཁུལ་དུ་བཙུགས་པའི་རང་སྐྱོང་དབང་ཆ། ༡༩༤༦ལོར་ཞིན་ཨན་མེའི་ཀི་གུན་མོ་ས་ཆར་(དེང་གི་ཨུ་ལན་ཧོ་ཐུའི་ཡི་ཉེ་འཁོར)བཙུགས། ལོ་དེའི་ཟླ་བའི་བར་གཏོར་ནས་ནང་བོག་རང་སྐྱོང་ལས་འགུལ་མཉམ་འབྲེལ་ཚོགས་པས་བོག་པོ་ཤར་མའི་སྤྱི་ཁྱབ་ཡན་ཚོགས་བཙུགས། དུས་མཉམ་དུ་ཞིང་ཆེན་ཞིང་ཆེན་སྲིད་གཞུང་ཡང་བཙུགས།

Eastern Mongolian people's Autonomous Government was an autonomous regime founded by the Mongolia upper-class Boyan Mandu in eastern Inner Mongolia region. The government was founded in 1946 at Gegenmiao of Hinggan League (now near Ulan Hot). Dissolved in the same year, the Federation of Inner Mongolia Autonomy Movement in Eastern Mongolia was established as the general branch at east. Meanwhile, the provincial government was established.

东羌 东汉时西羌族内徙的一支。当时分布在安定、上郡、北地、西河等郡。因与其他羌人部落相比偏东，故称。

ཚང་ནར་མ། ཧན་རྒྱལ་རབས་ཤར་མའི་དུས་སྐབས་ཀྱི་ནུབ་ཕྱོགས་ཚང་རིགས་ནང་སོར་དུ་འཁོ་བོད་ཀྱི་ཡལ་ག་ཞིག དེའི་སྐབས་སུ་ཨན་ཏིན་དང་ཐང་ཅུན། ཚང་རིགས་ཀྱི་ཚོ་པ་གཞན་དང་བསྡུར་ན་ཤར་ཕྱོགས་སུ་གནས་པས་མིང་དེ་ལྟར་ཐོགས།

The East Qiang people was a branch of the West Qiang people in the East Han Dynasty. Compared with other Qiang people, the group was named for living in the east ranging from Anding, Shangjun, Beidi and Xihe.

东四清真寺 位于北京市东四南大街的一座清真礼拜寺。建于1356年，1447年重修，1920年改建。寺坐西朝东，大门3间，建筑面积1万余平方米，具有典型的明代建筑特点，兼有阿拉伯建筑风格。现也是北京市伊斯兰教协会驻地。

ཏུང་གྲི་རྒྱན་སྒོ་བཞིའི་དབྱི་སི་ཡན་ཆོས་ཁང་། པེ་ཅིན་གྲོང་ཁྱེར་གྱི་ཤར་གྱི་རྒྱན་སྒོ་བཞིའི་ལྷོ་ལམ་མ་དུ་ཡོད་པའི་དབྱི་སི་ལན་གྱི་ཆོས་ཁང་ཞིག ༡༣༥༦ལོར་བཙུགས། ༡༤༤༧ལོར་ཞིག་གསོ་དང་། ༡༩༢༠ལོར་བསྐྱར་སྐྲུན་བྱས། ཆོས་ཁང་མིག་རྒྱལ་རབས་ཀྱི་འདུག་སྟངས་ནུབ་དུ་གཏད་ཡོད། བསྟན་པ་སྒོ་ཆེན་གསུམ་ཡོད་ལ་དང་། འབུགས་སྐུན་རྒྱ་ཁྱོན་ལ་སྤྱི་ལེ་གྲུ་བཞི་མ་ཁྲི་གཅིག་ལྷག་ཡོད། ཆོས་ཁང་མིང་རྒྱལ་རབས་ཀྱི་འདུགས་སྐུན་བྱེད་ཚུལ་མཚོན་གསལ་ཡོད། ད་ལྟ་པེ་ཅིན་གྲོང་ཁྱེར་གྱི་དབྱི་སི་ལན་ཆོས་ལུགས་མཐུན་ཚོགས་ཀྱི་སྡོད་གནས་ཡིན།

The Dongsi Mosque is located in the South Dongsi Road. It was established in 1356 in the Yuan Dynasty, refitted in 1447 and rebuilt in 1920. The Mosque, with an area of more than 1,000 square meters and 3 gates, faces the east. It has typical architectural features of the Ming Dynasty, as well as the Arab architectural style. Now the Mosque is the office of Islamic Association in Beijing.

东突厥 古国名。为突厥汗国分裂（隋朝时期）后的东支。东突厥保有原突厥汗国东部地区，即大漠南北地区。因其牙帐仍旧设于北方的都斤山，故又史称"北突厥"。唐朝在 629 年出兵攻击东突厥，次年俘虏了颉利可汗，东突厥亡。

བྱུ་གུ་ཤར་མ། གནན་པོའི་རྒྱལ་ཁབ་ཅིག བྱུ་གུ་རྒྱལ་རབས་འཛོར་བའི་རྗེས་སུ་བྱུ་གུ་ཤར་མས་སྟོང་གི་བྱུ་གུ་རྒྱལ་རབས་ཀྱི་ཤར་ཕྱོགས་ས་ཁུལ་ཏེ། བྱེ་ཐང་ཆེན་པོའི་ལྕོ་ཕྱོགས་བཟུང་། པོ་ཚོའི་ཡར་དེ་སྟོང་བཞིན་ཕྱོགས་ཀྱི་དེ་ཕྱིར་གནས་རྒྱུས། པོ་རྒྱལ་སུ་གུ་གུ་བྱང་མ་ཡང་ཟེར། ཐང་རྒྱལ་རབས་ཀྱིས་སྤྱི་ལོ་༦༢༩་ལོར་བྱུ་གུ་ཤར་མར་དཔུང་འཇུག་བྱས་ཏེ། ལོ་དེར་རྒྱལ་པོ་ཅེ་ལི་ཁན་བཟུང་བས་བྱུ་གུ་ཤར་མ་འཇིག

Eastern Turkic, a name of an ancient country, was one of the divisions disintegrated from the Turkic Khanate (during the Sui Dynasty) at east. The East Turkic retains the original areas of the Turkic Khanate, namely, the north and south desert. Because of its Yazhang (government office) was situated in the Dujin Mountain on the north, it was also known as "the northern Turkic". The eastern Turkic was destroyed in 629 for Tang's attack, and Jieli Khan was captured in the following year.

东突厥斯坦 亦称"东土耳其斯坦"。简称"东突"。"突厥斯坦"一词为波斯语，意为"突厥人的国家"，是历史上对巴尔喀什湖—帕米尔高原一线以东的中央亚细亚地区的称谓。抑或指历史上的两次所谓的"东突厥斯坦共和国"。也是某些老殖民主义者为肢解中国提出的一个政治概念，即把新疆称为东突厥斯坦。

བྱུ་གུ་ཤི་ཐན་ཏར་མ། ཐུར་ཁེ་ཐན་ཏར་ཡང་ཟེར། བསྡུས་མིང་ལ་བྱུ་གུར་ཟེར། བྱུ་གུ་ཐན་ཞེས་པའི་མིང་འདི་ནི་པར་སིག་སྐད་ཡིན། དོན་གྱུའི་རྒྱལ་ཁབ་ཟེར་བའོ། ལོ་རྒྱུས་སྟེང་དུ་པར་ཁྲི་མཚོ་དང་པ་མེར་མཐོ་སྒང་ཤར་རྒྱུད་ཀྱི་ཡེ་ཤི་ཡ་དབུས་ཁུལ་གྱི་མིང་ཡིན་པའམ། ཡང་ན། ལོ་རྒྱུས་སྟེང་ཐེངས་གཉིས་བའི་བྱུ་གུ་ཤི་ཐན་ཏར་མའི་སྤྱི་མཐུན་རྒྱལ་ཁབ་ལ་ཟེར། དེ་ནི་མི་སེར་སྤྱོལ་མཁན་རིང་ལུགས་སྲིང་པ་འགས་ཀྱིས་ཀྲུང་གོའི་འཛུགས་གཏོང་ཆེད་བཏོན་པའི་ཆབ་སྲིད་ཀྱི་ཐ་སྙད་ཅིག་ཡིན་ཞིང་། ཞིན་ཅང་ནི་བྱུ་གུ་ཤི་ཐན་ཏར་མ་ཡིན་པར་བསླགས།

The East Turkestan, also called "the East Turkistan" and shorted for the East-Tur, means the land of Turkics. It refers to the regions from Balkhash Lake to the Pamirs. It may also refer to the so-called country, the Republic of East Turkestan. It may be a concept proposed by the old colonialists aiming to disintegrate China, namely regarding Xinjiang as the East Turkestan.

东突厥斯坦共和国 新疆泛伊斯兰主义者两次建立的伪政权。分别称"东突厥斯坦伊斯兰共和国"和"东突厥斯坦共和国"。第一次在 1933 年于喀什一带成立。次年在军阀马仲英的进攻下，其"总统"和加尼牙孜宣布解散。第二次在 1944 年于伊宁成立。艾力汗·吐烈任"主席"。1946 年被改组为"伊犁专区参议会"而结束。

བྱུ་གུ་ཤི་ཐན་ཏར་མའི་སྤྱི་མཐུན་རྒྱལ་ཁབ། ཞིན་ཅང་གི་ཏབྱེ་སི་ལན་རིང་ལུགས་པས་ཐེངས་གཉིས་བཙུགས་པའི་སྲིད་དབང་བཅོས་མ་ཞིག དེ་དག་ནི་བྱུ་གུ་

ཤི་ཐར་ཁར་མའི་དབྱེ་ཤི་ལན་སྒྲིག་མཐུན་རྒྱལ་ཁབ་དང་གུ་
གུ་ཤི་ཐར་ཁར་མའི་སྒྲིག་མཐུན་རྒྱལ་ཁབ་གཉིས་ལ་ཟེར།
1933ལོར་ཐོག་མར་ཝེ་ཧྲིས་ཁྲེར་དུ་བཙུགས། ཕྱི་ལོར་
དམག་གི་ཚན་གྱུང་ཀྲིས་གྱིས་དཔུང་འཇུག་འོག དེའི་
ཙུང་ཐུང་རུ་ཅ་ཉི་ཡ་ཧུ་ཞེས་པའི་སྤྱིད་དབང་གཏོར་བ་
ཁར་བསྒྲགས་བྱས། ཕྱར་གཉིས་པ་དེ་ 1944ལོར་
དབྱིས་ཉིན་དུ་བཙུགས། ཨེ་ལི་ཞན་·ཐོའུ་ལེ་གུལ་ཞེས་
བཞག 1946ལོར་སྐྱིད་དབང་དེ་དབྱི་ལི་དམིགས་
བསལ་ས་ཁུལ་གྱི་སྤྱི་ཁྱབ་གྲོས་ཚོགས་ལ་བསྒྱུར་ཏེ་
མཇུག་སྒྲིལ།

East Turkestan Republic, the self-proclaimed regime twice established by the Islamists of Xinjiang, respectively referred to as "the Islamic Republic of East Turkistan" and "East Turkestan Republic". It was established in 1933 in Kashgar for the first time. The following year under the attack of the warlord Ma Zhongying, the "President" Hoja-Niyaz claimed it to be dissolved. The second time in 1944 it was established in Yining, and Elixan Tore was the "Chairman". In 1946 the so-called "East Turkestan Republic" was reorganized as the Advisory Council of the Ili Subprovincial Administrative Region.

东夏 即"大真国"。是13世纪时蒲鲜万奴（原为金朝将领）在中国东北建立的一个地方政权。1215年自立为天王，国号"大真"，年号"天泰"。1216年降于蒙古，后再度自立，国号"东夏"。1233年，蒙古窝阔台派皇子贵由灭之。

དུང་ཤ། ཡང་ན་ཏ་ཀྲན་རྒྱལ་ཁབ། དུས་རབས་ 13པར་
ཕུའུ་ཞན་ཝན་ནུའུ་（དང་ཐོག་ཅིན་རྒྱལ་རབས་ཀྱི་
དམག་དཔོན་）ཡིས་ཀྲུང་གོའི་བྱང་ཤར་ས་ཁུལ་དུ་
བཙུགས་པའི་རྒྱལ་ཁབ་ཅིག 1215ལོར་རང་ཉིད་
གནམ་བསྐོས་གོང་མར་བསྒྲགས་ཏེ། རྒྱལ་མིང་ཏ་གྱུན་དང་
ལོ་རྟགས་ཐེན་ཐེ་བྱས། 1216ལོར་སོག་པོ་ལ་འཆབ་
བཏགས། རྗེས་སུ་ཡང་རང་བཙན་བྱས་ཏེ། རྒྱལ་མིང་ལ་
དུང་ཤ་ཞེས་བཏགས། མཐར་ 1233ལོར་ཏོར་གོ་ཏའི་
རྒྱལ་པོའི་བུ་གོའུ་ཡོན་མདགས་ཏེ་བསྣུབས་སོ། །

Eastern Xia, also named Dazhen kingdom, was a state that founded by Puxian Wannu in the 13th century in northeast of China. In 1215, he adopted the title of Tianwang (Heavenly King) and named his era Tiantai. In 1216, he surrendered to the Mongol Empire and later rebuilt his regime and named his kingdom Dongxia. In 1233, the regime was destroyed by Mongol Khan Ogedei's prince Guyuk.

东乡语 东乡族使用的语言。属于阿尔泰语系蒙古语族。使用地区包括甘肃临夏回族自治州的东乡族自治县和新疆伊犁哈萨克自治州的伊宁县和霍城县等地。东乡语有大量汉语、波斯语和阿拉伯语借词。大体可分为锁南、汪家集、四甲集3个土语。

དུང་ཞང་སྐད། དུང་ཞང་རིགས་ཀྱིས་སྤྱོད་པའི་སྐད་ཆ། ཨར་ཐའེ་སྐད་རྒྱུད་ཀྱི་སོག་པོའི་སྐད་རིགས་ལ་གཏོགས། དེ་སྤྱོད་ས་གན་སུའུ་ཀྲུའུའི་ཧུའེའི་རིགས་རང་སྐྱོང་ཁུལ་གྱི་དུང་ཞང་རིགས་རང་སྐྱོང་རྫོང་དང་། ཞིན་ཅང་དབྱི་ལིའི་ཧཱ་ས་སྐད་ཁུལ་གྱི་དབྱི་ཉིང་རྫོང་དང་ཧོ་ཁྲེང་རྫོང་སོགས་སུ་ཡོད། དུང་ཞང་སྐད་ཀྱི་ནང་དུ་རྒྱ་འབོར་ཆེན་འཛིན་ཡོད་པར་མ་ཟད། པར་སིག་གི་སྐད་དང་། ཨ་རབ་སྐད་ཀྱི་ཆིག་མང་པོའང་གཡར་ཡོད།

ཆེ་ཕྱོགས་ནས་སྤྱོན་ནན་དང་ཕང་ཅཱ་ཅི། སི་ཅི་བཅས་
ཡུལ་སྐད་རིགས་གསུམ་ལ་དབྱེ་ཆོག་པའོ། །

Dongxiang Language, spoken by the Dongxiang people, is one of the Mongolian languages of Altai language family. Dongxiang language is used at Dongxiang Autonomous County of the Linxia Hui Autonomous Prefecture of Gansu Province and Yining City and Huocheng County of the Ili Kazakh Autonomous Prefecture of Xinjiang Uyghur Autonomous Region. There are large amount of borrowed words from Mandarin Chinese, Persian language, and Arabic language. It can be divided into three dialects, namely Suonan, Wangjiaji and Sijiaji.

东乡族　中国的少数民族。自称"撒尔塔"。主要聚居在甘肃省临夏回族自治州境内洮河以西、大夏河以东和黄河以南的山麓地带。人口为621500人（2010年）。有语言而没有文字，习汉语文。信仰伊斯兰教。以农业为主。

ཤར་ཞང་རིགས། གུང་བོའི་གྲངས་ཉུང་མི་རིགས་ཤིག རང་ཉིད་ལ་སར་ཐ་ཞེས་འབོད། གཙོ་བོ་ཀན་སུའུ་ཞིང་ཆེན་ཀྲུའུ་ཆུའི་རིགས་རང་སྐྱོང་ཁུལ་གྱི་ཐའོ་ཆུའི་ཆུ་བོའི་བྱང་དང་། བསང་ཆུའི་ཤར། འབྲི་ཆུའི་ལྷོ་རྒྱུད་ཀྱི་རི་སྒང་ས་ཁུལ་དུ་འདུས་སྡོད་བྱས་ཡོད། མི་གྲངས་བསྡོམས་པས (621500) (2010ལོ) ཡོད། སྐད་ཡོད་ཀྱང་ཡི་གེ་མེད། གཙོ་བོ་རྒྱ་སྐད་བེད་སྤྱོད་གཏོང་བཞིན་ཡོད། དེ་མིན་ཆོས་ལུགས་ལ་དད་པ་དང་ཞིང་ལས་གཙོ་གཉེར་བྱེད།

Dongxiang people is one of 56 ethnic groups officially recognized by the People's Republic of China. They call themselves "Santa". Most of the Dongxiang live in the Linxia Hui Autonomous Prefecture of Gansu Province, mainly at the mountainous regions west of the Taohe River, east of the Daxia River, and south of the Yellow river. According to the 2010 census, their population numbers 621,500. They have their own language but no written scripts, and they study Chinese. The Dongxiang people believe in Islam and live on agriculture.

东夷　古代华夏人对东方民族的泛称。非特定的一个民族，商朝以后逐渐融入华夏族。汉朝之后，东夷变成对日本等东方国家的泛称。

དུང་དབྱི། གནའ་བོའི་དུ་ཞི་མི་རིགས་ཀྱིས་ཤར་ཕྱོགས་མི་རིགས་ལ་འབོད་སྲངས་ཤིག དེ་ལ་མི་རིགས་ངེས་གཏན་མེད་ཅིང་། ཧང་རྒྱལ་རབས་ཀྱི་རྗེས་ནས་རིམ་གྱིས་ཧུ་ཞི་མི་རིགས་དང་འདྲེས། ཧན་རྒྱལ་རབས་འཇིག་རྗེས་དུང་དབྱི་ཞེས་པ་སླར་ཡང་སོགས་ཤར་ཕྱོགས་ཀྱི་རྒྱལ་ཁབ་དག་ལ་འབོད་པའི་སྙིང་ཞིག་ཏུ་འགྱུར།

Dong Yi (Eastern Barbarians) refers to the collective appellation of the eastern ethnics in ancient China. It was not a specific ehtnic group. Since the Shang Dynasty, the Dong Yi people gradually integrated into the Chinese family. And after the Han Dynasty, the words became a general appellation of Japan and other Oriental countries.

东正教　又称"正教"会或"正统教会"，是基督教的主要宗派之一。是指依循由东罗马帝国所流传下来的基督教传统的教会。是与天主教、基督新教并立的基督教三大派别之一，目前也是第二大教派，信徒主要分布在东欧国家。中国俄罗斯族大多信仰东正教，鄂温克族中也有少数人信奉。

དབྱེས་རྒྱུད་ཆོས་ལུགས། པར་མ། ཆོས་རྒྱུད་རྣམ་དག་གས་དབྱེས་རྒྱུད་ཆོས་ཆོགས་ཀྱང་ཟེར། ཡེ་ཤུ་ཆོས་ལུགས་ཀྱི་གྲུབ་མཐའ་གཙོ་བོ་ཞིག་ཡིན། རོ་མ་ཤར་མའི་གོང་མའི་རྒྱལ་ཁབ་ལས་རིམ་རྒྱུད་བྱུང་བའི་ཡེ་ཤུ་ཆོས་ལུགས་ཀྱི་སོལ་རྒྱུན་གྲུབ་མཐའ་ཞིག་སྟེ། དེ་དང་གཞན་བདག་ཆོས་ལུགས། ཡེ་ཤུ་ཆོས་གསར་བཅས་ཡེ་ཤུ་ཆོས་ལུགས་ཀྱི་གྲུབ་མཐའ་ཆེན་པོ་གསུམ་གྱི་ཡ་གྱལ་ཡིན་ཞིང་། གྲུབ་མཐའ་ཆེན་པོ་ཞང་གཞིར་ཆགས་བདུན་ལྟང་ཆོགས་གཙོ་བོ་རོ་བུན་ཞུ་བའི་རྒྱལ་ཁབ་ཡིན། ཀྲུང་གོའི་ཨུ་རུ་སུ་རིགས་ནང་གི་མང་ཆེ་བ་དང་ཨོ་ཝུན་ཁེའི་རིགས་ནང་དུ་ཡང་དད་པ་བྱེད་མཁན་མི་ཉུང་བ་ཞིག་ཡོད།

Eastern Orthodox Church, known as "Orthodox" or "orthodox church", is a main branch of Christianity, referring to the Church that followed the Christian tradition handed down by the Eastern Roman Empire. Eastern Orthodox Church, together with the Catholic and the Protestant Christianity, forms the three factions of Christianity, and it is currently the second largest sect, with followers mainly in Eastern European countries. Most of Russian people in China and a small number of Ewenki people believe it.

冬营地 特指适合牲畜冬季放牧的牧场。在我国，现分布于内蒙古、新疆、青海等省区的少数民族牧区。

དགུན་མཚོད། ཕྱུགས་རིགས་དགུན་ཁར་འཚོ་སའི་རྩྭ་ར་ལ་ཆེད་དུ་སྟོན་པ། རང་རྒྱལ་གྱི་ནང་སོག་དང་ཞིན་ཅང་། མཚོ་སྔོན་སོགས་(རང་སྐྱོང་ལྗོངས་) གྱང་ཞིང་ཉུང་མིའི་རིགས་ཀྱི་འབྲོག་ཁུལ་དུ་ཁྱབ་ཡོད།

Winter camp especially refers to those pasture lands suitable for grazing in winter. In China, they are distributed in the minority pasturing areas in some autonomous regions and provinces, such as Inner Mongolia, Xinjiang, Qinghai, etc.

侗文 侗族使用的文字。属拼音文字类型。1958年创制。以侗语南部方言为基础方言，以贵州省榕江话的话音为标准音。有26个字母。完全采用拉丁字母，和汉语相同或相近的语音都用汉语拼音方案里相同的字母表示。用字母标声调，按词分写。

ཏུང་ཡིག བཏུང་རིགས་ཀྱིས་སྤྱོད་པའི་ཡི་གེ ༡༩༥༨ ལོར་གསར་གཏོད་བྱས། དེའི་སྦྱོར་ཀློག་ཅན་གྱི་ཡི་གེའི་རིགས་སུ་གཏོགས། ཏུང་རིགས་ལྷོ་བའི་སྐད་ཡིག་འདིའི་རྨང་གཞིའི་སྐད་ཡིག གདངས་ཀུའི་ཀུན་ཞིང་ཆེན་རོང་ཅང་སྐད་ཀྱི་གདངས་ཡིན། གསལ་བྱེད་ ༢༦ ཡོད། ཧྡི་གི་གསལ་བྱེད་ཡི་གེ་ཡོངས་སུ་བེད་སྤྱོད་བྱས་པ་དང་། རྒྱ་སྐད་དང་འདྲ་བཙམ་དེ་དང་ཉེ་བའི་སྐད་གདངས་ཆོར་རྒྱ་ཡིག་སྦྱོར་ཀློག་གི་གསལ་བཞད་ཡི་གེ་བཀོལ་ཡོད། གསལ་བཞད་ཀྱིས་དབྱངས་རྟགས་མཚོན་པར་བྱས་ཡོད་ཅིང་། ཆིག་རིགས་ལྟར་འབྲི་དགོས།

The Dong Script, is the written system used by the Dong people, belonging to a alphabetic writing type. It was developed in 1958, which was based on the southern dialect of the Dong language as the basic dialect and Rongjiang Dialect of Guizhou as the standard phonetics. It is composed of 26 Latin alphabet letters, and the letter in the Scheme for the Chinese Phonetic Alphabet is used if the phonetic is same as the Chinese one. The orthography marks tones with a consonant at the end of each syllable, and the words are separated in writing.

侗语 侗族使用的语言。属汉藏语系壮侗语族侗水语支。分布在贵州、湖南、广西等地。分南、北两个方言，以贵州锦屏县南部侗、苗、汉族杂居区为分界线。南、北方言又主要以语音差异为依据，各分3个土语。

གུང་སྐད། ཅུང་རིགས་ཀྱིས་སྤྱོད་པའི་སྐད་ཅ། རྒྱ་བོད་སྐད་རྒྱུད་ཀྱི་གྲོང་ཅུང་སྐད་རིགས་ལས་ཅུང་ཆུའི་སྐད་ལག་ཏུ་གཏོགས། གུའི་གྲོའུ་དང་ཧོའུ་ནན། གོང་ཞི་སོགས་སུ་བེད་སྤྱོད་བྱེད། སྐྱེ་བྱང་བཅས་སྐད་རིགས་ཆེན་པོ་རིགས་གཉིས་ཡོད། གུའི་གྲོའུ་ཞིང་ཆེན་ཅིན་ཕིན་རྡོང་སྟོ་ཕྱོགས་ཀྱི་ཅུང་། མིའོ་དང་རྒྱ་རིགས་དབྱེ་འཚམས་བྱས་ཏེ་བགོས། ལྷོ་བྱང་གི་ཡུལ་སྐད་དང་སྐད་གདངས་ཀྱི་ཁྱད་པར་ལྷུར་བོ་བོར་ཡུལ་སྐད་ཆུང་བ་གསུམ་རེ་ཡོད།

Dong Language, which belongs to the Dong-Shui languages of the Zhuang-Dong language of the Sino-Tibetan family, is the language used by the Dong people. It is used primarily in Guizhou, Hunan, Guangxi and other regions, and is divided into southern dialect and northern dialect whose boundary is the multi-ethnos areas of Dong, Miao and Han in the south of Jinping County in Guizhou. The differences of the southern and northern dialects are based on the phonetic difference, each of which has three dialects.

侗族 中国的少数民族。最早以"仡伶"见于宋代文献。明、清两代曾出现"峒蛮"等他称。主要居住在贵州、湖南和广西的交界处，湖北恩施土家族苗族自治州也有分布。人口有 2879974 人（2010 年）。使用侗语，原无文字，沿用汉文，1958 年创制侗文方案。信仰多神。主要从事农业，兼营林木。

ཅུང་རིགས། གུང་གི་གྲངས་ཉུང་མི་རིགས་ཤིག གནའ་ཤོས་ཡུལ་ཡིག་ཞེས་པའི་མིང་ལྟར་སུང་རྒྱལ་རབས་ཀྱི་ཡིག་ཚང་དག་ཏུ་མཐོང་རྒྱུ་ཡོད། མིང་དང་ཆིང་རྒྱལ་རབས་སྐབས་སུ་ཅུང་ཀྲོན་ཞེས་པའི་མིང་གཞན་པའང་བྱུང་ཡོད། གུའི་གྲོའུ་དང་ཧོའུ་ནན། གོང་ཞི་བཅས་ཀྱི་འདྲེས་འཚམས་དང། ཧོའུ་པེ་ཨེན་ཧྲི་ཏུ་ཁྱིམ་ཡོད། མི་གྲངས་སྤྱི་བསྡོམས་པས་༢༨༧༩༩༧༤（༢༠༡༠ལོ་）ཡོད། ཅུང་ཅད་ཡིག་གི་མེད་དུ་རྒྱ་ཡིག་བེད་སྤྱོད་བྱས། ༡༩༥༨ལོར་ཅུང་ཡི་གི་གསར་བཟོ་བྱས། ཅུང་སྐད་བེད་སྤྱོད་པ་དང་། གདོང་མའི་ལྷ་མང་ལ་དད་པ་བྱེད། གཙོ་བོར་ཞིང་ལས་གཉེར་ཞིང་ཞོར་དུ་ནགས་ལས་གཉེར་བཞིན་ཡོད།

The Dong people is one of the ethnic groups of China. It was first recorded as "Yiling" in the document of the Song Dynasty. In the Ming and Qing Dynasty they were called "Dongman". They mainly live on the border of Guizhou, Hunan and Guangxi; some of them live in Enshi of Hubei. The population is 2,879,974 (2010). They use the Dong language which was developed in 1958. They don't have their own written script and use Chinese. They believe in polytheism. They mainly engage in agriculture and forestry.

峒 有几种意思。1. 旧时对我国南方部分少数民族的泛称。如苗族的苗峒、侗族的十峒、壮族的黄峒等。2. 宋代以后羁縻州辖属的行政单位。3. 解放前海南岛黎族的一种政治组织。4. 壮族人旧时的地方组织。

ཧྲུང་། གོ་དོན་འགའ་ཡོད་པ་སྟེ། 1 གནའ་དུས་རང་རྒྱལ་གྱི་ལྷོ་ཕྱོགས་ཁུལ་གྱི་གྲངས་ཉུང་མི་རིགས་ཁག་ཅིག་གི་སྤྱིང་། དཔེར་ན། མིའོ་རིགས་ཁྲོད་ཀྱི་མིའོ་ཧྲུང་དང་། ཏུང་རིགས་ཀྱི་ཧྲུང་བཅུ། ཀོང་རིགས་ཁྲོད་ཀྱི་ཧོང་ཧྲུང་ངོ་། 2 སུང་རྒྱལ་རབས་ཀྱི་རྗེས་སུ་མཛད་ཁོངས་སྐྱོང་བའི་ཆབ་སྲིད་ཀྱི་སྡེ་ཁག་ཅིག་ཡིན། 3 བཅིངས་འགྲོལ་མ་བྱས་པའི་སྔོན་དུ་ཧེ་ནན་གླིང་ཕན་གྱི་ལི་རིགས་ཀྱི་ཆབ་སྲིད་ཚོགས་འདུག་ཞིག 4 ཀོང་རིགས་ཀྱི་གནའ་བོའི་ས་གནས་ཚོ་འདུག་ཞིག

Dong has several meanings: 1. It was a general term to call the ethnic minority in the south of our country in the ancient time such as the Miaodong of the Miao people, Shidong of the Dong people, Huangdong of the Zhuang people, etc. 2. The administrative units of the indirectly administered prefectures (jimi zhou) after the Song Dynasty. 3. Before liberation it was a political organization of the Li people in Hainan province. 4. It was a local organization called Dong of the Zhuang people in the old times.

《峒溪纤志》 书名。成书于清康熙（1662—1722）年间。共3卷。（清）陆次云编撰。主要记述西南各省苗、瑶、侗、壮等少数民族的风俗、物产等情况。内容较详，但多为传闻。

《ཧྲུང་ཞིའི་མོ་ཆུལ་སྲུ་བ》 དཔེ་དེབ་ཀྱི་མིང་། （1662—1722) བོར་ཆེན་གཏན་ཞིན་དུས་སུ་དེབ་ཏུ་བསྒྲིགས། ཆེན་རྒྱལ་རབས་ཀྱི་ཡུའུ་ཚོའེ་ཡུན་གྱིས་བཙམས། དེའི་ནང་དུ་སྟོད་ནུབ་ཀྱི་ཞིང་ཆེན་སོ་སོར་གནས་པའི་མིའོ་དང་ཡའོ། ཏུང་། ཀོང་སོགས་གྲངས་ཉུང་རིགས་ཀྱི་ཡུལ་སྲོལ་དང་། ཐོན་དངོས་སོགས་ཀྱི་གནས་ཚུལ་སོགས་ཞིབ་ཚ་ཕྱུག་པའི་སྒོ་ནས་བཀོད་ཡོད། ནན་དོན་ཅུང་ཞིབ་ཚ་ཕྱུག་ཀྱང་ཕལ་ཆེར་དག་རྒྱུན་ལས་བྱུང་བ་ཡིན།

The Record of Dongxi Areas is a book which was written during the Kangxi Period of the Qing Dynasty (1662-1722). It consists of three volumes and was compiled by Lu Ciyun of the Qing Dynasty. The book mainly describes the customs and productions of the Miao, Yao, Dong, Zhuang and other ethnic groups of southwest China. The content is detailed, but most of them are hearsay.

独贵龙运动 "独贵龙"，蒙古语环形、圆圈之意，亦译"多归轮"。它是19世纪中期以后，蒙古族人反封建斗争中所采取的一种具有民主性质的斗争形式。参加这一组织者经常围坐一圈，共同讨论研究各项问题；在斗争中通过决议和上报政府的呈文签名，亦呈圆形。

ཏོན་ཀུའེ་ཁྱུང་ལས་འགུལ། ཏོན་ཀུའེ་ཁྱུང་ཞེས་པ་ནི་སོག་སྐད། སྒོར་མོའམ་སྒོར་དབྱིབས་ཀྱི་དོན་ཡིན། དེ་ལ་ཏུའོ་ཀུའེ་ལུན་ཡང་ཟེར། དུས་རབས་བཅུ་དགུ་པའི་དུས་དཀྱིལ་གྱི་རྗེས་སུ་སོག་པོའི་མི་དམངས་ཀྱི་བཀག་བཀོད་འཇིག་ལས་ཀྱི་ཉེན་ཅན་ལག་བསྟར་བྱས་

པའི་དབང་གཙོ་རང་བཞིན་གྱི་འཐབ་རྩོད་རྣམ་པ་ཞིག་ཡིན། རྩ་འཛུགས་འདི་ལ་ཞུགས་མཁན་ཚོས་གནད་དོན་ལ་གློག་བསྒྱུར་བྱེད་དུས་སྒོར་དབྱིབས་ལྟར་འདུག་དང་། འཐབ་རྩོད་བྱེད་ཐོག་གྲོས་འཆམ་བྱུང་བའི་ཡིག་ཆ་སོགས་སྲིད་གཞུང་ལ་སྟོན་དུས། དེའི་ཐོག་ཏུ་བཀོད་པའི་མིང་རྟགས་ཐམས་ཅད་ཡང་སྒོར་དབྱིབས་ཀྱི་རྣམ་པ་ཡིན།

Duguilong movement Duguilang means "circular" in Mongolian, which is also called "Duoguilun". It was a form of fighting with democratic feature after the mid of 19th century during the Mongolian fighting against feudalism. The members of the organization always sat in circle to discuss every event; the signature was done in a circle when they passed a resolution and presented their ideas to the government.

独龙语 独龙族使用的语言。属汉藏语系藏缅语族。语支未定。又名"俅语"。在中国，主要分布在云南怒江傈僳族自治州贡山独龙族怒族自治县。分独龙江和怒江两个方言。另外，缅甸独龙人也使用该语言。

ཧུའུ་ལུང་སྐད། ཧུའུ་ལུང་རིགས་ཀྱིས་སྤྱོད་པའི་སྐད་ཆ། རྒྱ་བོད་སྐད་རྒྱུད་ཀྱི་འབར་བོད་སྐད་རིགས་ལ་གཏོགས། སྐད་ལག་དོས་འཛིན་བྱས་མེད། མིང་གཞན་ལ་བྱིའུ་སྐད་ཟེར། སྐད་འདི་ཡུན་ནན་ཅུའུ་ཅང་གཙང་པོའི་ཧུའུ་ལུང་རིགས་རང་སྐྱོང་ཁུལ་གུན་ཧྲན་རེ་པོའི་ཧུའུ་ལུང་རིགས་རང་སྐྱོང་རྫོང་དུ་གཙོ་བོར་ཁྱབ་ཡོད། ཧུའུ་ལུང་གཙང་པོ་དང་ཅུའུ་ཅང་གཙང་པོའི་ཁྱབ་ཁོངས་ཀྱི་ཡུལ་སྐད་གཉིས་སུ་དབྱེ། དེ་མིན་འབར་མའི་ཧུའུ་ལུང་རིགས་ཀྱིས་ཀྱང་སྐད་འདི་བེད་སྤྱོད་བྱེད།

བཞིན་ཡོད།

The Derung Language, spoken by the Derung people, is a Tibeto-Burman language of Sino-Tibetan language family. It is also called the "Qiu language". In China, it is mainly distributed in Gongshan Derung Nu Autonomous County of the Nujiang Lisu Autonomous Prefecture of Yunnan. The language is composed of two dialects, the Longjiang dialect and the Nujiang dialect. Myanmar Derung language also belongs to the Derung language.

独龙族 中国人口较少的少数民族之一。旧称"俅人"。云南贡山独龙族怒族自治县是其聚居地。人口6930人（2010年）。使用独龙语，没文字。男女好散发，女子有文面习俗。相信万物有灵，崇拜自然物。生产活动以种植、狩猎和采集为主。

ཧུའུ་ལུང་རིགས། ཀྲུང་གོའི་མི་གྲངས་ཉུང་ཉུང་བའི་གྲངས་ཉུང་མི་རིགས་གྲས་ཀྱི་ཞིག བྱོན་ཆད་བྱིའུ་མི་ཞེས་འབོད། ཡུན་ནན་ཀུན་ཧྲན་རེ་པོའི་ཧུའུ་ལུང་རིགས་དང་ཉུའུ་རིགས་རང་སྐྱོང་རྫོང་དུ་འདུས་སྡོད་བྱས་ཡོད། མི་གྲངས་༦༩༣༠ (༢༠༡༠) ཡོད། ཧུའུ་ལུང་སྐད་བེད་སྤྱོད་བྱེད། ཡི་གེ་མེད། ཕོ་མོ་རྣམས་སྐྲ་བྱུགས་ཀྱུར་དགའ། བུད་མེད་ཚོར་གདོང་ལ་རི་མོ་བཀོད་པའི་སྲོལ་ཡོད། བྱ་དངོས་ཐམས་ཅད་སེམས་ལྡན་པར་འདོད། ཕྱི་སྐྱེད་གཙོ་བོ་ཙོ་འདེབས་དང་རྔོན་ལས། ཤིང་ཏོག་འཚོལ་སྡུད་སོགས་ཡིན།

The Derung people, is an ethnic group of the 56 ethnic groups officially recognized by the People's Republic of China. In the past they were called "Qiu people". They live in the Nujiang Lisu Autonomous Prefecture of Yunnan. Their population numbers 6,930 (2010). They use the Derung language that is without written form. Both men and women like their hair unbound, and women used to tattoo their faces. They believe that everything in the universe has a spirit and worship nature. They live on agriculture, hunting and the collections of food.

独龙族历法 独龙族有自己独特的历法。从每年大雪封山到次年大雪封山为一年。从月亮最圆的时候到下月月亮最圆时为一个月，但每月的天数不等。有的地区把一年又分别称为过雪月、出草月、播种月、花开月、烧火山月、饥饿月、山草开花月、霜降月、收获月、降雪月、水落月、过年月。

ཆུའི་ལུང་རིགས་ཀྱི་ལོ་ཐོ་རྩེ་ལུགས། ཆུའི་ལུང་རིགས་རང་གི་ལོ་ཐོ་ཚུལ་དམིགས་བསལ་བ་ཞིག་ཡིན། ལོ་རེ་རེ་བོ་ཁ་བས་ཡོལ་བགས་པའི་དུས་ནས་ལོ་རྗེས་མ་རི་བོ་ཁ་བས་གཡོགས་པའི་བར་དུ་ལོ་གཅིག་བརྩི། ཟླ་བ་ཤ་གང་བ་ནས་རྗེས་མའི་ཟླ་བ་ཤ་གང་བའི་བར་དུ་ཟླ་བ་གཅིག་ཡིན་པར་འདོད། ཟླ་རེ་རེའི་ཞིན་གྲངས་མི་འདྲ། ས་ཁུལ་ལ་ལར་ལོ་གཅིག་ལའང་ཁ་བའི་ཟླ་བ་དང་། རྩྭ་སྐྱེས་པའི་ཟླ་བ། ས་བོན་འདེབས་པའི་ཟླ། མེ་ཏོག་བཞད་པའི་ཟླ། བ་མོ་འཛོག་པའི་ཟླ། འབྲུ་བསྡུ་བའི་ཟླ། ཁ་བ་འབབ་པའི་ཟླ། ཆུ་འབབ་པའི་ཟླ། ལོ་སར་གྱི་ཟླ་བཅས་སུ་འདྲེན།

Derung calendar has its own unique characteristics. It identifies a year from the time the snow covered hills to the same time of next year, a month from the full moon to the next full moon, and the number of days differs per month. In some areas the year is respectively divided into snow month, grass month, planter's month, flower month slash-and-burn month, hunger month, mountain grass blooming month, frost month, harvest month, snowing month, water-frozen month, and New Year's festival month.

都松芒波杰（670—704） 吐蕃赞普。芒松芒赞之子。676年继位，建立起东与唐朝的松州、茂州、巂州接壤，南到北天竺，西到安西四镇，北与突厥接壤的庞大国家。698年铲除噶尔氏家族并亲政。704年亲征六诏，回师时病死军中。

འདུས་སྲོང་མང་པོ་རྗེ། (༦༧༠—༧༠༤) བོད་ཀྱི་བཙན་པོ་ཞིག མང་སྲོང་མང་བཙན་གྱི་སྲས། (༦༧༦)འཁྲི་གསོལ། ཐང་རྒྱལ་རབས་ཤར་མའི་སུང་ཀྲོའུ་དང་མོའུ་ཀྲོའུ། ཞི་ཀྲོའུ་བཅས་དང་འབྲེལ། ལྷོ་རྒྱར་དང་འབྲེལ། ནུབ་ཨན་ཞིའི་སི་ཀྲེན་དང་། བྱང་གི་དུ་འབྲེལ་བའི་རྒྱལ་ཁབ་ཆེན་པོ་ཞིག་བཚུགས། (༦༩༨)མགར་མཁར་ཚོང་གི་སྟོབས་ཤུགས་ཚར་བཅད་དེ་སྲིད་དབང་སུ་བསྒྱུར། ༧༠༤ ལོར་སྨྲ་དྲོས་ཀྱིས་འཛིང་ལ་དམག་དྲངས་ནས་ཕྱིར་སླེབས་པའི་ལམ་བར་དུ་སྐུ་འདས།

Dusong Mangban (670-704), son of Mangsong Mangzan, was an emperor of the Tibetan from 676 to 704. He ascended the Tibetan throne in 676. He established a great state that borders Songzhou, Maozhou, and Xizhou of the Tang Dynasty on the east, northern Tianzhu on the south, four towns in Anxi on the west, and

Turkic on the north. In 698, he destroyed the Gar family and established his personal rule. In 704, he personally led troops into battles in the territory of Liu Zhao, and died on his way back.

杜瓦 景颇语音译，意为"山主"，汉称"山官"。旧时景颇族政治领袖。

ཅུའ་ཝ། ཅིང་པོའི་སྐད་ཀྱི་སྒྲ་བསྒྱུར། དོན་ལ་རི་བདག་རྒྱ་ཡིག་དཔོན་ཞེས་འབོད། སྔོན་ཆད་ཅིང་པོ་རིགས་ཀྱི་རྒྱལ་པོའི་མིང་ཡིན།

Duwa, transliterated from the Jingpo language, means "the leader" of the Jingpo people. Han people called it "Shan Guan (mountain official)". Duwa was the political leader of the Jingpo people in old days.

杜文秀（1827—1872） 清代云南回族起义领袖。云南永昌（今保山）人。咸丰六年（1856），官府支持临安（今建水）汉绅侵占回民银矿，屠杀回民。杜文秀遂起兵于蒙化（今巍山），攻占大理，建立政权，被推举为"总统兵马大元帅"。同治十一年（1872），清军攻陷大理城，杜文秀服毒自杀。

ཅུའ་ཝུན་ཞིའུ།（１８２７—１８７２） ཅིང་རབས་སྐབས་སུ་ཡུན་ནན་ཧུའི་རིགས་ཁོངས་ལྡམས་འགུལ་གྱི་འགོ་ཁྲིད། ཡུན་ནན་ཡོང་ཁང་གི་མི་ཡིན། ཞེན་ཕུང་ལོ་དྲུག་པར་（１８５６）དཔོན་གཞུང་གིས་ལིན་ཨན་（དེང་གི་ཅན་ཧྲུའི）རྒྱ་རིགས་ཀྱིས་ཧུའི་རིགས་དངུལ་གཏེར་འཕྲོག་བཅོམ་བྱེད་པར་རྒྱབ་སྐྱོར་བྱས་ནས། ཧུའི་རིགས་མང་པོ་དམར་གསོད་བྱས་པས། ཅུའ་ཝུན་ཞིའུ་ཡིས་མུན་ཧྭ་རུ་དམག་པོའི་རོལ་ལངས་ནས། བསྐྱངས་ཏེ། ཏ་ལིའི་དཔོན་འཛུགས་ནས་སྲིད་དབང་བཙུགས། སྤྱི་དམག་ཆེན་པོའི་དམག་དཔོན་ཆེན་པོ་ཞུང་ཐུང་ཞེས་པའི་མཚན་ཐོབ། ཐུང་ཀྲིའི་ཁྲི་ལོ་དཔང་འཛུག་བྱུང་ཏེ། ཏ་ལིའི་མཁར་བཟུང་རྗེས་ཅིན་ཕུན་ཞིན་ཡིན་དུག་འཐུང་ནས་རང་སྲོག་བཅད།

Du Wenxiu (1827-1872), born in Yunnan Yongchang (now Baoshan), was the leader of Yunnan Hui people's Rebellion in the Qing Dynasty. In the sixth year of the reign of Emperor Xianfeng (1856), the government supported Han landowners of Linan (now Jianshui) to encroach the silver of the Hui people and slaughtered lots of Hui people. Du Wenxiu started the uprising movement in Menghua (now Wei Shan), and captured Dali, and established his regime. Du was voted as the "Grand Marshal of the Military Forces". In the eleventh year of the reign of Emperor Tongzhi (1872), Du committed suicide by poison when Dali city was captured by the Qing's troops.

度牒 佛教术语。指国家对已经得到公度、成为僧尼者所发放的证明文件。

གུ་བསྟན་ལག་འཛིན། སངས་རྒྱལ་ཆོས་ལུགས་ཀྱི་ཆེད་སྤྱོད་ཐ་སྙད་ཅིག བགས་བཀོད་རྒྱུད་འཛིན་རྒྱལ་ཁབ་ཀྱིས་ལས་ལེན་ཐོབ་ཟིན་པའི་གྲྭ་བཙུན་རྣམས་ལ་བྱེད་པའི་བདག་དབང་ཡིག་ཆ་ཞིག་ཡིན།

Du Die, Buddhism terminology refers to certificates distributed by the feudal country authenticating the holder as a legitimate Buddhist monk or nun.

堆巴 藏语音译。居住在西藏阿里地区藏族的自称。"堆"有上部的意思（即西藏的西部）。"巴"意为人。

སྟོད་པ། བོད་སྟོངས་མངའ་རིས་ས་ཁུལ་གྱི་བོད་པ་ཚོས་རང་ཉིད་ལའི་ལྟར་འབོད། སྟོད་ནི་བོད་ཀྱི་ནུབ་ཡིན་པ་དང་། པ་ནི་བདག་ཉིད་ཡིན།

Dui Ba, transliterated from Tibetan, is what Tibetans living in Ali claims themselves to be. Dui means the upper part (i. e., the west of Tibet). Ba refers to human beings.

堆穷 西藏农奴阶级的一个组成部分。"堆穷"（意为小户），主要指耕种农奴主及其代理人分给的少量份地，为农奴主及其代理人支差的农奴。是地位低于差巴的阶层。

དོས་ཆུང་། བོད་སྟོངས་ཞིང་བྲན་གྱལ་རིམ་གྱི་གྲུབ་ཆ་ཞིག དོས་ཆུང་ནི་འདེབས་འཇུགས་ཞིང་བདག་དང་ཡང་ན་དེའི་བར་ཆའ་པས་བགོས་པའི་ས་ཞིང་ཉུང་དུ་བགོས་ཏེ། ཞིང་བདག་དང་བར་ཆའ་པར་གཡོག་བྱེད་དུ་བཏུག་པའི་ཞིང་བྲན་ལ་ཟེར། དེ་ནི་གོ་གནས་ཁྲལ་པ་ལས་གྱུར་དམའ་བའི་གྲལ་རིམ་ཞིག་ཡིན།

Dui Qiong is a component of the Tibetan serf class. It mainly refers to the slaves who rents a small piece of land to till or engages in handcrafts and pays taxes or provides corvee to the manorial lord. Dui Qiong is lower than Chapa (a serf class).

对口援疆 国家政策。即国家以灾区重建的模式来扶持新疆。2010年全国对口支援新疆工作会议确定，全国19个省市建立人才、技术、管理、资金等方面对口援疆的有效机制，优先保障和改善民生，帮助新疆各族群众解决就业、教育、住房等基本问题，同时支持新疆相关特色产业的发展。

ཁ་སྦྱར་ཞིན་སྐྱོར། རྒྱལ་ཁབ་ཀྱི་སྲིད་ཇུས་ཤིག རྒྱལ་ཁབ་ཀྱིས་གནོད་འཁྲུལ་བརླགས་འཇུགས་ཀྱི་རྣམ་པ་ལྟར་ཞིང་ཅང་ལ་རོགས་སྐྱོར་བྱ་རྒྱུ་དེ་ཡིན། ༢༠༡༠ལོར་རྒྱལ་ཡོངས་ཀྱིས་ཞིན་ཅང་ཁ་སྦྱར་རོགས་སྐྱོར་ལས་དོན་གྱི་གྲོས་ཚོགས་སྐྱོད། རྒྱལ་ཡོངས་ཀྱི་ཞིང་ཆེན་༡༩དུ་གོས་ལྔན་མི་སྟོབས་དང་། ལག་རྩལ། དོ་དམ། མ་རྩ་བཅས་ཀྱི་ཕྱོགས་ནས་ནུས་ཤུགས་ཀྱི་མ་ལག་བཙུགས་ཏེ། མི་སེར་འཚོ་བ་ལེགས་སུ་གཏོང་རྒྱར་གཙིགས་ཆེ་བྱེད་དགོས་པ་དང་། དེར་མཚོན་ཞིན་ཅང་གི་མི་རིགས་སོ་སོའི་མི་དམངས་ཀྱི་ལས་ཞུགས་དང་། སློབ་གསོ། སྡོད་ཁང་བཅས་ཀྱི་གནའི་རྩའི་གནད་དོན་ཐག་གཅོད་དགོས་པར་བརྟེན། ཞིན་ཅང་གི་ཁྱད་ཆོས་ལྡན་པའི་ཐོན་ལས་འཕེལ་རྒྱས་འགྲོ་བར་རོགས་རམ་བྱེད་དགོས་པ་བཅས་སོ།

"Pairing Assistance" Projects to Support Xinjiang's Development refers to the policy that the government supports Xinjiang in form of rebuilding the disaster areas. In 2010 the National Work Conference determined the effective mechanisms for talents, technology, management, capital and other aspects of the assistance to be established among 19 provinces and cities. The government gave priority to ensuring and improving people's livelihood, helping the people of all ethnic groups in Xinjiang to solve the basic problem of employment, education, housing, and supporting the development of industry with Xinjiang characteristics.

对口支援 在我国，现指经济发达或实力较强的一方对经济不发达或实力较弱的一方（通常为少数民族地区）实施援助的一种政策性行为。1979年由中央召开的全国边防工作会议提出。由中央政府主导，地方政府为主体，涉及灾难、经济、医疗、教育等援助。

ཁ་སྦྱར་རོགས་སྐྱོར། རང་རྒྱལ་ནང་ཁུལ་དུ་དཔལ་འབྱོར་དར་རྒྱས་ཆེ་བའམ་ཕྱོགས་བསྟུན་སྟོབས་ཤུགས་ཆེ་བའི་ཁུལ་གྱིས་ཆུང་ཞན་པའི་གནད་ཆུང་མི་རིགས་ས་ཁུལ་ལ་རོགས་སྐྱོར་བྱེད་པའི་སྲིད་ཇུས་རང་བཞིན་གྱི་བྱེད་ཐབས་ཤིག ༡༩༧༩ལོར་རྒྱུང་དབྱང་གི་རྒྱལ་ཡོངས་མཐའ་སྲུང་ལས་དོན་ཚོགས་འདུའི་སྟེང་བཏོན། རྒྱུང་དབྱང་སྲིད་གཞུང་གིས་འགོ་ཁྲིད་དང་། ས་གནས་སྲིད་གཞུང་གིས་གཙོ་བོ་བཟུང་ནས་གོད་ཆག་དང་། དཔལ་འབྱོར། སྨན་བཅོས། སློབ་གསོ་བཅས་ལ་རོགས་སྐྱོར་བྱེད་པ་ཞིག་ཡིན།

"Pairing Assistance" Projects refers to the policy that the area with advanced economy or strong strength implements aids to the underdeveloped area with weak economic strength (usually the ethnic minority areas). It was proposed in 1979 at the national conference on the frontier by the central government. The project is led by the central government and the local government is the main body. The assistance covers disaster, economy, health care, education and so on.

对偶婚　亦称"对偶家庭"。指原始社会时期，不同氏族的成年男女双方，在或长或短的时间内实行由一男一女组成配偶，以女子为中心，婚姻关系不稳固的一种婚姻形式。是从多偶婚（伙婚）向单偶婚过渡的一种形式，如"走婚"形式。

ཆ་སྒྲིག་གཉེན་སྒྲིག ཆ་སྒྲིག་ཁྱིམ་ཚང་ཡང་ཟེར། གདོད་མའི་དུས་སྐབས་སུ་དུས་རྒྱུད་མི་འདྲ་བའི་ཕོ་མོ་ཆེན་པར་དུས་ཚོད་རིང་པོའམ་ཐུང་དུ་གུང་གུང་མི་རིགས་ར་ཁྱིམ་ལ་བཟུང་བ། གཉེན་སྒྲིག་འཛུབ་པ་གཏན་མེད་པའི་གཉེན་སྒྲིག་རྣམ་པ་ཞིག་ཡིན། དེའི་གཟབ་མང་གཉེན་སྒྲིག་ནས་ཤུག་གཅིག་གཉེན་སྒྲིག་ལ་བརྒལ་བྱུང་བའི་རྣམ་པ་ཞིག་ཡིན། དཔེར་ན། འགྲོ་འོང་གཉེན་སྒྲིག་གི་རྣམ་པ་ལྟ་བུའོ། །

Antithetic Marriage（Pairing marriage） is also known as "pairing family". It refers to a form of marriage in the period of primitive society and in long or short period of time one male and one female who were from different clans became a couple. It was centered on woman, and the marriage was unstable. It was a form from polygamy (partner marriage) to monogamy, such as "walking marriages".

《对西藏民主改革的指示》　文件名。1956年中央政府发出。文件指出："西藏的民主改革，必须是和平改革。"为此，要求做好两项工作，一是同各方面的领导人员协商好，取得他们的真正同意，而不是勉强同意；二是把上层安排好，特别是对代表人物的政治地位和生活待遇，要作出妥善安排。

《བོད་སྟོངས་དམངས་གཙོ་བཅོས་སྒྱུར་ལ་གནང་བའི་འདུབ་སྟོན》 ཡིག་ཆའི་མིང་། ༡༩༥༦ལོར་རྒྱུང་དབྱང་སྲིད་གཞུང་གིས་བསྒྲགས། དེའི་ནང་དོན་གཙོ་བོ་ནི་བོད་ལྗོངས་ཀྱི་དམངས་གཙོ་བཅོས་སྒྱུར་ནི་འདི་བཅོས་སྒྱུར་ཞིག་ཡིན་སྐབས། ལས་དོན་གཉིས་དེ་བར་དུ་ལེགས་འགྲུབ་དགོས་པའི་རེ་བ་བཏོན་པ་སྟེ། གཅིག་ནི་ཕྱོགས་སོ་སོའི་འཛིན་ལོད་ཀྱི་འགོ་ཁྲིད་མི་སྣ་དང་གྲོས་མོལ་ལེགས་པོ་བྱེད་དགོས་ལ། དེ་བར་དུ་ཚོ

འཕན་ཕྱུང་དགོས། གཉིས་ནི་གོང་རིམ་བགོད་སྒྲིག་ལེགས་པོ་བྱེད་དགོས་པ། སྐྱོ་སུ་འཕུས་ཚོགས་པའི་ཚབ་བྱེད་ཀོ་གནས་དང་འཚོ་བའི་མཐུན་རྐྱེན་སོགས་བགོད་སྒྲིག་ལེགས་པོ་བྱེད་དགོས།

Instructions on Democratic Reforms in Tibet is a file name. It was issued by the central government in 1956 which pointed out that Tibet's democratic reform must be a peaceful reform. To achieving this, two things needed to be done: first was to negotiate with all aspects of the leading personnel to get their approval but not reluctant agreement; second was to arrange well the top layer, especially the representative's political status and material amenities, to make a proper arrangement.

对藏工作的八项方针　1980年由中央召开的第一次西藏工作座谈会提出。涉及：中央各有关部门根据西藏的实际情况制定、执行与西藏有关的方针、任务和政策，支援西藏发展；全国各有关地方和单位做好援藏工作；重新审订全区经济建设规划，纠正经济政策方面"左"的偏向等8项内容。

བོད་སྐོར་ལས་དོན་གྱི་དོན་ཚན་བརྒྱད།

/༡༩༨༠ལོར་ཀྲུང་དབྱང་གིས་རྩ་འཛུགས་བྱས་པའི་བོད་སྐོར་ལས་དོན་བཞུགས་མོལ་ཚོགས་འདུའི་སྐྱེད་བཏོན། ཀྲུང་དབྱང་གི་ལས་ཁུངས་སོ་སོས་བོད་སྐྱོངས་ཀྱི་གནས་ཚུལ་ལ་གཞིགས་ནས་བོད་སྐོར་གྱི་འཆར་ཡོང་ལམ་འགྲོ་དང་སྲིད་ཇུས་ལག་བསྟར་བྱ་རྒྱུ། རྒྱལ་ཡོངས་ཀྱི་འབྲེལ་ཡོད་ས་ཁུལ་དང་ལས་ཁུངས་ཀྱིས་བོད་སྐྱོངས་ཀྱི་འཕེལ་རྒྱས་ལ། འཕེལ་རྒྱས་བཀག་སྐོར་ལ་རོགས་རམ་བྱེད་དགོས། བོད་ལྗོངས་ཀྱི་དཔལ་འབྱོར་འཛུགས་སྐྲུན་འཆར་གཞི་

སྟོངས་ཡོངས་ཀྱི་དཔལ་འབྱོར་འཇོག་སྟངས་ཀྱི་ནང་འཁར་གཞི་ཡང་བསྐྱར་བགོད་དེ། དཔལ་འབྱོར་སྲིད་ཇུས་སྟོར་གྱི་གཡོན་ཕྱོགས་ཀྱི་ནོར་འཁྲུལ་བཅོས་བསྒྱུར་བྱ་རྒྱུ་སོགས་ཀྱི་དོན་ཚན་བརྒྱད་ཡིན།

Eight-point Proposal on Work in Tibet was proposed during the First National Conference on Work in Tibet held by the central government in 1980. The forum involved 8 categories, including the principles, tasks, and policies made by the central departments according to the real situation of Tibet; the support to Tibet's development; all relevant regions and units should do a good job to assist Tibet; the regional economic development plan should be redesigned; to correct the "left" deviation of the economic policy.

敦　藏语音译。旧时西藏地方封建政权向贵族、寺院领主所属奴隶摊派租赋徭役的单位。

དུ།　སྔ་ཚིགས་ཆེད་པར་བོད་སྐྱོངས་ཀྱི་ས་གནས་སྲིད་དབང་གིས་སྐུ་དྲག་དང་། དགོན་བདག་ལ་དབང་བའི་བྲན་གཡོག་ལ་ཁྲལ་ཉི་ལག་བསྟར་བའི་འཇལ་བྱེད་ཀྱི་སྡེ་ཚན་ཞིག

Dun, transliterated from Tibetan, was a unit that the old local feudal regime apportioned taxes and corvee to the slaves of the nobles and the temple lords in the old days.

多伦诺尔会盟　清康熙帝为调解喀尔喀蒙古（见"外蒙古"词条）各部之间的矛盾，加强北方边防及对喀尔喀蒙古的管理，于康熙三十年（1691）在多伦诺尔（今多伦）与蒙古各部贵族进行的会盟。

后对喀尔喀各部编设盟旗札萨克，确立对外蒙古的统治和管辖。

དོ་ལུན་ནོ་ཨར་མཁན་ཚོགས། ཆེང་གོང་མ་ཁང་ཞིས་སོག་པོའི་ཁྱར་ཁུ་ཚོ་སོའི་བར་གྱི་འགལ་བ་སེལ་ནས། བྱང་ཕྱོགས་མཐའ་སྲུང་དང་སོག་པོ་ཁྱར་ཁུ་དོ་དག་ལ་ཤུགས་སྟོན་ཆེད། ཁང་ཞིས་ཁྲི་ལོ་སུམ་ཅུ་པར།（１６９１）དོ་ལུན་ནོ་ཨར་（དེང་གི་དོ་ལུན་）དུ་སོག་པོའི་ཚོ་པ་སོ་སོའི་སྐུ་དྲག་གིས་སྐྱབ་པའི་མཁན་ཚོགས་ཞིག་ཡིན། ཕྱིས་སུ་ཁྱར་ཁུ་ཚོ་པ་སོ་སོས་མཁན་དར་གས་ཁུ་བཅུར་སྦྱར་བྱས་ནས། ཕྱི་སོག་ལ་དབང་བ་དབང་བསྒྱུར་དང་དོ་དམ་བྱས།

Dolunnuoer Alliance In the 30th year of the reign of Qing Emperor Kangxi (AD 1691), in order to reconcile the conflict among the tribes of Khalkha Mongolia (see the entry "the Outer Mongolia") and to strengthen the denfense of northern frontiers and the administration of Khalkha Mongolia, the Qing Emperor Kangxi negotiated with noblemen of the Mongol tribes in Dolunnuoer (today Duolun). Later Kangxi set up an Alliance Banner-Zhasake for the tribes of Khalkha Mongolia, establishing his rule and reign of the Outer Mongolia.

多民族国家 由若干个民族组成的国家。此类国家，民族组成状况不同。有的只有几个民族，有的则有几十个甚至上百个民族。世界大多数国家由多民族组成，中国就是一个由 56 个民族组成的多民族国家。

མི་རིགས་མང་བའི་རྒྱལ་ཁབ། མི་རིགས་ཁ་ཤས་ཀྱི་གྲུབ་པའི་རྒྱལ་ཁབ་ཅིག རྒྱལ་ཁབ་འདིའི་རིགས་ཀྱི་མི་རིགས་གྲུབ་ཚུལ་མི་འདྲ་སྟེ། ལ་ལར་མི་རིགས་གཅིག་མས་གསུམ་ཚམ་ལས་མེད། ལ་ལར་མི་རིགས་བཅུ་ཕྲག་ཁ་ཤས་ཀྱིན་ཡོད། འཛམ་གླིང་གི་མི་རིགས་མང་ཆེའི་མི་རིགས་མང་པའི་རྒྱལ་ཁབ་ཡིན་ལ། ཀྲུང་གོ་ཡང་ནི་མི་རིགས་༥༦ལས་གྲུབ་པའི་མི་རིགས་མང་བའི་རྒྱལ་ཁབ་ཅིག་ཡིན།

Multi-ethnic state is the sovereign state which is made up of a number of ethnic groups. Such states have their own different ethnic compositions. Some states only have a few ethnic groups; some have dozens or even hundreds of ethnic groups. Most states in the world are made up of many ethnic groups. China is a multi-ethnic state which is composed of 56 ethnic groups.

《多仁班智达传》 书名。西藏学者多仁班智达·南杰才旦著。成书于 18 世纪中叶。以手抄本传世。内容为 18 世纪中叶以前西藏地方政府的变革，收录有大量皇帝谕旨与多仁家族奏折。

《རྡོ་རིང་བསྟན་པའི་རྣམ་ཐར》 བོད་ཀྱི་མཁས་པ་རྡོ་རིང་བསྟན་པ་རྣམ་རྒྱལ་ཚེ་བརྟན་གྱིས་བརྩམས། སྤྱི་ལོ་དུས་རབས་བཅོ་བརྒྱད་པའི་དུས་དཀྱིལ་དུ་ཕྱག་བྲིས་མའི་དཔེ་དེབ་ཡོད། དེབ་འདིའི་ནང་དོན་གཙོ་བོ་ནི་དུས་རབས་བཅོ་བརྒྱད་པའི་དུས་དཀྱིལ་སྔོན་གྱི་བོད་སྲིད་གཞུང་གི་འགྱུར་ལྡོག་ཡིན་པ་དང་། དེའི་ནང་དུ་གོང་མའི་བཀའ་ཡིག་དང་རྡོ་རིང་ཁྱིམ་ཀྱི་ཞུ་ཡིག་མང་པོ་ཕྱོགས་སྒྲིག་བྱས་ཡོད།

Rdo-Rings-Bstan's Biography is written by the Tibetan scholar Rdo-Rings-Bstan. Namgyal Tseden and was accomplished in the middle of the eighteenth century. And it is handed down in manuscripts. Its content is about the reforms done by the Tibetan local government before the middle of the eighteenth century. It collects a large number of the imperial edicts and memorials of the Rdo-Rings family.

多松年（1906—1927） 中共早期党员。蒙古族。1924年加入中国共产党。次年参与创办内蒙古最早的革命刊物《蒙古农民》。1926年任中共察哈尔特别区工委书记。1927年出席中共第五次全国代表大会。会后返北平赴绥察之时，被捕就义。

ཏུའོ་སུང་ཉན། (༡༩༠༦—༡༩༢༧) གུང་གུང་གི་དུས་རིམ་ཐོག་མའི་ཐང་ཡོན་ཡིན། སོག་རིགས། ༡༩༢༤ལོར་གུང་གུང་ཁང་ལ་ཞུགས། ལོ་རྗེས་མར་ནང་སོག་གི་གསར་བརྗེ་དུས་དེབ་ཐོག་མ་《སོག་པོའི་ཞིང་པ》ཞེས་པ་བསྐྲུན། ༡༩༢༤གུང་གུང་ཁ་ཏུ་ཨར་ཐི་དམིགས་བསལ་ཁུལ་གྱི་བཟོ་ཤུལ་འགན་བཞེས། ༡༩༢༤གུང་གུང་གི་རྒྱལ་ཡོངས་འཐུས་མི་ཚོགས་ཆེན་ལྔ་པར་ཞུགས། ཚོགས་འདུ་རྗེས་ཕྱིར་པེ་ཕིང་དུ་ལོག་ནས་སུའི་ཚ་རུ་བསྐྱོད་སྐབས་དག་དབལ་གྱིས་བཟུང་ནས་རང་སོག་བླུས་བཏང་།

DuoSongnian (1906-1927), is a member of the Mongolian ethnic group, an early Communist. He joined the Chinese Communist Party in 1924 and founded the first revolutionary publication of Inner Mongolia-*"Mongolian farmers"* the following year. DuoSongnian was appointed as the Secretary of CPC Committee of Chahar special district in 1926. He attended the fifth CPC National Congress in 1927. After the conference, he was arrested and martyred during his way back to Peiping and to Suicha.

多元文化政策 指多民族社会用以管理文化多元性的公共政策。它采取官方手段在一个国家内部强制推行不同文化之间的相互尊重和宽容。

སྣ་མང་རིག་གནས་སྲིད་བྱུས། མི་རིགས་མང་བའི་སྤྱི་ཚོགས་སུ་བཀོལ་བའི་རིག་གནས་སྣ་མང་རང་བཞིན་དོ་དམ་བྱེད་པའི་སྤྱི་སྤྱོད་སྲིད་བྱུས་ཤིག་ཡིན། དེས་གཞུང་ཕྱོགས་ཀྱི་བྱེད་ཐབས་བརྒྱུད་དེ་རྒྱལ་ཁབ་ནང་གི་རིགས་གནས་མི་འདྲ་བོ་སོའི་བར་ཕན་ཚུན་འདུ་མཐུན་དང་བཟོད་འཛོག་བགྱི་ཡངས་བྱེད་རྒྱུ་བཙན་པོས་ཁྱབ་གདལ་དུ་གཏོང་བཞིན་ཡོད།

Multicultural policy refers to the public policy adopted by a multi-ethnic society to manage culture diversity. It uses official means within a country, to impose the mutual respect and tolerance among different cultures.

多则 藏语音译，汉称"秤"或"品"。旧时藏币计算单位。合藏银五十两。

དོང་ཙེ། འདིའི་མིང་ལ་རྒྱ་ཡིག་ཏུ་དིན་ཙེར་ཞིང་། གནའ་བོའི་གསོག་སྒོར་གྱི་གྲངས་རྩིས་འཇལ་བྱེད་དེ། དོང་ཙེ་གཅིག་དངུལ་སྲང་ལྔ་བཅུ་ཡིན།

Duoze is transliterated from Tibetan which means "steelyard" or "commodity" in Han language. It is a currency unit, i.e. 50 taels of Tibetan silver in old times.

朵甘都指挥使司 简称"朵甘都司"。明朝对今四川省西部、云南省西北部、西藏自治区东部和青海省西南部藏族聚居地区的最高军政管辖机构。

མདོ་ཁམས་ཅུའུ་བཀོད་འདོམས་སི། མིང་གཟན་ལ་མདོ་ཁམས་མདོ་སི་ཟེར། དེ་ནི་མིང་རྒྱལ་རབས་སྐབས

སུ་སི་ཁྲོན་གྱི་ནུབ་ཕྱོགས་དང་། ཡུན་ནན་ཞིང་ཆེན་གྱི་ནུབ་ཕྱོགས། བོད་རང་སྐྱོང་ལྗོངས་ཀྱི་ཤར་ཕྱོགས་དང་མཚོ་སྔོན་ཞིང་ཆེན་གྱི་ལྷོ་ནུབ་བཅས་བོད་ཁུལ་དུ་བཙུགས་པའི་ཆེས་མཐོའི་དམག་སྲིད་དོ་དམ་ལས་ཁུངས་ཤིག་ཡིན།

Mdo-khams Itinerant High Commandery is the highest military and administrative office installed by the Ming Dynasty to administer the western Sichuan province, northwest Yunnan province, eastern Tibet autonomous region and southwest Qinghai province.

朵甘思 又名"朵甘"等。为元明时地名，即安多、康区两地。朵，指今甘青两省藏族地区及四川阿坝藏族羌族自治州北部地区；甘，指今西藏昌都地区及四川甘孜藏族自治州地区。

མདོ་ཁམས་སི། མིང་གཞན་ལ་མདོ་ཁམས་ཟེར། ཡོན་དང་མིང་རྒྱལ་རབས་སྐབས་ཀྱི་ས་མིང་ཞིག ཨ་མདོ་དང་ཁམས་ཕྱོགས་གཉིས་ལ་གོ མདོ་ཞེས་པ་ནི་དེང་གི་ཀན་སུའུ་དང་མཚོ་སྔོན་ཞིང་ཆེན་གཉིས་ཀྱི་བོད་ཡུལ་དང་སི་ཁྲོན་བོད་ཆབ་རང་སྐྱོང་ཁུལ་གྱི་བྱང་ཕྱོགས་ས་ཁུལ་ལ་གོ ཁམས་ཞེས་པ་ནི་བོད་ལྗོངས་ཆབ་མདོའི་ས་ཁུལ་དང་སི་ཁྲོན་དཀར་མཛེས་བོད་རིགས་རང་སྐྱོང་ཁུལ་ལ་གོ

Duogansi also called "Duogan", etc., is the geographic name for two prefectures, i. e., Amdo and Kham area in the Yuan and Ming Dynasty. Mdo refers to today's Tibetan prefectures in Gansu and the northern area of Aba Tibetan and Qiang autonomous prefecture in Sichuan province. Khams refers to today's Changdu Prefecture and Ganzi Tibetan autonomous prefecture in Sichuan province.

朵思麻 一作"朵麦"。元代地名。朵，指今甘青两省藏族地区及四川阿坝藏族羌族自治州北部地区。思麻，意为下部或东部。朵思麻即指安多地区东部。

མདོ་སྨད། ཡོན་རྒྱལ་རབས་སྐབས་ཀྱི་ས་མིང་ཡིན། མདོ་ཞེས་པ་ནི་དེང་གི་ཀན་སུའུ་དང་མཚོ་སྔོན་ཞིང་ཆེན་གཉིས་ཀྱི་བོད་ཡུལ་དང་སི་ཁྲོན་ཱ་པ་བོད་ཆབ་རང་སྐྱོང་ཁུལ་གྱི་བྱང་ཕྱོགས་ས་ཁུལ་ལ་གོ སྨད་ཅེས་པ་ནི་སྨད་མཐའམ་ཤར་ཁུལ་ལ་གོ པས་ན་མདོའི་ས་ཁུལ་བསྟན་པའོ།

Mdo-Smad, also called "Mdo-Mai", a geographic name in the Yuan Dynasty. Mdo, refers today's Tibetan prefectures in Gansu and Qinghai province and the northern area of Aba Tibetan and Qiang autonomous prefecture in Sichuan province. Smad means the lower part or eastern part. Mdo-Smad refers to the eastern part of Amdo prefecture.

E

俄力思军民元帅府 明朝在西藏设立的地方统治机构。辖区主要为今阿里地区，甚至今天的克什米尔地区东部也归其管辖。

མངའ་རིས་དམག་དམངས་དམག་སྤྱི་ཁང་།
མིང་རྒྱལ་རབས་ཀྱིས་སྐབས་སུ་བོད་ལྗོངས་སུ་བཙུགས་པའི་ས་གནས་དབང་བསྒྱུར་ལས་ཁུངས་ཤིག་ཡིན། དེའི་དབང་བསྒྱུར་མངའ་ཁུངས་གཙོ་བོ་ནི་དེང་གི་མངའ་རིས་ས་ཁུལ་དང་། གཞན་ལ་ཏི་སྒྲི་མཱར་གྱི་ཤར་ཕྱོགས་ས་ཁུལ་ཡང་དེའི་ཁོངས་སུ་འདུ།

E-Li-Si Army-Civilian Marshal Office is a local administrative institution established in the Ming Dynasty. Its main administering area includes Ngari prefecture, and even today's eastern Kashmir regions.

俄罗斯族 中国的少数民族。旧称"归化族"。俄罗斯移民的后裔。主要聚居在新疆西北部、黑龙江北部和内蒙古东北部的呼伦贝尔市等地。人口为 15393 人（2010 年）。有自己的语言和文字，多信仰东正教。一般从事修理业、运输业和手工业，擅长园艺和养蜂。

ཨུ་རུ་སུའི་རིགས། རྒྱུང་གོའི་གྲངས་ཉུང་མི་རིགས་ཤིག ཀུན་ཏུ་རིགས་ཡང་ཟེར། ཨུ་རུ་སུའི་མི་རྒྱུད་ཡིན། ཞིང་ཆེན་གྱི་ནུབ་བྱང་ལྡན་ཧེའི་ལུང་ཅང་གི་བྱང་ཕྱོགས། ནང་སོག་གི་ནུབ་བྱང་གི་ཧོ་ལེན་པེར་གྲོང་ཁྱེར་སོགས་སུ་འདུས། མི་གྲངས་ཡོད་མི་གྲངས་ １５３９３（ ２０１０ལོ）ཡོད། མི་རིགས་རང་གི་སྐད་དང་ཡི་གེ་ཡོད། མང་ཆེ་བས་གནམ་བདག་ཆོས་ལུགས་ལ་དད་པ་དང་། ཕལ་ཆེར་ཞིག་གསོ་ལས་རིགས་དང་། འདྲེན་འགྱུར་ལས་རིགས། ལག་ཤེས་ལས་རིགས་གཉེར་བཞིན་ཡོད། དུད་འདེབས་འཛུགས་དང་སྦྲང་མ་གསོ་བར་མཁས།

The Russian people, an ethnic group of China, used to be called "naturalization ethnic group". The Russian people are the descendants of the Russian immigrants with a population of around 15, 393 (2010), mainly distributed over the northeastern Xinjiang, northern Heilongjiang and Hulun Buir city of Inner Mongolia, etc. The Russian ethnic group has its own language and scripts and its people mostly believe in Orthodox. The Russian people usually engage in the work of the repair services, transportation and handicraft industry and are good at gardening and bee keeping.

俄惹 藏语音译。原意为"守青苗"。旧时西藏昌都一带专为领主耕种自营地的农奴。

ཨེ་ལག བོད་སྐད། ཚིག་དོན་ནས་བཤད་ན་ཡུག གསར་སྲུང་བའི་དོན་ཡིན། གནའ་དུས་བོད་ལྗོངས་ཆབ་མདོ་ས་ཁུལ་གྱི་ས་བདག་གི་ས་ཞིང་ཙོ་བའི་ཞིང་བྱེད་ལ་ཟེར།

Ere, transliterated from Tibetan, whose original meaning was "guarding the young crops", was the serf who farmed the land of the lords in the Changdu area in Tibet in the old days.

额附 官名。清代对公主、格格之配偶的称呼。

ཨེ་ཕུ། དཔོན་མིང༌། ཆིང་རྒྱལ་རབས་སྐབས་གོང་ཇོ་དང༌། སྲས་མོའི་མག་པར་འབོད་པའི་མིང༌།

Efu, an official title, was the address to the spouse of the princess in the Qing Dynasty.

额真 满语音译，意为"主"。原为"阿哈"（奴仆）的对称，与贝勒、昂邦同为女真各部的贵族，为受明廷加封的酋长，后渐用于官名。最后专用作满族贵族最高统治者的称谓。蒙古语中也有"额真"，意与满语通。

ཨེ་ཀྲེན། མན་སྐད་སྒྲ་བསྒྱུར། བདག་པོའི་དོན། དང་ཐོག་ཨ་ཧ་ (བྲན་གཡོག) ཡི་ལྡོག་ཕྱོགས་ཀྱི་འབོད་ཚུལ་ཞིག་དེ་དང་པའི་མི། ཡང་པར་བཅས་འདྲ་བར་ཤུས་ཀྱིན་ཚོ་པོ་སོའི་སྐུ་དྲག་གི་མིང་ཡིན། དེ་ལ་མིང་སྐྱིད་གཞུང་གིས་ཚོ་བོ་བསྐལ་བས། རིམ་གྱིས་དཔོན་མིང་ཞིག་ཏུ་གྱུར། གཞུག་ཏུ་ཆེད་སྒ་དག་གི་ཆེས་མཐོའི་དབང་བསྒྱུར་བའི་ཆེ་སྟོང་འབོད་སྲངས་ཤིག་ཏུ་ཆགས། སོག་པོའི་སྐད་དུའང་ཨི་ཀྲེན་ཞེས་འབོད་ཅིང༌། ནང་དོན་མན་སྐད་དང་མཚུངས།

Ezhen, transliterated from Manchu, whose original meaning is "master", was the corresponding address to "Aha (slave)". Ezhen, together with Beile and Angbang, was the nobility of the Jurchen ethic tribes and also the chief canonized by the Ming government. And gradually Ezhen was used as an official title. Later it was the exclusive address term of the top official of Manchu nobility. "Ezhen" can also be found in Mongol, having the identical meaning with Manchu language.

厄萨 拉祜语音译，是拉祜族崇拜的最高对象——天神。传说拉祜族是由"厄萨"创造出来的。

ཨོ་ས། ལ་ཧུའི་རིགས་ཀྱི་སྐད། འདི་ནི་ལ་ཧུའི་རིགས་ཀྱིས་དད་བཀུར་ཆེན་པོ་བྱེད་པའི་ལྷ་ཞིག་ཡིན། དག་རྒྱུད་ལྟར་ན་ལ་ཧུའི་རིགས་ནི་ལྷ་ཨོ་སས་བཟོས་པ་ཡིན་ཟེར།

Esa, transliterated from Lahu language, is the highest worshiped object-the God of Heaven of Lahu people. Esa was the creator of Lahu people in traditional Lahu legend.

鄂伦春语 鄂伦春族使用的语言。属阿尔泰语系满－通古斯语族通古斯语支。主要分布在内蒙古呼伦贝尔盟鄂伦春自治旗、扎兰屯市、莫力达瓦达斡尔族自治旗和黑龙江北部的呼玛、逊克、爱辉、嘉荫等县。无方言差别。

ཨོ་ལུན་ཁྲུན་གྱི་སྐད། ཨོ་ལུན་ཁྲུན་རིགས་ཀྱིས་སྤྱོད་པའི་སྐད་ཆ། ཨར་ཐེ་སྐད་རྒྱུད་མན་ཐོང་གུའུ་སི་སྐད་རིགས་ཀྱི་ཐོང་གུའུ་སིའི་སྐད་ལག་ཅིག་ཡིན། ནང་སོག་གི་ཧོ་ལེ་ཨར་ཨོ་ལུན་ཁྲུན་རང་སྐྱོང་མདའ་དང༌། ཀྲ་ལན་ཐུན་གྲོང་ཁྱེར། མཧོ་ལི་ཏ་ཝ་ཏུར་རང་སྐྱོང་མདའ་དེ་ཡུང་ཅང་བྱང་ཁུལ་གྱི་ཧོའུ་མ། ཞོན་ཁེ། ཨེ་ཧུའེ། ཅ་དབྱིན་སོགས་ཀྱི་རྫོང་དུ་བེད་སྤྱོད་བྱེད་བཞིན་ཡོད།

Oroqen language, the language used by the Oroqen ethnic group, is a Tungusic language of Manchu-Tungusic group of Altai family. It is mainly distributed over Oroqen Autonomous Banner, Zhalantun City, Morin Dawa Daur Autonomous Banner of Hulunbeir League of Inner Mongolia and Huma County, Xunke County, Aihui County, Jiayin County in the northern region of

Heilongjiang province etc, and it has no differences among the dialects.

鄂伦春族 中国的少数民族。鄂伦春意为"山岭上的人"或"有驯鹿的人"。分布于内蒙古与黑龙江交界处的大小兴安岭中。人口8659人（2010年）。使用鄂伦春语，一般通用汉语文。普遍信仰萨满教，崇拜自然物。从事狩猎、捕鱼、采集和手工业。

ཨོ་ཡུན་ཁྲུན་རིགས། གྲུང་གོའི་གྲངས་ཉུང་མི་རིགས་ཤིག་སྟེ། ཨོ་ཡུན་ཁྲུན་ནི་རི་རྒྱུད་ཀྱི་མིའམ་ཤ་བ་གསོ་བའི་མིའི་དོན་ཡིན། ནང་སོག་དང་ཧེ་ལུང་ཅང་འདྲེས་མཚམས་ཀྱི་ཞིན་ཨན་ཆེ་ཆུང་དུ་འཚོ་སྡོད་བྱེད་བཞིན་ཡོད། མི་གྲངས་ཕལ་ཆེར་༨༦༥༩（༢༠༡༠ལོ）ཡོད། ཨོ་ཡུན་ཁྲུན་གྱི་སྐད་ཡིག་སྤྱོད་བྱེད་ཡི་གེ་རྒྱ་ཡིག་སྤྱོད་བཞིན་ཡོད། སྤྱམ་ཧེ་ཆོས་ལུགས་ལ་དད་པ་དང་། རང་བྱུང་དངོས་ལ་དད་མོས་བྱེད། རི་དྭགས་རྔོན་པ་དང་། ཉ་འཛིན་པ། བཟའ་རིགས་འཚོལ་སྒྲུབ། ལག་ཤེས་བཟོ་ལས་སོགས་ནི་འཚོ་བའི་ཡོང་ཁུངས་གཙོ་བོ་ཡིན།

Oroqen (Olunchun) people is a Chinese ethnic minority. Oroqen means "people on mountains" or "people who have reindeer". Oroqen live in the boarding area of Inner Mongolia and Heilongjiang provinces-the Greater and Lesser Xing'an Mountains with a population of 8,659 (2010). The Oroqen people use Oroqen language and the majority of the Oroqen are capable of reading and writing Chinese. The Orogens commonly believe in Shamanism and worship of Nature, and usually engage in the work of hunting, fishing, gathering, and handcraft industry.

鄂温克语 鄂温克族使用的语言。属阿尔泰语系满–通古斯语族通古斯语支。主要分布在内蒙古的鄂温克族自治旗、陈巴尔虎旗、莫力达瓦达斡尔族自治旗、根河市、鄂伦春自治旗、阿荣旗、扎兰屯市和黑龙江的讷河县等地。分海拉尔、陈巴尔虎、敖鲁古雅3个方言。

ཨོ་ཕུན་ཁེ་ཁའི་སྐད། ཨོ་ཕུན་ཁུན་སྡོད་པའི་སྐད་ཀ། ཨར་ཐའི་སྐད་ཁྱུང་གི་མན-ཐོང་གུའུ་སིའི་སྐད་རིགས་སུ་གཏོགས། གཙོ་བོ་ནང་སོག་གི་ཨོ་ཕུན་ཁེ་རིགས་རང་སྐྱོང་མདའ་དང་། ཁྲིན་པ་ཕར་ཧུའུ་མདའ། མོའེ་ལི་ཏ་སྟོར་རིགས་རང་སྐྱོང་མདའ། ཀུན་ཧུའུ་གྲོང་ཁྱེར། ཨོ་ཡུན་ཁྲུན་རང་སྐྱོང་མདའ། ཨ་རོང་མདའ། ཀྲ་ལན་ཐུན་གྲོང་ཁྱེར་དང་ཧེ་ལུང་ཅང་ན་ཧེག་རྫོང་སོགས་སུ་ཁྱབ་ཡོད། ཧའི་ལར། ཁྲིན་པར་ཧུ། ཨོ་ལོན་ཀུ་ཡ་བཅས་ཡུལ་སྐད་ཆེ་པོ་གསུམ་དུ་དབྱེ།

Ewenki language, the language used by the Ewenkis, is a Tungusic language of Manchu-Tungusic group of Altai family. It is distributed mainly over Evenki Autonomous Banner, Old Barag Banner, Morin Dawa Daur Autonomous Banner, Genhe City, Oroqen Autonomous Banner, Arun Banner, Zhalantun City in Inner Mongolia, and NeHe County in Heilongjiang province, etc. And Ewenki language has three dialects, the Hailar, the Old Barag and the Aoluguya.

鄂温克族 中国的少数民族。主要分布在黑龙江讷河县和内蒙古自治区。鄂温克是民族自称。有自己的语言但无文字，牧民大多使用蒙古文，农民则广泛使用汉文。人口30875人（2010年）。多以放牧为生，信奉萨满教和藏传佛教。

ཨོ་ཕུན་ཁེ་རིགས། གྲུང་གོའི་གྲངས་ཉུང་མི་རིགས་ཤིག་ཡིན། ཁྱབ་ཡུལ་གཙོ་བོ་ཧེ་ལུང་ཅང་ཞིང་ཆེན་གྱི་ནེ་ཧྭེ་རྫོང་དང་ནང་སོག་རང་སྐྱོང་ལྗོངས་ཡིན། ཨོ་ཕུན་ཁེ་ནི་མི་རིགས་རང་གི་འབོད་སྟངས་ཡིན། རང་ལ་སྐད་ཆ་ཡོད་པ་ལས་ཡི་གེ་མེད། འབྲོག་པ་ཕལ་ཆེ་བས་སོག་སྐད་སྤྱོད། རོང་བ་ཕལ་ཆེ་བས་རྒྱ་ཡིག་རྒྱ་སྐད་སྤྱོད། མི་གྲངས་ ༣༠,༨༧༥ (༢༠༡༠) ཡོད། འབྲོག་ལས་གཙོ་ཞིང་པ་དང་། སྣུམ་ཏ་ཆོས་དང་བོད་བརྒྱུད་ནང་བསྟན་ལ་དད།

Ewenki people, the Chinese ethnic minority, is distributed mainly over Nehe County, Heilongjiang, and the Inner Mongolia Autonomous Region. Ewenki is the name the Ewenkis call themselves. The Ewenkis have their own oral language but no written scripts. Ewenki herders mainly use Mongolian while Ewenki farmers widely use Chinese. The Ewenki minority has a population of 30,875 (2010). And the Ewenkis make a living by herding, and they believe in Shamanism and Tibetan Buddhism.

鄂西长阳红六军 中国红军史上第一支以少数民族（土家族）为主体的红军。1929年中共长阳县（鄂西）委在西湾宣布武装起义，建立"中国工农红军第六军"，组成以罗正品为书记、李勋等为委员的中共红军第六军前委会。这支红军约1000人。

ཨོ་རྒྱབ་ཁང་དབྱང་དམར་དམག་འབུམ་ཏོག (ཨོ་ཞུབ)། ཞིས་ཕན་དུ་དྭག་པོའི་འོས་གདངས་སྟོང་ཁྱབ་བསྒྲགས་བྱས་ཏེ། གྲུང་གོ་བཟོ་ཞིང་དམར་དམག་འབུམ་ཏོག་པ་བསྐོངས། ཤུང་གུན་ཕི་གྱིའུ་ཆུའི་དང་། ལིའི་ཞིན་སོགས་ཨུ་ཡོན་ཡིན་པའི་གྲུང་གོ་དམར་དམག་འབུམ་ཏོག་པའི་ཏོག་མའི་ཨུ་ཡོན་ལྷན་ཁང་། དཔུང་ཁག་འདིའི་ལ་དམག་མི་ཕལ་ཆེར་ ༡༠༠༠ ཡོད།

The Changyang Sixth Red Army in West Hubei was the first red army with the ethnic groups (Tujia people) as the main body. In 1929, the Changyang county committee (west Hubei) announced their uprising in Xiwan, and established the Sixth Red Army of the Chinese Workers-Peasants Red Army, in which Luo Zhengpin was the secretary and Li Xun and other members were the front committee members. There were about 1,000 soldiers in this red army contingent.

《尔比尔吉》 四川凉山彝文书名。"尔比尔吉"，彝语音译，意为"格言谚语"。作者及成书年代不详。内容反映了解放前凉山彝族奴隶社会中奴隶主与奴隶阶级彼此对立的世界观和哲学思想。在当时的彝族社会中起着习惯法的规范作用。

《ཨར་པི་ཨར་ཅི》 སི་ཁྲོན་ལིང་ཧྲན་ཉིན་དབྱིས་ཡིག་གི་དཔེ་དེབ་ཅིག ཨར་པི་ཨར་ཅི་ནི་དབྱིས་སྐད་སྒྲ་བསྒྱུར་ཞིགས་བཤད་དང་གཏམ་དཔེའི་དོན་ཡིན། རྩོམ་པ་པོ་དང་དེབ་ཏུ་བསྒྲིགས་པའི་དུས་ཚོད་མི་གསལ། དེའི་ནང་དུ་བཅངས་འགྲོལ་མ་བྱས་གོང་གི་གཉིས་རིགས་ཀྱི་ཐུབ་གཡོག་སྤྱི་ཚོགས་ནང་གི་བྲན་གཡོག་བདག་པོ་དང་བྲན་གཡོག་གྲལ་རིམ་བར་གྱི་འཛིང་རྩོད་ལྟ་ཚུལ་དང་མཚན་ཉིད་རིག་པའི་བསམ་བློ་མཚོན་ཡོད། སྐབས་དེའི་དབྱིས་རིགས་སྤྱི་ཚོགས་ནང་དུ་ཡུལ་ཁྲིམས་ཚོད་སྣོད་དུ་འཆར།

པའི་ཉམས་པ་ཐོན་ཡོད།

Erbierji, a title of a book written in Sichuan Liangshan Yi language, transliterated from the Yi language, means "Aphorisms and Proverbs". The author and the time the book was written are unknown. Its content reflects the opposing worldview and philosophical thoughts between the slaves and slave owners in the Liangshan Yi slavery society before liberation. It played a part of conventional moral standard in the Yi society at that time.

尔玛 羌语音译。羌族对自己的称呼。意思是"本地人"。

ཨར་མ། ཆའང་རིགས་ཀྱི་སྐད། ཆའང་རིགས་ཀྱིས་རང་ཉིད་ལ་འབོད་པའི་མིང་ཡིན། དོན་རང་ས་བའི་མི་ཞེས་པའོ། །

Erma, transliterated from the Qiang language, the name Qiang people call themselves, means "natives".

二二八起义 台湾人民反对国民党的武装起义。1947年2月27日, 台湾缉私人员在台北殴打一烟贩,后又打死一市民。28日, 台北市民罢市、游行抗议, 遭当局镇压, 遂爆发大规模武装暴动,并控制台湾大部地区。国民党政府从大陆调集军队镇压。至3月13日起义失败,死者多达3万余人。

གཉིས་པའི་ཉེར་བརྒྱད་དོས་ལངས། ཐའེ་ཝན་མི་དམངས་ཀྱིས་གོ་མིན་ཏང་ལ་རྡོ་རྒོལ་བྱེད་པའི་དྲག་པའི་དོས་ལངས་ཤིག ༡༩༤༧ལོའི་ཟླ་གཉིས་པའི་ཚེས་ཉེར་བདུན་ཉིན། ཐའེ་པེ་སྒོག་འཛིན་འཛིན་བཟུང་དུ་ཁག་གི་མི་སྣས་ཐའི་བྱང་ནས་ཐ་མག་བཙོང་མཁན་ཞིག་བརྫུངས། མི་སེར་གཅིག་བསད། ཚེས་ཉེར་བརྒྱད་ཉིན་ཐའི་བྱང་མི་སེར་གྱིས་ལས་འཆམས་བཞག་ནས་དོ་རྒོལ་ཁྲོམ་སྐོར་བྱས་པར་སྲིད་གཞུང་གིས་དྲག་གནོན་བྱས་ཆེ། རིམ་གྱིས་གཞི་ཆེན་པོའི་དྲག་པོའི་དོས་ལངས་ཞིག་ཏུ་འཕེལ་བར་མ་ཟད། ཐའེ་ཝན་གྱི་ས་ཁུལ་མང་པོ་ཚོད་འཛིན་བྱས། གོ་མིན་ཏང་སྲིད་གཞུང་གིས་ནང་ལོག་སྐྲ་ནས་དམག་དཔུང་བསྡུས་ཏེ་དྲག་གནོན་བྱས། ཟླ་གསུམ་པའི་ཚེས ༡༣ ཉིན་དོས་ལངས་ལ་ཕམ་ཁ་བྱུང་ཞིང་། མི་ཁྲི་གསུམ་ལྷག་གི་ཚེ་སྲོག་ཤོར།

The 228 Uprising was the Taiwan people's armed uprising against the Kuomintang. On February 27, 1947, the anti-smuggling personnel beat a tobacconist in Taipei, and killed a citizen afterwards. On February 28, Taipei citizens went on strike and protested to both the police and the gendarmes, which was suppressed by the authorities. That lead to the breakout of a large-scale armed uprising and Taipei citizens' control of most areas of Taiwan. The KMT government assembled the military forces from the mainland to crackdown the uprising. Until March 13 when the uprising failed, the death number reached as many as 30,000.

F

法华寺石窟 宋大理国时期所雕刻的石窟群。位于云南安宁市城东的洛阳山崖壁上，因建有法华寺而得名。共25窟，其中有卧佛，长4.25米。整座石窟以禅宗造像为主。是我国古代少数民族地区为数不多的石窟艺术之一。

ཧྭ་དུ་དགོན་པའི་བྲག་ཕུག   སུང་རྒྱལ་རབས་ཀྱི་ད་ལིའི་རྒྱལ་ཁབ་སྐབས་སུ་བརྐོས་པའི་བྲག་ཕུག་ཅིག་ཡིན་ཞིང་ཡུན་ནན་ཞིང་ཆེན་གྱི་སྲོང་བྱིར་གྲར་ཕྱོགས་ཀྱི་ལྷོར་དབྱུང་རི་བོའི་བྲག་རྫོང་སུ་ཡོད། ཧྭ་དུ་དགོན་པ་དེར་ཆགས་ཡོད་པས་མིང་དེ་ལྟར་ཐོགས། རྡོལ་པས་བྲག་ཕུག་༢༥ཡོད། བྲག་ཕུག་ཅིག་གི་ནང་དུ་སྐུ་༤.༢༥ཚུན་གྱི་བྱམས་པ་གཟིགས་གཟིགས་མ་ཡོད། བྲག་ཕུག་ཆིག་པོའི་ནང་སྐྱ་སྦྱོར་བཞེངས་སྐུན་བྱེད་པ་གཙོར་བཟུང་ཡོད་པ་དང། རང་རྒྱལ་གྱི་ཡུང་མི་རིགས་ས་ཁུལ་དུ་ཡོད་པའི་སྒྲུ་རྩལ་ཕུལ་བྱུང་གི་བྲག་ཕུག་ཏུ་བགྲང་ནན་གྱི་གཅིག་ཡིན།

The Fahua Temple Grotto is the grotto cluster carved in the period of Dali kingdom, Song Dynasty. Located in the cliff walls of Luoyang Mountain in the northeastern of An'ning City, the grotto gets the name because the Fahua temple was built on it. The Grotto has 25 grottoes in total and a 4.25-meter-long sleeping Buddha. The grotto mainly consists of Zen Buddhism statues and is one of the few Chinese ancient grotto arts in ethnic minority regions.

法会 佛教仪式之一。又作法事、佛事、斋会、法要。乃为讲说佛法及供佛施僧等所举行的集会。即聚集净食，庄严法物，供养诸佛菩萨，或设斋、施食、说法、赞叹佛德。

ཆོས་ཚོགས། སངས་རྒྱས་ཆོས་ལུགས་ཀྱི་ཆོ་ག་ཞིག་ཆོས་འཆད་པ་གཞན་དང་སངས་རྒྱས་ལ་མཆོད་ཏོག་གསོལ་མཁན་ཤོགས་འདུས་པའི་འདུ་ཆོགས་ཞིག་ཆོགས་ཏོག་ཏུ་སྤུང་གནས་སྲུང་བ་དང། སྙེན་པ་གཏོང་བ། ཆོགས་ལ་ཞལ་བསྟེན་འབུལ་བ་སོགས་ཀྱི་ཆོ་ག་མང་པོ་སྤྱོད་ཀྱི་ཡོད།

Dharma assembly is one of the Buddhist ceremonies, also called religious rite, Buddhist ceremony, fast ceremonies, and Dharma essence. It is an assembly where Buddhists talk Dharma, believers worship Buddha and give alms to monks, namely gathering the alms, solemnizing the Dharma instruments, consecrating to the Bodhisattvas, or giving the fast, giving food, preaching Dharma, praising the kindness of the Buddha.

法门 佛教用语，即修行者入道的门径。

ཆོས་སྒོ། ནང་པ་སངས་རྒྱས་པས་ཆེད་སྤྱོད་མིང་ཚིག་ཞིག དགེ་སྦྱོང་ཚོ་ཆོས་ཞུགས་སུ་ཞུགས་པའི་སྒོ།

Dharma-mukha is a Buddhism term, referring to the method or the gate to the Buddhists' enlightenment.

法难 1. 佛教用语。指佛教遭到当时的主政者或由非佛教徒发起的各种迫害、横难。中国历史上最具代表性的法难是：分别由北魏太武帝、北周武帝、唐武宗及后周世宗所下达的禁佛政策，称为"三武一宗之厄"。2. 也指"佛本之争"中本教的受排斥等。

ཆོས་གེགས། ངང་པ་གངས་རྒྱས་པས་ཆེད་སྦྱོར་མེད་ཆོག་ཞིག སངས་རྒྱས་ཆོས་ལུགས་ལ་སྲིད་སྐྱོང་མཁན་དང་། ཕྱི་རོལ་པ་ཆོས་གནོད་འཚེ་བཏང་བ་ལ་གོགས་ཟེར། གྲུབ་མཐའི་ལོ་རྒྱུས་སྟེང་ཆོས་མཆོག་དཔེ་རང་བཞིན་ཀྱི་ཆོས་གེགས་ནི། / ཝེ་བྱང་མའི་ཕྱུར་ཊེག གོའུ་བྱང་མའི་ཕྱུའི་ཊེག ཐང་ཕྱུའི་ཙུང་དང་གོའི་ཊེ་ཙུང་སོགས་ཀྱིས་བསླངས་པའི་སངས་རྒྱས་ཆོས་ལུགས་འགོག་པའི་སྲིད་ཇུས་ལ་ཟེར། དེ་ལ་ཕྱུའི་གསུམ་ཙུང་གཅིག་གི་གགས་ཡང་ཟེར། ནན་བོན་འཁྲུག་རྩོད་སྐབས་བོན་པོ་ཆོས་པར་བཏང་བའི་གནོད་འཚེ་ཨང་ཟེར།

Dharma Tragedy: 1. A Buddhism term. It refers to all sorts of persecutions and unexpected calamities initiated by those in power and those non-Buddhists. The most representative Dharma tragedies in Chinese history was called "the Persecution of Buddhism by Three Wu's and One Zong", i. e., the Buddhist prohibition policies given by Emperor Tai Wu of Beiwei Dynasty, Emperor Wu of the Northern Zhou Dynasty, Emperor Wuzong of Tang Dynast and Emperor Shizong of the Later Zhou Dynasty. 2. It referred to the "conflict between Buddhism and Bonism", which Bon Religion was discriminated etc.

法王 即一教说法之主。原为对佛的尊称。后来也引申为对菩萨、阎王及西藏等某些佛教领袖的称呼。王有"最胜"及"自在"义；佛为法门之主，以自在化众生，故称法王。

ཆོས་རྒྱལ། ཆོས་གཏད་གཅིག་གི་ཆོས་འཆད་མཁན། དང་ཐོག་སངས་རྒྱས་ལ་བཟོད་པའི་ཞེ་ས་ཡིན། ཕྱིས་སུ་བྱང་ཆུབ་སེམས་དཔའ་དང་གཤིན་རྗེ་ཆོས་རྒྱལ། བོད་སོགས་ཀྱི་ཆོས་ལུགས་ཀྱི་མགོ་གཙོ་བ་གོ། རྒྱལ་ཞེས་པར་འཕགས་མཆོག་དང་དབང་འབྱོར་བའི་གོ་དོན་ཡོད། ཆོས་སྟོན་པ་པོ་སངས་རྒྱས་འཕགས་པས་སེམས་ཅན་ཐམས་ཅད་སྐྱོབ་པའི་ཆོས་འཆད་པ་ན་ཆོས་རྒྱལ་ཞེས་པའི་མིང་ཐོགས།

Dharma King is a master who is qualified to explain and comment on the sutras. It originally referred to the honored name of Buddhas. Later it extended to the name addressing towards Bodhisattva, Shinje and some Buddhist leaders in Tibet, etc. The word "King" contains the meaning of "Most Honored" and "peaceful relief". Buddha is called Dharma King for it is the master of Dharma-mukha and offering comfortable relief to common beings.

《番汉合时掌中珠》 西夏文和汉语双解词典。西夏人骨勒茂才于1190年编纂。1909年在黑水城遗址（在今内蒙古额济纳旗）出土。木刻本，共37页。书中每一词语都并列四项，中间两项是西夏文和汉译文，右边靠西夏文的汉字为西夏文注音，左边靠汉译文的西夏文为汉字注音。

《སྦྲེན་ཧན་ཟུང་བསྒྱུར་ཕྱག་གི་མུ་ཏིག》 མི་ཉག་ཡིག་གི་དང་རྒྱ་ཡིག་ཕན་ཚུན་བར་འགྲེལ་བ་བརྒྱུབ་ཡོད་པའི་ཆོས་མཛོད་ཅིག་ཡིན། མི་ཉག་པ་ཀུན་ལི་མའོ་ཚེ་ཞེས་པས /／༩༠ལོར་ཆོས་སྒྲིག་གནང་། /༠༩ལོར་ཧེའི་ཧྲུའི་ཕོར་བྱེར་གྱི་གནའ་ཤུལ་ནས་བྱུང་ (དེང་གི་ནང་སོག་ལྕི་ཆེན་མཚན་མཆ) ཤིང་བཀོད། བསྩོག་པས

པར་ཤིང་དཔྱོད། དེབ་ནང་དུ་ཚིག་གྲུབ་གཅིག་ཚན་པ་བཞི་དགོད་ཡོད་པ་དང་། དགྱིལ་གྱི་ཚན་པ་གཉིས་ནི་མི་ཉག་གི་ཡི་གེ་དང་རྒྱ་བསྒྱུར་ཡི་གེ་ཡིན་པ་དང་། གཡས་ཕྱོགས་ཀྱི་མི་ཉག་ཡི་གེའི་གཀྱི་རྒྱ་ཡིག་མི་ཉག་ཡི་གེའི་སྒྲ་འགྲེལ་ཡིན་པ་དང་། གཡོན་ཕྱོགས་རྒྱ་བསྒྱུར་ཡི་གེའི་གཀྱི་མི་ཉག་ཡི་གེ་རྒྱ་ཡིག་གི་སྒྲ་འགྲེལ་ཡིན།

Pearl in the Palm (or the Timely Pearl) is a bilingual dictionary with both the Chinese and Tangut languages. It was compiled by the Tangut Gule Maocai in 1190 and was unearthed in Khara-Khoto Site (today's Ejin Banner, Inner Mongolia). It is a woodblock printed book of 37 pages in total. Each entry of the glossary contains four elements: from right to left, Tangut phonetics in Chinese, Tangut script, Chinese script, and Chinese phonetics in Tangut.

蕃坊 亦作"蕃巷"。中国唐宋时期阿拉伯（大食）、波斯穆斯林侨民在华聚居区。多位于沿海港埠，如广州、泉州、杭州等地。也是伊斯兰教传入中国的早期组织形式。当时来华的阿拉伯、波斯商贾被称作"蕃商""蕃客"，故名。

བྱན་གྲོང་། སྔན་སྲང་ཡང་ཟེར། ཐང་དང་སུང་རྒྱལ་རབས་སྐབས་སུ་ཨ་རབ་དང་ཏ་ཟིག་གི་སུལ་སི་མི་བྱེད་སྲོད་པ་རྣམས་རྒྱ་ནག་ནང་ལ་འདུས་སྲོད་བྱེད་པའི་ས་ཁུལ་དག་ལ་ཟེར། ཁོ་ཚོ་མང་ཤས་ཞིག་གང་ཀྲོའུ་དང་ཆོན་ཀྲོའུ། ཧང་ཀྲོའུའི་ལྟ་བུའི་མཚོ་འགྲམ་གྱི་གྲུ་ཁ་དག་ན་གཞིས་ཆགས་ཡོད། དེ་དག་ནི་ཡི་སི་ལན་ཆོས་ལུགས་རྒྱ་ནག་ཏུ་དར་ཁྱབ་ཀྱི་ཕོ་བྲང་མགོན་ཁང་བཞིན་ལའང་བརྩི། སྐབས་དེར་རྒྱ་ནག་ཏུ་ཕྱིན་པའི་ཨ་རབ་དང་། ཐག་རིག་གི་ཚོང་པ་རྣམས་ལ་སྤྱིར་བཏང་བྱན་ཚོང་པ་རེད།

Fan Corner, also called Fan Street, refers to the Muslim community of the Arabic and Persian foreign residents in the Tang and Song Dynasties and most Corners locate in the coastal port, such as: Guangzhou, Quanzhou and Hangzhou and other places. It is the early organization form of the Islam incoming in China. It was called Fan Corner because the Arab merchants (DaShi) and the Persian merchants were called as "Fan businessmen" and "Fan Guests" in China at that time.

藩胡 元末明初期间，许多女真人进入朝鲜地区，牧耕居住，一些酋长还向朝鲜国王称臣纳贡。他们被朝鲜官府称为"藩胡"。

བྱན་ཧུའུ། ཡོན་རྒྱལ་རབས་ཀྱི་དུས་འཇུག་དང་མིང་རྒྱལ་རབས་ཀྱི་དུས་མགོར། ཆུའི་ཀྱིན་རིགས་མང་པོ་ཞིག་ཁོ་རི་ཡའི་ཁུལ་དུ་སོང་ནས་ཞིང་ཕྱུགས་མཉམ་འཚོའི་ཀྱི་འཚོ་རིགས་དང་། ཚོ་དཔོན་ཁ་ཤས་ཤིག་གིས་ཁོ་རི་ཡ་རྒྱལ་པོར་རྟེན་འབུལ་དཔྱ་ཁྲལ་འཇལ་པ་རེད། ཁོ་རི་ཡ་གྲིག་གཞུང་གིས་ཁོ་ཚོར་བྱན་ཧུའུ་ཞེས་འབོད།

Fanhu (Fence Jurchen) refers to the history that many Jurchens entered to the North Korea area in the late Yuan Dynasty and early Ming Dynasty period, and they lived there by pasturing and farming. Some tribe chiefs of Jurchen even paid tributes to the North Korea Emperor. The North Korea government called Jurchens Fanhu.

犯屯 在我国历史上，将罪犯发遣西北边陲屯田实边。汉、唐、元、明诸朝都曾实行。清自康熙年间开始,先后将罪犯发至喀尔喀蒙古(见"外蒙古"词条)、甘肃河西和新疆地区屯田。这种屯田在清代史籍中被称为犯屯或"遣屯"。

བཙན་ཕྱུང༌། རང་རྒྱལ་པོའི་ཁྲིམས་བཏོན་དུ། ནང་ཤོག་གི་ཉེས་ཅན་དག་ཤུབ་བྱང་མཐའ་མཚམས་སུ་སྐྱུགས་ནས་ལོ་ཚོ་ལ་ཞིང་ལས་གཉེར་དུ་བཅུག་ཅིང༌། བོ་སྐྱུང་གི་ཉེས་པ་བཏོན་པར་བྱེད་པའི་སྲིད་ཐབས་ཤིག་ལ་ཟེར། ཧན་དང་ཐང་ཡོན། མིང་སོགས་པའི་རྒྱལ་རབས་སོ་སོར་ལག་བསྟར་བྱས་མྱོང༌། ཆིང་གོང་མ་ཁང་ཞིས་ནས་བཟུང་ལག་བསྟར་བྱེད་འགོར་ཆགས་པ་དང༌། ཉེས་ཅན་དག་ཁ་རྗེས་སུ་ཁྱེར་ཤོག་པོ་དང༌། ཀན་སུའུ་ཞི་ཅུས། དེ་མིན་ཞིན་ཅང་སོགས་ཤོག་ཁག་སུ་སྐྱུགས་ནས་ཞིང་ལས་གཉེར་དུ་བཅུག་པ་རེད། ཆིང་རྒྱལ་རབས་ཀྱི་ལོ་རྒྱུས་དེབ་ཡིག་ཁག་གི་ནང་དུ་དེའི་སྤྱི་བའི་སྒྲུབས་ཐབས་ལ་ཐུན་ཕྱུང་ཞེས་འབོད་པའོ།

Fantun (criminal settlement) refers to the policy of sending the criminals to the northeast border to reclaim the field and enrich the border in the history. It was implemented in Han, Tang, Yuan, and Ming Dynasties. Since the Qing Emperor Kangxi years, the criminals were successively sent to Kamika Mongolia (see the entry "Mongolia"), Hexi corridor in Gansu province, Xinjiang region to reclaim the field. This kind of field reclaiming was called "Funtun" or "Qiantun" in Qing historical records.

泛突厥主义 一种极端的民族沙文主义思潮。产生于19世纪80年代。源于沙俄统治下的克里米亚半岛,创始人为鞑靼人伊斯马伊勒·伽斯普林斯基。他主张生活在博斯普鲁斯海峡至阿尔泰山脉之间所有操突厥语族语言的民族联为一体,组成一个"大突厥帝国"。

བྱུ་གུ་ཆེན་པོའི་རིང་ལུགས། ཐབས་དྲག་པའི་མི་རིགས་ཧ་ཕྱུན་རིང་ལུགས་ཀྱི་བསམ་བློའི་རྣམ་རྒྱུན་ཞིག་ཡིན་ལ། དུས་རབས་བཅུ་དགུ་པའི་ལོ་རབས་བརྒྱད་ཅུ་པར་བྱུང༌། ཆེས་ཐོག་མར་བྱུང་བའི་ཁུལ་དུ་སུ་གོང་མའི་རྒྱལ་ཁབ་ཀྱིས་དབང་བསྒྱུར་བྱས་པའི་ཁུ་ལེ་མི་ཡ་ཉེད་གླིང༌ཡིན། དེའི་སྲོལ་འབྱེད་མཁན་ཏུ་ཐན་པ་ཡི་སུམ་ཡུ་ལེ་ཅ་སུ་ཕུན་སུ་ཅི་ཡིན། པོལ་པོ་སུ་ཕུ་རུ་སུ་མཚོ་འགག་ནས་ཨར་ཐའི་རིའི་རྒྱུད་བར་གྱི་བྱུ་གུའི་སྐད་རྒྱུད་གཏོགས་པའི་སྐད་རིགས་བེད་སྤྱོད་གཏོང་མཁན་གྱི་མི་རིགས་མཐའ་དག་གཅིག་ཏུ་སྒྲིལ་ནས། བྱུ་གུ་རྒྱལ་ཆེན་ལོ་ཞིག་འཛུགས་པའི་འདོད་ཚུལ་བཏོན་པ་རེད།

Pan-Turkism is an extreme ethnic chauvinism. It originated from the Crimean Peninsula which was under the rule of Russia at that time in the 1880s and was founded by a Tartar named Ismail Gasprinski. Ismail Gasprinski advocated that all Turkic-speaking people from Bosphorus Strait to the Altai Mountain should unite together to form the " Great Turkic Empire".

泛伊斯兰主义 指19世纪中叶,伊斯兰世界为反对西方殖民主义的侵略,复兴伊斯兰教的一项政治主张。主倡者是阿富汗人哲马鲁丁·阿富汗尼。他认为伊斯兰教是精神上的同盟,为求宗教的复兴,一切穆斯林联合起来,在一个哈里发领导下,共同反对基督教国家的进攻。

དབྱི་སི་ལན་ཆེན་པོའི་རིང་ལུགས། དུས་རབས

བཅུད་དགུ་པའི་དུས་དཀྱིལ་དུ། དབྱི་སི་ལན་དག་གིས་ཉུལ་ཕྱོགས་མི་སེར་སྦྱེལ་པའི་རིང་ལུགས་ལ་རྒོལ་ཉེད་ཕྱིར་དབྱི་སི་ལན་ཆོས་ལུགས་བསྐྱར་དར་ཡོང་པའི་རེ་བ་བཏོན་པའི་ཆབ་སྲིད་ཀྱི་ལྟ་བ་ཞིག་ཡིན། དེ་ལ་བསྐུལ་བྱེད་མཁན་གཙོ་བོ་ནི་ཨོ་རྒྱན་པ་ཇུ་མ་ལོ་ཏིན་ཡིན། ཁོས་འདོད་པ་ལྟར་ན། དབྱི་སི་ལན་ཆོས་ལུགས་ནི་བསམ་བློའི་སྟེང་གི་མཉམ་འབྲེལ་ཡིན་ལ། ཆོས་ལུགས་བསྐྱར་དར་གཏོང་ཆེད། མུ་སུ་ལིན་ཚང་མ་མཉམ་འབྲེལ་བྱུས་ཏེ། ཇུ་ལུ་སྔ་གཅིག་པའི་མགོ་ཁྲིད་འོག་དཔུང་པ་མཉམ་གཞིལ་ཀྱིས་ཡི་ཤུ་ཆོས་ལུགས་རྒྱལ་ཁབ་ཀྱི་བཙན་འཛུལ་ཏོ་རྒོལ་བྱེད་རྒྱུ།

Pan-Islamism refers to a political proposition of reviving Islamism to resist colonial occupation of Muslim lands in the middle of the 19th century. Pan-Islamism was championed by an Afghan named Jamal al-Din al-Afghani who thought Islam was a spiritual union, under which all the Muslims should unify together and be led by a single Caliphate, for the sake of the Islamism revival and the combat fighting against the Christian countries' attacks jointly.

梵文 印度雅利安语的早期名称。印度教经典《吠陀经》即用梵文写成。其语法和发音均被当作一种宗教礼仪而分毫不差地保存下来。19世纪时梵语成为重构印欧诸语言的关键语种。

ལེགས་སྦྱར། ཉིན་རྡུ་ཡ་ལི་ཨན་སྐད་ཀྱི་གདན་པོའི་འབོད་ཚུལ། ཉིན་རྡུ་ཆོས་ལུགས་ཀྱི་གཞུང་《ཆོས་པའི་མདོ》དེ་ལེགས་སྦྱར་གྱི་ཡི་གེས་བྲིས་ཡོད། དེའི་བརྡ་སྤྲོད་དང་སྒྲ་གདངས་དག་ཆོས་ལུགས་ཀྱི་གྲུས་ལུགས་ཞིག་ཏུ་བཟུང་ནས་སྨྲ་མཐུན་དུ་རྒྱུན་འཛིན་བྱས། དུས་རབས་བཅུ་དགུ་པའི་དུས་སུ་ལེགས་སྦྱར་སྐད་དེ་ཉིན་ཨོའི་སྐད་རིགས་བསྐྱར་བཀོད་བྱེད་པའི་སྐད་རིགས་གཙོ་བོར་གྱུར།

Sanskrit is the early name of the Indo-Aryan language. The Vedas, Hinduism's sutra, were written in Sanskrit. Both the grammar and pronunciation are perfectly preserved as a religious ritual. In 19th century, Sanskrit is treated as the critical language in the reconstruction of Indo-European languages.

方国瑜（1903—1983） 当代著名学者。纳西族。云南丽江人。在中国民族历史、中国西南边疆史地、云南史料目录、东巴文化等方面做出杰出贡献。曾任云南省民族研究所副所长等职。

ཧྥང་ཀོན་ཡུས།（1903—1983）དེང་རབས་ཀྱི་མཁས་པ་གྲགས་ཅན། འཞང་རིགས། ཡུན་ནན་ལྡང་ཅང་པ། ཀྲུང་གོའི་མི་རིགས་ཀྱི་ལོ་རྒྱུས་དང་། གོའི་སྟོ་ནུབ་མཐའ་ཁུལ་གྱི་ལོ་རྒྱུས་དང་ས་ཁམས། ཡུན་ནན་ལོ་རྒྱུས་ཡིག་ཆའི་དཀར་ཆག། སྟོང་པའི་རིག་གནས་སོགས་ཀྱི་སྟོར་ལ་མཛད་རྗེས་ཆེན་པོ་བཞག་ཡོད་ཉིན། ཁོང་ཆེན་མི་རིགས་ཞིབ་འཇུག་སྡེའི་ཡུ་ཡོའི་གྱང་གཞོན་པ་སོགས་ཀྱི་འགན་ཁུར་སྤྲོད།

Fang Guoyu (1903-1983), born in 1903, of Naxi ethnic group, native of Lijiang, Yunnan, was a famous contemporary scholar. He had made outstanding achievements in the Chinese Ethnic history, China southwest borderland history, Yunnan historical data directory and Dongba culture, etc. Fang Guoyu once held the post of the vice director of the Yunnan Institute of

Ethnic Studies, etc.

方略馆 清代编纂方略等官修书的机构。隶属于军机处。康熙编纂《平定三逆方略》始设。乾隆十四年（1749）纂修《平定金川方略》后，遂成常设机构。

འཆར་སྒྲིག་ཁང་། ཆེན་རྒྱལ་རབས་སུ་ཡིག་ཆ་བསྟུ་སྒྲིག་སོགས་དཔོན་གཞུང་གི་དཔེ་སྒྲིག་ལས་ཁུངས་ཤིག་དགའ་སྲིད་དོན་གཙོ་ཁང་གི་ཁོངས་སུ་གཏོགས། ཁང་ཞིས་དཔེ་ཆ《ལོག་གསུམ་ཚར་གཅོད་ཀྱི་འཆར་གཞི》ཙོམ་སྒྲིག་བྱེད་དུས་གསར་དུ་བཙུགས། ཆན་ལུང་བྲི་ལོ་བཅུ་བཞི་པར་（1749）《རྒྱ་ཆེན་ཞི་འཇགས་གཏོང་བའི་འཆར་གཞི》བསྐྱར་བཟོ་བྱས་པ་ནས་རིམ་གྱིས་རྒྱུན་ལྡན་ལས་ཁུངས་ཤིག་ཏུ་ཆགས།

Fang Lue Guan (the Military Archives Office) was the institution in the Qing Dynasty that was responsible for compiling official revised books on the military campaigns. It was under the jurisdiction or command of the Council of State and was established by Emperor Kangxi for compiling Military annals of the war against the Three Feudatories. It became a permanent establishment after the compilation *Rebellion of Greater Jinchuan* (eastern Tibet, 1st Jinchuan War) in the 14th year reign of Emperor Qianlong (1749).

费孝通（1910—2005） 江苏吴江人。社会学家、人类学家、民族学家、社会活动家。中国社会学和人类学的奠基人之一。第七、八届全国人大常委会副委员长，政协会议第六届全国委员会副主席。《乡土中国》和《江村经济》等为其代表作，主要论著收入《费孝通文集》。

ཧྥེ་ཞའོ་ཐུང་། (1910—2005) ཅང་སུའུ་ཞུའུ་ཅང་པ། སྤྱི་ཚོགས་རིག་པ་དང་མིའི་རིགས་རིག་པ། མི་རིགས་རིག་པ་པ། སྤྱི་ཚོགས་ལས་འགུལ་སོགས་ཡིན། ཀྲུང་གོའི་སྤྱི་ཚོགས་རིག་པ་དང་མིའི་རིགས་རིག་པའི་སྲོལ་གཏོད་པ། སྐབས་བདུན་པ་དང་བརྒྱད་པའི་རྒྱལ་ཡོངས་འབངས་འཐུས་རྒྱུན་ལས་ཡུ་ཡོན་གྱིས་གཞོན་པ་དང་། སྐབས་དྲུག་པའི་ཆབ་སྲིད་གྲོས་མོལ་ཚོགས་འདུའི་རྒྱལ་ཡོངས་ཡུ་ཡོན་ལྷན་ཁང་གི་ཀྲུའུ་ཞི་གཞོན་པ་བཅས་ལྷུན་སྨྱོང་། 《ཀྲུང་གོའི་ཕ་ས》 དང་《གཙང་གྲོང་དཔལ་འབྱོར》སོགས་ནི་ཆབ་མཚོན་བཅངས་ཆོས་ཡིན། ཁོའི་གཙོ་འཆད་ཙོམ་གཙོ་བོ་དག 《ཧྥེ་ཞའོ་ཐུང་གི་ཙོམ་བཏུས》 ནང་དུ་བསྡུས་ཡོད།

Fei Xiaotong (1910-2005), born in 1910, native of Wujiang County of Jiangsu province, was a sociologist, an anthropologist, an ethnologist and a social activist. He was one of the founders of sociological and anthropological studies in China. He held the posts of Vice-Chairman of the 7th and 8th Standing Committee of the National People's Congress, Vice-President of the 6th Chinese People's Political Consultative Conference. His representative works were *From the Soil* and *Peasant Life in China: A Field Study of Country Life in the Yangtze Valley* and his main works were edited to *Collected Works of Fei Xiaotong*.

丰宁押荒局 清朝政府在内蒙古原绥远地区最早设立的垦务机构。光绪八年（1882）置。

ཧྥིན་ཅིན་བརྒྱས་འགོག་ཅུས། ཆེན་སྲིད་གཞུང་གི་ནང་སོག་ལྗོན་ཞྭེ་ཡོན་བར་བཙུགས་པའི་སྲོལ་འདེབས་ལས་ཁུངས་ཆེ་ཤོས་ཁྲི་མ་ཡིན། ཀོང་ཞི་ལོ་བརྒྱད་པར

(༡༨༨༢) བཀོད་སྒྲིག་བྱས།

Fengning Reclamation Bureau is the first reclamation institution established by the Qing government in the former Suiyuan Region, Inner Mongolia in the eighth year reign of Emperor GuangXu (1882).

风马旗 又称"经幡""玛尼旗"等。指在藏传佛教地区的寺院、敖包或祈祷石等上面经常竖立着的以各色布条写上六字真言等经咒,扎成串形成的旗子。因布条上画有风马,寓意把祷文借风马传播各处,故名"风马旗"。

རླུང་རྟའི་དར་ཕྱོག མི་གནས་ལ་དར་ཕྱོག་དང་མ་ཎི་དར་ཕྱོག་ཀྱང་ཟེར། བོད་ཀྱི་ནང་ལུགས་དགོན་སྡེ་དང་། ལྷ་གུར། ལམ་རྩེ་སོགས་སུ་རྒྱུན་ལྡན་དུ་བཙུགས་པའི་དར་ཆེན་ས་སྣའི་དར་ཕྱོག དེའི་དོན་སྙམ་ཙི་སོགས་གཟུངས་སྔགས་དཔར་ཡོད། དར་ཕྱོག་ཐོག་ཏུ་རླུང་རྟའི་རི་མོ་ཡོད། ནང་དོན་རླུང་རྟ་ཡིས་རྒྱལ་བའི་གཟུངས་སྔགས་ཡུལ་གྱུ་ཀུན་ལ་ཁྱབ་སྤེལ་འབྱུང་བར་སྨོན་པས་རླུང་རྟ་ཞེས་པའི་མིང་འདི་ཐོགས།

Wind-Horse Flag, also called Prayer Flag or Mani Flag, refers to the flags or banners connected to a long thread or string on the top of the temples, yurts or prayer stones in the regions of the Tibetan Buddhism. The flags or banners are actually colorful cloths, on which mantras and incantations, such as the six-syllable mantra (Om mane padme hum) are written. It is called wind-horse flag because the images of wind horse are drawn on the cloth, which can bring the mantras to all pervading space.

风雨桥 侗族特色桥。多建于湖南、贵州、广西侗族村前寨后的河上。由桥、塔、亭组成。用木料筑就,桥面铺板,两旁设栏杆、长凳,桥顶盖瓦,形成长廊式走道。塔、亭建在石桥墩上,有多层,檐角飞翘,顶有宝葫芦等装饰。因行人过往能避风雨,故名。

ཆར་རླུང་ཟམ། གྲུང་རིགས་ཀྱི་ཁྱད་ཆོས་ལྡན་པའི་ཟམ་པ་ཞིག མང་ཆེ་བོས་ཧུའུ་ནན་དང་། གུའེ་གྲོའུ། གོང་ཞི་སོགས་ཀྱི་གྲོང་སྡེའི་ཆུ་བོག་ཏུ་བརྐྱུན་ཡོད། དེའི་ཟམ་དང་མཆོད་རྟེན། ཁྱིང་བུ་བཅས་ཀྱིས་གྲུབ། ཤིང་གིས་རྒྱབ་བྱེད། ཟམ་དོང་ཤེལ་བཟོ་ཡོད། འགྲམ་གཡས་གཡོན་ལ་གང་དང་གཞུང་ཏུ་རིང་པོ་བཙོས་ནས་ཟམ་སྟེང་དུ་སྒྲོ་འགེབ་བཀབ་ཅིང་། བར་ཁྱམས་རྣམ་པའི་ཁྱུལ་ཆོས་ཡོད། ཟམ་ཀྱི་སྟེང་དུ་མཆོད་རྟེན་དང་ཁྱིང་བུ་སྐྱོན་ཡོད། བཟོ་སྐྱོན་དེ་དག་བརྩེགས་མཐོ་ལ་མཐའ་གཡབ་བརྒྱངས་པ། ཁང་ལྗོན་ཀ་ཡིན་ཀྱིས་རྒྱན་པའི་ཆོས་སོགས་ལྡན། མི་རྣམས་ཆར་ཐོག་ཏུ་བསྒོད་དུས་ཆར་རླུང་འགོག་པའི་ཕྱིར་མིང་དེ་ལྟར་ཐོགས།

Wind & Rain Bridge refers to the particular form of bridge of the Dong people. The bridges are mostly built over rivers in front and back of the Dong people villages in Hunan, Guizhou and Guangxi. This kind of bridge is constituted of bridges, veranda and pavilions. Built in wood, paved with slates and covered with tiles, the bridge is a long corridor with banisters and benches on each side. The towers and pavilions are topped with various ornaments, such as the shape of gourd. They are built on stone bridge piers with multiple floors and warped eave angles. The bridge gains its name because it can offer a shield against wind and rain for the passers-by.

封建农奴制 是封建社会中封建领主在其领地上建立起来的剥削奴役农奴的经济制度。由于被剥削的主要对象是农奴，故又称"封建领主制"。

བགས་བཀོད་རྒྱུད་འཛིན་ཞིང་བྲན་ལམ་ལུགས།
བགས་བཀོད་རྒྱུད་འཛིན་གྱི་ཚོགས་སུ་དཔོན་པོ་ཚོ་རང་གི་མངའ་འོག་ཏུ་བཅུགས་པའི་ཞིང་བྲན་ལ་ངུ་གཞོག་བྱེད་པའི་དཔལ་འབྱོར་ལམ་ལུགས་ཤིག་ཡིན། བྱུ་གཞོག་གྱོང་མཁན་ཞིང་བྲན་ཡིན་པའི་རྐྱེན་གྱིས་བགས་བཀོད་རྒྱུད་འཛིན་དཔོན་ལུགས་ཞེས་པའི་མིང་ཡང་ཐོགས་ཡོད།

Feudal Serfdom refers to the economic system in feudal society established by the lord of the manor, who exploited and enslaved the serfs. It is also called the feudal lord system because the serfs are the main exploited object.

凤诏碑 国内最早的彝文碑记之一。位于云南武定县。刻于明嘉靖十三年（1534）。内容记叙了明代武定军民府彝族土知府凤诏的事迹及凤氏世系。

ཕེང་ཀྲའོ་རྡོ་རིང་། རྒྱལ་ནང་གི་དབྱིས་ཡིག་རྡོ་རིང་ཆེས་སྔ་ཤོས་ཤིག་ཡིན། ཡུན་ནན་ཞུའུ་ཏིང་རྫོང་དུ་ཡོད། མིང་ཙུ་ཅིང་ཁྲི་ལོ་བཅུ་གསུམ་པར་(1534) བཀོས། ནང་དོན་མིང་རྒྱལ་རབས་སྐབས་ཀྱི་ཞུའུ་ཏིང་དམག་དམངས་སྲིད་ཁོངས་འབྲུག་རིགས་ཁུལ་གྱུ་སྦྱར་སྟེང་གྱི་ཡ་མཛད་རྗེས་དང་། སྟེང་གྱི་གདུང་རབས་སྐོར་ཡིན།

Fengzhao stone tablet is one of the earliest stone tablets in China inscribed with Yi language. It is located in Wuding County, Yunnan province. The tablet was inscribed in the 13th year reign of Emperor Jiajing (1534), which recorded the Feng Pedigree and Fengzhao's deeds, who was the native Yi magistrate of Wuding military and civilian prefecture in the Ming Dynasty.

佛本之争 历史事件。7世纪佛教传入西藏后，受流行于当地的本教抵制，双方进行了长期斗争，史称"佛本之争"。由此，佛本两教又互相影响，本教吸收了许多佛教内容，仿佛经造作本教经典。佛教也吸收了一些本教的仪式。到后弘期，带有浓厚西藏地方特点和本教色彩的藏传佛教出现。

བན་བོན་འཐབ་རྩོད། བོད་རྒྱལ་གྱི་དོན་རྐྱེན་ཞིག དུས་རབས་བདུན་པར་སངས་རྒྱས་ཆོས་ལུགས་བོད་དུ་དར་རྗེས་རང་སའི་བོན་ཆོས་ཀྱིས་བཀག་འགོག་བྱས་ཏེ། ཕན་ཚུན་དུས་ཡུན་རིང་པོར་འཐབ་རྩོད་བྱས། དེ་ལོ་རྒྱུས་སུ་བན་བོན་འཁྲུག་རྩོད་ཟེར། དེར་བརྟེན་བན་བོན་ཆོས་ལུགས་ཕན་ཚུན་ཤུགས་རྐྱེན་ཐེབས་ནས། བོན་གྱིས་སངས་རྒྱས་ཀྱི་ནང་དོན་མང་པོ་དང་ལེན་ཞིང་། སངས་རྒྱས་ཀྱི་གསུང་རབ་བཞིན་བོན་གྱི་གསུང་བཙམས། ནང་པ་ཀྱང་བོན་གྱི་ཚོགས་འགའ་དང་ལེན་བྱས་ཏེ། བསྟན་པ་ཕྱི་དར་གཞུག་ཏུ་བོད་རང་གི་ཁྱད་ཆོས་ལྡན་པའི་བོད་རྒྱུད་ནང་བསྟན་བྱུང་བའོ། །

The Conflict between Buddhism and Bonism refers to a historic event. In AD 7, after Buddhism introduced into Tibet, the popular local Bon religion rejected it, which made both sides into a long time conflict, which is called the conflict between Buddhism and Bon in history.

Because of this conflict, Buddhism and Bon have a mutual influence on each other. Bon absorbed many matters of Buddhism, creating Bon scriptures in the imitation of Buddhist scriptures, and Buddhism absorbed some rites and ceremonies of Bon. Until the Phyi dar, the Tibetan Buddhism, with strong features of Tibet and Bon, came into being.

佛教三宝 在佛教中，称"佛、法、僧"为三宝。佛宝指圆成佛道的本师释迦牟尼佛；法宝指佛的一切教法，包括三藏十二部经、八万四千法门；僧宝指依佛教法如实修行、弘扬佛法、度化众生的出家沙门。

དགོན་མཆོག་གསུམ། ནང་ཆོས་སུ་སངས་རྒྱས་དང་ཆོས། དགེ་འདུན་བཅས་ལ་དགོན་མཆོག་གསུམ་ཞེར། སངས་རྒྱས་དགོན་མཆོག་ནི་ཆོས་སྐུ་གཏོད་མཁན་སངས་རྒྱས་ཤཱཀྱ་མུའི་ལགོ། ཆོས་དགོན་མཆོག་ནི་རྒྱལ་བའི་བཀའ་སྟེ། སྡེ་སྣོད་གསུམ་དང་གཞུང་བཅུ་གཉིས། དང་ཆོས་ཀྱི་སྒོ་འབྱེད་ཁྲི་བཞིའི་སྟོང་ལགོ །དགེ་འདུན་དགོན་མཆོག་ནི་དགེ་བའི་བཀའ་ཆོས་བཞིན་ཉམས་ལེན་བྱེད་མཁན་དང་། སངས་རྒྱས་ཆོས་ལུགས་དར་སྤེལ་གཏོང་མཁན། སྦོམ་པ་ཚོལ་བཞིན་སྦྱངས་པའི་རབ་བྱུང་ལགོ །

Three Treasures in Buddhism Buddhism regards "the Buddha, the Dharma and the Sangha" as its three treasures. The Buddha refers to Shakyamuni Buddha who successfully attained Buddhahood. The Dharma refers to all the Buddhist creeds, including Tripitaka (Sutra Pitika, Vinaya Pitika, Abhidharma Pitika), 12 classics and 84,000 ways. The Sangha refers to monks who practice and preserve Buddhism, spread it, and transmit it to future generations, and free people from all sufferings and lead them to enlightenment.

佛教四大菩萨 佛教中象征"愿、行、智、悲"四种理想人格的大菩萨。象征愿力的是地藏王菩萨；象征实践的是普贤菩萨；象征智慧的是文殊菩萨；象征慈悲的是观音菩萨。

ནང་པའི་བྱང་ཆུབ་སེམས་དཔའ་བཞི། ནང་ཆོས་ཀུསམས་བསྐྱེད་དང་སྤྱོད་པ། ཤེས་རབ། སྙིང་རྗེ་བཞིའི་དགོངས་དོན་མཚོན་པའི་བྱང་ཆུབ་སེམས་དཔའ་བཞི་སྟེ། སེམས་བསྐྱེད་མཚོན་པའི་སྙིང་པོ་དང་། སྤྱོད་མཚོན་པའི་ཀུན་ཏུ་བཟང་པོ། ཤེས་རབ་མཚོན་པའི་འཇམ་པའི་དབྱངས། སྙིང་རྗེ་མཚོན་པའི་སྤྱན་རས་གཟིགས་བཅས་སོ།

Four Great Bodhisattvas in Buddhism embodies the four ideal personalities, "vow, conduct, wisdom, compassion". Ksitigarbha embodies vow; Samantabhadra embodies conduct; Manjusri embodies wisdom; Avalokitesvara embodies compassion.

扶持人口较少民族发展工作领导小组 2002年在国家民委成立。组长由时任国家民委主任李德洙担任，主要职责是负责国家民委对扶持人口较少的少数民族发展工作的领导和协调，研究决定有关重要问题和事项。

མི་གྲངས་ཉུང་ཉུང་བའི་གྲངས་ཉུང་མི་རིགས་གོང་སྤེལ་ལས་ཀར་བྱར་སྟོང་གི་འགོ་ཁྲིད་ཚོ་ཆུང་། ༢༠༠༣ལོར་རྒྱལ་ཁབ་མི་རིགས་དོན་གཅོད་ལྷན་ཁང་དུ་གིས་བཙུགས། རྒྱལ་ཁབ་མི་རིགས་དོན་

གཅེས་འཡོན་ཉུང་ཉུང་གི་གྲུབ་རིགས་ལ་དེ་སྒྱུར་ཡིས་ཚོ་ལྟུང་གི་གཙོ་འགན་ཁུར། ལས་འགན་གཙོ་བོ་རྒྱལ་ཁབ་མི་རིགས་དོན་གཅེས་ཡོན་ཉུང་ཉུང་གིས་མི་གནས་ཉུང་ཉུང་བའི་གནས་ཉུང་མི་རིགས་གོང་སྤེལ་རྒྱབ་སྐྱོར་ལས་དོན་ལ་འགོ་ཁྲིད་དང་མཐུན་སྒྲིག་གྱིས། ལས་དོན་གཙོ་བོ་དང་གནད་འགག་དག་ཞིག་འདུག་སྐྱེར་ཐག་གཅོད་བྱེད་པའོ། །

"Program to Support the Development of Minorities with Less Population" Work Leading Group was founded in 2002 by the State Ethnic Affairs Commission with Li Dezhu as its group leader, whose main function is to lead and coordinate the work of supporting the development of ethnic-minorities with less population, and to approve the relevant important issues and matters.

《扶持人口较少民族发展规划（2005—2010）》 文件名。2005 年国务院常务会议审议通过。文件提出：要使人口较少民族聚居的行政村基础设施得到明显改善；群众生产生活存在的突出问题得到有效解决；基本解决现有贫困人口的温饱问题；经济社会发展基本达到当地中等或以上水平。

《མི་གྲངས་ཉུང་ཉུང་བའི་གྲངས་ཉུང་མི་རིགས་གོང་སྤེལ་ལ་བྱར་སྐྱོར་བྱེད་པའི་འཆར་གཞི(༢༠༠༥—༢༠༡༠)》 ཡིག་ཆ། ༢༠༠༥ལོའི་རྒྱལ་སྲིད་སྤྱི་ཁྱབ་ཁང་རྒྱུན་ལས་ཚོགས་འདུར་གྲོས་འཆར་བྱས། ཚོགས་འདུ་ཐོག་མི་གྲངས་ཉུང་ཉུང་བའི་གྲངས་ཉུང་མི་རིགས་འདུས་སྡོད་ཀྱི་སྲིད་འཛིན་གྲོང་ཚོའི་གཞི་རྩའི་སྒྲིག་ཆས་མངོན་གསལ་གྱིས་ཇེ་ལེགས་སུ་བཏང་བ། ཚོགས་ཀྱི་ཐོན་སྐྱེད་འཚོ་བའི་ཁྲོད་དུ་འབྱུང་ཏུ་ཡོད་པའི་གནད་དོན་གསལ་བར་ཐབས་ཤེས་ཐོན་ཏེ། མིག་སྔའི་དབུལ་ཕོངས་མང་ཚོགས་ཀྱི་ལྟོ་གོས་འཛོམས་པའི་གནད་དོན་ཐག་ཆོད་ནས། སྤྱི་ཚོགས་དཔལ་འབྱོར་འཕེལ་རྒྱས་ས་གནས་རང་གི་འབྲིང་རིམ་མམ་དེ་ལས་མཐོ་བའི་ཚད་དུ་ཕྱིན་རྒྱུ་བཅས་བཏོན་ཡོད།

Development Plan for Supporting Smaller Ethnic Minorities (2005-2010) was deliberated and adopted by the 90th Executive Meeting of the State Council in 2009. Proposals involved: dramatic improvement of the infrastructure of the administrative villages in the less populated ethnic-minorities communities; effective solution to the existing production and living problems of the masses; general settlement of the existing food and clothing problem of the poor; accomplishment of the economic and social development to an average or above local level.

《扶持人口较少民族发展规划（2011—2015）》 文件名。2011 年由国家民委、国家发展和改革委、财政部、中国人民银行和国务院扶贫办联合编制印发。主要目标：人口较少民族聚居行政村基本实现"五通十有"；人口较少民族聚居区基本实现"一减少、二达到、三提升"。

《མི་གྲངས་ཉུང་ཉུང་བའི་གྲངས་ཉུང་མི་རིགས་གོང་སྤེལ་ལ་བྱར་སྐྱོར་བྱེད་པའི་འཆར་གཞི(༢༠༡༡—༢༠༡༥)》 ཡིག་ཆ། ༢༠༡༡ལོར་རྒྱལ་ཁབ་མི་རིགས་དོན་གཅེས་འཡོན་ཉུང་ཁང་དང་རྒྱལ་ཁབ་འཕེལ་རྒྱས་བསྒྱུར་བཅོས་འཡོན་ཉུང་ཁང་། དངུལ་སྲིད་པུའུ། ཀྲུང་གོ་མི་དམངས་དངུལ་ཁང་དང་རྒྱལ་སྲིད་

སྐྱེ་ཁྱབ་ཁང་གི་དཔལ་སྐྱོར་ཚོན་ཁག་བཅས་མཉམ་འབྲེལ་གྱིས་སྙེལ། དམིགས་ཡུལ་གཙོ་བོ་ནི་གངས་ཉུང་ཡུང་བའི་གྲངས་ཉུང་མི་རིགས་ས་ཁུལ་གྱི་སྲིད་འཛིན་གྲོང་ཚོར་ལྔ་འགྲུབ་བཅུ་ལྡན་གཞི་རྩའི་ཐོག་མཐོན་འགྱུར་བྱུང་བ་དང་། མི་གྲངས་ཉུང་ཞིང་བའི་གྲངས་ཉུང་མི་རིགས་འདུས་སྡོད་ཁུལ་དུ་འཕྲི་གཅིག་འགྲུབ་གཉིས། འཕར་གསུམ་ཡང་གཞི་རྩའི་ཐོག་མཐོན་འགྱུར་བྱུང་བ་བྱ་རྒྱུ་ཡིན།

Development Plan for Supporting Smaller Ethnic Minorities (2011-2015) was compiled and printed by the State Ethnic Affairs Commission, the National Development and Reform Commission, Ministry of Finance, People's Bank of China and the State Council Leading Group Office of Poverty Alleviation and Development in 2011. Main goals: basic implementation of the Five Accesses and Ten Havings in administrative villages of the less populated ethnic-minorities communities; basic implementation of One Reduction, Two Accomplishments and Three Improvements in the less populated ethnic-minorities communities.

扶贫开发部委联系制 在我国，除各省区市要对所属片区的扶贫开发工作负总责外，2012年止已明确12个部委对口联系11个片区。如：国家民委负责武陵山区，国土资源部负责乌蒙山区，科技部和铁道部负责秦巴山区等。这种部委和片区联系的特殊工作机制，就是扶贫开发工作中的部委联系制。

དབུལ་སྐྱོར་གསར་སྤེལ་གྱི་པུའུ་ཡུའུ་འབྲེལ་གཏུག་ལམ་ལུགས། རང་རྒྱལ་དུ་ཞིང་ཆེན་དང་གྲོང་ཁྱེར་སོ་སོར་གཏོགས་པའི་དབུལ་སྐྱོར་གསར་སྤེལ་གྱི་བྱི་དགའ་ཕུད་དེ། ༢༠༡༢ བོད་ཟླ་ཡུ་ ༡༢ ལ་ཁྱོར་བའི་མཉམ་འབྲེལ་ས་ཁུལ་ ༡༡ གསལ་པོར་བྱུང་། དཔེར་ན། རྒྱལ་ཁབ་མི་རིགས་དོན་གཅོད་ཨུ་ཡོན་ལྷན་ཁང་གིས་མཉམ་ཡིན་རི་ཁུལ་ལ་འགན་ཁུར་བ་དང་། རྒྱ་ཁོངས་ཐོན་ཁུངས་པུའུ་ཡིས་སུའུ་མོང་རི་ཁུལ་ལ་འགན་ཁུར་བ། ཚན་རྩལ་པུའུ་དང་ལྕགས་ལམ་པུའུ་ཡིས་ཆེན་པ་རི་ཁུལ་སོགས་ལ་འགན་ཁུར། པུའུ་ཡུ་འདི་དག་དང་ས་ཁུལ་འབྲེལ་གཏུག་ལམ་ཁའི་ལམ་ལུགས་ཁྱད་པར་བ་ཞིག་ལ། དབུལ་སྐྱོར་གསར་སྤེལ་ལས་དོན་གྱི་འབྲེལ་གཏུག་ལམ་ལུགས་ཞེས་པ་ཡིན།

Ministries and Commissions Liaison System on Poverty Alleviation and Development In our country, in addition to the overall responsibilities that the provinces municipalities and autonomous regions take for the poverty alleviation and development work of their areas, in 2012, the 12 ministries and commissions liaisons with the 11 areas was explicitly stipulated. Such as: the State Ethnic Affairs Commission takes the responsibility for the poverty alleviation and development in the Wuling mountain area; the Ministry of Land and Resources takes the responsibility for the Wumeng mountain area; the Ministry of Science and Technology and the Ministry of Railways take the responsibility for the Qinba mountain area, etc. This special working mechanism of ministries and commissions liaison to the certain areas is the ministries and commissions liaison system in the work of poverty alleviation and development.

扶余国 古国名。是中国东北部的古老民族扶余人所建立的政权。从公元前 2 世纪立国到 494 年东扶余国被高句丽灭国为止，历时约 700 年。后世的高句丽、百济都是扶余国的延续。扶余人是今天韩国人/朝鲜人的先民之一。

ཧྥུ་ཡུས་རྒྱལ་ཁབ། གནའ་བོའི་རྒྱལ་ཁབ་ཀྱི་མིང་། དེ་ནི་ཀྲུང་གོ་བྱང་ཤར་ཁུལ་གྱི་གནའ་བོའི་མི་རིགས་ཧྥུ་ཡུས་པས་བཙུགས་པའི་ཡ་སྲིད་བྱང་ཤར་ཀྱི་རྒྱལ་ཁབ་ཞིག་སྟེ། སྤྱི་ལོའི་སྔོན་གྱི་དུས་རབས་གཉིས་པར་ཚུགས་པ་ནས་སྤྱི་ལོ་༤༩༤ ལོར་ཤར་གྱི་ཀོའུ་ཅིའུ་ལིས་བསྙབས་པ་བར་གཏན། དུ་ལམ་ལོ་བདུན་བརྒྱའི་ལོ་རྒྱུས་ཡོད། རྗེས་ཀྱི་ཀོའུ་ཅིའུ་ལི་དང་པེ་ཅི་རྒྱལ་ཁབ་ནི་ཧྥུ་ཡུས་རྒྱལ་ཁབ་ཀྱི་ཤུལ་འཛིན་ཡིན། ཧྥུ་ཡུས་པ་ནི་དེང་གི་ཧོ་ཡ་སྐྱ་རུང་གཉིས་ཀྱི་མེས་པོ་ཡིན།

Fuyu Kingdom, an ancient country name, refers to the northeast Asian country established by the ancient Fuyu people who lived in the northeast of China. The Kingdom lasted around 700 years from its establishment in the 2nd century BC to the fall of Eastern Fuyu which was destroyed by Gaogouli in 494. The later Gaogouli and Baiji were a continuation to the Fuyu kingdom. And Fuyu people are one of the ancestors of today's South Koreans and North Koreans.

伏藏 藏文原意为"埋藏的珍宝"。指本教和藏传佛教徒在其宗教受到劫难时藏匿起来，日后重新挖掘出来的经典等。有书藏、圣物藏和识藏。书藏指发掘出的经书；圣物藏指发掘出的法器、高僧大德的遗物等；识藏，据说是由神灵授藏于某人意识深处的经典或咒文。

གཏེར་བཏོན། གཏེར་ནས་བཏོན་པའི་ཡིག་ཆ་ཞམ་ནོར་རྫས་སོགས་ཀྱི་དོན། བོན་དང་ནང་པའི་ཆོས་པ་ཚོར་རང་གི་ཆོས་ལུགས་ཉེན་ཁར་འཕྲད་དུས་གཏེར་དུ་སྦས་ཤིང་རྗེས་སུ་སླར་ཡང་གཏེར་ནས་བཏོན་པའི་གསུངས་རབ་སོགས་ལ་བསྟན། དེར་གཏེར་ཡིག་དང་གཏེར་རྫས་བཀའ་རྒྱ་སོགས་ཡོད། གཏེར་ཡིག་ནི་གཏེར་ནས་བཏོན་པའི་གསུངས་རབ་དང་། གཏེར་རྫས་ནི་གཏེར་ནས་བཏོན་པའི་མཆོད་ཆས་དང་བླ་ཆེན་ཚོའི་དངོས་པོ་ཆེན། བཀའ་རྒྱའི་ཆོས་ཀྱི་དགོངས་དོན་ཟབ་མོ་དག་སྔོན་དུ་མི་རྫོང་བསེ་བསྟན་མི་དུར་བར་གསང་རྒྱའི་གནས་པའི་གསུངས་རབ་དང་སྔགས་ཡིག་ལ་བསྟན་པའོ།

Terma, in Tibetan language, originally refers to the "buried treasure". It is the treasures that were hidden during misadventures by believers of Bon-Religion and Tibetan Buddhism and were excavated again after some time. The treasure includes book treasure, halidom treasure and mantra treasure. Book treasure is the excavated books. Halidom treasure is the excavated musical apparatus and eminent monks' remains. Mantra treasure is said to be scriptures or incantations given by spirits and hidden in one's deep consciousness.

茯茶 边销黑茶。属后发酵茶。因在伏天加工，故称"伏茶"。以其效用类似土茯苓，美称为"茯茶""福砖"。由于旧时交给官府销售，也属官茶、府茶。一般情况陈放年代越久，香味越浓，茶汤越易冲泡出来。茶汤色泽红艳明亮。有调节人体新陈代谢、降脂、降压、调节糖类代谢之功效。

ཇ་ནག ། མཐའ་མཚམས་སུ་འགྲེམ་པའི་ཇ་ནག་བསྐྱར་ཇའི་རིགས་སུ་གཏོགས། བྱ་ཐབ་དུ་ལས་སྟོན་ཉིན་བྱེར་ཟེར་ཞིང་། བྱ་ཐབང་ཟེར། དེའི་ཉུས་པ་ཐུལའི་རྩྭ་ལྗིད་དང་མཚུངས། གནའ་བོར་ཇ་དེ་སྲིད་གཞུང་ལ་སྦྱར་ནས་བཙོང་དུ་བཅུག་པས། དཔོན་ཇ་དང་གཞུང་ཇའང་འབོད། སྲིད་བཏུག་གི་དེའི་ཞར་ཆོག་བྱེད་ཡུལ་གཙོ་རིང་ན། ཁུ་མདོག་དེ་ཚོས་ཁ་ཞིང་ཞིམ་པ་སྟེ། ཇ་ཁུ་འབུད་སྟབས་དང་དམར་མདངས་ལྡན། ཨིའི་ལུས་པོའི་ཚིག་ཚད་གསར་བརྗེ་དང་ཚིལ་བཅུལ་བ། ཕྲག་གནན་པ། མཛད་རིགས་ཚིག་ཚད་གསར་བརྗེ་བྱེད་པའི་ཉུས་པ་སོགས་ལྡན་ནོ། །

Fu tea, a border-selling tea, is kind of post-fermented tea. It was named Fu tea for it is processed in Fu days ("Fu days" means "the hottest days in summer" in Chinese) and also got its laudatory title Fu tea or Fuzhuan tea for its efficacy is similar to Tu Fu Ling (Rhizoma Smilacis Glabrae). In the old days, Fu tea was sold by the feudal official, so it was a kind of official tea. It grows its fragrance with time passing by, and the tea soup is more easily to brew out. Its tea soup is colored with brilliant red. Fu tea has the efficacies of regulating metabolism, reducing fat, lowering blood-pressure, moderating carbohydrate metabolism.

福晋 清代贵族正妻之称。含有"贵妇之意"。清代制度,亲王及其世子、郡王及其长子,其正妻谓"福晋"。

ཧྲུ་ཅིན། ཆེང་རྒྱལ་རབས་དུས་སྐབས་སུ་མི་དྲག་གི་བཙུན་མོར་འབོད་སྲོལ་ཞིག ནང་དོན་བཙུན་མོ་ཆེན་པོར་འཇུག ཆེང་རྒྱལ་རབས་ལམ་ལུགས་ལྟར། ཆེན་ཁང་དང་བོང་གི་བུ་རྒྱུད། ཅིན་ཁང་དང་བོང་གི་བུ་ཆེ་བའི་བཙུན་མོར་རྒྱ་ཅིན་ཟེར། དེའི་རྒྱུད་ཀྱི་སྲ་ཞིང་པ་ལས་འགྱུར་བའི་བཤད་སྲོལ་ཡོད།

Fujin, meaning "noblewoman", is an archaic title for the official consorts of Mongolian and Manchurian nobles. In Qing Dynasty's system, the official consorts of Prince of the Blood and their heirs, Prince of a Commandery and their heirs are called Fujin.

福陵 清太祖努尔哈赤及其皇后叶赫那拉氏陵寝。大清建国时定陵号为"福陵"。因坐落在沈阳市东北部,故又称"东陵"。1629—1651年间修建,占地19.48万平方米,其中利用地形修筑的"一百零八蹬"及"方城"等为主要建筑。1929年被当时的奉天当局辟为东陵公园。

ཧྲུ་ལིན་བང་སོ། ཆིང་གོང་མ་ནུར་དུ་ཧྲི་དང་བཙུན་མོ་ཡེ་ཧུན་ན་ཀྲིའི་བང་སོ། ཆིང་ཆེན་པོ་རྒྱལ་ཁབ་ཆགས་དུས་སུ་བང་སོ་དེར་ཧྲུ་ལིན་བང་སོ་ཞེས་བཏགས། ཞན་དབང་གྲོང་ཁྱེར་གྱི་བྱང་ཤར་དུ་ཡོད་ཕྱིར། བང་སོ་མདང་འབོད། 1629—1651 ལོའི་བར་སྐབས། གྲུ་ལ་སྨྱུག་བཞིའི་ཁྱོན 19.48 ཨེན། དེར་ས་དབྱིབས་བེད་སྤྱད་དེ་སྐྱོན་པའི་བཅོ་བརྒྱད་དང་བཀྲག མཁར་རྒྱ་བའི་སོགས་བཟོ་བཀོད་གཙོ་བོ་ཡིན 1929 ལོར་སྐབས་དེའི་ཕེང་ཐེན་གཞུང་གིས་བང་སོ་ཤར་གླིང་བཟོ་བའི་ཆིག་མཚན་གནང་།

Fuling Tomb is the mausoleum of Nurhachi, the founding emperor of the Qing Dynasty and his wife, Empress Yehenara. The mausoleum was named "Fuling

Tomb" at the founding time of Qing Dynasty. Located in the eastern part of Shenyang city, Liaoning province, northeastern China, the Fuling Tomb was also known as the East Tomb. Built between 1629 and 1651, the mausoleum covers an area of 194,800 square meters, and with the "108-step stone staircase" and "Square City" which were built by using terrain to its advantage as its main buildings. The Mukden authorities turned it into the East Tomb Park in 1929.

福州清真寺 福州市内目前唯一的清真寺，也是福建现存的四大清真寺之一。寺碑刻记载该清真寺始建于唐贞观二年（628），明代嘉靖年间重建。面积约3.5亩，采用明代福州传统建筑形式，有现代加盖的一座三层圆形穹顶的邦克楼等。

ཧྥུ་ཀྲོའུ་ཁ་ཆེ་ལྷ་ཁང་། ཁ་ཆེ་ལྷ་ཁང་ ...（藏文）

Fuzhou Mosque is the only mosque in Fuzhou city, and is also one of the four biggest mosques existing in Fujian Province. The mosque stele engraves that the mosque was first built in the 2nd year of the reign of Emperor Zhenguan, Tang Dynasty (628), and was rebuilt in the reign of Jiajing years, Ming Dynasty. It still maintains the architectural style of the Ming Dynasty with an area of 3.5 acres, and has a three-layer round-shaped dome named Bunker Building which was built in modern China.

抚黎司 国民党政府在海南岛黎族地区建立的统治机构。1932年成立，下辖各黎峒。

ལི་སྲུང་སི། ...（藏文）

Fulisi (Pacification Commission of the Li people) is a government body established by the Kuomintang government in the Li people regions in Hainan Island in 1932 and has jurisdiction over all the Li people regions.

抚水州蛮 中国古族名。因宋时分布于抚水州（今广西环江北部）而得名。为今水族和毛南族先民。

ཧྥུ་ཆུའི་ཀྲོའུ་མན། ...（藏文）

Fushuizhouman (barbarians) refers to the name of an ancient Chinese ethnic group. It was named for its location in Fushuizhou area in the Song Dynasty (now the north of Huanjiang in Guangxi province). They were ancestors of Shui and Maonan ethnic groups.

辅教王 明代授予藏传佛教萨迦派领袖人物的封号。明永乐十一年（1413），明廷封后藏萨迦地方僧人南喀雷必坚赞为辅教王。封爵世袭。

ཆོས་སྐྱོང་རྒྱལ་པོ། མིང་རྒྱལ་རབས་སུ་ས་སྐྱ་པའི་གྲུབ་མཐའི་འཛིན་པར་གནང་བའི་ཚོ་ལོ་ཞིག མིང་རྒྱལ་རབས་ཡུང་ལེ་ཁྲི་ལོ་བཅུ་གཅིག་པར་(1413)གཞུང་ཁག་གིས་གཙང་ས་སྐྱའི་བླ་མ་ཀུ་ལེགས་པའི་རྒྱལ་མཚན་ལ་ཆོས་སྐྱོང་རྒྱལ་པོའི་མཚན་གནང་ནས་གོ་གནས་བརྒྱུད་འཛིན་བྱུང་།

Fujiaowang (Assistant Prince of Doctrine) refers to the title conferred to leader of Sakya of Tibetan Buddhism in the Ming Dynasty. During the 11th year reign of Emperor Yongle (1413), Ming government conferred Tsang Sagya Buddhist Namkelebei Lobzhui Gyaincain Sangpo the title of Fujiaowang which was hereditary.

父系氏族制 原始氏族公社的第二个阶段，又称"父权制"。它是继母系氏族制之后产生的社会制度。原始社会后期，由于生产力的发展，男子在生产中占据了主导地位，掌握了社会财富，母系氏族社会便转化为父系氏族社会。

ཕ་རྒྱུད་རུས་རྒྱུད་ལུགས། གདོད་མའི་རུས་རྒྱུད་ཀྱི་ཚོགས་ཀྱི་རིམ་པ་གཉིས་པ་སྟེ། ཕ་དབང་ལུགས་ཀྱང་ཟེར། དེ་ནི་མ་རྒྱུད་རུས་རྒྱུད་གཞུག་ཏུ་བྱུང་བའི་སྤྱི་ཚོགས་ཀྱི་ལམ་ལུགས་ཤིག་ཡིན། གདོད་མའི་སྤྱི་ཚོགས་མཇུག་ཏུ་ཕོན་སྐྱེད་རུས་ལུགས་འཕེལ་བ་དང་བསྟུན།

Patriarchal clan system refers to the second stage of primitive clan commune, also known as patriarchy system. It was a social system established after the matriarchal clans. In the latter period of primitive society, men dominate in production and control social wealth with the development of productivity, and then the matriarchal clan society turned into the patriarchal clan society.

父子连名制 父系制度下父名、子名世代相连的命名制度。如四川凉山彝族古侯家：古侯—古侯海子—海子黑得……古侯是父名，海子是子名，如此类推。这种父系命名制度便于家支谱系的口耳相传，是维系父系血缘关系的一种方式。

ཕ་བུའི་མིང་ཕྲེང་ལུགས། ཕ་རྒྱུད་རམ་རྒྱུད་ལུགས་ཙུབ་མིང་་དང་་བུ་མིང་བར་བཏགས་ནས་མིང་ཐོག་འདོགས་པའི་ལམ་ལུགས་ཤིག ཟི་ཁྲོན་ལིང་ཧྲན་རིགས་ཀུན་ཧུའི་ཁྱིམ་རྒྱུད་ལྟ་བུ། ཀུན་ཧུའི—ཀུན་ཧུའི་ཧའི་ཙི—ཧའི་ཙིའི་ཧེ་ཏེ། ཀུན་ཧུའི་ནི་ཕའི་མིང་དང་། ཧའི་ཙི་ནི་བུའི་མིང་ཡིན། དེ་ལྟར་ཕྱེ་བར་བཀོད་དེ་འདོགས། འདིའི་འདྲི་བ་རྒྱུད་མིང་འདོགས་ལམ་ལུགས་ཀྱི་ཁྱིམ་རྒྱུད་ཀུན་ལ་བཤད་ནས། ཕ་རྒྱུད་ཁྲག་འབྲེལ་འཛིན་པའི་ཐབས་ཤིག་ཡིན།

Patronymic linkage naming system refers to a system by naming the next generation from the father's name. Take the Gu Hou family in Liangshan Yi Autonomous

Prefecture as an example, the two generations change name from Gu hou hai zi to Hai zi hei de, in which Gu hou is the father's name and Hei zi is the patronymic name, and so on. The patronymic linkage naming system is a way to maintain patrilineal relationship because it is conducive to the family clan passing on through word of mouth.

傅懋勣（1911—1988） 著名语言学家。山东聊城人。剑桥大学博士。在少数民族语言文字研究方面贡献颇多。曾任《民族语文》杂志主编、中国民族语言学会会长、中国民族古文字学会会长等职。著作有《维西么些语研究》等。

བྷུ་མའོ་ཇི། (１９１１—１９８８) མིང་དུ་གྲགས་པའི་སྐད་བརྡ་རིག་པ་བ། ཧན་ཧྱུང་ལའོ་ཆེང་མི་ཡིན། ཉན་ཆའོ་སློབ་གྲྭ་ཆེན་མོའི་འབུམ་རམས་པ། གངས་ཉུང་མི་རིགས་སྐད་ཡིག་ཞིབ་འཇུག་ཐད་ལ་མཛད་རྗེས་ཆེན་པོ་བཞག《མི་རིགས་སྐད་ཡིག》དུས་དེབ་ཀྱི་གཙོ་སྒྲིག་པ་དང་། རྒྱུང་གོའི་མི་རིགས་སྐད་བརྡ་རིག་པའི་ཚོགས་པའི་ཚོགས་གཙོ། རྒྱུང་གོའི་མི་རིགས་ཡིག་རྙིང་སློབ་ཚོགས་ཀྱི་ཚོགས་གཙོ་སོགས་ཀྱི་འགན་ཁུར་མྱོང་། གསུང་རྩོམ་དུ《སྨེ་ཞི་མའོ་ཞེ་སྐད་ཀྱི་ཞིབ་འཇུག》སོགས་ཡོད།

Fu Maoji（1911-1988）, born in 1911, native of Liaocheng, Shandong Province, Ph. D. of Cambridge University, was a famous linguist. He contributed a lot in the research field of the spoken and written languages of ethnic-minorities. Fu Maoji was a former editor of *Minority Languages* magazine, a former chairman of Chinese Ethnic-Minority Language Association, a former chairman of Chinese Ethnic-Minority Ancient Writings Association, etc. His works include *A Study of the Moso Language (Wei-Hsi Dialect)*, etc.

G

呷西 全称"呷西呷洛",彝语意为"锅庄旁的手脚",汉称"锅庄娃子"。是解放前大小凉山彝族奴隶制度中地位最低的等级,约占凉山总户数的10%。他们基本上是一无所有,任凭奴隶主买卖,甚至杀害的单身奴隶。

ཀ་ཞིས། ཞིང་ཚ་ཚོས་ལ་ཀ་ཞིས་ཀ་ལོ་ཟེར། ནང་དོན་སྣོར་བྲིའི་འགྲམ་གྱི་ཀང་ལག་ཅེས་པ། རྒྱ་སྐད་དུ་སྣོར་ཞ་ཕོ་ཙེ་ཞེར། བཅས་འགྲོལ་བའང་གོང་ལིང་ཧྲན་ཆེ་ཆུང་གི་བྲིས་རིགས་བྲན་གཡོག་ལམ་ལུགས་ཀྱི་ཚོགས་ཁོད་དུ་གོ་གནས་ཆེས་དམའ་བའི་རིམ་པ་ཡིན། ཝེན་ཧྲན་གྱི་ཁྱིམ་ཚང་དུ་ལས་༡༠%ཙམ་ཟིན་ཡོད། གཞི་ཚའི་ཐོག་ནས་དངོས་པོ་གང་ཡང་མེད་པ་དང་། བྲན་གཡོག་བདག་པོས་ཉོ་ཚོང་བྱེད་པ་དང་། ཐ་ན་སྲོག་གི་བཅད་ཆོད་པའི་མི་སྒེར་གཡོག་ཅིག་གོ

Gaxi is the short form of Gaxigaluo, which in the Yi language means "hands and feet beside the woks". The Han Chinese called them Wazi (slaves around woks). Gaxi is the lowest status in the slavery system of Liangshan Yi areas before the liberation, and they were reduced to nothing and could be bought and sold and even killed at their owner's will, and they took 10% of the Yi population.

嘎查 蒙古语音译,意为"村",即蒙古族现行的行政村。在内蒙古有关盟市所属旗的行政编制下,设嘎查(与行政村平级)。

ཀ་ཆཱ། སོག་སྐད་སྒྲ་བསྒྱུར། གྲོང་ཚོའི་དོན། སོག་རིགས་ཀྱིས་ད་ལྟ་ལག་བསྟར་བྱེད་པའི་སྲིད་འཛིན་གྲོང་ཚོ་ཞིག ནང་སོག་གི་མོ་དང་གྲོང་ཁྱེར་གྱི་ཁོངས་གཏོགས་ཀྱི་དར་ཚོའི་སྲིད་འཛིན་སྒྲིག་གཞིའི་ལོག་ཏུ་ཀཱ་ཆཱ་བཙུགས་པ་(སྲིད་འཛིན་གྲོང་ཚེ་དང་འདྲ) ཡིན།

Gacha, transliterated from Mongolian language, means "village". It refers to the present administrative villages in Mongolian areas. Gacha is set under the banner, an administrative division of the League in the Inner Mongolia Autonomous Region.

嘎古 京语音译,"长老"的意思。旧时京族聚居地区每乡每村由群众推举热心服务、办事公道的人组成翁村组织以处理所在地区的事务。翁村组织在遇到重大事务时,往往与村中德高望重的嘎古商议决定。

ཀ་གུ། ཅིན་སྐད་སྒྲ་བསྒྱུར། བགྲེས་པོའི་དོན། གནའ་ཕྱོར་ཅིན་རིགས་ས་ཁུལ་གྱི་ཞང་དང་གྲོང་ཚེ་སོ་སོར་མང་ཚོགས་ཀྱིས་གདམས་པའི་བློ་ཁོག་ཅན་གྱི་ཞབས་ཞུ་བ་དང་དོན་དག་དྲང་བའི་རྩ་འཛུགས་ཏེ། ཡུན་ཚོན་རྩ་འཛུགས་ཞེས་ས་གནས་གནད་དོན་ཐག་གཅོད་བྱེད། སོང་ཚེན་རྩ་འཛུགས་ཀྱིས་དོན་དག་ཆེ་མོར་འཕྲད་དུས། རྒྱུན་དུ་གྲོང་ཚེའི་ནང་གི་ཀུན་སྤྱོད་བཟང་བའི་ཀཱ་གུའི་དང་གྲོས་མོལ་བྱས་ནས་ཐག་གཅོད་བྱེད།

Gagu, transliterated from the Jing language, means "the highly respected elder". People from different towns voted for those who serve people warm-heartedly and handle affairs in justified manners to form an organization so as to deal with matters in this particular area in the old days. Once important issues need to be discussed, the organization turned to the widely respected Gagu for help.

嘎山达 满语音译。"嘎山"，意为村、乡村、村里；"达"，意为首领、头目。"嘎山达"即满族对村长的称谓，也可译为"屯长"或"乡长"。

གུ་ཧན་ད། མན་ཇུ་སྐད་སྒྲ་བསྒྱུར། གུ་ཧན་ཏེ་གྲོང་པ་དང་། གྲོང་སྡེ། གྲོང་ནན་བཅས་ལ་འཇུག་ཏུ་དེ་འགོ་གཙོ་དང་འགོ་བའི་དོན། གུ་ཧན་ཏ་ཧེ་མན་ཇུ་རིགས་ཀྱིས་སྡེ་དཔོན་གྱི་འབོད་ཚུལ་ཞིག་ཡིན་ཀྱང་དང་ཞིང་ཞེས་བསྒྱུར་ཚོད།

Gashanda, is the word transliterated from the Manchu language, and "gashan" means "village" and "da" means "leader". "Gashanda" is a name for the head of a village in Manchu living areas. "villiage chief" or "township head" is also accepted.

嘎辛 满语音译，意为"村"或"屯"。亦称"埃里""爱里"，为过去对鄂伦春族居住的自然村（屯）的称呼。

གུ་ཞིན། མན་ཇུ་སྐད་སྒྲ་བསྒྱུར། གྲོང་པའམ་སྦྲ་བའི་དོན། མིང་གཞན་ལ་ཨ་ལི་དང་ཨེ་ལི་ཞེས་འབོད། སྔོན་ཨོ་ལུན་ཁྱུན་རིགས་སྡོད་པའི་རང་བྱུང་གྲོང་ཚོའི་མིང་ཡིན།

Gaxin, transliterated from Manchu, means "village", also known as "aili". "Gaxin" refer to the old name of natural villages for the Oroqen.

噶丹·松赞林寺 位于云南香格里拉县。始建于1679年，清雍正时又赐名"归化寺"。是清朝康熙皇帝敕建的藏族聚居地区十三林之一，五世达赖赐名，川滇一带的格鲁派中心，云南藏族聚居地区规模最大的藏传佛教寺院。因其外观布局酷似布达拉宫，故有"小布达拉宫"之称。

དགའ་ལྡན་སྲོང་བཙན་གླིང་དགོན་པ། ཡུན་ནན་གཞིར་གྱི་བྲག་རྫོང་དུ་ཆགས་ཡོད། ༡༦༧༩ བོར་བཞེངས། ཆིང་རྒྱལ་རབས་ཡུང་གྲིང་སྐབས་སུ་གུའེ་ཧུ་དགོན་པ་ཞེས་མཚན་གནང་། ཆིང་རྒྱལ་རབས་གོང་མ་ཁང་ཞི་པོས་ཁྱབ་ཏུ་བསྐྱངས་གཞུངས་བཅུ་གསུམ་བཞུགས་པའི་གྲས་ཤིག་ཡིན། དྭ་ལའི་བླ་མ་སྐུ་ཕྲེང་ལྔ་པས་དགོན་པའི་མིང་བཏགས། སི་ཁྲོན་དང་ཡུན་ནན་ས་ཁུལ་གྱི་དགེ་ལུགས་པའི་ལྟེ་གནས། ཡུན་ནན་བོད་ཁུལ་གྱི་ཆེས་ཆེ་བའི་བོད་བརྒྱུད་ནང་བསྟན་གྱི་དགོན་པ་ཞིག དེའི་ཕྱིའི་བཀོད་ལམ་ཆགས་པོ་གྲུབ་པོ་ཏ་ལར་མཚུངས་པས་པོ་ཏ་ལ་ཆུང་ཞེས་འབོད།

Ganden Sumtseling Monastery is located in Shangri-La County of Yunnan province and was built in 1679. The Qing Dynasty Emperor Yongzheng named it "guihua temple". As one of the great thirteen temples built by the Qing Dynasty Emperor Kangxi, Ganden Sumtseling Monastery is the largest monastery of Tibetan Buddhism in the Tibetan area of Yunnan province and the center of the Gelug sect of Tibetan Buddhism in Sichuan and Yunnan area. It is also known as "Little Potala Palace" for its general layout looks exactly like the Potala Palace.

噶当派 藏传佛教宗派。"噶当"，藏语音译，意为佛语是指导一切僧人修行的诫命。由阿底峡尊者首创，仲敦巴建立。15世纪，格鲁派兴起，将它并入其中，从此噶当派作为一支独立的宗派在藏族地区消失。

བཀའ་གདམས་གྲུབ་མཐའ། བོད་རྒྱུད་ནང་བསྟན་གྱི་གྲུབ་མཐའ་ཞིག གོ་དོན་རྒྱལ་བའི་བཀའ་རྟེ་བཞིན་རང་རྒྱུད་ཀྱི་སྡོམ་ཁྲིམས་གཙང་མར་བསྲུང་བ། དེ་ནི་ཇོ་བོ་རྗེ་ཨ་ཏི་ཤས་ཕྱག་མར་སྲོལ་གཏོད་པ་དང་། འབྲོམ་སྟོན་པ་རྒྱལ་བའི་འབྱུང་གནས་ཀྱིས་གྲུབ་མཐའ་བཚུགས། དུས་རབས་བཅོ་ལྔ་པར། དགེ་ལུགས་གྲུབ་མཐའ་དར་རྒྱས་བྱུང་བཀའ་གདམས་པའི་གྲུབ་མཐའ་དེའི་ནང་དུ་བསྡུས། དེ་ནས་བཟུང་། རང་རྒྱུ་ཐུབ་པའི་བཀའ་གདམས་པའི་གྲུབ་མཐའ་བོད་དུ་མེད་པར་སོང་།

Kadam is one of the sects of Tibetan Buddhism. Transliterated from the Tibetan language, Kadam means that Buddha's words are to be realized as precepts or instructions for monks. The holy monk Atis'a initiated it and Hbrom stonpa expanded it. Kadam was brought into the sect of Gelug and no longer appeared as an independent sect in Tibetan area in the 15th century.

噶尔丹（1644—1697） 准噶尔部贵族首领。康熙十年（1671）夺得准噶尔部统治权；十六年击败和硕特部鄂齐尔图汗，势力强盛，称博硕克图汗；二十七年，进攻喀尔喀蒙古（见"外蒙古"词条），继而进扰内蒙古。康熙三次亲征，经乌兰布通、昭莫多等战，噶尔丹军被击溃。次年卒。

གོར་ཏན། (1644—1697) ཇུན་གར་ཚོ་པའི་སྐུ་དྲག་དཔོན། ཁང་ཞིས་ཁྲི་ལོ་བཅུ་པར་ (1671) ཇུན་གར་ཚོ་པར་དབང་སྒྱུར་བྱས། ཁྲི་ལོ་བཅུ་དྲུག་ལོར་དུ་ཧོ་ཐུའོ་ཚོ་པའི་རྒྱལ་པོ་ཨུ་ཚེར་ཐུ་པར་བརྒྱབ་ཏེ་དར་རྒྱས་ཆེན་པོ་བྱུང་ནས། པོའི་ཐིག་ལི་རྒྱལ་པོའི་མིང་ཐོགས། ཁྲི་ལོ་ཉེར་བདུན་པར། ཁར་ཁ་སོག་པོ་པར་རྒོལ་ཏེ ("ཕྱི་སོག་" ལ་ལྟོས) ཤུགས་རིམ་གྱིས་ནང་སོག་ལ་ཁྱབ། ཁང་ཞིས་གོང་མས་ཐེངས་གསུམ་དངོས་སུ་འཁྲུག་བྱས་ཏེ། ཨུ་ལན་པུའུ་ཐུང་དང་། ཀྲའོ་མོ་ཏོ་འཐབ་འཁྲུགས་སོགས་བརྒྱུད་ནས་གོར་ཏན་གྱི་དམག་ཚོ་གཏོར་བཅད། ལོ་དེར་གོར་ཏན་གྲུབ་ཞིགས།

Galdan (1644-1697) is the clan leader of the Zungars. He seized and held the rule of the Zungars in the tenth year of the reign of Qing Emperor Kangxi (1671). Galdan defeated Ochirtu Khan of Khoshut tribe and his military power rose in the 16th year of the reign of Emperor Kangxi, known as Boshugtu khan. He attacked Khalkha Mongol (See the entry "Outer Mongolia") and then invaded Inner Mongolia at the 27th year of the reign of Emperor Kangxi. Kangxi led his troops into the Battle of Ulan Butung and the Battle of Jao Modo and defeated Galdan. Galdan died the following year in 1697.

噶举派 藏传佛教重要宗派之一。"噶举"，藏语音译，意为"口授传承"。形成于藏传佛教后弘期，由玛尔巴开创。注重密法的修习，而修习密法又须通过师徒口耳相传的途径。

བཀའ་རྒྱུད་གྲུབ་མཐའ། བོད་རྒྱུད་ནང་བསྟན་གྱི་གྲུབ་མཐའ་ཞིག དཀའ་ལ་རྒྱུད་པའི་དོན། བསྟན་པ་ཕྱི་དར་གྱི་སྐབས་དུ་མར་པ་ལོ་ཙཱ་བས་སྲོལ་གཏོད། གསང་སྔགས་ཀྱི་སྒྲུབ་སྟོང་གཙོ་བོར་འཛིན། དགེ་རྒན་གྱི་དག་ཐོག་ནས་སློབ་མར་གསུངས་སྒྲགས་ཀྱི་གདམས་པ་སྟེར་བའི་

འགྲོ་ལུགས་སྟོང་།

Kagyu is an important sect of Tibetan Buddhism. Transliterated from Tibetan, Kargyu means "Oral Lineage" or "Whispered Transmission", which was initiated by Marpa in the later stage of Tibetan Buddhism. Tantra practicing is required and is done through word of mouth.

噶朗王 又称"波密土王"。近代西藏东部一封建割据势力。王府设于波密，宣称辖十八宗卡。总管噶朗，世袭。1927—1931 年被西藏地方政府军队击败，遂亡。共传 7 代，前后约 130 多年。

དགའ་ལང་རྒྱལ་པོ། སྤོ་བོ་རྒྱལ་པོའང་ཟེར། དེ་རབས་བོད་སྟོངས་ཤར་ཕྱོགས་ཀྱི་བཀས་བཀོད་རྒྱུད་འཛིན་བཙན་བཟུང་སྟོབས་ཤུགས་ཤིག དཔོན་ཚང་སྤོ་བོར་སྐྲུན། མངའ་འོག་ཏུ་རྫོང་ཁག་བཅོ་བརྒྱད་ཡོད་པར་གྲགས། སྤྱི་དཔོན་དགའ་ལང་སྟེ་རྒྱུད་འཛིན་ལས་ལུགས་ཤིག་ཡིན། ༡༩༢༧—༡༩༣༡ བོད་པར་བོད་སྟོངས་ས་གནས་སྲིད་གཞུང་དམག་གིས་ཕམ་པར་བཅུག མི་རབས་བདུན་དུ་དབང་བཟུང་བས་ལོ་རྟེགས་སུ་ལོ་བཅུད་དང་སུམ་ཅུ་ལྷག་ཡོད།

King Ka gnam, also known as King of Pome, was an independent feudal kingdom in eastern Tibet until the early 20th century. The palace seats at Pome, claiming a control of 18 areas beyond the boundaries of Pome. The head was hereditary Ka gnam. King Ka gnam was defeated by the army of local government in the war from 1927 to 1931. It has a history of about 130 years with seven generations.

噶伦制 旧时西藏地方事务管理体制。1751 年，清廷废止原郡王制，改噶伦制。规定：噶伦（官名）封三品，设四员，三俗一僧，总办全藏事务，噶伦及其下官员，大小事务均须禀驻藏大臣。该制一直延续到 20 世纪 50 年代末。

བགའ་བློན་ལམ་ལུགས། སྤྱི་ཚོགས་རྙིང་པའི་བོད་ལྗོངས་ས་གནས་སྲིད་གཞུང་གི་དོན་གཅོད་ལམ་ལུགས་ཤིག ༡༧༥༡ ལོར་ཆིང་སྲིད་གཞུང་གིས་རྒྱལ་པོའི་ལུགས་མེད་པ་བཟོས་ནས་བགའ་བློན་ལམ་ལུགས་སུ་བསྒྱུར། བགའ་བློན (དཔོན་གནས) ནི་རིམ་པ་གསུམ་པའི་དཔོན་གནས་ཡིན། སྐྱ་བོ་གསུམ་དང་དགེ་འདུན་པ་གཅིག་བཅས་བཞི་ཡོད། དེ་དག་གིས་བོད་ཡོངས་ཀྱི་ལས་དོན་དང་། རྒྱལ་པོ་ཆེན་གྱིས་འདུ་མཉམ་སོགས་སྒྲུབ། བགའ་བློན་དང་འོག་གི་དཔོན་པོ་ཚང་མས་དོན་ཆེ་ཆུང་ཀུན་བོད་སྡོད་ཨམ་བན་ཆེ་བོར་ཞུ་དགོས། ལམ་ལུགས་འདི་དུས་རབས་ཉི་ཤུ་པའི་ལོ་རབས་ལྔ་བཅུ་པའི་མཇུག་བར་རྒྱུན་འཛིན་བྱས།

Galun (frontier post) System is an old administrating system of local affairs in Tibet. In 1751, the Qing court abolished the native government post of Depa, which had been appointed by the chief administrator of Tibet, and created the position of "galun". It is stated that galun (official title) is of the third rank, together with four galun, including three ordinary people and one monk handling Tibetan affairs, enjoying the equal standing with the Dalai Lama and the Panchen Erdeni. And galun and its subordinate officials should report all the affairs to the Amban, or Minister Resident of Tibet. This system has continued to the late 1950s.

《噶伦传》 藏文书名。西藏贵族学者朵喀·才仁旺阶著。成书于清乾隆二十七年（1762）。以拉萨木刻版传世。书中叙述阿尔布巴事件及珠尔默特那木札勒之叛乱事件甚详。

《བཀའ་བློན་རྟོགས་བརྗོད》 བོད་ཡིག་དཔེའི་ཆ། སྐུ་ཉིད་སྐུ་དྲག་གཞས་པ་མདོ་མཁར་ཞབས་དྲུང་ཚེ་རིང་དབང་རྒྱལ་གྱིས་བརྩམས། ཆིང་རྒྱལ་རབས་ཆན་ལུང་གི་ལོའི་ཤོ་རྟ་བདུན་ལོར་ (1762) བརྩམས་འགྲུབ། བྱུང་སྟེ་ལྷ་སའི་ཤིང་པར་ལ་བཀལ། དེའི་ནང་དུ་ང་བོད་པའི་དོན་རྐྱེན་བཅས་གྲོལ་མོ་ཏེ་གམ་སྒྲ་སྨྱུག་ཏོ་ལོག་དོན་རྐྱེན་སོགས་གསལ་པོ་བརྗོད་ཡོད།

Galun zhuan (Autobiography of Dokharwa Tsering Wanggyel) was written by Dokharwa Tsering Wanggyel, an aristocratic scholar in Tibet. It was completed in the 27th year of the reign of Qing Emperor Qianlong (1762). The book is passed down in a Lhasa woodblock version. It has a detailed description of the Ngabopa Affairs and Gyurmed Namgyal Rebellion.

噶玛嘎孜画派 藏传绘画三大流派之一。简称"噶孜派"。流行于藏族聚居地区东部，以四川甘孜德格和西藏昌都为中心。相传在 16 世纪由南喀扎西活佛创建，以噶玛巴大法会而得名。其最显著的特点是施色浓重，对比强烈，画面富丽堂皇。

ཀརྨ་སྒར་བྲིས་ལུགས། བོད་རྒྱུད་རིའི་མོའི་ལུགས་ཆེན་པོ་གསུམ་གྱི་ནང་གསེས་ཤིག་བསྡུས་མིང་ལ་སྒར་བྲིས་ལུགས་ཟེར། བོད་ཀྱི་ཤར་མཐའ་སྟེ། སི་ཁྲོན་དཀར་མཛེས་ཁུལ་དགེ་དང་བོད་ལྗོངས་ཆབ་མདོ་གྲོང་ཁྱེར་དུ་དར། བཀའ་བརྒྱུད་ལ་དུར་རབས/14 བར་སྣམ་མཁའ་བཀྲ་ཤིས་ཞེས་པས/

Karma Gardri Painting School is one of the three traditional Tibetan painting schools. It is called Kar-dri School for short. The school is popular in the eastern part of Tibetan areas, centered on Dege County in Ganzi of Sichuan Province and Changdu city in Tibetan. Tradition has it that the school was founded by Buddha Namkha Tashi in the 16th century, named after Karmapa Assembly. Its distinct features are rich color, intense contrast, and magnificent picture.

噶玛噶举派 藏传佛教塔布噶举派支系之一。创立者都松钦巴。南宋绍兴十七年（1147）其在昌都建噶玛丹萨寺，自成一体。淳熙十四年（1187），又至拉萨西北建楚布寺。该派遂以此二寺为主寺。为藏传佛教中最早采用活佛转世制度的教派。

ཀཾ་ཚང་བཀའ་བརྒྱུད་པ། བོད་བརྒྱུད་ནང་བསྟན་དྭགས་པོ་བཀའ་བརྒྱུད་ཀྱི་ཉིང་གསེས་ཤིག ཀཾ་ཚང་གམ་གསུམ་མཁྱེན་པས་སྲོལ་གཏོད། སུང་རྒྱལ་རབས་སོ་མ་དར་ཞི་ཝི་བཅུ་བདུན་པར་ (1147) ཆབ་མདོར་ཀཾ་གདན་སར་དགོན་བཏབ་སྟེ། གྲུབ་མཐའ་ཞིག་ཏུ་གྱུར། ཁྲོན་ཞི་/བཅུ་བཞི་པར་ (1187) ལྷ་སའི་ནུབ་བྱང་དུ་མཚུར་ཕུ་དགོན་བཏབ། གྲུབ་མཐའ་འདིས་དགོན་འདི་གཉིས་གཙོ་བོར་འཛིན། བོད་ཀྱི་གྲུབ་མཐའ་ལས་ཆེས་སྔོན་སྤྲུལ་སྐུའི་ལུགས་ལག་ལེན་བསྟར་བའི་གྲུབ་མཐའ་ཡིན།

Karma Kargyu is one sect of Tibetan Buddhism. Dusum Khyenpa founded it, he built karma-gdan-sa Monastery in Changdu and had a religion of his own in the 17th year of the reign of Shaoxing in the Southern Song Dynasty (1147) and built Tsurphu Monastery in northwest of Lhasa in Chunxi the 14th year (1187). Therefore Karma Kargyu views these two monasteries as its main monastery and it is the earliest sect of using the Living Buddha reincarnation system in Tibetan Buddhism.

噶玛黑帽系 藏传佛教噶玛噶举派分支之一。一世活佛为都松钦巴，系追认。南宋宝祐四年（1256）蒙古蒙哥汗召见二世活佛，赐金缘黑帽、金印，故名。元至元二十年（1283），二世噶玛拔希卒，西藏佛教活佛转世制度从此确立。楚布寺为母寺。迄今传十七世。

ཀརྨ་ཞྭ་ནག་པ། བོད་བརྒྱུད་ནང་བསྟན་ཀརྨ་བཀའ་བརྒྱུད་གྲུབ་མཐའི་ནང་གསེས་ཤིག སྐུ་ཕྲེང་དང་པོ་ཀརྨ་དུས་གསུམ་མཁྱེན་པ་ནས་སྐྱབ་སྐྱེའི་ལོ་འཛིན་བྱུང་། སུང་རྒྱལ་རབས་སྐྱོ་མ་པོའི་ཡོའུ་ཁྲི་ལོ་བཞི་པར་（1256）སོག་པོའི་མོང་གུ་ཧན་གྱིས་སྐུ་ཕྲེང་གཉིས་པ་གདན་དྲངས་ནས་ཞྭ་ནག་དང་། གསེར་གྱི་ཐམ་ག་བཅས་གནང་བས་མིང་འདི་ཐོགས། ཡོན་ཁྲི་ལོའི་ཤུ་པར་（1283）སྐུ་ཕྲེང་གཉིས་པ་ཀརྨ་པཀྵི་དགོངས་པ་རྫོགས། དེ་ནས་བཟུང་བོད་བརྒྱུད་ནང་བསྟན་གྱི་སྤྲུལ་སྐུའི་ངོས་འཛིན་སྲོལ་ལུགས་བྱུང་། གཙོ་དགོན་མཚུར་ཕུ་དགོན། ད་ལྟའི་བར་སྐུ་ཕྲེང་བཅུ་བདུན་བྱུང་།

Karma Black Hats Sect refers to one sect of Karma Kargyu of Tibetan Buddhism. The 1st living Buddha Dusum Khyenpa was recognized retroactively. Mongke khan, the khan of Mongol empire summoned the 2nd living Buddha and gave him a black hat with gilt edge and a golden seal in the 4th year of Baoyou Southern Song Dynasty (1256), hence the name came into being. During the Yuan twenty years (1283), the Second Karmapa, Karma Pakshi passed away, the reincarnation system of Tibetan Buddhism was then truly established. Karma Black Hats takes Tsurphu Monastery as its mother monastery and has handed down for 17 generations so far.

噶玛红帽系 藏传佛教噶玛噶举派分支之一。因元帝室成员曾赐红帽予其一世活佛扎巴僧格，故名。先后以乃囊寺和羊八井寺为主寺。共传10世。

ཀརྨ་ཞྭ་དམར་པ། བོད་བརྒྱུད་ནང་བསྟན་ཀརྨ་བཀའ་བརྒྱུད་གྲུབ་མཐའི་ནང་གསེས་ཤིག ཡོན་གོང་མའི་སྐུ་ཕྲེང་དང་པོ་གྲགས་པ་སེང་གེ་ལ་ཞྭ་དམར་ཞིག་གནང་བས་མཚན་འདོགས། སྣ་རྟེན་སུ་གྲོ་གནང་དགོན་དང་ཡངས་པ་ཅན་དགོན་གཙོ་དགོན་ཡིན། བསྡོམ་པས་སྐུ་ཕྲེང་བཅུ་བྱུང་།

Karma Red Hats Sect refers to one sect of Karma Kargyu of Tibetan Buddhism. The Yuan imperial member once gave red hat to its 1st Living Buddha Drakpa Sengge, hence the name came into being. Nainang Temple and Yangpachen Monastery has been its mother monastery successively. Karma Red Hats Sect has handed down for 10 generations.

噶厦 官署名。藏语音译。即西藏原地方政府。"噶"是命令的意思,"厦"是房屋的意思,"噶厦"就是发号施令的地方。外国人常把噶厦译成"内阁",性质类似。

བཀའ་ཤག   སྲིད་གཞུང་གི་ཡིག། བོད་ཀྱིས་གནས་སྲིད་གཞུང་། བཀའ་ནི་བཀའ་ཕབ་པའི་དོན། ཤག་ནི་ཁང་པའི་དོན། བཀའ་ཤག་ནི་བཀའ་ཡོང་སའི་གནས་ཡིན། ཕྱི་རྒྱལ་བས་བཀའ་ཤག་ནི་རྒྱལ་སྲིད་ལས་ཁུངས་ཞེས་བསྒྱུར་ཡོད། དེ་གཞིས་ཀྱིས་པོ་འདྲ། བཀའ་ཤག་གི་ཆེད་སྲིད་གཞུང་གི་གཏན་འབེབས་བཟོ་ས་ཡིན།

Kashag (Gaxia) refers to the name of a government office transliterated from Tibetan, which is the former Tibetan local government. "Ka" means orders, "shag" means house, and "kashag" refers to the location to issue orders. Foreigners tend to translate it as "cabinet" which has the feature similar to kashag.

尕最 阿拉伯语音译,意为"法官"或"教法执行官"。早在唐宋时期,"尕最"已作为回族教坊的宗教领导者或教法裁决人在我国回族聚居地区出现。元时译作"哈的",当时朝廷设回回哈的司。元末明初,"哈的"流行于民间行使职司,后逐渐消失,唯撒拉族聚居地区一直保留到清末。

གཱ་ཙེ   ཨ་རབ་སྐད་སྒྲ་བསྒྱུར། ཁྲིམས་དཔོན་ནམ་ཆོས་ཁྲིམས་ལག་བསྟར་བྱེད་མཁན་གྱི་དོན། ཐང་དང་སུང་རྒྱལ་རབས་སྐབས་སུ་གཱ་ཙེ་དེ་ཧུའི་རིགས་ཆོས་སྡེའི་གནས་ཀྱི་ཆོས་དཔོན་ནམ་ཆོས་ཁྲིམས་ཁྲལ་ཐག་གཅོད་མཁན་ཞིག་ལ་རིགས་རང་གི་ཧུའི་རིགས་འདུས་སྡོད་ཁུལ་དུ་བྱུང་། ཡོན་རྒྱལ་རབས་སུ་ཀྲོང་སྒྲ་བསྒྱུར་བྱས་ན་"ཧ་ཏིའི"དབང་བྱོར་གྱི་བཀའ་སྤྱལ་ཁང་ཞིག་དམིགས་ལ་ཕྱིན་པ་དང་། རྗེས་སུ་རིམ་བཞིན་ཉམས་ལ་རིགས་ས་ཁོ་ན་ཆིང་རྒྱལ་རབས་དུས་མཐུག་བར་རྒྱུན་མཐོངས་བྱས།

Gazui, transliterated from Arabic, refers to "judge" or "canonical judge". As early as the Tang and Song Dynasties, Gadui was found in Hui ethnic communities as religious leader of Hui. Gazui was translated as "Hadi" in the Yuan Dynasty, and government set Bureau of Hadi at that time. At the late Yuan and the early Ming period, Hadi was widespread among the folk and gradually disappeared, only the Salar people kept it until the late Qing Dynasty.

改汉法庭 1913—1916年四川凉山地区拉库奴隶起义时出现的对诺伙奴隶主开会审判的场所。起义者为争取官府支持,提出"改汉",希望削弱诺伙等黑彝奴隶主势力。

རྒྱར་སྒྱུར་ཁྲིམས་ཁང་།   １９１３—１９１６ལོའི་ཡིན་ཏུན་ཧྲན་ས་ཁུལ་གྱི་ལ་ཁུ་བྲན་གཡོག་གིས་ཤོག་ཁག་བྱས་སྐབས་སུ། ནའོ་ཧོ་བྲན་གཡོག་བདག་པོས་ཁྲིམས་ཐག་གཅོད་པའི་གནས་ཡིན། ཤོག་ལག་མཁན་གྱིས་གཞུང་གི་རོགས་སྐྱོར་ཐོབ་ཆེད་རྒྱར་བསྒྱུར་བཏོན་ནས། ནའོ་ཧོ་སོགས་ནག་བོ་བྲན་གཡོག་བདག་པོའི་སྟོབས་ཤུགས་ཚ་མེད་དུ་གཏོང་བའི་རེ་བ་འཆང་།

Court of Changing the Surname into Han refers to the location for the trial of Nuohuo slave owners during the Laku

Slave Rebellion in Liangshan of Sichuan province from 1913 to 1916. The rebels proposed "Changing the Surname into Han" so as to gain government support and attempted to weaken the forces of Nuohuo (Black Yi) slave owners.

《改进边疆寺庙教育暂行办法》 文件名。1940年由国民政府蒙藏委员会、教育部公布。共9条。规定边疆寺庙应附设各种民众教育设施，采取电台、讲演等宣传活动组织喇嘛、阿訇等共同参加边疆教育等事宜。并要求有关单位考核并指导寺庙教育，对具有成绩之寺庙酌予补助。

《མཐའ་ཁུལ་གྱི་དགོན་པའི་སློབ་གསོ་ལེགས་བསྒྱུར་གྱི་གནས་སྐབས་བྱ་བབས》ཡིག་ཚད་མིང་། ༡༩༤༠ལོར་གོ་མིན་ཏང་སྲིད་གཞུང་གི་སོག་བོད་དོན་གཅོད་ཨུ་ཡོན་ལྷན་ཁང་དང་སློབ་གསོའི་པུའུ་གཉིས་ཀྱིས་སྤེལ། སྡོམ་དོན་ཚན་དགུ་ཡོད། མཐའ་ཁུལ་གྱི་དགོན་པ་རྣམས་དངོས་ཆག་སྒྲིག་གསོའི་སྒྲིག་གི་སྒྲིག་ཆས་རིགས་མང་པོ་ཞིག་ཏུ་འཇུག་དགོས་པ་སྟེ། འཕྲིན་དང་གཏམ་བཤད་སོགས་དགོད་རྒྱུད་འགྱུར་སྤྱོད་བླ་མ་དང་ཨ་ཧོང་སོགས་བཀུག་འདུས་བྱས་ནས་མཐའ་མཚམས་ཀྱི་སློབ་གསོའི་ལས་དོན་མཉམ་ཞུགས་མོང་གིས། ཞུགས་རྒྱུ་གཏད་པ་ལ་བཀའ། མ་ཟད་འབྲེལ་ཡོད་ལས་ཁུངས་ཀྱིས་དགོན་པའི་སློབ་གསོ་དཔྱད་ཞིབ་དང་ལམ་སྟོན་གནང་སྟེ། གྲུབ་འབྲས་ལྡན་པའི་དགོན་པར་རོགས་རམས་སྤྱི་རེ་འདུན་བཏོན།

Tentative Measures on Improving Frontier Monastic Education was released by the Mongolian and Tibetan Affairs Committee of National Government and Ministry of Education in 1940, with 9 pieces in total. The tentative measures prescribed that the frontier monasteries should be equipped with necessary facilities for people's education. The Lamas and imams should be organized to participate in the activities of education in the frontier areas, such as radio station broadcasting and speech delivering. And the units concerned shall examine and offer guidance on monastic education, and subsidize those monasteries with achievements.

改土归流 即"改土司制为流官制"的简称。指明清两代为加强中央对少数民族地区的统治，取消土司世袭制度，设立府、厅、州、县，派遣有一定任期的"流官"进行管理。始于明代中后期，清代雍正以后至清末大规模推行。涉及壮、彝、苗、藏、哈尼、布依、侗、瑶、水等民族。

ཁྲི་དཔོན་འབྱེན་ནས་གཞུང་དཔོན་གཏོང་བ། དཔོན་པོའི་ལམ་ལུགས་བསྒྱུར་ནས་དབང་འཛིན་རིས་འབོར་ལུགས་ཀྱི་བསྒྱུར་མིང་། མིང་དང་ཆིང་རྒྱལ་རབས་གཉིས་ཀྱིས་དབུས་གཞུང་གིས་གྲངས་ཉུང་མི་རིགས་ཁུལ་གྱི་དབང་བསྒྱུར་ལ་ཤུགས་སྣོན་བྱེད་ཆེད། དཔོན་པོའི་རྒྱུད་འཛིན་ལམ་ལུགས་མེད་པར་བཟོས་ཏེ་སྲིད། གཞུང་དང་ཐིན། ཁུལ། རྫོང་བཅུགས་ནས་དུས་ཚོད་གཏན་འཁེལ་ཡོད་པའི་གཞུང་དཔོན་མངག་ནས་བདག་སྐྱོང་བྱེད་དུ་བཅུག མིང་རྒྱལ་རབས་ཀྱི་དུས་དཀྱིལ་ལས་དུས་མཇུག་ནས་འགོ་ཚུགས་ཏེ། ཆིང་གོང་མ་ཡུང་གྱི་གནང་དང་ཆིང་རྒྱལ་རབས་དུས་མཇུག་བར་དུ་ཚད་ཆེ་ཙམ་ལ་འབུལ་བྱས། དེའི་ཁོངས་སུ་གྲོང་དྲུག མེའོ། བོད། ཏུ་ཆི། པའུ་ཡིའུ། ཐུང། ཡོའོ། ཐུའིའི་མི་རིགས་སོགས་གཏོགས།

Replacing Native Chieftains with State Officials refers to the change of the Native Chieftain System to the system of Liuguan (officials with limited tenure). It refers to the practice of government by establishing prefecture, state and county managed by the appointed officials within term of office instead, and the Tusi system was finally abolished. It started in the mid and late periods of the Ming Dynasty and widely adopted in the Qing Yongzheng period. Ethnic groups like Zhuang, Yi, Miao, Hani, Buyi, Dong, Yao, Shui, etc. were involved.

干栏 住宅建筑形式。常见于南方少数民族地区。一般分两层，多用木、竹料作桩柱、楼板和墙壁，近代也有用砖、石、泥筑成墙壁的。屋顶覆盖树皮、茅草或陶瓦。上层住人，无遮拦的下层安置柱碓、豢养家畜或存放农具杂物。

གན་ལན། སོང་ཁང་གི་བཟོ་སྲུངས་ཤིག སྟེ་ཕྱོགས་གངས་ཅན་མི་རིགས་ས་ཁུལ་དུ་རྒྱུན་པར་མཐོང་ཐུབ། སྤྱིར་བཏང་དུ་བརྩེགས་རིམ་གཉིས་སུ་དབྱེ། ཤིང་དང་སྨྱུག་མ་ཀ་བ་དང་གནམ་གཅལ། གྱང་སོགས་བཟོ། དེ་རིངས་སུ་སོ་ཕག་དང་། རྡོ། འདམ་སོགས་བཙིགས། པའམ་གྱུང་བརྡུང་བཏབ་ཡོད། ཁང་ཐོག་སྟེང་ཤུན་དང་སྟྭར་གྱི་ཚོག་གིས་འཕར། ཁང་ཚིགས་སྟེང་མར་མི འདུག་པ་དང་། མཐར་བཏུམ་མེད་པའི་ཚིགས་འོག་མར་ཞིག་གིས་འཕར་ལ་བཟོས་ཏེ་སྦྲོ་ཕྲུགས་གསོ་བ་དང་མགོ་ཚས་འཇོག་གནས་བྱས་ཡོད།

Ganlan residential architecture style is common in the south minority areas in China. Generally the architecture of this style is two-layer, and mostly the wood and bamboo are used to construct the piles, floor slabs and walls. In modern time, people also use the bricks, stones and mud to build walls from the ground. The roof is covered with tree barks, thatches and clay tiles. People live in the second floor, and the first floor is open which can be used to settle columns and pillars, to feed livestock and to store farm tools and sundries.

甘丹墀巴 藏传佛教僧职名。为宗喀巴在甘丹寺的法座继承者的专称。在格鲁派中地位仅次于达赖喇嘛和班禅。任期7年，常住甘丹寺。只有考取拉然巴格西，进密宗学院深造，并且在上下密院逐级升任法台（僧职）后才有资格被推选任此职。

དགའ་ལྡན་ཁྲི་པ། བོད་རྒྱུད་ནང་བསྟན་གྱི་རབ་བྱུང་བའི་གོ་གནས་ཤིག རྗེ་ཙོང་ཁ་ཆེན་པོའི་དགའ་ལྡན་གསེར་ཁྲིའི་རྒྱུན་འཛིན་པའི་མཚན་སྙན་ཡིན། དགེ་ལུགས་པའི་ཁྲོད་གོ་གནས་ཀྱི་ལྟ་མ་དང་པཎ་ཆེན་རིན་པོ་ཆེའི་འཛོར་གནས། འགན་ཁུར་ཡུན་ཚོད་བདུན་ཡིན། དགའ་ལྡན་དགོན་པར་རྒྱུན་འདུག་བྱེད། དེ་འབྲས་དགེ་གསུམ་གྱི་གྲྭ་པའི་ནང་ནས་ལྷ་རམས་སློབ་ལམ་ཆེ་མོའི་ནང་དུ་དགེ་བཤེས་ཀྱི་གོ་མིང་ཐོབ་རྗེས་རྒྱུད་སྟོད་སྨད་གང་རུང་ཞིག་ལ་ཞུགས་ནས་དེའི་དགེ་བསྐོས་དང་། དབུ་མཛད། མཁན་པོ། མཁན་ཟུར་བཅས་རིམ་བཞིན་བྱས་ཏེ་གཟོད་དགའ་ལྡན་ཁྲི་པར་འདེམས་དབང་ཡོད།

Ganden Tripa refers to a priesthood name of Tibetan Buddhism. Ganden Tripa is specifically the successor to the throne of

Tsongkhapa in Ganden Monastery. It is a position with term of 7 years only below Dalai Lama and Panchen Lama in Gelug and often resides in Ganden Monastery. Only those who obtain Lharampa Geshe and further study in the Tantric College, then get ascension from Gyuto to Gyume are eligible for being elected as Ganden Tripa.

甘丹颇章政权 1642 年厄鲁特蒙古所属的和硕特部首领固始汗打败藏巴汗并在拉萨建立的政权。在西藏统治达 75 年之久。

དགའ་ལྡན་པོ་བྲང་སྲིད་དབང་། ༡༦༤༢ལོར་སོག་པོའི་ཨུ་ལོ་ཐུར་གཏོགས་པའི་ཧུ་ཞང་ཐེ་ཚེའི་འགོ་བ་ཕྲི་ཏན་གྱིས་གཙང་པར་ཡོད་པའི་གཙང་པ་རྒྱལ་པོ་སྲིད་དབང་འཕྲོག་སྟེ་བོད་སྟོངས་སུ་ལོ་ངོ་༧༥རིང་དབང་བསྒྱུར་བྱས།

Gandain Phodrang Regime refers to the regime established in Lhasa when Heshuote tribe leader of Mongols Gusri khan defeated Tsangpa Khan in 1642, and ruled Tibet for 75 years.

甘丹寺 位于拉萨达孜县境内拉萨河南岸的旺波日山上。由宗喀巴于 1409 年亲自筹建，是格鲁派的祖寺，与哲蚌寺、色拉寺合称拉萨"三大寺"。清世宗曾赐名"永寿寺"。宗喀巴的法座继承人，历世格鲁派教主甘丹墀巴即居于此寺。

དགའ་ལྡན་དགོན་པ། ལྷ་སའི་སྟོད་ཕྱོགས་སྟག་རྩེ་རྫོང་ཁོངས་གཙང་ཆུའི་ལྷོ་རྒྱུད་དབང་པོ་རིའི་ངོས་ཆགས། ༡༤༠༩ལོར་རྗེ་ཙོང་ཁ་པས་ཕྱག་བཏབ། དེ་ཙོང་ཁ་པའི་དགའ་ལྡན་གསེར་ཁྲིའི་རྒྱུན་འཛིན་པ། དགའ་ལྡན་ཁྲི་པ་གདན་རབས་རིམ་བྱོན་གྱིས་འཆང་ཤུན་བྱེད་ཡུལ་གྱི་གདན་ས་ཞིག་ཡིན།

Ganden Monastery locates at the Wangbur Mountain which lies on the south coast of Lhasa river in Dazi county of Lhasa. Ganden Monastery was personally set up by Tsongkhapa in 1409 and stood as the mother monastery of the Gelug school of Tibetan Buddhism. Ganden Monastery, Drepung Monastery and Sera Monastery make up the "three great monasteries" of Lhasa. Qing Emperor Shizong named it "Yongshou monastery". Hierarch of Gelug, Ganden Tripa, who is also the successor to the throne of Tsongkhapa lives there.

《甘宁青史略》 甘、宁、青地方史专著。近代学者慕寿祺编撰。全书共 40 卷。成书于 1936 年。记载了自伏羲氏以来 4000 多年间甘、宁、青 3 省的政治、经济、军事、文化、宗教、民俗、地理等情况。为研究西北地方史的重要资料。

《གན་ཉིང་མཚོ་སྔོན་གྱི་ལོ་རྒྱུས་མདོར་བསྡུས》 གན་ཉིང་མཚོ་སྔོན་ས་ཁུལ་གྱི་ལོ་རྒྱུས་མདོར་བསྡུས། དེ་རབས་གསར་པ་ཞི་ཧྲོའེ་ཆི་ཡིས་བསྒྲིགས་ཚོགས་བྱས། དཔེ་ཆ་ཡོངས་ལ་སྟོན་པོ་ཆ་༤༠ཡོད། ༡༩༣༦ལོར་བཙམས། ཧྥུ་ཞི་ནས་བཟུང་ལོ་ངོ་༤༠༠༠ལྷག་བར་གྱི་གན་ཉིང་མཚོ་སྔོན་ཁུལ་གྱི་ཆབ་སྲིད་དང་དཔལ་འབྱོར། དམག་དོན། རིག་གནས། ཆོས་ལུགས། དམངས་སྲོལ། ས་རྒྱུས་སོགས་ཀྱི་གནས་ཚུལ་བཀོད་ཡོད། ནུབ་བྱང་ཁུལ་གྱི་རྒྱུས་ཞིབ་འཇུག་བྱེད་པའི་རྒྱུ་ཆ་ཆེན་ཞིག་ཡིན།

Brief History of Gansu, Ningxia and Qinghai is a local history monograph on Gansu, Ningxia and Qinghai province with 40 volumes in total. It was compiled by modern scholar Mu Shouqi in 1936, recording the condition of politics, economy, military matters, culture, religion, folklore and geography in Gansu, Ningxia and Qinghai province from the era of Fuxi. This monograph serves as an important material for the study of northwest local history.

《甘珠尔》 见《藏文大藏经》词条。

《བཀའ་འགྱུར་》《བོད་ཡིག་གི་བཀའ་བསྟན་འགྱུར་》ཞིང་ཚིག་ལ་བལྟོས།

Kangyur See the entry of Tibetan Tripitaka.

高昌 这里指西域古国名。位于今新疆吐鲁番地区，是古时西域交通枢纽。公元 5 世纪中叶至 7 世纪中叶，在该地区曾先后出现阚氏高昌、张氏高昌、马氏高昌及麴氏高昌 4 个独立王国。唐贞观十四年（640）后，为唐所灭。

གོ་ཁང་། འདིར་ནུབ་རྒྱུད་ཀྱི་གནའ་བོའི་རྒྱལ་ཁག་གི་མིང་། དེ་ནི་ཞིན་ཅང་ཐུའུ་ལུའུ་ཕན་ས་ཁུལ་ད་ལྟ་ཡོད། གནའ་དུས་ནུབ་རྒྱུད་འགྲིམ་འགྲུལ་གྱི་ལྟེ་གནས། སྤྱི་ལོ་དུས་རབས་ལྔ་པའི་དུས་དཀྱིལ་དུ་ཁོའི་རིགས་པོ་རྗེས་ས། ཁམས་དུས་རྒྱུད་ཀྱི་གོ་ཁང་དང་། གང་དུས་རྒྱུད་ཀྱི་གོ་ཁང་། མ་དུས་རྒྱུད་ཀྱི་གོ་ཁང་། ཆེ་དུས་རྒྱུད་ཀྱི་གོ་ཁང་བཅས་སྔར་ཆགས་ཀྱི་རྒྱལ་ཁབ་བཞི་བྱུང་། ཀྲིན་ཀོན་ཁྲི་ལོ་བཅུ་བཞིའི་པའི་གཞུག་ཏུ་ཐང་རྒྱལ་རབས་ཀྱིས་རྩ་མེད་དུ་བཏང་།

Gaochang refers to the name of an ancient state in the old Western Regions. Gaochang is located in Turpan prefecture in Xinjiang Uygur Autonomous Region and served as a transport hub in Western Regions in the old times. From the mid-5th century until the mid-7th century, there existed four independent kingdoms in the narrow Turpan basin. These are known as the Kan Family, Zhang Family, Ma Family, and Qu family. The four kingdoms were annexed by the Tang Dynasty in the 14th year of reign of Emperor Zhenguan (640).

高昌古城 古代高昌王国的都城。维吾尔语称亦都护城，即"王城"之意。位于新疆吐鲁番市东面的三堡乡。奠基于公元前 1 世纪。总面积 200 万平方米，城呈长方形，分外城、内城、宫城 3 部分。是古代西域留存至今最大的故城遗址。

གོའོ་ཁང་གནའ་མཁར། གནའ་བོའི་གོའོ་ཁང་རྒྱལ་ཁབ་ཀྱི་རྒྱལ་ས། ཞིན་ཅང་ཐུའུ་ལུའུ་ཕན་གྲོང་ཁྱེར་ཤར་ཕྱོགས་ཀྱི་སན་པའོ་ཞང་དུ་ཡོད། སྤྱི་ལོ་སྔོན་གྱི་དུས་རབས་དང་པོར་རྨང་གཞི་བཏིང་། སྤྱིའི་རྒྱ་ཁྱོན་སྒྱི་བཞིའི་མ་ཁྲི་༢༠༠ཡོད་པ་དང་། དབྱིབས་སུ་བཞི་ཨེལ་ཡིན། ཕྱི་མཁར་དང་ནང་མཁར། ཕོ་བྲང་གི་མཁར་བཅས་གསུམ་གྱིས་གྲུབ། དེ་ནི་ད་བར་གནས་པའི་གནའ་རབས་ནུབ་རྒྱུད་ཀྱི་གནའ་མཁར་རྗེ་ཤུལ་ཆེས་ཆེ་བ་ཡིན།

Ancient City of Gaochang refers to the capital city of Gaochang in ancient times. It is called iduqut shahri in Uyghur language, means "kingdom". Ruins of Ancient Gaochang City are located in Sanbao village of the east of Turpan city and the laying of the foundation stone can be dated back to 1st century BC. The city is rectangular with an area of 2,000,000 square meters and is divided into three parts: outer city, inner city and imperial palace. Ruins of Ancient Gaochang City are the biggest remains of ancient western regions.

高昌馆 明朝四夷馆内的一个馆，负责官府与西北少数民族往来的翻译和教习畏兀儿文。明永乐五年（1407）设置。乾隆十三年（1748）并入西域馆。

གའོ་ཁང་ཁང་། མིང་རྒྱལ་རབས་ཀྱི་ལོ་ཙཱའི་ཁག་བཞིའི་གྲས་ཤིག དཔོན་གཞུང་དང་ནུབ་བྱང་གྲངས་ཉུང་མི་རིགས་བར་ལོ་ཙཱ་དང་། ཕེ་ཧུའི་ཡར་ཡིག་ལ་སྦྱོང་སྦྱོང་བྱེད་པ་བཅས་ཀྱི་འགན་ཁུར། མིང་རྒྱལ་རབས་ཡུང་ལོ་ལོ་ལྔ་པར་（1407）བཙུགས། ཆན་ལུང་ལོ་བཅུ་གསུམ་པར་（1748）ནུབ་རྒྱུད་ཁང་དུ་བསྒྲིལ་བཏང་།

Gaochang Guan (Gaochang Institute) refers to one of the Si-yi Guan (institute of the four barbarian languages) in the Ming Dynasty, responsible for translating for the government and ethnic minority in northwest areas and teaching Uyghur language. It was set in the Ming Yongle five years (1407) and brought into Institute of the Western Regions in Qing Qianlong thirteen years (1748).

《高昌馆杂字》 明高昌馆汇编的汉文、回鹘文对照分类词汇集。成书于永乐年间。共收词近2000条，均从高昌等地朝贡表文中摘出。为研究回鹘文的重要资料。

《གའོ་ཁང་ཁང་གི་འབོལ་ཡིག》 མིང་རྒྱལ་རབས་སུ་གའོ་ཁང་ཁང་གིས་བསྡུ་སྒྲིག་བྱས་པའི་རྒྱ་ཡིག་དང་ ཧུའི་ཧུའུ་ཡི་གོའི་གནས་སྦྱར་ཚིག་མཛོད། ཧུའི་ཧུའུ་ཡི་གལ་ཆིག་འཇུག་བྱེད་པའི་རྒྱུ་ཆ་གལ་ཆེན་ཡིན། ཡུང་ལོའི་སྐབས་དབའི་ཆར་གྲུབ། ཁྱོན་བསྡོམས་མིང་ཚིག་གཉིས་སྟོང་ལྷག་བསྡུས་ཡོད།

Gaochangguan Zazi (a Sino-Uygur glossary), compiled by Gaochangguan in the Ming Dynasty, refers to the glossary of Chinese compared with Uyghur language. Written in the reign of Yongle, this glossary has about 2,000 entries excerpted from tribute list of Gaochang and other places. It serves as an important material for the study of Uyghur language.

高度自治 指在一定的领土范围之内，地方自治团体拥有高度的自治权，享有行政管理权、立法权、独立的司法权和终审权。

ཆད་མཐོའི་རང་སྐྱོང་། ཕྱུལ་ཁོངས་ངེས་ཅན་ནང་གི་ས་གནས་རང་སྐྱོང་ཚོགས་པར་ཆད་མཐོའི་རང་སྐྱོང་དབང་ཆ་ཡོད་པ་དང་། སྲིད་འཛིན་དོ་དམ་གྱི་དབང་ཆ། ཁྲིམས་འཛུགས་ཀྱི་དབང་ཆ། རང་བཙན་གྱི་ཁྲིམས་འཇོགས་དབང་ཆ་དང་ཐག་གཅོད་དབང་ཆ་ཡོད།

High degree of autonomy refers to a policy that the local autonomy has a high degree of autonomy within certain territory. Local autonomy is vested with executive power, legislative power, independent judicial power and the power of final adjudication.

高句丽 古国名。朝鲜半岛三国之一。位于我国东北部和朝鲜半岛北部。大多学者认为公元前37年，由扶余王子朱蒙建立。5世纪好太王和长寿王统治期间，进入鼎盛时期。560 年后称"高丽"。668 年为唐朝与新罗联军所灭。

གཱོ་ཧྲུས་མི། གནའ་བོའི་མི་རིགས་དང་རྒྱལ་ཁབ་ཀྱི་མིང་། བོད་ལྗོངས་ཤར་བྱང་གི་རྒྱལ་ཁབ་གསུམ་གྱི་ཡ་གྱལ་རང་རྒྱལ་གྱི་བྱང་ཁ་དང་ཁོ་རེ་ཨ་ཉིད་གླིང་གི་བྱང་ཁུལ་དུ་གནས། མཁས་པ་མང་པོས་སྤྱིར་བཏོན་གྱི་༦༣༠ོན་ལ་ཛེ་ཕུའི་རྒྱལ་སྲས་ཀོན་མིན་གྱིས་བཙུགས་པར་འདོད། དུས་རབས་ལྔ་པར་རྒོ་ཞེ་རྒྱལ་པོ་དང་ཁྲུའུ་རྒྱལ་པོས་དབང་བསྒྱུར་སྐབས་ཡང་ཆེའི་དུས་སྐབས་སུ་སླེབས། ༥༦༠ལོའི་རྗེས་སུ་གཱོ་ལིའི་ཞེས་འབོད། ༦༦༨ལོར་ཐང་རྒྱལ་རབས་དང་ཞིན་ལོ་མཉམ་འབྲེལ་དམག་གིས་རྩ་མེད་དུ་བཏང་།

Gaogouli was the name of a country in ancient times. Located in northeast of China and north of Korean Peninsula, Gaogouli was one of the three kingdoms of Korean Peninsula. Many scholars believe it was established by Jumong, a prince from Fuyu in 37 BC and entered its heyday ruled by Gwanggaeto the Great and King Jangsu in 5th century. It was called Gaoli in 560 and defeated by coalition forces of Tang and Silla in 668.

高山族 中国政府对台湾少数民族的称谓。主居台湾，少数散居福建、浙江等地。有民族语言，没文字。以稻作农耕经济为主，辅以渔猎生产。保留有原始宗教信仰。高山族共有 452579 人（2004 年台湾当局统计），散居大陆人口 4009 人（2010 年）。

གཱོ་ཧྲན་རིགས། གྲུང་གོའི་སྲིད་གཞུང་གིས་ཐའེ་ཝན་གྲངས་ཉུང་མི་རིགས་ལ་འབོད་ཚུལ། གཙོ་བོ་ཐའེ་ཝན་ཁུལ་དང་ཉུང་ཤས་ཧྥུའི་ཅན་ཞེ་ཅང་སོགས་སུ་ཁྱབ། ཡོད། མི་རིགས་རང་གི་སྐད་ཡོད་པ་ལས་ཡི་གེ་མེད། དཔལ་འབྱོར་གཙོ་བོ་རྒྱུན་འབྲས་འདེབས་པ་དང་། ཉ་ལས་སོགས་ཡིན། གདོད་མའི་ཆོས་ལུགས་ལ་དད། གཱོ་ཧྲན་རིགས་ལ་མི་གྲངས་༤༥༢༥༧༩ཡོད་པ་དང་། (༢༠༠༤ ཐའི་ཝན་དཔོན་རིགས་ཀྱི་གྲོ་རྩིས་) སྐྱབས་ས་ཆེན་པོར་མི་༤༠༠༩ (༢༠༡༠ལོ) ཡོད།

The Gaoshan people is the name for Taiwan ethnic minorities by Chinese government. The Gaoshan people mainly lives in Taiwan and a small number scatter in places like Fujian and Zhejiang province. They have language with no written script. The economy style of Gaoshan people rely mainly on agricultural fields and supported by fisheries production and they keep primitive religious belief. The population of Gaoshan people totals 452,579 in Taiwan (statistics from Taiwan authority in 2004), and 4,009 scatter in China's mainland (2010).

高校心系边境产学研用活动 由 2011 年国务院颁布的《兴边富民行动规划（2011—2015 年）》提出：鼓励国家 "211 工程""985 工程"建设高校面向边境地区开展产学研用活动，帮助边境地区转变发展方式，促进与边疆各族人民的交流，提高维护民族团结的自觉性和责任感。

མཐོ་རིམ་སློབ་གྲྭས་མཐའ་ཁུལ་གྱི་ཐོན་སྐྱེད་ཞིབ་སྦྱོང་ལ་སེམས་ཁུར་བྱེད་པའི་བྱེད་སྒོ། ༢༠༡༡ལོར་རྒྱལ་སྲིད་སྤྱི་ཁྱབ་ཁང་གིས《མཐའ་ཁུལ་དར་སྤེལ་དང་ཕྱུག་འགྱུར་བྱེད་སྒོའི་འཆར་འགོད (༢༠༡༡—༢༠༡༥)》འགྲེམ་སྤེལ་བྱས་ནས། རྒྱལ་

ཁབ་ཀྱི་ར་ངལས་དོན་དང་ /རད་ལས་དོན་གྱིས་མཚམས་
རིམ་སློབ་གྲྭ་མཐའ་ཁུལ་ས་ཆའི་ཁ་ཕྱོགས་པའི་བྱེད་སྒོར་
སྐུལ་འདེད་བྱེད་པ་དང་། མཐའ་ཁུལ་ས་ཆའི་འཕེལ་རྒྱས་
འགྲོ་སྟངས་བསྒྱུར་བར་རོགས་སྐྱོར་བྱེད་པ། མཐའ་ཁུལ་
གྱི་རིགས་སོ་སོའི་མི་དམངས་དང་འབྲེལ་འདྲིས་བྱེད་པར་
སྐུལ་འདེད། མི་རིགས་མཐུན་སྒྲིལ་སྲུང་སྐྱོབ་བྱེད་པའི་
རང་སྐྱུར་རང་བཞིན་དང་འགན་ཁུར་གྱི་བསམ་བློ་དེ་
མཐོར་གཏོང་བ་བཅས་སོ། །

Colleges Feel Concerned about Border Areas on Industry-Education-Research-Application Cooperation is proposed in the document the *Action Plan to Bring Prosperity to Border Areas and the people There (2011-2015)* released by the State Council in 2011. Issues involved: encouragement of "211" and "985" universities to concentrate on industry-education-research-application cooperation with border areas; assistance of changing the development mode for border areas; improvement of communication of all ethnic groups in border areas and the enhancement of selfconsciousness and sense of responsibility on safeguarding ethnic solidarity.

高校支援新疆少数民族人才培养协作计划 是我国在 1989 年开始启动的，旨在利用较发达地区高校优质高等教育资源为新疆培养少数民族高层次人才，进一步加快推进新疆少数民族人才培养工作的计划。截至 2010 年 9 月，共招收新疆各民族学生 2.5 万余人，毕业 1.2 万余人。

གད་ལོག་མཐོ་སློབ་ཀྱིས་ཞིན་ཅང་དམངས་ཉུང་
མི་རིགས་ཀྱི་མི་འཛོ་ཐབ་ཅན་སྐྱོང་བྱེད་པའི་
རོགས་རམ་གྱི་མཉམ་སྒྲུབ་འཆར་གཞི། དེའི་
རང་རྒྱལ་གྱིས་ 1989ལོར་འགོ་ཚུགས་པའི་མི་རིགས་
མཐོ་སློབ་ཀྱི་ཆད་མཐོ་བའི་མི་འཛོན་ཐབ་ཅན་སྐྱོང་དེ།
ཞིན་ཅང་གངས་ཉུང་མི་རིགས་ཀྱི་འཛོན་ཐབ་ཅན་སྐྱོང་
བའི་ལས་ཀ་སྔར་ལས་གོང་སྤེལ་གྱི་འཆར་གཞིར་བསྒྲུབ།
2010ལོའི་ཟླ་ /པར་མཇུག་སྐྱིལ། དེའི་རིང་དུ་ཞིན་
ཅང་གངས་ཉུང་མི་རིགས་ཀྱི་སློབ་མ་སོམ་ཁྲི 2.5 བསྡུ་
ལེན་བྱས་ཏེ། ཁྲི 1. འཕྲོག་ཚམ་སློབ་མཐར་ཕྱིན།

Plan for the Higher Education Institutes to Aid Xinjiang has been initiated in our country since 1989. It aims to use the better and higher educational resources of higher education institutes in other areas of China to cultivate high-level talented ethnic minorities from Xinjiang, and to further accelerate the training task of Xinjiang minority talents. By September of 2010, the inland higher education institutes have enrolled 25,000 students from the ethnic minorities in Xinjiang, among which 12,000 students have already graduated.

仡佬语 仡佬族使用的语言。属汉藏语系。语族语支的归属，学术界尚无定论。主要分布在贵州毕节、安顺、遵义等地区和六盘水市，广西隆林和云南麻栗坡等县。分稿、阿欧、哈给、多罗 4 个方言。

གེ་ལའོ་སྐད། གེ་ལའོ་རིགས་ཀྱིས་སྤྱོད་པའི་སྐད་ཆ།
བོད་རྒྱ་སྐད་ཁོངས་ལ་གཏོགས། སྐད་རིགས་དང་སྐད་
རིགས་ཡན་ལག་གང་ལ་གཏོགས་པ་དེ་དུང་གཅིག་གྱུར་
ཆད་མེད། གཙོ་བོ་ཀུའེ་གྲོའུ་པེ་ཅེ་དང་ཨན་ཧྲུན། ཧུན་ཡི་
སོགས་དང་ལུའུ་ཕན་ཏྲེ་གྲོང་ཁྱེར། ཀོང་ཞི་ལོང་ལིན་དང་
ཡུན་ནན་མ་སུའི་ཕོ་སོགས་རྫོང་ལ་ཁྱབ་ལོད། ཀའེ་དང་ཨ་
ཨོ། ཧ་གེ། ཏོ་ལའོ་སོགས་ཡུལ་སྐད་རིགས་བཞིར་དབྱེ།

Gelao language is spoken by Gelao people and belongs to Sino-Tibetan language. Its language family and branch has not been decided in academic world. It is mainly distributed in Bijie in Guizhou province, Anshun, Zunyi and Liupanshui, Longlin in Guangxi and Malipo in Yunnan province. It contains four dialects: Aqao, A-uo, Hakhi and Tolo.

仡佬族 中国的少数民族。由古代"僚"人的一支演变而成。聚居于贵州务川和道真两个仡佬族苗族自治县和石阡县，散居在安顺、平坝、普定、关岭、清镇、正安、凤岗、松桃、黔西、六枝、织金、大方等县市。人口有550746人（2010年）。有本族语言，没文字。信奉多种神灵。以农业为主。

གེ་ལའོ་རིགས། གུང་གོའི་གྲངས་ཉུང་མི་རིགས། གནའ་བོའི་ལིའོའི་ཁག་ཅིག་ལས་འཕེལ་བ། གུའི་གོའུ་ཞུའོན་གེ་ལའོ་རིགས་མིའི་རིགས་རང་སྐྱོང་རྫོང་དང་ཀྱིན་གེ་ལའོ་རིགས་མིའི་རིགས་རང་སྐྱོང་རྫོང་ཉིས་ཚང་བཅས་འདུས་སྡོད་བྱེད། ཨན་ཧྲུན་དང་ཕིན་པའ་ཕུའུ་ཏིང་། ཀོན་ལིང་། ཆིང་ཀྲན། ཀྲིན་ཨན། ཕིན་ཀང་། སུང་ཐའོ་རིགས། ཆན་ཞི། ལུའུ་ཀྲི། ཀྲི་ཅིན། ཏ་ཧྥང་སོགས་རྫོང་དང་གྲོང་ཁྱེར་དུ་ཕོར་སྡོད་བྱས་ཡོད། མི་གྲངས་ ༥༥༠༧༤༦ཡོད། （༢༠༡༠ལོ།）རང་མི་རིགས་ཀྱི་སྐད་ཡོད་མོད་ཡི་གེ་མེད། ལྷ་སྲུང་ལ་མཆོད་བཀུར་བྱེད་པ་དང་། ཞིང་ལས་གཙོ་བོར་གཞིར།

Gelao people is one of Chinese ethnic minority groups. They evolve from Liao people and live in a compact community in Wuchuan and Daozhen, two autonomous counties of Gelao and Miao people in Guizhou province, and Shiqian County. Meanwhile, The Gelao people also scatter around Anshun, Pingba, Puding, Guanling, Zhengan, Fenggang, Songtao, Qianxi, Liuzhi, Zhijin and Dafang and so on. It has a population of over 5.5 million in 2010. The Gelao people has its own language but do not have written scripts. They believe in multi spirits and mainly live on agriculture.

哥巴文 纳西族过去使用的一种音节文字。哥巴是纳西语"弟子、徒弟"的音译，哥巴文以此借喻以东巴文为师。哥巴文创制于东巴文之后，有不少字是东巴字的简化形式。哥巴文还有些字受汉字影响而产生。自左向右横写，重文别体很多，主要用于抄写经书。

གུ་པའི་ཡི་གེ འཛང་རིགས་ཀྱིས་སྔོན་ཆད་བཀོལ་བའི་ཡི་གེ གུ་པ་ནི་འཛང་གི་སྐད་དེ་སློབ་མ་དང་དགེ་ཕྲུག་གི་སྐད། གུ་པའི་ཡི་གེ་དེ་སྟོན་པའི་ཡི་གེའི་རྗེས་སུ་བྱུང་བ་དང་ཡི་གེ་མི་ཉུང་བ་ཞིག་སྟོན་པའི་ཡི་གེ་ནས་འཕུར་བ་དང་། གུ་པའི་ཡི་གེ་ལ་ཀྲུང་རྒྱ་ཡིག་གི་ཤན་ཞུགས་ཐེབས་ཡོད། གཡོན་ནས་གཡས་སུ་ཕྲེང་སྒྲིག་བྱེད་དུ་འཇུག་པ་དང་གཅོ་བོར་ཆོས་གཞུང་ཞིག་འབྲི་བྱེད་པར་བཀོལ།

Geba script refers to an old syllabic language used by the Naxi people. "geba" is transliterated from Naxi language, means "disciple". On this account, Geba script is considered following the example of Dongba characters for Geba script is formulated after the Dongba characters and a few words are simplified form of Dongba characters. Some Geba scripts are influenced by Chinese, written from left to right horizontally and written in variant forms of Chinese characters, mainly used to transcribe holy books.

格达（1903—1950） 原四川甘孜白利寺活佛，藏族，生于甘孜县，是红军长征到达甘孜时的友人。解放后，任西南军政委员会委员、西康省人民政府副主席等职。1950 年，为劝说西藏地方政府与中央进行和平谈判，赴西藏途中被特务毒害于昌都。

དགེ་སྟག་（༡༩༠༣—༡༩༥༠） སྔར་གྱི་ཁྲིན་དགར་མཛེས་ཀྱི་དགེ་ལུགས་དགོན་པའི་བླ་མ་ཞིག་ཡོད་རིགས། དགར་མཛེས་རྫོང་དུ་འཁྲུངས། དམར་དམག་རྒྱང་སྐྱོད་དགར་མཛེས་སུ་ཕེབས་སྐབས་ཀྱི་གྲོགས་པོ་ཡིན། བཅིངས་འགྲོལ་རྗེས། ལྷོ་ནུབ་དམག་སྲིད་ཨུ་ཡོན་ལྷན་ཁང་གི་ཨུ་ཡོན་དང་ཞུ་ཁང་ཞི་ཁྲོན་དབང་གནས་གཞུང་གི་གཞོན་པའི་འགན་འཛིན། ༡༩༥༠ ལོར་བོད་སྲིད་གཞུང་ལ་གུང་དཀར་སྲིད་གཞུང་དང་ཞི་བའི་གྲོས་མོལ་བྱེད་པར་ཁ་ཏ་ཆེད་བོད་དུ་བསྐྱོད་སྐབས་གསང་བའི་ལས་བྱེད་ནས་ཚོད་མདོར་བཀྲོངས།

Geda, born in 1903, of Tibetan ethnic group, native of Ganzi County, Sichuan, was the former Living Buddha of Baili Monastery in Ganzi, Sichuan and friend of the Red Army when they arrived in Ganzi in the Long March. He was the member of the Southwest Military Administrative Committee and held the posts of vice chairman of Xikang Provincial people's Government. Geda was assassinated by secret agent on the way to Tibet trying to persuade Tibetan local government peacefully negotiate with central authority in Changdu in 1950.

格底林耶 中国伊斯兰教四大门宦之一。格底林耶，阿拉伯语音译，意为"大能者"。源于苏菲派（见"苏菲主义"词条）卡迪里教团。相传清康熙时由穆罕默德二十九世孙来华所传。主要流传于甘肃、四川、陕西的某些地区。

ཀེ་ཏི་ཡིན་ཡེ། ཀྲུང་གོའི་དུའི་སེ་ལན་ཆོས་ལུགས་ཀྱི་མ་ཐབ་བཞིའི་ནང་གསེས། ཨ་རབ་སྐད་སྒྲ་བསྒྱུར། ནུས་སྟོབས་ཆེན་ཞེས་པའི་དོན། སུའུ་ཧྥེ་ལུགས་ཀྱི་ཁ་ཏི་རིའི་ཆོས་ཚོགས་ལས་བྱུང་། ཆེད་གོས་ཁང་ཞིའི་དུས་སུ་མུ་ཧན་མོ་ཏིའི་སྐུ་བརྒྱུད་ཉེར་དགུ་པ་གུང་གོར་སྐྱེལ་ནས་སྐྱེལ་བར་བཤད། གན་སུའུ་དང་སི་ཁྲོན། ཧན་ཞི་སོགས་ཀྱི་ཆག་གི་སོར་ཁྱབ་ཡོད།

Kadiri-yah refers to one of the four sects of Islam. Transliterated from Arabic, it means "the mighty one". Kadiri-yah originates from Kadiri community of Sufi, it is said that Kadiri-yah was passed down by the 29th generation descendent of Mohammed when he came to China. Kadiri-yah is popular in certain regions of Gansu, Sichuan and Shanxi provinces.

格尔登寺 位于四川阿坝藏族羌族自治州阿坝县。建于同治九年（1870）。为四川阿坝藏族聚居地区规模最大的寺院之一，占地面积 18000 平方米。主要由大经堂、4 个扎仓、5 个佛殿和许多各式各样的僧舍构成。白塔是该寺最著名的建筑物之一。

ང་བའི་ཀི་ཏི་དགོན། སི་ཁྲོན་ང་བ་བོད་རིགས་ཆང་རིགས་རང་སྐྱོང་ཁུལ་ང་བ་རྫོང་དུ་ཡོད། བྱེ་ལོ་

༡༨༧༠ལོར་བཏབ། སི་ཁྲོན་ཞིང་ཆེན་རྔ་ཁུལ་གྱི་དགོན་པ་ཆེས་ཆོས་ཡིན། ས་རྒྱ་སྒྲིག་བཞིན་༡༨༠༠༠ཟིན། གཙོ་བོ་འདུ་ཁང་ཆེན་མོ་དང་། གྲྭ་ཚང་བཞི། ལྷ་ཁང་ལྔ་དང་གྲྭ་ཤག་མང་པོ་བཅས་ཀྱིས་གྲུབ་ཡོད་ལ། མཆོད་རྟེན་དཀར་པོའི་དགོན་པའི་མིང་གྲགས་ཅན་གྱི་འཛུགས་སྐྲུན་ཞིག་ཡིན།

Gerdeng Monastery is located in Aba Tibetan and Qiang Autonomous Prefecture of Sichuan Province. Built in Tongzhi ninth years (1870), Qing Dynasty, Gerdeng Monastery is one of the biggest monasteries in Aba Tibetan areas, covering an area of 18,000 square meters. Mainly composed of main assembly hall, four Dratsangs (Colleges), five Buddha halls and a variety of monk residences, the white pagoda is one of the most famous buildings in Gerdeng Monastery.

格格 清代对皇族女儿的称呼。共分作5个等级：亲王女和硕格格为郡主；郡王女多罗格格为县主；贝勒女多罗格格为郡君；贝子女固山格格为县君；镇国公、辅国公女称格格，为乡君。

གེ་གུ ཆིང་རྒྱལ་རབས་སྐབས་རྒྱལ་རྒྱུད་ཀྱི་སྲས་མོའི་མིང་། བསྒྱུར་བས་རིམ་པ་ལྔར་དབྱེ་ཡོད། རྒྱལ་པོ་ཇོ་མོའི་སྲས་མོ་དང་ཧྲོའི་གེ་གུ་ཆེན་ཏོ་དང་། རྒྱལ་ཕྲན་རྒྱལ་པོའི་སྲས་མོ་ཏོ་ལོ་གེ་གུ་ལ་ཞན་ཏོ། པེ་ལེའི་སྲས་མོ་ཏོ་ལོ་གེ་གུ་ཅིན་ཅི། པེ་ཚིའི་སྲས་མོ་ཀུའུ་ཧྲན་གེ་གུའི་ཞན་ཅི། གྱིས་གའི་གོན་དང་ཧྥུའི་གོན་གྱི་སྲས་མོར་གེ་གུ་ཟེར་བ་ཞན་ཅིན་བཅས་སུ་འབོད།

Gege (Princess) refers to the name for daughters of the imperial family in the Qing Dynasty. Princess is divided into 5

ranks, Heshuo Princess, the daughter of a qinwang (Prince of the Blood) is Junzhu (Princess of a Commandery), Duoluo Princess, the daughter of a junwang (Prince of a Commandery) is Xianzhu (Princess of a County), Duoluo Princess, the daughter of a beile (Venerable Prince) is Junjun (Lady of a Commandery), Gushan Princess, the daughter of a Beizi (Banner Prince) is Xianjun (Lady of a County), and the daughter of a Zhenguo Gong (Duke Who Guards the State) and a Fuguo Gong (Duke Who Assists the State) is Xiangjun (Lady of a Village).

格贵 藏语音译，意为"掌堂师"。藏传佛教寺院执事僧职名。主要掌管各个寺院或扎仓僧众的名册和纪律。历史上藏传佛教各寺院的纠察僧官巡视僧纪时，常随身携带铁杖，故有"铁棒喇嘛"之俗称。

དགེ་བསྐོས། བོད་ཀྱི་དགོན་སྡེར་སྒྲིག་དབང་བཟུང་བའི་བཙུན་པའི་གོ་གནས་ཤིག དགོན་པ་སོ་སོའམ་གྲྭ་ཚང་སོའི་མིང་ཐོ་དང་སྒྲིག་ལམ་ལ་དོ་དམ་བྱེད་མཁན། དགེ་བསྐོས་ཀྱིས་དགོན་པ་སོ་སོའི་སྒྲིག་ལམ་ལ་ལྟ་རྟོག་བྱེད་སྐབས་རྒྱུན་དུ་ལག་ལ་ལྕགས་དབྱུག་ཅིག་ཐོགས་པས། ལྕགས་དབྱུག་བཟུང་བའི་བཙུན་པའང་ཟེར།

Gegui, transliterated from Tibetan, means "deacon in charge of the lamasery". Gegui, the priesthood name for deacon in lamasery, mainly in charge of the list and discipline of monks in each temple or Dratsang (College). The monks of Tibetan Buddhism monastery often carry an iron rod with them when they inspect disciplines, consequently, they are known as the "Iron Rod Lama (law-enforcing Lama)".

格隆 受戒的喇嘛，也是各种僧职喇嘛的随从，称为徒众，为主要的诵经喇嘛。

དགེ་སློང་། འདུལ་ཁྲིམས་ཞེས་བཅུ་ལུ་བཅུ་ཚ་གསུམ་སྲུང་བར་ཁས་ལེན་ཅིང་དེའི་སྡོམ་པ་ཚུལ་བཞིན་སྲུང་བའི་གང་ཟག

Gelong refers to a fully ordained lama. And Gelong is the follower of monks of different priesthood, known as disciples. Gelong is the main chanting Lama.

格鲁派 格鲁派是中国藏传佛教的重要派别之一。藏语格鲁意即"善律"，该派强调严守戒律，故名。创教人宗喀巴，原为噶当派僧人，故该派又被称为"新噶当派"。

དགེ་ལུགས་པ། དགེ་ལུགས་པ་ནི་ཀྲུང་གོའི་བོད་བརྒྱུད་ནང་བསྟན་གྱི་གྲུབ་མཐའ་གཙོ་གྲགས་ཤིག་ཡིན། འདིས་སྡོམ་པ་རྣམ་དག་སྲུང་བ་གཙོར་འཛིན། རྗེ་ཙོང་ཁ་པས་གསར་གཏོད་མཛད། ཨོང་བཀའ་གདམས་པའི་རྗེས་འཇུག་པ་ཡིན་པས་བཀའ་གདམས་གསར་མའང་ཟེར།

Gelug refers to an important sect of Tibetan Buddhism of China. In Tibetan "gelug" means "observe discipline", and Gelug stresses on strictly observing religious disciplines. Tsongkhapa created Gelug and he was once the monk of Kadam, so Gelug is also known as "New Kadam".

格鲁派六大寺 包括西藏拉萨甘丹寺、西藏拉萨哲蚌寺、西藏拉萨色拉寺、西藏扎什伦布寺、青海塔尔寺、甘肃拉卜楞寺。

དགེ་ལུགས་པའི་དགོན་ཆེན་དྲུག དགའ་ལྡན་དགོན་པ། འབྲས་སྤུངས་དགོན་པ། སེ་ར་དགོན་པ། བཀྲ་ཤིས་ལྷུན་པོ་དགོན་པ། སྐུ་འབུམ་དགོན་པ། བླ་བྲང་དགོན་པ་བཅས་སོ། །

The Six Monasteries of Gelug include Ganden Monastery, Drepung Monastery, Sera Monastery in Lhasa, Tibet, Tashihunpo Monastery in Tibet, Kumbum Monastery in Qinghai province and Labrang Monastery in Gansu province.

格西 藏语"格威西联"的省音，意为善知识。藏传佛教格鲁派寺院的学位。喇嘛按顺序学完必修的经典后，可以考取不同等级的格西学位，以后即可任札仓（僧学院）或中小寺院的堪布。

དགེ་བཤེས། དགེ་བའི་བཤེས་གཉེན་གྱི་བསྡུས་མིང་། དགེ་ལུགས་པའི་དགོན་པ་ཁག་ཏུ་ཡོད་ཆོད་ཀྱི་གོ་གནས་ཤིག གྲྭ་པ་རྣམས་ཀྱིས་བསླབ་བཚུན་ལ་སློབ་སྦྱོང་རིམ་པ་བཞིན་བྱས་ཚོད་རྟེན། ཆད་རིམ་མི་འདྲ་བའི་དགེ་བཤེས་ཀྱི་གོ་གནས་ལ་རྒྱུགས་སྤྲད་ཆོག གོ་གནས་དེ་ཐོབ་རྗེས་གྲྭ་ཚང་དགོན་པ་ཆེ་ཆུང་གི་མཁན་པོར་བཞུགས་ཆོག

Geshe short for Tibetan "dge-ba'i bshes-gnyen", means "be expert in knowledge". Geshe is a degree in Gelug monasteries of Tibetan Buddhism. After learning all the compulsory scriptures in sequence, the lamas are allowed to obtain Geshe of different degrees. Only by then can they serve as Khenpo in small monasteries.

葛逻禄 中亚古代游牧民族。13世纪时称"哈剌鲁"，有"雪""雪山"或"雪人"之意，是7—13世纪间的西突厥别部。地处北庭西北，金山（今阿尔泰山）之西，与车鼻部接。有三姓，故文献中常称为三姓葛逻禄。首领号叶护，故又称"三姓叶护"。

ཀོ་ལིན་ཨུའི། ཡང་སྔོན་དུས་རབས་ཀྱི་གནའ་བོའི་འབྲོག་པའི་ཚོ་པ་ཞིག དུས་རབས་བཅུ་གསུམ་པར་ཏུ་ཚོ་ལུའུ་ཟེར། གངས་དང་གངས་རིའམ་གངས་པ་ཞེས་པའི་དོན། དུས་རབས་ ༧—༡༣ བར་གྱི་གུབ་ཕྱོགས་ཐུར་ཀིའི་ཚོ་པ་ཞིག ཅིན་ཧྲན་རི་བོའི་ཤུབ་རྒྱུད་དུ་གནས། དུས་རྒྱུན་གསུམ་ཡོད། དེའི་ཐེག་རྒྱན་ལྕུའུ་ཀྱི་ཡིག་ཆར་ཀོ་ལིའི་ལུའུ་དུས་རྒྱུན་གསུམ་ཟེར་བ་དང་། འབྲོག་ཁྲིད་ལ་ཡི་ཧུའུ་ཟེར་བས། ཡི་ཧུའུ་དུས་རྒྱུན་གསུམ་ཡང་ཟེར།

Karluks refers to the nomads in Central Asia in ancient times. They were called "Qarluq" in the 13th century, means "snow, snow mountain or snowman", which was one part of Western Turks from the 7th to the 13th century. Karluks was located in the northwest of Beiting, the west of Golden Hill (now the Altai Mountains) and borderd on Chebi tribe. In literature Karluks is often called Three Name Karluks because the Karluk federation consisted of three tribal groups. The leader was known as Yabgu, hence the name "Three Name Yabgu".

《各级人民政府民族事务委员会试行组织通则》 文件名。1952 年由中央人民政府发布。共 11 条。涉及：民族事务委员会的组织原则和各级民族事务委员会的设立范畴、备案制度、组成人员、主任及副主任人数、委员会会议的会期、工作机构等内容。

《རིམ་པ་ཁག་གི་མི་དམངས་སྲིད་གཞུང་གི་རིགས་དོན་གཅོད་ཆུ་ཨུ་ཡོན་ལྷན་ཚོགས་ཀྱི་ཚོད་ལྟའི་རྒྱ་འཛུགས་སྒྲིག་ལམ》 ཡིག་ཆའི་མིང་། ༡༩༥༢ བོད་ཀྱིས་དབུས་མི་དམངས་སྲིད་གཞུང་གིས་འགྲེམ་སྤེལ་བྱས། རྩོམ་དོན་ཚན་ཆེན་པོ་ ༡༡ ཡོད། མི་རིགས་ལས་དོན་ཨུ་ཡོན་ཚོགས་པའི་རྒྱ་འཛུགས་རྩ་དོན་དང་རིམ་པ་སོ་སོའི་མི་རིགས་ལས་དོན་ཚོགས་པའི་ཁྱབ་ཁོངས། གུ་སྒྲིག་ལས་ལུགས། ཚོགས་མི། ཀྲུའུ་རེན་དང་ཀྲུའུ་རེན་གཞོན་པའི་མི་གྲངས། ཨུ་ཡོན་ཚོགས་པའི་ཚོགས་འདུའི་དུས་ཡུན། ལས་ཀའི་ལས་ཁུངས་སོགས་འཇོག་པའི་ནང་དོན་འདུས།

General Trial Organization Rule for Ethnic Affairs Commission of People's Government at All Levels was released by the Central People's Government in 1952 with 11 articles in total. Issues involved: the organizing principle of Ethnic Affairs Commission, the scope, the file system, members, the number of directors and deputy directors, the time fixed for a conference and the working organs of ethnic affairs commission at all levels, etc.

根布 藏语音译，意为"长者""老人"。旧时西藏农牧区基层单位小头目之一。

རྐན་པོ། བོ་ལོན་དང་རྐན་པ་ཞེས་རྒྱ་ཚན་གྱི་དོན། སྔོན་ཆོགས་སྐྱིད་པར་བོད་ཀྱི་རོང་འབྲོག་གཞི་རིམ་ས་ཁུལ་དུ་གོང་དུ་འཛིན།

Genbu, transliterated from Tibetan, refers to the elderly, the old man. Genbu is the leader of the primary units in farming and pastoral areas of Tibet in the old times.

公房 我国景颇、傈僳、彝（撒尼、阿西支系）、黎等民族的村寨内，过去专供未婚青年男女社交的场所。在不同民族中各有禁例，如同姓、近亲、不同辈分等不得进入同一公房等。

གཞོན་ཁང་། རང་རྒྱལ་ཅན་པོའི་དང་། ལིའི་སུའི་དབྲིས། (སན་ཞིས་དང་ཨ་ཞིས་དུས་རྒྱུད།) ཡི་སོགས་མི་རིགས་ཀྱི་སྡེ་བའི་ནང་དུ། གཉེན་མ་སྒྲིག་པའི་གཞོན་ནུ་ཕོ་མོར་ཆེད་དུ་བཟོས་པའི་འཕྲེལ་འདྲིས་བྱེད་ས། མི་རིགས་མི་འདྲ་བར་རང་རང་གི་འཛེམ་དགོ་བྱེད་ས་ཡོད། དཔེར་ན། ཉུས་གཅིག་པ་དང་ཉེ་རིགས། རྒྱུད་རབས་ཆེ་ཆུང་སོགས་གཞོན་ཁང་གཅིག་གི་ནང་དུ་འགྲོ་མི་ཆོག་པ་ལྟ་བུའོ། །

Social Place for the Unmarried refers to the special location used for the social intercourse among unmarried men and women in the past, widely spread in the villages of Jingpo, Lisu, Yi, Li and other ethnic groups. Taboos are different in various ethnic groups, for instance, close relatives, people with the same family name or of different position in the family hierarchy, are not allowed to enter the same social place.

公私合营牧场 我国畜牧业社会主义改造中对大牧主经济进行改造的一种形式。办法是：牧主将牲畜作价归场，取畜款分期偿还，或者每年付2%～5%的利息。参加公私合营牧场的牧主，大都当副场长或技术员，享受国家干部的工资待遇。实行党委领导下的场长负责制。

གཞུང་སྒེར་མཉམ་གཉེར་ཕྱུགས་ར། རང་རྒྱལ་གྱི་ཕྱུགས་ལས་སྐྱེ་ཚོགས་རིང་ལུགས་སུ་བསྒྱུར་བཅོས་བྱེད་པའི་ཕྱུག་བདག་ཆེན་པོའི་དཔལ་འབྱོར་བསྒྱུར་བཅོས་བྱེད་པའི་རྣམ་པ་ཞིག་ཡིན། བྱེད་ཐབས་ཕྱོག་མར་ཕྱུགས་བདག་གིས་ཕྱུགས་ཟོག་ལ་རིན་བཏོད་དེ་ཕྱུགས་རར་བདག་གཏོགས་བྱུང་པ་དང། ཕྱུགས་རིན་དུས་བགོས་ནས་སྤྲོད་པའམ། ལོ་རེའི་སྐྱེད་ཀ ༢%—༥% འཇལ་བ། གཞུང་སྒེར་མཉམ་གཉེར་ཕྱུགས་རར་ཞུགས་པའི་ཕྱུག་བདག་མང་ཆེ་བ་དཔོན་པོ་གཞོན་པའམ་ལག་རྩལ་པར་བསྐོ་བ་དང། རྒྱལ་ཁབ་ཀྱི་གཞུང་ཞབས་པའི་ཟླ་ཕོགས་ལྟར་ལྟ་རྟོག་ཐོགས་སྟེར། ཏང་ཨུའི་འགོ་ཁྲིད་འོག་ཁང་གཙོ་འགན་ཁུར་ལམ་ལུགས་ལག་བསྟར་བྱེད་པའོ། །

State-Private Jointly Owned Pasture referred to one form of transformation of herdsmen economy of animal husbandry in socialist transformation. Measures involved: the herd owner evaluated the livestock and registered them in the pasture, and the fund of the livestock was paid by installments, or paid by the interest of 2% to 5% per year. Most herd owners in the state-private jointly owned pasture became vice director or technician of the pasture, enjoying the same wages treatment of state cadres. The system of pasture-directors assuming responsibilities under the leadership of the Party committee was implemented.

龚绶（1891—1969） 傣族。云南梁河人。曾任南甸宣抚使司、梁河县参议长。1950年后，历任梁河县各族联合政府县长、保山专区各族人民联合政府委员、德宏州人民政府副州长、云南省政协第一届常委等职。

ཀུང་ཟུའུ། (༡༨༩༡—༡༩༦༩) ཊའི་རིགས། ཡུན་ནན་ལིང་ཧུ་པ། ལིང་ཧུ་རྫོང་གི་ཊིལ་བསྔགས་རོགས་པ་དང་ཚན་དབྲིས་ཀང་གི་འཐན་ཁུར་ཆོང། ༡༩༥༠ལོའི་རྗེས་སུ། ལིང་ཧུ་རྫོང་རིགས་སོ་སོ་མཉམ་

འབྲེལ་སྱིད་གཞུང་གི་རྫོང་དཔོན་དང༌། པའི་ཧྲན་ཁྲེད་
ཁུལ་རིགས་སོ་སོ་མཉམ་འབྲེལ་སྱིད་གཞུང་གི་ཡུ་ཡོན། ཏེ་
ཧོན་ཁུལ་མི་དམངས་སྱིད་གཞུང་གི་ཁུལ་དཔོན་གཞོན་པ།
ཡུན་ནན་ཞིང་ཆེན་སྲིད་གྲོས་སྐབས་དང་པོའི་རྒྱུན་ལས་
སོགས་ཀྱི་འགན་ཁུར།

Gong Shou, was born in 1891, of Dai ethnic group, native of Lianghe, Yunnan. He was once Nandian Xuanfu Shi (the Southern Imperial Domain's Pacification Commissioner) and the senate president of Lianghe County. After 1950, he successively held the posts of the county magistrate of coalition government for all ethnic groups in Lianghe County, committee member of coalition government for all ethnic groups in Baoshan city, deputy governor of the people's Government in Dehong Prefecture and standing committee member of the first CPPCC in Yunnan. He died in 1969.

巩宁城 清代乌鲁木齐都统及大臣衙门、八旗官军所驻之地，俗称"老满城"。遗址位于今新疆乌鲁木齐市沙依巴克区。

གུང་ཉིང་མཁར། ཆིང་རྒྱལ་རབས་སྐབུའི་ལུམ་ཆི་ཧུའུ་
ཐོན་དང་བློན་ཆེན་ཡུ་མིན། དར་ཚོ་བརྒྱད་དཔོན་དམག་
འདུག་གནས། ལུམས་གྲགས་སུ་མཆར་རྙིང་པ་ཞེར་
ཟེར། རྗེས་སུལ་དེའི་གི་ཞིན་ཅང་ཝུའུ་ལུམ་ཆི་གྲོང་ཁྱེར་ཧྲ་ཡི་པ་
ཡི་ཁུལ་དུ་ཡོད།

Gongning city refers to the Dutong (Commander-in-Chief) and minister's administrative city and station for government troops of Eight Banners in Urumqi of the Qing Dynasty. Commonly called "the old Manchu city", Gong Ning Castle Ruins are located in present-day Saybagh District of Urumqi city, Xinjiang Uygur Autonomous Region.

拱北 中国伊斯兰教先贤陵墓建筑称谓。阿拉伯语音译，意为拱形建筑物或圆拱形墓亭。原为流行于阿拉伯、波斯及中亚地区的伊斯兰教建筑形式。后多指苏菲派（见"苏菲主义"词条）在其谢赫（伊斯兰教教长等）、圣裔、先贤坟墓上建造的圆拱形建筑物，供人瞻仰拜谒。

གུང་པི། གུང་པོའི་དབྱི་སི་ལན་ཆོས་ལུགས་ཀྱི་མེས་པོའི་
བང་སོའི་མིང༌། ཨ་རབ་སྐད་སྒྲ་བསྒྱུར། གནུ་དབྱིབས་
འཇོགས་སྣམ་ནམ་སྒོར་གཟུའི་དབྱིབས་ཀྱི་བང་སོ་ཞེས་
པའི་དོན། སྔོན་ཆད་ཨ་རབ་དང་པར་སིག་ཡ་བྱིང་
དབུས་ཁུལ་གྱི་དབྱི་སི་ལན་ཆོས་ལུགས་ཀྱི་འཇུགས་སྣན་
རྣམ་པར་རྒྱགས་ཆེ། རྗེས་སུ་སུལ་ཏྲེའི་རིང་ལུགས་ཀྱིས་དེའི་
ཆོས་དཔོན་དང་མེས་པོའི་བང་སོའི་སྐུན་པའི་གནུ་
དབྱིབས་འཇོགས་སྣན་ཞིག

Qubbah refers to the name of the mausoleum architecture built for Chinese Islam sages. Transliterated from Arabic, Qubbah means arched architecture or domed cemetery. Qubbah was originally an Islam architectural form popular in Arab, Persia and Central Asia, and later refers to domed architecture built upon graves of Shaikh (Islam imam, etc.), Abna'al-Nabiy, sage of Sufi (see the entry "Sufism") for public viewing and visiting.

贡嘎机场 即西藏自治区拉萨贡嘎国际机场，是世界上海拔最高的民用机场之一。位于西藏山南地区贡嘎县，坐落在雅鲁藏布江南岸，海拔3600米，跑道长4000

米，宽45米，机场等级4E。1966年正式投入运营。

གོང་དཀར་གནམ་གྲུ་ཐང་། བོད་རང་སྐྱོང་ལྗོངས་གོང་དཀར་རྒྱལ་སྤྱིའི་གནམ་གྲུ་ཐང་། འཛམ་གླིང་སྟེང་མཚོའི་ངོས་ལས་མཐོ་ཚད་ཆེས་མཐོ་བའི་དམངས་སྤྱོད་གནམ་གྲུ་ཐང་གི་གྲས་ཡིན། བོད་ལྗོངས་ལྷོ་ཁ་ས་ཁུལ་གྱི་གོང་དཀར་རྫོང་ཡར་ཀླུང་གཙང་པོའི་ལྷོ་རྒྱུད་ཡོད། མཚོའི་ངོས་ལས་མཐོ་ཚད་སྨི་༣,༦༠༠ཡོད། རྒྱུགས་ལམ་གྱི་རིང་ཚད་སྨི་༤,༠༠༠ཡོད་པ་དང་ཞེང་ལ་སྨི་༤༥ཡོད། གནམ་གྲུ་ཐང་འདིའི་ཆད་རིམ4Eཡིན། ༡༩༦༦ལོར་དངོས་སུ་བཀོལ་སྤྱོད་བྱས།

Gonggar Airport refers to Lhasa Gonggar Airport in Tibet Autonomous Region, which is one of the highest civil airports in the world. Located in Gonggar County of Shannan Prefecture and the south coast of Yarlung Zangbo River, Gonggar Airport is at an altitude of 3,600 meters with a runaway 4,000 meters long and 45 meters wide, with airport rank 4E. Gonggar Airport was put into service in 1966.

贡噶宁波（1092—1158） 藏传佛教萨迦派五祖之首，藏族，贡却杰布之子。从宋徽宗政和元年（1111）始任萨迦寺住持达48年，被尊称为"萨钦"（萨迦寺大师）。

ཀུན་དགའ་སྙིང་པོ། （༡༠༩༢—༡༡༥༨） ས་སྐྱ་གོང་མ་རྣམ་ལྔའི་གཙོ་བོ། བོད་པ། འཁོན་དཀོན་མཆོག་རྒྱལ་པོའི་སྲས། སུང་རྒྱལ་རབས་ཀྱི་ཧྥེ་ཙུང་གི་ཞིའི་ཧྥོ་ （༡༡༡༡ལོ） ནས་ས་སྐྱ་གོན་མའི་གདན་ས་ལོ་ཞེ་བརྒྱད་ལ་བཟུང་། ས་ཆེན་ཞེས་ཆེ་བ་བརྗོད།

Kunga Nyingpo, born in 1092, of Tibetan ethnic group, son of Khon Kongchog Galpo, who was the head of Five Ancestors in Sakya of Tibetan Buddhism. He served as abbot in Sakya Monastery for 48 years from the first year of Song Emperor Huizong (1111), known as "Sachen" (Master of Sakya Monastery).

贡龙制度 19世纪末20世纪初，景颇族人建立的取代"贡萨制度"（传统体制）的新制度。此后，山官（见"景颇族山官制度"词条）降为普通村民并取消特权。山官辖区亦不复存在，土地为各户所有。各村寨自选德高望重者若干人，共同管理本村寨事务。"贡龙"，有民主自由之意。

གུང་ལུང་ལམ་ལུགས། དུས་རབས་བཅུ་དགུ་པའི་མཇུག་ནས་ཉི་ཤུ་པའི་མགོར། ཅིན་པོའི་རིགས་ཀྱི་མིས་བཙུགས་པའི་ "གུང་ས་ལམ་ལུགས་" （སྲོལ་རྒྱུན་ལམ་ལུགས་） མེད་པར་བཟོས་པའི་ལམ་ལུགས་གསར་པ་ཞིག་ཡིན། དེ་ནས་བཟུང་རྡོ་དཔོན་ （ཅིན་པོའི་རིགས་རྡོ་དཔོན་ལམ་ལུགས་ཀྱི་མིང་ཚིགས་ལ་ལྟོས་） མི་སེར་སྤྱིར་བཏང་དང་མཚུངས་པར་བྱས་ཏེ། ཁྱད་དབང་མེད་པར་བཟོས་པ་དང་། རྡོ་དཔོན་གྱི་མངའ་ཁོངས་མེད་པར་བཟོས་ནས་ཞིང་ཁྱིམ་ཚང་ལ་དབང་བར་བྱས། སྡེ་བ་སོ་སོར་རང་གི་གུས་པར་འོས་པའི་མི་ག་ཚོ་ཞིག གདམས་ནས་སྡེ་བའི་ལས་དོན་ལ་དོ་དམ་བྱས། གུང་ལུང་ལམ་ལུགས་ལ་དམངས་གཙོའི་རང་དབང་གི་ནང་དོན་ལྡན།

Gonglong system refers to a new system substituted for the traditional Gongsa system established by Jingpo people from the late 19th century to the early 20th century. Since then Shanguan (mountain official) (see the entry "Shanguan system of Jingpo people") was demobilized and privileges were abolished. Area under Shanguan admini-stration no longer exists and the land is now individually owned. Respected persons were elected by each village to handle affairs of its own. Gonglong has a meaning of democracy and freedom.

贡却杰布（1034—1102） 藏传佛教萨迦派创始人，萨迦寺创建者。又译贡却杰波，藏语意为"宝王"。北宋熙宁六年（1073）创建萨迦寺，亲任寺主。他以该寺为中心，以"道果教法"为宗旨，创立了萨迦派。

དཀོན་མཆོག་རྒྱལ་པོ། (༡༠༣༤—༡༡༠༢) ས་སྐྱ་གྲུབ་མཐའི་སྲོལ་གཏོད་པ་དང་ས་སྐྱ་དགོན་འདེབས་པ་པོ། སུང་རྒྱལ་རབས་བྱང་མའི་ཞི་ཉིང་ལོ་དྲུག་པར། (༡༠༧༣ལོ) ས་སྐྱ་དགོན་པ་བཏབ། སྐུ་དངོས་ཀྱིས་དགོན་བདག་མཛད། དགོན་པ་འདིའི་གཙོར་བཟུང་ནས་ས་སྐྱའི་གྲུབ་མཐའ་བྱུང་།

Khon Kongchog Galpo, born in 1034, is the founder of Sakya school of Tibetan Buddhism and the builder of Sakya Monastery. The name also is translated as "Khon Konchog Gyelpo", means "precious king" in Tibetan. He built Sakya Monastery in the 6th year of reign of Emperor Xining of the Northern Song Dynasty and served as abbot himself. Centered on Sakya Monastery, he founded Sakya school with the tenet of the profound teaching of the Lam Drey (the Path and the Fruit).

供经供饭 旧时藏传佛教寺院属民和教民承担宗教活动耗费的一种制度。规模不一，有全寺规模的，也有寺院各学院分别举行的供经供饭活动。所需物资如酥油、炒面、大米、清油等，一般由所属教民部落轮流负担，同时也有寺院化缘、经商收入。

མང་ཇ་བསྐོལ་བ། སྔ་ཆོགས་རྙིང་པར་ཆོས་དད་མང་ཚོགས་ཀྱིས་ཆོས་ལུགས་བྱེད་སྒོའི་འགྲོ་གྲོན་འགན་བའི་ལུགས་ཤིག གཞི་ཁྱོན་མི་འདྲ། དགོན་པ་ཡོངས་ལའང་ཇ་བསྐོལ་ཡོད་ལ། གྲྭ་ཚང་ཡོངས་ལ་མང་ཇ་བསྐོལ་ལུགས་ཀྱང་ཡོད། དེར་མར་དང་རྩམ་པ། འབྲས། ཚལ་སྣུམ་སོགས་དགོས་ཆ་དགོས། ཕྱིར་བཏང་དུ་ཆོས་སོགས་རེས་མོས་ཀྱིས་འགན་འཁུར།

Gongjing Gongfan (offering financial backing and other forms of support to a monastery) refers to an old system of undertaking the cost of religious activities by monks and believers of Tibetan Buddhism. The size of the offering activity ranges from the whole monastery to each seminary of the monastery. Materials needed are ghee, fried noodles, rice and edible vegetable oil, etc., generally undertaken by subordinated tribe in turn; monks of monastery also begged alms or engaged in trade for income at the same time.

句町国 古代民族百越的一支所建立的国家。公元前111年，句町王率部归附汉朝。公元前82年，句町族首领平叛有功被封"句町王"，享受国县并置的特殊待遇。到西汉末年，成为横跨桂西、云贵高原前沿的文明古国。

ཆུས་ཏིང་རྒྱལ་ཕྲན། གནའ་རབས་སུ་པའི་ཡུལ་རིགས་ཁག་ཅིག་གིས་གསར་དུ་བཙུགས་པའི་རྒྱལ་ཕྲན་ཞིག་ཡིན། སྤྱི་ལོའི་སྔོན་གྱི་༡༡༡ལོར། ཆུས་ཏིང་རྒྱལ་པོས་

རང་གི་ཚོ་ཁག་ཕྲིད་ནས་ཧན་རྒྱལ་རབས་ལ་སྐྱབས་
བཅོལ། སྤྱི་ལོ་སྔོན་གྱི་༢༢ལོར། ཧུས་ཐེད་རིགས་ཀྱི་འགོ་
གཙོ་དོ་ལོག་བྱེད་འཁྲུགས་ཞི་འཇགས་སུ་བཏང་བའི་
ཧན་གྱིས་ལོ་ཧུས་ཐེད་རྒྱལ་པོའི་ཚོ་ལོ་བསྒྲགས། ཧུས་ཆུད་
མའི་དུས་མཇུག་ཏུ་ཡུན་ཀུའུ་མཐོ་སྒང་གི་གནའ་རབས་
ཀྱི་ཤེས་རིག་ལྡན་པའི་རྒྱལ་ཕྲན་ཞིག་ཏུ་གྱུར།

Gouding Kingdom was the state built by an ancient ethnic group Baiyue. In 111 BC, the chief of Guoding submitted himself to the Han Dynasty. In 82 BC, the chief of Guoding was rewarded as the King of Guoding for his merit in putting down a rebellion, also gained the privilege of living in peace with the nation. In the end of the Western Han Dynasty, the Guoding Kingdom became the ancient civilization crossing the west of Guangxi to the Yunnan-Guizhou Plateau.

姑娘田 布依、苗、侗等民族女儿婚前用来种植麻或蓝靛，以便置备嫁妆的田地。

བུ་མོའི་ཞིང་། ཕུའི་དབྱི་དང་མིའོ། ཐུན་སོགས་མི་རིགས་ཀྱི་བུ་མོ་རྣམས་གནས་ལ་མ་སོང་གོང་གི་མ་སོགས་བཏབ་ནས་རྫོང་པར་སྒྲིག་ཆས་པའི་ས་ཞིང་།

Land for unmarried girl refers to the land used to plant hemp or indigo plant for girls as dowry before marriage in Buyi, Miao and Dong ethnic groups, etc.

姑爷种和丈人种 景颇族的通婚规例。它是一种单向的姑舅表优先婚，即姑母的儿子必须娶舅父的女儿，而姑家的女儿却不能嫁给舅家的儿子。姑家称为姑爷种，舅家称为丈人种，并世代相袭。

ཁྲ་པོའི་རྒྱུད་པ་དང་ཞང་པོའི་རྒྱུད་པ། ཅིན་པོའི་རིགས་ཀྱི་གཉེན་སྒྲིག་ཙ་དོན་ཡིན། དེ་ནི་ཕྱོགས་རྒྱང་པའི་གཉེན་སྒྲིག་ཞིག་ཡིན། ཨུ་བོའི་བུས་དེས་པར་དུ་ཞང་པོའི་བུ་མོ་མནའ་མར་ལེན་དགོས་པ་དང་ཁུ་བོའི་བུ་མོ་ཞང་པོའི་བུའི་མནའ་མར་ལེན་མི་རུང་། དེ་ཁུ་བོའི་རྒྱུད་པ་དང་ཞང་པོའི་རྒྱུད་ཟེར་ལ་མི་རབས་དུ་མར་རྒྱུན་བཟུང་།

Marriage System Wife-givers & Wife-takers refers to a marriage regulation of Jingpo people. It is a one-way marriage system giving priority to cousinship. That is, the son of the aunt (the father's sister) should marry the daughter of the uncle (the mother's brother), but the daughter of the aunt (the father's sister) can not marry the son of the uncle (the mother's brother). The family of the aunt is called wife-givers and the family of uncle is called wife-takers. The marriage system of cousinship runs in the family.

古格王朝遗址 古格故城坐落于西藏阿里扎达县的象泉河南岸，占地约18万平方米。为吐蕃王室后裔所建，偏居此地700余年，传承20余代，距今有1300年的历史，于17世纪灭亡。整座城堡建筑在一座300多米高的黄土坡上，地势险峻，洞穴、佛塔、碉楼、庙宇、王宫有序布局，依山迭砌。

གུ་གེ་རྒྱལ་རབས་ཀྱི་རྗེས་ཤུལ། གུ་གེ་རྒྱལ་པོའི་གནའ་མཁར་ནི་བོད་ལྗོངས་མངའ་རིས་ཙ་མདའ་རྫོང་དུ་ཡོད། ས་རྒྱ་ཁྱོན་ཆེར་སྒྲིག་བཞི་མའི་རུ་མེགར་ཡོད། ཕུ་སྟོད་བཙན་པོའི་གདུང་རྒྱུད་ཀྱིས་ཆེད་དུ་བཞེངས། དེ་ལོར་བདུན་བརྒྱ་ལྷག་སོང་བ་དང་། རྒྱལ་རབས་ཉི་ཤུ་ལྷག་རྒྱུན་བསྐྱངས། དུས་ཕྱིའི་བར་ལོར་༡༣༠༠ལྷག་གི་ལོ་རྒྱུས་

ཡོད། དུས་རབས་བཅུ་བདུན་པར་འཇིག་རྟེང་གཡར་
མཐོ་ཚད་ལ་སྤྱི་༣༠༠ཡོད་པའི་ས་སེར་སྐྱར་དུ་ཆགས་ཡོད།
ས་བབས་གཡང་གཟར་ཆེ། ས་ཕུག་དང་མཆོད་རྟེན། ལྷ་
ཁང་། པོ་བྲང་སོགས་ས་བབས་དང་བསྟུན་ནས་གོ་རིམ་
ལྡན་པས་བཀོད་སྒྲིག་བྱས་ཡོད།

The Site of the Ancient Guge Kingdom is located at the south coast of Xiangquan River in Zhada County in Ali area of Tibet, covering an area of 180,000 square meters. Guge kingdom was built by descendants of Tibet royal family with a history of 1,300 years. Situated there for more than 700 years and handed down for over 20 generations, Guge kingdom finally was destroyed in the 17th century. The castle lay on the loess slope at an altitude of over 300 meters with steep topography. The cave, stupa, watchtower, temples and palaces were well-aligned along the hills.

《古兰经》 伊斯兰教唯一的根本经典。它是穆罕默德在23年的传教过程中陆续宣布的"安拉启示"的汇集。"古兰"一词系阿拉伯语音译，意为"宣读""诵读"或"读物"，复述真主的话语之意。《古兰经》共有30卷，114章，6236节。

《ཁུ་རན་གསུང་རབ》 དཔྱེ་མི་ལན་ཆོས་ལུགས་ཀྱི་
རྩ་བའི་བསྟན་བཅོས་གཅིག་པུ་ཡིན། དེ་ནི་མུ་ཧན་མོ་
ཏེ་ཡིས་ལོ་ངོ་཈ེར་གསུམ་རིང་ཆོས་སྒྲུབ་པའི་བརྒྱུད་རིམ་
བོད་ཁྲིད་བསྒྲགས་བྱས་པའི་ཨན་ལ་ལུང་བསྟན་ཕྱོགས་
སྒྲིག་པ་དང་གཅིག་ཡིན། ཁུ་རན་ཞེས་པའི་སྒྲ་བསྒྱུར་ཚིག
སྒྲོག་པ་དང་སྒྲོག་ཆས་ཀྱི་དོན། དགོས་མཁོའི་ཉེར་ཆ
བཅས་བརྗོད་པའི་དོན་དུ་འཇུག དེས་བསྡོམས་ན་
བོད་ཚད་དང་། ལེའུ་༡༡༤ དོན་ཚན་༦༢༣༦
བཅས་ཡོད།

The Quran refers to the only basic classic of Islamism. It is a collection of "Almighty Allah's revelations" declared by Mohammed during his 23 years of missionary work. Transliterated from Arabic, "Quran" means "read out", "read aloud" or "reading materials", that is, retell what the Allah said. The Quran is divided into 30 volumes, 114 chapters and 6,236 sections in total.

鹘提悉勃野 藏语音译，意为"光明天界之王"，因传说中的吐蕃王室始祖系天神所生，从天降临人间。此原为吐蕃王室始祖之名号，以后成为吐蕃王室之姓氏。

འོ་ལྡེ་སྤུ་རྒྱལ། དཀར་རྒྱན་དུ་བོད་ཀྱི་རྒྱལ་པོའི་ཡབ་མེས་
གནམ་ལས་མི་ཡུལ་དུ་འོང་པར་བཤད། དང་ཐོག་བོད་ཀྱི་
རྒྱལ་པོའི་ཡབ་མེས་ཀྱི་མིང་ཡིན་མོད། རྗེས་སུ་བོད་ཀྱི་རྒྱལ་
པོ་རིགས་རུས་ལ་གོ

Vo-ldc-spu-rgyal, transliterated from Tibetan, means "the king of promising heaven". As the legend said, the father of Tubo royal family was born of god and came to the earth from the promising heaven. Originally, Vo-ldc-spu-rgyal was the name of the earliest ancestor of Tubo royal family and became the surname of Tubo royal family later.

固山 满语音译。清初八旗制度中军政组织编制单位名称。汉名为"旗"。满族入关前，于天命十五年（1630）创设。初制，五牛录（见"牛录制"词条）为一甲喇，五甲喇为一"固山"，共7500人，其统领官称"固山额真"。

གུན་ཧན། མན་ཇུའི་སྐད་སྒྲ་བསྒྱུར། ཆིང་རྒྱལ་རབས་དུས་འགོའི་དར་ཚོ་བརྒྱུད་ལས་ལུགས་ཏེ། དམག་སྲིད་ཀྱི་འཛུགས་སྐྲིག་གཞིའི་རྟེ་ཚན་གྱི་མིང་། རྒྱ་སྐད་དུ་དར་ཟེར། མན་ཇུ་རིགས་འགག་སྒོར་མ་ཞུགས་གོང་གི་གནས་སུམ་ལོ་ཚོལ་བར་(༡༦༠༡ལོ)གསར་དུ་བཙུགས་དག་ལྡོག ནོར་ལུ་བྱེ་ཚན་བྱས་ཏེ།(མདའ་པོག་ལྔགས་ཀྱི་མིང་ཚོལ་ལ་སྟོས།) རྡ་ལྡ་གཅིག་དང་། རྡ་ལྡ་ལྔ་ཧན་གཅིག་ཏེ། བསྡོམས་པས་མི ༧༥༠༠ཡོད། དེའི་དཔོན་པོར་"གུན་ཧན་ཨུ་ཀྲེན"ཟེར།

Gushan, transliterated from Manchu language, refers to the Banner System established in the early Qing Dynasty. It is the name of a military and political organization unit, meaning "banner" in Chinese. It is created by Manchu people in 1601 before entering Shanhai Pass. At the beginning, five Niulus (see the entry Five Niulus) should have a Jiala Ezhen and every five Jiala formed a Gushan, which totally has 7,500 people and whose commanding officer is called Gushan Ezhen (commander-in-chief).

故宫 明、清两代的皇宫。旧称"紫禁城"。位于北京市中心。1406—1420年间修建。占地72万平方米，为世界现存最大、最完整的木质结构的古建筑群。全部建筑由前朝与内廷两部分组成，四周有城墙围绕，四面由筒子河环抱。现为"故宫博物院"所在地。

གནའ་བོའི་ཕོ་བྲང་། ཆིང་དང་མིང་རྒྱལ་རབས་ཀྱི་གོང་མའི་ཕོ་བྲང་། གནའ་དཔོན་ཙི་ཅིན་མཁར་ཟེར་པ་ཡིན་གྱང་ཞེར་གྱི་སྟེ་བར་གནས། ༡༤༠༦—༡༤༢༠ལོར་བཞེངས་སྐྲུན་བྱས། རྒྱ་ཆོའི་གྲུ་བཞི་བཞི་རེ་ཟིན། འཛམ་གླིང་དུ་ཤིང་ཤར་གནས་པའི་ཆེ་ཆེ་དང་ཆེས་ཚ་ཚང་བའི་ཤིང་གི་རྒྱ་ཆ་བྱས་པའི་གནའ་བོའི་འཛུགས་སྐྲུན་ཞིག་ཡིན། མཐའ་བཞི་མཁར་གྱིས་བསྐོར་ཡོད་ལ། ཕྱོགས་བཞི་ཐུང་ཙི་ཆུ་བོས་བསྐོར་ཡོད། དེ་གི་གནའ་བོའི་ཕོ་བྲང་གི་གནའ་རྫས་བཤམས་སྟོན་ཁང་ཡང་དེར་ཡོད།

The Imperial Palace, used to be called The Forbidden City, is the palace of the emperors of the Ming and Qing Dynasties. It lies in the center of Beijing city, constructed during 1406-1420. Covering an area of 720 thousand square meters, the Imperial Palace is the largest and most intact ancient wooden architecture in the world. It falls into two parts: the outer court and the inner palaces, and is enclosed by a 10-meter-high defensive wall and a moat. Now it becomes the Palace Museum.

《关于帮助西藏地方进行建设事项的决定》 文件名。1955年国务院会议通过。共8条。确定西藏地方多项经济和文化建设。涉及：发电厂、皮革厂、水利设施、农业试验场、地方干部学校、街道、班禅堪布会议厅委员会办公用房和拉萨招待所等项目。同时拨给农业工具购置费100万元。

《བོད་ལྗོངས་ས་ཁུལ་ལ་རོགས་སྟོར་ལས་གཞི་འཇུགས་སྐྲུན་བྱེད་རྒྱུའི་སྐོར་གྱི་གཏན་འབེབས》 ཡིག་ཆའི་མིང་། ༡༩༥༥ལོར་རྒྱལ་སྲིད་སྤྱི་ཁྱབ་ཁང་གི་གྲོས་ཚོགས་སུ་གྲོས་འཆམ་བྱུང་། སྒྲོམ

ཆན་པ་དང་ཡོད། བོད་སྡོངས་ས་ཁུལ་དཔལ་འབྱོར་དང་
རིག་གནས་ཀྱི་ལས་གཞི་མང་པོ་སྐྱོན་པའི་གཏན་ཞིལ་ཞིག
གློག་འདོན་བཟོ་གྲྭ་དང་། ཀོ་ཆས་བཟོ་གྲྭ། ཆུ་བེད་
འཇུགས་སྐྱོན། ཞིང་ལས་ཚོད་ལྟ་ཁང་། ས་གནས་གཞུང་
ཞབས་པའི་སློབ་གྲྭ། ཁྲོམ་ལམ། པཎ་ཆེན་རིན་པོ་ཆེའི་
བྱོས་ཚོགས། ཁང་གི་ཡུ་ཡོན་ལྷན་ཚོགས་ཀྱི་གཞུང་ལས་
ཁང་དང་ལྷ་སའི་སྟེ་ཞིབ་ལྷང་སོགས་དང་འབྲེལ་བའི་
གཞིས་པོ་གཏན་འབེབས་མཛད། དེ་དང་ཆབས་ཅིག་ཏུ་
ཞིང་ལས་མཁོ་ཆས་ཉོ་སྒྲུབ་བྱས་པའི་འགྲོ་གྲོན་སྒོར་ས་ཡ་
གཅིག་བྱིན།

Decision on Matters Concerning Supporting and Aiding Tibet in Construction Approved by the State Council in 1955, it is divided into eight items, and it contains many aspects of economic and cultural construction projects, including power plants, leather factories, water facilities, experimental farms, local cadre schools, streets, offices for the Panchen Kampus Assembly, hostels in Lhasa, etc. in addition, it also involves one million RMB grant for purchasing the agricultural implements.

《关于保障一切散居的少数民族成分享有民族平等权利的决定》 文件名。1952年由政务院发布。共8条。规定散居少数民族与当地汉族一样，享受各种政治权利，有选举与被选举权，有保持或改革其民族的生活方式、宗教信仰和风俗习惯的权利，可以参加各种职业和人民团体、使用本族语言文字等。

《གནས་ཁུལ་མི་རིགས་ཁྲོད་འདུས་ཀྱི་གྲུབ་ཆ་ཡོད་ཚད་ལ་མི་རིགས་འདྲ་མཉམ་དབང་ཆ་སྤྱོད་ཚུལ་པའི་འགན་ལེན་སྒོར་གྱི་གཏན་འབེབས》 ཡིག་ཆའི་མིང་། ༡༩༥༢ལོར་རྒྱལ་སྲིད་སྤྱི་ཁྱབ་ཁང་གིས་ཁྱབ་བསྒྲགས་བྱས། ཆན་པ་རྒྱད། ཐོར་འདུས་གནས་ཤུན་མི་རིགས་ལ་ས་གནས་དེའི་རྒྱ་རིགས་དང་འདྲ་བར་ཆབ་སྲིད་ཀྱི་དབང་ཆ་སྣ་ཚོགས་བཀོལ་སྤྱོད་དང་། གདམ་བྱ་འདེམས་དབང་ཡོད། མི་རིགས་དེའི་འཚོ་བའི་རོལ་སྟངས་དང་ཆོས་ལུགས་དང་མོས། ཡུལ་སྲོལ་གོམས་གཤིས་སྲུང་འཛིན་དང་བསྒྱུར་བཅོས་ཀྱི་དབང་ཆ་ཡོད་པ་དང་། ལས་རིགས་སྣ་ཚོགས་དང་དམངས་ཀྱི་ཚོགས་པ་སོགས་ལ་ཞུགས་ཆོག་པ་དང་མི་རིགས་ཀྱི་སྐད་དང་ཡི་གེ་བཀོལ་སྤྱོད་བྱེད་ཆོག་སོགས་གཏན་ཞིལ་བྱས་ཡོད།

Decision on Protecting people of All Ethnic Minorities Living in Scattered Groups to Enjoy the Right of Equality Released by the Administrative Council in 1952, it is divided into eight items, and it stipulated that all minority people living in scattered groups have all the rights their Han counterparts enjoy, the right to vote and stand for election, the right to preserve or change their way of life, customs and religious beliefs, the right to select their own profession and to participate into people's organizations and to use their own languages, etc.

《关于边境贸易有关问题的通知》 文件名。1996年由国务院发布。共5部分。涉及：边境贸易管理及管理形式、边境贸易进口关税和进口环节税、边境小额贸易的进出口管理、同毗邻国家经济技术合作项下进出口商品的管理等问题。

《མཐའ་མཚམས་ཚོང་ཚོང་སྒོར་གྱི་གནད་དོན་

དང་འབྲེལ་བའི་བརྡ་ཐོ》 ཡིག་ཚད་མིང་། ༡༩༩༦ལོར་རྒྱལ་སྲིད་སྤྱི་ཁྱབ་ཁང་གིས་བསྒྲགས། སྡོམ་ཁག་ལྔ་ཡིས་གྲུབ། དེར་མཐར་མཚམས་ཚོང་ཚོད་དང་དངོས་རྫས་རྣམ་པ། མཐར་མཚམས་ཚོང་ནང་འདྲེན་སྒོ་ཁྲལ་དང་ནང་འདྲེན་རིམ་ཚོགས་ཁྲལ། མཐར་མཚམས་ཆུང་ཚུང་དུའི་ཕྱིར་གཏོང་ནང་འདྲེན་གྱི་དོ་དམ། ཁྱིམ་མཚེས་རྒྱལ་ཁབ་དང་དཔལ་འབྱོར་ལག་རྩལ་མཉམ་ལས་འོག་ཚོང་ཟོག་ཕྱིར་གཏོང་ནང་འདྲེན་གྱི་དོ་དམ་སོགས་གནད་དོན་དག་འདུས།

Circular of the State Council Regarding Relevant Issues on Frontier Trade was released by the State Council in 1996, divided into 5 parts. Issues involved: management and form of borderline trade, import tariff and import linkage tax of borderline trade, import and export management of small-scale borderline trade and management of import and export commodities under economic and technological cooperation with adjacent countries, etc.

《关于表彰全国民族团结进步模范集体和模范个人的决定》 文件名。2009年由国务院下发。主要为2005年以来，涌现出的一批全国民族团结进步模范集体和模范个人授予荣誉称号。共有739个集体被授予"全国民族团结进步模范集体"荣誉称号，749人被授予"全国民族团结进步模范个人"荣誉称号。

《རྒྱལ་ཡོངས་མི་རིགས་མཐུན་སྒྲིལ་ཡར་ཐོན་གྱི་མིག་དཔེའི་བྱ་བའི་ཚོགས་པ་དང་མི་སྒེར་ལ་གཟེངས་བསྟོད་བྱེད་རྒྱུ་གཏན་འབེབས་སྐོར》 ཡིག་ཚད་མིང་། ༢༠༠༩ལོར་རྒྱལ་སྲིད་སྤྱི་ཁྱབ་ཁང་གིས་བཏང་བ། གཙོ་བོར་༢༠༠༥འི་ཚུན་དུ་རྒྱལ་ཡོངས་མི་རིགས་མཐུན་སྒྲིལ་ཡར་ཐོན་མིག་དཔའི་ཡི་ཚོགས་པ་དང་སྒེར་ལ་མཚོན་སྟོན་གནན་བ། ཚོགས་༧༣༩ལ་རྒྱལ་ཡོངས་མི་རིགས་མཐུན་སྒྲིལ་ཡར་ཐོན་གྱི་མིག་དཔའི་ཡི་མཚོན་སྟོན་ཐོབ། མི་སྒེར་༧༤༩ལ་རྒྱལ་ཡོངས་མི་རིགས་མཐུན་སྒྲིལ་ཡར་ཐོན་གྱི་མིག་དཔའི་ཡི་མཚོན་སྟོན་ཐོབ།

Decision of Commending to the Advanced "Ethnic unity, Collective progress" Model Units and Individuals was issued by the state council in 2009. Since 2005, for the emergence of a batch of model units and individuals of the project of "ethnic unity, collective progress", it mainly awarded them the honorary title, in a total number of 739 model units and 749 model individuals.

《关于不要强迫回族实行火葬问题的通知》 文件名。1979年由民政部、国家民委共同发出。《通知》指出：少数民族实行土葬或火葬，是一个风俗习惯问题，应尊重其意愿。包括回族的丧葬问题，是关系到落实党的民族政策的问题。对受到强迫火化和打击报复的回族干部群众，应做好善后工作。

《ཧུའི་རིགས་ལ་བཙན་གྱིས་ཕུང་བསྲེག་ལག་བསྟར་བྱེད་དུ་མི་འཇུག་པའི་གནད་དོན་སྐོར་གྱི་བརྡ་ཐོ》 ཡིག་ཚད་མིང་། ༡༩༧༩ལོར་དམངས་སྲིད་པུའུ་དང་རྒྱལ་ཁབ་མི་རིགས་ཨུ་ཡོན་ལྷན་ཁང་གཉིས་ཀྱིས་མཉམ་དུ་བསྒྲགས། བརྡ་ཐོར་བསྟན་དོན། གྲངས་ཉུང་མི་རིགས་ཀྱིས་ཞིབ་པོ་དུར་རམ་མེ་དུར་གཏོང་རྒྱུའི་དམངས་སྲོལ་གོམས་གཤིས་ཀྱི་གནད་དོན་ཡིན་པས་དེའི་བརྩི་འཇོག་བྱེད་དགོས། ཧུའི་རིགས་ཀྱི་དུར་འཇུག་གནད་དོན་ཡང་དང་གཏོགས།

པ་ཚང་མ་ནི་ཏང་གི་མི་རིགས་སྲིད་ཇུས་ལག་བསྟར་དང་འབྲེལ་བའི་གནད་དོན་ཡིན། བཅན་གྱིས་མེ་བུར་བྱེད་དུ་བཅུག་པའི་ཧུའེ་རིགས་གཞུང་ཞབས་པ་དང་མང་ཚོགས་ལ་ཕྱོགས་འཁྱེར་སློབ་ལམ་ག་ལེགས་པོ་སྒྲུབ་དགོས།

Circular on No Enforcement on the Hui's Implementation of Cremation was released jointly by the Ministry of Civil Affairs and the State Ethnic Affairs Commission. The Circular states: it is an issue about customs that ethnic minorities choose inhumation or cremation and we should respect their choice; The forms of burial, including the choice of the Hui people, are directly related to the implementation of the CPC (Communist Party of China)'s ethnic polices; follow-up work should be well done to conciliate those Hui officials and citizens who have been forced to implement cremation.

《关于成立西藏自治区筹备委员会的决定》 文件名。1955年国务院全体会议第七次会议通过该决定。共4部分。涉及：成立西藏自治区筹备委员会及其性质、直属领导、主要任务、委员会委员名额、下设办事机构等内容。

《བོད་རང་སྐྱོང་ལྗོངས་བཀ་སྐྲིག་ཚུ་ཡོན་ལྷན་ཁང་འཛུགས་རྒྱུའི་སྐོར་གྱི་གཏན་འབེབས》 ཡིག་ཚའི་མིང་། ༡༩༥༥ལོར་རྒྱལ་སྲིད་སྤྱི་ཁྱབ་ཁང་གི་ཚོགས་མི་ཡོངས་ཀྱིས་གྲོས་ཚོགས་ཐེངས་བདུན་པར་གྲོས་འཆམ་བྱུང་སྟེ་ཐག་བཅད། སྐབས་ལྔ་ཡོད། བོད་རང་སྐྱོང་ལྗོངས་སྐྲིག་འཇུག་ལྷན་ཁང་འཛུགས་པ་དངོས་དེའི་དོ་བོ། ཐད་གཏོགས་འཁྲིད། ལས་འགན་གཙོ་བོ། ལྷན་ཁང་གི་ལྷ་ཡོན་གྲངས་ཚོད། དེར་གཏོགས་དོན་གཅོད་ལས་ཁུངས་སོགས་ཀྱི་ནང་དོན་གཏན་འབེབས་བྱས་ཡོད།

Decision on the Establishment of the Preparatory Committee for the Founding of the Tibet Autonomous Region Approved at the seventh session of the State Council in 1955, it is divided into four parts, including setting up the Preparatory Committee for the Tibet Autonomous Region and its nature, its direct leadership, its main task, its member of the committee, and its sub-administrative body, etc.

《关于处理带有歧视或侮辱少数民族性质的称谓、地名、碑碣、匾联的指示》 文件名。1951年政务院发布。共3条。规定各省市、县人民政府将历史上遗留的加于少数民族的称谓及有关其地名，碑碣、匾联等做一全面调查，对其中带有歧视或侮辱意思的内容，同民族代表协商后，予以禁止、更改、封存或收管。

《གྲངས་ཉུང་མི་རིགས་ལ་མཐོང་ཆུང་དང་བརྙས་བཅོས་ལྡན་པའི་འབོད་སྟངས་དང་ས་མིང་། རྡོ་རིང་ཡི་གེ སྒོ་བྱང་སོགས་བག་གཙང་བྱེད་རྒྱུའི་སྐོར་གྱི་མཛུབ་སྟོན》 ཡིག་ཚའི་མིང་། ༡༩༥༡ལོར་སྲིད་དོན་ལས་ཁུངས་ཀྱིས་ཁྱབ་བསྒྲགས་བྱས། དོན་ཚན་པ་གསུམ་ཡོད། ཞིང་ཆེན་དང་གྲོང་ཁྱེར། རྫོང་སོགས་ཀྱི་མི་དམངས་སྲིད་གཞུང་གིས་ལོ་རྒྱུས་སྟེང་དུ་ལུས་བཞག་གི་གྲངས་ཉུང་མི་རིགས་ཀྱི་འབོད་སྟངས་དང་། འབྲེལ་ཡོད་ས་མིང་། རྡོ་རིང་ཡི་གེ སྒོ་སྦྱར་སོགས་ལ་ཕྱོགས་ཡོངས་ནས་བརྟག་དཔྱད་བྱས་ཏེ། དེའི་ནང་གི་མཐོང་ཆུང་དང་བརྙས་བཅོས་ལྡན་པའི་ནང་དོན་རྣམས་མི་རིགས་ཀྱི་འཐུས་མི་དང་གྲོས་བྱས་ཏེ། བཀག་འགོག་དང་། བཅོས་བསྒྱུར། བཀག་སྡོམ་བྱ་བའམ་ཉར།

བསྱམས་བདག་སྐྱོང་བྱེད་པ་སོགས་སོ། །

Directives on the Handling of the Titles, Names of Places, Tablets and Signboards Which Are Discriminative and Insulting to Ethnic Minorities was promulgated by the Central People's Government in 1951 with 3 articles. It prescribes that every province, city and county governments should make a comprehensive survey on the titles added to ethnic minorities in history and the names to the relevant places, tablets, signboards and so on. Those bearing discrimination or insult should be changed, taken back or forbidden to use after consulting with the representatives of the minority groups.

《关于促进牧区又好又快发展的若干意见》 文件名。2011年由国务院发布。分7部分，共26条。涉及：促进牧区发展的重要意义、基本方针、总体要求，加强草原生态保护建设，转变发展方式，拓宽牧民增收和就业渠道，发展公共事业，加强对牧区工作的组织领导等内容。

《འབྲོག་ཁུལ་གོང་སྐྱེལ་ལེགས་ཤིང་སྒྱུར་བ་ཡོང་བར་སྐུལ་འདེད་གཏོང་རྒྱུའི་བསམ་འཆར་འགའ།》 ཡིག་ཆའི་མིང་། ༢༠༡༡ལོར་རྒྱལ་སྲིད་སྤྱི་ཁྱབ་ཁང་གིས་བསྒྲགས་པ། ཆ་ཤས་༧དང་ཚན་ཆུང་༢༦ཡོད། འབྲོག་ཁུལ་གོང་སྐྱེལ་ལ་སྐུལ་འདེད་བྱེད་པ་གལ་ཆེའི་དགོས་པ་དང་གཞི་རྩའི་བྱེད་ཕྱོགས། སྤྱིའི་རེ་བཞག་སྟེ། རྩྭ་ཐང་གི་སྐྱེ་ཁམས་འགོག་སྲུང་སྤུང་སྟུང་སྐྱོང་བྱེད་པར་ཤུགས་སྟོབས་དང༌། གོང་སྐྱེལ་གྱི་བྱེད་ཕྱོགས། བསྒྱུར་བ། འབྲོག་མིའི་ཡོང་འབབ་དང་ལས་ཞུགས་བསྐྱེད་ལམ་རྒྱ་བསྐྱེད་པ། སྤྱི་པའི་ལས་དོན་གོང་འཕེལ།

གཏོང་བ། འབྲོག་ཁུལ་ལས་དོན་གྱི་འགོ་ཁྲིད་རྩ་འཛུགས་ལ་ཤུགས་སྣོན་བྱེད་པ་སོགས་ཀྱི་ནང་དོན་སྣོང་འདུས།

Opinions of the State Council on Promoting Sound and Rapid Development of Pastoral Areas was released by the State Council in 2011 with seven parts, 26 pieces in total. Issues involved: the significance, basic policy and overall requirements of promoting the growth of pastoral areas; strengthening the construction of the ecologic conservation of grasslands; transforming the mode of development; opening up channels to increase nomads' income and employment, as well as developing public utilities; and strengthening the organization and leadership for the work in pastoral areas, etc.

《关于大力加强少数民族文字图书出版工作的报告》 文件名。1981年由国家民委和国家出版局提交，国务院转发。内容有5部分。涉及：少数民族文字图书出版工作的方针任务、出版机构的设置和调整、编译队伍的建设、印刷生产和发行、出版经费等问题。

《གྲངས་ཉུང་མི་རིགས་ཡི་གེའི་དཔེ་དེབ་པར་སྐྲུན་ལས་དོན་ལ་ཤུགས་སྟོན་ཆེན་པོ་རྒྱག་རྒྱུའི་སྐོར་གྱི་སྙན་ཞུ》 ཡིག་ཆའི་མིང་། ༡༩༨༡ལོར་རྒྱལ་ཁབ་མི་རིགས་དོན་གཅོད་ཨུ་ཡོན་ལྷན་ཁང་དང་རྒྱལ་ཁབ་སྐྲུན་ལས་ཁངས་ཀྱིས་བཏོན་ཞིང༌། རྒྱལ་སྲིད་སྤྱི་ཁྱབ་གིས་རྒྱུད་སྤྲོད་བྱས། ནང་དོན་ཁག་༥ཡོད། གྲངས་ཉུང་མི་རིགས་ཀྱི་ཡི་གེའི་དཔེ་དེབ་པའི་སྐྲུན་ལས་ཀའི་བྱེད་ཕྱོགས་འོས་འགན་དང༌། དཔེ་སྐྲུན་ལས་ཁངས་ཀྱི་གསར་འཛུགས་དང་ལེགས་སྒྲིག བསྒྱུར་ཚོམ་དཔུང་སྡེ་སྲོང་

པར་སྐྲུན་ཐོན་སྐྱེད་དང་འབྲེལ་ཐེབས། པར་སྐྲུན་འགྲོ་གྲོན་སོགས་ཀྱི་གནད་དོན་འདུས་ཡོད།

Report Concerning Strengthening the Publication on Books in Minority Languages was submitted by the State Ethnic Affairs Commission and the State Publishing Bureau in 1981, and forwarded by the State Council, and it consisted of five parts. Issues involved: the policy and task of the publication of books in minority languages, the establishment and adjustment of publishing institutions, the construction of compiling teams, printing, production and distribution, publishing expenses and some other issues.

《关于大力培养少数民族高层次骨干人才的意见》 文件名。2004年由教育部、国家发展和改革委、国家民委、财政部、人事部联合发文。共3部分。要求落实有关培养少数民族高层次骨干人才的决策；提出了指导思想、发展规模以及相关政策措施；明确要加强管理，确保培养任务的完成。

《གྲངས་ཉུང་མི་རིགས་ཀྱི་མཐོ་རིམ་ཀྲུང་འཛིན་འཛིན་པང་ཅན་གསོ་སྐྱོང་བྱེད་པར་ཤུགས་རྒྱག་པའི་སྐོར་གྱི་བསམ་འཆར་》 ཡིག་ཆའི་མིང༌། ༢༠༠༤ལོར། རྒྱལ་ཁབ་སློབ་གསོ་པུའུ་དང་རྒྱལ་ཁབ་འཕེལ་རྒྱས་བཅོས་ཡུལ་ལྷན་ཁང༌། རྒྱལ་ཁབ་མི་རིགས་དོན་གཅོད་ཨུ་ཡོན་ལྷན་ཁང་། ནོར་སྲིད་པུའུ། མི་དོན་པུའུ་བཅས་ཐུན་མོང་གིས་སྤེལ་བའི་ཡིག་ཆ། ཆོས་སློམ་ཁག་༣ཡོད། གྲངས་ཉུང་མི་རིགས་ཀྱི་མཐོ་རིམ་འགོ་ཁྲིད་འཛིན་པང་ཅན་སྐྱོང་རྒྱུའི་ཐག་ཏུ་དབབ་པའི་སྐོར་གྱི་བསམ་འཆར་ཞིག དེའི་ཆེད་དུ་འདོན་སྦྱོར་

བསམ་བློ་དང༌། གོང་འཕེལ་རྒྱ་ཚོན་དང་འབྲེལ་བའི་སྲིད་ཇུས་བྱེད་ཐབས་བཏོན་ནས། དོ་དམ་ལ་ཤུགས་སྟོན་དང༌། གསོ་སྐྱོང་ལས་འགན་ལེགས་འགྲུབ་ཡོང་བའི་ལག་ཐིག་གསལ་པོ་བྱས།

Opinions on Training High-level Backbone Talented Personnel for Ethnic Minorities was jointly issued by the Ministry of Education, the National Development and Reform Commission, the State Ethnic Affairs Commission, Ministry of Finance, Ministry of Personnel in 2004, three parts in total. The relevant policies of training high-level backbone talented personnel for the ethnic minorities are required to be carried out. Therefore, it put forward the guidance, the development scale and related policies and measures, and made clear to strengthen management and ensure the completion of the training task.

《关于第十世班禅大师治丧和转世问题的决定》 文件名。1989年国务院发布。共3条。主要涉及在扎什伦布寺修建班禅十世的遗体灵塔和祀殿，举行宗教悼念活动、办理遗体保存，转世灵童的寻访、认定等事宜。

《པཎ་ཆེན་སྐུ་ཕྲེང་བཅུ་པའི་འདས་མཆོད་དང་ཡང་སྲིད་ཀྱི་གནད་དོན་སྐོར་གྱི་གཏན་འབེབས》 ཡིག་ཆའི་མིང༌། ༡༩༨༩ལོར་རྒྱལ་སྲིད་སྤྱི་ཁྱབ་ཁང་གིས་བསྒྲགས། དོན་ཚན་དོན་ཚན་༣ཡོད། གཙོ་བོར་བཀྲ་ཤིས་ལྷུན་པོ་དགོན་པའི་ནང་དུ་པཎ་ཆེན་སྐུ་ཕྲེང་བཅུ་པའི་སྐུ་གདུང་བཞེངས་པ་དང༌། ཆོས་ལུགས་ཀྱི་མྱ་ངན་བྱེད་སྒོ་སྤེལ་བ། སྐུ་དམར་གདུང་འཇོག་པ། སྤྲུལ་སྐུ་བཙལ་བ་དང་ངོས་འཛིན་སོགས་ཀྱི་

ནང་དོན་འདུས།

Decisions on the Funeral Arrangements and Reincarnation of the Tenth Panchen Lama was released by the State Council in 1989, 3 articles in total, mainly concerning the construction of the funeral stupa and sacrificial hall of the tenth Panchen in the Tashilhunpo Monastery, religious funeral activities, preservation of the remains and finding and confirming the reincarnated child.

《关于对口支援西藏、新疆地区本科高等学校的通知》 文件名。2005 年由国家教育部发布。《通知》决定在已有对口支援的基础上，进一步扩大对口支援西藏、新疆地区本科高等学校的范围。确定南京农业大学等 6 所院校对口支援新疆农业大学等 6 所院校。西藏高校则按 2004 年有关规定执行，不另行安排。

《བོད་ལྗོངས་དང་ཞིན་ཅང་ས་ཁུལ་གྱི་མཐོ་རིམ་དངོས་གཞིའི་སློབ་གྲྭར་ཁ་སྦྱར་རོགས་སྐྱོར་བྱེད་རྒྱུའི་སྐོར་གྱི་བརྡ་ཐོ》 ཡིག་ཆའི་མིང་། ༢༠༠༥ ལོར་རྒྱལ་ཁབ་སློབ་གསོ་ཕུལ་ཡིག་ཁྱབ་བསྒྲགས་བྱས། 《བརྡ་ཐོ》 དེར་ད་ཡོད་ཀྱི་ཁ་སྦྱར་རོགས་སྐྱོར་གྱི་གཞིའི་སྟེང་ལ། སླར་ལས་བོད་ལྗོངས་དང་ཞིན་ཅང་ས་ཁུལ་ཁྱབ་ཁོངས་སུ་ཡོད་པའི་མཐོ་རིམ་དངོས་གཞིའི་སློབ་གྲྭའི་རོགས་སྐྱོར་བྱ་ཡུལ་ཆེ་རུ་གཏོང་རྒྱུ། ཞིན་ཅང་ཞིང་ལས་སློབ་གྲྭ་ཆེན་མོ་སོགས་སློབ་གྲྭ་དང་སློབ་གླིང་དྲུག་ལ་ནན་ཅིན་ཞིང་ལས་སློབ་གྲྭ་ཆེན་མོ་སོགས་སློབ་གྲྭ་དང་སློབ་གླིང་དྲུག་གིས་རོགས་སྐྱོར་བྱེད་དགོས་པ་དང་། བོད་ལྗོངས་མཐོ་རིམ་སློབ་གྲྭར་༢༠༠༤ལོར་འབྲེལ་ཡོད་གཏན་འབེབས་པ་ལྟར་ལག་བསྟར་བྱ་རྒྱུ་ལས་བསྐྱར་དུ་བགོད་སྒྲིག་མི་བྱེད།

Circular on Counterpart Support for the Undergraduate Colleges and Universities in Tibet and Xinjiang was issued in 2005 by the Ministry of Education. On the basis of the existing counterpart support, it plans to further expand the scope of the counterpart support for the undergraduate colleges and universities in Tibet and Xinjiang regions. It made the decision that Nanjing Agricultural University and the other five universities should give support to the counterpart six universities, including Xinjiang Agricultural University. Tibetan colleges will do as the relevant provisions published in 2004, without any new arrangements.

《关于对全国143个少数民族贫困县实施教育扶贫的意见》 文件名。1992 年由国家教委下发。《意见》确定沿海地区的省市与143个少数民族贫困县结成"一对一"帮扶关系。

《རྒྱལ་ཡོངས་ཀྱི་གྲངས་ཉུང་མི་རིགས་དབུལ་པོའི་རྫོང་༡༤༣གྱི་སློབ་གསོར་དབུལ་སྐྱོར་བྱེད་རྒྱུའི་སྐོར་གྱི་བསམ་འཆར》 ཡིག་ཆའི་མིང་། ༡༩༩༢ ལོར་རྒྱལ་ཁབ་སློབ་གསོ་ཨུ་ཡོན་ལྷན་ཁང་གིས་བསྒྲགས། 《བསམ་འཆར》 དེར་མཚོ་རྒྱུད་ས་ཁུལ་གྱི་ཞིང་ཆེན་དང་གྲོང་ཁྱེར་དང་། གྲངས་ཉུང་མི་རིགས་ཀྱི་དབུལ་པོའི་རྫོང་༡༤༣བར "གཅིག་ལ་གཅིག" གི་ཚུལ་གྱི་དབུལ་སྐྱོར་རོགས་རམ་བྱེད་རྒྱ་གཏན་ལ་ཕབ་ཡོད།

Opinions on the Educational Poverty Alleviation to 143 Poverty-stricken Ethnic Minority Counties was released by State Education Committee in 1992, determining the one-on-one counterpart support and cooperation between coastal provinces and cities with 143 Poverty-stricken Ethnic Minority Counties.

《关于对涉及伊斯兰教的出版物加强管理的通知》 文件名。1993年由中共中央宣传部、国家新闻出版署、国务院宗教事务局、中共中央统战部、国家民族事务委员会共同发出。主要对伊斯兰教出版物的出版、审批、检查等问题做出8条具体说明。

《དབྱི་སི་ལན་གྱི་ཆོས་ཕྱོགས་དང་འབྲེལ་ཡོད་ཀྱི་དཔེ་དེབ་པར་སྐྲུན་དོ་དམ་ལ་ཤུགས་རྒྱག་པའི་སྐོར་གྱི་བརྡ་ཕོ》 ཡིག་ཆའི་མིང་། ༡༩༩༣ ལོར་ཀྲུང་གུང་ཀྲུང་དབྱུང་དྲིལ་བསྒྲགས་པུའུ་དང་། རྒྱལ་ཁབ་གསར་འགྱུར་པར་སྐྲུན་ཅུའུ། རྒྱལ་སྲིད་སྤྱི་ཁྱབ་ཁང་ཆོས་ལུགས་ལས་དོན་ཅུའུ། ཀྲུང་གུང་ཀྲུང་དབྱུང་འཐབ་ཕྱོགས་གཅིག་གྱུར་པུའུ། རྒྱལ་ཁབ་མི་རིགས་དོན་གཅོད་ཨུ་ཡོན་ལྷན་ཁང་བཅས་ཐུན་མོང་གིས་སྤྲིངས། གཙོ་བོ་དེ་སི་ལན་གྱི་དཔའི་ཆའི་པར་སྐྲུན་དང་། ཆོག་བཀོད། ཞིབ་བཤེར་སོགས་ཀྱི་གནད་དོན་ཐད་དོན་ཚན་བརྒྱད་ཀྱི་གསལ་བཤད་བྱས་ཡོད།

Circular on Strengthening the Management of Publications Regarding Islam was released jointly by Publicity Department of the Chinese Communist Party Central Committee, the State Press and Publication Administration, the Religious Affairs Bureau of the State Council, the United Front Work Department of the Chinese Communist Party Central Committee, and the State Ethnic Affairs Commission, mainly specifying eight articles on the publication, approval and examining, of the Islamic publications and so on.

《关于扶持人口较少民族发展问题的复函》 文件名。2001年由国务院办公厅发布。要求有关地区和部门对人口较少民族实行特殊扶持政策，改善人口较少民族乡村生产生活、基础设施、文化教育卫生条件等，帮助人口较少民族加快发展。

《མི་གྲངས་ཆུང་ཉུང་བའི་གྲངས་ཉུང་མི་རིགས་གོང་སྤེལ་རོགས་རམ་གནད་དོན་སྐོར་གྱི་བསྐྱར་ལན》 ཡིག་ཆའི་མིང་། ༢༠༠༡ ལོར་རྒྱལ་སྲིད་སྤྱི་ཁྱབ་ཁང་གཞུང་ལས་ཐོན་གྱིས་སྤེལ། འབྲེལ་ཡོད་ས་ཁུལ་དང་སྡེ་ཁག་གིས་མི་གྲངས་ཆུང་ཉུང་བའི་གྲངས་ཉུང་མི་རིགས་ལ་དམིགས་བསལ་གྱི་རོགས་སྐྱོར་དགོས་པ་དང་། མི་གྲངས་ཆུང་ཉུང་བའི་གྲངས་ཉུང་མི་རིགས་ཀྱི་ཞིང་གྲོང་དང་འཚོ། ཁང་གཞིའི་འཇུགས་སྣེ། རིག་གནས་སློབ་གསོ། འཕྲོད་བསྟེན་སོགས་ཀྱི་ཆ་རྐྱེན་ལེགས་བཅོས་གཏོང་བ་སོགས། མི་གྲངས་ཆུང་ཉུང་བའི་གྲངས་ཉུང་མི་རིགས་ཀྱི་འཕེལ་འགྲོས་རྗེ་མགྱོགས་སུ་གཏོང་བར་རོགས་སྐྱོར་བྱེད་པ་བཅས་སོ།

Letter in Replying to Supporting the Development of Ethnic Minorities with Smaller Population was released by the General Office of the State Council in 2001. It requires relevant areas and departments to implement special supporting policies for the ethnic minorities with smaller population, in order to improve the production and living, infrastructure and cultural, education and health conditions in their villages to help them develop faster.

《关于副食品商业工作中贯彻民族政策、尊

重民族习惯、做好副食品供应的联合指示》 文件名。1958年由国家城市服务部、中央民委发出。要求：凡国内供应紧张、少数民族又有消费习惯的特殊商品，应优先供应。并对有关清真副食品的加工、储运、出售、供应网点及培养安排民族职工等事宜做出规定。

《ཞོར་ཟས་ཚོང་ལས་ལས་ཀའི་ཁྲོད་མི་རིགས་སྲིད་བྱུས་ལག་བསྟར་དང་། མི་རིགས་གོམས་གཤིས་ལ་བརྩི་འཇོག་ཞོར་ཟས་འདོན་སྤྱོད་ལེགས་པོ་ཡོང་བའི་སྐོར་གྱི་མཉམ་འབྲེལ་མཛུབ་སྟོན》 ཡིག་ཆའི་མིང་། ༡༩༥༨ལོར་རྒྱལ་ཁབ་གྲོང་ཁྱེར་ཞབས་ཞུའི་དང་གུང་དབྱང་མི་རིགས་ཨུ་ཡོན་གཞིས་ཀྱིས་སྤེལ། རྒྱལ་ནང་དུ་མཁོ་འདོན་མི་འདང་བ་དང་། ཡངས་ཞུང་མི་རིགས་ལ་བེད་སྤྱོད་ཀྱི་གོམས་གཤིས་ཡོད་པའི་དམིགས་བསལ་གྱི་ཚོང་ཟོག་གང་ཡུང་མི་རིགས་ལ་འདོན་སྤྱོད་བྱེད་པའི་ཆ་རྐྱེན་བཀོད་པ་མ་ཟད། དཔྱི་མི་ལན་གྱི་ཞོར་ཟས་ལས་སྟོན་དང་གསོག་འཇོག་ཁྱེར་འཚོང་། དགས་འདོན་སྤྱོད་མི་རིགས་ལས་བ་བསྐོ་གཞུག་དང་བཀོད་སྒྲིག་སོགས་ལ་འདོན་ལམ་དོན་ཚན་གཏན་ཕབ།

Joint Instructions on Implementing Ethnic Policy, Respecting Ethnic Habits, and Good-supplying of Non-staple Food in the Non-staple Food Commercial Business was released by the National Urban Service Department and the Central Ethnic Affairs Commission, requiring priority to the supply of special commodities which were in short supply domestically and were consumptive commodities for ethnic minorities, and prescribing the processing, storage and transportation, sale and supply outlets of Muslim non-staple food, training and arrangement of minority staff, etc.

《关于改变地方民族民主联合政府的指示》 文件名。1955年国务院全体会议第21次会议通过。主要将过去建立的民族民主联合政府依照行政地位分为两类情况，并改变其行政建制。其一，是民族民主联合政府的县和乡；其二，是民族民主联合政府的专区和区。

《ས་གནས་མི་རིགས་ཀྱི་དམངས་གཙོ་འབྲེལ་སྲིད་གཞུང་ལེགས་བསྒྱུར་སྐོར་གྱི་མཛུབ་སྟོན》 ཡིག་ཆའི་མིང་། ༡༩༥༥ལོར་རྒྱལ་སྲིད་སྤྱི་ཁྱབ་ཀྱི་ཚང་འཛོམས་གྲོས་ཚོགས་ཐེངས་ཉེར་གཅིག་པའི་ཐོག་ཏུ་གྲོས་འཆམ་བྱུང་། གཙོ་བོར་འདས་པར་བཙུགས་པའི་མི་རིགས་དམངས་གཙོ་མཉམ་སྲིད་གཞུང་འདོན་གོ་གནས་ལྟར་གནས་ཚུལ་རིགས་གཉིས་སུ་འབྱེད་པ་མ་ཟད། དེའི་སྲིད་འཛིན་སྒྲིག་ལུགས་བསྒྱུར་བྱེད་པ། གཅིག་ནི་མི་རིགས་དམངས་གཙོ་མཉམ་འབྲེལ་སྲིད་གཞུང་གི་རྫོང་དང་ཞང་། གཉིས་ནི་མི་རིགས་དམངས་གཙོ་མཉམ་འབྲེལ་སྲིད་གཞུང་གི་ཆེས་ཁུལ་དང་ཁུལ་བཅས་སོ།

Directives on Changing the Local Ethnic Democratic Coalition Governments was passed in the 21st session of plenary meetings of the State Council in 1955, dividing the democratic coalition governments of the local ethnic groups established in the past into two kinds, one is the democratic coalition of the counties and towns, and the other is the democratic coalition of the prefectures and districts, and changing their administration organization systems.

《关于高等学校优先录取少数民族学生的通知》 文件名。1962年教育部与中央民委共同下发。主要规定：少数民族学生报考本自治区所属的高等学校，可以给予更多的照顾；当他们的考试成绩达到教育部规定的一般高等学校录取的最低标准时，可以优先录取。

《མཐོ་རིམ་སློབ་གྲྭས་གྲངས་ཉུང་མི་རིགས་ཀྱི་སློབ་མ་དམིགས་བསལ་གྱིས་བསྡུ་བའི་སྐོར་གྱི་བརྡ་ཐོ》 ཡིག་ཆའི་མིང༌། ༡༩༦༢ལོར་སློབ་གསོ་པུའི་དང་ཀྲུང་དབྱི་མི་རིགས་ཨུ་ཡོན་ལྷན་ཁང་གཉིས་ཐུན་མོང་གིས་སྤེལ། གཙོ་བོ་གྲངས་ཉུང་མི་རིགས་སློབ་མས་ས་ཆ་དེའི་རང་སྐྱོང་ས་ཁུལ་ལ་གཏོགས་པའི་མཐོ་རིམ་སློབ་གྲྭར་རྒྱུགས་སྤྲད་ན། ཕྱོགས་སྐྱོང་མང་པོ་བྱེད་རྒྱུ་ཐག་བཅད། ལོ་ཚོའི་རྒྱུགས་འབྲས་སློབ་གསོ་པུའི་ཡིག་གཏན་འཇེལ་བྱས་པའི་སྤྱིར་བཏང་གི་མཐོ་རིམ་སློབ་གྲྭར་བསྡུ་བའི་ཆེས་དམའ་བའི་ཚད་ཕྱིན་ལ་སླེབས་ན་དམིགས་བསལ་གྱིས་བསྡུ་ཆོག་པ་ཡོད།

Circular on Universities and Colleges to Give Priority to the Admission of Minority Students was released jointly by the Ministry of Education and the Central Ethnic Affairs Commission, mainly prescribing that those ethnic minority students applying for colleges or universities in their autonomous region can enjoy more attention and admission priority when their scores meet the minimal standards prescribed by Ministry of Education for admissions in colleges and universities.

《关于各少数民族创立和改革文字的文字方案批准程序和批准后实验推行时的分工问题》 文件名。1956年由国务院发布。主要就各少数民族创改文字方案的批准程序和各少数民族创改文字的方案，在经过批准确定之后进行实验推行时，对相关部门的具体分工做出说明。

《གངས་ཉུང་མི་རིགས་སོ་སོའི་ཡི་གེ་བཟོ་བ་དང་བཅོས་བསྒྱུར་བྱེད་པའི་ཡིག་ཕྱོགས་ཀྱི་ཐུས་གཞི་ལ་ཆོག་མཆན་བགྲོད་པའི་བརྒྱུད་རིམ་དང་ཆོག་མཆན་བགྲོད་རྗེས་ཚོད་ལྟ་ལག་བསྟར་བྱེད་སྐབས་ཀྱི་ལས་བགོས་སྐོར་གྱི་གནད་དོན》 ཡིག་ཆའི་མིང༌། ༡༩༥༦ལོར་རྒྱལ་སྲིད་སྤྱི་ཁྱབ་ཁང་གིས་སྤེལ། གཙོ་བོ་གྲངས་ཉུང་མི་རིགས་སོ་སོའི་ཡི་གེ་བཟོ་བ་དང་བཅོས་བསྒྱུར་བྱེད་པའི་ཡིག་ཕྱོགས་ཀྱི་ཐུས་གཞི་ལ་ཆོག་མཆན་བགོད་པའི་བརྒྱུད་རིམ་དང༌། གྲངས་ཉུང་མི་རིགས་སོ་སོའི་ཡི་གེ་བཟོ་བ་དང་བཅོས་བསྒྱུར་བྱེད་པའི་ཐུས་གཞི། ཆོག་མཆན་ཐོབ་ནས་གཏན་འཁེལ་བྱས་རྗེས་ཚོད་ལྟའི་ལག་ལེན་བྱེད་སྐབས། འབྲེལ་ཡོད་སྡེ་ཁག་གི་ཞིབ་ཕྲའི་ལས་བགོས་གསལ་བཤད་བྱས་པའོ།

Regulations on the Procedures for Approving, Creating, and Designing Plans for the Minority Written Script and the Division of Tasks on Implementing and Popularizing These New Plans was released by the State Council in 1956. It mainly regulates the approval process for the plans to create and reformulate minority languages and explains specific division of tasks for the relevant departments on implementing and popularizing these new plans after the approval and permission.

《关于公开发行的书籍报刊中慎重对待民族、宗教问题的通知》 1985年由中央统战部发出。要求有关部门要同新闻出版社加强联系，介绍民族、宗教政策，切实注意和慎重对待民族、宗教问题。

《མཛོན་གསལ་གྱིས་འགྲེམ་སྤེལ་བྱེད་པའི་དཔེ་ཆ་དང་དུས་དེབ་ཏུ་མི་རིགས་དང་ཆོས་ལུགས་གནད་དོན་ལ་གཟབ་ནན་བྱེད་དགོས་པའི་སྐོར་གྱི་བརྡ་ཐོ》 ༡༩༨༥ ལོར་ཀྲུང་དབྱང་འཐབ་ཕྱོགས་གཅིག་གྱུར་ཕྱེའི་ཡིག་སྒྲིག་འབྲེལ་ཡོད་ཁག་གིས་གསར་འགྱུར་པར་སྐྲུན་ཁང་དང་འབྲེལ་འདྲིས་ཤུགས་སྟོན་བྱས་ནས། མི་རིགས་དང་ཆོས་ལུགས་ཀྱི་ཏུས་མཚམས་སྤོར་བྱས་ཏེ། མི་རིགས་དང་ཆོས་ལུགས་ཀྱི་གནད་དོན་གཟབ་ནན་སྟོན་ཐག་གཅོད་པའི།》

Circular on the Cautious Treatment in Addressing Ethnic and Religious Issues for the Books, Newspapers and Periodicals Released Publicly was released by the United Front Work Department of the Chinese Communist Party Central Committee in 1985, requiring relevant departments to contact the news publishing house more closely to introduce ethnic and religious policies, paying attention to and treating ethnic and religious policies earnestly and cautiously.

《关于供应少数民族金银首饰价格的电报通知》 文件名。1980 年由国家物价总局、中国人民银行总行、商业部共同发出。主要规定：在供应外宾的金银首饰价格提高以后，对专供少数民族加工金银首饰用的金银配售价格和供应品的销售价格，一律不提高、不变动。

《གྲངས་ཉུང་མི་རིགས་ལ་གསེར་དངུལ་རྒྱན་ཆའི་རིན་གོང་འཛིན་སྤྲོད་བྱེད་པའི་གློག་འཕྲིན་བརྡ》 ཡིག་ཆའི་མིང་། ༡༩༨༠ ལོར། རྒྱལ་ཁབ་དངོས་ཟོག་རིན་གོང་སྤྱི་ཁྱབ་ཅུས་དང། ཀྲུང་གོ་མི་དམངས་དངུལ་ཁང་སྤྱི་ཁྱབ་ཁང། ཚོང་ལས་པུའི་བཅས་ཀྱིས་མཉམ་དུ་སྤེལ། གཙོ་བོ་ཡི་རྒྱུད་གོང་བའི་འཛིན་སྐོང་བྱེད་པའི་གསེར་དངུལ་གྱི་རིན་གོང་ཇེ་མཐོར་བཏང་རྗེས། གྲངས་ཉུང་མི་རིགས་ལ་ཆེད་དུ་འདོན་སྤྲོད་བྱེད་པའི་གསེར་དངུལ་རྒྱན་ཆའི་རིན་གོང་ཚོང་མ་ཇེ་མཐོར་གཏོང་བ་དང་། འགྱུར་མི་ཆོག་ཐག་བཅད་ཡོད།

Telegraph on the Price of Gold and Silver Ornaments Supplied for Ethnic Minorities was released jointly by State Administration of Commodities Prices, headquarter of the people's Bank of China (PBOC) and Ministry of Commerce, prescribing that the placing price of gold and silver exclusively used to process gold and silver ornaments for ethnic minorities and the sale price of provisions should not raise after the increase in the price of gold and silver ornaments supplied for foreign guests.

《关于鼓励杂居、散居禁猪的少数民族发展养羊、养牛和做好收购供应工作的通知》 文件名。1980 年由农业部、商业部、供销合作总社、国家民委联合发出。提出：1. 支持和鼓励禁猪民族发展养羊、养牛业。2. 落实党在农村的经济政策。3. 采取有效的生产、技术措施。4. 做好收购、供应工作。5. 加强领导。

《ཕག་གསོ་མི་ཆོག་པའི་གྲངས་ཉུང་མི་རིགས་འདྲེས་སྡོད་དང་འཐོར་འདུས་ཁྱལ་དུ་ནོར་ལུག་གསོ་བ་དང་བ་གློག་གསོ་སྐྱེལ་བྱེད་པར་སྐུལ་བའི་སྐོར་གྱི་བརྡ་ཐོ》 ཡིག་ཆའི་མིང་། ༡༩༨༠ ལོར་ཞིང་ལས་པུའི་དང་ཚོང་ལས་པུའི་འདོན་ཚོང་མཉམ་ལས་ཁང་། རྒྱལ་ཁབ་མི་རིགས་དོན་གཅོད་

ཡོན་སྐྱེན། །ཁང་བཅས་མཉམ་འབྲེལ་གྱིས་སྤེལ། 1. ཕག་གསོ་མི་ཆོག་པའི་མི་རིགས་ཀྱི་ཁྲོག་ལུག་གསོ་བའི་ལས་རིགས་སྟེལ་བར་རོགས་སྐྱོར་དང་སྐུལ་སྐྱོར་བྱེད་པ། 2. ཏང་གི་གྲོང་གསེབ་ཀྱི་དཔལ་འབྱོར་ལས་ལུགས་ལག་བསྟར་བྱེད་པ། 3. ནུས་ལྡན་གྱི་ཐོན་སྐྱེད་དང་ལག་རྩལ་བྱེད་ཐབས་བཀོལ་བ། 4. ཉོ་སྒྲུབ་དང་མཁོ་འདོན་གྱི་བ་ལེགས་པོར་བསྒྲུབ་པ། 5. འགོ་ཁྲིད་ལ་ཤུགས་སྣོན་རྒྱག་པ་བཅས་སོ། །

Circular on Encouraging Scattered or Mixed Ethnic Minorities Who Forbid Pork Consumption to Develop Sheep and Cattle Farming and Doing well in the Purchasing and Supplying Work was released jointly by Ministry of Agriculture, Ministry of Commerce, Federation of Supply and Marketing Co-operatives and the State Ethnic Affairs Commission. It proposes: 1. supporting and encouraging ethnic minorities who forbid pork consumption to develop sheep and cattle farming; 2. implementing the CPC's rural economic policies; 3. applying effective production and technique measures; 4. doing well in the purchasing and supplying work; 5. strengthening the leadership.

《关于国家民族事务委员会工作任务和机构设置的通知》 1970年国家民委被撤销，1978年重设，该《通知》即在当年由国务院下发。指出：其工作任务是在党中央、国务院领导下，贯彻执行党的民族政策和国家有关民族事务方面的法规，管理民族事务。同时还明确了国家民委的13项职能等。

《རྒྱལ་ཁབ་མི་རིགས་དོན་གཅོད་ཨུ་ཡོན་ལྷན་ཁང་གི་ལས་ཀའི་ལས་འགན་དང་ལས་ཁུངས་བཀར་འཇོག་སྐོར་གྱི་བརྡ་ཕྲིན།》 1970ལོར་རྒྱལ་ཁབ་མི་རིགས་དོན་གཅོད་ཨུ་ཡོན་ལྷན་ཁང་མེད་པར་བཟོས། 1978ལོར་བསྐྱར་འཛུགས་བྱས། 《བརྡ་ཕྲིན།》 འདི་ནི་ལོ་དེར་རྒྱལ་སྲིད་སྤྱི་ཁྱབ་ཁང་གིས་སྤེལ་བ་དེ་ལས། ཀའི་ལས་འགན་ནི་ཏང་གུང་དབུང་དང་རྒྱལ་སྲིད་སྤྱི་ཁྱབ་ཁང་གི་འཁྲིད་འོག དང་གི་མི་རིགས་སྲིད་ཇུས་དང་རྒྱལ་ཁབ་ཀྱི་མི་རིགས་ལས་དོན་སྐོར་གྱི་ཁྲིམས་སྒྲིག་ལག་བསྟར་བྱེད་པ་དང་ཆབས་ཅིག་ཏུ་རྒྱལ་ཁབ་མི་རིགས་དོན་གཅོད་ཨུ་ཡོན་ལྷན་ཁང་གི་འགན་ནུས་ཚན་པ་བཅུ་གསུམ་སོགས་གསལ་པོར་བྱས་ཡོད།

On the Task and Institutional settings of State Ethnic Affairs Commission State Ethnic Affairs Commission was withdrawn in 1970 and restored in 1978. The document was released by the State of Council in 1978, pointing out that the task of State Ethnic Affairs Commission is to carry out the general and specific policies on ethnic minorities and regulations related to ethnic affairs put up by the Party Central Committee and the State Council, and to manage the minority affairs. And it explicates 13 functions of State Ethnic Affairs Commission explicitly.

《关于国务院〈殡葬管理条例〉中尊重少数民族的丧葬习俗规定的解释》 文件名。1999年由民政部、国家民委、卫生部共同发布。就《殡葬管理条例》颁布以来，一些地方遇到如何理解和执行有关"尊重少数民族的丧葬习俗"规定的问题做出具体解释。主要涉及10个少数民族的土葬等问题。

《རྒྱལ་སྲིད་སྤྱི་ཁྱབ་ཁང་གི་〈བེམ་པོ་སྦྱེལ་སྦས་དོ་དམ་སྲོལ་ཡིག〉ཁྲོད་གྲངས་ཉུང་མི་རིགས་ཀྱི་དུར་འཇུག་གོམས་སྲོལ་ལ་བརྩི་འཇོག་དགོས་པའི་སྐོར་གཏན་འབེབས་ཀྱི་འགྲེལ་བཤད》 ཡིག་ཆའི་མིང་། ༡༩༩༩ལོར་དཀར་སྲིད་པུའུ་དང་རྒྱལ་ཁབ་མི་རིགས་དོན་གཅོད་ཨུ་ཡོན་ལྷན་ཁང་། འཕྲོད་བསྟེན་པུའུ་བཅས་ཐུན་མོང་གིས་སྤེལ། 《བེམ་པོ་སྦྱེལ་སྦས་དོ་དམ་སྲོལ་ཡིག》ཁྱབ་བསྒྲགས་བྱས་པ་ནས་བཟུང་། ས་ཆ་ཁ་ཤས་ཀྱི་གྲངས་ཉུང་མི་རིགས་ཀྱི་དུར་འཇུག་གོམས་སྲོལ་ལ་བརྩི་འཇོག་བྱེད་པ་སྟེ་གོ་རྟོགས་ལེན་པ་དང་ལག་བསྟར་བྱེད་པའི་སྐོར་གྱི་གནད་དོན་ཞིག་ཡོད་པའི་འགྲེལ་བཤད་བྱས། གཙོ་བོ་གྲངས་ཉུང་མི་རིགས་༡༠ཡི་ས་དོག་དུར་འཇུག་གི་གནད་དོན་སོགས་འདུས།

***Interpretation on the Provisions of the Funeral Customs of Ethnic Minorities of Regulations on Funeral And Interment Control* Issued by State Council** was released jointly by Ministry of Civil Affairs, State Ethnic Affairs Commission and Ministry of Health in 1999. Since the promulgation of *Regulations on Funeral And Interment Control*, some places have problems in understanding and implementing those provisions to respect funeral customs of ethnic minorities. Accordingly it makes explicit explanations, mainly involved burial/interment customs of ten ethnic minorities.

《关于过去几年内党在少数民族中进行工作的主要经验总结》 文件名。1954年中共中央批发。主要内容有3部分：1. 关于过渡时期党在民族问题方面的任务。2. 关于民族政策的几个问题。3. 关于纠正一部分汉族干部中的大汉族主义、主观主义与命令主义的思想作风及防止地方民族主义思想。

《འདས་པའི་ལོ་འགའི་ནང་དུ་ཏང་གིས་གྲངས་ཉུང་མི་རིགས་ལས་དོན་སྒྲུབ་པའི་ཉམས་མྱོང་གཙོ་བོ་ཕྱོགས་སྡོམ་སྐོར》 ཡིག་ཆའི་མིང་། ༡༩༥༤ལོར་ཀྲུང་གུང་ཀྲུང་དབྱང་གིས་ཚོགས་བགོད་ཀྱིས་སྤེལ། ནང་དོན་གཙོ་བོ་ཁག་གསུམ་ཡོད། ༡.བར་བརྒལ་དུས་སྐབས་སུ་ཏང་གི་གྲངས་ཉུང་མི་རིགས་གནད་དོན་སྐོར་གྱི་ལས་འགན། ༢.མི་རིགས་སྲིད་ཇུས་སྐོར་གྱི་གནད་དོན་འགའ། ༣.རྒྱ་རིགས་གཞུང་ཞབས་པ་ཁ་ཤས་ཀྱི་རྒྱ་ཆེན་པོའི་རིང་ལུགས་དང་། རང་འཛིན་རིང་ལུགས། བཀའ་རྒྱ་རིང་ལུགས་བཅས་ཀྱི་བསམ་བློ་དང་བྱེད་སྟངས་ཡོ་བསྲང་དང་། ས་ཁུལ་མི་རིགས་རིང་ལུགས་ཀྱི་བསམ་བློ་འགོག་པ་བཅས་སོ།

Summary of the Main Experience of Party Work among Ethnic Minorities in the Past Few Years was distributed by Chinese Communist Party Central Committee in 1954, having three sections: 1. on the CPC's tasks in the ethnic issues during transitional period; 2. Several questions on the ethnic policy; 3. correction of Han chauvinism, subjectivism and authoritarianism in the mind of some Han ethnic officials and prevention of the local nationalism.

《关于划分西藏农村阶级的方案》 文件名。1959年西藏工委扩大会通过。规定：西藏农村划分为农奴主与农奴两大阶级（不划富农阶级）。农奴主阶级中划分农奴主和农奴主代理人；农奴阶级中划分富裕农奴、中等农奴、贫苦农奴、奴隶、贫苦喇嘛。方案还规定了划分的标准等。

《བོད་ལྗོངས་གྲོང་གསེབ་ཀྱི་གྲལ་རིམ་བགོ་བཤས་སྐོར་གྱི་དབྱེ་གཞི》 ཡིག་ཆའི་མིང་། ༡༩༤༩ལོར། བོད་ལྗོངས་བཞུགས་བྱེད་ཚོགས་འདུར་གྲོས་འཆམ་བྱུང་། བོད་ལྗོངས་གྲོང་གསེབ་དུ་གྲལ་རིམ་ཞིང་བདག་དང་ཞིང་བདག་པོ་གཉིས་སུ་དབྱེ། (ཞིང་ཕྱུག་གྲལ་རིམ་བགོས་མེད) ཞིང་བདག་པོའི་གྲལ་རིམ་ཁོད་ཞིང་བདག་པོ་དང་ཞིང་བདག་པོའི་ལས་ཚབ་པ་བཅས་སུ་དབྱེ་ཡོད་ལ། ཞིང་བྲན་གྲལ་ལ་ཞིང་བྲན་ཕྱུག་པོ་དང་། ཞིང་བྲན་བར་མ། ཞིང་བྲན་དབུལ་པོ། བྲན་གཡོག གྲྭ་དབུལ་པོ་བཅས་སུ་དབྱེ་ཡོད། གཞན་དུས་གཞིར་བཟུང་བགོའི་ཚད་གཞིར་གཏན་འབེབས་བྱས་ཡོད།

Scheme on Determining Class Status in Tibetan Rural Areas was passed at the enlarged meeting of the Tibet Work Committee in 1959. It divides people in Tibetan rural area into serf-owners class and serf class (not classifying rich peasants). Serf-owners class is further divided into serf-owners and agents of serf-owners while serf class is divided into rich serf, average serf, poor serf, slave and poor lamas. The scheme also specifies standards of classification.

《关于恢复或改正民族成分的处理原则的通知》 文件名。1981 年由国务院人口普查领导小组、公安部、国家民委共同发布。对要求恢复或改正民族成分者，提出 10 项具体处理原则。如第一条指出，凡属少数民族，未能正确表达本人的民族成分，而申请恢复其民族成分的，都应当予以恢复。

《མི་རིགས་གྲུབ་ཆ་བསྐྱར་གསོ་དང་ཡོ་བསྲང་བྱེད་པའི་རྒྱུ་དོན་སྐོར་གྱི་བརྡ་ཐོ》 ཡིག་ཆའི་མིང་། ༡༩༨༡ལོར་རྒྱལ་སྲིད་སྤྱི་ཁྱབ་ཁང་མི་གྲངས་ཞིབ་བཤེར་འགོ་ཁྲིད་ཚོགས་ཆུང་དང་། སྤྱི་བདེ་པུའུ། རྒྱལ་ཁབ་མི་རིགས་དོན་གཅོད་ཨུ་ཡོན་ལྷན་ཁང་བཅས་ཀྱིས་མཉམ་དུ་སྤེལ། མི་རིགས་གྲུབ་ཆ་བསྐྱར་གསོ་དང་ཡོ་བསྲང་གི་རེ་བ་འདོན་མཁན་ལ། ཞིབ་ཕྲའི་ཐག་གཅོད་རྩ་དོན་བཅུ་བཏོན། དཔེར་ན་ཚན་པ་དང་པོར། གངས་ཉུང་མི་རིགས་ལ་གཏོགས་ཀྱང་། རང་གི་མི་རིགས་གྲུབ་ཆ་ཡང་དག་བརྗོད་ཐུབ་མེད་པས། མི་རིགས་གྲུབ་ཆ་བསྐྱར་གསོ་བྱེད་པར་རེ་བ་ཞུ་མཁན་ཞིག་ཡིན་ན། ཆང་མར་བསྐྱར་གསོ་བྱེད་དགོས་ཞེས་པའོ། །

Guidelines for Restoring or Amending Ethnic Minority Status was released jointly by Census Official of State Council, Ministry of Public Security and State Ethnic Affairs Commission in 1981. It proposes ten principles specifically for those who want to claim or reclaim their ethnic identity, for example, one principle states as follows: the ethnic identity of all those who are ethnic minorities but fail to express their ethnic identity properly and apply for reclaiming of their ethnic identity, can be confirmed.

《关于回汉通婚后汉族一方及其子女愿随回族生活的，按回族标准供应副食品问题的通知》 文件名。1979 年由商业部、国家民委联合下发。主要内容规定：凡回族（包括禁猪的其他少数民族）和汉族结婚后,汉族及其汉族成分的子女,愿随回族生活习惯的,依本人要求,可按当地回族标准供应副食品。

《རྒྱ་ཧུའི་གཉིས་སྦྱིག་བྱས་རྗེས་རྒྱ་ཕྱོགས་དང་དེའི་བུ་བུ་མོ་རྣམས་ཧུའི་རིགས་གོམས་སྲོལ་ལྟར་འཚོ་བ་སྐྱེལ་འདོད་ན། ཧུའི་རིགས་ཀྱི་ཚད་གཞི་ལྟར་ཟས་རིགས་སྐྱོད་བའི་གནད་དོན་སྐོར་གྱི་བརྡ་ཕོ》 ཡིག་ཆའི་མིང་། ༡༩༧༩ ལོར་ཚོང་ལས་པུའུ་དང་རྒྱལ་ཁབ་མི་རིགས་དོན་གཅོད་ཨུ་ཡོན་ལྷན་ཁང་གཉིས་མཉམ་འབྲེལ་འགོག་སྦྲེལ། གཙོ་བོ་གཙོ་བོ་ཧུའི་རྒྱ་གཞན་ཚུན་གཉིས་ (ཕག་ཤ་འགོག་པའི་གུས་ཞུས་མི་རིགས་གཞན་ཚུན་ཡང་།) སྦྱིག་བྱས་རྗེས། རྒྱ་ཕྱོགས་ཀྱི་བུ་ཕྲུག་རྣམས་ཧུའི་རིགས་གོམས་སྲོལ་ལྟར་འཚོ་བ་སྐྱེལ་འདོད་ན་མི་སྒེར་གྱི་རེ་བ་ལྟར། ས་ཁུལ་དེའི་ཧུའི་རིགས་ཀྱི་ཚད་གཞི་ལྟར་ཟས་རིགས་སྐྱོད་དགོས་པ་སོགས་གཙོ་བོར་བསྟན་ཡོད།

Circular on the Supply of Non-staple Food according to the Same Standards for the Hui people on the Side of Han and their Children if They are Willing to Follow the Hui's Customs and Lifestyle in the Hui-Han Intermarriage was released by Ministry of Commerce and State Ethnic Affairs Commission in 1979, mainly specifying that in the intermarriage of Hui (including other ethnic minorities in prohibition of pig) and Han, the Han side and their children with Han ethnic identity, if they are willing to follow Hui living customs and make requirements, they can be provided with non-staple food according to local Hui standard.

《关于回回民族问题的提纲》 文件名。1940年由中共西工委拟定。文件系统阐发了党对回族的政策:建立民族自治制度,保障回族在政治上与汉族享有平等权利;成立民族事务管理机构;成立回族文化救国团体;培养民族干部,发展回族教育事业,实行文化上的平等;尊重伊斯兰教,尊重回民生活习惯等。

《ཧུའི་ཧུའི་མི་རིགས་གནད་དོན་སྐོར་གྱི་གནད་བསྡུས》 ཡིག་ཆའི་མིང་། ༡༩༤༠ ལོར་ཀྲུང་གུང་ལས་སྐྱོང་ཨུ་ལྷན་ཚོགས་ཀྱིས་གཏན་འབེབས་བྱས། ཡིག་ཆ་དེའི་ཧུའི་རིགས་ཀྱི་སྲིད་ཇུས་འཐུས་ཤེན་ཞིབ་བརྗོད་བྱས་པ་དང་། མི་རིགས་རང་སྐྱོང་ལམ་ལུགས་བཙུགས་ཏེ། ཧུའི་རིགས་ལ་ཆབ་སྲིད་ཐོག་ནས་རྒྱ་དང་འདྲ་མཉམ་གྱི་དབང་ཆ་ཡོད་པ་ལེགས་ཐབས་བྱས་པ་དང་། མི་རིགས་ལས་དོན་དོ་དམ་ལས་ཁུངས་འཛུགས་པ། ཧུའི་རིགས་གནས་རྒྱལ་སྐྱོབ་ཚོགས་པ་འཛུགས་པ། མི་རིགས་གཞུང་ཞབས་པ་གསོ་སྐྱོང་བྱེད་པ། ཧུའི་རིགས་གསོ་གསོ་ལས་དོན་གོང་སྤེལ་གཏོང་བ། རིག་གནས་སྟེང་གི་འདྲ་མཉམ་ལག་བསྟར་བྱེད་པ། དཔེ་ཨི་ལན་ཆོས་ལུགས་དང་ཧུའི་རིགས་ཀྱི་འཚོ་བའི་གོམས་གཤིས་ལ་བརྩི་འཇོག་བྱེད་པ་སོགས་ཡོད།

Outline on the Question of the Hui people was proposed by West Working Committee of the CPC in 1940, systematically elucidating the CPC's policies for the Hui people: establishing system of ethnic autonomy to ensure that the Hui people enjoy equal rights as Han people politically; setting up institutions of managing ethnic affairs; forming salvation groups of Hui culture; fostering ethnic officials and developing Hui's education to realize equality in culture; respecting Islam and living customs of the Hui people, etc.

《关于回民工作的指示》 文件名。1936年，由红一方面军总政治部向中共党组织及红军内部发出。是指导中共党组织和红军在回族地区组织群众建立革命政权的具体政策。

《ཧུའི་རིགས་ལས་ཀའི་སྐོར་གྱི་མཛུབ་སྟོན》 ཡིག་ཚད་མིང་། ༡༩༣༦ལོར། དམར་དམག་ཕྱོགས་དང་པོའི་སྤྱི་ཁྱབ་ཆབ་སྲིད་པུའི་ཡི་གུང་གུང་ཏང་གི་རྩ་འཛུགས་དང་དམར་དམག་ནང་ཁུལ་ནས་སྤྲིངས། གུང་གུང་ཏང་གི་རྩ་འཛུགས་དང་དམར་དམག་གིས་ཧུའི་རིགས་ས་ཁུལ་དུ་མང་ཚོགས་རྩ་འཛུགས་བྱས་ནས། གསར་བརྗེ་སྲིད་དབང་འཛུགས་པའི་ཞིབ་ཕྲའི་ལས་ཡུལ་ལ་མཛུབ་སྟོན་བྱེད།

Directive on the Work with the Hui people was a concrete policy for instructing CPC organizations and Red Army to organize masses to establish revolutionary political powers in Hui areas. It was sent by General Political Department of the First-front Red Army to the CPC's organizations and the Red Army in 1936.

《关于继承发扬民族医药学的意见》 文件名。1983年由全国少数民族卫生工作会议制定，卫生部、国家民委共同发布。分3部分。就藏医、蒙医、维吾尔医、傣医等民族医药学的历史发展情况和解放以来民族医药工作的开展和目前存在的问题进行阐述，并提出今后应着重做好的5项工作。

《མི་རིགས་ཀྱི་གསོ་རིག་རྒྱུན་འཛིན་དང་དར་སྤེལ་སྐོར་གྱི་བསམ་འཆར》 ཡིག་ཚད་མིང་། ༡༩༨༣ལོར་རྒྱལ་ཡོངས་གྲངས་ཉུང་མི་རིགས་འཕྲོད་བསྟེན་ལས་ཀའི་ཚོགས་འདུར་ཐག་བཅད། འཕྲོད་བསྟེན་པུའུ་དང་རྒྱལ་ཁབ་མི་རིགས་དོན་གཅོད་ཨུ་ཡོན་ལྷན་ཁང་གིས་ཆེས་མཉམ་འབྲེལ་བསྒྲགས། བོད་ཁམས་རིག་དང༌། སོག་པོའི་གསོ་རིག་ཡུ་གུར་གྱི་གསོ་རིག་ཏའི་ཡུགས་རིག་སོགས་མི་རིགས་གསོ་རིག་གི་ལོ་རྒྱུས་ཀྱི་གནས་ཚུལ་དང༌། བཅིངས་འགྲོལ་བྱུང་ཚུན་མི་རིགས་གསོ་རིག་ལས་ཀའི་འཕེལ་རྒྱས། ཡིག་སྡུར་གནས་པའི་གནད་དོན་ཞིབ་བརྗོད་བྱེད་པ། ཕྱིན་ཆད་སྒྲུབ་དགོས་པ་བཅས་ལས་དོན་གལ་ཆེན་ཆ་པ་ལྔ་བཏོན་ཡོད།

Opinions on Inheriting and Developing the Medicine of Ethnic Minorities was drafted by the National Ethnic-minority Health Work Conference and jointly released by Ministry of Health and State Ethnic Affairs Commission in 1983, having 3 sections. It elucidates the historical development of the minority medicine such as Tibetan, Uygur, Dai and Mongolian medicines, the development of work on minority medicine since liberation and the current problems, and proposes five tasks to be given priority in the future.

《关于继续对国家定点企业生产和经销单位经销的边销茶免征增值税的通知》 文件名。2001年由财政部、国家税务总局发布。是对国家定点企业生产和经销单位经销的边销茶免征增值税的政策。自2001年1月1日始继续执行至2005年12月31日止。

《རྒྱལ་ཁབ་ཀྱི་གཏན་ཕབ་ཁེ་ལས་བཟོ་སྐྲུན་དང་ཚོང་གཉེར་ལས་ཁུངས་ཀྱིས་ཚོང་འགྲེམ་བྱེད་པའི་མཐའ་འགྲེམ་ཇ་ལ་རྒྱ་མཐུད་དུ་ཁྲལ་

《གཅིག་བའི་བར་ཆོ》 ཡིག་ཆའི་མིང། ༢༠༠༡ ལོར་དངུལ་སྲིད་པུའི་དང་རྒྱལ་ཁབ་ཁྲལ་དོན་སྤྱི་ཁྱབ་ཅུའི་ཡིག་སྟེལ། རྒྱལ་ཁབ་ཀྱིས་གཏན་ལ་ཕབ་པའི་ཞི་ཤོན་སྟེར་དང་ཚོང་གཉེར་ལས་ཁུངས་ཀྱིས་ཚོང་འགྱེད་བྱེད་པའི་མཐའ་འགྱིམ་ཇའི་ཁལ་གཅོག་པའི་སྲིད་ཇུས ༢༠༠༡ ལོའི་ཟླ་ ༡ ཕོའི་ཚེས་ ༡ ཉིན་ནས་འགོ་བཙུགས་ཏེ ༢༠༠༥ ལོའི་ཟླ་ ༡༢ པའི་ཚེས་ ༣༡ ཉིན་མཚམས་བཞག

Circular on Continuous Exemption of Value-added Tax for Brick Tea Produced by State Designated Enterprises and Sold by Selling Units was issued by Ministry of Finance and State Administration of Taxation in 2001. The policy of exempting VAT (value-added tax) for the brick tea produced by designated state enterprise and sold by selling units was implemented from January 1, 2001 to December 31, 2005.

《关于继续对民族贸易企业执行增值税优惠政策的通知》 文件名。2001年由财政部、国家税务总局发布。文件规定：在2005年底前，对民族贸易县县级国有民族贸易企业和供销社企业销售货物，按实际缴纳增值税税额先征后返50%；对县以下（不含县）国有民族贸易企业和基层供销社销售货物免征增值税。

《མི་རིགས་བར་ཀྱི་ནོ་ཚོང་ཁེ་ལས་ལ་ཁྲལ་བཟུར་གཟིགས་སྐྱོང་བྱེད་རྒྱུ་མུ་མཐུད་དུ་སྦྱེལ་བའི་སྐོར་ཀྱི་བར་ཆོ》 ཡིག་ཆའི་མིང། ༢༠༠༡ ལོར་དངུལ་སྲིད་པུའི་དང་ཁྲལ་དོན་སྤྱི་ཁྱབ་ཅུའི་ཡིག་སྟེལ། ཡིག་ཆར། ༢༠༠༥ ལོའི་ལོ་མཇུག་ལའམ་སྔོན་གོང་། མི་རིགས་བར་ཀྱི་ནོ་ཚོང་རྫོང་རིམ་པའི་རྒྱལ་གཉེར་མི་རིགས་བར་ཀྱི་ནོ་ཚོང་ཁེ་ལས་དང་འདོན་ཚོང་ཞི་ཁུངས་ཀྱི་ཐོག་བཙོང་སྐྱེལ། དངོས་སུ་བླུགས་པའི་ཁལ་ལས་ ༥༠% ཕྱིར་བསྐོག་པ་དང་། རྫོང་མན་ཆད (རྫོང་ཁོངས་སུ་མི་གཏོགས) ཀྱི་རྒྱལ་གཉེར་མི་རིགས་ཞི་ལས་དང་གཞི་རིམ་འདོན་ཚོང་ཁང་གི་ཚོང་རྫོང་བར་ཁྲལ་མི་བསྡུ་བ་གཏན་ལ་ཕབ་ཡོད།

Circular on Continuing the Value-added Tax Relief Policy on Goods Sold by National Trade Enterprises was released by Ministry of Finance and State Administration of Taxation in 2001, prescribing that by the end of 2005 commodities sold by state-own national trade enterprises and the supply and marketing enterprises of county level in the national trade county could enjoy 50% refund according to the actual payment of VAT, and commodities sold by state-own national trade enterprises and grassroots supply and marketing cooperatives below county level (excluding county level) could enjoy exemption of VAT.

《关于加快少数民族和民族地区职业教育改革和发展的意见》 我国第一个有关少数民族职业教育的政策性文件。旨在贯彻落实全国教育工作会议、中央民族工作会议精神，实施《职业教育法》，加快少数民族和民族地区职业教育的发展。2000年由国家民委、教育部发布。

《གྲངས་ཉུང་མི་རིགས་དང་གྲངས་ཉུང་མི་རིགས་ས་ཁུལ་དུ་ཆེད་ལས་སློབ་གསོ་བཅོས་བསྒྱུར་དང་འཕེལ་རྒྱས་རྗེ་མགྱོགས་སུ་གཏོང་བའི་སྐོར་ཀྱི་བསམ་འཆར》 རང་རྒྱལ་གྱུང་ཞུང་མི་རིགས་ཀྱི་ལས་རིགས་སློབ་གསོ་དང་འབྲེལ་ཡོད་ཀྱི

སྤྱིད་རྒྱས་རང་བཞིན་གྱི་ཡིག་ཆ་དང་པོ་ཡིན། རྒྱལ་ཡོངས་སློབ་གསོའི་ལས་ཀ་ལག་བསྟར་བྱེད་པའི་ཁྲོས་ཚོགས་དང་། ཀྲུང་དབྱང་མི་རིགས་ལས་དོན་གྱི་ཚོགས་འདུའི་དགོངས་པ་སྟེ《ལས་རིགས་སློབ་གསོའི་ཁྲིམས》ལག་བསྟར་བྱས་ནས། གྲངས་ཉུང་མི་རིགས་དང་གྲངས་ཉུང་མི་རིགས་ས་ཁུལ་དུ་ལས་རིགས་སློབ་གསོ་བཅོས་བསྒྱུར་དང་འཕེལ་རྒྱས་རྗེ་མགྱོགས་སུ་གཏོང་བ། ༢༠༠༠ལོར་རྒྱལ་ཁབ་མི་རིགས་དོན་གཅོད་ཨུ་ཡོན་ལྷན་ཁང་དང་སློབ་གསོ་པུའུ་ཡིས་མཉམ་དུ་སྤྲེལ།

Proposals on Accelerating the Reform and Development of Vocational Education in Ethnic Minority Regions and Regional Ethnic Autonomy Areas is the first policy on vocational education of ethnic minority, released by Ministry of Education and State Ethnic Affairs Commission in 2000 in order to implement the guidelines of National Conference on Education and Central Ethnic Work Meeting, executing *Vocational Education Law*, to accelerate the development of vocational education in ethnic minority regions and regional ethnic autonomy areas.

《关于加强领导和进一步办好高等院校少数民族班的意见》 文件名。1984年由教育部、国家民委联合发布。共8条。文件把高等院校民族班分为预科（含预科班或基础部）、专科和本科3种，并就民族班的主要任务、学员的招收、专任教师的编制、教材的编写、学生的待遇等问题提出具体意见。

《མཐོ་རིམ་སློབ་གྲྭའི་གྲངས་ཉུང་མི་རིགས་འཛིན་གྲྭར་འགོ་ཁྲིད་དང་སྟར་བས་རྗེ་ལེགས་སུ་སྦྱོང་བའི་སྐོར་གྱི་བསམ་འཆར》ཡིག་ཆའི་མིང་། ༡༩༨༤ལོར་ཡིག་ཆ་དེ་སློབ་གསོ་པུའུ་དང་རྒྱལ་ཁབ་མི་རིགས་དོན་གཅོད་ཨུ་ཡོན་ལྷན་ཁང་གིས་མཉམ་དུ་སྤེལ། གྲོས་སྟོན་དོན་ཚན་གསུམ་ཡོད། མཐོ་རིམ་སློབ་གྲྭའི་མི་རིགས་འཛིན་གྲྭར་སྔོན་འགྲོ་ལ་(སྔོན་འགྲོའམ་གཞི་རྩའི་ཆ་ཤས་ཚུད)ཆེད་ཆོས་དང་རྩ་གཞིའི་ཆོས་བཅས་གསུམ་དུ་དབྱེ་བ། མི་རིགས་འཛིན་གྲྭའི་འགན་ཁུར་གཙོ་བོ་དང་། སློབ་བསྡུ། ཆེད་དུ་འགན་བཞེས་པའི་དགེ་རྒན། སློབ་དེབ་རྩོམ་སྒྲིག སློབ་མའི་འཚོ་སྐྱོང་སོགས་ཀྱི་གནད་དོན་ལ་ཞིབ་ཕྲའི་བསམ་འཆར་བཏོན།

Opinions on Strengthening Guidance of and Operating Ethnic Minority Classes Well at Colleges and Universities was released by Ministry of Education and State Ethnic Affairs Commission in 1984, eight articles in total, dividing minority classes in colleges and universities into preparatory classes (including preparatory classes or foundation part), specialized courses and undergraduate courses, and posing specific proposals on minority classes' main task, enrollment, organization of full-time teachers, compilation of teaching materials, treatment of student, etc.

《关于加强民族法规和民族政策执行情况监督检查工作的意见》 文件名。2009年由国家民委印发。共6部分21条。《意见》提出了加强民族法规和民族政策执行情况监督检查工作的重要性及相应的工作原则、指导思想、主要任务、总体目标；要求加强对该项工作的领导，建立健全规章制度，落实若干要求。

《མི་རིགས་ཁྲིམས་སྲོལ་དང་མི་རིགས་སྲིད་ཇུས་

ལག་བསྟར་བྱས་པའི་གནས་ཚུལ་ལ་ལྟ་སྐུལ་
ཞིབ་བཤེར་གྱི་ལས་ཀ་ཤུགས་རྒྱག་པའི་བསྟར་
གྱི་བསམ་འཆར》 ཡིག་ཆའི་མིང་། ༢༠༠༩ལོར་
རྒྱལ་ཁབ་མི་རིགས་དོན་གཅོད་ཨུ་ཡོན་ལྷན་ཁང་གིས་
འགྲེམ་སྤེལ་བྱས། སྡོམ་ཁག་༦ཡོད་དོན་ཚན་༢༡ཡོད།
བསམ་འཆར་དུ་མི་རིགས་ཁྱིམས་སྲོལ་དང་མི་རིགས་སྲིད་
ཇུས་ལག་བསྟར་བྱས་པའི་གནས་ཚུལ་ལ་ལྟ་སྐུལ་ཞིབ་
བཤེར་ལ་ཀག་ཀའི་ཆེ་རང་བཞིན་དང་བབ་བསྟུན་ལས་
ཀའི་ཚད་གཞི། མཛུབ་སྟོན་བསམ་བློ། ལས་འགན་གཙོ་
བོ། སྤྱི་ཡོངས་ཀྱི་དམིགས་འབེན་བཅས་བཏོན་ཏེ། ལྟ་
སྐུལ་ཞིབ་བཤེར་གྱི་དབུ་ཁྲིད་ལ་ཤུགས་སྟོན་དང་། ཚོགས་པའི་སྒྲིག་
སྲོལ་ལམ་ལུགས་འཛུགས། རིམ་འདུན་ཁ་ཁུངས་མཐོང་
འགྱུར་བྱེད་དགོས་པ་བཏོན།

Opinions on Strengthening Supervision over the Implementation of Regulations and Policies in Ethnic Minority Areas was released by the State Ethnic Affairs Commission in 2009, it is divided into 6 parts and 21 pieces in total. It highlights the importance of strengthening supervision on the implementation of regulations and policies in minority areas and comes up with the related working principles, the guideline, main tasks, and overall objectives. In addition, it demands to strengthen the leadership of supervision, establish and improve organizational structures, and implement these demands.

《关于加强民族教育工作若干问题的意见》 文件名。1992年由国家教委、国家民委印发。共7条。《意见》对民族教育的战略意义做了阐述；提出民族团结和民族政策教育的4项内容；要求民族教育坚持从实际出发，促进共同繁荣；并在民族教育的投入、领导、立法及少数民族干部的培养等方面提出意见。

《མི་རིགས་སློབ་གསོའི་ལས་ཀ་ཤུགས་རྒྱག་པའི་སྐོར་གྱི་བསམ་འཆར་འགའ》 ཡིག་ཆའི་མིང་། ༡༩༩༢ལོར་རྒྱལ་ཁབ་སློབ་གསོ་ཨུ་ཡོན་ལྷན་ཁང་དང་། རྒྱལ་ཁབ་མི་རིགས་དོན་གཅོད་ཨུ་ཡོན་ལྷན་ཁང་གིས་འགྲེམ་སྤེལ་བྱས། སྡོམ་ཚན་པ་༧ཡོད། བསམ་འཆར་དེས་མི་རིགས་སློབ་གསོའི་ཐབས་ཇུས་ཀྱི་དོན་སྙིང་གསལ་བཤད་བྱས་པ་སྟེ། མི་རིགས་མཐུན་སྒྲིལ་དང་མི་རིགས་སྲིད་ཇུས་སློབ་གསོའི་ནང་དོན་བཞི་བཏོན། མི་རིགས་སློབ་གསོ་དངོས་དོན་ལྟར་སྐྱོང་བའི་རེ་འདུན་བཅུག་འགྲོས་བྱས་ཏེ། མཉམ་དར་ལ་སྐུལ་འདེད་དང་ཚགས་ཆིག་ཏུ་མི་རིགས་སློབ་གསོའི་འགྲོ་གྲོན་དང་འགོ་ཁྲིད། ཁྲིམས་འཇོག། གཞན་ཡང་ཉུང་མི་རིགས་ཀྱི་གཞུང་ཞབས་པའི་གསོ་སྐྱོང་སོགས་ཀྱི་ཕྱོགས་སུ་བསམ་འཆར་བཏོན།

Opinions on a number of Issues Related to Strengthening the Work of Ethnic Education was jointly issued by the State Education Commission and the State Ethnic Affairs Commission in 1992, 7 articles in total. It expounds the strategic significance of ethnic education and puts forward four contents of ethnic unity and ethnic policy. It requires that the ethnic education should proceed from the practical situation, and it promotes the common prosperity and proposes suggestions on the input, leadership, and legislation of ethnic education and the cultivation of the minority cadres.

《关于加强民族贸易和民族用品生产供应工作的意见》 文件名。由国家民委等4部委提交，1991年国务院批转。共3部分。《意见》认为当前民族贸易和民族用品生产有了较快发展，但对存在的新情况、新问题应引起重视。并在重申已有优惠政策同时，要求从实际出发确定相应的扶持政策措施。

《མི་རིགས་ཀྱི་ཚོང་དང་མི་རིགས་མཁོ་ཆས་བཟོ་སྐྲུན་འདོན་སྐྱེད་ལས་ཀར་ཤུགས་རྒྱག་པའི་སྐོར་གྱི་བསམ་འཆར》 ཡིག་ཆའི་མིང་། དེ་ནི་རྒྱལ་ཁབ་མི་རིགས་དོན་གཅོད་ཨུ་ཡོན་ལྷན་ཁང་སོགས་སྦུའུ་ཨུ་བཞིས་གྲོ་དུ་ཞུས་ཏེ། ༡༩༩༡ ལོར་རྒྱལ་སྲིད་སྤྱི་ཁྱབ་ཁང་གིས་ཆོག་བགོད་རྒྱུད་སྤྲོད་བྱས། བོད་སྟོང་ཁག་གསུམ་ཡོད། བསམ་འཆར་དུ་ཡིག་སྐབས་མི་རིགས་ཀྱི་ཉེ་ཆོང་དང་མི་རིགས་མཁོ་ཆས་བཟོ་སྐྲུན་ལ་འཕེལ་རྒྱུན་མགྱོགས་པོ་ཡོད་པར་འདོད། ཡོན་ཀྱང་གནད་དོན་གསར་པ་སླེགས་ཡོད་པ་དེ་མཐོང་ཆེན་འཛིན་དགོས་པ་དང། དུ་དུང་སྲོལ་ཡོད་གཟིགས་རྟོང་སྲིད་ཇུས་ལ་བསྐྱར་བཞེད་བྱེད་པ་དང། ཆབས་ཅིག་ཏུ་དོན་དངོས་དང་མཐུན་པའི་རོགས་སྐྱོར་སྲིད་ཇུས་བྱེད་ཐབས་གཏན་ཁེལ་བྱེད་དགོས།

Opinions on Strengthening the Work on the Ethnic Trade and the Production and Supply of Ethnic Articles Submitted by the State Ethnic Affairs Commission and other three ministries and commissions, approved and forwarded by the State Council in 1991, it is divided into 3 parts. It notes that the current ethnic trade and the production of ethnic articles have developed more rapidly; still there are new situations and new problems which should be paid attention to. In addition to the preferential policies, the relevant supporting polices should be made according to the reality.

《关于加强民族散杂居地区少数民族教育工作的意见》 文件名。1992年由国家教委发布。共6部分内容。就当时约2000万散杂居少数民族的教育工作提出意见。文件要求：加强民族师资队伍建设及民族政策和民族团结教育，重视民族职业技术教育和实用技术培训，为少数民族子女入学创造有利条件等。

《མི་རིགས་འབོར་འདུས་སྟོང་ཁུལ་གྱི་གྲངས་ཉུང་མི་རིགས་སློབ་གསོའི་ལས་དོན་ལ་ཤུགས་རྒྱག་པའི་སྐོར་གྱི་བསམ་འཆར》 ཡིག་ཆའི་མིང་། ༡༩༩༢ བོར་རྒྱལ་ཁབ་སློབ་གསོའི་ཨུ་ཡོན་ལྷན་གྱིས་སྤེལ་བའི་ཡིག་ཆ། ནང་དོན་སྡོམ་ཚན་པ་དྲུག་ཡོད། དེའི་བྱེ་བ་གཞིས་ཚམ་གྱི་བོར་འདུས་གྲངས་ཉུང་མི་རིགས་ཀྱི་སློབ་གསོའི་ལས་ཀ་བཏོན་པའི་བསམ་འཆར། ཡིག་ཆའི་རེ་བཞག་ནི་མི་རིགས་དགེ་རྒན་གྱི་བོད་ཕྱོགས་གོང་སྤེལ་དང། མི་རིགས་སྲིད་ཇུས། མི་རིགས་མཐུན་སྒྲིལ་སློབ་གསོ་བཅས་ལ་ཤུགས་སྟོན་བྱེད་པ། མི་རིགས་ཅན་ལས་ལག་རྩལ་སློབ་གསོ་དང་བེད་སྤྱོད་ལག་རྩལ་སྦྱོང་བརྡར་ཆེ་བྱེད་དེ། གྲངས་ཉུང་མི་རིགས་ཀྱི་བུ་ཕྲུག་སློབ་གྲྭར་ཞུགས་པར་ཕན་པའི་ཆ་རྐྱེན་སྐྲུན་དགོས་པ་སོགས་ཡིན།

Opinions on Strengthening Ethnic Minority Education Work in Areas of Scattered and Mixed Ethnic Communities was released by the state education commission in 1992, six parts in total. It makes comments on the education work of the 20 million minorities living in the areas of scattered and mixed ethnic communities. Requirements are listed as follows: to strengthen the construction of ethnic minority teaching force and ethnic policies and ethnic unity education, to attach great importance to the ethnic vocational and technical education and practical technical training, to create beneficial conditions for sending ethnic minorities to schools, etc.

《关于加强全国民族医药工作的几点意见》
文件名。1984年由卫生部、国家民委提出，国务院转发。文件主要涉及民族医药在社会主义建设事业中的地位和作用，民族医药机构和民族医队伍的建设，民族医药的发掘、整理和提高工作，民族医用药的解决措施4方面内容。

《མི་རིགས་ཀྱི་སྨན་བཅོས་ལས་ཀར་ཤུགས་རྒྱག་པའི་སྐོར་གྱི་བསམ་འཆར་འགའ》 ཡིག་ཆའི་མིང་། ༡༩༨༤ལོར་འཕྲོད་བསྟེན་པུའུ་དང་རྒྱལ་ཁབ་མི་རིགས་དོན་གཅོད་ཨུ་ཡོན་ལྷན་ཁང་གིས་བཏོན་ཞིང་རྒྱལ་སྲིད་སྤྱི་ཁྱབ་ཁང་གིས་རྒྱུད་སྤེལ་གནང་། ཡིག་ཆའི་ནང་དོན་བོའི་ཕྱོགས་ནི། སྤྱི་ཚོགས་རིང་ལུགས་ཀྱི་ལས་དོན་བྱེད་ལུ་མི་རིགས་སྨན་བཅོས་ཀྱི་གོ་གནས་དང་བྱེད་ནུས། མི་རིགས་སྨན་བཅོས་རུ་ཁག་འཛུགས་སྐྲུན། མི་རིགས་སྨན་བཅོས་ཀྱི་བརྟག་འཚོལ་དང་ལེགས་སྒྲིག མི་རིགས་སྨན་བཅོས་སུ་བཀོལ་བའི་སྨན་ཐག་གཅོད་པའི་བྱེད་ཐབས་སོགས་ནང་དོན་ཆེན་པོ་བཞི་འདུས།

Opinions on Strengthening the Work of the National Ethnic-minority Medicine was proposed by Ministry of Health and State Ethnic Affairs Commission and forwarded by State Council in 1984, mainly four parts: the status and functions of medicine of ethnic minorities in the socialist construction; construction of institutions and teams of ethnic-minority medicine; exploration, compilation and enhancement of medicine of ethnic minorities, and solutions for medical medicine of ethnic minorities.

《关于加强少数民族传统体育工作的意见》
文件名。2006年由国家民委、国家体育总局联合下发。内容涉及民族传统体育工作之意义、群众性活动、基地建立、人才培养、发掘整理和研究等7方面的内容。

《གྲངས་ཉུང་མི་རིགས་ཀྱི་སྲོལ་རྒྱུན་ལུས་རྩལ་ལས་ཀར་ཤུགས་རྒྱག་སྐོར་གྱི་བསམ་འཆར》 ཡིག་ཆའི་མིང་། ༢༠༠༦ལོར་རྒྱལ་ཁབ་མི་རིགས་དོན་གཅོད་ཨུ་ཡོན་ལྷན་ཁང་དང་རྒྱལ་ཁབ་ལུས་རྩལ་སྤྱི་ཁྱབ་ཅུས་མཉམ་འབྲེལ་གོག་སྤེལ། ནང་དོན་ཕྱོགས་སུ། མི་རིགས་སྲོལ་རྒྱུན་ལུས་རྩལ་ལས་ཀའི་དོན་སྙིང་དང་། མང་ཚོགས་རང་བཞིན་གྱི་བྱེད་སྒོ། རྟེན་གཞིའི་འཛུགས་སྐྲུན། ཤེས་ལྡན་པ་གསོ་སྐྱོང་། བཙལ་འདོན་ལེགས་སྒྲིག་དང་ཞིབ་འཇུག་སོགས་ནང་དོན་ཆེན་པོ་བདུན་ཡོད།

Opinions on Strengthening the Work of Traditional Ethnic Sports was released by State Ethnic Affairs Commission and State General Administration of Sports in 2006, concerning the significance, mass activities, establishment of bases, training of professionals, and the discovery, organization and study of traditional ethnic sports work.

《关于建立民族教育行政机构的决定》 文件名。1952年由政务院发出。文件要求教育部增设民族教育司，各大行政区教育部（文教部）增设民族教育处（科），或在有关处（科）内设专职人员。各有关省市、专署、县人民政府教育厅、局、处、科分别增设适当的行政机构或专职人员。

《མི་རིགས་སློབ་གསོའི་སྲིད་འཛིན་ལས་ཁུངས་འཛུགས་པའི་སྐོར་གྱི་གཏན་འབེབས》ཡིག་ཆའི་མིང་། ༡༩༥༢ལོར་རྒྱལ་སྲིད་སྤྱི་ཁྱབ་ཁང་གིས་སྤེལ། ཡིག་ཆའི་རེ་འདུན་ནི། སློབ་གསོའུ་ཡིག་མི་རིགས་སློབ་གསོའི་འཛུགས་པ་དང་། སྲིད་འཛིན་ཁུལ་ཆེན་པོ་སོ་སོའི་སློབ་གསོའུ་ཡིག་མི་རིགས་སློབ་གསོའི་ཁང་འཛུགས་པའམ་འབྲེལ་ཡོད་སློབ་གསོ་ཁང་དུ་ཆེད་གཉེར་མི་སྣ་འཛུགས་པ། འབྲེལ་ཡོད་ཞིང་ཆེན་དང་གྲོང་ཁྱེར། རྫོང་སོགས་སུ་འོས་འཚམ་གྱི་སྲིད་འཛིན་ལས་ཁུངས་དང་ཆེད་གཉེར་མི་སྣ་འཛུགས་པ་རྒྱུ་བཅས་སོ།

Decisions on the Establishment of Ethnic Education Administrative Agency was released by Government Administration Council (former State Council) in 1952, with the following requirements: firstly, Ministry of Education should set up Ethnic Education Office; secondly, education departments of all greater administrative regions should establish ethnic education offices (or sections) or designate professionals in relevant offices (or sections), and thirdly, relevant provinces, cities, special offices, education offices of county people's government, bureaus, offices and sections should arrange proper administrative institutions or professionals.

《关于建立民族乡问题的通知》 文件名。1983年由国务院发布。文件明确规定：凡是相当于乡的少数民族聚居的地方，应建立民族乡且可结合本地的具体情况和民族特点发展各项事业。内容还涉及民族乡的名称、少数民族的人口比例、语言文字使用、政府人员配备、上级政府领导等问题。

《མི་རིགས་ཞང་འཛུགས་པའི་གནད་དོན་སྐོར་གྱི་བརྡ་ཐོ》ཡིག་ཆའི་མིང་། ༡༩༨༣ལོར་རྒྱལ་སྲིད་སྤྱི་ཁྱབ་ཁང་གིས་བསྒྲགས། ཡིག་ཆར་གསལ་གཏན་བྱས་པར། ཞང་དང་འདྲ་བའི་གྲངས་ཉུང་མི་རིགས་འདུས་སྡོད་ས་ཁུལ་ཡིན་ཕྱིན་གནས་ལུགས་མི་རིགས་ཀྱི་ཞིང་འཛུགས་འོས་ལ། ས་ཁུལ་དེའི་ཞིབ་ཕྲའི་གནས་ཚུལ་དང་མི་རིགས་ཀྱི་ཁྱད་ཆོས་ཟུང་འབྲེལ་སྒོས་ལས་དོན་སོ་སོ་གོང་དུ་སྤེལ་བ། དེ་མིན་ནང་དོན་ལ་མི་རིགས་ཞང་མིང་དང་། གྲངས་ཉུང་མི་རིགས་མི་གྲངས་ཀྱི་བསྡུར་ཚད། སྐད་དང་ཡི་གེའི་བཀོལ་སྤྱོད། གོང་རིམ་སྲིད་གཞུང་གི་འགོ་ཁྲིད་སོགས་གནད་དོན་ལྡག་འདུག།

Circular on the Issue of the Establishment of Ethnic Townships was released by State Council in 1983, specifying: any area, equivalent to a township where ethnic minorities live in concentrated communities, should establish an ethnic township to develop every undertaking in accordance with its actual conditions and ethnic characteristics. It also concerns about the names of ethnic townships, population proportion of ethnic minorities, use of languages and scripts, allocation of government personnel, leadership of higher level governments, etc.

《关于建立民族乡若干问题的指示》 文件名。1955年周恩来代表国务院发布。文件主要指出：根据《宪法》的规定，凡是相当于乡的少数民族聚居地方，应当建立民族乡。民族乡的人民委员会应该以该少数民族人员为主要成分组成。在行使职权时，应注意当地的民族特点。

《མི་རིགས་ཞང་གྲོང་སྐུན་པའི་གནད་དོན་འགའི་སྐོར་གྱི་མཛུབ་སྟོན》ཡིག་ཆའི་མིང་། ༡༩༥༥ལོར་གུའུ་ཨེན་ལེ་ཡིས་རྒྱལ་སྲིད་སྤྱི་ཁྱབ་ཁང་གི་ཚབ་བྱས་ཏེ་བསྒྲགས་པ། ཡིག་ཆའི་བསྐྱོན་དོན་གཙོ་བོ། ཙ་ཁྲིམས་ཀྱི་གཞན་འབངས་ལྟར། ཞང་དང་མཚུངས་པའི་གངས་ཉུང་མི་རིགས་འདུས་སྡོད་ཀྱི་ས་ཆ་ཡིན་ཚིན་མི་རིགས་ཀྱི་ཞང་ཞིག་འཛུགས་འོས་ལ། མི་རིགས་ཞང་གྲོང་གི་མི་དམངས་ཨུ་ཡོན་ལྷན་ཁང་དུ་གངས་ཉུང་མི་རིགས་དེའི་མི་སྣ་གྲུབ་ཚ་གཙོ་བོར་དགོས་པ་དང་། འགན་དབང་ལག་བསྟར་བྱེད་སྐབས་ས་གནས་དེའི་མི་རིགས་ཁྱད་ཆོས་ལ་དོ་སྣང་བྱེད་དགོས།

Directives on Several Issues Related to the Establishment of Ethnic Townships Released by Zhou Enlai, on behalf of the State Council, in 1955, it points out that: in accordance with the Constitution, minority areas which are analogous to a town in scale should be established as an ethnic township; the member of the people's committee should be made up of the local minorities; and special attention on characteristics of local minorities should be given when exerting authority.

《关于将清真食品列入少数民族特需用品目录的通知》 文件名。我国扶持清真食品产业发展的优惠政策。2003年由国家民委下发。清真食品正式列入少数民族特需用品目录。此后确定了373家"全国清真食品定点生产企业"，并给予享受技术改造贷款贴息和流动资金贷款年利率优惠2.88个百分点的照顾。

《དབྱི་སི་ལན་གྱི་ཟས་རིགས་གངས་ཉུང་མི་རིགས་ཀྱི་ཁྱད་མཁོའི་ཟས་རིགས་དཀར་ཆག་ལ་འགོད་པའི་སྐོར་གྱི་བརྡ་ཐོ》ཡིག་ཆའི་མིང་། རང་རྒྱལ་གྱིས་དབྱི་སི་ལན་གྱི་ཟས་རིགས་ཐོན་སྐྱེད་གོང་སྤེལ་གཏོང་བར་གཟིགས་སྐྱོང་བྱེད་པའི་སྲིད་ཇུས་ཡིན། ༢༠༠༣ལོར་རྒྱལ་ཡོངས་ཀྱི་མི་རིགས་དོན་གཅོད་ཨུ་ཡོན་ལྷན་ཁང་གིས་སྤེལ། དབྱི་སི་ལན་གྱི་ཟས་རིགས་གངས་ཉུང་མི་རིགས་ཁྱད་མཁོའི་ཟས་རིགས་དཀར་ཆག་ཏུ་དངོས་སུ་འགོད་པ་དང་། དེའི་རྗེས་ནས་རྒྱལ་ཡོངས་སུ་ངེས་ཏེས་གཏན་ཚན་གྱི་དབྱི་སི་ལན་གྱི་ཟས་རིགས་ཐོན་སྐྱེད་ཡི་ལ་གཏན་འབེབས་བྱེད་པ་མ་ཟད། ལག་ཚལ་བསྐྱར་བཅོས་ལ་དངུལ་སྐྱི་བ་དང་འཁོར་རྒྱུག་མ་དངུལ་སྐྱི་བའི་སྐྱེད་ཀ་བརྒྱ་ཆ་༢.༨༨གྱི་དམིགས་བསལ་ཡོན་པ་བཅས་སོ།

Circular on Putting Muslim Food into the Catalog of Special Necessities for Ethnic Minorities is a preferential policy for supporting the development of Muslim food industry in China. It was released by State Ethnic Affairs Commission in 2003, and Muslim food is officially put in the catalog of the special supplies for ethnic minorities. Thereafter 373 "designated enterprises producing Muslim food" was identified and can enjoy loan discount on technical renovation and 2.88% discount of annual interest rate on circulating capital loan.

《关于今后在行文中和书报杂志里一律不用"满清"的称谓的通知》 文件名。1956由国务院发布。指出："满清"这个名词是在清朝末年中国人民反对当时封建统治者这一段历史上遗留下来的称谓。要求除了引用历史文献不便改动外，今后一律不要用"满清"这个名称。

《དེང་ཕྱིན་ཆད་གཞུང་ཡིག་དང་དཔེ་ཆ་ཚགས་པར། དུས་དེབ་སོགས་སུ་མན་ཆིང་ཞེས་པའི་མིང་གཞན་ནས་མི་བཀོལ་བའི་བརྡ།》ཡིག་ཆའི་མིང་། ༡༩༥༦ལོར། རྒྱལ་སྲིད་སྤྱི་ཁྱབ་ཁང་གིས་བསྒྲགས། མན་ཆིང་ཞེས་པའི་མིང་ནི་ཆིང་རྒྱལ་རབས་དུས་མཇུག་ཏུ་ཀྲུང་གོའི་དམངས་ཀྱིས་སྐབས་དེའི་བགས་བཀོད་རྒྱའི་འཛིན་གྱི་དབང་བསྒྱུར་མཁན་ལ་དོ་རྒོལ་བྱེད་པའི་ལོ་རྒྱལ་ཡིག་ཆོད་སྐབས་འབྱུར་བ་བཏང་མི་ཆོག་པ་དག་ཕུད་དེ། དེ་ཕྱིན་ཆད་མན་ཆིང་ཞེས་པའི་མིང་དེ་གཞན་ནས་སྟོན་ཚོགས་པར་བྱས།

Circular on Abandoning the Term "Manqing (meaning Qing Dynasty established by Manchu)" in the Writing, Books, Newspapers and Magazines in the Future was released by State Council in 1956, noting that "Manqing" was a title left over by Chinese people when they opposed feudal rulers in the last years of the Qing Dynasty. It required that "Manqing" couldn't be used anymore in the future. But the reference of historical documents could be remained.

《关于进一步促进宁夏经济社会发展的若干意见》 文件名。2008年由国务院印发。涉及：宁夏经济社会发展的总体要求、节水型社会建设、中南部地区的贫困问题、农业稳定发展、工业结构优化升级、交通运输体系和现代服务业的发展、生态建设和环境保护、社会事业发展、政策措施的落实。

《ཉིད་ཞིའི་སྦྱི་ཚོགས་དཔལ་འབྱོར་གོང་སྤེལ་ལ་ཕར་ལམ་གྱང་སྐྱུལ་འདེད་སྟོར་གྱི་བསམ་འཆར་འགའ།》ཡིག་ཆའི་མིང་། ༢༠༠༨ལོར། རྒྱལ་སྲིད་སྤྱི་ཁྱབ་ཁང་གིས་སྤེལ། ཉིད་དོན་ཏུ་ཉིད་ཞིའི་ཚོགས་དཔལ་འབྱོར་གོང་སྤེལ་གྱི་སྤྱིའི་རེ་འདུན་དང་། ཆོན་ཆད་རྣམ་པའི་སྤྱི་ཚོགས་འདུགས་སྐྲུན། དབུས་ལྷོའི་དབུལ་པོངས་གནད་དོན། ཞིང་ལས་གཏན་འཇགས་ཀྱིས་གོང་འཕེལ། བཟོ་ལས་སྟྲིག་གཞི་ལེགས། འགྲུལ་སྐྱེལ་མ་ལག་དང་དེང་རབས་ཞབས་ཞུ་ལས་རིགས་གོང་སྤེལ། སྐྱེ་ཁམས་འཛུགས་སྐྲུན་དང་བོར་ཡུལ་སྲུང་སྐྱོང་། སྤྱི་ཚོགས་ལས་རིགས་འཕེལ་རྒྱས། སྲིད་ཇུས་ཉིན་ཐབས་ལག་བསྟར་སོགས་ཁག་ཆེ་པོ་དགུ་འདུས།

Several Opinions on Further Promoting Economic and Social Development in Ningxia was printed and distributed by State Council in 2008, concerning the main requirements of economic and social development in Ningxia, construction of water-saving society, poverty in south-central district, steady development of agriculture, optimization and upgrading of industrial structure, development of transportation system and modern service industry, ecological improvement and environmental protection, development of social undertakings and implementation of policies and measures.

《关于进一步促进新疆经济社会发展的若干意见》 文件名。2007年由国务院发出。该文件提出优势资源开发、薄弱环节基础能力建设、南北互动的区域协调发展、面向中亚的扩大对外开放和加强对口援疆的五大战略。并对新疆到2010、2020年社会经济发展目标分别做出具体要求。

《ཞིན་ཅང་གི་སྤྱི་ཚོགས་དཔལ་འབྱོར་གོང་སྤེལ་ལ་ཕར་ལམ་ཀྱུན་སྐྱལ་འདེད་སྐོར་གྱི་བསམ་འཆར་འགའ》 ཡིག་ཆའི་མིང། ༢༠༠༧ལོར་རྒྱལ་སྲིད་སྤྱི་ཁྱབ་ཁང་གིས་སྤེལ། ཡིག་ཆ་འདིའི་ནང་དུ་གནས་བབས་ལེགས་པོའི་ཐོན་ཁུངས་སྤྱོད་འདོན་དང་། ཆ་ཤས་དུམ་ཚོགས་ཀྱི་གྲུབ་གཞིའི་ནུས་པ་སྐྱན་པ། སྟོབས་འབྱེད་འདྲིས་དང་ས་ཁོངས་མཐུན་སྒྲིག་གོ་འཕེལ། ཡ་སྐྱེད་དབུས་མར་ཁ་ཕྱོགས་པའི་ཕྱི་ཕྱོགས་སྒོ་འབྱེད་རྒྱ་བསྐྱེད་པ་དང་། ཞིན་ཅང་ལ་སྦྱར་པའི་རོགས་སྐྱོར་གྱི་ཐབས་ཇུས་ཆེན་པོ་ལྔར་ཤུགས་སྣོན་པར་མ་ཟད། ཞིན་ཅང་གི་༢༠༡༠ནས་༢༠༢༠ལོའི་བར་གྱི་སྤྱི་ཚོགས་དཔལ་འབྱོར་འཕེལ་རྒྱས་ཀྱི་དམིགས་ཡུལ་ལ་རེ་འདུན་ཞིབ་ཕྲ་བཏོན་པའོ། །

Several Opinions on Further Promoting Social and Economic Development in Xinjiang was released by State Council in 2007, proposing five strategies, namely exploitation of advantageous resources, basic capacity construction of weak links, interactive and harmonious development between southern and northern region, wider opening to Central Asia and intensifying of counterpart assistance to Xinjiang. In addition, it also specified the requirements on the goal of the social and economic development of Xinjiang by 2010 and 2020.

《关于进一步繁荣发展少数民族文化事业的若干意见》 2009年国务院发布的新中国成立以来第一份关于少数民族文化工作的文件。内容涉及：繁荣发展少数民族文化事业的重要意义、指导思想、基本原则、目标任务、政策措施及体制机制等问题。

《གྲངས་ཉུང་མི་རིགས་ཀྱི་རིག་གནས་ལས་དོན་དར་ལས་རྒྱུན་གོང་སྤེལ་དང་དར་སྤེལ་སློར་གྱི་བསམ་འཆར་འགའ》 ༢༠༠༩ལོར་རྒྱལ་སྲིད་སྤྱི་ཁྱབ་ཁང་གིས་སྤེལ་བའི་ཀྲུང་གོ་གསར་པ་ཆགས་པ་ཚུན་གྲངས་ཉུང་མི་རིགས་ཀྱི་རིག་གནས་ལས་དོན་དར་སྤྱད་པོ་ཡིན། གྲངས་ཉུང་མི་རིགས་ཀྱི་རིག་གནས་ལས་དོན་དར་སྤེལ་བྱེད་པའི་གལ་ཆེའི་དོན་སྙིང་དང་། མཛུབ་སྟོན་བསམ་བློ། གཞི་རྩའི་རྩ་དོན། དམིགས་ཡུལ་འགན། སྲིད་ཇུས་བྱེད་ཐབས་དང་སྒྲིག་གཞི་སོགས་འདུས་ཡོད།

Several Opinions on Further Invigorating and Developing Cultural Undertakings in Minority Areas is the first document on cultural undertakings for ethnic minorities since the establishment of the People's Republic of China, released by State Council. It concerns the significance, guideline, basic principle, target, policy and measures, system and mechanism, etc. of prospering and developing cultural undertakings in minority areas.

《关于进一步加强科技援藏工作的若干意见》 文件名。2005年由国家科技部发布。共8条。文件要求认清新时期科技援藏工作的重大意义，用科学发展观统领该项工作，加快西藏特色优势产业的发展和改善科技基础条件，发挥人才和智力援藏的关键作用，加强组织领导及科普工作，加大科技援藏的投入。

《ཚན་རྩལ་གྱིས་བོད་སྐྱོར་ལས་ཀར་ཕར་བས་

ཕྱགས་རྒྱག་པའི་སྐོར་གྱི་བསམ་འཆར》ཞེས་ཚའི་མིང་། ༢༠༠༥ལོར་རྒྱལ་ཁབ་ཚན་རྩལ་ཕུལ་ཡིག་བསྒྲགས་བྱས། དོན་ཚོམ་དོན་ཚན་བརྒྱད་ཡོད། ཡིག་ཚངས་དེར་དུས་སྐབས་གསར་པར་ཚན་རྩལ་གྱིས་བོད་སྐྱོར་ལས་ཀའི་དོན་སྙིང་གལ་ཆེ་བའི་ངེས་འཛིན་འབྱུང་བའི་རེ་བ་དང་། ལམ་སྟོན་འདི་ལ་ཚན་རིག་འཕེལ་རྒྱས་ཀྱི་ལྟ་བས་སྟེ་ཕྱུག་བགོད་འདོམས་བྱེད་པ། བོད་ལྗོངས་ཀྱི་ཁྱད་ཆོས་དང་ཁེ་ཕན་གྱི་ཐོག་ནས་ཡོད་པ་རྒྱས་འཐུས་ཚོད་དུ་གཏོང་བར་ཕྱུགས་སྟོན་རྒྱལ་པ། ཤེས་ལྡན་མི་སྣ་དང་ཐབས་མཁས་ཀྱིས་བོད་ཁུལ་ལ་རོགས་སྐྱོར་བྱེད་པ་གཙོར་འཛིན་པ། འགོ་ཁྲིད་རྩ་འཛུགས་དང་ཚན་རིག་ཁྱབ་སྤེལ་གྱི་ལས་ཀར་ཤུགས་སྟོན་རྒྱལ་པ། ཚན་རྩལ་གྱིས་བོད་ལ་རོགས་སྐྱོར་བྱེད་པའི་ཚད་རྗེ་མཐོ་གཏོང་བ་བཅས་སོ།》

Opinions on Further Strengthening the Science and Technology Assistance to Tibet was issued by the Ministry of Science and Technology in 2005, eight articles in total. It was required to realize the importance of offering science and technology assistance to Tibet in the new period, and to be guided under the view of scientific development. It aims to speed up the development of industries with Tibetan characteristics and advantages and improve the scientific and technological infrastructure, and helps to bring the superiority of talent and intelligence into full play in assisting Tibet, and strengthen organizational leadership and scientific popularization and increase investment in science and technology assistance to Tibet.

《关于进一步加强民族工作加快少数民族和民族地区经济社会发展的决定》 文件名。2005年在中央民族工作会议上形成。共30条。核心是要求加快少数民族和民族地区经济社会发展。内容涉及：基础建设、结构调整、财政投入、生态建设、扶贫开发、兴边富民、扶持人口较少民族等。

《མི་རིགས་བྱ་བར་ཤུགས་སྟོན་དང་གྲངས་ཉུང་མི་རིགས་དང་གྲངས་ཉུང་མི་རིགས་ས་ཁུལ་གྱི་སྤྱི་ཚོགས་དཔལ་འབྱོར་འཕེལ་རྒྱས་སྟར་ལམ་ཀུན་རྗེ་མགྱོགས་སུ་གཏོང་བའི་སྐོར་གྱི་ཐག་གཅོད》ཞེས་ཚའི་མིང་། ༢༠༠༥ལོར་གུང་དབྱུང་མི་རིགས་ལས་དོན་གྱི་ཚོགས་འདུའི་ཐོག་ཏུ་གྲུབ། ཆོན་སྟོམ་དོན་ཚན་༣༠ཡོད། སྙིང་དོན་གནས་ཤུང་མི་རིགས་དང་གྲངས་ཉུང་མི་རིགས་ས་ཁུལ་གྱི་སྤྱི་ཚོགས་དཔལ་འབྱོར་འཕེལ་རྒྱས་སྟར་ལམ་རྗེ་མགྱོགས་སུ་གཏོང་བར་འདུན་ཡིན། དེར་རྨང་གཞིའི་འཛུགས་སྐྲུན་དང་སྒྲིག་གཞིའི་བསྐྱར་སྒྲིག ནོར་སྲིད་གཏོང་བ། སྐྱེ་ཁམས་འཛུགས་སྐྲུན། དབུལ་སྐྱོར་ཕྱོགས་འདོན། མཐའ་དར་དབངས་ཕྱུག མི་གྲངས་ཉུང་ཉུང་བའི་མི་རིགས་རོགས་སྐྱོར་སོགས་འདུས།

Decision on Further Strengthening the Work on the Ethnic Minorities and Accelerating the Economic and Social Development of the Ethnic Minorities and Minority Areas was formed at the Central Ethnic Work Meeting, 30 articles in total. Its core requirement is to accelerate economic and social development of ethnic minority and minority areas. It concerns basic construction, structural adjustment, financial revenue, ecological improvement, poverty alleviation and development, vitalization of border areas and improvement of lives of the people there, support to the minorities with less population, etc.

《关于进一步加强贫困地区、民族地区女童教育工作的十条意见》 文件名。1996年由国家教委印发。文件提出了坚持依法治教，为女童创造就学条件，加强女教师培养和培训，坚持多种形式办学，教学内容应适应女童需要，利用国际援助合作项目等10条具体意见。

《དབུལ་ཁུལ་དང་མི་རིགས་ས་ཁུལ་གྱི་བུ་མོའི་སློབ་གསོའི་ལས་གནད་ཤུགས་རྒྱག་པའི་སྐོར་གྱི་བསམ་འཆར་བཅུ》 ཡིག་ཆའི་མིང་། １９９６ ལོར་རྒྱལ་ཁབ་སློབ་ཡུས་དཔར་འགྲེམས་བྱས་ནས། ཡིག་ཆ་དེར་ཁྲིམས་མཐུན་སློབ་སྦྱེལ་རྒྱུན་འཁྱོངས་བྱས་ནས། བུད་མེད་དགེ་རྒན་གསོ་སྐྱོང་དང་གསོ་སྦྱོང་ལ་ཤུགས་སྟོན། རྣམ་མང་སློབ་སྐྱེ་རྒྱལ་འཁྱོངས། སློབ་ཁྲིད་ནན་དོན་ལོ་ཆུང་བུ་མོའི་དགོས་མཁོ་དང་མཐུན་པ། རྒྱལ་སྤྱིའི་རིགས་རམ་མཉམ་ལས་ཀྱི་རྣམ་གྲངས་སྟོན་པ་སོགས་ཞིབ་ཕྲའི་བསམ་འཆར་བཅུ་འདུས།

Ten Suggestions on Strengthening Girls' Education in Poverty and Ethnic Minority Areas Released by the State Education Commission in 1996, it comes up with the ten detailed suggestions, including administering education according to law, ensuring a favorable environment for girls' education, enhancing the training work of female teachers, continuing to develop education with various forms, upholding that teaching contents should be fit to the actual needs for girls' education, and making use of international assisting programs, etc.

《关于进一步加强少数民族和民族地区科技工作的若干意见》 文件名。2008年由国家民委、科技部、农业部、中国科协联合发布。内容涉及：进一步加强少数民族和民族地区科技工作的重要意义、指导思想和目标、重点任务及保障措施4部分。

《གྲངས་ཉུང་མི་རིགས་དང་མི་རིགས་ས་ཁུལ་གྱི་ཚན་རྩལ་ལས་ཀར་ཟུར་ལས་ཤུགས་རྒྱག་པའི་སྐོར་གྱི་བསམ་འཆར་འགའ》 ཡིག་ཆའི་མིང་། ２００８ ལོར་རྒྱལ་ཁབ་མི་རིགས་དོན་གཅོད་ཨུ་ཡོན་ལྷན་ཁང་དང་ཚན་རྩལ་ཕུའུ། ཞིང་ལས་ཕུའུ། ཀྲུང་གོའི་ཚན་རྩལ་ཚོགས་པ་བཅས་མཉམ་འབྲེལ་སློབ་སྦྱེལ། གྲངས་ཉུང་མི་རིགས་དང་གྲངས་ཉུང་མི་རིགས་ས་ཁུལ་གྱི་ཚན་རྩལ་ལས་གར་ཤུགས་ལས་ཀྱང་ཤུགས་སྟོན་པའི་གལ་ཆེའི་དོན་སྙིང་དང་། བསམ་བློའི་མཛུབ་སྟོན་དང་དམིགས་ཡུལ། འགན་ཁུར་གཙོ་བོ། འགན་ལེན་བྱེད་ཐབས་བཅས་ནན་དོན་གཙོ་བོ་ལྔ་བཞི་འདུས།

Several Opinions on Further Strengthening the Work on the Science and Technology of the Ethnic Minorities and Minority Areas was released jointly by State Ethnic Affairs Commission, Ministry of Science and Technology, Ministry of Agriculture and China Association for Science and Technology in 2008, mainly concerning the significance, guideline and goal, key tasks and safeguarding measures of further enhancement on scientific and technical undertakings of ethnic minorities and minority areas.

《关于进一步加强少数民族双语教育科研工作的意见》 2012年由教育部印发。内容分3部分。《意见》进一步明确了今后一个时期少数民族双语教育科研工作的指导思想、重点研究领域和有关政策措施等。

《གངས་ཅན་མི་རིགས་ཀྱི་སྐད་གཉིས་སློབ་གསོའི་ཚན་རིག་ཞིབ་འཇུག་ལས་ཀར་ཤུགས་ལས་སྒྲུབ་རྒྱག་པའི་སྐོར་གྱི་བསམ་འཆར》 ༢༠༡༢ལོར་སློབ་གསོ་པུའི་ཡིག་པར་འགྲེམ་བྱས། ནང་དོན་ལ་ཁག་ཆེན་པོ་གསུམ་དུ་དབྱེ་ཡོད།《བསམ་འཆར》དུ་རྗེས་ཀྱི་དུས་སྐབས་ཤིག་གི་ནང་དུ་གངས་ཅན་མི་རིགས་སྐད་གཉིས་སློབ་གསོའི་ཚན་རིག་ཞིབ་འཇུག་ལས་ཀའི་མཛུབ་སྟོན་བསམ་བློ་དང་། ཞིབ་འཇུག་ཁྱབ་ཁོངས་གཙོ་བོ། འབྲེལ་ཡོད་སྲིད་ཇུས་དང་བྱེད་ཐབས་སོགས་གསལ་པོར་བྱས།

Opinions on Further Strengthening Scientific Research Work on the Bilingual Education of Ethnic Minorities was printed and distributed by Ministry of Education in 2012 with 3 sections. It further specifies the guideline, key research scopes and relevant policies & measures of scientific research on the bilingual education of ethnic minorities in the coming period.

《关于进一步加强少数民族文化工作的意见》 文件名。2000年由文化部、国家民委联合印发。内容涉及：中西部民族地区文化建设、民族地区文化基础设施建设、重点文化工程建设、民族文艺创作、民族地区文化队伍建设、民族传统文化的保护和利用、民族地区文化建设的投入、民族文化工作的领导。

《གྲངས་ཉུང་མི་རིགས་ཀྱི་རིག་གནས་ལས་ཀར་ཤུགས་ལས་སྒྲུབ་རྒྱག་པའི་སྐོར་གྱི་བསམ་འཆར》 ཡིག་ཆའི་མིང་། ༢༠༠༠ལོར་རིག་གནས་པུའུ་དང་རྒྱལ་ཁབ་མི་རིགས་དོན་གཅོད་ཨུ་ཡོན་ལྷན་ཁང་མཉམ་འབྲེལ་སྒྲིག་སྤྲོད་བྱས། དབུས་ཉུབ་མི་རིགས་ཁུལ་གྱི་རིག་གནས་འཛུགས་སྐྲུན་དང་། མི་རིགས་ཁུལ་གྱི་རིག་གནས་རྨང་གཞིའི་སྒྲིག་ཆས་འཛུགས་སྐྲུན། གཙོ་གནད་ཀྱི་རིག་གནས་ལས་གཞིའི་སྐྲུན་པ། མི་རིགས་རིག་རྩལ་གསར་གཏོད། མི་རིགས་ཁུལ་གྱི་རིག་གནས་རུ་ཁག་འཛུགས་སྐྲུན། མི་རིགས་སྲོལ་རྒྱུན་རིག་གནས་སྲུང་སྐྱོབ་དང་བཀོལ་སྤྱོད། མི་རིགས་ཁུལ་གྱི་རིག་གནས་འཛུགས་སྐྲུན་གྱི་དངུལ་གཏོང་། མི་རིགས་རིག་གནས་ལས་ཀའི་འགོ་ཁྲིད་སོགས་ཕྱོགས་ཆེན་པོ་བཅུད་ཀྱི་ནང་དོན་འདུས།

Opinions on Further Strengthening Cultural Services for Ethnic Minorities was printed and distributed jointly by Ministry of Culture and State Ethnic Affairs Commission in 2000, concerning cultural construction in central and western ethnic areas, construction of cultural infrastructure in ethnic areas, construction of key cultural projects, creation of ethnic literature and art, construction of cultural teams in ethnic areas, protection and exploitation of traditional ethnic culture, investment in cultural construction in ethnic areas and leadership of ethnic cultural services.

《关于进一步开展民族团结进步创建活动的意见》 文件名。该文件为2010年中央宣传部、中央统战部、国家民委就进一步开展民族团结进步创建活动所提出。

《意见》明确了开展该活动的指导思想和总体目标、具体要求和形式。

《མི་རིགས་མཐུན་སྒྲིལ་ཡར་ལས་གོང་དུ་སྤེལ་བའི་བྱེད་སྒོའི་སྐོར་གྱི་བསམ་འཆར》 ཡིག་ཆའི་མིང་། དེ་ནི་༢༠༡༠ལོར་ཀྲུང་དབྱང་དྲིལ་བསྒྲགས་པུའུ་དང་། ཀྲུང་དབྱང་འཐབ་ཕྱོགས་གཅིག་གྱུར་པུའུ། རྒྱལ་ཁབ་མི་རིགས་དོན་གཅོད་ཨུ་ཡོན་ལྷན་ཁང་བཅས་ཀྱིས་མི་རིགས་མཐུན་སྒྲིལ་ཡར་ལས་ཀྱི་བྱེད་སྒོ་སྒོ་གཏོང་བའི་བྱེད་སྒོ་གཏོང་བའི་སྐོར་གྱི་བསམ་འཆར་སྤེལ་བའི་མཛད་སྒོ་བསམ་བཏང་སྤྱིའི་དམིགས་ཡུལ། ཞིབ་ཕྲའི་རེ་འདུན་དང་རྣམ་པ་སོགས་གསལ་པོ་བྱས་ཡོད།

Opinion on Further Launching Activities To Establish Ethnic Unity and Progress was proposed by Publicity Department of CPC Central Committee, the United Front Work Department of CPC Central Committee and State Ethnic Affairs Commission on further launching activities about ethnic unity and progress in 2010. It specified the guideline, overall goal and concrete requirements and forms on launching activities.

《关于进一步做好培养选拔少数民族干部工作的意见》 文件名。1993年由中组部、中央统战部、国家民委共同发出。共6条。《意见》指出：当前和今后一个时期，需进一步加强领导，明确指导思想和主要任务，提高民族干部队伍素质，抓好民族干部队伍建设，做好少数民族干部的选配工作。

《གནས་རིམ་ཆུང་མི་རིགས་ཀྱི་གཞུང་ཞབས་པ་གདམས་བསྐོ་གསོ་སྐྱོང་ལས་དོན་ཡར་བསྐྱར་ཞེ་ལྷག་གཏོང་བའི་སྐོར་གྱི་ལས་གནད་བསམ་འཆར》 ཡིག་ཆའི་མིང་། ༡༩༩༣ལོར་ཀྲུང་གོང་ཁྲིམས་འཛུགས་པུའུ་དང་ཀྲུང་དབྱང་འཐབ་ཕྱོགས་གཅིག་སྒྲིལ་པུའུ། རྒྱལ་ཁབ་མི་རིགས་དོན་གཅོད་ཨུ་ཡོན་ལྷན་ཁང་བཅས་ཐུན་མོང་གིས་སྤེལ། རྩོམ་དོན་ཚན་དྲུག་ཡོད། 《བསམ་འཆར》དུ་བཏོན་རྒྱུར། ད་ལྟ་དང་རྗེས་ཕྱོགས་ཀྱི་དུས་ཚོད་ནང་དུ་འགོ་ཁྲིད་ལ་ཤུགས་སྣོན་སྤྱར་ལས་གཏོང་བ་སྟེ། བསམ་བློ་དང་ལས་འགན་པོར་འདུན་སྟོན་གསལ་པོ་གཏོང་བ་དང་། མི་རིགས་གཞུང་ཞབས་པའི་ཕུགས་ཚད་མཐོར་གཏོང་བ། མི་རིགས་གཞུང་ཞབས་པའི་དཔུང་སྡེ་ཆེ་རུ་གཏོང་བ། མི་རིགས་གཞུང་ཞབས་པའི་གདམས་བསྐོ་ལས་ཀ་ལེགས་པར་དུ་གཏོང་བ་བཅས་སོ།

Opinions on Taking Further Measures to Do Well in Works to Train and Select Minority Cadres was issued jointly by the Organization Department and the United Front Work Department of the CPC Central Committee, and the State Ethnic Affairs Commission in 1993, a total of six pieces. The "Opinion" points out that in the current and future period, we need to further strengthen the leadership, make clear the guideline and main tasks, improve the quality of ethnic cadres, pay special attention to the construction of ethnic cadre team and do a good job of selecting ethnic cadres.

《关于近期支持西藏经济社会发展的意见》 文件名。2008年国务院办公厅转发国家发展和改革委该《意见》。明确从中央财政安排资金帮助解决西藏减收增支、促进旅游等产业恢复发展、加快重点项目实施进展等7方面的问题。新增扶持资金数10亿元。

《ཉེ་དུས་བོད་ལྗོངས་སྤྱི་ཚོགས་དཔལ་འབྱོར་འཕེལ་རྒྱས་གཏོང་བའི་སྐོར་གྱི་བསམ་འཆར་》 ཡིག་ཆའི་མིང་། ༢༠༠༨ ལོར་རྒྱལ་ཡོངས་སྤྱི་ཁྱབ་ཁང་གི་གཞུང་ལས་ཁྱོན་གིས་རྒྱལ་ཁབ་འཕེལ་བསྐྱར་ཁང་གི་《བསམ་འཆར》 བརྒྱུད་བསྐུགས་བྱས། གྱུང་དབུང་ནོར་སྲིད་ཀྱིས་མ་དངུལ་རོགས་སྐྱོར་བགོད་སྒྲིག་བྱས་ནས་བོད་ལྗོངས་ཀྱི་ཡོང་འབབ་རེ་ཞུང་དང་འཕར་ཕོན་ཇེ་མང་གི་གནད་དོན་ཐག་གཅོད་བྱེད་རོགས་བྱེད་པ་དང་། ཡུལ་སྐོར་སྤོགས་ལས་རིགས་སྐྱར་སློབ་བྱས་ནས་འཕེལ་རྒྱས་བསྐྱར་གསོ་བྱེད་པ། ལས་གཞི་གཙོ་བོའི་ལག་བསྟར་ཇེ་མགྱོགས་སུ་གཏོང་བ་སོགས་ཕྱོགས་བདུན་གྱི་གནད་དོན་གསལ་པོ་དང་། རོགས་སྐྱོར་མ་དངུལ་སྣོར་དུ་ཕྱིན་བཀུར་ཐག་ཁ་ཤས་གསར་སྣོན་བྱས།

Opinions on Recent Support for Socioeconomic Development in Tibet was proposed by National Development and Reform Commission, and forwarded by General Office of the State Council in 2008. It clearly stated the following aspects: to arrange funds from central finance to help Tibet to solve seven problems including reduction of tax and increase of output, promotion for restoring and developing tourism and other industries, acceleration on the implementation and progress of key projects. Billions of Yuan was added to the support fund.

《关于经济发达省市对口支援边远少数民族地区卫生事业建设的实施方案》 文件名。1983年由卫生部、国家民委、劳动人事部联合印发。文件主要就对口支援的地区分工、任务、要求、方式方法等做出规定。

《དཔལ་འབྱོར་དར་རྒྱས་ཆེ་བའི་ཞིང་ཆེན་དང་གྲོང་ཁྱེར་གྱིས་མཐའ་ཁུལ་གྲངས་ཉུང་མི་རིགས་ས་ཁུལ་གྱི་འཕྲོད་བསྟེན་ལས་རིགས་འཛུགས་སྐྲུན་ལ་ཁ་སྦྱར་རོགས་སྐྱོར་ལག་བསྟར་བྱེད་པའི་སྐོར་གྱི་དུས་གཞི་》 ཡིག་ཆའི་མིང་། ༡༩༨༣ལོར་འཕྲོད་བསྟེན་པུའུ་དང་། རྒྱལ་ཁབ་མི་རིགས་དོན་གཅོད་ཨུ་ཡོན་ལྷན་ཁང་། ངལ་རྩོལ་མི་དཔོའི་མཉམ་འབྲེལ་སྒོས་བཀྲམས། གཙོ་བོ་ཁ་སྦྱར་རོགས་སྐྱོར་ས་ཁུལ་གྱི་ལས་བགོས་དང་འགན་འཁྲི། བྱེད་ཐབས་སོགས་གཏན་འབེབས་བྱས།

Implementation Plan for Economically-developed Provinces and Cities Providing Pairing Assistance to the Health Undertakings in the Remote Ethnic Minority Areas was printed and distributed by Ministry of Health, State Ethnic Affairs Commission and Ministry of Labor and Personnel, mainly prescribing the labor division, task, requirement and method of pairing assistance.

《关于"九五"期间民族贸易和民族用品生产有关问题的批复》 文件名。是1997年国务院对国家民委有关报告和请示的批复。共6条。涉及"九五"期间民族贸易和民族用品生产的有关问题。内容包括：贷款利率、贴息贷款、税收政策、企业改革、联席会议成员单位、边销茶政策等。

《དགུ་ལྔ་སྐབས་ཀྱི་མི་རིགས་ཚོང་གྱི་ཉོ་ཚོང་དང་མི་རིགས་མཁོ་ཆས་ཐོན་སྐྱེད་སྐོར་གྱི་གནད་དོན་བསྐྱར་བཀོད་》 ཡིག་ཆའི་མིང་། ༡༩༩༧ལོར་རྒྱལ་སྲིད་སྤྱི་ཁྱབ་ཁང་གིས་རྒྱལ་ཁབ་མི་

རིགས་དོན་གཅོང་ལུ་ལོན་སྐྱབ་ལམ་གྱི་སྐྱབ་ཞུ་དང་ཡར་ཞུའི་སྐོར་གྱི་བསྐུར་བཞེས། ཆུན་ཕོམ་དོན་ཚོན་དྲག་ལོད་དགུ་ལྔ་སྐབས་ཀྱི་མི་རིགས་པར་གྱི་ཚོ་ཚོང་དང་མི་རིགས་མགོ་ཚམ་ཐོན་སྐྱེད་གན་དོན་སྐོར། དེའི་ནང་དུ་དངུལ་བུན་སྐྱེད་ཀ་དང་། སྐྱེད་གཅོང་དངུལ་བུན། ཁྲལ་བསྡུ་སྲིད་ཇུས། ལས་ཁུངས་བཅོས་སྐྱར། མཉམ་འབྲེལ་གྱི་ཚོགས་ལས་ཁུངས་ལས་བྱེད། མཐའ་ཁུལ་ཇ་ཚོང་གྲོས་ཆོགས་ཀྱི་སྲིད་ཇུས་བཞི་འདུག

Reply on the Relevant Issues Concerning the Ethnic Trade and the Production of Ethnic Articles during the Ninth Five-Year Plan Period Submitted and forwarded by the State Ethnic Affairs Commission, it was approved and forwarded by the State Council in 1997 with 6 items on relevant issues of ethnic trade and the production of ethnic articles, including loan rate, discount-interest loan, taxation policy, enterprise reform, the member agencies of the joint meeting, and brick tea policies, etc.

《关于抗战中蒙古民族问题提纲》 文件名。1940年由中共西工委制定。文件主要提出3个基本原则：1. 团结蒙古民族抗日并反对伪政府。2. 排除大汉族主义压迫政策，实行蒙古民族在国内政治上的完全平等。3. 实现蒙古族一切必要与可能的民主革命和生活改善，以提高内蒙古各阶层人民的抗日积极性。

《ལྔར་འགོག་དམག་འཁྲུག་སྐབས་སུ་སོག་པོའི་མི་རིགས་གནད་དོན་སྐོར་གྱི་རྩ་གནད》 ཡིག་ཆའི་མིང། ༡༩༤༠ལོར་ཀྲུང་གུང་ནུབ་ཕྱོགས་ལས་སྐུལ་ཨུ་ཡོན་ལྷན་ཁང་གིས་བཟོས། ཡིག་ཆའི་ནང་དོན་གཙོ་བོར་གཞིའི་རྩའི་རྩ་དོན་གསུམ་བཏོན། ༡. སོག་པོ་མཉམ་སྒྲིལ་གྱིས་ཟུར་འགོག་བྱེད་པར་མ་ཟད་སྲིད་གཞུང་རྫུས་མར་ངོ་རྒོལ་བྱེད་པ། ༢. རྒྱ་རིགས་ཆེན་པོའི་རིང་ལུགས་ཀྱི་གནའ་གནོན་སྲིད་ཇུས་དོར་ནས། སོག་པོའི་མི་རིགས་རྒྱལ་ནང་གི་ཆབ་སྲིད་ཐོག་ཏུ་ཆ་མ་འདྲ་མཉམ་ཡིན་པ། ༣. སོག་པོའི་མི་རིགས་ཀྱི་ངེས་མགོ་དང་མཐོང་འགྱུར་བྱེད་སྲིད་པའི་དམངས་གཙོ་བཅོས་བསྒྱུར་ཚང་མ་མཐོང་འགྱུར་བྱས་ནས། ནང་སོག་གི་རིམ་པ་སོ་སོའི་མི་དམངས་ཀྱི་ཟུར་འགོག་འདུན་པ་རྗེ་མཐོར་གཏོང་བ།

Outline on the Issue of the Mongolian Ethnic Group in the War of Resistance was drafted by West Working Committee of the CPC in 1940. It proposed 3 basic principles: 1. uniting Mongolians to resist Japan and the puppet regime; 2. excluding the oppression policy of Han chauvinism to realize the complete political equality for Mongolians in China; 3. accomplishing any necessary and possible Mongolian democratic revolution and improving their living conditions to raise enthusiasm of all Mongolian classes for resisting Japan.

《关于扩大内地新疆高中班招生规模的意见》 文件名。2005年由教育部、国家发展和改革委、财政部联合下发。文件确定在北京等24个城市扩大新疆高中班招生规模。以2004年1540名为基数，分3年扩招，至2007年达到年招生5000名的规模。

《ནང་ལོག་ཞིང་ཅང་གི་མཆོག་འབྲིང་འཛིན་གྲྭའི་སློབ་བསྡུའི་རྒྱ་ཁྱོན་རྗེ་ཆེར་གཏོང་བའི་སྐོར་གྱི་བསམ་འཆར》 ཡིག་ཆའི་མིང། ༢༠༠༥ལོར་སློབ་གསོ་པུའུ་དང་རྒྱལ་ཁབ་འཕེལ་རྒྱས་ཡོ་ལོན་ལྷན་ཁང།

བོར་སྲིད་ཕུའི་བཙན་མཉམ་འགྲེལ་སྡོམ་སྙིག་ ཡི་ཚིག
སོགས་ནང་ལོག་གྱིང་ཁྱེད་དངད་ཞིག་ཅང་མཚོ་འབྲིང་
འཛིན་གྲུབི་སློབ་མ་བསྒྱུ་བ་གཏན་འབེལ་བྱས།
༢༠༠༤ལོར་སློབ་མ་༡༥༤༠གཞི་བྱས་ཏེ་ལོ་གསུམ་དུ་བྱེ
ནས་རྒྱ་བསྐྱེད། ༢༠༠༧ལོར་སློབ་བསྐུའི་གྲངས་
༥༠༠༠ལ་སླེབས་པར་བྱེད་པའོ། །

Opinion on the Expansion of the Enrolment of Inland Xinjiang Senior High School Classes was released jointly by Ministry of Education, National Development and Reform Commission and Ministry of Finance in 2005, determining to expand enrollment scale of Xinjiang Senior High School Classes in Beijing and other 23 cities. The number of students enrolled was 1,540 in 2004, and will reach up to 5,000 in 2007 within 3 years.

《关于蒙藏之决议案》 文件名。1929年国民党第三届二中全会通过该决议案。决定召开蒙藏会议，讨论蒙古、西藏地方的改革事宜，振兴蒙古、西藏地方的经济、文化，发展教育事业。

《སོག་བོད་སྐོར་གྱི་གྲོས་ཆོད》 ཡིག་ཆའི་མིང་། ༡༩༢༩ལོར་གོ་མིན་ཏང་སྐབས་གསུམ་པའི་གྲོས་ཚོགས་ཐེངས་གཉིས་པར་གྲོས་ཆོད་དེར་འཁུར་པ་བྱུང་། སོག་བོད་གྲོས་ཚོགས་བསྡུ་བའི་ཐག་བཅད། སོག་པོ་དང་བོད་ལྡོངས་ས་གནས་བཅོས་བསྒྱུར་གྱི་གནད་དོན་ལ་གྲོས་བསྡུར་བྱས་ཏེ། སོག་པོ་དང་བོད་ལྗོངས་ས་གནས་ཀྱི་དཔལ་རིག་གསུམ་ལས་དོན་གོང་སྤེལ་གཏོང་བའོ། །

Resolution on Mongolian and Tibetan Affairs was passed at the Second Plenary Session of the Central Committee of the Third Party Congress of Kuomintang (KMT) in 1929. This session decided to convene a Mongolia and Tibet affairs meeting to discuss revolutions, revitalization of economy and culture and development of education in Mongolia and Tibet.

《关于蒙古问题的决议案》 文件名。1925年中国共产党中央扩大执行委员通过。主要内容：强调蒙古与全国的民族解放运动须结合，防止帝国主义挑拨民族关系，引导蒙古族中的先进分子、知识阶层到革命方面来，组织内蒙古国民革命党，防止蒙古王公贵族封建上层利用民族解放运动扩大其影响等。

《སོག་པོའི་གནད་དོན་སྐོར་གྱི་གྲོས་ཆོད》 ཡིག་ཆའི་མིང་། ༡༩༢༥ལོར་ཀྲུང་གོ་གུང་ཁྲན་གྱི་ཀྲུང་དབྱུང་རྒྱ་བསྐྱེད་ལག་བསྟར་ཨུ་ཡོན་དུ་གྲོས་འཆམ་བྱུང་། ནང་དོན་གཙོ་བོ་ནི་སོག་པོ་དང་རྒྱལ་ཡོངས་མི་རིགས་བཅིངས་འགྲོལ་ལས་འགུལ་ཟུང་འབྲེལ་བྱེད་པ་ན་བཀད་དང་། བཙན་རྒྱལ་རིང་ལུགས་ཀྱི་དབྱེ་དགག་སྟོན་འགྲོག་སོག་པོའི་ཁྲོད་སྟོན་ཐོན་པ་སྟེ་དང་། ཤེས་ལྡན་པའི་རིམ་པ་གསར་བརྗེ་ཕྱོགས་སུ་ཡོང་བ། ནང་སོག་རྒྱལ་དམངས་གསར་བརྗེ་ཏང་ཙ་འཛུགས་སོག་རྒྱལ་སྤྲུག་གི་བགས་བཀོད་རྒྱུད་འཛིན་གོང་རིགས་ཀྱི་བཀག་འགོག་བྱས་ཏེ་མི་རིགས་བཅིངས་འགྲོལ་རྒྱ་བསྐྱེད་དང་ཤུགས་རྐྱེན་ཆེད་སྤེལ་པ་སོགས་སོ། །

Resolution on the Issues of Mongolia was passed by the second Expanded Central Executive Committee of CPC in 1925 which includes the following aspects: stressing the incorporation of the Mongolian and Chinese national liberation movement; preventing the imperialists to foment discord among ethnic groups; guiding progressives and intellectuals to the front of revolution; organizing Inner Mongolia National Revolutionary Party; preventing Mongolian royalties to take advantages of national liberation movement to magnify their influence, etc.

《关于苗族问题的决议》 文件名。1934年中共黔东特区制定的关于苗族问题的文件。文件指出必须团结苗族人民共同推翻帝国主义、国民党军阀和地主豪绅的统治；帮助苗族农民没收地主土地和废除屯田制度；全力帮助苗族人民建立工农民主自治区和自己的军队；发展苗族人民的文化等。

《མིའོ་རིགས་གནད་དོན་སྐོར་གྱི་ཐག་གཅོད་》 ཡིག་ཆའི་མིང་། ༡༩༣༤ལོར་གུང་གུང་ཆན་ཤར་དམིགས་བསལ་ས་ཁུལ་གཏན་འབེབས་བྱས་པའི་མིའོ་རིགས་གནད་དོན་སྐོར་གྱི་ཡིག་ཆ། དེར་མིའོ་རིགས་མི་དམངས་ཀྱིས་རེ་བར་དུ་མཐུན་ལམ་སྐོར་བཙན་རྒྱལ་རིང་ལུགས་དང་། གོ་མིན་ཏང་གི་དམག་དཔོན་ཅན་དང་ས་བདག་གི་དབང་སྒྱུར་མགོ་རྟིང་སློག་དགོས་པ། མིའོ་རིགས་ཞིང་པར་རོགས་རམ་བྱས་ནས་ས་བདག་གི་ལག་ནས་ཞིང་གཞིས་དང་དམག་སློབ་ཞིང་འདེབས་ལུགས་མེད་པར་གཏོང་བ། མིའོ་རིགས་མི་དམངས་ལ་རོགས་བྱས་ནས་བཟོ་ཞིང་དམངས་གཙོའི་རང་སྐྱོང་ཁུལ་དང་རང་གི་དམག་དཔུང་འཛུགས་པ། མིའོ་རིགས་མི་དམངས་ཀྱི་རིག་གནས་དར་སྤེལ་གཏོང་བ་སོགས་བསྟན་ཡོད།

Resolution on Issues of the Miao people was made by the East Guizhou Special District of CPC in 1934. Issues involved

the following aspects: Unite with the Miao people to oppose oppression by the imperialists, the GMD warloads, and the Miao headmen; help the Miao peasants to obtain land of their own, and confiscate all the land of the landlords and despotic gentry and abolish the land-hoarding system; help the Miao people establish an autonomous region with a soviet system and help the Miao people to organize the Miao Worker-Peasant Red Army; encourage the Miao people to develop their own culture, etc.

《关于民主党派为边疆地区建设服务挂钩会议的报告》 文件名。1983年中央统战部、国家民委提交该报告，由中央书记处、国务院转发。《报告》主要就民主党派开展"智力支边"活动提出具体意见，明确其重点、做法、分工、经费与报酬、重要意义等事宜。

《དམངས་གཙོའི་ཏང་ཕྱོགས་ཀྱིས་མཐའ་མཚམས་ས་ཁུལ་འཛུགས་སྐྲུན་གྱི་ཞབས་ཞུའི་འབྲེལ་མཐུད་གྲོས་ཚོགས་སྐོར་གྱི་སྙན་ཞུ་》 ཡིག་ཆའི་མིང་། ༡༩༨༣ལོར་གུང་དབྱང་ཐོགས་གཅིག་གྱུར་ཕུའི་དང་རྒྱལ་ཁབ་མི་རིགས་དོན་གཅོད་ཡོན་ལྷན་ཁང་གི་སྙན་ཞུ། གུང་དབྱང་ཡིག་ཚང་དང་རྒྱལ་སྲིད་སྤྱི་ཁྱབ་ཁང་གིས་རྒྱུད་སྤེལ་བྱས། སྙན་ཞུར་གཙོ་བོ་དམངས་གཙོའི་ཏང་ཕྱོགས་ཀྱིས་ཤེས་རིག་ཤུགས་པའི་སྣེ་ནས་མཐའ་ཁུལ་རོགས་སྐྱོར་བྱེད་པའི་བྱེད་སྒོ་སྤེལ་བར་ཞིབ་ཕྱའི་བསམ་འཆར་བཏོན། གནད་འགག་དང་བྱེད་ཐབས། ལས་བགོས། འགྲོ་གྲོན། གླ་ཆ། དོན་སྙིང་གཙོ་བོ་སོགས་གསལ་བྱེད་བྱས་ཡོད།

Report on the Meeting of Democratic Parties and Groups to Secure Coordination

in Efforts to Serve the Construction of the Border Regions was submitted by the CPC Central Committee United Front Work Department and the State Ethnic Affairs Commission in 1983, forwarded by the Secretariat of the CPC Central Committee and the State Council. It proposed specific advices on the activity of providing intellectual support to the border regions, which was lunched by democratic parties, and it clarified the priority, practice, division, funds and rewards, and the significance of the activity.

《关于民族工作几个重要问题的报告》 文件名。1987年由中央统战部、国家民委提交，中共中央、国务院批转。内容涉及：新时期民族工作总的指导思想、根本任务，经济工作在民族工作中的地位，社会主义精神文明建设，民族区域自治法的贯彻执行，做好杂居、散居少数民族工作，各级民委建设6个重要问题。

《མི་རིགས་ལས་དོན་སྐོར་གྱི་གནད་དོན་གཙོ་བོ་འགའི་སྙན་ཞུ》 ཡིག་ཆའི་མིང་། ༡༩༨༧ལོར་ཀྲུང་དབྱང་འཐབ་ཕྱོགས་གཅིག་གྱུར་ཕྱག་ལས་ཁང་དང་རྒྱལ་ཁབ་མི་རིགས་དོན་གཅོད་ཨུ་ཡོན་ལྷན་ཁང་། ཀྲུང་གུང་ཀྲུང་དབྱང་། རྒྱལ་སྲིད་སྤྱི་ཁྱབ་ཁང་གིས་མཆོག་བཀོད་གནང་། ནང་དོན་དུ་དུས་སྐབས་གསར་པའི་མི་རིགས་ལས་དོན་སྤྱིའི་མཛུབ་སྟོན་བསམ་བློ་དང་གཞིའི་རྩའི་ལོས་འགན། དཔལ་འབྱོར་ལས་དོན་མི་རིགས་ལས་དོན་ཁྲོད་ཀྱི་གོ་གནས། སྤྱི་ཚོགས་རིང་ལུགས་ཀྱི་བསམ་པའི་དཔལ་ཡོན་འཛུགས་སྐྲུན། མི་རིགས་ས་ཁུལ་རང་སྐྱོང་ཁྲིམས་ཀྱི་ལག་བསྟར། འདུས་སྡོད་དང་འཐོར་སྡོད་ཡུང་ཉུང་མི་རིགས་ཀྱི་ལས་ཤེགས་ལེགས་པོར་བསྒྲུབ་པ། མི་པ་སོ་སོའི་

Report on several important issues related to the ethnic work was submitted by the United Front Work Department of CPC Central Committee and the State Ethnic Affairs Commission in 1987, forwarded by the CPC Central Committee and the State Council. Issues involved the overall guideline and the basic task of ethnic work in the new period, the status of economic work in ethnic work, the building of Socialist Spiritual Civilization, the implementation of Regional Ethnic Autonomy Law, the work of ethnic minorities living together or in scattered communities and the construction of Ethnic Affairs Commission at all levels.

《关于民族贸易和民族特需商品生产贷款利率事宜的通知》 文件名。2009年由中国人民银行总行下发。除原有4家商业银行外，新增农业发展银行、城市商业银行、农村信用社为执行民贸民品优惠利率政策的承贷银行。并就优惠利率适用范围、优惠利率管理、利息补贴程序等做出说明。

《མི་རིགས་ཀྱི་ཚོང་དང་མི་རིགས་ཁྱད་མཁོའི་ཚོང་ཟོག་བཟོ་སྐྱེད་དངུལ་སྐྱིའི་སྐྱེད་གཅིག་སྐོར་གྱི་བརྡ་ཐོ》 ཡིག་ཆའི་མིང་། ༢༠༠༩ལོར་ཀྲུང་གོའི་དམངས་དངུལ་ཁང་སྤྱི་ཁྱབ་ཁང་གིས་སྤྲིང་། སྔར་ཡོད་ཚོང་ལས་དངུལ་ཁང་བཞི་ལས་གཞན། ཞིང་ལས་འཕེལ་རྒྱས་དངུལ་ཁང་དང་། གྲོང་ཁྱེར་ཚོང་ལས་དངུལ་ཁང་། གྲོང་གསེབ་ཡིད་སྟོན་ཁང་བཅས་གསར་དུ་བསྣན་ནས་མི་

རིགས་པར་གྱི་ཉོ་ཚོང་དང་མི་རིགས་ཚོགས་ཐུན་ལ་སྐྱེད་ཀ། དམིགས་བསལ་བྱེད་པའི་དངུལ་ཁང་ཡིན་པ་མ་ཟད། སྐྱེད་ཚོག་དམིགས་བསལ་ལ་འཚམ་པའི་ཁྱབ་ཁོངས། སྐྱེད་ཚོག་དམིགས་བསལ་གྱི་དོ་དམ། སྐྱེད་ཀ་གསབ་དངུལ་གྱི་གོ་རིམ་སོགས་གསལ་བཤད་བྱས་ཡོད།

Circular on the Relevant Issues on the Interest Rate of the Loans for Ethnic Trade and the Production of the Commodities Specially Needed by Minority Ethnic Groups was released by the People's Bank of China in 2009. Notifications specified that in addition to the four precious commercial banks, the Agricultural Development Bank, Urban Commercial Bank and Rural Credit Cooperative are also added into the list of the concessional providers of preferential interest rate of the loans for ethnic trade and the production of the commodities specially needed by minority ethnic groups; It also gave explanations on the applicability and the management of preferential interest rate and the procedures of interest rate subsidy.

《关于民族事务的几项决定》 文件名。1951 年由政务院发布。内容涉及：推行民族区域自治及民族民主联合政府的政策和制度，培养少数民族干部，在政府机构中建立有关民族事务的业务以及设立民族语言文字研究指导委员会等。

《མི་རིགས་ལས་དོན་སྐོར་གྱི་ཐག་གཅོད་འགའ》 ཡིག་ཆའི་མིང་། ༡༩༥༡ལོར་སྲིད་དོན་ལས་ཁུངས་ཀྱིས་སྤེལ། མི་རིགས་ས་ཁོངས་རང་སྐྱོང་དང་མི་རིགས་དམངས་གཙོ་མཉམ་འབྲེལ་སྲིད་གཞུང་གི་སྲིད་ཇུས་དང་ལམ་ལུགས། གྲངས་ཉུང་མི་རིགས་ཀྱི་གཞུང་ཞབས་པ་གསོ་སྐྱོང་། སྲིད་གཞུང་གི་ལས་ཁུངས་སུ་མི་རིགས་ལས་དོན་དང་འབྲེལ་ཡོད་ཀྱི་ལས་ཀ་དང་མི་རིགས་སྐད་ཡིག་ཞིབ་འཇུག་མཛུབ་སྟོན་ཨུ་ཡོན་ཚོགས་པ་འཛུགས་པ་སོགས་སོ།

Resolutions Related to Ethnic Minority Affairs was released by the State Council in 1951. Issues involved: implementation of the system of the regional ethnic autonomy and the policy of the democratic coalition government of ethnic minorities; training of ethnic minority cadres; setting up ethnic affairs commissions in government organizations; setting up committees on the research of the languages and writing systems of ethnic minorities, etc.

《关于民族问题的决议》 1928 年中国共产党第六次全国代表大会通过。《决议》指出：中国境内少数民族的问题（北部之蒙古、回族、满洲之高丽人、福建之台湾人，以及南部苗、黎等原始民族，新疆和西藏）对于革命有重大的意义。

《མི་རིགས་གནད་དོན་སྐོར་གྱི་གྲོས་ཆོད》 ༡༩༢༨ལོར་ཀྲུང་གོ་གུང་ཁྲན་ཏང་གི་ཐེངས་དྲུག་པའི་རྒྱལ་ཡོངས་འཐུས་མི་ཚོགས་ཆེན་ཐོག་ཏུ་གྲོས་འཆམ་བྱུང་། 《གྲོས་ཆོད》 ནང་དུ་གུང་གོ་ནང་ཁུལ་གྱི་གྲངས་ཉུང་མི་རིགས་གནད་དོན། （བྱང་ཕྱོགས་ཀྱི་སོག་རིགས་དང་ཧུའེའི་རིགས། མན་ཇུའི་ཁའོ་ལིའི་མི་རིགས། ཧྥུའེ་ཅན་གྱི་ཐའེ་ཝན་མི་དང་ལྷོ་ཕྱོགས་ཀྱི་མེའོ་རིགས་དང་ལི་རིགས་སོགས་གདོད་མའི་མི་རིགས། ཞིན་ཅང་དང་བོད་སྟོངས།） ལ་གསར་བརྗེ་དོན་སྙིང་གལ་ཆེན་ཡོད།

Resolutions Related to Ethnic Minority Issues was endorsed by the sixth National Congress of CPC. It pointed out that the ethnic issues inside China, which include the Mongolian people and the Hui people in the north, the Korean people in Manzhou, the Taiwan people in Fujian, the Miao people and the Li people in the south, Xinjiang and Tibet, play a significant role in the fulfillment of revolution.

《关于民族学院干部轮训转向正规培训的意见》 文件名。1983年国家民委在成都召开民族学院干训工作会议。会后国家民委、教育部、财政部联合签发此《意见》。该文件主要对民族学院干训工作的方针、任务做出调整，将轮训逐步过渡到正规培训。并对学制、入学条件、培训规划、培训经费等问题做出安排。

《མི་རིགས་སློབ་གྲིང་གི་གཞུང་ཞབས་པ་རིམ་འཁོར་གསབ་སྦྱོང་ནས་ཆད་ལྡན་གྱི་གསབ་སྦྱོང་བྱེད་པར་བསྒྱུར་བའི་སྐོར་གྱི་བསམ་འཆར་》 ཡིག་ཆའི་མིང་། ༡༩༨༣ལོར་རྒྱལ་ཁབ་མི་རིགས་དོན་གཅོད་ཨུ་ཡོན་ལྷན་ཁང་གིས་ཁྲིན་ཏུ་རུ་རིགས་སློབ་སྒྲིང་གི་གཞུང་ཞབས་པ་གསབ་སྦྱོང་ལས་ཀའི་ཚོགས་འདུ་བསྡུས། དེའི་རྗེས་སུ་རྒྱལ་ཁབ་རིགས་དོན་གཅོད་ཨུ་ཡོན་ལྷན་ཁང་དང་སློབ་གསོ་པུའུ། དངུལ་པའུ་བཅས་ཀྱིས་མཉམ་འབྲེལ་སྒོས《བསམ་འཆར་》འདི་སྤེལ། གཙོ་བོ་མི་རིགས་སློབ་སྒྲིང་གི་གཞུང་ཞབས་པ་གསབ་སྦྱོང་ལས་ཀའི་ཕྱོགས་དང་། འགན་འཁུར་སྐམས་སྒྲིག་རིམ་མོས་གསོ་སྦྱོང་ནས་ཆད་ལྡན་གསབ་སྦྱོང་ལ་བར་བརྒྱུད། སློབ་ཡུགས་དང་ཞུགས་ཀྱི་ཆ་རྐྱེན་དང་། གསབ་སྦྱོང་གི་འཆར་འགོད། གསབ་སྦྱོང་འགྲོ་སྒོ་སོགས་ཀྱི་གནད་དོན་ལ་བཀོད་སྒྲིག་བྱས།

Opinions on the Transfer of the Minority Cadres from Rotational Training to Regular Training in Colleges for Ethnic Minorities was co-released by the State Ethnic Affairs Commission, Ministry of Education and Ministry of Finance after the working conference of cadres training in college for ethnic minorities held by the State Ethnic Affairs Commission in Chengdu, 1983. It raised opinions to adjust the policy and the task of cadres training in colleges for ethnic minorities, notifying the transfer of cadres' training from rotational to regular training. It also made arrangements on the length of schooling, admission requirements, training programs and training expenses.

《关于内地高等学校招收新疆少数民族学生及管理工作的暂行规定》 文件名。1992年由国家教委办公厅、国家民委办公厅共同发布。文件主要就内地高等学校招收新疆少数民族学生及管理工作做出具体规定。内容涉及招生录取、预科教育、学生管理3部分。

《ནང་ལོག་མཐོ་རིམ་སློབ་གྲྭས་ཞིན་ཅང་གངས་ཉུང་མི་རིགས་སློབ་མ་བསྡུ་བ་དང་དོ་དམ་ལས་དོན་སྒོར་གྱི་སྐབས་སྦྱོར་གཏན་ཁེལ་》 ཡིག་ཆའི་མིང་། ༡༩༩༢ལོར་རྒྱལ་ཁབ་སློབ་གསོ་ཨུ་ཡོན་ལྷན་ཁང་བྱེད་དང་རྒྱལ་ཁབ་མི་རིགས་དོན་གཅོད་ཨུ་ཡོན་ལྷན་ཁང་བྱེད་ཐུན་མོང་གིས་སྤེལ། གཙོ་བོ་ནང་ལོག་གི་མཐོ་རིམ་སློབ་གྲྭས་ཞིན་ཅང་གངས་ཉུང་མི་རིགས་ཀྱི་སློབ་མ་བསྡུ་བ་དང་དོ་དམ་ལས་དོན་སྐོར་ཞིབ་ཆ་གཏན་ཁེལ་བྱས། ནང་དོན་དུ་སློབ་མ་བསྡུ་བ་དང་

དངོས་གཞི་ག་སྒྲིག་སློབ་གསོ། སློབ་མའི་དོ་དམ་བཅས་གསུམ་འདུས་ཡོད།

Interim Provisional Regulation on the Enrollment and Administration of Ethnic Minority Students from Xinjiang was released jointly by General Office of the State Education Commission and the General Office of the State Ethnic Affairs in 1992. It makes specific provisions mainly on the inland university's enrollment and management of ethnic minority students from Xinjiang. Three parts involved enrollment, preparatory education and student management.

《关于内地十九省市为西藏办学的几项具体规定》 文件名。1985 由教育部发文。共 4 部分内容: 确定在北京、成都、兰州 3 市创办西藏学校; 在上海、天津、辽宁等 16 省市举办西藏班。为此, 就经费问题、招生条件及办法、藏语文教师和教材问题、招生名额和选派教职工人数做出规定。

《ནང་ཁོག་གི་ཞིང་ཆེན་དང་གྲོང་ཁྱེར་བཅུ་དགུས་བོད་སྟོངས་སློབ་གྲྭ་འཛུགས་པའི་ཞིབ་ཚའི་དོན་ཚན་ཁ་ཤས་ཀྱི་གཏན་འཞེལ》 ཡིག་ཚའི་མིང་། ༡༩༨༥ལོར་སློབ་གསོ་པུའི་ཡིག་ཆས་བསྒྲགས་བྱས། ནང་དོན་སྩོལ་པས་ཚན་པ་བཞི། པེ་ཅིན་དང་ཁྲེ་ཏུའུ། ལན་གྲུའུ་བཅས་གྲོང་ཁྱེར་གསུམ་དུ་བོད་སློབ་སློབ་གྲྭ་འཛུགས་པ་དང་། ཞང་ཧའི་དང་ཐེན་ཅིན། ལའོ་ཉིང་སོགས་ཞིང་ཆེན་དང་གྲོང་ཁྱེར་བཅུ་དྲུག་ཏུ་བོད་སློབ་འཛིན་གྲྭ་འཛུགས་པ་གཏན་ཞེལ་བྱས། དེའི་འགྲོ་གྲོན་གནད་དོན་དང་། སློབ་མ་བསྡུ་བའི་ཆད་གཉིས་དང་བྱ་ཐབས། བོད་སྐད་དགེ་རྒན་གྱི་གནད་དོན་དང་

དེབ་གཞུང་དོན། སློབ་མ་བསྡུ་བའི་གྲངས་ཀ་དང་དགོ་བཙོ་བའི་མི་གྲངས་གདམས་བགོད་སྟོང་གཏན་ཞིག་བྱས་ཡོད།

Detailed Regulations about Running Schools for Tibet in 19 Inland Provinces and Municipalities was released by the Ministry of Education in 1985, four parts in total. The regulation determines to establish Tibetan schools in Beijing, Chengdu and Lanzhou city, Tibetan classes in Shanghai, Tianjin, Liaoning and other 13 provinces and cities. Therefore, it makes detailed regulations with regard to the financial problems, admission criteria and enrollment measures, Tibetan language teachers and textbooks, student enrollment and the number of selected teachers.

《关于内蒙工作的意见》 文件名。为确保内蒙古人民在抗日战争胜利后真正能够获得民族平等权利和自治权利, 中共中央根据当时国内外形势, 于 1945 年 10 月发布。《意见》明确提出在内蒙古实行民族区域自治制度, 建立自治政府。

《ནང་སོག་ལས་དོན་སྐོར་གྱི་བསམ་འཆར》 ཡིག་ཚའི་མིང་། ནང་སོག་མི་རིགས་ཀྱིས་ལྱར་འགོག་དམག་འཁྲུག་ལ་རྒྱལ་ཁ་ཐོབ་རྗེས་མི་རིགས་འདྲ་མཉམ་དང་རང་སྐྱོང་དབང་ཆའི་ཚོར་པར་འཐབ་ཡིན་བྱེད་ཆེད། ཀྲུང་གུང་ཀྲུང་དབྱིས་དུས་སྐབས་དེའི་རྒྱལ་ཁབ་ཕྱི་ནང་གི་གནས་བབས་གཞིར་བཟུང་ནས་ ༡༩༤༥ལོའི་ཟླ་ ༡༠པར་སྤེལ། 《བསམ་འཆར》 དུ་ནང་སོག་ཏུ་མི་རིགས་ས་ཁོངས་རང་སྐྱོང་ལམ་ལུགས་ལག་བསྟར་དང་རང་སྐྱོང་སྲིད་གཞུང་འཛུགས་པ་གསལ་པོར་བཏོན།

Opinions on Inner Mongolian work Based

upon the situation both at home and abroad, it was released by CPC Central Committee in October 1945, to make sure the Inner Mongolian people achieve the rights of ethnic equality and the rights of liberty. It specified that the system of regional ethnic autonomy be practiced and an autonomous government be established in Inner Mongolia.

《关于抢救、整理少数民族古籍的请示》 文件名。1984 年由国家民委提出，国务院转发。共 4 部分。要求各地、各有关部门充分重视民族古籍的抢救、整理工作，加强组织领导，落实知识分子政策，在人力、物力、财力等方面给予支持。

《གངས་ཅན་མི་རིགས་ཀྱི་གནའ་དཔེའི་སྲུང་སྐྱོབ་དང་ཞིབ་སྒྲིག་སྐོར་གྱི་སྙན་སེང་ཞུ་ཡིག》 ཡིག་ཆའི་མིང་། ༡༩༨༤ལོར་རྒྱལ་ཁབ་མི་རིགས་དོན་གཅོད་ཨུ་ཡོན་ལྷན་ཁང་གིས་བཏོན་པ་དང་། རྒྱལ་སྲིད་སྤྱི་ཁྱབ་ཁང་གིས་རྒྱུད་སྤྲོད་བྱས། སྐོར་ཁག་ཆེན་པོ་བཞི་ཡོད། ས་ཁུལ་སོ་སོ་དང་འབྲེལ་ཡོད་སྡེ་ཁག་གིས་མི་རིགས་གནའ་དཔེའི་སྲུང་སྐྱོབ་དང་ཞིབ་སྒྲིག་ལས་ཀར་མཐོང་ཆེན་བྱེད་པ་དང་། རྩ་འཛུགས་འགོ་ཁྲིད་ཤུགས་སྣོན། ཤེས་ལྡན་པའི་སྲིད་ཇུས་ལག་བསྟར། མི་ཤུགས་དང་དངོས་ཤུགས། རྒྱུ་ཤུགས་སོགས་ཀྱི་ཐོགས་ནས་རོགས་སྐྱོར་བྱེད་པ་བཅས་སོ།

Request of the State Ethnic Affairs Commission on Saving and Collating Ancient Minority Books was submitted by the State Ethnic Affairs Commission in 1984, later forwarded by the State Council. It was divided into four parts. It required that the departments from each area pay great attention to the work of saving and collating ancient books of ethnic minorities, strengthen its collation and instruction work, implement the policy towards intellectuals, and offer supports to manpower, material and financial resources.

《关于全国重点高等学校试办少数民族班的通知》 文件名。1980 年由教育部印发。决定从当年起，有计划有重点地在北京大学、清华大学、北京师范大学等 5 所全国重点高校试办民族班，在原定招生计划之外，从内蒙古、新疆等 6 个省、自治区招收少数民族学生。

《རྒྱལ་ཡོངས་ཀྱི་གཙོ་གནད་མཐོ་རིམ་སློབ་གྲྭར་གངས་ཉུང་མི་རིགས་ཚོད་ལྟའི་འཛིན་གྲྭ་འཇུགས་པའི་སྐོར་གྱི་བརྡ་ཐོ》 ཡིག་ཆའི་མིང་། ༡༩༨༠ལོར་སློབ་གསོ་པུའུ་ཡིས་བཀྲམས། དེའི་ལོ་ནས་བཟུང་དམིགས་ཡུལ་ཡོད་པ་དང་གཙོ་གནད་དུ་པེ་ཅིན་སློབ་ཆེན་དང་ཆིང་ཧྭ་སློབ་ཆེན། པེ་ཅིན་དགེ་ཐོན་སློབ་ཆེན་སོགས་རྒྱལ་ཡོངས་གཙོ་གནད་མཐོ་རིམ་སློབ་གྲྭ་ཆོད་ལྟའི་འཛིན་གྲྭ་འཇུགས་པར་འགོ་འཛུགས་པ་ཐབས་བཟུང་། སྔར་ཡོད་སློབ་མ་བསྡུ་འཛུགས་གཞི་ལས་གཞན། ནང་སོག་དང་། ཞིན་ཅང་སོགས་ཞིན་ཆེན་དང་རང་སྐྱོང་ལྗོངས་༦ཀྱི་གྲངས་ཉུང་མི་རིགས་ཀྱི་སློབ་མ་བསྡུ་བའོ།》

Circular on Establishing Ethnic Classes in Key Universities was issued by the Ministry of Education in 1980. According to the circular, there would be a trial running of ethnic classes in 5 key universities, including Peking University, Tsinghua University and Beijing Normal University. In addition to the original recruiting scheme, the universities would be recruiting students from 6 provinces and autonomous regions such as Inner Mongolia and Xinjiang.

《关于全国重点高等医学院培养少数民族高级医学人才的意见》 文件名。1983年由卫生部、国家民委和教育部联合发出。主要向有关大专院校提出培养少数民族高级医学人才的方法、学生来源、招生分配名额以及经费开支等意见。

《རྒྱལ་ཡོངས་ཀྱི་གཙོ་གནད་མཐོ་རིམ་གསོ་རིག་སློབ་གླིང་དུ་གྲངས་ཉུང་མི་རིགས་ཀྱི་མཐོ་རིམ་གསོ་རིག་ཤེས་ཡོན་མི་སྣ་གསོ་སྐྱོང་སྐོར་གྱི་བསམ་འཆར》 ཡིག་ཆའི་མིང་། ༡༩༨༣ ལོར་འཕྲོད་བསྟེན་པུའུ་དང་རྒྱལ་ཁབ་མི་རིགས་དོན་གཅོད་ཨུ་ཡོན་ལྷན་ཁང་། སློབ་གསོ་པུའུ་བཅས་མཉམ་འབྲེལ་སྟེང་། གཙོ་བོ་ཆེད་སློབ་སློབ་གྲྭར་གྲངས་ཉུང་མི་རིགས་མཐོ་རིམ་གསོ་རིག་ཤེས་ལྡན་མི་སྣ་སྐྱོང་ཐབས་དང་། སློབ་མའི་ཡོང་ཁུངས། སློབ་མ་བསྡུ་བའི་མི་གྲངས་བགོ་སྐལ། འགྲོ་གྲོན་སོགས་ཀྱི་བསམ་འཆར་བཏོན་ཡོད།

Opinions on Cultivating Advanced Medical Talents of Ethnic-minorities in Key Medical Colleges was released by Ministry of Health, State Ethnic Affairs Commission and Ministry of Education in 1983. It raised opinions on the method of the education of ethnic students to the colleges related, along with the student recruitment, original place of the students and the allocation of the students and expenses.

《关于认真做好信仰伊斯兰教民族人员用餐工作的通知》 文件名。1989年由中国民航运输服务公司发布。文件规定：售票处、值机部门发现有信仰伊斯兰教的少数民族人员乘机时，要及时通知到有关配餐部门；配餐部门在配备机上餐食、点心等食品时，要配备一定数量的穆斯林餐食。

《དབྱི་སི་ལན་ཆོས་ལུགས་ལ་དད་པའི་མི་རིགས་ཀྱི་མི་སྣའི་ཟས་སྦྱོར་ལས་ཀ་ཨན་ཏན་གྱིས་ལེགས་པོར་སྒྲུབ་པའི་སྐོར་གྱི་བརྡ་ཐོ》 ཡིག་ཆའི་མིང་། ༡༩༨༩ ལོར་ཀྲུང་གོ་མི་དམངས་མཁའ་འགྲུལ་འཁས་ཞུ་གུང་སིས་བསྒྲགས། ཡིག་ཆར་གཏན་འབེབས། འཛིན་བྱང་ཚོང་ས་དང་གནམ་གྲུར་ལམ་རེས་སྟེ་ཁག་དབྱི་སི་ལན་ཆོས་ལུགས་ལ་དད་པའི་གུང་ལུང་མི་རིགས་ཀྱི་མི་སྣ་གནམ་གྲུར་སྐྱོད་པ་ཤེས་ཚེ་མགྱོགས་མྱུར་གྱིས་ཟ་མའི་སྟེ་ཁག་ལ་བརྡ་སྐྱོད་དགོས་ཤིང་། ཟ་མའི་སྟེ་ཁག་གིས་ཟ་མ་དང་ཞོར་ཟས་གྲ་སྒྲིག་བྱེད་སྐབས། མུའུ་སི་ལིན་ཟས་རིགས་རིགས་ཚན་རེས་གྲ་སྒྲིག་བྱེད་དགོས།

Circular Concerning Doing Well on Providing Islamic Meal of the Islamic Passengers was released by the Civil Aviation Administration of China in 1989. It specified that the ticket office and the check-in department should keep the catering department in notice once Islamic passengers were aboard; the catering department should prepare certain amounts of Muslim meals during the preparation of food and snacks.

《关于少数民族毕业生分配工作的指示》 文件名。1952年由政务院发布。文件提出今后除继续有计划地动员必要数量的汉族干部和毕业生做少数民族工作外，应注意分配少数民族毕业生到少数民族地区或有关民族事务的业务部门工作。

《གངས་ཅན་མི་རིགས་ཀྱི་མཐར་ཕྱིན་སློབ་མར་ལས་བགོ་སྒོར་གྱི་མཛུབ་སྟོན》 ཡིག་ཆའི་མིང་། ༡༩༥༢ལོར་སྲིད་དོན་ཕུའི་ཡིག་བསྒྲགས། ཡིག་ཆར་དེའི་ཕྱིན་སུ་མཐུད་དུ་འཆར་གཞིཡོད་པའི་སློེནས་དགོས་རིགས་གངས་ཆེན་གྱི་རྒྱ་རིགས་གཞུང་ཞབས་པ་དང་མ་ཐར་ཕྱིན་སློབ་མས་གངས་ཉུང་མི་རིགས་ཀྱི་ལས་ཀར་སྐྱོད་པ་ལ་གཞན། གངས་ཉུང་མི་རིགས་ཀྱི་མཐར་ཕྱིན་སློབ་མ་གངས་ཉུང་མི་རིགས་ས་ཁུལ་ལམ། མི་རིགས་ལས་དོན་དང་འབྲེལ་ཡོད་ལས་གཉེ་སྟེ་ཁག་ཏུ་ལས་བགོ་ལ་དོ་སྣང་བྱེད་དགོས།

Instructions Concerning the Work of Job on Placement of the Graduates of Ethnic Minorities was released by the Government Administration Council in 1952. It suggested that in addition to keep mobilizing certain amounts of Han cadres and graduates to work in ethnic minority regions, the government should also assign ethnic graduates to ethnic minority areas or departments related to ethnic work.

《关于少数民族地区的五年建设计划的若干原则性意见》 文件名。1952年中央政府颁布。文件提出了全国少数民族地区的建设和民族事务的基本任务及少数民族地区五年建设中的原则性意见。规划在一些民族地区修筑铁路，建设公路干线，修补道路和桥梁，建立邮政、电报、电话、通信系统等。

《གངས་ཉུང་མི་རིགས་ས་ཁུལ་གྱི་ལོ་ལྔའི་འཛུགས་སྐྲུན་འཆར་གཞིའི་སྒོར་གྱི་རྩ་དོན་རང་བཞིན་གྱི་བསམ་འཆར་འགའ》 ཡིག་ཆའི་མིང་། ༡༩༥༢ལོར་ཀྲུང་དབྱང་སྲིད་གཞུང་གིས་ཁྱབ་བསྒྲགས་བྱས། ཡིག་ཆར་རྒྱལ་ཡོངས་གངས་ཉུང་མི་རིགས་ས་ཁུལ་གྱི་འཛུགས་སྐྲུན་དང་མི་རིགས་ལས་དོན་གྱི་གཞིའི་ཆ་འགགས་དང་གངས་ཉུང་མི་རིགས་ས་ཁུལ་གྱི་ལོ་ལྔའི་འཛུགས་སྐྲུན་ཆེ་བཞིའི་སྒོར་གྱི་རྩ་དོན་རང་བཞིན་གྱི་བསམ་འཆར་བཏོན་ཡོད། མི་རིགས་ས་འགར་ལྕགས་ལམ་བཟོ་བ་དང་། གཞུང་ལམ་སྐྱེལ་པ། ལམ་དང་ཟམ་པར་ཞིག་གསོ་བྱེད་པ། སྦྲགས་ཡིག་དང་། གློག་འཕྲིན། ཁ་པར། བརྡ་འཕྲིན་མ་ལག་སོགས་འཛུགས་པའི་འཆར་གཞི་བཀོད་ཡོད།

Principles of the Five-year Construction Plan for the Minority Areas was released by the central government in 1952. It set out basic tasks on the construction of ethnic minority areas and ethnic affairs, raised principles on the five-year construction plan of ethnic minority areas, involving the construction of rails and trunk roads, the repair of existing roads and bridges, and the building of postal, telegraph, telephone and other communication systems in some minority areas.

《关于少数民族教育事业经费问题的指示》 文件名。1956年由国务院发布。共5条。文件主要就民族地区的小学由公办或民办、学生学杂费的收取、小学的编制定额、少数民族教育补助费逐年适当增加、拟制预算照顾民族特点等问题做出要求。

《གངས་ཉུང་མི་རིགས་སློབ་གསོ་ལས་ཀའི་བྱེད་དངུལ་གནད་དོན་སྒོར་གྱི་མཛུབ་སྟོན》 ཡིག་ཆའི་མིང་། ༡༩༥༦ལོར་རྒྱལ་སྲིད་སྤྱི་ཁྱབ་ཁང་གིས་སྤྱན་དོན་ཚན་ལྔ་ཡོད། ཡིག་ཆ་ནི་དོན་གཙོ་བོ་མི་རིགས་ས་ཁུལ་གྱི་སློབ་ཆུང་དེ་གཞུང་གིས་སྣེ་བཙུགས

དང་། སློབ་མའི་སློབ་ཡོན་བསྡུ་ལེན་དང་། སློབ་ཁྲིད་ཀྱི་བྱེད་སྤྱོད་བཅད་གྲངས། གྲངས་ཉུང་མི་རིགས་སློབ་གསོའི་རོགས་དངུལ་སྐྱབས་བསྐྱེད་དང་རིམ་ཀྱིས་སློགས་པ་དང་། མི་རིགས་ཁྱད་ཆོས་ལ་འདྲིགས་བསལ་སློང་རྩིས་སོགས་ཀྱི་གནད་དོན་ཐད་བསམ་འཆར་བཏོན་ཡོད།

Directives on Budget Issues of the Education of Ethnic Minorities Released by the State Council in 1956, it is divided into five pieces. The document mainly specified the following issues in minority areas: local-run or state-run primary schools, criterion for tuition, stuff establishment, the increase of education grants and subsidies for ethnic groups, making budgets according to characteristics of different ethnic groups.

《关于深化改革加快发展民族教育的决定》 文件名。2002年由国务院制定。分4部分。文件提出了我国民族教育工作的指导思想、目标任务、基本方针和原则以及加快发展民族教育的政策措施,要求各地、各有关部门加强对民族教育工作的领导。

《མི་རིགས་སློབ་གསོ་ལ་བཅོས་བསྒྱུར་གཏིང་ཟབ་དང་འཕེལ་རྒྱས་རྟེ་མགྱོགས་སུ་གཏོང་བའི་སྐོར་གྱི་ཆོད་དོན》 ཡིག་ཆའི་མིང་། ༢༠༠༢ལོར་རྒྱལ་ཡོངས་སྲིད་གྲོས་ཁང་གིས་གཏན་འབེབས་བྱས། ཡིག་ཆར་རང་རྒྱལ་མི་རིགས་སློབ་གསོའི་ལས་ཀའི་མཛུབ་སྟོན་བསམ་བློ་དང་དམིགས་ཡུལ་ལས་འགན། གཞི་རྩའི་བྱེད་ཕྱོགས། རྩ་དོན། མི་རིགས་སློབ་གསོ་འཕེལ་རྒྱས་རྟེ་མགྱོགས་སུ་གཏོང་བའི་སྲིད་ཇུས་བྱེད་ཐབས་སོགས་བཏོན། ས་ཁུལ་སོ་སོ་དང་འབྲེལ་ཡོད་སྡེ་ཁག་སོ་སོར་མི་རིགས་སློབ་གསོའི་ལས་ཀའི་འགོ་ཁྲིད་འཛིན་

Resolution on Deepening the Reform and Accelerating the Development of the Education for Ethnic Minorities was made by the State Council in 2002, divided into four parts. It raised the guideline, task, basic principle of the education for ethnic minorities, set out the policies on accelerating the development of the education for ethnic minorities, demanding the related departments from each area strengthen the leadership on the education for ethnic minorities.

《关于深入开展民族团结宣传教育活动的意见》 文件名。2009年由中共中央办公厅、国务院办公厅印发。文件要求在各级各类学校深入开展"民族团结教育"主题活动,并将民族团结教育纳入我国小学阶段考查和中、高考及中职毕业考试范畴。

《མི་རིགས་མཐུན་སྒྲིལ་དྲིལ་བསྒྲགས་སློབ་གསོའི་བྱེད་སྒོ་གཏིང་ཟབ་སྒྲིལ་བའི་སྐོར་གྱི་བསམ་འཆར》 ཡིག་ཆའི་མིང་། ༢༠༠༩ལོར་ཀྲུང་གུང་དབུས་གཞུང་ལས་ཁུངས་དང་རྒྱལ་སྲིད་ཀྱི་ཁང་གཞུང་ལས་ཁུངས་ཀྱིས་བཀྲམས། ཡིག་ཆར་རིམ་པ་སོ་སོ་དང་རིགས་སོ་སོའི་སློབ་གྲྭར་མི་རིགས་མཐུན་སྒྲིལ་སློབ་གསོའི་བརྗོད་གཞི་ཅན་གྱི་ཟབ་ཏུ་སྦྱོང་བའི་རེ་འདུན་བཏོན། མི་རིགས་མཐུན་སྒྲིལ་སློབ་གསོ་རང་རྒྱལ་སློབ་ཆུང་དུས་རིམ་དང་ཞིབ་བཤེར་དང་། འབྲིང་རྒྱུགས་དང་མཐོ་རྒྱུགས། འབྲིང་རིམ་ལས་རིགས་སློབ་གྲྭའི་མཐར་ཕྱིན་རྒྱུགས་གཞིའི་བཅའ་ཁྱབ་ཁོངས་སུ་བཞག།

Opinion on Further Carrying out Publicity and Educational Activities on Ethnic

Solidarity was issued by General Office of the CPC and General Office of the State Council in 2009. It specified that educational activities on ethnic solidarity be launched in schools at all levels, and the education of ethnic solidarity be included in the examination of primary schools, the high school entrance examination, the college entrance examination and the graduation examination of vocational schools.

《关于慎重对待少数民族风俗习惯问题的通知》 文件名。1986年由国家民委发布。文件强调尊重和正确对待少数民族的风俗习惯，是关系民族政策和民族团结的大事。要求新闻、报刊、文艺界和从事民族学科研究的同志在工作中应正确对待少数民族风俗习惯，防止发生歧视和侮辱少数民族的错误行为。

《གངས་ཉུང་མི་རིགས་ཀྱི་ཡུལ་སྲོལ་གོམས་གཤིས་ལ་གཟབ་ནན་བྱེད་པའི་གནད་དོན་སྐོར་གྱི་བརྡ་ཐོ》 ཡིག་ཆའི་མིང་། ༡༩༨༦ལོར་རྒྱལ་ཡོངས་ཀྱི་ཁྱབ་གསལ་སྤེལ། ཡིག་ཆར་གངས་ཉུང་མི་རིགས་ཀྱི་ཡུལ་སྲོལ་གོམས་གཤིས་ལ་བརྩི་འཇོག་དང་ཡང་དག་པའི་ལྟ་སྟངས་འཛིན་པ་ནི་མི་རིགས་སྲིད་ཇུས་དང་མི་རིགས་མཐུན་སྒྲིལ་དང་འབྲེལ་བའི་དོན་ཆེན་ཞིག་པ་ནན་བཤད་བྱས། གསར་འགྱུར་དང་ཚགས་པར། རིག་རྩལ་གྱི་སྡེ། མི་རིགས་རིག་ཚན་ཞིབ་འཇུག་གཉེར་བའི་མ་ཐུན་ཚོགས་ལས་ཁོངས་དུ་གནས་ཉུང་མི་རིགས་ཀྱི་ཡུལ་སྲོལ་གོམས་གཤིས་ལ་ཡང་དག་པའི་ལྟ་སྟངས་འཛིན་པ་དང་། གངས་ཉུང་མི་རིགས་ལ་མཐོང་ཆུང་དང་བཀྲས་བཅོས་བྱེད་པའི་ནོར་འཁྲུལ་གྱི་བྱ་སྤྱོད་འགོག་དགོས་པའི་རེ་འདུན་བཏོན།

Circular on Cautious Treatment of the Cus-

toms and Traditions of the Ethnic Minorities was released by Ethnic Affairs Commission in 1986. It pointed out the significance of respect and cautious treatment on the customs of ethnic minorities in the work of ethnic policy and ethnic unity. It demanded that those who work in the press, newspapers and magazines, the art circle and those who do research on the national subjects should treat the customs of ethnic minorities cautiously in order to prevent the discrimination and insult to ethnic minorities.

《关于我国民族政策的几个问题》 周恩来1957年在青岛民族工作座谈会上的讲话。刊载于《红旗》杂志1980年第1期。是全面阐述中国民族政策基本原则的一篇重要著作。全文分4部分。

《རང་རྒྱལ་མི་རིགས་སྲིད་ཇུས་སྐོར་གྱི་གནད་དོན་འགའ》 ཀྲོུ་ཨེན་ལའི་ཡིས་ ༡༩༥༧ལོར་ཆིན་ཏའོ་མི་རིགས་ལས་དོན་གྱི་གྲོས་མོལ་ཚོགས་འདུའི་སྟེང་གི་གཏམ་བཤད། 《དར་དམར》 དུས་དེབ་ ༡༩༨༠ལོའི་སྐབས་དང་པོའི་སྟེང་དུ་བཀོད་ཡོད། ཕྱོགས་ཡོངས་ནས་ཀྲུང་གོའི་མི་རིགས་སྲིད་ཇུས་ཀྱི་གཞིར་རྩའི་དོན་ཚིག་བརྗོད་བྱེད་པའི་གལ་ཆེའི་བརྩམས་ཆོས་ཞིག་ཡིན། བརྩམས་ཆོས་ཡོངས་ལ་བཞི་ཡིས་གྲུབ།

Several Problems Concerning the Ethnic Policy was raised by Zhou Enlai in the Qingdao Ethnic Work Conference in 1957, later published on the first edition of the magazine *Hongqi* in 1980. It was an important writing that fully elaborated the ethnic policy in China. It was divided into four parts.

《关于西藏地区市县行政区域划分的决定》
文件名。1960年国务院第93次全体会议通过。此后，西藏1个市、7个专区、72个县、270多个区、1300多个乡的政权机构先后建立。

《བོད་ལྗོངས་ས་ཁུལ་དུ་གྲོང་དང་རྫོང་ཁྱེར་གྱི་སྲིད་འཛིན་ས་ཁོངས་དབྱེ་བཅད་སྒོར་གྱི་གཏན་འབེབས》 ཡིག་ཆའི་མིང་། ༡༩༦༠ལོར་རྒྱལ་སྲིད་སྤྱི་ཁྱབ་ཁང་གི་ཚང་འཛོམས་ཚོགས་འདུའི་ཐེངས་དགུ་བཅུ་གོ་གསུམ་པར་གྲོས་མཐུན་བྱུང་། བོད་ལྗོངས་སུ་གྲོང་ཁྱེར་༡དང་ཆེད་ལས་ས་ཁུལ་༧། རྫོང་༧༢། ཆུས་༢༧༠། ཞང་༡༣༠༠ལྷག་བཅས་ཀྱི་སྲིད་འཛིན་ལས་ཁུངས་དག་རིམ་བཞིན་གསར་བཙུགས་བྱས།

Decision on the Administrative Divisions of Tibet Autonomous Region was passed by the 93rd plenary meeting of the State Council. After the meeting, the government institutions of 1 city, 7 special zones, 72 counties, over 270 administrative districts and over 1,300 townships were established.

《关于西藏地区土地制度改革的实施办法》
文件名。1959年由中央政府发布。文件宣布废除西藏地区封建领主占有制，使农奴和奴隶成为土地的主人。凡参加叛乱的农奴主，耕地、房屋、耕畜、粮食和农具一律没收。对没参加叛乱的农奴主的土地、耕畜等生产资料，由政府作价赎买。西藏地方政府的耕地全部分给农民。

《བོད་ལྗོངས་ས་ཁུལ་དུ་ས་ཞིང་བཅོས་བསྒྱུར་ལམ་ལུགས་ལག་བསྟར་བྱེད་པའི་སྒོར་གྱི་བྱེད་ཐབས》 ཡིག་ཆའི་མིང་། ༡༩༥༩ལོར་ཀྲུང་དབང་སྲིད་གཞུང་གིས་བསྒྲགས་སྲིད་བྱས། ཡིག་ཆར་བོད་ལྗོངས་ས་ཁུལ་དུ་བཀའ་དྲུན་འཛིན་བདག་བྱེད་པའི་ཁྲལ་བཟང་གི་ལམ་ལུགས་མེད་པར་བཟོས་པ་དང་། ཞིང་བྲན་དང་བྲན་གཡོག་རྣམས་ས་ཞིང་གི་བདག་པོ་བྱེད་པ། ཁ་བཙུགས་བྱས། ངོ་ལོག་ཟིང་འཁྲུག་ལ་ཞུགས་པའི་ཞིང་བདག་ཞིག་ཡིན་ཚེ། སོ་ཞིང་དང་ཁང་པ། སོ་ཕྱུགས། འབྲུ་རིགས། ཞིང་ཆས་སོགས་ཚང་མ་གཞུང་བཞེས་བྱེད་ཅིང་། ངོ་ལོག་འཁྲུག་ལས་མ་ཞུགས་པའི་ཞིང་བདག་གི་ས་ཞིང་དང་སོ་ཕྱུགས་སོགས་ཐོན་སྐྱེད་ཀ། སྲིད་གཞུང་གིས་རྫོང་ཚོང་བྱེད་དེ། བོད་ལྗོངས་ས་གནས་སྲིད་གཞུང་གི་སོ་ཞིང་ཚང་མ་ཞིང་པར་བགོས་བྱས།

Measures for Implementing Land Reform in Tibet Autonomous Region was released by CPC Central Government in 1959. Issues involved: abolishing the feudal land ownership system and making serfs and slaves masters of the land in Tibet; confiscating the land, houses, animals, crops and farm implements of the serf owners who participated in the rebellion; for those serf owners who didn't participate in the rebellion, the government redeemed the means of production mentioned above; distributing the farm land possessed by the local government of Tibet to the farmers.

《关于西藏地区土地制度改革方案》 文件名。1959年由西藏工委制定。共分12部分。内容涉及：划分阶级和阶级路线、土地所有制、寺庙改革、牧区问题、城市工作、边境地区和涉外方面的工作、土地改革的具体步骤、建党和建团及建政问题、组织领导问题等方面。

《བོད་ལྗོངས་ས་ཁུལ་གྱི་ས་ཞིང་ལམ་ལུགས་

བཅོས་བསྒྱུར་སྐོར་གྱི་དུམ་གཞི།》ཡིག་ཚད་མིང་། ༡༩༥༩ལོར་བོད་སྡོངས་ལས་སྒྲུབ་ཨུ་ཡོན་ལྷན་ཁང་གིས་གཏན་ལ་ཕབ། ཁྱོན་བཟོ་ལྷག་བཅུ་གཉིས། དབྱེ་ཡོད། ནང་དོན་ལ་གྲལ་རིམ་དབྱེ་བགོ་དང་། གྲལ་རིམ་ལས་ལུགས། ས་ཞིང་དབང་བའི་ལས་ལུགས། དགོན་པའི་བཅོས་བསྒྱུར། འབྲོག་ཁྱུལ་གནད་དོན། གྲོང་ཁྱེར་གྱི་ལས་ཀ། མཐའ་མཚམས་ས་ཁུལ། ཕྱི་ཕྱོགས་དང་། འབྲེལ་བའི་ཕྱོགས་ཀྱི་ལས་ཀ། ས་ཞིང་བཅོས་བསྒྱུར་གྱི་ཞིབ་ཕྲའི་གོ་རིམ། ཏང་དང་གུང་གཞོན་ཚོགས་པའི་འཛུགས་སྐྲུན་དང་སྲིད་འཛིན་སྐྱོང་གི་གནད་དོན། རྩ་འཛུགས་འགོ་ཁྲིད་ཀྱི་གནད་དོན་སོགས་འདུས།

Scheme on Land System Reform in the Tibetan Areas was made by the Tibet Work Committee in 1959, dividing into 12 parts. Issues involved: division of classes and classes ranks; the work on land ownership; reform of temples; the work on pastoral areas and cities, border areas and foreign affairs; procedure on the land system reform; the building of the party, the league and the government; the issue on organization and leadership, etc.

《关于西藏工作方针的指示》 文件名。1961年由中共中央发布。文件主要"指示"从1961年起，五年内不搞社会主义改造，不搞合作社，不搞人民公社，集中力量把民主革命搞彻底，让劳动人民的个体所有制稳定下来，让农牧民的经济得到发展。西藏的一切政策都要力求稳妥。

《བོད་སྡོངས་ལས་ཀའི་བྱེད་ཕྱོགས་སྐོར་གྱི་མཛུབ་སྟོན》 ཡིག་ཚད་མིང་། ༡༩༦༡ལོར་ཀྲུང་གུང་དབུས་གིས་སྤེལ། ནང་དོན་གཙོ་བོ་༡༩༦༡ནས་བཟུང་ལོའི་ནང་དུ་སྤྱི་ཚོགས་རིང་ལུགས་ཀྱི་བསྒྱུར་བཀོད་མི་བྱེད་པ་དང་། མཉམ་ལས་ཁང་མི་སྒྲིག་པ། དམངས་གུང་རྗེ་ཅན་མི་སྒྲིག་པ། སྟོབས་ཤུགས་གཅིག་བསྡུས་ཀྱིས་དམངས་གཙོ་བཅོས་བསྒྱུར་བྱེད་པ། དང་ཚོལ་མི་དགངས་ཀྱི་སྒྱེར་ལ་དབང་བའི་ལས་ལུགས་གཏན་འཇགས་བྱེད་པ་དང་། ཞིང་འབྲོག་མི་དམངས་ཀྱི་དཔལ་འབྱོར་འཕེལ་རྒྱས་ཡོང་བར་བྱེད་པ། བོད་སྡོངས་ཀྱི་སྲིད་ཇུས་ཡོངས་རྫོགས་ཅི་ནུས་ཀྱིས་བརྟན་ཅིང་ཡོངས་བར་བྱེད་པའོ།》

Directive Concerning Policies on Work in Tibet was released by CPC Central Committee in 1961. It specified that from 1961 on, within 5 years, there would be no socialist reform, no cooperatives and no people's commune. It also specified that the focus should be on carrying out the democratic revolution thoroughly, stabilizing the individual ownership of the laboring people and developing the economy of the farmers and herders. Each policy in Tibet has to be stable and sound.

《关于宣传报道和文艺创作要正确对待少数民族习俗问题的通知》 1983年由国家民委发布。《通知》指出：有些报纸杂志，在宣传报道和发表反映少数民族生活题材的某些文章和作品中，出现一些有损少数民族风俗习惯的内容。希望新闻、报刊以及文艺界总结经验教训，正确对待民族关系。

《ཁྱིལ་བསྒྲགས་འགོད་པ་དང་རིག་རྩལ་གསར་རྩོམ་དུ་གྲངས་ཉུང་མི་རིགས་ཀྱི་ཡུལ་སྲོལ་གོམས་གཤིས་ལ་ལྟ་སྟངས་ཡང་དག་འཛིན་པའི་གནད་དོན་སྐོར་གྱི་བརྡ་ཐོ》 ༡༩༨༣

བོར་རྒྱལ་ཁབ་མི་རིགས་དོན་གཅོད་ཨུ་ཡོན་ལྷན་ཁང་གིས་
སྤེལ། 《བརྡ་ཕོ》 དུ་ཚིགས་པར་དང་དུས་དེབ་ཁ་ཤས་
ཀྱིས་གདངས་ཞུང་མི་རིགས་ཀྱི་འཚོ་བ་མཚོན་པའི་དྲིལ་
བསྒྲགས་འགོད་པ་དང་བརྩམས་ཆོས་ཀྱི་ཕྱོད་དུ། གུད་
ཞུང་མི་རིགས་ཀྱི་ཡུལ་སྲོལ་གོམས་གཤིས་ལ་གནོད་པའི་
ནང་དོན་བྱུང་ན། གསར་འགྱུར་དང་དུས་དེབ། རིག་
རྩལ་སྒྱུ་ཁབ་བཅས་ཀྱིས་མཐའ་སྣོན་བསྒྲུབ་ཏུ་ཕྱོགས་སྟོན་
བྱས་ནས་མི་རིགས་འབྲེལ་བར་ཡང་དག་པའི་ལྟ་སྲུང་
འཛིན་དགོས་པ་བསྟན།

Circular on Problems Concerning Treating Customs of Ethnic Minorities Correctly in Publicity, Reports and Art Works was released by State Ethnic Affairs Commission in 1983. It pointed out that certain contents in some articles and works that described ethic minorities' lifestyles have done harm to the customs of ethnic minorities. The press, newspapers and magazines and art circle should draw lessons from the past and treat ethnic relation properly.

《关于严格执行变更民族成分有关规定的通知》 文件名。2009 由国家民委办公厅、教育部办公厅、公安部办公厅联合下发。文件主要就一些地方出现个别考生为享受少数民族高考、中考加分等优惠政策，违反有关规定变更民族成分的现象，做出涉及考生民族成分的确认等 5 条具体说明。

《མི་རིགས་གྲུབ་ཆར་འགྱུར་བ་གཏོང་བར་གཟབ་ནན་སྒྲུབ་ཀྱི་བརྡ་ཕོ》 ཞིག་ཅའི་མིང་།
༢༠༠༩ བོར་རྒྱལ་ཁབ་མི་རིགས་དོན་གཅོད་ཨུ་ཡོན་ལྷན་ཁང་གི་གཞུང་ལས་ཁང་དང་། སློབ་གསོ་པུའི་ཡི་གཞུང་ལས་ཁང་། སྤྱི་བདེ་པུའི་གཞུང་ལས་ཁང་བཅས་ཀྱིས་མཉམ་འབྲེལ་སྤེལ། ནན་དོན་གཙོ་བོ་ས་ཁ་ཤས་སུ་རྒྱུགས་སྤྲོད་མ་འགའ་ཤས་ཀྱིས་གྲངས་ཉུང་མི་རིགས་ཀྱི་མཐོ་རྒྱུགས་དང་འབྲིང་རྒྱུགས་ལ་སྐར་མ་སྣོན་པའི་སྲིད་ཇུས་བོབ་ཆེན། འབྲེལ་ཡོད་ཆོད་དོན་དང་འགལ་ཏེ་མི་རིགས་གྲུབ་ཚང་བརྗེ་བསྒྱུར་བྱེད་པའི་སྣང་ཚུལ་ལ་དམིགས་ནས། རྒྱུགས་ཞུགས་སློབ་མའི་མི་རིགས་གྲུབ་ཆར་དངོས་འཛིན་བྱེད་པ་སོགས་ཞིབ་ཕྲའི་གསལ་བྱེད་དོན་ཚན་ལྔ་བཏོན།

Circular Concerning Strict Implementation of the Relevant Provisions on Changing Ethnic Identities was released by the General Office of State Ethnic Affairs Commission, General Office of Ministry of Education and General Office of Ministry of Public Security in 2009. It gave out five specific notifications on the confirmation of students' ethnic identity, based on the phenomenon of some students' changing ethnic identity irregularly in order to gain benefit in college entrance examination and high school entrance examination.

《关于严格执行党和国家民族政策有关问题的通知》 文件名。2008 年由国务院办公厅下发。共 4 条。文件要求：认识民族政策的极端重要性，履行维护民族团结的政治责任；执行民族平等政策，纠正和防止发生损害民族团结的行为；营造民族团结进步的良好社会氛围；确保各项民族政策落到实处。

《གཞན་ནན་སློབ་དང་དང་རྒྱལ་ཁབ་ཀྱི་མི་རིགས་སྲིད་ཇུས་ལག་བསྟར་བྱེད་པའི་འབྲེལ་ཡོད་གནད་དོན་སྐོར་གྱི་བརྡ་ཕོ》 ཞིག་ཆའི་

Circular on Issues Regarding the Strict Implementation of the Party and Government Policies on Ethnic Minorities was released by General Office of the State Council in 2008, dividing into four parts. It pointed out that we should recognize the importance of ethnic policies and fulfill the political duty of maintaining ethnic solidarity; we need to carry out the ethnic equality policy to rectify the behavior of harming ethnic solidarity and to prevent that from happening; fostering a good atmosphere for ethnic unity and progress and putting each ethnic policy into effect.

《关于严禁在新闻出版和文艺作品中出现损害民族团结内容的通知》 文件名。1994年由国家民委等7个单位联合发布。共3条。文件要求各相关部门要进行民族和宗教政策、法规等方面的宣传教育；制定规章制度，禁止在新闻出版和文艺作品中出现损害民族团结的内容；合情、合理、合法处理出现的问题。

Circular on Strictly Prohibiting Contents that Harm Ethnic Unity in News Publications and Works of Art and Literature was issued jointly by the State Ethnic Affairs Commission and other six units in 1994, three pieces in total. It required all related departments undertake the responsibility of publicity and education of ethnic and religious policies, regulations and other aspects. Rules and regulations should be formulated, and the contents that can bring harm to ethnic unity should be banned in the press and publications. In addition, all those issues should be treated reasonably, fairly and legally.

《关于有关西藏交通运输问题的决定》 文件名。1955年国务院全体会议第七次会议通过。共7条。主要内容：拉萨设立交通局，交通局统一领导康藏公路和青藏公路的运输、养护和管理等工作，交通部继续修筑从青藏公路的羊八井至日喀则至江孜的公路和关于筑路经费的规定等。

《བོད་སྐྱོངས་འགྲིམ་འགྲུལ་སྐྱེལ་འདྲེན་གནད་དོན་སྐོར་གྱི་གཏན་འབེབས》ཡིག་ཆའི་མིང་། ༡༩༥༥ལོར་རྒྱལ་སྲིད་སྤྱི་ཁྱབ་ཁང་གི་ཚོགས་མི་ཡོངས་ཀྱིས་གྲོས་ཚོགས་ཐེངས་བདུན་པར་གྲོས་འཆམ་བྱུང་བའི་གཏན་འབེབས། སྐོམ་ཚན་པ་བདུན་ཡོད་པའི་ནང་དོན་གཙོ་བོ། ལྷ་སར་འགྲིམ་འགྲུལ་ཅུས་བཙུགས་པ་དེས། མཁས་བོད་གཞུང་ལམ་དང་མཚོ་བོད་གཞུང་ལམ་གྱི་སྐྱེལ་འདྲེན་དང་བདག་སྐྱོང༌། དོ་དམ་སོགས་ཕྱོགས་ལྷོངས་ཀྱི་བྱ་བར་འགོ་ཁྲིད་བྱེད་པ་དང༌། འགྲིམ་འགྲུལ་ཕུའི་ཡིས་མཚོ་བོད་གཞུང་ལམ་ཡངས་པ་ཅན་ནས་གཞིས་ཀ་རྩེ། དེ་ནས་རྒྱལ་རྩེའི་གཞུང་ལམ་སྒྲུབ་དུ་བཟོ་སྐྲུན་དང་ལམ་བཟོའི་འགྲོ་སོང་སྐོར་གྱི་གཏན་འབེབ་སོགས་ལ་ཕྱག་བྱིད་བྱེད་དགོས།

Decision on Matters Concerning Tibetan Traffic and Transportation Approved at the seventh session of the State Council in 1955, it is divided into seven items, including: setting up Lhasa Bureau of Transportation which exercises unified leadership over the operation, maintenance and management of Qinghai-Tibet Highway and Sichuan-Tibet highway; the Department of Transportation continues to take charge of building Qinghai-Tibet Highway from Yangbajing to Rikaze and Jiangzi; provisions on funds for building highways.

《关于在边远省份和少数民族地区建立收音站的通知》 文件名。1955年由国务院发布。国家拨出1500部收音机，在云南、贵州、西康、甘肃、青海、新疆、广西、海南和内蒙古建立收音站，旨在加强爱国主义教育和政策时事宣传，预报天气，满足群众文化娱乐需要。并对建站作出4项具体指示。

《མཐའ་ཁུལ་གྱི་ཞིང་ཆེན་དང་གྲངས་ཉུང་མི་རིགས་ཁུལ་དུ་རླུང་འཕྲིན་ས་ཚིགས་འཛུགས་པའི་སྐོར་གྱི་བརྡ་ཕྲ》ཡིག་ཆའི་མིང༌། ༡༩༥༥ལོར་རྒྱལ་སྲིད་སྤྱི་ཁྱབ་ཁང་གིས་སྤྱལ། རྒྱལ་ཁབ་ཀྱིས་སྒྲ་སྡུད་འཕྲུལ་འཁོར་༡༥༠༠ཤག་གཏོང་ནས་ཡུན་ནན་དང་ཀུའེ་ཀྲོའུ། འབར་ཁམས། ཀན་སུའུ། མཚོ་སྔོན། ཞིན་ཅང༌། ཀོང་ཞི། ཧའེ་ནན། ནང་སོག་སོགས་སུ་སྒྲ་སྡུད་ས་ཚིགས་བཙུགས། གཞི་བོ་རྒྱལ་གཅེས་རིང་ལུགས་ཀྱི་སློབ་གསོ་དང་སྲིད་ཇུས་དུས་ཕྱོགས་ཀྱི་བསྒྲགས་དང༌། གནམ་གཤིས་སྔོན་འགོད། རིག་གནས་རོལ་རྩེད་ཀྱི་དགོས་མཁོ་སྐོང་བ་སོགས་ལ་ཕུགས་སློན་བྱེད་པ་ཡིན། གཞན་ས་ཚིགས་འཛུགས་པར་དོན་ཚན་བཞིའི་ཐོག་ནས་མཛུབ་སྟོན་བྱས་ཡོད།

Circular on Building Radio Stations in Remote Provinces and Ethnic Minority Areas was released by State Council in 1955, aiming at the enhancement of patriotic education and political advocacy, weather forecasting and the need of entertainment. It pointed out that the government would distribute 1,500 radio sets and build radio stations in Yunnan, Guizhou, Xikang, Gansu, Qinghai, Xinjiang, Guangxi, Hainai and Inner Mongolia. It also made four instructions on it.

《关于在各级学校注意进行党的民族政策和加强民族团结教育的通知》 文件名。

1987年由国家教委印发。共3部分。文件要求：各级学校针对当时发生的一些有损民族团结的事件进行党的民族政策和民族团结教育；同时指出，有关报刊发表涉及民族问题的文章，要符合党的民族政策的基本精神。

《རིམ་པ་སོ་སོའི་སློབ་གྲྭས་དང་གི་མི་རིགས་སྲིད་ཇུས་དང་མི་རིགས་མཐུན་སྒྲིལ་ལ་ལྗུགས་རྒྱག་པའི་སློབ་གསོ་བསྩལ་བར་མཚམས་འཛིན་བྱེད་པའི་སྐོར་གྱི་བརྡ་ཕོ》 ཡིག་ཆའི་མིང་། ༡༩༨༧ལོར། རྒྱལ་ཁབ་སློབ་གསོ་ཨུ་ཡོན་ལྷན་ཁང་གིས་འགྲེམས་སྤེལ་བྱས། སྡོམ་ལ་ཁག་གསུམ་ཡོད། ཡིག་ཆར་རིམ་པ་སོ་སོའི་སློབ་གྲྭས་མ་དུས་ཀྱི་མི་རིགས་འཐབ་རྒྱལ་ལ་གནོད་པའི་དོན་རྐྱེན་ལ་དམིགས་ནས་མི་རིགས་སྲིད་ཇུས་དང་མི་རིགས་མཐུན་སྒྲིལ་སློབ་གསོ་སྤེལ་བ། དུས་མཚུངས་སུ་འབྲེལ་ཡོད་དུས་དེབ་ཕྲག་ཏུ་མི་རིགས་གནད་དོན་སྐོར་གྱི་རྩོམ་ཡིག་སྤེལ་བར། དང་གི་མི་རིགས་སྲིད་ཇུས་ཀྱི་གཞི་རྩའི་དགོངས་པར་མཐུན་པའི་རེ་བ་བཏོན་ཡོད།

Circular on Paying Attention to the Education of the Party's Ethnic Policy and Strengthening National Unity in Schools at All Levels was printed and distributed by the State Education Commission in 1987, three parts in total. Requirements are as follows: schools at all levels should pay attention to the education of party's ethnic policy and strengthen the national unity education against some cases that can damage the ethnic unity; At the same time, the circular points out that articles involving ethnic affairs published by the newspapers and magazines should be in accordance with the basic spirit of the party's ethnic policy.

《关于在少数民族地区进行农业社会主义改造问题的指示》 文件名。1955年由中央政府发布。主要内容：一是要求组织各种形式的互助组。二是要求在互助组的基础上试办和推广半社会主义性质的初级农业合作社。三是要求在初级社的基础上试办和推广社会主义性质的高级农业合作社。

《གྲངས་ཉུང་མི་རིགས་ས་ཁུལ་དུ་ཞིང་ལས་སྤྱི་ཚོགས་རིང་ལུགས་བསྒྱུར་བཀོད་གནད་དོན་སྐོར་གྱི་མཛུབ་སྟོན》 ཡིག་ཆའི་མིང་། ༡༩༥༥ལོར་ཀྲུང་དབྱང་སྲིད་གཞུང་གིས་སྤེལ། ནང་དོན་གཙོ་བོ། གཅིག ཕན་ཚུན་རོགས་སྐྱོར་ཚོ་ཆུང་རྣམ་པ་སྣ་ཚོགས་རྩ་འཛུགས་བྱེད་པའི་རེ་འདུན་བཏོན་པ། གཉིས། སྤྱི་ཚོགས་རིང་ལུགས་ཕྱེད་ཀའི་ཐོབ་མའི་དུས་རིམ་གྱི་ཞིང་ལས་མཉམ་ལས་ཁང་གི་རྒྱང་གཞི་ཚད་སློབ་སྟོན་ནས་བསྒྲུབ་པ་དང་རྒྱ་བསྐྱེད་པ། གསུམ། སྤྱི་ཚོགས་རིང་ལུགས་ཀྱི་མཐོ་རིམ་ཞིང་ལས་མཉམ་ལས་ཁང་གི་རྒྱང་གཞི་ཚོད་ལྟའི་སློབ་སྟོན་བསྒྲུབ་པ་དང་རྒྱ་བསྐྱེད་པ་བཅས་སོ།།

Directive on Problems Concerning the Socialist Transformation of Agriculture in Ethnic Minority Areas was released by CPC Central Government in 1955. Issues involved: the organization of mutual aid groups of all kinds of forms; the trial running and promotion of semi-socialist primary agricultural cooperatives based on the mutual aid groups; the trial running and promotion of semi-socialist senior agricultural cooperatives based on the primary ones.

《关于在少数民族学校推行中国汉语水平考试试点的通知》 文件名。1997 年由国家教委下发。文件明确了中国汉语水平考试的定义，决定从 1998 年开始在新疆、内蒙古、吉林、青海、西藏等省、自治区进行为期两年的试点。并制定了《关于在部分少数民族学校推行中国汉语水平考试试行方案》。

《གྲངས་ཉུང་མི་རིགས་ཀྱི་སློབ་གྲྭ་ཁག་གི་རྒྱ་ཡིག་རྒྱ་ཚད་རྒྱུགས་གཞིའི་ཚོད་ལྟའི་ས་གནས་ཁྱབ་སྤེལ་སྒོར་གྱི་བར་བོ》 ཡིག་ཚང་མིང་། ༡༩༩༧་ལོར་རྒྱལ་ཁབ་སློབ་གསོ་ཨུ་ཡོན་ལྷན་ཚོགས་ཀྱིས་སྤེལ། ཡིག་ཚང་གིས་ཀྲུང་གོའི་རྒྱ་ཡིག་རྒྱ་ཚད་རྒྱུགས་གཞིའི་གོ་དོན་གསལ་པོ་བྱས། ༡༩༩༨་ལོ་ནས་བཟུང་ཞིན་ཅང་དང་སོག ཆི་ལིན། མཚོ་སྔོན། བོད་སོགས་ཞིང་ཆེན་དང་རང་སྐྱོང་ལྗོངས་ཀྱི་ཚོད་ལྟའི་ས་གནས་འཛུགས་པར་ཐག་བཟད། 《གྲངས་ཉུང་མི་རིགས་ཀྱི་སློབ་གྲྭ་ཁ་ཤས་སུ་གུང་གོའི་རྒྱ་ཡིག་རྒྱ་ཚད་རྒྱུགས་གཞིའི་ཚོད་ལྟ་སྤེལ་བྱེད་པའི་སྐོར་གྱི་ཇུས་གཞི》 གཏན་ལ་ཕབ།

Ciucular on Trial Runs Promotion HSK Tests in Some Minority Regions and Prefectures was released by Education Commission (now known as Ministry of Education) in 1997. It defined the Chinese Proficiency Test (Hanyu Shuiping Kaoshi) and decided to set up a two-year trial running in Xinjiang, Inner Mongolia, Jilin, Qinghai and Tibet from 1998 on. It also made the *Trial Version of Promoting HSK Test in Some Ethnic Minority Schools.*

《关于在西藏平息叛乱中实行民主改革的若干政策问题》 文件名。1959 年由中共中央发布。文件指出：西藏地方政府已经撕毁《十七条协议》，中央原定的西藏民主改革"六年不改方针"改为"边平边改"。贵族的封建占有制要一律废除，对参加和未参加叛乱者分别采取没收和赎买的办法。

《བོད་ལྗོངས་སུ་ཟོག་ཟིང་ཞི་འཇགས་ཞི་འཇགས་བཏང་བའི་ཁྲོད་དུ་དམངས་གཙོ་བཅོས་བསྒྱུར་ལག་བསྟར་བྱེད་པའི་སྲིད་ཇུས་ཀྱི་གནད་དོན་འགའ》 ཡིག་ཚའི་མིང་། ༡༩༥༩་ལོར་ཀུང་གུང་ཀྲུང་དབྱུང་གིས་སྤེལ། ཡིག་ཚང་པོས་གཏན་གྱིན་གསུ《བོད་མཐུན་དོན་ཚན་བཅུ་བདུན》ཅེས་མིད་དུ་གཏོར་བ་དང་། དབུང་གིས་སྔར་གཏན་འབེབ་བྱས་པའི་བོད་སློང་དམངས་གཙོ་བཅོས་བསྒྱུར་ལོ་དྲུག་ལ་འགྱུར་བའི་བྱེད་ཕྱོགས་དེ་མཐའ་ཞོར་བསྒྱུར་ཞོར་ལ་བསྒྱུར། སྐུ་དྲག་བགས་བཀོར་རྒྱུན་འཛིན་གྱིས་བཟུང་བའི་ལམ་ལུགས་མཐར་དཔོར་དོར་ནས། ཟོ་ལོག་བྱེད་འཁྲུག་ལ་ཞུགས་པ་དང་ཞུགས་པ་རྣམས་བསོར་དབྱེ་ནས་གཞུང་བཞེས་དང་བླུའི་བྱེད་ཐབས་བཀོལ་འདོ།》

Conducting the Democratic Reform While quelling the Rebellion in Tibet was released by CPC Central Government in 1959. It pointed out that since the local government of Tibet had torn up the peaceful "17-Article Agreement" offered by Central Government, the original democratic reform policy of maintaining the status quo in six years had been changed into the policy of "conducting reform while quelling the rebellion". The system of feudal possession must be abolished. For those people who participated in the rebellion, their land would be confiscated by the government; for those who didn't, their land would be redeemed.

《关于在宣传报道和文艺创作中防止继续发生丑化、侮辱少数民族事件的通知》 文件名。1987年由中宣部、中央统战部、国家民委共同发布。文件指出，近来不断出现歪曲、丑化少数民族形象、伤害少数民族感情的作品和出版物。为此，《通知》提出5条要求，涉及民族政策宣传教育、坚持文艺"两为"方向等内容。

《དྲིལ་བསྒྲགས་འགོད་པ་དང་རིག་རྩལ་གསར་རྩོམ་ནང་དུ་གྲངས་ཉུང་མི་རིགས་ལ་བརྙས་བཅོས་དང་བཅོག་བཟོའི་དོན་རྐྱེན་སླར་མཐུད་དུ་འབྱུང་བ་བཀག་འགོག་སྐོར་གྱི་བརྡ་ཐོ》 ཡིག་ཆའི་མིང་། 1987ལོར་ཀྲུང་དབྱང་དྲིལ་བསྒྲགས་པུའུ་དང་ཀྲུང་དབྱང་འཐབ་ཕྱོགས་གཅིག་གྱུར་པུའུ། རྒྱལ་ཁབ་མི་རིགས་དོན་གཅོད་ཨུ་ཡོན་ལྷན་ཁང་ཐུན་མོང་གིས་སྤེལ། དེ་ཚར་གྲངས་ཉུང་མི་རིགས་ཀྱི་རྣམ་པར་འགྱུར་བཅོས་དང་རྫུན་བཅོས་ལ་གཏོང་བ། གྲངས་ཉུང་མི་རིགས་ཀྱི་བརྩེ་གདུང་ལ་གནོད་པའི་བརྩམས་ཆོས་དང་པར་སྐྲུན་དངོས་པོ་རྒྱུན་མི་ཆད་པར་བྱུང་བས། 《བརྡ་ཐོ》 དེར་དོན་ཚན་ལྔའི་བླང་བྱ་བཏོན་པ་ཁྱབ་བསྒྲགས་དང་། མི་རིགས་སྲིད་ཇུས་ཀྱི་བསླབས་སྟོན་གསོ་དང་། རིག་རྩལ་གྱི་དགོས་པ་གཉིས་རྒྱུན་འཁྱོངས་བྱེད་པ་སོགས་ཀྱི་ནང་དོན་འདུས།

Circular on Preventing the Incident of Defaming and Insulting Ethnic Minorities in Publicity, Reports and Works of Art was released by the publicity Department, United Front Work Department of CPC Central Committee and the State Ethnic Affairs Commission in 1987. It pointed out that there had been some works and publications that defamed the image of ethnic minorities and hurt their feelings, based on which it raised five requirements that involved the publicity and education of ethnic policy and the guidelines of "two criteria (the political and the artistic)" in literary and art work creation.

《关于招收少数民族优秀青年进入高等学校学习的意见》 文件名。1992年由国家教委发布。共4部分。拟从1992年秋季起，试招部分有实践经验的少数民族优秀青年进入高等学校学习。内容涉及招生条件、招生办法、在校管理及毕业分配等。

《མཐོ་རིམ་སློབ་གྲྭས་གྲངས་ཉུང་མི་རིགས་ན་གཞོན་ཕུལ་བྱུང་སློབ་མ་བསྡུ་བའི་སྐོར་གྱི་བསམ་འཆར》 ཡིག་ཆའི་མིང་། 1992ལོར་རྒྱལ་ཁབ་སློབ་གསོ་ཨུ་ཡོན་ལྷན་ཁང་གིས་སྤེལ། སྡོམ་ཚན་པ་བཞི་ཡོད། 1992ལོའི་སྟོན་ཁ་ནས་བཟུང་ལག་ལེན་ཉམས་མྱོང་འགའ་ཤས་ཡོད་པའི་གྲངས་ཉུང་མི་རིགས་ཀྱི་གཞོན་ཕུལ་བྱུང་ཅན་ཉུང་ཤས་མཐོ་རིམ་སློབ་གྲྭར་ཞུགས་ནས་སློབ་སྦྱོང་གི་གོ་སྐབས་སྤྲོད་པ་དང་། སློབ་མ་བསྡུ་བའི་ཆ་རྐྱེན་དང་སློབ་མ་བསྡུ་བའི་ཐབས་ཚུལ། སློབ་གྲྭར་གནས་སྐབས་ཀྱི་དོ་དམ་དང་མཐར་ཕྱིན་ལས་འགོད་སོགས་ཞིབ་ཚའི་ནང་དོན་དང་འབྲེལ་ཡོད།

Opinions on Recruiting Outstanding Youth of Minorities to Study in the Higher Institution was released by the State Education Commission in 1992, four parts in total. Since the fall of 1992, some outstanding youth of minorities with practical experiences will be recruited to study in the higher institutions. It involves: admissions criteria, enrollment policies, school management and other specific contents such as job assignment on graduation.

《关于正确处理少数民族地区宗教干扰学校教育问题的意见》 文件名。1983 年由教育部提出。文件涉及：宗教与教育分离、宗教不得干预教育、不得擅自开办经文学校（班）、民族中小学不予开设阿拉伯文课、解决学校占用寺产、加强民族中小学教育、处理宗教冲击干扰学校教育。

《གངས་ཅན་མི་རིགས་ས་ཁུལ་དུ་ཆོས་ལུགས་ཀྱིས་སློབ་གྲྭའི་སློབ་གསོ་ལ་བར་ཆད་བྱེད་པའི་གནད་དོན་ལ་ཡང་དག་པའི་སྒོ་ནས་ཐག་གཅོད་སྒྱུར་གྱི་བསམ་འཆར》 ཡིག་ཆའི་མིང་། ༡༩༨༣ལོར་སློབ་གསོ་པུའུ་ཡིས་བཏོན། ཡིག་ཆའི་ཆོས་ལུགས་དང་སློབ་གསོ་ཁ་ཕྱོགས་པ་དང་། ཆོས་ལུགས་ཀྱིས་སློབ་གསོར་བར་ཆད་བྱེད་མི་ཆོག་པ། རང་འདོད་ཀྱིས་ཆོས་གཞུང་སློབ་གྲྭའམ་(འཛིན་གྲྭ) འཛུགས་ཀྱི་ཆོག་པ། མི་རིགས་སློབ་འབྲིང་ཆུང་འབྲིང་དུ་ཨ་རབ་སྐད་ཀྱི་སློབ་ཁྲིད་འཇུགས་མི་ཆོག་པ། སློབ་གྲྭས་དགོན་པའི་རྒྱུ་ནོར་བཟུང་ཡོད་པ་ཐག་གཅོད་པ། མི་རིགས་སློབ་ཕྲུག་ཆུང་འབྲིང་གི་སློབ་གསོ་ལ་ཤུགས་སྣོན་པ། ཆོས་ལུགས་ཀྱིས་སློབ་གྲྭའི་སློབ་གསོ་ལ་བར་ཆད་བྱེད་པ་ཐག་གཅོད་རྒྱ་སོགས་གནད་དོན་འདུས།

Opinions Concerning the Correct Handling of the Issue of Religion Interfering in School Education in Ethnic Minority Areas was raised by Ministry of Education in 1983. Issues involved: separating education from religion; forbidding religion from interfering in education and from running madrasa; prohibiting ethnic schools from setting up Arabic class; solving the problem of schools occupying temples; enhancing the education in ethnic schools; solving the problem of religion interfering in school education.

《关于正确处理新形势下影响民族团结问题的意见》 文件名。2001 年由国家民委等七部委拟定。文件主要提出：处理民族关系问题时要坚持维护法律尊严、人民利益、民族团结和国家统一。不能把一切涉及少数民族成员的一般民事纠纷和刑事案件都作为民族问题。凡违法者，不论民族、信仰，都要依法处理。

《གནས་བབས་གསར་པའི་འོག་གངས་ཅན་མི་རིགས་ཀྱི་མཐུན་སྒྲིལ་ལ་ཤུགས་རྐྱེན་ཡང་དག་པའི་སློ་ནས་ཐག་གཅོད་པའི་སློར་གྱི་བསམ་འཆར》 ཡིག་ཆའི་མིང་། ༢༠༠༡ལོར་རྒྱལ་ཁབ་རིགས་དོན་གཙོའུ་ཡོན་ལྷན་ཁང་སོགས་ཡུལ་བདུན་གྱིས་ཆོད་ཕྱིའི་སློ་ནས་གཏན་འབེབས་བྱས། ཡིག་ཆའི་ནང་དོན་གཙོ་བོ། མི་རིགས་འབྲེལ་བའི་གནད་དོན་ཐག་གཅོད་སྐབས་ཁྲིམས་ལུགས་ཀྱི་ལ་རྒྱ་དང་མི་དམངས་ཀྱི་ཁེ་ཕན། མི་རིགས་མཐུན་སྒྲིལ་རྒྱལ་ཁབ་གཅིག་གྱུར་བཅས་སྲུང་བ་རྒྱས་སློང་དང་ཐག་གཅོད་བྱེད་དགོས། གངས་ཅན་མི་རིགས་ཀྱི་མི་སྣ་འདུས་པའི་སྤྱིར་བཏང་གི་དམངས་དོན་འགལ་བ་དང་ཉེས་དོན་གྱོད་གཞི་ཚང་མ་མི་རིགས་གནད་དོན་དུ་བརྩི་མི་རུང་། ཁྲིམས་དང་འགལ་མི་རིགས་དང་ཆོས་ལུགས་དང་མོས་གང་ཡིན་ཡང་ཁྲིམས་ལྟར་ཐག་གཅོད་དགོས་པ་བཅས་སོ།

259

Opinions Concerning the Correct Handling of the Issue of Ethnic Solidarity in the New Situation was made by seven ministries and commissions in 2001, including State Ethnic Affairs Commission. It pointed out that while handling issues in ethnic relations, we have to maintain the dignity of law, safeguard people's interests, maintain ethnic solidarity and preserve state unification. Not every civil dispute or criminal case that involved ethnic minorities should be regarded as ethnic problem. Whoever breaks the law, regardless of his or her ethnic identity and belief, should be prosecuted in accordance with law.

《关于执行赎买政策的具体办法》 文件名。1959年由西藏工委制定。文件指出，赎买政策是西藏和平改革的主要内容。对未参加叛乱的农奴主要赎买的生产资料为三大领主全部生产资料的三分之一左右，总值约6000万元。赎买方法一般采取由上登记由下评定，赎买金采取分期付款办法。

Specific Measures for the Implementation of the Policy of "Buying Out" was made by Tibet Work Committee in 1959. It pointed out that the policy of "buying out" was a major issue in the peaceful reform of Tibet; for the serf owners who didn't participate in the rebellion, their means of production would be redeemed, and the total amount of the redemption should be one third of the whole means of production owned by the three estate-holders, with the total value of 60 million Yuan; the redemption would be registered by the government, assessed by the people, and the redemption money would be paid in installments.

《关于中国公民确定民族成分的规定》 文件名。1990年由国家民委、国务院第四次人口普查领导小组、公安部联合下发。共13条。内容涉及：民族成分认定的各种确定条件、民族成分变更的核实审批机关、骗改民族成分的处理及制定相关具体实施办法的行政区级别界定等。

བསྐྱར་ལ་ཞིབ་དཔྱད་མཚོག་མཚན་འགོད་པའི་ལས་
ཁུངས། མགོ་སྒྱུར་གྱིས་མི་རིགས་སྒྱུར་ཚབསྐྱར་བར་ཐག་
གཅོད་དང་འབྲེལ་ཡོད་ཞིབ་ཕའི་ལག་བསྟར་བྱེད་ཐབས་
ཀྱི་སྲིད་འཛིན་ཁྱེ་ཚེད་རིམ་མཚམས་ཕྱིགས་སོགས་ཀྱི་ནན་
དོན་འདུས།

Provisions on Determining the Ethnic Identity of Chinese Citizens was released by State Ethnic Affairs Commission, the leading group of the fourth census of State Council and Ministry of Public Security in 1990 with 13 articles. Issues involved: terms of determining the ethnic identity; the verification and approval institution of changing ethnic identity; solutions to the fake change of ethnic identity; the division of different levels of administrative areas that established related measures of implementation, etc.

《关于中国境内少数民族问题的决议案》
中国共产党领导下革命政权的第一个专门关于民族问题的重要文献。1931 年第一次全国苏维埃代表大会通过。共 5 条。内容涉及：认识民族关系核心、落后民族生产力的发展与文化的提高、民族干部的任用、民族语文的使用、反对一切大汉族主义等。

《ཀྲུང་གོ་ནང་ཁུལ་གྱི་གྲངས་ཉུང་མི་རིགས་གནད་དོན་སྐོར་གྱི་གྲོས་ཆོད》 ཀྲུང་གོ་གུང་ཁྲན་ཏང་གི་འགོ་ཁྲིད་འོག་གསར་བརྗེ་དབང་གི་གཞུང་ལུང་མི་རིགས་གནད་དོན་སྐོར་ལ་ཆེད་དུ་བཏོན་པའི་ཡིག་ཆ་གལ་ཆེན་དང་པོ། ༡༩༣༡ལོར་རྒྱལ་ཡོངས་སུ་ལི་ཝེ་ཨེ་འཐུས་མི་ཚོགས་འདུ་ཐེངས་དང་པོར་གྲོས་འཆམ་བྱུང་། ཚིགས་སུ་བཅད་པའི་ནང་དོན་དུ་མི་རིགས་འབྲེལ་བའི

སྙིང་དོན་ལ་ངོས་འཛིན་དང་། མི་རིགས་ཀྱི་ཐོབ་སྟེང་ཉུས་
ཐུགས་རྗེས་ལུས་འཕེལ་རྒྱས་དང་རིག་གནས་ཆུ་ཚད་ཀྱི
མཐོར་གཏོང་བ། མི་རིགས་གཞུང་ཞབས་པའི་བསྐོ་
བཞག་མི་རིགས་སྐད་ཡིག་གི་བཀོལ་སྤྱོད། རྒྱ་རིགས་
ཆེན་པོའི་རིང་ལུགས་ཡོངས་ཚད་ལ་ངོ་རྒོལ་སོགས་ཀྱི་གནད་
དོན་འདུས།

Resolution on the Question of Ethnic Minorities in China was passed by the first National Soviet Congress in 1931. It was a document of great importance that first involved ethnic problems under the revolution regime of CPC. It was divided into 5 parts. Issues involved: the recognition of the core of ethnic relations; the development of productivity of the lagged and the improvement of the culture; the appointment of ethnic minority cadres; the application of ethnic languages; the opposition to Han chauvinism, etc.

《关于组织经济较发达地区与经济欠发达地区开展扶贫协作的报告》 文件名。1996年由国务院办公厅转发。文件确定北京与内蒙古，天津与甘肃，上海与云南，广东与广西，江苏与陕西，浙江与四川，山东与新疆，辽宁与青海，福建与宁夏，大连、青岛、深圳、宁波与贵州，开展扶贫协作。

《དཔལ་འབྱོར་རྒྱང་དར་རྒྱས་ཆེ་བའི་ས་ཁུལ་དང་དཔལ་འབྱོར་དར་རྒྱས་མི་ཆེ་བའི་ཁུལ་དུ་དབུལ་སྐྱོར་རོགས་ལས་རྒྱ་འཇུགས་སྤེལ་བའི་སྐོར་གྱི་སྙན་ཞུ》 ཡིག་ཆའི་མིང་། ༡༩༩༦ལོར་རྒྱལ་སྲིད་སྤྱི་ཁྱབ་ཁང་གཞུང་ལས་ཐེབ་གིས་རྒྱུད་སྤེལ་བྱས། ཡིག་ཆར་པེ་ཅིན་གྱིས་ནང་སོག་དང་།

ཞིན་ཅིན་གྱིས་གན་སུའུ། ཐེང་ཧའི་ཡིས་ཡུན་ནན། གོང་ཏུང་དང་གོང་ཞི། ཅང་སུའུ་ཡིས་ཤན་ཞི། གྱི་ཅིང་གིས་སི་ཁྲོན། ཧྲན་ཏུང་གིས་ཞིན་ཅང་། ལིའོ་ཞིང་གིས་མཚོ་སྔོན། ཧྥུའུ་ཅན་གྱིས་ཉིང་ཞ། ཏེ་ལེན་དང་། ཆིན་ཏའོ། ཧྲན་ཀྲན་ཉིང་པོའི་བཅས་ཀྱིས་ཀའེ་ཀྲོའུ་བཅས་ལ་དབུལ་སྐྱོར་རོགས་ལས་སྒྲིལ་བ་གཏན་ལ་ཕབ།

Report on Organizing Cooperation for Poverty Alleviation Between Economically Less Developed and Economically Developed Regions was forwarded by General Office of the State Council in 1996. The government decided to organize the cooperation for poverty alleviation between Beijing and Inner Mongolia; Tianjin and Gansu; Shanghai and Yunnan; Guangdong and Guangxi; Jiangsu and Shanxi; Zhejiang and Sichuan; Shandong and Xinjiang; Liaoning and Qinghai; Fujian and Ningxia; Dalian, Qingdao, Shenzhen, Ningbo and Guizhou.

《关于做好当前民族文化工作的意见》 文件名。1980年由文化部、国家民委联合印发。文件要求抓好民族文化艺术遗产的收集整理工作，保护少数民族老歌手、老艺人，抓紧抢救文献记载和口头流传的少数民族文化艺术遗产。

《མིག་སྔའི་མི་རིགས་རིག་གནས་ལས་དོན་ལེགས་སྒྲུབ་སྐོར་གྱི་བསམ་འཆར》 ཡིག་ཆའི་མིང་། /༡༩༨༠/ལོར་རིག་གནས་པུའུ་དང་རྒྱལ་ཁབ་མི་རིགས་དོན་གཅོད་ཨུ་ཡོན་ལྷན་ཁང་གིས་མཉམ་འགྲེམས་སྤེལ་བ། ཡིག་ཆར་མི་རིགས་རིག་གནས་སྒྱུ་རྩལ་ཤུལ་བཞག་འཚོལ་བསྡུ་དང་ཞིབ་སྒྲིག་ལས་དོན་ལེགས་སྒྲུབ་དང་། གངས་ཉུང་མི་རིགས་ཀྱི་སྒྲ་བ་རྙིང་པ་དང་

སྒྱུ་རྩལ་བ་རྙིང་པ། ཡིག་ཚགས་ཡིག་ཆར་བཀོད་པ་དང་དག་ཁ་ནས་དར་ཁྱབ་ཀྱི་གངས་ཉུང་མི་རིགས་རིག་གནས་སྒྱུ་རྩལ་ཤུལ་བཞག་སྐྱོབ་བྱེད་པ་བཅས་སོ།

Opinions on Further Improving the Current Ethnic Culture Work was issued by Ministry of Culture and State Ethnic Affairs Commission in 1980. It demanded that we should collect and organize the ethnic cultural and artistic heritages well, preserve the old ethnic minority singers and artists, preserve the ethnic cultural and artistic heritages both documented and oral transmitted.

《关于做好对信奉伊斯兰教各少数民族旅客伙食供应的通知》 文件名。1989年由交通部发布。文件要求各所属单位贯彻中央的民族政策，进一步改进和做好客运码头、客船和长途汽车站对信奉伊斯兰教的各少数民族旅客的餐食供应；提出选择适当餐料、增加无油或素油食品、张挂揭示牌等具体措施。

《དཔྱི་སི་ལན་ཆོས་ལུགས་ལ་དད་པའི་གངས་ཉུང་མི་རིགས་ཀྱི་འགྲུལ་པར་ཁ་ཟས་འདོན་སྤྲོད་ཀྱི་ལས་ཀ་ལེགས་སྒྲུབ་སྐོར་གྱི་བརྡ་ཐོ》 ཡིག་ཆའི་མིང་། /༡༩༨༩/ལོར་འགྲིམ་འགྲུལ་པུའུ་ཡིས་ཁྱབ་བསྒྲགས་བྱས། ཡིག་ཆར་དེར་གཏོགས་ཀྱི་ལས་ཁུངས་སོ་སོས་ཀྲུང་དབྱིའི་མི་རིགས་སྲིད་ཇུས་ལག་ལེན་མཐར་ཕྱིན་བྱེད་པ་དང་འགྲིམ་འགྲུལ་མཚོ་ཁ་དང་མཚོ་གྲུ། རྐང་འཁོར་བབས་ཚིགས་སུ་དཔྱི་སི་ལན་ཆོས་ལུགས་ལ་དད་པའི་གངས་ཉུང་མི་རིགས་འགྲུལ་པར་ཟས་འདོན་སྤྲོད་ལེགས་བཅོས་བྱེད་པ་རེ་འདུན་བཏོན། ཟས་འཚམས་ཀྱི་ཟ་མ་དང་སྣུམ་མེད་དམ་སྣུམ་རྒྱུ་ཟས་རིགས་ཇེ་མང་སོགས་ཤིག་ཕྱིའི་བྱེད་ཐབས་བཏོན།

Circular Regarding the Proper Provision of Food for Passengers of All Islamic Minorities was released by Ministry of Transport in 1989. It demanded that each department should carry out the ethnic policies made by Central Government and improve the food supply for Muslim passengers in ferry terminals, cruise ships and long-distance bus stations. It raised specific measures such as choosing appropriate cooking materials, adding oil-free food or vegetable oil food to the food supply, putting up notice boards, etc.

《关于做好少数民族语言文字管理工作的意见》 文件名。2010年由国家民委发布。共4部分。内容涉及：做好少数民族语言文字管理工作的重要意义、指导思想、基本原则和主要任务、政策措施及完善少数民族语言文字管理工作的保障机制等。

《གནས་ཅུང་མི་རིགས་ཀྱི་སྐད་ཡིག་དོ་དམ་ལས་དོན་ལེགས་གྲུབ་སྐོར་གྱི་བསམ་འཆར》 ཡིག་ཆའི་མིང་། ༢༠༡༠ལོར་རྒྱལ་ཁབ་མི་རིགས་དོན་གཅོད་ཨུ་ཡོན་ལྷན་ཁང་གིས་ཁྱབ་སྤེལ་བྱས། སྡོམས་ཆ་ལྔ་བཞི་ཡོད། ནང་དོན་དུ་གནས་ཅུང་མི་རིགས་ཀྱི་སྐད་ཡིག་དོ་དམ་ལས་དོན་ལེགས་པོར་སྒྲུབ་པའི་གལ་ཆེན་དོན་སྙིང་དང་། མཛུབ་སྟོན་བསམ་བློ། གཞི་རྩའི་རྩ་དོན། ལས་འགན་གཙོ་བོ། སྱིད་ཇུས་བྱེད་ཐབས་དང། གནས་ཅུང་མི་རིགས་ཀྱི་སྐད་ཡིག་དོ་དམ་ལས་དོན་ལེགས་འགྲུབ་ཀྱི་ཁག་ཐེག་སྒྲིག་གཞི་སོགས་ནན་དོན་འདུས།

Opinions on Taking Further Measures to Do Well in Works to Manage Languages of Ethnic Minorities Released by the State Ethnic Affairs Commission in 2010, it is divided into 4 parts, including: the significance, guideline, basic principles, main tasks, policies and safeguard mechanisms of a good management of languages of ethnic minorities.

《关于做好杂居、散居少数民族工作的报告》 文件名。1979年中共中央、国务院批转由国家民委党组上报的该报告。文件主要涉及：保障杂居、散居少数民族平等权利，帮助其发展经济文化，尊重其风俗习惯，贯彻执行宗教信仰自由政策以及加强党的领导，恢复与健全各级民族工作机构。

《འདྲེས་སྡོད་དང་འཕྱོར་སྡོད་གྲངས་ཉུང་མི་རིགས་ཀྱི་ལས་དོན་ལེགས་གྲུབ་སྐོར་གྱི་སྙན་ཞུ》 ཡིག་ཆའི་མིང་། ༡༩༧༩ལོར་གུང་གུང་དབུས་དང་རྒྱལ་སྲིད་སྤྱི་ཁྱབ་གིས་ཚོགས་བགོད་དང་རྒྱལ་ཁབ་མི་རིགས་དོན་གཅོད་ཨུ་ཡོན་ལྷན་ཁང་ཏང་ཆི་ཚོགས་སྐོར་གྱིས་ཡར་ཞུས་པའི་སྙན་ཞུ། ཡིག་ཆའི་ནང་དོན་། འདྲེས་སྡོད་དང་འཕྱོར་སྡོད་གྲངས་ཉུང་མི་རིགས་ཀྱི་འདྲ་མཉམ་དབང་ཆ་འགན་ལེན་བྱེད་པ་དང་། དེར་རོགས་སྐྱོར་བྱས་ནས་དཔལ་འབྱོར་རིག་གནས་འཕེལ་རྒྱས་གཏོང་བ། དེའི་ཡུལ་སྲོལ་གོམས་གཤིས་ལ་བརྩི་འཇོག་བྱེད་པ། ཆོས་ལུགས་དད་རང་ཆོས་ཀྱི་སྲིད་ཇུས་ལག་བསྟར་མཐར་ཕྱིན་བྱེད་པ། ཏང་གི་འགོ་ཁྲིད་པ། ཤུགས་བསྐྱེད་ནས་རིག་པ་སོ་སོའི་མི་རིགས་ལས་དོན་ལས་ཁུངས་སླར་གསོ་དང་འཕུལས་ཆང་དུ་གཏོང་བ་བཅས་ཡིན།

Report on Further Improving the Work of Ethnic Minorities Living Together or in Scattered Communities was submitted by

State Ethnic Affairs Commission, forwarded by CPC Central Government and State Council in 1979. Issues involved: protecting the equal rights of ethnic minorities; helping ethnic minorities with the development of economy and culture; respecting the customs of ethnic minorities; implementing the policy toward the freedom of religious belief; enhancing the leadership of CPC, restoring and improving ethnic work departments at various levels.

《管理喇嘛寺庙条例》 文件名。1935年国民政府沿袭清代历史定制颁布该条例。共7条。该《条例》涉及藏传佛教寺庙和僧人的管理细则、活佛转世的条件、寺院和活佛的登记、藏传佛教事务的管理机构等问题。

《བོད་ཀྱི་ནང་པའི་དགོན་པར་དོ་དམ་བྱེད་པའི་ཁྲིམས་སྲོལ།》 ཡིག་ཆའི་མིང་། ༡༩༣༥ལོར་རྒྱལ་དམངས་སྲིད་གཞུང་གིས་ཆིང་རྒྱལ་རབས་ཀྱི་ལོ་རྒྱུས་རྒྱུན་འཛིན་བྱས་ནས་ཁྲིམས་སྲོལ་འདི་བཟོས་ཏེ་ཁྱབ་བསྒྲགས་བྱས། སྲོལ་དོན་ཚན་བདུན་ཡོད། 《ཁྲིམས་སྲོལ》 དེར་བོད་ཀྱི་ནང་པའི་དགོན་པ་དང་གྲྭ་པའི་དོ་དམ་ཀྱི་ཞིབ་ཕྲའི་རྩ་དོན་དང་། སྤྲུལ་སྐུའི་འཛིན་གྱི་ཆ་རྐྱེན། དགོན་པ་དང་སྤྲུལ་སྐུའི་ཐོ་འགོད། བོད་བརྒྱུད་ནང་བསྟན་ལས་དོན་གྱི་དོ་དམ་ལས་ཁུངས་སོགས་ཀྱི་གནད་དོན་ཡོད།

Provisions on Managing Lamasery was made according to the history of the Qing Dynasty by National Government, released in 1935, dividing into 7 parts. Issues involved: detailed rules of the management of lamasery and the monks; prerequisite of the reincarnation of the living Buddha; registration of temples and the living Buddha; the administrative organization of the Tibetan Buddhism affairs.

灌顶 灌顶，本是古印度国王即位及立太子时的一种仪式，以"四大海之水"灌于国王顶上，表示祝贺。后来，佛教密宗信效此法，凡入佛门或嗣阿阇黎（意译为导师）位者，须先经本师以水或醍醐灌洒头顶。"灌"谓"灌持"，表示诸佛的护念、慈悲；"顶"谓"头顶"，代表佛行的崇高。

དབང་སྐུར་བ། དབང་སྐུར་བ་ནི་གནའ་བོའི་རྒྱ་གར་གྱི་རྒྱལ་ཁབ་ཀྱི་རྒྱལ་པོ་དང་རྒྱལ་སྲས་བསྐོ་བཞག་སྐབས་ཀྱི་མངོན་སྟོ་ཞིག་ཡིན། མཚོ་བཞིའི་ཆུ་རྒྱལ་པོའི་གཙུག་ཏུ་ཕུལ་ནས་རྟེན་འབྲེལ་པར་བྱེད། རྗེས་སུ་ནང་པའི་གསང་སྔགས་ཀྱི་གཞུང་དུ་ཚོག་འདི་ཕྱག་ལེན་བྱེད། ཆོས་སྟོན་ཞུགས་པའམ་སློབ་དཔོན་ཁྲིར་འཛིན་པ་གང་ཟག་ཞིག་ཐོག་མར་རང་གི་དགེ་བའི་བཤེས་གཉེན་གྱི་ཆུའམ་བྲམ་ཙ་མར་ལ་གཏོར་ནས་ཁྱེར་བྱེད་པའི་ཕོ་རིམ་ཞིག་རྒྱུད་དགོས། བྲམ་ཙ་འཕུང་བས་གནས་རྒྱས་ཡོངས་ཀྱི་ཕྱག་རྗེ་དང་བྱམས་སེམས་མཚོན། བྲམ་ཙ་མགོ་ལ་གཏོར་བས་སངས་རྒྱས་ཀྱི་སྤྱོད་པ་བླ་མེད་མཚོན།

Abhisheka (the ritual of "pouring from the peak") is a Sanskrit ceremony, conducted when a king ascends the throne and appoints one of his sons as the heir to the throne. By pouring the sacred waters from the four different seas, Abhisheka Ritual is a token of congratulation. Later on, it was applied by the Tantric Buddhism. When someone converted himself to Buddhism or became the acharya (meaning the tutor), he had to go through the Abhisheka Ritual and let the original master pour water or cream on his head. Abhisheka symbolized for pouring the protection and the mercy of the Buddha in pursuit of the greatness of the Buddha.

灌顶国师 元、明所封灌顶国师，是皇室赐给西藏高僧的崇高尊号，所赐封印都是玉印。

དབང་བསྐུར་དུ་ཛྭ། ཡོན་རྒྱལ་རབས་དང་མིང་རྒྱལ་རབས་སྐབས་སུ་དབང་བསྐུར་དུའི་བླའི་ཚོ་གནང་བ། དེ་ནི་གོང་མས་བོད་ཀྱི་དགེ་བཤེས་ལ་ཕྱིན་པའི་ཆེས་མཐོ་བའི་མཚན་ཏགས་ཤིག་ཡིན། དེ་གནང་བའི་ཕྲས་གཅོང་མ་གཡང་ཤེལ་ཕྲས་ཡིན།

Abhiseka Master of the State was the regnal title appointed to accomplished monks of Tibet by the royal family in the Yuan and Ming Dynasty. The seals rewarded were made of jade.

广惠司 中国元代所设的掌管回回医药的机构。至元七年（1270）改设，秩正三品，设立于元大都（今北京）。

གོང་ཧྲེ་སི། གྱུང་གོ་ཡོན་རྒྱལ་རབས་སྐབས་བཙུགས་པའི་ཧུའི་ཧུའི་སྨན་བཅོས་ལ་དོ་དམ་བྱེད་པའི་ལས་ཁུངས་ཤིག ཡོན་ཁྲི་ལོ་བདུན་པ་ (1270) ཤོར་རིམ་ར་གསུམ་པར་བསྒྱུར་ཏེ། ཡོན་རྒྱལ་རབས་ཀྱི་རྒྱལ་སར་བཙུགས། (དེ་གི་པེ་ཅིན)

Guanghuisi (an administrative organ for the use of Arabic medicine) was the institution in charge of Muslim medicine in the Yuan Dynasty. In the seventh year of the Zhiyuan era (1270), it was ranked as the Senior Third Rank in the Yuan Office, founded in the Great Capital of the Yuan Dynasty (now Beijing).

广西北部湾经济区 经济地理区域概念。地处我国沿海西南端，主要由南宁、北海、钦州、防城港四市所辖行政区域组成，另外加上玉林、崇左两个市的物流区，即"4+2"。陆地国土面积4.25万平方公里。

གོང་ཞི་བྱང་ཁུལ་མཚོ་ཁུག་དཔལ་འབྱོར་ཁུལ། དཔལ་འབྱོར་ས་ཁོངས་ཀྱི་གོ་དོན། རང་རྒྱལ་མཚོ་རྒྱུད་ཀྱི་ཙོ་ཕྱོགས་ཏུ་ཡོད། ནན་ཉིང་དང་པའི་ཧེའི། ཆན་གྲོའུ། ཧྥང་ཁང་གང་བཅས་གྲོང་ཁྱེར་བཞིར་གཏོགས་པའི་སྲིད་འཛིན་ཁྱུལ་ཁྱིམ་གྱིས་གྲུབ། གཞན་ཡུལ་ལིན་དང་ཚོང་ཙོན་གྲོང་ཁྱེར་གཉིས་ཀྱི་དངོས་པོ་འཁོར་རྒྱུགས་ཁུལ་ཏེ "4+2" རེར། སླར་བའི་རྒྱ་ཁྱོན་སྟོ་ལེ་ཀུ་བའི་ཁྲི་4.25 རེད།

Guangxi Beibu Gulf Economic Zone is the economic conception of geographic areas. It lies in the southwest coast of China, covering the administrative regions of Nanning, Beihai, Qinzhou and Fangchenggang, plus the logistics zone of Yulin and Chongzuo, known as "4+2", with the total land area of 4,2500 square kilometers.

《广西北部湾经济区发展规划》 文件名。2008年国务院批准实施的规划。北部湾经济区开放开发从此上升为国家战略。规划期为2006—2020年。文件包括：发展背景、总体思路、空间布局、产业发展、基础设施、社会建设、生态环境、开放合作、保障措施，共9章内容。

《གོང་ཞི་བྱང་ཁུལ་མཚོ་ཁུག་གི་དཔལ་འབྱོར་

ཁལ་གོང་སྐྱིལ་གྱི་འཆར་བགོད》ཡིག་ཆའི་
མིད། ༢༠༠༨ལོར་རྒྱལ་སྲིད་སྤྱི་ཁྱབ་ཁང་གིས་ལག་
བསྟར་གྱི་འཆར་བགོད་ལ་ཆོག་མཆན་བགོད། གོང་ཞི་
ཏུང་ཁུལ་མཚོ་ཁུག་དཔལ་འབྱོར་གྱི་སྤྱི་འབྱེད་གསར་
སྐྲུན་དེ་ནས་བཟུང་རྒྱལ་ཡོངས་ཀྱི་འཐབ་ཇུས་སུ་སྒྱུར་
འཆར་བགོད་དུས་ཡུན་༢༠༠༦—༢༠༢༠འོ་བར་
ཡིན། ཡིག་ཆའི་ནང་དུ་འཕེལ་རྒྱས་ཀྱི་རྒྱབ་ལྗོངས་དང་
སྤྱིའི་བསམ་བློའི་ལམ་སྟོན། བར་སྟོང་བགོད་སྒྲིག ཚོད
ལས་འཕེལ་རྒྱས། རྒྱང་གཞིའི་འཛུགས་སྐྲུན། སྒྲོ་ཚོགས།
འཇུགས་སྐྱེལ། ཉེན་འཚོའི་འབོར་ཡུག སྒོ་འབྱེད་མཉམ
ལས། འགན་ལེན་བྱེད་ཐབས་བཅས་སྐོར་བཅུ་དགུ་ཡོད།

Guangxi Beibu Gulf Economic Zone Development Plan was ratified by State Council in 2008, therefore became a national strategy, with the planning period from 2006 to 2020. It was divided into nine sections: the background of the development; the general thoughts; the layout; the industrial development; the infrastructure; the ecological environment; the opening up and cooperation; the safeguard measures.

《广西苗瑶教育实施方案》 解放前国民党广西省政府在苗瑶族地区推行汉化政策，进行文化教育的计划措施。1933年颁布实施。共11条。企图以"特种教育"加强对苗、瑶族地区的统治。后相当一部分没有实现。

《གོང་ཞི་མིའོ་དང་ཡའོ་ཡི་སློབ་གསོ་ལག་
བསྟར་ཇུས་གཞི》བཅིངས་འགྲོལ་གོང་དུ་གོ་མིན་
ཏང་གོང་ཞི་ཞིང་གཞུང་གིས་མིའོ་དང་ཡའོ་ས་ཁུལ་དུ་
འགྱུར་བྱེད་ཇུས་སྲིད། རིགས་གནས་སློབ་གསོའི་འཆར་
གཞི་དང་བྱེད་ཐབས་སྤྱེལ། ༡༩༣༣ལོར་ལག་བསྟར་
བྱས། སྟོམ་དོན་ཚན་བཅུ་གཅིག་ཡོད། "དམིགས་
བསལ་སློབ་གསོ"ལ་བརྟེན་ནས་མིའོ་དང་ཡའོ་ཡི་
ཁུལ་དབང་བསྒྲུབ་ལ་ཤུགས་སྟོབས་བྱེད་ཉེས་བྱས། རྗེས་
མང་པོ་ཞིག་མཐོན་འགྱུར་བྱུང་མེད།

Implementation Plans on the Education of the Miao and the Yao people in Guangxi was the educational measure in Miao and Yao region before liberation, made by KMT government of Guangxi, aiming at implementing the policy of sinicization. It was implemented in 1933. It tried to strengthen the rule of the Miao and Yao region by the means of "special education", later most part of the attempt failed.

广西民族大学 是一所国家民委和广西政府共建、自治区重点建设高校。涵盖10个学科门类。位于南宁市。创办于1952年，原为中央民族学院广西分院，1953年更名为广西省民族学院，1958年改名为广西民族学院，2006年更为现名。面积1983亩，分东、西两个校区。

གོང་ཞི་མི་རིགས་སློབ་ཆེན། རྒྱལ་ཁབ་མི་རིགས་
དོན་གཅོད་ཨུ་ལྷན་དང་གོང་ཞི་ཞིང་གཞུང་གིས་
མཉམ་དུ་བཙུགས། རང་སྐྱོང་ལྗོངས་ཀྱི་གཙོ་གནད་དུ་
སྐྱུན་པའི་མཐོ་རིམ་སློབ་ཆེན་ཡིན། རིག་ཚན་བཅུ་སྐུ་
འདུས། ནན་ཉིང་གྲོང་ཁྱེར་དུ་༡༩༥༢ལོར་ཚུགས། དང་
ཐོག་གུང་དབང་མི་རིགས་སློབ་གླིང་གི་གོང་ཞིའི་ཡན་
བགོས་ཡིན། ༡༩༥༣ལོར་མིང་དེ་གོང་ཞི་ཞིང་ཆེན་མི་
རིགས་སློབ་གླིང་དུ་བསྒྱུར། ༡༩༥༨ལོར་མིང་དེང་གོང་
ཞི་མི་རིགས་སློབ་གླིང་དུ་བསྒྱུར། ༢༠༠༦ལོར་མིང་གོང་
ཞི་མི་རིགས་སློབ་ཆེན་དུ་བསྒྱུར། རྒྱ་ཆོན་ལ་མུའུ་

ཀྭང་ཞི་གྲོང་རིགས་སློབ་ཁང་ཆེན་མོ། ཤར་ཞུབ་སློབ་ཁྱིམ་གཉིས་སུ་བྱེ་ཡོད།

Guangxi University for Nationalities is the key university of the Guangxi Zhuang Autonomous Region, set up by State Ethnic Affairs Commission and the government of Guangxi, containing 10 disciplines. Located in Nanning, it was built in 1952, formerly known as the Guangxi campus of Central Academy of National Minorities. It was renamed as the Guangxi Academy of National Minorities in 1953, Guangxi Academy for Nationalities in 1958, Guangxi University for Nationalities in 2006. It covers the area of 1,983 mu, divided into East and West campus.

《广西壮族民居初步调查报告》 1962 年广西建筑工程综合设计院、建筑科学研究所和广西大学联合组成壮族民居调查组，赴壮族聚居的龙胜、宜山、武鸣和靖西农村对壮族村寨的总体布局和个体建筑进行调查研究，整理出4份有关壮族建筑的原始资料，并写出该报告。

《ཀོང་ཞི་ཀྲུང་རིགས་ཀྱི་སྡོད་ཁང་ལ་བཤད་དཔྱད་དོག་མར་བྱས་པའི་སྙན་ཞུ》 ༡༩༦༢ ལོར་ཀོང་ཞི་འཛུགས་སྐྲུན་བཟོ་གྲྭ་སྤྱི་ཁྱབ་དུས་འགོད་སྒྲིག་དང་འཛུགས་སྐྲུན་ཚན་རིག་ཞིབ་འཇུག་ཁང༌། ཀོང་ཞི་སློབ་ཆེན་བཅས་མཉམ་འབྲེལ་སྟོན་ཀོང་ཞི་ཀྲུང་རིགས་སྡོད་ཁམས་ཀྱི་བཏུད་དཔྱད་ཚོགས་ཆུང་གྲུབ། གྲོང་རིགས་འདུས་སྡོད་ཀྱི་ལུང་ཐིན་དང་ཡུའུ་ཧྲན། ཧྥུའུ་མིང༌། ཅིན་ཞི་བཅས་གྲོང་སྡེར་སོང་ནས་གྲོང་རིགས་སྡོད་གནས་ཀྱི་སྤྱི་ཡོངས་བཀོད་ཆལ་དང་སྒེར་གྱི་འཛུགས་སྐྲུན་ལ་བཤད་དཔྱད་ཞིབ་འཇུག་བྱས་ཏེ། གྲོང་རིགས་འཛུགས་སྐྲུན་གྱི་གདོད་མའི་རྒྱུ་ཆའི་ཡིག་ཆ་བསྡུ་བསྒྲིགས་བྱས་པ་མ་ཟད། སྙན་ཞུ་འདི།

ཐིས་པའོ། །

Preliminary Report on the Residences of Zhuang people in Guangxi was made in 1962 by the research group on the residences of the Zhuang people by Guangxi Comprehensive Designing Institute of Architecture Engineering, Institute of Building Sciences and University of Guangxi. The group investigated on the general layout and individual architecture in the villages of Longsheng, Yishan, Wuming and Jingxi, where the Zhuang people inhabited, and collated four original information on the residences of the Zhuang people, based on which the report was written.

广西壮族自治区博物馆 广西唯一的国家级博物馆。坐落在南宁市民族广场东侧。建于1934年，原称"广西省立博物馆"。1954年改为广西省博物馆，1958年改现名。现占地面积为32757.8平方米，馆藏文物5万余件。主体建筑陈列大楼，是一座具有壮族干栏式建筑特点的长方体大型建筑。

ཀོང་ཞི་ཀྲུང་རིགས་རང་སྐྱོང་ལྗོངས་དངོས་མང་བཤམས་སྟོན་ཁང༌། ཀོང་ཞི་ཞིང་ཡོད་པའི་རྒྱལ་ཁབ་རིམ་པའི་དངོས་མང་བཤམས་སྟོན་གཅིག་པུ་ཡིན། ནན་ཉིང་གྲོང་འཁྱེར་མི་རིགས་ཐང་ཆེན་གྱི་ཤར་དུ་༡༩༣༤ལོར་ཚུགས། དང་ཐོག་མིང་ལ་ཀོང་ཞི་ཞིང་ཆེན་གྱི་བཙུགས་པའི་དངོས་མང་བཤམས་སྟོན་ཁང་ཟེར། ༡༩༥༤ལོར་མིང་དེ་ཀོང་ཞི་ཞིང་ཆེན་དངོས་མང་བཤམས་སྟོན་ཁང་དུ་བསྒྱུར། ༡༩༥༨ལོར་ད་ལྟའི་མིང་དུ་བསྒྱུར། རྒྱ་ཕྱོན་སློ་བྱུང་བའི་ས་ནི་༣༢༧༥༧.༨རེད། གནའ་རྫས་ཁྲི་ལྔ་ལྷག་ཡོད། འཛུགས་སྐྲུན་གཙོ་བོ་ཐོག

ཁང་ཆེན་མོ་ཞིག་ཡིན་ལ། གྲོང་རིགས་ཀྱི་འཛུགས་སྐྲུན་
བྱེད་ཚོས་སྲུང་བའི་ནར་དབྱིབས་ཀྱི་བཟོ་སྐྲུན་ཞིག་ཡིན།

Museum of Guangxi Zhuang Autonomous Region is the only museum of national-level in Guangxi. Located on the east side of the Ethnic Square of Nanning, it was founded in 1934, formerly known as Guangxi Provincial Museum. It was renamed as Guangxi Museum in 1954, Museum of Guangxi Zhuang Autonomous Region in 1958. It covers an area of 32,757.8 square meters, and it has a collection of more than 50,000 cultural relics. The main building of the museum is the exhibition building. With the typical architecture style of Zhuang stilt style architecture the exhibition building is a large building in a shape of rectangle.

归化军 为20世纪20—40年代中国新疆的俄罗斯族军队。因当时俄罗斯族被称为归化族而得名。来历为新疆军阀金树仁执政后借整顿军队之机会，将白俄溃军收编为伍。

ཀྱུའི་ཏ་དམག དུས་རབས་ཉི་ཤུ་པའི་ལོ་རབས་༢༠—
༤༠པར་ཀྲུང་གོའི་ཞིན་ཅང་གི་ཨུ་རུ་སུ་རིགས་ཀྱི་དམག་
སྡེ་ཞིག སྐབས་དེའི་ཨུ་རུ་རིགས་ལ་ཀའི་ཏ་རིགས་ཞེས་
བས་མིང་དེ་ཐོགས། ཡོང་ཁུངས་ནི་ཞིན་ཅང་དམག་གིས་
ཅན་ཅིན་ཧྲུའུ་རེན་གྱིས་སྲིད་བཟུང་རྗེས་དམག་དཔུང་
བསྐྱར་འཛུགས་ཀྱི་གོ་སྐབས་བེད་སྤྱད་ནས། ཨུ་རུ་
དཀར་པོའི་འཛོར་དམག་བསྡུས་ནས་དམག་སྡེ་བཙུགས།

Guihua Army was the Russian ethnic army in Xinjiang in 1920s to 1940s. The Russian was called as Guihua at the time, hence the name of its army. It was made up with White Russian troops by the Xinjiang warlord Jin Shuren.

归化族 我国新疆俄罗斯族的旧称。

ཀྱུའི་ཏ་རིགས། རང་རྒྱལ་ཞིན་ཅང་གི་ཨུ་རུ་སུ་རིགས་
ཀྱི་འབོད་ཚུལ་རྙིང་པ།

Guihua people formerly referred to the Russian people in Xinjiang, China.

鬼方 中国古代游牧民族。商周时期主要活动于今陕北、内蒙古及其以北的广阔地区。为商周强敌。据《易卦·爻辞》记载，商王武丁伐鬼方，三年克之。西周时，仍常扰周境。周以后不见记载。

ཀྱུའི་ཧྥང་། ཀྲུང་གོའི་གནའ་བོའི་འབྲོག་པའི་མི་རིགས་
ཤིག ཧྲང་ཀྲུའུ་སྐབས་སུ་དེང་གི་ཧྲན་ཞིའི་བྱང་ཕྱོགས་
དང་དབྱིན་མོང་ལིའི་བྱང་ཕྱོགས་ཀྱི་རྒྱ་ཆེ་བའི་ས་ཁུལ་དུ་
སྤྱོད་ཉུལ། ཀྲུའུ་རྒྱལ་ཁབ་ཀྱི་དུས་སུ་སྟར་བཞིན་ཀྲུའུ་ཡི་ནང་
ཁུལ་དུ་ཐེངས་འཚུབ་བཟོས་པ་དང་། ཀྲུའུ་ཡི་རྗེས་སུ་དེའི་
གནས་ཚུལ་བགོད་པ་མཐོང་དུ་མེད།

Guifang, a nomadic people in ancient China, moved about in areas of northern Shanxi province, Inner Mongolia province and northern areas of Inner Mongolia province during the Shang State and Zhou Dynasty, and fought against the Shang and Zhou state. The Yijing or "Book of Changes" mentions a Shang King, probably Wu Ding, fought against the Guifang, and spent three years in subduing it. During the period of West Zhou Dynasty, the Guifang often harassed the territories of West Zhou at the border. After Zhou Dynasty, no records or arguments about it existed.

贵州民族大学 贵州省属、省重点建设、省政府和国家民委共建大学。学校已发展为以人文科学、社会科学、理学为主要学科，经济学、法学、管理学、文学、历史学、教育学、理学、工学、艺术学等9个学科相互支撑、协调发展的综合性大学。位于贵阳市。创建于1951年，2012年更为现名。占地2825亩。

གུའེ་ཀྲོའུ་མི་རིགས་སློབ་ཆེན། གུའེ་ཀྲོའུ་ཞིང་ཆེན་ལ་གཏོགས་པ་དང་། ཞིང་ཆེན་གྱི་གཙོ་གནད་འཛུགས་སྐྲུན། ཞིང་ཆེན་སྲིད་གཞུང་དང་རྒྱལ་ཁབ་མི་རིགས་དོན་གཅོད་ཨུ་ཡོན་ལྷན་ཁང་བཅས་མཉམ་འཛིན་སློབ་བཙུགས་པའི་སློབ་ཆེན། སློབ་གྲྭ་འཕེལ་རྒྱས་སུ་སོང་བ་མི་ཚོགས་ཚན་རིག་དང་སྤྱི་ཚོགས་ཚན་རིག་གཙོ་ལྔག་པ་བཅས་བསྒྲུབ་ཚན་གཙོ་བོ་ཡིན། གཞན་དཔལ་འབྱོར་རིག་པ། ཁྲིམས་ལུགས་རིག་པ། དོ་དམ་རིག་པ། སྐད་གསོ་རིག་པ། ཆོས་རིག་པ། བཟོ་རིག་པ། མཛེས་རིག་པ་སོགས་བསྒྲུབ་ཚན་དགུ་ཕན་ཚུན་གཞིགས་འདེབས་དང་མཐུན་སྦྱོར་གྱི་ཕྱོགས་བསྒྲིགས་རང་བཞིན་གྱི་སློབ་ཆེན་ཞིག་ཡིན། གུའེ་དབྱང་གྲོང་ཁྱེར་དུ་༡༩༥༡ལོར་བཚུགས་ཤིང་། ༢༠༡༢ལོར་དེང་གི་མིང་འདི་བཏགས། ས་ཁྱོན་༢༨༢༥འབྱོར་ཡོད།

Guizhou Minzu University, located in Guiyang, is a key provincial higher education institute sponsored jointly by the People's Government of Guizhou Province and the State Ethnic Affairs Commission. The university has developed into a comprehensive university with 9 disciplines, namely, liberal arts, social science and natural science as major subjects, economics, law, management, literature, historiography, pedagogy, sciences, engineering and arts upholding each other and developing harmoniously. The university was founded in 1951 and re-named as Guizhou Minzu University in 2012, covering an area of 2,825 mu.

国际人类学与民族学联合会第16届世界大会 2009年在昆明召开。国家民委以中国都市人类学会名义于2003年申办成功。来自100多个国家和地区的4300多位专家学者参会。会议主题：人类、发展与文化多样性。议程包括主旨演讲、专题研讨、学术考察等。会议通过了中国起草的《昆明宣言》。

རྒྱལ་སྤྱིའི་མིའི་རིགས་རིག་པ་དང་མི་རིགས་རིག་པའི་མཉམ་འབྲེལ་ཚོགས་འདུ་ཐེངས་༡༦པའི་འཛམ་གླིང་ཚོགས་ཆེན། ༢༠༠༩ལོར་ཁུན་མིང་དུ་འཚོགས། དེ་ནི་རྒྱལ་ཁབ་མི་རིགས་དོན་གཅོད་ཨུ་ཡོན་ལྷན་ཁང་གིས་ཀྲུང་གོའི་གྲོང་ཁྱེར་གྱི་མིའི་རིགས་རིག་པའི་ཚོགས་པའི་མིང་ཐོག་ནས་༢༠༠༣ལོར་ཞུ་ཡིག་ཕུལ་བ་སྐྲུན་པ་ཞིག་ཡིན། རྒྱལ་ཁབ་ས་ཁུལ་༡༠༠ལྷག་ནས་པའི་ཆེད་མཁས་༤༣༠༠ལྷག་ཚོགས་འདུར་ཞུགས། ཚོགས་འདུའི་བརྗོད་དོན། མིའི་རིགས་དང་འཕེལ་རྒྱས་དང་རིག་གནས་སྣ་མང་རང་བཞིན་བཅས་ཡིན། ཚོགས་རིམ་དུ་བརྗོད་དོན་ཆེད་དོན་ཞིག་བསྒྲུབ། རིག་གཞུང་ཕྱོགས་ཞིབ་སོགས་འདུས། ཚོགས་འདུར་གུང་གོས་འཆར་ཟིན་བཀོད་པའི《ཁུན་མིང་བསྒྲགས་གཏམ》ལ་གྲོས་འཆམ་བྱུང་།

The 16th Conference of the International Union of Anthropological and Ethnological Sciences was held in Kunming in 2009. The State Ethnic Affairs Commission in the name of China Society of Urban Anthropology successfully got the bid to host it in 2003. More than 4,300 experts and scholars from over 100 countries and regions attended the meeting. The theme is: Humanity, Development and Cultural Diversity. The agenda includes keynote speeches, topic seminars, academic investigations, etc. *The Kunming Declaration* drafted by the congress's organizing committee was adopted by IUAES members.

国家民委兼职委员单位 2002年始，国家民委实行委员制度，兼职委员单位有：国家计委、国家经贸委、教育部、科技部、财政部、人事部、国土资源部、铁道部、交通部、信息产业部、农业部、外经贸部、文化部、卫生部、中国人民银行、税务总局、广电总局、新闻出版总署、体育总局、国务院扶贫开发办。

རྒྱལ་ཁབ་མི་རིགས་དོན་གཅོད་ཨུ་ཡོན་ལྷན་ཁང་གིས་ལས་འགན་གཅིག་ལྕོགས་ཁྱེར་བའི་ཨུ་ཡོན་སྡེ་ཁག ༢༠༠༢ལོ་ནས་རྒྱལ་ཁབ་མི་རིགས་དོན་གཅོད་ཨུ་ཡོན་ལྷན་ཁང་གིས་ཨུ་ཡོན་ལས་ལུགས་བསྐྱར་བྱས། འགན་གཅིག་ལྕོགས་ཀྱི་ཨུ་ཡོན་ལས་ཁྱེད་སུ་རྒྱལ་ཁབ་འཆར་གཞི་ཨུ་ཡོན་ལྷན་ཁང་དང་རྒྱལ་ཁབ་དཔལ་འབྱོར་ཚོང་ཨུ་ཡོན་ལྷན་ཁང་། སློབ་གསོ་པུའུ། ཚན་རིག་ལག་རྩལ་པུའུ། ནོར་སྲིད་པུའུ། མི་དོན་པུའུ། རྒྱལ་ཁབ་ཀྱི་མངའ་ཁོངས་དང་ཐོན་ཁུངས་པུའུ། ལྕགས་ལམ་པུའུ། འགྲིམ་འགྲུལ་པུའུ། བརྡ་འཕྲིན་ཐོན་ལས་པུའུ། ཞིང་ལས་པུའུ། ཕྱི་ཕྱོགས་ཏོ་ཚོང་པུའུ། རིག་གནས་པུའུ། འཕྲོད་བསྟེན་པུའུ། ཀྲུང་གོ་མི་དམངས་དངུལ་ཁང་། ཁྲལ་དོན་སྤྱི་ཁྱབ་ཅུས། རྒྱལ་སྒྲོག་བཅུས། འཕྲིན་གྱི་ཁྱབ་ཅུས། གསར་འགྱུར་པར་སྐྲུན་སྤྱི་ཁྱབ་ཅུས།

ལས་ཚོགས་སྤྱི་ཁྱབ་ཅུས། རྒྱལ་སྲིད་སྤྱི་ཁྱབ་ཁང་གི་དབུལ་སྐྱོར་གསར་སྤེལ་ཁང་སོགས་ཡོད།

Name List of the Part-time Unit Members of the State Ethnic Affairs Commission In 2002, the State Ethnic Affairs Commission implemented the committee system. Part-time members are the State Planning Commission, the State Economic and Trade Commission, Ministry of Education, Ministry of Science and Technology, Ministry of Finance, Ministry of Personnel, Ministry of Land and Resources, Ministry of Railways, Ministry of Transportation, Ministry of Information Industry, Ministry of Agriculture, Ministry of Foreign Trade and Economic, Ministry of Culture and Health, the People's Bank of China, the State Administration of Taxation, the State Administration of Radio Film and Television, the General Administration of Press and Publication, the General Administration of Sports, and the State Council Poverty Alleviation Development Office.

国家民委民族问题研究中心 1988年在北京成立。国家民委辖有单位。研究中心的任务是：协调和加强民族问题的研究工作，为党和国家民族工作决策的民主化、科学化服务。

རྒྱལ་ཁབ་མི་རིགས་དོན་གཅོད་ཨུ་ཡོན་ལྷན་ཁང་གི་མི་རིགས་གནད་དོན་ཞིབ་འཇུག་ལྟེ་བ། ༡༩༨༨ལོར་པེ་ཅིན་དུ་བཙུགས། རྒྱལ་ཁབ་མི་རིགས་དོན་གཅོད་ཨུ་ཡོན་ལྷན་ཁང་དུ་གཏོགས་པའི་ལས་ཁུངས། ཞིབ་འཇུག་ལྟེ་བའི་ཕོས་འགན་ནི། མི་རིགས་

གནད་དོན་ལམ་སྟོན་སྟེང་དང་ཕྱོགས་སྟོན་གྱི་ཞིབ་འཇུག་ལས་ཀ་སྟེ། ཉང་དང་རྒྱལ་ཁབ་ཀྱི་མི་རིགས་ལས་དོན་གྱི་ཐབས་ཇུས་དང་དབང་ས་གཙོ་ཆེན་དང་ཚན་རིག་ཅན་གྱི་ཞིབས་ཞུ་བྱེད་རྒྱུ་ཡིན།

Research Center on Ethnic Issues under the State Ethnic Affairs Commission was established in Beijing in 1988. Its mission is to coordinate and enhance the study on ethnic issues and to serve for promoting the democratization and scientification of the Party and State's decision-making about ethnic issues.

《国家民委社会团体管理办法》 文件名。2002年由国家民委办公厅发布。共12章。内容涉及社团的管理机构与职能，社团的性质和任务、权利和义务，社团的设立、变更和终止，社团的组织机构及管理，社团管理工作的职责与分工，社团的党建及领导班子建设，社团的人事及财务管理等，并提出具体罚则。

《རྒྱལ་ཁབ་མི་རིགས་དོན་གཅོད་ཡུ་ཡོན་ལྷན་ཁང་གི་སྤྱི་ཚོགས་ཚོགས་པའི་དོ་དམ་བྱ་ཐབས》 ཡིག་ཆའི་མིང་། ༢༠༠༣ལོར་རྒྱལ་ཁབ་མི་རིགས་དོན་གཅོད་ཡུ་ཡོན་ལྷན་ཁང་གི་གཞུང་ལས་ཁང་གིས་བསྒྲགས། སྟོན་ལེའུ་༡༢ཡོད། ནང་དོན་སྤྱི་ཚོགས་ཚོགས་པའི་དོ་དམ་ལས་ཁུངས་དང་འགན་ནུས། སྤྱི་ཚོགས་ཚོགས་པའི་ངོ་བོ་དང་འགན་ནུས། དབང་ཆ་དང་འོས་འགན། སྤྱི་ཚོགས་ཚོགས་པ་འཛུགས་པ་དང་བཟོ་བསྒྱུར། མཚམས་འཇོག་པ། སྤྱི་ཚོགས་ཚོགས་པའི་འཇུགས་ལམ་ཁུངས་དང་དོ་དམ། སྤྱི་ཚོགས་ཚོགས་པའི་དོ་དམ་པའི་འགན་ཁུར་དང་ལས་བགོས། སྤྱི་ཚོགས་ཚོགས་པ་དང་གི་འཇུགས་སྐྲུན་དང་འགོ་ཁྲིད་པའི་ཚོ

ལག་འཛུགས་སྐྲུན། སྤྱི་ཚོགས་ཚོགས་པའི་མི་དོན་དང་ནོར་དོན་དོ་དམ་བཅས་འདུས་པ་མ་ཟད་ཞིབ་ཕྲའི་ཐག་གཅོད་ཆ་དོན་བཏོན་ཡོད།

Administrative Measures on Social Groups of State Ethnic Affairs Commission was released by General Office of State Ethnic Affairs Commission in 2002, and was divided into 12 chapters in total. Issues involved: the management organization and function, nature, mission, right and duty, establishment, alteration and termination, organizational structure and management, responsibility and division of duty, construction of party and leadership and management of personnel and property of the social groups. Besides, it puts forward specific penalties.

国家民委突出贡献专家奖 2003年由国家民委设立并组织实施。主要奖励委属院校、文化事业单位中在民族教育、文化艺术、新闻、翻译或出版等方面做出突出贡献的专家、学者和技术人员。每两年评选一次，每届奖励人数不超过10名。

རྒྱལ་ཁབ་མི་རིགས་དོན་གཅོད་ཡུ་ཡོན་ལྷན་ཁང་གི་འབུར་ཐོན་མཛད་རྗེས་ཆེད་མཁས་པའི་བྱ་དགའ། ༢༠༠༣ལོར་རྒྱལ་ཁབ་མི་རིགས་དོན་གཅོད་ཡུ་ཡོན་ལྷན་ཁང་གིས་བཙུགས་ཏེ་ལག་བསྟར་རྒྱ་འཇུགས་བྱས། གཙོ་བོ་དེར་གཏོགས་སློབ་གྲྭ་དང་རིག་གནས་ལས་དོན་ལས་ཁུངས་ཀྱི་མི་རིགས་སློབ་གསོ་དང་རིག་གནས་སྒྱུ་རྩལ། གསར་འགྱུར། ཡིག་བསྒྱུར་དང་པར་སྐྲུན་སོགས་ཀྱི་ཕྱོགས་ནས་མཛད་རྗེས་འབུར་ཐོན་ཡོད་པའི་ཆེད་མཁས་པ་དང་མཁས་པ། ལག་རྩལ་མི

271

རྩ་སོགས་ལ་བྱ་དགའ་གནང་བ། བོ་གཉིས་ལ་ཐེངས་གཅིག་རེ་འདེམས་པ་དང་། ཁབས་རེར་བྱ་དགའི་མི་གྲངས་༡༠ལས་མི་བདའ་བའོ། །

Award for Experts with Outstanding Contributions to the State Ethnic Affairs Commission was established and enforced by State Ethnic Affairs Commission in 2003. It mainly awards experts, scholars and technicians who make outstanding contributions in the aspect of ethnic education, culture and arts, press, translation or publication in the universities and cultural institutions affiliated with the State Ethnic Affairs Commission. The prize is a biennial selection with no more than 10 people in each session of reward.

国家民委学术委员会 中国部委级学位、学术工作机构。1981年成立。主要任务：根据国家有关条例和办法，对全国民族高等院校申报博士、硕士学位的授予单位及学科和专业进行初审、汇总，报送国务院学位委员会复审，并开展有关民族学科方面的学术活动。

རྒྱལ་ཁབ་མི་རིགས་དོན་གཅོད་ཀྱུ་ཡོན་ཆུན་ཁང་གི་རིག་གཞུང་ཀྱུ་ཡོན་ཆུན་ཚོགས། སྤྱི་ལོ་༡༩༨༡ལོར་ཚོགས་ལས། འགན་གཙོ་བོ། རྒྱལ་ཁབ་ཀྱི་འབྲེལ་ཡོད་ཆོད་དོན་དང་བྱེད་ཐབས་གཞིར་བཟུང་ནས། རྒྱལ་ཡོངས་མི་རིགས་མཐོ་རིམ་སློབ་གླིང་གི་འབུམ་རམས་པ་དང་རམས་འབྱམས་པའི་ཕོག་ཐང་གནང་བའི་ལས་ཁུངས་དང་རིག་གཞུང་ཚན་ཁག་གི་ཆེས་ལས་ལ་ཐོག་མའི་ཞིབ་གཤེར་གཏན་འབེབས་དང་ཕྱོགས་སྡོམ། རྒྱལ་སྲིད་སྤྱི་ཁྱབ་

གི་སློབ་གནས་ཀྱུ་ཡོན་ལྷན་ཚོགས་ལ་བསྐུར་ཞིབ་བྱེད་དུ་འཇུག་པ་མ་ཟད། མི་རིགས་རིག་གཞུང་ཚན་ཁག་ཕྱོགས་ཀྱི་འབྲེལ་ཡོད་རིག་གཞུང་བྱེད་སྒོ་སྤེལ་བ་བཅས་སོ། །

Academic Committee of the State Ethnic Affairs Commission is a ministrial-level research organization for degree and academic affairs. It was founded in 1981. Major tasks involved: on the basis of the relevant state regulations and measures, the committee will make preliminary trial and summary of the ethnic universities who want to apply for being the universities that have the qualifications to grant masters or doctor's degrees in some specific disciplines, and submitting them to the Academic Degrees Committee of the State Council for further evaluation. The committee also organizes some academic activities about ethnic studies.

国家民委重点实验室 在我国，现指由民族院校建设，经国家民委审批并命名的实验室。主要任务是：围绕国家关于民族地区的发展战略，针对学科发展前沿和民族地区经济社会发展的需要，结合实际开展创新性研究，培养创新型人才，建设创新型团队，承担民族地区科普任务。

རྒྱལ་ཁབ་མི་རིགས་དོན་གཅོད་ཀྱུ་ཡོན་ཆུན་ཁང་གི་གཙོ་གནད་ཚོད་ལྟ་ཁང་། མིག་སྔར་རང་རྒྱལ་གྱི་མི་རིགས་སློབ་གླིང་དུ་བཙུགས་པའི་རྒྱལ་ཁབ་མི་རིགས་དོན་གཅོད་ཡི་ཡོན་ལྷན་ཁང་གིས་ཆོག་བགོད་མིང་ཕོག་ཀྱི་ཚོད་ལྟ་ཁང་ཡིན། ལས་འགན་གཙོ་བོ་རྒྱལ་ཁབ་ཀྱི་མི་རིགས་ས་ཁུལ་འཕེལ་རྒྱས་སྲོལ་ཀྱི་ཐབས་བྱུས་

ཤྱར། རིག་ཚན་གོང་འཕེལ་གྱི་སྟོན་འགྲོ་དང་མི་རིགས་ས་ཁུལ་གྱི་ཚོགས་དཔལ་འབྱོར་གོང་འཕེལ་ལ་ཁ་སྣོར་དེ། དོན་དངོས་དང་འབྲེལ་ནས་གསར་གཏོད་རང་བཞིན་གྱི་ཞིབ་འཇུག་སྤེལ་བ། གསར་གཏོད་ལྡན་པའི་མི་འཛིན་ཐན་ཚན་སྐྱོང་བ། གསར་གཏོད་ཅན་གྱི་ཚོགས་པ་བསྡུགས་ནས་མི་རིགས་ས་ཁུལ་གྱི་ཚན་རིག་ཁྱབ་སྤེལ་གྱི་འགན་ཁུར་བདོ། །

The National Key Laboratory of the State Ethnic Affairs Commission In our country, it currently refers to the laboratory constructed by ethnic universities, approved and named by the State Ethnic Affairs. Based upon China's development strategy for the ethnic areas and prospects of the subject development and the needs of the economic and social development of ethnic regions, its main task is to combine the practical needs and to initiate innovative research, to cultivate innovative talents, to build teams with innovative spirits, and to undertake the task of popularization of science in ethnic regions.

国家民委主管社团 指经国家民委审批，经民政部核准登记成立的全国性社团。

རྒྱལ་ཁབ་མི་རིགས་དོན་གཅོད་ཨུ་ཡོན་ལྷན་ཁང་གི་གཙོ་གཉེར་སྤྱི་ཚོགས་ཚོགས་པ། རྒྱལ་ཁབ་མི་རིགས་དོན་གཅོད་ཨུ་ཡོན་ལྷན་ཁང་གི་ཞིབ་གཉེར་ཚག་བགྲོད་པོ་འགོད་བྱས་པ་བརྒྱུད་ནས་བཙུགས་པའི་རྒྱལ་ཡོངས་རང་བཞིན་གྱི་སྤྱི་ཚོགས་ཚོགས་པ་ཞིག་ཡིན།

Social Groups and Organizations Administrated by the State Ethnic Affairs Commission is a nationwide society approved by SEAC, registered and founded by the approval of the Ministry of Civil Affairs.

国家民族事务委员会 1949年10月22日，中央人民政府民族事务委员会成立。1954年改称中华人民共和国民族事务委员会。1970年被撤消。1978年，第五届全国人大一次会议决定恢复国家民族事务委员会，此后一直作为国务院组成部门。

རྒྱལ་ཁབ་མི་རིགས་དོན་གཅོད་ཨུ་ཡོན་ལྷན་ཁང་། ༡༩༤༩ལོའི་ཟླ་༡༠པའི་ཚེས་༢༢ཉིན། ཀྲུང་དབྱིང་མི་དམངས་སྲིད་གཞུང་གི་མི་རིགས་དོན་གཅོད་ཨུ་ཡོན་ལྷན་ཚོགས་བཙུགས། ༡༩༥༤ལོར་མིང་དེ་ཀྲུང་ཧྭ་མི་དམངས་སྤྱི་མཐུན་རྒྱལ་ཁབ་མི་རིགས་དོན་གཅོད་ཨུ་ཡོན་ལྷན་ཁང་ལ་བསྒྱུར། ༡༩༧༠ལོར་མེད་པར་བཟོས། ༡༩༧༨ལོར་སྐབས་ལྔ་པའི་རྒྱལ་ཡོངས་མི་དམངས་འཐུས་མི་ཚོགས་ཆེན་ཐེངས་དང་པོའི་གྲོས་ཚོགས་སྟེང་མི་རིགས་དོན་གཅོད་ཨུ་ཡོན་ལྷན་ཚོགས་བསྐྱར་གསོ་བྱེད་པ་ཐག་བཅད། དེ་ནས་བཟུང་རྒྱལ་སྲིད་སྤྱི་ཁྱབ་ཁང་གི་གྲུབ་ཆའི་སྡེ་ཁག་ཏུ་གྱུར།

State Ethnic Affairs Commission (SEAC) On Oct 22, 1949, the Central People's Government first established the Ethnic Affairs Commission, which was renamed State Ethnic Affairs Commission of the People's Republic of China in 1954. It was withdrawn in 1970. In 1978, at the 1st plenary session of 5th National People's Congress meeting, a decision to restore the State Ethnic Affairs Commission was made, and since then it has been referred to as the State Ethnic Affairs Commission serving various departments of the State Council.

国家民族事务委员会第二次委员（扩大）会议 1982年在北京举行。会议认为：抓好经济工作，是民族工作的一项迫切任务，各级民委要从两方面做工作。一是调查研究，提出建议；二是根据实际情况，针对突出问题，扎实办好几件事。会议还讨论了宗教和杂居、散居少数民族工作等问题。

རྒྱལ་ཁབ་མི་རིགས་དོན་གཅོད་ཨུ་ཡོན་ལྷན་ཁང་གི་ཐེངས་གཉིས་པའི་ཨུ་ཡོན་（རྒྱ་བསྐྱེད）ཚོགས་འདུ། ༡༩༨༢ལོར་པེ་ཅིན་དུ་འཚོགས། ཚོགས་འདུའི་སྟེང་དུ་དཔལ་འབྱོར་ལས་དོན་ལེགས་པོ་སྒྲུབ་པ་ནི་མི་རིགས་ལས་དོན་གྱི་ཁ་ཚ་དགོས་གཏུགས་ཀྱི་འོས་འགན་ཡིན་པ། རིམ་པ་སོ་སོའི་མི་རིགས་དོན་གཅོད་ཨུ་ཡོན་ལྷན་ཁག་གིས་ཕྱོགས་གཉིས་ནས་ལག་སྒྲུབ་དགོས། དང་པོ། བཏགས་དཔྱད་ཞིབ་འཇུག་བྱས་ཏེ་གྲོས་གཞི་འདོན་པ། གཉིས་པ། དངོས་ཡོད་གནས་ཚུལ་ལ་གཞིར་བཟུང་ནས་གནད་དོན་མངོན་གསལ་ལ་ལྷ་སྒྲུབ་ཏེ་དུང་ཚོན་ལུགས་དང་འདུས་སྡོད། འཕྱོར་སྡོད་གྲངས་ཉུང་མི་རིགས་ལས་ཀ་སོགས་ཀྱི་གནད་དོན་ལ་གྲོས་བསྡུར་བྱས།

The Second Enlarged Conference of Members of the State Ethnic Affairs Commission was held in Beijing in 1982. At the conference, it is believed that one urgent mission of the ethnic work is to deal well with economic work. Ethnic Affairs Commission at various levels should do their jobs from two sides. One is to investigate and propose feasible tactics; the other is to get well down to several things to solve the prominent problems on the basis of reality. It also discussed issues on religion and minorities living in scattered communities.

国家民族事务委员会第三次委员（扩大）会议 1983年在北京举行，是一次落实中央领导同志视察青海、甘肃、新疆时发表的重要讲话精神的会议。会议涉及：民族政策再教育、少数民族地区的经济建设、先进地区和专业人才到边疆和民族地区进行开发等问题。

རྒྱལ་ཁབ་མི་རིགས་དོན་གཅོད་ཨུ་ཡོན་ལྷན་ཁང་གི་ཐེངས་གསུམ་པའི་ཨུ་ཡོན་（རྒྱ་བསྐྱེད）ཚོགས་འདུ། ༡༩༨༢ལོར་པེ་ཅིན་དུ་འཚོགས། དེ་ནི་ཀྲུང་དབྱང་གི་འགོ་ཁྲིད་གློ་མཉམ་གྱིས་མཚོ་སྔོན་དང་ཀན་སུའུ། ཞིན་ཅང་བཅས་ལ་གཟིགས་ཞིབ་བྱེད་སྐབས་སྤེལ་བའི་གཏམ་བཤད་གལ་ཆེན་གྱི་བསམ་བློའི་གྲོས་ཚོགས་ཐེངས་ཞིག་ཡིན། གྲོས་ཚོགས་སུ་རིགས་སྲིད་ཇུས་དང་སྐྱོབ་གསོ། གྲངས་ཉུང་མི་རིགས་ས་ཁུལ་གྱི་དཔལ་འབྱོར་འཛུགས་སྐྲུན། སྔོན་ཐོན་ཁུལ་དང་ཆེད་ལས་ཤེས་ལྡན་མི་སྣ་མཐའ་ཁུལ་དུ་གཏོང་བ་དང་། མི་རིགས་ས་ཁུལ་གསར་སྤེལ་སོགས་ཀྱི་གནད་དོན་འདུས།

The Third Enlarged Conference of Members of the State Ethnic Affairs Commission was held in Beijing in 1983. It is a meeting to implement the important spirit of the speech made by leading comrades of Central Party when they inspect Qinghai, Gansu and Xinjiang. Issues involved: the reeducation of ethnic policies, economic construction in area of ethnic minorities, the development of borderland and ethnic minority areas with the assistance of developed regions and professionals.

国家民族事务委员会第一次委员（扩大）会议　1979 年在天津举行。会议总结了解放以来民族工作的经验，着重讨论了新时期民族工作的任务和民族工作重点转移的问题，并研究、部署、检查民族政策再教育工作和杂居、散居少数民族工作等。

རྒྱལ་ཁབ་མི་རིགས་དོན་གཅོད་ཨུ་ཡོན་ལྷན་ཁང་གི་ཐེངས་དང་པོའི་ཨུ་ཡོན་（རྒྱ་བསྐྱེད）ཚོགས་འདུ།　༡༩༧༩ལོར་ཐེན་ཅིན་དུ་འཚོགས། ཚོགས་འདུའི་སྟེང་དུ་བཅིངས་འགྲོལ་བྱས་ཚུན་གྱི་མི་རིགས་ལས་དོན་གྱི་ཉམས་མྱོང་ཕྱོགས་སྡོམ་དང་། དུས་སྐབས་གསར་པའི་མི་རིགས་ལས་དོན་གྱི་འོས་འགན་དང་མི་རིགས་ལས་དོན་གྱི་གནད་འགག་བརྗེ་ཕྱོགས་ཀྱི་གནད་དོན་གནད་དུ་བཟུང་ནས་གྲོས་བསྡུར་བྱས་པ་མ་ཟད། མི་རིགས་སྲིད་ཇུས་ཀྱི་སློབ་གསོའི་ལས་ཀ་དང་། འདུས་སྡོད་དང་འཐོར་སྡོད་གྲངས་ཉུང་མི་རིགས་ལས་དོན་སོགས་ལ་ཞིབ་འཇུག་དང་ཞིབ་བཤེར། བཀོད་སྒྲིག་བཅས་བྱས།

The First Enlarged Conference of Members of the State Ethnic Affairs Commission was held in Tianjin in 1979. It summed up the experience of ethnic work since 1949, focused on the mission and the shift of ethnic work in the new epoch, and studied, deployed and checked the job of reeducation of ethnic policies along with minorities living in scattered communities.

国家民族事务委员会主要职能　作为国务院组成部门，承担着执行党和国家的民族政策，研究民族理论，开展民族工作和民族教育，监督实施和完善民族区域自治制度建设，监督办理少数民族权益保障事宜等。

རྒྱལ་ཁབ་མི་རིགས་དོན་གཅོད་ཨུ་ཡོན་ལྷན་ཁང་གི་འགན་ནུས་གཙོ་བོ།　རྒྱལ་སྲིད་སྤྱི་ཁྱབ་ཁང་གི་གྲུབ་ཆའི་སྡེ་ཁག་ཡིན། ཏང་དང་རྒྱལ་ཁབ་ཀྱི་མི་རིགས་སྲིད་ཇུས་ལག་བསྟར་དང་། མི་རིགས་གཞུང་ལུགས་ལ་ཞིབ་འཇུག མི་རིགས་ལས་དོན་དང་མི་རིགས་སློབ་གསོ་སྤེལ་བ། མི་རིགས་ས་ཁོངས་རང་སྐྱོང་ལམ་ལུགས་ལག་བསྟར་དང་འཐུས་ཚང་ལ་ལྟ་སྐུལ། གྲངས་ཉུང་མི་རིགས་ཀྱི་ཁེ་དབང་སྐྱབ་པར་ལྟ་སྐུལ་སོགས་ལ་འགན་ཁུར་བའོ། །

The Major Functions of the State Ethnic Affairs Commission, as one of the ministries under the State Council, State Ethnic Affairs Commission assumes the responsibility of carrying out the general and specific policies on ethnic minorities put up by the Party Central Committee and the State Council, studying of ethnic theory, carrying out ethnic work and ethnic education, supervising the enforcement and improving the ethnic regional autonomy and seeing to it that the rights and interests for ethnic minorities are honored, etc.

《国民政府特派护送班禅大师回藏专使入藏训条》　文件名。1936 年由国民政府制定。共 11 条。文件涉及：西藏地位（民国领土之一部），西藏不得与外国订立条约，西藏自治，西藏的军政、外交权限，西藏的政教制度，西藏的宗教，达赖、班禅的地位，康藏驻军及行政区域，派员驻藏，西藏在京设办事处等内容。

《རྒྱལ་དབངས་སྲིད་གཞུང་གིས་པཎ་ཆེན་རིན་པོ་ཆེ་ཕྱིར་བོད་ཕྱུལ་དུ་བསྐྱལ་བར་ཆེད་དུ་ཕྱུང་དགོས་མངགས་པའི་སྐྲིག་ཡིག》 ཡིག་ཆའི་མིང་། ༡༩༣༦ལོར་རྒྱལ་དབངས་སྲིད་གཞུང་གིས་གཏན་འབེབས་བྱས། སྟོན་ཚན་པ་༡༡ཡོད། ཡིག་ཆ་དེའི་བོད་སྡོད་ཀྱི་གོ་གནས་དང་། （རྒྱལ་དབང་མཁའ་ལོངས་ཀྱི་ཆ་ཤས） བོད་ལྗོངས་ཀྱིས་རྒྱལ་ཁབ་གཞན་དང་ཆིངས་ཡིག་འཇོག་མི་ཆོག་པ། བོད་ལྗོངས་ཀྱི་རང་སྐྱོང་། བོད་ལྗོངས་ཀྱི་དམག་སྒྲིག་དང་ཕྱི་འབྲེལ་གྱི་ཆེད་བཀའ། བོད་ལྗོངས་ཀྱི་ཆོས་སྲིད་སྒྲིག་ལུགས། བོད་ལྗོངས་ཀྱི་ཆོས་ལུགས། དུ་ལྭ་མ་དང་པཎ་ཆེན་གྱི་གོ་གནས། ཁམས་ཀྱི་བཙན་སྲུང་དམག་དང་སྲིད་འཛིན་ཁུལ། བོད་སྡོད་མངག་མི། བོད་ལྗོངས་ཀྱི་པེ་ཅིན་ལས་སྒྲུབ་ཁང་འཛུགས་པ་སོགས་ཀྱི་ནང་དོན་འདུས།

Instructions of the Nationalist Government for people to Be Sent to Escort Master Panchen Back to Tibet was drafted by the Nationalist Government in 1936, dividing into 11 items in total. Issues involved: the position of Tibet (a part of ROC government territory), Tibet mustn't conclude any treaty with foreign countries, Tibet autonomy, Tibet's military, diplomatic privileges, the system of the integration of religion and politics, and Tibetan religion including status of Panchen and Dalai, the Tibet garrison and administrative region, dispatched officials entering Tibet, and the establishment of Tibet office in Nanjing.

国师 此特指僧官名。元、明、清各代对藏传佛教上层人士的封号。蒙古中统元年（1260）忽必烈封八思巴为"国师"。明代对掌管藏族聚居地区藏传佛教的领袖人物亦封国师。清代仅在康熙四十五年（1706）封章嘉呼图克图为"大国师"。

དབུ་བླ། བཙུན་པའི་གོ་གནས་ཀྱི་ཆེད་སྟོང་མིང་། ཡོན་དང་མིང་། ཆེན་རྒྱལ་རབས་སོ་སོར་བོད་བརྒྱུད་ནང་བསྟན་གྱི་མཐོ་རིམ་མི་སྣར་འབོད་སྟངས་ཤིག སྒོག་པས་དབུས་ཁུལ་གཞུང་གིས་བྱ་བའི་༡༢༦༠ལོར། སེ་ཆེན་རྒྱལ་པོ་འཕགས་མགོན་འཕགས་པ་རང་གི་དབུ་བླར་བཀུར་ཡོན་རྒྱལ་རབས་ཀྱིས་བོད་ལྗོངས་ས་ཁམས་མངའ་ཁོངས་བསྟན་ཆེན་བོད་བརྒྱུད་ནང་བསྟན་གྱི་མགོ་འཛིན་མི་སྣར་དབུ་བླའི་གོ་གནས་བྱིན། ཆེན་རྒྱལ་རབས་ཀྱི་གངས་ཤིས་ཞི་ལྔ་བར་༡༧༠༦ལོར་ལྕང་སྐྱ་ཧོ་ཐོག་ཐུ་རོལ་པའི་རྡོ་རྗེ་དབུ་བླ་ཆེན་པོར་བཀུར།

Guoshi (State Master), an official title for monks, was the title for senior Tibetan lamas of Tibetan Buddhism by the Yuan, Ming and Qing Dynasty. In the first year of the reign of Zhongtong period (1260), Kublai conferred the title "State Master" to Phagpa. The title was bestowed on all the leaders of Tibetan Buddhism in charge of Tibet areas in the Ming Dynasty. In the 45th year of the reign of Emperor Kangxi (1706) of the Qing Dynasty, Changkya Khutukhtu was entitled as Great State Master.

《国务院实施〈中华人民共和国民族区域自治法〉若干规定》 中央政府实施《民族区域自治法》的第一部行政法规。于2005年颁布。共35条。主要为帮助民族自治地方加快社会经济、文化、教育诸方面的发展，就维护民族团结、培养各类人才、增加建设资金、明确法律责任和建立监督机制等做出具体安排。

《རྒྱལ་ཡོངས་སྐྱི་ཁྱབ་ཁང་གིས《ཀྲུང་དུ་མི་དམངས་སྐྱི་མཐུན་རྒྱལ་ཁབ་མི་རིགས་ས་ཁོངས་རང་སྐྱོང་ཁྲིམས་ལག་བསྟར་བྱེད་པའི》ཐག་གཅོད་འགན》 གུང་དབྱུང་སྐྱིད་གཞུང་གིས་ལག་བསྟར་བྱས་པའི《མི་རིགས་ས་ཁོངས་རང་སྐྱོང་ཁྲིམས》སྐྱིད་འཛིན་ཁྲིམས་སྲོལ་ལག་དང་པོ། ༢༠༠༥ ལོར་ཁྱབ་བསྒྲགས་བྱས། སྡོམ་དོན་ཚན་ ༣༥ ཡོད། གཙོ་བོ་མི་རིགས་ས་ཁོངས་རང་སྐྱོང་ས《ཁུལ་གྱི་དཔལ་འབྱོར་རིག་གནས་སློབ་གསོ་བཅས་ཀྱི་འཕེལ་རྒྱས་ལ་སྐུལ་སློང་དང་། མི་རིགས་མཐུན་སྒྲིལ་ལ་སྲུང་སྐྱོང་། རིགས་སོ་སོའི་ཤེས་ལྡན་མི་སྣ་གསོ་སྐྱོང་། མ་དངུལ་འཇུག་འཕན་སྣོན་ཤུགས་སོགས། ཁྲིམས་ལུགས་ཀྱི་འགན་ཁུར་གསལ་དང་ལྟ་སྐུལ་ལམ་ལུགས་འཛུགས་པ་སོགས་ཞིབ་ཕྲར་བཀོད་སྒྲིག་བྱས།

Provisions on the Implementation of Law of the People's Republic of China on Regional Ethnic Autonomy is the first administrational laws and regulations implemented by the Central Government. It was enacted in 2005, dividing into 35 pieces in total, aiming to promoting development of the economy, culture and education of ethnic autonomy regions, and making specific arrangements for upholding ethnic unity, training talents, increasing construction funds, affirming legal liability and developing monitoring mechanism.

国务院西部地区开发领导小组 2000年国务院成立该小组。朱镕基任组长。主要任务：组织贯彻落实西部开发的方针、政策和指示；审议西部开发战略、发展规划、重大问题和有关法规；研究审议西部开发的重大政策建议，协调西部经济开发和科教文化事业的全面发展等。

རྒྱལ་སྐྱིད་སྐྱི་ཁྱབ་ཁང་གི་ནུབ་རྒྱུད་གསར་སྐྲུན་འགོ་ཁྲིད་ཚོ་ཆུང་། ༢༠༠༠ལོར་འགོ་ཁྲིད་ཚོགས་བཙུགས། གུའུ་དུའུ་ཅི་ཡིས་ཚོགས་གྱི་འགན་འཁུར། ཧོར་འགན་གཙོ་བོ་ཧུབ་རྒྱུད་གསར་སྐྲུན་གྱི་བྱེད་ཕྱོགས་དང་སྲིད་ཇུས། མཛུབ་སྟོན་རྩ་འཇུགས་ལག་ལེན་མཐར་ཕྱིན་བྱེད་པ་སྟེ། ནུབ་རྒྱུད་གསར་སྐྲུན་གྱི་འཐབ་ཇུས་དང་འཕེལ་རྒྱས་འཆར་བགོད། གནད་དོན་གལ་ཆེན་འབྲེལ་ཡོད་ཁྲིམས་སྲོལ་བཅས་ལ་གྲོས་བསྒྲུར་བྱས་ནས། ནུབ་རྒྱུད་དཔལ་འབྱོར་གསར་སྐྱེལ་མཐུན་སྒྲིག ཚན་རིག་སློབ་གསོ་རིག་གནས་ལས་དོན་བཅས་ཕྱོགས་ཡོངས་ནས་གོང་སྐྱེལ་སོགས་ལ་ཞིབ་འཇུག་དང་གྲོས་བསྒྲུར་བྱས།

Leading Group for Western Region Development of the State Council was set up by the State Council in 2000 with Zhu Rongji as the team head. Major missions involved: to organize and implement the guideline, policy and instruction of Western Region Development, to consider the strategy, development planning, major issues and relevant regulations of Western Region Development, to study and enact the major policy and suggestion of Western Region Development and to coordinate all-round development of economy, science and education of Western regions.

国语骑射 后金至清时满族统治者为继承

狩猎民族的特点,阻止满人汉化,维护其统治,对八旗子弟所采取的基本政策。"国语"指满语;"骑射"指骑马射箭。就是要满人说满语,坚持骑马射箭的习俗。

རྒྱལ་སྐད་ཞོན་འཕེན། ཅིན་རྒྱལ་རབས་ཕྱི་མ་ནས་ཆིང་རྒྱལ་རབས་སྐབས་མན་ཇུ་རིགས་ཀྱི་དབང་བསྒྱུར་བས་རེ་དགས་རྫོན་པའི་མི་རིགས་ཀྱི་ཁྱད་ཆོས་རྒྱུན་འཛིན་བྱེད་ཅེས། མན་ཇུའི་མི་རྒྱུ་འགྱུར་བྱེད་པ་འགོག་པ། དང་། དབང་བསྒྱུར་ལ་སྲུང་སྐྱོབ་བྱེད་ཅེས། དར་ཆ་བརྒྱད་ཀྱི་བུ་སློབ་ལ་སྦྱོང་བའི་གཞི་ཆའི་སྲིད་ཇུས་ཡིན། རྒྱལ་སྐད་ནི་མན་ཇུའི་སྐད་ཡིན་ལ། གོ་ཞོན་འཕེན་ནི་རྟ་ཞོན་ནས་མདའ་འཕེན་པའི་དགོས་པ་དང་ཏ་ཞོན་ནས་མདའ་འཕེན་པའི་གོམས་སྲོལ་རྒྱུན་འཛིན་བྱེད་དགོས་པའི་དོན་ཡིན།

Manchu Language and Riding-Shooting, was a policy adopted for the sons of Eight Banners by Manchu rulers, aiming at carrying on characteristics of hunting ethnic groups, keeping Manchu from sinicization and upholding its rule during the late Jin and the Qing Dynasty. The policy of "Manchu Language and Riding-Shooting" meant that Manchu people insist on speaking Manchu language and maintaining the habits and customs of riding and shooting.

果基小约丹(1894—1942) 四川冕宁县人。彝族。当地黑彝果基(沽鸡)家支头人。1935 年,红军长征经过冕宁彝族聚居地区时,其与红军建立友好关系并与刘伯承结盟。红军赠予"中国夷民红军沽鸡支队"红旗。后与国民党地方军阀进行长期斗争。1942 年被黑彝罗洪家支头人杀害。

གོ་ཅི་ཞོའོ་ཡུའེ་ཏན། (༡༨༩༤—༡༩༤༢) ཁྲོན་མན་ཞིང་རྫོང་གི་མི་ཡིན། དབྱིས་རིགས། ས་དེའི་དབྱིས་རིགས་ནག་པོ་གོ་ཅིའི་ཁྱིམ་རྒྱུད་ཀྱི་མེས་པོ་ཡིན། ༡༩༣༥ལོར་དམར་དམག་རྒྱང་སྐྱོད་བྱེད་སྐབས་མན་ཞིང་གི་དབྱིས་རིགས་ཁྱུ་འདུས་དམར་དམག་དང་སྲུང་སྐྱོབ་འབྲེལ་བ་བཙུགས་པ་མ་ཟད། ལའུ་པོ་ཕྱིང་དང་གཉེན་འབྲེལ་བསྒྲིགས། དམར་དམག་གིས་ཀྱང་གོའི་མཐའ་ལྱའི་མི་རིགས་ཀྱི་དམར་དམག་གོ་ཅུའི་ཡན་ལག་དམག་གི་དར་དམར་བསྟགས། རྗེས་སུ་གོ་མིན་ཏང་ས་གནས་དམག་ཚན་དང་དུན་རིང་འཐབ་རྩོད་བྱས། ༡༩༤༢ལོར་དབྱིས་རིགས་ནག་པོའི་རོན་ཚང་གི་འགོ་བསྡད་པར།

Guoji Xiaoyuedan, was born in 1894 in Mianning County, Sichuan Province, of Yi people, of a local head of Guoji clan in the Black Yi region. In 1935 when the Red Army arrived at Mianning County in the Yi ethnic areas, he established friendly relationship with the Red Army and pledged brotherhood with Liu Bocheng, who presented him the red flag with characters of "Guji Detachment of the Chinese Yi's Red Army". Afterwards, he struggled against Kuomintang warlords. He was murdered by the head of Luohong clan in the Black Yi region in 1942.

《过山榜》 瑶族、畲族民间流传的一种汉文文书。它记载了其民族的起源和迁徙、姓氏的历史及有关过山耕种等内容。该文书在瑶族的名称繁多,有《评皇券牒》等 20 余种称法。流传于畲族的《过山榜》上绘有图画,亦称"祖图"。

《གནོ་ཧན་པང་》 ཡའོ་རིགས་དང་ཧེ་རིགས་ཀྱི་དབངས་ཁྲོད་དུ་ཁྱབ་པའི་རྒྱ་ཡིག་གི་དཔེ་ཆ་ཞིག སྟེ། དེའི་ནང་དུ་མི་རིགས་དེའི་འབྱུང་ཁུངས་དང་གནས་སྤོ་བ། རིགས་རུས་ལོ་རྒྱུས། རིར་སྐྱེད་ཞིང་འདེབས་དང་འབྲེལ་བའི་གནད་དོན་སོགས་འདུས། དཔེ་ཆ་འདིའི་མིང་དུ་ཡའོ་རིགས་ཀྱི་མིང་ཏུ་ཅུང་མང་། 《གོང་མར་དཔྱད་པའི་ཡིག་ཚགས།》 སོགས་མིང་ ༢ ༠ ལྷག་གི་འབོད་སྟངས་ཡོད། ཧེ་རིགས་སུ་ཁྱབ་པའི་《གནོ་ཧན་པང་》 གི་དཔེ་ཆའི་ཐོག་ཏུ་རི་མོ་ཡོད། དེ་ལ་མེས་པོའི་རི་མོ་ཞེས་བརྗོད།

Passport for Crossing the Mountains is a Chinese book which circulates among the Yao and the She people. It records issues concerning the origin and migration of the people, the history of surname and the cultivation among mountains. In the Yao Ethnic area, it has as many as 20 various names, such as *Charter of Emperor Ping*. *Passport for Crossing the Mountains* circulated among the She people contains pictures, also named *Pictures of the Ancestor*.

H

哈达 藏、蒙古等少数民族作为礼仪所用的，表示敬意和祝福的长条丝巾或纱巾，是社交活动中的必备品。多为白色，也有蓝色、黄色等。此外，还有五彩哈达，是献给菩萨和近亲时做彩箭用的，最为珍贵，特定情况下使用。佛教教义解释五彩哈达是菩萨的服装。

|ཁ་བཏགས།| བོད་དང་སོག་པོ་སོགས་གྲངས་ཉུང་མི་རིགས་ཀྱིས་སྟོད་པའི་མཇལ་དར་ཞིག གུས་པ་དང་བཀྲེ་འབྱེལ་མཚོན་པའི་རས་དར་ཞིག་ཡིན་ལ། སྤྱི་ཚོགས་འབྲེལ་འཛིན་བྱེད་དུ་དེ་པར་མགོ་བ་ཞིག་ཀྱང་ཡིན། མངོན་གྱི་དཀར་པོ་ཤས་ཆེ་བ་དང་། གཞན་དུ་སྔོན་པོ་དང་། སེར་པོ་སོགས་ཀྱང་ཡོད། ད་དུང་མདའ་དར་ཚོན་མདོག་སྣ་ལྔའི་ཁ་བཏགས་ཀྱིས་བཅུན་ནས་བླ་མ་དང་གཉེན་ཉེ་ལ་ཕུལ་བའི་ཆེས་ཆེན་དུ་བརྩི་བས། གནས་ཚུལ་ཁྱད་པར་བར་བེད་སྤྱོད་བྱེད། ནང་ཆོས་ཀྱི་དགོངས་པ་ལྟར་ཚོན་མདོག་སྣ་ལྔའི་ཁ་བཏགས་དེ་བྱང་སེམས་ཀྱི་ན་བཟའ་ལ་འགྲེལ་བའོ། །

Hada is a long piece of silk or gauze used to show respects and greetings by Tibetan and Mongolian people as etiquette. It is an essential thing of social activities. Usually, it is white. Also there are blue and yellow ones. In addition, there is colorful Hada, which is precious, only used in some particular cases, such as giving to Bodhisattva and close relatives used as color arrow. In Buddhist tenet, colorful Hada is explained as Bodhisattva's garment.

哈德成（1888—1943） 伊斯兰教学者、教育家。回族。陕西南郑人。现代中国四大阿訇之一。早年游学埃及。1924年回上海后，与他人筹组"中国回教学会"。1928年与达浦生等创办上海伊斯兰师范学校。日军占领上海后，赴重庆转至云南蒙自沙甸，与马坚等致力于翻译《古兰经》。

ཧ་དེ་ཁྲེང་། (༡༨༨༨—༡༩༤༣) དབྱི་སི་ལན་ཆོས་ལུགས་ཀྱི་མཁས་པ་དང་སློབ་གསོ་བ་ཞིག་ཡིན། ཧུའི་རིགས། ཧུན་ཞི་ནན་ཀྲེན་མི་ཡིན། དེང་རབས་ཀྱི་གོའི་ཨ་ཨོང་ཆེ་བཞིའི་ནང་གི་གཅིག་ཡིན། སྔོན་ཆད་ཨེ་ཅིན་ལ་སློབ་སྦྱོང་དུ་སོང་། ༡༩༢༤ལོར་ཕྱིར་ཧྲང་ཧའེ་དུ་ལོག རྗེས་མི་གཞན་པ་དང་མཉམ་དུ་གྱུང་གོའི་ཧུའི་ཆོས་སློབ་པའི་ཚོགས་པ་བཙུགས། ༡༨༢༨ལོར་ཏ་ཕོན་ཧུན་སོགས་དང་མཉམ་དུ་ཧྲང་ཧའེ་ནས་ད་བྱེ་སི་ལན་དགེ་ཐོན་སློབ་གྲྭར་དུ་བཙུགས། ཤར་དག་གིས་ཧྲང་ཧའེ་བཟུང་རྗེས། ཁྲོན་ཆེན་ནས་ཡུན་ནན་མིན་ཙོ་ཧ་ཏུ་སོང་། དེ་ནས་མ་ཅན་སོགས་དང་མཉམ་དུ་ནུས་ཤུགས་ཡོད་རྒུ་བཏོན་ནས《ཁུ་རན་གསུང་རབ》བསྒྱུར།

Ha Decheng, born in 1888 in Nanzhen, Shanxi province, is a Muslim scholar and educator, of Hui ethnic group. As one of the four Imams of modern China, he studied abroad in Egypt in his early years. After he came back to Shanghai in 1924, he organized Chinese Islamic Society with his fellows. In 1928, he and Da Pusheng set up Shanghai Islamic Normal School. After the occupation of Japan, he traveled to Chonqing then Shadian, a village in Mengzi County of southern Yunnan Province, and committed himself to the translation of the Quran with Ma Jian and others. He died in 1943.

哈拉 达斡尔族的氏族组织，是以父系血缘关系为纽带而结成的社会集团。

ཧ་ལ། ཏ་སྦོང་རིགས་ཀྱི་རུས་རྒྱུད་ཚ་འཛུགས། དེ་ནི་ཕ་ཚན་ཁག་རྒྱུད་ཀྱི་འབྲེལ་བ་གཙོ་བོ་བྱས་ནས་གྲུབ་པའི་སྤྱི་ཚོགས་ཚོགས་ཁག་ཞིག་ཡིན།

Hala is the clan organization of Daur ethnic group. It is a social group formed in patriarchal clan system.

哈拉回 指明代哈密地方"回回"化的蒙古人。

ཧ་ལ་ཧུའེ། མིང་རྒྱལ་རབས་སུ་ཧ་མེས་ས་ཁུལ་དུ་ཧུའེ་ཧུའེ། (དཔྱེ་སི་ལན་ཆོས་ལ་དད་པའི་ཡུ་གུར་བ) ལ་འགྱུར་བའི་སོག་པོར་སྟོན།

Ha-La-Hui people referred to Mongolians who inhabited in the Hami Prefecture during the Ming Dynasty, and were called Huihui.

哈拉目 伊斯兰教法术语。阿拉伯语音译，意为"安拉禁止的"。指根据《古兰经》、"圣训"等经典明文禁止的行为，如吃猪肉、饮酒、赌博、奸淫等。穆斯林犯此大罪，要受到现世或"后世"的惩罚。

ཧ་ལ་མུའུ། དཔྱེ་སི་ལན་ཆོས་ལུགས་ཀྱི་ཚོས་སྐད་ཅིག ཨ་རབ་སྐད་ཀྱི་སྒྲ་བསྒྱུར། དོན་ནི་ཨན་ལའི་སྦོམ་ཁྲིམས། 《ཁུ་རན་གསུང་རབ》 དང་དམ་པའི་བཀའ་གསུང་སོགས་ཚོན་ལྡན་ཡིག་ཆ་གཞིར་བཟུང་ནས་སྤོམ་ཁྲིམས་བཟོས་པ་སྟེ། དཔེར་ན། ཕག་ཤ་བཟའ་བ་དང་ཆང་འཐུང་བ། རྒྱལ་འཛུག་པ། ལོག་གཡེམ་སོགས་ལྟ་བུ། མུའུ་སི་ལིན་ཆོས་ལུགས་སུ་ཉེས་པ་བསགས་ཚེ་སྐྱེས་བ་འདིའམ་ལན་ཚགས་འབྱུང་དགོས་པའི།

Halamu, transliterated from Arabic, an Islamic law term, means any act that is forbidden by Allah. It involves behaviors expressly prohibited by the Quran and Commandments, including eating pork, drinking, gambling and rape, etc. Anyone who commits such a crime will be punished in this life or aftertime.

哈剌契丹 中国北方古族名、古政权名。狭义专指耶律大石所率西迁的契丹人与西辽政权。汉文文献中，通常取狭义的用法，也常将"哈剌"译意为"黑"，称黑契丹、西契丹、西辽。广义用以指所有契丹人。

ཧ་ཚི་ཆི་ཏན། ཀྲུང་གོའི་གཞན་པོའི་མི་རིགས་ཤིག་དང་གཞན་པོའི་སྲིད་དབང་ཞིག་གི་མིང་། སྟ་ངོ་འཛུག་ཏུ་དཔྱིས་ཡིས་ཏ་ཧྲུས་ཁྲིད་པའི་ནུབ་སྦོས་ཆི་ཏན་པ་དང་ལོ་ནུབ་མའི་སྲིད་དབང་ཆེན་དུ་བསྟན་པ། རྒྱའི་ཡིག་ཚགས་ནང་རྒྱུན་པར་སྟ་དོ་འཛུག་གི་ཐབས་འབོལ་བཞིན་ཡོད། ཏ་ཏུང་རྒྱལ་པར་ཏུ་ཚི་ཡི་དོན་སྒྱུར་ནས་ནག་པོ་སྟེ། ཆི་ཏན་ནག་པོ་དང་ཆི་ཏན་ནུབ་མ། ལོ་ནུབ་མ་སོགས་འབོད། སྟ་ཡངས་འཛུག་ཏུ་ཆི་ཏན་པ་ཡོངས་ལ་གོ།

Kara Khitan (Hala Qidan) was an old name of ethnic group and regime in northern China. In a narrowest sense, it specially referred to west-moved Khitans led by Yelu Dashi and the Western Liao regime. Chinese document usually uses the narrowest sense and often translates Kara as Black, calling Black Khitan, Western Khitan and Western Liao. In the broad sense, it means all Khitans.

哈尼语 哈尼族使用的语言,属汉藏语系藏缅语族彝语支。中国境内分布于云南红河哈尼族彝族自治州、西双版纳傣族自治州以及墨江、江城、普洱、镇沅、景东、澜沧、新平等县。分哈雅、碧卡、豪白3个方言。在缅甸、老挝、泰国境内称"阿卡语"。

ཧ་ཉེ་སྐད། ཧ་ཉེ་རིགས་ཀྱིས་སྤྱོད་པའི་སྐད་ཅ། བོད་རྒྱའི་སྐད་རྒྱུད་ལས་བོད་འབར་སྐད་རིགས་ཀྱི་དབྱིབས་སྐད་རིགས་ལག་ཏུ་གཏོགས། ཀྲུང་གོའི་མཁར་ཁོངས་སུ་ཡུན་ནན་ཚུ་དམར་ཧ་ཉེ་རིགས་དབྱིབས་རིགས་རང་སྐྱོང་ཁུལ་དང་། ཞི་ཙོང་པན་ན་ཏའེ་རིགས་རང་སྐྱོང་ཁུལ། མོའེ་ཅང་དང་ཅང་ཁྲེན། པོའར། ཀྱེན་ཡུན། ཅིན་ཏུང་། ལན་ཚང་། ཞིན་ཕུན་སོགས་རྫོང་དུ་ཁྱབ་ཡོད། ཧ་ཡ་དང་ཕུན་ཁ། ཧོའེ་སོགས་ཡུལ་སྐད་གསུམ་ཕྱེ། འབར་མ་དང་ལའོ་སྲོ། ཐེ་གོལ་རྒྱལ་ཁབ་ཀྱི་མཁར་ཁོངས་སུ་ཨ་ཁ་སྐད་ཅེས་འབོད།

Hani language, a kind of language used by the Hani ethnic group, is a language of the Yi branch of the Tibeto-Burman linguistic group of the Sino-Tibetan language family. In China, Hani is spoken mostly in areas over Hani and Yi Autonomous Prefecture in Honghe, Yunnan, Xishuangbanna Dai Autonomous Prefecture and Mojiang, Jiang Cheng, Pu'er, Zhen Yuan, Jing Dong, Lan Cang and Xinping counties and it contains 3 dialects: Haya, Bika and Haobai dialects. In the territory of Burma, Laos, Thailand, it is called Akha language.

哈尼族 中国的少数民族。主要分布在云南的红河哈尼族彝族自治州、西双版纳傣族自治州、普洱市和玉溪市。自称、他称众多。人口1660932人(2010年)。有语言,没文字。主要从事农业,梯田稻作文化发达。笃信以万物有灵为核心的原始宗教。

ཧ་ཉེ་རིགས། ཀྲུང་གོའི་གྲངས་ཉུང་མི་རིགས་ཤིག གཙོ་བོ་ཡུན་ནན་ཚུ་དམར་ཧ་ཉེ་རིགས་དབྱིབས་རིགས་རང་སྐྱོང་ཁུལ་དང་ཞི་ཙོང་པན་ན་ཏའེ་རིགས་རང་སྐྱོང་ཁུལ། པོའར་གྲོང་ཁྱེར་དང་ཡའེ་ཞི་གྲོང་ཁྱེར་སོགས་སུ་ཁྱབ་ཡོད། རེ་ལ་རང་དང་གཞན་གྱིས་བཏགས་པའི་མིང་མང་པོ་ཡོད། མི་གྲངས་ ༡༦༦༠༩༣༢ (༢༠༡༠ལོ) ཡོད། སྐད་ཆ་ཡོད་ཀྱང་ཡི་གེ་མེད། གཙོ་བོ་ཞིང་ལས་བྱེད། སྐས་ཆ་འབྲས་འདེབས་པའི་རིགས་དར་ཆེ། དད་ཡུལ་སྣེ་དངོས་པོ་ཀུན་ལ་རྒྱུ་ཤེས་ཡོད་པ་རྒྱ་བར་བཟུང་བའི་གདོད་མའི་ཆོས་ལུགས་ཡིན།

Hani people is one of Chinese minorities, mainly scattered over Hani and Yi Autonomous Prefecture in Honghe, Yunnan, Xishuangbanna Dai Autonomous Prefecture, Pu'er City and Yuxi City. Hani has a variety of self proclaimed names and identified names, and has a population of 1,660,932 (2010) and has its own language but with no written script. Hani ethnic group is primarily occupied with agriculture, so its culture of rice-growing on terraces was advanced. The Hanis believe in the Animism.

哈萨克文 哈萨克族使用的文字。其先人早在公元前即已使用文字。后来,又先后使用古代突厥文、后期粟特文和阿拉伯字母文。中国的哈萨克族从1965年起，一度使用以拉丁字母为基础的新文，共有24个辅音、9个元音字母。1982年恢复使用老文字。

ཏུ་ལག་ཡི་གེ། ཏུ་སག་མི་རིགས་ཀྱིས་བཀོལ་བའི་ཡི་གེ་འདིའི་མེས་པོ་ཚོས་སྤྱི་ལོ་སྔོན་ནས་བཟུང་ཡི་གེ་བཀོལ་སྤྱོད་བྱས། རྗེས་སུ་རྲ་གཞུང་ཏུ་གནའ་རབས་ཀྱི་ཡི་གེ་དང་ལེ་ཧུ་ཡི་གེ། ཨ་ལ་པོ་དབྱངས་གསལ་ཡི་གེ་སོགས་བཀོལ་སྤྱོད་བྱས། གུང་གོའི་ཏུ་སག་མི་རིགས་ཀྱིས་༡༩༦༥ནས་བཟུང་དུས་སྐབས་ཤིག་ལ་ལ་ཏིང་དབྱངས་གསལ་ཡི་གེ་གཞི་ར་བའི་བྱེད་པའི་སྲོལ་གསར་པའི་དབྱངས་གསལ་ཡི་གེ་༢༤དང་གསལ་བྱེད་ཡི་གེ་༩བཀོལ་སྤྱོད་བྱས། ༡༩༨༢ལོར་སྔར་ཡི་གེ་རྙིང་པ་བཀོལ་སྤྱོད་བྱས།

Kazakh alphabets are the alphabets used by the Kazakhs whose ancestors used the alphabets in the early days before Christ. Later, those ancestors successively used ancient Turkic alphabet, late Sogdian and Arabic alphabet. Since 1965, the Chinese Kazakhs ever used the New Alphabet based on Latin alphabet composed of 24 consonants and 9 vowels. In 1982, the Kazakhs restored the use of the Kazakh Arabic alphabet.

哈萨克语 哈萨克族使用的语言，属阿尔泰语系突厥语族。与其他属突厥语族的民族语言很接近，在突厥语族中影响力和使用量仅次于土耳其语。分布在哈萨克斯坦（为其官方语言）、中国、乌兹别克斯坦、俄罗斯、蒙古等国。

ཏུ་སག་སྐད། ཏུ་སག་མི་རིགས་ཀྱིས་སྤྱོད་པའི་སྐད་ཆ། ཨར་ཐའི་སྐད་རྒྱུད་ཀྱི་གུ་གུའི་སྐད་རིགས་སུ་གཏོགས། གུ་གུའི་སྐད་རིགས་སུ་གཏོགས་པའི་མི་རིགས་གཞན་པའི་སྐད་དང་བར་ཐག་ཏུ་ཅུང་ཉེ། གུ་གུའི་སྐད་རིགས་སུ་བཀོལ་སྤྱོད་ཆོད་དང་ཤུགས་རྐྱེན་ཆོས་པོ་ཨར་ཆིའི་སྐད་མཚུངས། ཏུ་སག་སི་ཐན་དང་ཀྲུང་གོ། ཝུ་ཟི་པེ་ཁི་སི་ཐན། སོག་པོ་སོགས་རྒྱལ་ཁབ་ཏུ་ཁྱབ་ཡོད།

Kazakh language, used by the Kazakhs, belongs to the Turkic branch of the Altaic language group, close to other Turkic ethnic language family. The influence and usage of Kazakh is at the second place with Turkic at first. It scattered over Kazakhstan (as its official language), China, Uzbekistan, Russia and Mongolia.

哈萨克族 中国的少数民族。主要分布于新疆的伊犁哈萨克自治州和木垒、巴里坤两个哈萨克自治县及甘肃的阿克塞哈萨克族自治县。人口1462588人（2010年）。有语言文字。信仰伊斯兰教。生产活动以牧为主，农牧结合。也是哈萨克斯坦共和国的主要民族。

ཏུ་སག་རིགས། གུང་གོའི་གྲངས་ཉུང་མི་རིགས་ཤིག ཤིན་ཅང་གི་ཨི་ལིའི་ཏུ་སག་རང་སྐྱོང་ཁུལ་དང་མོའོ་ལེའི། པཱ་ལི་ཁུན་ཏུ་སག་རང་སྐྱོང་རྫོང་། ཀན་སུའུ་ཞིང་ཆེན་གྱི་ཨ་ཁི་སེ་ཏུ་སག་རང་སྐྱོང་རྫོང་བཅས་སུ་མང་ཙམ་ཁྱབ་ཡོད། མི་གྲངས་༡༤༦༢༥༨༨（༢༠༡༠ལོ།）ཙམ་ཡོད། རང་གི་སྐད་དང་ཡི་གེ་ཡང་ཡོད། དད་པ་བྱེ་སི་ལན་ཆོས་ལུགས་ཡིན། འཚོ་ལས་གཙོ་བ་གཞན་བ་དང་ཞིང་འབྲོག་ཟུང་འབྲེལ་བྱས་ཡོད། ཨེ་རིགས་འདི་ཏུ་སག་སི་ཐན་གྱི་མི་རིགས་གཙོ་བོའང་ཡིན།

Kazakh people, is one of Chinese minorities, principally scatters over Yili Kazak Autonomous Prefecture in Xinjiang Uygur Autonomous Region, Mulei Kazak autonomous county and Balikun Kazak autonomous county, Aksai Kazakh Autonomous County in Gansu province. Kazakhs have their own language and alphabets with a population of 1,462,588 (2010). They believe in Islam and their production activities are agriculture and animal husbandry with emphasis on animal husbandry. Kazakhs are also the main ethnic group of the Republic of Kazakhstan.

海固事变 抗战时期甘肃海原、固原（今属宁夏）等地回族农民，为争取抗日、反对国民党暴政而举行的武装起义。1938 至 1941 年发动三次暴动，参加人数多时达两万余人，范围扩大到张家川、华亭、清水等地。在国民党重兵围剿下最后失败。

ཧའེ་ཀུན་ཧུས་འབྱུང་། ལྟར་འགོག་དམག་འཁྲུག་གི་སྐབས་སུ་ཀན་སུའུ་ཧའི་ཡུན་དང་ཀུའུ་ཡུན་སོགས་ས་ཁུལ་གྱི་ཧུའི་རིགས་ཞིང་པས་ལྟར་འགོག་དང་གོ་མིན་ཏང་གི་སྲིད་དབང་ལ་རྒོལ་རྒྱབ་པའི་དག་པོའི་འོས་འདང་ཞིག་གསུམ་བསྐྲུནས། ༡ བོས་འདང་ལ་ཞུགས་པའི་མི་གྲངས་ཤོག ༢ དང་ཁྲག་ཧོང་རྒྱ་བསྐྱེད་དེ་གུང་ཅ་ཁྲོན་དང་ཧུ་ཐིན། ཆིན་ཧྲིས་སོགས་ལ་སླེབས། གོ་མིན་ཏང་གི་དམག་གིས་སྐོར་བཙོམ་བྱས་ནས་ཕམ་པར་བཏང་།

Hui Uprising of Haiyuan and Guyuan County referred to the armed-uprising initiated by Hui peasants in Guyuan and Haiyuan (now in Ningxia) during the Counter-Japanese War to fight against Japan and the tyrannic governing of KMT (Kuomingtang). From 1938 to 1941, three Hui uprisings broke out. The rebellion people had grown to 20,000 or so in the third uprising, and the rebellion area had extended to Zhangjiachuan, Huating, Qingshui, etc. The rebellion failed finally in the encirclement and suppression by the concentrated armed forces of KMT.

海西女真 女真族三大部之一。明时对居住在松花江大曲折处及今哈尔滨以东阿什河流域女真人的统称。该处元代称"海西"，故名。明中叶后，各部南迁，形成乌拉、哈达、辉发、叶赫四部。明设羁縻卫所，各部首领均受明封号。万历二十七年至四十七年（1599—1619）间，先后被建州女真兼并。

ཏའེ་ཞི་ཉུས་ཀྲིན། ཉུས་ཀྱིན་གྱི་འཚོབ་ཆེན་ཆེན་པོ་གསུམ་གྱི་ཡ་གྱལ། མིང་རྒྱལ་རབས་ཀྱི་སྲིད་དུ་ཅང་གཙང་པོའི་ཆེ་གེ་དང་དེང་གི་ཧར་པིན་ཤར་ཕྱོགས་ཀྱི་ཨ་ཧྲི་ཧ་གཙང་པོའི་འབབ་ཁུལ་གྱི་ཉུས་ཀྱིན་པའི་མིང་། གནའ་དེར་ཡོན་རྒྱལ་རབས་སྐབས་སུ་ཧའི་ཞི་ཞེས་བརྗོད། མིང་རྒྱལ་རབས་ཀྱི་བར་སྐབས་བ་འཚོ་བ་སོ་སོ་ཕྱོགས་བསྒྱུར་ནས་ཝུ་ཐད་དང་ཏ། ཧིྲ་ཧྭ། ཡེ་ཧོ་བཅུས་ཁའི་བཞི་གྲུབ། མིང་གི་སྐྲབས་སུ་ཅི་མི་ཕྱུག་མའི་བཅོལ་བཀག མཚོ་སོའི་མགོ་གཙོ་ལ་མིང་རྒྱལ་རབས་ཀྱི་ཚོ་པོ་གནང་། ཕན་ལུའི་ཁྲི་ལོ་ཉེར་བདུན་པ་ནས་ཞེ་བདུན་(1599ནས་1619)བར་ཁྱུལ་བཙུགས། རྫ་རྗེས་སུ་ཉུས་ཀྱིན་དང་གཅིག་བསྒྲུབ་བྱུང་།

Haixi Jurchens is one of the three major ethnic groups of Jurchens. In the Ming Dynasty, it is a generic name of Jurchens living in the great basin of the Songhua River and the Ashi River of east of Harbin. The area was called Haixi in the Yuan Dynasty, so Jurchens there was known as Haixi Jurchens. Since the mid-Ming Dynasty, every major group migrated to the South, and formed four Tribes: Wula, Hada, Huifa, and Yehe. The Ming government set up the System of Jimi (Loose-Rein) Guarding Post, and leaders of every tribe were entitled by the Ming government. From the 27th year to the 47th year of the reign of Ming Emperor Wanli (1599-1619), the four tribes were annexed one after one to Jianzhou Jurchens.

汉傣 汉族对部分傣族的称谓。因受汉族文化影响较深而得名。主要分布在云南德宏傣族景颇族自治州的部分地区及景东、景谷等县。亦作"旱傣"，与"水傣"相对。

རྒྱ་ནག་གི་མི་རིགས་ཁ་ཅིག་ལ་འབོད་སྟངས་ཤིག དེ་ནི་རྒྱའི་རིག་གནས་ཀྱིས་ཤུན་ཐེབས་ཆེ་དྲགས་མེད་དེ་ལྟར་ཐོགས། དེ་གཙོ་བོར་ཡུན་ནན་ཏའི་ཧོང་ཏའི་རིགས་ཅིན་ཕོ་རིགས་རང་སྐྱོང་ཁུལ་དང་ཅིན་ཏོང་། ཅིན་གུའི་རྫོང་སོགས་སུ་ཁྱབ་ཡོད། དེ་ཡང་ཏན་ཏའི་དང་རྗེ་ཏའི་དང་ཕན་ཚུན་སྟོན་བླ་ཡིན།

Han Dai is the name of some groups of the Dai by the Han, and the name illustrates the deep Han cultural influence to them. They are living in some areas of Dehong Dai and Jingpo Autonomous Prefecture in Yunnan, Jingdong, and Jinggu, etc. They are also called Han Dai (Dry-land Dai), contrasting to the name of Shui Dai (Water Dai).

汉军八旗 清代军事组织名称。由降服的汉人编成，与满洲八旗、蒙古八旗共同构成清代八旗的整体。其建制、旗色与满洲八旗、蒙古八旗同。

རྒྱ་དམག་དར་ཚོ་བརྒྱད། ཆིང་སྲིད་གཞུང་གི་དམག་དོན་རྩ་འཛུགས་ཀྱི་མིང་། དེ་ནི་དབང་དུ་བསྡུས་པའི་རྒྱ་མིས་གྲུབ་པ་སྟེ། མན་ཇུའི་དར་ཚོ་བརྒྱད་དང་སོག་པོའི་དར་ཚོ་བརྒྱད་བཅས་ལས་ཆིང་རྒྱལ་རབས་ཀྱི་དར་ཚོ་བརྒྱད་གྲུབ། དེའི་རྩ་འཛུགས་ཀྱི་རྣམ་པ་དང་དར་ཚེ་མདོག་ནི་གཞན་པ་རྣམས་དང་མཚུངས།

Han Eight banners is the name of military organization in the Qing Dynasty. Organized by submitted Hans, Han Eight banners, together with Manchu Eight banners, Mongolia Eight banners, make up of the military and social structure Eight Banners in the Qing Dynasty. Its institutional system and the color of banners are the same as that of Manchu Eight banners, Mongolia Eight banners.

汉藏语系 语言学家按照谱系分类法划分的一组语群。划分的形式很多，至少包含汉语和藏缅语族，共计约400种语言，主要分布在中国境内，泰国、缅甸、越南、老挝、不丹、尼泊尔、印度等地亦有分布。按使用人数计，仅次于印欧语系。

རྒྱ་བོད་སྐད་རྒྱུད། སྐད་བརྡ་རིག་པ་བ་རྣམས་རྒྱུད་རིགས་དབྱེ་ཐབས་ཀྱིས་བགོས་པའི་སྐད་ཚོམས་ཤིག་ཡིན། ཁག་བགོས་པའི་རྣམ་པ་ཧ་ཅང་མང་། དེའི་ནང་དུ་སྐད་

རིགས་༤༠༠ལྷག་འདུས་པ། གཙོ་བོར་རྒྱའི་མངའ་ཁོངས་སུ་ཡོད། ཐེ་གོ་དང་འབར་མ། ཝི་ཏི་ནམ། ལཱོ་སོ། འབྲུག་ཡུལ། བལ་ཡུལ། ཕྱིན་ཏུ་སོགས་སུ་ཐུབ་ཡོད། བེད་སྤྱོད་མི་གནས་དབྱིན་ཨོའི་སྐད་རྒྱུད་དང་ཕལ་ཆེར་མཚུངས།

Sino-Tibetan languages are a family of languages classified in accordance with hierarchical classification. The language family can be divided into diverse units, at least including Chinese and Tibeto-Burman language, and has more than 400 languages spoken mainly in China, and also in Thailand, Myanmar, Vietnam, Laos, Bhutan, Sikkim, Nepal, India, etc. The family is second only to the Indo-European languages in terms of the number of native speakers.

汉字院 西夏负责主管并撰写对宋朝一切往来公文的机构。景宗元昊时期设立。

བཙན་རྩིས་ཡོན། མི་ཉག་གི་སུང་རྒྱལ་རབས་དང་འབྲེལ་བའི་གཞུང་ཡིག་ལོ་ཡོ་དོ་བསྒྱེལ་ཞིན་བྱེད་པར་དོ་དམ་བྱེད་པའི་ལས་ཁུངས་ཤིག །ཅིན་ཙུང་ཡོན་ཧའོ་ཡི་སྐབས་སུ་བཙུགས།

Hanzi Academy (Chinese Characters Court) is an imperial institution established in the reign of Emperor Jingzong of Western Xia, Li Yuanhao. It is in charge of managing and writing all the official documents to the government of the Song Dynasty.

杭州凤凰寺 我国伊斯兰教东南沿海四大古寺之一，在阿拉伯国家中也享有盛誉。位于浙江省杭州市中山中路。创建于唐代。因原寺建筑形似凤凰，故名。宋代毁于火灾，元朝重修，最近一次修建是在 1953 年。全寺面积约 2600 平方米，其中礼拜殿是元朝时代的无梁建筑。

ཧང་ཀྲོའུ་བྱའུ་ཧོང་ཆོས་ཁང་། རང་རྒྱལ་གྱི་ཤར་ལྷོ་ཆོས་ལུགས་ཀྱི་ཤར་ལྷོའི་རྒྱ་ཚོའི་གནའ་བོའི་ཆོས་ཁང་ཆེན་པོ་བཞིའི་ཡ་གྱལ་ཡིན། དེའི་མཚན་སྙན་གྲགས་ཨ་རབ་རྒྱལ་ཁབ་ཏུ་ཡང་རབ་ཏུ་རྒྱས། ཧང་ཀྲོའུ་གྲོང་ཁྱེར་གྱི་ཀྲུང་ཧྲན་བར་ལམ་ན་ཡོད། ཐང་རྒྱལ་རབས་སྐབས་སུ་གསར་དུ་བཞེངས། ཆོས་ཁང་གི་བཟོ་སྐྲུན་གྱི་རྣམ་པ་བྱིའུ་དང་འདྲ་བས་མིང་དེ་ཐོགས། སུང་རྒྱལ་རབས་སྐབས་སུ་མི་འཇིག་བྱུང་། ཡོན་རྒྱལ་རབས་སྐབས་སུ་བསྐྱར་སྐྲུན་མཛད། ཉེ་ཆར་བསྐྱར་སྐྲུན་བྱ་བ་དུས་ནི་/༡༩༥༣ལོ་ཡིན། ཆོས་ཁང་ཁྱོན་བོའི་རྒྱ་ཁྱོན་ལ་སྒྲི་གྲུ་བའི་མ་ར་༢༦༠༠ལྷག་ཡོད། དེའི་ནང་གི་ཕྱག་འཚལ་ཁང་ནི་ཡོན་རྒྱལ་རབས་ཀྱི་གདུང་མེད་བཟོ་བཀོད་ཡིན།

Hangzhou Phoenix Mosque is one of the four big ancient China Islamic mosques in the southeastern coast, and enjoys a high reputation among the Arab State. It is located in the Zhongshan Road of Hangzhou City, Zhejiang Province. Built in the Tang Dynasty (618-907), due to its similar appearance with phoenix, it got its name "Phoenix Mosque". It was destroyed in fire in the Song Dynasty, rebuilt in the Yuan Dynasty, and most recently reconstructed in 1953. The existing Phoenix Mosque covers an area of 2,600 square meters. The worship house was a building without beam built in the Yuan Dynasty.

合款 亦称"款""议榔"等。是侗、苗、布依、水等少数民族历史上遗留下来的地域性村寨组织，是一种民间议事会组织形式。流行于今湖南、广西、贵州一带。款约一经制定，具有极强的约束力。用于维护社会秩序，管理生产劳动，调解民间纠纷，抵御外侮外患等。

དོ་ཁོན། དེར་བོད་དང་དབྱི་ལང་ཞེས་ཀྱང་འབོད། ཧུང་རིགས་དང་མིའོ་རིགས། པུའུ་དབྱི་རིགས། རྫེ་རིགས་སོགས་གྱུས་ལུང་མི་རིགས་ཀྱི་ལོ་རྒྱུས་ཤུལ་བཞག་གི་ས་ཁུལ་རང་བཞིན་གྱི་གྲོང་སྡེའི་ཙ་འཛུགས་ཤིག་ཡིན་ཏེ་ དབངས་བོད་ཀྱི་དོན་དག་ཐག་གཅོད་བྱེད་པའི་ཙ་འཛོགས་ཀྱི་རྒྱལ་པ་ཞིག་ཀྱང་ཡིན། ཧུའུ་ནན་དང་ཀོང་ཞི་ གུའེ་ཀྲོའུ་སོགས་ཀྱི་ས་ཆར་དར་ཁྱབ་ཏུ་སོང་ཡོད། དོ་ཁོན་ཞེས་པའི་ཆིངས་ཡིག་གཏན་ཞིག་བྱས་རྗེས། དེར་ཚོད་བཀག་གི་ནུས་པ་ཆེན་པོ་ཡོད། དེས་སྤྱི་ཚོགས་སྲུང་སྐྱོབ་དང་། ཐོན་སྐྱེད་ལ་དོ་དམ་བྱེད་པ། དམངས་ཀྱི་རྩོད་རྙོག་འདུམ་པ། ཕྱི་དགྲ་འགོག་པ་སོགས་ལ་ཕན་པ་ཐོན།

Hekuan, also called "Kuan", and "Yilang", was the ancient local village organization left over by people of Dong, Miao, Buyi and Shui in history, and was the tribal congress for the local people. It was popular in the regions of today's Hunan, Guangxi, and Guizhou. The Kuan agreement would have strong binding force once being made. It was formulated to maintain social order, govern productive labor, intervene in civil disputes, and resist foreign aggressions.

合州之战 南宋抗击蒙古军的战役之一。南宋理宗宝祐六年（蒙古蒙哥汗八年）（1258），蒙哥汗率军攻入四川。翌年春，至合州（今重庆合川）城下，亲自督师围攻。守将王坚拒绝招降，凭借钓鱼山天险，屡挫蒙古军。7月，蒙哥汗在督军攻城时中流矢而死（一说病死），遂议和罢兵。

དོ་ཀྲོའུ་དམག་འཁྲུག སྱང་སྲོང་གིས་སོག་པོའི་དམག་འགོག་རྒོལ་བྱེད་པའི་དམག་འཁྲུག་གི་གྲས་ཤིག སྱང་སྲོང་མའི་ཚོང་པའི་ལི་ཀྲུའི་དགོ་(1258ལོར) ཡོང་གོ་ཧན་གྱིས་དམག་འཁྲིད་ནས་སི་ཁྲོན་ལ་བཙན་འཛུལ་བྱས་ དཔྱིད་ཀ་ར་དོ་ཀྲོའུ(སྒྱང་ཁིན་ཧོ་ཁྲུན་ཡིན)ལ་སླེབས་ཏེ། དངོས་སུ་བཀོད་འདོམས་བྱས་ནས་སྒྲོང་ཁྱེར་གྱི་མཁར་སྲུང་དམག་སྤུན་ཙན་གྱིས་མགོ་འདོགས་མ་བྱས་པར། དོ་ཡུ་རི་བོའི་གཞན་ཡུལ་བརྟེན་བཞིན་བརྟེན་ནས་སོག་པོའི་དམག་ཡང་ཡང་ཕམ་པར་རྒྱུབ། ཟླ7པར་ཡོང་གོ་ཧན་གྱིས་དམག་འཁྲིད་ནས་མཁར་རྫོང་ལ་རྒོལ་རྒྱབས་ཚེ་མཚོན་འདས། དེའི་རྗེས་གྲོས་བྱས་ནས་དམག་མཚམས་བཞག

The War of Hezhou (Diaoyu Fortress War) is one of the great ancient battles to resist Mongolian troops by the Southern Song Dynasty. During the sixth year of the reign of Southern Song emperor Lizong Bao You and the eighth year of the reign of Mongke Khan (1258), Mongke Khan led the attack on the fertile Sichuan Basin. He arrived in Hezhou (Hechuan, Chongqing now) the next spring, and commanded his troops to besiege the entire city. The guarding General Wang Jian refused to surrender, and frustrated the aggression of Mongolian troops continuously by using the precipitous terrains of the Diyaoyu Mountain. In July, Mongke Khan might have been wounded by a cannon blast during the siege and eventually died, however another account says that he died of accident or illness while campaigning. After that, Mongolian troops had to withdraw and decided to make peace.

何秋涛（1824—1862） 清朝官员、学者。福建光泽人。道光二十五年（1845）中进士，被授予刑部主事职位。潜心研究北方边疆史，撰有《朔方备乘》80 卷，是近代最早研究中俄关系史的著作。同治元年（1862），担任保定莲池书院院长。同治初年卒。

ཧོ་ཆིའུ་ཐའོ། (༡༨༢༤—༡༨༦༢) ཆིང་རྒྱལ་རབས་ཀྱི་དཔོན་པོ་དང་ཤེས་ཡོན་པ། ཧྥུ་ཅན་ཀོང་ཚེའི་མི་ཡིན། ཏའོ་ཀོང་ཉི་ཤུ་རྩ་ལྔ་པར་ཅིན་ཐིར་བཤུགས་ཏེ། ཁྲིམས་སྡེའི་ལས་འགན་ཁུར། ཚོས་བྱང་ཕྱོགས་མཐའ་མཚམས་ཀྱི་ལོ་རྒྱུས་ལ་ཞིབ་འཇུག་གནད་ཞིབ། བཅོམས་ཆོས་སུ《ཕྱོགས་ཕྱོགས་འདུག་གབས》ཞེས་པོད་༡༠ཡོད། དེ་ནི་ཆེས་སྔ་བའི་ཀྲུང་ཞའི་འབྲེལ་བར་ཞིབ་འཇུག་བྱེད་པའི་དཔེ་ཆ་ཡིན། ཐུང་ཀྲིའི་ལོ་དང་པོར་ (༡༨༦༢) པའོ་ཏིན་ལེན་ཁུས་དཔེ་ཁང་གི་སློབ་གཙོའི་འགན་ཁུར། ཐུང་ཀྲིའི་ལོ་མགོར་འདས།

He Qiutao (1824-1864), a prominent official and scholar in the Qing Dynasty, was born in Guangze, Fujian province. He passed the highest imperial examination and was appointed chair of the Board of Punishments in 1845 (the 25th year of the reign of Emperor Daoguang, Qing Dynasty). He worked hard on the history of northern borderland, and wrote an 80-volume book *Shuofangbeicheng (Historical sources on the northern Regions)*, which was the earliest study on Sino-Russia relations. He was the president of Baoding Lianchi Academy in 1862 (the 1st year of the reign of Emperor Tongzhi), and died in that early year.

和林格尔汉墓壁画 位于内蒙古和林格尔县新店子乡。墓分前、中、后 3 个主室和 3 个耳室，全长约 20 米。墓壁、墓顶及甬道两侧有壁画 50 多幅，榜题 250 多项。是我国考古发掘迄今所见榜题最多的汉代壁画，呈现了东汉时期我国北方多民族居住地区的阶级关系、民族关系和社会生活面貌。

ཧོ་ལིན་ཀེར་ཧན་རྒྱལ་རབས་ཀྱི་བང་སོའི་ལྡེབས་རིས། ནང་སོག་ཧོ་ལིན་ཀེར་རྫོང་ཞིན་ཏེ་ཛུ་ཡོད། བང་སོའི་ཕྱག་བར་རྗེས་ཀྱི་གཙོ་ཁང་གསུམ་དང་ཁང་གསུམ་དུ་བྱེ། རིང་ཚད་ལ་སྤྱི་༢༠ཙམ། བང་སོའི་གཡར་དང་བླར། ཕྱམས་ཀྱི་ལོགས་གཞིས་སུ་ལྡེབས་རིས་༥༠ལྷག་དང་། བྱར་རྒྱན་རི་མོ་༢༥༠ལྷག་ཡོད། རང་རྒྱལ་གྱི་གནའ་ཤུལ་བརྐོས་དཔྱོད་གསར་ཏེད་ནས་ད་བར་ཧན་རྒྱལ་རབས་ཆེས་མང་བའི་བང་སོ་རབས་ཀྱི་ལྡེབས་རིས་ཡིན། ཧན་ཤར་མའི་དུས་ཀྱི་རང་རྒྱལ་བྱང་ཕྱོགས་མི་རིགས་འདུས་སྡོད་ས་ཁུལ་གྱི་གྲལ་རིམ་འབྲེལ་བ་དང་། མི་རིགས་འབྲེལ་བ། སྤྱི་ཚོགས་འཚོ་བའི་དོ་གདོང་མཚོན་ཡོད།

Mural Painting of Tomb of Han Dynasty in Horlinger is located in Xin Dianzi Township of Horlinger County in Inner Mongolia. There are three main chambers: the front, middle and back chamber, and three side chambers in the tomb, with a length of about 20 meters. There are over 50 mural paintings and over 250 mural inscriptions on walls, ceilings and path sides of the tomb. These paintings reflect the class relations, ethnic relations and social lives of the northern regions of China where many peoples dwelled in the East Han Dynasty.

和平改革 特指解放后，在我国少数民族地区用和平协商的民主方式进行的土地改革。即发动少数民族中的劳动群众自觉联合起来推翻本民族内部的剥削制度，同时对少数民族上层和宗教界人士采取和平协商的方法，使他们愿意接受和平改革。

ཞི་བདེའི་བཅོས་སྒྱུར། བཅིངས་འགྲོལ་བྱུས་རྗེས་རང་རྒྱལ་གྱི་གྲངས་ཉུང་མི་རིགས་ས་ཁུལ་དུ་ཞི་བདེའི་གྲོས་མོལ་ཐབས་ལམ་བཀྱུད་ནས་དམངས་གཙོའི་ཐབས་ཀྱིས་ཞིང་བཅོས་སྒྱུར་བྱས་པར་བསྔགས། གྲངས་ཉུང་མི་རིགས་ནང་ཁུལ་གྱི་ངལ་རྩོལ་མང་ཚོགས་རང་འགུལ་སྤོལ་པདས་ནས། མཉམ་འབྲེལ་སྒོས་ནས་ཁུལ་གྱི་བུ་གཞིག་ལམ་ལུགས་མགོ་གཏིང་སློག་པར་སྐྱེད་སྦྱོང་བྱས། དུས་མཚུངས་སུ་གྲངས་ཉུང་མི་རིགས་ཀྱི་གོང་རིམ་དང་ཆོས་ལུགས་མི་སྣར་ཞི་བདེའི་གྲོས་མོལ་གྱི་ཐབས་ལམ་བཟུང་ནས་ཁོ་ཚོར་ཞི་བདེའི་བཅོས་སྒྱུར་དང་ལེན་བྱེད་དུ་བཅུག

Peaceful Reform specifically refers to the land reform in Chinese ethnic area through peaceful democratic consultation, namely, to encourage ethnic people to willingly overthrow the internal exploitation system while adopting peaceful consultation to let the upper class and religious circles of ethnic groups accept the policy of Peaceful Reform.

和亲 中原王朝与边疆少数民族上层以及少数民族上层之间为保持和好而结成姻亲。这对缓和民族矛盾，促进民族交流有一定积极作用。中国的和亲政策始于汉高祖刘邦。

གཉེན་འབྲེལ། རྒྱང་ཡོན་རྒྱལ་རབས་དང་མཐའ་མཚམས་གྲངས་ཉུང་མི་རིགས་མཐོ་རིམ་པར་དང་། གྲངས་ཉུང་མི་རིགས་མཐོ་རིམ་པར་མཐུན་སྒྲིལ་རྒྱུན་འཆང་བྱེད་ཆེན་གཉེན་གྱི་འབྲེལ་བ་བཙུགས་པར་གོ འདིས་མི་རིགས་བར་གྱི་འགལ་བ་སློང་ཡང་དུ་གཏོང་བ་དང་། མི་རིགས་བར་གྱི་རྗེས་རེས་བྱེད་པར་སྐུལ་འདེད་བྱེད་ནུས་པ་ཐོན། རྒྱང་གོའི་གཉེན་འབྲེལ་གྱི་སྲིད་ཇུས་དེ་ཧན་རྒྱལ་རབས་ཀྱི་མེས་པོ་ལུའུ་པོང་སྐབས་ནས་འགོ་ཚུགས།

Heqin (marriage alliance) refers to the historical practice of Chinese emperors marrying princesses (usually members of minor branches of the royal family) to rulers of neighbouring states (ethnic groups). This policy, starting from the period of Han Dynasty of Emperor Gaozu, played an active role in smoothing ethnic contradiction and boosting ethnic communication.

和戎 中国古代政权对北方少数民族采取的政策之一。初见于春秋，晋悼公四年（公元前569）晋臣魏绛推行"和戎狄"的策略，同戎狄相处融洽。以后，历代王朝把同北方少数民族的和平妥协亦称之为"和戎"。

མཆོད་འཛོམ། རྒྱང་གོའི་གནའ་རབས་སྲུང་ཁྱབ་སྲིད་དབང་གིས་བྱང་ཕྱོགས་གྲངས་ཉུང་མི་རིགས་ལ་ལག་བསྟར་བྱས་པའི་སྲིད་ཇུས་ཀྱི་གྲས་ཤིག་ཡིན། སྲིད་རྒྱ་དོན་ཆེའི་དུས་སྐབས་སུ་ཐོག་མར་བྱུང་། ཅིན་ཏའོ་གོང་གི་ལོ་བཞི་པ་སྟེ་སྤྱི་ལོར་༥༦༩ལོར་ཅིན་བློན་ཝེ་ཙོང་གིས་མཆོན་འཛོམ་གྱི་འཆར་རྗེས་སྤེལ་འགོ་བཙུགས། རིན་

ཧུའུ་རིགས་དང་འཚམ་མཐུན་བྱུང་། དེའི་རྗེས་ཀྱི་རྒྱལ་
རབས་རིམ་བྱུང་གིས་བྱང་ཕྱོགས་ཀྱི་གྲངས་ཉུང་མི་རིགས་
བར་བཞི་བདེའི་སྲོལ་ལོལ་བྱེད་པར་མཚོན་འཇོག་ཟེར།

Herong (Peace with Rong people) was one of the policies that the ancient Chinese authorities took to deal with northern ethnic groups. First seen in the Spring and Autumn times, the policy of Peace with Rong and Di people was formulated to be in harmony with Rong and Di people in the 4th year of Jin Lord Daogong (569 BC) by the Jin vassal Wei Jiang. Then, successive dynasties all called the policy to peace with northern ethnic groups "Herong (Peace with Rong people)".

和硕特部 蒙古旧部名。清代卫拉特蒙古四部之一。

ཧོ་ཧྲུའོ་ཋེ་ཚོ་པ། སོག་པོའི་ཚོ་རྙིང་པའི་མིང་། ཆིང་རྒྱལ་རབས་སྐབས་སུ་ཞེ་ལ་ཐུ་སོག་པོའི་ཚོ་པ་བཞིའི་ཡ་གྱལ།

Heshuote tribe was the name of an ancient Mongolian tribe, one of the four Oirats Mongolian tribes in the Qing Dynasty.

和卓 波斯语音译，意为"圣裔"。指穆罕默德的后裔。在中亚、南亚与非洲某些地方被用作伊斯兰教中宗教长者的尊称。和卓也有"主人""宦官""市民中贵人""终极"之意。

ཧོ་གྲོའོ། པར་སིག་སྐད་ཀྱི་སྒྲ་བསྒྱུར། དེའི་དོན་ནི་སྟེའི་
རྒྱུད་པ་ཞེས་པ་ཡིན། དེས་མ་ཁོ་མ་ཏེའི་སྨྱུར་བུན་མོ་དེའི་
རྗེས་རབས་པ་ཡིན་ལ། ཡ་གླིང་དབུས་མ་དང་ཡ་གླིང་ལྷོ་
མ། ཕྲེ་གླིང་གི་ས་ཁུལ་ཁ་ཤས་སུ་དེའི་དཔེའི་སི་ལན་ཆོས་ལུགས་

ཁྲོད་ཆོས་དཔོན་ལ་འབོད་པའི་མིང་དུ་སྦྱོད་བཞིན་ཡོད།
གཞན་ཧོ་གྲོའོ་བདག་པོ་དང་དཔོན་པོ། འབངས་ཁྲོད་
ཀྱི་མི་དྲག མཐར་མཐུག་གི་གོ་དོན་སོགས་ཡོད།

Khoja, is a Persian word literally meaning "pious individuals". Khoja also refers to descendants of Mohammed, used as honorific title of some elder Muslim in some areas of South Asia, Central Asia and Africa. Khoja refers to "masters", "eunuchs", "noblemen in citizens", and "ultimates".

《河西吐蕃经卷及文书》 8—9世纪吐蕃时期古藏文手写本佛教经卷及社会历史文书。分别藏于甘肃河西走廊敦煌、酒泉、张掖、武威以及兰州等地。已发现近万页，均为用竹笔蘸墨写于手工制作的桑麻纸上。

《ཧ་ཤི་བོད་ཀྱི་བཀའ་ཆོས་ཤོག་དྲིལ་ཁག་ཅིག》 དུས་རབས་བརྒྱད་པ་དང་དགུ་པར་བྱུང་བའི་བོད་སྐད་ཀྱི་བཀའ་ཆོས་ཤོག་དྲིལ་མ་དང་སྤྱི་ཚོགས་ལོ་རྒྱུས་ཀྱི་ཡིག་ཆ། གན་སུའུ་མ་ཧ་ཤི་བོད་ལམ་དུན་ཧོང་དང་། ཅིའུ་ཆོན། ཀང་ཡེ། ལན་ཀྲོའུ་སོགས་སུ་སྦས་ཡོད། མིག་སྔར་རྗེན་ཞིན་པ་ཕལ་ཆེར་སྟོང་ཕྲག་བཞིའི་ལ་ཉེ་བ་ཡོད། དེ་དག་ཚང་མ་ཉི་སྨྱུག་གུས་སྨ་བའི་སོག་བུའི་སྦྱར་བའི་སྨྱུག་དུ་བྲིས་ཡོད་པའོ།

Tubo Buddhist Sutras and Manuscripts in Hexi Corridor is the book of Buddhist sutras and social historical documents written in ancient Tibetan scripts in the 8th to the 9th century of the Tubo period, kept in several areas of the Hexi Corridor of Gansu: Dunhuang, Jiuquan, Zhangye, Lanzhou, etc. About ten thousand pages of Buddhist scriptures have been found, all written with bamboo pen and ink on linen and cotton papers.

荷冒 傣语音译，意为"男青年头目"。旧时云南傣族农村青年组织的男性头目。与荷少一起负责管理未婚青年有关娱乐、婚姻、节日活动和筹集活动经费等事务，并有处罚"违规"青年的权利。

ཧོ་མའོ། ཧའེ་སྐད་ཀྱི་སྒྲ་བསྒྱུར། གནའ་དོན་གཞོན་ནུའི་མགོ་གཙོ། གནའ་བོར་ཡུན་ནན་ཏའེ་རིགས་ཀྱི་ཞིང་སྡེའི་ན་གཞོན་པའི་འགོས་ཀྱི་མགོ་གཙོ། དེ་ཧོ་ཞེས་པ་དང་མཉམ་དུ་གཉེན་མ་སྒྲིག་པའི་གཞོན་ཚོའི་རོལ་རྩེད་དང་གཉེན་སྒྲིག དུས་ཆེན་ལས་དོན་འགུལ་དང་ཐུ་འགུལ་སྐར་གྱི་འགྲོ་སོང་སོགས་ལ་འགན་ཁུར། དེའི་ཁར་དུ་ཁྲིམས་འགལ་གྱི་གཞོན་ལ་ཆད་པ་གཏོང་།

Hemao, transliterated from the Dai language, means "the male youth chieftain", referring to the male leader of rural youth organizations in Yunnan Dai villages in the old time. Hemao managed several affairs with Heshao, such as entertainment, marriage, festival activity, and raised funds for activities related to unmarried youngsters, and also had right to punish youngsters who violated the local customs and regulations.

荷少 傣语音译，意为"女青年头目"。旧时云南德宏一带傣族农村青年组织的女性头目。地位低于荷冒。

ཧོ་ཧྲའོ། ཧའེ་སྐད་སྒྲ་བསྒྱུར། གནའ་དོན་གཞོན་ནུ་མའི་མགོ་གཙོ། གནའ་བོར་ཡུན་ནན་ཏེ་ཧོང་ཁུལ་གྱི་ཧའེ་རིགས་ཀྱི་ཞིང་གྲོང་གི་ན་གཞོན་ཚོགས་ཚ་འཛུགས་ཐུབ་པའི་གཞོན་ནུ་མའི་མགོ་གཙོ། གོ་གནས་ནི་ཧོ་མའོའི་ལས་ཞུང་དམའ་བ་ཡིན།

Heshao, transliterated from the Dai language, means "the female youth chieftain", referring to the female leader of rural youth organizations at Dai villages in Dehong Yunnan in the old time. The social position was lower than Hemao.

赫图阿拉老城 满洲后金政权都城。位于辽宁抚顺以东的新宾县。赫图阿拉，满语"横冈"之意。1603 年始建。1616 年努尔哈赤建立后金，定都于此。1634 年尊称"兴京"，后人又叫它"老城"。分内、外两城，外城周长 9 华里，内城周长 5 华里，土石混合构筑。现留有"尊号台"等遗址。

ཧོ་ཐུའུ་ཨ་ལ་མཁར་རྙིང་། མན་ཇུའི་ཧོའུ་ཅིན་སྲིད་དབང་གི་རྒྱལ་ས་མཁར། དེའི་ཡུལ་ཞིང་ནི་ལཱོ་ཉིང་ཕུའུ་ཧྲུན་གྱི་ཤར་ཕྱོགས་ཀྱི་ཞིན་པིན་རྫོང་དུ་ཡོད། ཧོ་ཐུའུ་ཨ་ལ་ཞེས་པ་ནི་མན་ཇུའི་སྐད་ཀྱི་ནིན་གང་ཞེས་པའི་དོན་ཡིན། ༡༦༠༣ལོར་སྔོན་འགོ་བཙུགས། ༡༦༡༦ལོར་ནུར་ཧཱ་ཆིས་ཧོའུ་ཅིན་བཙུགས་ཏེ་རྒྱལ་ས་དེར་བཏབ། ༡༦༣༤ལོར་ཞིང་ཅིན་ཞེས་མཚན་སྙན་གསོལ། རྗེས་སུ་དེའི་མིང་ལ་མཁར་རྙིང་ཞེས་ཀྱང་ཐོགས། དེའི་མཁར་ལ་ཕྱིན་གཞན་གཉིས་སུ་ཕྱེ་ཡོད། མཁར་ཕྱིའི་མཐའ་འཁོར་རིང་ཚད་ལ་ཧྭ་ལེ་༩ཡོད། མཐའ་ནང་མའི་མཐའ་འཁོར་རིང་ཚད་ལ་ཧྭ་ལེ་༥ཡོད། བཙུན་ཡོད་ཚད་ས་རྡོས་གྲུབ། དེ་ཉིད་ཧོ་ཐུའུའི་སོགས་ཀྱི་རྗེས་ཤུལ་ཡོད།

Hetuala City, capital city of the Late Jin Dynasty, located in Xinbin county, east of Fushun, Liaoning province. Hetuala refers to a flat top hummock. Constructed in 1603, Nurhachi ascent the throne and established Late Jin Dynasty and made

Hetuala City his capital city in 1616. In 1634 Hetuala City changed name into Xingjing, and was named the Old City as well by later generations. It was divided into an Inner City and an Outer City. The Inner City has a circumference of 9 li, and the Outer City has 5 li, and both were built in mixed earths and rocks. Now Hetuala City has Zunhaotai site and other relics.

赫哲语 赫哲族使用的语言。属阿尔泰语系满-通古斯语族。主要分布在黑龙江的同江、饶河等县的沿江地区。大部分赫哲人已改用汉语，只有五六十岁以上的人还能讲赫哲语。分奇楞和赫真两种方言。在俄罗斯，称其为"那乃语"。

ཧོ་ཀྲེའི་སྐད། ཧོ་ཀྲེ་མི་རིགས་ཀྱིས་སྤྱོད་པའི་སྐད་ཅ། དེའི་ཨར་ཐེ་སྐད་རྒྱུད་ཀྱི་མན་ཇུ་དང་ཐོན་གུའུ་སུའི་སྐད་རིགས་ལ་གཏོགས། དེའི་ཁྱབ་ཡུལ་གཙོ་བོ་དེ་ལུང་ཅང་གི་ཐོན་ཅང་དང་། རོའོ་ཧོ་སོགས་རྫོང་གི་གཙང་པོའི་རྒྱུད་ཡིན། ཧོ་ཀྲེའི་པ་ཧལ་མོ་ཆེས་རྒྱ་ཡིག་བེད་སྤྱོད་བྱེད་བཞིན་ཡོད། བོ་ལྔ་བཅུ་དྲུག་བཅུར་སླེབས་པའི་རྒན་གྲས་འགའ་ཧོ་ཀྲེའི་སྐད་བཤད་ཤེས། དེའི་ཡུལ་སྐད་ལ་ཚི་ལིང་དང་ཧོ་ཀྲི་གཉིས་སུ་དབྱེ་ཡོད། ཨུ་རུ་སུར་དེའི་མིང་ལ་ནཱ་ནེའི་སྐད་ཟེར།

Hezhe language, spoken by the Hezhe people, is part of Manchu-Tungusic language group in Altaic language family. The language is spoken in riverside areas of Tongjiang, Raohe county in Heilongjiang. Many Hezhe people have turned to speak Chinese, only Hezhe people above 50 to 60 years old can speak the Hezhe language. Hezhe language can be divided into Qileng and Hezhen dialects. In Russia, Hezhe language was named as Nanai Language.

赫哲族 中国的少数民族。主要分布在黑龙江同江、饶河、抚远3县。在桦川、依兰、富饶3县的一些村镇和佳木斯市有散居。俄罗斯境内也有分布。中国境内人口5354人（2010年）。使用赫哲语，无文字，通用汉语文。曾信仰萨满教。主要从事渔猎生产。

ཧོ་ཀྲེ་རིགས། གུང་གོའི་གྲངས་ཉུང་མི་རིགས་ཤིག དེའི་ཁྱབ་ཡུལ་གཙོ་བོ་དེ་ལུང་ཅང་གི་ཐོན་ཅང་དང་རོའོ་ཧོ། ཧྲུ་ཡུན་བཅས་རྫོང་གསུམ་ཡིན། ཧྭ་ཁྲན་དང་དབྱི་ལན། ཧྲུ་རོའོ་བཅས་རྫོང་གསུམ་གྱི་གྲོང་ཚོ་དང་། ཅཱ་མུའུ་སིར་ཡང་ཁ་འཐོར་དུ་གནས་པར་ཡོད། ཨུ་རུ་སུའི་མངའ་ཁོངས་སུ་ཡང་ཁྱབ་ཡོད། གུང་གོའི་མངའ་ཁོངས་སུ་མི་གྲངས་༥༣༥༤ (༢༠༡༠ལོ) ཡོད། ཧོ་ཀྲེར་སྐད་ལས་ཡི་གེ་མེད། རྒྱ་ཡིག་རྒྱ་ཁྱབ་ཏུ་སྤྱོད་བཞིན་ཡོད། དེ་དག་གིས་སྔན་ཚེས་ལུགས་ལ་དད་མོས་བྱེད། ལས་ཀ་གཙོ་བོ་ལས་ཐོན་སྐྱེད་བྱེད།

Hezhe people, one of China's ethnic groups, mainly settled in Tongjiang, Raohe, Fuyuan in Heilongjiang, and dispersed in some villages of Huachuan, Yilan, Furao counties and Jiamusi city. Hezhe people also live in Russia. Hezhe people have a population of 5,354 (2010). They speak the Hezhe language, and has no written scripts, so they use Chinese. The Hezhe once believed in Shamanism. They are engaged in both fishing and hunting.

黑龙江将军 全称"镇守黑龙江等处地方

将军"。清代黑龙江地区最高官员，康熙二十二年（1683）设立，官阶正一品，后改为从一品。光绪三十三年（1907），清政府行东北新政，设黑龙江行省，裁撤黑龙江将军。

ཧེ་ལུང་ཅང་གི་དམག་དཔོན། མིང་གཞན་ཧེ་ལུང་ཅང་སོགས་ས་ཁུལ་སྲུང་བའི་དམག་དཔོན་ཟེར། ཆིང་རྒྱལ་རབས་སྐབས་སུ་ཧེ་ལུང་ཅང་ས་ཁུལ་གྱི་ཆེས་མཐོའི་དཔོན་པོ་ཡིན། ཁང་ཞིས་ཁྲི་ལོ་ཉེར་གཉིས་པ/༡༦༨༣/ལོར་དཔོན་གནས་དེ་རིམ་པ་དང་པོ་ཙམ་སྤྱད། རྗེས་སུ་རིམ་པ་དང་པོ་ཞོལ་མར་བསྒྱུར། གོང་ཞུའི་ཁྲི་ལོ་སོ་གསུམ་པ/༡༩༠༧/ལོར་ཆིང་གྱིན་གཞུང་གིས་བྱང་ཤར་གསར་སྒྱུར་སྤེལ། ཧེ་ལུང་ཅང་དུ་ཞིང་ཆེན་བཙུགས། དེ་ནས་བཟུང་ཧེ་ལུང་ཅང་གི་དམག་དཔོན་མེད་པར་བཏང་།

General of Heilongjiang, also called the Military Governor of Heilongjiang, was the top official in the region of Heilongjiang in the Qing Dynasty. Founded in the 12th year of the reign of emperor Kangxi in the Qing Dynasty (1683), it was a first-grade official post, and later degraded to the second rank first grade. In the 33rd year of the reign of emperor Guangxu (1907), the Qing Government implemented the New Administering system in the Northeast region, established Heilongjiang Province and abolished the General of Heilongjiang.

《黑龙江外记》 书名。（清）满族学者西清撰。8卷。写于嘉庆十五年（1810）。初刊于光绪二十年（1894）。全面记载了清朝中叶黑龙江地区的政治、经济、军事状况以及地理、文化、民俗等方面的内容。内容翔实。

《ཧེ་ལུང་ཅང་གི་ཉིན་ཐོ།》 ཆིང་རྒྱལ་རབས་ཀྱི་ཞེས་ཕྱུན་པ་ཞུས་ཆེན་གྱིས་བསྟུ་སྒྲིག་བྱས། བཔོ་དཔོན། ཆིང་རྒྱལ་རབས་གོང་མ་ཀྲ་ཆེན་ཁྲི་ལོ་བཅོ་ལྔ་པ/༡༨༡༠/ལོར་བྲིས། གོང་ཞིའི་ཁྲི་ལོ་ཉི་ཤུ་པ/༡༨༩༤/ལོར་ཐོག་མར་པར་དུ་བསྐྲུན། དེའི་ནང་ཆིང་རྒྱལ་རབས་དུས་དཀྱིལ་གྱི་ཧེ་ལུང་ཅང་ས་ཁུལ་གྱི་ཆབ་སྲིད་དང་དཔལ་འབྱོར། དམག་དོན། ས་ཁམས། རིག་གནས། དམངས་སྲོལ་སོགས་ཀྱི་གནས་ཚུལ་འཁོད་ཡོད། ནན་ཏོན་དོན་དངོས་དང་མཐུན་ཞིང་ཞིབ་ཚགས་ཤིང་།

Unofficial Chronicles of Heilongjiang, including eight volumes, was written in the 15th year of the reign of emperor Jiaqing (1810) by Xi Qing, the Manchu scholar of the Qing Dynasty. Published in the 20th year of the reign of emperor Guangxu (1894), it recorded the full and accurate information about politics, economy and military affairs, geography, culture, customs and other aspects of Heilongjiang region in the middle of the Qing Dynasty.

黑旗军 清末刘永福领导的以壮族农民起义军余部为基础建立的抗法武装。因以七星黑旗为战旗，故名。在中法战争中协同清将冯子材部多次取得胜利，迫使法国茹费理内阁倒台。甲午战争中，黑旗军进驻台湾。后日军侵台，因战局受困，将士大多战死。

དར་ནག་དམག ཆིང་རྒྱལ་རབས་ཀྱི་དུས་མཇུག་ཏུ་ལིའུ་ཡོན་ཧྥུས་འགོ་ཁྲིད་བྱས་པའི་ཀྲོང་རིགས་ཀྱི་ཞིང་པའི་ངོ་ལངས་དམག་གི་ལྷག་མས་གཞི་བཞིའི་བྱས་པའི་རྒྱལ་དགྲ་དཔུང་ཡིན། མིང་དེ་དམག་དར་སྐར་བདུན་ཅན་གྱི་དར་ནག་གིས་གྲུབ་པས་དེ་ལྟར་ཐོགས། དམག

དཔུང་འདིས་ཀྱང་རྟ་དམག་འཁྲུག་ཁྲོད་ཆེད་གི་དམག་
དཔོན་ཆུན་ཧུ་ཚེ་དང་མཉམ་འབྲེལ་སྲོལ་རྒྱལ་ཁ་མང་དུ་
བླངས། དེས་རྟ་རན་སིའི་ཧོའེ་ལི་ཞིན་ཐོག་སྲིད་
ལས་མི་འབབ་ག་མེད་བྱུང་། ཞིང་རྒྱ་ལོའི་དམག་འཁྲུག་
ཁྲོད་དཀར་དམག་ཐའེ་ཝན་དུ་བཙན་སྡོད་བྱས། རྗེས་
སུ་ལྷུར་དམག་གིས་ཐའེ་ཕན་ལ་བཙན་འཛུལ་བྱས་དུས་
དམག་མི་མང་པོས་ཀྱི་སྲོག་ཤོར།

The Black Flag Army, led by Liu Yongfu in the late Qing Dynasty, was a splinter remnant of the peasant uprising troops recruited from soldiers of ethnic Zhuang background to fight against the French forces. The Black Flag Army was so named because of the black command flags with a representation of the seven stars of the Great Bear. During the Sino-France war, Liu Yongfu assisted Feng Zicai's troop and achieved numerous victories, forcing the French Ferry's cabinet to fall from power. In the Sino-Japanese war, the Black Flags entered and stationed in Taiwan. Afterwards, the Japanese invaded Taiwan, and officers and men were trapped and mostly killed in battle because of the bad war situation.

黑山派 伊斯兰教苏菲主义在中国新疆地区的派别之一。与"白山派"相对应。

རི་ནག་ཚོགས་པ། ཀྲུང་གོའི་ཞིན་ཅང་ས་ཁུལ་གྱི་དབྱི་སི་ལན་གྱི་སུའུ་ཧྥེ་རིང་ལུགས་ཀྱི་ཚོགས་ཁག་ཅིག རི་དཀར་ཚོགས་པ་དང་སྟོས་བཅས་ཡིན།

Qara-taghlyq was one of the sects of Islamic Sufism in Xinjiang area, China; the sect opposite to it was Aq-taghlyq.

黑水都督府 唐都督府名。隋唐时黑水（今黑龙江）一带居住着靺鞨部落，称"黑水靺鞨"（见"女真族"词条）。725年唐朝在此设黑水军，后改设黑水都督府，由部落首领担任都督和所领诸州刺史，朝廷置长史，就其部落监领之。辖地相当于今黑龙江中下游流域。

ཧེ་ཧྲུའི་བདེ་སྲུང་དམག་ཁུལ་གྱི་ལས་ཁངས། ཐང་རྒྱལ་རབས་ཀྱི་བདེ་སྲུང་དམག་ཁུལ་གྱི་ལས་ཁུངས་ཀྱི་མིང་། སུའི་དང་ཐང་རྒྱལ་རབས་སྐབས་སུ་ཧེ་ཧྲུའི (དེང་གི་ཧེ་ལུང་ཅང་) ཁུལ་དུ་བཟར་སྡོད་བྱས་པའི་མོ་ཧེ་ཚོཔ། མིང་ལ་ཧེ་ཧྲུའི་མོ་ཧེ་ཟེར། སྤྱི་ལོ་༧༢༥ལོར་ཐང་རྒྱལ་རབས་ཀྱིས་ས་དེ་ནས་ཧེ་ཧྲུའི་དམག་བཙུགས། རྗེས་སུ་ཧེ་ཧྲུའི་བདེ་སྲུང་དམག་ཁུལ་གྱི་ལས་ཁངས་ལ་བསྒྱར། འཚོབའི་འགོ་གཙོས་བདེ་སྲུང་དམག་ཁུལ་དང་ཁུལ་སོ་སོའི་ཚི་ཧྲིའི་འགན་ཁུར། གོང་མའི་སྲིད་གཞུང་གི་ལོ་རྒྱུས་རིང་པོ་ལྷན་པ་དང། འཚོབར་ལྟ་སྐུལ་བྱེད། དེའི་མངའ་ཁོངས་ཐལ་ཆེར་དེང་གི་ཧེ་ལུང་ཅང་གི་བར་རྒྱུད་དང་སྨད་རྒྱུད་ཡིན།

Heishui Dudufu was the name of Dudufu of the Tang Dynasty. The Mohe tribe, dwelling in the Heishui area, now called Hei Longjiang, was referred to as Heishui Mohe (see the entry Jurchen). In 725, the Tang government set up Heishui Army in the area and then changed it into Heishui Dudufu, which was charged by the chieftain and regional inspector (cishi), who were supervised by the commissioner dispatched by the Tang court. The administrative territory is the equal to the middlelower reaches of today's Hei Longjiang River.

黑灾 我国北方草原牧区常有的自然灾害之一。相对于"白灾"而言。在游动放牧中，冬春季由于河水封冻，牲畜需舔食雪水。如果草原覆盖积雪过少，牲畜无雪可舔食，喝不上水，导致牲畜掉膘、母畜流产、疫病流行，大批牲畜死亡，便称"黑灾"。

ནག་སྐྱོན། རང་རྒྱལ་བྱང་ཕྱོགས་ཀྱི་འབྲོག་ཁང་དུ་རྒྱུན་པར་འབྱུང་བའི་རང་བྱུང་གནོད་སྐྱོན་ཞིག "དཀར་སྐྱོན" དང་ལྡོག་སྟེ་འགྲོས་བཤད་པ། འབྲོག་པས་ཕྱུགས་ཟོག་འཚོ་སྐྱོང་དགུན་དཔྱིད་དུ་གཙུ་ཆར་དར་ཆགས་པས་ཕྱུགས་ཟོག་གིས་རྒྱུན་པར་ཁ་བ་བལྡགས་དགོས། གལ་ཏེ་རྩྭ་ཐང་དུ་ཁ་བ་བཞག་པ་ཉུང་ཚེ་ཕྱུག་ཟོག་ལ་ཆུ་སྣོན་འབྱུང་། དེས་རྐྱེན་བྱས་ཏེ་ཕྱུགས་ཟོག་འཇིན་པ་དང་ནད་རྒྱུ་བྱས་གསོད་ཚུན་འབྱུང་ཆེས་ཤིག་ཡིན་པར་བྱེད། དེ་ལ་ནག་སྐྱོན་ཞེས་བརྗོད།

Black Disaster is one of natural disasters often happening in pastoral areas of northern China. It is the opposite of Heavy Snow Disaster. During the mobile grazing, livestock need to lap snow water due to the river freeze-up, during the time between winter and spring. If the snow cover in grassland is too little, there will be not enough snow water for livestock to lap, which makes them drink no water. It is the so-called Black Disaster.

弘化公主（623—698） 唐太宗宗室女。贞观十四年（640），嫁吐谷浑王诺曷钵。为唐将公主嫁于外蕃的开端。龙朔三年（663），吐谷浑被吐蕃击败，她与夫奔凉州（今甘肃武威），归附于唐。武则天时赐姓武，改封"西平大长公主"。

ཧུང་ཧྭ་གུང་ཇོ། (༦༢༣—༦༩༨) ཐང་ཐེ་ཙུང་གི་རྒྱལ་ཚོའི་བུ་མོ་ཡིན། གོན་ཁྲོ་བཅུ་བཞི་པ་(༦༤༠ལོར)་ན་འའི་རྒྱལ་པོ་ནོ་ཏེ་འབུམ་གྱི་བཙུན་མོར་སྲངད། ནས་ཐང་རྒྱལ་རབས་ཀྱིས་གོང་ཇོ་ཕྱིའི་རྒྱལ་ཁབ་ཏུ་བཙུན་མོར་བྱིན་པའི་འགོ་བརྩམས། ལོན་ཙོའི་ལོ་གསུམ་པ་སྟེ་(༦༦༣ལོར)་རྒྱལ་ཁབ་འདི་བུ་ལྡིད་ཀྱི་མནན་ཏེ་ཁོ་མོ་དང་ཁོ་མོའི་ཁྱོ་ག་གཉིས་ལིའང་གྲོང་ (དེང་གི་ཀན་སུའུ་ཞུའི་ཧྭའི) དུ་བྲོས་ཏེ་ཐང་ལ་མགོ་བཏགས། རྒྱལ་མོ་ཝུའུ་ཛེ་ཐེན་གྱི་དུས་སུའི་གནང་དང་། ཞི་ཕིང་ཏྭ་ཀོང་ཇོའི་མཚན་གནང་།

Princess Honghua (623-698), one of the daughters of imperial clan of the Emperor Taizong of Tang, married Murong Nuohebo (Khan of Tuyuhun) in the 14th year of Zhen Guan, which was the first case of the Tang Dynasty marrying off daughters with the vassal state. In the 3rd year of Longshuo, she fled to Liangzhou (today's Weiwu, Gansu) with her huaband and submitted to Tang Dynasty after Tuyuhun Kingdom was defeated by Tibetan Empire. She was given the surname of Wu during the reign of Empress Wu Zetian and was conferred the title of Elder Princess Xiping.

红珊瑚 西藏三宝之一。在印度和西藏，佛教徒视红色珊瑚为如来佛化身。他们用珊瑚来做佛珠或装饰神像等。红珊瑚生长在海中，又像树枝又像花，是一种腔肠动物——海生珊瑚虫分泌的碳酸钙骨骼。珊瑚的品种极其繁多，品质也各异。红珊瑚属于八射珊瑚。

བྱུ་རུ་དམར་པོ། བོད་ཀྱི་རིན་པོ་ཆེ་གསུམ་གྱི་ཡ་གྱལ་

ཞིག་རེད། དུ་དང་བོད་དུ་ནང་པ་སངས་རྒྱས་པས་བྱུར་དམར་པོ་སངས་རྒྱས་ཀྱི་རྣམ་སྤྲུལ་དུ་འདོད་པས། བྱུར་ཡིས་ཕྲེང་བ་བཟོ་དང་། སངས་རྒྱས་ཀྱི་སྐུ་འདྲ་སོགས་རྒྱན་པར་བྱེད། བྱུ་རུའི་རྒྱ་མཚོའི་ནང་དུ་སྐྱེ་ཞིང་། དེའི་དབྱིབས་ཡལ་ག་དང་འདབ་མ་ཡོད་ལ་མེ་ཏོག་དང་འདྲ་བར་ཡོད། དེའི་རྒྱུ་སྟོན་ཅན་གྱི་སྲོག་ཆགས་བྱུང་འབྱུང་ཞེགས་ཕོན་ཆེ་བའི་ཕན་སྐྱེར་གལ་གྱི་ཏུས་སྐྱོན་ཡིན། བྱུ་རུའི་རིགས་སྣ་མང་ཞིང་རྒྱུ་སྤུས་ཡང་མཉམ། བྱུར་དམར་པོའི་ཤོག་བཅུ་བྱུར་གཏོགས།

Red Coral is one of the three treasures of Tibet. In India and Tibet, the Buddhists view the red coral as the avatar of Buddha, and use it to make the Buddha beads or decorate the statue of Buddha, etc. The red coral, looks like the tree branch and the flower, grows in the sea, and is bones made of calcium carbonate secreted by one species of coelenterate: the marine coral. The species of corals are much various, and the qualities of them are correspondingly different. The red coral belongs to the octocorallia.

《红史》 藏文古代历史文献。成书于1363年。蔡巴·贡噶多吉著。重点记述了吐蕃王统和藏传佛教各教派的源流、世系和有关历史。还记述了印度古代王统及释迦世系，汉地历代皇帝的事迹，蒙古王统和西夏史迹等。

《དེབ་ཐེར་དམར་པོ》 བོད་ཀྱི་ལོ་རྒྱུས་ཡིག་ཆ། དེ་ ༡༣༦༣ ལོར་ཚལ་པ་ཀུན་དགའ་རྡོ་རྗེས་བརྩམས། ནང་དོན་གཙོ་བོ་བོད་ཀྱི་བཙན་པོའི་རིགས་བྱུང་དང་བོད་ཀྱི་ཆོས་འབྱུང་སྐོར་བརྗོད་ཡོད། དེའི་ནང་དུ་དུ་རྒྱ་གར་གྱི་རྒྱལ་རབས་དང་ཤཀྱའི་གདུང་རབས། རྒྱ་ནག་གི་རྒྱལ་རབས། ཧོར་གྱི་རྒྱལ་རབས་དང་མིའི་བཙན་པོ་རིམ་བྱུང་སོགས་བཀོད་ཡོད།

Red Annual or Deb-ther-dmar-po, the Tibetan historical document, written in 1363 by Tshal-pa Kun-dga-rdo-rje, particularly includes the source, the lineage and the relevant historical events about Tibet's royal family and the sects of Tibetan Buddhism, as well as the ancient Indian royal family, the Shakya lineage, emperor' deeds of Han, Mongolian royal family, the relics of Western Xia, etc.

红灾 我国草原牧民对草原发生火灾的俗称。一般发生在初春或深秋季节。因这时风大、草枯，容易着火。

མེ་སྐྱོན། རང་རྒྱལ་གྱི་འབྲོག་པའི་རྩྭ་ཐང་དུ་མེ་སྐྱོན་བྱོར་བའི་ཞིང་ལ་བཟོད། སྤྱིར་བཏང་དུ་དཔྱིད་མགོ་དང་སྟོན་མཇུག་གི་དུས་སུ་བྱུང་ཆེ་བ་དང་རྩྭ་སྐམ་པས་མེ་ཤོར་སླ་བ་ཡིན།

Red Disaster, commonly called by herdsmen of our country, refers to the fire disaster on the grassland, generally occurs during the period of early spring and late autumn because of the high wind, withered grass.

后金 中国古地方政权名。是出身建州女真的努尔哈赤在满洲（今东北）建立的王朝，为清朝的前身。明万历四十四年（1616），努尔哈赤在赫图阿拉（今辽宁抚顺以东的新宾县）称汗，国号"金"。史称后金，与12世纪时的金相区别。共历21年。1636年皇太极改国号为"大清"。

ཅིན་ཕྱི་མ། གྱུང་པོའི་གནོན་པོའི་སྲིད་དབང་གི་མིང་། དེ་ནི་ཞུའུ་ཀྲིན་རིགས་ཀྱི་ནོར་ཧ་ཁུལ་མན་ཇུ་ནས་བཙུགས་པའི་རྒྱལ་རབས། ཕྱིས་ཀྱི་ཆིང་རྒྱལ་རབས་ཡིན། མིང་རྒྱལ་རབས་ཝན་ལི་ཁྲི་ལོ་བཞི་བཅུ་ཞེ་བཞི་པ་(1616ལོར)། ནོར་ཧ་ཁུ་ཧོ་ཐུའུ་ལ་ཡར་ (དེང་གི་ལིའོ་ཉིང་ཞུའུ་ཞིན་ཤར་གྱི་ཞིན་པིན་རྫོང་།) རྒྱལ་པོར་བསྒྲགས་ཏེ་ རྗེས་རྒྱལ་རྟགས་ལ་ཅིན་ཞེར། ལོ་རྒྱལ་སུ་ཅིན་ཕྱི་མཛད་ཞེས་ཏེ། དུས་རབས་ 12 པའི་ཅིན་རྒྱལ་རབས་དང་དབྱེ་བར་འབྱེད། རྒྱལ་རབས་འདིས་བསྡོམས་པས་ལོ་ 21 ཕྱིན་བཟུང་། 1634 ལོར་རྒྱལ་ཡུགས་ཧོང་ཐའེ་ཅིས་རྒྱལ་རྟགས་ཏུ་ཆིན་དུ་བསྒྱུར།

Later Jin was the name of a regime set up by Nurhachi, one of Jianzhou Jurchens, in Manchuria (present-day the Northeast China) and was the predecessor of the Qing Dynasty. In the 44th year of Wanli in the Ming Dynasty (1616), Nurhachi declared himself Khan in Hetuala (present-day Xinbin County, east of Fushun) and founded the Jin Dynasty (Aisin Gurun) totally lasting through 21 years, historically called the Later Jin in order to distinguish from Jin Dynasty in the twelfth century. In 1636, Jin was renamed Qing by Hong Taiji.

后藏 清初地名。沿用至今。西藏旧分康（喀木）、卫、藏、阿里四部。清雍正年间划康部宁静山以东地归四川省，以西与卫部合并称前藏。藏部则称后藏，以日喀则为中心。由班禅掌管。

བོད་ཕྱི་མ། ཆིང་རྒྱལ་རབས་དུས་མགོའི་ས་མིང་ཞིག དཔའི་བར་བཀོལ། བོད་ཁུལ་དབྱེ་ཚུལ་སྔོན་ཆད་པར་ཁམས་དང་དབུས། གཙང་། མངའ་རིས་སོགས་ཁག་བཞིར་བགོས། ཆིང་རྒྱལ་རབས་གོང་མ་གཡུང་གྱིན་སྐབས་སུ་ཁམས་ཀྱི་ཉུ་ཅིན་ཧྲན་ཤར་རྒྱུད་ས་ཁྲོན་ཞིང་ཆེན་དུ་གཏོགས་པར་བྱས། རྒྱལ་དབུས་དང་གཙང་དུ་སྦྱར་ནས་བོད་སྔ་མ་ཞེས་བཏགས། གཙང་ལ་བོད་ཕྱི་མ་ཞེས་བཏགས་ནས་གཞིས་ཀ་རྩེ་བར་བྱས་པའི་ས་ཆ་འདི་པཎ་ཆེན་རིན་པོ་ཆེས་བདག་དབང་སྐྱོང་གྱུར།

"Back" Tibet, one of the place-names of the early Qing Dynasty, is still in use. Tibet was formerly divided into four parts, respectively called Kham (Kam), Tsang, Tibet and Ngari. During the reign of emperor Yongzheng of the Qing Dynasty, the east area of the Mangkam Mountain was assigned to Sichuan province, the west of the mountain together with the region of Tsang was called "Front" Tibet, and the original Tibet was then called "Back" Tibet with the Shigatse as the center administered by the Panchen.

呼毕勒罕 亦作"呼必尔罕"。蒙古语音译，即转世制度。原为蒙古族聚居地区藏传佛教转世活佛的等级名称，清代官方文献习惯以此称呼活佛转世制度。

ཧུའུ་པི་ལེ་ཧན། ཧོ་པར་ཧན་ཡང་ཟེར། སོག་སྐད་སྒྲ་བསྒྱུར། ཞན་དོན་སྤྲུལ་སྐུའི་ལམ་ལུགས་ཞེས་པ་ཡིན། དང་ཐོག་དེ་ནི་སོག་པོའི་ས་ཁུལ་གྱི་བོད་རྒྱུད་ནང་བསྟན་སྤྲུལ་སྐུའི་རིམ་གྲས་ཀྱི་མིང་། ཆིང་རྒྱལ་རབས་ཀྱི་ཡིག་ཆ་དེ་ལ་སྤྲུལ་སྐུའི་ལམ་ལུགས་ཟེར།

Hubilehan, also called Hubierhan, transliterating from the Mongolian word Xubilgan which means the reincarnation system, was originally the hierarchical name of incarnated lama in the Mongolian region. The official documents of the Qing Dynasty usually use the name to refer to the reincarnation system for the Living Buddhas.

呼和浩特清真大寺 位于内蒙古呼和浩特市旧城北门外的一座清真寺。建于1693年，乾隆年间扩建，后又多次修缮成现在规模。现占地面积6亩，内存康熙三十三年（1694）勒石《重到洪武御制回辉教百字碑》《康熙圣谕碑》《重修绥远清真大寺碑》等碑石7通，阿拉伯文手抄本《古兰经》30卷，匾额多方。

མཁར་སྟོན་པོ་འབྲི་བི་ལྷ་ཁྱི་ཆོས་ཁང་ཆེན་མོ།
ནང་སོག་གི་མཁར་སྟོན་པོ་གྲོང་ཁྱེར་གྱི་མཁར་མཁར་བྱང་སྒོའི་ཕྱི་རོལ་གྱི་ཆོས་ཁང་ཞིག (1693 ལོར་) བརྩིགས། ཆན་ལུང་གོང་མའི་སྐབས་སུ་རྒྱ་བསྐྱེད་བྱས། རྗེས་སུ་ཞིག་གསོ་ཐེངས་མང་པོ་བྱས་ནས་ད་ལྟའི་རྒྱ་ཚོན་འདི་བྱུང་། དའི་རྒྱ་ཚོན་ལ་མུའུ་(亩) དྲུག་ཡོད། དེའི་ནང་དུ་གོང་མ་ཁང་ཞི་བོའོ་གསུམ་པའི་(1694) 《ཧུན་ཨུའུ་གོག་པའི་ཧུའི་ཧུའི་ཆོས་ལུགས་ཀྱི་གོང་མའི་ཡིག་བརྒྱ་མ》དང《ཁང་ཞིའི་བཀའ་ཡིག་གི་རྡོ་རིང》《སུའི་ཡོན་དུ་སླར་ལན་ཆེན་མོ་ཞིག་གསོའི་རྡོ་རིང》སོགས་རྡོ་རིང་སྤྱི་ཡོད། ཨ་རབ་ཡིག་ཕབ་ཀྱི《ཁུ་ལན་གསར》སྦོག་དྲིལ་30 ཡོད། ཕྱམ་ཡིག་ཕྱོགས་མང་པོ་ཡོད།

Hohhot Great Mosque is a mosque located outside the north gate of the old town of Hohhot city, built in 1693, expanded during the reign of Emperor Qianlong, and reached the present scale after several repairs, now covering an area 6 mu. The mosque stores the *Stele of Imperial 100-Character on Huihui Religion by Emperor Hongwu, the Stele of Sacred Edict of Emperor Kangxi, the Stele in honor of the Rebuilding of the Suiyuan Great Mosque* and other four steles carved in the 33rd year of Kangxi Emperor, (1694), 30 rolls of Arabic manuscripts of *The Koran*, and several horizontal inscribed boards.

呼图克图 清朝授予蒙古族、藏族聚居地区藏传佛教大活佛的封号。"呼图克"蒙古语意为"寿"，"图"为"有"，即"长生不老"之意。凡封呼图克图者，名册载于理藩院档案中，其下一辈转世，须经清廷代表主持金瓶掣签仪式加以承认。西藏地区这类活佛地位低于达赖和班禅。

ཧུ་ཐོག་ཐུ།
ཆེན་རྒྱལ་རབས་སྐབས་སུ་སོག་པོ་དང་བོད་ཀྱི་སངས་རྒྱས་ཆོས་ལུགས་ཀྱི་བླ་ཆེན་ཁག་ལ་གནང་བའི་ཆོ་ལོ། ཧུ་ཐོག་ཞེས་པ་སོག་སྐད་ཀྱི་ཚོ་ཞེས་པའི་དོན་ཡིན། ཐུ་ནི་ཡོད་པའི་དོན་ཏེ་ཚེ་རིང་ཞེས་པའི་དོན་ཡིན། ཧུ་ཐོག་ཐུའི་ཚོ་ལོ་གནང་བའི་མཚན་མཐོ་བསྒྲང་ཡིག་ཆ་ཁྲོད་དུ་འཁར་ཆགས་བྱས་ཡོད། དེའི་མི་རབས་རྗེས་མ་སྤྲུལ་སྐུར་འཛིན་བྱེད་ལ། དེའི་ཕྱིར་སྐོང་པར་དུ་ཆེན་སྲིད་ཀྱིས་ཁྱུན་གྱིས་གསེར་བུམ་སྐྲུག་ནས་འདིང་བྱེད་དགོས། བླ་མ་འདིའི་རིགས་བོད་དུ་ཏཱ་ལའི་བླ་མ་དང་པཎ་ཆེན་རིན་པོ་ཆེའི་ཐོབ་ལས་དམའ་བ་ཡིན།

Khutuktu, was the title that the Qing Dynasty conferred to the super-stratum living Buddha of Mongolian and Tibetan region. The word "Khutuk" means Longevity in Mongol, the word "tu" means "to have", so the two words together mean longevity and immortality. The one who was conferred the title would be registered in the record of Lifan Yuan (Council for Tribal Affairs), and his reincarnated soul boy shall be recognized through the Golden Urn Lot-drawing Ceremony held by the authorized representative of the Qing Dynasty. In Tibetan regions, Khutuktu was inferior to Dalai and Panchen.

忽必烈（1215—1294） 即元世祖。元朝的创建者，蒙古族卓越的政治家、军事家，尊号"薛禅汗"。他一生征战，创立了统一的多民族国家。在位期间，建立行省制，加强中央集权，使得社会经济逐渐恢复和发展。1294年在大都（今北京）病逝，谥号"圣德神功文武皇帝"，庙号"世祖"。

སེ་ཆེན་རྒྱལ་པོ། (༡༢༡༥—༡༢༩༤) ཡོན་རྒྱལ་རབས་ཀྱི་ཡབ་མེས། ཡོན་རྒྱལ་རབས་འཛུགས་པ་པོ། བོད་ཀྱི་སོག་རིགས་ཀྱི་སྲུངས་ཚེ་བའི་ཆབ་སྲིད་པ་དང་དམག་དོན་པ་ཞིག་ཡིན། ཁོ་ཁྱོན་བཅུ་ཞེས་མཚན་སྙན་ཐོབ། བོད་ཚོ་གཅིག་བོར་དགས་འགྱུར་བྱས་ཏེ་མི་རིགས་མང་པོའི་གཅིག་གྱུར་ཀྱི་ཡོན་རྒྱལ་རབས་བཙུགས། སྲིད་དབང་འཛིན་སྐབས་ཞིང་ཆེན་ལམ་ལུགས་ལག་བསྟར་བྱས། དེས་ཀྱང་དབུས་ཀྱི་སྲིད་དབང་སྟོབས་འཛིན་ལ་ཕུགས་བསྟན་ཏེ་སྤྱི་ཚོགས་ཀྱི་དཔལ་འབྱོར་རིམ་གྱིས་སྒོ་དང་འཕེལ་རྒྱས་སུ་བཏང་། སྤྱི་ལོ་༡༢༩༤ལོར་ཏུ་ཧུའུ་ (དེང་གི་པེ་ཅིན་) ཏུ་སྐྱོན་ནས་བཤགས། བཤགས་རྗེས་ཀྱི་མཚན་ལྟོང་བཟང་མཐུ་དག་མཐུ་སྟོབས་གཉིས་ལྡན་གྱི་གོང་མ་དང་། འདས་མཚན་ལ་ཡབ་མེས་རྒྱལ་པོ་ཞེས་བཏགས།

Kublai Khan (1215-1294), also known as Shizu, was the founder of the Yuan Dynasty as well as an outstanding Mongolian statesman and militarist, and was respectfully called Setsen Khan in Mongol. All through the years he was on his campaigns, and established the Yuan Dynasty, which was a united multi-ethnic country. During his reign, he made the social economy recover and develop gradually by setting up the provincial system to strengthen the power of the central government. In 1294, he died of an illness in Dadu (present-day Beijing), with the posthumous name Emperor Shengde Shengong Wenwu and the temple name Shizu.

忽里勒台 蒙古语音译。古代蒙古的政治及军事议会，负责推举部落的首长及可汗。蒙古帝国的大汗，就是由忽里勒台推选出来的。迄今，忽里勒台在突厥语族民族里有了新的含义，用来指现代的议会或国家的国会。

ཧུ་ལིའེ་ཐའི། སོག་སྐད་སྒྲ་བསྒྱུར། གནའ་རབས་སོག་པོའི་ཆབ་སྲིད་དང་དམག་དོན་གྱི་གྲོས་ཚོགས་ཤིག་ཡིན། དེས་ཚོ་བའི་དཔོན་པོ་དང་ཧ་ཧན་འདེམས་པའི་འགན་ཁུར། སོག་པོའི་བཙན་རྒྱལ་གྱི་ཏ་ཧན་ནི་ཧི་ལུའེ་ཐེ་བརྒྱུད་ནས་འདེམས་པ་ཡིན། ད་ལྟའི་བར་དུ་ཧི་ལུའེ་ཐེ་གྲུ་གུ་མི་རིགས་ལ་གོ་དོན་གསར་པ་ཤར་པ་ཡིན། དེས་དེང་གི་གྲོས་ཚོགས་དང་རྒྱལ་ཁབ་ཀྱི་གྲོས་ཚོགས་མཚོན་པར་བྱེད།

Hulietai, transliterating from a Mongolian word, was an ancient Mongolian congress of politics and military and was responsible for recommending the tribal chieftain and Khan. It was from Hulietai that Khan of Mongol Empire was elected. Today, Hulietai conveys the new meaning among Turks to refer to the modern parliament or national congress.

胡登州（1522—1597） 中国伊斯兰教大学者，经堂教育创始人。回族。后人尊称"胡太师"。出生于陕西咸阳。自幼刻苦攻读宗教经书，并兼习儒学，谋求中阿波译述融会贯通。后在家自办教馆，再后延至清真寺内，始有经堂教育产生。明朝万历年间，胡太师归真。

ཧུའུ་ཏེང་ཀྲོའུ། (༡༥༢༢—༡༥༩༧) གུང་གོའི་དུའི་སི་ལན་ཆོས་ལུགས་ཀྱི་མཁས་པ། ཆོས་ཁང་སློབ་གསོའི་གསར་གཏོད་པ། ཧུའེ་རིགས། རྗེས་རབས་པས་ཧུའུ་སློབ་དཔོན་ཆེན་མོ་ཞེས་པའི་མཚན་གསོལ། ཧྲན་ཞིའི་ཞན་ཡང་དུ་སྐྱེས། ཆུང་དུས་ནས་ཆོས་ལུགས་སྐོར་གྱི་དཔེ་ཆར་དཀའ་བ་སྤྱད་ནས་སྦྱངས། ཁོར་ལ་རུའུ་ལུགས་ལ་སློབ་སྦྱོང་བྱས། རྒྱ་ཡིག་དང་པར་སིག་ཨ་རབ་སྐད་པར་བསྒྱུར་ཆོར་བསྒྱུར་ལ་ཕྱོགས་པ་མེད་པར་མཐིན། རྗེས་སུ་རང་ཁྱིམ་དུ་སློབ་གྲྭ་བཙུགས་པ་དང་། དེའི་རྗེས་སུ་ཨི་ལན་ཆོས་ཁང་ནང་དུ་སྤྱེལ་ཏེ། ཆོས་ཁང་སློབ་གསོའི་དབུ་བརྙེས་པ་རེད། མིང་རྒྱལ་རབས་ཀྱི་ཝན་ལི་ལོར་ཧུའུ་སློབ་དཔོན་ཆེན་མོ་སྐུ་ཞབས་བཞག

Hu Dengzhou (1522-1597), a great Chinese scholar on Islam, the founder of Scripture Hall Education, a member of Hui people, addressed respectfully as Master Hu, was born in Xianyang, Shanxi. He studied assiduously Muslim Classics and Confucianism from childhood, seeking for the infiltration and integration of Arabic, Chinese, and Persian interpretation, and then set up a hall in his house himself, after-

wards extended to the Mosque, which brought the Scripture Hall Education into being. He passed away in the reign of Emperor Wanli of the Ming Dynasty.

胡人 中国古代（秦汉以后）对北方和西方各族的泛称。主要包括匈奴、鲜卑、氐、羌、吐蕃、突厥、蒙古、契丹、女真（见"女真族"词条）等部落。带有藐视之义。多见于唐代各史籍和文献中。经历多次的胡人南下，辽、金、元等胡人多在中国北方汉化。

ཧུའུ་མི། གནའ་རབས་ཀྱི་གུང་གོས་བྱང་ཕྱོགས་དང་ནུབ་ཕྱོགས་ཀྱི་མི་རིགས་ཁག་ལ་འབོད་པའི་མིང་། དེའི་ཁྱད་ཁོངས་གཙོ་བོར་ཞུང་ནུའུ་དང་ཞན་པའི། ཊི། ཆཱང་། མཐུ་ཟྕང་། སུ་ཆུ། སོག་པོ། ཆི་ཏན། ཧུའུ་ཀྱེན་སོགས་ཀྱི་འཚོ་འདུས། དེར་དཔའ་འབེབས་སམ་མཐོབ་ཆུང་གི་གོ་བ་ཡོད། མེད་ཆོས་འདི་ཐང་རྒྱལ་རབས་ཀྱི་ལོ་རྒྱུས་དང་ཡིག་ཆའི་སྟེན་མཛོད་ཡོང་། ཧུའུ་མིས་ཕྱོགས་སུ་ཐེངས་མང་པོ་སློབ་པ་དང་། ལའེ་ཅིན་ཡོན་སོགས་རྒྱ་རབས་སྐབས་སུ་ཧུའུ་མི་མང་པོ་ཞིག་གུང་གོའི་བྱང་ཕྱོགས་ཀྱི་འགྱུར་བྱས།

Hu peoples (The Barbarians), with derogatory sense, referred to the northern and western ethnic groups in ancient China (After the Qin and Han Dynasties), mainly including the Xiongnu, Xianbei, Di, Qiang, Tubo, Turk, Mongol, Khitan, Jurchen (see the Jurchen entry) and other tribes, usually seen in the historian record and literature of the Tang Dynasty. After having been down south many times, most Barbarians of Liao, Jin, and Yuan Dynasties had been sinicized in the northern

湖北民族学院 是一所涵盖10大学科门类，以本科教育为主的湖北省属普通本科院校，也是省重点建设及省政府和国家民委共建学校。1998年由原湖北民族学院和恩施医学高等专科学校合并组建而成。位于恩施土家族苗族自治州，面积1725.5亩。

ཧུའུ་པེ་མི་རིགས་སློབ་གྲྭ། འདི་ནི་བསླབ་ཚན་བཅུ་ཚུགས་འདུས་ལ་དངོས་གཞིའི་སློབ་གསོ་གཙོ་བཟུང་བའི་ཧུའུ་པེ་ཞིང་ཆེན་གྱི་སྤྱིའི་དངོས་གཞིའི་སློབ་གྲྭ་ཞིག་ཡིན། ཧུའུ་པེ་ཞིང་ཆེན་གྱིས་གཙུགས་སྐྱོང་བྱེད་ནས་འཛུགས་སྐྲུན་བྱས་པ་དང་། ཞིང་ཆེན་སྲིད་གཞུང་། རྒྱལ་ཁབ་མི་རིགས་དོན་གཅོད་ཨུ་ཡོན་ལྷན་ཁང་གིས་མཉམ་འབྲེལ་སློབ་བཙུགས། ༡༩༩༨ལོར་སྔར་གྱི་ཧུའུ་པེའི་མི་རིགས་སློབ་སྦྱོང་དང་ཨུན་ཧྲི་གསོ་རིག་མཐོ་ཆེད་ལས་སློབ་གྲྭ་གཉིས་ཟླ་སྒྲིལ་ནས་བཙུགས། རྒྱ་ཁྱོན་ལ་མུའུ་1725.5 ཕལ་གཉིས་ཡོད།

Hubei Institute for Nationalities, with ten disciplines, being the key public university of Hubei provincial level with its focus on undergraduate education, it has been jointly funded and constructed by Hubei Provincial Government and the State Ethnic Affairs Commission. Located in Enshi Tujia and Miao Autonomous Prefecture, it was actually a result of the merger of the former Hubei Institute for Nationalities and the former Enshi Medical Institute in 1998, covering an area of 1,725.5 mu.

虎夫耶 中国伊斯兰教的四大门宦之一，有20多个分支。虎夫耶，阿拉伯语音译，意为"隐约""低的"。因主张低声默念赞主词，又被称为"低念派"。产生于清康熙年间。

ཧུའུ་ཧྲི་ཡེ། ཀྲུང་གོའི་དཔུང་ཞིབ་ལན་ཆོས་ལུགས་ཀྱི་དཔོན་གནས་ཆེན་པོ་བཞིའི་ཡ་གྱལ་ཏེ་ལ་བྱེ་བྲག་༢༠ལྷག་ཡོད། ཧུའུ་ཧྲི་ཡེ་ཞེས་ནི་ཨ་རབ་སྐད་ཀྱི་སྒྲ་བསྒྱུར་ཡིན། དོན་ལ་རགས་རིག་དང་དམའ་བ་སོགས་ཡོད། དེ་དག་གིས་སྐད་དམའ་མོས་སྟོན་པའི་བསྟོད་པ་གྱེར་བའི་ཕྱིར་དག་ལ་སྐད་དམའ་མོས་གྱེར་བའི་ཆོས་པ་ཞེས་པའི་མིང་ཐོགས། ཆིང་རྒྱལ་རབས་གོང་མ་ཁང་ཞིའི་སྐབས་སུ་བྱུང་བ་ཡིན།

Khufiyya, one of the four important Menhuan (saintly lineage) groups of Islam in China, having more than 20 branches, transliterating from Arabic with the meaning of "hidden" or "low". Since the believers advocate saying prayers in a low voice, Khufiyya was also called Low-prayer sect. It came into being in the reign of Emperor Kangxi of the Qing Dynasty.

护法功德司 西夏官署名。管理宗教事务的机构。

བསྟན་སྲུང་ཡོན་ཏན་དཔོན་པོ། མི་ཉག་གི་དཔོན་གནས་ཤིག་གི་མིང་། ཆོས་ལུགས་ལས་དོན་གྱི་སྒྲིག་གཞི་ལ་དོ་དམ་བྱེད།

Offce of Merit and Virtue for Taoist Affairs, name of the government office in Western Xia, was a government agency dealing with religious affairs.

护教王 明代授予藏传佛教领袖人物的封号之一。明永乐四年（1406），封今西藏贡觉地方僧人斡即南哥巴藏卜为"灌顶国师"。次年，加封护教王。十二年，护教王卒，其子嗣爵。其子死后，无嗣，爵绝。

བསྟན་སྲུང་རྒྱལ་པོ། མིང་རྒྱལ་རབས་སྐབས་སུ་བོད་རྒྱུད་ནང་བསྟན་ཆོས་ལུགས་ཀྱི་བདག་པོ་གནང་བའི་ཆོ་ལོའི་གྲལ་ཞིག མིང་རྒྱལ་རབས་ཀྱི་ཡུང་ལེ་ཕྲི་པོའི་པ་ལྕིའོ་བཞི༼1406༽ལོར་བོད་སློང་ཀྱི་གོད་རྗེ་ཚའི་བཙུན་པ་ཆོས་ནས་མཁར་བཟང་པོ་ལ་རྒྱལ་ཁབ་ཀྱི་དབང་གཉེར་བའི་བླ་མའི་ཆོ་ལོ་གནད། ལོ་རྗེས་མར་བསྟན་སྲུང་རྒྱལ་པོའི་ཆོ་ལོ་གནད། ཁྲི་ལོ་བཅུ་གཉིས་པར་བསྟན་སྲུང་རྒྱལ་པོ་དགོངས་པ་རྫོགས། དེའི་སྲས་རྒྱལ་སར་བཀོད། དེའི་སྲས་དགོངས་པ་རྫོགས། རྗེས་རྒྱལ་བྱིད་སློང་མཁན་མེད་པས་རྒྱལ་བརྒྱུད་ཆད།

Guardian Prince of Doctrine, one of the titles granted to the leaders of Tibetan Buddhism in the Ming Dynasty. In the 4th year of Emperor Yongle (1406), Namge Bazangpo, a local Tibetan Buddhist, was granted the title of Grand State Tutors. The next year he was granted the title of Guardian Prince of Doctrine. In the 12th year of Emperor Yongle (1414), Guardian Prince of Doctrine died and his son succeeded his noble title. His son died without descendants, so his family peerage came to a halt.

护羌校尉 官名。汉武帝元鼎六年（公元前111），西羌联合匈奴，围攻抱罕（今甘肃临夏东北），后被汉兵击破，汉廷乃置护羌校尉，掌西羌事务。王莽时，罢官不置。东汉光武帝建武年间重置，治于陇西令居县。晋时改称凉州刺史。

ཆའང་སྲུང་ཞོའི་ཕུའེ། དཔོན་མིང་། ཧན་རྒྱལ་རབས་ཁྱུའུ་ཏི་ཡོན་ཏིན་ཁྲི་ལོ་དྲུག་པར་（སྤྱི་ལོ་སྔོན་111） ཚའང་ཞུའན་མ་དང་ཞུང་ནུའུ་མཉམ་འབྲེལ་གྱིས་པོའི་ཧན་（དེང་སང་ཀན་སུའུ་ཀྲུའུ་ཡི་བྱང་ཤར་） ལ་དཔུང་འཛུག་བྱས། རྗེས་སུ་ཧན་དམག་གིས་རྒྱལ་བྲས་ནས། ཧན་སྲིད་གཞུང་གིས་ཚའང་སྲུང་ཞའོའི་ཡི་དཔོན་གནས་བཙུགས་ཏེ། ཞུབ་ཚའང་གི་ལས་དོན་ལ་བདག་གཉེར་བྱས། ཝང་མང་སྐབས་སུ་གནས་དེ་མེད་པར་བཟོས། ཧན་རྒྱལ་རབས་ཤར་མའི་གོང་མ་གོང་ཝུའུ་ཏིའི་སྐབས་སུ་བསྐྱར་དུ་བཙུགས་ཏེ། ལོང་ཞིའི་ལིན་ཅུའུ་རྫོང་ལ་འདི་དགས་བྱས། ཅིན་རྒྱལ་རབས་ཀྱི་སྐབས་སུ་མིང་དེ་ལང་གོའུ་ཚི་ཤི་ལ་བསྒྱུར།

Colonel Protector of the Qiang (Hu Qiang Xiaowei) was an imperial official title. In the 6th year of the Yuanding Reign (116-111 BC) of Emperor Wudi (141-87 BC) of the West Han Dynasty (202 BC-AD 9), Western Qiang allied with Xiongnu (Hun) laid siege to Baohan (present-day the northeast Linxia of Gansu), but later the alliance was destroyed by Han soldiers. After that, Han Dynasty set up the Colonel Protector of the Qiang, an official in charge of the affairs of Western Qiang, and it was cancelled during the reign of Wang Mang. The official title was reset in the year of the Jianwu reign of the Eastern Han emperor Guangwu at Lingju County in Longxi, and the title was renamed as Inspector of Liangzhou.

护乌桓校尉 官名。西汉初，乌桓为冒顿单于所破，自此受匈奴奴役。武帝时，霍去病击破匈奴左地，乃迁乌桓人于上谷、渔阳、右北平、辽西、辽东五郡塞外，始置护乌桓校尉，代表汉朝监护和管理乌桓各部。一度停置，后复置，并兼领鲜卑事宜。魏、晋时沿袭。

ཝུའུ་ཧྙེན་སྲུང་བའི་ཞོན་ཕའི། དཔོན་མིང་། ཧན་རྒྱལ་རབས་ནུབ་མའི་དུས་འགོར། ཝུའུ་ཧྙེན་ཙ་ཚམ་ཆེ་ཧུའུ་ཁན་ཡུའུ་ཡིས་བཟུང་། དེ་ནས་ཞུང་ནུའུ་ཡི་བྲན་ཆོད། ཧན་རྒྱལ་རབས་ཧྥུའུ་ཏིའི་སྐབས་སུ། དོའི་ཆེན་པོ་ཁྱིས་ཞུང་ནུའུ་ཡི་ཞོང་ཏིང་ས་ཆར་ཆོལ། ཝུའུ་ཧྙེན་གྱི་འབངས་རྣམ་ཀུན་དང་། ཤང་དབྱང་། ཡོའུ་པེ་ཧྙིན་ལོའི་ཞི། ཕོ་ཏུང་ཅུན་ལྤའི་ཞིལོར་ད་གནས་སྟོབས། དེར་ཝུའུ་ཧྙེན་སྲུང་བའི་ཙའི་ཕའི་དཔོན་གནས་གཙུགས་ཏེ། ཧན་རྒྱལ་རབས་ཀྱིས་ཝུའུ་ཧྙེན་གྱི་ཕྱོགས་ཐམས་ཅད་ལ་ལྟ་སྐུལ་དང་དོ་དམ་བྱེད་པའི་ཚབ་བྱས། བར་སྐབས་ཤིག་ལ་ཚོགས་ཆིག་ཏུ་ཞེན་པ་མི་རིགས་ཀྱི་དོན་འགན་ཡང་འཁུར། ཕའི་དང་ཅིན་རྒྱལ་རབས་ཀྱིས་བར་རྒྱུན་འཛིན་བྱས།

Colonel Protector of the Wuhuan (HuWuhuan Xiaowei) In the early Western Han Dynasty, Wuhuan people were invaded by Modu Chanyu, the founder of Xiongnu Empire, and enslaved by Xiongnu (the Huns) since then. In the governance of Emperor Wudi, the General Huo Qubing broke up the Left Regions of Xiongnu, and later on resettled the Wuhuan people in five northeastern commandaries, namely Shanggu, Yuyang, Youbeiping (present-day Hebei), Liaoxi, and Liaodong (present-day Liaoning). From then on, Colonel Protector of the Wuhuan was established to monitor and administer all the tribes of Wuhuan on behalf of the Han Dynasty. The official position was cancelled for a time, and later on reset, being concurrently in charge of Xianbei's affairs, which was followed by Wei and Jin Dynasties.

《花的原野》 内蒙古文联主办的文学月刊。创刊于1955年。是国内外颇有影响的省级蒙古文纯文学期刊。主要特色：坚持"二为"方向、"双白"方针，严格遵循三审制，紧紧围绕大草原、大西北特有的文化氛围，集中反映蒙古族人民的历史、文化和精神风貌。

《མེ་ཏོག་གི་སྲུང་བང་》 ནང་སོག་རྩོམ་ཚོགས་ཀྱིས་གཙོ་སྐྱོང་བྱས་པའི་རྩོམ་རིག་གི་ཟླ་དེབ་ཅིག/༡༩༥༥ལོར་སྤེལ་འགོ་བཙུགས། དེ་ནི་རྒྱལ་ནང་ཕྱོགས་རྒྱེན་ཐབས་པའི་ཞིང་ཆེན་རིམ་པའི་སོག་ཡིག་གི་རྩོམ་རིག་ཁྱུང་བའི་དུས་དེབ་ཅིག་ཡིན། དེའི་ཁྱད་ཆོས་ལ་ཆེད་གཉིས་ཞེས་པའི་ཁ་ཕྱོགས་དང་དཀར་པོ་གཉིས་ཞེས་པའི་བྱེད་ཕྱོགས། ཞུ་དག་གསུམ་བྱེད་པའི་ལམ་ལུགས་ལག་བསྟར་བྱེད། དེའི་ནང་དོན་ཐད་དུ་རྩྭ་ཐང་ཆེ་མོ་དང་ནུབ་བྱང་ཆེན་མོའི་དམིགས་བསལ་གྱི་རིག་གནས་རྒྱབ་ལྗོངས་ལྟེ་བར་བཟུང་ནས་ནང་སོག་མི་དམངས་ཀྱི་ལོ་རྒྱུས་དང་རིག་གནས། བསམ་བློ་སོགས་མཚོན་པ་ཡིན།

Flourishing Flowers, a monthly literature magazine sponsored by Inner Mongolian Art and Literary Federation, was established in 1955. It is an influential pure literature journal of provincial level in Mongolian. It is characterized by adhering to the orientation of the "Two Fors", persisting in the principle of "Double Hundred" and strictly following 3-step-censoring system. Centering on the grassland and the unique cultural atmosphere of the Great Northeast, Flourishing Flowers is focused on presenting the history, the culture and the spiritual life of Mongolian people.

花山崖壁画 狭义指广西宁明县花山的崖壁画，广义则指广西左江流域各县发现的崖壁画。其中宁明的花山崖壁画，画面面积约 8000 平方米，可数图像尚有 1900 余个。其古朴粗犷的笔法，栩栩如生的人物神态，都体现了古代壮族人的审美情趣和高超的艺术水准。距今已有 1800—2500 年的历史。

དུ་ཧྲན་བྲག་རིས་ཀྱི་ལྡེབས་རིས། སྟོད་དོན་འདུག་ཏུ་གོང་ཞིའི་ཞིང་མིང་རྫོང་དུ་ཧྲན་བྲག་རིས་ཀྱི་ལྡེབས་རིས། ཡངས་འདུག་ཏུ་གོང་ཞིའི་ཚན་གཙང་པོའི་འབབ་ཡུལ་གྱི་རྫོང་སོ་སོར་བཟོའི་ལྡེབས་རིས་ལ་སྟོན། ནང་གི་ཞིང་མིང་རྫོང་གི་དུ་ཧྲན་བྲག་རིས་ཀྱི་རི་མོའི་རྒྱ་ཁྱོན་ལ་སྤྱི་ལེའི་གྲུ་བཞིམ་ ༨༠༠༠ ལྷག་དང་། བགྲང་དུ་བའི་པར་རི་མོ ༡༩༠༠ ལྷག་ཡོད། གནའ་བོའི་སྦྱོག་སྟོབས་ཁོད་ཡངས་ཀྱི་འབྲི་རྩལ་དང་། གསལ་ལྟར་སྡོད་གི་མི་ལྷའི་གཟུགས་བརྙན་བཅས་དག་གིས་སྔོན་རིགས་མི་དམངས་ཀྱི་མཚར་མཛེས་དཔྱོད་སྟངས་ལ་དང་སྒྱུ་རྩལ་ཚད་འཕོར་ཐོན་དེ་མངོན་ཐུབ། ད་བར་དུ་ལོ ༡༨༠༠—༢༥༠༠ ལྷག་གི་ལོ་རྒྱུས་ཡོད།

The Hua-shan Precipice Fresco, with its narrow sense, refers to the precipice frescoes of the Hua-shan in Ningming County in Guangxi Province. As to the broad sense, it refers to the precipice frescoes discovered in the counties on banks of Zuojiang River in Guangxi Province. Among them, the Hua-shan Precipice Fresco in Ningming County, with the wall paintings covering an area of about 8,000 square meters, still owns over 1,900 countable images now. The primitive, simple and straightforward drawing method and lifelike figure expression reflect the aesthetic taste and excellent artistic standard of the ancient Zhuang people. The fresco owns a history of 1,800 to 2,500 years.

花腰傣 对居住在红河中上游新平、元江两县的傣族的一种称谓。因其服饰古朴典雅、雍容华贵，特别是服饰的腰部彩带层层束腰，挑刺绚丽斑斓的精美图案，挂满艳丽闪亮的樱穗、银泡、银铃而得名。

ཀེད་བྲའི་དའི་རིགས། བོན་ཏེ་རྒྱ་པོའི་སྟོད་རྒྱུད་དང་བར་རྒྱུད་ཀྱི་ཞིན་ཕུན་དང་ཡུན་ཅང་རྫོང་གཉིས་ཀྱི་དའི་རིགས་ཀྱི་འབོད་མིང་། དེའི་ལུ་བབ་ཆགས་ཞིང་བརྗིད་ཉམས་ལྡན། བྱད་པར་དུ་ཀེད་པར་དར་མཆོག་མང་པོ་བཅངས་ཞིང་། སྙིང་དུ་མཆོག་མདོག་མཛེས་པའི་རིས་དབིབས་དང་རྒྱན་ཆ་སྣ་འདྲུ་དང་དངུལ་དྲིལ་སོགས་ཀྱིས་བརྒྱན་པར་བརྟེན་མིང་དེ་ལྟར་ཐོགས།

Hua Yao Dai people (Colorful-Waistband Dai), is a title to the Dai people who live in Xinping and Yuanjiang County in the upper and middle reaches of Red River. They are so named because of their simple and elegant clothes, particularly the clothes around the waist which are decorated with their colored ribbons, embroidered with bright-colored and exquisite patterns, covered with twinkling tassels, silver slices and silver bells.

华尔功成烈（1915—1966） 藏族。四川松潘人。原阿坝墨颡土官。曾任阿坝保安司令。1949 年随黄正清起义。历任四土、阿坝、绰斯甲临时军政委员会副主席，四川省民族事务委员会副主任、阿坝藏族自治州副州长、国务院民族事务委员会委员等职。

དབལ་མགོན་འཕྲིན་ལས།（１９１５—１９６６）ནི་ ཁྲོན་ཞུང་ཀྲུའེ་བོད་རིགས།　དང་ཕྱོག་ཊ་པའི་མྱི་ཚོང་གི་དཔོན་པོའམ་སྦྱི་རྒྱལ་པོ་ཞེར་བ་ཡིན།　ཨ་བ་བཞི་སྒྲུང་གི་དམག་སྤྱིའི་འགན་ཁུར་མྱོང་། １９４９ལོར་ཏོང་གྱི་ཆེན་（སློབ་བཟང་ཚེ་དབང་）དང་མཉམ་དུ་ངོ་ལོག་ལངས་བྱས།　ཞྭ་གཞུག་ཏུ་ཚབ་ལག་བཞི་དང་ཧ་བ，ཁྲོ་སྐུ་ཇ་སོགས་སུ་གནས་སྐབས་དམག་སྲིད་ཨུ་ཡོན་ཁང་གི་འགན་གཙོ་གཞོན་པའི་འགན་ཁུར。སི་ཁྲོན་ཞིན་གྲགས་རྡོན་གྱི་ཨུ་ཡོན་ལྷན་ཁང་གི་འགན་གཙོ་གཞོན་པ་དང་། ཧ་བོད་རིགས་རང་སྐྱོང་ཁུལ་གྱི་ཁུལ་དཔོན་གཞོན་པ།　རྒྱལ་སྲིད་སྤྱི་ཁྱབ་མི་རིགས་དོན་གཅོད་ཨུ་ཡོན་ལྷན་ཁང་གི་ཨུ་ཡོན་སོགས་ཀྱི་ལས་གནས་བྱུང་།

Palgonchrinle（1915-1966）, born in Songpan, Sichuan, of Tibetan ethnic group. Palgonchrinle held the posts of the Localchieftain（Tu-guan）and the Security Commander of Aba prefecture. In 1949, he revolted with Huang Zhengqing. He also successively held the posts of the temporary vice-chairman of Military and Political Committee of Situ, Aba and Chuosijia, the vice director of Ethnic Affairs Commission of Sichuan, the deputy governor of Aba Tibetan Autonomous Prefecture and the committee member of Ethnic Affairs Commission of the State Council.

《华夷译语》 狭义指明洪武十五年（1382），火源洁等人编纂的一本蒙汉对译辞书。广义则指明、清两代会同馆和四夷馆（四译馆）编纂的各种《译语》《杂字》《来文》的统称。这些官方辞书，附有外语原文原字及词义，并以汉字拟音的方式为外文词汇注音。

རྒྱ་བོད་སྐད་གཉིས་སྐད་འབྱེད། སྐྲ་དོག་འདུག་ན་སྟོན་ནས་བསྡད་ན་མིང་དོན་ཕྱུའུ་ཕོ་བཙན་ལྟ་བུ་ ༡༣༨༢ལོར་ ཧོ་ཡོན་ཅེ་སོགས་ཀྱིས་བསྒྲིགས་པའི་སོག་རྒྱ་སྐད་གཉིས་ཤན་འབྱེད་ཀྱི་དཔེ་ཆའི་མིང་ཡིན། ཡངས་འགྲེལ་གྱི་སྐ་ནས་བསྒྲིགས་ན་དེ་ནི་མིང་དང་ཆིང་རྒྱལ་རབས་ཀྱི་དུས་སྐབས་སུ་མཉམ་འཛོམ་ཁང་དང་བཞིར་སོགས་ཀྱི་བསྒྱུར་སྐྱིག་པ་ཁག་གིས་བསྒྲིགས་པའི་བསྒྱུར་ཡིག་དང་ཚད་ཡིག་ཡི་གེ། ཚད་བོག་སོགས་ཀྱི་སྤྱི་མིང་ལ་ཟེར། བྱེད་གཞུང་གི་ཡིག་དེ་དག་གི་མཆན་དུ་ཕྱི་རྒྱལ་གྱི་མ་ཚོགས་དང་ཡིག་དང་དེའི་དོན་འགྱུར་ཡོད་ལ་རྒྱ་ཡིག་གི་སྒྲ་མཐུན་པར་མཚན་བཀོད་ཀྱང་ཡོད།

Chinese-Barbarian Dictionary, in a narrow sense, refers to the Mongolian-Chinese dictionary compiled by Huo Yuanjie and others in the 15th year of Emperor Hongwu of the Ming Dynasty（1382）; in the broad sense, it refers to the Chinese Glossary, the Miscellaneous Words, the Foreign Words compiled by the Huitong Siyiguan（Bureau for Barbarian languages）of the Ming Dynasty and Qing Dynasty, which were attached by the original text and the annotations in the original language and transcribed with Chinese characters.

化觉巷清真寺 位于陕西西安鼓楼西北的化觉巷内。是一座历史悠久、规模宏大的中国殿式古建筑群，总面积1.3万平方米。始建于唐天宝元年（742），历经宋、元、明、清各代的维修保护，形成目前的格局。

ད་ཆུའོ་ཤྲང་ལམ་གྱི་དབྱི་སི་ལན་གྱི་ཆོས་ཁང་། དེ་ནི་ཧྲན་ཞིའི་ཞི་ཨན་གྱི་ཧྲུན་ཧྲའི་ཕོག་ཁང་ནུབ་བྱང་གི་ཏུ་ཚོ་ཤྲང་ལམ་དུ་ཡོད། བོ་རྒྱམ་རིང་ཞིང་གཞི་ཆེན་ཆེ་བའི་ཀྲུང་གོའི་བོ་བྲང་རྣམ་པའི་བཟོ་བཀོད་ཆོགས་པ་ཞིག་ཡིན། སྲིད་རྒྱ་ཐོག་ལ་སྒྱིག་བཞིན་བྲི་བ་1. ཡོད། ཐང་རྒྱལ་རབས་ཀྱི་ཐེན་པོ་ཧྲི་ལོ་དང་པོར་(༧༤༢ལོ)བཞེངས་སྐྲུན་གྱི་འགོ་བཙུགས། སུང་དང་ཡོན། མིང་ཆིང་སོགས་ཀྱི་རྒྱལ་རབས་བརྒྱུད་ནས་ཞིག་གསོ་དང་སྐྱོབ་བྱུས་མ་ཐུད་པའི་སྡེའི་རྣམ་པ་འདི་གྲུབ།

Huajuexiang Mosque, located at the northwestern Huajuexiang of Drum Tower, Xi'an, is a time-honored, magnificent Chinese Alhambresque ancient architecture with a gross area of 13, 000 square meters. Built in the 1st year of Tianbao Period of the Tang Dynasty, it reached the present scale with the maintenance and protection of the Song, Yuan and Qing Dynasties.

化瑶局 旧中国在广东连南瑶族聚居地区设立的管理瑶族人民的机构。民国初年设"瑶务处"。1927年改设"连阳化瑶局"。后又改称"连阳安化管理局"。

ད་ཡོའོ་ཅུས། གྱུང་གོ་རྙིང་པར་ཀོང་ཏུང་ལ་ནན་ནན་ཡའོ་རིགས་ས་ཁུལ་ནས་བཙུགས་པའི་ཡའོ་རིགས་མི་དམངས་དབང་སྒྱུར་བྱེད་པར་བཀོལ་བའི་ལས་ཁུངས་ཀྱི་མིང་། རྒྱལ་དམངས་སྲིད་གཞུང་གི་སྐབས་སུ་ཡའོ་ཕྱུའི་ཁྲུའུ་བཙུགས། 1༩༢༧ལོར་ལན་ཡང་ཏུ་ཡའོ་ཅུས་ལ་བསྒྱུར། དེའི་རྗེས་སུ་ལན་ཡང་ཨན་ཧྭ་དོ་ལོས་ཅུས་ལ་བསྒྱུར།

Bureau of Pacifying the Yao people, an organization at the Liannan Yao area in Guangdong of Old China to govern the Yao people. In the first year of the Republic of China, the Office of Yao Affairs was established, and then it was changed to the Bureau of Pacifying the Yao people of Lianyang in 1927, which was later renamed Lianyang Security and Administration Bureau.

怀圣寺 伊斯兰教传入我国后最早建立的清真寺之一。位于广东广州越秀区。始建于唐初。为纪念"至圣"穆罕默德，故名"怀圣寺"。因寺内西南角有一光身柱形塔，故又称"光塔寺"。占地2966平方米，在主轴线上依次建有三道门、看月楼、礼拜殿和藏经阁等。

དགོན་མཆོག་རྗེས་དྲན་ཆོས་ཁང་། དབྱི་སི་ལན་ཆོས་ལུགས་རང་རྒྱལ་ལ་དར་རྗེས་བཞེངས་པའི་ཆོས་ཁང་གི་གྲས་ཤིག་ཡིན། དེའི་གནས་ཡུལ་ནི་ཀོང་ཏུང་ཞུའི་ཀོང་ཀྲུའུ་ཏུ་ཡོད། ཐང་རྒྱལ་རབས་ཀྱི་དུས་འགོར་འཛུགས་སྐྲུན་བྱས། མུ་ཧན་མོ་ཏེ་ཞེས་དྲན་བྱེད་ཆེད་མི་ལ་སྤྱིར་བཏགས། ཆོས་ཁང་གི་ལྷོ་ནུབ་ཟུར་ལ་གཟུགས་རྐྱང་པའི་དབྱིབས་ཀྱི་མཆོད་རྟེན་ཞིག་ཡོད་པ་དེ། གཞན་ལ་ཁ་བྱེ་ཞེས་ཀྱང་བརྗོད། རྒྱ་ཁྱོན་ལ་སྒྱི་བཞི་དང་2966ཡོད། གཙོ་གཤགས་ཀྱི་སྲིད་དུ་རིམ་པ་བཞིན་སྒོ་གསུམ་དང་ཟླ་བལྟག་ཕོག་ཁང་། དཔེ་མཛོད་ཁང་སོགས་ཡོད།

Huaisheng Mosque, one of the oldest mosques built after Islam was introduced into China, located at Yuexiu district, Guangzhou was built in the early Tang Dynasty. It is also named Cherishing the Sacred Mosque in memory of the Prophet Mohammed, and also called the Lighthouse

Mosque because there is a cylindrical tower with lights at the southwest corner of the mosque. With the area of 2,966 square meters, there successively are Three Doorways, the Moon Tower, the Prayer Hall, and the Scripture-stored Room along its main axis.

怀圣寺光塔 中国现存伊斯兰教建筑最早、最具特色的古迹之一。位于广州怀圣寺的西南角。始建于唐代。高36.3米，青砖砌筑，塔身圆筒形，向上有收分，表层涂抹灰砂；塔内设两个螺旋形楼梯直通塔顶。

དགོན་མཆོག་རྗེས་དྲན་ཆོས་ཁང་གི་གོང་བ་མཆོད་རྟེན། ཀྲུང་གོད་སྤྱིར་གནས་ཡོད་པའི་དབྱི་སི་ལན་ཆོས་ལུགས་ཀྱི་བཟོ་སྐྲུན་བྱོད་དུ་ཆེས་ཁྱད་ཆོས་ལྡན་པའི་གནའ་ཤུལ་གྱི་གྲས་ཤིག་ཡིན། དེའི་གནས་ཡུལ་ནི་གོང་གྲོའུ་དགོན་མཆོག་རྗེས་དྲན་ཆོས་ཁང་གི་ལྷོ་ནུབ་ཕྱོགས་སུ་ཡོད། ཐང་རྒྱལ་རབས་སྐབས་ནས་བཞེངས་འགོ་བཙུགས། མཐོ་ཚད་ལ་སྨི་ ༣༦.༣ ཡོད། ཀྱི་མོ་སོབ་པོ་སྐྱན་ཞིང་མཆོད་རྟེན་གྱི་དབྱིབས་ནི་གཟུགས་དབྱིབས་དང་། ཀ་བརྩེགས་ཡོད་པ། ཕྱི་ངོས་སུ་རྫ་ཐལ་བྱུགས་པ། མཆོད་རྟེན་ནང་དུ་འཁྱིལ་དབྱིབས་སྐས་རིང་གཉིས་ཀྱིས་རྩེ་ཐོག་ཁང་དུ་བགྲོད་ཐུབ་པ་བཅས་སོ།

The Lighthouse (minaret) inside the Huaisheng Mosque, one of the oldest and the most distinctive historical sites of the Muslim architectures still remaining in China, located at the southwest corner of Huaisheng Mosque in Guangzhou, built in the Tang Dynasty, is 36.3 meters tall. It was built with black bricks, cylindrical in shape, using the method of entasis at the top of the columns, plastered with lime sand. In the tower, two spiral stairs were built leading to the tower top.

《皇朝藩部要略》 书名。清代祁韵士撰。道光年间刻印。共18卷，末附表4卷。分内蒙古、喀尔喀、厄鲁特（西部蒙古）、回部（见"回疆"词条）、西藏5部分。主要叙述清朝征服与统一蒙古、回部、西藏等边疆地区的过程，为研究清朝民族政策的重要著作。

《གོང་མའི་རྒྱལ་རབས་ཀྱི་ལོ་རྒྱུས་མདོར་བསྡུས》 དཔེའི་ཆའི་མིང་། ཆིང་རྒྱལ་རབས་ཀྱི་ཆི་ཡུན་ཟིས་བརྩམས། གོང་མ་ཏའོ་ཀོང་གི་སྐྱབས་སུ་པར་བཞེངས་ད་བཏབ། བོད་ ༡༨ ཡོད། ནང་སོག་དང་ཁར་ཁ། ཨེ་ལུའུ་ཐེ་(ནུབ་སོག་ཉུག་བརྒྱུད)་ཧུའེ་ཁུལ་(ཧུའེ་ཅང་ཆིག་ལ་ལྟོས)་བོད་སྟོངས་བཅས་ཁག་ལྔ་ཡོད། གཙོ་བོ་ཅིང་རྒྱལ་རབས་ཀྱིས་ནང་སོག་དང་ཧུའེ་ཁག་བོད་སྟོངས་སོགས་མཐའ་མཚམས་ས་ཁུལ་གཅིག་གྱུར་དང་དབང་དུ་བསྡུ་བའི་རིམ་ཞིག་བརྗོད་ཡོད། འདིའི་ཆིང་རྒྱལ་རབས་ཀྱི་མི་རིགས་སྲིད་ཇུས་ལ་ཞིབ་འཇུག་བྱེད་པའི་བརྩམས་ཆོས་གལ་ཆེན་ཞིག་ཡིན།

A Summary of the Frontier Regions of the Imperial Qing Dynasty, written by Qi Yunshi in the Qing Dynasty, inscribed and published during the reign of Emperor Daoguang. It has 18 volumes, 4-volume tables, and includes 5 parts: Inner Mongolia, Qalq-a, Erut, Huibu (see also Huijiang), Tibet. It mainly narrates the period of the Qing government conquering and unifying the frontier area: Mongolia, Huibu, and Tibet, etc. It is also the important works to study on ethnic policies in the

Qing Dynasty.

皇太极（1592—1643） 即清太祖爱新觉罗氏。1626年继位后金可汗，改年号为"天聪"。1636年于盛京即皇帝位，改国号为"大清"。52岁时在清宁宫中猝然病死。他是继努尔哈赤之后又一位杰出的政治家和军事家，他为大清王朝定鼎燕京，统一华夏，奠定了坚实的基础。

ཧོང་ཐའེ་ཇི།（༡༥༩༢—༡༦༤༣）དེ་ནི་ཆིང་རྒྱལ་རབས་ཀྱི་ཡང་མེས་ཨེ་ཞིན་ཙོ་ལོ་ཞེས་པ་དེ་ཡིན། ༡༦༢༦་ལོར་ཆིན་རྒྱལ་རབས་ཕྱི་མའི་ཁན་ལ་བསྐོས། དེའི་རྗེས་སུ་ལོ་རྟགས་ཐེན་ཚོང་ལ་བསྒྱུར། ༡༦༣༦་ལོར་ཆིན་ནས་གོང་མར་བསྐོས་ཏེ་རྒྱལ་མིང་དུ་ཆེན་ལ་བསྒྱུར། ལོ་༥༢་ལ་སྐྱབས་རྗེས་ཚན་ཕུན་པོ་བྱུང་དུ་ཚེ་ལས་འདས། ཁོ་ནི་ནོར་ཧུ་ཁྲའི་རྗེས་ཀྱི་སྲབས་ཆེ་བའི་ཆབ་སྲིད་པ་དང་དམག་དོན་པ་ཡིན་ལ། ཁོས་ཏ་ཆིན་རྒྱལ་རབས་ཀྱིས་ཡན་ཅིན་ལ་དཔལ་སྤྱར་བ་དང་ཀྲུང་གོ་གཅིག་གྱུར་བྱེད་པར་རྨང་གཞི་བཏིང་།

Huang Taiji (1592-1643), also known as Tai Zu of Qing Dynasty, was a member of Aisin Gioro clan. He enthroned khan of later Jin, and changed reign title into Tian Cong. He acceded to the throne in Mukden in 1636, and changed Dynasty title into "Great Qing". He deceased in a sudden death at the age of 52 in Qing Ning Palace. He was a great statesman and strategist, and he laid the groundwork for the Qing Dynasty to found the capital in Yanjing, and consolidated the rest of China.

黄道婆（约1245—1330） 宋末元初棉纺织家。今上海市华泾镇人。曾为童养媳，流落海南岛，在黎族聚居地区居住数十年，熟悉黎族纺织技术。其晚年回乡时，将黎族的纺纱、织布等技术加以改进传播，推动了江南棉纺织业的发展。被尊为布业的始祖。

ཧོང་ཏའོ་ཕོ། (ཕལ་ཆེར་༡༢༤༥—༡༣༣༠) སུང་རྒྱལ་རབས་དུས་མཇུག་དང་ཡོན་རྒྱལ་རབས་ཀྱི་དུས་མགོའི་འཇིག་འཛུགས་ཐག་རིགས་པ། དེང་གི་ཧྲང་ཧེ་གྲོང་ཁྱེར་ཧྭ་ཐིན་གྲོང་རྡལ་གྱི་མི་ཡིན། ཆུང་དུས་ནས་གཞན་ལ་མནའ་མར་བྱས་པས་དེ་ནས་བྲོས་ཕྱིར་དུ་ཡུལ་གྱུར་བས། ཡི་རིགས་ཁོངས་ནས་བཅུ་ཕྲག་འགའ་བ་བོར་བས་ལི་རིགས་ཀྱི་འཇིག་འཛུགས་རིག་གི་ལག་རྩལ་ལ་ཁྲུལ་པར་གྱུར། ཚེ་མཇུག་ཏུ་ཕྱིར་ཕ་ཡུལ་དུ་ལོག་སྟེ་ལི་རིགས་ཀྱི་འཇིག་འཛུགས་ལག་རྩལ་ལ་གས་བཅོས་བྱས་ནས་ནང་ཁུལ་དུ་དར་ཁྱབ་བཏང་ཞིང་། འབྲི་ཆུའི་ལྷོ་རྒྱུད་ཀྱི་འཇིག་འཛུགས་རིགས་འཕེལ་རྒྱས་འགྲོ་བར་སྐུལ་འདེད་བྱས་པས། རས་ཀྱི་ལས་རིགས་ཀྱི་མེས་པོ་ཞེས་པའི་མཚན་སྙན་ཐོབ།

Huang Daopo (1245-1330) was the cotton textile technique expert of late Song Dynasty (960-1279) and early Yuan Dynasty (1271-1368), of Huajing county, Shanghai. Being sold to another family as a child bride when she was only 12, she ran away and was bound for Hainan. She lived in the Li tribe for decades, and was familiar with textile technology of the Li people. When Huang returned home, she began to develop and spread spinning and weaving technology in her hometown, and boosted the development of cotton textile industry of the entire southern area of the Yangtze River. She was honoured as the predecessor of textile industry.

《黄琉璃史》 藏文书名。藏族学者桑结嘉措著。成书于1692—1698年之间。主要叙述藏传佛教格鲁派兴起及发展历史、藏族聚居地区格鲁派寺院沿革等内容。

《བཻཌཱུཪྻ་སེར་པོ》 བོད་ཡིག་གི་ལོ་རྒྱུས་དཔེ་ཆ་ཞིག བོད་ཀྱི་མཁས་པ་སྡེ་སྲིད་སངས་རྒྱས་རྒྱ་མཚོས་བརྩམས། ༡༦༩༢—༡༦༩༨བར་བརྩམས་གྲུབ་བྱུང་། གཙོ་བོ་བོད་བརྒྱུད་ནང་བསྟན་གྱི་དགེ་ལུགས་གྲུབ་མཐའི་དར་འཕེལ་དང་། བོད་ཁུལ་གྱི་ཆ་སོ་སོའི་དགེ་ལུགས་དགོན་པའི་འཕེལ་རིམ་གྱི་ནང་དོན་སོགས་ཞིབ་བརྗོད་བྱས་ཡོད།

The Yellow Beryl: History of the Gelukpa is name of a Tibetan book, written by Sangye Gyatso in the year from 1692 to 1698. It mainly depicts the rising and booming history of The Gelug of Tibetan Buddhism, and the origins and evolution of the Gelug temples in various Tibetan areas.

黄慕松（1883—1937） 广东梅县人，日本陆军大学31期毕业，中国军事测量事业之父。历任蒙藏委员会委员长、广东省政府主席等职。死后追赠上将。1933年，达赖十三世圆寂，国民政府特派黄慕松为致祭达赖喇嘛专使前往西藏。次年，黄慕松自南京出发，经四川、西康抵达拉萨。

ཧོང་མུའུ་སུང་། （༡༨༨༣—༡༩༣༧） ཀོང་ཏུང་མེ་ཞན་པ། ཉེར་པན་གྱི་རྨག་དམག་སློབ་ཆེན་སྐབས་༣༡པར་སློབ་མཐར་ཕྱིན། ཀྲུང་གོའི་དམག་དོན་ཚད་འཇལ་ལས་དོན་གྱི་མེས་པོ་སྟེ། སོ་ཧོར་དུ་མར་སོག་བོད་ཨུ་ཡོན་ཚོགས་པའི་ཚོགས་གཙོ་དང་ཀོང་ཏུང་ཞིང་ཆེན་སྲིད་གཞུང་གི་ཀྲུའུ་ཞི་སོགས་ཀྱི་འགན་ཁུར་སྒྲིང་། འདས་རྗེས་དམག་སྤྱི་ཆེན་མོའི་གོ་གནས་གནང་། ༡༩༣༣ལོར་ཏཱ་ལའི་བླ་མ་སྐུ་ཕྲེང་བཅུ་གསུམ་པ་དགོངས་པ་རྫོགས་རྗེས། གོ་མིན་སྲིད་གཞུང་གིས་ཧོང་མུའུ་སུང་ཏཱ་ལའི་བླ་མར་མྱ་ངན་ཞུ་བར་མངགས། དེའི་ཕྱི་ལོ་ཧོང་མུའུ་སུང་ནན་ཅིན་ནས་འགོ་བརྩམས་ཏེ་སི་ཁྲོན་སོགས་བརྒྱུད་ནས་ལྷ་སར་འབྱོར།

Huang Musong (1883-1937) is a native of Meixian of Guangdong. Huang was one of the 31st-class graduates of Japanese Army War College, father of China's military surveying undertakings. He successively held the post of Vice Chief of Staff of the Army, and president of Guangdong government, etc. Huang was awarded the position of Colonel General posthumously. The Republican Government appointed him to be a special envoy of the Central Government to mourn for the 13th Dalai Lama in Tibet in 1933. Huang Musong set out from Nanjing and arrived in Lhasa via Sichuan and Xikang in the next year.

黄正清（1903—1997） 藏族。今四川理塘人。藏名洛桑泽旺。曾任拉卜楞（今甘肃夏河县境内）保安司令。1949年在夏河率部起义。历任甘肃甘南藏族自治州州长，西北行政委员会副主席、畜牧部副部长，甘南军分区司令员，甘肃省副省长等职。1955年被授予少将军衔。

ཧོང་ཀྲེན་ཆིན། （༡༩༠༣—༡༩༩༧） བོད་རིགས། སི་ཁྲོན་ལི་ཐང་གི་མི་ཡིན། བོད་མིང་ལ་བློ་བཟང་ཚེ་དབང་ཟེར། བླ་བྲང་གི་བདེ་སྲུང་སི་ལིན་གྱི་འགན་ཁུར་སྒྲིང་། ༡༩༤༩ལོར་བླ་བྲང་ནས་དམག་འཁྲིད་དེ་འཚོས་ལོངས་བྱས། གཞན་ཀན་སུའུ་ཡི་ཀན་ལྷོ་བོད་རིགས་རང་

སྐྱོང་ཁུལ་གྱི་ཁུལ་དཔོན་དང་། ནུབ་བྱང་སྲིད་འཛིན་ཨུ་ཡོན་ལྷན་ཚོགས་ཀྱི་ཀྲུའུ་ཞི་གཞོན་པ། ཕྱུགས་ལས་པུའུ་ཡི་པུའུ་གྲང་གཞོན་པ། གན་སྩོའི་དམག་ཁུལ་གྱི་སི་ལིང་། གན་སུའུ་ཞིང་ཆེན་གྱི་མགོ་གཉེར་གཞོན་པ་སོགས་ཀྱི་འགན་བཞེས་སྐོང་། ༡༩༥༥ལོར་ཇོ་ཅང་གི་དམག་གི་གོ་གནས་གནང་།

Huang Zhengqing (1903-1997) was a native of Litang, Sichuan, of Tibetan ethnic group. His Tibetan name was Lobsang Tsewang. Huang was elected as chief secretary of security in Labrang (Xiahe county, Gansu). Huang revolted with his troops in Xiahe in 1949. He successively held the posts of the governor of Gannan Tibetan Autonomous Prefecture, deputy chairman of Northwest Administrative Commission, deputy minister of Ministry of Animal Husbandry, commander of Gannan sub-command of the Army, and vice governor of Gansu province, etc. Huang was awarded the title of Major General in 1955.

回鹘 中国古代民族。原称"回纥",唐德宗时改称回鹘。驻牧于今蒙古鄂尔浑河和色楞格河流域。从回纥人646年建立汗国到灭亡的近200年里,助唐平定"安史之乱"、抵御吐蕃对西域的进攻。840年,回鹘汗国被黠戛斯(见"坚昆"词条)灭后,分3支迁至新疆和甘肃,后形成今维吾尔族和裕固族。

ཧུའི་ཧུའུ། གུང་གོའི་གནའ་བོའི་མི་རིགས་ཤིག་དང་། ཐོག་ཧུའི་ཧུའུ་ཟེར། ཐང་བའི་ཆོན་གྱི་དུས་སྐབས་སུ་ཧུའུ་ལ་བསྒྱུར། དང་གི་སོག་པོའི་ཨོར་ཚོན་གཙང་པོ་དང་སེ་ལིན་གི་གཙང་པོའི་འབབ་ཡུལ་དུ་བཅར་སྡོད་བྱས་ཤོང་། ཧུའི་ཧུའི་མིས ༦༤༦ལོར་ཧུན་རྒྱལ་རབས་བཙུགས་པ་ནས་དེ་འཇིག་པའི་བར་དུ་ལོ ༢༠༠ཉེ་བར་དབང་བསྒྱུར། རྒྱལ་རབས་འདིས་ཐང་རྒྱལ་རབས་ལ་ཨན་ཧྲིའི་འཁྲུག་པའི་འཇགས་དང་ཐུ་བོད་ཀྱིས་ནུབ་ཁུལ་ལ་བཙན་འཛུལ་བྱེད་པར་བཀག་འགོག་བྱེད་རོགས་བསམ་བྱས། ༨༤༠ལོར་ཧུའི་ཧུའི་ཧུན་རྒྱལ་ཁབ་ཆེ་གོ་སིས(ཅན་ཁུན་གྱི་ཚིག་ལ་བལྟོས།) བསྣུབས་རྗེས། ཁག་གསུམ་དུ་གྱེས་ནས་ཞིན་ཅང་དང་གན་སུའུ་ལ་གནས་སྤོ་བྱས། རྗེས་སུ་དེང་ཡུ་གུར་རིགས་དང་ཡོར་གོར་རིགས་གྲུབ།

Huihu, the Chinese ancient ethnic group, was also called Huihe. It was renamed Uighur in the age of Emperor Dezong of the Tang Dynasty. They resided and pastured in the Orkhon River and the Selenga River basin in Mongolia. Around 200 years from the foundation of their state in AD 646 to the fall of the Uighur khanate, the Uighur supported Tang troops to pacify the An Shi Rebellion, and held off the attack to the Western Regions by Tubo. After being destroyed by Kirgizes (see also "Jian Kun"), the Uighur branches fell apart into three groups and migrated to Xin Jiang and Gan su, and formed the present Uighurs and Yugurs.

回鹘文 8—15世纪回鹘人使用的文字。为全音素文字,由18个辅音及5个元音字母来拼写字词。字母在词头、词中、词末会有不同形状。由上至下拼写成列,列与列由左至右排。成吉思汗兴起后,曾用回鹘文拼写蒙古语,成为回鹘式蒙古文,而满文则借自回鹘式蒙古文。

ཧུའི་ཧུའུ་ཡི་གེ། དུས་རབས་བརྒྱད་པ་ནས་དུས་རབས་བཅོ་ལྔ་པའི་ཧུའི་ཧུའུ་པས་བེད་སྤྱོད་བྱེད་པའི་ཡི་གེ། ཡིག་རིགས་འདི་ནི་སྒྲ་རྗུད་པའི་ཡི་གེ་ཡིན་ལ་དེར་གསལ་བྱེད་༡༨དང་དབྱངས་ཡིག་༥ལ་བརྟེན་ནས་མིང་ཚིག་བསྒྲིགས་པ་ཡིན། ཡིག་འབྲུ་མི་འདྲ་བ་ཡོད། གོང་ནས་འོག་ཏུ་ཡི་གེ་བཞིན་ལ་བསྒྲིགས་ཡོད་པ་དང་། གཡོན་ཕྱོགས་གཡོན་ནས་གཡས་སུ་བསྒྲིགས་ཡོད། ཇིང་གིར་རྒྱལ་པོ་དར་འཕེལ་བྱུང་རྗེས་ཧུའི་ཧུའུ་ཡི་གེ་ལ་བརྟེན་ནས་སོག་སྐད་ལ་སྦྱར་བ་རེད། དེའི་ཧུའི་ཧུའུ་ཡི་གེ་ཅན་གྱི་སོག་ཡིག་ཡིན། མན་ཇུའི་ཡི་གེ་ནི་ཧུའི་ཧུའུ་རྟགས་ཅན་གྱི་སོག་ཡིག་ལྟར་པ་ཡིན།

The Uighur alphabet, used by the Uighurs from the 8th century to the 15th century, was a true phonetic transcription alphabet, forming by 18 consonants and 5 vowels to spell words and lexis. Every alphabet has diverse shapes in the initial, medial, and final places of a word. The alphabets were spelled in line from top to bottom, and the lines arranged from left to right. After the rising of Genghis Khan, the alphabet was brought to Mongolian alphabet, and the Uighur-Mongolian alphabet was the prototype of Manchu alphabet.

回回 元、明以来，中国汉文史籍中多用的对信仰伊斯兰教的民族、国家和信徒的泛称。

ཧུའི་ཧུའི། ཡོན་རྒྱལ་རབས་དང་མིང་རྒྱལ་རབས་སླབས་ནས་བཟུང་། ཀྲུང་གོའི་རྒྱ་ཡིག་གི་ལོ་རྒྱུས་ཁྲོད་དུ་དབྱེ་ཞི་ལན་ཆོས་ལུགས་ལ་དད་པའི་མི་རིགས་དང་རྒྱལ་ཁབ། དེའི་ཆོས་ལུགས་ཀྱི་རྗེས་འཇུག་པའི་མིང་དུ་འབོད།

Huihui, was the usual generic name for China's Muslims, mainly noted in many Chinese historical records since the Yuan Dynasty and the Ming Dynasty.

《回回民族问题》 研究回族历史和现状的论著。1941年在中国共产党西北工作委员会的直接领导下，以民族研究会的名义在延安编写出版。全书共9章，主要阐述了我国回族形成发展的历史和我党早期对回族及伊斯兰教的政策。

《ཧུའི་ཧུའི་མི་རིགས་ཀྱི་གནད་དོན》 ཧུའི་རིགས་ཀྱི་ལོ་རྒྱུས་དང་ད་ལྟའི་གནས་བབ་ལ་ཞིབ་འཇུག་བྱེད་པའི་བརྩམས་ཆོས། ༡༩༤༡ལོར་ཀྲུང་གོ་གུང་ཁྲན་ཏང་ནུབ་བྱང་ཁུལ་གྱི་ཡུལ་ལྟན་ཚོགས་ཀྱིས་ཐད་ཀར་འགོ་ཁྲིད་བྱས་པའི་མི་རིགས་ཞིབ་འཇུག་ལྟན་ཚོགས་ཀྱི་མིང་ཐོག་ནས་བརྩམས་པ་ཡིན། དཔེ་ཆ་ཡོངས་ལ་ལེའུ་དགུ་ཡོད། དེའི་ནང་དོན་གཙོ་བོར་རང་རྒྱལ་གྱི་ཧུའི་ཧུའི་མི་རིགས་ཀྱི་ཆགས་ཚུལ་དང་འཕེལ་རྒྱས་ཀྱི་ལོ་རྒྱུས། ཏང་གིས་དུས་སྔགས་སུ་མར་ཧུའི་རིགས་དང་དབྱེ་སི་ལན་ཆོས་ལུགས་ཐད་ཀྱི་སྲིད་ཇུས་བཅས་བརྗོད་ཡོད།

On the Question of Huihui Ethnicity, was a book of the history and current situation of the Hui people. It was edited and published in the name of Chinese Association for Ethnic Group in Yan An in 1941, directly guided by CPC Northwest Working Committee. The book has nine chapters. It mainly states the history of the origin and development of the Hui people in China, and the early policy towards the Hui people and Islam formulated by the Party.

回回司天监 元官署名。掌管回回人观测天象，编制回回历。至元八年（1271）始置"回回司天台"。皇庆元年（1312）改称"回回司天监"，有"提点""司天监""少监""监丞"等官吏。

ཧུའི་ཧུའི་གནམ་དཔྱད་སྡེ།ཁང་།ཡོན་རྒྱལ་རབས་ཀྱི་ལས་ཁུངས་ཤིག དེས་ཧུའི་ཧུའི་མི་རིགས་ཀྱི་གནམ་དཔྱད་དང་། ཧུའི་ཧུའི་མི་རིགས་ཀྱི་ལོ་ཐོ་བཟོ་སྐྲུན་སོགས་ཀྱི་འགན་འཁུར། གུ་ཡུན་ཕྱི་ལོ་བཅུད་པ་སྟེ། ༡༢༧༡ལོར་ཧུའི་ཧུའི་གནམ་དཔྱད་སྟེགས་སུ་སྐྲུན། དོང་ཚུན་ཕྱི་ལོ་དང་པོ་སྟེ་ལོ་༡༣༡༢ལོར་ཧུའི་ཧུའི་གནམ་དཔྱད་སྡེ་ལེགས་ཀྱི་བསྒྱུར། དེ་ལ་ཐུ་ཏན་དང་གནམ་དཔྱད་སྟེ་ཁག་ཏི་ཚན། ཅན་ཀྱིན་སོགས་གཞུང་ཞབས་ཡོད།

Huihui Astronomical Bureau, an office name in the Yuan Dynasty, was in charge of several Huihui astronomers to work on Huihui calendar-making and astronomy. It was not until 1271 that Huihui Astronomical Observatory was eventually established. Huihui Astronomical Observatory was later renamed with Huihui Astronomical Bureau. It has offices of Tidian (the Superintendent), Si Tianjian (the Director), Shaojian (the Vice-director), Jiancheng (the Assistant), etc.

回回药物院 元代医药机构名。1292年始置。元代设置的回回医药专门机构中，除广惠司外，还有隶属于广惠司的大都、上都两个回回药物院。回回药物院主要负责收集、贮藏、加工回回药物，并配合广惠司发放救济药物。

ཧུའི་ཧུའི་སྨན་རྫས་ཁང་།ཡོན་རྒྱལ་རབས་སྐབས་ཀྱི་སྨན་རྫས་ལས་ཁུངས་ཀྱི་མིང་། ༡༢༩༢ལོར་ཕྱག་མར་ཚུགས། ཡོན་རྒྱལ་རབས་སྐབས་སུ་བཙུགས་པའི་ཧུའི་ཧུའི་ཡི་སྨན་རྫས་ལས་ཁུངས་ཁོད། སྒྱེན་ཧུའི་སི་ལས་གཞན། ད་དུར་སྒྱི་ཧུའི་སི་ལ་གཏོགས་པའི་ཏ་ཏུའི་དང་ཆུང་ཐུའི་ཞེས་པའི་སྨན་རྫས་ཁང་གཉིས་ཡོད། ཧུའི་ཧུའི་སྨན་རྫས་ཁང་གི་འོས་འགན་ནི་སྨན་རྫས་བསྡུ་བ། ཅིང་ཉར་ཚགས་བྱེད་པ་དང་། ཞར་ཚགས་བྱེད་པ། ལས་སྟོན་བྱེད་པ་སོགས་ཡིན། གཞན་ད་དུར་སྒྱི་ཧུའི་སི་ལ་མཉམ་འབྲེལ་བྱས་ནས་སྨན་རྫས་སྐྱིན་པ་གཏོང་བ་སོགས་བྱེད།

Huihui (Muslim) Pharmaceutical Bureaus, established in 1292, was an imperial medical institute name of the Yuan Dynasty. Apart from the Broadening Benevolence Office (the Muslim Medical Office), there are Dadu and Shangdu Muslim Pharmaceutical Bureaus that are set up as medical specialized agency in the Yuan Dynasty. Huihui Pharmaceutical Bureaus worked mainly on the collecting, storing, and processing of Huihui medicines, and cooperating with the Muslim Medical Office to hand out relief medicines.

《回回原来》 中国伊斯兰教历史传说读物之一。作者不详，曾伪托伊斯兰学者刘智之父刘三杰之名所作。该书宗旨是追溯回族起源，而其内容则来自民间传说，包括康熙赠书之说，都反映出传说痕迹而无事实根据。但这些传说在民间广泛流传，经有心人加工而更为生动。

《ཧུའི་རིགས་འབྱུང་ཁུངས》 ཀྲུང་གོའི་དཔྱི་སི་ལན་ཆོས་ལུགས་ཀྱི་ལོ་རྒྱུས་སྒྲུང་གཏམ་ཞིག་ཚོམ་པ་པོ་མི་གསལ། དཔྱི་སི་ལན་གྱི་མཁས་ཆེན་ལིའུ་ཀྲིའི་ཡབ་ལུའུ་སན་ཅིའི་མིང་སྟེ་བརྩམས་ཡོད། དེབ་འདིར་ཧུའི་རིགས་ཀྱི་འབྱུང་ཁུངས་སུ་འདོད་བྱས་ཡོད་ལ་དེའི་ནང་

དོན་ནི་དབང་ཁྲོད་གཅིག་རྒྱུད་ལས་བྱུང་། གོང་མ་ཁང་ཞིས་རེར་བསྩལ་བའི་བཀའ་རྒྱུད་མང་པོ་ཞིག་ཁུངས་བཙུན་མིན་པའི་རང་བཞིན་མཐོང་ཡོད། དོན་གྱང་དབངས་ཁྲོད་དུ་བཀའ་རྒྱུད་དར་ཆེ་བས་བཙོལ་འཕྲི་ཞིགས་བཟོ་བྱས་ཇེས་སྦྱར་ལས་གསོན་ཞེས་ཕྲེན་པར་གྱུར་ཡོད།

Huihui yuanlai (The Origins of the Huihui) is one of the Chinese Islamic historical legendary books. It was the forgery work of Liu Sanjie, the father of a Islamic scholar Liu Zhizhi and no one knows the real author. The aim of the book was to trace back the origin of Hui and its contents were about folk legends including Emperor Kangxi bestowed the books. Although all of these legends had no factual basis, they were recreated by people continuously and became more and more vivid and popular.

回疆 亦称"回部"。清代对新疆天山南路的通称。该地区为信仰伊斯兰教的维吾尔等民族所聚居，因清朝对信仰伊斯兰教的少数民族或地区多加称为"回"，故名。

ཧུའེ་སྐྱོངས། དེ་ལ་ཧུའེའི་རིགས་ཀྱི་ཚོ་པ་ཡང་ཟེར། ཆིང་རྒྱལ་རབས་ཀྱི་སྐབས་སུ་ཞིན་ཅང་ཐེན་ཧུན་རི་བོའི་ལྷོ་ཁུལ་གྱི་སྤྱི་མིང་། ས་ཁུལ་འདིའི་དཔྱི་ཨི་ལན་ཆོས་ལུགས་ལ་དད་པ་བྱེད་པའི་ཡུ་གུར་སོགས་མི་རིགས་ཀྱི་འདུས་སྡོད་ཁུལ་ཡིན། ཆིང་རྒྱལ་རབས་ཀྱིས་དཔྱི་ཨི་ལན་ཆོས་ལུགས་ལ་དད་པའི་གྲངས་ཉུང་མི་རིགས་དང་ས་ཁུལ་ཧུའེ་ཞེས་སྤྱིར་བཏགས་མིང་དེ་ལྟར་ཐོགས།

Huijiang (Muslim Frontier), also called Huibu, was the generic name of south Tianshan road in Xinjiang in the Qing Dynasty. The area was the settlement of the Uyghur and other ethnic groups who believes in Islam. Huijnag was so named because Hui was often used to refer to the ethnic groups or areas that believe in Islam by the Qing government.

《回疆则例》 清朝中央朝廷治理回疆地区的基本法律规章。一方面，它以法律形式规定了回疆地区的基本政治制度；另一方面，它还详细规定了回疆地区的税制、币制、贸易、司法、驻军等具体管理条例。1811年理藩院开始奉旨编修，1843年刊刻印行。

《ཧུའེ་སྐྱོངས་ཀྱི་བཅའ་ཡིག》 ཆིང་རྒྱལ་རབས་ཀྱི་སྐབས་སུ་ཧུའེ་སྐྱོངས་ལ་དོ་དམ་བྱེད་པའི་ཆེད་དུ་གཏན་ལ་ཕབ་པའི་ཁྲིམས་ལུགས་ཀྱི་ཡིག་ཆ། ཕྱོགས་གཅིག་ནས་དེས་ཁྲིམས་ལུགས་ཀྱི་རྣམ་པ་ལྟར་ཧུའེ་སྐྱོངས་ཀྱི་ཆབ་སྲིད་ཀྱི་ལམ་ལུགས་གཙན་འབེབས་བྱས། ཕྱོགས་གཞན་ཞིག་ནས་དེས་ཧུའེ་སྐྱོངས་ཀྱི་ཁྲལ་གྱི་ལམ་ལུགས་དང་། དངུལ་སྒོར་ལམ་ལུགས། ཚོང་ལས་དང་། ཁྲིམས་འཛིན། དམག་སྡོད་སོགས་ཀྱི་ཞིབ་ཕའི་དོ་དམ་གྱི་སྒྲིག་གཞི་འབེབས་བྱས་ཡོད། 1811ལོར་མཐའ་སྐྱོང་ལྷན་གྱི་བཀའ་ལྟར་བཅོས་སྒྲིག་བྱས་ནས། 1843 ལོར་པར་དུ་བསྐྲུན་ཏེ་ཁྱབ་བསྒྲགས་བྱས།

Regulations for the Muslim Frontier was the basic laws of governing Huijiang (Uygur Xinjiang) by the Qing government. On the one hand, it regulates the basic political system of Huijiang area in form of law. On the other hand, it precisely formulates specific administrative regulations of tax system, currency system, trade, judicature, garrison troops, etc. It was compiled by Li Fan Yuan (Council for Tribal Affairs) by imperial decree in 1811, and inscribed and published in 1843.

回族 中国分布最广的少数民族。7 世纪中叶，波斯和阿拉伯商人到中国的广州、泉州、长安等地定居。13 世纪，蒙古军西征，西域人大批迁入，吸收汉、蒙古、维吾尔等民族成分，逐渐形成回族。人口 10586087 人（2010 年）。从事农业，兼营牧业、手工业，擅经商。通用汉语，信仰伊斯兰教。

ཧུའེ་རིགས། ཀྲུང་གོའི་མངའ་ཁོངས་ཀྱི་ཁྱབ་རྒྱ་ཆེས་ཆེ་བའི་གྲངས་ཉུང་མི་རིགས། དུས་རབས་༧པའི་དུས་དཀྱིལ་དུ་པར་སིག་དང་ཨ་རབ་ཀྱི་ཚོང་པ་ཀྲུང་གོའི་ཀོང་ཀྲོའུ་དང་ཆོན་ཀྲོའུ། ཁྲང་ཨན་སོགས་ཀྱི་ས་ཆར་བཅའ་སྡོད་བྱས། དུས་རབས་༡༣པར། སོག་པོའི་དམག་གིས་ནུབ་འདུལ་བྱས་རྗེས། ནུབ་ཡུལ་གྱི་མི་མང་པོ་ཞིག་ནང་སོག་ཏུ་སྤོས་ནས་རྒྱ་དང་སོག་པོ། ཡུ་གུར་སོགས་ཀྱི་མི་རིགས་ཀྱིས་རིམ་གྱིས་ཧུའེ་རིགས་གྲུབ། མི་གྲངས་༡༠༥༨༦༠༨༧ (༢༠༡༠ལོ) ཡོད། ཁོ་ཚོས་ཞིང་ལས་གཉེར་ལ་ཞོར་དུ་འབྲོག་ལས་དང་ལག་ཤེས་བཟོ་ལས་ཡང་གཉེར། གཞན་མི་རིགས་འདི་ཚོང་ལས་གཉེར་བར་ཧ་ཅང་མཁས། ཁོ་ཚོས་རྒྱུན་སྤྱོད་སྐད་ཡིག་རྒྱ་ཡིག་ཡིན། དབྱི་སི་ལན་གྱི་ཆོས་ལུགས་ལ་དད་མོས་བྱེད།

The Hui people are the most widespread ethnic group in China. In the middle age of the 7th century, Persian and Arabian businessmen came to China and settled in Guangzhou, Quanzhou, and Changan, etc. In the 13th century, people from Western Regions migrated in China while Mongolian troops went west. They lived with Han, Mongolian, Uyghur and other ethnic groups, and gradually formed the Hui people. In 2010, the population of the Hui reached 10,586,087. They mainly engaged in farming, concurrently animal husbandry, handicraft industry, and they have talent for trade. The Hui people speak Chinese language. They believe in Islam.

会社制 清初，清廷在甘肃河州（今临夏）回、东乡、撒拉等族穆斯林聚居地区设立的一种基层社会组织形式。1705 年改原里甲制为会社制。每会辖 20—30 个自然村。会置练总 1 人，会长 3—4 人，社置社长 1 人，均由地方上层豪绅充任，唯不得世袭。清中叶改会社制为乡约制。

ཧུའེ་ཧྲེ་ལམ་ལུགས། ཆིང་རྒྱལ་རབས་ཀྱི་དུས་མགོར། ཆིང་སྲིད་གཞུང་གིས་ཀན་སུའུ་ཧོ་ཀྲོའུ་ཡི་ཧུའེ་ (དེང་གི་ཀ་ཅུ) རིགས་དང་ཏུང་ཞང་རིགས། ས་ལར་རིགས་སོགས་མུའུ་སི་ལིན་འདུས་སྡོད་ཁུལ་དུ་བཙུགས་པའི་གཞི་རིམ་སྤྱི་ཚོགས་ཀྱི་རྩ་འཛུགས་ཤིག་ཡིན། ༡༧༠༥ལོར་སྔར་གྱི་ལི་ཅ་ལམ་ལུགས་དེ་ཧུའེ་ཧྲེ་ལམ་ལུགས་སུ་བསྒྱུར། ཧུའེ་རེའི་མངའ་ཁོངས་སུ་སྡེ་བ་༢༠—༣༠ཡོད། ཧུའེ་རེར་ལན་ཙུང་ཞེས་པའི་དཔོན་པོ་མི་གཅིག་དང་། ཧུའེ་ཀྲང་མི་༣ནས་༤རེ་བསྐོ། ཧྲེ་ནས་ཧྲེ་ཀྲང་མི་གཅིག་བསྐོ་བཞག་བྱེད། གོང་གི་དཔོན་པོ་དག་ནི་ས་དྲག་ཁྲོད་ནས་འདེམ་པ་དང་རྒྱུད་འཛིན་མི་བྱེད་པ་ཡིན། ཆིང་རྒྱལ་རབས་ཀྱི་དུས་དཀྱིལ་དུ་ལམ་ལུགས་འདི་ཡུལ་ཆིངས་ལམ་ལུགས་སུ་བསྒྱུར།

Huishe System, a grass-roots social organization form established by the Qing government in Muslim settlements of Hui, Dongxiang, Salar, and other Muslim groups in Hezhou (Linxia now), Gansu. In 1705, the social system shifted from the former Lijia System to Huishe System. Each organization governs 20 to 30 rural villages. The organization sets one Head of Village Militia, 3 ~ 4 chairmen, and one director for the unit. These posts were all held by the upper-class local gentry, and mustn't be acquired by hereditary. In the middle age of the Qing Dynasty, Huishe System was changed into Xiangyue System (Contractual Arrangement for the Villages).

会同馆 元、明、清三代所设接待少数民族官员及外国使节的机构。元至元十三年（1276）始置。属礼部，专事翻译、陪伴、迎送、点视贡物在馆互市等事宜。光绪二十九年（1903）废。

མཉམ་འཛོམས་ཁང་། ཡོན་དང་མིང་། ཆེད་གསུམ་རྒྱལ་རབས་ཀྱིས་གུང་ལུང་མི་རིགས་ཀྱི་དཔོན་པོ་དང་ཕྱི་རྒྱལ་གྱི་སྐུ་མགྲོན་རྗེ་ལེན་བྱེད་པའི་ལས་ཁུངས། ཡོན་རྒྱལ་རབས་ཀྱི་ཀྱི་ཡོན་ཁྲི་ལོ་བཅུ་གསུམ་པར་（1276）ཚུགས། གུས་འབས་ཁང་གི་ཁོངས་སུ་གཏོགས། དེ་ལོ་རྡོ་རྗེ་ལེན་དང་བསུ་བྱེད་དང་། འབུལ་བ་ཚོངས་ཚིས་བྱེད་པ་སོགས་ཀྱི་ལས་ཀ་སྐྱུར། གོང་མ་གོང་ཞིའི་ཁྲི་ལོ་དགུ་པར་（1903）ཕར་མེད་པར་བཏང་།

Huitongguan (the Bureau of Interpreters) was an organization for the reception of ethnic officials and foreign envoy in the Yuan, Ming, and Qing Dynasty. It began in 1276, and was affiliated with Board of Rites for translation, accompanying, welcoming and seeing-off service, checking tributes, frontier trade, etc. The Bureau was abolished in 1903.

活佛转世 藏传佛教寺院为解决其首领的继承而采取的一种制度。"活佛"为藏传佛教地区转世修行者的称谓。藏族聚居地区称"祖古"或"朱古"，蒙古语称"呼图克图"，意义就是"转世者"或"化身"。活佛转世出自佛教灵魂不灭、生死轮回、佛以种种化身救度众生的观念。

སྤྲུལ་སྐུའི་ཡང་ལུགས། བོད་རྒྱུད་ནང་བསྟན་ཆོས་ལུགས་ཀྱི་དགོན་པ་དགོན་བདག་རྒྱུན་འཛིན་འདིའི་པའི་དོན་ཐག་གཅོད་པའི་ལུགས་ཤིག སྤྲུལ་སྐུ་ཞེས་པ་ནི་བོད་རྒྱུད་ནང་བསྟན་གྱི་ཁྱབ་སུ་སྐྱེ་རབས་བརྒྱུད་འཛམས་ཤིང་ཞི་བའི་སྒོམ་ཡིན། བོད་སྐད་དུ་སྤྲུལ་སྐུ་ཟེར། སོག་སྐད་དུ་ཧོ་ཐོག་ཐུ་ཟེར། དོན་སྤྱལ་བའི་སྒྲལ་སྤྲུལ་པ་སོགས་ཡིན། སྤྲུལ་སྐུའི་ཡང་ལུགས་ནི་སངས་རྒྱས་ཆོས་ལུགས་ཀྱི་རྣམ་ཤེས་འཇིག་རྒྱུ་མེད་པ་དང་འཇིག་འཁོར་རིས་བྱེད་པ། སངས་རྒྱས་ཀྱིས་སེམས་ཅན་སྣ་ཚོགས་ཀྱི་ལུས་བླངས་ཏེ་འཚམ་ཐབ་སེམས་ཅན་སྐྱོབས་པའི་ལྟ་བ་ལས་བྱུང་།

Reincarnation System for the Living Buddhas is one system to solve the specific succession of religious leaders in Tibetan Buddhist monasteries. Living Buddha was a name for lama reincarnations in Tibetan Buddhist area. They were called Tulku or Trulku in Tibet or Khutukhtu in Mongolian, meaning reincarnation or incarnation. Reincarnation of living Buddha is from the Buddhist concepts of immortal soul, reincarnation, and Buddha saving life as several incarnations.

霍尔 1. 藏文古籍对北方游牧民族（回鹘、蒙古等）的称呼。2. 卫藏农业区藏族对西藏北部和西藏以北地区藏族牧民的泛称。3. 藏族对居住于青海的土族的专称。

ཧོར། 1. བོད་ཀྱི་གནའ་བོའི་ཡིག་ཆ་ལས་བྱང་ཕྱོགས་འབྲོག་ལས་གཉེར་བའི་མི་རིགས་ཀྱི་འབོད་མིང་། དདབུས་གཙང་གི་ཞིང་ལས་ཁུལ་གྱི་བོད་རིགས་ཀྱིས་བོད་བྱང་དང་བོད་བྱང་གི་བྱང་ཁུལ་ན་གནས་པའི་འབྲོག་པའི་འབོད་མིང་། འབོད་རིགས་ཀྱིས་མཚོ་སྔོན་འཚོ་བའི་ཐོར་རིགས་ལ་ཆེད་དུ་འབོད་པའི་མིང་།

Hor 1. name of northern nomads (Uighur, Mongolian, etc. in ancient Tibetan books) 2. generic name for Tibetan herdsmen in north Tibet and northern area of Tibet by Tibetan living in Central Tibet agriculture region. 3. specific name for the Tu people living in Qinghai by Tibetan.

J

基督教 世界三大宗教之一。发源于公元1世纪。是以新旧约全书为圣经，信奉耶稣基督为救世主的一神论宗教。主要有天主教、东正教、新教三大派别。中国的部分少数民族信奉该教。中文的"基督教"一词常被用于专指基督新教。

ཡེ་ཤུ་ཆོས་ལུགས། འཛམ་གླིང་གི་ཆོས་ལུགས་ཆེན་པོ་གསུམ་གྱི་གྱུལ། སྤྱི་ལོ་དང་པོའི་དུས་རབས་སུ་བྱུང་། དེས་གསར་རྙིང་གི་དཔེ་ཆ་ཆོང་མ་དག་པའི་གསུང་རབ་ལ་འདོད། ཆོས་ལུགས་འདིས་ཡེ་ཤུའི་འཇིག་རྟེན་བཀོད་པོ་ཡིན་པར་ཡིད་ཆེས་པའི་ལྷ་གཅིག་སྒྲུབ་པའི་ཆོས་ལུགས་ཞིག་ཡིན། དེའི་གྲུབ་མཐའ་གཙོ་བོར་གནམ་བདག་ཆོས་ལུགས་དང་དོངས་རྒྱུད་ཆོས་ལུགས་ཤར་མ། ཆོས་ལུགས་གསར་པ་སོགས་ཡོད། རྒྱ་ནག་གི་ཡེ་ཤུའི་ཆོས་ལུགས་འདིར་དད་མོས་བྱེད་རྒྱ་ཡིག་གི་ཡེ་ཤུའི་ཆོས་ལུགས་ཞེས་པ་རྒྱུན་ལྡན་དུ་ཆོས་ལུགས་གསར་པ་བསྟན།

Christianity, originated in the first century AD, is one of the three major religions in the world. Christianity regards the biblical canon, the Old Testament and the New Testament, as the inspired word of God, and is a monotheistic religion based on the life and teachings of Jesus Christ who was anointed by God as savior of humanity as presented in the New Testament. The three largest branches of Christianity are the Catholic Church, the Eastern Orthodox Church and the various denominations of Protestantism. Some ethnic groups in China believe in Christianity. The word Christianity in Chinese is always used to specially refer to Protestantism.

基诺族 中国的少数民族。"基诺"是自称，意为"舅舅的后人"或"尊重舅舅的民族"。主要分布在云南西双版纳傣族自治州景洪市基诺山基诺族乡及四邻山区。人口23143人（2010年）。主要从事农业，善种茶。使用基诺语，无本族文字。相信万物有灵，崇拜祖先，尊奉诸葛孔明。

ཅི་ནུའོ་རིགས། གྲུང་གོའི་གྲངས་ཉུང་མི་རིགས། ཅི་ནུའོ་རང་ལ་འབོད་པའི་མིང་ཞིག་སྟེ། གོ་དོན་ནི་ཞང་ལ་རྒྱུད་པའམ་ཡང་ན་མ་ཞང་ལ་བཅུ་འཛོང་བྱེད་པའི་མི་རིགས་ཞེས་པ་ཡིན། ཕྱུག་ཡུལ་གཙོ་བོ་ཡུན་ནན་ཞུ་ཏོང་པན་ནའི་ཏེ་རིགས་རང་སྐྱོང་ཁུལ་ཆིན་ཧོང་གྲོང་ཁྱེར་གྱི་ཅི་ནུའོ་རི་བོའི་ཅི་ནུའོ་ཞང་དང་དེ་ཉེ་འཁོར་གྱི་རི་ཁུལ་ཡིན། མི་གྲངས་ལ་༢༣༡༤༣（༢༠༡༠ལོ།）ཡོད། ཁོ་ཚོས་ཞིང་ལས་གཙོ་གནེར་དང་། ཇ་དཔར་དུ་འདེབས་པའི་ཕྱོགས་ལ་མཁས། ཅི་ནུའོ་སྐད་བེད་སྤྱོད་བྱེད། རང་མི་རིགས་ཀྱི་ཡི་གེ་མེད། ཁོ་ཚོས་བྱ་དངོས་ཡོངས་ལ་རྣམ་ཤེས་ཡོད་པར་ཡིད་ཆེས་པ་དང་། མེས་པོར་དད་པ་བྱེད་པ། ཁུང་མིང་ལའང་དད་མོས་བྱེད།

Jinuo people is one of the Chinese ethnic groups. The word Jinuo means "the offspring of the maternal uncle" or "following the maternal uncle". Most of the Jinuo concentrate in the Jinuoshan Mountain, in a series of mild hills near Jinuo Township in Jinghong Municipality, Xishuangbanna

Dai Autonomous Prefecture of Yunnan Province. With a population of 23,143 (2010), Jinuos are mainly engaged in agriculture and good at planting tea. Jinuo people speak Jinuo language without a written system of their own. They believe in animism and worship the ancestors as well as Zhuge Kongming.

基恰 藏语音译，意为"总管"。原西藏地方政府的一级行政官职。例由四品以上僧俗官员充任。辖区相当于普通地区的区划。

ཁྱབ། དེའི་དོན་ནི་སྤྱི་དཔོན་ཞེས་པ་དེ་ཡིན། སྔར་བོད་ས་གནས་སྲིད་གཞུང་སྐབས་ཆེ་བྲང་གི་ཉན་ནས་དཔོན་ཐོབ་ཚད་བཞི་དེའི་རིམ་པ་བཞིའི་ཡན་གྱི་དཔོན་པོའི་ཁོངས་ནས་འདེམས་པ་དང་། དབང་བསྒྱུར་མངའ་ཁོངས་ནང་ལྗོངས་གི་ས་ཁུལ་ཞེས་པ་དང་འདྲ།

Chikyap, transliterated from Tibetan language, means "superintendent". It originally refered to the first rate administrative organ where officials from lamas and nobles with a rank higher than the fourth-rank took the position in Old Tibet. Chikyap, the largest administrative unit, was equivalent to a prefecture.

基萨 藏语音译，意为"公有土地"。解放前西藏门巴族部分地区在封建领主制下残存的村社公有土地制度。具有村社公有和领主所有两重性。

སྤྱི་ས། དོན་ནི་སྤྱི་ལ་དབང་བའི་ས་ཞིང་ཞེས་པའི་དོན། བོད་སྟོངས་བཅངས་འགྲོལ་མ་བྱས་གོང་། མོན་པ་མི་རིགས་ཀྱིས་བཀའ་བཀོད་རྒྱུད་འཛིན་བདག་པོའི་ལམ་ལུགས་ཀྱི་ཤུགས་རྐྱེན་ཞིག་ལ་དབང་བའི་ལམ་ལུགས་ཤིག་ཡིན། དེར་གྲོང་སྡེའི་སྤྱི་ལ་དབང་བའི་རང་བཞིན་ཡོད་ལ་བདག་པོ་བགོས་བགོད་རྒྱུད་འཛིན་བདག་པོར་དབང་བའི་རང་བཞིན་ཡང་ལྡན།

Jisa, transliterated from Tibetan language, means "public lands". It referred to the surviving system of communal land owner-ship under the feudal suzerain system in some parts of the Menba region in Tibet before 1949, having the dual characteristic of communal land ownership and feudal suzerain ownership.

羁縻都司卫所 明初在边疆少数民族地区设置的一种军政合一的地方行政单位。以当地首领为都督、都指挥、指挥、千、百户、镇抚等官，赐给敕书印记，辖都司卫所，掌当地军民政事。所置官由各部族世袭。主要设在东北、西北和四川西部、青海、西藏等地区。

འཛིན་བྱེད་བདེ་བྱུང་ཁང་། མིང་རྒྱལ་རབས་ཀྱི་དུས་མགོར་མཐའ་ཁུལ་གྲངས་ཉུང་མི་རིགས་ས་ཁུལ་དུ་བཙུགས་པའི་དམག་སྲིད་ཟུང་འབྲེལ་གྱི་ས་གནས་སྲིད་འཛིན་ལས་ཁུངས་ཞིག་ཡིན། ས་གནས་ཀྱི་འགོ་བགོས་འགོ་གཙོ་དང་མཛུབ་སྟོན་གྱི་འགན་ཁུར་ལ་ཐམ་ག་གནང་ཡོད། ཧོའུ་སི་ཁང་གི་ཁོངས་སུ་གཏོགས་པ་དང་། ས་གནས་ཀྱི་དམག་དམངས་སྲིད་དོན་བཅས་བཟུང་ཡོད། དཔོན་གནས་ཚབ་པ་སོ་སོའི་རྒྱུད་འཛིན་བྱེད། གཙོ་བོ་ཤར་དང་ནུབ་བྱང་། སི་ཁྲོན་ནུབ་ཁུལ། མཚོ་སྔོན། བོད་ལྗོངས་ས་ཁུལ་དུ་བཙུགས་ཡོད།

Jimi Regional Military Commissions and Garrisons was a local administrative unit where the army and the government were combined into one, set in the regions inhabited by ethnic groups in the frontiers in the early Ming Dynasty. The local chieftains were appointed to be Dudu (the military commissioner), Duzhihui (the high commander), Zhihui (the commander), Qianhu (the head of a regiment of 1,120 soldiers), Baihu (the head of a regiment of 112 soldiers), Zhenfu (the Judge) etc. by the official document and seal to take in charge of Regional Military Commissions and Garrisons and deal with the local military and civilian affairs. These positions are inherited by their offspring in different tribes. Regional Military Commissions and Garrisons were mainly established in Northeast China and Northwest China, including the western Sichuan, Qinghai and Tibet.

羁縻府州 唐、宋两代在边疆地区所设置的地方行政单位。唐朝分羁縻都护府、羁縻都督府、羁縻州、羁縻县4级。以民族首领为都督、刺史、郡王、长史、司马等，世袭。宋朝部分地区因袭唐制，设羁縻府、州、县、峒。元、明、清三代废而代以土司制度。

འཛིན་བྱེད་ཁྲ་ཁུལ། ཐང་དང་སུང་རྒྱལ་རབས་གཉིས་སུ་མཐའ་མཚམས་ས་ཁུལ་དུ་བཙུགས་པའི་ས་གནས་སྲིད་འཛིན་ལས་ཁུངས་ཡིན། ཐང་རྒྱལ་རབས་ཀྱི་སྐབས་སུ་ཆེས་མཆེས་རྒྱལ་སྲུང་སྤྱན་དང་། ཆེས་མཆེས་ཁྲུའུ་ཏུའུ། ཆེས་མཆེས་གྲོའུ། ཆེས་མཆེས་རྫོང་བཅས་རིམ་པ་བཞི་རེ་རིགས་ཀྱི་འགོ་བ་ཧུའུ་ཏིའུ་དང་ཚོའོ་ཏི། རྒྱལ་ཕྲན་རྒྱལ་པོ། སིམ་སོགས་ཀྱི་འགན་བཞེས། སུང་རྒྱལ་རབས་ཀྱི་སྐབས་སུ་ས་ཁ་ཞ་གྲུས་ཐང་གི་ལམ་ལུགས་རྒྱུན་འཛིན་བྱས་པས། ཆེས་མཆེས་སྲུང་དང་གྲོའུ། རྫོང་། ཏོང་།

The prefecture of Jimi is a local administrative unit established in the border areas in the Tang and Song Dynasty. In the Tang Dynasty, it was divided into four levels, including the protectorates, the command area, the prefecture and the county. The ethnic head was assigned the official post of regional chief (cishi), commandery prince (junwang), princedom administrator (zhangshi), and minister of war (sima), all of those posts were hereditary. In the Song Dynasty, this practice was followed, including the protectorates, the prefecture, the county and the Dong. It was abolished and replaced by the Chieftain System in Yuan Dynasty, Ming Dynasty and Qing Dynasty.

羁縻制度 自秦朝建立郡县制起到宋、元交替时期前，中央王朝实行的一种处理中央与少数民族关系的统治政策。"羁縻"有笼络控制之意，即在少数民族地区设立特殊的行政单位，除政治上隶属中央、经济上朝贡外，其他事务由少数民族首领管理。

འཛིན་བྱེད་ལམ་ལུགས། ཆིན་རྒྱལ་རབས་སྐབས་རྫོང་དཔོན་ལམ་ལུགས་བཙུགས་པ་ནས་བཟུང་སུང་དང་ཡོན་བརྗེ་སྤོར་རོན་དུ་གྱུར་དབང་གིས་ལག་བསྟར་བྱེད་པའི་ཀྲུང་དབྱང་དང་གྲངས་ཉུང་མི་རིགས་ཀྱི་འབྲེལ་བ་ཐག་གཅོད་བྱེད་པའི་དབང་བསྒྱུར་སྲིད་ཇུས་ཤིག་ཡིན། འཛིན་བྱེད་ཅེས་པར་ཚོད་འཛིན་གྱི་དོན་ཡོད། གྲངས་ཉུང་མི་

རིགས་ས་ཁུལ་དུ་བཙུགས་པའི་སྲིད་འཛིན་ལམ་ལུགས་ཤིག་ཡིན། ཆབ་སྲིད་སྟེང་རྒྱང་དབྱུང་ལ་གཏོགས་པ་དང་དཔལ་འབྱོར་སྟེང་ཁྲལ་འཇལ་བ་མ་གཏོགས། ལས་དོན་གཞན་ཚང་མ་གྲངས་ཡུང་མི་རིགས་ཀྱི་དཔོན་པས་དོ་དམ་བྱེད།

Jimi System was practised since the establishment of the system of prefectures and counties in the Qin Dynasty and ended in the transition period from the Song Dynasty to the Yuan Dynasty. It is a regnant policy helping the government deal with the relations with the ethnic groups. The word Jimi has the meaning of "loose-rein". Based on the system, the central government set up a special administrative unit in the ethnic group areas with their submission in politics and tribute in economy; it let leaders of the ethnic groups take in charge of any other affairs.

吉哈德 阿拉伯语音译，意为"尽力""奋斗"，引申为"为安拉之道而奋斗"。西方学者将其单纯译为"圣战"。指穆斯林为安拉的事业尽量发挥自己的能力，为传播和捍卫对安拉的信仰而奋斗。认为"吉哈德"是安拉指引的通向天园的直接道路，通过履行其义务，可得到后世的拯救和幸福。

ཆི་ཧ་ཏི། ཨ་རབ་ཀྱི་སྐད། གོ་དོན་བརྩོན་པ་དང་འབད་པ་ཡིན། དེའི་དོན་རྒྱ་བསྐྱེད་ནས་ཨན་ལའི་ལུགས་པས་དེ་འབད་པ་ཞེས་པར་གྱུར། ནུབ་ཕྱོགས་ཀྱི་མཁས་པས་དེ་ཉིད་དགེ་བའི་དམག་འཁྲུག་གོགས་སུ་བསྒྱུར། དེའི་བསྟན་དོན་ནི་མུ་སུ་ལི་མིས་ཀྱིས་ཨན་ལའི་དོན་ལ་རང་གི་ནུས་པ་ཡོངས་ཆུབ་འབུལ་དགོས་པ་དང་། ཨན་ལའི་དད་

མོས་ཁྱབ་བསྒྲགས་དང་སྲུང་སྐྱོབ་བྱེད་པར་འབད་རྩོལ་བྱེད་དགོས། ཁོ་ཚོས་ཆི་ཧ་ཏི་ནི་ཨན་ལས་དགག་ཞིང་ལ་འདྲེན་པའི་ལམ་ཡིན་པར་འདོད། འབད་བས་ཡོས་འགན་སྒྲུབ་ན་སྐྱེས་པ་ཕྱི་མའི་མགོན་སྐྱབས་དང་བདེ་སྐྱིད་ཐོབ་པར་འདོད།

Jihad, transliterated from Arabic, means "to strive" or "to struggle" and its meaning is extended as "striving in the way of Allah". The western scholars simply translate Jihad as "Holy War": it refers to the belief that the Muslims maximize their ability to fight for and defend the faith in Allah; they regard Jihad as the direct path leading to to God and by living the principles of Islam they can be blessed with salvation and happiness in afterlives.

吉林将军 全称"镇守吉林等处地方将军"。清朝吉林旗兵的最高长官。1653年朝廷始置宁古塔（今黑龙江宁安）昂邦章京二人。1662年改为宁古塔将军一人。1677年其治所徙至吉林。1757年正式更名为吉林将军。直到1907年吉林将军裁撤。

ཅི་ལིན་དམག་དཔོན། མིང་ཡོངས་ལ་ཅི་ལིན་སོགས་ཁུལ་སྲུང་སྐྱོབ་བྱེད་པའི་དམག་དཔོན་ཟེར། ཆིང་རྒྱལ་རབས་ཀྱི་སྐབས་ཅི་ལིན་དར་དམག་གི་ཆེས་མཐོའི་འགོ་ཁྲིད་ཅིང་། 1653 ལོར་གོང་མའི་སྲིད་གཞུང་གིས་ཉིང་ཁ་ཐང་ཞང་པར་གྱུར་ཅིང་གི་མི་གཉིས་བསྐོས། 1662 ལོར་ཉིང་གོ་ཐ་དམག་དཔོན་མི་གཅིག་ཏུ་བསྒྱུར། 1677 ལོར་འདིའི་སྲིད་གཞུང་ཅི་ལིན་དུ་སྤོར། 1757 ལོར་དངོས་སུ་ཅི་ལིན་དམག་དཔོན་དུ་བསྒྱུར། 1907 ལོར་ཅི་ལིན་དམག་དཔོན་མེད་པར་བཏང་།

General of Jilin, also called the Military Governor of Jilin, was the top official in the region of Jilin in the Qing Dynasty. In 1653, the government newly created garrison at Ninguta (today's Ning'an county, Heilongjiang) and appointed two generals (Angbang-zhangjing; Manchu: amban-jianggin) there. In 1662, one general was appointed and it was renamed as General of Ninguta. In 1677, the garrison moved to Jilin. In 1757 it was officially named General of Jilin. And by the year of 1907, "General of Jilin" was dissolved.

《吉林省散居少数民族权益保障条例》 2001 年由吉林省第九届人民代表大会常务委员会第 27 次会议通过。共 39 条。该条例就该省行政区域内散居少数民族的权益保障做出涉及民族成分、民族歧视、民族语文、民族教育、民族文化、民族医药等诸多方面的具体规定。

《ཅི་ལིན་ཞིང་ཆེན་གྱིས་གྱེས་འཛོར་དུ་གནས་པའི་གྲངས་ཉུང་མི་རིགས་ཀྱི་ཁེ་དབང་ལ་སྲུང་སྐྱོབ་བྱེད་པའི་སྲོལ་ཡིག》 ༢༠༠༡ལོར་ཅི་ལིན་ཞིང་ཆེན་གྱི་སྐབས་དགུ་པའི་མི་དམངས་འཐུས་མིའི་ཚོགས་ཆེན་གྱི་རྒྱུན་ལས་ཨུ་ཡོན་ལྷན་ཚོགས་ཐེངས་ཉེར་བདུན་པའི་ཚོགས་འདུའི་སྟེང་གྲོས་མཐུན་བྱུང་། དེའི་ནང་དོན་ལ་ཚན་པ་༣༩ཡོད། སྲོལ་ཡིག་དེར་ཅི་ལིན་ཞིང་ཆེན་གྱི་སྲིད་འཛིན་ཁུལ་ནང་གི་གྱེས་འཛོར་དང་སྡོད་པའི་གྲངས་ཉུང་མི་རིགས་ཀྱི་ཁེ་དབང་སྲུང་སྐྱོབ་ཁྲོད་མི་རིགས་ཀྱི་གྲུབ་ཆ་དང་། མི་རིགས་མཐོང་ཆུང་། མི་རིགས་ཀྱི་སྐད་ཡིག མི་རིགས་ཀྱི་སློབ་གསོ། མི་རིགས་རིག་གནས། མི་རིགས་ཀྱི་གསོ་རིག་སོགས་ཕྱོགས་མང་པོ་ཞིག་ལ་སྒྲིག་ནས་གཏན་འབེབས་བྱས་ཡོད།

Regulations of Jilin Province on Protection of Rights and Interests of Scattered Ethnic Minority Groups was released by the 27th plenary session of the 9th Standing Committee of Jilin Provincial People's Congress with 39 pieces/articles in total. Many detailed regulations involved the protection of the rights and interests of the scattered minorities within the administrative areas of Jilin province, including ethnic identity, ethnic discrimination, ethnic languages, ethnic education, ethnic culture and ethnic medicine, etc.

《吉林外记》 书名。由满族人萨英额撰写。初刊于 1895 年。记载吉林地区山川、疆域、城池、沿革、职官、文苑、物产、田赋、风俗、古迹等。为吉林最早的志书。

《ཅི་ལིན་གྱི་ཕྱིའི་ཟིན་བྲིས》 དཔེ་ཆའི་མིང་། དཔེ་ཆ་འདི་མན་ཇུའི་མི་ས་ཡུན་ཨུ་ཞེས་པས་༡༨༩༥ལོར་བརྩམས། དཔེ་ཆ་དེའི་ནང་དུ་ཅི་ལིན་ཁུལ་གྱི་རི་གླུང་། ས་ཁོངས། མཁར་རྫོང་། གོ་གནས། ཕོན་དངོས་རིག་གནས། ས་ཞིང་། དཔངས་སྲོལ། གནའ་ཤུལ་སོགས་འཁོད་ཡོད། དེ་ནི་ཅི་ལིན་གྱི་ཁམས་སྟོར་གྱི་དཔེ་ཆེས་སྔ་བ་ཡིན།

Jilin Waiji (Miscellaneous Records from Jilin) was written by a Manchu scholar named Saying'e and was first printed in 1895. It chronicles the mountains and rivers, the territory, cities and moats, the course of change and development, civilian officials, literature works, natural resources, feudal land taxes, traditional customs, historical sites, etc. It is the earliest chronicle book on Jilin.

吉索 藏语音译。藏传佛教寺院僧职名。主管大寺院中包括各扎仓在内的全寺性财政、经济事宜。

སྤྱི་སོ། བོད་རྒྱུད་ནང་བསྟན་ཆོས་ལུགས་དགོན་པའི་གྲྭ་པའི་ལས་གནས་ཤིག གཙོ་བོ་གྲྭ་ཚང་སོ་སོར་འདུས་པའི་དགོན་པ་ཆེན་པོའི་ནང་གི་ནོར་སྲིད་དང་དཔལ་འབྱོར་གྱི་ལས་དོན་བཀོད་སྒྲིག་གཏན་འབེབས་བྱེད་པའི་སྤྱི་བ་ཡིན།

Jisuo, transliterated from Tibetan, is the title of a monk in Tibetan Buddhism temples. Jisuo is in charge of all the fiscal and economic matters in the Great Monastery including the monastic colleges or faculties (Dratsang).

计丁授田 后金及清初在辽沈地区实行的一种土地分配制度。天命六年（1621），努尔哈赤下令以海州、辽阳一带闲废土地计丁授田。将无主之地分授满汉人丁，但土地所有权归属国家。

མི་གྲངས་ལྟར་ས་ཞིང་བགོ་བ། ཅིན་ཕྱི་མ་དང་ཆིང་རྒྱལ་རབས་ཀྱི་དུས་མགོར་ལའོ་ཧྲན་ས་ཁུལ་གྱི་ཞིང་བགོ་བགྱིས་ལས་ལུགས་ཤིག ཐིན་མྱིན་ཕྱི་ལོ་དྲུག་པ་(1621)། ནོར་ཧ་ཁུ་ཡིས་བཀའ་ཕབས་ནས་ཧའེ་གྲོང་དང་ལའོ་དབྱང་ཁུལ་གྱི་སྟོང་མི་གནས་མེད་ཆུང་ལྟར་བགོ་བའི་ལས་ལུགས་ཤིག་ཡིན། བདག་པོ་མེད་པའི་ཞིང་རྣམས་མན་ཇུ་དང་རྒྱ་རིགས་ལ་བགོས། བོན་ཀྱང་ཞིང་དེའི་རྒྱལ་ཁབ་ལ་དབང་བའོ།

Per Capita Land-allocation Policy was a land allocation system implemented in the Later Jin Dynasty and early Qing Dynasty. In the 6th year of Emperor Tianming (1621), the emperor Nurhaci gave the order to implement the policy in Haizhou area and Liaoyang area by granting the waste lands or no-one-claimed lands to each man of the Manchus and the Hans, but the land ownership still belongs to the country.

季节牧场 农业生产单位根据各个地区的气候、地形、植物和水源等条件，将草原人为地分块划分为春、夏、秋、冬等不同季节利用的牧场。划分季节牧场，是实行划区轮牧的前提条件。

དུས་ཚིགས་ཀྱི་འབྲོག་ས། ཞིང་ལས་ཐོན་སྐྱེད་སྡེ་ཁག་གིས་ས་ཁུལ་སོ་སོའི་གནམ་གཤིས་དང་ས་གཤིས། རྩི་ཞིང་། ཆུ་ཁུངས་སོགས་ཀྱི་རང་བྱུང་གི་ཆ་རྐྱེན་ལ་གཞིར་བཟུང་ནས། ཙོལ་ཐང་གིས་རྩ་ཐང་དེ་དཔྱིད་ས་དང་དབྱར་ས། སྟོན་ས། དགུན་ས་བཅས་སུ་བགོ་བཤའ་དུས་ཚིགས་ལྟར་འགྲོ་བ་བྱེད་གཏོང་བ་ཞིག དུས་ཚིགས་ལྟར་འགྲོ་བ་བགོ་བའི་སྔོན་འགྲོའི་ཆ་རྐྱེན་ཡིན་ས་རིམ་སོལ་དང་བེད་སྤྱོད་བྱེད་རྒྱུའི་ཡིན།

Seasonal Pasture: Due to the various climates, landforms, plants and water conditions, the Agricultural Production Work Units artificially divide the grassland into several different seasonally available pastures: spring pasture, summer pasture, autumn pasture and winter pasture, etc. The division of the seasonal pasture is the prerequisite to the division of the transhumance.

季节性畜牧 指利用夏秋有利时机进行牲畜放牧、抓膘、育肥、出栏等生产活动。根据我国北方牧区气候酷寒、枯草期长、灾害多、生产不稳定而实施。有利于草场的合理利用，可避免或减少牲畜因饲草不足而饿死，也有利于提高出栏率，保护老残母畜安全过冬过春。

དུས་ཚིགས་ལྟར་ཕྱུགས་སྐྱོང་བ། དབྱར་སྟོན་གྱི་དུས་ཚིགས་དང་བསྟུན་ནས་ཕྱུགས་འཚོ་སྐྱོང་བྱེད་པ་དང་། ག་བེད་རྒྱས་སུ་འཇུག་པ། ཚོན་པོར་གསོ་བ། བཤའ་འདོན་སུ་གཏོང་བ་སོགས་ཀྱི་ཕན་སྐྱེད་བྱེད་སྒོ་སྟེ། བར་བསྟན། འདིའི་རང་རྒྱལ་བྱང་ཕྱོགས་འབྲོག་ཁུལ་གྱི་ནམ་ཟླ་གྲང་དར་ཆེད་དང་། རྩྭ་སྐམ་པའི་དུས་ཡུན་རིང་བ། གནོད་འཚེ་མང་བ། ཕོན་སྐྱེད་གཡུག་འཇགས་མེད་པ་སོགས་ཀྱི་རྐྱེན་ལ་གཞིགས་ཏེ་ལག་བསྟར་བྱེད་པ་ཡིན། གཏོང་བ་དང་། ཕྱུགས་ཟོག་ལ་གཞན་ཆམ་ཆད་པའི་རྐྱེན་གྱིས་ཤི་བའི་གནས་ཚུལ་འགོག་པའམ་ཇེ་ཉུང་དུ་གཏོང་བ། བཤའ་རར་འདེད་ཚད་ཇེ་མཐོར་གཏོང་བ། མོ་ཕྱུགས་རྒན་པ་དང་དབང་སྟོབས་ཞན་པའི་འཚོག་སྐྱོང་དགུན་དཔྱིད་བརྒལ་ཐུབ་པ་སོགས་ཀྱི་ཕན་ནུས་ལྡན་པའོ། །

Seasonal Grazing refers to the producing activities that make full use of the favorable opportunities in the summer and autumn, including livestock grazing, fatting-up, fattening, and slaughtering and other production activities. It is implemented due to the severely cold weather, long withering grass period, frequent natural disasters, and unstable production yield in the northern pastoral areas. Seasonal grazing is conducive to the efficient use of the grasslands and can avoid or reduce the livestock from dying of starvation due to lack of forage grass, can also increase the slaughtering rate and protect the old or disabled female livestock to live through the winter and spring.

冀中军区回民支队 抗战时期中国共产党领导下的回民抗日武装。1938年，马本斋在家乡献县东辛庄组建抗日武装——"回民义勇队"。随后与河北游击军回民教导队在河间合编，成立冀中军区回民教导总队。1939年，回民教导总队改称"冀中军区回民支队"，马本斋任司令员。

ཇི་པེ་དབུས་དམག་གི་ཧུའེ་རིགས་དམངས་དམག་རུ་ཁག ཞིང་འགོག་དུས་སྐབས་སུ་གུང་གོ་གུང་ཁྲན་ཏང་གིས་འགོ་ཁྲིད་བྱས་པའི་ཧུའེ་རིགས་ཀྱི་ཞིང་འགོག་དཔུང་ཞིག 1934ལོར་མ་པིན་ཀྲའི་ཡིས་ཡུལ་ཞིན་ཞིེན་ཏོན་ཞིན་གྲོང་སྡེ་ནས་རྩ་འཛུགས་བྱས་པའི་ཞིང་འགོག་དམག་འཛུགས་ཀྱི་དྲག་དཔུང་སྟེ། ཧུའེ་རིགས་ཀྱི་གདོང་མཆོངས་དུ་ལག་ཅིག་ཡིན། དེའི་རྗེས་ཏོ་པེ་དབྱིད་ཚོལ་གཏན་དུ་ལག་གི་ཧུའེ་རིགས་འཚབ་སྟོན་རུ་ལག་གི་ཁོངས་སུ་བསྡུས་ཏེ། ཇི་པེ་དབུས་དམག་གི་ཧུའེ་རིགས་འཚབ་སྟོན་སྤྱི་སྟེ་ཞེས་པ་བཙུགས། 1939ལོར་ཧུའེ་རིགས་འཚབ་སྟོན་སྤྱི་སྟེའི་མིང་དེ་ཇི་པེ་དབུས་དམག་གི་ཧུའེ་རིགས་དམངས་དམག་རུ་ཁག་ཅེས་པར་བསྒྱུར། མ་པིན་ཀྲའི་ཡིས་ལིན་ཡོན་དུ་བསྐོ།

The Huis Branch of the Middle Hebei was a counter-Japan united force consisted of Hui people, which was under the leadership of the Communist Party of China. In 1938, Ma Benzhai organized an anti-Japan united force-the Counter-Japanese Hui Volunteer Army in his hometown, Dongxin village, Xianxian county. Later the Counter-Japanese Hui

Volunteer Army was combined with the Hui Training Corps of the Hebei Guerrilla Forces into the United Hui Training Corps of the Middle Hebei Army at Hejian. In 1939, the united Hui Training Corps was renamed as the Huis Branch of the Middle Hebei and Ma Benzhai was appointed commander in chief.

家庭公社 原始氏族社会的一种社会组织和经济单位。存在于母系氏族制后期至整个父系氏族制阶段。

ཁྱིམ་ཚང་ཀུན་སྡེ། གདོད་མའི་རུས་རྒྱུད་སྤྱི་ཚོགས་ཀྱི་རྩ་འཛུགས་ཤིག་དང་དཔལ་འབྱོར་གྱི་སྡེ་ཁག་ཅིག དེ་གནས་པའི་དུས་ཡུན་ནི་མ་རྒྱུད་རུས་རྒྱུད་འཚོ་བའི་དུས་མཇུག་དང་པ་རྒྱུད་རུས་རྒྱུད་འཚོ་བའི་དུས་རིམ་ཆེད་བོར་ཡིན།

Family/household Commune was a unit of social organization and economy in the primitive clan society. It existed in the late matriarchal clan society and throughout the paternal clan society.

嘉木样 藏传佛教格鲁派拉卜楞寺最大活佛名。其一世协巴多吉于清康熙四十九年（1710）在今甘肃夏河建拉卜楞寺。此后，拉卜楞寺遂成该活佛之母寺。清时其二世获封"呼图克图"。迄解放前传至第六世。

འཇམ་དབྱངས་བཞད་པ། དགེ་ལུགས་པའི་དགོན་སྡེ་ཆེན་མོ་བླ་བྲང་བཀྲ་ཤིས་འཁྱིལ་གྱི་དགོན་བདག་སྐུ་ལྷ། འཇམ་དབྱངས་བཞད་པ་སྐུ་ཕྲེང་དང་པོ་དཔལ་ཞལ་དགའ་དབང་བརྩོན་འགྲུས་ཀྱིས་གོང་མ་ཁང་ཞི་ཁྲི་ལོ་ཞེ་དགུ་པར་（1710）གན་སུའུ་ཡི་བསང་ཆུ་རུ་བླ་བྲང་དགོན་པ་བཏབ། དེའི་རྗེས་སུ་སྤྲུལ་རིམ་བྱོན་གྱི་དགོན་པ་སྟོང་བ་དང་། ཆིང་རྒྱལ་རབས་ཀྱི་དུས་སྐབས་སུ་སྤྲུལ་གཉིས་པར་ཧོ་ཐོག་ཐུའི་ཚོ་ལོ་གནད། བཅིངས་འགྲོལ་སྟོན་པར་སྤྲུལ་དྲུག་བྱུང་།

Jamyang Shepa refers to the name for the greatest living Buddha of Gelug of Tibetan Buddhism in Labrang Monastery. The first Jamyang Shepa, Ngawang Tsondru, founded the Labrang Monastery in the 49th year of the reign of Emperor Kangxi (1710) in Gansu Province. Since then the Labrang Monastery was taken as the mother Monastery of Jamyang Shepa. The second Jamyang Shepa was conferred as Hutuktu in the Qing Dynasty, passing on to the 6th generation before liberation.

嘉戎哇 藏语音译。住在大、小金川及黑水一带的藏族自称。"嘉戎"意为接近汉族地区的山谷，专指四川大、小金川及黑水一带。"哇"意为人。

རྒྱལ་རོང་བ། རྒྱལ་རོང་ནི་སི་ཁྲོན་གྱི་ཁྲོ་སྐྱབས་དང་བཙན་ལྷ། ཁྲོ་ཆུའི་འགྲམ་རྒྱུད་ཀྱི་ས་ཁུལ་ལ་བསྟན། "པ" ནི་བདག་སྐྱ་ཡིན་པས་ས་ཁུལ་དེར་འདུག་སྡོད་བྱས་པའི་བོད་པར་གོ རྒྱལ་རོང་ལ་རྒྱ་རོང་ཞེས་ཀྱང་ཐག་ཉེ་སའི་རོང་གི་དོན་ཡིན་ཞེས་འགྲེལ་ལུགས་ཁ་ཤས་ཡོད་པར་སྣང་།

Jiarongwa is the transliteration of Tibetan language. "Jiarong" means valleys approaching Han areas, referring to areas around Big and Small Jinchuan County and Heishui County. "Wa" means a person. The Tibetan people in areas around Big and Small Jinchuan County and Heishui County called themselves "Jiarongwa".

嘉戎语 中国自称"嘉戎"的藏族使用的语言。属汉藏语系藏缅语族藏语支，也有人认为属羌语支。通行于四川省的甘孜藏族自治州和阿坝藏族羌族自治州等地，分东、北、西3种方言。

རྒྱལ་རོང་སྐད། གུང་གོར་རྒྱལ་རོང་བོད་པ་སྨྲོད་པའི་སྐད་ཆ་རང་ཉིད་དུ་སྐྱར་འགྲོད། རྒྱ་བོད་སྐད་ཁོངས་བོད་འབར་སྐད་རྒྱུད་དུ་གཏོགས། ཡང་ན་ཆང་སྐད་ཀྱི་ཡན་ལག་སྐད་དུ་གཏོགས་པར་འདོད་མཁན་ཡང་ཡོད། སི་ཁྲོན་ཞིང་ཆེན་དཀར་མཛེས་བོད་རིགས་རང་སྐྱོང་ཁུལ་དང་རྔ་བ་བོད་རིགས་ཆང་རིགས་རང་སྐྱོང་ཁུལ་སོགས་སུ་ཁྱབ་ཡོད། ཤར་དང་བྱང་། ནུབ་བཅས་ཡུལ་སྐད་གསུམ་དུ་དབྱེ།

Jiarong (Rgyalrong) languages, the language used by Tibetans who claim to be "Jiarong (rgyalrong)" in China, constitute a branch of Tibeto-Burman languages or Qiangic languages. Rgyalrong languages are spoken in Sichuan province, mainly in Garze Tibetan Autonomous Prefecture and Aba Tibetan-Qiang Autonomous Prefecture. Jiarong (Rgyalrong) languages are classified into three groups: the east dialect, the north dialect, and the west dialect.

甲本 1. 旧时藏军官名。藏语音译。亦作"甲琫"，即百夫长。清乾隆五十八年（1793）定制，领兵125名。2. 过去西藏牧区的百户长。

བརྒྱ་དཔོན། ༡ གནའ་དུས་བོད་དམག་གི་གོ་གནས་ཤིག ཆེས་རྒྱལ་རབས་ཆན་ཡང་བྱི་ལོ་བརྒྱད་པར་（༡༧༩༣）དམག་མི་བརྒྱ་དྲུག་ཅུ་ཤོ་ཤིའི་འཁྱིད་དུ་གཏན་འཁེལ་བྱས། ༢ གནའ་དུས་ཀྱི་བོད་ལྗོངས་འབྲོག་ཁུལ་གྱི་དུད་ཁྱིམ་བརྒྱའི་དཔོན་པོར་ཟེར།

Gyapon 1. An old name for Tibetan officer, transliterated from Tibetan. Also it is rendered "jiabeng", that is, the commander of a company. The post was formulated with a force of 125 soldiers in the 58th year of the reign of Emperor Qianlong. 2. A foreman who was in charge of the Tibetan pastoral area.

甲错 藏语音译。西藏地方民主改革前的一级行政单位。民主改革后改成区、乡或村民委员会建制。

བརྒྱ་ཚོ། བོད་ལྗོངས་ས་ཁུལ་དམངས་གཙོ་བཅོས་བསྒྱུར་སྔོན་གྱི་རིམ་པ་དང་པོའི་སྲིད་འཛིན་ལས་ཁུངས་ཤིག དམངས་གཙོ་བཅོས་བསྒྱུར་གཞུག་ནས་ཁུལ་དང་ཞང་། ཡང་ན་སྡེ་དམངས་ཨུ་ཡོན་ལྷན་ཁང་ལས་ཁུངས་སུ་བཅོས།

Gyatso, transliterated from Tibetan, refers to the first-level administrative unit in Tibetan areas before democratic reforms. It was later established as districts, townships, village committees after democratic reforms.

贾曹杰（1364—1432） 藏传佛教格鲁派高僧。宗喀巴第一大弟子。今西藏江孜县人。10岁时出家为僧。明洪武三十年（1397）前后拜宗喀巴为师。宗喀巴圆寂后，继任甘丹寺法台（僧职）。著有《中观根本明义集》等。逝世于布达拉宫。

རྒྱལ་ཚབ་རྗེ།（༡༣༦༤—༡༤༣༢） དགེ་ལུགས་པའི་དགེ་བཤེས་ཆེན་པོ་ཞིག རྗེ་ཙོང་ཁ་པའི་དངོས་སློབ་ཐོག་མ། དེང་གི་བོད་ལྗོངས་རྒྱལ་རྩེ་རྫོང་འཁྲུངས། ལོ་བཅུའི་ཐོག་ནས་རབ་ཏུ་བྱུང་། མིང་རྒྱལ་རབས་ཧོང་ཝུའི་ལོ་༣༠པར་（༡༣༩༧）རྗེ་ཙོང་

སུ་རྗེ་ཚོང་ཁ་པ་སློབ་དཔོན་དུ་བསྟེན། རྗེ་ཚོང་ཁ་པ་
དགོངས་པ་ཆོས་དབྱིངས་སུ་འཐིམས་རྗེས་དགའ་ལྡན་
གསེར་ཁྲིར་བཞུགས་ནས་རྒྱུད་བསྐྱངས། གསུང་ཙོམ་
《དབུ་མའི་དགོངས་པ་རབ་གསལ》 སོགས་པོ་བཏི་
ཕྲག་ལྔག་བཞུགས། པོ་ཏ་ལར་དགོངས་པ་རྫོགས།

Gyaltsab Je, born in Jiangzi County of Tibet in 1364, was a senior monk of Gelug and a foremost disciple of Tsongkhapa. He became a monk at the age of 10. Gyaltsab Je was accepted as a disciple of Tsongkhapa around the 30th year of the reign of Emperor Hongwu (1397), and he became the first Ganden Tripa (throne holder) of the Gelug tradition after Tsongkhapa's death. Gyaltsab Je was a prolific writer; one of his most famous texts is Commentary on the Fundamental Treatise on the Middle-Way Philosophy. He died in the Potala Palace in 1432.

《贾理》 苗族经典。总篇幅超万行。苗语语境中，贾理是汉语"哲理""真理""道理""法理"等语义项的综合。这种口传心授的传统文化集苗族古代文学、史学、哲学、法学、语言学、民俗学、自然科学、巫学等于一身，是苗族古代社会的"百科全书"。有贾经等载体。

《ཅ་ལི》 མིའོ་རིགས་ཀྱི་བསྟན་བཅོས་ཤིག་བསྟན་
བཅོས་ཡོངས་ལ་ཐིག་ཕྲེང་ཁྲི་ཕྲག་ལས་བརྒལ་བ་ཡོད།
མིའོ་རིགས་ཀྱི་སྐད་ཆའི་བྱིང་དུ་ཅ་ལི་ཞེས་པ་ནི་གཏན་
ཚིགས་དང་ཚད་མ། གནས་ལུགས། བདེན་པ་སོགས་ཀྱི་
དོན་ལ་འཇུག གཅིག་གིག་གཅིག་ལ་དཔག་བྱེད་པ་ཁ་
བརྒྱུད་རིག་གནས་འདི་ནི་མིའོ་རིགས་ཀྱི་གཏན་དུས་
ཀྱི་ཆོས་རིག་དང་། ལོ་རྒྱུས། གཏན་ཚིགས་རིག་པ།

ཁྲིམས་ལུགས། སྐད་བརྡ་རིག་པ། དམངས་སྲོལ་རིག་པ།
རང་བྱུང་ཚན་རིག པ་ཕབ་རིག་པ། སོགས་གཅིག་ཏུ་
བསྡུས་པ་ཞིག་ཡིན། དེ་ནི་མིའོ་རིགས་ཀྱི་གནའ་པོའི་སྐྱེ
ཚོགས་ཀྱི་ཞེས་བྱ་ཀུན་བཏུས་དང་། ཚོས་གཞུང་།
ཁྲིམས་གཞུང་། ཅ་ཅིག་སོགས་རིག་གཞུང་ཡོད།

Miao's Jiali (Miao language: Jax of Jaxli) refers to the classic of the Miao people with a length of more than ten thousands lines. In Miao language, Jaxli combines the meaning of the four Chinese terms "philosophical theory", "truth", "principle" and "legal philosophy". Jaxli is a kind of oral teaching that inspires true understanding within minds. With contents varying from ancient literature, the science of history, philosophy, the science of law, linguistics, folklore to natural science and sorcery culture, it is seen as the "encyclopedia" of ancient Miao people. Jiajing (scripture) serves as a medium to propagate Jaxli.

贾拓夫（1912—1967） 我国经济工作和早期民族工作方面的领导人之一。陕西神木县人。1928年入党，曾任中共西安市委书记、西安市市长、国家计委副主任、轻工业部部长等职。在"反右斗争"及"文化大革命"中遭受迫害，55岁在北京逝世。

ཅ་བའོ་ཧྥུ། (１９１２—１９６７) ཧྲན་ཞི་ཞིན་
མོ་རྫོང་གི་མི་ཡིན། རང་རྒྱལ་དཔལ་འབྱོར་བྱ་བཞག་དང་
དུས་སྔའི་མི་རིགས་ལས་དོན་ལ་གཞོལ་མཁན་གྱི་འགོ
ཁྲིད་མི་སྣའི་གྲས་ཤིག་ཡིན། སྐྱེ་ལོ ༡༩༢༨ལོར་ཀྱང་ཁྲང
ཧྲང་དུ་ཞུགས། ཀྲུང་ཆན་ཀྲུང་གུང་ཞི་ཨན་གྲོང་ཁྱེར་གྱི་

ཧྲུའུ་ཅི་དང་། ཞི་ཨན་གྲོང་ཁྱེར་གྱི་ཀྲེ་གུང་། རྒྱལ་ཁབ་
འཆར་ལྡན་ཨུ་ཡོན་ལྷན་ཁང་གི་གཞོན་པ། ཡང་
བའི་བཟོ་ལས་ཕྱུའུ་ཡི་ཕུའུ་གུང་སོགས་ཀྱི་འགན་བཞེས་
མྱོང་། གཡས་ཕྱོགས་པར་རྒོལ་བའི་འཐབ་རྩོད་དང་
རིག་གསར་གྱི་ལས་འགུལ་ཁྲོད་མནར་གཅོད་ཚད་མེད་
མྱོང་མཐར་དགུང་ལོ་ཥ་ལྔ་ལ་ཚེ་ལས་འདས།

Jia Tuofu, born in 1912, native of Shenmu, Shanxi, was one of the leaders who were in charge of economic works and early ethnic affairs. Being admitted to the Party in 1928, he had held the posts of Secretary of Municipal Party Committee in Xi'an, mayor of Xi'an, deputy director of State Development Planning Commission and minister of Light Industry. Jia Tuofu was persecuted in Anti-rightist Struggle and Cultural Revolution. He died in Beijing at the age of 55 in 1967.

《坚持和完善民族理论政策体系规划（2011—2015）》 文件名。2011年由国家民委发布，是我国民族工作史上第一个关于民族理论政策体系建设的专项规划。共分3部分，涉及开展该项工作的指导思想、总体目标、主要任务、研究项目、组织实施、保障措施等内容。

《མི་རིགས་གཞུང་ལུགས་ཀྱི་སྲིད་ཇུས་མ་ལག་རྒྱུན་འཛིན་དང་འཕྲུབ་རྗེ་ཆེད་དུ་བཏོད་བའི་འཆར་གཞི（༢༠༡༡—༢༠༡༥）》 སྤྱི་ལོ་༢༠༡༡ལོར་རྒྱལ་ཁབ་མི་རིགས་དོན་གཅོད་ཨུ་ཡོན་ལྷན་ཁང་གིས་བཀྲམ་པའི་ཡིག་ཆ། དེའི་རང་རྒྱལ་གྱི་མི་རིགས་ལས་དོན་ལོ་རྒྱུས་སྟེང་མི་རིགས་གཞུང་ལུགས་ཀྱི་སྲིད་ཇུས་མ་ལག་འཛུགས་སྐྱོང་ལ་ཆེད་དུ་དམིགས་པའི་འཆར་གཞི་ཐོག་མ་ཡིན། ཡིག་ཆ་འདིའི་ཁོངས་ཆེན་པོ་

The Plan of Upholding and Improving the System of Ethnic Theory and Policy (2011-2015) was released by the State Ethnic Affairs Commission in 2011, dividing into 3 parts. It is the first special plan for the building of the system of ethnic theory and policy in the long-time ethnic works. Issues involved: guiding principles, overall objectives, main tasks, research projects, project organization and implementation and supporting measures of the plan.

坚昆 中国古代北方民族。唐代称"黠戛斯"，元代称"吉尔吉斯"。和中国现今的柯尔克孜族同根同源。"柯尔克孜"的国外同源民族被汉译称作"吉尔吉斯"。其地理方位，据史料记载为今叶尼塞河上游至阿勒泰一带。

ཅན་ཁུན། ཀྲུང་གོའི་གནའ་རབས་བྱང་ཕྱོགས་ཀྱི་མི་རིགས་ཤིག་ཡིན། ཐང་རྒྱལ་རབས་སྐབས་སུ་ཞན་ཞེ་དང་ཡོན་རྒྱལ་རབས་སྐབས་སུ་ཅིར་ཅི་སིར་འབོད། དེ་ནི་དེང་གི་ཀྲུང་གོའི་ཁོར་ཡུག་ཙམ་གྱི་ཁེར་ཁེར་ཙི་རིགས་དང་མེས་པོ་གཅིག་ཡིན། ཁེར་ཁེར་ཙིའི་རྒྱལ་ཁབ་ཀྱི་ཕྱི་རོལ་གྱི་མི་རིགས་ཁག་ཅིག་ལ་རྒྱ་ཡིག་ཏུ་ཅིར་ཅིར་ཙི་ར་འབོད། གཞན་ལོ་རྒྱུས་ཡིག་ཆ་ལྟར་ན་གནས་ཡུལ་ནི་དེང་གི་ཡེ་ནིའི་སའི་ཆུའི་སྟོད་བརྒྱུད་ནས་ཨ་ལེ་ཐའི་ཡི་རྒྱུད་ཀྱི་ས་ཁུལ་དུ་གནས་སྐབས་བྱས་ཡོད།

Jiankun was a northern minority of China

in ancient times. They were known as "xiajiasi" in the Tang Dynasty and "jierjisi" in the Yuan Dynasty. Jiankun has same origin with the Kirgiz people. The Kirgiz ethnic group has the same roots with the foreign ethnic group "Kirghizia". The people dwelled along in the upper Yenisei River and Altai regions according to the historical records.

翦伯赞（1898—1968） 中国历史学家。中国马克思主义历史科学的重要奠基人之一。维吾尔族。湖南桃源人。参与过北伐战争。新中国成立后，曾任北京大学副校长等职。有《历史哲学教程》等著作。

ཅན་པོ་ཅན།（༡༨༩༨—༡༩༦༨） ཡུ་གུར་རིགས། ཧུའུ་ནན་ཐའོ་ཡོན་གྱི་མི་ཞིག ཀྲུང་གོའི་ལོ་རྒྱུས་རིག་པ་དང་། ཀྲུང་གོའི་མར་ཁེ་སི་རིགས་ལུགས་ལོ་རྒྱུས་ཚན་རིག་གི་གཞི་འཛིན་པའི་གྲས་ཤིག བྱོན་ཆད་བྱུང་འདུལ་དམག་འགུལ་ལ་ཞུགས་མྱོང་བ་དང་། ཀྲུང་གོ་གསར་དུ་བཙུགས་རྗེས་ཧེ་ཅིན་སློབ་ཆེན་གྱི་སློབ་གཉོར་པའི་འགན་ཁུར། བཅས་མས་ཆོས་ལ《ལོ་རྒྱུས་མཚན་ཉིད་རིག་པའི་སློབ་དེབ》སོགས་ཡོད།

Jian Bozan, born in 1898, of Uygur ethnic group, native of Taoyuan, Hunan. He was a historian and one of the important founders of Marxism historical science, and he had participated in the Northern Expedition. He served as the vice-president of Peking University after the founding of New China. Jian Bozan was a prolific writer; one of his most famous texts is *A Coursebook for the Philosophy of History*.

建州女真 女真族三大部之一。原居于牡丹江与松花江汇流处。明初，他们开始向东南迁移。胡里改部迁至今绥芬河流域。明朝在其新居地置建州三卫，委任各部首领。17世纪初，建州女真满洲部首领努尔哈赤建立后金政权。其子皇太极时期已基本统一女真各部，遂改女真族号为"满洲"。

ཅན་གྲོའུ་ཅུའུ་ཀན། ཉུའུ་ཀྲེན་རིགས་ཀྱི་ཚོགས་ཁག་ཆེན་གསུམ་གྱི་གྲས་ཤིག ཐོག་ཁད་མུལ་ཏན་ཅང་དང་གཙང་པོ་དང་སུང་ཧྭ་ཅང་གཙང་པོའི་འདྲེས་མཚམས་ཀྱི་ཁུལ་དུ་གནས་སྡོད་བྱས་ཡོད། མིང་རྒྱལ་རབས་ཀྱི་དུས་མགོར། ཁོང་ཚོའི་ཕྱོགས་སུ་གནས་སྤོ་བྱེད་འཚམས་པ་དང་། དེའི་ནང་ཧུའུ་ལི་ཀའི་ཚོ་ཁག་ནི་ད་ལྟའི་སུའེ་ཧྥིན་ཧྲུའའི་རྒྱུག་ཁུལ་དུ་གནས་སྤོས། མིང་རྒྱལ་རབས་ཀྱིས་ཁོ་པའི་དེ་ཚན་གྱི་ཡི་དགའ་སྡེ་གནས་གསུམ་བཙུགས་ནས་ཚོ་ཁག་སོ་སོར་འགོ་དཔོན་བསྐོ་བཞག་བྱས། དུས་རབས་༡༧་པའི་དུས་མགོར། ཅན་གྲོའུ་ཅུའུ་ཀན་རིགས་ཀྱི་མན་ཇུའི་ཚོ་ཁག་གི་འགོ་ནོར་ཧྲི་ཡིམ་ཅན་ཕྱི་མའི་སྲིད་དབང་བཙུགས་ཏེ། ཉུའུ་ཀྲེན་རིགས་ཀྱི་མིང་ཏགས་མན་ཇུ་ཞེས་པར་བསྒྱུར།

Jianzhou Jurchens, as one of three Jurchens tribes, originally lived in the confluence of Mudan River and Songhua River. In the early Ming Dynasty, they began to migrate to the southeast. Huligai tribe moved to the present-day Suifen river basin. The Ming Dynasty set up three military garrison units, appointing chiefs to each tribe. At the beginning of the 17th century, Manchurian leader of Jurchens Nuerhachi established later-Jin regime. Jurchen tribes were largely unified in the period of his son Huang Taiji, who later on changed the name of the tribe as Manchuria.

建州三卫 明代在东北地区建州女真聚居地设置的 3 个地方军事行政机构的合称，包括建州卫、建州左卫、建州右卫，其指挥使仍为女真族世袭首领。

ཅན་གྲོའུ་ཡི་དམག་སྒྲིག་སྡེ་གནས་གསུམ། མིང་རྒྱལ་རབས་ཀྱིས་བྱང་ཤར་གྱི་ཞུའུ་ཀྱེན་རིགས་འདུས་སྡོད་ཁུལ་གྱི་ས་གནས་མི་འདྲ་བ་གསུམ་དུ་བཙུགས་པའི་དམག་སྒྲིད་ལས་ཁུངས་ཀྱི་སྤྱི་མིང་ཡིན། དེ་དག་ནི་ཅན་གྲོའུ་ལྟེ་ཚན། ཅན་གྲོའུ་ལྟེ་གཡོན། ཅན་གྲོའུ་ལྟེ་གཡས་བཅས་ཡིན་ལ། ཞུའུ་ཀྱེན་རིགས་ཀྱི་རྒྱུད་འཛིན་འགོ་གཙོས་དེ་ལ་བཀོད་འདོམས་བྱེད་བཞིན་ཡོད།

Three Military Administrations of Jianzhou collectively refers to three regional military administrations set up by the Ming Dynasty in Jurchen settlement in northeastern areas, including Jianzhou garrison unit, Jianzhou left garrison unit, and Jianzhou right garrison unit, whose commanders are hereditary leaders of Jurchens.

江苏省常州西藏民族中学 创办于 1985 年。是江苏省落实国务院"智力援藏"精神，创办的一所省重点、全日制普通初中学校。生源来自西藏各个地区。学校于 2010 年 8 月整体搬入新校，新校占地面积 50 亩。

ཅང་སུའུ་ཞིང་ཆེན་ཁྲང་གྲོའུ་བོད་སྨྱུགས་སློབ་འབྲིང་། སློབ་འབྲིང་འདི་ནི་སྤྱི་ལོ་༡༩༨༥ལོར་དངོས་སུ་བཙུགས། ཅང་སུའུ་ཞིང་ཆེན་གྱི་རྒྱལ་སྲིད་སྤྱི་ཁྱབ་ཁང་གི་རིག་གནས་འདོན་སྐྱེད་ཐབས་ནས་བོད་སྐྱོངས་ལ་རོགས་སྐྱོར་བྱེད་ཡི་དགོངས་དོན་བཞིན་བཙུགས་པའི་ཞིང་ཆེན་རིམ་པའི་ཉིན་ཕྱེད་བོའི་ལུགས་ཀྱི་དཀར་རིམ་སློབ་འབྲིང་ཞིག་ཡིན། སློབ་གཞིའི་ནང་དུ་བོད་ལྗོངས་ཀྱི་ས་ཁུལ་སོ་སོ་ནས་ཡོང་པ་ཡིན། སྤྱི་ལོ་༢༠༡༠ལོའི་ཟླ་༧པར་སློབ་གསར་པར་གནས་སྤོས་པ་དང་། སློབ་ཁུལ་དེའི་རྒྱ་ཁྱོན་ལ་མུའུ་༥༠ཡོད།

Changzhou Tibetan Middle School in Jiangsu Province was founded in 1985 to implement the instructions of "Supporting Tibet in intelligence" by the State Council. It is a provincial key and full-time secondary middle school, whose students are from different areas of Tibet. In August, 2010, the new school came in service, which covers an area of 50 mu.

江孜保卫战 西藏反帝战役。1902—1903 年，英国以西藏不履行《中英藏印条约》，侵犯印度边境和谈判为借口，分别派兵入侵西藏的甲冈和岗巴宗。同时，从亚东、帕里一线发动对西藏的大规模入侵。1904 年，英军在江孜受到藏军的英勇抵抗，双方在江孜宗堡等地激战。后来藏军失败。

རྒྱལ་རྩེ་དམག་འཐབ། དེ་ནི་བོད་དམག་གིས་བཙན་རྒྱལ་རིང་ལུགས་ལ་འགོག་རྒོལ་བྱས་པའི་འཐབ་འཛིང་ཞིག་ཡིན། སྤྱི་ལོ་༡༩༠༢—༡༩༠༣ལོའི་བར། དབྱིན་བཙན་རྒྱལ་རིང་ལུགས་ཀྱིས《ཀྲུང་དབྱིན་བོད་ཧུན་ཆིངས་ཡིག》ཅེས་མེད་དུ་བཏང་ཞིང་། རྒྱ་གར་གྱི་མཐའ་མཚམས་ལ་བཙན་འཛུལ་བྱས་པར་གྲོས་མོལ་དགོས་པར་ཁག་བཞག་ནས། གམ་པ་རྫོང་བོངས་ཀྱི་རྒྱ་གང་ལ་བཙན་འཛུལ་བྱས། དེ་དང་མཉམ་དུ་ཨོ་བཅུད་ནས་བོད་སྐྱོངས་ལ་ཕྱོགས་ཡོངས་ནས་བཙན་

འཇལ་བྱས། སྟེ་ལོ་ ༡༩༠༢་ལོར། དབྱིན་དམག་གིས་རྒྱལ་རྩེ་ནས་བོད་དམག་དང་འཐབ་འཛིང་དྲག་པོ་བྱས་པ་དང་། མཐར་བོད་དམག་ཕམ།

Battle of Gyantse was an anti-imperialist battle. In 1902 and 1903, Britain sent troops to invade Jiagang and Gangbazong respectively in Tibet on the pretext of Tibetan's default of *Anglo-Chinese Convention Relating to Sikkim and Tibet* and its invading borders of India and its negotiation. At the same time, Britain invaded Tibet in a large scale from the area between Yadong and Pali. And in 1904, British army was resisted by valiant Tibetan army and they fought fiercely in Jiangzi, Zongbao and other areas. Finally, Tibetan army lost the war.

交错从表婚 即"姑舅表婚"。一种婚姻旧俗。按照父系的观念，兄弟的子女与姐妹的子女互为姑舅表兄弟姐妹。姑舅表兄弟姐妹不仅可以通婚，而且有优先婚配的权利。从原始时代母系社会的氏族外婚发展而来，即两个固定氏族成员之间互相缔结婚姻。到了父系氏族社会，转变为姑舅表婚。

ཉེ་འབྲེལ་གཉེན་སྒྲིག ཞེས་ཚན་པར་གྱི་གཉེན་སྒྲིག་ཀྱང་ཟེར། གཉའ་པོའི་གཉེན་སྒྲིག་ལུགས་སྲོལ་ཞིག་སྟེ། པ་རྒྱུད་ཀྱི་འདུ་ཤེས་ལྟར་ན། སྤུན་གཉིས་ཀྱི་བུ་བུ་མོ་དང་སྲིང་མོའི་ཕྱོགས་ཀྱི་བུ་བུ་མོ་དག་ཞང་ཚན་ཕྱོགས་ཀྱི་མིང་སྲིང་ཚོའི་བུ་བུ་མོ་བར་ལ་ཕན་ཚུན་གཉེན་སྒྲིག་བྱེད་ཆོག་པ་མ་ཟད། གཉེན་སྒྲིག་བགོད་སྒྲིག་ལའང་གཙོ་བོར་འཛིན། དེ་ནི་གདོད་མའི་མ་རྒྱུད་དུས་རྒྱུད་ཀྱི་ཚོགས་ཀྱི་ཕྱི་རྒྱུད་ཀྱི་གཉེན་སྒྲིག་ལུགས་སྲོལ་དར་འཕེལ་

བྱུང་བ་ཞིག་ཡིན། རུས་རྒྱུད་གཏན་འཁེལ་གཉིས་ཀྱི་གྱུར་ཆའི་ནང་ཚན་ཕན་ཚུན་བར་གཉེན་སྒྲིག་ཚོགས་པ་དེ། རྒྱུད་དུས་རྒྱུད་ཀྱི་ཚོགས་སྐབས་སུ་སླེབས་དུས་ཞང་ཚན་ཕྱོགས་ལ་གཉེན་སྒྲིག་ཚོགས་པ་ཞིག་ཏུ་འགྱུར་བ་ཡིན།

Cross-cousin marriage, a marriage of cousinship, is an old marriage custom. According to the idea of paternity, children of brothers and sisters are the inter-cousins, who can not only inter-marry, but also they have priority in marriage. It was evolved from the exogamous marriage of matriarchal society in primitive times, the marriage between two fixed clan members. That was turned into the marriage of cousinship in patriarchal clan society.

交河故城 我国保存两千多年最完整的都市遗迹之一。位于吐鲁番市以西的亚尔孜沟内。公元前2世纪至5世纪由车师人开创和建造，在南北朝和唐朝达到鼎盛。唐西域最高军政机构安西都护府最早就设于此。9—14世纪由于连年战火逐渐衰落。古城总面积47万平方米。

གཅང་པོའི་འབྲེས་མདོའི་གནའ་མཁར། རང་རྒྱལ་གྱི་ལོ་ངོ་གཉིས་སྟོང་ལྷག་གི་གནའ་མཁར་ཆེས་འཛུམས་ཚང་དུ་ཡོད་པའི་གནའ་ཤུལ་ཞིག་ཡིན། གནས་ཡུལ་ཐུལུ་ཕུན་གྲོང་ཁྱེར་ནུབ་ཀྱི་ཡ་ཨེར་ཚུག་ཁུག་ཏུ་ཡོད། སྤྱི་ལོ་སྟོང་གི་དུས་རབས་༢པ་ནས་པའི་བར་ཁྲིད་ཅིང་ཡིན་བཟོ་སྐྲུན་བྱས། རྒྱལ་རབས་སྟོང་དང་ཐང་རྒྱལ་རབས་ཀྱི་སྐབས་སུ་དར་རྒྱས་ཆེ་ཤོས་སུ་བྱུང་། ཐང་རྒྱལ་རབས་ནུབ་ཡུལ་གྱི་ཆེས་མཐོའི་དམག་སྲིད་ལས་ཁུངས་དང་། ཞི་ཡན་མཁར་རྒྱལ་སའི་སྲུང་ཚོགས་ཆེས་མོའི་དུ་བརྩིས། སྤྱི་ལོ་ ༩ ནས་ ༡༤ བར་དུ་དམག་འཁྲུག་ཁྲོམ་དམས་སོང་ནས་རིམ་གྱིས་མེད་

པར་གྱུར། གནན་མཁར་གྱི་སྐྱིའི་རྒྱ་ཁྱོན་ལ་སྐྱེ་གུ་བཞི་ཁྲི་བདུན་སྟོང་ཡོད།

Jiaohe ruins, with the total area of 47,000 square meters, is the most complete city ruins preserved over two thousand years in China, which is located in Arles ditch, the west of Turpan city. It was pioneered and built by Jushi people from the 2nd century BC to the 5th century BC, and reached its peak stage in the Northern and Southern Dynasties and Tang Dynasty. The highest military and political institution, Anxi Protectorate was originally established here, and gradually declined due to years of fighting from the 9th century to the 14th century.

教门 中国伊斯兰教用语。明代始为回族所信奉宗教的代称。回民时常自称"穆民"（信士）或"教门"（伊斯兰教）。

ཅའི་མོན། ཀྲུང་གོའི་དཔེའི་སི་ལན་ཆོས་ལུགས་ཀྱི་མིང་གཞན་ཡིན། མིང་རྒྱལ་རབས་ནས་བཟུང་། ཧུའེའི་རིགས་ཀྱིས་དད་པ་བྱེད་བཞིན་པའི་ཆོས་ལུགས་ཀྱི་མིང་དུ་གྱུར། ཧུའེའི་དམངས་ཀྱིས་རང་ཉིད་ལ་མུའུ་དམངས་（མུའུ་མི་ཨིན་གྱི་དགེ་བསྙེན）དང་ཅའི་མོན་（དཔེའི་སི་ལན་ཆོས་ལུགས）དུ་འབོད།

Jiao Men (Hui-Muslim), a term of Chinese Islam, is the designation of the religion early embraced by the Hui people in the Ming Dynasty. Hence the Hui people proclaim themselves "Muslims" (believer) or "Jiao Men" (Islam).

结绳记事 文字发明前，人们所使用的一种记事方法。即在一条绳子上打结，用以记事。上古时期的中国及秘鲁印第安人皆有此习惯。近代，一些没有文字的民族，仍然采用此法来传播信息。出处：《易·系辞下》："上古结绳而治，后世圣人易之以书契。"

ཐག་གུར་མདུད་པ་རྒྱབ་ནས་དོན་གྱི་བྱུང་ཚུལ་འགོད་པ། དེ་ནི་ཡི་གེ་གསར་བཟོ་མ་བྱས་པའི་ཡར་སྔོན་དུ་མི་རྣམས་ཀྱིས་དོན་གྱི་བྱུང་ཚུལ་འགོད་པའི་ཐབས་ཤེས་ཤིག་ཡིན། དུས་རབས་སྔ་མའི་སྐབས་སུ་ཀྲུང་གོ་དང་སྦེ་ལུའུ་ཡི་དབྱིན་ཏི་ཨན་མི་སྐྱོལ་ལུགས་འདི་ཡོད། དེ་རབས་སུ་ཡི་གེ་མེད་པའི་མི་རིགས་ཁ་ཤས་ཀྱིས་ད་དུང་ཐབ་གུ་ལ་མདུད་པ་རྒྱབ་པའི་ཐབས་ལ་བརྟེན་ནས་གནས་ཚུལ་ཁྱབ་བསྒྲགས་བྱེད་བཞིན་ཡོད། 《སྦྱོར་ཐང་》དུ་གནའ་དུས་ཐུ་གུར་མདུད་པ་རྒྱབ་ནས་གནམ་འོག་སྐྱོང་། རྗེས་ཀྱི་དམ་པས་དེ་ཡི་ཚབ་ཏུ་ཡི་གེ་བགོས། ཞེས་འབྱོད་ཡོད།

Record-keeping by Knotted Ropes was a way of keeping records used by ancient people before the invention of characters. Chinese people and Indian of Peru both shared the same habit of knotting ropes in ancient times. In modern times, some peoples without written script still use this method to disseminate information. Reference: *Yi, of the Explanations:* "*The ancient people ruled the world by knotting the ropes, but the later saints changed the way by writing.*"

结束班禅堪布会议厅委员会 鉴于西藏民主改革的完成和班禅堪布会议厅委员都已先后参加了各级人民政权的工作，1961年自治区筹委第38次常委会批准关于结束该委员会的申请报告，并上报国务院。国务院第 111 次全体会议通过批准。

བན་ཆེན་མཁན་པོ་ནང་མ་སྤང་གྲོས་ལས་མཚམས་བཞག་པ། བོད་ལྗོངས་སུ་དམངས་གཙོ་བཅོས་བསྒྱུར་ལེགས་འགྲུབ་དང་པཎ་ཆེན་མཁན་པོ་ནང་མ་སྐྱིད་ཆོགས་མི་དགག་ཏུ་རིམ་པ་སོ་སོའི་མི་དམངས་སྲིད་དབང་གི་ལས་དོན་ལ་ཞུགས་པར་གཞིགས་ནས། སྤྱི་ལོ་1961ལོར་རང་སྐྱོང་ལྗོངས་གྲ་སྒྲིག་ཨུ་ཡོན་ལྷན་ཁང་གི་རྒྱུན་ལས་ཨུ་ཡོན་ལྷན་ཁང་གི་ཚོགས་ཆུང་འདུ་ཐེངས་རེ་བའི་སྟེང་དུ་པཎ་ཆེན་མཁན་པོ་ནང་མ་སྤང་ལས་མཚམས་འཇོག་པའི་ཡར་ཞུ་ལ་གྲོས་འཆམས་བྱུང་སྟེ། རྒྱལ་སྲིད་སྤྱི་ཁྱབ་ཁང་ལ་འབུལ་བྱར། རྒྱལ་སྲིད་སྤྱི་ཁྱབ་ཁང་གི་ཐེངས་111པའི་ཚོགས་འཛོམས་གྲོས་ཆོགས་བརྒྱུད་དེ་དངོས་སུ་ཆོགས་མཚན་བགོད།

The Approval of Ending the Panchen Kampus Assembly In light of the accomplishment of Tibetan democratic reform and the successive participation of the Panchen and Kampus Assembly members into all levels of people's regime, the 38th session of Standing Committee of the Autonomous Preparatory Committee approved the application report of ending Panchen and Kampus Assembly and submitted to the State Council in 1961, which was authorized by the 111th plenary session of the State Council.

羯 中国古代北方民族。匈奴的一个分支。魏晋时散居上党郡（今山西潞城附近各县），与汉人杂处，从事农业，受汉族地主奴役，被称为"羯胡"。晋时，羯人石勒建立后赵政权，为五胡十六国之一。349 年为冉闵所灭。羯人最后主要融入汉族。

ཅེ་རིགས། ཀྲུང་གོ་གནའ་རབས་བྱང་ཕྱོགས་ཀྱི་མི་རིགས་ཤིག ཞུན་ཅུའི་རིགས་ཀྱི་ཡན་ལག་ཅིག ཡིན། ཝུའེ་ཅིན་རྒྱལ་རབས་ཀྱི་དུས་སུ་ཧྲང་ཐང་ཞིང་སྟོད་མཐའི (དེང་གི་ཧྲན་ཞིའི་ལུའུ་ཁྲེང་ཉེ་འཁྲིས་ཀྱི་རྫོང་སོ་སོ) རུ་རིགས་འབྲེས་སྟོང་ལྡུ་བཏང་བོར་ཧུན་ཡུལ་ལ། ཞིང་ལས་གཉེར་བཞིན་ཡོད། རྒྱ་རིགས་ས་བདག་གྲིམ་རིགས་ཐན་བགོལ་བས་མི་ལ་ཅེ་ཧུའི་བཏགས། ཅིན་རྒྱལ་རབས་ཀྱི་དུས་སུ་ཅེ་རིགས་ཀྱི་ཞི་ལེ་ཞེས་པས་རྒྱལ་རབས་ཕུ་ཏྲའོ་ཁོ་བཅུ་དྲུག་གི་གྲས་ཀྱི་ཕུའེ་ཙའོའི་སྲིད་དབང་བཙུགས། སྤྱི་ལོ་349ལོར་རན་མིན་གྱིས་བསྣུབས། གཞན་དུ་ཅེ་རིགས་ཕལ་ཆེར་རྒྱ་རིགས་སུ་འདྲེས་ཏེ་འགྱུར།

Jie was a northern ethnic group of ancient China, a branch of Xiongnu. Jie people were scattered in Shangtang county (present-day the neighboring counties of Shanxi Lucheng) and cohabited with Han people. They were regarded as "Jie-Hu", being engaged in farming and slaved by the Han landlords. In Jin period, one of the Jie people, Shile established the political power, the Later Zhao, which was one of sixteen States among the five Hus. It was eliminated by Ranmin (the founder of Ranwei regime in the Sixteen States period), and the Jie people mainly integrated with the Han people.

《解放苗瑶决议案》 1926 年，在中国共产党领导下召开的湖南省第一次农民代表大会上通过的旨在解放苗瑶民族的决议。共 7 条。主要有设法使苗瑶等民族加入当地农民协会，或助其组织单独的苗瑶农民协会及反对大民族主义等内容。

《མེའོ་རིགས་དང་ཡའོ་རིགས་བཅིངས་འགྲོལ་གཏོང་རྒྱུའི་གྲོས་ཆོད་ཡི་གེ》 སྤྱི་ལོ1926ལོར། ཀྲུང་གོ་གུང་བྲན་ཏང་གི་དབུ་ཁྲིད་འོག་བསྡུས་པའི་ཧུའུ་ནན་ཞིང་ཆེན་ཞིང་པའི་འཐུས་མི་ཚོགས་ཆེན་ཐེངས་དང་པོའི་སྐྱེད་དུ། མེའོ་རིགས་དང་ཡའོ་རིགས་བཅིངས་འགྲོལ་གཏོང་རྒྱུའི་གྲོས་ཆོད་ཡི་གེ་ལ་གྲོས་འཆམས་བྱུང་། དེ་ལ་བྱིང་དོན་ཚན་བདུན་ཡོད། ནང་དོན་གཙོ་བོར། མེའོ་རིགས་དང་ཡའོ་རིགས་ཀྱི་མི་དམངས་དབང་ས་ལོངས་ཀྱི་ཞིང་ལས་མཐུན་ཚོགས་ལ་ཞུགས་སུ་འཇུག་པའམ། ཡང་ན་མེའོ་རིགས་དང་ཡའོ་རིགས་ཀྱི་ཞིང་ལས་མཐུན་ཚོགས་ཚ་འདྲག་བྱས་ཏེ། མི་རིགས་ཆེན་པོའི་རིང་ལུགས་ལ་ངོ་རྒོལ་བྱ་སོགས་ཡོད།

Resolution on the Liberation of the Miao and Yao was passed in the first Hunan Province Peasant Congress under the leadership of the CPC in 1926, and its main aim was to liberate the Miao and Yao people. There are 7 articles, among which the main ones are: manage to get the Miao and Yao and other ethnic minorities into the local peasant association or help them organize an independent Miao and Yao peasant association and combat against the big-ethnic chauvinism, etc.

解决我国民族问题的基本政策 民族区域自治是我们党和国家解决我国民族问题的基本政策，是符合我国国情的一项基本政治制度，是发展社会主义民主、建设社会主义政治文明的重要内容。

རང་རྒྱལ་གྱི་མི་རིགས་གནད་དོན་ཐག་གཅོད་བྱ་བའི་ཀྱི་གཞི་རྩའི་སྲིད་ཇུས། མི་རིགས་ས་ཁོངས་རང་སྐྱོང་ནི་ང་ཚོ་དང་རྒྱལ་ཁབ་ཀྱིས་རང་རྒྱལ་མི་རིགས་གནད་དོན་ཐག་གཅོད་བྱ་བའི་གཞི་རྩའི་སྲིད་ཇུས་ཡིན། དེ་ནི་རང་རྒྱལ་གྱི་དངོས་ཡོད་གནས་ཚུལ་དང་མཐུན་པའི་གཞི་རྩའི་ལུགས་ཤིག་ཡིན་པ་མ་ཟད། སྤྱི་ཚོགས་རིང་ལུགས་ཀྱི་དམངས་གཙོ་ལམ་ལུགས་དང་རྒྱས་དང་། ཚལ་ལུགས་ཀྱི་ཆབ་སྲིད་འཛུགས་སྐྲུན་བྱེད་པའི་ནང་དོན་གཙོ་བོ་ཡང་ཡིན།

The Basic Policy for Resolving Ethnic Issues in China is Regional Ethnic Autonomy. It is a basic political system which suits China's national conditions, also an important part to develop socialist democracy and construct socialist political civilization.

金 历史上中国东北地区女真族建立的政权。创建人为金太祖完颜阿骨打，国号金，建于1115年，建都会宁府（今哈尔滨市阿城区）。1125年与北宋联合灭辽。1127年灭北宋。1234年灭亡于蒙古与南宋联合进攻。

ཅིན་རྒྱལ་རབས། གནའ་དུས་སུ་རང་རྒྱལ་བྱང་ཤར་ཁུལ་དུ་ཉུའུ་ཀྲེན་རིགས་ཀྱིས་བཙུགས་པའི་སྲིད་དབང་ཞིག་ཡིན། ཅིན་གྱི་ཡབ་མེས་ཞུན་ཡན་ཨ་ཀུའུ་ཏ་ཞེས་པས་སྤྱི་ལོ1115ལོར་གསར་དུ་བཙུགས། རྒྱལ་མིང་ལ་ཅིན་བཏགས། རྒྱལ་ས་ཞིང་ཕུ་(དེང་གི་ཧ་ཨེར་པིན་གྲོང་ཁྱེར་གྱི་ཨ་ཆིང་ཁུལ་)བྱས། སྤྱི་ལོ1125ལོར་སུང་མ་དང་མཉམ་འབྲེལ་བྱས་ཏེ་ལེའོ་རྒྱལ་རབས་བསྣུབས། སྤྱི་ལོ1127ལོར་སུང་བྱང་མ་ཐབས་པར་རྒྱལ། སྤྱི་ལོ1234ལོར་སོག་པོ་དང་སུང་ལྷོ་མའི་མཉམ་འབྲེལ་དམག་དང་འཐབ་སྟེ་བརླག

The Jin Dynasty was established by Jurchens who were in the northeastern part of China. The founder was Wanyan Aguda,

Emperor Taizu of Jin, and Aguda adopted for his state the Chinese name for gold (Jin). Jin Dynasty was established in the year 1115 with its capital in Huiningfu (today's Acheng district in Haerbin city). Allied with the North Song Dynasty, it destroyed the Liao Dynasty in 1125, then destroyed the North Song in 1127. In 1234, it was destroyed because of the joint attack of Mongolia and the South Song.

金奔巴 藏语音译，意为"瓶"。举行金瓶掣签仪式时所用的金瓶。清代文献常写作"金奔巴瓶"。

གསེར་བུམ། གསེར་བུམ་དགུགས་སྐབས་བེད་སྤྱོད་བྱེད་བཞིན་པའི་གསེར་གྱི་བུམ་པ་ལ་ཟེར། ཆིང་རྒྱལ་རབས་ཀྱི་ཡིག་ཆགས་སུ་རྒྱུན་དུ་གསེར་གྱི་བུམ་རྟོད་ཅེས་འབོད་ཡོད།

Golden Bumpa is the transliteration of Tibetan language, which means bottle/Urn and was used when holding the lot-drawing from a golden urn ceremony. It often turns up as Golden Bumpa Urn in documents of the Qing Dynasty.

金城公主（689—739） 和亲公主。唐中宗养女。707年，吐蕃赞普墀德祖赞遣使请婚，中宗许嫁。公主入蕃30年，力促唐蕃和盟。773年，唐、蕃在多次战争后于赤岭（今青海湟源西日月山）定界刻碑，约以互不相侵，并于甘松岭互市。

ཀྲིམ་ཆེང་ཀོང་ཇོ། (༦༨༩—༧༣༩) ཐང་རྒྱལ་རབས་ཀྱི་ཚུར་གྱི་བུ་མོ་ལ་ཡིན། སྤྱི་ལོ༧༠༧ལོར། བོད་ཀྱི་བཙན་པོ་ཁྲི་ལྡེ་གཙུག་བཙན་གྱིས་ཕོ་ཉ་མངགས་བཏང་བར། གོང་མ་ཀྲུང་ཙུང་གིས་ཁས་བླངས། གོང་ཇོ་བོད་དུ་ལོག་པའི་ལོ་ངོ་༣༠རིང་ལ། ཐང་བོད་བར་མཛའ་མཐུན་མཐུན་གནས་ཀྱི་འབྲེལ་བ་རྒྱུན་བསྐྱངས། སྤྱི་ལོ༧༧༣ལོར། ཐང་བོད་གཉིས་འཐབ་འཁྲུག་མང་པོ་བྱས་མཐར་ཁྲི་ལིང་ (དེའི་མཚོ་སྔོན་ཚོའི་ཞུན་གྱི་ཞི་ཟླ་ཤག་ག) ས་མཚམས་བྱས་གོང་རོང་བཀྲུགས་པ་དང་། པན་ཚོང་ལ་ཚོན་འཇོག་མི་བྱེད་པའི་གྲོས་ཆིངས་བཞག་པ་མ་ཟད། གན་སུང་ལིང་དུ་ཚོང་འབྲེལ་བྱས།

Jincheng Pricess (689-739) was an adoptive daughter of Tang emperor Zhongzong. In the year 707, Tride Tsuktsen (Mes Ag Tshoms), Tubo Zanpu (the ruler) of Tibet Regime, sent an envoy asking for intermarriage between Han and Tibetan people. Emperor Zhongzong accepted the request. The princess stayed in Tubo for thirty years and was dedicated to the affiliation between Tang and Tubo. In 773 after a couple of battles, Tang and Tubo set the boundaries with steles by Chiling Mountain (contemporary Riyue Mountain in west Huangyuan County of Qinghai Province). Both made a pledge not to intrude on each other. Moreover, a collective market was opened at Gansongling to exchange things.

《金刚经》 公元前494年间成书于古印度。是释迦牟尼在世时与众弟子的对话纪录，由弟子阿难所记载。是大乘佛教重要经典之一，为出家、在家佛教徒常所颂持。20世纪初出土于敦煌的《金刚经》，为世界最早的雕版印刷品之一，现存于大英图书馆。

《多杰戒定巴》 རྡོ་རྗེ་གཅོད་པ། སྐྱེ་བོ་སྟོན་གྱི་ལོ་འགའི་བར་སྐབས་སུ་རྒྱ་གར་དུ་བཤད། དེའི་སྟོན་པ་ཤཱཀྱ་ཐུབ་པ་ནི་ཉལ་བཞུགས་དུས་ཁོང་གི་ཉན་ཐོས་རྣམས་ཀྱི་དྲི་བ་དྲིས་ཕོ་གནས་བཅུན་ཀུན་དགའ་བོས་ཟིན་བྲིས་སུ་བཏབ་པ་སྟེ། ཐེག་པ་ཆེན་པོའི་གཞུང་གཙོ་བོ་ཞིག་ཡིན། རབ་ཏུ་བྱུང་བ་དང་ཁྱིམ་བའི་རྗེས་འཇུག་རྣམས་ཀྱིས་རྒྱུན་དུ་ཁ་བཏོན་བྱེད་པའི་འདོན་ཆ་ཞིག་ཀྱང་ཡིན། དུས་རབས་༢༠པའི་དུས་མགོར་ཏུན་ཧོང་དུ། 《རྡོ་རྗེ་གཅོད་པ》 ཡི་གཞུང་ཤོག་སྣོད་བྱུང་བ་དེ་འཛམ་གླིང་ཐོག་གི་ཆེས་སྔ་བའི་ཤིང་པར་ཡིན་ཞིང་། མིག་སྔར་དབྱིན་ཇིའི་དཔེ་མཛོད་ཁང་དུ་བཞུགས།

Jingang Jing (the Diamond Sutra) makes its first appearance in India during the year of 494 BC. It is a recording of conversations between Sakyamuni and his disciples and is recorded by one disciple named Ananda. It is an important classic of Mahayana Buddhism and is often upheld or recited by Buddhist monks and laypeople. The Diamond Sutra unearthed in Dunhuang in the 20th century is one of the earliest printed books from carved wooden blocks and now is preserved in the British Library.

金门 这里为瑶语音译，意为"山人"。部分瑶族的自称。他称"蓝靛瑶"。分布在云南南部和广西西部各县，善种蓝靛。另外，海南有苗族也自称"金门"。

ཅིན་མོན། ཡའོ་རིགས་ཀྱི་སྐད་བསྒྱུར། དེ་མི་ཞེས་པའི་དོན་ཡིན། གཞན་གྱིས་ལན་ཏེན་ཡའོ་ཞེས་འབོད། ཡུན་ནན་ཞིང་ཆེན་གྱི་ལྷོ་ཕྱོགས་དང་ཀོང་ཞིའི་ནུབ་ཕྱོགས་ཀྱི་རྫོང་སོགས་སུ་ཡོད་པ་དང་རམས་འཛུགས་པར་ཞེན་ཆགས། གཞན་ཧའེ་ནན་གྱི་མེའོ་རིགས་སུ་ཡང་རང་ཉིད་ལ་ཅིན་མོན་དུ་འབོད་མཁན་ཡོད།

Jinmen is the transliteration of Yao language, which means people in the mountains, and is also called Landian Yao. Some part of the Yao people call themselves Jinmen, and they are mainly distributed in counties in the southern part of Yunnan province and western part of Guangxi province. They are good at growing indigo. Besides, some Miao people in Hainan also call themselves Jinmen.

金牌信符 明朝向今西北甘、青一带部分少数民族颁发的茶马交易牌照。又称"茶马金牌""纳马金牌"。始制于明洪武三十年（1397）。该制度形式上是差发马，即象征性的实物赋税，实质具有官办茶马互市的性质。曾使明廷获得大量马匹。嘉靖以后逐渐废止。

གསེར་བྱང་། མིང་རྒྱལ་རབས་ཀྱིས་དེང་གི་ནུབ་བྱང་ཁུལ་གྱི་ཀན་སུའུ་དང་མཚོ་སྔོན་རྒྱུད་ཀྱི་གནས་ཤུལ་མི་རིགས་ཁ་ཤས་ལ་བསྩལ་བའི་ཇ་རྟ་ཚོང་གི་ཆོག་མཆན་བྱང་བུ་ཞིག་ཡིན། མིང་གཞན་ལ་ཇ་རྟའི་བྱང་བུ་གསེར་མ། ལམ་ལུགས་འདི་ནི་མིང་ཏུང་འུའུའི་ལོ་སུམ་ཅུ་པར（1397） ལག་བསྟར་བྱས་ཤིང་། དེ་ལ་རྣམ་པའི་ཆ་ནས་འབུལ་བ་སྒྲིགས་མཚོན་བྱེད་རང་བཞིན་གྱི་དངོས་ཁྲལ་འབུལ་བའི་ཆོས་ལུགས་མོའི་དོ་པོའི་ནས་གཞུང་ཞིབ་ཀྱི་ཇ་རྟ་བརྗེ་བ་རེས་ཀྱི་རང་བཞིན་ཕོ་ཚོང་དེ་ལས་མིང་སྲིད་གཞུང་ལ་མང་པོ་ཐོབ། གོང་མ་ཚ་ཅིན་གྱི་གཞུག་ནས་ལམ་ལུགས་དེ་རིམ་བཞིན་ཁམས་རྒྱུད་དུ་སོང་།

Golden Plate Proof was issued by the Ming Dynasty to ethnic minorities in today's Gansu province and Qinghai province for tea-horse trade. It is also called golden plate of tea and horse, golden plate for taking horse. The first plate started in the 13th year of Hongwu in the Ming Dynasty (1397). The system was symbolically for paying taxes, and essentially it had the nature of a government-run tea-horse trade. This benefited the Ming Dynasty with a number of horses and was abolished gradually since the period of Jiajing.

金瓶掣签 清廷为确认藏传佛教大活佛继承人而制定的制度。1793 年在《藏内善后章程》中正式确立此制度。在拉萨和北京各置一金瓶，凡藏、蒙古大活佛转世时，即将数名"灵童"的姓名，用藏、汉、满等文字写于玉签上，置于瓶中，分别由住藏大臣等主持仪式，当众掣签确定。

གསེར་བུམ་བསྒྲགས་ནས་སྐྱལ་སྐུ་ཏོས་འཛིན་ལུགས། ...

The system of Lot-drawing from a Golden Urn was for the affirmation of great living Buddha's successor, developed by the Qing Dynasty. The system was officially made in *the Authorized Regulations for the Better Governing of Tibet*. There was a golden urn in Lhasa and Beijing respectively. Every time when a great living Buddha reincarnated, names of several soul boys were written on labels in Tibetan, Chinese, Manchu language and so on, which were later put into the urn. With the commissioners presiding over the ceremony, the successor was determined by drawing lots from the golden urn in public.

《金史》 传记体金代史。元脱脱等人于至正三年（1343）奉敕撰修。全书 135 卷，其中本纪 19 卷，志 39 卷，表 4 卷，列传 73 卷。是反映女真族所建金朝的兴衰始末的重要史籍。

《ཅིན་གྱི་ལོ་རྒྱུས》 ...

History of the Jin Dynasty was a biographic history of the Jin Dynasty. It was compiled by Yuan Tuotuo and other people in the third year of Zhizheng (1343) by the order of the emperor. There were in total 135 volumes in the book, including

19 biographic sketches of emperors, 39 annals, 4 memorials to the throne and 73 collected biographies. The book was an important history records which reflected the rise and fall of the Jin Dynasty established by Jurchens.

禁牧 现指长期禁止放牧利用。是一种对草地施行一年以上禁止放牧利用的措施。一般是在生态脆弱、水土流失严重或具有特殊利用方式（如割草场）的草场进行禁牧。目的是解除因放牧对植被产生的压力。

ཚ་བཀག ཡུན་རིང་ལ་ཕྱུགས་འཚོ་སྐྱོང་བྱེད་པར་བཀོག་མི་ཆོག་པ་ཞེས་པའི་དོན་ཡིན། རྩྭ་ས་གེ་མོ་ཏུ་ལོ་གཅིག་གི་ཡན་དུ་ཕྱུགས་འཚོ་སྐྱོང་འགོག་དགོས་བྱེད་ཐབས་འདི་ནི་སྦྱིར་སྐྱེ་ཁམས་ཉམས་ཞན་ད་ང་ས་ཆུ་ཤོར་བ་ཆབས་ཆེ་བ། དེ་མིན་དམིགས་བསལ་གྱི་བེད་སྤྱོད་བྱེད་པའི་རྩྭ་ར་དུ་ལག་བསྟར་བྱེད་བཞིན་ཡོད། དེ་ལྟར་བྱས་པའི་དམིགས་ཡུལ་ནི་སྐྱང་ཐང་གི་ཕོན་སྐྱེད་གནོན་ཤུགས་རྗེ་ཡར་དུ་གཏོང་རྒྱུ་དེ་རེད།

Grazing Prohibition refers to the long-term prohibition of grazing in the pasture. This enactment ordains that grazing is not permitted for a year in some grassland. Some grassland has a fragile ecological system and serious water and soil erosion, while some grassland has other special usage (for example, used as a grass land). These kinds of grassland are prohibited for grazing so as to maintain the ecological balance.

京语 中国京族的语言。由于语言因素复杂，语言学家难以确定其语言属系。主要分布在广西壮族自治区防城港市。越南社会主义共和国京族的语言在国际上习惯称为越南语，与中国的京语基本相同。

ཅིང་སྐད། གུང་གོའི་ཅིང་རིགས་ཀྱིས་སྤྱོད་པའི་སྐད་ཆ་ཆའི་གྲུབ་ཆ་ཙོག་འཛིང་ཆེ་བའི་སྒྲབས་ཀྱིས། སྐད་བརྡ་རིག་པ་བས་སྐད་རིགས་འདིའི་སྐད་ཁོངས་གང་དང་སྐད་ཁྱིམས་གང་གི་ཁོངས་སུ་གཏོགས་པར་བརྡར་ཤ་གཅོད་དཀའ་བར་གྱུར། སྐད་རིགས་འདི་སྐྱོང་མཁན་ནི་གཙོ་བོ་གོང་ཤི་གྲོང་རིགས་རང་སྐྱོང་སྐྱོང་ཁུལ་གྱི་ཕང་ཆིང་དུ་ཁྱབ་ཡོད། ཡོན་ནན་སྤྱི་ཚོགས་རིང་ལུགས་སྤྱི་མཐུན་རྒྱལ་ཁབ་ཅིང་རིགས་ཀྱི་སྐད་རྒྱལ་སྤྱིའི་སྟེང་ལོན་ཤར། དོན་བཟུང་སྦྱོལ་ཚགས་པ་དང་། ཕལ་ཆེར་གུང་གོའི་ཅིང་སྐད་དང་འད་མཚུངས་ཡིན།

The Jing Language, the language of the Jing people, is mainly used by people of this ethnic group in Fangchenggang, Guangxi Zhuang Autonomous Region. Because of its complexity, linguists did not place it into a certain language family. The Jing language is basically similar to the Gin language in the Socialist Republic of Vietnam, and the latter is usually called Vietnamese in the world.

京族 中国的少数民族。主要聚居在广西东兴市江平镇的"京族三岛"。人口28199人（2010年）。是中国唯一的海滨渔业少数民族。历史上自称"京"，他称"越"。1958年定为京族。使用京语，曾创制土俗"喃字"，现通用粤方言和汉文。主要信仰道教、佛教。在越南，京族是其主体民族。

ཅིང་རིགས། གུང་གོའི་གྲངས་ཉུང་མི་རིགས་ཤིག་ཡིན།

གཙོ་བོ་གོང་ཞི་ཏུང་ཞིན་གྲོང་ཁྱེར་ཅང་ཕིང་གྲོང་རྡལ་གྱི་ཅིང་རིགས་སྐྱིང་གསུམ་ཞེས་པར་འདུས་སྡོད་བྱས་ཡོད། མི་གྲངས་ར་༢༨༡༩༩ (༢༠༡༠) ཡོད་པ་དང་། རང་རྒྱལ་དུ་མཚོ་འགྲམ་ཉ་ལས་གཏེར་མཁན་གྱི་གྲངས་ཉུང་མི་རིགས་གཅིག་པུ་ཡིན། བོ་རྒྱལ་སྟེང་རང་ཉིད་ཅིང་དང་གཞན་གྱིས་ཡོ་རུ་འབོད། སྤྱི་ལོ་ ༡༩༥༨ ལོར་མིང་ལ་ཅིང་རིགས་བཏགས། མི་རིགས་འདིའི་ཅིང་སྐད་སློད་པ་དང་། ནན་ཡིག་ཅེས་པའི་ཡི་གི་ཞིག་ཀྱང་གསར་བཟོ་བྱུང་མྱོང་། དེང་ཀྱང་དུ་སྤྱིར་བཏང་གོང་དུ་དབྱི་སྐད་དང་རྒྱ་ཡིག་སྤྱོད་ཀྱི་ཡོད་པ་བཞིན་ཡོད། ཅིང་རིགས་ཀྱིས་གཙོ་བོ་ཏུའུ་ལུགས་དང་སངས་རྒྱས་ཆོས་ལུགས་ལ་དད་མོས་བྱེད་བཞིན་ཡོད་ལ། ཡོ་ནན་རྒྱལ་ཁབ་ཀྱི་གཙོ་འཛིན་མི་རིགས་ཡིན།

The Jing people, one of the ethnic minorities in China, is distributed mainly in "the Three-Island of the Jing people" in Jiangping, Dongxing, Guangxi Province. It has a population of 28,199 (2010), and is the only ethnic group which makes a living by fishing along the sea coast. It was named "Jing" or "Yue" in the past and got its name Jing in 1958. the Jing people used to speak their own language and they once created their written language "Nan". Now they generally speak the Yue dialect and Chinese, and believe in Taoism and Buddhism. In Vietnam, the Jing people is the principal ethnic group.

经济发达省市同少数民族地区对口支援和经济技术协作工作座谈会 1982年在宁夏银川由国家计委、国家民委联合召开。会议确定了开展对口支援和经济技术协作活动的计划、重点和步骤。出席会议的有19个省市、自治区的计委、协作办、民委及国家经委、铁道部、国家物资局的代表。

དཔལ་འབྱོར་དར་རྒྱས་ཆེ་བའི་ཞིང་ཆེན་དང་ཐབ་གཏོགས་གྲོང་ཁྱེར་གྱིས་གྲངས་ཉུང་མི་རིགས་ས་ཁུལ་ལ་ཁ་སྦྱར་གྱིས་རོགས་སྐྱོར་དང་དཔལ་འབྱོར་ལག་རྩལ་མཉམ་རོགས་ལས་ཀྱི་བཟུགས་མོལ་ཚོགས་འདུ། སྤྱི་ལོ་ ༡༩༨༢ ལོར་ཉིན་ཞའི་དངུལ་ཆུར་རྒྱལ་ཁབ་སྐྱིག་དཔལ་རྒྱལ་ཁབ་མི་རིགས་དོན་གཅོད་ལྷན་ཡོན་ལྷན་ཁང་གཉིས་ཀྱིས་མཉམ་དུ་བསྐོངས་པ་ཡིན། ཚོགས་འདུ་ཐོག་ཏུ་སྦྱོར་གྱིས་རོགས་སྐྱོར་དང་དཔལ་འབྱོར་ལག་རྩལ་རོགས་ལས་བྱ་འགུལ་གྱི་འཆར་གཞི་དང་གཙོ་གནད། གོ་རིམ་སོགས་གཏན་འཁེལ་གནང་། ཐེངས་དེའི་གྲོས་ཚོགས་སུ་སློང་ཞིན་ཞིང་ཆེན་དང་རང་སྐྱོང་ལྗོངས་བཅུ་དགུའི་ཡོད་པའི་སྐྱིག་ཡུ་དང་རོགས་ལས་ལས་ཁང་། མི་རིགས་དོན་གཅོད་ཨུ་ཡོན་ལྷན་ཁང་སོགས་དང་། གཞན་རྒྱལ་ཁབ་དཔལ་འབྱོར་ཨུ་ཡོན་ལྷན་ཁང་དང་། ལྕགས་ལམ་པུའུ། རྒྱལ་ཁབ་དངོས་ཟོག་དོན་བཅས་ཀྱི་སྐུ་ཚབ་མི་སྣ་ཞུགས་ཡོད།

Work Conference on Promoting the Economic and Technical Cooperation and Pairing-Assistance between the Economically Developed Areas and Minority Areas In 1982, this conference was jointly held by the State Planning Commission and the State Ethnic Affairs Commission in Yinchuan, Ningxia Province. It worked out the plans, focuses and procedures for the economic and technological cooperation and the Pairing-Assistance. Representatives of the Planning Commission, the Economic and Technological Cooperation Office, Ethnic Affairs Commission, the State Economic Commission, the Railway Ministry and the State Material Bureau from nineteen provinces, cities and autonomous regions have attended the conference.

经名 亦称"教名"。中国穆斯林的宗教用名。因多采用《古兰经》和其他古典经籍中提到的历代圣贤的名字命名,故称。

ཅིན་མིན་ཆོས་ལུགས། གཞན་ཅའི་མིང་ཆོས་ལུགས་ཀྱང་ཟེར། ཀྲུང་གོ་མུ་སི་ལིན་ཆོས་ལུགས་ཀྱི་མིང་གཞན་ཡིན། 《ཁུ་རན་གསུང་རབ》 དང་གཞན་གྱི་གནའ་དཔེ་བཅུམས་ཆོས་ནང་ཐོན་པའི་དུས་རབས་རིམ་བྱོན་གྱི་སྐྱེས་བུ་དམ་པའི་མིང་ལ་དེ་ལྟར་དུ་བཏགས་ཡོད་པས་གཞན་ནས་ཅིན་མིན་ཆོས་ལུགས་སུ་འབོད།

Jingming (Muslim name) is the religious name used by Muslims in China. Muslim name is acquired mainly from the names of the sages mentioned in Koran or other religious classics.

经堂教育 因此种教育在清真寺内举行,故亦称"寺院教育"。其宗旨是传授伊斯兰教经学知识,培养讲学经师和从事宣教及率众举行宗教活动的宗教教职人才。源于中世纪阿拉伯伊斯兰国家清真寺内宗教学校的教育传统,后在中国结合私塾特色形成的教育制度。

ཆོས་ཁང་སློབ་གསོ། སློབ་གསོའི་རིགས་འདི་ནི་དཔེ་མི་ལན་ཆོས་ཁང་དུ་སྤེལ་བཞིན་ཡོད་པས་དགོན་པའི་སློབ་གསོ་ཡང་ཟེར། དེའི་དམིགས་ཡུལ་ནི་ཆོས་ལུགས་ཀྱི་ཤེས་བྱ་སློབ་སྟོང་བྱེད་དུ་བཅུག་སྟེ། ཆོས་ལུགས་འཆད་འཁྲིད་གནང་མཁན་གྱི་ཆོས་དཔོན་དང་། ཆོས་ལུགས་ཁྱབ་བསྒྲགས་དང་དད་དམངས་ལ་སྣེ་ཁྲིད་བྱས་ནས་དབྱི་སི་ལན་ཆོས་ལུགས་བྱེད་སྒོ་སྤེལ་མཁན་གྱི་མི་སྣ་གསོ་སྐྱོང་བྱ་རྒྱུ་དེ་ཡིན། དེའི་མགོ་ཁུངས་དུས་རབས་བར་མའི་ལ་རབ་དབྱི་སི་ལན་རྒྱལ་ཁབ་ཀྱི་དབྱི་སི་ལན་ཆོས་ཁང་གི་སློབ་གསོའི་སྲོལ་རྒྱུན་ཡིན་ལ། གཞུག་ནས་ཀྱང་གོ་ཏུ་སྒེར་བཙུགས་རང་བཞིན་ཅན་དུ་ཆགས་པའི་སློབ་གསོའི་ལམ་ལུགས་ཤིག་ཀྱང་ཡིན།

Jingtang Education (the mosque education) is also called mosque education because the religious education is often conducted in the Islamic mosques. It aims to impart Islamic knowledge, train preachers and Islamic workers who are responsible for Islamic promotion and organizing religious activities. The mosque education was originated from the Arabic Islam mosque educational convention during the Medieval Ages, and later developed to the mosque education form in China after integrated with the characteristics of private school's education.

经文班 在我国,现指由清真寺民主管理组织通过伊斯兰教协会,报经有关宗教事务部门审批,并获得允许举办的穆斯林传习伊斯兰教功课、培养宗教人才的场所。

དབྱི་སི་ལན་གྱི་ཆོས་སྦྱོང་། རང་རྒྱལ་དུ་དབྱི་སི་ལན་ཆོས་ཁང་གི་དམངས་གཙོའི་དོ་དམ་རྩ་འཛུགས་ཚོ་ཆུང་གིས། དབྱི་སི་ལན་ཆོས་ལུགས་མཐུན་ཚོགས་དང་། དེ་མིན་འབྲེལ་ཡོད་ཀྱི་ཆོས་ལུགས་དོན་གཅོད་སྡེ་ཁག་སོ་སོར་མཆོག་མཆན་བཀྱུད། དབྱི་སི་ལན་ཆོས་ལུགས་ཁྱད་སློབ་དང་། ཆོས་ལུགས་མི་སྣ་གསོ་སྐྱོང་བྱེད་པའི་སློབ་གྲྭལ་ཡུལ་ར་འཛུགས་ཆོག་པ་ལགས།

Islamic Class, approved by departments of religious affairs in China, is opened by Islamic democratic management organization with the assistance from Islamic Association. The class is held to impart Islamic knowledge and train clergymen.

景颇文　景颇族主要使用的拼音文字。通行于聚居在云南省的景颇族地区。主要居缅甸的境外景颇人（克钦族人）也使用这种文字。创制于19世纪末。以拉丁字母为基础，共有23个字母（无q、v、x）。多数音位用单字母和双字母表示，少数用3个字母表示。

ཅིང་པོ་རིགས་ཀྱི་ཡི་གེ། ཅིང་པོ་རིགས་ཀྱི་གཙོ་བོར་སྤྱོད་པའི་སྒྲ་སྒྱུར་ཡི་གེ། ཡི་གི་རིགས་འདི་བཀོལ་མཁན་ནི་ཡུན་ནན་ཞིང་ཆེན་ཅིང་པོ་རིགས་ཀྱི་ས་ཁུལ་དུ་འདུས་སྡོད་བྱས་ཡོད། གཞན་འབར་མ་རུ་གནས་སྡོད་བྱེད་པའི་ཕྱི་ཁོངས་ཀྱི་ཅིང་པོ་མིས་（ཁོ་ཆེན་རིགས）ཀྱང་ཡིག་རིགས་འདི་བཀོལ་བཞིན་ཡོད། དུས་རབས་བཅུ་དགུ་པའི་དུས་མཇུག་ཏུ་ལ་ཏིན་དབྱངས་གསལ་ཡི་གེར་གཞི་བྱས་ཏེ་གསར་དུ་བཟོས།（q.v.x.）ཕུད་པས་ཕྱོན་དབྱངས་གསལ་ཉེར་གསུམ་ཡོད། སྒྲ་གནས་ཕལ་ཆེ་བ་དབྱངས་གསལ་གཅིག་དང་གཉིས་སྦྱར་ནས་མཚོན་པ་དང་། ཉུང་ཤས་ཤིག་དབྱངས་གསལ་གསུམ་སྦྱར་ཏེ་མཚོན་བཞིན་ཡོད།

Jingpo Script is a written language used by the Jingpo people in Yunnan Province. The Jingpo people living in Burma (Jingpo is called Kachin in Burma) use this script as well. Jingpo writing system was created in the late 19th century based on the Latin alphabet, and it has twenty-three letters in total (without q, v, x). Most of the phonemes in Jingpo writing system are expressed in single letter or double letters, few in three letters.

景颇语　景颇族主要使用的语言。属汉藏语系藏缅语族景颇语支。分布在中国云南省德宏傣族景颇族自治州的潞西、陇川、瑞丽、盈江等地。国外一般称"克钦语"，主要分布于缅甸北部的克钦邦。此外，印度也有少量使用者。

ཅིང་པོ་སྐད། ཅིང་པོ་རིགས་ཀྱིས་སྤྱོད་བཞིན་པའི་གཙོ་བོ། དེའི་རྒྱུ་བོད་སྐད་ཁོངས་བོད་འབར་ཅིང་པོ་ཁྱིམ་དུ་གཏོགས། སྐད་རིགས་འདི་བཀོལ་མཁན་ནི་རང་རྒྱལ་གྱི་ཡུན་ནན་ཞིང་ཆེན་གྱི་ཐེའུ་ཧུང་ཐའེ་རིགས་རང་སྐྱོང་ཁུལ་གྱི་ལུའུ་ཞི་དང་ལུང་ཁྲོན། དབྱིན་ཅང་རྩ་གྲས་ཀྱི་ས་ཁུལ་དུ་འདུས་སྡོད་བྱས་ཡོད། ཕྱི་རྒྱལ་དུ་སྤྱིར་བཏང་འབར་མའི་བྱང་ཕྱོགས་ཀྱི་ཁོ་ཆེན་པ་རུ་ཁྱབ་ཡོད། གཞན་རྒྱ་གར་དུ་ཡང་སྐད་རིགས་འདི་བཀོལ་མཁན་ཆུང་ཤས་ཤིག་ཡོད།

Jingpo Language, used by the Jingpos, belongs to the Jingpo branch of Tibeto-Burman group in Sino-Tibetan family. people who speak this language mainly live in Luxi, Longchuan, Ruijiang and Yingjiang in Dehong Dai and Jingpo Autonomous Prefecture of Yunnan Province. It is called Kachin language in other countries. Kachin language is mostly spoken in the Kachin region, north of Burma. Besides, a small number of people in India also use this language.

景颇族　中国的少数民族。其先民为唐代"寻传蛮"的一部。现主要聚居在云南德宏傣族景颇族自治州各县的山区，少数居住在怒江傈僳族自治州的芒马、古浪、岗房以及耿马、澜沧等县。人口147828人（2010年）。主要从事农业生产。有自己的语言和文字。崇信万物有灵。

ཅིང་ཕོ་རིགས། གུང་གོའི་གྲངས་ཉུང་མི་རིགས་ཤིག་ཡིན། ཁོང་ཚོས་མེས་པོ་ཐང་རྒྱལ་རབས་སྐབས་ཀྱི་ཞུན་ཁྲོན་མི་རྒྱུད་གཅིག་ཡིན། གཙོ་བོ་ཡུན་ནན་ཞིང་ཆེན་ཏེ་ཧུང་ཏའི་རིགས་དང་ཅིང་ཕོ་རིགས་རང་སྐྱོང་ཁུལ་གྱི་རྡོང་གོ་མའི་རི་ཁུལ་དུ་འདུས་སྡོད་བྱས་པ་ལས། གཞན་ཁ་ཤས་རྒྱལ་མོ་ཧལ་ཚའི་རྒྱུད་ཀྱི་ལི་སུའི་རིགས་རང་སྐྱོང་ཁུལ་གྱི་མང་མ་དང་། གུའུ་ལང་། གང་ཧྲང་། གེང་མ། ལུན་ཚོང་སོགས་རྫོང་དུ་གནས་སྡོད་བྱས་ཡོད། མི་གྲངས་༡༤༧༨༢༨（༢༠༡༠ལོར）ཡོད། གཙོ་བོ་ཞིང་ལས་གཉེར་ཞིང་། རང་ཉིད་ཀྱི་སྐད་དང་ཡི་གེ་ཡོད། གཞན་སྐྱེ་དངོས་ཐམས་ཅད་ལ་རྣམ་ཤེས་ཡོད་པར་སྒྲུབ་པར་དད་མོས་བྱེད་བཞིན་ཡོད།

Jingpo people, one of the ethnic minorities in China, is a branch of "Xunchuan Barbarians" in the Tang Dynasty. Most Jingpo people live in the mountain areas of Dehong Dai and Jingpo Autonomous Prefecture of Yunnan, and a few of them live in the counties governed by Nujiang Lisu Autonomous Prefecture, such as Mangma, Gulang, Gangfang, Gengma, Lancang, etc. It has a population of 147,828 (2010). Jingpo people are mainly engaged in agricultural production; they have their own language and believe that everything has its soul and spirit.

景颇族山官制度 亦作"贡萨制度"。山官，意为"山上的主人"，是景颇族社会的统治者。山官制度是在氏族家长制瓦解过程中形成的以山官为首的独特政治制度。每一个山官辖区就是一个农村公社，成员分官种、百姓、奴隶三等。山官享有一定特权，职位世袭。1956年瓦解。

ཅིང་ཕོ་རིགས་ཀྱི་རི་དཔོན་ལམ་ལུགས། རི་དཔོན་ནི་རིའི་འགོ་བ་ཞེས་པའི་དོན་ཡིན་ལ། ཅིང་ཕོ་རིགས་སྤྱི་ཚོགས་སུ་དབང་སྒྱུར་མཁན་ཡིན། རི་དཔོན་ལམ་ལུགས་ནི་རུས་རྒྱུད་སྤྱི་དབང་ལམ་ལུགས་ཉམས་ཀྱི་བརྒྱུད་རིམ་ཁྲོད་ནས་རིག་བཞིན་གྲུབ་ཅིང་། རི་དཔོན་གྱིས་དབང་ཆ་འཛིན་པའི་དམིགས་བསལ་གྱི་ཆབ་སྲིད་ལམ་ལུགས་ཤིག་རེད། རི་དཔོན་གཅིག་གི་མངའ་འོག་ཏུ་ཞིང་སྡེ་གྲུང་ཏེ་གཅིག་ཡོད་ལ། དེའི་མཉམ་ཁོངས་སུ་དཔོན་རིགས་དང་མང་ཚོ་འབངས་བྲན་གཡོག་སོགས་རིམ་པ་གསུམ་གྱི་མི་ཡོད། རི་དཔོན་ལ་དམིགས་བསལ་གྱི་དབང་ཆ་ཅན་ཡོད་ལ། གོ་གནས་རྒྱུད་འཛིན་བྱེད་པ་བཞིན་ཡོད། ལམ་ལུགས་འདི་སྤྱི་ལོ་༡༩༥༦ལོར་ཉམས་སུ་གྱུར།

The Jingpo's Shan-official (Mountain Master) System is also named "Gongsa System". The Shan-official, which means "the master or chief of a mountain", is the ruler or governor in the Jingpo's society. The Shan-official System is a distinctive political system with the Shan-official as the leader, which was formed during the collapse of the clan patriarchal system. Each Shan-official jurisdiction is a rural commune, with three social hierarchies, the Guanzhong (the noble), the people and the slave. The Shan-official is endowed with certain privileges by this system and the official position is hereditary. It is in

1956 that this system collapsed.

景真八角亭 傣族佛亭，西双版纳的重要文物之一。位于云南勐海县景真寨。始建于傣历一〇六三年（1701）。总体呈八角形，砖木结构，高21米。历史上经多次维修，1978年最后一次修复。

ཅིང་ཀྲེན་བྲོང་གི་ཟླ་ཁང་ཟུར་བརྒྱད་མ། ཏའི་རིགས་ཀྱི་ལྷ་ཁང་ཞིག་ཡིན། ཞི་ཞོང་པན་ནའི་རིག་དངོས་གཙོ་བོའི་ཡ་གྱལ་ཡིན། ལྷ་ཁང་དེ་ནི་ཡུན་ནན་མེང་ཧའེ་རྫོང་ཆེན་ཀྲེན་བྲོང་དུ་ཡོད། ཏའི་ལོ་༡༠༦༣ལོར་(སྤྱི་ལོ་༡༧༠༡)བཟོ་སྐྲུན་བྱེད་འགོ་བཙུགས། ལྷ་ཁང་གི་སྤྱིའི་རྣམ་པ་ནི་ཟུར་བརྒྱད་ཅན་དང་། རྒྱ་སོ་ཕག་དང་ཤིང་གིས་གྲུབ་པ་ཡིན། མཐོ་ཚད་ལ་སྨི་༢༡ཡོད། སྔོན་ཆད་ལན་གྲངས་ཐེངས་མང་བཅོས་ཞིག་གསོ་བྱས་ཤིང་། མཐའ་མ་༡༩༧༨ལོར་ཞིག་གསོའི་ཚེས་མཐར་མ་ཡིན།

Jingzhen Octagonal Pavilion is a Buddhist pavilion of the Dai people, one of the important cultural relics of Xishuangbanna. It is located in Jingzhen Stockaded Village of Menghai County of Yunnan Province. Built in 1063 of the Dai Calendar (1701), the pavilion was a brick and wooden architecture, with the appearance of octagon and the height of 21 meters. It had been restored for several times, and the last time was in 1978.

净礼 伊斯兰教法定的洁净礼仪。阿拉伯语"泰哈赖"的意译。包括沐浴、净衣、洁处等。分为"小净""大净"和"土净"（代净）三类。

གཙང་མཆོད། དབྱི་སི་ལན་ཆོས་ལུགས་ཀྱིས་གཏན་ལ་ཕབ་པའི་གཙང་དག་མཆོད་བགྱིར་ཞིག་ཨ་རབ་ཀྱི་སྐད་དུ་ཐའེ་ཧྲ་ནན་ཞེས་པའི་དོན་བསྒྱུར་ཡིན། དེའི་ནང་དུ་འཁྲུས་དང་གྱོན་པ་གཙང་མ། གཙང་སྣ་སོགས་འདུ། གཙང་དག་ཆུང་བ་དང་གཙང་དག་ཆེ་བ། ས་གཙང་བཅས་རིགས་གསུམ་དུ་དབྱེ།

Ablution is the regulated ritual purification in Islam. This name is the paraphrase of the Arabic "Thai Ha Lai". It includes the washing of body, the washing of clothes and the washing of residence. And there are three forms, namely, the lesser ablution (Wudu), the greater ablution (Ghusl) and the dry ablution (Tayammum).

境内外国人宗教活动 指外国人在中国境内按照各自的宗教信仰习惯举行和参与的各种宗教仪式，与中国宗教社会团体、宗教活动场所和宗教教职人员所发生的宗教事务方面的联系及其有关的各种活动。

རང་རྒྱལ་དུ་ཕྱི་རྒྱལ་བས་སྤེལ་བའི་ཆོས་ལུགས་བྱེད་སྒོ། གུང་གོའི་མཁར་ཁོངས་སུ་ཕྱིའི་རྒྱལ་ཁབ་ཀྱི་མི་རྣམས་རང་གི་ཆོས་ལུགས་དད་མོས་ཀྱི་ལུགས་སྲོལ་གཞིགས་ནས་སྤྲོ་འཚོགས་བྱ་བའི་ཆོས་ལུགས་མཛད་སྒོ་དང་། དེ་མིན་ཕྱི་རྒྱལ་བ་དང་རང་རྒྱལ་ཆོས་ཚོགས་པའི་བར་དང་། ཆོས་ལུགས་མི་སྣ་བར་བྱུང་བའི་ཆོས་ལུགས་ལས་དོན་ཐད་ཀྱི་འབྲེལ་བ་སོགས་དང་། དེའི་སྐོར་གྱི་བྱེད་སྒོ་ཡོད་ཚད་ལ་གོ

Religious Activities of Foreigners in China refer to various religious rites that foreigners hold and participate in China according to their respective religious beliefs and customs. Also, these activities include religious affairs connected with Chinese religious social organizations, religious activity venues and religious personnel, and some other kinds of related activities.

九黎 中国上古传说中的一个族群。又称"黎"。居于长江流域的今湖北、湖南及江西一带。传说有9个部落，每个部落有9个氏族，以蚩尤为首。他们信奉巫教，杂拜鬼神，并编有刑法。后炎帝与黄帝结盟，与蚩尤在涿鹿（今河北涿鹿、怀来一带）大战，蚩尤以失败告终。

ཨི་ཙོ་དགུ། གུང་གོའི་གནའ་རབས་དག་རྒྱུད་བོན་གྱི་རིགས་ཚོགས་ཤིག་ཡིན། མིང་གཞན་ལའང་ལེ་ཟེར། དེའི་འཛིན་ཆབའི་འགྲམ་རྒྱུད་ཀྱི་དེང་གི་ཧུའུ་པེ་དང་ཧུའུ་ནན་ཞང་ཤི་སོགས་ཀྱི་ཁུལ་དུ་འཚོ་སྡོད་བྱེད། དག་རྒྱུད་དུ་ཚོ་དགུ་དང་ཚོ་ལག་རེར་རུས་ཚོ་དགུ་ཡོད་ཅིང༌། ཆི་ཡིའུ་ཞེས་པས་འགོ་བ་བྱས། བོ་ཚོས་རང་གི་ཁྲིམས་ལུགས་ཡོད་པ་དང༌། སྨུའི་ཚོས་ལ་དད་མོས་བྱེད་བཞིན་ཡོད། དེའི་ཕྱིས་ནས་ལ་ལས་སྐུ་འདའི་ལ་ཡང་ཡིད་ཆེས་བྱེད་བཞིན་ཡོད། གཞུང་ནས་ཡང་དེ་དང་ཧུང་དིའི་མཐུན་འབྲེལ་དག་དང་འཐབ་སྟེ་སྦས།

Nine Li Tribe, also named "Li", was an ethnic group of Chinese ancient mythology. This group resided in areas of Yangtze River basin, which now belong to the three provinces of Hubei, Hunan and Jiangxi. There were nine tribes in this group, each tribe with nine clans. And Chi You was the leader of the whole group. The group believed in the Sorcery, worshiped various kinds of ghosts and gods and had their own criminal law. After the alliance of Yan Emperor and Yellow Emperor, Chi You fought with the emperor's force in Zhuolu (now areas of Zhuolu County and Huailai County in Hebei province). This epic battle of Zhuolu ended up with the failure of Chi You.

九姓 汉族对分布于贵州威宁县一带的白族的称谓。因其共有9个姓氏，故名。

རུས་དགུ། གུའེ་གོའུ་ཁྲིའི་ཞིང་རྫོང་གི་ཁུལ་དུ་གནས་སྡོད་བྱེད་པའི་པའི་རིགས་ལ་རུས་དགུ་ཞེས་རྒྱ་རིགས་ཀྱིས་ཁོ་ཚོ་ལ་གཞན་ནས་རུས་དགུ་རུ་འབོད།

Jiuxing (nine surnames) is an appellation of the Bai people, residing in areas of Weining County in Guizhou Province by the Han people. Due to nine surnames of this ethnic group, it got its name as Jiuxing.

九姓胡 中国南北朝、隋、唐时期对西域锡尔河以南至阿姆河流域的粟特民族和国家及其来华后裔的统称。

རུས་དགུ་ཧུའུ། གུང་གོའི་རྒྱལ་རབས་ཙོ་བྱང་དང་སུའི་ཐང་རྒྱལ་རབས་ཀྱི་དུས་སུ་ནུབ་ཁུལ་ཞི་ཨེར་ཆུ་བོའི་ལྷོ་བརྒྱུད་ནས་ཨ་མུའུ་ཆུ་བོའི་འབབ་རྒྱུད་བར་དུ་ཆགས་པའི་སུའུ་ཐུའུ་མི་རིགས་དང་རྒྱལ་ཁབ། ད་དུང་དེ་དག་གི་རྗེས་རབས་པ་ཡི་སྤྱི་མིང་ལ་ཟེར།

Jiuxinghu (nine surname Hu), in the period of the Northern and Southern Dynasties, the Sui Dynasty and the Tang Dynasty, collectively refers to Sogdians and countries in the Western Regions from the south of the Xi'er river (Syr Darya) to the Amu River (Amu Darya) basin, and its descendants who came to China later.

九姓回纥 唐时回纥（见"回鹘"词条）在建立政权（744）前对其内九族、外九部的通称。

ཧུའི་ཧུའུ་ཚོ་དགུ། ཐང་རྒྱལ་རབས་སྐབས། (ཧུའི་ཧུའུ་མིང་ཆེན་ལ་ལྟོས།) ཧུའི་ཧུའུས་སྲིད་དབང་བཙུགས་པའི་(༧༤༧ལོ) ཡར་སྔོན་དུ། དེའི་ནང་ཁུལ་དུ་རུས་ཚོ་དགུ་དང་ཕྱི་རུ་ཚོ་ལྷག་དགུ་ཡོད་པ་དེའི་སྤྱི་མིང་ལ་ཟེར།

Jiuxinghuihe (nine surname Huihu) generally refers to inner nine clans and outer nine tribes of Huihe (see also the Uighur), before its establishment of power in the period of Tang Dynasty.

九姓回鹘可汗碑 回鹘汗国时期的碑刻。立于唐宪宗元和九年（814）。19世纪末发现于今蒙古国。碑文包括汉文、突厥文和古回鹘文。主要记述回鹘汗国建国后至保义可汗在位时（808—821）的史事、与唐朝关系及摩尼教传入回鹘的情况。

ཧུའི་ཧུའུ་ཚོ་དགུའི་ཁོ་ཧན་རྡོ་རིང་། ཧུའི་ཧུའུ་ཧན་རྒྱལ་ཁབ་དུས་ཀྱི་རྡོ་རིང་ཞིག་ཡིན། ཐང་རྒྱལ་རབས་ཞོན་ཚུང་ཁྲི་ལོ་དགུ་པར་ (༨༡༤ལོ) གསར་དུ་བཞེངས། དུས་རབས་བཅུ་དགུ་པའི་དུས་མཇུག་ཏུ་དེའི་གི་མོང་གོལ་མི་སྒེར་རྒྱལ་ཁབ་ཀྱི་མངའ་ཁོངས་སུ་གསར་རྙེད་བྱུང་། རྡོ་རིང་དེའི་རྡོ་སྐུ་ལ་ཨི་ཡིག་དང་འ་ཞའི་ཡི་གི་གནའ་ཧུའི་ཧུའུའི་ཡི་གི་སོགས་བཀོད་ཡོད་ལ། གཙོ་ཆེར་ཧུའི་ཧུའུ་ཧན་རྒྱལ་ཁབ་བཙུགས་པ་ནས་པའོ་ཡི་རྒྱལ་པོའི་ (༨༠༨—༨༢༡ལོ) དབར་གྱི་སྲིད་དོན་རྒྱས་དང་། གཞན་ཐང་རྒྱལ་རབས་བར་གྱི་འབྲེལ་བ། མའ་ནིའི་ཆོས་ལུགས་ཧུའི་ཧུའུ་རུ་དར་བའི་གནས་ཚུལ་སོགས་བཀོད་ཡོད།

Nine Surname Huihu Khan Monument was a monument of the period of Huihe Khan Kingdom. It was set up in the 9th year of of the reign of emperor Xianzong of the Tang Dynasty (814). At the end of 19th century, it was discovered in Mongolia. The inscriptions on the monument were written in three languages, namely, ancient Chinese language, ancient Turkic language, and ancient Uighur language. It mainly gives an account of historical events from the establishment of Huihe Khan Kingdom to the reign period of Bao Yi Khan. Also, it records the relationship between Uighur and Tang Dynasty and the status after the introduction of Manicheism in Huihe Khan Kingdom.

九夷 中国古代对东方非华夏族的一种称谓。也就是畎夷、于夷、方夷、黄夷、白夷、赤夷、玄夷、凤夷和阳夷。亦指其所居之地。

དབྱི་ཚོ་དགུ། རང་རྒྱལ་གནའ་རབས་ལ་ཤར་ཕྱོགས་སུ་ཧུན་རིགས་ཕུད་པའི་མི་རིགས་གཞན་པའི་སྤྱི་མིང་ལ་ཟེར། དེ་དག་ནི་ཆོན་དབྱི་དང་། ཡུས་དབྱི། ཧྥང་དབྱི། ཧོང་དབྱི། པའི་དབྱི། ཁྲི་དབྱི། ཞོན་དབྱི། ཧྥིང་དབྱི། དབྱང་དབྱི་སོགས་ཡིན། གཞན་འདི་དག་འཚོ་སྡོད་བྱེད་སའི་ཡུལ་ལའང་གོ

Jiu Yi (the Nine Tribes), in ancient China, was an appellation of the eastern tribes, which do not belong to Huaxia nationality. It included Quan Yi, Yu Yi, Fang Yi, Huang Yi, Bai Yi, Chi Yi, Xuan Yi, Feng Yi and Yang Yi. Also, it referred to habitations and residences of these tribes.

舅权 指父权制代替母权制的过渡社会形

态中舅甥之间存在的一种权利和义务。此时，舅舅是外甥（女）最亲的男性亲属，他会与姐妹一起负抚养责任，年老后则由外甥（女）孝养并继承其财产。20 世纪早期，纳西、彝、苗等民族有舅权制残余，现代摩梭人仍有保留。

ཞང་ཚའི་དགའ་དབང་ལམ་ལུགས། མ་རྒྱུད་དུས་རྒྱུད་ནས་པ་རྒྱུད་དུས་རྒྱུད་དུ་བར་བརྒལ་བྱེ་ཚོགས་ཁྲོད་དུ། ཞང་པོ་དང་ཚོའི་ (ཞང་པོའི་སྲིང་མོ་གཅུང་གི་བུ་མོ) བར་མི་ལེ་དབང་དང་ལས་འགན་གྱི་འཛིན་པ་ཞིག་ཆགས་ཡོད་པ་དེ་ལ་གོ །དུས་སྐབས་དེར། ཨ་ཞང་ནི་ཚོ་ལ་མཚོན་ན་ཉེ་ཐག་ཆེས་ཉེ་བའི་སྐྱེས་ཡོན་པ། ཞང་པོ་ལ་སྲིང་མོ་དང་མཉམ་དུ་ཚོ་མོ་གསོར་སྐྱོང་རྒྱུའི་འགན་འཁྲིའི་ཡོད་པ་དང་། ཨ་ཞང་ན་ཚོད་རྒས་རྗེས། ཚོ་མོ་ལ་དེ་གཞིར་སྐྱོང་གི་འགན་འཁྲི་འཁུར་རྒྱུ་དང་རྒྱུ་ནོར་འཛིན་གྱི་དབང་ཆ་ཡོད། དུས་རབས་ ༢༠ པའི་དུས་མགོར། འཇང་རིགས་དང་། དབྱི་རིགས། མིའོ་རིགས་སོགས་སུ་ཞང་ཆའི་དགའ་དབང་ལམ་ལུགས་ཀྱི་རྗེས་ཤུལ་བཟོད་རྒྱུ་ཡོད་ལ། མོ་སུའི་པས་ལམ་ལུགས་འདི་ད་དུང་རྒྱུན་འཛིན་བྱེད་བཞིན་ཡོད།

Avunculate is a feature of some societies whereby maternal filiation is strongly represented, the role of a father could be taken over by a maternal uncle, who becomes a "social father" of his sister's children and becomes a father figure to his nephews and/or nieces. It exists in the transitional stage of a society where matriarchy is being replaced by patriarchy. The maternal uncle is the closest male relative a nephew or niece has, he will take the responsibility of raising the children together with his sisters. When the uncle gets old, he will be taken care of by his nephew or niece, and name them as the inheritors of his fortune. In the early twentieth century, avunculate still exited in the society of the Naxi people, Yi people and Miao people. Today it exits in the Mosuo people.

鞠氏 吐蕃古老家族名。其采邑（封地）在今西藏穷结之淌客且。元代该地称"汤卜赤"，曾封"八千户"。

ཇུ་རྒྱུད། བོད་བཙན་པོའི་གདན་པོའི་ཁྱིམ་རྒྱུད་ཅིག མངའ་ཁོངས་དེ་ནི་གི་བོད་ལྗོངས་འཕྱོང་རྒྱས་གར་མཁར་ཡིན། ཡོན་རྒྱལ་རབས་ཀྱིས་ཤང་རྡོ་ཁྲུལ་ཞེས་པའི་འབངས་ས་གནད།

The Ju family was an old family in Tubo. Its fief (caiyi) was in the Tangkeqie, Qiongjie of Tibet. This place was named as "Tangbuchi" in the Yuan Dynasty, with the ownership of 8,000 households.

具足戒 佛教戒律。为比丘、比丘尼所应受持的戒律。因与沙弥（尼）所受十戒相比戒品具足，故名。其内容，南北传佛教所传的戒本各异，按《四分律》所载，比丘戒有250条，比丘尼戒有348条。

དགེ་སློང་གི་འདུལ་ཁྲིམས། སངས་རྒྱས་ཆོས་ལུགས་ཀྱི་འདུལ་ཁྲིམས་ཤིག དགེ་སློང་དང་དགེ་སློང་མས་སྲུང་དགོས་པའི་ཁྲིམས། དགེ་བསྙེན་དང་དགེ་ཚུལ་གྱི་སྲུང་བཅུ་དང་བསྡུར་ན་སྲུང་བྱ་མང་པོ་ཡོད་པས་མིང་དེ་ལྟར་བཏགས། ནང་དོན་ཐད་སྟོ་རྒྱུད་དང་བྱང་རྒྱུད་ཀྱི་ནང་པར་མི་འདྲས་ཡོད། གཙོ་བོ་དགེ་འཚོལ་སྡོང་གི་རྩ་བ་བའི་ལས་དབྱེ། དགེ་སློང་ལ་ཁྲིམས་ཞིག་བརྒྱ་དང་ལྔ་བཅུ་གསུམ་དང་། དགེ་སློང་མ་ལ་ཁྲིམས་སུམ་བརྒྱ་ཞེ་བརྒྱད་ཡོད།

Upasampada refers to the commandment a

Bhiksu (Buddhist monk) and Bhikkhuni (female Buddhist monastic) should keep. Compared to the Ten Commandments a samanera and samaneri should keep, Upasampada has more kinds of commandments. Its specific commandments differ from the north to the south. According to Dharmaguptaka Vinaya, a Bhiksu has to keep 250 commandments; a Bhikkhuni has to keep 348 commandments.

军台 清代在新疆、蒙古地区所设的邮驿，专司西、北两路军报及公文的递送。

དམག་དོན་ལ་ཚིགས། ཆིང་རྒྱལ་རབས་ཀྱིས་ཞིན་ཅང་དང་ནུབ་སོགས་ཁུལ་དུ་སྒྲིགས་ཚུགས་བཅུགས་ནས་ནུབ་ལམ་དང་བྱང་ལམ་དམག་དཔུང་གི་དམག་དོན་ཐད་ཀྱི་སྙན་ཞུའི་ཡི་གེ་སྤྲོད་བཞིན་ཡོད།

Military postal station was set up in Xinjiang and Mongolia by the Qing Dynasty to deliver the military news and official documents for the army in the west and in the north.

骏马奖 由中国作协、国家民委共同主办的少数民族文学的国家级文学奖。1981年创立。参赛作品囊括少数民族作家用汉文或少数民族文字出版的长篇小说、中篇小说集、短篇小说集、诗集、散文集、报告文学集、理论评论集、翻译等。

ཏ་མཆོག་ཉག་གས་ཅན་གྱི་བྱ་དགའ། ཀྲུང་གོ་རྩོམ་པ་པོ་མཐུན་ཚོགས་དང་རྒྱལ་ཁབ་མི་རིགས་དོན་གཅོད་ཨུ་ཡོན་ལྷན་ཁང་གཉིས་ཀྱིས་མཉམ་དུ་བསྒྲུབས་པའི་རྒྱལ་ཁབ་རིམ་པའི་གྲངས་ཉུང་མི་རིགས་ཀྱི་རྩོམ་རིག་བྱ་དགའ་ཞིག་ཡིན། སྤྱི་ལོ ༡༩༨༡ ལོར་གསར་འཛུགས་བྱས་པ་དང་། འགྲན་ཞུགས་བརྩམས་ཆོས་ལ་གྲངས་ཉུང་མི་རིགས་ཀྱི་རྩོམ་པ་པོ་རྒྱ་ཡིག་གམ། ཡང་ན་རང་མི་རིགས་ཀྱི་སྐད་ཡིག་གི་ལམ་ནས་གསར་གཏོང་གནང་བའི་སྒྲུང་རིང་དང་། སྒྲུང་འབྲིང་ཕྱོགས་བསྒྲིགས། སྒྲུང་ཐུང་ཕྱོགས་བསྒྲིགས། སྙན་ཚོམ་ཕྱོགས་བསྒྲིགས། ཕྱག་ཙོམ་ཕྱོགས་བསྒྲིགས། སྙན་ཞུའི་ཙོམ་རིག་ཕྱོགས་བསྒྲིགས། རིག་གཞུང་དཔྱད་ཙོམ་ཕྱོགས་བསྒྲིགས། ལོ་ཙཱའི་བརྩམས་ཆོས་སོགས་ཡོད།

Horse Award for Minority Literatures is the national literary award of ethnic literatures sponsored by China Writers Association and the State Ethnic Affairs Commission, established in 1981. The entries include novels, collected novellas, collected stories, collected poems, collected essays, reportages, collected criticisms and translation works published both in Chinese and in ethnic languages by ethnic minority writers.

K

喀什噶尔参赞大臣 清代官职名。乾隆二十四年（1759）置。隶属伊犁将军。综理南疆喀什噶尔（今喀什市）、英吉沙尔（今英吉沙县）、叶尔羌（今沙车县）、和阗、阿克苏、乌什、库车、喀喇沙尔（今焉耆回族自治县）8处回城事务。

ཁེ་ཤི་གར་བསྟོད་ཞུགས་བློན་ཆེན། ཆེན་རྒྱལ་རབས་ཀྱི་དཔོན་གནས་ཤིག་ཅན་ལུང་ཧྲི་ལོ་ཉེར་བཞི་པར་（1759）བཙུགས། དབྱི་ལི་དམག་དཔོན་གྱི་མངའ་འོགས། སོམ་ཐའི་ཁེ་ཤི་གར་（དེང་གི་ཁེ་ཤི་གྲོང་ཁྱེར།）དང་དབྱིན་ཅི་ཤིར།（དེང་གི་དབྱིན་ཅི་ཤིར་རྫོང་།）ཡེར་ཆང་།（དེང་གི་ཧྲ་ཁྲུའི་རྫོང་།）ཧུའུ་ཐེན། ཨ་ཁུའུ་སུའོ། ཕུའུ་ཐྲི། ཀོའུ་ཁྲུའུ། ཁུའུ་ཧུར།（དེང་གི་ཡན་ཆིའུའི་རིགས་རང་སྐྱོང་རྫོང་།）སོགས་མཆན་བརྒྱད་ཀྱི་དོན་གཅོད་པ་ཡིན།

Kashgar Ministerial Attache was an official position in the Qing Dynasty. It was established in the 24th year of the reign of Emperor Kangxi (1683), covering the affairs of Kashgar (now Kashi City), Yangi Shahr (now Yingjisha County), Yarkand (now Shache County), Hetian, Aksu, Wushi, Kuche and Karashar (now Yanqi Hui Autonomous County).

卡尔信 独龙语音译。解放前独龙族大家庭（宗）中实行按火塘分居的制度。火塘代表一夫一妻制小家庭。大家庭内各火塘有自己的小仓库，但仍保持共同劳动、合伙吃饭的传统习惯。这是大家庭制向个体小家庭制发展的一个过渡阶段。

ཁོག་སྟོང་ལམ་ལུགས། བཅིངས་འགྲོལ་མ་བྱས་པའི་ཡར་སྔོན་དུ་ཧུའུ་ལུང་རིགས་ཀྱི་སྡེ་ཚོགས་སུ་ཁྱིམ་གཞི་ཆེ་བ་གཅིག་གི་ནང་དུ་མེ་གཟོད་ལ་གཞི་བྱས་ཏེ་སོ་སོར་སྡོད་པའི་ལམ་ལུགས་ཤིག་ལག་བསྟར་བྱེད་བཞིན་ཡོད། མེ་གཟོད་ཅུང་བ་གཅིག་གིས་ཤུག་ཚིག་གིས་གྲུབ་པའི་ཁྱིམ་ཆུང་བ་གཅིག་མཚོན། གཞིས་ཁྱིམ་ཆེ་བ་གཅིག་གི་ནང་དུ་ཁྱིམ་ཆུང་བ་སོ་སོར་རང་གི་འཛིན་ཡོད་མོད། དོན་གྱུར་བཞིན་མཉམ་དུ་དབང་ཕྱེད་པ་དང་། མཉམ་དུ་ཟ་སྟོང་པའི་སྲོལ་རྒྱུན་གོམས་སྲོལ་ཞིག་ཡིན། ལམ་ལུགས་དེའི་གཞིས་ཁྱིམ་ཆེ་བའི་ལམ་ལུགས་དེ་སྟེར་གྱི་ཁྱིམ་གཞི་ཆུང་བའི་ལམ་ལུགས་སུ་བསྒྱུར་བྱེད་པའི་དུས་རིམ་དུ་གནས།

Ka'erxin (transliterated from the Derung language) refers to the system of living divided by hearth in the clan of Derung people before liberation. The hearth represents monogamy. In the clan, each hearth has its own storage house, but the Derung people pursued collective farming on the common land and held their hunting, fishing and gathering grounds in common. It's a transitional stage where clans give way to monogamy families.

卡伦 满语，意为"防守处"或"哨所"。清廷在蒙古、新疆等边疆地带战略重要之地所设的防守关卡。

འགོག་སྲུང་རྟེན་གཞི། ཁེང་སྲིད་གཞུང་གིས་སོག་པོ་དང་ཞིན་ཅང་སོགས་མཐའ་མཚམས་ཀྱི་ཐབས་ཇུས་ཐོག་གནད་ཆེ་བའི་ས་གནས་སུ་འགོག་སྲུང་རྟེན་གཞི་

· 347 ·

བཙུགས་པ་ཡིན།

Karun means the "defensive position" or "guard post" in Manchu. It was the defensive barrier set up by the Qing government in important border areas such as Mongolia and Xinjiang.

卡洛 藏语音译，意为"近处的珞巴"。旧时藏族对接近藏族聚居地区的珞巴族地区及人民的俗称。

ཁ་ལྷོ། དེ་སར་གནས་པའི་ལྷོ་པ་ཞེས་པའི་དོན་ཡིན་ལ། གནའ་དུས་སུ་བོད་རིགས་ཀྱིས་ཉེ་འགྲམ་གྱི་ལྷོ་པ་པ་དང་། ལྷོ་ཚོ་གནས་སྟོང་བྱེད་པའི་ས་མིང་ལ་ཁ་ལྷོ་ཞེས་འབོད།

Kaluo (transliterated from Tibetan) means "the nearby Lhoba people". It was used by Tibetan people to address the nearby Lhoba areas and Lhoba people.

卡若遗址 西藏古文化遗址。位于西藏昌都的卡若村。发现于1978年，是一处新石器时代晚期文化遗址，距今4000—5000年。总面积约1万平方米。曾出土有房屋遗迹20多座，还有许多古人类使用过的石制生产工具以及谷物、兽骨等。对研究藏族早期历史和藏汉关系史有重要意义。

ཁ་རུབ་གནའ་ཤུལ། གནའ་ཤུལ་འདི་ནི་བོད་སྟོངས་ཆབ་མདོ་ཁ་རུབ་ཡུལ་ཚོ་རུ་ཡོད། སྤྱི་ལོ་༡༩༧༨ ལོར་སྟོང་འདོན་བྱས། རྡོ་ཆས་གནས་པའི་དུས་མཐའི་རིག་གནས་རྗེས་ཤུལ་ཞིག་ཡིན་པ་དང་། ད་བར་དུ་ལོ་༤༠༠༠ནས་༥༠༠༠འདས་ཟིན། གནའ་ཤུལ་འདིའི་རྒྱ་ཁྱོན་ལ་སྒྲ་བཞི་གཅིག་ཡོད་ལ། ཐོན་ཆད་སྟོང་པའི་མི་ཁྱིམ་གྱི་རྗེས་ཤུལ་ཉི་ཤུ་ལྷག་གནས། གདོད་མའི་མིའི་རིགས་ཀྱིས་བེད་སྤྱོད་བྱས་པའི་རྡོ་བཟོས་ཐོན་སྐྱེད་ལག་ཆ་དང་འབྲུ་རིགས། རི་དྭགས་ཀྱི་རུས་པ་

སོགས་ཡོད། ཁ་རུབ་གནའ་ཤུལ་ནི་བོད་ཀྱི་གནའ་རབས་ལོ་རྒྱུས་དང་རྒྱ་བོད་འབྲེལ་བའི་ལོ་རྒྱུས་ཞིབ་འཇུག་བྱ་རྒྱུར་དོན་སྙིང་ཆེན་པོ་ཡོད།

Karuo Site, an ancient Tibetan cultural relic site, is located in Karuo, Qamdo County, Tibet, discovered in 1978. Dating back to 4000~5000 years ago, it is the archaeological cultural site of the late Neolithic Age, covering an area of about 10,000 square meters. More than 20 foundations of houses were unearthed from the well-preserved site, and a great number of stoneware, grains, bone ware and other articles were discovered. It is a vital glimpse into history of ancient Tibet and Sino-Tibetan relations.

卡瓦 傣语音译，为"奴仆"之意。旧时傣族统治阶级对佤族的侮称。

ཁ་ཝ། ཏའི་རིགས་ཀྱི་སྐད་ནས་སྒྲ་བསྒྱུར་བྱས་པ་ཡིན། བྲན་གཡོག་ཅེས་པའི་དོན། སྔོན་ཆད་ཏའི་རིགས་དབང་སྒྱུར་རིགས་ཀྱིས་དབའ་རིགས་ལ་བཏགས་པའི་བརྙས་མིང་ཞིག་ཡིན།

Kawa, a transliteration of Dai language, means slave, which was used as an insulting name of ancient Wa ethnic group by the Dai authority.

开化黎瑶民族案 国民党广东省政府通过的关于开化黎、瑶族地区的议决。1927年审议通过。企图采取宣传教育、贸易储蓄、警察保安等手段，加强对黎、瑶族地区的控制及汉化。

ལིའི་རིགས་དང་ཡའོ་རིགས་ཀྱི་དཔལ་ཡོན་འཕེལ་རྒྱས་དང་འབྲེལ་བའི་ཚོད་ཡིག སྐྱི་ལོ

ཀྱིའུ་ཤོར་པོ་མིན་ཏང་གོང་ཁྱོང་ཞིན་ཆེན་སྲིད་གཞུང་བརྒྱུད་ནས་ཐག་བཅད་པའི་ལིའི་རིགས་དང་ཡའོ་རིགས་ན་ཁུལ་གྱི་དཔལ་ཡོན་འཕེལ་རྒྱས་དང་འབྲེལ་བའི་ཆོད་ཡིག་ཅིག སློབ་གསོ་རྒྱུད་སྤེལ་དང་། ཚོ་ཚོང་དང་བསགས། ཉེན་ཚོག་པས་བདེ་འཇགས་སྲུང་སྐྱོབ་བྱས་ནས་སོགས་ཀྱི་ཐབས་ལམ་བརྟེན་ནས། མིའི་རིགས་དང་ཡའོ་རིགས་ན་ཁུལ་ཆོད་འཛིན་དང་། མི་རིགས་རྒྱ་འགྱུར་ལ་སྤུར་ལས་ཤུགས་སྟོབས་རྒྱག་རྒྱུའི་འཆར་བགོད་འབེད།

Resolutions on Enlightening Li and Yao Ethnic Groups, approved in 1927, was a series of policies on "civilizing" ethnic people in the Li and the Yao areas made by Guangdong government during the Republican Era, attempting to strengthen authority's governing and regional assimilating with the Han people by enhancing propaganda and education, interfering with trade and savings, positioning armed police and security guards.

堪布 藏语音译，意为"师傅"。原为藏传佛教中主持受戒者之称号。后凡深通经典的喇嘛，而为寺院或扎仓的主持者，皆称堪布。又为西藏地方政府僧官系统的职称。如达赖、班禅的高级侍从，亦称堪布。

མཁན་པོ། སྔར་མཁན་པོ་ནི་བོད་རྒྱུད་ནང་བསྟན་དུ་རབ་བྱུང་གི་སྡོམ་པ་ཞིག་ལེན་པ་དང་། གཞུང་ལུ་ཆོས་གཞུང་ལ་མཁས་ཤིང་ཟབ་མོ་བྱེད་མཁན་ལ་བླ་མ་དང་། དགོན་པ་དང་གྲྭ་ཚང་གི་དབུ་འཛིན་མཁན་ལ་མཁན་པོ་འབོད། གཞན་བོད་སྟོངས་ས་གནས་སྲིད་གཞུང་གི་སེར་དཔོན་གྱི་མིང་ལ་ཡང་མཁན་པོ་ཟེར།

Khenpo (transliteration of Tibetan) means master, originally referring to a senior monk who ordains new monks in Tibetan Buddhism, later on referring to either the abbots of temples who have good command of sutras and scriptures, or the professional title of local Tibetan monkish official, such as senior attendants of Dalai Lama or Panchen.

堪钦 藏语音译，原西藏地方政府的僧官品级名。地位高于堪穷和四品俗官，但实权小于堪穷。

མཁན་ཆེན། སྔོན་བོད་ས་གནས་སྲིད་གཞུང་གི་སེར་མོ་བའི་དཔོན་གནས་ཀྱི་རིམ་པ་ཞིག་གི་མིང་། གོ་གནས་ནི་མཁན་ཆུང་དང་རིམ་པ་བཞི་པའི་སྐུ་དྲག་ལས་མཐོ་མོད། དོན་གྱུར་དངོས་ཡོད་དབང་ཚད་མཁན་ཆུང་ལས་ཆུང་།

Khenchen (transliteration of Tibetan) refers to a title of former local Tibetan government's monkish official rank names. Khenchen has higher social status than Khenchung and fourth-rank lay officials but weaker real power than Khenchung.

堪穷 藏语音译，原西藏地方政府的僧官品级名。地位相当于四品俗官。

མཁན་ཆུང་། སྔོན་བོད་ས་གནས་སྲིད་གཞུང་གི་སེར་མོ་བའི་དཔོན་གནས་ཀྱི་རིམ་པ་ཞིག་གི་མིང་། གོ་གནས་རིམ་པ་བཞི་པའི་སྐུ་དྲག་དང་འདྲ་མཚུངས་ཡིན།

Khenchung (transliteration of Tibetan), was a title of former Local Tibetan government's monkish official rank names, having same social class as fourth-rank lay officials.

堪苏 藏语音译。藏传佛教寺院僧职名，即卸任的堪布。其地位虽不如堪布直接握有实权，但仍处于当权地位。

མཁན་གཟུར། དགེ་ལུགས་པའི་དགོན་པའི་མཁན་པོ་གཟུར་བ་ཡིན། མཁན་པོ་ལྟ་བུའི་དངོས་ཡོད་དབང་ཆ་མེད་མོད། ཐོབ་དང་གོ་གནས་ངེས་ཅན་ཞིག་ཡོད།

Khensur（transliteration of Tibetan）, was a title of former local Tibetan government's monkish official rank names, namely former Khenpo. Though Khensur does not hold much real power as Khenpo, they are still considered as the authorities.

坎儿井　荒漠地区特殊的水利工程。主要分布在新疆吐鲁番地区。多为清代兴建。坎儿，意"井穴"。先于地面打竖井，将地下水汇聚，后在井底修暗渠引水，再通过明渠与起蓄水作用的涝坝相连，保证地下水不会因炎热、狂风而大量蒸发。

ཁྱིམ་པ་མཐིལ་འབྱེལ་མ། ས་གོད་ཐང་སྟོང་དུ་བཟོས་པའི་དམིགས་བསལ་གྱི་ཆུ་བེད་བཟོ་སྐྲུན་ཞིག་ཡིན། ཞིན་ཅང་གི་ཐུའུ་ལུའུ་ཕན་ས་ཁུལ་དུ་སྐྱེན་ཡོད། དེ་དག་ལས་ཕལ་ཆེ་བ་ནི་ཆིང་རྒྱལ་རབས་ཀྱི་དུས་སུ་སྐྲུན་པ་ཡིན། ཐོག་མར་ས་བརྐོ་སྟེ་ཁྱིན་པ་ཞིག་བཟོ་དགོས་པ་དང་། ས་འོག་གི་ཆུ་ཡར་ཕོན་ནས་ཁྱིན་པའི་མཐིལ་དུ་འཕྱིའུ་རྫིས། ཁྱིན་མཐིལ་དུ་ཆུ་འདྲེན་ཡུར་བ་བཟོ་དགོས། དེ་ནས་ཡུར་བ་དང་ཆུ་བསགས་བྱེད་ཐབས་ཚོགས་སྦྱངས་ཏེ། ས་འོག་གི་རྒྱ་ཚོ་བ་ལ་བརྟེན་ནས་ཤུགས་ཆེན་པོས་རླངས་འགྱུར་མི་བྱེད་པར་ཁག་ཐེག་བྱ་དགོས།

Kaner Wells（Karezes） consist of an ancient special irrigation system in desert areas, especially in the oasis of Turfan. Those karez wells were mainly built up in the Qing Dynasty. "Karez" refers to "well" or "hole" in the Uyghur language. A karez well consists of four parts: the open channel, the vertical well, the underground channel, and the reservoir. The vertical well is built on the ground, connected with the underground channel which functions as watercourse through the open channel and the reservoir, which is used for water storage. The system reduces evaporation, avoids contamination caused by sand storm or torridness, and ensures the regular flow of irrigation water.

康巴　康区藏族人的自称。"康"即康区，"巴"意为人。

ཁམས་པ། ཁམས་ཀྱིས་ཁུལ་དུ་གནས་བཅའ་བོད་མིའི་སྐུ་མིང་ལ་ཟེར།

Khampa is a name that Kham Tibetan people use to declare themselves. "Kham" refers to the Kham region. "pa" refers to person.

康村　藏语音译。旧时藏族地区藏传佛教格鲁派寺院中扎仓之下的僧侣组织。按僧人出生地域划分。

ཁམས་ཚན། བོད་ཀྱི་དགེ་ལུགས་གྲུབ་མཐའི་དགོན་པ་ཆེ་ཁག་གི་གྲྭ་ཚང་འོག་ཏུ་བཏུ་བའི་དགེ་འདུན་པའི་སྡེཙམ་ཚོགས་པ་ཞིག དགེ་འདུན་པའི་ཡུལ་ཕྱོགས་ཁུངས་བྱུང་ཏེ་བགར་ཡོད།

Kangcun, a Tibetan transliteration, in ancient time, was a monk organization under Dratsang in Gelugpa monasteries of Tibetan Buddhism in Tibetan areas. It was divided according to the birthplace of monks.

康方言　藏语三大方言之一，又称"康巴语"。分北路、南路、牧区3种次方言。其主体分布在康巴地区。与卫藏方言相似，有声调。

ཁམས་སྐད། བོད་ཀྱི་ཡུལ་སྐད་ཆེན་པོ་གསུམ་གྱི་གྲུབ་ཡིག དེ་ལ་ཡང་བྱང་ཁུལ་གྱི་ཡུལ་སྐད། ལྷོ་ཕྱོགས་ཀྱི་ཡུལ་སྐད། འབྲོག་སྐད་སོགས་གསུམ་ལས་གྲུབ་པ་ཡིན། ཁམས་སྐད་ནི་དབུས་སྐད་དང་ཅུང་འདྲ་བར་དབྱངས་ཀྱི་འདོགས་འཇོག་གསལ།

Kham Dialect, one of the three major Tibetan dialects, is also called "Khampa Tibetan", including three sub-dialects: northern Kham dialect, southern Kham dialect and pasture Kham dialect. It is mainly used by the people in Khampa regionss. Like U-Tsang dialect, Kham dialect is a tonal language.

康区 地区名。亦作"康"，一译"喀木"。主要包括四川甘孜藏族自治州、四川阿坝藏族羌族自治州、西藏昌都地区和云南迪庆藏族自治州以及青海玉树藏族自治州。

ཁམས། གཙོ་བོ་དེ་ནི་ཞིན་ཞིང་ཆེན་གྱི་དཀར་མཛེས་བོད་རིགས་རང་སྐྱོང་ཁུལ་དང་། བོད་རང་སྐྱོང་ལྗོངས་ཀྱི་ཆབ་མདོ་ས་ཁུལ། ཡུན་ནན་བདེ་ཆེན་བོད་རིགས་རང་སྐྱོང་ཁུལ་དང་མཚོ་སྔོན་ཡུལ་ཤུལ་བོད་རིགས་རང་སྐྱོང་ཁུལ་སོགས་ཀྱིས་ཁུལ་ལ་གོ

Kham (Khams or Kamu) is the name of the region which covers the Ganzi Tibetan Autonomous Prefecture of Sichuan, Aba Tibetan and Qiang Autonomous Prefecture of Sichuan, Chanddu of Tibet, Diqing Tibet Autonomous prefecture of Yunan and Yushu Tibet Autonomous prefecture of Qinghai.

柯尔克孜文 以阿拉伯字母为基础的文字。20世纪30—40年代在察合台文基础上进行改进和补充，用以拼写柯尔克孜语，但未用以出版过书籍。1954年制定以阿拉伯字母为基础的柯尔克孜文方案，1956年对个别字母形式做修改，1983年又对字母表做修改并重新制定了《柯尔克孜文学语言正字法》。

ཁིར་ཇི་ཡི་གེ དུས་རབས་༢༠པའི་ལོ་རབས་༣༠—༤༠བར་དུ་ཁེ་ཞེར་ཐའི་ཡི་གེའི་རྨང་གཞིའི་སྟེང་བཅོས་སྒྱུར་དང་ཁ་སྐོང་བྱས་ཏེ། སྐྱ་སྟོང་གྱི་སྐྱོ་ནས་བོར་ཞིའི་སྐད་ཆ་འབྲིའི་ཚིག་ཡོད། ཡིག་རིགས་འདི་སྤྱོད་པའི་དཔེ་དེབ་པར་སྐྲུན་བྱས་མྱོང་མེད། ༡༩༥༤ལོར་ཨ་རབ་དབྱངས་གསལ་ཁུ་གཞིའི་བྱིས་ནས་བོར་ཞི་ཙུའི་ཡི་གེ་གཏན་འབེབས་བྱ་རྒྱུའི་གྲོས་གཞི་བཏོན་པ་དང་། ༡༩༥༦ལོར་ཡི་གེ་ཁ་ཤས་ཀྱི་དབྱིབས་བསྒྱུར་བཅོས་གནང་། ༡༩༨༣ལོར་ཡི་གེའི་ཁྱུན་ཚོལ་ལ་བསྒྱུར་བཅོས་བྱས་ཏེ《བོར་ཞི་ཙུའི་ཚོམས་རིག་སྐད་ཆ་དང་གཟབ་བྲིས་བྲིམས》བསྒྱུར་དུ་གཏན་འབེབས་གནང་།

Kirgiz script, a written script based on the Arabic language, was developed on the basis of the Chagatay script from the 1930s to the 1940s to spell Kirgiz language, but it was not used to publish books. A plan was made on Kirgiz script based on the Arabic alphabet in 1954; then in 1956, the forms of several letters were modified; and in 1983 the alphabet was modified, the *orthography of the literary and language of Kirgiz language* was reenacted.

柯尔克孜语 柯尔克孜族使用的语言。属阿尔泰语系突厥语族。主要分布在新疆克孜勒苏柯尔克孜自治州。分南部、北部两种方言。文学语言以北部方言为基础。在国外,又称"吉尔吉斯语",主要分布在吉尔吉斯共和国。

ཁར་ཁེ་ཅེ་སྐད། བོར་ཁེ་ཚེ་རིགས་ཀྱི་སྐྱེད་བཞིན་པའི་སྐད་ཆ། དེ་ནི་ཨར་ཐའི་སྐད་ཁོངས་སུ་གཏོགས་པའི་སྐད་རིགས་སུ་གཏོགས། སྐད་རིགས་འདི་བཀོལ་མཁན་གཙོ་བོ་ནི་ཞིན་ཅང་ཁེ་ཅེའི་སྔོན་ཁོ་ཁེ་ཚེ་རང་སྐྱོང་ཁུལ་དུ་གནས་སྡོད་བྱས་ཡོད། སྐྱེ་བྱུགས་ཀྱི་ཡུལ་སྐད་ནི་ཨིག་སྐད་ཀྱི་བྱང་གཞི་ཡིན། གཞན་ཡུལ་གྱུར་དུ་སྐད་རིགས་འདི་ལ་ཅིར་ཅི་སི་སྐད་ཟེར། དེ་བཀོལ་མཁན་ནི་གཙོ་བོ་ཅིར་ཅི་སི་སྤྱི་མཐུན་རྒྱལ་ཁབ་ཏུ་ཁྱབ་ཡོད།

Kirgiz language is the language of Kirgiz people which belongs to Turkish group of the Altaic language family. It is used primarily in Kirghiz Autonomous Prefecture. The two dialects of Kirgiz language are the southern dialect and the northern dialect, of which the latter is the basis of literary language. In foreign countries, it is also called Kyrgyz language which is primarily used in Kyrgyz Republic.

柯尔克孜族 中国的少数民族。绝大部分居于新疆的克孜勒苏柯尔克孜自治州。人口186708人（2010年）。从事畜牧业,兼营农业。大部分人信仰伊斯兰教。有语言和文字。"柯尔克孜"的国外同源民族被汉译称作"吉尔吉斯",为吉尔吉斯共和国的主体民族。

ཁར་ཁེ་ཚེ་རིགས། རང་རྒྱལ་གྱི་གྲངས་ཉུང་མི་རིགས་ཤིག ཕལ་མོ་ཆེ་ཞིན་ཅང་གི་ཁེ་ཚེའི་སུའུ་ཁོར་ཁེ་ཚེ་རང་སྐྱོང་ཁུལ་དུ་གནས་སྡོད་བྱས་ཡོད། མི་གྲངས་ ༡༨༦༧༠༨ (༢༠༡༠ལོ) ཡོད། གཙོ་བོ་ཕྱུགས་ལས་དང་བོར་དུ་ཞིང་ལས་གཉིས། མི་ཕལ་ཆེ་བས་དཔྱི་སླེ་མཐུན་ཆོས་ལུགས་ལ་དད་མོས་བྱེད། བཞིན་ཡོད། གཞན་མི་རྒྱལ་དུ་སྐད་རིགས་འདི་ལ་ཅིར་ཅི་སི་མཐུན་དེའི་ཅིར་ཅི་སི་སྤྱི་མཐུན་རྒྱལ་ཁབ་ཀྱི་གཙོ་འཛིན་མི་རིགས་ཡིན།

Kirgiz people is one of the ethnic groups of China which mainly live in Kizilsu Kirghiz Autonomous Prefecture. It has a population of about 186,708 (2010). They work on animal husbandry as well as agriculture. Most of them believe in Islam. They have their own language and script. The group of the same origin with Kirgiz people in foreign country is called Kyrgyz, translating into Ji'er jisi in Chinese, which is the main nationality of Kyrgyz Republic.

柯尔克孜族历法 柯尔克孜族有自己的历法。新月每出现一次为一个月,12个月为一年,以鼠、牛、虎、兔、鱼、蛇、马、羊、狐狸、鸡、狗、猪等12种动物纪年,每12年一轮回。

ཁར་ཁེ་ཚེ་རིགས་ཀྱི་ལོ་རྩིས། ཁོར་ཁེ་ཚེ་རིགས་ལ་རང་ཉིད་ཀྱི་ལོ་རྩིས་ཡོད། ཟླ་གསར་ཐེངས་གཅིག་ཆར་པར་ཟླ་གཅིག་དང་། ཟླ་བཅུ་གཉིས་ལ་ལོ་གཅིག་ཏུ་བརྩི། བྱི་བ་གླང་གཉིས། ཀྱང་རིལ་བཞིན། ཡིག ལུག སྤྲ། ཝ། བྱ། ཁྱི། ཕག་སྟེ་དུ་བཅུ་གཉིས།

Kirgiz Calendar is the calendar of the Kirgiz people. The months are marked by the new moon, i. e. every time the new moon appears, a month pasts. There're 12 months in a year. It uses twelve animals to count the years, they are mouse, bull, tiger, rabbit, fish, snake, horse, sheep, fox, rooster, dog and boar. Twelve years form a circle.

科巴 藏语音译，意为"从属和需要的人"。旧时四川西部藏族地区封建奴隶制下一个地位低下的等级。类似于卫藏地区的堆穷。

ཁོལ་པོ། གཡོག་པོའམ་གཞན་ལ་གཏོགས་པའི་མི་ཡིན། དུས་རབས་རྙིང་པར་སི་ཁྲོན་བོད་ཁུལ་གྱི་ནུབ་གཡོག་སྟེ་ཚོགས་སུ་གོ་གནས་དམའ་བའི་རིམ་པ་ཞིག དབུས་གཙང་ཁུལ་གྱི་དོས་ཆུང་དང་འདྲ།

Keba is the transliteration of Tibetan language which means the one who is subordinate and needed. It is a humble class during the feudal slavery period in Tibetan the Tibetan areas in western Sichuan in old times. It is similar to Duchung in U-Tsang region.

磕长头 藏传佛教信仰者最至诚的礼佛方式之一。礼佛者五体投地匍匐，双手向前直伸，每伏身一次，以手划地为号，起身后前行到记号处再匍匐，如此周而复始。

རྐྱང་ཕྱག ནང་པའི་ཆོས་པ་ཆོས་ལུགས་བསམ་རྒྱ་དག གེས་ཆོས་ལ་དད་པའི་བྱ་སྤྱོད་ཅིག ཆོས་དད་མཁན་ཆོས་ལུས་དག་ཡིད་གསུམ་གྱི་སྒོ་ནས་ལག་པས་ཐལ་མོ་སྦྱར། རྗེས་ལུས་དང་ལག་པ་མཉམ་དུ་དུར་པོར་བརྒྱངས་ཏེ་ཕྱག འཚལ་བའི་གཡུས་ལུགས་ཤིག་ཡིན།

The Tibetan kowtow is one of the sincerest means of votary to worship the Buddha in Tibetan Buddhism. The votary prostrates and grovels with two hands stretching forward. When prostrating each time, the votary will make a mark on the position of hands. After standing up, the votary will go to the mark and prostrate again. This process will be repeated again and again.

可敦 突厥语音译，意为"皇后"。我国古代鲜卑、柔然、突厥、回纥（见"回鹘"词条）、蒙古等游牧民族最高统治者可汗的正妻。也沿用于吐蕃王室对其女性统治者的尊称。

ཁ་ཏུན། སྒུ་གུའི་སྐད་སྒྲ་བསྒྱུར་ཡིན། བཙུན་མོ་ཞེས་པའི་དོན། རང་རྒྱལ་གནའ་རབས་སུ་ཞན་པའི་དང་རོའུ་རན། སྒུ་གུ་ཧུའི་དའི། སོག་པོ་སོགས་འཛོག་པའི་མི་རིགས་ཀྱི་ཆེས་མཐོ་བའི་དབང་སྒྱུར་མཁན་གྱི་ཆུང་མར་འབོད་པའི་མིང་ཡིན། གནའ་བོད་བཙན་པོའི་རྒྱལ་རབས་སུ་སྐྱེས་མ་དབང་སྒྱུར་མཁན་གྱི་གུས་མིང་ལ་ཡང་སྤྱད་སྲོལ།

Kedun is the transliteration of Turkish language which means the queen who is the lawful wife of the Khan, who is the imperator of ethnic groups in ancient China such as the Xianbei group, the Rouran group, the Tujue group, the Huihe (also Huihu) group, the Mongolian group and so on. Kedun is also used in the royal family of Tibetan regime in ancient China to refer to the female ruler.

可汗 突厥语音译，意为"皇帝""君主"。古代柔然、突厥、回纥（见"回鹘"词条）、契丹、蒙古等游牧民族最高首领的称号。最早出现于3世纪鲜卑部落，类似于汉字的天子。可汗作为一国之主的称号最早始于402年柔然首领社仑统一漠北，自称"丘豆伐可汗"。

ཁ་ཏན། གྲུ་གུའི་སྐད་སྒྲ་བསྒྱུར་ཡིན། རྒྱལ་པོ་ཞེས་པའི་དོན། རང་རྒྱལ་གནའ་རབས་སུ་ཞེན་པའི་དང་རོའི་གྲུ་གུ་ཧུའེ་ཧུའེ། སོག་པོ་སོགས་མི་རིགས་ཀྱི་ཚེས་མཐོ་བའི་དབང་སྒྱུར་བར་འབོད་པའི་མིང་། སྱིད་དེའི་ཕྱོགས་མང་དུ་རབས་བཅུ་གསུམ་པའི་ཞེན་པ་རིགས་ཀྱི་ཚོ་ཁག་ཏུ་བཀོལ་ཆེད། རྒྱ་ཡིག་ལས་རྒྱལ་སྲས་ཞེས་པ་དང་འདྲ། ཁུ་ཏན་ཞེས་པ་ནི་རྒྱལ་ཁབ་གཅིག་གི་དབང་སྒྱུར་མཆོག་དང་པོའི་མིང་དུ་བཀོལ་བ་ཆེས་སྔ་བ་ནི། ༤༠༢ལོར་རོང་རན་གྱི་འགོ་ཁྲིད་ཤུན་གྱིས་དེའི་གི་ནན་སོག་མཐོ་སྒང་གི་བྱེ་ཐང་ཆེན་མོའི་བྱང་ཁུལ་གཅིག་གྱུར་བྱས་རྗེས་རང་ཉིད་ལ་ཁུ་ཏན་ཆེའུ་ཏོའུ་ཧྥ་ཞེས་པའི་མིང་བཏགས།

Khan is the transliteration of Turkish language which means the emperor or the monarch. It was the title of the imperator of ethnic groups in ancient China such as the Rouran group, the Tujue group, the Huihe (also Huihu) group, the Khitan group, the Mongolian group and so on. It first appeared in the Xianbei tribe in the 3rd century. It was similar to the Chinese character Tianzi (Son of Heaven). Khan, as the title of the ruler of the country, dated from AD 402 when the leader of Rouran group Shelun unified the Mobei area; Shelun called himself Qiudoufa Khan.

可可西里自然保护区 1997年成立的国家级保护区。位于青海西南部的玉树藏族自治州境内。面积4.5万平方公里。是目前中国建成的面积最大、海拔最高、野生动物资源最为丰富的自然保护区之一。最著名的物种有藏羚羊、藏野驴、野牦牛和藏原羚等。

ཨ་ཆེན་གངས་རྒྱན་རང་བྱུང་སྲུང་སྐྱོབ་ཁུལ། ༡༩༩༧ལོར་བཙུགས་པའི་རྒྱལ་ཁབ་རིམ་པའི་སྲུང་སྐྱོབ་ཁུལ། མཚོ་སྔོན་ལྷོ་ནུབ་ཀྱི་ཡུལ་ཤུལ་བོད་རིགས་རང་སྐྱོང་ཁུལ་དུ་ཡོད། རྒྱ་ཁྱོན་ལ་སྨི་གྲུ་བཞིའི་མ་ཁྲི་༤༌༥ཡོད། ད་བར་དུ་ཀྲུང་གོའི་ས་རྒྱ་ཆེས་ཆེ་བ་དང་། མཚོ་དོང་ལས་མཐོ་ཚད་ཆེས་མཐོ་བའི་རི་སྐྱེས་སྲོག་ཆགས་ཀྱི་ཐོན་ཁུངས་ཆེས་ཕུན་སུམ་ཚོགས་པའི་རང་བྱུང་སྲུང་སྐྱོབ་ཁུལ་གཅིག་པུ་ཡིན། དེར་ཆེས་མིང་དུ་གྲགས་པའི་སྲོག་ཆགས་ལ་གཙོད་དང་རྐྱང་། འབྲོང་། དགོ་སོགས་ཡོད།

Kekexili Nature Reserve is a national reserve founded in 1997. With an area of 45,000 square kilometers, it is located in the Yushu Tibetan Autonomous Prefecture in the southwestern of Gansu province. It is one of the largest and highest-altitude natural reserves with abundant wildlife resources in China. The most famous species in it is Tibetan antelope, Tibetan wild donkey, wild yak and Tibetan gazelle.

克恩 独龙语音译，意为"整体"或"全部"。解放前独龙族社会基层以村落为单位的家族公社。是一个由父系祖先的直系后代所组成的血缘集体。

ཁེ་ཨེན། ཏུའུ་ལུང་སྐད་སྒྲ་བསྒྱུར་ཡིན། ཡོངས་ཚང་གི་དོན། དེའི་བཅིངས་འགྲོལ་མ་བྱས་པའི་ཡར་སྔོན་དུ་ཏུའུ་ལུང་རིགས་ཀྱི་ལུང་ར་དུ་སྟེ་བ་གཞི་བྱ་བ་ནས་བཙུགས་པའི་ཁྱིམ་རྒྱུད་གུང་ཏྲེ་ཞིག་ཡིན། པ་རྒྱུད་མེས་པོ་ཆུད་ཡོད་པའི་རྗེས་རབས་རྣམས་གྲུབ་པའི་ཁྲག་རྒྱུད་གཅིག

པའི་ཚོགས་སྡེ་ཞིག་ཡིན།

Ke'en is the transliteration of Drung language which means entirety or whole. The primary level of the Drung society was the clan commune which was united by villages before liberation. It was a collective of consanguinity which consisted of the direct descendants of the patriarchal ancestors.

克尔白 阿拉伯语音译，意为"方形房屋"，又称"天房"。是麦加禁寺内的一立方体殿宇。原为始建于公元前18世纪的宗教建筑物。630年穆罕默德光复麦加后，清除其中的偶像，作为伊斯兰教礼拜处。从此，此处成为穆斯林朝觐瞻仰的中心。

ཁར་པའི། ཨ་རབ་སྐད་སྒྱུར། དོན་ནི་ཁང་པ་གྲུ་བཞི། ཡང་ན་གནམ་ཁང་ཞེར། དེའི་མའི་ཙ་བཀག་དགོན་ནང་གི་ལྷ་ཁང་གྲུ་བཞི། དང་ཕྱི་ལོའི་སྔོན་དུས་རབས་བཅོ་བརྒྱད་པའི་ནང་གི་ཆོས་ལུགས་ཀྱི་བཟོས་པ་ཞིག་ཡིན། ༦༣༠ལོར་མུའུ་ཧན་མོ་དེའི་ཙ་བཅུར་གསོར་རྗེས། དེའི་ནང་གི་སེམས་རྟེན་མེད་པར་བཟོས་ཏེ། དཔྱི་སི་ལན་གྱི་མཆོད་བཀུར་བྱ་བའི་སྟེ་བ་ཞིག་ཏུ་གྱུར། དེ་ནས་གནས་དེ་བཟུང་དཔྱི་སི་ལན་གྱིས་མཆོད་བཀུར་བྱ་བའི་ལྟེ་བ་ཞིག་ཏུ་གྱུར།

Kaaba is the transliteration of Arabic which means square building, also known as the house of Allah. It is a cubic palace in Mecca Al-Masjid al-Har-am. It is a religious building which was first built in the 18th century BC. After Mohammed recovered Mecca in 630, the icons were cleared away for the Islam to attend the religious service. Thus kaaba has become the center of pilgrimage and reverence of Muslim.

克孜尔千佛洞 中国著名石窟之一，也是新疆最大的一处佛教文化遗址。位于新疆拜城县克孜尔镇东南7公里的河流阶地上。共有236个洞，现存壁画面积约1万平方米。始开凿于公元3世纪。

ཁེ་ཇི་ཨེར་གྱི་སངས་རྒྱས་སྟོང་གི་བྲག་ཕུག དེ་ནི་ཀྲུང་གོ་གྲགས་ཆན་གྱི་བྲག་ཕུག་གི་གྲས་ཤིག་ཡིན་ཞིང་ཅང་དུ་ཆེས་ཆེ་བའི་ནང་བསྟན་རིག་གནས་ཀྱི་གནས་ཤུལ་ཡང་ཡིན། བྲག་ཕུག་དེ་ནི་ཞིན་ཅང་པའི་ཁྲོང་རྫོང་གི་ཁེ་ཞི་ཨེར་གྲོང་རྡལ་གྱི་ཤར་ལྷོའི་སྤྱི་ལེ་བདུན་ཆགས་ཀྱི་ཆུ་ཆོའི་གྲུའི་སྟེང་དུ་གནས་ཡོད། བྲག་ཕུག ༢༣༦ཡོད་ལ། ད་སྐབས་གནས་ཚོགས་བྱས་པའི་ལྡེབས་རིས་ཀྱི་རྒྱ་ཁྱོན་ལ་སྤྱི་གྲུ་བཞི་མ་ ༡༠༠༠༠ ཙམ་ཡོད་པ་དང་། བྲག་ཕུག་དེ་དག་དུས་རབས་༣པ་ནས་རྐོ་འགོ་བརྩམས་པ་ཞིག་ཡིན།

Kizil Thousand Buddha Caves, one of China's most famous caves, is the largest Buddhist cultural sites in Xinjiang area. The caves sit on the river terrace 7 kilometers southeast to Town Kizil of Xinjiang Baicheng County. Built in the 3rd century AD, the Kizil caves consist of 236 cave temples, with a total area of about 10,000 square meters of painted murals.

刻木记事 原始记事的一种方法。在人类没有发明文字，或文字使用尚不普遍时，常用在木片、竹片或骨片上刻痕的方法来记录数字、事件或传递信息，统称为刻木记事。

ཤིང་ལ་རྟགས་རྒྱབ་ནས་བྱུང་ཚུལ་འགོད་པ། དེ་ནི་གནའ་རབས་སུ་དོན་གྱི་བྱུང་ཚུལ་འགོད་པའི་ཐབས་ཤིག་ཡིན། མིའི་རིགས་ཀྱིས་ཡི་གེ་གསར་བཟོ་བྱས་མེད་

པའམ། ཡང་ན་ཡི་གེ་དེ་རྒྱ་ཁྱབ་ཏུ་བཀོལ་སྤྱོད་མ་བྱས་པའི་ཡར་སྔོན་དུ་རྒྱུན་པར་ཤིང་ལེབ་དང་སྨྱུག་ལེབ། དར་དུང་རུས་པ་སོགས་ལ་རྟགས་རྒྱབ་སྟེ། གྲངས་ཀ་དང་དོན་དངོས་ཀྱི་བྱུང་ཚུལ་བརྒྱུད་ཅིང་གནས་ཚུལ་རྒྱུན་བསྐྱལ་བྱེད་པ་དེ་ལ་ཤིང་རྟགས་རྒྱབ་ནས་བྱུང་ཚུལ་འགོད་པ་ཞེས་པའི་སྲི་སྲིད་ཚག་ཡོད།

Keeping Records by Notching Wood is a means to keeping records in ancient times. When characters were not invented or they were not that widely used, people in the old days commonly used the method of notching on the wood, bamboo or bone to record numbers, events and to convey messages.

孔木散 撒拉语音译，意为"一个根子"。是撒拉族历史上存在过的一种父系血缘组织。一般由若干阿格乃（撒拉语音译，意为"当家子"）组成。大家都是同祖同父的后裔，个别地区也有外来户。

ཁང་མུའུ་སན། ས་ལར་སྐད་ཀྱི་སྒྲ་བསྒྱུར། གོ་དོན་ནེར་ཀ་གཅིག་ཅེས་པ། དེའི་ས་ལར་རིགས་ཀྱི་ལོ་རྒྱུས་ཐོག་ཏུ་ཧྱར་བའི་ཕ་རྒྱུད་ཁྲག་རྒྱུན་གྱི་ཚོ་འཛུགས་རིགས་ཤིག་ཡིན། སྤྱིར་བཏང་དུ་ཨ་ཀུའུ་ནའི་(ས་ལར་སྐད་ཀྱི་སྒྲ་བསྒྱུར། ཁྱིམ་འཛིན་པའི་དོན།) མང་པོ་ཞིག་གིས་གྲུབ་པ་ཡིན། ཚང་མ་མེས་པོ་གཅིག་གི་རྒྱུད་པ་ཡིན། ཡུལ་གཞན་ལས་ཡོང་བའི་ཁྱིམ་ཚང་ཡང་ཁ་ཤས་ཡོད།

Kong-mu-sa, transliterated from Salar language, means "descended from the same ancestor". As a patrilineal organization existed in the history of Salar, Kong-mu-sa consists of several A-Ge-Nai (transliterated from Salar language, means "kindred"). people are all descendants from the same ancestor. There are also foreign households in some regions.

孔雀奖 全国少数民族音乐、舞蹈、戏剧奖，是我国少数民族文艺的最高政府奖。专门为少数民族文化创作、表演而设立的比赛奖项。它的前身是"金凤奖"，1997年改为"孔雀奖"至今，一直由广西壮族自治区承办。

རྨ་བྱ་རྟགས་ཅན་གྱི་བྱ་དགའ། རྒྱལ་ཡོངས་གྲངས་ཉུང་མི་རིགས་ཀྱི་རོལ་མོ་དང་། ཞབས་བྲོ། ཟློས་གར་སོགས་རིག་རྩལ་སྟོན་གྱི་སྐྱེད་ཀྱི་བྱ་དགའ་ཆེས་མཐོ་ཤོས་ཡིན། གདངས་ཉུང་མི་རིགས་ཀྱི་རིག་གནས་གསར་སྐྲུན་དང་། རིག་རྩལ་འཁྲབ་སྟོན་གྱི་ཆེད་དུ་བཙུགས་པའི་འགྲན་བསྡུར་གྱི་བྱ་དགའི་རྣམ་གྲངས་ཤིག་ཡིན། དགའི་ཧྲགས་མ་འདིའི་སྔ་མིང་ལ་གསེར་ཁྱུང་རྟགས་ཅན་གྱི་བྱ་དགའ་ཟེར། ༡༩༩༧ལོར་མིང་རྨ་བྱ་རྟགས་ཅན་གྱི་བྱ་དགའ་ཞེས་པར་བསྒྱུར་བ་དང་། འགྲན་བསྡུར་གྱི་ལས་གཞི་འདི་དག་བར་དུ་ཀོང་ཞི་གྲོང་རིགས་རང་སྐྱོང་ཁུལ་གྱིས་སྒྲུབ་བཞིན་ཡོད།

Peacock Award is the highest government award for China's ethnic minority artists and artworks, which includes ethnic minority music, dance, and drama. The award was established as an exhibition contest for cultural creation and performances of ethnic groups. Renamed from "the Golden Peacock Award" in 1997, the Peacock Award was hosted by the government of the Guangxi Zhuang Autonomous Region till now.

苦聪人 《新唐书》记载的"锅挫蛮"，就是源于古代氐羌部落的苦聪人。清代前后，又称苦聪人为"郭搓""古宗"等。苦聪人现已划归拉祜族，主要居住在云南省边陲的哀牢山、无量山一带，人口约4万。

ཁུའུ་ཚོང་པ། 《ཐང་ཡིག་གསར་མ》 རུ་གུའོ་ཚོའི་མན་ཞེས་བཀོད་ཡོད། སྤྱིར་གཏན་རབས་ཀྱི་ཏི་དང་ཚང་པ་ཡི་ཁུའུ་ཚོང་བཟེར་བ་ནས་བརྒྱུད་ཡོང་བ་རེད། ཆིང་རྒྱལ་རབས་ཀྱི་དུས་གཞུག་ཏུ་ཁུའུ་ཚོང་པ་ཡི་མིང་ལ་གུའོ་ཚོའ། དང་གུའུ་ཙུང་སོགས་སུ་འབོད། ད་སྐབས་ཁུའུ་ཚོང་པའི་ལ་ཧུའུ་རིགས་ཀྱི་ཁོངས་སུ་བསྡུས་ཡོད། གཙོ་བོ་ཡུན་ནན་ཞིང་ཆེན་མཐར་མཚམས་ཀྱི་རི་པོ་ཨའེ་ལའོ་ཧུན་དང་རི་པོ་མུའུ་ལིའང་ཧུན་གྱི་ཁྱོན་དུ་ཁྱབ་ཡོད། མི་གྲངས་ཁྲི་བཞིའི་ཚམ་ཡོད།

The Kucong, also as "Guo-cuo-man" recorded in the *New Histories of the Tang Dynasty*, originated from the Di and Qiang tribes. Around the Qing Dynasty they were also called "Guo-cuo", "Gu-zong", etc. With a population of 40,000, the Kucong, as part of Lahu, live mainly in the Ailao Mountain and the Wuliang Mountain on the border of Yunnan Province now.

库布林耶 中国伊斯兰教四大门宦之一。库布林耶，阿拉伯语音译，意为"至大者"。起源传说不一，一般认为清初由阿拉伯人穆乎印迪尼来华传播。教民主要分布于甘肃临夏、东乡、康乐及兰州等地。

ཁུའུ་བུའུ་ལིན་ཡེ། ཨ་རབ་ཀྱི་སྐད་སྒྲ་བསྒྱུར་ཡིན། དེའི་འབྱུང་ཁུངས་དག་རྒྱལ་ལ་བཤད་ཚུལ་མི་མཐུན་ཡོད། གུང་གོའི་དགེ་ལན་གྱི་ཨི་སི་ལན་ཆོས་བཞིའ་ཡ་གྱལ་ཡིན། ཆོས་སྙིལ་བ་ནས་བྱུང་བར་འདོད། དང་དངོས་སུ་གཙོ་

གན་སུའུ་གི་ཁྲ་དང་། ཏུང་ཞང་། ཁང་ལེ། ལན་གྱུ་བོགས་ས་གནས་སུ་ཁྱབ་ཡོད།

Kubriyah is one of the four great Islam denominations in China. Kubriyah, transliterated from Arabic, means "the greatest". The origination is a matter of debate. Most believe that at the beginning of Qing Dynasty the Arab Muhyindini came to introduce his religion to China. Moslems of this school are mainly distributed in Gansu, Linxia, Dongxiang, Kangle and Lanzhou.

库木吐喇千佛洞 佛教石窟。位于新疆库车城西南约30公里处。凿于4世纪后。库木吐喇是维吾尔语音译，意为"沙漠中的烽火台"。窟群分布在渭干河东岸的山麓或断崖上，相距约3公里，已编号的洞窟有112个。

ཁུའུ་མུའུ་ཐུའུ་ལའི་སངས་རྒྱས་སྟོང་གི་བྲག་ཕུག སངས་རྒྱས་ཆོས་ལུགས་ཀྱི་བྲག་ཕུག་ཅིག་ཡིན། ཞིན་ཅང་ཞིང་ཆེན་ཁོ་ཆེའི་གྲོང་ཁྱེར་གྱི་ལྷོ་ནུབ་ཏུ་སྤྱི་ལེ་༣༠་ཡི་མཚམས་སུ་ཡོད། ཕྱག་བཀོད་འདི་ནི་དུས་རབས་བཞིའི་དུས་མཇུག་ནས་བཙོ་འགོ་བཙུགས། ཁུའུ་མུའུ་ཐུའུ་ལ་ནི་ཡུ་གུར་གྱི་སྐད་སྒྲ་བསྒྱུར་བ་ཡིན། བྱེ་ཐང་གི་མེ་སྟེགས་ཞེས་པའི་དོན་ཡིན། བྲག་ཕུག་དེ་དག་ནི་ཝེ་གན་གཙང་བོར་འགྲམ་གྱི་རི་གཞམ་དུ་ཁྱབ་ཅིང་། རིང་ཆད་ལ་སྤྱི་དཔོན། ད་ལྟ་ཨང་རྟགས་བཀོད་ཟིན་པའི་བྲག་ཕུག་༡༡༢་ཡོད།

Kumtura Thousand Buddha Caves, built after 4th century AD, is a Buddhist cave temple site located 30 kilometers southwest of Kucha, in the Autonomous Region of Xinjiang, China. Kumtura, interpreted from Uyghur pronunciation, means "the

Beacon Towers in the desert". The grottoes are located at the foot of mountains or on the cliffs on the east coast of Weigan River with a distance of about 3 km. Among them, 112 grottoes are registered with numbers.

款词 侗族一种古老的文学形式。它是由款（见"合款"词条）约发展起来的。当初，为了使款约便于记忆，有些善于辞令的款首，用形象的音韵节奏有序的话语将款约表述出来，逐渐使款词形成为一种文学形式。款词对以后侗族文学的发展有很大的影响。

ཁུན་ཚིག ཏུང་རིགས་ཀྱི་གནའ་བོའི་རྩོམ་རིགས་རྣམ་པ་ཞིག དེ་ནི་པུ་ལོན་གྱི་གན་རྒྱའི་ཚིགས་ལས་གོང་འཕེལ་བྱུང་བ་ཞིག་ཡིན། དང་ཐོག་རིགས་རྒྱུད་ཚོས་པུ་ལོན་གྱི་གན་རྒྱ་ཟིན་བཀོད་པ་ལས། ཁ་རྣམ་ཞིག་གི་ཁ་པས་ཐོག་མར་བཀོད་པའི་སྐད་ཆ་དང་གདངས་ཀྱི་ཚིག་ཅོན་ཡོད་པ་ཞིག་གིས་པུ་ལོན་གྱི་གན་རྒྱ་ཟིན་བཀོད། རིམ་གྱིས་ཁུན་ཚིག་ཐུབ་པའི་རྩོམ་རིགས་ཀྱི་རྣམ་པ་ཞིག་ཏུ་འཕེལ། ཁུན་ཚིག་གིས་ཏུང་རིགས་ཀྱི་རྩོམ་རིགས་གོང་འཕེལ་ལ་ཤུགས་རྐྱེན་ཆེན་པོ་ཡོད།

Kuan Ci is a literary style of the Dong in the old days. It was originated from the rules of Kuan (see "the United Kuan"). In order to make the rules easy to remember, some Leaders who were good at rhetoric stated the provisions with orderly rhythm in an apt way, which gradually become a form of literature. Kuan Ci has a great influence on the development of the later literature of Dong.

款首 亦称"榔头"。旧时侗、苗等族村社头人，负责处理村寨事务。

ཁོན་ཇིའུ་འགོ་བ དེ་ནི་གནའ་དུས་སུ་ཏུང་རིགས་དང་མིའོ་རིགས་སུ་གྲོང་སྡེ་ཡི་འགོ་དཔོན་གྱི་མིང་ཡིན། འགྲོ་དོན་ཀྱི་གྲོང་སྡེའི་བྱ་བ་ཐག་གཅོད་ལ་འགན་ལེན་བཞིན་ཡོད།

Kuanshou, also called "the Head", was the chief of village community of the Dong and the Miao in the old days, responsible for handling of village affairs.

奎璧（1903—1986） 蒙古族。内蒙古土默特左旗人。1925年转为中国共产党党员，参与创办《蒙古农民》。曾任中共大青山蒙古工委书记、内蒙古自治政府民政部部长。新中国成立后，历任绥远省人民政府副主席、内蒙古自治区人民政府副主席、全国人大民族委员会副主任等职。

ཁུའེ་པི། （1903—1986） སོག་རིགས། ནང་སོག་ཐུའུ་མོ་ཐེ་ཙུའོ་ཆི་ཡི་མི་ཡིན། 1925 ལོར་ཀྲུང་གོ་གུང་ཁྲན་ཏང་དུ་ཞུགས་པ་དང། 《སོག་པོའི་ཞིང་པ》ཞེས་པ་གསར་སྐྲུན་བྱེད་མཁན་གྱི་ཁོངས་མི་ཡིན། སྔོན་ཆད་གུང་ཁྲན་ཏང་ཆེན་སོག་པོ་ལས་སྒྲུབ་ཨུ་ཡོན་གྱི་ཧྲུའུ་ཅི་དང། ནང་སོག་རང་སྐྱོང་གཞུང་དབང་སྲིད་སྲིད་ཁྲུན་གྱི་པུའུ་ཀྲང་། གསར་པ་དབུ་བརྙེས་རྗེས་སུ། ཞུའུ་ཡོན་ཞིང་ཆེན་དམངས་སྲིད་གཞུང་གི་གཞོན་གཙོ་དང། ནང་སོག་རང་སྐྱོང་ལྗོངས་མི་དམངས་སྲིད་གཞུང་གི་གཞོན་གཙོ། རྒྱལ་ཡོངས་མི་དམངས་འཐུས་མི་ཚོགས་ཆེན་མི་རིགས་དོན་གཅོད་ཨུ་ལྷན་ཁང་གི་གཞོན་གཙོ་བཅས་སོགས་ཀྱི་འགན་བསྒྲུབ་མྱོང་།

Kui-bi (1903-1986), a Mongolian, is Tumet Left Banner people in Inner Mongolia. In

1925, he participated in the China Communist Party and took part in the first issue of a magazine named *Mongolian Famers*. Once served as the secretary of CPC Mongolia work committee in Daqingshan area and the minister of civil affairs of the Inner Mongolia Autonomous Government, Kui-bi, after the liberation, served as the vice chairman of the People's Government of Suiyuan area, the vice chairman of the People's Government of the Inner Mongolia Autonomous Region, and the vice chairman of NPC Ethnic Affairs Commission.

昆明夷 中国古族名,汉代西南夷的一支。分布在今云南西部、中部及贵州西部和四川西南部(主要在山区)。

ཁུན་མིང་དབྱི། གྱུང་གོ་གནའ་རབས་ཀྱི་མི་རིགས་ཤིག་གི་མིང་ཡིན། ཧན་རྒྱལ་རབས་དུས་ཀྱི་སྲོ་ནུབ་ཡུལ་གྱི་ཡན་ལག་ཅིག་ཡིན། དེ་གི་ཡུན་ནན་ཞིང་ཆེན་གྱི་ནུབ་ཁུལ་དང་དབུས་ཁུལ། གུའེ་གྲོའུ་ཞིང་ཆེན་གྱི་ནུབ་ཁུལ་དང་སི་ཁྲོན་ཞིང་ཆེན་གྱི་ལྷོ་ནུབ་ཁུལ་(གཙོ་བོ་རི་ཁུལ་ཡོད་)སོགས་སུ་ཁྱབ་ཡོད།

Kunming Yi (Barbarian), a Chinese ancient ethnic group which was a branch of Southwestern Yi (Barbarians), distributed in western and central Yunnan Province, western Guizhou Province and southwest Sichuan Province (mainly in mountain areas).

昆明植物研究所民族植物学研究室 1987年中国科学院决定在昆明植物研究所成立我国第一个民族植物学研究室。该研究室的成立是我国民族植物学发展的一个重要里程碑,是继英、美、法之后,世界上第四个专门从事少数民族药物和传统有用植物研究的机构。

ཁུན་མིང་སྐྱེ་དངོས་ཞིབ་འཇུག་མཛོད་མི་རིགས་སྐྱེ་དངོས་རིག་པ་ཞིབ་འཇུག་ཁང་། ༡༩༨༧ལོར་གུང་གོ་ཚན་རིག་ཁང་གིས་ཁུན་མིང་སྐྱེ་དངོས་འཇུག་མཛོད་རང་རྒྱལ་མི་རིགས་སྐྱེ་དངོས་རིག་པའི་ཞིབ་འཇུག་ཁང་པོ་འཇོགས་རྒྱུ་ཐག་བཅད། ཞིབ་འཇུག་ཁང་དེ་ནི་རང་རྒྱལ་མི་རིགས་སྐྱེ་དངོས་རིག་པའི་འཕེལ་རྒྱས་ཀྱི་དོན་ཆགས་ཡིན་ལ། བྱེ་ཏེ་དང་ཨ་རི། ཧྥ་རན་སི་ཡི་རྗེས་ནས། འཛམ་གླིང་ཕྱོགས་ཆེད་དུ་གྱུས་ཚུན་མི་རིགས་ཀྱི་སྨན་དང་སྲོལ་རྒྱུན་དུ་བཀོལ་སྤྱོད་བྱས་པའི་སྐྱེ་དངོས་ལ་དམིགས་ཏེ་བཙུགས་པའི་ཞིབ་འཇུག་ལས་ཁུངས་ཨང་བཞི་པ་ཡིན།

Department of Ethnobotany, Kunming Institute of Botany is the first ethnobotany research department in China, established at Kunming Institute of Botany by Chinese Academy of Sciences in 1987. Its establishment symbolizes an important landmark of Chinese ethnobotany development. Following UK, USA and France, it is the fourth institute specializing in studying the medicine and the useful plants of the ethnic groups in the world.

《括苍畲民调查记》 调查报告。沈作乾撰。刊于《北京大学研究所国学门周刊》第1卷。作者1924年到浙江括苍地区(今遂昌、松阳、丽水、龙泉、云和、庆元、缙云、青田等地),对畲民的人口分布、文化生活及历史沿革进行调查后写成。

《ཁོའོ་ཚང་རྩེ་རིགས་ཀྱི་བཤད་དཔྱད་ཞིབ་བྲིས》

ཧུན་ཙའི་ཆན་གྱིས་བརྩམས་པ་ཡིན། 《པེ་ཆིན་སློབ་ཆེན་ཞིབ་འཇུག་ཁང་གི་གཟའ་དེབ》 ཏུ་བཀོད་ཡོད། ཙོག་པོ་པོས་སྩི་མོ/༡༩༢༩ལོར་གྱི་ཅང་ཞོའི་ཆོང་ཅང་གྱི (དེང་གི་གྲོལ་ཁྲག སུང་དབྱང་ལིན་ཆུའི་ཡུན་ཧུ་ཆིན་ཡོན་ཅིན་ཡུན་ཅིན་ཐན་སོགས་སུ) འདི་རིགས་ཀྱི་མི་གྲངས་ཁྱབ་ཚུལ་དང་རིག་གནས་འཚོ་བ་ལོ་རྒྱུས་འཕེལ་རིམ་སོགས་ལ་གནས་བཞིན་ནས་བརྩམས་པ་ཡིན།

Report on the She people in Kuocang, published in the *The Weekly Review of the Institute of Sinology of the Peking National University*, vol. I, was written by Shen Zuoqian after his investigation on the population distribution, cultural life and historical development of the She people in the Kuocang areas (now Suichang, Songyang, Lishui, Longquan, Yunhe, Qingyuan, Jinyun, Qingtian and so on), Zhejiang Province.

阔端（1206—1251） 蒙古汗国宗王。1235年蒙古分兵攻宋，他领西路军克沔州（今陕西略阳）。次年入川占成都。其后，以二太子身份镇守河西及秦陇。1247年他与西藏宗教领袖萨班·贡噶坚赞在凉州议定西藏归顺蒙古条件。

གོ་དན། (༡༢༠༦—༡༢༥༡) སོག་པོ་ཧན་རྒྱལ་ཁབ་ཀྱི་ཁྲིམས་རྒྱུད་རྒྱལ་པོ་ཡིན། ༡༢༣༥ལོར་སོག་པོས་ཕྱོགས་དུ་མ་ནས་སུང་རྒྱལ་རབས་ལ་ཕར་རྒོལ་བྱས་པ་དང་། གོ་དན་གྱིས་འཕར་ལམ་ནུབ་མའི་དམག་དཔུང་ཁྲིད་དེ་མེན་ཀྲུ (དེང་གི་ཧུན་ཞིའི་ལུའེ་དབྱང་) མངའ་འོག་ཏུ་བསྡུས། པོ་འདིའི་དམག་དཔུང་ནི་ཁྲེན་ཏུ་ཁྱོད་ཧུའི་བཟུང་། གཞུང་ནས་རྒྱལ་སས་

གཉིས་པའི་ཆེད་ཐོགས་ནས་ཧ་ཞིའུ་དང་ཆིན་ལུང་ལ་དབང་སྒྱུར་བྱས། ༡༢༤༧ལོར་ཡང་ཏུ་ནས་བོད་རྒྱུད་ས་སྐྱ་པའི་གནས་ཆེན་ས་པཎ་ཀུན་དགའ་རྒྱལ་མཚན་དང་མཇལ་འཕྲད་གནང་སྟེ་བོད་དང་མཚོན་ཡོན་གྱི་འབྲེལ་བ་བཙུགས།

Godan (1206-1251), a prince of Great State of Mongol, led Western Force to attack Mianzhou (now Lueyang in Shanxi Province) when Great State of Mongol distributed forces to attack Southern Song Dynasty in 1235. In the following year, he attacked Sichuan and occupied Chengdu. Later, he guarded Hexi and Qinlong as the second prince of Great State of Mongol. In 1247, he discussed terms about Tibetan submission to Great State of Mongol with Tibetan religious leader Kunga Gyaltsen (Sakya Pandita) in Liangzhou.

廓尔喀 1. "牛的保护者"之意。尼泊尔的一个重要部族，世居首都加德满都西北，信仰印度教。2. 尼泊尔的别称及地名，廓尔喀王朝的发祥地。

གོར་ཁ། ༡ ནོར་གྱི་སྲུང་སྐྱོབ་མཁན་ཞེས་པའི་དོན་ཡོད། བལ་ཡུལ་རྒྱལ་ཁབ་ཀྱི་ཚོ་རིགས་གལ་ཆེ་བོ་ཞིག་ཡིན། གནའ་ནས་རྒྱལ་ས་ཀ་ཐེ་མན་ཏུའི་ཡི་ནུབ་བྱང་དུ་གནས་སྡོད་བྱེད་ཡོད་པ་དང་། ཧུན་ཏུ་ཆོས་ལུགས་ལ་དད་མོས་བྱེད་བཞིན་ཡོད། ༢ གོར་ཁ་ཞེས་པ་ནི་བལ་ཡུལ་གྱི་མིང་གཞན་དང་ས་མིང་ཡིན། གནས་འདིའི་གོར་ཁའི་རྒྱལ་རབས་བྱུང་ས་ཡང་ཡིན།

Gurkha 1. "Protector of Cattle", is an important tribe of Nepal, living in the northwest of the Kathmandu for generations and believing in Hindu. 2. Gurkha also is a name of place and another name of Nepal, being the cradle of Gorkha Kingdom.

《廓尔喀纪略》 清代西藏史书。乾隆朝官修。54卷。记述乾隆五十六年（1791），清军入藏击退廓尔喀军的经过。为研究清代西藏地方抗击廓尔喀军入侵历史的重要史料。

《གོར་ཁའི་དོན་རྒྱུན་རགས་བསྡུས》 ཆིང་རྒྱལ་རབས་དུས་ཀྱི་བོད་ཀྱི་ལོ་རྒྱུས་དེབ་ཐེར་ཞིག དེའི་གོང་མ་ཆན་ལུང་གི་སྲིད་ལོན་ཞིག་གིས་བསྒྲིགས་པ་ཡིན། བྱེ་བྲག་ཏུ་ལོན། དེབ་ཐེར་དེའི་ནང་དུ་ཆན་ལུང་གི་ལོ་བདུན་པར། (༡༧༩༡) ཆིང་དམག་བོད་དུ་ཡོང་ནས་གོར་དམག་དང་མཉམ་དུ་གོར་དམག་ཕྱིར་བསྐྲོག་པའི་བརྒྱུད་རིམ་དག་བཀོད་ཡོད། དེའི་ཆིང་རྒྱལ་རབས་དུས་སུ་གོར་ཁས་བོད་ལ་བཙན་འཛུལ་བྱས་པར་འཐབ་རྩོལ་བྱས་པའི་ལོ་རྒྱུས་ཞིབ་འཇུག་གི་དཔྱད་གཞི་གལ་ཆེན་ཞིག་ཡིན།

Gurkha Account, historical records about Tibetan written by officials during the rein of Emperor Qianlong, including 54 volumes, records the entry of Qing Dynasty forces into Tibet and repel of Gurkha forces in the 56th year of the reign of Emperor Qianlong (1791), which is an important historical evidence for studying the local resistance of Tibet to the invasion of Gurkha forces in the Qing Dynasty.

廓尔喀入侵西藏事件 1788年廓尔喀人以西藏增课商税为名，侵占后藏边地。清驻藏官员私许以一万五千两白银作赔，换其撤军。1791年廓尔喀以赔款未得为由二次进犯后藏地区。清廷再派大军入藏，收复失地，攻入廓尔喀境，其国王乞降纳贡。

གོར་དམག་གིས་བོད་དུ་བཙན་འཛུལ་བྱས་པ། ༡༧༨༨་ལོར། གོར་དམག་གིས་བོད་ཀྱི་ཚོང་ཁྲལ་མཐོར་བཏང་བར་ཁ་གཡར་ནས། གཙང་གི་མཐའ་ཁུལ་དུ་བཙན་འཛུལ་བྱས། བོད་སྡོད་ཨམ་བན་གྱིས་དངུལ་སྲང་ཁྲི་གཅིག་སྟོང་ལྔ་སྟོང་ཆོད་དུ་སྟོང་རྒྱུ་ཁས་བླངས་ནས་གོར་དམག་ཕྱིར་འཐེན་བྱས། ༡༧༩༡ ལོར་གོར་དམག་གིས་གསབ་དངུལ་སྤྲད་པར་ཁག་གཡར་ནས་བོད་དུ་བཙན་འཛུལ་ཐེངས་གཉིས་པ་བྱས། ཆིང་གིས་དམག་ཆེན་རོགས་སུ་བཏང་ནས། སྔར་བོར་ས་ཆ་ཕྱིར་བླངས་པར་མ་ཟད། གོར་ཁའི་མཐའ་མཚམས་ཁོངས་སུ་ཕར་རྒོལ་བྱས་པས། གོར་ཁའི་རྒྱལ་པོས་མགོ་བཏགས།

Gurkha Invasion of Tibet In 1788, Gurkha invaded the frontier of Back Tibet in the name of Tibetan tax increase on commodities. Qing imperial officials in Tibet, in private, promised Gurkha 15,000 tael of silver for compensation in exchange of their withdrawal. In 1791, Gurkha invaded Back Tibet areas again for receiving no compensation. Qing Dynasty dispatched large forces to Tibet again, and controlled lost territories and attacked Gurkha, and the king of Gurkha begged to surrender and rendered tribute.

L

拉卜楞寺 建于清朝康熙四十八年（1709）。位于甘肃省甘南藏族自治州夏河县。建有经堂6座，佛殿84座，藏式楼31座，佛宫30院等，占地约1300亩。曾是甘南地区的政教中心，也是藏传佛教格鲁派六大寺院之一。目前拉卜楞寺保留有全国最好的藏传佛教教学体系。

བླ་བྲང་བཀྲ་ཤིས་འཁྱིལ། དགོན་པ་འདི་ཆིང་རྒྱལ་རབས་གོང་མ་ཁང་ཞིས་ཁྲི་ལོ་༤༨པར་（༡༧༠༩ལོ）ཀུན་མཁྱེན་འཇམ་དབྱངས་བཞེད་པ་སྐུ་ཕྲེང་དང་པོས་གན་སུའུ་ཞིང་ཆེན་གན་ལྷོ་བོད་རིགས་རང་སྐྱོང་ཁུལ་བསང་ཆུ་རྫོང་དུ་ཕྱག་བཏབ། དེ་འདུས་ཁང་༦ དང་། ལྷ་ཁང་༨༤དང་། བོད་ལུགས་ཐོག་ཁང་༣༡ གནས་ཆེན་༣༠བཅས་ཡོད། རྒྱ་ཁྱོན་ལ་མུའུ་༡༣༠༠ཡོད། དགོན་པ་འདི་ནི་བོད་རྒྱུད་ནང་བསྟན་དགེ་ལུགས་པའི་དགོན་ཆེན་དྲུག་གི་ཡ་གྱལ་ཡིན་ཞིང་། དམིགས་སྤར་རྒྱལ་ནང་དུ་བོད་རྒྱུད་ནང་བསྟན་གྱི་འཆད་ཉན་ཆེས་ལེགས་པའི་མ་ལག་རྒྱུན་འཛིན་བྱས་ཡོད།

Labrang Monastery, founded in the 48th year of the reign of Kangxi Emperor in the Qing Dynasty (1709) and located in Xiahe County, Gannan Tibetan autonomous prefecture, Gansu province, contains six sutra halls, 84 temple halls, 31 Tibetan-styled penthouses, 30 Buddha palaces, covering an area about 1,300 mu. It is the political and religious center of Gannan area as well as one of the six great monasteries of the Gelug school of Tibetan Buddhism. In addition, it has preserved the best Buddhism teaching system in China.

拉达克 地名。位于印控克什米尔东南部。面积4.51万平方公里。官方语言为藏语（拉达克方言）和乌尔都语。8世纪中叶，为吐蕃辖区。清时为受驻藏大臣节制的西藏藩属。1846年英国侵入克什米尔后，受英国管辖。1847年后受印度实际控制。

ལ་དྭགས། ས་མིང་ཞིག རྒྱ་གར་གྱི་མངའ་འོངས་སུ་གནས་ཤིང་ཁ་ཆེ་མེར་གྱི་ཤར་ལྷོའི་ཕྱོགས་སུ་ཡོད། རྒྱ་ཁྱོན་ལ་སྤྱི་ལེ་གྲུ་བཞི་མ་༤་༥༡འབུམ་པ་དང་། གཞུང་ཕྱོགས་ཀྱི་སྐད་ནི་བོད་སྐད་（ལ་དྭགས་སྐད）དང་ཨོར་ཏོའི་སྐད་ཡིན། དུས་རབས་༨པའི་དུས་དཀྱིལ་དུ་བོད་བཙན་པོའི་ཆབ་སྲིད་ཀྱི་མངའ་འོངས་སུ་གནས། ཆིང་རྒྱལ་རབས་ཀྱི་དུས་སུ་བོད་སྡོད་ཨམ་བན་གྱི་བཀོད་འཛིན་འོག་ཏུ་ཡོད་མོད། ༡༨༤༦ལོར་དབྱིན་དམག་གིས་ཁ་ཆེ་མེར་ལ་བཙན་འཛུལ་བྱས་རྗེས་ས་དེ་དབྱིན་ཇིས་ཚོད་འཛིན་བྱས། ༡༨༤༧ལོར་རྒྱ་གར་གྱིས་དངོས་སུ་ཚོད་འཛིན་བྱས།

Ladakh situates in India-controlled Kashmir, covering an area of 45,100 square kilometers, whose official languages are Tibetan language (Ladakh dialect) and Urdu language. It was the territory of Tubo, a Tibetan regime in ancient China, in the mid-8th century it belonged to Tibet under the control of the imperial resident minister in Tibet during Qing Dynasty. It was under the jurisdiction of UK after UK's invasion into Kashmir in 1846. After 1847, it was actually controlled by India.

拉祜文 拉祜族使用的文字。20 世纪初拉祜族人使用过西方传教士创制的拉丁字母形式的文字。1957 年新制定了拉丁字母的拉祜文：以拉祜纳方言为基础，以云南澜沧拉祜族自治县城区及其近郊的语音为标准音，共有 26 个字母。

ལ་ཧུའི་ཡི་གེ། ལ་ཧུའི་རིགས་ཀྱིས་སྤྱོད་པའི་ཡི་གེ། དུས་རབས་ ༢༠ པའི་དུས་མགོར་ལ་ཧུའི་རིགས་ཀྱིས་བགོལ་སྐྲུན་བྱས་ཕྱོང་ཞིང་། ནུབ་ཕྱོགས་ཆོས་སྟེལ་བས་གསར་བཟོ་བྱས་པའི་ཧི་ཏིང་གསལ་གསུམ་པ་ཅན་གྱི་ཡི་གེ་ཞིག་ཡིན། ༡༩༥༧ལོར། ལ་ཧུའི་ཡུལ་སྐད་རང་གཞི་བཞག་ཤིང་། ཡུན་ནན་ལིན་ཚང་ལ་ཧུའི་རིགས་རང་སྐྱོང་རྫོང་བརྩལ་དང་དེའི་ཉེ་འཁོར་གྱི་སྐད་གདངས་ཚད་གཞིར་བཟུང་ནས། གསར་དུ་ལ་ཏིན་བརྒྱད་གསལ་རྩ་ཅན་གྱི་ལ་ཧུའི་ཡི་གེ་གཏན་འབེབས་བྱས་པ་དང་། དེ་ལ་བརྩོན་བརྒྱ་གསལ་༢༦ཡོད།

Lahu script In the form of Latin alphabet, it was created by western missionaries and used by Lahu people in the early 20th century. A new Lahu script of Latin alphabet was developed in 1957: on the basis of Lahu Na dialect, the pronunciation of the Lancang Lahu Autonomous County in Yunnan Province and suburbs of the city as the standard pronunciation, there are a total of 26 letters.

拉祜语 拉祜族使用的语言。属汉藏语系藏缅语族彝语支。分为拉祜纳、拉祜西两种方言。主要分布在云南西南部。缅甸、泰国、老挝、越南的拉祜人也使用与此语言大体相同的语言。

ལ་ཧུའི་སྐད། ལ་ཧུའི་རིགས་ཀྱིས་སྤྱོད་པའི་སྐད་ཆ། དེ་ནི་རྒྱ་བོད་སྐད་རྒྱུད་བོད་འབར་སྐད་རིགས་དབྱེ་སྐད་ལག་ཏུ་གཏོགས། དབྱེ་སྐད་དང་། ཡི་སུའི་སྐད། འདང་སྐད། ཧ་ཉི་སྐད་སོགས་དང་འདྲ་མཉམ་པའི་ཚོགས་ཐུན་གྱི་སྐད་ཞིག་ཡིན། དེ་ལ་ཡང་ལ་ཧུ་ནུ་ཡུའུ། ལ་ཧུ་ཤི་ཡུའུ་གཉིས་ཡོད། སྐད་རིགས་འདི་བགོལ་མཁན་ནི་རང་རྒྱལ་གྱི་ཡུན་ནན་ཞིན་ཆེ་ཀྱི་ལྷོ་ནུབ་དུ་ཁྱབ་ཡོད་པ་དང་། གཞན་འབར་མ་དང་། ཐེ་གོ། ལའོ་ཞུའོ། ཝི་ཐེ་ནམ་སོགས་རྒྱལ་ཁབ་ཀྱི་མཐའ་འཁོར་དུ་གནས་པའི་ལ་ཧུའི་མི་ཡི་སྐད་ཀྱང་ཕལ་ཆེར་སྐད་རིགས་འདིའི་དང་འདྲ་མཚུངས་ཡིན།

Lahu language, used by Lahu people, it is a Yi branch of Tibeto-Burmese of Sino-Tibetan family. It is a separate language in parallel with Yi, Lisu, Naxi and Hani language, divided into two dialects: Lahu Na and Lahu Xi and mainly used in the southwestern Yunnan Province. Lahu people in Burma, Thailand, Laos, Vietnam use the similar language.

拉祜族 中国的少数民族。源于古氏羌人。他称"苦聪"等。主要分布在澜沧江流域的思茅、临沧两个地区，其中以澜沧拉祜族自治县居多。人口有 485966 人（2010 年）。从事农业。有语言文字。崇拜多神，也有人信大乘佛教、基督教。另外，缅甸、泰国、老挝、越南也有拉祜人居住。

ལ་ཧུའི་རིགས། ཀྲུང་གོའི་གྲངས་ཉུང་མི་རིགས་ཤིག ་རིགས་འདིའི་མེས་པོ་ནི་ཏིས་ཆང་རིགས་ཡིན། གཞན་ཀྱིས་མི་ཁུའུ་ཚུང་ཞེས་སོགས་སུའང་འབོད། གཙོ་བོ་ཀྲུའ་འབབ་ཡུལ་གྱི་སི་མའོ་དང་ལིན་ཚང་གཉིས་ཀྱི་ས་ཁུལ་དུ་

བྱབ་ཡོད་ལ། དེ་ལས་ལྷུན་ཚོན་ལ་ཧུའུ་རིགས་རང་སྐྱོང་རྫོང་དུ་གནས་སྡོད་ཀྱི་མི་གྲངས་མང་བ་ཡོད། ཆོན་མི་གྲངས་༤༨༥,༩༦༦ (༢༠༡༠ལོ) ཡོད། ཞིང་ལས་གཉེར་ཞིང་། སྐད་ཚོགས་ལ་དང་ཆོས་བྱེད་པའམ། ལས་དོན་པའི་ཐོག་ཆེན་དང་ཡེ་ཤེ་ཆོས་ལུགས་ལ་ཡང་དད་མོས་བྱེད་བཞིན་ཡོད། འབར་མ་དང་། ཐེག། ལའོ། ཝི་ཏི་ནམ་སོགས་ཀྱི་རྒྱལ་ཁོངས་སུའང་ལ་ཧུའུ་གནས་སྡོད་བྱས་ཡོད།

Lahu people, an ethnic minority in China, it originates from the ancient Di and Qiang people, and also called "Kucong" and so on. It mainly distributes in the two regions of Simao, Lincang in Lancang River Basin, mostly in Lancang Lahu Autonomous County with a population of 485,966 (2010). Lahu people are engaged in agriculture, and have their own languages. They worship multiple gods. Some of them believe in Mahayana Buddhism and Christianity. In addition, there are Lahu people in Burma, Thailand, Laos and Vietnam.

拉机 亦称"错钦",藏语音译。旧时藏传佛教各大寺总管全寺宗教、行政、财务的最高组织机构名。

ཚ་བྲང་། ཚོགས་ཆེན་རྒྱུན་ཞེར། བོད་ཀྱི་ནང་ལུགས་དགོན་སྡེ་སོ་སོར་ཆོས་དང་སྲིད། ནོར་སྲིད་སོགས་ལ་སྤྱི་གཉེར་བྱེད་པའི་ཆེས་མཐོ་བའི་འཛུགས་ལས་ཁང་གི་མིང་།

Laji, also called "Cuoqin", is the transliteration of Tibetan language. In ancient time, it was the name of the highest organization in charge of religion, administration, and finance in large monasteries of Tibetan Buddhism.

拉珈语 中国自称"拉珈"的瑶族使用的语言。属汉藏语系壮侗语族侗水语支。分布在广西壮族自治区金秀瑶族自治县。

ལ་ཅ་སྐད། རང་རྒྱལ་ཡོད་རིགས་ཀྱི་རང་ཉིད་ལ་ཅ་ཞེས་པའི་སྐད་ཆས་འབོད། དེ་ནི་རྒྱ་བོད་སྐད་རྒྱུད་གྲོང་ཐུང་སྐད་རིགས་ཐུང་ཐུའུ་ཡི་སྐད་ལག་ཏུ་གཏོགས། སྐད་རིགས་དེ་བཀོལ་མཁན་ནི་གོང་ཞི་གྲོང་རིགས་རང་སྐྱོང་ལྗོངས་ཅིན་ཞེའུ་ཡོའུ་རིགས་རང་སྐྱོང་རྫོང་དུ་བྱབ་ཡོད།

Lakkia language, a language used by Yao people in China who call themselves "Lakkia", it is a Dong-Sui branch of Zhuang-Dong group of Sino-Tibetan family. It is mainly used in Jinxiu Yao Autonomous County in Guangxi Zhuang Autonomous Region.

拉库奴隶起义 1913—1916年间四川凉山地区彝族奴隶武装起义。起义高潮在1914年,该年为彝历"虎年",彝语称之"拉库",故名。这年春,冕宁县窝普地方的奴隶,忍受不了黑彝的残暴统治,发动武装起义,很快席卷周围几个县。后被奴隶主和汉族封建统治者镇压。

སྟག་ལོའི་བྲན་གཡོག་གོས་ལངས། ༡༩༡༣—༡༩༡༦འི་བར་དུ་སི་ཁྲོན་དེ་པོ་ཡིའང་ཧུན་ཁུལ་གྱི་དབྱིས་རིགས་བྲན་གཡོག་གིས་བསླངས་པའི་དྲག་པོའི་ལངས་ཞིག་ཡིན། ༡༩༡༤ལོར་ལངས་མཐོ་ཚབས་སུ་སླེབས། ལོ་དེ་ནི་དབྱིས་རྩིས་སྟག་ལོ་སྟག་ལོ་ཡིན་པས། དབྱིས་སྐད་དུ་ལ་ཁུར་ཟེར། བོ་དེར་མེན་ཉིང་རྫོང་ཕུའུ་ཕུའུ་ས་ཁུལ་གྱི་བྲན་གཡོག་གིས་དབྱི་ནག་གི་གདུག་རྩུབ་ཆེ་བའི་དབང་སྒྱུར་བཟོད་མ་ཐུབ་པར་དྲག་པོའི་ལོའི་ལངས་བྱས། ལོའི་ལངས་ཀྱི་མེ་ལྕགས་དེ་ཅ་

[Tibetan script]

Slave uprisings in the year of Laku refers to armed uprisings of Yi slaves living in Liangshan of Sichuan from 1913 to 1916. Most of the uprisings were in 1914, "Year of the Tiger" in Yi calendar, "Laku" in Yi language, hence the name. In spring of 1914, slaves in Wopu of Mianning county could not stand the brutal reign of Black Yi, launched an armed uprising, and soon engulfed several Counties around. Afterwards they were repressed by feudal rulers of Han people and slaveholders.

拉然巴格西 藏传佛教格西中级别最高的学衔。在西藏又被称为"大昭格西"，即拉萨传大昭法会期间，在三大寺僧众大会上立以五部大论为宗，进行佛学辩难而考取的格西学位。

[Tibetan script]

Gexe Lharampa, transliteration of lha-rams-pavi-dge-bshes in Tibetan language, is the highest academic rank of Tibetan Buddhism. Also known as "Jokhang Temple Gexi" in Tibet, it refers to the Gexi degree got by defending one's dissertation on Buddhist studies with Five Theories as its core during the dissemination of dharma in Lhasa in the meeting of monks of the three major monasteries.

拉让强佐 藏语音译，意为"上师住处大管家"。原指旧时为藏传佛教活佛、堪布管理私人财产、属民等事务的人。后指为达赖、班禅及四大林大活佛总管事务的人。

[Tibetan script]

Larang Qiangzuo is a Tibetan transliteration, which means the "chief housekeeper of Guru's residence". Originally, it referred to the man who manages financial and people's affairs of living Buddha and Kampo residence. Later, it refers to the man in charge of affairs of Dalai, Panchen, and the living Buddhas of the four monasteries.

拉萨兵变 辛亥革命爆发后驻拉萨等地的川籍清军发生的哗变。1911年辛亥革命爆发后，驻拉萨的川籍清军响应，但川军中的哥老会成员制造内讧，使拉萨陷于混乱。随后驻波蜜、工布江达、亚东、江孜等地川军也先后发生哗变。西藏亲英势力乘机驱逐汉人。西藏地方政权遂为亲帝势力所把持。

[Tibetan script]

བརྗེ་ལངས་རྗེས་བོད་སྡོད་ཁྲིན་དམག་གིས་བསླངས་བའི་ཟིང་འཁྲུག་ཅིག་ཡིན། ༡༩༡༡ལོར་ཞྭས་ཐག་ལོག་གསར་བརྗེ་ལངས་རྗེས། ལྷ་ས་ཡི་ཁྲོན་དམག་གིས་དམག་སྤྲོད་དང་ལེན་བྱས་མོད། བོད་ཀྱི་ཁྲོན་དམག་གི་ཀོའུ་གསང་ཚོགས་ཀྱི་ཚོགས་མིས་ལྷ་ས་རུ་སྙེ་གཟར་བསླངས་པ་དང་། དེ་ནས་སྤོ་བོ་དང་གོང་པོའི་རྒྱ་མདའ། ཡ་སྡུང་། རྒྱལ་རྩེ་སོགས་ས་ཁུལ་དུ་བསྡད་པའི་ཁྲོན་དམག་གིས་ཀྱང་སྟ་གཏུག་ཏུ་ཟིང་ཆ་བསླངས། བོད་སྡོད་སུ་དྲིལ་རྗེ་ལ་དགའ་བའི་ཤོག་ཁག་འཁེལ་བཞིན་རྒྱ་མི་ཕྱིར་འབུད་བྱ་བ་དང་། བོད་ས་གནས་སྲིད་གཞུང་གི་དབང་ཆའི་བཙན་རྒྱལ་རིང་ལུགས་ལ་དགའ་བའི་ཕྱོགས་ཁག་གི་ལག་ཏུ་ཤོར།

Mutiny in Lhasa broke out by Qing armies who were born in Sichuan but stationed in Lhasa and other places after the 1911 Revolution. After the 1911 Revolution, Qing armies stationed in Lhasa responded, but members of the Society of Brothers in Sichuan armies created infighting among themselves and Lhasa was in chaos. Then mutiny occurred one after another by Sichuan armies stationed in Bomi, Gongbogyamda, Yadong, Gyantse and other places. Pro-British forces in Tibet took this opportunity to expel Han people. Therefore the Tibetan local government was dominated by pro-imperialist forces.

拉萨军事管制委员会 1959年3月22日，西藏地方上层反动势力发动的武装叛乱在拉萨市区被粉碎。次日，中国人民解放军西藏军区颁发布告，成立拉萨市军事管制委员会，接管拉萨地区政治、军事、民政等一切事宜。该委员会是带有政权性质的军政管理机构。邓少东任主任。

ལྷ་སའི་དམག་དོན་དོ་དམ་ཨུ་ཡོན་ལྷན་ཁང་། ༡༩༥༩ལོའི་ཟླ་༣པའི་ཚེས་༢༢ཉིན། བོད་ལྗོངས་མཐོ་རིམ་ལོག་སྤྱོད་སྟོབས་ཤུགས་ཀྱིས་ལྷ་ས་གྲོང་ཁྱེར་དུ་བསླངས་པའི་དྲག་པོའི་ཟིང་འཁྲུག་ལ་ཕམ་ཉེས་བྱུང་ཞིན་དེར། ཀྲུང་གོ་མི་དམངས་བཅིངས་འགྲོལ་དམག་བོད་ལྗོངས་དམག་ཁུལ་གྱིས་ལྷ་ས་གྲོང་ཁྱེར་དམག་དོན་དོ་དམ་ཨུ་ཡོན་ལྷན་ཁང་བསྐྱགས་བྱས་པ་དང་། དེས་ལྷ་ས་ཁུལ་གྱི་ཆབ་སྲིད་དང་། དམག་དོན། དམངས་སྲིད་སོགས་དོན་དག་ཡོད་ཚད་དོ་དམ་བྱས། ཨུ་ཡོན་ལྷན་ཁང་འདིའི་སྙིང་དབང་གི་རང་བཞིན་ལྡན་པའི་དམག་སྲིད་དོ་དམ་ལས་ཁུངས་ཤིག་ཡིན།

Lhasa Military Control Commission On March 22, 1959, armed rebellions launched by the upper reactionary forces in Tibet were crushed in Lhasa. The next day, the Tibet Military of the PLA issued a notice that Military Control Commission was established in Lhasa, and it would take over all political, military, and civil affairs in Lhasa area. The Committee was a regulatory agency with the nature of the regime. Deng Shaodong was director.

《拉萨市民族团结进步条例》 文件名。2012年西藏自治区第九届人民代表大会常务委员会第27次会议通过。包括：总则、基本权利、基本义务、服务与管理、法律责任、附则，共6章。

《ལྷ་ས་གྲོང་ཁྱེར་གྱི་མི་རིགས་མཐུན་སྒྲིལ་མདུན་སྐྱོད་ཀྱི་ཁྲིམས་སྲོལ》 ཁྲིམས་སྲོལ་འདིའི་མིང་། ༢༠༡༢ལོར་བོད་རང་སྐྱོང་ལྗོངས་སྐབས་དགུ་པའི་མི་

དམངས་འཐུས་མི་ཚོགས་ཆེན་རྒྱལ་ལས་ཡུལ་ལྷན་ཁང་
གི་ཚོགས་འདུ་ཐེངས་ཉེར་བདུན་པ་བརྒྱུད་ནས་གཏན་
འབེབས་བྱས། དེ་ལ་སྤྱིའི་རྩ་དོན་དང་། གཞི་རྩའི་དབང་
ཆ། གཞི་རྩའི་ལས་འགན། ཞབས་ཞུ་དང་། དོ་དམ།
ཁྲིམས་འགེལ་ཁུར་འགྲི། བྱར་བསྟན་དོན་ཚན་དང་
བཅས་སྤྱིར་ལེ་བཅད་དྲུག་ཡོད།

Regulations on unity and progress of ethnic minorities in Lhasa was passed in the twenty-seventh meeting of the Standing Committee of the Ninth People's Congress of the Tibet Autonomous Region in 2012. It includes 6 chapters: general provisions, fundamental rights, fundamental duties, services and management, legal liabilities and supplementary provisions.

《**拉萨条约**》 1903年英国发动第二次侵藏战争。次年，英军强迫西藏三大寺代表在布达拉宫签署《拉萨条约》。主要内容：规定不得英国同意，西藏在土地、财政、铁路、矿产等方面没有独立主权；开江孜、噶大克、亚东为商埠；赔偿兵费50万英镑；拆毁自印度边界至江孜、拉萨的防御工事等。该条约严重损害中国主权，清政府不予批准。

《ལྷ་སའི་ཆིངས་ཡིག》 ༡༩༠༣ལོར་དབྱིན་ཇིས་བོད་ལ་བཙན་འཛུལ་དམག་འཁྲུག་ཐེངས་གཉིས་པ་བསླངས། ཕྱི་ལོར་དབྱིན་དམག་གིས་བོད་ཀྱི་གདན་ཆེན་པོ་གསུམ་གྱི་འཐུས་མིར་བཙན་པོའི་སྒོ་ནས་པོ་ཏཱ་ལར《ལྷ་སའི་ཆིངས་ཡིག》ཐོག་ཏུ་མིང་རྟགས་འགོད་དུ་བཅུག ནང་དོན་གཙོ་བོའི། དབྱིན་ཇིས་ཆོག་བགོད་མ་ཐོབ་པར་བོད་ལ་ཆ་དང་དངུལ་སྒོར། ལྕགས་ལམ། གཏེར་སྒོ་སོགས་ཀྱི་དབང་ཆ་མེད་པ་གཏན་འབེབས་བྱས། རྒྱལ་རྩེ་དང་དགའ་ཡར་སྟོད་

བོགས་སུ་ཆོད་ར་འབྱེད་པ། དམག་གྲོན་ལ་དབྱིན་སྒོར་༤༠འབུལ་བ། རྒྱ་གར་མཐའ་མཚམས་ནས་རྒྱལ་རྩེ། དེ་ནས་ལྷ་སའི་བར་གྱི་འགོག་ཤུང་འཐབ་ར་གཏོར་དགོས་པ་སོགས་ཡོད། ཆིངས་ཡིག་དེས་ཀྱང་གོའི་བདག་དབང་ལ་གཏོར་པ་ཚབས་ཆེན་བཏང་བས། ཆིང་སྲིད་གཞུང་གིས་དང་ལེན་མ་བྱས།

Lhasa Treaty Britain launched a second invasion of Tibet in 1903. The next year, the British armies forced representatives of the three major monasteries in Tibet to sign the Lhasa Treaty in Potala Palace. Its main contents: without the agreement of Britain, Tibet didn't have independent sovereignties in land, finance, railways, mining, etc. Gyantse, Gartok, Yadong were opened as commercial ports; £500,000 was paid for soldiers' costs; fortifications were demolished from the Indian border to Gyantse and Lhasa. The treaty seriously damaged China's sovereignties, and the Qing government disapproved of it.

拉萨一区四园 现指国家级拉萨经济技术开发区和达孜县工业园、堆龙德庆县工业园、曲水县工业园、次角林文化园，简称"一区四园"。是拉萨市经济发展的主要载体。

ལྷ་སའི་ས་ཁུལ་གཅིག་དང་གླིང་སྐོར་བཞི། དེ་ནི་རྒྱལ་ཁབ་རིམ་པའི་ལྷ་སའི་དཔལ་འབྱོར་ལག་རྩལ་གསར་སྤེལ་ཁུལ་དང་སྟག་རྩེ་རྫོང་བཟོ་གྲའི་གླིང་། སྟོད་ལུང་བདེ་ཆེན་རྫོང་བཟོ་གྲའི་གླིང་། ཆུ་བྱེར་རྫོང་བཟོ་གྲའི་གླིང་། ཚུར་ལྕོག་ནགས་ཚལ་རིག་གནས་གླིང་བཅས་ཀྱི་བསྡུས་མིང་ལ་ཁུལ་གཅིག་གླིང་སྐོར་བཞི་ཞེས་ཟེར། དེ་ནི་བོད་ལྗོངས་དཔལ་འབྱོར་འཕེལ་འཕོ་ཡི་གྲུབ་ཆ་གཙོ་བོ་ཡིན།

Lhasa One Zone and Four Parks, being called One Zone and Four Parks for short, currently refers to Lhasa Economic and Technological Development Zone (ETDZ) at the state-level, Dagze County Industrial Park, Doilungdeqen County Industrial Park, Quxu County Industrial Park and Tengye Ling Cultural Park. It is the basic carrier to develop economy in Lhasa City.

《拉施德史》 中国南部新疆史的波斯文本著作。作者米尔查·穆罕默德·海答尔。成书于1541—1545年。全书分两部分，前部主叙14世纪后期至16世纪中叶明代新疆地区的历史；后部主要是作者的回忆录和羽奴思汗以后的历史大事记。

《ལ་ཤི་དེ་ཨོ་རྒྱུས》 གུང་གོའི་ལྷོ་རྒྱུད་ཞིན་ཅང་པོ་རྒྱུས་ཀྱི་པར་ཤིག་ཡི་གེའི་བརྩམས་ཆོས་ཤིག ཆོམ་པ་པོ་མེར་ཁ་ མུའུ་ཧན་མོ་དེ་ ཧའི་ཏར། 1541—1545ལོར་བྲིས། དཔེ་དེབ་ཅིག་པོ་ལེགས་གཉིས་སུ་བགོས། ལེགས་སྟོན་མར་དུས་རབས་བཅུ་བཞིའི་གཞུག་ནས་དུས་རབས་བཅུ་དྲུག་པའི་བར་གྱི་མིང་རྒྱལ་རབས་སྐབས་ཀྱི་ཞིན་ཅང་ས་ཁུལ་གྱི་ལོ་རྒྱུས་བརྗོད་ཡོད། ལེགས་རྗེས་མར་ཆོམ་པ་པོའི་ཕྱིར་དྲན་གྱི་ཟིན་པོ་དང་ཡུས་ནའུ་སེ་ཧན་རྗེས་ཀྱི་ལོ་རྒྱུས་གལ་ཆེན་གྱི་ཟིན་པོ་གཙོ་པོ་དག་རོ་སྟོད་ཡུས་ཡོད།

The history of Rashid is a Persian work recording the history of south XinJiang, China. Written by Mirza Muhammad Haidar Dughlat, it was started in 1541 and completed in 1545. It consists of two parts, the first part concerning the history of south XinJiang during late 14th century to mid 16th century in the Ming Dynasty and the latter part mainly presenting memoirs of the author himself and chronicles of events after the reign of Yunus Khan.

拉藏汗（？—1717） 和硕特汗国（西蒙古和硕特部在青藏高原建立的汗国）最后一任可汗。康熙三十六年（1697）父卒嗣位。后杀死西藏专权的第巴桑结嘉措，废黜其拥立的达赖六世仓央嘉措，新定达赖六世。1717年，准噶尔部攻入拉萨，拉藏汗被杀死。

ལྷ་བཟང་ཧན（？—1717） ཧེ་ཧྲོ་ཧྲེ་ཧན་རྒྱལ་ཁབ་ཀྱི（ནུབ་ཀྱི་སོག་པོ་ཧེ་ཧྲོ་ཧྲེ་པ་ཡིས་མདོ་དབུས་མཐོ་སྒང་དུ་བཙུགས་པའི་རྒྱལ་ཕྲན་ཞིག）ཆེས་མཐའ་མཇུག་གི་རྒྱལ་པོ་ཡིན། གོང་མ་ཁང་ཞིའི་ལོ་སོ་དྲུག་པར（1697）པ་ཤུལ་བུ་ཡིན་བཟུང་བྱེད་བཞུགས། གཞུག་ནས་དགའ་ལྡན་པོ་བྲང་གི་སྡེ་སྲིད་རྒྱ་མཚོ་གསོད་ཐབས་ཀྱིས་སྟ་བཀྲོངས་པ་བ་ཟད། རྒྱལ་པ་ཚངས་དབྱངས་རྒྱ་མཚོ་ཡང་བཙན་གྱིས་ཡར་ཐབ་སྟེ། ཡང་སྐྱལ་བསྐྱུར་དུ་རྡོ་འཛིན་བྱས། 1717ལོར། སོག་པོ་ཇུན་གར་པས་ལྷ་སར་རྒོལ་དེ་ལྷ་བཟང་ཧན་བྲོངས།

Lha-bzang Khan was the last Khan of Khoshut khanate (established in the Tibetan Plateau by Khoshut tribe of western Mongol), succeeding after the death of his father in the 36th year of Emperor Kangxi (1697). After his succession he killed Desi Sangye Gyatso who ruled autocratically in Tibet, deposed the 6th Dalai Lama Tsangyang Gyatso acclaimed by Desi Sangye Gyatso and had a new 6th Dalai Lama. In 1717, Dzungar Khanate attacked Lhasa and Lha-bzang Khan was killed.

喇嘛 藏语，意为"上师"。是对佛教僧侣的尊称，是长老、上座、高僧的称号。这个词现被泛用，本来并不是每个出家人都能称为喇嘛的。

ཀླ་མ། གོང་མཆལ་ཕོག་མའི་དོན། ས་གནས་ལ་ལར་དགེ་འདུན་པ་སྤྱིའི་མིང་ལ་དེ་ལྟར་འབོད་སྲོལ་ཡོད་མོད། ནང་པའི་དགོངས་དོན་ལྟར་ན། བླ་མ་དང་སློབ་དཔོན་དོན་འདྲ་བས། དེ་དགེ་རྒན་དང་གཞས་པ་ཆེན་པོའི་དོན་དུ་འཇུག་པ་ལས་དགེ་འདུན་པ་སྤྱིའི་མིང་དུ་མི་འཇུག

Lama, in Tibetan language, means spiritual master. It can be used as an honorific title conferred on a Buddhist monk such as a presbyter, a venerated senior or a Buddha-master. Though Lama is in extensive use at present, it originally could only be conferred on certain group of monks.

《喇嘛登记办法》 文件名。1934年蒙藏委员会公布。令除达赖、班禅、哲布尊丹巴呼图克图外，凡居住在中华民国境内自呼图克图以下各喇嘛一律依照该办法进行登记，以维护格鲁派，确定喇嘛资格。该办法后又于1936年两次修正公布。

《བླ་མའི་ཐོ་འགོད་བཅའ་ཁྲིམས》 ཡིག་ཆའི་མིང་། ༡༩༣༤ལོར་སོག་བོད་ལྷུ་ཡོན་ཚོགས་པས་ཁྱབ་བསྒྲགས་བྱས། ཏཱ་ལའི་བླ་མ་དང་པཎ་ཆེན་རིན་པོ་ཆེ། འབྲུང་སྐུལས་མཁན་པོ་ཧོ་ཐོག་ཐུ་སྦྱོང་པས། གུང་ཧྭ་མིན་གུའི་ཁོངས་གཏོགས་ཀྱི་ཕོག་ཐུ་སྦྱོང་པའི་ཕོག་ཐུ་བླ་མ་ཚང་མས་ཁྲིམས་ལུགས་དེ་ལྟར་དུ་ཕོ་འགོད་བྱས་ཏེ། ནང་ཤེས་པ་སྲུང་སྐྱོབ་དང་བླ་མའི་ཕོག་ཐགས་གཏན་འབེབ་གནང་ཞིག་ཡིན། ཁྲིམས་ལུགས་དེ། ༡༩༣༦ལོར་བསྐྱར་བཅོས་ཐེངས་གཉིས་སྒྲུབ་ཐངས།

The Method of Lama Registration was released by Mongolian and Tibetan Affairs Commission in 1934. Except for Dalai Lama, Panchen Lama and Jebtsundamba Khutughtu, any lama who lives within the territory of Republic of China shall be legally registered to establish lama's identity and preserve the Gelug sect. The method was reissued after twice amendments in 1936.

《喇嘛奖惩办法》 文件名。1936年由国民政府颁布。共25条。对受奖或受罚喇嘛应具备之条件及晋升等级等都做了具体规定。

《བླ་མའི་ཞལ་གཅོད་བཅའ》 ཡིག་ཆའི་མིང་། ༡༩༣༦ལོར་རྒྱལ་དབངས་སྲིད་གཞུང་གིས་ཁྱབ་བསྒྲགས་བྱས། བསྡོམས་པས་དོན་ཚན་༢༥ཡོད། དེ་བླ་མར་རྗེས་ལྟར་བྱ་དགའ་སྟེར་པའམ། ཡང་ན་ཆད་པ་གཅོད་པའི་ཆ་རྐྱེན་དང་། བླ་མའི་རིམ་པ་སྤར་བའི་ལས་ལུགས་སོགས་ལ་བྱེ་བྲག་གི་ནང་དོན་གཏན་ལ་ཕབ་ཡོད།

The Method of Rewarding and Punishing Lama was issued by Republic of China in 1936 and was divided into 25 pieces in total. Detailed regulations about qualifications for rewarding and promoting Lama and the prerequisites for punishing them are included.

喇嘛教 见"藏传佛教"词条。

བླ་མའི་ཆོས་ལུགས། བོད་བརྒྱུད་ནང་བསྟན་ཞེས་པའི་

ཆོག་ལ་ལྟོས།

Lamaism See the entry "Tibetan Buddhism".

《喇嘛转世办法》 文件名。1936 年颁布，1938 年修正。共 13 条。为国民政府颁布的就活佛转世管理方面的一个专门法规。主要强调蒙藏等大活佛圆寂后须报蒙藏委员会备案，转世灵童的备选、金瓶掣签确认灵童及中央派员前往主持达赖喇嘛、班禅额尔德尼等坐床等诸原则。

《བླ་མའི་ཡང་སྲིད་འཚོལ་བཞག》 ཡིག་ཆའི་མིང་། ༡༩༣༦ལོར་ཁྱབ་བསྒྲགས་བྱས། ༡༩༣༨ལོར་བསྐྱར་བཅོས་བཏང་། བསྡོམས་པས་དོན་ཚན་༡༣ཡོད། རྒྱལ་དབང་སྲིད་གཞུང་གིས་ཁྱབ་བསྒྲགས་བྱས་པའི་སྤྲུལ་སྐུའི་ཡང་སྲིད་འཚོལ་ཐབས་དོ་དམ་སྐོར་གྱི་ཆེད་བཀོད་ཁྲིམས་ལུགས་རྩ་དོན་ཞིག་ཡིན། གཙོ་བོར་སོག་བོད་སོགས་ཀྱི་སྤྲུལ་སྐུའི་ཧོས་དགོངས་པ་རྫོགས་རྗེས་སོག་བོད་ཨུ་ཡོན་ཚོགས་པར་ཡར་ཞུ་དགོས་པ་དང་། ཡོང་གི་སྤྲུལ་སྐུའི་ཡང་སྲིད་འཚོལ་བར་གསེར་བུམ་དཀྲུགས་ཏེ་གཏན་ཁེལ་བྱེད་པ། ཀྱུང་དབྱང་གིས་མི་བཏང་ནས་དྲུ་ལའི་བླ་མ་དང་པཎ་ཆེན་ཨེར་ཏེ་ནིའི་ཞིག་ཁྲི་བཞུགས་པའི་མཛད་སྒོ་སྤྱེལ་དགོས་པའི་རྩ་དོན་གང་པོ་ཡོད།

The Method of Lama Incarnation was released in 1936, amended in 1938 and divided into 13 pieces in total. It is a special statute that deals with the management on reincarnation of living Buddhas by National Government. It focuses on principles involving putting materials of major living Buddha after their death on file to Mongolian and Tibetan Affairs Commission for reference, deciding the reincarnated candidates by the method of golden urn, ensuring the presence of reincarnated candidates with officials dispatched by central government to preside over enthronement ceremony as Dalai Lama and Penchen Lama.

徕远司 清代理藩院直属机构六司之一。1761 年设。管理回部（见"回疆"词条）事务。

ཨའི་ཡོན་སྲི། ཆིང་རྒྱལ་རབས་ཀྱིས་ཡིག་བོད་སྲིད་གི་ཐད་གཏོགས་ལས་ཁུངས་དྲུག་གི་གྲས་ཤིག་ཡིན། ༡༧༦༡ལོར་ཚུགས། ཧུའི་རིགས་ཚོ་བ་(ཧུའི་མཚམས་ཞེས་པའི་ཆིག་ལ་ལྟོས།)ཡིས་དོན་ལ་དོ་དམ་བྱེད།

Eastern Turkestan Bureau, established in 1761, is one of the six departments directly under the Lifan Yuan during the Qing Dynasty. It deals with affairs within Hui tribe (see the entry "Huijiang").

兰州大学西北少数民族研究中心/民族学研究院 2000 年教育部批准的全国百所人文社会科学重点研究基地之一。2009 年依托该中心成立兰州大学民族学研究院。以民族学、西北少数民族史、民族理论与政策、民族社会学、藏学等为主要研究方向。

ལན་ཀྲུའུ་སློབ་གྲྭ་ཆེན་མོའི་རྒྱལ་བྱང་གནས་ཆུང་མི་རིགས་ཞིབ་འཇུག་ལྟེ་བའི/མི་རིགས་ཞིབ་འཇུག་སློབ་གླིང་། ༢༠༠༠ལོར་སློབ་གསོའི་ཡིས་ཚོགས་བཀོད་ཐོབ་པའི་རྒྱལ་ཡོངས་ཀྱི་མིའི་རིག་གནས་ཙེ་ཚོགས་རིག་ཚན་གལ་ཆེན་ཞིབ་འཇུག་གཞི་རྒྱ་ཡི་གྲས་ཡིན། ༢༠༠༩ལོར་ལྟེ་བ་ལ་བརྟེན་ནས་ལན་ཀྲུའུ་སློབ་གྲྭ་ཆེན་མོའི་མི་རིགས་ཞིབ་འཇུག་སློབ་གླིང་གཙུགས། མི་རིགས་རིག་པ་དང་། བྱང་གནས་ཆུང་མི་རིགས་ཀྱི་རྒྱུས། མི་རིགས་གཞུང་ལུགས་དང་སྲིད

ཧུས། མི་རིགས་སྟེ་ཚོགས་རིག་པ། བོད་རིག་པ་སོགས་ཞིབ་འཇུག་གི་ཁ་ཕྱོགས་གཙོ་བོ་ཡིན།

Center For studies of Ethnic Minorities in Northwest China of Lanzhou University / Institute of Ethnology is one of the 100 key humanities and social science research bases which is approved by the Ministry of Education in 2000. LanZhou University Ethnology Institute, based on this Center, was established in 2009. The major research covers ethnology, northwest ethnic minorities' history, ethnic theory and policy, ethnic sociology and Tibetology.

蓝帽回回 亦称"青回回"。明清时对移居中国开封的犹太人的称呼。

ཞྭ་སྔོན་ཧུའེ་ཧུའེ། མིང་གཞན་ལ་ཧུའེ་ཧུའེ་སྔོན་པོའང་ཟེར། མིང་དང་ཆིང་རྒྱལ་རབས་སྐབས་སུ་ཀྲུང་གོར་གནས་སྤོས་བྱས་ཚོག་པའི་ཡིཨུ་ཐེའི་པའི་མིང་གི་འབོད་ཚུལ་ཞིག་ཡིན།

Blue-cap Huihui, also called QingHuihui, was a title used in the Ming-Qing Dynasty period for the Jews who immigrated to KaiFeng City, China.

朗达玛（？—842） 吐蕃末代赞普。墀德松赞的次子。838年即位。原名"达玛",《新唐书》作"达磨"。在位期间，对佛教采取禁绝措施，史称"朗达玛灭佛"，佛教徒视其为牛魔王再世，故称其为"朗达玛"（"朗"意为牛）。后被佛教僧人刺杀。

གླང་དར་མ། （？—༨༤༢） བོད་བཙན་པོའི་རྒྱལ་པོ་མཐའ་མ། ཁྲི་ལྡེ་སྲོང་བཙན་གྱི་སྲས་ཐ་ཆུང་（ལོ་རྒྱུས་རེ་འགར་ཆེ་བར་བཤད） དགུང་ལོར་རྒྱལ་སར་བསྐོས། མཚན་དངོས་ལ་དར་མ་འུ་དུམ་བཙན་པོ། རྒྱའི་ཐང་ཡིག་གསར་མར་དར་མ་ལྟ་བསྒྱུར་ལ 达磨 ཞེས་བསྒྱུར་ཡོད། རྒྱལ་སར་བཞུགས་རིང་སླར་ལྡག་སོགས་བོན་པོ་བློ་བསྒྱུར་བར་བརྟེན་ནང་པའི་ཆོས་བཀག་སྡོམ་དྲག་པོ་བཏང་། དེ་ལོ་རྒྱུས་སུ་རྒྱལ་པོ་གླང་དར་མས་ཆོས་བསྣུབ་པ་ཞེས་བགོད་ཅིང་། ནང་པའི་ཉེས་འཛུགས་པས་སྤྱད་ཀྱི་སྐྱེས་པ་ཡིན་པས་མགོར་སྤྱད་ར་ཡོད་པ་སོགས་བསྐྱངས་པས་མཚན་ལ་སྦྱར་ད་མ་ཞེས་ཐོགས།（དེ་ལ་སྟོང་པ་སྦྱར་དང་འདུ་བ་སོགས་ཀྱི་བཀོད་ཚུལ་གཞན་ཡང་ཡོད།） ཉེས་སུ་བཙུན་པ་ལྷ་ལུང་དཔལ་རྡོར་གྱིས་བཀྲོངས།

Langdarma (also Glang-dar-ma) (?-842), the second son of Tride Songtsen, was the last Tsenpo (emperor) in the last reign of the Tubo Kingdom. He was crowned in 838. His original name was "Darma", but "Da Mo" was recorded in *New Book of Tang*. During his reign, he took measures to totally prohibit Buddhism, known to history as "Glandarma persecution of Buddhism causes". Buddhists regarded him as the reincarnation of Bull Demon King, so he was called "Langdarma" (Lang means "ox"). Later he was assassinated by Buddhist monks.

朗生 西藏解放以前，生活在农奴制社会最底层的藏族阶层。朗生，藏语意为"家里养的"，是奴隶，占当时西藏总人口的5%。他们没有任何生产资料，没有丝毫人身权利，被农奴主视为"会说话的牲畜"。

ནང་བཟན། བོད་བཅིངས་འགྲོལ་མ་བྱས་པའི་སྔོན་ལ།

ཞིང་བྲན་ལམ་ལུགས་ཀྱི་སྟེ་ཚོགས་ནང་དུ་འཚོ་རོགས་
བཞིན་པའི་དམའ་རིམ་གྱལ་རིམ་ཞིག་ཉང་བཟན་ཞིས་
པའི་ནང་དོན་ཁྲི་ལ་ནས་གསོས་པ་ཡིན། དེ་ནི་བྲན་
གཡོག་ཡིན་པ་དང་སྐབས་དེའི་བོད་ཀྱི་མི་གྲངས་ཀྱི་༥%
ཟིན། ཁོ་ཚོར་ཐོན་སྐྱེད་རྒྱུ་ཆ་དང་མི་ལུས་ཐོབ་ཐང་ཅི་
ཡང་མེད་པས། ཞིང་བདག་གིས་ཁོ་ཚོར་སྐྲ་ཞེས་པའི་དུད་
འགྲོ་ཞིག་གི་ལྟ་ཚུལ་ཡོད།

Nangzan (also Nangzen, Nangzan, Nangsen) were those Tibetans who lived at the very bottom of the serf system. Nangzan means "household" in Tibetan and they were actually household slaves accounting for 5% of the Tibetan population, deprived of any means of production and personal rights, treated by serf owners as "talking livestock".

朗爷田 清代以来云南临沧地区布朗族村寨头人"朗爷"的俸禄田。

ལང་ཡེ་ཞིང་ས། ཆིང་རྒྱལ་རབས་ཀྱི་དུས་ནས་ཡུན་ནན་ལིན་ཚང་ཆོལ་ཁའི་པུའུ་ལང་རིགས་ཀྱི་སྡེ་དཔོན་གྱི་ཐོགས་ཐོབ་ལང་ཡེའི་ས་ཞིང་ཡིན།

Fields of Blang lord were the fields belonging to the village headman, Blang lord, of Lincang prefecture in Yunnan since the Qing Dynasty.

朗孜夏 藏语音译。原西藏地方政府的拉萨市政机关，主管拉萨市的行政、司法、警务等事宜。因其所在地为旧贵族朗孜瓦住宅而得名。

སྣང་རྩེ་ཤག བོད་པོ་གྱིས་གནས་སྐྱེད་གཞུང་གི་ལྷ་ས་གྲོང་ཁྱེར་གྱི་སྲིད་འཛིན་ལས་ཁུངས་ཤིག་ཡིན། གཙོ་བོར་ས་གྲོང་ཁྱེར་གྱི་སྲིད་འཛིན་དང་ཁྲིམས་འཛིན། ཞིབ་དཕོད་སོགས་ཀྱི་འགན་བཤགས། དེ་ནི་གནས་དེའི་སྔ་དུས་

ཀྱིང་པ་སྣང་རྩེ་པའི་འདུག་གནས་ཡིན་པས་མིང་དེ་ལྟར་ཐོགས།

Langzixia, transliterating from Tibetan words, the Lhasa municipal office of the former Tibetan local government, was so named because it was located at the residence of a noble, Snang-rtse-wa. It dealt with matters concerning administration, judiciary, and police affairs and so on.

劳役寨 解放前云南西双版纳傣族封建领主制下为领主提供非农业性专业劳役的奴隶村寨。

ལས་ཁལ་སྡེ་བ། བཅིངས་འགྲོལ་སྔོན་ལ་ཡུན་ནན་ཞི་ཧྲང་པན་ནའི་ཏའི་རིགས་ཀྱི་བགས་བཀོད་རྒྱུད་འཛིན་གྱི་དཔོན་ལུགས་འོག་ཏུ་དཔོན་པོར་གནང་བའི་ཞིང་ལས་མ་གཏོགས་བར་ཉ་ལག་གི་ལས་བྱེད་གཞིར་བའི་བྲན་གཡོག་སྡེ་བ་ཡིན།

Corvee Labor Village provided forced labors who were non-agricultural slaves but did other specific work to its feudal lord under the seigniorial system of the Dai people in Xishuangbanna, Yunnan before liberation.

老派 特指中国伊斯兰教派之一。明末清初产生门宦新教后，以保持伊斯兰教固有宗教制度、基本信仰和礼仪为特征的派别。自称"老派"，阿拉伯语为"格底木"。

རྙིང་ཕྱོགས། ཀྲུང་གོའི་ཁ་ཆེའི་ཆོས་ལུགས་ཀྱི་གྲུབ་མཐའ་ཞིག མིང་རྒྱལ་རབས་མཇུག་དང་ཆིང་རྒྱལ་རབས་མགོར་བྱུང་། རྒྱ་སྐད་དུ་ཡུན་དོན་ཞེས་པའི་དའི་ཞི་ལན་ཆོས་ལུགས་གསར་པ་བྱུང་རྗེས། ཆོས་ལུགས་ཀྱི་ལམ་ལུགས་རྙིང་པ་རྒྱུན་འཛིན་དང་། ཚ་བའི་དད་པ་

དང་མཆོད་བགུར་བྱེད་ཆོས་སུ་བཟུང་བའི་གྲུབ་མཐའ་ཞིག་སྟེ། ཨ་རབ་སྐད་དུ་གུ་དའི་མོ་ཟེར།

The earliest school of Islam in China referred in particular to one of the Chinese Islamic schools during the late Ming and the early Qing Dynasties that maintained the inherent religious institution, the basic belief and the religious ceremony. They called themselves "the old school", and "Qadim" in Arabic.

老少边穷地区 我国政治、经济生活中常用的概念。老，指革命老根据地；少，指少数民族地区；边，指边远地区；穷，指经济上还相当贫穷的地区。除革命老根据地外，少边穷地区大部分属于少数民族地区或与少数民族地区接壤的地区。

རྙིང་ཞིང་མཐའ་དབུལ་ཁུལ། རང་རྒྱལ་གྱི་ཆབ་སྲིད་དང་དཔལ་འབྱོར་འཚོ་བའི་བོད་དུ་རྒྱུན་སྤྱོད་ཀྱི་ཕ་སྣང་ཞིག རྙིང་གིས་གསར་བརྗེའི་གནས་གཞིའི་ཁུལ་རྙིང་དང་། ཞུང་གིས་གྲངས་ཉུང་མི་རིགས་ཀྱི་ཁུལ་མཐའ་མཐའ་ཁུལ། དབུལ་གྱིས་དཔལ་འབྱོར་ཐོག་ད་དུང་ཧ་ཅང་ཡུས་ས་ཁུལ་ཡིན་པ་བཅས་སྟོན། གསར་བརྗེའི་གནས་གཞིའི་ས་ཁུལ་ཕུད་པ་ཕུད་ཚར་གྲངས་ཉུང་མི་རིགས་ཀྱི་ས་ཁུལ་དང་གནས་ཉུང་མི་རིགས་དང་ཐག་ཉེ་བའི་ས་ཁུལ་ཡིན།

Former revolutionary base areas, areas inhabited by ethnic minorities, remote and border areas and poverty-stricken areas, a term usually used in the political and economic life in China. Besides the former revolutionary base areas, the major parts of areas inhabited by ethnic mineri- ties, remote and border areas and poverty-stricken areas are the regions inhabited by ethnic groups or areas adjacent to ethnic groups.

老少边穷地区开发贷款 扶持老少边穷地区生产性开发建设的低息贷款。1983年开始设置，原为少数民族地区专项低息贷款，1985年更现名。约有40%的贷款发放给少数民族地区。

རྙིང་ཞིང་མཐའ་དབུལ་ཁུལ་དུ་བསྐྱེད་དངུལ་འཇོག་པ། རྙིང་ཞིང་མཐའ་དབུལ་ས་ཁུལ་དུ་ཐོན་སྐྱེད་གྲུབ་ལྕེན་དང་བུན་དམར་མོའི་དངུལ་བསྐྱེད་རིགས་སྐོར་ཞིག་ཡིན། ༡༩༨༣ལོར་འགོ་ཚུགས་དང་ཐོག་གདགས་བྱུང་མི་རིགས་ས་ཁུལ་གྱི་དངུལ་བུན་དམར་མོའི་དངུལ་བསྐྱེད་ཆེད་ཚན་ཞིག་བཏགས། ༡༩༨༥ལོར་ད་ལྟའི་མིང་འདིར་བསྒྱུར། བརྒྱ་ཆ་༤༠% ཡི་བསྐྱེད་དངུལ་གྱི་ཕལ་ཆེར་གྲངས་ཉུང་མི་རིགས་ས་ཁུལ་ལ་གཏོང་བའོ།

Development Loan Project for Former revolutionary base areas, areas inhabited by ethnic minorities, remote and border areas and poverty-stricken areas were established in 1983 to give aid to the productive development and construction to those areas by providing low-interest loans. In 1985, it was renamed that from its primitive name "the special lowinterest loan project for regions inhabited by ethnic groups". About 40% loans have been issued to the ethnic minorities in those areas.

老舍（1899—1966） 中国现代小说家、戏剧家。本名舒庆春，字舍予。北京人。

满族。1918年毕业于北京师范学校。曾在小学、中学、大学从教。自新中国成立后，历任中国文联、中国作家协会副主席等职。代表作有《茶馆》等。是新中国第一位获"人民艺术家"称号的作家。"文化大革命"期间受迫害致死。

ལའོ་ཧྲི། (༡༨༩༩—༡༩༦༦) ཀྲུང་གོའི་དེང་རབས་ཀྱི་བརྩམས་སྒྲུང་མཁན་དང་ཟློས་གར་མཁན་ཞིག དངོས་མིང་ཧྲུའུ་ཆེན་ཁྲུན། ཡིག་མིང་ཧྲི་ཡུའུ། པེ་ཅིན་གྱི་མི་ཡིན། མན་ཇུ་རིགས། ༡༩༡༨ལོར་པེ་ཅིན་དགེ་ཐོན་སློབ་གྲྭ་ནས་མཐར་ཕྱིན། སློབ་ཆུང་དང་སློབ་འབྲིང་། སློབ་ཆེན་སོགས་ཀྱི་དགེ་རྒན་བྱས་པ་ཀྲུང་གསར་པ་དབུ་བརྙེས་རྗེས་ཀྲུང་གོའི་རིག་གནས་མཐུན་འབྲེལ་ཁང་དང་ཙོང་པ་པོའི་མཐུན་ཚོགས་སོགས་ཀྱི་གཞོན་པ་སོགས་ཀྱི་ལས་འགན་བཞེས། མཚོན་བྱེད་བརྩམས་ཆོས་ལ《ཇ་ཁང་》སོགས་ཡོད། ཀྲུང་གོ་གསར་པའི་ནང་དུ་དབངས《མི་དམངས་ཀྱི་སྒྱུ་རྩལ་མཁན་》གྲགས་མིང་ཐོག་རེག་གནས་གསར་བརྗེ་སྐབས་སུ་ཞེ་ས་གཡུག་ཐེབས་ནས་བསད།

Lao She (1899-1966), Chinese modern novelist and dramatist, originally called Shu Qingchun whose courtesyname was She Yu, a Manchu born in Beijing. He graduated form Beijing Normal University in 1918. He once taught at primary and secondary schools and universities. He successively served as the vice president of China Federation of Literary and Art Circles (CFLAC), China Writers Association (CWA), etc. His representative works include *The Teahouse* and so on. He was the first writer who was honored the title of "people's Artist" in New China but unfortunately was persecuted to death in the Cultural Revolution.

乐人院 西夏管理宫廷音乐的机构。

རོལ་དབྱངས་སློབ། མི་ཉག་གི་ཕོ་བྲང་དུ་དབང་གི་རོལ་མོའི་ལས་ཁུངས།

Yeh Jn Yan was an institution responsible for the court music in Western Xia (or Xi Xia).

《泐史》 云南西双版纳傣族编年史书。以傣历干支纪年。作者不详。西双版纳古称"勐泐"，该地的傣族自称"傣泐"，用傣泐文所写的勐泐地方史书简译为《泐史》。该书所记从1180年至1950年，3卷，共770事。为研究中国西南边疆地方史和傣族史的重要史料。

《ལིའི་ལོ་རྒྱུས》 ཡུན་ནན་ཞི་ཤྲང་པན་ནའི་ཐའེ་རིགས་ཀྱི་ལོ་རྒྱུས་དཔེ་ཆ་ཞིག ཐའེ་རིགས་ཀྱི་ལོ་རྒྱུས་གཙོ་བོར་བརྗོད་ཡོད། རྩོམ་པ་པོ་མི་གསལ། ཞི་ཤྲང་པན་ནར་སྔོན་ཆད་མིང་ལ"འབད"ཟེར། ས་དེའི་ཐའེ་རིགས་ཀྱིས་ཕོ་ཚོད་ཐའེ་ལི་ཟེར། ཐའེ་ལིའི་ཡི་གེས་བྲིས་པའི་མིང་ལིའི་ས་ཁུལ་གྱི་ལོ་རྒྱུས་དཔེ་ཆ་མདོར་བསྡུས་པར《ལིའི་ལོ་རྒྱུས》ཟེར། དེར ༡༡༨༠ལོ་ནས ༡༩༥༠ལོའི་བར་གྱི་ལོ་རྒྱུས་བྱུང་བ་དང་། བམ་པོ་གསུམ་པོ་དང་། དོན ༧༧༠ ཡོད། ཀྲུང་གོའི་ལྷོ་ནུབ་མཐའ་མཚམས་ཀྱི་ལོ་རྒྱུས་དང་ཐའེ་རིགས་ཀྱི་ལོ་རྒྱུས་ལ་ཞིབ་འཇུག་བྱེད་པའི་རྒྱུ་ཆ་ཆེན་ཞིག་ཡིན།

Le-shi (*History of the Le*) is a chronicle of the Dai ethnic group in Xishuangbanna, Yunnan, in which the years were designated by the Heavenly Stems and Earthly Branches of Dai people. The writer is unknow. "Meng Le" is the ancient name of Xishuangbanna, so the local Dai people call themselves "Dai Le", and *the history of the Le* is short for the history book of Meng Le written in Daile language. The history book recorded stories from 1180 to 1950, including 3 chapters and 770 events in total. It is of vital importance to the research of the history of the Dai ethnic group and the local history of the southwestern frontier in China.

雷必喜饶（？—？）　11世纪西藏高僧。出年于吐蕃贵族家族。曾前往现克什米尔地区学法，回藏后从事译经。译有《量释论颂》《法称自释》《释迦慧疏》等。1073年创桑浦寺，并聚徒讲授，其所译者史称"旧因明"。

ལེགས་པའི་ཤེས་རབ（？—？）　དུས་རབས་ ༡༡ པའི་བོད་ཀྱི་རབ་བྱུང་བ་ཞིག སྐུ་དུག་གི་ཁྱིམ་ལས་འཁྲུངས། ཁ་ཆེ་ཡུལ་དུ་ཆོས་ལ་བསླབ་གཉེར་མཛད། བོད་དུ་ཕྱིར་ཕེབས་ནས་ཆོས་གསུང་བསྒྱུར་བའི་ལས་ལ་འབད། བསྒྱུར་ཡིག་ལ་སློབ་དཔོན་ཆོས་ཀྱི་གྲགས་པའི《ཚད་མ་རྣམ་འགྲེལ》དང《ཚོས་གསུངས་ཀྱི་རྣམ་འགྲེལ་རང་འགྲེལ》།《ཤཱཀྱ་བློའི་འགྲེལ་བ》སོགས་ཡོད། ༡༠༧༣ལོར་གསང་ཕུ་གནས་ཕུ་དགོན་པ་བཏབས་ནས་ཚོད་མའི་འཆད་ཉན་མཛད། བོད་གིས་བསྒྱུར་བའི་ཚད་མ་དང་ཚད་མའི་འཆད་ཉན་དེ་ཁོ་ལ་བོད་ཀྱི་ལོ་རྒྱུས་སུ་ཚད་མ་རྙིང་པ་ཟེར།

Legs pa'i shes rab (?-?) is an eminent monk in Tibet in the 11th century. He was born in a noble family in the Tubo Period. He once travelled to Kashmir to learn the Buddha dharma and devoted himself to the translation of Buddhist scriptures when he returened to Tibet. He is the translator of *Commentary on Valid Cognition*, *Commentary on the first chapter of Pramā avārttika by Dharmakīrti*, *Commentary on the Pramā avarttika by ākyamati* etc. He founded the Sang-pu (gsang phu ne'u thog) temple in 1073 and gathered followers and gave them instructions. What he had translated was called the old Hetuvidya, namely the old Yinming Thought, in history.

黎语　黎族人使用的语言。属汉藏语系壮侗语族黎语支。主要分布在海南省黎族地区。分侾、杞、本地、美孚、加茂5种方言。

ལི་སྐད　ལི་རིགས་ཀྱིས་སྤྱོད་པའི་སྐད་ཆ། དེའི་རྒྱ་བོད་སྐད་རྒྱུད་ཀྱི་ཁྱོངས་སུ་གཏོགས། ཁྲབ་ཁྱོལ་གཙོ་བོ་ནི་ཧའེ་ནན་ཞིང་ཆེན་གྱི་ལི་རིགས་ས་ཁུལ་ཡིན། དེ་ལ་ཞོར་དང་ཅེ། རང་བོངས། མེ་ཧྥུ། ཅ་མའོ་བཅས་ཡུལ་སྐད་ ༥ དུ་དབྱེ།

Li language is uesd by the Li ethnic group. It belongs to the Li branch, Zhuang-Dong language group, the Sino-Tibetan language family. It is widely used in the regions of Li people in Hainan province. Li Language is composed of five dialects, namely, xiao, qi, bendi, meifu and jiamao.

黎语支　汉藏语系壮侗语族的语支之一。主要有黎语。此外，海南岛西海岸昌化江出海处沿江两岸居民使用的"村话"也列入黎语支。多分布在海南岛中部和西部。

ལི་སྐད་ཀྱི་ཡན་ལག　རྒྱ་བོད་སྐད་རྒྱུད་དང་གྲོང་གྱུར་སྐད་རིགས་ཀྱི་སྐད་ཆའི་ཡན་ལག་ཅིག་ཡིན། གཙོ་བོར་

ཡི་སྐད་ཡོད། གཞན་ཏུའི་ནན་སྐྱིང་ཕྲན་གྱི་མཚོ་ཉུབ་
འགྲམ་གྱི་ཁྲད་དུ་གཙང་པོ་དང་དེའི་ཆུ་བོའི་ཀྲུང་གི་ཁོགས་གཉིས་
ཀྱི་མང་ཆོགས་ཀྱིས་སྐྱོད་པའི་སྟེ་བའི་སྐད་དགས། ཡང་ན་
ཡི་སྐད་ཡན་ལག་གི་ཁོངས་སུ་གཏོགས། མང་ཆེ་བའི་
ནན་སྐྱིང་ཕྲན་གྱི་དབུས་ཁུལ་དང་ནུབ་ཁུལ་དུ་ཁྱབ་ཡོད།

Li language branch belongs to the Zhuang-Dong language group, the Sino-Tibetan language family and is mainly composed of the Li language. Dialects called "Cun", spoken by the residents living near the estuary of the Changhua river lying in the west coast of the Hainan Island, also belongs to the Li language branch. It is mainly used in the middle and west parts of the Hainan Island.

黎族 中国的少数民族。主要分布在海南省中南部。人口 1463064 人（2010 年）。以农业为主，妇女精于纺织，"黎锦"闻名于世。说黎语，使用汉文，1957 年曾创制拉丁字母形式的黎文方案。主要行祖先崇拜与自然崇拜。

ལི་རིགས། ཀྲུང་གོའི་གྲངས་ཉུང་མི་རིགས་ཤིག མང་ཆེ་བ་ཧའེ་ནན་ཞིང་ཆེན་གྱི་དབུས་ལྷོ་མཚམས་སུ་གནས། མི་གྲངས་ ༡༤༦༣༠༦༤ (༢༠༡༠ལོ) ཡོད། ཞིང་ལས་གཙོ་བོར་གཞིར་བ་དང་བུད་མེད་དར་གོས་འཐག་པར་མཁས། ལི་རིགས་ཟ་འོག་འཛམ་གླིང་ན་མིང་ཆེ་ཡི་སྐད་བཤད་པ་དང་རྒྱ་ཡིག་བེད་སྤྱོད་བཞིན་ཡོད། ༡༩༥༧ལོར་ལ་ཏིང་ཡི་གེ་ལ་དཔེ་བསྒྱུར་ནས་ལི་ཡིག་གསར་བཟོ་བྱས། མེས་པོར་བཀུར་བ་དང་རང་བྱུང་བཀུར་བ་བཅས་གཙོ་འཛིན།

Li people is one of the minorities in China, and has a population of 1,463,064 (2010). The Lis mainly live in the middle and south parts of the Hainan province, and rely on agriculture. Women of Li people are skillful in spinning, and thus Li Brocade gains a worldwide reputation. The Li language is the spoken language and the Chinese is the written language. The scheme of Li language in the form of Latin alphabet was created in 1957. The Lis uphold and pass down the the worshipping of ancestors and the nature.

黎族合亩制 新中国成立前海南岛部分黎族地区特有的一种生产和社会组织。从生产关系和生产力的关系来看，合亩制属于原始社会末期的一种生产方式。合亩，黎语称为"纹茂"，意为"大伙在一起做工"，是进行农业生产的基本单位。

ལི་རིགས་ཀྱི་མཉམ་འབྲེལ་ཡུགས། དེའི་གྱུར་གོ་གསར་པའི་སྟོན་གྱི་ཧའེ་ནན་སྐྱིང་ཕྲན་གྱི་ཁུལ་ཁོ་བོར་ཁབ་པའི་དམིགས་བསལ་གྱི་ཐོན་སྐྱེད་དང་སྤྱི་ཚོགས་སྒྲིག་འཛུགས་ཤིག་ཡིན། ཐོན་སྐྱེད་འབྲེལ་བ་དང་ཐོན་སྐྱེད་ནུས་ཤུགས་ཀྱི་འབྲེལ་བ་ལ་བལྟས་ན། མཉམ་འབགས་ལུགས་ནི་གདོད་མའི་སྤྱི་ཚོགས་དུས་མཇུག་གི་ཐོན་སྐྱེད་ཐབས་ལམ་ལ་གཏོགས། མཉམ་འབགས། སྐད་དུ་ཕྱིན་མའི་ཟེར་བ་དང་། ནང་དོན་སྐྱེས་བ་ཚང་མ་མཉམ་དུ་འདུས་ནས་ལས་ཀ་བྱེད་པ་ལ་ཟེར། དེ་ནི་ཞིང་ལས་ཐོན་སྐྱེད་ཀྱི་རྩ་བའི་སྟེ་ཚན་ཞིག་ཡིན།

The "Hemu Institution" of the Li people is a system of production and social organization used in parts of the Li area in the Hainan Island before the founding of new China. From the perspective of the connection between production relations and productivity, the "Hemu Institution" is a mode of production in the late primitive society. Hemu, also called "Wen Mao" in Li language, which means that a group of people work together, is a basic unit of agricultural production.

礼功 也称"拜功",阿拉伯语音译为"撒拉特",波斯语称"乃玛孜"。伊斯兰教五项基本功课之一。

གུས་མཆོད། མིད་གཞན་ལ་མཆོད་བཀུར་ཡང་ཞེར། ཨ་རབ་སྐད་དུ་ས་ལ་ཐི་དང་། པར་སིག་སྐད་དུ་ནེ་མ་ཟེར། དཔྱི་སི་ལན་ཆོས་ལུགས་ཀྱི་སྟོང་གཞི་ལྔའི་ནང་གི་གཅིག་ཡིན།

Ritual Prayer Five Times a Day, is also called "Prayer". Accroding to the pronunciation of Arabic, it is transliterated into "Salat". It is also called "namaz" in Persian. It is one of the Five Pillars of Islam.

李四光(1889—1971) 中国地质学家。蒙古族。湖北黄冈人。早年加入同盟会,参加辛亥革命。先后留学日本、英国。1950年回国后,历任中国科学院副院长、中科院古生物研究所所长、地质部部长等职。是中国地质力学的创立者。著作有《中国地质学》《地震地质》等。

ལི་སི་ཀོང་། (༡༨༨༩—༡༩༧༡) སོག་རིགས། ཧུའུ་པེ་ཧོང་གང་གི་མི་ཡིན། གུང་གོའི་ས་གཞིས་ཆེད་མཁས་པ་ཞིག སྟོན་མཉམ་མཐུན་ཚོགས་པ་དང་ལྷགས། ཐག་ལོའི་གསར་བརྗེར་ཞུགས་མྱོང་། སྔ་རྗེས་སུ་ཉི་པན་དང་དབྱིན་ཇིར་སློབ་གཉེར་དུ་ཕྱིན། ༡༩༥༠ལོར་ཕྱིར་ཡང་རྒྱལ་ཕྱོགས་ཏེ། གུང་གོའི་ཚན་རིག་ཁང་གི་ཡོན་གུང་གཞོན་པ་དང་། གུང་གོའི་ཚན་རིག་ཁང་གི་

རབས་སྔ་དྲོས་ཞིབ་འཇུག་ཁང་གི་འགོ་གཙོ། དེ་མིན་ས་གཞིས་པའི་ཡི་པུའི་གུང་སོགས་ཀྱི་འགན་བསྡུར་མར་བཞེས་མྱོང་། ཁོང་ནི་གུང་གོའི་ས་གཞིས་འཕོ་ཤུགས་རིག་པའི་གསར་འཛུགས་མཁན་ཡིན་ལ། བརྩམས་ཆོས་ས་《གུང་གོའི་ས་གཞིས་རིག་པ》དང་《ས་ཡོམ་ས་གཞིས》སོགས་ཡོད།

Li Siguang (1889-1971) is a Chinese geologist, and a member of Mongol ethnic group, born in Huanggang, Hubei. He joined in the United League of China in his early years and took part in the Revolution of 1911. He furthered his studies in Japan and then in England. When he returned motherland in 1950, he successively served as the Vice-president of the Chinese Academy of Sciences, the director of the institute of Palaeontology of CAS, the minister of National Geological Ministry. He is the founder of geomechanics. He is the author of *The Geology of China* and *Seismology and Geology*, etc.

李元昊(1003—1048) 西夏开国皇帝。党项族人。北魏鲜卑族拓跋氏之后,李姓为唐所赐。1038年自立为帝,脱离宋朝。建国后订定官制、军制、法律及创制西夏文字。于"三川口"等战中击败北宋,又于第一次"贺兰山之战"大胜辽国,奠定西夏基业。晚年沉湎酒色,好大喜功,被其子所弒。

ལི་ཡོན་ཧའོ། (༡༠༠༣—༡༠༤༨) ཨི་ཞག་རྒྱལ་ཁབ་གསར་དུ་འཛུགས་མཁན་གྱི་གོང་མ་ཡིན། ཐང་རིགས། ཧྥེ་ཆུང་བའི་ཞན་པའི་རིགས་ཀྱི་ཐུའུ་པ་དྲུང་ཚོའི་རྒྱུད་པ་ཡིན་མོད། གཟུན་དུ་ཐང་རྒྱལ་རབས་ཀྱིས་ལི

ཞེས་དུས་མེད་བསྒྲུབ། 1038ལོར་སུང་རྒྱལ་རབས་
དང་ཁ་གྱེས་ཏེ་རང་ཉིད་གོང་མར་བཞུགས། རྒྱལ་ཁབ་
དབུ་བརྙེས་རྗེས་དཔོན་གནས་ལམ་ལུགས་དང་དམག་གི་
སྒྲིག་སྲོལ་ཁྲིམས་ལུགས་སོགས་གསར་དུ་བཙུགས་པ་མ་
ཟད། མི་ཉག་ཡི་གེ་ཡང་གསར་བཟོ་མཛད། འགག་
གསུམ་སྟེ་གཟར་ཞེས་པའི་འཁྲོད་ནས་སུང་རྒྱལ་རབས་བྱང་
མ་ཕམ་པར་བཅུག་ལ། ཧེ་ལན་དང་པོའི་རི་བོ་རྩེ་ལ་
ཧྲུན་གྱི་སྟེ་གཟར་འཁྲོད་ནས་ལེའོ་རྒྱལ་ཁབ་ལམ་རྣམ་པར་
རྒྱལ་ཏེ། མི་ཉག་རྒྱལ་ཁབ་ཀྱི་འཛིན་སྐྱོང་ལ་རྩང་གཞི་
བཏིང་། ཚེ་སྨད་དུ་ཆང་དང་ཆགས་སྲེད་ལ་རོལ་ནས་
བསྱད་ཅིང་། མཐར་རང་གི་སྲས་ཀྱིས་གསོངས།

Li Yuanhao (1003-1048), born in 1003, the founding emperor of the Western Xia Dynasty, was a member of the Dangxiang people, an heir of the Toba Family of the Xianbei group in the Northern Wei Dynasty, and got his family name, Li, from the emperor of the Tang Dynasty. (according to the tradition of ancient China, the ruling emperor would bestow his family name on people who were highly respected or made great contribution to the country). In the year of 1038, he proclaimed himeslf emperor, and broke away from the Song Dynasty. After the foundation of the (Western Xia) state, Li Yuanhao established the official system, military system and laws system, and also coined the Western Xia characters. In campaigns of San chuankou and so on, Li Yuanhao defeated the Northern Song Dynasty, and overwhelmed the Liao Dynasty in the first battle of the Helan mountain, through which he established the base of the Western Xia Dynasty. In his later years in life, he was indulged in wine and women, and became overambitious and was killed by his son.

里甲制 明代在甘肃河州（今临夏地区）回、撒拉、东乡等族穆斯林聚居区设置的基层政权组织。里设里长、书手，甲设甲首，均由地方豪绅充任，世代相袭，把持地方。清初沿袭此制。1705年清廷在整顿地方行政机构时，改里甲制为会社制。

ལི་ཅ་ཀྱིའི་ལམ་ལུགས། མིང་རྒྱལ་རབས་ཀྱི་དུས་སུ་ཀན་སུའི་ཧོ་གྲོའུ་(དེང་གི་ག་ཆུའི་ས་ཁུལ་)ཡི་ཧུའི་རིགས་དང་ལར་རིགས། ཏུང་ཞང་རིགས་སོགས་ཁ་ཆེ་ཡི་ལིན་གྱི་འདུས་སྡོང་ས་ཁུལ་དུ་བཙུགས་པའི་གཞི་རིམ་གྱི་སྲིད་འཛིན་རྩ་འཛུགས་ཤིག་ཡིན། ལི་ལ་དཔོན་དང་ཡིག་མཁན། ཅ་ལ་ཅ་དཔོན་སོགས་བསྐོས་ཡོད། དཔོན་གནས་དེ་དག་ཕལ་ཆེར་ས་གནས་སྐུ་དྲག་གིས་བཟུང་ཡོད་པ་དང་། ཁྱུལ་དུ་ཡིས་བཟུང་སྟེ་ས་ཁུལ་ཏུ་མ་བཟུང་བྱས། ལམ་ལུགས་འདི་ཆིང་རྒྱལ་རབས་ཀྱི་དུས་འགོའི་བར་དུ་རྒྱུན་བསྐྱངས། 1705ལོར་ཆིང་སྲིད་གཞུང་གིས་ས་གནས་ཀྱི་སྲིད་འཛིན་སྒྲིག་གཞི་ལེགས་སྒྲིག་གནང་སྐབས། ལི་ཅ་ཀྱིའི་ལམ་ལུགས་དེ་ཧུའི་ཧྲིའི་ལམ་ལུགས་སུ་བསྒྱུར།

The Administrative Community (Li-jia) System is a system of organization of political power at the grass-roots level which was established in the communities of the Hui, Sala and Dongxiang ethnic groups who are Muslim, in Hezhou Gansu (now is the Ningxia Hui Autonomous regiion) by the government of the Ming Dynasty. There was one Li-master and one

Shu-shou in every 110 households and one Jia-master in every ten households. The local despotic gentry were usually appointed as Li-masters, Shu-shous and Jia-masters and their titles were hereditary. And tens Jia-master under the leadership of one Li-master must shoulder the responsibility to administer local affairs. In early Qing Dynasty, the Li-Jia Institution was remained and it was changed into the Hui-She Institution in the year of 1705 when the Qing government rectified the local administrative organs.

俚 中国南方古代民族。亦称"里人"。东汉至隋唐屡见于史籍，常与"僚"并称。主要分布在今广西壮族自治区东南部、广东省西南部和北部，以及湖南省零陵、武夷地区。

ལི། གུང་གོའི་ལྷོ་ཕྱོགས་ཀྱི་གནའ་རབས་ཀྱི་མི་རིགས་ཤིག་ཡིན། གཞན་ལི་མི་ཡང་ཟེར། དུན་ཧན་ནས་སུའི་ཐང་རྒྱལ་རབས་བར་གྱི་ལོ་རྒྱུས་ཡིག་ཚོགས་སུ། ཀྱུན་དུ་ལིའོ་དང་མཉམ་ཅིག་ཏུ་འགོད་བཞིན་ཡོད། གཙོ་བོ་དེང་གི་ཀོང་ཞི་ཀྲོང་རིགས་རང་སྐྱོང་ལྗོངས་ཀྱི་ཤར་ལྷོ་དང་ཀོང་ཏུང་ཞིང་ཆེན་གྱི་ལྷོ་ནུབ་དང་བྱང་རྒྱུད། ཧུའུ་ནན་ཞིང་ཆེན་གྱི་ལིང་ལིང་དང་ཝུའུ་དབྱིས་སོགས་ཀྱི་ས་ཁུལ་དུ་ཁྱབ་ཡོད།

Li was an ancient ethnic group in southern China, also called as Li people. Frequently it was recorded in historical literature from the Eastern Han to the Sui and Tang Dynasties. It was often mentioned together with Liao. They mainly lived in present southeast Guangxi Zhuang Autonomous Region, southwest and north of Guangdong Province as well as Lingling and Wuyi of Hunan Province.

理藩院 清代官署名。崇德元年（1636）设蒙古衙门。三年改称理藩院，属礼部。是清朝处理蒙古、回部（见"回疆"词条）及西藏等少数民族事务的最高权力机构，也负责处理对俄罗斯的外交事务。光绪三十二年（1906）改理藩部。辛亥革命后废。

མཐའ་སྐྱོང་ཁང་། ཆིང་རྒྱལ་རབས་སྐབས་ཀྱི་ལས་ཁུངས་ཞིག་གི་མིང་ཡིན། ཚུང་ཏེའི་ཆེན་གྲུབ་གཅིག་ལོར (1636) སོག་པོའི་དོན་གཅོད་ཁང་བཙུགས་པ་དང་། གསུམ་གྱི་ལོར་མཐའ་སྐྱོང་ཁང་དུ་བསྒྱུར་ཏེ། རི་ཅིན་པྲིན་གསུང་གི་ཁྱབ་འཛིན་གྱི་དབང་ཆ་སྟེ་དྲུ། ལས་ལུགས་སྟེ། ཁོངས་སུ་བསྡུས་ཡོད་ལ། སོག་པོ་དང་ཧུའི་སོགས་གྲངས་ཉུང་མི་རིགས་ཀྱི་ལས་དོན་ཐག་གཅོད་བྱེད་པའི་ཆེས་མཐོའི་སྲིད་འཛིན་ལས་ཁུངས་ཡིན། དེས་དུར་ཨུ་རུ་སུ་དང་རྒྱལ་མཚམས་ཀྱི་ཕྱི་འབྲེལ་ལས་དོན་ཀྱང་ཐག་གཅོད་བྱེད་བཞིན་ཡོད། ཀོང་ཞིའི་ལོ་གཞིས་པར (1906) སོག་པོའི་དོན་གཅོད་ཡ་མཚོའི་ཕའུ་རུ་བསྒྱུར། ཤོགས་ཐོག་ལོའི་གསར་བརྗེའི་རྗེས་སུ་ཕོང་མའི་སྲིད་གཞུང་འཇིག་པ་དང་མཉམ་དུ་མེད་པར་བཏང་།

Lifan Yuan (Court of Territorial Affairs) was government office name in the Qing Dynasty. In the first year during the reign of Emperor Huang Taiji (1636), the Mongol Yamen (office) was set up. In 1639, its name was changed into Lifan Yuan and was under the control of the Ministry of Rites. It was the supreme organ of authority set by the Qing governor to rule minority groups in Inner Mongolia, south of Tianshan Mountain areas in Xinjiang and Tibet. It also dealt with foreign affairs with Russia. In the 32nd year during the reign of Emperor Guangxu (1906), it was changed into a ministry as Lifanbu and was abolished after the Revolution of 1911.

《理藩院则例》 法律条文。初以后金天聪元年（1627）至康熙三十五年（1696）处理蒙古事务发布的152条法令汇编而成。后经两次汇编成526条。对蒙古族及西北地区少数民族的政治、经济、军事、宗教、司法等方面有详细的规定。

《མཐའ་སྐྱོང་ཁང་གི་རྩ་དོན་》 ཁྲིམས་ཡིག་དོན་ཚན་ཞིག་གི་མིང་ཡིན། དེའི་ཆེན་ཕྱི་མའི་ཐེན་ཚུང་ཁྲི་ལོ་དང་པོ་ (1627) ནས་ཁང་ཞིའི་ཁྲི་ལོ་སོ་གཉིས་པའི་ (1696) བར་དུ་སོག་པོའི་ལས་དོན་ཐག་གཅོད་ཐད་ལ་བསྒྲགས་པའི་ཁྲིམས་ལུགས་དོན་ཚན་ 152 བསྡུས་ནས་བསྒྲིགས་པ་ཡིན། ཕྱིས་སུ་སླར་ཡང་ཐེངས་གཉིས་ལ་བསྡུ་བསྒྲིགས་བྱས་མཐར་ཆོན་ཁྲིམས་ལུགས་དོན་ཚན་ 526ལ་འཕར། དེའི་ནང་དུ་སྲིད་གཞུང་གིས་སོག་པོ་དང་བཅས་པའི་ནུབ་བྱང་ས་ཁུལ་གྱི་གྲངས་ཉུང་མི་རིགས་ཀྱི་ཆབ་སྲིད་དང་དཔལ་འབྱོར། དམག་དོན། ཆོས་ལུགས་ཁྲིམས། འཛིན་སོགས་ཀྱི་ཐད་ལ་ཞིབ་ཕྲ་བཏོན་ཡོད།

Lifanyuan zeli (Precedents of Court of Territorial Affairs) was a legal provision. Initially compiled by collecting 152 decrees carried out to address Mongolian affairs from the first year of the reign of Emperor Huang Taiji (1627) in the Qing Dyansty to the 35th year of the reign of Emperor Kangxi (1696). The number of the articles reached 526 after two collections. The stipulations on politics, economy, military affairs, religion and judicature in Mongolia and other ethnic groups in northwest China were recorded in detail.

吏读 又名"吏札""吏吐""吏道"等。朝鲜文创制前借用汉字的音和义标记朝鲜语的一种特殊的文字形式。相传为新罗神文王时期的薛聪归纳整理，使这种文字形式更加系统和定型。三国时代开始实际使用，直至19世纪末。

མི་ཉུའི་ཡི་གེ མིང་གཞན་ལ་ཡི་ཀུ་དང་ཡི་ཐུའུ། ཧུའི་སོགས་ཡོད། ཁོའོ་ཞེན་ཡི་གེ་གསར་དུ་མ་བཟོས་གོང་རྒྱལ་ཁབ་ཀྱི་གདངས་དང་དོན་གཉེར་ཏེ་ཁོའོ་ཞེན་གྱི་སྐད་མཚོན་པའི་དམིགས་བསལ་གྱི་ཡི་གེའི་རྣམ་པ་ཞིག་ཡིན། བཤད་རྒྱུན་ལ་ཞིན་ལོའི་ཐེན་ཝུན་རྒྱལ་པོའི་དུ་སྐབས་སུ་ཤུད་ཚང་བསྡུས་སྒྲིག་ལེགས་བཅོས་མཛད་པས། ཡི་གེའི་རྣམ་པ་དེར་ལས་ཀྱང་གཏན་འཁེལ་ཅན་དང་བཅུད་རིམ་ལྡན་པར་གྱུར་ཞིང་། རྒྱལ་ཁབ་གསུམ་གྱི་དུས་སྐབས་ནས་དུས་དངོས་བཅུ་དགུ་པའི་དུས་མཇུག་བར་དུ་དངོས་སུ་བཀོལ་སྤྱོད་བྱས་ཟེར།

Li Du (official's reading) was also called Li Zha, Li Tu and Li Dao. It was a special kind of script form to mark Korean language by employing the pronunciation and meaning of Chinese characters before the creation of Korean script. Tradition has it that it was summed up and reorganized by Xuecong in Silla during the reign of King Sinmun to be more systematic and fixed. It was adopted in The Three Kingdoms period until the end of

19th century.

傈僳文 傈僳族先后分别使用过3种文字。1. 20 世纪初，西方传教士创制的拼音文字。2. 20 世纪 20 年代云南省维西县农民汪忍波创制的音节文字。3. 新中国成立后创制的拉丁字母形式的新文字。

ལི་སུའི་ཡི་གེ། ལི་སུའི་རིགས་ཀྱིས་རྩ་གཟུགས་ཏུ་ཡིག་རིགས་མི་འདྲ་གསུམ་བཀོལ་སྤྱོད་བྱས་སྤྱོང་། ༡ དུས་རབས་༢༠ པའི་དུས་འགོར་ནུབ་ཕྱོགས་ཆོས་སྦྱེལ་པ་མགར་དུ་བཟོས་པའི་སྒྲ་སྦྱོར་ཡི་གེ། ༢ དུས་རབས་༢༠བའི་ལོ་རབས་༢༠པར་ཡུན་ནན་ཞིང་ཆེན་འདའ་ལུང་རྫོང་གི་ཞིང་པ་ཝང་རན་པོ་ལགས་ཀྱིས་གསར་དུ་བཟོས་པའི་ཚེགས་བར་ཅན་གྱི་ཡི་གེ། ༣ ཀྱུང་གོ་གསར་པ་དབུ་བརྙེས་རྗེས་གསར་དུ་བཟོས་པའི་ལ་ཏིའི་ཡི་གེ་རྣམ་པ་ཅན་གྱི་ཡི་གེ་གསར་པ་བཅས་ཡིན་ནོ། །

Lisu script Three kinds of scripts have been successively adopted by Lisu ethnic group. 1. the alphabetic writing created by western missionaries in the beginning of 20th century. 2. the syllabic script created by the farmer Wang Renbo in Weixi County of Yunnan Province in 1920s. 3. the new script in form of Latin letter created after the establishment of the People's Republic of China.

傈僳语 傈僳族使用的语言。谱系分类上属于汉藏语系藏缅语族彝语支。分布于中国云南。在缅甸、泰北、越南也有分布。

ལི་སུའི་སྐད། ལི་སུའི་རིགས་ཀྱིས་སྤྱོད་པའི་སྐད་ཆ། དེ་ནི་བོད་རྒྱའི་སྐད་ཁོངས་ཀྱི་འབྲུག་སྦྱོངས་སྐད་རིགས། དབྱི་སྐད་ཀྱི་སྐད་ལག་ཅིག་ཡིན། སྐད་དེ་བཀོལ་སྤྱོད་བྱེད་ཡུལ་ནི་ཀྱུང་གོའི་ཡུན་ནན་བཅས་ཡིན་ཞིང་། འབྲུག་སྦྱོངས་དང་འབྲུག་ཡུལ་གྱི་བྱང་ཕྱོགས། ཝི་ཏི་ནམ་སོགས་ཀྱིས་ཁུལ་དུ་ཁྱབ་ཡོད།

Lisu language is the language used by Lisu ethnic group. It belongs to Yi language of Tibeto-Burman language group of Sino-Tibetan language family. Mainly it is used in Yunnan Province of China. It's also used in Myanmar, northern Thailand and Vietnam.

傈僳族 中国的少数民族。主要分布在云南怒江傈僳族自治州和德宏傣族景颇族自治州及丽江、迪庆、大理、楚雄等地。人口 702839 人（2010 年）。主要从事农业生产。说傈僳语，使用过多种创制文字。旧时多信万物有灵和祖先崇拜。

ལི་སུའི་རིགས། ཀྱུང་གོའི་གྲངས་ཉུང་མི་རིགས་ཤིག གཙོ་བོ་ཡུན་ནན་ནུའུ་ཅང་ལི་སུའི་རིགས་རང་སྐྱོང་ཁུལ་དང་ཏེ་རིགས་ཆིན་པོ་རིགས་རང་སྐྱོང་ཁུལ། ལིས་ཅང་དང་བདེ་ཆེན། ཏ་ལི། ཕུ་ཤུང་སོགས་ཀྱིས་ཁུལ་དུ་ཁྱབ་ཡོད། མི་གྲངས་༧༠༢༨༣༩ (༢༠༡༠ལོ) ཡོད། མི་རིགས་འདིའི་གཙོ་བོ་ཞིང་ལས་གཉེར་ཞིང་། རྒྱུས་སུ་ཡིག་རིགས་འདྲ་མི་འདྲ་བ་གསུམ་བཀོལ་སྤྱོད། སྔོན། སྐྱེ་ཆོས་རྙིང་པར་དཔལ་མོ་ཆེན་མེད་པོ་དང་དོངས་ཡོད་དོ་ཆོས་ལ་རྣམ་ཤེས་ཡོད་པར་སྒྲུབ་པ་དང་མེས་བྱེད་པའོ། །

Lisu people is one of the Chinese ethnic minorities. They mainly live in Nujiang Lisu Autonomous Prefecture and Dehong Dai and Jingpo Autonomous Prefecture in Yunnan Province as well as Lijiang, Diqing, Dali and Chuxiong, with a population of 702, 839 (2010). Lisu people mainly work on agricultural production, speak Lisu language and used many kinds of created scripts. Most of them believed in animism and worshiped ancestors in the old time.

凉山彝族等级内婚制 解放前大、小凉山地区彝族奴隶制度下的一种婚姻制度。诺伙贵族等级为保持自己的特权地位和所谓的血统"纯洁""高贵"，在婚姻方面实行各等级之内通婚，禁止与他民族、他等级通婚。

རི་བོ་ལྡིངས་ཅན་གྱི་དབྲིས་རིགས་ཀྱི་རིགས་ནུས་གཅིན་སྐྱིག་ལས་ལུགས། བཅིངས་འགྲོལ་ཡར་སྔོན་དུ་རི་བོ་ལྡིངས་ཅན་ཆེ་ཆུང་ལས་ཀྱི་དབྲིས་རིགས་ཞིང་ཐན་ལས་ལུགས་འོག་གི་གཉེན་སྐྱིག་ལས་ལུགས་ཀྱི་རིགས་ཞིག་ཡིན། ནུ་ཧུ་སྐུ་དྲག་རིམ་པས་རང་ཉིད་དམིགས་བསལ་གྱི་གོ་གནས་དང་ཁྲག་རྒྱུད་གཙང་མ་རྒྱན་སྐྱོང་བའི་ཆེད་དུ། གཉེན་སྐྱིག་ཕྱོགས་སུ་རིམ་པ་སོ་སོའི་རིགས་རུས་ནང་ལུ་གཉེན་སྐྱིག་པ་ལས། མི་རིགས་གཞན་དང་རིགས་རུས་གཞན་བར་གཉེན་སྐྱིག་བྱེད་པ་འགོག་པའི་ལམ་ལུགས་ཞིག་ཡིན།

Hierarchal Endogamy of Liangshan Yi people The marriage system derived from Yi slavery system in the Greater and Lesser Liangshan Mountains before liberation of China. To maintain their privileged position and so called "purity" and "dignity" of the bloodline, Nuohuo, Yi nobility, implemented intermarriage system within the same rank and prohibited marriage between people in different ranks and ethnic groups.

凉山彝族家支制度 中国四川省大、小凉山及云南省宁蒗小凉山地区彝族历史上以父系血缘为纽带建立的家族制度。以采取父子连名的办法来保持血缘关系的巩固和延伸，若干代以后形成一条家支链，凡是本家支成员都可以从这链条上找出自己的名字。

རི་བོ་ལྡིངས་ཅན་དབྲིས་རིགས་ཀྱི་ཁྱིམ་ཡལ་ལམ་ལུགས། ཀྲུང་གོ་ཟི་ཁྲོན་གྱི་རི་བོ་ལྡིངས་ཅན་ཆེ་ཆུང་དང་ཡུན་ནན་གྱི་རི་བོ་ལྡིངས་ཅན་ཆུང་བའི་ས་ཁུལ་གྱི་དབྲིས་རིགས་ཀྱིས་ལོ་རྒྱུས་ཐོག་གི་ཕ་རྒྱུད་ཁྲག་གཞིར་བཟུང་ནས་བཙུགས་པའི་ཁྱིམ་རྒྱུད་ལམ་ལུགས་ཤིག་ཡིན། ཕ་བུའི་མིང་འབྲེལ་བའི་ཐབས་སྤྱད་ནས་ཁྲག་རྒྱུད་འབྲེལ་བ་རྟེན་བརྟན་དུ་གཏོང་བ་དང༌། དུས་རབས་ཁ་ཤས་འགོར་རྗེས་ཁྱིམ་ཡལ་གྱི་འབྲེལ་སྐུད་ཟིག་གྲུབ། ཁྱིམ་ཡལ་དེའི་ནང་ཁུལ་གྱི་ཁོངས་མི་ཡོངས་ཀྱིས་འབྲེལ་སྐུད་དེའི་སྟེང་ནས་རང་གི་མིང་ཤེས་ཐུབ།

Clan System of Yi people in Liangshan refers to family system built by the bond of patrilineal blood relationship in Yi's history in the areas of the Greater and Lesser Liangshan Mountains of Sichuan province and Lesser Liangshan Mountains in Ninglang County of Yunnan province, China. It consolidates and extends blood relationship by means of patrilineal naming. After several generations, it forms a clan chain. Every member of this clan can find their name from the chain.

梁聚五（1892—1977） 苗族。贵州雷山县人。参加过"北伐"和"八一"南昌起义，后离开军队潜心研究文史书籍。曾任贵州省参议会参议员、《贵州民意》杂志社社长。解放后，历任西南军政委员会委员、四川民族事务委员会委员等职。著有《苗夷民族发展史》等。

ལྱང་ཅུ་ཝུའུ། (༡༨༩༢—༡༩༧༧) མེའོ་རིགས། གུའི་གྲོའུ་ལེ་ཧུན་རྫོང་གི་མི་ཡིན། འདུལ་དམག་འཁྲུག་དང་བརྒྱད་ཅིག་འོས་ལངས། ནན་ཁང་འོས་ལངས་སོགས་སུ་ཞུགས་མྱོང་། དམག་དམག་ལས་ཕྱིར་བུད་རྗེས་རིག་གནས་ལོ་རྒྱུས་ཀྱི་དེབ་ཡིག་ཞིབ་འཇུག་བྱས་ཤིང་། གུའི་གྲོའུ་ཞིང་ཆེན་གྱི་སྲིད་གྲོས་སྐུ་ཚབ་ཀྱི་སྐུ་གྲོས་དང་། 《གུའི་གྲོའུ་མི་དམངས་ཀྱི་རེ་འདུན》ཞེས་པའི་དུས་དེབ་ཀྱི་ཚོགས་གཙོ་བྱས། བཅིངས་འགྲོལ་བྱུང་རྗེས། སྲོ་ནུབ་དམག་སྲིད་ཨུ་ཡོན་ལྷན་ཁང་གི་ཨུ་ཡོན་དང་སི་ཁྲོན་མི་རིགས་དོན་གཅོད་ཨུ་ཡོན་ལྷན་ཁང་གི་ཨུ་ཡོན་སོགས་ཀྱི་འགན་བསྟར་མྱོང་བཞིན། གསུང་རྩོམ་ལ《མེའི་དབྱི་མི་རིགས་འཕེལ་རྒྱས་ཀྱི་ལོ་རྒྱུས》སོགས་ཡོད།

Liang Juwu (1892-1977), was from Miao Ethnic Group. He was born in Leishan County, Guizhou province. He participated in the northern expeditions and the August 1 Nanchang Uprising. Later, he left the army and began to devote himself to study books of literature and history. He once was the member of Guizhou Provincial Consultative Council and president of the magazine Public Opinions of Guizhou. After the liberation of 1949, he was the member of the Southwest Military and Political Commission, and member of Sichuan Ethnic Affairs Committee. His works include *A History of the Development of Miao people* and so on.

两个长期不变 特指 1984 年，中央在第二次西藏工作座谈会上提出的特殊优惠政策。即在农区实行"土地归户使用，自主经营，长期不变"，在牧区实行"牲畜归户，私有私养，自主经营，长期不变"。

ཡུན་རིང་དུ་མི་འགྱུར་བ་གཉིས། དེའི་གོང་ལོར་གྱུར་དབྱེན་གྱིས་བོད་ལྗོངས་ལས་དོན་གྱི་བཞུགས་མོལ་ཚོགས་འདུ་ཐེངས་གཉིས་པའི་ཐོག་བཏོན་པའི་དམིགས་བསལ་གྱི་སྲིད་བྱུས་ཤིག་ལ་ཟེར། རོང་ཁུལ་དུ་ཞིང་པས་རང་བདག་རང་སྐྱོང་བྱ་རྒྱུ་ཡུན་རིང་དུ་མི་འགྱུར་བ་དང་། འབྲོག་ཁུལ་དུ་འབྲོག་པ་ཕྱུགས་ཟོག་རང་བདག་རང་སྐྱོང་བྱ་རྒྱུ་ཡིན་མི་བ་ཞེས་གཏན་འབེབས་གནང་ཡོད།

Two Long-term Right refers to the special preferential policy proposed by the central government in the second Tibetan Work Forum in 1984. It is suggested as follows: In farming areas, "long-term right to use and independently operate land by individual households" and in pastoral areas, "long-term right to have, raise and manage livestock by individual households."

两个共同 即"各民族共同团结奋斗，共同繁荣发展"的简称。是我国新世纪新阶段民族工作的主题。2003 年胡锦涛在参加全国政协十届一次会议少数民族界委员联组讨论时提出。

མཉམ་དུ་འབད་བརྩོན་པ་གཉིས། མི་རིགས་ཡོངས་ཀྱིས་མཉམ་དུ་འབད་བརྩོན་བྱེད་ཞེས་དང་། མཐར་མཉམ་དུ་དར་རྒྱས་གོང་འཕེལ་འགྲོ་བ་ཞེས་པའི་བསྡུས་མིང་ཡིན། དེ་ནི་རང་རྒྱལ་གྱི་དུས་རབས་གསར་པའི་མི་རིགས་ལས་དོན་གྱི་བརྗོད་གཞིའི་གཙོ་བོ་ཡིན། ༢༠༠༣ལོར་ཀྲུའུ་ཞི་ཧུའུ་ཅིན་ཐའོ་ཡིས་སྐབས་བཅུ

གཅིག་པའི་རྒྱལ་ཡོངས་ཆབ་སྲིད་གྲོས་མོལ་ཚོགས་འདུ་ཐེངས་དང་པོའི་གྲངས་ཉུང་མི་རིགས་ཀྱི་ཨུ་ཡོན་ཚོགས་པའི་གྲོས་བསྡུར་ཐོག་གསར་དུ་བཏོན་པ་རེད།

Two Commons is the abbreviation of promoting common unity among all ethnic groups and achieving common prosperity and development. It is the subject of ethnic work in the new stage of the new century. In 2003, it was put forward by President Hu Jintao in group discussion by committee members from ethnic minorities of the First Session of 10th CPPCC.

两个离不开 即"汉族离不开少数民族，少数民族离不开汉族"的简称。这一重要观点，是党中央1981年在讨论和解决新疆民族关系问题时正式提出来的。1990年发展成为"三个离不开"思想。

བྲལ་ཐབས་མེད་པ་གཉིས། རྒྱ་རིགས་གངས་ཉུང་མི་རིགས་དང་ཁ་བྲལ་ཐབས་མེད་པ་དང་། གངས་ཉུང་མི་རིགས་རྒྱ་རིགས་དང་ཁ་བྲལ་ཐབས་མེད་པ་ཞེས་པའི་བསྡུས་མིང་ཡིན། འདིའི་1981ལོར་ཏང་གུང་དབྱངས་ཀྱིས་ཞིན་ཅང་གི་གནད་དོན་ཐད་གྲོས་མོལ་གནང་སྐབས་དངོས་སུ་བཏོན་པ་དང་། 1990ལོར་བྲལ་ཐབས་མེད་པ་གསུམ་གྱི་དགོངས་པར་གྱུར།

Two Essential Interdependence is the shortened form of "Han people cannot go without the minority peoples nor can the minority peoples go without the Han people". It was formally raised by the Party Central Committee in 1981 when they discussed and resolved Xinjiang's issues of ethnic relations. In 1990, it developed into the thought of Three Essential Interdependence.

两个屏障四个基地 特指十六大以后胡锦涛提出的西藏经济社会发展的主要目标：即西藏成为重要的国家安全屏障，重要的生态安全屏障，重要的战略资源储备基地，重要的高原特色农产品基地，重要的中华民族特色文化保护基地，重要的世界旅游目的地。

འགག་རྩ་གཉིས་དང་གཞི་རྩ་བཞི། འདིའི་ཐེངས་བཅུ་དྲུག་པའི་རྒྱལ་ཡོངས་འཐུས་མི་ཚོགས་ཆེན་གྱི་རྗེས་སུ། གུང་ཞིན་ཐུའུ་ཅིན་ཐའོས་བཏོན་པའི་བོད་ལྗོངས་སྐྱེད་ཚོགས་དཔལ་འབྱོར་འཕེལ་རྒྱས་ཀྱི་གཞི་རྩའི་དམིགས་ཡུལ་ཞིག་ཡིན། ནང་དོན་གཙོ་བོའི། བོད་ལྗོངས་རྒྱལ་ཁབ་འཇགས་ཀྱི་འགག་རྩ་གཙོ་བོ་དང་སྐྱེ་ཁམས་བདེ་འཇགས་ཀྱི་འགག་རྩ་གཙོ་བོ་ཡིན་པ་དང་། བོད་ལྗོངས་ནི་འཕར་ཏུར་ཐོག་གི་ཐོན་ཁུངས་གསོག་འཇོག་གི་གནས་གཞི་གལ་ཆེན་དང། མཐོ་སྒང་གི་ཁྱད་ཆོས་ཞིང་ལས་ཐོན་རྫས་ཀྱི་གནས་གཞི་གལ་ཆེན་པ། གུང་དུ་མི་རིགས་ཀྱི་ཁྱད་ཆོས་ལྡན་པའི་རིག་གནས་སྲུང་སྐྱོབ་ཀྱི་གནས་གཞི་གལ་ཆེན་དང་། འཛམ་གླིང་ཡུལ་སྐོར་ལས་རིགས་ཀྱི་གནས་གཞི་གལ་ཆེན་ཞིག་ཡིན་པ་བཅས་ཡིན།

Two Barriers and Four Bases particularly refers to the major objectives for Tibetan economic and social development proposed by President Hu Jintao after the 16th CPC National Congress. It includes the following aspects: Tibet should become the important national security barrier, ecological security barrier, strategic resources reserve base, plateau special agricultural products base, distinctive culture protection base of Chinese nation and world tourist destination.

两个屏障四个基地和一个桥头堡 特指2011年国务院在《关于进一步促进内蒙古经济社会又好又快发展的若干意见》中对内蒙古的战略定位。即我国北方重要的生态安全屏障和安全稳定屏障，重要的能源基地、新型化工基地、有色金属生产加工基地和绿色农畜产品生产加工基地，重要的向北开放的桥头堡。

འགག་གཉིས་གནས་གཞི་བཞི་དང་ཟེན་གཞི་གཅིག དེའི་༢༠༡༡ལོར་རྒྱལ་སྲིད་སྤྱི་ཁྱབ་ཁང་གིས《ནང་སོག་གི་སྤྱི་ཚོགས་དཔལ་འབྱོར་མགྱོགས་མྱུར་དང་འཕེལ་རྒྱས་འགྲོ་རྒྱུར་བརྟེན་པའི་བསམ་འཆར》ཞེས་པའི་ནང་སོག་འཕེལ་རྒྱས་བརྟེན་པའི་འཐབ་ཐབས་ཡིན། དེའི་ནང་དོན་གཙོ་བོ་ནི། ནང་སོག་ནི་རང་རྒྱལ་གྱི་སྐྱེ་ཁམས་བདེ་འཇགས་ཀྱི་འགག་རྩ་གཙོ་བོ་དང་། ཚོགས་བཅུན་བསྟེང་གི་འགག་རྩ་གཙོ་བོ་ཡིན་པ། ནང་སོག་ནི་ཤུགས་ཁུངས་ཀྱི་གནས་གཞི་གལ་ཆེན་དང་གསར་བཟོའི་ལྕི་སྤྱོད་ཀྱི་གནས་གཞི་གལ་ཆེན་དང་། ཞིབ་ཕྱུགས་ཐོན་རྫས་མཆོག་མའི་ལས་སྟོན་གྱི་གནས་གཞི་གལ་ཆེན་ཡིན་པ། ནང་སོག་ནི་བྱང་ཕྱོགས་སྒོ་འབྱེད་བྱ་རྒྱུའི་ཟེན་གཞི་གལ་ཆེན་ཡིན་པ་བཅས་ཡིན།

Two Barriers, Four Bases and One Stronghold is the strategic positioning for Inner Mongolia from *Several Opinions on How to Further Promote Sound and Rapid Economic and Social Development in Inner Mongolia* released by the State Council in 2011. It has the following details, that is to say, Inner Mongolia should be important ecological security barrier and security and stability barrier, important energy base, new chemical industry base, production and progressing base of nonferrous metals and green farming and livestock products, and stronghold opening towards the north.

两基 即"基本普及九年义务教育、基本扫除青壮年文盲"的简称。特指由国家教育部提出的教育计划。在2004年教育部、国家发展改革委、财政部和国务院西部开发办制订的《国家西部地区"两基"攻坚计划（2004—2007年）》中有明确定义。

གཞི་རྩ་གཉིས། ལོ་དགུའི་འགན་བབས་སློབ་གསོ་གཙོ་ཆེའི་སྟེང་ཁྱབ་བརྡལ་དུ་གཏོང་བ་དང་དར་མའི་ཡིག་རྨོངས་ཀྱི་རྣམ་པ་གཞིའི་སྟེང་མེད་པར་བཟོ་རྒྱུ་ཞེས་པ་དེ་ཡིན་ལ། རང་རྒྱལ་སློབ་གསོ་པུའི་ཡིས་བཏོན་པའི་སློབ་གསོའི་འཆར་གཞི་ཡང་རེད། ༢༠༠༤ལོར་སློབ་གསོ་པུ་དང་། རྒྱལ་ཁབ་ཀྱི་བཅོས་སྒྱུར་འཕེལ་རྒྱས་ཨུ་ཡོན་ལྷན་ཁང་། ནོར་སྲིད་པུའི་དང་རྒྱལ་སྲིད་སྤྱི་ཁྱབ་ཁང་སོགས་ཀྱིས་མཉམ་དུ་བཟུང་བྱེད་གནང་སྟེ་སྤྱིལ་ལ་གཏན་འབེབས་གནང་བའི《"གཞི་རྩ་གཉིས"དེ་རང་རྒྱལ་གྱི་ནུབ་ས་ཁུལ་དུ་བརྟན་གཏོང་རྒྱུའི་གྲོས་གཞི（༢༠༠༤—༢༠༠༧）》ཡིག་ཆར་གཏན་འབེབས་གསལ་པོར་བྱས་ཡོད།

Two Basics is the abbreviation of "basically universalizing the nine-year compulsory education and basically eradicating illiteracy among young and middle-aged groups". It particularly refers to education program put forward by Ministry of Education. A clear definition is mentioned in *Plan of Two Basics Action in Western region of China (2004-2007)* made by Ministry of

Education, National Development and Reform Commission, Ministry of Finance and Office of Western Development under the State Council.

两免一补 即"免杂费、免书本费、逐步补助寄宿生生活费"的简称。特指我国政府对农村义务教育阶段贫困家庭学生就学实施的一项资助政策。该政策从2001年开始实施，其中中央财政负责提供免费教科书，地方财政负责免杂费和补助寄宿生生活费。

ཚ་ཆག་ཏུ་གཏོང་བ་གཉིས་དང་རོགས་གསབ་གཅིག་གི་བྱེད་ཐབས། སློབ་ཡོན་ཚ་ཆག་ཏུ་གཏོང་བ། གོམ་གང་མཐུན་སློབ་ཀྱི་རྒྱུན་སྤྱོད་སློབ་མའི་འཚོ་བའི་འགྲོ་སོང་ལ་རོགས་གསབ་སྦྱིན་པ་ཞེས་པའི་བསྡུས་མིང་ཡིན། དེའི་སྲིད་གཞུང་གིས་འགན་བབས་སློབ་གསོའི་དུས་རིམ་དུ་གནས་པའི་ཞིང་གྲོང་གི་ཁྱིམ་ཚང་དབུལ་པོའི་ཕྲུགས་པར་སློབ་གསོའི་གོ་སྐབས་ཐོབ་ཆེད། ལག་བསྟར་བྱས་པའི་རོགས་སྐྱོར་སྲིད་ཇུས་ཤིག་ཡིན། ༢༠༠༡ ལོ་ནས་སྲིད་བྱུས་དེ་དངོས་སུ་ལག་བསྟར་བྱས། ཀྲུང་དབྱར་དངོས་སྲིད་ཕྱུའི་ཡིས་སློབ་དེབ་ཀྱི་རིན་དངུལ་འགན་ལེན་བྱེད་བཞིན་ཡོད་པ་དང་། ས་གནས་ནོར་སྲིད་ཅུའི་ཡིས་སློབ་ཡོན་དང་རྒྱུན་སློབ་སློབ་མའི་འཚོ་བའི་རོགས་དངུལ་འགན་ལེན་བཞིན་ཡོད།

Two remissions and one subsidy is the short name of "the remission of miscellaneous and textbook fees and the subsidy for boarding students". It refers specifically to a subsidy policy for students from poor families during the period of compulsory education in rural areas. This policy has been implemented since 2001. Central gov-ernment provides the textbooks for free and local government is responsible for exemption of tuition and fees and subsidy of living expenses.

两委重设 特指恢复国家民委的机构建制和全国人大民委办公机构的决定。1978年，五届全国人大一次会议讨论了十年动乱期间被迫停止办公实则瘫痪的国家民委的机构设置情况，正式决定恢复国家民委的机构建制。翌年，五届全国人大二次会议决定相应恢复全国人大民委办公机构。

ཨུ་ཡོན་ཁང་གཉིས་ཀྱི་བསྐྱར་འཛུགས། རྒྱལ་ཁབ་མི་རིགས་དོན་གཅོད་ཨུ་ཡོན་ལྷན་ཁང་དང་རྒྱལ་ཡོངས་དམངས་ཆེན་གྱི་མི་རིགས་དོན་གཅོད་ཁང་གཉིས་ཀྱི་སྐྱར་གཞི་བསྐྱར་འཛུགས་ལོ། ༡༩༧༨ལོར། སྐབས་ལྔ་པའི་རྒྱལ་ཡོངས་འཐུས་མི་ཚོགས་ཆེན་ཐེངས་དང་པོའི་སྐྱེད་སྲོལ་ཚོགས་དུས་ཏེ་ལོ་བཅུའི་གོང་ཁག་ཁྲོད་འཆོལ་བཞག་པའི་རྒྱལ་ཁབ་མི་རིགས་དོན་གཅོད་ཨུ་ཡོན་ལྷན་ཁང་གི་སློབ་གཞིའི་སྒྲུབ་འགོད་བྱ་རྒྱུབ་བསྒྲུབ་བྱས། ལོ་ཕྱུགས་མའི་སྐབས་ལྔ་བའི་རྒྱལ་ཡོངས་འཐུས་མི་ཚོགས་ཆེན་ཐེངས་གཉིས་པའི་ཚོགས་འདུ་རུ་རྒྱལ་ཡོངས་དམངས་ཆེན་གྱི་མི་རིགས་དོན་གཅོད་ཁང་གི་སྐྱར་གཞི་བསྐྱར་འཛུགས་བྱ་རྒྱུབ་བསྒྲུབ་བྱས།

Restore of two commissions It specifically refers to the decision to restore the State Ethnic Affairs Commission and office of State Ethnic Affairs Commission in NPC. The first plenary session of the 5th Central Committee discussed the issues caused by the real paralysis of State Ethnic Affairs Commission and office of State Ethnic Affairs Commission in NPC during the

Cultural Revolution and decided to restore the organization of State Ethnic Affairs Commission in 1978. The second plenary session of the 5th Central Committee decided to restore the office of State Ethnic Affairs Commission in NPC in 1979.

辽朝 历史上统治中国北部的封建王朝。契丹族所建。原名契丹，后因其居于辽河上游之故，遂称"辽"。907年辽太祖耶律阿保机统一契丹各部称汗，916年建立契丹政权，947年定国号为辽，983年曾复更名契丹，1066年恢复国号辽，1125年为金国所灭。余部建立西辽王国。

ལིའོའི་རྒྱལ་རབས། ཆེ་ཏུན་མི་རིགས་ཀྱིས་བཙུགས་པའི་བཀོད་སྒྲིག་འཛིན་གྱི་རྒྱལ་རབས་ཤིག་ཡིན། མིང་དོ་མར་ཆེ་ཏན་ཟེར་མོད། མི་རིགས་འདི་ལིའོ་རྫོ་གཙང་པོའི་སྟོད་རྒྱུད་དུ་གནས་ཆགས་ཡོད་པས་ཕྱུག་ཏུ་ལིང་ལ་ཡང་"ལིའོ"ཞེས་བཏགས། སྤྱི་ལོ་ ༩༠༧ ལོར་ལིའོ་རྒྱལ་རབས་ཀྱི་མེས་པོ་ཨ་པུའུ་ཅི་ཆེ་ཏན་གྱི་ཚོ་སོ་སོ་དབང་དུ་བསྡུས་ནས་རྒྱལ་པོར་བརྫིད་གོས་མ་བཏགས་པ་དང་། (༩༡༦) ལོར་རྒྱལ་སྲིད་ཆེ་ཏན་དུ་བཙུགས། (༩༤༧) ལོར་རྒྱལ་སྲིད་ཕྱིར་ཆེ་ཏན་དུ་བསྒྱུར་མོད། (༩༨༣) ལོར་སླར་ཡང་ལིའོ་རུ་བསྒྱུར། (༡༡༢༥) ལོར་ཅིན་རྒྱལ་རབས་ཀྱིས་བཙན་པ་དང་། ལྷག་མ་རྣམས་ཀྱིས་ལིའོ་ནུབ་མའི་གོང་མའི་རྒྱལ་ཁབ་བཙུགས།

Liao Dynasty, the feudal Dynasty established by the Khitan people in north China. Its original name is the Khitan and later called "Liao" because of its location on the upstream of Liao River. Taizu Emperor, Yelu Abaoji unified the tribes of the Khitan in the year of 907 and claimed himself the king in the year of 916 and established the Khitan state in the year of 947 with the title of Great Liao and changed its name to be Khitan in the year of 983. It resumed the title of Great Liao again in 1066 and was wiped out by Jin Dynasty in 1125. The remaining tribes established the kingdom of Western Liao.

《辽东志》 记载明代辽东地区的志书。明正统八年（1443）东鲁人毕恭等人始纂修，弘治元年（1488）成书，但原书失传。嘉靖八年（1529）婺源人（今江西婺源县）潘珍等重修，书未成即逝世。嘉靖十六年（1537）河南钧州人任洛等续成。

《ལིའོ་ཤར་མའི་རྣམ་བཤད》 དེ་ནི་མིང་རྒྱལ་རབས་ཀྱི་སྐབས་སུ་ལིའོ་ཤར་མའི་ཁུལ་ཕྱོགས་འགོད་བྱེད་པའི་དེབ་ཐེར་ཞིག་ཡིན། མིང་གོང་ཞུན་ཏྲི་ལོ་བརྒྱད་པར་ (༡༤༤༣) ཏུང་ལུའུ་པ་པི་གུང་སོགས་ཀྱིས་འགོ་བཙུགས་ཏེ་བསྡུ་བསྐྲིགས་བྱས་ཤིང་ཧུང་ཀྲི་ཁྲི་ལོ་དང་པོར་ (༡༤༨༨) དེབ་ཐེར་དུ་བསྐྲིགས། འོན་ཀྱང་དོ་བཛིའི་འཕེལ་རིམ་ཁྲོད་ནས་མ་དཔེ་བོར་བརླགས་སོང་། མིང་རྒྱལ་རབས་ཀྱི་ག་ཅིང་ཁྲི་ལོ་བརྒྱད་པར་ (༡༥༢༩) ཝུའུ་ཡོན་པ་ (དེང་གི་ཅང་ཞིའི་ཞུའུ་ཡོན་ཏོང་) ཕན་ཀྱེན་སོགས་ཀྱིས་བསྐྱར་བསྒྲིགས་གནང་མོད། ལེགས་འགྲུབ་མ་བྱུང་གོང་ཁྱོན་ཆེས་ལས་འདས། ཅ་ཅིང་ཁྲི་ལོ་བཅུ་དྲུག་པར་ (༡༥༣༧) ཧུའུ་ནན་ཞུན་གྲོའུ་པ་རེན་ལོའི་སོགས་ཀྱིས་སྤར་ཡོན་གྱི་རྗང་གཞིའི་སྟེང་བསྐྱར་དུ་ལེགས་འགྲུབ་བྱུང་།

Liaodong Gazetteer was the local records of

the areas of east Liao River in the Ming Dynasty. It began to be written by Bi Gong and some other people of Donglu during the 8th year of the reign of Emperor Zhengtong in the Ming Dynasty (1443) and was completed in the 1st year of the reign of Emperor Hongzhi in the Ming Dynasty (1488). However, the original one is missing. Pan Zhen from Wuyuan (Wuyuan county in Jiangxi Porvince) and some other people reorganized the annals in the 8th year of the reign of Emperor Jiajing in the Ming Dynasty (1529), and Pan Zhen died before finishing it. Renluo from Junzhou County in Henan province and some other people continued to complete the annals in the 16th year of Jiajing.

《辽金元三史国语解》 分类诠释《辽史》《金史》《元史》中所使用的民族语词的辞书。清乾隆四十六年（1781）奉敕编撰。共46卷，收词1.1万余条。

《རྒྱལ་རབས་གསུམ་གྱི་ལོ་རྒྱུས་ཀྱི་མིང་འགྲེལ》 དེ་ནི། 《ལིའོ་རྒྱལ་རབས་ཀྱི་ལོ་རྒྱུས》 དང་ 《ཅིན་རྒྱལ་རབས་ཀྱི་ལོ་རྒྱུས》《ཡོན་རྒྱལ་རབས་ཀྱི་ལོ་རྒྱུས》 སོགས་སུ་བཀོལ་ཡོད་པའི་མི་རིགས་ཀྱི་ཚིག་གྲུབ་ལ་འགྲེལ་བཤད་བྱས་པའི་མིང་མཛོད་ཅིག་ཡིན། ཆིང་རྒྱལ་རབས་ཆེན་ལུང་ཁྲི་ལོའི་ཞི་ཤུ་རྩ་དྲུག་པར་（1781）སྤྲིན་ཁྲི་ཟེར་བ་ཞིག་གིས་ཚོམ་སྒྲིག་བྱས་ཤིང་། བོད་དཀར་གྱངས་ཤོད་ལ། མིང་ཚིག 11000 ལྷག་ཙམ་བསྡུས་ཡོད།

Lexicographical Work of the Three Books on the History of Liao, Jin and Yuan Dynasty is a dictionary that explains the ethnic words that appeared in *History of Liao Dynasty, History of Jin Dynasty and History of Yuan Dynasty*. It was compiled following the criteria of the Emperor's comments in the 46th year of the reign of Emperor Qianlong (1781) and it totals 46 volumes with over 11,000 items.

辽沈之战 努尔哈赤攻陷明沈阳、辽阳的战争。天命六年（1621）努尔哈赤率军攻沈阳，城破。乘胜再攻辽阳，至守城总兵战死城破。此役，消灭明辽东势力，得70余城，为清军入关打下基础。

ལིའོ་ཞིན་ཁུལ་དུ་བསྡངས་པའི་སྟེ་གཡར། དེའི་ནང་དུ་ཁྲི་ཡིས་མིང་རྒྱལ་རབས་ཀྱི་ཞིན་དབྱང་དང་ལིའོ་དབྱང་ཁུལ་དུ་བསྡངས་པའི་སྟེ་གཡར་ཞིག་ཡིན། ཐེན་མིང་ཁྲི་ལོ་དྲུག་པར་（1621）ནོར་ཏུ་ཁྲི་ཡིས་དམག་དཔུང་ཁྲིད་དེ་ཞིན་དབྱང་ལ་དུ་སྟེ་གཡར་བསྡངས་པ་དང་། མུ་མཐུད་དུ་ལིའོ་དབྱང་ལ་དུ་སྟེ་གཡར་བསྡངས་ནས་མཁར་རྫོང་གི་དཀག་དམག་ཆོར་བཅད་དེ་རྒྱལ་ཆེན་པོ་ཐོབ། དེས་ཡོན་ཤར་ཕྱོགས་མིང་གི་སྟོབས་ཤུགས་ཚད་མེད་དུ་བདལ་ཞིང་། མཁར་རྫོང་70ཚམ་བླངས་པས། ཆིང་དམག་འགག་སྒོ་དུ་བཙུར་བར་སྔོན་གཞི་ཆེན་པོ་བཏིང་།

Liaoyang-Shenyang War refers to the war of capturing Liaoyang and Shenyang in the Ming Dynasty lead by Nurhaci in the 6th year of his reign. The army led by Nurhaci captured the Shenyang and Liaoyang later after the commander-in-chief died. This war destroyed the army of Ming government in south of Liao River and captured over 70 cities, laying a foundation for the Qing army to enter Shanhaiguan.

僚 中国古代岭南和云贵地区一些民族的泛称。为百越的一支，与俚、濮等杂处，分布在今广东、广西、湖南、云南、贵州、四川等地。从汉至唐，有乌浒人、俚僚、蛮僚、守宫僚、南平僚、鸠僚、夷僚等众多支系和名称。

ཨེའོ། ཀྲུང་གོ་གནའ་རབས་ཀྱི་རི་བོ་ཕུའུ་ལིང་དང་ཡུན་གུའི་ས་ཁུལ་གནས་པའི་མི་རིགས་འགའི་སྤྱི་མིང་ཡིན་འབོད། པའེ་ཡུའེ་དང་ལི་ཕུའུ་སོགས་མི་རིགས་གསུམ་གྱི་འདྲེས་སྡོད་ཁུལ་ཡིན། གཙོ་བོ་དེང་སྐབས་ཀྱི་ཀོང་ཏུང་། ཀོང་ཤིའི། ཧུའུ་ནན་དང་ཡོན། སི་ཁྲོན་སོགས་ཀྱི་ས་ཁུལ་དུ་ཁྱབ་ཡོད། ཧན་ནས་ཐང་རྒྱལ་རབས་བར་དུ་ཕུའུ་ཧུའུ་མི་དང་ མན་ལིའོ། ཅིའུ་ཀུང་ལིའོ། ནན་ཕིན་ལིའོ། ཅིའུ་ལིའོ། དབྲི་ལིའོ་སོགས་མི་འདྲ་བའི་ཡལ་ག་དང་མིང་མང་པོ་བྱུང་།

Liao is the general term of some ethnic groups in the south of the Five Ridges and Yunnan and Guizhou provinces in ancient China. Liao is one of the branches of Baiyue and mixed with other people such as Li and Pu and lived in places such as present Guangdong, Guangxi, Hunan, Yunnan, Guizhou and Sichuan province. It owns multiple branches and titles such as Wuhu people, Liliao, Manliao, Shougongliao, Nanpingliao, Jiuliao and Yiliao from the Han Dynasty to the Tang Dynasty.

列本 藏语音译，意为"工头"或"监工"。旧时西藏在领主庄园里为其监督劳役的小头人。

ཀླ་འབོག བོད་ཀྱི་སྔོ་ཚོགས་རྙིང་པའི་དུས་སྐབས་སུ་གཞིས་གནས་གཡོག་པོའི་ལས་ཀར་ལྟ་སྐུལ་བྱ་མཁན་གྱི་ལས་དཔོན་ཆུང་ཆུང་གི་མིང་ཡིན།

Lieben, the transliteration of Tibetan, means the overseer or ganger who supervises the workers in lord manors in ancient Tibet.

林 这里为藏语音译，意为"洲"。后引申为藏传佛教寺院的名称。

གླིང་། ཁམས་སམ་ཁུལ་སོགས་ཀྱི་དོན་ཡོད་ཅིང་། རྗེས་སུ་དགེ་ལུགས་པའི་དགོན་པའི་མིང་གི་ཡུལ་ཚ་ཞིག་ཏུ་གྱུར།

Lin, the transliteration of Tibetan, means "Zhou (islet)" in Chinese and its extension of meaning is the name of Tibetan Buddhism monasteries.

林惠祥（1901—1958） 福建晋江人。又名圣麟、石仁、淡墨。汉族。我国著名人类学家、考古学家、民俗学家、民间文艺理论家。曾任厦门大学历史系主任、人类博物馆馆长、南洋研究所副所长等职。

ལིན་ཧུའེ་ཞང་། (1901—1958) རྒྱ་རིགས། ཧྲེང་གཞན་ལ་ཅིན་ཅང་དང་ཅི་རེན། ཐན་མོ་སོགས་ཡོད། རྒྱ་ཚན་ཅིང་ཕོའུ་མི་ཡིན། རང་རྒྱལ་དུ་མིང་གྲགས་ཆེ་བའི་མིའི་རིགས་རིག་པ་བ་དང་གནའ་རྫོང་ཞིབ་རིག་པ་བ། དམངས་སྲོལ་རིག་པ་བ། དམངས་ཁྲོད་རིག་རྒྱུག་གཞུང་ལུགས་ཀྱི་ཆེད་མཁས་བཙུན་ཡིན། སྔོན་ཆད་ཞའ་མོན་སློབ་གྲྭ་ཆེན་མོའི་ལོ་རྒྱུས་སྡེ་ཁག་གི་གྲུབ་རིན་དང་། མིའི་རིགས་དངོས་མང་བཤམས་སྟོན་ཁང་གི་འགོ་པ། སྟོ་རྒྱ་མཚོའི་ཞིབ་འཇུག་ཉེ་གནས་ཀྱི་འགོ་གཞོན་གནས་གཞོན་སོགས་ཀྱི་འགན་བཞེས་མྱོང་།

Lin Huixiang (1901-1958), born in Jinjiang county of Fujian province, was also named Shenglin, Shiren, and Danmo. As a Han people, he was a famous anthropologist, archaeologist, folklorist, and theorist on folk literature and art. Lin Huixiang once worked at Xiamen University, serving as the Head of the Department of History, curator of Museum of Anthropology, and deputy director of Nanyang Research Institute (Institute of Southeast Asian Studies).

林卡 藏语音译，意为"园林""花园"。西藏和平解放前，贵族上层、官家、寺院、庄园大多拥有人工建造的林卡，仅拉萨就有大、小林卡达50余处。以罗布林卡最为典型和著名。

སྐྱེད་ཚལ། སྐྱེད་ཚལ་དང་ལྡུམ་ར་ལ་གོ་དགོས། བོད་ལྗོངས་བཅིངས་འགྲོལ་མ་བཏང་སྔོན་དུ་སྐུ་དྲག་དང་དཔོན་པོའི་གཞིས་ཀ དགོན་པ་སོགས་སུ་མིས་བཟོས་སྐྱེད་ཀ་ཡོད། ལྷས་ས་གཅིག་པུ་ན་ཡང་སྐྱེད་ཀ་ཆེ་ཆུང་༥༠ཙམ་ཡོད་ལ། དེ་དག་ལས་ནོར་བུ་སྐྱེད་ཀའི་སྐད་གྲགས་ཆེས་ཆེ་བ་ཡིན།

Lingka, a transliteration of Tibetan language, means gardens or parks. Before the peaceful liberation of Tibet, there were artificial Lingkas possessing by the upper nobilities, officials, monasteries, and manors, and more than 50 big and small ones in Lhasa alone. Norbulingka was the most typical and famous.

林耀华（1910—2000）民族学家、人类学家、历史学家、社会学家和民族教育家。中央民族大学博士生导师、终身教授。生于福建古田县。著作有《金翼》《凉山夷家》《原始社会史》《民族学通论》等。

ཨིན་ཡའོ་ཧྭ། (༡༩༡༠—༢༠༠༠) ཐུན་ཅན་གྱི་ཞིབ་འཇུག་མི་སྣ་ཡིན། མིང་དུ་གྲགས་པའི་མི་རིགས་རིག་པ་བ་དང་མིའི་རིགས་རིག་པ་བ། ལོ་རྒྱུས་རིག་པ་བ། སྤྱི་ཚོགས་རིག་པ་བ། མི་རིགས་སློབ་གསོའི་ཆེད་མཁས་པ་བཅས་ཡིན། ཀྲུང་དབྱང་མི་རིགས་སློབ་ཆེན་གྱི་རབ་འབྱམས་པའི་མཛུབ་སྟོན་དགེ་རྒན་དང་སློབ་དཔོན་ཆེན་མོ་ཡིན། གསུང་རྩོམ་ལ《རི་བོ་ཡིད་འཕྲོག་ཅན་གྱི་དགྱེས་ཁྲིད》དང་《གདོད་མའི་སྤྱི་ཚོགས་ལོ་རྒྱུས》《མིའི་རིགས་རིག་པའི་རྣམ་བཤད》སོགས་ཡོད།

Lin Yaohua (1910-2000) was an ethnologist, anthropologist, historian, sociologist, and ethnic educator. As doctorial supervisor and tenured professor of Minzu University of China, he was born in Gutian county of Fujian province. His works included *The Golden Wing*, *The Yi people of Liangshan*, *On the History of Primitive Society*, and *General Theory of Ethnology*.

林芝机场 西藏自治区的民航机场。位于林芝地区米林县境内的雅鲁藏布江河谷，海拔2949米。机场飞行区等级为4C，跑道长3000米。2006年正式通航。

ཉིང་ཁྲིའི་གནམ་གྲུ་འབབ་ཐང་། བོད་རང་སྐྱོང་ལྗོངས་ཀྱི་ཁྱལ་དུ་བཅུགས་པའི་དམངས་སྤྱོད་གནམ་འགྲུལ་གྱི་གནམ་གྲུའི་འབབ་ཐང་ཞིག་ཡིན། དེ་ནི་ཉིང་ཁྲིའི་ས་ཁུལ་གྱི་སྨད་གླིང་རྫོང་གི་ཡར་ཀླུང་གཙང་པོའི་འབབ་ཀླུང་དུ་བཟོས་ཡོད། རྒྱ་མཚོའི་ངོས་ལས་མཐོ་ཚད་སྒང་༢༩༤༩་ཡོད་དང་། འབབ་ཐང་གི་འཕུར་སྐྱོད་ཁུལ་རིམ་

པ4Cཡིན། རྒྱག་ལམ་གྱི་རིང་ཚད་ལ་སྨི་༣༠༠༠ཡོད། ༢༠༠༦ལོར་དངོས་སུ་སྒོ་ཕྱེས།

Nyingchi Mainling Airport with an elevation of 2,949 meters, as the civil aviation airport of Tibet Autonomous Region, is located in the Yarlung Zangbo Valley inside Mainling county of Nyingchi prefecture. Its airfield is 4C-class, and the runway is 3,000 meters. The airport was officially open to air traffic in 2006.

《临海水土志》 记录台湾高山族的最早文献。沈莹著。成书于吴主孙皓（264—280）在位时。记载了三国时期临海郡所属各地的水土风貌。同时还详细描写了当时古台湾居民的各种风俗习惯。

《ལིན་ཧེ་ཁུལ་གྱི་ས་ཆུའི་རྣམ་བཤད》 ཞེན་དབྱིན་ཞེས་པས་བརྩམས། ཐའེ་ཝན་གའོ་ཧུན་རིགས་ཀྱི་གནས་ཚུལ་བཀོད་པ་ཆེས་སྔ་བའི་ཡིག་རྙིང་ཞིག་ཡིན། ཟུའུ་གོའོ་སུན་ཧའོ་(༢༦༤—༢༨༠) ཡི་དུས་སུ་དེབ་ཐེར་དུ་བསྒྲིགས། དེའི་ནང་དུ་རྒྱལ་ཁབ་གསུམ་གྱི་དུས་སྐབས་སུ་ལིན་ཧེ་ཅུན་གྱི་ཁོངས་སུ་གཏོགས་པའི་ཁུལ་མོ་སོའི་ཆུའི་ཆགས་ཚུལ་དང་། སྐབས་དེའི་ཐའེ་ཝན་གཞིས་སྡོད་མི་རིགས་ཀྱི་ཡུལ་སྲོལ་གོམས་གཤིས་ཞིབ་ཚོར་བཀོད་ཡོད།

Records of Land and Water at Linhai was written by Shen Ying, and was the earliest document about the Gaoshan ethnic group (living in Taiwan province). The book was completed under the reign of Sun Hao of Wu Kingdom (264-280). It not only recorded the landscapes of regions under the jurisdiction of Linhai Prefecture during the Three Kingdoms Period, but also elaborately described various customs of the ancient Taiwan people at that time.

凌纯声（1902—1981） 中国民族学家。江苏武进人。早年就读于中央大学，后留学法国获博士学位。归国后，曾任教育部边疆教育司司长，中央大学系主任。后去台湾，任台湾"中央"研究院民族学研究所所长等职。他在民族学的实地调查和比较研究方面都做出了贡献。

ལིང་ཁྲུན་ཅིང་། (༡༩༠༢—༡༩༨༡) ཀྲུང་གོའི་མི་རིགས་རིག་པ་བ། ཅང་སུའུ་ཞུའུ་ཅིན་གྱི་མི་ཡིན། ལོ་གཞོན་དུས་ཀྲུང་དབྱང་སློབ་གྲྭ་ཆེན་མོ་ནས་སློབ་གཉེར་བྱས། རྗེས་སུ་ཧྥ་རན་སི་ལ་སློབ་གཉེར་དུ་ཕེབས་ནས་རབ་འབྱམས་པའི་སློབ་གནས་ཐོབ། ཕྱིར་རྒྱལ་ནང་དུ་ལོག་རྗེས་སློབ་གསོ་པུའུ་ཡི་མཐའ་མཚམས་སློབ་གསོ་ཁང་གི་འགོ་གཙོ་དང་ཀྲུང་དབྱང་སློབ་ཆེན་གྱི་སྡེ་ཁག་གི་འགོ་འཛིན་སོགས་ཀྱི་འགན་བཞེས། གཞུག་ཏུ་ཐའེ་ཝན་ལ་ཕེབས་ཏེ་ཐའེ་ཝན་གྱུང་དབྱུང་ཞིབ་འཇུག་ཁང་གི་མི་རིགས་རིག་པའི་ཞིབ་འཇུག་ཁང་གི་འགོ་འཛིན་གྱི་འགན་བཞེས། ཁོང་གིས་མི་རིགས་རིག་པའི་ཡུལ་གཏོག་ཞིབ་དང་ཞིབ་འཇུག་དཔྱད་བསྡུར་གྱི་ཕྱོགས་ལ་ཡར་རྗེས་ཆེན་པོ་བཞག་ཡོད།

Ling Chunsheng (1902-1981), a Chinese ethnologist, was born in Wujin of Jiangsu province. He studied at National Central University, then in France, and received a doctor degree. After returning, Ling once was director of Frontier Education Department of Ministry of Education, and department director of National Central University. Later, he went to Taiwan, and served as director of Ethnological Institute of Academia Sinica. Ling has made contributions to field survey and comparative study on ethnology.

岭北行省 元代行中书省之一。全称"岭北等处行中书省",皇庆元年(1312)改此名。辖境约相当于今蒙古人民共和国、俄罗斯西伯利亚中部及我国内蒙古东部、北部地区。

ཡིན་པའི་ཞིང་ཆེན། ཡོན་རྒྱལ་རབས་སྐབས་ཀྱི་ཞིང་ཀྱང་རྫུའི་ཞིང་ཆེན་ཀྱི་གྲས་ཤིག་ཡིན། མིང་ཚ་ཚང་ལ་ཡིན་པའི་སོགས་གནས་གཏོང་ཞིན་ཀྱང་རྫུའི་ཏྲིང་ཞིན་ཆེན་ཞེས་ཟེར། ཧོང་ཆེན་ཁྲི་ལོ་དང་པོ་ (༡༣༡༢ ལོར་) མིང་འདིར་བསྒྱུར། མངའ་ཁོངས་ཕལ་ཆེར་དེང་གི་སོག་སྐྱོ་མཐུན་རྒྱལ་ཁབ་དང་ཨུ་རུ་སུ་ཞི་པའེ་ལི་ཡའི་དབུས། རང་རྒྱལ་ནང་སོག་གི་ཤར་ཕྱོགས་དང་བྱང་ཕྱོགས་བཅས་ཀྱིས་ཁྱབ་ཡིན།

Lingbei Xingsheng (The Secretariat of Lingbei) was one of the secretariats of the Yuan Dynasty. Its full name was the Secretariat of Lingbei (modern Inner Mongolia and the PR Mongolia), and changed into the current name in the first year under the reign of Huangqing (1312). Its jurisdiction was equivalent to today's Mongolian People's Republic, Russia Central Siberia, and the eastern and northern Inner Mongolia.

《岭表录异》 书名。唐代刘恂撰。共3卷。多记载岭表(两广)地区物产和少数民族社会生活、风土人情等,又以广东为最多。是研究唐代岭南地区少数民族经济、文化的重要资料。

《རི་བོ་ཕྱུའི་ཡིད་རྒྱུད་ཀྱི་ཟིན་ཐོ》 དཔེ་ཆའི་མིང་། ཐང་རྒྱལ་རབས་སྐབས་ཀྱི་ལིའུ་ཞུན་གྱིས་བརྩམས། ཆོན་པོ་འཕྲོད་ཡོད། འདིའི་ནང་དུ་རི་བོ་ཕྱུའི་ལིང་གི་ཚོགས་ས་ཁུལ (དེང་སྐབས་ཀྱི་ཀོང་ཏུང་དང་ཀོང་ཞིའི་ཁུལ) གྱི་ཐོན་རྫས་དང་དེའི་གནས་ཚུལ་རིགས་ཀྱི་སྤྱི་ཚོགས་འཚོ་བ། ཡུལ་སྲོལ་གོམས་གཤིས་སོགས་བཀོད་ཡོད (ཀོང་ཏུང་ས་ཁུལ་བྱེ་བྲག་ཏུ་བསྟན་གྱིས་མང་)། དེ་བཞིན་དེ་ནི་ཐང་རྒྱལ་རབས་དུས་ཀྱི་རི་བོ་ཕྱུའི་ཕྱུའི་ལྗོ་རྒྱུད་ཀྱི་གྲངས་ཉུང་རིགས་ཀྱི་དཔལ་འབྱོར་དང་རིག་གནས་ལ་ཞིབ་འཇུག་རྒྱུའི་དཔྱད་གཞི་གལ་ཆེན་ཞིག་ཡིན།

Ling Biao Lu Yi (A Record of South of the Five Ridges) was the name of the book, which was written by Liu Xun with three volumes. This book recorded the products of Guangdong and Guangxi provinces, and the social life and customs of ethnic minorities, of which the most were about Guangdong province. It was the important data to research the economy and culture of the ethnic groups in the South of the Five Ridges in the Tang Dynasty.

《岭外代答》 宋代周去非撰笔记体著作。共10卷。成书于淳熙五年(1178)。包括关于宋代广西的地理、人文、边防、风土、物产等方面的记载,兼述东南亚各国情况,既是宋代广西地方志,又是宋代中外交通史。

《ཡིན་ཕྱིའི་ཟིན་བྲིས》 སུང་རྒྱལ་རབས་སྐབས་ཀྱི་ཀྲོའུ་ཆུས་ཕེའི་བརྩམས་པའི་ཟིན་བྲིས་རྣམ་པ་ཅན་གྱི་གསུང་རྩོམ་ཞིག་ཡིན། ཆོན་པོ་10ཡོད། ཁྲུན་ཞིའི་ལོ་ལྔ་བར (1178ལོར) དེ་བཞིན་དུ་བསྒྲིགས། དེའི་ནང་དུ་སུང་རྒྱལ་རབས་ཀྱི་དུས་སྐབས་ཀྱི་ཀོང་ཞིའི་ས་

ཁྱལ་གྱི་ས་ཁམས་དང་རྩོལ་སྒྲུབ་རིགས་གནས། མཐའ་མཚམས་སྲུང་སྐྱོབ་དང་ཡུལ་སྲོལ་གོམས་གཤིས། ཐོན་རྫས་སོགས་ཀྱི་གནས་ཚུལ་བཀོད་ཡོད་ལ། ཡང་ལྷིང་ནུབ་ཤོའི་རྒྱལ་ཁབ་སོ་སོའི་གནས་ཚུལ་ཕྱོགས་བསྒྲིགས་སྐོར་ཏེ་བྱོད་མཛད་ཡོད། དེ་ཕྱིར་འདིའི་སུང་རྒྱལ་རབས་དུས་སྐབས་ཀྱི་གོང་ཞིབའི་ས་གནས་རྣམ་བཤད་ཅིག་ཡིན་པ་དང་། སུང་རྒྱལ་རབས་དེའི་གུང་ཕྱིའི་བར་གྱི་འགྲིམ་འགྲུལ་ལོ་རྒྱུས་དེབ་ཐེར་གལ་ཆེན་ཞིག་ཀྱང་ཡིན།

Lingwai daida (Representative Answers to the Question about the Regional Beyond the Mountains in the South), a note-style work, was written by Zhou Qufei of the Song Dynasty. With ten volumes, the book was completed in the 5th year of the reign of Chunxi (1178). It recorded geography, humanities, frontier defense, customs and products of Guangxi, and also introduced the general condition of the Southeast Asian nations. This book was not only a chronicle of Guangxi, but also a history of the traffic home and abroad in the Song Dynasty.

领司奔寨 明代地名，辖地在今日喀则地区的仁布县。永乐十四年（1416），明廷在此设立了领司奔寨行都指挥使司，命其地首领喃噶加儿卜为行都指挥佥事，并遣使赐之诰命，封为昭勇将军。

ལིན་སི་པེན་ཀྲའི། མིང་རྒྱལ་རབས་སྐབས་ཀྱི་ས་མིང་ཞིག་ཡིན། དེང་སྐབས་ཀྱི་གཞིས་ཀ་རྩེ་རིན་སྤུངས་རྫོང་གི་མངའ་ཁོངས་ལ་གོ ཡུང་ལེ་ཕྱི་ལོ་བཅུ་བཞི་པར་（༡༤༡༦）མིང་རྒྱལ་རབས་སྲིད་གཞུང་གིས་བཀོད་འདོམས་ཕྱུ་བསྒུགས་ཤིག་ས་གནས་དཔོན་པོ་ནམ་མཁའ་རྒྱལ་པོས་བཀོད་འདོམས་ཕུའི་འཛིན་གནང་དུ་བཅུག་ གོས་ཡུང་（昭勇）དམག་དཔོན་གྱི་ཚོ་ལོ་བསྩལ།

Lingsibenzhai was the name of a place of the Ming Dynasty. The jurisdiction is today's Rinbung County of Shigatse Prefecture. In the 14th year of the reign of Emperor Yongle (1416), the Ming court set Lingsibenzhai Military command, appointed the leader Nanga Jiaerbu Commander Inspector, dispatched an envoy to bestow him imperial mandate, and conferred General of Braveness (Zhaoyong) on him.

领主 封建社会中受封领地或采邑的封建主。领主在自己的领地内是最高统治者，享有行政司法权力及其他特权；大领主除设置官吏、法庭、监狱外，还设关卡、收赋税、铸货币等。

མངའ་བདག བཀས་བཀོད་རྒྱུད་འཛིན་གྱི་ཚོགས་སུ་ས་ཆ་དང་ཅན་ཞིག་བདག་བཟུང་བྱས་པའི་བཀས་བཀོད་རྒྱུད་འཛིན་གྱི་མངའ་བདག་ལོ། མངའ་བདག་ནི་རང་གི་མངའ་ཁོངས་ནས་ཆེས་མཐོ་བའི་དབང་སྒྱུར་ཁན་ཡིན་ལ། སྲིད་འཛིན་དང་ཁྲིམས་འཛིན། དེ་ལས་གཞན་པའི་དམིགས་བསལ་གྱི་དབང་ཆ་མཐའ་དག་ལོངས་སུ་སྤྱོད་བཞིན་ཡོད། མངའ་བདག་ཆེན་མོས་རང་གི་མངའ་ཁོངས་སུ་དཔོན་རིགས་ལས་ལུགས་དང་ཁྲིམས་ཀྱི་འདུན་ས། ཁྲིམས་ཁང་སོགས་བཙུགས་པ་ལས་གཞན། ཁྲལ་ལག་བསྡུ་ས་བཙུགས་ནས་ཁྲལ་དང་དངུལ་སྤུན་ལེན་བཞིན་ཡོད།

The lord referred to feudal lords who were granted tenures or manors in the feudal society. Lord was the highest governor in his own manor, and enjoyed administrative and judicial powers and other privileges; grand lord set officials, courts, and prisons, and imposed taxes and minted coins.

令支 中国古国名。为古代民族东北夷所建，春秋时山戎属国。其地在今河北迁安市西。公元前664年为齐桓公所灭。

ཨིན་ཀྱི། གྱུང་གོའི་གནའ་བོའི་རྒྱལ་ཕྲན་ཞིག་གི་མིང་ཡིན། བྱན་ཆེའི་དུས་སྐབས་སུ་ཧྲན་རུང་ཞེས་པས་བཙུགས། དེ་གི་ཏོ་པེ་ཞིང་ཆེན་ཆན་ཨན་གྲོང་ཁྱེར་གྱི་ནུབ་ཁུལ་ཡིན། སྤྱི་ལོ་སྔོན་གྱི་༦༦༤ལོར་ཆི་ཧིང་གོང་གིས་བསྙབས།

Lingzhi was a name of ancient state in China. It was founded by northeastern Yi, an ancient ethnic group, and was a vassal state of Shanrong during the Spring and Autumn Period. It was located in today's western Qian'an, Hebei and was annihilated by Qi Heng Gong in 664 BC.

刘格平（1903—1992） 我国民族和统一战线工作的杰出领导人之一。回族。河北省孟村县人。1925年和中共早期党员张隐韬一起发动并领导了津南农民自卫军起义。1926年入党。新中国成立后，曾任中共中央统战部副部长、中央民族学院院长、宁夏回族自治区人民政府主席等职。

ལིའུ་ཀོ་ཕིང་། (༡༩༠༣—༡༩༩༢) རང་རྒྱལ་མི་རིགས་དང་འཐབ་ཕྱོགས་གཅིག་གྱུར་གྱི་ལས་ལ་གཞོལ་བའི་ཕུལ་བྱུང་འགོ་ཁྲིད་མི་སྣའི་གྲས་ཤིག་ཡིན། ཧུའེ་རིགས། ཏོ་པེ་ཞིང་ཆེན་མིན་ཚོན་རྫོང་གི་མི་ཡིན། ༡༩༢༥ལོར་གུང་གུང་དུས་སྐབས་སྔ་མའི་ཏང་ཡོན་གྲུང་ཡིན་ཐའོ་དང་མཉམ་དུ་ཅིན་ནན་ཞིང་པའི་རང་སྲུང་དམག་གི་འོས་ལངས་བསྐུལ་བར་འགོ་ཁྲིད་བྱས། ༡༩༢༦ལོར་གུང་ཁྲན་ཏང་དུ་ཞུགས། གྱུང་གོ་གསར་པ་དབུ་བརྙེས་རྗེས། གུང་གུང་གུང་དབྱང་འཐབ་ཕྱོགས་གཅིག་གྱུར་པུའི་ཡི་པུའུ་གྱུང་གཞོན་པ་དང་། གུང་དབྱང་མི་རིགས་སློབ་གྲྭ་ཆེན་མོའི་སློབ་སྤྱི། ཉིང་ཞའི་རིགས་རང་སྐྱོང་ལྗོངས་མི་དམངས་སྲིད་གཞུང་གི་གྱུང་ཞི་སོགས་ཀྱི་འགན་བཞེས་མྱོང་།

Liu Geping（1903-1992）was one of the outstanding leaders of the work on ethnic and united front. He was a member of Hui ethnic group of Mengcun County, Hebei Province. He started the uprising of self-defense corps of peasants in Jinnan with Zhang Yintao, an early party member in 1925 and joined the Party in 1926. After the new China was founded, he once took positions of the deputy secretary of United Front Work Department, the president of Central Academy of National Minorities and the president of People's Government of the Ningxia Hui Autonomous Region, ect.

刘三姐 民间传说的壮族人物。她聪慧机敏；善歌，如泉涌，优美动人；有"歌仙"之誉。

ལིའུ་སན་ཅེ། དམངས་ཁྲོད་དུ་དར་ཁྱབ་ཆེན་ལ་གྲགས་པའི་ཀོང་རིགས་ཀྱི་མི་སྣ་ཞིག་ཡིན། ཁོ་མོའི་བློ་རིག་རྣོ་ལ་སྒྱུར་གྱུན་ཕྱུན་པ། ཕྱག་པར་དུ་མི་སེམས་སྐུལ་ཆེད་དབྱངས་ཀྱི་འགྱུར་བག་སྟོན་པའི་སྐད་དག་སྐོན་མོའི་སྐད་དབྱངས་ལྟ་བུ་དང་གཞིས་སུ་མ་མཆིས་པས། དག་གི་ལྷ་མོ་ཞེས་པའི་མཚན་སྙན་ཐོབ།

Liu Sanjie（**the third sister of the Liu family**）is a legendary folk female singer of Zhuang people in Guangxi. She is smart and resourceful. As a good singer, her voice is pretty moving and likes the gush of springs, which wins her the reputation of the Fairy Singer.

刘智（约1664—约1730） 清代穆斯林学者。回族。江苏南京人。早年立志用汉文阐释伊斯兰教，闭户山居10余年。著译《天方性理》《天方典礼》等。而后遍访全国宿学，遂著译《天方至圣实录》。他一生著译数百卷，刊行仅十数种，传世尚有《五功释义》等。

ཨིའུ་ཀྲི།（༡༦༦༤—༡༧༣༠）ཅིང་རིགས་ཅང་སུན་ནན་ཅིན་གྱི་མི་ཡིན། ཆེན་རྒྱལ་རབས་སྐབས་ཀྱི་མུ་སི་ལིན་གྱི་ཡོན་ཏན་པ་ཞིག་ཡིན། གཞོན་དུས་དབྱིན་ལན་ཚོམས་ལུགས་ལ་རྒྱ་ཡིག་གི་ལམ་ནས་འཆད་འགྲེལ་བརྗོད་སྤྱོད། རི་ཁུལ་བོ་ནས་ལོ་ངོ་བཅུ་ལྷག་ཏུ་བསྡད། བསྒྱུར་ཚོམས་ལ་《ཨ་རབ་ཀྱི་དགོངས་དོན》དང《ཨ་རབ་ཀྱི་མཛད་སྒོ》སོགས་ཡོད། གཤུག་ནས་རྒྱལ་ཡོངས་ཀྱི་སློབ་གཉེར་ཁང་དག་ཀུན་སྐོར་དུ་ཕྱིན་ཅིང་། མུ་མཐུད་དུ《ཨ་རབ་ཀྱི་དགའ་བའི་མཛད་རྣམ》ཞེས་པ་རྒྱ་ཡིག་ཏུ་བསྒྱུར། བོད་གིས་མི་ཚེ་གང་བོར་བརྒྱ་ཚོ་འགའ་རྒྱ་ཡིག་ཏུ་བསྒྱུར་དང་། དཔེ་སྐྲུན་འབད་བ་བཅུ་ཕྲག་དཔེར་དུ་སྤྲུལ། དང་ཡོངས་གྲགས་བཅོམས་པའི་རྣམ་ཐར་ཡང《མཆོད་བགྱུར་ལྔའི་འགྲེལ་བརྗོད》སོགས་བཞུགས།

Liu Zhi (ca. 1664-ca. 1730) was a Muslim scholar in the Qing Dynasty and a member of Hui ethnic group and a native of Nanjing, Jiangsu. He resolved to elucidate Islam in Chinese in his early years and retreated in mountain for over ten years. He wrote and translated the The Metaphysics of Islam and The Rites of Islam, etc. Later, he visited and solicited advice and the opinions of both Muslims and non-Muslims of the whole country and then wrote and translated The Real Record of the Last Prophet of Islam. He wrote and translated over hundreds of volumes in his whole life. However, only dozen of them were published and there still is the Interpretation of the Five Pillars of Islam handed down.

流动贸易 特指我国少数民族边远山区、牧区的一种贸易组织形式。如货郎担、背篓商店、马背商店等。采取购销结合的方式，深入山寨、牧区，流动服务。特点是规模小、灵活、流动面广、针对性强。

འགུལ་སྐྱོད་ཚོང་ཚོང་། དེའི་རང་རྒྱལ་གྱི་གྲངས་ཉུང་མི་རིགས་ཀྱི་ཁུལ་དང་འབྲོག་ཁུལ་གྱི་འགྲིམ་འགྲུལ་སྟབས་བདེའི་བའི་ས་ཡི་ནོ་ཚོང་ར་འདུགས་ཀྱི་རྣམ་པ་ཞིག་ཡིན། དཔེར་ན། ཕྲག་འཁུར་ཚོང་དང་སྒྱེ་འཁུར་ཚོང་། རྒྱབ་ཁུར་ཚོང་ཁང་རྟ་ཁུར་ཚོང་། དེ་དག་ནི་ཉོ་མཁན་མཆོང་འདྲེས་ཀྱི་རྣམ་པ་སྤྱོད་ནས། རི་ཁུལ་དང་འབྲོག་ཁུལ་དུ་ཟབ་ཞུགས་བྱས་པའི་འབབ་ཞིབ་རྣམ་པ་ཞིག་ཡིན། འདིའི་ཁྱད་ཆོས་གཙོ་བོ་ནི། གཞི་རྒྱ་ཆུང་བ་དང་སྤབས་བདེ་བ། འགུལ་སྐྱོད་ཀྱི་ས་རྒྱ་ཆེ་བ། དམིགས་ས་གཏན་འཁེལ་ཡིན་པ་བཅས་ཡིན།

Flow trade referred to a form of trade organization in remote mountainous areas or pasturing areas of some ethnic minorities. Such as street vendor's load (carried on a shoulder pole), pack basket store and horseback store, etc. The mode was the purchase-market integration, which goes deep into cottages and pasturing areas and serves by a migrating manner. The characteristics were small scale, flexible, wide flowability and definite-target.

流官 指中国明、清朝时在四川、云南、广西等地少数民族聚居地区所置的地方官，有一定任期，相对于世袭的"土官"而言。

ཨམ་བན། མིང་དང་ཆིང་རྒྱལ་རབས་ཀྱི་དུས་སྐབས་སུ་སྲིད་གཞུང་གིས་སི་ཁྲོན་དང་ཡུན་ནན། ཀོང་ཞི་སོགས་གྲངས་ཉུང་མི་རིགས་ཀྱི་ས་ཁུལ་དུ་བཙན་བོད་ལ་མངགས་པའི་ས་གནས་དཔོན་ཞིག་ཡིན། ཡལ་དཔོན་རྒྱས་འཛིན་ལས་ཡུལ་ཡིག་དང་བསྟར་ན། ཨམ་བན་གྱི་འགན་ཁུར་ཡུན་གཏན་འབྱིལ་ཡིན།

Liuguan（circulatory officials）referred to the officials of local government in the areas inhabited with minorities of Sichuan, Yunnan and Guangxi in the Ming and Qing Dynasties in China, which had certain tenure and was relative to the "hereditary native officials".

《流沙坠简》 中国近代考古学著作。罗振玉、王国维合撰。共 3 册。1914 年出版。据法国人沙畹著作中的照片，收录英籍人斯坦因在中国盗掘的敦煌汉简、罗布泊汉晋简牍及少量纸片、帛书等，共计588枚（件）进行考释。为中国近代最早研究简牍的著作。

《དེབ་བྱེར་ལྦུའི་བྱུའི་ཅན》 ཀྲུང་གོའི་ཞི་རབས་ཀྱི་གནའ་རྫས་རྟོག་ཞིབ་རིག་པའི་བརྩམས་ཆོས་གྲས་ཤིག་ཡིན། ལྦུའི་གྱེལ་ཡུམ་དང་ཝང་གོ་ལྦུའི་གཉིས་ཀྱིས་མཉམ་དུ་རྩོམ་བསྒྲིགས་བྱས། ཕྱིའི་དེབ་གསུམ་ཡོད། ༡༩༡༤ ལོར་དཔར་དུ་སྐྲུན། གཙོ་བོ་ཧྥ་

ཤིའི་མཁས་པ་ཀྲགས་ཅན་ཞན་ཝན་གྱི་དཔེ་ཆའི་ནང་གི་འདྲ་པར་དང་། དབྱིན་ཇིའི་ཧྥི་ཐེན་དབྱིན་གྱིས་ཀྲུང་གོའི་ཏུན་ཧོང་ཞིང་ཆེན་ལ་རྐུ་ཤིག་གི་ཡིག་བྲིས་དང་སྲུག་བྲིས་མ། གཞན་དང་ལོའུ་ཕོའི་མཚོའི་ཀྱི་ཆུ་ཡིག་གི་ཧན་བྲིས་དང་སྲུག་བྲིས་མ་སོགས་པར་རིས་དང་དངོས་བྱེའི་ཚལ་ཤོག་གཞན་ལ་གཉིས་བྱ་ནས། ཁྱོན་རིག་འདོམ་ ༥༨༨ ཞིག་འདུག་དང་འགྲེལ་བཤད་གནང་། འདིའི་ཀྱུང་གོའི་ལོ་རྒྱུས་ཐོག་ཏུ་ཤིང་བྱིས་དང་སྲུག་བྱིས་མ་ལ་ཞིབ་འཇུག་བྱ་བའི་བརྩམས་ཆོས་ཆེས་སྔ་ཤོས་ཡིན།

Liushazhuijian was a work of archaeology of modern China and was written by Luo Zhenyu and Wang Guowei. There were three volumes in total and was published in 1914. According to the photos of the work of Edouard Chavannes, a Frenchman, it included Dunhuang bamboo slips of Han Dynasty, Lop Nor bamboo slips of Han and Jin Dynasties and several scraps of paper and silk manuscripts excavated illegally by Marc Aurel Stein. It makes textural criticisms and explanations to the 588 slips in total. It was the first work on the research of bamboo slips in modern China.

《柳边记略》 书名。清杨宾撰。5 卷。成书于康熙中叶。记载东北地区风俗、明代建置及清初满洲字及老档之名称。

《རྒྱ་ལྕུང་འགྲམ་གྱི་དགས་བྲིས》 དཔེའི་མིང་། ཆིང་རྒྱལ་རབས་ཀྱི་དབང་ཕྱུག་གྱིས་བརྩམས། པོད་བཞི་ཡོད། དཔེའི་ཆ་བསྒྲིགས་དུས་གོང་མ་ཁང་ཞིའི་དུས་སྐབས་བར་མ་ཡིན། དེའི་ནང་དུ་བྱང་ཤར་ས་ཁུལ་གྱི་ཡུལ་སྲོལ་གོམས་དང་མིང་རྒྱལ་རབས་གསར་དུ་

བཤུགས་པའི་བཀྱུད་རིམ། ཆིང་རྒྱལ་རབས་དུས་མགོའི་
མན་ཇུའི་ཡི་གེ་དང་ཡིག་ཉིང་གི་མིང་སོགས་བཀོད་ཡོད།

Liubianjilue (Description of lands within and without the Willow Palisade) was a book written by Yang Bin of the Qing Dynasty. It had five volumes and was accomplished in the middle period of the reign of Emperor Kangxi. The book recorded the custom of northeast areas, the organizational system of the Ming Dynasty, Manchuria scripts and the name of the old file in the early Qing Dynasty.

柳条边 是清廷为了保护满洲皇室"龙兴重地",防止满族汉化,独占东北的经济利益,限制各族人民往来而修筑的标示禁区的柳条篱笆。史称"柳条边"。始建于清康熙年间。全长1300公里,设边门20座、边台168座,水口(柳条边横跨江河处)数百。

ལྕུག་ཕྲན་ར་བ། ཆིང་སྲིད་གཞུང་མན་ཇུའི་རྒྱལ་རིགས་ཀྱིས་རང་གི་ཕོ་བྲང་སྲུང་སྐྱོབ་དང་མན་ཇུ་རིགས་རྒྱ་རིགས་སུ་མི་འགྱུར་བ། གཞན་བྱང་ཤར་ཁུལ་སྟེར་བཟུང་གི་དཔལ་འབྱོར་ཁེ་ཕན་སོགས་ཀྱི་ཆེད་དུ། རིགས་སོའི་མི་དམངས་འགྲོ་འོང་བྱེད་མི་ཆོག་པའི་བཀག་སྟོན་ཁུལ་ཞིག་བཚུགས་པར་ལོ་རྒྱུས་སུ་ལྕུག་ཕྲན་ར་བ་ཞེས་འབོད། དེའི་གོང་མ་ཁང་ཞིའི་དུས་སྐབས་སུ་འཛུགས་སྐྲུན་བྱས་པ་ཡིན་ལ། རིང་ཚད་ལ་སྤྱིའི་ལེ་༡༣༠༠ཡོད། སྒོ་སྒོ་རའང་སྟེང་ཆ་༡༦༨། རྒྱ་འབབ་ཁ་བརྒྱ་ཚོ་མང་ཞིག་བཙུགས་ཡོད།

The Willow Palisade was the fence of wickers which was used to mark the forbidden zones and restrict the contacts among the ethnic peoples in order to protect the "Imperial important place" of the imperial household. The fence, as a barrier to prevent the Manchu from assimilating with the Han and monopolize the economical benefits of the Northeast by Qing Imperial, was also called the Willow Palisade in history. It was built during the reign of Emperor Kangxi and 1,300 km in total. It set up 20 wicket doors, 168 side platforms and hundreds of water gaps (the places where the Willow Palisade stretched across rivers).

六大政策 1936年军阀盛世才统治新疆时提出的政治纲领。即"反帝""亲苏""民平""清廉""和平""建设"。在当时具有一定的民主主义性质。

སྲིད་བྱུས་ཆེན་པོ་དྲུག ༡༩༣༦ལོར་དམག་དཔོན་ཤིན་ཤི་ཚའེ་ཡིས་ཞིན་ཅང་ཁུལ་དབང་བསྒྱུར་སྐབས་བཏོན་པའི་ཆབ་སྲིད་ཀྱི་རྩ་འཛིན་ཞིག་ཡིན། དེའི་ནང་དུ་བཙན་རྒྱལ་རིང་ལུགས་ལ་ངོ་རྒོལ་དང་སུའུ་ཞིན་དང་མཛའ་འབྲེལ། མི་དམངས་འདྲ་མཉམ། སྤྱོད་གཙང་། ཞི་བདེ། འཛུགས་སྐྲུན་སོགས་ཀྱི་ནང་དོན་བཀོད་པར་གཞིགས་ན། སྐབས་ཕྱེད་དེར་དམངས་གཙོ་རིང་ལུགས་ཀྱི་ངོ་བོ་རེས་ཅན་ཞིག་ལྡན་པ་ཤེས་ཐུབ།

The Six Policies was the political program promulgated by the warlord, Sheng Shicai in his reign to Xinjiang in 1936. It referred to "anti-imperialism", "kinship to Sovietism", "racial or national equality", "free from corruption", "peace" and "reconstruction", which possessed the nature of democracy for the time.

六狄 指我国古代北方民族狄的六部落,

是西周时对狄人的统称。

དི་ཚོ་དྲུག རང་རྒྱལ་གནའ་རབས་སུ་བྱང་ཕྱོགས་ཀྱི་རིགས་ཀྱི་ཚོ་པ་དྲུག་གོ་དགོས། གྲོལ་ཞུན་མའི་དུས་སྐབས་སུ་ཏི་སྤྱིལ་འབོད་པའི་མིང་ཡིན།

Six Di (a term given to northern tribes in ancient China) referred to the six tribes of Di, the ancient north ethnic group of our country. It was the general name for Di people in the Western Zhou Dynasty (ca. 11th century-771 BC).

六谷部 主要由吐蕃人组成的部落群。又称"六谷蕃众"或"六谷蕃部"。842年吐蕃瓦解后在河西凉州（今甘肃武威）逐渐形成，是五代十国和宋朝初年河西吐蕃的主要活动势力。其以凉州附近的6个山谷为聚落，故名。

ཀླུང་ཚོ་དྲུག གཙོ་བོ་བོད་པས་གྲུབ་པའི་ཚོ་ཁག་འགའ་ཡིན། མིང་གཞན་ལ་སྟོད་དམངས་ཀྱི་ཀླུང་ཚོ་དྲུག་གམ་ཀླུང་དྲུག་གི་བོད་ཚོ་ཡང་ཟེར། དེ་ནི་༨༤༢ལོར་བོད་སིལ་བུར་འཕོར་རྗེས་རྒྱལ་ཡིང་གྲོའི (དེང་གི་ཀན་སུའུ་ཞུའུ་ཝེ)ཁུལ་དུ་རིམ་བཞིན་ཆགས་པ་ཡིན། རྒྱལ་རབས་ལྔ་དང་རྒྱལ་ཁབ་བཅུ་དང་། སུང་གི་དུས་མགོར་ཆུ་བཞུར་ཡོན་གྱི་རྒྱལ་ཁབ་ཀྱི་སྟོངས་ཤུགས་གཙོ་བོ་ཡིན། དེ་དགའི་ཡིང་གྲོའི་ཉེ་འགྲམ་ཀྱི་ལུང་བ་དྲུག་ཏུ་ཆགས་ཡོད།

Six-valley tribe was a tribe group consisted of Tubo people in principal and it was called "Six-valley Tibetan people" or "Six-valley Tibetan tribe" as well. After the collapse of Tubo in 842, the tribe grew up in Liangzhou, Hexi (today's Wuwei, Gansu). It was the major power of the Tubo in Hexi during the Five Dynasties and Ten Kingdoms (907-979). There were six valleys near Liangzhou, hence the name.

六年不改方针 1956年中央在西藏宣布该方针。即第一个五年计划（1953—1957）和第二个五年计划（1958—1962）期间有六年在西藏不实行民主改革，第三个五年计划期间是否实行民主改革，视西藏当时情况而定。

ལོ་དྲུག་ལ་མི་བསྒྱུར་བའི་བྱེད་ཕྱོགས། འདི་ནི་༡༩༥༦ལོར་ཀྲུང་དབྱང་གིས་བོད་ལྗོངས་སུ་བཏོན་པའི་བྱེད་ཕྱོགས་ཤིག་ཡིན། དེ་ནི་གཙོ་བོ་འི་ལོ་ལྔའི་འཆར་གཞི་དང་པོ (༡༩༥༣—༡༩༥༧) ནས་ལོ་ལྔའི་འཆར་གཞི་གཉིས་པའི (༡༩༥༨—༡༩༦༢) བར་གྱི་ལོ་དྲུག་གི་རིང་བོད་ལྗོངས་སུ་དམངས་གཙོ་བཅོས་སྒྱུར་མི་བྱ་བ་དང་། ལོ་ལྔའི་འཆར་གཞི་གསུམ་པའི་སྐབས་སུ་དམངས་གཙོ་བཅོས་སྒྱུར་བྱ་མིན་ནི་སྐབས་དེའི་བོད་ལྗོངས་ཀྱི་དངོས་ཡོད་གནས་ཚུལ་གཞིག་ནས་ཐག་གཅོད་བྱ་རྒྱུ་དེ་ཡིན།

The decision that no reform should be carried out in Tibet within six years was released by the Central People's Government in 1956. It means that the government pursued the policy of no democratic reform during the period of six years of the first five-year plan (1953-1957) and the second five year plan (1958-1962) in Tibet. Whether or not implement the policy of democratic reform during the third five-year plan will be decided according to the circumstance of Tibet at that time.

六戎 我国古代西方戎族之六部。即侥夷、

戎夷、老白、耆羌、鼻息、天刚六戎。后用以为西方民族之泛称。

རོང་ཚོ་དྲུག་ རང་རྒྱལ་གནའ་རབས་ནུབ་ཕྱོགས་ཀྱི་རོང་རིགས་ཀྱི་ཚོ་པ་དྲུག་ལ་གོ་དགོས། དེ་དག་ནི་ཡོའེ་དབྱི་དང་རོང་དབྱི། ལའོ་པའེ་དང་ཆི་ཆང་། པི་ཞི་དང་ཐེན་གང་བཅས་ཡིན། གཞུག་ཏུ་ནུབ་ཕྱོགས་ཀྱི་མི་རིགས་ཁག་གི་སྤྱི་མིང་ལ་ཆགས།

Six Rong were the six tribes of Rong ethnic group in the west of ancient China including Jiaoyi, Rongyi, Laobai, Qiqiang, Bixi and Tiangang, and served as general term of ethnic groups in western China later.

六十二项援藏工程　1994年中央在召开的第三次西藏工作座谈会上，决定的由中央有关部门和全国各省市、自治区为西藏兴建的62项工程。是继43项工程后，又一次大规模援藏。总投资23亿，惠及能源、交通、邮电等基础设施和农业、文化教育领域。

བོད་སྐྱོབས་ལ་རོགས་སྐྱོར་བྱེད་པའི་དོན་ཚན་དྲུག་ཅུ་རེ་གཉིས། ༡༩༩༤ལོར་བོད་ལྗོངས་ལས་ཀའི་བཞུགས་མོལ་ཚོགས་འདུ་ཐེངས་གསུམ་པའི་སྐྱེད་སྒྱུར་དབྱིལ་བྱེད་ལ་ཁྱབ་དང་རྒྱལ་ཡོངས་ཀྱི་ཞིང་ཆེན་དང་ཐབ་གཏོགས་གྲོང་ཁྱེར། རང་སྐྱོང་ལྗོངས་ཁག་གིས་བོད་ལྗོངས་ཀྱི་འཕེལ་རྒྱས་ལ་དོན་ཚན་དྲུག་ཅུ་རེ་གཉིས་བཏོན། འདི་ནི་དོན་ཚན་ཞེ་གསུམ་ལག་བསྟར་རྗེས་བོད་སྐྱོབས་ལ་རོགས་སྐྱོར་བྱེད་པའི་ཆེས་ཆེ་བའི་རྒྱ་ཚད་བའི་གནད་ཞིག་ཡིན། ཕྱིར་འགྲོ་སྒོར་སྐྱོར་ཁྱོན་བསྡོམས་དངུལ། ནུས་ཁུངས་དང་འགྲིམ་འགྲུལ། ཡིག་འཛག་སོགས་རྨང་གཞིའི་སྒྲིག་ཆས་དང་ཞིང་ལས། རིག་གནས་སློབ་གསོ་ཡར་རྒྱས་གཏོང་རྒྱུ་བཅས་སོ།

Sixty-two Construction Projects in Aiding Tibet It was in the Third Forum on Work in Tibet held by Central Committee of Chinese Communist Party in 1994 that the 62 projects were settled, which would all be constructed by the relevant departments under the Party's Central Committee and State Council and every province, municipality, and autonomous region throughout China. It was another large-scale aid for Tibet after the 43 Projects, whose gross investment is 2.3 billion RMB. These projects would benefit the fields like agriculture, culture, education and infrastructures like energy, transportation, post and telecommunication, etc.

六万户　1. 明代东部蒙古（鞑靼部）各部的统称。分左、右翼，各3部。2. 明朝后半期蒙古的军事、行政建制。达延汗统一蒙古各部后，在东部蒙古左、右翼六部基础上设立6个万户。

ཁྲི་སྐོར་དྲུག་ ༡ མིང་རྒྱལ་རབས་སྐབས་སུ་ཤར་ཕྱོགས་ཀྱི་སོག་པོའི་ཚོ་པ་ཁག་གི་སྤྱི་མིང་། གཡས་གཡོན་གཉིས་སུ་དབྱེ་བ་ལས་རེ་རེར་ཚོ་པ་གསུམ་རེ་ཡོད། ༢ མིང་རྒྱལ་རབས་ཀྱི་ཕྱེད་སྐྱེད་ལ་སོག་པོའི་དམག་དོན་དང་སྲིད་འཛིན་ལ་ཞུགས་སློབ་རྒྱུན་ཅན། ཡ་རྒྱལ་པོ་སོག་པོའི་ཚོ་ཁག་སོ་སོའི་འཚིར་གྱུར་རྗེས། ཤར་ཕྱོགས་ཀྱི་གཡས་གཡོན་གཉིས་སུ་ཡོད་པའི་སོག་པོའི་ཚོ་དྲུག་པོ་གཞིའི་ཐོག་སྟེང་ཁྲི་སྐོར་དྲུག་ཏུ་གཏན་འབེབས་བཟོས།

Six Tumens (unit of ten thousand) 1. the

collective name of the Eastern Mongolia (the Tartar) tribes of the Ming Dynasty, which included the left and right wing with three sections respectively; 2. the military and administration organization system of Mongolia in late half of the Ming Dynasty. After having unified each tribe of Mongolia, Dayan Khan set up Six Tumens on the base of the six sections of the left and right wing of Eastern Mongolia.

六信 伊斯兰教6条基本信仰纲领的总称。根据《古兰经》的启示，被归纳、概括为：信安拉、信使者、信天使、信经典、信末日、信前定。

ཡིད་ཆེས་དྲུག་ དཔྱི་སི་ལན་ཆོས་ལུགས་ཀྱི་གཞི་རྩར་གྱུར་པའི་དད་པའི་རྩ་འཛིན་གྱི་སྒྲི་མིད་ཡིན། 《ཁུ་རན་གསུང་རབ》གཞི་ལ་བཟུང་ནས། དེ་དག་ནི་ཨ་ལ་ལ་ཡིད་ཆེས་པ། སུལ་ཏན་མོ་སྐྱེན་པོ་ལ་ཡིད་ཆེས་པ། ཁུ་རན་གསུང་རབ་ལ་ཡིད་ཆེས་པ། སྐྱེ་བོ་ལ་འཇིག་རྟེན་པར་ཡིད་ཆེས་པ། ལས་དབང་ལ་ཡིད་ཆེས་པ་བཅས་ཡིན།

The Six Articles of Faith is the general name of the six basic guiding principles of Islam. According to the inspiration of *the Quran*, it can be concluded as the belief in Allah, the belief in Mohammed as his Messengers, the belief in his Scriptures, the belief in his Angles, the belief in the Day of Judgment, and the belief in the Destiny.

六诏 唐西南夷中乌蛮6个部分的总称。唐初，分布在洱海地区的众多少数民族部落经过相互兼并，最后形成"蒙巂诏、越析诏、浪穹诏、邆赕诏、施浪诏、蒙舍诏"6个大的部落，统称"六诏"。因位于诸诏之南，蒙舍诏又称"南诏"。

ཀྲའོ་ཚོ་དྲུག ཐང་རྒྱལ་རབས་ཀྱི་སྐབས་སུ་ལྷོ་ནུབ་ཁུལ་གྱི་དབྱི་ཡི་ནང་དུ་ཟུར་པའི་གནམ་ཚོ་པ་དྲུག་གི་སྤྱི་མིང་ཡིན། ཐང་གི་དུས་འགོར། ཨེར་ཧའི་མཚོ་རྒྱུད་དུ་ཁྱབ་པའི་གྲངས་ཉུང་མི་རིགས་ཀྱི་ཚོ་པ་མང་པོ་ཕན་ཚུན་བསྡུས་བརྒྱབས་མཐར། མོན་ཞི་ཀྲའོ་དང་ཡུའེ་ཞི་ཀྲའོ། ལང་ཆུང་ཀྲའོ། ཏན་ཐན་ཀྲའོ། ཞི་ལང་ཀྲའོ། (ནི) སོགས་ཚོ་པ་ཆེན་པོ་དྲུག་གི་རྒྱལ་པ་ཁགས་དེ་དག་གི་སྤྱི་མིང་ལ་ཀྲའོ་ཚོ་དྲུག་ཟེར། ཞེས་ཇི་ཀྲའོ། (ནི) ཆེས་ལྷོ་མ་བར་གནས་པས་གཏོར་སྦྱ་མ་ཡང་ཟེར།

Liu Zhao (six tribes) was the general name of the six sections of the Wuman Group of the Southwestern Ethnic Minorities in the Tang Dynasty. In the early period of Tang Dynasty, through mutual annexation, numerous ethnic tribes distributed in the Lake Erhai finally developed into six large tribes, namely Mengsui, Yuexi, Langqiong, Dengtan, Shilang, and Mengshe. These tribes are generally named as Liu Zhao. Because located in the south of the other five tribes, Mengshe Zhao was also named Nanzhao.

六字真言 佛教真言。亦称"六字大明咒"。藏语称"嘛呢音珠"。指"唵、嘛、呢、叭、咪、吽"六字。是观世音菩萨咒，源于梵文，象征一切诸菩萨的慈悲与加持。其内涵异常丰富，蕴藏了宇宙中的大能力、大智慧、大慈悲。藏传佛教认为，常持诵六字大明咒，可积功德。

མ་ཎི་ཡིག་དྲུག་ ཡི་གེ་དྲུག་མ་སྟེ། ལེགས་སྦྱར་སྐད་ཀྱི་ ཨོཾ་མ་ཎི་པདྨེ་ཧཱུྃ་ཡིན། དེ་ནི་འཕགས་པ་སྤྱན་རས་གཟིགས་ཀྱི་གཟུངས་ཀྱི་སྙིང་པོའི་ཐིག་ལེ་ཡིན་ལ། བྱང་ཆུབ་སེམས་དཔའ་ཆེན་པོའི་བྱམས་སྙིང་རྗེ་དང་བྱིན་རླབས་མཚོན་བྱེད། གཞན་མ་ཎི་ཡིག་དྲུག་གི་བསྟན་དོན་ཕུན་སུམ་ཚོགས་པ་སྟེ། འཇིག་རྟེན་ཁམས་ཆེན་པོའི་ཉུས་མཐུ་ཆེན་པོ་དང་། ཤེས་རབ་ཆེན་པོ། བྱམས་སྙིང་རྗེ་ཆེན་པོ་བཅས་འདུ། བོད་བརྒྱུད་ནང་བསྟན་གྱི་དགོངས་པ་ལྟར་ན། མ་ཎི་ཡིག་དྲུག་དག་ཏུ་བཟླས་ན་དགེ་བ་འཕེལ་ཞིང་དགེ་བསོད་ལ་མི་སྙུང་བའོ།།

Six-Character Truth, also called the Six-Character Great Bright Mantra, is the truth of Buddhism. In Tibet, it is called "Ma Ni Ying Zhu". It refers to six characters of "Om, Ma, Ni, Pad, Me, Hum". Originated from Sanskrit, it is the Mantra of Avalokiteshvara, with the symbol of the mercy and enchantment of all Bodhisattvas. With extremely abundant contents, it includes the great power, the great wisdom, and the great mercy of the universe. In the point of Tibetan Buddhism, it is useful to constantly recite the Six-Character Great Bright Mantra in order to gain merits and virtues.

六族共和 民国初年达斡尔族上层金鹤年等人提出的政治主张。即在孙中山提出的汉满蒙回藏"五族共和"基础上，加进达斡尔族。

མི་རིགས་དྲུག་གི་སྤྱི་མཐུན། མིན་གོའི་དུས་མགོར་ཏ་ཧོར་རིགས་ཀྱི་མཐོ་རིམ་མི་སྣ་ཚེ་ཆེན་ནན་སོགས་ཀྱིས་བཏོན་པའི་སྲིད་གཞི་ཞིག་ཡིན། མིན་གུང་ཧྲན་ལགས་ཀྱིས་བཏོན་པའི་རྒྱ་རིགས་དང་མན་ཇུ་རིགས། སོག་རིགས་དང་ཧུའི་རིགས། བོད་རིགས་སོགས་ཀྱི་མི་རིགས་ལྔའི་སྤྱི་མཐུན་གྱི་རྩ་གཞིའི་སྟེང་། ཏ་ཧོར་མི་རིགས་བསྣན་ཏེ་མི་རིགས་དྲུག་གི་སྤྱི་མཐུན་གྱི་འདོད་ཚུལ་བཏོན།

Six Races Under One Union refers to the political view in the early years of the Republic of China (1911-1949), proposed by the upper people of the Daur people, such as Jin Henian. In other words, on the base of Sun Yat-Sen's "Five Races Under One Union", it adds the Daur people to the Han, the Manchus, the Mongols, the Hui, and the Tibetans.

龙巴门 云南西双版纳傣族自治州哈尼族地区寨门的汉称。被视为神圣不可侵犯之物，它可能是农村公社时期社神的象征。哈尼族认为住在门内的人，就可以得到村社神的保护和同寨人的帮助。每寨有正门一道，侧门两道。门以木制，上附鸟兽、人像等粗雕木饰。

ལུང་པ་སྒོ། ཡུན་ནན་ཞིང་ཆེན་ཞི་ཧྲོང་པན་ན་ཏའི་རིགས་རང་སྐྱོང་ཁུལ་ཏེ་ཧེ་རིགས་ས་ཁུལ་གྱི་གྲོང་སྡེའི་གཞུང་སྒོའི་རྒྱ་སྐད་ཀྱི་མིང་ཡིན། མི་རིགས་དེ་གྲོང་སྡེའི་གཞུང་སྒོའི་མཚོན་དུ་གྱུར་པར་བགྱུར་ཆེད། ཐམས་ཀྱིས་ཕོག་གཏུག་བྱེད་མི་རུང་བའི་འདུ་ཤེས་བཟུང་། དེའི་ཕྱིར་གཞན་གྱིས་དུས་སྐབས་ཀྱི་ཐུགས་མཆོད་ཡིན་གྱི་སྲིད། ཏེ་ཧེ་རིགས་ཀྱི་མི་རྣམས་ཀྱིས་གཞུང་སྒོ་འདིའི་ནང་དུ་གནས་པ་རྣམས་ལ་སྡེ་སྒུར་ལྷུང་སྐྱོབ་དང་མི་གཞན་གྱི་རིགས་སྐྱོང་ཐོབ་ཐབས་པར་འདོད། སྒོ་སྟེ་སོར་གཞུང་སྒོ་གཅིག་དང་གློ་སྒོ་གཉིས་ཡོད་ལ། རྒྱ་ཚ

ཞིང་གིས་བཟུངས་ཞིང་། རོས་སུ་བྱ་དང་མི་ཡི་གཟུགས་
རིས་བཀོད་ཡོད།

Longba Gate refers to the Chinese name of the village gate in the Hani areas of Xishuangbanna Dai Autonomous Prefecture, Yunnan Province. It is sacred and inviolable. It may be the symbol of the god of the land in ancient rural areas. In the perspective of the Hani people, people living in the gate can gain the protection of the god of the land and assistance of other villagers. In each village, there are three gates: the main one and two side one. All the wooden gates are decorated with carved wood of birds, beasts and figures.

龙口城 亦称"龙首关"。古地名。故址在今云南大理北上关。8世纪初南诏王皮罗阁筑关，为南诏、大理立国时都城北面的防戍要地。蒙古忽必烈曾由此取大理。

འབྲུག་ཁ་མཁར། གནས་འབྲུག་མགོ་འགག་སྟོ་ཡང་ཟེར། གནས་པོའི་ས་མིང་ཞིག་ཡིན། གནས་སུལ་དེ་ནི་དེང་གི་ཡུན་ནན་ཏུ་ལིའི་མཁར་གྱི་འགག་སྟོ་གོང་མར་ཡོད། དུས་རབས་བརྒྱད་པའི་དུས་མགོར་འཛིན་གྱི་རྒྱལ་པོ་པི་ལིའོ་གོ་ཡིས་གསར་དུ་བཞེངས། རྒྱལ་སའི་མཁར་རྫོང་གི་བྱང་ཕྱོགས་ཀྱི་འགག་སྟོ་གལ་ཆེན་ཞིག་ཡིན། སོག་པོའི་སེ་ཆེན་རྒྱལ་པོས་ཏ་ལིའི་མཁར་འགག་སྟོ་འདི་བརྒྱུད་ནས་བཟུང་བ་ཡིན།

Longkou (Dragon Head) Town, also called "Longshou Pass", is an ancient place name, which is now the Beishang Pass in Dali, Yunnan province. In the early of 8th century, Pi Luoge, the king of Nanzhao, built this pass, which was the key place of defense in the north of the capital, during the establishment of Nanzhao and Dali. The Mongolian Kublai Khan once attacked and occupied Dali from Longkou Town.

龙尾城 古城名。亦称"龙尾关"。故址在今云南下关市。8世纪初南诏王皮罗阁筑关，为南诏、大理立国时都城南面的防戍要地。

འབྲུག་ང་མཁར། གནས་"འབྲུག་ང་འགག་སྟོ"ཡང་ཟེར། གནས་སུལ་དེ་ནི་དེང་གི་ཡུན་ནན་ཞིང་ཆེན་གྱི་ཞི་གོན་གྲོང་ཁྱེར་དུ་ཡོད། དུས་རབས་བརྒྱད་པའི་དུས་མགོར་འཛིན་གྱི་རྒྱལ་པོ་པི་ལིའོ་གོ་ཡིས་གསར་དུ་བཞེངས། རྒྱལ་སའི་མཁར་རྫོང་གི་ལྷོ་ཕྱོགས་ཀྱི་འགག་སྟོ་གལ་ཆེན་ཞིག་ཡིན།

Longwei (Dragon Tail) Town, also called "Longwei Pass", is an ancient place name, which is now the Xiaguan City in Dali, Yunnan province. In the early of 8th century, Pi Luoge, the king of Nanzhao, built this pass, which was the key place of defense in the south of the capital, during the establishment of Nanzhao and Dali.

龙夏·多吉次杰（1881—1940） 藏族。今日喀则地区谢通门县人。原噶厦官员，西藏近代改良派代表人物。1914年率4名贵族子弟赴英留学，开始接受资产阶级民主思想。回拉萨后，欲对西藏的社会制度进行改良，曾组织"吉求贡吞"（求幸福者同盟）。后因触犯保守势力的利益，入狱受到酷刑。

ཡུང་བར་རྡོ་རྗེ་ཚེ་བརྒྱལ། (1881—1940)
བོད་རིགས། གྲོང་གི་གཞིས་ཀའི་ཞང་འབྱོར་སྨོན་གྲོང་
མི་ཡིན། བགར་ཤག་སྲིད་གཞུང་གི་དཔོན་པོ་ཞིག་ཡིན་
པ། བོད་ཀྱི་ཉེ་རབས་ཡར་ཐོན་ཚོགས་པའི་མི་སྣ་གཙོ་བོ་
ཞིག་ཀྱང་ཡིན། 1914ལོར་ཁོང་གིས་སྐུ་དྲག་གི་བྱིས་པ་
བཞི་བྱིན་དང་བཅས་དབྱིན་ཇིར་ཕྱིན་ཞིང་། དེ་གས་འཕྲོས་
ལྷན་གྲུབ་རིམ་གྱི་དབང་གཙོའི་བསམ་བློ་ལ་སློབ་སྦྱོང་
བྱས། ཕྱིར་ལྷ་ས་རུ་ལོག་རྗེས་བོད་ཀྱི་སྤྱི་ཚོགས་ལམ་
ལུགས་ལ་བཅོས་སྒྱུར་གཏོང་ཆེད། སྐྱིད་ཕྱོགས་ཀུན་
མཐུན་ཚོགས་པ་ཞེས་འགུལ་བྱུང་སྐྲུན་བྱས། རྗེས་སུ་ཉིད་
ཉིན་ཕྱོགས་ཁག་གི་ཁེ་ཕན་ཕོག་པས་
བཙོན་དུ་བཅུག

Lungshar Rdorje Tshergyal (1881-1940) is a Tibetan born in Xietongmen County of Shigatse. He was an official of Gaxag, the representative figure of the Reformists in modern Tibet. In 1914, he, together with four noble youngsters, went to study in Britain, beginning to receive the democratic thought of the bourgeoisie. After returning to Lhasa, he tried to reform the social system of Tibet, and once organized "Jiqiugongtun (Tibetan: skyid phyogs kun mthun)", which means the Alliance on the Side of Happiness. However, because of going against the interests of the conservative force, he was put in prison to be cruelly tortured.

龙云（1884—1962） 滇军将领。彝族。云南昭通市人。1927年策动"二六政变"，主政云南18年，曾任云南省国民政府主席，被称为"云南王"。抗战时期任第一集团军总司令等职，遣滇军20多万人赴抗战前线。1945调任"军事参议院院长"虚职。解放后参加新政府，任国防委员会副主席等职。

ཡུང་ཡུན། (1884—1962) དབྱིན་རིགས་
ཡུན་ནན་ཞིང་ཆེན་གཞུང་ཐུང་གི་མི་ཡིན། ཡུན་ནན་ཇེན་
དམག་གི་དམག་དཔོན་ཞིག་ཡིན། 1927ལོར་གཞིས་
ཐུག་སྒྲིག་འགྱུར་ལ་དགོང་བྱས། ཡུན་ནན་གྱི་སྲིད་
བྱ་བོ 18ལ་བསྐྱངས་སྨྲོང་། ཐོན་ཚད་ཡུན་ནན་ཞིང་
ཆེན་རྒྱལ་དབང་སྲིད་གཞུང་གི་ཀྲུའུ་ཞིའི་འགན་འཁུར་
དང་། ཡུན་ནན་རྒྱལ་པོ་ཞེས་པའི་མཚན་ཐོག ལྕང་
འགོག་དམག་འཁྲུག་སྐབས་སུ་མཚན་མཐུན་དམག་སྡེ་
དང་པོའི་དམག་སྤྱིའི་འགན་ཁུར་ཞིང་། ཉེན་དམག་པོ
20ལྷག་འགོར་དམག་འཁྲུག་གི་གཡུལ་སར་དཔོན་
རོགས་སུ་བཏང་། 1945ལོར་དམག་དོན་ཚན་
དབྱིན་གྲོས་ཁང་དུ་ལས་གནས་སྟོན་ཏེ་དེ་གཡོན་གྱང་
གི་འགན་བཞེས། བཅིངས་འགྲོལ་རྗེས་སུ་རྒྱལ་སྲུང་
ཨུ་ལྷན་ཁང་གི་ཀྲུའུ་ཞི་གཞོན་པའི་འགན་འཁུར།

Long Yun (1884-1962) was an ethnic Yi general and governor of Yunnan Province, who was born in Zhaotong City, Yunnan. In 1927, he launched "a coup on Feb 6th" to become the governor of Yunnan for 18 years. Also, he once took over the Yunnan Nationalist Government as chairman, known for "the king of Yunnan". In the Sino-Japanese War, he was nominated as commander-in-chief of the 1st Army Group, dispatching over 200,000 Yunnan troops to the frontline. In 1945, he was forced to hold a meaningless post of the dean of Military Senate. After the establishment of the People's Republic of China, he joined the new government, and was awarded with several positions, such as vice-chairman of the National Defense Committee.

陇 傣语音译。解放前云南西双版纳傣族封建领主制下农村地方组织的一级行政单位。相当于乡。

ཡུང་། ཏའེ་སྐད་སྒྲ་བསྒྱུར། བཅིངས་འགྲོལ་ཡར་སྔོན་དུ་ཡུན་ནན་ཞི་ཤོང་པན་ནའི་ཏའེ་རིགས་ཀྱི་བཀས་བཀོད་རྒྱུད་འཛིན་གྱི་ལམ་ལུགས་འོག་ཏུ། ཞིང་སྡོང་ས་ཁུལ་ལག་བསྟར་བྱེད་བཞིན་པའི་རིམ་པ་དོག་མའི་སྲིད་འཛིན་ལས་ཁུངས་ཤིག་ཡིན། ཕལ་ཆེར་དེང་གི་ཞང་ལྟ་བུ་ཁུལ་གྱི་ཞང་དང་འདྲ་བོ། །

Long, the transliteration of the Dai language, refers to, before the liberation of China, the primary administrative unit of rural organization of the feudal seigniorial system of the Dai people in Xishuangbanna, Yunnan Province. It is the equivalent of a village.

楼兰古城 "楼兰"是汉代西域国名。古城遗址位于新疆若羌县，孔雀河道南岸7公里处。现占地面积约11万平方米，略呈正方形，用泥土、芦苇、树枝相间修筑的城墙仍依稀可辨。整个遗址散布在罗布泊西岸的雅丹群中。

ལོའུ་ལན་གནའ་མཁར། ལོའུ་ལན་ཞེས་པ་ནི་ཧན་རྒྱལ་རབས་སྐབས་སུ་སྲིད་དོན་ཀྱི་རྒྱལ་མིང་ཡིན། མཁར་རྫོང་འདིའི་གནའ་ཤུལ་ནི་ཞིན་ཅང་རུའོ་ཆང་རྫོང་གི་ཆུ་བྱ་འགྲམ་ནས་ལྷོར་ཟླ་མཚམས་སུ་ཡོད། ད་ལྟའི་རྒྱ་ཁྱོན་ལ་སྒྱུ་བཞིན། ༡༡ཁྲི་ཡོད་པ་དང་། གྲུ་བཞི་ཁ་གང་མའི་དབྱིབས་ཅན་ཞིག་ཡིན། རྫོ་ས་ཡམ་སྨྱུག་ནས་སྐྱུན་པའི་མཁར་ལྷགས་དབྱོང་སྦྱོང་བ་དེ་དག་དུ།

ག་ན་ཤུལ་དག་ནི་མཚོའི་ལོའུ་པུའི་པོ་ཡི་ནུབ་འགྲམ་གྱི་ག་པ་ཚོམ་བུའི་བར་གསེང་དུ་བགྲམ་ཡོད།

Ancient City of Loulan "Loulan" was a kingdom name in the Western Regions in the Han Dynasty. The ruins of Loulan are located in 7 km away from the south bank of Kongque River in Ruoqiang County, Xinjiang. The ruins, covering almost 110,000 square kilometers, is nearly a shape of square. Its walls are vaguely discernable, which were built with clay, reeds and branches. The whole ruins are distributed in the Yardangs of the west bank of Lop Nur (Luobupo).

卢汉（1895—1974） 滇军将领。彝族。云南昭通市人。早年随龙云参加滇军，后支持其倒唐（唐继尧）。抗战时期，曾率滇军参加"台儿庄战役"。1949年在昆明率部起义，和平解放云南。历任云南军政委员会主席、国家体委副主任、国防委员会委员等职。79岁时在北京病逝。

ལུའུ་ཧན། (༡༨༩༥—༡༩༧༤) དབྱིས་རིགས། ཡུན་ནན་གྱོ་ཐུང་གྲོང་ཁྱེར་གྱི་མི་ཡིན། ཡུན་ནན་ཏེན་དམག་གི་དམག་དཔོན་ཞིག་ཡིན། ཆུང་དུས་སུ་ལུང་ཡུན་གྱི་རྗེས་འབྲངས་ནས་ཏེན་དམག་ལ་ཞུགས་ཤིང་། རྗེས་ནས་ཐང་ཅི་ཡའོ་ལ་རྒྱབ་སྐྱོར་བྱས། ཤར་འགོག་དམག་འཁྲུག་གི་སྐབས་ཏེན་དམག་ཁྲིད་དེ་ཐའེ་ཨེར་ཀྲོང་དམག་འཐབ་ལ་ཞུགས། ༡༩༤༩ལོར་ཡུན་ནན་ཞིང་ཆེན་གྱི་ཁུན་མིང་ནས་དཔུང་ཁྲིད་དེ་ཡུན་ནན་ཞི་བདེར་བཅིངས་འགྲོལ་བཏང་། ཀྱིང་པོ་གསར་པ་དབུ་བརྙེས་རྗེས། ཁོང་གིས་ཡུན་ནན་ཞིང་ཆེན་དམག་སྲིད་ཨུ་ལྷན་གྱི་ཀྲུའུ་ཞི་དང་རྒྱལ་ལུས་རྩལ་ཚོགས་ཆུང་

ཤུན་ཁང་གི་ཀྲུན་རིན་གཞོན་པ། རྒྱལ་སྲུང་ཨུ་ཡོན་ལྷན་ཁང་གི་ཨུ་ཡོན་སོགས་ཀྱི་འགན་བཞེས་པར་བཞེས། དགུང་ལོ་༧༩བར་རྒྱལ་ས་པེ་ཅིན་ནས་ནད་ཀྱིས་འདས།

Lu Han (1895-1974) was an ethnic Yi General of the Army of Yunnan Province, who was born in Zhaotong City, Yunnan. In his early life, he followed Long Yun and joined in the Army of Yunnan. Later he supported Long Yun's coup against Tang Jiyao. In the Sino-Japanese War, he led the Army of Yunnan to participate in the Battle of Taierzhuang. In 1949, he led his forces to revolt in Kunming, and finally liberated Yunnan peacefully. He was nominated with many positions, such as chairman of the Military and Administrative Commission in Yunnan, vice-director of National Sports Commission, and committee member of the National Defense Committee. He passed away at 79 in Beijing.

卢水胡 东汉至十六国时匈奴部落之一。因世居卢水（即卢溪水，今青海西宁市西）而得名。

ཕུའི་ཆུ་ཚོ་པ། ཧན་རྒྱལ་རབས་ཤར་མ་ནས་རྒྱལ་ཁབ་བཅུ་དྲུག་གི་དུས་སྐབས་ཀྱི་ཞུང་ཧུའི་ཚོ་པ་ཞིག་གི་མིང་ཡིན། ཚོ་པ་འདི་མི་རབས་ནས་མི་རབས་ལ་ཕུའི་ཆུའི་（དེང་གི་མཚོ་སྔོན་ཟི་ལིང་གྲོང་ཁྱེར་གྱི་ནུབ་ཕྱོགས་）འགྲམ་བརྒྱུད་ནས་འཚོ་སྡོད་བྱས་པས་ཕུའི་ཆུ་ཚོ་པ་ཞེས་རྒྱ་མིང་ཚོ་པ་ལ་ཐོགས།

Lushui Hu is one of Xiongnu (an ancient ethnic group in China) tribes during the period between the Eastern Han Dynasty to the Sixteen Kingdoms. Due to the reason that they lived in Lushui (Luxi River, now the west of Xi'ning city) for several generations, this tribe was named as Lushui Hu.

泸州蛮 宋时对泸州西南徼外（今川、滇、黔连接各县地区）诸少数民族的总称。

ཕུའི་གྲོང་མན། སུང་རྒྱལ་རབས་དུས་སུ་ཕུའི་གྲོའུ་ཡི་ལྷོ་ནུབ་ཁུལ་（དེང་གི་སི་ཁྲོན་དང་ཡུན་ནན། གུའེ་གྲོའུ་སོགས་ཞིང་ཆེན་གསུམ་གྱི་འབྲེལ་མཚམས་ཀྱི་ས་ཁུལ་）གྱི་གྲངས་ཉུང་མི་རིགས་ཀྱི་སྤྱི་མིང་ཞིག་ཡིན།

Luzhou Barbarian is the general name of the minorities living out of the southwest border of Luzhou (now the connected counties of Sichuan, Yunnan, and Guizhou Province) in the Song Dynasty.

鲁明善（1271—1368） 元代农学家。维吾尔族。曾任靖州路（今湖南靖县）、安丰路（今安徽寿县）达鲁花赤。1314年出任安丰肃政廉访使，廉劝农事。编纂有《农桑衣食撮要》一书。书中有关新疆农牧业生产的记述，填补了以往农书的空白。

ཕུའི་མིང་ཧྲན（༡༢༧༡—༡༣༦༨）ཡུན་གུར་རིགས། ཡོན་རྒྱལ་རབས་སྐབས་ཀྱི་ཞིང་ལས་རིག་པ་བ། ཅིན་ཅོའུ་གྲོའུ་ལུའུ་（དེང་གི་ཧུའུ་ནན་ཅིན་ཞིན）དང་ཨན་ཕུང་ལུའུ་（དེང་གི་ཨན་ཧུའི་ཐའོ་ཞིན）ཡི་ཏཱ་ལུའུ་ཧྭ་ཆི་ཡི་འགན་ཁུར། ༡༣༡༤ལོར་ཨན་ཕུང་གི་གྲི་ལིན་ཕོ་ཉར་བསྐོས་ཤིང་། ཞིང་ལས་ཀྱི་ལས་དོན་ལ་དོ་དམ་མཛད་དེ།《འབྲུ་དང་དར་ཞིང་གི་མཁོ་གུན་ལས་བཏུས་པ》ཞེས་པ་རྩོམ་བསྒྲིགས་གནང་། དེའི་ནང་དུ་ཞིན་ཅང་གི་ཞིང་ཕྱུགས་ལས་ཀྱི་གནས་ཚུལ་བཀོད་ཡོད། དེ་སྔོན་གྱི་ཞིང་ལས་བཙོན་དོན་བྱས་པའི་

བསྟན་བཅོས་ཀྱི་སྡོང་ཚགས་ནག

Lu Mingshan (1271-1368) was an ethnic Uyghur agronomist in the Yuan Dynasty. He was appointed as Darughachi (governor) of Jingzhou Region (now Jingxian County in Hunan Province) and Anfeng Region (now Shouxian County in Anhui Province). In 1314, he was appointed as the envoy of the Regional Investigation Office, and the official of Agriculture-Encouragement. He compiled the book of "Nongsang Summary of Agriculture Food and Clothing". This book gave an account of the production of agriculture and husbandry in Xinjiang, which filled up the blank of former agriculture books.

轮牧 一种较科学的放牧方法。"划区轮牧"或"分区轮牧"的简称。即把草场按季节划分成若干区域，在每个季节里再按畜群划分成若干放牧单元，单元内再分成若干小区，依次轮回放牧。

རྩྭ་ཁ་རིམ་སྐོར་གྱི་ཕྱུགས་འཚོ་ཐབས། ཚན་རིག་གི་ཐབས་ལ་བརྟེན་ནས་ཕྱུགས་འཚོ་སྐྱོང་བྱེད་སྟངས་ཤིག་ཡིན། དུས་ཚིགས་ལ་གཞིགས་ནས་རྩྭ་ར་ལེ་ཁག་འདུ་བ་འགའ་རུ་བགོས་པ་དང་། དུས་ཚིགས་གཅིག་པའི་ནང་དུ་ཕྱུགས་ཟོག་ལ་གཞི་བྱས་ནས་ལྷག་སོ་སོར་ཡང་འཚོ་ཁུལ་མི་འདྲ་འགའ་རུ་བགོས། འཚོ་ཁུལ་སོ་སོ་ཡང་འཚོ་ཁུལ་ཆུང་བ་འགའ་རུ་དབྱེ་ནས་རྩྭ་ཁ་རིམ་སྐོར་གྱིས་ཕྱུགས་ཟོག་འཚོ་སྐྱོང་བྱས་པ་ལ་ཟེར།

Rotational Grazing is a more scientific method of grazing. It is the short name for "Partition Rotational Grazing", which means to divide the grassland into several parts seasonally, and then divide each part into several grazing units according to the number of herds in each season. There are several small sections in each unit, which is used to rotational grazing in turn.

《论傣族诗歌》 书名。傣族的哲学和文艺理论著作。署名祜巴勐，此为僧侣等级称号。9章，共4万余字。成书于傣历九七六年（1614）。该书论述了宇宙的生成、人类的起源、语言的形成、诗歌的产生和发展以及傣族诗歌的分类和特点等问题。

《 དའི་རིགས་ཀྱི་སྙན་ངག་སྐོར་བ 》 དཔེ་ཆའི་མིང་། དའི་རིགས་ཀྱི་མཚན་ཉིད་རིག་པ་དང་རིག་རྩལ་གཞུང་ལུགས་སྐོར་གྱི་བརྩམས་ཆོས་ཞིག་ཡིན། རྩོམ་པ་པོ་ཧུའུ་པ་མེང་ཡིན། མིང་དེའི་བཙུན་པའི་རིམ་པ་ཞིག་གི་མིང་ཡིན། དེར་འདིར་ཚོན་ས་བཅད་(ཡོད་པ་དང་)ཡིག་འབྲི་ཧྲང་ཉེ་བ་ཡོད། དའི་རྩིས་ཀྱི་(༩༧༦ཟླ)དེང་དུ་བརྗོགས། དེར་འདིའི་ནང་དུ་འཇིག་རྟེན་ཆགས་ཚུལ་དང་མིའི་རིགས་ཀྱི་འབྱུང་ཁུངས། སྐད་ཆའི་བྱུང་ཚུལ་དང་སྙན་ངག་གི་བྱུང་འཕེལ། དའི་རིགས་སྙན་ངག་གི་དབྱེ་བ་དང་ཁྱད་ཆོས་སོགས་ལ་དཔྱད་བརྗོད་བྱས་ཡོད།

On the Poetry of the Dai people is a book name, which is a theoretical works of the philosophy and literature and art of the Dai people. Hubameng, a rank title of a monk, is signed on this book. This book, with 9 chapters amounting to almost 40 thousand characters, was completed in 976 of Dai calendar (1614). The focuses discussed are the evolvement of the universe, the origin of human, the formation of language, the emergence and development of poetry, and the classification and characteristics of the Dai poetry.

《论十大关系》 毛泽东著作之一。是毛泽东1956年在中共中央政治局扩大会议上的讲话。该讲话被视作新中国成立后毛泽东在国家建设各方面的理念、构想。其中第六条是汉族和少数民族的关系。毛主席主张要着重反对大汉族主义，也要反对地方民族主义。

《འབྲེལ་བ་བཅུའི་རྣམ་བཤད》 མའོ་ཙེ་ཏུང་གི་གསུང་རྩོམ་ཞིག་ཡིན། ༡༩༥༦ལོར་ཁོང་གིས་ཀྲུང་གུང་ཀྲུང་དབྱུས་ཆབ་སྲིད་ཅུས་རྒྱས་འཛོམས་གྲོས་ཚོགས་སྟེང་དུ་གསུང་བ། གསུང་བཤད་འདིའི་ཀུན་གོ་གསར་པ་དང་བསྐྱེད་པའི་གཞུག་ནས། མའོ་ཙེ་ཏུང་གིས་རྒྱལ་ཁབ་ཀྱི་ཕྱོགས་སོ་སོའི་འདུགས་སླན་ལ་བཏོན་པའི་བསམ་འཆར་ཡིན། གསུང་བཤད་འདིའི་དོན་ཚན་དྲུག་པར་རི་རིགས་དང་གྲངས་ཉུང་མི་རིགས་བར་གྱི་འབྲེལ་བ་སྐོར་བརྗོད་པར། མའོ་ཙེ་ཏུང་གིས་རྒྱ་རིགས་མི་རིགས་ཆེན་པོའི་རིང་ལུགས་དང་ས་ཁུལ་གྱི་མི་རིགས་རིང་ལུགས་དགག་པ་ནན་མོ་རྒྱབ་ཡོད།

On the Ten Major Relationships is one of Mao Zedong's works. It is the address of Mao Zedong on the enlarged meeting of the Political Bureau of the Central Committee of the Communist Party of China in 1956. This address is regarded as Mao's ideas and concepts of the national construction after the founding of the People's Republic of China. The sixth one is the relationship between the Han and the minorities, which shows Mao's proposition of the great opposition of the Han chauvinism and local-nationality Chauvinism.

罗殿国 亦作"罗甸国""罗国"。唐宋时乌蛮所建的地方政权。其辖区在今黔西南一带。

ལིའོ་དེན་རྒྱལ་ཁབ། ཡང་གཞན་ལ་ལུའི་རྒྱལ་ཁབ། གུང་ཟེར། ཐང་དང་སུང་རྒྱལ་རབས་ཀྱི་དུས་སུ་ཝུའུ་མན་པས་བཅུགས་པའི་གནས་སྲིད་གཞུང་ཞིག་ཡིན། དེའི་མངའ་ཁོངས་ནི་དེང་གི་ཁུའི་ཀྲུང་ཞིང་ཆེན་གྱི་ལྷོ་ནུབ་ཁུལ་ཡིན།

Luodian Kingdom, also called "Luodian Country" and "Luo Kingdom", referred to the local regime of Wuman Barbarian in the Tang and Song Dynasties. Its prefecture was in the southwest areas of Guizhou Province.

罗罗 亦作"罗罗蛮""卢鹿""落落"等。元、明、清及民国时对分布于云、贵、川三省广大地区的彝族的称呼。

ལིའོ་ལིའོ། ཡང་གཞན་ལ་ལིའོ་ལིའོ་མན་དང་ལུའུ་ལུའུ་སོགས་ཟེར། དེ་ནི་ཡོན་ནས་མིང་གི་དུས་སྐབས་བར་དུ་ཡུན་ནན་དང་ཧྲེ་ཁྲོན། གུའི་གྲོའུ་སོགས་ཞིང་ཆེན་གསུམ་དུ་ཁྱབ་པའི་དབྱི་རིགས་ལ་འབོད་པའི་མིང་ཞིག་ཡིན།

Luoluo, also called "Luoluo Man (Barbarian)", "Luluo", and "Luoluo", was the name of Yi people distributed in the vast areas of Yunnan, Guizhou, Sichuan Province in the Yuan, Ming and Qing Dynasties, as well as the period of the Republic of China.

珞巴语 珞巴族使用的语言。属汉藏语系藏缅语族。语支未定。分布在西藏的珞渝地区和隆子、米林、墨脱、察隅等县。

ཀློ་པའི་སྐད། ཀློ་པ་རིགས་ཀྱིས་སྤྱོད་པའི་སྐད་ཆ། དེའི་བོད་སྐད་ཀྱི་སྐད་ཁོངས་དང་བོད་འབར་སྐད་རིགས་ཀྱི་ཁོངས་སུ་གཏོགས་མོད། སྐད་ལག་གང་ཞིག་ཡིན་པ་དང་གསལ་ཁ་མེད། སྐད་འདིའི་གཙོ་བོ་བོད་ལྗོངས་ཀྱི་ཀློ་ཡུལ་དང་ལྷུན་རྩེ་རྫོང་། སྨན་གླིང་རྫོང་དང་མེ་ཏོག་རྫོང་། རྫ་ཡུལ་རྫོང་སོགས་ཀྱི་ས་ཁུལ་དུ་སྤྱོད་བཞིན་ཡོད།

Lhoba Language is the language used by the Lhoba people. It belongs to the Tibeto-Burman language of the Sino-Tibetan, without clearly defined language branch. The speakers are distributed in the Luoyu area and Longzi, Milin, Motuo, Chayu Counties in Tibet.

珞巴族 中国的少数民族。仅有3682人（2010年），主要分布在西藏的珞渝地区以及隆子、米林、墨脱、察隅等县。"珞巴"是藏族对他们的称呼，意为"南方人"。有本族语言无文字，各地方言差异较大，少数人通晓藏语文。巫教是其原始宗教之一。生产方式较原始。

ཀློ་པ་རིགས། ཀྲུང་གོའི་གྲངས་ཉུང་མི་རིགས་ཤིག ༢༠༡༠ལོར། ཀློམ་ཆེས་སྟར་ན་ཧྲིན་མི་གྲངས་༣༦༨༢ཡོད། གཙོ་བོ་བོད་ལྗོངས་ཀྱི་ཀློ་ཡུལ་དང་ལྷུན་རྩེ་རྫོང་། སྨན་གླིང་རྫོང་དང་མེ་ཏོག་རྫོང་། རྫ་ཡུལ་རྫོང་སོགས་ཀྱི་ས་ཁུལ་དུ་ཁྱབ་ཡོད། མི་རིགས་འདིར་སྐད་ལས་ཡི་གེ་མེད། ས་ཁོངས་བར་གྱི་ཁྱད་པར་ཤིན་ཏུ་ཆེ། མི་ཉུང་ཤས་ཤིག་གིས་བོད་སྐད་ཀྱང་ཤེས་ཆ་ལྡན་པ་བཀད་ཐུབ། ཀློ་པ་རིགས་ཀྱིས་གདོད་མའི་ཆོས་ལུགས་ཞིག་དང་བཀུར་བ་བཞིན་ཡོད་ལ། བོན་སྐྱེད་བྱེད་སྟངས་ཤིན་ཏུ་གདོད་མའི་རྣམ་པ་ལྡན་ཡོད།

Lhoba people is a minority of China with the population of only 3,682 (2010). The Lhobas, with the primitive mode of production, are distributed in the Luoyu area and Longzi, Milin, Motuo, Chayu Counties in Tibet. Lhoba is the name called by the Tibetan, with the meaning of "Southern people". They have their own language, varying greatly from region to region, but without written scripts. Small number of people have a good knowledge of the Tibetan language. The religion of Sorcery is its original religion.

珞渝 地区名。藏语音译，意为"南城"。位于西藏东南部喜马拉雅山南麓的门隅与察隅之间。7世纪即为吐蕃王朝辖区。是珞巴族聚集地区，也有少数门巴族居住。雅鲁藏布江纵贯全境，雨量充沛，四季如春，是一块美丽、富饶的地方。

ཀློ་ཡུལ། བོད་ལྗོངས་ཀྱི་ཤར་ལྷོའི་ཁུལ་གྱི་རི་བོ་ཧི་མ་ལའི་ཙེ་ཕྱོགས་ཀྱི་མོན་ཡུལ་དང་རྫ་ཡུལ་བར་གྱི་ས་ཁོངས་ཤིག་ཡིན། དུས་རབས་༧པར་བཅན་པོའི་རྒྱལ་རབས་ཀྱི་མངའ་ཁོངས་སུ་གཏོགས། ཀློ་ཡུལ་ནི་ཀློ་པ་རིགས་ཀྱི་འདུས་སྡོད་ཁུལ་ཡིན་ཞིང་། ཡར་ཀླུང་གཙང་པོའི་འབབ་ཡུལ་ཡིན་པས། ཆར་ཆུ་མོས་ཅིང་དུས་བཞིའི་དབྱེ་བ་མི་གསལ་ལ། རྒྱུད་དང་འབྱོར་བ་རྒྱས་པའི་ས་ཁུལ་ཞིག་ཡིན།

Luoyu, the transliteration of the Tibetan language, is a place name, which means "the southern city". It is located in the areas between Menyu and Chayu County at the southern foot of the Himalayas in the southeast of Tibet. In 7th century, it was already a prefecture of Tubo Dynasty. It is the gathering place of the Lhoba people and some Menba (Moinba) people. Yarlung Zangbo River passes throughout of Luoyu, which gives it plentiful rain and makes each season like spring. It is a beautiful and rich place.

吕振羽（1900—1980） 中国当代马克思主义史学家。湖南省武冈（今属邵阳）人。曾任大连大学校长兼党委书记等职，为中国科学院哲学社会科学学部委员。撰写了大量史学理论建设的论文，辑入《史学研究论文集》《史论集》《吕振羽史论选集》。

ཡུའི་ཀྲེན་ཡུས། （ １９００—１９８０） ཧུའུ་ནན་ཞིང་ཆེན་ཞུའུ་གང་གི་མི་ཡིན། གུང་གོ་དེང་རབས་ཀྱི་མར་ཁེ་སིའི་ལུགས་ཀྱི་ལོ་རྒྱུས་རིག་པ་བ། སྔོན་ཆད་ཏུ་ལེན་སློབ་ཆེན་གྱི་སློབ་གཙོ་དང་ཏང་ཨུ་ཧྲུའུ་ཇི་འགན་གཞིག་འཚོགས་ཀྱིས་བཞེས། གུང་གོ་ཚན་རིག་ཁང་མཆན་ཞིད་རིག་པའི་སྤྱི་ཚོགས་ཚན་རིག་སྡེའི་ཨུ་ཡོན་ཡང་ཡིན། ལོ་རྒྱུས་རིག་པའི་གཞུང་ལུགས་ཀྱི་འཛུགས་སྐྲུན་ཐད་དཔྱད་རྩོམ་མང་པོ་མཛད་ཡོད་ཅིང་། དཔྱད་རྩོམ་དེ་དག 《ལོ་རྒྱུས་རིག་པའི་ཞིབ་འཇུག་གི་དཔྱད་རྩོམ་ཕྱོགས་བསྒྲིགས》 དང་ 《ལོ་རྒྱུས་དཔྱད་རྩོམ་ཕྱོགས་བསྒྲིགས》《ཡུའི་ཀྲེན་ཡུས་ཀྱི་ལོ་རྒྱུས་དཔྱད་རྩོམ་གཅེས་བསྒྲིགས》 སོགས་སུ་བསྒྲིགས་ཡོད།

Lv Zhenyu(1900-1980) is a Marxist historian in modern China, born in Wugang, Hunan Province(now Shaoyang). He was nominated as the president and secretary of the party committee of Dalian University, and a committee member of the department of the philosophy and social science of the Chinese Academy of Sciences. He wrote lots of essays on historical theory construction, which were recorded in Essays of Historical Research, Essays on History Theory, and Anthology of History Theory of Lv Zhenyu.

绿松石 西藏三宝之一，是一种水和铜铝磷酸盐矿物。因其形似松球且色近松绿而得名，是世界上稀有的贵宝石品种之一。

གཡུ། བོད་ཀྱི་རིན་ཆེན་རྣམ་གསུམ་གྱི་ཡ་གྱལ་ཡིན། དེ་ནི་ཆུ་དང་ཏུ་ཡང་། ཟངས་དང་ལྡན། སྐྱུར་ཚྭའི་ཚྭ་ཅོག་ས་ཀྱི་གཏེར་རྫས་ཞིག་ཡིན། གཟུགས་ཐང་གི་འབྲས་རིལ་དང་འདྲ་ཞིང་ཁ་དོག་ལྗང་གུ་ཡིན་པས་གཡུ་ཞེས་པའི་མིང་ཐོགས། གཡུའི་འཛམ་གླིང་སྟེང་ཁ་གྲངས་ཉུང་ཞིང་རྩ་ཆེ་བའི་རྫོ་རིག་ཞིག་ཡིན།

Turquoise is one of the three treasures of Tibet. It is a hydrous phosphate of copper and aluminum. It is named because of its similar appearance of pinecone and its appropriate color of turquoise. It is one of the rare precious gems all over the world.

M

马步芳（1903—1975） 民国时期西北地区军阀马家军重要人物。回族。1949年任国民政府西北军政长官公署长官。曾参加"青藏战争"，"围剿"中国工农红军西路军，参与抗日战争，解放战争中又参加反共内战。解放后移居埃及，后在沙特阿拉伯病逝。

མ་ཧྥུའུ་ཧྥང་། (1903—1975) ཧུའེ་རིགས། མིན་གོ་དུས་སྐབས་སུ་ནུབ་བྱང་ས་ཁུལ་གྱི་དམག་ཞེད་རུན་མ་ཚང་གི་མི་སྣ་གཙོ་བོ་ཞིག་ཡིན། 1949ལོར་ལྕོས་རྒྱལ་དམངས་སྲིད་གཞུང་གི་ནུབ་བྱང་དམག་སྲིད་སྤྱི་དཔོན་གྱི་གཞུང་ལས་ཁང་གི་དམག་དཔོན་གྱི་འགན་ཁུར། སྔོན་ཆད་མཚོ་བོད་དམག་འཁྲུག་དང་། གུང་བོའི་བཙོ་ཞིབ་དམར་དམག་ཤར་ལམ་དམག་ལ་བསྐོར་བཙོམ་དམག་འཁྲུག སྲུང་འགོག་དམག་འཁྲུག་སོགས་སུ་ཞུགས་མྱོང་། བཅིངས་འགྲོལ་དམག་འཁྲུག་སུ་ཡང་ཚོར་འཕར་འཁྲུག་ཏུ་ཞུགས་མྱོང་ལ། བཅིངས་འགྲོལ་རྗེས་ཨེ་ཅིབ་ཏུ་གནས་སྤོ་བྱས། རྗེས་སུ་སོ་ཏེ་ཨ་རབ་ནས་ནད་ཀྱིས་འདས།

Ma Bufang (1903-1975) was an important Muslim figure of Ma clique warlord in the Northwest of China during the Republic of China era. In 1949, he was nominated as an officer of the Military and Political Affairs in the Northwest of the Nationalist Government. He participated in the Qinghai-Tibet War, the Sino-Japanese War, and the Chinese Civil War in the War of Liberation, helping Kuomintang to encircle and suppress the Western Column of the Red Army. After the liberation of China, he moved to Egypt and remained in Saudi Arabia until his death in 1975 at age of 72.

马长寿（1907—1971） 中国当代民族学家、历史学家。山西昔阳县人。他早年引进西方近现代社会学、人类学、语言学、考古学等先进科学方法，深入西南少数民族地区进行民族调查，发表一批关于民族学、人类学的奠基之作。曾任浙江大学、复旦大学、西北大学教授。

མ་ཁང་ཚོའུ། (1907—1971) ཧྲན་ཞིའི་ཞི་དབྱང་རྫོང་གི་མི་ཡིན། ཀྲུང་གོའི་དེང་རབས་ཀྱི་མི་རིགས་པ་བ་དང་ལོ་རྒྱུས་རིག་པ་བ་ཡིན། གཞོན་དུས་སུ་ཁོང་གིས་ནུབ་ཕྱོགས་ཀྱི་ཉེ་རབས་དང་དེང་རབས་ཀྱི་སྤྱི་ཚོགས་རིག་པ་དང་མིའི་རིགས་རིག་པ། སྐད་བརྡ་རིག་པ་དང་གནའ་རྫས་རྟོག་ཞིབ་རིག་པ་སོགས་སློབ་ཐོན་གྱི་ཚན་རིག་རང་བཞིན་ཞྭ་བའི་རིག་ཚན་ཁག་འདིར་བྱས་ནས་ཏོ་དཔྱད་ཞིབ་འཇུག་གནང་སྟེ། མི་རིགས་རིག་པ་དང་མིའི་རིགས་རིག་པར་འབྲེལ་བའི་བཙམས་ཆོས་ཕྱུ་གྱུར་བ་གགས་མཛད། གཞན་ཀྲའུ་ཅང་སློབ་ཆེན་དང་། ཧྥུ་ཏན་སློབ་ཆེན་མ་ཤོགས་ཀྱི་སློབ་དཔོན་ཆེན་མོའི་འགན་བཞེས་མྱོང་།

Ma Changshou (1907-1971), born in Cuoyang, Shanxi Province, is an ethnology scholar and historian in modern China. In his early life, he brought in advanced and scientific methods of sociology, anthropology, linguistics and archaeology from the western countries. After his deep investigation in the ethnic areas in the Norwest of China, he published the foundation works of the ethnology and anthropology. He had served successively as professor in Zhejiang University, Fudan University and Northwest University.

马哈只碑 航海家郑和之父马哈只墓碑。位于云南晋宁县月山郑和公园内，明初建置。石碑通高1.65米、宽0.94米、厚0.15米，所刻正文楷书14行，共284个字。此碑是郑和研究中价值极高的实物资料。

མ་ཏ་ཀྱིའི་རྫོ་རིང་། མཚོ་སྐྱོད་པ་གྲེན་ཧོའི་ཡབ་མ་ཏུ་ཀྱིའི་བང་སོའི་རྫོ་རིང་ཡིན། རྫོ་རིང་དེ་ཡུན་ནན་ཞིང་ཆེན་ཅིན་ནན་རྫོང་གི་ཡུའི་ཧྲན་གྲེན་ཧོ་སྐྱེད་ཚལ་དུ་ཡོད། མིང་རྒྱལ་རབས་ཀྱི་དུས་འགོར་བཞེངས་པ་ཡིན། རྫོ་རིང་འདིའི་མཐོ་ཚད་ལ་སྨི7. ༦༤དང་ཞེང་ཚད་ལ་སྨི0 .(༩)མཐུག་ཚད་ལ་སྨི0 .༡༥ཡོད། རྫོ་རིང་དོ་སུ་རྒྱ་ཡིག་གི་འབི་ལུགས་ཀྱི་ཡིག་གཟུགས་ཀྱི་ཡི་གེ་རེའུ་མིག་ཕྲེང་བཞི་བཀོས་ཡོད། རྫོ་རིང་དེའི་ཀྱེ་ཧོ་ཞིག་འཇུག་ལ་རིན་ཐང་བླ་ལྷག་ཏུ་ཆེ་བའི་དཔྱད་གཞི་གཅིག་ཡིན།

Grave Stele of Ma Hazhi is the grave stele of Ma Hazhi, the father of navigator Zhenghe. It is located in Yueshan of Zhenghe Park in Jinning County, Yunnan Province. It was constructed in the early Ming Dynasty, with the height of 1.65m, the width of 0.94m, and the thickness of 0.15m. There are 14 lines written in regular script of the main text, with 284 characters. This gravestone, as a material object, is of great value in the study of Zhenghe.

马赫穆德·喀什噶尔（1008—1105） 维吾尔族语文学家。新疆喀什人。曾在新疆南部及中亚细亚做过长期的旅行调查，收集了丰富的突厥语材料，于11世纪后半期写成《突厥语词典》。此书为一部用阿拉伯语注释突厥语词的词典，被誉为世界语言学界一部罕见的著作。

མ་ཧོ་སྨུའུ་ཏི་·ཁོ་ཉེན་ཀོ་ཨེར (༡༠༠༨—༡༡༠༥) ཞིན་ཅང་ཁོ་ཉེན་གྱི་མི་ཡིན། ཡུ་གུར་རིགས་ཀྱི་ཚིག་རིག་པ་ཞིག་ཡིན། སྔོན་ཆད་ཞིན་ཅང་གི་ལྷོ་ཕྱོགས་སོགས་ཡི་གེ་ཡར་དབུས་མཐའི་ས་ཁུལ་དུ་ཡུན་རིང་ལ་ཕྱོགས་སུ་སོང་སྟེ་རྟོག་དཔྱོད་གནང་ཞིང་། གུ་གུའི་སྐད་དང་འབྲེལ་བའི་རྒྱུ་ཆ་མང་པོ་འཚོལ་བསྡུ་བྱས། དུས་རབས་བཅུ་གཅིག་པའི་དུས་སྨད་དུ《གུ་གུའི་སྐད་ཀྱི་ཡིག་མཛོད》ཞེས་པ་བརྩམས། དེའི་གུ་གུའི་སྐད་ཀྱི་ཡིག་ཆིག་ལ་ཨ་རབ་སྐད་ཀྱིས་འགྲེལ་བཤད་གནང་བའི་ཡིག་མཛོད་ཅིག་ཡིན་པས། འཛམ་གླིང་གི་སྐད་བརྡ་རིག་པའི་ཁྱབ་ཁོངས་སུ་མཚར་བར་དཀོན་པའི་བརྩམས་ཆོས་ཤིག་ཏུ་བསྔགས་ཡོད།

Mahmud al-Kashgari (1008-1105), born in Kashi, Xinjiang, is a Uyghur philologist. He collected abundant materials of Turkic languages in his voyage and investigation in the south of Xinjiang and the Central Asia. And finally, he completed the *Dictionary of Turkic Languages* in the late half of 11th century. This dictionary is a book that gives explanatory note to Turkic languages in Arabic, which is honored as a precious works of the linguistics in the world.

马鸿宾（1884—1960） 回族。甘肃河州人。国民革命军陆军上将。1949年率部于宁夏中卫宣布"和平起义"，所部被改编为中国人民解放军西北野战军独立第二军。历任宁夏省人民政府副主席、西北军政委员会副主席、中华人民共和国国防委员会委员等职。

མ་ཧུང་པིན། (༡༨༨༤—༡༩༦༠) ཧུའེའི་རིགས། གན་སུའུ་ཧོ་གྲོའུ་ཡི་མི་ཡིན། རྒྱལ་དམངས་གསར་བརྗེ་དམག་དཔུང་ལས་སྐར་དམག་གི་ཀྲུང་ཅང་། ༡༩༤༩་ལོར་དམག་དཔུང་ཁྲིད་ནས་ཉིང་ཤ་ཞུང་ཝེ་སོང་ནས་ཞི་བའི་ཐོས་ལངས་བྱས་པ་དང་། དཔུང་སྡེ་དེ་ཀུང་གོ་བཅིངས་འགྲོལ་དམག་ཉུང་དུའི་འཐབ་དམག་གི་དམག་སྡེ་གཞིས་པར་བསྒྱུར། ཉིང་ཤ་ཞིང་ཆེན་མི་དམངས་སྲིད་གཞུང་གི་གཞོན་ཞི་གནོན་པ་དང་། ནུབ་བྱང་དམག་སྲིད་ཨུ་ཡོན་ལྷན་ཁང་གི་གཞོན་ཞི་གནོན་པ། ཀུང་ཏུ་མི་དམངས་སྤྱི་མཐུན་རྒྱལ་ཁབ་རྒྱལ་སྲུང་ལྷན་ཁང་གི་ཨུ་ཡོན་སོགས་ཀྱི་འགན་བསྡུར་མར་བཞེས་མྱོང་།

Ma Hongbin (1884-1960), born in Hezhou, Gansu Province, was a Muslim General of the National Revolutionary Army. In 1949, he led his troops and made an announcement of peacefully revolting in Zhongwei, Ningxia Province. His troops were reorganized to be the Independent 2nd Corps of Northwest Field Army of the Chinese People's Liberation Army. He had served successively as vice-chairman of the Government of Ningxia Province, vice-chairman of the Northwest Political and Military commission and a member of the National Defense Commission of the People's Republic of China.

马坚（1906—1978） 伊斯兰教学者。云南个旧人。回族。20世纪30年代留学埃及。回国后从事《古兰经》及阿拉伯文著作的翻译工作。1946年起任北京大学东方语言系教授。1949年出席全国政协会议，是一至五届全国人大代表。曾任中国伊斯兰教协会常委。出版过《回教哲学》《回教真相》等。

མ་ཅན། (༡༩༠༦—༡༩༧༨) ཧུའེའི་རིགས་ཡུན་ནན་ཞིང་ཆེན་ཀོ་ཅིའུ་མི་ཡིན། དཔྱི་སི་ལན་ཆོས་ལུགས་ཀྱི་མཁས་པ་ཞིག ཕྱི་ལོའི་སྟོང་ཕྲག་ཉིས་པའི་དུས་རབས་ཀྱི་ལོ་རབས་སུམ་བཅུའི་ནང་ཨེ་ཅིབ་ཏུ་སློབ་གཉེར་ལ་ཕྱིན་ཅིང་། ཕྱིར་རང་རྒྱལ་དུ་ལོག་སྟེ《ཁུ་རན་གསུང་རབ》སོགས་ཨ་རབ་ཀྱི་གསུང་ཚོགས་ཤོག་ཡིག་སྒྱུར་གྱི་བྱ་བར་གཞོལ། ༡༩༤༦་ལོ་ནས་པེ་ཅིན་སློབ་ཆེན་ཤར་ཕྱོགས་སྐད་ཡིག་ཏེ་ཁག་གི་སློབ་དཔོན་ཆེན་མོ་བྱས། ༡༩༤༩་ལོར་རྒྱལ་ཡོངས་ཆབ་སྲིད་གྲོས་ཚོགས་འདུར་ཞུགས། སྐབས་དང་པོ་ནས་སྐབས་ལྔ་བའི་བར་གྱི་རྒྱལ་ཡོངས་འཐུས་མི་འཚོགས་ཆེན་གྱི་འཐུས་མི་ཡིན། སྔོན་ཆད་ཀྱང་གོའི་དཔྱི་སི་ལན་ཆོས་ལུགས་མཐུན་ཚོགས་ཀྱི་རྒྱུན་ལས་ཡོངས་ཀྱི་འགན་བཞེས་མྱོང་། བརྩམས་ཆོས་ལ《དཔྱི་སི་ལན་གྱི་ཆོས་ལུགས་ཀྱི་མཚན་ཉིད་རིག་པ》དང《དཔྱི་སི་ལན་གྱི་ཆོས་ལུགས་ཀྱི་བདེན་དཔང་》སོགས་མཆིས།

Ma Jian (1906-1978), born in Gejiu, Yunnan Province, is a Muslim scholar of Islam. In 1930s, he studied in Egypt. After his return to China, he devoted himself in the translation of the Qur'an and Arabic works. Since 1946, he was a professor of the Department of Oriental Languages in Beijing University. In 1949, he presented in the Chinese People's Political Consultative Conference, and was the representative of the National People's Congress from the 1st to 5th. He was a member of the standing committee of the Chinese Islamic Association. He published the Philosophy of Islam, and the Truth of Islam.

马克思主义民族观 无产阶级政党关于民族和民族问题的总体看法和基本观点,是制定和实施民族政策的理论基础和指导思想。该观点认为,民族的产生、发展和消亡是一个历史过程,民族问题是社会总问题的一部分,民族不论人口多少、历史长短、发展程度高低,都应一律平等,各民族间应相互帮助。

མར་ཁེ་སི་རིང་ལུགས་ཀྱི་མི་རིགས་ལྟ་ཚུལ།

འདིའི་འཁྲུལ་མེད་གྲལ་རིམ་སྲིད་དང་གི་མི་རིགས་དང་མི་རིགས་གནད་དོན་གྱི་ཕྱོགས་བསྡུས་འདོན་ཚུལ་དང་གཞི་རྩའི་ལྟ་ཚུལ་ཡིན་ལ། མི་རིགས་སྲིད་ཇུས་གཏན་འབེབ་དང་ལག་བསྟར་བྱེད་པའི་གཞུང་ལུགས་ཀྱི་རྨང་གཞི་དང་མཛུབ་སྟོན་བསམ་བློ་ཡིན། མི་རིགས་ཤིག་བྱུང་བ་ནས་འཕེལ་རྒྱས་དང་། འཕེལ་རྒྱས་ནས་འཇམས་རྒྱུ་དུ་སོང་བའི་ལོ་རྒྱུས་ཀྱི་འཕེལ་ཕྱོགས་ཚམ་ཞིག་ལ། མི་རིགས་གནད་དོན་ནི་སྤྱི་ཚོགས་སྤྱིའི་གནད་དོན་གྱི་ཆ་ཤས་ཤིག་ཡིན། མི་རིགས་སུ་ཡིན་ཡང་དེའི་མི་གྲངས་མང་ཉུང་དང་ལོ་རྒྱུས་ཀྱི་རྒྱུན་རིང་ཐུང་། འཕེལ་རྒྱས་ཀྱི་རྒྱུ་ཚད་མཐོ་དམན་སོགས་ཇི་ལ་ཡང་མི་བལྟ་བར། མི་རིགས་ཚང་མ་འདྲ་མཉམ་ཡིན་དགོས་ལ། སོ་སོའི་བར་ཚན་རིགས་རམ་བྱ་དགོས་པར་འདོད།

Marxist Concepts on Ethnicity is the overall perspective and basic view of the ethnicity and the ethnic issue in terms of proletarian parties, and also the theoretical basis and guiding concept of the enactment and implement of their ethnic policies. In the view of this concept, the emergence, development and demise of the ethnicity are a historical process. Also, the ethnic issue is a part of the social issues. In addition, regardless of the population, the history and the development, all ethnic groups are equal, and should help each other.

马明心（1719—1781） 中国伊斯兰教苏菲主义哲赫林耶学派的始传人,经名"易卜拉欣"。回族。祖籍甘肃阶州（今武都）。乾隆二十六年（1761）在循化撒拉族聚居地区传教,名噪一时。四十六年循化再生新、老教冲突,后发展为反清斗争。因此事被杀害于兰州。

མ་མིང་ཞིན།（1719—1781） ཧུའེ་རིགས། གན་སུའུ་ཅེ་གྲོའུ་སྟེ་དིང་གི་ཕྱུང་ཧུའུ་ཡི་མི་ཡིན། ཀྲུང་གོའི་དབྱི་སི་ལན་ཆོས་ལུགས་སུའུ་ཧྥེ་རིང་ལུགས་ཀྱི་ཙེ་ཧེ་ལྱུབ་མཁར་སློབ་པའི་སྲོལ་འབྱེད་པ། ཆོས་མིང་ལ་དབྱི་ཧྥུའུ་ལ་ཞིན་དུ་འབོད། ཆན་ལུང་ཁྲི་ལོ་ཉེར་དྲུག་པར་（1761）ཨ་ལར་རིགས་ཀྱི་ཞིང་དུ་ཁྱབ་དུ་སོང་ནས་ཆོས་ལུགས་བྱེད་སྟེ་སྐད་གྲགས་རྒྱལ། ཆན་ལུང་ཁྲི་ལོ་དྲུག་བཅུ་ཞེ་ད་པ་ན་ཁྱའུ་དུ་ཆོས་ལུགས་གསར་རྙིང་པར་ཡང་བཅར་འཁྲུག་བ་བྱུང་། གཞུང་ནས་ཆོས་ལུགས་པར་གྱི་འགོག་རྩོད་རིམ་བཞིན་རྒོལ་འཐབ་འགྱུར་གྱི་ཕྱོགས་སུ་འཕེལ། མ་མིང་ཞིན་དོན་རྐྱེན་དེའི་དབང་སྐུལ་བའི་གྲས་ཤིག་ཡིན་པས། ཁྱེད་ལིན་གཞུང་གིས་ལན་གྲུའུ་དུ་སྲོག་ཁྲིམས་བཅད།

Ma Mingxin (1719-1781), born in Jiezhou, Gansu Province, is a Chinese Sufi master of Chinese Islam, the founder of the Jahriyya menhuan, whose Islamic name is Ibrahim. In the twenty-sixth year of the reign of Emperor Qianlong (1761), he became famous when preaching in Xunhua, the Salar areas. In the forty-sixth year, the conflicts between the new and old religion regenerated, and later developed into the struggle against the Qing Dynasty. Due to the event, he was beheaded in Lanzhou.

马朴（1878—1950） 回族。生于甘肃临夏。早年加入戎行，曾先后在青马部队（回族军阀武装）中任旅长、副师长等职。1927年任玉树边防司令，后因与马步芳意见不合，遂退职赋闲。1950年青海省人民政府成立，马朴任青海省人民政府副主席，后兼任青海省民族事务委员会主任。

མ་ཕུ། （༡༨༧༨—༡༩༥༠） ཧུའེ་རིགས། གན་སུའུ་ཞིང་ཆེན་ག་ཀྲུའི་མི་ཡིན། གཞོན་དུས་སུ་དམག་དཔུང་ལ་ཞུགས་ཤིང་། རྡ་གཞུང་ཏུ་མཚོ་སྔོན་ཁུལ་གྱི་མ་ཆང་དམག་དཔུང་གི་ཤུའི་གུང་དང་ཏེ་དཔོན་གཞོན་སོགས་ཀྱི་འགན་ཁུར་སྤྱོང་། ༡༩༢༧ལོར་ཡུས་ཧྲུའུ་མཐའ་སྲུང་དམག་གི་དམག་སྤྱིའི་འགན་བཞེས་མོད། གཞུག་ནས་མ་ཕུ་སྦྱང་དང་འདུན་པ་བྱུང་བས་དགག་དཔོན་ལས་ཕྱིར་བུད། ༡༩༥༠ལོར་མཚོ་སྔོན་ཞིང་ཆེན་མི་དམངས་སྲིད་གཞུང་བཙུགས་པ་དང་། མ་ཕུ་ཡིས་དེ་གར་གྱུ་ཞིང་གཞོན་པའི་འགན་བཞེས། གཞུག་ནས་མཚོ་སྔོན་ཞིང་ཆེན་མི་རིགས་དོན་གཅོད་ཨུ་ཡོན་ལྷན་ཁང་གི་ཀྲུའུ་རེན་གྱི་འགན་ཡང་ཁོར་འཛིན་བྱས།

Ma Pu (1878-1950), born in Linxia, Gansu Province, is a Muslim. Joining in the army in his early life, he was appointed as the Brigadier and Deputy-Commander in the Qingma troop, a Muslim warlord force. In 1927, he was appointed as the Territorial Commander in Yushu, and later resigned because of his disagreement with Ma Bufang. In 1950, he became the vice-chairman of the Government of Qinghai Province after its establishment, later with an additional post of the director of the Ethnic Affairs Commission of Qinghai Province.

马松亭（1895—1992） 中国伊斯兰教经学家、教育家。回族。为现代中国"四大阿訇"之一。26岁后历任北京等多地清真寺教长。曾参与创立成达师范学校，创办"月华出版部"，成立"中国埃及文化协进会"。解放后，曾任中国伊斯兰教协会副会长等职。著有《回教与人生》等。

མ་སུང་ཐིང་། （༡༨༩༥—༡༩༩༢） ཧུའེ་རིགས། ཀྲུང་གོའི་དགེ་སི་ལན་ཆོས་ལུགས་ཀྱི་གསུང་རབ་ཆེད་མཁས་པ་དང་སློབ་གསོ་པ་ཡིན། ཀྲུང་གོའི་དེང་རབས་ཀྱི་ཨ་ཧོང་ཆེན་པོ་བཞི་ཡི་གྲས་ཤིག དགུང་ལོ་ ༢༦ སྐྱེས་རྗེས་པེ་ཅིན་སོགས་ཁུལ་མང་པོ་ཞིག་གི་ཆེ་ལྷ་ཁང་གི་ཆོས་དཔོན་གྱི་འགན་བསྡུར་མར་བསྡད་མྱོང་། ཁོང་ཏུ་ཆང་ཁྲི་ཏུ་དགེ་འོས་སློབ་ཆེན་དང་ཟླ་བའི་སྐྱུན་སྤེལ་པུའུ། གྲུང་གོ་དང་ཨེ་ཅིན་གྱི་རིག་གནས་མཐུན་ཚོགས་སོགས་གསར་འཛུགས་ཀྱི་ལས་དོན་ཁག་ལ་ཞུགས་མྱོང་། བཅིངས་འགྲོལ་རྗེས་སུ། ཀྲུང་གོའི་དགེ་སི་ལན་ཆོས་ལུགས་མཐུན་ཚོགས་ཀྱི་ཚོགས་གཙོ་གཞོན་པའི་འགན་བཞེས། གསུང་རྩོམ་ལ《ཁ་ཆེ་ཆོས་ལུགས་དང་མི་ཚེ》ཞེས་པ་སོགས་ཡོད།

Ma Songting (1895-1992), one of the Four Imam of modern China, is a Muslim scholar and educationalist of Chinese

Islam. He became the mosque Imam in Beijing and other places. He participated in the foundation of Chengda Normal School and Yuehua Publication Department. He set up the Chinese-Egypt Culture Association. After the liberation of China, he became the vice-chairman of the Chinese Islamic Association. He published *the Islam and Life*.

马学良（1913—1999） 著名语言学家，中国少数民族语文研究学者。汉族。山东荣成县人。1934年在北京大学就读。1953年就任中央民族学院教授。中央民族大学民族语言文学学科奠基人，尤其在彝语文研究领域卓有成就。

མ་ཞུའེ་ལིཡང་། （༡༩༡༣—༡༩༩༩） སྐད་རིགས། ཧན་ཏུང་རུང་ཁེང་རྫོང་གི་མི་ཡིན། སྐད་ཡིག་ཆེ་བའི་སྐད་བརྡ་རིག་སྦྱོང་པ་དང་། ཀྲུང་གོའི་གྲངས་ཉུང་མི་རིགས་ཀྱི་སྐད་ཡིག་གི་ཞིབ་འཇུག་པ་ཡིན། ༡༩༣༤ ལོར་པེ་ཅིང་སློབ་ཆེན་དུ་སློབ་གཉེར་གནང་། ༡༩༥༣ ལོར་ཀྲུང་དབྱང་མི་རིགས་སློབ་གླིང་གི་སློབ་དཔོན་ཆེ་མོའི་འགན་བཞེས། བོད་ཀྱི་ཀྲུང་དབྱང་མི་རིགས་སློབ་ཆེན་གྱི་མི་རིགས་སྐད་ཡིག་རྩོམ་རིག་ཚན་ལག་གི་གཞི་འཛིན་པ་ཡིན། ལྷག་པར་དུ་དབྱིས་རིགས་སྐད་ཡིག་གི་ཞིབ་འཇུག་ཐད་ལ་གྱུར་ཟབའི་འབྲས་བུ་ཐབས་ཡོད།

Ma Xueliang (1913-1999), born in Rongcheng, Shangdong Province, is a Han scholar of Chinese ethnic language. Since 1934, he began studying in Beijing University. In 1953, he became a professor of the Central Academy of Nationalities. He is the founder of the Study of Ethnic Languages of the Minzu University of China, with his outstanding achievement in the Yi language.

马注（1640—1711） 明末清初伊斯兰教学者，用汉文译注伊斯兰教经典的开拓者之一。云南保山人。回族。自称为先知穆罕默德之后裔，对佛学和伊斯兰教教义颇有研究。历官锦衣侍御等职。所著有文集《经权》《樗樵》。晚年完成包括伊斯兰教历史、哲学、法律等方面知识的译著《清真指南》。

མ་ཀྲུ། （༡༦༤༠—༡༧༡༡） ཧུའེ་རིགས། ཡུན་ནན་པའོ་ཧན་གྱི་མི་ཡིན། མིང་རྒྱལ་རབས་ཀྱི་མཇུག་དང་ཆིང་རྒྱལ་རབས་ཀྱི་དུས་མགོའི་བར་གྱི་དབྱི་སི་ལན་ཆོས་ལུགས་ཀྱི་ཡོན་ཏན་ཞིག་ཡིན་པ་དང་། དབྱི་སི་ལན་ཆོས་ལུགས་ཀྱི་གསུང་རབ་རྒྱ་ཡིག་ཏུ་བསྒྱུར་མཁན་གྱི་ཕྱོག་མའི་གྲས་ཤིག་ཡིན། རང་ཉིད་ནི་དོགས་མཐུན་ཏན་མོ་ཏེ་ཡི་སྐུ་རྒྱུད་ཡིན་པར་འདོད། ནང་བསྟན་དང་དབྱི་སི་ལན་ཆོས་ལུགས་ཀྱི་བསྟན་བཅོས་ཞིབ་འཇུག་གནང་སྟོང་། གཞན་རྩིས་དཔོན་དང་མཚམས་འདུག་པ་སོགས་ཀྱི་འགན་ཁུར་བྱུང་། བཅའམས་ཚོགས་ཕྱོགས་བསྒྲིགས་ལ《གཞུང་ལུགས་ཀྱི་དབང》དང《ཁོའི་ཚོའི》སོགས་ཡོད། ཆེ་སློད་དུ་དབྱི་སི་ལན་ཆོས་ལུགས་ཀྱི་ཆོས་རྒྱུས་དང་མཚན་ཉིད་རིག་པ། བཅའ་ཁྲིམས་སོགས་ཀྱི་ཤེས་བྱ་འདུས་པའི་བསྒྱུར་རྩོམ《དབྱི་སི་ལན་ཆོས་ལུགས་ཕྱོགས་སྟོན》ཞེས་པ་ལེགས་འགྲུབ་བྱུང་།

Ma Zhu (1640-1711), born in Baoshan, Yunnan Province, was a Muslim scholar of Islam in the end of the Ming Dynasty and the beginning of the Qing Dynasty. He is one of the pioneers who use Chinese in the translation and annotation of Islamic works. Regarding himself as the descendant of

Mohammed, he had good knowledge of the Buddhism and the Islam. He severed as Jinyishiyu. He wrote *Jingquan* and *Chuqiao*. In his later years, he completed the translation of *the Guide Book of Islam*, which involves the history, philosophy, and law of Islam.

玛尔巴（1012—1097） 西藏洛扎人。藏传佛教噶举派的创始人，也是藏传佛教噶举派塔布噶举支派奠基人，有译师称号。

མར་པ། (༡༠༡༢—༡༠༩༧) མཚན་ཆ་ཆད་ལ་མར་པ་ཆོས་ཀྱི་བློ་གྲོས། བོད་ལྷོ་བྲག་སྟོད་གནས་ས་ལྷོའི་མི་ཡིན། བོད་བརྒྱུད་ནང་བསྟན་གྱི་བཀའ་བརྒྱུད་གྲུབ་མཐའི་སྲོལ་གཏོད་པ་པོ་དང་། དགས་པོ་བཀའ་བརྒྱུད་ཀྱི་མཛད་པ་པོ་ཡིན། སྒྲ་བསྒྱུར་མར་པའམ་མར་པ་ལོ་ཙཱ་བ་ཞེས་པའི་མཚན་སྙན་གྲགས།

Marpa (1012-1097), born in Luozha, Tibet, is the founder of the Kargyu lineage of the Tibetan Buddhism, and also the founder of branch lineage of Tabu Kargyu. He was known as Marpa the Translator.

玛鲁 鄂温克语音译。解放前鄂温克族萨满教诸神的统称。

མ་ལུའུ། ཨོ་ཝུན་ཁེ་རིགས་ཀྱི་སྐད་སྒྲ་བསྒྱུར། བཅིངས་འགྲོལ་སྔོན་དུ་ཨོ་ཝུན་ཁེ་རིགས་ཀྱི་ཆོས་ལུགས་ཏེ། ས་མ་ཧེ་ཆོས་ལུགས་ཀྱི་དབུ་ལྷའི་སྤྱི་མིང་ཡིན།

Malu, the transliteration of the Ewenki language, is the general name of all gods of Shamanism in the Ewenki people before the liberation of China.

玛尼堆 以石块垒成的方形或圆台形的石堆。原为藏族人于通衢要道或山口设置的界址和计算路程的标志。后因藏传佛教的传布，有将刻有"六字真言"等的玛尼石置于其上、插以经幡者，遂成过往行人巡礼的玛尼堆。

མ་ཎི་རྡོ་འབུམ། རྡོ་རིགས་ཀྱིས་གཞིའི་དབྱིབས་སམ་སྒོར་དབྱིབས་ཀྱི་ཚུགས་ཀ་བརྩིགས་པའི་རྡོ་འབུམ། བོན་བོད་པ་ཚོས་རེའི་ཞག་ཁ་དང་ལམ་གྱི་བཞི་མདོགས་སུ་མ་མཚམས་སམ་ལམ་ཐག་བརྩི་བའི་རྟགས་ཤིག་ཡིན། རྗེས་སུ་ནང་ཆོས་ཁྱབ་པ་དང་བསྟུན་མ་ཎི་དུ་བཀོད་པའི་མ་ཎི་རྡོ་ཡང་དེའི་དུ་བཞག དེའི་ཁར་ལམ་འགྲོ་བ་དང་སྟོག་དང་དཔུང་རྒྱན་རྒྱག་པ། མཐའན་རྟོག་འགའ་འཛིངས་ནས་ལས་བར་དུ་བར་ཆད་མེད་པའི་མཆོད་བགྱུར་བྱེད་པའི་རྡོ་འབུམ་ཞིག་ཏུ་གྱུར།

Manidui is the cairn piled with stones into square or circle shape. Originally it was used in the open road or mountain pass to mark a boundary and it is a sign to calculate the distance. Later, due to the spread of Tibetan Buddhism, people put Mani stones carved with "Six-word Mantra" on the cairn, and insert prayer flags into the cairn. Then, the Manidui became the place where passers-by can make a pilgrimage.

买卖婚 女家以男家需付一定财物作为嫁女条件的婚姻形式。萌芽于母系氏族向父系氏族的过渡时期，是把妇女当成商品买卖在婚姻关系上的表现。

གཉེན་སྒྲིག་ཉོ་ཚོང་ལམ་ལུགས། ཁྱོ་ག་ཚང་གིས་རྒྱུ་ནོར་རུན་ཞིག་ཁྱོ་མོ་ཚང་ལ་བྱིན་ནས་མནའ་མ་བསུ་བའི་གཉེན་སྒྲིག་གི་སྲོལ་ཞིག་ཡིན། བུད་མེད་ཀྱི་གཉེན་སྒྲིག་གི་འབྲེལ་བའི་སྟེང་ནས་ཚོང་ཟོག་ཏུ་གྱུར་ཏེ་ཉོ་

བྱས་པའི་མཛོན་སྤྱངས་ཤིག་རེད། མ་རྒྱུད་ནས་རྒྱུད་ཀྱི་སྤྱི་ཚོགས་ནས་པ་རྒྱུད་ནས་རྒྱུད་ཀྱི་སྤྱི་ཚོགས་སུ་བར་བརྒལ་བྱས་པའི་དུས་སྐབས་སུ་ལམ་ལུགས་འདིའི་སྔ་གྲོ་འདུག་བཙུགས།

Mercenary Marriage is a marriage form under the condition that the bridegroom family needs to give a certain number of properties to the bride family before the marriage. It is the martial manifestation of trading women as property. It emerged during the transition period from matriarchy to patriarchy.

麦积山石窟 中国四大名石窟之一。位于甘肃天水市东南约45公里的麦积山（该山形似麦堆而得名）。始凿于十六国时期的后秦，后又经历代开凿修建，共有洞窟194个。现存历代泥塑、石雕像7200余件，壁画1300余平方米。

རི་བོ་མའི་ཅི་ཧན་བྲག་ཕུག གུང་གོའི་མིང་དུ་གྲགས་པའི་བྲག་ཕུག་བཞི་ཡི་གྲས་ཤིག་ཡིན། ཀན་སུའུ་ཞིང་ཆེན་ཐན་ཧྲུའི་གྲོང་ཁྱེར་གྱི་ཤར་ལྷོའི་ལེ་བར་༤༥འཁོར་ཚད་ཀྱི་རི་བོ་མའི་ཅི་ཧན་དུ་ཡོད། བྲག་ཕུག་འདི་ནི་ཆུ་ལོ་ཁམ་ལྔ་པའི་གི་དུས་སྐབས་ཀྱི་ཅིན་ཕྱི་མའི་སྐབས་སུ་གཏུབ་འགོ་བཙུགས་པ་ཡིན། རྗེས་སུ་རྒྱལ་རབས་རིམ་བྱུང་གིས་ཀྱང་ལར་སྟོན་དང་ཞིག་གསོ་གནང་ཡོད། རོལ་བྲག་ཕུག་ཁྱོན་༡༩༤ཡོད་པ་དང་། དབར་དུ་རྒྱུ་རབས་རིམ་བྱུང་གིས་བཞེངས་པའི་འཇིམ་སྐུ་དང་རྡོ་སྐོས་འདྲ་གཟུགས་ཁ་གྲངས་༧༢༠༠ལས་ཉུང་བ་དང་། ལྡེབས་རིས་སྐྱི་གྲུ་བཞི་མ་༡༣༠༠ཉུང་བ་ཞིག་ཉར་ཚགས་བྱས་ཡོད།

The Maijishan Grottos, one of China's Four Famous Grottos, is located in Maijishan (because of its shape of manure heap), 45km away from Tianshui City, Gansu Province. Construction began in the Later Qin era, with successive cutting and construction in later dynasties. There are 194 caves, with over 7,200 clay and stone sculptures and over 1,300 square meters of murals.

麦加 阿拉伯文音译，曾译作"墨克""满克"等。原意为"吸吮"，因沙漠民族渴望吸吮渗透泉水而得名。伊斯兰教第一大圣地，位于阿拉伯半岛希贾兹地区（今沙特阿拉伯境内），是穆罕默德诞生地、伊斯兰教发源地和一年一度举行朝觐仪礼的地方。

མའི་ཅ་གྲོང་ཁྱེར། ཨ་རབ་ཀྱི་སྐད་སྒྲ་བསྒྱུར། སྔོན་ཆད་མོ་ཁོ་དང་མན་ཁོ་སོགས་ཀྱི་སྒྲ་རུ་ཡང་བསྒྱུར་མྱོང་། འཇིབ་ཧྲུབ་ཀྱི་དོན་ཡིན། བྱེ་ཐང་དུ་འཚོ་བའི་མི་རིགས་ཀྱིས་སྣོད་གཏུང་དྲུག་པོས་ས་འོག་གི་ཆུ་འཇིབ་ཧྲུབ་བྱས་པས་མིང་དེ་ཐོགས་ཡིན། སྒྲོང་ཁྱེར་དེ་ནི་ཨ་རབ་གླིང་གི་ཞ་ཅ་ཙི་ཁུལ་དུ་ཁགས་ཡོད་དང་། དབྱེ་མིན་ཚོས་ལུགས་ཀྱི་ཆེས་ཆེ་བའི་མ་མཆོག་དང་མུ་ཧན་མོ་ཏེ་ཡི་འཁྲུངས་ཡུལ་ཡིན་པས། གནས་མཆོག་དུ་རྡོ་རེར་མཆོད་མཇལ་གྱི་དུས་ཆེན་འཚོགས་བཞིན་ཡོད།

Mecca, the transliteration of Arabic, was translated as Moke and Manke in Chinese. Its original meaning is suckling, due to the people in desert areas longing for suckling spring water. It is regarded as the holiest city in the religion of Islam, which is located in Hijiz in Arabian Peninsula (now in Saudi Arabia). It is the birthplace of Muhammad and the religion of Islam, and the site of annual pilgrimage.

麦克马洪线 历史上英国探险者擅自划出的一条以英国人麦克马洪命名的印藏非法边界线。1914 年，时任英印政府外务大臣的麦克马洪妄想以此线为印藏分界线。该线把西藏南部 9 万多平方公里土地划进英属印度。中国历届政府均未承认此线。

མའི་ཁོ་མ་ཧུང་གི་ས་ཐིག ལོ་རྒྱུས་སྟེང་དབྱིན་ཇིའི་མའི་ཁོ་མ་ཧུང་གིས་བགར་སྔར་གཏན་ལ་ཕབ་པའི་ཁྲིམས་འགལ་གྱི་ས་ཐིག་ཅིག་ཡིན། ༡༩༡༤ལོར་དབྱིན་ཇིའི་སྲིད་གཞུང་གི་ཕྱི་འབྲེལ་བློན་ཆེན་མའི་ཁོ་མ་ཧུང་གིས་ཐིག་དེ་ནི་ཉི་བོད་ས་མཚམས་སུ་ཧུམ་ས་ཐིག་དེ་ལྟར་ན། བོད་སྟོངས་སྟོ་རྒྱུད་ཀྱི་སྲོང་སྐྱེད་བའི་ཕྱི་ཡི་ས་ཁྱོན་ཧུན་ཧུའི་མཉམ་བོངས་སུ་བཅད་ཡོད་པས། ཀྲུང་གོ་སྲིད་གཞུང་གིས་ས་ཐིག་དེ་ཁྲིམས་མཐུན་དུ་ལམ་ལེན་བཞིན་མེད།

McMahon Line is an illegal boundary between China and India, named after Sir Henry McMahon arbitrarily lined by British explorers. In 1914, McMahon, foreign secretary of British-run Government of India attempted to regard this line as the boundary between China and India. This line divided the 900,000 sq. km. of land in the south of Tibet into British-run Government of India, which has not been recognized by all previous government of China.

《蛮书》 志书。又名《云南志》《南夷志》《南蛮记》等。唐代樊绰撰写。咸通三年（862）成书。10 卷。为记载唐代云南地区和邻近东南亚各国的民族、物产、风俗、政治、文化的一部重要典籍。

《མན་གྲུ་ཞེས་བྱ་བ》 ཞེས་གཞན་ལ《ཡུན་ནན་གྱི་རྣམ་བཤད》དང《དབྱིས་ཛོ་བའི་རྣམ་བཤད》《མན་ཛོ་བའི་རྣམ་བཤད》སོགས་ཡོད། ཐང་རྒྱལ་རབས་སྐབས་སུ་ཧྥན་ཁྲོའི་ཡིག་བཙུགས། ཞན་ཐུང་གི་ལོ་གསུམ་པར་（༨༦༢）དེབ་ཐེར་དུ་བསྒྲིགས། ཕྱི་དབྱ་པོ་༡༠ཡོད། དེབ་ཐེར་འདིའི་ཐང་རྒྱལ་རབས་དུས་ཀྱི་ཡུན་ནན་ས་ཁུལ་དང་ཉེ་ག་ཤར་སྟོད་རྒྱལ་ཁབ་ཁག་སོའི་མི་རིགས་དང་ཐོན་སྐྱེད། ཡུལ་སྲོལ་གོམས་གཤིས། དང་ཆབ་སྲིད་རིག་གནས་སོགས་ཀྱི་གནས་ཚུལ་བཀོད་ཡོད་པའི་གསུང་རྩོམ་གལ་ཆེན་ཞིག་ཡིན།

Manshu (Book of the Barbarians), a chronicle, is also called *Yunnan Chronicle*, *Nanyi Chronicle*, and *Nanman Chronicle*. It is compiled by Fan Chuo in the Tang Dynasty, in the third year of Xiantong (862). With 10 volumes, it is an important ancient book that recorded the ethnic groups, local products, customs, politics, and culture of Yunnan and vicinal countries of Southeast Asia in the Tang Dynasty.

满天星放牧法 牲畜放牧的一种方式。放牧时牲畜可均匀散布在一个轮牧分区内自由采食。这种放牧法适用于植被良好、产量又比较高的牧场。

སྐར་ཚོགས་བཀྲམ་པའི་རྩམ་པ་ཅན་གྱི་ཕྱུགས་འཚོ་སྟངས། དེའི་ཕྱུགས་འཚོ་སྐྱོང་དུ་ཐབས་ཤིག་ཡིན། ཕྱུགས་འཚོ་སྐྱོང་སྐབས་ཕྱུགས་རྣམས་རེ་སྒོར་རྒྱ་ར་དུ་ཚོགས་ཀྱི་ཕྱུགས་རྣམས་རེ་སྒོར་རྒྱ་ར་དུ་བཏང་སྟེ་རང་འདོད་ཀྱི་རྩྭ་ཚལ་ལོང་དུ་བཏུལ་པ་རེད། འདི་ལྟ་བུའི་ཕྱུགས་འཚོ་

སྐྱོང་ཐབས་ནི་རྩྭ་ཆུ་བཟང་ཞིང་ཕོན་ཆེར་ཡོད་པའི་རྩྭ་ར་དུ་ལག་བསྟར་བྱས་ན་ལེགས།

Open-herding is a way of grazing herds. The herds are free to eat grass when evenly scattered in a rotational grazing section. This grazing applies to the pasture with fine and abundant plant.

满-通古斯语族 阿尔泰语系之下的语族之一，其下又分满语支和通古斯语支。在中国，分布于黑龙江、内蒙古、新疆等地。在国外，分布在俄罗斯、蒙古等地。

མན་ཧྲུང་གུའུ་སིའི་སྐད་རིགས། སྐད་རིགས་འདི་ནི་ཨར་ཐའི་སྐད་ཁོངས་སུ་གཏོགས་ལ། འདིའི་ཁོངས་སུ་ཡང་མན་ཇུའི་སྐད་ལག་དང་ཐུང་གུའུ་སིའི་སྐད་ལག་སོགས་ཡོད། སྐད་རིགས་འདིའི་བཀོལ་མཁན་ནི། ཀྲུང་གོའི་ཧེ་ལུང་ཅང་དང་ཞིན་ཅང་། ནང་སོག་སོགས་དང་། ཕྱི་རྒྱལ་དུ་ཨུ་རུ་སུ་དང་ཕྱི་སོག་བཅས་ཀྱི་ས་ཁུལ་དུ་ཁྱབ་ཡོད།

Manchu-Tungusic languages, a branch language of Altaic languages, can be divided into Manchu language and Tungusic language. The speakers are distributed in Heilongjiang, Inner Mongolia, and Xinjiang in China, and Russia and Mongolia abroad.

满文 满族人使用的文字。亦称"清文"，创立于16世纪末。是在蒙古文的基础上加以改进而成的一种竖直书写的拼音文字。有"老满文"和"新满文"之别。满文在清朝作为一种官方文字，一度在全国范围内广泛使用，留下了大量档案资料。

མན་ཇུའི་ཡི་གེ། མན་ཇུ་མི་རིགས་ཀྱིས་བཀོལ་སྤྱོད་བྱས་པའི་ཡི་གེ་ཡིན། གཞན་ཆེས་ཡིག་གྱུར་ཟེར། དུ་རབས་བཅུ་དྲུག་གི་མཇུག་ལ་བཙུགས། དེ་ནི་སོག་ཡིག་གི་གཞི་རྩར་བསྐྱར་བཅོས་བྱས་ནས་བཟོས་པའི་འགྲེང་ཚུགས་ཅན་གྱི་སྒྲ་སྦྱོར་ཡི་གེ་ཞིག་ཡིན། དེ་ལ་ཡང་མན་ཡིག་རྙིང་པ་དང་གསར་མ་གཉིས་ཀྱི་ཁྱད་པར་ཡོད། མན་རྒྱལ་གྱི་ཡི་གེའི་ཆེད་སྤྱོད་གཞུང་གི་གཞུང་ཡིག་ཀྱི་ཡི་གེ་ཞིག་ཡིན་པའི་ཆ་ནས། དུས་སྐབས་ཤིག་ལ་རྒྱལ་ཡོངས་སུ་ཡོངས་ཁྱབ་ཏུ་བཀོལ་སྤྱོད་བྱས། ཡིག་ཚགས་འབོར་ཆེན་ཞིག་ཤར་ཆགས་བྱུང་ཡོད།

Manchu script, also called Qingwen, is the characters used by the Manchu people. It was created in the end of 16th century on the base of Mongolian alphabet with improvement into vertical written alphabetic scripts. There were differences between old and new Manchu alphabet. As an official character, it was once widely used on a nationwide scale, with lots of archival data left.

《满文大藏经》 满文译编大藏。清乾隆三十八年（1773），乾隆命从满人、蒙古人中选择通晓翻译者，根据汉文大藏经的编次和内容选出699部佛籍，译为满文编纂成藏。乾隆五十五年（1790）译编刻就，计2535卷。存世仅有两部。

《མན་ཡིག་གི་བཀའ་བསྟན་འགྱུར》 རྒྱ་ཡིག་ནས་མན་ཇུའི་ཡི་གེ་རུ་བསྒྱུར་ཏེ་བསྒྲིགས་པའི་བཀའ་བསྟན་འགྱུར་ཡིན། ཆན་ལུང་ཁྲི་ལོ་སོ་གཉིས་པར་（1773ལོར）བོང་མ་ཆན་ལུང་གིས་མན་ཇུ་རིགས་དང་སོག་རིགས་ཀྱི་ལོ་ཙཱ་མཁས་ཆེན་རྣམས་ལ་བཀའ་ཕབ་ནས། རྒྱ་ཡིག་གི་བཀའ་བསྟན་འགྱུར་གྱི་སྒྲིག་རིམ་དང་ནང་དོན་ལ་གཞིགས་ནས་སངས་རྒྱས་ཀྱི་གསུང་དཔེ་

ཡོངས་འཛིན་དུ་བསྐུར། ཚན་ལུང་ཁྲི་ལོ་སུམ་ཅུ་གོ་བརྒྱད་
པར་ (1773ལོ་) འགྱུར་མ་པར་ལ་བཏབ། ཆོན་
ཧོག་ཏྲི་ར་བ་༢༥༣༥ཡོད་པ་དང་། དེ་དག་ལས་དེབ་ཆ་ཚང་
བ་གཉིས་ནར་ཚོགས་བྱུས་ཡོད།

Manchu Tripitaka was a translation of Tripitaka in Manchu alphabet. In Qing Dynasty, the thirty-eighth year of the reign of Qianlong (1773), the Emperor Qianlong ordered to select translators in Manchu and Mongolian, so as to translate 699 Buddhist scriptures into Manchu selected from the Chinese Tripitaka according to its order and content. In the Fifty-fifth year of Qianlong (1790), it was translated and compiled, with 2,535 volumes. But there are just two volumes left in the world.

《满文老档》 中国最早的官修满文编年体史书。书中记载了满族源流和起自清太祖丁未年（1607）至清太宗崇德元年（1636）的政治、军事、经济、文化状况以及当时满族与朝鲜、蒙古、明朝等往来文书。现有老满文的《满文老档》原稿本共40册。

《མན་ཡིག་གི་ཡིག་ཚགས་རྙིང་པ་》 གྲུང་གོའི་ལོ་
རྒྱུས་སྟེང་དཔོན་རིགས་ཀྱིས་མན་ཡིག་གི་ལམ་ནས་
བསྒྲིགས་པའི་ལོ་རིམ་ལོ་རྒྱུས་ཀྱི་དེབ་ཐེར་ཆེས་སྔ་ཤོས་
ཡིན། དེའི་ནང་དུ་མན་ཇུ་རིགས་ཀྱི་བྱུང་རབས་དང་།
ཆིང་རྒྱལ་རབས་ཀྱི་མེས་པོའི་དུས་མཇུག་ནས་
(1607ལོ་) ནས་ཆིང་རྒྱལ་རབས་ཀྱི་མེས་པོ་ཁྲུང་ཏི་
ཁྲི་ལོའི་དང་པོའི་ (1636ལོ་) བར་གྱི་ཚན་སྲིད་དང་
དམག་དོན། དཔལ་འབྱོར་དང་རིག་གནས་ལས་གནས་
སྐབས་ཐོག་དེ་ཁོའི་ཞན་དང་སོག་པོ། མིང་རྒྱལ་རབས་
བཅས་དང་མན་ཇུ་རིགས་བར་ཕན་ཚུན་ལ་སྐྱར་བའི་ཡི་
གེའི་བཅས་ཀྱི་གནས་ཚུལ་བཀོད་ཡོད། ད་ལྟ་མན་ཡིག་
རྙིང་མས་བྲིས་པའི་《མན་ཡིག་གི་ཡིག་ཚགས་རྙིང་པ་》
མ་དཔེ་40བཞུགས་ཡོད།

The Old Manchu Chronicles is the earliest officially revised chronicle of historical records written in Manchu language. It records not only the origin of the Manchu Ethnic but the political, military, economic and cultural conditions as well as the official documents between Manchu ethnic and Korea, Mongolia and the Ming Dynasty from the founding of the Qing Dynasty (1607) to Chongde Year of the rule of Huang Taiji (1636). There are 40 existing original manuscript in total.

满语 满族人使用的语言。属阿尔泰语系满-通古斯语族满语支。到20世纪80年代，除东北个别边远地区和新疆的锡伯族少数老人尚能使用满语外，大部分满族人已不会说满语，濒临消失。

མན་ཇུའི་སྐད། མན་ཇུ་མི་རིགས་ཀྱིས་སྤྱོད་པའི་སྐད་
ཆ་ཡིན། དེ་ནི་ཨར་ཐའི་སྐད་ཁོངས་དང་མན་ཇུའི་སྐད་
རིགས་མན་ཇུའི་སྐད་ལག་གི་ཁོངས་སུ་གཏོགས། དུས་
རབས་ཉི་ཤུ་པའི་ལྔབཅུ་དུས། བྱང་ཤར་མཐའ་མཚམས་
ཡུལ་གྲུ་ཁྱོལ་ཤས་དང་ཞིན་ཅང་ས་ཁུལ་གྱི་ཞི་པོ་
རིགས་ཀྱི་རྒན་རབས་པ་ཁ་ཤས་ལས་མན་ཇུ་རིགས་ཀྱི་མི་
ཕལ་ཆེ་བས་སྐད་རིགས་འདི་བཤད་ཤེས་ཀྱིས་མེད་པས་
འཇིག་ཉེན་གྱི་གནས་སུ་སླེབ་ཡོད།

Manchu language is the language used by Manchu people which belongs to the Tungusic-Manchu language branch of Altaic family. By the 1980s, most Manchu people could not speak Manchu language except few old people in the remote areas in the southeast of China and of Xibo ethnic in Xinjiang, which lead to the crisis of disappearing of the language.

满语支 满-通古斯语族的语支之一。包括满语、锡伯语、赫哲语等。在中国，主要分布于黑龙江、内蒙古、新疆等地。在国外，主要分布于俄罗斯。

མན་ཇུའི་སྐད་ལག ། འདི་ནི་མན་ཐུང་གོ་སུའི་སྐད་རིགས་ཀྱི་ཡ་གྱལ་སྐད་ལག་ཅིག་ཡིན། འདིའི་ཁོངས་སུ་མན་ཇུའི་སྐད་དང་ཞི་པོ་སྐད། ཧོ་ཀྲེ་སྐད་སོགས་ཡོད། སྐད་ལག་འདི་ནི་རྒྱ་ནག་གི་ཧེ་ལུང་ཅང་དང་ནན་སོག་དང་ཞིན་ཅང་། ཕྱི་རུ་ཨུ་རུ་སུ་སོགས་ཀྱི་ས་ཁུལ་དུ་ཁྱབ་ཡོད།

The Manchu Language Branch is one of the branches of Manchu-Tungusic family which includes Manchu language, Xibo language, Hezhe language and so on. In China, it is mainly used in Heilongjiang, Inner Mongolia, Xinjiang and so forth; outside China, it is mainly used in Russia.

满洲 历史上"满洲"主要可以指：1. 族名，即今满族。2. 由满洲族名衍生而来的地名，今辽、吉、黑 3 省、内蒙古东北地区及俄罗斯远东外兴安岭以南和库页岛。3. 建州女真、后金或清朝的代称。4. 二战时期由日本在东北扶植的傀儡满洲国。

མན་ཇུ། མན་ཇུ་ཞེས་པར་ལོ་རྒྱུས་ཐོག་ཏུ་དོན་མི་འདྲ་བ་འགའ་ཡོད་པ་སྟེ། ༡ མན་ཇུའི་མི་རིགས་ཀྱི་མིང་། ༢ མི་རིགས་ཀྱི་མིང་དེ་ཡུལ་ལ་བཏགས་པ་སྟེ། དེའི་གྲུབ་ཚུལ་ནི་ཧར་བིན་ཅན་གསུམ་དང་ནན་སོག་གི་བྱང་ཤར་ཡུལ་གྲུའི་ཆ་ཤས་ཀྱི་ཞིང་ཆེན་གྱི་ས་ཁྱོན་ལྟེ་བའི་ཚོ་ཕྱོགས་དང་ཕོ་ཡུང་སྦྲེང་ཕན་སོགས་ཀྱི་ས་ཁུལ། ༣ ཅན་ཁྲི་མའཞ་རྒྱལ་རབས་ཀྱི་མིང་གཞན་ཡིན། ༤ འཛམ་གླིང་འཁྲུག་ཆེན་ཐེངས་གཉིས་པའི་སྐབས་སུ་ཉི་ཧོང་གིས་ནན་སྐུལ་འོག་དཾ་རྒྱལ་གྱི་བྱང་ཤར་དུ་ཁྲུ་ད་བཙུགས་པའི་མན་ཇུའི་སྲིད་གཞུང་བཙུགས་མ་བཅས་སོ།

Manzhou (Manchuria) in history refers to the following four items: 1. The first is the name of the current Manchu ethnic; 2. The second is the geographical name derived from the Manchu group names which are today's Liaoning, Jilin, Heilongjiang province, the northeast of Inner Mongolia, Stanovoy Range of the Far East in Russia and Sakhalin. 3. It also stands for Jianzhou Jurchens, Later Jin Dynasty and the Qing Dynasty; 4. It can refer to Manchukuo, the puppet government propped by Japan in the northeast of China during World War Ⅱ.

满洲八大姓 清室皇族八家以外的八大贵族姓氏。包括：瓜尔佳氏、钮祜禄氏、那拉氏、富察氏、赫舍里氏、索绰罗氏、马佳氏、终佳氏。

མན་ཇུའི་རུས་ཆེན་བརྒྱད། ཆེན་གི་གོང་མའི་ཁྲིམ་རྒྱུད་ཆེན་པོ་བརྒྱད་ལས་གཞན་པའི་སྐུ་དྲག་ཆེན་པོའི་རུས་ཆེན་བརྒྱད་ཡིན་པ་དང་། དེ་ལ་གུ་འར་ཅ་རུས་རྒྱུད། ཉིན་གོ་ལུའི་རུས་རྒྱུད། ན་ལ་རུས་རྒྱུད། ཧོ་ཅི་ལིའི་རུས་རྒྱུད། སོའི་ཀྲོའོ་ལོའི་རུས་རྒྱུད། མ་ཅ་རུས་རྒྱུད། ཏུང་ཅ་རུས་རྒྱུད་བཅས་ཡོད།

The Eight surnames of Manchu were the eight surnames of the aristocratic family besides the eight royal surnames. They are Guuwalgiya (Manchu language, "Gua'er-jia" in Chinese Pinyin), niohuru hala (Manchu language, "niu'hulu" in Chinese Pinyin), Shanhu (Manchu language, "Shu'mulu" in Chinese Pinyin), Nalan (also called Nala in Chinese Pinyin), Dong'e (Chinese Pinyin), Huifa (Chinese Pinyin), Wula (Chinese Pinyin), and Yi'ergenjueluo (Chinese Pinyin).

《满洲实录》 又名《清太祖实录战迹图》。记述清太祖努尔哈赤的实录。8 卷。成书于天聪九年（1635）。绘有满洲起源传说及明万历十一年（1583）努尔哈赤起兵后征战事迹图，图用满、汉、蒙古3 种文字标题。

《མན་ཇུ་རྒྱལ་རབས་ཀྱི་དངོས་བྱུང་》 ཞིང་གཞན་ལ《ཆིང་གོང་མའི་མེས་པོའི་དངོས་བྱུང་འཁྲབ་རིས》ཡང་ཟེར། དེའི་ནང་དུ་ཆིང་གོང་མའི་མེས་པོ་ནོར་ཧ་ཁྲིའི་དངོས་དོན་ཞིབ་བྱིས་བཀོད་པ་ཡོད། བམ་པོ་བརྒྱད་ལོ། དེ་འདིའི་ཐིན་ཚུང་ལོ་དགུ་པར（1635）བྱིས། དེའི་ནང་དུ་མན་ཇུའི་བྱུང་ཚུལ་གྱི་དག་རྒྱུད་དང་མིང་རྒྱལ་རབས་ཁྲི་ལོ་བཅུ་གཅིག་པར（1583）ནོར་ཧ་ཁྲིའི་དམག་འཐབ་ཀྱི་རི་མོ་དངོས་བྱིས་ཡོད། རི་མོར་མན་དང་རྒྱ། སོག་པོ་གསུམ་གྱི་ཡི་གེས་མིང་བྱང་བཀོད་ཡོད།

Veritable Records of the Manchus, also called *Veritable Records of Emperor Taizu of the Qing Dynasty*, records the founder of the Qing Dynasty Nurhaci, which consists of eight volumes. The book was written in 1635. It contains the legend of the origin of Manchuria and the expedition launched by Nurhaci since the year 1583, which use the language of Manchu, Chinese and Mongolian.

《满洲源流考》 书名。清代官修满族先世及有关东北诸民族的重要史籍。清阿桂等奉敕纂修。20 卷。乾隆四十三年（1778）成书。乾隆帝钦定书名为《满洲源流考》。体例近于方志，内容分部族、疆域、山川、国俗 4 类。

《མན་ཇུའི་འབྱུང་ཁུངས་འཚོལ་ཞིབ》 དཔེ་ཆའི་མིང་། ཆིང་རྒྱལ་རབས་སྐབས་ཀྱི་མན་རིགས་སྟོན་པའི་དང་བྱང་ཤར་ཕྱོགས་ཀྱི་མི་རིགས་མང་པོའི་ལོ་རྒྱུས་གཙོ་བོ་དག་བྱིས་ཡོད། ཆིང་ཨ་གུའི་སོགས་ཀྱིས་བཀའ་ཡིག་བཞིན་བཙོས་བྱིས། བམ་པོ་20 ཡོད། ཆན་ལུང་ཁྲི་ལོ་གསུམ་པར (1778) དཔེ་དེབ་ཏུ་གྱུར། ཆན་ལུང་གོང་མས་དཔེའི་མིང་ལ་དངོས་སུ《མན་ཇུའི་འབྱུང་ཁུངས་འཚོལ་ཞིབ》ཞེས་བཏགས། སྒྲིག་སྲོལ་དུ་དེའི་དང་འདྲ། ནང་དོན་ལ་མི་རིགས་དང་མཐའ་མཚམས། རི་ལུང་། རྒྱལ་སྲོལ་བཅས་རིགས་བཞིར་དབྱེ་ཡོད།

Researches on Manchu Origins is a book which is an important historical record officially revised in the Qing Dynasty with the records of the ancestors and the relating ethnic groups in the northeast. It was revised by Agui and other officials of the Qing Dynasty under the imperial order which contains 20 volumes, and was completed in the forty-third year of Qianlong (1778). Emperor Qianlong titled the book *Researches on Manchu Origins*. The style is close to local records and the contents are divided into four categories: Manchu tribes, territory, topography (mountains and rivers), and culture.

满族 中国的少数民族。全称满洲族。散居中国各地，以辽宁居多，形成大分散、小聚居的特点。人口 10387958 人（2010年），在中国 55 个少数民族中居第二位。信仰佛教和萨满教。有满语文。主要从事农业，山区特产丰富。

མན་རིགས། རྒྱ་ནག་གི་གྲངས་ཉུང་མི་རིགས་ཤིག མིང་ཚང་ལ་མན་ཇུ་རིགས་ཟེར། ས་གནས་སོ་སོར་ཁྱབ་ཡོད། བོད་ཞིང་དུ་འདུས་པ་ཉུང་ཞིང་། ཕོར་ནས་ཁྱབ་པའི་ཁྱད་ཆོས་སྟོན། མི་གྲངས་ ༡༠༣༨༧༩༥༨ (༢༠༡༠ལོ) ཡོད། གྲངས་ཉུང་མི་རིགས་༥༥པའི་ཀྱི་ཨང་གཉིས་པ་ཡིན། སངས་རྒྱས་ཆོས་ལུགས་དང་སྔམ་ཆོས་ལུགས་ལ་དད། མན་ཇུའི་ཡི་གེ་ཡོད། ཞིང་ལས་དང་རི་ཁུལ་གྱི་ཁྱད་ཕོར་ཕྱུག་སོགས་ཚོགས་པ་གཙོར་གཉེར།

Manchu people is one of the ethnic groups of China whose full name is Manchuria. The Manchu people live scattered throughout China, mostly in Liaoning, thus form the feature of large dispersion and small settlements. It has a population of 10,387,958 (2010), ranking the second among the 55 ethnic groups in China. The people believe in Buddhism and Shamanism. They have their own language. They mainly engaged in agriculture and have rich specialties in mountain areas.

芒松芒赞（637—676） 吐蕃赞普。松赞干布之孙。650 年其幼年即位，由禄东赞摄政，完善了王朝的政治组织，并划定田界，实行改革，使国力继续得到增强。对外攻灭吐谷浑，又和唐朝兵戎相见，北攻西域，东攻巴蜀，其时是吐蕃王朝军事上的全盛时期。卒于后藏。

མང་སྲོང་མང་བཙན། (༦༣༧—༦༧༦) བོད་ཀྱི་བཙན་པོ་ཞིག སྲོང་བཙན་སྒམ་པོའི་ཚ་བོ་ཡིན། ༦༥༠ལོར་སྐུ་ན་ཕྲ་དུས་རྒྱལ་སར་བཀོད། མགར་སྟོང་བཙན་གྱིས་ཆབ་སྲིད་བསྐྱངས་ནས་བཙན་པོའི་ཆབ་སྲིད་ཀྱི་སྒྲིག་གཞི་ལེགས་བཅོས་བྱས། ཞིང་ལ་ཞིང་མཚམས་བཅད་ནས་བསྒྱུར་བཅོས་བྱས་ཤིང་། རྒྱལ་སྟོབས་རྗེ་དག་ཏུ་བཏང་། ཕྱི་རུ་འ་ཞ་བཅོམ་ཞིང་ཐང་རྒྱལ་རབས་དང་གཡོ་མཚོན་མཐུན་འཕྱུར་བྱས། བྱང་དུ་ནུབ་ཁུལ་གཏུགས་པ་དང་། ཤར་དུ་པ་ཅིག་གཏུགས། དེའི་བཙན་པོའི་རྒྱལ་རབས་དམག་དོན་ཕྱོག་ནས་རྒྱས་ཆེ་ཆེས་པའི་སྐབས་ཡིན།

Mangsong Mangtsen (637–676) was the Tsenpo (the emperor of Tubo) of Tubo-Mangtsen (Tibetan empire in ancient China). He was Songtsan Gampo's grandson. He succeeded to the throne in his childhood in 650. During his rule, Gar Tongtsen acted as the regent. The political organization was improved, the field boundaries were delimited, and the reforms were implemented which strengthened the national power. He conquered Tuyuhun, fought against the Tang Dynasty, attacked the western regions in the north and Bashu in the east, which led to the zenith in military of Tubo Dynasty. He died in Back Tibet.

毛拉 伊斯兰教职称谓。旧译"满拉""莫洛""毛喇""曼拉"。阿拉伯语音译，原意为"保护者""主人""主子"。随着伊斯兰教的传播和发展，该词成为教职称谓而被广泛使用。中国的回族穆斯林称"毛拉"为"阿訇"。

མའོ་ལྰ། དཔྱི་སི་ལན་ཆོས་ལུགས་ཀྱི་འབོད་ཚིག་གཅིག ཞིག གནའ་དུ་ཪྭ་བོར་རྒྱ་ཡིག་ཏུ་མན་ལྰམ་སྨུའི་ལྭབོ།

མབོ་ལྭ། སུན་ནཱ་བོགས་སུ་བསྒྱུར། ཨ་རབ་སྐད་ཀྱི་སྒྲ་བསྒྱུར་ཡིན། ནང་དོན་སྲུང་མཁན་དང་བདག་པོ། བདག་སྒྲུབ་བཅས་ཡིན། དཔྱེ་སྲིད་ཨིན་ཆོས་ལུགས་ཁྱབ་སྤེལ་དང་འཕེལ་རྒྱས་སོང་བ་དང་བསྟུན་ནས་མིང་ཚིག་འདི་ཡང་ཆེས་ལུགས་ཀྱི་མིང་དུ་རྒྱ་ཁྱབ་ཀྱིས་བེད་སྤྱོད་བྱས། ཀྲུང་གོའི་ཧུའི་རིགས་མུའུ་སི་ལིན་གྱིས་མབོ་ལྭ་ལ་ཨ་ཧོང་ཟེར།

Maula is a position title of Islam. It was once translated into Manla, Moluo, Maola, Manla (the Man in the two Manla refer to different Chinese characters). It is an Arabic transliteration, meaning protector, master, and leader. With the spread and development of Islam, the term is widely used as position title. China's Hui Muslim mullah is called imam.

毛南语 毛南族使用的语言。原称"毛难语"。属汉藏语系壮侗语族侗水语支。主要分布在广西环江毛南族自治县。其内部比较一致，没有方言土语的差别。

མབོ་ནན་སྐད། མབོ་ནན་རིགས་ཀྱིས་སྤྱོད་པའི་སྐད་ཆ། དང་ཐོག་དེ་ལ་མབོ་ཉུན་སྐད་དུ་འབོད། རྒྱ་བོད་སྐད་རྒྱུད་ཀྱི་ཀྲོང་སུ་གཏོགས་ཤིང་གྲོང་ཏུང་སྐད་རིགས་དང་ཏུང་ཧུའི་སྐད་ཀྱི་ཡན་ལག་ཅིག་ཡིན།

Maonan Language is the language used by the Maonan people which formerly known as Mao Nan language (the Nan in Maonan and Mao Nan refer to different Chinese characters). It belongs to Dong-Shui languages of Zhuang-Dong branch of Sino-Tibetan language family. It is mainly spoken in Huanjiang Maonan Autonomous County of Guangxi. There is no dialect in the language.

毛南族 中国的少数民族。旧称"毛难族"。聚居地在广西的环江毛南族自治县，其余散居在南丹、金城江、都安等地；贵州平塘县卡蒲毛南族乡也有集中分布。人口101192人（2010年）。主要从事农业生产。信仰多神多教。使用毛南语，没有文字书写系统。

མབོ་ནན་རིགས། ཀྲུང་གོའི་གྲངས་ཉུང་མི་རིགས། གོང་ཞིག་ཏན་ཅང་མབོ་ནན་རང་སྐྱོང་རྫོང་དང་། གཞན་ནན་ཏན། ཅིན་ཁྱུའུ་ཅང་། ཏུའུ་ཨན་བཅས་སུ་ཁྱབ་ཡོད། ཀུའེ་ཀྲོའུ་ཞིང་བྱེད་ཏྲོང་གི་ཁཔུའུ་མབོ་ནན་རིགས་ཀྱི་ཞང་དུའང་ཡོད། མི་གྲངས ༡༠༡༡༩༢ (༢༠༡༠ལོ) ཡོད། ཞིང་ལས་གཙོ་བོར་གཉེར། ལྷ་མང་དང་ཆོས་ལུགས་མང་པོར་དད། མབོ་ནན་སྐད་སྤྱོད་ཅིང་ཡི་གེ་མེད།

Maonan people is one of the ethnic groups of China which was formerly known as Mao Nan race (the Nan in Maonan and Mao Nan refer to different Chinese characters). Most of the Maonan people live in Huanjiang Maonan Autonomous County of Guangxi, and the rest live in Nandan, Jinchengjiang, Du'an and so on; there are also Maonan people in Kapu of Pingtang County in Guizhou. It has a population of 101,192 (2010). They are mainly engaged in agriculture. It is an ethnic group of multi-deity and multi-religion. They use the Maonan language, but they have no writing system.

牦牛 高寒地区的特有牛种。主产于青藏高原海拔3000米以上地区，适应高寒生态条件，有"高原之舟"之称。牦牛全身都是宝。藏族人民衣食住行烧耕都离不开它。分野牦牛和家牦牛。

ནོར་གནག ། གངས་ཅན་ཆེ་སར་ཁྱད་དུ་ཡོད་པའི་ནོར་གྱི་རིགས་ཤིག འབྱུང་ཁུངས་གཙོ་བོར་མཐོ་དབས་མཐོ་སྒང་གི་མཚོ་དོས་ལས་མཐོ་ཚད་སྤྱི་ ༣༠༠༠ ཡན་ཡོད་པའི་ཁུལ་དག་ཡིན། ནོར་གནག་ནི་གྲང་དར་ཆེ་བའི་སྐྱེ་ཁམས་ཀྱི་ཆ་རྐྱེན་ལ་འཚམ་པས་མཐོ་སྒང་གི་གྲུ་གཟིངས་ཞེས་པའི་མཚན་སྙན་ཕུལ། ནོར་གནག་གི་ལུས་ཡོངས་རིན་པོ་ཆེས་ཁེངས་ཡོད། བོད་རིགས་མི་དམངས་ཀྱི་བཟའ་གོས་འགྲོ་སྡོད་འབུད་སྦྱོག་སོགས་ཡོད་ཚད་ནོར་གནག་དང་འབྲལ་ཐབས་མེད། དེར་འབྲོང་དང་འབྲི་གཉས་ཆེས་བཏུལ་མ་བཏུལ་གྱི་ཁྱད་པར་ཕྱེ།

Yak is a unique bovine species. It is mainly found in the areas with an altitude over 3,000 meters on the Tibetan Plateau. Due to its adaption to the conditions in high and cold regions, Yak enjoys the reputation of the boat of the plateau. Yak is a total treasure for the Tibetans. It is relied on by Tibetans in their daily life. Yak can be divided into two classes: the wild yak and the domestic yak.

牦牛踩场 解放前西藏和川西藏族聚居地区青稞脱粒的主要方法之一。青稞收割晾晒后，散铺于麦场，以牦牛、犏牛入内践踏脱粒。

མྱིག་བརྡོང་། བཅིངས་འགྲོལ་ཡར་སྟོན་དུ་བོད་ཀྱི་རོང་དུས་འབྲུ་ཐུང་བའི་ཐབས་ཤིག་ཡིན། ནས་བྲེག་ནས་ཉི་མར་བསྐམས་རྗེས་སར་བཀྲལ་ཏེ། ནོར་དང་བ་སྦྲང་གི་རྨིག་པས་བརྡུང་ནས་ནས་ཕྱིར་ཞིག་པ་ཞིག་ཡིན།

Yaks Used for Threshing is one of the main methods of threshing the highland barley used in Tibet and the Sichuan Tibetan region before liberation. After harvesting and drying, the highland barley was spread in the wheat field, and then the yak and the cattle-yak were sent in the field to thresh.

冒顿（？—公元前 174） 秦末汉初时期匈奴单于。姓挛鞮。秦二世元年（公元前209）杀父头曼而自立，至公元前174年在位。

མའོ་ཏུན་། （？—སྤྱི་ལོ་སྟོན་གྱི་ ༡༧༤ ） ཆེན་རྒྱལ་རབས་མཇུག་དང་ཧན་རྒྱལ་རབས་དུས་མགོའི་ཞུང་ནུའི་མི་ཡིན། དུས་ལོན་ཏུང་དང་། ཆིན་རྒྱལ་རབས་གཉིས་པར་（སྤྱི་ལོ་སྟོན་གྱི་ ༢༠༩） རང་གི་ཕ་བསད་དེ་རང་ཉིད་སྐྱི་ལོ་སྟོན་གྱི་ ༡༧༤ བར་ཁྲིར་བཞུགས།

Modu（?-174 BC） was the chief of the Xiongnu in ancient China in the Late Qin and early Han period. His surname is Luandi. In 209 BC, he killed his father Touman and became the chief, he reigned Xiongnu till 174 BC.

么些 即今纳西族先民。也是旧时汉族等对纳西族常用的称呼。

མོ་ཞེ། དེང་གི་འཇང་མི་རིགས་ཀྱི་མེས་པོ་ཡིན། གནའ་དུས་སུ་རྒྱ་རིགས་ཀྱིས་འཇང་མི་རིགས་ལ་རྒྱུན་འབོད་ཀྱི་མིང་ཞིག་ཀྱང་ཡིན།

Mexie is the Naxi people's ancestors. It is also the appellation of the Naxi people used in the past by Han people and others.

门巴语 门巴族使用的语言，属汉藏语系藏缅语族藏语支。包括两种语言，一种通行于西藏墨脱县等地区，称墨脱门巴语；另一种通行于西藏错那县等地区，称错那门巴语。两种语言互不相通。另外，不丹的部分门巴人也使用该语言。

མོན་པའི་སྐད། མོན་པ་རིགས་ཀྱིས་སྤྱོད་པའི་སྐད་ཅ་རྒྱ་བོད་སྐད་རྒྱུད་དང་བོད་འབར་སྐད་རིགས། བོད་སྐད་ཡན་ལག་གི་ལོངས་སུ་གཏོགས། དེ་ལ་སྐད་རིགས་གཉིས་ཡོད་པ་དང་། གཅིག་བོད་སྤྱོངས་མེ་ཏོག་རྫོང་སོགས་ས་ཁུལ་གྱི་སྐད་དང་འདི་བས་ཏོག་མོན་སྐད་ཟེར་བ་དང་གཞན་ཞིག་ནི་བོད་སྤྱོངས་མཚོ་གཉིས་རྫོང་སོགས་ས་ཁུལ་གྱི་སྐད་དང་འདི་བས་མཚོ་གཉིས་མོན་སྐད་ཟེར། སྐད་ཆ་གཉིས་ཕན་ཚུན་མི་འདྲ། འབྲུག་ཡུལ་གྱི་མོན་པ་ཕྱོགས་གཅིག་གིས་ཀྱང་རིགས་རྗེས་འདིའི་སྐྱོང་བཞིན་ཡོད།

Moinba language is the language used by the Moinba people which belongs to the Tibetan branch of Tibeto-Burman language of Sino-Tibetan language family. It includes two kinds of language, one which is called Metok Moinba language is used in Metok County of Tibet; another which is called Cuona Moinba language is used in Cuona County of Tibet. The two languages are different. In addition, the Moinba people in Bhutan also use the language.

门巴族 中国的少数民族。主要分布在西藏东南部的门隅和墨脱地区，错那县的勒布是门巴族的主要聚居区。人口10 561人（2010年）。有本族语言，无文字，通用藏文。主要信仰本教和藏传佛教。从事农业，种植水稻，兼营畜牧业和狩猎。

མོན་པ་རིགས། རྒྱང་གོའི་གྲངས་ཉུང་མི་རིགས། ཁྱབ་ཡུལ་གཙོ་བོ་བོད་སྤྱོངས་ཤར་ལྷོ་མཚམས་ཀྱི་མོན་གཡར་དང་མེ་ཏོག་སོགས་ཡིན། མཚོ་གཉིས་རྫོང་གི་གླུ་འབུམ་ནི་མོན་རིགས་གཙོ་བོར་འདུས་པའི་ཁུལ་ཡིན། མི་གྲངས་ ༡༠༥༦༡ (༢༠༡༠་ལོར) ཡོད། མི་རིགས་རང་གི་སྐད་ཡོད་པ་ལས་ཡི་གེ་མེད་པས་བོད་ཡིག་ཡོངས་ཁྱབ་ཏུ་སྤྱོད་བཞིན་ཡོད། བོན་ཆོས་དང་ནང་པའི་ཆོས་ལུགས་ཡིད་ཆེས་བྱེད། ལས་རིགས་གཙོ་བོ་ནི་ཞིང་ལས་དང་འབྲས་འདེབས་པ། ཕྱུགས་འཚོ་ལས་རིགས་དང་རྔོན་བཅས་བྱེད།

Moinba people is one of the ethnic groups of China. They live in Monyul and Metok of the southeast of Tibet, mainly in Legpo of Cuona County. It has a population of 10,561 (2010). They have their language but no scripts, they use Tibetan. They believe in Bon and Tibetan Buddhism. They are engaged in agriculture, cultivation of rice, their sideline is animal husbandry and hunting.

门宦 中国伊斯兰教的一种教派形式和宗教制度。形成于明末清初，是指苏菲派（见"苏菲主义"词条）的教门，在中国西北最多。中国苏菲派有四派，最有名的是虎夫耶（老教）与哲赫林耶（新教）。他们有道统继承制，掌教人地位与上师一样。

མོན་ཏོད། གུང་གོའི་དཔྱི་སི་ལན་ཆོས་ལུགས་ནང་གི་གྲུབ་མཐའ་ཞིག་གལ་ཆོས་ལུགས་ཀྱི་ལམ་ལུགས་ཤིག་ཡིན། མིང་རྒྱལ་རབས་དུས་མཇུག་ཆིང་རྒྱལ་རབས་དུས་མགོར་བྱུང་། སའོ་ཕེ་གྲུབ་མཐའི་བྱེ་བྲག (སའོ་ཕེ་རིང་ལུགས་ཞེས་པར་ལྟོས) ཅིག་ཡིན། གུང་གོའི་ནུབ་བྱང་ཕྱོགས་སུ་ཁྱབ་པ་མང་། གུང་གོའི་སའོ་ཕེ་གྲུབ་མཐའ་ནང་གསིས་ཀྱི་དབྱེ་བ་བཞི་ཡོད་པ་ལས། མིང་གྲགས་ཆེ་ཆེ་བའི་ཧུའུ་ཧྥུའུ་ཡེ (གྲུབ་མཐའ་རྙིང་པ) དང་གྲུའུ་ལེ (གྲུབ་མཐའ་གསར་མ) གཉིས་ཡིན།

Menhuan is a sectarian form and religious system of Islam in China which was formed in the late Ming and early Qing Dynasty. It refers to sect of Sufism (see Sufism), which is mainly in the northwest of China. There are four factions in the Sufismin China, the most famous is Hufeiye (old religion) and Zhehelinye (new religion). They have the inheritance system, and the master has the same status with the guru.

门隅 藏语音译，意为"门地方"。地域名。位于中国西藏山南地区南部，面积约1万平方公里，是我国少数民族门巴族的主要聚居地，7世纪时即为吐蕃政权所辖。现被印度非法侵占。

མོན་ཡུལ། ས་གནས་ཀྱི་མིང་ཡིན། ཀྲུང་གོའི་བོད་ལྗོངས་ལྷོ་ཁུལ་གྱི་ལྷོ་ཕྱོགས་སུ་གནས། རྒྱ་ཚོན་ལ་སྤྱི་ལེ་བུ་བའི་མ་ཁྱི་1ཁྲིག་ཡོད། རང་རྒྱལ་གྲངས་ཉུང་མི་རིགས་ཉན་གྱི་མོན་རིགས་འདུས་སྡོད་བྱས་པའི་ས་ཁུལ་གཙོ་བོ་ཡིན། དུས་རབས་བདུན་པར་བོད་བཙན་པོའི་མངའ་འོག་ཡིན། དེང་རྒྱ་གར་གྱིས་ཁྲིམས་མཐུན་མིན་པར་བཙན་བཟུང་བྱས།

Monyul, Tibetan transliteration, means place of the door. It is the name of a region which is located in the south of Shannan Prefecture of Tibet in China. It has an area of about 10,000 square kilometers which is the main habitation of the Moinba people. The place was ruled by Tubo in the seventh century. Now it is occupied by India illegally.

门孜康 藏语音译，意为"医算局"，是一所从事疾病治疗、研究和培养藏医、天文人材的专门机构。成立于1915年。1959年以后，门孜康与原药王山医学利众寺合并，成立拉萨藏医院（即现在的西藏藏医院）。

སྨན་རྩིས་ཁང་། དེ་ནི་སྨན་བཅོས་དང་སྨན་རིགས་ཞིབ་འཇུག་གནས་རིག་མཁས་པའི་ཆེད་གཉེར་ལས་ཁུངས་ཞིག་ཡིན། 1915ལོར་ཚུགས། སྨན་རྩིས་ཁང་དང་སྔགས་པོ་རིའི་གུན་ཕན་སྨན་པ་གྲྭ་ཚང་གཉིས་སྦྲེལ་ནས་དེང་གི་ལྷ་སའི་བོད་སྨན་ཁང་བཙུགས་པ་རེད། (དེང་སྐབས་བོད་ལྗོངས་བོད་སྨན་ཁང་ཟེར)

Menzikang, Tibetan transliteration, means medical and divination bureau. It is a specialized agency working on treatment of disease, research and training of talent of Tibetan medicine and astronomy. It was founded in 1915. After 1959, Menzikang and the former Chakpori Medical Temple for the people merged into Lhasa Tibetan Hospital (now the Tibetan hospital).

《蒙藏边区人员派赴各机关服务暂行办法》 文件名。1936年由国民政府公布。共7条。涉及赴国民政府各机关服务的蒙藏边区人员的资格认证、审核、酌派职务、服务期限、政府奖励、人员总额等内容。

《སོག་བོད་མཐའ་ཁུལ་དུ་ཞབས་ཞུ་མི་སྣ་ལས་ཁུངས་སོ་སོར་གཏོང་བའི་གནས་སྐབས་ཀྱི་བྱེད་ཐབས》 ཡིག་ཆའི་མིང་། 1936ལོར་རྒྱལ་དབང་ཤིང་གཞུང་གིས་སྒྲོག་བསྒྲགས་བྱས། དོན་ཚན་བདུན་ཡོད། དེའི་ནང་དུ་རྒྱལ་དབང་ཤིང་གཞུང་གིས་སོག་བོད་མཐའ་ཁུལ་གྱི་ལས་ཁུངས་སོ་སོར་གཏོང་བའི་ཞབས་ཞུ་མི་སྣའི་ཐོབ་ཐང་དང་། ཞིབ་འཇུག་ལས། འགན། ཞབས་ཞུའི་དུས་ཡུན། བྱེད་གཞུང་གི་སྐུལ་མའི་

ཕྱི་དགནད། མི་སྣའི་ཡོང་འབབ་སོགས་འདུས་ཡོད།

Temporary Methods for people Sent from the Border Areas in Mongolia and Tibet to Serve in the Government Offices was a file name. It was published by the National Government in 1936 which included seven items involving qualification, verification, duties, time of service, government incentives and the total number of people sent from Mongolian and Tibetan border areas.

《蒙藏边区人员任用条例》 文件名。1937年由国民政府公布。共10条。主要就蒙藏边区人员任用为简任、荐任、委任职公务员应具资格及其查核认证等事宜做出具体规定。

《སོག་བོད་མཐའ་ཁུལ་མི་སྣ་བསྐོ་སྟོད་ཀྱི་སྒྲོལ་ཡིག》 ཡིག་ཆའི་མིང་། ༡༩༣༧ལོར་རྒྱལ་དབངས་སྲིད་གཞུང་གིས་ཁྱབ་བསྒྲགས་བྱས། དོན་ཚན་༡༠ཡོད། གཙོ་བོར་སོག་བོད་མཐའ་ཁུལ་གྱི་མི་སྣ་བསྐོ་སྟངས་སླབས་འདིའི་བསྐོ་སྟངས་དང་འདེམས་བསྐོ། ཨུ་ཡོན་བསྐོ་བ་དང་གཞུང་ཞབས་པའི་དཔང་རྟགས་བཅས་བྱེ་བྲག་གི་རིགས་མང་པོ་གཏན་ལ་ཕབ་ཡོད།

Provisions on Appointing the Mongolian and Tibetan people in Border Areas was a file that was published by the National Government in 1937 which has 10 articles. It gave the detailed regulations about the qualifications and certification and other matters on the appointments for different kinds of appointed civil servants of Mongolian and Tibetan people in Border areas.

《蒙藏公文程式》 文件名。1930年由蒙藏委员会制定。共10条。规定了盟旗和国民政府、五院及省县所使用的公文名称，有令、呈、咨或公函等。还专门规定达赖、班禅的公文文种：国民政府对达赖、班禅用令，达赖、班禅对国民政府用呈，各院部会省及其他机关与达赖、班禅一律互用公函。

《སོག་བོད་ཀྱི་གཞུང་ཡིག་འབྲི་སྲོལ》 ཡིག་ཆའི་མིང་། ༡༩༣༠ལོར་སོག་བོད་ཨུ་ཡོན་ལྷན་ཁང་གིས་གཏན་འཁེལ་བྱས། དོན་ཚན་༡༠ཡོད། མཐུན་མོང་གི་དར་ཆ་དང་རྒྱལ་དབངས་སྲིད་གཞུང་། ལས་ཁུངས་ཞིང་ཆེན་དང་རྫོང་སོགས་ཀྱིས་སྤྱོད་པའི་གཞུང་ཡིག་མིང་གཏན་ལ་ཕབ། དེ་བཀའ་དང་ཞུ། འདྲི་གཞུང་ཡིག་སོགས་འདུག དཔལ་དུང་རྒྱལ་བ་ཏཱ་ལའི་གཞུང་ཡིག་རིགས་ཆེད་དུ་གཏན་ལ་ཕབ་ཡོད། རྒྱལ་དབངས་སྲིད་གཞུང་གིས་རྒྱལ་བ་ཏཱ་གཉིས་ལ་བཀའ་གནང་བ་དང་། ཏཱ་གཉིས་ཀྱིས་རྒྱལ་དབངས་སྲིད་གཞུང་ལ་ཞུ་བ་དང་། ཀུན་དབང་དང་ཞིང་ཆེན། ལས་ཁུངས་གཞན་དག་དང་རྒྱལ་བ་ཏཱ་པཎ་ཆེན་ཚོར་གྱི་གཞུང་ཡིག་འབྲི་སྲོལ་སོགས་སོ།

Forms and Formulas of Mongolian and Tibetan Official Documents was a file published in 1930 by the Mongolian and Tibetan Affairs Commission which had a total of 10 articles. It regulated the official name of the league banner, the national government, the five institutions and the provinces and counties, which include order, petition, report, and official letters and so on. It also gave special provisions on the document types of Dalai Lama, the Panchen: the order sent from the national government to the Dalai Lama, the Panchen, and the submit sent from the Dalai Lama, the Panchen to the national government; each institution, department, commission, province and other organs use official letters with Dalai Lama, and the Panchen.

蒙藏委员会 国民政府主管蒙藏政务的最高机关。1929年成立。管理蒙古地方、西藏地方及其他各省蒙古族、藏族聚居地区的行政、宗教及其他各项事务。抗战时，曾参与十四世达赖的认定和坐床仪式。1949年迁台。

བོད་བོད་ཤུ་ཡོན་ལྷན་ཁང་། རྒྱལ་དམངས་སྲིད་གཞུང་གིས་སོག་བོད་སྲིད་སྐྱོང་ལ་དབག་དམ་བྱེད་པའི་ཆེས་མཐོའི་ལས་ཁུངས། ༡༩༢༩་ལོར་ཚུགས། སོག་བོའི་ས་ཁུལ་དང་བོད་སྟོངས་ས་ཁུལ་ཞིང་ཆེན་གཞན་དག་ཏུ་ཡོད་པའི་སོག་རིགས་དང་བོད་རིགས་འདུས་སྡོད་ཀྱི་སྲིད་དང་། ཆོས་ལུགས་སོགས་ལས་རིགས་ལ་དབག་དམ་བྱ། ལྔར་འགོག་རྐབས་སུ་དུ་ལའི་བླ་མ་སྐུ་ཕྲེང་བཅུ་བཞི་པ་ངོས་འཛིན་དང་ཁྲིར་གསོལ་བའི་མཛད་སྒོ་ཞུགས་སྐྱོང་། ༡༩༤༩་ལོའི་ཋེན་སུ་གནས་ཕའི་ཕན་ལ་སྤོས།

Mongolian and Tibetan Affairs Commission was the highest organ of the national government in charge of government affairs of the Mongolian and Tibetan Affairs which was established in 1929. It was in charge of the administration, religion and other affairs of Mongolia and Tibet and other provinces where Mongolian, Tibetan inhabit. During the Anti-Japanese War, it attended the identification and enthronement ceremony of the 14th Dalai Lama. In 1949 it was moved to Taiwan.

蒙藏委员会驻藏办事处 蒙藏委员会的派出机构。1940年成立。设两科，第一科主管文书、印信、出纳、庶务人事等事项；第二科主管政治、宗教、教育、建设、调查、宣传等事项。同时办事处还派驻专员前往日喀则、昌都和江孜等重要地区。

བོད་བོད་ཤུ་ཡོན་ལྷན་ཁང་གི་བོད་བཞུགས་དོན་གཅོད་ཁང་། སོག་བོད་ཤུ་ཡོན་ལྷན་གྱིས་བཏང་བའི་ལས་ཁུངས། ཚོན་ཁག་གཉིས་ཡོད། དང་པོར་དག་ཆ་དང་དམ། དྲུལ་གཉེར། མི་སེར་དོན་གཉེར། ལྔར་སོགས་འདུས་པ་དང་། གཉིས་པར་ཆབ་སྲིད། ཆོས་ལུགས། སློབ་གསོ། འཛུགས་སྐྲུན། བཅག་དཔྱད། ཁྱབ་བསྒྲགས་སོགས་འདུས། དེ་དང་དུས་མཉམ་དུ་དོན་གཅོད་ཁང་དེ་གཞིས་ཀ་རྩེ་དང་ཆབ་མདོ། རྒྱལ་རྩེ་སོགས་སུ་ཡང་བཙུགས་ཡོད།

Tibet Agency of Mongolian and Tibetan Affairs Commission was the agency of Mongolian and Tibetan Affairs Commission which was founded in 1940. There are two departments of which the first was in charge of writs, official seals, cashier, general affairs and personnel and other matters, the second was in charge of politics, religion, education, construction, investigation, publicity and other matters. Meanwhile, the office also sent commissioners o important regions such as Shigatse, Chamdo, tJiangzi and so on.

《蒙藏委员会组织法》 文件名。1929年由国民政府公布该组织法，1933年修正。共28条。文件明确规定了蒙藏委员会的人事、机构设置和主要职能等。

《བོད་སོག་ཡིག་ཚང་ལས་ཁུངས་ཀྱི་རྩ་འཛུགས་ཁྲིམས》 ཡིག་ཆའི་མིང་། ༡༩༢༩ལོར་རྒྱལ་དགངས་སྲིད་གཞུང་གིས་སྒྲི་བསྒྲིགས་བྱས་པ་དང་། ༡༩༣༣ལོར་བཅོས་བསྒྱུར་བྱས། བསྡོམ་པས་དོན་ཚན་ ༢༨ ཡོད། དེར་སོག་བོད་ཡུལ་ཡོན་མི་སྡེའི་ལས་འགན་དང་ལས་ཁུངས་ཀྱི་སྒྲིག་གཞི་དང་འགན་ནུས་སོགས་གསལ་པོའི་སྒོ་ནས་གཏན་འཁེལ་བྱས་ཡོད།

The Organization Law of Mongolian and Tibetan Affairs Commission was a file published in 1929 and amended in 1933 by the National Government which has a total of 28 articles. It clearly regulates the personnel, the settings of the agencies and the main function of the Mongolian and Tibetan Affairs Commission.

蒙藏学校 1913 年建立。校址在今北京西单石虎胡同。1918 年改名为"蒙藏专门学校",是我国最早开办的民族高等学校。20 世纪 20 年代末改为中等教育学校。乌兰夫等为该校学生。新中国成立后在其旧址建立中央民族大学附属中学。

བོད་སོག་སློབ་གྲྭ ༡༩༡༣ལོར་ཚུགས། པེ་ཅིན་ཞི་ཏན་ཇི་ཧུའུ་ཧྲུང་ལམ་དུ་ཡོད། ༡༩༡༨ལོར་སོག་བོད་ཆེད་གཉེར་སློབ་གྲྭར་མིང་བསྒྱུར། དེ་ནི་རྒྱ་ནག་གི་ཆེས་ཐོག་མའི་མི་རིགས་མཐོ་རིམ་སློབ་གྲྭ་ཡིན། དུས་རབས་ ༢༠ལོ་རབས་ ༢༠པར་འབྲིང་རིམ་སློབ་གསོའི་སློབ་གྲྭར་བསྒྱུར་བ་ཡིན། ཨུའུ་ལན་ཧྥུ་སོགས་སློབ་གྲྭ་དེའི་སློབ་མ་ཡིན། གུང་གོ་གསར་པ་བཙུགས་རྗེས་སློབ་གྲྭ་དེའི་ཤུལ་དུ་གུང་དབྱིང་མི་རིགས་སློབ་ཆེན་གྱི་ཁོངས་གཏོགས་སློབ་འབྲིང་བཙུགས།

Mongolian and Tibetan School was estab-

lished in 1913. It is located in the Shihu Hutong in Xidan, Beijing. In 1918 it was renamed Mongolian and Tibetan Specialized School, which was the earliest school for ethnic minorities in China. In the late 1920s, it turned into a secondary education school. Ulanhu and other famous people were the students of the school. After the liberation, the Affiliated Middle School of Minzu University of China was set up there.

蒙藏院 旧官署名。掌管蒙古、西藏等少数民族事务的中央机构。辛亥革命后,废清理藩部,设蒙藏事务处,后改蒙藏事务局。1914 年,升格为蒙藏院,直属大总统。1928 年,国民党政府改设蒙藏委员会。

བོད་སོག་ཁྲིང་ ལས་ཁུངས་རྙིང་པའི་མིང་། སོག་དང་བོད་སྟོངས་སོགས་གྲངས་ཉུང་མི་རིགས་ཀྱི་བྱ་བར་བདག་གཉེར་བྱེད་པའི་གུང་དབང་ལས་ཁུངས་ཡིན། ཤིན་ཧའི་གསར་བརྗེའི་རྗེས་སུ་ཆིང་རྒྱལ་རབས་བོད་སྟོང་མེད་པར་བཏང་ནས། སོག་བོད་དོན་གཅོད་ཁྲུ་བཙུགས་པ་དེ་རྗེས་སུ་སོག་བོད་དོན་གཅོད་ཁྲུལ་བསྒྱུར། ༡༩༡༤ལོར། སོག་བོད་སྒྲིག་ལམ་སྤར་ཏེ་ཆུང་ཆེན་མོར་ཐད་ཀར་གཏོགས། ༡༩༢༨ལོར་རྒྱལ་དམངས་སྲིད་གཞུང་གིས་སོག་བོད་ཨུ་ཡོན་ལྷན་ཁང་ལ་བསྒྱུར།

Mongolian and Tibetan Affairs Yuan was the name of the ministry in the past. It was the central institution in charge of Mongolian, Tibetan and other minorities' issues. After the Revolution of 1911, the Department of ethnic groups set in the

Qing Dynasty was abolished and the Mongolian and Tibetan Affairs Department was established, which was later renamed the Bureau of Mongolian and Tibetan Affairs. In 1914, it was upgraded to Mongolian and Tibetan Affairs Yuan, which was directly subordinate to the president. In 1928, the Kuomintang Government set up the Mongolian and Tibetan Affairs Commission.

《蒙鞑备录》 书名。南宋赵珙撰。1卷。成书于南宋宁宗嘉定十四年（1221）。全书分立国、鞑主始起、国号年号等共17目，为研究当时蒙古国和幽燕一带的历史提供了许多有价值的史料。为现存记载蒙古史实的最早典籍之一。

《ཨོང་དུའི་ཞིབ་བཀོད》 དཔེ་ཆའི་མིང་། སུང་རྒྱལ་རབས་སྟོའི་གོང་ཧུང་གིས་བརྩམས། དེབ་གཅིག ཡོད། དེའི་སུང་རྒྱལ་རབས་སྟོའི་ཏེན་ཙུ་ཏུན་ཕྲི་ལོ་ལོ་བཅུ་བཞི་པར་（1221ལོ） དཔེ་དེབ་ཏུ་པར། དེབ་ཆེན་པོར་རྒྱལ་ཁབ་འཛུགས་པ་དང་། ཏུ་གྲོལ་ཡི་སུང་འཁེལ་རྒྱལ་ཏགས་ལོ་རྟགས་སོགས་ཚན་པ་17ཡོད། དེས་དེ་སྐབས་སོག་རྒྱལ་ཁབ་ཀྱི་ཡུའུ་ཡན་སྐབས་ཀྱི་ལོ་རྒྱུས་ཞིབ་འཇུག་བྱེད་པའི་རྒྱུ་ཆ་གལ་ཆེན་མོ་སྟོང་བྱས། ད་ལྟར་འཁར་ཚོགས་བྱུང་བའི་སོག་པོའི་ལོ་རྒྱུས་ཡིག་ཆ་ཆེས་སྔ་བོས་ཀྱི་གྲས་ཡིན།

A Refined Report of the Mongolian Tartars was a book edited by Zhao Gong of the Southern Song Dynasty which contained one volume. The book was written in the fourteenth year of the emperor NingZong (ZhaoKuo) of the Southern Song Dynasty (1221), the book has a total of 17 items including the founding of the Mongolia, the rise of the khan's campaigns, names and terms of the Dynasty, the title of the khan's reign and so on, which provides valuable historical data for the research of the history of Mongolia and Youyan area. It is one of the earliest existing books of Mongolian history.

蒙哥（1209—1259） 即元宪宗。即位前曾参加长子军西征。1251年被拥立为大汗。其在位期间，用兵高丽（见"高句丽"词条），统一大理国，招降吐蕃，迫降安南（越南古称），灭木剌夷（今伊朗）、报达（今巴格达）等国。1258年伐南宋，自率主力入四川。1259年卒于重庆合川钓鱼城。

ཨོང་ཀོ།（1209—1259） ཡོན་རྒྱལ་རབས་ཀྱི་ཞེན་ཙུང་། ཁྲིར་མ་བཞུགས་གོང་དུ་བུ་ཆེན་དཔུང་དམག་སྟེ་དངས་པའི་ནུབ་བསྐྱོད་དམག་འཇུག་ལ་ཞུགས། 1251ལོར་རྒྱལ་པོ་ཆེན་མོར་བཀུར། རྒྱལ་ཁྲིར་བཞུགས་རིང་དུ་དམག་ཕྱོགས་ལ་བརྟེན་ནས་མ་ཐར་བཞིའི་ཏ་ལིས་རྒྱལ་ཁབ་དུ་བསྡུས་པ་དང་། ཐུ་བོད་དང་ཨན་ནན་ཁམས་ལ་ཕབ། （ཕི་ཐབ་ནམ་གྱི་གནའ་བོའི་མིང་།） མོ་ཙེ་ཡི་དང་（དེང་གི་དབྱི་ལན་） པོ་ཏ་（དེང་གི་པ་ཀུ་ཏ） སོགས་ཐབས་པར་བཏང་། 1254ལོར་དམག་གི་གཙོ་ཤུགས་སི་ཁྲོན་ལ་བསླེབས། 1259ལོར་ཁྲུང་ཆིན་ཧོན་ཀྱི་ཏིའི་ཡུའུ་གྲོང་དུ་སྐུ་བཤེགས།

Mengge (1209-1259) was Yuan Xianzong, one of the emperors of the Yuan Dynasty. He attended the military of the eldest son in the expedition of the west before he ascended the throne. In 1251 he was crowned as the Khan. During his reign, he attacked Goryeo Dynasty (see Goguryeo), unified Dali kingom, conquered Tubo and An'nan (ancient name of Vietnam) as well as Muciyi (now Iran) and Baoda (now Baghdad) and some other countries. In 1258 he attacked the Southern Song Dynasty and led the main force of the army into Sichuan. In 1259 he died in Diaoyu City of Hechuan in Chongqing.

蒙格 彝语音译，意为"大型会议"。解放前川、滇大小凉山彝族聚居地区，由家支头人召开的本家支成员参加的全体大会。

ཚོང་གྲུའི། དབྱིས་རིགས་ཀྱི་སྐད་གདངས། ནང་དོན་གཞི་རྒྱ་ཆེ་བའི་ཚོགས་ཆེན། བཅིངས་འགྲོལ་སྔོན་ལ་སི་ཁྲོན་དང་ཡུན་ནན་སོགས་ལྡིང་ཤན་དབྱིས་རིགས་ས་ཁུལ་དུ་ཁྱིམ་བདག་གིས་གཙོ་བྱས་ནས་ཁྱིམ་རྒྱུད་ཀྱི་གྲོས་ཚོགས་འཚོགས་པ་ཞིག

Mengge is the transliteration of the Yi language, means conference. It is the plenary session that held by the clan chiefs and attended by the members of the same clan of the Yi area of Liangshan in Sichuan and Yunnan before liberation.

蒙古八旗 也称"八旗蒙古"。清代八旗组织的三个组成部分之一。旗色、官制与八旗满洲同，唯地位略低于八旗满洲，而高于汉军八旗。由蒙古降众和原先编在满洲八旗下的部分蒙古人分编而成。

སོག་པོའི་དར་བརྒྱད། སོག་པོའི་དར་ཚོ་བརྒྱད་ཡང་ཟེར། ཆིང་རྒྱལ་རབས་སྐབས་དར་ཚོ་བརྒྱད་འཛུགས་ཇུས་བྱས་པའི་གྲུབ་ཚུལ་གསུམ་ལས་གཅིག་ཡིན། དར་མདོག་དང་བཙོ་དབྱིབས་སོགས་མན་ཇུའི་དར་ཚོ་བརྒྱད་དང་འདྲ། གོ་གནས་མན་ཇུའི་དར་ཚོ་བརྒྱད་ལས་ཅུང་

Mongol Eight Banners was also known as Eight Banners of Mongolia. It was one of the three Eight Banners organizations in the Qing Dynasty. Their flag colors and bureaucratic system are the same as the Eight Banners of Manchuria, but their status is slightly lower than that of the Banners of Manchuria, higher than Eight Banners of Han people. It was formed by the Mongols who surrendered and part of the Mongols that were formerly in the Eight Banners of Manchuria.

蒙古国子监 元代中央教育机构。属蒙古翰林院。元世祖至元十四年（1277）置。初置司业一人，后置祭酒、司业、监丞等员。掌管蒙古国子学（京师设立的学校）和全国各地蒙古字学（专习蒙古文字的学校）等。

སོག་པོའི་རྒྱལ་ཁབ་སློབ་དཔོད། ཡོན་རྒྱལ་རབས་ཀྱི་གུང་དབུས་སློབ་གསོའི་ལས་ཁུངས་ཡིན། དེ་སོག་པོའི་ཧན་ལིན་སྒྲིག་འཛུགས་ལ་གཏོགས། ཡོན་རྒྱལ་རབས་ཀྱི་མེས་པོ་ཡོན་ཧྲི་ཙོ་བཅུ་བཞི་པར་（1277）ཕྱག་བཙུགས་པ་དང་། རྗེས་སུ་ཚུད་དང་། ཟི་ཡེ། བཀར་འཁོར་སོགས་བཙུགས། དེ་སོག་པོའི་སློབ་གནས་དང་རྒྱལ་ཡོངས་ཀྱི་སོག་པོ་ཡི་གི་སློབ་པ་སོགས་ལ་བདག་གཉེར་བྱས་ཡོད།

Directorate of Education for Mongols was the central educational institution in the Yuan Dynasty which belonged to the Imperial Academy of Mongolia. It was set up in the 14th year of the Zhiyuan reign of Emperor Shizu of the Yuan Dynasty (1277). In the beginning, there was one manager; later there set a Chancellor, a Director of Studies and Proctor and other staff who were in charge of schools (schools established in the capital) and the Mongolian Word schools (schools set specially to learn Mongolian) across the country.

蒙古汗国 由蒙古族领袖铁木真统一蒙古高原各部后，于泰和六年（1206）建立于漠北的政权，国号"大蒙古国"。蒙古汗国领土辽阔，与中亚、西亚、东欧和中国中原地区接壤。

བོག་པོའི་ཧན་རྒྱལ་ཁབ། བོག་པོ་མི་རིགས་ཀྱི་འགོ་གཙོ་ཐེ་ཆེན་གྱིས་བོག་པོའི་མཐོ་སྒང་གི་ཚོ་པ་སོ་སོ་གཅིག་གྱུར་བྱས་རྗེས། ཐའི་ཧོ་ལོ་དྲུག་པར་（1206ལོར）མོན་པེ་ཡི་སྲིད་དབང་བཙུགས་ཏེ། རྒྱལ་རྟགས་བོག་པོ་ཆེན་མོའི་རྒྱལ་ཁབ་བྱས། བོག་པོའི་རྒྱལ་ཁབ་ཀྱི་མངའ་ཁོངས་རྒྱ་ཆེ་བས། ཡ་སྐྱིང་དབུས་མ་དང་ཡ་སྐྱིང་ནུབ་མ། ཤར་སྐྱིང་ཡུ་རོབ་དང་ཀྲུང་གོའི་ཀྲུང་ཡོན་ས་ཁུལ་བཅས་དང་ངོ་བར་བཅར།

The Mongol khanate was the regime established in Mobei by Genghis Khan the Mongol leader in Taihe sixth year (1206) after unified the groups of Mongolian plateau. The name of the country was Great Mongolia. Mongol Khanate had vast territory which borders central Asia, Western Asia, Eastern Europe and the Central Plains Area of China.

《蒙古黄金史》 蒙古编年史。俗称《大黄金史》，以别于无名氏的《蒙古黄金史纲》。作者罗卜藏丹津。约在明末清初成书。与《元朝秘史》《蒙古源流》并列为蒙古文三大历史著作。对研究蒙古历史，特别是明朝蒙古历史有很大的价值。

《བོག་པོའི་རྟོགས་ལྡན་ལོ་རྒྱུས》 བོག་པོའི་ལོ་རིམ་ལོ་རྒྱུས། དཀར་རྒྱུན་ལ་《རྟོགས་ལྡན་ལོ་རྒྱུས》ཞེས་པ་དང་། མིང་དུས་མེད་པའི་《བོག་པོའི་རྟོགས་ལྡན་རྒྱུས་རྩ་གནད》གཉིས་སོ་སོར་འབྱེད། རྩོམ་པོ་བློ་བཟང་བསྟན་འཛིན་ཡིན། དཔལ་ཆེན་མིང་རྒྱལ་རབས་ཀྱི་མཇུག་དང་ཆིང་རྒྱལ་རབས་ཀྱི་འགོར་པའི་དུས་པར། དེ་དང་《ཡོན་རྒྱལ་རབས་ཀྱི་གསང་བའི་རྒྱུས》《བོག་པོའི་བྱུང་རིམ》གསུམ་ལ་བོག་པོའི་རྒྱུས་ཀྱི་དཔེ་ཆ་ཆེན་པོ་གསུམ་ཟེར། བོག་པོའི་ལོ་རྒྱུས་དང་ཁྱད་པར་དུ་མིང་རྒྱལ་རབས་ཀྱི་བོག་པོའི་ལོ་རྒྱུས་ཞིབ་འཇུག་ཐད་རིན་ཐང་ཤིན་མེད་པ་ལྡན།

The Golden History of the Mongols is the chronicle of Mongolia written by Luobuzang-danjin which is known as *Great Golden History* so as to differ from anonym's *Outline of Mongolian Golden History*. It was written in about the late Ming and early Qing Dynasty. Along with *The Secret History of the Yuan Dynasty* and *The Origins of Mongolian*, they are known as the three great historical works of Mongolian. They have great value to the study of Mongolian history, especially the history of the Mongolia in the Ming Dynasty.

蒙古军政府 内蒙古部分封建王公贵族组织的伪政权。1936年，在日本侵略者的策划下，在今内蒙古化德县成立。德王自任总裁，使用成吉思汗纪元纪年，悬挂蓝地红黄白条旗。1937年蒙古联盟自治政府成立后撤销。

བོག་དམག་སྲིད་གཞུང་། ནང་སོག་བགས་བཀོད་རྒྱུད་འཛིན་གྱི་ཕྱོགས་ཁག་རེ་འགའི་སྐུ་དྲག་གིས་སྒྲིག་འཛུགས་བྱས་པའི་སྲིད་དབང་ཇུས་མ་ཞིག་ཡིན། ༡༩༣༦ལོར་ཞར་པར་བཙན་རྒྱུལ་གྱི་ཇུས་འགོད་འོག དེ་གི་ཧུ་ཏེ་རྫོང་དུ་བཙུགས། ཧུའེ་ཕྲང་རང་གིས་སྤྱི་གཞིར་བཟུང་སྟེ། ཇིང་གིར་རྒྱལ་པོའི་རྗེས་དྲན་ལོ་ནས་གཞི་སྟོན་པོ་ཕག་ལ་དམར་སེར་དཀར་གསུམ་གྱི་ཤུར་མོ་ཡོད་པའི་དར་བཀལ། ༡༩༣༧ལོར་སོག་པོའི་མཉམ་འབྲེལ་རང་སྐྱོང་སྲིད་དབང་བཙུགས་རྗེས་མེད་པར་བཟོས།

The Mongolian Military Government was the puppet regime organized by part of the feudal nobility of Inner Mongolia. In 1936, it was set up under the plan of the Japanese invaders in Huade County. Prince De proclaimed himself as the president, using Genghis Khan Era, hanging flag that is with blue background and red, yellow and white strips. It was revoked in 1937 after the establishment of the Mongolian Autonomous Government.

《蒙古秘史》 书名，或称《元朝秘史》。共15卷。约成书于1240年。作者不详。以编年体例记述蒙古族的起源和成吉思汗、窝阔台汗时期的事迹以及蒙古社会政治、经济状况。是我国蒙古族最早用蒙古语写成的历史文献和文学巨著，被誉为蒙古史三大要籍之首。

《སོག་པོའི་གསང་བའི་ལོ་རྒྱུས》 དཔེ་ཆའི་མིང༌། མིང་གཞན་ལ《ཡོན་རྒྱལ་རབས་གསང་བའི་ལོ་རྒྱུས》ཀྱང་ཟེར། བསྡོམས་པས་བམ་པོ་ ༡༥ ཡོད། ༡༢༤༠ལོར་དཔེ་ཆར་བཟོས། ཆོས་པ་གོ་མི་གསལ། དེའི་ནང་དུ་སོག་རིགས་ཀྱི་འབྱུང་ཁུངས་དང་ཇིང་གིར་རྒྱལ་པོ། ཨོ་ཁོ་ཐའེ་རྒྱལ་པོ་སོགས་ཀྱི་དོན་དག་དང་སོག་པོའི་སྤྱི་ཚོགས་དང་ཆབ་སྲིད་དཔལ་འབྱོར་གྱི་གནས་ཚུལ་སོགས་བཀོད་ཡོད་པ་དང་རང་རྒྱལ་དུ་སོག་པོའི་ཡི་གེས་བྲིས་པའི་ཆེས་སྔ་བའི་རྒྱུས་ཀྱི་ཡིག་ཆ་དང་རྩོམ་རིག་བརྩམས་ཆོས་ཡིན་པས་སོག་པོའི་ལོ་རྒྱུས་ཀྱི་དཔེ་དེབ་ཆེན་པོ་གསུམ་ལས་དང་པོར་བརྩི་བཞིན་ཡོད།

Secret history of the Mongols is a book which is also known as *The Secret History of the Yuan Dynasty* with a total of 15 volumes which was written in about 1240. The author remained unknown. It was written in chronological style to record the achievements of Genghis Khan and Wokuotai Khan and the political and economic situation of the Mongolian society. It was the earliest historical documents and literary masterpiece written in Mongolian of the Mongolian people, which ranks the first among the three important Mongolian historical books.

《蒙古农民》 蒙古族早期共产党员创办的蒙古族人民斗争史上的第一个马列主义刊物。1925年由多松年、乌兰夫和奎璧3人创办。刊名用蒙古、汉两种文字书写，文章体裁多样。刊物的宗旨是反帝、反封建、反王公贵族，为蒙古族人民指明道路，号召人民起来革命。

《སོག་པོའི་ཞིང་པ》 སོག་རིགས་ཀྱི་དུས་སྔོན་གྱི་ཁུན་ཐང་ཡོལ་གྱིས་སྒྲིག་པའི་མ་ལེ་རིང་ལུགས་ཀྱི་དུས་དེབ་དང་པོ་ཡིན། ༡༩༢༥ལོར་ཕྱུའུ་ལན་ཧྲུ་དང་ཁུའེ་པི་སོགས་མི་གསུམ་གྱིས་གསར་དུ་སྒྲིག དུས་དེབ་ཀྱི་མིང་

མོག་ཡིག་དང་རྒྱ་ཡིག་གཉིས་ཀྱིས་བྲིས་ཡོད་ཅིང་། ཚོམ་ཡུས་སྣ་མང་ཅན་ཡིན། རྩ་འཛིན་གཤིས་པོ་ནི་བཙན་རྒྱལ་རིང་ལུགས་དང་བཀག་བཀོད་རྒྱུད་འཛིན། ཕར་གྱུར་སྒ་དུག་བཙས་ལ་ངོ་རྒོལ་བྱས་ཏེ། སོག་པོའི་མི་དམངས་ལ་ལམ་སྟོན་དང་གསར་བརྗེ་སྐུལ་སློང་བྱེད་རྒྱུ་ཡིན།

Farmers of Mongolian was the first Marxism-Leninism periodical in the history of Mongolian people's early struggles established by the Communist of Mongolian. It was set in 1925 by Duosongnian, Ulanhu and Kuibi. The name of the periodical was written in both Mongolian and Chinese; the articles were in diverse genres. The purpose of the publication was anti-imperialist, anti-feudal, anti-nobility, pointing a clear way for the Mongolian people, calling the people to rise up.

蒙古四大汗国 对蒙古帝国及其分裂后存在的窝阔台汗国、察合台汗国、金帐汗国、伊儿汗国这四个蒙古汗国的合称，与当时东亚地区的元朝各自统治。

བོག་པོའི་དཔོན་ཆེན་བཞི། དེ་ནི་སོག་པོའི་བཙན་རྒྱལ་འཕྲོས་རྗེས་སུ་ཆགས་པའི་ཨོ་གོ་དཔོན་དང་ཕྱ་ཧེ་དཔོན། ཅིན་གྱང་དཔོན། ཨེ་ཨར་དཔོན་བཅས་བཞི་ལ་ཟེར། སྐབས་དེའི་ཡ་སྤྱིང་ཤར་མའི་ས་ཁུལ་གྱི་ཡོན་རྒྱལ་རབས་ཀྱི་དབང་བསྒྱུར་མཁན་སོ་སོ་ཡིན།

The Four Mongol Khanates was the general term of the Mongol Empire and the Khanates after its division. They were Wokuotai Khanate, Chagatai Khanate, Jinzhang Khanate and the Yi'er Khanate, which rule respectively from the Yuan Dynasty in the East Asia.

蒙古文化促进会 "陕甘宁边区蒙古文化促进会"的简称。抗战时期，中共领导创建的蒙古族文化组织。1940年成立于延安，吴玉章任会长，以团结蒙古民族一致抗日为基本方针。抗战胜利后解散。

བོག་པོའི་རིག་གནས་ཡར་སྐུལ་ཚོགས་པ། ཧྲན་གན་ཉིན་མཚམས་ཁུལ་གྱི་སོག་པོའི་རིག་གནས་ཡར་སྐུལ་ཁང་གི་བསྡུས་ཚིག་ཡིན། ཀྱུང་ཀྱུང་གིས་འགོག་བྱེད་དུས་སྐབས་པའི་སོག་པོའི་རིག་གནས་ཀྱི་སྒྲིག་འཛུགས་ཤིག་ཡིན། 1940ལོར་ཡན་ཨན་དུ་བཙུགས་ཤིང་། ཝུའུ་ཡི་ཀྱང་གིས་ཚོགས་གཙོའི་འགན་ཁུར། སོག་པོ་མི་རིགས་ཀྱི་ཤུགས་འགོག་མཐུན་སྟོབས་བྱེད་ཕྱོགས་རྩ་བར་བཟུང་། ཤུགས་འགོག་ལ་རྒྱལ་ཁ་འཐོབ་རྗེས་ཁ་འཐོར་དུ་སོང་།

Mongolian Cultural Promotion Association was the abbreviation of Mongolian Cultural Promotion Association of the Border Areas in Shanxi, Gansu and Ningxia. It was an organization set up by the leaders of the Communist Party during the Counter-Japanese War about the Mongolian Culture in 1940 in Yan'an. Wu Yuzhang was the president. The basic policy of it was to unite the Mongolians to fight against Japan. It was disbanded after the victory of the war.

蒙古文字 对蒙古人使用的语言记录系统的泛称。在回鹘字母的基础上形成，称作"回鹘式蒙古文"。到17世纪时，回鹘式蒙古文发展成两支，其中一支就是通行于蒙古族大部分地区的现行蒙古文。蒙古国于1946年废弃回鹘式蒙古文，开始使用以斯拉夫字母为基础创制的新蒙古文。

བོག་ཡིག་ བོག་པོས་སྤྱོད་པའི་སྐད་ཆ་ཞིབ་ཕྲར་འགོད་པའི་བརྡ་ཐགས་སྤྱིའི་མིང་། ཧུའེ་ཧུའུ་ཡི་གེའི་རྩ་གཞིའི་སྟེང་ནས་གྲུབ། མིང་ལ་ཧུའེ་ཧུའུ་རྣམ་པའི་སོག་ཡིག་ཟེར། དུས་རབས་བཅུ་བདུན་པར་ཧུའེ་ཧུའུ་ཡི་གེ་རིགས་གཉིས་འཕེལ། དེ་ལས་གཅིག་སོག་པོའི་ས་ཁུལ་མང་ཆེབས་སྟོང་པས་དེང་གི་སོག་ཡིག་འདི་ཡིན། སོག་པོ་རྒྱལ་ཁབ་ཀྱིས་/༡༩༤༦/ར་ཧུའེ་ཧུའུ་རྣམ་པའི་སོག་ཡིག་མེད་པར་བཟོས་ནས་སི་ལ་རྩ་ཡི་གེའི་གཞུང་གཞིར་བྱས་པའི་སོག་ཡིག་གསར་པ་བེད་སྤྱོད་བྱེད།

Mongolian Script is the general term for the language recording system used by the Mongols. It is formed on the basis of the Uighur alphabet, known as Uighur-style Mongolian. Until the 17th century, Uighur-style Mongolian developed into two branches, of which a branch is the current Mongolian used in most Mongolian areas. Mongolia abandoned Uighur-style Mongolian in 1946 and began to use the new Mongolian created on the basis of Cyrillic alphabet.

《蒙古游牧记》 清代地理著作。16 卷。道光二十六年（1846）全书初成，后 4 卷未及脱稿，著者张穆即去世，何秋涛校补。详述蒙古各部历史沿革、地理形势、会盟地址、朝贡通道、山川河流等。

《སོག་པོའི་རུ་བའི་ཟིན་ཐོ》 ཆིང་རྒྱལ་རབས་སྐབས་ཀྱི་ས་ཁམས་རིགས་ཀྱི་གསུང་རྩོམ་ཞིག་ཡིན། བར་པོ་/༡༨༤༦/གོང་མ་ཐའོ་གོང་ཕྲི་པོ་ཞེར་དྲུག་པར /༢༦/ དཔེ་དེབ་ཏུ་བཟོས། དེ་ལས་བམ་པོ /༤/ ཐེབས་མ་བཞིའི་ཡིག་འབྲི་བ་གུང་མ་སྐུ་འདས་པས། དེའི་རྗེས་སོག་པོའི་མོ་རྒྱལ་གྱི་འཁྱུར་དང་ས་ཁམས་ཀྱི་གྲུབ་ཚུལ། མཉམ་འབྲེལ་ས། གནས། ལམ་དང་རི་ཆུ་སོགས་བྱིས་ཡོད།

Record of Mongolian Nomad was a geographic book of the Qing Dynasty with 16 volumes which was almost completed in the 26th year of the reign of Emperor Daoguang（1846）；the last four volumes was corrected and compiled by He Qiutao after the death of the author Zhang Mu. The book records in detail the historical development, the geographical situation, the league address, the tributary channels, the mountains and rivers of each group of Mongolians.

蒙古语 蒙古族使用的语言。属阿尔泰语系蒙古语族。主要分布在中国蒙古族聚居区、蒙古国和俄罗斯联邦部分地区。中国学者倾向于将蒙古语分为中部、西部和东北部 3 种方言。其文学语言以中部方言为基础。

བོག་སྐད་ སོག་རིགས་ཀྱིས་སྤྱོད་པའི་སྐད་ཆ། ཨར་ཐའི་སྐད་རྒྱུད་དང་སོག་པོའི་སྐད་རིགས་ཡིན། རྒྱུང་གོའི་སོག་རིགས་ཁྱིམ་ཁྱལ་དང་སོག་པོའི་རྒྱལ་ཁབ་དང་ཨུ་ལུ་མཉམ་འབྲེལ་མཉམ་འབྲེལ་རྒྱལ་ཁབ་སོགས་སུ་གཙོ་བོར་ཁྱབ། རྒྱུང་གོའི་ཆེད་མཁས་པས་སོག་རིགས་དབུས་ཁུལ་དང་ནུབ་ཁུལ། བྱང་ཤར་ཁུལ་སོགས་རིགས་གསུམ་བགར་ཡོད། རྩོམ་རིགས་སྐད་བརྡའི་དབུས་ཁུལ་གྱི་ཡུལ་སྐད་གཙོ་བོར་བྱེད།

Mongolian is the language used by Mongols which belongs to Mongolian family of Altaic. It is mainly used in the Mongolian habitation in China, Mongolia and some areas of the Russian Federation. Chinese scholars tend to divide Mongolian into three dialects: Mongolian of the central, western and northeastern. Its literary language is based on the Central dialect.

蒙古语族 阿尔泰语系的语族之一。包括9种语言：蒙古语、布里亚特语、卡尔梅克语、达斡尔语、莫戈勒语、东部裕固语、土族语、东乡语、保安语。

སོག་པོའི་སྐད་རིགས། སོག་པོའི་སྐད་རིགས་ནི་ཨར་ཐའི་སྐད་རྒྱུད་ཀྱི་ནང་ཚན་སྐད་རིགས་ཤིག་ཡིན། སྐད་ནང་ཚན་དགུ་ཡོད་པ་སྟེ། སོག་པོའི་སྐད་དང་། པུ་ལ་ཡ་ཐེའི་སྐད། ཁ་ཨར་མེ་ཁེའི་སྐད། ད་ཧན་སྐད། མའོ་གོ་ལེའི་སྐད། ཡུའུར་ཤར་མའི་སྐད། ཐོར་སྐད། ཏུང་ཞང་སྐད། པའོ་འན་སྐད་བཅས་ཡིན།

Mongolian Language Family is considered to be one of the Altaic language family. It includes nine languages: Mongolian, Buryat, Kalmyk, Daur language, Mogele language, eastern Yugur language, Tu language, Dongxiang language and Bao'an language.

《蒙古源流》 蒙古编年体通史。作者萨囊彻辰，用蒙古文成书于清康熙元年（1662）。后译成满文、汉文，定名为《钦定蒙古源流》。共8卷，分前言、正编、后记3部分。根据《本义必用经》等7种蒙古、藏文资料写成。为蒙古三大史学著作之一。

《སོག་པོའི་བྱུང་རབས》 སོག་པོའི་ལོ་རབས་ཀྱི་རྒྱུས། ཚོམ་པ་པོ་སཱ་ནང་ཕྲེ་ཆེན། སོག་ཡིག་ཏུ་ལྡང་ཞིག་ཁྲི་ལོ་དང་པོར (༡༦༦༢ལོ) དེར་དུ་བྲིས། རྗེས་སུ་མན་ཡིག་དང་རྒྱ་ཡིག་ལ་བསྒྱུར། དཔེའི་མིང་ཡང《སོག་པོའི་བྱུང་རབས་གཞུང་དཔག་མ》ཞེས་བསྟོམ་པ་བམ་པོ་རྒྱད་པ་དང་། གཞུང་དུ་སྤྱིང་གཞི་དང་། གཞུང་དངོས། མཇུག་གི་གཏམ་སོགས་ཁག་གསུམ་གྱི་གྲུབ།《གཞུང་དོན་ངེས་སྦྱོར་མཛོད》སོགས་སོག་པོ་དང་བོད་ཡིག་གི་ཡིག་ཆ་ཁུངས་བཏུན་ལ་བརྟེན་ནས་གྲུབ་པ་ཞིག་ཡིན། སོག་པོའི་ལོ་རྒྱུས་གཞུང་ཚོམ་གྲགས་ཆེན་གསུམ་གྱི་གྲས་ཡིན།

The Origin of Mongolians is the annalistic style historical records of Mongolia. The author was Sanang Chechen. It was a book written in Mongolian and was written in the first year of the Emperor Kangxi in the Qing Dynasty (1662). Later it was translated into Manchu and Chinese, entitled *The Origin of Mongolians Made by Imperial Order* which contains eight volumes including the preface, the contents, and the postscript. It was written according to seven kinds of Mongolian, Tibetan written materials such as *Utq-a-tu Ciqula Kereglegci Kemeku Sudur*. It is one of the three history masterpiece of Mongolian.

《蒙古自治八项原则》 国民党政府制定公布的内蒙古自治原则。1934年，经国民党中央政治会议通过。主要内容有8项。通过该原则，国民党政府与德王等蒙古王公之间，以承认内蒙古地方自治为条件，互相利用，达到共同"防共"的目的。

《སོག་པོ་རང་སྐྱོང་གི་རྩ་དོན་བརྒྱད》 གོ་མིན་ཏང་སྲིད་གཞུང་གིས་ཁྱབ་བསྒྲགས་བྱས་པའི་སོག་པོ་རང་སྐྱོང་གི་རྩ་དོན་བརྒྱད། ༡༩༣༤ལོར་གོ་མིན་ཏང་གྱིང་གཞུང་གི་ཆབ་སྲིད་ཚོགས་ཆེན་ཐོག་སྲོས

འཆམ་མཐུན། གནད་དོན་གཙོ་བོ་བརྒྱད་ཡོད། རྩ་དོན་དེ་བརྒྱུད་ནས་གོ་མིན་ཏང་སྲིད་གཞུང་དང་བདེ་ཕྱུག་སོགས་སོག་པོའི་དཔོན་ཁག་བར་དུ་སོག་པོའི་ས་ཁུལ་དུ་རང་སྐྱོང་ཡིན་ཆ་ཁས་ལེན་པའི་ཆ་རྐྱེན་འོག་ཕན་ཚུན་གུང་འགོག་དམིགས་ཡུལ་འགྲུབ་པར་བྱས།

Eight Principles of the Autonomy of Mongolia was the principle of the autonomy of Inner Mongolia enacted by the Kuomintang government. In 1934, it was passed in the KMT Central Political Council. There are eight main items. Through the principle, the Kuomintang government and the Prince De and other Mongolian princes take mutual advantage on the basis of local autonomy to achieve the common purpose of defending the Communist Party.

蒙古自治邦 日伪在内蒙古西部等地成立的伪政权。1941 年，由伪蒙疆联合自治政府改组而成。邦治张家口，德王任主席，并改中华民国年号为成吉思汗纪元。1945 年，日本投降后垮台。

སོག་པོའི་རང་སྐྱོང་ཚོགས་པ། ཡུར་པན་དང་སྲིད་ཧྲུས་མས་སོག་པོའི་ནུབ་ཁུལ་སོགས་ས་ཁུལ་ནས་བཙུགས་པའི་སྲིད་དབང་ཧྲུས་མ་ཞིག་ཡིན། ཧྲུས་མ་དེ་༡༩༤༡ལོར་སོག་ཅང་མཉམ་འབྲེལ་སྐྱོན་རང་སྐྱོང་གཞུང་བཅོས་ཏེ་གསར་དུ་ཚུགས། བདེ་ཕྱད་གིས་གྲུའི་འགན་ཁུར། གུང་དུ་མིའི་པོའི་རྒྱལ་ས་དེ་ཇིང་གིར་རྒྱལ་པོའི་ལོ་རྒྱས་ལ་བསྒྱུར། ༡༩༤༥ལོར་ཡར་པན་མགོ་བཏགས་རྗེས་ཉམས་རྒུད་དུ་སོང་།

The Puppet Mongolia Autonomous State was the puppet regime set in western Inner Mongolia and other places by the Japanese. In 1941, it was reorganized from the Puppet United Autonomous Government of the Border of Mongolian. The state extended to Zhangjiakou, the president was Prince De and the era was changed from Republic of China to Genghis Khan. In 1945, it fell down from power after the surrender of Japan.

蒙古自治政府 蒙古族部分王公上层在内蒙古西部组织的伪政权。1949 年成立于阿拉善旗定远营（今巴彦浩特）。德王任主席。同年，内部分裂。德王出走当时的蒙古人民共和国，余部向解放军投降或和平起义。

སོག་པོ་རང་སྐྱོང་སྲིད་གཞུང་། སོག་པོའི་མཚོ་རིགས་དཔོན་རིགས་ཁག་གིས་ནང་སོག་གི་ནུབ་ཁུལ་དུ་བཙུགས་པའི་སྲིད་དབང་ཞིག་ཡིན། ༡༩༤༩ལོར་ཨ་ལ་ཧྲན་དུ་དར་གཏན་ལ་ཕབ་ནས་གཏན་སྤོང་བྱས། བདེ་ཕྱད་གིས་ཀྱིས་ཞིས་འགན་ཁུར། ལོ་དེར་ནང་ཁུལ་རུལ་སུངས་བྱུར་ཏེ། བདེ་ཕྱད་སྐབས་དེའི་སོག་པོ་མི་དམངས་སྤྱི་མཐུན་རྒྱལ་ཁབ་ལ་སོང་བ་དང་། ལྷག་ལུས་དགའ་བཅིངས་འགྲོལ་དམག་ལ་མགོ་སྒུར་བ་དང་ཞི་བའི་འོར་ལངས་བྱས།

Autonomous Government of Mongolia was the puppet government organized by part of the upper class of Mongolian princes in western Inner Mongolia which was founded in 1949 in Dingyuan Camp of Alashan Banner (now Bayanhaote). Prince De was the president. In the same year, there appeared the internal division. Prince De escaped to the People's Republic of Mongolia then, and the remnants surrendered to the People's Liberation Army or started peaceful uprising.

蒙古族 中国的少数民族。主要居住在内蒙古和新疆、辽宁、吉林、黑龙江、甘肃、青海、河北等省区的各蒙古族自治州、县。人口 5981840 人（2010 年）。使用蒙古语文。早期信仰萨满教，后被藏传佛教取代。现主要从事畜牧业。还是蒙古国的主体民族，在俄罗斯也有分布。

སོག་རིགས། རྒྱུང་གོའི་གྲངས་ཉུང་མི་རིགས། ནང་སོག་དང་ཞིན་ཅང་། ལེའོ་ཉིང་། ཅི་ལིན། ཧེ་ལུང་ཅང་། གན་སུའུ། མཚོ་སྔོན། ཧོ་པེ་སོགས་ཀྱི་ཁུལ་དང་རྫོང་སོགས་སུ་གཙོ་བོར་འདུག མི་གྲངས་༥༩༨༡༨༤༠ (༢༠༡༠ལོ) ཡོད། སོག་ཡིག་སྤྱོད། སྟོན་ལྟ་མཱ་ཧེ་ཆོས་ལ་དད་པ་དང་། རྗེས་སུ་བོད་རྒྱུད་ནང་བསྟན་གྱིས་དེའི་ཚབ་བྱས། ཕྱུགས་གཞེར་ལས་རིགས་གཙོ་བོར་ཡིན་པ་དང་། དེ་དུང་སོག་པོའི་རྒྱལ་ཁབ་ཀྱི་མི་རིགས་གཙོ་བོ་ཡིན་ལ། ཨུ་རུ་སུར་ཡང་ཡོད།

Mongolian people is one of the ethnic groups of China. They live mainly in the autonomous prefectures and counties in Inner Mongolia, Xinjiang, Liaoning, Jilin, Heilongjiang, Gansu, Qinghai, Hebeie and other provinces (regions). The number of the population is 5,981,840 (2010). They use the Mongolian language. They believe in Shamanism at first, later it was replaced by Tibetan Buddhism. They mainly engaged in animal husbandry. They are also the main ethnic group of Mongolia and are also distributed in Russia.

蒙古族医学 传统医学。在吸收藏医、汉医经验的基础上创立。蒙古汗国建立前，就有本族的药剂和疗法。元以后蒙医已形成一定的医疗理论，至明末清初体系渐趋完整。认为人体是由"三根""七营"和"三泄"构成的统一整体。蒙医正骨术发达，多用丸、丹、膏、散等成药。

སོག་པོའི་གསོ་རིག སྲོལ་རྒྱུན་གྱི་གསོ་བ་རིག་པ་ཡིན། བོད་རྒྱུད་གཞིས་ཀྱི་གསོ་བ་རིག་པའི་ཁུར་གཞིའི་སྟེང་གྲུབ་པ། སོག་པོའི་རྒྱལ་ཁབ་མ་བཙུགས་པའི་སྔོན་ལ། རང་མི་རིགས་ཀྱི་བཀག་བཙོས་དང་སྨན་བཅོས་བྱེད་ཐབས་སོགས་ཡོད། ཡོན་རྒྱལ་རབས་ཀྱི་རྗེས་སུ་སོག་སྨན་སྒྲུབ་བཙོས་ཀྱི་གཞུང་ལུགས་ཤིག་ཏུ་གྲུབ་པ་དང་། མིང་དང་ཆེན་རྒྱལ་རབས་ཀྱི་དུས་ཀྱི་འཕྲང་ཚོས་དུ་གྱུར། མི་ལུས་ནི་རྩ་བ་གསུམ་དང་བཅུད་བདུན། བཙོལ་བ་གསུམ་གྱིས་གྲུབ་པར་འདོད། སོག་སྨན་གྱི་རུས་རྒྱལ་དར་ཡོད་དང་། རྩ་སྨན་དང་། རིལ་བུ། ཞུགས་སྨན་སོགས་བགོས་བཟང་།

Mongolian Medicine is a kind of traditional medicine founded on the basis of the absorption of the experience of Tibetan medicine and Han medicine. Before the establishment of the Mongol Empire, they had already had their own medicament and therapy. After the Yuan Dynasty Mongolian medicine had formed a certain medical theory, which became a complete system in the late Ming and early Qing period. They considered the combination of "three roots (Heyi, Xila and Badagan which are considered as the three basic fundamentality of the man)", "seven elements (Shuigujingwei a transparent liquid, blood, flesh, fat, bones, skeleton, marrow and semen)" and "three excretion (faeces, perspiration and urine)" form a complete human body. Mongolian medicine is developed in Bone-setting operation; they use pills, pellets of medicine, ointment, medicinal powder and other medicines for treatment.

蒙汉分治、旗县并存 就是在蒙古族聚居地区设府、州、厅、县，地域内的蒙古族依然归原旗管辖，而汉族则归县管辖。形成同一地区内，蒙旗汉县并存、蒙古族和汉族分开治理的局面。这种特殊政权制度的建立，始于清代初年，民国沿袭，解放后撤销。

རྒྱ་སོག་སོ་སོར་སྐྱོང་། དར་རྟོང་མཉམ་གནས། དེ་ནི་སོག་པོའི་ས་ཁུལ་དུ་སྡོད་གཞུང་དང་ཁུལ། ཐིང་། རྫོང་སོགས་ས་ཁུལ་ནང་གི་སོག་རིགས་དར་གྱི་མངའ་འོག་དང་རྒྱ་རྟོང་གི་མངའ་འོག་བྱེད་པར་བཟོད། ས་ཁུལ་གཅིག་ཏུ་སོག་དར་རྒྱ་རྟོང་མཉམ་གནས་བྱས་ནས། སོག་རིགས་དང་རྒྱ་རིགས་སོ་སོར་སྐྱོང་བའི་ཐབས་ལམ་ཟེར། འདི་ལྟ་བུའི་དམིགས་བསལ་གྱི་སྲིད་དབང་ལུགས་ནི་ཆིང་རྒྱལ་རབས་ཀྱི་འགོར་སྒྲུབ་པ་དང་བཅིངས་འགྲོལ་བྱས་རྗེས་མེད་པར་བཏང་།

Respective Governance of the Mongols and the Han, Coexistence of Banner and County was a policy basically setting up government offices, autonomous prefectures, government departments and counties in Mongolian areas, and the original Mongolian special administration areas still have jurisdiction over the Mongolian people, the counties have jurisdiction over the Han people. Therefore the Mongolian special administrative areas and Han counties coexisted in the same region while under the separate governance. This kind of regime was established in the early Qing Dynasty, inherited in the Republic of China, and abandoned after liberation.

《蒙回藏王公等爵章条例》 文件名。民国二年（1913）以"临时大总统令"的方式公布。共8条：规定了蒙回藏王公等爵章的质地、形式、圆径、纹样、文字、镶嵌物等。爵章均由蒙藏事务局（见"蒙藏院"词条）制造、颁发。

《སོག་ཧུའི་བོད་ཀྱི་སྐུ་དྲག་གི་མཚན་གནས་རྟགས་མའི་སྒྲིག་ཡིག》 དཔེ་ཆའི་མིང་། མིན་གོ་ལོ་གཉིས་པར་（1913ལོར་）གནས་སྐབས་ཙུང་ཐུང་ཆེན་མོའི་བཀའ་ཡིག་སྟེ་བསྒྲགས་བྱས་པ་ཞིག་ཡིན། བསྟོད་པས་དོན་ཚན་བརྒྱད་ཡོད། དེ་ལས་བོད་དང་སོག་པོ་ཧུའི་སོགས་ཀྱི་སྐུ་དྲག་གི་མཚན་གནས་རྟགས་མའི་སྒྱུ་ཀ་དང་རྣམ་པ། ཡི་གེ་དང་། ཕྲ་རྒྱན་སོགས་གཏན་འབེབས་ཡོད་པ་དང་། མཚན་རྟགས་ཚང་མ་བོད་སོག་དོན་དཔྱོད་ཁང་གིས་བཟོས་པ་དང་སྤྲོད་པ་བཞིན་ཡོད།

Provisions on the Badge of Mongolian, Hui and Tibetan Nobility was released in 1913 as the order of the provisional president, containing 8 articles. It specified the texture, shape, radius, pattern, characters and inlays of the badges. The badges were manufactured and awarded by the Bureau of Mongolian and Tibetan Affairs.

《蒙冀协定》 抗战时期，伪蒙古军政府与伪冀东防共自治政府缔结的反共协定。1936年在日本的操纵下，由蒙方代表陶克陶与冀方代表殷汝耕签订。两个傀儡政权以政治上共同防共，经济上互相支援为基础，结成反共同盟。

《སོག་པོ་དང་ཧོ་པེའི་གྲོས་ཆིངས།》 ལྔར་འགོག་སྐབས་སུ། སོག་པོའི་དམག་སྲིད་གཞུང་དང་ཧོ་པེའི་རང་སྐྱོང་ཤར་འགོག་ཞུན་མོང་རང་སྐྱོང་གཞུང་གཉིས་འབྲེལ་གྱིས་གུང་ཁྲལ་བྱེད་པའི་ཆེས་ཡིག་ཅིག་ཡིན། ༡༩༣༦ ལོར་ལྔར་པན་གྱི་བྱེད་སྐུལ་འོག་ཏུ་སོག་པོའི་འཐུས་ཚབ་པ་ཐའོ་ཁོའོ་དང་ཏུ་པེ་ཕྱོགས་ཀྱི་འཐུས་ཚབ་པ་ཡིན་གུན་གཉིས་ཀྱིས་མིང་རྟགས་བཀོད་དེ། ཞུན་མོང་གིས་གུང་ཁྲལ་བྱེད་རྒྱུ་ཐག་བཅད། དཔལ་འབྱོར་སྟེང་ཕན་ཚུན་རོགས་རམ་བྱེད་རྒྱུ་བྱས་ནས་གུང་ཁྲལ་མཐུན་མཐུན་གྲུབ།

Mongolia-Hebei Agreement was the anti-Communist agreement made by the illegitimate Mongol Military Government and the East Hebei Autonomous Council during the Sino-Japanese War. It was signed by Tao Ketao, the representative of Mongolia, and Yin Rugeng, the representative of Hebei in 1936, fulfilling the intention of Japan. The two puppet states resisted the Communist Party politically, supported each other economically, and formed the anti-Communist alliance.

蒙疆联合自治政府 抗战时期，日伪在内蒙古西部和河北、山西北部建立的伪政权。1939年由伪蒙疆联合委员会改组而成。德王任主席，驻张家口，挂四色七条旗，成吉思汗纪元纪年，"防共"为主要政纲。1941年易名"蒙古自治邦"。

སོག་ཅང་མཉམ་སྦྲེལ་རང་སྐྱོང་སྲིད་གཞུང་། ལྔར་འགོག་སྐབས། ལྔར་པན་གྱིས་ནང་སོག་གི་ནུབ་ཕྱོགས་དང་ཧོ་པེའི། ཤན་ཞིས་བྱང་ཕྱོགས་སོགས་སུ་བཙུགས་པའི་སྲིད་དབང་ཡིན། ༡༩༣༩ ལོར་སོག་ཅང་མཉམ་སྦྲེལ་ཨུ་ཡོན་ཚོགས་པ་ཞིག་པར་བསྒྱུར། བདེ་ཕྱང་གིས་ཀྲུའུ་ཞིད། ཀྲིན་ཕོའི་འདོད་ཆོག །མདོག་བཞི་ཤར་བདུན་གྱི་དར་བཙུགས། ལོ་གྲངས་ཅིང་གིར་རྒྱལ་པོ་བྱས། གུང་ཁྲལ་གྱི་རྩ་འཛིན་བཏོན། ༡༩༤༡ ལོར་སོག་པོའི་རང་སྐྱོང་ཚོགས་པར་མིང་བརྗེ།

The Mengjiang United Autonomous Government was the puppet regime founded by the Japanese Puppet Army in western Inner Mongolia, Hebei and north Shanxi during the Sino-Japanese War, transferred from the Mengjiang United Committee in 1939. The capital was established at Zhangjiakou, with Prince Demchugdongrub as the chairman. The flag used by the Mengjiang United Autonomous Government consists of a horizontal color pattern of yellow, blue white, red, white, blue and again yellow. It continued to use the Genghis Khan era and its main political platform was anti-Communist. In 1941 it was renamed as the Mongolian Autonomous Federation.

蒙舍 唐时南诏地名。南诏王室的发祥地，在今云南巍山彝族回族自治县。

མོང་ཧྲི། ཐང་རྒྱལ་རབས་སྐབས་ཀྱི་འཇང་གི་ས་མིང་ཡིན། འཇང་རྒྱལ་པོའི་པོ་བྲང་དང་སའི་གནས་ཡིན། ད་ལྟའི་ཡིས་ཧྥན་ཚོ་ཁུལ་གྱི་དབྱིས་རིགས་དང་ཧུའེ་རིགས་རང་སྐྱོང་རྫོང་དུ་ཡོད།

Mengshe was a place in Nanzhao in the Tang Dynasty. It was the cradle of the Kingdom of Nanzhao. It was centered around present-day Weishan Yi and Hui

蒙氏 吐蕃古老家族名。其采邑（封地）在今西藏堆龙德庆县的门堆。松赞干布五妃之一的蒙萨，即出自该家族。

ཨོན་གྱི་དུས་རྒྱུད། བོད་ཀྱི་སྲོལ་གྱི་ཁྱིམ་རྒྱུད་ཅིག་གི་མིང་ཡིན། དེ་ནི་བོད་ཀྱི་སྲོང་ལྡན་བའི་ཆེན་རོང་གི་མན་གཏེར་དུ་ཡོད། སྲོང་བཙན་སྒམ་པོའི་བཙུན་མོ་ལྔའི་ནང་གི་ཅིག་ནི་མོན་བཟའ་ཡིན་པས་ཁྱིམ་རྒྱུད་འདི་དེ་ལྟར་ཐོགས།

The Meng family was an ancient family of Tibetan Empire. Its fief (caiyi) was at present-day Mendui, Duilongdeqing County, Tibet. Mengsa, one of the five wives of Songtsen Gampo was from this family.

《蒙文启蒙诠释》 阐述蒙古文正字法的著作。蒙古人莫洛木拉布金巴·丹金达格巴于1723—1735年间写成。主要介绍14世纪初蒙古语文学家搠思吉斡节儿所著《蒙文启蒙》的内容。《蒙文启蒙》已失传，其面貌赖该《诠释》得以保存。《诠释》还涉及佛教传入蒙古的一些史实。

《སོག་ཡིག་སློ་འབྱེད་ཞིབ་བརྗོད》 སོག་ཡིག་གི་བྲིས་བཏོད་པའི་བཙམས་དེག་ཅིག་ཡིན། སོག་པོ་སློ་ལམ་སྦྱིན་པ་དར་རྒྱས་བསྐུན་པས ༡༧༢༣—༡༧༣༥བར་བཙམས། དེ་དེས་གཙོ་བོ་དུས་རབས་༡༤པའི་སྐབས་ཀྱི་སོག་པོའི་སྐད་རིགས་མཁས་པོ་ཡེ་ཤི་ཏན་ཏུ་ཨར་གྱིས་བཙམས་པའི 《སོག་ཡིག་སློ་འབྱེད》 ཀྱི་ནང་དོན་བརྗོད།《སོག་ཡིག་སློ་འབྱེད》 རྒྱུན་སློག་ཉིད་མ་ཐུབ། དེ་ནས་མིང་ཚུལ 《ཞིབ་བརྗོད》 ཞེས་འཁར་ཚོགས་བྱུང་།《ཞིབ་བརྗོད》 དུ་དུང་ནང་ཆོས་ཞར་དར་བའི་གནས་ཚུལ་ཚོ།

འགན་ཡང་བགོད་ཡོད།

The Interpretation of Mongolian Language Textbook was a book that elaborated on the orthography of the Mongolian language. It was written by Moluomulabujinba Danjindageba, the Mongolian scholar during 1723-1735. It gave introductions to the book *Mongolian Language Textbook* written by Mongolian linguist Shuosijiwojie'er (Choskyihod-zer). *Mongolian Language Textbook* was lost and its content was preserved by the Interpretation. It also contained the facts on the spread of Buddhism into Mongolia.

蒙政会 全称"蒙古地方自治政务委员会"。内蒙古部分封建王公贵族组织的自治政权。1934年，在乌兰察布盟百灵庙成立。名义上隶属国民政府行政院，实权控制在亲日派德王手中。1936年，德王等成立伪"蒙古军政府"，蒙政会寿终。

སོག་པོའི་སྲིད་ཚོགས། མིང་ཆ་ཚང་ལ་སོག་པོའི་ས་གནས་རང་སྐྱོང་སྲིད་སྐྱོང་ལས་ཁུངས་ཚོགས་ཟེར། སོག་པོའི་སྟོད་ཕྱོགས་འགའ་བཙོས་པའི་རང་སྐྱོང་སྲིད་དབང་ཞིག་ཡིན། ༡༩༣༤ལོར། ཨུལན་ཆབ་ཕྱུ་བཱ་ལིང་བསྒྲུགས་མེ་ཐོག་ཏུ་རྒྱལ་དབང་ས་གནད་ཀྱི་དོག་ཏུ་གཏན་ཀྱུ། དོན་དངོས་སུ་བའི་ཕྱག་གིས་བཟུང་ཡོད། ༡༩༣༦ལོར། བཀྲ་ཤིང་སོག་པོ་ཀྱི་སོག་པོའི་དམག་སྲིད་གནང་བཙུགས་པས་སོག་པོའི་སྲིད་ཚོགས་རིམ་བཞིན་འཐོར།

The Mongol Local Autonomy Political Affairs Committee was a political body of ethnic Mongols in the Republic of China. The Committee was officially inaugurated in a ceremony at Bailingmiao,

Ulanqab in April 1934. The committee was nominally a branch to the Executive Yuan, while the pro-Japan Prince Demchugdongrub held the real power. The establishment of the Mongol Military Government in 1936 left the Committee defunct.

盟 中国内蒙古自治区地级行政区域。原是蒙古族旗的会盟组织。设人民代表大会和人民政府，是一级政权机构。盟包括几个县、旗、市。

མཉམ། གུང་གོའི་ནང་སོག་རང་སྐྱོང་ལྗོངས་ཀྱི་ས་གནས་སྲིད་གཞུང་གི་ས་ཁོངས་ཞིག་ཡིན། ཐོག་མར་སོག་པོའི་དར་ཚོའི་མཉམ་མཐུན་གྱི་རྩ་འཛུགས་ཤིག་ཡིན། དེས་མི་དམངས་འཐུས་མི་ཚོགས་ཆེན་དང་མི་དམངས་སྲིད་གཞུང་བཙུགས་པས། རིམ་པ་དང་པོའི་སྲིད་གཞུང་ཞིག་ཡིན། མཉའ་དུ་རྫོང་དང་དར། གྲོང་ཁྱེར་འགའ་འདུས།

A league is an administrative unit of the Inner Mongolia Autonomous Region, People's Republic of China. Mongolian Banners (county level regions) were organized into conventional assemblies at the league level. Leagues belong to the prefecture level of the Chinese administrative hierarchy, with the establishment of People's Congress and People's Government. Leagues contain counties, banners and cities.

盟旗制度 清朝为分化蒙古族，控制其上层贵族而实行的政治制度。1624年，后金统治者对归附的蒙古部众，按八旗组织原则，在其原有社会制度基础上编制分旗，后复以此办法陆续安置归附的蒙古诸部。至1771年，土尔扈特部蒙古返归中国后，全蒙古部众悉数被纳入盟旗体制。

མཉམ་དར་གྱི་ལམ་ལུགས། ཆིང་རྒྱལ་རབས་ཀྱིས་སོག་རིགས་ཁ་གཏོར་བ་དང་། སྐུ་དྲག་དག་ལ་ཚོད་འཛིན་བྱེད་པར་ཆེད་དུ་སྒྲུབ་པའི་ཆབ་སྲིད་ལམ་ལུགས་ཤིག་ཡིན། /༡༦༢༤ལོར་ཇིན་ཕྱི་མའི་དབང་བསྒྱུར་མཁན་གྱིས་སོག་པོའི་ཚོ་པ་ཁོངས་སུ་གཏོགས་ཆེན་དང་ཚོ་བརྒྱད་རྩ་འཛུགས་རྩ་དོན་ལ་བསྟེན་ནས། སྔར་ཡོད་སྤྱི་ཚོགས་ལམ་ལུགས་ཀྱི་རྨང་གཞིའི་སྟེང་དར་བགོས་བགོས་ཐིག་བཟོས་ཏེ། ཕྱིས་སུ་བྱེད་ཐབས་དེ་ལ་བསྟེན་ནས་སོག་པོའི་ཚོ་པ་ཁོངས་སུ་བསྡུས། /༡༧༧༡ལོར་ཕོར་ཨར་ཌེ་ཐར་གྱི་ཚོ་པ་གུང་གོའི་ལོག་ཏུ་ཕྱིར་ལོག་རྗེས། སོག་པོ་ཚོ་ཚང་མ་མཉམ་དར་ལོག་ཏུ་གཏོགས་པར་བྱས།

The League-Banner System was the political system implemented by the Qing Dynasty in order to divide Mongolian people and maintain its power over Mongolian nobles. In 1624, the ruler of the Later Jin established the Banners towards the submitted Mongolian tribes based on their existing social systems, with the organizing principles of the Eight Banners, which became the basic method for the settlement of the submitted Mongolian tribes. By the submission of the Torghut in 1771, all Mongolian tribes have been accommodated into the League-Banner System.

孟-高棉语族 南亚语系语族之一。主要分布于柬埔寨、缅甸、老挝、泰国和中国的云南省。在中国，有佤、布朗、德昂等语言属该语族。

མོན-ཀོ་སྨྱེན་སྐད་རིགས། ཡ་སྦྱིང་ཚོ་བའི་སྐད་རྒྱུད་ཀྱི་སྐད་རིགས་ཤིག་ཡིན། གཙོ་བོར་ཁ་ཕུ་གི་དང་།

· 443 ·

འབར་མ། ལའོ་ཕོའི། ཐེ་ཀོ། གུང་གོའི་ཡུན་ནན་ཞིང་ཆེན་བཅས་སུ་ཁྱབ། གུང་གོར་དབར་དང་། ཕུན་ལང་། དེ་ཡང་སོགས་ཀྱི་སྐད་སྨད་རིགས་འདིའི་ལ་གཏོགས།

The Mon-Khmer language is one of the branches of the Austroasiatic languages mainly used in Cambodia, Myanmar, Laos, Thailand and Yunnan province of China. In China, the Wa language, the Blang language and the Paluang language are classified into the Mon-Khmer language.

弥药 一作"木雅"。藏语音译。吐蕃以来古代藏文文献对党项羌及其所建西夏政权的称谓。今四川康定、九龙、道孚、雅江、石棉等县的部分藏族亦称"木雅藏族"。

མི་ཉག བོད་ཀྱི་གནའ་བོའི་ཡིག་ཆར་སྟོང་སྲུང་གི་ཆབ་འབངས་དང་མི་ཉག་ཕྱིད་དབང་མིག་གི་འབོད་ཚུལ་ཞིག་ཡིན། དེ་གི་མི་ཤོན་དར་མཚོ་དང་། བརྒྱུད་རིགས། ཅུའུ། ཉག་ཆུ། རྡོ་བལ་སོགས་རྫོང་དུ་འདུས་པའི་བོད་ལ་ཡང་མི་ཉག་བོད་རིགས་ཟེར།

The Mi Nyag, transliterated from Tibetan language, referred to the West Xia Dynasty founded by the Tangut people in ancient Tibetan documents since the Tibetan Empire. Some Tibetan people in present-day Kangding, Jiulong, Daofu, Yajiang, Shimian are also referred to as the Muya Tibetan.

米波 藏语音译,意为"人租"。亦译"人头税"等。旧时西藏领主占有奴隶人身的典型标志之一。用交税的办法维系领属关系。

མི་བོགས། སྔ་བ་ཡང་ཟེར། དེའི་དོན་མི་ཁྲལ་སོགས་ལོ། སྔྲི་ཚོགས་རྙིང་པར་བོད་ཀྱི་འགོ་གཙོས་བྲན་གཡོག་བགོ་བའི་རྣམ་པ་གཙོ་བོ་ཞིག་སྟེ། ཁྲལ་ལ་བརྟེན་ནས་དབང་ཆ་འཛིན་པའི་འབྲེལ་བ་ཞིག་ཡིན།

Mibo (commonly known as poll tax) was one of the typical signs of ancient Tibetan lords in control of the freedom of the slave. The tax was the way of maintaining this relation of possession.

《米拉日巴传》 藏族传记文学,叙述了米拉日巴一生的经历。全书10余万字。米拉日巴是藏传佛教噶举派第二代祖师。15世纪,僧人桑杰坚赞根据民间的传说故事撰成此书。此书是研究西藏佛教史的重要参考资料。

《མི་ལ་རས་པའི་རྣམ་ཐར》 རྣམ་ཐར་ཚོམ་རིག་སྟེ་མི་ལ་རས་པའི་མི་ཚེ་ཧྲིལ་པོའི་མཛད་པ་བྲིས་ཡོད། ཡིག་འབྲུ་ཁྲི་བཅུ་ལྷག་ཡོད། མི་ལ་རས་པ་ནི་བཀའ་བརྒྱུད་པའི་མཁན་པོ་གཉིས་པ་ཡིན། རྣམ་ཐར་དེ་དུས་རབས་བཅོ་ལྔ་པར་གཙང་སྟོན་རྗེ་དུ་ཀ་དུས་པའི་རྒྱུན་ཅན་ནས་མཚན་དངོས་སངས་རྒྱས་རྒྱལ་མཚན་གྱིས་དམངས་ཁྲོད་ཀྱི་དགའ་རྒྱུན་ལ་བརྟེན་ནས་བརྩམས་པ་ཞིག་ཡིན། འདིའི་བོད་ཀྱི་ནང་པའི་ཆོས་འབྱུང་ལོ་རྒྱུས་ཀྱི་ཡིག་ཆ་གལ་ཆེན་ཞིག་ཡིན།

Biography of Milarepa is biographic literature for Tibetan people. It recorded the whole life of Milarepa. It has over 100 thousand scripts. Milarepa was the second-generation founder of Kargyu of Tibetan Buddhism. In the 15th century, the monk Sangjiejianzan (Sangs rgyas rgyal mtsho) wrote the book on the basis of fairy tales and stories. It is the important reference data for studying the history of Tibetan

Buddhism.

米兰古堡 唐代吐蕃的一座戍堡。地处丝绸之路南道，是敦煌通昆仑山北麓的要道，南临古米兰河道。现能见到的只是古堡城墙残垣和望楼的遗迹。古堡遗迹对研究吐蕃文化，特别是吐蕃在新疆地区所设军镇状况有重要价值。

མི་ལའི་གནའ་མཁར། ཐང་རྒྱལ་རབས་སྐབས་ཀྱི་བོད་ཀྱི་མཁར་རྫོང་ཞིག་ཡིན། དར་གོས་ཚོང་ལམ་གྱི་ལྷུན་ཕྱོགས་གནས་པ་དང་། ཏུན་ཧོན་ནས་ཁུན་ལེའི་པོ་བར་གྱི་གཙོ་ལམ་ཡིན། ལྷོ་ཕྱོགས་གནའ་བོའི་མི་ལ་ཆུ་ལ་ཐུག་པ་དང་། ད་ལྟ་མཐོང་བ་ནི་སྟོན་ཆད་ཀྱི་མཁར་རྫིག་དང་། རྗེས་ཤུལ་ཡིན། གནའ་མཁར་གྱི་རྗེས་ཤུལ་ནི་བོད་ཀྱི་རིག་གནས་དང་། ཁྱད་པར་དུ་བོད་ཀྱིས་ཞིན་ཅང་ཁུལ་དུ་དམག་འཁྲུག་བཀྱབ་པའི་མོ་རྒྱལ་གནས་ཚོགས་ལ་ཉེད་ཀྱི་མི་ཉོག་ཕུ་བ་ཡིན།

Miran fort is a defensive structure of the Tibetan empire in the Tang Dynasty. It lies on the south side of the Silk Road near the river channel of ancient Miran, and is the important road between Dunhuang and north side of the Kunlun Mountains. The fort is no longer seen nowadays, only the remaining of its walls and the watchtower. The remains of the fort is essential to the study of the Tibetan culture, especially to the study of the military towns in Xinjiang area during the Tibetan empire.

米杂 藏语音译，意为"人根"。指西藏奴隶在封建奴隶制下对领主的人生依附关系。奴隶各有其主，世代不能脱离，喻之为"根"。

མི་རྩ། བོད་དོན་ནི་མི་རྒྱུད་ལ་གོ བྲན་གཡོག་བཀག་བཅད་རྒྱུད་འཛིན་གྱི་ཞིང་ཁབ་ལུགས་འོག་རང་དབང་པོ་བཙན་པའི་འཕྱེལ་བ་ཞིག་ལ་ཟེར། བྲན་གཡོག་སོ་སོར་གཙོ་བདག་རེ་ཡོད་པ་དང་། དེ་འཕྱུར་བ་གཏོང་མི་ཆོག དེ་འདི་ཞིག་མི་རྩ་ཟེར་ཞིང་འབྲེལ་ཡོད་ཆོས། སྐྱེ་མི་རྩ་ཞེས་པ་ནི་མི་རྒྱུད་ཀྱི་གཞི་རྩའི་རུས་ཤིག་ལ་དགོ

Miza, transliterated from Tibetan language, means the origin of men. It indicates the attachment of Tibetan slaves to the lords in the feudal slavery system. Each slave belongs to its own lord, and this kind of attachment will last from generation to generation, therefore known as the origin.

密本 藏语音译，意为"市民监"。原西藏地方政府朗孜夏（拉萨市政机关）五品主事官的职称。

མི་དཔོན། བོད་དོན་ནི་གྲོང་མིའི་ལྟ་སྐྱོང་བ་ལ་ཟེར། དེ་ནི་སྔོན་ཆད་བོད་ཀྱིས་གནས་སྲིད་གཞུང་གི་སྲང་རྩེ་ཤག (ལྷ་སའི་གྲོང་ཁྱེར་གྱི་སྲིད་གཞུང་།) གི་རིམ་པ་ལྔ་པའི་བདག་དམ་བྱེད་པའི་མི་གནས་ཤིག་ཡིན།

Miben, transliterated from Tibetan language, means people's surveillance. It was the original title of the main officer with a rank of five in the Langzixia (local government) of Tibet.

密村 藏语音译，意为"人员单位"。西藏藏传佛教大寺院中扎仓或康村之下的基层组织。也是僧侣居住单位。一般以僧人籍贯划编，十数人至百多人不等。

མི་ཚད། མིའི་རྩེ་ཚན་ཞིག་ལ་ཟེར། བོད་ཀྱི་ནང་པའི་དགོན་སྡེ་སྟེ་གྲྭ་ཚང་དང་ཁམས་ཚན་འོག་གི་དམའ་རིམ་ཚ་འཛུགས་ཤིག་ཡིན། གྲྭ་པ་ཡང་ཟེར། སྤྱིར་བཏང་དུ

གྲྭ་པའི་ས་ཁོངས་ཤུར་བགོས་པ་ཡིན། དེ་ལ་བཅུ་སྐོར་དང་བཅུ་སྐོར་སོགས་གྲངས་ངེས་གཏན་མེད།

Micun, transliterated from Tibetan language, means the unit. It's the primary organization below the Dratsang (Monastery) and the Kangcun (the base) of the Tibetan Buddhism temples. It's also the residential unit for the monks. It is divided by the native place of the monks, and each unit contains 10 to 100 monks.

密宗 佛教宗派之一。又称为"真言宗""金刚乘"等。8世纪时，印度的密教传入中国，从此修习传授形成密宗。此宗依《大日经》《金刚顶经》建立三密瑜伽，事理观行，修本尊法。以其密法奥秘，不经灌顶，不经传授不得任意传习及显示别人，故称密宗。

གསང་སྔགས། ནང་པའི་གྲུབ་མཐའ་ཞིག དེ་ལ་རྫོགས་འགྱུར་གྱི་རྒྱུད་དང་རྡོ་རྗེ་ཐེག་པ་སོགས་ཀྱང་འབོད། དུས་རབས་བརྒྱད་པར་རྒྱ་གར་གྱི་གསང་སྔགས་ཀྱང་བོད་དང་དེའི་རྗེས་ནས་སྔགས་ལ་བརྟེན་ནས་སྒོམ་སྒྲུབ་སྐྱེལ་སྦྱངས་པའི་སྲོལ་དར། དེར་《ཞི་མའི་མདོ》དང་《རྡོ་རྗེ་རྩེ་མོའི་མདོ》སོགས་ལམ་ལུ་སྒོམ་སྒྲུབ་གསུམ་གྱིས་རྒྱུ་འབྲེར་སྒྲུབ་ཐབས་གཞི་ཚུགས། གདུལ་བྱ་སྒོན་ལུན་མེད་པར་སྟོན་མི་རུང་བས་ན་གསང་སྔགས་ཞེས་པའི་མིང་ཐོགས།

Mizong (Vajrayana/Esoteric School), also known as Tantric Buddhism, Secret Mantra, Diamond Way, etc. It is one of the Buddhism schools. In the eighth century, it was introduced from India into China and has flourished henceforth. Based on *the Mahavairocana Tantra* and *the Vajrasekhara Sutra*, the Vajrayana created three secret yogas, requiring the practitioners understanding the concepts and practicing the method of the Yidam. Vajrayana Buddhism is esoteric, in the sense that the transmission of certain teachings only occurs directly from teacher to student. Without the conduct of Abhisheka, the practice should be kept secret.

勉唐画派 藏传绘画三大流派之一，亦称"门赤画派"，是藏族聚居地区影响最大的绘画流派。以拉萨为中心，主要流行于卫藏地区。创始人勉拉·顿珠嘉措出生于洛扎勉唐（今山南地区），勉唐画派由此得名。其造像多注重绘画线条的运用，工整流畅，法度精严而变化丰富，色调亦活泼鲜亮。

སྨན་ཐང་ལུགས། དེའི་བོད་ཀྱི་རི་མོ་འབྲི་ལུགས་གསུམ་ཉན་གི་གཅིག་ཡིན། སྨན་ཁྲི་ལུགས་ཡང་ཟེར། བོད་དུ་ཤུགས་རྐྱེན་ཐེབས་ཚད་ཆེ་བའི་རི་མོ་འབྲི་ཕྱོགས་ལུགས་ཅིག་ཡིན། ལྷ་ས་གཙོར་གྱུར་པའི་དབུས་གཙང་རྒྱལ་ཁབ་ཆེ། གསར་གཏོད་མཁན་སྨན་བླ་དོན་གྲུབ་རྒྱ་མཚོ་ནི་ལྷོ་བྲག་སྨན་ཐང་ན་སྐྱེ་བ་དང་། སྨན་ཐང་རི་མོའི་ལུགས་ཀྱི་མིང་ཡང་དེ་ལས་ཐོགས། ཐིག་བཏེན་ནས་རི་མོ་འབྲི་རྒྱུ་གཙོ་བོར་བྱས་པ་དང་། བཞིབས་མཇེན་གོང་ཚགས་དམ་པ། ཚོན་མདོག་ཕྲ་གསོན་ཁྱམས་ལྡན།

Mantang School is one of the three schools of Tibetan painting. It has great influence in Tibetan areas. Centered in Lhasa, it is popular among U-Tsang area. The founder of this school is Mianla Dunzhu Gyatso, who was born in Luozhamiantang (today's

Lhoka district), hence the name. The paintings of this school are very serious about the figures, paid more attention to linellae, and the linellae is careful, neat and fluency, color is bright and changeable.

勉语 中国自称"勉"的瑶族使用的语言。属汉藏语系苗瑶语族瑶语支。主要分布在广西、湖南、云南、广东、贵州等地。分勉、金门、标敏、藻敏4种方言。海南自称"金门"的苗族和越南、泰国、老挝、缅甸的瑶人使用的语言跟勉语基本相同。

མེན་སྐད། གུང་གོར་རང་ཉིད་མེན་ཞེས་འབོད་པའི་ཡའོ་རིགས་ཀྱིས་སྤྱོད་པའི་སྐད་ཆ། དེ་ནི་རྒྱ་བོད་སྐད་རྒྱུད་ཀྱི་མིའོ་ཡའོ་སྐད་རིགས་ལས་ཡའོ་ཡི་སྐད་ལག་ཅིག་ཡིན། གཙོ་བོར་ཀོང་ཞི་དང༌། ཧུའུ་ནན། ཡོན་ནན། ཀོང་ཏུང༌། ཀུའི་ཀྲོའུ་སོགས་སུ་ཁྱབ་པ་དང༌། མེན་དང༌། ཅིན་མན། པའོ་མེན། ཚོའུ་སོགས་རིགས་བཞིར་བགོས། ཧུའུ་ནན་དུ་རང་ལ་ཅིན་མན་ཞེས་འབོད་པའི་མིའོ་རིགས་དང་ཝེའུ་ནན་དང༌། ཡའོ་ཁྲོའི། འབར་མ་སོགས་ཀྱི་ན་ཡའོ་ཡི་མིས་སྤྱོད་པའི་སྐད་དང་མེན་སྐད་ཕལ་ཆེར་འདྲ།

Mien language is a branch of Yao languages of the Miao-Yao languages, mainly spoken by the group of Yao people who referred themselves as Mien in Guangxi, Hunan, Yunnan, Guangdong, and Guizhou. The Mien language is divided into four dialects including Mien, Kim Mun language, Biao Min language and Dzao Min language. The Miao people in Hainan who referred themselves as Kim Mun speak the same Mien language as the Yao people in Vietnam, Laos and Myanmar.

缅寺 云南西双版纳等地汉族对傣族佛寺的称呼。是傣族举行宗教祭祀和僧侣诵经习文的场所。

འབར་དགོན། དེའི་ཡུན་ནན་ཞི་ཤོང་པན་ནའི་ས་ཁུལ་གྱི་རྒྱ་རིགས་ཀྱིས་ཏའེ་རིགས་ཀྱི་ནང་པའི་དགོན་པར་འབོད་སྲོལ་གྱི་མིང་ཞིག་ཡིན། ཏའེ་རིགས་ཀྱིས་ཆོས་ལུགས་ཀྱི་ཚོགས་ཁ་གསོལ་བ་དང་བཙུན་པས་ཆོས་འདོན་སའི་གནས་ཡིན།

The Mian temple, used by the Han people in Xishuangbanna, refers to the Buddhist temples of the Dai people, and is the place where the Dai people stage religious worships and where monks chant and learn.

缅语支 藏缅语族语支之一。包括载瓦语、阿昌语、缅语等。在中国，分布于云南省德宏傣族景颇族自治州；在国外主要分布于缅甸境内。

འབར་སྐད་ལག བོད་འབར་སྐད་རིགས་ཀྱི་ཡན་ལག་ཅིག་ཡིན། དེ་ལ་ཙེ་དབའ་སྐད་དང༌། ཨ་ཁྲང་སྐད། འབར་སྐད་སོགས་ཡོད་པ་དང༌། ཀྲུང་གོར་ཡུན་ནན་ཞིང་ཆེན་གྱི་ཏེ་ཧུང་ཏའེ་རིགས་ཀྱི་ཅིང་ཕོ་རིགས་རང་སྐྱོང་ཁུལ་དང༌། ཕྱི་རྒྱལ་དུ་འབར་མའི་མངའ་ཁོངས་སུ་ཁྱབ་ཆེ།

The Burmish Language Branch is a branch of the Tibeto-Burman languages. It includes Zaiwa language, Achang language and Burmese language. It is spoken in Dehong Dai and Jingpo Autonomous Prefecture (Yunnan, China) and Myanmar.

《苗防备览》 书名。清代后期关于湖南西部和贵州东北部等苗族地区地理、政治、经济、风习等方面的综合性著作。严如煜撰。共 22 卷。分舆图、村寨、险要、道路、风俗、师旅、营汛、城堡、屯防、述往、要略、传略、艺文、杂识 14 门。

《སྨྱོའི་འབྲོག་བསྲུང་རིགས》 དཔེ་ཆའི་མིང་། དེའི་ཆེང་རྒྱལ་རབས་དུས་མཇུག་ཏུ་ཉུའུ་ཞུན་ཉུབ་ཁུལ་དང་། ཀུའེ་ཀྲོའུ་བྱང་ཤར་ཁུལ་གྱི་སྨྱོ་རིགས་ཀྱི་ས་ཁམས་ཁོར་ཡུག་དང་ཆབ་སྲིད། དཔལ་འབྱོར། ཡུལ་སྲོལ་གོམས་གཤིས་ཕྱོགས་ཀྱི་སྣ་འཛོམས་བསྡམས་ཚོས་ཞིག་ཡིན། བསྩལ་པས་བབ་ལོ་ཤར་ཡོད། དེ་དག་ནི་ས་ཁྲ་དང་། གྲོང་བ། ཉེན་འགོག་གཞུང་ལམ། ཡུལ་སྲོལ། ཡུལ་བསྒོར། གཞིས་འཇིན། གོང་ཁྱེར། དམག་སྲུང་། འགྲེལ་བརྗོད། བཅུད་བསྡུས། མཛོ་ཚུལ། ཚགས་པར་སོགས་རིགས་14ཡོད།

Guidance for Guarding the Miao people is a comprehensive writing involving the geography, politics, economy and customs of the Miao people in West Hunan and Northeast Guizhou. It was written by Yan Ruyi in the late Qing Dynasty. It contains 22 volumes in total, including 14 categories of maps, villages, strategic places, roads, customs, divisions, defensive places, castles, garrisons, histories, outlines, biographies, arts and stories.

《苗疆屯防实录》 清嘉庆、道光年间湘西苗族地区实行屯田制度的资料汇编。共 36 卷，编者不详。为研究清代"屯田养勇，设卡防苗"政策的参考资料。

《སྨྱོའི་ཡི་མཐའ་འབྲོག་དམག་སྲུང་དངོས་བྱིས》 ཆིང་རྒྱལ་རབས་གོང་མ་ཅ་ཆིང་དང་ཏའོ་ཀོང་བཞུགས་ཞིའི་སྨྱོ་རིགས་ས་ཁུལ་དུ་དངོས་སུ་ལག་བསྟར་བྱས་པའི་དམག་ཞིང་ལུགས་ཀྱི་རྒྱུ་ཆ་བསྡུ་སྒྲིག་བྱས་པ་ཞིག་ཡིན། བསྩལ་པས་བམ་པོ་རེ་འཡོད། སྒྲིག་མཁན་མི་གསལ། དེ་ནི་ཆིང་རྒྱལ་རབས་ཀྱི་དཀའ་ཞིབ་དཔལ་སྤྱོད་དང་། སྨྱོ་སྲུང་བྱེད་ཐབས་ལ་ཞིབ་འཇུག་བྱེད་པའི་རྒྱུ་ཆ་གལ་ཆེན་ཡིན།

Records of Garrisons in Miao Frontiers is a collection of documents about the implementation of the military farming system in Miao areas of Western Hunan. It was written in the Qing Dynasty from the reign of emperor Jiaqing to the reign of emperor Daoguang by unknown authors. 36 volumes in total, it has significant meaning to the research of the military farming system.

苗文 我们现在说的苗文，是指新中国成立后国内的四套新苗文（湘西方言苗文、黔东方言苗文、川黔滇方言苗文、滇东北次方言苗文）和在国外通行的老挝苗文（又被称为国际苗文）。迄今没发现系统的原始苗族文字，只是有一些零散的苗文碑。

སྨྱོའི་ཡིག ། འདིར་བཤད་པའི་སྨྱོའི་ཡིག་ནི་ཀྲུང་གོ་གསར་པ་དབུ་བརྙེས་རྗེས་རྒྱལ་ནང་གི་སྨྱོའི་ཡིག་གསར་པ་བཞི་སྟེ། (ཞིང་ཞིའི་ཡུལ་སྐད་ཀྱི་སྨྱོའི་ཡིག་དང་ཆན་ཁུལ་གྱི་སྨྱོའི་ཡིག་ཁྲོན་ཆན་ཐོགས་ཀྱི་སྨྱོའི་ཡིག་གུན་ཀྱི་བྱང་ཤར་ཕྱོགས་ཀྱི་སྨྱོའི་ཡིག) དང་། ཡི་རྒྱལ་དུ་སྤྱོད་པའི་ལའོ་སྨྱོའི་སྨྱོའི་ཡིག་སྟེ། གཞིས་ལ་ཟེར། ད་བར་སྨྱོའི་ཡིག་གི་ཐོག་མའི་འབྱུང་ཁུངས་གསར་ཚགས་མ་བྱུང་ལ། ཁོ་འཕྲོ་བའི་སྨྱོའི་ཡིག་གི་རྡོ་རིང་རེ་འགའ་ལས་མེད།

Miao script nowadays refers to the four sets of Miao scripts (the Xong language, the Hmu language, the West Hmongic language and the Pollard script) created after the establishment of the New China and the Laotian Miao script (also known as the international Miao script) commonly used outside China. No original systematic Miao scripts have been found so far, only some scattered steles with Miao scripts.

苗瑶语族 汉藏语系的语族之一。在中国，主要分布于中南和西南地区；在国外，主要分布于越南、老挝、泰国、缅甸等国。分苗、瑶两个语支。苗语支包括苗语和一部分瑶族说的布努语。瑶语支只有大部分瑶族说的勉语。居住在广东增城、博罗等县的畲族所说的畲语也属此语族，但语支未定。

སྨོ་ཡའོ་སྐད་རིགས། རྒྱ་བོད་སྐད་རྒྱུད་ཀྱི་ནང་ཚན་ཞིག གུང་གོར་དབུས་ལྟོ་དང་ལྟོ་ནུབ་ཏུ་ཁྱབ་པ་མང་བ་དང༌། ཕྱི་རྒྱལ་དུ་ཡི་ཧྲེ་ནམ་དང་ལའོ་ཕྲོ་ཐེ་གོ འབར་མ་སོགས་སུ་ཁྱབ། སྨོ་དང་ཡའོ་རིགས་ཀྱིས་སྐད་ཀྱི་ཡན་ལག་བགར་ཡོད་པ་དང༌། སྨོའི་སྐད་ཡན་ལག་ལ་སྨོའི་སྐད་དང་ཡའོ་རིགས་ཀྱིས་ཉུང་ཤས་པའི་པུ་ནོའི་སྐད་གཉིས་བྱུང་བ་དང༌། ཡའོའི་སྐད་ཡན་ལག་ལ་རིགས་ཀྱིས་མང་བའི་མཇལ་སྐད་ཡིན། གོང་ཐུང་ཚོང་ཁྲེང་དང་ཕོའི་ལའོ་སྡོང་སོགས་ཀྱི་རྫེ་རིགས་ཀྱིས་བཤད་པའི་སྐད་ཀྱང་སྐད་རིགས་འདིའི་ཁོངས་སུ་གཏོགས། འོན་ཀྱང་སྐད་ལག་གཏན་འཁེལ་བྱུང་མེད།

The Miao-Yao languages are a language family of southern China and Southeast Asia. They are spoken in south central and southwest China, also spoken in Vietnam, Laos, Thailand and Myanmar. The Miao-Yao Languages are divided into Miao languages and Yao languages. The Miao languages include the Miao language and the Bunu language spoken by some of the Yao people. The Yao languages are comprised of the Mien language spoken by most Yao people. The She language spoken by the She people living in Zengcheng and Boluo in Guangdong also belongs to the Miao-Yao languages, but the branch is uncertain.

苗语 苗族使用的语言。属苗瑶语族的苗语支。主要分布于贵州、湖南、云南、四川、广西、湖北、海南等地。分湘西、黔东和川黔滇三大方言。其中以川黔滇方言最为复杂。同时，越南、老挝、泰国、缅甸等国的苗族也使用与川黔滇方言基本相同的语言。

སྨོའི་སྐད། སྨོའི་རིགས་ཀྱིས་སྤྱོད་པའི་སྐད་ལག གྱུར། ཁྱབ་གཙོ་བོ་ནི་གུའི་ཀྲོའུ་དང་ཧུའུ་ནན། ཡུན་ནན། སི་ཁྲོན། གྭང་ཞི། ཧུའུ་པེ། ཧེ་ནན་སོགས་ཡིན། དེ་ལ་རུབ་དང་ཆེན། ཁྲན་ཏུང་ཆེན། གུན་སོགས་ཡུལ་སྐད་ཆེ་པོ་གསུམ་ཡོད། དེ་ལས་ཁྲན་ཆེན་གུན་སྐད་ནི་ཤིན་ཏུ་གྱ་ནེ། དེ་མིན་ཡོ་ནན་དང་ལའོ་ཕྲོ་ཐེ་གོ འབར་མ་སོགས་ཀྱི་སྨོའི་མིས་བཀོལ་སྤྱོད་བྱེད་པའང་ཁྲན་ཆེན་གུན་སྐད་དང་མཚུན།

Miao language is the language spoken by the Miao people. It belongs to the Miao languages of the Miao-Yao languages. It is spoken in Guizhou, Hunan, Yunnan, Sichuan, Guangxi, Hubei, Hainan, etc. It includes the three dialects in West Hunan, East Guizhou and Sichuan, Yunan and Guizhou areas (also the most complex dialects). The Miao people living in Vietnam, Laos, Thailand and Myanmar also speak the same language as the Sichuan, Yunan and Guizhou Miao.

苗语支 汉藏语系苗瑶语族的语支之一。包括苗语和一部分瑶族说的布努语。苗语和布努语有相当多的同源词，语音对应严整。分布于中国的贵州、湖南、云南、四川、广西、湖北、海南，以及中南半岛的越南、老挝、泰国、缅甸的北部。

Miao Language Branch belongs to the Miao-Yao languages, including the Miao language and the Bunu language spoken by some of the Yao people. The two languages share many cognate words and orderly phonetic correspondence. The Miao languages are spoken in Guizhou, Hunan, Yunnan, Sichuan, Guangxi, Hubei, Hainan, as well as Vietnam, Laos, Thailand and northern Myanmar.

《苗帚苗钟集》 书名。吴恒良著。1946年刊印。作者曾参加湘西革屯运动，后任国民党陆军第七十三军少将副军长。此书记叙了湘西革屯运动以前，苗族人民遭受屯田制度残酷剥削的情况和革屯运动爆发的过程。

The Collected Stories of the Miao people in Xiangxi was published in 1946. The author Wu Hengliang participated in the anti-Tuntian (Tuntian refers to state collective farming) campaign in west Hunan, later became the Deputy Army Commander of the 73rd KMT army. The book described how the Miao people suffered from the Tuntian syestem (state clollective farming system) and how the campaign began.

苗族 中国的少数民族。自称"果雄""模""蒙"等。他称"长裙苗""短裙苗""红苗""白苗""青苗""花苗"等。主要分布在贵州、湖南、云南、四川、广西、湖北、海南、重庆等地。人口9426007人（2010年）。有本族语言，有新苗文。崇拜鬼神。主要从事农业。妇女擅长刺绣、蜡染。

འདུས། མི་གྲངས་ ༩,༤༢༦,༠༠༧ (༢༠༡༠ལོ) ཡོད། མི་རིགས་རང་ཉིད་ཀྱི་སྐད་དང་ཡི་གེ་ཡོད། ལྷ་འདྲེ་མཆོད། ཞིང་ལས་གཙོ་བོ་དང་སྐྱེས་མ་རྣམས་འཚེམ་དྲུབས་ལས་ལ་མཁས།

Miao people is an ethnic group in China. The Miao people refer themselves as Kho Xiong, Hmu, Hmong. The non-Miao people also refer them as the Long Dress Miao, Short Dress Miao, Red Miao, White Miao, Green Miao, Flowery Miao, etc. The Miao live primarily in the provinces of Guizhou, Hunan, Yunnan, Sichuan, Guangxi, Hainan and Chongqing, with a total population of 9,426,007 (2010). The Miao people speak their own language and use the Miao scripts. They worship the supernatural forces and are mainly engaged in agricultural production. The Miao women are good at embroidery and batik.

《苗族救星》 书名。古宝娟、饶恩召著。1939年出版。记述英国基督教循道公会传教士柏格理在云南、贵州等苗族聚居地区传教的情况。本书对研究基督教在云贵苗族、彝族聚居地区的活动有一定的参考价值。

《མུའོ་རིགས་ཀྱི་མགོན་སྐྱབས》 དཔེ་ཆའི་མིང་། གུའུ་པའོ་ཅུན་དང་རའོ་ཨུན་གྱོ་གཉིས་ཀྱིས་བརྩམས། ༡༩༣༩་ལོར་པར་དུ་བཏབ། དེར་དབྱིན་ཇིའི་ཡེ་ཤུ་ཆོས་ལུགས་ཀྱི་ཆོས་དཔོན་ཕེ་གོ་ལིས་ཡུན་ནན་དང་། གོའེ་གྷོས་མུའོ་རིགས་འདུས་བའི་ས་ཁུལ་ལ་ཡོད་པའི་ཆོས་སྒྲུབ་པའི་གནས་ཚུལ་བྲིས་ཡོད་པ་དང་། དཔེ་ཆ་དེ་ཡི་ཤུ་ཆོས་ལུགས་ཡུན་ནན་དང་གུའེ་གྷོའུ་མུའོ་རིགས་དང་དབྱིས་རིགས་སོགས་སུ་དར་ཚུལ་ལ་རིན་ཐང་ལྡན།

The Savior of the Miao people, written by Guo Baojun and Rao Enzhao, was published in 1939. It describes the experience of Samuel Pollard, the British Methodist missionary, in the Miao areas such as Yunnan and Guizhou. The book has certain reference value for the research of the Christian activities in the Miao and Yi areas in Yunnan province.

苗族医学 民族医学。历史久远，尤以内病外治的疗法闻名。苗医认为，毒、亏、伤、积、菌、虫是导致人体生病的6种因素，简称"六因"。在理论上有"两病两纲"之说，将一切疾病归纳为冷、热病两大类，"冷病热治、热病冷治"为两大治则。

མུའོ་རིགས་ཀྱི་གསོ་རིག མི་རིགས་ཀྱི་གསོ་རིག་ཡོ། རྒྱུས་ཀྱི་རྒྱུན་རིང་བ་དང་ནད་ནང་དང་ཕྱི་བཅོས་བྱ་ཐབས་ལ་མིང་གྲགས་ཆེ། མུའོའི་སྨན་པས་དུག་དང་བོ་རྣམས་འདུ་འཕྲོ། གསོག་འདུ་སོགས་ནི་མི་ལུས་ལ་ནད་བྱུང་བའི་རྒྱུ་རྐྱེན་དྲུག་ཡིན་པར་འདོད། བསྡུས་མིང་དུ་རྒྱུན་དྲུག་ཟེར། གཞུང་ལུགས་སྟེང་ནས་ནད་གཉིས་ཚ་གཉིས་ཟེར་ནད་རིགས་ཚང་མ་གྲང་བ་དང་ཚ་བ་གཉིས་ལ་བསྡུས་ཡོད་པ་དང་། གྲང་ནད་ཚ་བས་གསོ་བ་དང་ནད་གྲང་བས་གསོ་བའི་གསོ་ཐབས་ཆེན་པོ་གཉིས་ཡོད།

The Miao medicine is an ethnomedicine with a long history. It is famous for treating internal diseases with external therapy. According to the Miao medicine, there are six factors that cause diseases: the natural environment, the lack of vigor, internal injury, indigestion, bacteria and insects. The Miao medicine believes that all diseases can be classified into two categories-the cold disease and the hot disease, and the principle is to treat the cold disease with medicines of hot property and to treat hot disease with medicines of cold property.

妙应寺白塔 中国现存最早、最大的佛塔。建于元朝至元八年（1271）。位于北京阜成门内大街路北的妙应寺内。为通体涂以白垩（白土粉）的藏式佛塔。因其通体涂白，故俗称"白塔"。台基高9米，塔高50.9米，底座面积1422平方米。

སྨྱོའོ་དབྱིན་དགོན་གྱི་མཆོད་རྟེན་དཀར་པོ།

ཨིག་སྲུང་ཀྱང་གོའི་ནང་ལོག་གི་ཆེས་སྔ་བའི་བོད་ལུགས་མཆོད་རྟེན་ཡིན། ཡོན་རྒྱལ་རབས་ཀྱི་ཡོན་ཁྲི་ཧོ་བཀྲུད་པར་ (༡༢༧༡) བཞེངས། པེ་ཅིན་བྷུ་མའར་ལམ་ཆེན་གྱི་བྱང་ཕྱོགས་སུའི་དབྱིན་དགོན་དུ་ཡོད། ས་དཀར་ཞུགས་པས་མིང་ལའང་མཆོད་རྟེན་དཀར་པོ་ཐོགས། ཁྲིའི་མཐོ་ཚད་ལ་སྨི ༩དང་མཆོད་རྟེན་གྱི་མཐོ་ཚད་ལ་སྨི་༥༠.༩ཡོད། ཞབས་རྟེན་རྒྱ་ཁྱོན་ལ་སྨི་གྲུ་བཞི་མ་༡༤༢༢ཡོད།

The White Dagoba of the Miaoying Monastery is the oldest and the biggest existing dagoba in China. It was built in the 8th year of the reign of emperor Kublai Khan in the Yuan Dynasty (1271). It is located on the north side of Fuchengmen Nei Dajie (Inner Street), Xicheng, Beijing, China. Painted with chalk, the dagoba is of Tibetan style and is white in shape, hence the name. The foundation pile is 9 meters high, the dagoba is 50.9 meters high, and the foundation area is 1,422 square meters.

民汉双语教学 我国现行的针对少数民族的教学方式。指少数民族既学习本民族语言，又学习汉语。完成这一过程的教学行为即为民汉双语教学。

མི་རིགས་དང་རྒྱའི་སྐད་གཉིས་སློབ་ཁྲིད། རང་རྒྱལ་གྱིས་གནས་བཞིན་མི་རིགས་ཀྱི་སློབ་ཁྲིད་ལ་ལག་བསྟར་བྱས་པའི་སློབ་ཁྲིད་བྱེད་ཐབས་ཤིག་ཡིན། གནས་བཞིན་མི་རིགས་ཀྱིས་རང་གི་མི་རིགས་ཀྱི་སྐད་ཡིག་སློང་བའི་རྒྱུ་གཞིའི་སྟེང་རྒྱ་ཡིག་སློབ་པ་ལ་ཟེར་བ་དང༌། སློབ་ཁྲིད་ཀྱི་བཅུད་རིམ་འདི་འགྲུབ་པ་ལ་མི་རིགས་དང་རྒྱའི་སྐད་གཉིས་སློབ་ཁྲིད་ཟེར།

Bilingual teaching of ethnic languages and Han language is the existing teaching method applied to ethnic students, during which the ethnic students learn both ethnic languages and Han language.

民家 白族的异称。始见于清康熙年间的《洱海丛谈》。至今，与白族杂居的汉族有的仍以此称指代白族。

མིང་ཇཱ། པའི་རིགས་ཀྱི་མིང་གཞན། ཆེད་རྒྱལ་རབས་ཀྱི་གོང་མ་ཁང་ཞིའི་སྐབས་ཀྱི《ཨེར་ཧེ་མཚོའི་ཡི་སྙིང་ཚོམས》ཞེས་པའི་ནང་དུ་ཐོག་མར་བྱིས་ཡོད། དེ་ནས་བཟུང་པའི་རིགས་འདྲེས་ཁྱུལ་གྱི་རྒྱ་རིགས་ཀྱིས་སྤྲད་བཞིན་པའི་རིགས་ལ་དེ་ལྟར་འབོད་མཁན་ཡོད།

Minjia refers to the Bai people. The name was first used in the *Eerhai Congtan (Collected Essays on Erhai)*, published during the reign of emperor Kangxi in the Qing Dynasty. It is still used by the Han people who live together with the Bai people.

民主改革 泛指各种反封建的、民主化的社会改革。如废除蓄奴制度，取消封建特权，婚姻制度男女平等。特指新中国成立初期所进行的反对封建主义的改革，主要是土地改革。20 世纪 50 年代中期至 60 年代初期，我国在少数民族地区实施了这项改革。

དམངས་གཙོ་བཅོས་བསྒྱུར། བཀས་བཀོད་རྒྱུད་འཇིན་ལ་རྒོལ་བའི་རིགས་སྣ་ཚོགས་དང་དམངས་གཙོ་ཅན་གྱི་སྤྱི་ཚོགས་བསྒྱུར་བཅོས་ལ་ཟེར། དཔེར་ན། བྲན་གཡོག་ལམ་ལུགས་དོར་བ་དང་། བཀས་བཀོད་རྒྱུད་འཇིན་དབྱིགས་བསལ་དབང་ཚ་མེད་པར་བཟོ་བ་བཟའ་ཚང་སྐྱིག་ལམ་ལུགས། ཕོ་མོ་འདྲ་མཉམ་སོགས་སོ། །ཁྱད་པར་དུ་གྱུར་དུ་མི་དམངས་སྤྱི་མཐུན་རྒྱལ་ཁབ་དང་བཙུགས་རྗེས་སྐྱར་པའི་བཀས་བཀོད་རྒྱུད་འཇིན་ལ་རྒོལ་བའི་བཅོས་བསྒྱུར་ཏེ། ས་ཞིང་བཅོས་བསྒྱུར་ལ་གོ། དུས་རབས་༢༠པའི་ལོ་རབས་༥༠པའི་དགུང་དང་༦༠པའི་མགོར་རང་རྒྱལ་གྱི་གྲངས་ཉུང་མི་རིགས་ས་ཁུལ་བཅོས་བསྒྱུར་འདི་སྤེལ།

The democratic reform generally refers to the anti-feudal and democratic social reform such as the abolition of slavery, the withdrawal of feudal privileges, the gender equality in the institution of marriage, etc. It specifically refers to the antifeudal reform in the early days of New China, mainly including the land reform, which was carried out in the ethnic minority areas during the middle of the 1950s and the early 1960s.

民族八省区 我国的民族区域概念。包括内蒙古自治区、宁夏回族自治区、新疆维吾尔自治区、西藏自治区、广西壮族自治区五大少数民族自治区和少数民族分布集中的贵州、云南和青海 3 省。

མི་རིགས་ཀྱི་ཞིང་ལྗོངས་བརྒྱད། རང་རྒྱལ་གྱི་མི་རིགས་ས་ཁུལ་གྱི་ཆེད་རྟོག་ཡིན། དེའི་ནང་དུ་ནང་སོག་རང་སྐྱོང་ལྗོངས་དང་ཞིན་ཞའི་ཧུའི་རིགས་རང་སྐྱོང་ལྗོངས། ཞིན་ཅང་ཡུ་གུར་རིགས་རང་སྐྱོང་ལྗོངས། བོད་རང་སྐྱོང་ལྗོངས། ཀོན་ཞི་ཀྲོང་རིགས་རང་སྐྱོང་ལྗོངས་བཅས་རང་སྐྱོང་ལྗོངས་ཆེན་པོ་ལྔ་དང་། གུའི་ཀྲོའུ་ཡུན་ནན་འདུས་བ་མང་བའི་ཀུའི་གྲོའུ་ཡུན་ནན། མཚོ་སྔོན་བཅས་ཞིང་ཆེན་ལ་ཟེར།

The eight ethnic regions include the Inner Mongolia Autonomous Region, the Ningxia Hui Autonomous Region, the Xinjiang Uyghur Autonomous Region, the Tibet Autonomous Region, the Guangxi Zhuang Autonomous Region as well as Guizhou, Yunnan, Qinghai.

民族班 我国现行的在各级各类学校中，专门为少数民族学生设立的一种教学班。大体上分为 3 类：其一，在普通中小学、中等专业学校设立的民族班。其二，在普通高等学校设立的民族班。其三，在各级各类成人高、中等专业学校中，如党校、团校、管理干部院校等设立的民族班。

མི་རིགས་འཛིན་གྲྭ། རང་རྒྱལ་གྱིས་ད་ལྟ་སྤྱོད་བཞིན་པའི་རིམ་པ་དང་རིགས་སོ་སོའི་ནང་དུ་སློབ་པའི་གྲངས་ཉུང་མི་རིགས་སློབ་མའི་ཆེད་དུ་བཙུགས་པའི་འཛིན་གྲྭ་ཞིག་ཡིན། ཚ་བའི་ཐོག་ཏུ་རིགས་ཆེན་པོ་གསུམ་ལ་བགོས་ཡོད་པ་དང་། དང་པོ་ནི་སྤྱིར་བཏང་གི་སློབ་གྲྭ་ཆུང་འབྲིང་དང་འབྲིང་རིམ་ཆེད་གཉེར་སློབ་གྲྭ་བཙུགས་པའི་མི་རིགས་

འཛིན་གྲྭ་དང་། གཞིས་པ་ནི་སྤྱིར་བཏང་གི་མཐོ་རིམ་
སློབ་གྲྭར་བཙུགས་པའི་མི་རིགས་འཛིན་གྲྭ་གསུམ་པ་ནི་
རིམ་པ་དང་རིགས་སོ་སོའི་དང་བའི་མཐོ་འབྲིང་དང་།
འབྱིང་རིམ་ཆེད་ལས་སློབ་གྲྭ་སྟེ། དཔེར་ན་ཏང་གི་སློབ་
གྲྭ་དཔོན་གྱི་སློབ་གྲྭ གཞུང་ཞབས་བདག་གཉེར་སློབ་
གླིང་སོགས་སུ་བཙུགས་པའི་མི་རིགས་འཛིན་གྲྭ་ལྟ་
བུའོ། །

The ethnic minority classes are the teaching classes for ethnic minority students in various schools in China. Generally the ethnic minority classes are divided into three types. The first type is set in regular primary and middle schools and in secondary specialized schools. The second type is set in general universities and colleges. The third type is set in various specialized schools for adults, such as the party schools of CPC, the youth league schools and the management institutes for cadres.

民族差异 指各民族之间表现在政治、经济、文化、语言以及生活方式、风俗习惯等方面的差异。

མི་རིགས་ཀྱི་ཁྱད་པར། དེ་ནི་རང་རྒྱལ་མི་རིགས་སོ་
སོའི་བར་དུ་ཆབ་སྲིད་དང་དཔལ་འབྱོར། རིག་གནས།
སྐད་ཆ་དང་འཚོ་བ་རོལ་སྟངས། ཡུལ་སྲོལ་གོམས་གཤིས་
སོགས་སུ་ཡོད་པར་ཟེར།

The ethnic differences refer to the differences in politics, economy, culture, language, lifestyle and customs among the various ethnic groups.

民族出版社 1953年成立于北京。唯一的国家级民族出版机构。业务范围：马列经典著作和老一辈无产阶级革命家著作民族文字版出版；党和国家重要政策文献民族文字版出版；社会科学和自然科学各门类学科民族文字版出版；民族方面学术著作汉文出版；汉文图书精选出版；相关音像制品出版；相关印刷发行与资料翻译。

མི་རིགས་དཔེ་སྐྲུན་ཁང་། ༡༩༥༣ལོར་པེ་ཅིན་དུ་
བཙུགས། རྒྱལ་ཁབ་རིམ་པའི་མི་རིགས་དཔེ་སྐྲུན་ལས་
ཁུངས་གཅིག་པུ་ཡིན། པར་སྐྲུན་ཁྱབ་ཁོངས། མར་ལེ་
རིང་ལུགས་ཀྱི་བརྩམས་ཆོས་གལ་ཆེན་དང་འབྱོར་མེད་
གྲལ་རིམ་གསར་བརྗེ་རྒྱན་རབས་པའི་བརྩམས་ཆོས་
གངས་ཞུང་མི་རིགས་ཡི་གེར་དཔར་བ། ཏང་དང་རྒྱལ་
ཁབ་ཀྱི་སྲིད་ཇུས་གལ་ཆེན་གྱི་ཡིག་ཚགས་ཞུང་
རིགས་ཡི་གེར་དཔར་བ། སྤྱི་ཚོགས་ཚན་རིག་དང་རང་
བྱུང་ཚན་རིག་གི་སློར་གངས་ཞུང་མི་རིགས་ཡི་གེར་དཔར་
བ། མི་རིགས་སྐོར་གྱི་རིག་གཞུང་བརྩམས་ཆོས་རྒྱ་ཡིག་
ཏུ་དཔར་བ། རྒྱ་ཡིག་དཔེ་དེབ་ལེགས་གྲས་དཔར་བ།
རོལ་དབྱངས་སྒྲ་དཔར་བ། པར་སྐྲུན་འགྲེམ་སྤེལ་དང་
ཡིག་ཆ་བསྒྱུར་བ་སོགས་སོ། །

The Ethnic Publishing House was established in Beijing, 1953. It's the only national ethnic publishing house. The scope of publishing include the versions in ethnic languages of classics of Marxism-Leninism and the works of the proletarian revolutionaries of the older generation and the important policies and documents of the party and the state, and various disciplines of the social sciences and the natural sciences. It also includes the publishing of the Chinese versions of academic works on ethnic studies and selected Chineses books, as well as related audiovisual products.

Printing, distribution and data translation is also part of the responsibility.

《民族词典》 中国民族研究成果的知识总汇。1987年出版。一部中型专科词典，共收词条10054条，包括民族问题理论和民族政策、民族学和人类学、中国民族、中国民族史、中国民族语文、世界民族6大类，共203万字。

《མི་རིགས་ཚིག་མཛོད》 གུང་གོའི་མི་རིགས་ཞིབ་འཇུག་གྲུབ་འབྲས་ཀྱི་ཤེས་བྱའི་སྟེ་མཛོད་ཅིག་ཡིན། ༡༩༨༧ལོར་པར་སྐྲུན་བྱས། དེ་ནི་རྣམ་པ་འབྲིང་བའི་ཆེད་ཚན་གྱི་ཚིག་མཛོད་ཅིག་ཡིན་ལ། བསྡོམས་པས་ཤོག་ཚིགས་༡༠༠༥༤ཡོད། དེའི་ནང་དུ་མི་རིགས་གནད་དོན་གྱི་གཞུང་ལུགས་དང་མི་རིགས་ཀྱི་སྲིད་ཇུས། མི་རིགས་རིག་པ་དང་མིའི་རིགས་པ། གུང་གོའི་མི་རིགས། གུང་གོའི་མི་རིགས་ལོ་རྒྱུས། གུང་གོའི་མི་རིགས་ཀྱི་སྐད་ཡིག་འཛིན་གླིང་མི་རིགས་བཅས་རིགས་ཆེན་པོ་དྲུག་འདུས། བསྡོམས་པས་ཡི་གེ་འབུམ་༢༠༣ལྷག་ཡོད།

The Ethnic Dictionary is a collection of the studies on Chinese ethnic minorities. Published in 1987, it's a medium-sized, specialized dictionary. With 10,054 entries and 2,030,000 words in total, the dictionary covers ethnic theories and policies, ethnology and anthropology, Chinese ethnic groups, history of Chinese ethnic groups, languages of Chinese ethnic groups and ethnic groups worldwide.

《民族大团结》邮票 1999年国庆前夕，中国邮政在北京首发。这套邮票汇集了56个民族的形象，每一枚代表一个民族，全套56枚印制在一张整版上，其枚数之多，创当时世界邮票史之最。

《མི་རིགས་མཐུན་སྒྲིལ་ཆེན་མོ》 སྦྲག་རྟགས། ༡༩༩༩ལོར་རྒྱལ་སྟོན་སྟོན་དུ་གུང་གོའི་སྦྲག་སྲིད་གྱིས་ཕྱོགས་བར་བཏོན། སྦྲག་རྟགས་འདིའི་མི་རིགས་དྲུག་གི་རྣམ་པ་བཀོད་ཡོད་པ་དང་། རྟགས་རེ་རེ་མི་རིགས་རེ་རེའི་མཚོན་ཡོད། བསྡོམས་པས་རྟགས་༥༦ཡོད་ལ་དེ་དག་སྦྲག་རྟགས་གཅིག་གི་སྟེང་བཀོད་ཡོད། དེ་ནི་སྐབས་འཇོག་གླིང་སྟེང་རྟགས་ཆེས་མང་བའི་སྦྲག་རྟགས་ཡིན།

"Unity of Ethinc Groups" Stamps were issued before the National Day in Beijing, 1999. This set of stamps assembled the image of 56 ethnic groups, each stamp represented an ethnic group. With all 56 stamps printed in the same page, the "unity of ethnic groups" stamp set up a record with the biggest amount of stamps at that time.

民族的宗教性 指所有民族都存在着某种形式的宗教信仰，民族在其产生、演化过程中都有宗教的发展与之相伴随。宗教性是民族的重要属性之一。

མི་རིགས་ཀྱི་ཆོས་ལུགས་དང་བཞིན། དེ་ནི་མི་རིགས་ཡོད་དོ་ཅོག་ལ་ལྷན་པའི་རྣམ་པ་ག་གེ་མོའི་ཆོས་ལུགས་ཀྱི་དད་ཆོས་དང་། མི་རིགས་ཀྱི་བྱུང་བ་དང་འཕེལ་འགྱུར་གྱི་བརྒྱུད་རིམ་ཁྲོད་དུ་ཆོས་ལུགས་འཕེལ་རྒྱས་དང་གཅིག་ལ་གཅིག་འགྲོགས་སུ་ཡོད་པ་ཞིག་ཡིན། ཆོས་ལུགས་དང་བཞིན་ནི་མི་རིགས་ཀྱི་རང་བཞིན་གཙོ་བོའི་གྲས་ཤིག་ཡིན།

The religiousness of an ethnic group implies that certain form of religiousness comes along with the development of each ethnic group. It is one of the most important properties of an ethnic group.

民族地区补助费 由中央财政拨给民族地区作为其特殊开支的专款。1955年设置，是我国对民族自治地方各项财政照顾中的一项，必须专款专用。

མི་རིགས་ས་ཁུལ་གྱི་རོགས་དངུལ། གུང་དབང་ནོར་སྲིད་ཀྱིས་མི་རིགས་ས་ཁུལ་དམིགས་བསལ་གྱི་བཏང་བའི་ཆེད་དངུལ་ཞིག་ཡིན། ༡༩༥༥ལོར་འགོ་བཙུགས། དེ་ནི་རང་རྒྱལ་གྱིས་མི་རིགས་རང་སྐྱོང་ས་ཁུལ་གྱི་ནོར་སྲིད་ཡོངས་ལ་བལྟ་སྐྱོང་བྱས་པའི་དོན་ཚན་ཞིག་ཡིན་པ་དང་། དེས་བར་དུ་ཆེད་དངུལ་ཆེད་སྤྱོད་བྱེད་དགོས།

The subsidy for ethnic minority areas is the special fund distributed from central budget since 1955. The subsidy is one of the preferential financial policies towards ethnic autonomous areas and it's for the specified purposes only.

民族地区定额财政补贴 我国对少数民族地区财政实行的一种特殊政策。1980年国家实行"划分收支，分级包干"的财政体制以后，5个自治区和云南、贵州、青海3省也按此办法执行，但给予较多的照顾，实行超收部分全部留用，支大于收的差额由中央财政补贴。

མི་རིགས་ས་ཁུལ་གྱི་གཏན་དངུལ་ནོར་སྲིད་གསབ་སྐྱོད། རང་རྒྱལ་གྱིས་གྲངས་ཉུང་མི་རིགས་ཀྱི་ནོར་སྲིད་ལ་བསྟར་སྤྱོད་བྱེད་པའི་བྱེད་ཐབས་ཞིག་ཡིན། ༡༩༨༠ལོར་རྒྱལ་ཁབ་ཀྱིས་གཏོང་ལེན་འབྱེད་པ་དང་རིམ་བགར་འགན་ལེན་གྱི་ནོར་སྲིད་སྒྲིག་གཞི་ལག་བསྟར་བྱས་རྗེས། རང་སྐྱོང་ལྗོངས་ལྔ་དང་ཡུན་ནན། གུའི་གྲོའུ། མཚོ་སྔོན་བཅས་ཞིང་ཆེན་གསུམ་ལ་ལའང་བསྟར་བྱས་ནས་བལྟ་སྐྱོང་གང་མང་བཏང་། གཏོང་

ཞེན་པ་ལས་མང་བའི་ཇེ་བགྱུར་དབང་ནོར་སྲིད་ཀྱིས་གསབ་སྐྱོད་བྱས་པའི་སྲིད་ཇུས་ལ་ཟེར།

The fixed fiscal subsidy to ethnic minority areas is a preferential policy towards ethnic minority areas. In 1980, the fiscal system with division of revenue and expenditure between the central and local governments and with contracts at different levels was implemented. Since then, 5 autonomous regions and Yunnan, Guizhou, Qinghai put it into action with more financial preferences. The regions mentioned above could keep the excess revenue and the gap between revenues and expenditures was covered by central budget.

民族地区改革开放试验区 1994年、1997年由国家民委等部门先后批准建立的改革开放试验区。包括：内蒙古乌海市、呼伦贝尔盟，吉林延边朝鲜族自治州，甘肃临夏回族自治州，新疆伊犁哈萨克自治州，贵州黔东南苗族侗族自治州，青海格尔木市，四川凉山彝族自治州的西昌市，湖南湘西土家族苗族自治州的吉首市。

མི་རིགས་ས་ཁུལ་གྱི་བསྒྱུར་བཅོས་སྒོ་འབྱེད་ཀྱི་ཚོད་ལྟའི་ཁུལ། ༡༩༩༤དང་༡༩༩༧ལོར་རྒྱལ་ཁབ་མི་རིགས་དོན་གཅོད་ཨུ་ཡོན་ལྷན་ཁང་སོགས་ལས་ཁུངས་ཁག་གིས་གོ་རིམ་བཞིན་སུ་ཆོག་འདོད་བྱས་ཏེ་བཙུགས་པའི་བསྒྱུར་བཅོས་སྒོ་འབྱེད་ཀྱི་ཚོད་ལྟའི་ཁུལ་ཡིན། དེའི་ནང་དུ་ནང་སོག་གི་ཝུའུ་ཧེ་གྲོང་ཁྱེར་དང་། ཧུའུ་ལོན་པེ་ཨར་མཁན། ཅི་ལིན་གྱི་ཡན་བན་རིགས་རང་སྐྱོང་ཁུལ། ཀན་སུའུ་ཞིན་ཞའི་ཧུའུ་རིགས་རང་སྐྱོང་ཁུལ། ཞིན་ཅང་དབྱི་ལི་ཧ་ས་རིགས་རང་སྐྱོང་ཁུལ། གུའི་གྲོའུ་ཆན་

མི་རིགས་རང་སྐྱོང་ཁུལ། མཚོ་སྔོན་གོར་མོ་གྲོང་ཁྱེར། ཞིན་ཀྲོན་ཡིན་ཏུན་ཏྲེགས་རིགས་རང་སྐྱོང་ཁུལ་གྱི་ཞི་ཞོང་བྱེར། ཧུའུ་ནན་ཞང་ཞི་ཧུའུ་ཙ་རིགས་མཱའོ་རིགས་རང་སྐྱོང་ཁུལ་གྱི་ཅི་ཧྲོའུ་གྲོང་ཁྱེར་བཅས་འདུ།

Reform and Opening-Up Experimental Zones in Ethnic Areas were first approved in 1994 and established in 1997 by State Ethnic Affairs Commission, including Wuhai, Hulunbuir, Yanbian Korean Autonomous Prefecture, Linxia Hui Autonomous Prefecture, Yili Kazakh Autonomous Prefecture, Qiandongnan Miao and Dong Autonomous Prefecture, Golmud, Xichang and Jishou.

民族地区教育基础薄弱县普通高中建设工程 我国的政策性规划。由2012年国务院颁布的《少数民族事业"十二五"规划》提出，支持民族地区教育基础薄弱县加强普通高中基础设施建设，改善办学条件，扩大培养规模，提升普通高中教育发展水平和质量。

མི་རིགས་ས་ཁུལ་གྱི་སློབ་གཞིའི་སྐྱོབ་གསོ་ཞན་པའི་རྫོང་དུ་ཕུན་མོང་མཐོ་འབྲིང་སློབ་པའི་ལས་གཞི། རང་རྒྱལ་གྱི་སྲིད་ཇུས་རང་བཞིན་གྱི་འཆར་གཞི། ༢༠༡༢ལོར་རྒྱལ་སྲིད་སྤྱི་ཁྱབ་ཁང་གིས་སྤེལ་བའི《གངས་ཉུང་མི་རིགས་ཀྱི་ལས་དོན་ཉེར་ལྔའི་ཙ་དོན》དུ་བཏོན་པར། མི་རིགས་ས་ཁུལ་ སློབ་གཞིའི་སློབ་གསོའི་གཞིའི་རྟེན་དུ་ཕུན་མོང་མཐོ་འབྲིང་གི་ཁུལ་གཞི་སྒྲུབ་པ་དང་། སློབ་སྦྱོང་གི་ཆ་རྐྱེན་ བསྒྱུར་བཅོས། སློབ་སྦྱོང་གི་གཞི་རྒྱ་ཆེ་ཞིང་། ཕུན་མོང་མཐོ་འབྲིང་གི་སློབ་གསོའི་རྒྱ་ཚད་དང་གང་ཤེ་ལེགས་སུ་གཏོང་བར་ཤུགས་སྟོན་བྱེད་པ་བཅས་སོ།

Counstruction project for senior high schools in counties with a weak educational foundation in regions inhabited by ethnic groups is a policy-based plan raised by the State Council in the 12th Five-year Plan for Development of Undertakings Related to Ethnic Minority Groups in 2012, including supporting the infrasturcture construction of senior high schools in the counties with less-developed education, improving the condition for running schools, expanding training scales and improving the quality and the education levels of senior high schools.

民族地区开展民主改革和社会主义改造的基本方针 中国政府在民族地区开展民主改革和社会主义改造时提出的基本方针，一是势在必行，二是慎重稳进。

མི་རིགས་ས་ཁུལ་དུ་དམངས་གཙོ་བཅོས་བསྒྱུར་དང་སྤྱི་ཚོགས་རིང་ལུགས་བསྒྱུར་བཀོད་བྱེལ་བའི་གཞི་རྩའི་བྱེད་ཕྱོགས། གུང་གོ་སྲིད་གཞུང་གིས་མི་རིགས་ས་ཁུལ་དུ་དམངས་གཙོ་བཅོས་བསྒྱུར་དང་སྤྱི་ཚོགས་རིང་ལུགས་བསྒྱུར་བཀོད་སྤྱེལ་སྐབས་བཏོན་པའི་གཞི་རྩའི་བྱེད་ཕྱོགས་ལ། གཅིག་ནི་རྩམ་པར་བསླེབ་ནས་ངེས་སྒྲུབ་དང་། གཉིས་ནི་དོགས་ཟོན་སློབ་བཏུན་བསྐྱེད་བྱེད་པ་ཡིན།

The fundamental principles of the implementation of the democratic reform and socialist transformation in ethnic groups areas were put forward by the Chinese government in the process of the democratic reform and socialist transformation in the ethnic areas, with the following

· 457 ·

two principles: the reform is imperative and inevitable, and it has to be proceeded step by step.

民族地区双语教育推进工程 我国的政策性规划。由 2012 年国务院颁布的《少数民族事业"十二五"规划》提出,支持高校定向培养双语教师,建设双语教师培养培训基地,组织编译和开发优质双语教材、教辅、课外读物、课件和音像制品。

མི་རིགས་ས་ཁུལ་དུ་སྐད་གཉིས་སློབ་གསོ་སྤེལ་བའི་ལས་གཞི། རང་རྒྱལ་སྲིད་ཇུས་རང་བཞིན་གྱི་འཆར་འགོད་ཅིག་ཡིན། ༢༠༡༢ལོར་རྒྱལ་སྲིད་སྤྱི་ཁྱབ་ཁང་གིས་སྤེལ་བའི《གྲངས་ཉུང་མི་རིགས་ལས་དོན་བཅུ་གཉིས་ལྔའི་འཆར་གཞི》རུ་བཏོན་པར་མཐོ་སློབ་ཏུ་ཁ་ཕྱོགས་གཏན་འབེལ་གྱི་སྐད་གཉིས་དགེ་རྒན་སྐྱོང་བ་དང་། སྐད་གཉིས་དགེ་རྒན་སྐྱོང་བའི་གནས་གཞི་འཛུགས་པར་རྒྱབ་སྐྱོར་བྱེད་པ། ཚོམ་སྒྲིག་དང་ལོ་ཙཱ་འཛུགས་བྱེད་པ་དང་། སློབ་ཕྱིའི་དཔེ་ཀློག བྱེད་ཆས་དང་སྒྲ་བརྙན་ཆས་སོགས་གསར་འདོན་བྱེད་པ་བཅས་སོ།

Promoting bilingual education in ethnic areas is a policy-based plan raised by the State Council in the 12th Five-Year Plan of Ethnic Minorities in 2012, including supporting universities and colleges in training students into bilingual teachers, building the training base of bilingual teachers, translating and editing bilingual textbooks, teaching guidance, courseware, audio and video products.

民族地区双语科普工程 我国的政策性规划。由 2012 年国务院颁布的《少数民族事业"十二五"规划》提出,加强少数民族科普工作队建设,组建民族院校和民族地区高校少数民族学生科普志愿者队伍,扶持少数民族语言文字科普宣传品的翻译出版,组织开展内容丰富的科普宣传活动。

མི་རིགས་ས་ཁུལ་གྱི་སྐད་གཉིས་ཁྱབ་བཤད་ཀྱི་ལས་གཞི། རང་རྒྱལ་སྲིད་ཇུས་རང་བཞིན་གྱི་འཆར་འགོད་ཅིག་ཡིན། ༢༠༡༢ལོར་རྒྱལ་སྲིད་སྤྱི་ཁྱབ་ཁང་གིས་སྤེལ་བའི《གྲངས་ཉུང་མི་རིགས་ལས་དོན་བཅུ་གཉིས་ལྔའི་འཆར་གཞི》རུ། གྲངས་ཉུང་མི་རིགས་ཁྱབ་བསྒྲགས་ལས་དོན་རུ་ཁག་འཛུགས་ཐབས་སྐྱོན་དང་། མི་རིགས་སློབ་གླིང་དང་མི་རིགས་ཁྱབ་ཀྱི་མཐོ་སློབ་ཀྱི་གྲངས་ཉུང་མི་རིགས་སློབ་མའི་སྐད་གཉིས་ཁྱབ་བསྒྲགས་དང་བློངས་པའི་དཔུང་ཁག་བཙུགས་ཏེ། གྲངས་ཉུང་མི་རིགས་ཀྱི་སྐད་ཡིག་ཁྱབ་བསྒྲགས་ཀྱི་བསྐྱགས་བཅོམས་ཚོགས་ཡིག་བསྐྱུར་དང་པར་སྐྲུན་བྱེད་པར་རོགས་རམ་དང་། ནང་དོན་ཕུན་སུམ་ཚོགས་པའི་སྐད་གཉིས་ཁྱབ་བསྒྲགས་སྐོར་གྱི་བྱ་འགུལ་སྤེལ་བར་ར་འཛུགས་བྱེད་དགོ།

Bilingual Science Popularization Program in Ethnic Areas was a program started by the State Ethnic Affairs Commission. In 2012, *the 12th Five-year Plan for Development of Undertakings Related to Ethnic Minority Groups* was issued by the State Council, which aims to strengthen the building of minority teachers, establish a team of volunteers among students in ethnic institutes and schools and universities and colleges in ethnic areas, assist the publication of literature in ethnic languages and organize rich campaign activities for science popularization.

民族地区义务教育学校标准化建设工程
我国的政策性规划。由2012年国务院颁布的《少数民族事业"十二五"规划》提出，支持边境县和民族自治地方扶贫开发工作重点县义务教育学校校舍、体育场地、教学仪器设备、图书达到国家基本标准。

མི་རིགས་ས་ཁུལ་གྱི་འགན་བབ་སློབ་གསོའི་སློབ་གྲྭ་ཚད་ལྡན་འཛུགས་སྐྲུན་གྱི་ལས་གཞི།

རང་རྒྱལ་གྱི་སྲིད་ཇུས་རང་བཞིན་གྱི་འཆར་གཞི་ཡིན། ༢༠༡༢ལོར་རྒྱལ་སྲིད་སྤྱི་ཁྱབ་ཁང་གིས་སྤེལ་བའི《གྲངས་ཉུང་མི་རིགས་ཀྱི་ལས་ཀ་བཅུ་གཉིས་པའི་འཆར་གཞི》ར། མཐའ་ཁུལ་རྫོང་དང་མི་རིགས་རང་སྐྱོང་ས་ཁུལ་གྱི་ལས་ཀའི་གཙོ་གནད་རྫོང་གི་འགན་བབ་སློབ་གསོ་སློབ་གྲྭའི་ཞལ་ཁང་དང་རྩལ་སྦྱོང་ར་བ། སློབ་ཁྲིད་ཡོ་བྱད། དཔེ་ཁང་བཅས་རྒྱལ་ཁབ་ཀྱི་ཚད་གཞི་དང་མཐུན་པ་ཞིག་སྐྲུན་པར་རྒྱབ་སྐྱོར་གནང་བའོ། །

Standardization in Compulsory Education Schools in Ethnic Minority Areas was a program started by the State Ethnic Affairs Commission. In 2012, the 12th Five-year Plan for Development of Undertakings Related to Ethnic Minority Groups was issued by the State Council, which aims to help compulsory education schools in frontier counties and key counties for poverty-relief and development within ethnic autonomous regions meet the national basic standard in aspects of schoolhouse, sport venue, teaching facilities and instruments and books.

民族发展权 在我国，现指各少数民族积极、自由和有意义地参与、促进民族地区经济、社会、文化和政治的全面发展，并享受发展所获得利益的一种资格或权能。

མི་རིགས་འཕེལ་རྒྱས་ཀྱི་དབང་ཆ། རང་རྒྱལ་དུ་གནས་ཞུང་མི་རིགས་སོ་སོར་ཞུགས་ཤེས་དང་རང་མོས། དོན་སྙིང་ལྡན་པའི་སྒོ་ནས་མི་རིགས་ས་ཁུལ་གྱི་དཔལ་འབྱོར་དང་སྤྱི་ཚོགས། རིག་གནས་དང་ཆབ་སྲིད་སོགས། ཕྱོགས་ཡོངས་ནས་གོང་སྤེལ་གཏོང་བར་ཞུགས་པ་དང་། རྒྱལ་འདེད་བྱེད་པའི་ཞི་ཁན་ལོངས་སྤྱོད་དབང་ཡོད།

The Right to Development of Ethnic Minorities, currently in China, refers to a kind of qualification or power which guarantees ethnic minorities to actively and freely participate in and promote the all-round development in the aspects of economy, society, culture and politics in ethnic areas, achieving concrete results and benefitting from it.

民族法 在我国，现指按照民族平等的原则调整民族关系的法律法规的总和，是国家法律体系的重要组成部分。

མི་རིགས་ཁྲིམས། རང་རྒྱལ་དུ་མི་རིགས་འདྲ་མཉམ་གྱི་རྩ་དོན་སྟེང་མི་རིགས་ཀྱི་འབྲེལ་བ་སྟོབས་སྒྲིག་བྱེད་པའི་ཁྲིམས་ལུགས་ཁྲིམས་སྲོལ་གྱི་སྤྱི་སྡོམ་ལ་ཟེར། དེའི་རྒྱལ་ཁབ་ཀྱི་ཁྲིམས་ལུགས་མ་ལག་ནང་གི་གྲུབ་ཆ་གལ་ཆེན་ཞིག་ཡིན།

Ethnic Law, currently in China, refers to the total laws and regulations concerning co-ordinating relations within ethnic groups by the principle of ethnic equality. It is an important component of the state legal system.

民族法规体系建设工程 我国的政策性规划。由2012年国务院颁布的《少数民族事业"十二五"规划》提出，修订《城市民族工作条例》等有关行政法规，研究制定少数民族语言文字保护、清真食品管理、民族成分登记管理、少数民族群众殡葬管理、少数民族文化遗产保护、少数民族传统医药保护等方面的法规或规章，实施民族法制宣传教育"六五"规划。

མི་རིགས་ཁྲིམས་སྲོལ་མ་ལག་སྐྲུན་པའི་ལས་གཞི། རང་རྒྱལ་སྲིད་ཇུས་རང་བཞིན་གྱི་འཆར་འགོད་ཅིག་ཡིན། ༢༠༡༢ལོར་རྒྱལ་སྲིད་སྤྱི་ཁྱབ་ཁང་གིས་སྤེལ་བའི《གྲངས་ཉུང་མི་རིགས་ཀྱི་ལས་ཀ་བཅུ་གཉིས་ལྔའི་འཆར་གཞི》དུ《གྲོང་མིའི་མི་རིགས་ཀྱི་ལས་ཀའི་ཡིག་ཆ》སོགས་སྲིད་འཛིན་ལས་དོན་དང་འབྲེལ་བའི་ཁྲིམས་སྲོལ་དག་བཅོས་བྱས་ནས་གཏན་ལ་ཕབ། དེས་གྲངས་ཉུང་མི་རིགས་ཀྱི་སྐད་ཡིག་ལ་སྲུང་སྐྱོབ་དང་ཟར་རིགས་ལ་བདག་དམ། མི་རིགས་གྲུབ་ཆར་ཐོ་འགོད་བདག་དམ། གྲངས་ཉུང་མི་རིགས་ཀྱི་འདས་མཆོད་བདག་དམ། གྲངས་ཉུང་མི་རིགས་ཀྱི་ཤུལ་བཞག་རིག་གནས་ལ་སྲུང་སྐྱོབ། གྲངས་ཉུང་མི་རིགས་ཀྱི་སྲོལ་རྒྱུན་གྱི་སྨན་རྫས་ལ་སྲུང་སྐྱོབ་སོགས་ཀྱི་ཉེན་བཀོད་ཡོད་པ་དང་། མི་རིགས་ཁྲིམས་ལུགས་དྲིལ་བསྒྲགས་བྱེད་པའི་སློབ་གསོ་དྲུག་པའི་འཆར་གཞི་དངོས་སུ་ལག་བསྟར་བྱས་ཡོད།

The Program to Establish Ethnic Laws and Regulations System was a program started by the State Ethnic Affairs Commission. In 2012, *the 12th Five-year Plan for Development of Undertakings Related to Ethnic Minority Groups* was issued by the State Council, which aims to amend the *Regulations on Urban Ethnic Works* and relevant laws and regulations; to formulate laws and regulations on protecting ethnic spoken and written languages, regulating Muslim food, managing ethnic identification registration, regulating ethnic funerals, preserving ethnic cultural heritage and preserving ethnic traditional medicine; and to fulfill the 6th five-year plan for the publicity and education of ethnic laws and regulations.

民族法学 是以民族关系的法律现象为其研究对象的社会学科。或者说，民族法学是关于多民族国家调整国内民族关系的法律规范的学说。

མི་རིགས་ཁྲིམས་ལུགས་རིག་པ། དེ་ནི་མི་རིགས་དང་འབྲེལ་བའི་ཁྲིམས་ལུགས་སྣང་ཚུལ་ལ་ཞིབ་འཇུག་བྱེད་པའི་སྤྱི་ཚོགས་ཚན་རིག་གི་སྲུང་ཚུལ་ཞིག་ཡིན། ཡང་ན་མི་རིགས་ཁྲིམས་ལུགས་རིག་པ་ནི་མི་རིགས་མང་བའི་རྒྱལ་ཁབ་ནང་གི་མི་རིགས་ཀྱི་འབྲེལ་བ་ཐག་གཅོད་པའི་ཁྲིམས་ལུགས་ཁྲིམས་སྲོལ་གྱི་རིག་པ་ཞིག་འང་།

Ethnic Law Science is a kind of social discipline which takes legal phenomenon of ethnic relations as its study objects. In other words, it is doctrines of legal norms which are used to coordinate relationship among ethnic groups within multiethnic countries.

民族法制建设 我国已初步建立了以《宪法》为基础和以《民族区域自治法》为主干，包括国务院及其职能部门制定的行政法规、部门规章以及民族自治地方制定的自治条例和单行条例，各省、自治区、直辖市和地方各级人大、政府制定的民族方面的地方性法规等在内的民族法制体系。

མི་རིགས་ཁྲིམས་ལུགས་འཛུགས་སྐྲུན། རང་རྒྱལ་དུ་ཚ་ཁྲིམས་རྣམ་གཞི་དང་མི་རིགས་རང་སྐྱོང་ཁུལ་ལ་རང་སྐྱོང་ཁྲིམས་གཙོ་བོར་གྱུར་པའི་འགོ་ཚོགས་ཐེབ་པའི་ནང་དུ་རྒྱལ་སྲིད་སྤྱི་ཁྱབ་ཁང་དང་འགོ་ཉེར་སྡེ་ཁག་གིས་གཏན་འབེབ་བྱས་པའི་སྲིད་འཛིན་གྱི་ཁྲིམས་སྲོལ་དང་སྡེ་ཁག་གི་སྒྲིག་སྲོལ། མི་རིགས་རང་སྐྱོང་ས་གནས་ཀྱི་ཡིག་ཚང་དང་ཞིང་ཆེན་སོ་སོ་དང་། རང་སྐྱོང་ལྗོངས། ཐད་གཏོགས་གྲོང་ཁྱེར་དང་ས་ཁུལ་སོ་སོའི་མི་དམངས་འཐུས་མི། སྲིད་གཞུང་གིས་ཐག་བཅད་པའི་མི་རིགས་ཀྱི་ས་ཁུལ་རང་བཞིན་གྱི་ཁྲིམས་སྲོལ་སོགས་འདུས་པའི་མི་རིགས་ཁྲིམས་ལུགས་ཀྱི་མ་ལག་བཅས་འདུག

The Construction of Ethnic Legal System
The ethnic legal system has taken shape initially by taking the law on ethnic regional autonomy as the backbone and the constitution as the prerequisite. It includes administrative statutes and department regulations formulated by the State Council and its functional departments, and autonomous decrees and special decrees formulated by local ethnic autonomous areas and local rules and regulations formulated by each province, autonomous region, municipalities directly under the Central Government and local people's congress and government at various levels.

民族法制体系 在我国，现指民族法律规范制定、实施、监督、宣传的有机统一整体，涵盖立法、执法、司法、法律监督以及社会制度的配合与保障等多项内容。

མི་རིགས་ཁྲིམས་ལུགས་ཀྱི་མ་ལག རང་རྒྱལ་དུ་མི་རིགས་ཁྲིམས་ལུགས་ཚད་ལྡན་བཟོ་བ་དང་། ལག་བསྟར། ལྟ་ཞིབ། དྲིལ་བསྒྲགས་སོགས་ཆ་ཚང་བའི་གཅིག་གྱུར་གྱི་སྒྲིག་གཞི་ལ་ཟེར། དེ་ལ་ཁྲིམས་འཛུགས་དང་། ཁྲིམས་སྐྱོང་། སྲིད་ཁྲིམས། ཁྲིམས་ལུགས་ལྟ་ཏོག་སོགས་དང་སྤྱི་ཚོགས་ལམ་ལུགས་ཀྱི་མཉམ་སྦྲེལ་དང་འགན་ཉེར་སོགས་ཀྱི་ནང་དོན་འདུ་ཡོད།

Ethnic Legal System, currently in China, refers to the organic unified system whose formulation, implementation, supervision and publicity are under the ethnic laws and regulations. It involves lawmaking, law-enforcement, judicature, legal supervision and compliance and security of the social system.

《民族法制体系建设"十二五"规划（2011—2015）》 文件名。2011年由国家民委印发。共分3部分。围绕民族法制体系的内涵，侧重从民族立法、民族法律法规执行监督、依法行政和民族工作法治化、民族法制宣传、民族法制理论研究等方面设定了五项任务、五项工程。

《མི་རིགས་ཁྲིམས་ལུགས་མ་ལག་སྐྲུན་པའི་བཅུ་གཉིས་ལྔའི་འཆར་འགོད（༢༠༡༡—༢༠༡༥）》 ཡིག་ཆའི་མིང་། ༢༠༡༡ལོར་རྒྱལ་ཁབ་མི་རིགས་དོན་གཅོད་ཨུ་ཡོན་ལྷན་ཁང་གིས་འགྲེམ་སྤེལ་བྱས། བསྡོམས་པས་སྡེ་ཚན་༣ཡོད། མི་རིགས་ཁྲིམས་ལུགས་མ་ལག་གི་ནང་དོན་དང་། མི་རིགས་ཁྲིམས་འཛུགས། མི་རིགས་ཁྲིམས་ལུགས་ཀྱི་ལྟ་ཏོག་ལག་བསྟར།

ཁྲིམས་བསྒྲུབ་སྲིད་སྐྱོང་དང་མི་རིགས་ལམ་དོན་ཁྲིམས་ལུགས་ཅན། མི་རིགས་ཁྲིམས་ལུགས་རིག་བསྒྲགས། མི་རིགས་ཁྲིམས་ལུགས་ཀྱི་གཞུང་ལུགས་ལ་ཞིབ་འཇུག་བྱེད་པ་སོགས་ལས་འགན་དང་ལས་གཞི་ཆེན་པོ་ལྔའི་སྐོར་བཀོད་ཡོད།

The 12th Five-Year Plan on Construction of the Ethnic Legal System (2011-2015) was a document printed and issued by the State Ethnic Affairs Commission in 2011. It was divided into 3 parts. Focusing on the connotation of ethnic legal system, 5 assignments and 5 programs are put forward, including laying emphasis on ethnic lawmaking, implemental supervision of ethnic laws and regulations, administration by law, publicity of ethnic laws and theoretical study of ethnic laws.

民族分裂势力 在我国，现将"分裂主义"进一步明确为"三股势力"之一的民族分裂势力。主要是指从事对主权国家构成的世界政治框架的一种分裂或分离活动的团体或组织。

མི་རིགས་ཁ་བྲལ་སྟོབས་ཤུགས། མིག་སྔར་རང་རྒྱལ་དུ་ཁ་བྲལ་རིང་ལུགས་དེ་སྟོབས་ཤུགས་གཙོ་བོ་གསུམ་ལས་འབྲལ་སྟོབས་ཤུགས་སུ་གཏོགས་པ་གསལ་པོ་བྱས། གཙོ་བོ་བདག་དབང་རྒྱལ་ཁབ་ཀྱིས་གྲུབ་པའི་འཛམ་གླིང་ཆབ་སྲིད་སྒྲོམ་གཞིའི་ཁ་བྲལ་ལམ་ཁ་བྲལ་ལས་འགུལ་གྱི་ཚོ་འཛུགས་ཤིག་ལ་བསྟན།

Ethnic Secession Forces refer to organizations and groups that participate in secessionist activities aiming to undermine the world political framework set up by sovereign states. It is one of the "Three Forces"

of separatism in current China.

民族分裂主义 亦称"民族分离主义"。民族主义的一种表现形式。指一个或几个民族的极端势力在一个主权独立和领土完整的多民族国家内，要求建立新的主权国家的主张。民族分裂主义势力主要通过政治诉求、暴力活动甚至武装对抗手段达到其政治目的。

མི་རིགས་ཁ་བྲལ་རིང་ལུགས། མི་རིགས་ཁ་གྱེས་རིང་ལུགས་ཀྱང་ཟེར། མི་རིགས་རིང་ལུགས་ཀྱི་མཚོན་ཚུལ་ཅིག་ཡིན། དེ་ནི་མི་རིགས་གཅིག་གམ་འགའ་ཤས་མཐར་སྐྱོང་པའི་བདག་དབང་གཅིག་ལ་གཏོགས་པའི་མི་རིགས་མང་བའི་རྒྱལ་ཁབ་ནང་དུ། བདག་དབང་གསར་འཛུགས་ཀྱི་རེ་འདོད་གཙོ་བོར་བཟུང་བ། མི་རིགས་ཁ་བྲལ་རིང་ལུགས་ཀྱིས་གཙོ་བོར་ཆབ་སྲིད་ཀྱི་རེ་ཞུམ་དྲག ཤུགས་ལས་འགུལ་དང་། མཐར་ན་དྲག་དཔུང་བརྟེན་ནས་ཆབ་སྲིད་ཀྱི་དམིགས་ཡུལ་མཐོན་འགྱུར་བྱེད་པ་ཞིག་ལ་ཟེར།

Ethnic Secessionism, also called "ethnic separatism", is a kind of nationalism. It refers to one or more ethnic extremist forces that call for the establishment of a new sovereignty within multi-ethnic countries with independent sovereignty and territorial integrity. They attain their political schemes through political demands, violence even military confrontations.

民族风俗 主要是指一个民族在物质文化、精神文化等社会生活方面长期承继的、广泛流行于社会和全民的、在一定条件下反复出现的行为方式。具体来说，就是反映在各民族服饰、居住、生产、饮食、婚姻、丧葬、节庆、礼仪等方面的喜好、风气、习尚和禁忌等。

མི་རིགས་ཀྱི་ཡུལ་སྲོལ། དེ་ནི་གཙོ་བོ་རིགས་ཤིག་གི་དངོས་པོའི་རིགས་གནས་དང་བསམ་པའི་རིག་གནས་ཕྱོགས་ཀྱི་རྒྱུན་རིང་རྒྱུན་མཐུད་དང་། སྤྱི་ཚོགས་དང་དབངས་ཡོངས་ཀྱིས་ཡང་དག་བརྒྱུད་དུ་བགྱིད་སྲོལ་བྱས་པའི་སྤྱོད་ཚུལ་ཞིག་ལ་ཟེར། ཞིབ་ཕྲ་བཤད་ན། མི་རིགས་ཤིག་གི་སྟོན་ཆས་དང་སྡོད་ཁང་། ཕོན་སྐྱེད། ཟས་རིགས། གཉེན་སྒྲིག་འདས་མཆོད་དུས་ཆེན། བཟེ་བཀུར་ཚུལ་ཕྱོགས་ཀྱི་དགའ་བ་དང་། སྐྱོན། འཛེམ་བྱ་སོགས་ལའོ། །

Ethnic Customs principally refer to the behaviors and manners of an ethnic group in aspects of material matters and spirits, which are frequently exhibited under particular conditions, are widely popular among people and are passed on from generation to generation. Particularly, it involves its preferences, tendencies, customs and taboos on ethnic dress, residence, production, diets, marriage, funerals, festivals and etiquettes.

民族干部 在我国，现指少数民族出身并担任一定国家公职的人员。又称"少数民族干部"。

མི་རིགས་གཞུང་ཞབས་པ། རང་རྒྱལ་དུ་གྲངས་ཉུང་མི་རིགས་ཡིན་པའི་རྒྱལ་ཁབ་ཀྱི་ལས་གནས་འགན་འཁུར་བའི་མི་སྣ་ལ་ཟེར། གྲངས་ཞུང་མི་རིགས་ཀྱི་གཞུང་ཞབས་པའང་ཟེར།

Ethnic cadre In China, it currently refers to the national public officials who are born in ethnic areas and with ethnic identity. It is also called "ethnic minority cadres".

民族干部挂职锻炼制度 指从 1990 年开始，中组部、中央统战部和国家民委每年从民族地区选派优秀的少数民族中青年干部到中央国家机关和经济相对发达地区进行为期半年挂职锻炼的制度。本着学有所用、对口安排的原则，担任相应职务，在实际工作中锻炼学习。

མི་རིགས་གཞུང་ཞབས་པ་འགག་བགལ་སྦྱོང་བདར་ལམ་ལུགས། དེ་ནི་༡༩༩༠ནས་འགོ་བཙུགས་པ་དང་། ཀྲུང་གོའི་རྩ་འཛུགས་པུའུ་དང་འཐབ་ཕྱོགས་གཅིག་གྱུར་པུའུ། རྒྱལ་ཁབ་མི་རིགས་དོན་གཅོད་ཨུ་ཡོན་ལྷན་ཁང་བཅས་ཀྱིས་ལོ་རེ་བཞིན་མི་རིགས་ཁུལ་ནས་གཞོན་གཞུང་ཞབས་པ་ཕུལ་བྱུང་བ་དམིགས་བསལ་དུ་གྱུང་དབང་ལམ་ཁུལ་དང་། དཔལ་འབྱོར་འཕེལ་རྒྱས་ཕྱིན་པའི་སར་ལོ་བྱེད་རིང་སྡོང་བདར་དུ་གཏོང་བའི་ལམ་ལུགས་ལ་ཟེར། སྦྱོང་བདར་མཁན་ལ་ཤེས་བྱ་ཀུན་གྱི་དོན་སྤྱོད་བགོད་སྒྲིག་བྱས་ཏེ། རང་བབས་ཀྱི་འགན་འཁུར་བ་དང་། དངོས་ཕྱག་ཏུ་ལས་ཀར་སྦྱོང་བདར་དང་སློབ་སྦྱོང་བྱེད་དུ་བཅུག་པའོ། །

Systems for Ethnic Cadres to Suspend Their jobs for Training, started in 1990, was a system by which the Organization Department of the CPC Central Committee, the United Front Work Department of CPC Central Committee and State Ethnic Affairs Commission of the People's Republic of China select young and middle-aged outstanding ethnic cadres from ethnic regions and sent them to work and study on duty-suspending in Central Government institutions or areas where economy is relatively developed for half a year. Based on the principle of using skills obtained and arranging work in line with their major, those cadres should fulfill a corresponding office and learn in practical work.

民族干部学校 简称"民族干校"。中国各民族自治地方设立的培养少数民族干部的专门学校。

མི་རིགས་གཞུང་ཞབས་པའི་སློབ་གྲྭ། བསྡུས་མིང་ལ་མི་རིགས་ལས་སློབ་ཟེར། ཀྲུང་གོའི་མི་རིགས་རང་སྐྱོང་ས་ཁུལ་དུ་བཙུགས་པའི་གྲངས་ཉུང་མི་རིགས་གཞུང་ཞབས་སྦྱོང་བའི་ཆེད་གཉེར་སློབ་གྲྭ་ཡིན།

The Institute of Ethnic Administrators, "IEA" for short, is a specialist school founded by local authorities in ethnic autonomous areas for training ethnic cadres.

民族隔阂 指民族之间互相猜忌、互不信任、互相戒备的心理感情及其在言语行动上的表现。

མི་རིགས་འགལ་ཟླ། དེ་ནི་མི་རིགས་བར་གྱི་འགལ་ཟླ་དང་། ཕན་ཚུན་ལ་ཡིད་མི་ཆེས་པ། ཕན་ཚུན་བར་འཛེམ་དྭོགས་བྱེད་པའི་བསམ་པའི་སྐྱོན་ཚོར་དང་སྐད་ཆའི་སྙིང་གི་རྣམ་འགྱུར་ལ་སློག

Ethnic Estrangement refers to emotions of suspicions, distrusts, alerts among ethnics and performance of these emotions through both words and acts.

民族工作对港澳台交流与合作工程 政策性规划。由2012年国务院颁布的《少数民族事业"十二五"规划》提出,继续举办各种传统交流活动,邀台湾少数民族代表团参加全国少数民族文艺会演等重大活动,开展港澳台地区民族研究和教育交流合作,建立两岸少数民族交流合作机制等。

མི་རིགས་ལས་གནས་གང་ཨོ་ཐེའི་གསུམ་ལ་འབྲེལ་འདྲིས་དང་མཉམ་ལས་ཀྱི་ལས་གཞི། རང་རྒྱལ་སྲིད་ཇུས་རང་བཞིན་གྱི་འཆར་འགོད་ཅིག་ཡིན། ༢༠༡༢ལོར་རྒྱལ་སྲིད་སྤྱི་ཁྱབ་ཁང་གིས་སྤེལ་བའི《གྲངས་ཉུང་མི་རིགས་ཀྱི་བྱ་བའི་བཅུ་གཉིས་ལྔའི་འཆར་གཞི》༢ །སྐོལ་རྒྱུན་གྱི་འབྲེལ་འདྲིས་ཐབས་ལམ་ལ་བརྟེན་ནས། ཐེ་ཝན་གྲངས་ཉུང་མི་རིགས་འཐུས་ཚབ་ཚོགས་པ་རྒྱལ་ཡོངས་གྲངས་ཉུང་མི་རིགས་རིག་གནས་སྒྱུ་རྩལ་གྱི་སྟོན་ཚོགས་ཆེན་མོར་ཞུགས་ཚོགས་པ་དང་། གང་ཨོ་ཐེའི་གསུམ་གྱི་མི་རིགས་ཞིབ་འཇུག་དང་སློབ་གསོ་བརྗེ་རེས་འགོག་གཞིས་ཀྱི་གང་ཡུང་མི་རིགས་ཕན་ཚུན་འདྲིས་དང་མཉམ་ལས་བྱེད་པར་ཟེར།

The Program to Promote Exchange and Cooperation between Chinese Mainland and Hong Kong, Macao and Taiwan in Ethnic Affairs is a program started by the State Ethnic Affairs Commission. In 2012, *the 12th Five-year Plan for Development of Undertakings Related to Ethnic Minority Groups* was issued by the State Council, which aims to carry on all kinds of traditional exchange activities such as inviting Taiwan ethnic delegation to participate in important activities like National Ethnic Arts Show, to develop exchange and cooperation of ethnic research and education with Hong Kong, Macao and Taiwan and to establish a mechanism of exchange and cooperation between Chinese Mainland and Hong Kong, Macao and Taiwan.

民族工作对外交流与合作工程 政策性规划。由2012年国务院颁布的《少数民族事业"十二五"规划》提出，实施对外文化精品战略，建设对外传播平台，拓展相关院校对外交流渠道，进行对外学术交流、合作办学，开展对周边国家民族领域的研究、交流和相关人员的培训。

མི་རིགས་ལས་ཀས་ཕྱི་ཕྱོགས་འབྲེལ་འདྲིས་དང་མཉམ་ལས་ཀྱི་ལས་གཞི། རང་རྒྱལ་སྲིད་ཇུས་རང་བཞིན་གྱི་འཆར་འགོད་ཅིག་ཡིན། ༢༠༡༢ ལོར་རྒྱལ་སྲིད་སྤྱི་ཁྱབ་ཁང་གིས་སྤེལ་བའི《གྲངས་ཉུང་མི་རིགས་ཀྱི་བྱ་བའི་བཅུ་གཉིས་ལྔའི་འཆར་གཞི》 ར། ཕྱི་ཕྱོགས་ལ་རིག་གནས་ཐོན་དངོས་འགྲེམ་སྤེལ་དང་ཕྱི་ཕྱོགས་ལ་དྲིལ་བསྒྲགས་རྩ་འཛུགས། འབྲེལ་ཡོད་སློབ་གྲྭ་གིས་ཕྱོགས་ལ་འབྲེལ་འདྲིས། མཉམ་ལས་མཉམ་སློབ། མཐའ་ཁུལ་རྒྱལ་ཁབ་ཀྱི་མི་རིགས་ཀྱི་ས་ཁོངས་ལ་ཞིབ་འཇུག་དང་འབྲེལ་འདྲིས། འབྲེལ་ཡོད་མི་སྣ་གསོ་སྐྱོང་བྱེད་པ་བཅས་ལ་ཞེས།

The Program to Promote Internationally Cultural Exchange and Cooperation in Ethnic Affairs is a program started by the State Ethnic Affairs Commission. In 2012, *the 12th Five-year Plan for Development of Undertakings Related to Ethnic Minority Groups* was issued by the State Council, which aims to implement cultural exchange strategies for building culture-brands with Chinese characteristics, to develop a platform for culture dissemination, to increase channels for overseas exchange in relevant institutions, such as conducting overseas academic exchange and developing Sino-foreign cooperative education and to carry out ethnic study and communication with ethnic groups in neighboring countries and provide training for related staff.

民族工作机构 在我国，现主要指地方各级人民政府中管理民族事务的职能部门。

མི་རིགས་ལས་དོན་གྱི་སྒྲིག་གཞི། རང་རྒྱལ་དུ་རིམ་པ་སོ་སོའི་མི་དམངས་སྲིད་གཞུང་གིས་མི་རིགས་ལས་དོན་ལ་བདག་གཉེར་བྱེད་པའི་ལས་ཁུངས།

Ethnic Affairs Organizations, in China, currently refers to the functional departments that manage ethnic affairs under local people's governments at all levels.

民族工作社会化 在我国，现指在党和政府领导下运用政策、法规、经济、行政等手段，整合社会资源推动民族工作的过程。

མི་རིགས་ལས་དོན་སྤྱི་ཚོགས་ཅན། རང་རྒྱལ་དུ་ཏང་དང་སྲིད་གཞུང་གི་འགོ་ཁྲིད་འོག་སྲིད་ཇུས་དང་ཁྲིམས་སྒྲིག དཔལ་འབྱོར། སྲིད་འཛིན་སོགས་བྱེད་ཐབས་བྲུད་དེ། སྤྱི་ཚོགས་ཀྱི་ཐོན་ཁུངས་ལེགས་སྒྲིག་གིས་མི་རིགས་ལས་ཀར་བསྐུལ་འདེད་བྱེད་པའི་བརྒྱུད་རིམ་ཅིག་ཡིན།

Socialization of Ethnic Affairs, in China, currently refers to a process that promote ethnic affairs through integrating social resources by means of policies, laws and regulations, economy and administration under the leadership of the Party and Central Government.

《民族工作文献选编（1990—2002）》 书名。由国家民族事务委员会、中共中央文献研究室编辑。2003年出版。收录了1990年9月至2002年7月这段时间内有关民族工作的重要文献47篇。其中，中共中央、全国人大、国务院和有关部委印发的文件汇编及党和国家领导人的讲话、文章25篇。

《མི་རིགས་ལས་དོན་གྱི་ཚད་ལྡན་ཡིག་ཆ་གདམས་སྒྲིག (༡༩༩༠—༢༠༠༢)》དཔེ་ཆའི་མིང་། རྒྱལ་ཁབ་མི་རིགས་དོན་གཅོད་ཨུ་ཡོན་ལྷན་ཁང་དང་ཀྲུང་གུང་གུང་དབྱིག་ཆ་ཞིབ་འཇུག་ཁང་མཉམ་འབྲེལ་བྱས་ནས་རྩོམ་སྒྲིག་བྱས། ༢༠༠༣ལོར་པར་དུ་སྐྲུན། དཔེ་དེབ་དེར་༡༩༩༠འི་ཟླ་༩པ་ནས་༢༠༠༣འི་ཟླ་༧པའི་བར་གྱི་མི་རིགས་ལས་དོན་དང་འབྲེལ་བའི་གལ་ཆེའི་ཡིག་ཆ ༤༧བར་བསྡུས་བྱས་ཡོད། དེའི་ནང་དུ་གུང་གུང་དབུང་དང་རྒྱལ་ཡོངས་འཐུས་ཚོགས། རྒྱལ་སྲིད་སྤྱི་ཁྱབ་ཁང་དང་འབྲེལ་ཡོད་པའི་ཨུ་ཡོན་ལྷན་ཁང་ནས་བཀོད་པའི་ཡིག་ཆ་ཕྱོགས་བསྒྲིགས། ཏང་དང་རྒྱལ་ཁབ་འགོ་ཁྲིད་པའི་གཏམ་བཤད་དང་རྩོམ་ཡིག ༢༥བསྡུས་ཡོད།

Selected Documents on Ethnic Work (1990-2002) was jointly edited by the State Ethnic Affairs Commission and Party Literature Research Center of CPC Central Committee, and was published in 2003. It recorded 47 pieces of key documents on ethnic work from September 1990 to July 1990, including 25 pieces of the document assembly imprinted and published by CPC Central Committee, the National People's Congress (NPC), the State Council and some relevant ministries and commissions, speeches and articles delivered by the Party and the State leaders.

《民族工作文献选编（2003—2009）》 书名。由国家民族事务委员会、中共中央文献研究室编辑。2010年出版。收录了 2003年3月至2009年9月这段时间内有关民族工作的重要文献52篇。其中，中共中央、全国人大、国务院和有关部委印发的文件25篇，党和国家领导人的讲话、报告、批示等27篇。

《མི་རིགས་ལས་དོན་གྱི་ཡིག་ཆ་གདམས་སྒྲིག (༢༠༠༣—༢༠༠༩)》དཔེ་ཆའི་མིང་། རྒྱལ་ཁབ་མི་རིགས་དོན་གཅོད་ཨུ་ཡོན་ལྷན་ཁང་དང་། གུང་གུང་དབུང་ཚད་ལྡན་ཡིག་ཆ་ཞིབ་འཇུག་ཚོགས་སྒྲིག་ཁང་མཉམ་འབྲེལ་གྱིས་རྩོམ་སྒྲིག་མཛད། ༢༠༡༠ལོར་དུ་བཏབ། དེའི་ནང་དུ་༢༠༠༣འི་ཟླ་༣པ་ནས་༢༠༠༩འི་ཟླ་ཁ་པའི་བར་གྱི་མི་རིགས་ལས་དོན་གྱི་བསྐོར་གྱི་ཡིག་ཆ་གལ་ཆེན་པར་བཟོ་སྒྲིག་བྱས་ཡོད། དེའི་ནང་དུ་གུང་གུང་དབྱིག་དང་། རྒྱལ་ཡོངས་འདམས། རྒྱལ་སྲིད་སྤྱི་ཁྱབ་ཁང་སོགས་འབྲེལ་ཡོད་པའི་ཨུ་ཡོན་སོས་བཀོད་པའི་ཡིག་ཆ ༢༥དང་། ཏང་དང་རྒྱལ་ཁབ་ཀྱི་འགོ་ཁྲིད་པའི་གཏམ་བཤད་དང་། ཞུ་ཡིག ཚིག་བགོད་སོགས་༢༧བསྡུས་ཡོད།

Selected Documents on Ethnic Work (2003-2009) was jointly edited by the State Ethnic Affairs Commission and Party Literature Research Center of CPC Central Committee, and was published in 2010. It recorded 52 pieces of key documents on ethnic work from March 2003 to September 2009, including 25 pieces of the document assembly imprinted and published by CPC Central Committee, the National People's Congress, the State Council and relevant ministries and commissions, and 27 speeches, reports, comments and other papers delivered by the Party and the State leaders.

民族共同地域 民族特征之一。指一个民族居住和生活的地域，在地理上连成一片，没有被巨大的自然界线（如海洋、高山等）所分隔，在政治上基本统一，没有长期被国家或其他政治区划所分割。

མི་རིགས་ཕུན་མོང་གི་ས་ཁོངས། མི་རིགས་ཀྱི་བྱད་ཚོས་ཞིག་ཡིན། དེ་ནི་མི་རིགས་ཀྱི་སྡོད་གནས་དང་འཚོ་བ་རོལ་སའི་ས་ཁོངས་སྟེ། ས་ཁམས་སྟེང་ནས་གཅིག་ཏུ་འབྲེལ་བ་ལས་རང་བྱུང་གི་མཚམས་（རྒྱ་མཚོ་དང་རི།）དབྱེ་མེད་པ་དང་། ཆབ་སྲིད་སྟེང་གཅིག་གྱུར་ཡིན་པ། ཡུན་རིང་པོར་རྒྱལ་ཁབ་དང་ཆབ་སྲིད་གཞན་གྱིས་བགོ་བཤའ་བརྒྱབ་མ་མྱོང་བའི།

Ethnic Common Domain, one of ethnic features, refers to the regions where ethnics reside and live. Those regions are hinged as one geographically and are not separated by giant natural lines such as oceans and mountains. In addition, those regions are of unity in politics, not segregated by the country or other political districts for a long period.

民族共同体 是指一定地域内形成的具有特殊历史文化联系、稳定经济活动特征和心理素质的民族综合体。

མི་རིགས་ཕུན་མོང་ཅན། དེ་ནི་ས་ཁོངས་ངེས་ཅན་ནང་དུ་དམིགས་བསལ་གྱི་ལོ་རྒྱུས་རིག་གནས་ཀྱི་འབྲེལ་བ་དང་། གཏན་འཇགས་ཀྱི་དཔལ་འབྱོར་བྱ་འགུལ་གྱི་བྱད་ཚོས་དང་བསམ་པའི་སྤུས་ཚད་སོགས་མི་རིགས་ཀྱི་སྣ་འཛོམས་རང་བཞིན་ལ་ཟེར།

Ethnic Community is an ethnic synthesis formed in particular areas and teemed with special historical connection and stable economic features and psychological quality.

民族共同心理素质 民族特征之一。亦称"民族性格""民族心理状态"。指各民族在形成和发展过程中凝结起来的表现在民族文化特点上的心理状态。民族共同心理素质通过民族的物质文化和精神文化的特点表现出来。

མི་རིགས་ཕུན་མོང་གི་བསམ་པའི་ཚ་བོ། དེ་ནི་མི་རིགས་ཀྱི་བྱད་ཚོས་ཞིག་ཡིན། མིང་གཞན་དུ་མི་རིགས་ཀྱི་གཤིས་ཀ་དང་མི་རིགས་ཀྱི་སེམས་ཀྱི་གནས་སྟངས་ཀྱང་ཟེར། དེ་ནི་མི་རིགས་སོ་སོའི་གྲུབ་འགྱུར་བཀྱེད་རིམ་དུ་གཅིག་སྡུད་བྱུང་བའི་མི་རིགས་རིག་གནས་ཀྱི་ཁྱད་ཚོས་སྟེང་གི་སེམས་ཀྱི་གནས་སྟངས་ཤིག་ཡིན། མི་རིགས་ཕུན་མོང་གི་བསམ་པའི་ཚ་བོ་ནི་མི་རིགས་ཀྱི་དངོས་པོའི་རིག་གནས་དང་བསམ་པའི་རིག་གནས་གཉིས་ཀྱི་ཁྱད་ཚོས་ལས་མངོན་ཡོད།

Ethnic Common Psychological Diathesis, also called "ethnic character" or "ethnic psychological state", is one of ethnic features. It refers to the psychological state the ethnic group developed in the process of its formation and development and that is refined as a feature of ethnic culture. It manifests itself through tangible and intangible ethnic culture.

民族共同语 民族内部共同用来交际的语言，是识别一个独立民族的主要标志之一。

མི་རིགས་ཀྱི་སྐད་སྐད། མི་རིགས་ནང་ཁུལ་དུ་ཕུན་མོང་གིས་སྤྱོད་པའི་སྐད་ཆ་སྟེ། མི་རིགས་རང་ཚུགས་ཅན་ཞིག་ཡིན་མིན་གྱི་མཚོན་རྟགས་གཙོ་བོ་ཞིག་ཡིན།

Ethnic Common Language refers to the language which is used for intercommunication by the ethnic group. It is a major sign for distinguishing an independent ethnic group.

民族构成 指不同民族的人口数量在总人口中的比例关系。

མི་རིགས་ཀྱི་གྲུབ་ཆ། དེ་ནི་མི་རིགས་མི་འདྲ་བའི་མི་གྲངས་དེ་སྤྱིའི་མི་གྲངས་ནང་གི་སྡུར་ཚད་ཀྱི་འབྲེལ་བ་ཡིན།

Ethnic Proportions refers to the proportions of each ethnic population to total populations.

民族关系 民族之间政治、经济、文化等方面相互关系的总和。

མི་རིགས་ཀྱི་འབྲེལ་བ། དེ་ནི་མི་རིགས་བར་གྱི་ཆབ་སྲིད་དང་དཔལ་འབྱོར། རིག་གནས་སོགས་ཕན་ཚུན་བར་གྱི་འབྲེལ་བ་ལ་བརྗོད།

Ethnic Relations refers to the sum of relations among the ethnic groups in the aspects of politics, economy and culture.

民族观 人们对民族和民族问题的看法和观点。民族观具有鲜明的阶级性，是人们的世界观在民族和民族问题上的反映。

མི་རིགས་ཀྱི་ལྟ་བ། དེ་ནི་མི་རིགས་དང་མི་རིགས་ཀྱི་གནད་དོན་ལ་འཛིན་པའི་ལྟ་ཚུལ་ཡིན། མི་རིགས་ཀྱི་ལྟ་བ་ལ་གྲལ་རིམ་གྱི་རང་བཞིན་དེས་ཙན་ལྡན། མི་རྣམས་ཀྱི་འཇིག་རྟེན་གྱི་ལྟ་བ་དེ་མི་རིགས་དང་མི་རིགས་ཀྱི་གནད་དོན་ཐོག་གི་ཕྱིར་མངོན་ཞིག་ཡིན། །

Ethnic Outlook refers to people's thoughts and views on ethnic group and ethnic affairs. With strong impression of hierarchy, it reflects people's world outlook on ethnic groups and ethnic affairs.

民族国家 一般指由单一民族组成的国家。

མི་རིགས་ཀྱི་རྒྱལ་ཁབ། སྤྱིར་བཏང་དུ་མི་རིགས་ཆིག་རྐྱང་གིས་གྲུབ་པའི་རྒྱལ་ཁབ་ལ་ཟེར།

Nation States generally refer to those mono-ethnic countries.

民族互助 是"各民族相互帮助"的缩略语。指我国各民族相互学习、相互帮助，不仅汉族帮助少数民族加快发展，少数民族也在各方面积极支援汉族地区的建设，互助合作、共同进步。

མི་རིགས་མཉམ་རོགས། དེ་ནི་མི་རིགས་ཕན་ཚུན་རོགས་རམ་བྱེད་པའི་བསྡུས་ཚིག་ཅིག རང་རྒྱལ་དུ་མི་རིགས་ཕན་ཚུན་བར་སློབ་སྦྱོང་དང་རོགས་རམ་བྱེད་པ་ལས། རྒྱ་རིགས་ཀྱིས་གྲངས་ཉུང་མི་རིགས་དར་རྒྱས་དེ་མགྱོགས་སུ་འགྲོ་བར་རོགས་རམ་བྱེད་པ་མ་ཟད། གྲངས་ཉུང་མི་རིགས་ཀྱིས་ཀྱང་རྒྱ་རིགས་ལ་རོགས་རམ་བྱས་ནས། ཕན་ཚུན་མཉམ་ལས་དང་ཕན་ཚུན་མཉམ་ལས་དང་མཉམ་མོང་ཐོག་འཕེལ་རྒྱས་འགྲོ་བར་བརྗོད།

Mutual Ethnic Aid, the short name of "mutual aid among ethnic groups", involves the common practice that the ethnic groups in China learn from each other and help each other, and that ethnic groups back up for Han in many respects to promote the development in the area as well as Han assists ethnic groups promoting the development of ethnic areas. All ethnic groups including Han help and cooperate with each other, making common progress.

民族画报社 国家民委直属的国家级传媒机构。成立于1955年，社址在北京。主要任务是用汉、蒙古、藏、维吾尔、朝鲜、哈萨克6种民族文字出版发行《民族画报》。

མི་རིགས་བརྙན་པར་ཁང་། དེ་ནི་རྒྱལ་ཁབ་མི་རིགས་དོན་གཅོད་ཨུ་ཡོན་ལྷན་ཁང་ལ་གཏོགས་པའི་རྒྱལ་ཁབ་རིམ་པའི་སྨྱན་བྱད་བྱུང་སྒྱིལ་ལས་ཁུངས་ཤིག་ཡིན། ༡༩༥༥ལོར་པེ་ཅིན་དུ་བཙུགས། གཙོ་བོའི་ལས་འགན་ནི་རྒྱ་དང་སོག་པོ། བོད། ཡུ་གུར། ཁོའོ་ཞན། ཧ་སག་སོགས་མི་རིགས་དྲུག་གི་ཡི་གེས《མི་རིགས་བརྙན་པར》པར་སྐྲུན་དང་འགྲེམ་སྤེལ་བྱ་རྒྱུ་ཡིན།

Ethnic Pictorial Press, a media institution at state-level and directly under State Affairs Commission, was founded in 1955 in Beijing. The major tasks involved are to publish and release *Ethnic Pictorial* in six ethnic languages namely, Mandarin, Mongolian, Tibetan, Uygur, Korean and Kazakh.

民族机动金　国家财政对民族自治地方经济文化建设进行照顾而增拨的机动财力。1964年开始实行，称"民族自治地方机动金"。1980年设"民族机动金"，1999年改称"民族工作经费"。

མི་རིགས་བབ་བསྟུན་དངུལ། དེ་ནི་རྒྱལ་ཁབ་ནོར་སྲིད་ཀྱིས་མི་རིགས་རང་སྐྱོང་ས་ཁུལ་གྱི་དཔལ་འབྱོར་རིག་གནས་འཛུགས་སྐྲུན་ལ་ལྟ་སྐྱོང་ཆེད་གནང་བའི་དངུལ། ༡༩༦༤ལོར་དངོས་སུ་ལག་བསྟར་བྱས། མི་རིགས་རང་སྐྱོང་ཁུལ་གྱི་བབ་བསྟུན་དངུལ་ཞེས་བཏགས། ༡༩༨༠ལོར་མི་རིགས་བབ་བསྟུན་དངུལ་བཏགས་པ་དང་། ༡༩༩༩ལོར་མི་རིགས་ལས་དོན་གྱི་གྲོན་དངུལ་ཞེས་པར་མིང་བསྒྱུར།

Special Reserved Funds for Ethnic Minorities was an additional allocation from national finance to support the economic and cultural construction of ethnic autonomous areas. It was started in 1964 in the name of "the financial reserve fund of ethnic autonomous local areas". In 1980, the financial reserve fund of ethnic areas was established and was renamed as "ethnic working funds" in 1999.

民族间事实上的不平等　指在多民族国家，某些民族由于历史的原因而造成经济、文化等发展落后，不能和先进民族同样享受法律赋予的各项权利的现象。

མི་རིགས་བར་གྱི་དོན་དངོས་ཐོག་གི་འདྲ་མཉམ་མིན་པ། དེ་ནི་མི་རིགས་མང་བའི་རྒྱལ་ཁབ་ཏུ་མི་རིགས་རེ་འགའ་ལོ་རྒྱུས་ཀྱི་རྐྱེན་གྱིས་དཔལ་འབྱོར་དང་རིག་གནས་སོགས་རྗེས་ལུས་ཡིན་པས། སྔོན་ཐོན་མི་རིགས་དང་འདྲ་མཆུངས་སྟོང་ཁྲིམས་ལུགས་ཏོག་ནས་ཡི་དབང་ཆ་ལོངས་སྤྱོད་མི་ཐུབ་པའི་སྣང་ཚུལ་ལ་བསྣུན།

Actual Disparity among Ethnic Groups is a phenomenon that in multiethnic countries, some ethnic groups could not equally enjoy all dimensions of legal rights like other ethnic groups, because the economic and cultural development of those ethnic groups were laid behind for some historical reasons.

民族教育　广义的民族教育是指对本民族文化的传承，以及对外来文化引进、消化和吸收的过程；狭义的民族教育则专指对少数民族文化知识的教育。我国的民族教育，就其范围来说，是指对汉族以外的55个少数民族成员所实施的教育。是我国教育事业的重要组成部分，也是民族工作的重要内容。

Ethnic Education In a broad sense, ethnic education is to carry on the culture of each ethnic group and to import, digest and absorb foreign culture; in a narrow sense, it is to spread the knowledge to ethnic groups. By ethnic education in China it refers to the education targeted at 55 ethnic groups except Han. It is an important part of the education of China, and an important content of ethnic work.

民族教育政策体系 指我国民族教育所需要的教育政策范围与结构，包括民族教育质量政策、管理体制政策、课程政策、经费政策、教师与学生政策等方面。又与我国民族政策中的民族文化政策、宗教政策、语言文字政策等相互支持，形成中国特色的民族教育政策体系。

Ethnic Education Policy System is the layout of the ethnic education policy in terms of the scope and structure. It involves policies in quality of education, management system, courses, outlay, teachers and students. Mutual support among ethnic culture policy, religious policy, ethnic languages and characters and ethnic education policy constitutes ethnic education policy system with Chinese characteristics.

民族经济 狭义上指多民族国家少数民族的经济。广义上指以国家或地区为单位的民族经济，是在一定历史时期，每一个民族社会经济发展的总称。在中国，一般指少数民族的经济。

Ethnic Economy In a narrow sense, it refers to ethnic groups' economy in multiethnic countries; in a broad sense, it refers to the ethnic economy in a country or a region. It is the summation of economic development of each ethnic group during a particular period of time. In China, it generally refers to the economy of ethnic groups.

民族经济学 研究各民族的经济特点和经济问题的一门新兴学科。广义研究范围包括世界各民族或民族国家，狭义则以多民族国家中的少数民族和民族地区为研究范围，是介于经济科学和民族科学之间的边缘学科，可同时视作经济科学或民族科学的一个分支。

མི་རིགས་དཔལ་འབྱོར་རིག་པ། དེ་ནི་མི་རིགས་རེ་རེའི་དཔལ་འབྱོར་གྱི་ཁྱད་ཚོས་དང་དཔལ་འབྱོར་གནད་དོན་ལ་ཞིབ་འཇུག་བྱེད་པའི་རིག་ཚན་གསར་པ་ཞིག་ཡིན། སྐབས་ཡངས་འཇུག་ཏུ་འཛམ་གླིང་མི་རིགས་ནམ་མི་རིགས་རྒྱལ་ཁབ་ལ་ཞིབ་འཇུག་དང་། སྐབས་དོག་འཇུག་མི་རིགས་མང་བའི་རྒྱལ་ཁབ་ལས་གྲངས་ཉུང་མི་རིགས་དང་མི་རིགས་ས་ཁུལ་དེ་ཞིབ་འཇུག་གི་ཁྱབ་ཁོངས་སུ་བཟུང་བ་ཡིན། དེ་ནི་དཔལ་འབྱོར་རིག་ཚན་དང་མི་རིགས་བསྟན་ཚན་གྱི་ཕྲེན་དངོས་ཀྱི་རིག་པ་ཡིན་ལ། དེ་མིན་དཔལ་འབྱོར་ཚན་རིག་དང་མི་རིགས་ཚན་རིག་གི་ཡན་ལག་ཅིག་ཀྱང་ཡིན།

Ethnic Economics is a newly emerging subject about economic characteristics and issues of all ethnic groups. In a broad sense, it studies all ethnic groups and ethnic countries in the world. In a narrow sense, it focuses on ethnic groups and ethnic areas in multiethnic countries. It is a subject between economic science and ethno-science, so it can be regarded as a branch of either economic science or ethno-science.

民族精神 指民族性格中的正面和优秀部分，或民族道德与民族文化中的精华部分。

མི་རིགས་ཀྱི་བསམ་པ། དེ་ནི་མི་རིགས་གཞི་ཀ་ལས་དང་དོས་དང་ཕུལ་བྱུང་གི་ཆ་ཤས། མི་རིགས་ཀྱི་ཀུན་སྤྱོད་དང་མི་རིགས་རིག་གནས་ཁྲོད་ཀྱི་སྙིང་བཅུད་ཀྱི་ཆ་ཤེར།

National Spirit refers to the positive and best part of national characters, or the essence of ethnic morals and culture.

民族聚居区 指在多民族的国家和地区内由同一民族构成的相对集中居住的区域。

མི་རིགས་འདུས་སྡོད་ཁུལ། དེ་ནི་མི་རིགས་མང་བའི་རྒྱལ་ཁབ་དང་ཁུལ་ནས་དུ་མི་རིགས་གཅིག་འདུས་སྡོད་བྱས་པའི་ཁུལ་ལ་བསྟན།

Concentrated Area of Ethnic Groups refers to the area intensively populated by a single ethnic group in multiethnic countries and regions.

民族理论政策研究工程 我国政策性规划。由2012年国务院颁布的《少数民族事业"十二五"规划》提出。涉及民族理论政策体系、民族工作重大课题、民族理论政策宣传和民族团结教育等方面的研究和重点书籍出版、刊物发行、民族理论政策研究队伍建设、民族理论政策研究国际合作等内容。

མི་རིགས་གཞུང་ལུགས་སྲིད་ཇུས་ལ་ཞིབ་འཇུག་ལས་གཞི། རང་རྒྱལ་སྲིད་ཇུས་རང་བཞིན་གྱི་འཆར་འགོད་ཅིག་ཡིན། ༢༠༡༢ལོར་རྒྱལ་སྲིད་སྤྱི་ཁྱབ་ཁང་གིས་སྤེལ་བའི《གྲངས་ཉུང་མི་རིགས་ཀྱི་ལས་གནས་བཅུ་གཉིས་ལྔའི་འཆར་གཞི》རུ། མི་རིགས་གཞུང་ལུགས་

སྲིད་རྟས་ཀྱིས་ལམ་ལུགས་དང་མི་རིགས་ལས་དོན་གྱི་ལས་དོན། མི་རིགས་གཞུང་ལུགས་སྲིད་རྟས་ཁྱབ་བསྒྲགས། མི་རིགས་མཐུན་སྒྲིལ་སློབ་གསོ་སོགས་ཀྱི་ཞིབ་འཇུག་དང་དཔེ་དེབ་གལ་ཆེན་པར་སྐྲུན། དུས་དེབ་འགྲེམ་སྤེལ། མི་རིགས་གཞུང་ལུགས་སྲིད་རྟས་ཞིབ་འཇུག་པའི་དཔུང་འཛུགས་སྐྲུན། མི་རིགས་གཞུང་ལུགས་ཀྱི་སྲིད་རྟས་ཀྱིས་རྒྱལ་སྤྱིའི་མཉམ་ལས་ལ་ཞིབ་འཇུག་བྱེད་པའི་ནང་དོན་སོགས་འདུས།

Project of Ethnic Theory and Policy Research is a program started by the State Ethnic Affairs Commission. In 2012, *the 12th Five-year Plan for Development of Undertakings Related to Ethnic Minority Groups* was issued by the State Council, which involves researches and publications of important books about ethnic theory and policy system, major issues in ethnic work, publicity of ethnic theory and policy and ethnic unity education, publication of periodicals, construction of research teams for ethnic theory and policy and international cooperation on ethnic theory and policy research.

民族联合　指不同民族为了共同的利益和目标在自愿平等互利基础上的联合。

མི་རིགས་མཉམ་འབྲེལ། དེ་ནི་མི་རིགས་མི་འདྲ་བས་ཐུན་མོང་གི་ཁེ་ཕན་དང་དམིགས་ཡུལ་གྱི་ཆེད་དུ་རང་མོས། འདྲ་མཉམ། གཅིག་ཕན་གྱི་རྨང་གཞིའི་སྟེང་མཉམ་འབྲེལ་བྱས་པར་ཟེར།

Ethnic Alliance refers to the alliance established among different ethnic groups on the basis of equality and mutual benefits for the common benefits and purposes.

民族矛盾　民族之间因利益不同而产生的矛盾。

མི་རིགས་འགལ་བ། མི་རིགས་བར་དུ་ཁེ་ཕན་མི་འདྲ་བ་ལས་བྱུང་བའི་འགལ་བ།

Ethnic Contradictions refer to the confrontations and conflicts among different ethnic groups.

民族贸易　少数民族地区贸易活动的简称，亦称"民贸"。在我国，指少数民族地区各民族内部、各民族之间，及少数民族地区各民族同其他地区各民族之间，所发生的商品交换活动的总和，是商品流通在少数民族地区的特殊表现形式。

མི་རིགས་བར་གྱི་ཚོང་ཚོང༌། དེ་ནི་གྲངས་ཉུང་མི་རིགས་ཁུལ་གྱི་ཚོང་རྒྱུ་འགུལ་གྱི་བསྡུས་མིང་སྟེ། རང་རྒྱལ་དུ་གངས་ཉུང་མི་རིགས་ས་ཁུལ་དུ་མི་རིགས་སོ་སོའི་ནང་ཁུལ་དང་མི་རིགས་བར། དེ་མིན་གངས་ཉུང་མི་རིགས་ས་ཁུལ་གྱི་མི་རིགས་སོ་སོས་ས་ཁུལ་གཞན་གྱི་མི་རིགས་སོ་སོའི་བར་ཚོང་རྫས་བརྗེ་རེས་བྱ་འགུལ་གྱི་སྡོམ་ཞིག་ཡིན། ཚོང་རྫས་གངས་ཉུང་མི་རིགས་ས་ཁུལ་དུ་ཁྱེལ་པོ་བྱུང་བའི་རྣམ་པར་བསྟན།

Ethnic Trade, also called "ET" for short, is a contraction of trade activities in ethnic areas. It refers to the total amount of commodity exchanges that happens between or inside different ethnic groups and between ethnic groups in ethnic areas and ethnic groups in other areas. It is a special expression form of commodity circulation in ethnic areas.

民族贸易公司　我国解放初期国营商业在少数民族地区设置机构的一种主要形式。其特点是"一揽子"经营，既供应工业品，又收购农牧土特产品。购销结合，适于地广人稀、居住分散、交通不便的边远山区和牧区。

མི་རིགས་བར་གྱི་ཚོང་ཚོང་ཁུངས་ནི། རང་རྒྱལ་གྱི་བཅིངས་འགྲོལ་བྱས་མ་ཐག་རྒྱལ་གཞུང་ཁེ་ལས་གྲངས་ཡུང་མི་རིགས་ས་ཁུལ་དུ་བཙུགས་པའི་རྣམ་པ་ཞིག་ཡིན། བྱེད་ཚོང་ཐོག་འདྲེས་བྱེད་ཐོ་ཚོང་ཚོ་བོར་བྱས་བས། བཟོ་ལས་ཐོན་རྫས་མགོ་འདོན་དང་ཞིང་ལས་ཕྱུགས་ཡང་བསྡུ་ཐེད་པ། ཐོ་ཚོང་མཉམ་འབྲེལ་དེ་ས་རྒྱ་ཆེ་ཞིང་མི་གངས་ཉུང་བ། འདུས་སྡོད་ཁ་འཐོར་དང་འགྲིམ་འགྲུལ་སྟབས་མི་བདེ་བའི་རི་ཁུལ་དང་འབྲོག་ཁུལ་ལ་མཐུན་པོ་ཡོད།

Ethnic Trade Companies is a major form of organizations set up by state-owned commerce in ethnic areas during the initial post-liberation period. It is characterized by "a package of" management that enables those trade companies to purchase local agriculture and animal husbandry products as well as provide manufactured goods; this kind of purchase-market integration fits for those inaccessible remote mountainous areas and pasturing areas with much land but few people and scattered habitation.

民族贸易和民族特需用品生产供应的现行扶持政策 中国政府主要在以下几方面给予优惠：1. 设立民族贸易贴息贷款。2. 贷款利率优惠。3. 减免税收优惠。4. 对边销茶实行优惠政策。5. 对少数民族特需金银饰品实行优惠政策。

མི་རིགས་བར་གྱི་ཚོང་དང་མི་རིགས་ཁྱད་སྟོད་བོད་རྫས་བོད་སྐྱེད་མཁོ་སྒྲུབ་བྱེད་པའི་ད་ལྟའི་རོགས་འདེགས་སྲིད་ཇུས། ཀྲུང་གོའི་སྲིད་གཞུང་གིས་གཤམ་གྱི་ཕྱོགས་འགར་ཕན་ཚུན་ཡོད་པ་སྟེ། མི་རིགས་བར་གྱི་ཚོ་ཚོང་གི་བསྐྱི་དངུལ་སྐྱེད་ཀ་བཙུགས་པ་དང་། བསྐྱི་དངུལ་གྱི་སྐྱེད་ཀ་དམིགས་བསལ་སྐྱེད་པ། ཁྲལ་བསྡུ་ཇེ་ཉུང་གི་དམིགས་བསལ་སྐྱེད་པ། མཐའ་ཁུལ་ཇ་ཚོང་ལ་དམིགས་བསལ་སྲིད་ཇུས་སྤེལ་བ། གྲངས་ཉུང་མི་རིགས་ཀྱི་དེས་མཁོའི་གསེར་དངུལ་རྒྱན་ཆའི་རིན་གོང་ལ་དམིགས་བསལ་སྲིད་ཇུས་སྤེལ་བ་བཅས་སོ།

Preferential Policies toward Ethnic Trade and the Production of Special Articles Used by Minority peoples were adopted by the central government granting preferences in following aspects: 1. setting up discount-interest loan for ethnic trade; 2. providing preferential interest-rate loan; 3. offering reduction of and exemption from taxes; 4. implementing preferential policies for tea trade alongside borders; 5. implementing preferential policies for special ethnic requirements of gold and silver ornaments.

民族贸易三项照顾政策 国家根据少数民族地区的条件和特点，对边远山区、牧区的民族贸易企业在自有资金、利润留成、价格补贴3方面给予照顾的政策。1962年第五次全国民族贸易工作会议确定该政策。

མི་རིགས་བར་གྱི་ཚོང་བ་ཀྱི་ལྟ་སྐྱོང་སྐྱེད་རྣམ་གསུམ། རྒྱལ་ཁབ་ཀྱིས་གྲངས་ཉུང་མི་རིགས་ཁུལ་གྱི་ཆ་རྐྱེན་དང་ཁྱད་ཆོས་ལ་གཞིགས་ནས། མཐའ་མཚམས་ཁུལ་དང་འབྲོག་ཁུལ་གྱི་མི་རིགས་བར་གྱི་ཚོ་ཁེ་ལས་རང་ཉིད་ཀྱི་མ་དངུལ་ཡོད་པ་དང་། ཁེ་ཕོགས་རན་པ། རིན་གོང་ཞོགས་འཚོགས་ཡིན་པ་སོགས་

ཕྱོགས་གསུམ་བདག་གི་ལྟ་སྲུང་བྱེད་རྒྱུ་གནང་བ་ལ་སོགས། །ༀ༡༩༦༢ལོའི་ཕྱེངས་ལྔ་པའི་རྒྱལ་ཡོངས་མི་རིགས་བར་གྱི་ཚོ་ཚོང་གི་བྱ་བའི་ཕྱོགས་ཚོགས་སྟེང་དུ་སྲིད་ཇུས་འདི་གཏན་ལ་ཕབ།

Threefold Preferential Policy toward Ethnic Trade Based on the conditions and characteristics in ethnic areas, the state gives priority in aspects of self-owned capital, reserved profits and price subsidies for ethnic trade entrepreneurs in remote mountainous areas and pasturing areas. The policy was officially formulated at the fifth national ethnic trade work conference in 1962.

民族贸易贴息贷款 用于扶持基层民族贸易网点建设和民族用品定点生产企业技术改造的专项贴息贷款。1992年至1994年每年由银行安排4000万元贷款，中央和地方财政各贴一半利息。"九五""十五"计划期间则安排1亿元。

མི་རིགས་བར་གྱི་ཚོ་ཚོང་གི་བསྒྱི་དབུལ་སྐྱེད་ག དེ་ནི་གཞི་རིམ་གྱི་མི་རིགས་བར་གྱི་ཚོ་ཚོང་དུ་རྒྱུ་འཇུགས་སྐྱོན་དང་མི་རིགས་ཀྱི་སྤྱོད་རྫས་ཐོན་སྐྱེད་བྱེད་པའི་ཞིབ་ལས་ཀྱི་ལག་རྩལ་བཅོས་བཀོད་གཏོང་བའི་ཆེད་གཞེར་གྱི་སྐྱེད་ཀའི་བསྒྱི་དབུལ་རྣམས་འདེགས་ཞིག་ཡིན། ༡༩༩༢ནས་༡༩༩༤འི་བར་ལོ་རེར་དངུལ་ཁང་གིས་ཁྱོན་ཁྲི་༤༠༠༠བསྒྱི་རྒྱ་བཀོད་སྒྲིག་བྱས་པ་དང་། ཀྱང་དབུང་དང་ས་གནས་ནོར་སྲིད་ཀྱིས་སྐྱེད་ཀ་ཕྱེད་རེ་གསབ་རྒྱུ་བྱས་ཡོད། དགུ་ལྔ་དང་བཅུ་ལྔའི་འཆར་གཞིའི་བར་སྟོང་དུང་ཕྱུར་༡བཀོད་སྒྲིག་བྱས་ཡོད།

Discount-Interest Loan for Ethnic Trade is a special discount-interest loan to support the construction of ethnic trade network at basic level and the technical transformation of designated enterprises for producing ethnic articles for daily use. From 1992 to 1994, both central government and local finance subsidized half interest on 40 million RMB loans arranged by banks yearly. During the time of ninth and tenth five-year plans, the amount of arranged loans reached up to 100 million yuan.

民族贸易县 指国家确定的以县级区域为单位享受民族贸易优惠政策的地区。原称"民贸三项照顾县"。为套用我国计划经济时期制定的民族贸易三项照顾政策而形成的名称。20世纪60年代国家确定的标准是：贫困、边远、落后、交通不便的民族地区。1998年国家重新核定，确定为428个县。

མི་རིགས་བར་གྱི་ཚོ་ཚོང་རྫོང་། ཕྱོགས་མའི་མིང་ལ་མི་རིགས་བར་གྱི་ཚོ་ཚོང་དམིགས་བསལ་གསུམ་གྱི་རྫོང་ཟེར། རང་རྒྱལ་གྱི་འཆར་ཅན་དཔལ་འབྱོར་སྐབས་གཏན་ཕབ་པའི་མི་རིགས་བར་གྱི་ཚོ་ཚོང་དམིགས་བསལ་གསུམ་སྲིད་ཇུས་ལས་ཕྱོགས་པའི་མིང་ཡིན། དེའི་རང་རྒྱལ་གྱིས་གཏན་ཕབ་བྱས་པའི་མི་རིགས་བར་གྱི་ཚོ་ཚོང་གཞིགས་སྲོང་བྱེད་རྒྱུས་ལོངས་སུ་སྤྱོད་པའི་རྫོང་རིམ་པའི་ཚོན་ཁྱབ་པའི་ས་ཁུལ་ཡིན། དུས་རབས་ཉི་ཤུ་པའི་ལོ་རབས་དྲུག་ཅུ་པར་རྒྱལ་ཁབ་ཀྱིས་གཏན་ལ་ཕབ་པའི་ཆད་གཞི་ནི། དབུལ་པོ་དང་མཐའ་འཁོབ། རྗེས་ལུས། འགྲིམ་འགྲུལ་སྟབས་མི་བདེ་བའི་ས་ཁུལ་ཡིན། ༡༩༩༨ལོར་རྒྱལ་ཁབ་ཀྱིས་བསྐྱར་དུ་གཏན་ཕབ་བྱས་པའི་རྫོང་༤༢༨ཡོད།

The Designated Ethnic Trade Counties, formerly the "the Designated Ethnic Trade

Counties with threefold preferential policy", are counties that enjoyed preferential treatment to commercial, supply and marketing. The criterion for offering preferential policies in the 1960s was those minority areas that were poor, outlying, less-developed and inefficient in transportation. In 1998, 428 counties in total were reset by the government.

民族民主革命 指殖民地、半殖民地被压迫民族反对殖民主义、帝国主义和封建主义的统治，争取国家独立、民族解放和政治民主的革命。

མི་རིགས་དམངས་གཙོའི་གསར་བརྗེ། དེ་ནི་མི་སེར་སྤྱེལ་ཡུལ་དང་མི་སེར་སྤྱེལ་ཡུལ་ཕྱེད་ཚད་གྲུབ་ཀྱི་མི་སེར་སྦྱིབ་བའི་རིང་ལུགས་དང་བཙན་རྒྱལ་རིང་ལུགས། བཀས་བཀོད་རྒྱུན་འཛིན་རིང་ལུགས་བཅས་ཀྱི་སྲིད་དབང་ལ་ངོ་རྒོལ་བྱས་ཏེ། རྒྱལ་ཁབ་རང་ཚུགས་དང་མི་རིགས་བཅིངས་འགྲོལ། ཆབ་སྲིད་དམངས་གཙོའི་གསར་བརྗེ་སྒྲུབ་ཙོན་ལེན་བྱ་བར་བསྟན།

National-Democratic Revolution is a revolution advocated by the oppressed peoples of the colonies and semi-colonies to revolt against imperialism, colonialism and feudalism and to strive for independence, national liberation and political democracy.

民族平等 指一切民族的平等，各民族在一切权利上的平等，各民族在事实上的平等。各民族不论人口多少，发达程度如何，风俗习惯和宗教异同，都一律平等。

མི་རིགས་འདྲ་མཉམ། དེ་ནི་མི་རིགས་ཚང་མ་འདྲ་མཉམ་དང་མི་རིགས་སོ་སོ་དབང་བའི་ཐོག་ཏུ་འདྲ་མཉམ། མི་རིགས་སོ་སོ་དོན་དངོས་ཐོག་འདྲ་མཉམ་ཡིན་པར་ཟེར། མི་རིགས་སོ་སོའི་མི་གྲངས་དང་འཕེལ་རྒྱས་ཀྱི་རྒྱ་ཚད་ཡུལ་སྲོལ་གོམས་གཤིས་དང་ཆོས་ལུགས་མི་འདྲ་རུང་། ཁྱམས་ཀྱི་མཉན་དུ་ཚང་མ་འདྲ་མཉམ་ཡིན་པར་བསྟན།

Ethnic Equality refers to virtual equality of all ethnic groups in China, meaning that, regardless of their population size, their level of economic and social development, the difference of their folkways, customs and religious belief, every ethnic group is a part of the Chinese nation, having equal status, enjoying the same rights.

民族平等政策 特指中国共产党和国家的民族平等政策。其基本内容主要包括4方面：民族不分大小，一律平等；各民族在一切权力上的完全平等；帮助一切民族实现民族平等权利，对弱小民族的平等权利给予更多保护；各民族履行相应的义务。

མི་རིགས་འདྲ་མཉམ་གྱི་སྲིད་ཇུས། དེ་ནི་ཀྲུང་གོ་གུང་ཁྲན་ཏང་དང་རྒྱལ་ཁབ་ཀྱི་མི་རིགས་འདྲ་མཉམ་སྲིད་ཇུས་ལ་བསྟན། གཞི་རྩའི་ནང་དོན་ལ་ཚོ་བོ་ཕྱོགས་བཞིའི་འདུས་པ་སྟེ། མི་རིགས་མང་ཉུང་མི་དབྱེ་བར། ཁྱམས་ཐོག་ཏུ་འདྲ་མཉམ་ཡིན་པ་དང་། མི་རིགས་སོ་སོ་དབང་ཆ་ཚང་མའི་མཉན་དུ་འདྲ་མཉམ་ངོ་མ་ཡིན་པ། མི་རིགས་ཡོངས་ཚང་ལ་མི་རིགས་འདྲ་མཉམ་གྱི་དབང་ཆ་མངོན་འགྱུར་ཡོང་བར་རོགས་རམ་དང་། ནུས་སྟོབས་སུ་གཉིམ་ཆུང་མི་རིགས་ཀྱི་འདྲ་མཉམ་དབང་ཆ་སྲུང་སྐྱོབ་མང་ཙམ་བྱེད་པ། མི་རིགས་སོ་སོར་འོས་བབས་ཀྱི་འགན་སྒྲུབ་པ་བཅས་སོ།

Ethnic Equality Policy refers specifically to

the ethnic equality policy issued by the CPC and the PRC. Its basic content includes: all ethnic groups are equal regardless of size; all ethnic groups enjoy the same rights; CPC and PRC will assist all ethnic groups achieving equal rights and offer more protection to ensure that small ethnic groups enjoy equal rights; every ethnic group should perform the same duties according to law.

民族区域经济 在我国，现指在一定民族聚居地域范围内，以该区域内各民族的经济活动为主体，通过社会劳动与各种经济要素的结合所形成的具有内在分工和密切联系的区域发展实体。

ཨི་རིགས་ས་ཁོངས་དཔལ་འབྱོར། རང་རྒྱལ་དུ་མིག་སྔར་བསྟན་པ་ནི་མི་རིགས་འདུས་འཛོམས་ས་ཁུལ་ངེས་ཅན་ནང་དུ། ས་ཁུལ་དེའི་ནང་གི་མི་རིགས་སོ་སོའི་དཔལ་འབྱོར་འགྱུར་བ་འགུལ་སྐྱོད་གཙོ་རུ་བཟུང་སྟེ། སྤྱི་ཚོགས་ངལ་རྩོལ་དང་དཔལ་འབྱོར་རྒྱུ་ཆ་སྣ་མང་གི་ཟུང་སྦྲེལ་བརྒྱུད་ནས་གྲུབ་པའི་ནང་གི་ལས་བགོས་དང་འབྲེལ་བ་ཟབ་པའི་ས་ཁོངས་གོང་སྤེལ་གྱི་དངོས་ཕུང་ཞིག་ལ་བསྟན།

Regional Economy in Ethnic Areas refers to the economic entity in certain autonomous regions where people of ethnic minorities live in. Based on the economic activities in these regions, it forms the economic entity which has inner labor division and close connection through the combination of social labor and various economic elements.

民族区域自治的基本原则 中国现今民族区域自治的基本原则包括：民主原则、平等原则、法制原则、团结统一原则和发展繁荣原则。

ཨི་རིགས་རང་སྐྱོང་ས་ཁོངས་ཀྱི་རྩ་བའི་རྩ་དོན། ཀྲུང་གོའི་མི་རིགས་རང་སྐྱོང་གི་རྩ་བའི་རྩ་དོན་ནང་དུ། དམངས་གཙོའི་རྩ་དོན་དང་འདྲ་མཉམ་གྱི་རྩ་དོན། ཁྲིམས་བཟུང་གི་རྩ་དོན། མཐུན་སྒྲིལ་གཅིག་གྱུར་གྱི་རྩ་དོན་དང་དར་རྒྱས་ཀྱི་རྩ་དོན་བཅས་འདུས།

Basic Principles on Regional Autonomy for Ethnic Minorities include the principle of democracy, equality, rule of law, unity and solidarity, development and prosperity.

民族区域自治地方 在我国，现指依法设立的少数民族实行区域自治的行政区域，是民族区域自治制度的具体实现形式。中国的民族区域自治地方分为自治区、自治州和自治县（旗）。

ཨི་རིགས་ས་ཁོངས་རང་སྐྱོང་ས་ཁུལ། རང་རྒྱལ་དུ་ཁྲིམས་ལྟར་ཚུགས་ཆོགས་པའི་གྲངས་ཉུང་མི་རིགས་ས་ཁོངས་རང་སྐྱོང་བྱེད་པའི་སྲིད་འཛིན་ཁྱབ་ཁོངས་ཏེ། མི་རིགས་ས་ཁོངས་རང་སྐྱོང་ལམ་ལུགས་ཏོ་མ་མཚོན་འགྱུར་གྱི་རྣམ་པ་ཡིན། ཀྲུང་གོའི་མི་རིགས་ས་ཁོངས་རང་སྐྱོང་ལ་རང་སྐྱོང་ལྗོངས་དང་རང་སྐྱོང་ཁུལ། རང་སྐྱོང་རྫོང་བཅས་ཡོད།

Ethnic Autonomous Area refers to legally established administrative regions where ethnic minorities exercise the right of regional autonomy in China, and is the specific implementation of the political system of Regional Ethnic Autonomy. Chinese ethnic autonomous areas are divided into autonomous regions, autonomous prefectures and autonomous counties (banners).

民族区域自治具有的要素 我国民族区域自治具有五大要素：民族聚居要素、区域经济要素、自治权力要素、国家帮助要素、国家职责要素。

མི་རིགས་ས་ཁོངས་རང་སྐྱོང་གི་གྲུབ་ཆ། རང་རྒྱལ་མི་རིགས་རང་སྐྱོང་ས་ཁུལ་ལ་གྲུབ་ཆ་ཆེན་པོ་ལྔ་འདུས་པ་ནི། མི་རིགས་འདུས་སྡོད་གྲུབ་ཆ་དང་། ཁྱབ་ཁོངས་དཔལ་འབྱོར་གྲུབ་ཆ། རང་སྐྱོང་དབང་ཆའི་གྲུབ་ཆ། རྒྱལ་ཁབ་ཀྱི་རོགས་སྐྱོར་གྲུབ་ཆ། རྒྱལ་ཁབ་ཀྱི་ལས་འགན་གྲུབ་ཆ་བཅས་སོ།།

Elements of regional ethnic autonomy in China include: 1. ethnic minorities live in compact communities; 2. regional economy; 3. self-government rights; 4. state aids; 5. state responsibility.

民族权利 是一类以集体为权利主体的人权，主要包括民主自决权、发展权、和平权。

མི་རིགས་ཀྱི་དབང་ཆ། དེ་ནི་ཐུན་མོང་གི་དབང་ཆ་གཙོ་བོ་བྱས་པའི་དབང་ཆ་ཞིག་ཡིན། དེའི་ནང་དུ་དམངས་གཙོའང་གཅོད་དབང་ཆ་དང་། འཕེལ་རྒྱས་ཀྱི་དབང་ཆ། ཞི་བདེའི་དབང་ཆ་སོགས་འདུས།

Rights of ethnic groups refer to a kind of human rights that take the community as the dominant component, including democratic self-determination right, right to development and right to peace.

民族认同 指社会成员对自己民族归属的自觉认知。在中国，广义的"民族认同"包括华人认同、国民认同、族群认同。

མི་རིགས་ངོས་འཛིན། དེ་ནི་སྤྱི་ཚོགས་ཁོངས་མིའི་རང་ཉིད་མི་རིགས་གང་ལ་གཏོགས་པའི་ཤེས་རྟོགས་ཤིག་ལ་བསྟན། རང་རྒྱལ་དུ་སྐྱ་ཡངས་འཇུག་གི་མི་རིགས་ཀྱི་ངོས་འཛིན་ལ་ཏུ་རིགས་ངོས་འཛིན་དང་། རྒྱལ་མི་ངོས་འཛིན། རིགས་རྒྱུད་ངོས་འཛིན་སོགས་འདུས།

Ethnic identity refers to the conscious awareness of the member of a community who identifies with a particular ethnic group and his sense of belonging to an ethnic group. In China "ethnic identity" in a broad sense includes Chinese identity, national identity and ethnic identity.

民族融合 是指两个对等的民族在长期共同性增长的基础上融为一体，民族差别得以最终消失，相互融合成新的民族。

མི་རིགས་མཉམ་འདྲེས། དེ་ནི་མི་རིགས་གཉིས་ཡུན་རིང་པོར་ཐུན་མོང་རང་བཞིན་གྱི་རྒྱུ་གཞིའི་ཐོག་གཞི་གཅིག་ཏུ་འདྲེས་པ་སྟེ། མི་རིགས་དབྱེ་བ་རིམ་བཞིན་མེད་པར་གྱུར་ཏེ། མི་རིགས་མཉམ་འདྲེས་སུ་མི་རིགས་གསར་པ་ཞིག་གྲུབ་པ་ལ་བསྟན།

Ethnic integration refers to the process that two ethnic groups integrate together during the perennial joint increase until their differences disappear finally, and merge into a new ethnic group.

民族识别调查组 我国建立的民族成分辨认组织。1950年起，由中央及地方民族事务机关组织科研队伍，对全国提出的400多个民族名称进行识别。1953年，中央民委、统战部联合派出了第一个民族识别调查组，对居住在浙江、福建、安徽、江西、广东5省的畲民进行民族识别。

མི་རིགས་ངོས་འཛིན་བརྟག་དཔྱད་ཚོགས་པ། རང་རྒྱལ་དུ་མི་རིགས་གྲུབ་ཆ་དབྱེ་འབྱེད་ཆེད་བཙུགས་

པའི་ཚོགས་པ། ༡༩༥༠ལོར་འགོ་བཟུང་ནས་ཀྲུང་དབྱང་
དང་གནས་མིའི་རིགས་དོན་གཅོད་ཁང་གི་སྐྱག་འཛུགས་
འོག་རྒྱལ་ཡོངས་སུ་མི་རིགས་༤༠༠ལྷག་ལ་དབྱེ་འབྱེད་
བྱས་པ་དང་། ༡༩༥༣ལོར་ཀྲུང་དབྱང་མི་རིགས་དོན་
གཅོད་ཨུ་ཡོན་ལྷན་ཁང་དང་། འཐབ་ཕྱོགས་གཅིག་གྱུར་
སྦྲེལ་གཉིས་མཉམ་འབྲེལ་བྱས་ནས་ཞིང་དང་ཕུའི་མི་
རིགས་དབྱེ་འབྱེད་བཅུད་དཔྱད་རུ་ཁག་མངགས་ནས།
ཀྱི་ཅང་དང་ཕུའུ་ཅན། ཨན་ཧུའི། ཅང་ཞི། ཀོང་ཏུང་
སོགས་ཞིང་ཆེན་ལྔའི་ཕྱུའི་དམངས་ལ་མི་རིགས་དབྱེ་
འབྱེད་བྱས།

Ethnic identification investigation team is an organization built by China to identify ethnic groups. Since 1950 more than 400 names of ethnic group in China have been identified by the research group formed by central and local ethnic affair institutions. In 1953, the Central Ethnic Affairs Commission and United Front Work Department of the Chinese Communist Party Central Committee jointly dispatched the first ethnic identification investigation team to identify the She people living in Zhejiang Province, Fujian Province, Anhui Province, Jiangxi Province and Guangdong Province.

民族事务 狭义仅指纳入国家机关职责范畴的民族事务，属于公共事务的一部分，是我们通常所说的民族事务。广义指少数民族事务，凡是与国家认定的 55 个少数民族政治、经济、文化、社会等活动相关的事项，都可以称为民族事务。

མི་རིགས་ཀྱི་ལས་དོན། སྟབ་དོག་འཇུག་ལ་རྒྱལ་ཁབ་ཀྱི་
ལས་ཁུངས་འགན་ཉམས་ཁྱབ་ཁོངས་ཀྱི་མི་རིགས་ལས་དོན་
དེ། དེའི་སྟེ་པའི་ལས་དོན་གྱི་ཕྱོགས་གཅིག་ཏུ་གཏོགས་
པ་དང་། ང་ཚོས་རྒྱུན་དུ་བཤད་པའི་མི་རིགས་ལས་དོན་
ཡང་ཡིན། སྟབ་ཡངས་འཇུག་ལ་གྲངས་ཉུང་མི་རིགས་ཀྱི
ལས་དོན་དང་། རྒྱལ་ཁབ་ཀྱིས་གཏན་ཕབ་བྱས་པའི་
གྲངས་ཉུང་མི་རིགས་༥༥ཡི་ཆབ་སྲིད་དང་དཔལ་འབྱོར།
རིག་གནས། སྤྱི་ཚོགས་ཀྱ་འགུལ་སྐྱོགས་ཀྱི་ལས་རི
སོགས་ཡོངས་ལ་མི་རིགས་ལས་དོན་ཟེར།

Ethnic affairs narrowly refer only to those ethnic affairs included into the scope of state organs' responsibility, a part of public affairs and broadly refers to minority affairs which cover all those relevant to political, economic, cultural and social activities of the 55 minorities officially recognized by the state.

民族事务服务体系建设工程 我国的政策性规划。由 2012 年国务院颁布的《少数民族事业"十二五"规划》提出，扩大服务少数民族群众的法律援助专兼职队伍，为少数民族群众提供法律援助。在少数民族聚居区的医院、邮局、学校、政务服务大厅、机场、火（汽）车站等公共服务机构或场所提供双语服务。

མི་རིགས་ལས་དོན་ཞབས་ཞུའི་མ་ལག་སྐྲུན་
པའི་ལས་གཞི། རང་རྒྱལ་སྲིད་ཇུས་རང་བཞིན་གྱི་
འཆར་འགོད་ཅིག་ཡིན། ༢༠༡༢ལོར་རྒྱལ་སྲིད་སྤྱི་ཁྱབ་
ཁང་གིས་སྤེལ་བའི《གྲངས་ཉུང་མི་རིགས་ཀྱི་བྱ་བའི་
བཅུ་གཉིས་ལྔའི་འཆར་གཞི》རུ། གྲངས་ཉུང་
རིགས་མང་ཚོགས་ཀྱི་ཁྲིམས་ལུགས་ལ་རོགས་སྐྱོར་བྱེད་
པའི་དཔུང་སྡེ་རྒྱ་བསྐྱེད་དང་། གྲངས་ཉུང་མི་རིགས་
མང་ཚོགས་ལ་ཁྲིམས་ལུགས་རམ་འདེགས་བྱེད། གྲངས་ཉུང་མི་རིགས་འདུས་སྡོད་ཀྱི་སྨན་ཁང་དང་།

སྐག་ཁང་། སློབ་གྲྭ། སྲིད་དོན་ཞབས་ཞུ་ཁང་། གནམ་
ཐང་། མེ་འཁོར་ས་ཚིགས་སོགས་ཀྱི་ཞབས་ཞུ་སྒྲིག་
གཞིའམ་ཕྱོགས་རའི་ཞབས་ཞུ་ནུ་སྐད་གཉིས་ཞབས་ཞུ་བ་
འདོན་པར་བསྐུན།

Project for Building a Service System for Ethnic Affairs is a policy plan in China, proposed in *the 12th Five-year Plan for Development of Undertakings Related to Ethnic Minority Groups* and issued by State Council in 2012. The project includes the following aspects: enlarging the full-time and part-time legal aid team for serving minority masses; providing bilingual services for public service agencies or places such as hospitals, post offices, schools, government service halls, airports and train (bus) stations in areas where ethnic minorities live in.

民族特点 指一个民族的民族特征和表现在政治、经济、文化艺术、生活方式、宗教信仰以及社会生活等方面的与其他民族的不同点。

མི་རིགས་ཀྱི་ཁྱད་ཆོས། དེ་ནི་མི་རིགས་ཤིག་གི་མི་
རིགས་ཁྱད་རྟགས་དང་། དེ་ཞིད་ཆབ་སྲིད་དང་དཔལ་
འབྱོར། རིག་གནས་སྒྱུ་རྩལ། འཚོ་བའི་རོལ་སྟངས། ཆོས་
ལུགས་དད་མོས། སྤྱི་ཚོགས་འཚོ་བ་སོགས་སུ་མི་རིགས་
གཞན་དང་མི་མཐུན་པར་ཚོན་མཛོན་བྱེད་པར་བསྐུན།

Ethnic characteristics refer to the ethnic features of one ethnic group and differences that it distinguishes itself from other ethnic groups in politics, economy, culture and art, living pattern, religious belief and social life.

民族特权 指一些民族在政治、经济、文化等方面占有高于其他民族的特殊权利。这是民族压迫和民族不平等的突出表现，是封建专制制度的产物。

མི་རིགས་ཁྱད་དབང་། དེ་ནི་མི་རིགས་རེ་འགར་ཆབ་
སྲིད་དང་དཔལ་འབྱོར། རིག་གནས་སོགས་ཕྱོགས་
ཡོངས་ནས་མི་རིགས་གཞན་དང་མི་འད་བའི་དམིགས་
བསལ་གྱི་ཁེ་དབང་ཡོད་པ་ལ་བཟོད། དེ་ནི་མི་རིགས་
གཞན་གནོན་དང་འདུ་མཉམ་མིན་པའི་སྟང་ཆོལ་ཚོ་
ཡིན་པ་དང་། བཀས་བཀོད་རྒྱུད་འཛིན་སྒྲིག་གཅོད་ལམ་
ལུགས་ཀྱི་ཐོན་དངོས་ཤིག་ཀྱང་ཡིན།

Ethnic privileges refer to special rights some ethnic groups have over other ethnic groups in politics, economy and culture. It is a prominent manifestation of ethnic oppression and inequality, and a product of feudal autocratic system.

民族体育 社会体育的组成部分。是各民族在长期社会实践中所创造积累和发展起来的带有显著民俗特点，以健身、防身、娱乐为主要目的的身体锻炼活动。具有传统性、集会性、节庆性、游艺性、风俗性、表演性等特点。

མི་རིགས་ལུས་རྩལ། སྤྱི་ཚོགས་ལུས་རྩལ་གྱི་གྲུབ་ཆ་
ཞིག་ཡིན། དེ་ནི་མི་རིགས་སོ་སོའི་རྒྱུན་རིང་པོར་སྤྱི་
ཚོགས་ལག་ལེན་ཁྲོད་ནས་གསར་གཏོད་དང་གསོག་
འཇོག་འཕེལ་རྒྱས་སོགས་ལས་ཐོན་པའི་དམངས་སྲོལ་
གྱི་ཁྱད་ཆོས་དང་ལུས་སྦྱོང་སྟོབས་བསྐྱེད། ལུས་སྲུང་། རོལ་
རྩེད་སོགས་དམིགས་ཡུལ་གཙོ་བོར་བྱས་པའི་ལུས་སྦྱོང་གི་
བྱ་འགུལ་ལ་ཟེར། དེ་ལ་སྲོལ་རྒྱུན་གྱི་རང་བཞིན་དང་།
ཚོགས་པའི་རང་བཞིན། དུས་ཆེན་གྱི་རང་བཞིན། སྒྱུ་
རྩལ་གྱི་རང་བཞིན། ཡུལ་སྲོལ་གྱི་རང་བཞིན། འཁྲབ་

བོད་ཀྱི་རང་བཞིན་སྒགས་ཀྱི་ཁྱད་ཆོས་སྟན།

Ethnic sports, a part of social sports, is physical exercises created, accumulated and developed by various ethnic groups during long-term social practices with significant folk characteristics and main purposes for fitness, self-defense and entertainment. It possess the nature of tradition, gathering, festival, recreation, custom and performance of ethnic minorities..

民族同化 一个民族或其一部分丧失本民族的特征而变成另一个民族的现象。可分为自然同化与强迫同化两种。

མི་རིགས་འདྲ་བསྒྱུར། མི་རིགས་ཤིག་གམ་ཡང་ན་དེའི་ཆ་ཤས་ཤིག་ཏུ་མི་རིགས་རང་གི་ཁྱད་ཆགས་དོར་ནས། མི་རིགས་གཞན་ཞིག་ཏུ་གྱུར་བའི་སྣང་ཚུལ་བསྟན། དེ་ལ་ཡང་རང་བྱུང་གི་འདྲ་བསྒྱུར་དང་བཙན་ཤུགས་ཀྱི་འདྲ་བསྒྱུར་གཉིས་ཡོད།

Ethnic assimilation is a phenomenon by which members of an ethnic minority group lose cultural characteristics that distinguish them from the dominant cultural group or take on the cultural characteristics of another group, which can be classified into natural assimilation and compulsory assimilation.

民族统计工作 在我国，现指依据《中华人民共和国统计法》及其实施细则和《中国民族统计调查制度》等法规，服务于民族事务的统计工作。报表主要有：《民族自治地方国民经济与社会发展主要指标综合表》《少数民族经济社会发展统计报表》和《政府民族工作部门基本情况统计报表》等。

མི་རིགས་ཀྱི་སྡོམ་རྩིས་ལས་ཀ། རང་རྒྱལ་དུ་མི་དམངས་སྤྱི་མཐུན་རྒྱལ་ཁབ་ཀྱི་སྡོམ་རྩིས་ཁྲིམས། དང་《ཀྲུང་གོའི་མི་རིགས་སྡོམ་རྩིས་བཏག་དཔྱད་ལམ་ལུགས》སོགས་ཁྲིམས་སྲོལ་བཅས་ལ་བསྟུན། དེ་མི་རིགས་ལས་དོན་གྱི་སྡོམ་རྩིས་ལས་ཀར་ཞབས་འདེགས་ཞུ། ཆགས་པར་དང་རེའུ་མིག་གཙོ་ཆེ་《མི་རིགས་རང་སྐྱོང་ས་ཁུལ་གྱི་རྒྱལ་དབངས་དཔལ་འབྱོར་དང་སྤྱི་ཚོགས་འཕེལ་རྒྱས་ཀྱི་བརྡ་རྟགས་རེའུ་མིག》དང་《གྲངས་ཉུང་མི་རིགས་ཀྱི་སྤྱི་ཚོགས་དཔལ་འབྱོར་འཕེལ་རྒྱས་ཀྱི་སྡོམ་རྩིས་རེའུ་མིག》《སྲིད་གཞུང་གི་མི་རིགས་ལས་དོན་སྡེ་ཁག་གི་གཞི་རྩའི་གནས་ཚུལ་སྡོམ་རྩིས་རེའུ་མིག》སོགས་ཡོད།

Ethnic statistical work in China now refers to the statistics work that serves the ethnic affairs according to *the Statistics Law of the People's Republic of China* and the rules for its implementation and *Chinese Ethnic Statistical Survey System*. The forms for reporting statistics include: *Composite Sheet of Principal Indicators for National Economy* and *Social Development in Ethnic Autonomous Areas*, *Statistical Report of Ethnic Economy and Social Development* and *Statistical Report of Basic Situation of Governmental Ethnic Work Departments*.

民族团结 指各民族在社会生活和交往中，相互尊重、平等互助、友好合作、和谐相处。是社会主义民族关系的基本特征和核心内容之一，是处理我国民族关系的基本原则之一，是中国民族政策体系的重要组成部分。

མི་རིགས་མཐུན་སྒྲིལ། མི་རིགས་སོ་སོའི་སྤྱི་ཚོགས་འཚོ་བའི་ཁྲོད་དུ་ཕན་ཚུན་ལ་བརྩི་བཀུར་དང་འདྲ་མཉམ། གཞིས་ཕན། ཕན་ཚུན་མཉམ་འབྲེལ་ཞི་མཐུན་འབྲེལ་འདྲིས་སོགས་ལ་བསྟན། དེ་ནི་སྤྱི་ཚོགས་རིང་ལུགས་མི་རིགས་འབྲེལ་བའི་གཞི་རྩའི་ཁྱད་ཆོས་དང་སྙིང་པོའི་ནང་གི་གཅིག་ཡིན་པ་དང་། རང་རྒྱལ་མི་རིགས་འབྲེལ་བའི་གཞི་རྩའི་རྩ་དོན་ཐག་གཅོད་བྱེད་པའི་གཞི་རྩ་གཞི་རྩའི་ཁ་གཅིག་ཀྱང་ཡིན་ལ། ཀྲུང་གོའི་མི་རིགས་སྲིད་ཇུས་མ་ལག་གི་གྲུབ་ཆ་གཙོ་བོ་ཞིག་ཡིན།

Ethnic unity refers to mutual respect, equality and mutual assistance, friendly relation and cooperation, harmonious coexistence in social life and exchanges of various ethnic groups. It is the basic feature and one of the core contents of socialist ethnic relationship, one of the basic principles dealing with Chinese ethnic relationship, and an important part of Chinese ethnic policy system.

民族团结教育 在我国，民族团结教育是对公民进行以爱国主义教育为核心内容的学习民族理论、掌握民族政策、普及民族团结常识、树立民族团结意识、履行维护民族团结义务、增强维护民族团结责任的教育。

མི་རིགས་མཐུན་སྒྲིལ་གྱི་སློབ་གསོ། དེང་རང་རྒྱལ་དུ་མི་རིགས་མཐུན་སྒྲིལ་སློབ་གསོ་ནི་སྤྱི་དམངས་ལ་རྒྱལ་གཅེས་རིང་ལུགས་ཀྱི་སློབ་གསོ་སྙིང་པོ་བྱས་པའི་མི་རིགས་གཞུང་ལུགས་ལ་སློབ་སྦྱོང་དང་། མི་རིགས་སྲིད་ཇུས་ལ་འཛིན་དུ་འཇུག་པ། མི་རིགས་མཐུན་སྒྲིལ་གྱི་རྒྱུན་ཤེས་ཡོངས་ཁྱབ། མི་རིགས་མཐུན་སྒྲིལ་གྱི་འདུ་ཤེས་སྤྲོད་པ། མི་རིགས་མཐུན་སྒྲིལ་གྱི་ལས་འགན་སྒྲུབ་གསོར་ཤུགས་སྟོན་གཏོང་བ་བཅས་སོ།

Ethnic unity education in China is to learn ethnic theory, master ethnic policy, spread common understanding of ethnic unity, establish ethnic unity awareness, fulfill the duty of safeguarding ethnic unity, and strengthening the responsibility of safeguarding ethnic unity with patriotic education as its core for citizens.

《民族团结教育通俗读本》 书名。由中宣部宣传教育局、教育部司政司、国家民委政策法规司于2009年共同编写。采用问答形式，科学阐述了民族团结的历史渊源和现实基础，全面介绍了党的民族理论和民族政策，系统回答了我国民族领域的一系列重要问题。

《མི་རིགས་མཐུན་སྒྲིལ་གྱི་སློབ་གསོའི་རྒྱུན་སྤྱོད་ཀློག་དེབ》 དཔེའི་མིང་། དེ་ནི་ཀྲུང་དབྱང་དྲིལ་བསྒྲགས་པུའི་དྲིལ་བསྒྲགས་སློབ་གསོ་ཅུའུ་དང་། སློབ་གསོ་པུའི་འཛིན་སྐྱོང་སི་དང་། རྒྱལ་ཁབ་མི་རིགས་ཨུ་ཡོན་ལྷན་ཁང་གི་སྲིད་ཇུས་ཁྲིམས་ལུགས་སི་བཅས་ཀྱིས་༢༠༠༩ལོར་བསྒྲིགས་ཚོམ་བྱས། འདི་གཞིའི་རྣམ་པའི་དཔེ་ཆ་ཞིག་སྟེ། ཚོན་རིག་སྒོ་ནས་མི་རིགས་མཐུན་སྒྲིལ་གྱི་ལོ་རྒྱུས་འབྱུང་ཁུངས་དང་དངོས་ཡོད་ཀྱི་རྒྱབ་གཞིའི་གཞི་བཟུང་བརྗོད་ཡོད་ན། རྒྱལ་ཡོངས་སུ་ཏང་གི་མི་རིགས་གཞུང་ལུགས་དང་མི་རིགས་སྲིད་ཇུས་སོགས་ངོ་སྤྲོད་དང་རང་རྒྱལ་མི་རིགས་ཁྱབ་ཁོངས་སོགས་སུ་འབྱུང་གནད་དོན་ལ་ལན་བཏབ་ཡོད།

Ethnic Unity Education: A Popular Reading is a book jointly compiled by the Publicity Department of the Communist Party of China, the Ideological and Political Department of Ministry of Education, and the Department of Policies and Laws of State Ethnic Affairs Commission in 2009. Adopting forms of question and answer, the book scientifically elaborates the history and realistic foundation of ethnic unity, fully introduces the ethnic theories and policies of CPC and systematically answers the questions about a series of important issues of Chinese ethnic field.

民族团结进步创建工程　政策性规划。2012年国务院颁布的《少数民族事业"十二五"规划》提出，新闻、出版、文化单位要做好民族团结进步宣传教育工作，形成良好的舆论氛围；开展民族团结进步表彰活动和示范典型创建活动，建设一批示范单位和基地。

མི་རིགས་མཐུན་སྒྲིལ་གོང་འཕེལ་གསར་འཛུགས་ཀྱི་ལས་གཞི། རང་རྒྱལ་སྲིད་ཇུས་རང་བཞིན་གྱི་འཆར་འགོད་ཅིག་ཡིན། ༢༠༡༢ལོར་རྒྱལ་སྲིད་སྤྱི་ཁྱབ་ཁང་གིས་སྤེལ་བའི《གངས་ཉུང་མི་རིགས་ཀྱི་ལས་ཀ་བཅུ་གཉིས་ལྔའི་འཆར་གཞི》དུ།　མི་རིགས་མཐུན་སྒྲིལ་འཕེལ་རྒྱས་ཀྱི་དཀར་བསྒྲིབ་བྱ་འགུལ་དང་གསར་སྐྲུན་བྱ་འགུལ་ལ་སྐུལ་འདེད།　ཆོས་ལུགས་ཁྱད་དང་ཁྱེན་གཞིའི་ཁྱེལ་ཁག་ཅིག་འཛུགས་པ་བཅས་སོ། །

Projects to Establish Ethnic Unity and Progress, is a policy plan in China, proposed in *the 12th Five-year Plan for Development of Undertakings Related to Ethnic Minority Groups* and issued by State Council in 2012: the press, publishing and culture units should well accomplish the publicity and education work of ethnic unity and progress, creating a good atmosphere for public opinions; launching commendation activities and setting up models of ethnic unity and progress, and setting up model units and bases.

民族团结进步创建活动　我国推进民族团结进步事业之举措。1996年，《中共中央关于加强社会主义精神文明建设若干重要问题的决议》以中央文件的形式将开展民族团结进步活动固定下来。2010年，中宣部、统战部和国家民委联合印发《关于进一步开展民族团结进步创建活动的意见》，成为该创建活动的指南。

མི་རིགས་མཐུན་སྒྲིལ་གོང་འཕེལ་གསར་འཛུགས་ཀྱི་བྱ་འགུལ། རང་རྒྱལ་མི་རིགས་མཐུན་སྒྲིལ་གོང་འཕེལ་གྱི་བཀོད་འདིན་གཏོང་བའི་བྱ་བསག་ཅིག་ཡིན། ༡༩༩༦ལོར《གུང་ཁྲན་ཏང་དབུས་ཀྱིས་སྤྱི་ཚོགས་རིང་ལུགས་ཀྱི་བསམ་པའི་རིག་གནས་འཛུགས་པར་ཤུགས་རྒྱག་པའི་སྐོར་ཀྱི་གནད་དོན་གཙོ་བོ་ཐག་གཅོད་ཆོད་ཡིག》ཅེས་པར་གུང་དབུས་ཀྱི་ཡིག་ཚིགས་རྣམ་པའི་མི་རིགས་མཐུན་སྒྲིལ་སྤེལ་བ་འགུལ་གཏན་ཁེལ་བཞག　༢༠༡༠ལོར།　གུང་བསྒྲགས་དྲིལ་བསྒྲགས་པུའུ་དང་འཐབ་ཕྱོགས་གཅིག་སྒྱུར་པུའུ།　རྒྱལ་ཁབ་མི་རིགས་དོན་གཅོད་ཨུ་ཡོན་ལྷན་ཁང་བཅས་མཉམ་འབྲེལ་གྱིས《མི་རིགས་མཐུན་སྒྲིལ་གོང་སྤེལ་བྱ་འགུལ་སྤར་བར་ཇེ་ལེགས་སུ་གཏོང་བའི་དགོང་འཆར》ཞེས་སྤེལ་བ་བྱུང་འགུལ་དེའི་ཕྱོགས་སྟོན་ལྟ་བུ་གྱུར་པའོ། །

Activities to Establish Ethnic Unity and Progress is a measure to promote Chinese ethnic unity and progress undertaking. In 1996 the activities about ethnic unity and progress were set down by the *Resolution* of the Central Committee of CPC on Major Issues Concerning Strengthening Construction of a Socialist Spiritual Civilization in the form of Central Committee file. In 2010, the Publicity Department of the Communist Party of China, the United Front Work Department of the Chinese Communist Party Central Committee, and State Ethnic Affairs Commission jointly printed and distributed *Opinion on Further Launching Activities to Establish Ethnic Unity and Progress*, which became the guideline of establishing activities.

民族团结进步双模表彰 我国对民族团结先进集体和先进个人的表彰活动。"双模"即指"民族团结先进集体和先进个人"。1988年、1994年、1999年、2005年、2009年举办了五次全国双模表彰大会。2005年，民族团结进步表彰活动正式被确定为国家的一项法定活动，走上了规范化、制度化的轨道。

མི་རིགས་མཐུན་སྒྲིལ་གོང་སྤེལ་གྱི་གཟེངས་བསྟོད་རྣམ་གཉིས། རང་རྒྱལ་གྱིས་མི་རིགས་མཐུན་སྒྲིལ་སྟོན་ཐོན་ཚོགས་པ་དང་སྟོན་ཐོན་མི་སྒེར་ལ་བསྟན། རྣམ་གཉིས་ནི་མི་རིགས་མཐུན་སྒྲིལ་སྟོན་ཐོན་ཚོགས་པ་དང་སྟོན་ཐོན་མི་སྒེར་ལ་བསྟན། ༡༩༨༨ལོ་དང་། ༡༩༩༤ལོ། ༢༠༠༥ལོ། ༢༠༠༩ལོ་བཅས་ཐེངས་ལྔའི་རྒྱལ་ཡོངས་མི་རིགས་གཟེངས་བསྟོད་རྣམ་གཉིས་ཀྱི་ཚོགས་ཆེན་བསྡུས། ༢༠༠༥ལོར་མི་རིགས་མཐུན་སྒྲིལ་གོང་སྤེལ་གྱི་གཟེངས་བསྟོད་བྱ་འགུལ་རྒྱལ་ཁབ་ཀྱི་ཁྲིམས་མཐུན་བྱ་འགུལ་ལ་བཀོད་པ་དང་། དེ་ནས་བཟུང་ཚད་ལྡན་ཅན་དང་ལམ་ལུགས་ཅན་གྱི་ལམ་ལ་ཞུགས་པ་རེད།

Dual Commendation on Ethnic Unity and Progress is commendation activities for the models, both collectives and individuals, collectives and individuals of ethnic unity. "Dual" refers to "the models, both collectives and individuals, of ethnic unity". Five national meetings to commend and give awards to units and individuals had been held respectively in 1988, 1994, 1999, 2005 and 2009. In 2005, commendation on ethnic unity and progress was formally identified as a national statutory activity, embarking on a track toward standardization and institutionalization.

民族团结誓词碑 位于云南普洱民族团结园内。碑高142厘米，宽65厘米，厚12厘米。1950年，宁洱地委召开"普洱专区第一届兄弟民族代表会议"，全区26个民族的代表与地方党政军领导人一同举行剽牛、喝咒水等仪式后立此碑。

མི་རིགས་མཐུན་སྒྲིལ་མནའ་ཚིག་རྡོ་རིང་། དེ་ཡུན་ནན་ཕུ་ཨེར་མི་རིགས་མཐུན་སྒྲིལ་གླིང་གའི་ནང་དུ་ཡོད། རིང་ཚུང་ལ་ལི་སྨི༡༤༢ཡོད་ཅིང་ཞེང་ལ་ལི་སྨི༦༥། མཐུག་ཚད་ལ་ལི་སྨི༡༢ཡོད། ༡༩༥༠ལོར་ཉིང་ཨེར་ས་ཁུལ་གྱི་ཨུ་ཡོན་འཚོགས་ཏེ་ཕུ་ཨེར་ཆེད་ཁུལ་སྐབས་དང་པོའི་སྤུན་ཟླ་མི་རིགས་ཀྱི་འཐུས་ཚོགས་འཚོགས་པ་དང་། ས་ཁུལ་ཡོངས་ཀྱི་མི་རིགས་༢༦གི་འཐུས་ཚབ་དང་ས་དེའི་ཏང་སྲིད་དམག་གསུམ་གྱི་འགོ་ཁྲིད་པ་མཉམ་གཅིག་ཏུ་བཤུབས་པའི་རྡོ་རིང་ཞིག་ཡིན།

The Monument to the National Unity Oath, with 142 centimeter high, 65 centimeter wide and 12 centimeter thick, is located in the National Unity Garden in Pu'er city, Yunnan province. Following the First Conference of Fraternal Ethnic Representatives in Pu'er held by CPC Ning'er prefectural committee county in 1950, it was established by 26 ethnic representatives and Party heads after the ritual of stabbing a cow and drinking the water of spell.

民族团结杂志社 国家民委直属、国家级新闻期刊媒体。成立于1957年，社址在北京。主要任务是用汉、蒙古、维吾尔、哈萨克、朝鲜和英文6种文字出版发行《中国民族》杂志。

མི་རིགས་མཐུན་སྒྲིལ་དུས་དེབ་ཁང་། དེ་ནི་རྒྱལ་ཁབ་མི་རིགས་དོན་གཅོད་ཨུ་ཡོན་ལྷན་ཁང་ལ་ཐད་གཏོགས་དང་། རྒྱལ་ཁབ་རང་བཞིན་གྱི་གསར་འགྱུར་དུས་དེབ་ཅིག་ཡིན། ༡༩༥༧ལོར་པེ་ཅིན་དུ་ཚོགས་གཙོ་བོའི་ལས་འགན་ནི་རྒྱ་དང་སོག་པོ། ཡུ་གུར་རིགས། ཧ་སག། ཁོར་ཞེན་དང་དབྱིན་ཡིག་སོགས་ཡིག་རིགས་དྲུག་གིས་པར་སྐྲུན་བྱས་པའི《གུང་གོའི་མི་རིགས》དུས་དེབ་ཅིག་ཡིན།

Ethnic Groups Unity Publishing House, affiliated to State Ethnic Affairs Commission, is a Chinese national journal media established in Beijing in 1957. Its main task is to distribute the journal *China's Ethnic Groups* in Chinese, Mongolian, Uygur, Kazakh, Korean and English.

民族团结政策 特指中国共产党和国家的民族团结政策。主要内容包括：反对民族压迫和民族歧视；维护、促进各民族之间和民族内部的团结；各族人民齐心协力，共同促进祖国的发展繁荣；反对民族分裂，维护祖国统一。

མི་རིགས་མཐུན་སྒྲིལ་སྲིད་ཇུས། ཁྱད་དུ་གུང་གོ་གུང་ཁྲན་ཏང་དང་རྒྱལ་ཁབ་ཀྱི་མི་རིགས་མཐུན་སྒྲིལ་སྲིད་ཇུས་ལ་བསྣུན། ནང་དོན་གཙོ་བོར། མི་རིགས་གཞན་དང་མི་རིགས་མཐོང་ཆུང་ལ་རྡོ་རྒོལ། མི་རིགས་བར་དང་མི་རིགས་ནང་ཁུལ་གྱི་མཐུན་སྒྲིལ་ལ་སྲུང་སྐྱོབ་དང་སྐུལ་འདེད་གཏོང་བ། མི་རིགས་སོ་སོའི་མི་ཚང་སྒྲིལ་གྱིས་མེས་རྒྱལ་གྱི་འཕེལ་རྒྱས་ལ་ནུས་ཤུགས་གཅིག་འདོན་པ། མི་རིགས་ཁ་ལ་དོ་རྒོལ་དང་མེས་རྒྱལ་གཅིག་གྱུར་ལ་སྲུང་སྐྱོབ་བྱེད་པ་བཅས་སོ།

Ethnic unity policy particularly refers to ethnic unity policies of Communist Party of China and the People's Republic of China, including: 1. opposing ethnic oppression and discrimination; 2. maintaining and promoting ethnic unity between ethnic groups and among ethnic groups; 3. all ethnic groups working hard together to boost Chinese development; 4. opposing any attempt to split the nation, and safeguard national unity.

民族文化 指各民族在其历史发展过程中创造和发展起来的具有本民族特点的文化。包括物质文化和精神文化。

མི་རིགས་རིག་གནས། དེ་ནི་མི་རིགས་སོ་སོའི་རྒྱུད་ཀྱི་འཕེལ་རྒྱས་ཁྲོད་རང་མི་རིགས་ཀྱི་ཁྱད་ཆོས་ལྡན་པའི་རིག་གནས་གསར་སྐྲུན་དང་འཕེལ་རྒྱས་གཏོང་བ་ལ་བསྣུན། དེའི་ནང་དུ་དངོས་པོའི་རིག་གནས་དང་བསམ་པའི་རིག་གནས་གཉིས་འདུས་ཡོད།

Ethnic culture refers to a kind of culture with certain characteristics of an ethnic group created and developed by that ethnic group during its history, including material culture and spiritual culture.

民族文化宫 一座具有博物馆性质的民族展览馆。坐落于北京长安街西侧。建于1959年，建筑面积45058.8平方米。具有宣传民族政策，举办民族展览，收藏和研究少数民族文物、文献，提供民族书刊，开展民族文化交流，承办民族活动及商业演出等功能。

མི་རིགས་རིག་གནས་ཕོ་བྲང་། དེ་ནི་དངོས་མང་བཤམས་སྟོན་ཁང་གི་མི་རིགས་བཤམས་སྟོན་ཁང་ཞིག་ཡིན་པ་དང་། པེ་ཅིན་ཁྲང་ཨན་དུ་ལམ། ༡༩༥༩ལོར་ཚུགས། རྒྱ་ཁྱོན་ལ་སྨི་གྲུ་བཞི་མ་༤༥༠༥༢.༨ཡོད། དེས་མི་རིགས་སྲིད་ཇུས་རྒྱུད་བསྒྲགས་དང་མི་རིགས་བཤམས་སྟོན་འགྲེམ་སྤེལ། གངས་ཉུང་མི་རིགས་ཀྱི་རིག་དངོས་ཡིག་ཆ་སོགས་ཉར་ཚགས་དང་ཞིབ་འཇུག་བྱས་ཚོགས་པ་དང་། མི་རིགས་པའི་དེབ་འདོན་སྤྲོད་བྱེད། མི་རིགས་རིག་གནས་བརྗེ་རེས། མི་རིགས་ཀྱི་བྱ་འགུལ་བསྒྲུབ་པ་སོགས་ཀྱི་དགེ་མཚན་ལྡན།

Ethnic Cultural Palace, an ethnic exhibition hall featuring a museum, is located to the West of Chang'an Avenue and was built in September 1959 with an area of 45,058.8 square meters. It is served to publicize ethnic policies, hold ethnic exhibition, collect and research cultural relics and documents, provide ethnic publications, conduct ethnic cultural exchanges, undertake ethnic activities and commercial shows, etc.

《民族文学》 我国唯一的全国性少数民族文学月刊。由中国作家协会主管、中国作家出版集团公司主办。社址在北京。1981年创刊。发表的作品从不同侧面反映少数民族地区的风貌，体现中国社会主义文学的多民族性。

《མི་རིགས་རྩོམ་རིག》 དེ་ནི་རང་རྒྱལ་རྒྱལ་ཡོངས་རང་བཞིན་གྱི་གངས་ཉུང་མི་རིགས་རྩོམ་རིག་གི་ཟླ་དེབ་ཅིག་ཡིན། ཀྲུང་གོའི་རྩོམ་པ་པོའི་ཐུན་ཚོགས་ཀྱིས་གཙོ་འཛིན་དང་ཀྲུང་གོའི་རྩོམ་པ་པོའི་དཔེ་སྐྲུན་མཉམ་ཚོགས་ཀྱིས་མིའི་གཙོ་བསྐུར་བྱས། གནས་ཡུལ་པེ་ཅིན། ༡༩༨༡ལོར་ཕྱག་མར་བཏོན། དེར་བཀོད་པའི་བརྩམས་ཆོས་ཀྱིས་ཕྱོགས་མི་འདྲ་བ་ནས་གངས་ཉུང་མི་རིགས་ཁྱུལ་གྱི་ཡུལ་སྐོར་དང་། ཀྲུང་གོའི་སྤྱི་ཚོགས་རིང་ལུགས་ཀྱི་རྩོམ་རིག་གི་མི་རིགས་རང་བཞིན་མཚོན་ཡོད།

National Literature is the only monthly national journal of minorities' ethnic literature, directed by Chinese Writers Association and organized by Chinese Writers Publishing Group. It is housed in Beijing and was established in 1981. Works published reflect features of ethnic minority areas from different respects and multi-ethnic features of Chinese socialist literature.

《民族文学研究》 1983年创刊，是中国少数民族文学研究领域中唯一的国家级学术刊物。由中国社会科学院主管，中国社会科学院民族文学研究所主办。以严格的学术标准，选择刊发有关我国各少数民族文学研究的专题论文、调查报告和文学资料等。

《མི་རིགས་རྩོམ་རིག་ཞིབ་འཇུག》 ༡༩༨༣ལོར་བཏོན། དེ་ནི་ཀྲུང་གོའི་རིག་གནས་ཞིབ་འཇུག་ཁྱོན་གྱི་རྒྱལ་ཁབ་རིམ་པའི་རིག་གནས་དུས་དེབ་ཅིག་ཡིན། ཀྲུང་གོའི་སྤྱི་ཚོགས་ཚན་རིག་ཁང་གི་གཙོ་འཛིན་དང་ཀྲུང་གོའི་སྤྱི་ཚོགས་ཚན་རིག་ཁང་གི་མི་རིགས་རིག་གནས་

ཞིབ་འཇུག་ཁང་གིས་གཙོ་སྐྱོང་བྱས། དེར་རིག་གཞུང་ཚན་གཞིར་ཚན་བགག་བཟུང་ནས། རང་རྒྱལ་གྱངས་ཉུང་མི་རིགས་ཀྱི་སོའི་རྩོམ་རིག་ཞིབ་འཇུག་གི་ཆེད་བྱུང་དཔྱད་རྩོམ་དང་བཤད་དཔྱད་སྙན་ཞུ། རིག་གནས་རྒྱུ་ཆ་སོགས་གདམས་བཀོད་བྱས་ཡོད།

Studies of Ethnic Literature, established in 1983, is the only national academic journal on Chinese ethnic minority literature, directed by Chinese Academy of Social Sciences and organized by the Institute of Ethnic Literature (IEL) of Chinese Academy of Social Sciences (CASS). With strict academic criteria, it publishes treatises, research reports and literature materials relevant to the research of literatures of Chinese ethnic minorities.

民族问题　民族间的相互关系问题，主要表现在政治、经济、文化、语言文字、风俗习惯、宗教信仰等方面。它是多民族国家中，或在不同国家之间关系中经常遇到的社会问题，是在民族的活动、交往联系中发生的问题。

མི་རིགས་གནད་དོན། མི་རིགས་བར་གྱི་འབྲེལ་བའི་གནད་དོན་ལ་ཟེར། དེ་ནི་གཙོ་བོ་ཆབ་སྲིད་དང་དཔལ་འབྱོར། རིག་གནས། སྐད་ཡིག་ཡུལ་སྲོལ་གོམས་གཤིས། ཆོས་ལུགས་དང་མོས་སོགས་སུ་མངོན་པ་དང་། མི་རིགས་མང་བའི་རྒྱལ་ཁབ་དང་རྒྱལ་ཁབ་ཕན་ཚུན་བར་གྱི་འབྲེལ་བའི་ཁྲོད་རྒྱུན་དུ་བྱུང་བའི་སྤྱི་ཚོགས་གནད་དོན་ཏེ། མི་རིགས་ཀྱི་ལས་འགུལ་དང་འབྲེལ་འདྲིས་སྐྱེལ་བྱེད་པའི་གནད་དོན་ལ་བསྟུན།

Ethnic issues, the issue of relationship between ethnic groups, are mainly presented in politics, economy, culture, language, custom and religious belief. It is the issue frequently occurring in multi-ethnic nations or between different countries, and the issue arising in activities and communications of different ethnic groups.

民族问题理论　是研究民族和民族间相互关系以及如何处理这种关系的学说。

མི་རིགས་གནད་དོན་གྱི་གཞུང་ལུགས། དེ་ནི་མི་རིགས་དང་མི་རིགས་བར་གྱི་འབྲེལ་བ་དང་གནད་དོན་སོགས་ལ་ཅི་ལྟར་ཐག་གཅོད་བྱེད་པར་ཞིབ་འཇུག་བྱེད་པ་ལ་བསླབ།

Theory of ethnic issues is a theory studying the relationship between different ethnic groups and the ways to deal with that relationship.

"民族问题五种丛书"　1958年起始编，1979年重新规划定名"民族问题五种丛书"。包括：《中国少数民族简史》《中国少数民族简志》《中国少数民族自治地方概况》《中国少数民族》和《中国少数民族社会历史资料丛刊》。1991年基本完成，共402本，1亿多字。2009年修订再版。

"མི་རིགས་གནད་དོན་གྱི་དཔེའི་ཚོགས་རིགས་ལྔ།" ༡༩༥༨ལོར་སྒྲིག་འགོ་བཙུགས་ཏེ། ༡༩༧༩ལོར་བསྐྱར་སྒྲིག་བྱས་ནས་མིང་ལ《མི་རིགས་གནད་དོན་སྐོར་གྱི་དཔེའི་ཚོགས་རིགས་ལྔ་ཞེས་བཏགས》དེའི་ནང་དུ《ཀྲུང་གོའི་གྲངས་ཉུང་མི་རིགས་ཀྱི་ལོ་རྒྱུས་མདོར་བསྡུས》དང་《ཀྲུང་གོའི་གྲངས་ཉུང་མི་རིགས་ཀྱི་གནས་ཚུལ་མདོར་བསྟན》《ཀྲུང་གོའི་གྲངས་ཉུང་མི་རིགས་ཀྱི་རང་སྐྱོང་ས་ཁུལ་གྱི་གནས་ཚུལ་མདོར་བསྟན》《ཀྲུང་གོའི་གྲངས་ཉུང་མི་རིགས》དང་

《གྲངས་ཉུང་མི་རིགས་ཀྱི་སྤྱི་ཚོགས་ལོ་རྒྱུས་རྒྱུ་ཆའི་དཔེ་ཚོགས》སོགས་ཡོད་པ་དང་། ༡༩༩༡ལོར་གཞི་རྩའི་སྟེང་ལེགས་འགྲུབ་བྱུང་། མ་དཔེ་ལ་དེབ་༤༠༢ཡོད་ཅིང་། ཡིག་འབྲུ་དུང་ཕྱུར་༡ལྷག་ཡོད།

Five Serial Books on Ethnic Issues has been compiling since 1958 and was redesigned in 1979, including: the *Records of Chinese Ethnic Minorities' Languages*, the *Brief History of Chinese Ethnic Minorities*, the *Introduction to the Autonomous Areas in China*, *Chinese Ethnic Minorities*, the *Records of Investigations on the Society and History of Chinese Ethnic Minorities*. It was basically completed in 1991 and the first edition of the collections was composed of 402 books with over one hundred million Chinese characters. And a revised edition was reissued in 2009.

民族物资交流大会 指定期在我国少数民族地区举办的具有历史传统的商品流通集会。如白族的三月街、蒙古族的那达慕大会等。一般在农、牧产品收获季节或一年中农、牧闲时期举行。特点是会期长、规模大、人数多、购销额大。

མི་རིགས་རྒྱུ་དངོས་བརྗེ་སྤྱོར་ཚོགས་ཆེན། རང་རྒྱལ་གྲངས་ཉུང་མི་རིགས་ས་ཁུལ་དུ་སྤྱེལ་བའི་སྲོལ་རྒྱུན་ལོ་རྒྱུས་ལྡན་པའི་ཆོང་ཟོག་བརྗེ་སྤྱོར་ཚོགས་ཆེན་དུ་གཏན་འབེབས་པ་ཞིག་ཡིན། དཔེར་ན། པའི་རིགས་ཀྱི་གསུམ་པའི་ཁྲོམ་དང་སོག་པོའི་རྟ་རྒྱུགས་སྒྲོག་ཚོགས་ཆེན་ཚོགས་སུ་བུ་དེའི་གཤིས་བཞིན་ཡོད་པ་དང་། བྱུང་ཚོགས་ནི་ཚོགས་ཡུན་རིང་ལ་གནས་ཚད་ཆེ་བ་དང་། མི་གྲངས་མང་བ། ཉོ་ཚོང་ཆེ་བ་སོགས་སོ།

Ethnic Commodity Fair refers to the commodity circulation with historical tradition held regularly in Chinese ethnic minority regions, such as March Fair of Bai people and Nadam Fair of Mongolian. It usually takes place at the harvest season of farm and husbandry products or in slack seasons. It is characterized by long length, large scale, large number of people involved and huge purchases and sales.

"民族希望之星"班 2006年中央民族大学附中组建的，由优秀的各民族贫困学生组成的教学班。原则上56个民族每个民族1名学生。中国教育发展基金会等为该班捐资补贴，负担其高中3年的全部学费和住宿费，并补贴生活费，发放基本生活用品，使该班学生基本上享受免费高中教育。

"མི་རིགས་རེ་རྐང་འཛིན་པའི་"འཛིན་གྲྭ། ༢༠༠༦ལོར་ཀྲུང་དབྱང་མི་རིགས་སློབ་གྲྭ་ཆེན་མོའི་ཟུར་གཏོགས་སློབ་འབྲིང་དུ་བཙུགས་པའི་མི་རིགས་སོ་སོའི་ཕུལ་བྱུང་སློབ་མ་དགའ་ཞན་གྱིས་གྲུབ་པའི་འཛིན་གྲྭ་ཞིག་ཡིན། རྩ་དོན་ཐོག་མི་རིགས་ལྔ་བཅུ་ང་དྲུག་པོ་སློབ་མ་རེ་ཡོད་དགོས། ཀྲུང་གོ་སློབ་གསོ་འཕེལ་རྒྱས་ཐེབས་རྩ་ལྷན་ཚོགས་སོགས་ཀྱིས་འཛིན་གྲྭ་འདིར་དངུལ་གྱིས་རྒྱབ་སྐྱོར་བྱས་ཏེ། མཐོ་འབྲིང་ལོ་གསུམ་གྱི་སློབ་ཡོན་དང་ཚང་སྡོད་གྲོན་དངོས་ཆ་སྙེ་བར་མ་ཟད། འཚོའི་ཐབས་དངུལ་དང་། རྒྱུན་གཞིའི་འཚོ་བའི་སྤྱོད་ཆས་གནང་བས། འཛིན་གྲྭ་དེའི་སློབ་མས་ཐལ་ཆེར་འགྲོ་སོང་མེད་པའི་མཐོ་འབྲིང་གི་སློབ་གསོ་སྤྱོང་བའོ།

"Star of Hope" Class for Minority

Students was established by the affiliated high school of Minzu University of China in 2006, and made up of impoverished top students of all ethnic groups. In principle, of the officially-recognized 56 ethnic groups, only one student from every ethnic group will be elected. China Education Development Foundation and other institutions made the students in the class basically enjoy free high school education, including the subsidies, full tuition and accommodation of the high school for three years, living expenses and basic supplies.

民族乡 现指我国少数民族聚居区乡一级的行政区域。据1954年宪法规定，在相当于乡的少数民族聚居区设立。

མི་རིགས་ཞང་། དལྟའི་རང་རྒྱལ་གུངས་ཞུང་མི་རིགས་ཁ་འཐོར་གྱི་རིམ་པ་དང་འདྲ་བའི་སྲིད་འཛིན་ཁུལ་ལ་བསྟན། ༡༩༥༤ལོའི་རྩ་ཁྲིམས་སུ་གཏན་ལ་ཕབ་པར་གདངས་ཞུང་མི་རིགས་འདུས་སྡོད་ཀྱི་ས་ཁུལ་དུ་འཛུགས་པའི།

Ethnic townships now refer to Chinese administrative regions of township where ethnic minorities live in. According to the 1954 Constitution, it was established in the regions where ethnic minorities live in compact communities equivalent to the township.

《民族乡行政工作条例》 文件名。1993年由国务院批准，经国家民委发布。共24条。内容涉及：建立民族乡的条件和民族乡的行政级别、名称、人员配备、使用的语言文字、财政与税收优待、资源开发、企业兴办、教育发展、科学普及、医疗进步等方面。

《མི་རིགས་ཞང་སྲིད་འཛིན་ལས་ཀའི་དོན་ཚན》

ཡིག་ཆའི་མིང་། ༡༩༩༣ལོར་རྒྱལ་སྲིད་སྤྱི་ཁྱབ་ཁང་གིས་ཚད་བཀོད་དང་། རྒྱལ་ཁབ་མི་རིགས་དོན་གཅོད་ཨུ་ཡོན་ལྷན་ཁང་གིས་ཁྱབ་སྤེལ་བྱས། བསྡོམས་པས་དོན་ཚན་འདྱོད། ནང་དོན་དུ་མི་རིགས་ཞང་འཛུགས་པའི་ཆ་རྐྱེན་དང་སྲིད་འཛིན་རིམ་པ། མིང་དང་། མི་སྣ་བཀོད་སྒྲིག མིད་སྤྱོད་བྱེད་པའི་སྐད་ཡིག དོར་སྲིད་དཔྱ་ཁྲལ། ཐོབ་ཁུངས་གསར་སྐྱེད། ལེ་ལས་དར་སྤེལ། སློབ་གསོ་དར་སྤེལ། ཚན་རྱལ་ཁྱབ་བསྒྲགས། སྨན་བཅོས་ཡར་རྒྱས་སོགས་ཀྱི་ཕྱོགས་ཡིན།

Regulations on the Administration Work of Ethnic Townships, approved by the State Council and distributed by the State Ethnic Affairs Commission in 1993, includes 24 articles, involving prerequisites of establishing nationality townships, and their administrative level, name, personnel, languages being used, preferential finances and taxes, resources development, construction of enterprises, education development, science popularization and medical advances.

民族心理学 是研究特定条件下某一民族心理活动的发生、发展和变化规律的社会心理学分支的科学。

མི་རིགས་སེམས་ཁམས་རིག་པ། དམིགས་བསལ་གྱི་ཆ་རྐྱེན་འོག་ནས་མི་རིགས་ག་གེ་མོ་ཞིག་གི་སེམས་ཁམས་འགུལ་བསྐྱོད་ཀྱི་བྱུང་བ་དང་འཕེལ་རྒྱས། འགྱུར་ལྡོག་ཆགས་ཤིང་ལ་ཞིབ་འཇུག་བྱེད་པའི་སྤྱི་ཚོགས་སེམས་ཁམས་རིག་པའི་ཡན་ལག་གི་ཚན་རིག

Ethno-psychology, a branch of social psychology, is a science studying the occurrence, development and changing rules of certain ethnic psychological activity under a particular condition.

民族形成 亦称"民族起源",指民族在人类历史上产生的时间及其在产生前的发展过程。

མི་རིགས་གྲུབ་པ། མི་རིགས་ཀྱི་བྱུང་ཡང་ཞེར། མི་རིགས་དེ་འགྲོ་བ་མིའི་རིགས་ཀྱི་ལོ་རྒྱུས་ཐོག་ཏུ་བྱུང་བའི་དུས་ཚོད་དང་མི་རིགས་སུ་གྲུབ་དུས་ཀྱི་འཕེལ་རིམ།

Formation of ethnic groups, also called origin of ethnic groups, refers to the time when ethnic groups formed in the human history and their developing processes before their formation.

民族学 以民族为研究对象的学科。它把民族这一族体作为整体进行全面的考察,研究民族的起源、发展以及消亡的过程,研究各族体的生产力和生产关系、经济基础和上层建筑。它是社会科学中的一门独立学科。

མི་རིགས་རིག་པ། མི་རིགས་ཞིབ་འཇུག་གི་ཡུལ་དུ་བཟུང་བའི་རིག་ཚན། དེས་མི་རིགས་དེའི་ཕྱོགས་ཡོངས་སུ་རྟོག་དཔྱོད་བྱེད་ཞིང་། མི་རིགས་ཀྱི་འབྱུང་ཁུངས་དང་། མི་རིགས་གང་དེའི་དར་རྒྱུད་ལ་ཞིབ་འཇུག་དང་། མི་རིགས་ཁག་གི་ཐོན་སྐྱེད་ནུས་ཤུགས་དང་ཐོན་སྐྱེད་འབྲེལ་བ། དཔལ་འབྱོར་རྨང་གཞི་དང་སྟེང་གི་བཀོད་པ། ལ་སོགས་ཞིབ་འཇུག་བྱེད། དེའི་སྤྱི་ཚོགས་ཚན་རིག་ནང་གི་སྟེར་ཚོགས་ཀྱི་རིག་ཚན་ཞིག་ཡིན།

Ethnology is a discipline with ethnic groups as study objects, an independent discipline of social sciences. It investigates comprehensively certain ethnic groups as a whole, studying the origin, development and extinction of ethnic groups, and their respective productive force and productive relation, economic base and the superstructure.

民族学校 在我国,现指只招收或主要招收少数民族学生的学校。其学制、教学计划、入学年龄以及授课使用的语言文字等,均根据不同少数民族和民族地区的具体情况确定。

མི་རིགས་སློབ་གྲྭ། རང་རྒྱལ་དུ་མིག་སྔར་གངས་ཉུང་མི་རིགས་ཀྱི་སློབ་མ་ཁོ་ནའམ་གཙོ་བོར་བསྡུ་བའི་སློབ་གྲྭ་ཞིག་ཡིན། དེའི་སློབ་ཡུན་དང་སློབ་ཁྲིད་འཆར་གཞི། སློབ་ཞུགས་ཀྱི་ལོ་གྲངས། སློབ་ཁྲིད་སྐབས་སྤྱོད་པའི་སྐད་དང་ཡི་གེ་སོགས་མི་རིགས་མི་གཅིག་པ་དང་མི་རིགས་ཁུལ་གྱི་གནས་ཚུལ་བྱེ་བྲག་པར་གཞིགས་ནས་གཏན་ལ་ཕབ་པའོ།

Ethnic Schools are schools that recruit only or mainly minority students in our country. The educational system, teaching plan, school age, languages and characters using in classrooms, etc., all of which will be determined according to the specific circumstances in different minorities and ethnic regions.

民族学院 党和国家为解决我国民族问题而创办的专门培养少数民族干部和各类专业人才的综合性普通高等学校,是我国高等教育的组成部分。

མི་རིགས་སློབ་གྲྭ། ཏང་དང་རྒྱལ་ཁབ་ཀྱིས་རང་རྒྱལ་གྱི་མི་རིགས་གནད་དོན་ཐག་གཅོད་ཆེད་བཙུགས་པའི་གངས་ཉུང་མི་རིགས་གཞུང་ཞབས་པ་དང་ཆེད་ལས་

རྩ་ཚིགས་སློང་བའི་རྩ་འཛིན་རང་བཞིན་གྱི་སྒྲིག་འཛུགས་མཐོ་རིམ་སློབ་གྲྭ་ཞིག་ཡིན། རང་རྒྱལ་མཐོ་རིམ་སློབ་གསོའི་ཁུལ་ཚིག་ཅིག་ཀྱང་ཡིན།

Colleges for Nationalities, established by CPC and the State to solve Chinese ethnic problems, are comprehensive institutions of higher education aimed to train ethnic minority cadres and various professionals. They are a part of Chinese higher education.

民族压迫 指压迫民族的统治阶级为了本阶级的利益，在政治、经济、军事、文化、风俗习惯等方面对被压迫民族施行的歧视、镇压、掠夺和摧残行为。

མི་རིགས་གཉའ་གནོན། དབང་བསྒྱུར་གྱལ་རིམ་གྱིས་རང་གྱལ་རིམ་གྱི་ཁེ་ཕན་ཆེད་དུ་ཆབ་སྲིད་དང་། དཔལ་འབྱོར། དམག་དོན། རིག་གནས། ཡུལ་སྲོལ་གོམས་གཤིས་སོགས་ཕྱོགས་ཡོངས་ནས་མི་རིགས་ལ་གཉའ་གནོན་བྱས་ཏེ། མི་རིགས་ལ་མཐོང་ཆུང་དང་། བཙན་གནོན། འཕྲོག་བཅོམ། བཅུ་གཞོག་སོགས་ཀྱི་བྱ་སྤྱོད།

Ethnic oppression refers to discrimination, repression, plunderer and devastation in politics, economy, military and culture that the ruling class imposes on the oppressed ethnic groups for its own interests.

《民族研究》 1958年创刊，1979年复刊。编辑部设在北京，是中国社会科学院民族学与人类学研究所主办的面向全国的综合性学术理论杂志。为繁荣民族文化，加强民族团结服务。

《མི་རིགས་ཞིབ་འཇུག》 ༡༩༥༨ལོར་གསར་དུ་བཏོད། ༡༩༧༩ལོར་བསྐྱར་པར་བྱས། ཅེས་སྒྲིག་ཁབ་འཕྲིན་དུ་ཡོད། ཀྲུང་གོའི་སྤྱི་ཚོགས་ཚན་རིག་ཁང་མི་རིགས་པ་དང་། མིའི་རིགས་རིག་པ་ཞིབ་འཇུག་ཁང་གཉིས་གཙོ་སྒྲུབ་བྱས་པའི་རྒྱལ་ཡོངས་ལ་ཁ་ཕྱོགས་པའི་སྤྱི་འཛོམས་རང་བཞིན་གྱི་རིག་གཞུང་དུས་དེབ་ཞིག་ཡིན། མི་རིགས་རིག་གནས་ཀྱི་དར་སྤེལ་དང་མི་རིགས་མཐུན་སྒྲིལ་འཕེལ་འདེགས་ལ་ཞབས་ཞུ་སྒྲུབ་བྱེད།

Ethno-national Studies was established in 1958 and resumed in 1979. Its editorial department is located in Beijing. It is a comprehensive journal of academic theories throughout the nation, organized by the Institute of Ethnology and Anthropology, Chinese Academy of Social Sciences to flourish ethnic cultures and enhance services for ethnic unity.

民族医药 在我国，指少数民族的传统医药。其中包括藏医药、蒙古医药、维吾尔医药、傣医药、壮医药、苗医药、瑶医药、彝医药、侗医药、土家族医药、回族医药、朝鲜族医药等。

མི་རིགས་ཀྱི་སྨན་དང་སྨན་བཅོས། རང་རྒྱལ་ཁོངས་ཞུགས་མི་རིགས་སོག་རྒྱལ་གྱི་སྨན་དང་སྨན་བཅོས་ཤིག འདིའི་ནང་དུ་བོད་དང་སོག་པོ། ཡུ་གུར། ཏཱའི། ཀྲོང་། མོན། ཡའོ། བྲིས། ཏུང་། ཐོན། ཧུའི། ཁོ་ཞན་སོགས་ཀྱི་སྨན་དང་སྨན་བཅོས་སོགས་འདུས།

Ethnic Medicines refer to traditional medicines of ethnic minorities in China, including Tibetan, Mongolian, Uygur, Dai, Zhuang, Miao, Yao, Yi, Dong, Tujia, Hui, Korean medicines.

民族医药保护与发展工程 政策性规划。由2012年国务院颁布的《少数民族事业"十二五"规划》提出。内容涉及：优势病种诊疗方案梳理、药材资源保护区和种养基地建设、医药文献整理与项目实施推广、重点学科建设和学科带头人培养、专家学术经验继承、医药临床人才研修、医药标准化建设等方面。

མི་རིགས་ཀྱི་སྨན་བཅོས་སྦྱང་སྐྱོབ་དང་གོང་སྤེལ་ལས་གཞི། སྲིད་དུས་རང་བཞིན་གྱི་འཆར་བཀོད། ༢༠༡༢ལོར་རྒྱལ་སྲིད་སྤྱི་ཁྱབ་ཁང་གིས་བཏོན་པའི《གངས་ཞུང་མི་རིགས་ལས་དོན་བསྐྱར་གཞིའི་ལྔའི་འཆར་བཀོད》བཏོན། དེའི་ནང་དོན་དུ། ནད་རིགས་བཙོས་ཐབས་འཚོལ་བསྡུ་དང་སྨན་རྫིའི་ཐོན་ཁུངས་སྐྱོབ། སྨན་འདེབས་གནས་སྐུལ་བ། སྨན་གཞུང་ཞིབས་ཕྱིག་དང་ལས་ཚན་ལག་བསྟར་གཏོང་བ། རིག་ཚན་གལ་ཆེན་འཛུགས་པ་དང་རིག་ཚན་མགོ་འཛིན་པ་སྐྱོང་བ། གཞུང་ལུགས་ཆེད་མཁས་པའི་ཉམས་མྱོང་རྒྱུན་འཛིན། སྨན་པའི་སློབ་གཉེར་བ་སྨན་སྦྱོང་བ། སྨན་ཚད་ལྡན་ཅན་བཟོ་བསྒྲིགས་འདུས།

Project to Preserve and Develop Ethnic Medicines, is a policy plan in China, proposed in *the 12th Five-year Plan for Development of Undertakings Related to Ethnic Minority Groups* and issued by State Council in 2012. It involves review of diagnostic plans on supremacy diseases, construction of medicinal resources protection zones and farming bases, collation of medicinal literature and implementation and spread of projects, key disciplines construction and training of discipline leaders, inheritance of experts' academic experience, further study of medicinal clinical talents and construction of medicine standardization.

《民族译丛》 原名《民族问题译丛》。中国译介外国有关民族问题的论著和资料的学术刊物。1954年在北京创刊，由中央民族事务委员会参事室编辑出版。1959年停刊，1979年复刊后改现名。

《མི་རིགས་ཡིག་བསྒྱུར་དེབ་ཚོགས》 ཐོག་མའི་མིང་ལ《མི་རིགས་གནད་དོན་གྱི་ཡིག་བསྒྱུར་དེབ་ཚོགས》ཟེར། ཕྱི་རྒྱལ་གྱི་མི་རིགས་གནད་དོན་སྐོར་གྱི་བརྩམས་ཆོས་དང་། ཡིག་ཆའི་རིག་གནས་ཀྱི་དུས་དེབ། ༡༩༥༤ལོར་ཅིན་དུ་གསར་དུ་བཏོན། ཀྲུང་དབྱང་མི་རིགས་དོན་གཅོད་ཨུ་ཡོན་ལྷན་ཁང་གིས་ཚོ་སྒྲིག་བྱས། ༡༩༥༤ལོར་མཚམས་བཞག ༡༩༧༩ལོར་བསྒྱུར་བར་བྱས་རྗེས་ད་ལྟའི་མིང་འདིར་བརྗེ།

Collected Translations on Ethnic Groups, originally named *Collected Translations on Ethnic Problems*, is an academic publication on translations of foreign works and materials relevant to ethnic problems. It was established in Beijing in 1954, edited and published by Counselor's Office of Central Ethnic Affairs Commission. The publication stopped in 1959 and resumed and renamed in 1979.

民族用品商店 我国专门经营民族特需商品的零售商店，是民族贸易的形式之一。大多设在县（旗）、州（盟）、省（自治区）政府所在地。以集中力量做好少数民族特需商品的货源组织和供应工作为主要任务。经营亏损由国家予以贴补。

མི་རིགས་ཀྱི་སྤྱོད་རྫས་ཚོང་ཁང་། རང་རྒྱལ་གྱི་ཆེད་དུ་མི་རིགས་ལ་དགོས་སྒུ་མགོའི་ཚོང་ཟོག་བདག་གཉེར་ཞིབས་འཚོལ་ཁང་སྟེ། མི་རིགས་བར་གྱི་ཉོ་ཚོང་གི་

རྣམ་པ་ཞིག་ཡིན། མང་ཤས་སྟོང་ (དཀར) དང་ཁུལ་ (མངའ་མཞུན) །ཞིང་ཆེན་ (རང་སྐྱོང་ལྗོངས) སྟེང་གཞུང་ཡོད་ས་མཆོག་སུ་བཙུགས་ཡོད། སྟབས་ཤུགས་གཅིག་བསྡུས་ཀྱི་སྟོ་ནས་གྲངས་ཉུང་མི་རིགས་ལ་དགོས་སུ་མཁོ་བའི་ཚོང་ཟོག་གི་ཕོན་ཁོངས་རྩ་འཛུགས་དང་མཁོ་སྤྲོད་ཀྱི་ལས་ཀ་དེ་འགན་ཁུར་གཙོ་བོར་བཟུང་ཞིང་། བདག་གཉེར་གྱི་གྱོང་རྒུད་རྒྱལ་ཁབ་ཀྱིས་རོགས་སྟོན་བྱ་རྒྱུ་ཡིན།

Ethnic articles store, a retail store specialized in commodities specially needed by ethnic minorities in China, is one of the ethnic trade forms. It is mostly opened in counties (banners), prefectures (leagues) and provinces (autonomous regions). Its main task is concentrating on the organization and supply of commodities specially needed by ethnic minorities, with operating loss subsidized by the state.

民族用品生产基地 在我国，指根据各少数民族的不同需要，国家确定的在各地区专门组织生产少数民族特需用品的地点。

མི་རིགས་སྤྱོད་ཆས་ཐོན་སྐྱེད་རྟེ་གནས། རང་རྒྱལ་དུ་གྲངས་ཉུང་མི་རིགས་ཀྱི་དགོས་མཁོ་མི་འདྲ་བར་དམིགས་ནས། རྒྱལ་ཁབ་ཀྱིས་ས་གནས་སོ་སོར་གྲངས་ཉུང་མི་རིགས་ལ་མཁོ་བའི་ཐོན་ཟུས་ཆེད་དུ་ཐོན་སྐྱེད་བྱེད་པའི་རྟེ་གནས་གཏན་འབེབས་བྱས་པའི་ས་གནས་ལགོ།

Production bases of ethnic articles, refer to places confirmed by the state to organize and produce commodities specially needed by ethnic minorities in different regions according to the different needs of different ethnic minorities.

民族语言 一般指一个民族的成员共同使用的语言。民族特征之一。是在民族形成过程中，以某种方言为基础，并吸收其他方言的有益成分发展而成的。

མི་རིགས་སྐད་ཆ། སྤྱིར་བཏང་དུ་མི་རིགས་ཤིག་གིས་ཐུན་མོང་དུ་སྤྱོད་པའི་སྐད་ཆར་བསྟུན། མི་རིགས་ཀྱི་ཁྱད་ཆོས་གཅིག་ཀྱང་ཡིན། མི་རིགས་ཞིག་ཆགས་པའི་བརྒྱུད་རིམ་ཁྲོད་ཕལ་སྐད་ག་གེ་མོ་ཞིག་གཞི་གཞིས་བྱས་ཏེ། ཕལ་སྐད་གཞན་པ་བསྟུ་ལེན་བྱས་པའི་སྐད་གཞིའི་ཕོན་འཕེལ་རྒྱས་སུ་སོང་ནས་གྲུབ་པ་ཞིག་ཡིན།

Ethnic language, one of ethnicity characteristics, usually refers to the language used by the members of an ethnic group. Based on certain dialect and absorbing the beneficial components of other dialects, it develops and forms during the process of the formation of ethnic groups.

民族语言学 是语言学和民族文化学有机结合的语言学分支学科。主要研究语言和文化之间的关系，以及不同民族对世界认知方式的区别。

མི་རིགས་སྐད་བརྡ་རིག་པ། སྐད་བརྡ་རིག་པ་དང་མི་རིགས་རིག་གནས་རིག་པ་གཉིས་ཟུང་འབྲེལ་བྱས་པའི་སྐད་བརྡ་རིག་པའི་ཡན་ལག་གི་རིག་ཚན་ཞིག་ཡིན། གཙོ་བོར་སྐད་ཡིག་དང་རིག་གནས་བར་གྱི་འབྲེལ་བ་དང་། མི་རིགས་མི་གཅིག་པས་འཇིག་རྟེན་ངོས་འཛིན་བྱེད་ཐབས་མི་མཐུན་པ་ཕྱོགས་ཀྱི་ཁྱད་པར་སོགས་ལ་ཞིབ་འཇུག་བྱེད་པ་ཡིན།

Ethnolinguistics, a linguistic branch integrated linguistics and ethno culture studies, mainly studies the relationship between language and culture, and the distinction between the cognitive patterns of different

民族预科 我国现行的根据少数民族学生的特点，采取特殊措施，着重提高文化基础知识，加强基本技能的训练，使学生在德、智、体等方面都得到进一步发展与提高，为在高等院校本、专科（高职）进行专业学习打下良好基础所设立的一种教学班。

མི་རིགས་བྱ་སྒྲིག་འཛིན་གྲྭ། རང་རྒྱལ་གྱིས་དེང་དུས་གཞུང་ཞུགས་མི་རིགས་ཀྱི་སློབ་མའི་ཁྱད་ཆོས་གཞིར་བཟུང་སྟེ། དམིགས་བསལ་གྱི་བྱེད་ཐབས་སྤྱད་དེ་རིག་གཞུང་གི་རྨང་གཞིའི་ཤེས་བྱ་ཇེ་བཟང་དང་། སློབ་སྦྱོང་གི་ནུས་རྩལ་སྤྲུགས་བདར་བཏང་ནས། སློབ་མའི་སློབ་ཡོན་རྒྱལ་གསུམ་སོགས་ཕྱོགས་ཡོངས་ནས་བསྐྱངས་པས། མཐོ་རིམ་སློབ་གྲྭའི་གཏོས་གཞི་དང་ཆེད་སྦྱོང་སླབས་བསླབ་གཞིར་གྱི་རྨང་གཞི་ལེགས་པོ་འདིང་པའི་ཆེད་དུ་བཙུགས་པའི་འཛིན་གྲྭ་ཞིག་ཡིན།

Preparatory Class for minority students is a current teaching class established by China according to the characteristics of ethnic minority students. Taking special measures, it emphasizes on improving the basic cultural knowledge and enhancing the training of basic skills to further develop and boost student's ethics, intellect and physique, which will serve as a solid foundation for professional study in colleges, universities or higher vocational institutes.

民族院校和民族地区高校教育质量提升工程 我国的政策性规划。由2012年国务院颁布的《少数民族事业"十二五"规划》提出：在审批新增硕士点、博士点和重点学科时，给予政策倾斜。支持建设一批重点实验室和人文社科研究基地。鼓励和支持培养引进一批教育教学骨干、学术骨干和学科带头人，建设一批高水平教学和科研团队。

མི་རིགས་སློབ་གྲྭ་དང་མི་རིགས་ས་ཁུལ་གྱི་མཐོ་རིམ་སློབ་གསོའི་སྤུས་ཚད་མཐོར་འདེགས་ཀྱི་ལས་གཞི། རང་རྒྱལ་གྱི་སྲིད་དུས་རང་བཞིན་གྱི་འཆར་བཀོད། ༢༠༡༢ལོར་རྒྱལ་སྲིད་སྤྱི་ཁྱབ་ཁང་གིས་སྤེལ་བའི《གྲངས་ཉུང་མི་རིགས་ལས་དོན་བཅུ་གཉིས་ལྔའི་འཆར་བཀོད》དུ། རབ་འབྱམས་པ་དང་འབུམ་རམས་པ། གཙོ་གནད་བསླབ་ཚན་གསར་བསྐྲུན་ཚོགས་བགོད་ཐོབ་ཚེ་སྙིང་དུས་ཀྱི་ལྟ་སྟངས་གནང་། ཚན་རིག་ཚོད་ལྟ་ཁང་དང་སྤྱི་ཚོགས་ཚན་རིག་གི་ཞིབ་འཇུག་གནས་གཞི་འདུགས་པར་རྒྱབ་སྐྱོར་བྱེད་པ། སློབ་གསོ་གང་འཛིན་པ་དང་རིག་གཞུང་གང་འཛིན་པ། རིག་ཚན་མགོ་འཛིན་པ་འབོར་ཞིག་སྐྱོང་བར་རྒྱབ་སྐྱོར་དང་སྐུལ་མ་བྱས་ཏེ། ཡོན་ཚད་མཐོ་བའི་སློབ་ཁྲིད་པ་དང་ཚན་ཞིབ་དཔུང་སྡེ་ཞིག་སྐྲུན་པའོ།

Project in improving educational and teaching quality in colleges and universities for nationalities and colleges in ethnic regions, is a policy plan in China, proposed in *the 12th Five-year Plan for Development of Undertakings Related to Ethnic Minority Groups* and issued by State Council in 2012: offering preferential policy in examining and approving new master degree programs, doctor degree programs and key disciplines; supporting the construction of essential laboratories and bases of humanities and social sciences; encouraging and supporting the training and introduction of excellent educational and teaching cadres, academic cadres and discipline leaders to build a high-level teaching and research team.

民族院校和民族地区高校学生锻炼平台搭建工程 政策性规划。由 2012 年国务院颁布的《少数民族事业"十二五"规划》提出：搭建民族院校和民族地区高校学生寒暑假锻炼平台，充分利用现有资源，鼓励少数民族学生加强见习、实习和实训，提升就业能力。

མི་རིགས་སློབ་གྲིང་དང་མི་རིགས་ས་ཁུལ་གྱི་མཐོ་རིམ་སློབ་གྲྭའི་སློབ་མའི་སྦྱོང་བརྡར་སྟེགས་བུ་སྐྲུན་པའི་ལས་གཞི། སྲིད་ཇུས་རང་བཞིན་གྱི་འཆར་བཀོད། ༢༠༡༢ རྒྱལ་སྲིད་སྤྱི་ཁྱབ་ཁང་གིས་སྤེལ་བའི《གྲངས་ཉུང་མི་རིགས་ལས་དོན་བཅུ་གཉིས་ལྔའི་འཆར་བཀོད》དུ། མི་རིགས་སློབ་གྲིང་དང་མི་རིགས་ས་ཁུལ་གྱི་མཐོ་རིམ་སློབ་གྲྭའི་སློབ་མའི་དགུན་གནང་སྐབས་ཀྱི་སྦྱོང་བརྡར་སྟེགས་བུ་སྐྲུན་པ་དང་། ད་ཡོད་ཀྱི་མ་དངུལ་བེད་སྤྱོད་གང་འཚམ་བྱས་ཏེ། གྲངས་ཉུང་མི་རིགས་ཀྱི་སློབ་མ་རྣམས་ཀྱི་དངོས་སློང་སློབ་བདར་ལ་ཤུགས་སྣོན་དང་རམ་འདེགས་བྱས་ནས་ལས་ཞུགས་ཉུས་པ་རྗེ་མཐོར་གཏོང་བ་བཅས་བྱེད་རྒྱུ།

Project to build internship platforms in colleges and universities for nationalities and colleges in ethnic regions, is a policy plan in China, proposed in *the 12th Five-year Plan for Development of Undertakings Related to Ethnic Minority Groups* and issued by State Council in 2012: building internship platforms for students in colleges and universities for nationalities and colleges in ethnic regions during summer and winter vacation and making full use of present resources to encourage ethnic minority students to strengthening apprentice, internship and practice, which will promote their ability for employment.

民族杂居区 指两个或两个以上的民族交错居住的地区。

མི་རིགས་འདྲེས་སྡོད་ས་ཁུལ། གཉིས་སམ་གཉིས་ཡན་གྱི་མི་རིགས་རྟྭ་མཉམ་འདྲེས་སྡོད་ས་ཁུལ་ལོ།

Multi-ethnic areas refer to areas where two or more than two ethnic groups live together or mix with each other.

民族战争 不同民族之间为了一定的政治目的或经济利益而进行的武装斗争。是解决民族矛盾的一种最高斗争形式。有正义、非正义两种。

མི་རིགས་དམག་འཁྲུག མི་རིགས་མི་འདྲ་བར་དུ་ཆབ་སྲིད་དམིགས་ཡུལ་ལམ་དཔལ་འབྱོར་ཁེ་ཕན་གྱི་ཆེད་དུ་བྱུང་བའི་དཔག་ཤུགས་ཀྱི་འཐབ་རྩོད་ཡིན། མི་རིགས་འགལ་བ་ཐག་གཅོད་བྱེད་པའི་ཆེས་མཐོའི་འཐབ་རྩོད་རྣམ་པ་ཞིག་ཡིན། དེ་ལ་དྲང་བདེན་དང་དྲང་བདེན་མ་ཡིན་པ་བཅས་རིགས་གཉིས་ཡོད།

War between ethnic groups (the national war), an armed combat by different ethnic groups for certain political motives or economic benefits, is the highest combat to solve conflicts between nationalities. It could be just or unjust.

民族政策 指国家和政党为调节民族关系，处理民族问题而采取的相关措施、规定等的总和。

མི་རིགས་སྲིད་ཇུས། རྒྱལ་ཁབ་དང་སྲིད་ཏང་གིས་མི་རིགས་འབྲེལ་བ་སྟོམ་སྒྲིག་དང་མི་རིགས་གནད་དོན་ཐག་

གཙོད་ཐབས་སྲུང་པའི་འབྲེལ་ཡོད་ཀྱི་བྱེད་ཐབས་དང་སྒྲིག་གཞི་སོགས་སྟེ་ལ་བསྟན།

The policy towards ethnic groups refers to relevant measures, regulations and so on taken by the state or the Party to regulate ethnic relations and to solve ethnic problems.

民族政治学 一门以民族政治生活和各种民族政治现象为研究对象的，具有交叉学科性质的学科。为政治学的分支学科。

མི་རིགས་ཆབ་སྲིད་རིག་པ། མི་རིགས་ཀྱི་ཆབ་སྲིད་འཚོ་བ་དང་རིགས་སོ་སོའི་ཆབ་སྲིད་སྣང་ཚུལ་འདུ་དཔྱད་ཡུལ་དུ་བཟུང་བའི་བསྟུན་པའི་རིག་ཚན་གྱི་ངོ་བོ་ལྡན་པའི་རིག་ཚན་ཞིག་སྟེ། ཆབ་སྲིད་རིག་པའི་ཡན་ཚན་གྱི་རིག་ཚན་ཞིག་ཀྱང་ཡིན།

Ethnic politics, characterized by inter-disciplines with ethnic political phenomena as its research object, is a sub-discipline of politics.

民族至上 指把本民族的权力和利益看得高于一切的思想。

མི་རིགས་བླ་ན་མེད་པ། རང་མི་རིགས་ཀྱི་དབང་ཆ་དང་ཁེ་ཕན་བླ་ན་མེད་པར་བགྱུར་བའི་བསམ་བློ་ཞིག

Ethnic supremacy refers to an ideology that the rights and interests of a particular ethnic group are inherently superior to others.

民族中学 我国在发达或较发达地区开设的专门或者主要招收少数民族学生，帮助少数民族地区提高教育水平的中学。

མི་རིགས་སློབ་འབྲིང་། རང་རྒྱལ་གྱིས་དར་རྒྱས་ཆེ་བའམ་ཅུང་དར་རྒྱས་ཆེ་བའི་ས་ཁུལ་དུ་ཆེད་དུ་བཙུགས་པའི་གནས་ཡང་མི་རིགས་སློབ་མ་གཙོ་ཞིང་དགའ་

ཡུང་མི་རིགས་ས་ཁུལ་གྱི་སློབ་གསོའི་རྒྱ་ཚད་དེ་མཐོར་གཏོང་བར་རོགས་རམ་བྱེད་པའི་སློབ་འབྲིང་ཞིག

Ethnic middle schools, established in the developed areas or relatively developed areas to recruit minority students, aim to help the ethnic minority areas to improve their education levels.

民族主体性 是一个国家各个民族在长期社会实践中共同形成的民族主要特性及民族自我意识。

མི་རིགས་གཙོ་ཕྱུང་རང་བཞིན། རྒྱལ་ཁབ་ཅིག་གི་མི་རིགས་སོ་སོའུན་རིང་པོའི་སྤྱི་ཚོགས་ལག་ལེན་ཁྲོད་ཕྱན་མོང་གིས་གྲུབ་པའི་མི་རིགས་ཀྱི་ཁྱད་ཆོས་གཙོ་བོའམ་མི་རིགས་རང་ཉིད་ཀྱི་འདུ་ཤེས་ཞིག

Ethnic subjectivity refers to the main ethnicity characteristics and ethnic self-consciousness of each ethnic group developed in the long-range social practice.

民族主义 属于民族的一种感情以及坚持区域和民族单元与自治统一关系同时存在的一种政治意识形态。简言之：将自我民族作为政治、经济、文化的主体而置于至上至尊价值观考虑的思想或运动。

མི་རིགས་རིང་ལུགས། མི་རིགས་ཀྱི་དྭང་ཞེན་ལ་གཏོགས་པ་སྟེ། མཁའ་ཁོངས་སམ་མི་རིགས་རང་སྐྱོང་དང་། རང་སྐྱོང་གཅིག་གྱུར་རྒྱུན་འཁྱོངས་དང་མཉམ་དུ་གནས་པའི་ཆབ་སྲིད་ཀྱི་འདུ་ཤེས་རྣམ་པ་ཞིག་ཡིན། མདོར་བསྡུས་ཀྱིས་བསྟན་ན། མ་འོངས་པའི་རང་རིགས་ཉིད་དུ་ཆབ་དཔལ་རིག་གསུམ་གྱི་གཙོ་རྒྱགས་གཞན་ལས་ཁྱད་དུ་འཕགས་པར་གཞིགས་པའི་དགོངས་པའམ་ལས་འགུལ་ཞིག་ལ་བསྟན།

Nationalism refers to a national feeling and a political ideology that adheres to the significance of a geographical region and an ethnic group identifying with one's autonomy unified nation. In short, it refers to an ideology or movement that makes one's own nation the subject of politics, economy and culture, and put it in the supreme place of values.

民族自治地方变通执行权 我国民族自治地方自治机关的自治权之一。对上级国家机关的决议、决定、命令和指标，如果不适合民族自治地方实际情况，其自治机关可以报经上级国家机关批准，变通执行或者停止执行。

མི་རིགས་རང་སྐྱོང་ས་ཁུལ་གྱི་བབས་བཅོས་ལག་བསྟར་དབང་། རང་རྒྱལ་གྱི་མི་རིགས་རང་སྐྱོང་ལས་ཁུངས་ཀྱི་རང་སྐྱོང་དབང་ཚད་ནང་ཚན་ཞིག་རྒྱལ་ཁབ་ཀྱི་གོང་རིམ་ལས་ཁུངས་ཀྱིས་གྲོས་ཆོད་དང་གཏན་འབེབས། བཀོད་སྒྲིག། མཐོ་སྟོན་གནང་བ་དག་གལ་ཏེ་མི་རིགས་རང་སྐྱོང་ཁུལ་གྱི་དོན་དངོས་དང་མི་འཚམ་ན། རང་སྐྱོང་ལས་ཁུངས་དག་གིས་གོང་རིགས་ལས་ཁུངས་སྙན་ཞུས་ཏེ་བབས་བཅོས་གཏོང་བའམ་ལག་ལེན་བྱེད་པ་མཚམས་འཇོག་བྱ་རྒྱུ།

Right to implement with certain alterations in ethnic autonomous areas, one power of the autonomous agency. If a resolution, decision, order, or instruction of a state agency at a higher level does not suit the actual conditions in an ethnic autonomous area, an autonomous agency of the area may report for the approval of that higher level state agency to either implement it with certain alterations or cease implementing it.

民族自治地方财政管理权 我国民族自治地方自治机关的自治权之一。凡国家规定属于民族自治地方的财政收入，应由其自治机关自主安排使用。其财政收入和财政支出的项目，由国务院按照优待民族自治地方的原则规定。其财政预算支出，按国家规定设机动金，预备费在预算中所占比例高于一般地区等。

མི་རིགས་རང་སྐྱོང་ས་ཁུལ་གྱི་ནོར་སྲིད་བདག་གཉེར་དབང་། རང་རྒྱལ་གྱི་མི་རིགས་རང་སྐྱོང་ཁུལ་གྱི་རང་སྐྱོང་ལས་ཁུངས་ཀྱི་རང་སྐྱོང་དབང་ཚའི་ནང་ཚན་ཞིག རྒྱལ་ཁབ་ཀྱིས་མི་རིགས་རང་སྐྱོང་ཁུལ་གྱི་ཡིན་པ་འབབ་ཏུ་གཏོགས་པར་གཏན་ལ་ཕབ་པ་དག་ཐད། ས་གནས་རང་སྐྱོང་ལས་ཁུངས་རང་གིས་བགོ་སྒྲིག་བྱེད་ཆོག་པ། དེའི་ནང་དུ་ནོར་སྲིད་ཡོང་སྒོ་དང་འགྲོ་སྒོའི་རྣམ་གྲངས་གཉིས་འདུག་ཞིང་། རྒྱལ་སྲིད་སྤྱི་ཁྱབ་ཁང་གིས་མི་རིགས་ས་ཁུལ་གྱི་དམིགས་སྐྱོང་རྩ་དོན་གཏན་འབེབས་ལྟར་སྐྱོང་བ། དེ་ལས་ནོར་སྲིད་འགྲོ་སྒོའི་སྔོན་རྩིས་དེ་རྒྱལ་ཁབ་ཀྱིས་གཏན་ལ་ཕབ་པའི་འཆར་རྩིས་སྐྱོང་དུས་སྐྱར། གབས་ཆས་འགྲོ་སྒོས་གབས་ཆས་ཁྱོན་གྱི་བསྟར་ཚོས་ཁུལ་སྤྱིར་བཏང་བ་ལས་མཐོ་བ་ཡིན།

Right to administer the finances in ethnic autonomous areas, one power of the autonomous agency. All revenues accruing to the ethnic autonomous areas under the financial system of the state shall be managed and used by autonomous agencies in these areas on their own. Revenue and expenditure projects of regional autonomous governments enjoy preferential treatment. Ethnic autonomous areas, in accordance with state stipulations, lay aside a reserve fund for expenditure in their budgets. The proportion of the reserve fund in their budgets shall be higher than that in the budgets of other areas.

《民族自治地方财政管理暂行办法》 文件名。1958年由第一届全国人大常委会第九十七次会议批准，是中国第一个以法律形式固定下来的民族自治地方财政管理法规。共23条，涉及民族自治地方财政的地位和权利、预算支出划分、拨款补助、设置预备费和周转金、税收照顾等问题。

《མི་རིགས་རང་སྐྱོང་ས་ཁུལ་གྱི་ནོར་སྲིད་བདག་གཉེར་འཕྲལ་སྒྲུབ་ཀྱི་བྱེད་ཐབས》ཡིག་ཆའི་མིང་། ༡༩༥༨ལོར་སྐབས་དང་པོའི་རྒྱལ་ཡོངས་མི་དམངས་རྒྱལ་ཁབ་ཀྱི་ཞི་བདུན་པའི་རྒྱུས་ཚོགས་ཀྱི་ཚོགས་འདུ་གནང་སྟེ་ཆོད་དོན་གོའི་ཕྱིས་དང་པོའི་ཁྲིམས་ལུགས་རྣམ་པས་གཏན་འབེབས་གནང་བའི་མི་རིགས་ས་གནས་རང་སྐྱོང་ནོར་སྲིད་བདག་གཉེར་གྱི་ཁྲིམས་སྲོལ་ཡིན། སྦོམ་དོན་ཚན་ཆེན་པོ་ཉེར་གསུམ་ཡོད། མི་རིགས་རང་སྐྱོང་ས་གནས་ནོར་སྲིད་ཀྱི་གོ་གནས་དང་དབང་། གྲས་རྩིས་འགྲོ་གྲོན་དང་འབོར་རྒྱག་མ་དངུལ། ཁུལ་དམིགས་བསལ་སོགས་འདུས།

Provisional Measures for Financial Administration in Ethnic Autonomous Areas, ratified at the 97th session of the first national people's Congress in 1958, is the first fiscal administration rule of ethnic autonomous areas in the form of law, 23 provisions in total, involving: financial status and rights of ethnic autonomous areas, division of budget expenditure,

appropriation in aid, setting up budget reserve and revolving fund, and tax preference, etc.

民族自治地方的行政地位 指根据中国的行政区划原则，建立哪一级的民族自治地方，民族自治地方的自治机关便行使哪一级地方国家机关职权，同时行使自治权。

མི་རིགས་རང་སྐྱོང་ས་ཁུལ་གྱི་སྲིད་འཛིན་གོ་གནས། ཀྲུང་གོའི་སྲིད་འཛིན་འཆར་བཀོད་ཀྱི་རྩ་དོན་གཞིར་བཟུང་ནས་མི་རིགས་རང་སྐྱོང་ས་ཁུལ་རིམ་པ་འདུག་པ་དང་། མི་རིགས་རང་སྐྱོང་ས་ཁུལ་གྱི་རང་སྐྱོང་ལས་ཁུངས་ཀྱིས་ས་གནས་རིམ་པའི་རྒྱལ་ཁབ་ཁུངས་ཀྱི་རང་དབང་འཚམས་པའི་དབང་ཆ་བེད་སྤྱོད་དང་། ཆབས་གཅིག་ཏུ་རང་སྐྱོང་དབང་ཆ་བེད་སྤྱོད་པའོ།།

Administrative status of ethnic autonomous areas refers that organs of self-government of autonomous prefectures shall exercise the functions and powers of local state organs to which levels they are equivalent, at the same time, exercise the power of autonomy.

民族自治地方的自治权利 指民族自治地方自治机关根据本民族、本地区的具体情况和特点，自主地管理本民族、本地区内部事务的权利。

མི་རིགས་རང་སྐྱོང་ས་ཁུལ་གྱི་རང་སྐྱོང་ཁེ་དབང་། དེ་ནི་མི་རིགས་ཁུལ་རང་སྐྱོང་ལས་ཁུངས་ཀྱིས་རང་མི་རིགས་དང་ས་ཁུལ་གྱི་གནས་ཚུལ་ཆེ་ཕྲག་པ་དང་། ཁྱད་ཆོས་སོགས་གཞིར་བཟུང་ནས་རང་བདག་སྤོས་རང་མི་རིགས་དང་ས་གནས་ནང་ཁུལ་གྱི་ལས་དོན་དབང་ཆ་ལ་སྤྱོད།

Autonomy right of the ethnic autonomous

areas refers to the right that the organs of self-government of ethnic autonomous areas can autonomously administer the internal affairs of their own ethnic and region according to the particular situation and characteristics.

民族自治地方发展文化教育的权利 我国民族自治地方自治机关自治权之一。包括自主地发展民族教育、扫除文盲和举办各类学校。自主发展具有民族形式和民族特点的文化艺术,推进本地方的科学、卫生、体育等事业的发展。可以同其他地方,包括国外,开展多方面的交流和协作。

མི་རིགས་རང་སྐྱོང་ས་ཁུལ་གྱི་རིག་གནས་སློབ་གསོ་གོང་སྤེལ་གཏོང་བའི་ཁེ་དབང་། རང་རྒྱལ་མི་རིགས་ས་གནས་རང་སྐྱོང་ལམ་ལུགས་ཀྱི་རང་སྐྱོང་དབང་ཆའི་ནང་ཚན་ཞིག དེའི་ནང་དུ་རང་བདག་བློས་མི་རིགས་སློབ་གསོ་གོང་སྤེལ་དང་། ཡིག་རྨོངས་མེད་པར་གཏོང་བར་རིགས་མི་འདྲ་བའི་སློབ་གྲྭ་འཛུགས་པ། རང་བདག་སློབ་མི་རིགས་རྣམ་པ་དང་མི་རིགས་ཁྱད་ཆོས་ལྡན་པའི་རིག་གནས་སྒྱུ་རྩལ་གོང་སྤེལ་གཏོང་བ། རང་ས་ཁུལ་ཚན་རིག་དང་འཕྲོད་བསྟེན། ལུས་རྩལ་སོགས་གོང་སྤེལ་གཏོང་བ། ཆབས་གཅིག་ཏུ་ས་ཁུལ་གཞན་དག་གམ། ཡང་ན་ཕྱི་རྒྱལ་སོགས་ལ་ཕྱོགས་གང་ཐད་ནས་འབྲེལ་འདྲིས་དང་མཉམ་ལས་བྱས་ཆོག་པ་བཅས་སོ། །

The right to develop culture and education of ethnic autonomous areas is one power of the autonomous agency. The organs shall independently develop education for the nationalities by eliminating illiteracy, setting up various kinds of schools. They also have rights to independently develop culture and art with ethnic forms and ethnic characteristics, to strive to develop their science, public health, sports, etc., and to carry out exchanges and cooperation with other areas, including foreign countries.

民族自治地方进行贸易活动的权利 我国民族自治地方自治机关自治权之一。依照国家规定,可以开展对外经济贸易活动。经国务院批准,可以开辟对外贸易口岸、开展边境贸易。在对外经济贸易活动中,有些方面享受国家的优待。

མི་རིགས་རང་སྐྱོང་ས་ཁུལ་གྱི་ཚོང་ཚོང་བྱ་འགུལ་གྱི་ཁེ་དབང་། རང་རྒྱལ་མི་རིགས་ས་གནས་རང་སྐྱོང་ལམ་ལུགས་ཀྱི་རང་སྐྱོང་དབང་ཆའི་ནང་ཚན་ཞིག རྒྱལ་ཁབ་ཀྱི་གཏན་ཕབ་གཞིར་བཟུང་ནས་ཕྱི་ཕྱོགས་ཏེ་ཚོང་བྱ་འགུལ་སྤེལ་ཆོག རྒྱལ་སྲིད་སྤྱི་ཁྱབ་ཁང་གི་ཆོག་མཆན་ཐོབ་ཏེ་མཚོ་འགྲམས་དང་རྒྱལ་མཚམས་ཏོ་ཚོང་སྤེལ་ཆོག ཕྱི་ཕྱོགས་ཏོ་ཚོང་བྱ་འགུལ་བྱེད་དུ་ཕྱོགས་ཁ་ཤས་རྒྱལ་ཁབ་ཀྱིས་དམིགས་བསལ་སྐྱོང་ཆོག་པ་བཅས་སོ། །

The right to pursue trade activities of ethnic autonomous areas, one power of the autonomous agency, allows the organs of self-government of ethnic autonomous areas in accordance with state provisions: to pursue foreign economic and trade activities, to open up foreign trade port and carry out border trade with the approval of the State Council, and to be given preferential policies in some aspects in the foreign economic and trading activities.

民族自治地方经济自治权　我国民族自治地方自治机关自治权之一，是我国民族自治地方的自治机关依法自主地管理本民族经济事务的权利。在国家计划指导下，根据本地方特点及需要自主发展经济。

མི་རིགས་རང་སྐྱོང་ས་ཁུལ་གྱི་དཔལ་འབྱོར་རང་སྐྱོང་དབང་ཆ།　རང་རྒྱལ་མི་རིགས་རང་སྐྱོང་ས་གནས་རང་སྐྱོང་ལས་ཁུངས་ཀྱི་རང་སྐྱོང་དབང་དབང་གི་གྲས། དེ་ནི་རང་རྒྱལ་མི་རིགས་རང་སྐྱོང་ས་ཁུལ་གྱི་རང་སྐྱོང་ལས་ཁུངས་ཀྱིས་ཁྲིམས་ལྟར་རང་བདག་གི་རང་མི་རིགས་ཀྱི་དཔལ་འབྱོར་ལས་དོན་བདག་གཉེར་བྱེད་པའི་དབང་ཆ་ཡིན། རྒྱལ་ཁབ་ཀྱི་འཆར་གཞིའི་ལམ་སྟོན་གནས་ཀྱི་འོག་ཚོན་དང་དགོས་མཁོར་གཞིགས་ནས་རང་བདག་སྒོས་དཔལ་འབྱོར་གོང་སྤེལ་གཏོང་བའོ། །

The economic autonomous right of ethnic autonomous areas refers to the right that the organs of ethnic autonomous areas shall have the power to independently administer their own economic affairs according to the law, and under the guidance of State plans, independently develop the economy in the light of local characteristics and needs.

民族自治地方立法权　我国民族自治地方自治机关自治权之一。在我国，现指民族自治地方的人民代表大会，依法制定和变通制定效力及于本民族自治地方的地方法规的权力。表现为自治条例和单行条例形式，是民族自治地方各项自治权中最基本的权力。

མི་རིགས་རང་སྐྱོང་ས་ཁུལ་གྱི་ཁྲིམས་འཛུགས་དབང་ཆ།　རང་རྒྱལ་མི་རིགས་རང་སྐྱོང་ས་གནས་རང་སྐྱོང་ལས་ཁུངས་ཀྱི་རང་སྐྱོང་བདག་དབང་གི་གྲས། རང་རྒྱལ་དུ་ད་ལྟའི་གནས་ཚུལ་མི་རིགས་ས་ཁུལ་གྱི་མི་དམངས་འཐུས་མི་ཚོགས་ཆེན་གྱི་ཁྲིམས་བཞིན་དང་བཀས་བཅོས་གཏན་འབེབས་ཉུས་ཤུན་དང་། མི་རིགས་རང་སྐྱོང་ཁུལ་གྱི་ས་གནས་ཁྲིམས་སྲོལ་གྱི་དབང་ཚད་བསྟན། མཚོན་སྟངས་རང་སྐྱོང་རྩ་དོན་དང་རྩ་དོན་རྒྱུན་མའི་རྣམ་པ་ལས་མངོན། འདི་ནི་མི་རིགས་རང་སྐྱོང་ཁུལ་གྱི་རང་སྐྱོང་དབང་ཆ་སོ་སོའི་ནང་གི་ཆེས་རྩ་གཟིའི་དབང་ཆའི།

The legislative power of ethnic autonomous areas, now in our country, refers to the right that people's Congress of ethnic autonomous areas shall have the power to enact local regulations applying to the areas concerned according to the law and with some alterations. It manifests in the form of regulations on the exercise of autonomy and separate regulations of autonomous regions. It is the primary right among the rights of autonomy of ethnic autonomous areas.

民族自治地方培养民族干部权　我国民族自治地方自治机关自治权之一。可根据需要，采取措施，从当地民族中大量培养各级干部，各种科学技术、经营管理等专业人才和技术工人，并且要注意在少数民族妇女中培养各级干部和各种专业技术人才。

མི་རིགས་རང་སྐྱོང་ས་ཁུལ་གྱི་མི་རིགས་གཞུང་ཞབས་པ་སྐྱོང་བའི་དབང་།　རང་རྒྱལ་མི་རིགས་རང་སྐྱོང་ས་གནས་རང་སྐྱོང་ལས་ཁུངས་ཀྱི་རང་སྐྱོང་དབང་ཚའི་ནང་ཚན་ཞིག དགོས་མཁོར་དམིགས་ཏེ་བྱེད་ཐབས་སྤྱད་ཅིག ས་གནས་དེའི་མི་རིགས་ཀྱི་ནང་ནས་

གཞུང་ཞབས་པ་འབོར་ཆེན་ཞིག་སྐྱོང་བ་སྟེ། རིགས་སོ་སོའི་ཚན་རིག་ལག་རྩལ་པ་དང་། བདག་གཉེར་དོ་དམ་མཁན་སོགས་ཆེད་ལས་འཛུལ་ཕྱད་ཅན་དང་ལག་རྩལ་བཟོ་པ་མང་པོ་ཞིག་སྐྱོང་བ། དེ་བས་ཀྱང་གཞན་ལུང་ཞེ་རིགས་ཀྱི་བུད་མེད་ཁྲོད་ནས་རིམ་པ་སོ་སོའི་གཞུང་ཞབས་པ་དང་ཆེད་ལས་ལག་རྩལ་མི་སྣ་འཛུལ་ཕྱད་ཅན་སྐྱོང་བར་དོ་གལ་བྱས།

The right to train ethnic cadres of ethnic autonomous areas, is one power of the autonomous agency. In accordance with the needs of socialist construction, the organs shall take various measures to train large numbers of cadres at different levels and various kinds of specialized personnel, including scientists, technicians and managerial executives, as well as skilled workers from the local ethnic groups, and shall pay attention to the training of cadres at various levels and specialized technical personnel of various kinds from the women of ethnic minorities.

民族自治地方语言文字自主权 我国民族自治地方自治机关自治权之一。民族自治地方的自治机关在执行公务的时候，依照本民族自治地方自治条例的规定，使用当地通用的一种或者几种语言文字。同时使用几种通用的语言文字执行公务的，可以以实行区域自治的民族的语言文字为主。

མི་རིགས་རང་སྐྱོང་ས་ཁུལ་གྱི་སྐད་དང་ཡི་གེའི་བདག་དབང་། རང་རྒྱལ་མི་རིགས་རང་སྐྱོང་ས་གནས་རང་སྐྱོང་ལས་ཁུངས་ཀྱི་རང་སྐྱོང་བདག་དབང་གི་གྲས། མི་རིགས་རང་སྐྱོང་ས་ཁུལ་གྱི་རང་སྐྱོང་ལས་ཁུངས་ཀྱིས་གཞུང་དོན་སྒྲུབ་སྐབས། མི་རིགས་རང་གི་རང་སྐྱོང་ཁུལ་གྱི་རང་སྐྱོང་ཚ་དོན་དུ་གཏན་ལ་ཕབ་པ་གཞིར་བཟུང་ནས། རང་སར་ཁྱུན་མོང་གིས་སྤྱོད་པའི་སྐད་དང་ཡི་གེ་གཅིག་གམ་ཁ་ཤས་ཤིག་མཉམ་དུ་སྤྱོད་པ་དང་། ཆབས་ཅིག་ཏུ་ཁྱུན་མོང་གིས་སྤྱོད་པའི་སྐད་དང་ཡི་གེ་ཁ་ཤས་བཀོལ་ནས་གཞུང་དོན་གཞིར་ཚིག དེ་ལས་རང་སྐྱོང་ས་ཁུལ་དེའི་མི་རིགས་ཀྱི་སྐད་དང་ཡི་གེ་གཙོ་བོར་བཟུང་ཆོག་པའོ། །

The autonomous right to use languages of ethnic autonomous areas, is one power of the autonomous agency. While performing its functions, the organ of self-government of a ethnic autonomous area shall, in accordance with the regulations on the exercise of autonomy of the area, use one or several languages commonly used in the locality; where several commonly used languages are used for the performance of such functions, the language of the ethnic group that enjoys the regional autonomy may be used as the main language.

民族自治地方预备费 我国国家预算中为民族自治地方财政后备设置的专项基金。按地方三级财政当年预算的基数即比例计算，比一般地区的预备费高。

མི་རིགས་རང་སྐྱོང་ས་ཁུལ་གྱི་གྲབས་སྒྲིག་འགྲོ་གྲོན། རང་རྒྱལ་རྒྱལ་ཁབ་ཀྱི་སྔོན་རྩིས་ནང་དུ་མི་རིགས་རང་སྐྱོང་ཁུལ་གྱི་ནོར་སྲིད་རྒྱབ་གཉེར་ཆེད་བཙུགས་པའི་ཆེད་ཚན་མ་དངུལ་ཡིན། ས་ཁུལ་གྱི་ནོར་སྲིད་རིམ་པ་གསུམ་པའི་ལོ་དེའི་སྔོན་རྩིས་ཀྱི་གཞི་གྲངས་དང་བསྡུར་ཚད་ལྟར་རྩིས་རྒྱག་པ་དང་། རྒྱུ་རིགས་ས་ཁུལ་དང་བསྡུར་ན་གྲབས་དངུལ་མང་།

The reserve fund of ethnic autonomous areas refers to the special fund, laid aside for the fiscal reserve of ethnic autonomous areas from the state budget. It was calculated according to the base and ratio of the budget of the year of the local three-level finance, and higher than that of general area.

民族自治地方组织公安部队权　我国民族自治地方自治机关自治权之一。依照国家的军事制度和当地的实际需要，经国务院批准，可以组织本地方维护社会治安的公安部队。

མི་རིགས་རང་སྐྱོང་ས་ཁུལ་གྱི་སྲི་བདེ་དུ་དཔུང་འཇགས་པའི་དབང་ཆ།　རང་རྒྱལ་མི་རིགས་རང་སྐྱོང་ས་གནས་རང་སྐྱོང་ལས་ཁུངས་ཀྱི་རང་སྐྱོང་དབང་ཚའི་ནང་ཚན་ཞིག　རྒྱལ་ཁབ་ཀྱི་དམག་དོན་ལམ་ལུགས་དང་དེའི་གནས་ཚུལ་དངོས་ཀྱི་དགོས་མཁོ་གཞིར་བཟུང་ནས། རྒྱལ་སྲིད་སྤྱི་ཁྱབ་ཁང་གིས་ཆོག་བགོད་ཐོབ་པའི་འོག རང་གནས་སུ་སྤྱི་ཚོགས་བདེ་འཇགས་སྲུང་འཛིན་བྱེད་པའི་སྤྱི་བདེ་དཔུང་འཇགས་ཚོག

The right to organize local public security forces of ethnic autonomous areas, is one power of the autonomous agency. The organs may, in accordance with the military system of the state and practical local need and with the approval of the State Council, organize local public security forces for the maintenance of public order.

民族自治机关　我国少数民族自治地方设立的行使同级相应地方国家机关职权并同时行使自治权的国家机关，是我国的一级地方国家机关，包括自治区、自治州、自治县的人民代表大会和人民政府。

མི་རིགས་རང་སྐྱོང་ལས་ཁུངས།　རང་རྒྱལ་གྲངས་ཉུང་མི་རིགས་རང་སྐྱོང་ས་ཁུལ་དུ་བཙུགས་པའི་སྐུ་དབང་ས་གནས་ཀྱི་རྒྱལ་ཁབ་ལས་ཁུངས་དང་མཐུན་ཞིང་། ཆབས་ཅིག་ཏུ་རང་སྐྱོང་དབང་ཆ་སྦྱོང་བའི་རྒྱལ་ཁབ་ལས་ཁུངས་ཤིག་ཡིན། འདིའི་རང་རྒྱལ་གྱི་རིམ་པ་དང་པོའི་ས་གནས་ཀྱི་རྒྱལ་ཁབ་ལས་ཁུངས་ཡིན། དེའི་ནང་དུ་རང་སྐྱོང་ལྗོངས་དང་རང་སྐྱོང་ཁུལ། རང་སྐྱོང་རྫོང་གི་མི་དམངས་འཐུས་མི་ཚོགས་ཆེན་དང་མི་དམངས་སྲིད་གཞུང་འདུས་ཡོད།

The organs of self-government of ethnic autonomous areas, now referring to the state organs that exercise the functions and powers of local organs of state and the power of autonomy within the limits of their authority at the same time, are the first-class local state organs. The organs of self-government of ethnic autonomous areas shall be the people's congresses and people's governments of autonomous regions, autonomous prefectures and autonomous counties.

民族自治条例　中国民族自治地方的自治机关按照自治权限制定的法规和条例。

མི་རིགས་རང་སྐྱོང་ཁྲིམས་སྲོལ།　ཀྲུང་གོའི་མི་རིགས་རང་སྐྱོང་ས་ཁུལ་གྱི་རང་སྐྱོང་ལས་ཁུངས་ཀྱིས་རང་སྐྱོང་དབང་ཚད་བཀག་གཏན་ཞིག་ལྟར་གྱི་ཁྲིམས་སྲོལ་དང་དོན་ཚན་ཞིག་ཡིན།

Regulations on ethnic autonomy refer to the laws and regulations made by the organs of self-government of ethnic autonomous areas in accordance with their autonomous jurisdiction.

摸顶　佛教中的一种重要礼仪，是给弟子

加持的一种方式。有表示"慈悲、呵护"之意，认为有使其消除魔障之功。高僧大德或者法师，以经书、经幡、法器、用具等物，或者以头、手等身体部位去触碰对方的头，这些都属于摸顶一类。

མཇལ་ཁ། ནང་པའི་ཆོས་ལུགས་ཀྱི་བྱེད་སྟོ་གལ་ཆེན་ཞིག་སྟེ། སློབ་མར་བཀའ་སྟོབ་པའི་ཐབས་ཤིག་ཡིན། དེར་བྱམས་དང་སྙིང་རྗེའི་དོན་མཚོན་ཞིང་། གདོན་འདྲེ་སོགས་གདོན་པ་ལས་བཟློག་པའི་ནུས་པ་ལྡན། མཁས་པོའམ་ཁྲི་པས་ཆོས་དཔེའི་དང་། དར། མཆོད་ཆས་སོགས་སྦྱོར་བའམ། ཡང་ན་ཡུག་ལག་གིས་ཐད་ཀར་མགོ་དང་ལག་སོགས་ལུས་ཕུང་གི་ཆ་ཤས་ཞིག་རེག་པར་བྱེད་པའང་མཇལ་ཁའི་གོངས་སུ་གཏོགས།

Head-touching is an important rite in Buddhism, which is a means of blessing disciples. It can show mercy and care and remove the evil spirit. Eminent monks or masters touch others' head with scripture, prayer flag, dharma vessel and apparatus, or with body part such as head and hand. All these are one kind of head-touching.

摩教 壮族普遍信仰的原生态民族传统宗教。带有浓厚的佛、道二教色彩，特别是与道教相融合为其特点。崇拜创世神布洛陀，尊其为至上神和教主。有整套法事仪式和相应的经书。对宇宙、天体、生死、祸福、命运、灵魂、拯救等问题有比较系统的诠释。

མོ་ཆོས། གྲུང་རིགས་ཡོངས་ཀྱིས་དད་མོས་བྱེད་པའི་གདོད་མའི་མི་རིགས་ཀྱི་སྲོལ་རྒྱུན་ཆོས་ལུགས། ནང་ཆོས་དང་ཏའོའི་ཆོས་གཞིས་ཀའི་ཁྱད་ཆོས་ལྡན་པ། ཕྱག་པར་ཏའི་ཆོས་འདྲེ་བ་ཆོས་ལུགས་འདིའི་ཁྱད་ཆོས་ཡིན། འཇིག་རྟེན་བྱེད་པོ་པུ་ལོ་ཐོ་མཆོད་པ་དང་། ཕྱག་

ཆོས་དཔོན་བླ་མཆོག་གནས་སུ་བཀུར། ཆོས་ཀྱི་ཆོ་ག་དང་འདོན་པ་ཆུང་འཕུས་སྟོབ་ཆོང་བ་ཞིག་ཡོད། འཇིག་རྟེན་དང་དཀར་ཆགས། སྐྱེས་འཆི། བདེ་སྡུག་ལས་དབང་། རྣམ་ཤེས། ཐར་བ་སོགས་ལ་འགྲེལ་བཤད་ཀྱང་ཅུང་ཚང་བ་ཞིག་ཡོད།

Mo or Moism, the traditional ethnic religion of most Zhuang people, developed from a prehistoric belief, is characterized with some Buddhism and Daoism doctrines, particularly with Daoism. Creator Bu Luotuo was worshipped and hailed as the supreme god and guru. It developed a complete set of religious rites and relevant religious scriptures which give relatively systematical explanation about universe, stars, life and death, weal and woe, fate, salvation, etc.

摩梭人 中国迄今保存有母系氏族社会特征的人群。分布于云南宁蒗及四川盐源、木里等地。"摩梭"为他称，自称"纳""纳日""纳恒"等。生活在泸沽湖畔，人口为5万多人，有语言没文字。

མོ་སའི་པ། གྱུང་གོར་ཡིག་ཡུར་རྒྱུད་དུས་སྟི་ཚོགས་ཀྱི་ཁྱད་ཆོས་ལྡམ་ལུས་ཐུབ་པའི་མི་ཚོགས་ཤིག་ཡིན། ཡུན་ནན་ཞིང་དང་སི་ཁྲོན་ཞིང་ཡུལ་ཡོད། མོ་སའི་དེ་པ་རོལ་པས་བཏགས་པའི་མིང་ཡིན་པ་ལས། རང་གིས་རང་ལ་ནུ་དང་ནུ་ར། ནུ་ཧུན་སོགས་འབོད། ལུའུ་གའོ་མཚོ་ཡི་འགྲམ་དུ་འཚོ་རོལ་བ། མི་གྲངས་༥༠༠༠༠ལྷག་ཡོད། སྐད་ཆ་ཡོད་ལ་ཡི་གེ་མེད།

The Mosuo or Moso, living in Ninglang of Yunnan, Yanyuan and Muli of Sichuan, are the ethnic group with last matrilineal society in China up to now. Mosuo is an appellation called by others, but is known to themselves as the Na, Nari or Naheng, etc. They live in around Lugu Lake with a population of 50,000, having their languages but no written scripts.

莫高窟 世界上现存规模最大、内容最丰富的佛教艺术石窟。俗称"千佛洞"。坐落在河西走廊西端的敦煌。始建于十六国的前秦时期，历经十六国、北朝、隋、唐、五代、西夏、元等历代的兴建。至今仍保存洞窟492个，壁画4.5万多平方米，彩塑2400余身。近代发现的藏经洞内有大量古代文物。

ཨོ་གོ་བྲག་ཕུག འཇམ་གླིང་སྟེང་གནི་ཕྱོན་ཚད་ཆེ་བ་དང་། ནན་དོན་ཆེས་ཕུན་སུམ་ཚོགས་པའི་ནང་ཚུལ་སྣ་ཚོགས་ཀྱི་བྲག་ཕུག་ཞིག་ཡིན། དགག་རྒྱུན་ལ་སངས་རྒྱས་སྟོང་གི་བྲག་ཕུག་ཀྱང་ཟེར། རྒྱ་ནག་འགྲམ་ལམ་ནུབ་མཐའི་ཏུན་ཧོང་དུ་གནས། རྒྱལ་ཁབ་བཅུ་དྲུག་གི་ཆེན་སྟོང་མའི་སྐབས་སུ་སྐྲུན། རྒྱལ་ཁབ་བཅུ་དྲུག་དང་བྱང་རྒྱལ་རབས། རྒྱལ་རབས་སུའི། ཐང་། བའི་དུས་ཁབ་རྒྱལ་རབས། རྒྱལ་རབས། སོགས་ཀྱི་དར་འཕེལ་བྱུང་། ད་ལྟ་བྲག་ཕུག་༤༩༢ཡོད། སྙེ་གྲུ་བའི་ཨེར་མི༌༤༥པྲག་གི་ཆེས་རིས་དང་། ཆོན་སྐུ་༢༤༠༠ལྷག་ཡོད། དེ་རངས་སུ་བྲག་ཕུག་དེར་གནའ་རབས་རིག་དངོས་འབོར་ཆེན་ཞིག་ལ་རྙེད་བྱུང་།

The Mogao Caves, also known as the Thousand Buddha Grottoes, located in Dunhuang, the western end of the Gansu (Hexi) Corridor, is the greatest and most consummate repository of Buddhist art in the world. The construction started from the Former Qin Dynasty and continued throughout the Sixteen Kingdoms, the short-lived sovereign states in China proper, the Northern Dynasties, the Sui Dynasty, the Tang Dynasty, the Five Dynasties, the Western Xia Dynasty, the Yuan Dynasty, etc. Now, there are 492 grottoes in existence, with some 45,000 square meters of murals and 2,400-odd painted clay figures. Recently a number of valuable cultural relics were found in the Buddhist Sutra Cave.

貊 古代华夏人对东北方少数民族的一种称呼。

མོ། གནའ་བོའི་དུ་ཞེན་མིས་བྱང་ཤར་ཕྱོགས་ཀྱི་གངས་ཉུང་མི་རིགས་ཀྱི་འབོད་ཚུལ་ཞིག་ཡིན།

Mo was a name of the northeastern ancient ethnic group called by the people of China proper.

漠北蒙古 简称"漠北"。因位于"大漠"以北而得名。是明末至清末之间使用的、与漠南蒙古、漠西蒙古并立的地理和部族概念。指瀚海沙漠群以北，包括今蒙古国跟贝加尔湖。南以戈壁为界，东大致到克鲁伦河，西以杭爱山、阿尔泰山一线为界。

བྱེ་ཐང་སོག་པོ། བསྡུས་མིང་ལ་བྱེ་བྱང་ཟེར། བྱེ་ཐང་ཆེན་པོའི་བྱང་དུ་གནས་བས་མིང་དེ་ལྟར་ཐོགས། ཡོན་རྒྱལ་རབས་དུས་འཇུག་ནས་ཆིང་རྒྱལ་རབས་དུས་འཇུག་བར་མིའི་སྤྱོད། བྱེ་ལྷོ་སོག་པོ་དང་བྱེ་ནུབ་སོག་པོར་བསྒྲུབ་པ་ས་ཁམས་དང་ཚོ་པའི་གྲུབ་ཆ་ཞིག་ཡིན། བྱང་ཏུན་མཚོའི་བྱང་ཚོ་སྟེ། དེ་གི་བྱེ་སོག་གི་ཀིལ་པའི་ཊུ་ཨར་མཚོད་དེའི་ཁོངས་སུ་འདུ། ལྷོ་གུལ་པའི་ཡིག་མཚམས་བྱས་པ་དང་། ཤར་ཁུ་ལོན་ཆུ་གཙང་པོ། ནུབ་ཁའེའི་རི་དང་ཨར་ཐའི་རི་བོས་མཚམས་བྱས།

Mongolia located in the north of the

Desert, Mongolians of North of the Gobi Desert, or North Gobi Desert for short was so named because of the desert. The name was used to refer to the place and the Mongolians living here from the end of the Ming Dynasty to the Qing Dynasty, which was used side by side with the name of Mongolians of South of the Gobi Desert and Mongolians of West of the Gobi Desert. With Gobi Desert as its southern boundary, Kerulen Riverits eastern boundary, Khangai Mountains and Altai Mountains its western boundary, North Gobi Desert includes the present-day Outer Mongolia and Lake Baikal.

漠南蒙古 简称"漠南"。因位于"大漠"以南而得名。是明末至清末之间使用的、与漠北蒙古、漠西蒙古并立的地理和部族概念。漠南蒙古分布在今中国内蒙古自治区。

བྱེ་སྨྲ་ཤོག་པོ། བསུས་མེད་ལ་བྱེ་སྟོར་ཡང་ཟེར། བྱེ་ཐང་ཆེན་པོའི་སྟོར་གནས་པས་མེད་དེ་ལྷར་ཐོགས། ཡོན་རྒྱལ་རབས་དུས་འཇུག་ནས་ཆིང་རྒྱལ་རབས་དུས་འཇུག་བར་མེད་འདི་སྤྱོད། བྱེ་བྱང་ཤོག་པོ་དང་བྱེ་ནུབ་ཤོག་པོ་བསྟོན་པའི་ས་ཁམས་དང་ཚོ་པ་ཡི་དོན་སྐྱི་ཞིག་ཡིན། བྱེ་ཤོག་པོ་དེང་གི་རང་རྒྱལ་ནང་ཤོག་རང་སྐྱོང་ལྗོངས་སུ་ཁྱབ་ཡོད།

Mongolia located in the south of the Desert, or South Gobi Desert for short was so named because of the desert. The name was used to refer to the place and the Mongolians living here from the end of the Ming Dynasty to the Qing Dynasty, which was used side by side with the name of Mongolians of North of the Gobi Desert and Mongolians of West of the Gobi Desert. It refers to the region now named Inner Mongolia Autonomous Region.

漠西蒙古 简称"漠西"。因位于"大漠"以西而得名。是明末至清末之间使用的、与漠北蒙古、漠南蒙古并立的地理和部族概念。漠西蒙古分布在今中国新疆维吾尔自治区以及中亚部分地区。

བྱེ་ནུབ་ཤོག་པོ། བསུས་མེད་ལ་བྱེ་ནུབ་ཡང་ཟེར། བྱེ་ཐང་ཆེན་པོའི་ནུབ་ཏུ་གནས་པས་མེད་དེ་ལྟར་ཐོགས། ཡོན་རྒྱལ་རབས་དུས་འཇུག་ནས་ཆིང་རྒྱལ་རབས་དུས་འཇུག་བར་མེད་འདི་སྤྱོད། བྱེ་བྱང་ཤོག་པོ་དང་བྱེ་ལྷོ་ཤོག་པོར་བསྟོན་པའི་ས་ཁམས་དང་ཚོ་པ་ཡི་དོན་སྐྱི་ཞིག་ཡིན། བྱེ་ནུབ་ཤོག་པོ་དེང་གི་རྒྱུང་གོའི་ཞིན་ཅང་ཡུ་གུར་རང་སྐྱོང་ལྗོངས་དང་ཡ་དབུས་ཁུལ་དུ་ཁྱབ་ཡོད།

Mongolia located in the west of the Desert, or West Gobi Desert for short was so named because of the desert. The name was used to refer to the place and the Mongolians living here from the end of the Ming Dynasty to the Qing Dynasty, which was used side by side with the name of Mongolians of North of the Gobi Desert and Mongolians of South of the Gobi Desert. It refers to the region now named Xinjiang Uygur Autonomous Region and the Central Asia.

靺鞨 中国古代民族名。自古生息繁衍在东北地区,是满族的先祖。先世可追溯到商周时的"肃慎"和战国时的"挹娄"。南北朝时称"勿吉",隋唐时称

靺鞨།

མོ་ཧོ། གུང་གོའི་གནའ་བོའི་མི་རིགས་ཞིག་གི་མིང་གནའ་སྔ་མོ་ནས་ཤར་ཕྱོགས་སུ་འདུགས་སྲོང་བྱས། མན་ཇུའི་རིགས་ཀྱིས་མེས་པོ་ཡིན། ཞིག་སྤྱར་བོ་ཚོའི་ཁུངས་ཞང་གོའི་སྐབས་ཀྱི་སོ་གུན་དང་གུན་གོའི་ལམ་འུའི་རྒྱལ་རབས་སྟོང་བྱི་གི་ཕོས་ཆེས། སུའི་ཐང་སྐབས་སུ་མོ་ཧོ་ཞེས་འབོད།

The Mohe (or Malgal, Mogher), a name of the ancient Chinese people, living in Northeast China, is the ancestor of the Manchu. It could be dated back to the people of the Sushen in the Zhou Dynasty and the Yilou in the Warring States period. They were called Wuji in the Northern and Southern Dynasties, and were called Mohe in the Sui and Tang Dynasties.

母语 亦称第一语言，是一个人最早接触学习并掌握的一种或几种语言。

ཕ་སྐད། མིང་གཞན་ལ་སྐད་ཆ་དང་པོའང་ཟེར། དེ་ནི་མི་ཞིག་གིས་ཆེས་ཐོག་མར་ཞེས་པའི་སྐད་ཆ་གཅིག་གམ་ཁ་ཤས་ལ་བསྟན།

Mother Tongue (also native language, first language) is the language or are the languages a person has learned from birth.

母子（女）连名制 命名制度。如西双版纳和澜沧一带的布朗族只有名而无姓，凡在名字前加"岩"表示男性，加"玉"表示女性。当孩子的名字取好后，再将母亲全名的第二个字连在孩子名字之后，就形成该孩子（岩或玉）+子（女）名+母名的正式名字。为母系社会亲属制度按母亲世系计算的产物。

མ་བུའི་（བུ་མོ་）མིང་སྦྲེལ་ལམ་ལུགས། མིང་འདོགས་ལུགས། ཞི་ཤོང་པན་ན་དང་ལན་ཚང་གི་ཁུལ་ལང་རིགས་ལ་མིང་ལས་མིང་རུས་མེད་པར་མིང་གི་སྟོད་རྒྱུ་ཡིག་གི་"岩" བསྟན་པས་ཕོ་དང་"玉"བསྟན་པས་མོ་མཚོན་པར་བྱེད། བྱིས་པར་མིང་བཏགས་རྗེས་སུ་མའི་མིང་ཚང་གི་ཡི་གི་གཉིས་པ་བྱིས་པའི་མིང་གི་རྗེས་སུ་སྦྲེལ་བས། བྱིས་པ་དེའི་མིང་གི་ཕོག་མར（岩或玉）བསྟན་པས་བུའམ་བུ་མོ་དང་། དེའི་རྗེས་སུ་མའི་དངོས་མིང་བསྟན། འདི་ནི་མ་རྒྱུད་སྤྱི་ཚོགས་ཀྱི་གཉེན་ཉེ་ལུགས་སྲོལ་མ་རྒྱུད་ནས་རྒྱུད་བཞིན་བཙལ་བའི་ཐོན་དངོས་ཤིག་ཡིན།

Mother-son/daughter linkage naming system, is the outcome of matrilineality in which descent is traced through the mother and maternal ancestors. The Blang people living in Xishuangbanna and in Lancang have names without surname. "Yan" must be added before male names and "Yu" before female names. After the child was named, its mother's name will be added after the child's name.

木兰围场 清代皇家猎苑。位于河北承德市围场满族蒙古族自治县。1681年始，清帝康熙在此逐渐设围点72处，赐名"木兰围场"。清朝前半叶，皇帝每年秋季都要率王公大臣、八旗精兵来此行围，史称"木兰秋狝"。

མིང་རའི་རི་དྭགས་རྩོན་གནས། ཆིང་རྒྱལ་རབས་གོང་མའི་ཕྱུག་རྒྱུ་ཀྱི་རི་དྭགས་རྩོན་གནས། དེ་ནི་གོའི་བོ་པེ་ཞིན་འདྲོང་ཁྱེར་རི་དྭགས་རྩོན་བའི་མན་ཇུ་སོག་རིགས་རང་སྐྱོང་རྡ་ཡིན། ༡༦༨༡ལོར་ཆེ་རྒྱལ་རབས་ཀྱི་གོང་མ་ཁང་ཞི་ཡིས་གནས་དེར་སྐོར་༧༢བརྒྱབ་པར་

ཤིང་རའི་རི་དྭགས་རྫོན་གནས་ཞེས་པའི་མིང་བཏགས། ཅིང་རྒྱལ་རབས་ཀྱི་དུས་སྟོད་དུ་གོང་མས་ལོ་རེའི་སྟོན་ཟླའི་དུས་ཚིགས་སུ་རྒྱལ་སྲས་དང་བློན་ཆེན། དར་ཚོ་བརྒྱད་དམག་ཐག་བཅས་ཁྲིད་ནས་ར་སྐོར་དེར་བཙོང་པས། ལོ་རྒྱུས་སུ་དེ་ལ་ཤིང་རའི་རྫོན་བདའ་ཞེས་སུ་བཟོད།

Mulan Hunting Ground, located in Weichang Manchu and Mongolian Autonomous County, Chengde, is the hunting place for imperial families in the Qing Dynasty. Since 1681 the Kangxi Emperor of the Qing Dynasty started to establish 72 hunting spots and called it The Mulan Hunting Ground. In the first half of the Qing Dynasty, emperors always led imperial princes, court ministers and the chosen soldiers of the Eight Banners troop to hunt here in the autumn of each year, which is called Mulan Autumn Hunt.

木契 木制的符信或凭证。古代瑶族用以刻木记事和买卖、信贷及传授知识。

ཁམ་ཤིང་། ཤིང་ལ་རྟགས་བཏབས་པའི་རྟགས་ཤིག གནན་པོའི་ཡོའེ་རིགས་ཀྱིས་བྱེད་སྤྱོད་པའི་ཤིང་ལ་འདས་དོན་དང་ཉོ་ཚོང་། བསྐྱི་གཡར་སོགས་བཀོད་དེ་ཞེས་བྱ་རྒྱུད་ལུགས་ཤིག་ཡིན།

Wooden tally-sticks, the authenticating objects or credentials made of wood, were used by the Yao people in the ancient time to record events and transaction, to keep credit and loan, and to impart knowledge via the means of carving.

木氏土司 云南丽江纳西族木氏一族土司。明朝时钦赐木姓。自元代世袭丽江知府以来，历经元、明、清三代22世470年，其中木姓土司18世。在西南诸土司中以"知诗书，好礼守义"之传承而著称。作为王权象征的木府位于丽江古城西南隅。

ཆུ་བྱས་དཔོན། ཡུན་ནན་ལི་ཅང་འཛིང་རིགས་ཀྱི་རྗེ་དཔོན་ཞིག མིང་རྒྱལ་རབས་སྐབས་ཆུ་བྱས་ཀྱི་དཔོན་གནས་གོང་མས་བསྩལ། ཡོན་རྒྱལ་རབས་ནས་བཟུང་འདང་སྲིད་རྒྱུད་འཛིན་བྱེད་དེ། ཡོན་དང་མིང་། ཆིང་བཅས་རྒྱལ་རབས་གསུམ་བར་མི་རབས་ཉེར་གཉིས་རིང་ལོ་མི་བོའི་བརྒྱ་བདུན་ཅུའི་རིང་དུ་ཆུ་རྗེ་དཔོན་རབས་བཅོ་བརྒྱད་སོང་། ལྷོ་ནུབ་ཀྱི་ཡུལ་དཔོན་ཁྲོད་དུ་གསོའི་དཔེ་གཞུང་མཇལ་ཞིང་པ་དང་། གུས་ལུགས་བཀྲི་བའི་སྲོལ་བཟང་འཛིན་འཇོག་མཁན་ཞེས་སྙན་གྲགས་རྒྱལ། དཔོན་པོའི་མཚོན་རྟགས་སུ་གྱུར་པའི་རྒྱ་པོ་བྲང་དེ་འཛིང་གནས་མཁར་གྱི་སྟོད་ནུབ་ཏུ་ཡོད།

Chieftains from the Mu family were chieftains of the Naxi people in Lijiang. They were given the surname of Mu during the Ming Dynasty. Since being the magistrate of Lijiang hereditarily in the Yuan Dynasty, the Mu family had gone through 22 generations of 470 years experiencing the Yuan Dynasty, the Ming Dynasty, the Qing Dynasty, among which 18 generations were surnamed Mu. They were known for studying the classics and knowing the rules of ritual and morality among Chieftains of Southwest China. The mansion of Mu family which stands for imperial power was located northwest of the ancient city, Lijiang.

木增（1587—1646） 明代云南丽江纳西族

土司、诗人。11岁时袭土知府职。天启四年（1624）（一说天启二年），让政于子，隐遁玉龙山麓"解脱林"，埋头读书写作。著有《云近集》《啸月函》《空翠居录》等诗文集。其中有读书札记，收入《四库全书·子部》。

ཨུ་ཙུང་། (1587—1646) མིང་རྒྱལ་རབས་སྐབས་ཡུན་ནན་ཞིང་གི་འཇང་རིགས་ཀྱི་རྗེ་འོག་པ་དང་བདག་སྐྱོང་བ་མ་ཟད་ཞིབ་གུང་ཡིན། དགུང་ལོ་བཅུ་གཅིག་ཙམ་ལོ་བོང་ཞིག་གི་གོ་གནས་བཞེས། ཐེན་ཆི་ལོ་བཞི་པར་(1624) (ཐེན་ཆི་ལོ་གཉིས་པར་ཡང་ཟེར) དཔོན་ཁུལ་བུ་ལ་སྤྲད་ནས་གཡུ་འབྲུག་རིའི་པོའི་དབེན་གནས་སུ་རབ་ཏུ་བྱུང་སྟེ་ཐོས་བསམ་དང་གཞུང་རྩོམ། བརྩམས་ཆོས་སུ་《སྤྲིན་པར་ཉེ་བའི་ཚོམས》དང་《ཟླ་བའི་འབོད་པ》《སྟོང་གསལ་བ་བཞུགས་པའི་ཟིན་ཐོ》སོགས་སྙན་ཚིག་ཕྱོགས་བསྒྲིགས་བཞུགས། དེ་ལས་དཔེ་ཀློག་ཟིན་ཐོ་དེ་《བླེགས་བམ་ཀྱི་བང་མཛོད་བཞིའི་》ཕོགས་སུ་བསྡུས་ཡོད།

Mu Zeng (1587-1646), the Chieftain and poet of Naxi people in the Ming Dynasty, inherited the official position of magistrate at the age of 11. It was said that in the fourth year (1624) or in the second year (1622) of the reign of Tianqi Emperor of the Ming Dynasty that he gave his position to his son and became a hermit living at Jietuolin (The Forest Far from the Secular World) in Yulong Mountain and burying himself in reading and writing. His poems and essays include anthologies such as *Cloud Light Ink, Poems of Xiaoyue Hall, Collected Works at Kongcui Dwelling*, etc., among which there are reading notes and essays that later were collected in *the philosophy part of the Complete Library of the Four Treasuries*.

仫佬族 中国人口较少民族。自称"伶""谨"。绝大多数居住在广西罗城仫佬族自治县。其余散居在忻城、宜山、柳城、都安、环江、河池等县境内，与其他民族杂居。人口216257人（2010年）。使用仫佬语，大多数人兼通汉语文，部分人还会说壮语。经济以农业为主。

མུའུ་ལའོ་རིགས། གུང་གོ་མི་གྲངས་ཆུང་ཆུང་བའི་མི་རིགས་ཤིག་ཡིན། མི་རིགས་རང་ཉིད་ཀྱིས་རང་ལ་"ལིང་"དང་ཆེན་དུ་འབོད། ཕལ་ཆེར་ཀོང་ཞིའི་ལོ་ཁྲེང་མུའུ་ལའོ་རིགས་རང་སྐྱོང་རྫོང་དུ་གནས་ཚགས། གཞན་ཅིག་ཞིན་ཁྲེང་ཡིའི་ཧྲན། ལིའུ་ཁྲེང་། ཏུའུ་ཨན། ཧྭན་ཅང་། ཧོ་ཁྲིའི་རྫོང་སོགས་སུ་མི་རིགས་གཞན་དང་འདྲེས་ནས་ཡོད། མི་གྲངས་216257 (2010ལོ) ཡོད། མུའུ་ལའོ་རིགས་ཀྱི་སྐད་ཆ་སྤྱོད། མང་ཆེ་བས་རྒྱ་སྐད་ཡིག་ཤེས་ཤིང་ཕྱོགས་གཅིག་གིས་གྲོང་སྐད་ཤེས། ཞིང་ལས་གཙོར་བྱེད།

Mulao people, an ethnic group with a small population in China, call themselves Ling or Jin. Most of them live in Luocheng Mulao County of Hexi, Guangxi, while the rest of them are scattered and live with other peoples together in Xincheng, Yishan, Liucheng, Du'an, Henei, etc. With a population of 216,257 (2010), the Mulao people speak the Mulao language, and most people can also speak Chinese and the Zhuang language. The Mulao people are mainly engaged in agriculture.

牟尼赞普（774—798） 吐蕃赞普。在其父墀松德赞797年病死后继位。在位1年7个月，为母哲蚌氏毒死。终年24岁，葬于拉日登保陵。

མུ་ནེ་བཙན་པོ། (༧༧༤—༧༩༨) བོད་ཀྱི་རྒྱལ་པོ། ༧༩༧ལོར་ཡབ་ཁྲི་སྲོང་ལྡེ་བཙན་འདས་རྗེས་རྗེས་བཞུགས། ལོ་རྒྱུས་རི་འཁོར་ཁྱིར་བཞུགས་ཏེ་ལོ་རྡོ་གཅིག་དང་ཟླ་བ་བདུན་ལ་སོན་སྐབས་ཡུམ་ཚེ་སྤོང་བཟའ་དུ། བཀུངས་ནས་བཀོངས་ཞེས་འགྲེལ། སྐུ་འདས་སྐབས་དགུང་ལོར་ཉིལ་ཞིང་བང་སོ་ལྷ་རུ་བཏབ།

Mune Tsenpo (774-798), a Tibetan Tsenpo or Emperor, succeed to the throne after his father Trisong Detsen's death in 797. He was on the throne only for 19 months and then was poisoned by his own mother, Queen Tsepongza. He died at the age of 24 and was buried at the Tomb of Lhari Dempo.

牧场公有，自由放牧 我国内蒙古牧区在民主改革时实行的一项政策。废除蒙古王公封建特权，规定内蒙古境内草牧场为蒙古民族所公有，牧民在居住的区域内享有自由放牧的权利。

རྩྭ་ར་སྤྱི་དབང་དང་། ཕྱུགས་འཚོར་རང་དབང་། རང་རྒྱལ་ནང་སོག་འབྲོག་ཁུལ་དུ་དམངས་གཙོ་བཅོས་བསྒྱུར་སྐབས་ལག་བསྟར་བྱས་པའི་སྲིད་ཇུས་ཤིག སོག་པོའི་ཞང་ཀུང་བཀོད་རྒྱལ་འཛིན་གྱི་ཁྱད་དབང་མེད་པར་བཏང་ནས། ནང་སོག་ཏུ་རྩྭ་ཐང་སོག་པོའི་སྟོབས་དམངས་སྤྱིལ་དབང་བར་བྱས་པ་དང་། འབྲོག་པ་ཚོས་རང་གི་སྡོད་ཁུལ་དུ་ཕྱུགས་ཟོག་རང་དབང་འཚོག་ཅན་བཏུན་འཐོབ་བྱུང་།

Public ownership of pastures, freedom of grazing is a policy of China made for the pasturing areas in Inner Mongolia during Democratic Reform period when the feudal privileges of the nobility were abolished. And since then according to the rules the pastures of Inner Mongolia belonged to the Mongolian public who have the right to pasture freely on their grassland.

牧工商联合企业 我国1978年以来，在牧区、半牧区实行的一种社会主义公有制联营经济形式。由若干国营牧场、集体社队和工商企业联合组成，把畜产品的生产、加工、销售结合在一起。

འབྲོག་པའི་བཟོ་ཚོང་མཉམ་འབྲེལ་ཁེ་ལས། རང་རྒྱལ་གྱིས་༡༩༧༨ལོ་ནས་བཟུང་། འབྲོག་ཁུལ་དང་ཕྱེད་ཀ་འབྲོག་གི་ས་ཆར་ལག་བསྟར་བྱས་པའི་སྤྱི་ཚོགས་རིང་ལུགས་ཀྱི་སྤྱི་ལ་དབང་བའི་ལས་ལུགས་ཀྱི་མཉམ་གཉེར་དཔལ་འབྱོར་རྣམ་པ་ཞིག་ཡིན། དེ་ནི་རྒྱལ་གཉེར་ཕྱུགས་ར་དང་དུ་ལྐོག་གི་ཕུན་ཚོགས་ཕྱུགས་ར། བཟོ་ཚོང་ལས་མཉམ་འབྲེལ་གྱིས་གྲུབ་པ་ཞིག་ཡིན། ཕྱུགས་ལས་ཐོན་རྫས་ཀྱི་ཐོན་སྐྱེད་དང་ལས་སྦྱོར། ཉིར་ཚོང་བཅས་སྦྲེལ་དུ་འབྲེལ་ཡོད།

Husbandry-industry-commerce Allied Enterprise is a jointly-operated economic form of the socialist public economy of China in pasturing and semi-pasturing areas since 1978. It consists of some state-owned pasture groups, collective companies and industrial and commercial enterprises and combines the producing, processing, and marketing of animal products.

牧区 在我国指利用广大天然草原并主要采取放牧方式经营畜牧业的地区。主要包括13个省（区）的268个牧区半牧区县（旗、市），面积占全国国土面积的40%以上，多分布在边疆地区和少数民族地区。有青海、新疆、内蒙古、西藏四大牧区。

འབྲོག་ཁུལ། དེ་ནི་རང་རྒྱལ་དུ་རྒྱ་ཆེ་བའི་རང་བྱུང་རྩྭ་ཐང་སྤྱད་དེ། ཕྱུགས་ཟོག་སྐྱོང་ཐབས་ཀྱི་འབྲོག་ལས་བདག་གཉེར་བྱེད་པའི་ཆར་བསྣུན། གཙོ་བོ་ཞིང་ཆེན་(སྐོར)༡༣ཀྱི་ཟོང་(ཆེན་དང་གྲོང་ཁྱེར་)༢༦༨ཀྱི་ཁོངས་སུ་གཏོགས་པའི་འབྲོག་ཁུལ་དང་ཕྱེད་འབྲོག་ཁུལ་གྱི་ས་ཁྱོན་གྱིས་རྒྱལ་ཡོངས་ཀྱི་སའི་ཆ་༤༠% ཡན་ཟིན་ཡོད་ཅིང་། དེ་དག་མཐའ་མཚམས་ས་ཁུལ་དང་གྲངས་ཉུང་མི་རིགས་ཀྱི་ས་ཁུལ་དུ་ཁྱབ་ཡོད། མཚོ་སྔོན་དང་ཞིན་ཅང་། ནང་སོག ་བོད་སྟོངས་བཅས་ནི་འབྲོག་ཁུལ་ཆེན་པོ་བཞི་ཡིན།

Pastoral Areas in China refers to those places where the vast natural grasslands are used to manufacture stockbreeding. It mainly covers 268 pastoral areas or half pastoral areas and counties (banners, cities) in 13 provinces, making up 40 percent of the country's total land area. Most of the pastoral areas are distributed in border areas and minority areas. There are four big pastoral areas in China: Qinghai, Xinjiang, Inner Mongolia, Tibet.

牧区三十条 即对1962年西藏工委制定的《关于牧区当前若干具体政策的规定》之简称。

འབྲོག་ཁུལ་དོན་ཚན་༣༠། ༡༩༦༢ལོར་བོད་ལྗོངས་ལས་དོན་ཨུ་ཡོན་ལྷན་ཁང་གིས་གཏན་འབེབས་བྱས་པའི་《འབྲོག་ཁུལ་གྱི་མིག་སྔའི་བྱེ་བྲག་སྲིད་རྣམ་གཏན་འབེབས་སྐོར་》ཞེས་པའི་བསྡུས་མིང་ཡིན།

30 Articles for Pasturing Areas, also Provisions on Certain Policies Concerning the Present Pasturing Areas, was made by the Tibet Work Committee in 1962.

牧区扶贫专项贴息贷款 用于牧区贫困县的扶贫专项贴息贷款。1987年国务院召开全国牧区工作会议，确定27个国家重点扶持的牧区贫困县，并设立该贴息贷款予以扶持，每年安排5000万元。

འབྲོག་ཁུལ་གྱི་རྒྱུད་སྐྱོར་བྱེད་གཅིག་དངུལ་བསྐྱེད་ཆད་སྤྲོད་ལས་གཞི། དེ་ནི་འབྲོག་དགོན་གྱི་རྒྱུད་སྐྱོར་བྱེད་གཅིག་དངུལ་བསྐྱེད་ལས་གཞི། ༡༩༨༧ལོར་རྒྱལ་སྲིད་སྤྱི་ཁྱབ་ཁང་གིས་རྒྱལ་ཡོངས་འབྲོག་ཁུལ་ལས་གའི་གྲོས་ཚོགས་ཐོག་ཏུ་རྒྱལ་ཁབ་ཀྱི་དབུས་སྐྱོར་འབྲོག་དོང་༢༧གཏན་ལ་ཕབ། ཆབས་ཅིག་ཏུ་བྱེད་གཅིག་དངུལ་བསྐྱེད་ལས་གཞི་བཙུགས་ཏེ་ལོ་རེར་སྒོར་ཁྲི་༥བཏང་།

The concessional loans for special aid items at discounted interest in the pasturing areas, a policy which was made to aid the poverty-stricken counties in the pasturing areas. In 1987 the State Council held a national pastoral work conference at which 27 Key Poverty-stricken Counties to be aided by the State were determined and established the policy to assist them by issuing 50 million Yuan annually.

牧区赎买政策 我国在牧区畜牧业社会主义改造中，对牧主经济进行的和平改造政策。即在经济上对牧主占有的生产资料（主要指牲畜）进行赎买的政策。

འབྲོག་ཁུལ་བླུ་ཉོའི་སྲིད་ཇུས། རང་རྒྱལ་གྱིས་འབྲོག་ཁུལ་ཕྱུགས་ལས་སྤྱི་ཚོགས་རིང་ལུགས་བསྒྱུར་

བགོད་དུ། ཕྱུགས་བདག་གི་དཔལ་འབྱོར་ཞིབ་བསྒྱུར་བགོད་གཏོང་བའི་སྲིད་ཇུས་ཤིག དཔལ་འབྱོར་ཐད་ནས་ཕྱུགས་བདག་ཡིས་བཟུང་བའི་ཐོན་སྐྱེད་རྒྱུ་ཆ་（སྒོ་ཕྱུགས་）བློ་བོ་བྱེད་པའི་སྲིད་ཇུས་ཤིག་གོ།

The policy of redemption in the pastoral areas is a policy to carry out the peaceful transformation on the livestock owner economy during the Socialist Transformation on animal husbandry in the pastoral areas of China. It is a policy of redemption on the means of production (animals) of livestock owners.

牧业生产责任制 1978年以后，我国牧区在畜牧业生产中推行和完善的一种经营管理制度。主要形式有两种，一种是畜群包干到户，另一种是牲畜和草牧场大包干到户。

ཕྱུགས་ལས་ཐོན་སྐྱེད་འགན་འཁྲིའི་ཡུགས། ༡༩༧༨ལོའི་རྗེས་སུ་རང་རྒྱལ་ཕྱུགས་ཐོག་ལས་རིགས་ཀྱི་ཐོན་སྐྱེད་ཁྲོད་དུ་བདག་གཉེར་ལམ་ལུགས་དེ་ཞིག་བཏང་བ་ཞིག གཙོ་བོར་རིགས་གཉིས། གཅིག་ནི་ཕྱུགས་ཁྱུ་འགན་གཙང་ལེན་དང་། གཞན་ཕྱུགས་ཐོག་དང་རྩྭ་ཐང་འགན་གཙང་ལེན་བཅས་རྒྱ་པ་གཉིས་ཡིན།

The system of production responsibility of animal husbandry, a management operating system, has been carried out and perfected in animal husbandry in the pastoral areas of China since 1978 with two forms: the household-based contract system on livestock and the general contract responsibility system on animals together with rangelands.

牧业税 在牧业区和半农半牧区，对从事畜牧业生产的单位和个人，就其畜牧业收入或拥有的牧畜头数所征收的一种税。征收范围有新疆、内蒙古、宁夏、西藏、陕西、甘肃、青海、四川等省区的牧业区和半牧业区。2006年1月1日废止该税。

ཕྱུགས་ལས་དཔྱ་ཁྲལ། འབྲོག་ཁུལ་དང་རོང་མ་འབྲོག་ཁུལ་དུ་ཕྱུགས་ལས་གཉེར་བའི་ལས་ཁུངས་སམ་སྨི་སྒེར་ལ་དབང་བའི་ཕྱུགས་ཐོག་གི་ཁུངས་ལྟར་དཔྱ་ཁྲལ་བསྡུ་བ། ཁྲལ་བསྡུ་བའི་ཁྱབ་ཁོངས་ནི་ཞིན་ཅང་། དང་སོག ཤིན་ཞ། པོད་ལྗོངས། ཧྲན་ཞི། གན་སུའུ། མཚོ་སྔོན། སི་ཁྲོན་སོགས་ཀྱི་ས་ཁུལ་ཡིན། ༢༠༠༦ལོའི་ཟླ་༡པའི་ཚེས་༡ཉིན་མེད་པར་བཏང་།

Animal husbandry tax was levied for the incomes or animals of the entities or individuals that managed the production of animal husbandry in the pastoral regions and the farming-pastoral regions, including Xinjiang, Inner Mongolia, Ningxia, Tibet, Shanxi, Gansu, Qinghai and Sichuan and it was abolished on January 1st, 2006.

慕容氏 古代鲜卑族的一支。以部为氏。初分布于今西拉木伦河上游。东汉桓帝时鲜卑分东、中、西三部。首领慕容为中部大人，遂成慕容部。另说是出自中古，部族首领高辛氏的后裔，建鲜卑国，单于自称"慕二仪（天地）之道，继三光（日、月、星）之容"，故以慕容为姓。

མུའུ་རུང་རིགས་རྒྱུད། གནའ་བོའི་ཞན་པེ་རིགས་ཀྱི་ཡ་གྱལ། ཚོ་པ་སྤྱར་དུས་འབྲེ། ཐོག་མའི་ཁྱབ་ཁོངས་དེ་གི་ཞིས་ལ་མུའི་ལོན་གཙང་པོའི་རྒྱུད་ཡིན། ཧན་ཤར་མའི་སྐབས་ཞན་པེ་རིགས་ཤར་མ་དང་། དབུས་མ། ནུབ་མ་སོགས་པ་གསུམ་དུ་བྱུང་། མགོ་གཙོ་མུའུ

དུང་ནི་དབུས་རྒྱུད་འཚོ་བའི་སྨྲ་ཏོ་ཡིན། རིམ་གྱིས་མུའུ་
དུང་འཚོ་བ་ཆགས། བཤད་སྲོལ་གཞན་ལ་གྱུར་གོའི་
གནའ་བོར་ཕྱུང་ཞིན། ཚོ་དཔོན་གོ་ཞེས་ཀྱི་རུས་རྒྱུད་པ་
ཡིན། ཨན་པེའི་རྒྱལ་ལབ་བསྡུགས་རྗེས་རང་གི་རང་བོ་
མུའུ་ཨར་ལས་ (གནམ་ས་) མས། ཡང་ན་ཚམ་མན་
གོང་ (ཅེ་བླ་ལྔར་) གྱུའི་དུན་ཞེས་མུའུ་དུང་རུ་སུ་བརྗོད།

Murong or Muren refers to an ethnic Xianbei tribe. Each tribe had its surname respectively. Murong or Muren people were first lived in the upper reaches of present-day Xar Moron River. Of the three tribes of Xianbei during the reign of Emperor Heng of the Eastern Han Dynasty like the eastern tribe, the western tribe and the middle tribe, the middle tribe was surnamed Murong or Muren because of its chieftain Murong. It is also said that in the medieval times they were surnamed because after the descendents of the chieftain Gaoxin founded Xianbei kingdom, Chanyu admired the way of Universe and inherited grace of the sun, moon and stars and Murong means admiring one's grace actually.

穆斯林　阿拉伯语音译，意为"顺服者"。泛指伊斯兰教徒，即顺服伊斯兰教真主安拉的人。此外，也可以指穆斯林世界，指现今的伊斯兰国家或中世纪的阿拉伯帝国。

མུའུ་སི་ལིན།　ཨ་རབ་སྐད། གསུངས་བརྩེ་མཁན་གྱི་དོན། དབྱེ་སི་ལན་ཆོས་ལུགས་ལ་དད་པ་བྱེད་མཁན། དུང་མུའུ་སི་ལིན་ལ་དབང་བསྒྱུར་བའི་ལྷ་ཨན་ལ་ཡིན། གཞན་དུ་མུའུ་སི་ལིན་གྱི་འཛིག་རྟེན་དེ། དེ་གི་དབྱེ་སི་ལན་རྒྱལ་ཁབ་དང་དུས་རབས་བར་མའི་ཨ་རབ་རྒྱལ་ཁབ་ལ་བསྟན།

The Muslim, transliterated from the Arabic word meaning "one who has submitted", refers to the adherent who submits to God of Islam, Allah. Besides, it can refer to the Muslim World, present Muslim countries or the Arab Empire in the Middle Age.

穆斯林朝觐　穆斯林朝觐麦加克尔白（天房）须履行的多项宗教仪式的总称。伊斯兰教"五功"之一。朝觐规定，每个有经济能力和体力的穆斯林在有生之年须亲临圣城麦加的清真寺朝圣一次或以上。穆斯林相信，在麦加朝圣所建功德比在其他清真寺朝圣所建功德超百倍。

མུའུ་སི་ལིན་གྱི་མཇལ་སྐོར།　མུའུ་སི་ལིན་སྨྲེ་ཀྲ་ཁར་པེ་ལ་མཇལ་སྐོར་དུ་འགྲོ་བའི་ཆོས་ལུགས་ཆོ་གའི་བསྡུས་མིང་། དབྱེ་སི་ལན་གྱི་སྐྱབ་སྟོང་པ་ལྔའི་ནང་གི་གཅིག་ཡིན། དཔལ་འབྱོར་ཞེས་པ་ཡོད་པའི་མུའུ་སི་ལིན་གྱི་སྐྱེ་པ་བློ་རེར་སྨྲེ་རྣམ་མཇལ་སྐོར་དུ་ཐེངས་གཅིག་གམ་དེ་ལས་མང་བ་འགྲོ་བར་བྱེད། མུའུ་སི་ལིན་ལ་དད་པ་ཆེ་པོ་ཡོད་པ་དགག་གིས་དེར་མཇལ་ན། ལྷ་ཆེའི་ཆོས་ཁང་གཞན་ལས་ཀྱང་བྱིན་རླབས་ཆེ་བར་ཡིད་ཆེས་བརྗེད་པོ་ཡོད།

Hajj is the general name for rituals required when Muslim pilgrimage to Islam's holy sites: Mecca Kaaba. It is one of the five pillars of Islam, and a religious duty which must be carried out by every Muslim who can afford physically and financially at least once in his or her lifetime. It is believed that merits gained by a pilgrimage to Mecca are much more than a pilgrimage to an ordinary mosque.

N

那扎尔（1770—1848） 维吾尔族诗人。出生于新疆喀什。著有《爱情长诗集》，其中包括《热碧亚—赛丁》《帕尔哈德与西琳》《莱丽—麦吉农》等长诗25篇。诗集作品具有进步的反封建的民主倾向，在维吾尔族文学史上占有重要地位。

ན་ཀྲ་ཨེར། （༡༧༧༠—༡༨༤༨） ཡུགུར་རིགས་ཀྱི་སྙན་ངག་པ། ཞིན་ཅང་ཁུ་ཧྲུར་སྐྱེས། བཙམས་ཚོམ་ལ《བརྩེ་དུང་གི་སྙན་ངག་རིང་མོ་ཕྱོགས་བསྒྲིགས》དེའི་ནང་དུ《ར་པར་ཡ—སས་ཏུན》དང《པར་ཧ་དེ་དང་ཞུས་ལིན》《ལའེ་ལི—མས་ཅི་ནོན》སོགས་སྙན་ངག་རིང་པོ་ཞིག་ཡོད། སྙན་ཚོགས་ཕྱོགས་བསྒྲིགས་དེ་བགས་བཀོད་རྒྱུད་འཛིན་ལ་དོ་རྒོལ་བྱེད་པའི་སྔོན་ཐོན་གྱི་དབང་ས་གཙོ་བདས་སློབ་ལྡན། གུར་རིགས་ཀྱི་རྩོམ་རིག་ལོ་རྒྱུས་ལ་གལ་ཆེན་བཟུང་ཡོད།

Nazari, born in 1770 in Kashi, Xinjiang, is a Uyghur poet. His famous work *An Anthology of Love Poetry* contains 25 long poems, including *Rebiya and Zaidin*, *Farhad and Shirin*, *Laili and Majnun*, etc. His works show a democratic tendency of anti-feudalism and occupies an important position in Uyghur's history of literature.

纳西语 纳西族使用的语言，属汉藏语系藏缅语族彝语支。同彝语、哈尼语以及拉祜语等有密切的亲缘关系。主要通行于云南丽江、维西、香格里拉、永胜、宁蒗等地，分为东部和西部两个方言区。

འཇང་སྐད། འཇང་རིགས་ཀྱིས་སྤྱོད་པའི་སྐད་ཆ། བོད་རྒྱ་སྐད་ཡོངས་ཀྱི་བོད་འབར་སྐད་རིགས་ལས་དབྱིས་སྐད་ཀྱི་ཡན་ལག་ཅིག་ཡིན། དབྱིས་སྐད་དང་ཧ་ཉི་སྐད་ལ་ཧུའུ་སྐད་སོགས་དང་འབྲེལ་བ་དམ་པོ་ཡོད། གཙོ་བོ་ཡུན་འཛང་དང་ལི་ཇིས། ཝེམས་ཀྱི་ཞི་ལྔ། ཡོན་ཧྲན། ཉིང་ལ་སོགས་ས་ཁུལ་དུ་ཁྱབ་ཡོད། ཤར་ཕྱུ་གི་ཡུལ། སྐད་གཉིས་སུ་དབྱེ།

Naxi language, used by the Naxi people. It is a member of the Yi branch of the Tibeto-Burman group of the Sino-Tibetan Language Family spoken by people concentrated in Lijiang, Weixi, Shangri-La, Yongsheng, Ninglang of Yunnan province, China. Naxi language is closely related to Yi language, Hani language and Laku language. Naxi language is classified into two dialects: Western Naxi and Eastern Naxi.

纳西族 中国的少数民族。"纳西"为自称。为古羌人的一个支系。大部居住于滇西北的丽江市，其余分布在云南其他县市和四川盐源、盐边、木里等县，也有少数分布在西藏芒康县。人口326295人（2010年）。有语言和文字。信仰东巴教、藏传佛教等宗教。主要从事农业。

འཇང་རིགས། ཀྲུང་གོའི་གྲངས་ཉུང་མི་རིགས། རང་གིས་རང་ལ་འཇང་ཞེས་འབོད། གནའ་བོའི་ཆང་རིགས་ཀྱི་ཚོ་ཁག་ཞིག་ཡིན། མང་ཤོས་ཡུན་ནན་གྱི་ཉུབ་བྱང་གི་འཇང་གྲོང་ཁྱེར་དུ་ཡོད། ལྷག་མ་རྣམས་ཡུན་ནན་གྱི་རྫོང་ཁག་གཞན་པ་དང་སི་ཁྲོན་གྱི་ཡན་ཡོན། ཡན་པན་མོ་

ལི་སོགས་སུ་ཡོད། ད་དུང་ཞུང་གས་ཞིག་བོད་ལྗོངས་འབར་ཁམས་ན་ཡང་ཡོད་དེ་གངས་ ༣༢༦,༢༩༥ (༢༠༡༠) ཡོད། སྐད་དང་ཡི་གེ་གཉིས་ཀ་ཡོད། སྟོན་པའི་ཆོས་ལུགས་དང་བོད་བརྒྱུད་ནང་བསྟན་སོགས་སོ་སོར་དད་མོས་བྱེད། གཙོ་བོ་ཞིང་ལས་རིགས་གཉེར།

Naxi people, a Chinese ethnic group, are thought to be a branch of the ancient Qiang people. They mainly inhabit the northwestern part of Yunnan Province, as well as the southwestern part of Sichuan province in China, such as Yanyuan, Yanbian and Muli County, and a small number of them in Mangkang County of Tibet. With a population of 326, 295 (2010), the Naxi people have their own spoken and written languages. They believe in Dongba, Tibetan Buddhism and other religions. And agriculture is the main occupation of the Naxi people.

南蕃回回 宋末明初，对散居广州等沿海商埠回回人的称谓。

ནན་བོ་ཧུའེ་ཧུའེ། སུང་རྒྱལ་རབས་མཇུག་མིང་རྒྱལ་རབས་དུས་མགོར་ཀོང་གྲོའུ་སོགས་མཚོ་རྒྱུད་ཚོང་ར་ཁུལ་དུ་འདུས་སྡོད་བྱས་པའི་ཧུའེ་ཧུའེའི་ཚོང་པའི་མིང་ལ་ཟེར།

Nanfan Huihui refers to the name for the Hui people who scattered in Guangzhou and other coastal commercial ports during the late Song and early Ming Dynasties.

南方少数民族山区经济座谈会 中国少数民族经济研究会组织召开的学术讨论会。1984年在贵阳市举行。代表来自13个省、自治区。提交会议的专题调查报告有30多篇。与会者结合民族区域自治法中的经济条文，座谈讨论有关南方少数民族山区经济的发展问题等。

ལྷོ་ཕྱོགས་གྲངས་ཉུང་མི་རིགས་ཀྱི་རི་ཁུལ་དཔལ་འབྱོར་བགྲགས་མོལ་ཚོགས་འདུ། ཀྲུང་གོའི་གྲངས་ཉུང་མི་རིགས་ཀྱི་དཔལ་འབྱོར་ཞིབ་འཇུག་ཚོགས་འདུར་རྒྱ་འཛུགས་བྱས་པའི་རིག་གཞུང་གྱོ་བསྡུར་ཚོགས་འདུ་ཞིག་ཡིན། ༡༩༨༤ལོར་ཀུའེ་ཡང་གྲོང་ཁྱེར་དུ་ཚོགས། ཞིང་ཆེན་དང་རང་སྐྱོང་ལྗོངས་ ༡༣ ཕྱོགས་ཀྱི་འཐུས་ཚབ་ཞུགས། ཚོགས་འདུའི་དེ་ཕྱུལ་དུ་བྱུང་བའི་ཆེད་བྱུང་སྐུ་ཞུ་ ༣༠ ལྷག་ཡོད། ཚོགས་ཞུགས་པས་རིགས་ས་ཁོངས་རང་སྐྱོང་ཁྲིམས་ལུགས་ནང་གི་དཔལ་འབྱོར་རྒྱ་དོན་དང་འབྲེལ་ཏེ། ལྷོ་ཕྱོགས་གྲངས་ཉུང་རིགས་ཀྱི་རི་ཁུལ་དཔལ་འབྱོར་གྱི་འཕེལ་རྒྱས་གནད་དོན་སོགས་ཀྱི་སྐོར་ལ་བགྲགས་མོལ་བྱས།

Symposium on Economic Development in Southern Mountainous Regions where the Minorities Reside was a symposium held by the Society for the study of Chinese Ethnic Economy in Guiyang in 1984, with deputies coming from 13 provinces and autonomous regions. More than 30 investigation reports were submitted at the symposium. Participants discussed the economic development issues of southern ethnic mountainous areas according to the economic provisions of the Regional Ethnic Autonomy Law.

南方丝绸之路 也称"蜀身毒（身毒：即古印度）道"。中国最古老的国际通商通道之一，西汉时开发。分两道：一以成都为起点，经雅安、芦山、西昌、攀枝花到云南的昭通、曲靖、大理、保山、腾冲，从德宏出境入缅甸、泰国后达印度和中东；另一道走四川宜宾经"五尺道"在大理汇合。

ཚོང་ཕྱོགས་ཀྱི་དར་གོས་ཆོང་ལམ། རྒྱའི་ཉིན་དར་ལམ་ཞེས་ཀྱང་འབོད། རྒྱ་ནག་གི་ཆེས་སྔ་མོའི་རྒྱལ་སྤྱིའི་ཚོང་ཟོག་འགྲོ་རྒྱག་གི་བགྲོད་ལམ་ཞིག་ཡིན། ཧན་རྒྱལ་རབས་ཉུབ་མའི་སྐབས་སུ་གསར་གཏོད་བྱས། ལམ་ཕྱོགས་གཉིས་སུ་བཅས། གཅིག་ནི་ཁྲིན་ཏུའུ་ནས་འགོ་བཙུགས་སྟེ། གཡའན་ཧྲན་དང་ཡུན་ཧྲན། ཞིས་ཁྲང་། པན་ཀྲི་ཧུའ། སི་ཁྲོན། ཏ་ལིས། པོ་ཧྲན། གོར་འབོར་རྗེས་རྒྱ་གར་དང་དབུས་ཤར་ལ་སླེབས་ཐུབ། བགྲོད་ལམ་གཞན་ནི་སི་ཁྲོན་པའི་ཡིས་པན་ནས་ཏ་ལིར་གཅིག་ཏུ་འཛོམ་ཡོད།

ཚོ་ཞིན་ཅང་གི་གྲུབ་མཁར་བཞིའི་ཟིང་འཁྲུག ཞིན་ཅང་གི་ཧུའུ་ཀོར་ཆེ་ཆུང་གི་རྒྱུད་པ་ཅང་གུར་གྱིས་བསླངས་པའི་མི་རིགས་ལ་ཁ་བྲལ་ཟིང་ཆ། ༡༨༢༠ལོར་ཅང་གུར་དམག་གིས་ཁ་ཇི་གུར་ (དེང་གི་ཁ་ཇི) ལ་བཙན་འཛུལ་བྱས། རྗེས་སུ་ཆིང་དམག་གིས་ཕམ་པར་བྱུང་། ༡༨༢༦ལོར་ཡང་བསྐྱར་བཙན་འཛུལ་བྱེད་པར་དེ་རྗེས་སུ་ཁྱི་གུར་དང་དབྱིན་ཇི་ཧྲར། ཧོ་ཐན། ཡེར་ཅང་བཅས་མཁར་བཞི་བཅོམས། དབྱིན་ཇིའི་གསང་བའི་རོགས་གང་མང་ཐོབ། ལོར་དེར་ཆིང་དམག་གིས་གཡུལ་བཤམས་ཏེ་ཕྱིན་མཁར་བཞི་ཕྱིར་བླངས།

Southern Silk Road also called "Shu Yuandu (the ancient India) Road", was one of the oldest international trading channels of China which was exploited in the Western Han Dynasty. The Southern Silk Road was mainly composed of two routes, one originated from Chengdu, via Ya'an, Lushan, Xichang and Panzhihua of Sichuan Province to Zhaotong, Qujing, Dali, Baoshan and Tengchong of Yunnan Province, then reached India and the Middle East by leaving Dehong for Burma and Thailand. The other started from Yibin of Sichuan province, via Wuchi Road (five-feet wide) and joined the first route in Dali.

南疆西四城暴乱　新疆大小和卓后裔张格尔煽动的民族分裂叛乱。1820年张格尔率兵侵入喀什噶尔（今喀什）境内。后为清军击败。1826年再次侵入，先后攻破喀什噶尔、英吉沙尔、和田、叶尔羌4城。英国特务给以各种援助。同年清军出兵讨伐，翌年收复西4城。

Riot in the four cities of Southern Xinjiang is an ethnic separatist rebellion incited by Jahangir Khoja, the descendant of Khoja. Jahangir invaded Kashgar (now Kashi) in 1820 and was defeated by the Qing army. Jahangir invaded again with the great assistance of British agents in 1826 and successively breached Kashgar, Yingjishaer, Hotan and Yarkand. The Qing army sent troops to fight Jahangir the same year and resumed the lost four cities the next year.

南京净觉寺　南京现存最早的清真寺。"净觉寺"为明世宗赐名。始建于明洪武年间，明宣德年间郑和奏请重建。曾历遭战火毁坏，现存建筑为晚清所建。现有礼拜大殿、砖刻牌坊、望月楼、南北讲堂、碑亭、水房等建筑，占地约为4000平方米。

ནན་ཅིན་གཙང་དག་དགོན། ནན་ཅིན་དུ་ཡིག
སྣར་གནས་པའི་ཆེས་སྔ་མོའི་དགེ་ཡི་ཨན་ཚོང་ཁང་
དགོག་ཨིག་འདིའི་མིང་རྒྱལ་རབས་ཀྱི་གོང་མ་ཆུའི་ཚོང་གིས་
བསྩལ་བ་ཡིན། མིང་རྒྱལ་རབས་ཅུང་སྦྲུའི་ལོར་གསར་དུ་
བཏབ། མིང་རྒྱལ་རབས་ཀྱི་ཞིན་དེ་ལོར་ཀྱིན་ཚོས་གོང་
མར་བསྐུར་བསྐུན་བྱ་རྒྱུ་ཞུས། རྟ་རྗེས་སུ་དམག་འཁྲུག་
གིས་གཏོར་བཤིག་བཏང་། དཔྱ་གནས་པ་འདི་ནི་ཆིང་
རྒྱལ་རབས་ཀྱི་དུས་སྨད་དུ་བསྐྲུན་པ་རེད། དེར་གྱུར་
ཡིག་འཚོགས་ཁང་དང་། སྒྱུ་བཀོས་རྟ་བབས། ཟླ་གཟིགས
ཐོག་ཁང་། སློབ་བྱུང་ཚོམས་ཁྲིད་ཁང་། ཏོ་རིང་གདན་ཁང་།
ཆུ་ཁང་སོགས་བཟོ་བཀོན་གནས་ཡོད་ཅིང་། རྒྱ་ཁྱོན་ལ་སྟྲི
གྲུ་བཞི་མ་༤༠༠༠་ཙམ་ཡོད།

Jinjue Mosque is the earliest existing mosque in Nanjing. Jiajing (Shizong) emper of the Ming Dynasty named the mosque. It was built in the reign of Emperor Hongwu and rebuilt by Zhenghe after the approval of Emperor Xuande. It was ruined several times by the war, and the existing one was built in late Qing Dynasty. The existing buildings cover an area of 4,000 square meters, including worship hall, memorial archway, moon-watching tower, lecture halls, pavilion, water room, etc.

南蛮 古代华夏人对南部少数民族的统称。起始于商朝、周朝时期。南蛮是今天的苗、瑶、彝、黎等民族的先民。

ནན་མན། གནའ་རབས་ཏུ་ཞ་མེས་སྟོ་ཕྱོགས་གཙང་
ཞུང་མི་རིགས་ལ་འབོད་པའི་སྤྱི་མིང་ཞིག ཧྲང་དང་ཀྲོའུ
རྒྱལ་རབས་སྐབས་སུ་ཐོག་མར་བྱུང་། ནན་མན་ནི་དེང་
གི་སྨྱོ་དང་། ཡོའོ། དབྲི། ལི་སོགས་མི་རིགས་དག་གི
མེས་པོ་ཡིན།

Southern Barbarians was a collective name used by Han people to address southern ethnic minorities in ancient times, starting at Shang and Zhou Dynasties. Southern Barbarians are the ancestor of current Miao, Yao, Yi, Li and other nationalities.

南匈奴 东汉时对南下附汉的匈奴人的称呼。

ཞུང་ཅུའི་སྟོ་མ། ཏུན་རྒྱལ་རབས་ཤར་མའི་སྐབས་སུ
ལྷོ་སྨད་ཧན་ལ་དབང་བའི་ཞུང་ཅུའི་འབོད་ཚུལ་ཞིག

Southern Xiongnu refers to a name for Huns who move south to affiliate with the Eastern Han.

南亚语系 世界语言按谱系分类法划分的语系之一。主要分布于中国、越南、老挝、缅甸、柬埔寨、泰国、马来西亚、印度等地。共有100多种语言。划分为孟-高棉、蒙达和尼科巴3个语族。

ཡ་སྐྱིང་སྟོ་མའི་སྐད་རྒྱུད། འཛམ་གླིང་གི་སྐད་ཆ
རྒྱུད་པ་ལྟར་བགོས་པའི་ནང་གསེས་ཤིག གཙོ་བོ་ཀྲུང་གོ
དང་། ཝི་ཎེ་ནམ། ཡའོ་ཞོའོ། འབར་མ། ཁན་པུར
གུའི། ཐེ་གོ། མ་ལེ་ཞི་ཡ། རྒྱ་གར་སོགས་སུ་ཁྱབ་ཡོད།
སྤྱིར་བསྡམས་སྐད་རིགས་བརྒྱ་ལྷག་ཡོད། དེ་དག་མིན་གོ
མིན་དང་ཆོན་ཏ། ནའི་ཁོའུ་པ་བཅས་སྐད་རིགས་གསུམ
ལ་བགོས་ཡོད།

The Austroasiatic languages are a large language family of world language classified by means of genetic classification, mainly distributed in China, Vietnam, Laos, Burma, Cambodia, Thailand, Malaysia and India. The Austroasiatic languages can be divided into Mon-khmer, Munda and

Nicobar branches with more than 100 languages.

南诏 亦称"蒙舍诏"。古国名。唐初以乌蛮为主体建立。原为六诏之一。因地处其他五诏之南部故名。国境包括今日云南全境及贵州、四川、西藏和越南、缅甸的部分土地。由蒙舍诏首领皮罗阁在738年建立。902年为权臣郑买嗣所亡。

ཀྲོ་ཁྲོ་མ། མིང་གཞན་མོང་ཐེ་ཀྲོ་ཡང་འབོད། གནའ་པའི་རྒྱལ་ཁབ་ཞིག ཐང་རྒྱལ་རབས་དུས་མགོར་ཕོལ་མན་གཙོ་བྱས་ཏེ་བཙུགས། ཕྲོག་མའི་ཀྲོ་དྲུག་ནང་གི་གཅིག་ཡིན། ས་བབས་ཀྱི་དབང་གིས་ཕྲོག་མའི་ལྷག་མའི་ལྷོ་བྱང་དུ་གནས་པ་མིན་དེ་ལྟར་ཕོལ་བ། ད་ལྟ་ཡུན་ནན་ཡོངས་དང་ཀུའི་གྲོའུ། སེ་ཁོན། བོད་ལྟོངས། ཝེ་ཉམ། འབར་མའི་ས་ཁུལ་ལ་ཤས་ལ་གཏོགས། མོང་ཐེ་ཀྲོའི་འགོ་དཔོན་པའི་ལོའེ་ཀུའུ་ཡིས་༧༣༨ལོར་ཚུགས། ༡༠༢ལོར་བློན་ཆེན་ཐུན་མའི་ཤུལ་ཡིས་རྩ་མེད་བཏང་།

Nanzhao State, also called "mengshezhao", is a regime in ancient China. It was mainly built on the basis of the tribes of Wuman in early Tang Dynasty. Nanzhao was once one of the Six Zhao and got its name for it locates the south of the other five. Its territory includes the current Yunnan Province and parts of Guizhou, Sichuan Provinces, Vietnam and Burma. Nanzhao was built in 738 by its leader Piluoge and eliminated in 902 by the powerful minister Zheng Maisi.

南诏德化碑 云南现存最大唐碑，位于大理市太和村西面的南诏太和城遗址内。唐大历元年（766）南诏王立。碑高3.02米，宽2.27米，厚0.58米，正反面刻汉字约5000字。着重叙述南诏、唐朝和吐蕃间的关系。

ཀྲོ་ཁྲོ་མའི་ཏེ་ཧུ་རྡོ་རིང་། ད་ལྟ་ཡུན་ནན་དུ་ཡོད་པའི་ཐང་རྒྱལ་རབས་སྐབས་ཀྱི་རྡོ་རིང་ཆེས་ཆེ་བ། ཏུ་ལིའི་གྲོང་ཁྱེར་གྱི་ཐེ་ཧུའི་གྲོང་ཚོའི་ནུབ་ཀྱི་གྲོ་ཙོ་མའི་ཐེ་ཧུའི་མཁར་གཏོར་ཤུལ་དུ་ཡོད། ཐང་ལོ་རྒྱུས་དང་པོར་(༧༦༦) ཀྲོ་ཙོ་མའི་རྒྱལ་པོས་བཞེངས། རྡོ་རིང་གི་མཐོ་ཚད་སྤྱི་༣.༠༢དང་། ཞེང་ལ་སྤྱི་༢.༢༧། མཐུག་ཚད་སྤྱི་༠.༥༨། མདུན་རྒྱབ་གཉིས་སུ་རྒྱ་ཡིག་ཡིག་འབྲུ་༥༠༠༠ལྷག་ཡོད། གཙོ་བོ་གྲོ་ཙོ་མ་དང་ཐང་། བོད་བཅས་པའི་བར་འབྲེལ་བ་བརྗོད་ཡོད།

Nanzhao Dehua Stone Tablet is the biggest existing stone tablet from Tang Dynasty in Yunnan Province. It locates in Nanzhao Taihecheng Sites of west Taihe village of Dali city. The stone tablet was set up by the king of Nanzhao in the first year of Dai Zong period(766). It is 3.02 meters high, 2.27 meters wide and 0.58 meter thick, with about 5,000 carved characters in front and back. Nanzhao Dehua Stone Tablet mainly records the relationship between Nanzhao, Tang Dynasty and Tubo.

南诏六曹 唐时南诏初期的国务行政机构，相应形成职官制度。分别为兵曹、户曹、客曹、刑曹、工曹、仓曹。南诏后期，改"六曹"为"九爽"。

ཀྲོ་ཁྲོ་མའི་ཚོ་དྲུག ཐང་རྒྱལ་རབས་སྐབས་སུ་ཀྲོ་ཙོ་མའི་དུས་མགོའི་རྒྱལ་ཁྱེད་ལས་ཁུངས་ཡིན། སྐྱོ་བཅས་ཀྱིས་གྲུབ་པའི་དཔོན་གནས་ལམ་ལུགས། དེ་དག་ནི། དམག་ཚོའི་དང་། ཁྱིམ་ཚོའི། མགྲོན་ཚོའི། ཁྲིམས་ཚོའི།

བཛོ་ཆོད། མཛོད་ཆོའི་བཅས་ཡིག གྲོ་ཙོ་མའི་དུས་
འཕགས་ཏུ་ཆོའི་དྲུག་དེ་རྗེའི་དགུལ་བསྒྱུར།

Liucao (the six ministries) of Nanzhao refers to the administrative organization of national affairs in the early period of Nanzhao state in the Tang Dynasty. The official system was formed accordingly, which includes Ministry of War, Ministry of Revenue, Ministry of Rites, Ministry of Justice, Ministry of Personnel and Ministry of Granaries. In the late period of Nanzhao, the six ministries were changed into Jiushuang (nine courts).

《南诏源流纪要》 书名。明代蒋彬撰。1卷。成书于嘉靖十一年（1532），内容简记唐南诏王乌蛮蒙氏、宋大理国主白族段氏等事迹。

《གྲོ་ཙོ་མའི་འབྱུང་ཁུངས་རྩ་གནད》 དཔེ་དེབ་ཀྱི་མིང་། མིང་རྒྱལ་རབས་ཅང་པུན་གྱིས་བརྩམས། བོད་གཅིག གོང་མ་ཅ་ཆན་བྲི་ལོ་བཅུ་གཅིག་པར（1532）དེབ་ཏུ་བསྒྲིགས། ནང་དོན་གཙོ་བོ་ཐང་དང་གྲོ་ཙོ་མའི་རྒྱལ་པོ། ཕས་མན་མོང་གི་རྒྱུད་དང། སུང་དུ་ལི་རྒྱལ་པོའི་རིགས་ཏན་རྒྱུད་བཅས་ཀྱི་ལོ་རྒྱུས་བྲིས་ཡོད།

Origins of the Nanzhao Kingdom was a book composed by Jiang Bin in the 11th year of the reign of Emperor Jiajing (1532) of the Ming Dynasty. The book mainly records the story of the tribes of the Black Man called Meng, King of Nanzhao in the Tang Dynasty and the tribes of the White Man named Duan, King of Dali in the Song Dynasty.

《南诏中兴国史画卷》 又名《南诏图传》《南诏中兴二年画卷》。成画于公元899年，南诏画师绘。长5.73米，宽0.3米。纸本彩绘。描绘了南诏建立的神话传说。原藏南诏宫廷，后收藏于清朝宫廷，1900年八国联军攻占北京，被掠往国外，今藏于日本。

《གྲོ་ཙོ་མའི་རྒྱལ་ཁབ་ཀྱི་ལོ་རྒྱུས་རི་མོ་ཐོག་བྲིས།》 མིང་གཞན་ལ《གྲོ་ཙོ་མའི་ལོ་རྒྱུས་རིས》 སམ་ཡང་ན《གྲོ་ཙོ་མའི་ཀུང་ཞིན་ཁྲི་ལོ་གཉིས་པའི་རི་མོའི་ཐོག་བྲིས》 ཡང་ཟེར། སྤྱི་ལོ་༨༩༩ལོར་གྲོ་ཙོ་མའི་རི་མོ་མཁན་ཞིག་གིས་བྲིས། རིང་ཚད་ལ་སྨི་༥.༧༣ཡོད། ཞེང་ལ་སྨི་༠.༣ཡོད། ཤོག་དོང་མཚོན་རིས་བཏང་ནས་གྲོ་ཙོ་མས་བཙུགས་པའི་ལྷ་སྐྲུང་ཞིག་ལ་ཚོར་བྱེད་ཡོད། དང་ཐོག་གྲོ་ཙོ་མའི་ཕོ་བྲང་དུ་ཉར་ཚགས་བྱས་པ་དང། རྗེས་སུ་ཆིང་གོང་མའི་ཕོ་བྲང་བསྟར་ཉར་བྱས་ཡོད། ༡༩༠༠ལོར་རྒྱལ་ཁབ་བརྒྱད་མཉམ་འབྲེལ་དམག་གིས་པེ་ཅིན་བཙན་བཟུང་བྱས་སྟེ་ཕྱི་རྒྱལ་དུ་ཕྱིར་བཀས། ད་ལྟ་ཞིབ་པར་དུ་ཡོད།

A Painting Scroll of the Zhongxing Period of the Nanzhao, also called Nanzhao Painted Scroll, was completed by the court painters of the Nanzhao State in AD 899. It is 5.73 meters long and 0.3 meter wide and painted on paper. The scroll painting depicted the legend of the establishment of Nanzhao State. It was collected in the court of Nanzhao and then stored in the court of Qing. The Eight-Power Allied Forces assaulted Beijing in 1900 and plundered it abroad. Now it was kept in Japan.

喃字 又称"字喃"。京族曾经使用过的

文字。是假借汉字和仿效汉字结构原理和方法，依据京语的读音创造出的文字。分为假借喃字、形声喃字和会意喃字。

ནན་ཡིག ཡིག་ནན་ཡང་ཟེར། ཅིང་རིགས་ཀྱིས་སྔོན་ཆད་བའི་ཡི་གེ་ཞིག རྒྱ་ཡིག་གཡར་བའམ་དེའི་སྒྲིག་གཞིའི་རྩ་དོན་དང་བྱེད་ཐབས་ལ་དཔེར་བྱས་ཏེ། ཅིང་ཡིག་གི་སྒྲ་སྒྱུར་གསར་གཏོད་བྱས་པའི་ཡི་གེ་ཞིག་ཡིན། དེ་ལ་གཡར་ཡིག་དང་སྒྲ་གཟུགས་ནན་ཡིག དོན་བསྟན་ནན་ཡིག་བཅས་གསུམ་དུ་དབྱེ།

Chu Nom (characters for common speech) is a logographic script formerly used by the Jing people. The script borrows or imitates the standard set of classical Chinese characters to create some characters of its own with the pronunciation of Jing language. Chu Nom contains borrowed characters, phonogram characters and ideogram characters.

《脑筋急转弯》事件 1992年，四川美术出版社出版了载有严重侮辱穆斯林内容的台湾版少儿画册《脑筋急转弯》一书，激起穆斯林群众的反感和不满。四川省人民法院以玩忽职守罪，判处被告有期徒刑五至二年不等。

《རིག་སྟོ་འཁྱེད་པ》ཡི་དོན་རྐྱེན། ༡༩༩༢ལོར། སི་ཁྲོན་མཛེས་རྩལ་དཔེ་སྐྲུན་ཁང་གིས་ཟུ་སི་ལིན་ཚོགས་ལ་དམའ་འབེབས་ཀྱི་ནང་དོན་ཡོད་པའི་ཐའེ་ཝན་བྱེས་པའི་རིས་དུས་དེབ《རིག་སྟོ་འཁྱེད་པ》ཞེས་པར་དུ་བཏབ་པས། ཟུ་སི་ལིན་ཚོགས་མང་གི་དགག་རྒྱག་ཚོར་འུར་ཞིག་བསླངས། སི་ཁྲོན་མི་དམངས་ཁྲིམས་ཁང་གིས་དོར་བོས་ལས་པའི་དགག་ཉེས་ནག་གཏུགས་ཏེ་གཏུག་གཤེར་བྱེད་མི་འདུག་པར་ཁྲིམས་ཉེས་བཅད་པ་ལོ་གཉིས་ནས་ལོ་ལྔ་བར་གྱི་བཙོན་འཇུག་ཁྲིམས་ཆད་བཅད།

ཆད་བཅད།

Brain-teaser Puzzles Incident: In 1992, Sichuan Fine Arts Press printed and published a children's picture book *Brain-teaser Puzzles* (Taiwan version) that contains severe insulting contents towards Muslim people. The book aroused widespread disgust and resentment among Muslims. Sichuan people's Court found the accused committing the crime of dereliction of duty and sentenced them from two to five years in prison.

内婚制 指在一定血缘或等级范围内选择配偶的一种婚姻规例。一称"族内婚"。产生于旧石器时代中、晚期。原始社会一个部落的不同氏族之间通婚，从部落来说就是族内婚。

ནང་མིའི་གཉེན་སྒྲིག དེ་ནི་ཁྲག་རྒྱུན་གམ་རིམ་པ་དེས་ཅན་གྱི་ཁྱབ་ཁོངས་སུ་གཉེན་སྒྲིག་འདེམས་པའི་ལམ་ལུགས་ཤིག་ཡིན། མིང་གཞན་ལ་རིགས་ནང་གི་གཉེན་སྒྲིག་ཀྱང་ཟེར། རྡོ་ཆས་སྔོན་མའི་དུས་རབས་བར་མ་དང་ཐ་མར་གཏོད་མའི་སྤྱི་ཚོགས་སུ་ཚོ་བ་གཅིག་ཏུ་བུས་རྒྱུད་མི་འདྲ་བའི་བར་གྱི་གཉེན་སྒྲིག་བྱེད་པ་དེ་ཚོ་བའི་ཕོ་ནས་ནང་མིའི་གཉེན་སྒྲིག་ཡིན།

Endogamy is the practice of marrying within a specific blood relationship or social group, also called "marriage within tribe". Endogamy came into being in the middle and late period of the Old Stone Age. In primitive society, the marriage within tribe means marriage among different clans of the same tribe.

内蒙古博物院 全国少数民族地区最早建

立的博物馆（现改博物院）。位于呼和浩特市，建成于1957年。主体为一幢民族特色的白色建筑，楼顶塑有骏马。异地新馆建成于2007年，建筑面积5万平方米。全部馆藏品达10多万件（套）。

ནང་སོག་གི་དངོས་བཤམས་ཁང་། གྲངས་ཉུང་མི་རིགས་ནང་དུ་ཆེས་སྔ་བའི་དངོས་མང་བཤམས་སྟོན་ཁང་ཞིག་ཡིན། (དེང་དངོས་བཤམས་ཁྱིང་དུ་བསྒྱུར།) གནས་ཡུལ་མཁར་སྟོན་པོ། ༡༩༥༧ལོར་ཚུགས། གཙོ་དབྱིབས་མི་རིགས་ཁྱད་ཆོས་འཛུ་དུ་དོད་པའི་མཁར་དཀར་པོའི་བརྩེགས་ཞིག་ཡིན་ལ། ཁང་སྟེང་དུ་རྟ་མཆོག་ཅིག་བཞེངས་ཡོད། དངོས་བཤམས་ཁང་གསར་པ་༢༠༠༧ལོར་ཚུགས། རྒྱ་ཁྱོན་ལ་སྒྲུབ་བཞི་ཁྲི་པ་ཡོད་པ་དང་། དངོས་ཟོག་རིགས་ཁྲི་༡༠ལྷག་ཞར་ཆགས་བྱུང་ཡོད།

Inner Mongolia Museum refers to the first museum built in ethnic minority regions in 1957 which locates in Hohhot. The main building is a white one with ethnic characteristics and a steed is figured on the top of the building. A new museum was constructed elsewhere in 2007, covering an area of 50,000 square meters. The collections totaled up to more than 100,000 items.

内蒙古草原文化遗产保护日 2005年，内蒙古自治区政府决定从该年起，将每年的9月6日设立为内蒙古草原文化遗产保护日。旨在保护草原文化遗产，弘扬优秀民族传统文化。

ནང་སོག་རྩྭ་ཐང་གི་རིག་གནས་ཤུལ་བཞག་སྲུང་སྐྱོབ་ཉིན། ༢༠༠༥ལོར་ནང་སོག་རང་སྐྱོང་ལྗོངས་སྲིད་གཞུང་གིས་ལོ་རེའི་ཟླ་༦པའི་ཚེས་དྲུག་ཉིན་ནང་སོག་རྩྭ་ཐང་གི་རིག་གནས་ཤུལ་བཞག་སྲུང་སྐྱོབ་ཉིན་གཏན་འཁེལ་བྱས། དེས་རྩྭ་ཐང་རིག་གནས་ཤུལ་བཞག་སྲུང་སྐྱོབ་བྱ་ཏེ། མི་རིགས་སྲོལ་རྒྱུན་རིག་གནས་དར་སྤེལ་ལ་ཕན་པ་ཡོད།

Inner Mongolia Grassland Cultural Heritage Day The Inner Mongolia provincial government decided to celebrate the Inner Mongolia Grassland Cultural Heritage Day on September 6th from year 2005 on. It is celebrated for protecting grassland cultural heritage and advancing and enriching excellent traditional culture.

内蒙古人民共和国临时政府 1945年，蒙古族少数封建上层在今内蒙古苏尼特右旗组织的政权。初由博英达责任主席。同年，中共派乌兰夫到该旗工作，召开"内蒙古人民代表会议"改组"临时政府"。11月"内蒙古自治运动联合会"成立，"临时政府"即行解散。

ནང་སོག་མི་དམངས་སྤྱི་མཐུན་རྒྱལ་ཁབ་གནས་སྐབས་སྲིད་གཞུང་། ༡༩༤༥ལོར་སོག་པོའི་བགས་བགོས་རྒྱུད་འཛིན་གོང་རིམ་ཉུང་ཤས་ཤིག་གིས་དེང་གི་ནང་སོག་སུའུ་ནའི་ཐུ་དར་གཡས་པ་དུ་རུ་འཛུགས་བྱས་པའི་སྲིད་དབང་ཞིག་ཡིན། དང་ཐོག་པོ་དབྱིན་ཏཱ་ལའི་ཡིན་ཀྱུན་ཞིབ་འགན་ཁུར། དེའི་ལོར་ཀྱུན་གུང་ཁྲན་ཚང་གིས་དབུ་བཏང་ནས་དར་དེར་ལས་ཀ་བྱེད། ནང་སོག་མི་དམངས་འཐུས་མི་ཚོགས་འཚོགས་ནས་གནས་སྐབས་སྲིད་གཞུང་བཀྱུན་དུ་བཙུགས། ཟླ་༡༡པར། ནང་སོག་རང་སྐྱོང་ལས་འགུལ་མཉམ་འབྲེལ་ཚོགས་པ་དབུ་བརྙེས་ཏེ། གནས་སྐབས་སྲིད་གཞུང་ཉིད་འཐོར།

Provisional Government of the Inner Mongolian Republic refers to the government established by a small number of Mongolian feudal upper class in Sonid Right Banner (a banner of Inner Mongolia) in 1945. Boying Dalai served as president at the beginning. At the same year, the Communist Party of China assigned Ulanhu to work in Sonid Right Banner, where he convened the Inner Mongolia people's representative conference to reshuffle the provisional government. The Inner Mongolia Autonomous Movement Union was set up in November and the provisional government of the Inner Mongolia Republic dissolved immediately.

内蒙古民族大学 是一所内蒙古区属、自治区重点建设、国家民委和自治区政府共建的综合性民族大学，涵盖 11 个学科门类。位于通辽市，创建于 1958 年。2000 年由原内蒙古民族师范学院、内蒙古蒙医学院、哲里木畜牧学院 3 所本科院校合并组建。总面积 3549 亩。

ནང་སོག་མི་རིགས་སློབ་ཆེན། དེ་ནི་ནང་སོག་སློང་དང་རང་སྐྱོང་སློང་གྱི་གཙོ་གནད་འཛུགས་སྐྲུན་དུ་གཏོགས། རྒྱལ་ཁབ་མི་རིགས་དོན་གཅོད་ཨུ་ཡོན་ལྷན་ཁང་དང་རང་སྐྱོང་སློང་སྲིད་གཞུང་གིས་མཉམ་དུ་སྐྲུན་པའི་སྤྱི་འཛོམས་རང་བཞིན་གྱི་མི་རིགས་སློབ་གྲྭ་ཆེན་མོ་ཞིག་ཡིན། དེའི་ནང་དུ་རིག་ཚན་ ༡༡ འདུས། གནས་ཡུལ་བྱུང་ལུའོ་གྲོང་ཁྱེར་ཡིན། ༡༩༤༨ལོར་གསར་དུ་བཙུགས་ཤིང་། ༢༠༠༠ལོར་ཕྲན་མའི་ནང་སོག་མི་རིགས་དགེ་ཐོན་སློབ་སྒྲིག་དང་། ནང་སོག་སོག་སྨན་སློབ་གླིང་། ཀྱི་ལི་མུའི་ཕྱུགས་འཚོག་སློབ་གླིང་བཅས་དོན་གཞི་སློབ་གྲྭ་གསུམ་ཟླ་སྒྲིག་བྱས། སློབ་གྲྭའི་ཁྱོན་ལས་ས་ཁྱོན་མུ་ ༣༥༤༩ ཡོད།

Inner Mongolia University for Nationalities, as a key construction of autonomous region and co-construction of State Ethnic Affairs Commission and autonomous government, is a comprehensive provincial university for nationalities with 11 disciplines. Inner Mongolia University for Nationalities was built in 1958 and is located in Tongliao city. In 2000, Inner Mongolia Normal University for Nationalities, Inner Mongolia College for Mongolian Medicine and Zhelimu Animal Husbandry College merged into the Inner Mongolia University for Nationalities, covering an area of 3,549 mu.

内蒙古农工兵大同盟 是由中国共产党"北方区委"领导的内蒙古热河、察哈尔、绥远地区蒙汉各族工人、农民、士兵参加的群众革命组织。1925 年在张家口成立。李大钊曾任书记。它的成立标志着内蒙古蒙汉劳动人民的大联合。

ནང་སོག་ཞིང་བཟོ་དམག་གི་མཐུན་མཐུན་ཆེན་མོ། དེ་ནི་ཀྲུང་གོ་གུང་ཁྲན་ཏང་གིས་བྱང་ཁུལ་ཨུ་ཡོན་ལྷན་འགོ་ཁྲིད་བྱས་པའི་སོག་པོའི་རེ་ཧུ་དང་ཁྲ་ཧར། སའི་ཡུལ་ཁུལ་དུ་རྒྱ་སོག་བཟོ་པ་དང་ཞིང་པ། དམག་མི་སོགས་ཞུགས་པའི་མང་ཚོགས་ཀྱི་གསར་བརྗེའི་རྩ་འཛུགས་ཤིག་ཡིན། ༡༩༢༥ལོར་ཀྲང་ཅཱ་ཁོའུ་རུ་བཙུགས། ལིས་ཏཱ་ཀྲོའུ་ཅིའི་འགན་ཁུར་སློང་བ་དང་། དེ་ཚུགས་པས་ནང་སོག་དང་རྒྱའི་ལས་རྩོལ་མི་དམངས་ཀྱི་མཉམ་འབྲེལ་ཆེན་མོ་མཚོན་ཡོད།

Inner Mongolia Grand Alliance of Peasants, Workers and Soldiers refers to a mass revolutionary organization involving

Mongolian and Han workers, peasants and soldiers led by the Northern District Commission of Communist Party of China in Rehe, Chahar and Suiyuan regions. The alliance was established in Zhangjiakou in 1925 and the foundation of it marked the alliance of Mongolian and Han labors of Inner Mongolia. Li Dazhao once served as its secretary.

内蒙古人民革命党 第一、二次国内革命战争时期，中国共产党团结内蒙古各阶层人民进行革命斗争的带有政党性质的统一战线组织。1925年成立于张家口。1947年中共内蒙古自治区工作委员会成立后取消。

ནང་སོག་མི་དམངས་གསར་བརྗེ་ཏང་། རྒྱལ་དམངས་གསར་བརྗེ་ཞིངས་དང་པོ་དང་གཉིས་པའི་སྐབས་སུ་གུང་གོ་གུང་ཁྲན་ཏང་གིས་ནང་སོག་གི་རིམ་པ་སོ་སོའི་མི་དམངས་ཀྱིས་མཐུན་སྦྲིལ་ཆེན་པོས་གསར་བརྗེ་འཐབ་རྩོད་སྤྲལ་པའི་སྲིད་ཕྱུག་དང་བཞིན་གྱི་འཕབ་ཕྱོགས་གཅིག་གྱུར་འཛུགས་ཞིག་ཡིན། ༡༩༢༥ལོར་ཅང་ཅ་ཁུར་དུ་བཙུགས། ༡༩༤༧ལོར་གུང་གུང་ནང་སོག་རང་སྐྱོང་ལྗོངས་ཀྱི་ལས་ཀའི་ཨུ་ཡོན་ཚོགས་ཆུང་བཙུགས་རྗེས་མེད་པར་བཟོས།

Inner Mongolia People's Revolutionary Party, founded in Zhangjiakou in 1925, is a united front organization involving people of all classes for revolutionary struggle in Inner Mongolia united by Communist Party of China during the first and second revolutionary civil wars. It was dissolved after the foundation of Inner Mongolia Autonomous Region Work Committee in 1947.

内蒙古人民自卫军 中国共产党领导的内蒙古各族人民的武装。1946年在恢复各旗保安队，改造旧军队，广泛组织训练民兵的基础上，统一整编而成。1948年改名为内蒙古人民解放军，并成立内蒙古军区。1949年正式编入中国人民解放军。

ནང་སོག་གི་མི་དམངས་རང་སྲུང་དམག ཀྲུང་གོ་གུང་ཁྲན་ཏང་གིས་འགོ་ཁྲིད་པའི་ནང་སོག་རིགས་སོའི་མི་དམངས་ཀྱི་དྲག་དཔུང་ཞིག་ཡིན། ༡༩༤༦ལོར་འགག་སྲུང་རུ་དཔུང་བསྐྱར་འཛུགས་བྱས་ཏེ། དམག་རྙིང་བཟོ་བཅོས་བྱས་ཤིང་། དམངས་དམག་སྦྱོང་བརྡར་རྒྱ་ཁྱབ་ཀྱིས་རྩ་འཛུགས་བྱས་པའི་གཞིར་གཞིའི་ཐོག་གཅིག་གྱུར་བྱས་ནས་གྲུབ་པ། ༡༩༤༨ལོར་ནང་སོག་མི་དམངས་བཅིངས་འགྲོལ་དམག་ལ་བསྒྱུར་ནས་ནང་སོག་དམག་ཁུལ་བཙུགས། ༡༩༤༩ལོར་གུང་གོའི་མི་དམངས་བཅིངས་འགྲོལ་དམག་ཏུ་དངོས་སུ་བསྡུས།

Inner Mongolia Self-Defense Corps refers to armed forces involving people of all ethnic groups under the leadership of Communist Party of China. It was reorganized on the basis of restoring the security forces, reforming the old army and widely organizing and training militiamen. The Inner Mongolia Self-Defense Corps was renamed as Inner Mongolia People's Liberation Army in 1948 and Inner Mongolia Military Region was set up. It was integrated into the Chinese People's Liberation Army in 1946.

内蒙古自治运动联合会 中国共产党领导下的内蒙古各族、各阶层代表人士组成的革命团体，具有一定的政权性质。1945 年成立于张家口，乌兰夫任执委会主席。1947 年在该会基础上成立内蒙古自治区人民政府。

ནང་སོག་རང་སྐྱོང་ལས་འགུལ་མཉམ་འབྲེལ་ལྷན་ཚོགས། གུང་གོ་གུང་ཁྲན་ཏང་གིས་འགོ་ཁྲིད་འོག་གི་ནང་སོག་རིགས་སོ་སོ་དང་། རིམ་པ་སོ་སོའི་འཕྲོས་ཡིས་གྲུབ་པའི་གསར་བརྗེའི་མཐུན་ཚོགས་ཤིག་ཡིན། སྲིད་དབང་གི་ཕོ་ཏིས་ཅན་ལྡན། ༡༩༤༥ལོར་གུང་ཅུ་ཁུར་དུ་བཙུགས་པ། ཕུའུ་ལན་རྒྱ་ཡིས་གུའུ་ཞིའི་འགན་ཁུར། ༡༩༤༧ལོར་དེའི་རྣང་གཞིའི་སྟེང་དུ་ནང་སོག་རང་སྐྱོང་ལྗོངས་ཀྱི་མི་དམངས་སྲིད་གཞུང་ཚོགས།

Inner Mongolia Autonomous Movement Union refers to a revolutionary organization with a nature of political power formed by people of all ethnic groups and classes in Inner Mongolia under the leadership of Communist Party of China. It was founded in Zhangjiakou in 1945 with Ulanhu serving as president of the executive committee. The People's Government of Inner Mongolia Autonomous Region was founded on the basis of the Inner Mongolia Autonomous Movement Union.

内三院 中国清代内阁前身，辅助皇帝处理政务的枢要机构。天聪三年（1629），皇太极在盛京设立文馆，翻译汉字书籍及记注朝廷得失。十年，改文馆为内三院，即内国史院、内秘书院、内弘文院。

ནང་སྲིང་གསུམ། གུང་གོའི་ཆིང་རྒྱལ་རབས་སྐབས་ཀྱི་རྒྱལ་ཕྱིད་ལས་ཁུངས་སྔ་མ་ཡིན་ཏེ། གོང་མ་ལ་རོགས་བྱས་ནས་སྲིད་འགན་ཐག་གཅོད་བྱེད་པའི་ལས་ཁུངས་ཤིག གོང་མ་ཐེན་ཚུང་ལོ་གསུམ་པར། (1629 ལོར) གོང་ཐེ་ཅི་ཡིག་ཅིན་དུ་རིག་གནས་ཁང་བཙུགས་ཤིང་། རྒྱ་ཡིག་གི་དཔེ་དེབ་བསྒྱུར་བ་དང་བོད་ཀྱི་ཕོ་བྲང་སྟེགས་སུ་རིག་གནས་ཁང་ངི་མིང་ནང་སྲིང་གསུམ་ལ་བསྒྱུར། དེ་དག་ནི་ནང་རྒྱལ་ལོ་རྒྱུས་སྦྱོང་དང་ནང་གི་དྲུང་ཡིག་སྦྱོང་། ནང་གི་ཁྱབ་བསྒྲགས་སྦྱོང་བཅས་སོ།

Three Palace Academies, a central administrative organization, is a predecessor of Qing cabinet in assisting the emperor to handle government affairs. In the 3rd year of the reign of Emperor Huang Taiji (1629), he founded Literary Institute to translate Chinese books and to record gains and losses of the government in Mukden. In the 10th year of the reign of Emperor Huang Taiji, he changed the Literary Institute into Three Palace Academies: Palace Historiographic Academy, Palace Secretariat Academy and Palace Academy for the Advancement of Literature.

内属蒙古 指清代不设世袭札萨克，直接任命官员治理的蒙古各旗，与外藩蒙古相对。

ནང་གཏོགས་སོག་པོ། དེ་ནི་ཆིང་རྒྱལ་རབས་སྐབས་སུ་གྱུས་འཇུག་ཡི་རྒྱུད་འཛིན་ལས་ལུགས་མ་བཙུགས་པར། སོག་པོའི་དར་ཕྱོགས་སོ་སོའི་དཔོན་རིགས་གཏན་འབེབས་བྱ་ཡིན། ཕྱི་སོག་གི་ཕྱེ་དག་དང་ཁ་གཏད་དུ་ལངས་པ།

The Direct-controlled Mongols refers to Mongolian banners directly governed by officials but Dzassak set by the Qing government.

内务府 特指清朝管理宫廷事务的机构。为清代特有。清入关定都北京后始设，至顺治十一年（1654）仿明制改内务府为十三衙门，十八年裁十三衙门，复设内务府。自此遂为定制。

ནང་གཉེར་ཁང་། ཆིང་རྒྱལ་རབས་ཀྱི་ཕོ་བྲང་ནང་གི་ལས་དོན་གཉེར་བའི་ལས་ཁུངས་ཤིག ཆིང་གིས་པེ་ཅིང་དུ་རྒྱལ་ས་ཚུགས་རྗེས་བཙུགས། ཆོན་ཀྲིའི་ཁྲི་ལོ་བཅུ་གཅིག་པར་（1654ལོར་）ནང་གཉེར་ཁང་གི་མིང་མོར་བཅུ་གསུམ་ལ་བསྒྱུར། ཁྲི་ལོ་བཅོ་བརྒྱད་པར་ཡ་མོན་བཅུ་གསུམ་མེད་པར་བཟོས་ནས། ནང་གཉེར་ཁང་བསྐྱར་འཛུགས་བྱས། དེ་ནས་བཟུང་ལུགས་དེ་གཏན་ལ་ཕབ།

The Imperial Household Department was an institution of the Qing Dynasty for managing the internal affairs of the palace. The Department was established after the Qing army entered Beijing and made it capital. The Qing government changed the Imperial Household Department to Thirteen yamen following the administrative system of the Ming Dynasty in the 11th year of the reign of Emperor Shunzhi (1654), and dismissed the Thirteen yamen and reestablished the imperial household department in the 18th year. Since then the Imperial Household Department became a customized institution.

内藏 1913—1914 年在印度举行的西姆拉会议上，英国代表提出的企图把西藏从中国分割出去的地域概念。将当时中国藏族聚居地区中靠近内地的西康一部分、川边云南和甘青藏族聚居地区划为内藏。清政府拒绝接受。

ནང་བོད། དེ་ག1913—1914འི་བར་ཉིན་འཆགས་པའི་ཞི་མའི་ལྷ་གྲོས་ཚོགས་ཐོག་ཏུ་དབྱིན་ཇིའི་འཐུས་ཚབ་པས་བཏོན་པའི་བོད་ཀྱང་གོའི་མཉམ་ཁོངས་ནས་བགོ་གཏོང་བྱེད་འདོད་པའི་མཉམ་ཁོངས་ཀྱི་མིང་ཆགས་ཆིག་ཡིན། སྐབས་དེར་ཀྱང་གོའི་བོད་ཁུལ་ལས་ཉུན་ཁམས་ས་ཁུལ་འགག་དང་གི་བོན། ཡུན་ནན། གན་སུའུ། མཚོ་སྔོན་བཅས་བོད་ཁུལ་ལ་ནང་བོད་ཟེར། ཆིང་གིའི་གཞུང་གིས་དང་ལེན་མ་བྱས།

Inner Tibet refers to a geographic concept proposed by British representatives who attempted to separate Tibet from China in Simla Conference held in India from 1913 to 1914. They divided the Xikang area of Tibet which is close to inland, Sichuan western border area, Yunnan area and Tibetan areas of Gansu and Qinghai Provinces into Inner Tibet. The Qing government rejected the division.

尼宫哈刹 珞巴族对氏族长、氏族代表或军事首脑的称谓。

ནི་གུང་ཧ་ཟྭ། ལྷོ་པ་རིགས་ཀྱིས་རུས་རྒྱུད་ཀྱི་མེས་པོ་དང་རུས་རྒྱུད་ཀྱི་ཚབ་བྱེད་པའམ་དམག་དོན་མགོ་འཛིན་པར་འབོད་པའི་མིང་ཞིག

Nigonghasha refers to the name for chieftain, lord of clan or military leaders of Lhoba people.

尼哈 哈尼语音译，意为"精灵"。旧时哈尼族主要的原始宗教观念之一，认为它无处不在，不可触犯。

ནི་ཧ། ཧ་ཉི་སྐད་ཀྱི་སྒྲ་བསྒྱུར། ནང་དོན་ནི་སྤྲུལ་གཟུགས། གནའ་བོའི་ཧ་ཉི་རིགས་ཀྱི་གདོད་མའི་ཆོས་ལུགས་ཀྱི་ལྟ་ཚུལ་གཙོ་བོ་ཞིག་ཡིན། དེ་མེད་སའི་གནས་མེད་པར་

རྒྱབ་འགལ་བྱ་མི་རུང་བར་འདོད།

Niha, transliteration from Hani language, means "elfin". Niha is one of the original religion views of Hani people in the old times. They believe niha is ubiquitous and inviolable.

尼莫尔 解放前，鄂温克族牧区若干有血缘关系的小家庭组成的共同游牧小集团。一般由三四户以至十余户组成。各户所有的牛、马集中使用，放牧时互相照看。收获物共同享用。各户有婚丧大事或遇天灾人祸，大家竭力帮助。

ཉི་མོ་ཨེར། བཅིངས་འགྲོལ་སྔོན་ལ་ཨོ་ཝུན་ཁེ་རིགས་ཀྱི་འབྲོག་ཁུལ་དུ་ཁྲག་འབྲེལ་བའི་ཁྱིམ་ཚང་ཆུང་བ་ཁ་ཤས་ཀྱིས་གྲུབ་པའི་ཕན་ཚུན་གྱིས་དུ་སྤྱོད་པའི་ཚོ་ཆུང་ཞིག་ཡོད། སྤྱིར་བཏང་དུ་ཁྱིམ་ཚང་གསུམ་བཞི་ནས་བཅུའི་བར་གྱིས་གྲུབ་ཡོད། ཁྱིམ་ཚང་རེ་རེ་ཡོད་པའི་བ་རྣོར་མཉམ་དུ་བསྲེས་ནས་འཚོ་སྐྱོང་དང་། འཕེལ་ཐོན་ཕུན་ཚོགས་སློགས་ཞིག་ལ་ཟེར། གཞན་ཁྱིམ་ཚང་སྐྱིད་སྡུག་གི་དོན་ཆེན་གང་བྱུང་འབད་བརྩོན་ཚོགས་གཅིག་རོགས་གཅིག་གིས་བྱེད་པའོ།

Nimoer refers to nomadic group formed by some relative families of Ewenki people before liberation. The scale ranges from three to more than ten families. It is a common practice that cattle and horses should be under unified use and be attended all together and the harvest be shared. Everyone should make endeavor to help other families with marriage and funeral and offer assistance when other families suffer from natural or man-made disasters.

涅巴 1. 藏语音译，意为"管家""管理人"。藏族对专门管理财务人员的通称。2. 珞巴语音译，意为"被压着抬不起头的人"。旧时珞巴族内部的等级名称。家长奴隶制家庭中的奴隶。

གཉེར་པ། 1. དོན་གྱི་ཁྱིམ་བདག་དང་། བདག་གཉེར་པ། ཆེད་དུ་ནོར་སྲིད་བདག་གཉེར་པར་འགྲོ་བའི་སྨི་མིང་ཞིག 2. གཞན་པ། ལྷོ་པའི་སྐད་ཀྱི་སྒྲ་བསྒྱུར། གནས་དོན་ནི་གནན་གནོན་ལོགས་ནས་མགོ་མི་ཐེགས་པའི་ལ་ལྟོ་སྒྱིད་ཚགས་རྩིང་པའི་སྟོ་བའི་ནང་གི་རིས་ཞིག་གི་མིང་། ཁྱིམ་བདག་བྲན་གཡོག་ལུགས་ཀྱི་ཁྱིམ་ཚང་གི་བྲན་གཡོག་ལ་ཟེར།

Nyerpa can mean two quite different things; the first one is transliteration from Tibetan, means "house-manager", which is known as people in charge of finance of Tibetans. The second one is transliteration from Lhoba language, means "people who is pressed to bow his head". This is a rank name of Lhoba people in the old times which refers to slaves in patriarchal slave-owning system.

涅尕 亦作"聂克"。1. 旧时通行于西藏、甘肃、青海、四川西部等藏族聚居地区的衡制单位。用以称量酥油、羊毛等。一般1涅尕约0.35市斤。2. 用以称量酥油、羊毛等的小型衡器，以刻有标记的木棍为杆，石块为权。

གཉེར་ག གཉེར་ཁ་ཡང་ཟེར། 1. སྔྱི་ཚོགས་རྙིང་པར་བོད་སྟོངས་དང་གན་སུའུ། མཚོ་སྔོན། སི་ཁྲོན་ནུབ་ཕྱོགས་ཀྱི་བོད་ཁུལ་དུ་སྤྱོད་པའི་ཚད་འཇལ་ཆས་ཤིག དེ་མར་དང་ལུག་བལ་སོགས་ཚད་འཇལ་བྱེད། དཔལ་ཆེར་སྒྱི་ཀྲུ་0.35ཡོད། 2. མར་དང་ལུག་བལ་སོགས་ཁུང་ཆད་

ཆུང་བ་འཇལ་ཆས་ཞིག་སྟེ། རྒྱ་ཚ་གཙོ་བོ་ཞིང་དང་རྫོ་བོགས་ཡིན།

Niega, also called "nieke", can mean two kinds of unit of weight; the first one refers to an old unit of weight for weighing butter and wool in Tibet, Gansu, Qinghai and western Sichuan Provinces. One niega is about 0.35 jin. The second refers to a small weighing apparatus for butter and wool, which is weight with weighbeam carved with marker and rocks as weight.

宁国公主　历史上有多位宁国公主，这里指唐肃宗女。一名"萧国公主"。先后下嫁两次，夫皆亡。乾元元年（758），回纥可汗帮助唐廷平叛有功，唐肃宗又将宁国公主下嫁与回纥英武威远可汗。可汗死后公主还朝。

ཉིང་གོ་ཀོང་ཇོ། བོ་རྒྱུས་ཐོག་ཏུ་ཉིང་གོ་ཀོང་ཇོ་མང་པོ་ཞིག་ཡོད། འདིར་བསྟན་པ་ཐང་སུའུ་ཙུང་གི་བུ་མོ་ཡིན། སུང་རྒྱལ་ཁང་ཀོང་ཇོ་ཡང་ཟེར། སྔ་རྗེས་སུ་ཐེངས་གཉིས་བཙུན་མོར་བཐབས་པར་རྟོག་འདས། ཆན་ཡོན་ཁྲི་ལོ་དང་པོར་(༧༥༨) ཧུའེ་ཧུའི་ཁྱུའུ་ཧན་གྱི་རོགས་རམ་འོག་ཐང་སྲིད་གཞུང་གིས་ཟིང་ཆ་ཞི་འཇགས་བཏང་བས། ཐང་སུའུ་ཚུང་གིས་ཡང་བསྐྱར་ཉིང་གོ་ཀོང་ཇོའི་ཧུའུ་དཔའ་བརྟན་ཞེ་ཡོན་ཁྱུའུ་ཧན་ལ་བཙུན་མོར་བཐབ། ཁྱུའུ་ཧན་གཤེགས་རྗེས་ཀོང་ཇོ་ཕྱིར་ཐང་རྒྱལ་ཁབ་ཏུ་བསྐྱལ།

Princess Ningguo Many princesses named Ningguo in the history, here the Princess Ningguo refers to the daughter of Emperor Suzong of Tang, and she is also called princess Xiaoguo. Princess Ningguo married twice and her two husbands died successively. At the first year of Qianyuan period (758), the Uyghur Khan had rendered great service in counter-insurgency, so Emperor Suzong wed princess Ningguo to Uyghur Khan. Princess Ningguo returned after khan's death.

宁玛派　藏传佛教的重要宗派，四大传承之一。相对于以后的其他三大传承（噶举、萨迦、格鲁），它是旧派。宁玛一词的意思为"古"或"旧"，宁玛派即古派或旧宗派。

ཉིང་མ་པ། བོད་བརྒྱུད་ནང་བསྟན་གྱི་གྲུབ་མཐའ་གཙོ་བོ་ཞིག་དང་། གྲུབ་མཐའ་ཆེ་གྲས་བཞིའི་ཡ་གྱལ་ཞིག་ཡིན། རྗེས་སུ་བྱུང་བའི་གྲུབ་མཐའ་ཆེན་གཞན་གསུམ་(བཀའ་བརྒྱུད་པ། ས་སྐྱ་པ། དགེ་ལུགས་པ།) དང་བསྡུར་ན་འདི་ནི་རྙིང་མ་ཡིན། རྙིང་མ་ཞེས་པའི་ཚིག་འདིའི་ནང་དོན་གནའ་དང་དོན་མཚོངས་པས། རྙིང་མ་གྲུབ་མཐའ་ཞེས་པ་གནའ་བོའི་གྲུབ་མཐའ་འམ་ཆོས་རྒྱུད་རྙིང་པའི་དོན་ཡིན། གཞན་དུ་གྲུབ་མཐའ་འདིའི་བཙུན་པ་དག་གིས་ཉིད་དམར་པོ་སྨྱོན་པས་ཉི་དམར་བའང་ཟེར།

Nyingma is the oldest of the four major schools of Tibetan Buddhism (the other three being the Kagyu, Sakya and Gelug). "Nyingma" literally means "ancient," and is often referred to as Old sect.

宁蒙协定　抗战时期，汪精卫伪"国民政府"和伪蒙疆联合自治政府缔结的协议。1941年，在日本操作下签订于青岛。双方以"共同反共"为宗旨，相互承认：一个是正统政府，一个是"高度自治"政权。

ཉིང་སོག་ཆོད་ཡིག　ཤར་འགོག་དམག་འཁྲུག་སྐབས་

ཕན་ཚུན་ཕམ་རྒྱལ་དབངས་སྲིད་གཞུང་ཧྲུའ་དང་ཞིན་ཤོག་མཉམ་འབྲེལ་གྱི་རང་སྐྱོང་སྲིད་གཞུང་ཧྲུའ་མའི་ཆོད་ཡིག་ཅིན། ༡༩༤༡ལོར་ལུང་ཕན་གྱི་བཀོད་སྒྲིག་འོག་ཅིན་ཏོར་ཆོད་ཡིག་ལ་མིང་རྟགས་བཀོད། ཕན་ཚུན་ཧྲུན་གོང་གིས་གོང་ཚུལ་དམིགས་འཛིན་འོག་གཅིག་ཏུ་དབང་བསྒྱུར་སྲིད་གཞུང་ཏོ་ཡ་དང་། གཅིག་ཧོས་ནི་ཆེས་མཐོའི་རང་སྐྱོང་གི་སྲིད་དབང་ཡིན་པ་ལས་བརྡ།

Ningmeng Agreement refers to an agreement concluded by the Reorganized National Government of China of Wang Jingwei and Mengjiang (Mongol Border Land) United Autonomous Government during the Counter-Japanese war period. The agreement is concluded in Qingdao under the operation of Japan in 1941. Both sides aimed to anti-communist and reached a mutual recognition that the Reorganized National Government of China is a legitimate government and Mengjiang is a regime of high degree of autonomy.

宁夏博物馆　中国省级综合性历史博物馆。原馆位于银川市承天寺院内，1973年正式建立。新馆2008年开馆使用，位于银川市金凤区人民广场东侧，总建筑面积30258平方米，主体建筑平面呈"回"字型布局。馆藏文物近4万件。

ཉིང་ཞ་དངོས་བཤམས་ཁང་། ཀྲུང་གོའི་ཞིང་ཆེན་རིམ་པའི་སྤྱི་འཛོམས་རང་བཞིན་གྱི་ལོ་རྒྱུས་དངོས་བཤམས་ཁང་ཞིག་ཡིན། དང་ཐོག་དབྱིན་ཁྲོན་གྲོང་ཁྱེར་གྱི་ཁྱོན་སྤྱི་དགོན་པའི་བགོན་ར་ན་དུ་ཡོད། ༡༩༧༣ལོར་དངོས་སུ་བཙུགས། བཤམས་སྟོན་ཁང་གསར་པ་དེ་གྱི་དབྱིན་ཕྱོད་ཕྱོད་ སྲོལ་ སྟོན་ སྟོབས་ ཀྱི་ ཉིན་སྣ་ ཀླུང་ ཕ་ གྱི་ བགོན་ ཟོག་ ཆེན་ ཡིན་ ཏོར་ཆོད་ཡིག་ལ་མིང་རྟགས་བཀོད། པ་ཚུན་སྐྲུན་སྟོམས་དོ་རྒྱ་ཡིག "回" ཞེས་པའི་དབྱིབས་ཡིན། བཀུམས་སྟོན་ལམ་དུ་གནའ་ཧྲས་བཞི་ཁྲི་ལྷག་ཡོད།

Ningxia Museum is a provincial comprehensive historical museum in China. The original museum was built in 1973 and was located in Chengtian Temple of Yinchuan. The new one was put to use in 2008, locating at the east of people's square of Jinfeng district of Yinchuan. The museum covers an area of 30,258 square meters and shapes like the Chinese character "Hui". The collections of cultural relics are more than 40,000 items.

《宁夏回族自治区民族教育条例》　2001年由宁夏回族自治区第八届人大常委会第二十一次会议通过。共35条。就自治区行政区域内的回族及其他少数民族公民所实施的以学校教育为主的各级各类教育作出具体规定，涉及学校建设、学生入学、师资培养、教育经费等诸多方面。

《ཉིང་ཞ་ཧོའི་རིགས་རང་སྐྱོང་ལྗོངས་ཀྱི་རིགས་སློབ་གཏོའི་ཁྲ་དོན》 ༢༠༠༡ལོར་ཉིང་ཞའི་རིགས་རང་སྐྱོང་ལྗོངས་ཀྱི་སྐབས་བརྒྱད་པའི་མི་དམངས་རྒྱལ་ཡུལ་ཡོན་ཚོགས་འདུ་ཐེངས་ཉེར་གཅིག་པའི་ཐོག་ཆོད་བགོད་ཐོག བསྡོམས་པས་རྩ་དོན་༣༥ཡོད། རང་སྐྱོང་ལྗོངས་འཛིན་ས་ཁུལ་གྱི་ཧོའི་རིགས་དང་གྲངས་ཉུང་མི་རིགས་གཞན་པའི་སྤྱི་དམངས་ཀྱིས་སྐྱོང་པའི་སློབ་གྲྭའི་སློབ་གསོ་གཙོར་བྱེད་པའི་རིམ་པ་སོའི་ཐད་དུ་ཆེ་ཕྲ་ཡི་སློབ་བཀོད་བྱས་པ་ཏེ། སློབ་གྲྭ་འཛུགས་པ།

དང་། སློབ་མའི་སློབ་ཞུགས། དགེ་རྒན་གསོ་སྐྱོང་། སློབ་གསོའི་མ་དངུལ་སོགས་ཕྱོགས་མང་པོ་ཞིག་འདུས།

Regulations of Ningxia Hui Autonomous Region on Ethnic Education was passed at the 21st meeting of the 8th standing committee of National People's Congress of Ningxia Hui Autonomous Region with 35 pieces in total. Specific regulations is made for school-based education of various kinds and at different levels implemented for Hui people and other ethnic minorities, including school construction, student admissions, teacher training, educational fund, etc.

牛街清真寺 北京规模最大、历史最久的一座清真寺。位于广安门内牛街。为辽代入仕的阿拉伯学者纳苏鲁丁创建于966年，后历经多次修缮扩建。总面积6000多平方米。主要建筑有礼拜殿、宣礼楼、望月楼和碑亭等。

ཉུའུ་བྱང་གི་ཁ་ཆེའི་ཆོས་ཁང་། པེ་ཅིན་དུ་རྒྱ་ཁྱོན་ཆེ་ཆེ་ལ་ལོ་རྒྱུས་ཆེས་རིང་བའི་ཁ་ཆེའི་ཆོས་ཁང་ཞིག་ཡིན། ཀོང་ཨན་སྒོའི་ནང་གི་ཉུའུ་བྱང་དུ་ཡོད། ལིའོ་རྒྱལ་རབས་སྐབས་ནང་དུ་ཡོད་པའི་ཨ་རབ་ཀྱི་རིག་གནས་པ་ན་སུའུ་ལུའོ་ཏུན་གྱིས ༩༦༦ ལོར་བཏབ། རྗེས་སུ་ཞིག་གསོ་བྱས་གང་མང་བྱས། སྤྱིའི་རྒྱ་ཁྱོན་ལ་སྒྱི་བཞིམ་༦༠༠༠ལྷག་ཡོད། འཛུགས་སྐྲུན་སྐྱན་པོ་ཕུལ་འཕྲོས་ཁང་དང་། དབངས་སློང་ཐོག་ཁང་། ཟླ་གཟིགས་ཐོག་ཁང་། རྡོ་རིང་གདན་ཁང་སོགས་ཡོད།

The Niujie Mosque is the oldest and largest mosque in Beijing, China. The Mosque locates in the Niujie area of Beijing's Guang'anmen. It was first built in 996 by Arabic scholar Nasuluding during the Liao Dynasty and was reconstructed and enlarged for several times. The Niujie Mosque covers an area of more than 6,000 square meters. The main buildings are Prayer Hall, Xuanli building, moon-watching building and pavilions, etc.

牛录制 满族的一种生产和军事合一的社会组织。满洲人出兵或打猎，按族党屯寨进行。每人出一支箭，十人为一"牛录"（汉语"箭"的意思），其中有一首领，叫"牛录额真"（额真为"主"之意）。后来演变为八旗当中的基本单位，每个牛录扩大为300人。

མདའ་ཧོག་ལུགས། མན་ཇུའི་ཐོན་སྐྱེད་དང་དམག་དོན་གཉིས་འཛོལ་གྱི་སྤྱི་ཚོགས་འཛུགས་ཁྲིད་ཞིག མན་ཇུ་པ་དམག་གཡུལ་རེ་དགས་རྔོན་དུ་འགྲོ་སྐབས་ཚོ་པའམ་ཕྱོགས་ཁག་སྟེངས་ནས་འགྲོ་སྲོལ་ཞིག་ཡོད། མི་རེར་མདའ་གཅིག་སྤྲད་པ་དང་། མི་བཅུ་ཡིས་མདའ་ཧོག (མན་སྐད་ཀྱི་རྣུའུ་ལའོ་ཞེས་པ་མདའི་དོན་ཡིན) གཅིག་གྲུབ། དེའི་ནང་དུ་མདའ་དཔོན་གཅིག་ཡོད། དེ་ལ་མན་སྐད་དུ་རྣུའུ་ལའོ་ཨེའུ་ཀྱིན་ཟེར (ཨེའུ་ཀྱིན་ནི་འདོད་པོའོ་ཀྱིན་ཡིན) རྗེས་སུ་དར་ཚོ་བརྒྱད་ཀྱི་གཞི་རྩའི་སྡེ་ཁག་ཞིག་ཏུ་འགྱུར། མདའ་ཧོག་རེ་རེར་མི་གསུམ་བརྒྱར་བཏང་།

Niru system refers to a social organization of Manchu for production and military. Manchu people dispatch troops or hunt by clans, groups, villages and stockaded villages. Each person discharges an arrow and ten people are called a "niru" (niru means "arrow" in Chinese), the leader of the ten is called "niruezhen" (ezhen means "commander"). Niru later evolved into the basic unit of "Eight Banners" and expanded to 300 people each.

农村 26 条 即对 1961 年西藏工委制定的《关于农村中若干具体政策的规定》的简称。

གྲོང་སྡེའི་རྩ་དོན་༢༦། ༡༩༦༡ལོར་བོད་ལྗོངས་ལས་དོན་ཨུ་ཡོན་ལྷན་ཁང་གིས་གཏན་ལ་ཕབ་པའི《གྲོང་སྡེའི་སྲིད་ཇུས་ཞིབ་ཕྲ་འགའ་གཏན་འབེབས་སྐོར》ཞེས་པའི་བསྡུས་མིང་ཡིན།

26 Principles on Rural Areas is short for *Stipulation on the Specific Policies of Rural Areas* established by Tibetan work committee in 1961.

农村公社 原始社会解体过程中形成的、以地域性和生产资料所有制的二重性为特征的社会组织形式，即同时存在私有制和公社所有制为特征的社会组织。狭义专指具有这一特征的农业公社；广义还包括具有这一特征的游牧公社和游猎公社。简称"村社"。

གྲོང་སྡེ་ཀུང་ཧྲེ། གདོད་མའི་སྤྱི་ཚོགས་ཐོར་བའི་བརྒྱུད་རིམ་དུ་གྲུབ་པ། ས་ཁོངས་རང་བཞིན་དང་ཐོན་སྐྱེན་རྒྱུ་ཆའི་ལ་དབང་བའི་རང་བཞིན་ཉིད་ཆོས་གཉིས་ལྡན་གྱི་སྤྱི་ཚོགས་རྩ་འཛུགས་ཀྱི་རྣམ་པ་དང་། ཆབས་ཅིག་ཏུ་སྒེར་ལ་དབང་བའི་ལམ་ལུགས་དང་སྤྱི་ལ་དབང་བའི་ལམ་ལུགས་ཀྱི་སྤྱི་ཚོགས་རྩ་འཛུགས་ཡང་མཚན་ཉིད་གནས་ཡོད། སྨྲ་དོགས་འགག་གི་སྐོར་ནས་བཟོད་ན་གོང་ཆོས་ལྡན་པའི་ཞིང་སྦྱེ་ཀུང་ཧྲེ་དང་། བསྡུ་ཡངས་སུ་གོ་ན་འགྲོ་གིས་ཁྱད་ཆོས་དེ་དག་ལྡན་པའི་འབྲོག་པའི་ཀུང་ཧྲེ་དང་རྔོན་པའི་ཀུང་ཧྲེ་ལའང་། བསྡུས་མིང་ལ་གྲོང་སྡེ་ཟེར།

Rural Commune refers to the social organization characterized by regional feature and the dual nature of system of ownership of means of production, that is, public ownership and private ownership coexist in the rural commune. In its narrow sense, it refers specifically to rural commune having this feature; in a broad sense, it also refers to nomadic commune and nomadic hunting commune that possess such features. Rural commune is called commune for short.

农牧民合作经济组织 在我国，现指建立在家庭联产承包经营体制基础之上，依照加入自愿、退出自由、民主管理、盈利返还的原则组建的按章程进行共同生产经营活动的经济组织。主要形式：1. 农畜产品专业协会型。2. 股份合作型。3. 中介组织与能人牵动型。4. 龙头企业带动型。

ཞིང་ཕྱུགས་མཉམ་ལས་ཀྱི་དཔལ་འབྱོར་རྩ་འཛུགས། རང་རྒྱལ་དུ་སྐྱེའི་ཁྱིམ་ཚང་དུ་ཀྱི་ཐོན་ཆོས་འགན་གཅོང་ཡིན་དཔལ་འབྱོར་ལམ་ལུགས་ཀྱི་རྨང་གཞིའི་ཐོག་ཏུ་རང་མོས་ཀྱིས་ཞུགས་པ་དང་། རང་མོས་ཀྱིས་སྦྱོར་འབུད་པ། དོ་དམ་དམངས་གཙོ། ཁེ་སྦྱོར་འབབ་པའི་རྩ་དོན་ལྟར་བཙུགས་པའི་སྒྲིག་ཁྲིམས་བཞིན་ཐོན་སྐྱེད་གཉེར་བའི་དཔལ་འབྱོར་རྩ་འཛུགས་ཞིག་ལ་བསྣན། རྣམ་པ་གཙོ་བོའི་ཡོད། 1. ཞིང་ཕྱུགས་ཐོན་ཟོག་ཆེད་ལས་ཚོགས་རིགས། 2. མ་གནས་མཉམ་ལས་རིགས། 3. བར་འཛིན་རྩ་འཛུགས་དང་མཁས་ལས་མིའི་སྐྱིད་ཁྲིད་རིགས། 4. སྣེ་ཁྲིད་ཁེ་ལས་རིགས་བཅས་སོ།

Cooperative Economic Organization between

Farmers and Herdsmen refers to economic organization built on the basis of household contract management system, and in accordance to the principles of joining voluntarily, exiting freely, democratic management and profit returning. The organization specified the regulations for joint production and operating activities. The main forms include a professional association of agricultural and animal products; stock partnership; intermediary organizations and capable person-led pattern and leading enterprise-led pattern.

农牧区幼儿园建设工程 我国的政策性规划。由 2012 年国务院颁布的《少数民族事业"十二五"规划》提出，支持现有的乡镇和村幼儿园改善办学条件。优先在具备条件的农牧区小学增设附属幼儿园，在边远贫困地区开展学前教育巡回支教。积极扶持民办幼儿园发展。

ཞིང་འབྲོག་ཁུལ་གྱི་བྱིས་གསོར་ཁང་འཛུགས་པའི་ལས་གཞི། རང་རྒྱལ་གྱི་སྲིད་དུས་རང་བཞིན་གྱི་འཆར་བཀོད་ཡིན། ༢༠༡༢ལོར་རྒྱལ་སྲིད་སྤྱི་ཁྱབ་ཁང་གིས《གྲངས་ཉུང་མི་རིགས་ཀྱི་ལས་དོན་བཅུ་གཉིས་ལྔའི་འཆར་བཀོད》དུ་བཏོན། ཞིང་གྲོང་དང་སྡེ་བར་དུ་ཡོད་བྱིས་གསོར་ཁང་གི་ཚ་རྒྱན་རྗེ་ལེགས་སུ་གཏོང་བར་རྒྱབ་སྐྱོར་དང་། ཚ་རྒྱན་འཛོམས་པའི་ཞིང་འབྲོག་ཁུལ་ན་ཉག་ལ་སློབ་ཆུང་ཟུར་དུ་བྱིས་གསོར་ཁང་འཛུགས་པ། མཐའ་ཁུལ་དབུལ་པོའི་ས་ཁུལ་དུ་སྒྲིག་སློབ་གསོ་སྦྱེལ་བ། དམངས་སྐྲུན་བྱིས་གསོར་ཁང་གོང་སྤེལ་ལ་ཧུར་ཐག་གིས་སྐྱུལ་འདེད་གཏོང་བ་བཅས་སོ། །

Construction Project of Kindergartens in Pastoral Areas is a policy plan in China, proposed in *the 12th Five-year Plan for Development of Undertakings Related to Ethnic Minority Groups* and issued by State Council in 2012. The project supported the existing kindergartens in the townships and villages to improve the conditions of the kindergartens. It also encourage the qualified primary schools in the pastoral areas to establish the affiliated kindergartens. In addition, itinerant pre-school supporting education is offered in remote and poor areas and the development of private kindergarten is actively supported.

农奴 在封建社会领主制下被束缚在土地上、对领主（农奴主）存在人身依附关系并受其剥削和压迫的农业生产劳动者。

ཞིང་བྲན། བཀས་བཀོད་རྒྱུན་འཛིན་སྲིད་ཚོགས་ཀྱི་དབང་འཛིན་ལམ་ལུགས་འོག་ས་ཞིང་ཐོག་ནས་ཚོད་འཛིན་ཐེབས་པ་དང་། མི་ལུས་ཞིང་བདག་ལ་དབང་བར་མ་ཟད། བཙུ་གཟོག་དང་གཉའ་གནོན་སྤྱོང་བའི་ཞིང་ཐོན་སྐྱེད་ཀྱི་ངལ་རྩོལ་པ།

Serfs were the laboring masses who were bound to the land, and were possessed by serf owners under the feudal serfdom system.

农奴制的地租形式 主要是劳役地租，辅以少量的实物地租和货币地租。

ཞིང་བྲན་ལམ་ལུགས་ཀྱི་ས་བོགས་རྣམ་པ། གཙོ་བོ་ས་བོགས་ལྟ་བུ་སྟེ། གཞོགས་སུ་ས་བོགས་དངོས་པོ་དང་བོགས་དངུལ་ལོར་ཆུང་ཆུང་སྤྱོད་པའོ། །

The land rent of the serfdom system

refers to the unpaid labor rent, rent paid to estate-holders in kind or in money.

农奴主 占有土地，统治和剥削被束缚在土地上的农奴的封建主。

ཞིང་བདག་ ས་ཞིང་བཟུང་བ། ས་ཞིང་ཐོག་ནས་ཞིང་བྲན་ལ་དབང་བསྒྱུར་དང་བཤུ་གཞོག་བྱེད་པའི་བཀའ་བཀོད་རྒྱུད་འཛིན་དབང་བསྒྱུར་མཁན།

Serf owners were feudal lords, who owned lands, ruled and exploited the land-bounded serfs.

《农桑衣食撮要》 元代农书。作者鲁明善，维吾尔族。1314年其任寿阳（今安徽寿县）郡监时撰刊此书。体例按一年12个月，分别列举每月农事。以《农桑辑要》为蓝本，并增选一些新材料编成。明初收进《永乐大典》，清代《四库全书》收录。

《ཞིང་ལས་ལོ་ནམ་གནད་བསྡུས》 ཡོན་རྒྱལ་རབས་སྐབས་ཀྱི་ཞིང་ལས་དཔེ་ཆ། རྩོམ་པ་པོ་ལའོ་མིང་ཧྲན་ཡུ་གུར་རིགས་ཡིན། ༡༣༡༤ལོར་ཧྲུའུ་དབྱང་(དེང་གི་ཨན་ཧུའེའི་ཧྲུའུ་ཞོན)དཔོན་པོར་བསྐོས་སྐབས་འདིའི་བཅམས། ས་བཅད་ལོ་གཅིག་གི་ཟླ་བ་གཉིས་ཤར་བགོས་ཏེ། ཟླ་རེ་རེའི་ཞིང་དོན་གསལ་པོ་བཀོད་ཡོད། 《ཞིང་ལས་ལོ་ནམ་གནད་བསྡུས》མ་གཞི་བྱས་ནས་འཕེལ་ཡོད་ཀྱི་དཔྱད་ཡིག་གསར་པ་ནས་བསྟོན་བསྒྲུབ་དེ་སྒྲིག་ཚོམ་བྱས། མིང་རྒྱལ་རབས་ཀྱི་དུས་མཚོར《ཡུང་ལོ་ཚིག་མཛོད》ཀྱི་ནང་དུ་བསྣམས། ཅིང་རྒྱལ་རབས་ཀྱི་སྐབས་སུ《དཔེ་མཛོད་བཞི》ཡི་ནང་དུ་བསྡུས།

Essentials of Mulberry Farming for Food and Clothing was an agricultural book written by Lu Mingshan(Uygur) in the Yuan Dynasty. It was written in the year of 1314 when Lu was Commandery-inspecting Censor in Shouyang County (Shouxian in today's Anhui). The book followed the format of "Monthly Instructions", i. e., listing farming activities on a monthly basis in an orderly manner. Based on *Nong-Sang Jiyao (Collection of important matters of agriculture and sericulture)*, this book added many new contents. In the early Ming Dynasty, it was included in *The Yongle Encyclopedia*, and taken in by *The Complete Library of the Four Treasures* in the Qing Dynasty.

奴儿干都司 明官署名。1409年置，是明朝在东北黑龙江出海口一带（今俄罗斯境内）设立的一个军事统治机构。辖区东至海，东北包括有库页岛，西至斡难河，南接图们江，北抵外兴安岭。

ནུའུ་ཨེར་གན་ཏུའུ་སི། མིང་རྒྱལ་རབས་ཀྱི་དཔོན་མིང་ཞིག མིང་རྒྱལ་རབས་ཀྱིས་བྱང་ཤར་གྱི་ཧེ་ལུང་ཅང་མཚོ་རྒྱུད་དུ་(དེང་གི་ཨུ་རུ་སུའི་མངའ་ཁོངས)བཙུགས་པའི་དམག་དོན་དབང་འཛིན་ལས་ཁུངས་ཞིག་ཡིན། དབང་བཟུང་ཁྱབ་ཁོར་དུ་རྒྱ་མཚོ་དང་། བྱང་ཤར་གྱི་ཁོ་ཡེ་གླིང་ཕྲན། ནུབ་ཏུ་ཧན་ནན་གཙང་པོ། ལྷོར་ཕུན་མན་གཙང་པོ། བྱང་དུ་ཞི་ཨན་ལུན་ཕྱིའི་བར་ཡིན།

Nurgan Regional Military Commission was the administrative organization established in 1409 during the Ming Dynasty, located on the banks of the Heilongjiang River (now-Russian side of the river) in the Northeast. It governed the area east to the sea, including Sakhalin Island in the northeast, west to the Onon River, south to Tumen River, and north to the Outer Khingan Range.

奴隶制 是指奴隶主拥有奴隶的制度。劳力活动以奴隶为主，无报酬，且无人身自由。

བྲན་གཡོག་ལམ་ལུགས། བྲན་གཡོག་བདག་པོས་བྲན་གཡོག་བཟུང་བའི་ལམ་ལུགས་ཤིག ངལ་རྩོལ་འགུལ་རིགས་པར་བྲན་གཡོག་གཙོ་བྱས་ཏེ། གླ་ཆ་དང་རང་དབང་གང་ཡང་མེད་པའོ། །

Slavery is a system in which slaves are owned by their owners. While a person is a slave, the owner is entitled to the productivity of the slave's labour, without any remuneration or personal freedom.

奴隶主 指奴隶社会中生产资料和直接生产者即奴隶的占有者。

བྲན་གཡོག་བདག་པོ། བྲན་གཡོག་སྤྱི་ཚོགས་ནང་དུ་ཐོན་སྐྱེད་རྒྱུ་ཆ་དང་ཐོན་སྐྱེད་ཐད་ཀར་གཉེར་བའི་བྲན་གཡོག་དབང་དུ་བཟུང་མཁན།

Slave owners were those who owned and controlled the means of production and slaves and serfs in the slave society.

努尔哈赤（1559—1626） 即清太祖。清王朝的奠基者。姓爱新觉罗，女真人。25岁时，起兵统一女真各部，平定中国东北部，并屡次打败明军。万历四十四年（1616）建立后金。萨尔浒之役后，迁都沈阳。次年于宁远城之役被明将袁崇焕炮石击伤而死。清建立后，尊其为清太祖。

ནུར་ཧ་ཅི (1559—1626) ཡང་ན་ཆེང་གི་མེས་པོ། ཆིང་རྒྱལ་རབས་ཀྱི་གཞི་འཛིན་མཁན། ཨིན་ཞིན་ཅོའོ་ལོ་རུས་ཡིན། ནུའུ་ཀྱིན་པ་ཡིན། བོ་ཞེར་ལྟའི་ཐོག་ དམག་བསླངས་ཏེ་ནུའུ་ཀྱིན་ཚོ་པ་གཅིག་གྱུར་དང་ཀྲུང་གོའི་བྱང་ཤར་ས་ཁུལ་ཞིག་འཇགས་སུ་བཅུག་པར་མ་ཟད། ཐེངས་མང་པོར་མིང་དམག་ཕམ་པར་བཅུག བྷོ་ལི་བཞི་བར་ (1616) ཅིན་ཀྱི་མ་བཙུགས། པར་ཧོའི་གཡུལ་འགྱེད་རྗེས་སུ་རྒྱལ་ས་ཧུང་ཡང་ལ་སྤོས། ལོ་རྗེས་མའི་ནན་ཡན་མཁར་གཡུལ་འགྱེད་དུ་མིང་གི་དམག་དཔོན་ཡོན་ཙུན་ཧུན་གྱིས་མེ་སྒྱོགས་འཕངས་པས་རྨས་ཐེབས་ཏེ་བཀྲོངས། ཆིང་རྒྱལ་རབས་བཙུགས་རྗེས་ཆིང་གི་མེས་པོ་ལ་བཀུར།

Nurhaci (1559-1626), regarded as the founding father of the Qing Dynasty, was given the customary temple name of Taizu, which is traditionally assigned to founders of dynasties. Nurhaci was part of the Aisin Gioro clan, and a Jurchen chieftain. At the age of 25, Nurhaci reorganized and unified various Jurchen tribes and pacified China's northeastern regions and eventually launched attacks on Ming China. In the 44th year of Emperor Wan Li of the Ming Dynasty (1616), Nurhaci founded the Later Jin. After the Battle of Sarhu, he designated Shenyang the new capital city. One year later, Nurhaci suffered the first serious military defeat of his life at the hands of the Ming general Yuan Chonghuan. Nurhaci was wounded by the cannons in Yuan's army at the Battle of Ningyuan and died two days later.

努图克 蒙古语音译，意为"故乡""营盘""领地"。内蒙古自治区旗、县以下的一级行政单位，相当于区人民政府。

ཉུའུ་ཐུའུ་ཁེ། སོག་སྐད་ལྟར་བསྒྱུར། རང་དོན་པ་ཡུལ་
དང་མཚེར་ས། མཐའ་འཁོས་བཅས། རང་སོག་རང་
སྐྱོང་ལྗོངས་ཀྱི་ཆེ་དང་། རྫོང་འོག་གི་རིམ་པ་དང་དཔོའི་
སྲིད་འཛིན་ལས་ཁུངས་ཡིན་པ། ཕལ་ཆེར་ཞང་མི་
དམངས་སྲིད་གཞུང་དང་འད།

Nutuke, the transliteration from Mongolian, means hometown, yurt sites, camp and grassland. It is a governmental unit under the Banner and County in Inner Mongolia Autonomous Region, which is equal to a people's government in the district level.

怒语 怒族使用的语言。属汉藏语系藏缅语族，语支未定。主要分布于中国云南省怒江傈僳族自治州泸水、福贡、贡山、兰坪以及迪庆藏族自治州维西等地。

ཉུའུ་སྐད། ནུའུ་རིགས་ཀྱིས་སྤྱོད་པའི་སྐད་ཆ། རྒྱ་བོད་
སྐད་རྒྱུད་ཀྱི་བོད་འབར་སྐད་རིགས་ལ་གཏོགས། སྐད་ཀྱི་
ཨ་ལག་གཏན་འབེབས་བྱས་མེད། ཁྱབ་ཡུལ་གཙོ་བོ་རུ་
རྒྱལ་ཡུལ་ཡུན་ནན་ཞིང་ཆེན་ནུའུ་ཅང་གཙང་པོའི་ལི་སུའུ་
རིགས་རང་སྐྱོང་ཁུལ་གྱི་ལུའུ་ཧྲུའི་དང་ཧྲུའི་གུང་། གུང་
ཧྲན་ལན་ཕེན། བདེ་ཆེན་བོད་རིགས་རང་སྐྱོང་ཁུལ་གྱི་
ཝེ་ཆིས་ཁུལ་སོགས་ཡིན།

Nu language is the language spoken by the Nu people. It belongs to the Tibetan-Burman sub-group of the Sino-Tibetan language family, and its language branch has not been confirmed. It was distributed mainly in in Lushui, Fugong, Gongshan, Lanping counties of the Nujiang Lisu Autonomous Prefecture in Yunnan Provinceand in Weixi County of the Diqing Tibetan Autonomous Prefecture.

怒族 中国的少数民族。自称"怒苏""阿怒""阿龙"等。主要分布于云南怒江傈僳族自治州的泸水、福贡、贡山、兰坪以及迪庆藏族自治州的维西和西藏的察隅等地。人口37523人（2010年）。有本族语言无文字。过去崇拜图腾，信万物有灵。从事山地农业。

ཉུའུ་རིགས། གུང་གོའི་གྲངས་ཉུང་མི་རིགས་ཤིག རང་
གིས་ཉུའུ་སུའུ་དང་ཨ་ནུའུ། ཨ་ལོང་སོགས་སུ་འབོད།
ཁྱབ་ཡུལ་གཙོ་བོ་ཡུན་ནན་ཀྱི་ནུའུ་ཅང་གཙང་པོའི་
ལིསུའུ་རིགས་རང་སྐྱོང་ཁུལ་གྱི་ལུའུ་ཧྲུའི་དང་ཧྲུའི་གུང་།
གུང་ཧྲན། ལན་ཕེན། བདེ་ཆེན་བོད་རིགས་རང་སྐྱོང་
ཁུལ་གྱི་ཝེ་ཆིས། བོད་ལྗོངས་ཀྱི་ཚ་ཡུལ་སོགས་ཡིན། མི་
གྲངས་ ༣༧༥༢༣ (༢༠༡༠་ལོར) ཡོད་པ་དང་། མི་
རིགས་རང་གི་སྐད་ཡོད་ལ་ཡི་གེ་མེད། སྔོན་ཧྲ་རྒྱགས་སུ་
སྐྱབས་སུ་འཛུད་ཞིང་། དངོས་པོ་ཡོད་ཚད་ལ་རྣམ་
ཤེས་ཡོད་པར་འདོད། རི་ཁུལ་དུ་ཞིང་ལས་གཙོ་
བོ་གཞིས།

Nu people is one of the 56 ethnic groups recognized by the People's Republic of China. They call themselves Nusu, Anu, and Along, etc. They live mainly in Lushui, Fugong, Gongshan and Lanping counties of the Nujiang Lisu Autonomous Prefecture in Yunnan Province and in Weixi County in the Diqing Tibetan Autonomous Prefecture, and Chayu County in the Tibet Autonomous Region. Their population is 37,523 (2010) according to the 2010 Chinese census. They speak various languages in the Tibeto-Burman family. They do not have a written language of their own. They were animists who worshiped natural spirits and feared ghosts and evil spirits. They lived mainly on mountain farming.

诺伙 是凉山彝族奴隶社会中的贵族，汉史上称"黑彝"。由于"兹莫"势力衰弱，诺伙等级实际上成为了彝族奴隶制社会的主要统治等级。黑彝等级世袭，下等级的人不可上升为这一等级。

ཉའ་ཧུའོ། ཡིད་ཧན་དབྱེས་རིགས་བྲན་གཡོག་ལས་ལུགས་ནང་གི་སྐུ་དྲག་སྟེ། རྒྱའི་ལོ་རྒྱུས་སུ་དབྱེས་ནག་ཀྱང་ཟེར། ཟི་མོའི་ཡི་སྟོབས་ཤུགས་ཉམས་དམས་སུ་སོང་བས། ཉའ་ཧོ་རིམ་པ་དོན་དངོས་སུ་དབྱེས་རིགས་ཀྱི་བྲན་གཡོག་སྤྱི་ཚོགས་ཀྱི་དབང་བསྒྱུར་རིམ་པ་གཙོ་བོར་གྱུར། དབྱེས་ནག་རིམ་པ་ནི་རྒྱུན་འཛིན་ཡིན་པ་ལས་རིམ་པ་འོག་མའི་མི་ཡིས་རིམ་པ་འདིའི་གོ་གནས་སུ་བགྲོད་མི་ཚུགས།

NuoHuo is the noble in the Slave Society of Liangshan Yi people. It has been called "HeiYi" (Black Yi) in Chinese history. Because of the decline of ZeMo, NuoHuo actually became the main ruling rank of the slave society. The black Yis were born aristocrats, and the other ranks could never move up to the position of rulers.

女真馆 明朝边疆民族语翻译机构。永乐五年（1407）设置。专司明廷下达的敕谕、女真各卫与明廷来往奏折及朝贡活动等的翻译事务。清初废置。

ཉུའུ་གྱིན་ཁང་། མིང་རྒྱལ་རབས་ཀྱི་སྐབས་སུ་མཐའ་མཚམས་མི་རིགས་ཀྱི་སྐད་བསྒྱུར་བའི་ལས་ཁུངས་ཤིག་ཡིན། ཡོན་རྒྱལ་རབས་ཡུང་ལི་ཧྲི་ལོ་བ (1407ལོར) ཚུགས། མིང་གི་པོ་བྲང་ནས་ཆེད་མངགས་བྱས་པའི་བཀའ་བསྒྲགས་མ་དང་། ཉུའུ་གྱིན་དང་མིང་པོ་བྲང་གི་པོ་བ་བསྒྱུར་བ་སོགས་ཀྱི་སྐད་བསྒྱུར་ལས་དོན་བྱེད་པའི་བགར་སྦྱོར་མ་དང་། ཉུའུ་གྱིན་དང་མིང་པོ་བྲང་གི་པོ་བ་བསྒྱུར་ལས་ཁུངས་ཤིག་ཡིན།

Department for the Jurchen language was the translation agency for frontier ethnic languages in the Ming Dynasty. It was set up in the 5th year of the reign of Emperor Yongle (1407), dealing with translations of imperial edicts, the memorials delivered by the Jurchen ambassadors, and tributary activities. It was abandoned at the early days of the Qing Dynasty.

女真文 女真族曾用来记录女真语的文字。创制于12世纪金国建立后不久，与汉字同为官方文字。有大字、小字两种。"女真大字"于天辅三年（1119）颁行；"女真小字"于天眷元年（1138）颁行。13世纪金亡后，东北少数女真人仍沿用，明中叶渐废。

ཉུའུ་གྱིན་ཡི་གེ། ཉུའུ་གྱིན་རིགས་ཀྱིས་ཉུའུ་གྱིན་སྐད་ལྷར་ཞིབ་བྲིས་ལ་སྤྱད་སྦྱོང་བའི་ཡི་གེ། དུས་རབས་བཅུ་གཉིས་པར་ཅིན་རྒྱལ་ཁབ་བཙུགས་ཏེ་མ་འགྱངས་པར་གསར་གཏོད་བྱས། རྒྱ་ཡིག་དང་མཉམ་དུ་མཚོ་རིགས་པས་བོད་སྟོང་ཡིག་ཆེན་ཡིག་ཆུང་གི་རིགས་གཉིས་ཡོད། ཉུའུ་གྱིན་ཡིག་ཆེན་ཞེས་རྒྱའི་པོ་གསུམ་པར (1119ལོ) ཁྱབ་སྤེལ་བྱས་པ་དང་། ཡིག་ཆུང་ཞེས་ཅན་པོ་དང་པོར (1138ལོ) ཁྱབ་སྤེལ་བྱས། དུས་རབས་བཅུ་གསུམ་པར་ཅིན་སྙབས་རྗེས་བྱང་ཤར་གྱི་ཉུའུ་གྱིན་རིགས་ཉུང་ཤས་ཀྱིས་སྤྱར་བཞིན་ཡོད་ཀྱང་། མིང་རྒྱལ་རབས་ཀྱི་སྐབས་སུ་ཉམས་རྒུད་དུ་སོང་།

Jurchen script was the writing system used to write the Jurchen language, the language of the Jurchen people who created the Jin Empire in the 12th century. Together with

Chinese (Han characters), it was the official script. There were "the large script" and "small script". The large script was promulgated in the 3rd year of Tianfu (1119) and the small script was promulgated in the 1st year of Tianjuan (1138). After the falling of the Jin Empire in the 13th century, a minority of the Jurchen people still used it in the northeast. In the middle of the Ming Dynasty, it gradually fell out of use.

女真语 古代女真人在 10 世纪到 15 世纪初使用的民族语言。属于阿尔泰语系满-通古斯语族古代语言，是满语的祖语。

ཉུའུ་ཀྲེན་སྐད། ཉུའུ་ཀྲེན་པས་དུས་རབས་༡༠་ནས་༡༥་བར་སྤྱོད་པའི་མི་རིགས་ཀྱི་སྐད་ཆ་ཅིག དེ་ནི་ཨར་ཐའེ་སྐད་རྒྱུད་ཀྱི་མན་ཐུང་གུའུ་སི་སྐད་རིགས་ལ་གཏོགས་པའི་གནའ་བོའི་སྐད་ཡིག་ཞིག་ཡིན་ལ། མན་སྐད་ཀྱི་མ་སྐད་ཀྱང་ཡིན།

Jurchen language, a member of the Tungusic branch of the Altaic language family, is the language of the ancient Jurchen people of the 10th-15th centuries. It is ancestral to Manchu.

女真族 中国东北地区的古族名。6 至 7 世纪称"黑水靺鞨"。9 世纪起始更名女真。17 世纪初建州女真满洲部逐渐强大，其首领努尔哈赤建立后金政权，至其子皇太极时期已基本统一女真各部，遂改女真族号为满洲。后满洲人又融合蒙古、汉、朝鲜等民族，逐渐形成满族。

ཉུའུ་ཀྲེན་རིགས། ཀྲུང་གོའི་བྱང་ཤར་ཁུལ་གྱི་གནའ་བོའི་མི་རིགས་ཤིག དུས་རབས་༦་ནས་༧་པའི་བར་དེ་ཧྲུའེ་མུའུ་ཀུའུ་ཞེས་འབོད། དུས་རབས་༩་ནས་ཉུའུ་ཀྲེན་དུ་བརྗེ། དུས་རབས་༡༧་པའི་མགོར་ཉུའུ་ཀྲེན་མན་ཇུ་ཚོ་པར་དར་རྒྱས་སོང་སྟེ་དོན་དུ་ཁྱབ་ཆེད་དབང་བཙུགས་ཤིང་། ཁོའི་བུ་ཐའེ་ཅིའི་སྐབས་སུ་གནའ་རྩའི་ཕོགས་ཀྱི་ཉུའུ་ཀྲེན་གྱི་ཚོ་པ་ཚང་མ་གཅིག་གྱུར་བྱུང་ནས། ཉུའུ་ཀྲེན་རིགས་ཀྱི་མིང་དུ་བརྗེ། ཕྱིས་སུ་མན་ཇུ་སོགས། ཁོར་ཞན་སོགས་མི་རིགས་འདྲེས་ནས་རིམ་བཞིན་མན་ཇུའི་རིགས་སུ་གྲུབ།

The Jurchens were an ancient people in the northeast of China. From the 6th to 7th century the Jurchens were the Heishui Mohe tribes. From the 9th century they called themselves Jurchen. In the early days of 17th century, the Jianzhou Jurchens gradually grew big, its chieftain Nurhaci set up the Later Jin, and his son Hung Taiji united the Jurchen tribes, which was later renamed Manchu. Later, Manchurians integrated with some Mongols, Han people and Koreans, gradually formed the Manchu people.

P

帕竹地方政权 藏传佛教帕竹噶举派在西藏建立的政教合一的地方政权。元至正十四年（1354），帕竹噶举派成为西藏大部分地区的统治者。此后分别得到元、明朝中央王朝的承认，其掌权人先后被封"大司徒""灌顶国师"和"阐化王"。该政权共传11代264年。

ཕག་གྲུའི་ས་གནས་སྲིད་དབང་། ཕག་གྲུ་བཀའ་བརྒྱུད་པས་བཙུགས་པའི་ཆོས་སྲིད་ཟུང་འབྲེལ་གྱི་ས་གནས་སྲིད་དབང་ཞིག་ཡིན། ཡོན་རྒྱལ་རབས་ཀྱི་ཀྲི་ཀྲིའི་ལོ་བཅུ་བཞི་པར（１３５４）ཕག་གྲུ་བཀའ་བརྒྱུད་པས་བོད་ཡོངས་ལ་དབང་བསྒྱུར་བྱས། རྗེས་སུ་སྨིག་རྒྱལ་རབས་དང་ཡོན་རྒྱལ་རབས་ཀྱི་གུང་དཀྱིལ་གྱིས་ཁས་བླངས། སྲིད་གཙོར་འཛིན་མཁན་ལ་རིམ་གཞིགས་ཏེ་ཏཱ་སི་ཏུ་དང་བཀའ་བརྒྱུ་ཆེ་བུ་དང་བླ་ཧུ་ཐ་ཕར་སོགས་ཀྱི་མོ་གོས་མས་བཀའ་བསྒྲགས། སྲིད་དབང་དེ་མི་རབས １１ དང་ ལོ ２６４ ལ་དབང་བཟུང་།

The Phagdru local regime was a regime that was established by the Phagdru Kagyu of Tibetan Buddhism under the theocracy in Tibet. In the 14th year of Zhizheng of the Yuan Dynasty (1354), the Phagdru Kagyu sect gained power and became the ruler in most areas of Tibet. Later, they were accepted as the ruler of Tibet by the Yuan and Ming Dynasties, and their rulers were conferred the titles "Dai Situ (grand tutor)", "Imperial Empowerments Master", and "Chanhuawang (prince who expounds Buddhism)". The regime had 11 rulers that lasted for 264 years.

帕竹噶举 藏传佛教噶举派四大支派之一。由帕木竹巴（1110—1170年）所创，以1158年帕木竹巴建于前藏帕木竹地方的丹萨替寺为主寺。

ཕག་གྲུ་བཀའ་བརྒྱུད། བོད་རྒྱུད་ནང་བསྟན་གྱི་བཀའ་རྒྱུད་པའི་ཆེ་རྒྱུད་བཞིའི་ནང་གསེས་ཤིག དཔལ་ཕག་མོ་གྲུབ་པས（１１１０—１１７０ལོ）སྲོལ་གཏོད། １１５８ལོར་ཕག་མོ་གྲུབ་པས་ཕག་གྲུའི་གདན་ས་ཐེལ་བཏབ།

Phagdru Kagyu is one of the four branches of Kagyu school of Tibetan Buddhism, which was founded by Phagmodrupa (1110-1170). The monastery of Densatel (Gdan sa thel) was the host monastery founded by Phagmodrupa in 1158, and it was located in Phagmodruin Front Tibet.

潘光旦（1899—1967） 江苏宝山人（今属上海市），社会学家、优生学家、民族学家。著作有《优生学》《人文生物学论丛》《中国之家庭问题》等，另有译著《性心理学》等。清华百年历史上的四大哲人之一。

ཕན་ཀོང་ཏན（１８９９—１９６７）ཅང་སུའུ་པའོ་ཧྲན་གྱི་མི་ཡིན། སྤྱི་ཚོགས་རིག་པ་དང་རྒྱུད་བཟང་རིག་པ་བ། མི་རིགས་རིག་པ་བཅས་ཡིན། གསུང་རྩོམ་ལ《རྒྱུད་བཟང་རིག་པ》དང་།《མི་ཆོས་སྐྱེས་དངོས་རིག་པ》《ཀྲུང་གོ་དང་ཁྱིམ་ཚང་གི་གནད་དོན》སོགས་ཡོད། གཞན་བསྒྱུར་རྩོམ་ལ《ཆགས

པའི་སེམས་ཁམས་རིག་པ།》སོགས་ཡོད། ཆེན་ཏུ་ལོ་བརྒྱའི་ལོ་རྒྱུས་ཐོག་གི་མཚན་ཞིད་པ་གསས་ཅན་བཞིའི་གས་ཀྱི་གཅིག་ཡིན།

Pan Guangdan (1899-1967) was born in Baoshan, Jiangsu province, and was one of the most distinguished sociologists, eugenicists, and ethnologists of China. His chief works are *An Overview of Eugenics, Collected Discussions of Sociobiology* and *The Family Problem in China*. *Psychology of Sex* is his main translation works. He was entitled one of the Four Philosophy Masters in the one hundred-year history of Tsinghua University.

盘瓠 中国古代神话中的犬名,是瑶族、苗族等先民的图腾信仰,有共同的"氏族标记"。他们把盘瓠视为始祖和至高无上的尊神。

པན་ཧུའུ། གུང་གོའི་གནའ་བོའི་ལྷ་སྒྲུང་ནང་གི་ཁྱིའི་མིང་། དེ་ནི་ཡོའོ་རིགས་དང་། མུའོ་རིགས་སོགས་ཀྱི་མེས་པོའི་བླ་རྟགས་ཡིན་ཞིང་། རུས་རྒྱུད་རྟགས་མཚན་མཐུན་མོང་བ་ཞིག་ཡོད། ཁོ་ཚོས་པན་ཧུའུ་དེ་མེས་པོ་དང་མཆོག་ཏུ་གྱུར་པའི་ལྷ་ལ་བརྒྱུར།

Panhu is an important figure (a dog) in Chinese mythology. Panhu has been worshipped by the Yao people and She people and the Miao people as their totems. These peoples have common clan token and see Panhu as their primogenitor and Supreme Being.

《培养少数民族干部试行方案》文件名。1950年政务院批准。共8条。主要要求:大量培养民族干部;北京设中央民族学院,西北、西南、中南设该校分院;有关省份设民族干部学校,有关专区和县设临时性民族干部训练班;入高校的民族学生,由国家承担学习费用;除享受公费待遇的民族中学外,其他有关中学设民族学生公费名额。

《གྲངས་ཉུང་མི་རིགས་ཀྱི་གཞུང་ཞབས་པ་སྦྱོང་བརྡར་བྱེད་པའི་ཚོད་ལྟའི་ཇུས་གཞི།》ཡིག་ཆའི་མིང་། ༡༩༥༠ལོར་རྒྱལ་སྲིད་སྤྱི་ཁྱབ་ཁང་གིས་ཆོག་བགོད་བྱས། བསྡོམས་པས་དོན་ཚན་༨ཡོད། རེ་འདུན་གཙོ་བོ་མི་རིགས་གཞུང་ཞབས་པ་འབོར་ཆེན་སྦྱོང་དང་། པེ་ཅིན་དུ་གུང་དབང་མི་རིགས་སློབ་གྲྭ་འཛུགས་པ་དང་ཉུང་བྱུང་། ལྷོ་ནུབ། གུང་ནུབ་སོགས་སུ་སློབ་གྲྭའི་ཡན་ལག་སློབ་གྲྭ་འདྲོགས་པ། ཞིང་ཆེན་རིག་པའི་མི་རིགས་གཞུང་ཞབས་པའི་སློབ་གྲྭ་དང་། ཆེད་ཁུལ་དང་རྫོང་དུ་གནས་སྐབས་རང་བཞིན་གྱི་མི་རིགས་གཞུང་ཞབས་པ་གསབ་སྦྱོང་འཛིན་གྲྭ་འཛུགས་པ། མཐོ་རིམ་སློབ་གྲྭར་ཞུགས་པའི་མི་རིགས་སློབ་མར་རྒྱལ་ཁབ་ཀྱིས་སློབ་ཡོན་གཏོང་བ། གཞུང་གོས་ཐོབ་ཐང་གི་མི་རིགས་སློབ་འབྲིང་ཕུད་པའི་སློབ་འབྲིང་གཞན་གྱི་ནང་དུ་མི་རིགས་སློབ་མར་གཞུང་གོས་ཀྱི་མིང་ཐེར་བ་སོགས་སོ།

The Trial Scheme for Training Cadres for Ethnic Minorities was approved by the State Council in 1950. It has 8 articles. The main requirements are as follows: Cultivating a large number of ethnic cadres; Opening central institute for nationalities in Beijing and its branch institutes in northwestern, southwestern and south central China; Starting up schools for minority cadres in some related provinces and temporary training classes for minority cadres in the related prefectures and counties;

tuition and fees free for admitted ethnic minority college students; Setting up the ethnic high schools at the state expenses and the state-funded program for ethnic minority students in the relevant schools.

《培养少数民族高层次骨干人才计划的实施方案》 文件名。2005年由教育部、国家发展和改革委、国家民委、财政部、人事部联合印发。涉及该实施方案的目标要求、主要措施、招生范围、报考条件、毕业生就业、职责和管理等10项内容。

《གངས་ཅན་མི་རིགས་ཀྱི་མཐོ་རིམ་གཞུང་འཛིན་མི་སྣ་གསོ་སྐྱོང་དང་འཆར་འགོད་རྒྱས་གཞི》 ཡིག་ཆའི་མིང་། ༢༠༠༥ལོར་སློབ་གསོ་པུའུ་དང་རྒྱལ་ཁབ་བཅོས་བསྒྱུར་ཡུལ་ཁང་། རྒྱལ་ཁབ་མི་རིགས་དོན་གཅོད་ཨུ་ཡོན་ལྷན་ཁང་། ནོར་སྲིད་པུའུ། མི་དོན་པུའུ་སོགས་ཀྱིས་མཉམ་འབྲེལ་སྤྲོད་སྤེལ། ཡིག་ཆའི་སྤྱི་ནང་བ། དམིགས་འབེན་རེ་འདུན་དང། བྱེད་ཐབས་གཙོ་བོ། མི་བསྡུའི་ཁྱབ་ཁོངས། རྒྱུགས་ཞུགས་ཆ་རྐྱེན། མཐར་ཕྱིན་ལས་བགོད། ལས་འགན་དང་དོ་དམ་སོགས་ནང་དོན་བཅུ་འདུས།

Program of Cultivating High-level Backbone Talents of Ethnic Minorities was issued in 2005 by Ministry of Education, National Development and Reform Commission, State Ethnic Affairs Commission, Ministry of Finance and Ministry of Personnel, including objectives, key measures, enrollment range, registration conditions, employment of graduates, responsibilities and management and some other contents.

皮罗阁（697—748） 又作"皮逻阁"。唐初云南洱海地区部落联盟蒙舍诏的第四代王。今云南巍山人。728年继王位。后在唐朝支持下出兵征五诏，并击败吐蕃。于738年统一六诏后，建立南诏国。唐王朝封皮逻阁为越国公、云南王、开府仪同三司，并赐名"蒙归义"。

པི་ལུའོ་ཀོ（༦༩༧—༧༤༨） ཐང་རྒྱལ་རབས་དུས་མགོར་ཡུན་ནན་ཡི་ཧའེ་ཁུལ་གྱི་ཚོམ་འཛིན་ཚོགས་ཆིག་འཛིང་གི་རྒྱལ་པོ་བཞི་པ། དེ་ནི་ཡུན་ནན་ཝེ་ཧྲན་མི། ༧༢༨ལོར་རྒྱལ་པོར་བཞུགས། ཐང་རྒྱལ་རབས་ཀྱི་རོགས་རམ་འོག་དམག་དྲངས་ནས་པོད་ཚལ་པར་བརྒྱབས། ༧༣༨ལོར་འཛིང་ཚོ་དྲུག་གཅིག་གྱུར་བྱས་ཏེ་མཛང་རྒྱལ་ཁབ་བཙུགས། ཐང་རྒྱལ་པོས་པི་ལུའོ་ཀོ་ལ་ཡོལ་རྒྱལ་པོ་དང་ཡུན་ནན་རྒྱལ་པོ། སན་སི་སོགས་ཀྱི་ཐོབ་ཐང་དང་མོན་གུའི་འབྲི་བྱས་པའི་མཚན་གནང་།

Piluoge (697-748) was the fourth kingdom (tribe chieftain) of Mengshe Zhao of the Tribe Union in the area of Lake Erhai, Yunnan in the early Tang Dynasty. He was born in Weishan County, Yunnan. In 728, he took the throne. Then, under the support of the imperial court of the Tang Dynasty, he sent troops to conquer other Five Zhao (tribal kingdom) and then defeated the Tibetan kingdom of Tubo. In 738, after unifying the Six Zhao, he established the kingdom of Nanzhao. The Tang Dynasty decided to confer him the Duke of Yue Kingdom, King of Yunnan and the honorific title Kaifu Yitong Sansi (Supreme Minister) and was bestowed the Chinese-style name of Meng Guiyi (literally "dedicating himself to righteousness").

匹播城 古城名。故址在今西藏穷结。为7世纪初叶吐蕃赞普松赞干布迁都拉萨前的旧都。

འཕན་པོ་མཁར། གནའ་མཁར་ཞིག་གི་མིང་། གནའ་ཤུལ་དེ་དེང་གི་བོད་སྤྱོངས་ཀྱི་འཕྱོངས་རྒྱས་སུ་ཡོད། དུས་རབས་བདུན་པའི་མགོར་བཙན་པོ་སྲོང་བཙན་སྒམ་པོ་རྒྱལ་ས་ལྷ་སར་མ་སྤོས་གོང་གི་རྒྱལ་ཁྲིད་པའི་ཤུལ་ཡིན།

Pibo Castle, the earliest castle in Tibet, was in today's Qiongjie County, Tibet. It was the old capital before Songtsan Gambo, Zanpu (King) of Tubo, moved the capital to Lhasa in the early 7th century.

片马问题 "片马",地名。位于云南高黎贡山西坡,西、南、北三面与缅甸接壤。1910—1927年,英侵略军不断侵入片马等地区,强设军政机构,遭到当地各族人民的武装抵抗和全国人民的声讨,英国不得不承认片马地区属于中国,但仍非法侵占,直到1960年《中缅边界条约》签订片马地区才回归中国。

ཕྱིན་མ་གནད་དོན། ཕྱིན་མ་ཞེས་མིང་། དེ་ཡུན་ནན་གྷོ་ལིང་གུང་ཧྲན་ཞི་པོར་གནས། ནུབ་དང་ལྷོ་བྱང་གསུམ་འབར་མ་དང་འཁྱིལ་ཡོད། ༡༩༡༠—༡༩༢༧ལོའི་བར་དབྱིན་ཇི་བཙན་འཛུལ་དཔུང་མི་ས་ཁུལ་སོགས་སུ་བཙན་འཛུལ་རྒྱུན་མི་ཆད་པར་བྱས་ཏེ། དམག་སྲིད་ལས་ཁུངས་བཙན་པོར་བཏུགས། ས་དེའི་རིགས་སོའི་མི་དམངས་ཀྱི་དཔུང་པོའི་དོ་རྒོལ་དང་རྒྱལ་ཡོངས་མི་དམངས་ཀྱི་འབོད་སྐུལ་འོག་དབྱིན་ཇི་བཟོག་གཞུག་མེད་པར་ཕྱིན་མ་ས་ཁུལ་ཀྲུང་གོའི་ཁོངས་སུ་གཏོགས་པ་ཐབས་མེད་ལས་ངོས་འཁྱེར་བྱུང་། འོན་ཀྱང་སྲང་བཤིག་ཁྲིམས་འགལ་གྱིས་བཙན་བཟུང་བྱས། ༡༩༦༠ལོར་《ཀྲུང་དབར་ས་མཚམས་མཆོད་ཀྱི་ཆིངས་ཡིག》བཞག་ནས་ཀྱང་གོའི་ཕྱིན་མ་ས་ཁུལ་ཀྲུང་གོར་ཕྱིར་ལོགས།

Pianma Incident Pianma (Hpimau) is a place name. It locates in the west slope of Gaoligong Mountains, bordering Myanmar on its west, south and north sides. From 1910 to 1927, British armies invaded the Pianma area again and again and set up by force military and political institutions, which made local ethnic peoples resist with armed forces and the whole nation's people denounce. Thus, Britain had to admit that Pianma area was part of China. But they still occupied it illegally and did not return it back to China until the signing of the *Boundary Treaty between the People's Republic of China and Burma* in 1960.

平地瑶 瑶族的支系。平地瑶为他称,自称"炳多优",因居平地而得名。分布在湖南的江华和广西的富川、恭城、钟山、临桂等县。

བདེ་ཐང་ཡོའོ། ཡོའོ་རིགས་ཀྱི་མ་ལག་ཅིག་ཡིན། བདེ་ཐང་ཡོའོ་རིགས་ལ་གཞན་པས་འབོད་ཚུལ་ཞིག་ཡིན་རང་གིས་ཕིན་ཏུའེ་ཡོའོ་ཞེས་འབོད། བདེ་ཐང་དུ་འཚོ་བས་མིང་དེ་ལྟར་ཐོགས། ཧུའུ་ནན་གྱི་ཅང་ཧྭ་དང་ཀོང་ཞིའི་ཧྥུའུ་ཁྲོན། གུང་ཁྲིན། ཀྲུང་ཧྲན། ལིན་ཀོག་སོགས་སུ་ཁྱབ་ཡོད།

Pingdi Yao is a name called by others. They call themselves Bingduoyou, which was a branch of the Yao people. Pingdi Yao was known for living in flat ground and was distributed in Jianghua County of Hunan and Fuchuan County, Gongcheng

County, Zhongshan County and Lingui County of Guangxi.

《平定罗刹方略》 清朝初年中俄交涉文件的汇集。凡4卷。罗刹是指俄罗斯。康熙二十八年（1689），清廷与沙皇签订《尼布楚条约》之后，康熙帝即命国史馆编纂。文件以编年为序。

《སྲིད་པོ་ཞི་འཇམ་གྱི་དུས་གཞི་ཆེན་པོ》 ཆིང་རྒྱལ་རབས་ཀྱི་དུས་མགོར་ཀྲུང་ཨུ་འབྲེལ་མཆོངས་ཀྱི་ཡིག་ཆ་ཕྱོགས་བསྡུས། སྟོང་དེབ་ཡོད། སྲིད་པོ་ནི་ཨུ་རུ་ཟེར། གོང་མ་ཁང་ཞིས་ཁྲི་ལོ་ཉེར་བརྒྱད་པར་（1689ལོ）ཆིང་སྲིད་གཞུང་དང་ཇུ་ཧོང་གོང་མས་《ཉིའུ་པའོ་ཁུའུ་ཆིངས་ཡིག》ཏུ་མིང་རྟགས་བཀོད་རྗེས། ཁང་ཞིས་གོང་མས་དུས་ཕྱོད་ཀྱི་རྒྱལ་ཁབ་ལོ་རྒྱུས་སྲིང་ལ་བསྒྲིགས་པའི་བཀའ་རྒྱུའི་བཀའ་ཕབ་པ་རེད། ཡིག་ཚའི་སྙིང་གཞི་སྙིག་ལོར་ལྟར་བཀོད།

Strategic Narrative of the Pacification of Russia was file collections on negotiations between China and Russia in the early Qing Dynasty, composed of four volumes. Luocha means Russia. In the 28th year of the reign of Qing Emperor Kangxi (1689), after Qing court signed *the Treaty of Nerchinsk*, Qing emperor Kangxi immediately commanded the Academy of National History to compile the files in a chronological sequence.

《平桂纪略》 史书。成书于清末。4卷。刘长佑（曾任广西巡抚，官至云贵总督）撰。记述太平天国时期广西各族农民起义及清军镇压农民起义的情况。作者立场反动，但该书为研究广西各族农民起义提供了原始史料。

《གོང་ཞི་ཞི་འཇགས་སུ་བཏང་བའི་བྱེད་བསྡུས》 ལོ་རྒྱུས་དཔེ། ཆིང་རྒྱལ་རབས་ཀྱི་དུས་མཇུག་ལ་བརྩམས། བསྟོམ་པ་དེ་ཡོད། ལིའུ་（གོང་ཞིའི་གནས་སྐུ་ཁྱབ་ཁྱོན་པོ་དང་ཡུན་གུའི་སྤྱི་ཁྱབ་དཔོན་ཁྱོ་བྱུང）ཡིས་བརྩམས། དེ་ནི་བའི་གནམ་རྒྱལ་སྐབས་སུ་གོང་ཞིའི་རིགས་རོ་སོའི་ཞིང་པའི་ལོས་ལངས་དང་། ཆིང་དམག་གིས་ཞིང་པའི་ལོས་ལངས་ལ་དྲག་གནོན་བྱས་པའི་གནས་ཚུལ་བཀོད་ཡོད། རྩོམ་པ་པོས་ལོས་ལངས་ལ་ངོ་རྒོལ་གྱི་ལངས་ཕྱོགས་སུ་བཟུང་ཡང་། ཡིག་ཆའི་གོང་ཞིའི་རིགས་རོ་སོའི་ཞིང་པའི་ལོས་ལངས་ལ་དཔྱད་པའི་རྒྱུ་ཆ་ངོ་མ་ཞིག་ཏུ་གྱུར་ཡོད།

Brief Records of Pacifying Guangxi was a history book. It was written by Liu Changyou (who was once official inspector in Guangxi and then was promoted to the governor-general of Yunnan and Guizhou) in the late Qing Dynasty and the book was composed of 4 volumes. The book gave an account of Guangxi ethnic peasants uprising during the period of Taiping Heavenly Kingdom and the affairs that Qing armies suppressed peasant uprisings. The writer held a reactionary point of view. But he provided original historical data to study Guangxi ethnic peasant uprisings.

《平回志》 清西北回民起义史料。杨毓秀撰。成书于光绪十四年（1888）。共分8卷。记述了同治元年（1862）至光绪十三年（1887）陕西、甘肃、新疆与农民起义有关的史实，以甘肃为详。该书对研究清代回族穆斯林反清斗争具有一定的史料价值。

《ཅུའི་དབངས་ཞི་འཛགས་རྒྱ་བདད་བའི་ལོ་རྒྱུས།》 ཆེན་རྒྱལ་རབས་ཀྱི་ཉུབ་བྱང་ཅུའི་རིགས་མི་དམངས་ཧོས་ལངས་ཀྱི་ལོ་རྒྱུས་ཡིག་ཆ་ཞིག་ཡང་མེ་ཉིད་ཡིན་བཟུམས། གོང་ཞི་ཕོ་བཅུ་བའི་པར་(༡༨༨༨ལོ) དེ་དུ་གྲུབ། བསྡོམས་པས་དེབ་དཔོད། དེའི་ནང་དུ་ཕྱུང་གི་ཕོ་ལོ་(༡༨༦༢) དང་པོ་ནས་གོང་ཞི་ཕོ་བཅུ་གསུམ་(༡༡༡༧) བར། ཧྲན་ཞི་དང་ཀན་སུའུ། ཞིན་ཅང་བཅས་ཀྱི་ཞིང་པའི་ཧོས་ལངས་སྐོར་གྱི་རྒྱལ་དངོས་ཡོད་ལ། གན་སུའུ་ཡི་སྐོར་ཞིབ་ཕྲ་ཡོད། དེ་ཕར། ཆིང་རྒྱལ་རབས་དུས་སྐབས་སུ་ཅུའི་རིགས་མཚུའི་ཤི་ཨིན་ཀྱི་ཆིང་ལ་རྒོལ་བྱས་པའི་ལོ་རྒྱུས་དཔྱད་གཞིར་རིན་ཐང་ཅན་ཞིག །

Ping Hui Zhi (**Record of the pacification of the Hui**) was the historical data about the Hui's rebellion in northwest China in the Qing Dynasty, which was written by Yang Yuxiu in the 14th year of the reign of emperor Guangxu (1888), and it was divided into eight volumes. The book presented the historical data about the peasant uprisings in Shanxi, Gansu and Xinjiang from 1862 to 1887, with the most detailed description of the revolts in Gansu. It has historical value in studying Muslim's conflict with the Qing government.

平埔族群 是对居住在台湾平野地区各南岛语系族群的泛称。

ཕིན་ཕུའུ་རིགས་ཚོགས། དེ་ནི་ཐའེ་ཝན་ཡི་ལ་ཞོལ་གྱི་སྡོད་སྟེང་ཐོན་པོ་སོའི་སྐད་རྒྱུད་ཀྱི་རིགས་ཚོགས་ཀྱི་སྤྱི་མིང་ཞིག་ཡིན།

Pingpu peoples refer to the indigenous people in Austronesian languages who lived on the lowland region in Taiwan of China.

平行从表婚 同性同胞子女间结成夫妻的婚姻形式。即婚姻关系的双方只限于兄弟的子女之间或姊妹的子女之间，不得交错婚配。故与姑舅表婚（见"交错从表婚"词条）相对。

ཉེ་མཚམས་གཉེན་སྒྲིག དེའི་ཕོ་ཉུ་ཉེ་མཚན་བར་གྱི་གཉེན་སྒྲིག་ཡུག་སོལ་ཞིག་ཡིན། དེ་ལས་གཉེན་སྒྲིག་བྱེད་པའི་ཚང་བགག་པ་ནུ་སྤུན་གཉིས་སམ་ནུ་མོ་སྤུན་གཉིས་བར་གྱི་བུ་བོ་མམ་གཉིས་གཉེན་སྒྲིག་ཁོ་ན་ལས་ཉེ་སྦྱོད་འཛས་འཆུགས་མི་ཆོག དེར་བཞིན་ཞང་ཞེའི་གཉེན་སྒྲིག (ཉེ་སྦྱོད་འཛས་འཆུག་གཉེན་སྒྲིག་གི་ཚིག་གི་ཤོས་)དང་བསྟོན་བཅས་ཡིན།

Parallel Cousin Marriage was a marriage form for cousins from the same-sex siblings of the parents, that is, the children of the brothers can only marry to the children of other brothers, and the children of sisters can only marry to the children of other sisters on, which suits both sides of the marriage. They should not marry crisscrossed. Thus, it was opposite to the Marriage System of a cross cousin (also in the entry of cross-cousin marriage).

颇罗鼐（1689—1747） 清代西藏贵族。后藏人。曾为拉藏汗秘书的颇罗鼐配合阿里总管康济鼐出兵策应进藏清军。清廷平乱后，任仔本。1723年升任噶伦（见"噶伦制"词条）。1739年被封为郡王。

其执政期间，实行了安定西藏社会秩序，促进藏族政治、经济、文化发展的措施。享年 58 岁。

ཕོ་ལྷ་བ། （1689—1747） ཆིང་རྒྱལ་རབས་དུས་སྐབས་ཀྱི་གཙང་པའི་སྒ་དྲག་ཅིག་ཡིན། ལྷ་བཟང་བདུན་གྱི་དྲུང་ཡིག་ཏུ་བཞུགས། བོད་པས་མངའ་རིས་སྡེ་དཔོན་ཁང་ཆེན་པར་ཆེན་དགའ་བོད་འཛིན་པའི་གྱོས་འདོན་བྱས། ཆེན་སྲིད་གཞུང་གིས་ཟིང་ཆ་ཞི་འཇགས་བཏང་རྗེས་རྩེ་དཔོན་གྱི་འགན་བཞེས། 1723ལོར་བགར་བློན་དུ་བསྐོས། （1739ལོར་མི་དབང་དུ་བསྐོས།） དབང་བཟུང་སྐབས་བོད་ཀྱི་སྤྱི་ཚོགས་བདེ་འཇགས་ཡོང་བ་དང་། ཆབ་སྲིད། དཔལ་འབྱོར། རིག་གནས་རྒྱས་སོགས་ལ་ཐབས་ལམ་བསྒྲུབ་བྱས། དགུང་ལོ ༥༨པར་བཞུགས།

Polhanas (1689-1747) was a Tibetan aristocracy in Back Tibet in the Qing Dynasty, who once began to collaborate with the governor of Ali (Ngari)-Kancennas to support the Qing Army to curb the insurgency in Tibet. He was appointed as Ziben (inspector-general) after the war and then promoted to Galun (see the entry "Galun" system) in 1723. In 1739, he was appointed local government minister. During his times, he implemented measures to maintain social stability and promote the development in politics, economy and culture in Tibet. He died at the age of only 58.

《颇罗鼐传》 藏族传记体文学和历史著作。朵喀·才仁旺杰著。成书于 18 世纪中叶。叙述颇罗鼐一生经历的重大历史事件。其中对 1717 年蒙古准噶尔部侵扰西藏一事的起因、过程记述尤详。

《མི་དབང་རྟོགས་བརྗོད》 བོད་ཀྱི་རྟོགས་བརྗོད་རྩོམ་རིག་དང་ལོ་རྒྱུས་བཅས་ཆོས་ཞིག་ཡིན། མདོ་མཁར་ཚེ་རིང་དབང་རྒྱལ་གྱིས་དུས་རབས་བཅོ་བརྒྱད་པའི་དཀྱིལ་དུ་བརྩམས། ཕོ་ལྷ་བའི་མི་ཚེ་ཧྲིལ་པོའི་རྒྱས་གདོན་ཆེན་གལ་ཆེན་དག་བཀོད་ཡོད། དེའི་ནང་1717ལོར་སོག་པོའི་ཇུན་གར་པ་ལྷ་སར་དམག་འཁྲུག་བསླངས་པའི་རྒྱུ་རྐྱེན་དང་། བརྒྱུད་རིམ་བཅས་ཞིབ་འབྲི་བྱས་ཡོད།

The Life Story of Polhanas, written by Dokharwa Tsering Wanggyel in mid-18th-century, was a history book and biography in Tibet, which described in detail the significantly historical events in his whole life, especially the one that the Dzungar people intruded Tibet in 1717. The book elaborated on the cause and process of the event.

破雪放牧 牲畜放牧的一种方式。我国内蒙古、新疆、青海等牧区，在积雪成灾的情况下，为解决牲畜饥饿而采用的放牧方式。一般是由拖拉机牵引破雪工具，在雪中拉出条沟状牧草带，进行牲畜放牧。

གངས་གཤག་ཕྱུགས་སྐྱོང་། ཕྱུགས་ཟོག་སྐྱོང་ཐབས་ཞིག་རང་རྒྱལ་གྱི་ནང་སོག་དང་། ཞིན་ཅང་། མཚོ་སྔོན་སོགས་ཀྱི་འབྲོག་ཁུལ་དུ་གངས་སྟོན་བྱུང་སྐབས་ཕྱུགས་ཟོག་སྟོང་རངས་ཞིག་སྲིང་བའི་དུ་འདུན་འཛིན་འགྲོ་ལོ་སོགས་ལག་ཆར་བརྗེན་ནས་ཁ་བ་མཐུག་པོ་བབས་པའི་ནང་དུ་ཕྱུགས་ཟོག་ལ་གཞན་རྩྭ་ཟ་ཆོག་པའི་རྗེས་ཕྱུལ་གཏོད་པ་ཞིག་ཡིན།

Snow-removing and Grazing is sort of way applied to address the issue of hunger of livestock in the disaster of heavy snow in Inner Mongolia, Xinjiang and Qinghai. Tractors are used to pull snow removal tools to clear a grass belts on which the cattle can graze.

蒲寿庚（宋、元） 宋末元初"蕃客回回"的代表人物。阿拉伯商人后裔。经营商舶，成为首屈一指的富豪，任泉州市舶司（管理对外贸易的机关及官职）30年。后降元，升福建行省尚书左丞，先后受命诏谕20多个国家和地区的舶商来泉贸易，促成繁荣的泉州港海外贸易。

ཕུའུ་ཇོའུ་གེང་། (སུང་་དང་ཡོན་རྒྱལ་རབས།)
སུང་རྒྱལ་རབས་ཀྱི་མཇུག་ཡོན་རྒྱལ་རབས་ཀྱི་དུས་མགོའི་སྔོན་ཕྱུད་ཧུའི་ཧུའིའི་ཡི་མཚོན་བྱེད་མི་སྣ། ཨ་རབ་ཚོང་པའི་རྒྱུད་པ་དང༌། ཚན་གྱི་ཤོང་བྱེད་ཀྱི་པའི་སུལ་ཡི་འགན། (ཕྱི་ཕྱོགས་ནོ་ཚོང་གི་དོ་དམ་ལས་ཁུངས་དང་དཔོན་གནས) བོ་ས་ལ་བཞིས། རྗེས་སུ་སུང་ལ་དོ་ལོག བྱས་ཏེ་ཡོན་ལ་མགོ་འདོགས་བྱས་ཚེ། ཧུའི་ཅུན་ཞིང་ཆེན་གྱི་ཤང་ཧུའི་ཙོའོ་ཚེང་ཆེན་པོར་གོ་གནས་སྤར། ལྷག་བྱས་སུ་བཀའ་དང་ལུང་ནས་རྒྱལ་ཁབ་དང༌ས་ཁུལ་ཉི་ཤུའི་ལྷག་གི་ཚོང་དཔོན་དང་བོ་ཚོང་བྱས་ནས་ཚོན་ཀྲོའུ་གྲུ་ཁའི་ཕྱི་ཕྱོགས་ནོ་ཚོང་དར་སྤེལ་བཏང༌།

Pu Shougeng was a representative of Fanke (guests from outlying regions) Huihui during the late Song Dynasty and the early Yuan Dynasty. He was a descendant of an Arab businessman, a top milliardaire, operating company of merchant ships and taking a high-ranking post in the Office of Merchant Ships in Quanzhou (an agency and title managing the foreign trade) for 30 years. Later, he betrayed the Song Dynasty and surrendered to the Yuan Dynasty and was promoted to Shangshu Zuo Cheng (one of the secretaries general of the executive bureau) of Fujian. He got the imperial edict and recruited the overseas ships from over 20 counties and regions to come to Quanzhou to do business, which led to the prosperity of foreign trade of Quanzhou port.

濮 中国古代民族。为商周时的八个少数民族之一，分布于江汉流域及其以南，曾助武王伐纣。春秋战国时其分散于楚西南（今滇、黔、川以至江汉流域以西）的许多部落，总称"百濮"。

ཕུའུ་རིགས། གུང་གོའི་གནའ་བོའི་མི་རིགས་ཤིག ཤང་ཀྲོའུའི་རྒྱལ་རབས་སྐབས་ཀྱི་གྲངས་ཉུང་མི་རིགས་བརྒྱད་ཀྱི་གྲས་ཡིན། ཅང་ཧན་གཙང་པོའི་འབབ་རྒྱུན་དང་དེའི་ཕྱོགས་སུ་ཁྱབ་ཡོད། སྔར་ཝུའུ་ཕུའུ་ལ་རོགས་བྱས་ནས་ཀྲོའུ་ཝང་རྒྱལ་པོ་བཅོམ་པ་ཡིན། ཁྲིན་ཆིའུ་གཱན་གོའི་སྐབས་བོད་ཧྲུར་(དེང་སྐབས་ཀྱི་ཡུན་ནན། ཁྱན་གྱུ། སི་ཁྲོན་གྱི་ནུབ་ཕྱོགས) ཕྱོགས་ཀྱི་འཚོ་བ་མང་པོར་གྱེས། སྤྱི་མིང་ལ་ཕུའུ་བརྒྱ།

Pu is an ethnic group in the ancient China, one of the 8 minority ethnic groups during the Shang and Zhou Dynasty, mainly distributed in Jianghan basin and the south of it. They had helped the King Wu of Zhou to attack King Zhou of the late Shang Dynasty. During the spring and autumn and warring states period, they were scattered in many tribes in the southwest of Chu (the present Yunan province, Guizhou province, Sichuan province and the west of Jianghan basin), and were generally called Baipu.

普哈丁墓园 俗称"回回堂",位于江苏扬州市解放桥南侧。初建于13世纪的南宋时期。占地25亩,由古清真寺、古墓园、古典园林3部分组成。因有伊斯兰传教士普哈丁的墓园而得名。相传普哈丁为穆罕默德十六世裔孙,南宋末年来扬州传教,卒后附葬于此。

ཕུན་ཧ་ཏིང་བང་སོ། དམངས་ཁྲོད་དུ་ཧུའི་ཧུའི་ཚོམས་ཁང་ཞེས། དབྱང་གྲོང་གྱིར་བཅིངས་འགྲོལ་ཟམ་པའི་ལྷོ་ངོས། དུས་རབས་བཅུ་གསུམ་པའི་དུས་མགོར་སུང་རྒྱལ་རབས་བརྩིགས། ས་མུ་ ༢༥ ཡོད། གནའ་བོའི་དཔྱི་སི་ལན་གྱི་ཚོགས་ཁང་དང་གནའ་བོའི་བང་སོ། གནའ་བོའི་སྐྱེད་ག་བཅས་གསུམ་གྱི་གྲུབ། དཔྱི་སི་ལན་གྱི་ཆོས་སྦྱེལ་མཁན་ཕུའི་ཧ་ཏིང་བང་སོ་ལས་མིང་ཐོགས། དགའ་རྒྱུར་ན་ཕུའི་ཧ་ཏིང་ནི་མུའུ་ཧན་མོ་ཏེའི་གདུང་བརྒྱུད་པའི་ཚ་ཡིས་ཟེར། སུང་རྒྱལ་རབས་དུས་མཇུག་གོང་དུ་ཆོས་ལུགས་སྤེལ། འདས་རྗེས་གནས་དེར་བང་སོ་བཅིགས།

Puhading Cemetery, also called Huihui Hall, is located in the south of Jiefang Bridge in Yangzhou. It was firstly built in the 13th century during the Southern Song period, covering an area of 25 Mu (1Mu = 666.7 square meters) and consisting of the ancient mosque, the ancient cemetery and the classical garden. It got its name because of an Islamic missionary named Puhading. It was said that Puhading was the 16th generation descendant of Muhammad, who came to Yangzhou to preach at the late Southern Song period and was buried here after death.

普米语 普米族使用的语言,属汉藏语系藏缅语族羌语支,也有人认为属藏语支。分布在云南省东北部和四川省西南部。分南部和北部两种方言,方言间差别较大。使用普米语的人多数兼通汉语和一些邻近民族的语言。

ཕུའི་སྨྲི་སྐད། ཕུའི་སྨྲི་རིགས་ཀྱིས་སྤྱོད་པའི་སྐད་ཆ་ཡིན། རྒྱ་བོད་སྐད་ཁུལ་ལས་བོད་འབར་སྐད་རིགས་ཀྱི་ཆཱང་སྐད་ཁ་ལག་ཡིན། མི་རེ་འགས་བོད་སྐད་ཀྱི་ཁ་ལག་ཏུ་འདོད། ཡུན་ནན་ཞིང་ཆེན་གྱི་བྱང་ཤར་ཁུལ་དང་སི་ཁྲོན་ཞིང་ཆེན་གྱི་ལྷོ་ནུབ་ཏུ་ཁྱབ་ཡོད། ཡུལ་སྐད་ལྷོ་ཕྱོགས་དང་བྱང་ཕྱོགས་རིགས་གཉིས་སུ་ཕྱེ་ཞིང་། ཡུལ་སྐད་ཀྱི་ཁྱད་པར་ཀྱང་ཆུང་ཆེ། ཕུའི་སྨྲི་སྐད་སྤྱོད་མཁན་མང་ཆེ་བས་རྒྱ་སྐད་དང་དེ་འབོར་མི་རིགས་གཞན་པའི་སྐད་རིགས་དང་བསྲེས་ནས་སྤྱོད་བཞིན་ཡོད།

Pumi language is used by the Pumi people, belonging to the Qiang branch of Tibetan-Burman group of the Sino-Tibetan language family. Some people hold that it belongs to the Tibetan language branch. It is distributed in the northeast of Yunnan province and the southwest of Sichuan province. There are 2 dialects, the southern one and the northern one, and there exist lots of differences between them. Most of the people who use Pumi language also master Chinese and the languages of the nearby ethnic groups.

普米族 中国的少数民族。主要聚居于云南怒江傈僳族自治州的兰坪白族普米族自治县和丽江市的宁蒗、玉龙、永胜等地以及迪庆藏族自治州的维西傈僳族自治县，四川省西南部也有分布。人口42861人（2010年）。有本族语言，使用汉文。信仰藏传佛教，也有祖先、自然崇拜。主要从事农牧业，兼营家庭手工业。

ཕུའུ་སྨི་རིགས། གྱུང་གོའི་གྲངས་ཉུང་མི་རིགས། གཙོ་བོ་ཡུན་ནན་རྒྱལ་མོ་ངུལ་ཆུའི་ལྗང་གི་ལི་སུའི་མི་རིགས་རང་སྐྱོང་ཁུལ་གྱི་ལན་ཕིང་པའི་རིགས་ཕུའུ་སྨི་རིགས་རང་སྐྱོང་རྫོང་དང་། ལི་ཅང་གྲོང་ཁྱེར་གྱི་ཉིང་ལང་དང་ཡུལ་ལོང་། ཡོན་ཧྲན། སི་ཁྲོན་ཞིང་ཆེན་གྱི་ལྷོ་ནུབ་དབང་ལྷོ་ཕྱོགས་ཡོད། གཞན་བདེ་ཆེན་བོད་རིགས་རང་སྐྱོང་ཁུལ་གྱི་སྦི་ཞིས་ལི་སུའི་རང་སྐྱོང་རྫོང་སོགས་སུ་འདུས་སྡོད་བྱས་ཡོད། མི་གྲངས་༤༢༨༦༡（༢༠༡༠）ཡོད། རང་གི་སྐད་ཆ་ཡོད། རྒྱ་ཡིག་བེད་སྤྱོད་བྱེད། བོད་བརྒྱུད་ནང་བསྟན་ལ་དད་པར་བཟུང་། མེས་པོ་དང་རང་བྱུང་ཁམས་ལ་ཡང་དད་བཀུར་བྱེད། གཙོ་བོ་ཞིང་ཕྱུགས་ལས་རིགས་གཉེར་བ་དང་ཆབས་ཅིག་ཏུ་ལག་ཤེས་བཟོ་ལས་ཀྱང་གཉེར།

Pumi people is an ethnic group in China. It is mainly distributed in Lanping Bai and Pumi Autonomous County of Nujiang Lisu Autonomous Prefecture, and the southwest of Sichuan province, with a population of 42,861 (2010). The native language and Chinese are used. They believe in Tibetan Buddhism, and worship ancestors and nature. They mainly engage in agriculture and pasture, supplemented by family cottage industry.

《普通高等学校少数民族预科班、民族班管理办法（试行）》 文件名。2005年由教育部印发。包括总则、办学机构、招生录取、学制与教学管理、学生管理、收费、教师和管理人员、办学经费和办学条件、教育教学评估、附则，共10章。

《མཐོ་རིམ་སློབ་གྲྭ་བཞུགས་མའི་གྲངས་ཉུང་མི་རིགས་ཀྱི་སྔོན་གྲས་འཛིན་གྲྭ་དང་མི་རིགས་འཛིན་གྲྭའི་དོ་དམ་བྱེད་ཐབས（ཚོད་ལྟ）》 ཡིག་ཆའི་མིང་། ༢༠༠༥ལོར་སློབ་གསོ་པུའུ་ཡིས་ཁྱབ་བསྒྲགས་བྱས། དེའི་ནང་དུ་སྤྱིའི་སྒྲིག་སྲོལ་དང་། སློབ་མ་བསྡུ་ལེན། སློབ་ཁྲིད་དོ་དམ། སློབ་མའི་དོ་དམ། སློབ་རིན། དགེ་རྒན་དང་དོ་དམ་མི་སྣ། སློབ་མའི་འགྲོ་གྲོན་དང་སློབ་སྦྱོང་ཆ་རྐྱེན། སློབ་གསོ་གཏོང་འཛིན་ཟུར་བཀོད་བཅས་སྤོལ་པས་མ་བཏང་བཅུ་ཡོད།

Methods for Managing Preparatory Classes and Ethnic-oriented Classes for Ethnic Minorities in Ordinary Higher Education Institutes (for Trial Implementation) was issued by the Ministry of Education in 2005, consisting of the following ten chapters: General provisions, Institutions, Enrollment, Educational System and Teaching Management, Management of Students, Charges, Teachers and Management Personnel, Funds and Conditions for Running Schools, Evaluation of Education and Teaching and Supplementary Provisions.

普陀宗乘之庙 承德"外八庙"中规模最大的一座藏传佛教寺庙。位于河北承德避暑山庄之北。清乾隆三十二年（1767）仿照拉萨布达拉宫始建。"普陀宗乘"就是藏语"布达拉"的意思。占地面积达22万平方米。整个建筑群除主体大红台、大白台等外，还有众多僧房、佛殿、白台和塔台。

Putuo Zongcheng (Temple of the Potaraka Doctrine) is the biggest Tibetan Buddhist temple in the Eight Outer Temples in Chengde, which is located in the north of Chengde Imperial Summer Resort. It was built from the 32nd year of the reign of Emperor Qianlong (1767) and was after the pattern of the Potala Palace in Lhasa. Potaraka means Potala in Tibetan language. It covers an area of 220,000 square meters. In addition to the main buildings, the great red temple and the great white temple, the architecture complex has many rooms, temples, white temples and tower temples.

普贤菩萨 曾译"遍吉菩萨"，音译为"三曼多跋陀罗"，佛教四大菩萨之一，是象征理德、行德的菩萨。同文殊菩萨的智德、正德相对应，是娑婆世界释迦牟尼佛的右、左胁侍，被称为"华严三圣"。

Universal Worthy (Samantabhadra) Bodhisattva, once translated as Universal Auspicious Bodhisattva, transliterated into Chinese as san man duo ba tuo luo, is one of the four great Bodhisattvas in Chinese Buddhism. He represents the virtue in principles and the virtue in conduct, corresponding to Manjushri Bodhisattva's virtue in wisdom and virtue of righteousness. They are the right and left assistants of Shakymuni Buddha in the Saha world. Together, they are referred to as the Three Avatamsaka Sages.

溥仪（1906—1967） 清朝末代皇帝。年号宣统，通称宣统皇帝。满族。光绪皇帝卒后继位。辛亥革命后，宣布退位。后不甘失败，数次图谋复辟，均失败。后经侵华日军扶持建立伪满洲国当傀儡皇帝。抗战结束后被判徒刑15年，1959年获特赦。62岁时在北京去世。著作有《我的前半生》一书。

གོང་ཞི་སྨྲ་གཞིགས་རྗེས་རྒྱལ་སར་བསྐོས། ལྷགས་ཕག་ལོའི་གསར་བརྗེ་རྗེས་སུ་ཁྲི་ལས་བབས་པ་ཁྱབ་བསྒྲགས་བྱས། རྒྱལ་ཁྲི་ལས་འབབ་མི་འདོད་པར་ཐེངས་མང་པོར་བསྐྱར་ལངས་བྱས་ཀྱང་ཚང་མ་ཕམ། ཕྱིས་སུ་ལྷར་པའི་བཙན་འཛུལ་དམག་གི་རྒྱབ་སྐྱོར་འོག་མན་ཇུ་གུའི་མའི་གོང་མར་བསྐོས། ལྷར་འགོག་མཇུག་སྒྲིལ་རྗེས་ཁྲིམས་ཐག་ལོ/༡༥བཅད། /༡༩༤/ལོ་བཙོན་ལས་ཕྱིར་བཏང་། དགུང་ལོ/༦༢/སྟེང་པེ་ཅིན་དུ་གཞིགས། བཅམས་ཚོས་ལ《ངའི་ཚེ་སྟོད》ཞེར་པ་ཞིག་ཡོད།

Pu Yi (1906-1967) was the last Emperor of the Qing Dynasty. And his era name was "Xuantong", so he was known as the "Xuantong Emperor". He was of the Manchu Aisin Gioro clan. He succeeded the Guangxu Emperor. He was forced to abdicate on 12 February 1912, after the successful the Revolution of 1911. He tried to restore to the throne as emperor several times and failed. Later, he was installed by the Japanese as the puppet emperor of Manchukuo, a puppet state of the Empire of Japan. He was imprisoned as a war criminal for 15 years after the end of the war. He got a free pardon in 1959 and died in Beijing at the age of 62. He wrote a book named *From Emperor to Citizen*.

Q

妻姊妹婚 指男子同时以两个或多个姊妹为配偶，或者在妻子去世后续娶其姊妹的行为或习俗，为原始社会群婚残余。我国的景颇、苗等民族也曾有妻子死后男子续娶其未婚姊妹的风俗。

ཕྱམ་སྲིང་བག་ལེན། སྐྱེས་པ་དུས་གཅིག་ལ་བུ་མོ་སྤུན་གཉིས་སམ་མང་པོ་ཆུང་མར་ལེན་པ་དང་། ཡང་ན་རང་གི་ཆུང་མ་ཤི་རྗེས། འདས་མོ་དེའི་བུ་མོ་སྤུན་གཅིག་ཆུང་མར་ལེན་པའི་ལམ་སྲོལ་ཞིག་གམ་ཡུལ་སྲོལ་ཞིག་སྟེ། གདོད་མའི་སྤྱི་ཚོགས་ཀྱི་བག་མང་ལེན་པའི་ལྷག་རྗེས་ཀྱང་ཡིན། རང་རྒྱལ་གྱི་ཅིང་པོའི་དང་མུའི་རིགས་སོགས་ལ་སྔོན་དུས་སུ་ཆུང་མ་ཤི་རྗེས། འདས་མོ་དེའི་ཁྲི་དུ་མནའ་མར་སོང་མེད་པའི་བུ་མོ་སྤུན་གཞན་ཞིག་ཆུང་མར་ལེན་པའི་ལུགས་སྲོལ་ཞིག་ཡིན།

Sororate marriage is a type of marriage in which a husband engages in marriage or sexual relations with the sister of his wife, usually after the death of his wife or if his wife has proven infertile. It was remains of group marriage in primitive society. The Jingpo and Miao ethnic group had followed this custom in the old days.

《奇异的性婚俗》事件 《奇异的性婚俗》是一本由书商编写，盗用河南人民出版社名义出版的一本严重违反党的民族宗教政策的非法淫秽书籍。1995年12月开始出现在北京等地的书摊上，发行至中国36个城市，共计62080册。该书引起中国穆斯林的强烈反应，最后出版该书的陈建国等被治罪。

《ཁྱད་མཚར་བའི་འཁྲིག་འབྲེལ་བག་ལེན་ཡུལ་སྲོལ》ཀྱི་དོན་རྐྱེན། 《ཁྱད་མཚར་བའི་འཁྲིག་འབྲེལ་བག་ལེན་ཡུལ་སྲོལ》ནི་དཔེ་ཚོང་པས་སྒྲིག་སྦྱོར་བྱས་པའི་ཚ་ཞིག་སྟེ། ཧོ་ནན་མི་དམངས་དཔེ་སྐྲུན་ཁང་གི་མིང་ཐོག་ནས་སྐྲུན་པས་ཁྲིམས་འགལ་གྱི་འདོད་བསྟན་དཔེ་དེབ་ཅིག་ཡིན། ༡༩༩༥ལོའི་ཟླ༡༢པར་དེ་ཉིད་སོགས་ས་ཁུལ་གྱི་དཔེ་ཚོང་ཁྲོམ་རར་བཀྲམས་བཙམས། ཀྲུང་གོའི་ཁ་ཆེའི་རིགས་ལ་ཤུགས་ཆེར་ཤུགས་རྐྱེན་བཟོས་པས་སྟོན་པ་དེབ༦༢༠༨༠ཡོད། དཔེ་དེ་འདིའ་ཀྱང་གོའི་བའི་མི་ལེན་གྱི་རྣམ་འགྱུར་དྲག་པོ་བསྟན་པས་མཐར་དཔེ་དེབ་དེ་པར་སྐྲུན་བྱེད་མཁན་ཁྲིན་ཅན་གོ་སོགས་ལ་ཉེས་ཆད་བཅད་པའོ།

Weird Sex Marriage Customs Incident, written by a bookseller, was an illegal obscene publication that usurped the name of Henan People's Publishing House and severely violated the ethnic and religious policies of the state. Started from December 1995, it was sold in Beijing and other 36 cities, totaling 62,080 copies. It caused massive ethnic tensions from Muslim ethnic minorities in China. And the book-seller Chen Jianguo was sentenced to imprisonment.

旗地 清代统治者拨归皇室，赐予勋贵或授与八旗官兵等的土地的总称。这种土地是朝廷掌握的官田或强行圈占的民田。拨归皇室内务府的叫皇室庄田，赐予亲王、郡王等勋贵的叫宗室庄田，授与满族八旗、蒙古八旗、汉军八旗官兵的叫

· 547 ·

八旗官兵旗地。

དར་ཞིང་། ཆིང་རྒྱལ་རབས་དབང་བསྒྱུར་མཁན་གྱིས་རྒྱལ་རྒྱུད་ལ་ཕྱིར་གནང་བ་སྟེ། སྐུ་དྲག་གི་བུ་དབའ་དར་ཚོ་བཅུད་ཀྱི་དམག་དཔོན་སོགས་ལ་གནང་བའི་ཞིང་གི་སྤྱི་མིང་། ས་ཞིང་འདིའི་དག་ནི་སྲིད་གཞུང་གི་བདག་གཞིས་བྱས་པའི་དཔོན་ཞིང་ངམ་བཙན་གྱིས་བདག་བཟུང་བྱས་པའི་དཀབས་ཞིང་ཡིན། རྒྱལ་རྒྱུད་ཀྱི་ནང་ཁུལ་ལ་ཕྱིར་གནང་བར་རྒྱལ་རྒྱུད་ཀྱི་གཞིས་ཀ་ཟེར། ཆེན་ཁང་དང་ཅིང་ཁང་སོགས་སྐུ་དྲག་ལ་གནང་བའི་ཆང་གི་གཞིས་ཀ་ཟེར། མན་རིགས་དར་ཚོ་བཅུད་དང་སོག་པོའི་དར་ཚོ་བཅུད། རྒྱ་དམག་དར་ཚོ་བཅུད་ཀྱི་དཔོན་དམག་ལ་གནང་བར་དར་ཚོ་བཅུད་དཔོན་དམག་གི་དར་ཞིང་ཟེར།

The Banner land was the generic term of the land that was allotted as a reward to royals or the common soldier of the Banner troops by the Qing emperor. The land was possessed by the government, some of which was captured from farmers. The land that was given to the Imperial Household Department was called "imperial estates" while to princes was named "princely estates" and to the Eight Banners of Manchu, Monngolia and Han was named "Eight Banner land".

旗人 清代编入旗籍的人。旧时一般泛指满族。先时，努尔哈赤建立八旗制度，八旗中的人对自己的简称。

དར་བ། ཆིང་རྒྱལ་རབས་སྐབས་དར་ཕྱིའི་ནང་ལ་བཅུག་པའི་མི་ཡིན། སྔོན་དུས་ཡང་ཁབ་མན་རིགས་ལ་ཟེར། དང་ཐོག་ནོར་ཧྲི་ཧ་ཁྲིས་དར་ཚོ་བཅུད་ལ་ལུགས་བཙུགས་ལ། དར་ཚོ་བཅུད་ནང་མི་བསྡུས་མིང་ཡིན།

Bannerman were those people who belonged to the Eight Banners of the Qing Dynasty. In the ancient times it referred to an alternative name of Manchu people. Nurhaci set up the Eight Banners system, so the people in the system called themselves Bannerman for short.

旗人包衣 包衣是满语音译，意为"家下人"。主要指清代八旗体制内部经朝廷分赐予满洲上层统治阶级官僚贵族所领有，世袭为这些满洲上层官僚贵族家庭从事各种生活与工作服务的人群。

དར་བ་བའོ་ཡིས། བའོ་ཡིས་ནི་མན་སྐད་སྒྱུར་ཡིན། དོན་ལ་（ཁྱིམ་གྱི་གཡོག་པོ།）ཟེར། གཙོ་ཆེན་རྒྱལ་རབས་ཀྱི་དར་ཚོ་བཅུད་ལས་ལུགས་ནང་ཁོང་གོང་མ་ཚོས་མན་ཇུའི་གོང་རིམ་དབང་བསྒྱུར་གྲས་རིགས་སྐུ་དྲག་དཔོན་པོ་སོ་སོར་ཡོད་ཚད་བདག་དབང་དུ་བསྐུར་བ་སྟེ། རིགས་རྒྱུད་མཚམས་མི་ཆད་པར་མན་ཇུའི་གོང་རིམ་སྐུ་དྲག་གི་ཁྱིམ་ཚང་དུ་འཚོ་བ་དང་ལས་ཀའི་ཐོག་ནས་ཞབས་ཞུ་བྱེད་དགོས་པའི་མི་ཚོགས་ལ་ཟེར།

Bondservants (Baoyi) referred to the people in the Eight Banner system who hereditarily performed domestic services. Baoyi (Booi) is the transliteration of Manchu, which means "household person". Those people were owned by the royal and given to bureaucrats and nobles.

乞伏姓 中国古代少数民族鲜卑族的一个姓氏。十六国时期的西秦政权就是由乞伏氏建立。后来鲜卑族融入汉族，乞伏姓也逐渐演化成为乞姓和伏姓两个姓氏。

ཆི་ཧྥུའི་རུས། ཀྲུང་གོའི་གནའ་རབས་གྲངས་ཉུང་མི་རིགས་ཞན་པའི་རིགས་ཀྱི་རུས་རྒྱུད། རྒྱལ་ཁབ་བཅུ་དྲུག

དུས་སྐབས་སུ་ཆེད་ནུབ་པའི་སྙིད་དབང་འཇུགས་མཁན་
ནི་ཆེ་ཕུའི་རུས་ཡིན། དུས་ཕྱིས་ཞན་པའི་རིགས་རྒྱུ་
རིགས་དང་འདྲེས་རྗེས་ཆེ་ཕུའི་རུས་ཀྱང་འཕེལ་འགྱུར་
བྱུང་ནས་ཆེ་རུས་དང་ཕུ་རུས་བཅས་གཉིས་སུ་གྱེས།

Qifu (surname) was an ancient surname of the Xianbei ethnic group. The Western Qin was founded by Qifu who belonged to the Xianbei ethnic group in the era of Sixteen Kingdoms in China. Later, Xianbei ethnic group integrated with the Han people and the surname Qifu was gradually evolved into two surnames of Qi and Fu.

乞颜姓 蒙古姓氏中最古老的姓氏。至今已有两千多年的历史。乞颜氏，也作奇颜氏、怯特氏、奇渥温氏、乞雅惕氏、其莫额德氏、其木德氏等，都是由乞颜氏部族分衍的氏族名称。

ཆེ་ཡན་གྱི་རུས། སོག་པོའི་རུས་རྒྱུད་ནང་གི་ལོ་རྒྱུས་ཀྱི་
དུས་ཡུན་ཆེས་རིང་བའི་རུས་རྒྱུད་དེ། ད་བར་དུ་ལོ་
གཉིས་སྟོང་ལྷག་གི་ལོ་རྒྱུས་ཡོད། ཆེ་ཡན་རུས་འདི་ལ་ཆེ་
ཡན་རུས་དང་ཆེ་ཐུ་རུས། ཆེ་ཕྲེ་ཡེ་རུས། ཆེད་ཡ་ཐིད་
རུས། ཆེ་མོ་དེའི་རུས། ཆེ་མུ་དེའི་རུས་སོགས་ཚང་མ་
ཆེ་ཡན་རུས་རྒྱུད་ལས་འཕེལ་བའི་རུས་མིང་རྣམས་ཡིན།

Qiyan (surname) was the oldest surname of the Mongolia ethnic group with a long history of over 2000 years so far. Qiyan also developed into some other surnames such as Qiyan Clan, Qieyan Clan, Qiwowen Clan, Qiyati Clan, Qimoede Clan and Qimude Clan.

弃猎归农 北洋军阀、国民党政府推行的一种强制鄂伦春族放弃游猎业，改归定居务农的政策。目的是加强统治和利用其巡守边防。始于1915年。该政策客观上对加速鄂伦春族内部阶级分化和促进社会发展起过一定作用。1939年宣告失败。

ཟོན་དོར་ཞིང་ཆུགས། པེ་དབྱང་དམག་གནོད་ཙན་
དང་གོ་མིན་ཏང་སྲིད་གཞུང་གིས་ཨོ་ལུན་ཆེ་རིགས་
ཚོར་འཛིན་དུ་སྤྱིལ་བའི་ཟོན་པ་ལས་དོར་བ་དང་ཞིང་
ལས་དང་བཅུན་བསྡད་བྱེད་དགོས་པའི་སྲིད་ཇུས་ཤིག་
ཡིན། དམིགས་ཡུལ་ནི་དབང་བསྒྱུར་ཤུགས་སྟོན་དང་
བེད་སྤྱོད་ནས་མཐའ་མཚམས་སྲུང་བདོ། ༡༩༡༥ལོར་
འགོ་བཙུགས་པ་ཡིན། སྲིད་ཇུས་འདིའི་ཁྱུལ་ནས་ཨོ་
ལུན་ཆེ་རིགས་ཀྱི་ནང་ཁུལ་གྱི་གྲེས་རིམ་འབྱེད་དབྱེ་
ཚུགས་འཕེལ་རྒྱས་ལ་ཆད་ཅན་ཉན་གྱི་སྐུལ་འདེད་
ཐེབས། ༡༩༣༩ལོར་མཇུག་སྒྲིལ་བ་ཕྱིར་བསྒྲགས་གནང་།

Abandoning hunting for farming was a policy carried out by the Northern Warlords and the Kuomingdang government, forcing the Oroqen people to give up hunting and take up residence for farming. The policy was aimed to strengthen ruling and use the Oroqen people to inspect and guard the border. It came into force in 1915, and objectively this policy had its positive effect on the internal class differentiation of the Oroqen and on the development of society. It came to an end in 1939.

契丹 中国古族名、古政权名。北魏开始，契丹族就在辽河上游一带活动。907年，耶律阿保机统一契丹各部称汗，916年建立契丹政权，后改称辽。曾与北宋交战，立"澶渊之盟"。辽末，女真族起事，辽国迅速走向灭亡，1125年为金所灭。余部建立西辽王国，延续93年。

ཆེ་དན། རྒྱུད་པོའི་གནའ་རབས་ཀྱི་མི་རིགས་ཤིག་གང་ཟག་སྐྱེད་དབང་ཞིག་གི་མིང་། བྱེ་བྱུང་མ་ནས་འགོ་བཙུགས་ཏེ་ཆེ་ཏན་མི་རིགས་ལིའོ་ཆུའི་སྟོད་རྒྱུད་དུ་འཚོ་བ་རོལ། ༡༩༠༧ལོར་ཡེ་ལུང་ཨར་པའོ་ཆིན་གི་ཆེ་ཏན་ཚོ་པ་སོ་སོར་དབང་སྒྱུར་ནས་མིང་ལ་ཧན་ཟེར། ༡༩༡༦ལོར་ཆེ་ཏན་གྱི་སྐྱེད་དབང་བཙུགས། རྗེས་སུ་དེ་ལིའོ་ལ་སྒྱུར། ལྡོང་སུང་བྱང་མ་དང་འཐབ་རྩོད་བྱས་ནས་ཁྲིའེ་ཡིན་གནའ་འབུལ་བཞགས། ལིའོ་མཇུག་ཏུ་ཉུའུ་གྱིས་མི་རིགས་དར་ཞིང་ལིའོ་རྒྱལ་ཁབ་མགྱོགས་བྱུར་དང་འཇིགས་པའི་ཉེན་བར་སྐྱུང་། ༡༡༢༥ལོར་ཅིན་གྱིས་ཐམས་ཅད་བཅོམ། ལྷག་མ་རྣམས་ཀྱིས་ལིའོ་རྒྱལ་ཁབ་ཆུབ་མ་བཙུགས་ཏེ་ལོ་ངོ་ ༩༣སྒྲག་ཏུ་གནས།

Khitan is the name for an ancient ethnic group, also the name for an ancient political power. Since the Northern Wei Dynasty, Khitan people have been living in the upper reaches of the Liao River. In 907, Yelu Abaoji (Emperor Taizu of the Liao) united the Khitan tribes and became Khan; in 916, the Khitan government was established, and later changed its name to Liao. Liao had wars with the Northern Song and signed the "Chanyuan Agreement". At the late of the Liao Dynasty, Jurchens rose in rebellion, and Liao went to its end quickly. In 1125, Liao was exterminated by the Jin government, and the rest of its power established the Western Liao regime which lasted for 93 years.

《契丹国志》 书名。南宋叶隆礼撰。27卷。其中帝纪12卷，列传7卷，晋降表、宋辽誓书、议书1卷，各国馈贡礼物数1卷，杂载地理及典章制度2卷，行程录及诸国杂记4卷。契丹国指辽朝。本书是研究辽朝历史的重要史料。

《ཆེ་དན་རྒྱལ་དེབ》 དཔེ་ཆའི་མིང་། སུང་ལྟོའི་ཡེ་ལུང་ལིའི་གྱིས་བརྩམས། བཔོ་བོ་དཔྱོངས། དེའི་ནང་གི་བཙན་པོ་༡༢འི་རྒྱལ་པོའི་མཛད་རྣམ་དང་བམ་པོ་༧འི་རྣམ་ཐར་ཡིན། བམ་པོ་༡་གི་ནང་དུ་ཅིན་གྱི་འགོ་བཏགས་ཡི་གི་དང་སུང་ལིའོ་གཉིས་ཀྱི་གན་ཡིག་བྲོས་ཡིག་སོགས་འདུས། རྒྱལ་ཁབ་སོ་སོས་ཕུལ་བའི་ལེགས་སྐྱེས་རྣམས་ཀྱིས་བམ་པོ་༡བྱེད། ས་མཁའི་ག་ས་ཁམས་དང་ཁྲིམས་སྟོལ་ལུགས་ཀྱི་བམ་པོ་འབྲེལ། ལམ་ཡིག་བྱོན་པོ་དང་རྒྱལ་ཁབ་སོ་སོའི་བམ་པོ་༤ཡོད། ཆེ་ཏན་རྒྱལ་ཁབ་ནི་ལིའོ་རྒྱལ་རབས་ལ་ཟེར། དཔེ་ཆ་འདི་ལིའོ་རྒྱལ་རབས་ཁྱད་འདུག་གི་ལོ་རྒྱུས་ཡིག་ཆ་གལ་ཆེན་ཞིག་ཡིན།

Records of Khitan Empire was written by Ye Longli of the Southern Song Dynasty. There were 12 volumes of records for emperor, 7 volumes of collected biographies, 1 volume of lists of promotion and demotion, 1 volume of affidavit between Song and Liao, 1 volume of treaties, 1 volume of tributes and gifts by other countries, 2 volumes of geography and decrees and institutions, 4 volumes of journeys and notes of each country. Khitan empire refers to the Liao Dynasty. This book is important historical materials for the study of Liao history.

契丹文 辽代契丹人使用的文字。有大字和小字两种，都有表意和表音的成分。"契丹大字"以汉字隶书为基础创制于

920年。后对大字进行改制，新创"契丹小字"。金国取代辽国之后，契丹文仍流通，至1191年废除。今人仍没有完全解读契丹文。

ཆི་ཏན་ཡི་གེ། ལུའོ་རྒྱལ་རབས་སྐབས་ཆི་ཏན་མིས་བེད་སྤྱོད་བྱེད་པའི་ཡི་གེ། ཡི་གེ་ཆེ་ཆུང་གཉིས་ཡོད་པ་དང་དོན་སྟོར་དང་སྒྲ་སྟོར་གཉིས་ཡོད། ཆི་ཏན་ཡིག་ཆེན་ནི་ ༩༢༠ ལོར་རྒྱ་ཡིག་ཟིན་གི་ཡིག་གཟུགས་རྩ་གཞི་བྱས་ཏེ་གསར་སྐྲུན་བྱས་པ་ཡིན། རྗེས་སུ་ཡིག་ཆེན་ལ་བཅོས་བསྒྱུར་བྱས་ཏེ་ཆི་ཏན་ཡིག་ཆུང་གསར་སྐྲུན་བྱས། ཅིན་རྒྱལ་ཁབ་ཀྱིས་ལུའོ་ཡི་ཚབ་བྱས་རྗེས། ཆི་ཏན་ཡི་གེ་སྤྱོད་བཞིན་དར་ཁྱབ་ཏུ་སོང་ཡོད། ༡༡༩༡ ལོར་མེད་པར་བཏང་། དེང་སང་ཆི་ཏན་ཡི་གེ་ཚ་ཚང་བར་འགྲེལ་བཀྲོལ་བྱེད་ཐུབ་པའི་མི་མེད།

Khitan script was the writing systems used by the Khitan people. There are two kinds: the large script and the small script; both have the ideographic and phonetic elements. "Khitan large script" was based on the official script of Chinese character and was created in the year of 920. Later, the large script was renovated, and the new one was the Khitan small script. After the Jin Dynasty replaced Liao, Khitan scripts were still used and were abolished in 1191. Nowadays, no one can fully interpret this language.

千百户制度 是一种以千户、百户等官吏为主体的藏族基层官吏制度。清雍正十年（1732）后设立。千、百户为清王朝所封，世袭传承，并在法律程序和人身保护方面享有一定的特权，是清王朝统治藏族聚居地区的一个重要工具。

བརྒྱ་ཤོག་དང་སྟོང་ཤོག་ལམ་ལུགས། དེ་ནི་བཙན་ཤོག་དང་སྟོང་ཤོག་ཁྱིམ་ཚང་དཔོན་རྟེ་ཞིག་གཙོ་བོར་བྱེད་ཀྱི་ཡུལ་ཕྱོགས་དཔོན་གནས་ཀྱི་ལམ་ལུགས་ཤིག་ཡིན། ཆིང་རྒྱལ་རབས་ཡུང་ཀྱེན་ཁྲི་ལོ་བཅུ་པའི་（༡༧༣༢）རྗེས་སུ་ཚུགས། ཁྱིམ་ཚང་སྟོང་དང་བརྒྱའི་ཆེན་པོ་མས་གནས་པ་དང་། དབང་རྒྱུན་འཛིན་བྱེད་པ་མ་ཟད། ཁྲིམས་ཀྱི་སྒྲིག་རིམ་དང་མི་ལུས་སྲུང་སྐྱོབ་ཕྱོགས་ལ་དམིགས་བསལ་གྱི་དབང་ཆ་ཏན་ཏན་ཡོད། དེ་ནི་ཆིང་རྒྱལ་རབས་ཀྱིས་བོད་ལ་དབང་སྒྱུར་བྱེད་པའི་ལག་ཆ་གལ་ཆེན་ཞིག་ཀྱང་ཡིན།

System of Qianhu (1,000 househoulds) and Baihu (100 househoulds) was a Tibetan basic official system, leading by Qianhu and Baihu. It was established in the tenth year of Emperor Yongzheng (1732). The official title-Qianhu and Baihu were granted by the Qing Dynasty and were all hereditary. The officials had privilege in legal procedures and physical protection. This was an important tool for the Qing Dynasty to govern tribal areas in Tibet.

前藏 清初地名。至今沿用。西藏旧分康（喀木）、卫、藏、阿里四部。清雍正年间划康部宁静山以东地归四川省，以西与卫部合并称前藏，包括拉萨、山南等地区，由达赖掌管。

བོད་དབུས་མ། ཆིང་རྒྱལ་རབས་ཀྱི་དུས་སྟབ་མའི་ས་མིང་ཞིག དེང་གི་བར་དུ་བེད་སྤྱོད་བྱེད་བཞིན་ཡོད། སྔོན་བོད་ལ་ཁམས་དང་དབུས། གཙང་། མངའ་རིས་བཅས་བཞི་བྱེ་ཡོད། ཆིང་གོང་མ་ཡུང་ཀྱེན་གྱི་དུས་སུ་ཁམས་ཀྱི་གནས་ཆེན་རི་བོའི་ཤར་ཕྱོགས་སི་ཁྲོན་ཞིང་ཆེན་

ལ་བགོས། དེའི་ཆུབ་ཕྱོགས་དང་དབུས་ཁུལ་གཉིས་ བསྲེས་ནས་དབུས་ཏེ་བོད་སྟོད་མདའ་ཞེས། ལྷ་ས་དང་ལྷོ་ ཁ་སོགས་ཀྱི་ས་ཁུལ་དེའི་ཁོངས་སུ་གཏོགས་ཤིང་ཏཱ་ལའི་ བླ་མའི་མངའ་འོག་ཏུ་ཆུད།

Front Tibet was a toponym in the early Qing Dynasty, while still used today. In the ancient times, Tibet consisted of four parts: Kang (Kemu), Wei, Zang and Ali. During the reign of Yongzheng, the eastern area of Ningjing Mountain in Kang was transferred to Sichuan province, and the western area of Ningjing Mountain was merged into Wei, which was called Front Tibet. It included regions such as Lhasa and Shannan and was administered by Dalai.

《黔记》 书名。1. 明郭子章撰。60 卷。成书于万历三十一年（1603）。内容包括贵州舆地、山水、艺文、学校、职官、贡赋、兵戎、邮传、乡贤、诸夷及历年大事记等。2. 清李宗昉撰。4 卷。成书于嘉庆十九年（1814）。以追录在黔见而志书未载者成此书。

《ཀུའེ་ཀྲོུའི་ཞེན་བྲིས》 དཔེ་ཆའི་མིང་། ༡ མིང་ རྒྱལ་རབས་ཀྱི་ཀོ་ཙི་ཀྲང་གིས་བྲིས། བམ་པོ་ ༦༠ ཡོད། ཝན་ལིའི་ལོ་སྲོལ་ཉི་ཤུ་གཅིག་པར་ (1603) དཔེ་ དེབ་ཏུ་བསྒྲིགས། ནང་དོན་ལ་ཀུའེ་ཀྲོུའི་ཡི་མངའ་ཁོངས་ དང་རི་ཆུ། རིག་གནས་སྦྱར་རྩལ། སློབ་གྲྭ་དཔོན་གནས། ཞེན་འབུལ་དཔུང་སྟོབས། དམག་མཚོན། སྦྲག་སྐྱེལ། ཡུ་ བའི་མཁས་པ། རྒྱལ་ཕྲན་དང་ལོ་རེའི་དོན་ཆེན་དག་ ཁོངས་སུ་འདུ། ༢ ཆིང་ལི་ཙུང་ཧྥང་མཛད། བམ་པོ་ ༤ ཡོད། ཇུ་ཆིང་ལོ་བཞི་དགུ་པར་ (1814) དཔེ་ དེབ་ཏུ་བསྒྲིགས། ཀུའེ་ཀྲོུའི་ཞེན་བྲིས་ལས་མཐོང་མེད་ལ་

རྒྱས་དཔེ་ཆར་ཕབ་མེད་པ་རྣམས་འདིའི་ནང་དུ་ཕྱིས་ཡོད།

Records of Guizhou is the name of a book. First, it refers to the book written by Guo Zizhang of the Ming Dynasty. There are 60 volumes and it is completed in the thirty-first year of Wanli Emperor (1603). The book includes geography, mountains and rivers, arts and culture, schools, posts and officials, gelds, armies, postings, saints in the country, tribes and events took place every year in Guizhou. Second, it refers to the book written by Li Zongfang of the Qing Dynasty. There are four volumes and it is completed in the nineteenth year of Jiaqing Emperor (1814). The book is made up of things that are not recorded in other books.

《黔苗图说》 主要反映清代贵州苗族的风俗习惯、生产生活的大型画册。共 82 幅，每幅长 25.5 厘米，宽 18.5 厘米。彩绘本，以写生图画为主，佐以简赅文字说明。相传为八寨理苗同知（官职）陈浩作，贵州督学李宗昉编绘。

《ཀུའེ་ཀྲོུའི་མྱོའེ་རིགས་ཀྱི་གནས་ཚུལ་རིས་ འགྲེལ》 འདི་ནི་གཙོ་བོར་ཆིང་རྒྱལ་རབས་སྐབས་ ཀུའེ་ཀྲོུའི་མྱོའེ་རིགས་ཀྱི་ཡུལ་སྲོལ་གོམས་གཤིས་དང་ཐོན་ སྐྱེད་འཚོ་བ་མཚོན་པའི་རི་མོ་ཆེན་པོ་ཞིག་ཡིན། དེ་ རིས་བརྒྱུད་བརྒྱ་གུ་གཉིས་གཉིས་ཡོད། དེ་རིས་རེ་རེའི་ བྲིང་ལ་སྤྱི་༢༥.༥ པདང་ཞེང་ལ་སྤྱི་༡༨.༥ ཡོད། ཚོན་ རིས་ཡིན་ཞིང་སྐྱོན་ལྡན་འབྲི་བ་གཙོ་བོར་བཟུང། ཁོར་ ཆིག་ཡུང་དོན་བསྡུས་ཀྱི་འགྲེལ་བཤད་ཡོད། གྲགས་ཚུལ་ དུ་བྱེ་ཙའི་ལི་མྱོའེ་ཐུང་ཀྲི་ (དཔོན་གནས) ཁྱེན་ཧའོ་ བྲིས། འབྲི་མཁན་ཀུའེ་ཀྲོུའི་ཡི་དཔོན་ཆེན་ལི་ཙུང་

ཡིན་ཟེར།

Illustrated Account of the Miaos in Guizhou reflects the manners and customs, production and living of Miao people in the Qing Dynasty. There are 82 pictures; each is 25.5 centimeters long, 18.5 centimeters wide. The colored drawings are drawn from life, with brief explanatory notes. It is said that the account is made by Chen Hao (magistrate of Bazhai), who deals with the Miao issues, and edited by Li Zongfang (educational inspector of Guizhou).

《黔南识略》 书名。清旗人爱必达撰。32卷。成书于乾隆十四年（1749）。载贵州省各府、厅、州、县的地理沿革、山川物产、风土人情及各民族社会情况。

《ཀུའེ་ཀྲོུའུ་སྐོར་མཚོན་བ་མདོར་བསྡུས》 དཔེ་ཆའི་མིང་། ཆིང་གི་དར་པ་ཨན་པེ་ཏ་མཛད། བམ་པོ་༣༢ཡོད། ཆན་ལུང་གི་ལོ་བཞིའི་བར་（1749）དཔེ་དེབ་ཏུ་བཏོན། ཀུའེ་ཀྲོུའུ་ཞིང་ཆེན་གྱི་ནང་ཁྲིམས་དང་ཁྱིམ། ཁུལ་དང་རྫོང་སོ་སོའི་ས་ཁམས་ལེགས་ཆགས་ཆུལ་དང་ཆུ་ཕོལ་དངོས། ཡུལ་གྱུ་མི་སྣ་དང་མི་རིགས་སོ་སོའི་སྤྱི་ཚོགས་ཀྱི་གནས་ཚུལ་བཅས་བཀོད་ཡོད།

A handbook of Guizhou is a book written by a bannerman Aibida in the Qing Dynasty. There are 32 volumes in the book and it is completed in the fourteenth year of Emperor Qianlong (1749). The book records the geography and historical administration, mountains and specialties, local customs and practices and the social conditions of each ethnic group in the counties, prefectures and provinces of Guizhou.

羌 亦称"羌戎"。中国古族名。从殷商时代到现代活动在中国西部的民族。其名最早见于甲骨文卜辞。

ཆའང་། ཆའང་རོང་ཡང་ཟེར། ཀྲུང་གོའི་གནའ་རབས་ཀྱི་མི་རིགས་ཞིག་ཡིན། དབྲིས་ཤང་དུས་སྐབས་ནས་བཟུང་དེང་གི་བར་དུ་ཀྲུང་གོའི་ནུབ་ཕྱོགས་སུ་འཚོ་སྡོད་བྱས་པའི་མི་རིགས། མིང་འདི་ཆེས་ཐོག་མར་རུས་བཀོས་ཡི་གེའི་མོ་ཡིག་ཐོག་ཏུ་བྱུང་ཡོད།

Qiang, also called Qiangrong, is an ancient ethnic group in China. From the Shang Dynasty to the present days, Qiang people have been living in the west of China. The name "Qiang" is first discovered in the oracle bone inscription.

羌语 羌族使用的语言。属汉藏语系藏缅语族。一说属羌语支，另说属藏语支。主要分布于四川的北川、茂县、汶川、理县、松潘、黑水等县。有两种方言：北部方言和南部方言。

ཆའང་སྐད། ཆའང་རིགས་ཀྱིས་བེད་སྤྱོད་པའི་སྐད། ཀྲུང་བོད་སྐད་ཁོངས་དང་བོད་འབར་སྐད་རིགས་ཀྱི་ཁོངས་སུ་གཏོགས། ལ་ལས་ཆའང་སྐད་ཀྱི་ཡན་ལག་རེད་ཟེར། ལ་ལས་བོད་སྐད་ཀྱི་ཡན་ལག་རེད་ཟེར། དེའི་ཆགས་ས་གཙོ་བོ་ནི་ཟིའུ་ཁྲོན་གྱི་ཁྲོན་བྱང་དང་མའོ་རྫོང་། ཝུན་ཁྲོན། ལི་རྫོང་། ཕོ་ཆུ་སོགས་ཀྱི་རྫོང་དུ་ཡོད། ཡུལ་སྐད་རིགས་གཉིས་ཡོད་པ་དེ་བྱང་ཕྱོགས་ཀྱི་ཡུལ་སྐད་དང་ལྷོ་ཕྱོགས་ཀྱི་ཡུལ་སྐད་གཉིས་ཡིན།

Qiang language is used by the Qiang people. It belongs to the Tibeto-Burman branch of Sino-Tibetan family. Some scholars hold the point that it is a branch of Qianglic language, others, a branch of Tibetan language. It is mainly used in Beichuan, Maoxian, Wenchuan, Lixian, Songpan, Heishui counties, etc. of Sichuan province. There are two dialects, the northern dialect and the southern one.

羌族 中国的少数民族。自称"尔玛"。主要分布于四川的北川、茂县、汶川、理县、松潘、黑水等县，其余散居于甘孜藏族自治州的丹巴县、绵阳市的平武县及贵州铜仁地区的江口县和石阡县。人口309576人（2010年）。操羌语，原始文字失落。盛行灵物崇拜。主要从事农业，羌绣出名。

ཆང་རིགས། གྱང་གོའི་གྲངས་ཉུང་མི་རིགས་ཤིག གོ་ཆོས་རང་ལ་ཨར་མར་འབོད། ཆགས་ས་གཙོ་བོ་ནི་སི་ཁྲོན་གྱི་བོན་ཆུན་དང་མེན་རོང་། ཝུན་ཁྲོན། ལི་ཁྲོན། ཟུང་ཁྲ། ཁོ་ཆུ་སོགས་ཡིན། གཞན་རྣམས་དཀར་མཛེས་བོད་རིགས་རང་སྐྱོང་ཁུལ་གྱི་རོང་བྲག་རྫོང་དང་མོན་ཡུལ་གྲོང་གི་ཕིང་ཝུ་རྫོང་། གུའེ་ཀོུའི་ཐའེ་རེན་ས་ཁུལ་གྱི་ཅང་ཁོུ་རྫོང་དང་ཧྲི་ཅན་རྫོང་སོགས་གནས་ཡོད། མི་གྲངས་ ༣༠༩༥༧༦ (༢༠༡༠ལོར) ཡོད། ཆང་སྐད་སྤྱོད་པ་དང་ཧོ་ཚེའི་གདོད་མའི་ཡི་གེ་ཉམས་སོང་། བླ་དངོས་ལ་དད་པ་ཤུགས་ཆེ་བ་དང་ཞིང་ལས་གཉེར་བ་གཙོ་བོ་ཡིན། ཆང་གི་འཚེམ་དྲུབ་གྲགས་ཆེ།

Qiang people is an ethnic group in China. Qiang people call themselves "Erma", they mainly live in Beichuan, Maoxian, Wenchuan, Lixian, Songpan, Heishui counties, etc. of Sichuan province. The others scatter in Danba county of Ganzi Tibetan Autonomous Prefecture, Pingwu county of Mianyang city, Jiangkou and Shiqian counties of Tongren, Guizhou. The gross population of Qiang is 309,576 (2010), people speak Qiang language, though the original scripts are lost. Spirit-worship is popular; people mainly engage in agriculture. The Qiang embroidery is very famous.

抢婚 原始社会的一种婚俗。即由男子通过掠夺其他氏族部落妇女的方式来缔结婚姻。亦名"掠夺婚"。产生于母系氏族向父系氏族过渡时期。中国古代历史上的室韦、靺鞨等族有抢婚习俗。直至新中国成立前后，有些民族还不同程度地保留这种遗俗。

མཆན་མ་འཕྲོག་པ། གདོད་མའི་སྤྱི་ཚོགས་ཀྱི་གཉེན་སྒྲིག་ལུགས་སྲོལ་ཞིག སྐྱེས་པས་དུས་རྒྱུད་ཚོ་པ་གཞན་པའི་བུད་མེད་བཙན་འཕྲོག་ལ་བརྟེན་ནས་གཉེན་སྒྲིག་པ། མིང་གཞན་ལ་གཉེན་བཙན་པོའམ་བཟེར། མ་རྒྱུད་སྤྱི་ཚོགས་ནས་པ་རྒྱུད་སྤྱི་ཚོགས་ལ་བརྒལ་དུས་བྱུང་བའི་སྲོལ་ཞིག་ཡིན། གྱང་གོའི་གནའ་རབས་ལོ་རྒྱུས་བའི་པའེ་ཝེ་དང་མོ་ཧེ་མི་རིགས་སོགས་ལ་ཡང་ལུགས་སྲོལ་འདི་ཡོད། གྱང་གོ་གསར་པ་བཙུགས་དུས་ཀྱི་སྔོན་རྗེས་སུ་ད་དུང་ལུགས་སྲོལ་འདི་ཆེས་ཟེར་ཙན་ཞིག་ཏུ་ལྷག་ཡོད།

Marriage by capture is a marital custom in the primitive society. Marriage is established when man plunder women from other tribes, so it is also called "plundered marriage". The custom comes into being in the transitional period from matriarchal clan society to the patriarchal clan society. The ethnic minorities such as Shiwei, Mohe have this custom. Around the foundation of New China, some ethnic minorities still have this custom.

《钦定藏内善后章程》 清朝治理西藏的重要法典。1793年颁布。对活佛转世、驻藏大臣的职权以及官吏应遵守的制度、边界防御、对外交涉、财政贸易等方面，都作了详细规定。藏文归纳为29条，第一条就对确认达赖、班禅转世灵童作出规定，确立了金瓶掣签的历史定制。

《བོད་ལྗོངས་བོད་ཀྱི་འདུག་བདེའི་སྒྲིག་ཡིག》 ཆེན་རྒྱལ་རབས་ཀྱིས་བོད་ཁུལ་སྐྱོང་བའི་གལ་ཆེ་བའི་ཁྲིམས་གཞུང་། ༡༧༩༣ འདིར་འགྲོ་ལུགས་བྱས། སྐུའི་ཡང་སྲིད་དང་བོད་སྡོད་བློན་ཆེན་གྱི་དབང་ཆ། དེ་མིན་དཔོན་པོས་སྲུང་དགོས་པའི་སྒྲིག་ཁྲིམས། མཚམས་སྲུང་སྐྱོབ། ཕྱི་ཕྱོགས་འབྲེལ་འདྲིས། ཕྱིར་འབྱོར་དོ་ཆོགས་སོགས་ཀྱི་ཕྱོགས་སུ་གཞུན་འབེབས་ཞིབ་མཐད་ཡོད། བོད་ཡིག་ཐོག་ནས་སྒྲིག་ཆ་༢༩་ལ་བསྡུས། ཡོད། སྒྲིག་ཆན་དང་པོས་ཏཱ་ལའི་བླ་མ་དང་པཎ་ཆེན་རིན་པོ་ཆེའི་ཡང་སྲིད་རྡོག་འཛིན་ལ་གསེར་བུམ་དཀྲུག་ནས་གཏན་འཁེལ་བྱེད་དགོས་པ་སོགས་སོ། །

Ordinance by the Imperial House Concerning Better Governance of Tibet (the "29 Articles") was an important code for the Qing Dynasty to govern Tibet. It was promulgated in 1793 and in which the living Buddha incarnation system, the function and power of the minister stationed in Tibet, the rules officials should obey, border defense, international negotiation, finance and trade were prescribed in detail. There are 29 articles in Tibetan, the first one was the term about confirmation of Dalai, Panchen and reincarnated soul boy, about the establishment of the golden urn system.

《钦定皇舆西域图志》 清代新疆第一部官修通志。傅恒等撰。52卷。乾隆二十七年（1762）初成，四十七年增纂定为今本。除采自档案外，还兼用实地调查勘测资料，是研究清代前期新疆历史文化的重要参考资料。

《དབུས་སྟོན་རྒྱལ་ཁོངས་བྱན་བོ》 ཆེན་རྒྱལ་རབས་ཀྱི་གཞུང་གིས་སྐྱིག་པའི་ཡུ་གུར་ལོ་རྒྱུས་བྱན་བོ་དང་པོ། སྦྲུ་ཧིན་སོགས་ཀྱིས་བྲིས། བམ་པོ་༥༢ཡོད། ཆན་ལུང་ཁྲི་ལོ་ཉི་ཤུ་ཆ་བདུན་པར་(༡༧༦༢)འགྲུབ། ཁྲི་ལོ་བཞི་བཅུ་ཞེ་བདུན་པར་དེང་གི་དཔེ་དེབ་འདིར་སྒྲིག་ཕབ་སོང་། ཡིག་ཆ་དང་དངོས་སུ་བསྐུར་བའི་རྒྱུ་ཆ་གང་མང་ལ་བརྟེན་ནས་བྱུང་བ་ཡིན། ཆེན་གྱི་དུས་རབས་མའི་ཡུ་གུར་གྱི་ལོ་རྒྱུས་རིག་གནས་ལ་ཞིབ་འཇུག་བྱེད་པའི་དཔེའི་རྒྱུ་ཆ་གལ་ཆེན་ཞིག་ཡིན།

Imperially Commissioned Gazetteer of the Western Regions of the Imperial Domain was the first general annals made by government in the Qing Dynasty. It was compiled by Fuheng, etc., and was first completed in the twenty-seventh year of Emperor Qianlong, and were expanded in the forty-seventh year, which was what it is like today. There were 52 volumes. Besides collecting materials from archives, it also used materials from field investigation. This was an important reference material for the study of Xinjiang history before the Qing Dynasty.

《钦定外藩蒙古回部王公表传》 书名。用蒙古、满、汉3种文字撰写。120卷。乾隆四十四年（1779）奉敕撰。六十年完成。以蒙古、回部（见"回疆"词条）王公等归附之前后，叛服之始终，封爵之次第为纲，分标诸部事迹。

《དངོས་སྟོན་ལོག་ཏུའི་མཐའ་མཚམས་ཀྱི་བོ་བ་རྒྱལ་དབོན་གྱི་རྟོགས་བརྗོད》 དཔེ་ཆའི་མིང་། སོག་པོ་དང་མན། རྒྱ་བཅས་གསུམ་གྱི་ཡི་གེས་བྲིས་ཡོད་པས་པོ་༡༢༠ཡོད། ཆན་ལུང་ཁྲི་ལོ་བཞིའུ་ཞི་བཞི་པར་（1779）རྒྱུན་ཁྱེད་གིས་བྲིས། ལོ་དྲུག་ཅུ་ལ་བྲིས་སོག་པོ་དང་ཧུའི་ཁུལ་（ཧུའི་ཅང་ལ་ལྟོས）གྱི་རྒྱལ་དབོན་ཕྲེབས་ཀྱི་སྟོན་རྗེས་ཟུ་དོ་སོག་བྱས་ཡོད་མེད་དང་ཐོབ་ཐང་གི་རིམ་པ་བཞིན་ཁོའི་མཛད་རྗེས་བྲིས་པ་ཡིན།

Imperially Ordained Genealogical Tables and Biographies of the Princes and Dukes of the Outer Mongols and the Muslim Leaders was a book written in Mongolian, Manchu language and Chinese. There were 120 volumes and was complied under the order of emperor in the forty-fourth year of Emperor Qianlong (1779) and completed in the sixtieth year. It was mainly about events related to the Mongolian and Hui (see "Huijiang") nobles' submission, being granted titles, and records of the events of each tribe respectively.

钦则画派　藏传绘画三大流派之一。形成于15世纪中叶以后，主要流行于后藏和西藏山南地区。创始人贡嘎岗堆·钦则钦莫。该画派在构图上保持了印度、尼泊尔绘画传统，但在风景表现上已开始融和汉地绘画的表现程式，逐步形成藏民族绘画语言体系。

མཁྱེན་བརྩེའི་བྲིས་ལུགས། བོད་རྒྱུད་རི་མོའི་སྒྱུ་ཆེན་མོ་གསུམ་གྱི་ཡ་གྱལ། དུས་རབས་/༡༤དུས་དགུའི་རྗེས་སུ་གྲུབ། གཙོ་བོད་སྟོད་ལ་དང་བོད་ལྗོངས་ལྷོ་ས་ཁུལ་དུ་དར་ཁྱབ་ཆེ། སྲོལ་བཏོད་མཁན་གོང་དགའ་སྒང་སྟོད་མཁྱེན་བརྩེ་ཆེན་མོ་ཡིན། རི་མོ་འདིའི་སྲོལ་འདི་བྲིས་སྟངས་ཀྱི་ཐད་ནས་རྒྱ་གར་དང་བལ་པོའི་འབྲི་རྒྱུན་འཛིན་བྱས་ཡོད་མོད། ཡོན་ཀུན་ཡུལ་ལྗོངས་འདྲི་ལུགས་ཐད་ནས་རྒྱ་ཡུལ་གྱི་འབྲི་སྟངས་ཀྱི་ཤན་ཞུགས་བཞིན་ཡོད། རིམ་བཞིན་བོད་ཀྱི་རི་མོའི་སྐད་བཟའི་མ་ལག་ཅིག་ཏུ་གྱུར།

Chentse School is one of the three Tibetan painting schools. It was formed after the mid-1400s, and was popular in Back Tibet and Shannan areas in Tibet. The founder is Gongga Gangdui Qinze Qinmo. This school maintains the India-Nepal tradition in composition, while in the expression of landscape, it combines the expression program of Han, and gradually forms Tibetan painting language system.

沁阳清真寺　河南省现存规模最大、保存最好的伊斯兰教建筑。位于河南沁阳市内自治街。俗称"北大寺"。建于明代，清代重修。占地面积约3100平方米，由男寺和女寺两部分组成，以男寺建筑为主体。现存有大门、南北讲堂、过厅、拜殿等。

ཆིན་ཡང་དྲི་མེད་ཁང་། ཧུའུ་ནན་ཞིང་ཆེན་ད་ལོད་ཀྱི་གཞི་རྒྱ་ཆེས་ཆེ་བ། ཉར་ཚགས་ཆེས་བཟང་བའི་དྲི་མེད་ཀྱི་འཇུགས་སྣོན་ཞིག་ཡིན། ཧུའུ་ནན་ཆིན་དཔྱང་རང་སྐྱོང་སྲང་ལ་དུ་ཡོད། ཡུལ་སྐད་ལ་བྱང་གི་དགོན་ཆེན་ཟེར། མིང་རྒྱལ་རབས་ན་བཙུགས། ཅིང་ཆིང་རྒྱལ་རབས་སྐབས་བསྐྱར་གསོ་བྱས།

རྒྱ་ཆེན་དུ་ལས་སླེ་གྲུ་བཞི་མ་རུ་༣,༡༠༠ཟིན་ཡོད། གྲུ་བ་
དང་བཙུན་མའི་དགོན་པ་གཉིས་སུ་དབྱེ་བ་དང་། གྲུ་བའི་
དགོན་པས་འགྲོགས་སྐུན་གྱི་གཙོ་བོ་བཟུང་ཡོད། དེང་
སང་སྒོ་ཆེན་དང་སློབ་གྲྭའི་གི་ཚོགས་ཁྱིད་འདུ་ཁང་དང་
བར་ཁྱམས། ཕྱག་འཚལ་ཁང་སོགས་སླར་གསོ་ལེགས་ཡོད།

Qinyang Mosque is the largest scale and the best preserved Islamic architecture now in Henan province. It is on the Zizhi Street of Qinyang city, Henan province. It is commonly known as Great North Mosque. The mosque was built in the Ming Dynasty, and rebuilt in the Qing Dynasty. It covers an area of about 3,100 square meters, consisting of the female mosque and the male mosque, and the latter architecture is the main part. Now the gate, north and south lecture halls, gallery, prayer hall and so on are still preserved.

青岛民族工作座谈会 1957年由全国人大民族委员会主持召开。参会代表105人。周恩来在会上发表了《关于我国民族政策的几个问题》的重要讲话。会议还就民族工作中的一些重大问题进行讨论，通过了中央民委和财政部共同草拟的《民族自治地方财政管理暂行办法（草案）》等文件。

ཆིང་ཏའོ་མི་རིགས་ལས་དོན་གྱི་བཞུགས་མོལ་
ཚོགས་འདུ། ༡༩༥༧ལོར་རྒྱལ་ཡོངས་མི་དམངས་
འཐུས་མི་ཚོགས་ཆེན་མི་རིགས་དོན་གཅོད་ཨུ་ཡོན་ལྷན་
ཁང་གིས་ཚོགས་འདུའི་དབུ་མཛད་འཚོགས་ཤག ཚོགས་
ཞུགས་ཀྱི་འཐུས་མི་༡༠༥ཡོད། ཀྲུའུ་ཨེན་ལའི་ཡིས་
ཚོགས་ཐོག་ནས《རང་རྒྱལ་མི་རིགས་སྲིད་ཇུས་སྐོར་གྱི་
གནད་དོན་འགའ་ཞིག》གི་གཏམ་བཤད་གལ་ཆེན་

གནང་། ཚོགས་འདུའི་ནང་དུ་དུང་མི་རིགས་ལས་དོན་
ནང་གི་གལ་ཆེའི་གནད་དོན་འགའ་ཞིག་ལ་གྲོས་བསྡུར་
མཛད་ཀྱང་དབུད་མི་རིགས་དོན་གཅོད་ཨུ་ཡོན་དང་
ནོར་སྲིད་པུའི་གཉིས་ཀྱིས་མཉམ་དུ་ཕྱོག་མར་འཆར་
འགོད་བྱས་པའི《མི་རིགས་རང་སྐྱོང་ས་ཁུལ་གཞན་
སྐབས་ཀྱི་ནོར་སྲིད་དོ་དམ་ཐབས་ཤེས（འཆར་ཟིན）》
ཞེས་པའི་ཡིག་ཆ་སོགས་ལ་འབས་ལེན་གནང་།

Qingdao Ethnic Work Conference was held by the Nationalities Committee of the National People's Congress in 1957. There were 105 representatives participating in the conference. Zhou Enlai delivered a speech named *Several Issues On Our Country's Nationality Policy*. Committee members discussed the major issues about nationality work, and passed the Interim Measures for the Financial Management in Ethnic Autonomous Areas (draft) by Central Ethnic Affairs Commission and Ministry of Finance and other documents.

青海海南藏族自治州生态畜牧业国家可持续发展实验区 我国以生态畜牧业发展为主体的可持续发展实验区。2009年通过国家批复正式实施。位于三江源生态环境保护区及周边地区，包括海南州3县12乡镇和两个国有农牧企业，总面积14880平方公里。

མཚོ་བྱང་མཚོ་ལྷོ་བོད་རིགས་རང་སྐྱོང་ཁུལ་སྐྱེ་
ཁམས་འབྲོག་ལས་རྒྱལ་ཁབ་ཀྱི་རྒྱུན་མཐུད་
འཕེལ་རྒྱས་ཀྱི་དངོས་བཀར་ཁུལ། རང་རྒྱལ་
སྐྱེ་ཁམས་འབྲོག་ལས་འཕེལ་རྒྱས་གཙོ་བོར་གྱུར་པའི་རྒྱུན་
སྐྱོང་ཐུབ་པའི་འཕེལ་རྒྱས་ཀྱི་དངོས་བཀར་ཁུལ།
༢༠༠༩ལོར་རྒྱལ་ཁབ་ཀྱིས་ཆོག་བགོད་ཐོབ་པ་ལྟར་

དངོས་སུ་ལག་བསྟར་བྱས། ས་གནས་རྒྱ་འབྲི་ཇ་གསུམ་གྱི་སྐོར་ཁུངས་ཀྱི་རྩྭ་ཁམས་ཁོར་ཡུག་སྲུང་སྐྱོབ་ཁུལ་དང་མཐའ་འཁོར་གྱིས་ཁྱབ་ཏེ། དེའི་ནང་དུ་མཚོ་ལྷོའི་ཀྱི་རྫོང་དང་གྲོང་རྡལ་ ༡༢། རྒྱལ་དབང་ཞིང་འབྲོག་ལས་ཁེ་ལས་ དབངས་འདུས། བཙུགས་པས་རྒྱ་ཁྱོན་སྤྱི་ལེ་གྲུ་བཞི་མ་ ༡༤༨༨༠ ཡོད།

National Sustainable Development Experimental Zone of Ecological Animal Husbandry in Hainan Tibetan Autonomous Prefecture, Qinghai province was put into practice in 2009 with the state's approval. The zone locates around Sanjiangyuan ecological and environmental reserve, including 12 towns in 3 counties and 2 state-owned enterprises for agriculture and animal husbandry in Hainan prefecture. The whole area covers an area of 14,880 square kilometres.

青海回教促进会 1922年在西宁成立。由时任宁海镇守使的马麒兼任会长。以"促进回教青年学习教育，并阐发回教真谛为宗旨"。其先后在各地设立众多清真小学，并创设昆仑中学，创办《昆仑日报》。1932年马步芳任会长，1949年停止活动。

མཚོ་སྔོན་ཧུའེ་ཆོས་ཀྱི་སྐུལ་སློབ་ཚོགས་འདུ། ༡༩༢༢ལོར་ཟི་ལིང་དུ་ཚོགས། ཞིང་དེའི་གྲོང་བརྡལ་གྱི་སྲུང་དཔོན་མ་ཆིས་ཚོགས་དཔོན་གྱི་འགན་བཞེས། ཧུའེ་ཆོས་བསྐུལ་བའི་ན་གཞོན་སློབ་གསོའི་སློབ་སྟོན་ལ་སྐུལ་འདེད་བྱེད་པ་དང་། ཧུའེ་ཆོས་ཀྱི་ཡང་དག་དགོངས་དོན་གསལ་སྟོན་བྱེད་དོ་བཟུང་། ཞུ་རྗེས་ས་གནས་སུ་གནས་མང་པོར་ཟབ། ཁུན་ལུན་སློབ་འབྲིང་ཡང་བཙུགས། དེ་མིན《ཁུན་ལུན་ཉིན་རེའི་

ཚགས་པར》གསར་དུ་བསྐྲུན་བ། ༡༩༣༢ལོར་མ་པོ་ཕང་གིས་ཚོགས་གཙོ་བྱས། ༡༩༤༩ལོར་ལས་འགུལ་འདི་མཚམས་བཞག

Qinghai Islamic Promotion Council was set up in Xining in 1922, and the president was Ma Qi who was the supervisor of Ninghai town at that time. The objective was to "promote education among Islamic youth, and elucidate the true meaning of Islam". In the direction of the council, many Islamic primary schools were set up in different regions, and Kunlun middle school was established, *Kunlun Daily* was founded. Ma Bufang became the president in 1932, and in 1949, the council stopped all its activities.

青海民族大学 是一所青海省人民政府与国家民委共建的省属重点高校。涵盖文学、理学、法学、经济学、管理学、教育学、历史学、医学、工学等门类。创建于1949年，是青海建立最早的高校，也是全国首批获得硕士学位授予权单位。占地面积1107亩。

མཚོ་སྔོན་མི་རིགས་སློབ་ཆེན། མཚོ་སྔོན་ཞིང་ཆེན་མི་དམངས་སྲིད་གཞུང་དང་རྒྱལ་ཁབ་མི་རིགས་དོན་གཅོད་ཨུ་ཡོན་ལྷན་ཁང་གཉིས་ཀྱིས་མཉམ་དུ་འཛུགས་སྐྲུན་བྱས་པའི་ཞིང་ཆེན་གྱི་གལ་འགངས་ཆེ་བའི་སློབ་ཆེན་ཞིག་ཡིན། དེར་རྩོམ་རིག་དང་གནས་ལུགས་རིག་པ། ཁྲིམས་ཀྱི་རིག་པ། དཔལ་འབྱོར་རིག་པ། དོ་དམ་རིག་པ། སློབ་གསོ་རིག་པ། ལོ་རྒྱུས་རིག་པ། གསོ་རིག་པ། བཟོ་རིག་སོགས་ཀྱི་ཚན་ཁག་ཡོད། ༡༩༤༩ལོར་བཙུགས་ཤིང་དེ་ནི་མཚོ་སྔོན་དུ་བཙུགས་པའི་སློབ་ཆེན་ཁག་སྔ་ཤོས་ཡིན་ལ། རྒྱལ་ཡོངས་ཀྱི་ཐོག་མར་རབ་འབྱམས་པའི་ཐོབ་

གནས་གནང་བའི་དབང་ཆ་ཡོད་པའི་ལས་ཁུངས་ཀྱང་ཡིན། རྒྱ་ཁྱོན་ལ་སྨུའུ 1,107 ཟིན་ཡོད།

Qinghai Nationalities University is a provincial key university, co-operated by Qinghai People's Government and the State Ethnic Affairs Commission. It covers the discipline of literature, science, law, economics, management, education, history, medicine, technology and so on. The university was set up in 1949, and was the earliest founded university in Qinghai, and was in the first group who had the qualification to award master's degree. The university covers an area of 1,107 mu.

青海牧区六州 我国的经济区域概念，即青海省的果洛藏族自治州、玉树藏族自治州、黄南藏族自治州、海北藏族自治州、海南藏族自治州、海西蒙古族藏族自治州。为青海省畜牧业生产基地，主要饲养马、牛、羊等牲畜。

མཚོ་སྔོན་འབྲོག་ལས་ཁུལ་རྫོག རང་རྒྱལ་གྱི་དཔལ་འབྱོར་ཁུལ་གྱི་མིང་ཚིག་ཅིག་ཡིན། མཚོ་སྔོན་ཞིང་ཆེན་གྱི་མགོ་ལོག་བོད་རིགས་རང་སྐྱོང་ཁུལ་དང་། ཡུལ་ཤུལ་བོད་རིགས་རང་སྐྱོང་ཁུལ། རྨ་ལྷོ་བོད་རིགས་རང་སྐྱོང་ཁུལ། མཚོ་བྱང་བོད་རིགས་རང་སྐྱོང་ཁུལ། མཚོ་ལྷོ་བོད་རིགས་རང་སྐྱོང་ཁུལ། མཚོ་ནུབ་སོག་རིགས་བོད་རིགས་རང་སྐྱོང་ཁུལ་བཅས་མཚོ་སྔོན་ཞིང་ཆེན་འབྲོག་ལས་ཐོན་སྐྱེད་ཀྱི་གནས་གནའི་སྟེ། རྟ་ནོར་ལུག་གསུམ་གྱི་འཚོ་གནས་གཙོ་བོ་ཞིག་ཡིན།

Six prefectures for grazing in Qinghai is a concept of economic region in China. The six prefectures are Guoluo Tibetan Autonomous Prefecture, Yushu Tibetan Autonomous Prefecture, Huangnan Tibetan Autonomous Prefecture, Haibei Tibetan Autonomous Prefecture, Hainan Tibetan Autonomous Prefecture and Haixi Mongolian Autonomous Prefecture in Qinghai province. They are the productive base for animal husbandry in Qinghai, and mainly raise horse, cow, sheep, etc.

《青史》 藏文历史和宗教著作。译师桂·宣奴贝著。成书于1476—1478年间，全书15章。主要记叙了西藏后弘期佛教的复兴、教派的形成和传承关系及各派名僧、寺院、经典等内容，是一部时间跨度为9世纪中叶至15世纪后半期的西藏佛教史。

《དེབ་ཐེར་སྔོན་པོ》 བོད་ཀྱི་ལོ་རྒྱུས་དང་ཆོས་ལུགས་ཀྱི་དཔེ་ཆ་ཞིག་ཡིན། འགོས་ལོ་གཞོན་ནུ་དཔལ་གྱིས་བརྩམས། 1476—1478བར་དུ་བརྩམས། དཔེ་ཆ་ཆ་ཚིག་བོར་འདི་15ཡོད། གཙོ་བོ་བོད་ཀྱི་བསྟན་པ་སླ་དར་ནས་གྲུབ་མཐའ་བྱུང་ཚུལ་དང་རྒྱུན་སྐྱོང་བྱེད་ཚུལ། གྲུབ་མཐའ་སོ་སོའི་བླམ་གྲགས་ཅན། དགོན་པ་དང་རིག་གཞུང་སོགས་ཀྱི་ནང་དོན་བྱེད་ཡོད། དུས་རབས་དགུ་པའི་དུས་དཀྱིལ་ནས་བཅོ་ལྔ་པའི་དུས་དཀྱིལ་བར་གྱི་བོད་ཀྱི་ཆོས་འབྱུང་ལོ་རྒྱུས་ཤིག་ཀྱང་ཡིན།

Blue Annals was a work about the history and religion of Tibet in Tibetan language. It was written by a translator Go Lotsawa and completed around 1476 to 1478. There were 15 chapters, recording the revival of Buddhism, formation of religious sect, relations of inheritance, famous monks in each sect, temples, classics, etc. in Hou-hong period in Tibet. It is a book on the history of Tibetan Buddhism from the middle ninth century up to the fifteenth century.

《青史演义》 蒙古族历史上首部长篇小说。尹湛纳希于1870年始,继承父亲生前未完书稿续写而成。现出版69回。前59回写成吉思汗及其祖先的历史,后10回为窝阔台即位后的历史。书中描绘了成吉思汗率诸将统一各部的英雄业绩,展现出12—13世纪蒙古草原的历史风貌。

《ཨོ་རྒྱས་དེབ་ཐེར་ལས་བྱུང་བའི་གཏམ་རྒྱུད》
བོག་པོའི་ལོ་རྒྱུས་སྟེང་གི་ཆེས་ཐོག་མའི་སྒྲུང་རིང་། ༡༨༧༠ལོ་ནས་བཟུང་དབྱིན་གུན་ན་ཞིའི་ཡིན་རང་གི་ཡབ་ཀྱིས་གྲིབ་མ་ཚར་བའི་སྒྲུང་དེའི་རྒྱུན་བསྐྱངས་ནས་གྲུབ་པ་ཞིག་ཡིན། ད་བར་དུ་ལེའུ༦༩པར་བྲིས། ལེའུ་༥༩ཡན་ཆད་དུ་ཇིང་གིར་རྒྱལ་པོ་དང་ཁོའི་ཡབ་མེས་རྣམས་ཀྱི་ལོ་རྒྱུས་བྲིས་ཡོད་པ་དང་། ལེའུ་ཕྱི་མ་༡༠ནི་གོ་དན་རྒྱལ་པོ་ཁྲིར་བཀོད་པའི་ལོ་རྒྱུས་བྲིས་ཡོད། དཔེ་འདིའི་ནང་དུ་ཇིང་གིར་རྒྱལ་པོས་དག་དཔོན་ལ་མཁས་བྱིད་དེ་ཚོ་སོ་སོ་གཅིག་གྱུར་བའི་དཔའ་པོའི་ལོ་རྒྱུས་དང་། དུས་རབས་བཅུ་གཉིས་དང་བཅུ་གསུམ་གྱི་བོག་པོའི་རྩྭ་ཐང་གི་ལོ་རྒྱུས་ཀྱི་རྣམ་པ་བྱིས་ཡོད།

Historical novel based on Genghis Khan's life was the first novel of Mongolian. In 1870, Yinzhan Naxi continued the work that his father did not finish in his lifetime. Now there are 69 chapters get published. The first 59 chapters are history about Genghis Khan and his ancestors, the last 10 chapters are about history after Ogodei became Khan. In the book, the heroic deeds of Genghis Khan leading the generals to unite the tribes are described, revealing the history of 12th and 13th century in the Mongolian grassland.

《青藏高原区域生态建设与环境保护规划(2011—2030)》 文件名。2011年国务院常务会议通过。将青藏高原区域划分为四类环境功能区,并提出了四项主要任务、三个阶段目标。力争到2030年,使青藏高原自然生态系统趋于良性循环,城乡环境清洁优美,人与自然和谐相处。

《མཚོ་བོད་མཐོ་སྒང་ས་ཁོངས་ཀྱི་སྐྱེ་ཁམས་འཛུགས་སྐྲུན་དང་ཁོར་ཡུག་སྲུང་སྐྱོབ་ཀྱི་འཆར་འགོད་(༢༠༡༡—༢༠༣༠)》 ཡིག་ཆའི་མིང་། ༢༠༡༡ལོའི་རྒྱལ་ཡོངས་སྤྱི་ཁྱབ་ཁང་གི་རྒྱུན་ལྡན་ཁང་གི་གྲོས་ཚོགས་ཐོག་གྲོས་འཆམ་བྱུང་། མཚོ་བོད་མཐོ་སྒང་གི་ས་ཁོངས་ནི་ཕྱོགས་ཡུག་བཞིའི་དབྱེ་བགོས་གིན། ལས་འགན་ཆེ་བའི་དང་རིམ་ཕྱུན་གྱི་དམིགས་ཡུལ་གསུམ་གཏན་འབེབས་བྱུང་། ༢༠༣༠ལོར་མཚོ་བོད་མཐོ་སྒང་གི་རང་བྱུང་སྐྱེ་ཁམས་མ་ལག་འཁོར་བསྐྱོད་བཟང་ཕྱོགས་སུ་བསྐོར་བ་དང་། གྲོང་ཁྱེར་དང་གྲོང་གསེབ་ཀྱི་ཁོར་ཡུག་མེད་མཛེས་སྤུས་ལྡན་པ། མི་དང་རང་བྱུང་བར་འཚམ་མཐུན་དང་འཚོ་སྐྱིད་བྱེད་ཐུབ་པ་ཞིག་ནུས་ཤུགས་ཡོད་རྒྱུས་སྐྱེན་བྱེད།

Regional Plan on Ecological Construction and Environmental Protection on the Qinghai-Tibet Plateau (2011-2030) was a document passed in the executive meeting of the State Council in 2011. In the plan, the Tibet Plateau was divided into four environmental function zones and four main tasks and three-stage goals are proposed. The objective of the plan is to make the ecological system in Tibet Plateau go in good circle, the environment of the city and countryside beautiful and people live in harmony with nature.

青藏公路 世界上海拔最高、线路最长的柏油公路之一。也是目前通往西藏里程最短、路况最好且最安全的公路，为国家二级公路干线。始建于1950年，后经多次改建。起于西宁，止于拉萨，全长1937公里。全线平均海拔在4000米以上。

མཚོ་བོད་གཞུང་ལམ། འཛམ་གླིང་སྟེང་མཚོ་དོག་ལས་ཆེས་མཐོ་བ་དང་ཆེས་རིང་བའི་སྐྱམ་ཞལ་གྱི་གཞུང་ལམ་ཞིག་ཡིན། ཐིག་སྲང་ལྟ་བར་བགྲོད་པའི་ལམ་ཐག་ཆེས་ཐུང་བ་དང་། ལམ་སྲུམ་ཆེས་བཟང་ཞིང་བདེ་བའི་གཞུང་ལམ་ཡང་ཡིན་ཞིང་། རྒྱལ་ཁབ་ཀྱི་རིམ་པ་གཉིས་པའི་གཞུང་ལམ་གཙོ་ཕྱག་ཅིག་ཡིན། ༡༩༥༠ལོ་ནས་འཛུགས་སྐྲུན་བྱས་ཤིང་ཕྱིས་སུ་ཡང་ཞིག་གསོ་ཐེངས་མང་བྱས། མགོ་བཙུགས་ཡུལ་ནི་མཚུག་མཚོའི་བར་དུ་རིང་ཚད་ལ་ཡོངས་བསྡོམས་ཀྱིས་སྤྱི་བཀྲུན་མཚོ་དོག་ཆོས་མཐོ་ཚད་སྐོ་༤༠༠༠ཡན་དུ་ཡོད།

Qinghai-Tibet Highway is one of the highest, longest asphalted roads in the world, and now the shortest, safest highway to Tibet with the best conditions and the national secondary highway in China. It was built in 1950, and rebuilt many times. The highway begins from Xining, and ends at Lhasa, with the length of 1,937 kilometres. The highway's average elevation is 4,000 meters.

青藏铁路 实施西部大开发战略的标志性工程，也是中国21世纪四大工程之一。东起青海西宁，西至拉萨，全长1956公里。分西宁至格尔木段和格尔木至拉萨段两期建设。2006年正式通车运营。克服了多年冻土、高原缺氧、生态脆弱"三大难题"，是全球海拔最高和线路最长的高原铁路。

མཚོ་བོད་ལྕགས་ལམ། ནུབ་ཕྱོགས་སྐྱེད་འཕེལ་གྱི་བཅོས་ཇུས་ལག་བསྟར་གྱི་རྟགས་མཚན་ཅན་གྱི་བཟོ་སྐྲུན་དང་། ཀྲུང་གོའི་དུས་རབས་གསར་པའི་བཟོ་སྐྲུན་ཆེན་མོ་བཞིའི་ནང་གི་ཡ་གྱལ་ཞིག་ཀྱང་ཡིན། ཤར་མཚོ་སྔོན་ཟི་ལིང་ནས་ནུབ་ལྷ་སའི་བར་དུ་རིང་ཚད་ལ་སྤྱི་ལེ་༡༩༥༦ཡོད། ཟི་ལིང་ནས་མགོར་མོའི་བར་དང་གོར་མོ་ནས་ལྷ་སའི་བར་བཅས་དུས་སྐབས་གཉིས་སུ་བགོས་ཏེ་འཛུགས་སྐྲུན་བྱས་པ་ཡིན། ༢༠༠༦ལོར་དངོས་སུ་མེ་འཁོར་སྐྱོད་པའི་མཛོ་བརྩམས། ལོ་མང་པོའི་རིངས་འཁོན་པ་དང་། མཐོ་སྒང་དུ་དབུགས་སྒྲུབ་དཀོན་པ། སྐྱེ་ཁམས་ཞན་པ་བཅས་གནད་དོན་ཆེན་པོ་གསུམ་ལས་རྒྱལ་བར་རྒྱལ་ཏེ་འཛམ་གླིང་ཐོག་ཆེས་མཐོ་བ་དང་ལམ་ཐག་ཆེས་རིང་བའི་མཐོ་སྒང་གི་ལྕགས་ལམ་ཡིན།

Qinghai-Tibet railway is an iconic project for the west-region development strategy, and is one of the four great Chinese projects in the new century. The railway starts from Xining, Qinghai in the east and ends at Lhasa in the west, with a length of 1,956 kilometres. The railway was built in two sections: the Xining to Golmud section and the Golmud to Lhasa section. In 2006, it opened to traffic officially. The constructors have overcome obstacles such as the ever-frozen ground, hypoxia at high altitude and a weak ecological system. It is the highest and longest plateau railway in the world.

清东陵（河北） 清代皇家陵园，位于河北遵化市马兰峪西，是清朝三大陵园中最大的一座。始建于1663年，营建活动延续了200多年。陆续建成217座宫殿牌楼，组成皇陵5座（孝陵、景陵、裕陵、定陵、惠陵），东（慈安）、西（慈禧）太后等后陵4座，妃园5座，公主陵1座。

ཆིང་གི་བང་སོ་ཤར་མ། (ཧོ་པེ།) ཆིང་རྒྱལ་པོ་ཆང་གི་བང་སོ། ཧོ་པེ་ཙུན་ཧྭ་གྲོང་མ་ལན་རེའི་ཤུབ་ཏུ་ཡོད། ཆིང་རྒྱལ་རབས་དུས་ཀྱི་བང་སོ་ཆེན་པོ་གསུམ་ལས་ཆེ་ཤོས་ཆེ་བ་ཡིན། ༡༦༦༣ལོ་ནས་འཛུགས་སྐྲུན་བརྩམས་ཏེ་དུས་ཡུན་ལོ་ངོ་གཉིས་བརྒྱ་འགོར། དེར་མཐུད་པོ་བྱུང་དང་རྒྱལ་སྟོའི་༢༡༧བཞུགས་ནས་རྒྱལ་པོའི་བང་སོ་ལྔ་ཡུལ་བའི་(མཁོ་བང་སོ་དང་ཆིང་བང་སོ། ཡུང་བང་སོ་དང་ཏིང་བང་སོ། ཧུའི་བང་སོ་བཅས་ཡིན།) ཤར་ (ཚའན་) དང་ནུབ་ (ཚའི།) རྒྱལ་མོ་སོགས་རྒྱུབ་ཀྱི་བང་སོ་བཞི། བཙུན་མོའི་བང་སོ་ལྔ་དང་གོང་རྗེའི་བང་སོ་གཅིག་བཅས་སོ།།

Eastern Qing tombs are an imperial mausoleum complex of the Qing Dynasty. It is located in the west of Malanyu in Zunhua city, Hebei province and are the largest one of the three Qing mausoleums. The tombs were first built in 1663 and lasted for more than 200 years with 217 palaces built successively, forming five imperial mausoleum (Xiao mausoleum, Jing mausoleum, Yu mausoleum, Ding mausoleum and Hui mausoleum), four mausoleums for Empress dowager such as the Eastern (Cian) and Western (Cixi) Empress dowager, five mausoleums for imperial concubines and one mausoleum for princesses.

清高宗（1711—1799） 清朝第六位皇帝。年号"乾隆"。在位60年，太上皇3年，是中国历史上实际执政时间最长、年寿最高的皇帝。在位期间，文治武功兼修。平定准噶尔部及大小和卓之乱、反击廓尔喀对西藏的入侵。还编修《四库全书》，同时大兴文字狱。六下江南考察民情。

ཆིང་གཽ་ཙུང་། (༡༧༡༡—༡༧༩༩) ཆིང་རྒྱལ་རབས་ཀྱི་རྒྱལ་པོ་དྲུག་པ། ལོ་རྟགས་ཆན་ཡུང་ཟེར། ལོ་དྲུག་ཅུར་རྒྱལ་སྲིད་བཟུང་། གོང་མའི་སྟོ་པོ་གསུམ་དུ་བཞུགས། ཀྲུང་གོའི་ལོ་རྒྱུས་ཐོག་ཏུ་སྲིད་དབང་དངོས་སུ་བཟུང་བའི་དུས་ཡུན་ཆེས་རིང་བ་དང་ཞུགས་ལོ་ཆེས་རིང་བའི་རྒྱལ་པོ་ཞིག་ཡིན། སྲིད་དབང་བཟུང་བའི་དུས་སྐབས་སུའི་དག་གཉིས་སྦྱར་དེ་ཆུད་གསར་བ་དང་། དོ་གྲོ་ཆེ་ཆུང་གི་དོ་ལོག་སོགས་བཅོམ་པ་དང་། གོར་ཁས་བོད་ཡུལ་བཙན་འཛུལ་བྱས་པར་འགོག་རྒོལ་བྱས། 《མཛོད་བཞིའི་དཔེ་ཆ》སྒྲིག་སྦྱོར་མཛད། དེར་བསྟུན་ཚོམ་ཤིས་ཉེས་བཅད་རྒྱ་ཆེན་པོ་སྤེལ་བ་དང་། སྒོ་ཕྱོགས་སུ་དཔངས་ཀྱི་འཚོ་བར་བསྐྱར་བཀག་ཐེངས་དུ་ཕེབས།

Emperor Gaozong of the Qing Dynasty (1711-1799) is the sixth emperor of the Qing Dynasty. His era name was Qianlong. He was on the throne for 60 years and three years of Emperor Emeritus. He was the emperor who was in real ruling power for the longest time and who lived the longest. When he was on the throne, Emperor Qianlong had both political and military achievements: he conquered the

Dzungar tribe and the large, small Hezhuo riot, fought back Gurkhas' invasion to Tibet, gave order to compile *Complete Library of the Four Treasuries*, and executed the policy of literary inquisition. He went to regions as far as south of the Yangtze River 6 times to investigate conditions of the people.

清圣祖（1654—1722） 清朝第四位皇帝。年号"康熙"。8岁登基，在位61年，是中国历史上在位时间最长的皇帝。在位期间，平定三藩，收复郑经割据的台湾，确定中俄东段边界，平定准噶尔部分裂势力的叛乱，建立会盟制度等，加强了多民族国家的稳定，开创了康乾盛世。

ཆིང་ཙིན་ཙུའུ། (༡༦༥༤—༡༧༢༢) ཆིང་རྒྱལ་རབས་ཀྱི་རྒྱལ་པོ་བཞི་པ། མན་ཇུ་རིགས། ལོ་ཚིགས། ཁང་ཞིས། ལོ་དགུས་རྒྱལ་སར་བཞུགས་ཏེ་བཟུང་ཕྱི་ཐོག་ཏུ་ལོ་ ༦༡ བཞུགས་ཡུན་ཆེས་རིང་བའི་རྒྱལ་པོ་ཡིན། ཕྱི་ཐོག་བཞུགས་རིངས་གསུམ་ལ་ཞི་འཇགས་སུ་བཏང་། ཉིན་ཀྱིན་ཅིང་གིས་བགོས་བྱས་པའི་ཐའི་ཝན་ཕྱིར་བླངས། ཀྱང་གོའི་དང་ཨུ་རུ་སུའི་ཤར་ཕྱོགས་ཀྱི་མཐའ་མཚམས་གཏན་འཁེལ་བྱས་པ་དང་། ཇུན་གར་བའི་སོག་སྟོབས་ཤུགས་ཆེན་མེད་དུ་བཅོམ། གཞན་མཚན་འཕྲལ་ལམ་ལུགས་བསྒྲིགས་པ་སོགས་ཀྱིས་མི་རིགས་མང་བའི་རྒྱལ་ཁབ་ཀྱི་བདེ་འཇགས་སུ་བཅུག་ཏུ་བཏང་ཞིང་། ཁང་ཆན་དར་རྒྱ་དུས་རབས་ཀྱི་སྒོ་འབྱེད་བྱས།

Emperor Shengzu of the Qing Dynasty (1654-1722) was the fourth emperor of the Qing Dynasty and was a Manchu. His era name was Kangxi. He became emperor at the age of 8, and was on the throne for 61 years, which was the longest in Chinese history. During his reign, revolt of three Feudatories was settled, Taiwan was retrieved from the separation of Zheng Jing, the border between China and Russia was defined, the insurrection of separatists in Dzungar tribe was suppressed, and the system of alliance was formed. The stability of a multi-ethnic country was strengthened, and Kang-Qian flourishing age began in his ruling.

《清实录》 清代历朝官修编年体史料汇编。全书自太祖起，至德宗止，凡11朝。共4484卷。各朝实录，篇幅不等，记事细目多寡不均，但主要类别大多涉及政治、经济、文化、军事、外交及自然现象等方面。

《ཆིང་གི་ཞིབ་ཐོ་བདེན་པ》 ཆིང་གི་རྒྱལ་རབས་རིམ་བྱོན་གྱི་གཞུང་གིས་སྒྲིག་པའི་ལོ་རྒྱུས་ཀྱི་རྒྱུ་ཆ་ཕྱོགས་བསྒྲིགས། ཐའི་ཙུང་ནས་མགོ་བཙུགས་ཏེ་ཏེ་ཙུང་དུ་མཇུག་བསྡུས། རྒྱལ་རབས་ ༡༡ ཟིན་ཡོད། བསྡོམ་པོ་ ༤༤༨༤ ཡོད། རྒྱལ་རབས་སོ་སོའི་ཞིབ་ཐོའི་གླེང་རྡོག་རྡོག་མི་གཅིག་མོད། ཡོན་ཏན་འགའ་སྟེ་དག་ཡང་ངན་ཡང་སྟོབས་པོ་ཆེན། ཡིན་ནའང་ཅན་སྲིད་དང་དཔལ་འབྱོར། རིག་གནས། དམག་དོན། ཕྱི་འབྲེལ་དང་རང་བྱུང་སྣང་ཚུལ་སོགས་ཀྱི་ཕྱོགས་སུ་འདུས་པ་མེད།

Veritable Records of the Qing Dynasty was the collection of historical annals by the Qing government. The book began from Emperor Taizu and ended at Emperor Dezong, 11 reigns in total. There were 4,484 volumes. Records of each reign were not at the same length, and with different numbers of events recorded, but most of the records were related to politics, economics, culture, military, diplomacy, natural phenomena and so on.

《清文汇书》 满汉对照辞书。清李延基撰。12卷，收词14000余条。成书于雍正二年（1724）。为清代流传最广的辞书之一。

《ཆིང་ཡིག་བསྡུས་དཔེ།》 མན་རྒྱའི་ཤན་སྦྱར་ཚིག་མཛོད། ཆིང་ལི་ཡན་ཅིས་ཀྱིས་མཛད། བམ་པོ་༡༢། ཚིག་༡༤༠༠༠ལྷག་བསྡུས་ཡོད། ཡུང་ཀྲིན་ཁྲི་ལོ་གཉིས་པར་（༡༧༢༤）དེབ་ཏུ་བཟོས། ཆིང་རྒྱལ་རབས་སུ་ཁྱབ་རྒྱ་ཆེས་ཆེ་བའི་ཚིག་མཛོད་ཀྱི་གྲས་ཤིག་ཡིན།

The Complete Collection of the Manchurian Language was a lexicographical book in Chinese and Manchu language. It was edited by Li Yanji of the Qing Dynasty. There were 12 volumes with words and phrases more than 14,000. The book was completed in the second year of Emperor Yongzheng (1724). It was one of the most popular lexicographical books in the Qing Dynasty.

《清文鉴》 1. 清代官修大型分类辞书的统称。主要有《清文鉴》《增订清文鉴》《五体清文鉴》等。2. 清代官修大型分类辞书。满族学者马齐主编，康熙审订。成书于康熙四十七年（1708）。共26册。收词12000余条。

《ཆིང་ཡིག་གསལ་བའི་མེ་ལོང་》 ༡ ཆིང་རྒྱལ་རབས་ཀྱི་གཞུང་གིས་སྒྲིག་པའི་རིགས་བགོས་ཀྱི་ཚིག་མཛོད་ཆེན་པོའི་སྤྱི་མིང། 《ཆིང་ཡིག་གསལ་བའི་》

མེ་ལོང་》 དང་《ཆིང་ཡིག་གསལ་བའི་སྐྱར་ཐབས།》《སྐད་ལྔ་གསལ་བའི་མེ་ལོང་》སོགས་གཙོ་ཆེ་འགའ་ཡོད། ༢ ཆིང་སྐྱིད་གཞུང་གིས་སྒྲིག་པའི་རིགས་བགོས་ཀྱི་ཚིག་མཛོད་ཆེན་མོ། མན་ཏུ་རིགས་ཀྱི་མཁས་པ་ཞང་ཆིས་གཙོ་སྐྱངས་བྱས། ཁང་ཞིས་ཀྱིས་ཞུ་དག་གཏན་འབེབས་གནང་། ཁང་ཞི་ཁྲི་ལོའི་ཞེ་བདུན་པར་（༡༧༠༨）དེབ་ཏུ་བཟོས། དེབ་མ་༢༦ཡོད། ཚིག་༡༢༠༠༠ལྷག་བསྡུས་ཡོད།

The Mirror to the National Language firstly, it is a general term for the classified lexicographical books compiled by the Qing government, mainly including *The Mirror to the National Language, Revised and Enlarged Mirror to the National Language, Five-Script Textual Mirror to the National Language*, etc. Secondly, it refers to the classified lexicographical book complied by the Qing government. Manchu scholar Ma Qi was the chief editor, and Emperor Kangxi examined and revised the book. There were 26 volumes with more than 12,000 entries.

《清文启蒙》 用汉文解释的满文文法著作。清代满族学者舞格著。成书于雍正八年（1730）。共4卷。此书是最早的满文教科书之一，在相当长的时间内，一直是国内外教授满文的基本教材和研究满文的基础。18至19世纪先后几次被译为俄文和英文。

《ཆིང་ཡིག་བློ་འབྱེད་》 རྒྱ་ཡིག་གིས་འགྲེལ་བའི་མན་ཡིག་གི་བརྡ་སྤྲོད་གཞུང་ལུགས་ཤིག ཆིང་གི་དུས་སུ་མན་རིགས་ཀྱི་མཁས་པ་ཝང་གིས་བརྩམས། ཡུང་ཀྲིན་ཁྲི་ལོ་བརྒྱད་པར་（༡༧༣༠）དེབ་ཏུ་བཟོས། བམ་པོ་

ཚོད། དཔེ་ཆ་འདི་ནི་ཆེས་སྔ་བའི་མན་ཡིག་གི་ཁྲིད་
བྱའི་དཔེ་ཆ་ཞིག་ཡིན། དུས་ཡུན་རིང་པོའི་ནང་དུ་རྒྱ་
ཁག་ཕྱིན་དང་གསལ་མན་ཡིག་ཁྲིད་པའི་རྨང་གཞིའི་སློབ་དེབ་
དང་མན་ཡིག་ཞིབ་འཇུག་བྱེད་པའི་རྨང་གཞིའི་རྒྱུ་ཆ་ཡིན།
དུས་རབས་བཅོ་བརྒྱད་པ་དང་བཅུ་དགུ་པ་ལ་ཡ་རུས་རྟེས་སུ་
ཡུར་ཞིའིའི་ཡི་གེ་དང་དབྱིན་ཇིའི་ཡི་གེ་རུ་བསྒྱུར།

Qing Language Primer was a work in Chinese to explain the Manchu grammar, written by Manchu scholar Wu Ge in the Qing Dynasty. The book was completed in the eighth year of Emperor Yongzheng (1730) and was made up of 4 volumes. It was one of the earliest textbooks for Manchu language and in a long period of time, the basis for teaching and study of Manchu language. In 18th and 19th century, it was translated into Russian and English several times.

《**清文虚字指南编**》 满文虚字用法著作。清代蒙古族学者万福辑著。共2卷。成书于光绪十一年(1885)。全书收有大量满文虚字,对字义和用法逐一介绍,并附满汉对照例句。

《ཆིང་ཡིག་ཆིག་ཕྲད་ཕྱོགས་སྟོན་སྒྲིག་དབེ།》 མན་ཡིག་ཆིག་ཕྲད་སྤྱོད་ཚུལ་གྱི་གཞུང་ལུགས་ཤིག ཆིང་གི་སོག་པོའི་མཁས་པ་སྤན་ཧྥུ་ཡིས་སྒྲིག་ཙོམ་བྱས། བམ་པོ་༢ཡོད། གོང་ཞིས་ཁྲི་ལོ་བཅུ་གཅིག་པར་ (༡༨༨༥) དེབ་ཏུ་བསྒྲིགས། དཔེ་ཆ་དེར་མན་ཡིག་གི་ཆིག་ཕྲད་མང་པོ་བཀོད་ཡོད་ལ་ཡིག་འབྲུའི་གོ་དོན་དང་སྤྱོད་སྟངས་ཡང་རིམ་པར་བཞིན་དོ་སྟོད་བྱས་ཡོད་པ་དང་། དེ་དུས་མན་རྒྱ་གཉིས་སྦྱར་གྱི་དཔེ་བརྗོད་ཀྱང་བཀོད་ཡོད།

Guide to Qing Language Function Words was a book about the use of Manchu function words, written by the Mongolian scholar Wan Fu in the Qing Dynasty, completed in the eleventh year of Emperor Guangxu (1885). There are two volumes. The book included a plenty of Manchu function words, and introduced meanings and usages of the words. There were also example sentences in both Chinese and Manchu language.

清西陵 清王朝入关后建立的两处大型帝王陵寝之一,位于河北保定市易县城西15公里处的永宁山下。1730—1915年间陆续建成。面积达800余平方公里,共有14座陵寝:皇陵4座、后陵3座、妃陵3座、其他陵寝4座。

ཆིང་གི་བང་སོ་ནུབ་མ། ཆིང་རྒྱལ་རབས་སྒོ་བསྟུགས་པའི་རྒྱལ་པོའི་བང་སོ་གཉིས་ཀྱི་གྱུལ་ཡིན། དོ་པེ་པའོ་ཏིང་གྲོང་ཁྱེར་གྱི་ཡུན་རྫོང་ཉུབ་ཕྱོགས་ཀྱི་ལེ་བར་༡༥ཡུང་ཉིད་རི་འདབས་སུ་ཡོད། ༡༧༣༠— ༡༩༡༥ལོའི་བར་དུ་རྩ་གྲུབ། རྒྱ་ཁྱོན་ལ་སྤྱི་ལེ་གྲུ་བཞི་མ་༨༠༠ལྷག་ཡོད། བསྡོམས་པས་བང་སོ་༡༤ཡོད་པ་དང་། དེ་རྒྱལ་པོའི་བང་སོ་༤དང་། རྒྱལ་མོའི་བང་སོ་༣། བཙུན་མོའི་བང་སོ་༣། དེ་མིན་གྱི་བང་སོ་༤ཡབས་ཡོད།

Western Qing Tombs are one of the two large imperial mausoleums built after the Qing army conquered the Central Plain. They are located at the foot of Yongning Mountain, 15 kilometres west of Yixian County in Baoding, Hebei province. The tombs are built from 1730 to 1915, covers an area of over 800 square kilometres, including 14 mausoleums: 4 mausoleums of emperors, 3 mausoleums of empresses, 3 mausoleums of imperial concubines and other 4 mausoleums.

清昭陵 也作"北陵",位于沈阳市皇姑区,是清朝第二代开国君主太宗皇太极以及孝端文皇后博乐济吉特氏的陵墓。建于 1643 年,8 年后基本建成。占地面积 16 万平方米,是清初"关外三陵"中规模最大、气势最宏伟的一座。

ཆིང་གི་ཀྲོའོ་ཞང་ལོ། བང་ཤོ་བྱུང་མཤངས་ཟེར། ཞུན་དབྱང་གྲོང་ཁྱེར་ཧོན་ཀུའུ་ཁུལ་དུ་ཡོད། ཆིང་རྒྱལ་རབས་ཀྱི་རྒྱལ་སྲོལ་འཛིན་པའི་རྒྱལ་པོ་གཉིས་པ་སྟེ་ཐའེ་ཙུང་ཧོང་ཐའེ་ཅིའི་དང་ཞོའེ་ཏོན་ཝུན་རྒྱལ་པོའི་ཙོའི་པོ་ཨར་ཅི་ཏིའེ་ཟེས་པའི་བང་སོ་ཡིན། ༡༦༤༣ལོར་བཟོ་བསྐྲུན་གྱི་མགོ་བརྩམས་ཤིང་། ལོ་བརྒྱད་རྗེས་སུ་གཙོའི་ཚད་ཕྱོགས་ལྷགས་འགྲུབ་བྱུང་། རྒྱ་ཁྱོན་ལ་སྐྱི་བཞི་མི་ཁྲི་༡༦ཡིན། ཆིང་རབས་ཀྱི་ཡུལ་གྱི་བང་སོ་གསུམ་ལས་གནི་རྒྱ་ཆེས་ཆེ་བ་དང་གཟི་བརྗིད་ཆེས་ཆེ་བ་ཞིག་ཡིན།

Zhaoling (Zhao Mausoleum of the Qing Dynasty) is also called the northern tombs, which are located in Huanggu district of Shenyang city. There buried the second emperor of the Qing Dynasty Emperor Taizong, Huang Taji, and his empress Xiaoduanwen Borjite. First built in 1643, and almost completed 8 years later, the tomb covers an area of 160,000 square metres, and was the largest and most magnificent of the three tombs outside Shanhaiguan Pass in the early Qing Dynasty.

《清真大学》 中国伊斯兰教哲学著作。王岱舆撰。乾隆时成书。全书分提纲、本题、总论 3 部分。全书正面阐释了伊斯兰教哲学的本体论、宇宙论与认识论。主要论述伊斯兰教"真一""数一""体一" 3 个概念及其关系。

《དབྱི་སི་ལན་གྱི་སློབ་ཆེན》 ཀྲུང་གོའི་དབྱི་སི་ལན་ཆོས་ལུགས་ཀྱི་མཚན་ཉིད་རིག་པའི་གཞུང་ལུགས་ཞིག་ཡིན། ཧྭང་ཏའེ་ཡུའི་གྱིས་མཛད། ཆན་ལུང་སྐབས་སུ་དེབ་ཏུ་བཟོས། དཔེ་དེབ་འདི་ལ་གནད་བསྡུས་དང་བརྗོད་དོན་གཙོ་བོ། སྤྱི་བཤད་ཅེས་དབྱི་བ་ཆེན་པོ་གསུམ་ཡོད། དཔེ་དེབ་འདིར་དབྱི་སི་ལན་ཆོས་ལུགས་ཀྱི་མཚན་ཉིད་རིག་པའི་གཞིའི་རྣམ་གཞག་དང་འཇིག་རྟེན་གྱི་རྣམ་གཞག་ཤེས་རྟོགས་ཀྱི་རྣམ་གཞག་བཅས་ལ་དྲང་པོར་འགྲེལ་བཤད་བྱས་ཡོད། དབྱི་སི་ལན་ཆོས་ཀྱི་བདེན་པ་གཅིག་དང་གྲངས་གཅིག་གཞི་གཅིག་བཅས་ཟེར་རྫས་གསུམ་དང་དེ་དག་བར་གྱི་འབྲེལ་བར་དཔྱད་བརྗོད་བྱེད་པ་གཙོར་བཟུང་བའོ།

Great Learning of Islam is a philosophical book of Islam written by Wang Daiyu in China. The book was completed in the reign of Emperor Qianlong. There were three parts: outline, contents and conclusion. In the book, the ontology, cosmology and epistemology in Islam philosophy were interpreted in a positive way. It discussed the concepts of unity of truth, unity of number and unity of form and relations among them.

《清真铎报》 中国伊斯兰教杂志。1929 年由白孟愚等在昆明发起创刊。以阐释伊斯兰教义,提倡伊斯兰文化和教育为宗旨。曾一度停刊,1940 年复刊。为解放前出版的伊斯兰教杂志中影响较大者之一。1949 年停刊。

《དབྱི་སི་ལན་གྱི་དྲིལ་བརྡ་ཚགས་པར་》 གུང་གོའི་དབྱི་སི་ལན་གྱི་དུས་དེབ་ཅིག ༡༩༢༩ལོར་པའི་མིན་ཡུམ་སོགས་ཀྱིས་ཁུན་མིང་ནས་པར་འགྲོ་བཙུགས། དབྱི་སི་ལན་གྱི་བསྟན་བཅོས་འགྲེལ་བཤད་དང་དབྱི་སི་ལན་གྱི་རིག་གནས་སློབ་གསོ་དར་སྤེལ་གཏོང་བ་དམིགས་ཡུལ་དུ་བཟུང་། དང་ཐོག་པར་མཚམས་ཐེངས་གཅིག་བཞག་སྟོང་། ༡༩༤༠ལོར་བསྐྱར་དུ་པར་འགྲོ་ཚུགས། བཅིངས་འགྲོལ་བགྲོད་གོང་པར་སྐྲུན་བྱས་པའི་དབྱི་སི་ལན་གྱི་དུས་དེབ་ལས་སྟན་གྲགས་ཆེ་བའི་གྲས་གཅིག་ཡིན། ༡༩༤༩ལོར་པར་མཚམས་བཞག

Islamic Bell was an Islamic magazine, started publication in Kunming by Bai Mengyu et al. in 1929. Its aim was to explain Islamic doctrines, promote Islamic culture and education. It stopped publication several times and resumed in 1940. It was one of the most influential Islamic magazies before liberation. It ceased publication in 1949.

清真三食 在我国，指对"清真饮食""清真副食品""清真食品"三者的简称。

དབྱི་སི་ལན་གྱི་ཟས་གསུམ། རང་རྒྱལ་དུ་དབྱི་སི་ལན་གྱི་བཏུང་བྱ་དང་དབྱི་སི་ལན་གྱི་ཞོར་ཟས། དབྱི་སི་ལན་གྱི་ཟས་རིགས་གསུམ་གྱི་བསྡུས་མིང་།

Three Islamic foods are short for Islamic diet, Islamic non-staple food and Islamic food in China.

清真四专 在我国，指生产、销售清真食品的专用运输车辆、专用计量器具、专用储藏容器和加工（储存、销售）的专用场地。

དབྱི་སི་ལན་གྱི་ཆེད་ལས་བཞི། རང་རྒྱལ་དུ་དབྱི་སི་ལན་གྱི་ཟས་རིགས་ཐོན་སྐྱེད་དང་བཙོང་བྱེད་པའི་ཆེད་ལས་ཀྱི་སྐྱེལ་འདྲེན་འཕྲུལ་འཁོར། ཆེད་ལས་ཀྱི་ཚིས་རྒྱག་འཕྲུལ་ཆས། ཆེད་ལས་ཀྱི་ཉར་ཚགས་སྣོད་ཆས་དང་ཆེད་ལས་ཀྱི་བཟུང་བཟོའི་（ཉར་ཚགས་དང་བཙོང་ཚོང་）ས་གནས་བཅས་སོ།

Four Specialized-requirements of Islamic Food refer to the special transport vehicles, measuring devices, storage containers for production and sales of Islamic food and sites for processing (storage, sales) Islamic food.

清真寺 伊斯兰教建筑群体的型制之一，是穆斯林举行礼拜、宗教功课、宗教教育和宣教等活动的中心场所。亦称礼拜寺，系阿拉伯语"麦斯吉德"（即叩拜之处）的意译。

དབྱི་སི་ལན་གྱི་ཚོས་ཁང་། དབྱི་སི་ལན་ཆོས་ལུགས་ཀྱི་འཛུགས་སྐྲུན་སྡོར་ལས་རྣམ་པ་ཞིག་ཡིན། མུའུ་སི་ལིན་གྱིས་འཚལ་སྐོར་བྱེད་པ་དང་ཆོས་ལུགས་སློབ་ཁྲིད་ཆོས། ཆོས་ལུགས་ཀྱི་སློབ་གསོ་དང་དྲིལ་བསྒྲགས་ལས་འགུལ་སོགས་ཀྱི་ལྟེ་གནས་ཡིན། མིང་གཞན་དུ་ཕྱག་འཚལ་ཁང་ཡང་ཟེར། དེ་ནི་ཨ་པོའི་སྐད་དུ་མ་སི་ཅི་ཏི་（ཕྱག་ཕུལ་བའི་གནས）ཞེས་པའི་དོན་བསྒྱུར་ཡིན།

Mosque is one of the systems of Islamic architectural complexes. It is the central place for Muslim people to pray, to have religious classes, and to receive religious education and for the imams to spread the religious doctrines. Mosque is also called moskee, which is the paraphrase of Arabic "masjid" (the place to worship).

清真学社 中国伊斯兰教学术团体。1917年由京师公立第一两等小学堂学生张德明等人发起成立。其宗旨为"专在研究学术、阐明教理"。刊行《清真周刊》。社址设在北京牛街礼拜寺。1921年停止活动。

དབྱི་སི་ལན་གྱི་ཚོགས་པ། གུང་གོའི་དབྱི་སི་ལན་ཆོས་ལུགས་ཀྱི་རིག་གཞུང་ཚོགས་པ་ཞིག་ཡིན། ༡༩༡༧ལོར་ཅིན་ཏེ་གཞུང་སྐྱོང་སློབ་ཆུང་དང་པོ་གཉིས་པའི་སློབ་མ་གུང་ཏེ་མིང་སོགས་ཀྱིས་འགོ་བཙུགས་ཏེ་ཚོགས། ཚོགས་པ་འདིའི་དགོངས་དོན་ནི་རིག་གཞུང་ཞིབ་འཇུག་ཁྱད་གཉེར་བྱས་ཏེ་ཆོས་ཀྱི་སྙིང་དོན་འགྲེལ་བ་དེ་ཡིན། 《དབྱི་སི་ལན་གྱི་གཟའ་འཁོར་དུས་དེབ》ཕྱིན། ས་གནས་པེ་ཅིན་ཉུའུ་ཞོལ་གྱི་དབྱི་སི་ལན་ཕྱག་འཚལ་ཁང་ཡིན། ༡༩༢༡ལོར་བྱ་བ་གཉེར་མཚམས་བཞག

Islamic Society was an Islamic academic organization, set up in 1917 by students such as Zhang Deming in the Beijing Public No. 1 Primary School. Its aim was to focus on academics, to interpret Islamic doctrines. *Islam Weekly* was published. It was located in the mosque of Niu Street, Beijing. In 1921, the society stopped to work.

邛部州蛮 古族名。又称"大路蛮"。源于唐时乌蛮的一支邛部。宋时分布在今四川省凉山彝族自治州的越西、西昌等地。位处宋王朝与大理国交通贸易大道上，故称"大路蛮"。凉山州境内各主要少数民族的先民均与之有关。

ཆུང་པའི་ཁྱོན་མན། གནའ་རབས་མི་རིགས་ཤིག་གི་མིང་། ད་ལྟའི་མན་ཡང་ཟེར། ཐང་རྒྱལ་རབས་སྐབས་ཕར་མན་གྱི་ཆུ་ཚོགས་ཞིག་ལས་བྱུང་། སུང་དུས་སུ་ད་ལྟའི་སི་ཁྲོན་ཞིང་ཆེན་ལྱང་ཧྲན་ཡི་རིགས་ཀྱི་རང་སྐྱོང་ཁུལ་གྱི་གཡུས་ཞིང་ཀྱི་ལུགས་ལྟ་བུ་ཆེན་པོ་དག་དང་འབྲེལ་བ་ཡོད།

Qiong tribe was name of an ancient ethnic group, also called "Highroad Man". Its origin was a branch named Qiong in Wuman tribe of the Tang Dynasty. In the Song Dynasty, the tribe mainly lived in today's Yuexi, Xichang regions of Liangshan prefecture. The regions were in the trade highroad between the Song Dynasty and the kingdom of Dali, so they ware also called "Highroad Man". The ancestors of the main original nationalities in Liangshan prefecture are all connected with the tribe.

秋营地 特指适合牲畜秋季放牧的牧场。流行于内蒙古、新疆、青海等省区的少数民族牧区。选择好秋营地是游牧畜牧业生产中重要的一环。秋季牧草营养价值高，适合牲畜抓秋膘和促健康。要选择地势较低、平坦而开阔的草场，牧草以多汁而又较晚枯黄者为宜。

སྟོན་གནས་ས་ཁུལ། ཆེད་དུ་སྟོན་དུས་ཕྱུགས་ཟོག་འཚོ་བར་འཚམས་པའི་རྩྭ་རར་བསྟན། ནང་སོག་དང་ཡུ་གུར། མཚོ་སྔོན་སོགས་ཞིང་ཆེན་དང་སྡོངས་ཀྱི་གྲངས་ཉུང་རིགས་ས་ཁུལ་དུ་དར་ཡོད། སྟོན་གནས་ས་ཚབས་པོ་ཞིག་འདེམས་པ་ནི་འབྲོག་ལས་ཀྱི་ཐོན་སྐྱེད་བྱེད་རྒྱལ་འཚོ་བའི་རིན་ཐང་ཆེ་བ་དང་ཕྱུགས་ཀྱི་སྟོན་ཚིལ་ལེན་འཛོམ་བཅུད་རིན་ཐང་ཆེ་བ་དང་ཕྱུགས་ཀྱི་སྟོན་ཏེ་དང་བདེ་ཐང་ལ་ཕན་ཆེ་ས་བབ་ཅུང་དམའ་ལ་བདེ་ཞིང་རྒྱ་ཆེ་བའི་གཙེར་ས་དང་། ཁུ་མང་ལ་རྩྭ་འདྲོག་མེད་པོར་འགྱུར་བའི་གནས་ཞིག་གདམ་དགོས།

Autumn Camp refers to pastures that are suitable for grazing in Autumn. Autumn camp is popular among ethnic minority pasturing areas in Inner Mongolia, Xinjiang, Qinghai provinces. Choosing a suitable autumn camp is an important part in nomadic animal husbandry production. Forage grass in autumn is highly nutritious, so it is good for livestock to put on weight and keep healthy. The camp should be low-lying, flat and wide, and the grass should be juicy and take a long time to wither.

瞿昙寺 青海著名藏传佛教寺院，位于乐都县瞿昙镇。总体结构布局仿北京故宫，建于明洪武年间。寺名为朱元璋所赐。占地3万多平方米，是乐都南山地区最大的寺院。其建筑群是西北地区保存最完整的一组明代建筑。

གྲོ་ཚང་དགོན། （གྲོ་ཚང་ལྷ་ཁང་གོ་ཧྲམ་སྟེ།） མཚོ་སྔོན་དུ་གྲགས་ཆེ་བའི་བོད་བརྒྱུད་ནང་བསྟན་དགོན་པ་ཞིག་ཡིན། གྲོ་ཚང་རྫོང་གི་ཚང་གྲོང་བཞལ་དུ་ཡོད། སྤྱིའི་བཟོ་དགོད་ཀྱི་རྒྱལ་པ་པེ་ཅིན་གྱི་གནའ་བོའི་པོ་ཡི་གྲང་དཔེ་བཟུང་ཡོད། མིང་རྒྱལ་རབས་ཧུང་ཝུའུ་གྱི་སོར་བཏགས། དགོན་པའི་མིང་ཞུ་ཡོན་གོང་གིས་བསྩལ། སྒྲུབ་བཞིས་ཁྲི་ཉརམ་ཟིན། གྲོ་ཚང་སྟོང་རིའི་ས་ཁུལ་གྱི་ཆེས་ཆེ་བའི་དགོན་པ་ཞིག་ཡིན། བཟོ་སྐྲུན་དེ་དག་ནི་ཤུབ་བྱང་ས་ཁུལ་དུ་ཉར་ཚགས་ཆེས་ཆ་ཚང་བའི་མིང་རབས་ཀྱི་འཇུགས་སྐྲུན་ཞིག་ཡིན་པའོ།།

Qutan Temple is a very famous Tibetan Buddhism temple, located in Qutan Town of Ledu County. The whole layout resembles the Palace Museum in Beijing. The temple was built in Hongwu period of the Ming Dynasty, and got its name from Zhu Yuanzhang (an Emperor of the Ming Dynasty). It covers an area of over 30,000 square metres, is the largest temple in Nanshan region of Ledu. The whole building complex is the best-preserved Ming Dynasty architectural complex in northwest China.

曲诺 彝语音译，意为"清白人"，汉称"白彝"。约占解放前川滇大、小凉山彝族总人口的50%，是大、小凉山彝族奴隶制度中人数最多的等级，隶属于兹莫或诺伙。他们有相对的人身及经济自由，占有一定的生产资料。个别曲诺由于经济地位的变化，或上升成为剥削者，或下降为阿加、呷西。解放后这一等级已被废除。

ཆུས་ནུའོ། དབྱིས་སྐད་སྒྲ་བསྒྱུར། དོན་ལ་གཙང་མི་ཟེར། རྒྱ་དབྱིས་དགར་ཡང་ཟེར། བཅིངས་འགྲོལ་ཡར་སྟོན་དུ་ཕོན་དང་ཏེན། ཡིའུ་རུན་ཆེ་ཆུང་གི་སྦྱིའི་གངས་ལས་བརྒྱ་ཆ་40 ཟིན་ཡོད། ཡིའུ་རུན་ཆེ་ཆུང་གི་དབྱིས་རིགས་བྲན་གཡོག་ལམ་ལུགས་ནང་གི་མི་གངས་ཆེས་མང་བའི་རིམ་པ་སྟེ་ཙོ་མོའམ་ནོར་ཧོ་ཡི་ཁོངས་ཡིན་འདུག ཁོ་ཚོ་ལ་སྟོབས་བཅས་ཀྱིས་མི་ལུས་དང་དཔལ་འབྱོར་གྱི་རང་དབང་ཡོད། ཕོན་སྐྱེད་རྒྱུ་ཆ་ཡང་ཆོད་ཚན་ཞིག་ཟིན་ཡོད། ཆུས་ནུའོ་རེ་འགའི་དཔལ་འབྱོར་འགྱུར་གནས་ལ་འགྱུར་ལྡོག་ཆེ་བས་སྐྲབས་རེར་བཕུ་གཞིག་བྱུང་རིམ་ལ་ཡར་འཕར་བ་དང་། སྐྲབས་རེར་ཨ་ཅ་དང་ག་ཝི་སོགས་ཟུར་འདྲེན་འགྲོ། བཅིངས་འགྲོལ་རྗེས་སུ་རིམ་པ་དེ་མེད་པར་བཟོས།

Qunuo is the transliteration of Yi language, which means innocent people, and is called "Bai Yi" in Chinese. They made up 50% of the whole population of the Yi people in Greater and Lesser Liangshan areas in Sichuan and Yunnan before liberation. The Qunuo class had the largest population in the slavery system of Liangshan prefecture. It belonged to Zimo or Nuohuo. People had relative personal and economic freedom, and possess certain means of production. Because of changes in economic status, some Qunuo people raised to be the exploiter, others decline to Ajia, Gaxi. The classification of the classes of the Qunuo people was abolished after liberation.

曲水县工业园 位于拉萨市曲水县的雅江工业园区，由聂当工业集中区（2005规划）和县城工业集中区（2005年第一期基础设施开建）组成。规划面积为12.4平方公里。现入驻企业主要以建材、高原特色产品、农副产品、藏药、高新技术产品的生产开发为主。

ཆུ་ཕུར་རྫོང་བཟོ་ལས་ར་བ། ལྷ་སའི་གྲོང་ཁྱེར་ཆུ་ཕུར་རྫོང་གི་གཡར་ཅུང་བཟོ་ལས་ར་བ་ནི་ཡོད། གཉན་ཏིང་བཟོ་ལས་གཅིག་བསྡུས་ཁུལ་（༢༠༠༥ལོར་འཆར་འགོད）དང་རྫོང་གི་བཟོ་ལས་གཅིག་བསྡུས་ཁུལ་（༢༠༠༥ལོར་སྐབས་དང་པོའི་རྨང་གཞིའི་སྒྲིག་ཆས་འཛུགས་སྐྲུན）གཉིས་ཀྱིས་གྲུབ། འཆར་འགོད་རྒྱ་ཁྱོན་སྤྱི་ལེ་གྲུ་བཞི་༡༢.༤ཡོད། དེང་སང་ཞི་ལས་དེར་འཇུག་སྐྱུ་རྒྱུ་ཆ་དང་མཐོ་སྒང་གི་ཁྱད་མིག་གི་ཐོན་རྫས། ཞིང་འབྲོག་ཞོར་ཐོན་རྫས། བོད་སྨན། ལག་རྩལ་གསར་རྒྱང་གི་ཐོན་སྐྱེད་ཐོན་སྐྲུན་བྱེད་པ་གཙོ་བོར་འཛིན་པ་བཞིན་ཡོད།

The Industrial Park in Qushui County, Lhasa, named Yajiang Industrial Park, is made up of Niedang industrial concentration district (planned in 2005) and Xiancheng industrial concentration district (the first infrastructure was built in 2005). The park covers an area of 12.4 square kilometers. Now the registered enterprises put emphasis on production and development of building materials, plateau food, subsidiary agricultural products, Tibetan medicine and new high-tech products.

全国城市民族工作座谈会（浙江） 2010年在宁波举行。提出：把保障少数民族群众合法权益作为重要原则；把做好少数民族流动人口的服务管理作为重要任务；把加强社区民族工作作为重要基础；把排查化解涉及民族因素的矛盾纠纷作为重要内容；把开展民族团结教育和民族团结进步创建活动作为重要途径。

རྒྱལ་ཡོངས་གྲོང་ཁྱེར་གྱི་མི་རིགས་ལས་དོན་གྱི་བཞུགས་མོལ་ཚོགས་འདུ། （ཀྲེ་ཅང་） ༢༠༡༠ བོད་ཟིན་པོར་མཉམ་སྟོང་སྒྲིག ཐོས་མོལ་ལས། གྲངས་ཉུང་མི་རིགས་སྐོར་གྱི་ཁྱིམས་མཐུན་དབང་ཆའི་གལ་ཆེ་བའི་རྩ་དོན་འཛིན་པ་དང་། གྲངས་ཉུང་མི་རིགས་ཀྱི་སྤོ་འགུལ་མི་གྲངས་ལ་ཞབས་ཞུ་དོ་དམ་གལ་ཆེ་བའི་འགན་འཛིན་པ། ས་ཁུལ་གྱི་མི་རིགས་ལས་དོན་ཤུགས་སྣོན་བྱེད་པ་དེ་གལ་ཆེ་བའི་རྨང་གཞིར་འཛིན་པ། མི་རིགས་གནད་དོན་གྱི་འགལ་བ་རྩྱུང་དག་བྱེད་པ་གཏོང་བ་དེ་གལ་ཆེ་བའི་ནང་དོན་ལ་འཛིན་པ། མི་རིགས་མཐུན་སྒྲིལ་གྱི་སློབ་གསོ་དང་མི་རིགས་མཐུན་སྒྲིལ་གྱི་ལས་ཀ་དེ་གལ་ཆེ་བའི་བརྒྱུད་རིམ་ལ་འཛིན་པ་བཅས་སོ།

National Urban Ethnic Work Conference (Zhejiang) was held in Ningbo. The conference pointed out the following issues: safeguarding of lawful rights and interests of minority people was an important principle; well management of ethnic minority migrating population was the primary task; strengthening of the community ethnic work was the basis; checking and resolving contradictions and disputes related to ehtnic groups were important contents; carrying out activities about ethnic unity education, about ethnic unity and progress was an important way.

全国集中连片特困民族地区（范围） 1999年国家实施西部大开发战略，随即形成集中连片特困民族地区等概念。主要包括南疆三地州、四省藏族聚居地区、六盘山区、秦巴山区、武陵山区、乌蒙山区、大小凉山地区、滇黔桂石漠化区、滇西边境及哀牢山区、大兴安岭南麓地区等地。

རྒྱལ་ཡོངས་གཅིག་བསྡུས་ཀྱི་དཀའ་ངལ་ཆེན་ཏུ་ཆེ་བའི་མི་རིགས་ས་ཁུལ་སྐོར། (ཁྱབ་ཁོངས) ༡༩༩༩ལོར་རྒྱལ་ཁབ་ཀྱིས་ནུབ་ཕྱོགས་སྒོ་འབྱེད་ཆེན་པོའི་སྲིད་བྱུས་དང་། དེ་ལས་མཚོན་པའི་གཅིག་བསྡུས་ཀྱི་དཀའ་ངལ་ཆེན་ཏུ་ཆེ་བའི་མི་རིགས་ས་ཁུལ་སྐོར་གྱི་མིང་ཚིག་བཅས་ཡོད་ཅིང་སྟོབས་ཀྱི་ཁུལ། གཙོ་བོར་ལྷོ་ཡུལ་གྱི་ཞིང་ཆེན་བཞི། ཕུལ་ཕན་རི་བོའི་ས་ཁུལ། ཆིན་པ་རི་བོའི་ས་ཁུལ། ཝུའུ་ལིན་རི་བོའི་ས་ཁུལ། ཝུའུ་མིན་རི་བོའི་ས་ཁུལ། ཏཱ་ཨེ་རི་བོའི་ས་ཁུལ། ཏན་ཆན་ཀུའེ་ཡི་རྡོ་གྱུར་པའི་ས་ཁུལ། ཏན་ཀྱི་མཐའ་མཚམས་དང་ཨན་ལའོ་རི་བོའི་ས་ཁུལ།

ཞིང་ཨན་ལིང་ཆེ་བའི་ལྷོ་འདབས་ཀྱི་ས་ཁུལ་སོགས་ཡིན།

National concentrated contiguous poor ethnic minority areas (regions) China implemented the strategy to develop the western region in 1999. The concepts such as concentrated contiguous poor minority areas and so on were formed soon after that. It mainly includes the three regions in south Xinjiang, Tibetan areas in the four provinces (Qinghai, Sichuan, Yunnan and Gansu), Liupan Mountain area, Qinling-Bashan Mountain area, Wuling Mountain area, Wumeng Mountain area, Liangshan area, rocky desertification area in Dian (Yunnan)-Qian (Guizhou)-Gui (Guangxi), western border and Ailaoshan area in Dian (Yunnan), Southern areas of Greater Khingan Mountains and other places.

全国连片特困地区（范围） 根据2011年发布的《中国农村扶贫开发纲要（2011—2020年）》划分有：六盘山区、秦巴山区、武陵山区、乌蒙山区、滇桂黔石漠化区、滇西边境山区、大兴安岭南麓山区、燕山—太行山区、吕梁山区、大别山区、罗霄山区，及先前的西藏、四省藏族聚居地区、新疆南疆三地州。

རྒྱལ་ཡོངས་ཀྱི་དཀའ་ངལ་ཆེན་ཏུ་ཆེ་བའི་ས་ཁུལ་སྐོར། (ཁྱབ་ཁོངས) ༢༠༡༡ལོར་འགྲེམ་སྤེལ་བྱས་པའི་《གྲོང་གསེབ་ཀྱི་སྟོང་སྦྱོར་དབུལ་སྐྱོར་སྒོ་འབྱེད་ཀྱི་རྩ་གནད། (༢༠༡༡—༢༠༢༠ལོ།)》 གཞིར་བཟུང་ནས་ཚ་བཅོས་བྱས་པ་རྣམས། ཕུལ་ཕན་རི་བོའི་ས་ཁུལ། ཆིན་པ་རི་བོའི་ས་ཁུལ། ཝུའུ་ལིན་རི་བོའི་ས་

ཁུལ། ཕན་མི་རིའི་པོའི་ས་ཁུལ། ལན་ཧུན་ཚེ་ཆུང་གི་ས་ཁུལ། ཏུན་ཆན་གཡའི་རྡོ་བྲེ་གྱུར་པའི་ས་ཁུལ། ཏུན་ནུབ་ཀྱི་མཐའ་མཚམས་དང་འཇན་ལང་རིའི་པོའི་ས་ཁུལ། ཞིན་ཨན་བྱང་ཆེ་བའི་ལྷོ་འདབས་ཀྱི་ས་ཁུལ། ཡན་ཧུན་—ཐའི་ཧན་རིའི་པོའི་ས་ཁུལ། ལུང་ལན་རིའི་པོའི་ས་ཁུལ། ཏ་པེ་རིའི་པོའི་ས་ཁུལ། ལོ་ཞའོ་རིའི་པོའི་ས་ཁུལ། དེ་མིན་བོད་ལྗོངས་དང་བོད་ཡུལ་ཞིང་ཆེན་བཞི། ཞིན་ཅང་ལྷོ་རྒྱུད་ཀྱི་ཁུལ་ཆེན་པོ་གསུམ་སོགས་ཡིན།

National contiguous poor areas (region)
According to *China's Rural Poverty Alleviation and Development Program* (2011-2020), which was published in 2011, the area was divided into: Liupan Mountain area, Qinling-Bashan area, Wuling Mountain area, Wumeng Mountain area, rocky desertification area in Dian (Yunnan)-Qian(Guizhou)-Gui (Guangxi), mountain area in western border of Dian (Yunnan), Southern areas of Greater Khingan Mountains, Yanshan-Taihang Mountain area, Lvliang Mountain area, Dabie Mountain area, Luo Xiao Mountain area, and Tibet, Tibetan areas in the four provinces (Qinghai, Sichuan, Yunnan and Gansu), and the three regions in south Xinjiang.

《全国民族教育发展与改革指导纲要（试行）》 文件名。1992年由国家教委民族地区教育司印发。共4部分30条。旨在明确20世纪90年代我国民族教育发展的目标、方针、任务和政策，重申民族教育的地位与作用，并提出发展民族教育的具体措施与条件。

《རྒྱལ་ཡོངས་མི་རིགས་སློབ་གསོ་འཕེལ་རྒྱས་དང་བཅོས་སྒྱུར་མཛུབ་སྟོན་གྱི་རྩ་གནད（ཚོད་ལྟ）》ཡིག་ཆའི་མིང་། ༡༩༩༢ བོད་རྒྱལ་ཁབ་སློབ་ཨུ་མི་རིགས་ས་ཁུལ་སློབ་གསོ་སི་ཡིས་སྤེལ། སྟོམ་ཁག་༤ཚན་པ་༣༠ཡོད། དུས་རབས་ཉི་ཤུ་པའི་རབས་དགུ་བཅུ་པར་རང་རྒྱལ་མི་རིགས་སློབ་གསོ་འཕེལ་རྒྱས་ཀྱི་དམིགས་འབེན་དང་། བྱེད་ཕྱོགས། ལས་འགན། སྲིད་ཇུས། མི་རིགས་སློབ་གསོའི་གོ་གནས་དང་ནུས་པར་བསྐྱར་བཤད་བྱེད་པ་མ་ཟད། མི་རིགས་སློབ་གསོ་གོང་སྤེལ་གཏོང་བའི་ཞིབ་ཕྲའི་བྱེད་ཐབས་དང་ཆ་རྐྱེན་བཅས་བཏོན་པའོ།།

Outlines for Ethnic Education Development and Reform (for Trial Implementation)
Released by the Department of Ethnic Education of the State Education Commission in 1992, it is divided into 4 parts and 30 pieces. It aims to make clear the objective, policy, task and principle of the educational development in minority area of the 1990s; moreover, it reiterate the significance and function of ethnic education, and come up with concrete measures and requirements of the educational development in ethnic minority areas.

全国民族贸易和民族用品生产工作会议（1981） 受国务院委托，由国家民委等11个部门联合在北京召开。参加会议的有全国25个省市、自治区的代表。会议进一步重申和明确了党的有关方针政策，提高了与会代表对民族贸易和民族用品生产工作的重要性和长期性的认识，也解决了一些实际问题。

རྒྱལ་ཡོངས་མི་རིགས་ཚོང་འབྲེལ་དང་མི་རིགས་མཁོ་ཆས་ཐོན་སྐྱེད་ལས་ཀའི་ཚོགས་

ཚོགས། (1981) རྒྱལ་སྲིད་སྤྱི་ཁྱབ་ཁང་གིས་
བཅོལ་བ་ལྟར། རྒྱལ་ཁབ་མི་རིགས་དོན་གཅོད་ཨུ་ཡོན་
ལྷན་ཁང་སོགས་ལས་ཁུངས་ 11 གིས་མཉམ་འབྲེལ་སྒོས་
པེ་ཅིན་དུ་མཛད་སྒོ་སྤེལ། གྲོས་ཚོགས་སུ་ཞུགས་མཁན་
རྒྱལ་ཡོངས་ཀྱི་ཞིང་ཆེན་དང་གྲོང་ཁྱེར། རང་སྐྱོང་ལྗོངས་
25 ཡི་མཚུངས་མི་ཡོད། གྲོས་ཚོགས་སུ་གོལ་གང་མ་འདུན་
སྲོལ་ཀྱིས་ཏང་གི་སྲིད་ཇུས་མཛད་ཕྱོགས་སྟོང་བ་དང་
གཏན་འཁེལ་བྱས་པར་མ་ཟད་མི་ཚོའི་མི་རིགས་བར་གྱི་
ཚོང་དོན་དང་མི་རིགས་ཀྱི་མཁོ་ཆས་ཐོན་སྐྱེད་ལས་ཀའི་
གལ་ཆེའི་རང་བཞིན་དང་ཡུན་རིང་རང་བཞིན་གྱི་འདུ་
ཤེས་རྗེ་ཟབ་ཏུ་བཏང་བོ། །

National Work Conference on Ethnic Trade and Production of Ethnic Goods (in 1981), commissioned by the State Council, was held in Beijing, jointly by the State Ethnic Affairs Commission and other 11 departments. It was attended by representatives from 25 provinces, municipalities and autonomous regions. The conference further reaffirmed and clarified the Party's relevant policies. It deepened the representatives' understanding of importance and chronicity of the work of ethnic trade and production of ethnic goods, and also solved some practical problems.

《全国民族贸易和民族用品生产工作会议纪要》 文件名，是 1981 年国务院批转国家民委等 11 个部门召开的全国民族贸易和民族用品生产工作会议的纪要。该会议主要就改革开放新形势，对民族贸易政策作了调整，出台了利率优惠、减免税收、专项投资、运费补贴、专项商品和物资供应等优惠政策。

《རྒྱལ་ཡོངས་མི་རིགས་བར་གྱི་ཚོ་ཚོང་དང་མི་
རིགས་མཁོ་ཆས་ཐོན་སྐྱེད་སྒོར་གྱི་གྲོས་བྱེད་
གནད་བསྡུས》 ཡིག་ཚའི་མིང་། 1981 ལོར་རྒྱལ་
སྲིད་སྤྱི་ཁྱབ་ཁང་གིས་རྒྱལ་ཁབ་མི་རིགས་དོན་གཅོད་ཨུ་
ཡོན་ལྷན་ཁང་སོགས་ལས་ཁུངས་ 11 གིས་འཚོགས་པའི་
རྒྱལ་ཡོངས་མི་རིགས་བར་གྱི་ཚོང་དང་མི་རིགས་སྒོར་
ཆས་ཐོན་སྐྱེད་སྒོར་གྱི་གྲོས་ཞིབ་གནད་བསྡུས་ལ་ཆོག་
བགོད་རྒྱབ་སྟོང་བྱས། བསྐྱར་འདིའི་ཚོགས་འདུའི་ནང་
དོན་གཙོ་བོ་བཅོས་བསྒྱུར་སྒོ་འབྱེད་ཀྱི་རྣམ་པ་གསར་པ་
ལྟར། མི་རིགས་བར་གྱི་ཚོ་ཚོང་སྲིད་ཇུས་ལེགས་སྒྲིག་བྱས་
ཏེ། སྐྱེད་གར་དགེ་མིགས་བསལ་དང་། ཁྲལ་མར་བཅག་པ།
ཆེད་ཚན་དངུལ་གཏོང་དང་། འགྲིམ་འགྲུལ་ཁ་གསབ། ཆེད་
ཚོང་ཚོག་དང་དངོས་ཟོག་མཁོ་འདོན་སོགས་དམིགས་
བསལ་སྲིད་ཇུས་ཡིན།

Minutes of National Meeting on Ethnic Trade and the Production of Ethnic Articles The meeting was held by the State Ethnic Affairs Commission and other ten departments, and the meeting minutes on ethnic trade and the production of ethnic articles were approved and transmitted by the State Council in 1981. Based on the new situation of the reform and opening up, this meeting made adjustments on ethnic trade, and put forward a series of policies including favorable interest rate, tax reduction, specific investment, freight subsidies, special goods, and the supply of materials, etc.

全国民族团结进步教育基地 指我国不同历史时期形成的一批促进民族团结、密切民族关系、维护祖国统一等方面的历史遗址、纪念场所和人文场馆等，是进行民族团结进步宣传教育的宝贵资源和重要场所。国家民委从2006年起至2011年，已先后命名3批，共72个。

རྒྱལ་ཡོངས་མི་རིགས་མཐུན་སྒྲིལ་མདུན་སྐྱོད་སློབ་གསོའི་རྟེན་གཞི། རང་རྒྱལ་གྱི་ལོ་རྒྱུས་དུས་ཡུན་མི་འདྲ་བའི་སྐབས་སུ་བྱུང་བའི་མི་རིགས་མཐུན་སྒྲིལ་དང་མི་རིགས་འཕེལ་རྒྱས་བཟང་། རྒྱལ་ཁབ་གཅིག་གྱུར་སོགས་ལ་སྲུང་སྐྱོབ་བྱེད་པའི་ལོ་རྒྱུས་གནའ་ཤུལ་དང་དུད་རྟེན་ས་གནས། མི་ཚོགས་རིགས་གནས་ཁང་སོགས་ཡིན། མི་རིགས་མཐུན་སྒྲིལ་མདུན་སྐྱོད་དྲིལ་བསྒྲགས་སློབ་གསོའི་གལ་ཆེ་བའི་ཐོན་ཁུངས་དང་གལ་ཆེ་བའི་གནས་ཡུལ་ཡིན། རྒྱལ་ཁབ་མི་རིགས་དོན་གཅོད་ཨུ་ཡོན་ལྷན་ཁང་གིས་༢༠༠༦ལོ་ནས་༢༠༡༡ལོའི་བར་ལྟ་རྟེས་སུ་ཁག་གསུམ་ལ་མིང་བཏགས་པས་སྤྱི་༧༢ཡོད།

National Ethnic Solidarity and Progress Education Base refers to a group of historical sites, monuments and cultural venues in different historical periods which can promote ethnic solidarity and progress, maintain close ties among ethnic relations, and safeguard the unity of the country and other aspects. They are valuable resources and important places to carry out publicity and education of ethnic solidarity and progress. State Ethnic Affairs Commission has already named 72 bases in three batches from 2006 to 2011.

《全国民族团结进步教育基地评审命名办法》 文件名。2013年由国家民委颁布。共15条。就全国民族团结进步教育基地的评审命名作出具体规定。涉及：其应具备的宣传教育功能、择优原则、命名年限、基本条件、申报程序、命名单位、经费补助、命名后的发展规划及其责任与处罚等。

《རྒྱལ་ཡོངས་མི་རིགས་མཐུན་སྒྲིལ་ཡར་རྒྱས་སློབ་གསོའི་རྟེན་གནས་ཞིབ་དཔྱད་ཀྱི་མིང་འདོགས་པའི་ཐབས་ཤེས》 ཡིག་ཆའི་མིང་། ༢༠༡༣ལོར་རྒྱལ་ཁབ་མི་རིགས་དོན་གཅོད་ཨུ་ཡོན་ཁང་གིས་ཁྱབ་བསྒྲགས་བྱས། སྲོལ་དོན་ཚན་༡༥ཡོད། རྒྱལ་ཡོངས་མི་རིགས་མཐུན་སྒྲིལ་ཡར་རྒྱས་སློབ་གསོའི་རྟེན་གནས་ཀྱི་ཞིབ་དཔྱད་མིང་འདོགས་ལ་མཐུད་འབེབས་བྱེད་ཏུ་གཏན་པ་སྟེ། དེར་འབྲེལ་འགྲོ་བའི་སློབ་གསོ་དྲིལ་བསྒྲགས་ཀྱི་ནུས་པ་དང་། བཟང་གདམས་ཀྱི་རྩ་དོན། མཚོན་གཏན་འཁེལ། གཞི་རྩའི་ཆ་རྐྱེན། སྙན་ཞུའི་གོ་རིམ། ལས་ཁུངས་ཀྱི་མིང་འདོགས་པ། འགྲོ་གྲོན་གྱི་རོགས་དངུལ། མིང་བཏགས་རྗེས་ཀྱི་གོང་འཕེལ་འཆར་འགོད་དང་འགན་ལས་ཆད་གཅོད་སོགས་སོ།

Assessment & Naming Approaches to the National Ethnic Unity and Progress Education Base was promulgated by the State Ethnic Affairs, 15 articles in total. This file makes specific provisions about the assessment and naming approaches to the education base on ethnic unification and progress. Issues involved: required publicity and educational function, well-qualified selection principles, naming duration, basic conditions, notification procedures, naming units, grants and subsidies, plans for post-naming development, and its responsibility and punishment, etc.

全国民族卫生会议 1951年由中央人民政府卫生部主持在北京举行。会议通过《关于建立和发展少数民族地区卫生工作的决定》《少数民族卫生工作方案》以及《防治少数民族地区性病、疟疾与推行少数民族地区妇幼卫生工作方案》等文件。

རྒྱལ་ཡོངས་མི་རིགས་འཕྲོད་བསྟེན་གྲོས་ཚོགས།

༡༩༥༡ལོར་ཀྲུང་དབྱང་མི་དམངས་སྲིད་གཞུང་འཕྲོད་བསྟེན་ཁང་གིས་མགོ་འཛིན་མཛད་དེ་པེ་ཅིན་དུ་སྤེལ། གྲོས་ཚོགས་ལས《གྲངས་ཉུང་མི་རིགས་ས་ཁུལ་དུ་འཕྲོད་བསྟེན་གྱི་ལས་ཀ་འཛུགས་སྐྲུན་དང་འཕེལ་རྒྱས་གཏོང་བའི་གཏན་འབེབས་ཀྱི་ཡི་གེ》《གྲངས་ཉུང་མི་རིགས་འཕྲོད་བསྟེན་ལས་ཀའི་འཆར་གཞི》དེ་མིན《གྲངས་ཉུང་མི་རིགས་ས་ཁུལ་གྱི་བསེ་དུག་དང་འདར་ནད་འགོག་བཅོས། གྲངས་ཉུང་མི་རིགས་ས་ཁུལ་གྱི་མ་བུའི་འཕྲོད་བསྟེན་ཀྱི་ལས་ཀ་སྤེལ་བའི་འཆར་གཞི》སོགས་ཀྱི་ཡིག་ཆར་ཁས་ལེན་ཐོབ།

National Conference on Ethic Minority Health was held by the Ministry of Health of the Central people's Government in Beijing in 1951. The conference adopted the *Decision on the establishment and development of health work in minority areas, program for health work in minority areas* and *program for prevention of sexually transmitted diseases and malaria, and for the improvement of maternal and child health in minority areas* and other documents.

全国民族自治区重点新闻网站联盟 2004年由全国5个民族自治区的6家（内蒙古新闻网、天山网、中国西藏新闻网、桂龙网、新桂网、宁夏新闻网）重点新闻网站正式结盟成立。旨在为少数民族地区的网络媒体建立起一个崭新的交流和合作的平台，提升整体影响力。

རྒྱལ་ཡོངས་མི་རིགས་རང་སྐྱོང་ལྗོངས་ཀྱི་གནད་ཆེ་བའི་གསར་འགྱུར་དྲ་ཚིགས་མཉམ་འབྲེལ།

༢༠༠༤ལོར་རྒྱལ་ཡོངས་ཀྱི་མི་རིགས་རང་སྐྱོང་ལྗོངས་ལྔ་ཡི་གནས་ཚེ་བའི་གསར་འགྱུར་དུ་ཚིགས་དྲུག（ནང་སོག་གསར་འགྱུར་དྲ་བ། ཐན་ཧྲན་དྲ་བ། ཀྲུང་གོའི་བོད་ལྗོངས་གསར་འགྱུར་དྲ་བ། ཀུའེ་ལུང་དྲ་བ། ཞིན་ཀུའེ་དྲ་བ། ཉིང་ཞ་གསར་འགྱུར་དྲ་བ）དངོས་སུ་མཉམ་འབྲེལ་བསྒྲིགས། འདིས་གྲངས་ཉུང་མི་རིགས་ས་ཁུལ་གྱི་དྲ་བའི་འབྲེལ་འདྲིས་དང་རམ་འདེགས་ཀྱི་གར་སྟེགས་གསར་པ་ཞིག་ཚུགས་པས་སྤྱིའི་ཤུགས་རྐྱེན་གྱི་ཚད་དེ་མཐོར་བཏང་ཐུབ་པ་ཡིན།

National Key News Network Alliance in Autonomous Regions was founded officially by six key news websites (Inner Mongolia News Web, Tianshan net, China Tibet News Web, Guilong News Net, Xingui News Net, Ningxia News Web) in the five national autonomous regions in 2004. It aimed at building a new online media platform for exchange and cooperation among ethnic minority areas, and enhancing the overall influence.

全国人民代表大会民族委员会 中华人民共和国全国人民代表大会的专门委员会之一。1954年一届全国人大初设，为最早设立的专门委员会之一。受"文化大革命"影响，四届全国人大一次会议没有设立任何专门委员会。1975年6月在全国人大常委会设立"民族政策研究组"。1979年五届全国人大重设民族委员会。

རྒྱལ་ཡོངས་མི་དམངས་འཐུས་མིའི་ཚོགས་ཆེན་

མི་རིགས་ཀྱི་དོན་སྙན་ཁང་། གུང་དུ་མི་དམངས་སྤྱི་མཐུན་རྒྱལ་ཁབ་རྒྱལ་ཡོངས་མི་དམངས་འཐུས་མིའི་ཚོགས་ཆེན་གྱི་ཆེད་བཙུགས་ཡོལ་སྙན་ཁང་གི་ཡ་གྱལ་ཞིག་ཡིན། ༡༩༥༤ལོར་སྐབས་དང་པོའི་རྒྱལ་ཡོངས་མི་དམངས་ཚོགས་ཆེན་ཐོག་པར་བཙུགས། དེའི་ཆེས་ལྟ་བར་བཙུགས་པའི་ཆེད་བཙུགས་ཡོལ་སྙན་ཁང་གི་ཡ་གྱལ་ཞིག་ཡིན། རིག་གནས་གསར་བརྗེ་ཆེན་མོའི་ཤུགས་རྐྱེན་གྱིས་སྐབས་བཞིའི་རྒྱལ་ཡོངས་འཐུས་མིའི་ཚོགས་ཆེན་ཐོག་ཆེད་བཙུགས་ཀྱི་ཨུ་ཡོན་ལྷན་ཁང་གཅིག་ཀྱང་བཙུགས་མེད། ༡༩༧༥ལོའི་ཟླ༦པར་རྒྱལ་ཡོངས་འཐུས་མིའི་ཚོགས་ཆེན་རྒྱུན་ལས་ཡོལ་སྙན་ཁང་འོག་ཏུ་མི་རིགས་སྲིད་ཇུས་ཞིབ་འཇུག་ཚོགས་ཆུང་བཙུགས། ༡༩༧༩ལོའི་སྐབས་ལྔ་པའི་རྒྱལ་ཡོངས་འཐུས་མིའི་ཚོགས་ཆེན་ཐོག་མི་རིགས་ཀྱི་ཡོལ་སྙན་ཁང་བསྐྱར་དུ་བཙུགས།

Ethnic Affairs Committee of National People's Congress is one of the special committees of National People's Congress (NPC) in People's Republic of China. It was founded preliminarily during the first session of the NPC in 1954, and it was one of the earliest established special committees. Under the influence of the "the Cultural Revolution", the first meeting in the fourth session of the NPC did not establish any special committee. In June 1975, the "ethnic policy research group" was set up in the standing committee of the NPC. In 1979, ethnic affairs committee was founded again during the fifth session of the NPC.

全国少数民族传统体育运动会 简称"民运会",是经国务院批准,由国家民委、国家体育总局主办,省、自治区、直辖市或副省级省会城市人民政府承办的综合性全国少数民族传统体育运动会。举办周期四年,是在1953年举办的全国民族形式体育表演和竞赛大会的基础上发展而来,迄2015年共举办10届。

རྒྱལ་ཡོངས་ཀྱི་གྲངས་ཉུང་མི་རིགས་སྲོལ་རྒྱུན་ལུས་རྩལ་འགྲན་ཚོགས། བསྡུས་མིང་ལ་མི་རིགས་རྩལ་འགྲན་ཟེར། རྒྱལ་སྲིད་སྤྱི་ཁྱབ་ཁང་གི་ཆོག་མཆན་བཀོད་ནས་རྒྱལ་ཁབ་མི་རིགས་དོན་གཅོད་ཨུ་ཡོན་ལྷན་ཁང་དང་རྒྱལ་ཁབ་ལུས་རྩལ་སྤྱི་ཁྱབ་ཁང་གིས་སྤྱི་ཁྱབ་བྱས་ནས་ཞིང་ཆེན་དང་རང་སྐྱོང་ལྗོངས། ཐད་སྐྱོང་གྲོང་ཁྱེར་རམ་རིམ་གཞོན་པའི་ཞིང་ཆེན་རིམ་གྱི་མི་དམངས་སྲིད་གཞུང་གིས་འགན་སྒྲེལ་བྱས་པའི་རྒྱལ་ཡོངས་སྤྱི་བསྡུས་རང་བཞིན་གྱི་གྲངས་ཉུང་མི་རིགས་སྲོལ་རྒྱུན་ལུས་རྩལ་འགྲན་ཚོགས་ཤིག་སྟེ། སྤེལ་ཡུན་ལོ་འཁོར་བཞི་ཡིན། ༡༩༥༣ལོར་སྤེལ་བའི་རྒྱལ་ཡོངས་མི་རིགས་ལུས་རྩལ་འཁྲབ་སྟོན་དང་འགྲན་ཚོགས་ཀྱི་རྨང་གཞིའི་སྟེང་ནས་འཕེལ་རྒྱས་བྱུང་བའོ།། ༢༠༡༥ལོའི་བར་དུ་བཏེན་སྤེལ་ཟིན་པའོ། །

National Traditional Ethnic Minority Sports Meeting refers to "Minority Games" for short. It is a comprehensive national traditional sports meeting for ethnic minorities, approved by the State Council, sponsored by the State Ethnic Affairs Commission and the State General Administration of Sports, and hosted by the People's Government of provinces, autonomous regions, municipalities or sub-provincial capital cities. It is held every four years. It was evolved on the basis of the national ethnic sports performances and competitions in 1953. Ten such sports meetings have been held until 2015.

全国少数民族地区经济发展战略问题讨论会 1982年由中国少数民族经济研究会主持在昆明召开。参会代表90余人。主要分析和总结党的十一届三中全会以来各少数民族地区经济建设发展的新情况、新问题和新经验，探讨其经济发展的战略目标、战略重点与战略步骤，商议有关经济理论研究、规划问题等。

རྒྱལ་ཡོངས་གྲངས་ཉུང་མི་རིགས་ས་ཁུལ་དཔལ་འབྱོར་འཕེལ་འཕེལ་རྒྱས་གཏན་འབེབས་ཀྱི་གྲོས་ཚོགས།

༡༩༨༢ལོར་ཀྲུང་གོའི་གྲངས་ཉུང་མི་རིགས་དཔལ་འབྱོར་ཞིབ་འཇུག་ཚོགས་པས་ཁུང་མིང་ན་འཚོགས། ཚོགས་འདུ་ལ་ཞུགས་པའི་འཐུས་མི་༩༠ཙམ་ཡོད། གཙོ་བོར་ཏང་གི་སྐབས་བཅུ་གཅིག་པའི་ཆོང་འཛོམས་གྲོས་ཚོགས་ཐེངས་གསུམ་པའི་རྗེས་ནས་བཟུང་གྲངས་ཉུང་མི་རིགས་ས་ཁུལ་གྱི་དཔལ་འབྱོར་འཛུགས་སྐྲུན་སྐྱེད་སྐོར་དང་། དགའ་བཞིན་གྱི་གནས་ཚུལ་ད་གཏན་དང་གནད་དོན་ད་ཞིབ་སྐྱོང་གསར་པ་བཅས་ལ་དཔྱད་ཞིབ་དང་ཕྱོགས་བསྡོམས་བྱ་ཡུལ། དཔལ་འབྱོར་འཕེལ་རྒྱས་འཕུར་ཐུར་ཐབས་ཀྱི་དམིགས་ཡུལ་དང་གནད་ལ་རིམ་སྒྲིག་ལ་ཞིབ་གྲོས་མཛད་། ད་དུང་དེའི་དཔལ་འབྱོར་རིག་གཞུང་གི་ཞིབ་འཇུག་དང་གནད་དོན་འཆར་འགོད་ལ་སོགས་པའོ།།

National Seminar on Economic Development Strategy in Minority Areas was hosted by the China Association of Ethnic Economy in Kunming in 1982. More than 90 delegates attended it. New situations, problems and experience during the economic development in the minority areas since the Third Plenum Session of the 11th Central Committee of the Chinese Communist Party were mainly analyzed and summarized, strategic goals, focuses and steps of economic development were explored, and issues about economic theory research and planning were negotiated.

全国少数民族地区先进科技工作者代表座谈会（首次） 1983年由中国科协、劳动人事部和国家民委在北京联合举办。参会代表180多名。会议讨论了如何开创少数民族地区科技工作新局面的问题，还为2000多名少数民族地区先进科技工作者颁了奖，并决定给32万名各族科技工作者颁发荣誉证书。

རྒྱལ་ཡོངས་གྲངས་ཉུང་མི་རིགས་ས་ཁུལ་གྱི་སྔོན་ཐོན་ཚན་རྩལ་ལས་བྱེད་མགྲིན་ཚབ་འཛོམས་མོལ་ཚོགས་འདུ། (ཐོག་མ) ༡༩༨༣ལོར་ཀྲུང་གོའི་ཚན་རིག་མཐུན་ཚོགས་དང་ངལ་རྩོལ་མི་དོན་པུའུ། རྒྱལ་ཁབ་མི་རིགས་དོན་གཅོད་ཨུ་ཡོན་ལྷན་ཁང་སོགས་མཉམ་འབྲེལ་བྱས་ནས་པེ་ཅིན་དུ་འཚོགས། ཚོགས་ཞུགས་འཐུས་མི་༡༨༠ལྷག་ཡོད། གྲོས་ཚོགས་སུ་ཇི་ལྟར་གྲངས་ཉུང་མི་རིགས་ས་ཁུལ་གྱི་ཚན་རྩལ་ལས་ཀའི་རྣམ་པ་གསར་བ་སྐྲུན་སྐོར་གྱི་གནད་དོན་ལ་གྲོས་མོལ་མཛད། ད་དུང་གྲངས་ཉུང་མི་རིགས་ས་ཁུལ་གྱི་སྔོན་ཐོན་ཚན་རྩལ་གྱི་ལས་བྱེད་ལྷག་༢༠༠༠ལྷག་ལ་བྱ་དགའ་སྤྲད་པ། རིགས་སོ་སོའི་ཚན་རྩལ་གྱི་ལས་བྱེད་ཁྲི་༣༢ལ་བྱ་དགའི་དཔང་ཡིག་གནང་བ་བཅས་སོ།།

National forum of representatives of advanced scientific and technological workers in minority areas (the first time) was held jointly by the China Association for

·577·

Science and Technology, the Ministry of Labor and Personnel and the State Ethnic Affairs Commission in Beijing in 1983. More than 180 delegates attended it. How to create a new situation for scientific and technological work in minority areas was discussed, more than 2,000 advanced scientific and technological workers in ethnic minority areas were presented awards. It was also decided that 320,000 honorary certificates will be awarded to the scientific and technological workers from different ethnic groups.

全国少数民族古籍整理出版规划小组
1983年国家民委在北京组织召开全国少数民族古籍整理工作座谈会，酝酿建立该小组。1984年国务院批准国家民委关于抢救整理少数民族古籍的请示。同年，该小组成立，专门负责组织、协调、联络、指导等工作。

རྒྱལ་ཡོངས་གྲངས་ཉུང་མི་རིགས་གནའ་དཔེའི་དག་སྒྲིག་པར་སྐྲུན་འཆར་འགོད་ཚོ་ཆུང་།

༡༩༨༣ལོར་རྒྱལ་ཁབ་མི་རིགས་དོན་གཅོད་ཨུ་ཡོན་ལྷན་ཁང་གིས་པེ་ཅིན་དུ་རྩ་འཛུགས་བྱས་པའི་རྒྱལ་ཡོངས་གྲངས་ཉུང་མི་རིགས་གནའ་དཔེའི་དག་སྒྲིག་ལས་གཞིའི་བཞུགས་མོལ་ཚོགས་འདུའི་ཞིང་བཅུད་བསྡུས་ནས་ཚོ་ཆུང་འདི་བཙུགས། ༡༩༨༤ལོར་རྒྱལ་སྲིད་སྤྱི་ཁྱབ་ཁང་གིས་རྒྱལ་ཁབ་མི་རིགས་དོན་གཅོད་ཨུ་ཡོན་ལྷན་ཁང་གི་གྲངས་ཉུང་མི་རིགས་གནའ་དཔེ་སྐྱོབ་སྒྲུབ་དག་སྒྲིག་གི་ཞུ་ལ་ཆོག་བགྲོད་བྱས། ལོ་དེའི་ཚོ་ཆུང་འདི་བཙུགས་ནས་དམིགས་སུ་འཛུགས་དང་སྦྲེལ་སྒྲིག་འབྲེལ་གཏུགས་གཙོས་ལས་ཀ་རྣམས་འགན་ལེན་བྱས།

National planning group for the collating

and publishing of ancient books of ethnic minorities was prepared to be set up at the national forum on the editing of minority ancient books held by the State Ethnic Affairs Commission in Beijing in 1983. In 1984 the State Council approved the request of the State Ethnic Affairs Commission on the rescue of minority ancient books. In the same year, the group was established, being responsible for the organization, coordination, liaison, guidance and some other work.

全国少数民族古籍整理工作座谈会（首次） 1983年国家民委在北京组织召开。是新中国成立以来的第一次古籍整理工作会议。参会代表70余人。会议着重商讨如何开展少数民族古籍整理、研究和出版工作，酝酿建立全国少数民族古籍整理出版规划小组及在各省、自治区建立相应组织，并提出计划或设想。

རྒྱལ་ཡོངས་གྲངས་ཉུང་མི་རིགས་གནའ་དཔེའི་དག་སྒྲིག་ལས་ཀའི་བཞུགས་མོལ་ཚོགས་འདུ།（ཐོག་མ）༡༩༨༣ལོར་རྒྱལ་ཁབ་མི་རིགས་དོན་གཅོད་ཨུ་ཡོན་ལྷན་ཁང་གིས་པེ་ཅིན་དུ་རྩ་འཛུགས་བྱས་ནས་ཚོགས། ཀྲུང་གོ་གསར་པ་ཚུགས་རྗེས་ཐེངས་དང་པོའི་གནའ་དཔེ་དག་སྒྲིག་ལས་ཀའི་ཚོགས་འདུ་ཡིན། ཚོགས་ཞུགས་འཐུས་མི ༧༠ཙམ་ཡོད། གྲོས་ཚོགས་ཀྱིས་གྲངས་ཉུང་མི་རིགས་གནའ་དཔེའི་དག་སྒྲིག་དང་། ཞིབ་འཇུག་དང་། གྲུང་གོའི་སྡོང་གྲོགས་ནས་མི་རིགས་གནའ་དཔེའི་དག་སྒྲིག་པར་སྐྲུན་འཆར་འགོད་ཚོ་ཆུང་དང་འཆར་འགོད་ཀྱི་ཚོ་ཆུང་འཛུགས་རྒྱུ། ཞིང་ཆེན་དང་ལྕོངས་སོ་སོར་ཚོད་དེས་ཚན་ཧོག་ཚ་འཛུགས་དང་འཆར་གཞིའམ་དགོངས་འཆར་སྤེལ་རྒྱ་དེའོ།

National forum on the collating of minority ancient books (the first time) was held by the State Ethnic Affairs Commission in Beijing in 1983, and it was the first meeting on the editing of ancient books since the the founding of New China. More than 70 delegates attended it. They focused on discussing how to carry out the editing, research and publishing of minority ancient books, and proposed to establish the national planning group and relevant organizations in different provinces and autonomous regions to collate and publish the minority ancient books. They also put forward some plans and suggestions.

全国少数民族计划生育工作会议（首次） 1992年由国家计生委、国家民委联合在吉林延吉市举行。目的是在新形势下统一思想，交流经验，分析存在的问题和困难，明确今后十年少数民族计划生育工作的指导方针和主要任务。会上还表彰了全国少数民族计划生育先进集体、个人。

རྒྱལ་ཡོངས་གྲངས་ཉུང་མི་རིགས་འཆར་ལྡན་བུ་བཙའ་ལས་ཀའི་གྲོས་ཚོགས། (ཐོག་མ) ༡༩༩༢ལོར་རྒྱལ་ཁབ་ཀྱི་འཆར་ལྡན་བུ་སྐྱེས་ཨུ་ཡོན་ལྷན་ཁང་དང་རྒྱལ་ཁབ་མི་རིགས་དོན་གཅོད་ཨུ་ཡོན་ལྷན་ཁང་གཉིས་ཀྱིས་མཉམ་དུ་ཅི་ལིན་ཡན་ཅི་གྲོང་ཁྱེར་དུ་འཚོགས། དམིགས་ཡུལ་གཙོ་བོ་དུས་སྐབས་གསར་པའི་ནང་བསམ་བློ་གཅིག་གྱུར་དང་ཉམས་མྱོང་བརྗེ་སྤྲོད། གནས་སྐབས་ཀྱི་གནད་དོན་དང་དཀའ་ངལ་དབྱེ་ཞིབ། ཕྱིན་ཆད་ཀྱི་ལོ་༡༠ཡི་རིང་ལ་གྲངས་ཉུང་མི་རིགས་ཀྱི་འཆར་ལྡན་བུ་སྐྱེས་ལས་ཀའི་ལམ་ཕྱོགས་འཛིན་སྟོན་དང་ལས་འགན་གཙོ་བོ་གཏན་འབེབས་བྱས་པ་དང་། ཚོགས་ཐོག་ཏུ་ད་དུང་རྒྱལ་ཡོངས་མི་རིགས་འཆར་ལྡན་བུ་སྐྱེས་ཀྱི་སྔོན་ཐོན་ཚོགས་པ་དང་མི་སྒེར་ལ་བྱ་དགའ་གནང་།

National conference on family planning in minority areas (the first time) was held jointly by the State Family Planning Commission and the State Ethnic Affairs Commission in Yanji City of Jilin province in 1992. The purpose was to unify thinking and exchange experience under the new situation, to analyze present problems and difficulties, and to make clear guidelines and the main tasks of family planning in minority areas for the next 10 years. Advanced minority collectives and individuals in family planning were also commended.

全国少数民族卫生工作会议（1983） 由卫生部和国家民委在北京联合召开。共有20个省、自治区、直辖市的卫生厅（局）长、民委主任等126人参加，是1951年第一次全国少数民族卫生工作会议后的第二次会议，提出了开创民族卫生工作新局面的具体任务和政策措施等。

རྒྱལ་ཡོངས་གྲངས་ཉུང་མི་རིགས་འཕྲོད་བསྟེན་ལས་ཀའི་ཚོགས་འདུ། (༡༩༨༣) འཕྲོད་བསྟེན་པུའུ་དང་རྒྱལ་ཁབ་མི་རིགས་དོན་གཅོད་ཨུ་ཡོན་ལྷན་ཁང་གཉིས་ཀྱིས་མཉམ་དུ་འཚོགས། སྰོམ་པ་ཞིང་ཆེན་དང་ཐད་སྐྱོང་གྲོང་ཁྱེར། རང་སྐྱོང་ལྗོངས་བཅས་ཤུལ (ཁུལ) གང་དང་གྲུའུ་རིན་སོགས་མི ༡༢༦ཞུགས། འདི་ནི་༡༩༥༡ལོའི་ཐེངས་དང་པོའི་རྒྱལ་ཡོངས་གྲངས་ཉུང་མི་རིགས་འཕྲོད་བསྟེན་ལས་ཀའི་ཚོགས་འདུའི་རྗེས་ཀྱི་ཐེངས་གཉིས་པའི་གྲོས་ཚོགས་ཡིན། མི་

རིགས་འཕྲོད་བསྟེན་ལས་ཀའི་རྣམ་པ་གསར་པ་དང་དོན་དངོས་ཀྱི་ལས་འགན། སྲིད་ཇུས་ཐབས་བཀོད་ཙོགས་གསར་པ་བཏོན་ཡོད།

National Conference on Ethic Minority Health（in 1983） was held jointly by the Ministry of Health and the State Ethnic Affairs Commission in Beijing. A total of 126 participants, including heads of health department（bureau）, directors of Ethnic Affairs Commission and so on, from 20 provinces, autonomous regions and municipalities directly under central government, attended it. It is the second one after the National Conference on Ethic Minority Health which was held for the first time in 1951. Specific tasks, policies and measures were proposed on creating new situations for health work in minority areas.

全国少数民族文化工作会议（首次） 2009年由国务院主持召开。参会代表200多人。会议主要强调，要把握社会主义先进文化前进方向，紧紧围绕"两个共同"的民族工作主题，促进少数民族文化建设与全国文化建设协调发展，并就《国务院关于繁荣发展少数民族文化事业的若干意见》进行了讨论。

རྒྱལ་ཡོངས་གྲངས་ཉུང་མི་རིགས་ཀྱི་རིག་གནས་ལས་ཀའི་ཚོགས་འདུ། （ཐོག་མ） ༢༠༠༩ ལོར་རྒྱལ་སྲིད་སྤྱི་ཁྱབ་ཁང་ནས་འགོ་བཙུགས་ཏེ་སྤེལ། ཚོགས་ཞུགས་མི་འབོར་མི་ ༢༠༠ ལྷག་ཡོད། གྲོས་ཚོགས་ཀྱི་ནང་དོན་གཙོ་བོ། སྤྱི་ཚོགས་རིང་ལུགས་ཀྱི་སྟོན་ཕྱོགས་རིག་གནས་ཀྱི་མདུན་སྐྱོད་ཕྱོགས་དང་འཛིན་བྱུས་ནས་སྙིང་མཐུན་གཉིས་ཀྱི་མི་རིགས་ལས་དོན་ཀྱི་ཀྱི་ལ་དག་

འཛིན་བྱ་ཞིང་། གྲངས་ཉུང་མི་རིགས་ཀྱི་རིག་གནས་འཛུགས་སྐྲུན་དང་རྒྱལ་ཡོངས་རིག་གནས་འཛུགས་སྐྲུན་གཉིས་ཕན་ཚུན་དང་འབྲེལ་བར་སྐྱལ་སྤེལ་བྱེད་པ་དང་། གཞན《རྒྱལ་སྲིད་སྤྱི་ཁྱབ་ཁང་གིས་གྲངས་ཉུང་མི་རིགས་ཀྱི་རིག་གནས་ལས་ཀའི་བསམ་འཆར་འགའ་ཞིག》ལ་གྲོས་སྡུར་མཛད།

National conference on the cultural work of ethnic minorities（the first time） was held by the State Council in 2009. More than 200 delegates attended it. The meeting focused on the need to grasp the direction of advanced socialist culture, keep close to the theme of the ethnic work "Two commons", and promote the coordinated development of culture in minority areas and the nationwide. And *several opinions of the State Council on the prosperity and development of culture of ethnic minorities* were discussed.

全国少数民族文艺会演 是国家法定大型公益性文化活动，旨在繁荣发展民族文化、推动民族团结进步。1980年开始，由国家民委、文化部、广电总局和北京市政府联合主办。2012年举办第四届时，来自全国各少数民族的6700多名演职人员在北京展演了41台优秀节目。

རྒྱལ་ཡོངས་གྲངས་ཉུང་མི་རིགས་ཀྱི་རིག་གནས་སྒྱུ་རྩལ་གྱི་འཁྲབ་སྟོན། རྒྱལ་ཁབ་ཀྱིས་ཁྲིམས་སུ་གཏན་འཁེལ་བྱས་པའི་གུན་ཕན་དང་བཞིན་གྱི་རིག་གནས་ལས་འགུལ་ཆེན་མོ་ཞིག་ཡིན། མི་རིགས་རིག་གནས་འཕེལ་རྒྱས་ཕྱུན་ཚོགས་དང་མི་རིགས་མཐུན་སྒྲིལ་མདུན་སྐྱོད་ཀྱི་ཆེད་དུ་སྤྱི་ལོ་ཡིན། ༡༩༨༠ ལོ་ནས་འགོ་བཙུགས་ཏེ། རྒྱལ་ཁབ་མི་རིགས་དོན་གཅོད་ཨུ་ཡོན་དང་

རིག་གནས་སྤྱི། རྒྱུན་བཟུངས་སྒྲིག་ཁྲིམས། ཡེ་ཅིན་གྲོང་
ཁྱེར་གྱི་སྲིད་གཞུང་སོགས་ཀྱིས་མཉམ་དུ་སྤེལ།
༢༠༡༢ལོའི་སྐབས་བཞིའི་དུས་རྒྱུལ་ཡོངས་ཀྱིས་ཚ་
ཚོ་ནས་གདངས་ཞུང་མི་རིགས་འབྱབ་སྟོན་མི་སྣ་
(༢༠༠)ལྷག་ཡོངས་པེ་ཅིན་དུ་ཕུལ་བྱུང་གི་འབྱབ་སྟོན་
༤༡སྤེལ་བའོ། །

National Ethnic Minority Arts Festival is a nationally statutory large-scale public cultural activity. It aims at the prosperous development of ethnic culture and the promotion of ethnic solidarity and progress. It began in 1980, and was co-sponsored by the State Ethnic Affairs Commission, the Ministry of Culture, Film and Television and the Beijing Municipal Government. When the fourth Arts Festival was held in 2012, more than 6,700 performers and staff from the country's ethnic minorities gave 41 outstanding performances in Beijing.

全国万里边疆文化长廊建设 1992年文化部在广西经验的基础上提出构想，1994年成立领导小组，后形成20个部委共建单位。以边疆人文地理为前提，以主要交通线穿越的县（市、区、旗）、乡（镇）、村、户为基础，以文化活动中心为基点，形成一条长达3.9万公里的环形文化长廊。

རྒྱལ་ཡོངས་མཐའ་མཚམས་རིང་བའི་རིག་གནས་ཁྱམས་རིང་གི་འཛུགས་སྐྲུན། ༡༩༩༢ལོར་རིག་གནས་པུའི་ཡིས་ཀོང་ཞིའི་ཉམས་མྱོང་གི་རྒྱབ་གཞིའི་སྟེང་ནས་སྐྱེད་བའི་དུན་ཚུལ། ༡༩༩༤ལོར་འགོ་ཁྲིད་ཚོ་ཆུང་བཙུགས། རྗེས་སུ་པུའུ་དང་ཨུ་ཡོན་

༢༠ཡིས་མཉམ་དུ་བཙུགས་པའི་ལས་ཁུངས། མཐའ་མཚམས་ཀྱི་མི་ཆོས་དང་ས་ཁམས་རྟོགས་འགྲོའི་ཆ་རྐྱེན་བྱེད་པ་དང་འགྲིམ་འགྲུལ་ལམ་ཐིག་གི་རྫོང་(གྲོང་ཁྱེར། དར།)དང་ཞང་(གྲོང་བརྡལ)ཡུལ་ཚོ་ཁྱིམ་བཅས་གཞི་བྱས་ཐོག རིག་གནས་བྱ་འགུལ་ལྟེ་གནས་གཞི་རྟེན་བྱས་ཏེ། རིང་ཚད་སྤྱི་ལེ་ཁྲི༣.༩ཅན་གྱི་རིག་གནས་ཁྱམས་རིང་གོར་གོར་ཞིག་གྲུབ་པའོ། །

The Great National Borderland Cultural Corridor Program was the idea proposed by the Ministry of Culture in 1992 on the basis of experience of Guangxi. The leading group was established in 1994, and a coordination unit composed of 20 ministries was formed. With the human geography along the borderland as the prerequisite, counties (cities, districts and banners), township (town), village, family crossed by the main traffic lines as the basis, cultural centers as base places, a circular culture corridor up to 39,000 kilometers was formed.

全国文化志愿者边疆行活动 是"少数民族文化建设春雨工程"的内容之一。以促进边疆少数民族地区和其他地区文化相互交流、相互学习为出发点，以志愿文化服务为宗旨，以文化志愿者为骨干，以各类文化艺术形式为载体，志愿者分期分批赴边疆民族地区开展系列活动。

རྒྱལ་ཡོངས་རིག་གནས་དང་ཆོས་ཅན་མཐའ་མཚམས་སུ་བསྐྱོད་པའི་བྱ་འགུལ། བྱ་འགུལ་འདིའི་གྲས་ཚུལ་མི་རིགས་ཀྱི་རིག་གནས་འཛུགས་སྐྲུན་མཁའ་དབྱིངས་ཆར་བཟོ་ལས་ཀྱི་ནང་དོན་ཞིག་ཡིན། མཐའ་མཚམས་ཀྱི་གྲངས་ཉུང་མི་རིགས་དང་ནང་ལོག་

རིག་གནས་བར་གྱི་འབྲེལ་འདྲིས་དང་ཕན་ཚུན་སློབ་སྦྱོང་ལ་སྐུལ་འདེད་བྱེད་པ་དམིགས་ཡུལ་བྱས་ནས། རང་གོས་རིག་གནས་ཀྱི་ཞབས་ཞུ་བྱེད་ཕྱོགས་འཛིན་པ་དང༌། རིག་གནས་རང་གོས་མཁན་སྣོན་གྱེད་དང་རིགས་སོ་སོའི་རིག་གནས་སྣ་ཚོགས་ཀྱི་རྣམ་པ་དེ་མ་གཞི་བྱས་ཏེ། ནང་ལོག་ཞིང་ཆེན་གྱི་རང་གོས་མཁན་དུས་སྐབས་སོ་སོ་དང་ཚོ་སོ་སོ་བྱས་ནས་མཐའ་མཚམས་མི་རིགས་ས་ཁུལ་དུ་ལམ་འགུལ་གང་མང་སྤེལ་དུ་གཏོང་བའོ། །

Trips by volunteers to bring cultural services to border areas are a part of the Spring Rain Project of Culture Development in Minority Areas. With the cultural exchange of minority areas along the borderline with other areas of China, and mutual learning as the starting point, voluntary services to culture as the purpose, culture volunteers as backbones, various forms of arts and culture as carriers, the volunteers from inland provinces go to minority areas along the borderline to carry out a series of activities by stages and in groups.

全国兴边富民行动重点县 2004 年国家民委和财政部根据有关省、自治区报送的全国兴边富民行动重点县申报材料，研究核准了 37 个全国兴边富民行动重点县。其中包括甘肃省肃北蒙古族自治县等民族自治地方。

རྒྱལ་ཡོངས་མཐའ་ཁུལ་དར་ཞིང་དམངས་ཕྱུག་སྒྲུབ་པའི་རྟོགས་གཅོ་གྲོང་། ༢༠༠༤ལོར་རྒྱལ་ཁབ་མི་རིགས་དོན་གཅོད་ཨུ་ཡོན་ལྷན་ཁང་དང་ནོར་སྲིད་པུའི་ཡིས་ཞིང་ཆེན་དང་རང་སྐྱོང་ལྗོངས་ཀྱིས་ཡར་ཞུས་པའི་མཐའ་ཁུལ་དར་ཞིང་དམངས་ཕྱུག་སྒྲུབ་པའི་རྟོགས་གཙོའི་

པོའི་ཡིག་ཆ་གཞིར་བཟུང་ནས། ཞིབ་འཇུག་སློབ་རྒྱུགས་ཡོངས་སུ་མཐར་ཕྱིན་དར་ཞིང་དམངས་ཕྱུག་སྒྲུབ་པའི་རྟོགས་གཙོའི་གྲོང་ ༣༧ གཅིག་ལ་ཐབ། དེའི་ནང་དུ་ཀན་སུའུ་ཞིང་ཆེན་གྱི་པེ་སོག་རིགས་རང་སྐྱོང་རྫོང་སོགས་མི་རིགས་རང་སྐྱོང་ས་ཁུལ་ཡང་ཡོད།

Target counties in the national policy to vitalize border areas and enrich the people living there According to the relevant application materials submitted from provinces, autonomous regions on the target counties in the national policy to vitalize border areas and enrich the people living there, the State Ethnic Affairs Commission and the Ministry of Finance studied and approved 37 target counties in 2004, including Subei Mongolian Autonomous County in Gansu province and other autonomous areas.

全国中小学教材审定委员会藏文教材审查委员会 藏文教材审定机构。1986 年成立。主要审查国家教委颁布的各科教学大纲及教科书的藏文译本，五省区（西藏、青海、甘肃、四川、云南）自编藏族中小学各科教科书，五省区通用的各科教材名词术语，供全国藏族中小学通用或一定范围内使用的教科书。

རྒྱལ་ཡོངས་སློབ་གྲྭ་ཆུང་འབྲིང་གི་སློབ་དེབ་བཤེར་འབེབས་ཨུ་ཡོན་ལྷན་ཁང་གི་བོད་ཡིག་སློབ་དེབ་ཞིབ་བཤེར་ཨུ་ཡོན་ལྷན་ཁང་། བོད་ཡིག་སློབ་དེབ་བཤེར་འབེབས་ལས་ཁུངས། ༡༩༨༦ལོར་ཚུགས། ཞིབ་བཤེར་གཙོ་བོར་རྒྱལ་ཁབ་ཨུམ་ཁྲིད་བསྒྲགས་བྱས་པའི་སློབ་ཚན་སོ་སོའི་སློབ་ཁྲིད་ཀྱི་རྩ་གནད་དང་བོད་ཡིག་གི་སློབ་དེབ། ཞིང་སྐོངས་ལྔ་

(བོད་སློངས། མཚོ་སྔོན། གན་སུའུ། སི་ཁྲོན། ཡུན་ནན།) རང་རང་གིས་རྩོམ་སྒྲིག་བྱས་པའི་བོད་ཀྱི་སློབ་གྲྭ་འབྲིང་གི་སློབ་ཚན་སོ་སོའི་ཁྱད་དེབ། ཞིབ་སློང་དེའི་ཕྱུན་ཕྱིན་གོས་གིས་བཀས་བཅད་པའི་སློབ་ཚན་སོ་སོའི་སློད། རྒྱལ་ཡོངས་བོད་རིགས་སློབ་གྲྭ་འབྲིང་ཡོངས་སམ་ཁྱབ་ཁོངས་དེས་ཅན་ནན་དུ་སྤྱོད་པར་སྒྲིག་པའི་སློབ་དེབ་བཅས་སོ། །

National Primary and Secondary School Textbooks Review Committee-Tibetan Textbook Review Committee is the organization which examines and approves Tibetan textbooks. It was founded in 1986, and its main function is as follows: to review the syllabus of all curriculums and the Tibetan translation textbooks enacted by the State Education Committee, the self-compiled Tibetan primary and secondary current textbooks in the five provinces (Tibet, Qinghai, Gansu, Sichuan, Yunnan), the words and terms of the above textbooks, and the nation-wide or certain Tibetan primary and secondary current textbooks.

全国中小学教材审定委员会朝鲜文教材审查委员会 朝鲜文教材审定机构。1985年成立。主要审查全国朝鲜族中小学通用的各门课程教学大纲，延边教育出版社编译的各门课程的教科书，有关教育行政部门委托编译的教科书，经教育行政部门或高等学校审查推荐的有关教科书，翻译教材的翻译质量。

རྒྱལ་ཡོངས་སློབ་གྲྭ་འབྲིང་གི་སློབ་དེབ་བཞིར་འབེབས་ཀྱུ་ཡོན་ཕྱན་ཁང་གི་ཁོའོ་ཞན་སྐད་ཡིག་སློབ་དེབ་ཞིབ་བཞེར་ཅུའུ་ཡོན་ཕྱན་ཁང༌། ཁོའོ་ཞན་སྐད་ཡིག་སློབ་དེབ་ཞིབ་བཤེར་ལས་ཁུངས། /༡/༩༨༥ལོར་ཚུགས། ཞིབ་བཤེར་གཙོ་བོར་རྒྱལ་ཡོངས་ཞེན་མི་རིགས་ཀྱི་སློབ་གྲྭ་འབྲིང་གི་ཁྱན་མོང་དུ་སློབ་པའི་སློབ་ཚན་སོ་སོའི་སློབ་ཁྲིད་ཀྱི་ཏྲ་གན་དང༌། ཡན་པན་སློབ་གསོའི་དཔེ་སྐྲུན་ཁང་གིས་ཚོགས་སྒྲིག་བྱས་པའི་སློབ་ཚན་སོ་སོའི་སློབ་དེབ། འབྲེལ་ཡོད་སློབ་གསོ་སྲིད་འཛིན་སྡེ་ཁག་གིས་བཀའ་བཅོལ་གྱིས་བསྒྱུར་སྒྲིག་བྱས་པའི་སློབ་དེབ། སློབ་གསོ་སྲིད་འཛིན་སྡེ་ཁག་དང་མཐོ་རིམ་སློབ་གྲྭས་ཞིབ་བཤེར་བརྒྱུད་ནས་མཚམས་སྦྱོར་བྱས་པའི་འབྲེལ་ཡོད་སློབ་དེབ། སློབ་དེབ་ཀྱི་ཡིག་སྒྱུར་སྤུས་ཚད་སོགས་ཡིན།

National Primary and Secondary School Textbooks Review Committee-Korean Textbook Review Committee is the organization which examines and approves Korean textbooks. It was founded in 1985, and its main function is as follows: to review the syllabus of nation-wide Korean primary and secondary current textbooks, to examine and approve textbooks edited, translated and trans-edited by Yanbian Education Press on various subjects, and to review related textbooks recommended by educational administrative departments or institutions of higher learning and the quality of translated textbooks.

全国中小学教材审定委员会蒙古文教材审查委员会 蒙古文教材审定机构。1986年成立。主要审查国家教委委托拟定的全国蒙古文中小学通用教材的教学大纲，内蒙古教育出版社编写、翻译和编译出版的蒙古文中小学各学科教材。

རྒྱལ་ཡོངས་སློབ་གྲྭ་ཆུང་འབྲིང་གི་སློབ་དེབ་བཤེར་འབེབས་ཚུ་ཡོན་ལྷན་ཁང་གི་སོག་ཡིག་སློབ་དེབ་ཞིབ་བཤེར་ཚུ་ཡོན་ལྷན་ཁང་། སོག་ཡིག་སློབ་དེབ་བཤེར་འབེབས་ལས་ཁུངས། 1986ལོར་ཚུགས། ཞིབ་བཤེར་གཙོ་བོར་རྒྱལ་ཁབ་སློབ་ཡུལ་མངགས་བཅོལ་གྱིས་བགོད་པའི་རྒྱལ་ཡོངས་སོག་ཡིག་གི་སློབ་གྲྭ་ཆུང་འབྲིང་གི་ཕྱུན་མོང་དུ་སྟོབ་པའི་སློབ་ཁྲིད་ཀྱི་རྩ་གནད་དང་། ནང་སོག་སློབ་གསོའི་སྐྲུན་ཁང་གིས་ཚོམ་འབྲི་དང་ཡིག་བསྒྱུར། བསྒྱུར་སྒྲིག་བྱས་པའི་སློབ་གྲྭ་ཆུང་འབྲིང་གི་སོག་ཡིག་གི་སློབ་ཚན་སོ་སོའི་སློབ་དེབ་བཅས་ཡིན།

National Primary and Secondary School Textbooks Review Committee-Mongolian Textbook Review Committee is the organization which examines and approves Mongolian textbooks. It was founded in 1986, whose main function is to review the syllabus of nation-wide Mongolian primary and secondary current textbooks, which is entrusted to be drawn up by the State Education Committee, and to examine and approve textbooks edited, translated and trans-edited by Inner Mongolia Education Press on various subjects.

泉州清净寺 我国现存最古老的伊斯兰教清真寺。位于福建泉州市鲤城区。创建于 1009 年，元、明多次重修扩建。是仿照叙利亚大马士革伊斯兰教礼拜堂的形式建筑的，现存主要建筑有大门楼、奉天坛和明善堂。占地面积约 2500 平方米。

ཆོན་ཀྲིའུ་ཡོངས་དག་ཆོས་ཁང་། རང་རྒྱལ་དུ་ཨི་སུར་ལྷག་ལུགས་བྱུང་ཡོད་པའི་ཆེས་གནའ་བོའི་དབྱི་སི་ལན་ཆོས་ཁང་ཞིག་ཡིན། ཁྲུའུ་ཙན་ཅོན་གྲོང་ཁྱེར་གྱི་ལིད་ཁྱེན་ཡོད། 1009ལོར་གསར་སྐྲུན་བྱས། ཡོན་དང་མིང་རྒྱལ་རབས་སྐབས་སུ་བཟུང་སྐྲུན་དང་རྒྱ་བསྐྱེད། ཞིའུ་ལིའ་ཏ་དི་གའི་དབྱི་སི་ལན་ཆོས་ལུགས་ཀྱི་ཕྱག་འཚལ་ཁང་གི་རྣམ་པ་ལྟར་འཇུགས་སྐྲུན་བྱས་པའི་སྐྱེ་ཆེན་དང་མཆོད་ཁྲི། མིང་ཧྲན་ཕྲན་གསུམ་ཡིན། རྒྱ་ཁྱོན་ལ་ཏུ་ལས་སྟེ་གྲུ་བཞི་2500ཟིན་ཡོད།

Qingjing Mosque in Quanzhou is the oldest Islamic mosque in our country. It is located at Licheng District in Quanzhou of Fujian. It was founded in 1009, and was rebuilt and expanded several times in the Yuan and Ming Dynasties. The constructional form of Islamic chapels in Damascus of Syria was modeled. The existing main buildings include an arch over a gateway, the Temple of Fengtian and Mingshan Hall. It covers an area of about 2,500 square meters.

却论 藏语音译，意为"法相"或"僧相"。吐蕃官名。8 世纪后半叶墀松德赞兴佛时设，地位在大论之上。

ཆོས་བློན། དོན་ཆོས་དཔོན་ནམ་གྲྭ་དཔོན་ཡིན། བོད་བཙན་པོའི་རྒྱལ་རབས་ཀྱི་དཔོན་མིང་ཞིག་དུས་རབས་བརྒྱད་པའི་ཕྱེད་ཕྱི་མ་ལི་སྲོང་ལྡེ་བཙན་གྱི་སྐབས་སུ་ཆོས་གནས། གོ་གནས་བློན་ཆེན་གྱི་གོང་ན་ཡོད།

Quelun, the transliteration of Tibetan, means "a monk counsellor", and it was an official's name in Tubo regime in ancient China. During the second half of the eighth century, Trisong Detsen set it up when Buddhism was thriving in his reign.

Qunlun had a higher position than Dalun.

群婚 原始时代的一种婚姻形式。亦称"多偶制""共夫共妻制"。指一个集团的一群男子与另一个集团的一群女子集体通婚，而集团内部的男女禁止婚配。产生于旧石器时代中、晚期。由血缘婚发展而来。

ཚོགས་ཀྱི་གཉེན་སྒྲིག་ གདོད་མའི་དུས་སྐབས་ཀྱི་གཉེན་སྒྲིག་རྣམ་པ་ཞིག རྒྱུང་མ་མང་བའི་ལམ་ལུགས་དང་ཁྱོའི་ཕུན་མོང་དང་ཆུང་མ་ཕུན་མོང་གི་ལམ་ལུགས་ཀྱང་ཟེར། ཚོགས་པ་གཅིག་གི་སྐྱེས་པ་ཚོ་ཞིག་དང་ཚོགས་པ་གཞན་ཞིག་གི་བུ་མོ་ཚོ་ཞིག་ཕན་ཚུན་དུ་གཉེན་སྒྲིག་བྱེད་པ་ལས། ཚོགས་པ་ནང་ཁུལ་གྱི་བུ་དང་བུ་མོའི་བར་གཉེན་སྒྲིག་བྱེད་མི་ཆོག དོ་ཆས་རྡོ་བའི་དུས་དཀྱིལ་དང་དུས་མཇུག་ཏུ་བྱུང་བའི་ཁྲག་འབྲེལ་གཉེན་སྒྲིག་འཕེལ་རྒྱས་སུ་སོང་ནས་ཆགས་པ་ཞིག་ཡིན།

Group marriage is a form of marriage in primitive times, also known as "polygamy" and "communal marriage". It referred to the collective marriage between a group of men in one tribe or clan and a group of women in another tribe or clan, but marriage between men and women with the same group was prohibited. It came into being in the middle and late period of the Paleolithic age, evolved from consanguineous marriage.

R

热贡艺术 是藏传佛教艺术的重要组成部分和颇具广泛影响的流派。因13世纪发祥于青海省黄南藏族自治州同仁县隆务河畔的热贡而得名，并随着黄南隆务寺的兴盛而发展。主要包括唐卡、壁画、堆绣、雕塑等绘画造型艺术。

རེབ་གོང་སྒྱུ་རྩལ། ནང་ཆོས་སྒྱུ་རྩལ་གྱི་གྲུབ་ཆ་གལ་ཆེན་དང་ཤུགས་རྐྱེན་ཐེབ་ཁྱབ་ཆེ་བའི་ལྟ་རིས་ལུགས་ཤིག་ཡིན། དུས་རབས་ ༡༣ པར་མཚོ་སྔོན་ཞིང་ཆེན་ཆོ་བོད་རིགས་རང་སྐྱོང་ཁུལ་ཐུན་རིན་རྫོང་བ་དའི་འགྲམ་གྱི་རེབ་གོང་ཡུལ་ནས་གསར་དུ་བྱུང་བས་མིང་དེ་ཐོགས། ཧྭ་ནན་རོང་བོ་དགོན་པའི་དར་འཕེལ་དང་བསྟུན་ཡོད། ཐང་ཀ་དང་ལྡེབས་རིས། མཆོད་དཔྱང་། ཅོ་བཟོ་སོགས་བྱིས་བཟོའི་སྒྱུ་རྩལ་རྣམ་བྱུང་ར་ཞིག་ཡིན།

Regong art is an important component and a greatly influential school of Tibetan Buddhism art. It acquires its name due to the origination from Regong, by the Longwu River in Tongren County in Huangnan Tibetan Autonomous Prefecture, Qinghai province. With the thriving of the Huangnan Longwu Monastery, it became more and more prosperous. The main drawing and plastic art includes Thangka, fresco, embossed embroidery and sculpture.

热振活佛 亦称"热振呼图克图"，是藏传佛教八大呼图克图之一，驻锡于热振寺，为有资格在达赖喇嘛亲政前摄政的四大林呼图克图之一。

ར་སྒྲེང་སྤྲུལ་སྐུ། ར་སྒྲེང་ཧོ་ཐོག་ཐུ་ཞེས་ཀྱང་ཟེར། བོད་བརྒྱུད་ནང་བསྟན་གྱི་ཧོ་ཐོག་ཐུ་བརྒྱད་ནང་གི་ཡ་གྱལ་བཞུགས་གནས་ར་སྒྲེང་དགོན། ཏཱ་ལའི་བླ་མ་སྒེར་དབང་གི་སྔོན་མ་སྲིད་སྐྱོང་གནང་དུ་གྲུབ་འཛིན་ཚགས་པའི་ཧོ་ཐོག་ཐུ་བཞིའི་ཡ་གྱལ་ཡིན།

Reting Living Buddha is also known as "Reting Hutuktu". It is one of the eight Hutuktu of Tibetan Buddhism, presided in Reting Monastery. It is one of the four Hutuktus eligible to be the regent before the Dalai Lama's reign.

热振事件 1933年达赖十三世圆寂，持反帝爱国立场的热振五世任地方政府摄政。1941年亲帝分子胁迫热振五世离职，1947年又将其囚禁，从而导致色拉寺僧众同亲帝分子操纵的藏军发生武装冲突，死伤达百余人。同年热振五世被毒死。藏史称"热振事件"。

ར་སྒྲེང་དོན་རྐྱེན། ༡༩༣༣ལོར་ཏཱ་ལའི་སྐུ་ཕྲེང་བཅུ་གསུམ་པ་དགོངས་པ་རྫོགས་རྗེས། རྒྱལ་གཅེས་བཙན་འགོག་པའི་ར་སྒྲེང་སྐུ་ཕྲེང་ལྔ་པ་ས་གནས་གྱི་སྲིད་འཛིན་མཁན་དུ་བསྐོས། ༡༩༤༡ལོར་བཙན་རྒྱལ་རིང་ལུགས་ཉེ་བ་ཚོས་བཙན་གྱིས་ར་སྒྲེང་སྐུ་ཕྲེང་ལྔ་པ་དགོ་གནས་ལས་དབྱུང་། ༡༩༤༧ལོར་བཙོན་དུ་བཅུག་པ་དེའི་རྒྱན་གྱིས་སེ་ར་དགོན་པའི་གྲྭ་མང་དང་བཙན་རྒྱལ་ལྟ་ཞིང་ཚོའི་འཛིན་བྱེད་པའི་བོད་དམག་གཉིས་ཀྱི་བར་དུ་དཔག་འཐབ་ཀྱིས་ཤི་རྨས་མི་བརྒྱ་ཚུན་བྱུང་། ལོ་དེ་རང་ར་སྒྲེང་སྐུ་ཕྲེང་ལྔ་པ་དུག་གིས་བཀྲོངས། དེ་ལ་བོད་ཀྱི་ལོ་རྒྱུས་སུ་ར་སྒྲེང་དོན་རྐྱེན་ཟེར།

Reting event Dalai XIII passed away in 1933, and Reting V, holding a stance of anti-imperialist, became the regent of local government. He was forced to leave his power in 1941 and was put in prison in 1947 by pro-imperialist members, resulting in an armed conflict between monks in Sera Monastery and the Tibetan army manipulated by the pro-imperialist members. Over a hundred people got killed and injured. In the same year, the 5th Reting was poisoned to death. It was known as "Reting event" in Tibetan history.

人口兴旺政策 新中国成立至20世纪70年代，我国对少数民族实行的人口发展政策。1951年毛泽东接见西藏致敬团时就提出："西藏地方大，人口少，人口需要发展"。经过国家的大力推行，从1953年开始，民族人口下降的局面得到扭转，进入缓慢增长时期，到20世纪60年代中期进入高自然增长率的大发展时期。

མི་གྲངས་འཕེལ་བའི་སྲིད་ཇུས། གུང་གོ་གསར་པ་དབུ་བརྙེས་པ་ནས་དུས་རབས་༢༠པའི་རབས་༧༠པའི་བར་རང་རྒྱལ་གྱིས་གྲངས་ཉུང་མི་རིགས་ལ་ལག་བསྟར་བྱས་པའི་མི་གྲངས་འཕེལ་བའི་སྲིད་ཇུས་ཤིག་ཡིན། ༡༩༥༡ལོའི་མའོ་ཙེ་ཏུང་གིས་བོད་སྟོན་གུས་ཞབས་ཚོགས་པ་བསུ་དུས་བོད་སྟོན་གྱི་ས་ཁྱུ་ཆེ་པོའི་འདོད་འདོད། ཞེས་གསུངས། རྒྱལ་ཁབ་ཀྱིས་ནུས་ཤུགས་ཆེན་པོའི་འདེད་འདོད། ༡༩༥༣ལོ་ནས་བཟུང་མི་གྲངས་མར་ཆགས་པའི་རྣམ་པ་བསྒྱུར་ཏེ་ཡར་འཕེལ་བའི་མགོ་བཙུགས། དུས་རབས་༢༠པའི་ལོ་རབས་༦༠པའི་བར་དུ་སྐྱེ་མཚོ་མི་གྲངས་ཀྱི་འཕེལ་མཚོ་མཐོ་པའི་དུས་སྐབས་ཟེར་ར་དང་ཤུགས་ཀྱིས

སྲིབས་པའོ།

Population boom policy was the population policy implemented in ethnic areas from the founding of New China to the 1970s. When Mao Zedong met Tibet tribute group in 1951, he said that Tibet was large in area, but small in population, so the population needed to be developed. After the country's great effort on implementing the population policy, the situation of ethnic population decline was reversed into a period of slow growth in 1953, and into the period of great development of high natural growth in mid-1960s.

仁蚌巴统治时期 1432年后，帕竹地方政权的权力逐渐落到该王朝四大臣之一的仁蚌巴手中。虽然帕竹王朝的国王称号一直保持到1642年，但从仁蚌巴专权开始算起，一直到1565年藏巴汗王朝建立为止，西藏史书通常将这段时期称为"仁蚌巴统治时期"。

རིན་སྤུངས་པའི་དབང་བསྒྱུར་དུས་སྐབས། ༡༤༣༢ལོའི་རྗེས་སུ། ཕག་གྲུའི་ས་གནས་སྲིད་དབང་རིམ་གྱིས་རྒྱལ་རབས་དེའི་དཔོན་ཆེན་བཞིའི་ཡ་གྱལ་རིན་སྤུངས་པའི་ཕྱག་ཏུ་སོང་། ཕག་གྲུའི་རྒྱལ་རབས་ཀྱི་རྒྱལ་པོའི་མཚན་ཐོག ༡༦༤༢བར་དུ་རྒྱུན་འཛིན་བྱས་མོད། ཡོན་གྱང་རིན་སྤུངས་པ་སྲིད་དབང་བཟུང་བ་ནས་མཚོ་བརྩིས་ན། ༡༥༦༥ལོར་གཙང་པ་རྒྱལ་པོའི་སྲིད་དབང་བཙུགས་པའི་བར་མཐུག་བྱས་ནས། བོད་ཀྱི་རྒྱལ་རབས་དེབ་ཏུ་དུས་སྐབས་འདིའི་རིང་ལ་རིན་སྤུངས་པའི་དབང་བསྒྱུར་དུས་སྐབས་ཟེར།

Rinpungpa reign Since 1432, the authority of the local government of Phagdru had been gradually grasped by Rinpungpa, one of its four ministers. Although the title of king of the Phagdru Dynasty had been maintained until 1642, in the Tibetan historical books, the period from Rinpungpa's autocracy to 1565 when TsangpaKhan Dynasty was established was usually called the reign of Rinpungpa.

戎蛮 亦作"戎曼",即蛮氏。古族名。西戎的一支。春秋时分布于今河南颍河上游一带。后为楚所灭。

རོང་མན། རོང་མཆན་ཡང་ཟེར། མན་གྱི་དུས་བརྒྱུད་དེ་གནའ་རབས་མི་རིགས་ཞིག་གི་མིང་། ནུབ་རོང་ནང་གི་ཡ་གྱལ་ཞིག། ཁུན་ཆུའི་དུས་སྐབས་སུ་དེ་རིང་གི་ཧོ་ནན་ཡིང་ཆུའི་སྟོད་རྒྱུད་དུ་གནས། རྗེས་སུ་ཁྱུའམ་ཚ་མེད་དུ་བཏང་།

Rongman, also known as "Rong", was an old general term for nomadic tribes of the northwestern territories. During Spring and Autumn period they distributed in Ying River area of Henan (today), later destroyed by Chu (a state in the Zhou Dynasty).

柔然 中国古代北方民族。4世纪末至6世纪中叶,继匈奴、鲜卑之后,活动于我国大漠南北和西北广大地区的古代民族之一,与其并存的还有敕勒。当时,正是我国历史上十六国、南北朝纷争对峙时期。

ཅུའ་རན། ཀྲུང་གོའི་གནའ་རབས་བྱང་ཕྱོགས་ཀྱི་མི་རིགས་ཤིག དུས་རབས་༤པའི་དུས་མཇུག་ནས་དུས་རབས་༦པའི་དུས་དགུང་བར། ཞུང་ཆུའི་དང་ཞན་པེའི་རྗེས་སུ་རང་རྒྱལ་གྱི་ཐང་ཆེན་པོའི་བྱང་ཕྱོགས་དང་ནུབ་བྱང་གི་ས་ཁུལ་དུ་འཛོ་བསྐོད་བྱས་པའི་མི་རིགས་ཤིག་ཡིན། དེ་དང་དུས་མཉམ་དུ་ཧྲེག་ལེའི་མི་རིགས་ཀྱང་ཡོད། སྐབས་དེའི་རང་རྒྱལ་ལོ་རྒྱུས་ཁོད་ཀྱི་ཁ་བྲལ་དུ་འཁོད་པའི་དུས་སྐབས་ཡིན།

Rouran was an ancient tribe in northern China. From the fourth century to the mid-sixth century, following Xiongnu and Xianbei, it was one of the ancient tribes in China, living in the north and south of the desert, and vast areas of the Northwest. It coexisted with Chille. At that time, our country was in disputes and confrontations among Sixteen Kingdoms, and those among Northern and Southern Dynasties.

如 藏语音译,意为"旗""翼"。吐蕃的军政单位名。7世纪松赞干布仿唐府兵制建立。吐蕃境内分四如(一说五如),各如掌管辖区内军政事务。

རུ། རྒྱ་རིགས་ཀྱི་དར་དང་ཡིག་གི་དོན་དང་གཅིག་པ་ཡིན། བོད་བཙན་པོའི་དམག་ཕྱོགས་འཛིན་བྱེད་ཅིག་ཡིན། དུས་རབས་བདུན་པར་སྲོང་བཙན་སྒམ་པོས་ཐང་རྒྱལ་རབས་ཀྱི་དམག་འཇོག་འགལ་ལུགས་ལ་དཔེ་བཞག་ནས་བཙོ་བ་ཡིན། བོད་ཀྱི་ནང་ཁུལ་དུ་རུ་བཞིའམ་ཡང་དུའི་ཕྱོགས་ཡོད། སོ་སོས་རང་རང་གི་ཁོངས་གཏོགས་ཀྱི་དམག་དོན་ལས་ཀ་གཉེར་བའོ།

Ru, the transliteration of Tibetan, means "banner", "wing". It was the name for military-political units in ancient Tibet (Tubo). Songtsen Gampo established it in the seventh century by imitating the compulsory service (a military system) in the Tang Dynasty. There were four (some say five) ru-s in ancient Tibet, each in charge of military-political affairs in its area.

如本 藏语音译。旧时藏军中的中级军官。相当于营长。

རུ་དཔོན། གནའ་དུས་བོད་དམག་ཁྲོད་ཀྱི་རིམ་པ་བར་མའི་དམག་དཔོན། དཔལ་ཆེན་རྒྱ་རིགས་ཀྱི་དབྱིན་གུང་དང་མཚུངས།

Rupon, the transliteration of Tibetan, is a middle-ranking officer in ancient Tibetan army, equivalent of a battalion commander.

《如意宝树史》 藏文书名。藏族学者松巴堪布益希班觉著。成书于 1748 年。藏文部分共 430 页。叙述印度古代王统及佛教发展史，中国汉、藏、蒙古各地佛教历史等。

《ཆོས་འབྱུང་དཔག་བསམ་ལྗོན་བཟང་》 བོད་ཡིག་གི་དཔེ་ཆའི་མིང་། བོད་ཀྱི་མཁས་པ་སུམ་པ་མཁན་པོ་ཡེ་ཤེས་དཔལ་འབྱོར་གྱིས་མཛད། ༡༧༤༨ལོར་དཔེ་ཆར་གྲུབ། བོད་ཡིག་ཤོག་ལྡེབ་༤༣༠ཡོད། གནའ་རབས་རྒྱ་གར་གྱི་རྒྱལ་པོའི་དབང་བསྒྱུར་དང་ཆོས་འབྱུང་གི་ལོ་རྒྱུས། ཀྲུང་གོའི་རྒྱ་དང་བོད། སོག་ཡུལ་སོགས་ཀྱི་ས་ཁུལ་དུ་ཆོས་འབྱུང་གི་ལོ་རྒྱུས་བྱུང་ཚུལ་འགོད་ཡོད།

The Auspicious Wish-Fulfilling Tree, name of a Tibetan book, was written by the Tibetan scholar Sumpa Khenpo Yeshe Peljorr. The book was completed in 1748 with 430 pages in Tibetan language. It described history of ancient Indian government and development of Buddhism, and that of Buddhism in Han, Tibet, Mongolia of China and so on.

《瑞竹堂经验方》 医方著作。15 卷。元代回族医药学家沙图穆苏撰。约刊于 1326 年。本书分为诸风、心气痛、疝气、积滞、痰饮、喘嗽、羡补、头面、口眼耳鼻、发齿、咽喉、杂治、疮肿、妇女、小儿共 15 门，采方 300 多首。选方较为精要，或选自各家方书，或采录见闻中经验效方。

《རུའི་ཀྲུའུ་ཐང་གི་ཉམས་མྱོང་སྨན་བོ》 གསོ་རིག་དཔེའི་ཁ། ཤོག་ཁྲིག ༡༥ཡོད། ཡོན་རྒྱལ་རབས་སྐབས་ཧུའེ་རིགས་གསོ་སྨན་མཁས་པ་ཧྲ་ཐུ་མུའུ་སུས་བྲིས། ༡༣༢༦ལོར་པར་འགྲེམས་བྱས། དཔེ་ཆའི་ལ་ལྕོག་པོ་དང་། སྙིང་ཁྲབ་ན་བ། ཆིག་ཁྲབ། ཏོག་གསོག ལུད་འབྱུང་། ལྷག་གསོ། དབུགས་འཚང་ཞིང་ལུད། མགོ་དོང་། ཁ་ལྗིགས་ཧྲ་སོ། མགྲིན་པ། རིགས་འདི་མིན་བཅོས་པ། སྐྱང་པ། བུད་མེད། བྱིས་སོགས་ཚན་པ་༡༥ཡོད། སྦྱོར་འཇིན་ཡུལ་ཁུངས༣༠༠ལྷག་ཡོད། སྨན་པོ་རྣམས་གཙོ་གལ་དག་དག་ཡིན་ཞིང་། སྨན་ཁང་སོ་སོའི་ཟིན་ཐོའི་ཡི་གེ་ལས་དངས་པའམ་ཡང་ན་གོ་ཐོས་སྦྱོང་གསུམ་སོགས་ལས་དངས་ཡིན།

Formulas from Experience from the Rui Zhu Tang Pharmacy, a great medical work with 15 volumes, was written by Shatumusu, a medical expert of Hui people in the Yuan Dynasty. It was published in about 1326. The book was divided into 15 categories: endogenous wind, stomachache, hernia, stagnation, phlegm, asthma, excess, head and face, mouth, eye, ear and nose, hair and teeth, throat, treatment of miscellaneous diseases, sore, woman, and child, including more than 300 formulas. Formulas were carefully chosen from various prescription books, or effective ones recorded based on his knowledge and experience.

S

撒拉回 亦称"撒拉尔回"。撒拉族旧称。因信仰伊斯兰教，婚姻、丧葬和生活习惯与回族大体相同，且以撒拉自称，故名。

ས་ལར་ཧུའི། ས་ལར་མི་རིགས་ཀྱི་འབོད་ཚུལ་རྙིང་པ་ཞིག དཔྱི་མི་ལན་ཆོས་ལུགས་ལ་དད་མོས་བྱེད་པས་གཉེན་སྒྲིག་དང་དུར་འཇུག་འཚོ་བའི་གོམས་གཤིས་ཧུའི་རིགས་དང་ཕལ་ཆེར་མཚུངས། ཉིད་ལ་ས་ལར་འབོད་པས་ས་ལར་ཧུའི་ཞེར།

Salar Hui, also called "Salir Hui", was a former name of Salar people. Because of their belief in Islam, marriage, funeral and living habits are much the same as those of the Hui people, and they called themselves Salar, hence the name.

撒拉语 撒拉族使用的语言。属于阿尔泰语系突厥语族西匈语支乌古斯语组。主要分布于青海循化撒拉族自治县、化隆县甘都和甘肃临夏等地。可分为街子土语和孟达土语。

ས་ལར་སྐད། ས་ལར་མི་རིགས་ཀྱིས་བེད་སྤྱོད་པའི་སྐད་རིགས། ཨར་ཐ་སྐད་རྒྱུད་ཀྱི་ཐུར་གུའི་སྐད་རིགས་ནུབ་ཧུན་སྐད་ལག་ཧུའི་གུའི་སྐད་ཚོའི་ཁོངས་སུ་གཏོགས། མཚོ་སྔོན་ཞིན་ཧྭ་ས་ལར་རིགས་རང་སྐྱོང་རྫོང་དང་པ་ཡན་ཧུའི་རིགས་རང་སྐྱོང་རྫོང་གི་ག་མདོ། གན་སུའུ་གྲུ་ཚོགས་ཀྱི་ས་ཁུལ་དུ་གནས་ཡོད་ཅེ་ཙིའི་སྐད་དང་མེན་ཏ་སྒྲོག་སྐད་གཉིས་སུ་དབྱེ་ཐུབ།

Salar Language, used by Salar people, belongs to Oghuz language group of West Xiongnu language branch of Turkic language of Altaic family. It is mainly used in Xunhua Salar Autonomous County of Qinghai province, Gandu in Hualong County, Linxia of Gansu province and other places. It can be divided into sub-dialect of local Jiezi and Mengda.

撒拉族 中国的少数民族。是古代西突厥乌古斯部撒鲁尔人的后裔。主要聚居在青海循化撒拉族自治县、化隆县甘都、甘肃临夏等地。人口 130607 人（2010 年）。没有本族文字，使用撒拉语。信仰伊斯兰教。主要从事农业，园艺业发达。

ས་ལར་རིགས། ཀྲུང་གོའི་གྲངས་ཉུང་མི་རིགས་ཤིག གནའ་རབས་ནུབ་ཐུར་གུའི་ཧྲུའུ་གུའུ་སི་ཚོ་པ་ས་ལུར་མིའི་རྒྱུད་པ་ཡིན། མཚོ་སྔོན་ཞིན་ཧྭ་ས་ལར་རིགས་རང་སྐྱོང་རྫོང་དང་པ་ཡན་ཧུའི་རིགས་རང་སྐྱོང་རྫོང་གི་ག་མདོ། གན་སུའུ་གྲུ་ཚོགས་ཀྱི་ས་ཁུལ་དུ་འདུས་སྡོད་བྱེད་ཡོད། མི་གྲངས་ 130607 (2010ལོ།) རང་ཡིག་གི་མེད། ས་ལར་སྐད་བེད་སྤྱོད་དཔྱི་མི་ལན་ཆོས་ལུགས་ལ་དད་མོས་བྱེད་པ་དང་། ཞིང་ལས་གཙོ་བོར་གཉེར་ཞིང་ལྡུམ་རའི་བཟོ་རྩལ་གྱི་ལས་རིགས་འཕེལ་རྒྱས་ཆེ།

Salar people, an ethnic minority in China, are descendants of ancient Salurs of Oghuz tribe of Western Turk. They mainly lived in Xunhua Salar Autonomous County of Qinghai province, Gandu in Hualong County, Linxia of Gansu province and other places. There were 130,607 people (2010). They do not have their native scripts, and they use Salar language. They believe in Islam. They mainly engage in agriculture with developed horticulture.

撒尼人 彝族的一个支系。早在2世纪，滇池一带就是彝族先民活动的中心。3世纪，逐渐扩展到滇东北、滇南及贵州、广西一带，与其他民族杂居融合，形成众多的支系。其中，居住在云南石林、丘北一带的彝族多为撒尼人。

ས་ནི་པ། དབྱིན་རིགས་ཀྱི་ཡན་ལག་ཅིག་ཡིན། དུས་རབས་གཉིས་པར། ཏིན་ཁྲི་ས་ཁུལ་ནི་དབྱིན་རིགས་གནའ་མིའི་འཚོ་བསྐྱོད་ཀྱི་ལྟེ་གནས་ཡིན། དུས་རབས་གསུམ་པར། རིམ་བཞིན་ཏན་ཤར་དང་ཏན་ལྷོ། གའེ་གྲོའུ། ཀོང་ཞིའི་ས་ཕྱོགས་སུ་རྒྱ་བསྐྱེད་དེ། མི་རིགས་གཞན་པ་དང་འདྲེས་པ་དང་ཡན་ལག་མང་པོར་འཕྲོས། དེའི་ནང་དུ། ཡུན་ནན་ཧྲིལ་ལིན་དང་ཆལ་པེའི་རྒྱུད་ཀྱི་དབྱིན་རིགས་པ་ལ་ཆེས་མང་ཞིབ་ཡིན།

Sani people are a branch of the Yi people. As early as the second century, the area around Dian Lake (in Yunnan province) was the center of activities for Yi ancestors. In the third century, they gradually extended to the northeastern and southern Yunnan, Guizhou and Guangxi, living and integrating with other ethnic groups, forming a large number of branches. Among them, those who lived in Shilin Yi and Qiubei of Yunnan province were mostly Sani people.

萨班·贡噶坚赞（1182—1251） 藏传佛教萨迦派第四代祖师。幼年从父兄学法，后又拜印度班智达（大学者）释迦室利为师，通达五明，被称为萨迦"班智达"。后任萨迦寺寺主。南宋淳祐七年（1247），与蒙古汗国宗王阔端会面，对西藏归附蒙古、促进国家统一作出过贡献。著有《萨迦格言》等。

ས་པཎ་ཀུན་དགའ་རྒྱལ་མཚན་（１１８２—１２５１） བོད་རྒྱུད་ནང་བསྟན་ས་སྐྱ་པའི་ཁྲི་བཞིན། ཆུང་དུས་ཨ་ཁུའི་རྗེས་སུ་ཆོས་སྦྱངས་པ་དང་རྗེས་སུ་རྒྱ་གར་པཎྜི་ཏ་（གནས་ལྔ་རིག་པ）ཤཱཀྱ་ཤྲཱི་མར་བསྟེན་ནས། ཐ་སྙད་རིག་གནས་ལྔ་ལ་མཁས་པར་གྱུར་པས་ས་སྐྱ་པ་ཆེན་གྱི་མིང་ཐོགས། རྗེས་སུ་ས་སྐྱ་དགོན་པའི་དགོན་བདག་བྱས། སུང་རྒྱལ་རབས་སྩོ་མའི་ཁྲུན་ཡུའི་ལོ་བདུན་པར་（1247）སོག་པོའི་རྒྱལ་པོ་གོ་དན་དང་འཛོམས་འཕྲད་གནང་། བོད་སོག་གི་ཁོངས་སུ་བསྡུ་བ་དང་རྒྱལ་ཁབ་གཅིག་གྱུར་ལ་མཛད་རྗེས་ཆེན་པོ་བཞག《ས་སྐྱ་ལེགས་བཤད》སོགས་གསུང་རྩོམ་མང་པོ་ཡོད།

Sapan Kunga Gyaltsen（1182-1251）, the fourth founder of Sakya sect in Tibetan Buddhism, began to learn dharma from his father and brother since an early age, and then took India Pandita (an outstanding scholar) Shakya Shri as his teacher. He had a good command of Pancavidya (five classes of knowledge), and was called Sakya "Pandita". Later he was abbot of Sakya Monastery. In the 7th year of Chunyou in the Southern Song Dynasty (1247), he met Godan Khan, imperial king of the Mongol Empire. He made a contribution to Tibet allegiance to Mongolia and national unity. He was the author of *Sakya Motto* and so on.

萨尔浒之战 1619年女真族的后金政权和

明朝在萨尔浒（今辽宁抚顺东浑河南岸）进行的一场大战，后金军大败明军，从而改变了辽东的战略格局。明朝此役后日衰。

སར་ཧུའི་འཐབ་རྩོད། ༡༦༡༩ལོར་ཞུའི་གྱི་རིགས་ཀྱི་ཅིན་ཕྱི་མའི་སྲིད་དབང་དང་མིང་རྒྱལ་རབས་གཉིས་བར་དུ། （དེང་གི་ལིའོ་ཞིང་ཧྲུའུ་ཧྲུན་ཧུན་ཧུན་ཆུ་བོའི་ལྷོ་འགྲམ） དུ་འཐབ་རྩོད་ཆེན་པོ་བསླངས་ཏེ་ཅིན་ཕྱི་མའི་དམག་དཔུང་གིས་མིང་དམག་ཕམ་པར་བཏང་། དེ་ནས་བཟུང་ལིའོ་ཤར་གྱི་དགྲ་འཕྲུག་གནས་བབས་ལ་འགྱུར་བ་ཆེན་པོ་བྱུང་ནས། མིང་རྒྱལ་རབས་ཞིན་རེ་བཞིན་ཉམས་རྒུད་དུ་སོང་།

Battle of Sarhu was the battle held in Sarhu (now South bank of East Hun River in Fushun, Liaoning province) in 1619 between Later Jin Dynasty of Jurchen people and the Ming Dynasty. Army of Later Jin Dynasty defeated that of the Ming Dynasty, thus changing the strategic patterns in the eastern and southern parts of Liaoning province. The Ming Dynasty was on the wane after the battle.

萨迦地方政权　元朝时在西藏地区由萨迦派建立的政教合一的地方政权。存在于1265—1353年间，驻地在后藏萨迦（今萨迦县）。该政权是受元朝支持和管辖的地方政权，其僧俗首领均由元廷册封任命。后被帕竹地方政权取代。

ས་སྐྱའི་ས་གནས་སྲིད་དབང་། ཡོན་རྒྱལ་རབས་སྐབས་བོད་སྟོད་ལྟག་ཏུ་ས་སྐྱ་པས་བཙུགས་པའི་ཆོས་སྲིད་ཟུང་འབྲེལ་གྱི་ས་གནས་སྲིད་དབང་ཞིག་ཡིན། ༡༢༦༥—༡༣༥༣ལོའི་བར་སྲིད་དབང་བཟུང་བ། གནས་ཡུལ་བོད་སྟོད་མངའ་རིས་（དེང་གི་ས་སྐྱ་རྫོང་） ཡིན། སྲིད་དབང་འདི་ནི་ཡོན་རྒྱལ་རབས་ཀྱི་རོགས་སྐྱོར་ཆོགས་ཞིབ། དེའི་དབང་བསྒྱུར་ལོ་ཏུ་གནས་པའི་གནས་སྲིད་དབང་ཞིག་ཡིན་པ། སེར་སྐྱ་གཉིས་ཀའི་དཔོན་ཆོས་མ་ལོ་རྒྱལ་རབས་ཀྱི་སྲིད་གཞུང་གིས་གཏན་འབེབས་བྱེད། ཕྱིས་སུ་ཕག་གྲུ་ས་གནས་སྲིད་གཞུང་གིས་དབང་འདིའི་ཚབ་བྱས།

Local government of Sakya, a regime of feudal serfdom under theocracy, was established by Sakya sect in the Yuan Dynasty in Tibet. It existed from 1265 to 1353, and is located in Sakya of Back Tibet (now Sakya County). The regime was supported and governed by the Yuan Dynasty, and its leaders of monks and laymen were all canonized and appointed by the Yuan government. Later it was replaced by the local government of Phagdru.

萨迦法王　藏传佛教萨迦派首领的称谓。自昆氏家族的贡却杰布创立萨迦派以来，前四任首领原只有达钦（意为大长或教主）的称谓。第五任达钦被元世祖封为"大宝法王"，始有此称。元末，该派权势为噶举派取代，但称号继袭，共传82代。

ས་སྐྱའི་ཆོས་རྗེ། བོད་བརྒྱུད་ནང་བསྟན་གྱི་ས་སྐྱ་མ་ཐབ་གདུང་བརྒྱུད་བླ་མར་འབོད་པའི་མིང་། འབོད་ཀྱི་གདུང་རྒྱུད་དཀོན་མཆོག་རྒྱལ་པོས་ས་སྐྱའི་གྲུབ་མཐའ་བཙུགས་པ་ནས་བཟུང་། ཁྲི་རབས་བཞིའི་སྟོང་གི་བླ་མ་ལ་དག་ཆེན་（དོན་ལ་དཔོན་ཆེན་ནམ་ཆོས་དཔོན） ཞེས་འབོད་པ་དང་། ཁྲི་རབས་ལྔ་པའི་དག་ཆེན་ལ་ཡོན་ཇི་ཧྲུའུ་གིས་ཆོས་རྗེ་རིན་པོ་ཆེ་ཞེས་པའི་མཚན་

གནད། ཡོན་དུས་མཐུག་ཏུ་གྱུབ་མཐའ་འདིའི་སྲིད་དབང་བགའད་རྒྱུད་པའི་ལག་ཏུ་ཤོར་རུང་། གདུང་རྒྱུད་བར་མ་ཆད་པར་རབས་འབྱུང་།

Sakya Throne-Holder is the title for the leader of Sakya sect of Tibetan Buddhism. Since Konchog Gyalpo from the Khon family founded Sakya sect, the former four leaders had the only title Dagchen (Lineage Holder). The fifth Dagchen was made "Dharma King of the Great Treasure" by Kublai Khan. The title came into being since then. At the end of the Yuan Dynasty, its power was replaced by the Kagyu Sect, but the title passed down for eighty two generations.

《萨迦格言》 藏族最早的格言诗集。萨班·贡噶坚赞著。成书于13世纪初叶。共9章,有格言诗457首。主体思想是用佛教的观点提出处世待人的哲学,要求人们的行为符合佛教的规范。

《ས་སྐྱ་ལེགས་བཤད》 བོད་ཀྱི་ཆེས་སྔ་མོའི་ལེགས་བཤད་ཀྱི་དཔེ་དེབ་ཅིག་ཡིན། ས་པཎ་ཀུན་དགའ་རྒྱལ་མཚན་གྱིས་བརྩམས། དུས་རབས་བཅུ་གསུམ་པའི་དུས་མགོར་པའི་དེབ་ཏུ་གྱུབ། རབ་བྱེད་དགུ་དང་། ལེགས་བཤད་ཚིགས་སུ་བཅད་པ་༤༥༧ཡོད། གཙོ་བོ་ནང་སངས་རྒྱས་པའི་དགོངས་དོན་གཞིར་བཟུང་ནས་མི་ཚེའི་བྱེད་ལུགས་ཀྱི་སྐོར་དང་། མི་རྣམས་ལ་འགྲོ་འདུག་སྤྱོད་གསུམ་ནང་ཆོས་ལམ་དང་མཐུན་པའི་བསྒྲུབ་བྱ་བཏོད་ཡོད།

Sakya motto, the earliest collection of gnomic poems of Tibetan people, was written by Sapan Kunga Gyaltsen, and was completed at the beginning of the thirteenth century. There were 9 chapters with 457 gnomic poems. Its main idea was to present the philosophy of how people associate with life and others with views of Buddhism, and to require people to act in line with the norms of Buddhism.

萨迦派 藏传佛教重要宗派之一,创始于1073年。派称源于萨迦寺名。创立者是贡却杰布。

ས་སྐྱའི་གྲུབ་མཐའ། བོད་རྒྱུད་ནང་བསྟན་གྱི་གྲུབ་མཐའ་ཞིག ༡༠༧༣ལོར་གསར་དུ་བྱུང་། གྲུབ་མཐའ་འདིའི་མིང་གི་ཡོང་ཁུངས་ས་སྐྱ་དགོན་ཉིད་ཡིན་པ་དང་། གྲུབ་མཐའ་འདིའི་སྲོལ་གཏོད་པ་འབོན་དགོན་མཆོག་རྒྱལ་པོ་ཡིན།

Sakya sect, one of the most important sects of Tibetan Buddhism, was founded by Konchog Gyalpo in 1073. Its name came from Sakya Monastery.

萨迦寺 藏传佛教萨迦派的主寺,位于西藏萨迦县,因寺址土色灰白而得名。"萨迦"藏语意即为灰白土。该寺建筑在仲曲河两岸,分南寺和北寺,共有40余个建筑单元,形成逶迤重叠、规模宏大的建筑群。1073年由贡却杰布建立,逐渐形成萨迦派。

ས་སྐྱ་དགོན་པ། བོད་རྒྱུད་ནང་བསྟན་གྱི་ས་སྐྱ་གྲུབ་མཐའི་དགོན་པ་གཙོ་བོ། བོད་ལྗོངས་ས་སྐྱ་རྫོང་དུ་ཆགས་ཡོད། ཡུལ་འདིའི་ས་མདོག་སྐྱ་བོ་ཡིན་པས་མིང་དེ་ལྟར་ཐོགས་པ་སྟེ། ས་སྐྱ་ཞེས་པ་ནི་ས་མདོག་སྐྱ་བོ་ཞེས་པའི་དོན་ཡིན། དགོན་པ་འདི་ནི་ཆུ་བོ་གཙང་པོའི་འགྲམ་གཉིས་སུ་ཆགས་ཤིང་དགོན་པ་ལྷོ་བྱང་གཉིས་སུ་དབྱེ། བསྡོམས་པས་ཚོགས་ཁག་༤༠ཙམ་ཡོད་པ་དང་། དགོན་པ་ཆེན་པོ་འཛུགས་འགོད་དང་གཅིག་ཕྱོགས་གཉིས་བསྒྲིགས་ཀྱི་རྣམ་

པར་གྲུབ་པས་གཞི་རྒྱ་ཤིན་ཏུ་ཆེ། ༡༠༧༣ལོར་འགོག་དགོན་མཆོག་རྒྱལ་པོས་དགོན་པ་འདི་ཕྱག་འདེབས་གནང་སྟེས་དཔལ་ས་སྐྱའི་གྲུབ་མཐར་གྱུར་པ་ཡིན།

Sakya Monastery, the main monastery of Sakya sect of Tibetan Buddhism, is located in Sakya County in Tibet, and got its name because earth in the temple was gray. "Sakya" in Tibetan means gray earth. It was built on both banks of Zhongqu River, and was divided into South and North Monastery. There are more than 40 building units, forming meandering, overlapping and large-scale buildings. It was established by Konchog Gyalpo in 1073, gradually developing into the Sakya sect.

萨满教 萨满教是分布于北亚的一类巫觋宗教，是原生性宗教。萨满教不是创生的，而是自发产生的。广义上的萨满教是世界的。萨满教是在原始信仰基础上逐渐丰富与发展起来的一种民间信仰活动。曾盛行于中国北方各民族及西伯利亚通古斯人地区。

སྨྲ་མཁན་ཆོས་ལུགས། སྨྲ་མཁན་ཆོས་ལུགས་ནི་ཨེ་ཤེ་ཡ་བྱང་མའི་ཁུལ་དུ་བྱུང་བའི་གདོན་མཁན་ཆོས་ལུགས་ཤིག་ཡིན། སྨྲ་མཁན་ཆོས་ལུགས་ནི་ཨེས་བཟོས་ཆོས་ལུགས་མིན་པར་རང་བྱུང་ཆོས་ལུགས་ཤིག་ཡིན། ཁྱབ་ཆེས་ནས་བཤད་ན་སྨྲ་མཁན་ཆོས་ལུགས་འཛམ་གླིང་རང་བཞིན་ཅན་གྱི་ཆོས་ལུགས་ཏེ། དེ་ནི་གདོད་མའི་དད་སོམ་གྱི་རྒྱབ་གཞིའི་སྟེང་ནས་རིམ་བཞིན་འཕྲུག་རྟེ་ཆོས་དུ་འཕེལ་བའི་དམངས་ཁྲོད་ཀྱི་དད་མོས་རྒྱུ་བ་ཞིག་ཡིན། དང་ཐོག་ཀུན་པོའི་བྱང་ཕྱོགས་ཀྱི་རིགས་སོ་སོ་དང་ཏུ་ཧུ་པ་པོར་ཀུན་ཤིའི་མི་ནང་དུ་དར་ཁྱབ་ཆེའོ་བྱུང་།

Shamanism, an original religion, is a kind of witchcraft in North Asia. Shamanism was not created, but came into being by spontaneity. Shamanism is of the world in a broad sense. Shamanism is a folk religious activity gradually enriched and developed on the basis of primitive belief. It was once popular in all ethnic minorities in northern China and in areas where Tungus in Siberia lived.

萨囊彻辰（1605—?） 亦译作"小彻辰萨囊"。蒙古族学者，鄂尔多斯部人，成吉思汗嫡传子孙。其多年努力，直到晚年才著述完成蒙文历史著作《蒙古源流》（汉译），时为公元1662年。该著作为蒙古三大史学著作之一。以后的蒙古编年史，大体都继承这部史书的传统体裁。

ས་ནང་ཁྲི་འཕྲིན། (༡༦༠༥—?) ཁྲི་འཕྲིན་ས་ནང་ཆུང་བའང་ཟེར། སོག་པོའི་མཁས་པ་ཞིག་ཡིན། ཨེར་དོ་སི་པ། ཇིང་གིར་རྒྱལ་པོའི་རིགས་རྒྱུད་ཀྱང་ཡིན། ལོ་མང་གི་འབད་པ་བརྒྱུད་ཚེ་སྲིད་དུ་སོག་པོའི་ལོ་རྒྱུས་དེབ་ཆེན་《སོག་པོའི་ཡོང་ཁུངས》 (རྒྱ་འགྱུར) ཞེས་པ་༡༦༦༢ལོར་བརྩམས། བརྩམས་ཆོས་འདི་ནི་སོག་པོའི་ལོ་རྒྱུས་དེབ་ཐེར་ཆེན་པོ་གསུམ་གྱི་ཡ་གྱལ་ཞིག་ཡིན་པ་དང་། ཕྱིས་ཀྱི་སོག་པོའི་ལོ་རྒྱུས་བསྡུད་རྩིས་ཀུན་གྱི་དེབ་ཐེར་འདིའི་གཞིར་བཟུང་ནས་བྲིས་ཡོད།

Sanang Zhechen (1605-?), also translated as "little Sanang Zhechen", was a Mongolian scholar. He was from Ordos, lineal descendant of Genghis Khan. By his years of hard work, he did not complete the history book written in Mongolian until his old age in 1662: *Detailed history of the Mongols (Translation in Chinese)*. The book was one of the three great Mongolian historical books. The following Mongolian chronicles generally inherit the traditional genre of the book.

赛典赤·赡思丁（1211—1279） 中国元代回族政治家。原为不花剌人，成吉思汗西征时，率数千骑迎降，充任宿卫。后任云南设立行省后的第一任行政长官。其间，改革行政体制，设置郡县，改万户府、千户所、百户所为路、府、州、县，加强了元朝对云南的中央集权统治。

སེར་ཆུ་ཏི་·ཀྱེན་སི་ཏིང་། （༡༢༡༡—༡༢༧༩）
གྲུང་གོའི་ཡོན་རྒྱལ་རབས་སྐབས་ཀྱི་ཧུའི་རིགས་ཀྱི་ཆབ་སྲིད་པ་ཞིག་ཡིན། སྔར་ཕུར་ཧྲད་ཕྱིའི་མི་ཡིན་མོད་དེང་གིར་རྒྱལ་པོས་ནུབ་བསྐྱོད་བྱེད་དུས་ཀྱ་དམག་སྡོང་ཕྲག་ཁྲིད་དེ་འགོ་བཏགས་ནས་དམག་སྲུང་གི་འགན་ཁུར། ཕྱིས་སུ་ཡུན་ནན་དུ་ཞིང་ཆེན་བཙུགས་སྐབས་དཔོན་པོ་དགའ་ཁུར། དེའི་བར་དུ་སྲིད་འཛིན་སྒྲིག་གཞི་བསྒྱུར་བཅོས་བྱས་ཤིང་ཞུ་ཁོང་བཙུགས་པ་དང་། ཁྲི་སྐོར་དང་སྟོང་སྐོར། བརྒྱ་སྐོར་ལ། མཁར། ཁུལ། ཞིང་བཅས་ལ་བསྒྱུར་བཅོས་བྱས་ཏེ། ཡོན་རྒྱལ་རབས་ཀྱིས་ཡུན་ནན་ཞིང་ཆེན་ལ་དབང་ཆ་གཅིག་བསྡུས་ཀྱི་དབང་བསྒྱུར་བུ་བཏན་དུ་བཏང་།

Sayyid Ajjal Shams al-Din (1211-1279), a politician of Hui people in Chinese Yuan Dynasty, was originally Bukhara people. When Genghis Khan made a conquest towards the West, as a Palace Guard he commanded thousands of horsemen to accept surrender. Later, he was the first Chief Executive of Yunnan province. During that time, he reformed the administrative system, set up the county and changed brigade (a standard unit comprising 10,000 soldiers), battalion (a basic military unit normally comprising about 1,000 men), and company (theoretically comprising 100 soldiers quartered in one place) into prefecture, city state, and county, thus strengthening the centralized rule of Yunnan province by the Yuan Dynasty.

赛福鼎·艾则孜（1915—2003） 维吾尔族，新疆阿图什人。党和国家民族工作的卓越领导人、杰出的社会政治活动家。新疆维吾尔自治区第一任主席，中共第十、十一届中央政治局候补委员，第一至七届全国人大常委会副委员长，中国人民政治协商会议第八届全国委员会副主席。

སེར་ཧྥུའུ་ཏིང་·ཨེ་ཙེ་ཙི། （༡༩༡༥—༢༠༠༣）
ཡུ་གུར་རིགས། ཞིན་ཅང་ཨ་ཐུའུ་ཞིག་གི་མི་ཡིན། ཏང་དང་རྒྱལ་ཁབ་ཀྱི་མི་རིགས་ལས་དོན་འཕགས་འགྲོས་འབུལ་ཞིང་། འགྱུར་བན་དང་སྤྱི་ཚོགས་ཆབ་སྲིད་ལས་འགུལ་པ་གྲགས་ཅན་ཞིག་ཡིན། ཞིན་ཅང་ཡུ་གུར་རང་སྐྱོང་ལྗོངས་ཀྱི་ཀྲུའུ་ཞི་དང་པོའི་གོ་ཞིང་གཡོག་དང་གུང་ཁྲན་ཏང་གི་སྐབས་བཅུ་པའི་གུང་དབྱང་ཆབ་སྲིད་ཅུས་ཁྱིམས་སྒྲིག་ཨུ་ཡོན་དང་། སྐབས་དང་པོ་ནས་བདུན་པའི་རྒྱལ་ཡོངས་དམངས་ཆེན་རྒྱུན་ལས་ཡོན་ལྷན་ཚོགས་ཀྱི་ཨུ་ཡོན་གཞོན་པ། གུང་གོའི་དམངས་ཆེན་གྲོས་སྦྱོར་གྱི་སྐབས་བརྒྱད་པའི་རྒྱལ་ཡོངས་ཨུ་ཡོན་ལྷན་ཚོགས་ཀྱི་ཀྲུའུ་ཞི་གཞོན་པ་བཅས་ཡིན།

Saifuddin Azizi（1915-2003）, Xinjiang Atushi people of Uygur ethnic group, was an outstanding leader of ethnic work of the Party and the State, and a social and political activist. He was the first chairman of Xinjiang Uygur Autonomous Region, alternate members of the 10th and 11th CPC Politburo, the first to the seventh vice chairman of the NPC Standing Committee, and vice president of the eighth CPPCC National Committee.

三包免费教育 中央给予西藏的一项特殊优惠政策。从1985年开始，西藏在农牧区实行以寄宿制为主的中小学校办学模式，并对义务教育阶段的农牧民子女实行包吃、包住、包学习费用的"三包"政策。

ཁག་ཡོད་གསུམ་གྱི་རིན་མེད་བཀོས་པའི་སློབ་གསོ།

ཀྲུང་དབྱང་གིས་བོད་ལྗོངས་ལ་སྤྲལ་བའི་དམིགས་བསལ་དུ་སྐྱོང་གི་སྲིད་ཇུས་ཤིག་ཡིན། སྤྱི་ལོ་༡༩༨༥ལོ་ནས་འགོ་བཅུགས་ཏེ་བོད་ལྗོངས་ཀྱི་ཞིང་འབྲོག་ཁུལ་དུ་སློབ་གྲྭ་རྒྱུན་སྡོད་ལམ་ལུགས་གཙོ་བཏས་བྱས་པའི་སློབ་ཆུང་འབྲིང་གི་སློབ་གྲྭའི་རྣམ་པ་ལག་བསྟར་བྱས་ཤིང་། དོས་འགན་གྱི་སློབ་གསོའི་རིམ་པར་གནས་པའི་ཞིང་འབྲོག་པ་རྒྱུད་ལ་ཟ་རྒྱག་ཞིག་དང་། སྡོད་ས་ཁག་ལེན། སློབ་ཡོན་ཁག་ལེན་བཅས་ཁག་ལེན་གསུམ་གྱི་སྲིད་ཇུས་ཡིན།

Policy of covering education tuition, food, and boarding expenses is a special preferential policy given by the Central Committee to Tibet. Since 1985, the boarding school system has been implemented in the agricultural and pastoral areas in Tibet, and children, at the stage of compulsory education, from farmers' and herdsmen's families have been enjoying the policy, of free food, accommodation and tuition.

三北防护林工程 中国三北地区（西北、华北和东北）建设的大型人工林业生态工程。范围包括我国北方13个省（自治区、直辖市）的551个县（旗、市、区），总面积占国土面积的42.4%。1978年国家决定把这项工程列为国家经济建设的重要项目。

བྱང་གསུམ་ནགས་སྲུང་བཟོ་སྐྲུན། ཀྲུང་གོའི་བྱང་གསུམ་ཁུལ་（ནུབ་བྱང་། དུ་བྱང་དང་བྱང་ཤར་）དུ་འཛུགས་སྐྲུན་བྱས་པའི་ཤིང་བཟོའི་ནགས་ལས་ལ་རང་བྱུང་ཁམས་བཟོ་སྐྲུན་ཆེན་པོ་ལ་བསུན། དེའི་ཁྱབ་ཁོངས་ར་རྒྱལ་གྱི་བྱང་ཕྱོགས་ཞིང་ཆེན་བཅུ་གསུམ་（རང་སྐྱོང་ལྗོངས། ཐད་སྐྱོང་གྲོང་ཁྱེར་）གྱི་རྫོང་༥༥༡འདུས་（དར། གྲོང་ཁྱེར། ཁུལ་）ཤིང་། སྤྱིའི་རྒྱ་ཁྱོན་རྒྱལ་ཡོངས་ཀྱི་༤༢.༤％ཟིན། ༡༩༧༨ལོར་རྒྱལ་ཁབ་ཀྱིས་བཟོ་སྐྲུན་འདིའི་དཔལ་འབྱོར་འཛུགས་སྐྲུན་གྱི་ལས་དོན་ཆེན་པོ་ཞིག་ཏུ་བགྲང་།

Three-North Shelter Forest Program is an artificial large-scale plantation forestry ecological engineering built in the Northwest, North and Northeast of China. It includes 551 counties (banners, cities, districts) of 13 provinces (autonomous regions and municipalities) in northern China, covering 42.4% of the total territory area. In 1978 our country listed this project as an important project of national economic development.

三不两利政策 1947—1952年内蒙古在牧区进行民主改革时实行的政策的简称。即在牧场公有条件下，"不斗、不分、不划阶级"，废除封建特权，改革旧的苏鲁克制度；实行"牧工牧主两利"，放牧自由。1953年中央人民政府民族事务委员会明确该政策，后在其他少数民族牧区推行。

མི་བྱེད་པ་གསུམ་དང་ཕན་གཉིས་ཀྱི་སྲིད་ཇུས། ༡༩༤༧——༡༩༥༢ལོའི་བར་དུ་ནང་སོག་འབྲོག་ཁུལ་དུ་དམངས་གཙོ་བཅོས་བསྒྱུར་བྱེད་དུས་ལག་བསྟར་བྱས་པའི་སྲིད་ཇུས་ཀྱི་བསྡུས་མིང་ཡིན། འབྲོག་ས་སྤྱི་དབང་བའི་ཆ་རྐྱེན་འོག་ཏུ་མི་འཕར་བ་དང་། མི་དབྱེ། གྲལ་རིམ་མི་ཤི་བ་ཞེས་གསུམ་དང་། བཀག་བཀོད་ཀྱུད་འཛིན་གྱི་ཁྱད་དབང་མེད་པར་བཏང་ནས་ཪྙོན་གྱི་སུལུའི་ལམ་ལུགས་བཅོས་བསྒྱུར་བྱས། འབྲོག་པའི་བདག་གཡོག་གཉིས་ལ་གཉིས་ཕན་ཞེས་པའི་སྲིད་ཇུས་ལག་བསྟར་བྱས་ཏེ་ཕྱུགས་རྫིར་རང་དབང་སྐྱེད། ༡༩༤༥ལོར་ཀྱང་དབྱང་མི་རིགས་སྲིད་གཞུང་མི་རིགས་དོན་གཅོད་ཨུ་ཡོན་ལྷན་ཁང་གིས་སྲིད་ཇུས་འདིའི་གསལ་འདོན་བྱས་ཤིང་། ཕྱིས་སུ་གྲངས་ཞུང་མི་རིགས་འབྲོག་ཁུལ་དུ་ཁྱབ་སྤེལ་བཏང་།

Three-Nos and Two-Benefits Policy was the shortened form of the policy that had been implemented for the democratic reform movement in the pastoral areas of Inner Mongolia during year 1947-1952. It advocated the methods of "no class fight, no equal distribution of wealth, no class division" for abrogating the feudalistic privilege and reforming the old Surug System under the existing condition of pasture-socialization; and it aims to realize free grazing on the basis of "two-way benefits for both the hired herdsmen and the owners of the hired herdsmen". The policy was approved by the State Ethnic Affairs Commission of the Central People's Government of China in year 1953 and was promoted in the pastoral areas of other ethnic minorities.

三大禁条四项注意 1936年红一方面军总政治部为部队制定的规定。三大禁条指禁止驻扎清真寺、禁止吃大荤、禁止毁坏回文经典。四大注意指讲究清洁、尊重回民的风俗习惯、不准乱用回民的器具、注意回汉团结。

བཀག་བྱ་ཆེན་པོ་གསུམ་དང་གཟབ་བྱ་བཞི། ༡༩༣༦ལོར་དམར་དམག་ཁག་དང་པོའི་སྤྱི་ཁྱབ་ཆབ་སྲིད་ཕུའི་ཡིས་དམག་དཔུང་ལ་གཏན་ཞིབ་བྱས་པའི་སྒྲིག་སྲོལ་ལ་བརྩི། སྤྱང་བྱ་གསུམ་ནི། ཧུའི་མི་ལན་གྱི་ཆོས་ཁང་དུ་དམག་སྐྱོར་འཇོགས་མི་ཆོག་པ་དང་། དམར་ཟས་མང་པོ་ཟ་མི་ཆོག་པ། ཧུའི་ཡིག་གི་བསྟན་བཅོས་གཏོར་བཤིག་བྱེད་མི་ཆོག་པའོ། །གཟབ་བྱ་བཞི་ནི། གཙང་སྦྲ་ལ་གཟབ་དགོས་པ་དང་། ཧུའི་རིགས་ཀྱི་ཡུལ་སྲོལ་གོམས་གཤིས་ལ་བརྩི་འཇོག་བྱ་དགོས་པ། ཧུའི་རིགས་མི་དམངས་ཀྱི་སྟོང་ཆས་ཅི་ཡོས་ཀྱིས་བེད་སྤྱོད་མི་ཆོག་པ། ཧུའི་རྒྱ་རིགས་གཉིས་ཀྱི་མཐུན་སྒྲིལ་ལ་གཟབ་དགོས་པ་བཅས་སོ། །

Three Bans and Four Points for Attention was a regulation made by the First Route Army of the Red Army for the troops in 1936. Three Bans referred to "ban from stationing in mosques, from eating pork meat, from destroy classics of Hui language". Four Points for Attention referred to "pay attention to keep clean and tidy, to the folkways and customs of Hui people, to prohibit using instruments of Hui people without permission, and to the practice of Hui-Han unity".

三大领主 指1959年民主改革前西藏农奴

主，主要是官家、贵族和寺院上层僧侣。在政教合一、僧侣和贵族专政的封建农奴制社会，他们不到西藏人口的5%，却占有西藏的全部耕地、牧场、森林、山川以及大部分牲畜。

མངའ་བདག་ཆེན་པོ་གསུམ། ༡༩༥༩ལོར་དམངས་གཙོ་བཅོས་བསྒྱུར་སྟོན་དུ་བོད་ལྗོངས་ཀྱི་ཞིང་ཕྲན་བདག་པོ་སྟེ། གཙོ་བོ་དཔོན་པོ་དང་། སྐུ་དྲག་དགོན་པའི་མཚོ་རིམ་གྱི་བླ་གྱུར་བཅས། ཆོས་སྲིད་ཟུང་འབྲེལ་དང་བླ་གྲྭ་སྐུ་དྲག་སྟེར་བཀྱེད་ཀྱི་བཀའ་བཀོད་རྒྱུད་འཛིན་ཞིང་ཕྲན་ལམ་ལུགས་ཀྱི་སྤྱི་ཚོགས་སུ། བོད་མི་བོད་ལྗོངས་ཡོངས་ཀྱི་མི་གྲངས་བརྒྱ་ཆ་ལྔ་མ་ཟིན་ཡང་བོད་ལྗོངས་ཡོངས་ཀྱི་ཞིང་ས་དང་འབྲོག་ས། ནགས་ཚལ། རི་ཆུ། ནོར་ལུག་བཅས་པའི་ཕལ་ཆེར་བཟུང་ཡོད།

Three major estate-holders refer to the local administrative officials, nobles and upper-ranking lamas in monasteries before Tibetan Democratic Reform in 1959. In a society of feudal serfdom characterized by the merging of politics and religion and the dictatorship of the clergy and nobility, the three major estate-holders accounted for less than five percent of Tibet's total population but owned all the farmland, pastures, forests, mountains and rivers, and the majority of the livestock.

三反两利运动 1959年中央政府平息西藏叛乱后，在牧区开展了反叛乱、反乌拉、反奴役和牧工牧主两利的运动，简称"三反两利运动"。

གསུམ་རྒོལ་གཉིས་ཕན་གྱི་ལས་འགུལ། ༡༩༥༩ལོར་ཀྲུང་དབྱང་སྲིད་གཞུང་གིས་བོད་ལྗོངས་ཟིང་འཁྲུག་གི་མགོ་གནོན་རྗེས། འབྲོག་ཁུལ་དུ་ཟིང་འགུལ་ལ་རྒོལ་བ་དང་བགས་བཀོལ་རྒྱུད་འཛིན་གྱི་བྱ་སྤྱོད་ལ་རྒོལ་བ། བྲན་བཀོལ་ལ་རྒོལ་བ། དེའི་བསྡུས་མིང་ལ་གསུམ་གཉིས་ཕན་གྱི་ལས་འགུལ་ཟེར།

Three-Anti and Two-Benefits Campaign was implemented in pastoral areas in 1959, after the Central Government of the People's Republic of China squashed the Tibet rebellion and it was the shortened form of "anti-rebellion, anti-Ula, anti-slavery" and "two-way benefits for both the hired herdsmen and the owners of the hired herdsmen".

三反三算运动 1959年中央政府平息西藏叛乱后，在寺庙开展了反叛乱、反封建特权、反封建剥削和算政治迫害账、算等级压迫账、算经济剥削账的运动，简称"三反三算运动"。

གསུམ་རྒོལ་གསུམ་རྩིས་ཀྱི་ལས་འགུལ། ༡༩༥༩ལོར་ཀྲུང་དབྱང་སྲིད་གཞུང་གིས་བོད་ལྗོངས་ཟིང་འཁྲུག་གི་མགོ་གནོན་རྗེས། དགོན་པའི་ནང་ཁུལ་དུ་ཟིང་འགུལ་ལ་རྒོལ་བ་དང་བགས་བཀོད་རྒྱུད་འཛིན་གྱི་བཀུ་དབང་ལ་རྒོལ་བ། བགས་བཀོད་རྒྱུད་འཛིན་གྱི་གཞུང་ལ་རྒོལ་བ། ཆབ་སྲིད་ཀྱི་གནོད་འཚེ་ཡི་ཕོ་རྩི་དང་། གྲལ་རིམ་གཞན་གནོན་གྱི་ཕོ་རྩི་བ། དཔལ་འབྱོར་གཞན་གནོན་གྱི་ཕོ་རྩི་བ་སོགས་ལམ་འགུལ་སྤྱད། དེའི་བསྡུས་མིང་ལ་གསུམ་རྒོལ་གསུམ་རྩིས་ཀྱི་ལས་འགུལ་ཟེར།

Three-Anti and Three-Investigation-and-Punishment Movement was implemented in monasteries in 1959, after the Central Government of the People's Republic of China squashed the Tibet rebellion and it was the shortened form for "anti-rebellion, anti-the feudalistic privilege, anti-feudal exploitation" and "investigate and punish those who practiced the political persecution, class oppression and economic exploitation.

三反双减运动 1959年中央政府平息西藏叛乱后，有计划、有步骤地在农区开展了反对叛乱、反对乌拉差役制度、反对奴役和进行减租减息的运动，简称"三反双减运动"。

གསུམ་ཚོལ་གཉིས་འཕྲི་འི་ལས་འགུལ།

༡༩༥༩ལོར་ཀྲུང་དབྱང་སྲིད་གཞུང་གིས་བོད་ལྗོངས་ཟིང་འཁྲུག་གི་མགོ་མཉམ་བརྗེས། འཆར་གཞི་དང་གོ་རིམ་ཡོད་པའི་ཐོག་ནས་ཞིང་ཁུལ་གྱི་ཟིང་འཁྲུག་ལ་ཚོལ་བ་དང་། ཁྲལ་འུ་ལག་གི་ལམ་ལུགས་ལ་ཚོལ་བ། བྲན་བཀོལ་ལ་ཚོལ་བ། བོགས་འཕྲི་བ་དང་སྐྱེད་འཕྲི་བ་སོགས་ཀྱི་ལས་འགུལ་སྤེལ། དེའི་བསྡུས་མིང་ལ་གསུམ་ཚོལ་གཉིས་འཕྲིའི་ལས་འགུལ་ཟེར།

Three-Anti and Two-Reduction Movement was implemented in a planned and systematic way in farming areas in 1959, after the Central Government of the People's Republic of China squashed the Tibet rebellion and it was the shortened form of "anti-rebellion, anti-corvee labor system, anti-slavery" and "reduction of rent and interest".

三个离不开 即"汉族离不开少数民族，少数民族离不开汉族，各少数民族之间也相互离不开"的简称。1990年由江泽民提出。这个观点概括和阐述了中国各民族休戚相关、命运与共的血肉关系，对中国的民族团结进步事业有重要的指导意义。

ཁ་བྲལ་མི་ཐུབ་པ་གསུམ། རྒྱ་རིགས་ཀྱིས་གྲངས་ཉུང་མི་རིགས་དང་གྲངས་ཉུང་མི་རིགས་ཀྱིས་རྒྱ་མི་དང་ཁ་བྲལ་ཁྲུབ་པ། གྲངས་ཉུང་མི་རིགས་ཕན་ཚུན་བར་དུའང་ཁ་བྲལ་མི་ཐུབ་པའི་བསྡུས་མིང་ཡིན། ༡༩༩༠ལོར་ཅང་ཙེ་མིན་གྱིས་བཏོན། ལྟ་དེས་ཀྲུང་གོའི་མི་རིགས་སོ་སོའི་བར་དུ་གཅིག་ལ་གཅིག་ཉེན་དང་། མདུན་ལམ་གཅིག་མཚུངས་ཡིན་པའི་ཤ་ཁྲག་གི་འབྲེལ་བ་ཞིག་གྲུབ་པའི་སྲིད་ལུགས་བརྗོད་པས། ཀྲུང་གོའི་མི་རིགས་མཐུན་སྒྲིལ་གྱི་བྱ་གཞག་ལ་མཛུབ་སྟོན་གྱི་དོན་སྙིང་གལ་ཆེན་ལྡན།

Three essential interdependence is the shortened form of "Han people cannot go without the minority peoples nor can the minority peoples go without the Han people or one minority people can go without another minority people" and it was put forward by President Jiang Zemin in 1990. It summarizes and expounds that all Chinese ethnic groups are bound up by blood and flesh and share weal and woe, and it has important guiding significance for the unity and progress of all ethnic groups.

三股势力 根据2001年《打击恐怖主义、分裂主义和极端主义上海公约》的界定，三股势力是对"恐怖主义、分裂主义和极端主义"的简称。在我国，又将其进一步明确为：暴力恐怖势力、民族分裂势力、宗教极端势力。

སྟོབས་ཤུགས་ཁག་གསུམ། ༢༠༠༡འི་《འཇིགས་སྐུལ་རིང་ལུགས་དང་ཁ་བྲལ་རིང་ལུགས། ཐལ་དྲགས་རིང་ལུགས་ལ་རྡུང་རྡེག་གཏོང་བའི་ཧྲང་ཧའི་གྲོས་ཆིངས》

ཀྱི་མཚམས་བཅད་པར། སྟོབས་ཤུགས་ཁག་གསུམ་ནི་འཇིགས་སྐུལ་རིང་ལུགས་དང་ཁ་བྲལ་རིང་ལུགས། ཐལ་དགས་རིང་ལུགས་གསུམ་གྱི་བསྡུས་མིང་ཡིན། རང་རྒྱལ་དབུས་གཞུང་གིས་མཚོན་སྟོབས་སྐོས་ཁ་རྗེ་གསལ་དུ་བཏང་ནས་དྲག་ཤུགས་འཇིགས་སྐུལ་རིང་ལུགས་ཤུགས་དང་མི་རིགས་ཁ་བྲལ་གྱི་སྟོབས་ཤུགས། ཆོས་ལུགས་ཐལ་དྲག་པའི་སྟོབས་ཤུགས་བཅས་ལ་བསྡུས།

Three Evil Forces According to the definition of the 2001 *Shanghai Treaty on Cracking Down on Terrorism, Separatism and Extremism*, Three Evils is short for "Terrorism, Separatism and Extremism". The Three Evils are further defined by the Chinese government as "Violent terrorism, Ethnic Separatism and Religious extremism".

三江源自然保护区 位于青藏高原的腹地、青海省南部。为长江、黄河和澜沧江的源头汇水区。总面积36.6万平方公里。迄今（2012年）是中国面积最大的自然保护区，也是世界高海拔地区生物多样性最集中的地区和生态最敏感的地区。

རྨ་འབྲི་རྫ་གསུམ་མགོ་ཁུངས་ཀྱི་རང་བྱུང་སྲུང་སྐྱོབ་ཁུལ། མདོ་དབུས་མཐོ་སྒང་གི་གཏོགས་ས་དང་མཚོ་སྔོན་ཞིང་ཆེན་གྱི་ལྷོ་ཕྱོགས་སུ་ཡོད། འབྲི་ཆུ་དང་རྨ་ཆུ་རྫ་ཆུ་གསུམ་གྱི་མགོ་ཁུངས་ཡིན། སྤྱིའི་རྒྱ་ཁྱོན་ལ་སྤྱི་ལེ་ཁྲི་བཞི་མ་ཁྲི ༣༦་(འབུམ) ད་བར་དུ་ (༢༠༡༢ལོ) ཀྲུང་གོའི་ས་རྒྱ་ཆེས་ཆེ་བའི་རང་བྱུང་སྲུང་སྐྱོབ་ཁུལ་དང་། མཚོ་དོག་ལས་མཐོ་ཚད་ཆེས་མཐོ་བའི་ཁུལ་གྱི་དངོས་ཀྱི་རིགས་མང་སྣ་འཛོམས་ཀྱི་ས་ཁུལ་དང་སྐྱེ་ཁམས་ཆེས་མདོན་གསལ་ཡོད་པའི་ས་ཁུལ་ཡང་ཡིན།

San Jiangyuan Nature Reserve（Three-River Source National Nature Reserve） is located in the central areas of Qinghai-Tibet Plateau and south areas of Qinghai province. It is the catchment area of the sources of the Yangtze River, the Yellow River and the Lantsang River. The total area of this reserve is 366 thousand square kilometers. It is so far（by 2012）the largest nature reserve in China and it is also the high altitude locality with the most intensive biodiversity and the most sensitive ecological environment.

三结合政策 即"把国家帮助发展经济与少数民族自力更生结合，把资源开发与少数民族群众的具体利益结合，把沿海、内地经济发达地区的人才、资金、技术优势与少数民族地区的资源优势结合"的简称。1990年《中共中央关于加强统一战线工作的通知》中提出。

མཉམ་སྦྱེལ་གསུམ་གྱི་སྲིད་ཇུས། རྒྱལ་ཁབ་ཀྱིས་དཔལ་འབྱོར་འཕེལ་རྒྱས་ལ་རོགས་སྟོབ་དང་གྲངས་ཉུང་མི་རིགས་རང་སྟོབས་རང་སྐྱེལ་གཉིས་མཉམ་དུ་སྦྱེལ་བ། ཐོན་ཁུངས་སྒོ་འབྱེད་དང་གྲངས་ཉུང་མི་རིགས་མང་ཚོགས་ཀྱི་ཞི་ཐབ་དངོས་དང་མཉམ་དུ་སྦྱེལ་བ། མཚོ་འགྲམ་དང་ནང་ཁུལ་དཔལ་འབྱོར་འཕེལ་རྒྱས་ཆེ་བའི་ཁུལ་གྱི་ཤེས་ཡོན་པ་དང་མ་རྩ། ལག་རྩལ་དགེ་མཚན་དང་གྲངས་ཉུང་མི་རིགས་ས་ཁུལ་གྱི་ཐོན་ཁུངས་དགེ་མཚན་གཉིས་ཟུང་དུ་སྦྱེལ་བའི་བསྡུས་མིང་ཡིན། ༡༩༩༠ལོའི་《ཀྲུང་གུང་ཀྲུང་དབྱང་གིས་འཐབ་ཕྱོགས་གཅིག་གྱུར་བྱ་འགུལ་སྟོར་གྱི་བཟོ་བོ》དུ་བཏོན་ཡོད།

Three Combinations Policy was proposed in the 1990 *Circular of the Central Committee of the Communist Party of China* on Strengthening United Front Work and it was the shortened form of "Combine government economical assistance with self-reliance and self-development ability of ethnic minorities; Combine the resources development with ethnic minorities' specific interests; and combine the advantages of talents, capital and technology in the developed coastal and inland areas with the advantages of resources in the areas of the minorities".

三省朝鲜文教材协作小组 全称为"辽宁、吉林、黑龙江三省朝鲜文教材协作小组"。1975年在吉林省长春市成立。其主要任务是商定东北三省朝鲜族中、小学学制,并制定相应的教学计划,编写相应的教材,推动在民族教育、教学研究、教育科研等方面的协作。

ཞིང་ཆེན་གསུམ་གྱི་ཁྲོའ་ཞན་གྱི་ཡི་གེའི་སློབ་དེབ་མཉམ་སྦྲེལ་ཚོ་ཆུང་། མིང་ཆ་ཚང་ལ་ལིའོ་ཉིང་དང་ཅི་ལིན། ཧེ་ལུང་ཅང་བཅས་ཞིང་ཆེན་གསུམ་གྱི་ཁྲོའ་ཞན་གྱི་ཡི་གེའི་སློབ་དེབ་མཉམ་སྦྲེལ་ཚོ་ཆུང་། ཟེར་༡༩༧༥ལོར་ཅི་ལིན་ཞིང་ཆེན་ཁྲོང་ཁྲོན་གྲོང་ཁྱེར་དུ་འཛུགས། ལས་འགན་གཙོ་བོ་ནི། བྱང་ཤར་ཞིང་གསུམ་ཁྲོའ་ཞན་རིགས་ཀྱི་སློབ་གྲྭ་འབྲིང་ཆུང་གི་སློབ་ཡུལ་གྱོར་གཅོད་དང་། མ་ཟད་བབ་མཐུན་གྱི་སློབ་གསོའི་འཆར་གཞི། སློབ་དེབ་སྒྲིག་ཚོམ་བཟོ་བ་སྟེ། མི་རིགས་སློབ་གསོ་དང་སློབ་ཁྲིད་ཞིབ་འཇུག སློབ་གསོའི་ཞིབ་འཇུག་སོགས་ཐོགས་ལོངས་ལ་སྦྱར་འདེད་གཏོང་བའོ། །

Three Provinces Korean Textbook Coordination Group, is the shortened form of " Liaoning, Jilin and Heilongjiang-Three Provinces Korean Textbook Coordination Group". It was founded in Changchun, Jilin province in 1975. Its main task is to agree on the middle and primary schooling for the Koreans in the three provinces of Northeast of China, formulate the corresponding teaching plan, write the corresponding textbooks and promote coordinating work in ethnic education, teaching research, scientific research on education, etc.

三西地区 在我国,现指甘肃河西地区19个县(市、区)、甘肃中部以定西为代表的干旱地区20个县(区)和宁夏西海固地区8个县,共计47个县(市、区),总面积38万平方公里。

ནུབ་གསུམ་ས་ཁུལ། རང་རྒྱལ་དུ་དེང་གི་གན་སུའུ་ཆུ་བོ་རྨ་ཆུའི་ནུབ་ཕྱོགས་ཀྱི་རྫོང་ལམ་བཅུ་དགུ་དང་གན་སུའུ་དབུས་ཕྱོགས་སུ་ཏིང་ཞི་ཡི་མཚོན་ཆ་མཚོན་བྱས་པའི་ཐན་སྐམ་ས་ཁུལ་གྱི་རྫོང་ལམ་བཅུད་དེ་ཉི་ཤུ་དང་ཉིང་ཞའི་སི་ཧའེ་ཀུའུ་ས་ཁུལ་གྱི་རྫོང་ལམ་བརྒྱད་དེ། ཁྱོན་སྡོམ་རྫོང་ལམ་ཞི་བཅུ་ཞེ་བདུན་གྱི་མི་གནས་ས་གསུམ་འབུམ་བཅུད་ཕྱིན།

Three Western Regions In China, Three Western Regions refers to a total of 47 counties (cities or districts): 19 counties (cities or districts) in Hexi Corridor of Gansu province, 20 counties arid areas(or districts) with Dingxi city as a representative in central Gansu province, and 8 counties in Xihaigu region of Ningxia Hui Autonomous Region. Three Western Regions covers a total area of 38 square kilometers.

三西地区农业综合开发建设资金 用于宁夏西海固、甘肃河西走廊、定西被称为

"三西地区"的农业综合开发建设资金。从 1983 年起,国家每年专项拨款 2 亿元。

རྒྱབ་གསུམ་ས་ཁུལ་གྱི་ཞིང་ལས་ཐོགས་བསྟུན་གསར་སྐྲུན་འཛུགས་སྐྲུན་གྱི་མ་དངུལ། ཞེས་ཞེའི་དེ་མཚོན་གུང་དང་གན་སུའུ་ཞིང་ཆེན་བསྒྲོད་ལས།ཏིང་ཞིའི་སྟེ་ཐུབ་གསུམ་ས་ཁུལ་དུ་ཕུགས་པའི་ས་ཁུལ་གྱི་ཞིང་ལས་ཐོགས་བསྟུན་གསར་སྐྲུན་འཛུགས་སྐྲུན་གྱི་དངུལ། ༡༩༨༣ ལོ་ནས་བཟུང་སྟེ་རྒྱལ་ཁབ་ཀྱིས་ལོ་རེར་ཆེད་སྦྱོར་དུ་སྒོར་གཉིས་གནད་བཞིན་ཡོད།

Construction Fund for comprehensive agricultural development in the Three Western Regions was used for comprehensive agricultural development in Xihaigu region of Ningxia Hui Autonomous Region, Hexi Corridor and Dingxi city of Gansu province (the Three Western Regions), to which the Chinese government earmarks 200 million Yuan every year since 1983.

三一六计划 1995 年第二次全国民族医药会议上提出的支持民族医药发展的计划。"三"是指在全国筛选 30 个民族医的医、教、研机构进行重点建设;"一"是指培养 100 名民族医药临床和技术骨干;"六"是指在民族药方面确定 60 个基地。

གསུམ་གཅིག་དྲུག་གི་འཆར་གཞི། ༡༩༩༥ ལོར་སྐབས་གཉིས་པའི་རྒྱལ་ཡོངས་མི་རིགས་ཀྱི་གསོ་རིག་ཚོགས་ཀྱི་ཐོག་ཏུ་མི་རིགས་ཀྱི་གསོ་རིག་འཕེལ་རྒྱས་ལ་རྒྱབ་སྐྱོར་བྱེད་པའི་འཆར་གཞི་ཡིན། གསུམ་ཞེས་པ་རྒྱལ་ཡོངས་ཀྱི་མི་རིགས་གསོ་རིག་གི་སྨན་པ་དང་སློབ་གསོ་དང་ ཞིབ་འཇུག་ལས་ཁུངས་ ༣༠ གདམས་ཏེ་འདོགས་སྐྲུན་ཚོ་ཆེ་བྱེད་པ། གསུམ་ཞེས་པ་མི་རིགས་ཀྱི་སྨན་གྱི་ཐད་ལ་གནས་གནས་ ༦༠ གཏན་འབེབས་བྱས་པའོ། །

The 3-1-6 plan was put forward on the Second Plenary Session of Chinese Ethnic Medicine to support of the ethnic medicine development in 1995. "3" refers to select 30 ethnic medical, ethnic medicine teaching and ethnic medicine research institutions nationwide as the key medical construction project; "1" refers to train 100 key clinical and technical personnel on ethnic medicine; "6" refers to establish 60 ethnic medicine bases nationwide.

散杂居少数民族 在我国,现指居住在民族自治地方以外的少数民族和居住在民族自治地方但不实行区域自治的少数民族。

བོར་འཐོར་དང་འདྲེས་འདུག་གི་གྲངས་ཉུང་མི་རིགས། རང་རྒྱལ་དུ་དེང་སང་མི་རིགས་རང་སྐྱོང་ཁུལ་ལས་གཞན་པའི་ས་ཁུལ་དུ་འདུག་སྡོད་བྱེད་པའི་གྲངས་ཉུང་མི་རིགས་དང་མི་རིགས་རང་སྐྱོང་ས་ཁུལ་དུ་གནས་ཀྱང་མི་རིགས་རང་སྐྱོང་གི་སྲིད་ཇུས་ལག་བསྟར་མི་བྱེད་པའི་གནས་ཁུལ་མི་རིགས་ལ་བསླབ།

Ethnic minorities in scattered areas/regions in China refer to the ethnic minorities that do not live in the ethnic autonomous regions or that live in the ethnic autonomous regions but do not have their regional ethnic autonomy.

桑吉悦希(1917—2008) 又名"天宝"。藏族,四川马尔康人。1935 年由中国共产主义青年团团员转为中国共产党党员，同年参加红军。曾任博巴藏族独立师党代表。新中国成立后，历任西南军政委员会委员、西康省藏族自治区主席、四川省副省长、西藏自治区人民政府主席等职。在成都逝世，享年92岁。

སངས་རྒྱས་ཡེ་ཤེས། (1917—2008)

མིང་གཞན་ལ་ཐན་པོ་ཡང་ཟེར། སི་ཁྲོན་འབར་ཁམས་ཀྱི་བོད་པ། 1935ལོར་གུང་གོ་གུང་ཁྲན་དང་ཤུགས་ལྟར་གཏོ་ཞིང་ལོས་གུང་ཤུང་ཏང་དུ་ཞུགས། དེར་དཀར་དམག་ཏུ་ཡང་ཞུགས། སྔར་བོད་པ་བོད་གཏོགས་ཏེ་ཐོག་ཡང་གི་ཏང་གི་འཐུས་ཚབ་པའི་འགན་ཁུར་གོ་གནར་པ་དང་བཅས་རྗེས། བསྟུན་མར་ལྷོ་ནུབ་དམག་སྲིད་ཨུ་ཡོན་ལྷན་ཚོགས་ཀྱི་ཨུ་ཡོན་དང་། ཞི་ཁང་ཞིང་ཆེན་བོད་རིགས་རང་སྐྱོང་ཁུལ་གྱི་གུང་ཞི། སི་ཁྲོན་ཞིང་ཆེན་གྱི་ཞིང་གཞོན་པ། བོད་རང་སྐྱོང་ལྗོངས་ཀྱི་དམངས་སྲིད་གཞུང་གི་གུང་ཞི་སོགས་ཀྱི་འགན་བཞེས། ཁྲའུ་ལ་འཚོ་བཞུགས་གནང་ཞིང་ཁྲེད་ཧུའུ་དུ་ཚེ་ལས་འདས།

Sanggyai Yexe (1917-2008), also known as "Tian Bao", was born of Tibetan ethnic group, a native of Maerkang (Barkam) County, Sichuan province. He became a member of the communist party of China in 1935, the same year he joined the Red Army. He was a former CPC representative in Borba Tibetan Independent Division. After the founding of New China, Sanggyai Yexe successively held the posts of the committee member of the Southwest Military and Political Committee, chairman of Tibet Autonomous Region of Xikang province, vice governor of Sichuan province, and chairman of the people's Government of Tibet Autonomous Region. Sanggyai Yexe died in Chengdu at the age of 92.

桑结嘉措（1653—1705） 清初西藏贵族、学者，达赖五世之第巴。拉萨人。8岁入布达拉宫习诸学。康熙十八年（1679）成为第巴。二十一年，达赖五世卒，其匿丧不报达15年。其间，曾主持布达拉宫红宫的兴建。三十三年向清请封，封法王。四十四年，被拉藏汗诱杀。生平著述甚多。

སངས་རྒྱས་རྒྱ་མཚོ། (1653—1705)

ཆིང་དུས་མགོའི་བོད་ཀྱི་སྐུ་དྲག་དང་མཁས་པ། རྒྱལ་དབང་སྐུ་ཕྲེང་ལྔ་པའི་སྡེ་པ་ཡིན། ལྷ་ས་པ། དགུང་ལོ་བརྒྱད་པར་པོ་ཏ་ལར་སློབ་གཉེར་གནང་། ཁང་ཞིས་ཁྲི་ལོ་བཅུ་བརྒྱད་པར་(1679)སྡེ་སྲིད་ཀྱི་འགན་བཞེས། དགུང་ལོ་ཉི་ཤུ་གཅིག་པར་རྒྱལ་དབང་ལྔ་པ་དགོངས་པ་རྫོགས་ཀྱང་ལོ་15ལ་གསང་རྒྱ་མཛད། དེའི་སྐབས་སུ་པོ་ཏ་ལ་བསྐྱར་བཞེངས་བྱེད་པའི་གཙོ་འཛིན་བཞེས། དགུང་ལོ་སོ་གསུམ་པར་ཆིང་ལ་ཆོས་ཞུས་ཞིང་ཆོས་རྒྱལ་གྱི་ཆོ་ལོ་བསྩལ། དགུང་ལོ་ཞེ་བཞི་པར་ལྷ་བཟང་ཧན་གྱིས་སྣ་བསྐྱོད། འཚོ་བཞུགས་ཀྱི་སྐབས་སུ་ཕྱག་རྩོམ་མང་པོ་བརྩམས་ཡོད།

Sangye Gyamtso (1653-1705), born of Tibetan ethnic group, native of Lhasa, Tibet, is a nobleman, scholar and the fifth regent (Tibetan: Sde-Pa) of the 5th Dalai Lama in the Qing Dynasty. At the age of eight, he entered the Potala Palace for study and became the regent in the 18th year of the Qing Emperor Kangxi (AD 1679). Desi Sangye Gyatso hid the death of the Dalai Lama for 15 years. During this period, he oversaw the completion of the the Red Palace of Potala Palace. In the 33rd year of the reign of Kangxi, he asked a conference from Qing government and was conferred as Dharmaraja. In the 34th year of the reign of Kangxi, Desi Sangye Gyatso was trapped and killed by Lha-bzang Khan (Tibetan: Lhasang). He had written productive works during his lifetime.

桑耶寺 又名"存想寺""无边寺"。位于西藏山南地区的扎囊县。始建于 8 世纪吐蕃王朝时期，是西藏第一座剃度僧人出家的寺院。中心佛殿兼具藏族、汉族、印度 3 种风格，因此也称"三样寺"。主要建筑有乌策大殿和红、白、绿、黑四塔。

བསམ་ཡས་དགོན་པ། བསམ་ཡས་བགད་ཆག་ཆེན་མོ་དང་བསམ་ཡས་མི་འགྱུར་གཙུག་ལག་ཁང་ཡང་ཟེར། བོད་སྟོང་སྲོང་ཁོལ་གྱི་ནང་སྟོང་དུ་ཡོད། སྲི་བོའི་དུས་རབས་དཔར་བཅུན་པོའི་རྒྱལ་རབས་ཀྱི་དུས་སུ་བཞེངས་འགོ་བཙུགས་ཤིང་བོད་ཀྱི་རབ་བྱུང་གི་སྟེའི་དགོན་སྡེ་ཐོག་མ་ཡིན། དཀྱིལ་གྱི་ལྷ་ཁང་ལ་བོད་དང་རྒྱ་ནག་རྒྱ་གར་ཡུལགས་སོགས་རྣམ་པ་འདྲ་བ་གསུམ་གྱི་ཁྱད་ཆོས་ལྡན་པས་རིགས་གསུམ་དགོན་པ་ཡང་ཟེར། བཟོ་བཀོད་གཙོ་བོར་དབུ་རྩེ་ལྷ་ཁང་དང་མཆོད་རྟེན་དམར་པོ། དཀར་པོ། ལྗང་ཁུ་དང་ནག་པོ་བཅས་བཞི་ཡོད།

Samye Monastery, also called "Cunxiang Monastery" (means meditation Monastery) or "Wubian Monastery" (means boundless Buddhism Monastery), is located in Dranang, Shannan Prefecture, Tibet. It was first constructed in the 8th century during the Tubo Dynasty, and it is the first Buddhist monastery built for the tonsured monks in Tibet. Its center Buddha-hall is a complex of structures with Han, Tibetan and Indian style, for which it wins its name "Three styles Monastery". The structures of notability are the Wuce Buddha Hall, the Red Stupa, the White Stupa, the Green Stupa and the Black Stupa.

色拉寺 藏传佛教格鲁派六大主寺之一。又与哲蚌寺、甘丹寺合称"拉萨三大寺"，位于拉萨北郊色拉乌孜山麓。1419 年，由宗喀巴弟子释迦益西兴建。主要建筑有错钦大殿、3 个僧院及 29 个康村等，占地约 11 万平方米。藏有明朝钦赐经像等。

སེ་ར་དགོན་པ། བོད་རྒྱུད་ནང་བསྟན་གྱི་དགེ་ལུགས་པའི་དགོན་ཆེན་དྲུག་གི་ཡ་གྱལ་ཡིན། དེ་དང་འབྲས་སྤུངས་དགོན། དགའ་ལྡན་དགོན་གསུམ་ལ་དབུས་ཀྱི་དགོན་ཆེན་གསུམ་དུ་ཡང་འབོད། དེ་ལྷ་ས་ཤར་ཞོལ་གྱི་སེ་ར་དབུ་རྩེ་རིའི་འདབས་སུ་བཞེངས་ཡོད། ༡༤༡༩ བོར་ཙོང་ཁ་པའི་དགེ་སློབ་ཤཀྱ་ཡེ་ཤེས་ཀྱིས་བཞེངས། བཟོ་བཀོད་གཙོ་བོར་ཚོགས་ཆེན་འདུ་ཁང་དང་གྲྭ་ཚང་གསུམ། ཁང་ཚན་ཉེར་དགུ་བཅས་ཡོད་ལ་རྒྱ་ཁྱོན་ལ་སྤྱི་ལེ་གྲུ་བཞི་མ་འབུམ་༡༡ གདང་ཁྲི་༡ ཡོད། དེ་རུ་མིང་རྒྱལ་རབས་ཀྱིས་གནང་བའི་ཆོས་དང་སྐུའི་ཉེན་བཅས་ཡོད།

Sera Monastery is one of the six monasteries of Tibetan Buddhism Gelukpa (Gelug-pa), located at the foot hills of Sera Utse Mountain, north of Lhasa. It is also one of the "Three Great Lhasa Monasteries". The other two are Ganden Monastery and

Drepung Monastery. It was first constructed in 1419 by Jamchen Chojey of Sakya Yeshe, a disciple of Tsongkhapa. The structures of notability are the Coqen Hall Tsokchen (Great Assembly Hall), the three Zhacangs (colleges) and 29 Kamcun (dormitory) also called Homdong Kangtsang. The monastery encompasses 11 hectares of land. It holds the engraved scriptures given by the Ming Emperor.

色目人 元时西域各民族的统称。

སེ་མུའུ་པ། ཡོན་རྒྱལ་རབས་སྐབས་སུ་ནུབ་ཕྱོགས་ཀྱི་མི་རིགས་སོ་སོའི་སྤྱི་མིང་ཞིག་ཡིན།

Semu people ("various eye colors") was the collective name to all the ethnic groups in the Western Regions ("the regions west of Jade Gate") during the Yuan Dynasty.

僧差 又称"喇嘛差""扎差"。旧时藏族和门巴族人入寺当僧人的一种制度。有的地方规定各家均须送子入寺为僧，并按一定抽丁比例支差。初入者称作"扎巴"。出生贫苦者要承担寺内繁重的杂役。

བན་དེའི་ཁྲལ། བླ་མའི་ཁྱལ་དང་ཡང་ན་གྲྭ་ཁྱལ་ཞེར། གནའ་བོད་པ་དང་མོན་པ་རྣམས་དགོན་པའི་ནང་དུ་གྲྭ་བྱེད་དགོས་པའི་ལམ་ལུགས་ཞིག་ཡིན། ས་ཆ་ལ་འདུད་ཁྱིམ་རེས་དེའི་དེས་པར་དུ་དུ་རེ་དགོན་པར་བསྐྱལ་ནས་གྲྭ་པ་བྱེད་དགོས་པའི་ཁྲིམས་སྲོལ་བཙུགས་ཡོད། གྲྭ་ཁྱལ་དུ་བསྐྱར་ཚད་དེས་ཚན་ལ་གཞིག་ནས་ཁྱལ་འཇལ་དགོས། ཐོག་མར་ཞུགས་མཁན་ཚོར་གྲྭ་པ་དགོས་པོས་དགོས་པའི་ལས་གཡོག་བྱེད་དགོས་པ་རེད།

Monastery Laborers, also called "Lamaist Laborers" or "Za Laborers", was a system in old times that Tibetans and Monpas were required to be monks in the monastery. In some areas, the system required that one family should send at least one laborer to the monastery and assign different work to the laborers with a certain proportion. The new monastery laborer was called "Zaba", and the born-poor had to take the drudgery and the heaviest work.

沙毕那尔 汉称"庙丁"。清代蒙古僧侣封建主的世俗属民和喇嘛徒众之统称。

ཤ་བི་ནར། རྒྱ་སྐད་དུ་མིའོན་ཏིང་ཟེར། དེའི་ཆིང་རྒྱལ་རབས་སུ་སོག་པོའི་བཀའ་བཀོད་རྒྱུད་འཛིན་གྱི་མངའ་བདག་བཙུན་པ་རྣམས་ཀྱི་སྐྱ་སེར་དང་སེར་སྐྱ་སྦྱིའི་མིང་ཞིག་ཡིན།

Shabnar Laborers The Han Chinese language called them "Monastery Laborers". It was the collective name of feudal landlord's slaves and Lamaist during the Qing Dynasty in Mongolia.

沙弥 佛教中对年龄不足20岁，或其他初级出家男子的称呼。沙弥是梵语，意为"勤策"男，言其当勤受比丘的策励；又有"息慈"之义，谓当息恶行慈。其地位低于比丘。相应的女性出家人称为沙弥尼。

དགེ་ཚུལ། ན་བསྟུན་ལས་ལོ་༢༠མ་སོན་པའམ་ཡང་ན་དབང་རིམ་གྱི་རབ་བྱུང་བར་བསྣད། ལེགས་སྦྱར་སྐད་དུ་ཤྲ་མ་ཎེར་ཞེས་དང་། དེའི་དོན་ནི་འདུལ་ཁྲིམས་ཡང་མོ་སྲུང་བའི་རབ་བྱུང་བ་ལགས། །དགེ་སློང་གི་འདུལ་ཁྲིམས་དང་བསྲུན་ན་ཡང་བར་མ་ཟད། ཁྲིམས་དང་གསི་

སྦྱང་ནས་སེམས་རྒྱུད་ཀྱི་བོན་གོང་གཞོན་པར་བྱེད་པ་ཞིག་ཀྱང་ཡིན། དེའི་བོ་གནས་དགེ་སློང་ལས་དམའ་བ་ཡིན། དེ་མཐུན་གྱི་རབ་བྱུང་མ་ལ་དགེ་ཚུལ་མ་ཟེར།

Shami In Buddhism, a man under the age of 20 or any lower monachal man is called Shami. Shami is the transliteration from Samanera in Sanskrit, means "Continually inspired man" who should be continually inspired by Bhikkhu, and also means "stop evilness and start kindness". Shami holds lower position than Bhikkhu. The female counterpart of the Shami (novice monks) is the Shamini (novice nuns).

沙弥戒 佛教戒律。又称"勤策律仪"。指沙弥所应受持的戒律。受十戒。

དགེ་ཚུལ་གྱི་སྡོམ་པ། ནང་བསྟན་གྱི་ཚོས་ཁྲིམས་ཤིག དེ་ལ་བོ་ཐར་གྱི་སྡོམ་པའང་ཟེར། དེ་ནི་དགེ་ཚུལ་གྱིས་བླངས་ནས་བསྲུང་དགོས་པའི་ཚོས་ཁྲིམས་བཅུའམ། བླང་འདོར་བོ་དྲུག་གོ

Samantha precepts is the Buddhism disciplines, also called "Continually inspired Precepts for the Novices", which refers to the Ten Precepts that the Shamis (the Novices) should keep as their code of behavior.

沙陀 唐代突厥族别部。又名"处月"等。游牧于今新疆准噶尔盆地东南（今巴里坤）一带。因其地有大沙丘，故而得名。

ཤ་ཐོ། ཐང་རྒྱལ་རབས་སྐབས་སུ་གུའི་རིགས་ཀྱི་བྱེ་བྲག་ཅིག་ཡིན། དེ་ཁྱུའུ་ཡུའེ་སོགས་ཀྱང་འབོད། དེ་གི་ཞིན་ཅང་ཏུན་གར་གཤོང་སའི་ཤར་ལྷོར།（དེང་གི་པ་ལི་ཁུན）ཕྱོགས་རིགས་སྦོ་འཚོ་བྱེད། དེ་བྱེ་སྦང་ཆེན་པོ་ཆགས་ཡོད་པས་མིང་དེ་ལྟར་ཐོགས།

The Shatuo, also called "Chuyue" (new moon) because of the large sand dunes at their lands, were a branch of the Turkic tribe during the Tang Dynasty. The Shatuo nomadized around the southeastern Junggar Basin, Xinjiang Uygur Autonomous Region (today's Barko).

莎车 汉代西域都护府所辖诸国之一，也是莎车国都城。"丝绸之路"南道要冲。位于新疆塔里木盆地西缘，今莎车县、叶城县一带。东界塔克拉玛干沙漠，西邻帕米尔高原，南傍喀喇昆仑山。

ཤ་ཁེ། ཧན་རྒྱལ་རབས་སྐབས་ནུབ་ཡུལ་བདེ་སྲུང་ལས་ཁུངས་ཀྱི་མངའ་སྟེ་ཞིག་ཡིན། ཤ་ཁེའི་རྒྱལ་ཁབ་ཀྱི་རྒྱལ་སའང་། དར་གོས་འགྲུལ་ལམ་གྱི་ལྷོ་ལམ་འགག་གནས་སོ། །ཞིན་ཅང་ཐ་ལིའི་གཤོང་སའི་ནུབ་རོང་། དེ་གི་ཤ་ཁེ་རྫོང་དང་ཡུང་ཆོང་རྫོང་ཁུལ་ཡིན། ཤར་དུ་ཐ་ཁོ་མ་གན་བྱེ་ཐང་དང་། ནུབ་ཏུ་པ་མེ་མཐོ་སྒང་། ལྷོར་ཁུན་ལེན་རི་བོ་བཅས་ཀྱི་མཚམས་སུ་ཡོད།

Shache (Yarkant) or Yarkand was one of the kingdoms governed by Protectorate of the Western Regions, and it was also the name of Shache Kingdom's capital city. It was the communications centre of the southern branch of the Silk Road. Shache was located on the western rim of the Tarim Basin, and somewhere around Shache County and Yecheng County. Shache was bounded by Taklamakan desert on its eastern side, the Pamirs Plateau on its western side, and Kunlun Mountains on its southern side.

晒佛 藏传佛教仪式，在特定仪式上把寺院里珍藏的巨幅锦缎织绣佛像抬出来（平时是卷起来收藏保护的），露天展示于广大信众面前，让善男信女观瞻膜拜。

གོས་སྐུ་བཤམ་པ། བོད་བརྒྱུད་ནང་བསྟན་ཆོས་ལུགས་ཀྱི་མཛད་སྒོ་ཞིག མཛད་སྒོའི་སྐབས་དགོན་པར་ཉར་ཚགས་བྱས་པའི་གོས་ཐང་ཆེན་མོ་གདན་དྲངས་ཏེ། (རྒྱུན་པར་དྲིལ་ནས་ཉར་ཚགས་བྱས་ཡོད) དད་ལྡན་མང་ཚོགས་མིག་སྔར་བཤམས་ནས། ཕྱག་འཚལ་ཞིང་མཆོད་པ་ཕུལ་བའི་ཚོགས་སྒྲིག་བདོ།

Sunning Buddha is a Tibetan Buddhism ritual. In some specific ritual, the huge image of Buddha made of brocades (which are rolled up for collection and protection at ordinary times) are carried out to broad daylight for the congregation to worship and pay homage to.

山东省济南西藏中学 1991年成立。由原济南回民中学和济南第十四中学的西藏班合并而成，专门招收西藏日喀则地区的学生。是山东省对口援藏项目之一。2004年教育部将全国唯一一个边境班安排在该校。学校占地面积21662.5平方米。

ཧྲན་ཏུང་ཞིང་ཆེན་ཅི་ནན་བོད་སློངས་སློབ་འབྲིང་། ༡༩༩༡ལོར་ཚུགས། དང་ཐོག་གི་ཅི་ནན་ཧུའི་རིགས་སློབ་འབྲིང་དང་ཅི་ནན་སློབ་འབྲིང་བཅུ་བཞིའི་བོད་སློངས་འཛིན་གྲྭ་གཉིས་བསྡོམས་ཏེ་སྒྲིག་པ་ལས། སློབ་འབྲིང་འདིར་བོད་སློངས་གཞིས་ཀ་རྩེ་ས་གནས། སློབ་རྒྱུགས་ཀྱི་སློབ་མ་དམིགས་བསལ་གྱིས་སློ་བ་དང་། ཧྲན་ཏུང་ཞིང་ཆེན་གྱི་བོད་ལ་སྐྱོར་རོགས་ཀྱི་རྣམ་གྲངས་ཞིག་ཡིན། ༢༠༠༤ལོར་སློབ་གསོ་པུའུ་ཡིས་རྒྱལ་

ཡོངས་ཀྱི་མཐའ་མཚམས་སློབ་གྲྭ་གཅིག་པོ་དེ་སློབ་འབྲིང་འདིར་བསྒྲུབ་བཀོད་བྱེད་དུས། སློབ་གྲྭའི་རྒྱ་ཁྱོན་ལ་སྒྲིག་བཞིན་རྡུ་༢༡༦༦༢.༥ཡོད།

Tibetan Middle School in Jinan, Shandong province was founded in 1991 as the merger of Jinan Huimin School and Tibetan classes from Jinan 14th middle school. It only recruits Tibetan students from Xigaze and is one of the Tibetan-aiding projects of Shandong province. In year 2004, the Ministry of Education of China established the only Ethnic class of the frontier in the school. The School covers an area of 21,662.5 square meters.

山区土地改革 特指解放初期云南省在彝、白、壮、纳西、回、苗等少数民族居住地区实行的土地改革。土改的政策充分照顾民族特点，尊重少数民族的风俗习惯。如：斗争地主，由本族人民自己进行；没收、征收土地政策较宽松；寺院的土地可保留等。

ནང་ལོག་རི་ཁུལ་གྱི་ས་ཞིང་བཅོས་བསྒྱུར། དེ་བཅིངས་འགྲོལ་དུས་མགོར་ཡུན་ནན་ཞིང་ཆེན་གྱི་ནང་ལོག་རི་ཁུལ་དུ་སྤྱེལ་བའི་ས་ཞིང་བཅོས་བསྒྱུར་ལས་ལུགས་ཡིན། ནང་ལོག་རི་ཁུལ་གྱི་གཙོ་བོ་ཡུན་ནན་གྱི་འབྲུག་དང་། པའི་། གྲོང་། ཧུའི། མུའོ་སོགས་ཀྱི་གྲངས་ཉུང་མི་རིགས་འདུས་བསྡོད་ས་ཆའི་རྒྱལ་ཅུར་ལ་བཟོ་གྱི་སྲིད་ཇུས་སུ་མི་རིགས་ཁྱད་ཆོས་ལ་འཛར་ཐོབ་དང་། ཡུལ་སྲོལ་གོམས་གཤིས་ལ་བརྩི་འཇོག་བྱས་པར་བན། ས་བདག་འཐབ་རྩོད་བྱེད་པ་དེ་མི་རིགས་རང་གི་མི་དམངས་ཀྱིས་བསྒྲུབ་པ་དང་། ས་ཞིང་ཆུར་ལེན་དང་བཙུ་བོའི་སྲིད་ཧྱུས་སྟོབས་གཏོང་བ། དགོན་པའི་ས་ཞིང་བསྒྲི་ཆོག་པ་ལྟ་བུའོ།

Land Reform in Ethnic Mountainous Regions refers in particular to land reform implemented by Yunnan Province in mountainous regions in the early days of liberation. The mountainous regions mainly refer to the residence of Yi, Bai, Zhuang, Naxi, Hui, Miao and other ethnic groups in Yunnan Province. Ethnic characteristics are taken into consideration and customs are respected in the land reform policy. For example, people of the same ethnic group can struggle against landlord by themselves; the policy of confiscating and expropriating land is implemented with flexibility and the land of the temples can be preserved.

山戎 我国春秋时期北方的一支较强大的少数民族。又称"北戎"等。戎人的一支。

དྲན་རོང་། རང་རྒྱལ་གྱི་ཁྲུན་ཆིའུ་སྐབས་བྱང་རྒྱུད་ཀྱི་སྟོབས་ཤུགས་ཆེ་བའི་གྲངས་ཉུང་མི་རིགས་ཤིག་ཡིན་གཞན་ལ་བྱང་རོང་སོགས་ཟེར་ཞིང་། རོང་པའི་བྱེ་བྲག་ཅིག་ཀྱང་ཡིན།

Shan Rong, also known as Bei Rong (Northern Rong), was enormously powerful ancient nomadic ethnic minority in the northern China during the Spring and Autumn period. It was one of the Rong ethnic tribes.

山越 中国古族名。百越的一支。

དྲན་ཡུའེ། གུང་གོའི་གནའ་བོའི་མི་རིགས་ཤིག་སྦལ་ཡུའེའི་བྱེ་བྲག་ཅིག་ཡིན།

Shanyue, an ancient Chinese ethnic tribe, was one of the Baiyue (Hundred Yue) ethnic tribes.

陕甘宁省豫海县回民自治政府 红军西征在豫海地区[宁夏同心县西部及接壤的海原县(时属甘肃)的东部一带]建立的中国共产党历史上第一个回族自治政权。1936年，在同心清真大寺成立。这是中国共产党对民族区域自治政策的最初实践。

ཧྲན་གན་ཉིང་ཞིང་ཆེན་ཡུས་ཧའེ་རྫོང་ཧུའེ་རིགས་རང་སྐྱོང་སྲིད་གཞུང་། དམར་དམག་ནུབ་བསྐྱོད་ཀྱིས་ཡུས་ཧའེ་ས་ཁུལ་[ཉིང་ཞ་ཐུང་ཞིན་རྫོང་གི་ནུབ་ཁུལ་དང་དེར་འབྲེལ་བའི་ཧའེ་ཡོན་རྫོང་(དུས་སྐབས་ཤིག་ལ་གན་སུའུ་ལ་གཏོགས)གྱི་ཤར་བརྒྱུད]དུ་བཙུགས་པའི་ཀྲུང་གོའི་གུང་ཁྲན་ཏང་གི་ལོ་རྒྱུས་ཐོག་གི་ཧུའེའི་རིགས་རང་སྐྱོང་དབང་དང་པོ་ཡིན། ༡༩༣༦ལོར་ཐུང་ཞིན་གྱི་ཆིང་ཀྲན་ཆེན་པོ་གསར་དུ་བཙུགས། དེའི་གུང་གོ་གུང་ཁྲན་ཏང་གི་མི་རིགས་ས་ཁུལ་རང་སྐྱོང་སྲིད་ཇུས་སྦྱོང་བའི་ཐོག་མའི་ཡིན།

Yuhai Hui Autonomous Government of Shanxi-Gansu-Ningxia Border Regions was founded in the Yuhai area (the western part of Tongxin County of Ningxia, and its neighboring part to the eastern part of Haiyuan County, which was a part of Gansu province then) during the period of the West March of Red Army and it was the first Hui autonomous regime established by the Communist Party of China. It was established in the Grand Tongxin Mosque. It was the initial practice of the policy of the CPC for the autonomy of the minority regions.

商上 清代文献中对西藏地方政府的称呼。"商"为藏语商卓特巴的简称;"上"为汉语高处之意。清代曾以此称达赖喇嘛系统。后沿用以称噶厦,即西藏地方政府。

ཕྱག་མཛོད། ཆིང་རྒྱལ་རབས་ཀྱི་ཡིག་ཚའི་ནང་བོད་ས་གནས་སྲིད་གཞུང་ལ་འབོད་པའི་མིང་ཞིག་ཡིན། ཕྱག་ཕྱག་མཛོད་པ་ཞེས་པའི་བསྡུས་མིང་དང་། ཐེའི་པོ་བྲད་ལ་གོ་བས་འདིར་པོ་ད་ལའི་རྩེམས་ནད་ལ་གོ །ཆིང་རྒྱལ་རབས་སྐབས་སུ་བོད་སྐད་ལ་འདིའི་བླ་མའི་མ་ལག་ཆ་ཚང་བར་བསྟན་དང་། ཕྱིས་སུ་བཀའ་ཤག་སྟེང་གཞུང་ལ་བསྟན་པའོ། །

Shang shang was used to refer to the Tibet local government in the documents of Qing Dynasty. "shang" is the shortened form of Tibetan word "Shazhuoteba"; and "shang" means "Highness" in Han Chinese language. The Qing Dynasty addressed the Dalai Lama as "shang shang" and later "shang shang" was used to refer to the Kashag which is the Tibet local government.

商卓特巴 藏语音译。1. 原为管理达赖喇嘛财务的人员,后为西藏地方政府管事官员。2. 藏传佛教各大活佛的管家以及各大寺院的政务总管。

ཕྱག་མཛོད་པ། ༡ དང་པོ་དུ་ལའི་བླ་མའི་ནོར་སྲིད་དོ་དམ་བྱེད་མཁན་གྱི་གཞིར་བ་ཞིག་དང་། ཕྱིས་སུ་བོད་ས་གནས་སྲིད་གཞུང་གི་འགན་ཁུར་དཔོན་རིགས་ཤིག་ཡིན། ༢ བོད་བརྒྱུད་ནང་བསྟན་གྱི་སྤྲུལ་སྐུ་ཆེ་གྲས་ཁག་གི་གཉེར་པ་དང་དེ་བཞིན་དགོན་སྡེ་ཁག་གི་སྲིད་དོན་དམ་པ་འོ། །

Shangzhuoteba, transliterated from Tibetan, originally refers to Dalai Lama's financial staff and later it refers to officers in Tibet local government. It also can refer to the butler of the Living Buddha of Tibetan Buddhism or the monastery's chief administrative officer.

上海清真商团 上海商界穆斯林反清爱国组织。1911年组建。辛亥革命前夕,上海回民受同盟会会员底奇峰(回族)宣传鼓动,响应革命,并成立该商团。武昌起义爆发后,参加光复上海和南京诸役。1913年被袁世凯党羽强令解散。

ཐང་ཧའི་ཁ་ཆེ་ཚོང་ཚོགས། ཐང་ཧའི་མི་ལ་གྱི་ཚོང་པ་ཚོས་ཆིང་སྲིད་གཞུང་ལ་དོ་རྒོལ་བྱེད་པའི་ཚོགས་པ་ཞིག་ཡིན། ༡༩༡༡ལོར་ཚོགས་པ་དེ་བཙུགས། ལྷགས་དཔག་པོའི་གསར་བརྗེའི་ལས་འགུལ་སྤེལ། ཐང་ཧའི་ཡི་ཧུའི་རིགས་རྣམས་མཉམ་འབྲེལ་ཚོགས་པའི་ཚོགས་མི་ཏིས་ཆེ་ཕུང་(ཧུའི་རིགས་)གི་བསྐུལ་འདོམས་དོག་གསར་བརྗེ་དང་དུ་བླང་ནས་གསར་བཙུགས་པའི་ཚོགས་པ་ཞིག་ཡིན། འུའུ་ཆང་འགུལ་སློང་རྗེས་ཐང་ཧའི་དང་ནན་ཅིན་བསྐྱར་དུ་ཀྱི་དམག་འཐབ་ཀུན་ལ་ཞུགས། ༡༩༡༣ལོར་ཡོན་ཧེའི་ཕྱོགས་གཏོགས་པས་བཙན་གྱིས་གཏོར།

Shanghai Muslim Merchant Corps was an Anti-Qing patriotic organization. It was founded in 1911. Not long before the Revolution of 1911, influenced and incited by Di Qifeng, a Hui people and a member of the Chinese Revolutionary League, some Hui people of Shanghai reacted positively to the revolution and founded Shanghai Muslim Merchant Corps. After the break-out of the Revolution of 1911, the Corp participated in the reconquista/liberation of Shanghai and Nanjing. It was forced to dismiss by the supporters of Yuan Shih-kai.

上三旗 清代由皇帝直接统辖的三个旗。满洲八旗有上三旗和下五旗之分。清军入关前，正黄旗、镶黄旗、正蓝旗由皇太极亲自统领，是皇帝的亲兵，称为"上三旗"。其余5旗则为"下五旗"，由亲王、贝勒、贝子（见"贝勒"词条）掌管。

དར་གོང་མ་གསུམ། ཆེང་རྒྱལ་རབས་ཀྱི་སྐབས་སུ་རྒྱལ་པོས་ཐད་ཀར་བདག་སྐྱོང་བྱེད་པའི་དར་གསུམ། མན་ཇུའི་དར་ཚོ་བརྒྱད་ལ་གོང་གི་དར་གསུམ་དང་འོག་གི་དར་ལྔ་བཅས་དབྱེ་ཡོད། ཆེང་དམག་འགག་སྒོར་བསྐྱོད་པའི་ཡར་སྟོན་དུ། དར་སེར་དཀར་མ་དང་པོ་རྒྱལ་དར་སེར། དར་སྟོང་དཀར་བཅས་ནི་དང་ཐའི་ཅི་རྒྱལ་པོ་དངོས་ཀྱིས་བཀོད་འདོམས་བྱེད་པ་རྒྱལ་པོའི་ཉེ་འཁོར་གྱི་དམག་ཡིན། དེ་གོང་གི་དར་གསུམ་ཟེར། ལྷག་མའི་དར་ལྔ་པོར་འོག་གི་དར་ལྔ་ཞེས་རྒྱལ་ཕྲན་རྒྱལ་པོ་དང་རྒྱལ་སྲས་སོགས་ཀྱིས་བཀོད་འདོམས་བྱེད།

The "Upper Three Banners" were the three banners that were under the direct command of the Qing emperor. The Manchu Eight banners were distinctively divided into "Upper Three Banners" and "Lower Five Banners". The plain yellow, bordered yellow, and plain blue banners were known as the "Upper Three Banners" and they are the Kin/Immediate Family Army. Before the Shanghaiguan war, the "Upper Three Banners" were commanded and led by Nurhachi himself. The remaining Banners were known as the "Lower Five Banners" and were commanded by Qinwang (Prince of the Blood), Beile (Prince) and Beizi (Chief) (See the entry "Beile").

尚 藏语音译。意为"舅"。吐蕃官名。冠于人名之前，指同王室通婚的大贵族出身的大臣，如"尚结赞"。

ཞང། ཨ་ཞང་གི་དོན་དང་། བོད་བཙན་པོའི་སྐབས་ཀྱི་དཔོན་གནས་ཤིག་ཡིན། མིའི་མིང་གི་སྟོང་དུ་སྦྱར་ན་བཙན་པོའི་ཡུམ་ཕྱོགས་ཀྱི་ཁྱིམ་རྒྱུད་དང་འབྲེལ་བའི་སྐུ་དྲག་བློན་པོར་གོ དཔེར་ན་ཞང་རྗེ་བཙན་ལྷ་བུ།

Shang, transliterated from Tibetan, means "Royal Uncle", is a Tubo (Tibet) official title. It refers to high-titled officials born with high noble ranks who intermarried with the royal family. The title Shang is the address before people's name, such as "Shang Jiezang".

尚论掣逋突瞿 藏语音译。由王室和少数大贵族掌握的吐蕃政权的总称。尚，指同王室通婚的大贵族出身的大臣；论，指同王室有直接关系的大臣；掣逋，意为"大"；突瞿，意为"一切"。赞普下设以大相、都护、内大相、整事大相为首的四部官员，其和即称尚论掣逋突瞿。

ཞང་བློན་ཆེན་པོ་ཐམས་ཅད། རྒྱལ་རྒྱུད་དང་ཁྱིམ་རྒྱུད་ཆེན་པོས་དབང་འཛིན་བྱས་པའི་སྤྱིར་རྒྱལ་སྲིད་དབང་གི་སྤྱི་མིང་ཡིན། ཞང་ནི་རྒྱལ་པོའི་ཁྱིམ་རྒྱུད་གཞན་འབྲེལ་བྱས་པའི་སྐུ་དྲག་ལས་བྱུང་བའི་བློན་ཆེན་གྱི་མིང་ཡིན། རྒྱལ་རྒྱུད་དང་ཐད་ཀར་འབྲེལ་བའི་བློན་ཆེན་ལ་གོ བཙན་པོའི་གཞམ་ན་བློན་ཆེན་དང་། བདེ་སྲུང་དཔོན། ནང་བློན་ཆེན་པོ། བཀའ་བློན་ཆེན་པོ་བཅས་གཙོ་བོར་བྱས་པའི་དཔོན་རིགས་བཞིའི་སྡེ་མི་ལ་ཞང་བློན་ཆེན་པོ།

ཞང་བློན་ཆེན་པོ།

Zhang blon sNa chen po transliterated from Tibetan, is the general term for the Tubo regime where the royal family and the few high-ranking nobles had all the power. Shang refers to high-titled officials born with high noble ranks who intermarried with the royal family; Lun refers to those high-titled officials who have a close and direct relationship with the royal family; Chebu means "Grandness"; Tuqu means "Wholeness". Tsenpo composed of four government departments with Grand Minister, Chief-in-Commander, Inner Minister and chief Affairs Misinster as their head leader respectively.

烧汤捞油 旧时贵州东南部苗族神判方式。为解决争执，一方买黄蜡、牛油、小米、大米等若干，无柄斧头一个，加水置大锅内，由巫师杀鸡请神，点火煮沸。对方念咒请鬼后，袖内灌米，顺米倾入沸锅之时，手捞出斧头掷地。次日验捞斧之手，起泡为输，反之为赢。

ཤང་ཁྲིམ་སྐམ་འདོན། གནའ་བོའི་གུའི་གོའི་ཡི་ཤར་ཕྱོགས་གནས་པའི་མིའུ་རིགས་ཀྱིས་ཆོད་རྟོགས་ལྷ་ཡིས་ཐག་གཅོད་པའི་ཐབས་ཤིག་ཡིན། རྩོད་རྙོག་ཐག་གཅོད་ཆེད། ཕྱོགས་གཅིག་གིས་ལ་མེར་དང་། བ་སྣུམ། བྲ། འབྲུ་སོགས་ཕོན་ཡོན་ནས་རྒྱ་ཁོག་ཏུ་བཙོས་པའི་ནང་། སྟ་མགོ་ཡུ་བ་མེད་ཞིག་འཕངས། དེ་ནས་ལྷ་པས་བྱ་བོ་བསད་དེ་ལྷ་འབོད་དང་། ཕྱོགས་ཡམ་སྔགས་བཏོན་འདོད་ གསོལ་བོགས་བྱས་རྗེས། ཕུ་ཐུང་ནང་གི་འབྲུ་ཆུ་ཁོལ་ནང་སྟ་མགོ་ལ་བླགས་ཞོར་དུ་ལག་པ་ཆུ་ཁོལ་ནང་དུ་སྣར། མི་ཉིན་ལྟ་ཞི་ཞེ་རེ་ཁྱེར་བཏོན་ནས་ལ་ལ་གཡུག་དགོས། མི་ཞིག་ལྟ་ལྟེ་

བཙོན་པའི་ལག་པར་བཅག་དཔུང་གཏོང་། གལ་ཏེ་ལག་མགོར་ཆུ་བུར་ཡོན་ན་ནག་པ་དང་མེད་ན་དཀར་བར་བྱེད་པ་ཡིན།

Boiling soup and scooping oil is a ritual of Judgment by God in Miao ethnic minority in the old eastern Guizhou province. If any unsolvable dispute occurs, one disputer purchases some yellow wax, butter, millet, rice and an axe without a handle and put all those stuff in a large pot with water in it. Then, the wizard begins to invite the God with the ritual of killing a chicken as a sacrifice and ignites the firewood. And the other disputer invites the Ghost with incantations, then he fills the sleeves with rice, puts hands into the boiling water with help of the flowing rice, and then grasps the axe to throw onto the ground. On the next day, if the second disputer shows up without his/her hands get blistered, he wins the dispute, and vice versa.

少数民族 是指多民族国家中人数最多的民族以外的民族。在我国指汉族以外的民族。

གྲངས་ཉུང་མི་རིགས། མི་རིགས་སྣ་མང་གི་རྒྱལ་ཁབ་ནང་དུ་མི་གྲངས་མང་ཤོས་ཀྱི་མི་རིགས་དེ་ཕུད་པའི་ལྷག་མ་རྣམས་ལ་བསྣན། རང་རྒྱལ་དུ་རྒྱ་རིགས་ཕུད་པའི་མི་རིགས་གཞན་རྣམས་ལའོ།།

Ethnic Minorities refer to ethnic groups within a multi-ethnic country in addition to the ethnic majority with the biggest population. In China, ethnic minorities refer to the ethnic groups except the Han majority.

少数民族濒危语言抢救与保护工程 我国的政策性规划。由 2012 年国务院颁布的《少数民族事业"十二五"规划》提出：科学保护少数民族语言文字，完成 20 种少数民族濒危语言的调查工作，出版"中国少数民族语言文字保护丛书"。

གངས་ཅན་མི་རིགས་ཀྱི་སྐད་ཡིག་ཉེན་ཁར་འཕྲད་པ་སྐྱོབ་སྲོབ་དང་སྲུང་སྐྱོབ་ཀྱི་ལས་གཞི། རང་རྒྱལ་གྱི་སྲིད་ཇུས་རང་བཞིན་གྱི་འཆར་འགོད་ཅིག་ཡིན། ༢༠༡༢ལོར་རྒྱལ་སྲིད་སྤྱི་ཁྱབ་ཁང་ནས་བཀྲམ་པའི《གངས་ཅན་མི་རིགས་ཀྱི་བཅུ་གཉིས་སྐུའི་ལས་དོན་འཆར་འགོད》ནང་དུ་ཚན་རིག་དང་མཐུན་པའི་སྒོ་ནས་གངས་ཅན་མི་རིགས་ཀྱི་ཉེན་ཕྲན་སྐད་རིགས་ཏེ ༢༠ལ་བརྟག་དཔྱད་ཀྱི་ལས་དོན་མཐར་པ་དང་།《རྒྱང་གོའི་གངས་ཅན་མི་རིགས་ཀྱི་སྐད་ཡིག་སྲུང་སྐྱོབ་དཔེའི་ཚོགས》ཞེས་པ་པར་སྐྲུན་བྱེད་དགོས་པ་སོགས་བཏོན་ཡོད།

The campaign to rescue and preserve the endangered minority languages is a policy plan in China proposed in *the 12th Five-year Plan for Development of Undertakings Related to Ethnic Minority Groups* and issued by State Council in 2012, which aims to scientifically preserve the minority languages, to accomplish the research work of 20 endangered minority languages, and to publish *Preservation of Oral Languages and Written Languages of Ethnic Minorities in China Series*.

少数民族参观团 我国少数民族代表人物组成的参观团。新中国成立之初，中央就组织少数民族参观团参观学习其他地区发展建设的经验，党和国家领导人先后接见参观团团员。从 1950 年少数民族代表到首都国庆观礼开始至今，该活动已成为党和国家做好民族工作、落实民族政策的重要举措。

གངས་ཅན་མི་རིགས་ཀྱི་སྐོར་ཚོགས་པ། རྒྱལ་གཅེས་ཞུང་མི་རིགས་ཀྱི་འཐུས་མིས་གྲུབ་པའི་ལྟ་སྐོར་ཚོགས་པ་ཞིག གུང་གོ་གསར་པ་དབུ་བརྙེས་རྟེས། གུང་དབང་གཞུང་ནས་གངས་ཅན་མི་རིགས་ལྟ་སྐོར་ཚོགས་པ་ནི་ལོངས་སུ་ཡོད་ན་ནན་ལོངས་ཀྱི་འཕེལ་རྒྱས་འཛུགས་སྐྲུན་གྱི་ཉམས་མྱོང་ལ་སློབ་སྦྱོང་བྱེད་པར་ཚ་འཛུགས་བྱ། ཕྱང་དང་རྒྱལ་ཁབ་ཀྱི་འགོ་ཁྲིད་མི་སྣས་ལྟ་སྐོར་ཚོགས་པའི་ཚོགས་མི་ལ་མཇལ་འཕྲད་གནང་། ༡༩༥༠ལོར་གངས་ཅན་མི་རིགས་ཀྱི་འཐུས་མི་རྒྱལ་ས་རྒྱལ་སྟོན་ཆེན་འཛུགས་སུ་འོངས་པ་ནས་བཟུང་། བྱེད་སྒོ་དེ་དག་ནི་རྒྱལ་ཁབ་ཀྱིས་མི་རིགས་ལས་དོན་ལེགས་པོ་སྒྲུབ་པ་དང་། མི་རིགས་སྲིད་ཇུས་དོན་ཕོག་ཏུ་འཇུལ་བ་བྱེད་པའི་བྱེད་ཐབས་གལ་ཆེན་ཞིག་ཏུ་གྱུར་ཡོད།

The visiting delegation composed of the representatives of the ethnic minorities In early new China, the central government organized the visiting activities for the delegations to gain experience of other areas' development and construction achievements, and the CPC and state leaders successively met with the delegates. Some representatives attended the National Day ceremony in 1950, and since then, the visiting activities have become a significant method for the CPC and central government to do well in ethnic works and to implement ethnic policies.

少数民族传统文化展演评奖活动 特指 2012 年国务院颁布的《少数民族事业"十二五"规划》提出继续举办的少数民族传统文化展演评奖活动。包括：全国性的少数民族文艺会演、少数民族传统体育运动会、少数民族文学创作"骏马奖"评奖活动、少数民族曲艺展演、少数民族美术作品展和少数民族戏剧会演。

གངས་ཉུང་མི་རིགས་ཀྱི་སྲོལ་རྒྱུན་རིག་གནས་འགྲེམས་སྟོན་ལེགས་འདེམས་མཛད་སྒོ། ༢༠༡༢ལོར་རྒྱལ་སྲིད་སྤྱི་ཁྱབ་ཁང་གིས་ཁྱབ་བསྒྲགས་བྱས་པའི《གངས་ཉུང་མི་རིགས་ཀྱི་བཅུ་གཉིས་ལྔ་ལས་དོན་འཆར་འགོད》ནང་མུ་མཐུད་དུ་གངས་ཉུང་མི་རིགས་ཀྱི་སྲོལ་རྒྱུན་རིག་གནས་འགྲེམས་སྟོན་བྱེད་པའི་བསླང་བ་བཏོན་ཡོད། དེའི་ནང་དུ་རྒྱལ་ཡོངས་རང་བཞིན་གྱི་གངས་ཉུང་མི་རིགས་ཀྱི་རྩལ་རྒྱུགས་ཚོགས་ཆོགས་དང་། གངས་ཉུང་མི་རིགས་ཀྱི་སྲོལ་རྒྱུན་ལུས་རྩལ་འགྲན་ཚོགས། གངས་ཉུང་མི་རིགས་ཀྱི་རིག་གནས་གསར་རྩོམ་གྱི་མཆོག་བསྔགས་པའི་དགའ་འདེགས་སྟོན་བྱེད་སྒོ། གངས་ཉུང་མི་རིགས་ཀྱི་རི་མོའི་བརྩམས་ཆོས་འགྲེམས་སྟོན། གངས་ཉུང་མི་རིགས་ཀྱི་སྒྲ་གར་འཁྲབ་སྟོན་སོགས་འདུས་ཡོད།

Ethnic Traditional Culture Exposition Awards refer specifically to the awards proposed in *the 12th Five-year Plan for Development of Undertakings Related to Ethnic Minority Groups* and issued by State Council in 2012, which includes holding the ethnic traditional culture performance, ethnic traditional sports games, ethnic literatures "Horse Award", ethnic folk art performance, ethnic art exhibition, and ethnic drama festival.

少数民族地区 在我国，现指以少数民族人民为主聚集生活的地区。主要分布在内蒙古、新疆、宁夏、广西、西藏、云南、贵州、青海、四川、甘肃、黑龙江、辽宁、吉林、湖南、湖北、重庆、海南、台湾等省、市、自治区。

གངས་ཉུང་མི་རིགས་ཀྱི་ས་ཁུལ། རང་རྒྱལ་དུ་གངས་ཉུང་མི་རིགས་ཀྱི་མི་དམངས་འདུས་སྡོད་གཙོ་བོར་བྱེད་པའི་ཁུལ་བསྐོར་ནང་སོག་དང་ཞིན་ཅང་། ཤི་ཞི། གོང་ཞི། བོད་ལྗོངས། ཡུན་ནན། གུའི་གྲོང་། མཚོ་སྔོན། སི་ཁྲོན། ཀན་སུའུ། ཧེ་ལུང་ཅང་། ལིའོ་ཞིང་། ཅི་ལིན། ཧུའུ་ནན། ཧུའུ་པེ། ཁྱུང་ཆིང་། ཧའེ་ནན། ཐའེ་ཝན་སོགས་ཞིང་ཆེན་དང་གྲོང་ཁྱེར། རང་སྐྱོང་ལྗོངས་བཅས་སུ་གཙོ་བོར་ཁྱབ་ཡོད།

Ethnic minority areas refer to the areas where ethnic minorities most populate and live. Ethnic minority areas mainly distributed in provinces and autonomous regions like Inner Mongolia, Xinjiang, Ningxia, Guangxi, Tibet, Yunnan, Guizhou, Qinghai, Sichuan, Gansu, Heilongjiang, Liaoning, Jilin, Hunan, Hubei, Chongqing, Hainan and Taiwan.

《少数民族地区补助费的管理规定》 文件名。1979 年由国家民委、财政部共同下发。对补助费的使用和管理作出 8 条规定。涉及使用范围、每年指标、具体安排和使用、专款专用、防止积压不用和浪费、制定具体管理办法等方面的内容。

《གངས་ཅན་མི་རིགས་ས་ཁུལ་གྱི་རོགས་སྐྱོར་འགྲོ་དངུལ་དོ་དམ་གཏན་འབེབས》ཡིག་ཆའི་མིང་། ༡༩༧༩ལོར་རྒྱལ་ཁབ་མི་རིགས་དོན་གཅོད་ཨུ་ཡོན་ལྷན་ཁང་དང་། ནོར་སྲིད་པུའི་གཉིས་མཉམ་འབྲེལ་ཐོག་བཏོན། རིགས་སྐྱོར་འགྲོ་དངུལ་བེད་སྤྱོད་དང་དོ་དམ་ཐད་གཏན་འབེབས་ཁག་བརྒྱད་ཡོད། དེའི་ནང་བེད་སྤྱོད་ཁྱབ་ཁོངས་དང་། ལོ་རེའི་ཚད་གཞི་ཞིབ་ཕྲའི་བཀོད་སྒྲིག་དང་བེད་སྤྱོད། ཆེད་དངུལ་ཆེད་སྤྱོད། བཀག་གསོག་མི་སྤྱོད་དང་ཆུད་ཟོས་འགོག་པ། ཞིབ་ཕྲའི་དོ་དམ་བྱ་ཐབས་སོགས་ཀྱི་ནང་དོན་ཚུད་ཡོད།

Administrative measures on subsidies in ethnic minority areas was jointly released by the State Ethnic Affairs Commission and Finance Department of State in 1979 with 8 stipulations about the usage and management of the subsidies in ethnic minority areas. Issues involved: range of usage, annual financial indicators, detailed subsidies arrangement and usage, fixed sums for fixed purposes, prevention of the subsidies backlog and waste, and specific measures formulated for management.

少数民族地区的民主改革　指新中国成立后，少数民族地区社会改革的第一步。主要目的在于废除奴隶制和封建制的剥削制度，建立劳动者的个体私有制。农业区的主要内容是土地改革，牧区主要实行"三不两利政策"。此外，废除宗教中的封建特权和剥削，也是一项重要内容。

གངས་ཅན་མི་རིགས་ས་ཁུལ་གྱི་དམངས་གཙོའི་བཅོས་སྒྱུར། ཀྲུང་གོ་གསར་པ་དབུ་བརྙེས་རྗེས། གངས་ཅན་མི་རིགས་ཁུལ་བཅོས་སྒྱུར་གྱི་གོམ་པ་དང་པོ་ཡིན། དེའི་དམིགས་ཡུལ་གཙོ་བོ་ནི་བྲན་གཡོག་ལུགས་དང་བཀས་བཀོད་རྒྱུད་འཛིན་གྱི་གཞན་གནོན་ལུགས་མེད་པར་བཟོ་ནས། ངལ་རྩོལ་པའི་སྒེར་གྱི་སྒེར་དབང་ལུགས་འཛུགས་རྒྱུ་དེ་རེད། ཞིང་ཁུལ་གྱི་ནང་དོན་གཙོ་བོ་ནི་ས་ཞིང་བཅོས་སྒྱུར་དང་། འབྲོག་ཁུལ་ལ་བཀག་གསུམ་ཁེ་གཉིས་ཀྱི་སྲིད་ཇུས་ལག་བསྟར་བྱེད་རྒྱུ་རེད། དེ་མིན། ཆོས་ལུགས་ཁྲོད་ཀྱི་བཀོད་རྒྱུད་འཛིན་གནའ་གནོན་དང་བཀག་གཤོམ་མེད་པ་བཟོ་རྒྱུ་ཡང་གྲུབ་ཆ་གལ་ཆེན་ཞིག་རེད།

Democratic reform in ethnic minority areas referred to the initial step of social reform in the ethnic minority areas after the founding of new China, which aimed to abolish slavery and feudal exploitation system, and to establish the private ownership system for the laborers. Democratic reform in agriculture focused on the land reform and "three nos and two-benefits policy" was widely implemented in pastoral areas. The abolition of feudal privileges and exploitation in religious was also an important part of the democratic reforms.

少数民族地区的社会改革　指新中国成立后，中国少数民族地区的民主改革和社会主义改造。

གངས་ཅན་མི་རིགས་ས་ཁུལ་གྱི་སྤྱི་ཚོགས་བཅོས་བསྒྱུར། འདི་ནི་ཀྲུང་གོ་གསར་པ་དབུ་བརྙེས་རྗེས། ཀྲུང་གོའི་གངས་ཅན་མི་རིགས་ས་ཁུལ་གྱི་དམངས་གཙོ་བཅོས་བསྒྱུར་དང་སྤྱི་ཚོགས་རིང་ལུགས་ཀྱི་སྒྱུར་བཀོད་བྱས་པ་དེ་ལ་བསྟན་པ་ཡིན།

Social reform in ethnic minority areas referred to the democratic reform and socialist transformation in ethnic minority areas after the founding of new China.

《少数民族地区妇幼卫生事业"七五"规划》 文件名。1986年由卫生部、国家民委、全国妇联联合发布。提出指导思想，要求"七五"期间大力发展民族地区的妇幼卫生事业。确定主要指标和任务，就孕产妇死亡率、普及新法接生等问题作出具体要求。并采取措施，创造条件，健全三级妇幼保健网等。

《གངས་ཅན་མི་རིགས་ས་ཁུལ་གྱི་མ་བུའི་འཕྲོད་བསྟེན་བྱ་གཞག་བདུན་ལྔའི་འཆར་འགོད》 ཡིག་ཆའི་མིང་། ༡༩༨༦ལོར་འཕྲོད་བསྟེན་པུའུ་དང་། རྒྱལ་ཁབ་མི་རིགས་དོན་གཅོད་ཨུ་ཡོན་ལྷན་ཁང་། རྒྱལ་ཡོངས་བུད་མེད་མཉམ་འབྲེལ་ལྷན་ཚོགས་བཅས་མཉམ་འབྲེལ་ཐོག་སྤེལ་བྱས། མཛུབ་སྟོན་དགོངས་པར་བདུན་ལྔའི་རིང་དུ་མི་རིགས་ཀྱི་མ་བུའི་འཕྲོད་བསྟེན་བྱ་ཁྱབ་རྒྱས་སུ་ཤུགས་གཏོང་ཉིད་རེ་བ་བཏོན་པ་དང་། དམིགས་ཚད་དང་ལས་འགན་གཙོ་གཉེར་ལ་ཐག་གཅོད་བྱས་ནས་གསོ་མ་ཟད་ཆ་རྐྱེན་གསར་སྐྲུན། རིམ་པ་གསུམ་ལྔན་པ་བུའི་བདེ་སྲུང་དྲ་བ་ཞུགས་ཚོགས་དུ་གཏོང་བ་སོགས་ཀྱི་བྱེད་ཐབས་ལག་བསྟར་གཏོང་བའོ།

The 7th Five-Year Plan on developing the maternal and child health in ethnic minority areas was jointly released by the State Ethnic Affairs Commission, the ministry of health, and the All-China Women's Federation in 1986. It proposed to develop the maternal and child health in ethnic minority areas during the 7th Five-Year Plan period. Issues involved: guiding principle, main indicators and task, specific and detailed requirements on the issues of the maternal mortality rate and popularizing new child-delivery methods. The plan also proposed to take measures to create conditions to improve the three-level network of maternal and child health.

少数民族地区社会主义改造 指新中国成立后，少数民族地区社会改革的第二步。在少数民族地区完成民主改革后，将农业、畜牧业、手工业和极少量的资本主义工商业的生产资料私有制转变为社会主义公有制。农业区主要是开展农业合作化运动；牧区包括对牧民个体经济和牧主私有经济的改造。

གངས་ཅན་མི་རིགས་ས་ཁུལ་གྱི་སྤྱི་ཚོགས་རིང་ལུགས་བཅོས་བསྒྱུར། གུང་གོ་གསར་པ་དངོས་བཤེས་རྗེས། གངས་ཅན་མི་རིགས་ས་ཁུལ་གྱི་སྤྱི་ཚོགས་བཅོས་བསྒྱུར་བྱེད་པའི་གོམ་པ་གཉིས་པ་ཡིན། གངས་ཅན་མི་རིགས་ས་ཁུལ་གྱི་དམངས་གཙོ་བཅོས་བསྒྱུར་གྲུབ་རྗེས། ཞིང་ལས་དང་ཕྱུགས་ཞུང་བའི་མ་རྩ་རིང་ལུགས་བཟོ་ཚོང་ལས་རིགས་ཀྱི་ཕྱེད་སྐྱེད་རྒྱུ་ཆ་སྒེར་ལ་དབང་བའི་ལམ་ལུགས་དེ་སྤྱི་ཚོགས་རིང་ལུགས་སྤྱི་ལ་དབང་བའི་ལམ་ལུགས་སུ་བསྒྱུར་བགོས་བྱེད་རྒྱུ་དེ་ཡིན། ཞིང་ལས་ཁུལ་དུ་གཙོ་བོ་ཞིང་ལས་མཉམ་ལས་ཅན་འགྱུར་བའི་ལས་འགུལ་སྤེལ་དགོས་པ་དང་། འབྲོག་ལས་ཁུལ་འབྲོག་པའི་ཁེར་གཉེར་དཔལ་འབྱོར་དང་ཕྱུགས་བདག་གི་སྒེར་དབང་དཔལ་འབྱོར་ལ་བསྒྱུར་བཅོས་བྱེད་རྒྱུ་བཅས་ཚུད་ཡོད།

Socialist transformation in the ethnic

minority areas referred to the second step of social reform in the ethnic minority areas after the founding of new China. After the democratic reform, we should transform private ownership of means of production of agriculture, animal husbandry, handicraft industry and a very small amounts of capitalist industry and commerce into socialist public ownership. Socialist transformation in agriculture focused on the agricultural cooperative movement. Socialist transformation in pastoral areas contained the transformation of nomad private ownership and herd owner individual economy.

少数民族地区土地改革 指新中国成立后，对少数民族农业地区进行的民主改革。其基本性质和任务是废除奴隶制和封建制的剥削制度，建立劳动者的个体私有制。经过改革，奴隶、农奴和农民分得了土地、生产工具、房屋和其他各种财物，废除了剥削制度和奴隶主、农奴主、地主享有的各种特权。

གངས་ཅན་མི་རིགས་ས་ཁུལ་གྱི་ས་ཞིང་བཅོས་བསྒྱུར། ཀུན་གོ་གསར་པ་དབུ་བརྙེས་རྗེས། གངས་ཅན་ཞུང་མི་རིགས་ཀྱི་ཞིང་ལས་ཁུལ་དུ་སྤྱོད་པའི་དམངས་གཙོའི་བཅོས་བསྒྱུར་ཞིག་ཡིན། དེའི་རྩ་བའི་ངོ་བོ་དང་ལས་འགན་ནི་བྲན་གཡོག་ལམ་ལུགས་དང་བཀས་བཀོད་རྒྱུད་འཛིན་ལམ་ལུགས་ཀྱི་བཙུ་གཞོག་ལམ་ལུགས་མེད་པར་བཟོས་ནས་ངང་སྟོབས་པའི་ཞིར་རྒྱུང་གི་སྒེར་དབང་དབང་ལུགས་གཏོད་རྒྱུ་ཡིན། བཅོས་བསྒྱུར་བྱས་པར་བརྒྱུད་བྲན་གཡོག་དང་ཞིང་བྲན། དེ་བཞིན་ཞིང་པ་བཅས་ལ་ཞིང་དང་ཐོན་སྐྱེད་ལག་ཆ། ཁང་པ་དང་རྒྱུ་དངོས་གཞན་པ་སྩལ་བར་མ་ཟད། ཤུགས་འཐེན་ལམ་ལུགས་དང་བྲན་བདག གཡོག་བདག ས་བདག་སོགས་ཀྱིས་ཡོད་པའི་དམིགས་བསལ་གྱི་དབང་ཆ་རྣམས་མེད་པར་བཟོ་རྒྱུ་རེད།

Land reform in ethnic minority areas referred to the democratic reform in the ethnic minority agricultural areas after the founding of new China, whose basic feature and task was to abolish slavery and feudal exploitation system and establish the laborer individual ownership. After the land reform, slaves and serfs and farmers were given lands, production tools, houses and other possessions, the exploitation system and the various privileges enjoyed by slave owners, serf owners and landowners were abolished.

少数民族发展教育补助费 我国为帮助少数民族发展教育事业设立的专款。1951年由中央财政设立，逐年增加额度。1956年起，中央核拨经费采取块块拨款的办法，将少数民族发展教育补助费包含于教育事业费中。1980年后，因国家财政体制改革，此项经费由省、自治区包干掌握使用。

གངས་ཅན་མི་རིགས་སློབ་གསོ་གོང་སྤེལ་གྱི་རོགས་གསབ་དངུལ། རང་རྒྱལ་གྱིས་གུངས་ཅུང་མི་རིགས་ཀྱི་སློབ་གསོ་དོན་གྱི་སྤེལ་ལ་རོགས་རམ་བྱེད་ཆེད་གསར་དུ་བཙུགས་པའི་ཆེད་དངུལ་ཡིན། 1951ལོར་ཀྲུང་དབྱང་དངོན་སྒྱུ་དུ་གསར་འཛུགས་ཏེ། ལོ་རེར་དངུལ་འབོར་འཕར་སྣོན་བྱེད། 1956ལོར་ནས་བཟུང་ཀྲུང་དབྱང་གིས་གཏོང་དངུལ་གཏོང་ཐབས་རེར་དངུལ་གཏོང་བའི་བྱེད་ཐབས་ལ་བརྟེན་གཏོང་གྱུར་ཏེ། གཞུང་དུ་གངས་ཅུང་མི་རིགས་སློབ་གསོ་གོང་སྤེལ་གྱི་

རིགས་གསབ་དདལ་དེ་སློབ་གསོའི་ལས་དོན་གྱི་འགྲོ་སོང་
ཁོངས་སུ་འཐུས་པར་བྱས། །༡༩༨༠ལོའི་རྗེས་སུ་རྒྱལ་
ཁབ་ནོར་སྲིད་ལམ་ལུགས་བཅོས་བསྒྱུར་བྱས་པའི་རྐྱེན་
གྱིས། ལས་གཞི་འདིའི་གཏོང་དདལ་དེ་ཞིང་ཆེན་དང་
རང་སྐྱོང་ལྗོངས་ཀྱིས་སྟོད་དབང་བཟུང་བར་བྱས།

Education Development Subsidies for the Ethnic Minorities is a fund specially set for the educational development of ethnic groups. It was set up in 1951 by the central finance, and the subsidy has been raising every year. Since 1956, the state allocated funding has been packed into packages. And the subsidy for developing the education of the ethnic groups has been put together with the expenses of education. And after 1980, because of the reform of state financial system, the provinces and autonomous regions took full responsibility for the subsidy.

少数民族发展资金 1992年中央财政设立的专项资金。作为中央财政扶贫资金的组成部分，该资金主要用于支持贫困民族地区推进兴边富民行动、扶持人口较少民族发展、改善少数民族生产生活条件。

གྲངས་ཉུང་མི་རིགས་འཕེལ་རྒྱས་གཏོང་བའི་མ་
དངུལ། ༡༩༩༢ལོར་ཀྲུང་དབྱང་ནོར་སྲིད་དུ་གསར་
འཇོག་གནང་བའི་ཆེད་སྤྱོད་མ་དངུལ་ཞིག་ཡིན། ཀྲུང་
དབྱང་ནོར་སྲིད་དབུལ་སྐྱོར་མ་དངུལ་གྱི་ཆ་ཤས་ཤིག
ཡིན། མ་དངུལ་འདི་དག་གཙོ་བོ་དབུལ་ཕོངས་མི་རིགས་
ས་ཁུལ་གྱི་དམངས་ཕུགས་མཐར་སྐྱེལ་གྱི་བྱེད་སྒོ་དང་། མི་
གྲངས་ཉུང་ཉུང་བའི་གྲས་ཉུང་མི་རིགས་ཀྱི་འཕེལ་རྒྱས་
ལ་རོགས་སྐྱོར་བྱེད་རྒྱུ། གྲངས་ཉུང་མི་རིགས་ཀྱི་ཐོན་སྐྱེད་

འཚོ་བའི་ཆ་རྐྱེན་འཕྱུགས་ཆད་དུ་གཏོང་རྒྱུ་སོགས་ཀྱི་ཐད་
ལ་བཀོལ་སྤྱོད་བྱེད་དགོས།

Fund for Ethnic Minorities Development was a special fund set up by the Ministry of Finance in 1992. As part of the central finance poverty alleviation funds, the fund is mainly used to support the poor ethnic minority areas to promote "the Program to Develop Border Area and Improve the Lives of the people There" to support the development of the ethnic minorities with small population, and to improve ethnic minorities' production and living conditions.

《少数民族发展资金管理办法》 文件名。2006年由财政部、国家民族事务委员会共同制定。主要确定少数民族发展资金的使用范围、分配方案、审批权限、备案制度、账户管理及资金支付等事项。目的是为了规范和加强少数民族发展资金的管理。

《གྲངས་ཉུང་མི་རིགས་འཕེལ་རྒྱས་གཏོང་བའི་མ་དངུལ་དོ་དམ་བྱེད་ཐབས།》 ཡིག་ཆའི་མིང་། ༢༠༠༦ལོར་རང་རྒྱལ་ནོར་སྲིད་པུའུ་དང་རྒྱལ་ཁབ་མི་རིགས་དོན་གཅོད་ཨུ་ཡོན་ལྷན་ཁང་གིས་གཅིག་མཐུན་སྒོས་གཏན་འབེབས་གནང་བ་རེད། དེར་གྲངས་ཉུང་མི་རིགས་འཕེལ་རྒྱས་གཏོང་བའི་མ་དངུལ་གྱི་བེད་སྤྱོད་པའི་ཁྱབ་ཁོངས་དང་། བགོ་བཤའ་རྒྱག་ཐབས། ཞིབ་བཤེར་ཆོག་མཆན་འགོག་པའི་དབང་ཆ། སྙན་སེང་བྱ་འགོད་ལམ་ལུགས། ཐོ་ཁོངས་དོ་དམ། མ་དངུལ་གཏོང་སྤྲོད་སོགས་དོན་ཚན་གཙོ་བོ་གཏན་འབེབས་བྱས་ཡོད། དེའི་དམིགས་ཡུལ་ནི་གྲངས་ཉུང་མི་རིགས་འཕེལ་རྒྱས་གཏོང་བའི་མ་དངུལ་གྱི་དོ་དམ་ཚད་ལྡན་ཅན་དུ་འགྱུར་བ་དང་

དོ་དམ་སྒྲུར་ལམ་ལུགས་པར་ཡང་དག་ཡོང་ཕྱིར་ཡིན།

Administrative Measures on the Fund for Ethnic Minorities Development was released by the Ministry of Finance and the State Ethnic Affairs Commission in 2006. It mainly stipulated the following aspects about the fund: range of usage, allocation scheme, limits of authority for examining and approving, register system, account management and fund payment. It aimed to regulate and enhance the management of the Fund for Ethnic Minorities Development.

少数民族高层次骨干人才培养计划 2005年由教育部等5部委制定。计划用5年时间为西部培养一批少数民族高学历专业人才，培养学校为211以上重点大学，生源为西部省市区。要求"定向招生、定向培养、定向就业"。

གྲངས་ཉུང་མི་རིགས་ཀྱི་མཐོ་རིམ་ཀྲང་འཛིན་པ་གསོ་སྐྱོང་བྱེད་པའི་འཆར་གཞི། ༢༠༠༥ལོར་སློབ་གསོའུ་སོགས་པུའུ་ཨུ་ལྷན་ཡིས་གཏན་འབེབས་གནང་། ལོ་ལྔའི་དུས་ཡུན་སྤྱད་ནས་ནུབ་རྒྱུད་ལ་གྲངས་ཉུང་མི་རིགས་ཀྱི་སློབ་ཚད་རིམ་པ་མཐོ་བའི་ཆེད་ལས་ཆུ་གཅིག་གསོ་སྐྱོང་བྱེད་རྒྱུ་ཡིན། གསོ་སྐྱོང་བྱེད་མཁན་སློབ་མའི་༢༡༡རིམ་པ་ཡན་གྱི་གཙུག་ལག་སློབ་ཆེན་ཡིན་ཞིང་སྐྱེས་ཁུངས་ནུབ་རྒྱུད་ཀྱི་ཞིང་ཆེན་དང་གྲོང་ཁྱེར་རང་སྐྱོང་སྡེ་ཁུལ་ཡིན་དགོས། མ་ཟད་དེ་དགའ་ལ་དམིགས་བཀར་གྱིས་སློབ་མ་བསྡུ་རྒྱུ་དང་། དམིགས་བཀར་གྱིས་གསོ་སྐྱོང་བྱེད་པ། དམིགས་བཀར་གྱིས་ལས་ཀར་འགོད་པ་བཅས་ཀྱི་རེ་བ་བཏོན་ཡོད།

Project to cultivate ethnic minority high-level backbone talents was released by the ministry of education and four ministries in 2005. It aimed to cultivate a large group of ethnic minority highly-educated professional talents for the west in five years. The host universities are 211 key universities or above and only students from the western provinces were admitted. And the project had principles of "directional recruitment orientation training, and directional employment".

少数民族古籍保护工程 我国的政策性规划。由2012年国务院颁布的《少数民族事业"十二五"规划》提出：基本完成少数民族古籍普查和《中国少数民族古籍总目提要》的编纂出版工作。

གནས་ཉུང་མི་རིགས་ཀྱི་དཔེ་རྙིང་སྲུང་སྐྱོབ་བྱེད་པའི་ལས་གཞི། རང་རྒྱལ་གྱི་སྲིད་ཇུས་རང་བཞིན་གྱི་འཆར་གཞི་ཞིག་ཡིན། ༢༠༡༢ལོར་རྒྱལ་སྲིད་སྤྱི་ཁྱབ་ཁང་གིས་འགྲེམ་སྤེལ་གནང་བའི《གྲངས་ཉུང་མི་རིགས་ཀྱི་བྱ་གཞག་བཅུ་གཉིས་ལྔའི་འཆར་འགོད》ནང་དུ། གཞི་རྩའི་ཐོག་གྲངས་ཉུང་མི་རིགས་ཀྱི་གནའ་དཔེའི་ཞིབ་དཔྱད་དང་《ཀྲུང་གོའི་གྲངས་ཉུང་མི་རིགས་ཀྱི་གནའ་དཔེའི་དཀར་ཆག་གནད་བསྡུས》ཀྱི་རྩོམ་སྒྲིག་དང་དཔར་སྐྲུན་གྱི་ལས་འགན་ལེགས་འགྲུབ་ཡོང་བར་བྱེད་རྒྱུ་བཏོན།

The Project for the Protection of Ethnic Ancient Books is a policy plan in China, proposed in *the 12th Five-year Plan for Development of Undertakings Related to Ethnic Minority Groups* and issued by State Council in 2012. It was to complete the survey of ethnic books in the main and compilation and publication of Annotated General Catalog of *Chinese Ethnic Ancient Books*.

少数民族广播影视 在我国，指中央和地方的广播影视机构用少数民族语言举办的广播影视节目。

གྲངས་ཉུང་མི་རིགས་ཀྱི་རྒྱང་བསྒྲགས་བརྙན་འཕྲིན། དེང་སང་རང་རྒྱལ་དུ་གུང་དབུང་དང་ས་གནས་ཀྱི་རྒྱང་བསྒྲགས་བརྙན་འཕྲིན་ལས་ཁུངས་ཀྱིས་གྲངས་ཉུང་མི་རིགས་ཀྱི་སྐད་རིགས་ཀྱིས་སྤེལ་བའི་རྒྱང་བསྒྲགས་བརྙན་འཕྲིན་གྱི་ལེ་ཚན་ལ་བསྟུན།

The ethnic radio, film and television is the broadcast in ethnic minority language by the radio, film and television programs of the Chinese central and local governments.

少数民族和民族地区干部教育培训工程 政策性规划。由2012年国务院颁布的《少数民族事业"十二五"规划》提出。涉及：少数民族和民族地区党政领导干部培训、师资队伍建设、教育培训师资库建立、培训课程体系的建立完善、民族地区基层干部双语培训教材的编译出版等内容。

གྲངས་ཉུང་མི་རིགས་དང་མི་རིགས་ས་ཁུལ་གྱི་གཞུང་ཞབས་པར་སློབ་གསོ་དང་སྦྱོང་བརྡར་བྱེད་པའི་ལས་གཞི། འདིའི་སྲིད་ཇུས་རང་བཞིན་གྱི་འཆར་འགོད་ཅིག་ཡིན། ༢༠༡༢ལོར་རྒྱལ་སྲིད་སྤྱི་ཁྱབ་ཁང་གིས་འགྲེམས་སྤེལ་གནང་བའི《གྲངས་ཉུང་མི་རིགས་ཀྱི་བྱ་གཞག་བཅུ་གཉིས་ལྔའི་འཆར་འགོད》ནང་དུ་བཏོན་ཡོད། གྲངས་ཉུང་མི་རིགས་དང་མི་རིགས་ས་ཁུལ་གྱི་ཏང་སྲིད་འགོ་ཁྲིད་གཞུང་ཞབས་པའི་སྦྱོང་བརྡར་དང་། དགེ་བོས་རྒྱུད་སྡེ་འཛུགས་སྐྲུན་དགོས་སློབ་གསོ་སྦྱོང་བརྡར་གྱི་དགེ་རྒྱུད་མཛོད་ཁང་འཛུགས་པ། སློབ་ཁྲིད་སློབ་ཚན་གྱི་ཚོགས་པ་གསར་འཛུགས་དང་འཕུགས་ཆོན་གྱི་མ་ལག་གསར་འཛུགས་མཐར་འཁྱོལ་དང་འཐུས་ཆོན་དུ་གཏོང་བ། མི་རིགས་ས་ཁུལ་གྱི་རིམ་གཞོན་གཞུང་ཞབས་པའི་སྐད་གཉིས་སྦྱོང་བརྡར་གྱི་བསླབ་གཞིའི་ཚོམ་སྒྲིག་དང་དཔེ་སྐྲུན་ལ་སོགས་པའི་ནང་དོན་དང་འབྲེལ་བ་ཡོད།

The project for education and training of minority cadres in ethnic areas, is a policy plan in China, proposed in *the 12th Five-year Plan for Development of Undertakings Related to Ethnic Minority Groups* and issued by State Council in 2012. It covered a lot of aspects about ethnic minority groups and areas, including training of leading cadres of the party and government, construction of teaching staff, establishment of teaching base for education and training, establishment and improvement of the system of training courses, compilation, translation and publication of the bilingual books for the grassroots cadres and so on.

少数民族和民族地区综合扶贫示范项目 由国家民委、商务部国际经济技术交流中心、联合国开发计划署合作创立。项目着眼于少数民族贫困地区经济与社会发展，总规模700万美元。2006年启动。示范区涉及云南、新疆、青海3省区，同时还计划为民族自治地方培训400名干部。

གྲངས་ཉུང་མི་རིགས་དང་མི་རིགས་ས་ཁུལ་ལ་སྤྱི་ལོངས་ནས་དབུལ་སྐྱོར་དཔེ་སྟོན་གྱི་ལས་ཚན། རྒྱལ་ཁབ་མི་རིགས་དོན་གཅོད་ཨུ་ཡོན་དང་ཚོང་ལས་པུའི་རྒྱལ་སྤྱིའི་དཔལ་འབྱོར་ལག་རྩལ་འབྲེལ་

འདིས་ཀྱི་ལྟེ་གནས། མཉམ་འབྲེལ་རྒྱལ་ཚོགས་འཆར་
འགོད་ཚ་འདུགས་བཅས་གསུམ་པོས་མཉམ་དུ་བཙུགས་
ལས་ཚན་འདིས་གཙོ་བོར་གནས་ཤུང་མི་རིགས་དབུལ་
པོའི་ས་ཁུལ་གྱི་དཔལ་འབྱོར་དང་སྤྱི་ཚོགས་འཕེལ་རྒྱས་
གཏོང་རྒྱུར་དམིགས་པ་ཡིན། སྤྱིའི་གཞི་ཆེན་ནི་ཨ་རིའི་
སྒོར་མོའི་བདུན་བརྒྱ་ཡིན། ༢༠༠༦ལོར་མགོ་བཙུགས་
པའི་སྟོན་ས་ཁུལ་ལ་ཡུན་ནན་དང་། ཞིན་ཅང་། མཚོ་
སྔོན་བཅས་ཞིང་ཆེན་དང་སྟོངས་གསུམ་ཡོད། དེར་
བསྣན་མི་རིགས་རང་སྐྱོང་ས་གནས་ལ་གཞུང་ཞབས་པ་
༤༠༠གསོ་སྐྱོང་བྱ་རྒྱུའི་འཆར་གཞི་བཟོས།

The pilot project of comprehensive poverty alleviation for ethnic minority groups and in ethnic areas was cofounded by SEAC (State Ethnic Affairs Commission), CICETE (China Center for International Economic Exchange) and UNDP (United Nations Development Program). It aimed at the economic and social development of poverty-striken areas there. This project costed 7 million dollars in all and was launched in 2006. Its demonstration zone included Yunnan, Xinjiang and Qinghai. Moreover, it would train 400 cadres for ethnic autonomous areas.

少数民族科技骨干特殊培养计划 我国科技部和人事部组织实施的将新疆少数民族科技骨干送往较发达地区进行特殊培养的工作，简称"特培"。1992年起进行。2006年实施第三批新疆特培工作之后，多部委又开始计划实施对西藏的特培工作，从2009年到2013年，实施第一批西藏特培工作。

གངས་ཅན་མི་རིགས་ཚན་རྩལ་ཀད་འཛིན་གྱི་

དམིགས་བསལ་གསོ་སྐྱོང་འཆར་གཞི། རང་
རྒྱལ་གྱི་ཚན་རིག་པའི་དང་མི་དོན་པའི་ཡིས་སྒྲིག་འཛུགས་
བྱས་ནས། ཞིན་ཅང་གི་གངས་ཉུང་མི་རིགས་ཚན་རིག་
ཀད་འཛིན་པ་རྒྱལ་ནང་དུ་བསྐྱོད་ནས་དམིགས་བསལ་
གྱིས་གསོ་སྐྱོང་བྱའི་ལས་གཞི་ཞིག་ཡིན་ཞིང་། བསྡུས་
མིང་ལ་དམིགས་སྐྱོང་ཞེས་ཟེར། ༡༩༩༢ལོར་འགོ་
བཙུགས། ༢༠༠༦ལོར་ཐེངས་གསུམ་པའི་ཞིན་ཅང་གི་
དམིགས་སྐྱོང་ལས་ཀ་ལག་བསྟར་བྱས་རྗེས། སྤྱིའི་ཨུ་ཡན་
པོ་ཞིག་གིས་བོད་སྟོངས་ལ་དམིགས་སྐྱོང་གི་འཆར་གཞི་
ལག་བསྟར་བྱེད་འགོ་བཙུགས། ༢༠༠༩ནས་
༢༠༡༣ལོའི་བར་ཐེངས་དང་པོའི་བོད་སྟོངས་དམིགས་
སྐྱོང་གི་ལག་བསྟར་བྱས་པ་ཡིན།

A special program for nurturing back-bone scientific personnel of ethnic-minoriteis referred to the program organized and carried out by the Ministry of Science and Technology and Ministry of Personnel, which aims to train the backbone scientific personnel of the ethnic groups of Xinjiang in comparatively more developed areas. It was implemented in 1992. After training the third group from Xinjiang in 2006, many ministries began to carry out this kind of training in Tibet. From 2009 to 2013, special training of the first group from Tibet would be conducted.

少数民族流动人口 在我国，现指以工作、生活为目的，离开户籍所在地，主要向城市迁移和流动的少数民族人口。包括从民族地区农村流向本地区城市和从民族地区流向非民族地区。

གངས་ཅན་མི་རིགས་ཀྱི་གནས་སྤོའི་མི་གངས།

རང་རྒྱལ་དུ་དེང་ལམ་ག་དང་འཚོ་བར་དམིགས་ནས་
རང་གི་ཁྱིམ་ཚོ་ཡོད་ས་ནས་གྲོང་ཁྱེར་དུ་གནས་སྤོ་དང་སྟོ་
སྐྱོད་བྱེད་པའི་གྲངས་ཉུང་མི་རིགས་ཀྱི་མི་གྲངས་ལ་བསྡུས།
དེའི་ནང་དུ་མི་རིགས་ས་ཁུལ་གྱི་ཞིང་སྒོང་ནས་རང་ཉིད་
སྡོད་སའི་གྲོང་ཁྱེར་དུ་སྤོ་སྐྱོད་བྱེད་པའམ། ཡང་ན་མི་
རིགས་ཁུལ་ནས་མི་རིགས་ས་ཁུལ་མིན་པར་སྤོ་སྐྱོད་
བྱེད་པ་སོགས་ཀྱང་འདུས།

Ethnic minority floating population refers to the minority people who leave their hometown to go to cities for working or making a living, including those flowing from the minority suburban areas to the urban areas or to places not inhabited by ethnic groups.

少数民族流动人口服务管理体系建设 国家民委从2011年开始，在哈尔滨等12个城市开展少数民族流动人口服务管理体系建设试点工作。涉及人口信息系统建立、创业就业培训、流动人员现状及需求调查、法律援助、社团等负责人培训、急难救助、各种社会服务、支持民族节日及开展民族团结宣教活动等内容。

གྲངས་ཉུང་མི་རིགས་ཀྱི་མི་གྲངས་སྤོ་སྐྱོད་ལ་
ཞབས་ཞུའི་དོ་དམ་མ་ལག་གི་འཛུགས་སྐྲུན།
༢༠༡༡ལོ་ནས་རྒྱལ་ཁབ་མི་རིགས་དོན་གཅོད་ཨུ་
ཡོན་ལྷན་ཁང་གིས་འགོ་བཙུགས། ཧར་པིན་སོགས་གྲོང་
ཁྱེར་བཅུ་གཉིས་གྲངས་ཉུང་མི་རིགས་མི་གྲངས་སྤོ་སྐྱོད་ཀྱི་
ཞབས་ཞུའི་དོ་དམ་མ་ལག་སྐྲུན་སའི་ས་གནས་སུ་
གདམས་ནས་ལས་ཀའི་འགོ་བཙུགས། དེའི་ནང་དུ་མི་
གྲངས་ཀྱི་གནས་ཚུལ་མ་ལག་སྐྲུན་རྒྱུ་དང་། ལས་ཀ་
གསར་འཚོལ་དང་ལས་ཀ་འཚོལ་རྒྱུའི་ཟབ་སྦྱོང་། སྤོ་
བསྐྱོད་མིའི་ད་ལྟའི་གནས་བབ་དང་ཞིབ་གཤེར་རེ་འདུན།

ཁྲིམས་ཀྱི་རོགས་སྐྱོར། སྤྱི་ཚོགས་སོགས་ཀྱི་འགན་ཁུར་མི་
སྣ་ཟབ་སྦྱོང་། ཉེན་འཚབ་གྱུར་སྐྱོར། སྤྱི་ཚོགས་ཀྱི་ཞབས་
ཞུའི་ཚོགས། མི་རིགས་ཀྱི་དུས་ཆེན་ལ་རྒྱབ་སྐྱོར། མི་
རིགས་མཐུན་སྒྲིལ་དྲིལ་བསྒྲགས་བྱེད་པའི་བྱེད་སྒོ་སྤེལ་བ་
སོགས་ཀྱི་ནང་དོན་ཡོད།

Construction of the system of the service and management of ethnic minority floating population was a pilot work organized and carried out by the State Ethnic Affairs Commission in 2011 and implemented in 12 cities including Harbin. It covered a lot of aspects, including establishment of population information system, training of entrepreneurship and employment, investigation of the current situation and needs of the floating population, legal aid, training of people in charge of organizations, emergency relief, various social services, activities to support ethnic unity and solidarity.

少数民族流动人口问题 在我国，现主要指离开户籍所在地的少数民族流动人口在创业就业、儿童就学、法律援助、语言服务、精神文化需求及基于民族特点的特殊需要等方面面临的诸多困难和因此产生的社会问题。

གྲངས་ཉུང་མི་རིགས་ཀྱི་གནས་སྤོ་མི་གྲངས་ཀྱི་
གནད་དོན། རང་རྒྱལ་དུ་དེང་རང་གི་ཁྱིམ་ཐོ་ཡོད་
སའི་ས་གནས་ནས་ཁ་བྲལ་བའི་གྲངས་ཉུང་མི་རིགས་
ཚོ་བྱེད་སྒོ་གསར་སྒྲིལ་དང་ལས་ཞུགས། བུ་ཕྲུག་སློབ་
གཉེར་གཏོང་བ། ཁྲིམས་ཀྱི་རོགས་སྐྱོར། སྐད་བརྡའི་
ཞབས་ཞུ། བསམ་བློའི་རིག་གནས་ཀྱི་དགོས་མཁོ་དང་མི་
རིགས་ཀྱི་ཁྱད་ཆོས་གཞི་བྱས་པའི་དམིགས་བསལ་གྱི་མཁོ་

དགོས་མོགས་ཕྱོགས་སོ་སོར་འཕྲད་པའི་དཀའ་ངལ་དང་། དེས་དངས་པའི་སྤྱི་ཚོགས་ཀྱི་གནད་དོན་ལ་གཞོར་བསླབ་པའོ། །

Problems of the floating population of ethnic minorities are difficulties faced by ethnic minorities who leave their birthplaces in terms of entrepreneurship and employment, children's entering school, legal aid, language service, spiritual and cultural needs and special needs relevant to their ethnic features. Besides, it refers to the social problems caused by the above ones.

少数民族贫困地区温饱基金 我国用于扶持少数民族自治地方的国家重点贫困县（141 个），解决当地少数民族贫困群众温饱问题的专项基金。1990 年正式设立，当时共 4500 万元人民币，主要用于安排部分生产性建设项目。

གངས་ཉུང་མི་རིགས་དབུལ་པོའི་ས་ཁུལ་གྱི་ལྟོ་གོས་འཛོམས་པའི་མ་དངུལ། རང་རྒྱལ་གྱིས་གངས་ཉུང་མི་རིགས་རང་སྐྱོང་ས་ཁུལ་གྱི་རྒྱལ་ཁབ་ཀྱི་གཙོ་གནད་དབུལ་ལྗོངས་(༡༤༡) གི་གངས་ཉུང་མི་རིགས་མང་ཚོགས་དབུལ་པོའི་ལྟོ་གོས་འཛོམས་པའི་གནད་དོན་ཐག་གཅོད་ལ་གཏོད་པའི་མ་དངུལ་ཞིག་ཡིན། དེ་ནི་༡༩༩༠ལོར་དངོས་སུ་བཙུགས། སྐབས་དེར་ཁྱོན་སྟོང་མི་དམངས་སྒོར་ཁྲི་༤༥༠༠ཡོད། དེ་དག་ཕྱེ་སྐྱེད་རང་བཞིན་གྱི་འཛུགས་སྐྲུན་ལས་ཚན་ཐད་ལ་གཙོ་བོར་སྤྱོད་པ་ཡིན།

The basic need fund for the poverty-stricken ethnic minority areas aims at helping the 141 counties on the state's priority poverty relief list in minority autonomous areas and solving the basic need of the poor ethnic minorities. It was set up in 1990 with the amount of 45 million RMB as the fund to be used to pay for partial productive construction projects.

少数民族人才发展工程 政策性规划。由 2012 年国务院颁布的《少数民族事业"十二五"规划》提出。涉及少数民族高级人才、科技领军人才、中青年英才等各类人才的遴选、培养、扶持等工作。实施少数民族老专家学术技术抢救项目和少数民族和民族地区骨干人才培训项目。

གངས་ཉུང་མི་རིགས་ཤེས་ལྡན་མི་སྣ་འཕེལ་རྒྱས་ཀྱི་ལས་གཞི། སྲིད་ཇུས་རང་བཞིན་གྱི་འཆར་འགོད། དེའི་༢༠༡༢ལོར་རྒྱལ་སྲིད་སྤྱི་ཁྱབ་ཁང་ནས་བཀྲམ་པའི་ཡིག་ཆ《གངས་ཉུང་མི་རིགས་ལས་དོན་གྱི་བཅུ་གཉིས་ལྔ་པའི་འཆར་འགོད》ཀྱིས་དུ་བཏོན། དེ་གངས་ཉུང་མི་རིགས་ཀྱི་མཐོ་རིམ་ཤེས་ལྡན་པ་དང་། ཚན་རིག་འགོ་འདྲེན་གྱི་ཤེས་ལྡན་པ། ན་གཞོན་ཤེས་ལྡན་པ་སོགས་རིགས་འདྲ་མིན་གྱི་མི་སྣ་འཛིན་ཐབ་ཚུན་འདེམས་སྐྲུན་དང་། གསོ་སྐྱོང་། རོགས་སྐྱོར་སོགས་ཀྱི་ལས་ཀ་སྤྱོད་འདུས་ཡོད། གངས་ཉུང་མི་རིགས་ཀྱི་རྒན་པ་བརྟན་པའི་ཆེད་མཁས་དང་། གི་ཞིབ་འཇུག་གི་ཐབས་ཤེས་སྐྱོབ་པའི་ལས་ཚན་དང་། གངས་ཉུང་མི་རིགས་དང་མི་རིགས་ཁུལ་གྱི་གཞུང་འཛིན་པ་གསོ་སྐྱོང་ལས་ཚན་ལག་བསྟར་བྱེད་པའོ། །

Ethnic minority talent development project is a policy plan in China proposed in *the 12th Five-year Plan for Development of Undertakings Related to Ethnic Minority Groups* and issued by State Council in

2012. It includes selection, training and support of ethnic senior personnel, scientific leading figures, young and middle-aged talent and so on. It also includes the implementation of some projects to rescue the academic works and techniques of the experienced ethnic experts and the training of the key personnel of the ethnic minorities and those who work in the ethnic minority regions.

少数民族社会历史大调查 1956年由全国人民代表大会民族委员会具体领导，开始实施。1958年改由中科院民族研究所具体负责，至1964年该项工作基本结束。基本摸清了各少数民族的社会历史状况，包括民族来源、生产力和生产关系状况、社会结构、语言文字、传统文化、风俗习惯、宗教信仰等。

གངས་ཉུང་མི་རིགས་ཀྱི་སྤྱི་ཚོགས་ལོ་རྒྱུས་ཀྱི་བདག་དཔྱད་ཆེན་མོ། ༡༩༥༦ལོར་རྒྱལ་ཡོངས་མི་དམངས་འཐུས་ཚོགས་ཀྱི་མི་རིགས་ཡུལ་ཤུལ་ཁང་གིས་དངོས་སུ་སྙེད་འགོ་བཙུགས་པ་རེད། ༡༩༥༨ལོར་ཀྲུང་གོའི་ཚན་རིག་ཁེ་མི་རིགས་ཞིབ་འཇུག་ཁང་གིས་དངོས་སུ་འཁུར་ཁྱེར་བསྒྲུབ་ཞིང་། ༡༩༦༤ལོར་ལས་འཚོལ་དེའི་ལས་གཞིའི་ཆ་ནས་མཇུག་སྒྲིལ་བ་དང་། གཞིའི་ཆ་ནས་གུང་ཉུང་མི་རིགས་ཁག་གི་སྤྱི་ཚོགས་ཀྱི་གནས་བབ་རྒྱལ་ལོན་བྱུང་བ་ལ་མི་རིགས་ཀྱི་འབྱུང་ཁུངས་དང་། ཐོན་སྐྱེད་ནུས་ཤུགས། ཐོན་སྐྱེད་འབྲེལ་བའི་བར་གྱི་གནས་ཚུལ། སྤྱི་ཚོགས་ཀྱི་སྒྲིག་གཞི། སྐད་ཡིག ཆེས་ལུགས་དང་སོས་སོལ་གྱུན་འཛིན་ཡོད།

The investigation of ethnic social history was carried out in 1956 by NPC National Committee. Then it was in the charge of Institute of Ethnic Studies in Chinese Academy of Sciences in 1958 and came to an end in 1964. This investigation generally throws light on social history of all ethnic groups, including origins, forces and relations of production, social structure, language and literature, traditional culture, customs and religions, etc.

少数民族社会历史调查组 1956年由全国人大民族委员会主持建立。刘格平等组成领导小组，在内蒙古、新疆、西藏、云南、贵州、四川、广西、广东组织8个调查组，首批调查了20个民族。1958年该项工作改由中科院民族研究所主持，调查组增加到16个。至1964年，调查工作基本结束。

གངས་ཉུང་མི་རིགས་ཀྱི་ཚོགས་ལོ་རྒྱུས་ཀྱི་བདག་དཔྱད་ཚོགས་ཁག ༡༩༥༦ལོར་རྒྱལ་ཡོངས་མི་དམངས་འཐུས་ཚོགས་མི་རིགས་དོན་གཅོད་ཡུལ་ཤུལ་ལྷན་ཁང་གིས་འགོ་འཛིན་བྱས་ཏེ་བཙུགས་པ་ཡིན། ལིའུ་གོ་ཕིན་སོགས་ཀྱིས་འགོ་འཁྲིད་པའི་ཚོ་ཁག་བཙུགས་པ་དང་དེའི་རྗེས་ནང་སོག་དང་། ཞིན་ཅང་། བོད་ལྗོངས། ཡུན་ནན། གུའེ་ཀྲོའུ། གོང་ཞི། གོང་ཏུང་བཅས་སུ་བདག་དཔྱད་ཚོ་ཁག་བརྒྱད་སྒྲིག་འཛུགས་བྱས་ཤིང་། ཚོ་ཁག་གིས་མི་རིགས་ཉི་ཤུ་ཐོག་མར་བདག་དཔྱད་བྱས། ༡༩༥༨ལོར་ལས་འཚོལ་གཞི་དེ་ཀྲུང་གོའི་ཚན་རིག་ཁེ་མི་རིགས་ཞིབ་འཇུག་ཚོགས་པས་གཙོ་འཛིན་བྱས་ཏེ། བདག་དཔྱད་ཚོགས་པ་བཅུ་དྲུག་ལ་སྟོབས་ཀྱིས། ༡༩༦༤ལོར་བདག་དཔྱད་ཀྱི་ལས་ཀ་དཔལ་ཆེར་མཇུག་སྒྲིལ།

The ethnic social and historical investigation team was established by the NPC

Ethnic Committee in 1956. The members of the leading group, including Liu Geping, who organized 8 investigation teams in the following provinces, namely Inner Mongolia, Xinjiang, Tibet, Yunnan, Guizhou, Guangxi and Guangdong. The 8 teams investigated 20 ethnic groups. In 1958, the investigation was in the charge of the Institute of Ethnic Studies in Chinese Academy of Sciences and the number of the investigation team increased to 16. This work was basically completed in 1964.

少数民族事业 是中国共产党和国家坚持与完善民族区域自治制度，加快少数民族和民族地区发展，保障少数民族合法权益，巩固和发展平等、团结、互助、和谐的社会主义民族关系，促进各民族共同团结奋斗、共同繁荣发展的一项综合事业。

གངས་ཅུང་མི་རིགས་ཀྱི་ལས་དོན། གུང་གོ་གུང་ཁྲན་ཏང་དང་རྒྱལ་ཁབ་ཀྱིས་མི་རིགས་རང་སྐྱོང་ས་ཁུལ་གྱི་ལམ་ལུགས་རྒྱུན་འཛིན་འཕྲིན་ཚད་དང་། གངས་ཉུང་མི་རིགས་དང་མི་རིགས་ས་ཁུལ་མགྱོགས་མྱུར་དང་འཕེལ་རྒྱས་ཡོང་བ། གངས་ཉུང་མི་རིགས་ཀྱི་ཁྲིམས་མཐུན་ཆེ་དབང་སྲུང་སྐྱེད་པ། འདྲ་མཉམ་དང་། མཉམ་སྐྱིད། ཕན་ཚུན་རོགས་རམ། འཆམ་མཐུན་བཅས་ཀྱི་སྤྱི་ཚོགས་རིང་ལུགས་མི་རིགས་འབྲེལ་བ་སྲ་བརྟན་དང་ཡར་རྒྱས་ཡོང་བ། མི་རིགས་ཁག་མཉམ་མཐུན་གྱིས་མཉམ་སྦྲེལ་ཡར་འཕེལ་དང་། མཉམ་མཐུན་དང་དར་ཞིང་རྒྱས་པ་ཡོང་བའི་ཕྱོགས་བསྒྲུབ་ཀྱི་ལས་དོན་ཞིག་ཡིན།

Undertakings related to ethnic minority groups is a comprehensive cause of CPC that preserves and perfects the system of regional ethnic autonomy, speeds up development of ethnic minority groups and ares as well as guarantee the legitimate interests of ethnic minorities. Besides, it consolidates and develops socialist ethnic relationships based on equality, solidarity, mutual assistance and harmony and promotes all ethnic groups to work and become prosperous together.

《少数民族事业"十一五"规划》 文件名。2007年国务院办公厅印发。该规划是加快少数民族和民族地区发展的重大举措，确立了发展少数民族事业的指导思想和总体目标，提出了11项主要任务和11项重点工程，制定了规划实施的保障措施。包括4部分内容。

《གངས་ཉུང་མི་རིགས་ཀྱི་ལས་དོན་བཅུ་གཅིག་ལྔའི་འཆར་འགོད》 ཡིག་ཆའི་མིང་། ༢༠༠༧ ལོར་རྒྱལ་སྲིད་སྤྱི་ཁྱབ་ཁང་གི་གཞུང་ལས་ཐེབ་གྱིས་པར་འགྲེམས་བྱས། དེར་གངས་ཉུང་མི་རིགས་དང་མི་རིགས་ཁུལ་མགྱོགས་མྱུར་དུ་འཕེལ་རྒྱས་འགྲོ་བའི་ཧུས་འགོ་གལ་ཆེན་བྱས། གངས་ཉུང་མི་རིགས་ལས་དོན་གྱི་བགྲོད་འདོམས་བསམ་བློ་དང་སྤྱིའི་དམིགས་ཡུལ་གཏན་འབེབས། ལས་འགན་གཙོ་བོ་བཅུ་གཅིག་དང་ལས་གཞི་གཙོ་བོ་བཅུ་གཅིག་བཏོན་པ། འཆར་འགོད་བཞིན་ལག་བསྟར་བྱེད་པའི་འགན་སྲུང་ཐབས་ཤེས་སྟོན་པ་བཅས་ནང་དོན་ཆེན་པོ་ཁག་བཞིའི་འདུས།

The 11th Five-year Plan for Development of Undertakings Related to Ethnic Minority Groups was released by the information Office of the State Council in 2007. It aimed at speeding up development in ethnic minority groups and areas. This plan made clear of the guidelines and overall objects about undertakings of ethnic minorities and put forward 11 main missions and 11 key projects. What's more, some measures were made to safeguard the implementation of the projects. The plan consists of 4 parts.

少数民族特色村寨保护与发展工程 政策性规划。由 2012 年国务院颁布的《少数民族事业"十二五"规划》提出：加大试点力度，整合统筹各方面资金，通过实施特色民居保护和改造等项目，保护少数民族特色村寨的建筑风格和整体风貌，同时支持特色产业发展。

ཁྱད་ཆོས་ལྡན་པའི་གྲངས་ཉུང་མི་རིགས་ཀྱི་གྲོང་རྡལ་སྲུང་སྐྱོབ་དང་འཕེལ་རྒྱས་ཀྱི་ལས་གཞི། སྲིད་ཇུས་རང་བཞིན་གྱི་འཆར་འགོད་ཅིག་ཡིན། ༢༠༡༢ལོར་རྒྱལ་སྲིད་སྤྱི་ཁྱབ་ཁང་གིས་འགྲེམ་སྤེལ་བྱས་པའི《གྲངས་ཉུང་མི་རིགས་ཀྱི་ལས་དོན་བཅུ་གཉིས་ལྔའི་འཆར་འགོད》ཅེས་པའི་ནང་དུ་བཏོན་པར། ཚོད་ལྟའི་ཞིབས་སྐུལ་རྒྱ་ཆེ་པ་དང་། ཕྱོགས་སོ་སོའི་རྩ་སྒྲུབ་འབུལ་བྱེད་ཁྱད་ཆོས་ཅན་པའི་གནས་སྡོད་ཁང་པ་སྲུང་སྐྱོབ་དང་བཟོ་བཅོས་བསོགས་ཀྱི་ལས་འཆར་ལག་བསྟར་བྱེད་པ་བརྒྱུད་གྲངས་ཉུང་མི་རིགས་ཁྱད་ཆོས་ལྡན་པའི་གྲོང་རྡལ་གྱི་བཟོ་བཀོད་ཁྱད་ཆོས་དང་སྤྱིའི་རྣམ་པ་སྲུང་སྐྱོབ་བྱེད་པ། དུས་མཚུངས་སུ་ཁྱད་ཆོས་ལྡན་པའི་ཐོན་སྐྱེད་ལས་རིགས་སྤེལ་བར་རྒྱབ་སྐྱོར་བྱ་དགོས་པ་བཅས་སོ།

Program for protecting and developing ethnic minority villages with unique characteristics is a policy plan in China proposed in *the 12th Five-year Plan for Development of Undertakings Related to Ethnic Minority Groups* and issued by State Council in 2012, which proposed to step up experimental efforts and make full use of all the funds to protect the architectural style and overall image of ethnic local villages by protecting and transforming the local villages. Moreover, it supports the development of the industries with special-characteristics.

少数民族特需商品 在我国，泛指各种适应少数民族生产、生活和风俗习惯特殊需要的商品。

གངས་ཉུང་མི་རིགས་ལ་དགོས་མཁོ་ཆེ་བའི་ཚོང་ཟོག རང་རྒྱལ་དུ་གྲངས་ཉུང་མི་རིགས་ཀྱི་ཐོན་སྐྱེད་དང་འཚོ་བ། ཡུལ་སྲོལ་གོམས་གཤིས་ལ་འཚམ་པའི་དགོས་མཁོ་ཡོད་པའི་དམིགས་བསལ་གྱི་ཚོང་ཟོག་རིགས་ཚང་མར་བསྟུན།

Special commodities needed by ethnic minorities are generally the goods to satisfy the needs of the ethnic minorities in terms of their production, daily necessities and customs.

少数民族特需商品传统生产工艺和技术保护工程 我国的政策性规划。由 2012 年国务院颁布的《少数民族事业"十二五"规划》提出：收集、整理和保护少数民族特需商品独特的传统生产工艺和技术，运用现代技术手段予以保存和展示并推动其产业化。对一些濒临失传的传统工艺和技术进行抢救。

གྲངས་ཉུང་མི་རིགས་ལ་ཆེད་མཁོའི་ཚོང་ཟུར་གྱི་སྲོལ་རྒྱུན་ཐོན་སྐྱེད་བཟོ་རྩལ་དང་ལག་རྩལ་སྲུང་སྐྱོབ་ཀྱི་ལས་གཞི། རང་རྒྱལ་གྱི་སྲིད་ཇུས་རང་བཞིན་

གྱི་འཆར་འགོད་ཅིག་ཡིན། ༢༠༡༢ལོར་རྒྱལ་སྲིད་སྤྱི་ཁྱབ་ཁང་གིས་སྤེལ་བའི་ཡིག་ཆ《གྲངས་ཉུང་མི་རིགས་ཀྱི་ལས་དོན་བཅུ་གཉིས་ལྔའི་འཆར་འགོད》ཅེས་པའི་ནང་དུ་བསྟན་དོན། གྲངས་ཉུང་མི་རིགས་ལ་ཆེད་མཁོའི་ཚོང་ཟས་ཀྱི་སྲོལ་རྒྱུན་ཐོན་སྐྱེད་བཟོ་རྩལ་དང་ལག་རྩལ་ལ་སྲུང་སྐྱོབ། བསྡུ་ལེན་དང་དག་སྒྲིག་བྱས་ཏེ། དེང་རབས་ལག་རྩལ་གྱི་ཐབས་ཤེས་བཀོལ་ཏེ་ཉར་ཚགས་དང་བེད་སྤྱོད་ཁྱབ་རྒྱ་ཆེ་བའི་ཐོན་ལས་ཅན་དུ་འགྱུར་བར་སྐུལ་འདེད་བྱེད་པ། མ་ཟད་འཇིག་ལ་ཉེ་བའི་སྲོལ་རྒྱུན་བཟོ་རྩལ་དང་ལག་རྩལ་ལ་མྱུར་སྐྱོབ་བྱེད་པ་བཅས་སོ། །

The project for protecting traditional production process and technologies of the special commodities needed by ethnic minorities is a policy plan in China proposed in *the 12th Five-year Plan for Development of Undertakings Related to Ethnic Minority Groups* and issued by State Council in 2012, which proposed to collect, collate and protect the unique traditional production process and techniques of the special goods needed by ethnic minorities and utilize modern technologies to protect and display them and have them industrialized. Moreover, the traditional production process and technologies that are on the way to extinct should be rescued.

少数民族特需用品目录 我国少数民族特需用品的产品目录，是以“八五”以来各地实际执行的目录为基础形成的，并在1997年国家民委发出的《关于印发1997年少数民族特需用品目录（修订）的通知》中加以确定。共10个大类，500余个品种。2001年国家民委又对该目录进行了修订，其类、种有所变化。

གྲངས་ཉུང་མི་རིགས་ལ་ཆེད་མཁོའི་ཅ་ལག་གི་དཀར་ཆག རང་རྒྱལ་གྲངས་ཉུང་མི་རིགས་ལ་ཆེད་མཁོའི་ཅ་ལག་གི་ཐོན་ཟས་དཀར་ཆག་ནི། བརྒྱད་ལྔའི་འཆར་འགོད་ནས་བཟུང་། ཡུལ་གྲུ་སོ་སོར་དངོས་སུ་ལག་བསྟར་བྱས་པའི་དཀར་ཆག་རྨང་གཞི་བྱས་ནས་གྲུབ་ཅིང་། ༡༩༩༧ལོར་རྒྱལ་ཁབ་མི་རིགས་དོན་གཅོད་ཨུ་ཡོན་ལྷན་ཁང་གིས་སྤེལ་བའི《༡༩༩༧ལོར་པར་འགྲེམ་བྱས་པའི་གྲངས་ཉུང་མི་རིགས་ལ་ཆེད་མཁོའི་ཐོན་ཟས་ཀྱི་དཀར་ཆག（བཅོས་མ）སྐོར་གྱི་བརྡ་ཐོ》ཞེས་པའི་ཡིག་ཆའི་ནང་དུ་གཏན་འབེབས་བྱས་པར། སྡོམ་པས་རིགས་ཆེན་པོ་བཅུ་དང་། རིགས་ཆུང་བ་ལྔ་བརྒྱ་ཙམ་ཡོད། ༢༠༠༡ལོར། རྒྱལ་ཁབ་མི་རིགས་དོན་གཅོད་ཨུ་ཡོན་ལྷན་ཁང་གིས་དཀར་ཆག་དེར་ལེགས་སྒྲིག་མཛད་དེ་རིགས་ཆེ་ཆུང་ལ་འགྱུར་ལྡོག་ཅུང་ཙམ་བྱུང་།

The catalog of the special commodities needed by ethnic minorities was confirmed in the *Circular on Printing the Catalog (Revised) of the Special Commodities Needed by Ethnic Minorities* in 1997, which was based on the lists practiced in life in all places since the 8th Five-year Plan. It contains 10 categories with over 500 varieties. In 2001, SEAC revised it and made some changes to the categories and varieties.

少数民族特需用品四特征 1. 民族性。只是某个或某几个少数民族生产生活必需而其他民族并非必需。2. 时代性。其内涵和外延，随时代的变化而发展变化。3. 区域性。多个少数民族由于居住区域的环境相同或相似而使用类似的生产生活用品，同一民族由于居住的区域环境不同而使用不同的用品。4. 多样性。种类多、规格多，工艺复杂、批量小。

གངས་ཅན་མི་རིགས་ལ་ཆེད་མཁོའི་ཐོན་རྫས་ཀྱི་ཁྱད་ཆོས་བཞི། ༡ མི་རིགས་ཀྱི་རང་བཞིན། དེའི་གངས་ཅུང་མི་རིགས་གཅིག་གམ་ཏུ་མའི་ཆེད་མཁོ་ལས་མི་རིགས་གཞན་པར་མཁོལ་མི་ཆེ། ༢ དུས་རབས་ཀྱི་རང་བཞིན། དེའི་ནང་དོན་དང་ཁྱབ་མཐའ་དུས་རབས་དང་བསྟུན་ནས་འགྱུར་ལྡོག་དང་འཕེལ་རྒྱས་འབྱུང་བ། ༣ ས་ཁོངས་ཀྱི་རང་བཞིན། གངས་ཅན་མི་རིགས་མང་པོ་མཉམ་དུ་བཅར་སྡོད་བྱས་པའི་ས་བཞིན་ཀྱི་བོར་ཡུག་གཅིག་པའམ་དེར་སྟོང་ཐོར་སྟོང་འཚོབའི་ལག་འདད་ཡིན་པ་དང། ཡང་ན་མི་རིགས་གཅིག་པ་ཞིག་བཅར་སྡོད་ཀྱི་བོར་ཡུག་མི་འདའི་རྐྱེན་གྱིས་ཙ་ལག་འདའ་བ་སྤྱོད་པ། ༤ སྣ་མང་གི་རང་བཞིན། རིགས་དང་ཚོན་གཞི་མང་བ་དང། བཟོ་རྩལ་རྙོག་འཛིང་ཆེ་ཞིང་ཐོན་སྐྱེད་ཆུང་བ་བཅས་སོ། །

Features of Special Commodities Needed by Ethnic Minorities: First it comes to the ethnic traits. Some special commodities are needed only by some ethnic minorities but not by all. Second it is of epochal feature. Their connotation and extension change with time changing. Third it is of regional trait. Many ethnic minorities use similar daily necessities because of the same or similar living conditions, but the same ethnic group use different things due to different living conditions. Fourth it comes to diversity. These commodities are in different shapes and sizes. They are made in complex process in limited quantities.

少数民族特种产品 指我国各少数民族地区出产或生产的一些具有特殊经济价值和独特风格的产品。包括农、林、牧、副、渔产品和野生动植物以及手工业艺术品等。

གངས་ཅན་མི་རིགས་ཀྱི་ཁྱད་ཆོས་ལྡན་པའི་ཐོན་རྫས། རང་རྒྱལ་གྱི་གངས་ཅན་མི་རིགས་ཁུག་ཏུ་ཐོན་པའམ་ཐོན་སྐྱེད་བྱས་པའི་དམིགས་བསལ་དཔལ་འབྱོར་གྱི་རིན་ཐང་དང། ཡང་ན་དམིགས་བསལ་གྱི་ཁྱད་ཆོས་ལྡན་པའི་ཐོན་རྫས་ལ་བསླབ། ཞིང་དང་ནགས། འབྲོག ཁོར་བྱེད་ཀྱི་ཐོན་རྫས། དེ་སྟེས་ཀྱི་སྦོག་ཚགས་དང་རྩི་ཤིང། མ་བཏང་རྒྱུང་ལུག་ཞེས་བཟོ་ལས་ཀྱི་ཐོན་རྫས་སོགས་སོ། །

Special products produced by ethnic minorities refer to those goods with special economic value and unique style produced in all ethnic minority areas in China, including the ones of farming, forestry, animal husbandry, side-line production and fishery, wild fauna and flora, handicraft art and so on.

少数民族文化读本编撰出版工程 我国的政策性规划。由 2012 年国务院颁布的《少数民族事业"十二五"规划》提出：编撰出版少数民族文化读本和少数民族历史题材青少年普及版绘图本，编创、巡演、展播少数民族历史题材说唱艺术，创作、陈列、展出少数民族历史风俗画。

གངས་ཅན་མི་རིགས་རིག་གནས་ཀྱི་སློབ་དེབ་ཕྱོགས་སྒྲིག་པར་སྐྲུན་གྱི་ལས་གཞི། རང་རྒྱལ་གྱི་ཇུས་སྟོན་རང་བཞིན་གྱི་འཆར་འགོད་ཅིག་ཡིན། ༢༠༡༢ ལོར་རྒྱལ་སྲིད་སྤྱི་ཁྱབ་ཁང་གིས་སྤེལ་པའི་ཡིག་ཆ《གངས་ཅན་མི་རིགས་ཀྱི་ལས་དོན་བཅུ་གཉིས་ལྔའི་འཆར་འགོད》ཅེས་པར་བསྟན་དོན། གངས་ཅན་མི་

རིགས་རིག་གནས་ཀྱི་སློབ་དེབ་དང་གངས་ཅུང་མི་རིགས་ཀྱི་ལོ་རྒྱུས་བརྗོད་གཞི་བྱིས་པའི་ན་གཞོན་ཁྱབ་བསྒྲགས་རིག་དེབ་ཙམ་འབྲི་པར་སྐྲུན་བྱེད་པ་དང་། གངས་ཅུང་མི་རིགས་ཀྱི་ལོ་རྒྱུས་བརྗོད་གཞིས་པའི་མགུར་བཤད་ཀྱི་སྒྱུ་རྩལ་གསར་སྐྲུག་དང་འཁོན་སྟོན་བྱེད་པ། གངས་ཅུང་མི་རིགས་ཀྱི་ལོ་རྒྱུས་སྒྱོལ་ལུགས་ཀྱི་རི་མོ་གསར་སྐྲུག་དང་བཀྲམས་སྟོན་བྱེད་པ་སོགས་སོ།

The project for editing and publishing ethnic culture reader is a policy plan in China proposed in *the 12th Five-year Plan for Development of Undertakings Related to Ethnic Minority Groups* and issued by State Council in 2012, which put forward to edit and publish ethnic culture readers and the popular sketch books for the youth on the history of ethnic minority, to show the talking-singing arts of ethnic minorities all over the country and create and exhibit historical paintings.

少数民族文化建设春雨工程 文化部在"十二五"期间重点实施的一项重要的惠及少数民族的文化建设工程。着力于构建公共文化服务体系基本运行保障机制,加强文化内容建设和重大文化活动的开展,加大艺术人才培养和文化队伍建设力度。

གྲངས་ཉུང་མི་རིགས་རིག་གནས་འཛུགས་སྐྲུན་གྱི་དབྱིད་ཆར་ལས་གཞི། རིག་གནས་པུའུ་ཡིས་བཅུ་གཉིས་ལྔའི་སྐབས་སུ་གྲངས་ཉུང་མི་རིགས་ཀྱི་རིག་གནས་ལས་གཞིའི་བསྐྱེད་པར་ཕན་པ་ཆེ་བོ་ཞུགས་པའི་གལ་ཆེའི་ལག་བསྟར་ཞིག་ཡིན། དེས་ཧུན་མོང་རིག་གནས་ཞབས་ཞུའི་མ་ལག་འགུལ་སྐྱོད་ཀྱི་འགན་སྲུང་

ལག་ཐག་གཙོ་བོ་བྱེད་པ་དང་། རིག་གནས་ཀྱི་བརྗོད་བྱའི་ནང་དོན་འཛུགས་སྐྲུན་དང་། གལ་ཆེའི་རིག་གནས་ལས་འགུལ་སྤེལ་བར་ཤུགས་སྟོན་བྱེད་པ། སྒྱུ་རྩལ་གྱི་མི་སྣ་གསོ་སྐྱོང་དང་རིག་གནས་ཀྱི་དཔུང་ཚོགས་འཛུགས་པར་ཤུགས་སྟོན་བྱེད་པ་བཅས་སོ།

Spring Rain Project for constructing ethnic culture was given priority to be carried out by the Ministry of Culture during the period of the 12th Five-year plan. It focuses on setting up the mechanism to guarantee the operation of public culture service system, strengthening cultural construction and holding important cultural activities as well as paying more attention to artistic talent cultivation and cultural talent construction.

少数民族文物 在我国,指少数民族在不同历史时期产生的有形的物质遗存,是研究少数民族聚居地不同历史时期政治、经济、文化等的实物史料。

གྲངས་ཉུང་མི་རིགས་ཀྱི་གནའ་རྫས། རང་རྒྱལ་དེང་སང་གངས་ཉུང་མི་རིགས་དག་གི་ལོ་རྒྱུས་ཀྱི་དུས་སྐབས་མི་འདྲ་བར་བྱུང་བའི་དངོས་ཡོད་ཀྱི་དངོས་རྫས་གནའ་ཤུལ་བསྟན། གྲངས་ཉུང་མི་རིགས་འདུས་སྡོད་ས་ཁུལ་གྱི་དུས་ཡུན་མི་འདྲ་བའི་ལོ་རྒྱུས་ཀྱི་ཆབ་སྲིད་དང་དཔལ་འབྱོར། རིག་གནས་བཅས་ཞིབ་འཇུག་བྱེད་པའི་དངོས་ཡོད་གནའ་རྒྱལ་གྱི་ཆེན་ཡིན།

Ethnic cultural relics refer to the tangible material heritage produced at different historical stages of ethnic minorities, which serve as tangible evidences to study politics, economy as well as culture of the ethnic minorities of different periods of

少数民族文物保护工程 我国的政策性规划。由2012年国务院颁布的《少数民族事业"十二五"规划》提出：实施西藏重点文物保护、新疆大遗址保护等民族地区重点文物保护工程。

གངས་ཅན་མི་རིགས་ཀྱི་གནའ་རྫས་སྲུང་སྐྱོབ་ལས་གཞི། རང་རྒྱལ་སྲིད་དུས་རང་བཞིན་གྱི་འཆར་འགོད་ཅིག་ཡིན། ༢༠༡༢ལོར་རྒྱལ་སྲིད་སྤྱི་ཁྱབ་ཁང་གིས་ཁྱབ་སྤེལ་བྱས་པའི《གངས་ཅན་མི་རིགས་ལས་དོན་བཅུ་གཉིས་ལྔའི་འཆར་འགོད》ནང་དུ། བོད་ལྗོངས་ཀྱི་གནད་རྩ་ཆེན་གྱི་གནའ་རྫས་དང་། ཞིན་ཅང་གི་གནའ་ཤུལ་ཆེན་མོར་སྲུང་སྐྱོབ་སོགས་གངས་ཅན་མི་རིགས་ས་ཁུལ་གྱི་གནད་རྩ་གལ་ཆེན་སྲུང་སྐྱོབ་ལས་གཞི་ལག་བསྟར་བྱེད་དགོས་ཞེས་འཁོད་ཡོད།

The project for protecting ethnic cultural relics is a policy plan in China proposed in *the 12th Five-year Plan for Development of Undertakings Related to Ethnic Minority Groups* and issued by State Council in 2012, which advocated to carry out key projects for protecting cultural relics in ethnic minority areas including Tibet key cultural relics preservation and Xinjiang major site conservation.

少数民族语言大调查活动 1956年由中国科学院和国家民委组织实施。1960年后，重点调查过去没有普查过或调查工作较薄弱的一些语言，并对存在方言差别的语言进行方言划分。20世纪70年代和80年代初，主要进行有关语言规范、语言系属、混合语言、双重语言制和语言深入研究中某些新问题的调查。

གངས་ཅན་མི་རིགས་སྐད་ཆ་ཞིབ་བཤེར་གྱི་ལས་འགུལ་ཆེན་མོ། ༡༩༥༦ལོར་ཀྲུང་གོའི་ཚན་རིག་ཞིབ་འཇུག་སྦྱིང་དང་རྒྱལ་ཁབ་མི་རིགས་དོན་གཅོད་ཨུ་ཡོན་ལྷན་ཁང་རྩ་འཛུགས་དང་ལག་བསྟར་བྱས། ༡༩༦༠ལོའི་རྗེས་སུ་དེ་སྔར་ཡོངས་ཁྱབ་ཀྱིས་ཞིབ་བཤེར་བྱས་མ་མྱོང་བའམ་ཞིབ་བཤེར་ཚད་ཚུང་དལ་བའི་སྐད་རིག་ན་འགའ་ན་བཤེར་བྱས་ཤིང་། དབྱེ་ཡུལ་སྐད་ཀྱི་ཁྱད་པར་ལྡན་པའི་སྐད་རིག་ལ་ཡུལ་སྐད་ཀྱི་ཁོངས་བགོས། དུས་རབས་ཉི་ཤུ་པའི་ལོ་རབས་བདུན་བཅུ་དང་བརྒྱད་ཅུའི་ལོ་འགོར་སྐད་རིག་ཚད་ལྡན་དང་སྐད་རིག་ཁོངས་གཏོགས། མཚམས་བསྲེས་སྐད་རིག ཉིས་བརྩེགས་སྐད་རིག་ལམ་ལུགས་དང་འབྲེལ་བའི་སྐོར་ལ་ཞིབ་བཤེར་བྱས་པ་དང་། སྐད་རིག་ལ་ཞིབ་བཤེར་ཟབ་མོ་བྱེད་པའི་ཁྲོད་དུ་ཐོན་པའི་གནད་དོན་གསར་པ་དག་ལ་ཞིབ་བཤེར་བྱས།

An investigation of ethnic minority languages were conducted by Chinese Academy of Sciences and State Ethnic Affairs Commission in 1956. After 1960, it emphasized on the languages which had not been studied or whose investigation was not thorough and dialect divisions based on dialect differences among languages. In the end of 1970s and 1980s, emphasis was put on the investigation in language normalization, language families, hybrid languages, bilingualism and some new problems produced in the process of indepth research.

少数民族语言调查工作队 1956年由中国科学院、各民族学院和各地少数民族语文工作机构共同组建。组成了7个少数民族语言调查工作队，分赴15个省、自治区，对我国42个民族的语言进行普查。

གངས་ཅན་མི་རིགས་སྐད་ཆ་ཞིབ་བཤེར་གྱི་ལས་དོན་ཚོགས་པ། ༡༩༥༦ལོར་ཀྲུང་གོ་ཚན་རིག་ཞིབ་འཇུག་ཁང་དང་། མི་རིགས་སློབ་གྲྭ་ལ་སོགས་མི་བོའི་གངས་ཅན་མི་རིགས་སྐད་རིག་ལས་དོན་ལས་ཁུངས་ལག་བཅས་ཀྱིས་མཉམ་དུ་སྒྲིག་པའི་ཚོ་ཁག་ཅིག་ཡིན་ཏེ་དག་གིས་གངས་ཅན་མི་རིགས་སྐད་རིག་ཞིག་བཤེར་ལས་ལ་བདུན་བཙུགས་ཤིང་། ཞིང་ཆེན་དང་རང་སྐྱོང་ལྗོངས་བཅོ་ལྔ་རེ་རེར་ཕྱིན་ཏེ། རང་རྒྱལ་གྱི་མི་རིགས་བཞི་བཅུ་ཞེ་གཉིས་ཀྱི་སྐད་རིག་ལ་ཡོངས་ཁྱབ་ཀྱི་ཞིབ་བཤེར་བྱས།

The investigation team of ethnic minority languages was co-founded in 1956 by Chinese Academy of Sciences, institutes for ethnic groups and ethnic language organizations. It was made up of 7 groups, all of which were sent to 15 provinces and autonomous regions to make a general investigation of the 42 ethnic languages in China.

少数民族语言文字规范化信息化建设工程 我国的政策性规划。由2012年国务院颁布的《少数民族事业"十二五"规划》提出：加快少数民族语言文字急需标准的研制，开展多民族语言文字平台建设和民族语言资源库建设。

གངས་ཅན་མི་རིགས་ཀྱི་སྐད་ཡིག་ཚད་ལྡན་ཅན་དང་ཆ་འཕྲིན་ཅན་འཛུགས་པའི་ལས་གཞི། རང་རྒྱལ་གྱི་སྲིད་ཇུས་རང་བཞིན་གྱི་འཆར་འགོད་ཡིན་ཏེ། ༢༠༡༢ལོར་རྒྱལ་སྲིད་སྤྱི་ཁྱབ་ཁང་གིས་ཁྱབ་སྤེལ་བྱས་པའི《གངས་ཅན་མི་རིགས་ལས་དོན་བཅུ་གཉིས་པའི《འཆར་འགོད》ནང་དུ། གངས་ཅན་མི་རིགས་ཀྱི་སྐད་ཡིག་ཚུལ་སྦྱིག་འཇུགས་བྱེད་པ་རྗེ་མཆིགས་དང་། མི་རིགས་མང་པོའི་སྐད་ཡིག་གི་སྟེགས་བུ་འཇུག་སྐྲུན། མི་རིགས་སྐད་ཡིག་གནས་མཛོད་འཇུགས་སྐྲུན་བྱེད་པ་བཅས་འཕེལ་ཡོད།

The project to informationize and normalize ethnic minority language and scripts is a policy plan in China proposed in *the 12th Five-year Plan for Development of Undertakings Related to Ethnic Minority Groups* and issued by State Council in 2012, which proposed to develop the normalization of ethnic minority languages and writings, to construct multi-ethnic language platforms and to establish ethnic language resource database.

少数民族专项照顾商品 我国为照顾少数民族地区的困难和需要而专项列入国家分配计划的商品。此外，有关省、自治区还根据少数民族的实际需要和当地货源，增列部分专项照顾商品。

གངས་ཅན་མི་རིགས་ལ་ཆེད་དུ་གཟིགས་སྐྱོང་གི་ཚོང་རྫས། རང་རྒྱལ་གྱིས་གངས་ཅན་མི་རིགས་ས་ཁུལ་གྱི་དཀའ་ངལ་དང་དགོས་མཁོ་ལ་གཟིགས་སྐྱོང་ཆེད་རྒྱལ་ཁབ་ཀྱི་མཁོ་སྤྲོད་འཆར་གཞི་དུ་འཛུགས་པའི་ཚོང་ལ་བསྙན། གཞན་ཞིང་ཆེན་དང་རང་སྐྱོང་ལྗོངས་ཀྱིས་གངས་ཅན་མི་རིགས་ཀྱི་དངོས་ཡོད་དགོས་མཁོ་དང་ས་གནས་ཀྱི་ཕུན་རྫས་ལ་བརྟག་ནས། ཆེད་དུ་ཚོང་རྫས་འགའ་ཞིག་གཞིགས་སྐྱོང་ལ་ཁ་སྣོན་བྱས།

Aid relief commodities for ethnic minorities referred to those commodities on the list of national allocation plan specially needed in ethnic minority areas. Besides, according to their practical needs and the natives' source of goods in relevant provinces or autonomous areas, some goods were added onto the list.

畲语 畲族使用的语言。汉族人一般称之为"畲民话""畲话"或"畲客话";在畲族内部则称之为"山哈话"(意为"山客话")。属汉藏语系苗瑶语族。分布于广东的博罗、河源、增城、惠东、海丰等地。

ཤེ་རིགས་ཀྱི་སྐད། ཤེ་རིགས་ཀྱིས་སྤྱོད་པའི་སྐད་རིགས། རྒྱས་ལོངས་གྱགས་སུ་ཤེའི་སྐད་དང་། ཤེ་སྐད། ཤེ་རིགས་ཀྱི་སྐད་ཅེས་འབོད། ཤེ་རིགས་རང་གིས་ཧྲན་སྐད་(དོན་ནི་མགྲོན་གྱི་སྐད་ཅེས་པ།) ཞེར་བོད། རྒྱ་སྐད་བོད་ཀྱི་མུའི་ཡའོ་སྐད་རིགས་ཀྱི་ཡན་ལག་ཡིག་གཏོགས། ཀོང་ཏུང་ཞིང་ཆེན་གྱི་པོ་ལོ་དང་། ཧེ་ཡོན། ཚེ་ཁྲིན། ཧུས་ཏུང་། ཧའེ་ཕོང་བཅས་ཀྱི་གྲོང་དུ་ཁྱབ་ཡོད།

She language is spoken by She people. Han people regard it as She language or She Hakka. She people themselves call it Shanha language. She language is a branch of Hmong-Mien languages in Sino-Tibetan family. It is spoken in the cities or counties of Guangdong province like Boluo, Heyuan, Zengcheng, Huidong and Haifeng. She language is divided into two dialects, namely Lianhua dialect and Luofu dialect.

畲族 中国的少数民族。自称"山哈",为山里客人之意。"畲",意为刀耕火种。主要分布在浙江景宁畲族自治县以及福建、江西、广东、安徽等省的部分山区。人口 708651 人(2010 年)。极少部分人使用畲语,无文字,通用汉文。信仰主要是祖先崇拜。经济以农业生产为主。

ཤེ་རིགས། ཀྲུང་གོའི་གྲངས་ཉུང་མི་རིགས་ཤིག་ཡིན། རང་ལ་ཧྲན་ཧ་ཞེས་འབོད། དེའི་དོན་ནི་བྲོད་ཀྱི་མགྲོན་པོ་ཞེས་པ་དང་། ཤེའི་དོན་ནི་སྟོ་བསྲེགས་གྱིས་འདེབས་ཞེས་པ་ཡིན། གཙོ་ཆེན་ཅན་ཆེན་ཞིན་ཏེ་རིགས་རང་སྐྱོང་རྡོང་དང་ཧྥུ་ཅན། ཅང་ཞི། གོང་ཏུང་། ཨན་ཧུའི་བཅས་ཞིང་ཆེན་ཁག་གི་རི་ཁུལ་ཏུ་ཁྱབ་ཡོད། མི་གྲངས་བྱེ་བ་སྟོང་ཕྲག་༧༠༨༦༥༡ (༢༠༡༠ལོ) ཡོད། མི་ཉུང་ཤས་ཀྱིས་ཤེ་སྐད་སྤྱོད་བཞིན་ཡོད་ཀྱི་ཡི་གེ་མེད་པས་རྒྱ་ཡིག་སྤྱོད་བཞིན་ཡོད། གཙོ་བོ་མེས་པོ་དད་གུས་བྱེད་དང་། ཞིང་ལས་ཕོན་ཆེར་གཙོ་གནས་བྱེད་པའོ། །

She people, a Chinses ethnic group, call themselves Shanha which means guests living in the mountains. The word She means "slash-and-burn cultivation". She people distribute in Jingning She Autonomous County in Zhejiang province and some mountainous areas in provinces such as Fujian, Jiangxi, Guangdong and Anhui. With a population of 708,651 (2010), few She people speak She language and most of them speak Chinese. She people do not have written scripts. They believe in their ancestors and engage mainly in agriculture.

社 特指史称的"土社""番社",即台湾高山族的基层社会组织。每社一般几十户到几百户不等,具有农村公社性质。

ཤི། ལོ་རྒྱུས་ཐོག་ཏུ་ཐུའི་ཤེ་དང་ཕན་ཤེ་ཞེས་པ་དགའ་ཆུད་ཏུ་བསྡུས། པའི་ཐའེ་ཝན་རི་རིགས་ཀྱི་གཞི་རིམ་སྤྱི་ཚོགས་རྩ་འཛུགས་དགའ་ཆུད་ཡིན། ཤི་རེར་ཁྱིམ་ཚང་བཅུ་

ཕྲག་ནས་བརྒྱ་ཕྲག་བར་དུ་མི་མཆོངས་པས། གྲོང་གསེབ་ཀྱང་རྩེ་ཀྱི་རང་བཞིན་ལྡན།

She specially refers to Tushe and Fanshe in Chinese history, which is grassroots social organization in the Gaoshan people living in Taiwan of China. Each She has tens to hundreds of households, similar to rural communes.

社会主义民族 现代民族的一种类型。指推翻资本主义制度后，在对旧式民族进行社会主义改造的基础上形成的新型民族。

སྤྱི་ཚོགས་རིང་ལུགས་མི་རིགས། དེང་རབས་མི་རིགས་ཀྱི་རིགས་ཞིག་ཡིན། མ་རྩ་རིང་ལུགས་མགོ་རྟིང་བསྐོག་རྗེས་རྙིང་ལུགས་ཀྱི་མི་རིགས་ལ་སྤྱི་ཚོགས་རིང་ལུགས་ཀྱི་བཅོས་བསྒྱུར་བྱས་ནས་གྲུབ་པའི་རྣམ་པ་གསར་པའི་མི་རིགས་ལ་བསྟན།

Socialist nation is a kind of modern nation. This new nation was established on the basis of carrying out socialist transformation over the old nation after the overthrow of capitalism.

社会主义民族关系 指在社会主义制度下建立起来的新型民族关系，是社会主义民主和社会主义物质文明、精神文明的体现，是全社会团结一致、友爱互助、共同奋斗、共同前进的新型社会关系的重要组成部分。

སྤྱི་ཚོགས་རིང་ལུགས་མི་རིགས་ཀྱི་འབྲེལ་བ། སྤྱི་ཚོགས་རིང་ལུགས་ལམ་ལུགས་ཀྱི་འོག་ཏུ་ཚུགས་པའི་མི་རིགས་ཀྱི་འབྲེལ་བ་གསར་པར་བསྟན། སྤྱི་ཚོགས་རིང་ལུགས་ཀྱི་དམངས་གཙོ་དང་སྤྱི་ཚོགས་རིང་ལུགས་ཀྱི་དངོས་པོའི་དཔལ་ཡོན་དང་བསམ་པའི་དཔལ་ཡོན་གྱི་མཚོན་ཚུལ་ཞིག་ཡིན། སྤྱི་ཚོགས་ཡོངས་མཐུན་སྒྲིལ་དང་ཕན་ཚུན་རོགས་སྐྱོར། མཉམ་ལས་མཉམ་འབད་ཀྱིས་མདུན་བསྐྱོད་པའི་སྤྱི་ཚོགས་འབྲེལ་བ་གསར་པའི་གྲུབ་ཆ་གལ་ཆེན་ཞིག་ཡིན།

Socialist ethnic relations are a new ethnic relation based on the establishment of socialist system. It reflects socialist democracy, socialist material and spiritual civilization. It also is an important component of the new social relation which advocates the whole society to be united as one, to love and help each other, to work together and improve together.

社田 清时规定台湾高山族村社占有的田地。

རྗེ་ཞིང་། ཆིང་རྒྱལ་རབས་ཀྱི་དུས་སུ་ཐའི་ཝན་གྱི་ཧན་མི་རིགས་ཀྱི་གྲོང་རྗེས་དབང་བའི་ཞིང་ས་བསྟན།

She field refers to to the farm land in the possession of village community among the Gaoshan people living in Taiwan of China stipulated by the government in the Qing Dynasty.

沈阳故宫 满族人建立的清政权的早期皇宫，位于沈阳市。始建于1625年。1644年清迁都北京后，成为皇帝巡幸东北时的行宫。总占地面积6万多平方米。主体部分为清太宗皇太极时期的皇宫，具有浓厚的满族特色和中国东北地域建筑特色。现为沈阳故宫博物院。

ཐེན་དབང་གནན་ཕོའི་ཕོ་བྲང་། མན་ཇུ་མིས་བཙུགས་པའི་ཆིང་སྲིད་དབང་གི་དུས་སྔའི་རྒྱལ་པོའི་ཕོ་བྲང་ལ་བསྟན། ཐེན་དབང་གྲོང་ཁྱེར་དུ་ཡོད། /1625/ ལོར་སྐྲུན་འགོ་བཙུགས། /1644/ ལོར་ཆིང་རྒྱལ

རབས་ཀྱི་རྒྱལ་པ་ཅིན་དུ་སྟོད་རྫེས། གོང་མ་བྱང་ཤར་དུ་བསྐོད་སྐབས་ཀྱི་བཞུགས་གནས་པོ་བྲང་དུ་གྱུར། རྒྱ་ཁྱོན་སྨིག་བུའི་ (༦༠༠༠༠ལྷག) ཟིན། གཙོ་ལག་ཆེན་གོ་མ་ཐའི་ཇུང་དོང་ཐའི་ཉིའི་སྐབས་ཀྱི་པོ་བྲང་ཡིན། མན་ཇུའི་མི་རིགས་ཀྱི་ཁྱད་ཆོས་སྔན་པ་དང་གྱུང་གོའི་བྱང་ཤར་ཁུལ་ལམ་བཟོ་སྐྲུན་གྱི་ཁྱད་ཆོས་མཐུག་པོ་ལྡན། དེང་གི་ཅིན་དབྱང་གནན་པོའི་པོ་བྲང་དངོས་བཤམས་ཁང་ཡིན།

Shenyang Imperial Palace is the formal imperial palace of the Qing Dynasty established by Manchus. It is located in Shenyang, originally built in 1625. After the Qing's moving its capital to Beijing in 1644, Shenyang Imperial Palace became the temporal one for the emperor going on an inspection tour in the Northeast. The Palace covers an area of 60,000 square meters. Its main part is the Emperor palace during the period of Huang Taiji which features Manchu people and architectures in the Northeastern areas in China. Now it is renamed Shenyang Imperial Palace Museum.

生产文化站 我国民族地区民主改革时,在保留着原始公社制残余的民族地区建立的一种具有基层政权和社会服务职能的综合管理机构。

ཐོན་སྐྱེད་རིག་གནས་ཀྱི་འབབ་ཚིགས། རང་རྒྱལ་མི་རིགས་ས་ཁུལ་དུ་དམངས་གཙོ་བཅོས་བསྒྱུར་བྱེད་སྐབས། གདོད་མའི་གུང་ཏྲེ་ལམ་ལུགས་ཀྱི་ལྷག་རོ་ཡོད་པའི་མི་རིགས་ས་ཁུལ་དུ་བཙུགས་པའི་གཞི་རིམ་སྲིད་དབང་དང་། སྤྱི་ཚོགས་ཞབས་ཞུའི་བྱེད་ནུས་ཅན་གྱི་ཕྱོགས་བསྡུས་བདག་གཉེར་གྱི་སྒྲིག་འཛུགས་ཤིག་ལ་བསྟུན།

Production cultural station, established in minority areas where the primitive commune system was still preserved during the democratic reform, is a comprehensive administrative institution with the functions of local government and social services.

生女真 辽王朝对分布在松花江北岸,黑龙江中、下游,未入辽籍的女真人的称呼。

ཇིན་(ཉུའུ་)ཀྱིན། ལིའོ་རྒྱལ་རབས་ཀྱིས་སུང་ཧྭའི་གཙང་པོའི་བྱང་ཕྱོགས་དང་། ཧེ་ལུང་ཅང་གི་བར་དང་སྨད་རྒྱུད་དུ་གནས་འཁོད་ཞིང་། ལིའོ་རྒྱལ་པོ་དུ་མ་ཚུད་པའི་ཞུའུ་ཀྱིན་མི་ལ་བསྒྲོ།

"raw" Jurchens, was the name for those Jurchens who did not get ethnic Liao and lived on the north bank of Songhua River, and in the middle and lower reaches of Heilongjiang River in the Liao Kingdom.

省部级领导干部民族工作专题研讨班(首次) 2006年由中央组织部、中央统战部、国家民委和中央党校共同举办。参加开班仪式的人员有140余人。研讨班主要内容是学习中央领导在民族工作会议上的讲话和有关民族工作的文件,交流一年来本地区学习贯彻中央民族工作会议精神的经验和体会。

ཞིང་ཆེན་དང་པུའུ་རིམ་པའི་འགོ་ཁྲིད་གཙུག་ཞབས་པའི་མི་རིགས་ལས་ཀར་ཆེད་དོན་བགྲོ་འཛིན་གྲྭ་(ཐོག་མ) ༢༠༠༦ལོར་ཀྲུང་དབྱང་རྩ་འཛུགས་པུའུ་དང་ཀྲུང་དབྱང་འཐབ་ཕྱོགས་གཅིག་གྱུར་པུའུ་རྒྱལ་ཁབ་མི་རིགས་དོན་གཅོད་ཨུ་ཡོན་ལྷན་ཁང་། ཀྲུང་དབྱང་ཏང་གི་སློབ་གྲྭ་བཅས་ཀྱིས་མཉམ་

སྐབས་བྱུང་། མཛད་སྒོར་ཞུགས་པའི་མི་ ༡༤༠ ལྷག་ཡོད། དཔུས་བགྲོ་འཛིན་གྲྭའི་ནང་དོན་གཙོ་བོ་ནི་ཀྲུང་དབྱིན་འགོ་ཁྲིད་ཀྱིས་མི་རིགས་ལས་དོན་གྲོས་ཚོགས་སྟེང་གི་གཏམ་བཤད་དང་རིགས་ལམ་ཀར་འབྲེལ་བའི་ཡིག་ཆ་ལོ་གཅིག་རིང་ས་གནས་དེར་གྱུང་དབྱུང་གི་མི་རིགས་ལས་དོན་ཕྱོགས་ཆོགས་སྟེང་སྟོབས་ལ་སློབ་སྦྱོང་དགྱིས་བྱེད་པ་བྱས་པའི་ཉམས་མྱོང་དང་མྱོང་ཚོར་བརྗེ་རེས་བྱེད་པ་བཅས་སོ།།

Seminar on the Work of Ethnic Affairs for Leaders at the Provincial or Ministerial Level (First-time) was jointly held by Organization Department of the Central Committee, United Front Work Department of the Central Committee, the State Ethnic Affairs Commission and Central Party School in 2006. More than 140 people attended the opening ceremony of the seminar. The gist focused on studying the speeches delivered by the leaders of the central government at the conferences on ethnic work and related documents on ethnic work; exchanging experience and feelings towards the study and implementation of the spirit of the central ethnic work meeting.

《圣立义海》 西夏文格言式词语详注辞书。1183 年刻印刊行，现存残本。全书共 5 册，仿汉文类书体例，按内容分类编排，词头为单行大字，释文为双行小字。

《ཐེང་མི་འབྱེ་དབྱེ》 མི་ཉག་ཡི་གེའི་ལེགས་བཤད་རྒྱམ་པའི་མིང་ཚིག་འགྲེལ་བཤད་ཀྱི་དེབ་ཅིག་ཡིན། ༡༡༨༣ ལོར་བརྐོས་ཏེ་པར་འགྲེམས་བྱས། དེང་ཚ་ཚོ་བ་ལྷག་མེད། དཔེ་ཆ་ཅིག་བོར་དེབ་ལྔ་ཡོད་པ་དང་རྒྱ་ཡིག་གི་ཆོམ་ལུགས་ལ་དཔེ་བསྣམས་བྱས་ནས་ནང་དོན་ལྟར་དབྱེ་སྐྱེག་བྱས་ཡོད། ཚིག་མགོ་ཐིག་ཤར་གཅིག་ཅན་གྱི་ཡི་གེ་ཆེ་བྱིས་དང་། མཆན་འགྲེལ་ཐིག་ཤར་གཉིས་ཅན་གྱི་ཡི་གེ་ཆུང་བྱིས་ཡིན།

The Sea of Meanings, Established by the Saints is a dictionary about proverbial words in Tangut script. It was printed in 1183 and now it exists as an incomplete book. With five volumes, this book was classified and organized according to the content by imitating the style of the Chinese books, with its proverbial words in single-spaced large font and annotation in double-spaced small font.

《圣训》 伊斯兰教先知穆罕默德的言行录。由后人所编，形成于 8 至 9 世纪。其主要内容是先知对教义、律例、制度、礼仪及日常生活各种问题的意见主张。也包括他的行为准则和道德风范。圣门弟子谈论宗教、经训和实践教理等的言行，凡经他认可和赞许的也被列为圣训的范围。

《དམ་པའི་བསྐུལ་བྱ》 དབྱི་སི་ལན་གྱི་དམ་པ་མུའུ་ཧན་མོ་ཏེའི་གསུངས་སྤྱོད་ཀྱི་ཟིན་ཐོ། ཕོད་ཚོད་ཕྱིས་ཀྱི་མིས་བསྒྲིགས་པ་ཞིག་ཡིན། དུས་རབས་༨པ་ནས་༩པའི་བར་དུ་གྱུར། དེའི་ནང་དོན་གཙོ་བོ་ནི་དམ་པས་ཚོས་དང་། སྒྲིག་ཁྲིམས། ལས་ལུགས། གུས་སྤྱོད་དང་རྒྱུན་ལྡན་འཚོ་བའི་གནད་དོན་ལ་དགོངས་ཚུལ་བརྗོད་ཡོད། དམ་པ་རང་ཉིད་ཀྱི་ལས་ལུགས་ལས་སྒྲུབ་དང་ཀུན་སྤྱོད་ཀྱི་སྒྲོམ། སྒྲོམ་པོ་རྣམས་ཀྱི་ཚོས་ལུགས་དང་བཀའ་བསྒོས། ཆོས་གཞུང་ལག་ལེན་བཅས་ཀྱི་སྐབས་སུ་སྦྱང་དགོས་པའི་གསུང་སྒྲོས་ཀྱི་སྐོར་སོགས།

བོད་གིས་རོ་ལེན་དང་བསྟོད་སྒྲུབ་ཐོབ་པ་ཡོད་དོ་ཅོག་དམ་པའི་བསླབ་བྱའི་ནང་དུ་འདུས་ཡོད།

Hadith is a book about the deeds and words of Mohammed and it's compiled by posterity. It came into being during 8th to 9th century. This book records all the suggestions given by Mohammed on doctrines, regulations, systems, etiquette and problems in daily life as well as code of conducts and ethnics. All the deeds and words of his disciples about religion, scriptures on practical teaching recognized and praised by him are also included into the Hadith.

盛京 后金（清）都城，即今沈阳市。1625年清太祖把都城从辽阳迁到沈阳。1634年清太宗改称沈阳为盛京。1644年清朝迁都北京后，沈阳为陪都。1657年清朝以"奉天承运"之意在沈阳设奉天府，沈阳又名"奉天"。

ཞིང་ཅིན། ཅིན་ཕྱི་མའི་(ཆིང་) རྒྱལ་ས་སྟེ་དེང་གི་ཞིན་དབྱང་གྲོང་ཡིན། ༡༦༢༥ལོར་ཆིང་རྒྱལ་རབས་ཀྱི་མེས་པོ་གོང་མས་རྒྱལ་ས་ལིའོ་དབྱང་ནས་ཞིན་དབྱང་དུ་སྤོས། ༡༦༣༤ལོར་ཆིང་རྒྱལ་རབས་ཀྱི་མེས་པོ་གོང་མས་ཞིན་དབྱང་བྱིང་ཅིན་དུ་བསྒྱུར། ༡༦༤༤ལོར་ཆིང་རྒྱལ་རབས་ཀྱི་རྒྱལ་པོ་ཅིན་དུ་སྤོས་རྗེས། ཞིན་དབྱང་བཞུགས་རྒྱལ་སར་གྱུར། ༡༦༥༧ལོར་ཆིང་རྒྱལ་རབས་ཀྱིས་གནམ་བསྐོས་བོད་མའི་དོན་གྱིས་ཞིན་དབྱང་དུ་གནམ་བསྐོས་བཞི་བསྐུན་པས། ཞིན་དབྱང་གི་མིང་གཞན་གནམ་བསྐོས་གྱུར་ཟེར།

Shengjing, the present day Shenyang, was the capital of Later Jin Dynasty. In 1625, Qing Taizu moved its capital from Liaoy-ang to Shenyang. In 1634, Huang Taiji named Shenyang as Shengjing. After the moving of capital to Beijing in 1644, Shenyang became the auxiliary capital. In 1657, the Qing government established Fengtian City in Shenyang. So Shenyang has another name Fengtian.

盛世才（1895—1970） 中华民国陆军上将。字晋庸，汉族，辽宁省开原人。自1933年到1944年间全面控制着新疆的军事、政治，号称"新疆王"。1949年后到台湾，1970年病逝于台北。

ཧྲེང་ཧྲི་ཚཱེ། (༡༨༩༥—༡༩༧༠) ཀྲུང་དུ་མིན་གོའི་རླུང་དམག་གི་ཀྲང་ཅང་དམག་དཔོན་ཞིག་ཡིན། མིང་གཞན་ལ་ཅིན་ཡུང་ཟེར། རྒྱ་རིགས། ལིའོ་ཉིང་ཞིང་ཆེན་ཁའེ་ཡོན་གྱི་མི་ཡིན། ༡༩༣༣ནས་༡༩༤༤ཡི་བར། ཞིན་ཅང་གི་དམག་དོན་དང་ཆབ་སྲིད་ལ་ཕྱོགས་ཡོངས་ནས་ཚོད་འཛིན་བྱས་པས་ཞིན་ཅང་རྒྱལ་པོ་ཞེས་པའི་མིང་ཐོགས། ༡༩༤༩ལོའི་རྗེས་སུ་ཐའི་ཝན་དུ་སོང༌། ༡༩༧༠ལོར་ཐའི་པེ་རུ་ན་ནས་འདས།

Sheng Shicai (1895-1970), born in Kaiyuan, Liaoning province, was the general of the Republic of China. As the Han people, he was also called Jinyong. From 1933 to 1944, Sheng Shicai took charge of military and political affairs in Xinjiang with the name The King of Xinjiang. He went to Taiwan after 1949 and died of an illness in Taipei in 1970.

《十六法典》 旧西藏主要法典之一，是明万历四十八年（1620），藏巴汗丹迥旺布继位后，命人在旧时《法律十五条》的基础上编集的一部封建农奴制法典，增入"异族边区律"。因其共有 16 条律文，故名。

《ཁྲིམས་ཡིག་ཞལ་ལྕེ་བཅུ་དྲུག》 གཞན་པོའི་བོད་ཀྱི་ཁྲིམས་ལུགས་གཙོ་བོ་ཞིག་ཡིན། མིང་རྒྱལ་རབས་ཕུན་ཚེ་ཁྲི་བོའི་བཞིན་བཅུ་བཞི་བརྒྱུད་པར་（１６２０） གཙང་པ་སྡེ་སྲིད་བསྟན་སྐྱོང་དབང་པོ་རྒྱལ་སྲིད་བཟུང་རྗེས《ཞལ་ལྕེ་བཅོ་ལྔ》ཡི་རྒྱུ་གཞིའི་ཐོག་གཏན་ལ་ཕབ་པའི་བགས་བཀོད་རྒྱུད་འཛིན་ཞིང་བྲན་ལས་ལུགས་ཀྱི་ཁྲིམས་ཡིག་ཡིན། དེའི་ནང་དུ་སྡྲག་གོམ་མཐར་འབོར་ཀྱི་ཞལ་ལྕེ་བསྣན་པ་ལས་ཞལ་ལྕེ་བཅུ་དྲུག་གོ།

The 16-Article Code is one of the principle codes in the old Tibet. This Code is a feudalism serfdom code that was formulated based on the old *Fifteen Articles* after the succession of Tsangpa Tenkyong Wangpo in 1620, the Article of Alien Races Border Region was added. It was known as Code with 16 Articles for there were sixteen articles.

十七世噶玛巴认定 "噶玛巴"是藏传佛教史上历史最悠久、转世最多的一大活佛系统。地位次于班禅、达赖，是噶玛噶举派的最高活佛。1992 年十七世噶玛巴在拉萨附近的楚布寺被正式认定，这是西藏 1959 年民主改革后首次由中央政府正式批准认定的转世大活佛。

གཀརྨ་པ་སྐུ་ཕྲེང་བཅུ་བདུན་པའི་ངོས་འཛིན། གཀརྨ་པ་ནི་བོད་རྒྱུད་ནང་བསྟན་དུ་ལོ་རྒྱུས་ཆེས་རིང་ཞིང་ཡང་སྲིད་ཀྱང་ཆེས་མང་བའི་སྤྲུལ་སྐུ་ཆེན་པོའི་ལས་ལུགས་ཤིག་ཡིན། གོ་གནས་པཎ་ཆེན་དང་ཏཱ་ལའི་བླ་མ་ལས་དམའ་ཡང་། གཀར་བཀའ་བརྒྱུད་པའི་སྤྲུལ་སྐུ་མཆོག་ཏུ་གྱུར་ཡིན། １９９２ལོར་གཀར་མ་སྐུ་ཕྲེང་བཅུ་བདུན་པ་ལྷ་ས་ཉེ་འགྲམ་གྱི་མཚུར་ཕུ་དགོན་པར་དངོས་སུ་ངོས་འཛིན་བྱས། དེ་ནི་བོད་ལྗོངས་ནི ９ ４ ５ ９ ལོར་དམངས་གཙོའི་བཅོས་བསྒྱུར་གྱི་རྗེས་ཆེས་ཐོག་མར་ཀྲུང་དབྱང་སྲིད་གཞུང་གིས་དངོས་སུའི་ཡང་སྲིད་དོན་འཛིན་ལ་ཆོག་མཆན་དངོས་སུ་ཐོབ་པ་ཡིན།

Affirmation of the 17th Karmapa, "Karmapa" is a Living Buddha system with the longest history and most reincarnation in the history of Tibetan Buddhism. Although Karmapa is placed after Panchen and Lama, he is the supreme Living Buddha of karma kargyu. In 1992, the 17th Karmapa was formally affirmed in the Tsurphu Monastery near Lhasa and became the first great reincarnation Living Buddha that was formally approved and affirmed by the central government after the democratic reforms of Tibet in 1959.

《十七条协议》 是《中央人民政府和西藏地方政府关于和平解放西藏办法的协议》的简称。于 1951 年在北京签订。协议共有驱逐帝国主义侵略势力出西藏、西藏地方政府积极协助人民解放军进入西藏、西藏人民有实行民族区域自治的权利等 17 条要点。它的签订宣告了西藏的和平解放。

《དོན་ཚན་བཅུ་བདུན་གྱི་གྲོས་མཐུན》 དེ་ནི《ཀྲུང་དབྱང་མི་དམངས་སྲིད་གཞུང་དང་བོད་ས་གནས་སྲིད་གཞུང་གཉིས་ཀྱིས་བོད་ཞི་བས་བཅིངས་འགྲོལ་བྱེད་ཐབས་སྐོར་གྱི་གྲོས་མཐུན》གྱི་བསྡུས་མིང་ཡིན། １９５１ལོར་པེ་ཅིན་དུ་མིང་རྟགས་བཀོད། གྲོས་མཐུན་གྱི་ནང་དུ་བཙན་རྒྱལ་རིང་ལུགས་ཀྱི་བཙོངས་ཤུགས་བོད་ནས་ཕྱིར་སྐྱོད་དང་བོད་ས་གནས་སྲིད་གཞུང་གིས་དམངས་བཅིངས་འགྲོལ་དམག་བོད་ཡུལ་དུ་ཡོང་བར་

རིགས་རམ་རྒྱ་ཆེར་བྱེད་པ། བོད་ཀྱི་ས་གནས་ལ་མི་རིགས་ཁོངས་རང་སྐྱོང་གི་དབང་ཚད་ལོངས་པ་སོགས་གནད་གནད་ཀྱི་དོན་ཚན་བཅུ་བདུན་ཡོད། ཞིང་དུ་མགོ་པས་བོད་ཞི་བས་བཅིངས་འགྲོལ་ཐོབ།

The 17-article agreement is the abbreviation of *the Agreement between the Central People's Government and the Local Government of Tibet on Measures for the Peaceful Liberation of Tibet*. The agreement was signed in Beijing in 1951. It contains 17 key points, including expelling imperialist forces of aggression out of Tibet, the local government of Tibet should actively assist the people's liberation army entering Tibet and the Tibetan people have the right to perform regional ethnic autonomy, etc. The signing of this agreement declared the peaceful liberation of Tibet.

《十三法典》 达赖五世时期，将原《十六法典》进行了综合调整编成《十三法典》。《十三法典》继承了《十六法典》的主要内容，严格区分等级贵贱并庇护权贵。该法典一直沿用到1959年，西藏民主改革后被废除。

《ཁྲིམས་གཞུང་ཞལ་ལྕེ་བཅུ་གསུམ》 རྒྱལ་དབང་ལྔ་པའི་སྐབས་སུ། སྔར་གྱི《ཞལ་ལྕེ་བཅུ་དྲུག》ལ་ཕྱོགས་སྡོམ་དང་ལེགས་སྒྲིག་བྱས་ཏེ《ཁྲིམས་གཞུང་ཞལ་ལྕེ་བཅུ་གསུམ》འདི་བསྒྲིགས།《ཁྲིམས་གཞུང་ཞལ་ལྕེ་བཅུ་གསུམ》གྱིས《ཞལ་ལྕེ་བཅུ་དྲུག》གི་ནང་དོན་གཙོ་ཆེ་བོར་བཞག་བྱས་ཤིང་། གྲལ་རིམ་གྱི་དབྱེ་བ་རྗེ་གསལ་དུ་བཏང་བ་དང་སྐུ་དྲག་ལ་སྐྱོང་སྐྱོབ་བྱེད། ཁྲིམས་གཞུང་འདི《༡༩༥༩》བར་སྤྱོད་དེ་བོད་ལྡོངས་དམངས་གཙོ་བཅོས་བསྒྱུར་བྱས་རྗེས་མེད།

པར་བཟོས།

The 13-Article Code was compiled based on comprehensive adjustment of *the 16-Article Code* during the period of the 5th Dalai. It inherits the main parts of *the 16-Article Code*, such as rigidly dividing people into nine classes on three levels and protecting people with power and money. The Code was not abolished until Tibetan Democratic Reform took place in 1959.

十世班禅大师灵塔祀殿 名"释颂南捷大殿"。1993年竣工，历时3年。大殿总面积1933平方米，高35.25米，以西藏古代寺院建筑风格为主。十世班禅大师灵塔是20世纪50年代以来，国家投资最多、建筑规模最大的一座寺院灵塔。灵塔面积253平方米，塔身高11.55米，以金皮包裹，遍镶珠宝。

པཎ་ཆེན་སྐུ་ཕྲེང་བཅུ་པའི་སྐུ་གདུང་མཆོད་རྟེན་ཁང་། གདན་འདྲེན་བསྟན་བོ་རྣམ་བཞིན་དེའི་སྙིང་པོ་རྒྱན་ལ་སྐྱུ་གླུ་བཞིན། གདན་འདྲེན་ཡོད་པ་དང་། མཐོ་ཚད་སྐྱི་༣༥.༢༥ཡོད། བོད་ཀྱི་གནའ་རབས་དགོན་པའི་བཞེངས་ལུགས་གཙོ་བྱས་ཏེ་སྐྱུན་ཡོད། པཎ་ཆེན་སྐུ་ཕྲེང་བཅུ་པ་ཆེན་མོའི་སྐུ་གདུང་མཆོད་རྟེན་ནི་དུས་རབས་༢༠པའི་ལོ་རབས་༥༠པའི་རྗེས་སུ། རྒྱལ་ཁབ་ཀྱིས་དངུལ་བཏང་ཚད་ཆེས་མང་དང་བཞེངས་སྐྲུན་གྱི་གཞི་ཁྱོན་ཆེ་ཆེ་བའི་དགོན་པའི་སྐུ་གདུང་མཆོད་རྟེན་ཞིག་ཡིན། སྐུ་གདུང་མཆོད་རྟེན་གྱི་རྒྱ་ཁྱོན་ལ་སྐྱུ་གླུ་བཞིན་མ་༢༥༣ཡོད་པ་དང་། མཐོ་ཚད་ལ་སྐྱི་༡༡.༥༥ཡོད་ཅིང་། གསེར་དང་རིན་པོ་ཆེས་བརྒྱུན་ཡོད།

Palace for Panchen Lama (10th) Pagoda took three years to be completed in

1993. It has a gross area of 1,933 square meters and is 35.25 meters high. Its architectural style is mainly of the ancient Tibetan monastery. It is the Monastery and Pagoda with the most state investment and greatest architectural scale since 1950s. The Pagoda has an area of 253 square meters and is 11.55 meters high. The Pagoda is gold-skinned and embedded with jewelries all over.

十项保护和不干涉 特指西藏民主改革时，实行的保护宗教信仰自由及不干涉正常的宗教活动等十项保护和不干涉的政策。

སྲུང་སྐྱོབ་བགོས་པ་དང་ཐེ་གཏོགས་བྱེད་མི་ཆོག་པ་བཅུ། བོད་ཡུལ་དམངས་གཙོ་བཅོས་བསྒྱུར་བྱེད་དུས་ཆོས་ལུགས་དད་མོས་རང་དབང་ལ་སྲུང་སྐྱོབ་དང་རྒྱུན་ལྡན་གྱི་ཆོས་ལུགས་བྱེད་སྒོ་ལ་ཞེ་གཏོགས་བྱེད་མི་ཆོག་པ་སོགས་སྲུང་སྐྱོབ་དགོས་པ་དང་ཐེ་གཏོགས་བྱེད་མི་ཆོག་པ་བཅུ་ལ་ཆེད་དུ་བསྟན།

Ten protections and non-interventions refer to the policy to protect freedom of religions and non-interventions in regular religious activities implemented during the democratic reform in Tibet.

十项废除 特指西藏民主改革时，实行的废除寺庙各种封建特权等共10项政策。

དོར་དགོས་པ་བཅུ། བོད་ཡུལ་དམངས་གཙོ་བཅོས་བསྒྱུར་བྱེད་སྐབས་དགོན་པའི་བཀག་འགོག་རྒྱུད་འཛིན་གྱི་ཁྱད་དབང་སོགས་དོར་དགོས་པ་བཅུའི་སྲིད་ཇུས་ལ་ཆེད་དུ་བསྟན།

Ten Abolishment refers to the policy to abolish various feudal privileges in Monasteries implemented during the democratic reform in Tibet.

什叶派 伊斯兰教的第二大教派。专指拥护阿里（穆罕默德的堂弟、女婿）的人，与逊尼派并称为不同的两大政治、宗教派别。"什叶"系阿拉伯语音译，意为"追随者"，亦译作"十叶派"。

ཤི་ཨེ་ཕྱོགས་ཁག དབྱི་སི་ལན་ཆོས་ལུགས་ཀྱི་གྲུབ་མཐའ་ཆེ་ཤོས་གཉིས་པ་ཡིན། ཨ་ལི（མུའུ་ཧན་མོ་དེའི་གཅུང་པོ་དང་མག་པ）ཡུང་སྐྱོབ་པར་ཁྱད་དུ་བསྟན་ཤུན་ཉི་ཕྱོགས་མཐའ་དང་སོ་སོར་ཆབ་སྲིད་དང་ཆོས་ལུགས་མི་འདྲ་བའི་གྲུབ་མཐའ་ཆེན་པོ་གཉིས་ཟེར། ཤི་ཨེའི་རབ་སྐད་ཀྱི་སྒྲ་བསྒྱུར། དོན་ལ་རྗེས་འཇུག་པ་ཞེས་པ་ཡིན། དེར་ཕྱི་ཡུལ་མཐའ་ཞེས་བསྒྱུར་ཡོད།

Shia Islam, the second largest sect of Islam, specially refers to those people in favor of Ari (cousin of Mohammed, son-in-law). It is different from Sunni Islam in politics and religions. Shia, an Arabic transliterated word, means followers.

石堡城 又称"铁仞城"。古地名。在今青海湟源西南。唐代驻军要地及唐蕃交通枢纽。曾数度被吐蕃占据。开元十七年（729）三月，唐攻占此城，置振武军于此。后更号神武军。

རྫོང་ཇོང་མཁར། སུ་ལྷགས་གྱོང་ཡང་ཟེར། གནའ་བོའི་ས་མིང་། དེང་གི་མཚོ་སྔོན་སྲོང་སོར་གྱི་ལྷོ་ནུབ་མཚམས་སུ་ཡོད། ཐང་དགག་གི་སྲོང་གནས་གལ་ཆེན་དང་བོད་ཐང་བར་གྱི་འགྲིམ་འགྲུལ་བསྐྱོད་མཚམས་ཡིན། བོད་བཙན་པོས་སྟོན་དུས་ཐེངས་འགའ་ལ་བཟུང་། ཁེ་ཡོན་བཅུ་བདུན་པའི་（729）ཟླ་དགུ་བར། ཐང་དགག་གིས་གྲོང་ཁྱེར་འདི་ལ་ཁྱོལ་བ་དང་ཀྱིན་དབང་གི་དགག་འདིར་བཞག ཇིམ་སུ་ཇིན་དབང་དགག་གི་ཚགས

སུ་བཟེས།

Shipu city also called Tierencheng, is an ancient geographic name. Now it stands in the southwest of Huangyuan, Qinghai. It used to be the key point where the Tang government had its army settled and the transportation hub between Tang and its Vassals. Historically, it was occupied by Tibet several times. In March 729, Tang took up this city and allocated Zhenwu troops (modified to Shenwu troops then) here.

石牌律 解放前广西大瑶山（今金秀瑶族自治县）和贵州荔波县瑶族各大小石牌（见"石牌制"词条）订立的行为规范。表示这些制度和石头一样坚硬，不容更改，"石牌律令大过天"，是最高律令，必须绝对服从。这种法律形式的石牌律通常镌刻在寨门的石碑上。

རྡོ་བྱང་གི་ཁྲིམས། བཅིངས་འགྲོལ་སྔོན་ཀོང་ཞི་དཡོའོ་ཧྲན་（དེང་གི་ཅིན་ཞུའི་ཡོའོ་རིགས་རང་སྐྱོང་རྫོང་）དང་ཀུའི་གྲོའུ་ལི་པོ་རྫོང་གཉིས་ཀྱི་ཡོའོ་རིགས་ཀྱིས་རྡོ་བྱང་ཆེ་ཆུང་（རྡོ་བྱང་ལུགས་ཀྱི་ཚིག་ལ་ལྟོས）དུ་འབོད་པའི་འགྲོ་འདུག་སྤྱོད་ཁྲིམས་ལ་ཟེར། རྡོ་བོག་ཏུ་འབོད་པ་དེ་ལས་ལུགས་འདི་དག་རྡོ་ལྟར་སྲ་ཞིང་འགྱུར་བ་བཟོས་མི་ཆོག་པ་དང་། རྡོ་བྱང་གི་ཁྲིམས་གཞན་ལས་མཆོག་ཡིན་ཆེས་མཆོག་ཏུ་ཁྲིམས་བཀོད་པས་དེར་པར་དུ་བརྩི་སྲུང་བྱེད་དགོས་པ་མཚོན། ཁྲིམས་ལུགས་ཀྱི་རྣམ་པའི་རྡོ་བྱང་གི་ཁྲིམས་འདི་དག་རྒྱུན་པར་གྲོང་སྒོའི་རྡོ་བྱང་ཐོག་ཏུ་བརྐོས་ཡོད།

"Rules on Stone Tablet" of Yao people refer to the codes of conduct engraved on various stones by the Yao people living in Dayaoshan in Guangxi (now Jinxiu Yao Autonomous County) and Libo County in Guizhou before 1949. These systems are as firm as a rock and can not be modified. Shipai codes are the supreme law and have to be absolutely followed. The rules on stone plates in legal form are generally engraved on the stone tablets at the village gate.

石牌头人 解放前广西大瑶山（今金秀瑶族自治县）和贵州荔波县瑶族各个石牌组织（见"石牌制"词条）的首领。瑶语叫"老"。由村里为人正直、办事公正、有胆识的年轻人在老一辈头人培养下自然形成。多为男性。

རྡོ་བྱང་གི་འགོ་བ། བཅིངས་འགྲོལ་སྔོན་ཀོང་ཞི་དཡོའོ་ཧྲན་（དེང་གི་ཅིན་ཞུའི་ཡོའོ་རིགས་རང་སྐྱོང་རྫོང་）དང་ཀུའི་གྲོའུ་ལི་པོ་རྫོང་གི་ཡོའོ་རིགས་ཀྱི་རྡོ་བྱང་སྒྲིག་འཛུགས་སོ་སོར་（རྡོ་བྱང་ལུགས་ཀྱི་ཚིག་ལ་ལྟོས）མཛོད་པའི་འགོ་ཁྲིད་ལ་བརྗོད། ཡོའོ་སྐད་དུ་གི་མི་གཞུངས་དྲང་བ་དང་དོན་བའི་པ་བསྒྲུབ་པ། བློ་སྟོབས་ཆེ་བའི་ན་གཞོན་ཞིག་རྒན་པོ་ཆོས་གསོ་སྐྱོང་བྱེད་པ་རང་བཞིན་གྱིས་འགོ་བ་དུ་འགྱུར། ཕལ་མོ་ཆེར་སྐྱེས་པ་ཡིན།

Shipai (Stone Tablet) Headman was the leader of the Shipai system in Yao ethnic groups in Mt Dayao, Guangxi (now Jinxiu Yao Autonomous County), and was called "Lao" in Yao language. The position was taken by some young men with good virtues who would be nurtured by the former Shipai Headman. Most of the Shipai headmen are male.

石牌制 解放前广西大瑶山（今金秀瑶族自治县）和贵州荔波县瑶族聚居地区的一种带有原始民主残余、维持社会秩序的政治制度和政治组织。当地一般以村寨为单位，分别或联合组成小石牌、大石牌、总石牌。订立的各种规约，通常刻在石碑之上，称作石牌。自 1940 年国民党"开化"大瑶山后，此制逐渐瓦解。

རྡོ་བྱང་ལུགས། བཅིངས་འགྲོལ་སྔོན་གོང་ཞི་ཏ་ཡའོ་ཧན་（དེང་གི་ཅིན་ཞུའི་ཡའོ་རིགས་རང་སྐྱོང་རྫོང་）དང་ཀུའི་ཀྲོའུ་ལི་པོ་རྫོང་གི་ཡའོ་རིགས་ས་ཁུལ་ཡོད་པའི་གདོད་མའི་དམངས་གཙོའི་ཤུལ་ལྷག་དང་སྤྱི་ཚོགས་ཀྱི་སྒྲིག་གཞི་སྐྱོང་སྲུང་བྱེད་པའི་ཆབ་སྲིད་ལུགས་དང་ཆབ་སྲིད་ཀྱི་འཛུགས་སྐོལ་བསྟུན། སྤྱིར་བཏང་རང་ཡུལ་དུ་གྲོང་སྡེ་སྡེ་ཚན་བྱས་ཏེ། སོ་སོའམ་མཉམ་འབྲེལ་གྱིས་རྡོ་བྱང་ཆུང་བ་དང་རྡོ་བྱང་ཆེན། སྤྱིའི་རྡོ་བྱང་བཅས་སྒྲུབ། གཏན་འབེབས་བྱས་པའི་སྒྲིག་སྲོལ་ཚོགས་རྒྱན་པར་རྡོ་བྱང་གི་ངོས་སུ་བརྐོས་པས་རྡོ་བྱང་ཞེས་འབོད། ༡༩༤༠ ལོར་གོ་མིན་ཏང་གིས་ཡའོ་ཧན་ལ་སློབ་འབྱེད་བྱས་རྗེས་ལམ་ལུགས་འདི་རིམ་གྱིས་རྩ་འཐོར་དུ་སོང་།

Shipai (Stone Tablet) System was a political system and organization with aboriginal democratic remains with the function of maintaining social stability in Mt Dayao, Guangxi (now Jinxiu Yao Autonomous County) and Yao ethnic group areas in Libo County, Guizhou before the founding of New China in 1949. Local people organized "Small Shipai", "Grand Shipai", and "Head Shipai" respectively in villages. They set up variety of laws and rules and carved them on the stone tablets, which were called "Shipai". But this kind of system was gradually abandoned since KMT (Kuomintang) began to "civilize" local people in Mt Dayao.

石钟山石窟 亦称"剑川石窟"或者"石宝山石窟"。位于云南剑川县的石钟山上。唐代南诏时期即已开始在此开凿石窟。现共存 17 窟，造像 139 尊，展示了南诏、大理国时期白族阿吒力佛教艺术精粹。

ཧྲི་ཀྲུང་རིའི་བྲག་ཕུག ཅེན་ཁྲོན་བྲག་ཕུག་གམ་ཞིཔོ་རི་བོའི་བྲག་ཕུག་ཀྱང་ཟེར། ཡུན་ནན་ཅེན་ཁྲོན་རྫོང་གི་ཧྲི་ཀྲུང་རི་བོར་སྒྲུབ་ཡོད། ཐང་རྒྱལ་རབས་ཀྱི་འཛིན་སྲོལ་སྐབས་ནས་མགོ་བརྩམས་ཏེ་བྲག་ཕུག་དེ་བརྐོས། དེང་བྲག་ཕུག ༡༧ དང་འདྲ་སྐུ ༡༣༩ ལྷགཡོད། དེས་འཇང་ཙོ་མ་ཏ་ལི་རྒྱལ་ཁབ་སྐབས་ཀྱི་པའི་རིགས་ཀྱི་ཨ་ཐའོ་ལོ་ནང་རྒྱས་ཆོས་ལུགས་ཀྱི་སྒྱུ་རྩལ་ཞིང་བཅུད་མཚོན་ཡོད།

Shizhong Mountain Grottos, also known as "Jianchuan Grottos" or "Shibao Mountain Grottos", have been hewed out in Shizhong Mountain since Nanzhao period of the Tang Dynasty. There are now 17 grottos and 139 Buddhist statues, which represent Acarya Buddhism artistic treasures during the period of Nanzhao and Dali.

实扒 亦称"搓吾"。傈僳语音译。解放前云南怒江等地傈僳族的村社头人。

ཧྲི་པ། ཁེ་ཕུན་ཡང་ཟེར། ལི་སུའི་སྐད་ཀྱི་སྒྲ་བསྒྱུར་ཡིན། བཅིངས་འགྲོལ་སྔོན་དུ་ཡུན་ནན་རྒྱལ་མོ་དངུལ་ཆུ་སོགས་ས་ཁུལ་གྱི་ལི་སུའི་རིགས་ཀྱི་སྡེ་བའི་འགོ་དཔོན་ལ་ཟེར།

Shipa (transliteration of Lisu Language), also called "Cuowu", was the name of the

《使高昌记》 又名《西州使程记》。北宋王延德撰。1卷。成书于雍熙元年（984）后。主要记述他于太平兴国六年（981）至雍熙元年出使高昌（今吐鲁番），在高昌和途中的见闻。为研究10世纪高昌回鹘历史的重要史料。

《གོ་བྱང་དུ་བསྐྱོད་པའི་ཟིན་ཐོ》 མིང་གཞན་ལ《ནུབ་ཁུལ་དུ་པོ་ཉར་བསྐྱོད་པའི་ཟིན་ཐོ》ཡང་ཟེར། སུང་རྒྱལ་རབས་བྱང་མའི་སྐད་ཡན་ཏེ་ཡིས་བརྩམས། བམ་པོ་གཅིག་ཡོད། ཡུང་ཞི་ཧྲི་ལོ་དང་པོར་(༩༤)དའི་ཚར་གྱུབ། ཁོང་དང་རྒྱལ་ཁབ་ཞི་བདེའི་དར་འཕེལ་གྱི་ལོ་དྲུག་པ་(༨༡)ནས་ཡུང་ཞི་ལོ་དང་པོའི་བར་གོ་བྱང་དུ་བསྐྱོད་པའི་ལམ་གྱི་མཐོང་ཐོས་བཀོད་ཡོད། འདི་ནི་དུས་རབས་བཅུ་པའི་གོ་བྱང་ཧུའུ་ཧུའི་ལོ་རྒྱུས་ལ་ཞིབ་འཇུག་བྱེད་པའི་རྒྱུ་ཆ་གལ་ཆེན་ཞིག་ཡིན།

Record of Gaochang, also named *Record of the Journey to the Western Regions*, was written by Wang Yande in the North Song Dynasty, containing one volume, completed after 984. It mainly depicted the writer's journey to Gaochang (now Turfan) between 981 and 984, which were the important historic materials for studying the history of the Gaochang Uighur.

氏族 以血缘关系为纽带形成的社会共同体。又称"氏族公社"，是原始社会一定发展阶段上的社会组织和经济组织的基本单位。大约产生于旧石器时代晚期。

རུས་རྒྱུད། ཁག་རྒྱུད་ཀྱི་འབྲེལ་བ་བརྟེན་ནས་གྲུབ་པའི་སྤྱི་ཚོགས་ཀྱི་ཕུན་ཚོང་གི་ཁྱབ་ཁོངས་ཤིག་ཡིན། རུས་རྒྱུད་ཀྱི་སྤྱི་ཡང་ཟེར། དེའི་གདོད་མའི་སྤྱི་ཚོགས་འཕེལ་རྒྱས་ཅན་གྱུར་བའི་སྤྱི་ཚོགས་དང་དཔལ་འབྱོར་ཚོ་འཇུག་གི་ལྕང་གཞིའི་འཇལ་བྱེད་ཅིག་ཡིན། ཕལ་ཆེར་རྡོ་ཆས་རྙིང་པའི་དུས་མཇུག་ཙམ་ལ་བྱུང་།

Clan is a kind of social community connected by lineage, also called 'Clan Commune'. It is the basic unit of social and economic organization when primitive society already developed to a certain degree, and it was generated in the late Paleolithic period or so.

氏族制度 是以生产资料原始公社所有制为基础的社会制度，是人类历史上第一个社会形态。先后经历了母权制和父权制两个发展阶段。

རུས་རྒྱུད་ལམ་ལུགས། ཐོན་སྐྱེད་རྒྱུ་ཆ་གདོད་མའི་ཀུན་ཁྱབ་ལ་དབང་བའི་ལམ་ལུགས་ལྕང་གཞིར་བྱས་ཏེ་ཚོགས་པའི་སྤྱི་ཚོགས་ཀྱི་ལམ་ལུགས་ཤིག་ཡིན་ཟེར། མིའི་རིགས་ཀྱི་ལོ་རྒྱུས་སྟེང་གི་སྤྱི་ཚོགས་ཀྱི་རྣམ་པ་དང་པོ་ཡིན། སྔ་ཕྱིར་མ་དབང་ལམ་ལུགས་དང་པ་དབང་ལམ་ལུགས་བཅས་འཕེལ་རྒྱས་ཀྱི་རིམ་པ་གཉིས་བརྒྱུད།

Clan system is a kind of social system based on the system of primitive communal ownership of the means of production, and it is the first social formation in human history. The system experienced two stages: matriarchy and patriarchy.

世界佛教徒联谊会 亦称"世佛联"，是联合国教科文组织承认的佛教徒国际组织。1950年成立于斯里兰卡科伦坡。永久总部设在泰国曼谷。成立目的：团结全球佛教信徒，研究佛教，推行佛陀教义，以促进世界和平、人类和谐共处。中国佛教协会为该组织的合法成员。

འཛམ་གླིང་ནང་ཆོས་རྗེས་འབྲུག་པའི་མཉམ་འབྲེལ་ཚོགས་འདུ། འཛམ་གླིང་ནང་ཆོས་མཉམ་འབྲེལ་ཡང་ཟེར། མཉམ་འབྲེལ་རྒྱལ་ཚོགས་ཀྱི་སྦྱོར་ཚན་ཆ་འདགས་ཀྱིས་ཁས་ལེན་ཕོབ་པའི་ནང་ཆོས་རྗེས་འབྲུག་པའི་རྒྱལ་སྤྱིའི་རྩ་འཛུགས་ཤིག་ཡིན། ༡༩༥༠ལོར་སིང་ཧཱ་གླིང་གི་ཁི་ལུང་པོའི་ནས་བཙུགས། སྒོའི་ལས་ཁུངས་ནི་ཐེ་ལན་གྱི་མཐའ་ཀུན་ན་བཙུགས་ཡོད། འདིའི་འདོད་པའི་དམིགས་ཡུལ་འི་འཛམ་གླིང་གི་ནང་ཚོས་རྗེས་མཐུག་པ་མཐུན་སྦྱོར་བྱེད་པ་དང་ནང་ཚོས་ཀྱི་དགོངས་དོན་སློབ་པ། འཛམ་གླིང་ཞི་བདེ་དང་མིའི་རིགས་འཆམ་མཐུན་དང་འཚོ་བར་སྐྱེད་གཏོང་བཅས་སོ། །ཀྲུང་གོའི་ནང་ཆོས་ཚོགས་པ་དེའི་རྩ་འཇུགས་འདིའི་ཁྲིམས་མཐུན་གྱི་ཚོགས་ཞུགས་པ་ཡིན།

World Fellowship of Buddhists（WFB） is an international Buddhist organization admitted by UNESCO, established in Colombo in 1950. Headquarter of WFB is founded in Bangkok, Thailand. The aim of WFB is to unify Buddhists, to study Buddhism, to promote the sublime doctrine and the teachings of the Buddha, to work for peace and harmony on earth. The Buddhist Association of China is a member of WFB.

室韦 中国古族名。又作"失韦"，或"失围"。5—10世纪主要活动在嫩江、绰尔河、额尔古纳河、黑龙江流域。中唐以后，文献上又把室韦称作"达怛"。室韦—达怛人是东胡后裔，蒙古族的先民。

ཞི་ཝེ། ཀྲུང་གོའི་གནའ་བོའི་མི་རིགས་ཤིག་གི་མིང་། ཡིག་ལ་འབྲི་སྟངས་གཞན་པའང་ཡོད། དུས་རབས་ལྔ—༡༠པའི་བར་གཙོ་བོ་ཉུའུ་ཅང་དང་ཁྲོའ་ཨར་ཆུ་བོ། ཨར་གུ་ན་ཆུ་བོ། ཧེ་ལུང་ཅང་འབབ་ཁོངས་སོགས་སུ་གནས་བཞིན་ཡོད། ཐང་དུས་མའི་རྗེས་སུ་ཡིག་རྙིང་དུ་ཞི་ཝེ་ལ་ཏཱ་ཏན་ཞེས་བྱིས་ཡོད། ཞི་ཝེ—ཏཱ་ཏན་ནི་ཤར་ཧོར་གྱི་གདུང་རྒྱུད་ཡིན་ལ་སོག་རིགས་ཀྱི་ཡབ་མེས་ཡིན།

Shiwei was the name of a Chinese ancient ethnic group, which inhabited mainly in Nen River Basin, Chuoer River Basin, Ergun River Basin, and Heilongjiang River Basin from 5th century to 10th century. Shiwei can be written in other two forms of homophones. After the middle of the Tang Dynasty, Shiwei was called "Dada" in some records and historical documents. The Shwei-Dada people were the descendant of the Donghu people and the ancestor of the Mongolian.

释教 即佛教，佛教在中国的别称，意为释迦牟尼创立。与儒、道并称"三教"。

ཤཀྱའི་ཆོས་ལུགས། སངས་རྒྱས་ཆོས་ལུགས་ལ་གུང་གོའི་མཐའ་ཁོངས་ཀྱི་འབོད་ཚུལ་ཞིག་ཡིན། དོན་ལ་སྒྲ་མི་མཛད་པའི་ཆོས་ལུགས་ལ་བསྐལ། རུའུ་དང་ཏོ་བཅས་གསུམ་ལ་ཆོས་ལུགས་ཆེན་པོ་གསུམ་ཟེར།

Sakyamunism refers to Buddhism in China, meaning that Buddhism was founded by Sakyamuni. Sakyamunism, Confucianism, and Taoism were known as "Three Religions" in China.

首届全国民族医药特色疗法总结展示推广活动 2002年由国家民委、国家中医药管理局在北京联合主办。是新中国成立以来首次在全国少数民族地区有组织、有系统地发掘整理民族医药特色疗法，并加以重点扶持和推广。展出180多个医药项目。

སྨན་བྱོག་མའི་རྒྱལ་ཡོངས་མི་རིགས་སྨན་རྟགས་ཀྱི་བྱུན་མོང་མ་ཡིན་པའི་བཅོས་ཐབས་ཕྱོགས་བསྒྲིགས་འགྲེམས་སྟོན་གྱི་བྱ་འགུལ། ༢༠༠༢ལོར་རྒྱལ་ཁབ་རིགས་དོན་གཙོད་ཡུ་ཡོན་ལྷན་ཁང་དང་རྒྱལ་ཁབ་རྒྱུ་སྨན་དོ་དམ་ཆུས་གཉིས་ཀྱིས་པེ་ཅིན་དུ་མཉམ་འབྲེལ་བྱོས་བཏུགས། རྒྱང་གོ་གསར་པ་དབུ་བརྙེས་ནས་བཟུང་དཔོན་རྒྱལ་ཡོངས་ཀྱི་གྲངས་ཉུང་མི་རིགས་སྡིག་དུ་སྐྲིག་རིམ་ཡོད་པ་དང་ལག་ཡོད་པའི་ཐོག་ནས་མི་རིགས་སྨན་རྟགས་ཀྱི་ཐུན་མོང་མ་ཡིན་པའི་བཅོས་ཐབས་སྟོག་འདོན་དང་དག་སྒྲིག་བྱས་ཏེ། ཞུགས་ཆེན་པོ་སྐྱོར་སྐྱེལ་བྱས། སྨན་རྩ་མཚོན་པ་༡༨༠ལྷག་འགྲེམས་བཏུབས་ཡོད།

First National Exhibition and Promotion of Special Ethnic Medical Therapy was held by State Ethnic Affairs Commission of the PRC and State Administration Bureau of Traditional Chinese Medicine of the PRC in Beijing, 2002. It was the first time that Chinese government collated and catalogued systematically ethnic characteristic medical therapies in ethnic areas after the establishment of the PRC with the government support and promotion. More than 180 medical projects were exhibited during the activity.

首届中国民族服装服饰博览会 2000年在昆明召开。由国家民委和云南省人民政府共同主办，共有27个省、自治区、直辖市代表团报名参展。博览会以中国民族服装服饰展览为重点项目，通过各省区市的选送，共征集到全国各民族精品服装服饰3405套、15000余件。

སྨབས་བྱོག་མའི་ཀྲུང་གོའི་མི་རིགས་ཀྱི་བྱུན་ཆས་རྒྱན་ཆའི་བཀྲམ་སྟོན་ཚོགས་འདུ། ༢༠༠༠ལོར་ཡུན་ནན་ནས་འཚོགས། དེ་རྒྱལ་ཁབ་རིགས་དོན་གཙོད་ཡུ་ཡོན་ལྷན་ཁང་དང་ཡུན་ནན་ཞིང་ཆེན་མི་དམངས་སྲིད་གཞུང་གཉིས་ཀྱིས་གཙོ་སྐྲུན་བྱས། བསྟོམ་པས་ཞིང་ཆེན་དང་རང་སྐྱོང་ལྗོངས། ཐད་གཏོགས་གྲོང་ཁྱེར་བཅས་ཀྱི་འཐུས་མི་ཚོགས་ཁག་༢༧གྱིས་མིང་ཐོ་བཀོད་དེ་ལྷད་མོར་བསླེབས། བཀྲམ་སྟོན་ཚོགས་འདུར་ཀྲུང་གོའི་གཙོ་བོར་གོའི་མི་རིགས་ཀྱི་མཛེས་ཆས་རྒྱན་ཆ་བཀྲམས་རྒྱུ་ལས་ཚོན་གཙོ་བོ་བྱས། ཞིང་ཆེན་སོ་སོར་ནས་སོ་སོ་ནས་འདེམས་བསྒྲིགས་ཡོང་བར་སྟོང་པས་རྒྱལ་ཡོངས་མི་རིགས་སོ་སོའི་མཛེས་ཆས་རྒྱན་ཆ་སྒྲུབས་ལེགས་ཚོགས་༣༤༠༥དང་ལྷག་༡༥༠༠༠གསོག་བསྡུ་བྱས་ཡོད།

First Chinese Ethnic Costumes and Ornaments Fair was held by State Ethnic Affairs Commission of the PRC and people's Government of Yunnan province in Kunming, 2000. There were overall 27 delegates from 27 provinces, autonomous prefectures, and municipalities took part in the exhibition. The fair emphasized the exhibition of excellent ethnic costumes and ornaments. 3,405 sets of costumes and 15,000 pieces of clothing were selected from different regions and exhibited in the exhibition.

《授记根本三十颂》 中国藏族的一本传统的文法书。简称《三十颂》。据传为藏文创制者吞弥·桑布扎所著8种文法书之一，除另一本《性入法》外，其余6种失传。8种文法书中，此书是总论。

《ཡུང་སྟོན་པ་རྩ་བ་སུམ་ཅུ་པ》 བོད་ཀྱི་བརྡ་སྤྲོད་པའི་ཕྱི་མོའི་གཞུང་། བསྡུས་མིང་ལ《སུམ་ཅུ་པ》ཟེར། བོད་ཀྱི་ཡི་གེ་མཛད་པ་པོ་ཐོན་མི་སམྦྷོ་ཊས་མཛད་པའི་བརྡ་སྤྲོད་པའི་བསྟན་བཅོས་བརྒྱད་ནང་གི་གཅིག་ཡིན། གཞན《རྟགས་འཇུག》ཕུད་པའི་བསྟན་བཅོས་ཤོག་(ལོ་)རྒྱས་ཀྱི་ཁྱོད་དུ་བོར་སོང་སོང་། བརྡ་སྤྲོད་པའི་བསྟན་བཅོས་བརྒྱད་ལས་འདི་ནི་བསྟན་བཅོས་དང་པོའམ་ཆེས་གལ་ཆེ་བ་ཞིག་ཡིན།

The Root Grammar in Thirty Verses is a traditional grammatical book of Tibetan in China, also called *Thirty Verses* in brief. This book was said to be one of the eight grammatical books written by Thonmi Sambhota, who was the inventor of the Tibetan script. Except for the book *Application of Signs* (Rtags kyi'jug pa), other six books have been lost. *Thirty Verses* is the pandect of the eight Tibetan grammatical books.

书子房 近代内蒙古地区的一种民间邮寄信件的机构（民信局一类）。

ཟུའུ་ཙི་ཁང་། ཉེ་རབས་སོག་པོའི་ས་ཁུལ་གྱི་དམངས་ཁྲོད་སྦྲག་ཡིག་བསྐུར་བའི་ལས་ཁུངས་ཤིག་ཡིན།（དམངས་འཕྲིན་ཅུའུ་དང་འད）

Shuzi Office was a kind of nongovernmental postal institution in Inner Mongolia region in modern times. (like civil postal office)

疏勒 这里指古西域国名。故治在今新疆喀什市。西汉神爵二年（公元前60）起，属西域都护府。三国时代为西域大国。南北朝时起，属西突厥。唐时属安西都护府。宋以后，其主要处在西迁的突厥族葛逻禄部和以后到来的一部分回鹘部的控制之下。

ཤུའུ་ལེ། གནའ་བོའི་ནུབ་ཡུལ་གྱི་རྒྱལ་ཁབ་ཅིག་གི་མིང་ཡིན། གནའ་ཤུལ་དེ་དེང་གི་ཞིན་ཅང་ཁ་ཧྲི་གྲོང་ཁྱེར་ཡིན། ཧན་ནུབ་མའི་ཞིན་ཅེ་ཞི་ལོ་གཉིས་པ་(སྤྱི་ལོ་སྔོན་གྱི་༦༠ལོ་)ནས་བཟུང་ནུབ་ཡུལ་སྲུང་སྐྱོབ་ཁང་དུ་གཏོགས། རྒྱལ་ཁབ་གསུམ་གྱི་སྐབས་ནུབ་ཡུལ་གྱི་རྒྱལ་ཁབ་ཆེན་པོ་ཡིན། ལྟོ་བྱང་རྒྱལ་རབས་སྐབས་ནས་བཟུང་གུ་གུའི་ཁོངས་སུ་གཏོགས། ཐང་རྒྱལ་རབས་སྐབས་ཨན་ཞིའི་སྲུང་ཡུལ་ལ་གཏོགས། སུང་རྒྱལ་རབས་ཀྱི་རྗེས་ནས་བཟུང་ཙུན་ཕྱོགས་སུ་སྤོས་པའི་གུ་གུ་རིགས་ཀོ་ལུའུ་ཚོ་བ་དང་རྗེས་ནས་ཡོང་བའི་ཧུའི་ཧུའུ་ཚོ་བའི་ཚོ་འཛིན་འོག་ཏུ་གནས།

Shule refers to the name of an ancient country in Western Regions, which located in Kashi, Xinjiang. It was under the control of Protectorate of the Western Regions since 60 BC. Shule was a major country of Western Regions in the period of the Three Kindoms. From the Northern and Southern Dynasties, it was part of Western Turkic Khaganate. During the Tang Dynasty, it was governed by Protectorate to Pacify the West. After the Song Dynasty, it was mainly under the control of the Turkic ethnic groups from Karluk tribes and some Uighur tribes migrating to the west.

赎买政策 在我国，是指无产阶级在夺取政权后，对资产阶级的生产资料通过和平方式并采取有偿办法实行国有化的政策。

ཧྲུའུ་ཉོའི་སྲིད་ཇུས། རང་རྒྱལ་དུ་འབྱོར་མེད་གྲལ་རིམ་གྱིས་སྲིད་དབང་འཛིན་རྗེས། འབྱོར་ལྡན་གྲལ་རིམ་གྱི་ཐོན་སྐྱེད་རྒྱུ་ཆ་རྣམས་ཞི་བ་དང་དངུལ་ལོ་གཏན་འབབ་པའི་ཐབས་ཤེས་ཀྱིས་རྒྱལ་ལ་དབང་བར་བསྒྱུར་བའི་སྲིད་ཇུས་ཤིག་ཡིན།

Policy of Redemption refers to a policy to nationalize the means of production of the bourgeoisie through peaceful and paid means after the proletariat seized power in China.

熟女真 926年辽太祖耶律阿保机灭渤海，部分女真人随渤海人南迁，编入辽籍，称为"熟女真"。

ཐུའུ་ཉིའུ་ཀྱིན། ༼༩༢༦༽ལོར་ལིའོ་མེས་པོ་ཡེལ་པོ་ཅི་ཡིས་པོ་ཧའི་ལ་ཁྲོས་པ་དང་། ཉུས་ཀྱིན་རིགས་ཤུང་ཤག་པོ་ཧའི་མི་དང་མཉམ་དུ་ལྷོ་དུ་སྤོས། ལིའོ་ཡི་རྒྱལ་ཁོར་བཀོད་པས་དེ་དག་ལ་ཐུའུ་ཉིའུ་ཀྱིན་ཟེར།

Tamed Jurchen In 926, Balhae Kingdom crumbled under the attack commanded by the first emperor (Taizu) of Liao, Yelv Abaoji. Some Jurchen people migrated to the south with Balhae people, and were naturalized as Liao people, and they were called "Tamed Jurchen".

属国制 特指汉朝在少数民族地区设置地方行政机构的制度。

རྒྱལ་གཏོགས་ལམ་ལུགས། ཧན་རྒྱལ་རབས་ཀྱིས་གྲངས་ཉུང་མི་རིགས་ས་ཁུལ་དུ་བཙུགས་པའི་ས་གནས་སྲིད་གཞུང་ལས་ཁུངས་ཀྱི་ལམ་ལུགས་ཤིག་ལ་བསྟན།

The Vassal State System refers to a kind of local management system to set up local administrations in ethnic areas in the Han Dynasty.

双反三算运动 1959年中央政府平息西藏叛乱后，在未参加叛乱的寺庙开展了双反三算运动。"双反"是反特权、反剥削，进行反叛乱的正面教育；"三算"是算政治迫害账、算等级压迫账、算经济剥削账。

གཉིས་རྒོལ་གསུམ་རྩིས་ཀྱི་ལས་འགུལ། ༡༩༥༩ལོར་ཀྲུང་དབྱང་སྲིད་གཞུང་གིས་བོད་ཀྱི་ཟིང་ལོག་ལ་ཀློག་རྡུང་བཙམས་གསུམ་བྱས་རྗེས། ཟིང་འཛུག་ལ་ཞུགས་པའི་དགོན་པ་གཉིས་རྒོལ་གསུམ་རྩིས་ཀྱི་ལས་འགུལ་སྤེལ། གཉིས་རྒོལ་ནི་ཁྱད་དབང་རྒོལ་བ་དང་། ཤུལ་བཞག་ལ་རྒོལ་བ་བཅས་ཟིང་འགུལ་རྒོལ་བའི་དྲང་ཕྱོགས་ཀྱི་སློབ་གསོ་གནང་། གསུམ་རྩིས་ནི་ཆབ་སྲིད་གནོད་འཚེ་ཕོ་རྩི་བ་དང་གྲལ་རིམ་གཞན་གནོན་གྱི་ཕོ་རྩི་བ། དཔལ་འབྱོར་ཤུལ་བཞག་གི་ཕོ་རྩི་བ་བཅས་ལ་ཟེར།

Two Anti's and Three Settling Accounts was a movement that started in some monasteries in 1959, after the Chinese Central Government squashed the Tibet rebellion. The campaign was progressed in the monasteries that did not participated the rebellion. Two Anti's referred to "anti-the feudalistic privilege, anti-feudal exploitation", which aimed at conducting counter insurgency education and Three Settling Accounts were to settle the accounts of political persecution, class oppression and economic exploitation.

双语现象 某一语言社团使用两种或多种语言的社会现象。大多出现在多民族国家。

སྐད་གཉིས་ཀྱི་སྣང་ཚུལ། སྐད་ཡིག་ག་གེ་མོ་ཞིག་

བེད་སྤྱོད་པའི་ཚོགས་པས་སྐད་རིགས་གཉིས་སམ་མང་པོ་
སྤྱོད་པའི་སྤྱི་ཚོགས་ཀྱི་རྣམ་པ་སྟེ། ཕལ་མོ་ཆེ་མི་རིགས་
མང་བའི་རྒྱལ་ཁབ་ཏུ་འབྱུང་བ་ཞིག་ཡིན།

Bilingual Phenomenon refers to a kind of social phenomenon that a certain language community uses two or more languages, which occurs in multi-ethnic nations in most cases.

双语制 指一种以法律形式规定两种语言或多种语言并用的制度。

སྐད་གཉིས་ལམ་ལུགས། ཁྲིམས་ཀྱི་རྣམ་པས་སྐད་རིགས་གཉིས་སམ་མང་པོ་མཉམ་དུ་སྤྱོད་དགོས་པ་གཏན་འབེབས་བྱས་ཤིག་པའི་ལམ་ལུགས་ཤིག་ལ་བསྟན།

Policy of Bilingualism refers to a kind of policy that enables residents to speak two or more languages with certain statutory forms.

水达达 元朝对黑龙江下游、乌苏里江流域以至朝鲜东北部沿海居住的以渔猎为生的部落、部族的泛称。又作"水鞑靼"。

ཆུའི་ད་ད། ཡོན་རྒྱལ་རབས་སྐབས་ཏེ་ལུང་ཅང་གཙང་པོའི་སྨད་རྒྱུད་དང་ཕུའུ་སུང་ལི་གཙང་པོའི་འབབ་ཁོངས་ནས་ཀོ་རེ་ཡའི་བྱང་ཤར་ཁུལ་གྱི་མཚོ་འགྲམ་དུ་འཚོ་སྡོད་བྱས་པའི་ཉ་ལས་ཀྱིས་འཚོ་བའི་ཚོ་པ་དང་། ཚོ་རིགས་དེར་འབོད་པའི་ཡོངས་གྲགས་ཀྱི་མིང་ཞིག་ཡིན། རྒྱ་ཡིག་ཏུ་འབྲི་སྟངས་གཞན་ཡང་ཡོད།

Shuidada was a generic term which referred to tribes that inhabited in today's lower reaches of Heilongjiang River, Wusulijiang River areas and coastal areas of northeastern DPRK in the Yuan Dynasty, and made their livings by fishing and hunting.

水傣 汉族对部分傣族的称谓,指分布于西双版纳傣族自治州的傣仂和德宏傣族景颇族自治州瑞丽市的傣族。因濒水而居、有住竹楼等特殊习俗而得名。

ཆུའི་ཏའེ། རྒྱ་རིགས་ཀྱིས་ཏའེ་རིགས་སྐོར་ཞིག་ཅིག་འབོད་ཚུལ་ཞིག རྒྱ་འགྲམ་དུ་བཅའ་སྡོད་བྱེད་པ་དང་སྨྱུག་ཁང་དུ་འདུག་པ་སོགས་ཁྱད་མིན་གྱི་ལུགས་སྲོལ་གྱི་མེད་འབྲེལ་ཐོགས། ཞེས་བྲོང་པན་ན་ཏའེ་རིགས་རང་སྐྱོང་ཁུལ་དུ་གནས་ཡོད་པའི་ཏའེ་ལི་དང་ཏེ་ཧུང་ཏའེ་རིགས་ཅིང་པོ་རིགས་རང་སྐྱོང་ཁུལ་གྱི་ཞུའི་ལི་གྲོང་ཁྱེར་གྱི་ཏའེ་རིགས་བཅས་ལ་བསྟན།

Shui (water) Dai is a name the Han people used to call certain groups of the Dai people. They were given the name "Shui Dai" because of their custom of living near waters and in bamboo huts. It mainly refers to the Daile people in Xishuangbanna Dai Autonomous Prefecture and the Dai people in Ruili City, Dehong Dai and Jingpo Autonomous Prefecture.

水家苗 水族旧称。分布于贵州荔波及广西环江等地。

ཆུའི་ཅ་མྱིའོ། ཆུའི་རིགས་ཀྱི་གནའ་བོའི་འབོད་ཚུལ་ཞིག ཀོའུ་གྲོའུ་ལི་པོའི་དང་ཀོང་ཞིའི་ཧོན་ཅང་སོགས་ཀྱིས་ས་ཁུལ་དུ་ཁྱབ་ཡོད།

Shuijia Miao was the old name of the Shui ethnic group who mainly inhabit Libo County, Guizhou province and Huanjiang County, Guangxi.

水历 水族有自己的历法——水历。水历将一年分为12个月和四季,农历九月作为岁首,农历八月当岁末,以十二地支记日。

ཆུའི་རིགས་ཀྱི་ལོ་ཐོ། ཆུའི་རིགས་རང་ཉིད་ཀྱི་ལོ་ཐོ་སྟེ། ལོ་གཅིག་དེ་ཟླ༡༢དང་དུས་ཚིགས་བཞི་ལ་བགོས། ཡུགས་ཀྲིད་ཀྱི་ལོའི་ཟླ་དགུ་པ་དེ་ལོ་མགོ་ལ་བརྩི་བ་དང་ཟླ་བརྒྱད་པ་ལོ་མཇུག་ལ་བརྩི་བ། ལོ་སྐོར་བཅུ་གཉིས་ཀྱིས་ཞིན་རྩི་བའོ། །

Shui Calendar is a kind of calendric system used by the Shui ethnic group which divides one year into twelve months and four seasons, and takes the ninth lunar month as the beginning of a new year, the eighth lunar month as the end of an old year. The calendar uses twelve terrestrial branches to count days.

水书 水族的文字。水族语言称其为"泐睢"，由水书先生代代相传，其形状类似甲骨文和金文。又称"鬼书""反书"，其结构，有的字虽是仿汉字，但基本上是汉字的反写、倒写或改变汉字字型的写法。

ཆུའི་ཡིག ཆུའི་རིགས་ཀྱི་ཡི་གེ་སྟེ། ཆུའི་སྐད་ཀྱིས་སྒྲའི་ཟེར། སྐུ་ཞབས་ཆུའི་ཡིག་ནས་རྒྱུད་པ་དང་འདིའི་གཟུགས་དབྱིབས་དུས་བཀོར་ཡི་གེ་དང་ཟངས་ཡིག་ལ་འདྲ། ཆུའི་ཡིག་ལ་འདྲེ་ཡིག་དང་སློག་ཡིག་ཀྱང་ཟེར། ཡི་གེ་འདིའི་སྒྲིག་སྲང་ལ་རྒྱ་ཡིག་ལ་དཔེ་སློས་བྱས་པ་ཡོད། འོན་ཀྱང་དཔལ་མོ་ཆེ་ཤས་རྒྱ་ཡིག་གི་སློག་འབྲིའམ་སྒོག་འབྲི་དང་རྒྱ་ཡིག་གི་འབྲི་སྟངས་བསྒྱུར་བའི་འབྲི་ཐབས་ཤིག་ཡིན།

Shui script (Shuishu) is a pictographic writing system of the Shui people. Shuishu is called "Lesui" in the Shui language which has been passed down from generation to generation by Shuishu masters. The character is similar to oracle bone inscriptions and inscriptions on ancient bronze objects. Shuishu is also called "Confidential Script" or "Reversed Writing". Although some characters of Shuishu resembled Han character, normally most of them are upside-down, tilted or reversed Han scripts.

水语 水族使用的语言。属汉藏语系壮侗语族侗水语支。分布在贵州省黔南布依族苗族自治州的三都水族自治县及其邻近的榕江、荔波、独山、都匀等地。不分方言。

ཆུའི་སྐད། ཆུའི་རིགས་ཀྱིས་སྤྱོད་པའི་སྐད་ཅ། རྒྱ་བོད་སྐད་ཁོངས་དང་གྲོང་ཆུང་སྐད་རིགས། ཆུང་ཆུའི་སྐད་ཀྱི་ཡན་ལག་ཡིན། ཀུའི་གྲོང་ཞིང་ཆེན་ཆན་ནན་པུའུ་དཱའི་རིགས་མིའོ་རིགས་རང་སྐྱོང་ཁུལ་གྱི་སན་ཏུའུ་ཆུའི་རིགས་རང་སྐྱོང་རྫོང་དང་དེའི་ཉེ་འཁོར་གྱི་རུང་ཅང་དང༌། ལི་པོ། ཏུའུ་ཧན། ཏུའུ་ཆུན་སོགས་ཀྱི་ས་ཁུལ་དུ་ཁྱབ་ཡོད། ཡུལ་སྐད་ཀྱི་ཁྱད་པར་མེད།

Shui language is a kind of language used by the Shui ethnic group, which belongs to the Zhuang-Shui language branch, Zhuang-Dong language group of the Sino-Tibetan language family. It is mainly spoken in Sandu Shui Autonomous County, Qiannan Buyi Miao Autonomous Prefecture and Rongjiang county, Libo county, Dushan county and Duyun city. There's no dialect difference in the Shui language.

水族 中国的少数民族。主要分布在贵州三都水族自治县及荔波、独山、都匀、榕江、从江等县，在广西的融安、南丹、环江、河池等县也有散居。人口411847人（2010年）。源于古代"百越"族系。

有本族语言文字。信仰多神，崇拜自然物。经济是山地稻作农耕类型。

ཆུའི་རིགས། གྲུང་གོའི་གྲངས་ཉུང་མི་རིགས། གུའི་གོའུ་སན་ཏུའུ་ཆུའི་རིགས་རང་སྐྱོང་རྫོང་དང་གུའི་གོའུ་ཡི་པའོ། ཏུའུ་ཧྲན། ཏུའུ་ཡུན། རུང་ཅང། ཚུང་ཅང་རྫོགས་སུ་ཁྱབ་ཡོད། ཀོང་ཞིའི་རུང་ཨན་དང་ནན་ཏན། ཧུན་ཅང། ཏོ་ཁྲི་རྫོགས་སུའང་ཕྱོར་འདུས་ཡོད། མི་གྲངས་༤༡༡༨༤༧ (༢༠༡༠ལོ) ཡོད། དེས་ཁྱོན་ནི་གནན་རབས་ཀྱི་པའི་ཨེའི་རིགས་རྒྱུད་ཡིན། རང་མི་རིགས་ཀྱི་སྐད་ཡིག་ཡོད། ལྷ་མང་ལ་དད་པ་དང་། རང་བྱུང་གི་དངོས་པོར་དད་བཀུར་བྱེད། རི་ཞིང་དུ་ཚུ་འབྲུས་འདེབས་པ་ནི་དཔལ་འབྱོར་གྱི་ཡོང་ཁུངས་གཙོ་བོ་ཡིན།

Shui people is a group of ethnic minorities in China which mainly distributes in the Sandu Shui Autonomous County, and Libo county, Dushan county, Duyun county, Rongjiang county, Congjiang county. The Shui people also disperse in Rongan county, Nandan county, Huanjiang county, Hechi county, Guangxi province. According to the census taken in 2010, the Shui people have a population of 411,847. The Shui ethnic group is the descendant of "Baiyue". They have their own language and scripts, believe in polytheism and animism. Their main economy is upland rice farming.

《朔方》 宁夏文联主办的自治区唯一的省级文学月刊。创刊于1959年。该刊立足宁夏，面向全国，放眼世界，突出西部特色和民族特点，以多出人才、多出精品为办刊宗旨；以促进宁夏文学创作的繁荣，推出青年作家和回族作家，扶持文学新人为己任。

《བྱང་ཕྱོགས》 ཞིན་ཞོའུ་རིགས་སྒྲུབ་རྩལ་རིགས་མཉམ་འབྲེལ་ལྷན་ཚོགས་ཀྱིས་གཙོ་སྒྲུབ་བྱས་པའི་རང་སྐྱོང་ཁུལ་གྱི་ཞིང་ཆེན་རིམ་པའི་རྩོམ་རིགས་ཀྱི་ཟླ་དེབ་གཅིག་པུ་ཡིན། /༡༩༥/ལོར་སྲིལ། དུས་དེབ་འདི་ཞིན་ཤར་གར་དུ་སྦྱེལ་ཏེ། རྒྱལ་ཡོངས་ལ་ཆ་གོ་སྤོར་བགྱས། ནུབ་ཁྱུལ་དང་མི་རིགས་ཀྱི་བྱེད་ཆོས་མངོན་གསལ་དོན་གཏོད་པ་དང་། མི་ཤེས་ཡོན་ཅན་དང་རྩོམ་སྒྱུར་ལེགས་ཅན་ཡོང་བ་ཕུས་རིང་སྐྱེན་པའི་དམིགས་ཡུལ་བྱས་ཏེ། ཞིན་ཤའི་རྩོམ་རིགས་གསར་རྩོམ་ལ་འཕེལ་རྒྱས་དང་། གཞོན་ནུའི་རྩོམ་པ་པོ་འབྱུང་བ། ཧུའི་རིགས་རྩོམ་པ་པོ་འབྱུང་བ། ཧུའི་རིགས་རྩོམ་པ་པོ་འབྱུང་བ་རྩོམ་རིགས་ཀྱི་མི་གསར་པ་འབྱུང་བ་བཅས་ལམ་འགག་ཏུ་བཟུང་།

Shuofang literary magazine is the only provincial literary monthly journal sponsored by Ningxia Federation of literary and Art Circles in Ningxia Hui Autonomous Prefecture which was published in 1959. The journal focuses in Ningxia, opens to the whole nation, marches to the world, emphasizes its western region and ethnic characteristics. It aims to foster more talented writers and published more delicate literary works. It also takes the responsibility to boost literature prosperity in Ningxia, assist more young writers and Hui writers, and support new literary writers.

搠思吉斡节儿（生卒年不详） 14世纪初中国蒙古语文学家。原名达麦多吉，法名搠思吉斡节儿。著有《蒙文启蒙》一部，为回鹘式蒙古文规范奠定了基础。他还翻译过《五守护经》《十二因缘经》

等佛经及哲学著作《入菩提行论》。

ཆོས་ཀྱི་འོད་ཟེར། (སྐྱེ་འབངས་ལོ་མི་གསལ)
དུས་རབས་བཅུ་བཞི་པའི་དུས་འགོའི་ཀྲུང་གོའི་སོག་སྐད་ཀྱི་ཚོམས་པ་པོ་ཞིག་ཡིན། མིང་རྡོ་མར་དར་མ་རྡོ་རྗེ་དང་ཆོས་མིང་ལ་ཆུའི་སེ་ཆི་ཧོ་ཅེ་ཨེད། 《སོག་ཡིག་སློབ་འབྱེད》ཅེས་པའི་ཆ་རྒྱས་ཡོད། ཧུའི་ཧུའི་རིགས་ཀྱི་སོག་ཡིག་ལེགས་སྐྱག་ཡོང་བར་བཀྲ་གཞི་བཏིང་། གཞན《དཔལ་ཆོས་སྲུང་བའི་ཁྲིམས་ཕ》དང་《རྟེན་འབྲེལ་བཅུ་གཉིས》སོགས་ནང་ཆོས་ཀྱི་གསུང་རབ་བསྒྱུར་བ་དང་། མཚན་ཉིད་རིག་པའི་བཅོམས་ཆོས《བྱང་ཆུབ་རིམ་སྒྲོན》ཅེས་པ་བཅོམས་ཡོད།

Chos-kyihod-zer was a Mongolian linguistist in China in the early 14th century. His old name was Bdag-med rdo-rje, and his dharma name was Chos-kyihod-zer. He wrote *Mogolian Language Primer* which laid the foundation for the Uighur Mongol script. He also translated Buddhist sutras such as *Pancaraksa (Five-fold protection)*, *The Twelve Nidanas (Twelve links doctrine of Buddhism)*, and one philosophical masterpiece *Bodhisattvacaryavatara (A Guide to the Bodhisattva's Way of Life)*.

司曹 藏语音译。原西藏地方政府官职名，司伦的副职。达赖十四世亲政后增设。

སྲིད་ཚབ། སྔོན་བོད་ཀྱིས་གནས་སྲིད་གཞུང་གི་དཔོན་གནས་ཤིག་གི་མིང་ཡིན། སྲིད་བློན་གཞོན་པའི་གོ་གནས་ཏེ་ཏཱ་ལའི་བླ་མ་སྐུ་ཕྲེང་བཅུ་བཞི་པ་སྐུ་དངོས་ཀྱིས་སྲིད་སྐྱོང་སྐབས་ཁ་སྐོན་བྱས་པ་ཡིན།

Sicao (transliteration of Tibetan language) was the name of the former Tibetan local official. It was the deputy post of Silun, and was set after the enthronement of 14th Dalai Lama.

司迥 藏语音译。意为"摄政"。过去代达赖摄理藏事的高级官职名。地位在噶厦之上。始设于清乾隆二十二年（1757）。

སྲིད་སྐྱོང་། བོད་ལ་སྲིད་དབང་སྐྱོང་བ་ཟེར། སྔོན་དུ་ཏཱ་ལའི་ཚབ་ནས་བོད་དོན་གྱི་སྲིད་སྐྱོང་བའི་མགོ་རིམ་གྱི་ཕྱག་ཁང་གི་མིང་ཞིག་ཡིན། བཀའ་ཤག་གི་གོ་གནས་ལས་མཐོ། ཆིན་རྒྱལ་རབས་ཆལ་ལུང་ལོར་དར་བ་བཙུགས།

Sikyong (transliteration of Tibetan language) means "regent". Sikyong was the name of a senior official who assists Dalai Lama for Tibetan affairs. The rank of Sikyong was higher than Kashag. The rank was set in 1757.

司廊 傣语音译，汉译作"议事庭"。解放前云南西双版纳傣族封建领主制的最高政权机构。

སྲིད་ཁང་། ཧྥེའི་སྐད་སྒྲ་བསྒྱུར། རྒྱ་ཡིག་ཏུ་བསྒྱུར་རྟེན་གྲོས་ཚོགས་ཁང་ཞེར། བཅིངས་འགྲོལ་མ་བཏང་སྟོན་ཡུན་ནན་ཞིང་ཕན་ཏའི་རིགས་སྟོལ་རྒྱུན་དཔོན་པོའི་ལམ་ལུགས་ཀྱི་ཆེས་མཐོའི་སྲིད་དབང་ལས་ཁུངས་ཤིག་ཡིན།

Sikuo (transliteration of the Dai language) was the highest governmental organ in the Dai feudal suzerain system of Xishuangbanna, Yunnan before the founding of the PRC. It was called "Yishiting (Tribunal)" in Chinese.

司伦 藏语音译。原西藏地方政府官职名。1912年后达赖十三世为推"新政"，集中领导而增设。地位在噶伦（见"噶伦制"词条）之上，是俗官中的首席。

1933 年后为虚职。

སྲིད་བློན། སྲོན་པོད་ས་གནས་སྲིད་གཞུང་གི་དཔོན་པོའི་གནས་རིམ་གྱི་མིང་། ༡༩༡༢ལོར་རྗེ་དྲུང་པའི་སྐུ་ཕྲེང་བཅུ་གསུམ་གྱིས་སྲིད་གཞར་སྤྱེལ་རྗེས། དཔོན་པོ་བསྒྱུར་ནས་ལྷག་ལ་རྩོན་པ་སྟེ་གོ་གནས་བགར་བློན།（བགར་བློན་ལམ་ལུགས་ཀྱི་ཚིག་ལ་གཟིགས།）གྱི་གོང་ན་ཡོད། མི་སྐྱའི་དཔོན་པོའི་ཁྲོད་ཀྱི་མཐོ་ཤོས་ཡིན། ༡༩༣༣ལོའི་རྗེས་ནས་དབང་མེད་ཀྱི་གོ་གར་གྱུར།

Silun (transliteration of Tibetan language) was the name of the former Tibetan local official. After 1912, 13th Dalai Lama set the official rank for pushing "New Policies" and centralizing leadership. The rank of Silun was higher than Kalun (See the entry Kalun system) and was the highest rank among lay officials. After 1933, it became a nominal post.

司沛 纳西语音译，汉称"官家"。解放前纳西族封建领主制地区的贵族等级。

སྲིད་དབོན། འཇང་སྐད་ཀྱི་སྒྲ་བསྒྱུར། རྒྱ་སྐད་དུ་དཔོན་པོའི་ཁྱིམ་ཚང་ཟེར། བཅིངས་འགྲོལ་མ་བཏང་གོང་འཇང་རིགས་ཀྱི་བཀས་བཀོད་རྒྱུན་འཛིན་མངའ་བདག་ལམ་ལུགས་ས་ཁུལ་གྱི་སྐུ་དྲག་རིམ་པ་ཞིག་ཡིན།

Sipei (transliteration of the Naxi language) was the noble rank in the Naxi feudal suzerain area before the founding of the PRC.

丝绸之路 简称"丝路"，是西汉时，由张骞出使西域开辟的以长安（今西安）为起点，经甘肃、新疆，到中亚、西亚，并联结地中海各国的陆上通道。因为由这条路西运的货物中以丝绸制品的影响最大，故名。其基本走向定于两汉时期，包括南、中、北三道。

དར་གོས་ཚོང་ལམ། བསྡུས་མིང་ལ་དར་ལམ་ཟེར། ཧན་ནུབ་མའི་དུས་སུ་ཀྲང་ཆན་ནུབ་ཡུལ་དུ་ཕོ་ཉར་བསྐྱོད་པས་སྐོང་འབྱེད་བྱས་ཤིང་། ཁྲང་ཨན་（དེང་གི་ཞི་ཨན）ནས་འགོ་ཚུགས་ཏེ། ཀན་སུའུ་དང་ཞིན་ཅང་བརྒྱུད་དེ། ཡ་གླིང་དབུས་མ་དང་ཡ་གླིང་ནུབ་མ། ས་དབུས་རྒྱ་མཚོའི་རྒྱལ་ཁབ་སོ་སོར་བགྲོད་ཐུབ་པའི་སྐམ་སའི་འགྲེལ་ལམ་ཞིག་ཡིན། ལམ་འདི་ནས་ནུབ་ཏུ་འདྲེན་པའི་ཅ་ལག་ཁྲོད་དར་གོས་ཀྱི་ཤུགས་རྐྱེན་ཆེས་ཆེ་བ་ཡིན་པས་མིང་དེ་ལྟར་ཐོགས། ཧན་གཉིས་ཀྱི་དུས་སྐབས་སུ་གཞི་ཚིའི་ཕོག་འགྲོ་ཕྱོགས་གཏན་འབེབས་བྱེད། དེ་ལ་བྱང་ལམ་དང་དབུས་ལམ། ལྷོ་ལམ་བཅས་གསུམ་ཡོད།

The Silk Road was a terrestrial route from Changan (now Xi'an), through Gansu, Xinjiang, to Central Asia and Western Asia, and it linked several Mediterranean nations together. The Silk Road was named as a result of great prestige of the silk products delivered to the West through this route. The initial routes of the Silk Road was determined in the period of Two Han Dynasties, including Southern route, Central route and Northern route.

私庄百姓 宋至清代广西、贵州壮族、布依族聚居地区土司庄园中的农奴。

གཞིས་ཞིང་གི་མི་སེར། སུང་ནས་ཆིང་རྒྱལ་རབས་ཀྱི་སྐབས་སུ། ཀོང་ཞི་དང་ཀུའི་ཀྲོའི་གྲོང་རིགས། ཕུའུ་དཔེ་རིགས་ཁྱུལ་གྱི་ས་བདག་གཞིས་ཞིང་ནང་གི་ཞིང་གཡོག

Private Farmstead Folks were slaves owned by Tusi (local governor) in Zhuang and Buyi ethnic areas in Guangxi, Guizhou

During the Song and Qing Dynasty.

思普殖边总办公署 解放前国民党政府在云南西双版纳地区设置的行政机构。1925年由思普沿边行政总局更名而来。初辖西双版纳11个行政区，后归并为8个。1926年设为7县，1927年又有改置。1950年始废。

སི་ཕུའི་མཐའ་གནས་སྤྱིའི་གཞུང་ལས་ཁང་། བཅིངས་འགྲོལ་བདུན་གོང་དུ་གོ་མིན་ཏང་སྲིད་གཞུང་གིས་ཡུན་ནན་ཞི་ཙོང་པན་ན་ས་ཁུལ་དུ་བཙུགས་པའི་སྲིད་འཛིན་ལས་ཁུངས་ཤིག་ཡིན། ༡༩༢༥ལོར་སི་ཕུའི་མཐའ་གནས་སྲིད་འཛིན་ལས་ཁུངས་ལས་མིང་འཛིན་བྱུར་དང་ཐོག་ཞི་ཙོང་པན་ན་འཛིན་ཁུལ་བཅུ་གཅིག་གི་སྐྱོང་བ་དང་རྗེས་སུ་བསྡུས་ནས་བཅུད་དུ་བཏང་། ༡༩༢༦ལོར་རྫོང་བདུན་དུ་གྱུར། ༡༩༢༧ལོར་ཡང་བསྒྱུར་འཇོག་བྱས། ༡༩༥༠ལོར་མེད་པར་བཏང་།

Sipu Frontier Chief Bureau was an administrative institute in Xishuangbanna, Yunnan established by Kuomingtang government before the founding of PRC. The name stemmed from Sipu Frontier General Administrative Bureau in 1925. The bureau initially governed eleven administrative regions which were combined into eight later. In 1926, its governed regions were reorganized into seven counties and again changed its administrative layout in 1927. The bureau was eventually abandoned in 1950.

斯坦因 英国探险家。曾四次到中亚考察，考察重点是中国的新疆和甘肃。其间，盗走我国大量珍贵文物。因此，他成为今天英国与印度所藏敦煌与中亚文物的主要搜集者，也是国际敦煌学开创者之一。

སི་ཐན་དབྱིན། དབྱིན་ཇིའི་ཉུལ་དཔྱད་པ། སྔོན་ཐེངས་བཞིལ་ཡ་སྐྱིང་དུས་མར་བཏག་དཔྱད་དུ་ཡོང་བཏག་དཔྱད་ཀྱིས་གནས་གཙོ་བོ་གུའི་ཞིང་ཅང་དང་གན་སུའི་ཡིན། བར་སྐབས་ཤིག་དང་རང་རྒྱལ་གྱི་གནས་རྫས་དགའ་བའི་མཁར་པོ་ཕྱི་དུ་བཤེས། དེའི་ཕྱིར། ཁོ་ད་ལྟའི་དབྱིན་ཇི་དང་རྒྱ་གར་དུ་ཉར་བའི་ཏུན་ཧོང་དང་ཡ་སྐྱིང་དུས་མའི་གནས་རྫས་ཀྱི་འཚོལ་སྡུད་བྱེད་མཁན་གཙོ་བོར་གྱུར་པ་དང། རྒྱལ་སྤྱིའི་ཏུན་ཧོང་རིག་པའི་གསར་འབྱེད་མཁན་ཞིག་ཡིན།

Marc Aurel Stein was a Hungarian-British explorer, primarily known for his explorations and archaeological discoveries in Central Asia. Stein made four major expeditions to Central Asia. His main explorations were in Xinjiang and Gansu, China. During these explorations, he robbed and stole a large number of precious relics in China. Thus, he was the main collector of today's Dunhuang and Central Asia cultural relics collected by Britain and India and one of the founders of the International Dunhuang Studies.

《四部医典》 藏医药学奠基著作。成书于8世纪末，由藏医药学家宇妥·元丹贡布编著。经后人修改、增补、注释、整理而愈趋完整。分4部分，内容从基础理论到各科临床实践，包括人体解剖、胚胎发育、病因病理、治疗原则、临床各科、方剂药物、诊断与治疗器械等。

《གསོ་རིག་རྒྱུད་བཞི》 བོད་ལུགས་གསོ་རིག་པའི་རྨང་གཞིའི་གཞུང་ལུགས་ཤིག་ཡིན། དུས་རབས་བརྒྱད་

པའི་མཐུག་ཏུ་དཔེ་ཆར་གྲུབ། བོད་ཀྱི་སྨན་པ་གྲགས་ཅན་
གཡུ་ཐོགས་ཡོན་ཏན་མགོན་པོ་སྐྱེས་ཆོས་བྱས། རྗེས་
བྱོན་གྱི་མི་ཆོས་དག་བཅོས་དང་ཁ་སྣོན། མཆན་འགྲེལ།
སྐྱིག་སྟོར་བྱས་ཏེ་མཐུན་རྗེ་ཆུ་བུ་བཏང་། དུམ་པ་བཞི་
ཡོད། ནང་དོན་ལ་རྒྱང་གཞིའི་རིག་གཞུང་ནས་ནད་ཕོག
ལག་ལེན། མི་ལུས་གཤགས་ལས་དང་སྐྱམ་རྟེན་འཚར་
ཐོངས། ན་ཡུགས་ན་རྐྱེན། ནད་བཅོས་ཙ་དོན། ནད་
བཅོས་ཆས་ལག སྨན་པོ་སྨན་རིགས། ནད་དཔྱད་དང་
ནད་བཅོས་འཕྲུལ་ཆས་སོགས་ཡོད་དོ། །

Four Medical Classics was the basis of medical books on Tibetan iatrology which was written in late eighth century, compiled by Tibetan medical expert Yutog Yontan Gonpo the elder and revised, added, annotated, and collated gradually. The book was divided into four parts, ranging from basic theory to clinic practice including anatomy, embryogenesis, etiology and pathology, therapeutic principle, clinical medicine, prescription drug, diagnosis and medical devices.

《四川土夷考》 书名。明万历年间四川巡抚谭希思命属下取全蜀土司、土府绘图立说而成。刻于万历二十六年（1598）。凡4卷，共78篇。其中所列，多沿边城堡守御名目。今残存1卷。

《སི་ཁྲོན་ཐུའུ་དབྱིའི་ཞིབ་ཡིག》 དཔེ་ཆའི་མིང་།
མིང་རྒྱལ་རབས་ཕན་ལི་ཁྲིའི་དུས་སྐབས་སུ་སི་ཁྲོན་
སྐྱོར་ཞིབ་དཔོན་པོ་ཐན་ཞི་ཡི་བཀའ་ལོག་ནས་སི་ཁྲོན་
ཡོངས་ཀྱི་ས་བདག་དང་ས་བདག་ཁང་གི་རིས་འགྲེལ་
བཤད་འབྱེད་པ་དང་ལེན་བཏང་། ཕན་ལི་ཁྲི་ལོ་ཞེར་
དྲུག་པར་（1598）པར་དུ་བསྐྲུན། ཐོག་དྲིལ་

ཞང་སྟོངས་པས་དོན་ཚན་བདུན་ཡོད། དེའི་ནང་གི་མང
ཆོས་ལ་མཐའ་འཁྱམས་བཙན་རྫོང་གི་སོ་བའི་མིང་ཆོས་བགོད་
ཡོད། ད་ལྟ་ས་ཕྲོག་ཏིག་དུམ་པོ་1 ལྷག་ཡོད།

Notes on the Native Tribes in Sichuan is the name of a book which was written by Tan Xisi who was Xunfu (local governor) of Sichuan during the period of Wanli in the Ming Dynasty. Tan Xisi appointed his subordinators to draw the outline of all Tusi Chieftain), Tufu (Administrative Region governed by Tusi) in Sichuan and wrote some rough descriptions. The book was published in 1598, including four volumes, seventy eight chapters. All those included in the book were the names of fortifications and defenses near the border in Sichuan. The book has only one chapter extant now.

四大贝勒 清初四大实力集团首领。1616年努尔哈赤登基为汗时，就设了四个贝勒，即大贝勒代善、二贝勒阿敏、三贝勒莽古尔泰、四贝勒皇太极。努尔哈赤死时，皇太极继承大汗位，与其他3位亲王一同主持朝政，史称"四大贝勒时期"。

བེ་ལེ་རྣམ་བཞི། ཆིང་རྒྱལ་རབས་དུས་འགོའི་སྟོབས་
ཤུགས་ཅན་གྱི་ཚོགས་པ་བཞིའི་འགོ་གཙོ་ཡིན།
1616ཞོར་ནོར་ཧ་ཧྲི་སྱིར་བཀོད་དུས་བེ་ལེ་རྣམ་
བཞིའི་གོ་གནས་གཏན་ཞིག་བྱས། དེ་ནི་བེ་ལེ་ཆེན་པོའི་
ཐན་དང་པོ་ལེ་གཉིས་པ་ཨ་མིན། པེ་ལེ་གསུམ་པ་མང་
གོར་ཐའི། པེ་ལེ་བཞི་པ་ཧོང་ཐའི་ཅི་བཅས་ཡིན། ནོར་ཧ་
ཁྲི་འདས་རྗེས་ཧོང་ཐའི་ཅི་ཁྲིར་བཀོད་དེ་གཞན་གསུམ་
དང་མཉམ་དུ་སྲིད་བསྐྱངས། ལོ་རྒྱུས་སུ་ལེ་ལེ་རྣམ་

བཞིའི་སྲིད་སྐྱོང་གི་དུས་སྐབས་ཞེས།

Four Mighty Beiles (Princes) were four leaders of the four most powerful authority groups. In 1616, Nurhaci reigned as Khan, he set up four Beiles, namely eldest Beile Daisan, the second Beile Amin, the third Beile Manguertai, and the fourth Beile Huangtaiji. When Nurhaci died, Huangtaiji succeeded to the throne, and governed the country with other three Beiles, which was called "The Period of Four Beiles".

四大林 藏传佛教格鲁派在拉萨的四座大活佛驻锡寺院的总称，即功德林、丹吉林、才门林、锡德林。清廷册封这些寺院的大活佛为"呼图克图"。

གླིང་བཞི། རི་བོ་དགེ་ལུགས་པའི་བླ་མའི་ཕྲི་ཆེན་བཞི་བཞུགས་གནས་ཀྱི་དགོན་སྡེའི་སྤྱིའི་མིང་ལགས། །དེ་དག་པོ་བོ་ཀུན་བདེ་གླིང་དང་བསྟན་རྒྱས་གླིང་། ཚེ་སྨོན་གླིང་ཞི་བདེ་གླིང་བཅས་ཡིན་ལ། ཆིང་གོང་གཞུང་གིས་དགོན་སྡེ་འདི་དག་གི་སྤྲུལ་སྐུ་ལ་ཧོ་ཐོག་ཐུའི་ཆོ་ལོ་བཔབ་པ།

Four Great Monasteries was a generic term which referred to the four Gelug Monasteries where the four great Living Buddha stayed. The four monasteries are located in Lhasa, i.e. Kundeling Monastery, Tengyeling Monastery, Tsomon Ling Monastery, Shideling Monastery in the Qing Dynasty. The Qing Dynasty honored Living Buddha from these Monasteries as "Khutuktu".

四反双减运动 1959 年中央政府平息西藏叛乱后，在城镇开展了反叛乱、反封建制度、反封建剥削、反封建特权和减租减息的运动，简称"四反双减运动"。

བཞི་ངོལ་གཉིས་འཕྲིའི་ལས་འགུལ། ༡༩༥༩ལོར་གུང་དབང་སྲིད་གཞུང་གིས་བོད་ལྗོངས་ཀྱི་ཟིང་འཁྲུག་ཞི་འཇགས་སུ་བཏང་རྗེས། གྲོང་རྡལ་དུ་ངོ་ལོག་ཆོལ་བ་དང་བགོས་བཀོད་རྒྱུད་འཛིན་ལས་ལུགས་ལ་ངོལ་བ། བགོས་བཀོད་རྒྱུད་འཛིན་གྱི་བཟུ་གཞོག་ལ་ངོལ་བ། བགོས་བཀོད་རྒྱུད་འཛིན་གྱི་ཁྱད་དབང་ལ་ངོལ་བ། བོགས་འབྲི་སྐྱེད་འཕྲིའི་ལས་འགུལ་སྤེལ་བ་བཅས་ལ་བཞི་ངོལ་གཉིས་འཕྲིའི་ལས་འགུལ་ཞེར།

Four Anti's and Two Reductions In 1959, after China's central government stifled the Tibetan Rebellion, they organized a series of campaign that aimed at opposing rebellion, feudal system, exploitation and privilege, and reducing land rent and loan interest. The campaign was simplified as Four Anti's and Two Reductions.

四个维护 即"维护法律尊严，维护人民利益，维护民族团结，维护祖国统一"的简称。1995 年，由时任全国政协主席李瑞环提出。1996 年后，全国宗教界很快就形成了共识：四个维护是宗教与社会主义社会相适应的基本准则，是处理影响民族宗教关系一系列事件的重要准则。

སྲུང་སྐྱོབ་བཞི། ཁྲིམས་ལུགས་ཀྱི་ལ་རྒྱ་སྲུང་བ་དང་མི་དམངས་ཀྱི་ཞི་ཐན་སྲུང་བ། མི་རིགས་ཀྱི་མཐུན་སྒྲིལ་སྲུང་བ་དང་མེས་རྒྱལ་གྱི་གཅིག་གྱུར་སྲུང་བ་བཅས་བཞིའི་བསྡུས་མིང་ཡིན། ༡༩༩༥ལོར་རྒྱལ་ཡོངས་སྲིད་གྲོས་ཀྱི་ཞི་ལི་རིན་ཧོན་གྱིས་བཏོན། ༡༩༩༦འི་རྗེས་སུ་རྒྱལ་ཡོངས་ཀྱི་ཆོས་ལུགས་སྟེ་ཁག་ཚོ་ཆུར་དུ་ལྟ་ཚུལ་མཐུན་མཐུན་བྱུང་སྟེ། སྲུང་སྐྱོབ་བཞི་པོ་དེ་ནི་ཆོས་ལུགས་དང་

སྐྱི་ཚོགས་རིང་ལུགས་འཚམ་མཐུན་འགྱུར་བའི་ཁྲད་གནད་དང་། མི་རིགས་དང་ཆོས་ལུགས་གནད་དོན་སོགས་ཐག་གཅོད་བྱེད་པའི་སྲུང་བྱ་གལ་ཆེ་ཡིན་པ་ཏོས་ལེན་བྱས།

Four safeguards is the abbreviation of the following 4 basic principles: Everyone, every organization and every religion in China must uphold the dignity of law, the ethnic unity and the national unity and safeguard people's interests. It was proposed by Li Ruihuan, former chairman of the National Committee of the Chinese People's Political Consultative Conference (CPPCC) in 1995. After 1996, religious people in China built a consensus on the "Four Safeguards" which is a basic rule to tailor religion to socialist society, and a vital principle to deal with a series of affairs which affect ethnic religious relationship.

四三会议 1946年4月3日，内蒙古自治运动联合会与东蒙古人民自治政府在承德举行的一次内蒙古自治运动统一会议。会议明确中国共产党是内蒙古自治运动的领导者，以内蒙古自治运动联合会为自治运动的统一领导机关，并统一领导内蒙古的武装力量，结束了东、西蒙长期分离的局面。

བཞི་གསུམ་གྲོས་ཚོགས། ༡༩༤༦ལོའི་ཟླ་༤པའི་ཚེས་༣ཉིན། ནང་སོག་རང་སྐྱོང་ལས་འགུལ་མཉམ་འབྲེལ་ཚོགས་པ་དང་སོག་པོ་ཤར་མའི་མི་རིགས་རང་སྐྱོང་གཞུང་གིས་ཁྲེད་ཏེ་ནས་བསྡུས་པའི་ནང་སོག་རང་སྐྱོང་ལས་འགུལ་གྱི་གཅིག་གྱུར་ཚོགས་འདུ་ཞིག་ཡིན། ཚོགས་ཏོག་ཏུ་གྱུར་གོ་གྱུར་བྱུང་། ཏང་ནི་ནང་སོག་རང་སྐྱོང་ལས་

འགུལ་གྱི་དབུ་ཁྲིད་ཡིན་པ་དང་། ནང་སོག་རང་སྐྱོང་ལས་འགུལ་མཉམ་འབྲེལ་ཚོགས་པ་ནི་རང་སྐྱོང་ལས་འགུལ་གྱི་འཁྲིད་ཡིན་པ། ནང་སོག་གི་དྲག་པོའི་སྟོབས་ཤུགས་ཡོངས་ལ་འགོ་ཁྲིད་བྱེད་རྒྱུ་གཏན་ཞིག་བྱས། སོག་པོ་ཤར་ནུབ་ཀྱི་ཁ་བྲལ་རྣམ་པའང་དེ་ནས་མཇུག་ཚོགས།

April Third Meeting was a meeting about the Inner Mongolian Autonomous campaign held by Inner Mongolian Autonomous Campaign Union and Eastern Mongolian Autonomous Government in Chengde on the third of April, 1946. The meeting declared clearly that Chinese Communist Party (CCP) was the leader of the Inner Mongolian Autonomous Campaign, and the Union was the centralized leading organ of this Campaign and the armed force in Inner Mongolia. It ended the Long-term disunited state of Western Mongolia and Eastern Mongolia.

四十三项援藏工程 1984年中央在第二次西藏工作座谈会上决定由北京、天津、上海、广东、山东、福建、四川、浙江和江苏等9个省市援建西藏的43项工程。涉及能源、交通、建材、商业、文教、卫生、旅游、体育、市政公用等方面的基础性设施工程。

བོད་སྐྱོར་བྱེད་པའི་རྣམ་གྲངས་ཞེ་གསུམ། དབང་གིས་༡༩༨༤ལོར་བསྐུལ་བའི་བོད་ལྗོངས་བྱ་བའི་བཞུགས་མོལ་ཚོགས་འདུ་སྐབས་གཉིས་པའི་སྟེང་། པེ་ཅིན་དང་ཐེན་ཅིན། ཧྲང་ཧའི། ཀོང་ཏུང། ཧྲན་ཏུང། ཧྥུའུ་ཅན། སི་ཁྲོན། གྱི་ཅང་དང་ཅང་སུའུ་སོགས་ཞིང་ཆེན་དང་གྲོང་ཁྱེར་ཡིས་བོད་སྐྱོར་རོགས་འགྱངས་ཀྱི་བྱ་བའི་རྣམ་གྲངས་༤༣བཏོན་པར་བསྒྲུབས། དེར་ཕྲིས་

ཁྱབས་དང་འགྱིམ་འགུལ། བརོ་སྐུན་རྒྱ་ཆ། ཚོང་ལས། སྐད་ཡིག་སློབ་གསོ། འཕྲོད་བསྟེན། ཡུལ་སྐོར་ལས་རྩལ། སྲིད་གཞུང་མགོ་ཆེས་སོགས་ཀྱི་སྐད་གཞིའི་སྒྲིག་ཆས་ཀྱི་འཛུགས་བྱུན་སོགས་འདུས་ཡོད།

43 Tibet-aiding Projects At the second National Conference on Work in Tibet in 1984, the Central Government decided to assign cities and provinces, including Beijing, Tianjin, Shanghai, Shandong, Fujian, Sichuan, Zhejiang and Jiangsu to aid the construction of 43 projects in Tibet. The 43 projects include the construction of the fundamental facilities of energy, traffic, building materials, business, culture and education, health, tourism, sports and municipal construction engineering.

四十条优惠政策 特指 2006 年，国务院制定的加快西藏发展、维护西藏稳定的 40 条优惠政策。涉及"三农"、财税金融、对外开放、社会保障、人才培养等 10 个方面。

དམིགས་སྟོན་དོན་ཚན་བཞིའི་བཅུའི་སྲིད་ཇུས།
རྒྱལ་ཡོངས་སྲིད་ཁྱབ་ཁང་གིས་ ༢༠༠༦ ལོར་གཏན་འབེབས་བྱས་པའི་བོད་ཀྱི་འཕེལ་རྒྱས་དང་བརྟན་འཇགས་སྐོར་གྱི་དམིགས་སྟོན་བྱེད་རྒྱུ་དོན་ཚན་ ༤༠ ལ་བསྟུན། ཞིང་གསུམ་དང་དངུལ་ཁུལ་དཔལ་འབྱོར། ཕྱི་ཕྱོགས་སྒོ་འབྱེད། སྤྱི་ཚོགས་འགན་ལེན། མི་སྣ་གསོ་སྐྱོང་སོགས་ཕྱོགས་བཅུ་འདུས།

40 Preferential Policies refer in particular to the 40 preferential policies issued by the State Council in 2006 to speed up development and maintain stability in Tibetan region. 10 dimensions were included, such as agriculture, farmers and rural areas, finance, taxation and business, opening to the outside world, social insurance and talent cultivation.

四水六岗卫教军 古代藏文典籍所称"四水"指金沙江、澜沧江、怒江、雅砻江；"六岗"指擦瓦岗、芒康岗、麻则岗、木雅绕岗、色莫岗、泽贡岗。合指青康地区。"藏独"分子于 1958 年纠集 3000 人，成立了四水六岗卫教军，发动武装叛乱。1959 年被人民解放军剿灭，残部随十四世达赖逃往印度。

ཆུ་བཞི་སྒང་དྲུག་བསྟན་སྲུང་དམག
གནའ་བོའི་བོད་ཀྱི་ཡིག་ཚང་དུ་བརྗོད་པའི་ཆུ་བཞིའི་འབྲི་ཆུ་དང་རྫ་ཆུ་རྒྱལ་མོ་རྔུལ་ཆུ། ཞག་ཆུ་བཅས་ཡིན་ལ། སྒང་དྲུག་ནི་ཚ་བ་སྒང་དང་སྨྱུག་ཁམས་སྒང་། དམར་རྫ་སྒང་། མི་ཉག་རབ་སྒང་། ཟལ་མོ་སྒང་། སྨྱོ་འབོར་སྒང་བཅས་ལ་ཟེར། ཆུ་བཞི་སྒང་དྲུག་ནི་མདོ་ཁམས་ས་ཁུལ་ལ་གོ་ཞིན། ༡༩༥༨ལོར་བོད་པ་གསུམ་སྟོང་སྒྲིག་གིས་ཆུ་བཞི་སྒང་དྲུག་བསྟན་སྲུང་དམག་བཙུགས་ཤིང་དྲུག་པོས་འོས་ལངས་བྱས། ༡༩༥༩ ལོར་མི་དམངས་བཅིངས་འགྲོལ་དམག་གི་བཙོམ་པ་དང་། ལྷག་ཡུལ་དག་ཏུ་ལྡའི་བླ་དང་མཉམ་རྒྱ་གར་ལ་བྲོས།

Four Rivers, Six Ranges of Hills Tibetan Defenders of the Faith Volunteer Army According to ancient Tibetan books and records, "Four Rivers" refer to River of Jinsha, Lantsang, Nujiang and Yalong; "Six Ranges" refer to Range of Cawa, Mangkang, Maze, Muyarao, Semo and Zegong. The Four Rivers together with the Six Ranges refer to the Qingkang Region. In 1958, by calling up 3,000 volunteers,

Tibetan separatists announced the foundation of Four Rivers, Six Ranges Tibetan Defenders of the Faith Volunteer Army and launched the army rebellion. But it was exterminated by the People's Liberation Army in 1959, and the defeated remnants fled to India with the 14th Dalai Lama.

四夷 是古代华夏族对四方少数民族的统称，包括东夷、西戎、南蛮、北狄。

དབྱི་བཞི། གན་རབས་སུ་ཧུ་ཞ་རིགས་ཀྱིས་མཐའ་ཁྱུལ་གྱི་གྲངས་ཉུང་མི་རིགས་ལ་འབོད་སྲོལ་ཞིག་སྟེ། ཤར་དབྱི་དང་ནུབ་རོང་། ལྷོམན། བྱང་ཏེ་བཅས་སོ།

Siyi (Four Barbarians) is the collective reference of Huaxia group to the four-side ethnic groups. It contains ethnic group of Eastern Yi, Western Rong, Southern Man and Northern Di.

四夷馆 1. 北魏时在洛阳城南所设的宾馆，以居四邻各国来归附的人。2. 明永乐五年（1407）所设专门翻译边疆少数民族及邻国语言文字的机构。清初更名为"四译馆"。

དབྱི་བཞིའི་མགྲོན་ཁང་། 1. སྦྱི་བྱང་བའི་དུས་སུ་ལོ་དབང་གཡར་གྱི་གྲོང་བཙུགས་པའི་མགྲོན་ཁང་ཐིགས་བཞིའི་འགོ་འདོགས་བྱེད་མཁན་དག་སྡོད་ས་ཡིན། 2. མིང་རྒྱལ་རབས་ཀྱི་ཡོང་ལེ་ལྱི་ལོ་བར་(1407) མཐའ་ཁྱུལ་གྱི་གྲངས་ཉུང་མི་རིགས་དང་ཁྱིམ་མཚེས་རྒྱལ་ཁབ་ཀྱི་ཡིག་བསྒྱུར་བྱ་བ་གཉེར་བར་བཙུགས་པའི་ལས་ཁུངས་ཤིག ཅིང་དུས་འགོ་མཐའ་བཞིའི་ཡིག་བསྒྱུར་སྒྲིང་ལ་མིང་བཅོས།

Siyiguan (institute of the four barbarian languages) 1. a kind of hotel in the south of Luo Yang city in the Northern Wei Dynasty, which accommodated people from the neighbouring countries; 2. in the fifth year of Ming Yongle (1407) it was an institution designed for translating the languages of frontier minorities and neighbouring countries; in the early Qing Dynasty, it was renamed as the translators institute.

四子部落 蒙古旧部名。成吉思汗弟哈布图哈萨儿后裔诺延泰有四子，分牧而处，后遂为部名。

བུ་བཞིའི་ཚོ་བ། སོག་པོའི་གན་དུས་ཀྱི་ཚོ་བ་ཞིག་གི་མིང་། ཇིང་གིར་རྒྱལ་པོའི་སྤུན་དུ་པོ་ཧབུ་སར་གྱི་རྒྱུད་ནོར་ཐེད་ཐའི་ལ་བུ་བཞི་ཡོད་པར། ཕྱུགས་བགོས་ནས་རང་སར་ཕྱུགས་སྐྱོང་བྱས། རིམ་གྱིས་ཚོ་པའི་མིང་དུ་འཕེལ།

The Tribes of the Four Brothers, names of the old tribes of the Mongolia, were set up when the four sons of NuoYanTai who was the offspring of Habutu Hasa (one younger brother of Genghis Khan) lived in 4 different grazing areas.

寺坊 回族社区组织形式，是一种独特的社会结构单元。一个寺坊以一座清真寺为中心，形成一个独特的穆斯林居住区，清真寺既是本坊教民的宗教活动中心，又是本坊成员教育、文化、经济与社会活动的中心。寺坊与清真寺一一对应，一个寺坊对应着一座清真寺。

དགོན་འཁོར། ཧུའི་རིགས་ཚོགས་པའི་སྒྲིག་འཛུགས་ཀྱི་རྣམ་པ་ཞིག ཁྱུན་མོང་མ་ཡིན་པའི་སྤྱི་ཚོགས་སྒྲིག་གཞིའི་སྡེ་ཚན་རིགས་ཞིག་ཡིན། དེའང་ཁུལ་མི་སི་ལིན་ཆོས་ཁང་

གཅིག་སྟེ་བྱས་ནས་གྲུབ་པའི་ཐུན་མོང་མ་ཡིན་པའི་
མུའུ་སི་ལིན་འདུས་སྡོད་ཁུལ་ཞིག་སྟེ། མི་ཚོགས་ཀྱི་ཆོས་
ལུགས་བྱ་འགུལ་སྟེང་པའི་ལྟེ་བ་ཡིན་པ་མ་ཟད་སྤྱོད་གནས་
དང་དཔལ་འབྱོར། རིག་གནས་སོགས་ཀྱི་ཚོགས་ཀྱི་
འགུལ་སྟེང་གནས་ཀྱི་ལྟེ་བའང་ཡིན། མུའུ་སི་ལིན་ཚོ
ཁང་རེར་འཁོར་སྟེ་རེ་ཡོད་ལ་འཁོར་སྟེ་རེར་མུའུ་སི་ལིན་
ཚོས་ཁང་རེ་ཡོད།

Sifang (Mosque Community), the Hui community organization form, is a kind of special social structure unit. One Mosque Community revolves around a mosque and forms a unique Muslim residential area, which is not only the center of religious activities for the people of the Jammatt, but also the center of the cultural, economic and social activities. There is one masque in every mosque Community.

寺庙民主管理委员会 在我国，现指通过寺庙僧尼民主选举并经过当地宗教部门批准产生的管理机构。职责是依照国家法律和寺庙规章制度，负责管理好本寺庙的各项事务。

དགོན་སྡེའི་དམངས་གཙོའི་དོ་དམ་ཨུ་ཡོན་ལྷན་
ཁང་། རང་རྒྱལ་དུ་དགོན་སྡེའི་གྲྭ་པ་དང་བཙུན་མས་
དམངས་གཙོའི་འོས་འདེམས་བསྐོ་བཀྲུན་ནས་ས་གནས་ཀྱི་
ཆོས་ལུགས་སྟེ་ལྷག་གི་ཆོག་མཆན་འོག་ཚོགས་པའི་
དམ་སྟེ་ཁག་ཞིག་ཡིན། དེའི་ལས་འགན་ནི་རྒྱལ་ཁབ་ཀྱི་
བཅའ་ཁྲིམས་དང་དགོན་པའི་སྒྲིག་ཁྲིམས་ལྟར་དགོན་
པའི་བྱ་བ་སོ་སོ་བདག་གཉེར་བྱེད་པ་ཡིན།

Democratic Administrative Committee of Temples in China refers to the administrative institution set up through the democratic election of the temple monks and nuns with the approval of the local religious department. Its responsibility is to administrate the affairs of the temples in accordance with the national laws and rules and regulations of the temples.

松江清真寺 上海地区最古老的伊斯兰教建筑。位于上海市松江区。建于元代至正年间。占地面积4800平方米左右。现存的寺墓合璧建筑是中阿两种文化交融的建筑，尤其是窑殿、邦克楼和达鲁花赤墓，具有浓郁的时代特征和珍贵的历史艺术价值。

སུང་ཅང་དབྱི་སི་ལན་གྱི་ཚོས་ཁང་། ཧྲང་ཧའི་
ཁུལ་གྱི་དབྱི་སི་ལན་གྱི་འཛུགས་སྐྲུན་རྙིང་ཤོས་ཡིན། ཧྲང་
ཧའི་སུང་ཅང་ཁུལ་དུ་ཡོད། དེ་ནི་ཡོན་རྒྱལ་རབས་ཀྱི་ཀྲི་
ཀྲིའི་ལོར་བར་སྐབས་སུ་བསྐྲུན། རྒྱ་ཁྱོན་སྟི་གྲུ་བཞི་མ་
༤༨༠༠ཡས་མས་ཟིན་ཡོད། ད་ཡོད་ཀྱི་ཆོས་ཁང་དུར་
བང་འབྲེལ་བའི་གྱུར་གོང་དང་རབ་རིགས་གཉིས་ཀྱི་རིག་
གནས་མཉམ་འདྲེས་བྱས་པའི་འཛུགས་སྐྲུན་ཞིག་ཡིན་ལ།
ལྷག་པར་དུ་དོང་ཁང་དང་པང་ལི་ཐོག་ཁང་། ཏ་ལུའུ་
ཧྭ་ཁྲི་བཅས་ནས་རབས་རབས་ཀྱི་ཁྱད་ཆགས་མཚན་གསལ་
དང་ལོ་རྒྱུས་སྒྱུ་རྩལ་ཀྱི་རིན་ཐང་ཆེན་པོ་ཡོད།

Songjiang Mosque is the oldest Islamic mosque in Shanghai, covering an area of 4,800 square metres built in Songjiang District during the Zhizheng reign of the Yuan Dynasty. With a mixture of Islamic and Chinese architecture, the Kiln Hall, the Bunker Gate Tower and the Darugha-chi tomb have strong characteristics of the times and precious historical and artistic value.

松赞干布（617？—650） 吐蕃王朝缔造

者。7世纪初即位。后统一各部，定都拉萨。建立以赞普为中心集权的奴隶主贵族统治。同时，发展生产，创制藏文，定法律，立官制、军制。641年与唐联姻。卒于盆城（今西藏澎波）。

སྲོང་བཙན་སྒམ་པོ། (617?—650) སྲོང་བཙན་པོ། དུས་རབས་བདུན་པའི་དུས་འགོར་ཁྲིབ་བཞུགས་ཤིང་མཐའ་བཞིའི་དབང་དུ་བསྡུས་ཏེ། རྒྱལ་ས་ལྷ་སར་སྨོས། བཙན་པོ་ལྟེ་བ་བྱས་པའི་སྐུ་དྲག་དང་བྲན་བདག་གི་དབང་བསྒྱུར་བཙུགས་ཤིང་། བོད་སྐད་གོ་བྱེད་དང་བོད་ཡིག་གསར་དུ་བཟོས། ཁྲིམས་བཅས་ཤིང་དཔོན་ལུགས་དམག་ལུགས་ཀྱང་གཏན་འབེབས་མཛད། (641)ལོར་ཐང་རྒྱལ་རབས་དང་གཉེན་འབྲེལ་བཙུགས། སྐུ་འཚབན་པོ་ནས་འདས།

Songzan Ganbu (617?-650), the founder of the Tubo Dynasty, succeeded to the throne at the beginning of seventh century. He chose Lhasa as the capital after the reunification of all tribes, and established the centralized ruling system of aristocratic slave owners with Zanpu as the center; meanwhile, he developed the production, created the Tibetan language, and established the legislative and military systems. In the year of 641, Songzan Ganbu got connected with Tang Dynasty through marriage. He passed away in Pengcheng (now Pengbo in Tibet).

《苏定》 傣文早期天文历法专著之一。"苏定"为傣语音译。是最基本的傣族天文历法书，为中篇手抄本，著者及年代不详。

《སུའུ་ཏིང་》 ཏའི་རིགས་ཀྱི་སྔ་བསྒུར་བའི་ཡིག་གི་དུས་སྟོའི་གནམ་རིག་སྐར་ཚེས་བརྩིས་ཆོས་ཀྱི་ཆེས་གཞིའི་དེབ་ཆིག་ཀྱང་ཡིན། འདིའི་རྩོམ་པ་པོ་དང་བརྩམས་དུས་མི་གསལ་བའི་ལག་བཤུས་ཀྱི་དེབ་ཆིག་ཡིན།

Suding is a Dai transliteration. It is one of the early and basic monographs of astronomy calendar in Dai script, and it is a manuscript with medium length. The author and when it is written is unknown.

苏菲主义 或称"苏菲派"，伊斯兰教神秘主义派别，是对伊斯兰教信仰赋予隐秘奥义、奉行苦行禁欲功修方式的诸多兄弟会组织的统称。

སུའུ་ཕེ་རིང་ལུགས། སུའུ་ཕེ་གྲུབ་མཐའ་ཡང་ཟེར། དཔྱི་སི་ལན་སློག་གྱུར་རིང་ལུགས་པའི་གྲུབ་མཐའ་ཞིག་ཡིན། དཔྱི་སི་ལན་ཆོས་ལུགས་པའི་ཆོས་དད་ལ་སྦས་གྱུར་དང་དགའ་སྲུང་། འདོད་སྲོག་སྦོམ་སྐྱོག་གི་ནན་དོན་འཛོག་མཁན་སྤུན་ཟླ་ཚོགས་པའི་རྩ་འཛུགས་ཀྱི་ཡོངས་གྲགས་མིང་ཞིག་ཡིན།

Sufism, one sect of Islamic mysticism, is also called Sufi Sect. It is a collective name of many brotherhood organizations. Sufism grants a mystical meaning to Islamism and advocates asceticism.

苏拉喇嘛 清代蒙古族聚居地区藏传佛教僧职名。"苏拉"原意为"执勤"。其地位低于达喇嘛，负责管理具体事务。

སུའུ་ལཱ་བླ་མ། ཆིང་རྒྱལ་རབས་སྐུ་སོག་པོའི་ས་ཁུལ་གྱི་སེར་མོ་བའི་གནས་ཤིག སུའུ་ལཱའི་མ་གཞིའི་དོན་ནི། ལས་ལ་འབད་པ་ཞེས་པ་ཡིན། དགོན་ཕྱོག་གི་ལག་ལག་བསྒྱུར་བྱེད་ཅིང་དྭ་བླ་མའི་གོ་ལས་དམའ་བའོ། །

Sula Lama is the priesthood name of Tibetan Buddhism in Mongolian areas of the Qing

Dynasty. Sula, which originally means "on duty", is subordinate to the Dalai Lama and responsible for the management of the specific affairs.

《苏力牙》 傣文天文历法专著之一。"苏力牙"为傣语音译。为中篇手抄本，著者及年代不详。内容较《苏定》丰富，计算式比较复杂。

《སུའུ་ལི་ཡ》 བདེའི་རིགས་སྐད་ཀྱི་སྐྲ་བསྒྱུར། བདེའི་རིགས་ཀྱི་གནས་རིག་སྐར་རྩིས་སྐོར་གྱི་བརྩམས་ཆོས་ཤིག་ཡིན། ཚེམ་པ་པོ་དང་ཚོམ་དུས་མི་གསལ་བའི་ལག་བཤུས་དེབ་ཅིག ། དེའི་ནང་དོན《སུའུ་ཏིང》ལས་ཅུང་འཕྲོས་ཆེ་ཞིང་ལ་བརྩི་ཚུལ་ཅུང་རྙོག་འཛིང་ཅན་ཡིན།

Suliya is a Dai transliteration. It is one of the monographs of astronomy calendar in Dai script, and it is a manuscript with medium length. The author and the time when it was written is unknown. It has richer contents than *Suding*, and the calculation formula were more complicated.

苏鲁克制度 "苏鲁克"是蒙古语中畜群的"群"字。牧区借用此字指称一种包放制度——苏鲁克制度。它是旧时蒙古族的一项畜牧经营方式，用以确定牧主与牧工之间的生产关系。解放后，推行了新的合同制苏鲁克，合理地规定了租放牲畜年限和仔畜及其他畜产品的分配比例。

སུའུ་ལུ་ཁེ་ལམ་ལུགས། སུའུ་ལུ་ཁེ་ནི་སོག་པོའི་སྐད་དུ་ཕྱུགས་ཁྱུའི་དོན་ཡིན། འབྲོག་ཁུལ་དུ་མིང་འདི་འགའ་ཞིག་ཕྱུགས་སྐྱོང་ལམ་ལུགས་ཤིག་ཏུ་སྦྱོད། སུའུ་ལུ་ཁེ་ལམ་ལུགས་ཡང་ཟེར། འདི་ནི་སོག་པོའི་སོལ་རྒྱུན་གྱི་ཕྱུགས་སྐྱོང་སྐྱེད་སྲིང་ཐབས་ཤིག་ཡིན་ཏེ་སྐྱོང་བདག་དང་ཕྱུགས་རྫིའི་བར་གྱི་སྐྱེད་སྲིང་འབྲེལ་བ་གཏན་འཁེལ་བྱེད་པའི་ལམ་ལུགས་ཤིག་ཡིན། བཅིངས་འགྲོལ་གྱི་རྗེས་སུ་གསར་རྒྱའི་ལམ་ལུགས་ཀྱི་སུའུ་ལུ་ཁེ་ལམ་ལུགས་སྒྲུབ་པས་ཕྱུགས་སྐྱོང་དུས་ཡུན་དང་ཕྱུགས་ཕྲུག་བགོ་ཕྱུགས་ཐོན་དངོས་རྣམས་ཀྱི་བསྒྱུར་ཚད་སོགས་ལ་ལུགས་མཐུན་གྱི་གཏན་འབེབས་བྱས།

Surug system, Surug means "group" in Mongolian language, which refers to the livestock group. The word "Surug" is used to refer to a kind of contracted grazing system in pasturing areas; It was an operation mode of animal husbandry in Mongolia in the old times, with the purpose to determine the relationship between herd owners and stockmen. After the liberation, the implementation of the new contracted Surug system reasonably stipulated the renting length of animals and the proportion of distribution of the newborn animals as well as other animal products.

苏温 景颇族音译，意为"寨头"。原指建立村寨的带头人，后泛指管理一个村寨的头人。

སུའུ་ཝུན། ཅིང་པོ་སྐད་ཀྱི་སྐྲ་བསྒྱུར། གྲོང་ཚོ་དཔོན་ཡིན། སྟོན་ཚོ་འདོགས་མཁན་གྱི་འགོ་བ་དེར་གོ་མོད། རྗེས་སུ་ཚོ་པར་དོ་དམ་བྱེད་མཁན་གྱི་འགོ་བ་ཚང་མར་གོ

Suwen is a transliteration word from the Jingpo language which means the head of a clan. It originally refers to the leader who sets up stockaded villages, and later it means a leader who administrates the village.

苏易 彝语音译，意为"替大家办事的尊者"。解放前川、滇大小凉山彝族家支

（父系血缘集团）头人的称谓之一。

སུའུ་བདག། དབྱེས་རིགས་སྐད་ཀྱི་སྒྲ་བསྒྱུར། བོད་དོན་གཞུང་དོན་སྒྲུབ་མཁན་གྱི་རྒན་པོ། །བཅིངས་འགྲོལ་མ་བྱས་གོང་སི་ཁྲོན་དང་ཡུན་ནན་ལེབ་ཤན་ཆེ་ཆུང་གི་དབྱེས་རིགས་ཁྱིམ་རྒྱུད་（པ་རྒྱུད་ཁྲག་འབྲེལ་གྱི་ཚོ་ཁག）ཀྱི་འགོ་བའི་མིང་གི་གྲས་ཤིག་ཡིན།

Suyi is a transliteration word from the Yi language which means the venerable who does things for others; Before the liberation, it was one appellation for the head of a clan of Yi people (the patrilineal group) living around the Greater and Lesser Liangshan Mountains in Sichuan and Yunnan province.

酥油花 雕塑艺术的一种特殊形式，是用酥油制成的花木、人物、鸟兽等形象。通常用于供奉。产生于西藏的本教。每年立冬开始，艺人们便将酥油切成薄片，和上冰水，像揉面一样揉匀，再掺以各种矿石染料用以制作工艺精巧、造型逼真、色泽鲜艳的酥油花。其中塔尔寺的酥油花最有名。

མེ་ཏོག་མཚོན་པ། ཀོ་བཟོ་སྤུ་ཙལ་གྱི་ཁྱད་མཚར་རྣམས་པ་ཞིག རྒྱུན་ལྡན་དུ་མཚོན་པར་འབག །བོད་ཀྱི་བོན་ཆོས་ལས་བྱུང་ཞིང་མར་གྱིས་བཟོས་པའི་ཚེ་ཤིང་དང་མི་དོག་མི་སྣ། བྱོག་ཆགས་སོགས་ཀྱི་གཟུགས་རིས་ཡོད། བོའི་རེའི་དགུན་འགོ་ཚུགས་ཚེ་སྨྲ་རྣམས་ཀྱིས་མར་སྦུབ་མོར་གཏུབ་ཏེ་རྒྱ་འཁྱགས་དང་བསྲེས་ནས་བཧད་བཏགས་བྱས་རྗེས། ཚོས་སྣ་སྣེད་བའི་ལག་རྩལ་འབུར་ཕོད་དང་གཟུགས་རིས་མངོན་གསལ་དུ་ཡོད་པ། ཚོས་མདངས་རྣམས་པར་བཀྲ་བའི་བྱོག་མཚོན་པ་བཞེགས་པ། སྐུ་འབུམ་གྱི་མེ་ཏོག་མཚོན་པ་ཆེས་ཆེར་གྲགས།

Butter Sculpture, originated from the Tibetan Bon, is a special form of sculpture art, always used to enshrine and worship. It refers to flowers and trees, people and birds and beasts made from the yak butter. Annually from the beginning of winter, artisans will cut the butter into slices, knead them with ice water like kneading flour and then mix with various kinds of mineral dyes so as to make ingenious, vivid and bright Butter Sculpture. The Butter Sculpture of Ta'er Lamasery is the most famous one.

素尔波且·释迦迥乃（1002—1062） 藏传佛教宁玛派代表人物之一。初从旧密咒师学习密法，整理宁玛派密法典籍，加以阐述注释，使之系统化。为该派教典传承的第一位大师。后在邬巴珑建邬巴珑寺。人称"邬巴珑巴"。

ཟུར་པོ་ཆེ་སྐྱུ་འབྱུང་གནས།（༡༠༠༢—༡༠༦༢） བོད་རྒྱུད་ནང་བསྟན་གྱི་རྙིང་མ་པའི་ཚོགས་བྱེད་མི་སྣ་ཞིག་ཡིན། ཆུང་དུས་ནས་གསང་གསང་བསྒྲགས་རྙིང་མའི་གདམས་ངག་ཞིག་རྙིང་མ་པའི་གསང་སྔགས་བསྟན་བཅོས་དག་སྒྲིག་མཛད་པ་དང་མཆན་འགྲེལ་བྱས། བོད་ནི་གྲུབ་མཐའ་འདིའི་ཆོས་རྒྱུན་འཛིན་པའི་བླ་མ་དང་པོ་དེ་ཡིན། རྗེས་སུ་དབུས་པ་ལུང་ནས་དབུས་པ་ལུང་དགོན་པ་ཕྱག་བཏབ། དེ་ལ་དབུས་པ་ལུང་པ་འབོད།

Surpoche Shakya Jungne (1002-1062) is one of the representatives of Nyingma sect of Tibetan Buddhism. In his early time, he learned secret law from mantra masters of the old Tantra, collated ancient codes and records about the secret law of Nyingma, explained and annotated and systemized them. He was the first master to inherit and carry on the code of the sect. Afterwards, he built Wubalong Monastery and was known as "Wubalongba".

肃慎 中国古代东北民族，又称"息慎""稷慎"。传说舜、禹时代已与中原有联系。周武王时，肃慎贡"楛矢石砮"，臣服于周。商、周时分布于我国的黑龙江、乌苏里江流域和长白山一带。

Sushen people also called Xishen or Jishen, an ethnic group in northeast ancient China, which was allegedly in touch with Central Plains in the Shun and Yu times; during the time of King WU of the Western Zhou Dynasty, Sushen paid tribute to the Zhou Dynasty with strong wood-made arrows and stone-made arrowheads, and became its subject. It distributed in China's Heilongjiang, Wusuli River Basin and Changbai Mountain area during the Shang and Zhou times.

绥蒙政府 抗战时期，在内蒙古西部绥远地区建立的抗日民主政权。1945 年由绥察行政公署改名。乌兰夫任主席。同时成立绥察军区。1949 年绥蒙政府改称绥远省人民政府，仍属华北人民政府领导。

Suimeng Government During the period of Counter-Japan war, the Counter-Japan democratic regime was established in Suiyuan area in western Inner Mongolia; in 1945 it was renamed by Suicha Civil Administration with Ulanhu as the president, meanwhile the Suicha Military Region was established; in 1949, Suimeng Government was renamed as People's Government of Suiyuan province, still under the leadership of the North China People's Government.

碎叶 唐朝在西域设的安西四镇之一。是中国历代王朝在西部地区设防最远的一座边陲城市，也是丝路上一个重要城镇。碎叶城于唐高宗调露元年（679）置，位于今吉尔吉斯斯坦首都以东的托克马克市附近，仿长安城而建。

མཐའ་ཆེས་རིང་བའི་མཐའ་ཁུལ་གྱི་གྲོང་ཁྱེར་ཞིག་ཡིན། དར་གོས་ཆེན་ལམ་བྲོད་ཀྱི་གྲོང་དལ་གལ་ཆེན་ཞིག་ཀྱང་ཡིན། སུའེ་ཡེ་མཁར་ནི་ཐང་གའོ་ཙུང་གི་(ཨུ)/ལོར་བཙུགས་པ་དང་། དེའི་ཆིས་ཙེ་སེ་ཕན་གྱི་རྒྱལ་སའི་ཤར་ཕྱོགས་ཐོ་ཁི་མོང་ཁྲིའི་ཉེ་འགྲམ་དུ་ཡོད་ཅིང་། ཁྱན་ཨན་གྲོང་ཁྱེར་ལ་དཔེ་བླངས་ནས་བཙུགས་ཡོད།

Suyab was one of the Anxi four towns set in Western Regions in the Tang Dynasty; among all the cities of Chinese Dynasties, it was the farthest border city for fortification in western China and also one of the important towns on the Silk Road. With the imitation of Chang'an city, Suyab was built in the first year of the Tiaolu era in the reign of emperor Tang Gaozong, which is located near the city of Tokmark, east of the capital of Kyrgyzstan.

索观瀛（1898—1967） 藏族。出生于四川汶川县。藏名桑郎泽让。承袭马尔康县卓克基第17代土司职。曾被国民党委任为"卓松党（卓克基、松岗、党坝）三土游击司令"。解放后，任四川省民族事务委员会副主任等职。1955年阿坝藏族自治州成立，任州人委副州长兼经济处处长。

མའི་ཀོན་ཡིན།（༡༨༩༨—༡༩༦༧） བོད་རིགས། ཁྲིན་ཁྲོན་ཞིང་ཆེན་གྱི་བོད་པ་ཞིག་ཡིན། བོད་མིང་ལ་བསོད་ནམས་ཚེ་རིང་ཟེར། འབར་ཁམས་རྫོང་གི་ཚོགས་ཙེ་རྒྱལ་པོ་རབས་བཅུ་བདུན་པའི་གོས་བཟུང་། གོ་མིན་ཏང་གིས་ཚག་ཏོང་བསྐུན་(ཚག་ཙེ། ཏོང་འགག བསྐུན་པ།) བཅས་རྒྱལ་ཁག་གསུམ་གྱི་དིས་མེད་སྐོལ་ཏུང་ལས་ཁུ་ལི་དུ་བསྐོས། བཅིངས་འགྲོལ་རྗེས་སུ་སི་ཁྲོན་ཞིང་ཆེན་གྱི་མི་རིགས་ལས་དོན་ཨུ་ཡོན་ལྷན་ཁང་གི་འགན་གཉིས་ཙོགས་སུ་བྱས། ༡༩༥༥ལོར་རྔ་བ་བོད་རིགས་རང་སྐྱོང་ཁུལ་ཚུགས་རྗེས་ཁུལ་དཔོན་གཞོན་པ་དང་དཔལ་འབྱོར་ཁུའི་ཡི་ཁུའི་གུང་གི་འགན་གཉིས་ཙོགས་སུ་བྱེད།

Suo Guanying（1898-1967）, a Tibetan, inheriting the 17th generation chieftain post of Zhuokeji in Maerkang County, was born in Wenchuan County, Sichuan province, whose Tibetan name is Sanglang Zerang. He was once appointed as the guerrilla commander of the three counties-Zhuokeji, Songgang, and Dangba. After the Liberation, he held the post of deputy director of the Ethnic Affairs Commission of Sichuan province and other posts. When Aba Tibetan Autonomous Prefecture was established in 1955, Suo Guanying was the deputy governor as well as the director of the economic department.

索伦杆 为满族祭天所用神杆。木杆上端有一碗状的锡斗，下端镶在汉白玉石墩中，立于家中院内东北角。祭天时，锡斗里放上碎米和切碎的猪内脏，供"神鸦"享用。

མའི་ལོན་ཀ་བ། མན་ཇུ་རིགས་ཀྱིས་མཆོད་པ་བྱེད་སྐབས་སྟོད་པའི་ཀ་བ་ཞིག་སྟེ། ཕྱིམ་ཚང་ར་སྐོར་གྱི་བྱང་ཤར་གྲུ་ཏུ་ཆུ་བ་རྡོག་འབའི་ནང་བཙུགས་ཡོད། ཀ་བའི་སྟེང་དུ་དགོན་ཡོལ་ལྟ་བུའི་ཤེལ་ཚགས་ཞིག་བཞག་ཡོད། མཆོད་སྐབས་སུ་ཤེལ་ཚགས་ནང་དུ་འབྲས་ཤིལ་དང་ཕག་གི་ནང་ཁྲོལ་བཅག་ནས་ལྟ་བྱ་ཁྱུང་མཆོད།

Suolun Pole The holy pole for worship by Manchu people. It usually stands in the northeast corner of the courtyard, at the upper end of which there is a bowl-shaped tin bucket, while the lower end is installed into the white marble piers. When people worship the God of Heaven, they put the broken rice and chopped pig viscera in the tin bucket for "Holy Crow" to enjoy.

T

塔布噶举 藏传佛教噶举派有两大传承系统，塔布噶举是其中之一。由塔布拉杰创立。

དགས་པོ་བཀའ་བརྒྱུད། བོད་རྒྱུད་ནང་བསྟན་བཀའ་བརྒྱུད་པའི་ཆོས་རྒྱུད་གཉིས་ཡོད་པའི་ནང་གི་གཅིག་ཡིན་ལ་དགས་པོ་ལྷ་རྗེས་གསར་བཏོད་བྱས།

Taboh kagyu is one of the two big inheritance systems of the Kagyu Sect of Tibetan Buddhism. It was founded by Tabulajie.

塔布工布地区 西藏古地区名。位于今拉萨和泽当以东，波密和墨脱以西，雅鲁藏布江中下游及其支流尼洋河流域。

དགས་པོ་ཀོང་པོའི་ས་ཁུལ། བོད་ཀྱི་ས་མིང་ཞིག་དེ་གི་ལྷ་ས་དང་རྩེད་ཐང་གི་ཤར། སྤོ་མེས་དང་མེ་ཏོག་གི་ནུབ། ཡར་ཀླུང་གཙང་པོའི་དགུང་སྨད་རྒྱུད་དང་ཉིའི་འབབ་རྒྱུད་དུ་གནས་ཡོད།

Tabu Gongbu District is an ancient Tibetan region name, which is located to the east of Zedang and Lhasat, to the west of Bomi and Motuo, and covers the downstream of Yarlung Zangbo River and Niyang River Basin.

塔布囊 塔布囊源于蒙古语，是同成吉思汗后裔结婚者的称号，也指清代蒙古王公封爵名。分为四等，自一等塔布囊至四等塔布囊，秩同一品到四品。

ཐ་པོ་ནང་། སོག་པོའི་སྐད། ཇིང་གི་རྒྱལ་པོའི་རྒྱུད་པ་གཉིན་འཛིན་བྱེད་མཁན་ལ་ཟེར། ཆིང་རྒྱལ་རབས་ཀྱི་སོག་པོའི་དཔོན་རིགས་ཞིག་ཀྱང་ཡིན། དེ་རིམ་པ་དང་པོ་ནས་རིམ་པ་བཞི་པའི་བར་དབྱེ་ཡོད། ཙོ་ཤོད་ནས་ཐ་པོ་ནང་རིམ་པ་བཞི་པའི་བར་གོ་རིམ་ལྟར་ཡོད།

Tabunang is from the Mongolian language, and refers to the title of people who married descendants of Genghis Khan, also refers to the title for the Mongolian nobility in the Qing Dynasty. Tabunang was divided into 4 ranks from 1 to 4, which equal to the Han official titles from rank one to rank four.

塔尔寺 为纪念藏传佛教格鲁派创始人宗喀巴，始建于1379年。位于青海湟中县。占地面积600余亩。相传他的胎衣就埋在此地。今日塔尔寺已形成拥有30余处建筑的古建筑群。是格鲁派六大寺院之一。大金瓦殿内矗立着一座高达12.5米的银塔，供奉着宗喀巴神座。

སྐུ་འབུམ་དགོན་པ། ༡༣༧༩ལོར་ཕྱག་བཏབ། མཚོ་སྔོན་ཞིང་ཆེན་དོང་ཀུན་རྫོང་གི་ཁོངས་སུ་ཡོད། རྒྱ་ཁྱོན་མུ་འ་༦༠༠ཙམ་ཟིན། དགེ་ལུགས་པའི་ཞིང་ཆེའི་སྐྱེ་འབྱེད་ཙོང་ཁ་ཆེ་མོ་རྗེས་དྲུ་ཏུ་བཞེངས། འདིར་ལྷ་ཁང་སོགས་འདུགས་སྣ་༣༠ལྷག་མཆིས། དེའི་བོད་རྒྱུད་ནང་བསྟན་གྱི་དགེ་ལུགས་པའི་དགོན་ཆེ་དྲུག་གི་ཡ་གྱལ་ཡིན། གསེར་ཁང་ཆེ་མོའི་དབུས་སུ་མཐོ་ཚད་སྦྲེ༡༢.༥ཡོད་པའི་དངུལ་གྱི་བཀྲུས་པའི་མཆོད་རྟེན་ཞིག་ཡོད་པ་དེ་འདྲ་མགོན་མཚོང་ཆེ་པ་ཆེ་པོའི་སྔོན་ལོང་གྱུར་སུ་གསེར་སྟོང་ཆེ་མོ་ཞིག་པའི་རྟེན་འགྲས་ཆེ་ཞིག་ཡིན།

Kumbum Monastery, was set up in Huangzhong County of Qinghai province in 1379. With an area of more than 600 mu, it was built to commemorate the Gelug Sect founder-Tsongkhapa, whose afterbirth was said to be buried here. Today, as one of the six major monasteries of the Gelug Sect of Tibetan Buddhism, the Kumbum monastery has formed an ancient architectural complex with more than 30 buildings. In the Big Golden Palace, there stands a 12.5-metre-high silver tower, which was dedicated to Tsongkhapa.

塔吉克语 塔吉克族使用的语言。属于印欧语系伊朗语族帕米尔语支。在中国境内的也称萨里库尔语，分布于新疆喀什地区塔什康尔平塔吉克自治县。在国外，此语言在塔吉克斯坦广泛使用，并在乌兹别克斯坦、阿富汗、巴基斯坦西部使用。

ཐ་ཅི་ཁེ་སྐད། ཐ་ཅི་ཁེ་རིགས་ཀྱིས་སྤྱོད་པའི་སྐད་ཅུ། ཧིན་ཡོ་སྐད་ཁོངས་དབྱི་རན་སྐད་རིགས་ཀྱི་པོ་མེར་སྐད་ལག་ཏུ་གཏོགས། རྒྱུང་གོའི་ནང་ལོགས་ཏུ་ས་ལེ་ཁོར་སྐད་ཏུ་འབོད། གཙོ་བོ་ཞིན་ཅང་ཁུའུ་ཇི་མེར་ཁྱུལ་གྱི་ཐ་ཅི་ཁོར་གན་ཐ་ཅི་ཁེ་རང་སྐྱོང་རྫོང་དུ་ཁྱབ་ཡོད། ཕྱི་རྒྱལ་སྐད་འདིའི་ཐ་ཅི་ཁེ་སི་ཐན་དུ་སྤྱོད་ཆེ། ཕུ་ཙི་པའི་ཁེ་སི་ཐན་དང་ཕ་ཕུ་སི་ཐན་ནུབ་ཕྱོགས། ཨོ་རྒྱན་པོགས་སུ་འང་སྤྱོད།

Tajik language is a kind of language used by the Tajik people, which belongs to Iranian language of the Indo-Iranian branch in the Indo-European language family. This language is widely used in Tajikistan, Uzbekistan, Afghanistan, and western Pakistan. Acctually, Tajik people in China speak a brother language of Tajik instead, belonging to the member of the southeastern Iranian language branch of Pamir people.

塔吉克族 中国的少数民族。"塔吉克"为自称，意即"王冠"。大部聚居在新疆塔什库尔干塔吉克自治县。人口51069人（2010年）。有民族语言，许多人兼通维吾尔语和柯尔克孜语，使用维吾尔文。信仰伊斯兰教。经营畜牧业、兼营农业。塔吉克人还是塔吉克斯坦共和国的主体民族。

ཐ་ཅི་ཁེ་རིགས། རྒྱུང་གོའི་གྲངས་ཉུང་མི་རིགས། ཐ་ཅི་ཁེ་ནི་རྒྱལ་པོའི་དབུ་རྒྱན་གྱི་དོན་ཡིན། མང་ཆེ་བ་ནི་ཞིན་ཅང་གི་ཐ་ཇི་ཁོར་གན་ཐ་ཅི་ཁེ་རིགས་རང་སྐྱོང་རྫོང་དུ་འདུས་ཡོད། མི་གྲངས་༥༡༠༦༩ (༢༠༡༠ལོ) ཡོད། རང་མི་རིགས་ཀྱི་སྐད་ཡོད་ལ་ཡུ་གུར་སྐད་དང་ཁོར་ཁེ་ཙི་སྐད་ལ་བྱང་བའང་མང་པོ་ཡོད། ཡུ་གུར་གྱི་ཡི་གེ་སྤྱོད་པ་དང་ཡི་སི་ལན་ཆོས་ལུགས་ལ་དད། ཕྱུགས་ལས་གཙོར་བྱེད་ཅིང་ལས་ཀྱང་ཞོར་གཏེར་བྱེད། ཐ་ཅི་ཁེ་ཐ་ཅི་ཁེ་སི་ཐན་སྤྱི་མཐུན་རྒྱལ་ཁབ་ཀྱི་མི་རིགས་གཙོ་བོར་ཡིན།

Tajik people is an ethnic group in China with a population of 51,069 (2010), most of whom live in a compact community-Tajik Autonomous County of Taxkorgan. "Tajik" is a self-called name, which means "crown". It has its own language, and many people also speak Uygur, Kirgiz language as well. Tajik people believe in Islam, and engage in animal husbandry and agriculture. The Tajik people are also the majority of the Republic of Tajikistan.

· 665 ·

塔塔尔语 塔塔尔族使用的语言。又称"鞑靼语"。属阿尔泰语系突厥语族西匈语支。在中国，分布在新疆伊宁、塔城和乌鲁木齐等地。在国外，主要分布在俄罗斯联邦鞑靼斯坦共和国、伏尔加河流域以及西西伯利亚一些地方。

ཐ་ཐར་སྐད། ཐ་ཐར་རིགས་ཀྱིས་སྤྱོད་པའི་སྐད་ཅ། ཧུ་ཏུ་སྐད་ཀྱང་ཟེར། ཨར་ཐའི་སྐད་ཁོངས་སུ་གུའི་སྐད་རིགས་ཉུང་སྐད་ལག་ཏུ་གཏོགས། ཀྲུང་གོར་ཞིང་ཅང་གི་དབྱིས་ཉིང་དང་ཐ་ཁྲེང་། ཕུའུ་ལུམ་ཚི་སོགས་ལ་ཁྱབ་ཡོད། ཕྱི་རྒྱལ་དུ་ཨུ་རུ་སུ་རྒྱལ་ཕྲན་མཉམ་འབྲེལ་ཏུ་ཏུ་ས་ཐན་སྤྱི་མཐུན་རྒྱལ་ཁབ་དང་བྷོར་ཅ་གཙང་པོའི་འབབ་རྒྱུད། སི་སྦི་རི་ཡའི་ས་ཁུལ་ལ་ཤས་བཅས་སུ་ཁྱབ་ཡོད།

Tatar language is the language used by Tatar people, which belongs to the Altaic Turkic Western Huns' language branch. In China, it distributes in Yining, Tacheng, Urumqi and some other places of Xinjiang, and at abroad, mainly distributes in the Republic of Tatarstan of Russian Federation, the Volga River Basin and in some places of West Siberia.

塔塔尔族 中国的少数民族。比较集中居住于新疆伊宁、塔城和乌鲁木齐等地。人口3556人（2010年）。有本族语言，通用哈萨克语、维吾尔语。信仰伊斯兰教。解放后，主要从事畜牧业。国外者通常翻译为鞑靼人，大体上居住在俄罗斯中西部和哈萨克斯坦。

ཐ་ཐར་རིགས། ཀྲུང་གོའི་གྲངས་ཉུང་མི་རིགས། གཙོ་བོ་ཞིང་ཅང་གི་དབྱིས་ཉིང་དང་ཐ་ཁྲེང་། ཕུའུ་ལུམ་ཚི་སོགས་ས་ཁུལ་ལ་ཁྱབ་ཡོད། མི་གྲངས་ ༣༥༥༦ (༢༠༡༠ལོ) ཡོད། རང་མི་རིགས་ཀྱི་སྐད་ཡོད་ལ་ཧ་སག་ཡི་གི་དང་ཡུ་གུར་ཡི་གི་སྤྱོད། དབྱི་སི་ལན་ཆོས་ལུགས་ལ་དད། ཕྱགས་ལས་གཙོ་བོར་གནའ། ཕྱི་རྒྱལ་གྱི་རྒྱུན་པར་ཏུ་ཏུ་རིགས་སུ་བསྒྱུར་ཞིང་ཕལ་ཆེར་ཨུ་རུ་སུའི་དབུས་ནུབ་རྒྱུད་དང་ཧ་སག་སི་ཐན་དུ་འདུས་སྡོད་བྱས་ཡོད།

Tatar people is one ethnic group in China, mainly living in Yining, Tacheng, Urumqi and some other places in Xinjiang. They have their own native language and use Kazak, Uygur Language as the universal language, with a population of 3556 (2010) who believe in Islam. After Liberation, the Tatar people mainly engaged in animal husbandry. Those Tatar people who generally live in the west and central Russia and Kazakhstan are called Tartar (the same pronunciation but different Chinese characters).

台吉 蒙古部落首领的一种称呼，一般有黄金家族血统的首领才能称台吉。也是清代蒙古贵族封爵名。位次辅国公，分四等，相当于一品至四品官。

ཐའི་ཅི། སོག་པོའི་ཚོ་པའི་འགོ་དཔོན་ཞིག་གི་འབོད་ཚུལ། རྒྱུན་པར་རུས་རྒྱུད་མཛོ་བའི་འགོ་བ་མ་གཏོགས་ཐའི་ཅི་རུ་མི་འབོད། ཆིང་གིས་སོག་པོའི་སྐུ་དྲག་ལ་བསྐུར་བའི་ཚོ་བོ་ཞིག་ཀྱང་ཡིན། གྱོང་རིགས་བློན་ཆེན་ལས། དམའ་ཞིང་རིམ་པ་བཞིར་དབྱེ། རིམ་པ་དང་པོ་ནས་བཞི་པའི་དཔོན་དང་ཐལ་ཆེར་འད།

Taiji is a title of Mongolian chieftain, and generally was granted to those who own the golden family lineage. It is also the title that the Qing government knighted the Mongolian nobility which is inferior to the title of duke of the second degree (fuguo gong) and ranking from one to four.

《台湾番族考》 研究台湾高山族史和民族学的著作。翦伯赞撰。1947年出版。作者根据文献资料考察台湾高山族历史渊源，推测其属于南太平洋系人种，并对其民族名称、分布区域、经济机构、生活方式、家族形成等作了详述。

《བའི་ཕན་རིགས་རྒྱུད་ཁག་གི་ཚོག་བབྲོད》
བའི་ཕན་གོ་ཧུན་རིགས་ཀྱི་ལོ་རྒྱུས་དང་མི་རིགས་རིག་པར་ཞིབ་འཇུག་བྱེད་པའི་བརྩམས་ཆོས། ཅིས་པའོ་ཚན་གྱིས་བརྩམས། ༡༩༤༧ལོར་པར་དུ་སྐྲུན། ཚོག་པ་པོས་ཡིག་ཚང་ལ་གཞིག་ནས་བའི་ཕན་གོ་ཧུན་རིགས་ཀྱི་རྒྱལ་འབྱུང་ཁུངས་ལ་ཞུགས་འདེད་བྱས་ཏེ་སྟོ་ཞི་བའི་རྒྱ་མཚོའི་མི་རྒྱུད་ཡིན་པར་བཞེད་པ་དང་། མི་རིགས་འདིའི་མིང་འདོགས་ཚུལ་དང་ས་ཁོངས་ཀྱི་ཁྱབ་སྟངས། དཔལ་འབྱོར་སྐྱིག་གཤིས། འཚོ་བའི་གོམས་སྲོལ། ཁྱིམ་རྒྱུད་གྲུབ་སྟངས་སོགས་ཞིབ་འབྲེལ་བྱས་ཡོད།

The Research on the Aborigines in Taiwan, written by JianBozan, is a book about the ethnology and the history of Gaoshan people in Taiwan, which was published in 1947. Based on the literature study about Taiwan Gaoshan Ethnic Group's history, the author presumed that it belonged to the South Pacific race and illustrated the names, regional distribution, economic institutions, lifestyle, family formation, etc. in details.

台语支 即壮傣语支。

བའི་སྐད་ཀྱི་མ་ལག ཀྲོང་ཏའི་སྐད་རིགས་ཀྱི་མ་ལག ཅིག་ཡིན།

Tai-Languages Branch is also called the Zhuang-Dai language branch.

太原清真古寺 我国华北地区保存较好的清真古寺之一。位于山西太原市解放路东侧。建于唐贞元年间，又经宋代重修，现存为明代重建后遗构。古寺两进院落，有大殿、讲经房、省心楼、碑亭、沐浴室、会议厅、阿訇室等建筑，面积2300平方米。

བའི་ཡོན་དབྱི་སི་ལན་གྱི་ཆོས་ཁང་རྙིང་པ།
རང་རྒྱལ་དུ་བྱང་ས་ཁུལ་དུ་སྲུང་སྐྱོབ་ཐུབ་པ་ཅུང་ལེགས་པའི་ཆོས་ཁང་རྙིང་པ་ཞིག་ཡིན། བའི་ཡོན་གྲོང་ཁྱེར་བཅིངས་འགྲོལ་སྲོ་ལམ་གྱི་ཤར་གཞོགས་སུ་ཡོད། དེ་ནི་ཐང་རྒྱལ་རབས་ཀྱི་ཡོན་དུས་སུ་བཞེངས་པ་དང་སྲུང་རྒྱལ་རབས་སུ་ཞིག་གསོ་བྱས། ད་ལྟ་ཡོད་པ་ནི་མིང་རྒྱལ་རབས་སུ་བསྐྱར་བཞེངས་བྱས་པ་དེ་ཡིན། ཆོས་ཁང་ལ་སྒོར་གཞིས་ཡོད་ལ་ཚོམས་ཆེན་དང་འདུ་ཁང་། རང་ཚོག་ཐོག་ཁང་། རྡོ་རིས་སྙིང་ཁང་། ཁྲུས་ཁང་། ཚོགས་འདུ་ཁང་། ཚོས་དཔོན་ཁང་སོགས་ཡོད་པས་རྒྱ་ཁྱོན་སྤྱི་གྲུ་བཞི་མ་༢༣༠༠ཡོད།

Taiyuan Ancient Mosque is one of the well-preserved Muslim Mosques in North China, and it is located on the east side of the Liberation Road in Taiyuan City, Shanxi province. It was built in Zhenguan year of the Tang Dynasty, rebuilt in the Song Dynasty, and the present residual structure is preserved after the reconstruction in the Ming Dynasty. The old mosque, with an area of 2,300 square metres, has two courtyards made up with halls, lecture rooms, pavilions for introspection, tablet pavilions, bath rooms, conference halls, Imam Rooms and so on.

唐东杰布（1385—1464） 明代西藏建筑师，藏戏的创始人。藏族。后藏人。被藏戏艺人和西藏的铁木工匠奉为祖师。曾演藏戏募捐并游说官府，于1430年在雅鲁藏布江上建成曲水铁索桥。他一生中，共建58座铁索桥。人称"铁桥活佛"。

ཐང་སྟོང་རྒྱལ་པོ། (༡༣༨༥—༡༤༦༤) མིང་རྒྱལ་རབས་དུས་ཀྱི་བོད་ཀྱི་བཟོ་རྟེན་པ་དང་ལྷ་མོའི་སློབ་གར་གྱི་སྲོལ་འབྱེད་པ་པོ་ཡིན། བོད་ཀྱི་གཙང་པ། བོད་ཀྱི་སློབ་གར་འཁྲབ་སྟོན་པ་དང་ལགས་པ་ཤིང་བཟོ་སོགས་ཀྱི་མཚོད་བགུར་བྱེད་གནས་ཡིན། སློབ་གར་འཁྲབ་སྟེ་དངུལ་བསྡུས་ཤིང་༡༤༣༠ལོར་ཡུར་ཡར་ཀླུང་གཙང་པོར་ཆུ་ཤུར་ལྕགས་ཟམ་བརྩིགས། བོད་གིས་ཚེ་གང་བོར་ལྕགས་ཟམ་༥༨བརྩིགས་ཤིང་ལྕགས་ཟམ་བླ་མ་ཡང་འབོད།

Thangtong Gyalpo (1385-1464), a Back Tibetan people, was an architect in the Ming Dynasty and the founder of the Tibetan Opera. He was regarded as the patriarch by Tibetan Opera artists and craftsman on iron as well as wood. He once performed the Tibetan Opera for fundraising and lobbied the government to build the Qushui iron chain bridge over the Yarlung Zangbo River. He made 58 iron chain bridges all together in his life, therefore was known as "Iron Bridge Living Buddha".

唐蕃会盟碑 亦称"长庆会盟碑""甥舅和盟碑"。唐长庆三年（823），吐蕃赞普墀祖德赞为纪念唐蕃和盟而立。立于拉萨大昭寺前，碑身呈四方立柱形，高约4.78米，宽约0.95米，厚约0.50米，上刻有汉藏两种文字的盟文和参加会盟人员的姓名和官职。是汉藏两个民族团结友好的历史见证。

བོད་རྒྱ་མཐུན་འབྲེལ་རྡོ་རིང་། ཁྲང་ཆེན་མཐུན་འབྲེལ་རྡོ་རིང་དང་དབོན་ཞང་འདུམ་པའི་རྡོ་རིང་སོགས་སུ་འབོད། ཁྲང་ཆེན་ཁྲི་ལོ་གསུམ་པར་(༨༢༣) བོད་རྒྱལ་ཁྲི་གཙུག་ལྡེ་བཙན་གྱིས་བཙུགས། གཅིག་ཞི་ནས་མཐོ་ཚད་སྨི་༤.༧༨དང་ཞེང་ལ་སྨི་༠.༩༥མཐུག་ཚད་སྨི་༠.༥༠ཡོད། དེའི་ཐོག་སུ་བོད་རྒྱ་ཡིག་རིགས་གཉིས་ཀྱིས་མཆན་ཡིག་དང་མཆན་འཇོག་མཁན་གྱི་མིང་དང་དཔོན་གནས་སོགས་བཀོད་ཡོད། དེ་ནི་བོད་རྒྱ་གཉིས་མཛའ་མཐུན་གྱི་ལོ་རྒྱུས་དན་རྟགས་ཤིག་ཡིན།

Tang-Tubo Alliance Tablet is called Changqing Alliance Tablet or Nephew-Uncle Alliance Tablet, which was built in the third year of Changqing in the Tang Dynasty to commemorate the peace alliance of Tang Dynasty and Tubo by Tritsuk Detsen. It stands before the Jokhang Temple in Lhasa and it is 4.78 meters high, 0.95 meter wide, 0.50 meter thick, with an inscription in Tibetan and Chinese on the peace treaty and the name of the officials who attended the treaty. It is a historical witness of the friendship and unity between the Han and Tibetans.

唐古特 清初文献中对青藏地区及当地藏族的称谓。

ཐང་ཀུཏ་། ཆིང་དུས་འགོའི་ཡིག་ཆ་ཁོད་མདོ་དབུས་ས་ཁུལ་དང་བོད་པ་དག་ལ་ཐང་ཀུཏ་ཞེ

ཞེས་འབོད།

Tangut is an appellation to the Tibetan areas and Tibetan people in the documents of the early Qing Dynasty.

唐卡 也叫"唐嘎""唐喀",系藏文音译。指用彩缎装裱后悬挂供奉的宗教卷轴画。兴起于松赞干布时期,是藏族文化中一种独具特色的绘画艺术形式。主要种类分为"国唐"和"止唐"。主要流派分为勉唐画派、噶玛嘎孜画派、钦则画派、勉萨画派、久刚画派和尼泊尔画派等。

ཐང་ག ཐང་ཀ་དང་ཐང་ཁོགས་འབྲི་སྲོལ་མང་། གོས་ཆེན་གྱིས་མཐར་ཤམ་བཏགས་ཤིང་འགེལ་བཞག་དང་སྤྱན་དྲེན་ཚོགས་པའི་འདྲི་རིས་ཤིག་ཡིན། སྲོང་བཙན་སྒམ་པོའི་དུས་སྐབས་སུ་ཐོག་མར་དར། བོད་ཀྱི་རིག་གནས་ལས་ཁྱད་ཆོས་འབུར་བོན་གྱི་རི་མོའི་སྒྱུ་རྩལ་རྣམ་པ་ཞིག་སྟེ། རིགས་དབྱེ་ན་གཙོ་བོར་བྲིས་ཐང་དང་འཚེམ་ཐང་འཐག་ཐང་སོགས་ཡོད་པ་དང་། འབྲི་ལུགས་གཙོ་བོར་སྨན་ཐང་ལུགས་དང་། ཀརྨ་སྒར་ལུགས། མཁྱེན་བརྩེ་ལུགས། སྨན་གསར་ལུགས། བལྱུའི་ལུགས་སོགས་ཡོད།

Thangka, also called "Thangga" "Thangke", is the transliteration from Tibetan. It refers to the religious scroll paintings suspended to enshrine and worship after framed with colorful satin. It rose during the Srongtsen Gampo Period, as a distinctive drawing art form in the Tibetan culture. The main varieties are "Guo Thang" and "Zhi Thang". The main schools are Miantang School, Karma Gadri Painting School, Chentse Painting School, Miansa Painting School, Jiugang Painting School and Nepal Painting School.

桃花石 7至14世纪西域人对中国或汉人的称呼。

ཐབ་ག་ཙི། དུས་རབས་བདུན་པ་ནས་བཅུ་བཞི་བར་ནུབ་ཡུལ་པ་དག་གིས་ཀྲུང་གོ་དང་རྒྱ་མི་ལ་ལྟར་འབོད།

Tabgac was the name which people in the Western Regions addressed China or Han people from the seventh to fourteenth century.

陶云逵(1904—1944) 中国民族学家和人类学家。对云南边疆少数民族的调查研究,彝族图腾制的发现,云南大学社会学系和南开大学边疆人文研究的发展,作出过重要贡献。早年就读于南开大学,后赴德国留学。曾在云南大学、南开大学等处任职。

ཐའོ་ཨུན་ཁྭེ། (༡༩༠༤—༡༩༤༤) ཀྲུང་གོའི་མི་རིགས་རིག་པ་དང་མིའི་རིགས་རིག་པ་བ། ཡུན་ནན་མཐའ་ཁུལ་གྱི་གྲངས་ཉུང་མི་རིགས་ལ་བརྟག་དཔྱད་བྱེད་འཇུག་དང་དབྱིས་རིགས་ཀྱི་ལྷ་རིས་ལུགས་གསར་རྟོགས་བྱུང་བ། ཡུན་ནན་སློབ་ཆེན་གྱི་ཚོགས་རིག་པའི་སློབ་སྒྲིག་དང་ནན་ཁའི་སློབ་ཆེན་མཐའ་ཁུལ་མི་ཚོགས་ཞིབ་འཇུག་གི་འཕེལ་རྒྱས་སོགས་ལ་བྱས་རྗེས་མི་དམན་པ་བཞག་ཡོད། ནན་ཁའི་སློབ་ཆེན་ནས་སློབ་གཉེར་བྱས་ཤིང་རྗེས་སུ་འཇར་མན་དུ་སློབ་གཉེར་བྱས། སྔར་ཡུན་ནན་སློབ་ཆེན་དང་ནན་ཁའི་སློབ་ཆེན་སོགས་སུ་ལས་འགན་ཁུར་སྦྱོང་།

Tao Yunkui (1904-1944), a Chinese ethnologist and anthropologist, has made great contribution to the investigation of border area minorities in Yunnan province, to the discovery of Yi people's Totemism and to the development of department of sociology in Yunnan University and borderland humanistic research in Nankai University. In his early life, he studied in Nankai University, and then went to Germany for his further study. He also held a post in Yunnan University and Nankai University in his life.

特困少数民族地区（范围） 根据国家民委2004年下半年的调查，还有约20个民族的390万群众所在的77个少数民族贫困县，属于特殊贫困少数民族地区，分别占全国民族自治地方县的11%、民族自治地方贫困县的29%。

ཆེས་དབུལ་བའི་གྲངས་ཉུང་མི་རིགས་ས་ཁུལ། རྒྱལ་ཁབ་མི་རིགས་དོན་གཅོད་ཨུ་ཡོན་ལྷན་ཁང་གི་ ༢༠༠༤ལོའི་ལོ་སྨད་ཀྱི་ཞིབ་འཇུག་ལྟར་ན་མི་རིགས་ ༢༠ཡི་མི་དམངས་ཁྲི་ ༣༩༠ལྷག་འདུས་པའི་གྲངས་ཉུང་ མི་རིགས་ཀྱི་རྫོང་ཁག་བདུན་ཅུ་དོན་བདུན་ནི་ཆེས་དབུལ་བའི་གྲངས་ཉུང་མི་རིགས་ས་ཁུལ་ཡིན་ལ། དེ་རྒྱལ་ཡོངས་ཀྱི་མི་རིགས་རང་སྐྱོང་ཁུལ་གྱི་རྫོང་ཁག་ལས་བརྒྱ་ཆའི་བཅུ་གཅིག་ཟིན་པ་དང་། མི་རིགས་རང་སྐྱོང་ས་ཁུལ་དབུལ་པོའི་རྫོང་ཁག་ལས་བརྒྱ་ཆའི་ཉེར་དགུ་བཟུང་ཡོད།

Extremely poverty-stricken ethnic minority regions According to the investigation from the State Ethnic Affairs Commission in the second half of 2004, there still were 77 poor ethnic counties with 390,000 people from about 20 ethnic groups. They belong to the extremely poverty-stricken ethnic minority regions which account for 11% of the national ethnic autonomous counties, and 29% of the poor counties in ethnic autonomous areas respectively.

特色优势产业发展工程 我国的政策性规划。由2011年国务院颁布的《兴边富民行动规划（2011—2015年）》提出：继续扩大兴边富民特色优势产业发展试点，重点选择具备一定规模、带动性强、辐射面广、市场竞争力强的特色优势产业予以支持，带动边民增收致富，推动县域经济发展。

ཁྱད་ཆོས་ཅན་དང་འཕར་ཕོན་ཐོན་ལས་སྐྱེལ་བའི་ལས་གཞི། རང་རྒྱལ་གྱི་སྲིད་ཇུས་རང་བཞིན་གྱི་འཆར་འགོད་ཅིག་ཡིན། རྒྱལ་སྲིད་སྤྱི་ཁྱབ་ཁང་གིས་ ༢༠༡༡ལོར་སྤེལ་བའི《མཐའ་སྐྱེལ་དམངས་ཕྱུག་ལས་འགུལ་འཆར་འགོད་（༢༠༡༡—༢༠༡༥ལོ་）》དུ་བཏོན་པ་ལྟར་ན། མཐའ་སྐྱེལ་དམངས་ཕྱུག་ཁྱད་ཆོས་ཀྱི་ཕོན་ལས་སྐྱེལ་ཡུལ་གྱུ་མཇུད་དུ་རྒྱ་བསྐྱེད་དེ། གཞི་རྒྱ་རྒྱས་ཅན་ཡོད་པ་དང་། འདྲེན་ཤུགས་དྲག་པོ་ཡོད་པ། ཁྱབ་རྒྱ་ཆེ་བ། ཁྲོམ་རའི་འགྲན་རྩོད་ནུས་ཤུགས་པའི་ཁྱད་ཆོས་འཕར་ཕོན་ལས་ལ་དམིགས་བསལ་གྱིས་རྒྱབ་སྐྱོར་བྱེད་པ་གཙོ་གནད་དུ་གདམས་ནས། མཐའ་ཁུལ་དམངས་ཀྱི་ཡོང་འབབ་ཇེ་མང་གིས་ཕྱུག་པོར་འགྱུར་བ་དང་། རྫོང་ཁག་གི་དཔལ་འབྱོར་གོང་འཕེལ་ལ་སྐུལ་འདེད་བྱེད་པའོ།

The Development Project on Competitive Industries with Characteristics is a policy plan. In 2011, the State Council promulgated *the Action Plan* (2011-2015) *for Prospering Border Areas*, in which it proposed to continue to expand the development of the pilot competitive industries with characteristics to prosper the frontier areas, to support those competitive and advantageous industries with a certain scale, powerful motive, wide radiating influence and strong market competitiveness in order to enrich the frontier people and promote intra-county economic development.

《天方典礼》 中国伊斯兰教著作。清代刘智编撰。约成书于1706年。20卷。内容包括伊斯兰教基本信条、五功礼法、伦理道德、日常生活规范以及婚姻、丧葬礼仪的具体规定等。

《ཐེན་ཧྥང་གི་མཛད་སྒོ》 གུང་གོའི་དུད་སི་ལན་ཆོས་ལུགས་ཀྱི་བརྩམས་ཆོས། ཆིང་རྒྱལ་རབས་སྐབས་ཀྱི་ལུའུ་ཀྲིན་གྱིས་སྒྲིག་ཙོམ་བྱས། པལ་ཆེར 1706འོར་དཔེ་དེབ་ཏུ་བཟོས། སྐོར་ཉིད 20ཡོད། དུད་སི་ལན་ཆོས་ལུགས་ཀྱི་རྩ་བའི་འདུལ་ཁྲིམས་དང་། གུང་ལུགས་རྣམ་ལྔ། མི་ཆོས་ཀྱི་ཀུན་སྤྱོད། རྒྱུན་ལྡན་འཚོ་བའི་ལུགས་དང་གཉེན་སྒྲིག་དུར་འཇུག་གི་ཞིབ་ཕའི་སྲུང་བཅས་ཡོད།

Tianfang Dianli (The Rites of Islam), edited by Liu Zhi in the Qing Dynasty, is an Islamic book completed in 1706 or so. With 20 volumes, the contents covered the basic creed of Islam, etiquette in the five practices, ethics, code of the daily life, and regulations about marriage and funeral.

天方教 中国明清时期对伊斯兰教的称谓。"天方"一词在明初指麦加城,因伊斯兰教发源于麦加,故有"天方教"之称。

ཐེན་ཧྥང་ཆོས་ལུགས། གུང་གོའི་མིང་དང་ཆིང་གི་དུས་སུ་དུའི་སི་ལན་ཆོས་ལུགས་ལ་འབོད་སྲོལ་ཞིག་ཡིན། ཐན་ཧྥང་ཞེས་པའི་ཚིག་ཉིད་ཀྱི་དུས་མགོར་མན་ཅ་གྲོང་ལ་གོ་འཇོག་བྱེད་ཀྱིང་། དུའི་སི་ལན་ཆོས་ལུགས་མ་ཆོས་ཀྱི་ནས་བྱུང་བ་ལ་བས་ཐན་ཧྥང་ཆོས་ལུགས་ཞེས་པའི་འབོད་སྲོལ་བྱུང་།

Tianfang (also called the Arabian belief) meant Islam in the Ming and Qing Dynasty. The words "Tianfang" referred to the city of Mecca in the early Ming Dynasty, because Islam originated in Mecca, it was called Tianfang sect.

《天方性理》 中国伊斯兰教哲学著作。清代刘智著。成书于1704年前后。分《本经》和《图传》两部分。全书共5卷,每卷列12说,每说1图1传,共60篇。主要论述了伊斯兰教关于宇宙起源、"大世界"(天)与"小世界"(人)、性与理之间的关系。

《ཐེན་ཧྥང་གི་རང་བཞིན་གཏན་ཚིགས》 གུང་གོའི་དུའི་སི་ལན་ཆོས་ལུགས་ཀྱི་མཚན་ཉིད་རིག་པའི་བསྟན་བཅོས་ཤིག ཆིང་རྒྱལ་རབས་ཀྱི་ལུའུ་ཀྲིན་གྱིས་བརྩམས། 1704འོར་ལྟ་སྟེ་སུ་དཔེ་ཆར་བཟོས། 《ཆོས་ཀྱི་སྙིང་པོ》 དང་ 《རིས་ཀྱི་རྟོགས་བརྗོད》 ཅེས་པའི་ཆ་ཤས་ཆེན་པོ་གཉིས་སུ་དབྱེ། དཔེ་ཆ་ཕྱི་པོ་ལྔ་ཡོད་པ་དང་། པོ་ཕྱི་རེར་རེ་ཞིང་ 12ཡོད། གོན་ཚོད་རེ་ལ་རི་མོ་རེ་དང་རྟོགས་བརྗོད་རེ། སྟོམས་པས་རྟོགས་བྱུང 60 ཡོད། དེའི་ནང་དུ་དུའི་སི་ལན་གྱི་འཇིག་རྟེན་ཆགས་ཚུལ་སྐོར་དང་འཇིག་སྟེན་ཆེ་བ (གནམ) དང་འཇིག་སྟེན་ཆུང་བ (མི)། རང་བཞིན་དང་གཏན་ཚིགས་བར་གྱི་འབྲེལ་བ་བཅས་གཙོ་བོར་དཔྱད་བརྗོད་བྱས་ཡོད།

Tianfang Xingli (The Metaphysics of Islam or The Philosophy of Arabia) is a book on Chinese Islamic philosophy, which was written by Liu Zhi around 1704 of the Qing Dynasty. It has two parts, *Benjing* (philosophy on essence of things) and *Picture Biography*, with 5 volumes, each of which contains 12 topics, and each topic also contains one picture and one biography respectively. The book mainly discusses the origin of the universe, and relation between "big world" (heaven) and "small world" (people), nature and reason.

《天方至圣实录》 汉文史籍中第一部较系统的关于伊斯兰教先知穆罕默德的传记著作。亦名《天方至圣实录年谱》。清代伊斯兰教著名学者刘智译著。20 卷。清雍正二年（1724）成书。

《བོན་སྦྱོང་དམ་པའི་ལོ་རྒྱུས་དངོས་བྲིས་མ》 རྒྱའི་དེབ་ཐེར་ནང་དུའི་སི་ལན་ཆོས་ལུགས་ཀྱི་དམ་པ་མུ་ཧན་མོ་ཏིའི་རྣམ་ཐར་ཆུང་ཆའང་བའི་བརྩམས་ཆོས་ཤིག་ཡིན། 《བན་སྦྱང་དམ་པའི་ལོ་རྒྱུས་དངོས་བྲིས་མའི་ལོ་ཚིགས》 ཀྱང་ཟེར། ཆིང་རྒྱལ་རབས་སྐབས་ཀྱི་སི་ལན་ཆོས་ལུགས་ཀྱི་མཁས་པ་ལིའུ་ཀྱི་ཡིག་བསྒྱུར་བ་ཡིན། པོད་ཕྲེང་ ༡༠ ཡོད། ཆིང་རྒྱལ་རབས་ཡུང་ཀྲིན་གྱི་ཁྲི་ལོ་གཉིས་པར་ (1724) དཔེ་ཆར་གྲུབ།

Tianfang zhisheng shilu (The True Record of the Prophet of Islam) is the first systematical biography about the Islamic prophet Mohammed in Chinese historical records. It's also named *Chronological Biography of the Prophet of Islam* with 20 volume, compiled by the famous Islamic scholar of the Qing Dynasty Liu Zhi and completed in the second year of the regin of Emperor Yong Zheng (1724).

天津红光中学 始建于1949 年，原是中国人民解放军的一所部队子弟学校。1985 年学校响应教育援藏的号召，成为天津市唯一一所藏汉学生共同就读的学校。2006 年新校区落成，占地36100 平方米。

བོན་ཅིན་ཧུང་ཀོང་སློབ་འབྲིང། ༡༩༤༩ལོར་བཙུགས། དང་ཐོག་གུང་གོ་མི་དམངས་བཅིངས་འགྲོལ་དམག་གི་རྗེས་འཇུག་པ་གསོ་སྐྱོང་བྱེད་པའི་སློབ་གྲྭ་ཞིག་ཡིན། ༡༩༨༥ལོར་སློབ་གྲྭ་འདིས་བོད་ཀྱི་སློབ་གསོར་རོགས་སྐྱོར་བྱེད་པ་དྲིལ་བསྒྲགས་བྱས་ཏེ་རྒྱལ་ཡོངས་ཀྱི་ཆེས་ཆུང་བའི་ནང་བོད་ཀྱི་བོད་ཀྱི་སློབ་མ་གསུམ་ལས་གཅིག་ཏུ་གྱུར། མ་ཟད་ཐེན་ཅིན་གྲོང་ཁྱེར་གྱི་བོད་རྒྱ་སློབ་མ་མཉམ་གནས་ཀྱི་སློབ་གྲྭ་གཅིག་པུའང་ཡིན། ༢༠༠༦ལོར་སློབ་ཁུལ་གསར་པ་ཚུགས་ཤིང་། རྒྱ་ཁྱོན་ལ་སྒྱུར་བཞིན་༣༦༡༠༠ཡོད།

Tianjin Hongguang Middle School is founded in 1949, originally a military school attached to the Chinese people's liberation army. In 1985, under the call of aiding Tibet education, it became the only school with the Tibetan and Han students studying together in the same school in Tianjin. The new campus was completed in 2006 and covers an area of 36,100 square meters.

天津清真大寺 中国伊斯兰教古寺。位于天津旧城西北角。始建于清康熙年间。占地5000 平方米，由照壁、门厅、礼拜殿、阿訇讲堂四组厅堂组成。寺内悬挂61 幅汉文和阿拉伯文楹联、匾额，多出名家，并藏袖珍本《古兰经》两册，堪为珍宝。历来是天津市伊斯兰教活动中心。

བོན་ཅིན་དྲི་སི་ལན་ཆོས་ཁང་ཆེན་མོ། གུང་གོའི་དྲི་སི་ལན་ཆོས་ལུགས་ཀྱི་གནའ་བོའི་ཆོས་ཁང་ཞིག

ཡིན། ཞེན་ཅན་གྲོང་ཁྱེར་རྙིང་པའི་ནུབ་བྱང་གི་རུ་ཡོད། ཅིང་རྒྱལ་རབས་ཁང་ཞིའི་ཁྲི་ལོར་བཅུགས། སྐྱེད་བཞིས་༤༠༠༠བཟུང་ཡོད། ཅིག་སྐྱོན་དང་བར་ཁྱམས། མཆོད་ཁང་། ཨ་ཧུང་འཆད་ཞན་ཁང་བཅས་ཁང་མིག་བཞི་ཡིས་གྲུབ། ཆོས་ཁང་ནང་དུ་རྒྱ་ཡིག་དང་ཨ་རབ་ཡི་གེས་བྲིས་པའི་ཚ་ཡིག་དང་ཐེམ་ཡིག ༦༡བཞུགས་ཡོད། མི་སྣ་གྲགས་ཅན་གང་མང་བྱུང་བ་མ་ཟད།《ཁུ་རན་གསུང་རབ》རྩ་ཆེན་གཉིས་ཤར་ཚགས་བྱས་ཡོད། གནའ་ནས་ད་བར་ཞེན་ཅན་གྲོང་ཁྱེར་གྱི་དུའི་སི་ལན་བྱེད་སྒོ་སྤེལ་སའི་ལྟེ་བ་ཡིན།

Tianjin Mosque is a Chinese Islam ancient mosque, located in the northwest of the old city Tianjing, initially built in the period of Emperor Kangxi. It covers an area of 5,000 square meters, composed of a screen wall, a lobby, a prayer hall and an Imam Hall. There are 61 pieces of Chinese and Arabic couplets and plaques, most of which are from the famous artists. It also collects two volumes of the pocket Koran, which is a treasure. It has always been the Islamic activities centre in Tianjin.

天课 伊斯兰教的五项基本功课之一。亦译"课功"。阿拉伯语"则卡特"的意译，原意为"纯净"，指穆斯林通过缴纳天课使自己占有的财产更加洁净。教法规定，凡穆斯林所占有的资财超过一定限额时，应按一定比率缴纳天课。

གནམ་ལ་མཆོད་འབུལ། དུའི་སི་ལན་ཆོས་ལུགས་ཀྱི་རྩ་བའི་མཆོད་འབུལ་སློབ་གྲྭས་ཤིག ཨ་རབ་སྐད་ཀྱི་ཟེ་ཁ་ཐེ་ཡི་དོན་བསྒྱུར། མ་གཞིའི་གོ་དོན་གཙང་དག་ཅེས་པ་ཡིན། མུའུ་སི་ལིན་གྱིས་ལྟ་ལ་མཆོད་འབུལ་བྱེད་པ་དང་ལེན་བརྒྱུད་དེ་རང་ཉིད་ཀྱིས་བཟུང་བའི་རྒྱུ་ནོར་གཙང་དུ་གཏོང་བ་ཞིག་ལ་བསྟུན། ཆོས་ཁྲིམས་སུ་མུའུ་སི་ལིན་གྱིས་བཟུང་བའི་རྒྱུ་ནོར་ཚད་ཅིག་ཙམ་ཞིག་བརྒལ་ཚེ་དེར་བསྟུན་གྱིས་ལྟ་ལ་མཆོད་འབུལ་ཡང་སྟོང་དགོས་ཞེས་གཏན་འབེབས་བྱས་ཡོད།

Zakat is one of the Five Pillars of Islam, treated as a religious tax and/or religious obligation in Islam, literally means "purification", referring to a way to purify one's income and wealth by paying some Zakat. It is a customary practice that the Musilim people have to pay a certain amount of Zakat based on their savings and wealth.

《**天盛年改新定律令**》 西夏法典。西夏仁宗李仁孝天盛年间（1149—1169年）改订以前旧律而成。全书原为20章，今第十六章已佚，存19章，计1460条。1908年，该书被沙俄军官科兹洛夫自中国黑水城遗址掠去。

《**ཐེན་ཇེང་ལོའི་ཁྲིམས་གྲོལ་གསར་བསྒྱུར་བསྒྲིགས་ཡིག**》 མི་ཉག་གི་ཁྲིམས་ཡིག་ལགས། མི་ཉག་གི་རིན་ཆུང་ལིའི་རིན་ཞོའི་ཡིས་ཐན་ཇེང་ཁྲིའི་ནན་དུ (1149—1169ལོ) ཁྲིམས་ལུགས་རྙིང་པ་བསྟུན་ནས་གྲུབ་པ་ཞིག་ཡིན། མ་གཞིའི་དཔེ་ཆ་ཉིད་ཡོངས་ཀྱི་ཡོད། དེང་སང་བཅུ་དྲུག་པ་བོར་སོང་སྟེ་བཞག་ནས་བཅུ་དགུ་ལྷག་ཡོད། བསྡོམས་པས་དོན་ཚིག་ཆིག་སྟོང་བཞི་བརྒྱ་དྲུག་ཅུ་ཡོད། 1908ལོར་དཔེ་དེབ་དེ་ཧ་ཞུའི་དམག་དཔོན་ཁོ་ཙེ་ལོའི་ཡིས་ཀྲུང་གོའི་ཧེ་ཧྲུའི་ཁྲེན་གྱི་གནའ་ཤུལ་ལས་འཕྲོག་འཁྱེར་བྱས།

The Revised and Newly Endorsed Code for the Designation of Reign "Celestial Prosperity", the code in Western Xia

Dynasty, was revised from the previous one in the year of Tiansheng (1149-1169) by Emperor Ren Zong Li Renxiao in Western Xia Dynasty. There were originally twenty chapters in the book; nineteen chapters with 1460 articles are saved with the sixteenth chapter lost. In 1908, the book was snatched from Khara-Khoto Ruins of China by the Russia officer Kozlov.

天珠 西藏三宝之一，又称"天眼珠"，主要产地在西藏等地。是一种稀有宝石。天珠为九眼石页岩，含有玉质及玛瑙成分。

གཟི། བོད་ཀྱི་རིན་ཆེན་རྣམ་གསུམ་གྱི་ནང་གསེས་ཤིག གཟི་མིག་རྒྱང་ཟེར། བོད་ཁུལ་གཙོ་བོ་བོད་ཡིན། དེའི་ཐང་དཀོན་པའི་རིན་པོ་ཆེ་ཞིག་ཡིན། གཟི་ལས་གཟི་མིག་དགུ་པ་སྦྲགས་ཏུ་རྩ་ཆེ། དེའི་ནང་དུ་གཡང་ཏེ་དང་མ་ནཱ་ཉིའི་སྒྲུབ་ཆ་འདུས་ཡོད།

Dzi bead, also called "sky eye bead", is one of the three Tibetan treasures, whose main producing place is Tibetan. It is a kind of rare gems. Dzi bead is the shale of Jiuyan stone, containing elements of jade and agate.

天主教 基督宗教的主要宗派之一。又称"公教"。在基督宗教的所有公教会之中，罗马公教会的会众最为庞大。因此"公教会"一词往往指的是"与罗马教宗共融的天主教会"，目前天主教会也是所有基督宗教的教会中最为庞大的教会。中国的部分少数民族信奉该教。

གཙང་བདག་ཆོས་ལུགས། ཡེ་ཤུའི་ཆོས་ལུགས་ཀྱི་གཙུག་ཆོས་ཚོགས་ཀྱི་ནང་གསེས་རྡོ་ཀྱི་ཆོས་ལུགས་ཤིག་ཅེས་ཀྱང་འབོད། ཡེ་ཤུའི་ཆོས་ལུགས་ཀྱི་གཙུག་ཆོས་ཚོགས་ཀྱི་ནང་། རོམ་གྱི་ཆོས་ལུགས་ནི་ཆེ་ཆེ་བ་ཡིན་པས། གཙུག་ཆོས་ཚོགས་ཀྱི་ཚ་བརྡ་དེ་ཕལ་ཆེར་རོམ་གྱི་ཆོས་ཚོགས་དང་གཅིག་ཏུ་གནས་པའི་གནམ་བདག་ཆོས་ལུགས་ལ་གོ། མིག་སྔར་གནམ་བདག་ཆོས་ཚོགས་ནི་ཡེ་ཤུའི་ཆོས་ལུགས་ནང་གི་ཆེ་ཆེ་བ་ཡིན། རྒྱུང་གོའི་གྱང་ཞུང་མི་རིགས་འགའ་ཤས་ཀྱང་ཆོས་ལུགས་འདི་ལ་དད་པ་བྱེད།

Catholicism, one of the main sects of Christianity, is also known as "Catholic". In all sects of Christianity, the Roman Catholic Church has most members. Therefore, the term "the Catholic Church" often refers to the "Catholic Church communion with the supreme pontiff". Currently the Catholic Church is the biggest one in all Christianity churches. Some of China's ethnic minorities believe in this religion.

田官等级 解放前西双版纳傣族封建领主集团按官员职务地位高低分封土地和俸禄的等级。

ཞིང་དཔོན་རིམ་པ། བཅིངས་འགྲོལ་མ་བྱུང་གོང་གི་ཇྲང་པན་ནའི་ཏའི་རིགས་ཀྱི་སྲོལ་རྒྱུན་འགོ་དཔོན་ཆོས་དཔོན་གནས་མཐོ་དམན་གྱི་རིམ་པ་ལྟར་ས་ཞིང་དང་བགོ་བདག་སྤྱལ་བྱེད་པའི་རིམ་པ་ཞིག་ཡིན།

Land and official rank Land and salary were partitioned and given according to the officials' ranks and duties by feudal lords in the Dai people of Xishuangbanna before liberation.

铁保（1752—1824） 清官吏、文人。清代四大书法家之一。满洲正黄旗人。乾隆三十七年（1772）进士。其优于文学，长于书法，词翰并美。为《八旗通志》总裁，《白山诗介》主编。自己的作品则编为《惟清斋全集》，刻有《惟清斋帖》。曾任吏部尚书、两江总督等要职。

ཐིའེ་པའོ། （༡༧༥༢—༡༨༢༤） ཆེན་རྒྱལ་རབས་ཀྱི་དཔོན་པོ་དང་རིག་གནས་པ་ཞིག་ཆེན་རྒྱལ་རབས་ཀྱི་ཡིག་གཟུགས་མཁས་ཆེན་བཞིའི་གྲས་སུ་ཡོད། མན་ཇུའི་དར་སེར་གྱི་མི་ཡིན། ཆན་ལུང་ཁྲི་ལོའི་སོ་བདུན་པར་ （༡༧༧༢） ཅིན་ཏྲེའི་རྒྱུགས་འཕྲོད། ཚིག་དང་ཡིག་གཟུགས་ཚིགས་སྦྱོར་ལ་མཁས་ཤིང་། 《དར་ཚོ་བརྒྱད་ཀྱི་དེབ་ཐེར》 གྱི་སྤྱི་འདོམས་པ་དང་། 《པའེ་ཧྲན་སྙན་འགྲེལ》 གྱི་གཙོ་སྒྲིག་པ་ཡིན། རང་ཉིད་ཀྱི་བརྩམས་ཆོས་《སྙིང་ལམ་དགར་པོའི་དཔེ་ཆགས》 སུ་སྒྲིག་པ་དང་། 《སྙིང་ལམ་དགར་པོའི་བྲིས་གཟུགས》 བཀོད་ཡོད། སྲིན་ལི་པང་ཤང་ཧུའི་དང་གཙང་པོ་གཉིས་ཀྱི་སྤྱི་དཔོན་སོགས་ཀྱི་གོ་གནས་བཞེས།

Tie Bao (1752-1824) was an official, literary man, and one of the four calligraphers in the Qing Dynasty. He was a Manchu of the Plain Yellow Banner, and a successful candidate in the highest imperial examinations in the thirty-seventh year (1772) in the regin of Emperor Qianlong. He was good at literature, calligraphy, words and writing. He was the president of *General History of the Eight Banners*, and chief editor of *Recommendation of Baishan's Poems*. His own works were compiled into *Compete Collection of Poems of Weiqingzhai*. He also had written a calligraphy book named *Inscriptions in Weiqingzhai*. He ever held some important posts, such as "minister of the civil chancery", "governor-general" of Jiangnan and Jiangxi provinces and so on.

铁虎清册 藏历铁虎年（1830），西藏地方政府为增加财政收入，解决差赋负担不平衡的问题，对西藏卫、藏、塔工、绒等地区部分宗谿（旧西藏的县和庄园）的土地的差赋进行了清查，并将清查结果报西藏噶厦政府审核，加盖印章制定清册。它成为噶厦政府长期税赋征纳的基本依据。

ལྕགས་སྟག་ལོའི་བཤེར་ཡིག་ བོད་རྩིས་ལྕགས་སྟག་ལོར་ （༡༨༣༠） བོད་ས་གནས་སྲིད་གཞུང་གིས་དངུལ་གྱི་ཡོང་སྒོ་འཚར་བསྐྲུན་དང་། ཁྲལ་འུ་ལག་མི་སྙོམས་པའི་གནད་དོན་ཐག་གཅོད་ཆེད་དབུས་དང་གཙང་། ཐར་སྐང་། རོང་སོགས་ཀྱི་ས་གནས་འགའི་རྫོང་གཞིས་ （བོད་ཀྱི་གནའ་བོའི་རྫོང་དང་གཞིས་ཀ） ཀྱི་ས་ཡི་ཁྲལ་འུ་ཞིབ་བཤེར་བྱས་པ་མ་ཟད། ཞིབ་བཤེར་མཇུག་འབྲས་བཀའ་ཤག་སྲིད་གཞུང་ལ་སྙན་ཞུ་ཕུལ་ཞིང་། བཀའ་ཤག་སྲིད་གཞུང་གིས་བསྐྱར་ཞིབ་གནང་རྗེས་ཐམ་ག་བརྒྱབ་ནས་བཤེར་ཡིག་ཏུ་བཟོས། དེའི་དུས་ཡུན་རིང་པོར་བཀའ་ཤག་སྲིད་གཞུང་གིས་ཁྲལ་འུ་བསྡུ་བའི་རྩ་བའི་གཞི་འཛིན་ས་ཡིན།

An Inventory of the Year of the Iron-Tiger In the year of Iron Tiger (in 1830) of lunar calendar used by the Tibetans, in order to increase revenue, to solve the problem of unbalanced tax, the Tibetan local government checked taxes of the land in some Dzongshi (old Tibetan county and manor) in U-Tsang, Back Tibet, Tagong, Rong area in Tibet, and the inventory results were presented to Kashag government in Tibet. After examination and verification, the Kashag government made an inventory and put the stamp on it. It became the fundamental basis for the Kashag government to levy tax for a long term.

铁勒 中国古代北方民族。又称"狄历""丁零""敕勒""高车"等。隋代起作为除突厥以外的突厥系民族的通称。隋时铁勒各部游牧于东至独洛河（今蒙古土拉河）以北、西至西海（今里海）的广大地区。

ཐིའི་ལེ། གྱང་གོའི་གནའ་རབས་བྱང་ཕྱོགས་ཀྱི་མི་རིགས་ཤིག གྲུ་ཡིག་ལྟར་ལྡེ་ལི་དང་ཏིང་ལིང་། ཁྲི་ལེ། གའོ་ཁྲེ་སོགས་འབོད་ལུགས་སྣ་འཛོམ་ལུགས་མང་པོ་ཡོད། སུའི་རྒྱལ་རབས་སྐབས་ནས་གུ་གུ་རུད་པའི་གུ་གུ་དང་འབྲེལ་ཡོད་ཀྱི་མི་རིགས་ཚང་མའི་སྤྱི་མིང་། སུའི་རྒྱལ་རབས་དུས་སུ་ཐིའི་ལེའི་ཚོ་པ་རྣམས་ཤར་དུ་ཧུའུ་ལོའོ་ཆུའི་(དེང་གི་སོག་པོའི་ཐུ་ལ་ཆུ་བོ) བྱང་དང་། ནུབ་ཏུ་ནུབ་མཚོའི་(དེང་གི་ལི་མཚོ) བར་གྱི་རྒྱ་ཆེ་བའི་ས་ཁུལ་དུ་བའི་འཚོ་བར་རོལ།

Tiele, a northern ethnic group in ancient China, was also known as "Dili", "Dingling", "Chile", "Gaoche" and so on. It had been the general name for Ethnic Turks except for the Turks since the Sui Dynasty. In the Sui Dynasty, Tiele tribes nomadized in the areas east to the northern part of Duluo River (now Tura River in Mongolia) and west to the vast areas around the Western Sea (now the Caspian Sea).

通古斯巴什古城 古代城址。曾是唐安西都护府属下的一处重要军镇。位于新疆新和县西南。城垣残高6米，周长约1000米。经挖掘，城内有房屋遗迹、木器、布巾、鞋履、胡麻籽、油饼等物，并有唐代的文书残纸。

ཐང་གུའུ་སི་པ་ཇི་གནའ་མཁར། གནའ་བོའི་མཁར་ཤུལ། དང་ཐོག་ཨན་ཞིའི་བདེ་སྲུང་ལས་ཁུངས་མངའ་འོག་གི་དགའ་རྩེ་གལ་ཆེན་ཞིག་ཡིན། ཞིན་ཅང་ཞིན་ཧྭེ་རྫོང་གི་ལྷོ་ནུབ་ཏུ་ཡོད། སུལ་ལྷག་མཁར་ཚིག་གི་མཐོ་ཚད་ལྷ་སྦྱར་མཐའ་འཁོར་གྱི་རིང་ཚད་ནི་སྤྱི་ལེ་༡༠༠༠ཡོད། མཁར་གྱུལ་དུ་བརྐོ་བསྒྲུབ་བྱས་ཚེ་དེའི་ནང་དུ་ཁང་ཤུལ་དང་ཤིང་ཆ། བག་རས། སྐམ། ཟར་མ། ཚལ་གྱིས་གོལས་ཀྱི་དངོས་པོ་དང་། ཐང་རྒྱལ་རབས་སྐབས་ཀྱི་ཚོམ་དེབ་ལྷག་དུལ་བཅས་སྟོར་བྱུང་བྱུང་།

Ancient city of Tunguska, relic of the ancient city, was a significant military town subordinated to Anxi Protectorate (the jurisdiction of a protector) in the Tang Dynasty. It is located in the southwest of Xinjiang County in Xinjiang with six-meter-high residual walls and circumference of about 1,000 metres. In the process of excavating houses relics, wood ware, linen, footwear, linseed, deep-fried dough cake and other objects had been found in the city, including instruments and residual paper documents in the Tang Dynasty.

通济监 西夏管理铸钱的官署。始设于西夏仁宗天盛十年（1158）。所铸钱有银、铜、铁3种，文字有西夏文、汉文两种。

དངུལ་རྒྱགས་ལྟ་སྐུལ་བ། མི་ཉག་གི་དངུལ་ལོར་བརྒྱགས་པའི་དོ་དམ་དཔོན་གནས་ཤིག མི་ཉག་རེན་ཙུང་ཐན་ཅིན་ཁྲི་ལོ་བཅུ་པར་（༡༡༥༨）བཙུགས། བརྒྱགས་པའི་དངུལ་ལོར་དངུལ་དང་ཟངས་ལྕགས་

བཅས་རིགས་གསུམ་ཡོད་པ་དང་། དེའི་ཐོག་གི་ཡིག་རིགས་ལ་ཨང་ཡིག་དང་མི་ཉག་ཡི་གེ་བཅས་གཉིས་ཡོད།

Director of Tongji was an imperial officer in charge of minting coins in the Western Xia Dynasty. It was set at the tenth year (1158) of the Western Xia Dynasty when Emperor Renzong was in the reign. The coins were silver, copper and iron with Tangut script and Chinese characters.

通政院 元官署名。掌驿传。元太宗初年（1229）始设站赤。至元七年（1270），置诸站都统领使司，总管各驿站。十三年（1276），改称通政院。后多次改置、废置、复置。

སྲིད་འབྲེལ་སྲིད། ཡོན་རྒྱལ་རབས་ཀྱི་དཔོན་གནས་ཤིག སྲུངས་ཚོང་བདག་གཉེར་པ། ཡོན་རྒྱལ་རབས་ཐའེ་ཙུའུ་ཁྲི་ལོ་དཔོ་ལ་ས་ཚུགས་བཙུགས་མགོ་བཙུགས། ནས་ཡོན་རྒྱལ་རབས་ཀྱི་ཁྲི་ལོ་བདུན་པའི་（1270）བར་དུ་སྲུངས་ཚོང་པོ་འ་ཚོང་མ་དབང་དུ་བསྡུས་ཤིང་། ས་ཚུགས་སོ་སོའི་སྦྱི་ཁྱབ་བདག་གཉེར་ཚུགས། ཡོན་རྒྱལ་རབས་ཁྲི་ལོ་བཅུ་གསུམ་པར་（1276）སྲིད་འབྲེལ་སྲིད་དུ་མིང་བརྗེས། ཕྱིས་སུ་བསྒྱུར་གཏོར་བསྒྱུར་འཇོགས་ཐེངས་མང་པོར་བཏང་།

Office of Transmission (an agency of the Ministry of War), name of government office in the Yuan Dynasty, was in charge of postal delivery. At the first several years, Emperor Taizong of Yuan set courier station. In the seventh years of Yuan (1270), a general administrative office was set to administrate all the courier stations. In the thirteenth year (1276), they were renamed Office of Transmission. After that, it was changed, abandoned and reset over and over again.

同化政策 同化在社会学上是指个人或团体，被融入非原本但具社会支配地位的民族传统文化的过程。同化政策是统治民族的统治阶级为实行强迫同化而对其他被统治民族采取的政策。

འདྲ་བསྒྱུར་སྲིད་ཇུས། སྤྱི་ཚོགས་རིག་པའི་ཐོད་དུ་འདྲ་བསྒྱུར་ནི་མི་སྒེར་རམ་ཚོགས་པ་བཙན་དང་ལ་ཡིན་པའི་ཐོག་ནས་སུ་ཐིམ་སྟེ། རང་གི་སྔོན་རྒྱུན་རིག་གནས་རིང་བཞིན་ཞེས་རྒྱུད་དུ་ཡིན་པའི་གོ་རིམ་ཞིག་བསྟན། འདྲ་བསྒྱུར་སྲིད་ཇུས་འདི་ནི་དབང་སྒྱུར་གྱི་རིམ་གྱིས་མི་རིགས་གཞན་རྣམས་རང་མི་རིགས་སུ་བསྒྱུར་བའི་ཆེད་དུ་སྤྱེལ་བའི་སྲིད་ཇུས་ཤིག་ཡིན།

Assimilation policy Assimilation, in sociology, means the process in which individuals or groups are integrated into the traditional ethnic culture that is non-original, but has social dominance. Assimilation policy is the one used by the ruling class of the dominant nation for the implementation of assimilation of the ruled class.

同心县清真大寺 宁夏现存历史久远、规模较大的清真寺之一。相传始建于明初。位于同心县旧城内，占地4500平方米。清同治年间遭破坏，光绪年间重建。

ཐུང་ཞིན་རྫོང་དབྱི་སི་ལན་ཆོས་ཁང་ཆེན་མོ། ཞིན་ཞན་ཡོད་པའི་ལོ་རྒྱུས་ཆེས་རིང་བ་དང་། གནས་རྒྱ་ཆུང་ཆེ་བའི་དབྱི་སི་ལན་ཆོས་ཁང་ཞིག མིང་རྒྱལ་རབས་ཀྱི་དུས་སྟོང་དུ་བཙུགས་པའི་བཤད་ཚུལ་ཡོད། ཞིན་ཞ་ཐུང་ཞིན་རྫོང་གི་མཁར་རྙིང་ཁྲོང་ངོར་ཡོད། སྨྱི་བཞིའི་༤༥༠༠ཡོད། ཆིང་རྒྱལ་རབས་ཐུང་ཀྱི་ཁྲི་ལོ་འཕྲོ་བཞིག་ཏུ་སོང་བ་དང་། ཀོང་ཞིའི་ཁྲི་ལོར་བསྐྱར

གསོ་བྱས།

Tongxin Great Mosque is one of the largest extant mosques with the longest history in Ningxia. According to the legend, it was built during the early Ming Dynasty. It is located within the old city of Tongxin County in Ningxia, covering an area of 4,500 square meters. It was destroyed during the reign of Tongzhi, and was rebuilt during the reign of Guangxu.

《同音》 中国西夏文字书。亦称《音同》。西夏党项人令六犬长和啰瑞灵长等于西夏早期编纂。后屡经修订，至少有 5 种版本，传世的有两种刻本，都是蝴蝶装。此书为研究西夏语言、文字的重要文献。

《སྒྲ་མཉམ》 གུང་གོའི་མི་ཉག་ཡིག་གེའི་དཔེ་ཆ་ཞིག མི་ཉག་ཏང་ཞང་པ་ལིང་ལིའི་ཚོང་ཁྱང་དང་ལོའོ་རུའི་ལིང་ཁྱང་སོགས་ཀྱིས་མི་ཉག་དུས་རབས་སྔ་མར་སྒྲིག་ཚོམ་བྱས། རྗེས་སུ་བཟོ་བཅོས་གང་མང་བྱས་ཏེ་ཉུང་མཐར་པར་གཞི་རིགས་ལྔ་དང་། གྲགས་ཆེ་བའི་པར་ཡིག་རིགས་གཉིས་ཡོད། དེ་དག་ཚང་མར་བྱེ་ལེབ་ཀྱི་མདོག་གིས་བཅུན་ཡོད། དཔེ་ཆ་འདིའི་ནི་མི་ཉག་གི་སྐད་ཆ་དང་ཡི་གེ་ལ་ཞིབ་འཇུག་བྱེད་པའི་ཡིག་ཆ་གལ་ཆེན་ཞིག་ཡིན།

***Homophones* (sound same)**, a text book in the Western Xia Dynasty in China, is also known as *Yintong* (sound same). It was codified by the Tangut Lingliu Quanchang and Luorui Lingchang in early Western Xia. After that it was revised many times, and there were at least five versions. Two block-printed editions were handed down with the butterfly format. The book is an important document for the study of the Western Xia language and writing.

同元藏文网 2000 年在兰州开通。它以同元藏文视窗平台为藏文文字信息交换基础，由藏文字处理软件支持。主要介绍藏族历史、语言、文化、宗教、医学、民俗风情、绘画艺术、高原风光等内容。

ཐུང་ཡོན་བོད་ཡིག་དྲ་རྩགས། ༢༠༠༠ལོར་ལན་གྲུའུ་རྫོང་བྱེ། ཐུང་ཡོན་བོད་ཡིག་གི་སྟེགས་བུ་བོད་ཀྱི་ཡི་གེའི་བརྡ་འཕྲིན་ལ་བརྒྱུ་གཞིའི་འདིང་བ་དང་། བོད་ཡིག་སྒྲིག་སྟོར་གྱི་གཉེན་ཆས་ལ་རམ་འདེགས་བྱེད། གཙོ་བོར་བོད་ཀྱི་ལོ་རྒྱུས་དང་སྐད་རིགས། རིག་གནས། ཆོས་ལུགས། གསོ་རིག ཡུལ་སྲོལ་གོམས་གཤིས། རི་མོའི་སྒྱུ་རྩལ། མཐོ་སྒང་གི་ཡུལ་ལྗོངས་སོགས་ངོ་སྤྲོད་བྱེད་པར་སྦོགས་འདུས་ཡོད།

Tongyuan Tibetan Language Net was opened in Lanzhou (capital of Gansu province) in 2000. The Tibetan windows platform was the basis for Tibetan message exchange, and the net was supported by Tibetan word processing software. It focuses on introducing Tibetan history, language, culture, religion, medicine, folk customs, painting, highland scenery and so on.

头曼城 匈奴城名。秦汉之际匈奴头曼单于（冒顿单于之父）驻牧地及匈奴部落联盟的统治中心。该城位于今内蒙古包头市东。

ཐོའུ་མན་མཁར། ཧུན་ནུའི་ཡི་མཁར་ཞིག་གི་མིང་། ཆིན་དང་ཧན་རྒྱལ་རབས་ཀྱི་དུས་སུ་ཧུན་ནུའི་ཐོའུ་མན་ཐན་ཡུས་(མོའོ་ཏུའི་ཐན་ཡུས་ཀྱི་ཡབ) ཀྱི་འབྲོག་སྡོད་ཁུལ་དང་ཧུན་ནུའི་མཚན་འབྲེལ་ཚོ་པའི་དབང་བསྒྱུར་ལྟེ་གནས། དེ་ནང་ནང་སོག་པའི་ཕོའུ་ཐོང་ཁྲིར་

ཀྱི་ཤར་དུ་གནས་ཡོད།

Touman city, name for a Xiongnu city, was pastures on which Touman Chanyu (father of Modu Chanyu) of Xiongnu stationed, and centers in which tribal alliance of Xiongnu ruled in the Qin and Han Dynasty. It was located in today's East Baotou of Inner Mongolia.

头目公 解放前广东连南八排瑶村寨首领的称谓之一。

བོུའུ་མུའུ་ཀུང་། བཅིངས་འགྲོལ་སྔོན་གོང་ཏུང་ལན་ནན་པའི་པའི་ཡུལ་སྡེའི་འགོ་དཔོན་གྱི་འབོད་ཚུལ་ཞིག

Toumugong (chieftain) was one of the titles for chiefs in Eight Pai villages in Liannan County of Guangdong province before liberation.

头人 民主改革前，一些少数民族地区首领的汉称。一般多为世袭，也有由土司或地方政府指派，由当地富人担任，或通过当地传统的选举形式产生。头人有大小之分，享有一定的特权。

མགོ་བ། དམངས་གཙོ་བཅོས་བསྒྱུར་སྔོན་དུ་གྲུ་མིས་གྲངས་ཉུང་མི་རིགས་ས་ཁུལ་གྱི་མགོ་དཔོན་གྱི་འབོད་ཚུལ་ཞིག མང་ཆེ་བ་ཁྲིམ་བདག་ཆེ་བའི་རྒྱུད་འཛིན་བྱེད་མཁན་ནམ་ས་བདག་དང་། ས་གནས་སྲིད་གཞུང་གིས་མངགས་པའི་མི་ཡིན། ཡང་། ས་གནས་ཤུགས་བདག་གི་མིའམ་ས་གནས་ཀྱི་སྲོལ་རྒྱུན་གདེང་བསྐལ་ལས་བྱུང་བའི་མིས་འགན་འཛིན། མགོ་བ་ལ་ཆེ་ཆུང་གི་དབྱེ་བ་ཡོད་པ་དང་། དམིགས་བསལ་གྱི་དབང་ཆ་ཡང་འགའ་རེ་ཡོད།

Headman was the Chinese name for chiefs in some ethnic minority areas before the democratic reform. Hereditary was more generally seen. Some were assigned by the chieftain or local government, and the title was often held by the well-off local people. Some were selected by the traditional local election. Headmen had different ranks, enjoying certain privileges.

突厥 古族名、汗国名。广义指操突厥语的部落或民族，狭义指突厥汗国。

གུ་གུ། གནའ་བོའི་མི་རིགས་ཤིག རྒྱལ་མེད་ལ་ཁན་ཟེར། སྐད་ཡངས་འཇུག་ཏུ་གུ་གུའི་སྐད་བཤད་པའི་ཚོ་པ་དང་མི་རིགས་ལ་ཟེར། སྐད་དོག་འཇུག་ཏུ་གུ་གུ་ཧན་རྒྱལ་ཁབ་ལ་གོ

Turk is the name of an ancient ethnic group, and is also the name of a Khanate in China. In the broad sense, it refers to the tribes or ethnic groups who speak Turkic; in the narrow sense, it refers to Turk Khanate.

突厥文 7 至 10 世纪突厥、回鹘、黠戛斯（见"坚昆"词条）等族使用的拼音文字。通行于鄂尔浑河流域、叶尼塞河流域以及今中国新疆、甘肃的一些地方。突厥文所用字母数一般认为有 38～40 个。行款一般从左至右横写。

གུ་གུའི་ཡི་གེ དུས་རབས་༧ནས་༡༠ཡི་བར་དུ་གུ་གུ་དང་ཧུའུ་ཧུའུ། ཅི་ག་སི།（ཨན་ཁུན་གྱི་ཚིག་ལ་ལྟོས）བོགས་མི་རིགས་ཀྱིས་བེད་སྤྱོད་པའི་སྒྲ་སྦྱོར་ཡི་གེ་ཞིག་ཡིན། ཨུ་ཨར་ཧུའུ་ཆུ་བོའི་འབབ་རྒྱུད་དང་ཡེ་ནིའུ་སའི་ཆུ་བོའི་འབབ་བརྒྱུད། གྱུང་གོའི་ཞིན་ཅང་དང་། གན་སུའུ་ཞིང་ཆེན་ཁོངས་ཀྱིས་གནས་འགའ་ཡིས་བགོལ་སྤྱོད་བྱེད་བཞིན་ཡོད། སྤྱིར་གུ་གུའི་ཡི་གེ་ལ་གསལ་བྱེད་༣༨—༤༠ཡོད་པར་འདོད་ལ་ཡི་གེ་རྣམས་གཡོན་ནས་གཡས་སུ་འབྲི་བཞིན་ཡོད།

Turkic script was alphabetic writing used

by Turk, Uighur, Kirghiz (see the entry Jiankun) and other ethnic groups from the seventh to the tenth centuries. It was used in the Orkhon River Basin, the Yenisei River Basin and in some places in today's Xinjiang, Gansu province of China. It is generally believed that there are 38 to 40 alphabets in Turkic script. Words are written horizontally from left to right in general.

《突厥语词典》 中国古代用阿拉伯语解释突厥语的综合性知识辞书。维吾尔族学者马赫穆德·喀什噶尔编著。成书于1072—1074年。8卷，收录词目7500条。所收词目按门类、词根编排。介绍了11世纪时突厥语民族的历史、地理、语言、文学、文化、政治、军事、天文、历法等方面的知识。

《བྲུ་གུའི་སྐད་ཀྱི་ཚིག་མཛོད》 གུང་གོའི་གནའ་རབས་སུ་ཨ་རབ་སྐད་ཀྱིས་བྲུ་གུའི་སྐད་རིགས་མཆན་འགྲེལ་བྱས་པའི་ཕྱོགས་བསྡུས་རང་བཞིན་ཅན་གྱི་ཚིག་མཛོད་ཅིག་ཡིན། ཡུ་གུར་གྱི་མཁས་པ་མ་ཧུ་མུད་ཁ་ཧུ་གར་གྱིས་བསྒྲིགས་བྱུང་། ༡༠༧༢ནས་༡༠༧༤བར་དཔེ་ཆའི་ཚོགས་ཤིགས་གྲུབ་བྱུང་། པོད་ཏི་འདོད་ཡོད། ཚིག་འདུ་དེ་དག་རིགས་འདུ་དང་ཚིག་ཀང་ལ་བསྒྲུབ་ནས་གོ་རིམ་སྒྲིག་སྲོལ། དུས་རབས་༡༡བསྐོས་ཀྱི་བྲུ་གུའི་མི་རིགས་ཀྱི་ལོ་རྒྱུས་དང་། ཁམས། སྐད་རིགས། རྩོམ་རིགས། ཆབ་སྲིད། དམག་དོན། གནམ་རིག། སྐར་རྩིས་སོགས་ཀྱི་ཤེས་བྱ་དོ་སྟོན་བྱས་ཡོད།

Turkic Dictionary, a Chinese Ancient Turkic book with comprehensive knowledge interpreted with Arabic, was written by Uyghur scholar Mahmud Kashgar. It was completed from 1072 to 1074 with 8 volumes and 7,500 entries. Entries were compiled according to the categories and lexical roots. It describes the knowledge of Turkic people' history, geography, language, literature, culture, politics, military, astronomy, calendar and so on in the 11th century.

突厥语族 阿尔泰语系中最大的一个分支，可以细分为40多种语言。语族内各成员语言非常相似，大都可以不用翻译互相沟通。分布：西起巴尔干半岛，东至西伯利亚东部的勒拿河，南临阿拉伯半岛，北至新西伯利亚群岛。

བྲུ་གུའི་སྐད་རིགས། ཨར་ཐའི་སྐད་ཁོངས་ནང་གི་ཆེས་ཆེ་བའི་ཡན་ལག་ཅིག་སྟེ། ཞིབ་ཕར་བགོས་ན་སྐད་རིགས་༤༠ལྷག་ཡོད་གྱུར་ཡོད། སྐད་ཁོངས་ནང་གི་ཚང་མཚོན་པ་ཐམས་ཅད་ཧ་ཅང་འདྲ་ཞིང་། ཕལ་ཆེར་སྒྱུར་ཀྱི་མི་དགོས་པར་ཕན་ཚུན་འབྲེལ་བ་བྱེད་ཐུབ། བགོས་འགྲེམས་བྱས་ན། ནུབ་ངོས་ནས་བརྩིས་ན་པར་ལོ་ཁན་གླིང་ཕྱེད། ཤར་ངོས་ནས་བརྩིས་ན་ཞི་པོར་ལི་ཡ་ཤར་ཁུལ་གྱི་ལི་ན་ཆུ་བོ། ལྷོ་ངོས་ནས་ཨ་རབ་གླིང་ཕྱེད་དུ་བཅར་བ་དང་། བྱང་ངོས་ནས་སར་ཞི་པོར་ལི་ཡ་གསར་པའི་གླིང་ཚོམ་སོགས་སུ་ཁྱབ་ཡོད།

Turkic language family, the largest branch Altaic language family, can be subdivided into more than 40 languages. Language members within the language family are so similar that in most cases, they can be used to communicate with each other without translation. Its distribution covers the areas in the west to Balkans, in the east to the Lena River of east Siberia, in the south close to the Arabian Peninsula, in the north to the New Siberian Islands.

图腾崇拜 "图腾"为印第安语音译，意为"亲属"和"标记"。图腾崇拜是将某种动物或植物等特定物体视作与本氏族有亲属或其他特殊关系的崇拜行为，是原始宗教的最初形式，大约出现在旧石器时代晚期。图腾形象主要出现在旗帜、族徽、衣饰、身体等处。

ཐུའུ་ཏེམ་དད་མོས། ཐུའུ་ཏེམ་ནི་དབྱིན་ཇི་ཨམ་སྐད་སྒྱུར་བསྒྱུར། གོ་དོན་གཞན་ཞེ་དང་རྟགས་མཚོན་ཡིན། ཐུའུ་ཏེམ་དད་མོས་ནི་སྲོག་ཆགས་དང་སྐྱེ་དངོས་ཀ་ཁ་མི་སོགས་དམིགས་བསལ་གྱི་དངོས་པོ་དག་མི་རིགས་འདིར་དང་འབྲེལ་དམིགས་བསལ་གྱི་འབྲེལ་བ་ཡོད་པར་ལྟ་བའི་དད་མོས་ཤིག་ཡིན། གཤེད་མའི་ཆོས་ལུགས་ཀྱི་ཆེས་ཐོག་མའི་རྣམ་པ་ཞིག་སྟེ་ཏུ་ལག་རྡོ་ཆས་སྙིང་པ་དུས་ཕྱིས་སུ་བྱུང་། ཐུའུ་ཏེམ་གྱི་རིས་གཟུགས་དེ་གཙོ་བོར་ཆ་དར། རིགས་ཀྱི་རྟགས། ག་པ། གོས་རྒྱན། ལུས་པོ་སོགས་སུ་མངོན་ཡོད།

Totem worship "Totem", transliteration from the Indian, means kinship and symbols. Totem worship was act of worship in which a particular object, such as an animal or plant was treated as relatives or other special relationship with this clan. It was the original form of primitive religion, and appeared about the late Paleolithic Period. Totem was mainly on the flags, national emblems, clothing, bodies and some other places.

图瓦人 自称"特瓦人"，是一个使用突厥语的族群。明朝时为兀良哈部落，清朝时被称作"阿尔泰乌梁海"或"唐努乌梁海"。现代图瓦人的主要聚居地在俄罗斯的图瓦共和国。亦有少量分布于中国新疆北部喀纳斯湖区域与蒙古国。中国的图瓦人属蒙古族。

ཐུའུ་ཝ་མི། གུ་གུའི་སྐད་སྒྱོག་པའི་མི་རིགས་ཤིག་ཡིན་ཞིང་རང་རབས་སུ་བོད་ལ་ཏའི་ཚོ་པ་ཞེར་ཞིང་། ཆིང་རབས་སུ་ཨར་ཐའི་སྨི་ནེས་ཧའི་དང་ཐང་ནོ་སྨི་ནེས་ཧའི་ཞེར། དེང་སང་གི་ཐུའུ་ཝ་མི་རིགས་གཙོ་བོར་ཨུ་རུ་སུའི་ཐུའུ་ཝ་མཐུན་རྒྱལ་ཁབ་ཏུ་འདུས་སྡོད་བྱས་ཡོད། ཡུན་གོས་ཞིག་གུང་གོའི་ཞིན་ཅང་བྱང་ཕྱོགས་ཀྱི་ཁན་སི་མཚོའི་ཁུལ་དང་སོག་པོ་རྒྱལ་ཁབ་ཏུ་གནས་ཡོད། གུང་གོའི་ཐུའུ་ཝའི་མི་རིགས་རིགས་ཀྱི་ལོང་གུ་གཏོགས།

Tuvas call themselves "Twa". They speak Turkic. They were Wuliangha tribe in the Ming Dynasty, and were called "Aimak of the Altai Urianghais" or "Territory of Tannu Urianghai" in the Qing Dynasty. Modern Tuvan people mainly settle in Tuva Republic in Russia. A small part of them live in regions around Kanas Lake in the northern part of Xinjiang in China and Mongolia. Tuvas in China belong to the Mongolian.

屠寄（1856—1921） 清末史学家、教育家、社会学家。原名庚，字敬山，江苏武进人。光绪十八年（1892）进士，曾入两广总督张之洞幕，任广东舆图局总纂，主修《广东舆地图》，并在广雅书局与缪荃孙等整理《宋会要》稿本，另著有《蒙兀儿史记》等。

ཐུའུ་ཅི།（1856—1921）ཆིང་མཇུག་གི་ལོ་རྒྱུས་རིག་པ་བ། སློབ་གསོ་བ། སྤྱི་ཚོགས་རིག་པ་བ། དུས་ལ་ཡུང་དང་། མིང་ཞིང་ཧྲན། ཅང་སུའུ་ཞུའུ་ཅིན་མི་ཡིན། གོང་ཞི་ལོ་བཅོ་བརྒྱད་པར་（1892）ཅིན་ཧྲིས་རྒྱུགས་འཕྲོད། སྟོན་དུ་གོང་གཉིས་ཁྱོན་གྱི་ཅུང་ཏུའུ་ཀྲང་ཀྲི་ཐུང་གི་ཡུང་ཀི་སྣང་དུ་ཞུགས་པ་དང་། ཀོང་ཏུང་གི་མཐའ་ཤལ་རི་མོ་ལས་ཀྱི་སྤྱི་སྒྲིག་པ་བཟུང་།

《ཀོང་ཏུང་མཐའ་ཁྱིལ་གྱི་རི་མོ》 ཞེས་བཅོས་བྱས། དེ་མིན་གོང་ཡ་དཔེ་ཁང་གི་མིའུ་ཆན་སུན་སོགས་དང་མཉམ་དུ་《སུང་རྡོན་གནད》 གྱི་མ་ཡིག་དག་བཅོས་བྱས། གཞན《སོག་པོའི་སྲང་ཨར་གྱི་ལོ་རྒྱུས་དེབ་ཐེར》སོགས་བྲིས་ཡོད།

Tu Ji (1856-1921), a historian, educator and sociologist in the late Qing Dynasty, whose former name was Yu, was also called Jingshan, and lived in Wujin District of Jiangsu province. He was a successful candidate in the highest imperial examinations in the eighteenth year (1892) when Guangxu was in reign. He once worked in general Zhang Zhidong's office in Guangdong and Guangxi provinces, and was chief editor of *Guangdong Map Bureau*, editing the *Map of Guangdong*. He finished collating the draft of *Official institutional history of the Song Dynasty* with Miu Quansun and others in Guangya bookstore, and he was writer of *Historical records of the Mongols* and so on.

土尔扈特部 蒙古旧部名。清代卫拉特蒙古四部之一。

ཐུན་ཨེར་ཧུའུ་ཐེ་ཚོ་པ། སོག་པོའི་གནའ་རབས་ཀྱི་ཚོ་པའི་མིང། ཆིང་རྒྱལ་རབས་དུས་ཀྱི་ཝེལ་ཐེ་སོག་པོའི་ཚོ་པ་བཞིའི་ནང་གི་གཅིག་ཡིན།

Torghut, old name for a Mongolian tribe, was one of the four major subgroups of the Four Oirats in the Qing Dynasty.

土家语 土家族使用的语言。属于汉藏语系藏缅语族，接近彝语支，分为南部方言和北部方言。主要分布于湘、鄂、渝、黔交界地带。除湘西土家族苗族自治州泸溪县潭溪乡的土家族操南部方言外，其余土家族均操北部方言。

ཐུའུ་ཅ་སྐད། ཐུའུ་ཅ་རིགས་ཀྱི་སྤྱོད་པའི་སྐད་ཆ། རྒྱ་བོད་སྐད་ཁོངས་ལས་བོད་འབར་སྐད་རིགས་ཀྱི་ཁོངས་གཏོགས། དབྱིན་སྐད་ལུགས་ལ་ཐག་ཉེ། དབྱེ་ན་སྟོད་ཁུལ་གྱི་ཡུལ་སྐད་དང་བྱང་ཁུལ་གྱི་ཡུལ་སྐད་གཉིས་ཡོད། ཞང་དང་ཨོ། ཡུས། ཆན་སོགས་ཀྱི་མཐའ་མཚམས་ས་ཁུལ་གཙོ་བོར་ཁྱབ་ཡོད། གཞན་ཞི་ཐུའུ་ཅ་རིགས་མིའོ་རིགས་རང་སྐྱོང་ཁུལ་ཡུན་ཞིང་རྫོང་ཐན་ཞི་ཞང་གི་ཐུའུ་ཅ་རིགས་ཀྱིས་སྟོད་ཁུལ་གྱི་ཡུལ་སྐད་བཀོལ་བ་ཕུད། ཐུའུ་ཅ་རིགས་གཞན་པ་ཚང་མས་བྱང་ཁུལ་གྱི་ཡུལ་སྐད་བཀོལ།

Tujia language, language spoken by the Tujia people, belongs to the Tibeto-Burman branch of Sino-Tibetan language, similar to Yi branch, and it is divided into southern and northern dialect. It is mainly spoken in border areas along Hunan, Hubei, Chongqing and Guizhou. Southern dialect is spoken by the Tujia people in Tanxi Township in Luxi County of Tujia and Miao Autonomous Prefecture in Xiangxi, and the rest of the Tujia people speak northern dialect.

土家族 中国的少数民族。主要分布于湘、鄂、渝、黔交界地带的武陵山区。人口8353912人（2010年）。族名"土家"，在当地汉语中是本地人的意思。自称"毕兹卡"，也意为本地人。通用汉语和土家语，无本族文字。崇拜祖先，信仰多神。主要从事农业，织绣艺术是传统工艺。

ཐུའུ་ཅ་རིགས། ཀྲུང་གོའི་གྲངས་ཉུང་མི་རིགས་ཤིག ཞང་དང་ཨོ། ཡུས། ཆན་སོགས་ཀྱི་མཐའ་མཚམས་ས་ཁུལ་

ཐུའུ་ཡིན་རེ། ཁྱོན་དུ་གཙོ་བོར་ཁྱབ་ཡོད། མི་གྲངས་
༨༣༥༣༩༡༢ (༢༠༡༢ལོ) ཡོད། མི་རིགས་ཀྱི་མིང་
ཐུའུ་ཅའི་རྒྱང་གི་ནང་དུ་གནས་དེའི་མི་ལ་ཟེར། རང་
གིས་རང་ལ་ཝེ་ཚེ་ཞེས་འབོད་ཅིང་དོན་ས་གནས་
རང་གི་མི་ཞེས་པ་ཡིན། རྒྱ་སྐད་དང་ཐུའུ་ཅ་སྐད་གཉིས་
ཀ་བེད་སྤྱོད་ཆེས་རིགས་རང་གི་ཡི་གེ་མེད། མེས་པོ་
དད་བཀུར་དང་། ལྷ་མང་ལ་དད་པ་ཡོད། གཙོ་བོ་ཞིང་
ལས་གཉེར་བ་དང་འཚེམ་འཐག་སྒྱུ་རྩལ་གྱི་སྒྲོལ་རྒྱུན་བཟོ་
རྩལ་ཡིན།

Tujia people, an ethnic minority in China with a population of 8,353,912 (2010), is mainly located in Wuling mountainous area around border region of Hunan, Hubei, Chongqing and Guizhou. The name "Tujia" means native people in the local Chinese. Tujia people call themselves "Vizca" with a meaning of native people. Chinese and Tujia language are in common use, and they do no have their written language. Tujia people worship their ancestors, and believe in polytheism. They are mainly engaged in agriculture, and embroidery art is their traditional handicraft.

土默特部 蒙古旧部名。明代为达延汗六万户之一，属右翼。

ཐུའུ་མོ་ཐེ་ཚོ་པ། སོག་པོའི་གནའ་བོའི་ཚོ་པ་ཞིག་གི་
མིང་། མིང་རྒྱལ་རབས་སྐབས་ཏ་ཡན་རྒྱལ་པོའི་ཁྲི་སྟོང་དྲུག་
གི་ཡ་གྱལ་ཞིག་ཡིན། གཡས་དྲུའི་དམག་ཁོངས་
སུ་གཏོགས།

Tumed Tribe, old name for a Mongolia tribe, was one of the six million households of Dayan Khan in the Ming Dynasty, and was the right wing.

土木之变 历史事件。1449年蒙古瓦剌部落太师也先的部队进攻明朝，明英宗在宦官的蛊惑下率军亲征。出居庸关，行至土木堡（今河北怀来东），两军会战，明军全军覆没，明英宗被瓦剌军俘虏。史称"土木之变"。

ས་ཤིང་དུས་འགྱུར། ལོ་རྒྱུས་དོན་རྐྱེན། ༡༤༤༩ལོར་
སོག་པོའི་ཁ་ལ་ཚོ་པའི་ཐའེ་ཇི་ཡན་གུན་གྱི་དམག་གིས་
མིང་རྒྱལ་རབས་ལ་འཚོག་རྐྱོབ་བྱས་ཤིང་། མིང་དབྱིན་ཙུང་
ཞུག་དུས་པའི་སྐུལ་བྱེད་འོག་སྐུ་དངོས་ཀྱིས་དམག་ཁྲིད་
དོང་། ཅུན་ཡུང་འགོག་སྒོ་བརྒྱུད་དེ་ས་ཤིང་བཙན་རྫོང་
དུ་སླེབས་རྗེས། (དེང་གི་ཧོ་པེའི་ཧོའེ་ལའེ་ཤར) ཕྱོགས་
གཉིས་ཀས་དམག་འཐབ་དྲག་པོ་སྤྱེལ་བ་དང་། མིང་གི་
དམག་ཚོགས་མ་ལུས་བཏང་ཞིང་མིང་ཡིན་ཙུང་ཕྲང་ཡང་
དམག་གིས་གསོན་བཟུང་བྱས་པ་དེའི་ལོ་རྒྱུས་སུ་ས་ཤིང་
དུས་འགྱུར་ཟེར།

Tumu Incident was a historical event. In 1449, forces of grand preceptor Esen in Wala tribes of Mongol attacked the Ming Dynasty and Emperor Yingzong headed the troops by himself under the encouragement of aeunuch. The troops came out of Juyongguan, and then to Tumu Fort (now East Huailai of Hebei province), where the two troops fought against each other. The army of the Ming Dynasty was annihilated, and Emperor Yingzong was captured by the Wala army. It was known as Tumu Incident in history.

土司 元、明、清各朝设置，用于封授给西南、西北地区的少数民族部族首领的世袭官职。土司"世有其地、世管其民、世统其兵、世袭其职、世治其所、世入其流、世受其封"。

ཡུལ་དཔོན། ཡོད་དང་མིད། ཆེད་རྒྱལ་རབས་བཅས་སོ་སོས་བཅུགས། སྟོབ་ནུབ་དང་ནུབ་བྱང་ས་ཁུལ་གྱི་གྲངས་ཉུང་མི་རིགས་ཚོ་བའི་དཔོན་པོ་ལ་གནང་བའི་རྒྱུད་འཛིན་ཆག་པའི་དཔོན་གནས་ཞིག་ཡིན། ས་དེའི་ས་དང་། དེའི་འབངས། ས་དེའི་དམག ས་དེའི་འགག ས་དེའི་དབང་། ས་དེའི་དཔོན་གནས་བསྐོའི་ཆང་མ་ཡུལ་དཔོན་གྱིས་རབས་རབས་ལ་འཁྱུར་བའོ། །

Chieftain was a hereditary official position granted to the minority tribal leaders in southwest and northwest regions, set in the Yuan, Ming and Qing Dynasties. Chieftain "has his land, governs his people, commands his soldiers, passes down his official position, rules his place, takes his official title and hereditary grants" forever.

土司制度 封建王朝在西南、西北少数民族地区，通过分封地方首领、世袭官职，以统治当地人民的一种特殊政治制度。效仿唐代的羁縻制度。政治上巩固其统治，经济上让原来的生产方式维持下去，满足于征收纳贡。是从政治和经济两方面管理少数民族的制度。

ཡུལ་དཔོན་ལམ་ལུགས། བཀའ་བཀོད་རྒྱལ་འཛིན། རྒྱལ་རབས་ཀྱིས་རྫོང་ནུབ་དང་ནུབ་བྱང་ང་ཁུལ་དུ། གནས་དཔོན་པོ་དབོས་བཀོས་དང་དཔོན་རྒྱུད་འཛིན་གྱི་ས་གནས་མི་དམངས་དབང་བསྒྱུར་བྱེད་པའི་ཕན་མིན་གྱི་ཆབ་སྲིད་ལམ་ལུགས་ཤིག སྟར་བཞིན་ཐང་རྒྱལ་རབས་དུས་ཀྱི་ཅིང་མི་ལམ་ལུགས་ལ་དཔེའི་བླངས་ཡོད། ཆབ་སྲིད་ཐོག་དབང་བསྒྱུར་བ་བརྟན་དང་དཔལ་འབྱོར་ཐོག་ནས་སྟོང་གི་ཐོན་སྐྱེད་ཐབས་ཤུགས་མུ་མཐུད་དུ་རྒྱུན་འཛིན་བྱེད་དུ་བཅུགས་ཏེ། ཁྲལ་དངོས་བསྡུ་བ་ཙམ་གྱིས་

Chieftain system, a particular political system of appointing national minority hereditary headmen in feudal Dynasty in the southwest and northwest minority areas, was used to rule local people by local feudal princes and hereditary officers. It followed the yoke of oppression system in the Tang Dynasty. The system consolidated its political domination, and sustained the original mode of economic production to meet the levy tribute. It was a system of administering ethnic minorities from the political and economic aspects.

土王城遗址 俗称"万全洞"。位于湖北鹤峰县。遗址隔河与悬崖绝壁对峙，有洞深约70米，可容千人。昔容美土司田舜年曾在此大事营建，末代土司田明如据此抗拒清廷"改土归流"，1733年败亡。现洞内建筑毁废，洞口壁间所刻有关拒避朝廷征剿事百余字尚存。

ཐུའུ་ཝང་མཁར་གྱི་གནའ་ཤུལ། གྲོང་སྐད་དུ་ཀྱུན་འདུས་དོང་ཟེར། ཧུའུ་པེ་ཧུ་ཕུན་རྫོང་ན་ཡོད། གནའ་ཤུལ་དང་བྲག་གཟར་གཉིས་ཁ་སྤྲོད་དུ་ཡོད་ཅིང་བར་དུ་ཆུ་བོ་ཞིག་ཀྱང་ཡོད། དོང་གཅིག་ལ་ཟབ་ཚད་སྐྱི༧༠ཡོད། མི སྟོང་ཚམ་ཤོང་ཐུབ། ཞི་རུང་མེ་ཡུལ་དཔོན་གྱིས་ཐན་ཧྲུན་ཉན་གྱིས་ས་གནས་འདིར་བཟོ་སྐྲུན་ཆེན་པོ་འདི་བྱས། ཡུལ་དཔོན་ཆེས་མཇུག་མ་ཐེན་མིང་རུའུ་ཡིས་གནས་འདི་ནས་ཅིང་སྲིད་གཞུང་གི་སྲི་དཔོན་འཇོམས་ནས་གཏུན་དཔོན་གཏོང་བའི་སྲིད་ཇུས་ལ་རྒོལ་རྡུང་བྱས་ཀྱང་། ༡༧༣༣ལོར་ཕམ། དེ་དང་ནན་གྱི་འཇིགས་སྐྲུན་ཆད་མར་གཏོར་

བཀྲག་ཤོར་ནའང་། དོང་སྨྱུའི་ཞེབས་དོར་ཆེད་སྲིད་གཞུང་གིས་དམག་བཙུགས་ཀྱི་དོན་ལ་ཡི་གེ་བརྒྱ་ལྷག་བསྐོས་ཡོད་པ་དང་དུང་ལྷག་ཡོད།

Tuwang Ancient City Site, known as "Wanquan Cave", was located in Hefeng County of Hubei province. The cliff is on the other side of the river. The cave is about 70 meters deep, and can accommodate thousands of people. Rong Mei Chieftain Tian Shunnian once constructed military camps in the cave on a large scale, and the last chieftain Tian Mingru stationed his force there to resist the reform of "introducing the ordinary system of the Qing Government to replace the direct governance by an hereditary chieftain", but failed in 1733. Buildings inside the cave are now destroyed and ruined, and hundreds of words, carved on the intramural wall at the entrance of the cave, are still there, describing events about fighting against and hiding from the Qing military troops.

土族 中国的少数民族。主要聚居在青海的互助土族自治县以及民和、大通等县，其余散居在同仁、乐都、门源以及甘肃的天祝等地。人口289565人（2010年）。有本族语言，无传统文字，1979年创制拼音文字。信奉藏传佛教。经营农业为主，兼营牧业、林业和园艺业。

ཏོར་རིགས། གྱུང་གོའི་གྲངས་ཉུང་མི་རིགས་ཤིག མཆོ་སྔོན་ཞིང་ཆེན་གྱི་ཧུའུ་ཀྲུའུ་ཏོར་རིགས་རང་སྐྱོང་རྫོང་དང་མིན་ཧོ། ད་ཐུང་རྫོང་སོགས་སུ་གཙོ་བོར་ཁྱབ་པ་དང་། གཞན་རིབ་གོང་དང་ལྡུང་མདོ། རྒྱ་མདོ་དང་གན་སུའུ་ཞིང་ཆེན་གྱི་དཔལ་རིས་སོགས་སུའང་ཐོར་བུར་ཁྱབ་ཡོད། མི་གྲངས་༢༨༩༥༦༥ (༢༠༡༠) ཡོད། རང་མི་རིགས་ཀྱི་སྐད་ཡོད་ཀྱང་སྲོལ་རྒྱུན་གྱི་ཡི་གེ་མེད། ༡༩༧༩ལོར་སྒྲ་སྦྱོར་ཡི་གེ་ཞིག་གསར་གཏོད་བྱས། བོད་བརྒྱུད་ནང་བསྟན་ལ་དད་པ་བྱེད། ཞིང་ལས་གཙོ་བོར་གཉེར་བ་དང་ཕྱོར་དུ་འབྲོག་ལས་དང་ནགས་ལས། ལྱམ་རའི་ལག་རྩལ་གྱི་ལས་རིགས་སོགས་ཀྱང་གཉེར།

Tu people is an ethnic group in China with a population of 289,565 (2010). Tu people are mainly inhabited in Huzhu Tu Autonomous County, Minhe and Datong County in Qinghai province, and the rest in Tongren, Ledu, Menyuan, Tianzhu of Gansu province and other places. They have their own language but have no traditional scripts, and they created a phonetic system in 1979. They believe in Tibetan Buddhism. Agriculture is their main business; they are concurrently engaged in animal husbandry, forestry and horticulture.

土族语 土族使用的语言。又称"蒙古尔"语。属阿尔泰语系蒙古语族。分布在中国青海省东部和甘肃省西部地区，以青海省互助土族自治县和民和回族土族自治县最集中。分互助方言和民和方言。

ཏོར་སྐད། ཏོར་རིགས་ཀྱིས་སྤྱོད་པའི་སྐད་ཆ། མོང་གོར་སྐད་ཅེས་ཀྱང་ཟེར། ཨར་ཐའི་སྐད་ཁོངས་ཀྱི་སོག་པོའི་སྐད་རིགས། གྱུང་གོའི་མཚོ་སྔོན་ཞིང་ཆེན་གྱི་ཤར་ཁུལ་དང་གན་སུའུ་ཞིང་ཆེན་གྱི་ནུབ་ཁུལ་དུ་བཅའ་སྡོད་བྱས་ཡོད། མཚོ་སྔོན་ཞིང་ཆེན་གྱི་ཧུའུ་ཀྲུའུ་ཏོར་རིགས་རང་སྐྱོང་རྫོང་

དང་རྙིང་བོ་ཧུའི་རིགས་ཏོར་རིགས་རང་སྐྱོང་རྫོང་དུ་འདུས་སྡོད་ཆེས་མང་བ་ཡིན། ཧུའུ་གྱུའུ་ཡུལ་སྐད་དང་རྙིང་བོའི་ཡུལ་སྐད་གཉིས་སུ་དབྱེ་བའོ།

Tu language, spoken by Tu people, is also known as "Mongour" language, Mongolian branch of Altaic language family. It is spoken by people in the regions of eastern Qinghai province, and western Gansu province in China, mainly in Qinghai Huzhu Tu Autonomous County and Minhe Hui and Tu Autonomous County. It is divided into Huzhu dialect and Minhe dialect.

吐蕃等处宣慰使司都元帅府 元代管理藏族聚居地区军政事务的地方机关之一。隶宣政院。辖区大致为今甘、青藏族聚居地区及部分四川藏族聚居地区。

ཁྲ་བྱོད་སོགས་ཀྱི་ཁྱུའུ་གསལ་བསྐུགས་ཁྲིམས་དཔོན་དམག་སྤྱི་ཁང་། ཡོན་རྒྱལ་རབས་སྐབས་ཀྱི་བོད་ཁུལ་གྱི་དམག་སྲིད་ལས་དོན་དོ་དམ་བྱེད་པའི་གནས་ལམ་ཁུངས་ཤིག་ཡིན། སྲིད་བསྐྱངས་ཁང་གི་ཁོངས་སུ་གཏོགས། མངའ་ཁུངས་ནི་དེང་གི་གན་སུའུ་དང་། མཚོ་སྔོན་གྱི་བོད་རིགས་ས་ཁུལ་ཆ་ཤས་བཅས་ཡིན།

Chief Military Commands in the Pacification Offices for Tubo and Other Regions, one of the local authorities in the Yuan Dynasty, managed military affairs in Tibetan areas. It was subordinated to the Commission for Buddhist and Tibetan Affairs. It administrated roughly today's Tibetan areas of Gansu and Qinghai provinces and parts of Tibetan areas of Sichuan province.

吐蕃等路宣慰使司都元帅府 元代管理藏族地区军政事务的地方机关之一。隶宣政院。辖区大致为今四川阿坝、甘孜两州的大部和西藏昌都地区的一部分。

ཁྲ་བྱོད་སོགས་ཀྱི་ཁྱུའུ་གསལ་བསྐུགས་ཁྲིམས་དཔོན་དམག་སྤྱི་ཁང་། ཡོན་རྒྱལ་རབས་སྐབས་ཀྱི་བོད་ཁུལ་གྱི་དམག་སྲིད་ལས་དོན་དོ་དམ་བྱེད་པའི་གནས་ལམ་ཁུངས་ཤིག་ཡིན། སྲིད་བསྐྱངས་ཁང་གི་ཁོངས་སུ་གཏོགས། མངའ་ཁུངས་ནི་དེང་གི་སི་ཁྲོན་དང་། དཀར་མཛེས་ཁུལ་གཉིས་ཀྱི་མང་ཆེ་བ་དང་བོད་ལྗོངས་ཆབ་མདོ་ས་ཁུལ་གྱི་ཆུང་ཤས་བཅས་ཡིན།

Chief Military Commands in the Pacification Offices for Tubo and Other Routes, one of the local authorities in the Yuan Dynasty, managed military affairs in Tibetan areas. It was subordinated to the Commission for Buddhist and Tibetan Affairs. It administrated roughly today's most parts of Aba and Garze Autonomous Prefecture and part of Changdu areas in Tibet Autonomous Region.

《吐蕃历史文书》 发现于敦煌千佛洞石室的吐蕃藏文手卷。为9世纪写本。手卷分3部分：1. 吐蕃大事纪年；2. 吐蕃赞普传记长编、大论位序表和民间古神话传说；3. 吐蕃各小邦邦伯、家臣和赞普世袭。原件现分藏于英国、法国。

《བོད་རྒྱལ་རབས་ཀྱི་ལོ་རྒྱུས་ཡིག་ཚ》 ཏུན་ཧོང་གི་སྟོང་སྐུའི་བྲག་ཕུག་ཏོ་ཁང་ནས་རྙེད་པའི་ཐུ་བྷོད་གནའ་རབས་ཀྱི་བོད་ཡིག་ལག་བྲིས་ཤོག་དྲིལ་ཞིག དུས་རབས་དགུ་པར་བྲིས་པ་ཞིག་ཡིན། ཤོག་དྲིལ་དེ་ལ་གསུམ་དུ་དབྱེའི་ཆོད། 1. ཐུ་བྷོད་དོན་ཆེན་གྱི་ལོ

ཚོགས་སྐོར། ༣. བུ་སྟོད་བཙན་པོའི་རྣམ་ཐར་སྒྲིག་སྦྱོར་
བྱས་པ་རིན་པོ་དང་པོ་དེ་ཆེན་པོའི་དཀར་ཆག་རེའུ་མིག
དམངས་ཁྲོད་ཀྱི་གནའ་པོའི་སྒྲུང་གཏམ། 3. བུ་སྟོད་ཀྱི་
རྒྱལ་ཕྲན་སོ་སོ་དང་ཁྱིམ་ལྡོན། བཙན་པོའི་གདུང་རྒྱུད་
བཅས་སོ། །ཨ་ཡིག་ད་ལྟ་དབྱིན་ཇི་དང་ཧྥ་རན་སིར་ཉར་
ཚགས་བྱས་ཡོད།

Tibetan Historical Documents from Dunhuang, Tibetan manuscripts found in the stone chamber of the Thousand-Buddha Cave in Dunhuang Grottoes, was written in the ninth century. It includes three parts: chronological record of Tibetan Events; series of Tibetan Tsenpo's biography, table of Daluns' ranks and civil ancient myths and legends; hereditary of earls, feudatories, and Tsenpos of each subordinate state in Tibet. Original documents are presently stored in the United Kingdom and France.

吐蕃王朝 建于青藏高原的古代藏族政权。7世纪初，松赞干布降服诸部，将首邑迁至今拉萨，创制文字，建立军政制度，颁布法律，建立起吐蕃王朝。此间佛教传入吐蕃。8世纪中叶，国力达到鼎盛时期。9世纪中叶，王室纷争，吐蕃陷于分裂直至灭亡。

བོད་བཙན་པོའི་རྒྱལ་རབས། མཚོ་བོད་མཐོ་སྒང་
དུ་བཙུགས་པའི་གནའ་རབས་བོད་ཀྱི་སྲིད་དབང་ཞིག
དུས་རབས་བདུན་པའི་དུས་མགོར་རྒྱལ་པོ་སྲོང་བཙན་
སྒམ་པོས་མ་མཐུན་བཞིའི་རྒྱལ་ཕྲན་རྣམས་དབང་དུ་བསྡུས
ཏེ་རྒྱལ་ས་ལྡེ་ན་སང་གི་ལྷ་སར་སྤོས། ཡི་གེ་གསར་དུ་
གཏོད་པ་དང་། དམག་སྲིད་ཀྱི་ལམ་ལུགས་བཙུགས་
ཁྲིམས་ལུགས་ཁྱབ་སྤེལ་སོགས་བྱས་ནས་གཅིག་གྱུར་
བོད་བཙན་པོའི་རྒྱལ་རབས་ཞིག་བཙུགས། སྐབས་དེར་
སངས་རྒྱས་ཆོས་ལུགས་བོད་དུ་དར། དུས་རབས་བཅུ་
པའི་དཀྱིལ་དུ་བོད་བཙན་པོའི་རྒྱལ་རབས་སྟོབས་ཤུགས་
ཀྱི་ཆེར་སོན། དུས་རབས་དགུ་པའི་དཀྱིལ་ནས་སྲིད་
དབང་ནང་ཁུལ་དུ་ཟིང་འཁྲུག་བྱུང་བས་རྒྱལ་ཁབ་ཕྱེ་
ཞིང་ཉམས་རྒུད་དུ་སོང་།

Tubo Dynasty, the ancient Tibetan regime built in Qinghai-Tibet Plateau. In the early seventh century, Songtsen Gampo subjugated other tribes, and moved its capital to Lhasa, created scripts, built military regime, enacted legislation, and founded the Dynasty. During this period of time, Tibetan Buddhism was introduced into Tubo. In the mid-18th century, the country reached its height of power and splendor. In the mid-19th century, the royal families had strife with each other, resulting into split and demise of the Dynasty.

吐谷浑 中国古代西北民族及其所建国名。本为辽东鲜卑慕容部的一支。西晋末，首领吐谷浑率部西迁到枹罕（今甘肃临夏）。后扩展，统治了今青海、甘南和四川西北地区的羌、氐部落，建立国家。至其孙叶延，始以祖名为族名、国号。

འའ། ཀྲུང་གོའི་གནའ་རབས་ནུབ་བྱང་ཁྱུལ་གྱི་མི་རིགས་
དང་དེས་བཙུགས་པའི་རྒྱལ་ཁབ་ཅིག དང་ཐོག་ལིའོ་
ཤར་གྱི་ཞེན་པའི་མུའུ་རུང་ཚོ་པའི་ཡན་ལག་ཅིག་ཡིན།
ཅིན་རྒྱལ་རབས་ནུབ་མའི་མཇུག་ཏུ་འའི་དཔོན་པོ་
དང་གི་ཚོ་པ་ཁྲིད་དེ་ནུབ་ཕྱོགས་ཕའུ་ཧན་ལ་སྤོས་（དེང་
གི་ཀན་སུའུ་ཁྲ།）། རྗེས་སུ་སྟོབས་ཤུགས་རྒྱས་ཏེ་དེང་
གི་མཚོ་སྔོན་དང་། ཀན་སྲོ། ཟི་ཁྲོན་ནུབ་བྱང་ཁྱུལ་གྱི་

ཆརད་དང་ཧྲིའི་ཚོ་པ་མའང་འོག་ཏུ་བསྡུས་ནས་རྒྱལ་ཁབ་
བཙུགས། ཁོང་གི་ཚ་བོ་ཡེ་ཡིན་ལ་ཕྱུག་པའི་བར་དུ་མེས་
པོའི་མིང་མི་རིགས་དང་རྒྱལ་ཁབ་ཀྱི་མིང་དུ་བཏགས།

Tuyuhun was the name for a northwest ethnic group in ancient China and name for the country founded by it. It was a branch of the Xianbei Murong in eastern and southern parts of Liaoning province. At the end of the Western Jin Dynasty, the leader Tuyuhun led his troops westward to Fuhan County (today's Linxia City in Gansu). Later he expanded and ruled Qiang and Di tribes in today's Qinghai, Tibetan Autonomous Prefecture of Gannan and Northwestern Sichuan, founded the country. Since his grandson Ye Yan, the country used its ancestral family name as the nationality name and country name.

推进民族事务信息化建设 政策性规划。由2012年国务院颁布的《少数民族事业"十二五"规划》提出：依托政务网络，基本实现省级以上政府民族工作部门的互联互通，然后逐级实现网络互联，并对多语种信息服务、应用系统建设、民族关系分析评估、民族地区经济社会发展监测、政府信息公开及服务等提出要求。

མི་རིགས་ཀྱི་ལས་དོན་ཆ་འཕྲིན་ཅན་དུ་སྐུལ་བའི་ལས་གཞི། སྤྱིད་ཧྲུ་རང་བཞིན་གྱི་ཧྲུས་འགོད་ཅིག་ཡིན། ༢༠༡༢ལོར་རྒྱལ་སྲིད་སྤྱི་ཁྱབ་ཁང་གིས་ཁྱབ་བསྒྲགས་བྱས་པའི《གྲངས་ཉུང་མི་རིགས་ཀྱི་ལས་དོན་བཅུ་གཉིས་ལྔའི་ཐུན་འགོད》དུ་བྱེད་དོན་གྱི་དུ་བར་གཏན་འབེབས་བྱེད། ཞིང་ཆེན་རིམ་པ་ཡན་ཆད་ཀྱི་སྲིད་གཞུང་གི་མི་རིགས་ལས་དོན་སྡེ་ཚན་ཁག་གི་པར་འཕྲུལ་འཕྲུལ་བར་བྱེད། དེ་མཐུད་ཕན་འབྲེལ་དྲ་བ་རིམ་གྱིས་མཐོང་འགྱུར་འབྱུང་བར་བྱེད། མ་ཟད་སྐད་རིགས་སྣ་མང་གི་བརྡ་འཕྲིན་ལ་ཞབས་ཞུ་དང་བེད་སྤྱོད་ཀྱི་མ་ལག་འཛུགས་སྐྲུན་བྱེད་པ་དང་། མི་རིགས་འབྲེལ་བར་དབྱེ་ཞིབ་གདེང་འཇོག་བྱེད་པ། མི་རིགས་ས་ཁུལ་གྱི་དཔལ་འབྱོར་དང་སྤྱི་ཚོགས་འཕེལ་རྒྱས་ལ་ལྟ་སྐུལ་མཛོད་པ། སྲིད་གཞུང་གི་བརྡ་འཕྲིན་གསལ་བསྒྲགས་དང་ཞབས་ཞུ་བཅས་ཀྱི་རེ་འདུན་བཏོན་པ་བཅས་སོ།

Plan to promote information construction of ethnic affairs is a policy plan in China, proposed in *the 12th Five-year Plan for Development of Undertakings Related to Ethnic Minority Groups* and issued by State Council in 2012. The plan includes the following aspects: relying on government network, basically to achieve interoperability of departments above provincial level and then step by step to achieve network interconnection. It put forward some requirements on multilingual information services, application system construction, ethnic relations analysis and evaluation, economic and social development monitoring in ethnic areas, government information disclosure and services and so on.

退牧还草工程 我国在2003年启动的生态建设工程。是通过围栏建设、补播改良以及禁牧、休牧、划区轮牧等措施，恢复草原植被，改善草原生态，促进草原生态与畜牧业协调发展的一项工程。

ཡུགས་དོར་རྩྭ་སྦྱོང་གི་ལས་གཞི། རང་རྒྱལ་གྱི་ ༢༠༠༣ ལོར་སྤེལ་བའི་སྐྱེ་ཁམས་བཟོ་སྐྲུན་གྱི་ལས་གཞི་ཞིག་ཡིན། དེ་ནི་ར་བསྐོར་གྱི་འཛུགས་སྐྲུན་དང་། རྩྭ་འདེབས་ཁ་གསར་དང་བཙོན་བསྐྱར། ཡུགས་འཚོ་བ་འགོག་པ། ཡུགས་འཚོ་བ་མཚམས་འཇོག་པ། རྩིས་བགོས་ནས་ཡུགས་འཚོ་བ་བཅས་ཀྱི་བྱེད་ཐབས་ལ་བརྟེན་ནས་རྩྭ་ཐང་སྟོ་ཁེབས་བསྐྱར་གསོ། རྩྭ་ཐང་གི་སྐྱེ་དངོས་དང་བཅས་བསྐྱར། རྩྭ་ཐང་གི་སྐྱེ་དངོས་དང་ཡུགས་ལས་བར་མཐུན་སྦྱོར་སྤེལ་བའི་ལས་གཞི་ཞིག་ཡིན།

Project of returning grazing lands to grasslands, an ecological construction project, started in 2003 in China. It was a project to restore grassland vegetation, to improve grassland ecology and to promote the coordinated development of grassland ecology and animal husbandry by taking some measures, such as building fences, reseeding, prohibiting grazing, prohibiting grazing periodically, grazing rotationally and so on.

吞弥·桑布扎（生卒年不详） 藏文创制者。据藏族史书记载：7世纪时，他被吐蕃赞普松赞干布派往印度留学。学成返藏后，参照梵文字体创制了藏文。著有《文字变化法则》等8部语法著作，并翻译了佛经20多种。

ཐོན་མི་སམྦྷོ་ཊ། (འཁྲུངས་འདས་ལོ་ཚིགས་གསལ) བོད་ཡིག་གསར་བཟོ་མཁན། བོད་ཀྱི་གནའ་རབས་ལོ་རྒྱུས་ལས། དུས་རབས་བདུན་པའི་སྐབས་སུ་བཙན་པོ་སྲོང་བཙན་སྒམ་པོས་ཁོ་གར་ལ་སློབ་སྦྱོང་བྱེད་དུ་མངགས། བོད་ལ་ཕྱིར་སྐྱེབས་རྗེས། ལེགས་སྦྱར་ཡི་གེར་དཔེར་བཟོས་ནས་བོད་ཡིག་གསར་གཏོད་དང་། 《ཡུང་སྟོན་པ་རྩ་བ་གསུམ་ཅུ་པ》 ལ་སོགས་པའི་བརྡ་སྤྲོད་ཀྱི་གཞུང་ལུགས་བརྒྱད་བཅོམས། གཞན་ཆོས་གཞུང་སྣ་ཁ་༢༠ ལྷག་ཙམ་བོད་ཡིག་ཏུ་བསྒྱུར།

Thonmi Sambhota (birth and death dates are unknown) was the inventor of the Tibetan script. According to Tibetan historical records, in the seventh century, he was sent by Tibetan Tsenpo Songtsen Gampo to India to study. After finishing his study, he returned to Tibet, and created the Tibetan script by referring to Sanskrit. He wrote eight grammar books such as *Rules of Changes in Tibetan Script* and he translated over twenty kinds of Buddhist scriptures.

屯垦戍边 意为"驻扎下来开垦田地，守卫边疆"。是以国防为主要目的而实行的一种土地制度。历史上以军屯和民屯为主。在西汉时期就开始"置校尉，屯田渠犁"。唐朝、清朝，均在西域大规模屯田。1954年"新疆军区生产建设兵团"成立，标志我国现代屯垦戍边制度进入新时期。

ས་སྦྱང་ཞིང་འདེབས། དོན་ལ་བཤད་ན། སྟོང་བྱེད་བཞིན་ཞིང་འདེབས་ཤིང་མཐའ་མཚམས་སྲུང་བ། གཙོ་བོ་རྒྱལ་སྲུང་ལ་དམིགས་ནས་ལག་བསྟར་བྱེད་པའི་ས་ཞིང་ལམ་ལུགས་ཤིག་ཡིན། ལོ་རྒྱུས་ཐོག་ཏུ་དམག་འདུས་དང་དམངས་འབུ་ནི་ཏུ་ཙང་གལ་ཆེ་བ་ཞིག་ཡིན། ཧན་རྒྱལ་རབས་ཉུན་མའི་སྐབས་ནས་བཟུང་དམག་དཔོན་སྟོང་སར་བཀའ་ཞིང་བསྡུག་གི་འགོ་ཚུགས། ཐང་རྒྱལ་རབས་དང་། ཅིང་རྒྱལ་རབས་སོགས་ཀྱིས་ཡུང་ཞུན་ཡུལ་ཞིང་གཞི་རྒྱ་ཆེན་པོས་སྤེལ། ༡༩༥༤ ལོར་ཞིན་ཅང་དམག་ཁུལ་ཏུ་ཐོན་སྐྱེད་འཛུགས་སྐྲུན་གྱི་དམག་དཔུང་

བཅུགས། དེས་རང་རྒྱལ་གྱིས་སྲུང་ཞིང་འདེབས་ཀྱི་ལས་ ཡུལ་དུས་སྐབས་གསར་པ་ཞིག་ལ་སྦྱངས་པ་མཚོན།

Stationing garrison troops to cultivate and guard its border areas meaning "station own and open up wasteland for farming to guard the frontier", is a land system with national defense as its main purpose. In history, it was mainly carried out by troops and civilians. Early in the Western Han Dynasty, "military officer was set, wasteland was opened up and grain was plowed". Wasteland was opened up in the Western Regions on a large scale both in the Tang and Qing Dynasty. In 1954, "Production and Construction Corps in the Xinjiang Military Region" was established, marking the beginning of a new era of modern system of stationing garrison troops to cultivate and guard its border areas.

屯田 中国封建社会为解决军队给养或税粮所实行的一种土地制度。主要分军屯、民屯和商屯等。始于西汉，后历代沿用。狭义的屯田指民屯和军屯，即利用士兵和农民垦种荒地，以取得军队供养和税粮。商屯亦称"盐屯"，是明朝盐商为了便于在边境地区纳粮换盐而办的屯垦，属民屯性质。

དམག་སྟོན་ཞིང་འདེབས། གྱུང་གོའི་བཀའ་བཀོད་ རྒྱུད་འཛིན་སྤྱི་ཚོགས་ཀྱི་དམག་དཔུང་གི་བཟའ་གཏད་ འབྲི་རིགས་ཐབས་ཚོང་བྱེད་པའི་ས་ཞིང་ལས་ཡུལ་ཞིག་ ཡིན། དམག་འདྲ་དང་དམངས་འདྲ། ཚོང་འདྲ་སོགས་ སུ་དབྱེ་ཡོད། ཧན་ནུབ་མའི་རྒྱལ་རབས་ནས་དར་ཞིང་ རྒྱལ་རབས་སོ་སོས་རྒྱུན་འཛིན་བྱས། སྟག་དོག་འཇུག་གི་ དབང་དུ་བྱས་ན་དམག་སྟོན་ཞིང་འདེབས་ནི་དམག་འདྲ་ དང་དམངས་འདྲི་སྟེ་དམག་དཔུང་དང་ཞི་དམངས་ལ་ ཚོ་ཞིང་འདེབས་བྱེད་དུ་བཅུག་ནས། དམག་གསོ་དང་ འབྲུ་ཁྲལ་བསྡུ་ཐུབ་པའོ། །ཚོང་འདྲ་ལའང་ཚྭ་འདྲ་ཟེར་ ཞིང་རྒྱལ་རབས་ཀྱི་ཚྭའི་ཚོང་བས་མཐའ་ཁུལ་དུ་འབྲུ་ཚྭ་ བརྗེ་བའི་བའི་ཆེད་དུ་བཅུགས་པའི་དམག་སྟོན་ཞིང་ འདེབས་ཆིག་ཡིན། དེ་ནི་དམངས་འབྲུའི་རོ་ བོར་གཏོགས།

Military agro-colonies, a land system in Chinese feudal society to solve the problem of army subsistence or grain taxes, was mainly carried out by troops, civilians and merchants, etc. It began in the Western Han Dynasty, the successive dynasties followed it. Narrowly speaking, it refers to cultivating lands by troops and civilians, that is, soldiers and peasants were asked to open up wasteland in order to obtain military support and taxes. Cultivation by merchants, also called "cultivation by the salt merchants", was carried out by salt merchants in the Ming Dynasty in the border area in order to facilitate the exchange of salt and taxes paying. It has the nature of cultivation by civilians.

驮羊 藏系绵羊的一种。高大健壮，可负重。主要分布于西藏那曲地区、阿里地区及日喀则地区，是牧民和农区、集镇居民进行货物交换的辅助交通工具。驮羊主要驮盐巴、糌粑、茶叶、酥油等生活必需品。

ཁལ་ལུག བོད་རྒྱུད་ལུག་གི་རིགས་ཤིག་ཡིན། གཟུགས་

པོ་ཚལ་སྟོབས་དང་ལྡན། །ཁལ་ཕྱི་མོ་འགལ་ཕྱུག ། གཙོ་བོ་
བོད་སྟོངས་བྱང་ཁུལ་ནག་ཆུས་ཁུལ་དང་མངའ་རིས་ས་
ཁུལ། གཞིས་ཀ་རྩེ་ཁུལ་བཅས་སུ་ཁྱབ་ཡོད། འགྲོ་བ་
དང་རོལ་དུ་ཚོང་ཟོག་བརྗེ་རེས་སྐབས་རམ་འདེགས་
ཀྱི་འགྲིམ་འགྲུལ་ལག་ཆ་ཡིན། དེ་ལ་གཙོ་བོ་ཚྭ་དང་རྩམ་
པ། ཇ་བློ། མར་སོགས་འཚོ་བའི་མཁོ་ཆས་འགེལ།

Pack Sheep belongs to Tibetan sheep. Being tall and strong, they can carry lots of things. Pack sheep are mainly distributed in Naqu Prefecture, Ali Prefecture, and Shigatse Prefecture. The herdsmen let the sheep carry goods to the markets to exchange with the farmers or the residents in the farming areas or in the towns. Pack sheep mainly carry the basic necessities such as salt, tsampa, tea, yak butter and so on.

拓跋氏 古代鲜卑族的一支。以部为氏。初在大兴安岭北端东麓游牧，后进据匈奴故地。258年首领拓跋力微迁居盛乐（今内蒙古和林格尔县西北土城子）发展。拓跋部的一部分在东晋十六国时期南迁中原，后建立北魏，孝文帝推行汉化政策而改拓跋为元姓。留在漠北的拓跋部发展成为柔然。

བྱོན་པ་རིགས་རྒྱུད། གནའ་བོའི་ཞེན་པའི་རིགས་ཀྱི་
ཡན་ལག་ཅིག་ཡིན། ཚོ་པ་སྤྱིར་རིགས་རྒྱུད་འབྱེད། དང་
ཐོག་ཞི་ཡན་ལིན་ཆེ་བའི་བྱང་སྟེའི་ཤར་ཕྱོགས་ཀྱི་རི་སྐྱེད་
དུ་འབྲོག་པའི་འཚོ་བར་རོལ། ཕྱིས་སུ་ཧུན་ནུའི་ཡུལ་སྟོན་
སྟོད་གནས་འཕོས། ༢༥༨ལོར་འགོ་འགོ་དཔོན་ཐོར་པ་ལི་ཝིན་
གྱིས་ཉིན་ལི།（དེང་གི་ནང་སོག་དང་ལིན་གར་རྡོང་གི་
ནུབ་བྱང་གི་གྲོང་ཁྱེར་སྟེང་ཙིང་པ།）ཡི་ཕྱོགས་སུ་འཕེལ་རྒྱས་
བཏང་། ཐུན་པ་ཚོ་པའི་ཕྱོགས། ལག་གཅིག་ཅིན་རྒྱལ་
རབས་ཤར་མའི་རྒྱལ་ཕྲན་བཅུ་དྲུག་སྐབས་རྒྱང་ཡོན་གྱི་
སྟོང་སྟོད། རྗེས་སུ་ཕྱིའི་རྒྱལ་རབས་བྱང་མ་བཙུགས་ཏེ།
ཞའོ་ཐུན་རྒྱལ་པོས་རྒྱ་བསྒྱུར་སྲིད་ཇུས་སྲེལ་ཞིང་ཐུན་པའི་
རུས་ཡོན་དུ་བསྒྱུར། བྱང་ཕྱོགས་ཏེ་ཁྱེལ་དུ་ལྷག་པའི་ཐུན་
པ་ཚོ་པ་དེ་རྡུར་རན་དུ་འཕེལ།

Tuoba clan, one branch of Xianbei ethnic group in ancient times, had the clan name as their family name. At first, they nomadized in the eastern foothill of northern part of Greater Khingan Mountains. Later they moved to the home region of Xiongnu. In 258, leader Tuoba Liwei moved to Shengle (today's Tuchengzi in northwestern Horinger County of Inner Mongolia) and developed the clan. Part of the Tuoba clan moved south to central China during the Sixteen States Period, and later established the Northern Wei Dynasty. Emperor Xiaowen implemented Hanization policy and changed the family name Tuoba into Yuan. Tuoba clan in Mobei developed into Rouran ethnic group.

W

佤德昂语支 南亚语系孟-高棉语族语支之一。主要分布在中国的云南省和缅甸。包括佤、德昂、布朗等语言。

དབའ་དེ་ཨང་སྐད་ལག ཡ་སྦྱོར་རྩོ་མའི་སྐད་ཁོངས་ཀྱི་མོན་ཁམེར་སྐད་རིགས་ཀྱི་སྐད་ལག་ཅིག་ཡིན། གཙོ་བོ་གྲུང་གོའི་ཡུན་ནན་ཞིང་ཆེན་དང་དབའ་མར་བྱུང་ཡོད། དེའི་ཁོངས་སུ་དབའ་དང་དེ་ཨང་། བུའུ་ལང་སོགས་ཀྱི་སྐད་རིགས་འདུ།

Va-De'ang language branch is one branch of Mon-Khmer languages of Austro-Asiatic language family. It is mainly spoken by people in Yunnan province of China and Burma. It includes Va, De'ang, Bulang and other languages.

佤语 佤族人使用的语言。属南亚语系孟-高棉语族佤德昂语支。在中国主要分布于云南的沧源、西盟以及孟连、澜沧、双江、耿马和永德等县。分巴饶克、佤、阿佤3个方言。缅甸佤人也使用与中国佤语大体相同的语言。

དབའ་སྐད། དབའ་རིགས་ཀྱིས་སྤྱོད་པའི་སྐད་ཀ། ཡ་སྦྱོར་རྩོ་མའི་སྐད་ཁོངས་དང་མུན་གའེ་མེར་སྐད་རིགས་དབའ་དེ་ཨང་སྐད་ལག་གི་ཁོངས་སུ་གཏོགས། གྲུང་གོའི་ཡུན་ནན་གྱི་ཚང་ཡོད་དང་ཞི་མོན། ཧུའུ་བཅས་ཀྱི་རྫོང་དང་། ལན་ཚང་དང་གཱན་མ། ཡོངས་དེ་བཅས་ཀྱི་རྫོང་ལ་ཡོད། པ་རའོ་ཀེ་དང་དབའ། ཨ་དབའ་བཅས་ལུགས་སྐད་གསུམ་དུ་སྦྱེ་ཡོད། འབར་མའི་དབའ་སྐད་དང་

Va language, spoken by people of Va ethnic group, belongs to Va-De'ang language branch of Mon-Khmer languages of Austro-Asiatic language family. In China, it is mainly spoken by people in Cangyuan and Ximeng Va Ethnic Autonomous County, and Menglian, Lancang, Shuangjiang, Gengma, Yongde and other counties of Yunnan province. It includes three dialects: Parauk, Va and Ava dialect. Va people in Burma speak much the same language as those in China.

佤族 中国的少数民族。主要分布在云南的沧源、西盟、澜沧、孟连、双江、耿马、永德、镇康等县，即澜沧江和萨尔温江之间、怒山山脉南段的"阿佤山区"。人口429709人（2010年）。有本族语言，无原始文字。过去信仰多神及万物有灵。属农业民族。在缅甸还分布有佤族人。

དབའ་རིགས། གྲུང་གོའི་གྲངས་ཆུང་མི་རིགས། གཙོ་བོ་ཡུན་ནན་གྱི་ཚང་ཡོན་དང་ཞི་མོན། མོན་ལན་ལན། ཚང་། རྱང་ཅང་། གན་མ། ཡུན་དེ། ཀྱིན་ཁང་སོགས་ཀྱི་རྫོང་དུ་ཁྱབ་ཡོད། ཧ་ཆུ་དང་མར་ཧུན་གཙང་པོའི་དབར། ནུའུ་ཧན་རི་རྒྱུད་ཀྱི་ལྷོ་རྒྱུད་ཀྱི་ཨ་དབའ་རི་ཁུལ་བཅས་སུའང་ཁྱབ་ཡོད། མི་གྲངས་ ༤༢༩༧༠༩ （༢༠༡༠ལོ）ཡོད། རང་རིགས་ཀྱི་སྐད་ཡོད་ལ་གདོད་མའི་ཡི་གེ་མེད། སྔོན་ཆད་ལྷ་མང་དང་དངོས་པོ་ཚང་མ་ལ་རྣམ་ཤེས་ཡོད་པར་འདོད་དེ་དད་བཀུར་བྱེད། ཞིང་ལས་གཉེར་བའི་མི་རིགས་ཡིན། འབར་མ་དང་འཕགས་སྦྱོངས་སུའང་དབའ་པ་ཁ་ཤས་བྱུང་ཡོད།

Va people, a Chinese ethnic group with a

population of 429,709 (2010), mainly inhabit in Cangyuan and Ximeng Va Ethnic Autonomous County, and Menglian, Lancang, Shuangjiang, Gengma, Yongde and other counties of Yunnan province, that is, regions between the Lancang River and the Salween River, and "Ava mountain" in southern section of Nu mountains. Va people have their own language, but do not have written scripts. They used to believe in polytheism and animism. Va people mainly depends on agriculture. There are still Va people in Burma.

外八庙 河北承德避暑山庄东北部清代8座藏传佛教寺庙的总称。于清康熙五十二年（1713）至乾隆四十五年（1780）间陆续建成。当时，北京、承德共有40座直属理藩院的庙宇。因承德地处北京和长城以外，故称"外八庙"。

ཕྱིའི་དགོན་པ་བརྒྱད། ཧོ་པེ་ཞིན་ཏེ་བསིལ་ལྡན་རིའི་གྲོང་གི་བྱང་ཤར་ཁུལ་དུ་ཡོད་པའི་ཆིང་རྒྱལ་རབས་སྐབས་ཀྱི་བོད་རྒྱུད་ནང་བསྟན་ཆོས་ལུགས་ཀྱི་དགོན་པ་བརྒྱད་པོའི་སྤྱི་མིང་ཡིན། ཆིང་ཁང་ཞི་ལོ་ཉི་ཤུ་ལྔ་ཅུ་གཉིས་པ་(1713) ནས་ཆན་ལུང་བྱེ་ལོ་བཞི་བཅུ་ལྔ་(1780) བའི་བར་དུ་རིམ་བཞིན་བཏུད། སྐབས་དེར་པེ་ཅིན་དང་ཞིན་ཏེ་ལ་སྩོལ་པ་མཉམ་སྐྱོང་ཁང་དུ་གཏོགས་པའི་དགོན་པ་བཞི་བཅུ་ཡོད། ཞིན་ཏེའི་པེ་ཅིན་དང་ལྕགས་རི་རིང་པོའི་ཕྱི་ཡུལ་དུ་ཡོད་པས་ཕྱིའི་དགོན་པ་བརྒྱད་དུ་གྲགས།

Eight Outer Temples, general name for eight Tibetan Buddhist monasteries in the Qing Dynasty, were built in the northeast of the Summer Mountain Resort in Chengde City, Hebei province. From the fifth year of Emperor Kangxi (1713) in the Qing Dynasty to the forty-fifth year of Qianlong (1780), they were built up one after another. At that time, in Beijing and Chengde there were forty monasteries in total, directly subordinate to the Court of Territorial Affairs. Chengde City was located outside Beijing and the Great Wall, so they were called Eight Outer Temples.

外藏 1913—1914年在印度举行的西姆拉会议上，英国代表提出的企图把西藏从中国分割出去的地域概念。将当时的卫藏、阿里及西康一部分划为外藏。清政府拒绝接受。

ཕྱི་བོད། 1913—1914ལོར་རྒྱ་གར་འཛམ་གླིང་བའི་སྐྱིད་མོའི་གྲོས་ཚོགས་ཐོག་དབྱིན་ཇིའི་འཐུས་མིས་བོད་གྱུང་བོའི་མངའ་ཁོངས་ལས་གཅོད་པར་འདོད་པའི་ཁོངས་ཀྱི་ཤིང་རྟོག་ཅིག་ཡིན། སྐབས་དེའི་དབུས་གཙང་དང་མངའ་རིས། ཁམས་བྱང་གི་ས་ཁུལ་ཁ་ཤས་བཅད་དེ་ཕྱི་བོད་དུ་བགྱི། བོན་གྱུང་ཅིང་སྲིད་གཞུང་གིས་དོས་ལེན་མ་བྱས།

Outer Tibet was a geographical concept put forward by British representatives on Simla Conference held in 1913-1914 in India, in an attempt to split Tibet from China. U-Tsang, Ngari and part of Xikang province was zoned as outer Tibet. The Qing government refused to accept it.

外藩蒙古 指清代以世袭札萨克为旗长的蒙古各旗，与内属蒙古相对。

ཕྱི་སྡོད་སོག་པོ། ཆིང་རྒྱལ་རབས་སྐྱིད་ཀྱིས་ཀ་ས་ཁོའི་རྒྱུད་པ་དར་དཔོན་བྱས་པའི་སོག་པོའི་དར་ཆེན་མ་ལ་བསྟན།

ནང་སོག་དང་ཁ་གཏད་དུ་གནས་ཡོད།

Vassal State Mongolia refers to the Monglia banners led by the hereditary Zhasake Banner in Qing Dynasty, and the name is contrasted with Inner Mongolia.

外婚制 原始社会的婚姻规例。亦称"族外婚"。指禁止一定范围内血缘亲属成员间的通婚关系。通常指氏族的外婚制，即禁止氏族内部通婚。产生于旧石器时代中、晚期，从血缘集团内的群婚发展而来。不论在母系制还是父系制氏族社会，都实行这一通婚原则。

གཉེན་ཕྱིར་འགྲོའི་ལམ་ལུགས། གདོད་མའི་སྤྱི་ཚོགས་ཀྱི་གཉེན་སྒྲོལ་ཞིག་ཡིན། མིང་གཞན་ལ་རིགས་ཕྱིའི་གཉེན་ལུགས་ཀྱང་ཟེར། དུས་རྒྱུན་ནང་ཁུལ་གྱི་གཉེན་འེ་ཕན་ཚུན་བར་ཁྲབ་ལོངས་དེས་ཆན་ཞིག་ཏུ་གཉེན་སྒྲིག་འབྲེལ་བ་འཇོགས་མི་ཆོག་པ་ལ་བསླབ། ཆས་རྩིང་པའི་དུས་དཀྱིལ་དང་དུས་མཇུག་ཏུ་དུས་རྒྱུན་ནང་ཁུལ་གྱི་ཚོགས་པའི་གཉེན་འབྲེལ་དེ་འཕེལ་རྒྱས་བྱུང་ནས་གྲུབ། མ་རྒྱུད་ལམ་ལུགས་དང་ཕ་རྒྱུད་ལམ་ལུགས་ཀྱི་རུད་གྲོད་སྤྱི་ཚོགས་གང་ཡིན་རུང་གཉེན་འགྲོའི་སྲོལ་འདིར་ལག་བསྟར་བྱེད་བཞིན་ཡོད།

Exogamy, or "outside-clan marriage", was the marriage common practice in the primitive society. Marriages were forbidden among close relatives; that is to say, one could only marry another one who does not belong to his or her clan. This regulation was formed in the middle and late Paleolithic Age, derived from group marriage within a kin group. This marriage regulation was strictly followed both in the matriarchal system and patriarchal clan society.

外交局 是1942年西藏地方政府在英国怂恿下，为把西藏从中国分裂出去而设立的一个外事部门。由于国民政府坚决抵制，外交局无法运作，最后变得有名无实。

ཕྱི་འབྲེལ་ཁང་། ༡༩༤༢ལོར་བོད་ས་གནས་སྲིད་གཞུང་གིས་དབྱིན་ཇིའི་རྒྱལ་ཁབ་ཀྱི་བསྐུལ་བསྒྲིག་ཁྲོད། བོད་ཀྱི་དང་ཁ་སྤྲད་གཏོང་བཟོས་པའི་ཕྱི་འབྲེལ་ལས་ཁུངས་ཞིག་ཡིན། རྒྱལ་དངས་སྲིད་གཞུང་ལས་ཆོལ་མཐར་གཅིག་ཏུ་བྱས་པས་ཕྱི་འབྲེལ་ལས་ཁང་ག་སྐུལ་ཐབས་ཕ་བྱུང། མཐུག་མཐར་མིང་ཡོད་དོན་མེད་ཅིག་ཏུ་གྱུར།

Bureau of Foreign Affairs was a department set up by the Tibetan government at the instigation of UK for the purpose of separating Tibet from China in 1942. Because of the strong resistance of the national government, the Bureau could not execute its function and finally became nominal.

外蒙古 地区名。又称"喀尔喀蒙古"。指蒙古高原北部，有别于高原南部的"内蒙古"。清代地域东临黑龙江将军辖境，西至阿尔泰山接新疆，南至瀚海，北与俄罗斯接壤。1921年脱离中国。

ཕྱི་སོག ས་ཁུལ་གྱི་མིང་། ཁལ་ཁ་སོག་པོའང་ཟེར། སོག་པོའི་མཐོ་སྒང་གི་བྱང་ཕྱོགས། མཐོ་སྒང་གི་ལྷོ་ཕྱོགས་ཀྱི་ནང་སོག་དང་མི་འདྲ། ཆིང་རྒྱལ་རབས་དུས་ཀྱི་ས་ཁོངས་ལ་ཤར་རྒྱུད་ཡུང་ཙང་དམག་དཔོན་གྱི་དབང་བསྒྱུར་ས་ཁུལ་དང་ཐུག་ཞིང་། ནུབ་ལ་ཨར་ཐེ་རི་བོའི་ཞི་ཐང་། ལྷོ་ལ་སྟོ་ཧན་ཧའི་དང་བྱང་ལ་ཨུ་རུ་སུ། གཏུགས། ༡༩༢༡ལོར་ཀྲུང་གོའི་ནང་ཁུལ།

Outer Mongolia, or "Khalka Mongols", referred to the north of Mongolian Plateau that was differentiated from Inner Mongolia in the south. Its territory in Qing Dynasty was near the administrative area of the General of Heilongjiang in the east, the Altai Mountains in the west, Hanhai in the south and Russia in the north. In 1921 it broke away from China.

万部华严经塔 辽代佛塔。位于内蒙古呼和浩特市东郊。该塔通体白色,俗称"白塔"。始建于辽圣宗年间,1162 年重修。是一座砖木结构的八角七层楼阁式宝塔,通体高 55.5 米。因该塔秘藏佛教经典《华严经》上万卷,故名。

མདོ་ཕལ་པོ་ཆེ་ཁྲི་འབུམ་གྱི་མཆོད་རྟེན། ལིའོ་རྒྱལ་རབས་དུས་ཀྱི་ནང་པའི་མཆོད་རྟེན། ནང་སོག་གི་མཁར་སྟོན་པོའི་ཤར་ཕྱོགས་སུ་ཡོད། མཆོད་རྟེན་གྱི་ལུས་ཧྲིལ་པོ་དཀར་པོ་ཡིན་པས། རྒྱུན་དུ་མཆོད་རྟེན་དཀར་པོར་ཟེར། ལིའོ་ཧྲི་ཙུང་གི་ཁྲི་ལོར་བཞེངས། 1162 ལོར་བསྐྱར་བཟུ་བསྐྲུན་བསྒྱུར་བགྱིས་བཏུན་ཅན་གྱི་མཆོད་རྟེན་ཞིག་ཡིན། མཐོ་ཚད་སྤྱི་ 55.5 ཡོད། མཆོད་རྟེན་འདིའི་ནང་དུ་བོད་རྒྱུད་ནང་བསྟན་གྱི་གཞུང་《མདོ་ཕལ་པོ་ཆེ》ཁྲི་འབུམ་གཟུངས་གཟུགས་བྱས་ཡོད་པས་མིང་འདི་ཐོགས།

Wanbu Huayanjing (Ten Thousand Volumes of Huayan Scriptures) Pagoda, a pagoda built in the Liao Dynasty, is situated at the eastern suburbs of Hohhot City. Since the pagoda was painted white, it is known as the White Pagoda. It was built during the reign of Emperor Shengzong of the Liao Dynasty (971-1031) and was rebuilt in 1162. It is a pavilion-style pagoda with a seven-tier octagonal brick and wooden structure, and is 55.5 meters high. Legend has it that about ten thousand volumes of the *Huayan Buddhist Scripture* once were kept in it, hence its name.

王岱舆(约 1573—1657) 明末清初伊斯兰教学者和经师。别号"真回老人"。金陵(今南京)人。自幼学习阿拉伯文、伊斯兰教经籍,后攻读中国经史及宋明理学兼及佛道著作,是中国伊斯兰教学术研究的先驱。主要译著有《正教真诠》《清真大学》《希真正答》等。

ཝང་ཏའི་ཡུས། (ཕལ་ཆེར 1573—1657) མིང་རྒྱལ་རབས་དུས་མཇུག་ཆིང་རྒྱལ་རབས་དུས་མགོའི་དབྱི་སི་ལན་གྱི་མཁས་པ་དང་གཞུང་འཆད་པ། མིང་གཞན་ལ་ཧུའེའི་དག་པའི་རྒན་པོ་ཟེར། ཅིན་ལིང་(དེང་གི་ནན་ཅིན)གྱི་མི་ཡིན། ཆུང་དུས་ནས་ཨ་རབ་ཀྱི་ཡི་གེ་དང་དབྱི་སི་ལན་གྱི་ཆོས་དཔེར་རང་གིས་བསླབ། ཕྱིས་སུ་ཀྲུང་གོའི་ལོ་རྒྱུས་རིག་གཞུང་དང་སུང་མིང་གི་གནས་ལུགས་རིག་པ། ནན་ཆོས་དང་ཏའོ་ལུགས་སོགས་ཀྱི་གཞུང་ལུགས་ལ་བསླབ་ཅིང་། གྱུང་གོའི་དབྱི་སི་ལན་ཆོས་ལུགས་ཀྱི་རིག་གཞུང་ཞིབ་འཇུག་པ་སྔོན་རབས་པར་གྱུར། བསྒྱུར་ཡིག་གཙོ་བོར《དམ་ཆོས་དགོངས་འགྲེལ་རྣམ་དག》དང《དབྱི་སི་ལན་གྱི་སློབ་ཆེན》《ཞེས་གུན་ལན་ཡང་དག》སོགས་ཡོད།

Wang Daiyu (ca. 1573-1657) was a Chinese Muslim (Hui) scholar in the late Ming Dynasty and early Qing Dynasty, and he called himself Zhenhui Laoren (The True Old Man of Islam). He was born in

Jinling (today's Nanjing). He began learning Arabic and Islam classics since childhood, and later he began studying Chinese and the classic writings of Confucianism, Buddhism, Daoism, as well as other miscellaneous teachings. He was a pioneer in Islam academic research, and his main translation works included *A True Explanation of the Right Religion*, *The Great learning of Islam* and *Rare and True Answers*.

王静如（1903—1990） 语言学、历史学、民族研究专家。河北深泽县人。1929年毕业于清华大学，后赴法、英、德等国学习。曾任中国民族研究学会常委等职。尤以研究我国古代党项（见"党项族"词条）、女真（见"女真族"词条）、契丹、吐蕃等少数民族语言文字而著称，特别在西夏语文的研究方面做了开创性工作。

ཝང་ཅིན་རུ། （１９０３—１９９０） སྐད་བརྡའི་རིག་པ་དང་ལོ་རྒྱུས་རིག་པ། མི་རིགས་ཞིབ་འཇུག་གི་ཆེད་མཁས་པ། ཧོ་པེ་ཕྲིན་ཚེ་ཞིང་གི་མི་ཡིན། １９２９ལོར་ཆིན་ཧྭ་སློབ་ཆེན་ནས་མཐར་ཕྱིན། ཕྱིས་སུ་ཕྲན་སི་དང་དབྱིན་ཇི། འཇར་མན་སོགས་རྒྱལ་ཁབ་ཏུ་སློབ་སྦྱོང་དུ་སོང་། ཀྲུང་གོའི་མི་རིགས་ཞིབ་འཇུག་ཚོགས་པའི་རྒྱུན་ལས་ཡོན་སོགས་ཀྱི་གོ་གནས་ནས་བཞུགས་མྱོང་། རང་རྒྱལ་གནའ་རབས་ཏང་ཞང་（ཏང་ཞང་མི་རིགས་ཀྱི་ཚིག་ལ་སྟོས）དང་། ཉུའུ་ཀྱེན་（ཉུའུ་ཀྱེན་མི་རིགས་ཀྱི་ཚིག་ལ་སྟོས）། ཆི་ཏན། བོ་སོགས་གྲགས་ཆུང་མི་རིགས་ཀྱི་སྐད་བརྡ་ཡི་གེ་ཞིབ་འཇུག་ལ་མིང་གྲགས་ཡོད། ཁྱད་པར་དུ་མི་ཉག་རིག་པའི་སྐད་ཡིག་ཞིབ་འཇུག་ཕྱོགས་སུ་འབྱེད་རང་བཞིན་གྱི་ནུས་པ་ཐོན་ཡོད།

Wang Jingru (1903-1990), born in Shenze County of Hebei province, was an expert in the field of linguistics, history and ethnic study. In 1929, he graduated from Tsinghua University and then went to France, England and Germany for study. He once took office as member of the standing committee of Chinese Association of Ethnology Studies. He has been well-known for studying the languages and scripts of ancient minorities, such as the Tangut, Jurchen, Khitan and Tibet, especially pioneering work in studying languages of Tangutology.

王静斋（约1871—1949） 中国伊斯兰教学者，现代中国"四大名阿訇"之一。回族。天津人。1921年赴麦加朝觐，游学多国。回国后，在天津创办中阿大学。1927年主办《伊光》月刊，宣传"遵经革俗"主张。1937年参与创建中国回教抗日救国协会。后专事译经工作。编译有《古兰经译解》等。

ཝང་ཅིན་ཀྲའི། （ཡལ་ཚེར１８７１—１９４９） ཀྲུང་གོའི་དཔྱིད་ཡལ་ཆོས་ལུགས་ཀྱི་མཁས་པ། དེང་གོའི་མཉམ་གྲགས་ཆེན་བཞིའི་ནང་གི་གཅིག་ཡིན། ཧུའེ་རིགས། ཐེན་ཅིན་གྱི་མི་ཡིན། １９２１ལོར་མའེ་ཀཱར་མཇལ་བསྐོར་དུ་སོང་། རྒྱལ་ཁབ་མང་དུ་སློབ་གནས་སློབ་སྦྱོང་བྱས། རྒྱལ་ནང་དུ་ཕྱིར་སླེབས་རྗེས། ཐེན་ཅིན་དུ་ཀྲུང་ཨ་སློབ་ཆེན་བཙུགས། １９２７ལོར 《དཔྱི་འོད》 ཟླ་རེའི་གཙོ་སྒྲུབ་བྱས་ཏེ། ཆོས་བགྲང་སློབ་བསླབ་དྲིལ་བསྒྲགས་བྱེད་པའི་འདོད་ཚུལ་བཏོན། １９３７ལོར་ཀྲུང་གོའི་ཧུའེའི་ཆོས་ཀྱི་སྨྲ་འགོག་རྒྱལ་སྐྱོབ་ཚོགས་པ་གསར་འཛུགས་ཀྱི་ནང་ཞུགས། ཕྱིས་སུ་ཚོ་བོ་ཆོས་བསྒྱུར་གྱི

ལས་གང་ཞིག །《ཁུ་རན་གསུང་རབ་ཀྱི་བསྒྱུར་འགྲེལ》སོགས་བསྒྱུར་སྒྲིག་བྱས་ཡོད།

Wang Jingzhai (ca. 1871-1949) was a Chinese Muslim (Hui) scholar, also one of the "Four Great Imams" in modern China. He was a Hui people and was born in Tianjin. In 1920 he went to Mekka to pilgrimage and traveled and studied in many countries. After coming back home, he founded Sino-Arabic University. In 1927 he ran the monthly periodical *Islamic Enlightenment* in which it advocated to "follow the Quran and discard the old customs". He was among those founders of China Muslim Counter-Japanese National Salvation Association in 1937. Then he specialized in translating Islam classics. *Interpretation of Quran* is one of his translation works.

王连芳（1920—2000） 回族。河北盐山人。1938年加入中国共产党。曾任冀鲁边区回民救国总会主任委员、冀鲁边军区回民支队政委、渤海区回民协会总会主任委员。新中国成立后，历任国家民委处长、云南省民族事务委员会主任、云南省第六届人大常委会副主任等职。

ཝང་ལེན་ཧྥང་། (༡༩༢༠—༢༠༠༠) ཧུའེ་རིགས། ཧོ་པེ་ཡན་ཧྲན་གྱི་མི་ཡིན། ༡༩༣༨ལོར་ཀྲུང་གོ་གུང་ཁྲན་ཏང་ལ་ཞུགས། སྔོན་ཆད་ལུའུ་ས་མཚམས་ཁུལ་གྱི་ཧུའེའི་དབང་ས་རྒྱལ་སྐྱོབ་ཚོགས་པའི་གཙོ་འཛིན་དང་། ཅི་ལུའུ་ས་མཚམས་དམག་ཁུལ་གྱི་ཧུའེ་རིགས་སྡེ་ཚན་གྱི་སྲིད་ཨུའན་ལ་སོགས་པ། པོ་ཧེ་ཁུལ་གྱི་ཧུའེ་རིགས་འདུ་དངས་ཚོགས་པའི་གཙོ་འཛིན་ཨུ་ཡོན། བཅས་འགྲུབ། རྗེས་སུ། ཀྲུང་གོ་གསར་པ་རྒྱལ་ཁབ་མི་རིགས་དོན་གཅོད་ཨུའུ་ཡོན་ལྷན་ཁང་གི་ཁྲུའུ་གཡང་། ཡུན་ནན་ཞིང་ཆེན་མི་རིགས་དོན་གཅོད་ལྷན་ཁང་གི་གཙོ་འཛིན། ཡུན་ནན་ཞིང་ཆེན་གྱི་སྐབས་དྲུག་པའི་མི་དམངས་འཐུས་མིའི་རྒྱུན་ལས་ཨུ་ཡོན་ལྷས་ཚོགས་ཀྱི་གཞུ་ལས་ཨུ་ཡོན་གཞོན་པ་སོགས་ཀྱི་འགན་བཟུང་།

Wang Lianfang (1920-2000), a Hui people, was born in Yanshan, Hebei. In 1938, he joined Chinese Communist Party. He was chairman of the Chinese Islamic Association for National Salvation in the Hebei-Shandong Boarder area, political commissar of the Hui branch of Hebei-Shandong boarder military area, and chairman of Bohai Islamic Association. After the founding of China in 1949, he took office as a director in the State Ethnic Affairs Commission, chairman of Yunnan Ethnic Affairs Commission and vice chairman of the Standing Committee of the Sixth National people's Congress in Yunnan province.

王昭君 中国古代四大美女之一。名嫱，字昭君。汉族。西汉南郡秭归（今属湖北）人。晋朝时为避司马昭讳，改称"明妃"。汉元帝时入宫。竟宁元年（公元前33），匈奴呼韩邪单于来朝，请婿于汉，遂奉旨和亲。昭君出塞的故事千古流传。

ཝང་ཀྲའོ་ཅུན། ཀྲུང་གོའི་གནའ་རབས་ཀྱི་བུད་མེད་མཛེས་མ་བཞིའི་གྲས་ཡིན། མིང་ལ་ཆང་། མིང་ལ་གཟུང་། རྒྱ་རིགས། ཧན་རྒྱལ་རབས་ནུབ་མའི་ནན་ཅུན་ཚེ་ཀོང་(དེང་གི་ཧུའུ་པེ) གི་མི་ཡིན། ཅིན་རྒྱལ་རབས་ཀྱི་དུས་སུ་སི་མཱ་ཀྲའོ་ཡི་གཟོད་འཛེམ་ཐབས་པའི་ཆེད་དུ་

མིང་དེ་མིང་གི་ཆུང་མ་ར་བསྒྱུར། ཆན་རྒྱལ་རབས་ཡོན་
ཏིའི་དུས་སུ་པོ་བྲང་ནང་དུ་ཡོང་། ཅན་ཞིན་ཁྲི་ལོ་དང་
པོར། (སྤྱི་ལོ་སྔོན་གྱི་༣༣ལོ) ཞུང་ནུའི་ཏན་ཆན་ཞན་
ཧན་པོ་བྲང་དུ་ཡོང་ནས་བཙུན་མོར་གཏོང་བའི་རེ་བ་ཞུ་
བ་དང་། རྒྱལ་པོའི་བཀའ་ལྟར་གཞན་འབྲེལ་བཅུགས།
གྱོ་ཆུན་མ་མཐར་ཁྱིམ་ལ་སོང་བའི་གཏམ་རྒྱུད་དབངས་
ཕོན་དུ་དར་ཁྱབ་ཆེ།

Wang Zhaojun was one of the Four Beauties of ancient China. Her name was Wang Qiang and her stylistic name was Wang Zhaojun. She was a Han people and born in Zigui County (in current Hubei province) in the Western Han Dynasty. During the Jin Dynasty (265-420), she was referred to as Mingfei (Concubine Ming) because the name Zhao could not be used by ordinary folks since the King Sima Zhao had the same surname. She entered the palace during the reign of Emperor Yuan (48-33BC). In the year 33 BC the ancient ethnic group Xiongnu head Huhanxie, the Chanyu (Khan) of Hun, came to the Han capital to request a Han princess as a bride, so Wang was chosen to marry him for peace-keeping on imperial orders. The story of *Zhaojun's Settlement Way beyond the Great Wall* has become a household tale through the ages.

望门居 母系氏族制早期流行的一种婚姻居住形式。男女结为配偶后，并不住在一处，而分别居住在自己母亲的氏族公社里，男子通过拜访女子的方式实行偶居，女子很少去拜访男子。结为配偶的双方无共同经济生活。婚姻关系不稳定，易合易离。偶居中所生子女归女方。

ཡང་མོན་སྦྲོད་གནས། མ་རྒྱུད་དུས་རྒྱུད་ལམ་ལུགས་
ཀྱི་དུས་རབས་སྔོན་དར་ཁྱབ་ཆེ་བའི་གཉེན་སྒྲིག་ཁྱིམ་འཛུགས་
ཀྱི་རྣམ་པ་ཞིག་ཡིན། པོ་མོ་གཉིས་སྒྲིག་བྱས་རྗེས་མཉམ་
དུ་མི་འདུག་པར་སོ་སོ་རང་གི་མའི་དུས་རྒྱུད་ཀྱི་གུང་ཇེ་
འཚོ་བ་སྐྱེལ། སྐྱེས་པས་བུད་མེད་ལ་འཚམས་འདྲིའི་ཚུལ་དུ་
སྐབས་རེར་སྐྱོར་དུ་འགྲོ་བ་དང་། བུད་མེད་སྐྱེས་པར་
འཚམས་འདྲིར་འགྲོ་བའི་གནས་ཚོད་ཤུགས་ཆུང་ཞུ། གཉིས་
སྒྲིག་བྱས་པའི་ཕྱོགས་གཉིས་ལ་སྤྱི་མཐུན་གྱི་དཔལ་
འབྱོར་འཚོ་བ་མེད་ཕྱིར། གཉེན་གྱི་འབྲེལ་བ་བརྟན་
འདགས་མེད་པས། འགྲིག་བདེ་ལ་འཛོར་ཡང་བདེ།
སྐབས་རེར་སྐྱོར་དུ་བསྐྱེད་དེ་བྱུང་བའི་བུ་བུ་མོ་རྣམས་
བུད་མེད་ལ་དབང་བ་ཡིན།

Duolocal was a type of habitation prevailing in the early matriarchal society. After getting married, the wife and husband still lived in their own mother's clan commune separately. Men usually visited their wives, while women seldom visited their husbands. They had no common economic life and their marital relations were instable. Children were brought up in wives' families.

韦拔群（1894—1932） 中共早期农民运动领导人之一。壮族。广西东兰人。1916年加入护国军。1925年入广州农民运动讲习所学习。1928年加入中国共产党。1929年参与领导"百色起义"，任右江工农民主政府委员、红七军第3纵队司令、第21师师长等职。1932年，被叛徒暗害。

ཝེ་པ་ཆུན།（༡༨༩༤—༡༩༣༢） གུང་གུང་དུས་

སྟུ་མོའི་ཞིང་པའི་ལས་འགུལ་གྱི་འགོ་ཁྲིད་ཅིག་ཡིན། གྲོང་རིགས། གོང་ཞིའི་ཏུང་ལན་མི་ཡིན། ༡༩༡༦ལོར་རྒྱལ་སྲུང་དམག་ཏུ་ཞུགས། ༡༩༢༥ལོར་གོང་གྲོའི་ཞིང་པའི་ལས་འགུལ་གྱི་འཆད་སྟོང་ཁང་དུ་སློབ་སྟོང་ལ་སོང་། ༡༩༢༨ལོར་ཀྲུང་གོ་གུང་ཁྲན་ཏང་ལ་ཞུགས། ༡༩༢༩ལོར་མདོག་བཅུའི་ཆོས་ལངས་ལ་ཞུགས་ནས་འགོ་ཁྲིད་དང་། ཡུའུ་ཅང་བཟོ་ཞིང་དམངས་གཙོའི་གཞུང་གི་ཨུ་ཡོན། དམར་པོའི་དམག་སྟོག་བདུན་པའི་གཞུང་ཕྱོགས་གསུམ་པའི་མི་དཔོན། ཉི་ཤུ་རྩ་གཅིག་ཇི་ཀུང་ཤོགས་ཀྱི་འགན་བཞེས། ༡༩༣༢ལོར་ངོ་ལོག་པས་གསོད་བཤད་བྱས།

Wei Baqun (1894-1932) was one of the earliest CPC leaders of peasant movement. He was a Zhuang people and his hometown was in Donglan, Guangxi. In 1916 he joined in National Protection Army and in 1925 he studied in the Peasant Movement Training Institute at Guangzhou. He joined in the Communist Party of China in 1928. Among the leaders in the "Baise Uprising" in 1929, he was a committee member of the Youjiang Democratic Government of Workers and Peasants, commander of the third column of the Seventh Red Army, and commander of the 21 Division. In 1932 he was murdered by a traitor.

韦国清（1913—1989） 中华人民共和国开国上将。广西东兰人。壮族。1929年参加"百色起义"，1934年参加长征。抗日战争中，为建立皖东北和巩固发展津浦路东地区抗日根据地发挥了重要作用。淮海战役中参加了围歼杜聿明集团的作战。新中国成立后曾任中国人民解放军总政治部主任，中共中央军委常委。

ཝེ་གོ་ཆིང་། (༡༩༡༣—༡༩༨༩) ཀྲུང་དབྱི་དམངས་སྤྱི་མཐུན་རྒྱལ་ཁབ་ཀྱི་རྒྱལ་འཛུགས་དམག་དཔོན། གོང་ཞིའི་ཏུང་ལན་གྱི་མི་ཡིན། གྲོང་རིགས་ཡིན། ༡༩༢༩ལོར་མདོག་བཅུའི་ཆོས་ལངས་ལ་ཞུགས། ༡༩༣༤ལོར་དམར་དམག་རྒྱང་བསྐྱོད་ལ་ཞུགས། ཤར་འགོག་དམག་འཁྲུག་གི་ཁྲོད་དུ་ཕྱང་ཤར་གྱི་ཕྱན་འཛུགས་པ་དང་ཅིན་ཕུའི་ལམ་ཤར་ཕྱོགས་ཀྱི་ཤར་འགོག་གཞི་ས་ཁུལ་བརྟེགས་ཤིང་བསྟན་བྱེད་པའི་ཐད་ནས་ལས་ཤུགས་ཆེན་ཐོན། ཧོའེ་ཧའེའི་གཡུལ་འགྱེད་ཁྲོད་དུའུ་ལུའེ་མིང་གི་རུ་ཚོགས་ལ་བསྐོར་བཅོམ་ཚོགས་ཚོགས་བྱེད་པའི་དམག་འཁབ་ནང་དུ་ཞུགས། བཅིངས་འགྲོལ་བདག་རྐྱེན་གྱུར་གོ་མི་དམངས་བཅིངས་འགྲོལ་དམག་གི་སྤྱི་ཁྱབ་ཆབ་སྲིད་ཕྱུའི་ཨུ་ཡུན་རིན་དང་། ཀུང་ཀུང་ཀྲུང་དབྱང་དམག་དོན་ཨུ་ཡོན་གྱི་རྒྱུན་ལས་ཨུ་ཡོན་འགན་བཞེས།

Wei Guoqing (1913-1989) was a general in founding the People's Republic of China. He was a Zhuang people and his hometown was Donglan, Guangxi. In 1929 he took part in the "Baise Uprising" and in 1934 participated in the Long March. He has played an important role in establishing Northeastern Anhui resistance base, and strengthening and developing the Tianjin-Pukou Railway resistance base in the east region in Counter-Japanese War. He also participated in the campaign against Du Yuming clique in the Huai-Hai Campaign. After the founding of China in 1949, he took office as the director of the General Political Department of people's Liberation

Army and a member of the Standing Committee of the CPC Central Military Commission.

围栏放牧 牲畜放牧的一种方式。用建筑材料将适合放牧牲畜的牧场围圈起来，有计划地合理使用。有电围栏、网围栏、刺丝围栏、石头围栏或土墙围栏等多种。可以控制载畜量，有利于恢复牧草生机。

ར་བསྐོར་ནས་ཕྱུགས་འཚོ་བ། ནོར་ཕྱུགས་འཚོ་བའི་རིགས་ཤིག བཟོ་སྐྲུན་རྒྱུ་ཆས་ཕྱུགས་ཟོག་འཚོ་བར་འཚམས་པའི་ཕྱུགས་ཀྱི་ར་བསྐོར་བཟོ་བར་བྱེད། འཆར་གཞི་ཡོད་པའི་སྒོ་ནས་བེད་སྤྱོད་བྱེད་པའོ། གློག་ཕྲེང་ར་བསྐོར་དང་ཕྱུགས་དྲའི་ར་བསྐོར། དར་རྩུབ་ཀྱི་ར་བསྐོར། རྡོ་རའི་ར་བསྐོར་རམ་གུང་རའི་ར་བསྐོར་སོགས་རིགས་མང་པོ་ཡོད། འདི་དག་གིས་ཕྱུགས་ཟོག་གི་གྲངས་ཚད་འཛིན་བྱེད་ཐུབ་ཅིང་ཕྱུགས་རྩྭ་གསོར་ཐབ་པར་ཐན་པ་ཆེ་པོ་ཡོད།

Grazing in enclosed grassland is a form of pasturing by enclosing a field suitable for pasturing with building materials and the field is properly used. There are various kinds of enclosing materials, like electric fence, railing net, razor wire, stone or cob wall. It can control grazing capacity and is beneficial for restoring forage vitality.

维吾尔文 维吾尔族使用的文字。维吾尔族在历史上使用过突厥文、回鹘文、察合台文。中国维吾尔族现在使用的维吾尔文是在晚期察合台文基础上形成的以阿拉伯字母为基础的拼音文字。

ཡུ་གུར་གྱི་ཡི་གེ ཡུ་གུར་རིགས་ཀྱིས་སྤྱོད་པའི་ཡི་གེ ཡུ་གུར་རིགས་ཀྱིས་ལོ་རྒྱུས་ཐོག་ཏུ་གུའི་ཡི་གེ་དང་ཧུའུ་ཧུའི་ཡི་གེ ཚཱ་ཧོ་ཐའི་ཡི་གེ་སོགས་བེད་སྤྱོད་བྱས། དེ་གུང་གོའི་ཡུགུར་རིགས་ཀྱིས་བེད་སྤྱོད་གཏོང་བའི་ཡུ་གུར་གྱི་ཡི་གེ་ནི་ཚཱ་ཧོ་ཐའི་ཡི་གེའི་དུས་འཇུག་གི་ཡི་གེའི་ཁྱབ་གཞིའི་ཐོག་ཨ་རབ་ཀྱི་གསལ་བྱེད་ཡི་གེ་ཡིན་གྲུབ་པའི་སྒྲ་སྦྱོར་གྱི་ཡི་གེ་ཞིག་ཡིན།

Uyghur script is the written system used by Uyghurs who had ever used Turkic script, Old Uyghur script and Chagatai script. The scripts the Uyghurs use today is the alphabetic writing that has developed and is based on the integration of the Chagatai alphabet and the Arabic alphabet.

维吾尔语 维吾尔族使用的语言。属阿尔泰语系突厥语族。在中国，主要分布于新疆并分中心、和田、罗布3个方言。标准语以中心方言为基础，以伊犁—乌鲁木齐语音为标准音。在哈萨克斯坦、乌兹别克斯坦、土耳其等国家也有使用者。

ཡུ་གུར་སྐད། ཡུ་གུར་རིགས་ཀྱིས་སྤྱོད་པའི་སྐད་ཆ་ཨར་ཐའེ་སྐད་ཁོངས་དང་གུའི་སྐད་རིགས་སུ་གཏོགས། གུང་གོར་གཙོ་བོ་ཞིན་ཅང་ས་ཁུལ་དུ་ཁྱབ་ཡོད་ཅིང་དབྱེ་ན་གཞུང་ཞིབ་དང་ཧོ་ཐེན། ལོའུ་པུའུ་བཅས་ཡུལ་སྐད་གསུམ་ཡོད། སྲོལ་མཐུན་གྱི་སྐད་དེ་གུང་ཞིབ་ཀྱི་ཡུལ་སྐད་ཡིན། དབྱེ་ལི་—ཝུའུ་ལུའུམ་ཆི་ཡི་སྒྲ་གདངས་ནི་སྲོལ་མཐུན་གྱི་སྒྲ་གདངས་བྱས། ཧ་སག་སི་ཐན། ཝུའུ་ཙི་པིའི་ཁེ་སི་ཐན། ཐུར་ཁེ་སོགས་ཀྱི་རྒྱལ་ཁབ་ཏུ་ཡང་བེད་སྤྱོད་མཁན་ཡོད།

Uyghur language, the language used by the Uyghur people, belongs to the Turkic branch of the Altaic Language Family. In China, It is mainly spoken in Xinjiang and was divided into three dialects including Central Uyghur, Hotan (Hetian), and Lop (Luobu). The standard language was based on the central dialect with the Ili-Urumchi accent as the standard accent. It is also used in Kazakhstan, Uzbekistan and Turkey.

维吾尔族 中国的少数民族。"维吾尔"为"团结""联合""协助"之意。主要聚居在新疆维吾尔自治区。人口约10069346人（2010年）。使用维吾尔语。信仰伊斯兰教。以农业为主，种植棉花、葡萄。另外，哈萨克斯坦、乌兹别克斯坦、土耳其等国也有维吾尔族人分布。

ཡུ་གུར་རིགས། གུར་བོའི་གདངས་ཞུང་མི་རིགས། ཡུ་གུར་ནི་མཐུན་སྒྲིལ་དང་། མཉམ་འབྲེལ། རོགས་རམ་གྱི་དོན་ཡིན། སྟོད་གནས་གཙོ་བོ་ཞིན་ཅང་ཡུ་གུར་རང་སྐྱོང་ལྗོངས། མི་གྲངས་ཏུ་ལམ་༡༠༠༦༩༣༤༦ (༢༠༡༠ལོར) ཡོད། ཡུ་གུར་ཡི་གེ་བེད་སྤྱོད་བྱེད་བཞིན་ཡོད། དྲུས་སི་ལན་ཆོས་ལུགས་ལ་དད་པ་བྱེད་ཞིང་ལས་གཙོ་བོར་གཉེར་ཞིང་བསྱིང་བལ་དང་རྒུན་འབྲུམ་འདེབས། དེ་མིན་ཧ་སག་སི་ཐན་དང་། ཨུའུ་ཙི་པིའི་ཁེ་སི་ཐན། ཐུར་ཁི་སོགས་ཀྱི་རྒྱལ་ཁབ་ཏུ་འང་ཡུ་གུར་ཀྱི་མི་རིགས་ཁྱབ་ཡོད།

Uyghur people is an ethnic minority group of China. "Uyghur" means unity and alliance. They live primarily in the Xinjiang Uyghur Autonomous Region in China with an approximate population of 10,069,346 (2010). They speak and write in the Uyghur language and believe in Islam. They engage in farming, mainly planting cotton and grapes. In addition, some of them also live in Kazakhstan, Uzbekistan and Turkey.

维吾尔族医学 民族医学。在发展本民族医学的基础上，汲取东西方不同地区和民族医药文化之精华形成的传统医学体系。以"四大物质学说"和"四津体液学说"为基本理论，解释人体与自然环境的关系，创立了一整套诊断和治疗疾病的方法。有埋沙等特色疗法。

ཡུ་གུར་རིགས་ཀྱི་གསོ་རིག མི་རིགས་ཀྱི་གསོ་རིག རང་མི་རིགས་ཀྱི་གསོ་རིག་འཕེལ་རྒྱས་ཀྱི་རྫང་གཞིའི་ཐོག་ནར་ཤར་ནུབ་ཀྱི་མི་རིགས་ཀྱི་གསོ་རིག་རིགས་གནས་ལས་ཞིབ་བཏུས་བྱས་ཏེ་སྲོལ་རྒྱུན་གྱི་གསོ་རིག་མ་ལག་གྲུབ་ཏུ་བཅུག དངོས་པོའི་རིག་གཞུང་ཆེན་པོ་བཞི་དང་ ལུས་ཆུ་རིག་གཞུང་ལ་ཅིང་བཞིའི་གཞི་རྩའི་གཞུང་ལུགས་བཏོན་ནས། མི་ལུས་དང་རང་བྱུང་ཁམས་ཀྱི་འབྲེལ་བ་བཤད་འགྲེལ་གནང་བས་ནད་ལ་བརྟག་ཞིབ་དང་ནད་རིགས་བཅོས་སྐྱོང་བྱེད་ཐབས་ཆ་ཚང་ཞིག་གསར་གཏོད་བྱས་ཡོད། བྱེ་མར་སྦས་པའི་ནད་བཅོས་ཚུལ་སོགས་ཀྱི་ཁྱད་ཆོས་ཀྱི་བཅོས་ཚུལ་ཡོད།

Uyghur Medicine is a traditional Uyghur medical system. On the basis of their own medical science, Uyghur medicine absorbed much essences from the western and eastern medicine and the Chinese ethnic medicine as well. With a basic theory of the "four temperaments (hot, cold, moist, and dry)" and the "four body fluids (blood, phlegm, yellow bile and black bile)", it explains the relations between human body and the natural environment. It has created systematic diagnostic and therapeutic methods, such as the Sand Therapy.

卫巴 藏语音译。居住在西藏拉萨地区的藏族的自称。"卫"即今拉萨地区，"巴"意为人。

དབས་པ། ལྷ་སའི་ས་ཁུལ་དུ་གནས་སྡོད་བྱས་པའི་བོད་པར་དབུས་པ་ཞེས་བསྟན། དབུས་ནི་དེང་སང་ལྷ་སའི་ཁུལ་ལ་གོ་བ་དང་། པ་བདག་སྦྱ་ཡིན།

Weiba, transliterated from Tibetan language, was the name which the Tibetan people living in Lhasa call themselves. "Wei" means Lhasa, while "Ba" means people.

卫藏 清初地名。元朝、明朝称为"乌思藏"。是西藏传统和文化上的一个地区，有时也作西藏旧时别称。卫，又称"前藏"，大致相当于现在的拉萨市（当雄县除外）、山南地区和林芝地区西部。藏，又称"后藏"，大致相当于现在的日喀则地区（北方小部除外）。

དབུས་གཙང་། ཆིང་རྒྱལ་རབས་ཀྱི་དུས་མགོའི་ས་མིང་ཞིག ཡོན་དང་མིང་རྒྱལ་རབས་སྐབས་སུ་དབུས་གཙང་གི་རྒྱུ་ཡིའི་ཚོལ་ཞུང་མེ་འདུན་སྟོང་། བོད་ཀྱི་སྲོལ་རྒྱུན་དང་རིག་གནས་ཀྱི་ས་ཡུལ་ཡིན། དབུས་ལ་བོད་སྟོད་དཔུང་འབོད། པ་ལ་ཆེར་དེ་གི་ལྷ་ས་གྲོང་ཁྱེར་(འདམ་གཞུང་རྫོང་ཕུད)ལྷོ་ཁའི་ས་ཁུལ་དང་ཉིང་ཁྲིའི་ས་ཁུལ་གྱི་ནུབ་རྒྱུད། གཙང་ལ་བོད་སྨད་དཔུང་འབོད། པ་ལ་ཆེར་དེ་གི་གཞིས་ཀ་རྩེའི་ཁུལ་(བྱང་ཕྱོགས་ཀྱི་ས་ཆ་ཆུང་ཆུང་ཕུད་པ) ཡིན།

Wei Zang (U-Tsang/Central Tibet), the name of a place in the Qing Dynasty, had been called Wusizang (Dbus-Gtsang) in the Yuan and Ming Dynasty. It was a traditional and cultural region in Tibet and sometimes it was referred to the old name of Tibet. Wei, also called "Front Tibet", generally equals to the present Lhasa (not including Dangxiong county), Shannan region and the western Linzhi region. Zang, also called "Back Tibet (Tsang)", generally equals to the present Shigatse prefecture (not including the northern region).

卫藏方言 藏语三大方言之一，又称"中部藏语"。分成前藏、后藏两个土语群。主要分布在卫藏地区。与康方言相似，有声调。

དབུས་གཙང་ཡུལ་སྐད། བོད་ཀྱི་ཡུལ་སྐད་ཆེན་པོ་གསུམ་གྱི་ཡ་གྱལ། དེ་ལ་བོད་དབུས་མའི་སྐད་ཀྱང་ཟེར། དབྱེ་ན་གཙང་དང་དབུས་ཀྱི་སྤྱོད་སྐད་གཉིས་ཡོད། གཙོ་བོ་དབུས་གཙང་ས་ཁུལ་དུ་ཁྱབ་ཡོད། ཁམས་སྐད་དང་ཆ་འདྲ་བའི་གདངས་ཀྱི་འགྲོ་འཛུག་གམ་དབྱངས་ཀྱི་སྟོང་བ་གསལ་པོ་ཡོད།

Wei Zang Dialect is one of the three Tibetan dialects, also called Central Tibetan dialect. It is divided into two main dialects: Front Tibet dialect and Back Tibet dialect. Similar to Kang dialect and featured with tones, it is mainly spoken in the region of Central Tibet.

《卫藏通志》 清代西藏志书。共16卷。作者及成书时间不详。分为考证、疆域、山川、程站、喇嘛等部分。对有关西藏的历史、文化、地理，以及清廷在西藏推行的政治、军事、财经制度等，都有较全面的叙述。此书是清初记叙西藏地方史志沿革诸书中最为完备的一部。

《དབུས་གཙང་ལོ་རྒྱུས》 ཆིང་རྒྱལ་རབས་སྐབས་ཀྱི་བོད་སྨྲོས་ཀྱི་ཞིབ་ཕྱིས་ཞིག བསྡུས་ན་ཕྱོག་དེབ་16ཡོད། རྩོམ་པ་པོ་དང་དཔར་འགྲུན་པའི་དུས་ཚོད་མི་གསལ།

དབྱེན། ཁུངས་འཚོལ་ར་སྦྱོད་དང་ས་ཁོངས། རི་རྒྱ་
འབབ་ཚུགས། བླ་མ་སོགས་ཡོད། བོད་ཀྱི་ལོ་རྒྱུས་དང་
རིག་གནས། ས་ཁམས། དེ་མིན་ཆིང་སྲིད་གཞུང་གིས་
བོད་ལ་སྤྱེལ་བའི་ཆབ་སྲིད་དང་དམག་དོན། དཔལ་
འབྱོར་ལུགས་སོགས་ཅུང་ཆ་ཚང་བའི་སྐོར་ནས་ཞིབ་
བཤད་ཡོད། དཔེ་ཆ་འདི་ནི་ཆིང་རྒྱལ་རབས་དུས་
མགོའི་བོད་ས་གནས་ཀྱི་ལོ་རྒྱུས་ཞིབ་འབྲི་བས་ཡོད་པའི་
དཔེ་ཆ་གང་ཟད་ཉུང་གི་ཆེས་འཁུས་ཚང་བའི་དེབ་
གཅིག་ཡིན།

General History of Central Tibet is a local gazetteer of Tibet edited in the Qing Dynasty, consisting of 16 volumes, including textual research, territory, mountains and rivers, roads and stations, Lamas and so on. The writer and the time the book was completed are unknown. It has a comprehensive description about the Tibetan history, culture, geography and the political, military and financial policies carried out in Tibet by the Qing government. This gazetteer is among the most complete Tibetan local gazetteers in the early Qing Dynasty.

卫拉特 清时西部蒙古各部的总称。元朝称"斡亦剌",明代称"瓦剌",17世纪后期称卫拉特,又称"厄拉特""厄鲁忒""额鲁特"等。

ཨེ་ལ་ཐི། ཆིང་རྒྱལ་རབས་སྐབས་ནུབ་རྒྱུད་སོག་པོའི་ཚོ་པ་དག་གི་སྤྱི་མིང་། ཡོན་རྒྱལ་རབས་ཀྱིས་སོ་དབྲིལ་ཟེར། མིང་རྒྱལ་རབས་ཀྱིས་ཝ་ཚོ་ཟེར། དུས་རབས་བཅུ་བདུན་པའི་དུས་མཇུག་ལ་ཨེ་ལ་ཐེ་ཟེར། ཨེ་ལུ་ཐེའི། ཨེ་ལུའུ་ཐེ་སོགས་ཀྱང་ཟེར་བའོ། །

Oirats was a common designation for Western Mongol tribes in the Qing Dynasty. During the Yuan period (1279-368) they were called in Chinese Woyila, and during the Ming period (1368-1644) they were known as Wala. In the late 17th century they were called Weilate, and they were also called Oirat and Elute.

畏兀儿 亦作"畏兀尔""畏吾而""畏吾儿""畏兀""畏吾""委吾"等。为元、明两代关于"维吾尔"一词的音译。

ཝེ་ཕུའུ་ཨེར། ཝེ་ཕུར། ཝེ་ཕུའུ་ཨེར། ཝེ་ཧྥང་ཨེར། ཝེ་ཕུའུ། ཝེ་ཧྥང་། ཝེན་ཧྥང་སོགས་རྒྱ་ཡིག་ཏུ་འབྲི་ཚུལ་མང་། ཡོན་དང་མིང་རྒྱལ་རབས་གཉིས་ཀྱིས་ཡུ་གུར་ཞེས་པའི་མིང་གི་སྒྲ་བསྒྱུར་ཡིན།

Weiwur, was the transliteration of the word Uyghur. From the Yuan and Ming Dynasty, Uyghurs were called Weiwur (畏兀尔), Weiwur (畏吾而), Weiwur (畏吾儿), Weiwu (畏兀), Weiwu (畏吾), and Weiwu (委吾).

文成公主(625—680) 吐蕃赞普松赞干布的第二位皇后。汉族。640年,松赞干布遣大相至长安向唐朝请婚,太宗许嫁宗女文成公主。公主聪慧美丽,信奉佛教。她对吐蕃贡献良多,如布达拉宫的建造,中原佛教及农种、农技的传播等。在她影响下,汉藏文化交融更进一步。

རྒྱ་བཟའ་ཀོང་ཇོ། (༦༢༥—༦༨༠) སྲུ་སྲོང་གི་བཙུན་པོ་སྲོང་བཙན་སྒམ་པོའི་བཙུན་མོ་གཉིས་པ། རྒྱ་རིགས། ༦༤༠ ལོར། སྲོང་བཙན་སྒམ་པོས་བློན་ཆེན་ཁྲོན་འན་དུ་མངགས་ཏེ་ཐང་རྒྱལ་རབས་ལ་གཉེན་འབྲེལ་

དགོས་པའི་དགོངས་ཚུལ་བསྐུན། ཐའི་ཙུང་གིས་རྒྱལ་
གཅིག་པའི་བུ་མོ་རྒྱ་བཟའ་ཀོང་ཇོ་བཀའ་མར་བྱིན། ཀོང་ཇོ་
མཛེས་སྡུག་ལྡན་ཞིང་སྤྱང་གྲུང་འཆིམས་པ། སངས་རྒྱས་
ཀྱི་ཆོས་ལ་དད་པ་ཞིག་ཡིན་ཞིང་། མེས་པོ་ལ་བྱུང་རྗེས་
མང་ཚམ་བཞག་ཡོད། དཔེར་ན། པོ་ཏ་ལའི་འཇུགས་
སྐྱོན་དང་། ཀྱུང་ཡན་གྱི་སངས་རྒྱས་ཆོས་ལུགས་དང་ཞིང་
ལས་ཀྱི་ས་བོན། ལག་རྩལ་བོད་དུ་སྤྱེལ་བ་སོགས་སོ། །
བོད་ཤུགས་ཆེན་གྱི་དོག་ཏུ་བོད་རྒྱ་རིག་གནས་འབྱེད་
འདྲེས་སྤྱིར་བས་གོང་འཕེལ་དུ་སོང་། །

Princess Wencheng (625–680) was the second queen of Songtsan Gampo, king of Tubo. In 640, Songtsan Gampo sent a major minister to Chang'an and proposed to the king of the Tang Dynasty for a marriage with a princess, so Emperor Taizong agreed to marry princess Wencheng to him. The princess, in belief of Buddhism, was clever and beautiful. She contributed much to the development of Tubo, including the construction of the Potala Palace, the introducing of the inland Buddhism, agricultural seeds and technology, thus strengthening the cultural exchange between the Han and Tibet.

文馆 清官署名。天聪三年（1629）始置。掌翻译汉文书籍并记注政事，命儒臣分值。十年，改为内三院。

ཡིག་ཁང་། ཆིང་རྒྱལ་རབས་སྐབས་དཔོན་པོའི་གཞུང་ལས་ཁང་གི་མིང་། ཐན་ཚུང་ཕྱི་ལོ་གསུམ་པར་（1629）བཙུགས། རྒྱ་ཡིག་དཔེ་དེབ་བསྒྱུར་བ་དང་སྲིད་དོན་གྱི་འགོད་གཞེར་བ། བུའི་ལུགས་ཀྱི་དཔོན་པོ་འཛིན་པའི་གནས། པོ་བཅུ་བ་རྗེས་སུ་ཡིག་ཁང་སྦེད་ནང་གི་ར་བ་གསུམ་ཞེས་པ་ལ་བསྒྱུར།

Literary Institute was the name of a government office in the Qing Dynasty, set up in the 3rd year of the Tiancong reign (1629). It was responsible for translating the Chinese books and recording political affairs of the court, and was administrated by the scholarly officials nominated by the emperor. In the 10th year of the Tiancong reign (1636), it was renamed Three Palace Academies.

《文海》 西夏文字书。著者不详，成书约在12世纪中叶。1909年在中国黑水城遗址（在今内蒙古额济纳旗）出土。原书有平声、上声、杂类3部分。上声部分全佚，平声、杂类有部分残缺，计有3000多字条。

《ཡིག་མཚོ》 མི་ཉག་ཡི་གེའི་དེབ་ཅིག ཚོམ་པ་པོ་མི་གསལ། དུས་རབས་བཅུ་གཉིས་པའི་དུས་དཀྱིལ་དུ་བདེ་ཆར་གྱུར། ༡༩༠༩ལོར་ཀྱུང་གོའི་ཧེ་ཧྲུའི་གྲོང་གནས་ཤུལ་（དེང་གི་ནང་སོག་ཨེ་ཅི་ནན་ཚེ་）ནས་ཐུན། དེབ་དངོས་ལ་སྒྲ་སྟོབས་པོ་དང་། སྒྲ་མཐོན་པོ། བསྲེས་པའི་རིགས་བཅས་གསུམ་ཡོད། སྒྲ་མཐོན་པོའི་སྐོར་ཆ་ནས་བོར་སྟོར་སོང་། སྒྲ་སྟོབས་པོ་དང་བསྲེས་བའི་རིགས་ནང་འགའ་ཤས་ལ་ཆག་སྐྱོན་ཕོག་པའི་ལྷག་རོ་ཙམ་ན་ཡིག་འབྲུ་གསུམ་སྟོང་ལྷག་ཡོད།

Sea of Characters is a book in Tangut script in the Western Xia. The book was written in the middle 12th century, and the author was unknown. In 1909, the book was excavated in the ruins of Ejin Banner in Inner Mongolia, the ancient town of Heishui (Kara-Khoto). The book consists of three parts, namely level tone rhymes, falling-rising tone rhymes and miscellanea. The falling-rising tone part and some of the other two parts is missing, and more than 3,000 characters are preserved.

文津阁 清代七大皇家藏书楼之一。位于河北承德市避暑山庄平原区的西部。于1774年仿浙江宁波天一阁建造。外观为两层，实际是三层，阁中辟一暗层，这样阳光不能直射到藏书库。曾藏清代编纂的《四库全书》等。

ཡིག་ཚགས་གནམ་ཁང་། ཆིང་རྒྱལ་རབས་སྐབས་ཀྱི་རྒྱལ་པོའི་མཛོད་ཁང་བདུན་ལས་གཅིག་ཡིན། ཁྱེད་དེ་ཧོ་པེ་ཆེང་ཏེ་གྲོང་ཁྱེར་གྱི་ཚ་རླུང་རྒྱུག་ཚགས་ཡོད། ༡༧༧༤ལོའི་ནང་ཞིང་ཅང་པའི་བསྒྱུར་ནས་བཙུགས་པ་ཡིན། ཕྱིས་བལྟས་ན་ཁང་བརྩེགས་གཉིས་དང་དངོས་སུ་ཁང་བརྩེགས་གསུམ་ཡོད། ཁང་པའི་ནང་དུ་བརྩེགས་གཅིག་གབ་བཞིན་ཡོད། དེ་ལྟར་ཉི་འོད་ཀྱིས་དཔེ་མཛོད་ཁང་དུ་ཐད་འཕྲོ་བྱེད་མི་ཕྱུག་དེ་སྔོན་ཆིང་རྒྱལ་རབས་སྐབས་བསྐྲིགས་པའི《མཛོད་བཞིའི་དཔེ་ཚ》སོགས་འདིར་ཉར་ཚགས་བྱས་ཡོད།

Wenjin Chamber, one of the seven royal libraries in the Qing Dynasty, is situated at the western plain terrain of the Mountain Resort of Chengde City. It was built in 1774 in imitation of Tianyi Chamber of Ningbo, Zhejiang. Seen from the outside, it has only two stories, but in fact it is consists of three floors, because the middle one is a dark story free from sunlight. A copy of Siku *Quanshu* (*Complete Library of the Four Treasuries*) was originally stored in this library.

文殊菩萨 佛教四大菩萨之一。释迦牟尼佛的左胁侍菩萨，代表聪明智慧。因德才超群，有"法王子"之称。文殊菩萨是梵文音译，意为妙德、吉祥，是除观音菩萨外最受尊崇的大菩萨。文殊菩萨在道教中称"文殊广法天尊"。

འཕགས་པ་འཇམ་པའི་དབྱངས། ནང་ཆོས་ཀྱི་འཕགས་པ་བཞིའི་ཡ་གྱལ། སངས་རྒྱས་ཤཱཀྱ་ཐུབ་པའི་ཕྱག་གཡོན་དུ་བྱུང་ཆུབ་སེམས་པའི་ཚུལ་གྱིས་བཞུགས་ཤིང་ཤེས་རབ་ཀྱི་རང་བཞིན་མཚོན། སྙན་ཡོན་ཀུན་ལས་དུ་བྱུང་བས་ཆོས་ཀྱི་རྒྱལ་སྲས་ཀྱི་མཚན་ཐོགས། འཇམ་དཔལ་དབྱངས་ཞེས་ལེགས་སྐྱོར་གྱི་སྐད་ལས་སྐྲ་བསྒྱུར་བ་སྟེ་དོན་དུ་འཇམ་དཔལ་དང་བཀྲ་ཤིས་ལྡོག །འཕགས་པ་སྤྱན་རས་གཟིགས་ཀྱི་གྱུར་མ་ཐགས་ཀྱི་ཀུན་གྱུང་འཚལ་དད་གུས་བྱེད་པའི་འཕགས་པ་ཆེ་པོ་ཞིག་ཡིན་ཏེ། ཏའོ་ལུགས་སུ་འཇམ་དབྱངས་ཀུན་མཁྱེན་གནམ་གྱི་རྒྱལ་པོ་ཟེར་བ་ལྟ་བུའོ། །

Manjushri is one of the Four Bodhisattvas of Buddhism. He is the left retinue of Sakyamuni Buddha, representing intelligence and wisdom. Because of his outstanding morality and talent, he is known as "Prince of Dharma". Manjushri means auspicious and highly virtuous in Sanskrit, so he is the most popular and respected Bodhisattva besides Avalokitesvara. In Taoism Manjushri is called Wenshu Guangfa Tianzun (an elite superior man).

文殊山石窟 佛教石窟群。为中国早期佛教遗存。位于甘肃肃南裕固族自治县，依山开凿于文殊山前山和后山的崖壁上，分布于南北1.5公里、东西2.5公里的范围内。始建于北凉时期（401—433年）。现存窟龛100多个，较重要的洞窟有前山千佛洞、万佛洞、后山古佛洞和千佛洞等。

འཇམ་དབྱངས་བྲག་ཕུག་ ནང་བསྟན་གྱི་བྲག་ཕུག་ཆོས་ཞིག་ དེའི་གྱུར་གོའི་དུས་རྙིའི་ནང་ཆོས་ཀྱི་གནའ་ཤུལ་རྩ་ཆེན་ཡིན། དེ་ནི་ཀན་སུའུ་ཞིང་ཆེན་སུའུ་ནན་ཡུ་གུར་རིགས་རང་སྐྱོང་རྫོང་དུ་ཡོད། འཇམ་པའི་དབྱངས་རིའི་མདུན་གྱི་གི་བོ་དང་རྒྱབ་ཕྱོགས་ཀྱི་རི་བོ་བཅས་ཀྱི་རི་ངོ་བཅོས་ཡོད་ཅིང་སྟོང་བྱུབ་ཀྱི་སྟྱི་ལེ་ ༡. ༥ དང་ཤར་ནུབ་ལ་སྟི་ལེ་ ༢. ༥ ཡིན་པའི་ཁྱབ་ཁོངས་སུ་ཡོད། དེ་ཞིང་གི་དུས་སུ་ (༤༠༡-༤༣༣) བཞེངས་མགོ་བཙུགས། དེར་བྲག་ཕུག་ ༡༠༠ ལྷག་འདུག་ གཞུང་གལ་ཆེ་བའི་བྲག་ཕུག་ལ་མདུན་ཕྱོགས་ཀྱི་སངས་རྒྱས་སྟོང་སྐུ་དང་སངས་རྒྱས་ཁྲི་སྐུ། རྒྱབ་རིའི་སངས་རྒྱས་སྐུ་རྙིང་པའི་བྲག་ཕུག་དང་སངས་རྒྱས་སྟོང་སྐུ་བྲག་ཕུག་བཅས་ཡོད་དོ།།

Wenshu Mountain Grottoes, as the Buddhist Grottoes, are well-known for the early relics of Buddhism in China. They are located in Sunan Yugur Autonomous County in Gansu province. Carved on the cliffs of the front and back of the Wenshu Mountain, the Grottoes cover a scope of 1.5 kilometers from north to south and 2.5 kilometers across from east to west. Construction of the grottoes began in the Northern Liang period (401-403). There are more than 100 caves altogether in that region, including the Thousand Buddha Caves and the Cave of Ten Thousand Buddhas (Wanfo Cave) at the front mountain, and Old Buddhist Caves and the Thousand Buddha Caves at the back mountain.

翁村　意为"村长"。解放前京族聚居地区的村庄首领。经村内有名望的老人所组成的"嘎古"集团推选产生。任期三年。主要职责是监督执行村约，处理村内纠纷，主持唱哈（见"哈节"词条）仪式，举办村中公益事项等。

ཕྱུང་གྲོང་།　གྲོ་དོན་སྟེ་དཔོན། བཅིངས་འགྲོལ་མ་བཏང་གོང་ཅིང་རིགས་ས་ཁྱུང་གྲོའི་གྲོང་དཔོན་དེ་ཟེར། གྲོང་དང་གི་ལོན་བགྲེས་ཞིང་མཚན་སྙན་ཡོད་པའི་རྒན་པོ་རྣམས་ཀྱིས་བཙུགས་པའི་ག་གུའི་ཚོགས་པས་འདེམས་བསྐོས་བྱས་ཏེ་བྱུང་བ་ཡིན། ལོ་གསུམ་ལ་འགན། ལས་འགན་གཙོ་བོ་ནི་གྲོང་དང་གི་སྒྲིག་ཁྲིམས་ལག་སྒྲུབ་དང་གྲོང་མི་ཕན་ཚུན་རྩོད་གླེང་སྙོམས་པ། བྱ་དགོས་པ་མ་ཟད། དུང་སྒྲོག་དུས་ཆེན (སྒྲོག་གི་ཚེ་ལ་ལྟོས) གྱི་མཛད་སྒོ་དང་གྲོང་པའི་ཀུན་ཕན་དོན་ཚན་སོགས་ལ་མདོ་འཛིན་བྱེད་དགོས།

Wengcun means head of village. They were the chiefs of the vilages in the area of Jing people before the liberation (before 1949). They were elected by Gagu Group constituted by the renowned elders of the village. Their term of office was three years. Their main tasks were to supervise and carry out village rules, handle village dispute, host the singing ceremony Changha (see the entry Hajie) and host public welfare undertakings, etc.

翁独健（1906—1986）　中国当代历史学家。原名翁贤华，福建省福清县人。早年就读于燕京大学，后到美国、法国深造。历任燕京大学代校长，中国民族史学会理事长等职。有《蒙古时代的法典编纂》《元典章译语集释》等论著。在元史研究领域成就尤为突出。

སྐུང་ཅུན་ཅན། (༡༩༠༦—༡༩༨༦) རྒྱང་གོའི་དེང་རབས་ཀྱི་ལོ་རྒྱུས་རིག་པ་མཁས་ཆེན། དངོས་མིང་ལ་སྐུང་ཞུན་ཧྭ་ཟེར། ཧྥུའུ་ཅན་ཞིང་ཆེན་ཧྥུའུ་ཆིང་རྫོང་གི་མི་ཡིན། གཞོན་དུས་ཡན་ཅིང་སློབ་ཆེན་དུ་སློབ་གཉེར་བྱས། ཕྱིས་སུ་ཨ་མི་རི་ཁ་དང་ཧྥ་རན་སི་གཉིས་སུ་སོང་ནས་ཟབ་སྦྱོང་བྱས། ཕྱིན་པ་མཛད། མཐར་ཀྲུང་གོའི་མི་རིགས་ལོ་རྒྱུས་རིག་ལྷན་ཚོགས་པར་དོན་འགན་ཡོངས་ཁྱབ་ཀྱི་ལས་འགན་འཁུར། གཞུང་ལ《སོག་པོ་དུས་རབས་ཀྱི་ཁྲིམས་སྲོལ》དང《ཡོན་ཁྲིམས་སྲོལ་ལས་ལུགས་བསྡུར་སྐད་གསང་འགྲེལ་གྱི་མཆན་འགྲེལ》སོགས་ཀྱི་རིག་གཞུང་བརྩམས་ཆོས་ཡོད་ཅིང་སོག་ཡོན་ལོ་རྒྱུས་ཞིབ་འཇུག་ལ་འབྱུར་དུ་ཐོབ་པའི་འབྲས་བུ་ཐོབ་ཡོད།

Weng Dujian (1906-1986) was a historian in contemporary China. His original name was Weng Xianhua. He was born in Fuqing county of Fujian province. In his early years, he studied at Yenching University. Later, he went to America and France for further study. He once was the acting-president of Yenching University and director-general of the Chinese Association for Ethnic History, etc. His works include *The Codification during the Mongol-Yuan Period* and *Collected Annotations on Chinese Glossary of Statutes of the Yuan Dynasty*, etc. His achievement in studying Mongolian and Yuan history was especially prominent.

窝阔台（1186—1241） 元太祖成吉思汗的第三子，蒙古帝国第二位大汗。1229—1241 年在位。登基时接受皇帝的称号，和诸汗相区别。在位期间成功征服中亚、华北和东欧。元世祖忽必烈追尊其庙号为太宗，谥号英文皇帝。

ཝོ་གོ་དཀ། (༡༡༨༦—༡༢༤༡) ཆོར་ཇིང་གིར་རྒྱལ་པོའི་སྲས་གསུམ་པ་སྟེ། སོག་པོ་བཙན་རྒྱལ་གྱི་རྒྱལ་པོ་གཉིས་པ་ཡིན། ༡༢༢༩ནས་༡༢༤༡འི་བར་སྲིད་སྐྱོང་། རྒྱལ་ཁྲིར་བཞུགས་དུས་ཁོང་ལ་གོང་མའི་མིང་འབོད་པར་ཏན་གཞན་པ་དང་མི་འདྲ་བས་དགར་བསུ་ཐོབ། སྲིད་སྐྱོང་སྐབས་ཡ་སྐྱིང་དབུས་མ་དང་། ཏུ་པེ། རོབ་སྐྱིང་ཤར་མ་བཅས་དབང་དུ་བསྒྱུར། སོག་པོ་སི་ཆེན་རྒྱལ་པོས་འདི་ཉིད་ལ་འདས་མཆོད་ཆེ་ཐུང་དང་། སྐྱ་གཞིས་རྗེས་དགའ་འཛོམས་རིག་པའི་རྒྱལ་པོའི་ཆེ་ལོ་གནང་།

Ogedei Khan (1186-1241) was the third son of Genghis Khan (the Emperor Taizu of Yuan), and second great Khan of the Mongol Empire. He took the throne over the years between 1229 and 1241. He accepted the title of emperor which differentiated him from other Khans in the time of ascending the throne. He conquered the Central Asia, Northern China and Eastern Europe successfully in his reign. Kublai Khan, Emperor of Shizu of Yuan, conferred a temple name to him as "Taizong" and posthumous title as Emperor Yingwen.

我国关于少数民族语言文字的基本政策 1. 保障少数民族使用和发展本民族语言文字的权利。2. 民族自治地方自治机关执行职务时依法使用民族语言文字。3. 有关学校用少数民族通用的语言文字教学或进行双语教学。4. 鼓励各民族互相学习语言文字。5. 对少数民族语言文字的使用和发展提供帮助, 创造条件。6. 大力培养民族语言文字工作人员。

རང་རྒྱལ་གྱི་གྲངས་ཉུང་མི་རིགས་སྐད་ཡིག་གི་ཙང་གཞིའི་སྲིད་ཇུས། ༡ གངས་ཞུང་མི་རིགས་ལ་རང་མི་རིགས་ཀྱི་སྐད་ཡིག་བེད་སྤྱོད་དང་འཕེལ་རྒྱས་གཏོང་བའི་དབང་ཚ་ཡོད། ༢ མི་རིགས་རང་སྐྱོང་ས་ཁུལ་གྱི་རང་སྐྱོང་ལས་ཁུངས་ཀྱིས་ལས་དོན་སྒྲུབ་དུས་ཁྲིམས་ལུགས་ལྟར་གྲངས་ཉུང་མི་རིགས་ཀྱི་སྐད་ཡིག་བེད་སྤྱོད་གཏོང་དགོས། ༣ སྐྱོ་གྲྭ་ར་གྲངས་ཉུང་མི་རིགས་ཀྱི་བེད་སྤྱོད་པའི་སྐད་ཡིག་གི་ཐོག་ནས་སློབ་ཁྲིད་བྱེད་པའམ་སྐད་གཉིས་སློབ་ཁྲིད་བྱེད་པ། ༤ མི་རིགས་ཕན་ཚུན་དུ་སྐད་ཡིག་སློབ་སྦྱོང་བྱེད་པ་ལ་སྐུལ་འདེད་གཏོང་བ། ༥ གྲངས་ཉུང་མི་རིགས་ཀྱི་སྐད་ཡིག་བེད་སྤྱོད་དང་འཕེལ་རྒྱས་གཏོང་བ་ལ་རོགས་རམ་དང་ཆ་རྐྱེན་སྐྲུན་པ། ༦ མི་རིགས་སྐད་ཡིག་གི་ལས་ཀ་སྒྲུབ་མཁན་ཤུགས་སྟོབས་ནས་གསོ་སྐྱོང་བྱེད་དགོས་པ་བཅས་སོ། །

Basic policies concerning the languages of the ethnic minorities in China are as follows: 1. ensuring the rights of ethnic groups to use and develop their own languages and scripts; 2. autonomous organs of the ethnic autonomous regions should use ethnic languages and scripts according to the law when they are performing official duties; 3. related schools and universities should use ethnic languages and scripts to teach or adopt bilingual teaching; 4. encouraging all ethnic groups to learn languages and scripts from each other; 5. offering help and creating conditions for the ethnic groups to use and develop their languages and scripts; 6. vigorously cultivating staffs for ethnic languages and scripts.

卧尔兹 卧尔兹是阿拉伯语音译, 特指伊斯兰教宣教的一种方式。有"劝导""训诫""教诲""讲道""说教"等意。

ཝོ་ཨེར་ཚེ། ཝོ་ཨར་ཚེ་ནི་ཨ་རབ་སྐད་སྒྲ་བསྒྱུར། ཆེད་དུ་དཔྱི་སི་ལན་ཆོས་ལུགས་ཀྱི་ཐིལ་བསྒྲགས་ཐབས་ཤིག་ལ་བསྟན། །ཁ་ཏ་སློབ་སྟོན། བསླབ་བྱ་གཏོང་བ། བཀའ་སློབ། ཆོས་འཆད་པ། སློབ་གསོ་གཏོང་བ་སོགས་ཀྱི་གོ་དོན་ཡིན།

Woerzi (Al Wa'z), the Arabic transliteration, specially refers to a way to propagandize Islamism. It has several meanings, including "advising", "admonishing", "teaching", "preaching" or "sermonizing".

卧龙国家自然保护区 中国最早建立的综合性国家级保护区之一。建于 1963 年。位于四川省阿坝藏族羌族自治州汶川县西南部。当时面积 2 万公顷, 1975 年面积扩大到 20 万公顷。以保护大熊猫及高山森林生态系统为主。

ཕོའི་ལུང་རྒྱལ་ཁབ་རང་བྱུང་སྲུང་སྐྱོབ་ཁུལ། གུང་གོའི་ཆེས་སྔ་མོར་བཙུགས་པའི་སྤྱི་འཛིན་རང་བཞིན་ཅན་གྱི་རྒྱལ་ཁབ་རིམ་པའི་སྲུང་སྐྱོབ་ཁུལ་(༡༩༦༣ལོར་ཚུགས)ཤིག་ཡིན་ཞིང་ཆེན་ཇ་པོད་རིགས་ཆབ་རིགས་རང་སྐྱོང་ཁུལ་ཝུན་ཁྲོན་རྫོང་གི་ལྷོ་ནུབ་ཏུ་ཡོད། སྐབས་དེར་རྒྱ་ཁྱོན་ལ་གུང་ཆིང་ཧེ་ཁྲི། (༡༩༧༥ལོར་རྒྱ་ཁྱོན་གུང་ཆིང་ཧེ་༢༠ཡི་ཚད་ལ་སླེབས།) དོམ་ཁྲ་དང་རི་མཐོའི་ནགས་ཚལ་སྐྱེ་ཁམས་ལ་སྲུང་སྐྱོབ་བྱ་རྒྱུ་གཙོར་གྱུར། (གུང་ཆེན་༡༩༨ཤུ་༡༥)

Wolong National Nature Reserve is one of the earliest comprehensive national nature reserves in China which was built in 1963. It is located in the southwest of Wenchuan County in the Aba Tibetan and Qiang Autonomous Prefecture in Sichuang province. The area was 20,000 hectares when it was built and in 1975 its area expanded to 200,000 hectares. This nature reserve mainly aims at protecting pandas and highland and forest ecosystem.

渥巴锡（约1742—约1774） 蒙古土尔扈特部首领。蒙古族。中国历史上著名的"东归民族英雄"。他率领本部16.9万人东迁，经历8个多月的长途跋涉，于1771年与前来迎接的清军相遇。由于俄罗斯哥萨克骑兵的追击和恶劣的自然环境，到达西部蒙古时只剩7万人左右。

ཨོད་པ་ཤི（པལ་ཆེར་ ༡༧༤༢—དུ་ ༡༧༧༤） སོག་པོ་ཐང་ཨར་དུད་ཏེ་ཚོ་བའི་འགོ་དཔོན། སོག་རིགས། ཀྱུང་གོའི་ལོ་རྒྱུས་ཐོག་གི་གྲགས་ཆེ་བའི་"ཤར་དུ་ལོག་པའི་མི་རིགས་དཔའ་བོ།" ཁོང་གིས་རང་གི་ཚོ་པའི་མི་ ༡༦.༩ ཁྲིད་ནས་ཤར་དུ་བསྐྱོད། ཟླ་བརྒྱད་ལྷག་གི་ལམ་ཐག་རིང་བོ་བརྒྱུད་ ༡༧༧༡ ལོར་བསུ་རུ་ཡོང་བའི་ཆིང་དམག་དང་འཕྲད། ཨོན་ཡུ་རུའི་གིས་ཁ་ཤཱ་ཀ་དམག་གིས་རྗེས་འདེད་དང་ཁམས་ངན་པའི་རང་བྱུང་ཁམས་ཀྱི་རྐྱེན་གྱིས་པོ་ཙོ་སོག་པོའི་ཕྱོགས་ལ་སླེབས་དུས་མི་ཁྲི་བདུན་ཙམ་ལས་ལྷག་མེད།

Ubashi Khan (ca. 1742-ca. 1774) was the head of Mongolian Torghut tribe. He was Mongol. He was regarded as a famous national hero in Chinese history because of the important role he played in the movement of "Going East to the Native Land". He led 169,000 people to go east. After experiencing eight months' long journey, they met with the Qing armies who came to greet them in 1771. Beset and raided by Russian Cossack Cavalry and tortured by severe natural environment, they reached the western Mongolia with only 70 thousand people left.

乌·白辛（1920—1966） 赫哲族戏剧家。吉林永吉人。1945年参加革命。他先后改编创作了20多部歌剧、话剧和电影文学剧本，有《冰山上的来客》《赫哲人的婚礼》等。其中《赫哲人的婚礼》是赫哲族新文学的代表。"文化大革命"中含恨离世。

ཨུན་པའི་ཞིན（༡༩༢༠—༡༩༦༦） ཧོ་ཀྲེ་མི་རིགས་ཀྱི་ཟློས་གར་པ། ཅི་ལིན་ཡུང་ཅིའི་མི་ཡིན། ༡༩༤༥ ལོར་གསར་བརྗེའི་ནང་དུ་ཞུགས། ཁོང་གིས་སྔ་རྗེས་སུ་གླུ་གར་དང་གཅལ་བཟོད་ཟློས་གར། གློག་བརྙན་ཚོན་རིག་གི་འཁྲབ་གཞུང་སོགས་༣༠ ལྷག་སྐྱར་སྒྲིག་གསར་རྩོམ་བྱས། 《གངས་རིའི་ཕོག་གི་མགྲོན་པོ།》 དང་《ཧོ་ཀྲེ་མིའི་གཉེན་སྒྲིག་ཆེད་འབྱེལ།》 སོགས་ཡོད། དེའི་ནང་གི་《ཧོ་ཀྲེ་མིའི་གཉེན་སྒྲིག་ཆེད་འབྱེལ།》 ནི་ཧོ་ཀྲེ་མི་རིགས་ཀྱི་རྩོམ་རིག་གསར་པའི་མཚོན་བྱེད་ཅིག་ཡིན། རིག་གནས་གསར་བརྗེ་ཆེན་མོའི་སྐབས་སུ་མ་འདོད་བཞིན་འདས་གྲོངས་སུ་སོང་།

Wu Baixin (1920-1966) was a dramatist of the Hezhe people. He was from Yongji, Jilin. In 1945, he joined the revolution. He adapted and created more than 20 operas, dramas and literary scenario, such as *Visitors on the Icy Mountain* and *Marriage of Hezhe people*, etc. Among them, *Marriage of Hezhe people* was his representative works for Hezhe new literature. In the period of the Cultural Revolution, he passed away with a deep regret.

乌浒人 古族名。西瓯、骆越人的一支。汉代分布在今广西左江流域及钦州、合浦、玉林一带。为今部分壮族的先民。

ཨུའུ་ཧུའུ་རིགས། གནའ་བོའི་མི་རིགས་ཀྱི་མིང་། ཞིང་ཞང་དང་ལོ་ཡོད་མིའི་ཡན་ལག་ཅིག་ཏུན་རྒྱལ་རབས་སུ་དེང་གི་ཀོན་ཞིའི་ཙོ་ཅང་འབབ་ཡུལ་དང་ཆེན་གྲོའུ། ཧེ་པུ་དང་ཡུས་ལིན་རྒྱུད་དུ་ཁྱབ་ཡོད། དེ་དག་གི་གོང་རིགས་ཁ་ཤས་ཀྱི་མེས་པོ་ཡིན།

The Wuhu people was the ancient ethnic name. They were one branch of Xi Ou and Luo Yue people. In the Han Dynasty, they lived in Zuojiang River Valley, areas of Qinzhou, Hepu and Yulin in Guangxi. They were ancestors of part of the Zhuang people.

乌桓 中国古代民族。亦作"乌丸"。原为东胡部落联盟中的一支。公元前3世纪末，匈奴破东胡后，迁至大兴安岭山脉南端的乌桓山，遂以山名为族号，大约活动于今西拉木伦河两岸及归喇里河西南地区。东汉末年，乌桓部落被曹操攻克，彻底衰落。

ཨུའུ་ཧིན། ཀྲུང་གོའི་གནའ་རབས་ཀྱི་མི་རིགས་ཤིག ཨུའུ་ཝན་ཡང་ཟེར། དང་ཐོག་ཏུའུ་ཧུའི་ཤར་མའི་མཉམ་འབྲེལ་ཚོགས་པའི་ཡན་ལག་ཡིན། སྤྱི་ལོ་སྔོན་གྱི་དུས་རབས་གསུམ་པའི་མཇུག་ཏུ་ཧུན་ནུའུ་ཡིས་གཏོར། རྗེས་ཞིག་འོན་ལིང་ཆེ་བའི་རི་རྒྱུད་ཀྱི་ལྷོ་སྣེ་ཨུའུ་ཧིན་རི་བོར་སྤོས། རྗེས་སུ་རི་དེ་མི་རིགས་ཀྱི་མིང་དུ་བཏགས། འཚོ་བསྐྱོད་བྱེད་ས་ཁྱོན་ཆེར་དེང་གི་ཞི་ལ་མུའུ་ལུན་འབབ་ཆུའི་འགྲམ་གཉིས་དང་གེའི་ལ་ལི་འབབ་ཆུའི་ལྷོ་ནུབ་ས་ཁུལ་ཡིན། ཤན་ཧན་རྒྱལ་རབས་ཀྱི་མཇུག་ཙམ་དུ་ཨུའུ་ཧིན་གྱི་

Wuhuan was a Chinese ancient ethnic group, also named Wuwan. It once was one branch of Donghu (Eastern foreigners) tribe league. In the late 3rd century BC, Xiongnu, an ancient ethnic group in China, defeated the Donghu people. Then, they moved to Wuhuan Mountain in the southern Greater Khingan Mountains, which was used as the ethnic name afterwards. They lived on both banks of today's Xar Moron River and southwestern Guilali River. In the end of Eastern Han Dynasty, Wuhuan tribe was defeated by Cao Cao and declined completely.

乌碣岩之战 明万历三十五年（1607），努尔哈赤部与乌拉部在图们江畔的乌碣岩开展的一场战役。是建州、乌拉两强为争取"藩胡"而进行的较量，也是努尔哈赤和乌拉布占泰之间争当女真王的较量。乌拉兵大败，从此一蹶不振。

ཨུའུ་ཅའི་བྲག་རྫོང་དམག་འཁྲུག མིང་རྒྱལ་རབས་ཀྱི་ཁྲི་ལོ་སོ་ལྔ་བར། (1607) ནུའུ་ཨར་ཧ་ཚོའ་དང་ཨུའུ་ལ་ཚོའ་གཉིས་ཐུའུ་མེན་རྒྱ་འགྲམ་གྱི་ཨུའུ་ཅའི་བྲག་རྫོང་བའི་དམག་འཁྲུག་ཆེན་པོ་ཞིག་ཡིན། ཅན་ཀྲོའུ་དང་ཨུའུ་ལ་གཉིས་ཀྱིས་ཧན་ཧུའི་འཐོབ་ཆེད་བྱེད་པའི་དམག་འཁྲུག་ཡིན་ལ། ནུའུ་ཨར་ཧ་ཚོའ་དང་ཨུའུ་ལའི་གཙོ་བའི་གཉིས་ཀྱི་ཇུའུ་ཀྱིའི་རྒྱལ་པོའི་གོ་གནས་འཐོབ་ཆེད་བྱེད་པའི་དམག་འཁྲུག་ཅིག་ཀྱང་ཡིན། ཨུའུ་ལའི་དམག་ཁམས་པར་ཆད་པོ་བྱུང་བས་དེ་ནས་ཤམས་རྒྱུད་དུ་སོང་།

Battle of Wu Jieyan referred to the battle taken place in Wu Jieyan of Tumen

Riverside between Nurhachi clan and Wula clan in the 35th year of the reign of Emperor Wanli of Ming Dynasty (1607). It was a battle for the two powers, Jianzhou and Wula to strive for Fan Hu, also for Nurhachi and Bujantai of Wula to strive for being the king of Jurchen. Wula army were defeated and they never recovered again.

乌拉制度 从元朝开始，中央王朝在西藏建立的驿站制度。"乌拉"一词是蒙古语借词，在藏语、满语亦同样意义，意为徭役，是驿站向当地人征派的人力差和畜力差。官府的公干人员、客人、货物等的进出都由驿站负责，所需劳力、马匹、旅客的口粮由驿站辖区百姓无偿提供。

ཨུ་ལག་ལམ་ལུགས། ཡོན་རྒྱལ་རབས་ནས་བཟུང་སྟེ། གུང་དབང་སྲིད་གཞུང་གིས་བོད་ལ་བཙུགས་པའི་སྦུང་ཚང་ལམ་ལུགས་ཤིག་ཡིན། ཨུ་ལག་ནི་སོག་ནས་གཡར་བའི་ཚིག་ཅིག་ཡིན། བོད་དང་མན་ཇུར་སྐད་ལའང་དོན་འདྲ། སྦུང་ཚིགས་ལ་གནས་ཀྱི་མི་ལས་བསླབས་པའི་མི་ནུས་དང་ཕྱུགས་ནུས་ལ་ཟེར། སྲིད་གཞུང་གི་བྱ་ལས་པ་དང་མགྲོན་པོ། དངོས་རྫོག་སོགས་ཀྱི་འགྲོ་འོང་ཚང་མ་སྦུང་ཚང་གིས་འགན་ཁུར་བ་ཡིན། སྦུང་ཚང་ལ་དགོས་པའི་ལག་ཤོང་ཚོགས་དང་ཏ། མགྲོན་པོའི་བཟའ་ཆས་ཚང་མ་སྦུང་ཚང་གི་ཁོངས་གཏོགས་ཀྱི་མི་སེར་གྱིས་འདོན་སྤྲོད་བྱེད་དགོས།

Vu-lag System was a traffic system set up by the Central Government since the Yuan Dynasty (1271-1388). "Vu-lag" was a loanword in Mongol language which has the same meaning in Tibetan or Manchu language, as corvee labor, which referred to the labors and animals dispatched from courier stations to the local people. The courier stations took charge of the visiting guests, officials and cargoes on official business. The local people had to provide labors, horses and rations free.

乌兰布通之战 清军平定准噶尔部噶尔丹的战役之一。康熙二十七年（1688），准噶尔部首领噶尔丹在沙俄的支持下率兵扰掠喀尔喀蒙古（见"外蒙古"词条），并侵入内蒙古乌朱穆沁部等地。二十九年，康熙帝亲征。两军在乌兰布通（今赤峰附近）大战，清军获胜。

ཨུ་ལན་པང་ཐང་གི་དམག་འཁྲུག ཆིང་དམག་གིས་དགའ་ལྡན་གྱི་ཇུན་གར་བའི་ཚོ་པ་བཙོམ་པའི་དམག་འཁྲུག་ཅིག ཁང་ཞིའི་ཁྲི་ལོ་ཉེར་གཉིས་པར་(1688) ཇུན་གར་བའི་ཚོ་དཔོན་དགའ་ལྡན་ཧྲ་ཨུའི་རྒྱབ་སྐྱོར་འོག་ཁལ་ཁ་སོག་པོ་ (ཕྱི་སོག་གི་ཚིག་ལ་ལྟོས) ལ་དམག་དྲངས་པ་དང་ནང་སོག་ཕྱུའུ་གུང་མུའུ་ཆིན་ཚོ་སོགས་ལ་ཡང་དམག་དྲངས། ཁྲི་ལོ་ཉེར་དགུ་པར་ཁང་ཞི་རྒྱལ་པོ་རང་ཉིད་བྱོན་ནས་དགྲ་དང་འཐབ། དམག་ཕྱོགས་གཉིས་ཀྱིས་ཨུ་ལན་པང་ཐང་དུ་དམག་འཐབ་ཆེན་མོ་བསྣུར་སྟེ་ཆིང་དམག་ལ་རྒྱལ་ཁ་ཐོབ།

Battle of Ulan Butong was one of battles in which Qing army defeated Galdan, the clan leader of the Dzungars. In the 27th year of the reign of Qing Emperor Kangxi (1688), Galden, with the support of Tsarist Russia, attacked Khalkha Mongol (see the entry Outer Mongolia) and intruded into the Wuzhu Muqin clan of Inner Mongolia. In the 29th year, Emperor Kangxi led his army and fought against Galden at Ulan Butong (near today's Chifeng), and the Qing army claimed a victory.

乌兰夫（1906—1988） 蒙古族。今内蒙古呼和浩特市土默特左旗塔布村人。中国人民解放军开国上将、政治家，卓越的民族工作领导人，曾任国务院副总理、国家副主席等职。1988年在北京逝世。

ཕུན་ལན་ཧྲུའུ། (1906—1988) སོག་རིགས། དེང་གི་ནང་སོག་གི་མཁར་སྟོན་པོ་གྲོང་ཁྱེར་ཐང་མོ་ཏེ་དར་ཚོ་གཡོན་པའི་ཐ་ཕུའུ་གྲོང་གི་མི་ཡིན། ཀྲུང་གོའི་མི་དམངས་བཅིངས་འགྲོལ་དམག་གི་རྒྱལ་འཛུགས་དམག་དཔོན་ཆེན་པོ་དང་ཆབ་སྲིད་པ། མི་རིགས་ལས་དོན་གྱི་འགོ་ཁྲིད་པ་གྲགས་ཆེན་ཞིག་ཡིན། སྤོན་རྒྱལ་སྲིད་སྦྱི་ཁྱབ་ཁང་གི་ཙུང་ལི་གཞོན་པ་དང་རྒྱལ་ཁབ་ཀྱི་ཀྲུའུ་ཞི་གཞོན་པ་སོགས་ཀྱི་འགན་བཞེས། 1988 ལོར་པེ་ཅིན་དུ་འདས།

Ulanhu (1906-1988), a Mongolian people, lived in today's Tabu village of Tumed Left Banner of Hohhot city. He was a founding general of the Chinese People's Liberation Army and a politician. He was a distinguished leader in ethnic work and served as Vice-Premier of the State Council, Vice President of the People's Republic of China. He passed away in Beijing in 1988.

乌兰牧骑 蒙古语原意为"红色的嫩芽"，这里转意为红色文化工作队，是活跃在内蒙古的一种文艺组织形式。以演出为主，节目多为自编自演，反映农牧民生活，兼顾宣传时政、普及科学、培养文艺骨干等工作。1957年第一支乌兰牧骑在内蒙古锡林郭勒盟苏尼特右旗诞生。

ཕུན་ལན་མུའུ་ཆི། སོག་སྐད་དེ་དོན་ལ་ཟླུ་གུ་གསར་པ་དམར་པོ་ཞེས་པ་ཡིན། གོང་འགྱུར་ནས་རིག་གནས་དམར་པོའི་ཚོགས་ཆུང་སྟེ་སོག་ཡུལ་གྱི་རིག་སྒྱུག་འཇུག་གི་རྣམ་པ་ཞིག་རེད། ཤེ་ཚོལ་ཕལ་ཆེར་རང་སྒྲིག་རང་འཁྲབ་ཀྱི་འཁབ་སྟོན་བྱས་ནས་ཞིང་འབྲོག་མི་དམངས་ཀྱི་འཚོ་བ་མཚོན། སྐབས་བབས་ཀྱི་ཆབ་སྲིད་དྲིལ་བསྒྲགས་བྱེད་པ་དང་། ཚན་རིག་ཁྱབ་བསྒྲགས་བྱེད་པ། རིག་རྩལ་ཕྱུང་བྱུང་གི་མི་སྣ་གསོང་བྱེད་པ་སོགས་ཀྱི་ལས་ཀ་སྒྲུབ་བཞིན་མཆིས། 1957 ལོར་ཕུན་ལན་མུའུ་ཆིའི་ཁག་དང་པོ་དེ་ཞི་ཡིན་ཀོ་ལེ་མིང་སྱིང་བྱེད་པ་དར་ཚོ་གཡས་ནས་གསར་དུ་ཚུགས།

Ulan Muqir was a form of cultural activities in Inner Mongolia, meaning "red burgeon" in Mongolian language. It also means a red cultural work team. Most of the shows mirroring the lives of the farmers and herdsmen were created and produced by themselves. They also publicized the current issues and policies, popularized science and cultivated backbones of literary and art work. In 1957, the first Ulan Muqir team came into being in Sonid Right Banner of Xilin Gol League.

乌鲁木齐都统 清代官名。乾隆三十八年（1773）设。驻巩宁城。隶属"伊犁将军"，掌管乌鲁木齐军政。1883年新疆建省后裁撤。

ཕུན་ལུམ་ཆི་གྲོང་དཔོན། ཆིང་རྒྱལ་རབས་སྐབས་ཀྱི་དཔོན་མིང་། ཆན་ལུང་བྱི་ལོ་བཅུད་པར་(1773) ཀུན་ཉི་གྲོང་དུ་གསར་འཛུགས་བྱས། དཔེ་ལི་དམག་དཔོན་གྱི་ཁོངས་སུ་གཏོགས། ཕུན་ལུམ་ཆིའི་དམག་སྲིད་

དབང་དུ་བཟུང་ཡོད། ༡༨༨༣ལོར་ཞིན་ཅང་དུ་ཞིང་ཆེན་བཙུགས་རྗེས་མི་དགོས་པར་བཟོས།

Urumqi Military Command was the name of an official position created in the 38th year of the reign of Emperor Qianlong. It stationed in Gongning City to govern the military affairs of Urumchi, and was subordinated to General Ili. It was abolished after Xinjiang province was established in 1883.

乌蛮　中国古族名。唐时分布于今云南、四川南部、贵州西部。为东爨、六诏和东蛮的主要居民。后与白蛮等族建立奴隶制政权的南诏国，受唐王朝册封。其大部分是今天彝族的先民。

ཕུའ་མན། གུང་གོའི་གནའ་དུས་ཀྱི་ཚོ་པའི་མིང་། ཐང་རྒྱལ་རབས་སྐབས་དེང་གི་ཡུན་ནན་དང་སི་ཁྲོན་ལྷོ་ཕྱོགས། གུའི་ཀྲོའུ་ནུབ་ཕྱོགས་སུ་ཁྱབ་ཡོད། ཏུང་ཚོན་དང་ལིའུ་ཀྲོའོ། ཏུང་མན་གྱི་སྡོད་དམངས་གཙོ་བོ་ཡིན། རྗེས་སུ་པའི་མན་སོགས་ཀྱི་མི་རིགས་དང་བཅས་གཡོག་ལས་ལུགས་ཀྱི་སྲིད་དབང་བཙུགས་ནས་ནན་ཀྲའོ་རྒྱལ་ཁབ་གྲུབ་ཅིང་། ཐང་རྒྱལ་རབས་ཀྱིས་གོ་གནས་བསྒྲུབ་ཡོད། དེའི་ཕལ་ཆེ་བ་དེང་གི་ཨི་རིགས་ཀྱི་མེས་པོ་ཡིན།

Wuman was the name of a Chinese ancient ethnic group. In the Tang Dynasty, they lived in today's Yunnan province, southern Sichuan province and western Guizhou province and were the main inhabitants of Dongcuan, kingdom of Liuzhao and Dongman. Later, joined by other groups like the Baiman, it established a regime of slavery system, Kingdom of Nanzhao. They were conferred titles by the Tang Dynasty. Most of them were ancestors of today's Yi people.

乌思藏　元代设在今西藏地区的政区。"乌思"指今西藏前藏地区，"藏"指今西藏后藏地区，另有"纳里速古鲁孙"指今西藏阿里及其迤西一带地区。元代此三地区合成一个政区，设乌思藏纳里速古鲁孙等三路宣慰使司都元帅府，下辖的乌思藏分设13个万户。

དབུས་གཙང་། ཡོན་རྒྱལ་རབས་ཀྱིས་བོད་ཡུལ་དུ་བཙུགས་པའི་སྲིད་ཁུལ་ཞིག་ཡིན། དབུས་ནི་དེང་གི་ལྷོ་ཁུལ་དང་། གཙང་གཞིས་རྩེའི་ཁུལ་ཡིན། གནའ་ནོ་མངའ་རིས་སུའི་སྣེ་ཤེས་པའི་དེང་གི་བོད་ཡུལ་མངའ་རིས་དང་དེའི་ནུབ་རྒྱུད་ས་ཁུལ་གོ་ཡིན། ཡོན་རྒྱལ་རབས་སྐབས་ས་གནས་འདི་གསུམ་གྱིས་སྲིད་ཁུལ་གཅིག་གྲུབ་ནས། དབུས་གཙང་ན་ལི་སུའུ་གུའུ་ལུའུ་སུན་གསལ་བསྒྲགས་ཁྲིམས་དཔོན་དམག་སྤྱི། ཁང་བཙུགས་ཤིང་དབུས་གཙང་གི་མངའ་འོག་ཏུ་ཁྲི་སྐོར་བཅུ་གསུམ་བགོས་ཡོད།

Wusi-Zang (Dbus-Gtsangor U-Tsang) was an administrative region set up in today's Tibet in the Yuan Dynasty (1271-1368). Wusi refers to today's Front Tibet, while Zang to the Back Tibet. Besides, there is a place named Nalisugulusun, referring to the region of present Ali and the Yixi (western Yunnan). These three parts were integrated into one administrative region and the central government set up the Chief Military Command under the Pacification Commissioner's Office in Nalisugulusun of Wusi-Zang, and set up 13 organs, including the 10,000-man Brigades.

乌思藏都指挥使司 简称"乌思藏都司"。中国明朝对今西藏自治区除昌都地区以外的大部分地区以及锡金、不丹的最高军政管辖机构。

དབུས་གཙང་བཀོད་འདོམས་བྱེད་སྡེ། བསྟན་མིང་ལ་དབུས་གཙང་ཏུའུ་སི་ཟེར། ཀྲུང་གོའི་མིང་རྒྱལ་རབས་ཀྱིས་དེའི་བོད་རང་སྐྱོང་ལྗོངས་ཀྱི་ཆབ་མདོ་ཕུད་པའི་ཕལ་ཆེའི་ས་ཁུལ་དང་འབྲས་ལྗོངས། འབྲུག་པ་སོགས་ཀྱི་ཆེས་མཐོ་བའི་དམག་སྲིད་དབང་བསྒྱུར་ལས་ཁུངས་ཤིག་ཡིན།

U-Tsang Regional Military Commission was short for Commission of Wusi-Zang. It was supreme military and political jurisdictional agency in most part of today's Tibetan autonomous region (not including Changdu region), and Sikkim and the Kingdom of Bhutan.

乌思藏纳里速古鲁孙等三路宣慰使司都元帅府 简称"乌思藏宣慰司"。是元代管理藏族聚居地区军政事务的地方机关之一。隶属宣政院。管辖范围大致为今西藏自治区的辖区。

དབུས་གཙང་ན་ལི་ཧུའུ་གུའུ་ལུའུ་སུན་སོགས་ལམ་གསུམ་གྱི་གསལ་བསྒྲགས་ཁྲིམས་དཔོན་དམག་སྤྱི་ཁང་། བསྟན་མིང་ལ་དབུས་གཙང་གསལ་བསྒྲགས་སྤྱི་ཁང་ཟེར། ཡོན་རྒྱལ་རབས་སྐབས་བོད་རིགས་ཁྱོན་གྱི་དམག་སྲིད་ལས་དོན་དག་བྱེད་པའི་གནས་ཀྱི་ལས་ཁུངས་གཅིག་ཡིན། སྲིད་བསྒྲགས་ཁང་གི་ཁོངས་སུ་གཏོགས། དོ་དམ་ཀྱིས་ཁོངས་ཐལ་ཚད་དེ་གི་བོད་རང་སྐྱོང་ལྗོངས་ཀྱི་མངའ་ཁོངས་ཡིན།

Chief Military Command under the Pacification Commissioner's Office in Naliisugulusun of Wusi-Zang was short for Wusi-Zang Pacification Office. It was one of the local agencies for the Yuan court to control Tibetan military and political affairs. It was under the command of the commission for Buddhist and Tibetan Affairs. Its jurisdictional area was today's Tibetan autonomous region.

乌孙 古族名和古国名。公元前2世纪初,乌孙与月氏均在今甘肃境内敦煌祁连间游牧,北邻匈奴。乌孙王被月氏攻杀,其子猎骄靡由匈奴冒顿单于收养。猎骄靡后建乌孙国,羁属匈奴,西汉宣帝时分裂为二,5世纪为柔然所灭。

ཕུའུ་སུན། གནའ་དུས་ཀྱི་མི་རིགས་དང་རྒྱལ་ཁབ་ཀྱི་མིང་། སྤྱི་ལོ་སྔོན་གྱི་དུས་རབས་གཉིས་པའི་དུས་མགོར་ཕུའུ་སུན་དང་ཡིའུ་ཀྲི། (རྦོ་གྲི།) བཅས་དེང་སང་གི་གན་སུའུ་ནང་ཁུལ་ཏུན་ཧོང་མདོ་ལ་ཕྱུགས་རིགས་སྲོ་འཚོ་བྱེད་བཞིན་ཡོད། བྱང་དུ་ཞུང་ནུའུ་ལ་འགྲོ་བ་ཡིན། ཕུའུ་སུན་རྒྱལ་པོ་ཡིའུ་ཀྲི། (རྦོ་གྲི།) ཡིས་བསད་རྗེས་དེའི་བུ་ལེའི་ཅང་མོ་ཟེར་བ་དེ་ཞུང་ནུའུ་མོ་ཏུན་ཡིས་གསོས། ལེའི་ཅང་མོ་ཀྱིས་རྗེས་སུ་ཞུང་ནུའུ་ཡི་མངའ་འོག་ཏུ་གཏོགས་པའི་ཕུའུ་སུན་རྒྱལ་ཁབ་བཚུགས་པ་དང་། ནུབ་ཧན་མ་ཞོན་ཏི་རྒྱལ་པོའི་སྐབས་སུ་ཕྱོགས་གཉིས་སུ་འཐོར། དུས་རབས་ལྔ་པར་ཉུའུ་རན་གྱིས་ཚར་བཅད་དུ་བཏང་།

Wusun was the name of an ancient ethnic group and an ancient state. In the early 2nd century BC, both Wusun and Yuezhi were nomadic clans living between the area of today's Qilian Mountains and Dunhuang of Gansu province, which was near the Xiongnu to its north. King of Wusun was killed by Yuezhi and the

King's infant son Liejiaomi was adopted by Modu Chanyu, king of the Xiongnu. Later, Liejiaomi established the Kingdom of Wusun, which was a vassal of the Xiongnu. In the year of Emperor Xuan (91- 49BC) of the Western Han Dynasty, it was divided into two parts and in the 5th century the Wusun was destroyed by the Rouran.

乌孜别克文 乌孜别克族使用的文字。乌孜别克族（国外称"乌兹别克族"）很早就使用以阿拉伯字母为基础的拼音文字。1929至1940年，采用拉丁字母。1940年以后，创制了以西里尔字母为基础的乌孜别克文。历史上从国外迁入我国新疆的乌孜别克人一直到1949年还在使用以阿拉伯字母为基础的拼音文字。因与多民族杂居，现一般通用维吾尔文、哈萨克文。

ཨུུ་ཅེ་པའི་ཁ་ཡི་གེ། ཨུུ་ཅེ་པའི་ལོ་རིགས་ཀྱིས་སྤྱོད་པའི་ཡི་གེ། ཨུུ་ཅེ་པའི་ལོ་རིགས་ཀྱིས་སྤྱོད་པའི་སྤྱོད་པའི་ཡི་གེ། ནས་ཨ་རབ་ཡི་གེ་རྐང་གཞི་བྱས་པའི་སྒྲ་སྦྱོར་ཡི་གེ་བཞིན་ཡོད། ༡༩༢༩ ནས་༡༩༤༠འི་བར་དུ་ཏིང་གི་ཡིག་ལ་བྱེད་སྤྱོད་དང་། ༡༩༤༠འི་རྗེས་སུ་ཞི་ལི་ཨར་ཡི་གེ་རྐང་གཞི་བྱས་པའི་ཨུུ་ཅེ་པའི་ལོ་གི་གསར་སྐྲུན་བྱས། བོད་རྒྱལ་ཁག་གི་རྒྱལ་ནས་ཞིང་ཆང་དུ་གནས་སྤོ་ཞིན་པའི་ཨུུ་ཅེ་པའི་ལོ་མི་རྣམས་ཀྱིས ༡༩༤༠ བར་དུ་དུང་ཨ་རབ་གསལ་བྱེད་རྐང་གཞི་བྱས་པའི་སྒྲ་སྦྱོར་ཡི་གེ་བེད་སྤྱོད་བཞིན་ཡོད། མི་ཚོགས་རིགས་མང་མཉམ་དུ་མཉམ་དུ་བསྡད་ནས་འདུག་དུག་དགོས་པས་རྒྱུན་ལྡན་དུ་ཡུ་གུར་ཡི་གེ་དང་ཧ་སག་གི་ཡི་གེ་བེད་སྤྱོད།

Ozbek script is used by the Ozbek people who adopted alphabetic writings based on Arabic alphabet long long ago. From 1929 to 1940, they adopted Latin alphabet. After 1940, they created Ozbek scripts on the basis of Cyrillic letters. Until 1949, those Ozbeks moving into Xinjiang still used the alphabetic writings based on Arabic alphabet. As they live with people coming from different ethnic groups, they now generally use Uyghur scripts as well as Kazakh scripts.

乌孜别克语 中国乌孜别克族使用的语言。属阿尔泰语系突厥语族。主要分布于新疆伊宁、塔城、喀什、乌鲁木齐、莎车、叶城等地。在国外，一名二译为"乌兹别克语"，主要为乌兹别克族使用。

ཨུུ་ཅེ་པའི་ཁ་སྐད། གུང་གོའི་ཨུུ་ཅེ་པའི་རིགས་ཀྱིས་བེད་སྤྱོད་པའི་སྐད་ཆ། ཨར་ཐའི་སྐད་གཞོགས་གཏོགས། དང་ཕྱུག་གུའི་སྐད་རིགས་ཀྱི་ཁོངས་སུ་གཏོགས། གཙོ་བོ་ཞིན་ཅང་གི་དབྱི་ཉིང་དང་། ཐ་ཁྲེད། ལྕགས། ཨུུ་ལུས་མུ་ཆི་ཡོན། རྒྱལ་སྤྱིའི་ཨུུ་ཅེ་པའི་སྐད་ཟེར། གཙོ་བོ་ཨུུ་ཅེ་པའི་རིགས་ཀྱིས་བེད་སྤྱོད་པ་ཡིན།

Ozbek language is a kind of language spoken by the Ozbek people in China. It belongs to the Turkic languages of Altaic family. It was spoken in areas in Xinjiang, such as Yining, Tacheng, Kashgar, Urumqi, Yarkand, Yecheng, etc. Uzbek language is also used abroad, and spoken by Uzbek people.

乌孜别克族 中国的少数民族。主居新疆北疆的伊宁、塔城和乌鲁木齐以及南疆的喀什、莎车和叶城等地。人口 10569 人（2010 年）。居南疆者以商业为主，居北疆者以牧业为主。有自己的语言文字。信仰伊斯兰教。国外一名二译成"乌兹别克族"，主要分布于乌兹别克斯坦等国。

ཕུན་ཅེ་པིའི་ཁེ་རིགས། གུང་གོའི་གྲངས་ཉུང་མི་རིགས་ཤིག་ཟེར་ཆུང་བྱང་ཕྱོགས་ཀྱི་དབྱི་ཉིང་དང་ཐ་ཁྲིན། ཨུ་ལུམ་ཆི། ཞིན་ཅང་ལྷོ་ཕྱོགས་ཀྱི་ཁ་ཧྲིར། ཧྲ་ཆེ། ཡེ་ཁྲིང་སོགས་ཀྱི་ས་ཁུལ་དུ་གཙོ་བོར་བྱེད་ཡོད། མི་གྲངས་༡༠༥༦༩（༢༠༡༠ལོ）ཡོད། ཞིན་ཅང་ལྷོ་ཕྱོགས་སུ་གནས་པ་རྣམས་ཀྱིས་ཚོང་ལས་གཙོ་བོར་གཞིར་བཟུང་། ཞིན་ཅང་བྱང་ཕྱོགས་ཀྱི་མི་རྣམས་ཀྱིས་འབྲོག་ལས་གཙོ་བོར་གཞིར་བཟུང་། རང་གི་སྐད་ཡིག་ཡོད་ལ་དཔྱི་ལན་ཚོས་ལུགས་ལ་དད་མོས་བྱེད། ཕྱི་རྒྱལ་དུ་ཕུན་པིའི་ཞིའི་རིགས་ཞེས་འབོད། གཙོ་བོ་ཨུ་ཙིའི་པེ་ཁེ་ཐན་སོགས་ཀྱི་རྒྱལ་ཁབ་ཏུ་གནས་ཡོད།

Ozbek people is one of the ethnic groups in China. They are mainly distributed in the northern Xinjiang areas, like Yining, Tacheng, Urumqi and in the southern Xinjiang areas, like Kashgar, Yarkand and Yecheng. They have a population of 10,596 (2010). People living in the southern Xinjiang pay more attention to commerce, while those in the northern Xinjiang attach more importance to animal husbandry. They have their own languages and scripts. People there believe in Islam. Uzbek nationality abroad are mainly in the countries like Uzbekistan.

吴朝向（1778—1870） 侗族歌师。贵州黎平县人。自幼能歌善唱，一生编有大量情歌、拦路歌、鼓楼赛歌和叙事歌，被称为"万麻"，意思是"一万个舌头"。晚年与侗戏创始人吴文彩一起创作侗戏，为侗族文学艺术的繁荣发展作出显著贡献。

ཨུའུ་ཁྲོའོ་ཞང་།（༡༧༧༨—༡༨༧༠） ཐུང་རིགས་ཀྱི་གླུ་བའི་དགེ་རྒན། གུའེ་གྲོའུ་ལིའི་ཕིང་ཞིན་གྱི་མི། ཆུང་དུས་ནས་དགའ་བའི་ཞིབ་གླུ་ལ་མཁས་པ། མི་ཚེ་གཅིག་ལ་རྩེ་སྒྲུབ་དང་ལམ་འགོག་གི་གླུ། འགྲན་ཞུགས་ཀྱི་གླུ་དང་གོར་བཟོའི་ཀྱི་གླུ་སོགས་མང་པོ་སྒྲིག་སྟོན་བྱེད་ཡོད་ཚང་མས་ཁོ་ལ་ཝན་མ་ཟེར། གོ་དོན་ནི་ལྕེ་ཞེས་པ་ཡིན། ཚེ་སྨད་ལ་གོ་ཏང་གི་བྲོ་གར་བཏོད་པ་ཨུའུ་ཝུན་ཚེ་གཉིས་ཀྱི་མཉམ་དུ་གི་བྲོ་གར་བཟོ་སྐྲུན་བྱས་པས། ཐུང་རིགས་ཚོམ་རིག་སྒྱུ་རྩལ་གྱི་འཕེལ་རྒྱས་ལ་བྱུས་རྗེས་མཚོན་གསལ་བཞག

Wu Chaoxiang (1778-1870) is a musician from Dong people. He was born in Liping County, Guizhou. He did well in singing at an early age. Wu composes numerous songs all his life, including love songs, Road Blocking Songs, competition songs on the drum tower and ballads. He is called Wanma by people, which means ten thousand tongues. At an old age, he wrote Dong's play with Wu Wencai, the founder of Dong's drama. He makes a remarkable contribution to the literary arts of Dong people.

吴文彩（1798—1845） 侗戏创始人。侗族。贵州黎平县人。1828 年开始研究和创作侗族大歌，并吸收桂戏、祈阳戏、桂北彩调、贵州花灯戏的艺术成就，创成侗戏。其创作的《李旦凤姣》《梅良玉》等剧本，至今仍在侗族中广泛流传。

ཕུའུ་ཕུན་ཚའི། (༡༧༩༨—༡༨༤༥) ཏུང་རིགས་ཟློས་གར་གྱི་གསར་སྐྲུན་པ། ཏུང་རིགས། ཀོའེ་གྲོའུ་ལིའི་ཕིང་གི་མི་ཡིན། ༡༨༢༨ལོར་ཏུང་རིགས་ཀྱི་སྐྱེན་ལ་ཞིབ་འཇུག་དང་གསར་གཏོད་བྱས་པར་མ་ཟད། ཀའེ་ཟློས་གར། ཆིད་དབྱང་ཟློས་གར། ཀའེ་ཏྱུང་གི་གདངས་དབྱངས། ཀོའེ་གྲོའུ་ཆོན་སྐྱེན་ཟློས་གར་གྱི་ཚུལ་གྲུབ་འབྲས་སོགས་བསྡུ་ལེན་བྱས་ཏེ། ཏུང་གི་ཟློས་གར་གསར་བཟོ་བྱས། བོད་གིས《ལིདན་ཧྥིན་ཅྱིའོ》དང《མཨེ་ལན་ཡུས》ཀྱི་འཁྲབ་གཞུང་སོགས་གསར་གཏོད་བྱས་པ་དེ་ད་ལྟ་ཡང་ཏུང་རིགས་སུའང་ཆམ་པར་ཡོད།

Wu Wencai (1798-1845) is the founder of Dong's drama. As a member of the Dong people, he was born in Liping County, Guizhou. In 1828, Wu Wencai began to study and wrote Dong Grand Song. He took in the essence from Gui Opera, Qiyang Opera, Caidiao Opera in the northern Guizhou and Huadeng Opera in Guizhou to create Dong's drama. The plays he wrote such as *Lidan and Fengjiao, Mei Liangyu* are still widespread among the Dong people.

吴文藻（1901—1985） 江苏江阴人。社会学家、人类学家、民族学家。中国社会学、人类学和民族学本土化、中国化的最早提倡者和积极实践者。著作有《社会科学与社会政治》《中国少数民族情况》等。妻子为著名作家冰心。

ཕུའུ་ཕུན་ཙའོ། (༡༩༠༡—༡༩༨༥) ཅང་སུའུ་ཅང་ཡིན་གི་མི་ཡིན། སྤྱི་ཚོགས་རིག་པ་བ་དང་། མིའི་རིགས་རིག་པ་བ། མི་རིགས་རིག་པ་བ་ཞིག་ཡིན། ཀྲུང་གོའི་སྤྱི་ཚོགས་རིག་པ་དང་མིའི་རིགས་རིག་པ་ དེ་བཞིན་མི་རིགས་རིག་པ་ས་གནས་ཅན་དང་ཀྲུང་གོའི་ཅན་གྱུར་བའི་བསམ་ཚུལ་ཐོག་མའི་དང་ལག་ལེན་བསྟར་མཁན་ཆེ་ཤོས་པ་ཡིན།《སྤྱི་ཚོགས་ཚན་རིག་དང་སྤྱི་ཚོགས་ཆབ་སྲིད》《ཀྲུང་གོའི་གྲངས་ཉུང་མི་རིགས་ཀྱི་གནས་ཚུལ》སོགས་ཀྱི་བརྩམས་ཆོས་ཡོད། ཁོའི་ཆུང་མའི་རྩོམ་པ་པོ་གྲགས་ཅན་པིང་ཞིན་ཡིན།

Wu Wenzao (1901-1985) was born in Jiangyin, Jiangsu. As a sociologist, anthropologist as well as ethnologist, he is the first person to advocate localization and sinicization of sociology, anthropology and ethnology in China. He is also the first person to put it into practice. Wu Wenzao, husband of the famous writer Bing Xin, wrote many books including *Social Sciences and Social Politics* and *Chinese Ethnic Minorities*.

吴泽霖（1898—1990） 民族学家、教育家。江苏常熟人。20世纪30年代初，吴泽霖等先后发起组织东南社会学社和中国社会学会。抗战时期和新中国成立后，常到西南少数民族地区进行民族学调查，并倡导发展民族博物馆事业。著作有《现代种族》等。

ཕུའུ་ཙེ་ལིན། (༡༨༩༨—༡༩༩༠) མི་རིགས་རིག་པ་བ། སློབ་གསོ་རིག་པ་བ་ཞིག་ཡིན། ཅང་སུའུ་ཁྲང་ཧྲུའུ་ཡི་མི། དུས་རབས་ཉི་ཤུ་པའི་ལོ་རབས་སུམ་ཅུ་བའི་དུས་མགོར། ཕུའུ་ཙེ་ལིན་སོགས་ཀྱིས་སྔ་ཕྱིར་ནར་སྡོད་སྤྱི་ཚོགས་ཚན་པ་དང་ཀྲུང་གོའི་སྤྱི་ཚོགས་སློབ་ཚོགས་ཚ་འཛུགས་བྱས། ཇཔན་འགོག་དུས་སྐབས་དང་ཀྲུང་གོ་གསར་པ་དབུ་བརྙེས་རྗེས། རྒྱུན་དུ་ལྷོ་ནུབ་གྲངས་ཉུང་མི་རིགས་ཀྱི་ས་ཁུལ་དུ་མི་རིགས་རིག་པར་བསྐོར་དཔྱད་བྱས། མི་རིགས་ཀྱི་དངོས་མང་བཤམས་སྟོན་ཁང་

· 717 ·

གི་ལས་དོན་འཕེལ་རྒྱས་གཏོང་བའི་ཁྱབ་བསྒྲགས་མཛད།
བཙམས་ཆོས་ལ《དེང་རབས་ཀྱི་རིགས་རྒྱུད》སོགས་ཡོད།

Wu Zelin (1898-1990), an ethnologist and educator, was born in Changshu, Jiangsu. In the early 1930s, he and others began to organize the Southeast Sociology Association and the Chinese Sociology Association. During the counter-Japanese War period, he always made investigations of ethnology in the southwestern ethnic minority areas and proposed to develop ethnographic museums. From then on, he carried on his cause. He wrote many books including *Modern Races*.

吴忠信（1884—1959） 民国时期军事将领、政治人物。安徽合肥人。1912年中华民国临时政府成立时被任命为首都警察总监。曾参加"护法运动"和"北伐"。历任国民政府贵州省主席、蒙藏委员会委员长、新疆省主席等职。1940年主持西藏第十四世达赖坐床典礼。1959年在台北去世。

ཝུའུ་ཀྲུང་ཞིན། (༡༨༨༤—༡༩༥༩) མིན་གོ་དུས་སྐབས་ཀྱི་དམག་དོན་དཔོན་པོ་དང་ཆབ་སྲིད་ཀྱི་མི་སྣ་ཞིག ཨན་ཧུའི་ཧོའུ་ཧྥེན་གྱི་མི་ཡིན། ༡༩༡༢ལོར་ཀྲུང་ཧྭ་མིན་གོ་གནས་སྐབས་སྲིད་གཞུང་བཙུགས་པ་དང་རྒྱལ་ས་ཡི་ཉེན་རྟོག་པའི་སྤྱི་ཁྱབ་ལྟ་སྐུལ་བའི་འགན་འཁུར་དུ་བསྐོས། "ཁྲིམས་སྲུང་ལས་འགུལ་དང་བྱང་འདུལ་གྱི་ལས་དུ་ཞུགས། རྒྱལ་དམངས་སྲིད་གཞུང་གུའེ་ཀྲོའུ་ཞིང་ཆེན་གྱི་གུའུ་ཞིའི་གོ་གནས་དང་། སོག་བོད་ཨུ་ཡོན་ཚོགས་པའི་ཨུ་ཡོན་ཀྲང་། ཞིན་ཅང་ཞིང་ཆེན་གྱི་གུའུ་ཞི་སོགས་ཀྱི་དགག་རིམ་བར་ཕྱག་བསྟར། ༡༩༤༠ལོར་བོད་ཀྱི་ཏཱ་ལའི་སྐུ་ཕྲེང་བཅུ་

པའི་ཁྲི་འདོན་མཛད་སྒོའི་ཀྱི་འགོ་འཛིན་བྱས། ༡༩༥༩ལོར་ཐའེ་པའི་རུ་སྐུ་འདས།

Wu Zhongxin (1884-1959) was a military general and politician during the Republican period. He was born in Hefei, Anhui. In 1912 when the provisional government of the Republic of China was founded, he was appointed as the commissioner of police in the capital. He used to take part in the Constitutional Protection Movement and Northern Expeditions. He took many positions, such as the president of the national government of Guizhou province. the chairman of Mongolian and Tibetan Affairs Commission, president in Xinjiang, etc. In 1940, he presided over the enthronement ceremony for the 14th Dalai. In 1959, he passed away in Taipei.

五尺道 亦称"僰道""石门道"。是秦、汉以来通往西南少数民族地区的主要交通孔道之一。起于四川宜宾，止于云南曲靖。秦时凿通，汉时复修。以其地势险要，路广五尺，故名。

ཁྲུ་ལྔའི་ལམ། པོའི་ལམ་དང་རྡོ་སྒོ་ལམ་ཞེས་ཀྱང་ཟེར། ཆེན་དང་ཧན་རྒྱལ་རབས་སྐབས་ནས་བཟུང་སྟེ་ཉུབ་ཕྱོགས་ཀྱི་གྲངས་ཉུང་མི་རིགས་ས་ཁུལ་དུ་འགྲོ་བའི་འགྲིམ་འགྲུལ་ལམ་ཐིག་གཙོ་ཆེན་ཞིག ཟི་ཁྲོན་ཏྲུའེ་པིན་ནས་འགོ་བཙུགས་ཏེ་ཡུན་ནན་ཆེན་ཅིང་བར་དུ་ཡོད། ཆེན་རྒྱལ་རབས་སྐབས་སུ་བཟོས་པ་དང་ཧན་རྒྱལ་རབས་སྐབས་ཞིག་གསོ་བྱས། འདིའི་ས་བབ་གཟར་ལ་ཉེན་ཁ་ཆེ། ལམ་གྱི་ཞེང་ཁར་ཁྲུ་ལྔ་ཙམ་ཡིན་པས་མིང་འདི་ཐོགས།

Wuchi Road is also called Bo Road or Stone Road. It's one of the main channels to the southwest ethnic minority areas in the Qin Dynasty and Han Dynasty. This road begins in Yibin, Sichuan and ends in Qujing, Yunnan. It was excavated in the Qin Dynasty and repaired in the Han Dynasty. This road got its name because of its complex terrain with the width of only wuchi (about 1.67 meters).

五当召 内蒙古藏传佛教寺院。位于包头市以北的阴山山脉吉忽伦图山的五当沟。蒙古语"五当"意为柳树,"召"为庙宇之意。始建于清康熙年间,1749年重修,赐汉名"广觉寺"。占地面积约300亩,主体建筑由六殿、三府、一陵组成,采用藏式建筑风格。

ཝུ་ཏང་བྲག་དགོན་པ། ནང་སོག་གི་བོད་བརྒྱུད་ནང་བསྟན་གྱི་དགོན་པ་ཞིག ཕའི་ཐོའུ་གྲོང་གི་བྱང་ཕྱོགས་ཡིན་པའི་རེ་རྒྱུད་ཀྱི་དང་ལུང་ཐང་རིའི་ཞྭང་སྐྱུང་པར་གནས་ཡོད། སོག་སྐད་དུ་ཝུའུ་ཏང་ནི་ལྕང་མ་དང་། ཀྲོའུ་ནི་དགོན་པའི་དོན་ཡིན། ཆིང་རྒྱལ་རབས་ཁང་ཞིའི་བོར། ༡༧༤༩ ལོར་བསྐྱར་བཟོ་བྱས་ནས་ཀྱན་གྷོ་དགོན་པའི་མིང་བསྩལ། རྒྱ་ཁྱོན་མུའུ་ ༣༠༠ ཙམ་ཡོད། འཇིགས་སྐྱོབ་འདི་མཆོད་ཁང་དྲུག་དང་། གཞིམ་ཤག་གསུམ། རྒྱ་གཅིག་གིས་གྲུབ་པ་ཡིན་ཞིང་། བོད་ཀྱི་བཟོ་བཀོད་རྣམ་པ་བེད་སྤྱོད་བྱས་ཡོད།

Wudang Zhao Monastery is a monastery of Tibetan Buddhism in Inner Mongolia. It lies in the Wudang groove in the Jihuluntu Mountain of Yin Mountains which stands in the north of Baotou. In the Mongolian language, the word wudang means willow and the word zhao refers to monastery. Wudang zhao monastery was originally built in Kangxi period. In 1749, it was restored and given the Chinese name Guangjue si. This monastery covers an area of about 300 mu. Its main structure is composed of six palaces, three mansions and one mausoleum, which reflect the Tibetan architectural style.

五功 伊斯兰教五项基本功课的总称。五功要求穆斯林"念(即信仰作证)、礼(即谨守拜功)、斋(即封斋节欲)、课(即法定施舍)、朝(即朝觐天房)"。是穆斯林必须履行的神圣义务和功修制度,是其基本信仰付诸实践的基石。

ལས་བྱ་ལྔ། དཔྱེ་སི་ཨན་ཆོས་ལུགས་ཀྱི་གཞུང་གཞིའི་ལས་བྱ་ཡི་སྤྱི་མིང་། མུའུ་སི་ལིན་གྱི་ལས་བྱ་ལྔ་སྟེ། འདོན་པ་(དད་པའི་དཔང་པོ) དང་། གུས་པ་(ཕྱག་འཚལ་རྒྱུན་སྐྱོང་བ) མཆོད་པ་(དཀར་ཟས་དང་འདོད་སྲུང་པ) སྦྱིན་པ་(ཆོས་མཐུན་གྱི་དུས་ལ་སྦྱིན་གཏོང་བ) མཇལ་བ་(སྤྲུལ་ཁང་དུ་ཇེན་འཛུལ)བཅས་སོ། །དེ་ནི་མུའུ་སི་ལིན་གྱིས་དེས་པར་དུ་སྒྲུབ་དགོས་པའི་ལྷ་མེད་ཀྱི་ལོས་འགན་དང་སྒྲུབ་སྟོབ་ལུགས་ཡིན་ཏེ། དང་པ་ལའང་ཨིན་དུ་བསྒྱུར་བའི་རྨང་རྡོ་ཞིག་ཡིན།

Five pillars of Islam is the general term of five basic things that Islam have to follow. That is Nian (Faith), Li (Prayer), Zhai (Fasting), Ke (Charity), Chao (Pilgrimage to Mecca). These are Islam's compulsory sacred obligations and their religious practice system. They are the foundation for the Islam to put their belief into practice.

《五功释义》 中国伊斯兰教关于功修的论著。又称《一斋五功释义》等。清雍正、乾隆年间伊斯兰教学者刘智著。1710 年首次刊行。全书共 63 章，内容以中国儒家性理学说与有关词汇诠释并论证伊斯兰教"五功"及其意义。

《ལམ་སྒྲུ་བྱ་བ་ལྔའི་ཡི་མཆན་འགྲེལ》 གུང་གོའི་དབྱེ་སིལ་འན་ཆོས་ལུགས་ཏེ་ལྟར་སྒྲོར་སྒྲོང་བྱེད་པའི་གཞུང་ལུགས། 《མཚོན་པ་གཉིས་དང་ལམ་བྱ་ལྔའི་མཆན་འགྲེལ》 སོགས་གུང་འབོར། ཆིང་རྒྱལ་རབས་ཀྱི་གོང་ཡུང་ཀྱེན་དང་ཆན་ལུང་ཡི་སོར་དུའི་སི་ལན་ཆོས་ལུགས་ཀྱི་མཁས་པ་ལུའུ་ཀྲིའི་བརྩམས། 1710 ལོར་ཐེངས་དང་པོར་པར་འགྲེམས་བྱས། དེའི་ཆ་ཚིག་པར་ལེའུ 63 ཡོད། གནད་དོན་གཙོ་བོ་དབྱེ་སི་ལན་ཆོས་ལུགས་ཀྱི་ལས་སུ་བྱ་བ་དང་དེའི་དོན་སྙིང་ལ་མཆན་འགྲེལ་དང་སྒྲུབ་བྱེད་མཛད་ཡོད་པ་དང་། ཐ་སྙད་ཁ་ཤས་ཀྱི་འགྲེལ་ལ་གུང་གོའི་རུའུ་ལུགས་ཀྱི་གཞན་ལུགས་བྱེད་ཡོད།

Explanation of the Five pillars of Islam is a book about Islam practice. This book has another name *Yizhai Explanation of the Five pillars of Islam*. It was written by the Islam sholar Liu Zhi during the reign of Yongzheng and Qianlong of the Qing Dynasty. This masterpiece was first published in 1710. With 63 chapters, it threw light on five pillars of Islam and proved its significance based on Chinese Confucian rational theory and relevant words and expressions.

五国部 古代部落名，是契丹人对剖阿里、盆奴里、奥里米、越里笃、越里吉等五国（即五部）的统称。来源于黑水靺鞨（见"女真族"词条），属辽代广义的生女真。分布在约今黑龙江省依兰县附近的松花江下游至黑龙江下游南北两岸地区。

རྒྱལ་ཁབ་ལྔའི་ཚོ་པ། གནའ་བོའི་ཚོ་པའི་མིང་། ཁེ་ཏན་མིས་པོའུ་ཨ་ལི་དང་ཕེན་ནུའུ་ལིའི། ཨའོ་ལིའི་མི། ཡུའེ་ལིའི་ཏུའུ། ཡུའེ་ལིའི་ཅི་བཅས་རྒྱལ་ཁབ་ལྔའི་（ཡང་ན་ཁག་ལྔ）སྤྱི་མིང་ཞིག། འབྱུང་ཁུངས་ནི་ཧེ་ཧྲུའིའི་མོའོ་ཧེ་（ཉུའུ་གྱེན་རིགས་ཀྱི་ཚིག་ལ་ལྟོས）ཡིན་པ་དང་། ལེའོ་རྒྱལ་རབས་ཀྱི་རྒྱ་ཉུའུ་གྱེན་ཡིན། ཧལ་ཆེར་དེང་གི་ལུང་ཅང་ཞིང་ཆེན་གྱི་ཡིས་ལན་རྫོང་གི་ཉེ་འགྲམ་དང་། སུང་ཧུ་ཅང་གཙང་པོའི་སྨད་རྒྱུད་ནས་ཧེ་ལུང་ཅང་གཙང་པོའི་སྨད་རྒྱུད་བར་གྱི་བྱོ་བྱུང་འགྲམ་གཉིས་ཀྱི་ཁུལ་དུ་བགོས་ཡོད།

Five Nations, an ancient tribe, is an collective name given by the khitans to the following tribes, Puali, Punuli, Aolimi, Yuelidu, Yueliji. They come from Heishui Mohe and are "raw Jurchen". These tribes are distributed from the lower reaches of Songhuajiang River near Yilan county, Heilongjiang province to the lower reaches of Heilongjiang River.

五个认同 即"对伟大祖国、中华民族、中华文化、中国共产党、中国特色社会主义的认同"的简称。2015 年由习近平总书记在第六次西藏工作座谈会上提出。

ངོས་ལེན་ལྔ། "རྒྱབས་ཆེ་བའི་མེས་རྒྱལ་དང་། གུང་ཧྭ་རིགས། གུང་གོའི་རིག་གནས། གུང་གོའི་གུང་ཁྲན་ཏང་། གུང་གོའི་ཁྱད་ཆོས་ལྡན་པའི་སྤྱི་ཚོགས་རིང་ལུགས་བཅས་ལ་ངོས་ལེན"གྱི་བསྡུས་མིང་ཞིག། དེ་ནི་2015 ལོར་སྤྱི་ཁྱབ་ཧྲུའུ་ཅི་ཞི་ཅིན་ཕིང་གིས་ཐེངས་དྲུག་པའི་བོད་ལྗོངས་ཀྱི་ལས་གཞིའི་མོལ་ཚོགས་ཐོག་བསྟན་དུ་བཏོན།

Five Identities is the abbreviation of identifying with the "great motherland, the Chinese nation, Chinese culture, Chinese Communist Party, and a socialist development path with Chinese characteristics." It was proposed by General Secretary Xi Jinping at the 6th Tibetan Work Forum in 2015.

五胡十六国 中国历史上的一段时期。自304年至439年。范围大致涵盖华北、蜀地、辽东，最远达漠北、江淮及西域。在入主中原众多民族中，以匈奴、羯、鲜卑、羌及氐为主，统称五胡；其相继建立许多国家，以其中16个国家为代表，史称五胡十六国。

ཧུའུ་ཞུ་དང་རྒྱལ་ཁབ་བཅུ་དྲུག གུང་གོའི་ལོ་རྒྱུས་ཐོག་གི་དུས་ཡུན་ཞིག་སྟེ་སྤྱི་ལོ་༣༠༤ནས་༤༣༩བར་ཡིན། ཁྱབ་ཆེན་དུ་བྱང་དང་ཞུང་ཡུལ། ལིའོ་ཤར། ཆེས་རིང་ན་བྱང་ཡུལ་དང་ཅང་ཧུའེ། ནུབ་ཡུལ་བཅས་ཀྱི་ས་ཁུལ་དུ་ཁྱབ་ཡོད། གུང་ཡོན་ས་ཁུལ་གྱི་མི་རིགས་གང་མང་ནས་ཞུང་ཡུའི་དང་ཏེ། ཞན་པེ། ཆཱང་དང་ཏིང་བཅས་ནི་མི་རིགས་གཙོ་བོ་སྟེ། ཧུའུ་ཞ་ཞེར་ཞིང་ལོ་རྒྱལ་ཐོག་ཏུ་བསྡད་མར་རྒྱལ་ཁབ་མང་པོ་བཙུགས། རྒྱལ་ཁབ་བཅུ་དྲུག་ནི་ཆེས་མཚོན་གསལ་འདོད་པའི་རྒྱལ་རབས་ཤིག་ཡིན། ལོ་རྒྱུས་སུ་ཧུའུ་ཞ་དང་རྒྱལ་ཁབ་བཅུ་དྲུག་ཏུ་འབོད།

Sixteen Kingdoms of the Five Barbarians, a period in Chinese history, was from 304 to 439. It covers the areas of North China, Sichuan together with eastern part of Liaoning province. The sixteen kingdoms even extends to Mobei, Yangtze River and Huai River as well as the western regions. Among those settled in the Central Plains, Xiongnu, Jie people, Xianbei people, Qiang people and Di people are the main part, which have an collective name Five Barbarians. These people established the kingdoms one after another with the sixteen kingdoms as their representatives.

五明 佛教用语。指古代印度的五类学科。藏传佛教也沿用。1. 声明，包括声韵学和语文学；2. 工巧明，即工艺、技术、历算之学等；3. 医方明，相当于现代的医药科学和医疗技术；4. 因明，即印度逻辑学；5. 内明，即佛学。五明被认为是圆成佛果的"大智资粮"，人所必学。

རིག་གནས་ལྔ། ནང་ཆོས་ཀྱི་ཐ་སྙད་ཅིག་ཡིན། གནའ་རབས་རྒྱ་གར་གྱི་སྦྱོང་ཚན་ལྔ་ལ་བསྟན། བོད་བརྒྱུད་ནང་བསྟན་གྱིས་ཀྱང་སྤྱོད་པར་བྱ་བའི་གནས་ཏེ། ༡. སྒྲ་རིག་པ། མཚོན་བརྗོད་དང་སྦྱང་སྦྱོར་སོགས་ཀྱི་རིག་པ་འདུས། ༢. བཟོ་རིག་པ། བཟོ་ཡི་སྣ་ཚུལ་དང་ལག་རྩལ། སྐར་ཆེས་ཀྱི་རིག་པ་སོགས་ཡོད། ༣. གསོ་རིག དེང་གི་ཚན་རིག་གསོ་སློབ་ལག་རྩལ་དང་མཚུངས། ༤. ཚད་མ། རྒྱ་གར་གྱི་གཏན་ཚིགས་རིག་པ། ༥. ནང་དོན་རིག་པ། སངས་རྒྱས་ཆོས་ལུགས་ལའོ། རིག་གནས་ལྔ་ནི་སངས་རྒྱས་ཀྱི་འབྲས་བུ་ཐོབ་པའི་ཤེས་རབ་ཆེན་པོའི་གཏེར་མཛོད་ཡིན་པས་མི་སུ་ཞིག་ཡིན་རུང་དེས་པར་དུ་སྦྱངས་དགོས།

Panca vidya refers to five branches of knowledge in the ancient India. Tibetan Buddhism inherits it which includes five parts. They are science of language which refers to phonology and philology, science of fine arts and crafts which means craft, technology and calculating, science of medicine which is similar to today's medicine sciences and medical technology, science of logic which is Indian classical logic and science of spirituality which equals Buddhism. Panca vidya is regarded as the source of wisdom to become a Buddha, so everyone has to learn it.

五省、自治区藏族教育协作领导小组和协调小组 即"西藏、青海、甘肃、四川、云南五省区藏族教育协作领导小组和协调小组"。原为1982年成立的五省区藏文教材协作领导小组。1990年国家教委、国家民委联合发文扩大机构,更为现名,目的是将藏文教材协作扩大为整个藏族教育协作。

ཞིང་ཆེན་ལྔའི་བོད་རིགས་ཀྱི་སློབ་གསོ་མཉམ་སྒྲུབ་ཀྱི་འགོ་ཁྲིད་ཚོ་ཆུང་དང་མཐུན་སྒྲིག་ཚོ་ཆུང་། བོད་ལྗོངས་དང་། མཚོ་སྔོན། གན་སུའུ། སི་ཁྲོན། ཡུན་ནན་བཅས་ལྗོངས་ཞིང་ལྔའི་བོད་རིགས་ཀྱི་སློབ་གསོ་མཉམ་སྒྲུབ་ཀྱི་འགོ་ཁྲིད་ཚོ་ཆུང་དང་མཐུན་སྒྲིག་ཚོ་ཆུང་། དང་ཐོག་ ༡༩༨༢ལོར་སྲོལ་བཏོད་པའི་ཞིང་ལྔའི་བོད་ཡིག་སློབ་དེབ་མཉམ་སྒྲུབ་ཀྱི་འགོ་ཁྲིད་ཚོ་ཆུང་ཚོགས། ༡༩༩༠ལོར་རྒྱལ་ཁབ་སློབ་ཨུ་དང་རྒྱལ་ཁབ་མི་རིགས་དོན་གཅོད་ཨུ་ལྷན་གྱིས་ཡིག་ཆ་གཅས་ནས་ལས་ཁུངས་ཀྱི་རྒྱ་བསྐྱེད་དེ་མིང་ད་ལྟའི་འདིར་བཏགས། དམིགས་ཡུལ་ནི་བོད་ཡིག་སློབ་དེབ་མཉམ་སྒྲུབ་རྒྱ་བསྐྱེད་དེ་བོད་ཁྱིམས་ཆེས་པོའི་སློབ་གསོ་མཉམ་སྒྲུབ་བྱེད་པ་དེ་ཡིན།

Five Provinces/Regions Tibetan Education Leadership Group, is the "leadership group for the coordination of Tibetan education in the five provinces and autonomous regions: Tibet, Qinghai, Gansu, Sichuan, Yunnan."

The Five Provinces and Regions Tibetan Textbook Coordination Group was originally established in 1982. In 1990, the State Ethnic Affairs Commission and the State Education Commission jointly issued a document to expand the organization, and renamed it as the present name, aiming to enlarge the Tibetan Textbook Coordination to the whole Tibetan education coordination.

五通十有 《扶持人口较少民族发展规划(2011—2015年)》提出的主要目标之一。即人口较少民族聚居村通油路,通电,通广播电视,通信息,通沼气;有安全饮用水,有安居房,有卫生厕所,有高产稳产基本农田或增收产业,有学前教育,有卫生室,有文化室和农家书屋,有体育健身和民族文化活动场地,有办公场所,有农家超市和农资放心店。

ལྔ་ཁྱད་བཅུ་ཡོད། 《མི་གྲངས་ཉུང་བའི་མི་རིགས་དབུལ་སྐྱོར་འཕེལ་རྒྱས་ཀྱི་འཆར་འགོད་（༢༠༡༡—༢༠༡༥ལོ）》ནང་དུ་གཏན་འབེབས་བྱས་པའི་དམིགས་ཡུལ་གཙོ་བོ་ཞིག་སྟེ། མི་གྲངས་ཉུང་བའི་མི་རིགས་ཀྱི་འདུས་སྡོད་གྲོང་དུ་སྣུམ་ལམ་ཁྱབ་པ་དང་། གློག་ཁྱབ་པ། རླུང་བསྒྲགས་བརྙན་འཕྲིན་ཁྱབ་པ། བརྡ་འཕྲིན་ཁྱབ་པ། རྩང་རྫས་ཁྱབ་པ་བཅས་ལྔ་དང་། བདེ་འཇགས་ཀྱི་འཐུང་རྒྱུ་ཡོད་པ་དང་། བདེ་གནས་ཁང་པ་ཡོད་པ། ཆབ་གཙང་ཅན་ཡོད་པ། བཙན་ཞིང་མཛོ་བའི་ཞིབ་ལས་ཞིབ་ས་ཡོད་པ། སློབ་སྟོན་སློབ་གསོ་ཡོད་པ། འཕྲོད་བསྟེན་ཁང་ཡོད་པ། རིག་གནས་ཁང་དང་ཞིང་པའི་དཔེ་མཛོད་ཁང་ཡོད་པ། ལུས་རྩལ་བའི་ཁང་དང་མི་རིགས་རིག་གནས་འགུལ་སྐྱོད་ཀྱི་གཡུག་ཤོང་། གཞུང་ལས་ཁང་ཡོད་པ། ཞིང་ས་སྡོ་ཚོང་ཆེ་རང་དང་ཞིང་དངོས་

བདེའི་ཚོང་ར་ཡོད་པ་བཅས་ལ་ཟེར།

Accesses to 5 types of infrastructure services and 10 living and working facilities is one of the main goals put forward in the *Plan to Support Development of Ethnic Groups with Small Populations (2011-2015)*. In the villages inhabited by less populous ethnic groups, the following services and facilities should be provided: asphalt roads, electricity, radio and television, telecommunication (telephone and broadband cable), biogas (clean energy), safe drinking water, homes for settlement, clean toilets, high and stable yield basic farms (e.g. grass lands, economic forests and aquaculture waters) or supplementary trades to increase residents' income, pre-school education, clinics, cultural and recreational rooms, village libraries, facilities for sports and ethnic cultural activities, administrative offices, village groceries and trustworthy shops of agricultural materials.

五溪蛮 东汉至宋时对分布于今湘西及黔、渝、鄂三省交界地沅水上游若干少数民族的总称。因其地有5条溪流而得名。

ཆུ་ལྔའི་མན། ཧན་ཤར་མ་ནས་སུང་རྒྱལ་རབས་ཀྱི་དུས་སུ་དེང་གི་ཞིན་ཞི་དང་ཆན། ཡུས། ཨེ་བཅས་ཞིང་ཆེན་གསུམ་གྱི་མཚམས་མཚམས་ས་ཁུལ་རའི་ཆུའི་སྟོད་རྒྱུད་ཀྱི་གྲངས་ཉུང་མི་རིགས་འགའི་སྤྱི་མིང་ཡིན། ས་ཁུལ་དེར་ཆུ་བོ་ལྔ་འབབ་བཞིན་ཡོད་པས་མིང་འདི་ཐོགས།

Barbarians of the Five Creeks is the general name of some ethnic minorities distributed in today's western Hunan, the upstream of Yuan River where Guizhou, Chongqing and Hubei have a common border. They got the name because of the five streams flowing by.

《五音切韵》 中国西夏文音韵书。著者不详。编纂于西夏早期。现存四种写本，皆残。1909年自中国黑水城遗址（在今内蒙古额济纳旗）出土。其中一本有西夏皇帝御制序。序言表明此书在汉、吐蕃韵书的影响下，以西夏文韵书《文海宝韵》为基础编成。分为韵表、韵图两部分。

《དབྱངས་ལྔའི་སྒྱུར་ཚུལ》 ཀྲུང་གོའི་མི་ཉག་ཡིག་གེའི་སྒྲ་སྒྱུར་རིག་པའི་དཔེ་ཆ། རྩོམ་པ་པོ་མི་གསལ། མི་ཉག་གི་དུས་རབས་སྔ་མར་སྒྲིག་སྒྱུར་བྱས། ཤིང་དེང་བར་ཐར་ཐོར་གྱི་བྲིས་དེབ་རིགས་བཞི་ཤག་ཡོད། ༡༩༠༩ལོར་ཀྲུང་གོའི་ཧེ་ཤུའི་གྲོང་གི་གནའ་ཤུལ་ལས་(དེང་གི་ནང་སོག་ཨེ་ཅི་ན་ཆིན་ཆེན་གྱིས་ཁུལ) སྟོང་བྱུང་། དེའི་ནང་དུ་མི་ཉག་རྒྱལ་པོས་དངོས་སུ་མཚམས་སྦྱོར་མཛད་པའི་དེབ་ཅིག་ཡོད། འགོ་བརྗོད་ལས་སྟོན་ན་དཔེ་དེབ་འདི་ནི་རྒྱ་དང་བོད་ཀྱི་ཤུགས་རྐྱེན་འོག་ཏུ་མི་ཉག་གི་སྒྲ་སྒྱུར་ཡི་གེ《སྙན་སྒྱུར་རིན་ཆེན་རྒྱ་མཚོ》ལྟར་གཞི་བྱས་ནས་སྒྲིག་པ་ཡིན་འདུག དེར་སྒྲ་སྒྱུར་གྱི་རིའུ་མིག་དང་སྒྲ་སྒྱུར་གྱི་རི་མོ་བཅས་ཕྱོགས་གཉིས་སུ་བགོས་ཡོད།

Wu Yin Qie Yun (*The rhyme tables of five sound categories*) is a rhyme book of Tangut script. Its author is unknown. This rhyme book was compiled in the early Xixia period. Now there exist four versions, none of which is complete. In 1909, it was excavated in Khara Khoto in today's Ejina Banner in Inner Mongolia.

One of them has its preface made by the Xixia emperor. Its preface states that this book was completed based on the rhyme book of Tangut script *Wen Hai Bao Yun* (*The precious rhymes of the ocean of characters*) under the influence of rhyme books from Han and Tibet. It is divided into two parts, namely rhyme form and rhyme charts.

五族共和 中华民国成立初期政治口号。1912年孙中山发表《中华民国临时大总统宣言书》，第一次提出这一原则，强调在中国的五大民族和谐相处。以五色旗为国旗，分别代表汉族（红）、满族（黄）、蒙古族（蓝）、回族（白）、藏族（黑），其中回族泛指信仰伊斯兰教的民族。

རིགས་ལྔ་མཉམ་འབྲེལ། ཀྲུང་ཧྭ་མིན་གོ་འཛུགས་མགོའི་ཚབ་སྲིད་ཀྱི་ཁ་འབོད་ཡིན། ༡༩༡༢ལོར་སུན་ཀྲུང་ཧྲན་གྱིས་སྤེལ་བའི་《ཀྲུང་ཧྭ་མིན་གོའི་གནས་སྐབས་ཙུང་ཐུང་ཆེན་མོའི་བསྒྲགས་གཏམ་ཡི་གེ》ནང་དུ་ཐེངས་དང་པོར་རྩོམ་འདོན་བྱས་ནས། ཀྲུང་གོའི་མི་རིགས་ཆེ་འཁམས་མཉམ་གནས་དང་འཚོ་འགོགས་པ་གཏན་འབེབས་བྱས་ཡོད། མདོག་ལྔའི་དར་ཆའི་རྒྱལ་དར་བྱས་ཏེ་སོ་སོར་རྒྱ་རིགས (དམར)། དང་། མན་རིགས (སེར) སོག་རིགས (སྔོ)། ཧུའི་རིགས (དཀར)། བོད་རིགས (ནག) བཅས་མཚོན། དེའི་ནང་གི་ཧུའི་རིགས་སུ་བྱེ་སྲི་ལན་ཆོས་ལ་དད་མཁན་ཡོད་ཆོས་འདུ།

Five Races Under One Union was one of the major principles upon which the Republic of China was originally founded. It was first put forward in the *Declaration of the Provisional President of the Republic of China* addressed by Sun Yat-sen in 1912. This principle emphasized the harmony of the five major ethnic groups in China represented by the colored stripes of the Five-Colored Flag of the Republic: the Han (red); the Manchus (yellow); the Mongols (blue); the "Hui" (the name given to the Muslims at that time) (white); and the Tibetans (black). Hui people primarily referred to the peoples who believe in Islam.

伍精华（1931—2007） 彝族。四川冕宁县人。1949年加入中国共产党。历任普格县委副书记、县长，凉山彝族自治州州委书记处书记、副州长，四川省人大常委会副主任，国家民委副主任、党组副书记，西藏自治区党委书记等职。76岁在北京病逝。

ཧཱུའུ་ཅིན་ཧྭ། (༡༩༣༡—༢༠༠༧) དབྱི་རིགས། སི་ཁྲོན་མན་ནིང་རྫོང་གི་མི་ཡིན། ༡༩༤༩ལོར་ཀྲུང་གོ་གུང་ཁྲན་ཏང་དུ་ཞུགས། ཕར་གུའུ་རྫོང་ཨུ་ཡུའི་གཞོན་པ་དང་རྫོང་དཔོན། ལིའང་ཧྲན་དབྱི་རིགས་རང་སྐྱོང་ཁུལ་ཨུ་ཡུའི་མི་རིགས་དོན་གཅོད་ཨུ་ཡོན་ལྷན་ཁང་གི་གུའི་ཨིན་ཆུའུ་དང་ཁུལ་དཔོན་གཞོན་པ། སི་ཁྲོན་ཞིང་ཆེན་མི་དམངས་འཐུས་མིའི་རྒྱུན་ལས་ཆོགས་ཀྱི་གུའུ་ཨིན་གཞོན་པ་དང་། རྒྱལ་ཁབ་མི་རིགས་དོན་གཅོད་ཨུ་ཡོན་ལྷན་ཁང་གི་ཨུ་ཡོན་གཞོན་པ། བོད་རང་སྐྱོང་ལྗོངས་ཏང་ཨུའུ་ཡུའུ་ཅི་སོགས་ཀྱི་འགན་བསྡུར་མར་ཁུར། ལོ་༧༦པའི་ཆིན་དུ་འདས།

Wu Jinghua (1931-2007), a member of Yi people, was born in Mianning county, Sichuan province. He joined CPC in 1949.

He took many positions including deputy secretary and county magistrate in Puge county, secretary and deputy governor in Liangshan Yi Autonomous Region, deputy director of Standing Committee of Sichuan NPC, deputy director of the State Ethnic Affairs Commission, deputy secretary of the party committee and the secretary of the party committee in Tibet Autonomous Region. He died of illness in Beijing at the age of 76.

X

西安大学习巷清真寺 西安最古老的清真寺之一。位于西安市西大街大学习巷内北侧，又称"西大寺"。创建于705年。建筑形式略同于化觉巷清真寺，唯规模较小，占地9.1亩。

ཞི་ཨན་སློབ་ཆེན་ཞི་ལམ་གྱི་དབྱི་སི་ལན་ཚོས་ཁང་། ཞི་ཨན་གྱི་ལོ་རྒྱུས་ཡུན་རིང་ཤོས་པའི་དབྱི་སི་ལན་ཚོས་ཁང་ཞིག་ཡིན། ཞི་ཨན་གྲོང་ཁྱེར་ལམ་གྱི་སློབ་ཆེན་ཞི་ལམ་གྱི་བྱང་གཞོགས་སུ་གནས་ཡོད། མིང་གཞན་ལ (ནུབ་ཀྱི་དགོན་ཆེན) ཡང་ཟེར། ༧༠༥ལོར་སྐྲུན་པ་དང་བཟོ་བཀོད་ཀྱི་རྣམ་པ་ཧུ་ཇུའེ་ལམ་གྱི་དབྱི་སི་ལན་ཚོས་ཁང་དང་ཕལ་ཆེར་མཚུངས། གཞི་རྒྱ་ཆུང་ཆུང་། ས་མཉའ (. ༡ཟིན་ཡོད།

Xi'an Daxuexi Lane Mosque is one of the oldest mosques in Xi'an. It lies in the north of Daxuexi Lane, Xida Street, so it gets another name West Great Mosque. The mosque was originally built in 705. It is similar to Xi'an Great Mosque in architectural style apart from its small size. It covers an area of 9.1 mu.

西安广仁寺 西安地区现存唯一的藏传佛教格鲁派寺院。位于西安市西北隅。1703年（一说1705年）康熙皇帝敕命兴建，并亲书"慈云西荫"殿额。分为前、中、东三院，占地面积约16亩。旧时藏传佛教僧人路过此地，均住寺瞻礼。有明版《大般若波罗蜜多经》600卷等寺藏。

ཞི་ཨན་རྒྱལ་བསྟན་དར་རྒྱལ་སྦྱིང་། དེང་ཞི་ཨན་ས་ཁུལ་དུ་ལྷག་པའི་བོད་རྒྱུད་ནང་བསྟན་གྱི་དགེ་ལུགས་པའི་དགོན་པ་གཅིག་པུ་ཡིན། ཞི་ཨན་གྲོང་ཁྱེར་གྱི་གཞིས་སུ་ཡོད། ༡༧༠༣ལོར (༡༧༠༥ལོར་ཡང་འདོད) གོང་མ་ཁང་ཞིས་བཀའ་ལྟར་བཏབ། ཙིང་ཞི་ཡིས་ཞིས་པའི་སྦྱོར་བྱུང་དངོས་གྲིས་མིང་ལམ་བསྐུར་མཛད་དང་དུས། ཤར་བཅས་ར་བ་ཆེན་མོ་གསུམ་པ་དང་། རྒྱ་ཁྱོན་མུའུ་༡༦ཟིན་ཡོད། སྟོན་བོད་རྒྱུད་ནང་བསྟན་གྱི་ཚོས་རྣམས་གནས་འདིར་ཕེབ་དུས་དགོན་པ་འདིར་བསྟེན་ནས་མཇལ་སྟོར་མཛད་དང་། མིང་རྒྱལ་རབས་ཀྱིས་པར་སྐྲུན་བྱས་པའི《ཤེས་རབ་ཕ་རོལ་ཏུ་ཕྱིན་པ་ཆེན་མོའི་གཞུང་》བམ་པོ་༦༠༠སོགས་དགོན་པ་འདིར་ཉར་ཚགས་བྱས་ཡོད།

Xi'an Guangren Lama Temple, located in the north-west City Wall of Xi'an, is the only Tibetan Buddhist Gelug monastery in Xi'an. It was built in 1703 (another version, 1705) under the order of the Emperor Kangxi of the Qing Dynasty, who wrote the four Chinese characters as an inscription Ci Yun Xi Yin (Royal Graciousness for Western China) in the forehead of the hall. This Temple includes three yards covering an area of 16 mu. In the ancient time, it was visited by Tibetan Buddhism monks passing by. Now it holds 600 volumes of the Ming versions of *The Heart of Prajna Paraminta Sutra*.

西北民族大学 是一所涵盖哲学、经济学、法学、教育学、文学、历史学、理学、工学、农学、医学、管理学、艺术学等

12个学科门类的综合性高等学校。国家民委直属。位于甘肃省兰州市。成立于1950年，是新中国成立后创建的第一所民族高等院校。2003年更为现名。占地2880多亩，有两个校区。

ཉུབ་བྱང་མི་རིགས་སློབ་གྲྭ་ཆེན་མོ། སློབ་ཆེན་འདི་ནི་མཚན་ཉིད་རིག་པ་དང་དཔལ་འབྱོར་རིག་པ། ཁྲིམས་ལུགས་རིག་པ། སློབ་གསོ་རིག་པ། རྩོམ་རིག་པོ། རྒྱུས་རིག་པ། གནས་ལུགས་རིག་པ། བཟོ་རིག་པ། ཞིང་ལས་རིག་པ། གསོ་རིག དོ་དམ་རིག་པ། སྒྱུ་རྩལ་རིག་པ། སོགས་བསྡོམས་ཆོས་ ༡༢ ཡོད་པའི་ཕྱོགས་བསྡུས་རང་བཞིན་ཅན་གྱི་མཐོ་རིམ་སློབ་ཆེན་ཞིག་ཡིན། རྒྱལ་ཁབ་མི་རིགས་དོན་གཅོད་ཨུ་ལྷན་ལྟར་ལྟ་གི་བཀོད་འདོམས་དོ་དུ་གནས། ཀན་སུའི་ཞིང་ཆེན་ལན་གྱི་གྲོང་ཁྱེར་དུ་གནས་ཡོད། ༡༩༥༠ལོར་ཚུགས། ཀྲུང་གོ་གསར་པ་བཚུགས་པའི་མི་རིགས་ཀྱི་མཐོ་རིམ་སློབ་གྲྭ་དང་པོ་ཡིན། ༢༠༠༣ལོར་ད་ལྟའི་མིང་དུ་བརྗེས། རྒྱ་ཁྱོན་སྒང་༢༢༨༠ལྷག་ཞིང་ཡོད་པ་དང་སློབ་ཁུལ་གཉིས་ཡོད།

Northwest University for Nationalities is a comprehensive university which offers courses in twelve disciplines including Philosophy, Economics, Law, Educational Sciences, Literature, Historiography, Science, Engineering Agronomy, Medicine, Management Science and Art Science. It was established in 1950 in Lanzhou, Gansu province, directly under the leadership of the State Ethnic Affairs Commission. NWUN was the first minorities' university following the founding of the PRC. In 2003, it was renamed the Northwest University for Nationalities. Covering an area of 2,880 mu, it is divided into two campuses.

西北少数民族师资培训中心 1985年依托现西北师范大学建立的全国唯一的教育部直属、高等院校建制的培训中心。每年面向西北五省（区）和西藏招收少数民族师资150人。2002年招生范围扩大到中西部12个省（区），招收300多人。2010年成为新疆预科生培养协作院校之一。

ཉུབ་བྱང་གྲངས་ཉུང་མི་རིགས་ཀྱི་དགེ་རྒན་གསབ་སྦྱོང་ལྟེ་གནས། ༡༩༨༥ལོར་ད་ལྟའི་ཉུབ་བྱང་དགེ་འོས་སློབ་ཆེན་ལ་བཞི་བཅོལ་ཏེ་བཙུགས་པའི་སློབ་གསོའུ་ཡི་ཐད་གཏོགས་དང་མཐོ་རིམ་སློབ་གྲིང་གི་སྒྲིག་འཇོགས་གནང་བའི་རྒྱལ་ཡོངས་ཀྱི་གསབ་སྦྱོང་གནས་གཅིག་པུ་ཡིན། ལོ་རེར་ཉུབ་བྱང་གི་ཞིང་ཆེན་ལྔ་（སྐོངས）དང་བོད་སློངས་ལ་ལ་ཕྱོགས་ནས་གྲངས་ཉུང་མི་རིགས་ཀྱི་དགེ་རྒན་༡༥༠བསྡུ། ༢༠༠༢ལོར་སློབ་བསྡུའི་ཁྱབ་ཁོངས་རྒྱ་དབུས་ཀྱི་ཞིང་ཆེན་༡༢（སྐོངས）ལ་གཤེ་རྒྱ་བསྐྱེད་དེ་སློབ་མ་༣༠༠ལྷག་བསྡུས། ༢༠༡༠ལོར་ཞིན་ཅང་དངོས་གཞས་སློབ་མའི་གསོ་སྐྱོང་རོགས་སྒྲུབ་སློབ་གྲིང་གི་ཡ་གྱལ་ཞིག་ཏུ་གྱུར།

The Northwest Ethnic Minority Teachers Training Center, set up by the Northwest Normal University in 1985, is the only training center directly under the Ministry of Education of China and the only one set up by a university. It annually enrolls 150 ethnic minority teachers from five provinces in the northwest of China and Tibet. In 2002, it even extends to 12 provinces in the western and central areas to enroll more than 300 teachers. In 2010, it became one of the cooperative institutes that helps to cultivate preppies in Xinjiang.

西部大开发 中国中央政府的一项政策。目的是"把东部沿海地区的剩余经济发展能力，用以提高西部地区的经济和社会发展水平、巩固国防"。2000年，国务院成立了西部地区开发领导小组，由朱镕基担任组长。同年3月，经全国人民代表大会审议通过，国务院西部开发办正式开始运作。

ཉུབ་རྒྱུད་གསར་སྐྱེལ་ཆེན་མོ། གུང་གོའི་གུང་དབྱང་སྲིད་གཞུང་གི་སྲིད་ཇུས་ཤིག རེའི་དཀར་ཕྱོགས་མཚོ་རྒྱུད་ཁུལ་གྱི་དཔལ་འབྱོར་འཕེལ་རྒྱས་སོང་བའི་ནུས་ཤུགས་སྤྱད་དེ། ནུབ་རྒྱུད་ས་ཁུལ་གྱི་དཔལ་འབྱོར་དང་སྤྱི་ཚོགས་འཕེལ་རྒྱས་ཀྱི་ཚོད་རྗེ་ལེགས་དང་། རྒྱལ་སྲུང་བརྟན་དུ་གཏོང་རྒྱུའི་ཡིན། ༢༠༠༠ལོར། རྒྱལ་སྲིད་སྤྱི་ཁྱབ་ཁང་གིས་ནུབ་རྒྱུད་གསར་སྐྱེལ་འགོ་ཁྲིད་ཚོགས་ཆུང་། གོའུ་རོང་ཅི་ཨིས་ཚན་གཙོའི་འགན་བཞེས། ལོ་དེའི་ཟླ་༣པར། རྒྱལ་ཡོངས་མི་དམངས་འཐུས་མི་ཚོགས་ཆེན་གྱིས་གྲོས་འཆམ་བྱུང་སྟེ། རྒྱལ་སྲིད་སྤྱི་ཁྱབ་ཁང་ནུབ་རྒྱུད་གསར་སྐྱེལ་གཞུང་སྐྱེལ་ལས་ཁང་གིས་ཕུལ་ལས་འགོ་ཚུགས།

Western Development Strategy is a drive launched by the central government to promote social and economic progress in the western parts of the country and strengthen the national defence with the financial support from East Coastal areas. In 2000, the State Council formed a Leadership Group for Western China Development led by Zhu Rongji. In March, approved by NPC, the State Council Western Development Office started to work.

西部两基攻坚计划 2004年由我国教育部、国家发展和改革委、财政部和国务院西部开发办联合制定。确定在2004—2007年期间，投入100亿元专项资金实施西部"两基"攻坚计划，主要用于帮助民族地区实现"基本普及九年义务教育、基本扫除青壮年文盲"。

ནུབ་རྒྱུད་གནད་གཉིས་ལ་བཏོན་གྱི་འཆར་གཞི། ༢༠༠༤ལོར་རང་རྒྱལ་གྱི་སློབ་གསོ་པུའུ་དང་། རྒྱལ་བཅས་སྒྱུར་ལེགས་ལྷན་ཁང་། དངུལ་སྲིད་པུའུ། རྒྱལ་སྲིད་སྤྱི་ཁྱབ་ཁང་ནུབ་རྒྱུད་གསར་སྐྱེལ་གཞུང་སྐྱེལ་ལས་ཁང་བཅས་ཀྱིས་ལྷན་དུ་གཏན་ལ་ཕབ། ༢༠༠༤ནས་༢༠༠༧ལོའི་བར་སྒོར་དུང་ཕྱུར་༡༠༠ཡི་ཆེད་སྟོང་དངུལ་བཏང་ནས། ནུབ་རྒྱུད་གནད་གཉིས་ལ་བཏོན་འཆར་གཞི་སྟེ། གཙོ་བོ་གྲངས་ཉུང་མི་རིགས་ས་ཁུལ་གཞི་རྩའི་ཕྱོགས་ལོ་དགུའི་འོས་འགན་སློབ་གསོ་ཁྱབ་བརྡལ་དང་། གཞི་རྩའི་ཕྱོགས་ན་གཞོན་ཡིག་རྨོངས་སེལ་བ་གཉིས་མཛོན་འགྱུར་ཡོང་བའི་རོགས་རམ་དུ་སྤྱོད་པའོ།

Plan of Two Basics Action in Western Region of China is jointly formulated by Ministry of Education, State Development and Reform Commission, Ministry of Finance and State Council Western Development Office. During the period from 2004 to 2007, 10 billion RMB will be spent on this plan in helping universalize nine-year compulsory education and eliminate illiteracy among the young and middle-aged people in ethnic minority areas.

西部民族风情艺术节 2002年由北京中华民族博物院策划推出。包括苗族刀杆节、傣族泼水节、藏族望果节等13个板块。用动态和静态两种方式，从不同的侧面，展现中国少数民族传统节庆文化、传统民间工艺、传统宗教文化、传统人生礼仪文化以及民族民俗文物。

ཉུབ་ཕྱོགས་མི་རིགས་གོམས་སྲོལ་གྱི་སྒྱུ་རྩལ་དུས་ཆེན། ༢༠༠༢ལོར་པེ་ཅིན་གྲུང་དུ་མི་རིགས་དངོས་མང་བཤམས་སྟོན་ཁང་གིས་འཆར་བཀོད་བཏོན། དེའི་ནང་དུ་མྱོའུ་རིགས་ཀྱི་གྲི་ཡི་དུས་ཆེན་དང་ཏའེ་རིགས་ཀྱི་ཆུ་མཆོད་དུས་ཆེན། བོད་ཀྱི་འོང་སྐོར་དུས་ཆེན་སོགས་དོན་ཚན་༡༣ལ་བགོས་ཡོད། འགྱུར་རྣམ་དང་འཇགས་རྣམ་གྱི་ཐབས་གཉིས་ལས་གཞིགས་མི་འདྲ་བའི་གྲུ་གོར་ནས་གུང་ཁྲུང་མི་རིགས་ཀྱི་སྲོལ་རྒྱུན་དུས་སྟོན་རིག་གནས་དང་། ཁམས་སྲོལ་ལག་རྩལ། སྲོལ་རྒྱུན་གྱི་མི་གཞིས་གུ་ལུགས་རིག་གནས། མི་རིགས་དམངས་སྲོལ་རིག་དངོས་སོགས་མངོན་སྟོན་བྱས་ཡོད།

Art Festival on Folk Customs of Ethnic Minorities in Western China was launched by China Ethnic Museum in Beijing in 2002. It includes 13 parts such as Knife Ladder Climbing Performance (Miao people), Water-Splashing Festival (Dai people) and Ongkor Festival (Tibetan people). The festival reveals the culture of Chinese ethnic groups, including traditional festival, traditional folk arts, traditional religion, traditional etiquette and cultural relics of people and customs from different angles in the dynamic and static form.

西部裕固语 部分裕固族使用的语言。分布于甘肃省张掖市肃南裕固族自治县西部大河区和明花区等地。属于阿尔泰语系突厥语族。与属于蒙古语族的东部裕固语不能沟通。

ཉུབ་ཕྱོགས་ཀྱི་ཡུ་གུར་སྐད། ཡུ་གུར་རིགས་ཁ་ཤས་ཀྱིས་སྤྱོད་པའི་སྐད་ཆ། ཁྲན་ཡལ་གན་སུའུ་ཞིང་ཆེན་གྱི་ཡའེ་ཤོན་ཀྲིའུ་སུན་ཡུ་དོར་རིགས་རང་སྐྱོང་རྫོང་གི་ཉུབ་ཕྱོགས་ཏ་ཧོའི་ཁུལ་དང་མིན་ཧྭ་ཁུལ་སོགས་ཡིན། ཨར་ཐའེ་སྐད་ཁོངས་ཀྱི་གྲུ་གུ་རིགས་ཀྱི་སྐད་དུ་གཏོགས། དེ་དང་སོག་པོའི་སྐད་ལ་གཏོགས་པའི་ཤར་རྒྱུད་ཀྱི་ཡུ་དོར་སྐད་གཉིས་བར་བརྡ་མི་འཕྲོད།

Western Yugur language is spoken by some Yugur people distributed in the places like Dahe area and Minghua area in the west of Sunan Yugur Autonomous County, Zhangye city, Gansu province. It is the Turkic language of Altaic family. people speaking western Yugur language can not communicate with those speaking eastern Yugur language as a branch of Mongolian language.

西部之光访问学者 中组部、教育部、科技部、中国科学院联合实施的一项西部地区人才培养计划。每年从西部地区选派一批中青年科研骨干到中央国家机关所属高等院校和科研院所,进行为期一年的研修。项目从2004年启动,每年选派200人,连续实施5年,共选派培训1000人。

ཉུབ་ཕྱོགས་ཀྱི་འོད་སྣང་ཞེས་ཡོན་པའི་བཅར་འདྲི། ཀྲུང་གུང་གུང་དབང་རྩ་འཛུགས་པུའུ་དང་། སློབ་གསོ་པུའུ། ཚན་རྩལ་པུའུ། ཀྲུང་གོའི་ཚན་རྩལ་སློབ་གཉེར་ཁང་གིས་ལག་བསྟར་བྱས་པའི་ཉུབ་ཕྱོགས་ས་ཁུལ་གྱི་འཛིན་ལུགས་མི་སྣ་གསོ་སྐྱོང་གི་འཆར་གཞི་ཞིག་ཡིན། ལོ་རེར་ཉུབ་རྒྱུད་ནས་ཚན་རྩལ་འཛིན་མི་གཞོན་སྐྱེས་ཤིག་བདམས་ནས་གུང་དབང་གི་རྒྱལ་ཁབ་ལས་ཁུངས་སུ་གཏོགས་པའི་མཐོ་རིམ་སློབ་གྲྭ་དང་ཚན་རིག་འཛུགས་སྐྲུན་ཁང་སོགས་སུ་ལོ་གཅིག་ཡུན་ལ་གསར་སློང་བྱེད་

པར་བཏང་། བྱ་བའི་རྣམ་གྲངས་འདི་༢༠༠༤ལོ་ནས་འགོ་བཚུགས་ཤིང་། ལོ་རེར་མི་༢༠༠བདམས་ནས་བསྐྱར་སྦྱར་ལོ་༤ལག་བསྒྲུབ་བྱས་ཏེ། སྦོམ་པས་མི་༡༠༠༠གསོ་སྐྱོང་བྱས།

"Light of the West" for the training of visiting scholars is a plan to cultivate personnels from the western parts of China, which is jointly launched by Central Organization Department, Ministry of Education, Ministry of Science and Technology and Chinese Academy of Sciences. Every year a group of young and middle-aged leading figures in scientific research from the west China are sent into universities or scientific research institutes under the leadership of China's State Organs to further their study for a year. It kicked off in 2004. 200 people are sent annually. This plan has been implemented for 5 years successively during which 1,000 people have received training.

西道堂 中国伊斯兰教派别之一。因以中国伊斯兰教学者刘智等人的汉文译著为依据，故又称"汉学派"。20世纪初，由马启西创建于甘肃临潭一带。主要流传于甘肃临夏及青、新、川等地。解放初解体，历3任教主。

ཞིས་ཏའོ་ཐང་། རྒྱང་གོའི་དཔྱི་སི་ལན་ཆོས་ལུགས་ཀྱི་གྲུབ་མཐའ་ཞིག རྒྱང་གོའི་དཔྱི་སི་ལན་གྱི་མཁས་པ་ལིའུ་ཀྱི་སོགས་ཀྱི་རྒྱ་བསྒྱུར་ཆོས་གཞུང་ལ་གཞིའོ་བས་རྒྱ་སློབ་གྲུབ་མཐའ་ཞང་འབོད། དུས་རབས་༢༠པའི་དུས་འགོར་མ་ཆིས་ཞིས་ཡིས་ཀན་སུའི་ལིན་ཐན་ཚོ་ཁུལ་ནས་སློག་བཏོད། གཙོ་བོར་ཀན་སུའི་ལིན་ཞཱ་དང་མཚོ་སྔོན་ཞིན་ཅང་། སི་ཁྲོན་སོགས་སུ་དར་ཞིང་། ཡི་ཁྲོན་སོགས་ས་ཁུལ་ལ་ཁྱབ། བཅིངས་འགྲོལ་དུས་འགོར་འཐོར། ཆོས་དཔོན་རབས་གསུམ་བྱུང་།

Xidaotang, one of the Islamic denominations in China, was also called "Chinese school" due to its basis on Chinese translations of the Chinese Islamic scholars Liu Zhi and some others. In the early 20th century, it was founded by Ma Qixi in Lintan area of Gansu province. It mainly spread in Linxia of Gansu province, Qinghai province, Xinjiang, Sichuan province and other places. After the liberation, it disintegrated with three hierarchs in total.

西电东送 现指开发黔、滇、桂、川、晋及内蒙古等西部省区的电力资源，将其输送到广东、上海、江苏、浙江和京、津、唐地区。在南方区域内，将贵州乌江和桂、滇、黔3省区交界处的南盘江、北盘江、红水河的水电资源，以及黔、滇两省坑口火电厂的电能开发出来送往广东。

ནུབ་གློག་ཤར་འདྲེན། ཆེན་དང་ཀུན་གུའི་བོད། ཅིན། ནན་སོགས་སོགས་ནུབ་རྒྱུད་ཞིང་ཆེན་གྱི་སློག་ནུས་ཀྱི་གོང་ཐུབ་དང་ཧྲང་ཧའི། ཅང་སུའུ། ཀྱི་ཅང། ཅིན། ཐང་ས་ཁུལ་དུ་དངས་པར་བསྐུལ། སྦོ་ཕྱོགས་ས་ཁུལ་དུ་ཀུའི་ཙོའུ་ཨི་ཀྱུ་ཅང་དང་ཀུའི། ཀྱུ་ཆུས་བཞིན་ཆེན་གསུམ་གྱི་སྨྲེ་མཚམས་སུ་ཡོད་པའི་ནན་ཕན་གཙང་པོ་དང་པའི་ཕན་གཙང་པོ། ཧོང་ཆུའི་ཆུ་སློག་ཐོན་ཁུངས་དང་ཆེན་དང་ཏྱིན་ཞིང་ཆེན་གཉིས་ཀྱི་དོང་ཁའི་མེ་སློག་བཟོ་གྲའི་སློག་ནུས་དེ་གོང་དུ་དངས་པའི། །

The West-East Electricity Transfer Project now refers to the project of developing electricity in western provinces like Guizhou, Yunnan, Guangxi, Sichuan, Shanxi and Inner Mongolia and others and transmitting it to Guangdong, Shanghai, Jiangsu, Zhejiang and Beijing-Tianjin-Tangshan area. In the southern region, hydroelectric resources from Wujiang of Guizhou, and Nanpan River, Beipan River and Red River in the junction of Guangxi, Yunnan and Guizhou provinces, and electric energy from pithead power plant in Guizhou and Yunnan provinces is transmitted to Guangdong.

西蕃 历史上有多种指称：1. 特指吐蕃。2. 亦作"西藩""西番"，对西域一带及西部边境地区的泛称。3. 指印度。4. 对西洋人的泛称。5. 我国少数民族普米族的旧称。

ཤུབ་རྫོང་། ལོ་རྒྱུས་སྟེང་དུ་གོ་བ་སྣ་ཚོགས་ཡོད་དེ། 1. ཐུ་བོད་ལ་གོ 2. ཤུབ་རྫོང་དང་ཤུབ་བོད་སྟེ། ཤུབ་རྒྱུད་མཐའ་མཚམས་ས་ཁུལ་གྱི་སྤྱི་མིང་། 3. རྒྱ་གར་ལ་གོ 4. ཤུབ་གླིང་བའི་སྤྱི་མིང་། 5. རང་རྒྱལ་གྱི་གྲངས་ཉུང་མི་རིགས་ཕུའུ་སྨྲི་རིགས་ཀྱི་གནའ་བོའི་མིང་།

Xifan (Western Barbarians) There were many references in history: 1. referring in particular to Tibet (Tubo); 2. also called "Western Fan", a general term for Western Regions and regions along the western border; 3. India; 4. a general term for Westerners; 5. a former name for Pumi nationality.

西关清真大寺 位于甘肃省兰州市西关街。始建于清康熙二十六年（1687），雍正七年（1729）重修。整体建筑为中国古典式建筑群。"文化大革命"中被拆毁。1983年重建。

ཞི་ཀོན་དཔྱི་སི་ལན་ཆོས་ཁང་། གན་སུའུ་ཞིང་ཆེན་ལན་གྲུ་གྲོང་ཁྱེར་གྱི་ཞི་ཀོན་སྲང་དུ་ཡོད། ཆིང་རྒྱལ་རབས་ཁང་ཞིའི་ཁྲི་ལོ་ཉེར་དྲུག་པར་(1687) བཞེངས། ཡུང་གྱིན་ཁྲི་ལོ་བདུན་པར་(1729) བསྐྱར་བཞེངས་བྱས། བཟོ་བཀོད་ཀྱི་ལྷོག་ནི་གུང་གོའི་གནའ་རབས་བཟོ་ཚོགས་ཀྱི་ཁྱད་ཆོས་ལྡན། རིག་གནས་གསར་བརྗེ་ཆེན་མོའི་ནང་དུ་གཏོར་བཤིག་བཏང། 1983 ལོར་བསྐྱར་བཞེངས་བྱས།

Xiguan Mosque, located in Xiguan Street in Lanzhou City of Gansu province, was built in the twenty-sixth year of Emperor Kangxi (1687) and rebuilt in the seventh year of Emperor Yongzheng (1729) in the Qing Dynasty. Overall architecture was in Chinese classical style. It was demolished during "the Great Cultural Revolution" and was rebuilt in 1983.

西胡 中国古代对西域各族的泛称。因在匈奴（胡为匈奴的自称与他称）以西而得名。西汉时仅指葱岭以东各族，东汉起亦兼指葱岭以西各族。

ཤུབ་ཧོར། ཀྲུང་གོའི་གནའ་རབས་སུ་ཤུབ་ཁུལ་མི་རིགས་སོ་སོའི་སྤྱི་མིང་། ཞུང་ནུའུ་(ཧོར་ནི་ཞུང་ནུའུ་ཡི་རང་མིང་དང་འབོད་མིང་ཡིན) ཤུབ་ཏུ་ཡོད་པས་དེ་ལྟར་བྟགས། ཤུབ་ཧན་མའི་སྐབས་སུ་ཚོང་ལིན་རི་བོའི་ཤར་རྒྱུད་ཀྱི་མི་རིགས་སོ་སོ་དང། ཤུབ་ཧན་མ་ནས་ཚོང་ལིན་རི་བོའི་ནུབ་ཀྱི་མི་རིགས་སོ་སོར་གོ

Xihu (Western Hu), a general name for ethnic groups in the Western Region in ancient China, got its name because it was located in the west of Xiongnu, an ancient ethnic group in China, (Xiongnu called themselves and were called Hu). It referred only to ethnic groups in the east of Congling in the Western Han Dynasty, and also included those in the west of Congling in the Eastern Han Dynasty.

《西疆交涉志要》 书名。近代钟镛撰。宣统三年（1911）刊行。6卷，4万余字。主要记述中俄两国关于新疆所签条约内容及交涉过程。

《རྒྱབ་བྱང་གྲོས་མོལ་གནད་བསྡུས》 དཔེ་ཚིགས། ཞི་རབས་སུ་གྱུང་ཡོང་གིས་བརྩམས། ཞོན་ཐོང་གི་ལོ་གསུམ་པར་（1911）པར་དུ་བཏབ། དེབ་ཐུག་དང་ཡིག་འབྲུ་འི་ཞབ་ཡོད། གཙོ་བོ་ཀྲུང་གོ་དང་ཨུ་རུ་སུ་གཉིས་ཀྱིས་ཞིན་ཅང་བར་བཞག་གི་ཆིངས་ཡིག་གི་ནང་དོན་དང་གྲོས་མོལ་རིམ་པ་བཀོད་ཡོད།

Records of Negotiation in Western Xinjiang, book name, was written by Chung Yong in modern times. It was printed and published in the third year of Emperor Xuantong (1911). There were 6 volumes and more than 40,000 words. It mainly recorded the contents of the treaties signed by China and Russia and the negotiation processes.

西辽 古代契丹族建立的朝代。亦称"黑契丹""哈剌契丹"等。1132年由辽贵族耶律大石在金朝灭辽后，于西北召集残部建立。后扩张到中亚，首都虎斯翰耳朵（今吉尔吉斯斯坦共和国境内），一时成为中亚强国。1218年被蒙古帝国灭亡。

《རྒྱབ་ལིའོ》 གནའ་དུས་སུ་ཆི་ཏན་པས་བཙུགས་པའི་རྒྱལ་རབས། ཆི་ཏན་ནག་པོ་དང་ཧ་ཏན་ཞེས་ཀྱང་འབོད། 1132ལོར་ལིའོ་ཡི་སྐུ་དྲག་ཡེ་ལུ་ཏེ་ཞིས་ཅིན་གྱིས་ལིའོ་བསྒྱེལ་བའི་རྗེས་སུ་ནུབ་བྱང་ན་ལྷག་མ་འབངས་ལྷན་དུ་བཙུགས། རྗེས་སུ་ཡོ་སྡིང་དབུས་མར་རྒྱ་བསྐྱེད་ཅིང་། རྒྱལ་ས་ཧུའུ་སི་ཧན་ཌེ་（དེང་ཅིས་ཇི་ཞི་སི་ཐན་སྤྱི་མཐུན་རྒྱལ་ཁབ་མངའ་ཁོངས）བྱས། སྐབས་ཤིག་ཏུ་ཡ་སྡིང་དབུས་མའི་སྟོབས་ཤུན་རྒྱལ་ཁབ་ལ་གྱུར། 1218ལོར་སོག་པོ་བསྒྱེལ།

Western Liao, a Dynasty established by ancient Khitan ethnic group, was also known as "Black Khitan", "Hala Khitan" and so on. It was established in 1132 in the northwest by the Prince of the Liao Dynasty Yelu Dashi by convening remnants after the Jin Dynasty destroyed the Liao Dynasty. Then it was expanded into Central Asia, with Husihan'erduo (now in Kyrgyz Republic) as the capital, and became the Central Asian power at that time. It was destructed by Mongol Empire in 1218.

西姆拉会议 英国企图把西藏从中国分割出去而策划的会议。1913—1914年在印度的西姆拉举行。继西藏地方代表提出无理要求后，英国代表提出划分"内藏""外藏"和中国其他地区与西藏之间的界线等问题，并把西藏9万多平方公里土地划归英印。中国中央政府不予承认该会议签订的一切条约和文牍。

སུམ་ལའི་གྲོས་ཚོགས། དབྱིན་ཇི་བོད་སྲོངས་དེ་ཀྲུང་གོ་ནས་ཁ་བྲལ་གཏོང་བར་བཟམས་པའི་གྲོས་ཚོགས། 1913ནས1914ལོའི་བར་རྒྱ་གར་གྱི་སུམ་ལར

འཆོགས། བོད་གནས་སྲིད་གཞུང་གིས་ལུགས་མེད་ཀྱི་རེ་འདུན་བཏོན་རྗེས་དབྱིན་ཇིའི་འཐུས་ཚབ་ཀྱིས་ནང་བོད་དང་ཕྱི་བོད། རྒྱ་ནག་དང་བོད་སྟོངས་བར་གྱི་ས་མཚམས་སོགས་དགུ་བཀོད་པའི་གྲོས་གཞི་བཏོན་ཞིང་། བོད་ནས་སྟོང་ལེ་གྲུ་བཞི་མ་ཁྲི་༩འབྲུག་དབྱིན་གཏོགས་རྒྱ་གར་ལ་བཅད། གུང་དབྱུང་སྲིད་གཞུང་གིས་གྲོས་ཚོགས་དེར་གཏན་འབེབས་བྱས་པའི་ཆིངས་ཡིག་དང་ཡིག་ཆ་གཅིག་ཀྱང་ལས་མི་ལེན།

Simla Conference was a conference planned by Britain and held in Simla in India from 1913 to 1914, in which Britain attempted to split Tibet from China. After the local representatives of Tibet made some unreasonable requests, British representatives proposed issues such as the division of "Inner Tibet", "Outer Tibet", boundary line between China's other areas and Tibet and so on, and incorporated over 90,000 square kilometers of land of Tibet into Britain and India. The central government of China did not acknowledge the validity of all treaties and paperwork signed in that conference.

西南民族大学 是一所包括哲、经、法、教、文、史、理、工、农、管、医和艺12个学科门类的综合性民族高等学校。国家民委直属。1950年创建于四川成都。前身为西南民族学院，2003年更为现名。现占地面积2800余亩，有新旧两个校区。

ལྷོ་ནུབ་མི་རིགས་སློབ་གྲྭ་ཆེན་མོ། མཚན་ཉིད་དང་དཔལ་འབྱོར། ཁྲིམས་ལུགས། སློབ་གསོ། རྩོམ་རིག ལོ་རྒྱུས། རྩིས། བཟོ། ཞིང་ལས། དོ་དམ། གསོ་རིག སྒྱུ་རྩལ་སོགས་བསླབ་རབ་བཞིན་གྱི་མི་རིགས་མཐོ་རིམ་སློབ་གྲྭ་ཞིག་ཡིན། རྒྱལ་ཁབ་མི་རིགས་དོན་གཅོད་ཀྱི་ཡོན་སྐྱོང་ཁང་གི་ཐད་གཏོགས་ལས་ཁུངས། ༡༩༥༠ལོར་སི་ཁྲོན་ཁྲིན་ཏུའུ་བཙུགས། སྔོན་གྱི་ལྷོ་ནུབ་མི་རིགས་སློབ་གླིང་དེ་༢༠༠༣ལོར་ད་ལྟའི་མིང་འདིར་བསྒྱུར། རྒྱ་ཁྱོན་མུའུ་༢༨༠༠ལྷག་བཟུང་བ་དང་སློབ་ཁུལ་གསར་རྙིང་སོགས་ཡོད།

Southwest Minzu University, a comprehensive ethnic university including 12 disciplines such as philosophy, economics, law, education, literature, history, science, engineering, agriculture, management, medicine, arts and so on, is directly subordinated to the State Ethnic Affairs Commission. It was founded in 1950 in Chengdu, formerly known as the Southwest Institute for Nationalities, which changed its name to the present one in 2003. It covers an area of more than 2,800 mu, divided into new campus, old campus and so on.

西南夷 1. 汉代对分布于今云南、贵州、四川西南部和甘肃南部广大地区少数民族的总称。2. 古地名，指两汉时西南夷的分布地区。

ཤར་ནུབ་ཀྱི་དབྱི། ༡ ཧན་རྒྱལ་རབས་ཀྱི་སྐབས་སུ་དེང་གི་ཡུན་ནན་དང་ཀུའི་གྲོའུ། སི་ཁྲོན་ལྷོ་ནུབ། ཀན་སུའུ་ལྷོ་ཁུལ་གྱི་གྲངས་ཉུང་མི་རིགས་སྤྱི་ལ་ཟེར། ༢ གནའ་བོའི་ས་མིང་། ཧན་གཉིས་ཀྱི་དུས་སུ་ཤར་ནུབ་ཀྱི་དབྱི་ཁྱབ་པའི་ས་ཁུལ་ལ་བསྟན།

Xinanyi (southwestern barbarians) 1. a general term in the Han Dynasty for ethnic minorities distributed in the vast areas of today's Yunnan, Guizhou, southwestern Sichuan and southern Gansu; 2. an ancient place name, referring to the region where southwestern Barbarians lived in the Western Han and Eastern Han Dynasties.

《西南彝志》 彝文史籍。由彝族各家族支系流传下来的彝文文史篇章，经修订整理而成。相传编纂者是一位歌师。有彝文37万余字。成书于1664—1729年之间。内容反映了古代彝族对于宇宙和人类万物起源的认识，还叙述了彝族同周围民族的关系，以及彝族内部六大支系之间的关系。

《ཀློ་རྒྱབ་དབྱིས་རིགས་ཀྱི་རྒྱམ་བཤད》 དབྱིས་ཡིག་ལོ་རྒྱུས་ཡིག་ཆ། དབྱིས་རིགས་ཀྱིས་རྒྱུད་སོ་སོ་ནས་རྒྱུད་ཡོང་བའི་དབྱིས་ཡིག་ལོ་རྒྱུས་དུ་ཡུ་དག་ཕྱོགས་བསྡུས་བསྒྲིགས་བྱས་ནས་གྲུབ། དཀར་རྒྱུན་ལྟར་ན་སྒྲིག་པ་པོ་ནི་གཞས་མཁན་ཞིག་ཡིན་ཟེར། དབྱིས་ཡིག་ཡིག་འབྲུ་འབྲི་རྩ༌ལྷག་ཡོད། (༡༦༦༤ནས་༡༧༢༩ལོའི་བར་བརྩམས་གྲུབ་བྱུང་།) དེའི་ནང་དུ་གནའ་བོའི་དབྱིས་རིགས་ཀྱི་འཛིག་རྟེན་དང་མིའི་རིགས། དངོས་པོ་ཀུན་གྱི་འབྱུང་ཁུངས་བཅས་ཐད་ཀྱི་གོ་རྟོགས་བརྗོད་ཡོད་ལ། དབྱིས་རིགས་དང་དབྱིས་མཚམས་མི་རིགས་ཀྱི་འབྲེལ་བ་དང་དབྱིས་རིགས་ནང་ཁུལ་གྱི་རུས་ཚོ་དྲུག་པོའི་འབྲེལ་བ་ལའང་བྱིས་ཡོད།

A Record of the Yi in the Southwest, historical records written in Yi language, was compiled and amended from cultural and historical writings which were written in Yi language and were passed down by various family branches of Yi people. It was compiled, according to the legend, by a singing master. There are 37 thousand words in Yi language. The book was completed during the period from year 1664 to 1729. The content reflects ancient Yi people's understanding of the universe and of the origins of all things, but also describes the relationship between the Yi people and its surrounding ethnic groups, and that of the six branches inside of Yi people.

西宁办事大臣 清代青海地方之军政长官。全称为"钦差办理青海蒙古番子事务大臣"，简称"青海办事大臣"。清雍正二年（1724）置，驻青海湖东。后移驻西宁称"西宁办事大臣"。民国元年（1912）改为"青海办事长官"。

ཟི་ལིང་དོན་གཅོད་བློན་ཆེན། ཆིང་རྒྱལ་རབས་ཀྱི་དུས་སུ་མཚོ་སྔོན་ས་གནས་ཀྱི་དམག་སྲིད་དཔོན་ཆེན། མིང་ཆ་ཚང་ལ་གོན་བའི་བཀའི་པོ་ན་མཚོ་སྔོན་གྱི་སོག་པོའི་དོན་གཅོད་བློན་ཆེན་ཟེར། བསྡུས་མིང་ལ་མཚོ་སྔོན་དོན་གཅོད་བློན་ཆེན་ཟེར། ཆིང་ཡུང་གྱིས་ཁྲི་ལོ་གཉིས་པར་ (༡༧༢༤ལོར) ཚུགས། མཚོ་སྔོན་པོའི་ཤར་དུ་ཡོད། རྗེས་སུ་ཟི་ལིང་ལ་སྤོས་པས་ཟི་ལིང་དོན་གཅོད་བློན་ཆེན་ཟེར། གུང་དུ་མིའི་པོའི་ལོ་དང་པོར (༡༩༡༢ལོར) མཚོ་སྔོན་དོན་གཅོད་དཔོན་ལ་བསྒྱུར།

Xining Amban refers to local military governors of Qinghai province in the Qing Dynasty. "Imperial Commissioner in Total Charge of Qinghai Mongolian and Tibetan (Barbarian) Affairs" is its full name, "Amban in Qinghai" for short. They were set in the second year of Emperor Yongzheng (1724) in the Qing Dynasty, stationing in the east of Qinghai Lake. Afterwards they moved to Xining City and were called Xining Amban. They were called "Executive Governor in Qinghai" in the first year of the Republic of China (1912).

西宁东关清真大寺 现西北地区大清真寺之一。位于西宁东关大街。始建于明朝洪武年间（1368—1398），1913 年重建，1916、1946 年扩建，1979 年又全面修葺。占地面积 1.36 万平方米。正中的礼拜大殿是全寺最大的建筑物，可以同时容纳 3000 多名穆斯林进行礼拜。

ཟི་ལིང་ཤར་སྒོའི་ཁ་ཆེའི་ལྷ་ཁང་ཆེན་མོ། དེ་ནུབ་བྱང་ས་ཁུལ་གྱི་དཀྱི་སི་ལྷན་ཚོགས་ཁང་ཆེན་མོའི་གྲས་ཤིག ཟི་ལིང་ཤར་སྒོའི་སྲང་ཆེན་དུ་ཡོད། མིང་རྒྱལ་རབས་ཀྱི་ཧོང་ཝུའི་ཕྱི་ལོར་（1368—1398）ཐོག་མར་བཞེངས། 1913ལོར་བསྐྱར་བཞེངས་བྱས། 1916དང་1946ལོར་རྒྱ་བསྐྱེད། 1979ལོར་ཚང་མར་ཞིག་གསོ་བྱས། རྒྱ་ཁྱོན་སྤྱིའི་མ་ཁྲི་1.36ཟིན། དཀྱིལ་དབུས་ཀྱི་མཆོད་ཁང་ཆེན་མོ་ནི་ཆེས་ཆེ་བའི་འཛུགས་སྐྲུན་ཡིན་པས་སྐུལ་མོ་ལེན་3000ལྷག་གིས་དུས་གཅིག་ཏུ་མཆོད་བགྱུར་བྱས་ཆོག

Xining Dongguan Great Mosque is now one of the Great Mosques in the Northwest Territories. It is located in Dongguan Street of Xining City. It was built in the years of Emperor Hongwu (1368-1398) in the Ming Dynasty, rebuilt in 1913, expanded in 1916 and 1946, and fully renovated in 1979. It covers an area of 13,600 square meters. The great hall of worship in the middle, and the largest building of the whole mosque can accommodate more than 3,000 Muslims to worship.

西气东输 现指中国西部地区天然气向东部地区输送的工程，主要是新疆塔里木盆地的天然气输往长江三角洲地区。输气管道西起新疆塔里木的轮南油田，向东最终到达上海，延至杭州，全长 4000 公里。设计年输气能力 120 亿立方米，最终输气能力 200 亿立方米。2004 年全线贯通。

ནུབ་རླངས་ཤར་འདྲེན། དེང་གྱུང་གོའི་ནུབ་རྒྱུད་ས་ཁུལ་གྱི་རང་བྱུང་སོལ་རླངས་དེ་ཤར་རྒྱུད་ས་ཁུལ་འདྲེན་པའི་ལས་གཞི་ཞིག གཙོ་བོ་ཞིང་གི་ཐ་ལིམ་པའི་རང་བྱུང་སོལ་རླངས་འབྲི་ཆུར་གསུམ་སྐྱིང་ཁུལ་དུ་འདྲེན་པ་ཡིན། རླངས་འདྲེན་སྦུ་གུ་ནུབ་ཀྱི་ཞིན་གྲོན་པའི་ལུན་ནན་སྣུམ་ཞིང་ནས་ཤར་གྱི་ཐང་ཧའི་ལ་འཐབ། ཧང་ཀྲོའི་རིང་ཚད་ལ་སྨི་༤༠༠༠དང་གོའི་ལ་འབྱེད། སྤྱིའི་རིང་ཚད་ལ་སྨི་༤༠༠༠དང་གོའི་རེའི་རླངས་འདྲེན་ནུས་པ་ནི་སྐྱེ་ཤས་དུ་ཕྱུར་༡༢༠ཡིན་པ་འཆར་འགོད་བྱས་ཡོད། དོན་དངོས་སུ་སྤྱི་སྨྱུག་པར་དུ་ཕྱུར་༢༠༠འདྲེན་ཐུབ་པ་དང་། ༢༠༠༤ལོར་འདྲེན་ལམ་ཡོངས་ནས་གཏོང་ཕྱོགས་ཐུབ་པ་བྱུང་།

West-East Gas Pipeline Project now refers to the one in which natural gas in western China is transported to the eastern region, mainly natural gas in Tarim Basin of Xinjiang transported to the Yangtze River Delta region. The gas pipeline with an overall length of 4,000 kilometers, starts in the west from Lunnan Oilfield in Tarim of Xinjiang, ends in the east in Shanghai and extended to Hangzhou. It was planned that 12 billion cubic meters gas be transported annually, 20 billion cubic meters in the end. It was completed in 2004.

西羌 1. 西汉时对羌人的泛称。2. 东汉居住于陇西（今甘肃临洮）、汉阳（今甘肃甘谷东南），延及金城（今甘肃兰州）塞外者。因住地偏西，称为西羌。

ཉབ་ཆངས། ༡ ཧན་ནུབ་མའི་དུས་སུ་ཆངས་པའི་སྤྱི་མིང་ཡིན། ༢ ཧན་ཤར་མའི་དུས་སུ་ལུང་ཞི་དང་(དེང་གི་ཀན་སུའི་ལིན་ཐའོ)ཧན་དབྱང་(དེང་གི་ཀན་སུའི་ཀན་གུའི་ཡི་ཤར)ཡན་ཆིའི་ཅིན་མཁར་(དེང་གི་ཀན་སུའི་ལན་གྲུ)བཅས་ཀྱི་ཕྱི་ཏུ་སྡོད་པ་དག་ལ་བསྙད། འཚོ་གནས་ཉུབ་ལ་བཅར་ཕྱིར་ཉུབ་ཆངས་ཟེར།

Western Qiang 1. a general name for the Qiang people in the Western Han Dynasty. 2. refers to people beyond the Great Wall in the Eastern Han Dynasty who lived in Longxi (now Lintao County in Gansu province) and Hanyang (now southeastern Gangu County in Gansu province), extending to Jincheng (now Lanzhou City in Gansu province). They were called western Qiang because their dwelling places were in the west.

西秦 十六国之一。鲜卑乞伏氏所建。都苑川（今甘肃榆中东北）。盛时有今甘肃西南部和青海部分地区。历4主，共47年（385—431年）。

ཆིན་ནུབ་མ། རྒྱལ་ཕྲན་བཅུ་དྲུག་གི་གྲས་ཤིག་ཨིན། པའི་ཆིའི་རིགས་ཀྱིས་བཙུགས། རྒྱལ་ས་ཡོན་ཁྲོན། (དེང་གི་ཀན་སུའི་ཡུམ་གྲུང་གི་བྱང་ཤར) དར་རྒྱས་ཆེ་བའི་དུས་སུ་དེང་གི་ཀན་སུའི་ལྷོ་ནུབ་ཕྱོགས་དང་མཚོ་སྔོན་གྱི་ས་ཁུལ་ཁག་ཅིག་འདུས། རྗེ་བོ་བཞི་(༣༨༥—

༤༣༡) རིང་རྒྱལ་པོ་བཞི་བྱུང་།

Western Qin was a state of Xianbei people during the era of Sixteen Kingdoms in China, and the capital was Yuanchuan (now the northeastern part of Yuzhong, Gansu province). They ruled the area of today's southwestern part of Gansu province and part of Qinghai province. The durations of the four reigns are 47 years (385-431).

西戎 亦称"戎"。古代华夏人对西方少数民族的统称。最早自于周代。包括氐、羌系统的民族。氐人逐渐融入汉族；羌人中的一支"发羌"就是后来的吐蕃，即今天藏族的先民。

ཉབ་རོང་། རོང་ཡང་ཟེར། གནའ་བོའི་དུན་རིགས་ཀྱིས་ནུབ་ཕྱོགས་གངས་ཉུང་མི་རིགས་སྤྱི་ལ་དེ་ལྟར་འབོད། ཆེས་ཐོག་མར་གྲོལ་རྒྱལ་རབས་ནས་བྱུང་། དི་དང་ཆངས་རྒྱུད་ཀྱི་མི་རིགས་དག་འདུས། དི་རིགས་ཀྱི་རྒྱུད་འདིས། ཆངས་གི་དུས་ཚོ་གཅིག་སྟེ་ཕྲ་ཆངས་ཟེར་བ་དེ་རྗེས་ཀྱི་བུ་བོད་ཡིན་ལ། ད་ལྟའི་བོད་རིགས་ཀྱི་མེས་པོ་ཡིན།

Xirong (Western Rong) or Rong refers to the collective name for western ethnic groups called by ancient Huaxia people which can be dated back to Zhou Dynasty. Di and Qiang people are included in Xirong. Di people gradually integrated with Han people, and Faqiang, one branch of Qiang people, later developed into the Tibetan regime, the ancestor of today's Tibetan people.

西山八国 唐代成都平原以西，岷江上游，哥邻、南水、逋租、弱水、悉董、清远、咄霸、白狗 8 个羌人部落的总称。西山即岷山山脉。由于其地处唐朝与吐蕃交往的要冲，成为唐朝与吐蕃争夺对象。

ཞེས་བུན་རི་བོའི་རྒྱལ་ཁབ་བརྒྱད། ཐང་རྒྱལ་རབས་ཀྱི་དུས་སུ་ཁྲིའུ་ཏུའུ་བདེ་ཐང་གི་ནུབ་ཕྱོགས་ཏེ། མིན་ཅང་གཙང་པོའི་སྟོད་རྒྱུད་དང་། གོ་ལིང་། ནན་ཧྲུའི། ཕུའུ་ཙུ། རོ་ཧྲུའི། ཤིས་ཏུང་། ཆིང་ཡོན། ཏོ་པ་དང་། གུའུ་སོགས་ཆབ་འབངས་རིགས་ཀྱི་དུས་ཚོ་བརྒྱད་ལ་ཟེར། ཞེས་ཧྲན་ནི་མིན་ཧྲན་རི་རྒྱུད་ཡིན་ལ། བོད་ཐང་གཉིས་ཀྱི་འགྲོ་འོང་འགག་ལམ་ཡིན་པས། ཐང་བོད་གཉིས་ཀའི་འཛོག་ཉོང་གི་ཡུལ་ཞིག་ཡིན།

Eight Kingdoms of Xishan (Western Mountains) refers to the collective name of the eight Qiang tribes located to the west of Chengdu plain and the upper reach of Minjiang River in the Tang Dynasty. They are Geling, Nanshui, Buzu, Ruoshui, Xidong, Qingyuan, Duoba and Baigou. Xishan refers to the Minshan Mountains. The Minshan Mountains became the main target of the Tang and Tibetan regime because it located in the communication center of the Tang and Tibetan regime.

西双版纳 地名。位于云南南部。"西双"傣语为十二的意思，"版纳"是傣语一千田之意。明代隆庆四年（1570），车里宣慰使刀应勐将辖区分 12 个版纳，从此便有了西双版纳这一傣语名称。现为云南省下辖的一个傣族自治州。

ཞི་ཙོང་པན་ན། ས་མིང་། ཡུན་ནན་གྱི་ལྷོ་ཕྱོགས་སུ་ཡོད། ཞི་ཙོང་ཞེས་པ་ནི་ཏའི་རིགས་ཀྱི་སྐད་དུ་བཅུ་གཉིས་ཀྱི་དོན་ཡིན་པ་དང་། པན་ན་ཞེས་པ་ནི་ཏའི་རིགས་ཀྱི་སྐད་དུ་ཞིང་ས་སྟོང་ཕྲག་གི་དོན་ཡིན། མིང་རྒྱལ་རབས་ཀྱི་ལུང་ཆན་ཁྲི་ལོ་བཞི་པར་（1570）ཁྲི་ལི་བསྒྲགས་སྟོང་པོན་ཏའུ་ཡིང་མིང་གིས་མངའ་ཁུལ་དེ་པན་ན་བཅུ་གཉིས་ལ་བགོས་པས་ཞི་ཙོང་པན་ན་ཞེས་པའི་ཏའི་སྐད་མིང་འདི་བྱུང་བ་རེད། ད་ལྟ་ཡུན་ནན་ཞིང་ཆེན་མངའ་ཁུལ་གྱི་ཏའི་རིགས་རང་སྐྱོང་ཁུལ་ཞིག་ཡིན།

Xishuang Banna is a Dai autonomous prefecture in the south of Yunnan province. "Xishuang" means "twelve" and "banna" means "one thousand rice fields" in Dai language. In the 4th year of the reign of Emperor Longqing (1570) in the Ming Dynasty, Pacification Superintendency Dao Yingmeng divided the area under his administration into 12 "banna" and Xishuang Banna is named since then. Xishuang Banna is now a Dai autonomous prefecture under the jurisdiction of Yunnan province.

西双版纳自然保护区 位于云南西双版纳傣族自治州，面积241776公顷。1958 年建立，1986 年晋升为国家级，1993 年加入联合国教科文组织"人与生物圈"保护区网。主要保护对象为热带森林生态系统和珍稀动植物。有"动植物王国"之称。

ཞི་ཙོང་པན་ན་རང་བྱུང་སྲུང་སྐྱོབ་ཁུལ། ཡུན་ནན་ཞིང་པན་ན་ཏའི་རིགས་རང་སྐྱོང་ཁུལ་དུ་གནས། རྒྱ་ཁྱོན་ལ་གུང་ཆེན་241776ཡོད། 1958ལོར་ཚུགས། 1986ལོར་རྒྱལ་ཁབ་རིམ་པར་འཕར། 1993ལོར་འཛམ་གླིང་མཉམ་འབྲེལ་རྒྱལ་ཁབ་སློབ་ཚན་རྩ་འཛུགས་

ཀྱིས་མི་དང་སྐྱེ་དངོས་རིག་པ་སྲུང་སྐྱོབ་ཁྱལ་ཞེས་པའི་དཚོགས་སུ་གདམས། སྲུང་སྐྱོབ་བྱེད་ཡུལ་གཙོ་བོ་ནི་དྲོད་ཁུལ་གཤ་ཚལ་སྐྱེ་ཁམས་དང་དྲོག་ཆགས་དང་སྐྱེ་དངོས་དཀོན་མོ་དག་ཡིན། སྐྱེ་དངོས་དང་སྲོག་ཆགས་ཀྱི་རྒྱལ་ཁབ་ཞེས་པའི་མིང་ཐོགས་ཡོད།

Xishuangbanna Nature Reserve is located in Xishuangbanna Dai Autonomous Prefecture in Yunnan province with an area of 241,776 hectares. It was built in 1958, ascended to the national level in 1986, and joined the "Man and Biosphere" Reserve Network of UNESCO in 1993. Its main protection targets are tropical forest ecosystem and rare animals and plants, and was called "the kingdom of animals and plants".

西突厥 古国名。为突厥汗国分裂（隋朝时期）后的西支。西突厥在西域称雄，控制丝绸之路。最强盛时期领土面积东起今山西、西到西海诸国。657年唐朝派兵征讨西域，西突厥随后灭亡。

ཐུ་གུ་ཅུབ་མ། གནའ་བོའི་རྒྱལ་ཁབ་ཅིག ཐུ་གུ་རྒྱལ་པོའི་རྒྱལ་ཁབ་གྱུས་ (སུའི་རྒྱལ་རབས་སྐབས) ཁྱས་ཀྱི་ཉུན་མའི་ཁག ཐུ་གུ་ཅུབ་མས་དར་གོས་ཚོང་ལམ་ཚོང་འཛིན་བྱས་ཤིང་ནུབ་ཡུལ་དབང་དུ་བསྡུས། དར་རྒྱས་ཆེ་བའི་དུས་སྐབས་ཀྱི་མངའ་ཁོངས་དེ་ཧི་ཧྲན་ཞིས་ནས་མཚོའི་རྒྱལ་ཕྲན་ཁག་ལ་བཏུག སྤྱི་ལོ་ ༦༥༧ ལོར་ཐང་རྒྱལ་རབས་ཀྱིས་ནུབ་ཡུལ་ལ་དམག་དྲངས། ཐུ་གུ་ཅུབ་མ་འང་དེའི་རྗེས་སུ་འཇིག

Western Tujue (Turks) was an ethnic group in ancient China. It was the western branch after the disruption of Turkic Khanates in the Sui Dynasty. The Western Tujue held sway over the Western Regions so as to control the Silk Road. Its territory started from today's Shanxi province to countries of Western Sea at its most prosperous period. The Tang Dynasty sent troops to mount a military expedition on the Western Regions in 657. The Western Tujue perished soon afterwards.

西突厥斯坦 亦称"西土耳其斯坦"。古地域名称，泛指里海到天山一带。包括今土耳其、阿塞拜疆、哈萨克斯坦、乌兹别克斯坦、吉尔吉斯斯坦、土库曼斯坦等国地域。

ཐུ་གུ་ཅུབ་མ་སི་ཐན། ཕྱུར་ཞེས་ཐན་ཅུབ་མ་ཡང་ཟེར། གནའ་བོའི་ས་ཁུལ་ཞིག་གི་མིང་། དེ་ནི་ལི་ཧའི་མཚོ་ནས་རི་བོ་ཐེན་ཧྲན་བར་རྒྱུད་ལ་བསྡུས། དེའི་གྲས་སུ་ད་ལྟའི་ཐུ་ཨར་ཅི་དང་། ཨ་སག་པའི་ཅང་། དུ་སག་སི་ཐན། ཨུའུ་ཙི་པིའི་ཁེ་སི་ཐན། ཅེར་ཅི་སི་སི་ཐན། ཐུའུ་ཁུའུ་མན་སི་ཐན་སོགས་རྒྱལ་ཁབ་ཀྱིས་ཁོངས་འདུས།

Western Turkestan, also called "Western Turkistan", refers to the region from Caspian Sea to Mount Tianshan in ancient times. It covers the regions of today's Turkey, Azerbaijian, Kazakhstan, Uzbekistan, Kirghizia, Turkmenistan and some other countries.

西魏 中国南北朝时期建于535年的北方政权。由鲜卑人宇文泰拥立北魏孝文帝的孙子元宝炬为帝，辖今湖北襄樊以北、河南洛阳以西，原北魏统治的西部地区。建都长安。至557年被北周取代。历两代三帝。

ཨི་རྒྱལ་རབས་ཅུབ་མ། བྱང་བོའི་རྒྱལ་རབས་ཙོ་བྱུང་

སྐབས་སྦྱི་ལོ་༥༣༥ལོར་བཙུགས་པའི་བྱང་ཕྱོགས་ཀྱི་སྲིད་དབང་། ཞན་པའི་རིགས་ཀྱི་ཡུམ་ཕུན་ཐའི་ཡིས་སླེ་བྱང་མའི་ཞིང་ཤིད་ཏུ་ཡི་ཚེ་བོ་ཡོའི་ཚ་སྲིད་ཁྲིད་བསྐོད། ཏོའན་ལོའོ་དབུང་གི་ནུབ། སླར་སླེ་བྱང་མ་དབང་བསྒྱུར་བའི་ནུབ་རྒྱུད་བཅས་ཡིན། རྒྱལ་ས་ཁྲང་ཨན། སྦྱི་ལོ་༥༥༧ལོར་གོའུ་བྱང་མས་ཚབ་བྱས། རྒྱལ་རབས་གཉིས་དང་རྒྱལ་པོ་གསུམ་བྱུང་།

Western Wei Dynasty was a north regime established in 535 in the period of Northern and Southern Dynasties. Xianbei people Yu Wentai supported Yuan Baoju, the grandson of emperor Xiaowen of Northern Wei to be the emperor. The areas under its administration were to the north of Xiangfan, Hubei province and to the west of Luoyang, Henan province, which was the former western region of Northern Wei's ruling area. The capital was founded in Chang'an. The Western Wei Dynasty remained for two generations with three emperors and was replaced by the Northern Zhou Dynasty in 557.

西夏 自称"大夏"等名。历史上由党项人于1038年（李元昊称帝建国）至1227年间在中国西部建立的一个封建政权。因其在西方，宋人称之为"西夏"。其疆域方圆数千里，东尽黄河，西至玉门，南界萧关（今宁夏同心南），北控大漠，幅员辽阔。

མི་ཉག རང་ལ་ཏ་ཞ་སོགས་ཀྱང་ཟེར། ལོ་རྒྱུས་སུ་སྟོད་རིགས་ཀྱི་མི་སྡེ་ལོ་༡༠༣༨ནས་སྦྱི་ལོ་༡༢༢༧བར་ཀྲུང་གོའི་ནུབ་ཕྱོགས་སུ་བཙུགས་པའི་(ལི་ཡོན་ཧའོ་ཡིས) པའི་བཀའ་བཀོད་རྒྱུན་འཛིན་གྱི་སྲིད་དབང་ཞིག་ཡིན་ཕྱོགས་སུ་ཡོད་པས་ཞུང་མ་ཞིང་ཀྱང་འབོད། དེའི་མངའ་ཁོངས་ལེ་བར་སྟོང་ཕྲག་གིས་ཚོད། ཤར་དུ་རྨ་ཆུ་དང་ནུབ་ཏུ་ཡུམ་མོན་འབོག སློ་རུ་ཞའོ་འབག (དེའི་གི་ཉིན་གྱི་ཞིང་ཤའེ་ཐོང་ཞིན་གྱི་ལྷོ) བྱང་གི་བྱེ་ཐང་ཆེན་མོའི་བར་ཞིག་ཏུ་གྱུར་ཆེ།

The Western Xia regime, also claim to be "Daxia", was a feudal regime established in western China by Tangut people from 1038 (Emperor Jingzong established the Western Xia) to 1227. Song people called it "Western Xia" for it located in the western region. The Western Xia's territory was vast in thousands miles radius with its east to the end of Yellow River, west to Yumen, south to Xiaoguan Pass (now the south of Tongxin county of Ningxia) and north to the desert.

西夏国学 西夏以传授汉学为主要内容的最高学府。

མི་ཉག་རྒྱལ་སློབ་སྟིང་སྲིང་། མི་ཉག་གིས་རྒྱའི་སློལ་རྒྱུན་རིག་གནས་ཁྱད་དུ་གཅོད་བཟུང་བའི་ཆེས་མཐོའི་སློབ་སྲིང་།

Sinology of the Western Xia was the top institution for passing on Sinology as the main content in the Western Xia regime.

西夏王陵 中国现存规模最大、地面遗址最完整的帝王陵园之一。位于宁夏银川市西约35公里的贺兰山东麓，是西夏王朝的皇家陵寝。在方圆53平方公里的陵区内，9座帝陵布列有序，253座陪葬墓星罗棋布。

མི་ཉག་རྒྱལ་པོའི་བང་སོ། རང་རྒྱལ་དུ་ད་ལྟ་ཉར་

ཆགས་བྱས་པའི་གནའ་རྒྱུ་ཆེས་ཆེ་ཞིང་། ས་རོང་ཤུལ་བཞག་ཆ་ཚང་ཡིན་པའི་རྒྱལ་པོའི་བང་སོ་ཞིག་ཡིན། ཉིན་ཞིའི་ཡིན་ཁྲོན་གྲོང་ཁྱེར་ནུབ་ཏུ་སྤྱི་ལེ་༣༥ཡིས་ཆོད་པའི་ཨ་ལན་རིའི་ཤར་འདབས་སུ་ཡོད། མི་ཉག་རྒྱལ་རབས་ཀྱི་རྒྱལ་པོའི་བང་སོ་ཡིན། མཐའ་སྐོར་སྤྱི་ལེ་གྲུ་བཞིའི་མ་༥༣གྱི་བང་སོའི་ཁྱོན་གྱི་ནང་དུ་རྒྱལ་པོ་༩ཡི་བང་སོ་སྟེང་སྒྲིག་ཆིང་། དུར་རིགས་༢༥༣ནི་སྐར་ཚོམ་བཞིན་བཀྲམ་ཡོད།

Mausoleum of the Western Xia Dynasty is one of the largest and most complete emperors' mausoleums existing in China. It locates in the East Helan Mountain Area about 35 kilometers to Yinchuan city. Mausoleum of the Western Xia Dynasty is the mausoleum of the kings of Western Xia Dynasty. Within the burial areas of 53 square kilometers, 9 emperors' mausoleum displayed in order and 253 subordinate tombs scattered all over the place.

西夏文 纪录西夏党项族语言的文字。西夏主李元昊命大臣野利仁荣创制。1036年颁行。共约6000字，结构仿汉字。汇编字书12卷，定为"国书"，上自佛经诏令，下至民间书信，均用西夏文书写。1227年西夏亡，西夏文也随之渐灭。

མི་ཉག་ཡི་གེ། མི་ཉག་སྟོང་སྲུང་རིགས་སྐད་ཀྱི་ཡི་གེ་མི་ཉག་རྒྱལ་པོ་ཡོན་ཧོ་ཡིས་བློན་ཆེན་ཡེ་ལིས་རེན་རོང་ལ་བཀའ་ཕབ་ཏེ་བཟོས། སྤྱི་ལོ་༡༠༣༦ལོར་ཁྱབ་སྤེལ་བཏང་། སྟོང་ཡིག་འབྲུ་དག་སྟོང་ལྷག་ཡོད་ལ་སྒྲིག་གཞི་རྒྱ་ནག་ཡི་གེར་ལད་མོ་བྱས། འབྲུ་དེབ་༡༢བསྡུས་ཏེ་རྒྱལ་ཡིག་གཏན་ལ་ཕབ། གོང་དུ་ནང་པའི་ཆོས་དང་རྒྱལ་

ཆད་མར་མི་ཉག་ཡི་གེ་སྤྱད། སྤྱི་ལོ་༡༢༢༧ལོར་མི་ཉག་བསྟུབས་རྗེས་མི་ཉག་གི་ཡི་གེ་ཡང་རིམ་གྱིས་འཇིག

Tangut script is the script to record the Dangxiang language of Western Xia. Emperor Jingzong of Western Xia assigned Minister Yeli Rengrong to create Tangut script, which was enacted in 1036. There were about 6,000 characters whose structures imitated Chinese characters. 12 volumes of collected books were called "national book" which recorded scripts from Buddhist texts and imperial edicts to folk letters in Tangut script. The Western Xia perished in 1227 and its script died out consequently.

西夏语 西夏主体民族党项族所操的语言，以西夏文书写，现已灭绝。属汉藏语系藏缅语族。曾分布于今宁夏、甘肃、陕西、内蒙古、青海一带。

མི་ཉག་སྐད། མི་ཉག་གི་མི་རིགས་གཙོ་བོ་སྟོང་སྲུང་རིགས་ཀྱིས་བཤད་པའི་སྐད་ཁ། མི་ཉག་ཡི་གེས་ཡིག་འབྲི་ཞིན། བོད་རྒྱ་སྐད་ཁོངས་སུ་འབར་སྐད་རིགས་ལ་གཏོགས། དེང་གི་ཞིང་ཞ་དང་ཀན་སུའུ་ཧྲན་ཞི། ནང་སོག་མཚོ་སྔོན་སོགས་སུ་ཁྱབ་ཡོད།

Tangut language is the language of Dangxiang people, the major ethnic group of Western Xia Dynasty, written in Tangut script. The Tangut language has been extinct. It is one part of Tibeto-Burman branch of Sino-Tibetan languages. It was spoken in today's Ningxia, Gansu, Shanxi, Inner Mongolia and Qinghai areas.

西新工程 西藏、新疆等边远省区的广播

电视覆盖工程，简称"西新工程"。是国家组织实施的基于"村村通工程"，新中国成立以来规模最大的广播电视覆盖工程。

བོད་ཞིན་ལས་གཞི། བོད་ལྗོངས་དང་ཞིན་ཅང་སོགས་མཐའ་མཚམས་ཞིང་ཆེན་ལ་རྒྱ་བསྐྱེད་དང་བརྒྱུད་འཕྲིན་ཁྱབ་པར་བྱེད་པའི་ལས་གཞི། བསྡུས་མིང་ལ་བོད་ཞིན་ལས་གཞི་ཟེར། དེའི་རྒྱལ་ཁབ་ཀྱིས་རྩ་འཛུགས་ལག་བསྟར་བྱས་པའི་གྲོང་སྡེ་སོ་སོ་སྦྲེལ་བའི་ལས་གཞི་ཡིན་ཞིང་གཞི་བཞིན་བྱས་པའི་བཅིངས་འགྲོལ་བྱུང་ཚུན་གཙོ་ཆེ་བའི་རྒྱང་བསྒྲགས་དང་བརྒྱུད་འཕྲིན་སྤེལ་ལས་གཞི་ཡིན།

Tibet-Xinjiang Project refers to the radio and television covering project in remote regions like Tibet and Xinjiang. It is the largest radio and television covering project based on the project of connecting all villages by satellite technologies since liberation.

西燕 十六国时期鲜卑族慕容泓所建政权。都长子（今山西长治南）。盛时有今山西、河南各一部分。历7主，自384年至394年。

ཡན་ཆུབ་མ། རྒྱལ་རབས་བཅུ་དྲུག་གི་སྐབས་སུ་ཞན་པའི་རིགས་ཀྱི་མུའུ་རུང་ཧོང་གིས་བཙུགས་པའི་སྲིད་དབང་། རྒྱལ་ས་ཁང་ཚི (དེའི་གི་ཧན་ཞི་ཁང་གྱིའི་ལྷོ) དར་རྒྱས་ཆེ་དུས་དེའི་གི་ཧན་ཞི་དང་ཧུའུ་ནན་གྱི་ཁག་ཅིག་ཡོད། སྤྱི་ལོ་ ༣༨༤ནས་ ༣༩༤བར་རྒྱལ་པོ་བདུན་བྱུང་།

Western Yan was a regime of Xianbei ethnic group during the era of Sixteen Kingdoms founded by Murong Hong. Its capital was Changzi (now south of Changzhi, Shanxi province). Its territory covered part of today's Shanxi and Henan provinces in its period of great prosperity. The Western Yan was founded in 384 and destroyed in 394, with 7 rulers in total.

西域都护府 汉代在西域所设的最高行政管理机构。汉宣帝神爵三年（公元前59）置。以西域都护为长官，都护府设在乌垒城（今新疆轮台县），监护西域诸城各国。东汉初年废置。

ནུབ་ཕྱོགས་ལྟ་སྐྱོང་སྦྲིད། ཧན་རྒྱལ་རབས་ཀྱི་ནུབ་ཡུལ་དུ་བཙུགས་པའི་ཆེས་མཐོའི་སྲིད་འཛིན་དོ་དམ་ལས་ཁུངས། ཧན་ཞོན་ཏི་ཞིན་ཚེའི་ལོ་གསུམ་པར་ (སྤྱི་ལོའི་སྔོན་གྱི་ ༥༩) བཙུགས། ནུབ་ཡུལ་ལྟ་སྐྱོང་བས་དཔོན་པོ་བཟུང་། ལྟ་སྐྱོང་ཁང་ལུ་ལེ་གྲོང (དེང་གི་ཞིན་ཅང་ལུན་ཐའི་རྫོང་ཁོངས) དུ་བཙུགས། ནུབ་ཡུལ་གྱི་མཁར་དང་རྒྱལ་ཕྲན་སོ་སོར་ལྟ་སྐྱོང་བྱས། ཧན་ཤར་མའི་དུས་མགོར་མེད་པར་བཟོས།

The Protectorate of the Western Regions was a regional government established by the Han Dynasty to manage and to control the Western Regions in the 3rd year of the reign of Emperor Xuan of Han (59 BC). The Western Regions' governor was assigned as officers and the government office was set in Wulei (now Luntai of Xinjiang) to supervise other kingdoms of Western Regions. The Protectorate of the Western Regions was abolished in the early years of the Eastern Han Dynasty.

《西域番国志》 明朝永乐十二年（1414），吏部侍郎陈诚与中使李暹等出使西域时笔录所见著成的一部上呈朝廷的报告。

全书 18 章。纪录范围包括山川风土、居民状况、历史、古迹、气候、物产、宗教、民俗、语言、文字等各方面。

《རྒྱ་ཡུལ་རྒྱལ་ཕྲན་གྱི་ལོ་རྒྱུས》 མིང་རྒྱལ་རབས་ཡུང་ལེའི་ཁྲི་ལོ་བཅུ་གཉིས་པར་（1414）དཔོན་རིགས་ཉིང་ཁྲིད་ཁྱོན་དང་ཕྱི་ཉིམ་ཞེས་སོགས་ཆུན་ཡུལ་དུ་བསྐྱོད་སྐབས་ཀྱི་མཆོད་ཕྲིན་སོགས་སྙེད་གཞུང་ལ་སྙན་ཞུར་ཕྱིས་བའི་ཡི་གེ་ཞིག་ཡིན། དེ་ཆོང་མར་རྟེ་ཚན་14ཡོད། དེ་ཁྲོའི་བཀོད་པ་དང་དངོས་ཀྱི་གནས་བབ། ལོ་རྒྱུས། གནའ་ཤུལ། གནས་ངེས། ཐོན་ཁུངས། ཆོས་ལུགས། དམངས་སྲོལ། སྐད་རིགས། ཡི་གེ་སོགས་ཕྱོགས་ཡང་པོ་བོ་འགོད་བྱས་ཡོད།

Xiyu fan guozhi (Record of the kingdoms in the Western Regions) was a report submitted by vice minister of personnel Chen Cheng and envoy Li Xian about the eighteen kingdoms and territories they traveled through in the Western Regions in the 12th year of the reign of Emperor Zhu Di (1414). The 18 chapters recorded the natural conditions and social customs, the residential conditions, history, historic sites, climate, products, religions, folklore, languages and scripts of Western Regions.

西域三十六国 汉代时对西域内属诸城国和游牧民族的总称。

རྒྱ་ཡུལ་རྒྱལ་ཁབ་སུམ་ཅུ་སོ་དྲུག ཧན་རྒྱལ་རབས་སུ་ཉུབ་ཡུལ་གྱི་གྲོང་མཁར་དག་དང་འབྲོག་པའི་མི་རིགས་ཀྱི་སྤྱི་མིང་ཞིག

Thirty-Six Kingdoms of the Western Regions was the collective term for kingdoms and nomadic ethnic groups in the western regions of the Han Dynasty.

《西域水道记》 清代西北地理志书。（清）徐松著。仿《水经注》体例。记载了西域各条河流发源、流域、所入湖泊等详细地理资料。范围包括今嘉峪关以西直至巴尔喀什湖以东以南广大西北地区。同时，对流域内的政区建置沿革、典章制度、卡伦军台、民族变迁等都有详细的考证。

《ཉུབ་ཡུལ་ཆུ་ལམ་བྲིས་པོ》 ཆིང་རྒྱལ་རབས་སུ་ཉུབ་བྱང་གི་ས་ཁམས་དཔྱད་དེབ། ཆིང་ཞུས་སྱུང་གིས་བཙམས།《ཆུ་བྱུང་ཙ་འགྲེལ》ལ་ལད་མོ་བྱས། ཉུབ་ཡུལ་གྱི་ཆུ་བྱུང་སོ་སོའི་མགོ་ཁུངས་དང་བསྐྱར་ཡུལ་འབབ་ཡུལ་སོགས་ཀྱིས་ཁམས་དཔྱད་གཞི་ཞིབ་ཕྲ་བཀོད་ཡོད། ཁྱབ་ཁོངས་ནི་དེང་གི་ཙ་ཡིས་གོན་འགག་གི་ནུབ་ནས་པར་ཧྲི་མཁར་མཚོའི་ཤར་དང་ལྷོ། རྒྱ་ཆེའི་ནུབ་བྱང་ས་ཁུལ་བཅས་ཡིན། ཆབས་ཅིག་ཏུ་བསྐྱར་ཡུལ་གྱི་སྲིད་འཛིན་སྐྲིག་བཀོད་དང་བཅོས་བསྒྱུར། ལམ་ལུགས་དང་གོ་ཁྲག མི་རིགས་དུ་སྒྲོ་སོགས་ལའང་བཀྲལ་དཔྱད་བྱས་ཡོད།

Record of the Waterway of the Western Regions was geographical annals of the northwest of the Qing Dynasty, written by Xu Song. The book imitated the style of ***Commentary on the Waterways***. It kept a record of the details of each river's source, basin and its end, including the vast northwestern areas from the west of Jiayuguan Pass to the east and south to Balkhash Lake. It also made a detailed textual research on the development of the administrative division's organizational system, laws and regulations, Karon official organization and ethnic changes.

《西域同文志》 是一部满、汉、蒙古、藏、维、托忒蒙古6种文字的人名、地名的对译辞书。清大学士傅恒等奉敕撰。成书于乾隆二十八年（1763）。共24卷。由乾隆皇帝亲自审定，是研究西北少数民族历史地理的重要工具书。

《ཉུབ་ཕྱོགས་ཡིག་རིགས་དྲུག་གི་ཚིག་མཛོད》 མན་ཇུ་དང་རྒྱ་སོག་པོ་བོད་ཡུགུར་ཏོ་ཕི་སོག་པོ་བཅས་ཡིག་རིགས་དྲུག་གི་མི་མིང་དང་ས་མིང་ཞན་སྒྱུར་མིང་མཛོད་ཅིག་ཡིན། ཆིང་གི་མཁས་དབང་ཧྲུ་ཧུན་སོགས་ཀྱི་བསྒྲིགས། ཅན་ལུང་ཁྲི་ལོ་ཉེར་བརྒྱད་པར（1763）གྲུབ། བསྐོམ་པ་ཕེབ་འཚོལ། གོང་མ་ཅན་ལུང་དངོས་ཀྱིས་ཞུ་དག་བྱས། དེའི་ནུབ་ཕྱུང་བ་ཆུང་མི་རིགས་ཀྱི་ལོ་རྒྱུས་ས་ཁམས་ལ་ཞིབ་འཇུག་བྱེད་པའི་རྒྱུ་ཆ་ཆེན་ཞིག་ཡིན།

Polyglot Dictionary of the Western Regions was a lexicographical work of personal and geographical names in 6 languages, Manchu, Han, Mongolian, Tibetan and Todo Mongolian, written by the highest-rank official Fu Heng of the Qing Dynasty under imperial orders. The dictionary was composed of 24 volumes and completed in the 28th year of the reign of Emperor Qianlong (1763). It was examined by Emperor Qianlong, and served as an important reference book for the study of the history and geography of northwest ethnic groups.

《西域闻见录》 清代新疆地方志。清代满族人椿园七十一撰。成书于乾隆四十二年（1777）。分新疆纪略、外蕃列传、西陲记事本末、回疆风土记、军台道里表等5部分，是研究清代新疆史地的重要参考书。

《ཉུབ་ཕྱོགས་མཐོང་ཐོས》 ཆིང་རྒྱལ་རབས་སྐུ་ཞིན་ཅང་གི་གནས་ཡོ་རྒྱུས། ཆིང་གི་མན་ཇུ་མི་རིགས་ཆུན་ཡོན་ཆེས་ཉི་ཤུ་རྩ་གཅིག་གིས་བརྩམས། ཆན་ལུང་ཁྲི་ལོ་ཞེ་གཉིས་པར（1777）གྲུབ། ཞིན་ཅང་རགས་བཤད་དང་ཕྱིའི་རྒྱལ་ཁབ་འཛིན་པ། ནུབ་ཡུལ་གྱི་ཞིབ་བརྗོད། ཧུའེ་ཅང་གི་ས་གཤིས། དམག་ཆོགས་ལམ་ཡིག་རེའི་མིག་སོགས་ཁག་ལྔར་བགོས་ཡོད། འདི་ནི་ཆིང་གི་དུས་ཀྱི་ཞིན་ཅང་གི་རྒྱུས་ཁམས་ལ་ཞིབ་འཇུག་བྱེད་པའི་དཔྱད་གཞི་གལ་ཆེན་ཞིག་ཡིན།

Record of things seen and heard in the Western Regions, was the local chronicles of Xinjiang, composed by Chunyuan Qishiyi of Manchu ethnic group in the Qing Dynasty. The chronicles was completed in the 42nd year of the reign of Emperor Qianlong (1777). The five sections include brief records of Xinjiang, collected biographies of vassal states, complete stories of West-Frontiers, local gazetteers of Xinjiang and tables of military stations and posts. It serves as an important reference book for the study of the history and geography of Xinjiang in the Qing Dynasty.

西藏百万农奴解放纪念日 2009年西藏自治区九届人大二次会议通过决议，将3月28日设立为"西藏百万农奴解放纪念日"，以纪念西藏民主改革50周年。

བོད་སྟོངས་ཞིན་བྲན་ས་ཡ་བཅིངས་འགྲོལ་གྱི་རྗེས་དྲན་ཉིན་མོ། ༢༠༠༩ལོར་བོད་རང་སྐྱོང་ལྗོངས་སྐབས་དགུ་པའི་གྲོས་ཚོགས་ཆེན་མོའི་ཚོགས་ཐེངས་

གཉིས་པར་གྲོས་འཆམ་བྱུང་སྟེ། བླ་དྭགས་པའི་ཚེས་དར་ཉིན་ནི་བོད་སྡོད་ཀྱི་ཞིང་བྲན་ས་ཡ་ཕྲག་བཅངས་འགྲོལ་གྱི་རྗེས་དྲན་ཉིན་མོར་གཏན་འཁེལ་བྱས་ཤིང་། བོད་སྡོད་ཞིབས་བཅངས་འགྲོལ་བྱས་ནས་ལོ་འཁོར་༥༠་འཁོར་བར་རྗེས་དྲན་བྱས།

Anniversary of the emancipation of millions of serfs and slaves in Tibet The second session of the 9th NPC in Tibet Autonomous Region approved a bill in 2009 to designate March 28 as the Serfs Emancipation Day to commemorate the 50th anniversary of Tibetan Democratic Reform.

西藏班 在我国各级各类学校中, 主要为来自西藏的藏族学生单独设立的教学班。从1984年起在西藏自治区以外开办西藏班（校）。迄止2009年, 全国先后有20个省、直辖市的28所学校开办西藏班（校）。

བོད་སློབ་འཛིན་གྲྭ། རང་རྒྱལ་གྱི་རིམ་པ་སོ་སོའི་སློབ་གྲྭའི་ནང་དུ། བོད་སློབ་ནས་ཡོང་བའི་བོད་རིགས་སློབ་མར་ཆེད་དམིགས་ཀྱིས་བཙུགས་པའི་འཛིན་གྲྭ་ཡིན། ༡༩༨༤ལོ་ནས་བཟུང་བོད་ལྗོངས་ས་ཁུལ་དུ་བོད་སློབ་འཛིན་གྲྭ (སློབ་གྲྭ) འདུགས་འགོ་བཙུགས་ཤིང་། ༢༠༠༩ལོའི་བར་རྒྱལ་ཡོངས་སུ་ཙ་གཞུགས་ཏུ་ཞིང་ཆེན་དང་ཐད་སྐྱོང་གྲོང་ཁྱེར་༢༠་ཡི་སློབ་གྲྭ་༢༨་དུ་ནང་གསལ་བོད་སློབ་འཛིན་གྲྭ (སློབ་གྲྭ) བཙུགས།

Tibet class refers to the teaching class exclusively for students from Tibet in Chinese schools at all levels. Tibetan class (school) was run outside the Tibet Automous Region since 1984. Up to 2009, 28 Tibetan classes (schools) have been built in 20 provinces and municipalities in China one after another.

西藏壁画艺术 藏族传统艺术。其构图严谨、丰满, 布局疏密有致、层次丰富、活泼多变。绘画以铁线描法为主, 神态逼真, 色彩鲜艳浓重, 对比度好, 尤其是大量应用"金", 有"描金""干贴""磨金"等表现形式。"金"不仅用来勾线、画图案, 且大量用在画中的饰物、供品及佛像上。

བོད་ཀྱི་ལྡེབས་རིས་སྒྱུ་རྩལ། བོད་ཀྱི་སྲོལ་རྒྱུན་སྒྱུ་རྩལ། སྒྲིག་གཞི་ཆགས་དམ་པ་དང་འཚམས་གྱིས་ཕྱུག་པ། བཀོད་པ་ཞིབ་ཅིང་ཕྲ་བ། རིམ་པ་གསལ་བ། གསོན་ཤུགས་རྒྱས་པ་སོགས་བྱུང་དུ་འབག་པའི་མཛེས་རིས་ཀྱི་བྱེད་ཆོས་ལྡན། འདི་བཞས་ལྕགས་སྐུད་ཀྱིས་རྫ་ཐིག་གཙོ་བྱས་ཏེ། སྐུ་རིས་འཚམས་དོན་པ་དང་། ཚོན་མདོག་སྒྲུབ་པ། ཚཚད་སྒྲོམ་པ། ལྷག་པར་དུ་གསེར་བཀོལ་མང་བ་སྟེ། གསེར་བྱུག་རི་མོ་འབྲི་བ་དང་བཀྲམ་སྦྱོར། གསེར་བཟར་བ་སོགས་ཀྱི་རྣམ་པ་དོད། གསེར་ནི་ཐིག་རིས་འབོགས་བ་ཆོན་ཚམ་ཡིན་པར་དུ་དུང་རི་མོའི་རྒྱན་རིས་དང་འབུལ་རྫོང་། སྐུ་བརྙན་སོགས་ཀྱི་སྟེང་པོངས་མེད་དུ་སྤྱོད་ཡོད།

Tibetan fresco art is the Tibetan traditional art with preciseness and fullness in composition, perfection and suitability in layout, and richness and changeability in gradation. With the iron string as the main portraying method, the drawing is lifelike, bright and vibrant, making it perfect in the contrast. The painters used a lot of gold in the fresco art, such as outlining, pasting and grinding. The "gold" is used not only to delineate the outlines and draw the patterns in the paintings, but also to decorate the jewelries, tributes and Buddha statues.

西藏博物馆 西藏第一座具有现代化功能的博物馆。坐落于拉萨市罗布林卡东南角。1999年落成开馆。占地面积53959平方米，总建筑面积23508平方米。馆区中轴线上依次坐落着序言厅、主展馆和文物库房。馆藏文物达4万余件。

བོད་ལྗོངས་དངོས་བཤམས་ཁང་། བོད་ལྗོངས་དེ་རབས་ཅན་བྱེད་ནུས་ལྡན་པའི་དངོས་བཤམས་ཁང་དང་པོ་ཡིན། ལྷ་ས་གྲོང་ཁྱེར་ནོར་བུ་གླིང་ཁའི་ཤར་ལྷོའི་མཚམས་སུ་ཡོད། ༡༩༩༩ལོར་སྒོ་ཕྱེ། རྒྱ་ཁྱོན་སྒྲིག་བའི་ས་པང་༥༣༩༥༩དང་། སྤྱིའི་འཛུགས་སྐྲུན་རྒྱ་ཁྱོན་སྒྲིག་བཞི་མ་༢༣༥༠༨ཡོད། བཤམས་སྟོན་ཁུལ་གྱི་ནས་གདོང་ལ་རིམ་བཞིན་འགོ་བརྗོད་སྒྲོམ་དང་བཤམས་ཁང་། རིག་དངོས་མཛོད་ཁང་བཅས་ཡོད་པ་དང་། རིག་དངོས་ཁྲི་༤ལྷག་ཆགས་བྱས་ཡོད།

Tibet Museum is the first museum with modern features in Tibet. It is located in the southeast of Norbulingka, Lhasa. Opened in 1999, the museum covers an area of 53,959 square meters. Including a construction area of 23,508 square meters. In the center of the museum, there stands Preface Hall, the exhibition department and antique storeroom in order. There are over 40,000 pieces in store.

西藏传统手工艺技能培训学校 2012年成立。学校毗邻拉萨八廓街，占地面积3000平方米。专注于挖掘、传承、发展民族手工技术和传统手工艺术。主要设立勉唐卡绘画技艺、拉萨木雕技艺、拉萨泥塑面具技艺、藏族矿物颜料技艺、雪堆白金属雕刻技艺、传统裁缝技艺、传统建筑技术等十几个项目。

བོད་ལྗོངས་སྲོལ་རྒྱུན་ལག་ཤེས་བཟོ་རྩལ་སྦྱོང་བའི་སློབ་གྲྭ། ༢༠༡༢ལོར་ཚུགས། ལྷ་སའི་བར་སྐོར་ནེ་ཞེན་རྒྱ་ཁྱོན་སྒྲིག་བཞི་ར་༣༠༠༠བཟུང་ཡོད། མི་རིགས་ཀྱི་ལག་ཤེས་བཟོ་རྩལ་དང་སྲོལ་རྒྱུན་གྱི་ལག་ཤེས་བཟོ་རྩལ་བསྒྲུབ་འདོན་དང་འཛིན་སྐྱོང་སྤེལ་བ་ལས་འགན་གཙོ་བོར་བཟུང་། དེར་སྨན་ཐང་གའི་འགན་རྩལ་དང་། ལྷ་སའི་ཤིང་བཀོད་ལག་རྩལ། ལྷ་སའི་འདག་བཟོའི་ལག་རྩལ། བོད་ཀྱི་གཏེར་ཚོན་ལག་རྩལ། ལྷ་རིགས་དཀར་པོའི་བཀོག་བཟོ་ལག་རྩལ། སྲོལ་རྒྱུན་གྱི་འཆེམ་བཟོ་ལག་རྩལ། སྲོལ་རྒྱུན་གྱི་བཟོ་སྐྲུན་ལག་རྩལ་སོགས་ཚན་གྲངས་བཅུ་ལྷག་འདུས།

Tibetan Traditional Craftsmanship Training School was established in 2012. With an area of 3,000 square meters, it is near Barkhor Street in Lhasa. It centers on exploring, inheriting and developing ethnic and traditional craftsmanship. It sets up many projects including Thangka painting, Lhasa woodcarving, Lhasa clay masks, Tibetan mineral pigment, Tibetan metal carving, traditional tailoring and traditional architecture.

西藏大学 西藏自治区所属的涵盖十大学科门类的综合性大学，"211工程"重点建设大学，西藏人民政府与教育部共建高校。1985年成立。此后，西藏自治区艺术学校、西藏医学高等专科学校和西藏民族学院医疗系、西藏农牧学院、西藏自治区财经学校先后并入。位于拉萨市，占地面积1400亩。

བོད་ལྗོངས་སློབ་གྲྭ་ཆེན་མོ། བོད་རང་སྐྱོང་ལྗོངས་ཀྱི་གཙོས་པའི་སློབ་ཆེན་རིག་ཚན་སྡེ ༡༠ འདུས་པའི་ཕྱོགས་བསྡུས་རང་བཞིན་གྱི་སློབ་ཆེན་ ༢༡༡ ལས་གཞིའི་འཛུགས་སྐྲུན་གཅོང་གྱུར་སློབ་ཆེན་དང་། བོད་ལྗོངས་ཨེ་དཔངས་སྡོད་གཞུང་དང་སློབ་གསོའི་གཞུང་གི་མཉམ་སྐྲུན་མཐོ་རིམ་སློབ་གྲྭ་ཡིན། ༡༩༨༥ལོར་བཙུགས། རྗེས་སུ་བོད་རང་སྐྱོང་ལྗོངས་སྒྱུ་རྩལ་སློབ་གྲྭ་དང་བོད་ལྗོངས་རིག་མཐོ་རིམ་ཆེན་གསར་སློབ་གྲྭ། བོད་ལྗོངས་མི་རིགས་སློབ་གྲྭ་འབྲིང་བཞིན་བེ་ཁག བོད་ལྗོངས་ཞིང་ཕྱུགས་སློབ་གྲྭ། བོད་རང་སྐྱོང་ལྗོངས་ཆོས་དཔལ་སློབ་གྲྭ་སོགས་གཅིག་སྡེབས་བྱས། གནས་ཡུལ་ལྷ་ས་དང་། རྒྱ་ཁྱོན་ལ་མུའུ་ ༡༤༠༠ ཡོད།

Tibet University is a comprehensive university which offers courses in ten disciplines under the leadership of Tibet Autonomous Region. It is under the joint construction of Tibetan people Government and Ministry of Education in the 211 Program, incorporating many colleges and institutes, such as Art School in Tibet Autonomous Region, Tibetan medical colleges, the Medical Department of Tibet University for Nationalities, Tibetan Agricultural and Animal Husbandry College and Financial School in Tibet Autonomous Region since its establishment in 1985. Located in Lhasa, Tibet university covers an area of 1,400 mu.

《西藏的民族区域自治》 2004年国务院新闻办公室发表的白皮书。全面回顾和介绍了西藏实行民族区域自治近40年来所发生的巨变。

《བོད་ལྗོངས་ཀྱི་མི་རིགས་ས་ཁོངས་རང་སྐྱོང་》 རྒྱལ་སྲིད་སྤྱི་ཁྱབ་ཁང་གསར་འགྱུར་གཞུང་ལས་ཁང་གིས་ ༢༠༠༤ ལོར་སྤེལ་བའི་རྒྱལ་ཐོག་དཀར་པོའི་ཡིག་ཆ། བོད་ལྗོངས་སུ་མི་རིགས་ས་ཁོངས་རང་སྐྱོང་ལག་བསྟར་བྱས་ནས་ད་བར་ལོ་ངོ་ ༤༠ ལ་ཕྱོགས་ཡོངས་ནས་འགྱུར་ལྡོག་ཆེན་པོ་བྱུང་བར་ཕྱོགས་བསྡུས་ངོ་སྤྲོད་དང་ཕྱིར་དྲན་གཏུགས་བྱས་ཡོད།

Regional Ethnic Autonomy in Tibet is the white paper released by the Information Office of the State Council in 2004. It makes a general introduction to the dramatic changes of the forty years since Tibet implemented regional ethnic autonomy.

《西藏的现代化发展》 2001年国务院新闻办公室发表的白皮书。主要阐述了西藏社会发展的跨越式进程、西藏现代化的发展成果、西藏现代化发展的历史必然性3部分问题。

《བོད་ལྗོངས་ཀྱི་དེང་རབས་ཅན་འཕེལ་རྒྱས》 རྒྱལ་སྲིད་སྤྱི་ཁྱབ་ཁང་གསར་འགྱུར་གཞུང་ལས་ཁང་གིས་ ༢༠༠༡ ལོར་སྤེལ་བའི་རྒྱལ་ཐོག་དཀར་པོའི་ཡིག་ཆ། གཙོ་བོ་བོད་ལྗོངས་སྤྱི་ཚོགས་གོང་འཕེལ་གྱི་མཆོང་སྟོང་རང་བཞིན་རིམ་པ་དང་། བོད་ལྗོངས་དེང་རབས་ཅན་གྱི་འཕེལ་འབྲས། བོད་ལྗོངས་དེང་རབས་ཅན་འཕེལ་བའི་ལོ་རྒྱུས་སྟོག་མེད་རང་བཞིན་སོགས་དོན་ཆེན་གསུམ་ཞིག་བརྗོད་བྱས་ཡོད།

Tibet's March Toward Modernization is the white paper released by the Information Office of the State Council in 2001. It mainly introduces three parts, namely Tibetan great-leap-forward development, Tibetan achievements of modernization and the historical inevitability of Tibetan modernization.

《西藏的主权归属与人权状况》 1992年国

务院新闻办公室发表的有关西藏主权归属与人权状况白皮书。分12部分。具体涉及：主权归属、封建农奴制、人身自由、生存环境、宗教信仰、国家特殊支持、社会发展状况、所谓"西藏独立"的由来、达赖集团的分裂活动和中央政府的政策等内容。

《བོད་སྲིད་ཀྱི་བདག་དབང་དང་འགྲོ་བ་མིའི་ཐོབ་ཐང་གི་གནས་ཚུལ》 རྒྱལ་ཡོངས་སྤྱི་ཁྱབ་ཁང་གསར་འགྱུར་གཞུང་ལས་ཁང་གིས ༡༩༩༢ བོར་སྤེལ་བའི་བོད་སྲིད་ཀྱི་བདག་དབང་དང་འགྲོ་བ་མིའི་ཐོབ་ཐང་གི་གནས་ཚུལ་རྒྱལ་ཁབ་དཀར་པོའི་ཡིག་ཆ། །ཡིག་ཆ་འདི་ལ་བསྒོ་། གཙོ་བོ་བདག་དབང་ཐོག་དབང་། ཞིང་བྲན་ལམ་ལུགས། མི་ཡུལ་རང་དབང་། འཚོ་གནས་ཁོར་ཡུག ཆོས་ལུགས་དང་མོས། རྒྱལ་ཁབ་ཀྱི་དམིགས་བསལ་རོགས་སྐྱོར། སྤྱི་ཚོགས་འཕེལ་རྒྱས་གནས་ཚུལ། བོད་རང་བཙན་གྱི་འབྱུང་ཁུངས། ཏཱ་ལའི་ཚོག་ཁག་གི་ཁ་བྲལ་སྒྲིག་སྲོལ་སྐོར་གྱི་སྲིད་བྱུས་སོགས་ཀྱི་སྐོར་རོ་འདུས།

The ownership of sovereignty and human right in Tibet is the white paper released by the Information Office of the State Council in 1992. It consists of twelve parts relevant to the following aspects, such as sovereignty, feudal serfdom, personal freedom, living conditions, religion, special aid from CPC, social development, the origins of the so-called Tibet Independence, separatist activities of Dalai clique and policies of central government.

《西藏第一届国会议员选举法》 文件名。1913年由袁世凯政府公布。共4条。其中规定："西藏参议院及众议院之选举得于政府所在地行之""西藏之选举监督以蒙藏事务局（见"蒙藏院"词条）总裁充之""选举细则由选举监督定之"等。此后，部分藏族人选举了自己的国会代表共40名。

《བོད་ལྗོངས་ཀྱི་སྐབས་དང་པོའི་རྒྱལ་ཚོགས་གྲོས་མིའི་འདེམས་བསྐོ་བཅའ་ཁྲིམས》 ཡིག་ཆའི་མིང་། ༡༩༡༣ལོར་དབྱུང་ཤིའེ་ཁེའི་སྲིད་གཞུང་གིས་བསྒྲགས། དོན་ཚན་བཞི་ཡོད། དེའི་ནང་དུ་བོད་ལྗོངས་སྲིད་ཞུགས་སྦྱོང་དང་གྲོས་ཚོགས་སྦྱོང་གི་བདམས་བསྐོ་སྲིད་གཞུང་གནས་ཡུལ་དུ་སྤྱེལ་དགོས་པ་དང་། བོད་ལྗོངས་ཀྱི་འདེམས་བསྐོའི་ལྟ་སྐུལ་བ་ནི་སོག་བོད་གཅོད་ཆུས(སོག་བོད་སྒྲིག་ལ་ལྟོས)ཀྱི་ཀྲུའུ་ཁྲིའི་ཆབ་བྱེད། འདེམས་བསྐོའི་ཞིབ་ཕའི་འདེམས་བསྐོའི་ལྟ་སྐུལ་གྱིས་ཐག་གཅོད་བྱེད་དགོས་པ་སོགས་གཏན་འབེབས་བྱས་ཡོད། རྗེས་སུ་བོད་པ་ཁ་ཤས་ཀྱིས་རང་ཉིད་ཀྱི་རྒྱལ་ཚོགས་འཐུས་མི་༤༠ལྷག་འདེམས་བསྐོ་བྱས།

Executive Law for the Electoral of Parliament Members for the First Session of Tibet was published by Yuan's government in 1913 with 4 items. The law stipulates that the election of Senate and House of representatives in Tibet must be held in the place where the government is located, that Tibetan election is supervised by the president of the Bureau for Mogolian and Tibetan Affairs and that detailed rules and regulations shall be drawn up by the election supervisors. Since then, some Tibetan people elected 40 members of their Congress in all.

西藏工委 "中共西藏工作委员会"的简

称，是1951—1965年间中国共产党在西藏的领导机构。1950年受领进军西藏任务的十八军党委在四川乐山召开的第一次扩大会议上授权宣布成立。次年正式成立，张德武任书记。1965年自治区成立，改为中国共产党西藏自治区委员会。

བོད་ལྗོངས་ལས་དོན་ཨུ་ཡོན་ལྷན་ཁང་། ཀྲུང་གུང་བོད་ལྗོངས་ལས་དོན་ཨུ་ཡོན་ལྷན་ཁང་གི་བསྡུས་མིང་། དེའི་1951ནས་1965བོའི་བར་ཀྲུང་གོ་གུང་ཁྲན་ཏང་གིས་བོད་ལྗོངས་ལ་འགོ་ཁྲིད་བྱེད་པའི་ལས་ཁུངས་ཡིན། 1950ལོར་བོད་ལྗོངས་ལ་བསྐྱོད་པའི་དགག་དུ་བཅོ་བརྒྱད་པས་སི་ཁྲོན་ལེ་ཤན་ནས་བསྡུས་པའི་རྒྱ་སྐྱེད་ཚོགས་ཆོག་ཐེངས་དང་པོར་དབང་ཆ་བསྐུར་ནས་ལོ་རྗེས་མར་དངོས་སུ་ཚུགས། གུང་ཏེ་ཝུའི་ཡིག་ཚའི་འགན་ཁུར། 1965ལོར་རང་སྐྱོང་ལྗོངས་བཙུགས་ཏེ་ཀྲུང་གོ་གུང་ཁྲན་ཏང་བོད་རང་སྐྱོང་ལྗོངས་ཨུ་ཡོན་ལྷན་ཁང་དུ་མིང་བརྗེ།

Tibet Work Committee is short for the Work Committee of the Tibet Autonomous Region of the Communist Party of China. It was the leadership institute of CPC in Tibet from 1951 to 1965. In 1950, the party committee of the 18th army with the mission to come into Tibet was given the order on the first enlarged meeting held in Leshan, Sichuan to declare the establishment of Tibetan Work Committee. The next year, it was founded formally with Zhang Dewu as the secretary. In 1965, it was renamed the Committee of Tibet Autonomous Region of the CPC when the autonomous region was set up.

西藏和平解放 1951年中央人民政府和西藏地方政府在北京签订《十七条协议》，宣告西藏和平解放。西藏和平解放是中国现代史和中国革命史上的一个重大历史事件，也是西藏地方历史上一个划时代的转折点。西藏人民从此摆脱了帝国主义的侵略和羁绊，从此更加深切地体会到中华民族大家庭的温暖。

བོད་ལྗོངས་ཞི་བས་བཅིངས་འགྲོལ། 1951ལོར་ཀྲུང་དབྱང་མི་དམངས་སྲིད་གཞུང་དང་བོད་ལྗོངས་ས་གནས་སྲིད་གཞུང་གིས་པེ་ཅིན་ནས《གྲོས་ཆིངས་དོན་ཚན་བཅུ་བདུན》པ་བཞག་སྟེ། བོད་ལྗོངས་ཞི་བས་བཅིངས་འགྲོལ་བཏང་བ་ཁྱབ་བསྒྲགས་བྱས། བོད་ལྗོངས་ཞི་བས་འགྲོལ་བ་ནི་ཀྲུང་གོའི་དེང་རབས་ཀྱི་རྒྱལ་དང་གསར་བརྗེ་རྒྱལ་སྟེང་གི་དོན་ཆེན་གལ་ཆེན་ཞིག་ཡིན་ལ། བོད་ལྗོངས་ས་གནས་ལོ་རྒྱུས་ཐོག་གི་དུས་རབས་དབྱེ་བའི་ལོ་ཕྱོགས་འགྱུར་མཚམས་ཤིག་ཀྱང་ཡིན། དེ་ནས་བཟུང་བོད་ལྗོངས་མི་དམངས་ཀྱིས་བཙན་རྒྱལ་རིང་ལུགས་ཀྱི་བཙན་འཛུལ་དང་བཀག་རྒྱ་གཏོར་ནས་ཀྲུང་དུ་ཁྱིམ་གཞིའི་ཆེན་མོའི་དྲོད་ཁོལ་ལ་རོལ།

The peaceful liberation of Tibet In 1951, the 17-*article agreement* signed by the Central People's Government and the Local Government of Tibet in Beijing declared the peaceful liberation of Tibet, which is a historical event in the contemporary history of China and the history of Chinese Revolution. It is also an epoch-making turning point in the history of Tibet. Since then, Tibetan people escaped from the imperialism invasion and received a warm welcome from the big family of Chinese nation.

西藏后弘期佛教 自藏王朗达玛于841年

灭法以后，100 多年来，卫藏等地都没有出家的僧伽。到宋代初年，才有卢梅等人往西康学佛法，回藏重集僧伽，弘扬佛教。至此后约 1000 年，这一时期的佛教为西藏后弘期佛教。

བོད་ཀྱི་བསྟན་པ་ཕྱི་དར། བོད་རྒྱལ་གླང་དར་མས་བསྟན་ལུགས/ལོར་བསྟན་པ་བསྣུབས་རྗེས། སོང་བརྒྱ་ལྷག་གི་རིང་ལ་དབུས་གཙང་སོགས་སུ་རབ་བྱུང་གི་འདུན་པ་མ་བྱུང། སུང་རྒྱལ་རབས་ཀྱི་དུས་མགོར་ད་གཟོང་། མེས་སོགས་མངོ་ལྡོང་དུ་ཆོས་སློབ་ཏུ་སོང་ནས་ཕྱིར་ལོག་རྗེ་རྒྱ་འདུན་བསྒྲིགས་ཤིང་བསྟན་པ་སྤེལ། དེའི་རྗེས་ཀྱི་ལོ་ཆིག་སྟོང་ཙམ་ཀྱི་ཡུན་འདི་ལ་བསྟན་པ་ཕྱི་དར་གྱི་དུས་ཟེར།

Tibetan Later Dissemination (phyi dar) of Buddhism After extermination of Buddhism by Tibetan King Langdarma in 841, there were not Sangha in places like Tsang until a hundred years passed. In the early Song Dynasty, people like Lu Mei went to Xikang to learn buddhadharma and gathered Sangha together when they came back to spread Buddhism. Buddhism in the following 1,000 years was referred to as Tibetan phyi dar Buddhism.

西藏警官高等专科学校 2003 年在原西藏自治区人民警察学校的基础上改建而成。开设了警察管理、治安管理、侦查、国内安全保卫、交通管理工程、经济犯罪侦查、信息安全与网络监察、公安文秘等专业。位于拉萨市，占地面积 150 亩。

བོད་ལྗོངས་ཉེན་རྟོག་དཔོན་རིགས་མཐོ་རིམ་ཆེད་སློབ་སློབ་གྲྭ། ༢༠༠༣ལོར་སྔོན་གྱི་བོད་རང་སྐྱོང་ལྗོངས་མི་དམངས་ཉེན་རྟོག་སློབ་གྲུའི་རྨང་གཞིའི་སྟེང་བཅོས་སྒྲིག་བྱས་ཏེ་གྲུབ། དེར་ཉེན་རྟོག་དོ་དམ་དང་བདེ་སྲུང་དོ་དམ། ཞིབ་དཔྱད། རྒྱལ་ནང་གི་བདེ་འཇགས་སྲུང་སྐྱོབ། འགྲིམ་འགྲུལ་དོ་དམ་ལས་གཞི། དཔལ་འབྱོར་ཁྲིམས་འགལ་བཏུག་ཞིབ། ཆ་འཕྲིན་བདེ་འཇགས་དང་དྲ་རྒྱ་ཚོགས་ཞིབ། སྤྱི་བདེ་ཡིག་སྒོགས་ཀྱི་ཆེད་ལས་ཡོད། གནས་ཡུལ་ལྷ་ས་གྲོང་ཁྱེར། རྒྱ་ཁྱོན་སྨྱུ་༡༥༠ཡོད།

Tibet Police Officers' Institute was founded on the basis of the Institute of people's Police in Tibet Autonomous Region in 2003. It has the following majors, like police management, public security administration, investigation, domestic security, traffic management, economic crime investigation, information security and cyber-watch and secretary of the police. It lies in Lhasa with an area of 150 mu.

西藏拉萨经济技术开发区 2001 年经国务院批准的西藏地区唯一的国家级经济技术开发区。位于拉萨市西郊堆龙德庆县内，规划控制总面积为 5.46 平方公里。

བོད་ལྗོངས་ལྷ་སའི་དཔལ་འབྱོར་ལག་རྩལ་གསར་སྤེལ་ཁུལ། ༢༠༠༡ལོར་རྒྱལ་སྲིད་སྤྱི་ཁྱབ་ཁང་གི་ཆོག་མཆན་སྦྱད་པའི་བོད་ལྗོངས་ས་ཁུལ་གྱི་རྒྱལ་རིམ་རིའུ་པའི་དཔལ་འབྱོར་ལག་རྩལ་གསར་སྤེལ་ཁུལ་གཅིག་པུ་ཡིན། དེའི་ལྷ་སའི་ནུབ་འགྲམ་སྟོད་ལུང་བདེ་ཆེན་རྫོང་གོང་སུ་ཡོད། འཆར་འགོད་ཚོད་བཟུང་གི་སྤྱིའི་རྒྱ་ཁྱོན་སྒྲོ་ལེ་གྲུ་བཞི་མ་༥.༤༦ཡོད།

Lhasa economic and technological development zone in Tibet is the only one at state level in Tibet with the approval of the State Council in 2001. It is located in Duilong Deqing County, Lhasa with an area of 5.46 square kilometers.

西藏民主改革 指1959年3月开始，中央政府对西藏地区实行的以土地改革为中心的民主改革。首先在拉萨、山南地区农村和曾经参加叛乱的寺庙里进行，然后在其他城镇、牧区、边境地区进行。中央及西藏工委提出、制定了一系列改革的方针、政策。1960年底，西藏基本完成了土地改革。

བོད་ལྗོངས་དམངས་གཙོའི་བཅོས་བསྒྱུར།

༡༩༥༩ལོའི་ཟླ་༣པ་ནས་བཟུང་། གུང་དབྱུང་སྲིད་གཞུང་གིས་བོད་ལྗོངས་ས་ཁུལ་ལ་ལག་བསྟར་བྱས་པའི་ས་ཞིང་བཅོས་བསྒྱུར་ལྟེ་བར་བཟུང་བའི་དམངས་གཙོ་བཅོས་བསྒྱུར་ལ་བསྒྱུར། ཐོག་མར་ལྷ་ས་དང་ལྷོ་ཁ་ཁུལ་གྱི་ཞིང་ཪྟེ་དང་སྔར་ཟིང་འཁྲུག་ལ་ཞུགས་མྱོང་བའི་དགོན་སྡེར་སྤེལ། དེ་ནས་གྲོང་རྡལ་དང་འབྲོག་ཁུལ་མཐའ་ཁུལ་སོགས་སུ་སྤེལ། གུང་དབྱུང་དང་བོད་ལྗོངས་ལས་དོན་ཨུ་ཡོན་ལྷན་ཁང་གིས་བཅོས་བསྒྱུར་གྱི་བྱེད་ཕྱོགས་དང་སྲིད་ཇུས་རབ་དང་རིམ་པ་འདོན་པར་གནང་། ༡༩༦༠ལོའི་ལོ་མཇུག་ཏུ་བོད་ལྗོངས་ཀྱིས་ས་ཞིང་བཅོས་བསྒྱུར་གཞི་ཚའི་སྟེང་ལེགས་འགྲུབ་བྱུང་།

Tibetan Democratic Reform refers to the reform centering on land reform, which was carried out in Tibet by the central government since March, 1959. This reform first began in Lhasa and the Lhoka prefecture including rural areas or monasteries where rebellion took place, then extended to other cities or towns, pastoral areas and border region. The central government and Tibetan Work Committee put forward and designed a series of reform policies. Land Reform in Tibet was completed by the end of 1960.

《西藏民主改革50年》 2009年国务院新闻办公室发表的白皮书。回顾了西藏实行民主改革这一历史进程和50年来西藏的历史巨变。

《བོད་ལྗོངས་དམངས་གཙོ་བཅོས་བསྒྱུར་གྱི་ལོ་ང་༤༠》 ༢༠༠༩ལོར་རྒྱལ་སྲིད་སྤྱི་ཁྱབ་ཁང་གསར་འགྱུར་གཞུང་ལས་ཁང་གིས་ཁྱབ་བསྒྲགས་བྱས་པའི་རྒྱལ་ཐོག་དཀར་པོའི་ཡིག་ཆ། དེས་བོད་ལྗོངས་སུ་དམངས་གཙོ་བཅོས་བསྒྱུར་བྱས་པའི་བརྒྱུད་རིམ་དང་བོད་ལྗོངས་ཀྱི་ལོ་ང་༤༠རིང་གི་ལོ་རྒྱུས་འགྱུར་ལྡོག་ལ་ཕྱིར་རྟོགས་བྱས།

Fifty Years of Democratic Reform in Tibet is the white paper released by the Information Office of the State Council in 2009. This paper retrospects the process of democratic reform in Tibet and its dramatic changes during the fifty years.

西藏民族学院 是一所西藏自治区所属的民族高等学校。位于古都陕西咸阳渭水之滨。以文为主，文、理、经、法、管、教育相结合。占地630余亩。是西藏创办最早的高等学校，前身是1958年建校的西藏公学，1965年改为现名。也是西藏自治区政府与国家民委共建的民族学院。

བོད་ལྗོངས་མི་རིགས་སློབ་གྲྭ། འདི་ནི་བོད་རང་སྐྱོང་ལྗོངས་ལ་གཏོགས་ཤིང་ནུབ་ལྕགས་སུ་བཙུགས་པའི་མི་རིགས་མཐོ་རིམ་སློབ་གྲྭ་ཞིག་ཡིན། གནའ་མཁར་ཧྲན་ཞིའི་ཞན་དབྱང་གི་ཝེའི་ཆུའི་འགྲམ་དུ་ཆགས་ཡོད། རིག

ཚན་གཙོར་འཛིན་ཞིང་། རིག་ཚན་དང་ཚེས་ཚན། དཔལ་འབྱོར། ཁྲིམས་ལུགས། དོ་དག། སློབ་གསོ་བཅས་སྦྲེལ་འབྲེལ་བྱེད། རྒྱ་ཁྱོན་མུ༼༦༣༠ཡོད། དེའི་བོད་སློབ་གྲྭས་ལ་བཙུགས་པའི་མཐོ་རིམ་སློབ་གྲྭ་སྔ་ཤོས་ཡིན་ལ། ཕྱག་མ་༡༩༥༨ལོར་བཙུགས་པའི་བོད་སློབ་གྲྭ་སྟེ་སྐབ་ཡིན། ༡༩༦༤ལོར་དེང་གི་མིང་འདི་ལ་བརྗེ། བོད་རང་སྐྱོང་ལྗོངས་སྐྱིད་གཞུང་དང་རྒྱལ་ཁབ་མི་རིགས་དོན་གཅོད་ཡུ་ཡོན་ལྷན་ཁང་གིས་མཉམ་སྐྱོང་བྱས་པའི་མི་རིགས་སློབ་སྦྱིང་ཞིག་ཀྱང་ཡིན།

Tibet University for Nationalities, located in the ancient city of Xianyang, is an ethnic university under the jurisdiction of the Tibet Autonomous Region co-constructed by Tibet's municipal government and State Ethnic Affairs Commission. The university integrates the primary subject of liberal arts with science, business, management, law and education. TUN covers an area of about 630 mu. It is the first university established by Tibet's government. Founded in 1958, it was first called Tibet Public School and renamed Tibet University for Nationalities in 1965.

《**西藏民族政教史**》 西藏宗教史著作。汉僧法尊撰。共6卷。成书于1940年。有刻本。内容以介绍佛教传入西藏前后的历史和藏传佛教各教派的产生为主，其中对格鲁派的创立、沿革以及达赖、班禅世系由来的记述最为详细。

《བོད་ལྗོངས་མི་རིགས་ཆོས་སྲིད་ལོ་རྒྱུས》 བོད་ལྗོངས་ཀྱི་ཆོས་ལུགས་ལོ་རྒྱུས་བརྩམས་ཆོས། རྒྱ་ནག་གི་དུ་ཞང་ཆོས་བཙུན་གྱིས་བརྩམས། བོད་བལ་པོ་དྲུག་ཡོད། ༡༩༤༠ལོར་ཞེང་པར་དུ་བཏབ། ནང་དོན་གཙོ་བོར་ཕྱག་བསྟན་བོད་དུ་དར་བའི་སྔ་ཕྱིའི་ལོ་རྒྱུས་དང་ནང་པའི་གྲུབ་མཐའ་སོ་སོའི་ཆོས་འབྱུང་ལོ་རྒྱུས་སྟོན་ཡིན། རྒྱལ་དབང་དང་པ་ཆེན་སྐུ་ཕྲེང་གི་འབྱུང་རབས་བརྗོད་པ་ཆེས་ཞིབ་ཕྲ་ཡིན།

Political and Religious History of the Tibetan people, a great work on Tibetan religious history, was written by Chinese Monk Fa Zun. The book, with six volumes, was completed in 1940, having block-printed edition. It mainly introduced the history before and after the introduction of Buddhism into Tibet, and the generation of various denominations of Tibetan Buddhism, in which it described in most detail the establishment and evolution of Gelugpa, and the origin of the Dalai Lama's and the Panchen Lama's lineage.

西藏牧区民主改革 指1959年西藏民主改革时对牧区进行的改革。分两个步骤：首先，除没收叛乱领主和牧主的牲畜分给原放牧者及贫苦牧民外，整个牧区的生产资料所有制不予变更；其次，开展"三反两利运动"，建立人民政权，妥善安排牧民的生产和生活。

བོད་ལྗོངས་འབྲོག་ཁུལ་གྱི་དམངས་གཙོ་བཅོས་བསྒྱུར། ༡༩༥༩ལོར་བོད་ལྗོངས་དམངས་གཙོ་བཅོས་བསྒྱུར་བྱེད་སྐབས་འབྲོག་ཁུལ་དུ་དབང་བཅོས་བསྒྱུར་བྱས་པ་ལ་ཟེར། དེར་གོ་རིམ་གཉིས་སུ་དབྱེ་བ་སྟེ། ཕྱག་མར་དོ་ལོག་བྱེད་འཁྲུག་སློང་བའི་འགོ་ཁྲིད་དག་དང་ཕྱུགས་བདག་ཚོའི་ཕྱུགས་ཟོག་བླངས་ནས་སྔར་གྱི་ཕྱུགས་འཚོ་བ་དང་འབྲོག་པ་དབུལ་པོར་བགོས་མ་གཏོགས། འབྲོག་ཁུལ་གྱི་ཐོན་སྐྱེད་རྒྱུ་ཆ་ཀུན་ལ་དབང་བའི་ལམ

ལུགས་སུ་འགྱུར་བ་མི་གཏོང་། དེ་ནས་གསུམ་ཚོལ་
གཉིས་ཕན་བྱ་འགུལ་སྤེལ་ཞིང་། མི་དམངས་ཀྱི་སྲིད་
གཞུང་བཙུགས་ནས་འབྲོག་པའི་ཐོན་སྐྱེད་དང་འཚོ་བར་
བགོད་སྟིགས་ལེགས་པོ་བྱེད་པའོ། །

Democratic reform in pastoral areas of Tibet refers to the reform in pastoral areas of Tibet in 1959. It included two steps: First, the entire pastoral production will not change its ownership, except that livestock confiscated from the main rebel lords and herd owners are given to the original owners or poor herders; second, carrying out the campaign of "three anti's and two benefits", establishing people's political power, and properly arranging herdsmen's production and life.

西藏农牧民安居工程 2006年西藏自治区政府正式推出农牧民安居工程实施方案。计划"十一五"期间，筹措资金27.26亿元，确保完成21.98万户农牧民住房改造，使全区80%的农牧民住上安全适用房。该工程采取政府主导、民办公助的方式。截至2012年底，实际已累计完成40.83万户。

བོད་ལྗོངས་རོང་འབྲོག་དམངས་ཀྱི་བདེ་གནས་
སྟོད་ཁང་ལས་གཞི། ༢༠༠༦ལོར་བོད་རང་སྐྱོང་
ལྗོངས་སྲིད་གཞུང་གིས་རོང་འབྲོག་དམངས་ཀྱི་བདེ་
གནས་སྟོད་ཁང་ལས་གཞིའི་ལག་བསྟར་འཆར་གཞི་
དངོས་སུ་བཏོན། འཆར་གཞིའི་སྒྱུར་ན། བཅུ་གཅིག་ལྔའི་
རིང་དུ་མ་དངུལ་སྒོར་དུང་ཕྱུར་ ༢༧.༢༦བཏང་ནས།
རོང་འབྲོག་པ་ཁྱི་ ༢༡.༩༨ཀྱི་སྡོད་ཁང་ལེགས་འགྱུར་
བྱེད་པ་དང་། ལྗོངས་ཡོངས་ཀྱི་རོང་འབྲོག་པ་ ༨༠% ལ་
བདེ་འཇགས་དང་བཀོལ་བདེའི་སྡོད་ཁང་ཡོད་པར་

ཁག་ཐེག་བྱས། ལས་གཞི་འདིར་སྲིད་གཞུང་གིས་འགོ་
ཁྲིད་དང་དམངས་སྐྱབ་གཞུང་རོགས་ཀྱི་བྱེད་ཐབས་སྤྱད།
༢༠༡༢ལོའི་ལོ་མཇུག་བར་བསྡོམ་པས་ཕྱག་ཆག་ཁྱི
༤༠.༤༣ཀྱི་ལས་གཞི་ལེགས་འགྲུབ་བྱུང་།

Housing projects for local farmers and herdsmen is a plan of housing project officially launched by the government in 2006 for herdsmen and farmers in Tibet Autonomous Region. It mapped out that during the period of "the Eleventh Five-Year", 2.726 billion yuan will be raised as funds to ensure the completion of housing reform of 219,800 herdsmen and farmers, so that the 80 percent of herdsmen and farmers in the region would live in safe and affordable houses. The project was carried out in the way of government leading and public offices helping. 408,300 herdsmen and farmers had actually got their houses by the end of 2012.

西藏农奴制 西藏历史上存在的以封建土地所有制和农奴对农奴主的依附关系为基础的社会制度。始于10世纪；到13世纪普遍确立，一直延续到西藏民主改革（1959年）时被废除。

བོད་ལྗོངས་ཀྱི་ཞིང་བྲན་ལམ་ལུགས། བོད་ལྗོངས་
ལོ་རྒྱུས་སྟེང་དུ་ས་ཞིང་བཀོལ་བགོད་རྒྱུད་འཛིན་ཀུན་
དབང་བའི་ལམ་ལུགས་དང་ཞིང་བྲན་ཞིང་བདག་
བརྟེན་པའི་འབྲེལ་བ་རྐང་གཅུས་བྱས་པའི་སྤྱི་ཚོགས་ལམ་
ལུགས་ཤིག་ཡིན། དུས་རབས་བཅུ་པར་འགོ་ཚུགས་པ་
དང་། རབས་བཅུ་གསུམ་པར་ཡོངས་ཁྱབ་ཏུ་ཚུགས་
ནས། བོད་ལྗོངས་དམངས་གཙོ་བཅོས་བསྒྱུར་
（༡༩༥༩ལོར）སྐབས་སུ་གཏོར་མེད་པར་བཟོས།

Tibetan serfdom was a social system existed in Tibetan history which was established on the basis of feudal land ownership and attachment of serfs to serf owners. It began in the tenth century, popularized in the thirteenth century, and was abolished in the democratic reform in Tibet (1959).

西藏农业区民主改革 指1959年西藏民主改革时对农业区进行的改革。分两个步骤：第一步开展"三反双减运动"，第二步以分配土地为内容。目的是要废除封建农奴主阶级的生产资料所有制，实行劳动人民的个体所有制。并对叛乱农奴主与未叛乱农奴主的土地，分别实行没收和赎买，分给农奴。

བོད་ཞིང་རོང་ཁུལ་གྱི་དམངས་གཙོ་བཅོས་བསྒྱུར། ༡༩༥༩ལོར་བོད་སྡོད་དམངས་གཙོ་བཅོས་བསྒྱུར་སྐབས་རོང་ཁུལ་དུ་སྤེལ་བའི་བཅོས་བསྒྱུར་ལ་བསྩུན། དེར་གོ་རིམ་གཉིས་སུ་དབྱེ་བ་སྟེ། ཐོག་མར་གསུམ་རྩོལ་འཛིན་བྱ་འགུལ་སྤེལ། དེ་ནས་ས་ཞིང་བགོ་སྦྱོད་བྱེད་པ་ཡིན། དམིགས་ཡུལ་ནི་གཙོ་བོ་ནི་ཐོབ་སྐྱེད་ཆ་བཀོད་འཛིན་ཞིང་བདག་གྲལ་རིམ་གྱི་ དབང་བའི་ལམ་ལུགས་མེད་པར་བཟོས་ཏེ། དལ་ཙོལ་དམངས་སྐྱེ་དབང་ལམ་ལུགས་ལག་བསྟར་བྱེད་པ་དེ་ཡིན་པ་མ་ཟད། ངོ་ལོག་པའི་ཞིང་བདག་དང་ངོ་ལོག་ བྱ་པའི་ཞིང་བདག་གི་ས་ཞིང་རིམ་པ་བཞིན་གཞུང་ བཞེས་དང་ཉོ་ཚོང་བྱས་ཏེ་ཞིང་བྲན་ལ་བགོས་བ་རེད།

Democratic Reform in the agricultural areas of Tibet refers to reform carried out in Tibet agricultural area in 1959. It includes two steps: first, to carry out "three anti's and two reductions movement"; second, to allocate the land to individuals. The reform aimed at abolishing the system of ownership of the means of production of the feudal serf owners, and meanwhile implementing the individual ownership of the working people. The properties of those serf owners who participated the rebellion were confiscated and of those who didn't participated were redeemed. All the properties would be allocated to the serfs.

西藏前弘期佛教 指西藏佛教发展的前一阶段。约始于7世纪中叶至9世纪的前半叶，前后约200年。在这个时期，佛教开始传入西藏，并建立寺庙，塑绘佛像、度人出家、建立僧伽制度、传译经典、讲习弘布，据西藏史籍，把这时期的佛教称为"西藏前弘期佛教"。

བོད་ཀྱི་བསྟན་པ་སྔ་དར། དེའི་བོད་དུ་ཕྱུར་བའི་བསྟན་པ་ཐོག་མར་དར་བའི་དུས་སྐབས་ཏེ། ཕལ་ཆེར་དུས་རབས་བདུན་པའི་དུས་དཀྱིལ་ནས་དུས་རབས་དགུ་ པའི་ཕྱེད་མའི་བར་གྱི་མི་ལོ་ཉིས་བརྒྱ་ལྷག་གི་བར་དུ་ བསྟན། སྐབས་དེར་གངས་རྒྱས་ཆོས་ལུགས་བོད་དུ་དར་ མར་དངས་པར་མ་ཟད། དགོན་པ་དང་ལྷ་སྐུ་བཞེངས་པ། རབ་ཏུ་བྱུང་བ། འདུལ་ཁྲིམས་བཙུགས་པ། ཆོས་གཞུང་ བསྒྱུར་བ། འཆད་ཉན་དར་བ་སོགས་བྱུང་། བོད་ཀྱི་ཆོས་ འབྱུང་ལོ་རྒྱུས་རྣམས་སུ་དུས་སྐབས་འདི་ལ་བསྟན་པ་སྔ་དར་ཟེར།

Earlier dissemination (snga dar) of Buddhism in Tibet refers to the previous stage of Buddhism development in Tibet. It began from about half of the seventh century to the first half of the ninth century, about two hundred years. During this period, Buddhism began to spread to Tibet, monasteries were built, images of the Buddhas were molded and painted, people became monks or nuns, Sangha system was established, classics were interpreted, and Buddhist scriptures were disseminated and studied. According to the Tibetan historical records, Buddhism in this period was called Earlier dissemination (snga dar) of Buddhism in Tibet.

西藏青少年发展基金会 1992年成立。是具有独立法人地位的全区性非营利社会团体。由自治区团委、青年联合会、学生联合会和少工委联合创办。旨在通过动员海内外力量，改善贫困地区的办学条件，资助广大贫困地区的少年儿童继续学业。

བོད་ལྗོངས་ན་གཞོན་འཕེལ་རྒྱས་ཐེབས་རྩ་ཚོགས་པ། ༡༩༩༢ལོར་ཚུགས། དེར་རང་ཚོགས་ཀྱི་ཁྲིམས་མིའི་ཐོབ་ཐང་ཡོད་པའི་སྤྱོངས་ཡོངས་རང་བཞིན་ཅན་ཞི་མི་གཉེར་བའི་སྤྱི་ཚོགས་མཉམ་སྦྲེལ་ཞིག་ཡིན། རང་སྐྱོང་ལྗོངས་ཐོན་ཁུལ་དང་ན་གཞོན་མཉམ་འབྲེལ་ཚོགས་པ། སློབ་མའི་མཉམ་འབྲེལ་ཚོགས་པ། ན་གཞོན་ལས་ཚོགས་བཅས་ཀྱིས་མཉམ་དུ་བསྐྲུན། རྒྱལ་ཁབ་ཕྱི་ནང་གི་སྟོབས་ཤུགས་སྒྲུག་འབྱོར་ཞེན་ས་ཁུལ་གྱི་སློབ་གསོའི་ཆ་རྐྱེན་ལེགས་བཅོས་དང་འབྱོར་ཞེན་ཕྱུག་ཆོས་སློབ་གསོ་མུ་འབྲེལ་དུ་སྐྱོང་བར་དགའ་རོགས་རྒྱ་བསྐྱེད་པ་བཅས་སོ། །

Tibetan Youth Development Foundation, founded in 1992, is a non-profit social organization with independent legal status of the region. It was jointly founded by the Communist Youth League in autonomous regions, Youth Federation, Student Association and Young Pioneers Work Committee. It aims to improve school conditions in poor areas and to subsidize the majority of children in poor areas to continue their studies with the support at home and abroad.

《西藏日报》 中共西藏自治区委员会机关报。于1956年创刊。西藏和平解放后的第一张日报。为汉文版和藏文版两张大报。前身是中共西藏工委的《新闻简讯》。其主要任务是为西藏的发展和稳定服务。

《བོད་ལྗོངས་ཉིན་རེའི་ཚགས་པར》 གུང་གུང་བོད་རང་སྐྱོང་ལྗོངས་ཨུ་ཡོན་ལྷན་ཁང་གི་ཚགས་པར། ༡༩༥༦ལོར་ཕྱོག་པར་བཏོན། བོད་ལྗོངས་ཞི་བས་བཅིངས་འགྲོལ་རྗེས་ཀྱི་ཉིན་རེའི་ཚགས་པར་ཐོག་མ་ཡིན། དེར་བོད་ཡིག་དང་རྒྱ་ཡིག་གི་དཔར་གཞི་གཉིས་ཡོད། དང་ཐོག་གུང་གུང་བོད་ལྗོངས་ལས་དོན་ཨུ་ཡོན་ལྷན་ཁང་གི《གསར་འགྱུར་གནད་བསྡུས》ཞེས་པ་དེ་ཡིན། འགག་ནས་བོ་ནི་བོད་ལྗོངས་ཀྱི་འཕེལ་རྒྱས་དང་བརྟན་འཇགས་ལ་ཞབས་འདེགས་ཞུ་རྒྱུ་དེ་ཡིན།

Tibet Daily, newspaper of the CPC Tibet Autonomous Regional Committee, was founded in 1956. It was the first daily newspaper after the peaceful liberation of Tibet. There were two major versions: Chinese version and Tibetan version. It was the former newspaper *News in Brief* of Tibet Work Committee of the CPC. Its main task is to provide services for the development and stability of Tibet.

西藏三大寺 藏传佛教格鲁派在拉萨的三

座寺院，即甘丹寺、哲蚌寺、色拉寺。三寺曾对西藏的宗教和政治产生过重大影响。

བོད་ལྗོངས་གདན་ས་ཆེན་པོ་གསུམ། ལྷ་སར་ཆགས་པའི་བོད་རྒྱུད་ནང་བསྟན་རི་བོ་དགེ་ལུགས་པའི་དགོན་ཆེན་གསུམ་སྟེ། དགའ་ལྡན་དང་འབྲས་སྤུངས་སེར་དགོན་བཅས་ཡིན། གདན་ས་གསུམ་གྱིས་བོད་ཀྱི་ཆོས་སྲིད་གཉིས་ལ་ཤུགས་རྐྱེན་ཆེན་པོ་ཐེབས།

Three major monasteries in Tibet were the three monasteries of Gelugpa of Tibetan Buddhism in Lhasa of Tibet, namely Ganden Monastery, Drepung Monastery, Sera Monastery. The three monasteries had a significant impact on Tibetan religion and politics.

西藏少数民族专业技术人才特殊培养工作会议 2009年人力资源和社会保障部与西藏人民政府在成都联合召开。150余人参加。会议的主要任务：贯彻落实上级批示精神，部署西藏"特培"工作。会后，西藏"特培"工作正式启动，计划每年为西藏培养120名少数民族专业技术人才。

བོད་ལྗོངས་གྲངས་ཉུང་མི་རིགས་ཀྱི་ལག་རྩལ་ཆེད་ལས་པ་དམིགས་བསལ་སྦྱོང་ལས་གཉིས་ཀྱི་གྲོས་ཚོགས། ༢༠༠༩ལོར་མི་ཤུགས་ཐོན་ཁུངས་དང་སྤྱི་ཚོགས་འགན་སྲུང་པུའུ། བོད་ལྗོངས་མི་དམངས་སྲིད་གཞུང་བཅས་ཀྱིས་ཁྲིན་ཏུའུར་མཉམ་དུ་བསྡུས། ༡༥༠ལྷག་ཞུགས། གྲོས་ཚོགས་ཀྱི་ལས་འགན་གཙོ་བོ་རིམ་གྱི་དགོངས་པ་ལག་བསྟར་བྱེད་ཅིང་བོད་ལྗོངས་ཀྱི་དམིགས་བསལ་སྦྱོང་བརྡར་ལས་དོན་བཀོད་སྒྲིག་བྱེད་པ། གྲོས་ཚོགས་ཀྱི་དམིགས་བསལ་སྦྱོང་བརྡར་གྱི་ལས་དོན་དངོས་སུ་བརྩམས་ཤིང་། ལོ་རེར་བོད་ལྗོངས་སུ་གྲངས་ཉུང་།

རིགས་ཀྱི་ལག་རྩལ་ཆེད་ལས་པ་༡༢༠སྦྱོང་རྒྱུའི་འཆར་གཞི་བཟོས།

Work conference on special training of professional and technical ethic personnel in Tibet was held jointly by the Ministry of Human Resources, Social Security and the Tibetan people's Government in Chengdu in 2009. More than 150 people attended it. The main task of the conference was to implement instructions from higher authorities and to deploy "special training" work in Tibet. After the conference, "special training" work in Tibet was officially launched, planning to train 120 professional and technical personnel annually for Tibet.

西藏生态安全屏障保护及建设规划（2008—2030）》 国家发展和改革委办公厅文件。2009年经国务院批准印发。共5章。涉及：西藏的区域概况、生态环境建设情况、规划的总体思路、重点建设工程、规划的效益分析和保障措施等内容。计划投资155亿，实施10项工程，基本建成西藏生态安全屏障。

བོད་ལྗོངས་སྐྱེ་ཁམས་བདེ་འཇགས་སྲུང་སྐྱོབ་དང་འཛུགས་སྐྲུན་གྱི་འཆར་འགོད། (༢༠༠༨—༢༠༣༠ལོ) རྒྱལ་ཁབ་འཕེལ་བསྐྱེད་ཨུ་ཡོན་གཞུང་ལས་ཁྱེད་ཀྱི་ཡིག་ཆ། ༢༠༠༩ལོར་རྒྱལ་སྲིད་སྤྱི་ཁྱབ་ཁང་གིས་ཆོག་བཞག་པར་འགྲེམ་བྱས། ལེའུ་ལྔ་ཚན་དུ་ཡོད། བོད་ལྗོངས་ཀྱི་ས་ཁོངས་གནས་ཚུལ་དང་སྐྱེ་ཁམས་འདུགས་སྐྲུན་གནས་ཚུལ། འཆར་འགོད་ཀྱི་སྤྱིའི་བསམ་ཕྱོགས། ལས་གཞིའི་འཛུགས་སྐྲུན་གལ་ཆེན། འཆར་འགོད་ཀྱི་ཕན་འབྲས་དབྱེ་ཞིབ་དང་འགན་ལེན་

ཐབས་ཤོགས་ཀྱི་ནང་དོན་འདུས། མ་དངུལ་སྒོར་དུང་
ཕྱུར་༡༥༥འཆར་བཀོད་བཏང་ནས་ལས་གནི་རྣམ་
གྲངས་༡༠སྒྲུབ་ཏེ་གཞི་རྩའི་སྟེང་བོད་སྟོངས་སྐྱེ་
བདེ་སྲུང་ལྗོངས་ཚོགས་འགྲུབ་བྱུང་།

Plan for Ecology Safety Barrier Protection and Construction in Tibet (2008-2030), a document of National Development and Reform Commission Office, was issued by the State Council in 2009. There were five chapters, including: area profiles in Tibet, construction of ecological environment, general idea of the plan, key construction projects, benefit analyses and security measures of the plan and so on. 15.5 billion RMB was planed to be invested to implement 10 projects to basically build the ecological safety barrier in Tibet.

西藏寺庙民主改革 指 1959 年西藏民主改革时对寺庙进行的改革。主要内容：开展"三反三算运动"或"双反三算运动"，废除寺庙的剥削压迫和封建特权制度，对参叛寺庙和未叛寺庙财产分别实行没收与赎买，保护爱国守法的宗教界人士，实行政教分离，选举民主管理委员会等。

བོད་སློབ་དགོན་སྡེར་དམངས་གཙོ་བཅོས་
བསྒྱུར་བྱས་པ། ༡༩༤༩ལོར་བོད་སྡོངས་དམངས་
གཙོ་བཅོས་བསྒྱུར་སྐབས་དགོན་སྡེར་སྤྱིལ་བའི་བཅོས་
བསྒྱུར། གདོན་གཙོའི་ལ་ཚོལ་གསུམ་ཆེས་གསུམ་ལས་
འགུལ་ལམ་ཚོལ་ཟུང་ཆེས་གསུམ་ལས་འགུལ་སྤེལ་ཏེ།
དགོན་སྡེའི་བཤུ་གཞོག་གཉའ་གནོན་དང་བཀས་བཀོད་
རྒྱུད་འཛིན་གྱི་ཁྱད་དབང་ལུགས་མེད་པར་བཟོ་བ།

ངོ་ལོག་ལ་ཞུགས་མིན་གྱི་དགོན་སྡེར་རིམ་བཞིན་རྒྱུ་ནོར་
གཞུང་བཞེས་དང་ཉོ་བོ་བྱས། རྒྱལ་གཅེས་ཁྲིམས་སྲུང་གི་
ཆོས་ལུགས་མི་སྣར་སྲུང་སྐྱོབ་དང་ཆོས་སྲིད་ཁ་ཕྲལ་བ།
དམངས་གཙོའི་དོ་དམ་ཨུ་ཡོན་ལྷན་ཁང་འདེམས་བསྐོ་
བྱེད་པ་སོགས་འདུས།

Democratic reform in monasteries in Tibet refers to the reform of monasteries in Tibet in 1959. Its main contents: to carry out "three anti's and three accounts movement" or "two anti's and three accounts movement", to abolish feudal privilege system and oppression and exploitation of monasteries, to confiscate properties of monasteries that participated the rebellion and redeem those of monasteries that did not participate, to protect law-abiding patriotic religious people, implement secularism, and to elect the democratic management committees.

《西藏图考》 清代西藏地理志书。清黄沛翘编撰。共 8 卷。有光绪十二年（1886）刻本。全书对西藏古今地理沿革、山川道里记载较详。卷首附有西藏全图、沿边图等。

《བོད་ཡུལ་རིས་དཔྱད》 ཆིང་རྒྱལ་རབས་སྐབས་ཀྱི་
བོད་ཀྱི་ས་ཁམས་དཔྱད་དེབ། སྟག་ཚོས་པ་ཆིང་ཧུང་ཕའི་
ཚོན་། སློབ་བལ་པོ་ར་ཡོད། གོང་ཞིན་ཁྲི་ལོ་བཅུ་གཉིས་
པའི་ (༡༨༨༦) ཤིང་པར་མ་ཡོད། དེབ་འདིར་བོད་
ཀྱི་གནའ་དེང་ས་ཁམས་འགྱུར་རིམ་དང་རི་རྒྱ་ལམ་
གསུམ་གྱི་བོ་འགོད་ཅུང་ཞིབ་ཕྲ་ཡོད། བོད་སྟོངས་ཀྱི་
ས་ཁྲ་དང་མཐའ་ཁྱུལ་གྱི་རི་མོའང་དེབ་མགོར་བཏུར་བཀོད་
བྱས་ཡོད།

Geographical records of Tibet, geographic

annals of Tibet, was compiled by Huang Peiqiao in the Qing Dynasty. There were eight volumes in total. There was a block-printed edition in the twelfth year of Emperor Guangxu (1886). It recorded in detail the geographical changes and development, the mountains, rivers and lands of Tibet. In frontispieces, there accompanied a map of Tibet, and a map of the borders.

《**西藏王臣记**》 藏文古代史籍。达赖五世著。成书于明崇祯十六年（1643）。分26章。记载了西藏有史以来直至作者所处时代的历代王统及有关历史事件。是一部文学色彩很浓、受印度佛教文学影响很深的作品。

《དེབ་ཐེར་དཔྱིད་ཀྱི་རྒྱལ་མོའི་གླུ་དབྱངས།》 བོད་ཡིག་གི་གནའ་བོའི་ལོ་རྒྱུས་ཡིག་ཆ། རྒྱལ་དབང་ལྔ་པ་མེད་རྒྱལ་རབས་ཀྱི་ཁྱུང་གི་ཕྱི་ལོ་བཅུ་དྲུག་པར་ (1643) བཙམས། ལེའུ་ཉེར་དྲུག་བོད་ལ་རྒྱལ་པོ་ནས་ཚོང་པོ་བོར་འཛོམས་འཚུགས་པའི་གནང་བའི་བར་གྱི་རྒྱལ་རབས་ལོ་རྒྱལ་བྱིས་ཡོད། དེ་ནི་རྩོམ་རིག་གི་བོར་ཤིན་ཏུ་སྟུག་ལ་ཕྱབ་བསྟུན་རིག་གནས་ཀྱི་ཤུགས་རྐྱེན་ཟབ་པའི་བརྩམས་ཆོས་ཤིག་ཀྱང་ཡིན།

Records of Tibetan Kings and Officials, an ancient history book in Tibetan, was written by the fifth Dalai Lama. It was completed in the sixteenth year of Chongzhen (1643) of the Ming Dynasty. There were 26 chapters. It recorded kings and officials in the past dynasties and historical events related to them from the beginning of Tibet to the period of time when the writer wrote it. It was also a book with a very strong literary elements, influenced deeply by Indian Buddhist literature.

《**西藏王统记**》 藏文历史著作。僧人索南坚赞于1388年写成。木刻版共18章，104页。主要记述吐蕃王统传承。对松赞干布、墀松德赞、墀祖德赞三位赞普的事迹记述尤为详尽。对文成、金城两位公主嫁入吐蕃及唐朝与吐蕃文化交流等历史也多有叙述。但书中也有史实失真之处。

《རྒྱལ་རབས་གསལ་བའི་མེ་ལོང་།》 བོད་ཡིག་གི་ལོ་རྒྱུས་བརྩམས་ཆོས། ས་སྐྱ་བསོད་ནམས་རྒྱལ་མཚན་གྱིས་ 1388 ལོར་བརྩམས། ཤིང་པར་མར་མི་ 18 དང་། ཤོག་གྲངས་ 104 ཡོད། གཙོ་བོ་ནི་སྟོང་བཙན་རབས་ཀྱི་གདུང་རྒྱུད་བྱིས་ཡོད། བཙན་པོ་སྲོང་བཙན་སྒམ་པོ་དང་ཁྲི་སྲོང་ལྡེའུ་བཙན། ཁྲི་གཙུག་ལྡེ་བཙན་བཅས་ཀྱི་ལོ་རྒྱུས་བྱིས་པ་ཞིབ་ཅིང་ཕྲ། རྒྱ་བཟའ་མུན་ཤིང་དང་གྱིམ་ཤིང་ཀོང་ཇོ་རྣམས་གཉིས་བོད་ལ་ཕེབས་ཚུལ་དང་བོད་ཐང་བར་གྱི་རིག་གནས་འགྲོ་འོང་སོགས་བྱིས་པའང་མང་ཞིག བོན་གྱུང་དེབ་འདིར་ལོ་རྒྱུས་དངོས་དང་མི་མཐུན་པའི་ཆབ་ཡོད།

Clear Mirror on Royal Genealogy, a history book in Tibetan, was written by monk Sonam Gyaltsen in 1388. There were 18 chapters and 104 pages with the woodblock version. It mainly recorded heritage of Tibetan regime, with particularly detailed description of deeds of three Tsenpo: Songtsen Gampo, Trisong Detsen, Tritsug Detsen. Many historical events were also recorded such as the marriages of Princess Wenchang and Jincheng to the Tibetan emperors, cultural exchange between

Tang Dynasty and Tubo and so on. But some facts have been distorted in the book.

《西藏文化的保护与发展》 2008年国务院新闻办公室发表的白皮书。主要就藏语言文字的学习、使用和发展，西藏文化遗产的继承、保护和弘扬，西藏的宗教信仰和民族习俗得到尊重，西藏的现代科学教育和新闻事业全面发展四个问题进行阐述。

《བོད་ཀྱི་རིག་གནས་སྲུང་སྐྱོབ་དང་གོང་སྤེལ》 ༢༠༠༨ལོར་རྒྱལ་སྲིད་སྤྱི་ཁྱབ་ཁང་གསར་འགྱུར་གཞུང་ལས་ཁང་གིས་སྤེལ་བའི་རྒྱབ་ཤོག་དཀར་པོའི་ཡིག་ཆ། དེ་གཙོ་བོ་བོད་སྐད་བོད་ཡིག་གི་སློབ་སྦྱོང་དང་བེད་སྤྱོད། བོད་སྤྱི་གཏོང་བ། བོད་ཀྱི་ཤུལ་བཞག་རིག་གནས་རྒྱུད་འཛིན་དང་སྲུང་སྐྱོབ། ཁྱབ་སྤེལ་བྱེད་པ། བོད་ཀྱི་ཆོས་ལུགས་དང་མིས་རིགས་གོམ་སྲོལ་ལ་བརྩི་འཇོག་བྱེད་པ། བོད་ཀྱི་དེང་རབས་ཚན་རིག་སློབ་གསོ་དང་གསར་འགྱུར་ལས་དོན་ཕྱོགས་ཡོངས་ནས་གོང་སྤེལ་བཅས་ཆེ་ཁག་བཞིའི་གནད་དོན་ཞིབ་བརྗོད་བྱས།

Protection and Development of Tibetan Culture is a white paper published by the State Council Information Office in 2008. It mainly focuses on four major issues: learning, using and development of Tibetan language, succession, protection and promotion of Tibetan cultural heritage, respect for Tibetan religious and ethnic customs, integrated development of Tibet's modern science and education and journalism.

《西藏文艺》 1980年正式创刊。是西藏第一本藏文文学刊物。由西藏文联主办。有藏文小说、散文、诗歌、评论、综合栏目、美术、摄影、藏族文学名人介绍、当代藏文诗歌、知识点滴等十几个栏目。2001年获全国少数民族文学园丁奖。

《བོད་ཀྱི་རྩོམ་རིག་སྒྱུ་རྩལ》 ༡༩༨༠ལོར་དངོས་སུ་བཏོན། དེ་ནི་བོད་ལྗོངས་ཀྱི་བོད་ཡིག་རྩོམ་རིག་དུས་དེབ་ཐོག་མ་ཡིན། བོད་ལྗོངས་རྩོམ་རིག་སྐྱེན་ཚོགས་ཀྱིས་གཙོ་སྐྱོང་བྱས། དེའི་ནང་དུ་བརྩམས་སྒྲུང་དང་སྒྲུང་རྩོམ། སྙན་ངག དཔྱད་བརྗོད། ཕྱོགས་བསྒྲིགས་དྲ། མཛེས་རིས། བརྙན་པར། བོད་པ་གྲགས་ཅན་རྩོམ་པ་པོའི་ངོ་སྤྲོད། དེང་རབས་སྙན་ངག ཤེས་བྱའི་ཟེགས་མ་སོགས་དོན་ཚན་བཅུ་ལྷག་འདུག ༢༠༠༡ལོར་རྒྱལ་ཡོངས་གྲངས་ཉུང་མི་རིགས་ཀྱི་རྩོམ་རིག་སྐྱེད་གཉེར་བྱ་དགའ་ཐོབ།

Tibetan Literature and Arts started its publication in 1980. It is the first Tibetan literary periodical in Tibet and sponsored by the literary federation in Tibet. There are dozen columns such as Tibetan novels, essays, poetry, reviews, comprehensive sections, art, photography, introduction of Tibetan literary celebrities, contemporary Tibetan poetry, and knowledge notes and so on. It won the National Gardener Award for Minority Literature in 2001.

西藏武装叛乱 1959年3月10日，西藏地方上层反动势力公开撕毁《十七条协议》，宣布"西藏独立"。17日，十四达赖离开拉萨。20日，叛乱集团集结7000余名武装分子进攻驻拉萨解放军和中央代表机关。西藏军区部队奉命平叛。22日，拉萨市区的叛乱被粉碎。到次年7月，西藏全区大股叛乱武装被歼。

བོད་ཀྱི་དྲག་པོའི་ཟིང་འཁྲུག ༡༩༥༩ལོའི་ཟླ་༣པའི་ཚེས་༡༠ཉིན། བོད་ས་གནས་ཀྱི་མཐོ་རིམ་ངོ་ལོག་སྟོབས་

ཁུགས་ཀྱིས《དོན་ཚན་བཅུ་བདུན》ལ་མངོན་གསལ་
གྱིས་རྒྱབ་འགལ་བྱས་ཏེ། བོད་རང་བཙན་ཁྱབ་བསྒྲགས་
བྱས། ཚེས་ ༡༧ ཉིན། རྒྱལ་དབང་སྐུ་ཕྲེང་བཅུ་བཞི་ལྷ་
ས་དང་བྲལ། ཚེས་ ༢༠ ཉིན། ལོག་ཚོགས་པས་བོད་
དམག་ ༧༠༠༠ ལྷག་བསྡུས་ཏེ་ལྷ་སར་ཡོད་པའི་བཅིངས་
འགྲོལ་དམག་དང་ཀྲུང་དབྱུང་འཐུས་ཚབ་ལ་ཁག་ལ་
ཁོག བོད་སྡོངས་དམག་ཁུལ་གྱི་རུ་དམག་གིས་བཀག་
བཞིན་ཆོལ་ལན་སྤྲད། ཚེས་ ༢༢ ཉིན། ལྷ་ས་གྲོང་ཁྱེར་གྱི་
ཟིང་འཁྲུག་རྡུལ་དུ་བརླག ལོ་རྗེས་མའི་ཟླ་ ༧ པར། བོད་
སྟོངས་ཡོངས་ཀྱི་དོ་ལོག་སྟོབས་ཤུགས་ཕལ་ཆེར་རྩ་མེད་
དུ་བཏང་།

Armed rebellion in Tibet On March 10, 1959, the Tibetan local upper reactionary forces violated in public the *Seventeen-Article Agreement*, and declared "Tibet independence". On the 17th, the 14th Dalai Lama left Lhasa. On the 20th, the reactionary forces gathered more than 7,000 armed bandits and attacked People's Liberation Army and the central representative authorities stationed in Lhasa. Troops in Tibet Military Region were ordered to suppress them. On the 22nd, the rebellion in Lhasa was crushed. In July of the next year, most of the armed rebellion in Tibet was annihilated.

西藏药王山 藏名"夹波日",意为"铁围山"。在拉萨布达拉宫西南侧。海拔3725米。山上原有药王庙一座,里面供有药王佛像,故汉称药王山。该庙建于清康熙十五年(1676),专门传习藏医药知识。

ལྕགས་པོ་རིའི་ལྷ་ཁང་གོ་རི། བོད་བྱད་པོ་ཏ་ལའི་ཕོ་བྲང་མཚམས་
སུ་ཡོད། རྒྱ་མཚོའི་ངོས་ལས་མཐོ་ཚད་རྨི་ ༣༧༢༥ ཡིན།
རི་སྙིང་དུ་སྨན་བླའི་སྐུ་བརྙན་ཡོད་པས། རྒྱ་མིང་དུ་སྨན་ས་
རྒྱས་སྨན་བླའི་པོ་ཞེས་འབོད། ལྷ་ཁང་འདི་ཅིང་གོང་མ་
ཁང་ཞིས་ཁྲི་ལོ་བཅོ་ལྔ་པར་(༡༦༧༦) བཞེངས་
ཤིང་། བོད་ཀྱི་གསོ་བ་རིག་པའི་ཕྲིད་རྒྱུན་ཆེད་
བཟུང་བྱས།

Medicine King Mountain in Tibet Its Tibetan name is "Chakpori", meaning "a mountain surrounded by iron" in the southwest of the Potala Palace in Lhasa with an altitude of 3,725 meters above sea level. Originally, there was a Medicine King temple on the mountain, where there was a Medicine King Buddha, so it is called Medicine King Mountain in Chinese. The temple was built in the fifteenth year of Emperor Kangxi (1676), specifically used for passing on and learning Tibetan medicine knowledge.

西藏藏医学院 国内外第一所独立设置的培养高层次藏医药专业人才的高等学府。位于拉萨市。前身系西藏藏医学校和西藏大学藏医系,1989年成立西藏大学藏医学院,1993年独立设置为西藏藏医学院。开设有藏医、藏药、藏药营销、天文星算及高护等专业。占地面积82133平方米。

བོད་ལྗོངས་བོད་ལུགས་གསོ་རིག་སློབ་གྲྭ་ཆེན་
མོ། རྒྱལ་ཁབ་ཕྱི་ནང་དུ་ཚན་དུ་མཐོ་བའི་བོད་ལུགས་གསོ་
རིག་ཆེད་ལས་མི་སྣ་སྦྱོང་བའི་བྱེད་མཐོའི་མཐོ་རིམ་སློབ་
གྲྭ་པོ་ཡིན། གནས་ཡུལ་ལྷ་ས་གྲོང་ཁྱེར། དང་ཐོག་
བོད་ལྗོངས་བོད་སྨན་སློབ་གྲྭ་དང་བོད་ལྗོངས་སློབ་ཆེ་

བོད་སྨན་རིག་ཁང་སྟེ། /༡/རང་བོད་སློབས་སློབ་ཆེན་ བོད་སྨན་སློབ་གྲིང་བཏུགས། /༡/༡༽ བོད་སློངས་ བོད་ལུགས་གསོ་རིག་སློབ་གྲྭ་ཆེན་མོ་དེ་ཞིང་མཛོ་བྱུང་ དེར་བོད་ལུགས་གསོ་རིག་དང་བོད་སྨན། བོད་སྨན་ གཉིས་འཚོང་། གཞན་རིག་སྣར་ཚིས་དང་མཐོ་རིམ་ཨམ་ གཡོག་སོགས་ཆེད་ལས་ཡོད་ལ། རྒྱ་ཁྱོན་སྐྱེ་གྲུ་བའི་ ༢༡༢༣༣་བཟུང་ཡོད།

Tibetan Traditional Medical College, located in Lhasa, is the first independent college to cultivate high-level professionals in Tibetan traditional medicine at home and abroad. Its predecessor are Tibetan medical school and Tibetan medical department of Tibet University. In 1989, the Tibetan Medical Institute of Tibet University was established. In 1993, it became the independent set of Tibetan Traditional Medical College which offers courses in these disciplines, such as Tibetan Medicine, Tibetan Medicine Pharmaceutics, Tibetan Medicine Marketing, Astronomy and Senior Nursing. This college covers an area of 82,133 square meters.

西藏职业技术学院 西藏教育厅隶属学校。2005年，在原西藏自治区农牧学校和西藏自治区综合中专的基础上合并组建。位于拉萨市。占地面积632亩，分两个校区。现有31个专科专业，3个高职本科专业，包括7个大的专业类别。

བོད་ལྗོངས་ཆེད་ལས་ལག་རྩལ་སློབ་གྲིང་། བོད་ ལྗོངས་སློབ་གསོ་ཐིང་ལ་གཏོགས་པའི་སློབ་གྲྭ། སྤྱི་ལོ་ བོད་རང་སྐྱོང་ལྗོངས་ཀྱི་འབྲོག་སློབ་གྲྭ་དང་བོད་རང་ སྐྱོང་ལྗོངས་འབྲིང་རིམ་ཕྱོགས་བསྡུས་འབྲིང་རིམ་ཆེད་ གཉིས་སློང་གྲུའི་ཁང་གཞིའི་སྟེང་དུ་༢༠༠༥ལོར་གཅིག་ སློབ་གྲུས་བཏུགས། གནས་ཡུལ་ལྷ་ས་གྲོང་ཁྱེར་དང་རྒྱ་ ཁྱོན་མུའུ་༦༣༢ཡོད། སློབ་ཁག་གཉིས་སུ་བགོས་ ཡོད། དེང་ཆེས་གཉེར་ཆེད་ལས་༣༡དང་མཐོ་རིམ་ དངོས་གཞིའི་ཆེད་ལས་༣་ཡོད་ལས་རིགས་ཚན་ ༧འདུས་ཡོད།

Tibet Vocational Technical College, a school under the Department of Education of Tibet, came into being by merging the Agricultural and Husbandry School with the Comprehensive Secondary School of Tibet Autonomous Region in 2005. It is located in Lhasa, covering an area of 632 mu with two campuses. There exist 31 specialties, 3 vocational undergraduate majors, including seven major categories.

《西藏志》 清代西藏地理志书。共两卷。成书于乾隆五十七年（1792），主要记述西藏山川、物产、寺庙、风俗和川、青两省入藏站程等内容。

《བོད་ཀྱི་དེབ་ཐེར》 ཆེན་རྒྱལ་རབས་སྐབས་ཀྱི་བོད་ ཀྱི་ས་ཁྱམས་དེབ། བསྡོམས་པས་བམ་པོ་༢ཡོད། ཆན་ལུང་ཁྲི་ བོད་བདུན་པར་（༡༧༩༢）བརྩམས། བོད་ཀྱི་རི་ རྒྱུད་དང་ཐོན་རྫས། དགོན་སྡེ། ཡུལ་སྲོལ། སི་ཁྲོན་དང་ མཚོ་སྔོན་གཉིས་ནས་དབུས་སུ་བགྲོད་པའི་ལམ་ཚིགས་ སོགས་གཙོ་བོར་ཞིབ་བརྗོད་བྱས་ཡོད།

Annals of Tibet, a Tibet geographic book in the Qing Dynasty with two volumes in total, was completed in the 57th year of the reign of Emperor Qianlong (1792). It mainly recorded Tibetan mountains, property, monasteries, customs and stations along the journey from Sichuan and Qinghai provinces into Tibet, and some other contents.

西藏自治区保护文物　符合西藏自治区人大常委会于2007年修改并颁布的《西藏自治区文物保护条例》第一章第二条之规定的文物，即为自治区行政区域内受国家保护的文物。共6类。

བོད་རང་སྐྱོང་ལྗོངས་ཀྱི་རིག་དངོས་སྲུང་སྐྱོབ།

བོད་རང་སྐྱོང་ལྗོངས་མི་དམངས་འཐུས་མི་ཚོགས་ཆེན་རྒྱུན་ལས་ཡུལ་ཡོན་ལྷན་ཁང་གིས་༢༠༠༧ལོར་བཟོ་བཅོས་སློས་སྒྲིལ་བའི་《བོད་རང་སྐྱོང་ལྗོངས་རིག་དངོས་སྲུང་སྐྱོབ་སྲོལ་ཡིག》གི་ལེའུ་དང་པོའི་དོན་ཚན་གཉིས་པར་གཏན་ལ་འབབ་པའི་རིག་དངོས་ནི་རང་སྐྱོང་ལྗོངས་ཀྱི་སྲིད་འཛིན་ས་ཁོངས་སུ་རྒྱལ་ཁབ་ཀྱིས་རིག་དངོས་སྲུང་སྐྱོབ་དང་མཐུན། སྤྱིའི་སྡེ་ཚན་དྲུག་ཡོད།

The Cultural Relics Under Protection in Tibet Autonomous Region According to Tibet Autonomous Region people's Congress, cultural relics refer to those in accordance with the provisions of Article II of the first chapter in the *Regulations of Tibet Autonomous Region on the Protection of Cultural Relics* which was modified and enacted in 2007. They are under national protection in the autonomous administrative area. There are six categories in total.

西藏自治区筹备委员会　负责筹备成立西藏自治区的政权机关。1955年国务院第七次会议通过，次年在拉萨成立。其主要任务是依据《宪法》和《十七条协议》及藏族聚居地区的具体情况，筹备成立西藏自治区。1965年完成历史使命。

བོད་རང་སྐྱོང་ལྗོངས་བཀོད་སྒྲིག་ཚོགས་ཆུང་།

བོད་རང་སྐྱོང་འཛུགས་གནས་བྱེད་པའི་སྲིད་འཛིན་ལས་ཁུང་། ༡༩༥༥ལོར་རྒྱལ་སྲིད་སྤྱི་ཁྱབ་ཁང་གི་སྐོར་ཚོགས་བདུན་པས་འཆམ་མཐུན་བྱུང་ཞིང་། རྗེས་མར་ལྷ་སར་ཚོགས། ལས་འགན་གཙོ་བོ་ནི་《རྩ་ཁྲིམས》དང་《དོན་ཚན་བཅུ་བདུན》ལ་གཞིར་བཟུང་ནས་བོད་ཁུལ་གྱི་གནས་ཚུལ་ལ་དམིགས་ཏེ་བོད་རང་སྐྱོང་ལྗོངས་འཛུགས་གནས་བྱེད་པ་དེ་ཡིན། ༡༩༦༥ལོར་ལོ་རྒྱུས་ཀྱི་འོས་ཡོང་སུ་འགྲུབ།

Preparatory Committee for the Autonomous Region of Tibet was a state organ in charge of preparations for the establishment of Tibet Autonomous Region. It was passed in the Seventh Meeting by the State Council in 1955, and was established in the following year in Lhasa. Its main task was to prepare the establishment of Tibet Autonomous Region based on the *Constitution*, the *17-Article Agreement* and the specific circumstances in Tibetan areas. It completed its historical mission in 1965.

西藏自治区筹委会土地制度改革委员会　1959年由西藏自治区筹委会第三次全体委员会议决定成立。张国华任主任委员，成员大多数是西藏上层爱国进步人士。这一机构的主要任务是执行西藏土改的实施方案和解决土改中出现的问题。

བོད་རང་སྐྱོང་ལྗོངས་བཀོད་སྒྲིག་ཚོགས་ཆུང་ཞིང་ལམ་ལུགས་བཅོས་བསྒྱུར་ཚོགས་ཆུང་། ༡༩༥༩ལོར་བོད་རང་སྐྱོང་ལྗོངས་བཀོད་སྒྲིག་ཚོགས་ཆུང་ཐེངས་གསུམ་པའི་ཚོགས་ཆེན་འཛིན་པྲོས་ཚོགས་ཀྱིས་འགྲིག་རྒྱུ་ཐག་བཅད། ཀྲང་གོས་ཧྭ་ཀྲུའུ་རེན་དང་། ཚོགས་མི་ཕལ་ཆེར་བོད་ཀྱི་མཐོ་རིམ་

རྒྱལ་གཅེས་མི་སྣ་ཡིན། ལས་ཁུངས་འདིའི་འགན་གཙོ་བོ་ནི་བོད་ཀྱི་ས་ཞིང་བཅོས་བསྒྱུར་གྱི་འཆར་གཞི་ལག་བསྟར་དང་བཅོས་བསྒྱུར་སྐབས་ཀྱི་གནད་དོན་གཅོད་པའི་ཡིན།

Land Reform Committee of the Preparatory Committee for Tibet Autonomous Region was set up by the third plenary meeting of the Preparatory Committee in 1959. Zhang Guohua was the director, and most members were the upper patriotic and progressive people of Tibet. The main task of this organization was to implement programs of land reform in Tibet, and to resolve the problems in land reform.

《西藏自治区对外国人来藏登山管理条例》（修改） 文件名。1994 年西藏自治区人大常委会发布。2000 年修改。共 6 章 31 条。主要就外国人在西藏境内海拔 5500 米以上山峰进行登山探险、高山滑雪、高山滑翔、攀岩等探险活动以及附带在山峰区域内进行科学考察、测绘活动作出诸多具体规定。

《བོད་རང་སྐྱོང་ལྗོངས་ཀྱིས་ཕྱི་མི་བོད་ཡུལ་དུ་རི་ལ་འགོ་བར་ཡོང་བའི་དོ་དམ་སྒྲོར་གྱི་སྒྲིག་ཡིག》（བསྒྱུར་བཅོས） ཡིག་ཆའི་མིང་། 1994 ལོར་བོད་རང་སྐྱོང་ལྗོངས་མི་དམངས་མཐུས་མི་ཚོགས་ཆེན་རྒྱུན་ལས་ཨུ་ཡོན་ལྷན་ཁང་གིས་ཁྱབ་སྒྲོག་བྱས། 2000 ལོར་བསྒྱུར་བཅོས་བཏང་། སྟོན་ལེའུ་དྲུག་དོན་ཚོ་གཅིག་གཙོ་བོ་ཕྱི་མི་བོད་ལྗོངས་ནང་ཁུལ་གྱི་དངས་མཐོ་ཚད་མཐོ་5500ཅན་གྱི་རི་ལ་འགོ་བའི་ཉེན་འཚོལ་དང་། རི་མཐོའི་གངས་བགྲོད་རི་མཐོའི་བོའི་ཤུད་སྒྱིང་། བྲག་ལ་འཛེགས་པ་སོགས་པ་ཉེན་འཚོལ་བྱ་འགུལ་དང་དུ་ལོར་དུ་རེ་རེ་ས་ཁུལ་དུ་ཚན་རིག་བརྟག་དཔྱད་དང་ཚད་ཇུག་འཇལ་སོགས་ལ་ཞིབ་ཕྲའི་གཏན་འབེབས་གནང་།

ཁེལ་དུ་མ་བྱས་ཡོད།

Rules and Regulations on the Management of the Foreign Mountaineers in Tibet Autonomous Region was published by the Standing Committee of people's Congress in Tibet Autonomous Region in 1994, and revised in 2000, including six chapters and 31 articles. It makes lots of specific regulations mainly on foreigners' climbing expeditions, alpine skiing, mountain glide, rock climbing and other adventure activities at an altitude of above 5,500 meters in Tibet. There were also some supplementary regulations on scientific investigation, surveying and mapping within the mountain areas.

西藏自治区歌舞团 是一个以藏族为主体，包括汉、珞巴、门巴等民族演员在内的专业民族歌舞艺术表演团体。成立于 1958 年。以表演藏族歌舞为主，多次在国际、国内的艺术比赛中获奖。

བོད་རང་སྐྱོང་ལྗོངས་གླུ་གར་ཚོགས་པ། འདིའི་བོད་པ་གཙོ་གྱུར་གཞན་རྒྱ་དང་ལྷོ། མོན་པ་སོགས་འབྲེལ་སྟོན་པས་གྲུབ་པའི་མི་རིགས་སྒྱུ་རྩལ་སྟོན་འཁྲབ་ཆེད་ལས་པ་ཞིག་ཡིན། 1958 ལོར་ཚོགས། བོད་ཀྱི་གླུ་གར་འཁྲབ་སྟོན་གཙོ་བོ་ཡིན། རྒྱལ་ཁབ་ཕྱི་ནང་གི་སྒྱུ་རྩལ་འགྲན་སྡུར་ཁྲོད་མང་བྱམས་ཤིང་བྱ་དགའ་མི་ཉུང་བ་ཐོབ།

Song and Dance Troupe of Tibet Autonomous Region is a professional arts group performing folk dance with Tibetan actors as the main body, also includes the Han, Lhoba, Monba and other ethnic actors. It was founded in 1958, mainly performing Tibetan song and dance. The Troupe won many awards at international and domestic arts competitions.

《西藏自治区各级人民代表大会选举条例》 文件名。1963 年第二届全国人民代表大会常务委员会第九十一次会议批准。共 8 章。涉及自治区各级人民代表大会代表名额、选举委员会、选区划分和选民登记、代表候选人的提出、选举程序、对破坏选举的制裁等内容。

《བོད་རང་སྐྱོང་ལྗོངས་རིམ་པ་སོ་སོའི་མི་དམངས་འཐུས་མི་ཚོགས་ཆེན་གྱི་འདེམས་བསྐོའི་སྲོལ་ཡིག》 ཡིག་ཚང་གི་མིང་། ༡༩༦༣ལོར་སྐབས་གཉིས་པའི་རྒྱལ་ཡོངས་མི་དམངས་འཐུས་མི་ཚོགས་ཆེན་རྒྱུན་ལས་ཡོལ་ཡོན་གྲོས་ཚོགས་ཐེངས་དགུ་བཅུ་གཅིག་པར་གྲོས་འཆམ་བྱུང་། སློབ་མཚན་དོན་ཡོད་ དེའི་ནང་རང་སྐྱོང་ལྗོངས་རིམ་པ་སོ་སོའི་མི་དམངས་འཐུས་མི་ཚོགས་ཆེན་གྱི་འཐུས་མིའི་མི་གྲངས་དང་འདེམས་བསྐོ་ཨུ་ཡོན་ཚོགས་པ། འདེམས་ཁུལ་དབྱེ་བགོ། འདེམས་བདམས་པོ་འགོད། བདམས་བྱའི་འོས་མི་མཚམས་སྟོང་། འདེམས་བསྐོའི་གོ་རིམ། འདེམས་བསྐོ་ལ་གཏོར་བཤིག་བྱེད་མཁན་གྱི་ཉེས་ཆད་སོགས་འདུས་ཡོད།

Rules for Election of Deputies to the people's Congresses at Various Levels in the Tibet Autonomous Region was approved by the Standing Committee of the Second Session of National people's Congress at the 91st meeting in 1963 with eight chapters in total. Issues involved: the number of representatives of people's Congress at all levels in autonomous region, the Electoral Commission, demarcation of constituencies and registration of voters, nomination of candidates, election procedures, sanctions against disrupting elections, etc.

西藏自治区经济工作咨询小组 1984 年中共中央书记处召开第二次西藏工作座谈会。期间，党中央、国务院决定，成立由国家计委副主任黄毅诚为组长的西藏自治区经济工作咨询小组，主要协助西藏自治区党委和人民政府处理有关经济领域的工作。

བོད་རང་སྐྱོང་ལྗོངས་དཔལ་འབྱོར་ལས་ཀའི་བློ་འདྲི་ཚན་ཆུང་། ༡༩༨༤ལོར་ཀྲུང་གུང་ཀྲུང་དབྱང་ཡིག་ཚང་ལས་ཁུངས་ནས་བོད་ལྗོངས་ལས་ཀའི་གྲོས་ཚོགས་སྐབས་གཉིས་པ་ཚོགས། དུས་སྐབས་དེར། ཏང་ཀྲུང་དབྱང་དང་རྒྱལ་སྲིད་སྤྱི་ཁྱབ་ཁང་གིས་རྒྱལ་ཁབ་ཆེས་འཆར་གྱི་རིན་གཞོན་པ་ཧོང་དབྲིས་ཁྲེང་ཚོགས་གཙོར་བྱས་པའི་བོད་རང་སྐྱོང་ལྗོངས་དཔལ་འབྱོར་ལས་ཀའི་བློའི་ཚན་ཆུང་འཛུགས་རྒྱུ་ཐག་བཅད། དེས་གཙོ་བོ་བོད་རང་སྐྱོང་ལྗོངས་ཏང་ཨུ་དང་མི་དམངས་སྲིད་གཞུང་གི་དཔལ་འབྱོར་ལས་སྐོར་ལ་རམ་འདེགས་བྱ་རྒྱུ་བྱས།

Economic Work Advisory Group in Tibet Autonomous Region In 1984, the CPC Central Committee convened the Second Forum on Tibet Work. During the meeting, the Party Central Committee and the State Council decided to set up an Economic Work Advisory Group in Tibet Autonomous Region with Huang Yicheng, vice director of the State Planning Commission Deputy, as its group leader. Its main task is to assist the Party committee and People's Government of the Tibet

Autonomous Region in dealing with the economic work.

《西藏自治区流动人口服务管理条例》 文件名。西藏自治区第九届人民代表大会常务委员会第十九次会议于2010年通过，是自治区第一部关于流动人口的地方性法规。包括总则、权益保障与服务、管理、法律责任、附则，共5章。

《བོད་རང་སྐྱོང་ལྗོངས་མི་གནས་འགྲོ་འོང་ཞབས་ཞུའི་དོ་དམ་སྲོལ་ཡིག》 ཡིག་ཆའི་མིང་། ༢༠༡༠ལོར་སྐབས་བདུན་པའི་བོད་རང་སྐྱོང་ལྗོངས་མི་དམངས་འཐུས་མི་ཚོགས་ཆེན་རྒྱུན་ལས་ཨུ་ཡོན་ལྷན་ཚོགས་ཐེངས་བཅུ་དགུ་པར་གྲོས་འཆམ་བྱུང་། བོད་རང་སྐྱོང་ལྗོངས་ཀྱི་མི་གནས་འགྲོ་འོང་སྐོར་གྱི་ས་གནས་རང་བཞིན་གྱི་ཁྲིམས་སྲོལ་ཐོག་མ་ཡིན། དེའི་སྦྱི་སྙིང་གཞི་དང་། ཁེ་ཕན་འགན་ལེན་དང་ཞབས་ཞུ། དོ་དམ། ཁྲིམས་ལུགས་འོས་འགན། ཟུར་བཀོད་སོགས་ལེའུ་ཆོན་པ་ཡོད།

Regulations of Tibet Autonomous Region on the Administration of Floating Population was released at the 19th Meeting of the Standing Committee of the Ninth people's Congress of Tibet Autonomous Region in 2010. It is the first local regulations on floating population in the autonomous region. Issues included: general principles, rights protection and services, administration, legal liability and supplementary provisions, 5 chapters in total.

西藏自治区民间艺术之乡 西藏自治区人民政府认定的存在民间艺术并具保护价值的地方。2002年，西藏自治区人民政府下发《西藏自治区人民政府关于命名西藏自治区民间艺术之乡和特色艺术之乡的决定》，昌都地区芒康县等19个县、乡、村成为首批西藏自治区民间艺术之乡。

བོད་རང་སྐྱོང་ལྗོངས་དམངས་ཁྲོད་སྒྱུ་རྩལ་དཔེའི་གྲོང་སྡེ་བ། བོད་རང་སྐྱོང་ལྗོངས་མི་དམངས་སྲིད་གཞུང་གིས་ཐག་བཅད་པའི་དམངས་ཁྲོད་སྒྱུ་རྩལ་དང་སྲུང་སྐྱོབ་རིན་ཐང་ལྡན་པའི་ས་ཁུལ་ལ་ཟེར། ༢༠༠༢ལོར་བོད་རང་སྐྱོང་ལྗོངས་མི་དམངས་སྲིད་གཞུང་གིས《བོད་རང་སྐྱོང་ལྗོངས་མི་དམངས་སྲིད་གཞུང་གིས་དམངས་ཁྲོད་སྒྱུ་རྩལ་དཔའི་སྟོན་དུ་སྟེ་དང་ཁྱད་ཆོས་སྒྱུ་རྩལ་དུ་སྟེ་སྦྱོར་གྱི་མིང་བཏགས་ཐག་གཅོད》སྤྱིལ་ཆབ་མདོ་ས་ཁུལ་སྨར་ཁམས་རྫོང་སོགས་རྫོང་དང་ཞང་། དྲྭ་བ་བཅས་བོད་རང་སྐྱོང་ལྗོངས་དམངས་ཁྲོད་སྒྱུ་རྩལ་དཔའི་སྟོན་དུ་སྟེ་ཐོག་མར་གདམས།

Home of folk art in Tibet Autonomous Region refers to places where there exists folk art with protective value recognized by people's Government of the Tibet Autonomous Region. According to *Decisions on naming the homes of folk art and homes of art with characteristics in Tibet Autonomous Region by people's Government* released in 2002, 19 counties such as Markam County in Changdu and some other villages became the first places as homes of folk art in Tibet Autonomous Region.

《西藏自治区人权事业的新进展》 1998年国务院新闻办公室发表的白皮书。主要从民族区域自治制度与人民的政治权利，经济发展与人民的生存权和发展权，人民享有的受教育权利、文化权利和健康保障权利，宗教信仰自由的权利四个方面阐述西藏自1992年以来人权事业新进展的事实。

《བོད་རང་སྐྱོང་ལྗོངས་འགྲོ་མིའི་ཐོབ་ཐང་ལས་དོན་གྱི་འཕེལ་རིམ་གསར་པ》 ཡིག་ཆ་ཞིག རྒྱལ་ཡོངས་སྤྱི་ཁྱབ་ཁགས་འགྱུར་གཞུང་ལས་ཁང་གིས་བསྒྲགས་པའི་རྒྱལ་ཧྥེག་དཀར་པོའི་ཡིག་ཆ། མི་རིགས་ས་ཁོངས་རང་སྐྱོང་ལམ་ལུགས་དང་མི་དམངས་ཀྱི་ཆབ་སྲིད་ཀྱི་དབང་ཆ། དཔལ་འབྱོར་འཕེལ་རྒྱས་དང་མི་དམངས་ཀྱི་འཚོ་གནས་དབང་ཆ་དང་གོང་སྤེལ་དབང་ཆ། མི་དམངས་ཀྱི་སློབ་གསོ་བའི་ཞི་དབང་། རིག་གནས་ཀྱི་དབང་དང་བདེ་ཐང་འཕན་ཞི་གྱི་ལེ་དབང་། ཆོས་ལུགས་དད་མོས་རང་དབང་གི་ལེ་དབང་བཅས་ཚེ་ཕྱོགས་བཞི་ནས་བོད་ལྗོངས་ཀྱི་༡༩༩༢ལོ་ནས་འགྲོ་བ་མིའི་ཐོབ་ཐང་ལ་གཞི་འཕེལ་རིམ་གསར་པ་ཞིག་བཙུགས་བྱུང་ཡོད།

New Progress in Human Rights in the Tibet Autonomous Region, a white paper published by the State Council Information Office in 1998, mainly elaborated new progress in human rights in Tibet since 1992 from the four aspects: system of ethnic regional autonomy and people's political rights; economic development and people's livelihood and development; the rights that people enjoy for education, culture and health protection and the right to religious freedom.

《西藏自治区"十一五"（2006—2010）规划项目方案》 文件名。2007年中央政府正式批准通过。投资778.8亿元在西藏建设180个项目（见"一百八十个工程建设项目"词条）。在180个项目中，中央政府重点安排了一批改善农牧区生产生活条件的建设项目。

《བོད་རང་སྐྱོང་ལྗོངས་ཀྱི་བཅུ་གཅིག་ལྔའི་(༢༠༠༦—༢༠༡༠)ལས་གཞིའི་འཆར་ཟིན》 ཡིག་ཆའི་མིང་། ༢༠༠༧ལོར་དབུས་གཞུང་གིས་ཆོག་མཆན་གྱིས་གཏན་ལ་ཕབ་སྟེ། (འཇོག་མཆན་ཆགས་གཏན་ལ་ཕབ་ཞིག་ལ་ལྟོས།) དེའི་ནང་དུ་གཞུང་གིས་དོར་འབུམ་༧༧༨.༨ མི་དམངས་ཀྱི་འཛོ་དང་ཕོ་སྐྱིད་གོང་འཕེལ་གཏོང་བའི་འཛུགས་སྐྲུན་ལས་གཞི་ཁག་ཅིག་བགོད་སྒྲིག་བྱས་ཡོད།

The 11th Five-Year Plan (2006-2010) in Tibet Autonomous Region was formally approved by the central government in 2007. 77.88 billion yuan was invested to construct 180 projects in Tibet (see the entry "180 construction projects"). Among the 180 projects, the central government arranged a number of projects to improve the production and living conditions in the pastoral areas.

西藏自治区特色艺术之乡 西藏自治区人民政府认定的存在特色艺术并具保护价值的地方。2002年，西藏自治区人民政府下发《西藏自治区人民政府关于命名西藏自治区民间艺术之乡和特色艺术之乡的决定》，拉萨市尼木县塔容镇和昌都地区昌都县嘎玛乡成为首批西藏自治区特色艺术之乡。

བོད་རང་སྐྱོང་ལྗོངས་ཁྱད་ལྡན་སྒྱུ་རྩལ་དུ་སྟེ། བོད་རང་སྐྱོང་ལྗོངས་མི་དམངས་སྲིད་གཞུང་གིས་ཐག་བཅད་པའི་དམངས་ཁྲོད་སྒྱུ་རྩལ་དང་སྤྱིར་སྲུང་རིན་ཐང་ཕུན་པའི་ས་ཁུལ་ལ་ཟེར། ༢༠༠༢ལོར་བོད་རང་སྐྱོང་ལྗོངས་མི་དམངས་སྲིད་གཞུང་གིས《བོད་རང་སྐྱོང་

སྟོངས་མི་དམངས་སྲིད་གཞུང་གིས་དམངས་ཁྲོད་སྒྱུ་རྩལ་དཔེ་སྟོན་རུ་སྦྱེ་དང་ཁྱད་ཁུན་སྒྱུ་རྩལ་རུ་སྦྱེ་སྟོར་གྱི་མིང་བསལ་ཐག་གཅོད》 ཞེས་པ་བྱེལ་ཏེ། ལྷས་གྲོང་ཁྱེར་སྙེ་མོ་རྫོང་མཚན་ཉུང་གྲོང་དང་ཆབ་མདོ་ས་ཁུལ་ཆབ་མདོ་རྫོང་གཱ་མ་ཞང་གཉིས་བོད་རང་སྐྱོང་ལྗོངས་ཀྱི་ཁྱད་ཉུན་རུ་སྦྱེ་ཐོག་མར་གདམས།

Home of art with characteristics in Tibet Autonomous Region refers to places where there exists folk art with protective value recognized by people's Government of the Tibet Autonomous Region. According to *Decisions on naming the homes of folk art and homes of art with characteristics in Tibet Autonomous Region by people's Government* released in 2002, Tarong Township of Nyemo County in Lhasa and Gama Township of Changdu County in Changdu Prefecture became the first two townships with the name of "home of art with characteristics" in Tibet Autonomous Region.

西藏自治区图书馆 省级公共图书馆。1991年动工修建，1996年建成。占地面积31700平方米，设有少儿阅览室、报刊阅览室、藏文古籍阅览室、港台外文阅览室、外借阅览室及电子阅览室等。截至2011年，馆藏新书已达36万册，馆藏藏文古籍达1.8万余函、12万余册。

བོད་རང་སྐྱོང་ལྗོངས་དཔེ་མཛོད་ཁང་། ཞིང་ཆེན་རིམ་པའི་སྤྱི་སྤྱོད་དཔེ་མཛོད་ཁང་། 1991ལོར་བཞེངས་འགོ་ཚུགས་ཏེ 1996ལོར་ལེགས་གྲུབ་བྱུང་། རྒྱ་ཁྱོན་སླེབུ་བཞིའ་མ 31700ཡིན། བྱིས་པའི་དཔེ་ཀློག་ཁང་དང་ཚགས་པར་ཀློག་ཁང་། བོད་ཡིག་ཡིག་རྙིང་དཔེ་ཀློག་ཁང་། གཱང་ཐའི་ཡི་ཕྱི་ཡིག་དཔེ་ཀློག་ཁང་། གཡར་དཔེའི་ཀློག་ཁང་། གློག་རྡུལ་དཔེའི་ཀློག་ཁང་སོགས་ཡོད། 2011ལོའི་བར་དུ་དཔེ་གསར་དེའི་ཁྲི 36བོད་ཡིག་ཡིག་རྙིང་སྒྲིགས་བམ་ཁྲི 1. 8སྒྲོག་དང་། དེབ་ཁྲི 12ལྷག་ཚར་ཚགས་བྱས་ཡོད།

Tibet Autonomous Region Library, a provincial public library, was constructed in 1991, and completed in 1996. Covering an area of 31,700 square meters, it has children's reading room, newsroom, reading room for ancient Tibetan books, reading room for books of Hong Kong and Taiwan and books in foreign languages, reading room for checking out books, electronic reading room. By the time of 2011, the number of the book collection has reached 360,000, among which collection of ancient Tibetan books has reached up to 18 thousand cases and 120 thousand copies.

《西藏奏疏》 清道光年间驻藏大臣孟保、海朴的奏折汇集。共10卷。详述1841年英国策动拉达克头人勾结森巴人武装入侵阿里，西藏人民反击入侵者，收复失地，获取全胜的史实。

《གོང་མར་འབུལ་བའི་བོད་དོན་ཞུ་ཡིག》 ཆིང་རྒྱལ་རབས་ཀྱི་ཏའོ་གོང་སྐུ་དུས་སུ་བོད་སྡོད་ཨམ་བན་མོན་པའོ་དང་ཧའེ་པོ་ཡི་ཞུ་ཡིག་ཕྱོགས་བསྡུས། བམ་པོ 10ཡོད། དེར 1841ལོར་དབྱིན་ཇིས་དྲན་སྐུལ་འོག་དགས་ཀྱི་དཔོན་པོས་སུམ་པ་མི་དང་འབྲེལ་བ་བྱས་ཏེ་དག་པོའི་བཙན་འཇུལ་བྱས་པར། མངའ་རིས་དང་བོད་སྟོངས་མི་དམངས་ཀྱིས་བཙན་འཇུལ་བ་ནས་མངའ་ཁོངས་ཐོར་བ་ཕྱིར་སླངས་པའི་རྒྱལ་པོའི་ལོ་རྒྱུས་ཀྱི་ལོ་རྒྱུས་དངོས་

བཛོད་ཡོད།

Memorials on Tibet, a memorial collection with 10 volumes in total, was from Ministers stationed in Tibet Meng Bao and Hai Pu during the year of Emperor Daoguang in the Qing Dynasty. It kept a detailed account of the historical event in Tibet. In 1844, Britain instigated the headman of the Ladakh people to collude with the sing-pa (Dogra) people and invaded Ali. The Tibetan people fought against the invaders, regained lost land and achieved victory.

《西招图略》 清代西藏地理志书。松筠撰。1卷。成书于嘉庆三年（1798）。松筠在嘉庆时出任驻藏大臣，根据经历见闻，在书中叙述了西藏地区的山川形势、边隘兵卡等28类相关内容。

《བོད་སྐྱོང་བབས་ཇུས》 ཅིང་རྒྱལ་རབས་སུ་བོད་ལྗོངས་ཀྱི་ས་ཁམས་དཔྱད་དེབ། ཧུའུ་ཚོན་གྱིས་བརྩམས། དེབ་གཅིག ཅ་ཆིང་ཁྲི་ལོ་གསུམ་པར་（1798） གྲུབ། ཧུའུ་ཚོན་ནི་ཅ་ཆིང་སྐབས་ཀྱི་བོད་བཞུགས་ལས་བསྡུས་ཡིན། ལོ་ངམས་སྐྱོང་དང་མཐོང་ཐོས་བཅུད་ནས་བོད་ལྗོངས་ཀྱི་རི་དཔྱད་དང་འགག་ལས། དམག་ཚོགས་སོགས་འབྲེལ་ཡོད་ནང་དོན་རིགས་ཉེར་བརྒྱད་བཀོད་ཡོད།

Concise records of Tibet was geographical annals of Tibet in the Qing Dynasty, compiled by Song Yun. The annals was composed of 1 volume and completed in the 3rd year of the reign of Emperor Jiaqing (1798). Song Yun gave an account of 28 kinds of geographical information of Tibetan area, including the mountains, rivers and frontier pass on the basis of what he saw and heard when he was newly appointed as the Grand minister resident of Tibet.

奚族 中国北方古代民族名。南北朝时称"库莫奚"。隋唐时称"奚"，并活动于今西拉木伦河上游一带。后分东、西奚，先后附辽，多与契丹人融合。自公元4世纪的北魏时期起，直至13世纪的元代，其在历史上活动近千年。

ཞི་རིགས། རང་རྒྱལ་བྱང་ཕྱོགས་ཀྱི་གནའ་བོའི་མི་རིགས་ཤིག རྒྱལ་རབས་སྟོང་ཕྱུང་གི་སྐབས་སུ་ཁོ་མོ་ཞི་ཞེས་འབོད། སུའེ་དང་ཐང་རྒྱལ་རབས་སྐབས་སུ་ཞི་ཞེས་འབོད། དེང་གི་ཞི་ལ་མུའུ་ལུན་གཙང་པོའི་རྒྱུད་དུ་ཡོད། རྗེས་སུ་ཞི་ཤར་མ་དང་ནུབ་མར་གྱེས་ཤིང་། སྔ་རྗེས་སུ་ལིའོ་ལ་འགྲོ་བཏགས། ཆི་ཏན་རིགས་དང་འདྲེས་བ་མང་། དུས་རབས་བཞི་པའི་བྱི་བྱང་ནས་དུས་རབས་བཅུ་གསུམ་པའི་ཡོན་རྒྱལ་རབས་བར་ལོ་སྟོང་ལྷག་གི་ལོ་རྒྱུས་ཡོད།

The Kumo Xi was the name of an ancient ethnic group in north of China, called "Kumo xi" in the Northern and Southern Dynasties. The Kumo Xi ethnic group was called "Xi" in the Sui Dynasty; they lived in the upstream area of today's Shara Muren. The Kumo Xi ethnic group was later divided into East Xi and West Xi and successively attached to Liao with most of them assimilated to Qidan people. The Kumo Xi ethnic group remained for about a thousand year from the Northern Wei Dynasty in the 4th century to Yuan

Dynasty in the 13th century.

锡伯文 中国新疆锡伯族使用的一种拼音文字。1947 年前后由满文略加改造而成。是全音素文字。由上至下竖写，各列由左至右排列。

ཞི་བོ་ཡི་གེ། གུང་གོའི་ཞིན་ཅང་གི་ཞི་པོ་རིགས་ཀྱིས་སྤྱོད་པའི་དབྱངས་གསལ་ཡི་གེ་ཞིག /༡༩༤༧/ ལོར་མན་ཇུའི་ཡི་གེ་ལ་བསྒྱུར་བཅོས་ཆུང་ཙམ་བྱས་ཏེ་བཟོས། སྐྱེང་ནས་འོག་ཏུ་འབྲི་དགོས་པ་དང་། ཐིག་ཕྲེང་གཡོན་ནས་གཡས་སུ་སྒྲིག་པ་ཞིག་ཡིན།

Xibe script is an alphabetic writing used by Xibe people of Xinjiang, China. It was a phonemic script created by adopting the Manchu language which had been modified slightly in 1947. Xibo script is written from up to down and arrays from left to right.

锡伯语 锡伯族使用的语言。属阿尔泰语系满–通古斯语族满语支。主要分布在中国新疆伊犁哈萨克自治州察布查尔锡伯自治县、霍城、巩留、塔城等县以及乌鲁木齐市和伊宁市。无方言差别。

ཞི་བོ་སྐད། ཞི་པོ་རིགས་ཀྱིས་སྤྱོད་པའི་སྐད་ཆ། ཨར་ཐའི་སྐད་ཁོངས་མན་གུང་གུ་སི་སྐད་ཀྱི་ཡན་ལག་ཅིག ཞིན་ཅང་གི་དབྱི་ལི་ཧ་སག་རང་སྐྱོང་ཁུལ་ཁ་ཕུའི་ཚར་ཞི་པོ་རང་སྐྱོང་རྫོང་དང་ཧུའི་ཆིན། ཁྲུན་ལེའུ། ཐ་ཁྲིན་སོགས་རྫོང་དང་། དབུའུ་ལུའུ་མུ་ཆི་གྲོང་ཁྱེར་དང་དབྱི་ཉིང་གྲོང་ཁྱེར་བཅས་སུ་ཁྱབ་ཡོད། ཡུལ་སྐད་བར་ཁྱད་མེད།

Xibe language is the language of Xibe people. It belongs to Manchu branch of Manchu-Turgus language group of Altaic language family. It is mainly spoken in Qapqal Xibe Autonomous County of Kazak Autonomous Prefecture of Ili, Xinjiang, Huocheng, Tongustarau, Tacheng, Urumqi and Yili. There is no dialect difference in Xibe language.

锡伯族 中国的少数民族。"锡伯"为自称。主要分布在新疆伊犁地区的察布查尔锡伯自治县和辽宁、吉林等省。人口 190481 人（2010 年）。与东北地区的锡伯族不同，新疆的锡伯族至今还完整地保留着自己的语言文字、浓厚的风俗习惯和宗教信仰（萨满教、藏传佛教）。主要从事渔猎和农业。

ཞི་བོ་རིགས། གུང་གོའི་གྲངས་ཉུང་མི་རིགས། རང་ཞི་པོ་ཞེས་འབོད། གཙོ་པོ་ཞིན་ཅང་གི་དབྱི་ལིའུ་ཁྱི་ཁ་ཕུའི་ཚར་ཞི་པོ་རིགས་རང་སྐྱོང་རྫོང་དང་ལུའི་ཉིང་། ཅི་ལིན་སོགས་ཞིང་ཆེན་ལ་ཁྱབ། མི་གྲངས་ /༡༩༠༤༨༡/ (༢༠༡༠ལོ) ཡོད། བྱང་ཤར་ཁུལ་གྱི་ཞི་པོ་རིགས་དང་མི་འདྲ་སྟེ། ཞིན་ཅང་གི་ཞི་པོ་རིགས་ཀྱིས་ད་ལྟའི་བར་དུ་རང་རིགས་ཀྱི་སྐད་དང་ཡི་གེ། ཡུལ་སྲོལ་གོམས་གཤིས། ཆོས་ལུགས་དད་མོས། (སུམ་ཐ་ཆོས། བོད་བརྒྱུད་ཆོས།) སོགས་རྒྱུན་འཛིན་བྱས་ཡོད། གཙོ་བོ་ཉ་ལས་དང་རྫིན་ལས། ཞིང་ལས་སོགས་ལ་གཉེར།

Xibe people is a Chinese ethnic group who claimed themselves to be "Xibe". They are mainly inhabited in Qapqal Xibe Autonomous County of Kazak Autonomous Prefecture of Ili, Xinjiang, Liaoning and Jilin provinces. Its population was 190,481 in 2010. Xibe people in Xinjiang differs from Xibe people in Northeast region because the former completely preserve their language, rich customs and religious beliefs (Shamanism and Tibetan Buddhism) so far. They mainly work on fishing, hunting and agriculture.

溪卡 藏语。意为"庄园"。旧时西藏三大领主经营领地的组织形式。相当于宗（近似县）或宗以下的农村基层行政组织。有3种：雄溪（官家庄园）、却溪（寺院庄园）、该溪（贵族庄园）。溪卡有由领主派驻的管家、监工，设有刑具和牢房，监督领种份地的农奴从事无偿劳役。

གཞིས་ཀ ...

Shika, "manor" in Tibetan, was the organization form for the three kinds of feudal lords to run their manors in ancient Tibet, which was equivalent to the administrative organization of primary level in rural areas like Zong (similar to county) or below the level of Zong. The three kinds of manors are Xiongxi (manor of the feudal government), Quexi (manor of the monasteries) and Gaixi (manor of the nobles). Housekeepers and foremen were assigned in Shika with instruments of torture and cell equipped to monitor the serfs doing unpaid labor.

溪州铜柱 古代铭誓铜柱。位于湖南湘西土家族苗族自治州永顺县。建于五代后晋天福五年（940）。柱高4米，重2.5吨，柱身为中空八面体，柱面上刻有楚王马希范与土司彭仕愁停战盟誓的条约。是研究中国古代民族关系的重要实物资料。

ཞི་ཀྲོའུ་ཟངས་ཀྱི་ཀ་བ ...

Xizhou Copper Pillar is a copper pillar for making pledges, built in the fifth year of Later Jin Dynasty of the Five Dynasties (940). It locates in the Tujia-Miao autonomous prefecture of Xiangxi, Hunnan province. It is a 4 meters tall hollow molding octahedron, weighing 2.5 tons. The treaties of truce between the King of Chu Ma Xifan and Chieftain Peng Sichou was inscribed on the pillar, which serves as an important artifact for the study of ancient Chinese ethnic relations.

席力图召 藏传佛教寺院。"席力图"是蒙古语，意为"首席"或"法座"，"召"为"庙宇"之意。汉名"延寿寺"。坐落在内蒙古呼和浩特旧城。始建于明万历年间。现占地面积为1.3万平方米。中轴线上的建筑物是牌楼、山门、过殿、经堂、大殿。康熙御制"平定噶尔丹纪功碑"立于大殿前列。

ཁྲི་བའི་དགོན། བོད་བརྒྱུད་ནང་བསྟན་གྱི་དགོན་པ། ཞིས་ལི་ཐུའི་ཞི་སོག་པོའི་སྐད་ཡིག་ལ་བླ་མའམ་ཁྲི་པ་སོགས་ཀྱི་དོན་ཡིན། གྲུའི་ནི་དགོན་པའི་དོན་ཡིན། རྒྱ་གར་ལ་ཚུར་དགོན་ཟེར། ནང་སོག་གི་མཁར་སྟོང་པོའི་མཁར་རྙིང་དུ་ཆགས་ཡོད། མིང་རྒྱལ་རབས་ཕན་ལི་པོ་བདག་པའི་དུས་སྐབས་སུ་བརྩིགས་པ་རེད། དགོན་པའི་ཆགས་སྟངས་སུ་ཕོབ་ཁང་དང་སྒོ་ཆེན་རྒྱུད་ཚོགས། ཚོགས་ཆེན་འདུ་ཁང་། ཚོགས་ཆེན་ཆེ་སོགས་རིམ་བཞིན་ཡོད། གོང་མ་ཁང་ཞིས་ཡིས་གནང་བའི་ཀིར་ཏན་འཁྲམ་ལ་ཞབས་པའི་མཛད་རྗེས་རིང་འཛིན་འབོད་སྟོར་བཞེངས་ཡོད།

Xilitu Monastery is a monastery of Tibetan Buddhism, also called Yanshou monastery in Chinese. Xilitu means "seat of honor" and Zhao means "monastery" in Mongolian. It locates in the old city of Hohhot, built in the period of Emperor Wanli of the Ming Dynasty, covering an area of 130 thousand square meters. The buildings at axle are memorial arch, hall, the front gate, scripture hall and the great hall. The Imperial Stele for commemorating the Great Deed of Pacifying Galdan built at the order of Emperor Kangxi stands at the front of the great hall.

喜饶嘉措（1884—1968） 佛教学者。青海循化人。藏族。幼年在循化古雷寺出家，后在拉卜楞寺及哲蚌寺求学。曾校刻大藏经《甘珠尔》《布顿全集》等巨著。解放初，对和平解放西藏作出过贡献。历任青海省人民政府副主席、中国佛教协会会长等职。著有《喜饶嘉措文集》等。

ཤེས་རབ་རྒྱ་མཚོ།（༡༨༨༤—༡༩༦༨） སངས་རྒྱས་ཆོས་ལུགས་ཀྱི་མཁས་དབང་། མཚོ་སྔོན་ཟི་ཁྲོང་གི་བོད་པ་ཡིན། ཆུང་དུས་ལ་ཟིའི་རྩྭ་གླིང་གུ་ཆོས་ནས་རབ་ཏུ་བྱུང་། རྗེས་སུ་བླ་བྲང་བཀྲ་ཤིས་འཁྱིལ་དང་འབྲས་སྤུངས་དགོན་དུ་འཚད་ཉན་མཛད། 《བཀའ་འགྱུར》 དང་ 《བུ་སྟོན་ཆོས་འབྱུང》 སོགས་ལ་ཞུ་དག་མཛད་བྱུང་། བོད་ལྡོངས་ཞི་བས་བཅིངས་འགྲོལ་བྱ་རྗེས་མི་དམན་པ་བཞག་ཡོད། མཚོ་སྔོན་ཞིང་ཆེན་མི་དམངས་སྲིད་གཞུང་གི་གྲུ་འཛིན་གཞོན་པ་དང་། ཀྲུང་གོའི་ནང་བསྟན་མཐུན་ཚོགས་ཀྱི་ཚོགས་གཙོ་སོགས་ཀྱི་འགན་རིམ་གྱིས་བཞེས། 《ཤེས་རབ་རྒྱ་མཚོའི་གསུང་འབུམ》 སོགས་བརྩམས་ཆོས་བཞུགས།

Sherab Gyatso (1884-1968), born in 1884, of Tibetan ethnic group, native of Qinghai Xunhua County, is a Buddhist scholar. He became a monk in Gori Monastery in Xunhua when he was a child and studied in Labrang Monastery and Drepung Monastery later. He revised and inscribed great works like *Tripitaka Kangyur* and *Collected Works of Bdun*. After the liberation of China, he made contribution to the peaceful liberation of Tibet. He has successively held the post of vice-chairman of people's government of Qinghai province and president of the Buddhist Association of China. He wrote Collected Works of *Sherab Gyatso*.

夏克刀登（1900—1960） 藏族。生于四川甘孜藏族自治州德格县。原德格土司的头人。1936年率部抗拒红军被俘，后转变态度支持红军，与格达活佛等当选为"博巴政府"副主席。解放后，历任西南军政委员会委员、西康省藏族自治区政府副主席、甘孜藏族自治州副州长等职。

བྱ་ཁྲོད་སྟོབས་ལྡན། (༡༩༠༠—༡༩༦༠)
བོད་པ། ཟི་ཁྲོན་ཞིང་ཆེན་དཀར་མཛེས་བོད་རིགས་རང་སྐྱོང་ཁུལ་སྡེ་དགེ་རྫོང་དུ་སྐྱེས། རང་ཉིད་སྡེ་དགེ་རྒྱལ་པོ་ཡིན། ༡༩༣༦ལོར་དམག་སྟེ་དངས་ཏེ་དམར་དམག་བཀག་ནས་འཛིན་བཟུང་ཐེབས། རྗེས་སུ་དམར་དམག་ལ་རྒྱབ་སྐྱོར་བྱས་ཤིང་། དགེ་ཏགས་སྤྲུལ་པ་དང་ལྷན། བོད་པ་སྲིད་གཞུང་གི་གཞུའི་ཞི་གཞོན་པར་བསྐོ། བཅངས་འགྲོལ་རྗེས་སུ་ལྷོ་ནུབ་དམག་སྲིད་ཨུ་ཡོན་ལྷན་ཁང་གི་ཨུ་ཡོན། ཁམས་ཞུན་ཞིང་ཆེན་བོད་རིགས་རང་སྐྱོང་ལྟོངས་ཀྱི་གཞུའི་གཞོན་པ། དཀར་མཛེས་བོད་རིགས་རང་སྐྱོང་ཁུལ་གྱི་ཁུལ་དཔོན་གཞོན་པ་སོགས་ཀྱི་འགན་བཞེས།

Shaka Tobden, born in 1900, of Tibetan ethnic group, was a native of Dege County of Ganzi Tibetan Autonomous Prefecture of Sichuan province. He was the headman of former Dege Chieftain. He was captured when he led his armed forces to fight against the Red Army in 1936, then he changed his position to support the Red Army, being elected as one of the vice-presidents of Bodpa Government with Losang Tenzin Drakpa. After liberation, he successively held the post of committee member of Southwest Military and Administrative Commission, vice-president of Xikang Tibetan Autonomous Region and deputy governor of Ganzi Tibetan Autonomous Prefecture.

夏鲁派 藏传佛教历史上一个小派别。深受萨迦派的影响和控制。创始人为布顿·仁钦朱，因此又称"布顿派"。布顿曾受日喀则地方封建领主的支持，被请到夏鲁寺去做寺主，人们便把布顿传下来的教法称为夏鲁派。

ཞྭ་ལུ་བྲུག་མཛད། བོད་བརྒྱུད་ནང་བསྟན་གྱི་གྲུབ་མཐའ་ཆུང་ངུ་ཞིག་ས་སྐྱ་པའི་ཤུགས་རྐྱེན་དང་ཚོད་འཛིན་ཆེ་ཚམས་ཐེབས། བུ་སྟོན་རིན་ཆེན་གྲུབ་ཀྱིས་སྲོལ་གཏོད་པས་བུ་ལུགས་ཀྱང་ཟེར། བུ་སྟོན་ལ་གཞིས་ཀ་རྩེ་རྒྱལ་པོའི་རྒྱལ་སྐྱོར་ཐོབ་པས་ཞ་ལུ་དགོན་པའི་དགོན་བདག་ཏུ་བསྐོས། བུ་སྟོན་གྱི་ཆོས་བརྒྱུད་འཛིན་མཁན་ལ་ཞྭ་ལུ་བའི་མཚན་བཏགས།

Shalu was a small sect of Tibetan Buddhism in history, which was deeply influenced and controlled by Sakya. Shalu is also called Buton because Buton Rinpoche established it. Buton was assigned as abbot in Shalu Monastery with the support of Shigatse local lord. People called his religious doctrines Shalu.

夏营地 特指适合牲畜夏季放牧的牧场。在我国，现流行于内蒙古、新疆、青海等省、自治区的少数民族牧区。夏营地要选择地势较高、凉爽通风、蚊蝇较少而又有可靠水源的地方。

དབྱར་མཚོར། ཕྱུགས་ཟོག་དབྱར་དུས་སུ་འཚོ་སྐྱོང་བྱེད་སར་འཚམས་པའི་ཕྱུགས་ར་ཞིག རང་རྒྱལ་དུ་ནང་སོག་དང་ཞིན་ཅང་། མཚོ་སྔོན་སོགས་ཞིང་ཆེན་དང་རང་སྐྱོང་ལྟོངས་ཀྱི་གྲངས་ཉུང་མི་རིགས་ས་ཁུལ་དུ་དར། དབྱར་མཚོར་ལ་ས་བབ་རྡུང་མཐོ་ཞིང་། བསིལ་

གཡུགས་པ་ལེགས་པས་འབུ་རིགས་ཀྱི་གནོད་འཚེ་ཆུང་བ་མ་ཟད། ཆུ་མགོའི་ས་ཁུལ་འདིའམས་དགོས།

Summer campsite refers to the pasture which is fit for pasturing livestock in summer. It is now prevalent in Inner Mongolia, Xinjiang, Qinghai provinces and ethnic minority pasturing areas of autonomous regions. Places with higher terrain, cool ventilation, few mosquitoes and flies and enough headwater are great for being summer campsites.

仙鹤寺 中国伊斯兰教东南沿海四大名寺之一。位于江苏扬州南门街，因建筑形式如仙鹤而得名。1275年由穆罕默德十六世裔孙普哈丁创建，明清重修，至今仍存有宋、元、明、清四代伊斯兰教文化遗迹。主体建筑是园北的一列长楼。

ཞན་ཏོ་ཚེས་ཁང་། རྒྱང་གོའི་དཔྱི་ཤི་ཨན་ཚེས་ལུགས་ཀྱི་ཤར་ལྷོའི་མཚོ་རྒྱུད་ཀྱི་ཚེས་ཁང་ཆེན་པོ་བཞིའི་གྲས་ཤིག་གི་ཅུང་གཡང་གོའི་ཡི་ཨན་མོན་སྲང་དུ་ཡོད། ཁྱིའི་བཟོ་བཀོད་ལྟ་བྱ་ཁྱུང་དང་འདྲ་བས་རྒྱ་མིང་དེ་ལྟར་ཐོགས། 1275 ལོར་མུའུ་ཧན་མོ་ཏིའི་རབས་བརྒྱུད་པའི་ཚ་རྒྱུད་ཕུའུ་ཏི་ཀིས་བཞེངས། མིང་ཆིང་རྒྱལ་རབས་སྐབས་ཞིག་གསོ་བྱས། དེ་གི་ནུས་སུའང་དང་ཡོད། མིང་། ཆིང་བཅས་རྒྱལ་རབས་བཞིའི་དཔྱི་སི་ཨན་ཚོགས་ལུགས་ཀྱི་རིག་གནས་རྒྱལ་བཞག་ཡོད། བཟོ་བཀོད་གཙོ་བོ་ནི་སྐྱེད་ཚལ་གྱི་བྱང་གི་ཐོག་ཁང་ཕྲེང་བསྒྲིགས་པ་ཡིན།

Mosque of the Immortal Crane is one of the four mosques of Islam at South-East coastal areas of China. It locates at Nanmen Street of Yangzhou, Jiangsu province and gets its name for it looks like a crane. Mosque of the Immortal Crane was built by Puhaddin, the 16th descendent of Muhammad in 1275 and rebuilt in the Ming and Qing Dynasties. The relics of Islamic culture of Song, Yuan, Ming and Qing Dynasties are still remained today. The main building is a line of buildings in the north garden.

鲜卑 古族名。属东胡部落。因居辽东塞外鲜卑山而名。西晋灭后，其陆续在中国北方建立前燕、西秦、南凉、北魏等国。439年北魏统一北方，后分裂成东魏、西魏，随后分别被北齐、北周所篡。北周最后统一华北，于581年亡。鲜卑别支吐谷浑汗国则维持到663年。

ཞན་པེ། གནའ་བོའི་མི་རིགས་ཤིག གར་ཏོང་ཚོ་པར་གཏོགས། ལྭོ་ཤར་གྱི་ཞན་པེ་རི་བོར་གནས་བཅའ་ཡོད་པས་མིང་དེ་ལྟར་ཐོགས། ཅིན་ཞུན་མ་བརླགས་པས་རྗེས་སུ། རྒྱ་གོའི་བྱང་ཕྱོགས་ན་ཡན། ཞི་ཆན། དང་ནན་ལན། པེ་ཝེ། ལེ་བྱང་མ་བོགས་བསྟུགས། སྒྲི་ལོར་པེ་ཝེ་ནས་བྱང་ཕྱོགས་གཅིག་གྱུར་བྱས། རྗེས་སུ་ཤར་པེ་དང་ནུབ་པེ་ཞེས་པར་གྱེས། དེ་ནས་སྔ་རྗེས་སུ་པེ་ཆི་དང་ངོ་བྱུང་གིས་བསྒྲུབས། མཐར་པེ་ཀྲོའུ་བྱས་ཏེ་ཧྭ་པེ་གཅིག་གྱུར་བྱས་ཤིང་ 581 ལོར་འཇིག ཞན་པེའི་ཡན་ལག་ཕུའུ་ཀུའི་ཧོན་རྒྱལ་པོའི་རྒྱལ་ཁབ་ནི་ 663 ལོའི་བར་དུ་གནས་ཡོད།

Xianbei, an ancient ethnic group, was one part of Eastern Hu tribe. Xianbei got its name because they lived in Xianbei Mountain. The Xianbei people successively established Yan, Western Qin, the Southern Liang and the Northern Wei Dynasty in north China after the destruction of the

Western Jin. The Northern Wei unified the north in 439 and later split into the Eastern Wei and Western Wei, and the two dynasties were usurped by the Northern Qi and Northern Zhou respectively. The Northern Zhou finally unified north China and perished in 581. The Kingdom of Rouran perished in 552. The Tuyuhun kingdom, a branch of Xianbei, survived till 663.

显宗 佛教的宗派之一。亦可称为"显教"，其中字义微有差别，于今日则即一词。此名为密宗根据自己的教判，将与之相区别的佛教诸派别称为显宗，即和密宗"秘密之宗"相分别的"显了之宗"。

མདོ་ཕྱོགས། སངས་རྒྱས་ཆོས་ལུགས་ཀྱི་གྲུབ་མཐའ་ཞིག་མིང་འདི་སྔགས་དང་མི་འདྲ་བར་ལོགས་སུ་དགར་བའི་ནང་པའི་གྲུབ་མཐའ་ཚང་མར་བརྗོད་ལ། སྔགས་ཀྱི་གསང་བའི་རང་བཞིན་དང་མི་འདྲ་བར་དྲང་བརྗོད་དང་གསལ་པོ་ཞིག་ཡིན་པར་བཤད།

Exoteric Buddhism is one sect of Buddhism, also called "exoteric teaching". There are some subtle differences between the two terms but they share the same meaning today. Esoteric Buddhism differentiates other sects as exoteric Buddhism, that is, the distinction of "secret Buddhism" and "apparent Buddhism".

猃狁 中国古族名。亦称"严允""荤粥""薰育"等。见于金文及先秦古籍，有时与昆夷等名相混称，居住地区亦相同。春秋时被称作"戎狄"。自汉朝始，多以其为匈奴的先民。近代有考据家称鬼方、昆夷与猃狁为同一民族的不同名称。

ཞན་ཡོན། གནའ་བོའི་གནའ་བོའི་མི་རིགས་ཤིག ཡན་ཡོན་དང་ཧོན་གྲོའུ། ཞོན་ཡུས་སོགས་ཀྱང་ཟེར། ཅིན་དང་ཆེན་པར་སྦྱོན་གྱི་ཡིག་རྙིང་དུ་གསལ་ལ་ཤོང་ཡི་དང་ཉི་ཤོག་མཉམ་བཞེས་བྱས་ཡོད་པ་མ་ཟད། སྟོང་གནས་ཀྱིས་གཞིག་མཆོངས་ཡོད། ཧུན་ཆིའུ་དུས་སྐབས་སུ་རོང་ཏི་ཞེས་འབོད། ཧན་རྒྱལ་རབས་ནས་ཞུང་ནུའི་ཡི་མེས་པོ་ཡིན་པར་བཤད། ཉེས་རབས་བཅག་དཔྱད་རིག་པ་པས་གུའེ་ཕང་དང་། ཁོན་ཡི། ཞན་ཡོན་བཅས་ནི་མི་རིགས་གཅིག་གི་མིང་གི་རྣམ་གྲངས་ཡིན་པར་འདོད།

Xianyun is an ancient ethnic group, also called "Yanyun" "Hunzhou" and "Xunyu". It was recorded in the ancient books of Pre-Qin and inscribed on ancient bronze objects. It can also be confused with the name of Kunyi, who share the same inhabitation. They were named the Rong and Di in the Spring and Autumn Period. Xianyun was viewed as the ancestor of Xiongnu since the Han Dynasty. Textual researchers in modern times claimed that Guifang, Kunyi and Xianyun were the three names of the same ethnic group.

县级数字图书馆援疆行动 2010年由文化部主办、国家图书馆和全国文化信息资源建设管理中心协办的援疆行动。借助文化共享工程平台，将国家数字图书馆1TB的资源，传送到新疆所有县级图书馆、文化共享工程支中心，并进一步向基层辐射，构建覆盖全疆的数字图书馆服务网络。

རྫོང་རིམ་པའི་གྲངས་རིག་དཔེ་མཛོད་ཁང་གིས་

ཞིན་སྐྱོར་བྱེད་སྐོ། ༢༠༡༠ལོར་རིག་གནས་པུའུ་ཡིས་གཙོ་སྐྱོང་བྱས། རྒྱལ་ཁབ་དཔེ་མཛོད་ཁང་དང་རྒྱལ་ཡོངས་རིག་གནས་ཆ་འཕྲིན་ཐོན་ཁུངས་འདུག་སྐྱོད་ལྟེ་གནས་ཀྱིས་རོགས་སྐྱོར་བྱས་པའི་ཞིན་ཅང་སྐྱོར་བྱེད་སྐོ་ཞིག་ཡིན། རིག་གནས་མཉམ་སྤྱོད་ཀྱི་ལས་གཞི་བརྒྱུད་ནས་རྒྱལ་ཁབ་གྲངས་རིག་དཔེ་མཛོད་ཁང་གི་1TBཡི་ཐོན་ཁུངས་ཞིན་ཅང་དཔེ་མཛོད་ཁང་སོ་སོ་དང་རིག་གནས་མཉམ་སྤྱོད་ཀྱི་ལས་གཞི་ཡན་ལག་གི་ལྟེ་བར་བཟུང་སྟེ། རིམ་བཞིན་གཞི་རིམ་དུ་ཁྱབ་པ་དང་། མཐར་ཞིན་ཅང་ཡོངས་ལ་ཁྱབ་པའི་གྲངས་རིག་དཔེ་མཛོད་ཁང་གི་ཞབས་ཞུའི་དྲ་བ་སྐྲུན་པར་བྱེད་པའོ། །

The Move to Assist Xinjiang to Build the County level Digital Library is an action to support Xinjiang's development sponsored by Ministry of Culture, co-organized by the National Library and National Cultural Information Resources Management Center in 2010. 1TB resources of national digital library were sent to all the county-level libraries, cultural sharing project centers, and the even lower level units with the help of cultural sharing project platform. It is to establish service network of digital library that covers the whole areas of Xinjiang.

乡约制 清代中叶统治者在西北回、撒拉、东乡等民族聚居地区推行的一种基层统治制度。乡之首领为"乡约"，乡约又分寺约和回约两种。寺约即在有清真寺的地方"由地方官择立该教公正之人"充当。回约即在无清真寺的穆斯林居住地方，"按乡里人数择举老成者"担任。

ཞང་སྩོམ་ལམ་ཁྲིགས། ཆིང་རྒྱལ་རབས་ཀྱི་དཀྱིལ་དབང་བསྒྱུར་པས་ནུབ་བྱང་ཕྱོགས་ཀྱི་ཧུའེ་དང་ས་ལར་ཏུང་ཞང་རིགས་སོགས་ཀྱི་མི་རིགས་འདུས་སྡོད་ཁུལ་ལ་བསྒར་བྱས་པའི་གཞི་རིམ་གྱི་དབང་བསྒྱུར་ལམ་ལུགས་ཤིག །ཞང་གི་འགོ་བ་ལ་ཞང་སྩོམ་ཟེར་ཞིང་དེར་དགོན་སྩོམ་དང་ཧུའེ་སྩོམ་གཉིས་སུ་དབྱེ། དགོན་སྩོམ་ནི་དཔྱི་སི་ལན་ཆོས་ཁང་ཡོད་སར་ས་གནས་དཔོན་པོས་བདམས་པའི་དུང་བདེན་སྐྱོང་བའི་མི་དེ་ཡིན་ལ། ཧུའེ་སྩོམ་ནི་དཔྱི་སི་ལན་ཆོས་ཁང་མེད་སའི་མུའུ་སི་ལིན་འདུས་སྡོད་ཁུལ་དུ་སྟེ་བའི་མི་གྲངས་ལྟར་རྒན་པ་ཞིག་འདེམས་པར་བྱེད་པའོ། །

Contractual arrangement for the villages was a system of government at basic level implemented in areas inhabited by the ethnic groups such as Hui of northwest, Salar and Dongxiang people in the mid Qing Dynasty. The leader of a village was "village contract" which can be further divided into Siyue and Huiyue. Siyue was served by honest people chosen by the local government in places where there were mosques. Huiyue was hosted by the elders chosen by people of the village in places where Muslim live without mosques.

香巴噶举 藏传佛教噶举派有两大传承系统。香巴噶举是其一大传承系统，由琼波南交巴创立。

ཤངས་པ་བཀའ་བརྒྱུད། བདག་རྒྱལ་ཆོས་ལུགས་ཀྱི་བཀའ་བརྒྱུད་གྲུབ་མཐའ་ཆེ་ཁག་གཉིས་སུ་གྲེས་ཤིང་། ཤངས་པ་བཀའ་བརྒྱུད་ནི་དེ་ལས་གཅིག་ཡིན། ཁྱུང་པོ་རྣལ་འབྱོར་བས་སྲོལ་གཏོད།

Shangpa Kagyu is one of the two inheritance systems of Tibetan Buddhism Kagyu Sect which was created by Khyungpo Naljor.

香格里拉 香格里拉一词在1000多年前藏文献资料中就有记载，意为"心中的日月"。其含义与原中甸县古城藏语地名"尼旺宗"相一致。同时，香格里拉也是英国人詹姆斯·希尔顿1933年出版的小说《消失的地平线》中虚构的地名，指带有东方神秘色彩、祥和的理想国度。

བཀྲ་ཤིས། མིང་འདིའི་ཉི་བོ་སྟོང་ཕྲག་ཡར་སྔོན་གྱི་བོད་ཀྱི་ཡིག་རྙིང་ནང་བཀོལ་ཡོད་པ་དང་། དེའི་དོན་ནི་སྙིང་ཁྱལ་ཐོད་ཀྱི་གནའ་མཁར་ཞི་དྭངས་ཐོད་དང་གཅིག་འདྲ་རེད། དེ་ཟམ་མེད་འདིའི་ཉི་བཞིའ་ཇོ་བ་ཇམ་སུ་གྲིས་ཤེར་ཏུན་གྱིས། / ༡༩༣༣ལོའི་བཅས་མས་པའི་སྔོན་གཏུང་《བོར་ཟིན་པའི་གནམ་ས་འདྲེས་མཚམས》བོར་ ཏོག་བཏགས་བྱས་པའི་མ་བེད་ཞིག་ཀྱང་ཡིན། དོན་ནི་ཤར་ཕྱོགས་ཀྱི་གསང་བ་གུན་འདུས་པའི་འཚམ་མཐུན་དང་ཕྱུགས་འདུན་ཡོན་ཁྲིའི་རྒྱལ་ཁམས་ཞིག་པ་ཡིན།

Shangri-la was recorded in Tibetan document literature 1,000 years ago which mean "sun and moon in the heart". The meaning is corresponding to "Nyi wangdzong", one place of the former Zhongdian County. Meanwhile, Shangri-la was an imaginary place and ideal country filled with oriental mysterious color in *Lost Horizon*, a novel written by James Hilton in 1933.

湘西方言 苗语方言之一。主要分布在湖南湘西土家族苗族自治州、贵州松桃苗族自治县、湖北恩施土家族苗族自治州、重庆秀山土家族苗族自治县等地。分东部、西部两种土语。

ཞང་ཞི་ཡུལ་སྐད། མིའོ་རིགས་ཀྱི་ཡུལ་སྐད་ཅིག་ཡིན། བོ་ཧུའན་ཞིང་ཞི་ཐུའུ་ཅ་རིགས་མིའོ་རིགས་རང་སྐྱོང་ཁུལ་དང་། ཅུན་ཡེ་ཞིང་སུང་ཐའོ་ཙ་རིགས་མིའོ་རིགས་རང་སྐྱོང་རྫོང་། ཅིན་ཞུན་ཐུའུ་ཅ་རིགས་མིའོ་རིགས་རང་སྐྱོང་ཁུལ། ཆུང་ཆིང་ཞིའུ་ཤན་ཐུའུ་ཅ་རིགས་མིའོ་རིགས་རང་སྐྱོང་རྫོང་སོགས་ས་ཁུལ་དུ་ཁྱབ་ཡོད། དེའང་ཤར་ནུབ་རིགས་གཉིས་ཀྱི་ཡུལ་སྐད་དུ་གྱེས།

Western Hunan dialect is one dialect of Miao people, mainly spoken in Xiangxi Tujia-Miao autonomous prefecture in Hunan, Songtao Miao autonomous county in Guizhou, Enshi Tujia-Miao autonomous prefecture in Hubei and Xiushan Tujia-Miao autonomous county in Chongqing. The Western Hunan dialect is divided into east and west local dialect.

湘西革屯运动 近代湘西苗族要求革除屯田制的斗争。国民党统治时期，当地仍袭清代屯田旧制。在中共的号召和抗日战争的影响下，永绥县（今在垣县）苗族人民于1936年发动武装起义，并迅速将起义扩展至凤凰、乾城（今吉首市）、保靖、古丈等地。最终导致屯田制的废除。

ཞང་ཞི་ཞིང་ཇར་ཇོ་རྒོལ་ལས་འགུལ། ཉེ་རབས་སུ་ཞང་ཞི་མིའོ་རིགས་ཀྱིས་ས་ཞིང་གསོག་འཇོག་ལམ་ལུགས་ལ་དོ་རྒོལ་བྱས་པའི་འཐབ་རྩོད་ཅིག་གོ་མིན་ཏང་གིས་དབང་སྒྱུར་སྐབས། ས་དེར་སྔར་བཞིན་ཆིང་རབས་ཀྱི་ཞིང་ཇར་ལམ་ལུགས་ལག་བསྟར་བྱེད། ཀྲུང་གུང་གི་འབོད་སྐུལ་དང་འཛར་འགོག་དམག་འཁྲུག་གི་ཤུགས་འདེད་འོག་ཡུང་སུའེ་རྫོང་གི་མིའོ་རིགས་ཀྱིས། / ༡༩༣༦ལོར་དྲག་པོའི་ངོ་ལངས་བྱས་ཤིང་། ཕྱིར་རྡོག་དཀར་ཆན་ཡུལ། པའོ་ཅིན། ཀུན་ཀྲེན་སོགས་ས་ཁུལ་དུ་ཁྱབ། མཐར་ཞིང་ཇར་ལམ་ལུགས་མེད

པར་བཟོས།

Tuntian (Garrison Troops' Land) Reform Movement in Western Hunan was a campaign of the Miao people in western Hunan province to abolish the Tuntian system in modern times. The local people still carried out the Tuntian system in the reign of the KuoMinTang. Under the call of the Communist Party of China and the influence of Counter-Japanese War, the Miao people of Yongsui County (today's Huayuan County) launched armed uprising in 1936 and quickly spread it to Fenghuang, Qiancheng (today's Jishou City), Baojing and Guzhang Counties. The Tuntian system was finally abolished.

Battle of Xiangyang was an important battle between the Song and Yuan feudal Dynasty, which led to the change of the ruling regime. The war began when Mogolian army invaded Xiangyang in the 3rd year of the reign of Emperor Xianchun (1267) in the Southern Song. During the war, there were the counter-encirclement war led by Lv Wenhuan of the Song Dynasty, the war of aiding Xiangyang by Zhang Gui and Zhang Shun, Longweizhou war and battle of Fancheng. Lv Wenhuan surrendered to Yuan in the 9th year of the reign of Emperor Xianchun. The Battle of Xiangyang lasted for 6 years, ending up with the falling of Xiangyang.

襄樊之战 宋元封建王朝更迭的关键一战。战役从南宋咸淳三年（1267）蒙军进攻襄阳开始，中经宋朝吕文焕反包围战，张贵、张顺援襄之战，龙尾洲之战和樊城之战。九年，吕文焕力竭降元。历时近6年，以南宋襄樊失陷而告结束。

象雄文明 佛教传入西藏以前的先期文明，今西藏文明之根。"象雄"是中亚地区及青藏高原的古国，汉史称"羊同"。公元前5世纪之前就产生过极高的远古文明，今阿里地区札达县、普兰县即为象雄国中心辖区。该文明主要由本教、象雄语言、象雄医学、象雄艺术和历算等方面构成。

ཞང་ཞུང་གཤེན་རིག

ཞང་ཞུང་དམག་འཕྲོག

ཞང་ཞུང་སྐྱ་རྒྱལ་དང་སྔར་རིགས་གནས་ཀྱིས་སྲུབ།

Xiangxiong Civilization predated the culture of Tibetan Buddhism in Tibet as the root of Tibetan culture. Xiangxiong was an ancient state of central Asia and Qinghai-Tibet plateau, called "Yangtong" in Chinese history. Ancient culture of high quality appeared before 5 BC, Zada County and Pulan County of Ngari area was the center area under the administration of Xiangxiong. Xiangxiong culture was composed of Bon-religion, Xiangxiong language, Xiangxiong medicine, Xiangxiong arts and mathematics and astronomy.

小乘佛教 原始佛教及公元前 3 世纪至公元 1 世纪时形成的约 20 个佛教部派及其学说的泛称。又称作上座部佛教或南传佛教（西方学者通常以南传佛教为小乘，但后者有异议）。是佛教最基本的两大派别之一。小乘指较小的车乘（比喻佛法济渡众生）。

ཐེག་པ་ཆུང་ངུ། གདོད་མའི་སངས་རྒྱས་ཆོས་ལུགས་དང་སྤྱི་ལོའི་སྔོན་གྱི་དུས་རབས་གསུམ་པ་ནས་སྤྱི་ལོའི་དུས་རབས་དང་པོའི་བར་བྱུང་བའི་ཉེ་བའི་གྲུབ་མཐའ་སྡེ་པ ༢༠ ལྷག་གི་སྤྱི་མིང་། དེ་ལའང་གནས་བརྟན་སྡེ་པའི་སྟབས་མའི་ཕྲེང་བོའི་རྒྱུད་སངས་རྒྱས་ཆོས་ལུགས་ཀྱང་ཟེར། （ཞུན་ཕྱོགས་རིག་པ་བས་ལྷོ་རྒྱུད་ཀྱི་ཐེག་ཆུང་ལས་ཐེག་པར་ཚོད་སྦྱོར་ཡོད།） འདི་ནི་སངས་རྒྱས་ཆོས་ལུགས་ཀྱི་ཆེས་ཆ་བའི་ཕོག་ལེགས་གཉིས་ལས་གཅིག་ཡིན། ཐེག་ཆུང་ནི་མཚོ་རྒྱུ་ཆུང་བའི་དོན་ཡིན། （དཔེ་དེས་སེམས་ཅན་གྱི་དོན་སྒྲུབ་པ་ཆུང་བར་གོ）

Hinayana is the general term for primitive Buddhism and about 20 Buddhism sects and their teachings formed from the 3 BC to the 1st century. It is also called Theravada Buddhism or Southern Buddhism (the western scholars usually view Southern Buddhism as Hinayana, but there are some oppositions). Hinayana is one of the two basic sects of Buddhism. Hinayana literally means the "smaller vehicle" (the Buddhism doctrines deliver all living creatures out of torment).

小昭寺 藏传佛教寺院。位于西藏拉萨城东北部。与大昭寺连称"拉萨二昭"。始建于唐代，由文成公主督饬藏汉工匠建造。面积约 4000 平方米，前部是庭院，后部是神殿及门楼、转经回廊等。现供奉释迦牟尼 8 岁等身像。其又名上密院，属格鲁派密宗最高学府之一。

ར་མོ་ཆེ་གཙུག་ལག་ཁང་། བོད་རྒྱུད་ནང་བསྟན་གྱི་ལྷ་ཁང་། གྲོང་ཁྱེར་ལྷ་སའི་བྱང་ཤར་ཕྱོགས་སུ་ཡོད། ས་འཕྲལ་སྲུང་གཙུག་ལག་ཁང་གཉིས་ལ་ལྷ་སའི་གཙུག་ལག་ཁང་གཉིས་ཟེར། ཐང་རྒྱལ་རབས་ཀྱི་དུས་སུ་བཟན་ཤུབ་གོང་ཇོའི་བཀའ་སྐུལ་འོག་བོད་རྒྱ་བཟོ་བཞེངས། རྒྱ་ཁྱོན་སྤྱི་གྲུ་བཞི་མ ༤༠༠༠ ཟིན་ལ་རྒྱབ་དང་ལྟ། སྒོ་ཁྱམས། སྒོར་ཁྱམས་སོགས་ཡོད། དེང་གཙོ་སྐུ་ལ་སངས་རྒྱས་དགུང་ལོ་བརྒྱད་པའི་ཇོ་བོ་བསྐོར་རྡོ་རྗེ་སོགས་ཡོད། གསང་སྔགས་སྡིང་སྟེ་དགེ་ལུགས་པའི་གསང་སྔགས་སྡིང་ལས་ཆེས་མཐོ་བ་ཡིན།

Ramoche Monastery is a monastery of Tibetan Buddhism. It locates in the northeast of Lhasa. Ramoche Monastery and Jokhang Monastery are "Two Temples of Lhasa". It was built in the Tang Dynasty by Tibetan and Han craftsmen ordered by

Princess Wencheng. Ramoche Temple covers an area of 4,000 square meters with the front being the courtyard and the rear being the temple and its gateway and winding corridor. Now it consecrates a statue of Sakyamuni of the same size with the real Sakyamuni when he was 8 years old. It is also named Gyuto Monastery, one of the top institutions for Esoteric Buddhism of Gelug.

协尔邦列空 藏语音译。意为"诉讼公断机关"。原西藏地方政府按照封建法典审理一般民事、刑事案件的机关。建于清康熙四十九年（1710）。

ཕྱག་དབང་ལས་ཁུངས། གཏུགས་བཤེར་གཞུང་གཅོད་ལས་ཁུངས། སྔར་བོད་ས་གནས་སྲིད་གཞུང་གིས་ཁྲིམས་གཞུང་ལྟར་སྤྱིར་བཏང་གི་དམངས་དོན་དང་ཉེས་དོན་སྐྱོན་གཞི་ཐག་གཅོད་བྱེད་པའི་ལས་ཁུངས། ཆིང་རྒྱལ་རབས་ཁང་ཞི་ཁྲི་ལོ་ཞེ་དགུ་པར་བཙུགས། (1710)

Xieerbangliekong, transliterated from Tibetan, means "lawsuit and arbitration institution". It is the former institution of Tibetan local government to try civil and criminal cases according to the feudal codes. It was established in the 49th year of the reign of Emperor Kangxi (1710) in the Qing Dynasty.

谢扶民（1910—1974） 壮族。广西田东县人。1929年考入南宁省立第三师范学校，同年秋回乡从事农民运动并参加百色起义。后加入中国共产党。历任红军第三军团十四团政委、八路军三八五旅政治部主任、第四野战军师政委、中央民委副主任等职。1974年，因病在北京逝世。

ཞེ་ཧྲུའུ་མིན། (1910—1974) གྲོང་རིགས། གྭང་ཞི་ཞིང་ཆེན་ཐན་ཏུང་རྫོང་གི་མི་ཡིན། 1929 ལོར་ནན་ཉིང་གི་ཞིང་ཆེན་དགེ་སློབ་གྲྭ་གསུམ་པར་རྒྱུགས་འཕྲོད། བོད་ཀྱི་སྟོན་ཁར་ཡུལ་ལ་ལོག་ནས་ཞིང་པའི་ལས་འགུལ་དང་མགོ་བརྒྱའི་ཞོས་ལངས་ལ་ཞུགས། རྗེས་སུ་ཀྲུང་གོའི་གུང་ཁྲན་ཏང་དུ་ཞུགས། ནམ་རྒྱུན་གྱི་གོང་ཁབ་དུ་དམར་དམག་ཐོན་ཕོག་གསུམ་པ་དང་ཕོན་བཅུ་བཞིའི་པའི་ཆབ་སྲིད་ཀྱི་ཨུ་ཡོན་དང་། དམག་སྡེ་བརྒྱད་པའི་གསུམ་བརྒྱད་ལྔའི་ཁབ་སྲིད་པའི་ཀྲུའུ་རེན། དགའ་བཞི་བའི་སྐལ་དམག་གི་ཆབ་སྲིད་ཀྱི་ཡོན། གུང་དབྱུང་མི་རིགས་དོན་གཅོད་ཨུ་ཡོན་ལྷན་ཁང་གི་གུང་རེན་གཞོན་པ་སོགས་ཀྱི་འགན་རིམ་བཞིན་བཞེས། 1974 ལོར་པེ་ཅིང་དུ་འདས།

Xie Fuming, born in 1910, of Zhuang ethnic group, was a native of Tiandong County of Guangxi province. He was admitted to the No. 3 Teaching School of Nanning in 1929 and engaged in peasant movement and Baise Uprising in autumn of the same year. He later joined the Communist Party of China. He successively held the post of the political commissar of the 3rd army group of the Red Army, director of the political department of 358 brigade of the Eighth Route Army, political commissar of the 4th field army and the deputy director of the Central Ethnic Affairs Commission. He died of illness in Beijing in 1974.

辛夏巴 明代后藏地方封建势力名。嘉靖四十四年（1565），仁蚌巴（明代卫藏中部地方封建势力）家族的下属辛夏巴·才旦多吉推翻仁蚌巴的统治，与藏传佛教噶玛噶举派联合。万历四十六年（1618），其孙建立藏巴汗地方政权。

ཞིང་ཤག་པ། མིང་རྒྱལ་རབས་དུས་ཀྱི་གཙང་གི་ས་གནས་སྲིད་འཛིན་ཚ་ཅིན་བྲི་མོ་ཞེ་བཞི་པར་（1565）རིན་སྤུངས་པའི་འབོར་ངེས་ཞིང་ཤག་པ་ཚེ་བརྟན་རྡོ་རྗེ་ཡིས་རིན་སྤུངས་པའི་སྲིད་དབང་འཕྲོག་ཏེ། དགེ་ལུགས་པ་དང་གཉེན་སྒྲིལ་བྱེད། ཕན་ལི་ཧྲི་ལོ་དྲུག་པར་（1618）ཞིང་ཤག་པའི་ཚ་བོས་གཙང་པ་རྒྱལ་པོའི་སྲིད་དབང་བཙུགས།

Zhingshak was a feudal power of Tsang in the Ming Dynasty. Zhingshak Tseten Dorje, the underling of Rinpungpa family (the local feudal power of central U-Tsang of the Ming Dynasty), overthrown the rule of Rinpungpa and allied with Karma Kagyu in the 44th year of the reign of Emperor Jiajing (1565). Zhingshak's grandson built the Tsangpa Khan Regime in the 46th year of the reign of Emperor Wanli (1618).

《新红史》 藏文古代历史文献。藏族学者索南札巴据《红史》改订而成。写本。成书于明嘉靖十七年（1538）。内容以叙述藏传佛教各教派的历史和藏汉民族关系史为主。

《དེབ་དམར་གསར་མ》 བོད་ཡིག་གི་ལོ་རྒྱུས་ཡིག་རྙིང་། པཎ་ཆེན་བསོད་ནམས་གྲགས་པས《དེབ་ཐེར་དམར་པོ》ལ་གཞི་བཅོལ་ནས་བཅོས་སྒྲིག་བྱས། ཅིན་བྲི་ལོ་བཅུ་བདུན་པར་（1538）བརྩམས་གྲུབ་བྱུང་། ནང་དོན་གཙོ་བོར་སངས་རྒྱལ་ཆོས་ལུགས་ཀྱི་གྲུབ་མཐའ་སོ་སོའི་ཆོས་འབྱུང་ལོ་རྒྱུས་དང་བོད་དང་རྒྱ་རིགས་བར་གྱི་འབྲེལ་བའི་ལོ་རྒྱུས་ཀྱི་གཞི་བཟུང་ཡོད།

New Red Annals, a Tibetan ancient historical literature, was written by a Tibetan scholar named Sonam Drakpa. The book was based on *The Red Annals* and completed in the 17th year of the reign of the Ming Emperor Jiajing (1538). It is mainly about the history of all denominations of Tibetan Buddhism and Tibet-Han ethnic relations.

新疆班 在我国部分经济发达城市的各级各类学校中，为户口在新疆的各民族学生单独设立的教学班。1987年起设立高校新疆民族班、预科班，2000年起开办新疆高中班。

ཞིན་ཅང་འཛིན་གྲྭ། རང་རྒྱལ་གྱི་རིམ་པ་དང་རྣམ་པ་སོ་སོའི་སློབ་གྲྭའི་ཁྲོད་དུ། ཁྱིམ་ཕོ་ཞིན་ཅང་དུ་ཡོད་པའི་རིགས་སོ་སོའི་སློབ་མར་དམིགས་བསལ་གྱིས་བཙུགས་པའི་འཛིན་གྲྭ། 1987ལོ་ནས་བཟུང་དཔེ་ལོག་གི་སློབ་ཆེན་སོ་སོར་ཞིན་ཅང་མི་རིགས་འཛིན་གྲྭ་དང་གྲ་སྒྲིག་འཛིན་གྲྭ་བཙུགས་པ་དང་། 2000ལོ་ནས་བཟུང་ནས་ཞིན་ཅང་མཐོ་འབྲིང་འཛིན་གྲྭང་བཙུགས།

Xinjiang Classes refer to the teaching class set up in all types and levels of schools in some developed cities for the ethnic students who has household registration in Xinjiang. Xinjiang classes and preparatory classes were established in universities since 1987, and Xinjiang senior classes were set up in senior high schools since 2000.

《新疆的发展与进步》 2009年国务院新闻办公室发表的白皮书。回顾了新疆和平解放60年来在经济、民生、社会事业、文化、民族团结、宗教自由等各方面取得的成绩和进步。

《ཞིང་ཅང་གི་འཕེལ་རྒྱས་དང་ཡར་ཐོན།》 ༢༠༠༩ལོར་རྒྱལ་སྲིད་སྤྱི་ཁྱབ་ཁང་གསར་འགྱུར་གཞུང་ལས་ཁང་གིས་སྤེལ་བའི་རྒྱབ་ཤོག་དཀར་པོའི་ཡིག་ཆ། ཞིང་ཅང་བཅིངས་འགྲོལ་བྱས་པའི་ལོ་ངོ་ ༦༠ རིང་གི་དཔལ་འབྱོར་དང་དམངས་ཀྱི་འཚོ་བ། སྤྱི་ཚོགས་བཞག་རིག་གནས། མི་རིགས་མཐུན་སྒྲིལ། ཆོས་ལུགས་རང་དབང་སོགས་ཀྱི་ཕྱོགས་སུ་ཐོབ་པའི་གྲུབ་འབྲས་དང་ཡར་ཐོན་ལ་ཞིབ་བཤེར་བྱས་པའོ། །

Development and Progress in Xinjiang was a white paper published by the State Council Information Office in 2009. It reviewed the Xinjiang's achievements and progress in economy, people's livelihood, social undertaking, culture, ethnic unity and freedom of religion, etc. since its peaceful liberation 60 years ago.

《新疆的历史与发展》 2003年国务院新闻办公室首次发表的关于新疆的白皮书。就新疆多民族聚居、多种宗教并存、历代中央政府的治理、"东突"由来、新中国成立后诸多方面的发展、民族平等团结、宗教信仰自由、新疆生产建设兵团的作用及国家多方面的支持等问题作了阐述。

《ཞིང་ཅང་གི་ལོ་རྒྱུས་དང་འཕེལ་རྒྱས།》 ༢༠༠༣ལོར་རྒྱལ་སྲིད་སྤྱི་ཁྱབ་ཁང་གསར་འགྱུར་གཞུང་ལས་ཁང་གིས་ཐོག་མར་སྤེལ་བའི་ཞིང་ཅང་དང་འབྲེལ་བའི་རྒྱབ་ཤོག་དཀར་པོའི་ཡིག་ཆ། དེར་གཙོ་བོ་ཞིང་ཅང་གི་མི་རིགས་མང་པོ་འདུས་སྡོད་དང་། ཆོས་ལུགས་མང་པོ་མཉམ་གནས། སྐབས་སོ་སོའི་ཀྲུང་དབྱང་གཞུང་གི་གཉེར་སྐྱོང་། གུ་གུ་ཤར་མའི་འབྱུང་ཁུངས། གུང་གོ་གསར་པ་དང་བཙུགས་རྗེས་ཀྱི་ཕྱོགས་མང་པོའི་འཕེལ་རྒྱས། མི་རིགས་འདྲ་མཉམ་སྟེག་ཆོས་ལུགས་དད་མོས་རང་དབང་། ཞིན་ཅང་ཐོན་སྐྱེད་འཛུགས་སྐྲུན་དཔུང་སྡེའི་ཕན་ནུས་དང་རྒྱལ་ཁབ་ཀྱི་ཕྱོགས་མང་པོའི་རོགས་སྐྱོར་གྱི་གནད་དོན་ཞིབ་བརྗོད་བྱས་ཡོད།

History and Development of Xinjiang was a White Paper first delivered about Xinjiang by the State Council Information Office in 2003. It expounded issues on multi-ethnic inhabitation in Xinjiang, coexistence of various religions, administration of the successive central governments, the origin of the "East Turkistan" Issue, Xinjiang's development after the founding of new China (1949), ethnic equality and unity, the freedom of religious belief, the role of the Xinjiang Production and Construction Corps, and the state support for the development of Xinjiang.

新疆军区生产建设兵团 别称"中国新建集团公司",简称"建设兵团"。位于新疆维吾尔自治区,总部驻乌鲁木齐市,为中国最大的兼具戍边屯垦、实行"军、政、企合一"的特殊社会组织。属于中国计划单列的单位,受中央政府和新疆维吾尔自治区政府双重领导。

ཞིང་ཅང་གི་དམག་ཁུལ་འཛུགས་སྐྲུན་དཔུང་སྡེ། མིང་གཞན་ལ་ཀྲུང་གོ་ཞིན་སྐྲུན་ཚོགས་པའི་ཀུང་སི་དང་། བསྡུས་མིང་ལ་འཛུགས་སྐྲུན་དཔུང་སྡེ་ཟེར། ཞིང་ཅང་ཝེ་གུར་རིགས་རང་སྐྱོང་ལྗོངས་ཁོངས་སུ་ཡོད། སྤྱིའི་ལས་ཁུངས་ཨུ་ལུ་མུ་ཆི་གྲོང་ཁྱེར་དུ་ཡོད། ཀུང་གོའི་ཆེས་ཆེ་བའི་མཐའ་སྲུང་དང་གསར་སྐྱོལ། དམག་སྲིད་ཁེ་ལས་གཅིག་ལ་འདུས་པའི་སྤྱི་ཚོགས་རྩ་འཛུགས་དམིགས་

བསལ་ཅན་ཞིག་ཡིན། དེར་གྱང་དབང་སྒྱིད་གཞུང་དང་ཞིན་ཅང་ཡུ་གུར་རིགས་རང་སྐྱོང་ལྗོངས་སྒྱིད་གཞུང་གཉིས་གས་བཀོད་འདོམས་བྱེད།

Production and Construction Corps of the Xinjiang Military District, or China Xinjian Group, "Construction Corps" for short, is located in Xinjiang Uighur Autonomous Region, with its headquarter in Urumqi. It is the biggest special social organization featured with a unification of military, political and corporate management to cultivate and guard the border areas. It is a special social organization, with economic planning directly supervised by the state. It is subordinated to the dual leadership of the central government and Xinjiang Uyghur Autonomous Region.

《新疆识略》 清代新疆地方志。原为徐松在《西陲总统事略》基础上编定。因由伊犁将军松筠奏上，故署其名。12 卷，另有卷首 1 卷。首列新疆总图和南北两路、伊犁各图，并附有叙说。次为官制、兵额、屯务、营务、库储、财赋、厂务、边卫、外裔等。

《ཞིན་ཅང་རགས་བྱུད》 ཆིང་རྒྱལ་རབས་སྐབས་ཀྱི་ཞིན་ཅང་ས་གནས་ལོ་རྒྱུས། ཞིག་སུང་གིས་བརྩམས་པའི《ནུབ་མཐའི་སྤྱི་སྟོམ་རགས་ཟིན》གྱི་རྨང་གཞིའི་སྟེང་སྤྲུག་དབྱི་ལིའི་དམག་སྤྱི་སུང་ཅུན་གྱིས་སྙན་ཞུར་ཕུལ་བས་དེའི་མིང་བཀོད། དེབ 12 དང༌། འགོ་བརྗོད་ལོགས་སུ་དེབ 1 ཡོད། དེའི་འགོར་ཞིན་ཅང་སྤྱིའི་ས་ཁྲ་དང་ལྷོ་བྱང་གི་ལམ་གཉིས། དབྱི་ལིའི་ས་ཁྲ་དང་གསལ་བཤད་སོགས་ཡོད། དེའི་རྗེས་སུ་དཔོན་ལུགས་དང་དམག་གྱངས། གསོག་འཇུག་གི་ལས། གསོག་ཉར་གྱི་ལས། དངུལ

Concise Description of Xinjiang was a local chronicle of Xinjiang in the Qing Dynasty. It was compiled on the basis of the *General Affairs of the Western Borders* by Xu Song. It was submitted to the emperor by the Ili General, Songyun, so his name was on the book. It had 12 volumes and one volume of appendix. It firstly described the general map of Xinjiang, a more precise maps of the lands north and south of the Tianshan Range, and the Yili region, coupled with narrations. It also depicted the location and size of military garrisons, military colonies, granaries, the tax quota and yields, arsenals, border posts, and the native peoples, etc.

新疆四一二政变 新疆推翻军阀金树仁（时为新疆省政治、军事领导人）的军事政变。1933 年，一些具有进步思想的青年官员，因不满金树仁反动政策，联络归化军发动军事政变。金树仁出逃，各方推盛世才为临时边防督办。

ཞིན་ཅང་བཞི་གཅིག་གཉིས་སྲིད་འགྱུར། ཞིན་ཅང་གིས་དམག་ཤེད་ཅན་ཅིན་ཧྲུའུ་རེན（སྐབས་དེའི་ཞིན་ཅང་ཞིང་ཆེན་གྱི་ཆབ་སྲིད་དང་དམག་དོན་གྱི་འཁྲིད་པ）དབང་སྒྱུར་འགོ་ཅིང་སློག་པའི་དམག་དོན་སྲིད་འགྱུར། 1933 ལོར་བསམ་བློ་གསར་པ་ཡོད་པའི་སློན་ཕོན་ནི་གཞོན་སྐོར་ཞིག་ཅིན་ཧྲུའུ་རེན་གྱི་ལོག་སྤྱོད་སྲིད་ཇུས་ལ་ཡིད་མ་རང་བས། ཀུན་ཏུ་དམག་དང་མཉམ

འབྲེལ་གྱིས་སྲིད་འགྱུར་བསླངས། ཅིན་ཧྲུའུ་རེན་ཕྱུའི་ཞིན་བཅུད་དེ་ནད་ལྩོགས་སུ་བྲོས་བྱོལ་བྱས། ཕྱིན་ཏི་ཚེ་གནས་སྐབས་མཐར་སྲུང་ཕྱུ་སྒྲུབ་དཔོན་ལ་བསྐོས།

Coup 412 in Xinjiang was a military coup in Xinjiang to overthrow the Warlord Jin Shuren (the political and military leader of Xinjiang then). In 1933, some progressive young officials, dissatisfied with Jin's reactionary policies, organized White Russian troops and started a military coup. Jin Shuren fled abroad and came back from the Soviet Union. Sheng Shicai was elected to be the provisional leader of the border defense office.

《新疆图志》 清末新疆建省后第一部全省通志。因附有测绘地图（尚未全附），故名图志。由王树枬、曾少鲁任总纂，宣统三年（1911）成书。共116卷，200余万字。分建置、国界、藩部、民政、礼俗、名宦、兵事等志。以建置、国界两志为最佳，他志则间有错误。

《ཞིན་ཅང་པར་རིས་དེབ་ཐེར》 ཆིང་རྒྱལ་རབས་དུས་མཇུག་ཏུ་ཞིན་ཅང་དུ་ཞིང་ཆེན་བཙུགས་རྗེས་ཀྱི་ཞིང་ཆེན་ཡོངས་ཀྱི་དཀར་ཆག་དུས་རབས་ཀྱི་དེབ་ཐོག་མ་ཡིན། དེབ་ཀྱི་ནང་དུ་དཔྱད་བྱས་ས་ཁྲ་ཡོད་པས་(ཆ་ཚང་མིན)པར་རིས་དེབ་ཐེར་ཡང་ཟེར། ཟབ་ཧྲུའུ་ནན་དང་ཚེང་ཧྲོའུ་གཉིས་ཀྱིས་སྐྱིའི་སྐྱིའི་འགོད་པ་དང་འགན་འཁུར། ཞིན་ཐུང་བྱི་ལོ་གསུམ་པར་(1911) གྲུབ། སྟོམ་པས་དེབ་116དང་ཡིག་འབྲུ་ས་ཡ་2ལྷག་ཡོད། སྐྱིག་འདུགས་དང་རྒྱལ་མཚམས། རྒྱལ་ཕྲན། དམངས་སྲིད། གྱུས་ལུགས། དཔོན་ཆེན། དམག་དོན་སོགས་སུ་དབྱེ། སྐྱིག་འདུགས་དང་རྒྱལ་མཚམས་ཁག གཉིས་རབ་བྱུང་ཆེ། གཞན་དག་ལ་ནོར་འཁྲུལ་ཅུང་གཉིས་རེ་ཧབ་ཆེ།

ཐད་ཡོད།

Gazetteer of Xinjiang Maps, was the first provincial general annals after Xinjiang province was set up in the late Qing Dynasty. It contains surveying maps (partially enclosed) so it was called Tuzhi (records with maps). It was compiled by Wang Shunan and Zeng Shaolu and completed in the third year of the reign of the Qing Emperor Xuantong (1911). It has 116 volumes, with over 2 million words, including organizational system, national boundary, vassal state, civil affairs, customs, official organs, and military matters. The illustration of organizational system and national boundary were of the best quality, while the others recorded inaccurate information more or less.

新疆吐蕃古藏文简牍 指新疆南部若羌、和田等地出土的木质简牍。为吐蕃占据西域时期留下的遗物。解放前出土的400余种，均被劫往国外。解放后又在若羌米兰故城发掘出大量木简。其内容，主要反映吐蕃军事、官制、氏族、农牧业经济等方面的情况。

ཞིན་ཅང་གི་བུ་བྱོང་ཡིག་རྙིང་བྱང་བུ། ཞིན་ཅང་ལྷོ་ཁུལ་གྱི་རོའི་ཆབ་དང་ཧོ་ཐེན་སོགས་ས་ཁུལ་ནས་བུད་པའི་བྱང་བུ། ཕུ་བྲོང་གྱིས་ནུབ་ཡུལ་དུ་དབང་བསྒྱུར་སྐབས་ཀྱི་ཤུལ་བཞག་ཡིན། བཅིངས་འགྲོལ་སྔོན་ལ་རིགས་བཞི་བརྒྱ་ལྷག་བུད་པ་མི་རྒྱལ་ལ་ཤོར། བཅིངས་འགྲོལ་རྗེས་ནས་རོའི་ཆབ་གི་སྨྱི་ལན་གནའ་མཁར་བྱུང་འབྱོར་ཆེན་བྱུང། དེའི་ནང་དོན་གཙོ་བོར་ཧུ་བྱོང་གི་དམག་དོན་དང་དཔོན་ལུགས། མི་རྒྱུད་དང་ཞིང་

ཕྱགས་ལས་དཔལ་འབྱོར་སོགས་ཀྱི་གནས་ཚུལ་བྲིས་ཡོད།

Xinjiang Tubo Ancient Tibetan Bamboo and Wooden Slips refer to the bamboo and wooden slips excavated from Ruoqiang and Khotan of southern Xinjiang. They are relics left by the Tubo Kingdom when they occupied the Western Regions. More than four hundred types excavated before 1949 had been plundered abroad, and a plenty of slips were unearthed after 1949 in Milan Ruins in Ruoqiang County. The content of those bamboo and wooden slips is a reflection of the Tubo with respects of its military affairs, official system, clan system and Agro-stockbreeding economy.

新疆维吾尔自治区博物馆 全疆最大的文物和标本收藏保护、科学研究和宣传教育机构。位于乌鲁木齐市西北路。1958年始建，展厅面积7800平方米。2005年新馆开展，建筑面积17288平方米。现已收藏各类文物和标本约4万件。

ཞིན་ཅང་ཡུ་གུར་རང་སྐྱོང་ལྗོངས་དངོས་མང་བཤམས་སྟོན་ཁང་། ཞིན་ཅང་གི་ཆེས་ཆེ་བའི་རིག་དངོས་དང་མ་དཔེ་གསོག་འཇོག་སྲུང་སྐྱོབ་དང་། ཚན་རིག་ཞིབ་འཇུག་དང་སྒྲོག་གསོ་སྤེལ་བསྒྲགས་ཀྱི་ལས་ཁུངས། ཨུ་རུམ་ཆི་གྲོང་ཁྱེར་ཉུབ་བྱང་ལམ་དུ་ཡོད། ༡༩༥༨ལོར་འགོ་བཙུགས། བཤམས་ཁང་གི་རྒྱ་ཁྱོན་སྤྱི་རྒྱ་བཞི་མ་༧༨༠༠ཟིན། ༢༠༠༥ལོར་གསར་བཞེངས་བྱས་པར་རྒྱ་ཁྱོན་སྤྱི་རྒྱ་བཞི་མ་༡༧༢༨༨ཡོད། རིག་དངོས་དང་མ་དཔེའི་རྣམ་ཚོགས་ཁྲི་༤ཙམ་ཡོད།

Xinjiang Uyghur Autonomous Region Museum is Xinjiang's biggest institution for preservation, scientific research, and publicity of cultural relics and artifacts. Located in Northwest Road of Urumqi, it was built in 1958, with an exhibition area of 7,800 square meters. The new building opened to the public in 2005 with an area of 17,288 square meters. At present, it has collected about 40,000 cultural relics and artifacts of all kinds.

《新疆维吾尔自治区民族语言文字使用管理暂行规定》 文件名。1988年自治区人民政府第三十四次常务会议通过。共5章，即总则、民族语言文字的使用和管理、民族语言文字的规范化和科学研究、"汉语"和翻译、附则，涉及36条具体内容。旨在保障新疆各民族使用和发展自己语言文字的权利。

《ཞིན་ཅང་ཡུ་གུར་རང་སྐྱོང་ལྗོངས་ཀྱི་མི་རིགས་སྐད་ཡིག་བེད་སྤྱོད་དོ་དམ་སྐོར་གྱི་གནས་སྐབས་གཏན་ཁེལ》 ཡིག་ཆའི་མིང་། ༡༩༨༨ལོར་རང་སྐྱོང་ལྗོངས་མི་དམངས་སྲིད་གཞུང་གི་རྒྱུན་ལས་ཚོགས་ཆེན་ཐེངས་སོ་བཞི་པར་གྲོས་འཆམ་བྱུང་། སྤྱིར་པའི་ཞེན་ཚན་ཡོད་དེ་སྤྱི་དོན་དང་། མི་རིགས་སྐད་ཡིག་གི་བེད་སྤྱོད་དང་དོ་དམ། མི་རིགས་སྐད་ཡིག་བེད་སྤྱོད་ཚད་ལྡན་དུ་གཏོང་བ་དང་ཚན་རིག་ཞིབ་འཇུག་ཅེས་ཡིག་དང་ཡིག་བསྒྱུར། ཟུར་བཀོད་བཅས་སོ། ཁྱབ་ཁྱོངས་གི་ནང་དོན་སོ་དྲུག་བཅོན་ཏེ། རང་གི་སྐད་ཡིག་བེད་སྤྱོད་དབང་ཆ་ཡོང་སྐྱེལ་ལ་ཁག་ཐེག་བྱས།

Provisional Regulations of Administration for the Use of Ethnic Languages in the Xinjiang Uyghur Autonomous Region was adopted by the people's Government of the Autonomous Region at the 34th executive meeting in 1988. There are five chapters in total: firstly, general provisions; secondly, the use and management of ethnic languages; thirdly, the standardization and the scientific research of the ethnic language; fourthly, "Chinese Language" and its translation; fifthly, supplementary provisions. 36 articles of specific contents were involved, aiming to safeguard the right to use and develop ethnic languages of various ethnic groups in Xinjiang.

《新疆维吾尔自治区语言文字工作条例》 文件名。1993年自治区第八届人代会常务委员会第四次会议通过，2002年修正，2015年修订。共6章，即总则、语言文字的使用和管理、语言文字的学习和翻译、语言文字的科学研究和规范、法律责任、附则，涉及36条具体内容。旨在促进新疆各民族语言文字的发展与繁荣。

《ཞིན་ཅང་ཡུ་གུར་རང་སྐྱོང་ལྗོངས་སྐད་ཡིག་ལས་ཀའི་སྒྲིག་ཡིག》 ཡིག་ཆའི་མིང་། ༡༩༩༣ ལོའི་རང་སྐྱོང་ལྗོངས་སྐབས་བརྒྱད་པའི་དམངས་འཐུས་རྒྱུན་ལས་གྲོས་ཚོགས་ཐེངས་བཞི་པར་གྲོས་འཆམ་བྱུང་། ༢༠༠༢ ལོར་བསྐྱར་བཅོས་བཏང་། སྤྱིར་ཞེ་ཚན་དྲུག་ཡོད། སྤྱི་དོན་དང་། མི་རིགས་སྐད་ཡིག་གི་ཞིབ་སྐྱོང་དང་དོ་དམ། སྐད་ཡིག་གི་སློབ་སྦྱོང་དང་ཡིག་བསྒྱུར། སྐད་ཡིག་གི་ཚན་རིག་ཞིབ་འཇུག་དང་ཚད་ལྡན། ཁྲིམས་ལུགས་འོས་འགན། བྱུར་བགོད་བཅས་དྲུག་ཡོད་དེ། ཁྱབ་ཁྱོངས་སུ་དོན་ཚན་སོ་དྲུག་གི་ནང་དོན་སྙོར་དང་། ཞིན་ཅང་གི་རིགས་སོ་སོའི་སྐད་ཡིག་གི་གོང་འཕེལ་དང་དར་རྒྱས་ལ་སྨན་འདོད་བཏང་།

Regulations for Work Concerning Spoken and Written Languages in the Xinjiang Uyghur Autonomous Region was adopted by the people's Government of the Autonomous Region at the 4th executive meeting in 1993 and revised in 2002 and 2015. There are six chapters in total: firstly, general provisions; secondly, the use and management of languages; thirdly, the language learning and translation; fourthly, the scientific research and specification of languages; fifthly, legal responsibility; sixthly, supplementary provisions. 16 articles of specific contents were involved, aiming to promote the development and prosperity of various ethnic languages of ethnic groups in Xinjiang.

新疆文化协会 抗战时期新疆的社团组织。1939年成立于迪化（今乌鲁木齐）。茅盾任委员长。宗旨为：推动抗战文化，树立新中国文化建设之基础，打倒日本帝国主义，完成中华民族之自由解放。1942年终止活动。

ཞིན་ཅང་རིག་གནས་མཐུན་ཚོགས། ཇར་འགོག་དམག་འཁྲུག་སྐབས་ཀྱི་ཞིན་ཅང་གི་སྤྱི་ཚོགས་རྩ་འཛུགས་ཤིག ༡༩༣༩ ལོར་ཊིས་ཧྭ (དེང་གི་ཨུ་རུ་མུ་ཆི) རུ་ཚུགས། མཱོ་ཏུན་གྱིས་ཨུ་ཡོན་ཀྱང་གི་འགན་བཞེས། འཛིན་ནི་བཙན་ཚོལ་རིག་གནས་ལ་སྐུལ་འདེད་དང་གྱོ། གསར་པའི་རིག་གནས་འཛུགས་སྐྲུན་གྱི་རྨང་གཞི་འཛུགས་པ། ཤར་པ་བཙན་རྒྱལ་རིང་ལུགས་མགོ་རྟིང་སློག་པ། ཀྲུང་དུ་མི་རིགས་ཀྱི་རང་དབང་དང་བཅིངས་འགྲོལ་མཇུག་འགྲུབ་བྱེད་པ་དེ་ཡིན། ༡༩༤༢ ལོར་འགུལ་སྐྱོད་མཚམས་བཞག

Xinjiang Culture Association was an organization in Xinjiang during the period of the Counter-Japanese War. It was founded in Dihua (today's Urumqi) in 1939, with Mao Dun as the chairman. Its principles included advocating the culture to fight against the Japanese invasion, laying the foundation of the culture construction of New China, bringing down the Japanese imperialism and freeing the Chinese nation. It stopped all the activities in 1942.

新疆夏合勒克奴隶制 解放前新疆墨玉县夏合勒克乡维吾尔族中存在的一种典型的封建庄园制度。当地奴隶主（自称"和加"，维吾尔语意为"圣人的后裔"）垄断大部分土地，迫使无地农民成为依附农奴，形成基本上为自然经济的庄园。

ཞིན་ཅང་ཞ་ཧོ་ལེ་ཁོ་བྲན་གཡོག་ལམ་ལུགས། བཅིངས་འགྲོལ་བྱས་གོང་ཞིན་ཅང་མོའུ་ཡུན་རྫོང་གི་ཞ་ཧོ་ལེ་ཞང་གི་ཡུ་གུར་རིགས་སུ་གནས་པའི་བཀས་བཀོད་རྒྱུད་འཛིན་གྱི་གཞིས་ཀའི་ལམ་ལུགས་ཤིག དེའི་བྲན་བདག་གིས་ (རང་ལ་ཧོ་ཅ་ཞེས་འབོད་ དེ་ནི་ཡུ་གུར་སྐད་དུ་འཕགས་པའི་རྒྱུད་པ་ཞེས་པའི་དོན་ཡིན་) ས་ཞིང་མང་ཆེ་བ་སྟེར་སྙོམས་བྱས་ཤིང་ ས་ཞིང་མེད་པའི་ཞིང་པ་བཙན་གྱིས་བྲན་དུ་བསྒྱུར་ཏེ། གཞི་རྩའི་སྟེང་རང་བྱུང་དཔལ་འབྱོར་གྱི་གཞིས་ཀ་གྲུབ།

Xinjiang Xiaheleke Slavery was a typical feudal manorial system of the Uyghur who lived in township of Moyu county, Xinjiang province before 1949. Those local serf owners (called themselves "Hejia", meaning the heir of Saints in the Uyghur) monopolized most lands and forced landless peasants to be dependant serfs, which basically formed the natural economy of the manor.

新疆伊犁马 中国马的优良品种之一。产于新疆伊犁地区。以新疆的哈萨克马为基础，与顿河马、奥尔洛夫马等杂交而成。四肢强健，结构匀称，力速兼备，挽乘皆宜，能适应高寒。

ཞིན་ཅང་དབྱི་ལིའི་ཏ། གུང་གོའི་ཏ་རྒྱུད་བཟོད་ཏ་རྒྱུད་བཟང་པོས་གཅིག་ཡིན། དེའི་ཁུངས་ནི་ཞིན་ཅང་དབྱི་ལི་ཁུལ་ཡིན། དེ་ཞིན་ཅང་གི་ཧ་སག་ཧས་རྒྱག་གཞིར་བྱ་ཏེ་ཏོན་ཧི་ཏ་དང་། ཨོར་ལོར་ལྕུའི་ཏ་འདྲེས་སྦྱོར་བྱས་ནས་གྲུབ་པ་ཡིན། རྒྱབ་འདྲིའི་གང་ལག་དང་སྟེང་ཆགས་ གཞི་སྟོམས་འགྲིག་ཡིན། སྒྱུར་ཤུགས་གཉིས་འཛོམས་ཞོན་སྐྱ་ཞིང་དང་དར་གཏོང་ཐུབ་པ་སོགས་ཀྱི་ཁྱད་ཆོས་ཡོད།

Ili horses, found in Ili, Xinjiang Uygur Autonomous Region, are one of the fine breeds of Chinese horses. They are the hybridization between the Kazakh Horse and Don Horse or Orlov Trotter Horse. High, big, and well-proportioned in physique, this kind of horse combines strength with speed, which is a suitable transportation means on mountainous area as well as plains and also a first-class riding horse. As one of the fine breeds, Ili horse gets used to the conditions in cold and high areas.

新疆伊斯兰教职业人员参观团（首批） 由国务院宗教事务局组织。成员来自全疆15个地、州、市，共35人，由维吾尔、哈萨克、回、塔吉克、柯尔克孜和乌孜别克6个民族组成，团长为阿卜都艾尼大毛拉。1983年参观团由乌鲁木齐抵京开始参观活动。

ཞིན་ཅང་དབྱི་སི་ལན་ཆོས་པའི་སྐོར་ཞིབ་ཚོགས་པ། (ཐོག་མ) རྒྱལ་སྲིད་སྤྱི་ཁྱབ་ཁང་ཆོས་ལུགས་དོན་གཅོད་ཅུས་ཀྱིས་རྩ་འཛུགས་བྱས། ཚོགས་མི་ཞིན་ཅང་ཡོངས་ཀྱི་ཁྲུལ་༡༥དང་ཁྲུལ། གྲོང་ཁྱེར་གྱི་མི་རིགས་ཡུགུར་རིགས་དང་ཧ་སག་ཧུའི་རིགས། ཐ་ཇི་ཁེ་རིགས། ཁོར་ཁེ་ཙི་རིགས། ཝུ་ཙི་པེ་ཁེ་རིགས་སོགས་མི་རིགས་༦གྱི་ཚོགས་གཙོས་དཔོན་ཆེན་མོ་ལ་སྤུའི་ཧུའི་ནེ་ཏེ་ཡིན། ༡༩༨༣ལོར་སྐོར་ཞིབ་ཚོགས་པ་ཨུ་ལུམ་ཆེ་ནས་པེ་ཅིན་ལ་འབྱོར་ཞིང་ལྟ་སྐོར་གྱི་འགོ་བརྩམས།

The First Visiting Delegation of Xinjiang Islam Professionals was organized by the Religious Affairs Bureau of the State Council. There were 35 members who came from 15 districts, cities and prefectures of Xinjiang and of 6 ethnic groups including the Uyghur, Kazak, Hui, Tajik, Kyrgyz and Uzbek. Abuduainidamaola headed the delegation. The delegation arrived in Beijing from Urumqi in 1983 and started their visit.

新千年中国少数民族风采展示大赛 2001年由中国民族报社和中国少数民族文化艺术基金会主办。以"弘扬民族文化、增进民族团结"为主题，是国内首次展示全国少数民族女性风采的一次活动。优胜者被授予"东方女性、民族风采"的荣誉称号。次年，总决赛在深圳举行。

སྟོང་ལོ་གསར་པའི་ཀྲུང་གོའི་གྲངས་ཉུང་མི་རིགས་ཀྱི་ཡོམ་སྟོན་འགྲན་ཚོགས། ༢༠༠༧ལོར་ཀྲུང་གོའི་མི་རིགས་ཚགས་པར་ཁང་དང་ཀྲུང་གོའི་གྲངས་ཉུང་མི་རིགས་རིག་གནས་སྒྱུ་རྩལ་ཐེབས་རྩ་ཚོགས་པས་གཙོ་སྐྱོང་བྱས། མི་རིགས་རིག་གནས་ཁྱབ་སྐྱེད་དང་མི་རིགས་མཐུན་སྒྲིལ་ཤུགས་སྟོབས་ཇེ་བཟོད་བྱ་ཡིན་པ་དེའི་རྒྱལ་

ནང་དུ་གཙོས་ལུང་མི་རིགས་ཀྱི་སྐྱེ་མ་ཚོའི་མཛེས་སྡུག་རྡོག་པའི་འགྲན་ཐོག་མ་ཡིན། རྒྱལ་ཁ་ཐོབ་མཁན་ལ་ཤར་ཕྱོགས་ཀྱི་སྐྱེས་མ། མི་རིགས་ཀྱི་བཀྲག་མདངས་ཞེས་པའི་མཚན་གསོལ། ལོ་རྗེས་མར་རྙེད་ཙོང་རིལ་པའི་འགྲན་སྡུར་ཅིན་ཀྲེན་དུ་བསྡུས།

New Millennium Talent-show Contest for the Chinese Ethnic Minorities was jointly sponsored by the Newspaper of Chinese Ethnic Minorities and Chinese Ethnic Minority Culture and Arts Foundations in 2001. On the theme of popularizing national culture and enhancing ethnic unity, it was the first activity to demonstrate the excellent ethnic minority females throughout the nation. The winner can be awarded the honorary title of Oriental Woman and Ethnic Glamour. The final competition was held in Shenzhen in the next year, 2002.

《新时期民族工作文献选编》 书名。由国家民委政策研究室和中共中央文献研究室联合编著。1990年出版。本书汇编了中共十一届三中全会以来中共中央、国务院、全国人大常委会和中央有关部委、办关于民族工作的重要文件，党和国家领导人有关的重要讲话及文章等。全书收文献59篇。

《དུས་སྐབས་གསར་པའི་མི་རིགས་ལས་དོན་གྱི་ཚད་ལྡན་ཡིག་ཆ་གདམས་སྒྲིག》 དཔེའི་ཆེས། རྒྱལ་ཁབ་མི་རིགས་དོན་གཅོད་ཡུ་ཡོན་ལྷན་ཁང་སྲིད་ཇུས་ཞིབ་འཇུག་ཁང་དང་ཀྲུང་གུང་དབུས་ཡིག་ཆ་ཞིབ་འཇུག་ཁང་མཉམ་འབྲེལ་གྱིས་རྩོམ་སྒྲིག་བྱས། ༡༩༩༠ལོར་པར་དུ་བསྐྲུན། དེབ་འདིར་གུང་གུང་སྐབས་བཅུ་གཅིག་པའི་ཚོགས་ཆེན་གསུམ་པ་བསམ་ཚོགས་གུང་

གུང་གུང་དབུང་དང་རྒྱལ་ཡིད་སྡེ་ཁྱབ་ཁང་། རྒྱལ་ཡོངས་དམངས་ཆེན་རྒྱུན་ལས་ཨུ་ཡོན་ལྷན་ཁང་། གུང་དབྱ་གི་འབྲེལ་ཡོད་སྡེ་ཁག་ཨུ་ཡོན་ལྷན་ཁང་། གཞུང་ལས་ཁང་བཅས་མི་རིགས་ལས་དོན་སྐོར་གྱི་ཡིག་ཆ་གལ་ཆེན་དེ། ཕྱད་དང་རྒྱལ་ཁབ་ཀྱི་འགོ་ཁྲིད་པ་དང་འབྲེལ་བའི་གཏམ་བཤད་དང་རྩོམ་ཡིག་གལ་ཆེན་བཅས་ཕྱོགས་བསྒྲིགས་བྱས་ཡོད། དཔེ་དེབ་ཏིབ་བོར་ཆོད་ལྟེན་ཡིག་ཆ་༥༩ཡིན། ཚོགས་བྱས་ཡོད།

Selected Documents on Ethnic Work during the New Era was jointly edited by the Policy Research Office of SEAC and Party Literature Research Center of CPC Central Committee, and was published in 1990. It involves 59 important documents on ethnic work from the CPC Committee, the State Council, the NPC Standing Committee, and related departments, committees, offices of the Central Government, and some related important speeches and articles delivered by the Party and the State leaders.

《新苏临时通商协定》 1931 年，时任新疆省主席的金树仁背着南京国民政府，私下与苏联签订的协定。正文 7 条，附文 4 条。主要内容是确认新疆与苏联之间的通商贸易关系，对双方贸易来往的边卡、关税、贸易地点及货运等作出规定。

《ཞིན་སུའི་གནས་སྐབས་ཆོད་འགྱེལ་མཆན་ཚངས》 1931ལོར་ཞིན་ཅང་ཞིན་ཆེན་གྱི་གུའི་ཞིའི་འགན་བཞེས་པའི་ཅིན་ཤུའུ་རེན་གྱིས་ནན་ཅིན་ཞིའི་གཞུང་ལ་མ་བཤད་པའི་སྔོ་ནས་སུའུ་ལན་དང་བཞག་པའི་མཆན་ཚངས། གཞུང་དོན་ལ་དོན་ཚན་༧དང་ཟུར་བཀོད་དོན་ཚན་ཡོད། གཙོ་དོན་གཙོ་བོ་ཞིན་ཅང་

དང་སུའི་ལན་བར་གྱི་ཚོང་འབྲེལ་འབྲེལ་བ་ཁས་ལེན་བ། དང་ཕྱོགས་གཉིས་ཕོ་ཚོང་གི་འགག་སྒོ་དང་སྒོ་ཁྲལ། ཚོང་ས་གནས་དང་བོག་གཏད་འཛིན་སྐོར་གཏན་འབེབས་བཟོས།

The Temporary Trade Agreement between Xinjiang and the Soviet Union was privately signed with the Soviet Union by Jin Shuren, governor of Xinjiang, which was not disclosed to the government in Nanjing. It consists of 7 articles and 4 provisory clauses. It mainly verified the trade relationship between Xinjiang and the Soviet Union, and made stipulation on the border checkpoint, tariff, trade site and freight transport in the bilateral trades.

新藏公路 也被称作"国道219"。始建于 1956 年，北起新疆叶城县，南至西藏拉孜县，全长 2143 公里。沿途翻越 5000 米以上的大山 5 座，冰山达坂 16 个，冰河 44 条，穿越无人区几百公里。是世界上海拔最高、条件最苦、路段最艰险的公路之一。

ཞིན་བོད་གཞུང་ལམ། རྒྱལ་ཁབ་རིམ་པའི་ལམ་༢༡༩ཡང་ཟེར། ༡༩༥༦ལོར་ལས་འགོ་བརྩམས། བྱང་ནས་ཞིན་ཅང་གི་ཡི་ཁྲེང་རྫོང་དང་ལྷོ་བོད་ལྷུན་གྲུབ་ཀྱི་རྩེ་རྫོང་གི་བར་སྦྲེལ། ལེ་༢༡༤༣ཡོད། ལམ་བར་དུ་སྟོང་༥༠༠༠ཡན་གྱི་རི་པོ་ལྔ་དང་འཁྱགས་རོམ་རི་པོ་༡༦། འཁྱགས་ཀླུང་༤༤། མི་མེད་བྱང་ཐང་སྦྲེལ་ལེ་བརྒྱ་ཕྲག་སྒྲུབ། བཀྲལ་དགོས། འཛམ་གླིང་སྟེང་དུ་མཚོ་ངོས་ལས་མཐོ་ཚད་ཆེས་མཐོ་ལ་ཆ་རྐྱེན་ཆེས་ཞན་པ། ཞེ་ལམ་ཆེས་ཉེན་ཁ་ཆེ་བའི་གཞུང་ལམ་ཞིག་ཡིན།

Xinjiang-Tibet Highway or China National Highway 219 (G219) was built in 1956.

With a total length of 2,143 kilometres, it stretches from Yecheng County of Xinjiang in the north to Lazi County of Tibet in the south. Xinjiang-Tibet Highway climbs over 5 high mountains with an altitude of higher than 5,000 meters and 16 iceberg mountain passes, crosses over 44 glaciers, and travels hundreds of kilometers across the land where no human beings inhabited. It is noted as the highest and perilous highway above the sea level with poor natural environment.

新中国成立时少数民族的四种经济社会形态 一是和汉族地区基本相同的经济社会形态。二是保留着封建农奴制经济社会形态。三是保留着较为典型的奴隶制经济社会形态。四是处在原始公社制经济社会形态的末期。

གུང་གོ་གསར་པ་ཚུགས་སྐབས་གྲངས་ཉུང་མི་རིགས་ཀྱི་སྤྱི་ཚོགས་དཔལ་འབྱོར་གྱི་རྣམ་པ་བཞི། རྒྱ་རིགས་སྡོད་ཁུལ་དང་དཔལ་ཆེར་འདྲ་བའི་སྤྱི་ཚོགས་དཔལ་འབྱོར་གྱི་རྣམ་པ་དང་གཅིག བཀག་བཀོད་རྒྱུད་འཛིན་ཞིང་བྲན་ལམ་ལུགས་སྦྱར་བཞིན་པའི་སྤྱི་ཚོགས་དཔལ་འབྱོར་གྱི་རྣམ་པ་དང་གཉིས། ཤུང་སྤྱོད་རྒྱུན་ཡིན་པའི་བྲན་གཡོག་ལམ་ལུགས་ཀྱི་སྤྱི་ཚོགས་དཔལ་འབྱོར་གྱི་རྣམ་པ་དང་གསུམ། གདོད་མའི་གུང་ཏྲེ་ལམ་ལུགས་ཀྱི་སྤྱི་ཚོགས་དཔལ་འབྱོར་གྱི་རྣམ་པའི་དུས་མཇུག་དང་བཞིའོ། །

The Four Formations of the Economic and Social Development of ethnic groups at the time of the founding of New China were as follows: firstly, the economic and social development was basically the same as that of the Han people; secondly, there retained the social economic formation of the feudal serfdom; thirdly, there still existed the typical social economic formation of the slavery; and fourthly, the economic and social development was in the late period of the primitive commune.

《新中国民族工作十讲》 书名。2006年由国家民委研究室编著。本书以时间为经，以事件为纬，以讲座的形式，从10个方面提纲挈领地回顾了新中国成立以来党和国家的民族工作，勾勒了民族工作的历程，展示了民族工作的成就，总结了民族工作的经验。

《ཀྲུང་གོ་གསར་པའི་མི་རིགས་ལས་དོན་གྱི་འཆད་ཁྲིད་བཅུ》 དཔེ་ཆའི་མིང་། ༢༠༠༦ལོར་རྒྱལ་ཁབ་མི་རིགས་དོན་གཅོད་ཨུ་ཡོན་ལྷན་ཁང་གི་ཞིབ་འཇུག་ལས་ཁུངས་སྒྲིག དེབ་འདིའི་དུས་ཚོད་ཀྱིས་འཐེན་ཕྱགས་དང་དོན་རྐྱེན་གྱིས་གཞུང་ཕྱགས་བྱས། འཆད་ཁྲིད་ཀྱི་རྣམ་པའི་སྒོ་ནས། ཀྲུང་གོ་གསར་པ་དབུ་བརྙེས་བ་ནས་བཟུང་ཏང་དང་རྒྱལ་ཁབ་ཀྱི་མི་རིགས་ལས་དོན་དེ་ཕྱོགས་བསྡོམས་ཕྱོགས་སྒྲོམ་བྱས་ཏེ། མི་རིགས་བྱ་བའི་ལས་རིམ་དང་མི་རིགས་ལས་དོན་གྱི་གྲུབ་འབྲས་རེ་རེ་བཞིན་བཏོན་པ་མ་ཟད་མི་རིགས་ལས་དོན་གྱི་ཉམས་མྱོང་ཕྱོགས་སྒོམ་བྱས་ཡོད།

Ten Lectures on Chinese Ethnic Work was the name of a book compiled by the State Ethnic Affairs Commission in 2006. Having recorded incidents chronologically in the form of lectures, it reviewed the ethnic work of the Communist Party of China and the government since the founding of

New China in ten aspects. It outlined the process, showed the achievements and summed up the experience of the ethnic work.

兴边富民行动 1999年由国家民委、发展和改革委、财政部等部门倡议发起的一项边境建设工程。2000年正式启动。实施范围是我国135个陆地边境县（旗、市、市辖区）和新疆生产建设兵团58个边境团场。通过加大对边境地区的投入和帮扶力度，使之尽快与其他地区协调发展。

མཐའ་དར་དམངས་ཕྱུག་བྱ་འགུལ། ༡༩༩༩ལོར་རྒྱལ་ཁབ་མི་རིགས་དོན་གཅོད་ཨུ་ཡོན་ལྷན་ཁང་དང་། བསྒྱུར་བཅོས་ཨུ་ཡོན་ལྷན་ཁང་། དོན་སྙིང་དཔལ་གྱི་སོགས་སྡེ་ཁག་གིས་སྐུལ་སྦྱེལ་བྱས་པའི་མཐའ་མཚམས་འཛུགས་སྐྲུན་ལས་གཞི་ཞིག་ཡིན། ༢༠༠༠ལོར་དངོས་སུ་འགོ་བཙུགས། ལག་བསྟར་བྱས་ཁོངས་ནི་རང་རྒྱལ་གྱི་ས་བའི་མཐའ་མཚམས་ཀྱི་རྫོང་༡༣༥དང་ཞིན་ཅང་འཛུགས་སྐྲུན་དམག་དཔོན་མཐའ་མཚམས་ཚོགས་པ་༥༨བཅས་ཡིན། དེའི་མཐའ་མཚམས་ས་ཁུལ་ལ་རོགས་སྐྱོར་གྱི་ཤུགས་ཆེ་རུ་བཏང་ནས་གང་མགྱོགས་དང་ནང་ལོགས་ཀྱི་འཕེལ་རྒྱས་དང་དོ་མཉམ་ཡོང་བ་བྱེད་པར་འབད་པ་ཡིན།

The Program of Revitalizing Border and Enriching the people was a project initiated and started by the State Ethnic Affairs Commission, National Development and Reform Commission, and the Ministry of Finance, to develop border areas in 1999. Officially launched in 2000, it was implemented in 135 land border counties (banners, cities, municipal districts) and 58 border regiments of Xinjiang Production and Construction Corps. It aimed at increasing the support and investment to the border areas and promoting its coordinated development with other areas of China.

兴安城总管衙门 清末掌管鄂伦春族事务的官署。以地处兴安岭得名。始建于光绪八年（1882）。

ཞིན་ཨན་མཁར་སྤྱི་གཉེར་ཡ་མོན། ཆིང་རྒྱལ་རབས་དུས་མཇུག་ལ་ཨོ་ལོན་ཆུན་རིགས་ཀྱི་བྱ་བ་གཉེར་བའི་དཔོན་ཉེ། ཞིན་ཨན་ལིན་རི་བོའི་ཁུལ་དུ་གནས་པས་མིང་དེ་ལྟར་ཐོགས། ཀོང་ཞིས་ཁྲི་ལོ་བརྒྱད་པར་（༡༨༨༢）ཐོག་མར་བཙུགས།

Xing'an Garrison was a government office in charge of the Oroqen people in the late of Qing Dynasty. It was named after its location in Xing'anling Mountains. It was firstly established in the eighth year of the reign of Emperor Guangxu in the Qing Dynasty (1882).

《兴边富民行动"十一五"规划》 文件名。国家民委会同有关部门于2007年编制。主要内容：明确指导思想和发展目标，提出加强基础设施和生态建设等5项主要任务，采取加大对边境地区的资金投入等七大措施，组织实施"十一五"规划期间的兴边富民行动。

《མཐའ་དར་དམངས་ཕྱུག་བྱ་འགུལ་གྱི་བཅུ་གཅིག་ལྔའི་འཆར་འགོད》 ཡིག་ཆའི་མིང་། རྒྱལ་ཁབ་མི་རིགས་དོན་གཅོད་ཨུ་ཡོན་ལྷན་ཁང་དང་འབྲེལ་ཡོད་སྡེ་ཁག་གིས་༢༠༠༧ལོར་མཉམ་དུ་སྒྲིག་ནས་དགོ་གཙོ་བོར་མཇུག་སྐྱོན་བསམ་བློ་དང་འཕེལ་རྒྱས་

དམིགས་འབེན་གསལ་པོ་བྱེད་པ། རྣང་གཞིའི་སྒྲིག་ཆས་ ཤིགས་བསྐྱར་དང་སྐྱེ་ཁམས་འཛུགས་སྐྲུན་སོགས་ལས་ འགན་རྣམ་གྲངས་གཙོ་བོ་ལྔ་བཏོན། མཐའ་མཚམས་ས་ ཁུལ་ལ་མ་དངུལ་གཏོང་ཆེན་དུ་གཏོང་བ་སོགས་བྱེད་ ཐབས་ཤིག་བསྒྱུར་བྱེད་པ། བཅུ་གཅིག་པའི་འཆར་ འགོད་ནང་དུ་མཐའ་དར་དམངས་ཕྱུགས་བྱ་འགུལ་སྲེལ་ བར་ཚ་འཇགས་ལག་བསྟར་བྱེད་པ་སོགས་སོ། །

The 11th Five-Year Plan for Revitalizing Border and Enriching the people was a document drafted by the State Ethnic Affairs Commission jointly with the related departments in 2007. Its main contents include: defining the guiding thoughts and development goals, putting forward 5 major tasks of strengthening infrastructural and ecological construction, taking 7 measures to increase the investment to the border areas, and organizing and implementing the Program of Revitalizing Border and Enriching the people in the 11th Five-Year Plan.

行省制度 源于魏晋时的中央政权派出机构"行台"。金朝曾在边境置行台尚书省。蒙古人入主中原时仿金制，设行尚书省统辖一个大区的路府州县，演变成地方最高政治机构。后尚书省并入中书省，地方机构也改称行中书省，简称"行省"。从此，地方政治制度进入划省而治的阶段。

ཞིང་ཆེན་ལམ་ལུགས། འབྱུང་ཁུངས་ཡེ་ཧུན་སྐབས་ སུ་གུང་དབང་སྲིད་དབང་གིས་མངགས་གཏོང་བྱ་བའི་ ཞིན་ཐེ་ལས་ཁུངས་ཡིན། ཅིན་རྒྱལ་རབས་སྐབས་སུ་ མཐའ་མཚམས་སུ་ཞིན་ཐེ་ཧྲང་ཧྲུའུ་ཞིང་ཆེན་བཙུགས། སོག་པོས་དབུས་ཁུལ་ལ་དབང་སྒྱུར་བྱེད་སྐབས་ཅིན་རྒྱལ་ རབས་ལ་ལད་མོ་བྱས་ནས་བགར་སྲིད་སྒྲིག་ཁྲིམས་ཁར་ བཅུགས་ཏེ། ཁུལ་ཆེན་པོ་ཞིག་ལ་དོ་དམ་བྱེད་པའི་ལུ་ ཁུལ་རྫོང་ནས་ས་གནས་དེའི་ཆེས་མཐོའི་ཆབ་སྲིད་ལས་ ཁུངས་སུ་གྱུར། དེའི་རྗེས་བགར་སྲིད་སྒྲིག་ཡིན་པའི་ གུང་ཧྲུའུ་ཞིན་ཆེན་ནང་དུ་བསྡུས་ནས་མིང་ལ་ཞིན་གུང་ ཧྲུའུ་ཞིང་ཆེན་ཟེར། འདི་ནས་བཟུང་ས་གནས་ཀྱི་ཆབ་ སྲིད་ལམ་ལུགས་དེ་ཞིང་ཆེན་དུ་བཅད་ནས་དོ་དམ་བྱེད་ པའི་རྣམ་པར་འཕེལ།

"Xingsheng (provinces)" administrative system originated from central imperial institution called Xingtai in the Wei and Jin Dynasty. Jin government once set up Xingtai Shangshusheng (Department of State Affairs). While Mongolian conquered China, they followed the institutions of the Jin central government, setting up Xing shangshusheng (Department of State Affairs) to govern every routes, prefectures, subprefectures, counties in one territory, later evolving to be the supreme local political institution. Then Shangshusheng was incorporated into Zhongshusheng (the Central Secretariat), and local institutions are called Xingzhongshusheng (en-route secretariats, a term later abbreviated as Xingsheng "secretariats"). From then on, the local government system was divided into "branch secretariates".

匈奴 中国北方古代民族名。亦称"胡"。是古代蒙古大漠和草原上的游牧民族，大部分生活在戈壁大漠。最初在蒙古大漠建立国家，公元前215年被逐出黄河河套地区。历经东汉时分裂，南匈奴进入中原内附，北匈奴从漠北西迁，中间经历约 300 年。匈奴大大影响了当时的中国政局。

ཞུང་ནུའུ། གུང་གོའི་བྱང་ཕྱོགས་ཀྱི་གནའ་བོའི་མི་རིགས་ཤིག་ཧོར་གྱང་ཟེར། སོག་པོའི་བྱེ་ཐང་དང་རྩྭ་ཐང་དུ་འཚོ་བའི་གནའ་པོའི་འབྲོག་པའི་མི་རིགས་ཤིག་ཨང་ཆེན་བྱེ་ཐང་དུ་འཚོ། དང་པོ་སོག་པོ་རྒྱལ་ཁབ་འཆགས། སྤྱི་ལོ་སྔོན་གྱི ༢༡༥ ལོར་ཁྱ་ཧ་ཚ་ནས་ཕྱིར་སྐྲད། ཧན་བར་མའི་སྐབས་སུ་ཤོར་དུ་སོང་། ཞུང་ནུའུ་ནུབ་མའི་ནང་ལོག་གུང་ཡོང་ལ་སྐྱབས་བཅོལ། ཞུང་ནུའུ་བྱང་གི་བྱེ་ཐང་གི་ནུབ་ཕྱོགས་སུ་སྤོས་པའི་དེ་བོ་དོ་ཞིང་བརྒྱ་ལྷག་བརྒྱུད། ཞུང་ནུའུ་ཡིས་སྐབས་དེའི་གུང་གོའི་ཆབ་སྲིད་ལ་ཤུགས་རྐྱེན་ཆེན་པོ་ཐེབས།

Xiongnu, also called Hu, was an ancient ethnic name for the pastoral nomads of the northern China. They were nomadic people in ancient Mongolian desert and grass land, and mostly lived in the Gobi Desert. It started to establish a state in Mongolia. In 215 BC, they were expelled out of the Hetao region of the Yellow River and split into two parts in Eastern Han Dynasty. The southern Xiongnu people entered the central plain and the northern Xiongnu people moved to the west from Mobei (north of the Gobi desert), who witnessed a period of around three hundred years. The Xiong people influenced China's political situation of that time greatly.

休牧 为了保护牧草繁殖、生长，恢复现存牧草的活力，在一年周期内对草地施行一至数次短时间的停止放牧利用的措施。是短期禁止放牧利用。一般选在春季植物返青以及幼苗生长期和秋季结实期。

རྩྭ་གསོ་བ། ཕྱུགས་རྫིའི་སྐྱེ་འཕེལ་དང་སྐྱར་གསོའི་ཆེད་དུ། ལོ་གཅིག་གི་ནང་དུ་ཐེངས་གཅིག་གམ་དུ་མར་རྩྭ་དེར་ཕྱུགས་འཚོ་མཚམས་འཇོག་པའི་བྱ་ཐབས་ལ་ཟེར། རྒྱུན་པར་དཔྱིད་འགོའི་རྩྭ་སྐྱེ་དུས་དང་ཞིང་ཁའི་འབྲུ་གུ་འབྲས་དུས། སྟོན་ཁའི་འབྲས་བུ་སྨིན་དུས་བཅས་ལ་རྩྭ་གསོ་བར་བྱེད།

Rotational Grazing is a measure taken to stop grazing and restore the grassland once or several times a year, in order to maintain the production and reproduction of pasture. Grazing is forbidden for a short time. Generally, rotational grazing is done in spring when plants resume growth and in autumn when the grass requires production.

须弥山石窟 "须弥"是梵文音译，意为宝山。中国十大著名石窟之一。位于宁夏固原须弥山南麓。始建于北魏，西魏、北周、隋、唐继续营造，以后各代修葺重装。现存石窟上百座，其中有须弥山入口处高达 20.6 米的弥勒大座佛。

རི་རབ་བྲག་ཕུག རི་རབ་ཅེས་པ་ནི་རྒྱ་གར་སྐད་ལས་བསྒྱུར་བ་སྟེ། དོན་དུ་རིན་པོ་ཆེའི་རི་ལ་ཟེར། གུང་གོའི་བྲག་ཕུག་གྲགས་ཅན་བཅུའི་ཡ་གྱལ་ཡིན། ཞིང་ཞའི་གུའུ་ཡོན་རི་རབ་ཀྱི་ལྷོ་ངོས་སུ་ཡོད། ལྷོ་བྱང་མའི་སྐབས་ཐོག་མར་བརྩིགས། ལྷོ་ནུབ་མ་དང་བྱོའུ་བྱང་མ། སུའི། ཐང་བཅས་ཀྱི་སྐབས་སུ་རིམ་བཞིན་བཀོད་བཞེངས་བྱས། རྗེས་སུ་རྒྱལ་རབས་སོ་སོས་ཞིག་གསོ་མཛད། ད་ཆ་བྲག་ཕུག་བརྒྱ་ལྷག་ཡོད་ལ། དེའི་ནང་རི་རབ་བྲག་ཕུག་གི་མདུན་སྒོར་མི་འཇོག་ཚད་སྨི་ ༢༠.༦ (ཡོད་པའི་བྱམས་པ་ཆེ་པོ་ཞིག་ཡོད།)

Xumishan Grottoes are one of ten famous

grottoes of China, situated on the southern edge of Mount Xumi of Guyuan, Ningxia. Xumi is the transliteration of Sanskrit, meaning Golconda. The construction began during the Northern Wei Dynasty (368-534) and were put under periodic reconstruction during the Western Wei Dynasty (535-556), Northern Zhou Dynasty (557-581), Sui and Tang Dynasties (582-907) and was renovated repeatedly in the following dynasties. There are up to one hundred existing grottoes, of which the famous 20.6-meter high Maitreya Buddha seated at the entrance of Mount Xumi.

许亨植（1909—1942） 东北抗日联军高级指挥员。朝鲜族。1930年加入中国共产党。1939年后任东北抗日联军第三路军总参谋长、第三军军长等职，在松嫩平原开展抗日游击战，取得了兰西丰乐镇等战斗的胜利。1942年在与日军作战中牺牲。

ཞིས་ཧོན་ཀྲི། (༡༩༠༩—༡༩༤༢) བྱང་ཤར་ཉར་འགོག་མཉམ་སྦྲེལ་དམག་གི་མཚོ་རིམ་བཀོད་འདོམས་པ། ཁོའོ་ཞེན་རིགས། ༡༩༣༠ལོར་ཀྲུང་གོ་གུང་ཁྲན་ཏང་དུ་ཞུགས། ༡༩༣༩ལོར་བྱུང་ཤར་ཉར་འགོག་མཉམ་སྦྲེལ་དམག་ཏུ་གསུམ་པའི་སྤྱི་ཁྱབ་ཧྲུས་འདོན་པ། དང་དུ་གསུམ་པའི་དཔོའི་འགག་བཞེས། སུང་ནུན་བདེ་ཐང་དུ་ཉར་འགོག་འཐབ་འཛབ་དམག་འཁྲུག་སྤེལ་ཏེ། ལན་ཞིས་ཕྲིང་ལི་གྲོང་རྡལ་སོགས་ཀྱི་རྒྱལ་ཆེ་པོ་བླངས། ༡༩༤༢ལོར་ཞིས་འགོག་དམག་འཁྲུག་ཁྲོད་དུ་བསྒྲོངས།

Xu Hengzhi (1909-1942), a member of Korean people, was a senior commander in the Northeast Counter-Japanese United Army. He joined the Communist Party of China in 1930. After 1939 he was appointed as the Chief of the General Staff and commander in the Third Army of the Northeast Counter-Japanese united forces. He organized the counter-Japanese guerrilla warfare in Songnen plain and won the victory in Fengle Town of Lanxi County. He died in the fight against Japanese in 1942.

宣政院 元朝掌管全国佛教事宜和藏族聚居地区军政事务的中央机关。由帝师兼领。始建于蒙古至元元年（1264），称总制院。二十五年改为宣政院。宣政院的设立标志着西藏地区正式成为我国中央政府直接管辖的一个地方行政区域。

སྲིད་བསྐྱངས་སྲིད། ཡོན་རྒྱལ་རབས་ཀྱིས་རྒྱལ་ཡོངས་ཆོས་ལུགས་ལས་དོན་དང་བོད་ཁུལ་གྱི་དམག་དོན་ལས་ཀར་དོ་དམ་བྱེད་པའི་ཀྲུང་དབྱང་ལས་ཁུངས། དཔལ་ལྡན་འགྲོ་མཁན། སོག་པོ་དང་ཡོན་ཁྲི་ལོ་དང་པོར (༡༢༦༤) བཙུགས། སྤྱི་ཁྱབ་སྲིད་ཡང་ཟེར། ཀྱི་ལོན་ཁྲི་ཉེར་ལྔར་སྲིད་བསྐྱངས་སྲིད་དུ་བསྒྱུར། དེ་ནས་བཟུང་བོད་ལྗོངས་ནི་རང་རྒྱལ་གྱི་དབུང་སྲིད་གཞུང་གིས་ཐད་དབང་བསྒྱུར་བའི་ས་གནས་སྲིད་འཛིན་ཁུལ་ཞིག་ཏུ་གྱུར།

Xuanzhengyuan (Commission for Buddhist and Tibetan Affairs) was the Central authority in charge of Buddhism affairs throughout the nation and Tibetan military-political affairs in the Yuan Dynasty, governed by the royal Preceptor. It was founded in the first year of the reign of

Kublai of the Yuan Dynasty (1264), and was named Zhongzhi Yuan (Supreme Control Commission of Buddhism). In the twenty-fifth year (1289), it was renamed Xuanzheng Yuan. From then on, Tibet has become an administrative region directly under the jurisdiction of the Central Government of China.

薛延陀 中国北方古代民族，亦为汗国名。敕勒部落之一，由薛与延陀两部组成。原住漠北，隋时迁阿尔泰山南麓，隶西突厥。629年，其首领夷男率部东返漠北，转附东突厥。次年与回纥（见"回鹘"词条）共助唐灭东突厥。647年，薛延陀被唐与回纥联军所灭。

ཞོ་ཡན་ཐུའོ། གུང་གོའི་བྱང་ཕྱོགས་ཀྱི་གནའ་བོའི་མི་རིགས། རྒྱལ་པོའི་རྒྱལ་ཁབ་ཀྱི་མིང་ཡང་ཡིན། ཕི་ལེ་ཚོ་པའི་གྱུས་ཡུལ་ལཞོ་དང་ཡན་ཐུའོ་གཉིས་ཀྱིས་གྲུབ། ཞོ་བྱེ་ཐང་བྱང་ཕྱོགས་སུ་ཡོད། སུའི་རྒྱལ་རབས་སྐབས་སུ་ཨར་ཐའེ་རི་བོའི་རྩེ་འདབས་སུ་སྤོས། སུ་གུ་ཤུལ་མའི་ཕབ་ཏུ་གྱུར། (629)ལོར་དེའི་འཁ་ཡི་ཨན་གྱིས་ཚོ་པ་ཁྲིད་དེ་བྱང་ལ་ལོག་སྟེ་གུ་གུ་ཤར་མར་འགོ་བཏགས། ལོ་རྗེས་མར་ཧུའེ་ཧུའུ་དང་ལྷན་དུ་ཐང་རབས་འདེགས་བྱས་ཏེ་གུ་གུ་ཤར་མ་བསྟབས། (647)ལོར་ཞོ་ཡན་ཐུའོ་ཐང་དང་ཧུའེ་ཧུའུ་གཉིས་ཀྱིས་བསྟབས།

Xueyantuo was the name of an ancient ethnic group in northern China, and also the name of a khanate. It belonged to the tribe of Tiele and consisted of Xue and Yantuo. They originally lived in Mobei (north of the Gobi) and immigrated to the south foot of Altay Mountains in the Sui Dynasty (581-618), subordinated to Western Turkic Khaganate. In 629, the chief Yi'nan led them back to Mobei and submitted to East Turk. In the following year, they together with the Uighurs (see "Uighur") helped the Tang regime to beat East Turk. In 647, they were destroyed by the allied forces of the Tang and Uighurs.

学本 门巴族音译，意为"村长"。西藏民主改革前墨脱宗门巴族基层村社行政组织的头人。

ཧོག་དཔོན། མོན་པའི་སྐད་དེ་སྒྱུར་དཔོན་གྱི་དོན། བོད་ལྗོངས་དམངས་གཙོ་བཅོས་བསྒྱུར་མ་བྱས་གོང་མེ་ཏོག་རྡོང་མོན་པའི་གཞི་རིམ་སྡེ་བའི་སྲིད་འཛིན་ཚོ་འཕུལ་འགོ་དཔོན་ཡིན།

Xue Ben was the transliteration of Moinba language, meaning the head of village. It referred to the leader of administrative organizations of grassroots village community for the Moinba people in Motuo before the Tibetan democratic reform.

学卡 亦称"如瓦""错巴""楚玛"等。藏语音译，意为"部落"或"族""旗"。民主改革前，藏族牧区一级行政单位。民主改革后逐步改为区、乡建制。

ཧོག་ཁ། རུ་བ་དང་ཚོ་པ་སོགས་ཀྱི་དོན། དམངས་གཙོ་བཅོས་བསྒྱུར་གོང་བོད་ཀྱི་འབྲོག་ཁུལ་གྱི་སྲིད་འཛིན་དང་པོའི་སྡེ། དམངས་གཙོ་བཅོས་བསྒྱུར་རྗེས་སུ་ཁུལ་དང་ཞང་ལ་བསྒྱུར།

Xue ka, also named as "Ru Wa", "Cuo Ba" and "Chu Ma", etc., was the transliteration of Tibetan, meaning "tribe", "clan" and "banner". Before the democratic reform, it was an administrative unit in the grazing regions of Tibetan people. After the reform, it was gradually transformed into the district or town organizational system.

《学习、使用和发展藏语文的若干规定（试行）》 文件名。1987年西藏自治区四届人大第五次会议通过。规定：在西藏自治区，藏、汉语文并重，以藏语文为主。西藏自治区七届人大第五次会议又作修改。

《བོད་སྐད་ཡིག་སློབ་པ་དང་བཀོལ་སྤྱོད་འཕེལ་རྒྱས་གཏོང་བའི་གཏན་འབེབས་འགའ། (ཚོད་ལྟའི་ལག་བསྟར)》 ཡིག་ཆའི་མིང་། ༡༩༨༧ལོར་བོད་རང་སྐྱོང་ལྗོངས་སྐབས་བཞི་པའི་མི་དམངས་འཐུས་མི་ཚོགས་ཆེན་གྲོས་ཚོགས་ཐེངས་ལྔ་པར་གྲོས་འཆམ་བྱུང་། བོད་རང་སྐྱོང་ལྗོངས་སུ་བོད་ཡིག་དང་རྒྱ་ཡིག་གཉིས་ལ་མཐོང་ཆེན་དང་། བོད་ཡིག་གཙོར་འཛིན་དགོས་པ་སོགས་གཏན་ལ་ཕབ། བོད་རང་སྐྱོང་ལྗོངས་སྐབས་བདུན་པའི་མི་དམངས་འཐུས་མི་ཚོགས་ཆེན་གྱི་གྲོས་ཚོགས་ཐེངས་ལྔ་པར་བཟོ་བཅོས་བྱས།

Provisions on the Study, Use and Development of the Tibetan Language (For Trial Implementation) was approved in the Fifth Session of the Fourth National people's Congress in the Tibet Autonomous Region in 1987. Its provisions were as follows: Both Tibetan language and Chinese were important in the Tibet Autonomous Region, but Tibetan language was the principal language. It was amended in the Fifth Session of the Seventh National people's Congress in the Autonomous Region.

学校民族团结教育推进工程 政策性规划。由2012年国务院颁布的《少数民族事业"十二五"规划》提出：在学校，把民族团结教育贯穿到课堂教学、社会实践、校园文化建设全过程。在学生中，开展民族团结交流和"结对子""手拉手"等活动。并加强师资和教材建设，开播民族团结教育专题节目等。

སློབ་གྲྭའི་མི་རིགས་མཐུན་སྒྲིལ་སློབ་གསོ་སྐུལ་འདེད་ལས་གཞི། སྲིད་ཇུས་རང་བཞིན་གྱི་འཆར་འགོད། ༢༠༡༢ལོར་རྒྱལ་སྲིད་སྤྱི་ཁྱབ་ཁང་གིས་སྤེལ་བའི་《གྲངས་ཉུང་མི་རིགས་ཀྱི་ལས་དོན་བཅུ་གཉིས་པའི་འཆར་འགོད》དུ། མི་རིགས་མཐུན་སྒྲིལ་སློབ་གསོ་དེ་སློབ་ཁྲིད་དངོས་དང་སྤྱི་ཚོགས་ལག་ལེན། སློབ་རའི་འཇུགས་རྟེན་སོགས་སློབ་གསོའི་ཕྱོགས་ཆང་མར་ཁྱབ་དགོས། སློབ་མའི་བར་མི་རིགས་མཐུན་སྒྲིལ་བགྲོ་གླེང་དང་ལག་རྩོལ་སྦྲེལ་བའི་བྱ་འགུལ་སོགས་སྤེལ་དགོས། ཁྱད་ཆས་དང་དགེ་རྒྱུན་གྱི་སྦྱངས་ཚོད་ལ་ཤུགས་བསྣན་ནས་མི་རིགས་མཐུན་སྒྲིལ་སློབ་གསོའི་བརྗོད་གྲུང་དུ་འཇུག་སོགས་སྤེལ་དགོས་པ་བཅས་སོ།།

Project for Advancing the Schools' Ethnic Unity Education is a policy plan in China, proposed in *the 12th Five-year Plan for Development of Undertakings Related to Ethnic Minority Groups* and issued by State Council in 2012. The project put forward the following points: the ethnic unity education should be penetrated into classroom teaching, social practice and construction of campus culture in schools. Exchanges and activities, such as "pair-share" and "hand in hand" should be carried out among students. Meanwhile the construction of teaching staff and teaching materials should be enhanced, and feature programs about ethnic unity education should be broadcasted, etc.

《学校民族团结教育指导纲要（试行）》 文件名。教育部办公厅和国家民委办公厅于2008年印发。要求全国中小学设置专门的民族团结教育课程，根据不同年级开设不同课程，保证相应学时，并对教育途径、方法、内容、考评、师资培养等做了明确规定。

《སློབ་གྲྭའི་མི་རིགས་མཐུན་སྒྲིལ་སློབ་གསོའི་མཛུབ་སྟོན་གནད་བསྡུས། (ཚོད་ལྟའི་ལག་བསྟར)》 ཡིག་ཚད་མིང་། སློབ་གསོ་པུའུ་གཞུང་ལས་ཁང་དང་སློབ་པོད་གིས་ ༢༠༠༨ ལོར་འགྲེམས་སྤེལ་བྱས། རྒྱལ་ཡོངས་ཀྱི་སློབ་གྲྭ་ཆུང་འབྲིང་གིས་ཆེད་དམིགས་ཀྱིས་མི་རིགས་མཐུན་སྒྲིལ་སློབ་གསོའི་བསླབ་ཚན་བཀོད་སྒྲིག་བྱས་ཏེ། པོ་རིམ་སོ་སོར་གང་འཚམ་གྱི་བསླབ་ཚན་དང་དུས་ཚོད་བཀོད་སྒྲིག་བྱེད་པ་དང་། སློབ་གསོའི་ཐབས་ལམ་དང་སྦྱོང་ལས། གནད་དོན། ཚད་ལེན། དགེ་རྒན་གསོ་སྐྱོང་སོགས་ལའང་གཏན་འབེབས་གསལ་བོ་བྱས་ཡོད།

Outline on Education of Ethnic Unity in Schools (Trial) was published by the general office of Ministry of Education and the State Ethnic Affairs Commission in 2008. It claimed that primary and secondary schools nationwide should set up specialized courses for ethnic unity education. Different grades should set different courses and ensure their corresponding class hours. It also made definite regulations on educational channels, methods, contents, evaluation and teacher training, etc.

雪莲花 藏语称"恰果苏巴"，为菊科多年生草本植物。不但是难得一见的奇花异草，也是举世闻名的珍稀藏药，有除寒、壮阳、调经、止血等功用。生长于高山大寒之地，以流沙滩上的岩石缝中较多。

མེ་ཏོག་གངས་ལྷ། མིང་གཞན་དུ་ཆོད་སྒུག་པ་ཟེར། སྐྱེ་དངོས་ཀྱི་རིགས་ཤིག མེ་ཏོག་དེ་ནི་རྩྭ་ལྷུག་ཡ་མཚན་དང་མེད་དཀའ་ཆེ་བའི་བོད་སྨན་དཀོན་པོའི་གྲས་ཤིག ཡིན། གྲང་བ་སེལ་བ་དང་། སྟོབས་རྒྱས་པ། ཟླ་རྒྱུས་པ། ཡངས་པ། ཁྲག་གཅོད་པ་སོགས་ཀྱི་ཞུས་ལ་ལྡན། རྒྱུན་དུ་གྱང་དྲག་ལྡག་པའི་རི་མཐོན་པོའི་མགོར་སྐྱེས་པ་འབྱེ་ཐང་གི་བྲག་རྡོའི་གསེང་དུ་ཆུང་མང་།

Snow lotus, "Qiaguoshuba" in Tibetan language, is a perennial herb of the composite family. It is not only an exotic flower and rare herb, but also a valuable and rare Tibetan medicine known around the world. It owns the function of relieving cold, strengthening Yang, regulating menstruation and staunching blood. It grows in cold areas of the high mountain, often in the rock cracks among drift sand beach.

雪列空 藏语音译，意为"山下机关"。先前只管理拉萨近郊的行政、司法，为布达拉宫征派各种徭役。1955年升格为相当于专署的行政机关。

ཞོལ་ལས་ཁུངས། སྤྱན་ལྟའི་ཉེ་འཁོར་གྱི་སྲིད་འཛིན་དང་ཁྲིམས་འཛིན་ལས་དོན་ཁོ་ན་དོ་དམ་བྱེད་པ་ཞིག ཡིན། པོ་ཏ་ལའི་ཆེད་དུ་ཁྲལ་རྒྱ་ཚོགས་བསྐོ་བའི་ལས་ཁུངས་ཤིག ཡིན། ༡༩༥༥ ལོར་ཆེད་གཉེར་གྱི་སྲིད་

འཛིན་ལས་ཁུངས་ཞིག་ཏུ་སྒྱུར།

Xueliekong (Zhol pa las khungs) is the transliteration of Tibetan, meaning the office down the mountain. In the early times it was responsible only for administrative and judicial affairs in Lahsa suburbs, and levying corvee for the Potala Palace. In 1955 it was elevated into an administrative organization which was equivalent to a prefectural commissioner's office.

逊尼派　伊斯兰教中的最大教派。自称"正统派"，与什叶派并称为不同的两大政治、宗教派别。"逊尼"系阿拉伯语的音译，原意为"遵循圣训者"，转意为"遵循传统者"。中国穆斯林大多属该派。

ཞུན་ཉི་གྲུབ་མཐའ། དབྱི་སི་ལན་ཆོས་ལུགས་ནང་གི་གྲུབ་མཐའ་ཆེས་ཆེ་བ། རང་གིས་རང་ལ་གྲུན་ཕྱུང་གྲུབ་མཐའ་ཡང་ཟེར། དེ་དང་ཧྲི་ཡེ་གྲུབ་མཐའ་གཉིས་ཆབ་སྲིད་དང་ཆོས་ལུགས་མི་འདྲ་བའི་གྲུབ་མཐའ་ཆེ་ཁག་གཉིས་ཡིན། ཞུན་ཉི་ནི་ཨ་རོབ་སྐད་ཀྱི་སྒྲ་བསྒྱུར་ཡིན། ནང་དོན་ཁྱད་རན་གསུང་རབ་བརྩི་མཁན་ནམ་སྲུང་མཁན་ལ་གོ། ཀྲུང་གོའི་མུའུ་སི་ལིན་མང་ཆོས་གྲུབ་མཐའ་འདིར་གཏོགས།

Sunnite is the largest denomination of Islam. They called themselves Orthodox Party and together with Shia, they were known as two different largest political and religious sects. Sunni was the transliteration of Arabic, originally it means people who followed the Hadith, connotatively it means people who followed the tradition. Most Chinese Muslims belong to this sect.

Y

压迫民族 依靠权力或势力压制、强迫其他民族并使其依附于自己的民族。对应于被压迫民族。

གཞན་གནོན་མི་རིགས། དབང་དང་སྟོབས་ལ་བརྟེན་ནས་མི་རིགས་གཞན་ལ་བཙན་གནོན་དང་བཙན་གཞོག་བྱས་ཤིང་། རང་མི་རིགས་མགོ་ཏུ་བཀུར་བ། དེ་ལས་གཞན་གནོན་སྦྱོང་བའི་མི་རིགས་ལ་གོ

Oppressive Ethnic Groups referred to those ethnic groups who suppressed and forced other groups to attach to them by means of power and force. It was opposite to the Oppressed Ethnic Groups.

牙含章（1916—1989） 中国当代民族问题理论家、宗教学家。甘肃和政人。1936年始在拉卜楞寺和哲蚌寺研究藏族史和藏传佛教。1938年到延安，加入中国共产党。新中国成立后，曾任内蒙古大学副校长、中国社会科学院原民族研究所所长等职。著作有《达赖喇嘛传》《班禅额尔德尼传》等。

ཡ་ཧན་ཀྲང་། (1916—1989) ཀྲུང་གོའི་དེང་རབས་མི་རིགས་གནད་དོན་གྱི་གཞུང་ལུགས་ཚོད་མཁས། ཆོས་ལུགས་རིག་པ་བ། ཀན་སུའུ་ཧོ་ཀྲིན་གྱི་མི་ཡིན། 1936ལོར་ནས་བཟུང་བླ་བྲང་དགོན་པ་དང་འབྲས་སྤུངས་དགོན་དུ་བོད་ཀྱི་ལོ་རྒྱུས་དང་བོད་བརྒྱུད་ནང་བསྟན་ལ་ཞིབ་འཇུག་བྱས། 1938ལོར་ཡན་ཨན་དུ་ཕྱིན་ཏེ་ཀྲུང་གོ་གུང་ཁྲན་ཏང་ལ་ཞུགས། བཅིངས་འགྲོལ་རྗེས་སུ་སྔར་གྱི

སོག་སྦྱོང་གྲྭ་ཆེན་མོའི་སློབ་གཙོ་གཞོན་པ་དང་། ཀྲུང་གོའི་སྤྱི་ཚོགས་ཚན་རིག་སློབ་མི་རིགས་ཞིབ་འཇུག་ཁང་གི་ཡུལ་སོགས་ཀྱི་འགན་བཞེས། བརྩམས་ཆོས་ལ 《ཏཱ་ལའི་བླ་མའི་རྣམ་ཐར》 དང 《པཎ་ཆེན་ཨེར་ཏེ་ནིའི་རྣམ་ཐར》 སོགས་ཡོད།

Ya Hanzhang (1916-1989) was a contemporary Chinese theorist on ethnic issues and a scholar on religion. He was born in Hezheng county of Gansu province. In 1936, he studied Tibetan history and Tibetan Buddhism in Labrang Monastery and Drepung Monastery. In 1938, he came to Yan'an and joined the Chinese Communist Party. After the founding of the People's Republic of China, he once was the vice-president of Inner Mongolia University and head of Institute for Ethnic Studies of Chinese Academy of Social Sciences, etc. His works included *Biographies of the Dalai Lamas* and *Biographies of the Tibetan Spiritual Leaders Panchen Erdinis* and so on.

牙帐 1. 过去将帅所居的营帐。因帐前置牙旗，故名。2. 中国古代边境少数民族匈奴、鲜卑、羌、铁勒、柔然、回纥（见"回鹘"词条）、突厥、沙陀的"首都"称为牙帐。著名的有回鹘牙帐城等。

ཡ་ཀྲང་། 1. སྔོན་དམག་དཔོན་བཞུགས་སའི་སྒར་གྱི་བཀྲིང་། སྒར་སྒོར་ལ་དར་བཙུགས་ཡོད་པས་དེ་ལྟར་འབོད། 2. ཀྲུང་གོའི་གནའ་བོའི་ས་མཐའི་གྲངས་ཉུང་མི་རིགས་ཞུང་ནུའུ་དང་ཞན་པེའི། ཆང་། ཐེ་ལི་རགས་རན། ཧུའི་ཧུའུ། ("ཧུའི་ཧུ་" ཞེས་པའི་རིག་གནས་ཀྱི་རྒྱལ་སར་ཡ་ཀུང་ཟེར། མིང་གྲགས་ཆེ་བའི་ཧུའི་ཧུའུ་ལ་ཡ་ཀུང་མཁར་

བོགས་ཡོད།

Ya Zhang 1. referred to the tent lived by the generals. The reason why it was called Yazhang is because the Ya banner was placed before the tent. 2. Ya Zhang was also the capital city of ancient Chinese frontier ethnic minorities like Xiongnu, Xianbei, Qiang, Tiele, Rouran, Uyghur (see the entry Uighur), Turkic and Shatou, among which Uyghur Yazhang City was very famous.

雅克萨之战 清康熙二十四年至二十七年（1685—1688），中国军队为收复领土雅克萨（黑龙江与额木尔河交界口东岸），对入侵的俄军所进行的两次围歼战。后达成和议，签订中俄《尼布楚条约》，确认清对雅克萨的主权。

ཡ་ཁོ་ས་དམག་འཁྲུག ཆིང་རྒྱལ་རབས་ཁང་ཞིས་ཕོ་ཞིར་བཞིན་ཞིར་རྒྱག་པར། གྱུང་གོའི་དམག་དཔུང་གིས་ཡ་ཁོ་སའི་མངའ་ཁུལ་(ཧེ་ལུང་ཅང་གཙང་པོ་དང་ཨོ་མོར་གཙང་པོའི་འདྲེ་མཚམས་ཀྱི་ཤར་འགྲམ)ཕྱིར་བསྡུ་ཆེད་ཨུ་རུ་སུའི་བཙན་འཛུལ་ལ་སྐོལ་འཇོམས་ཐེངས་གཉིས་སྤྲད་པར་བརྟེན། རྗེས་སུ་གྲོས་འཆམ་བྱུང་ནས《ཉི་པུའི་ཁུའི་ཆིངས་ཡིག》བཞག་སྟེ། ཆིང་རྒྱལ་རབས་ཀྱིས་ཡ་ཁོ་སའི་བདག་དབང་གསལ་པོ་བྱས།

The Battle of Yakesa was the war during which the Chinese army defeated the invading Russian army twice in order to resume the territory of Yakesa (today's eastern part between Heilongjiang and Emuer river) from the 24th year to the 27th year of the reign of Emperor Kangxi in the Qing Dynasty (1685-1688). Later, the two sides reached an agreement and signed *Sino-Russian Treaty of Nerchinsk*, confirming Qing government's sovereignty over Yakesa.

焉耆—龟兹语文 旧称"吐火罗语"。中国古代吐鲁番、库车、焉耆一带居民使用的语言。属印欧语系。有甲乙两种方言：甲方言主要使用于焉耆—高昌（今吐鲁番）一带，乙方言则限于古龟兹（今库车）地区。文字使用的是印度的婆罗米字母斜体。

ཡན་ཆེ་—ཀུའེ་ཆིའི་སྐད། སྔར་ཐུའུ་ཧོ་ལོའི་སྐད་ཟེར། གནའ་རབས་ཀྲུང་གོའི་ཐུའུ་ལུའུ་ཕན་དང་ཁུའུ་ཆེ་ས་ཁུལ་གྱི་སྡོད་དམངས་ཀྱིས་སྤྱོད་པའི་སྐད་ཆ། ཧིན་ཏུ་དང་ཡོ་རོབ་སྐད་རྒྱུད་ལ་གཏོགས། ཡུལ་སྐད་ཀ་དང་ཁ་རིགས་གཉིས་ཡོད་ལ། ཀ་བའི་ཡན་ཆི་གའོ་ཁྲང་རྒྱུད་དུ་སྤྱོད་ལ། ཁ་བའི་ཀུའེ་ཆིའི་ཚོས་ཁུལ་ཁོ་ནར་སྤྱོད། ཡི་གེའི་རྒྱ་གར་གྱི་པོའི་མཱས་གསལ་བཤད་ཀྱི་གཟེག་ཕྲེས་ཡིན།

Yanqi-Qiuci language, called Tocharian in the old times, was used by the ancient residents along an area of Turpan, Kucha and Yanqi. It belonged to the Indo-European language family and contained two dialects called Tocharian A and Tocharian B. Tocharian A was mainly used in Yanqi-Gaochang (present-day Turpan) area and Tocharian B only in the ancient Qiuci (present-day Kucha) area. The character they used was the slanting Brahmi alphabetic syllabary of India.

延边大学 是一所覆盖12大学科门类的具有鲜明民族特色的综合性大学，也是国家"211 工程"重点建设大学、西部开发重点建设院校、吉林省和教育部共同重点支持建设大学。位于吉林省延吉市。始建于 1949 年，1996 年合并多所学校组建成新的延边大学。校园占地 317 公顷。

ཡན་པན་སློབ་གྲྭ་ཆེན་མོ། བསླབ་ཚན་རྣམ་གྲངས་རིགས་ １２འདུས་པའི་མི་རིགས་ཀྱི་ཁྱད་ཆོས་མངོན་གསལ་དོད་པའི་ཕྱོགས་བསྡུས་རང་བཞིན་གྱི་སློབ་གྲྭ་ཞིག་ཡིན། རྒྱལ་ཁབ་ཀྱི་"２１１ ལས་གཞིའི་གལ་ཆེའི་འཛུགས་སྐྲུན་སློབ་ཆེན་ དང་ནུབ་རྒྱུད་གསར་སྤེལ་གྱི་གལ་ཆེའི་འཛུགས་སྐྲུན་སློབ་གྲྭ། ཅི་ལིན་ཞིང་ཆེན་དང་སློབ་གསོའི་མཐའམ་འབྲེལ་གྱིས་འཛུགས་སྐྱོན་བྱ་བའི་སློབ་གྲྭ་བཅས་ཡིན། ཅི་ལིན་ཞིང་ཆེན་ཡན་སྒྱོང་གྲོང་ཁྱེར་དུ་ཡོད། １９４９ ལོར་འགོ་ཚུགས། １９９６ ལོར་སློབ་གྲྭ་དུ་མ་ཞིག་གཅིག་སྐྱིལ་བྱས་ནས་ཡན་པན་སློབ་ཆེན་བཙུགས། སློབ་གྲྭའི་རྒྱ་ཁྱོན་ཕྱི་ཚིགས་རྒྱ་ １２ ཟིན།

Yanbian University is a comprehensive university with 12 disciplinary branches endowed with distinct ethnic characteristics, and has been chosen as a key institution supported by the State "211 Project", a strongly backed university in China's western development campaign, and a key university jointly supported by both the Ministry of Education and Jilin province. It is located at Yanji. It was founded in 1949 and was approved to form a new Yanbian University by merging many colleges in 1996. The campus covers an area of 317 hectares.

《炎徼纪闻》 亦名《行边记闻》。书名。以反映广西民族为主要内容的南方民族史著作。4 卷。明代田汝成著。嘉靖三十七年（1558）写成。"炎徼"泛称岭南炎热，故名。该书是研究广西和岭南民族史的重要史料。

《ཡན་ཅའོ་ཡི་ཕོས་ཟིན》 མིང་གཞན་ལ《མཐར་བསྐྱོད་ཕོས་ཟིན》 གྱང་ཟེར། དཔེའི་ཆའི་མིང། ཀོང་ཞིའི་མི་རིགས་གཙོ་བུས་པའི་ལྷོ་ཕྱོགས་མི་རིགས་ཀྱི་ལོ་རྒྱུས་བཞི་པོ་ཡོད། མིང་རྒྱལ་རབས་སྐབས་ཐེན་རུའི་ཡོན་གྱིས་བརྩམས། ཀྱ་ཅིན་ཁྲི་ལོ་སོ་བདུན་པར（１５５８）གྲུབ། ཡན་ཅའོ་ཞེས་པ་ཚིགས་ཀྱི་བརྗོད་སྟེ། ས་ཁུལ་དེའི་ཚ་བ་ཆེས་བདག་པའི་རྒྱུ་སྐད་སྨྲ་བསྒྱུར་ཡིན། དེ་ཀོང་ཞི་དང་ལིན་ནན་ས་ཁུལ་གྱི་མི་རིགས་ལོ་རྒྱུས་ལ་ཞིབ་འཇུག་བྱེད་པའི་ཡིག་ཆ་གལ་ཆེན་ཞིག་ཡིན།

Record of Things Heard on the Torrid Frontier was a book reflecting the ethnic history of southern China, especially ethnic groups in Guangxi. It has four volumes. It was written by Tian Rucheng and completed in the 37th year of the reign of Emperor Jiajing of the Qing Dynasty. "Yanjiao" referred to torrid climate in Lingnan (the South of the Five Ridges region). The book is the important source for studying the ethnic history of Guangxi and Lingnan.

沿边（境）等级公路建设工程 我国的政策性规划。由 2011 年国务院颁布的《兴边富民行动规划（2011—2015 年）》提出：加强现有沿边（境）等级公路的串连、贯通，提高国边防交通保障能力。

མཐའ་མཚམས་རིམ་ཅན་གཞུང་ལམ་གྱི་འཛུགས་སྐྲུན་ལས་གཞི། རང་རྒྱལ་གྱི་སྲིད་ཇུས་རང་བཞིན་གྱི་

འཆར་འགོད། ༢༠༡༡ལོར་རྒྱལ་སྲིད་སྤྱི་ཁྱབ་ཁང་གིས་
བསྒྲགས་པའི《མཐའ་དར་དམངས་ཕྱུགས་བྱ་འགུལ་
གྱི་འཆར་འགོད། (༢༠༡༡—༢༠༡༥)》དུ་ད་
ཡོད་མཐའ་མཚམས་རིམ་ཅན་གཞུང་ལམ་གྱི་སྦྲེལ་མཐུད་
དང་འགྲོ་སྐྱོགས་རྒྱུ་ཆད་ལ་བགྲོད་བསྐྱོད་ནས་རྒྱལ་ཁབ་ཀྱི་
མཐའ་སྲུང་ལ་འགྱེད་འགུལ་ཁག་ཞིག་ཐུབ་དགོས་པ་
བཅིན་ཡོད།

Border Classified-highway Construction Project was a national policy put forward in the *Program of Revitalizing Border and Enriching the people (2011-2015)* by the State Council of China, aiming at strengthening the connection of existing border classified-highways and enhancing the ability on traffic logistics of the national defense of the frontiers.

燕齐 一作"烟齐"或"颜齐"。维吾尔语音译,意为"依附者"。维吾尔族伯克的家奴或奴隶。

ཡན་ཆི། ཡུགུར་སྐད་ཀྱི་སྒྲ་བསྒྱུར། གོ་དོན་གནན་བརྟེན་མཁན་ཞེས་པ། ཡུ་གུར་རིགས་ཀྱི་པའེ་ཁོ་ཁྲིམ་རྒྱུད་ཀྱི་ཁྱིམ་གཡོག་གམ་བྲན་གཡོག་ཅིག་ཡིན།

Yanqi was also written as Yanqi "烟齐" and Yanqi "颜齐". It was the transliteration of Uygur language, meaning dependants, who were the family servants and slaves of Uyghur Baig (Chief or Commander).

羊同 古部落名,西羌的一支,分布于今西藏北部。唐初曾遣使长安朝贡,7世纪中叶为吐蕃征服。

གཡང་ཐུང་། ཞང་ཞུང་གི་མིང་རྒྱུད་སྐད་སྒྲ་བསྒྱུར་བྱས་པ། གནའ་བོའི་ཚོ་པའི་མིང་། ཆབ་ནུབ་མའི་ཁོག་ཅིག་ཡིན། དེང་གི་བོད་ལྗོངས་ཀྱི་བྱང་ཕྱོགས་ན་དུ་བྱུང་ཡོད། ཐང་རྒྱལ་རབས་ཀྱི་དུས་འགོར་ཁན་དུ་ཞབས་སྐྱེལ་འབུལ་བར་ཡོང་། དུས་རབས་བདུན་པའི་དཀྱིལ་ཚེས་ལ་བོད་ཀྱིས་དབང་དུ་བསྡུས།

Yangtong was the name of the ancient clan, one branch of western Qiang people. They lived in today's northern Tibet. In the early Tang Dynasty, they sent the envoy to pay tribute to the Tang court in Chang'an. In mid-7th century, they were conquered by Tubo.

杨成志(1902—1991) 中国当代民族学家。广东海丰人。1928年赴云南调查少数民族情况,后又深入四川大凉山彝族聚居地区,写出《云南民族调查报告》《罗罗族巫师及其经典》等专著。解放后曾任中央民族学院教授兼文物室主任。参加过《中国少数民族分布简图》等的编写工作。

དབང་ཐེང་ཀྱི། (༡༩༠༢—༡༩༩༡) ཀྲུང་གོའི་དེང་རབས་ཀྱི་མི་རིགས་རིག་པ་བ། ཀོང་ཏུང་ཧའེ་ཧྥུང་གྱི་མི་ཡིན། ༡༩༢༨ལོར་ཡུན་ནན་དུ་ཕྱིན་ནས་གྲངས་ཉུང་མི་རིགས་ཀྱི་གནས་ཚུལ་བཏུགས་དཔྱད་བྱས། རྗེས་སུ་སི་ཁྲོན་ཡིད་ཧུན་དབྲེས་རི་རིགས་ས་ཁུལ་ལ་སོང་ནས《ཡུན་ནན་མི་རིགས་བཏུགས་དཔྱད་སྙན་ཞུ》དང《ལོའོ་ལོའོ་རིགས་ཀྱི་ལྷ་པ་དང་དེའི་གཞུང》སོགས་བརྩམས། བཅིངས་འགྲོལ་རྗེས་སུ་ཀྲུང་དབྱུང་མི་རིགས་སློབ་གྲྭ་ཆེན་མོའི་དགེ་རྒན་ཆེན་མོ་དང་རིག་དངོས་ཁང་གི་གཙོའི་འགན་བཞེས།《ཀྲུང་གོའི་གྲངས་ཉུང་མི་རིགས་ཁྱབ་སྤྲངས་རི་མོ》སོགས་ཀྱི་སྒྲིག་བཀོད་ལ་གར་ཞུགས།

Yang Chengzhi (1902-1991) was a contemporary ethnologist of China, born in

Haifeng, Guangdong province. In 1928, he went to Yunnan to investigate situations of ethnic minorities and later went to the Yi area of the Greater Liangshan Mountains, Sichuan province. He wrote *A Report on an Investigation of Ethnic Minorities in Yunnan* and *Lolo Shamans and Their Scriptures*, etc. When the People's Republic of China was founded, he was once the professor and the director of Office of Cultural Relics of Central Institute for Nationalities. He cooperated with the compilation of *Map of the Distribution of the Chinese Ethnic Groups*.

杨东生（1918—1982） 原名协饶登珠。藏族。四川金川人。1935年参加红军，1938年转入中国共产党。曾任淮南情报总站教导员。新中国成立后，历任西藏工委组织部副部长、西藏自治区区委书记、国家民委副主任等职。是第一至五届全国人大代表、第五届全国政协常委。1982年在北京逝世。

དབང་དུང་སྲིད་ (༡༩༡༨—༡༩༨༢) དངོས་མིང་ལ་ཤེས་རབ་དོན་གྲུབ་ཟེར། བོད་པ། སི་ཁྲོན་བཙན་ལྷ་པ། ༡༩༣༥ལོར་དམར་དམག་ལ་ཞུགས། ༡༩༣༨ལོར་གུང་གོ་གུང་ཁྲན་ཏང་དུ་ཞུགས། ཧུའེ་ནན་གསང་འཛིན་ས་ཚོགས་ཀྱི་མཛུབ་སྟོན་པའང་བྱས་མྱོང་། བཅའ་འཛུགས་རྗེས་སུ་བོད་ལྗོངས་ལས་དོན་ཨུ་ཡོན་ཚོགས་འདུགས་པའི་ཡུའུ་གུང་གཞོན་པ་དང་། བོད་རང་སྐྱོང་ལྗོངས་ཀྱི་ལྗོངས་ཨུ་ཧྲུའུ་ཅི། རྒྱལ་ཁབ་མི་རིགས་ཨུ་ཡོན་ལྷན་ཁང་གི་གྱུན་ལས་གཞོན་པ་སོགས་ཀྱི་གཅུད་ཡུ་ལྟུན་ལྷང་གི་གྱུན་ཞིབ་གཞོན་པ་བྱས། འགན་བཞེས། རྒྱལ་ཡོངས་མི་དམངས་འཐུས་མི་ཚོགས་ཆེན་སྐབས་དང་པོ་ནས་ལྔ་པའི་འཐུས་མི་ལ་སྐུལ།

Yang Dongsheng (1918-1982), originally named Xieraodengzhu (shes rab don grub), was a Tibetan born in Jinchuan, Sichuan province. In 1935, he joined the Red Army and the Chinese Communist Party in 1938. He was once the instructor of Huainan Intelligence Station. After the founding of the People's Republic of China, he was the vice-minister of the Organization Department of Tibet Work Committee, the secretary of CPC in Tibet Autonomous Region and the deputy director of State Ethnic Affairs Commission. He was the deputy to the National People's Congress from the 1st to 5th session and the member of the standing committee of the 5th session of the Chinese People's Political Consultative Conference. He passed away in Beijing in 1982.

杨复兴（1929—2000） 藏族。甘肃卓尼人。藏名班麻旺秀。1943年被任命为洮岷路保安司令部司令。1949年率部在卓尼和平起义。历任卓尼县县长、甘南军分区副司令员、西北军政委员会民族委员、西北民族学院副院长等职。1955年被授予大校军衔，1956年加入中国共产党。2000年在北京逝世。

དབང་ཕུ་ཞིང་ (༡༩༢༩—༢༠༠༠) བོད་རིགས། ཀན་སུའུ་ཙོ་ནེའི་པ་ཡིན། བོད་མིང་ལ་པད་མ་དབང་ཕྱུག་ཟེར། ༡༩༤༣ལོར་ཐའོ་མིན་ལམ་སྲུང་ཇེ་ཡིན་ཕུའུ་ཡི་ཇེ་ལིན་དུ་བསྐོས། ༡༩༤༩ལོར་ཙོ་ནེར་ཞི

བའི་བོས་ལངས་བྱས། བཅིངས་འགྲོལ་རྗེས་སུ་ཚོ་ནེ་རྫོང་
གི་རྫོང་དཔོན་དང་། གན་ལྷོ་ཡན་ལག་དམག་ཁུལ་གྱི་མི་
རིགས་ལྱུ་ཡོན། ཞུབ་བྱུང་མི་རིགས་སློབ་གྲྭ་ཆེན་མོའི་
སློབ་གཙོ་གཞོན་པ་སོགས་ཀྱི་འགན་བཞེས། ༡༩༥༥ལོར་དུ་ཞོའི་དམག་རྟགས་ཀྱི་གཟེངས་རྟགས་གནང་། ༡༩༥༦ལོར་ཀྲུང་གོ་གུང་ཁྲན་ཏང་ལ་ཞུགས། ༢༠༠༠ལོར་པེ་ཅིན་དུ་འདས།

Yang Fuxing (1929-2000) was a Tibetan born in Zhuoni, Gansu province, and his Tibetan name was Banma Wangxiu (Padma Wangshok). In 1943, he was appointed the commander of Taomin Road Security Command. In 1949, he led the command to stage a peaceful uprising in Zhuoni. He has been the magistrate of Zhuoni county, the deputy commander of Gannan Military Sub-District, a member of Ethnic Affairs Committee in the Northwest Commission of Military Affairs and Politics, the vice president of the Northwest Institute for Ethnic Minorities. He was honored as the Senior Colonel in 1955 and in 1956 he joined the Communist Party of China. He passed away in Beijing in 2000 at the age of 71.

杨静仁（1918—2001） 我国统一战线和民族工作卓越的领导人。回族。甘肃兰州人。青年时期接受马克思主义，1937年加入中国共产党后前往延安，曾任西北军政委员会委员。历任中国人民政治协商会议全国委员会副主席、中共中央统战部部长、国家民委主任、国务院副总理等职。

དབྱང་ཅིན་རེན། (༡༩༡༨—༢༠༠༡) རང་རྒྱལ་འཐབ་ཕྱོགས་གཅིག་གྱུར་དང་མི་རིགས་ལས་དོན་གྱི་ཐུབ་བྱུང་འགོ་ཁྲིད་པ་ཞིག་ཡིན། གན་སུའུ་ལན་གྲུའུ་མི། ཧུའི་རིགས། ཆུང་དུས་ནས་མར་ཁེ་སིའི་རིང་ལུགས་དང་ལེན་བྱས་ཤིང་། ༡༩༣༧ལོར་ཀྲུང་གོ་གུང་ཁྲན་ལ་ཞུགས་རྗེས་ཡན་ཨན་དུ་སོང་། ཞུབ་བྱུང་དམག་སྲིད་ལྱུ་ཡོན་ཁང་གི་ལྱུ་ཡོན་བྱས། བཅིངས་འགྲོལ་རྗེས་ཀྱི་གོ་མི་དམངས་ཆབ་སྲིད་གྲོས་མོལ་ཚོགས་འདུའི་རྒྱལ་ཡོངས་ལྱུ་ཡོན་ལྷན་ཁང་གི་ཀྲུའུ་ཞི་གཞོན་པ་དང་། གུང་གུང་གུང་དབང་འཐབ་ཕྱོགས་གཅིག་གྱུར་པུའུ་པུའུ་ཀྲང་། རྒྱལ་ཁབ་མི་རིགས་དོན་གཅོད་ལྱུ་ཡོན་ལྷན་ཁང་གི་ཀྲུའུ་རེན། རྒྱལ་སྲིད་སྤྱི་ཁྱབ་ཁང་གི་སྲིད་ལོ་གཞོན་པ་སོགས་ཀྱི་འགན་བཞེས།

Yang Jingren (1918-2001), a Hui people, was an outstanding leader in the united front and ethnic affairs work. Born in Lanzhou, Gansu province, he learned Maxims from his youth, and joined Communist Party of China in 1937. Later he went to Yan'an. He was once the member of the Northwest Military and Administrative Committee. After the founding of the People's Republic of China, he was appointed as vice chairman of National Committee of the Chinese People's Political and Consultative Conference, minister of the United Front Work Department, director of the State Ethnic Affairs Commission and Vice Premier of the State Council.

瑶老制 解放前瑶族地区普遍存在的一种社会组织形式。"瑶老"是村寨中民主选举或自然形成的首领。大凡村寨内有关生产和维护社会秩序、调解纠纷、主持宗教祭祀，以及抵御外界侵扰等公务，皆由其主持。村寨成员须遵守和维护传统的习惯法，违者瑶老有权给予处罚以至处死。

ཡའོ་ལའོ་ལམ་ལུགས། བཅིངས་འགྲོལ་མ་བྱས་གོང་ལ་ཡའོ་རིགས་ས་ཁུལ་དུ་ཡོད་པའི་སྤྱི་ཚོགས་རྩ་འཛུགས་རྒྱལ་པ་ཞིག ཡའོ་ལོ་ནི་སྟེ་བའི་ནང་ནས་མང་གཙོའི་བདམས་ཐོན་བྱུང་བའམ་རང་ཤུགས་ཀྱིས་བྱུང་བའི་འགོ་བ་ཡིན། སྟེ་བའི་ཐོན་སྐྱེད་དང་སྤྱི་ཚོགས་བདེ་སྲུང་། དོན་ལ་གཟིགས་པ། ཆོས་ལུགས་ཚོགས་ཞི་དག་འགོག་པ། སོགས་ཀྱི་གཞུང་ལས་ཚང་མར་དེས་འགོ་འཛིན་བྱེད། དམངས་ཀྱིས་སྲོལ་ཁྲིམས་ལ་བརྩི་སྲུང་བྱེད་དགོས། ཡའོ་ལོ་ལ་ཁྲིམས་དང་འགལ་ན་ཞེས་ཆད་དང་སྲོག་ཁྲིམས་བཅད་ཆོག

Yaolao System was a kind of social organization form among the Yao people before the liberation of China. "Yaolao" was the leader elected democratically or naturally formed in the village. They took charge of villages' affairs concerning about production, maintenance of social order, mediation of disputes, host of religious sacrifices and resistance against external disturbance. Members of the villages should comply with and maintain traditional common laws. For those who were against common laws, Yaolao, the leader of the village, had the right to punish them or even execute them.

瑶语 1. 语言学谱系分类法中汉藏语系苗瑶语族瑶语支的语言，即勉语。2. 习惯上指瑶族使用的3种语言的总称，包括勉语、布努语、拉珈语。

ཡའོ་སྐད། ༡ སྐད་བརྡ་རིག་པའི་རིགས་ཁུངས་དབྱེ་ཚུལ་ལས་བོད་རྒྱ་སྐད་རྒྱུད་ཀྱི་མོའུ་ཡའོ་སྐད་རིགས་ཀྱི་ཡའོ་སྐད་སྡེའི་ལུགས་ཅིག་ཡིན། ༢ བོད་ཕྱོགས་སུ་ཡའོ་རིགས་ཀྱི་སྤྱོད་པའི་སྐད་ཆ་གསུམ་གྱི་སྤྱི་མིང་ལ་བསྟན། དེའི་ནང་དུ་མན་སྐད་དང་པུའུ་ནུ་སྐད་ ལ་ཀཱ་སྐད་བཅས་འདུག

Yao language 1. A language that belongs to Yao branch of Miao-Yao language group in Sino-Tibetan language family in linguistic hierarchical classification. That is Mian language. 2. It usually refers to the use of three languages by Yao people including Mian language, Bunu language and Lakkia language.

瑶语支 属汉藏语系苗瑶语族。主要包括中国境内的勉语和海南自称"金门"的苗族的语言，以及越南、老挝、缅甸、泰国的瑶语。

ཡའོ་སྐད་ཡན་ལག བོད་རྒྱ་སྐད་རྒྱུད་མོའུ་ཡའོ་སྐད་རིགས་སུ་གཏོགས། ཀྱང་བོའི་རྒྱལ་ཁབ་ནང་གི་མན་སྐད་དང་། ཧའི་ནན་དུ་རང་ལ་ཅིན་མོན་དུ་འབོད་པའི་མུའོ་རིགས་ཀྱི་སྐད་གཙོ་བོ་དང་། ཝེ་ཏེ་ནམ་དང་ལའོ་སྲོ་འབར་མ། ཐེ་ལམ་སོགས་རྒྱལ་ཁབ་ཀྱི་ཡའོ་སྐད་ཀྱང་འདུ།

Branch of Yao language belongs to Miao-Yao language group in Sino-Tibetan language family. It mainly includes Mian language within Chinese territory and a language of the Miao people who called themselves "Golden Gate" people in Hainan as well as the Yao language in Vietnam, Laos, Myanmar and Thailand.

瑶族 中国的少数民族。分布在广西、湖

南、云南、广东、贵州等省区。自称"勉""金门""布努""炳多优""黑尤蒙""拉珈"等。人口2796003人（2010年）。主要从事山地农业，精于织染和刺绣。有本族语言，通用汉语或壮语等，没有本族文字，一般通用汉文。现信仰道教者较多。

ཡའོ་རིགས། གུང་གོའི་གྲངས་ཉུང་མི་རིགས་ཤིག གོང་ཞི་དང་ཧུའུ་ནན། ཡུན་ནན། གུའེ་གྲོའུ་སོགས་སུ་ཁྱབ་ཡོད། རང་གིས་རང་ལ་མན་དང་ཅིན་མོན། པུའུ་ནུ། པིན་ཏོ་ཡུ། ལ་ཀ་སོགས་སུ་འབོད། མི་གྲངས་དཔྱ་སྙོམས་༢༧༩༦༠༠༣ (༢༠༡༠) ཡོད། གཙོ་བོ་རི་ཁྱིམ་ཞིང་ལས་གཉེར། འཐག་ལས་དང་འཚེམ་དྲུབ་ལ་མཁས། རང་གི་རིགས་ཀྱི་ཡི་གེ་མེད་པས་རྒྱ་ཡིག་སྤྱོད་ཆོག རང་གི་སྐད་ཆ་ཡོད། སྩེ་ཁྲའུ་ཏུ་རྒྱ་སྐད་དང་གྲོང་སྐད། ཏོའོའི་ཆོས་ལུགས་ལ་དད་མཁན་ཅུང་མང་།

Yao people is one of China's ethic groups and is distributed in Guangxi, Hunan, Yunnan, Guangdong, Guizhou and some other provinces. They called themselves "Mian", "Golden Gate", "Bunu", "Bing-Duoyou", "HeiYoumeng" and "Lakkia". It has a population of over 2.79 million in 2010. Yao people are mainly engaged in mountain farming and are adept at weaving and dyeing as well as embroidery. They have a language of their own but they also speak Chinese and Zhuang language and so on. As there is no written script for their language, they often write in Chinese. Now many people believe in Taoism.

瑶族医学 民族医学。瑶医认为，人之所以生病，除了风、气、虫、毒、饮食和外伤之外，体内的五脏六腑、气血与疾病的发生和发展有密切联系，从而总结出各种诊治方法。医药结合，是瑶医的特点，并重视疾病的预防。

ཡའོ་རིགས་ཀྱི་གསོ་རིག ཨེ་རིགས་གསོ་རིག་ཡའོ་རིགས་གསོ་རིག་ཕྱེད་ན། མི་ལ་ན་ཚ་འབྱུང་དོན་ནི་རླུང་དང་དབུགས། འབུ། དུག ཟས་སྟོང་དང་ཕྱི་ཉེན་སོགས་ཕུད། དཀྱིལ་དོན་ལྔ་སྟོང་དྲུག་དང་ཁྲག་རླུང་སོགས་དང་འབྲེལ་བ་དམ་པོ་ཡོད་པར་འདོད་ཅིང་། དེར་བརྟེན་ཀྱི་གསོ་བཅོས་ཀྱི་ཐབས་ཤིང་པོ་བྱུང་བ་རེད། སྨན་བཅོས་ཟུང་འབྲེལ་ནི་དེའི་ཁྱད་ཆོས་ཡིན་ལ། ནད་རིགས་སྔོན་འགོག་བྱེད་པར་མཐོང་ཆེན་བྱེད།

Yao ethnic medicine Yao doctors believe that the five internal organs, qi and blood in human body all have close relationship with the generation and development of diseases in addition to some other causes such as wind, weather, insects, poison, food and traumas. Thus they sum up various methods of diagnosis and treatment. A combination of treatment and medicine is a characteristic of Yao medicines and they also pay much attention to the prevention of diseases.

耶律阿保机（872—926） 即辽太祖，辽开国君主。姓耶律，名亿，字阿保机。后梁贞明二年（916），耶律阿保机登基自称"大圣大明天皇帝"，立国号"契丹"。在位期间，任用汉人、制定法律、改革习俗、创造契丹文、发展农商等，使契丹国初具规模。

ཡེ་ལཱུའི་ཨ་པའོ་ཅི། (༨༧༢—༩༢༦) ལིའོ

རྒྱལ་རབས་ཀྱི་མེས་པོ། ལྷོའི་རྒྱལ་པོ་ཐོག་མ། དུས་ལ་ཡི་ལུའི་དང་མིང་ལ་དབྱི། ཡིག་མིང་ལ་པའོ་ཅི། ལིང་གྲི་མའི་གྱིས་མེས་བྲི་ལོ་གཉིས་པར། (༩༡༦) ཡི་ལུའི་ལ་པའོ་ཅི་ཁྲིར་བཞུགས་ཤིང་རང་ལ་འཕགས་མཆོག་ཏུ་མིང་བོར་མ་ཞེས་འབོད། རྒྱལ་མིང་ལ་ཆི་ཏན་བཏགས། ཁྲིར་བཞུགས་སྐབས་རྒྱ་མི་བཀོལ་བ་དང་ཁྲིམས་བཟོས་པ། ཡུལ་སྲོལ་བཅོས་བསྒྱུར། ཆི་ཏན་ཡི་གེ་གསར་བཟོས། ཞིང་ཚོང་དར་སྤེལ་བྱས་ཏེ། ཆི་ཏན་རྒྱལ་ཁབ་ཀྱི་རྨང་བཏིང་།

YeLv ABaoJi (872-926) was Emperor Taizu of Liao, the founding monarch of Liao Dynasty. His surname is Yelv, Chinese name is Yi and given name is Abaoji. In the second year of Emperor Zhenming in the Later Liang Dynasty (916), YeLv-ABaoJi ascended the throne and declared himself the Saintly Emperor and and claimed his empire as "Khitan". In the period of his reign, he appointed Han people, enacted the law, and reformed the conventions; He also created Qidan orthography, and developed agriculture and commerce and so on, which made the Khitan Empire begin to take shape.

也松格碑 又称"成吉思汗碑铭"。建于1225年。碑文记述了成吉思汗在西征班师途中设宴款待将士时，成吉思汗的侄子也松格射箭达335步之遥的盛况，是迄今已知最古老的蒙古文文献。

ཡེ་སྲུང་ཀོ་རྡོ་རིང་། ཇིང་གིར་རྒྱལ་པོའི་རྡོ་རིང་གྱང་ཟེར། /༡༢༢༥ལོར་ཚུགས། དེའི་ཕོག་ཏུ་ཇིང་གིར་རྒྱལ་པོ་ནུབ་བཙན་བསྐྱོད་ལས་བར་དུ་དམག་མི་སྲོལ་མོ་གཉིས་སྟེ། དམག་དཔུང་ལ་གཟིགས་སྟོན་སྐྱབ་རིང་གི་...

རྒྱལ་པོའི་ཚ་བོ་ཡེ་སྲུང་གི་ཡིམ་མདའ་མོ་གོམས་པ་༣༣༥ཡི་མཚམས་ལ་འཕང་པའི་རྣམ་པ་བྲིས་ཡོད། དེ་ནི་ད་ལྟ་རྙེད་ཟིན་པའི་སོག་པོའི་ཡིག་ཆ་ཆེས་སྔ་བ་ཡིན།

The stele of Yesongge is also called Genghis Khan Stele. It was built in 1225. A spectacular event is carved on the stele, which says that Genghis Khan hosted a dinner for soldiers on the way back from the triumph of western expedition, and his nephew Yesongge shot an arrow with a distance of 335 footsteps away. It was by far the oldest Mongolian literature.

野人女真 明时对建州女真、海西女真以外众多散居女真人的泛称。

དབུ་རྫོང་ཉུའུ་ཀྲེན། མིང་རྒྱལ་རབས་སྐབས་སུ་ཙན་ཀྲོའུ་ཉུའུ་ཀྲེན་དང་ཧེ་ཞི་ཉུའུ་ཀྲེན་ལས་གཞན་པའི་ཐོར་ཐོར་གྱི་ཉུའུ་ཀྲེན་པ་སྤྱིའི་མིང་ལ་ཟེར།

Wild Jurchens is generally used to refer to those large numbers of Jurchens who lived scattered in the Ming Dynasty excluding Haixi Jurchens and Jianzhou Jurchens.

叶赫部 明海西女真四部之一。因分布于叶赫河（今辽宁开原北）得名。首领本蒙古人，依附乌拉部，成为"海西四部"之一。与明朝保持密切关系。因靠近明朝在当地所设的马市镇北关（俗称"北关"），故明人有时也称叶赫部为"北关"。万历四十七年（1619）为建州女真所并。

ཡེ་ཧུའུ་ཚོ་པ། མིང་རྒྱལ་རབས་དུས་ཀྱི་ཧེ་ཞི་ཉུའུ་ཀྲེན་ཚོ་པ་བཞིའི་གྲས་ཤིག ཡེ་ཧོ་གཙང་པོའི་ (དེང་གི་ལའོ་ཉིང་ཁའེ་ཡོན་གྱི་བྱང་) འགྲམ་རྒྱུད་དུ་གནས་པས་མིང་དེ་ཐོགས། དཔོན་པོ་སོག་པོ་ཞིག་ཡིན། ཨུ་ལ་ཚོ་པར་

སྐྱབས་བཅོལ་ནས་དེ་ཞི་ཚོ་བཞིའི་གྲས་སུ་གྱུར། མིང་རྒྱལ་རབས་དང་འབྲེལ་འདྲིས་ཟབ། མིང་རྒྱལ་རབས་ཀྱི་གནས་དེར་བཏུགས་པའི་མི་སྒྱོང་རྡལ་པེ་གོན་དང་དེ་བས་མིད་གིས་ཡེ་ཧོ་ཚོ་ལའི་གོན་ཀྱང་ཟེར། ཝན་ལི་ཤོན་བདུན་པར་(༡༦༡༩)ཅན་གྲོའུ་ཉུའུ་གྲེན་གྱིས་གཅིག་སྒྲིལ་བྱས།

Yehe tribe gets its name because of the tribe's distribution around Yehe River and it belongs to one of the four tribes of Haixi Jurchens. Its leaders are originally the Mongols, who are subordinate to Wula tribe. Thus the Yehe tribe becomes one of the four tribes of Haixi Jurchens. The tribe keeps a close relationship with the Ming Dynasty. The tribe is sometimes called by people in the Ming Dynasty "Beiguan gate" because of its location near to the Beiguan gate in Mashi town which was set by the Ming Dynasty. In the 47th year of Emperor Wanli (1619), the tribe was merged by Jianzhou Jurchens.

叶护 突厥语音译。是古代突厥、回纥（见"回鹘"词条）等民族的官名。地位仅次于可汗。世袭，由可汗的子弟或宗族中的强者担任。

ཨེ་ཧོ། གྲུ་གུའི་སྐད་ཀྱི་སྒྲ་བསྒྱུར། གནའ་བོའི་གྲུ་གུ་དང་ཧུའི་ཧུའུ་མི་རིགས་སོགས་ཀྱི་དཔོན་གནས་ཤིག་གོ གནས་ཁུངས་དང་མཚུངས། རྒྱལ་འཛིན་ཏེ་ཁུའུ་ཧན་གྱི་བུ་སྤུན་དང་ཁྱིམ་རྒྱུད་བོད་ཀྱི་དཔའ་བོས་འགན་ཏེ་ཁུར།

Yabgu comes from the transliteration of Turkic languages. It is the official title of such ethic groups as Turk, Uyghur and so on. It ranks the second after Khan. The hereditary status is assumed by Khan's children or the strongest in the clan.

一百八十个工程建设项目 特指2007年，国务院确定总投资达778.8亿元的西藏"十一五"时期180个工程建设项目。其中既有阿里机场等重大交通项目，也有农村饮水安全工程、无电地区电力建设、"村村通"电话、农牧民聚居区基础设施等项目。

འཛུགས་སྐྲུན་རྣམ་གྲངས་བརྒྱ་དང་བརྒྱད་ཅུ། ༢༠༠༧ལོར་རྒྱལ་སྲིད་སྤྱི་ཁྱབ་ཁང་གིས་མ་དངུལ་སྟོང་ཕྲག་ཉིས་བརྒྱ, བདུན་བཅུའི་བོད་ལྗོངས་བཅུ་གཅིག་ལྔ་འཆར་འགོད་ཀྱི་བཟོ་སྐྲུན་རྣམ་གྲངས་༡༨༠ཡོད་པར་ཁྱད་དུ་བསྟན། དེའི་ཁྲོད་མངའ་རིས་གནམ་གྲུ་ཐང་སོགས་འགྲིམ་འགྲུལ་རྣམ་གྲངས་ཆེན་པོ་ཡོད་ལ། ཞིང་སྡེའི་འཐུང་ཆུའི་བཟོ་སྐྲུན་དང་གློག་མེད་ས་ཁུལ་གློག་ཆུས་བཟོ་སྐྲུན། སྡེ་བ་སོ་སོ་འབྲེལ་བའི་ཁ་པར། རོང་འབྲོག་འདུས་སྡོད་ཁུལ་གྱི་རྨང་གཞིའི་སྒྲིག་ཆས་སོགས་ཀྱི་རྣམ་གྲངས་ཀྱང་ཡོད།

The construction of 180 projects specially refers to the project on which the State Council invested a total of 77.88 billion Yuan during Tibetan 11th Five-Year plan in 2007. The project not only includes the major traffic projects such as Ali airport, but also some projects such as safe drinking water projects in rural areas, power construction in areas without electricity, telephone covering every village and the infrastructure of the areas where the farmers and the herdsmen inhabited and so on.

一百一十七个建设项目（援藏） 2001年

中央召开的第四次西藏工作座谈会上确定，国家对西藏直接投资建设项目117个，总投资312亿元。同时，确定各省市对口支援西藏投资建设项目70个，总投资10.6亿元。

འདུགས་སྐྱོར་རྣམ་གྲངས་བརྒྱ་དང་བཅུ་བདུན（བོད་རོགས）རྒྱ0 01ལོར་ཀྲུང་དབྱང་གིས་བསྡུས་པའི་ཐེངས་བཞི་པའི་བོད་ལྗོངས་ལས་ཀའི་བཞུགས་མོལ་ཚོགས་ཆེན་གྱི་གཏན་ལ་ཕབ་པར། རྒྱལ་ཁབ་ཀྱིས་བོད་ལྗོངས་ལ་ཐད་ཀར་དངུལ་གཏོང་འཛུགས་སྐྱོན་བྱེད་པའི་རྣམ་གྲངས་117པ། སྤྱིའི་མ་དངུལ་དུ་སྒོར་དངུལ་དཔྱ་217བཏང་བ། དེ་བསྟུན་ཞིང་ཆེན་སོ་སོའི་ལྗོངས་ལ་རོགས་སྐྱོར་བྱེད་པའི་རྣམ་གྲངས་70གཏན་འཁེལ་བྱས་ཤིང་། སྤྱིའི་མ་དངུལ་དུ་སྒོར་10.6བཏང་བ་ཡིན།

The 117 construction projects in Tibet (aiding Tibet) The Central Government in Beijing held the 4th Work Forum on Tibet in 2001, which made the decision that the state would carry out 117 indirectly invested projects towards Tibet with a total investment of 31.2 billion Yuan, and 70 investment projects in the way of counterpart support to Tibet by some provinces and cities with a total investment of 1.06 billion Yuan.

一个中心、两件大事、三个确保 指1990年胡锦涛在中共西藏自治区第四次代表大会上提出的新时期西藏工作指导方针：即以经济建设为中心，紧紧抓住稳定局势和发展经济两件大事，确保西藏社会的长治久安，确保经济持续、稳定、协调发展，确保人民群众生活水平有明显提高。

ལྟེ་བ་གཅིག་དང་དོན་ཆེན་གཉིས། ཁག་ཐག་གསུམ། ༡༩༩༠ལོར་ཧུའུ་ཅིན་ཐའོ་ཡིས་ཀྲུང་གུང་བོད་རང་སྐྱོང་ལྗོངས་སྐབས་བཞི་པའི་འཐུས་མི་ཚོགས་ཆེན་ཐོག་བཏོན་པའི་དུས་རབས་གསར་པའི་བོད་ལྗོངས་ཀྱི་ལས་ཀའི་མཛུབ་སྟོན། དེ་ནི་དཔལ་འབྱོར་འཛུགས་སྐྱོན་ལྟེ་བར་འཛིན་པ་དང་། གནས་བབ་བབ་འཇགས་དང་དཔལ་འབྱོར་གོང་སྤེལ་གཉིས་དོན་ཆེན་དུ་འཛིན་པ། བོད་ལྗོངས་ཀྱི་སྤྱི་ཚོགས་རིང་པོའི་སྲིད་ཆགས་བདེ་འཇགས། དང་དཔལ་འབྱོར་རྒྱུན་འཁྱོངས་བདེ་འཇགས། མཐུན་སྒྲིག་གིས་གོང་འཕེལ་འགྲོ་བ། ཁག་ཐེག་བྱས་ཏེ། དམངས་མང་ཚོགས་ཀྱི་འཚོ་བའི་རྒྱ་ཚད་མངོན་གསལ་གྱིས་ཇེ་ལེགས་འགྱུར་བར་ཁག་ཐེག་བྱེད་པའོ།།

One Center, Two Important Tasks, Three Guarantees refers to the guideline of work on Tibet in the new era, which was proposed by Hu Jintao in the 4th Representative Congress of Tibet Autonomous Region in 1990. That is, taking economic construction as the center, and the stable situation and economic development of Tibet as the two focuses, and ensuring long-term stability of Tibetan society, ensuring sustained, stable and coordinated development of Tibetan economy and ensuring a significant improvement of Tibetans' living standards.

"1+10"民族文化生态保护网络项目 指2004年广西启动的以一个广西博物馆为主，以南丹里湖白裤瑶、三江侗族、靖西旧州壮族、贺州客家、那坡黑衣壮、灵川长岗岭商道古村、东兴京族、融水安太苗族、龙胜龙脊壮族、金秀坳瑶等

10个民族生态博物馆为辅的文化保护项目。

གཅིག་བཅུ་བཞི་སྟོན་གྱི་མི་རིགས་སྐྱེ་ཁམས་སྲུང་སྐྱོང་དྲ་བའི་རྩོམ་གནས། ༢༠༠༤ལོར་ཀོང་ཞི་ནས་སྒྲིག་པའི་ཀོང་ཞི་དངོས་མང་བཤམས་སྟོན་ཁང་གཙོས་བྱས་ཏེ། ནན་ཏན་ལི་མཚོའི་ལུ་དཀར་ཡའོ་རིགས་དང་སན་ཅང་ཏུང་རིགས། ཅིན་ཞིས་ཅུའུ་ཀྲོའུ་སྲང་གི་ཀྲོང་རིགས། ཧུ་གྲོའི་ཁེ་ཀྲ་རིགས། ན་པོ་ཡི་དཀར་གྲོང་རིགས། ཡིན་ཧྥེན་ཁྱེང་ཀང་ལིན་ལིང་ཚོས་གནས་སྡུད་ཞིག་གི་ཅིང་རིགས། རོང་ཧྲུའི་ཨན་ཐའེའི་རིགས། ལུང་ཅིན་ལུང་ཅིས་ཀྱི་ཀྲོང་རིགས། ཅིན་ཞིའུའི་ཨོ་ཡའོ་རིགས་བཅས་རིགས་སྐྱེ་ཁམས་དངོས་མང་བཤམས་སྟོན་ཁང་ཡོས་རས་འདེགས་བྱས་པའི་རིག་གནས་སྲུང་སྐྱོང ༡༠ལ་བསྣན།

"1+10" network project for the ecological protection of ethnic culture refers to the cultural protection project which was started in Guangxi in 2004. The project are mainly dominated by Guangxi Museum and supplemented by ten other ethnic ecological museums: White-Trousers Yao in Lihu Nandan County, Dong people in Sanjiang, Zhuang people in Jiuzhou street of Jingxi County, Hakka in Hezhou, the Black-Clothed Zhuang in Napo County, the ancient village for commercial use in Chang Gangling Lingchuan County, The Jing people in Dongxing city, Hmong people in Antai of Rongshui County, Zhuang people in Longji village of Longsheng County in Guilin and Ao Yao in Jinxiu County.

一减少、二达到、三提升 《扶持人口较少民族发展规划（2011—2015年）》提出的主要目标之一。即人口较少民族聚居区贫困人口数量减少一半或以上；农牧民人均纯收入达到当地平均或以上水平，1/2左右的民族的农牧民人均纯收入达到全国平均或以上水平；基础设施保障水平、民生保障水平、自我发展能力大幅提升。

ཉུང་འབྲི་གཅིག་དང་ཕོག་ས་གཉིས་མཐོར་འདེགས་གསུམ། 《མི་གྲངས་ཆུང་ཉུང་བའི་མི་རིགས་ཀྱི་འཕེལ་རྒྱས་ལ་རོགས་སྐྱོར་བྱེད་པའི་འཆར་འགོད། (༢༠༡༡—༢༠༡༥)》དུ་བཏོན་པའི་དམིགས་འབེན་གཙོ་གྲས། མི་གྲངས་ཆུང་ཉུང་བའི་མི་རིགས་ཀྱི་འདུས་སྡོད་ས་ཁུལ་དུ་དཔལ་འབྱོར་མི་གྲངས་ཀྱི་ཡན་ཉུང་དུ་གཏོང་བ་དང་། རོང་འབྲོག་པའི་མི་དམངས་ཀྱི་ཚ་སྙོམས་མི་རེའི་ཡོང་འབབ་རྒྱུ་བ་དེ་ཡུལ་དེའི་ཆ་སྙོམས་ཡོང་འབབ་དང་མཉམ་པའམ་མཐོ་བའི་དམིགས་འབེན་ལ་བསྐྱེལ་པ། མི་རིགས་དེའི་རོང་འབྲོག་པའི་དམངས་ཕྱེད་ཀ་ཡི་ཚ་སྙོམས་མི་རེའི་ཡོང་འབབ་དེ་རྒྱལ་ཡོངས་ཆ་སྙོམས་རྒྱ་ཆུའི་ལ་བསླེབས་པའམ་དེ་ལས་བཅག་པ། རྨང་གཞིའི་སྒྲིག་བཀོད་འགན་ལེན་ཆ་ཚད་མཐོར་འདེགས་དང་དམངས་ཕན་འགན་ལེན་ཆ་ཚད་མཐོར་འདེགས། རང་ཉིད་འཕེལ་རྒྱས་ཀྱི་ནུས་པ་མཐོར་འདེགས་བཅས་སོ།

One Reduction, Two Realizations, Three Advances is one of the main goals which were proposed in the *Program to Support the Development of Ethnic Groups with Less Population* (2011-2015). That is, the number of the poor people in compact communities of ethnic groups with less population is to be reduced by 50% or more; the per capita net income of farmers and herdsmen is to reach an average of the local level or above, and the per capita net income of 1/2 of the ethic farmers and herdsmen is to reach the national average level or above; Infrastructure level, people's livelihood and self-development are to be promoted.

一江两河工程 1991年国务院决定投资10亿元，在20世纪最后10年内，综合治理和开发西藏境内的雅鲁藏布江中游及其支流拉萨河和年楚河，简称"一江两河工程"。

གཙང་པོ་གཅིག་དང་ཆུ་བོ་གཉིས་ཀྱི་ལས་གཞི། ༡༩༩༡ལོར་རྒྱལ་སྲིད་སྤྱི་ཁྱབ་ཁང་གིས་སྒོར་དུང་ཕྱུར་བཅུ་བཏང་སྟེ། དུས་རབས་༢༠པའི་མཐའ་མའི་ལོ་བཅུའི་ནང་དུ་བོད་ལྗོངས་ཁོངས་སུ་ཡོད་པའི་ཡར་ཀླུང་གཙང་པོའི་དབུས་རྒྱུད་དང་། དེའི་ཡན་ལག་ཆུ་སྐྱིད་ཆུ་དང་རྒྱ་བཅས་ལ་ཕྱོགས་བསྡུས་ཀྱིས་བདག་སྐྱོང་གསར་སྦྱོང་བྱེད་པ་ཡིན། དེའི་བསྡུས་མིང་ལ་གཙང་པོ་གཅིག་དང་ཆུ་བོ་གཉིས་ཀྱི་ལས་གཞི་ཟེར།

"One Jiang, two Rivers" project The State Council decided to invest 1 billion Yuan in the last 10 years of 20th century on the comprehensive management and development of Yarlung Zangbo River's middle reach in Tibet and its two tributaries: Lhasa River and Nianchu River, which is short for "One Jiang(River), Two Rivers" project.

伊赫瓦尼 中国伊斯兰教派别之一。系阿拉伯语音译，意为"兄弟"。又称"艾赫勒·逊奈"，意即遵经派，其他教派则多以"新行"或"新兴派"相称。在华北等地区称"新行"。19世纪末，由甘肃河州（今临夏回族自治州）的东乡族著名阿訇马万福等创立。

དབྱི་ཧོ་ཝ་ན་ནི། གུང་གོའི་དཔེའི་སི་ལན་ཆོས་ལུགས་ཀྱི་གྲུབ་མཐའ་ཞིག ཨ་རབ་སྐད་ཀྱི་སྒྲ་བསྒྱུར་ཡིན། གོད་ཕུན་བྲ། མིང་གཞན་ལ་ཨེ་ཧེ་ལོན་ནེའང་ཟེར། དེའི་དོན་ནི་བཀའ་སྲུང་མཁན་ཡིན། གྲུབ་མཐའ་གཞན་པས་རྒྱུན་པར་གསར་སྐྱོད་དམ་གསར་དར་གྱི་གྲུབ་མཐའ་ཞིག་ཟེར་འདོད། ལྦྱ་བྱང་གི་ཁུལ་སོགས་སུ་གསར་སྐྱོད་ཅེས་འབོད། དུས་རབས་༡༩པའི་མཇུག་ཏུ་ཀན་སུའུ་ཧོ་ཀྲོའུ། (དེང་གི་ལིན་ཞི་ཧུའུ་རིགས་རང་སྐྱོང་ཁུལ།) ཡི་ཏུང་ཞང་རིགས་ཀྱི་ཨ་མཆོད་གྲགས་ཅན་མ་ཝན་ཧྥུ་སོགས་ཀྱིས་གསར་དུ་བཙུགས།

Yihewani (Ikhwan) is one of the Islamic sects in China and comes from Arabic transliteration, which means "brotherhood" and it is also called "Ahl al-Sunnah", that is observing Quran. Other religious sects mostly refer to it as "New Sect" or "Latest Sect". In areas of North China, it is referred to as "New Sect". At the end of 19th century, it was founded by the famous Akhond Ma Wanfu who was from Dongxiang Autonomous County in Hezhou, Gansu province (present day Linxia Hui Autonomous Prefecture).

伊犁将军 清朝在新疆所置最高军政长官。全称为"总统伊犁等处将军"。乾隆帝平定准噶尔部和回部（见"回疆"词条）之乱后，于1762年设立。驻伊犁惠远城（今霍城东南）。1883年新疆建省后主要负责北疆防务。辛亥革命后废除。

དབྱི་ལི་དམག་དཔོན་ཆེན་མོ། ཆིང་རྒྱལ་རབས་སུ་ཞིན་ཅང་གི་ཆེས་མཐོའི་དམག་སྤྱིད་དམག་དཔོན། མིང་ཚང་ལ་དབྱི་ལི་སོགས་ས་ཁུལ་གྱི་སྤྱི་གཉེར་དམག་དཔོན་ཆེན་མོ་ཟེར། གོང་མ་ཆན་ལུང་གིས་ཇུན་གར་དང་ཧུའེ་ཡུལ་བདེར་ཐབས་རྗེས་ཀྱི 1762 ལོར་ཚུགས། སྨད་གནས་དབྱི་ལི་ཏེ་ཡོན་ཏེ་ཡོན་མཁར (1883 ལོར་ཞིན་ཅང་ཞིང་ཆེན་བཅུགས་རྗེས་ཞིན་ཅང་བྱང་ཕྱོགས་ཀྱི་ལས་དོན་གཙོར་གཉེར།) ཞྭགས་ཡབག་ལོའི་གསར་བརྗེའི་རྗེས་མེད་པར་བཟོས།

General of Ili was the senior military commander in Xinjiang in the Qing Dynasty. Its full name is Ili Military Governor. It was created in 1762, immediately after Emperor Qianlong pacified the uprising of Dzungar tribe and Hui tribe. It was set in Huiyuan City of Yili (now southeast of Huocheng County). After Xinjiang officially became a province in 1883, the General of Yili retained responsibility for defense in the north of the new province until the position was abolished after the 1911 Xinhai Revolution.

伊玛目 伊玛目一词,最早源自穆斯林做礼拜时的领拜人,后引申出教长、领袖、表率、率领者、楷模、祈祷主持、法学权威等含义。作为伊斯兰教教职称谓,最早任此职的为先知穆罕默德,以后是他的主要门第子。他们既是宗教领袖,又是行政区和军事长官。

དབྱི་མ་མོ། མིད་འདིའི་ཐོག་མའི་འབྱུང་གནས་སུ་མི་ཞིག་གིས་མཆོད་བགུར་སྐབས་ཀྱི་འགོ་འཛིན་ཆོས་དཔོན་ཡིན། རྗེས་སུ་འགོ་འཛིན་དང་དཔེ་མཚོན། སྟེ་ཁྲིད་མཁན། སློབ་ལམ་འགོ་འཛིན་དང་ཆོས་ཀྱི་ཆད་མ་སོགས་ཀྱི་གོ་དོན་ཡོད། དབྱི་སི་ལན་ཆོས་ལུགས་ཀྱི་ལས་གནས་ཀྱི་མིང་འབོད་ཆེས་ཐོག་མར་འཛིན་མཁན་ནི་དམ་པ་མུ་ཧན་མོ་ཏེ་ཡིན། རྗེས་སུ་ཁོང་གི་སློབ་མ་གཙོ་བོ་དག་ཡིན། ཁོ་ཚོའི་ཆོས་ལུགས་ཀྱི་དམ་པ་ཡིན་པར་མ་ཟད་སྲིད་འཛིན་ཁུལ་གྱི་དམག་དོན་དཔོན་པོའང་ཡིན།

Imam was first used to refer to the prayer leader of a Muslim community. Later, it was used to denote Imam, leaders, role models, community leaders, models, prayer leaders, and law authority. As an Islamic leadership position, the first person who owned the position is Prophet Muhammad and then it was took by Muhammad's main apprentices. They are not only religious leaders, but also administrative and military chiefs.

《伊米德史》 书名。清代新疆社会历史著作。维吾尔族人穆萨沙依拉木·艾沙和加著。成书于1908年。全书由前言、两章正文和结束语组成。约50万字。对研究维吾尔族史,特别是伊斯兰教在维吾尔族生活中的作用和影响有重要价值。

《དབྱི་མེ་ཏེ་ལོ་རྒྱུས》 དཔེ་ཆའི་མིང་། ཆིང་རྒྱལ་རབས་སྐབས་ཀྱི་ཞིན་ཅང་གི་སྤྱི་ཚོགས་ལོ་རྒྱུས་ཡི་གེར་བསྦྱུན། ཧྲ་ཡི་ལ་མུའེ་ཧྲ་ཏོ་ཡིས 1908 ལོར་བརྩམས། དེབ་རིལ་པོར་འགོ་བརྗོད་དང་། གཞུང་དངོས་ཀྱི་ལེ་གཉིས། མཇུག་གི་གཏམ་བཅས་ཀྱིས་གྲུབ་ཅིང་འབྲུའི 50 སྟོང་ཡོད། ཡུ་གུར་ལོ་རྒྱུས་དང་ཕར་དུ་དབྱི་སི་ལན་ཆོས་ལུགས་ཀྱི་ཡུ་གུར་པའི་འཚོ་བར་ཐོན་པའི་ཤུགས་རྐྱེན་དང་ནུས་པ་སོགས་ལ་ཞིབ་འཇུག་བྱེད་པར་རིན་ཐང་ཆེའོ། །

The History of Yimide is the book on social historical work in Xingjiang in the Qing

Dynasty. It was written by a Uyghur person, Maola Musha Salami. The book was completed in 1908 and contained three parts: the preface, the body (two chapters) and the conclusion. There are altogether 500,000 words. The book is of great value for the study of the history of Uyghur, especially for the role and influence the Islam has on the life of Uyghur people.

伊斯兰教 世界性的宗教之一，与佛教、基督宗教并称为世界三大宗教。公元 7 世纪初兴起于阿拉伯半岛。由穆罕默德所创（复兴）。是以《古兰经》和"圣训"为教导的一神论宗教。中国旧称"大食法""大食教""天方教""清真教""回回教"等。

དབྱི་སི་ལན་ཆོས་ལུགས། འཛམ་གླིང་རང་བཞིན་གྱི་ཆོས་ལུགས་ཤིག་དེ་དང་སངས་རྒྱས་ཆོས་ལུགས། ཡེ་ཤུ་ཆོས་ལུགས་བཅས་ནི་འཛམ་གླིང་གི་ཆོས་ལུགས་ཆེན་པོ་གསུམ་ཡིན། སྤྱི་ལོ་དུས་རབས་བདུན་པའི་དུས་འགོར་ཨ་རབ་ཉིང་གླིང་ནས་དར་ཞིང་སྲོལ་གཏོད་མཁན་ནི་ཧུན་མོ་ཏེ་ཡིན། (བསྐྱར་དར།) དེ་ནི་ཁུ་རན་གསུང་རབ་དང་དགའ་བའི་བསླབ་གསུང་དེ་ཆོས་སུ་བཀུར་བའི་ལྷ་གཅིག་པའི་ཆོས་ལུགས་ཤིག་ཡིན། རྒྱ་གར་གྱི་གནའ་རབས་སུ་ཏ་ཞི་ཆོས་དང་ཁ་ཆེ་ཆོས་ལུགས། ཐེན་ཕང་ཆོས་ལུགས། ཆིན་གྱི་ཆོས་ལུགས། ཧུའི་ཧུའི་ཆོས་ལུགས་བཅས་སུ་འབོད།

Islam is one of the world's religions and together with Buddhism, Christianity is known as the world's three major religions. It was on the rise in the early 7th century in Arabia and it was revived and founded by Muhammad. It is a monotheistic religion based on the teachings of the *Quran* and the *Sunnah*. In ancient China, it was called "Dashifa, Dashijiao, Tianfangjiao, Qingzhenjiao and Huihuijiao" and so on.

伊斯兰教历 又称"希吉来历"，是阴历的一种。在我国也叫"回历"。以 12 个月为一年，单月为大月，30 天，双月为小月，29 天。平年 354 天，闰年 355 天，30 年中有 11 个闰年，不置闰月。纪元以公元 622 年 7 月 16 日为元年元旦。

དབྱི་སི་ལན་གྱི་ཆོས་རྩིས། ཞིབ་ཆུས་པའི་ལོ་ཁྲིམས་ཀྱང་ཟེར། ལུགས་སྲིད་ཀྱི་རིགས་ཤིག རང་རྒྱལ་དུ་ཧུའི་བོར་འབོད། ཟླ 12 ལོ་གཅིག་བྱས་ཏེ་ཡ་ཟླ་ནི་ཟླ་ཆེ་བ་ཡིན་ལ་ཞིན 30 ཡོད། ཆ་ཟླ་ནི་ཟླ་ཆུང་བ་ཡིན་ལ་ཞིན 29 ཡོད། སྤྱིར་བཏང་དུ་ལོ་རེར་ཞིན 354 ཡོད་དང་། བཟོ་ལོར་ཞིན 355 ཡོད། ལོ 30 ཡི་ནང་དུ་བཟོ་ལོ་11 ཡོད། བཟོ་ཟླ་མི་བཞག ལོ་རྟགས་ཀྱི་སྤྱི་ལོ 622 ལོའི་ཟླ 7 པའི་ཚེས 16 ཉིན་ལོ་དང་པོའི་ཞིན་དང་པོར་བརྩི།

Islamic calendar is also called Hijra and it belongs to lunar calendar. In China, people call it Hui calendar. In it, a year contains 12 months. The odd months are lunar months of 30 days, and the even months are lunar months of 29 days. The Ping year (the year without any leap month) has 354 days and the Run year (the year with leap month) has 355 days in the Islamic calendar. There are altogether 11 leap years in 30 years without any leap months. The new era began on July

17 AD 622, which is also the first Day of the first Year.

伊斯兰教圣墓 伊斯兰教穆斯林贤人之墓。位于福建泉州市东门外灵山。唐武德年间穆罕默德派遣门徒大贤四人来华，三贤、四贤传教泉州，卒葬于此。两墓并列，塔式墓盖由花岗岩雕刻而成，占地2平方米。上修石亭，后依山建石回廊。

དབྱི་སི་ལན་ཆོས་ཀྱི་དམ་པའི་བང་སོ། །དབྱི་སི་ལན་ཆོས་ལུགས་ཀྱི་མུའུ་སི་ལིན་དམ་པ་ཚོའི་བང་སོ། ཧྥུ་ཅན་ཆོས་གྲོའུ་གྲོང་ཁྱེར་ཤར་སྒོའི་ཕྱི་ལིན་ཧུན་རི་བོར་ཡོད། ཐང་མུའུ་ཏེའི་དུས་སྐབས་སུ་མུའུ་ཧན་མོ་ཏེའི་དོས་སྟོན་དམ་པ་མི་བཞི་གྱུར་གོར་མངགས་པ་ལ་གཞིན་ཆོས་གྲོའུ་ལ་ཆོས་སྤེལ་དུ་ཡོང་ཞིང་མཐར་དེར་གཤེགས་ནས་མཉམ་དུ་དུར་སྦྱར་བྱས། མཆོད་རྟེན་དབྱིབས་ཀྱི་དུར་ཞིམ་ནི་ཧྲ་གང་བྲག་རྡོས་བཅོས་ཤིང་རྒྱ་ཁྱོན་སྨྱུག་བཞིམ་འཛིན། སྟེང་དུ་རྡོའི་སྤྱིང་ཁང་དང་རྒྱབ་རི་བོར་བརྟེན་པའི་ཁྱམས་ར་ཡོད།

Islamic Holy Tomb is the tomb for Islamic holy Saints. It lies in Lingshan Mountain of east Quanzhou city in Fujian province. In the period of Emperor Wude in the Tang Dynasty, Muhammad sent his four disciples who had great talents and virtues to come to China. The third and fourth disciples did their missionary work in Quanzhou. After they died, they were buried in Quanzhou. The two tombs stand in parallel and cover an area of 2 square kilometers with the tower-shaped tomb lids, which are made out of granites. Above the tomb, a stone pavilion was built. Behind it, the stone cloister was built against the hill.

伊斯兰原教旨主义 一种主张复兴伊斯兰教，使其回到最初的原始教义，履行先知穆罕默德的遗训，恢复《古兰经》和"圣训"真正精神的宗教思潮。

དབྱི་སི་ལན་གྱི་གདོད་མའི་ཆོས་ལུགས་རིང་ལུགས། དབྱི་སི་ལན་ཆོས་ལུགས་བསྐྱར་སྤེལ་བྱེད་དེ་གདོད་མའི་ཆོས་ཀྱི་ཆོག་ཕྱིར་དྲངས་ནས། དམ་པ་མུའུ་ཧན་མོ་ཏེའི་ཞལ་ཆེམས་མངོན་འགྱུར་ཡོང་བའི་འདོད་ཚུལ་བརྗོད།《ཁུ་རན་གསུང་རབ》དང་དམ་པའི་བཀའ་གསུང་གི་བརྗོད་སྙིང་རྒྱལ་མ་སྒྲ་གསོ་བྱེད་པར་འདོད་པ་ཞིག་གོ།

Islamic Fundamentalism is a kind of religious trend which claims to revive Islam and makes it back to the primary doctrines as well as performs the legacy of the prophet, Muhammad and recovers the real spirits which are presented in *Koran* and Sunnah.

《伊塔通商章程》 沙俄强加于中国的第一个不平等条约。1851年双方签订于伊犁。共17条。根据条约，沙俄在新疆取得了设立领事、贸易免税和领事裁判权等特权。从此，沙俄势力公开进入新疆。

《དབྱི་ཐང་ཚོང་འབྲེལ་སྒྲིག་ཡིག》 ཧྲ་དོས་ཀྱུར་སུས་ཀྲུང་གོར་བཙན་གྱིས་བཀག་པའི་དང་མཉམ་མིན་པའི་ཆིངས་ཡིག་ཐོག་མ། ༡༨༥༡ལོར་ཕྱོགས་གཉིས་ཀས་དབྱི་ལིར་བཞག་ཅིང་དོན་ཚན་བཅུ་བདུན་ཡོད། ཆིངས་ཡིག་ལྟར་ན་ཧྲ་ཨུ་ལ་ཤིན་ཅང་དུ་དོན་གཅོད་ཁང་འཇོག་པ་དང་ཚོང་འཛམ་མི་དགོས་པ། དོན་གཅོད་དབང་ཆ་སོགས་ཀྱི་ཁྱད་དབང་ཐོབ་པ། དེ་ནས་བཟུང་ཤྭི་ཨུའི་སྟོབས་ཤུགས་མངོན་སུམ་དུ་ཞིན་ཅང་ལ་འཛུལ་

812

བ་ཡིན།

Treaty of Yita was the first unequal treaty which was imposed on China by Russia. The treaty has 17 regulations and was signed by the two sides in Yili in 1851. Through the treaty, Russia got the privilege of setting up the consulate, exempting taxes on trades and consular jurisdiction in Xinjiang. From then on, Russia openly stretched its forces to Xinjiang.

依禅 波斯语音译,有"互助会""集团"之义。字面意义为"苦修教徒""持戒教徒"。伊斯兰教依禅派首领或教长的尊称。

དབྱི་ཁན། པར་སུག་སྐད་ཀྱི་སྒྲ་བསྒྱུར། རོགས་རམ་ཚོགས་པ་དང་མཐུན་ཚོགས་སོགས་ཀྱི་དོན། སྒྲ་དོན་ནི་དཀའ་ཐུབ་སྒྲུབ་སྟོང་གིས་ཚེས་སྒྲུབ་པ་དང་འདུལ་ཁྲིམས་སྲུང་ནས་ཚེས་སྒྲུབ་པ་ཡིན། དབྱི་སི་ལན་ཚོས་ལུགས་ཡི་ཁན་གྲུབ་མཐའི་མགོ་གཙོའམ་དཔོན་གྱི་ཞེ་ས་ཡིན།

Ishan comes from the transliteration of Persian language and it has the kind of meaning like "fraternity" and "group". It has the literal meaning of disciples who have penance and observe the precepts. It is the honored title for the leader or imam in Ishan sect of Islam.

依禅派 中国新疆地区的主要伊斯兰教派别。大约产生于16世纪后期,在"苏菲派"(见"苏菲主义"词条)的影响下,由来自中亚地区的各种教团吸收了维吾尔等民族的文化传统,经过长期发展而形成。其名称来源于教派首领的称谓。

དབྱི་ཁན་གྲུབ་མཐའ། ཀྲུང་གོའི་ཞིན་ཅང་ས་ཁུལ་གྱི་དབྱི་སི་ལན་ཏུགས་མཐའ་གཙོ་བོ་ཞིག ཕལ་ཆེར་དུས་རབས་བཅུ་དྲུག་པའི་དུས་མཇུག་ཙམ་དུ་བྱུང། སུའུ་ཧྥེ་རིགས་ལུགས་ཀྱི་ཚོགས་ལ་བརྟེན། (སུའུ་ཧྥེ་རིང་ལུགས་ཀྱི་ཚོགས་ལ་གཟིགས།) གི་ཤུགས་རྐྱེན་འོག ཡ་སྟོད་དབུས་མའི་ཚོས་ཚོགས་སོ་སོར་ཡུ་གུར་སོགས་མི་རིགས་ཀྱི་རིག་གནས་སྲོལ་རྒྱུན་བསྡུ་ལེན་བྱས་ཤིང ཡུན་རིང་འཕེལ་རྒྱས་བརྒྱུད་ནས་གྲུབ་པ་ཞིག་ཡིན། མིང་དེ་གྲུབ་མཐའི་མགོ་གཙོའི་མིང་ལས་བྱུང་བ་ཡིན།

Ishan Sect is the main Islamic sect in Xinjiang, China. It was formed through the long-term development of various religious groups in central Asia which absorbed the cultural traditions from the Uygur people and others in the late 16th century. Its name comes from the title of the religious leader.

依峒蛮 中国古族名。唐宋时分布在依峒地区(今左、右江三角洲中、越边境地区)的少数民族。壮族的先民之一。

དབྱི་ཐུང་མན། ཀྲུང་གོའི་གནའ་བོའི་མི་རིགས་ཤིག ཐང་དང་སུང་རྒྱལ་རབས་སྐབས་སུ་དབྱི་ཐུང་ས་ཁུལ། (དེང་གི་ཙོའི་ཅང་དང་ཡུའུ་ཅང་ཟུར་གསུམ་སྟེང་དབུས། དང་ཝེ་ཏེ་ནམ་ཀྱི་མཚམས་མཚམས།) ལ་གྱུར་པའི་གྲངས་ཉུང་མི་རིགས། ཀྲོང་རིགས་ཀྱི་མེས་པོའི་གྲས་ཤིག

Yidong Man (Barbarians) was an ancient Chinese ethnic group name. The group was scattered in the area of Yidong (present Delta of Right and Left River in Sino-Vietnam border) during the period of the Tang and Song Dynasty. They were also the ancestors of Zhuang people.

移民实边 清末在内蒙古推行的一项筹边

（筹划边境事务）政策。始行于光绪二十八年（1902）。《辛丑条约》签订后，清廷为筹集赔款和欺骗全国舆论，推"新政"。移民实边为其一项具体内容。通过向汉族农民放垦蒙荒和丈放农田等方式，向蒙汉人民掠夺土地，搜刮荒银和岁租。

དམངས་བསྐོས་མཐའ་བརྟན། ཆེད་རྒྱལ་རབས་དུས་མཇུག་ཏུ་ནང་སོག་ནས་སྤྱོད་པའི་མཐའ་ཁྱོན་བྱ་བའི་སྲིད་གོན་ཞིག་ཡིན། གོང་ཞི་ཧྥུ་ཧྭེར་བཅུད་པར་（1902）འགོ་བཙུགས། 《ལྕགས་སྦྲུལ་ལོའི་ཆིངས་ཡིག་》བཞག་རྗེས། ཆེད་སྲིད་གཞུང་གིས་གསབ་དངུལ་བསྡུ་རུབ་དང་རྒྱལ་ཡོངས་ཀྱི་སྤྱི་ཕྱོགས་ལ་མགོ་སྐོར་གཏོང་ཆེད་གསར་སྐྱེལ། དམངས་སྤོ་མཐའ་བཙན་ནི་དེའི་ནང་དོན་ཞིག་ཡིན། དེ་ནི་རྒྱའི་ཞིང་པའི་སོག་པོའི་རྩོད་རྩོ་བ་དང་ཞིང་གཏོང་བའི་བྱ་ཐབས་བརྒྱུད་ནས་སོག་རྒྱ་མི་དམངས་ཀྱི་ས་ཞིང་འཕྲོག་འཕྲོག་དང་། དངུལ་ལྷག་དང་ལོ་སྐྲལ་སོགས་ལ་བརྒྱུ་བཞུག་བྱེད་པ་ཞིག་ཡིན།

Immigration Policy to Strength the Border was a policy on planning border affairs that was implemented in Inner Mongolia at the end of the Qing Dynasty. It was started in the 28th year of Emperor Guangxu. After the signing of Xinchou Treaty, the Qing Dynasty carried out the New Policy to raise indemnities and deceive public opinions, among which was the Immigration Policy to Strength the Border. The Qing Dynasty robbed the land, collected taxes and rents of the Mongolian and Han people by the way of freely permitting the cultivation of Mongo-

lian waste lands and the farmlands.

彝汉结盟纪念碑 是一座大型红砂岩雕塑。1986年为纪念红军长征胜利五十周年，这座由胡耀邦题写碑名、象征民族团结的纪念碑在四川省凉山彝族自治州首府西昌市落成。碑高10米，座基上是刘伯承和彝族首领果基小约丹举杯歃血结盟的塑像。

དབྱིན་རྒྱ་མནའ་འབྲེལ་དྲན་རྟེན་རྡོ་རིང་། བྱེ་དམར་བྲག་རྡོའི་རྡོ་བརྐོས་ཆེན་པོ་ཞིག་ཡིན། 1986 ལོར་དམར་དམག་རྒྱང་བསྐྱོད་ཕྱུགས་ནས་ལོ་འཁོར་ལྔ་བཅུ་འཁོར་བར་དྲན་བརྟེན་བྱེད་ཆེད། ཧུའུ་ཡོད་པང་དབོས་ཀྱིས་བྲིས་པའི་རྡོ་རིང་ཡིན། ཤི་ཁྲོན་ཡིའུ་ཧྲུ་དབྱིས་རིགས་རང་སྐྱོང་ཁུལ་གྱི་ཞི་ཁྲོང་གྲོང་ཁྱེར་དུ་བཙུགས། མི་རིགས་མཐུན་སྒྲིལ་གྱི་མཚོན་རྟགས་ཡིན། རྡོ་རིང་གི་མཐོ་ཚད་ལ་སྨྱེ་10 ཡོད་པ་དང་། ཀྲང་ཕིའི་རྡོ་ཧྲུ་ལིའུ་པོ་ཁྲེང་དང་དབྱིས་རིགས་འགོ་བ་ཀོ་ཅི་འོད་ཡི་ཏན་གཉིས་ཀྱིས་མནའ་འཛོག་པའི་རྣམ་པ་བཀོས་ཡོད།

Yi-Han Alliance Monument is a huge sculpture with red sandstones. The name of the Monument was written by Hu Yaobang and it symbolizes the ethnic unity. The monument was completed in 1986 in Xichang city, the capital city of Yi autonomous prefecture of Liangshan in Sichuan in honor of the 50th anniversary of Red Army's victory of Long March. The monument is 10 meters high and its seat base is the sculpture of Liu Bocheng and GuoJiXiaoYueDan, leader of Yi people, who are proposing a toast to smear the blood as a sign of the alliance.

彝文 彝族使用的文字。又叫"爨文"

"毖书"等。一说属象形文字，另说属音节文字。老彝文大约形成于13世纪，现存的约有1万多个字，经常使用的有1000多个字。目前已规范的现代彝文有凉山规范彝文和云南规范彝文，前者使用较广。

དབྱིས་ཡིག དབྱིས་རིགས་ཀྱིས་སྤྱོད་པའི་ཡི་གི། ཚན་ཡིག་དང་སྲེ་ཡིག་ཡང་ཟེར། འདི་གཟུགས་དང་དབྱངས་གསལ་ཡི་གེའི་བསྐུན་མི་གཅིག་པ་གཉིས་ཡོད། དབྱིས་ཡིག་རྙིང་པའི་ཕལ་ཆེར་དུས་རབས་ /༡༣ པར་བྱུང་བར་བཤད། དེ་ནར་ཚིགས་བྱ་པར་ཡིག་འབྲུ་ཁྲི་གཅིག་ལྷག་ཡོད། རྒྱུན་སྤྱོད་ལྷན་ཡིག་འབྲུ་སྟོང་གཅིག་ལྷག་ཡོད། མིག་སྔར་ཚད་ལྡན་དུ་བཟོས་པའི་དེང་རབས་དབྱིས་ཡིག་ལ་ལིའང་ཧན་དབྱིས་ཡིག་དང་ཡུན་ནན་དབྱིས་ཡིག་གཉིས་ཡོད་པ་ལས། རྗེས་མ་དེ་སྤྱོད་རྒྱུན་ཆེ།

Yi script is used by Yi people. It is also known in Chinese as Cuan Wen or Wei Shu. It belongs to either hieroglyphics or syllabic words. Traditional Yi script was formed in about the 13th century. There are about 10,000 characters, of which over 1,000 are frequently used. At present, there exists two standardized modern Yi script: Liangshan Standard Yi script and Yunnan Standard Yi script, among which the former is more widely used.

彝语 彝族使用的语言。属于汉藏语系藏缅语族彝语支，有北部、东部、南部、西部、东南部、中部6种方言。方言虽然差别较大，但都有明显的共同历史渊源和一定数量的汉语借词。分布在云、贵、川及广西等省区。

དབྱིས་སྐད། དབྱིས་རིགས་ཀྱིས་སྤྱོད་པའི་སྐད་ཅ། བོད་རྒྱ་སྐད་ཁོངས་ཀྱི་བོད་འབར་སྐད་རིགས་དབྱིས་སྐད་ཡལ་ག་གཏོགས། བྱང་རྒྱུད་དང་ཤར་རྒྱུད། ལྷོ་རྒྱུད། ནུབ་རྒྱུད། ཤར་ལྷོ་རྒྱུད། དབུས་རྒྱུད་བཅས་ཡུལ་སྐད་རིགས་དྲུག་ཡོད། ཡུལ་སྐད་རེ་འགའི་བར་ཁྱད་ཆེ་མོད། ཚང་མར་གོ་རྒྱུས་ཀྱི་རྒྱུད་ཁུངས་གཅིག་ལ་རྒྱ་སྐད་ཀྱི་གཡར་ཚིག་གི་ཏུང་པ་ཞིག་ཡོད། དེའི་ཡུལ་ནན་དང་གུའུ། སི་ཁྲོན། ཀོང་ཞི་སོགས་ཀྱིས་ཁྱབ་ཡོད།

Yi language is used by Yi people. It belongs to the branch of Yi language in Tibet-Mian language group of Sino-Tibetan languages. It has six kinds of dialects: Northern Yi dialect, Eastern Yi dialect, Southern Yi dialect, Western Yi dialect, South-eastern Yi dialect and Central Yi dialect. The difference among some of the dialects is a little bit great, but they all have obviously common historical origins as well as certain number of borrowed words from Chinese. It is mainly distributed in Yunnan, Guizhou, Sichuan and Guangxi.

彝语支 汉藏语系藏缅语族的语支之一。包括彝、哈尼、傈僳、拉祜、纳西、基诺等语言。主要分布在中国云南、四川、贵州、广西四省区。此外，还分布在缅甸、泰国、老挝、越南等国境内。

དབྱིས་སྐད་ཡན་ལག བོད་རྒྱ་སྐད་ཁོངས་བོད་འབར་སྐད་རིགས་ཀྱི་སྐད་ཡལ་ག་གྲས་ཤིག་ཡིན། དབྱིས་སྐད་དང་ཧཱ་ཉི་སྐད། ལི་སུའུ་སྐད། ལ་ཧུའུ་སྐད། འཛང་སྐད། ཅི་ནོའི་སྐད་སོགས་འདུས། རང་རྒྱལ་གྱི་ཡུན་ནན་དང་སི་ཁྲོན། གུའི་གྲོའུ། ཀོང་ཞི་བཅས་ཞིང་ཆེན་བཞི་ལ་གཙོར་ཁྱབ་ཡོད་པ་དང་། གཞན་འབར་མ་དང་ཐེ་ལན། ལའོ། ཝི་ཐི་ནན་སོགས་རྒྱལ་ཁབ་དུ་ཡང་ཁྱབ་ཡོད།

Branch of Yi language is one branch of Tibet-Mian language group of Sino-Tibetan languages including Yi language, Hani language, Lisu language, Lahu language, Naxi language and Jinuo language. It is mainly distributed in Yunnan, Guizhou, Sichuan and Guangxi. Besides, it is also distributed in those countries, such as Myanmar, Thailand, Laos, and Vietnam and so on.

彝族 中国的少数民族。有"诺苏""撒尼""阿西"等自称。其族源以土著说、羌氏说为主。主要分布在中国云南、四川、贵州、广西四省区。人口 8714393 人（2010 年）。有本族语言文字。崇奉多神等。经济以农业为主。另外越南也有彝族支系分布，被称为"倮倮族"。

དབྱིས་རིགས། གུང་གོའི་གྲངས་ཉུང་མི་རིགས་ཤིག རང་གིས་རང་ལ་ནོ་སུའི་དང་ས་ནི། ཨ་ཞིས་སོགས་སུ་འབོད། རུས་རྒྱུད་འབྱུང་ཁུངས་གཙོ་བོར་ས་དེའི་མིའི་བཤད་སྲོལ་དང་ཆངས་རིགས་ཀྱི་བཤད་སྲོལ་གཉིས་ཡོད། གཙོ་བོ་རང་རྒྱལ་གྱི་ཡུན་ནན་དང་སི་ཁྲོན། གུའི་གོའུ། ཀོང་ཞི་བཅས་ཞིང་ཆེན་བཞིར་ཁྱབ་ཡོད། མི་གྲངས་ ༨༧༡༤༣༩༣ (༢༠༡༠) ཡོད། རང་མི་རིགས་ཀྱི་སྐད་དང་ཡི་གེ་ཡོད་ལ། མཆོད་བཀུར་གྱི་ལྷ་ཚོགས་མང་པོ་ཡོད། ཞིང་ལས་དཔལ་འབྱོར་གཙོ་བོར་གནས་ཤིང་། ཡི་ཐེ་ནམ་གྱི་དབྱིས་རིགས་ཀྱི་ཡན་ལག་དེ་ལ་ལོའོ་ལོའོ་རིགས་ཟེར།

Yi people is an ethnic group of China. Different groups of Yi refer to themselves in different ways (including Nuosu, Sani, Axi, etc.). The ancestors of Yi people mainly are from two peoples: the aboriginals and the Qiang people. They mainly live in Yunnan, Sichuan, Guizhou and Guangxi in China. They have a population of over 8.7 million (2010) and they have their own language and script. Also, people believe in polytheism. Its economy is mainly agricultural economy. Besides, there is a branch of Yi people in Vietnam which is named as "Lolo people".

彝族的太阳历 使用年代在秦末汉初。源于西羌文明。以 12 属相回归纪日，3 个属相周期为一个时段（月），即 36 日为一月，30 个属相周为一年。一年 10 个月，360 日，10 个月终了，另加 5 日"过年日"，全年为 365 天。每隔 3 年多加 1 天，即闰年（闰日），为 366 天。

དབྱིས་རིགས་ཀྱི་ཉི་མའི་ལོ་རྩིས། དེ་ཆིན་རྒྱལ་རབས་ཀྱི་མཇུག་ཏུ་ཧན་རྒྱལ་རབས་ཀྱི་འགོ་ཚུགས་ལ་བེད་སྤྱོད་བྱས་ཤིང་། འབྱུང་ཁུངས་ཤར་ཆའང་རུལ་མའི་རིག་གནས་ཡིན། ལོ་རྟགས་བཅུ་གཉིས་ཀྱིས་ལོ་འཁོར་གཅིག་དང་ལོ་རྟགས་གསུམ་དེ་དུས་སྐབས་རེ (ཟླ་) དབུ་བ་སྟེ། ཞིན་གྲངས་ཟླ་གཅིག་ལ། ལོ་རྟགས་སུམ་བཅུའི་འཁོར་ཡུན་ལ་ལོ་གཅིག་སྟེ། ལོ་གཅིག་ལ་ཟླ་བཅུ་ཡོད་ལ་ཉིན་གྲངས་༣༦༠ཡོད། ཟླ་བཅུ་པོ་འཁོར་རྗེས་སྐག་ཉིན་ལྔ་བསྣན་ནས་ལོ་སར་ཞིན་མོར་བྱེད། ལོ་ཆིག་ཕྱིར་ཉིན་གྲངས་༣༦༥ཡོད་ལ། ལོ་གསུམ་རེའི་མཚམས་ནས་ཉིན་གཅིག་ཁ་བསྣན་བྱེད་པ་སྟེ་བཟློག་ལོར་ཉིན་༣༦༦ཡོད་དོ།

Solar calendar of Yi people was used in late Qin and early Han Dynasty and it was originated from Western Qiang Civilization. The days are counted by the repetition of Chinese Zodiac and 3 cycles of Chinese Zodiac make up a month, that is,

36 days make up a month and 30 cycles of Chinese Zodiac make up a year. A year is made up of 10 months and 360 days, while at the end of the tenth month fives days are added, which is the days for the New Year. Thus, a full year is made up of 365 days. However, every other 3 years is a leap year which has one more day, hence 366 days.

彝族医学 民族医学。彝族医药起源于原始社会时期，10世纪末的古彝文医书中已载有动物药的种类和功效。"清浊二气"是彝医认识自然、了解疾病和治疗疾病的总纲。彝医注重实践，不死守一方，养生和预防是彝医的重要组成部分。治疗上有内治法和外治法。医学实践中善用动物药。

དབྱིན་རིགས་གསོ་རིག་ ཨེ་རིགས་ཀྱི་གསོ་རིག དབྱིན་རིགས་གསོ་རིག་ནི་གདོད་མའི་སྤྱི་ཚོགས་སུ་བྱུང་ཞིང་། དུས་རབས་ ༡༠ པའི་མཇུག་གི་དབྱིན་ཡིག་གསོ་རིག་ཡིག་རྙིང་ཁྲོད་དུ་སྲོག་ཆགས་སྨན་གྱི་རིགས་དང་ཕན་ནུས་སོགས་བྲིས་ཡོད། དངས་སྙིགས་རླུང་གཉིས་ཞེས་པ་དབྱིན་ལུགས་གསོ་རིག་གིས་རང་བྱུང་ཁམས་ལོན་དང་ནད་རིགས་ལ་དོགས་ཟོན། ནད་རིགས་སྨན་བཅོས་བྱེད་པའི་རྩ་དོན་ཡིན། དབྱིན་ལུགས་གསོ་རིག་གིས་ལག་ལེན་གཙོར་འཛིན་པ་ལས་ཕྱོགས་མི་བྱེད། ལུས་གསོ་བ་དང་ནད་སྔོན་འགོག་དབྱིན་ལུགས་གསོ་རིག་གི་གྲུབ་ཆ་གལ་ཆེན་ཞིག་ཡིན། སྨན་བཅོས་ལ་ཁྱི་བཅོས་ཐབས་དང་བཅོས་ཐབས་གཉིས་ཡོད་ཅིང་ལག་ལེན་ཁྲོད་དུ་སྲོག་ཆགས་ཀྱི་སྨན་སྦྱོར་པར་མཁས།

Yi ethnic medicine is a kind of ethnic medicine. It originates from primitive society. The classical medicine books at the end of 10th century have recorded the varieties and its functions of animal medicines. Cosmic yin and yang becomes the essence of understanding nature, knowing and curing diseases for Yi doctors. The doctors weigh a lot on practices. Regimen and prevention are essential parts of Yi ethnic medicine. It has both internal and external therapies, and tends to use animal medicines in practice.

亦黑迭尔丁（生卒年不详） 元代建筑家，元大都（今北京城）宫殿、宫城的设计和工程组织者。回族。元世祖即位后命其领"茶迭尔局"（管理皇帝庐帐机构）。至元元年（1264）进言修琼华岛（今北京北海）。后官至工部尚书，领导修筑京都宫城，为明、清北京城的建设奠定基础。

དབྱི་ཧེ་ཏེར་ཏིན་ （འབྱུངས་འདས་ལོ་མི་གསལ） ཡོན་རྒྱལ་རབས་ཀྱི་བཟོ་སྐྲུན་པ། ཡོན་རྒྱལ་རབས་ཀྱི་རྒྱལ་ས་ཆེན་པོའི་ཕོ་བྲང་དང་མཁར་གྱི་ཇུས་འགོད་དང་རྩ་འཛུགས་པ་ཞིག་ཡིན། ཧུའེ་རིགས་ཡིན། ཡོན་ཙེ་ཚུར་ཁྲིར་བཞུགས་རྗེས་ཁོ་ཏེར་ཆུར་ （གོང་མའི་གུར་བདག་གཉེར་བྱེད་པའི་ལས་ཁུངས） ལ་འགན་ཁུར་དུ་བཅུག གྱི་ཡོན་ཁྲི་སོ་དང་པོའི་ཚོང་དུ་སྨྲིང་ （དེང་གི་པེ་ཅིན་བྱང་མཚོའི་སྨྲིང་ཕྲན） སྨན་རྒྱའི་དུན་འཆར། མཐར་བཟོ་སྐྲུའི་དྲུང་ཆུའི་ཡི་གོ་གནས་ལ་འཕར། ཞིང་རྒྱལ་ས་ཆེན་པོའི་མཁར་བྱང་བཞེངས་སྐྲུན་གྱི་འགོ་འཛུགས་མིང་དང་ཆིང་གི་པེ་ཅིན་མཁར་འཛུགས་སྐྲུན་ལ་རྒྱ་གཏིང་མཁན་ཡང་ཡིན།

Yeheidie'erding is an architect in the Yuan Dynasty. He is the designer and organized the construction of the Imperial City and the palaces in Khanbaliq, the capital city in Yuan Dynasty. He was a member of Hui people. Kublai Khan ordered him to govern Chadie'er (an agency responsible for constructing tents). In 1264, the year of the Zhiyuan, he suggested building Qionghua Island (today's North Sea in Beijing). After that, he was promoted to be the minister of the Ministry of Works and led to build the Imperial City in the capital of Yuan Dynasty, which laid a foundation for the construction of Beijing city in the Ming and Qing Dynasty.

译仓 藏语音译，意为"秘书处"。原西藏地方政府所属管理僧官的总机构。

ཡིག་ཚང་། དྲུང་ཡིག་ཁང་སྟེ། སྔར་བོད་ས་གནས་སྲིད་གཞུང་སྐབས་སེར་མོ་བའི་དཔོན་ལ་དོ་དམ་བྱེད་པའི་སྤྱིའི་ལས་ཁུངས།

Yicang is a transliteration from Tibetan language and means "secretariat". It was the head office in the local government of Tibet which was used to supervise the monk officials.

易地扶贫 在我国，指将生活在缺乏生存条件地区的贫困人口搬迁安置到其他地区，并通过改善安置区的生产生活条件、调整经济结构和拓展增收渠道，帮助搬迁人口逐步脱贫致富。"十五"期间，国家发展和改革委开始组织实施试点，安排国债资金56亿元，搬迁120多万人，取得了显著成效。

གནས་སྤོས་དབུལ་སྐྱོར། རང་རྒྱལ་དུ་འཚོ་བའི་རྒྱུན་ཞན་པའི་ས་ཁུལ་གྱི་ཁྱིམ་ཚང་དབུལ་པོ་དག་གནས་གཞན་ལ་སྤོས་ཏེ། གནས་སྤོས་ཡུལ་གྱི་ཐོན་སྐྱེད་འཚོ་བའི་ཆ་རྐྱེན་ལེགས་བཅོས་བསྒྱུར། ཡོང་འབབ་ཐབས་ལམ་རྒྱ་བསྐྱེད་སོགས་ཐབས་ལམ་ལ་བསྟེན་ནས་སྤོ་བསྒྱུར་གྱི་ལམ་ལ་བགྲོད་པ་ཞིག་བཅུ་ལྔའི་དུས་སྐབས་སུ་རྒྱལ་ཁབ་འཚོ་བསྒྲུབ་དང་འཕེལ་རྒྱས་ཡོན་ལྷན་ཁང་གིས་ལས་འགོ་བཙུགས་ནས་རྒྱལ་བུན་དངུལ་སྒོར་༥༦འབུམ་སྒྲིག་གིས་མི་གྲངས་ཁྲི་༡༢༠ལྷག་སྤོས་པར་གྲུབ་འབྲས་མངོན་གསལ་ཐོབ།

The poverty alleviation relocation project refers to the policy of migrating those poor people who live in the areas which lack existential conditions to other areas and, at the same time, helping those migrating people gradually move out of poverty by improving production and living conditions in the resettlement areas and readjusting economical structures as well as expanding the sources of income. During the 10th Five-Year Plan, the National Development and Reform Commission began to launch the pilot projects and used 5.6 billion Yuan of treasury bonds in relocating over 12 million people, which shows a remarkable achievement.

挹娄 中国东北古代民族。族称出现于公元前2至公元前1世纪时，来源于肃慎，系继肃慎称号后使用的第二个族称，前后有600余年。活动区域在今长白山北、松花江、黑龙江中下游，东临日本海。南北朝时，改号勿吉（见"靺鞨"词条）。

དབྱི་ལོའུ། ཀྲུང་གོའི་བྱང་ཤར་གྱི་གནའ་བོའི་མི་རིགས་ཤིག སྤྱི་ལོ་སྔོན་གྱི་དུས་རབས་༢ནས་༡པའི་བར་དུ་བྱུང་

འབྱུང་ཁུངས་སུའི་ཅིན་ལ་གཏུགས་ཤིང་སུའི་ཅིན་རྗེས་སུ་
བྱུང་པའི་མིང་གཉིས་པ་ཡིན། ལོ་ངོ་༦༠༠ལྷག་གི་ལོ་རྒྱུས་
ཡོད། དེར་གི་ཁྱབ་པའི་རི་བོའི་བྱང་རྒྱུད་དང་སུང་ཧྭ་
གཙང་པོ། ཧེ་ལུང་ཅང་གཙང་པོའི་དབུས་སྨད་རྒྱུད་ས་
ཁུལ། ཤར་དུ་ལྱུང་པན་མཚོབམས་སུ་འཚོ། རྒྱལ་རབས་
སྟོ་བྱང་གི་སྐབས་སུ་མིང་པོ་ཆི་ལ་བསྒྱུར། (མོ་ཧོ་ཡི་ཚིག་
ལ་གཟོས།)

Yilou was an ancient ethnic group or people who dwelt in the northeastern part of China. Its name appeared in the 1st and 2nd century BC and it originated from Sushen. It was the second ethnic name they used for their group after Sushen. It had a history of about 600 years. Yilou people's territory covered the area of today's north of Changbai Mountain, the Songhua River, middle and lower reaches of Amur River and the east side of the Sea of Japan. In the period of the Northern and Southern Dynasties, it changed its name to Wuji.

益民公司 旧时黑龙江呼玛县地区的一个官督商办、专事垄断当地鄂伦春族贸易兼营高利贷的商业机构。1923年成立，1927年停办。

དམངས་ཕན་ཀུང་སི། གནའ་བོར་ཧེ་ལུང་ཅང་ཧོ་མ་
རྫོང་ས་ཁུལ་གྱི་གཞུང་སྐུལ་ཚོང་ཚོགས་ཤིག་ཡིན། ས་དེའི་
ཨོ་ལུན་ཁྲུན་རིགས་ཀྱི་ཚོང་ལས་སྟེར་ཉེས་དང་སྐྱེད་
མཐོའི་དངུལ་གྱི་ཚོང་ལས་གཉེར་བའི་ལས་ཁུངས་ཤིག་
ཡིན། ༡༩༢༣ལོར་བཙུགས་པ་དང་། ༡༩༢༧ལོར་
མཚམས་བཞག

Yimin Company was a business institute in Huma County, Heilongjiang. It was government-supervised and merchant-managed specializing in monopolizing the trade of the local Erlunchun people and was also engaged in usury. It was founded in 1923 and came to an end in 1927.

阴山岩画 中国已发现的岩画中分布最广、内容最多、艺术最为精湛的岩画。主要分布于内蒙古阴山山脉狼山的悬崖峭壁上。约始于商周，延至清代。仅1976—1980年的有关年份调查就发现岩画万余幅，最大的面积达400平方米。真实地记录了在此生活的多个古代北方游牧民族的生产、生活历史。

ཡུན་ཧྲན་བྲག་རིས། གྲུང་གོས་གསར་རྙེད་བྱུང་བའི་
བྲག་རིས་ནང་གི་ཁྱབ་རྒྱ་ཡངས་པ་དང་། ནང་དོན་ཕུན་
ཚོགས། སྒྱུ་རྩལ་གྱི་ཞམས་ཆེས་འཕུར་དུ་དོད་པའི་བྲག་
རིས་ཡིན། གཙོ་བོ་ནན་སོག་གི་ཡུན་ཧྲན་རི་རྒྱུད་མའི་
ལང་ཧྲན་གྱི་བྲག་དོར་ཁྱབ་ཡོད། ཧྲང་གྲོའི་དུས་སུ་བྱུང་
བ་ནས་ཆིན་རྒྱལ་རབས་བར་རྒྱུན་བསྲིངས། ༡༩༧༦—
༡༩༨༠བོའི་བར་དུ་ཚོད་དཔྱོད་བྱས་ཏེ་བརྟེད་པའི་བྲག་
རིས་ཁྲི་ལྷག་ཡོད་ཅིང་། རྒྱ་ཁྱོན་ཆེ་ཤོས་ཀྱི་བཞི་བ་མ་
༤༠༠ལྷག་རེས་དོན་དངོས་ཐོག་གནས་དེར་འཚོ་སྡོད་
བྱས་པའི་གནའ་བོའི་བྱང་ཕྱོགས་སོ་སོའི་རིགས་ཀྱི་ཐོན་སྐྱེད་
དང་འཚོ་བའི་ལོ་རྒྱུས་བཀོད་ཡོད།

The Rock Paintings of Yinshan Mountains are the widest in distribution, the richest in content, and the best in artistic value among those rock paintings that have been discovered in China. They are mainly distributed in the Langshan's cliffs of Yinshan mountain ranges in Inner Mongolia. These paintings can be dated back to the Shang and Zhou Dynasty, and extend to the Qing Dynasty. Only from the investigation between 1976 and 1980, the number of the rock paintings discovered is more than ten thousand pieces, and the biggest is as big as 400 square meters. These paintings have truly recorded the production and livelihood of many ancient northern nomadic peoples dwelling here.

尹湛纳希（1837—1892） 清末蒙古族小说家。今辽宁北票市人。出身贵族，终身未仕。自幼从塾师，学会了蒙古、汉、满、藏文字，对蒙古、汉古典文学造诣颇深，有丰富的历史知识，并擅长丹青。主要著作有《青史演义》《一层楼》《泣红亭》等。

ཨིན་ཀྲན་ན་ཞི།（༡༨༣༧—༡༨༩༢） ཆེད་རྒྱལ་རབས་མཇུག་གི་སོག་པོའི་སྒྲུང་གཏམ་རྩོམ་པ་པོ། དེང་གི་ལིའོ་ཉིང་པའི་པོ་གྲོང་ཁྱེར་གྱི་མི་ཡིན། སྐུ་དྲག་གི་ཁྱིམ་དུ་སྐྱེས་ཤིང་ཚུང་དུས་ནས་སོག་ཡིག་དང་རྒྱ་ཡིག་མན་ཡིག་བོད་ཡིག་སོགས་སྦྱངས། སོག་པོ་དང་རྒྱའི་སྔོན་རྒྱུན་རྩོམ་རིག་ལ་མཁོ་བར་མཁས་པོ་ཡོད། སོ་རྒྱལ་ལ་ཆུང་གྲིས་དང་རིག་ལ་མ་ཁས། མིའི་ཚེ་རྒྱལ་པོར་དཔོན་པར་མ་བསྐྱེད། བརྩམས་ཆོས་སུ《དེབ་ཐེར་སྔོན་པོའི་གཏམ་རྒྱུད》དང《ཕོག་བརྩེགས་གཅིག》《ཁྲད་ཁང་དམར་པོའི་མིག་ཆུ》སོགས་ཡོད།

Vanchinbalyn Injinash（1837-1892） is a Mongolian novelist at the end of the Qing Dynasty, born in today's Beipiao city, Liaoning province. He was born of nobility and was highly literate in Mongolian, Manchu, Tibetan and Chinese languages because he had started to study in the old style private school since his childhood. He was also excellent in Mongolian and Chinese Classical literature and had rich historical knowledge. Besides, he is good at drawing. His main works are the *Blue Chronicle, One-Storey Pavilion,* and *The Chamber of Red Tears.*

《饮膳正要》 我国现存最早的饮食卫生与营养学专著。元饮膳太医忽思慧撰成于1330年。全书共3卷。卷一讲的是诸般禁忌，聚珍异馔。卷二讲的是诸般汤煎、食疗诸病及食物相反、食物中毒等。卷三讲的是米谷品、兽品、禽品、鱼品、果菜品和料物性味等。

《གསོལ་བཞེས་གཏད་བཙུགས》 རང་རྒྱལ་དུ་ད་ཡོད་ཀྱི་ཆེས་སྔ་བའི་ཟ་མའི་བདག་བདར་དང་འཚོ་བཅུད་རིག་པའི་ཆེད་རྩོམ་ཞིག་ཡིན། ཡོན་རྒྱལ་རབས་ཀྱི་གསོལ་བཞེས་ཨེམ་ཆི་ཧུའུ་སུའུ་ཧྲི་ཡིས་༡༣༣༠ལོར་བརྩམས། དེབ་གསུམ་ཡོད། དེབ་དང་པོར་འཛེམ་བྱ་བསྟན་ཡོད་པ་དང་གཞིས་པར་བསྐྲུན་གདུའི་རིགས་ཏེ་ཟ་མས་བཅོས་ཐབས་དང་ཟས་དུག་སོགས་བྱེད་ཡོད། གསུམ་པར་འབྲུ་རིགས་དང་སོག་ཆགས་རིགས། བྱ་ཕྲུགས་རིགས། ཉ་རིགས། ཚོ་ཚོད་དང་ཞིབ་ཏོག་རིགས། རྫས་རིགས་བཅས་བཀོད་ཡོད།

Correct Preparation and Application of Delicious Broth is the earliest monograph on food hygiene and nutrition. It was written in 1330 by Hu Sihui, a doctor on food and drink in the Yuan Dynasty, and contains three volumes. The first volume is about various kinds of dieting taboos as well as benefits. The second volume is on all kinds of soup and fried food, and how to cure various diseases through right food as well as food poisoning. The third volume is about rice and cereal products, animal products, poultry products, fish products, fruit and vegetable products and seasonings and the like.

印纳马 唐时回鹘用以换取唐的绢、茶等物而烙有印记的马。

ཐམ་ཏུ། ཐང་གི་དུས་སུ་ཧུའེའི་ཧུའུ་ཡིས་ཐང་གི་དར་གོས་དང་ཇ་ལོ་སོགས་ལ་བརྗེ་བའི་ཏར་ཐམ་བསྒྱག་ཏགས་བརྒྱབ་ཡོད་པ་ཞིག

Horses branded with seals referred to those branded horses that were used by Uyghur people to exchange for silk, tea and other things in the Tang Dynasty.

《英俄同盟条约》 1907 年英国与俄罗斯在圣彼得堡签订。是当时的大英帝国和俄罗斯帝国在中亚博弈的结果。它界定两国在波斯、阿富汗与中国西藏地区的势力范围，目的主要是防止德国扩张至该地。其中把中国在西藏的主权改称为"宗主权"。条约未被清政府接受。

《དབྱིན་ཞུའི་མཉམ་འབྲེལ་ཆིངས་ཡིག》1907 བོད་དབྱིན་ཇི་དང་ཞུ་རུ་སུས་ཕྱི་ལོ་1907 ལོར་སྐུབས་དེའི་དབྱིན་བཙན་རྒྱལ་རིར་ལུགས་དང་ཞུ་རུ་བཙན་རྒྱལ་གྱིས་ཡ་གླིང་དབུས་མར་འགྲན་ཅེས་པར་སླུགག་དང་ཨ་སྒྲུན། དེར་རྒྱལ་ཁབ་གཉིས་ཀྱིས་པར་ཤུགས་དང་། གུང་གོའི་བོད་ལྗོངས་བཅས་ཀྱི་སྲིད་ཤུགས་ཁྱབ་ཁོངས་དབྱེ་བགོས་བྱས་ཡོད་ལ། དམིགས་ཡུལ་གཙོ་བོ་ནི་འཇར་མན་གྱིས་གནས་འདི་དག་ལ་རྒྱ་བསྐྱེད་བྱེད་འགོག་ཆེད་ཡིན། ཆིངས་ཡིག་འདིར་ཀྲུང་གོའི་བོད་སྟོངས་ཀྱི་བདག་དབང་ལ་འགྱུར་བ་བྱས་པར་ཅེད་ཀྱི་བདག་དབང་ལ་འགྱུར་བ་བྱས་པར་ཆིང་སྲིད་གཞུང་གིས་ལམ་མ་བསྟབས།

The Anglo-Russian Agreement was considered as the result of competing for Central Asia between the two powers at that time, and it was assigned in St. Petersburg in 1907 between the two powers. It defines the two nations' spheres of influence on Persia, Afghanistan and Tibet region of China, aiming to prevent German expansion to the Central Asia. The treaty changed China's sovereignty over Tibet into "suzerainty", so it was not accepted by the Qing government.

庸 吐蕃军旅中的奴隶。属随军后勤人员，在吐蕃社会中地位低下，专门从事生产劳动。

གཡུང་། བོད་བཙན་པོའི་དམག་དཔུང་ཁྲོད་ཀྱི་འབོར་གཡོག བོད་ཀྱི་སྤྱི་ཚོགས་ཁྲོད་གོ་གནས་དམའ་ཞིང་ཐོན་སྐྱེད་ལས་ཀ་ཁེར་གཉེར་བ་ཞིག་ཡིན།

Yong（G. yung）referred to slaves in the Tubo armies. They were the civil servants for the armies. In Tubo society, they were in low social position and engaged in productive labor.

雍布拉康 西藏早期建筑。藏语音译。"雍布"意为母鹿，"拉康"意为神殿。位于泽当形似母鹿的扎西次日山上。始建于公元前 2 世纪。后为松赞干布和文成公主在山南的夏宫。至达赖五世时又在原碉楼式建筑基础上修了四角攒尖式金顶，改为格鲁派寺院。

ཡུམ་བུ་བླ་སྒང་། བོད་ཀྱི་གནའ་བོའི་བཟོ་སྐྲུན། ཡུམ་བུ་ནི་ཤ་ཡུ་མོའི་དོན་ཡིན་ཞིང་། ཆེན་ཐང་གི་ཡུ་མོའི་བླ་དང་འདྲ་བའི་བཀྲ་ཤིས་ཚེ་རིའི་སྟེང་ཆགས་པ་དེ་ལྟར་ཐོགས། སྤྱི་ལོ་སྔོན་གྱི་དུས་རབས་གཉིས་པར་བཞེངས།

རྗེས་སུ་སྲོང་བཙན་སྒམ་པོ་དང་རྒྱ་བཟའ་ཀོང་ཇོའི་སྐྱོ་ཁ་དབྱར་བཞུགས་པོ་བྱར་བྱས། རྒྱལ་དབང་ལྔ་པའི་སྐབས་སུ་སྔར་གྱི་བཙན་རྫོང་དབྱིབས་ཀྱི་འཇུགས་སྐྱེན་ཐོག་ཏུ་ལྷ་ཁང་བཞེངས་ཏེ་དགེ་ལུགས་པའི་དགོན་པར་བསྒྱུར།

Yungbulakang Palace (Yumbulagang Palace) is an early Tibetan architecture. The name is the transliteration of Tibetan language, of which Yongbu means "doe" and Lakang means "holy palace". It is situated on Zhaxiciri Mountain which looks like a doe of Tsetang. It was first built in the 2nd century BC, and later was taken as a Summer Palace of Songtsen Gampo and Princess Wencheng in Shannan district. During the reign of the fifth Dalai, based on the original watchtower-type building, a golden quadrangle pyramidal top was added to it and it turned into a monastery for the Gelug school.

雍和宫 藏传佛教寺院。坐落在北京市东城区，主要由三座精致的牌坊和五进宏伟的大殿组成，占地面积6.64万平方米，殿宇千余间。初建于清康熙三十三年（1694）。雍正三年（1725）始称雍和宫。旧址原为明代内官监官房，后成清世宗胤禛府邸。雍正驾崩后改建为藏传佛教寺院。

དགའ་ལྡན་བྱིན་ཆགས་གླིང་། བོད་རྒྱུད་ནང་བསྟན་དགོན་པ། པེ་ཅིན་གྲོང་ཁྱེར་གྱི་ཤར་ཁུལ་དུ་ཡོད། ཆེས་ལྷུངས་གྲུབ། རྒྱ་ཁྱོན་སྤྱི་སྒྲིག་བཞི་མི་ཁྲི་ ༦.༦༤ དང་ཁང་ཁག་སྟོང་ལྷག་ཡོད། ཆེས་རྒྱལ་རབས་ཁང་བཞེངས་གྲི་ལོ་ཁྱོན་

གསུམ་པར (1694) ཐོག་མར་བཞེངས། ཡུང་གྱིན་ཁྲི་ལོ་གསུམ་པ (1725) ནས་བཟུང་ཡུང་ཧོ་གོང་ནས་དགར་མིན་བྱེད་ཆགས་སྙིང་ཟེར། གནས་རྙིང་མིང་རྒྱལ་རབས་ཀྱི་ནང་བློན་ལྕེ་ཞིབ་དཔོན་ཡིན་ལ། རྗེས་སུ་ཆིང་ཏི་ཙུང་ཡིན་གྱི་གཞིས་ཀར་གྱུར། ཡུང་གྱིན་འདས་རྗེས་བོད་རྒྱུད་ནང་བསྟན་གྱི་དགོན་པར་བསྒྱུར།

Yonghe Temple is a temple for Tibetan Buddhism. It is located in Dongcheng District of Beijing. The temple covers an area of 66.4 thousand square meters, and is mainly composed of three exquisite arches and five grand halls, with more than 1,000 rooms. It was firstly built in the 33rd year of the reign of Qing Emperor Kangxi (1694). It was firstly named as Yonghe Temple in the 3rd year of Emperor Yongzheng. Its former site was house of Grand Imperial Eunuch in the Ming Dynasty, later became the mansion house of Qingshizong Yinzhen (Emperor Yongzheng). After the death of Emperor Yongzheng, it was converted into a Tibetan Lamasery.

永宁阿氏土知府 解放前云南宁蒗设治局永宁地区纳西族世袭土司。明洪武十六年（1383）授知州，永乐四年（1406）升土知府。辖区属封建领主经济，保留着原始母权制残余。阿氏共传23代。

ཡུང་ཞིང་ཨ་རྒྱུད་པའི་ཐུའུ་གྱི་ཀྲུའུ། བཅིངས་འགྲོལ་མ་བྱས་གོང་གི་ཡུན་ནན་ཉིང་ལིང་ཇི་ཆུད་ཡུན་ཞིང་ཁུལ་གྱི་རྒྱུད་འཛིན་དཔོན་པོ། མིང་ཧུང་ཝུའུ་ཁྲི་བཅུ་དྲུག་པར་ (1383) ཀྲི་གྲོའུ་ལ་བསྐོས་པ་དང་

ཡུང་ལི་ཁྲི་བོ་བཞི་པར་ཕྱུག་གི་ཁྲུལ་ལ་བསྒྱུར། མདའ་ཁུངས་བགས་རྒྱད་བདག་དབང་དཔལ་འབྱོར་དང་། གདོད་མའི་མ་དབང་ལམ་ལུགས་ཀྱི་ཤུལ་རོ་ལ་གཏོགས། ཨ་རྒྱར་སྤོས་པས་རྒྱུད་པ་ཞེ་གསུམ་ཐོན།

Yongning Ashi Tu Zhifu (the native prefect of Yongning) referred to the hereditary Tusi for the Naxi people in Yongning district of the Administrative Bureau of Ninglang in Yunnan before the liberation of China. In the 16th year of the reign of Emperor Hongwu in the Ming Dynasty (1383), they were conferred as Zhizhou (native department), and in the fourth year of the reign of Emperor Yongle (1406), they were promoted as Tuzhifu (native prefect). Its jurisdiction rested on an economy of feudal suzerain system and retained the characteristic of primitive matriarchy. The Ashi Tusi lasted 23 generations.

永宁寺碑 明朝石碑，全称"敕修奴儿干永宁寺碑"。立于明朝奴儿干都司官署附近黑龙江岸的石岩上（今俄罗斯特林）。碑有两块：一为1413年的"永宁寺记碑"，一为1433年的"重建永宁寺记碑"。该碑是明朝对黑龙江流域及库页岛实行管辖的物证，也是研究明代东北的重要史料。

ཡུང་ཞིང་དགོན་པའི་རྡོ་རིང་། མིང་རྒྱལ་རབས་ཀྱི་རྡོ་རིང་། མིང་ཚོལ་ལཱའི་ཞུའུ་ནུར་གན་ཡུང་ཞིང་དགོན་པའི་རྡོ་རིང་ཞེར། མིང་རྒྱལ་རབས་ནུར་གན་ལྷ་སྲུང་དཔོན་ཁག་ཉེ་འཁྲིས་ཀྱི་ཡུང་ཅང་གཙང་པོའི་རྡོ་བྲག་ཁིར་དུ། (དེང་གི་ཨུ་རུ་སུའི་ཐེ་ལིན) བཅུགས་ཡོད། རྡོ་རིང་ཁག་གཉིས་ཡོད་ཆེད། གཅིག་ནི《1413》ལོའི《ཡུང་ཞིང་དགོན་པའི་རྡོ་རིང་》ཡིན་ལ། ཅིག་ཤོས 《1433》ལོའི《ཡུང་ཞིང་དགོན་པའི་བསྐྱར་བཞེངས་རྡོ་རིང་》ཡིན། རྡོ་རིང་འདི་ནི་མིང་རྒྱལ་རབས་ཀྱིས་ཧེ་ལུང་ཅང་འབབ་ཡུལ་དང་ཁུའུ་ཡེ་གླིང་ཕྲན་ལ་དབང་བསྒྱུར་བྱས་པའི་དངོས་དཔང་ཡིན་ལ། མིང་གི་དུས་ཀྱི་བྱང་ཤར་ལ་ཞིབ་འཇུག་བྱེད་པའི་ལོ་རྒྱུས་རྒྱུ་ཆ་གལ་ཆེན་ཞིག་ཀྱང་ཡིན།

Yongning Temple Stele is a stele erected in the Ming Dynasty, and located at a cliff overlooking the Amur River (in today's Telin of Russia) near the government office of the Nurgan Regional Military Commission. Its full name is "Nurgan Yongning Temple Stele built under the Imperial Order". There were two pieces of stele: one was "Record of the Yongning Temple" erected in 1413 and another was "Record of Repairing the Yongning Temple" in 1433. It is an evidence of the jurisdiction China exercised over the Amur Basin and Sakhalin in the Ming Dynasty, also is the important historical data in studying northeastern China in the Ming Dynasty.

游牧民定居工程 2009年开始全面实施。由国家下达专项建设资金，配套地方资金，群众自筹小部分资金，采用集中和零散定居等模式，政府统建和牧民自建相结合，优先建设保障游牧民基本生产生活的定居房和牲畜棚圈，尽量做到饮水、供电、道路、通信、医疗、学校等设施配套。

འབྲོག་ཁྱིམ་གཏན་འཇགས་ལས་གཞི། ༢༠༠༩ལོར་ཕྱོགས་ཡོངས་ནས་ལག་ལེན་བྱས། རྒྱལ་ཁབ་ཀྱིས་བཏང་བའི་མ་དངུལ་དང་ས་གནས་ཀྱི་མ་དངུལ། མང་ཚོགས་ཀྱིས་བསྒྲུབ་པའི་མ་དངུལ་བཅས་སྤྱད་དེ། གཏན་སྡོད་རྣམ་པར་ཨ་ཅིག་འདུས་དང་ཁ་འཐོར་སོགས་བཀོལ་བ་དང་། སྲིད་གཞུང་གིས་སྐུན་པ་དང་འབྲོག་པ་རང་གིས་སྐུན་པ་ཟུང་འབྲེལ་གྱིས། འབྲོག་པའི་གཞི་རྩའི་ཐོན་སྐྱེད་དང་འཚོ་བའི་འགན་ལེན། སྡོད་ཁང་། ཕྱུགས་ར་སོགས་རྩོན་ལ་སྐུན་རྒྱུ་དགའ་ཞིང་བྱས་ནས། འཐུང་ཆུ་དང་སྟོབས་ལམ། འཕྲིན་གཏོང་། འགྲོ་བསྐྱོད། སྨན་བཅོས་སོགས་ཀུང་གད་ནས་ཀྱིས་འདོན་སྟོན་བྱེད་པ་གོས།

Construction of permanent housing for nomadic herdsmen started to be fully implemented in 2009. It consisted of special construction funds given by the State, local supporting funds and self-raised funds by the masses (a small part). It adopted the pattern of centralized living and scattered settlement, and integrated the unified construction by the government with the self-construction of herdsmen. Priority is given to build the permanent houses and animal pens to guarantee the basic production and life of the nomads, and effort is put into building supporting facilities, such as drinking water, power supply, road, communications, medical treatment and schools.

游牧民族 "游牧"是指终年随水草转移进行游动放牧的一种粗放的草原畜牧业经营方式。游牧民族则是在相对固定的社会边界内迁徙生活的游牧族群，他们以游牧为主要生活方式。

འབྲོག་པའི་མི་རིགས། འབྲོག་པ་ནི་ལོ་བཞིན་རྩྭ་ཆུར་སྡོད་ཕྱོགས་སྒྱུར་བྱེད་པའི་ལམ་རིགས་རགས་མོ་ཞིག་ཡིན། འབྲོག་པའི་མི་རིགས་ནི་བསྟན་བཅོས་ཀྱི་གཏན་ཚིགས་ཀྱི་སྟེ་ཚོགས་ཁོར་ཡུག་ནང་དུ་སྡོད་ནས་ཕྱུགས་ཟོག་སྐྱོང་བའི་ཚོགས་པ་ལ་ཟེར། འཚོ་བའི་བྱེད་ཐབས་གཙོ་བོ་ནི་ཕྱུགས་ཟོག་སྐྱོང་བ་དེ་ཡིན།

Nomadic people are people who move according to the seasons from place to place in search of food, water, and grazing land. Their economy was a typical extensive grassland animal husbandry mode. Most nomads usually move in the same region and don't travel very far to a totally different region, whose predominant way of living is grazing their livestock.

游牧宗法封建制 宗法封建制在牧区的一种形式。即在封建社会内保存氏族部落组织残余的一种制度。是早期的封建剥削形式与家长奴隶制相结合的产物。在哈萨克、柯尔克孜、蒙古等游牧民族中长期保留该制度。新中国民主改革后已废。

འབྲོག་པའི་བགས་རྒྱུད་དབང་སྒྱུར་ལམ་ལུགས། བགས་བགོད་རྒྱུད་འཛིན་དབང་སྒྱུར་ལམ་ལུགས་འབྲོག་ཁུལ་གྱི་རྣམ་པ་ཞིག་ཡིན། བགས་རྒྱུད་ཀྱི་ཚོགས་ནང་དུ་རྒྱུད་ཚོ་བའི་ལམ་ལུགས་ཀྱི་ལྷག་རོ་ཡིན། དེ་དུས་སྲོལ་བོའི་བགས་རྒྱུད་ཀྱི་བཐུ་གཞིག་རྣམ་པ་དང་ཁྱིམ་བདག་བྲན་གཡོག་ལམ་ལུགས་ཟུང་འབྲེལ་བྱས་པའི་ཐོན་རྫས་ཡིན། ཧ་སག་དང་ཁོར་ཁི་སོག་པོ་སོགས་འབྲོག་པའི་མི་རིགས་ཁྲོད་ལམ་ལུགས་འདི་ཡུན་རིང་བོར་གནས། ཀུང་གོ་གསར་པའི་དམངས་གཙོ་བསྒྱུར་རྗེས་མེད་པར་བཟོས།

Nomadic patriarchal feudal-owner system was the form of patriarchal feudal institution in pasturing areas. It was an institution within a feudal society where clan-tribal organizations remained, being the product of combining the early feudal exploitation form and patriarchal slave-owning system. The institution had been kept in nomadic groups like Kazak, Kyrgyz and Mongolia until it was abolished after the democratic reform of New China.

于阗 古代西域国名。位于今新疆和田一带。也是中国唐代安西四镇之一。

ཡུས་ཞེན། གནའ་བོའི་ནུབ་ཡུལ་གྱི་རྒྱལ་ཁབ་ཅིག་དེ་ག་ཞིན་ཅང་ཧོ་ཐེན་ས་ཆར་གནས། དེའང་ཀྲུང་གོའི་ཐང་རྒྱལ་རབས་ཀྱི་ཨན་ཞི་སྲུ་བཞིའི་གྲས་ཤིག་ཡིན།

Yutian, an ancient state in Western Regions, situated in present Hetian of the Xinjiang Uygur autonomous Region, was one of the Four Garrisons of Anxi in the Tang Dynasty.

于阗文 中国古代于阗地区称为"塞人"的民族使用的一种拼音文字。又称于阗塞文。因19至20世纪之交于新疆和田（古称于阗）发现写有这种文字的文献而得名。属印欧语系印度—伊朗语族伊朗语支，与今阿富汗境内的瓦罕语相近。

ཡུས་ཞེན་ཡིག ཀྲུང་གོའི་གནའ་རབས་ཡུས་ཞེན་ས་ཆའི་མི་པར་འབོད་པའི་མི་རིགས་ཀྱིས་སྤྱོད་པའི་དབྱངས་གསལ་ཡི་གེ་ཞིག ཡུས་ཞེན་སེ་ཡིག་ཀྱང་ཟེར། དུས་རབས་19ནས་20པའི་མཚམས་སུ་ཞིན་ཅང་ཧོ་ཐེན་དུ་ཡི་གེ་འདིའི་རིགས་བྲིས་པའི་ཡིག་རྙིང་རྙེད་པ་དེ་ལྟར་ཐོགས། ཧིན་ཡོ་སྐད་བརྒྱུད་དྲི་རག་སྐད་རིགས་དབྱི་རག་སྐད་ལག་ཏུ་གཏོགས། དེ་ག་ཨ་ཧྥུ་ཏུན་གྱི་ཝ་ཧན་ཟང་

སྐད་དང་ཉེ།

Yutian script was an alphabet script used by Sairen group in Yutian area of ancient China. It was also called Yutian Sai script. It got the name because those literatures written by the script were found in Khotan of Xinjiang (historically called Yutian) over the years between 19th century and 20th century. It belonged to the Iranian branch of Indo-Iranian group of the Indo-European language family, similar to the Wakhan language of today's Afghanistan.

于越 中国古族名。古代百越的一支。

ཡུས་ཡུའེ། ཀྲུང་གོའི་གནའ་བོའི་མི་རིགས། གནའ་བོའི་ཡུའེ་བརྒྱའི་ཡན་ལག་ཅིག་ཡིན།

Yuyue was the name of an ancient group of China, and one branch of ancient Baiyue people.

宇妥·元丹贡布（708—?） 吐蕃医学家、藏医学奠基人。今西藏堆龙德庆人。原为墀松德赞宫廷医生。他以吐蕃医学为基础，吸取汉地以及印度、尼泊尔等医学精华，著成《四部医典》《实践明灯》等30多部论著，将吐蕃的医学理论提升到一个新高度。被藏族人民尊为医圣、药王化身。

གཡུ་ཐོག་ཡོན་ཏན་མགོན་པོ། (708—?) བོད་ཀྱི་གསོ་རིག་པ་དང་བོད་ལུགས་གསོ་རིག་གི་རྨང་གཞི་འདིང་མཁན། བོད་སྟོང་སྲོང་ལྡང་བའི་ཆེན་རྫོང་གི་མི་ཡིན། ལའི་སྲོང་ལྡེ་བཙན་གྱི་བླ་སྨན་ཀྱང་མཛད་མྱོང་། བོད་གསོ་བོད་ལུགས་གསོ་རིག་གི་ཐོག་ནས་རྒྱ་ནག་སོགས་ཀྱི་གསོ་རིག་ཞིབ་འཇུག

བསྟེན་ཞིང་བྱས་ནས་《གསོ་རིག་རྒྱུད་བཞི》དང་《རྒྱུད་བཞིའི་ཐེམ་ཡིག》སོགས་པོ་ཏི་༣༠ལྷག་བཅམས་ཏེ། བོད་དུ་གསོ་རིག་གི་ལམ་ལུ་གསར་པ་ཞིག་བཏོད་པས་བོད་མིས་ཁོང་ལ་སྨན་གྱི་རྗེ་པོ་དང་སངས་རྒྱས་སྨན་བླའི་སྤྲུལ་པར་གྱི་བསྔགས་བརྗོད་མཛད།

Yutuo Yuan Dan Kampot（708-?）, a Tibetan medical scientist and the founder of Tibetan medicine who lived in Duilong Deqing County of Tibet, was once the doctor of Trisong Detsen. Based on the Tibetan Medicine and the medical essence from Central Plains (Han areas), India, Nepal, Central Plains, etc., he completed more than 30 treatises including *The Four Medical Classics* and *Guideline for Practice*, which pushed the Tibetan medical theory to a new height, and therefore was respected by people as medical sage and king.

《宇宙人文论》 彝族古籍。作者不详。全书28章，10万多字。约形成于唐朝中叶至北宋末年。用问答方式阐述彝族先民对宇宙起源、人类起源及万物产生发展变化的认识；论述阴阳、五行、干支以及人体部位和气血经络；讲解天文历算知识等。以五言诗体论述哲学思想，富有民族文学特色。

《འཇིག་རྟེན་མི་ཆོས་ལ་དཔྱད་པ》 དབྱི་རིགས་ཀྱི་དཔེ་རྙིང་། རྩོམ་མཁན་མི་གསལ། དེབ་ཡོངས་ལ་ལེའུ་ཚན་༢༨ཡོད་ཅིང་འབྲུ་ཡི་ཡིག་གྲངས་ཁྲི་ཕྲག་བཅུ་ཡོད། ཐང་གི་དུས་རབ་བྱེད་ནས་སུང་དུས་མཐའི་དུས་མཚམས་ཙམ་ལ་གྲུབ། དྲི་བ་དྲིས་ལན་གྱི་རྣམ་པས་དབྱི་རིགས་མེས་པོའི་འཇིག་རྟེན་དང་མིའི་རིགས་ཀྱི་འབྱུང་ཁུངས་

དངོས་པོ་ཐམས་ཅད་ཀྱི་བྱུང་འཕེལ་ཐད་ཀྱི་དྲོས་འཛིན་ཞིབ་བརྗོད་བྱས་ཡོད། ཤྲས་བཀྲག་དང་འབྱུང་ལྔ། ཁམས་དང་ལོ་ཐགས་སོགས་དང་མི་ལུས། ཚ་ཁྲག་སོགས་ལ་དཔྱད་བརྗོད་དང་། གནམ་རིག་སྐར་རྩིས་སོགས་ལ་འགྲེལ་བཤད་བྱས་ཡོད། ཚིག་རྐང་ལྔའི་སྙན་ཚིག་གིས་མཚན་ཉིད་བསམ་བློར་དཔྱད་བརྗོད་བྱས་པའི་མི་རིགས་རྩོམ་རིག་གི་ཁྱད་ཆོས་ཅན་ཞིག་ཡིན།

Outlooks on Universe and Human Being was an ancient book of the Yi people and the writer is unknown. It consisted of 28 chapters, with over 100 thousand characters. It was completed approximately during a period from the middle Tang Dynasty to the late Northern Song Dynasty. It explained the perception of the ancestors of the Yi people over the origin of the universe, the origin of human being and the production, development and changes of all things on the earth in the form of questions and answers; it discussed Yin and Yang, Wuxing (metal, wood, water, fire and earth), heavenly stems and earthly branches, human body parts, Qi (energy) and blood and it explained knowledge of astronomy, etc. It discussed the philosophic thought in five-character poetry style and was full of characteristics of ethnic literature.

语系 依谱系分类法分出的最大的语言系属。由一个共同的原始母语分化成的若干个亲属语言组成的语言群。

སྐད་རྒྱུད། རྒྱུད་ཁོངས་དབྱེ་ཚུལ་ལྟར་ཕྱེ་པའི་སྐད་ཀྱི་རྒྱུད་ཁོངས་ཆེས་ཆེ་བ། ཐུན་མོང་གི་གདོད་མའི་མ་སྐད་

གཅིག་ལས་མཆེད་པའི་ཉེ་དུའི་སྐད་བརྡ་འགའ་ལས་གྲུབ་པའི་སྐད་བརྡའི་ཚོགས་ཤིག་ལ་ཟེར།

Language family is the biggest language unit classified according to the genealogical classification. It refers to a language group composed of several related languages that were developed from one common protolanguage.

语支 依谱系分类法分出的小于语族的语言系属。语支将语族进一步细分，是由同一个语族内若干更具有亲属关系的语言组成的语言群。

སྐད་ལག གྱུད་ཁོངས་དབྱེའི་ཚུལ་ལྟར་ཕྱེ་བའི་སྐད་རིགས་ལས་ཆུང་བའི་སྐད་ཚའི་གྱུད་ཁོངས་ཤིག སྐད་ལག་དེ་སྐད་རིགས་ལ་གསོམ་གང་གིས་ཞིབ་ཕྲ་དབྱེ་བ་ཡིན་ལ། དེ་ནི་སྐད་རིགས་གཅིག་པའི་ཁྲོད་ཀྱི་ཉེ་དུའི་འབྲེལ་བ་ཟབ་པའི་སྐད་བརྡ་འགའ་ལས་གྲུབ་པའི་ཚོགས་ཤིག་ཡིན།

Language branch refers to the language unit classified by genealogical classification, which is a unit smaller than the language group. It classifies the language group in detail, and it is a language group that is organized by several languages with kinship in the same group.

语族 依谱系分类法分出的小于语系大于语支的语言系属。系同一语系内按各语言间亲属关系的远近划分而成，由若干个亲属语支组成。

སྐད་རིགས། གྱུད་ཁོངས་དབྱེའི་ཚུལ་ལྟར་ཕྱེ་བའི་སྐད་གྱུད་ལས་ཆུང་བ་དང་སྐད་ལག་ལས་ཆེ་བའི་སྐད་ཆའི་གྱུད་ཁོངས་ཤིག དེའི་སྐད་གྱུད་གཅིག་པའི་ཁྲོད་དུ་སྐད་བརྡ་སོ་སོའི་ཉེ་རིང་གི་འབྲེལ་བས་འབྱེད་པའི་སྐད་ལག་འགས་གྲུབ་པ་ཞིག་ཡིན།

Language group refers to the language unit classified by genealogical classification, which is a unit smaller than the language family but larger than the language branch. It is classified by the distance of kinship between languages in the same language family. It is composed of several kindred language branches.

玉素甫·哈斯·哈吉甫（生卒年不详）
11 世纪维吾尔族诗人。1069—1070 年完成著名的古典叙事长诗《福乐智慧》。该长诗共 13290 行，内容涉及政治、经济、军事、法律等重大社会问题。在突厥语诸民族文学史上占有重要地位，也是研究喀喇汗王朝的重要史料。

ཡུས་སུའུ་ཧྲུ་ཧ་སི་ཧ་ཅི་ཧྲུ། (འཁྲུངས་འདས་མི་གསལ།) དུས་རབས་བཅུ་གཅིག་པའི་ཡུ་གུར་རིགས་ཀྱི་སྙན་ངག་པ། ༡༠༦༩ནས་༡༠༧༠འི་བར་ལ་སྲོལ་རྒྱུན་དོན་བརྗོད་སྙན་དག་གྲགས་ཅན《བདེ་དགའི་ཤེས་རབ》བརྩམས། དེར་ཐིག་ཕྲེང་༡༣༢༩༠ཡོད། ནང་དོན་ཆབ་སྲིད་དང་དཔལ་འབྱོར། ཁྲིམས་ལུགས་སོགས་སྤྱི་ཚོགས་ཀྱི་གནད་དོན་ཆེ་རིགས་བརྗོད་པར་ཟད། གུགུའི་སྐད་ཀྱི་མི་རིགས་ཚོའི་རིག་ལོ་རྒྱུས་སུ་གོ་གནས་གལ་ཆེན་བཟུང་ཡོད་ལ། ཁ་ལ་ཧན་རྒྱལ་རབས་ལ་ཞིབ་འཇུག་བྱེད་པའི་ལོ་རྒྱུས་ཡིག་ཆ་གལ་ཆེན་ཞིག་ཀྱང་ཡིན།

Yusuf Khass Hajib was an 11th-century Uyghur poet. Over the years between 1069 and 1070, he completed his famous poem famous *Wisdom Which Brings Good Fortune*, which was a long classic narrative poem. This poem had 13,290 lines including important social problems like politics, economy, military and law. It not only played an important role in the ethnic literature history of Turkic, but also was an important historical data for studying the Karakhanid Empire.

玉兹　哈萨克族的部落名。哈萨克语玉兹有"部分"之意。大约16世纪末以后，哈萨克部落分裂成大、中、小3个玉兹。其中以中玉兹人口最多，力量最强，氏族世系保存最完整。我国的哈萨克族主要是大玉兹和中玉兹的部落。

ཡུས་ཅི ཧ་སག་རིགས་ཀྱི་ཚོ་པ་ཞིག་གི་མིང་། ཧ་སག་སྐད་དུ་ཡུས་ཚོ་ཆ་ཤས་སམ་བྱེ་བྲག་གི་གོ་དོན་ཡོད། དཔལ་ཆེར་སྤྱི་ལོ་སྟོང་གི་དུས་རབས༼༡༦༽པའི་མཇུག་ནས་ཧ་སག་གི་ཚོ་པ་ཡུས་ཚོ་ཆེ་འབྲིང་ཆུང་གསུམ་ལ་གྱེས། དེའི་ནང་དུ་ཡུས་འབྲིང་བ་མི་གྲངས་ཆེས་མང་པོས་དང་། སྟོབས་ཤུགས་ཆེས་ཆག རིགས་རྒྱུད་ལ་ལག་རྒྱུད་འཛིན་བྱེས་པ་ཆེས་འཕུས་ཚང་བ་ཡིན། རང་རྒྱལ་གྱི་ས་ག་རིགས་གཙོ་བོ་ཡུས་ཚོ་ཆེ་བ་དང་འབྲིང་བའི་ཚོ་པ་ཡིན།

Yuci was the clan name of the Kazakh people. In Kazakh language, Yuzi means "section". Since the late 16th century, the Kazakh clan was divided into the Greater Yuci, the Middle Yuci and the Junior Yuci. Among them, the Middle Yuci had the largest population with the most complete clan and the greatest power. China's Kazakh people mainly were tribes of the Greater Yuci and the Middle Yuci.

《御制五体清文鉴》　中国清代官修的以清文鉴命名的辞书。为满文、藏文、蒙古文、维吾尔文、汉文5种文字对照的分类词汇集。编撰者和成书年代不详。估计完成时间为乾隆五十五年（1790）前后。

《སྐད་ལྔ་ཤན་སྦྱར་གྱི་མཚོའི་སྐད་གསལ་བའི་མེ་ལོང་》 གུང་གོའི་ཆེང་རྒྱལ་རབས་སུ་གཞུང་གིས་བཟོས་པའི་ཆེང་ཡིག་དག་ཟེར་གྱི་ཚིག་མཛོད་ཅེས་མན་ཇུའི་ཡིག་དང་བོད་ཡིག མོག་ཡིག ཡུ་གུར་ཡིག རྒྱ་ཡིག བཅས་ཡིག་རིགས་ལྔའི་ཤན་སྦྱར་རིགས་དབྱེ་ཆེན་མཛོད་ཕྱོགས་བཀོད་དང་ཕྱོགས་བུ་གསལ། དཔལ་ཚེས་ཚན་ལུང་ཁྲི་ལོ་ལྔའི (1790) ཙམ་གཞུག་ཅིག་ཡིན།

Pentaglot Dictionary was a dictionary amended by China's Qing government. The work contains Manchu lexemes and their translations into various administrative languages such as Tibetan, Mongolian, Uyghur and Chinese. Its writer and completing time was unclear. It was estimated to be completed around the fifty-fifth year of the reign of Emperor Qianlong (1790).

裕固族　中国的少数民族。人口共有14378人（2010年），主要聚居在甘肃省肃南裕固族自治县和酒泉黄泥堡地区。为回纥（见"回鹘"词条）后裔。使用东、西部裕固语，无文字，通汉语文。信奉藏传佛教。主要从事畜牧业，兼营农业。崇尚骑马射箭。

ཡུ་ཧོར་རིགས། གུང་གོའི་གྲངས་ཉུང་མི་རིགས་ཤིག མི་གྲངས་ 14378 ཡོད། (2010) གཙོ་བོ་ཀན་སུའུ་ཞིང་ཆེན་གྱི་སུའུ་ནན་ཡུ་ཧོར་རིགས་རང་སྐྱོང་རྫོང་དང་ཅུའུ་ཆོན་ཧོའུ་ཉི་པའོ་ཁུལ་དུ་བྱབ་ཡོད། ཧུའེ་ཧུའི་ (ཧུའེ་ཧུའི་ཡི་ཚིག་ལ་ལྟོས) མི་རྒྱུད་པ་ཡིན། ཤར་ནུབ་གཉིས་ཀྱི་ཡུ་ཧོར་སྐད་སྤྱོད། ཡི་གེ་མེད་ རྒྱ་ཡིག་སྤྱོད། བོད་བརྒྱུད་ནང་བསྟན་ལ་དད་ཕྱུགས་ལས་གཙོ

བོར་གཞེར་ཞིང་ཞེན་ལས་གྱུར་གཞེར། རྟ་རྒྱགས་མདའ་འཕེན་ལ་དགའ་ཞེན་ཆེ་བའི་མི་རིགས་ཤིག་ཡིན།

The Yugur people is one of China's 56 officially recognized ethnic groups, with a population of 14,378 according to the 2010 census. They live primarily in Sunan Yugur Autonomous County and Jiuquan Huangnibao Yugur Autonomous Township in Gansu province. They are the descendent of Huihe (see the entry of Uyghur). They speak Western Yugur and Eastern Yugur language and do not have their written scripts. They use Chinese for intercommunication. They believe in Tibetan Buddhism. They are mainly engaged in animal husbandry and agriculture. They like horse-riding and archery.

裕谦（1793—1841） 清代蒙古族爱国将领。出身将门世家。嘉庆二十二年（1817）进士。历任礼部主事、员外郎，湖北荆州知府、武昌府知府，荆宜施道，江苏按察使、布政使、巡抚等职。第一次鸦片战争时，任钦差大臣、两江总督，往镇海督战。后战败殉国。

ཡུན་ཆན། (༡༧༩༣—༡༨༤༡) ཆིང་རྒྱལ་རབས་ཀྱི་སོག་པོའི་རྒྱལ་གཅེས་དམག་དཔོན། དམག་དཔོན་གྱི་ཁྱིམ་རྒྱུད་དུ་སྐྱེས། ཅ་ཆིང་བི་ལོ་ཞེར་གཉིས་པའི་ (༡༨༡༧) ཆིང་ཆི་ཡིན། གུས་སྦྱེའི་དོན་གྱི་སྒྲུབ། མིའུ་པ་དང་ཡོན་ལེ་ལང་། ཧུའུ་པེ་ཅིང་གྲོའུ་ཀྲི་ཧུའུ། བཅུ་ཡུས་ཀྱི་ཀྲི་ཧུའུ། ཅིང་ཡུས་ཀྱི་ཤི་ཏའོ། ཅང་སུའུ་ཨན་ཆཱ་ཧྲི། སྲོར་ཞིང་དཔོན་སོགས་ཀྱི་འགན་བཞེས། ཉུས་ཐའི་དམག་འཁྲུག་བྱེས་དང་པོའི་སྐབས་ཆིན་ཁྲའི་བཀའ་བློན་དང་གཙོ་བོ་གཉིས་ཀྱི་

ཁྱབ་ཕྱུ་སྤྱལ་སོགས་ཀྱི་འགན་ཁུར། ཀྲེན་ཧེའི་ལ་དམག་བཀོད་འཛིན་དུ་སོང་། རྗེས་སུ་དམག་ཕམ་པའི་ཁྲོད་དུ་བགྲོངས།

Yu Qian (1793-1841) was a patriotic general from the Mongol people in the Qing Dynasty. He was from a family of generals for generations. In the 22nd year of Jiaqing (1817), he became Jinshi (advanced scholar). He was promoted to many important positions, such as chief of Ministry of Rites, ministerial vice director, magistrate of Jinzhou in Hubei and Wuchang, circuit intendant of Jin-Yi, judicial commissioner, provincial administration commissioner and provincial governor of Jiangsu, etc. During the First Opium War, as the imperial commissioner and governor-general of Liang Jiang (which consisted of the provinces of Jiangxi, Anhui and Jiangsu), he was sent to Zhenhai to supervise the battle. Finally, he was defeated and died at his post.

元上都城遗址 中国元代都城遗址。位于内蒙古正蓝旗五一牧场内滦河上游的闪电河北岸。始建于1256年。全城由宫城、皇城和外城三重城组成，周长约9公里。为元朝的夏都。元朝皇帝夏季率领重要大臣来此避暑和处理政务。1358年红巾军攻克上都，焚毁宫阙衙署，结束了上都的陪都历史。

ཡོན་རྒྱལ་རབས་ཀྱི་རྒྱལ་ས་བྲོག་མའི་མཁར་གྱི་རྗེས་ཤུལ། ཡོན་རྒྱལ་རབས་ཀྱི་རྒྱལ་སའི་གནའ་ཤུལ། ནང་སོག་གི་དར་ཕོའི་སྡེའི་ལྔ་གཅིག་ཕྱུགས་ར་བའི་ནང་། པའི་ལོ་ཅུའི་སྟོར་རྒྱུད་ཀྱི་ཧྱན་ཏེན་ཆུ་བོའི་བྱང་

Site of Shangdu of the Yuan Dynasty (1271-1368) is the site of the capital of China in the early years of the Yuan Dynasty. It is located on the northern banks of Shandian River in Wuyi Grazing Land, Zhenglan Banner of the Inner Mongolia Autonomous Region. It was built in 1256. The whole city was consisted of palace city, imperial city and outer city, with circumference of nearly 9 kms. It was Xiadu (summer capital) in the Yuan Dynasty. Emperors of Yuan Dynasty led significant ministers to come to the site to escape the heat and conduct state affairs. In 1358, the Red Turban Rebellion conquered Shangdu and burnt the imperial palace and offices, and finally ended the history of provisional capital.

原始宗教 原始社会发展到一定阶段产生的以反映人和自然矛盾为主要内容的初期状态的宗教。其基本特点包括对食物、繁殖、祖先、死亡、自然万物以及社会群体的神秘观念和祈求敬拜，并由此发展出对超自然体之神灵的信仰及崇拜。

Primitive Religion is a religion at its early stage that mainly reflects the contradiction between people and nature when the primitive society develops into a certain stage. Its fundamental features include mystical ideas and worships on food, reproduction, ancestor, death, nature and social group, which then develops into the belief and worship for supernatural gods.

援藏干部 现一般是指为完成援藏工作任务而被派进藏的行政干部，也包含一些专业技术人员。"援藏"主要指对口支援西藏，这是从第三次西藏工作座谈会以来开展的新一轮援藏方式，实行对口支援、分片负责，派遣干部或其他专业人才，定期轮换或定期派遣。

མི་སྣ་དང་ཆེད་ལས་མི་སྣ་དུས་ཐུང་གནས་གཏོང་བྱེད་པ་སོགས་ལག་ལྡར་བྱེད།

Cadres sent to support Tibet refer to administrative cadres and some technical experts who are sent to Tibet for the work to develop Tibet. "Supporting Tibet" mainly refers "Pairing-up" support in Tibet, which is a new round of supporting Tibet since the third Tibet Work Forum. It exercises the policy of "Pairing-up" support, each section taking its own responsibility, sending cadres or other technical experts and periodic rotation.

援助西藏发展基金会 1992年在北京正式成立，是西藏自治区的一个全国性公募基金会。募捐的范围包括全国各地，旅居国外爱国藏胞、港澳台同胞、海外华侨团体和个人以及国际友好组织、团体、政府和个人。目的是为发展西藏各项事业提供援助。

བོད་རོགས་སྐྱོར་འཕེལ་རྒྱས་ཐེབས་རྩ་ཚོགས་པ། ༡༩༩༢ལོར་པེ་ཅིན་དུ་ཚོགས། དེ་ནི་བོད་རང་སྐྱོང་ལྗོངས་ཀྱི་རྒྱལ་ཡོངས་རང་བཞིན་གྱི་གཞུང་བསྟུ་ཐེབས་རྩ་ཚོགས་པ་ཞིག་ཡིན། ཐེབས་རྩའི་བསྡུ་ལེན་ཁོངས་རྒྱལ་ཡོངས་ས་གནས་སོ་སོ་དང་ཕྱིར་སྡོད་རྒྱལ་གཅེས་བོད་པ་ཡིན། གངས་ཐའི་ཡི་སྤུན་ཟླ། ཕྱིར་སྡོད་ཀུང་གོ་པའི་ཚོགས་པ་དང་མི་སྒེར། རྒྱལ་སྤྱིའི་རོགས་རེས་ཚོགས་པ་དང་རུ་འཛུགས། སྲིད་གཞུང་དང་མི་སྒེར་བཅས་ནས་རོགས་དངུལ་བསྡུ་ཚོག་དམིགས་ཡུལ་ནི་བོད་ལྗོངས་ཀྱི་ལས་རིགས་སོ་སོའི་འཕེལ་རྒྱས་ལ་རྒྱབ་རོགས་བྱེད་པ་ཡིན།

Tibet Development Fund was formally founded in 1992 in Beijing. It was a national non-governmental, non-profit organization in Tibetan Autonomous Region. The fund-raising ranged from all parts of the People's Republic of China, patriotic Tibetan people living abroad, compatriots in Hong Kong, Macao and Taiwan, overseas Chinese groups and individuals to international friendship organizations, groups, governments and individuals. Its objective is to provide aid for the development of Tibet.

约翰逊线 1865年英国派遣印度测量局官员约翰逊潜入我新疆南疆地区，从拉达克进入阿克赛钦地区最后到达新疆的和田，通过"勘察"，绘制了一条界线，这就是约翰逊线。此人把阿克赛钦视为无主地，因此将约3万平方公里的土地标划进英印的属地。中国历届政府均未承认此线。

ཡོ་ཧན་ཅུན་མཚམས་ཐིག ༡༨༦༥ལོར་དབྱིན་ཇི་རྒྱ་གར་བཅུད་འབྲོད་ཚོགས་པ་པ་ཡོའི་ཧན་ཞིང་ནན་ཅང་ས་ཁུལ་དུ་གསང་སྟེ། ལ་དགས་ནས་ཨ་ཁུ་སེར་ཆེན་ས་ཁུལ་ལ་སླེབས་པ་དང་། མཐར་ཞིན་ཅང་གི་ཧོ་ཐེན་ས་ཁུལ་དུ་སླེབས། བཀག་དཔྱད་བྱ་ན་མཚམས་ཐིག་ཞིག་བྲིས་པ་ལ་ཡོའི་ཧན་ཞུན་མཚམས་ཐིག་ཟེར། མི་དེས་ཨ་ཁུ་སེར་ཆེན་མི་བདག་ས་སྟོང་ཟེར་བཤད་ཅིང་། ཧལ་ཆེན་སྐྱི་ལེ་སྒྱུ་བཞི་མ་ཁྲི་གསུམ་གྱི་ཁྱོན་འབྱིན་གཏོགས་རྒྱ་གར་གྱི་བོངས་སུ་བསྣན། ཀྲུང་གོའི་སྲིད་གཞུང་རིམ་བྱུང་གིས་དེ་ལ་ཁས་ལེན་བྱས་མེད།

The Johnson Line is one boundary line that was drawn by Johnson who was a civil servant of the Survey of India and was sent by Britain in 1865. He sneaked into southern Xinjiang of China, entered the Aksai Chin area from Ladakh and finally reached the Khotan of Xinjiang. By surveying, he drew the line. He regarded Aksai Chin as terra nullius, so he labelled nearly 30 thousand square meters land as the colony of Britain and India. The Chinese governments never admitted this line.

《月华》 中国伊斯兰教杂志。1929 年在北平创刊。抗战时期曾迁至桂林、重庆，一度停刊。1947 年迁回北平。解放后改名《回民大众》，不久停刊。在解放前出版的中国伊斯兰教杂志中影响最大，历史最久。

《ཟླ་བཀྲག》 ཀྲུང་གོའི་དབྱི་སི་ལན་ཆོས་ལུགས་ཀྱི་དུས་དེབ་ཞིག ༡༩༢༩ལོར་པེ་ཕིང་དུ་བཏོན། ལྗར་འགོག་སྐབས་སུ་ཀུའེ་ལིན་དང་ཁྲུང་ཆིན་སོགས་སུ་སྤོས་ཏེ། རེ་ཞིག་འགྲེམ་མཚམས་བཞག ༡༩༤༧ལོར་པེ་ཕིང་དུ་ཕྱིར་སྤོས། བཅིངས་འགྲོལ་རྗེས་མིང་《ཧུའེ་རིགས་མང་ཚོགས》སུ་བསྒྱུར། མ་འགྱངས་པར་འགྲེམ་མཚམས་བཞག བཅིངས་འགྲོལ་མ་བྱུང་སྔོན་གྱི་ཀྲུང་གོའི་དབྱི་སི་ལན་ཆོས་ལུགས་དུས་དེབ་ཁྲོད་ཤུགས་རྐྱེན་ཆེ་ཤོས་དང་ལོ་རྒྱུས་རིང་ཤོས་ཡིན།

***Yuehua* (Moonlight)** was the Islamic magazine in China. In 1929, it was founded in Peiping. During the counter-Japanese war, the editorial office moved to Guilin, Chongqing and the publication was once even suspended. In 1947, it moved back to Peiping. After the founding of the People's Republic of China (PRC), it was renamed as *Hui people Masses* and later closed down. It has the greatest influence and longest history among China's Islamic magazines published before the founding of PRC.

月即别 古族名。元明时对乌孜别克族的译写。

ཡུའེ་ཅི་པིའེ། གནའ་བོའི་མི་རིགས་ཤིག ཡོན་དང་མིང་གི་སྐབས་སུ་ཨུའུ་ཙེ་པེའི་ཁེ་རིགས་ཀྱི་སྒྲ་བསྒྱུར་འབྲི་སྟངས།

Yuejibie was the name of an ancient clan. It was the transliteration of Uzbek group during the Yuan Dynasty and Ming Dynasty.

月氏 中国西北古代民族。周秦至西汉初游牧于敦煌、祁连间。后被匈奴攻击，一分为二：大部西迁至伊犁河流域上游一带，称“大月氏”；少数未西迁者，进入祁连山，与羌人杂居，称“小月氏”。

ཡུའེ་ཧྲི། ཀྲུང་གོའི་ནུབ་བྱང་གི་གནའ་བོའི་མི་རིགས་ཤིག ཀྲོའུ་ཆིན་དང་ཧན་ནུབ་མའི་དུས་འགོར་ཏུན་ཧོང་དང་མདོ་ལའི་བར་རྒྱུད་དུ་འབྲོག་ལས་གཉེར་བཞིན་འཚོ། གཞུག་ཏུ་ཞུང་ནུའུ་ཡིས་རྒོལ་ཏེ་ཁག་གཉིས་སུ་གྱེས། མང་ཤོས་ནུབ་ཀྱི་དབྱི་ལི་གཙང་པོའི་སྟོད་རྒྱུད་དུ་གནས་སྤོས་ཤིང་མིང་ལ་ཡུའེ་ཧྲི་ཆེ་བར་འབོད། ཉུང་ཤས་ཤིག་མདོ་ལར་སྡོད་ནས་ཆའང་རིགས་དང་འདྲེས་ཤིང་ཡུའེ་ཧྲི་ཆུང་བར་འབོད།

Yuezhi was an ancient ethnic group inhabited in northwest China. They nomadized in the areas between Dunhuang and Qilian in the Zhou, Qin and early Western Han Dynasty. Later they were attacked by Xiongnu, and they were divided into two parts: The majority migrated westward to an area in the upstream of Ili river basin, called as "Greater Yuezhi", while a minority of them entered into Qilian Mountain and lived with the Qiang people, called "Lesser Yuezhi".

《粤风·壮歌》 壮族民歌集，是《粤风》之《壮歌》部分。《粤风》为清代文学家李调元所辑解民歌集。该部分收有明末清初广西浔州地区（今平南、桂平等地）的民歌 111 首，其中壮歌 37 首，300 多行。对了解当时壮族婚俗以及社会的阶级矛盾、道德风尚等都有一定的参考价值。

《ཨེ་ཁྲུང་། གོང་གཞས།》 གོང་རིགས་སྒྲ་གཞས་ཆེད་སྒྲིག《ཨེ་ཁྲུང་》དང་《གོང་གཞས།》ཁག་ཡོད། 《ཨེ་ཁྲུང་》ནི་ཆིང་རྒྱལ་རབས་ཀྱི་ཚོམ་རིག་པ་ལི་དྲོ་ཡོན་གྱིས་བསྡུ་སྒྲིག་བྱས་པའི་དམངས་གཞས་ཆེད་སྒྲིག་ཅིག དེ་ལས་ཁག་ཅིག་མིང་མཐུག་ཆེན་འཕོའི་དུས་ཀྱི་གོང་ཞིའི་ཞོན་གྲོའུ་ས་ཁུལ་གྱི་དམངས་གཞས་ ༡༡༡ བསྡུས་ཡོད། དེའི་ཁྲོད་གོང་རིགས་སྒྲ་གཞས་ ༣༧ དེབ་ཞིག ༣༠༠ ལྷག་ཡོད། སྐབས་དེའི་གོང་རིགས་ཀྱི་གཉེན་སྒྲིག་སྲོལ་རྒྱུན་དང་སྤྱི་ཚོགས་གྲལ་རིམ་འགལ་བ། ཀུན་སྤྱོད་སོགས་ཕྱོགས་ནས་ཐབ་རྒྱལ་ཞོན་བྱེད་པར་ཟུར་བཞག་པའི་ཡིག་ཆ་ཆེན་ཞིག་གོ

Zhuang Songs from Yuefeng (book of folksongs from Guiping) is a collection of folk songs of the Zhuang people. It is a part of Yuefeng. Yuefeng was compiled by Li Diaoyuan, a litterateur in the Qing Dynasty. It collects 111 folk songs in the area of Xunzhou, Guangxi province (today's Pingnan county and Guiping city, etc.) from the late Ming Dynasty to early Qing Dynasty. Among them, there are 37 Zhuang songs with over 300 lines, which have significant value for studying the wedding customs, social class contradictions and morals and manners of the Zhuang people at that time.

《粤西偶记》 书名。清代陆祚蕃撰。1 卷。成书于康熙年间。记载其在广西的所见所闻，如山川、气候、物产、民族以及怪异等，是研究广西少数民族历史的重要参考文献。

《ཨེ་ཅུབ་ཐོབ་བྱུས》 དཔེ་ཆའི་མིང་། ཆིང་རྒྱལ་རབས་འཕུ་ཙོ་ཕྲན་གྱིས་བརྩམས། དེབ་གཅིག གོང་ཞིའི་ཀྱི་དུས་སུ་དེབ་ཏུ་གྲུབ། དེར་ཚོམ་པ་པོ་གོང་ཞིར་མཐོང་ཐོས་སུ་གྱུར་པའི་རི་རྒྱུ་དང་གནམ་གཤིས། ཐོན་དངོས། མི་རིགས་གོམས་གཤིས། སྲུང་ཚུལ་ཁྱད་མཚར་སོགས་བཀོད་ཡོད། དེ་ནི་གོང་ཞིའི་གྲངས་ཉུང་མི་རིགས་ལོ་རྒྱུས་ལ་ཞིབ་འཇུག་བྱེད་པའི་བརྡ་བཞག་པའི་ཡིག་ཆ་གལ་ཆེན་ཞིག་ཡིན།

Yuexi Ouji (Notes on Guangxi) was the name of a book which was written by Lu Zuofan in the Qing Dynasty. It was a one-volume book completed during the reign of Qing Emperor Kangxi. It recorded rivers and mountains, climate, products, local ethnic customs and practices and weird things in Guangxi. It is important data for studying the history of ethnic minorities in Guangxi.

云门山大觉禅寺 简称"云门寺"。位于广东乳源瑶族自治县城东北。始建于五代后唐同光元年（923），由云门宗（禅宗五大支派之一）始祖六祖惠能九传弟子文偃禅师所建,是云门宗的发祥地。占地12000平方米,寺内保存的南汉石碑尤为珍贵。

ཡུན་མོན་རི་བོའི་ཞེག་ཆེན་དགོན། བསྡུས་མིང་ལ་ཡུན་མོན་དགོན། ཀོང་ཏུང་རུའུ་ཡོན་ཡའོ་རིགས་རང་སྐྱོང་རྫོང་མཁར་གྱི་བྱང་ཤར་ཕྱོགས་སུ་ཡོད། རྒྱལ་རབས་ལྔའི་མཚུག་གི་ཐང་ཕྱི་མའི་ཐུང་ཀོང་གོང་མ་དང་པོ (929) ཡོན་མོན་གྲུབ་མཐའི་ (ཁྲོམ་ཅིང་ཆོས་ལུགས་གྲུབ་མཐའ་ཆེན་པོ་ལྔའི་གྲས) སློབ་གཏོད་པ་ཡུལ་ཆུའི་དེ་ནས་བྱི་རིམ་དགུའི་སློབ་མ་ཞིག་ཡིན་ཀྱི་བཞེངས། དེ་ཡོན་མོན་གྲུབ་མཐའི་འབྱུང་གནས་ཡིན། རྒྱ་ཁྱོན་སྟི་སྨིར་བཞི་བོ་ 1. འབུམ། དགོན་པའི་ནང་གི་ཧན་ཕུལ་མའི་རྡོ་རིང་དེ་རིགས་དངོས་རྫས་ཆེན་ཞིག་ཡིན།

Yunmen Mountain Dajue Temple, short for Yunmen temple, is located in the northeastern Ruyuan Yao Autonomous County in Guangdong. It was first built in the first year of the reign of Emperor Tongguang of the Later Tang Dynasty in the Five Dynasties, by the Zen master Wenyan, who was the ninth generation of followers of Huineng, the sixth founders of Yun-men Sect (one of the five branches of the Zen). The temple was the birthplace of Yun-men Sect. It covers an area of 12,000 square meters, with the precious stone tablet of the South Han Dynasty preserved in the temple.

云南大学西南边疆少数民族研究中心 教育部设于云南大学的人文社会科学重点研究基地。成立于2001年。主要研究西南少数民族及其民族关系、经济问题、地区文化产业、传统知识与非物质文化遗产、边疆学、民族政治、跨国民族、影视人类学等。

ཡུན་ནན་སློབ་ཆེན་ལྷོ་ནུབ་མཐའ་མཚམས་ཀྱི་གྲངས་ཉུང་མི་རིགས་ཞིབ་འཇུག་ལྟེ་གནས། སློབ་གསོ་ཕུལ་ཡིས་ཡུན་ནན་སློབ་ཆེན་དུ་བཙུགས་པའི་མི་ཆོས་སྤྱི་ཚོགས་ཚན་རིག་ཞིབ་འཇུག་ལྟེ་གནས་གཙོ་བོ་ཞིག་ཡིན། 2001ལོར་ཚུགས། གཙོ་བོར་ལྷོ་ནུབ་ཡུང་མི་རིགས་དང་དེའི་འབྲེལ་བ། དཔལ་འབྱོར་གནད་དོན། ས་གནས་ཀྱི་རིག་གནས་ཐོན་ལས། སྲོལ་རྒྱུན་རིག་གནས་དང་དངོས་པོ་མིན་པའི་ཤུལ་བཞག་རིག་གནས། མཐའ་ཁུལ་རིག་པ། མི་རིགས་ཆབ་སྲིད། རྒྱལ་ཁབ་ལས་བརྒལ་བའི་མི་རིགས། བཅས་གཟུགས་བརྙན་མིའི་རིགས་རིག་པ་སོགས་ལ་ཞིབ་འཇུག་བྱེད།

《云南机务钞黄》 书名。明张纮编。1卷。此书裒辑洪武十五年至二十一年间有关云南的制诰敕文,凡30余篇。内容包括军政机构的设置、屯种、兵食以及出征乌撒(今贵州威宁彝族回族苗族自治县)、乌蒙(今云南昭通市)、麓川(今云南瑞丽市)等少数民族地区的经过等。

《ཡུན་ནན་དོན་གནད་དེབ་མེར་མ》 དཔེ་ཆའི་
མིང་། མིང་རྒྱལ་རབས་ཀྱི་གྲང་གྱིས་བསྒྲིགས། དེབ་
གཅིག་ཡོད། དེ་དེའི་ནང་དུ་ཏོང་ཝུའི་ཕྱི་ལོ་བཅུ་
ནས་ཉེར་གཅིག་བར་གྱི་ཡུན་ནན་དང་འབྲེལ་བའི་དོན་
གནད་འདུས་ཡོད། ཆན་པ་༣༠ལྷག་ཡོད། ནང་དུ་
དམག་སྲིད་སྟེ་ཁག་གི་སྒྲིག་འཇུགས་དང་འདེབས་
འཇུག །དམག་ཟས། གཞན་སྤུས(དེང་གི་གོའུ་ཀྲོའུ་
ཞིང་དབྱིས་རིགས་ཧུའེི་རིགས་མུའོ་རིགས་རང་སྐྱོང་
རྫོང་) དང་ཕུ་མོན། (དེང་གི་ཡུན་ནན་ཀྲའོ་ཐུང་གྲོང་
ཁྱེར།) ཧུའི་ཁོན། (དེང་གི་ཡུན་ནན་དུའི་ལི་གྲོང་
ཁྱེར།) སོགས་གྲངས་ཉུང་མི་རིགས་ས་ཁུལ་དུ་དམག་
དྲངས་པའི་གནས་ཚུལ་བྲིས་ཡོད།

Documents of Yunnan Affairs was the book name. It was compiled by Zhang Dan in the Ming Dynasty with only one volume. It collected over 30 imperial edicts about Yunnan from the 15th year of Hongwu to its 21st year. It depicted the set-up of military and administrative institutions, reclamation and the food for military, and expeditions to Wusa (today's Yi, Hui and Miao Autonomous County of Weining, in Guizhou province), Wumeng (today's Zhaotong city, in Yunnan province) and Luchuan (today's Ruili city, in Yunnan province) and other ethnic areas.

《云南买马记》 书名。北宋杨佐撰。1卷。熙宁七年（1074），撰者以峨眉县进士应募赴大理国议买战马，此书即记此役从峨眉出发，到达大理的沿途经过见闻。此书是宋代人亲历川、滇彝族、白族先民聚居地区而留下的第一手资料。

《ཡུན་ནན་རྟ་ཉོ་བྱེད་ཕོ》 དཔེའི་མིང་། སུང་
བྱང་མའི་གཡང་ཙོ་ཡིས་བརྩམས། དེབ་གཅིག་ཡོད།
ཞིས་ཉིང་ཕྱི་ལོ་བདུན་པར་རྩོམ་པ་པོ་ཨོ་མེ་རྫོང་ནས་ཏུ་ལི་
རྒྱལ་ཁབ་ཏུ་དམག་རྟ་ཉོ་བའི་གྲོས་བྱེད་དུ་ཕྱིན་སྐབས་
ཨོ་མེ་རྫོང་ནས་ཏུ་ལི་རྒྱལ་ཁབ་བར་གྱི་མཐོང་ཐོས་བྲིས་
ཡོད། དེབ་འདི་སུང་རྒྱལ་རབས་ཀྱི་མིས་དངོས་སུ་སི་ཁྲོན་
དང་ཡུན་ནན་གྱི་དབྱིས་རིགས། པའི་རིགས་མེས་པོའི་
ཁྱིམ་ཚོང་བའི་རྒྱུ་ཆ་དང་པོ་ཡིན།

A Record of Horse Trade in Yunnan was the name of a book, which was written by Yang Zuo in the Northern Song Dynasty with one volume. In the 7th year of the reign of Emperor Xining (1074), Yang Zuo, a jinshi degree holder (Confucian scholars who passed the court examination) in Emei (Sichuan), was recruited to enter Dali Kingdom to discuss buying war-horses. This book recorded his anecdotes along the way from Emei to Dali. It was the first-hand data about the ancestors and habits of the Yi and Bai ethnic groups in Sichuan, Yunnan provinces made by the people of the Song Dynasty.

云南民族大学 国家民委与云南省政府共建的省属重点大学。涵盖哲学、经济学、法学、教育学、文学、历史学、理学、工学、管理学、艺术学10个学科门类。位于昆明市。创建于1951年，2003年更为现名。占地面积2500多亩。

ཡུན་ནན་མི་རིགས་སློབ་ཆེན། རྒྱལ་ཁབ་མི་རིགས་
དོན་གཅོད་ཨུ་ཡོན་ལྷན་ཁང་དང་ཡུན་ནན་ཞིང་ཆེན་སྲིད་
གཞུང་གིས་མཉམ་དུ་བཙུགས་པའི་ཞིང་ཆེན་རིམ་པའི་
སློབ་ཆེན་ཞིག་ཡིན། མཚན་ཉིད་དང་དཔལ་འབྱོར་རིག་
པ། ཁྲིམས་ལུགས། སློབ་གསོ། རྩོམ་རིག་ལོ་རྒྱུས།

ཚེས་ཚན། བརྗོད། དོ་དག། སྨྱུ་རྩལ་སོགས་བསྡུབ་ཚན་རྣམ་གྲངས་༡༠ལྡག་ཡོད། ས་གནས་ཁུང་མིན་གྲོང་ཁྱེར། ༡༩༥༡ལོར་བཏུགས། ༢༠༠༣ལོར་ད་ལྟའི་མིང་ལ་བསྒྱུར། རྒྱ་ཁྱོན་ས་མུའུ་༢༥༠༠ལྡག་བཟུང་ཡོད།

Yunnan Minzu University is a key university at provincial level jointly developed by the State Ethnic Affairs Commission and Yunnan Provincial Government. It has 10 disciplines, namely, philosophy, economy, law, education, literature, history, science, engineering, management and art. It is located in Kunming. It was founded in 1951 and renamed as Yunnan Minzu University in 2003. It covers an area of over 2,500 mu.

《云南志略》 书名。元李京撰。原书4卷，今存不及1卷。大德五年（1301），李京任云南乌撒乌蒙道宣慰副史，因战事，奉命筹措军需，奔走滇境各地，于山川、地理、物产、民族习俗，颇得其详，因作此书。为元、明以来最古老的一部云南地方志。

《ཡུན་ནན་དེབ་ཐེར་རགས་བསྡུས》 དཔེ་ཆའི་མིང་། ཡོན་རྒྱལ་རབས་ཀྱི་ལིས་ཅིང་གིས་བརྩམས། མ་དཔེར་དེབ་འཡོད་མོད། ད་ལྟ་གཅིག་ལས་ལྡག་མེད། ཏི་ཁྲི་ལོ་ལྔ་པར་ལིས་ཅིང་གིས་ཡུན་ནན་གྱི་སྣུ་སུ་སྨོང་མདོ་ཡི་ཞིད་བསྐུལས་དཔོན་པོ་གཞོན་པའི་འགན་ཁུར་དུ་དམག་འཐབ་ཆེད་དུ་བཀའ་བཞིན་ཡུན་ནན་གྱི་ཁྱོན་སོ་སོར་དམག་ཆས་འཚོལ་བསྡུད་པར་སོང་བས། རི་ཀླུང་དང་ས་ཁྱམས། ཐོན་དངོས། མི་རིགས་གོམས་གཤིས་སོགས་ལ་ཆ་རྒྱུས་གསལ་པོ་ཡོད་པས་དེབ་འདི་བརྩམས། ཡོན་དང་མིང་རྒྱལ་རབས་སླབས་ཆུང་བའི་ཡུན་ནན་ས་གནས་ཀྱི་ལོ་རྒྱུས་ཆེས་རྙིང་པ་ཡིན།

A General Record of Yunnan was written by Li Jing in the Yuan Dynasty. The original book has 4 volumes, but there exists only 1 incomplete volume. In the 5th year of the reign of Emperor Dade (1301), Li Jing was assigned as deputy pacification commissioner of Wusa and Wumeng circuit, in Yunnan. For the wars, he went to every area of Yunnan to collect provision of munitions by the imperial edict of the emperor. He knew the rivers and mountains, geography, local products and ethnic customs very well. Thus, he wrote the book, which was the most ancient local chronicle of Yunnan province since the Yuan Dynasty and Ming Dynasty.

Z

载瓦文 自称"载瓦"的景颇族使用的拼音文字。属于景颇文中的一类。1957年创制，以云南潞西县西山地区的载瓦语龙准话为标准音，采用26个拉丁字母，音位用单字母和双字母表示。

ཙའི་ཝ་ཡི་གེ། རང་ལ་ཚེ་པར་འབོད་པའི་ཅིང་པོ་རིགས་ཀྱིས་སྤྱོད་པའི་དབྱངས་གསལ་ཡི་གེ་ཞིག་ཅིང་པོ་ཡི་གེའི་རིགས་ཤིག་ཡིན། ༡༩༥༧་ལོར་བཟོས། ཡུན་ནན་ལུའུ་ཞི་རྫོང་ཞིས་ཤན་ཁུལ་གྱི་ཙེ་དབའ་སྐད་ཀྱི་ལུང་ཕུའི་སྐད་ཀྱིས་སྐད་གདངས་ཀྱི་ཚད་གཞིས་ཤིང་། ལ་ཏིང་དབྱངས་ཡིག་ར་༢༦་སྤྱད་དེ། གསལ་བཤད་ཚ་དང་ལ་ཡིས་སྐ་གནས་མཚོན་པར་བྱས།

Zaiwa script refers to an alphabetic writing used by the Jingpo people who called themselves Zaiwa. It belongs to Jingpo script. In 1957, the written language based on the dialect of the village of Longzhun (in Xishan region in Luxi County) was created, and 26 Latin letters were adopted, with the single letter and double letters as the phoneme.

载瓦语 自称"载瓦"的景颇族人使用的语言。属汉藏语系藏缅语族缅语支。在中国，主要分布于云南德宏傣族景颇族自治州的潞西、陇川、瑞丽、盈江等县。在国外，分布于缅甸的掸邦和克钦邦。

ཙའི་ཝ་སྐད། ཅིང་པོ་རིགས་ལས་རང་ལ་ཚེ་པར་འབོད་མཁན་དག་གིས་སྤྱོད་པའི་སྐད་ཆ་ཟེར། བོད་རྒྱ་སྐད་རྒྱུད་བོད་འབར་སྐད་རིགས་འབར་མའི་སྐད་ལག་གི་ཁོངས་སུ་གཏོགས། ཀྲུང་གོར་གཙོ་བོ་ཡུན་ནན་ཏེ་ཧོང་ཏའི་རིགས་ཅིང་པོ་རིགས་རང་སྐྱོང་ཁུལ་གྱི་ལུའུ་ཞི་དང་ལུང་ཁྲོན། ཕུའི་ལི། ཡིང་ཅང་སོགས་རྫོང་དུ་ཁྱབ་པ་དང་། ཕྱི་རྒྱལ་དུ་འབར་མའི་ཏན་པང་དང་ཁེ་ཆིན་ས་ཁུལ་ལ་ཁྱབ་ཡོད།

Zaiwa language refers to the language spoken by the Zaiwa people of the Jingpo ethnic group. It belongs to the Burmish language branch of Tibeto-Burman language group of Sino-Tibetan languages. In China, it is mainly distributed in Luxi City, Longchuan County, Ruili City and Yingjiang County of Dehong Dai and Jingpo Autonomous Prefecture in Yunnan. At abroad, it is distributed in Shan State and Kachin State of Myanmar.

赞普 吐蕃王号。"赞"，雄强之意，"普"，男子之意。6世纪时，囊日论赞（吐蕃王朝立国之君，松赞干布的父亲）被加封赞普尊号，为吐蕃君长称赞普之始。后在政治制度上，松赞干布仿唐朝的官制，赞普是最高统治者。

བཙན་པོ། དུས་རབས་དྲུག་པར་གནམ་རི་སྲོང་བཙན་ལ་བཙན་པོའི་མཚན་གསོལ་ཞིང་བོད་རྒྱལ་དུ་བཙན་པོར་འབོད་པའི་སྲོལ་ཡོད། རྗེས་སུ་སྲོང་བཙན་སྒམ་པོས་ཐང་རྒྱལ་རབས་ཀྱི་དཔོན་ལུགས་ལ་སློབ་སྦྱོང་བྱས་ཤིང་བཙན་པོ་ནི་ཆེས་མཐོའི་དབང་བསྒྱུར་མཁན་ཡིན།

Zanpu (Btsan-po) was the title of Tubo king. "Zan", means powerful; "Pu", means masculine. In the 6th century, Namri Songtsen (founding king of Tubo Kingdom and father of Songtsen Gampo) was conferred the title of Zanpu, which was a title first used to call the tribal leader of Tubo. Later, as for the political system, Songtsen Gampo followed the bureaucratic system of the Tang Dynasty. Zanpu was the sovereign ruler.

赞普钟 南诏阁罗凤的年号，共计 17 年（752—768）。是南诏的第一个年号，也是云南改元的开始。"赞普钟"一词来源于藏语，意为"赞普之弟"，为吐蕃君主墀德祖赞赐予阁罗凤的封号。

བཙན་པོའི་གཅུང༌། འཇང་རྒྱལ་གྱི་ལོ་ཞང་གི་ལོ་རྟགས། ལོ་དོ་བཅུ་བདུན（༧༥༢—༧༦༨）རིང་ཡིན། དེ་ནི་འཇང་གི་ལོ་རྟགས་ཐོག་མ་ཡིན་ལ་ལོ་རྟགས་བརྗེ་བའི་འགོ་མཛད་ཡིན། བཙན་པོའི་གཅུང་ནི་བཙན་པོའི་སྒྲུང་ཆུང་གི་དོན་ཡིན་ལ་བོད་རྒྱལ་ཁྲི་ལྡེ་གཙུག་བཙན་གྱིས་ཀོ་ལོ་ཧྥུང་ལ་བསྩལ་བའི་ཆེ་བོ་ཡིན།

Tsanpo chung was the reign title of Geluofeng during the Nanzhao period. It lasted 17 years in total (752-768). It was the first title of the Nanzhao kingdom, and also the beginning of the new reign title in Yunnan. "Tsanpo Chung" originated from Tibetan, meaning the "royal brother". It was the title for Geluofeng conferred by Tride Tsuktsen, the king of Tubo.

赞善王 明代授予藏传佛教领袖人物的封号之一。明永乐四年（1406）封河州卫（今甘肃临夏）辖境的藏传佛教领袖著思巴儿监藏为"灌顶国师"。次年，加封"赞善王"。封爵世袭。

དགེ་འཕགས་རྒྱལ་པོ། མིང་རྒྱལ་རབས་སུ་སངས་རྒྱས་ཆོས་ལུགས་ཀྱི་ཟླ་མར་གནང་བའི་ཆེ་ལོ་ཞིག་ཡིན། ཡུང་ལི་ཁྲི་ལོ་བཞི་པར་（1406）ཧོ་གྲོའུ་ཡེ་མཁར་ཁོངས་（དེང་གི་ཀན་སུའུ་ཀྲུ）གྱི་སངས་རྒྱལ་ཆོས་ལུགས་ཀྱི་མཁན་བདག་གྲུབ་ཐོབ་པ་རྒྱལ་མཚན་དཔལ་གྱི་བླ་མར་བགྱུར་ཞིང་། ཕྱི་ལོར་དགེ་འཕགས་རྒྱལ་པོའི་ཆེ་ལོ་གནང་ནས་རབས་ཀྱིས་རྒྱུད་འཛིན་བྱས།

Promotion Prince of Virtue was one of the titles conferred upon the leader of Tibetan Buddhism in the Ming Dynasty. In the fourth year of the reign of Ming Emperor Yongle (1406), Zhusibar Gyaincain, the leader of Tibetan Buddhism in Hezhouwei (today's Linxia prefecture, in Gansu), was conferred the title "Imperial Empowerments Master". In the next year, he was conferred the title "Promotion Prince of Virtue", which was hereditary.

藏獒 原产于青藏高原的一种名犬。成年獒身长 120 厘米左右，体格粗壮，头颅宽大，耳朵下垂，体毛粗厚。性格刚毅，力大凶猛，野性尚存。耐严寒，听觉、嗅觉、触觉发达。护领地，护食物，善攻击，忠于主人。是看家护院、牧马放羊的得力助手。

བོད་ཁྱི། མདོ་དབུས་མཐོ་སྒང་དུ་འཚོ་བའི་ཁྱི་མིང་གྲགས་ཅན་ཞིག་འཚར་ལོངས་བྱུང་ཟིན་པའི་བོད་ཁྱིའི་གཟུགས་ལ་ལེ་སྟོང 120 ཡས་མས་ཡོད་ལ། གཟུགས་གཞི་དངོས་ཆེ་བ་དང་། སྟོ་འཇོག་མར་དཔྱང་བ། ལུས་ཀྱི་སྤུ་སྦོམ་ཞིང་འཐུག་པ། གཤིས་ཀ་བོ་དང་ལྷང་སྟོབས་ཆེ་ཞིང་བཙན་པ། འཇིགས་བརྫོད་ཕྱུག་པ། ཚོར་ཞེན་དང་། དྲི་ཕྱིའི་སྒྲུང་བ། གཟན་ལ་གཉེན་པ། བདག་པོར་བྱིས་ལེན་མཁས་པའི་ཁྱད་ཆོས་ལྡན། དེའི་སྟེང་ཁྱིམ་སྲུང་བ་དང་སྟོ་ཕྱུགས་འཚོ་བར་མགོ

པའི་ལག་རོགས་ཞིག་ཡིན་ནོ།

Tibetan mastiff is a famous canine growing in the Qinghai-Tibet Plateau. The adult mastiff is about 120 centimeters tall with sturdy physique, broad head, sagging ears and fluffy hair. It is resolute and steadfast with muscularity, ferocity and wild nature. It is also resistant to severe cold and owns strong senses of hearing, smell and touch. It can protect the land and food. It is also good at attacking. The most important thing is that Tibetan mastiff is loyal to its owner. All these make it a perfect assistant of protecting house and shepherding horse and sheep.

藏巴 藏语音译。居住在西藏日喀则地区藏族的自称。"藏"即今日喀则地区。"巴"意为人。

གཙང་པ། བོད་སྟོངས་གཞིས་ཀ་རྩེ་ཁུལ་དུ་འཚོ་བའི་བོད་པ་སྟེའི་མིང་། གཙང་ནི་ད་ལྟའི་གཞིས་ཀ་རྩེ་ཁུལ་དང་། པ་ནི་བདག་སྒྲ་ཡིན།

Zangba (Tsangpa) was the transliteration of Tibetan. Tibetan people who lived in Shigatse Prefecture called themselves Zangba. "Zang" refers to today's Shigatse prefecture and "ba" means people.

藏巴汗 原为明末卫藏地方政权的领袖名，引申为该地方政权名。又作"第悉藏巴"，藏语称号为"后藏上部之王"。是明代后期西藏地区继帕木竹巴、仁蚌巴之后兴起的世俗贵族政权。

གཙང་པ་རྒྱལ་པོ། མིང་རྒྱལ་རབས་ཀྱི་དུས་མཇུག་ཏུ་དབུས་གཙང་ས་ཁུལ་གྱི་ས་གནས་སྲིད་གཞུང་གི་དཔོན་པོའི་མིང་ནས་སྲིད་དབང་ལ་ཐོགས་པ་ཞིག སྟེ་སྲིད་གཙང་པའི་རྗེ། མིང་རྒྱལ་རབས་དུས་མཇུག་ལ་བོད་དུ་ཕག་མོ་གྲུ་པ་དང་རིན་སྤུངས་པའི་རྗེས་སུ་དར་བའི་སྐུ་དྲག་སྲིད་དབང་ཞིག་ཡིན།

Tsangpa Khan was the name of the leaders of the local power in U-Tsang in the late Ming Dynasty, and later it was changed to refer to the local power in such place. It was also called as "Desi Tsangpa (sDe srid gTsang pa)", that is, king of Tsang. It was another regime of secular aristocracy after Phagmodrupa and Rinpungpa in Tibetan regions in the late Ming Dynasty.

藏币 旧时西藏地方政府发行的货币。藏语称"额桑"，意为"银两"，故亦作"藏银"。有金属币和纸币两种。1792 年清廷令西藏自铸银币。辛亥革命后发行纸币，另又发行过铜币。1959 年废止藏币流通。

བོད་དངུལ། གནའ་བོར་བོད་ས་གནས་སྲིད་གཞུང་གིས་བཀྲམ་པའི་དངུལ་ལོ། ཨང་སང་ཞེས་དངུལ་ལོ་དང་། ཆོག་དངུལ་ཞེས་གཉིས་ཡོད། ༡༧༩༢ལོར་ཆིང་སྲིད་གཞུང་གིས་བོད་ལ་རང་གི་དངུལ་ལོ་པར་དུ་བཅུག་པ་དང་། ཞགས་ཐག་ལོའི་གསར་བརྗེའི་རྗེས་སུ་ཤོག་དངུལ་བཀྲམ། ཟངས་དངུལ་ཡང་བཏོན་བྱུང་། ༡༩༥༩ལོར་བོད་དངུལ་བཀོལ་མཚམས་བཞག

Tibetan Currency was issued by Tibetan local government in the old days. It was called Srang in Tibetan, meaning silver. So it was also called Tibetan silver, including metal coins and paper currency. In 1792, the Qing court ordered Tibet to cast the silver coins by themselves. After the

Revolution of 1911, Tibet issued paper currency and also issued copper coins. In 1959, the circulation of Tibetan currency was abolished.

藏波战争 西藏地方政府为平定波密地方割据势力噶朗王而进行的历次战争。清末，驻藏大臣派兵追剿独据一隅称王的噶朗王获胜。民国年间，其势力又有恢复，1927年起曾屡败西藏地方政府军。1931年西藏地方政府重兵出击，征服波密全境。

གཅང་སྟོ་དམག་འཁྲུག བོད་ས་གནས་སྲིད་གཞུང་གིས་སྟོ་མེས་དཀར་ལངས་རྒྱལ་པོ་མའ་འོག་ཏུ་བསྡུ་ཕྱིར་འཐབ་པའི་དམག་འཁྲུག ཆིང་དུས་མཇུག་ལ་བོད་བཞུགས་ཨམ་བན་གྱིས་དཀར་ལངས་རྒྱལ་པོ་ཕམ་པར་བྱས། མིན་གོའི་སྐབས་སུ་དེའི་སྟོབས་ཤུགས་སླར་གསོ་བྱས་ཤིང་། ༡༩༢༧ནས་བཟུང་བོད་དམག་ལན་འགར་ཕམ་པར་བྱས། ༡༩༣༡ལོར་བོད་ས་གནས་སྲིད་གཞུང་གིས་དམག་མང་པོ་བཏང་སྟེ་སྟོ་མེས་མཐའ་དག་ཏུ་བསྡུས།

Tibet-Bomi Wars refer to the wars that the Tibetan local government launched to pacify Bomi separatist regional regime, Ge Langwang. Imperial resident of Tibet sent soldiers to defeat Ge Langwang, who occupied Bomi area at Late Qing Dynasty. Although the power of Ge recovered in the period of the Republic of China, it suffered repeated war failures from Tibetan local government from 1927 on and it was totally conquered in 1931.

藏传佛教 俗称"喇嘛教"等，指传入西藏的佛教分支。它与汉传佛教、南传佛教并称佛教三大体系。藏传佛教以大乘佛教为主，其下又可分成密教与显教传承。7世纪，佛教先后从中国的中原地区和尼泊尔传入当时的吐蕃，后经"佛本之争"，佛本两教互相影响和吸收，遂有藏传佛教。

བོད་རྒྱུད་ནང་བསྟན། བོད་ལ་དར་བའི་སངས་རྒྱས་ཆོས་ལུགས། དེ་དང་རྒྱ་རྒྱུད་ནང་བསྟན། ལྷོ་རྒྱུད་ནང་བསྟན་བཅས་ནི་ནང་ཆོས་ཀྱི་ལུགས་གསུམ་ཡིན། བོད་རྒྱུད་ནང་བསྟན་ནི་ཐེག་ཆེན་གཙོ་བོ་དང་། དེའང་མདོ་སྔགས་གཉིས་སུ་དབྱེ། དུས་རབས་༧པར་སངས་རྒྱས་ཆོས་ལུགས་རྒྱ་ནག་དང་བལ་ཡུལ་ནས་བོད་ལ་ཐོག་མར་དར་ཞིང་། ཕྱིས་སུ་བན་བོན་འཁྲུག་རྩོད་བྱུང་སྟེ་གཅིག་འདྲེས་ཏེ་བོད་རྒྱུད་ནང་བསྟན་བྱུང་།

Tibetan Buddhism is also called Lamaism, referring to a branch of Buddhism spread to Tibet. Tibetan Buddhism, Chinese Buddhism and Hinayana Buddhism form the three systems of Buddhism. Tibetan's core view is Mahayana Buddhism which can be divided into esoteric and exoteric Buddhism. Buddhism spread in Tubo from the Central Plains of China and Nepal at 7th century, then the conflict between Buddhism and Bon happened and Tibetan Buddhism was created by the influence and absorption of the two religions.

《藏传佛教活佛转世管理办法》 文件名。2007年经国家宗教事务局局务会议通过并公布。共14条。内容包括立法目的、转世原则、转世条件、审批程序、佛教团体职责、违法处罚等方面内容。

《བོད་རྒྱུད་ནང་བསྟན་གྱི་སྤྲུལ་སྐུའི་དོ་དམ་

ཉིད་བབས།》 ཡིག་ཆའི་མིང་། ༢༠༠༧ལོར་རྒྱལ་ཁབ་ཆོས་ལུགས་དོན་གཅོད་ཅུའི་ཡི་གྲོས་ཚོགས་སྟེང་གྲོས་འཆམ་བྱུང་། དོན་ཚན་ ༡༤ཡོད། ནང་དོན་དུ་ཆོས་ཀྱི་དགེགས་བྱ་དང་སྤྲུལ་སྐུའི་བྱུང་བ། སྤྲུལ་སྐུའི་ཆ་རྐྱེན། ཚོགས་མཚན་གོ་རིམ། ནང་ཆོས་ཚོགས་པའི་འོས་འགན། ཁྲིམས་འགལ་ཉེས་གཅོད་སོགས་འདུས།

Measures on the Management of the Reincarnation of Living Buddhas was promulgated in the conference of state bureau of religious affairs at 2007, which includes 14 items concerning about legislative purposes, reincarnation principles, reincarnation conditions, examination and approval procedures, Buddhism group responsibilities, punishments of breaking laws and so on.

藏红花 又称"番红花"等。是一种鸢尾科番红花属的多年生花卉。原产地在欧洲、地中海及中亚等地，最早由希腊人人工栽培。明朝时经印度传入中国西藏，再销往其他地区，故名。是一种名贵的中药材，也是一种常见的香料。

གུར་གུམ། གུར་གུམ་དམར་པོ་ཡང་ཟེར། འབྱུང་ཡུལ་ཡོ་རོབ་གླིང་དང་ས་དབུས་མཚོ། ཡ་སྦྲིང་དབུས་མ་སོགས་ཡིན། དང་ཐོག་ཞི་ལ་པས་འདེབས་བཙུགས་བྱས་ཏེ་བྱུང་ཞིང་མིང་རྒྱལ་རབས་ཀྱི་དུས་སུ་གུར་གོར་དང་། ཅིན་དུ་བརྒྱུད་དེ་བོད་ལྗོངས་དང་། དེ་ནས་ནང་ཕྱོགས་ཏུ་དར་བས་མིང་དེ་ཐོགས། ཚ་སྣ་གལ་ཆེན་ཞིག་དང་རྒྱུན་མཁོའི་གི་དྲི་ཞིམ་རྫས་ཤིག་ཡིན་ནོ།

Saffron, also called crocus, is a perennial flower of crocus of the iris family. It originally grows in Europe, Mediterranean Sea and Middle Asia. It is originally cultivated by Greeks. In the Ming Dynasty, it was introduced into China, and passed to Tibetan via India. Then it was sold to other areas of China, which is the reason of its name. It is a valuable and rare Chinese medicinal material and a common spice.

藏历 藏族传统历法。9世纪初即见于文字记载。基本与夏历相同，采用阴阳历计年法。以五行、阴阳和十二生肖相配合记年，相当于干支。一年12月，月有大小，有星期。19年7闰。自1027年藏历的火兔年开始，60年称为一"饶琼"，相当于甲子。

བོད་ཀྱི་ལོ་རྩིས། བོད་ཀྱི་སྲོལ་རྒྱུན་ལོ་རྩིས། དུས་རབས་དགུ་པའི་དུས་འགོར་ཡིག་ཐོག་ཏུ་བཀོད་ཡོད། ཉན་ཅིས་དང་ཧལ་ཆེར་འདྲ། ལུགས་གསར་སྙིང་བྱུང་འབྲེལ་གྱི་ལོ་ཡིག་ལ། འབྱུང་བ་ལྔ་དང་ལུགས་གསར་སྙིང་། ལོ་རྟགས་ ༡༢ བཅས་ཀྱིས་ལོ་བརྩི། ལོ་གཅིག་ལ ༡༢ དང་ཟླ་ཆེ་ཆུང་དང་གཟའ་འཁོར་སོགས་ཀྱང་ཡོད། ལོ ༡༩ ལ་བཟློག་ཟླ ༧ ཡོད། ༡༠༢༧ལོའི་མེ་ཡོས་ལོ་ནས་བཟུང་བརྩི་འགོ་ཚུགས། ལོ་ངོ ༦༠ རབ་བྱུང་གཅིག་ཟེར།

Tibetan calendar is a traditional calendar. It was recorded in the beginning of the 9th century, which records the dates via lunisolar just like lunar calendar. That is to say it records the dates by combining five elements, yingyang and twelve Chinese zodiac, which is equivalent to the heavenly stem and earthly branches. There are 12 months, big and small, in a year and every month has weeks. Then 7 leap years will occur in 19 years and sixty years is called a Rao Qiong in Tibetan calendar starting from the year of Fire Rabbit in 1027 just like a Jia Zi (a cycle of sixty years) in lunar calendar.

藏羚羊 藏羚属动物。主要生活在青藏高原一带，是国家一级保护动物。历史纪录中，藏羚羊的数量曾达到百万只，因国际市场对藏羚羊绒（沙图什披肩）的需求，使其在20世纪最后20年遭遇大量偷猎，现存种群数量约15万只（2013年）。

གཙོད། དེ་དགས་ཀྱི་རིགས་ཤིག གཙོ་བོ་མདོ་བོད་མཐོ་སྒང་གི་གནས་སུ་འཚོ་བཞིན་ཡོད། རྒྱལ་ཁབ་ཀྱི་རིམ་པ་དང་པོའི་སྲུང་སྐྱོབ་སྲོག་ཆགས། བོ་རྒྱུས་ཞིབ་བྲིས་བྱེད་དུ་གཙོད་ཀྱི་གྲངས་འབོར་འབུམ་བཅུར་སྐྱེད་སློང། རྒྱལ་སྤྱིའི་ཚོང་རར་གཙོད་ཁྱལ་གྱི(ཤ་ཐུག་དེ་ཤོན་གོས) དགོས་མཁོ་ཆེན་གྱུར་པའི་དབང་གིས་དུས་རབས་༢༠ པའི་མཇུག་གི་ལོ་རོ་༢༠ནང་དུ་གཙོད་མང་པོ་དམར་གསོད་བྱས་པས། དེང་སང་གཙོད་ཀྱི་གྲངས་འབོར་ནི་ཕྱི་༡༥ཚམ་མ་གཏོགས་ལྷག་མེད།（༢༠༡༣ལོ）

Tibetan antelope, a chiru animal, mainly grows in the areas of Qinghai-Tibet Plateau. It is the first-grade state protected animal. According to historical record, the number of Tibetan antelope once reached hundreds of thousands. Due to the high demand for Tibetan antelope cashmere (Shahtoosh cappa) in the international market, Tibetan antelope suffered from poaching in large scale in the last 20 years of the 20th century. Now there are 150,000 Tibetan antelope left by 2013.

藏缅语族 汉藏语系中语种最多的语族。在中国，主要分布于西南、西北、中南等地区；在国外，主要分布于印度、尼泊尔、巴基斯坦、不丹、缅甸、泰国、越南等国。有彝语、缅甸语、藏语、羌语等400多种语言被归为这个语族。

བོད་འབར་སྐད་རིགས། བོད་རྒྱ་སྐད་ཁྱུབ་བོད་སྐད་རྣ་ཚོགས་མང་བ། གུང་གོའི་གཙོ་བོ་ལྷོ་ནུབ་དང་ནུབ་བྱང། དབུས་ལྷོ་སོགས་ས་ཁུལ་ལ་ཁྱབ་ཡོད། ཕྱི་རྒྱལ་དུ་རྒྱ་གར་དང་བལ་བོ། པ་ཞི་ཐན། འབྲུག་ཡུལ། འབར་མ། ཐེ་ལན་སྒོ། ཝེ་ཉེན་སོགས་རྒྱལ་ཁབ་ཏུ་ཁྱབ་ཡོད། དབྱི་རིགས་ཀྱི་སྐད་དང་འབར་མའི་སྐད། བོད་སྐད། ཆཞང་སྐད་སོགས་སྐད་རྣ་བཞི་བརྒྱ་ལྷག་སྐད་རིགས་འདིར་བསྩལ་ཡོད།

The Tibeto-Burman language group has most language kinds among the Sino-Tibetan language family. It is mainly distributed in southeast, northwest and central south of China and in India, Nepal, Pakistan, Bhutan, Burma, Thailand, Vietnam, etc. There are more than 400 kinds of languages in this group, such as Yi language, Burmese, Tibetan, Qiang language and so on.

藏南 地区名。中国固有领土。位于喜马拉雅山脉南侧、西藏自治区东南部的山南地区、林芝地区，包括西藏的错那、隆子、墨脱、察隅四县的大部分及郎县、米林两县少许中国国土，由于历史遗留问题，主体为印度非法占领。

བོད་ལྷོ། ས་ཁུལ་གྱི་མིང། གུང་གོའི་མངའ་ཁོངས་དངོས་གཏོགས། ཧི་མ་ལ་ཡའི་རི་རྒྱུད་ཀྱི་སློ་ངོས། བོད་རང་སྐྱོང་ལྗོངས་ཀྱི་ཤར་ལྷོའི་ལྷོ་ཁ་ས་ཁུལ། ཉིང་ཁྲིའི་ས་ཁུལ། བོད་ལྗོངས་ཀྱི་མཚོ་སྣ་དང་ལྷུན་རྩེ། མེ་ཏོག ཛ་ཡུལ

བཅས་རྫོང་བཞིའི་ས་ཁུལ་མང་ཆེ་བ་དང་སྣང་རྫོང་། སྨྱུག་གླིང་རྫོང་གཉིས་ཀྱི་ཀླུང་གོའི་མཐའ་ཁུལ་ཉུང་ཤས་བཅས་འདུས། བོད་རྒྱལ་ཁབ་ཀྱིས་བཙོས་པའི་གནད་དོན་ཞིག་སྟེ། གར་གྱིས་ཁྲིམས་མཐུན་མིན་པའི་སྟོན་ནས་བཟུང་ཡོད།

Southern Tibet is China's inherent territory. It is located in the south of Himalaya and Shannan, Nyingchi Prefecture, the southeast of Tibetan Autonomous Region, including most areas of the four counties: Cona, Lhunzi, Medog and Zayu and some small area of Lang County and Miling of Tibet. Due to the problems left over from history, the principle part was illegally occupied by India.

藏王墓 公元7—9世纪吐蕃王朝时期第29代赞普至第40代赞普、大臣及王妃的墓葬群，是西藏保存迄今规模最大的王陵，著名的有松赞干布和墀德松赞之陵。位于西藏琼结县。占地方圆3公里，尚未发掘。现存明显墓堆9座，形制大致相同。

བཙན་པོའི་བང་སོ། དུས་རབས་༧པ་ནས་༩པའི་བར་གྱི་བོད་བཙན་པོ་༢༩པ་ནས་༤༠པའི་བང་སོ་དང་བློན་ཆེན། བཙུན་མོ་སོགས་ཀྱི་བང་སོའི་ཚོགས་ལ་ཟེར། དེ་ནི་བོད་ཀྱི་ཡིག་སྒྱུར་བའི་ཚོད་ཆེས་ཆེ་བའི་བཙུན་པོའི་བང་སོ་ཡིན། སྲོང་བཙན་སྒམ་པོ་དང་ཁྲི་སྲོང་ལྡེའུ་བཙན་ཀྱི་བང་སོ་ཡང་དེའི་ནུ་བཏབ་ཡོད། སྟོ་ཁ་འཕྱོངས་རྒྱལ་རྫོང་དུ་ཡོད་ཅིང་། མཐའ་འཁོར་རྒྱ་ཕྱོན་ལ་སྤྱི་ལེ་གསུམ་ཟིན། སྟོ་འདོན་མ་བྱས་པར་ཡོད། ད་ལྟ་ཆེ་ཆུང་དཔལ་ཆེར་འདྲ་བའི་བང་སོ་ཡོད།

Tombs of Tibetan Kings is a tomb complex burying Btsan-po ministers and the royal concubines of the 29th generation to the 40th generation from 7th century to 9th century in Tubo Dynasty. It is the biggest royal tombs maintained in Tibet until now and the famous tombs of Songtsan Gampo and Tride Songtsen are also in it. The tomb is located at Chong Gye, covering an area for three kilometers and it isn't excavated, and there exist 9 tombs which are very similar in shape and look very prominent.

藏文 藏语的文字系统，属拼音文字。据藏族史书记载，7世纪由吞弥·桑布扎参照梵文的一种字体创制。有4个元音符号和30个辅音字母，行款从左向右横书，书写形式分"有头字"（相当于正楷）和"无头字"（相当于行书）两类，书题和篇章的开头有专门的起始符号。

བོད་ཡིག བོད་སྐད་ཀྱི་ཡི་གེའི་མ་ལག དབྱངས་གསལ་ཡི་གེ་ཡིན། བོད་རྒྱལ་རབས་ཀྱི་དེབ་ཐེར་དུའི་དུས་རབས་བདུན་པར་ཐོན་མི་སམ་བྷོ་ཊས་ལེགས་སྦྱར་གྱི་ཡི་གེར་དཔེ་བླངས་ནས་བཟོས་པ་ཡིན་པར་བཤད། དབྱངས་ཡིག་༤ཡོད། གསལ་བྱེད་ནས་གསུམ་ཅུ་འདུག དབུ་ཅན་དང་དབུ་མེད་ཀྱི་ཡིག་གཟུགས་རིགས་གཉིས་ཡོད། ཚན་པ་སོགས་ཀྱི་དབུ་འཛུགས་པ་ལ་ཆེད་དམིགས་ཀྱི་དབུ་བྱེད་ཡོད།

Tibetan script belongs to alphabetic writing. According to Tibetan history book, it was created by Thonmi Sambhota by consulting a kind of font of Sanskrit. It includes four vowels and thirty consonants. Its arrangement of lines is from left to right and the written forms include one which looks like standard style of handwriting and another one which looks like a running hand. What's more, the title of a book and the start of a chapter use its special initial symbols.

《藏文白话报》 民国时期由蒙藏事务局（见"蒙藏院"词条）主办的3种（另有《蒙文白话报》《回文白话报》）白话（与"文言文"相对）报纸之一。1913年创刊。主要反映民国初期的对藏政策：倡导五族共和、维护国家统一，改革涉藏机构、全面管理藏政，开办蒙藏学校。1914年停刊。

《བོད་ཡིག་ཕལ་སྐད་ཚགས་པར》 མིན་གོའི་དུས་སྐབས། སོག་བོད་དོན་གཉེར་ཅུའི། (སོག་བོད་སློབ་གླིང་ཞེས་ཆིག་ལ་ལྟོས） ཡིས་གཙོ་སྐྱོང་བྱས་པའི་ཕལ་སྐད་ (ཕལ་སྐད་ནི་ཡིག་སྐད་ལ་ལྟོས་ནས་བརྗོད་པ） ཚགས་པར་རིགས་3 (གཞན་《སོག་ཡིག་ཕལ་སྐད་ཚགས་པར》 དང《ཧུའི་ཡིག་ཕལ་སྐད་ཚགས་པར》 གཉིས་ཡོད) ལས་གཅིག་ཡིན། 1913 ལོར་པར་འགྲེམས། ཚགས་གཙོ་བོར་མིན་གོའི་དུས་མགོའི་བོད་ལ་བཟུང་བའི་སྲིད་ཇུས་མཚོན། རིགས་ལྔ་འཆམ་མཐུན་དང་རྒྱལ་ཁབ་གཅིག་གྱུར་སྲུང་སྐྱོབ། བོད་གཏོགས་ལས་ཁུངས་བསྒར་བཅོས། བོད་སྲིད་ལ་སྤྱོངས་ཡོངས་ནས་དོ་དག། སོག་བོད་སློབ་གྲྭ་སློབ་པ་སོགས་སོ། སྟེ་འབྱེད་བྱས། 1914 ལོར་འགྲེམས་མཚམས་བཞག།

Tibetan Vernacular Newspaper is one of the three vernacular newspapers hosted by Mongolian and Tibetan affairs department of the Republic of China. The other two are *Mongolian Vernacular Paper* and *Hui Vernacular Paper*. It started to publish in 1913, mainly reporting policies to Tibet in the early Republic of China which focus on the following aspects: five races under one union, maintaining national reunification, reforming Tibetan organizations, managing Tibetan affairs, setting up Mongolian and Tibetan schools. But it stopped publication in 1914.

《藏文大藏经》 藏传佛教经典集成。14世纪时由藏族僧人编撰而成，主要内容是从印度翻译过来的著作。分"甘珠尔"和"丹珠尔"两大部。大藏（德格版）共收佛教经籍4569种。"甘珠尔"为藏语音译，意为"经部"，包括密宗和显宗经律。"丹珠尔"意为"论部"，包括经律的阐明和注疏、密宗仪轨和五明杂著等。

《བོད་ཡིག་གི་བཀའ་བསྟན》 བོད་བརྒྱུད་ནང་བསྟན་གྱི་གཞུང་ཡིག་ཀུན་བཏུས། དུས་རབས་14པར་བོད་ཀྱི་རབ་བྱུང་བའི་སློབ་སློག་ཙམ་མཛད་ནང་དོན་གཙོ་བོ་རྒྱ་གར་པའི་བརྩམས་ཆོས་བོད་ཡིག་ཏུ་བསྒྱུར་བ་སྟེ། བཀའ་འགྱུར་དང་བསྟན་འགྱུར་གཉིས་དབྱེ། སྟེ་དགེ་པར་མའི་བཀའ་བསྟན་ཆ་ཚང་ཏུ་ནས་ཆོས་རིགས་4,569 བསྡུས་ཡོད། བཀའ་འགྱུར་ནི་མདོ་སྡེ་ཀྱི་བཀའ་གསུང་རང་ཡིན་པ་དང་། བསྟན་འགྱུར་ནི་བཀའ་དགོངས་འགྲེལ་ཡིན་པས། དེའི་ནང་དུ་སྲུང་གྱི་ཆོ་ག་དང་རིག་གནས་ལྔའི་བརྩམས་ཆོས་སྣ་ཚོགས་བཞུགས།

Tibetan Buddhist Canon is the collection of Tibetan Buddhism classic works. It was compiled by Tibetan monks, and included the works translated from India and divided into *Kangur* and *Tengur*. The Tibetan Canon of Dege edition enrolled 4,569 Buddhism classic works. Kangur is transliterated from Tibetan, meaning Sautrantika, including exoteric sect and esoteric sect. Tengur means discussion, including the explanations of Vinaya-sutra, exegesis, esoteric sadhana, WuMing ZaZhu (science technology) and so on.

藏香 香的一种。一般由藏红花、藏寇、丁香、檀香木、冰片、当归、黑香、雪莲花、沉香、甘松等几十种名贵藏药及香草制成。多数用于佛教祭祀活动。其制作工艺流程蕴含着藏文化的精髓。

བོད་སྤོས། སྤོས་ཀྱི་རིགས་ཤིག་སྟེ་བཏང་དུ་གུར་གུམ་དང་ཙན་དན། ཨ་གུར། མེ་ཏོག་གངས་ལྷ་སོགས་བོད་སྨན་དགོན་པོ་དང་དྲི་ཞིམ་རྩི་ཤིང་གིས་གྲུབ་པ་ཡིན་ཚོས་ལུགས་ཚོ་གའི་སྟེང་དུ་བཀོལ་བྱུང་ཆེ་བ་དང་། སྤྱིར་བཙོ་བའི་རིམ་པར་བོད་ཀྱི་རིག་གནས་ཀྱི་ཞིང་བཅུད་མང་པོ་ཞིག་འདུས་ཡོད།

Tibetan incense is a kind of incense made from scores of valuable and rare Tibetan medicines and herbs, such as saffron, Tibetan cardamom, lilac, sandal wood, borneol, Chinese angelica, tonka, snow lotus, agilawood, nard and so on. It is often used in Buddhist sacrificial ceremony. The Tibetan culture essence lies in its craftsmanship and producing process.

藏学 研究中国藏族历史、宗教、文化、经济、政治、社会等各个领域的综合性学科。

བོད་རིག་པ། བོད་ཀྱི་ལོ་རྒྱུས་དང་ཆོས་ལུགས། རིག་གནས། དཔལ་འབྱོར། ཆབ་སྲིད། སྤྱི་ཚོགས་སོགས་ཀྱི་ཁྱབ་ཁོངས་ལ་ཞིབ་འཇུག་བྱེད་པའི་ཕྱོགས་བསྡུས་རང་བཞིན་གྱི་རིག་ཚན་ཞིག

Tibetology is a comprehensive discipline studying Chinese Tibetan history, religion, culture, economy, politics, society, etc.

《藏医药大典》 藏医药文献集。青海省藏医药研究院组织编纂,民族出版社于 2012 年出版。全书共 6000 万字,分藏医学史、古代医籍、四部医典、临床医著、药物识别、药物方剂、药材炮制和仪轨颂词 8 大总义、78 章、492 节,收录了 638 部藏医药经典古籍和近现代代表性论著,跨越 2900 多年的历史。

《བོད་ཀྱི་གསོ་རིག་ཀུན་འདུས》 བོད་ཀྱི་གསོ་རིག་ཡིག་ཚོགས་བཏུས། མཚོ་སྔོན་ཞིང་ཆེན་བོད་ལུགས་གསོ་རིག་ཞིབ་འཇུག་སྟེང་གིས་སྒྲིག་ མི་རིགས་དཔེ་སྐྲུན་ཁང་གིས་ ༢༠༡༢ ཕྱིར་པར་སྐྲུན་བྱས། དེར་ཡོངས་ལ་ཡིག་འབྲུ་ཡོད་༦༠༠༠ཕྲག་ཡོད། དེར་བོད་ཀྱི་གསོ་རིག་ལོ་རྒྱུས་དང་གནའ་བོའི་གསོ་རིག་ཡིག་ཆ། གསོ་རིག་རྒྱུད་བཞི། གསོ་རིག་ལག་ལེན་གྱི་བརྩམས་ཆོས། སྨན་རྟགས་དོན་འཛིན། སྨན་བཟོ་སྦྱོར། སྨན་སྦྱོར་སྲུངས། ཆོག་བསྒྲིགས་ཆོག་སྒགས་ཆེ་ལག་རྡང་ཞུ་ར་ས་བཅད་ར་ར་བཀའ་བྱེ་སྟེ། བོད་ཀྱི་སྨན་རྒྱུད་གསོ་རིག་བཅའམས་ཆོས་༦༣༨ ཀྱི་དགོངས་དོན་བཏུས་པས། ལོ་ང་༢༩༠༠ཡི་ལོ་རྒྱུས་བརྒལ་ཡོད།

The Encyclopedia of Tibetan Medicine is the collection of Tibetan medical classic works compiled by Institute of Tibetan Medical Research in Qinghai province and published by Ethnic Publishing House in 2012. It has 60,000,000 words including 8 aspects, the history of Tibetan medicine, ancient medical books, Four Part Medical Classic, clinical medical books, identification of drug, medical prescription, medicinal material processing and ritual hymns; 78 chapters and 492 sections; collecting 638 Tibetan medical classic works and modern representative publications and covering a history of more than 2,900 years.

藏语 藏族使用的语言。属汉藏语系藏缅语族藏语支。主要分布在西藏自治区和青海、四川、甘肃、云南等地。有卫藏、康（见"康区"词条）、安多3大方言区。除了中国境内的藏族外，尼泊尔、印度、不丹等国家也有人操藏语。

བོད་སྐད། བོད་པས་སྨྲོད་པའི་སྐད་ཀ། བོད་རྒྱ་སྐད་རྒྱུད་བོད་འབར་སྐད་རིགས་བོད་སྐད་སྐད་ལག་ཏུ་གཏོགས། གཙོ་བོ་བོད་རང་སྐྱོང་ལྗོངས་དང་མཚོ་སྔོན། སི་ཁྲོན། གན་སུའུ། ཡུན་ནན་སོགས་ས་ཁུལ་ལ་ཁྱབ་ཡོད། དབུས་གཙང་སྐད་དང་ཁམས་སྐད། ཨ་མདོ་སྐད་བཅས་ཡུལ་སྐད་ཆེ་ཁག་གསུམ་ཡོད་པ་དང་། རྒྱུང་གོའི་མཐའ་ཁོངས་ཀྱི་བོད་པ་ཕུད་པའི་བལ་བོ་དང་རྒྱ་གར། འབྲུག་ཡུལ་སོགས་ཡུལ་གྲུ་བོད་སྐད་སྨྲོད་མཁན་ཡོད།

Tibetan is the language spoken by Tibetans, and it belongs to Tibetan branch of Tibeto-Burman group in Sino-Tibetan family. It mainly distributes in Tibetan Autonomous Region, Qinghai, Sichuan, Gansu and Yunnan provinces, including three dialect areas, which are U-tsang, Kham and Amdo. In addition to the Tibetans in China who speak Tibetan, there are people who speak Tibetan in other countries like Nepal, India, Bhutan and so on.

藏语系佛教 藏传佛教的别名。

བོད་སྐད་རྒྱུད་ཀྱི་ནང་པའི་ཆོས་ལུགས། བོད་ནང་བསྟན་ཀྱི་མིང་གཞན།

Tibetan language Buddhism is another name of Tibetan Buddhism.

藏语支 汉藏语系藏缅语族的语支之一。主要分布在中国西藏和青海、四川、甘肃、云南等省以及喜马拉雅山南麓的印度、尼泊尔、不丹境内。

བོད་སྐད་ཀྱི་ཡན་ལག རྒྱ་བོད་སྐད་རྒྱུད་བོད་འབར་སྐད་རིགས་ཀྱི་སྐད་ལག་ཞིག གཙོ་བོ་རྒྱ་ནག་གི་བོད་ལྗོངས་དང་མཚོ་སྔོན། སི་ཁྲོན། གན་སུའུ། ཡུན་ནན་སོགས་ཞིང་ཆེན་དང་དེ་མ་ཡིན་ཧི་མ་ལ་ཡའི་ལྷུབ་འདབས་ཀྱི་རྒྱ་གར་དང་བལ་བོ། འབྲུག་ཡུལ། འབྲུག་ལྗོངས་སོགས་སུ་ཁྱབ་ཡོད།

Tibetan Branch is one branch of Tibeto-Burman in Sino-Tibetan family, mainly distributed in Tibet of China, Qinghai, Sichuan, Gansu, Yunnan province, regions in the south of the Himalayas, India, Nepal and Bhutan.

藏纸 西藏特有文化产品。产生于7世纪中叶。文成公主入藏带进造纸术后，藏汉工匠在没有中原造纸原料的情况下生产出工艺独特的藏纸。主要由树皮纤维及瑞香狼毒（草本植物，藏语称"日加"）的根部纤维经碱处理制成。具有存放时间长、不被虫蛀、字迹不会模糊、质地柔软等特点。

བོད་ཤོག བོད་ཕྱུན་མིན་རིག་གནས་ཐོན་དངོས། དུས་རབས་༧པའི་དགུལ་དུ་བྱུང་། ཨན་ཤིང་ཀོང་ཇོ་བོད་ཞིབས་དུ་ཕེབས་དུས་ཤོག་བཟོ་ལག་རྩལ་ཁྱེར་ཡོང་རྗེས། བོད་རྒྱའི་བཟོ་བ་དག་གིས་རྒྱ་ཡུལ་གྱི་ཤོག་བཟོའི་རྒྱུ་ཆ་བོད་དུ་མེད་པའི་གནས་ཚུལ་འོག་དུ་བོད་ཀྱི་བྱུན་མིན་ཁྱད་ཆོས་ལྡན་པའི་བོད་ཤོག་བཟོས། གཙོ་བོ་སྡོང་དང་རེ་རལ་

རེ་ལྷགས་པ་སོགས་ཚེ་བྱེད་དུག་ཡོད་མེད་གཉིས་ཀྱི་ཐབ་པས་བཟོས། དེར་བརྟེན་བཞག་ཡུན་རིང་བ་དང་ཕྱེ་འབུས་མི་བཟའ་བ། ཡིག་ཚགས་གསལ་ལ་རྒྱུས་ལྕུགས་ལེགས་པའི་ཁྱད་ཆོས་འཛོམས།

Tibetan paper is a distinctive cultural artifact of Tibet, which come into being in the middle of the 7th century. After Wen Cheng Princess went to Tibetan with paper-making, the Tibetan and Chinese artisans produced Tibetan paper with distinctive craft without the papermaking raw materials in Central Plains. Tibetan paper is made from bark fiber and root fiber of stellera chamaejasme (herb, "Rijia" in Tibetan) after alkali treatment. It features long-time storage, resistance to worm damages, no blurring writing, and soft texture.

藏族 中国的少数民族。主要聚居在西藏以及青海、甘肃、四川、云南等省。人口6282187人（2010年）。另外，尼泊尔、印度、不丹等国也有分布。藏族为汉称。自称因地而异，统称"博巴"。有文字、语言。多信奉藏传佛教。以从事畜牧业为主，兼营农业。

བོད་རིགས། རྒྱང་གོའི་གྲངས་ཉུང་མི་རིགས། གཙོ་བོ་བོད་ལྗོངས་དང་མཚོ་སྔོན། གན་སུའུ། སི་ཁྲོན། ཡུན་ནན་སོགས་ཞིང་ཆེན་ལ་ཁྱབ། མི་གྲངས(༦༢༨༢༡༨༧)(༢༠༡༠) ཡོད། གཞན་ཡང་བལ་པོ་དང་རྒྱ་གར། འབྲུག་ཡུལ་སོགས་སུའང་ཡོད། རྒྱ་མིའི་ཡིད་ཀྱི་པོད་དང་། ཕལ་མོ་ཆེ་བོད་རྒྱུད་ནང་བསྟན་ལ་དད། ཕྱུགས་ལས་གཙོ་བོར་གཞིར་བཞིད་ཞིང་ལས་ཀྱང་ཡོད།

Tibetan people is a Chinese ethnic group, mainly living in Tibet, Qinghai, Gansu, Sichuan and Yunnan province with the population of 6, 282, 187 (2010). What's more, they are also living in other countries like Nepal, India, Bhudan and so on. Han people call them Tibetan people. Although different areas have different names to call them, they have a unified name-Boba. They have their own scripts and language and most of them believe in Tibetan Buddhism and mainly engaged in animal husbandry and agriculture.

藏族格萨尔彩绘石刻 藏族格萨尔文化的一种遗存，融精湛的刻石技艺和传统绘画为一体。以《格萨尔》核心内容为表现对象。主要分布在四川甘孜藏族自治州色达、石渠、丹巴3县，以色达县的格萨尔彩绘石刻最具代表性，县内泥朵乡就有千余幅成一个谱系的格萨尔彩绘石刻。

བོད་ཀྱི་གེ་སར་ཚོན་ལྡན་རྡོ་བརྐོས། བོད་ཀྱི་གེ་སར་རིག་གནས་ཀྱི་ཤུལ་བཞག་ཅིག་ཡིན། འབག་ཀྱི་བརྐོས་ལག་རྩལ་དང་སྲོལ་རྒྱུན་གྱི་འབྲི་ཐབས་ཟུང་དུ་འབྲེལ་ཅིང་།《གེ་སར》བརྗོད་བྱའི་སྙིང་པོར་བཟུང་བ། མི་ཁྱོན་དཀར་མཛེས་ཀྱི་གསེར་རྟ་དང་། རྫ་ཆུ། དོར་ཕྲག་འགོ་བཅས་རྫོང་གསུམ་དུ་ཁྱབ་ཡོད། གསེར་རྟའི་གེ་སར་མཚོན་འབྲི་རྡོ་བརྐོས་ནི་ཆེས་ཁྱད་ལྡན་ཞིང་། ས་ཁྱུལ་དེའི་རྫི་གདོང་ཞེས་དུ་གེ་སར་མཚོན་འབྲི་རྡོ་བརྐོས་སྟོང་ཕྲག་མང་པོས་གྲུབ་པའི་ཕྲེང་རྒྱུད་གཅིག་ཡོད།

Tibetan King Gesar painted rock carving is the relics of the Tibetan Gesar culture, with the perfect combination of the exquisite carving skills and traditional painting. It focuses on the story of *King Gesar*. And it is mainly distributed in Seda, Shiqu, Danba County of Sichuang Ganzi Tibetan Autonomous Prefecture. The most representative painted carving is in Seda County, and in Niduo Township, there are a series of painted rock carvings based on *King Gesar*, composed of more than one thousand paintings in the same lineage.

藏族医学 民族医学。兴起于松赞干布至墀松德赞时期，吸收和借鉴汉医、印度传统医学等医学理论而形成。其认为，三大因素（气、火、土和水）支配七种物质基础（饮食精微、肉、血、脂肪、骨、骨髓、精）和三种排泄物（大、小便，汗液）的运行变化，治疗上就需对三者进行调整，恢复协调状态。

བོད་ལུགས་གསོ་རིག ཨེ་རིགས་གསོ་རིག སྲོང་བཙན་སྒམ་པོ་ནས་ཁྲི་སྲོང་ལྡེ་བཙན་གྱི་བར་སྐབས་སུ་ཐོག་མར་དར་རྒྱ་དཀར་ནག་གི་གསོ་རིག་བཟུང་ལུགས་ཀྱི་ཞིབ་ཏུ་བསྟུན་ཞིང་། བོད་རང་གི་ཁམས་ཆེན་རྣམ་པའི་ལག་ནས་དང་གནས་ཚུལ་དང་གྱུར་པ་ཞིག་ཡིན། དེར་རྒྱུ་གསུམ་པོ་(རླུང་། མེ། ས་དང་རྒྱམ།) ཡང་ན། རྒྱུ་མཁྲིས་བད་གན་གསུམ།) དངོས་པོའི་རྒྱུ་གཞི་བདུན (ཟས་ཞིབ་ཁུ། ཤ། ཁྲག ཚིལ། རུས་པ། རྐང༌། ཁམས།) དང་ལུས་ཀྱི་ཕྱིར་གཏོང་གསུམ (བཤང་གཅི་དང་རྡུལ་རྔུལ་ཆུ།) གྱི་འཕོ་སྟོང་འགྱུར་ལྡོག་སྟེགས་པར་འདོན་པར། སྨན་བཅོས་ཐོག་ཏུ་དེ་གསུམ་གར་སྒྲོམས་སྐྱོན་བྱེད་དགོས་པར་འདོད།

Tibetan medical science is an ethnic medical science, popular from the era of Songtsan Gampo to Trisong Detsen, absorbing and taking a reference from traditional medical theories in China, India and so on. According to its theory, three elements (air, fire, earth and water) control the change of movement of the seven physical bases (food essence, meat, blood, fat, bone, bone marrow and sperm) and the three excrements (shit, piss and perspiration). A coordinated state can be recovered by adjusting the three elements in treatment.

早务曼 德昂语音译，意为"寨心神"。云南德宏地区德昂族和西双版纳地区布朗族村寨的神祇。

ཙའོ་ཕུན་མན། དེ་ཡང་སྐད་ཀྱི་སྒྲ་བསྒྱུར། ཕྱིའི་བཞུགས་གནས་ཞུན་ཞན་ཏེ་ཐོང་ས་ཁུལ་ཏེ་ཨང་རིགས་དང་ཞི་ཐོང་པན་ནའི་ཕུའུ་ལང་རིགས་ཀྱི་སྡེ་བའི་ལྷ་ཁང༌།

Zaowuman is the transliteration of Palaung language, which means the Deity in the village. It is the Deity of De'ang people in Dehong prefecture of Yunnan province and Blang people in Xishuangbanna.

则溪 彝语音译，原意是"仓库所在的地区"。解放前贵州水西（乌江上游鸭池河以西之地）彝族安氏土司将其属地分为若干片区，并在每一片区的中心地点驻兵屯粮，设立仓库以征钱粮，于是则溪便演变为行政区域的代称。

ཚེ་ཞི། དབྱི་སྐད་སྒྲ་བསྒྱུར། དོན་ནི་མཛོད་ཁང་གནས་ས། བཅིངས་འགྲོལ་མ་བྱས་གོང་གུའེ་གོའུ་ཞུའེ་ཞིས་ཀྱི་(ཕུའུ་ཅང་གཙང་པོའི་སྟོད་རྒྱུད་ཡ་ཁྱུའུ་ཆུ་བོ་དང་ཉུབ་ཁུལ།) དབྱི་རིགས་ཨན་རྒྱུད་ཀྱི་འགོ་བས་རང་གི་མངའ་ཁོངས་ལག་བཅོས་བྱས་ཏེ། ས་ཁུལ་སོ་སོའི་ལྟེ་བར་འབུ་མཛོད་དང་སྦུང་དཀག་བཀོད་སྒྲིག་བྱས། མཛོད་

ཁང་བཤུགས་ནས་དངུལ་འབྲུ་བསྡུས་ཤིང་། ཙེ་ཞི་དི་རིམ་གྱིས་སྲིད་འཛིན་ཁུལ་གྱི་མིང་དུ་གྱུར།

Zexi is the transliteration of Yi language. Its original meaning was the place where warehouses located in. Before liberation, the Yi chieftain, An, who lived in Shuixi (upstream of Wujiang River and the west of Yachi River) of Guizhou, divided his territory into several regions and had troops, stored up grain and set up warehouses to levy money and grain in the center of each region. Therefore, Zexi became the name of administrative area.

泽当 地名。位于今西藏雅鲁藏布江中游南岸，属乃东县，为山南地区专员行政公署所在地，是藏南交通枢纽。据藏文神话传说，观世音菩萨点化的猕猴和岩洞女妖结婚后，曾在此繁衍后代，后发展成藏族。

རྩེད་ཐང་། ས་མིང་། བོད་ལྗོངས་ཡར་ཀླུང་གཙང་པོའི་བར་རྒྱུད་ཀྱི་ལྷོ་ངོགས་སུ་ཡོད། སྣེ་གདོང་རྫོང་གི་ཁོངས་གཏོགས། ལྷོ་ཁ་ཁུལ་གྱི་སྲིད་འཛིན་ཆེན་ལས་གནས་གཞི་ཡོད་པའི་ཡུལ་ཡིན། བོད་ཀྱི་སྒྲུང་འགྲེལ་འགྲུབ་ཀྱི་འགག་རྩ་ཡིན། བོད་ཀྱི་དག་རྒྱུད་ལྟར་ན་སྤྱན་རས་གཟིགས་ཀྱི་སྤྲུལ་པའི་སྤྲེའུ་བྱང་ཆུབ་སེམས་དཔའ་དང་བྲག་ཕུག་གི་གཞི་མཚམས་སུ་འདུས་སྟོད་ཕྲུག་རྗེས། གནས་འདིར་བ་རབས་ཆགས་རྒྱུད་བསྐྲུན་པ་ཕྱིས་སུ་བོད་རིགས་ནས་འཕྲུར་འགྱུར་བར་འདོད།

Zedang (Tsetang) is a toponym, which is located in south bank of middle reaches of Yalutsangpo River in Tibetan, belonging to Nedong County. It is the place that locates the prefectural commissioner's office of Shannan Prefecture. And it is the transportation hub of Southern Tibet. According to Tibetan tales of legends, the macaque who had been enchanted by Arya Avalokiteshvara got married with cave enchantress, they lived there and bred offspring, who later became the Tibetan people.

扎仓 藏语音译，意为"僧院"。藏传佛教某些大寺院中僧众学习经典的组织。按学经的性质不同，分为：举巴扎仓（密宗）、参尼扎仓（佛教哲学）、丁科扎仓（天文历算）、曼巴扎仓（医学）等。也有称寺院为扎仓。

གྲྭ་ཚང་། དགེ་འདུན་པ་འཚོགས་པའི་སྡེ་ཡི་དོན། བོད་བརྒྱུད་ནང་པའི་དགོན་ཆེན་ནང་དུ་རབ་བྱུང་པས་ཆོས་གཞུང་སློབ་གཉེར་བྱེད་པའི་རྩ་འཛུགས་ཤིག བསྒྲུབ་བྱའི་ནང་དོན་མི་གཅིག་པར་གཞིགས་ནས་དབྱེ་ན་རྒྱུད་པ་གྲྭ་ཚང་། (གསང་སྔགས) མཚན་ཉིད་གྲྭ་ཚང་། (ཆོས་གཞུང་ཆོས་མ) དུས་འཁོར་གྲྭ་ཚང་། (སྐར་རྩིས) སྨན་པ་གྲྭ་ཚང་། (གསོ་རིག) སོགས་ཡོད། དགོན་པ་ལ་གྲྭ་ཚང་ཟེར་བཞེད་ཡོད།

Dratsang, Tibetan transliteration, means Buddhist monastery. It is the organization of some large monasteries of Tibetan Buddhism where monks learn classic sutra. According to the different classics, there is Kagyupa Dratsang (Vajrayana), Chamni Dratsang (Buddhist philosophy), Dingke Dratsang (Astronomy and Calendar), and Manba Dratsang (medical science). In some cases, the monastery is also called Dratsang.

扎马鲁丁（生卒年不详） 中国元朝初年回回天文学、历法学家。出身于阿拉伯帝国统治下的波斯。元世祖忽必烈至元年间，在大都朝廷任职。此间，他制造天文仪器，编纂历法、地志，是将伊斯兰教天文历法成就全面介绍给中国的第一人，为东西方文化交流作出了重要贡献。

ཀ་མ་ལུའུ་དིང་། (སྐྱེས་འདས་ལོ་མི་གསལ།)
གུང་གོའི་ཡོན་རྒྱལ་རབས་དུས་འགོའི་རིགས་གནས་རིག་རིག་དང་ཆེས་རིག་པ་ཡིན། ཨ་རབ་བཙན་རྒྱལ་དབང་བསྒྱུར་བོག་གི་པར་ཞི་ཏུ་སྐྱེས། ཡོན་ཙེ་ཧུའུ་སེ་ཆན་རྒྱལ་པོའི་སྐབས་སུ་རྒྱལ་རབས་ཀྱི་ཕོ་བྲང་ཆེན་པོའི་དཔོན་པོ་བྱས། ཁོས་གནམ་རིགས་དཔྱད་ཆས་བཟོ་བཞེངས་ལོ་ཁམས་དང་ཁམས་སྐྱོང་དང་། སེ་ལིའུ་གནས་རིག་སྐར་ཚིས་ཀྱི་གྲུབ་འབྲས་ཀྱི་བོད་ཡོངས་སྐོད་དང་། ཤར་ནུབ་རིག་གནས་ཀྱི་བརྗེ་རེས་ལ་བྱས་རྗེས་ཆེན་པོ་བཞག

Jamaluddin was a master in Muslim astronomy and calendar, who was born in Persia reigned by Arab Empire. He worked in the royal court of Great Capital at the Yuan Dynasty and made astronomical instruments, compiled calendar and annals of local history during the rule of Kublai Khan. He was the first person who introduced the achievement in Islamic astronomical calendar to China comprehensively and he made a great contribution to the cultural communication between the East and the West.

扎什伦布寺 位于西藏日喀则市城西。为四世之后历代班禅驻锡之地，是格鲁派的"四大寺"之一。1447年宗喀巴弟子根敦朱巴兴建。后班禅四世加以扩建。寺中有错钦大殿、大弥勒殿、历世班禅灵塔殿、扎仓等。

བཀྲ་ཤིས་ལྷུན་པོ་དགོན། བོད་གཞོངས་གཞིས་ཀ་རྩེ་གྲོང་ཁྱེར་གྱི་ནུབ་ཏུ་ཡོད། པཎ་ཆེན་སྐུ་ཕྲེང་བཞི་པའི་རྗེས་ཀྱི་པཎ་ཆེན་སྐུ་ཕྲེང་རིམ་བྱོན་གྱི་བཞུགས་གནས་ཡིན། དགེ་ལུགས་པའི་དགོན་ཆེན་དྲུག་གི་ཡ་གྱལ། ༡༤༤༧ལོར་རྗེ་ཙོང་ཁ་པའི་སློབ་མ་དགེ་འདུན་གྲུབ་པས་བཞེངས། པཎ་ཆེན་སྐུ་ཕྲེང་བཞི་པས་རྒྱ་བསྐྱེད། དགོན་པར་ཚོགས་ཆེན་འདུ་ཁང་དང་བྱམས་ཁང་ཆེན་མོ། པཎ་ཆེན་སྐུ་ཕྲེང་རིམ་བྱོན་གྱི་སྐུ་གདུང་མཆོད་རྟེན་ཁང་། གྲྭ་ཚང་སོགས་ཡོད།

Tashilunpo Monastery is located in the west of Shigatse in Tibet. It is the resident place from the Panchen IV and is one of the four monasteries of Gelugpa. It was built by Gendun Drup, the disciple of Tsongkhapa in 1447, later it was expanded by Panchen IV, including The Tsochin Hall, Big Maitreya Hall, Stupas of Panchen in every generation, Ngang College and so on.

扎西德勒 藏语音译。"扎西"是吉祥的意思，"德勒"是好的意思，连起来可以翻译成"吉祥如意"。是藏族人表示欢迎、祝福吉祥的话语，通常作为问候语使用。

བཀྲ་ཤིས་བདེ་ལེགས། བཀྲ་ཤིས་ནི་རྟེན་འབྲེལ་དང་བདེ་ལེགས་ནི་བདེ་སྐྱིད་ཀྱི་དོན་ཡིན། མཉམ་གཅིག་ཏུ་བདེ་སྐྱིད་དོན་འགྲུབ་ཀྱི་དོན་དུ་གོ བོད་པ་ཚོས་དགའ་བསུ་དང་རྟེན་འབྲེལ་འཕྲེལ་བ། མཚམས་འདྲི་སོགས་ཀྱི་སྐབས་སུ་སྐད་ཆའི་རྒྱན་སྦྱོར་བྱེད།

Zhaxi Dele is the transliteration of Tibetan language. Zhaxi means auspiciousness and Dele means goodness, which together can be translated as good luck and happiness. It is an utterance showing welcome and blessing in Tibetan. It is usually used as a greeting.

扎喜旺徐（1913—2003） 藏族。四川甘孜人。1935年参加红军，1938年加入中国共产党。曾任第四方面军甘孜骑兵连连长，内蒙古自治运动联合会锡林郭勒盟、察哈尔盟行政委员会处长。新中国成立后，历任青海果洛藏族自治州州长、国家民委司长、中共青海省委书记等职。2003年在北京去世。

བཀྲ་ཤིས་དབང་ཕྱུག (1913-2003)

ཤེས་ཁོན་དཀར་མཛེས་ཀྱི་བོད་པ་ཞིག 1935ལོར་དམར་དམག་དང་། 1938ལོར་གུང་གོ་གུང་ཁྲན་ཏང་དུ་ཞུགས། དམག་ཕྱོགས་བཞི་པའི་དཀར་མཛེས་རྟ་དམག་གི་ལག་གུ་དང་ནང་སོག་རང་སྐྱོང་ལས་འགུལ་མཉམ་འབྲེལ་ཚོགས་པའི་ཞིས་ལིན་གོ་ལེ་ཁུལ་དང་ཁ་ཏར་ཚོའི་སྲིད་འཛིན་ཨུ་ཡོན་ཚོགས་པའི་ཁྲུའུ་གུང་། བཅའ་འགྲོ་ལ་རྗེས་མཚོ་སྔོན་མགོ་ལོག་བོད་རིགས་རང་སྐྱོང་ཁུལ་གྱི་ཁུལ་དཔོན་དང་རྒྱལ་ཁབ་མི་རིགས་དོན་གཅོད་ཨུ་ཡོན་ལྷན་ཁང་གི་སྲིད་གཞུང་དང་གུང་གུང་མཚོ་སྔོན་ཞིང་ཆེན་གྱི་ཧྲུའུ་ཅི་སོགས་ཀྱི་འགན་འཁུར་བཞེས། 2003ལོར་པེ་ཅིན་ནས་འདས།

Tashi Wangchuk (1913-2003) is a Tibetan people in Ganzi Prefecture, Sichuan province. He joined the Red Army in 1935 and joined the Party in 1938. He worked as commander of Guard Cavalry Regiment in the Fourth Front Army and director of the executive committee in Xilingol League of the Inner-Mongolian self-governing campaign and Chahaerbu League. After liberation, he served as the governor of Golog Tibetan Autonomous Prefecture, the Director of the State Ethnic Affairs Commission, Secretary of the CPC Qinghai provincial committee and so on, he died in Beijing in 2003.

札萨 1.原西藏地方政府官员品级名。源自蒙古语札萨克（执政官）。清代沿用于西藏。起初地位高于噶伦（见"噶伦制"词条），后降至噶伦以下而略高于四品。其中有僧有俗，按惯例僧官札萨列于俗官札萨之前。2.为四大林各呼图克图的总管。

ཛ་སག 1.སྔར་བོད་ས་གནས་སྲིད་གཞུང་གི་དཔོན་གནས་མིང་། སོག་སྐད་ལས་བྱུང་ཞིང་ཆེན་རྒྱལ་རབས་སྐབས་བོད་དུ་སྤྱད། དང་ཐོག་གོ་གནས་བཀའ་བློན་ལས་མཐོ། རྗེས་སུ་ལས་དབའ་བརྒྱུད་ཞིབ་བཞིན་བཞི་ལའང་མཐོ། དབོན་གནས་དེར་སྐྱ་སེར་གཉིས་ཀ་ཡོད། རྒྱུན་སྲོལ་ལྟར་སེར་མོ་བའི་ཛ་སག་ནི་སྐྱ་བོའི་ཛ་སག་པའི་ཁྲིམས་པ་ཛ་སག་པའི་གོང་དུ་བཞུགས། 2. གླིང་བཞིའི་ཧོ་ཐོག་ཐུ་ཡི་སྤྱི་གཉེར་ཡིན།

Dsasag has two meanings. The first one refers to the name of government official in Tibet. It originated from Jasak (archon) in Mongolian and used in the Qing Dynasty. At the beginning, the rank of Dsasag was higher than Kalon. Later, it was degraded below Kalon but superior to the 4th rank, including monks and laymen. Conventionally, the former were superior to the later. The second one refers to the managers of the four Khutuktu monasteries.

札萨克 蒙古语的音译。源出"札撒"（法令）一词，意为"支配者""尊长"。清代蒙古地区旗长的称呼。内属蒙古各旗一般不设，外藩蒙古各旗由清廷就旗内王公中委派一人充任，直隶理藩院，受中央监督。解放后只保留旗的称谓，相当于县，取消札萨克，设旗长。

ཇ་སག་ཁོ། སོག་སྐད། དོན་བཀོད་འདོམས་པ་དང་དཔོན་པོ་སོགས། ཆིང་རྒྱལ་རབས་སུ་དར་དཔོན་འབོད། ནང་ཁོངས་ཀྱི་སོག་པོའི་དར་ཚོས་སོར་དཔོ་གནས་འདི་མེད་པར། ཕྱིའི་སོག་པོའི་དར་ཚོས་སོར་ཆིང་གཞུང་གིས་མངགས་གཏོང་བྱེད། མཐར་སྒྲོལ་ཁང་དུ་གཏོགས་ཤིང་དབུས་གཞུང་གིས་ལྟ་རྟོག་བྱེད། བཅིང་འགྲོལ་རྗེས་སུ་དར་ཚོའི་མིང་སོར་འཇོག་བྱས་ཤིང་། དེའི་རྫོང་དང་མཉམ། ཇ་སག་ཁོ་མེད་པར་བྱས་ཏེ་དར་དཔོན་བསྐོས།

Jasak is the transliteration of Mongolian. It originated from Jasaq (order), which referred to ruler or superior people and it was the name of the ruler of the banner in Mongolia in the Qing Dynasty. It was not set in the Banners of Inner Mongolian; there would be a noble in every Flag to act as Jasak delegated by Qing Government in Vassals of the Outer Mongolian, which was controlled by court of Colonial Affairs directly and supervised by central authorities. However, after liberation, the title of Banner was kept and it is equivalent to County; Jasak was abolished and instead set up head of Banner (county).

札萨克喇嘛 清代蒙古族聚居地区藏传佛教僧职名。地位相当于蒙古旗札萨克，掌管寺庙及喇嘛旗政教两权。

ཇ་སག་ཁོ་བླ་མ། ཆིང་རྒྱལ་རབས་སུ་སོག་པོ་འཁོད་ཀྱི་བོད་བརྒྱུད་ནང་ཆོས་ཀྱི་གོ་གནས་ཤིག དེའི་སོག་པོའི་དར་ཚོའི་ཇ་སག་ཁོ་དང་མཉམ་ལ་དགོན་སྡེ་དང་དར་ཚོའི་ཆོས་སྲིད་གཉིས་ཀར་དབང་ཡོད།

Jasak Lama was the name of monk's position of Tibetan Buddhism in the area of Mongolian in the Qing Dynasty, which was equivalent to Jasak in Mongolian Banner, managing monastery and Banner of Lama.

斋功 穆斯林的五项宗教功课之一。斋功，即斋戒。伊斯兰教历的九月为斋月，在斋月期间，教徒要斋戒一月，每天从日出前到日落要止饮禁食，以清心寡欲，专事真主。

ཟས་བཅད། སུའུ་སི་ལིན་གྱི་ཆོས་ཡུལ་བསྒྲུབ་ཆོས་ལྔའི་གྲས་ཤིག དྲི་སི་ལན་གྱི་ལོ་ཚིགས་ལྟར་ན་ཟླ་དགུ་པ་དེ་ཟས་བཅད་ཀྱི་ཟླ་ཡིན་ལ། དང་ལྔའི་གྱིས་ཟླ་འདིའི་བར་ཟས་བཅད་གཅོད་དགོས་པ་སྟེ། ཉི་ཤར་ནས་ཉི་ནུབ་བར། ཟས་མི་ཟ་ཞིང་དག་སེམས་རྒྱལ་མས་དཀོན་མཆོག་མཆོད་བཀུར་སྒྲུབ་དགོས།

Fasting is one of the five pillars in Islam. The disciples need to fast during the month of Ramadan (the ninth month of the Islamic calendar). They fast before the sunrise to sunset every day during that whole month to cleanse one's heart and limit one's desires and devote to Allah.

瞻对事件 清末西藏地方军队强占康区的事件。1848 年，康区瞻对（今四川新龙）土司工布朗结起义。1865 年，西藏地方军助清廷镇压起义后索要军费，清廷拒付，藏军遂占据瞻对，后授治理。1896年，清廷以其不听节制等理由派兵进剿，藏军降。清廷重治瞻对。

དགྲ་འདུལ་དོན་རྐྱེན། ཆེད་དུས་མཇུག་ཏུ་བོད་དམག་གིས་ཁམས་ཡུལ་བཟུང་བའི་དོན་རྐྱེན། ༡༨༤༨ལོར་ཁམས་དགྲ་འདུལ་གྱི་（དེང་གི་སི་ཁྲོན་ཞིག་རོང་།）འགོ་བ་མགོན་པོ་རྣམ་རྒྱལ་གྱིས་ངོ་ལངས་བྱས་ཤིང་། ༡༨༦༥ལོར་བོད་དམག་གིས་ཆིང་སྲིད་གཞུང་གི་རོགས་སྐྱོར་དོག་ནས་ལངས་ཞི་འཇགས་སུ་བཏང་རྗེས་ཆེད་དམག་གིས་དངུལ་བསྐྱངས་བོད་ཆེད་སྲིད་གཞུང་གིས་མ་བྱིན། དེ་རྗེས་བོད་དམག་གིས་འདུལ་བཟུང་ཡང་ཐག་གཅོད་མ་བྱས་པར་བཞག ༡༨༩༦ལོར་ཆིང་སྲིད་གཞུང་གིས་བཀའ་ལ་རྒྱལ་འགལ་སོགས་ཀྱི་ཞེས་ཤིང་བཀའ་ནས་བོད་དམག་ཕམ་ཞིང་དགྲ་འདུལ་ཐག་གཅོད་སླེ་མོ་བྱས།

Zhandui Incident referred the incident that Tibetan local troops forcibly occupied Kham in the end of Qing Dynasty. The chieftain, Gongbulangjie in Zhandui (Sichuan Xinlong) of Kham revolted in 1848. Then Tibetan local troops helped imperial court to crackdown the revolt in 1865. But when they asked for military expenditure, the imperial court refused to pay and then the troops occupied Zhandui and the imperial court authorized them to manage the region. In 1896, the imperial court wiped the troops out with the excuses that they did not obey the order of the court. After that, the troops surrendered and Zhandui was managed by the imperial court again.

站赤 驿站的译称。蒙古语音译，本意为"司驿者"，即管理驿站的人，兼指站官及站户。元代在全国交通线上都设置了站赤，以便"通达边情，布宣号令"。

ཀྲན་ཁྲི། འབབ་ཚིགས་ཀྱི་མིང་། སོག་སྐད་སྒྲ་བསྒྱུར། བོ་དོན་འབབ་ཚིགས་ཀྱི་མིང་། བདག་གཉེར་བ། བོ་གཉེར་དང་ཕོ་གཉེར་གྱི་དོན་ཡང་ཡིན། ཡོན་རྒྱལ་རབས་སྐབས་རྒྱལ་ཡོངས་ཀྱི་བཞུད་ལམ་ཀུན་ཏུ་བཙུགས་པ་དང་བརྒྱུད་པ་དང་བཀའ་ལུགས་སློག་པར་སྲབས་བདེར་བཙོས།

Zhanchi is the transliteration of Mongolian, referring to courier station. While its original meaning was Siyizhe, the person who managed the courier station and it is also used to refer to the officials and members in the station. There was Zhanchi in the lines of communications of the whole country in the Yuan Dynasty in order to know the status in every place and inform the orders of ruling class.

张冲（1900—1980） 彝族。云南泸西县人。早年加入滇军，历任旅长、师长。1933年任云南省盐运监督使。1938年参加台儿庄战役，晋升军长。1945年到延安，后加入中国共产党，先后任东北人民解放军总部高级参议、松江省人民政府副主席。新中国成立后，任云南省人民政府副主席、云南省民委主任等职。

ཀྲང་ཁྲུང་།（༡༩༠༠—༡༩༨༠） དབྱི་རིགས། ཡུན་ནན་ལུའུ་ཞི་རྫོང་གི་མི་ཡིན། གཞོན་དུས་ཏེན་དམག་ཏུ་ཞུགས་ནས་ཕྱིའི་ཀྲང་དང་ཏྲེ་ཀྲང་གི་འགན་ཁུར། ༡༩༣༣ལོར་ཡུན་ནན་ཞིང་ཆེན་ཚྭ་སྐྱེལ་བལྟ་སྐུལ་དཔོན་གྱི་འགན་ཁུར། ༡༩༣༨ལོར་ཐཱེར་ཀྲོང་གཡུལ་འགྱེད་དུ་ཞུགས་ཏེ་ཅུན་གྱི་པོ་གནས་སུ་འཕར།

གཞན་ཡོད་ལོར་ཡན་ནན་ལ་འགྱུར་རྗེས་གྲུང་གོ་གུང་ཁྲན་
ཏང་དུ་ཞུགས། རྗེས་ཤར་མི་དམངས་བཅིངས་འགྲོལ་
དམག་གི་སྤྱི་ཁྱབ་རུ་ཁམས་གྱིས་འདོན་པ་དང་སུང་ཅང་ཞིན་
ཆེན་མི་དམངས་སྲིད་གཞུང་གི་གྲོགས་ཞི་གཙོ་སོགས་ཀྱི་
འགན་འཁུར་བཅོལ། བཅིངས་འགྲོལ་རྗེས་སུ་ཡུན་ནན་ཞིན་
ཆེན་མི་དམངས་སྲིད་གཞུང་གི་གྲོགས་ཞི་གཙོ་དང་ཡུན་
ནན་ཞིན་ཆེན་མི་རིགས་དོན་གཅོད་ཨུ་ཡོན་ལྷན་ཁང་གི་
གྱུ་རིན་སོགས་ཀྱི་ལས་འགན་འཁུར།

Zhang Chong（1900-1980） was a member of Yi people and born in Luxi County of Yunnan. He joined Yunnan Army in his early years, working as brigade commander and divisional commander successively. He served as supervisor of salt transportation in 1933, and joined the Taierzhuang Campaign in 1938 and was promoted to army commander and went to Yan'an in 1945. Later, he joined the Party and worked as senior executive officer at the Headquarter of the Northeast People's Liberation Army, vice-chairman of SongJiang Government. After liberation, he served as vice-chairman of Yunnan Government, director of Yunnan Ethnic Affairs Commission.

张穆（1805—1849） 中国清代学者。山西平定人。道光十一年（1831）优贡生。曾任正白旗汉教习。致力于西北边疆地理和蒙古史的研究。写下《蒙古游牧记》《俄罗斯补辑》《魏延昌地形志》等著作。《蒙古游牧记》是其代表作，16卷，为中外研究蒙古史权威性著作。

གང་མུའུ།（༡༨༠༥—༡༨༤༩） གུང་གོའི་ཆེན་རྒྱལ་རབས་སྐབས་ཀྱི་མཁས་དབང་ཞིག་ཡིན་ཏེ་ཀྱི་མི་ཡིན། ཏའོ་གོང་ཕྱི་ལོ་བཅུ་གཅིག་པའི་（༡༨༣༡）ཕྱུག་བྱུང་བ། དར་དཀར་རྟོག་གི་རྒྱའི་དགེ་རྒན་བྱས་མྱོང། ནུབ་བྱང་མཐའ་འཁོར་གྱི་ས་ཁྱམས་དང་སོག་པོའི་ལོ་རྒྱུས་ལ་ཞིབ་འཇུག་བྱས། 《སོག་པོའི་འགྲོ་པའི་ཟིན་ཐོ》 དང《ཨུ་རུ་སུའི་ཟིན་བྲིས་གསར་མ》《ཝེ་ཡན་ཁྲང་གི་ས་ཁམས་དཀར་ཆག》སོགས་བཙམས། 《སོག་པོའི་འགྲོ་པའི་ཟིན་ཐོ》ནི་དེའི་ཚད་བྱེད་ཡིན་ཞིང་དེ་（༡༦）ཡོད། དེ་ནི་སོག་པོའི་ལོ་རྒྱུས་ཞིབ་འཇུག་གི་ཡིག་ཆ་ཚད་ལྡན་བཙན་ཞིག་ཡིན།

Zhang Mu（1805-1849）, a scholar in the Qing Dynasty, was born in Ping Ding of Shanxi province. He got a high grade in imperial examination and enrolled into imperial academy. He worked as a teacher for White Banner, devoting himself in studying geography of the northwestern border area and history of Mongolia. He wrote the books, *Record of the Mongol Nomads*, *Supplemental Accounts of Russia*, *Topography of Wei Yanchang* and so on. What's more, *Record of the Mongol Nomads* was his representative work, including 16 volumes, which was an authoritative book in studying the Mongolian history for scholars at home and abroad.

《张胜温画卷》 亦称《大理国梵像卷》等。是大理国时期白族描工张胜温绘制的一幅以佛教故事为主题的名画。完成于大理国盛德五年（1180）。画长总长1635.5厘米，高30.47厘米，纸本彩绘。与《清明上河图》一起被誉为"南北双绝"。原件现存台北"故宫博物院"。

《གང་ཧྲིན་ཝེན་གྱི་མཛེས་རིས》 མིང་གཞན་ལ

《ཏ་ལིའི་རྒྱལ་ཁབ་ཀྱི་ཆོས་ཞལ་རིས་མོ》 ཞེས་ཡོད། དེ་ནི་ཏ་ལིའི་རྒྱལ་ཁབ་སྐབས་ཀྱི་པའི་རིག་གནས་རྩ་ཆེན་པ་གུང་ཟིན་མིན་གྱིས་སངས་རྒྱས་ཆོས་ལུགས་ཀྱི་གཏམ་རྒྱུད་ཅིག་བརྗོད་བྱས་ཏེ་བྲིས་པའི་མཇེས་རིས་གྲགས་ཆན་ཞིག་ཡིན། ཏ་ལིའི་ཅིན་ཏེ་ཕྱི་ལོ་ལྔ་པར (1180) གྲུབ་ཅིང་རིང་ཚད་ལི་སྨི 1635.5 དང་། མཐོ་ཚད་ལི་སྨི 30.47ཡོད། 《དངས་གསལ་དུས་སུ་མཚོ་སྐྱོང་རི་མོ》 གཉིས་ལ་ལྷོ་བྱང་མཆོག་ཟུང་གི་མཚོན་སྣང་ཡོད། མ་ཡིག་དཔེ་ཕབ་པའི་པེ་པོ་བྱང་དངོས་མཛོད་ཁང་ན་སྟོན་པར་དུ་ཉར་ཚགས་བྱས་ཡོད།

Picture Scroll of Zhang Shengwen is also called *Scroll in Sanskirt in Dali*. It is a famous painting made by the craftsman, Zhang Shengwen with the theme of a Buddhist story. It was completed in 5th year of Shengde (1180) in Dali with the length of 1635.5 centimeters, the height of 30.47 centimeters in paper painting. It is known as "the two unique paintings" in the South and North together with *Along the River During the Qingming Festival*. The original painting is in the collection of Taipei Palace Museum.

章噶 藏语音译。旧时西藏的一种货币名。明末迄清西藏流通的银币，白色并铸有花纹。

ཀམ་ག གནའ་བོར་བོད་ཀྱིས་སྤྱོད་པའི་དངུལ་དོར་ཞིག་མིང་མཇུག་ཅིང་འགྲོ་བོར་ནས་སྤྱོད་པའི་མཇུག་དཀར། ལ་ཏེག་པབ་ཡོད་པའི་དངུལ་སྒོར་ཞིག་ཡིན།

Zhangga is the transliteration of Tibetan, which referred to a currency's name in old times. It was a silver coin with decorative pattern from the late Ming Dynasty and the early Qing Dynasty.

章嘉呼图克图 清代内蒙古地区藏传佛教格鲁派最大的转世活佛。与达赖喇嘛、班禅额尔德尼和哲布尊丹巴呼图克图并称"格鲁派四圣"。其母寺为青海互助佑宁寺。至清末传6世。

ལྕང་སྐྱ་ཧོ་ཐོག་ཐུ ཆིང་རྒྱལ་རབས་སུ་ནང་སོག་ས་ཁུལ་གྱི་བསྟན་བདག་དགེ་ལུགས་པའི་སྐྱབ་སྐྱ་ཆེ་ཤོས་ཤིག ཏཱ་ལའི་བླ་མ་དང་པཎ་ཆེན་ཨེར་ཏེ་ནི། རྗེ་བཙུན་དམ་པ་ཧོ་ཐོག་ཐུ་བཅས་ལ་ཞེ་སར་བསྔགས་པའི་མཚན་གནས་བཞིན་བོད་ཀྱི་དགོན་པ་དེ་སྟོན་དགོན་ལུང་དགོན་ཡིན། ཆིང་དུས་མཇུག་བར་སྐུ་ཕྲེང་དྲུག་བྱོན།

Changkya Khutukhtu was the biggest incarnated Living Buddha who managed Tibetan Buddhism in inner Mongolia area ruled by the Qing Dynasty. He was called Four Sages for the Gelug lineage of Tibetan Buddhism with Dalai Lama, Panchen Erdeni and Jebtsundamba Khutuktu. His original monastery was Gonlung Jampaling Monastery in Huzhu County of Qinghai province. There were six incarnated Living Buddhas until the late Qing Dynasty.

章京 官名。初主要为清官武职，由高至低分为4个等级，即昂邦章京、梅勒章京、甲剌章京和牛录章京。后期军机处和总理各国事务衙门的人员也被称为章京。

ཀང་ཅིང་ དཔོན་གནས་ཀྱི་མིང་། དང་ཐོག་ཆེན་རྒྱལ་རབས་ཀྱི་དྲག་དཔོན་ཞིག གོ་གནས་མཐོ་དམའ་རིམ་པ་བཞིར་ཕྱེ་ཡོད་དེ། དཀར་པོ་ཀང་ཅིང་། མེ་ལེ་ཀང་ཅིང་། རྒྱ་གྱང་ཅིང་དང་ཉིའུ་ལུང་ཅིང་བཅས་ཡིན། རྗེས་སུ་དམག་དོན་ཁྲུའུ་དང་རྒྱལ་ཁབ་སོ་སོའི་ལས་དོན་གཉེར་པ་

ལས་ཀུང་ཅིན་ཞེར།

Zhang Jing is an official name. At the beginning, it mainly referred to military official in the Qing Dynasty, including four grades from upper to lower, Angbang Zhangjing, Meile Zhangjing, Jiaci Zhangjing and Niulu Zhangjing. Later, it also referred to the civil servants in Grand Council and Zongli Yamen (the Foreign Office).

长子继承权　奴隶社会和封建社会的名位和财产由长子继承的制度。中国的长子继承制确立于西周。汉、唐以后，封建帝王主要实行该制。历史上朝鲜族、苗族、白族和纳西族聚居的大部分地区，流行由长子奉养父母，长子在财产继承上享有优先权的习俗。蒙古族的贵族一般也实行此制。

བུ་ཆེ་བའི་རྒྱུད་འཛིན་དབང་ཆ། བྲན་གཡོག་སྤྱི་ཚོགས་དང་བཀའ་རྒྱུད་སྤྱི་ཚོགས་ཀྱི་ཁྲིམས་བདག་དང་རྒྱུ་ནོར་ནི་ཆེ་བས་རྒྱུད་འཛིན་བྱེད་པའི་ལམ་ལུགས་ཤིག གུང་གོའི་བུ་ཆེ་བའི་རྒྱུད་འཛིན་ལམ་ལུགས་ནི་གཡུང་ཆུན་མ་ནས་ཚུགས་ཤིང་། ཧན་དང་ཐང་གི་རྗེས་སུ་བཀའ་རྒྱུད་ཀྱི་རྒྱལ་པོ་དག་གིས་ལག་ལེན་འཛིན། ལོ་རྒྱུས་སུ་ཁོའོ་ཞེན་རིགས་དང་མུའོ་རིགས། པའེ་རིགས། འཛང་རིགས་ཀྱི་ས་ཁུལ་མང་ཆེ་བར་བུ་ཆེ་བས་ཕ་མ་གསོན་གཉེར་བ་དང་། བུ་ཆེ་བས་རྒྱུ་ནོར་རྒྱུད་འཛིན་གྱི་དབང་ཚབ་མ་ལོངས་སྤྱོད་བྱེད་པའི་ལམ་སྲོལ་དར་ཡོད། ཝན་སོག་གི་སྐུ་དྲག་རིགས་ཀྱིས་ཀྱང་ལམ་ལུགས་འདི་ལག་བསྟར་བྱེད།

Primogeniture was a system that the eldest son had the right to inherit fame, position and property in slave and feudal society. It was established in the Western Zhou Dynasty and carried out in the Han and Tang Dynasty. In history, the custom that the eldest son sustained parents and gained priority in inheriting property was popular in the Korean people, the Miao people, the Bai people and the most parts of the Naxi people. What's more, the nobles in the Mongolians also obey this system.

昭君墓　史籍记载和民间传说中的王昭君墓地。又称"青冢"。蒙古语称"特木尔乌尔琥"，意为"铁垒"。位于内蒙古呼和浩特市南呼清公路9公里处的大黑河畔。始建于公元前的西汉时期，墓高33米，占地20余亩。

ཀྲོ་ཅུན་གྱི་བང་སོ། ལོ་རྒྱུས་དང་དམངས་ཁྲོད་གཏམ་རྒྱུད་ཁྲོད་བཤད་པའི་ཝང་ཀྲོ་ཅུན་གྱི་བང་སོ། བང་སོ་སྟོང་པོའི་ཞེར། སོག་སྐད་དུ་ཐུར་པར་ཏོ་ཞེར་ལ་གོ་དོན་ལྕགས་མཁར། ནང་སོག་གི་མཁར་སྟོང་པོ་གྲོང་ཁྱེར་ཧུའུ་ཆིང་སྲང་ལམ་དང་སྤྱིའི་ལྷོ་མཚམས་ཀྱི་ཧུའུ་ཧོའི་རྒྱ་བའི་ཏོགས་སུ་ཡོད། སྤྱི་ལོ་སྔོན་གྱི་ནུབ་ཕྱོགས་མའི་དུས་སུ་ཐོག་མར་བཏབ། བང་སོའི་མཐོ་ཚད་སྨྱི་རུ་དང་རྒྱ་ཁྱོན་མུའུ་༢༠་ལྷག་ཟིན།

Zhaojun Tomb is said to be the resting place of Wang Zhaojun, which is also called Qingzhong (Green Mound). The tomb is also referred to by its Mongolian name, Temur Urkhu, meaning "Iron Wall". Located by the Da Hi River nine kilometers to Huqing highway, south of Hohhot, Inner Mongolia, the tomb was established in the Western Han Dynasty with the height of 33 meters and covered an area of more than 20 mu.

召景哈 傣语音译。原意"景哈（今景洪市勐罕）之主"，实指"议事庭庭长"，解放前云南西双版纳傣族封建领主制的最高政权机构议事庭的首席官员。

ཀྲོའུ་ཅིང་ཧཱ། ཏའེ་སྐད་སྒྲ་བསྒྱུར། དང་ཐོག་གི་གོ་དོན་ཅིན་ཧའི་（དེང་གི་ཅིན་ཧོང་གྲོང་ཁྱེར་གྱི་མོང་ཧན་）དཔོན་པོ་ཞེས་པ་དང་། དངོས་དོན་ནི་གྲོས་མོལ་ཁང་གིས་དཔོན་ལ་བསླུན། བཅིང་འགྲོལ་མ་བྱུང་གོང་ཡུན་ནན་ཞིང་ཆེན་ན་ཏའེ་རིགས་ཀྱི་བཀས་ཆུད་མངའ་བདག་ལམ་ལུགས་ཀྱི་ཚེས་མཐོའི་སྲིད་དབང་ལས་ཁུངས་ཀྱི་གྲོས་གཏོད་ཁང་གི་དཔོན་པོ་ཡིན།

Zhaojingha is the transliteration of Dai language. Its original meaning was the master of Jingha (Meng Han in Jinghong), actually referring to the head of discussion tribunal. Before liberation, it referred to the chief officer of discussion tribunal of highest institution in feudal laird system of Dai people in Xishuangbanna of Yunnan province.

召勐 傣语的音译，意为"地方之主"。解放前受云南车里宣慰使司所辖各勐土司。是辖区内世袭的政治统治者和土地领有者。

ཀྲོའུ་མེང་། ཏའེ་སྐད་སྒྲ་བསྒྱུར། དོན་ཡུལ་བདག་བཅས་འགྲོལ་སྟོན་དུ་གྲོ་མོང་པོ་པོ་ཡུལ་ནན་ཕྲི་ལི་བསྒྲགས་སྐུལ་སི་ཡིས་བགོད་འདོམས་བོག་ཏུ་གཏོགས། དེའི་མངའ་ཁོངས་ཀྱི་ཚབ་སྲིད་དབང་བསྒྱུར་བ་དང་ས་ཆའི་བདག་པོའི་ཆུད་འཛིན་པ་ཡིན།

Zhao Meng is the transliteration of Dai language, referring to the king of that area. He was the cheiftain governed by the Bureau of Pacification Commissioners in Yunnan before liberation and he was hereditary political rulers and owner of land in that area.

召片领 傣语，意为"广大土地之主"。解放前云南西双版纳傣族聚居地区的最高封建统治者和最大封建领主。元明以来，召片领受封为世袭"车里路军民总管"及"车里宣慰使"，辖30余"勐"（行政区划单位），并通过其权力机关"议事庭"发号施令。共传44世。

ཀྲོའུ་ཕེན་ལིང་། ཏའེ་སྐད། དོན་མངའ་ཁོངས་རྒྱ་ཆེ་པོའི་བདག་པོ། བཅིང་འགྲོལ་མ་བྱུང་གོང་ནའི་ཏའེ་རིགས་ས་ཁུལ་གྱི་ཆེས་མཐོའི་དབང་བསྒྱུར་མཁན་དང་ཆེས་ཆེ་བའི་བཀས་ཆུད་དཔོན་པོ། ཡོན་དང་མིང་རྒྱལ་རབས་ནས་བཟུང་གྲོ་ཕེན་ལིང་ལ་ཁྲི་ལིའི་དམངས་དམག་སྤྱི་གཉེར་དང་ཁྲི་ལིའི་བསྒྲགས་སྐུལ་པོའི་ཁྱུན་འཛིན་དབང་ཆ་བཀས་གནང་（སྲིད་འཛིན་མངའ་ཁོངས་བགོ་བའི་སྟེ་ཚན་）སུམ་ཅུ་ལྷག་ལ་དབང་བསྒྱུར་བ་དང་། ཆབས་ཅིག་ཏུ་དབང་བཟུང་ལས་ཁུངས་གྲོས་གཏོད་ཁང་བརྒྱུད་དུ་བཀའ་ལམ་སྤེལ་བ། དཔོན་རབས་ཞེ་བཞི་བྱུང་།

Zhaopianling is the transliteration of Dai language, which means the master of endless land. Before liberation, it referred to the highest feudal ruler and lord of the Dai people in Xishuangbanna, Yunnan province. Zhaopianling gained the hereditary title of the military-civilian head and the pacification commander, governing more than 30 Meng (an administrative division) and gave orders through its authority organ, the discussion tribunal.

There were 44 Zhao Pianling in all.

召庄 傣语的音译，意为"官家的亲属"。解放前云南西双版纳傣族封建领主制社会中，介于领主和农奴之间的中间阶级。

ཀྲོའོ་ཀྲོང་། ཏའེ་སྐད་སྒྲ་བསྒྱུར། དོན་དགོན་ཚང་གི་ཉེ་དུ། བཅངས་འགྲོལ་མ་བྱས་གོང་ཡུན་ནན་ཞི་ཤོང་པན་ནའི་ཏའེ་རིགས་བཀའ་རྒྱུད་དཔོན་པོའི་ལམ་ལུགས་ཁྲོད་དུ། དཔོན་པོ་དང་ཞིང་བྲན་གྱི་བར་དུ་གནས་པའི་གྲལ་རིམ་ཞིག

Zhaozhuang is transliterated from Dai language, referring to relatives of officials. Its status is between the chieftain and serfs in the society of feudal laird system of Dai people in Xishuangbanna, Yunnan province before liberation.

赵朴初（1907—2000） 著名社会活动家、佛教人士、书法家、诗人、作家。安徽安庆市太湖县人。历任中国佛教协会会长、中国佛学院院长、中国宗教和平委员会主席、中国书法家协会副主席、民进中央参议委员会名誉主席、全国政协副主席等职。

ཀྲོའོ་ཕུའུ་ཁྲུའུ། （༡༩༠༧—༢༠༠༠） མིང་དུ་གྲགས་པའི་སྤྱི་ཚོགས་བྱ་འགུལ་བ་དང་སངས་རྒྱས་ཆོས་ལུགས་པ། སྙན་ངག་པ། ཚོམ་པ་པོ་སོགས་ཡིན། ཨན་ཧུའེ་ཞིན་ཆེན་གྲོང་ཁྱེར་ཐའེ་ཧུའུ་རྫོང་གི་མི་ཡིན། བོད་ཀྱི་ནང་བསྟན་མཐུན་ཚོགས་ཀྱི་ཚོགས་གཙོ་དང་། བོད་ཀྱི་ནང་བསྟན་སློབ་གྲྭ་གི་སློབ་གཙོ། ཀྲུང་གོའི་ཆོས་ལུགས་ཞི་བདེའི་ཨུ་ཡོན་ལྷན་ཁང་གི་ཀྲུའུ་ཞི། ཀྲུང་གོའི་ཡིག ་གཟུགས་མཐུན་ཚོགས་ཀྱི་ཀྲུའུ་ཞི་གཞོན་པ། དམངས་བཅོལ་ཀྲུང་དབྱང་གྲོས་ཞུགས་ཨུ་ཡོན་ལྷན་ཁང་གི་ཀྲུའུ་ཞི་མཚན་པའི་མཚོན། འཛིན་གྲུབ་ཅེ། རྒྱལ་ཡོངས་སྲིད་གྲོས་ཀྱི་ཀྲུའུ་ཞི་གཞོན་པ།

སོགས་ཀྱི་འགན་ཁུར།

Zhao Puchu (1907-2000) was a famous social activist, Buddhist, calligrapher, poet and writer. He was born in Taihu County of Anqing and served as Chairman of China Buddhism Association, President of the Buddhist Academy of China, Chairman of the China Committee on Religion and Peace, Vice-chairman of Chinese Calligrapher's Association, Honorary Chairman of the Senate committee of CAPD and Vice Chairman of CPPCC.

哲蚌寺 藏传佛教最大的寺庙，也是格鲁派中地位最高的寺院之一。位于西藏拉萨市西根培乌孜山南坡。1416年，由宗喀巴弟子绛央却杰主持修建。规模宏大，鳞次栉比的白色建筑群依山而立，远望好似巨大的米堆，故名哲蚌。"哲蚌"是藏语，意为"雪白的大米高高堆聚"。

འབྲས་སྤུངས་དགོན། བོད་བརྒྱུད་ནང་བསྟན་གྱི་ཆེས་ཆེ་བའི་དགོན་པ་དང་། དགེ་ལུགས་པའི་དགོན་སྡེ་རྟེ་ལྷག་ལས་གོ་གནས་ཆེས་མཐོ་བའི་ཞིག ལྷ་སའི་ནུབ་ཀྱི་དགེ་འཕེལ་དབུ་རྩེ་རིའི་ལྷུབ་ངོས་སུ་ཆགས་ཡོད། ༡༤༡༦ལོར་རྗེ་ཙོང་ཁ་པའི་སློབ་མ་འཇམ་དབྱངས་ཆོས་རྗེ་ཡིས་བཏབས། རྒྱང་བལྟས་ཀྱིས་འབྲས་དཀར་སྤུངས་པ་དང་མཚུངས་པས་དགོན་མིང་དེ་ལྟར་ཐོགས།

Drepung Monastery is the biggest monastery in Tibetan Buddhism with the highest rank in the Gelug lineage of Tibetan Buddhism. It is located at the foot of Mount Gephel to the west of Lhasa. It was founded in 1416 by Jamyang Choge, one of Tsongkhapa's main disciples. Resembling a heap of white rice from a distance, it was dubbed "Monastery of the Rice Heap" (Drepung Gompa) in Tibetan. Drepung in Tibetan literally means "Rice Heap".

哲布尊丹巴呼图克图 喀尔喀蒙古（见"外蒙古"词条）地区藏传佛教格鲁派最大转世活佛。蒙古语称"温都尔格根"（高位光明者）。17世纪初形成。1924年，八世哲布尊丹巴圆寂，该世系在蒙古终止。2011年，蒙古国政府又承认九世哲布尊丹巴的最高宗教领袖地位。

ཇེ་བཙུན་དམ་པ་ཧོ་ཐོག་ཐུ། ཕྱག་ན་སོག་པོའི་(ཕྱི་སོག་ཡིན་ཆོས་ལ་གཟིགས) ས་ཁུལ་གྱི་བོད་བརྒྱུད་ནང་བསྟན་དགེ་ལུགས་པའི་ཆེས་ཆེ་བའི་སྤྲུལ་སྐུ། སོག་སྐད་དུ་ཝོན་ཏོར་གེ་གེན་ཟེར། དུས་རབས་ ༡༧ པའི་མགོར་སྤྱར་གྱུར། ༡༩༢༤ལོར་རྗེ་བཙུན་དམ་པ་སྐུ་ཕྲེང་བརྒྱད་པ་སྐུ་གཤེགས་རྗེས་སྒྲུབ་སྐུའི་ལུགས་འདི་སོག་པོ་ནས་མཚམས་ཆད། ༢༠༡༡ལོར་སོག་པོ་རྒྱལ་ཁབ་ཀྱི་སྲིད་གཞུང་གིས་རྗེ་བཙུན་དམ་པ་སྐུ་ཕྲེང་དགུ་པ་ཆོས་ཕྱོགས་ཀྱི་གོ་གནས་སྒོ་བཞིན་ཡིན་པར་ངོས་འཛིན་བྱས།

Jebtsundamba Khutuktu is the biggest Incarnated Living Buddha of the Gelug lineage of Tibetan Buddhism in Mongolia khalka who was called Bogd Gegeen (Holy Precious Master) in Mongolian. The system was formed in the early 17th century. And in 1924, the inheritance stopped in Mongolia after the death of the eighth Jebtsundamba. It was in 2011 that the Government of Mongolia admitted the religious leadership of the ninth Jebtsundamba.

哲合林耶 中国伊斯兰教四大门宦之一。哲合林耶，阿拉伯语音译，意为"高念"或"彰明"，故又称"高念派"。18世纪中叶传入中国，是我国伊斯兰教各门宦中人数最多、传播区域最广、教权比较集中的门宦。

ཇེ་ཧོ་ལིན་ཡེ། གུང་གོའི་ཀླུ་ཡི་ལམ་ཆོས་ལུགས་ཀྱི་སྒྲུབ་མཐའ་ཆེ་བ་བཞིའི་གྲས། ཀྱི་ཧོ་ལིན་ཡེ་ནི་ཨ་རབ་སྐད་ཀྱི་སྒྲ་བསྒྱུར་ཏེ། དོན་ཆོག་གི་པ་དང་རིག་གསལ་ཡིན་པས། ཆོག་གི་གྲུབ་མཐའ་ཡང་ཟེར། དུས་རབས་བཅོ་བརྒྱད་ཀྱི་དུས་གཡུང་གོར་དར། དེའི་གུང་གོའི་ཀླུ་ཡི་ལམ་ཆོས་ལུགས་མཐའི་བོད་མི་གྲངས་མང་བོ་དང་ཁྱབ་ཆེ་ཤོས། ཆོས་དབང་གཅིག་སྒྲུབ་ཡིན་པ་ཞིག་ཡིན།

Zhehelinye (Jahriyya) was one of four great sects of China's Islam. It was the transliteration of Arabic, meaning "reading aloud" or "overt". So it was also called as the "Chanting Aloud Sect". In the middle of 18th century, it was brought into China. It was the sect that has the most population, spread farthest and centralize authority among various sects in China's Islam.

哲康 藏语音译。原西藏地方政府设于错那宗（地名）的盐米交换机构。

འབྲས་ཁང་། སྔར་བོད་ས་གནས་སྲིད་གཞུང་གིས་མཚོ་སྣ་རྫོང་དུ་བཙུགས་པའི་ཚྭ་འབྲས་ཀྱི་བརྗེ་རེས་ལས་ཁུངས།

Zhekang was the transliteration of Tibetan. It was an organization for the exchange of salt and rice in Tsona Dzong (name of place) set up by Tibetan local government.

浙江省绍兴县西藏民族中学 其前身是绍兴一中西藏班和绍兴县柯桥中学西藏班，创建于1985年，是根据党中央、国务院

"教育援藏"指示在浙江省创办的首批西藏班（校）之一。2004年易地建新校舍，设立浙江省绍兴县西藏民族中学。占地面积57.8亩。

གྲེ་ཅང་ཞིང་ཆེན་ཏྲུ་ཞིན་རྫོང་གི་བོད་སློབས་སྨྱི་རིགས་སློབ་འབྲིང་། དང་ཐོག་ཏྲུ་ཞིན་སློབ་འཛིན་གྱ་དང་ཏྲུ་ཞིན་རྫོང་གི་ཆོས་སློབ་འཛིན་གྱི་བོད་སློབས་འཛིན་གྲྭ་ཡིན། ༡༩༨༥ལོར་ཏང་ཀྲུང་དབྱང་དང་རྒྱལ་སྲིད་སྤྱི་ཁྱབ་ཁང་གིས་སློབ་གསོད་རིགས་ཀྱི་མཇལ་སྟོན་ལྟར་དང་ལོགས་ནས་བོད་སློབས་འཛིན་གྱ་ཐོག་མར་བཙུགས་པའི་གྲྭ་ཞིག་ཡིན། ༢༠༠༤ལོར་སློབ་གྲྭའི་གནས་སྟར་ཏེ། གྲེ་ཅང་ཞིང་ཆེན་ཏྲུ་ཞིན་གྱི་བོད་སློབས་མི་རིགས་སློབ་འབྲིང་བཙུགས། རྒྱ་ཁྱོན་ལ་མུའུ་༥༧.༨རེད།

Tibetan Middle School in Shaoxing County of Zhejiang province, built in 1985, formerly was the Tibetan class in No. 1 Middle School of Shaoxing County and Keqiao Middle School of Shaoxing County. In accordance with the instruction of Supporting Tibet in Education given by the Party Central Committee and the State Council, it was one of the first Tibetan classes (schools) launched in Zhejiang province. In 2004, new campus was built in another place, Tibet Nationality Middle School was then set up Shaoxing County of Zhejiang province, with an area of 57.8 mu.

贞元十年之役 唐代南诏袭击吐蕃之战。贞元十年（794），南诏国王异牟寻袭击吐蕃，战于神川（今云南丽江北），取铁桥（今丽江）等16城，降俘其10万余人。自此役起，南诏重新归服唐王朝。

གཙན་ཡོན་ཁྲི་ལོ་བཅུ་པའི་གཡུལ་འགྱེད། ཐང་རྒྱལ་རབས་སྐུ་འཛིན་གྱིས་བོད་ལ་འཇབ་རྒོལ་བྱས་པའི་དམག་འཁྲུག་ཅིག དགུང་ལོ་ཁྲི་ལོ་བཅུར་པར་(༧༩༤)་འཛིན་རྒྱལ་འབྲི་མུའི་ཞེན་གྱིས་བོད་ལ་འཇབ་རྒོལ་བྱས་ཤིང་ཤིན་ཁྲོན་(དེང་གི་ཡུན་ནན་ལི་ཅང་བྱང་ཕྱོགས)ནས་འཐབ་ཅིང་ལྕགས་ཟམ་(དེང་གི་ལི་ཅང་)སོགས་མཁར་བཅུ་དྲུག་འཕྲོག་མི་ཁྲི་བཅུ་ཙམ་ལ་མགོ་བཏུལ་དམག་འཁྲུག་འདིའི་རྗེས་ནས་འཛིན་ལྕང་ཡང་ཐང་གི་མངའ་འོག་ཏུ་བསྡུས།

Battle in the 10th Year of Zhenyuan refers to the battle that Nanzhao kingdom of Tang Dynasty attacked Tubo. In the 10th year of Zhenyuan (794), Yi Muxun, the king of Nanzhao, led the army to attack Tubo in Shenchuan (today's northern Lijiang), occupied Tieqiao (today's Lijiang) and other fifteen cities, and captured about 100,000 people. Since this battle, Nanzhao kingdom was subordinate to the Tang Dynasty again.

《正教真诠》 中国伊斯兰教著作。王岱舆撰。约成书于明末。系结合中国传统哲学思想系统阐释伊斯兰教教义的宗教哲学专著。全书分上下两卷，共40篇。上卷讲述伊斯兰教哲学，下卷讲述宗教功修、伦理及两世论等。

《དམ་ཆོས་དངོས་བགྲོད་རྣམ་དག》 ཀྲུང་གོའི་དབྱི་སི་ལན་གྱི་བསྟན་བཅོས། ཝང་ཏའི་ཡུས་ཀྱིས་བརྩམས། དབང་པོའི་སྨྲ་རྒྱལ་མཆོག་ཉིད་རིག་པའི་བསམ་སློབ་མ་ལག་གིས་དབྱི་སི་ལན་ཆོས་གཞུང་འགྲེལ་བྱས་པའི་ཆོས་ལུགས་མཆོག་ཉིད་རིག་པའི

བཤམས་ཆོས་ཁག་ཡིན། དེབ་དེར་སྟོང་སླང་གཉིས་སུ་ཡོད་དེ། སྟོམ་པ་ཚན་པ་༤༠ཤོག་ཡོད། སྟོང་ཆར་དབྱེ་སི་ལན་ཆོས་ལུགས་ཀྱི་ཚན་རིག་པ་དང་སླང་ཆར་ཆོས་ལུགས་ཀྱི་སྒྲུབ་སྟོབས་དང་མི་ཆོས་བཅས་ཆོས་འཇིག་རྟེན་གཉིས་སུ་དབྱེ་སྨོགས་སོ། །

A True Explanation of the Right Religion is a Chinese Islam book written by Wang Daiyu. It was completed approximately in the late Ming Dynasty, being a book of philosophy of religion systematically explaining the Islam with the Chinese traditional philosophy. The book has two volumes, 40 articles. The first volume explains the Islam philosophy, while the second describes religious ascetic practices, ethics and theory of Secularity and Afterworld.

郑和（1371—1433） 明代航海家。本姓马，小字三保。回族。云南晋宁人。洪武十三年（1380），明朝军队进攻云南，三保被掳入明营做太监，后进入燕王府。在"靖难之变"中，为朱棣立下战功，赐姓"郑"，任内官监太监。1405—1433年，郑和七下西洋，完成了人类历史上的伟大壮举。

ཀྲིན་ཧོ། (༡༣༧༡—༡༤༣༣) མིང་རྒྱལ་རབས་ཀྱི་མཚོ་འགྲུལ་པ། རུས་མ་དང་ཡིག་ཆུང་སན་པོ། ཡུན་ནན་ཞིང་ཆེན་གྱི་ཅིན་ཉིའི་རིགས། ཏོང་ཝུའུ་ཁྲི་ལོ་བཅུ་གསུམ་པར་ (༡༣༨༠) མིང་རྒྱལ་རབས་ཀྱི་དམག་དཔུང་གིས་ཡུན་ནན་ལ་དཔུང་འཇུག་བྱས་ཏེ། སན་པོ་བཟུང་སྟེ་མིང་པོ་སྦྱར་བའི་ཕུག་རིང་པར་བཞག་ཅིང་། ཡན་ཝང་གི་གཞིས་སྒར་དུ་དཔུང་འཇུག་བྱས། ཅིན་ནན་དུ་འགྱུར་བ་དུ་གྱོའི་ཁྲིའི་འཛིང་པར་བྱས་ཏེ།

བཞག་པས། ཀྱིན་ཞེས་པའི་རུས་བསྩལ་ཞིང་ནང་གི་ཏུན་རིམ་པར་གྱུར། ༡༤༠༤ནས་༡༤༣༣འི་བར་གྱི་ཏོས་ཐེངས་བདུན་ལ་མཚོ་བསྐྱོད་བྱས་པས། མིའི་རིགས་ཀྱི་རྒྱལ་སྲིད་དུ་བྱུང་རྟེས་རླབས་ཆེན་བཞག

Zheng He (1371-1433) was a navigator of the Ming Dynasty. His initial name being Ma Sanbao, he was born in Jinning of Yunnan province, a Hui people. In the thirteenth year of the reign of Ming Hongwu (1380), when Ming's army attacked Yunnan, Sanbao was captured into Ming's military camp to be a eunuch and later sent into Prince of Yan's mansion. In the Jingnan Campaign, because of his excellence in the battle, he was conferred the surname "Zheng" by King Zhu Di and promoted to be the eunuch chief. Over the years from 1405 to 1433, he conducted seven sea voyages, which were proved to be a heroic undertaking in the history of mankind.

政教合一制度 政权和神权合二为一的政治制度。其基本特点是：国家元首（地方政府政治领袖）和宗教领袖同为一人，政权和教权由一人执掌；国家（地方）法律以宗教教义为依据，宗教教义是处理一切民间事务的准则，民众受专一的宗教感情所支配。

ཆོས་སྲིད་ཟུང་འབྲེལ་ལམ་ལུགས། སྲིད་དབང་དང་ལྷ་དབང་གཉིས་གཅིག་བྱེད་པའི་ཆབ་སྲིད་ལམ་ལུགས་ཤིག དེའི་གཞི་རྒྱའི་ཁྱད་ཆོས་ནི། རྒྱལ་ཁབ་ (ས་གནས) དང་ཆོས་ལུགས་ཀྱི་དཔུ་ཁྲིད་མི་གཅིག་གིས་བྱས་པ་སྟེ། ཆོས་དང་སྲིད་ཀྱི་འགན་མི་གཅིག་གིས

བཞིན་ཡིན། རྒྱལ་ཁབ་ཀྱི་ (ས་གནས་སྲིད་གཞུང་) བཙའ་ཁྲིམས་ནི་ཆོས་ལུགས་ཀྱི་གཞུང་དོན་ལ་གཞི་བཅོལ་བ་དང་། ཆོས་ཀྱི་དགོངས་པ་ནི་དམངས་ཁྲོད་ཀྱི་དོན་དག་ཆེ་ཕྲ་ཚང་མ་ཐག་གཅོད་ཆོད་གཞིར་བཟུང་ཞིང་། འབངས་ཀྱིས་ཆོས་ལ་དད་པ་རྣམ་དག་བྱེད་པའོ། །

The system combining religion with politics is the political system combining religious power with political power. Its basic features are as follows: The head of state and the religious leader are the same person, that is, one person controls both the political authority and religious authority; the state laws are formulated in accordance with the religious doctrine which is also the principles to deal with various folk affairs, and people are dominated by fanatic and single religious feeling.

《政务院关于地方民族民主联合政府实施办法的决定》 文件名。1952年政务院第125次政务会议通过。该决定就建立民族民主联合政府的条件作出了具体规定，明确了建立地方民族民主联合政府的目的。并对民族民主联合政府的人民代表会议和人民政府的组织，作出"除一般适用"的补充规定。

《སྲིད་དོན་སྒྲིག་ཁབ་ཀྱིས་ས་གནས་མི་རིགས་ཀྱི་དམངས་གཙོའི་མཉམ་འབྲེལ་སྲིད་གཞུང་ལག་བསྟར་བྱ་ཐབས་སྐོར་གྱི་གཏན་འབེབས》 ཡིག་ཆའི་མིང་། ༡༩༥༢ལོར་སྲིད་དོན་སྒྲིག་ཁབ་ཀྱི་སྲིད་དོན་གྲོས་ཚོགས་ཐེངས་ ༡༢༥ སྟེང་གྲོས་འཆམ་བྱུང་། ཐག་གཅོད་དེས་མི་རིགས་དམངས་གཙོའི་མཉམ་འབྲེལ་སྲིད་གཞུང་འཛུགས་པའི་ཆ་རྐྱེན་གསལ་གཏན་འབེབས་བྱས་ཡོད་ལ། མི་རིགས་དམངས་གཙོའི་མཉམ་འབྲེལ་སྲིད་གཞུང་འཛུགས་པའི་དམིགས་ཡུལ་གསལ་པོ་བྱས་པར་མ་ཟད། མི་རིགས་དམངས་གཙོའི་མཉམ་འབྲེལ་སྲིད་གཞུང་གི་མི་དམངས་འཐུས་མི་ཚོགས་ཆེན་དང་མི་དམངས་སྲིད་གཞུང་གི་རྩ་འཛུགས་བཅས་ལ་དམིགས་བསལ་བཀོད་སྒྲིག་གི་ཁ་གསབ་གཏན་འབེབས་ཡོད།

Decision of the Government Administration Council on Measures for the Work on Local Ethnic Democratic Coalition Governments was the name of a document approved in the 125th government affair conference of the Government Administration Council in 1952. The decision stipulated explicitly the conditions and aims of establishing local ethnic democratic coalition governments. It also made supplementary regulations (besides its general application) on People's Representative Conference and Organs of People's Government for the ethnic democratic coalition government.

政务院民族工作会议制度 1951年由当时的政务院建立该制度。旨在加强对民族工作的指导和部委间的配合。政务院秘书长李维汉和29个部委的主要负责人参加，每两周举行一次会议，讨论、协调、处理民族工作中的问题。

སྲིད་དོན་སྒྲིག་ཁབ་ཁང་གི་མི་རིགས་ལས་དོན་གྱི་གྲོས་ཚོགས་ལམ་ལུགས། ༡༩༥༡ལོར་སྐབས་དེའི་སྲིད་དོན་སྒྲིག་ཁབ་ཁང་གིས་ལམ་ལུགས་འདི་གཏན་འབེབས་བྱས་ཏེ། མི་རིགས་ལས་ཀར་མཛུབ་སྟོན་དང་སྡེ་ཁག་སོ་སོའི་མཉམ་འབྲེལ་ཤུགས་སྟོབས་ཆེ་རུ་

སྱིད་ཁྱབ་ཁང་གི་གྲངས་ཉུང་མི་རིགས་ཨོ་ལེ་ཧྲུན་དང་སྟེ་ལྷག་དང་ཡིག་འབྲེལ་མི་སྲ་གཙོ་བོ་དག་གཟའ་འཁོར་གཉིས་རེ་ཞིང་རེ་འཚོགས་ཏེ། མི་རིགས་ལས་དོན་ཁྲོད་ཀྱི་གནད་དོན་ལ་གྲོས་བསྟུར་དང་མཐུན་སྦྱོར། ཐག་གཅོད་བྱེད་པ་ཡིན།

Ethnic Work Conference System of the Government Administration Council was established by the Government Administration Council (today's State Council) in 1951. It aimed at strengthening the instruction on ethnic work and coordination between ministries and commissions. Li Weihan, Secretary-general of the Government Administration Council, and directors of 29 ministries and commissions participated in and discussed, coordinated and dealt with ethnic affairs, which was held once every two weeks.

政务院少数民族招待委员会 1950年为做好中央邀请少数民族代表到首都国庆观礼工作而成立的组织机构。政务院秘书长李维汉任主任。委员会下设招待、文化、保卫、卫生等几个组，分工负责代表们在京期间的生活招待、文娱活动安排、安全保卫以及医疗保健等方面的事宜。

སྱིད་དོན་སྡེ་ཁབ་ཁང་གི་གྲངས་ཉུང་མི་རིགས་སྐུ་ཚབ་གདན་འདྲེན་ལས་དོན་ལྷན་ཚོགས། ༡༩༥༠ལོར་གྲུབ། དབུས་གཞུང་གིས་གྲངས་ཉུང་མི་རིགས་ཀྱི་འཐུས་ཚབ་པ་དག་རྒྱལ་སྟོན་དུས་ཆེན་ལ་ལྟད་མོར་བལྟས་པར་རྟ་གོས་ཆེད་བཏགས་པའི་ལས་ཁུངས། སྱིད་དོན་སྡེ་ཁབ་ཁང་གི་དྲུང་ཡིག་ཆེན་མོ་ལི་ཝེ་ཧན་གྱིས་ཀྲུའེན་གྱི་འགན་ཁུར་ཞུ། ཨོ་ལེ་ཧྲོས་ཆགས་ཀྱི་འོག་ཏུ་སྟེ་ལྷན་དང་རིག་གནས།

Government Administration Council Reception Committee for Deputies from Ethnic Groups was set up in 1950. It aims to do a good work for the Central Government in inviting the deputies from ethnic groups to attend the National Day ceremony in Beijing. Li Weihan, Secretary-general of the Government Administration Council, was the chairman. It consists of reception, culture, security, healthcare and other departments, responsible for the deputies in their daily life, recreational activities, security guarantee, medical care and other respects, respectively.

政务院文教委员会少数民族语言文字研究指导委员会 1951年在北京成立。旨在帮助少数民族创制和改革文字。以邵力子为主任委员，陶孟和、刘格平为副主任委员，由众多民族语言专家组成。

སྱིད་དོན་སྡེ་ཁབ་ཁང་གི་རིག་སློབ་ཨོ་ལེ་ཧྲུན་ཁང་གི་གྲངས་ཉུང་མི་རིགས་ཀྱི་སྐད་ཡིག་ཞིབ་འཇུག་མཛུབ་སྟོན་ཨོ་ལེ་ཧྲུན་ཁང་། ༡༩༥༡ལོར་པེ་ཅིན་དུ་ཚུགས། གྲངས་ཉུང་མི་རིགས་ལ་ཡི་གེ་གསར་བཟོ་དང་བཅོས་བསྒྱུར་བྱེད་པར་རོགས་རམ་བྱེད་པ། ཧྲོའོ་ལིས་ཙི་ཀྲུའུ་རེན་གྱི་འགན་འཁུར་ཞིང་ཐའོ་མིན་ཧོའོ་ཀྱུའུ་རེན་གཞོན་པའི་གོ་ཡོལ་གྱི་འགན་ཁུར་ཞིང་། མི་རིགས་སྐད་བརྡའི་ཆེད་མཁས་མང་པོ་ཞིག་གིས་གྲུབ།

Steering Committee for Ethnic Language

and Writing Research under the Commission of Culture and Education of the Government Administration Council was founded in 1951 in Beijing, aimed at helping ethnic people to create and reform their written languages. The committee was composed of ethnic language experts, with Shao Lizi as the chairman, and Tao Menghe and Liu Geping as the vice-chairman.

支援经济不发达地区发展资金 国家预算支出中用于援助经济不发达的革命老根据地、少数民族地区、边远地区和经济穷困地区加速发展经济的专款。1980年设立。资金约60%用于少数民族地区。

དཔལ་འབྱོར་རྗེས་ལུས་ས་ཁུལ་ལ་རོགས་སྐྱོར་གྱི་ཞིབས་དངུལ། རྒྱལ་ཁབ་ཀྱི་སྟོན་ཚེས་འགྲོ་གྲོན་ལས་དཔལ་འབྱོར་དར་རྒྱས་མི་ཆེ་བའི་གསར་བརྗེ་གནས་གཞིའི་ས་ཁུལ་རྙིང་པར་རོགས་སྐྱོར་དང་། གངས་ཞུང་རིགས་ས་ཁུལ། མཐའ་ཁུལ་དང་དཔལ་འབྱོར་དབུལ་པོའི་ས་ཁུལ་གོལ་སྐྱེལ་གཏོང་བའི་ཆེད་གཏོང་རོགས་དངུལ་ཡིན། ༡༩༨༠ལོར་ཚུགས། རོགས་དངུལ་ལས་བརྒྱ་ཆའི་དྲུག་བཅུ་ཡས་མས་ཞིག་གངས་ཉུང་མི་རིགས་ས་ཁུལ་དུ་བཏང་།

Fund to Aid the Development of Underdeveloped Regions refers to the special funds the state allocates to aid the economic development in old revolutionary bases, ethnic regions, remote areas and economically poverty-stricken areas. It was set up in 1980. About 60% of the fund is used in minority areas.

直接过渡 在中国，指一部分保持着原始公社制残余的少数民族，在国家帮助下，不经过民主改革运动，直接过渡到社会主义。

ཐད་ཀར་བར་བརྒལ། གུང་གོར་གཏོད་མའི་གུང་ཇེ་ལམ་ལུགས་ཀྱི་ལྷག་ཡུས་ཡོད་པའི་གངས་ཞུང་མི་རིགས་རྒྱལ་ཁབ་ཀྱི་རོགས་རམ་འོག དམངས་གཙོ་བཅོས་བསྒྱུར་མ་རྒྱུད་པར་ཐད་ཀར་སྤྱི་ཚོགས་རིང་ལུགས་སུ་བར་བརྒལ་བྱེད་པར་བསྟན།

Direct Transition In China, it meant some ethnic groups who had kept the primitive commune system directly transited to socialism instead of democratic reform movement under the help of the government.

止贡噶举派 藏传佛教塔布噶举派帕竹噶举分支之一。创始人为帕木竹巴之弟子止贡巴仁钦贝。他于1179年至止贡（今西藏墨竹工卡县内）地区，在原有小寺基础上，扩大成止贡寺（止贡替寺），并于此创立止贡噶举派。

འབྲི་གུང་བཀའ་བརྒྱུད། བོད་རྒྱུད་ནང་བསྟན་གྱི་དྭགས་པོ་བཀའ་རྒྱུད་པའི་ནང་གསེས་ཤིག ཕག་མོ་གྲུ་པའི་སློབ་མ་འབྲི་གུང་པ་རིན་ཆེན་འབུམ་གྱིས་སྤྱི་ལོ་༡༡༧༩ལོར་འབྲི་གུང་(དེང་གི་བོད་ལྗོངས་མལ་གྲོ་གུང་དཀར་རྫོང་ཁོངས)ལ་ཕེབས་ཏེ། སྔར་ཡོད་ཀྱི་དགོན་པ་ཆུང་བའི་རྨང་གཞིའི་སྟེང་དུ་འབྲི་གུང་མཐིལ་དགོན་པ་བཏབ་ནས་འབྲི་གུང་བཀའ་རྒྱུད་པའི་སྲོལ་བཏོད།

Drikhung Kagyu Sect was one branch of Drukpa Kagyu from Dagpo Kagyu sect of Tibetan Buddhism. It was started by Kyobpa Jigten Gonpo Rinpoche, the disciple of Phakmo Trupa. He reached Drikhung (today's Maizhokunggar County) in 1179. He expanded the original small monastery into Drikhung Monastery and established Dri-khung Kagyu Sect there.

止贡林变 藏传佛教萨迦派与止贡噶举派之间的斗争。元代至元二十七年（1290），萨迦地方政权集结兵力，奏请忽必烈派兵入藏，打击止贡噶举派势力，止贡噶举派主寺被毁。藏史称此变为"林洛"，意为寺庙之变。

འབྲི་གུང་གླིང་ལོག་ ས་སྐྱ་དང་འབྲི་གུང་པའི་བར་གྱི་དམག་འཁྲུག ཡོན་རྒྱལ་རབས་ཀྱི་ཀྱི་ཡོན་ཁྲི་ལོ་ཉེར་བདུན་པར་（༡༢༩༠）ས་སྐྱ་པས་དམག་བསྡུས་ཤིང་སེ་ཆེན་རྒྱལ་པོར་དམག་དྲགས་ཞུས་ཏེ་འབྲི་གུང་བཀའ་བརྒྱུད་པར་འཐབ་འཁྲུག་བསླངས་ནས། འབྲི་གུང་བཀའ་བརྒྱུད་པའི་མ་དགོན་གཏོར། བོད་ཀྱི་ལོ་རྒྱུས་སུ་དེ་ལ་འབྲི་གུང་གླིང་ལོག་ཟེར།

The War between Drikung and Sakya was a fight between the Sakyapa of Tibetan Buddhism and Drikhung Kagyu. In the twenty-seventh year of the reign of Yuan Emperor Zhiyuan (1290), the local authorities of Sakyapa collected the armed forces, and proposed to King Kublai to dispatch troops to Tibet to combat Drikhung Kagyu Sect. They destroyed the main monastery of the Drikhung Kagyu. The incident was called Linluo in the history of Tibet, meaning the coup of monastery.

智力支边 在我国，用知识、技术等支援边疆少数民族地区经济和文化建设的一种形式。始于20世纪80年代初高等院校与民主党派组织专家、学者到民族地区进行智力开发活动。

རིག་པས་མཐའ་སྐྱོང་། རང་རྒྱལ་དུ་ཤེས་རིག་དང་ ལག་རྩལ་སྟེ་དེ་མཐའ་ཁུལ་གྱུར་མི་རིགས་ས་ཁུལ་གྱི་དཔལ་འབྱོར་དང་རིག་གནས་འཛུགས་སྐྲུན་ལ་རོགས་སྐྱོར་བྱེད་པའི་རྣམ་པ་ཞིག དུས་རབས་༢༠པའི་ལོ་རབས་༨༠པའི་མགོ་ནས་མཐོ་རིམ་སློབ་གྲྭ་དང་དམངས་གཙོའི་ཕྱོགས་ལྷུག་འཛུགས་ཀྱི་ཆེད་མཁས་པ་དང་། རིག་གནས་པ་བཅས་མི་རིགས་ས་ཁུལ་དུ་བསྐྱོད་པའི་འགོ་ཚུགས།

The program of intellectual support for the border areas refers to the way that uses knowledge and technology to support the border areas inhabited by ethnic groups in developing the economy and culture. It was started from early 1980s when experts and scholars organized by the institutions of higher education and democratic parties go to minority areas to do the work of intellectual support for the border areas.

《智者喜宴》 古藏文历史名著。全名《阐明诸转法轮者之事智者喜宴》。藏传佛教噶玛噶举派活佛巴卧·祖拉陈哇作。共17卷。内容有印度佛教及王统史，吐蕃王统史，西藏佛教各派教史，汉族地区、于阗、西夏、蒙古等王统及教法史、律学源流史、论师和译师史、五明之学源流史。

《ཆོས་འབྱུང་མཁས་པའི་དགའ་སྟོན》 བོད་ཀྱི་ལོ་རྒྱུས། མིང་ཆ་ཚང་ལ《དམ་པའི་ཆོས་ཀྱི་འཁོར་བསྒྱུར་རྣམས་ཀྱི་བྱུང་བ་གསལ་བར་བྱེད་པ་མཁས་པའི་དགའ་སྟོན》། ཀཿཐོག་བཀའ་བརྒྱུད་པའི་བླ་མ་དཔའ་བོ་གཙུག་ལག་ཕྲེང་བས་བརྩམས། བམ་པོ་བཅུ་བདུན་ཡོད། གཙོ་བོར་རྒྱ་གར་གྱི་ནང་ཆོས་ལོ་རྒྱུས་དང་རྒྱལ་པོའི་ལོ་རྒྱུས། བོད་བཙན་པོའི་ལོ་རྒྱུས། བོད་རྒྱུད་ནང་བསྟན་གྱི་

གབ་མཐའ་བོ་བོའི་ཆོས་འབྱུང་ལོ་རྒྱུས། རྒྱ་ནག་དང་ཡུག་གུན། ཨི་ཉན་པོག་པོ་སོགས་ཀྱི་ཆོས་འབྱུང་རྒྱུས་དང་ཁྲིམས་ཀྱི་བྱུང་འཕེལ། ཚོད་པ་བ་དང་ལོ་ཙཱ་བའི་ལོ་རྒྱུས། རིག་གནས་ལྔའི་འབྱུང་ཁུངས་ལོ་རྒྱུས་སོགས་བྲིས་ཡོད།

A Scholar's Feast is a famous historical book in ancient Tibetan language, its full name being *A History of the Dharma: A Feast of the Wise*. It was written by Pawo Tsuglag Threngwa, the living Buddha of Karma Kargyu in Tibetan Buddhism. It consists of 17 volumes. The contents are as follows: the chronicle of Indian Buddhism, the chronicle of Tubo Empire, the histories of religious sect of Tibetan Buddhism, the chronicle, history of teaching, origin and development of law, the history of Lotsawa (translators), the origin and development of Pancavidya (five classes of knowledge) in Han regions, Yutian, Western Xia and Mongolia.

中国—阿拉伯国家博览会（首届） 2013年在宁夏银川举办。是经国务院批准，由商务部、中国贸促会、宁夏回族自治区政府共同主办的国家级、国际性综合博览会，以中国和阿拉伯国家为主体，面向全世界开放。分高端论坛、专业展览和对接洽谈等板块。前身为2010年开始举办的宁洽会暨中阿经贸论坛。

སྐབས་དང་པོའི་ཀྲུང་གོ་དང་ཨ་རབ་རྒྱལ་ཁབ་ཀྱི་ངོས་མང་བསྡམས་སྟོན་ཚོགས་འདུ། ༢༠༡༣ལོར་ཞིང་ཞི་དབྱིན་ཁྲོན་དུ་བསྡུས། རྒྱལ་སྲིད་སྤྱི་ཁྱབ་ཁང་གིས་མཆོག་མཆན་སྦྱོར་བྱས། ཚོང་ལས་པུའུ་དང་ཀྲུང་གོའི་ཚོང་སྐྱེད་སྟོང་སྒྲོགས་ལྷན་ཚོགས་གཞུང་བཅས་ཀྱིས་གཙོ་སྒྲུབ་བྱས་པའི་རྒྱལ་ཁབ་རིམ་པའི་རྒྱལ་སྤྱིའི་རང་བཞིན་གྱི་ཕྱོགས་བསྡུས་དངོས་མང་བཀྲམ་སྟོན་ཚོགས་འདུ་ཞིག་ཡིན། ཀྲུང་གོ་དང་ཨ་རབ་ཀྱི་རྒྱལ་ཁབ་དག་གཙོ་བྱས་ཏེ་འཛམ་གླིང་ལ་ཕྱོགས་པ་ཞིག་ཡིན་ཞིང་། མཐོ་རིམ་བགྲོ་གླེང་དང་ཆེད་ལས་འགྲེམ་སྟོན། འབྲེལ་མཐུད་གྲོས་མོལ་སོགས་རྣམ་པ་དུ་མར་བགོས་ཡོད། དང་ཐོག༢༠༡༠ལོར་བསྟར་འགོ་ཚུགས་པའི་ཉིན་ཞ་གྲོས་མོལ་ཚོགས་འདུ་དང་ཀྲུང་ཨ་ཚོང་འབྲེལ་བགྲོ་གླེང་དེ་ཡིན།

The first China-Arab States Expo was held in Yinchuan of Ningxia Hui Autonomous Region in 2013. Approved by the State Council, it was a state-level, international and comprehensive exhibition jointly hosted by the Ministry of Commerce, China Council for the Promotion of International Trade (CCPIT) and the government of Ningxia. With China and Arab countries as the leading countries, it is open to each country or region in the world. It was divided into different parts, including high-level forum, professional exhibition and butt-joint negotiations. The former body was Ningxia Trade Fair and China-Arab States Economic and Trade Forum that had been held since 2010.

中国边疆史地研究中心 中国社会科学院直属的研究机构。1983年成立，设于北京。重点研究中国近代边界变迁，中国统一的多民族国家形成和发展的规律，历史上治边政策的经验教训，以及中国边疆研究的历史遗产。

ཀྲུང་གོའི་མཐའ་ཁུལ་གྱི་ལོ་རྒྱུས་ཞིབ་འཇུག་ལྟེ་

གནས། གུང་གོའི་སྤྱི་ཚོགས་ཚན་རིག་སློབ་ཁང་གཏོགས་ལས་ཁུངས། ༡༩༨༣ལོར་པེ་ཅིན་དུ་བཙུགས། གུང་གོའི་ཉེ་རབས་ལོ་རྒྱུས་སྟེང་གི་མཐའ་མཚམས་འགྱུར་བ་དང་གུང་གོའི་གཅིག་གྱུར་གྱི་མི་རིགས་མང་པའི་རྒྱལ་ཁབ་བྱུང་འཕེལ་གྱི་ཚོས་ཉིད། མཐར་སྲུང་བྱེད་ཐབས་ཀྱི་ལོ་རྒྱུས་ཉམས་མྱོང་དང་བསླབ་བྱ། གུང་གོའི་མཐར་ཁུལ་ཞིབ་འཇུག་གི་ལོ་རྒྱུས་ཤུལ་བཞག་སོགས་ལ་ཞིབ་འཇུག་གཙོར་བྱེད་པ་ཡིན།

Research Center for Chinese Borderland History and Geography is the research organization directed by the Chinese Academy of Social Sciences. The institution was set up in Beijing in 1983, concentrating on studying the boundary changes of modern China, the regularities and rules in forming and development of China as a united and multi-ethnic country, experience and instruction in the borderland policies in history, and the historical heritage of borderland researches in China.

中国朝鲜语学会 国家民委主管的全国性民间组织，是中国朝鲜语文工作者的群众性学术团体。1981年在沈阳成立，会址设于延边大学。宗旨是为了贯彻党的民族语文政策，团结和组织全国朝鲜语文工作者，进行朝鲜语文的规范化及研究工作，促进朝鲜语文的发展。

གུང་གོའི་ཁོའེ་ཞེན་སྐད་ཀྱི་སློབ་ཚོགས། རྒྱལ་ཁབ་མི་རིགས་དོན་གཅོད་ཨུ་ཡོན་ལྷན་ཁང་གིས་བདག་གཉེར་བྱེད་པའི་རྒྱལ་ཡོངས་རང་བཞིན་གྱི་དམངས་ཁྲོད་རྩ་འཛུགས། གུང་གོའི་ཁོའེ་ཞེན་སྐད་ཡིག་ལས་ཀ་གཉེར་མཁན་ཚོའི་མང་ཚོགས་རང་བཞིན་གྱི་རིག་གཞུང་གི་ཚོགས་འདུགས་ཤིག་ཡིན། ༡༩༨༡ལོར་ཞེན་དབྱང་དུ་བཙུགས། ཚོགས་གནས་ཡན་པན་སློབ་ཆེན་དུ་ཡོད། ཏང་གི་མི་རིགས་སྐད་ཡིག་སྲིད་ཇུས་ལག་བསྟར་དང་། རྒྱལ་ཡོངས་ཀྱི་ཁོའེ་ཞེན་སྐད་ཡིག་ལས་ཀ་གཉེར་མཁན་ཚོར་འདུ་འགོད་དང་མཐུན་སྒྲིལ་བྱེད་པ། ཁོའེ་ཞེན་སྐད་ཡིག་གི་ལེགས་བསྒྲིགས་ལམ་ཁའི་ཞིབ་འཇུག་སྟེལ་བ། ཁོའེ་ཞེན་སྐད་ཡིག་འཕེལ་རྒྱས་ལ་སྐུལ་འདེད་བྱེད་པ་བཅས་ནི་དེའི་རྩ་འཛིན་ཡིན།

Chinese Korean Society, a nation-wide civil organization regulated by the State Ethnic Affairs Commission, is a mass academic society of people engaged in Korean language in China. Founded in Shenyang in 1981, the site of the society was at Yanbian University. It aims to implement the policy of ethnic languages made by the Communist Party of China, unite and organize the people who work on Korean language in all parts of China, and normalize the Korean language and do the researches, thus promoting the development of the language.

《中国大百科全书·民族卷》 中国第一部大型、综合性百科全书的民族卷。1986年6月出版第一版。包括民族问题理论、民族学、中国民族史、中国民族语言文字、世界民族5部分，分别介绍了该学科的基本知识和最新研究成果。共收条目1000多条，总字数达170多万字。

《གུང་གོའི་ཤེས་བྱ་ཀུན་འདུས་ཆེན་མོ། མི་རིགས་ཀྱི་པོད》 གུང་གོའི་ཐོག་བསྟུན་རང་བཞིན་གྱི་ཤེས་བྱ་ཀུན་འདུས་ཐོབ་ལས་མི་རིགས་ཀྱི་དེབ་ཡིན། ༡༩༨༦ལོའི་ཟླ་༦པར་པར་ཐེངས་དང་པོ་

པར། དེ་མི་རིགས་གནད་དོན་གྱི་གཞུང་ལུགས་དང་མི་རིགས་རིག་པ། རྒྱང་གོའི་མི་རིགས་ལོ་རྒྱུས། རྒྱང་གོའི་རིགས་ཀྱི་སྐད་དང་ཡུལ་གྱི། འཛམ་གླིང་མི་རིགས་སོགས་ཁག་ལྔར་བགར་ཡོད། བསྡུབ་ཚན་དག་གི་སྣེ་གཞིག་ཤེས་བྱ་དང་ཞིབ་འཇུག་འབྲས་བུ་གསར་སོས་དག་དོ་སྟོང་བྱས་པ་དང་། རྩོམ་གངས་སྟོང་ལྷག་དང་ཡིག་འབྲུ་ས་ཡ་༡.༧ལྷག་ཡོད།

The Complete Encyclopedia of China (Ethnic Volume) is the first comprehensive encyclopedia about ethnic minorities in China. It was published firstly in June 1986, including 5 sections: theory of ethnic minority issues, ethnology, ethnic history, ethnic languages, and worldwide ethnic groups. The five sections introduce the basic knowledge and latest researches of each discipline. It has collected over 1,000 entries, with over 1.7 million words.

《中国的民族区域自治》 2005年国务院新闻办公室发表的白皮书。以大量翔实、准确的事实和数据，系统介绍了我国民族区域自治发展的现状，说明实行民族区域自治是中国各族人民根据中国的历史发展、文化特点、民族关系、民族分布等具体情况作出的共同选择。

《རྒྱང་གོའི་མི་རིགས་ས་ཁོངས་རང་སྐྱོང་》 ༢༠༠༥ལོར་རྒྱལ་སྲིད་སྤྱི་ཁྱབ་ཁང་གསར་འགྱུར་གཞུང་ལས་ཁང་གིས་བསྒྲགས་པའི་རྒྱལ་ཐོག་དཀར་པོའི་ཡིག་ཆ། ཁུངས་བཙུན་གནད་བསྡུས་ཀྱི་དོན་དངོས་དང་གཞི་གྲངས་འབོར་ཆེན་གྱིས་རང་རྒྱལ་གྱི་མི་རིགས་ས་ཁོངས་རང་སྐྱོང་གི་ད་ལྟའི་འཕེལ་རྒྱས་རྣམ་པ་རོ་སྟོང་བྱས་ཡོད། མི་རིགས་ས་ཁོངས་རང་སྐྱོང་ལག་བསྟར་བྱེད་པ་ནི་རྒྱང་གོའི་མི་རིགས་སོ་སོའི་རྒྱང་གོའི་ལོ་རྒྱུས་འཕེལ་རྒྱས་

དང་རིག་གནས་ཁྱད་ཆོས། མི་རིགས་འབྲེལ་བ། མི་རིགས་ཁྱབ་ཚུལ་སོགས་ཀྱི་གནས་བབ་ལ་གཞིགས་ནས་ཐུན་མོང་གིས་བདམས་པ་ཞིག་ཡིན་པ་གསལ་བཤད་བྱས་ཡོད།

Regional Autonomy for Ethnic Minorities in China, a white paper issued by the State Council Information Office in 2005, systematically introduced the current condition of regional autonomy development in China, with a great deal of detailed and accurate facts and data. It illustrated that the implementation of this policy is a choice of the Chinese people of all ethnic groups after taking China's specific conditions into consideration, such as historical development, cultural characteristics, ethnic relations, habitats of ethnic groups, etc.

中国的民族识别 民族识别指对一个民族成分的辨认，是多民族国家落实民族政策的一项基本工作。我国自1950年起，由中央及地方民族事务机关组织科研队伍，对全国提出的400多个民族名称进行识别。共确认了55个少数民族成分。

རྒྱང་གོའི་མི་རིགས་ངོས་འཛིན། མི་རིགས་ཤིག་གི་གྲུབ་ཆས་ངོས་འཛིན་ལ་བསྟན། མི་རིགས་མང་བའི་རྒྱལ་ཁབ་ཀྱིས་མི་རིགས་སྲིད་ཇུས་ལག་བསྟར་བྱེད་པའི་གཞི་རྩའི་ལས་ཀ་ཞིག་ཡིན། རང་རྒྱལ་གྱིས་༡༩༥༠ལོ་ནས་བཟུང་། དབུས་དང་ས་གནས་ཀྱི་མི་རིགས་དོན་གཅོད་ལས་ཁུངས་དག་གིས་ཚན་རྩལ་ཞིབ་འཇུག་ཚོགས་པ་ཁ་འཛུགས་བྱས་ཏེ། རྒྱལ་ཡོངས་སུ་མི་རིགས་ཀྱི་མིང་༤༠༠ལྷག་ཡོད་པར་དོར་འཛིན་བྱས་ནས། སྐྱེ་པར་གནས་ཡུང་མི་རིགས་༥༥་གཅན་འབེལ་བྱས།

Ethnic Identification in China is to clarify

and identify an ethnic group, which is a basic work of a country with multi-ethnic to implement ethnic policies. Since 1950, the ethnic affairs organs in Central and regional levels have organized scientific research teams to identify over 400 ethnic groups who applied for an ethnic group status, and confirmed 55 of them.

《中国的民族政策与各民族共同繁荣发展》 2009年国务院新闻办公室发表的白皮书。内容包括统一的多民族国家和中华民族的多元一体、坚持各民族一律平等、巩固和发展全国各族人民的大团结、坚持和完善民族区域自治制度、加快少数民族和民族地区经济社会发展、保护和发展少数民族文化和加强少数民族干部和人才队伍建设7部分。

《ཀྲུང་གོའི་མི་རིགས་སྲིད་ཇུས་དང་རིགས་སོ་སོའི་མི་རིགས་ཕུན་ཚོང་དར་རྒྱས་གོང་འཕེལ་གཏོང་བ》 ༢༠༠༩ལོར་རྒྱལ་སྲིད་སྤྱི་ཁྱབ་ཁང་གསར་འགྱུར་གཞུང་ལས་ཁང་གིས་སྒྲོག་པའི་རྒྱལ་ཆེག་དཀར་པོའི་ཡིག་ཆ། ནང་དོན་མི་རིགས་མང་པོ་གཅིག་གྱུར་རྒྱལ་ཁབ་དང་ཀྲུང་ཧྭ་མི་རིགས་ཀྱི་སྣ་མང་གཅིག་གཅིག་ཅན། རིགས་སོ་སོའི་མི་དམངས་ཀྱི་འདུ་མཉམ་བརྟན་སྲུང་། རྒྱལ་ཡོངས་ཀྱི་རིགས་སོ་སོའི་མི་དམངས་ཀྱི་མཐུན་སྒྲིལ་སྤྱི་བཏུད་དང་གོང་འཕེལ་གཏོང་བ། མི་རིགས་ས་ཁོངས་རང་སྐྱོང་ལམ་ལུགས་རྒྱུན་འཁྱོང་དང་འཕེལ་ཚད་གཏོང་བ། གྲངས་ཉུང་མི་རིགས་ཀྱི་དང་མི་རིགས་ས་ཁུལ་གྱི་སྐྱེ་ཚོགས་དཔལ་འབྱོར་གྱི་རིགས་ས་གནས་སྒོར་སྐྱོར་དང་གོང་འཕེལ་གཏོང་བ། གྲངས་ཉུང་མི་རིགས་ཀྱི་རིགས་གཞུང་སྲུང་སྐྱོབ་དང་གོང་འཕེལ་གཏོང་བ། གྲངས་ཉུང་མི་རིགས་ཀྱི་གཞུང་ཞབས་པ་དང་འཛོན་

China's Ethnic Policies and Common Prosperity and Development of All Ethnic Groups is a white paper issued by the State Council Information Office in 2009. Its contents are as follows: A Unified Multi-Ethnic Country and a Nation with Diverse Cultures; Equality among Ethnic Groups; Consolidating and Developing the Great Unity of All Ethnic Groups; Upholding and Improving Regional Ethnic Autonomy; Accelerating the Economic and Social Development of the Ethnic Minorities and Minority Areas; Protection and Development of Cultures of the Ethnic Minorities; and Striving to Foster Cadres and Talented people of the Ethnic Minorities.

《中国的少数民族政策及其实践》 1999年国务院新闻办公室发表的白皮书。是新中国成立以来，我国政府发布的一部系统阐述中国民族政策及其实践的白皮书。该书的发布对国内外了解我国民族政策产生了积极的作用。

《ཀྲུང་གོའི་གྲངས་ཉུང་མི་རིགས་སྲིད་ཇུས་དང་དེའི་ལག་བསྟར》 ༡༩༩༩ལོར་རྒྱལ་སྲིད་སྤྱི་ཁྱབ་ཁང་གསར་འགྱུར་གཞུང་ལས་ཁང་གིས་སྤྱེལ་བའི་རྒྱལ་ཆེག་དཀར་པོའི་ཡིག་ཆ། དེ་ནི་ཀྲུང་གོ་གསར་པ་ཆགས་ཚུན། རང་རྒྱལ་སྲིད་གཞུང་གིས་བསྒྲགས་པའི་གྲངས་ཉུང་མི་རིགས་སྲིད་ཇུས་དང་དེའི་ལག་བསྟར་སྟོར་འགྲེལ་བཤད་གསལ་བྱས་པའི་རྒྱལ་ཆེག་དཀར་པོའི་ཡིག་ཆ་ཞིག་ཡིན། ཡིག་ཆ་འདིའི་སྤེལ་བས་རྒྱལ་ཁབ་ཕྱི་ནང་ལ་རང་རྒྱལ་གྱི་མི་རིགས་སྲིད་ཇུས་ལ་རྟོགས་བྱེད་པར་ཕན་ནུས་ངེས་ཅན་ཐོན།

National Ethnic Policy and Its Practice in China is a white paper issued by the State Council Information office in 1999. As a white paper published by the Chinese Government since the founding of the People's Republic of China, it has systematically expounded China's national ethnic policy and its practice. It has played a positive role for people at home and abroad in understanding China's ethnic policies.

中国—东盟博览会 是由中国和东盟10国经贸主管部门及东盟秘书处共同主办，广西政府承办的国家级、国际性经贸交流会，每年在广西南宁举办。涵盖商品贸易、投资合作和服务贸易三大内容。2004年开始至2013年共举办了10届。

རྒྱ་ནག—བར་མཚམས་འབྲེལ་འདྲིས་མང་འགྲེམ་ཚོགས། འདི་ནི་རྒྱ་ནག་དང་བར་མཚམས་འབྲེལ་རྒྱལ་ཁབ་༡༠་ཡི་ཚོང་གཙོ་གཉེར་སྡེ་ལྷག་དང་བུང་ཡིག་ཡིག་ཁང་གིས་གཞི་སྒྲུབ་བྱས་ཤིང་། ཀོང་ཞི་སྲིད་གཞུང་གིས་རོགས་སྐྱོབས་པའི་རྒྱལ་ཁམས་རིམ་པའི་རྒྱལ་སྤྱི་དང་བཞིན་གྱི་བོ་ཚོང་འབྲེལ་ལྷོང་ཚོགས་འདུ་ཞིག་ཡིན། ལོ་རེ་རེར་ཀོང་ཞི་ནན་ཉིང་ནས་འཚོགས། དེར་ཚོང་ཟོག་ཚོང་དང་། གཏོང་མཐུན་ལས། ཞབས་ཞུའི་བོ་ཚོང་སོགས་ནང་དོན་ཆེ་ཁག་གསུམ་ཡོད། ༢༠༠༩་ལོ་ནས་༢༠༡༣་ལོའི་བར་ཕོམ་པས་སྐབས་བཅུ་བསྒྲུབས།

China-ASEAN Expo (CAEXPO), cosponsored by the ministries of economy and trading of China and the 10 ASEAN Countries as well as the ASEAN Secretariat, is a grand international event of state level for economic and trading exchanges. It is held annually in Nanning, Guangxi. The Expo includes commodity trade, investment, cooperation and service trade. It has successfully concluded for 10 sessions from 2004 to 2013.

中国佛教协会 中国佛教徒联合的爱国宗教团体和教务组织。1953年成立于北京。其宗旨是：协助政府贯彻宗教信仰自由政策，维护佛教界的合法权益；弘扬佛教教义，兴办佛教事业，发扬佛教优良传统，加强佛教自身建设；高举爱国爱教旗帜，团结各民族佛教徒，倡导人间佛教思想等。

རྒྱ་གོའི་ནང་བསྟན་མཐུན་ཚོགས། རྒྱ་གོའི་ནང་པ་དག་གིས་མཉམ་འབྲེལ་བྱས་པའི་རྒྱལ་ཞེན་ཆོས་ལུགས་ཚོགས་པ་དང་ཆོས་དོན་རྩ་འཛུགས་ཤིག་ཡིན། ༡༩༥༣་ལོར་པེ་ཅིན་དུ་ཚུགས། དེའི་རྩ་དོན་ནི་སྲིད་གཞུང་ལ་རམ་འདེགས་ཀྱིས་ཆོས་ལུགས་དང་མོས་རང་དབང་སྲིད་ཇུས་ལག་བསྟར་དང་། ནང་པའི་ཁྲིམས་མཐུན་ཁེ་ཕན་སྲུང་སྐྱོབ། ནང་པའི་དགོངས་དོན་སྟེལ་བ། ནང་པ་ཏུ་བཞག་གོ་སྒྲེལ། ནང་པའི་སྲོལ་བཟང་སྦྱང་བ། ནང་ཆོས་རང་དངོས་ནས་འཛུགས་ཆོས་དུ་གཏོང་བ། རྒྱལ་ཞེན་ཆོས་ཞེན། རིགས་སོ་སོའི་ནང་པ་དག་དང་མཐུན་སྦྱེལ་བྱེད་པ། ནང་ཆོས་དམངས་ཁྲོད་དུ་སྤེལ་བ་སོགས་ཡིན་ནོ།

The Buddhist Association of China is a patriotic and religious organization for Buddhists of all ethnicities in China. It was founded in Beijing in 1953. Its tenets were as follows: assisting the government in implementing the policy of religious freedom and safeguarding the lawful rights and interests of the Buddhist community;

carrying forward and advocating the fine teachings and traditions of Buddhism; holding high the banner of patriotism and love of the religion, uniting all ethnicities in China and practicing the ideas of Humanistic Buddhism.

中国佛学院 1956年创办于北京法源寺。由中国佛教协会领导，喜饶嘉措大师兼任第一任院长。1961年设研究部，次年开办藏语班，1966年停办，1980年复校，后又在苏州和南京各设分院一所。

རྒྱང་གོའི་ནང་བསྟན་སློབ་གྲྭ། ༡༩༥༦ལོར་པེ་ཅིན་ཕ་ཡོན་དགོན་དུ་བཙུགས། ཀྲུང་གོའི་ནང་བསྟན་མཐུན་ཚོགས་ཀྱིས་འགོ་ཁྲིད་དེ། དགེ་བཤེས་ཤེས་རབ་རྒྱ་མཚོ་སློབ་གཙོ་དང་པོའི་འགན་བཞེས། ༡༩༦༡ལོར་ཞིབ་འཇུག་སྡེ་ཁག་བཙུགས། ཕྱི་ལོ་བོད་ཡིག་འཛིན་གྲྭ་བཙུགས། ༡༩༦༦ལོར་སློབ་མཚམས་བཞག་ཡོད། ༡༩༨༠ལོར་སྐྱར་གསོ་བྱས་ཤིང་ཕྱིས་སུ་སུའུ་ཀྲོའུ་དང་ནན་ཅིན་ནས་ཡན་ལག་སློབ་གླིང་རེ་རེ་བཙུགས།

The Buddhist Academy of China was established in the Fayuan Temple in Beijing in 1956. It was led by the Buddhist Association of China, with Sherab Gyatso as the first president. The research department was set up in 1961, and in the following year the Tibetan language class was opened. The academy had been once suspended since 1966 and later was resumed in 1980. Later two branch academies were established in Suzhou and Nanjing respectively.

《中国各民族传统文化百科全书》 书名。于1996年成书。由洛布桑主编，有200多名各民族专家学者参加撰稿。全书共收词5万条，1500万字，插图2000幅，每个民族1卷。包括语言文字、文化艺术、科学教育、宗教信仰、风俗习惯等8个门类。

《ཀྲུང་གོའི་མི་རིགས་སོ་སོའི་སྲོལ་རྒྱུན་རིག་གནས་ཀུན་བཏུས་དཔེ་ཚོགས》 དཔེ་ཆའི་མིང་། ༡༩༩༦ལོར་པར་དུ་བཏབ། གཙོ་སྒྲིག་པ་ལྡ་བཟང་ཡིན། རིགས་སོ་སོའི་ཆེད་མཁས་པ་༢༠༠ལྷག་ཙམ་འབྲི་ལ་ཞུགས། དེབ་ཚན་མར་སྡོམ་ཚིག་ཁྲི་ལྔ་བཞུགས་པ་དང་ཡིག་འབྲུ་ཁྲི་༡༥༠༠ཡོད། པར་བཅུག་འདུ་པར༢༠༠༠ཡོད། མི་རིགས་རེ་རེ་དེབ་རེ། དེའི་ནང་དུ་སྐད་ཡིག་དང་། རིག་གནས་སྒྱུ་རྩལ། ཚན་རིག་སློབ་གསོ། ཆོས་ལུགས་དད་མོས། ཡུལ་སྲོལ་གོམས་གཤིས་སོགས་ལག་བརྒྱད་འདུས།

Encyclopedia of Traditional Chinese Culture of All Ethnic Groups was completed in 1996, the chief editor of which is Luo Busang, with more than 200 experts and scholars of all ethnic groups joined in the writing. The encyclopedia records 50,000 articles, 15 million words, 2,000 illustrations, and each ethic group has one volume, including 8 categories, such as language, culture and art, science and education, religion, customs and habits, etc.

中国各民族分布的特点 "大杂居、小聚居、相互交错居住"是中国各民族分布的特点。这种分布格局是长期历史发展过程中各民族间相互交往、流动而形成的。

ཀྲུང་གོའི་མི་རིགས་སོ་སོའི་ཁྱབ་སྟངས་ཀྱི་ཁྱད་ཆོས། ཆེ་བར་འདྲེས་སྡོད་དང་ཆུང་བར་འདུས་སྡོད།

ཕན་ཚུན་བརྩོལ་ནས་སྟོང་པ་དེ་གྱུང་གོའི་མི་རིགས་ཁྱབ་སྡངས་ཀྱི་ཁྱད་ཆོས་ཡིན། མི་རིགས་ཁྱབ་སྡངས་འདི་ནི་ཡུན་རིང་གི་ལོ་རྒྱུས་འཕེལ་རིམ་ཁྲོད་མི་རིགས་སོ་སོ་ཕན་ཚུན་འགྲོ་འོང་ལས་གྲུབ་པ་ཞིག་ཡིན།

The Distribution Characteristics of Ethnic Groups in China is that "ethnic groups live together over vast areas while some live in individual concentrated communities in small areas". This distribution pattern has taken shape throughout China's long history of development as ethnic groups migrated and mingled.

《中国共产党民族理论政策干部读本》 2011年由国家民委组织修订编写，民族出版社出版。共13章。以中国共产党关于民族问题的基本理论和政策为纲，阐述其民族理论政策的基本内涵，展示其在民族工作上的实践成就。对提高各级党政组织驾驭民族问题的能力，具有重要的现实意义。

《ཀྲུང་གོ་གུང་ཁྲན་ཏང་གི་མི་རིགས་གཞུང་ལུགས་སྲིད་ཇུས་ཀྱི་གཞུང་ཞབས་པའི་སློབ་དེབ》 ༢༠༡༡ལོར་རྒྱལ་ཁབ་མི་རིགས་དོན་གཅོད་ཨུ་ཡོན་ལྷན་ཁང་གིས་ཚོགས་འབྲི་ལ་ཚོགས་ལ་རྩ་འཇོགས་བྱས། མི་རིགས་དཔེ་སྐྲུན་ཁང་གིས་པར་དུ་སྐྲུན། ཚོམ་ཞེའུ་༡༣ཡོད། གྱུང་གོ་གུང་ཁྲན་ཏང་གི་མི་རིགས་གནད་དོན་སྐོར་གྱི་རྩ་བའི་གཞུང་ལུགས་དང་ཇུས་ཀྱི་རྩ་བའི་དོན་བྱས་ཏེ། མི་རིགས་གཞུང་ལུགས་སྲིད་ཇུས་ཀྱི་རྩ་བའི་ནང་དོན་ཞིབ་བརྗོད་དང་། མི་རིགས་ལས་དོན་གྱི་ལག་ལེན་གྲུབ་འབྲས་སྟོན་བྱས་ཡོད། དེས་རིམ་པ་སོ་སོའི་ཏང་སྲིད་རྩ་འཛུགས་ཀྱིས་མི་རིགས་གནད་དོན་ཐག་གཅོད་བྱེད་པའི་ནུས་པ་མཐོར་འདེགས་ལ་ཕན་པ་ཡི།

ཅུན་ཐོན་པས་དོན་དངོས་ཀྱི་རིན་ཐང་གལ་ཆེན་ཡོད།

Ethnic Theories and Policies of the Communist Party of China: A reader for Cadres was compiled by the State Ethnic Affairs Commission and was published by the Ethnic Publishing House in 2011. It has 13 chapters. Taking the basic theories and policies on ethnic affairs of the CPC as the guiding principle, it expounds the fundamental connotation of the ethnic theories and policies, and demonstrates the practical achievements on ethnic work. It is of high realistic importance to enhance the capacity of the party and government organizations at all levels when coping with ethnic issues.

中国古代民族法制　是我国奴隶社会与封建社会时期，统治阶级为实现其有效统治和对各民族进行管理的需要而制定和形成的调整民族关系的法律规范的总称。

གྱུང་གོའི་གནའ་རབས་མི་རིགས་ཁྲིམས་ལུགས། རང་རྒྱལ་གྱི་བྲན་གཡོག་སྤྱི་ཚོགས་དང་བཀས་བཀྱུར་སྤྱི་ཚོགས་དུས་སྐབས་སུ། དབང་བསྒྱུར་གྱལ་རིམ་གྱིས་ཉེན་ཁྱི་དབང་བསྒྱུར་མངོན་འགྱུར་དང་མི་རིགས་སོ་སོར་དོ་དམ་བྱེད་པའི་དགོས་དབང་གིས་བཟོས་པའི་མི་རིགས་འབྲེལ་བ་སྟོབས་སྒྲིག་བྱེད་བྱུང་ཁྲིམས་སྲོལ་སྒྲིའི་མིང་།

Ethnic Legal System in ancient China is the general term of the laws and norms on ethnic relations in the period of the slavery society and feudal society. It was enacted by the ruling class in order to regulate ethnic relations and govern all ethnic groups effectively.

中国光彩事业 是在中央统战部、全国工商联组织推动下，我国非公有制经济人士于1994年为配合《国家八七扶贫攻坚计划》而发起实施的一项社会扶贫事业。以消除贫困地区的贫困为宗旨。1995年经国家民政部批准，中国光彩事业促进会正式成立。

ཀྲུང་གོའི་གཟི་བརྗིད་ལས་དོན། ཀྲུང་དབྱང་འཐབ་ཕྱོགས་གཅིག་གྱུར་པུའུ་དང་རྒྱལ་ཡོངས་བཟོ་ཚོང་མཉམ་འབྲེལ་འགྲོས་ཀྱི་སྐུལ་འདེད་འོག རང་རྒྱལ་གྱི་སྤྱི་དབང་མ་ཡིན་པའི་དཔལ་འབྱོར་མི་སྣ་དག་གིས ༡༩༩༤ ལོར《རྒྱལ་ཁབ་ཀྱི་བརྒྱད་བདུན་དབུལ་སྐྱོར་འཆར་གཞི》ལ་རྒྱབ་སྐྱོར་གྱིས་སྦྲེལ་བའི་སྤྱི་ཚོགས་ཀྱི་དོགས་སྐྱོར་ལས་དོན་ཞིག་ཡིན། དེས་རྟེན་ལུགས་ཀྱི་དབུལ་པོ་མེད་པར་བཟོས་པ་དམིགས་སུ་བཟུང་། ༡༩༩༤ལོར་རྒྱལ་ཁབ་དམངས་སྤྱོད་ཡུའུ་ཡི་ཚོད་བཀོད་དོག ཀྲུང་གོའི་གཟི་བརྗིད་ལས་དོན་ཡར་སྐུལ་ཚོགས་པ་དངོས་སུ་ཚུགས།

China Guangcai (Glory) Program refers to a social poverty alleviation undertaking, which is with the support and under the leadership of the United Front Work Department of CPC Central Committee and All-China Federation of Industry and Commerce, launched by representatives from non-public economy in China in 1994. Its establishment was responsive to the *National Seven-Year Priority Poverty Alleviation Program* (a program designed to lift 80 million people out of absolute poverty in the period of seven years from 1994 to 2000). It aims to alleviate poverty in poverty-stricken areas. Approved by the Ministry of Civil Affairs in 1995, China Society for Promotion of the Guangcai Program (CSPGP) was officially established.

中国汉语水平考试 其缩写为HSK。为测试母语非汉语者（包括外国人、华侨和中国少数民族人员）的汉语水平而设立的国家级标准化考试。是在语言学、教育测量学、汉语文教学以及语言测试理论的指导下，结合汉语的特点而设计的标准化考试。1990年，HSK正式在国内推广。

ཀྲུང་གོའི་རྒྱ་སྐད་ཀྱི་ཆད་མེད་རྒྱུགས་གཞི། བསྡུས་འབྲི་ལ་HSK། དེ་ནི་པ་སྐད་རྒྱ་སྐད་མིན་པ་དག (ནང་དུ་ཕྱི་རྒྱལ་པ་དང་ཕྱིར་སྦོང་གྱུར་གོ་པ། ཀྲུང་གོའི་གྲངས་ཉུང་མི་རིགས་ཀྱི་མི་སྣ་བཅས་འདུས) ཀྱི་རྒྱ་སྐད་རྒྱ་ཚད་གཞེར་བྱེད་ཆེད་བཙུགས་པའི་རྒྱལ་ཁབ་རིམ་པའི་ཚད་ལྡན་རྒྱུགས་གཞི་ཞིག་ཡིན། དེའི་སྐད་པར་རིག་པ་དང་སློབ་གསོ་དཔྱད་བཤད་རིག་པ། རྒྱའི་སྐད་ཡིག་སློབ་ཁྲིད་དང་སྐད་བརྡའི་ཚད་ལེན་གཞུང་ལུགས་ཀྱི་མཛུབ་སྟོན་འོག རྒྱ་ཡིག་གི་ཁྱད་ཆོས་དང་བསྡུན་པའི་ཚད་ལྡན་རྒྱུགས་གཞི་ཞིག་ཡིན། ༡༩༩༠ལོར་HSK དེ་དངོས་སུ་རྒྱལ་ཡོངས་ལ་ཁྱབ་སྤེལ་བྱས།

Chinese Language Proficiency Test, abbreviated to HSK (Hanyu Shuiping Kaoshi), is a national standardized test to assess the Chinese language proficiency of non-native speakers (including foreigners, overseas Chinese and Chinese people of ethnic groups). The standard test was designed with reference to Linguistics, Educational Measurement, Chinese Language and Literature Teaching, and Language

Testing Theory, based on the characteristics of Chinese language as well. HSK was officially put into practice in China in 1990.

中国回教俱进会 中国穆斯林的民间文化团体。1912年由王宽等人发起，在北平成立。提出"兴教育，固团体，回汉亲睦"宗旨，刊行《穆光》半月刊杂志，致力于社会救济和兴办学校。1936年停止活动。

ཀྱང་གོའི་ཧུའི་ཆོས་མཉམ་ཞུགས་ཚོགས་པ། ཀྲུང་གོའི་སུའུ་སིའི་ཀྱི་དམངས་ཁྲོད་རིག་གནས་ཚོགས་ཁག 1912ལོར་ཝང་ཁོན་སོགས་ཀྱིས་འགོ་བསླངས་ཏེ་པེ་ཕིང་དུ་བཙུགས། སློབ་གསོ་སྤེལ་ནས་ཚོགས་པ་བརྟན་བཅས་ཧུའི་རྒྱ་གཉིས་མཐུན་གྱི་དགོངས་དོན་བཏོན། 《མུའུ་ཞེར》པའི་ཟླ་ཕྱེད་དུས་དེབ་སྤེལ་ནས་སྤྱི་ཚོགས་རོགས་སྐྱོར་དང་སློབ་གྲྭ་འཛུགས་པར་འབད་པ་བྱས། 1936ལོར་བྱ་འགུལ་སྤྱིལ་མཚམས་བཞག

Chinese Muslim Mutual Progress Association was a non-governmental cultural organization of the Chinese Muslims. It was initiated and established by Wang Kuan et al. in Peking (today's Beijing) in 1912. It advocated the tenet of "developing education, consolidating the association, and keeping harmonious relation between the Hui and Han people", and published the semimonthly magazine *Muguang (Muslim Light)*. It was dedicated to social assistance and running schools until it was put to a termination in 1936.

中国回教学会 解放前回族文化学术团体之一。1925年由哈德成等在上海成立。以提倡回民教育、研究伊斯兰教、开展中外伊斯兰文化交流等为宗旨。曾创办上海伊斯兰师范学校，刊行《中国回教学会月刊》。1932年停止活动。

ཀྲུང་གོའི་ཧུའི་ཆོས་སློབ་ཚོགས། བཅིངས་འགྲོལ་སྔོན་གྱི་ཧུའི་རིགས་རིག་གནས་རིག་གཞུང་ཚོགས་པ་ཞིག་ཡིན། 1925ལོར་ཧ་ཏེ་ཁྲིན་སོགས་ཀྱིས་ཧྲང་ཧེར་བཙུགས། ཧུའི་རིགས་མི་དམངས་ལ་སློབ་གསོ་གཏོང་བ་དང་སི་ལན་ཆོས་ལུགས་ལ་ཞིབ་འཇུག་བྱེད་པ། རྒྱ་ནང་ཕྱིའི་སི་ལན་རིག་གནས་འགྲོ་འོང་རྒྱ་འགུལ་སྤེལ་བ་སོགས་རྩ་དོན་དུ་བཟུང་། ཧུའི་རིགས་དབྱིན་དགོས་སློབ་གྲྭ་བཙུགས་ཤིང་《ཀྲུང་གོའི་ཧུའི་ཆོས་སློབ་ཚོགས་ཟླ་དེབ》སྤེལ། 1932ལོར་བྱ་འགུལ་སྤེལ་མཚམས་བཞག

Chinese Islamic Association was a Chinese Islamic cultural and academic community before the foundation of People's Republic of China (1949). It was established by Ha Decheng et al. in Shanghai in 1925. It encouraged education of Hui people and researches on Islam, and aimed to promote Islam cultural exchanges between Chinese and foreign countries. Shanghai Islamic Normal University was established, and the magazine *Monthly for Chinese Islamic Association* was printed and published then. It was put to a termination in 1932.

中国回民文化协进会 中国回族群众性的文化团体。1953年在北京成立。宗旨是根据中国人民政治协商会议共同纲领的基本精神，协助人民政府研究和发展回族文化教育事业，加强爱国主义教育等。1958年结束工作。

ཀྲུང་གོའི་ཧུའི་རིགས་རིག་གནས་མཐུན་སྦྱར།

ཚོགས་པ།] ཀྲུང་གོའི་ཧུའེ་རིགས་ཀྱི་མང་ཚོགས་རང་
བཞིན་གྱི་རིག་གནས་ཚོགས་པ། ༡༩༥༣ལོར་པེ་ཅིན་དུ་
ཚུགས། ཙུང་དོན་ཀྲུང་གོ་མི་དམངས་ཆབ་སྲིད་གྲོས་མོལ་
ཚོགས་འདུའི་ཐུན་མོང་རྩ་འཛིན་གྱི་དགོངས་དོན་ལྟར་
མི་དམངས་སྲིད་གཞུང་ལ་རམ་འདེགས་ཀྱིས་ཧུའེ་རིགས་
ཀྱི་རིག་གནས་སློབ་གསོའི་བྱ་གཞག་ཞིབ་འཇུག་དང་གོང་
སྤེལ་གཏོང་བ་དང་། རྒྱལ་གཅེས་སློབ་གསོར་ཤུགས་སྣོན་
གཏོང་བ་སོགས་ཡིན། ༡༩༥༨ལོར་ལས་མཚམས་གཞག

Chinese Muslim Culture Promotion Association was a culture organization of the Chinese Muslims. Founded in Beijing in 1953, it aimed to assist the People's Government to study and develop the culture and education of the Hui people and reinforce patriotism education according to the essential spirit of the common program of the Chinese People's Political Consultative Conference. It was brought to a termination in 1958.

中国回族博物馆　目前国内仅有的一座回族文化专题博物馆。坐落在宁夏银川中华回乡文化园。平面呈"回"字形布局，建筑面积5000平方米。2002年开建，具备陈列展示展演、收藏保管、研究交流、接待参观四大功能。

ཀྲུང་གོའི་ཧུའེ་རིགས་དངོས་མང་བཤམས་སྟོན་
ཁང་། མིག་སྔར་རྒྱལ་ནང་དུ་ཡོད་པའི་ཧུའེ་རིགས་
རིག་གནས་ཆེད་དོན་དངོས་མང་བཤམས་སྟོན་ཁང་
གཅིག་པུ་ཡིན། དེའི་དབྱིབས་བཀོད་ཀྱི་ཧུའེའི་ཞེང་རིག་གནས་
ར་བར་ཡོད་ཅིང་། སྐྱམས་དོན་རྒྱ་ཡིག་ཧུའེ་ལྟར་སྐྱུར་
ཡོད། རྒྱ་ཁྱོན་སྨྲ་གྲུ་བཞི་མ་ལྔ་སྟོང་ཟིན། ༢༠༠༢ལོར་
ལས་འགོ་བཙུགས། དེར་འགྲེལ་སྟོན་འགྲེམ་སྟོན་དང་

འཚོལ་བསྡུ་བདག་གཉེར། ཞིབ་འཇུག་བརྗེ་སྦྱོང་། བལྟ་
སྐོར་སྙེ་ལེན་བཅས་ཀྱི་བྱེད་ནུས་ལྡན།

Hui Museum in China is the only theme museum for the Hui culture in China by far. It is located in the Park of Customs and Culture in the Homeland of Chinese Hui people in Yinchuan, with a construction area of five thousand square meters. The floor plan looks like the Chinese character "Hui" (回). Started to be built in 2002, it has four functions: exhibition, collection and custody, researches and exchanges, visitor reception.

中国回族青年会　民国时期反对国民党大汉族主义的回民青年组织。1930年由北平各高校回族学生倡议创立，会址设在北平，创有刊物《回族青年》，提出回回是一个民族，并为争取民族权利展开各种活动。后因国民党反对使用"回族"这一称谓，被迫改称"中国伊斯兰青年会"。1949后停止活动。

ཀྲུང་གོའི་ཧུའེ་རིགས་ན་གཞོན་ཚོགས་པ། མིན་
གོའི་སྐབས་སུ་གོ་མིན་ཏང་གི་རྒྱ་ཆེན་པོའི་རིང་ལུགས་ལ་
ངོ་རྒོལ་བྱེད་པའི་ཧུའེ་རིགས་གཞོན་ནུའི་རྩ་འཛུགས།
༡༩༣༠ལོར་པེ་པིང་གི་སློབ་ཆེན་སོ་སོའི་ཧུའེ་རིགས་སློབ་
མས་རྒྱལ་སྟོང་གསར་འཛུགས་བྱས། 《ཧུའེ་རིགས་ན་
གཞོན》ཞེས་པའི་དུས་དེབ་ཞིག་ཀྱང་ཡོད། ཧུའེ་ཧུའེ་
ནི་མི་རིགས་ཞིག་ཡིན་པས་མི་རིགས་ཁེ་དབང་ཐོབ་ཆེད་
དུ་འགུལ་སྐྱོ་ཚོགས་སྤེལ་བ་བཏོན། རྗེས་སུ་གོ་མིན་ཏང་
གིས་ཧུའེ་རིགས་ཞེས་པའི་འབོད་ཚིག་ལ་ངོ་རྒོལ་བྱས་
པས་ཚོགས་མིང་ཀྲུང་གོའི་ཡི་སི་ལན་ན་གཞོན་ཚོགས་པ་
ཞེས་པར་བསྒྱུར། ༡༩༤༩ལོར་ལས་འགུལ་སྤེལ་
མཚམས་གཞག

Chinese Hui (Muslim) Youth League was an organization of Chinese Muslim youths in opposition to the Han chauvinism of the National Party in the period of the Republic of China. It was initiated and founded by the students of the Hui people of various universities and colleges in Peking in 1930, the association site being in Peking. The publication *The Youths of Hui people* was created. It alleged that the Hui was an ethnic group of China and undertook various activities to fight for the rights of the Hui people. Later, the Kuomintang disapproved the title "Hui", and the association was forced to be renamed as "China Islam Youth Association". It was put to a termination after 1949.

中国基督教三自爱国运动委员会 中国基督教（新教）教徒的爱国组织。成立于1954年。会址设在上海。宗旨：团结、教育全国基督教徒，热爱祖国，遵守国家法令，参加社会主义建设，坚持自治、自养、自传的原则，办好独立自主的中国基督教会。

ཀྲུང་གོའི་ཡེ་ཤུའི་ཆོས་ལུགས་ཀྱི་རང་ཚོས་གསུམ་གྱི་རྒྱལ་གཅེས་ལས་འགུལ་ཨུ་ཡོན་ཚོགས་པ། ཀྲུང་གོའི་ཡེ་ཤུའི་ཆོས་ལུགས་(ཆོས་གསར)ཀྱི་ཆོས་པའི་རྒྱལ་གཅེས་རྩ་འཛུགས། ༡༩༥༤ལོར་ཚུང་ཧའི་ནས་བཙུགས། དེའི་དགོངས་དོན། རྒྱལ་ཡོངས་ཀྱི་ཡེ་ཤུའི་ཆོས་པ་དག་ལ་མཐུན་སྒྲིལ་དང་སློབ་གསོ་ཡིས་རྒྱལ་གཅེས་དང་ཁྲིམས་སྲུང་། རྒྱི་ཆོགས་རིང་ལུགས་ཀྱི་འཛུགས་སྐྲུན་ལ་ཞུགས་པ་དང་། རང་སྐྱོང་དང་རང་གསོ། རང་སྦྱོང་གི་རྩ་དོན་ཅན་འབྱུངས་སྐྲོངས།

National Committee of the Three-Self Patriotic Movement of the Protestant Churches in China is a patriotic organization of Chinese Christians (Protestants). It was established in 1954, the site being in Shanghai. Its tenets are as follows: uniting and educating the Christians of China to love the motherland, abide by the State decree, and take part in socialist construction; sticking to the principle of self-governance, self-support, self-publicity, and running independently the Christian Church in China.

中国基督教协会 中国基督教会的全国性教务组织。1980年于江苏省南京市成立，现会址设于上海市。宗旨：坚持自治、自养、自传、独立自主自办教会的原则，团结和带领全国所有信奉上帝、承认耶稣基督为主的基督徒，走爱国爱教、荣神益人的道路等。

ཀྲུང་གོའི་ཡེ་ཤུའི་ཆོས་ལུགས་མཐུན་ཚོགས། ཀྲུང་གོའི་ཡེ་ཤུའི་ཆོས་ལུགས་ཀྱི་རྒྱལ་ཡོངས་རང་བཞིན་གྱི་ཆོས་སྐྱབ་རྩ་འཛུགས་ཤིག ༡༩༨༠ལོར་ཅང་སུའུ་ཞིན་ཅིན་ནས་ཚོགས། དེའི་ཆོས་གནས་ཏང་ཧའི་གྲོང་ཁྱེར་དུ་བཟོས་ཡོད། དེའི་རྩ་དོན། རང་སྐྱོང་དང་རང་གསོ། རང་བསྒྲགས་བཅས་རྒྱུད་འཛིན་བྱས་ཏེ། རང་ཆོགས་རང་བདག་གི་ཆོས་ཚོགས་སྐྱོབ་པའི་རྩ་དོན་དང་། མཐུན་སྒྲིལ་དང་རྒྱལ་ཡོངས་ཀྱི་གནམ་བདག་མཆོད་མཁན་དག་ལ་མགོ་འདྲེན་དང་། ཡེ་ཤུའི་ཆོས་ལུགས་ཁས་ལེན་པའི་ཆོས་པ་དང་རྒྱལ་གཅེས་ཆོས་ཀྱི་ལམ་དུ་སྐྱོད་པའི།

China Christian Council is a nation-wide religious organization of the Christianity in China. It was established in Nanking in 1980, the current site being in Shanghai municipality. Its tenets are as follows: sticking to the principle of self-governance, self-support, self-publicity and independent management of the council, uniting all the Christians in belief of Jesus Christ as the God, and leading them in a way of loving the country and the religion, glorifying the God and serving human beings.

中国民主革命时期的民族问题 指中国各民族对外反对帝国主义的侵略、压迫，争取国家独立，对内推翻民族压迫制度，争取民族平等两方面的问题。这个时期民族问题的内容和性质，是由中国所处的半殖民地半封建的社会地位决定的。

རྒྱ་གོའི་དམངས་གཙོ་གསར་བརྗེའི་སྐབས་ཀྱི་མི་རིགས་གནད་དོན། རྒྱ་གོའི་མི་རིགས་སོ་སོས་ཕྱི་རུ་བཙན་རྒྱལ་རིང་ལུགས་ཀྱི་བཙན་འཛུལ་དང་གནོན་བཙོག་ངོ་རྒོལ་བྱེད་དེ་རྒྱལ་ཁབ་ཀྱི་རང་བཙན་བཙོན་ལེན་དང་། ནང་དུ་མི་རིགས་གཉའ་གནོན་ལམ་ལུགས་མགོ་རྟིང་སློག་ནས་མི་རིགས་འདྲ་མཉམ་བཙོན་ལེན་བྱེད་པ་གཉིས་ལ་བསྒུགས། དུས་སྐབས་དེའི་མི་རིགས་གནད་དོན་གྱི་ནང་དོན་དང་རོ་བོའི་རྣམ་པ་དེའི་རྒྱ་གོ་སེར་སྤེལ་ཡུལ་ཕྱེད་ཙམ་དང་བཀས་བཀོད་རྒྱུད་འཛིན་བྱེད་ཚམ་གྱི་སྤྱི་ཚོགས་གནས་བབ་ཀྱིས་ཐག་བཅད་པ་ཞིག་ཡིན།

Ethnic Issues in the Period of the Chinese Democratic Revolution refers to two issues: people of all ethnic groups fight against the invasion and oppression of imperialism and struggle for the national independence, on one hand; and on the other hand, domestically overturn the system of ethnic oppression and fight for the equality among the ethnic groups. The content and nature of the ethnic issues in this period was determined by the social status of China, a semi-colonial and semi-feudal country.

《中国民族报》 是国家民委直属的中央级综合性报纸。面向民族读者及宗教界人士。2001年创刊于北京。在指导民族工作、传递民族信息、普及民族知识、增强民族团结、促进民族发展等方面发挥了重要作用。

རྒྱ་གོའི་མི་རིགས་ཚགས་པར་ཁང་། 《རྒྱ་གོའི་མི་རིགས་ཚགས་པར》 ནི་རྒྱལ་ཁབ་མི་རིགས་དོན་གཅོད་ཨུ་ཡོན་ལྷན་ཁང་དུ་ཐད་གཏོགས་ཀྱི་རྒྱུང་དབྱུང་རིམ་པའི་སྤྱི་འཛོམས་ཚགས་པར་ཞིག་ཡིན། འདི་ནི་གུང་ཡུང་མི་རིགས་དང་ཆོས་ལུགས་མི་སྣར་ཕྱོགས་པའི་ཚགས་པར་ཞིག་ཀྱང་ཡིན། ༢༠༠༡ལོར་པེ་ཅིན་དུ་ཚགས། དེས་མི་རིགས་ལས་ཀར་མཛུབ་སྟོན་དང་མི་རིགས་ཆ་འཕྲིན་རྒྱུད་སྦྲོགས། མི་རིགས་རིག་གནས་ཁྱབ་སྤེལ། མི་རིགས་མཐུན་སྒྲིལ་སྲ་བརྟན། མི་རིགས་འཕེལ་རྒྱས་ཡར་སྐུལ་སོགས་ཀྱི་ཐད་ལ་ཕན་ནུས་གལ་ཆེན་ཐོན།

China Ethnic News is a comprehensive national newspaper directly under the State Ethnic Affairs Commission. Founded in Beijing in 2001, it is a newspaper for people of all Chinese ethnic groups and religionists. It has played an important role in guiding ethnic work, transmitting ethnic information, popularizing ethnic know-ledge, consolidating ethnic unity and promoting ethnic development and in other respects.

中国民族古文字研究会 由从事中国古文字文献与少数民族文字文献研究、教学、翻译出版、行政管理等领域的个人和单位自愿结成的全国性学术团体。成立于1980年。会址设在北京。主要为团结和组织少数民族语言文字、文献古籍工作者，开展古文字、古文献的学术研究活动。

ཀྲུང་གོའི་མི་རིགས་ཡིག་རྙིང་ཞིབ་འཇུག་ཚོགས་པ། ཀྲུང་གོའི་ཡིག་རྙིང་ཡིག་ཆོས་དང་གྲངས་ཉུང་མི་རིགས་ཀྱི་ཡིག་ཆོས་ལ་ཞིབ་འཇུག་དང་སློབ་འཁྲིད། ལོ་ཙཱ་དཔར་འདེབས། སྲིད་འཛིན་དོ་དམ་སོགས་གཞན་བའི་མི་སྒེར་དང་ཚོགས་པས་རང་འགུལ་གྱིས་གྲུབ་པའི་རྒྱལ་ཡོངས་རང་བཞིན་གྱི་རིག་གཞུང་ཚོགས་པ་ཞིག 1980ལོར་ཚོགས། ཚོགས་གནས་པ་ཅིན། གཙོ་བོ་གནས་ཉུང་མི་རིགས་ཀྱི་སྐད་ཡིག་དང་ཡིག་ཆོས་སྔོན་སྐྱེལ་པའི་མི་སྣར་མཐུན་སྐྱེལ་དང་རྩ་འཛུགས་བྱས་ནས་ཡིག་རྙིང་དང་ཡིག་ཆོས་ཀྱི་རིག་གཞུང་ཞིབ་འཇུག་བྱ་འགུལ་སྤེལ་བ་ཡིན།

Chinese Association for Ancient Scripts of Ethnic Groups is a nationwide academic society. It was established voluntarily by a group of individuals and units in 1980, who were engaged in researching, teaching, translating, publishing and administrative management of ancient ethnic writings and documents of China. The association site was in Beijing. It aims to unite and organize those who work in the field of ancient ethnic languages, scripts and documents to conduct academic researches on ancient writings and documents.

《中国民族关系史纲要》 书名。国家社会科学"六五"规划民族学学科重点项目。1983年立项，翁独健主编。全书分为五编：从远古到秦汉的统一；魏晋南北朝到隋唐的统一；五代宋辽金西夏到元朝的统一；明清时期的民族关系和清朝的统一；近代民族关系和中华人民共和国的建立。

《ཀྲུང་གོའི་མི་རིགས་འབྲེལ་བའི་ལོ་རྒྱུས་གཏད་བསྡུས》 དཔེ་ཆའི་མིང་། ཀྲུང་གོའི་སྤྱི་ཚོགས་ཚན་རིག་གི་དྲུག་ལྔའི་འཆར་འགོད་འབྱོར་གྱི་མི་རིགས་རིག་པ་བསྐྱར་ཚན་གྱི་རྩ་གནས་གལ་ཆེན་ཞིག་ཡིན། 1983ལོར་རྩ་གནས་ལས་འགོ་ཚུགས། ཝེན་ཏུའུ་ཅན་གྱིས་གཙོ་སྒྲིག་པའི་དཔེ་ཆ་དེ། ལེ་ལོངས་ལྔ་ར་བགོད་དེ། གདོད་མ་ནས་ཆེན་དང་ཧན་གྱི་གཅིག་གྱུར་དང་། ཝེ་ཅིན་རྒྱལ་རབས་ནས་སུན་ཐང་གི་གཅིག་གྱུར། རྒྱལ་རབས་ལྔ་དང་སུང་ལཱོ་ཅིན་ཞི་ཤ་ཡོན་རྒྱལ་རབས་ཀྱི་གཅིག་གྱུར། མིང་ཆིན་དུས་ཀྱི་མི་རིགས་འབྲེལ་བ་དང་ཆིན་གྱི་གཅིག་གྱུར། ཉེ་རབས་མི་རིགས་འབྲེལ་བ་དང་ཀྲུང་ཧྭ་མི་དམངས་སྤྱི་མཐུན་རྒྱལ་ཁབ་བཙུགས་པ་བཅས་སོ།》

Essential History of Ethnic Relations of China is the name of a book, which is a key project on Ethnology of the National Social Science for the 6th Five-Year Planning. The project was approved in 1983, with Weng Dujian as the chief editor. The book is divided into five parts: the state's first unification in the Qin and Han Dynasties since the ancient times; the period from the Wei, Jin, Northern and

Southern Dynasties to the reunification of the state in the Sui and Tang Dynasties; from the Five Dynasties, Song, Liao, Jin Dynasties, and the Western Xia period to the reunification of the state in the Yuan Dynasty; the ethnic relations in the Ming and Qing Dynasties and the reunification of the state in the Qing Dynasty; and the ethnic relations in modern China and the founding of the People's Republic of China.

中国民族建筑研究会 1995年经国家建设部和国家民委批准，在国家民政部登记注册的全国性社会团体。会址设在北京。研究会以弘扬、继承、保护和发展中国民族建筑文化为宗旨。

ཀྲུང་གོའི་མི་རིགས་འཛུགས་སྐྲུན་ཞིབ་འཇུག་ཚོགས་པ། ༡༩༩༥ལོར་རྒྱལ་ཁབ་འཛུགས་སྐྲུན་པའི་དང་རྒྱལ་ཁབ་མི་རིགས་དོན་གཅོད་ཨུ་ཡོན་ལྷན་ཁང་གི་ཚོགས་མཆན་ཐོག རྒྱལ་ཁབ་དམངས་སྲིད་པུའི་ནས་ཐོ་འགོད་གསར་ཞུགས་བྱས་པའི་རྒྱལ་ཡོངས་རང་བཞིན་གྱི་ཚོགས་ཚོགས་པ་ཡིན། ཚོགས་གནས་པེ་ཅིན། ཞིབ་འཇུག་ཚོགས་པ་འདིས་ཀྱང་གོའི་མི་རིགས་འཛུགས་སྐྲུན་རིག་གནས་ཁྱོན་སྐྱོར་སྤེལ་གསུམ་བྱེད་པ་དེ་དགོངས་དོན་དུ་བཟུང་ཡོད།

National Ethnic Architecture Institute of China is a national social organization approved by the Ministry of Construction and the State Ethnic Affairs Commission in 1995 and registered in the Ministry of Civil Affairs. It is located in Beijing and aims to promote, inherit, protect and develop China's ethnic architectural culture.

中国民族理论学会 原称"中国民族理论研究会"，成立于1979年，会址设在北京。由中国社会科学院主管。1990年成为国家一级学术团体，改现称。该学会是唯一的全国性民族理论研究学术团体，主要为民族理论研究工作者搭建一个交流的平台。

ཀྲུང་གོའི་མི་རིགས་གཞུང་ལུགས་སློབ་ཚོགས། དང་ཐོག་ཀྲུང་གོའི་མི་རིགས་གཞུང་ལུགས་ཞིབ་འཇུག་ཚོགས་པ་ཟེར། ༡༩༧༩ལོར་ཕྱི་ལ་ཅིན་ཏུ་ཚོགས་འདུ་བཏབ་ཀྱང་གོའི་སྤྱི་ཚོགས་ཚན་རིག་སློབ་གཉེར་བདག་གཉེར་བྱེད། ༡༩༩༠ལོར་རྒྱལ་ཁབ་ཀྱི་རིམ་པ་དང་པོའི་རིག་གནས་ཚོགས་པར་གྱུར་ནས་ད་ལྟའི་མིང་འདིར་བརྗེ། འདི་ནི་རྒྱལ་ཡོངས་རང་བཞིན་གྱི་མི་རིགས་གཞུང་ལུགས་ཞིབ་འཇུག་གི་རིག་གནས་ཚོགས་པ་གཅིག་པུ་ཡིན། དེས་མི་རིགས་གཞུང་ལུགས་ཀྱི་ཞིབ་འཇུག་ལས་ཀ་བསྒྲུབ་མི་གར་སྟེགས་ཁ་གསར་སྐྲུན་བྱས་ཡོད།

Chinese Ethnic Theory Association, formerly known as "Chinese Association of Ethnic Theory Research" was founded in 1979 and located in Beijing. It is under the administration of the CASS. It became a state-level academic organization and changed to its present name in 1990. It is the only national ethnic theory academic organization which mainly aims to build a communication platform for the ethnic theory researchers.

《中国民族民间文艺集成志书》 志书。1979年启动。全书共298部省卷，450册，4.5亿字，10个门类。全面反映了我国各地各民族戏曲、曲艺、音乐、舞蹈和民间文学的历史和现状。截至2009年10月全部出版。

《ཀྲུང་གོའི་མི་རིགས་ཀྱི་དམངས་ཁྲོད་རྩོམ་རིག་སྒྱུ་རྩལ་ཀུན་བཏུས་དེབ་ཕྲེང》 དེབ་ཐེར། ༡༩༧༩ལོར་འགོ་བཙུགས། དེབ་ཡོངས་སུ་བོད་དང་། དེབ་ཕག ༤༥༠། ཡིག་འབྲུ་དུང་ཕྱུར ༤ ༥། རིགས་བཅུ་ཡོད། དེ་རང་རྒྱལ་གནས་སོའི་མི་རིགས་རྩོམ་གར་དང་རོལ་མོ། ཞབས་བྲོ། དམངས་ཁྲོད་རྩོམ་རིག་སོགས་ཀྱི་ལོ་རྒྱུས་དང་ད་ལྟའི་གནས་བབ་ཕྱོགས་ཡོངས་ནས་མཚོན་པར་ཐུབ་ཡོད། ༢༠༠༩ལོའི་ཟླ་༡༠པར་ཚང་བར་དུ་བཏོན།

Chinese Ethnic Folk Literature and Arts Collections, a book of chorography, was initiated in 1979 and published in October, 2009. It contains 298 volumes of provincial records, 450 books, 450 million words and ten categories. It can comprehensively reflect the current situation and history of China's folk and ethnic traditional music, dance, opera, folk arts and literature.

中国民族起源和发展上的四个突出特点 1. 起于多元。众多的民族，既不是由一个民族集团衍生而来，也不是只发端于某一个地区。2. 源于本土。许多民族是在一个区域内逐渐发展起来的。3. 互相吸收。各民族经过不同形式的交流、互动，你中有我，我中有你。4. 都有盛有衰。

ཀྲུང་གོའི་མི་རིགས་བྱུང་འཕེལ་གྱི་ཁྱད་ཆོས་འབུར་སྟོན་རྣམ་བཞི། ༡ འབྱུང་ཁུངས་མང་པ། མི་རིགས་མང་པོ་མི་རིགས་གཅིག་གི་ཚོགས་པ་ལས་འཕེལ་བ་མིན་ལ། ཕྱོགས་གཅིག་ནས་མཆེད་པའང་

མིན། ༢ རང་ས་ནས་བྱུང་བ། མི་རིགས་མང་པོ་ཞིག་ཡིན། ༣ ཕར་འདྲེས་ཚུར་འདྲེས། མི་རིགས་སོ་སོའི་བར་གྱི་འབྲེལ་བོ་འགྱེལ་བ་དང་ཕན་ཚུན་ཡོད་པ། འཕེལ་འགྲིབ་ཀྱི་ལོ་རྒྱུས་ཡོད་པ།

Four outstanding characteristics in the origin and development of Chinese ethnic history: 1. Diversity. Most ethnic groups are neither derived from a single ethnic tribe, nor originated in a single area. 2. Indigenity. Many ethnic groups are gradually developed within a certain area. 3. Interactivity. Ethnic groups interact with each other through different forms of communication and interaction. 4. All ethnic groups have their primes and declines.

中国民族区域自治地方数 目前，全国共建立了155个民族区域自治地方，包括5个自治区、30个自治州和120个自治县（旗）。

ཀྲུང་གོའི་མི་རིགས་ས་ཁོངས་རང་སྐྱོང་ས་ཁུལ་གྱི་ཁ་གྲངས། མིག་སྔར་རང་རྒྱལ་དུ་མི་རིགས་རང་སྐྱོང་ས་ ༡༥༥བཏུགས་ཡོད། དེའི་ནང་དུ་རང་སྐྱོང་ལྗོངས་པ་དང་། རང་སྐྱོང་ཁུལ་ ༣༠། རང་སྐྱོང་རྫོང་དང་དར ༡༢༠བཅས་འདུས་ཡོད།

Numbers of Ethnic Autonomous Region Presently, China has established 155 ethnic minority autonomous regions, including 5 autonomous regions, 30 autonomous prefectures and 120 autonomous counties (banners).

中国民族区域自治制度 中国的一项基本政治制度。是指在中华人民共和国领土范围内，在中央政府集中统一领导下，遵循国家宪法的规定，各少数民族以聚居区为基础实行区域自治，设立自治机关，行使自治权利的制度。

རྒྱང་གོའི་མི་རིགས་ས་ཁོངས་རང་སྐྱོང་ལམ་ལུགས། རྒྱང་གོའི་གཞི་རྩའི་ཆབ་སྲིད་ལམ་ལུགས་ཤིག་ཡིན། རྒྱང་དུ་མི་དམངས་སྤྱི་མཐུན་རྒྱལ་ཁབ་ཀྱི་རྒྱལ་ཁོངས་སུ། རྒྱང་དབང་སྤྱིད་གཞུང་གི་གཅིག་བསྡུས་འགོ་ཁྲིད་འོག རྒྱལ་ཁབ་ཀྱི་རྩ་ཁྲིམས་ལྟར་གྲུང་ཞུང་རིགས་འདུས་སྡོད་ས་ཁུལ་ཁྲག་གཞི་བྱས་ཐོག་ཁོངས་རང་སྐྱོང་ལག་བསྟར་བྱེད་པ། རང་སྐྱོང་ལས་ཁུངས་བཙུགས་ནས་རང་སྐྱོང་བདག་དབང་དང་། རང་ས་རང་བདག་བྱེད་པའི་ལམ་ལུགས་ཤིག་ཡིན།

Regional ethnic autonomy system is a basic political system of China, and it means that the ethnic groups, under unified State leadership, practice regional autonomy in areas where they live in concentrated communities and set up organs of self-government for the exercise of the power of autonomy.

中国民族识别的总原则 在中国的民族识别中，对不同名称的族体，无论人口多少、历史长短、居住地域大小、社会发展水平高低，一律平等对待。

རྒྱང་གོའི་མི་རིགས་ངོས་འཛིན་གྱི་སྤྱིའི་རྩ་དོན། རྒྱང་གོའི་མི་རིགས་ངོས་འཛིན་བྱེད་དུ། མིང་འདོགས་མི་འདྲ་བའི་ཚོགས་སྟེ་ལ་མི་གྲངས་མང་ཉུང་དང་ལོ་རྒྱུས་རིང་ཐུང་། མཁའ་ཁོངས་ཆེ་ཆུང་། སྤྱི་ཚོགས་འཕེལ་བའི་ཆུ་ཚད་མཐོ་དམའི་སོགས་གང་ལའང་མི་གཞིགས་པར་ཚོད་མ་འདྲ་མཉམ་ཡིན།

General Principle for the Work of Ethnic Identification refers the principle that all ethnic groups enjoy equal treatments during the ethnic identification regardless of their differences in popularity, ethnic history, the size of residential area and the level of social development.

中国民族识别第二阶段 中国的民族识别过程中，1954年到1964年为第二阶段。在基本掌握各族体的族源、历史、语言、现状等的基础上，进行了较大规模的民族识别，主要集中在西南和中南地区，尤其是西南地区的云南省。

རྒྱང་གོའི་མི་རིགས་ངོས་འཛིན་གྱི་རིམ་པ་གཉིས་པ། རྒྱང་གོའི་མི་རིགས་ངོས་འཛིན་གྱི་བརྒྱུད་རིམ་དུ། ༡༩༥༤ནས་༡༩༦༤བར་ནི་རིམ་པ་གཉིས་པ་ཡིན། ཚ་བའི་སྟེང་དུ་རིགས་ཚོགས་སོ་སོའི་འབྱུང་ཁུངས་ལོ་རྒྱུས་དང་སྐད་བརྡ། སྐབས་དེའི་གནས་ཚུལ་སོགས་ལ་རྒྱུས་ལོན་བྱས་པའི་རྐང་གཞིའི་ཐོག་གི་རྒྱ་ཆུང་ཆེ་བའི་མི་རིགས་ངོས་འཛིན་བྱས་སྟེ། གཙོ་བོ་ལྷོ་ནུབ་དང་དབུས་ནུབ་ཁུལ་ཡིན་ལ། དེ་ལས་གྱང་གཙོ་བོ་ལྷོ་ནུབ་ཀྱི་ཡུན་ནན་ཞིང་ཆེན་ཡིན།

Second Period for the Work of Ethnic Identification is from 1954 to 1964. During this period, large-scale ethnic identification was conducted on the basis of the investigation and research of ethnic origins, history, language and current situation, etc., mainly in the Southwestern and Mid-South regions, especially in Yunnan province.

中国民族识别第三阶段 中国的民族识别过程中，1964年到20世纪80年代末为第三阶段。这一阶段，民族识别工作的重点是在一些地区对部分人的民族成分重新进行认定。

ཀྲུང་གོའི་མི་རིགས་ངོས་འཛིན་གྱི་རིམ་པ་གསུམ་པ། ཀྲུང་གོའི་མི་རིགས་ངོས་འཛིན་གྱི་བརྒྱུད་རིམ་དུ། ༡༩༦༤ནས་དུས་རབས་༢༠པའི་ལོ་རབས་༨༠ཡི་མཇུག་གི་རིང་པ་གསུམ་པ་ཡིན། རིམ་པ་འདིའི་མི་རིགས་ངོས་འཛིན་གྱི་ལས་ཀའི་གཙོ་གནད་ནི་ས་ཁུལ་ཁག་ཀྱི་མི་སྣོར་ཞིག་གི་མི་རིགས་གྲུབ་ཆ་ལ་ངོས་འཛིན་གཏན་འབེབས་བྱས་པ་དེ་ཡིན།

Third Period for the Work of Ethnic Identification is from 1964 to late 1980s. During this period, the main work focuses on re-identifying some people's ethnic composition in certain areas.

中国民族识别第一阶段 中国的民族识别过程中，新中国成立到1954年为第一阶段。这个时期的主要工作是进行调查研究，并确定一批民族成分。

ཀྲུང་གོའི་མི་རིགས་ངོས་འཛིན་གྱི་རིམ་པ་དང་པོ། ཀྲུང་གོའི་མི་རིགས་ངོས་འཛིན་གྱི་བརྒྱུད་རིམ་དུ། ཀྲུང་ཧྭ་མི་དམངས་སྤྱི་མཐུན་རྒྱལ་ཁབ་དབུ་བརྙེས་པ་ནས་ ༡༩༥༤ལོའི་བར་ནི་རིམ་པ་དང་པོ་ཡིན། རིམ་པ་འདིའི་ལས་འགན་གཙོ་བོ་ནི་བཤུག་དཔྱད་ཞིག་འཚུག་བྱེད་པ་དང་། མི་རིགས་སྐོར་ཞིག་གཏན་འབེབས་བྱེད་པ་ཡིན།

First Period for the Work of Ethnic Identification is from the founding of the People's Republic of China in 1949 to 1954. During this period, the main work is to investigate and research the China's ethnic reality, and to identify certain ethnic compositions.

中国民族识别三方面 中国的民族识别主要包括3方面：一是通过识别认定某一民族是汉族还是少数民族；二是识别该族体是单一的少数民族还是某一少数民族的一部分；三是确定这一族体的民族成分和名称。

ཀྲུང་གོའི་མི་རིགས་ངོས་འཛིན་གྱི་ཕྱོགས་གསུམ། ཀྲུང་གོའི་མི་རིགས་ངོས་འཛིན་ལ་གཙོ་བོ་དོན་གསུམ་འདུས་ཏེ། གཅིག་ནི་ངོས་འཛིན་ལས་རྒྱ་རིགས་དང་གྲངས་ཉུང་མི་རིགས་འབྱེད་པ། གཉིས་ནི་རིགས་ཚོགས་དེ་རང་རྒྱའི་མི་རིགས་ཤིག་གམ་མི་རིགས་གཞན་ཞིག་གི་ཁོངས་གཏོགས་ཡིན་པར་འབྱེད་པ། གསུམ་ནི་རིགས་ཚོགས་དེའི་མི་རིགས་གྲུབ་ཆ་དང་མིང་སོགས་གཏན་འབེབས་བྱེད་པའོ། །

Three Aspects of China's Work on Ethnic Identification mainly includes: identify whether the ethnic group is Han people or ethnic minority; identify whether the ethnic group is a single-component ethnic minority or an ethnic tribe of certain ethnic minority; identify the ethnic group's ethnic composition and name.

中国民族史 中国各民族历史的总称。包括中国古今各民族的族别史，各个地区的民族史，各民族的政治、经济、文化专史和民族关系史等内容。

ཀྲུང་གོའི་མི་རིགས་ལོ་རྒྱུས། ཀྲུང་གོའི་མི་རིགས་སོ་སོའི་ལོ་རྒྱུས་ཀྱི་སྤྱི་མིང་། དེར་ཀྲུང་གོའི་གནའ་དེང་གི་རིགས་དོན་འཛིན་ལོ་རྒྱུས་དང་ས་ཁུལ་སོ་སོའི་མི་རིགས་ལོ་རྒྱུས། མི་རིགས་སོ་སོའི་ཆབ་སྲིད་དང་དཔལ་འབྱོར་རིག་གནས་བཅས་ཀྱི་ཆེད་དོན་ལོ་རྒྱུས་དང་མི་རིགས་འབྲེལ་བའི་ལོ་རྒྱུས་སོགས་འདུས་ཡོད།

Chinese Ethnic History is the general term for history of all Chinese ethnics, which contains history of all ethnic groups in ancient and modern China, history of all ethnic groups in a certain areas, and history of each ethnic group's politics, economy, culture and ethnic relations, etc.

中国民族史学会 1983年成立。会址设在北京中国社会科学院民族学与人类学研究所。是由从事中国民族史研究、教学、出版等部门的个人自愿结合成的非营利性、全国性学术团体。目的是组织民族史学工作者，开展各种形式的学术研究活动，促进中国民族史学的繁荣和发展。

ཀྲུང་གོའི་མི་རིགས་ལོ་རྒྱུས་སློབ་ཚོགས།

༡༩༨༣ལོར་པེ་ཅིན་དུ་ཚུགས། ཀྲུང་གོའི་སྤྱི་ཚོགས་ཚན་རིག་སློབ་མི་རིགས་རིག་པ་དང་མིའི་རིགས་རིག་པའི་ཞིབ་འཇུག་ཁང་། དེའི་ཀྲུང་གོའི་མི་རིགས་ལོ་རྒྱུས་ཞིབ་འཇུག་དང་སློབ་ཁྲིད། པར་འདེབས་སོགས་ཀྱི་ལས་གནེར་པ་མི་སྒེར་རང་འགུལ་གྱིས་འདུས་པའི་ཁེ་གཉེར་མིན་ཞིང་། རྒྱལ་ཡོངས་རང་བཞིན་གྱི་རིག་གཞུང་ཚོགས་པ་ཞིག་ཡིན། དམིགས་ཡུལ་ནི་མི་རིགས་ལོ་རྒྱུས་སློབ་ལ་གཉེར་པ་རྩ་འཛུགས་བྱས་ནས། རིག་གཞུང་ཞིབ་འཇུག་བྱ་འགུལ་སྣ་ཚོགས་སྤེལ་བ་དང་། ཀྲུང་གོའི་མི་རིགས་ལོ་རྒྱུས་རིག་པ་འཕེལ་རྒྱས་ཡར་སྐུལ་བྱེད་པའོ།།

Chinese Association for Ethnic History was founded in 1983. It is located in the institute of Ethnology and Anthropology, Chinese Academy of Social Sciences, Beijing. It is a non-profit national academic organization voluntarily joined by individuals who engaged in ethnic history research, teaching and publishing, etc. Its purpose is to organize ethno-history reseachers to conduct various forms of academic research activities for promoting the prosperity and development of Chinese ethnic history.

中国民族事务管理 国家事务和社会事务管理的重要组成部分，即对有关民族方面的所有事情进行调度和处理。是我国解决民族问题、处理民族关系的民族政策的制定与实施过程，也是民族政策的具体条款产生、发展、消亡或者制定、实施、修改和完善的运行过程。

ཀྲུང་གོའི་མི་རིགས་ལས་དོན་དོ་དམ། དེའི་རྒྱལ་ཁབ་ལས་དོན་དང་སྤྱི་ཚོགས་ལས་དོན་དོ་དམ་གྱི་གྲུབ་ཆ་གལ་ཆེན་ཏེ། མི་རིགས་ལས་དོན་ཡོད་ཚད་ལ་དོ་དམ་དང་སྟངས་འཛིན་བྱེད་པ་ཞིག་ཡིན། དེ་རང་རྒྱལ་གྱི་མི་རིགས་གནད་དོན་དང་མི་རིགས་འབྲེལ་བ་ཐག་གཅོད་བྱེད་པའི་མི་རིགས་སྲིད་ཇུས་ཀྱི་གཏན་འབེབས་དང་ལག་བསྟར་གྱི་བརྒྱུད་རིམ་ཞིག་ཡིན། མ་ཟད་མི་རིགས་སྲིད་ཇུས་ཀྱི་ཞིབ་ཕྲའི་གཏན་འབེབས་དག་གི་བྱུང་འཛིན་འཇིག་གསུམ་མམ། གཏན་འབེབས་དང་ལག་བསྟར། ལེགས་བཅོས་དང་འཕྲུས་ཆོང་གི་བཀྱུད་རིམ་ཞིག་ཀྱང་ཡིན།

China ethnic affairs management is an important part of state affairs management and social affairs management. It refers to the control and conduct of all the matter that relates to the ethnic affairs. It is the legislation and implementation of an ethnic policy to solve ethnic issues and ethnic relations. It is also the operation process of enactment, development and termination or legislation, implementation, modification, and improvement of some specific articles of the ethnic policies.

中国民族卫生协会 旨在促进民族地区卫生事业发展的具有法人资格的全国性、

非营利性社会团体。成立于2005年。下设多个机构，每年举办一次中国民族卫生医药发展论坛。

ཀྲུང་གོའི་མི་རིགས་འཕྲོད་བསྟེན་མཐུན་ཚོགས། མི་རིགས་ས་ཁུལ་གྱི་འཕྲོད་བསྟེན་ལས་གནད་གོང་འཕེལ་སྐྱེལ་བར་ཁྲིམས་ཐོབ་ཡོད་མཁན་གྱི་རྒྱལ་ཡོངས་རང་བཞིན་གྱི་ཞི་གཉེར་མིན་པའི་སྤྱི་ཚོགས་ཚོགས་པ་ཞིག་ཡིན། ༢༠༠༥ལོར་ཚུགས། དོག་དུ་སྟེ་ཁག་དུ་མ་བཙུགས་ཡོད། སོ་རེར་ཀྲུང་གོའི་མི་རིགས་འཕྲོད་བསྟེན་དང་གསོ་རིག་འཕེལ་རྒྱས་བགྲོ་གླེང་གི་ཚོགས་འདུ་ཐེངས་རེ་བསྡུ་བཞིན་ཡོད།

China Ethnic Health Association is a national, non-profit social organization with corporate capacity, which aims to promote the health development in ethnic regions. It was founded in 2005. It has several institutions and holds annual forum of Chinese ethnic health and medicine development.

中国民族文字 中国各民族的文字。包括中国古代民族和当代民族曾使用过和正在使用的文字。

ཀྲུང་གོའི་མི་རིགས་ཡི་གེ། ཀྲུང་གོའི་མི་རིགས་སོ་སོའི་ཡི་གེ་སྟེ། ཀྲུང་གོའི་གནའ་བོའི་མི་རིགས་དང་ལྟའི་མི་རིགས་ཀྱིས་སྤྱོད་བཞིན་པའམ་སྤྱོད་བའི་ཡི་གེ་དག་ལ་ཟེར།

Chinese ethnic scripts refer to the writing scripts of all Chinese ethnic groups, which include the scripts once used by Chinese ancient ethnic people and scripts that are still used by Chinese ethnic people.

《中国民族问题研究集刊》 1955年开始由中央民族学院研究部不定期编辑出版。该刊是当时新中国最主要的民族学和民族理论刊物之一，刊登了多篇对于新中国民族研究和民族工作有影响的论文和调查报告。

《ཀྲུང་གོའི་མི་རིགས་གནད་དོན་ཞིབ་འཇུག་ཕྱོགས་བསྒྲིགས》 ༡༩༥༥ལོ་ནས་བཟུང་ཀྲུང་དབྱང་མི་རིགས་སློབ་གྲྭ་ཆེན་མོའི་ཞིབ་འཇུག་སྡེ་ཁག་གིས་དུས་ཚེས་མེད་པར་སྒྲུབ་བྱས། འདི་ནི་སྐབས་དེའི་ཀྲུང་གོའི་མི་རིགས་རིག་པ་དང་མི་རིགས་གཞུང་ལུགས་ཀྱི་དུས་དེབ་ཆེས་གཙོ་བོ་ཞིག་ཡིན་ལ། ཀྲུང་གོ་གསར་པའི་མི་རིགས་ཞིབ་འཇུག་དང་མི་རིགས་བྱ་བར་ཤུགས་རྐྱེན་ཐེབས་པའི་དཔྱད་རྩོམ་དང་བཅག་དཔྱད་སྙན་ཞུ་མང་པོ་ཞིག་ཡོད།

Collected Research on China Ethnic Issues was edited and published irregularly by Research Department of Central Ethnic University from 1955 on. It was one of the most important ethnology and ethnic theory publications at that time. It has published many theses and research reports that exert influential impact on new China's ethnic studies and ethnic works.

《中国民族信息年鉴（创刊号）》 书名。是民族出版园地第一部全国性的信息类年鉴和大型资料性工具书。由国家民委主管，国家民委信息中心主办。2005年出版。总字数达150万字，内容由特别报道、年度专题、民族自治地方风采等9大类目构成，配有450多幅图片、300多个表格。

《ཀྲུང་གོའི་མི་རིགས་ཀྱི་ཆ་འཕྲིན་ལོ་རེའི་མེ་ལོང་（གསར་བཏོན་དེབ）》 དཔེའི་ཆའི་མིང་། འདི་ནི་མི་རིགས་དཔེ་སྐྲུན་ཁང་གི་ཐེངས་དང་པོའི་རྒྱལ་

ཡོངས་རང་བཞིན་གྱི་ཆ་འཕྲིན་ལོ་རེ་མེ་ཤོང་དང་རྒྱ་ཆ་འགྲོར་ཆེན་འདུས་པའི་དེབ་ཅིག་ཡིན། རྒྱལ་ཁབ་མི་རིགས་དོན་གཅོད་ཨུ་ཡོན་ལྷན་ཁང་གིས་གཙོ་གཉེར་དང་། རྒྱལ་ཁབ་མི་རིགས་དོན་གཅོད་ཨུ་ཡོན་ལྷན་ཁང་བདག་སྤྱོད་ཞིབ་གནས་གཉིས་ཀྱིས་གཙོ་སྐྱོང་བྱས། ༢༠༠༥ལོར་པར་དུ་བསྐྲུན། ཡིག་འབྲུ་ས་ཡ་༡་༥ཡོད། ནང་དོན་གཙོ་བོ་འགྲོར་འབོད་ཆེད་དོན་དང་། མི་རིགས་རང་སྐྱོང་ས་ཁུལ་གྱི་མཚོན་ཉམས་བཅས་རྣམ་གྲངས་དགུ་འདུས། འདི་པར་ཤོག་༤༥༠ཙམ་བར་བཀུག་དང་། རེའུ་མིག་༣༠༠ཙམ་བཀོད་ཡོད།

China's Yearbook of Ethnic Information (Initial Issue) was the first reference book about the Chinese Ethnic information published in the field of ethnic publication. It was under the administration of the State Ethnic Affairs Commission and was sponsored by the Information Center of the State Ethnic Affairs Commission. It was published in 2005. With a total of 1.5 million words, the yearbook is consisted of nine parts with more than 450 pictures and 300 tables, including special reports, the annual project, and the local features of ethnic autonomous areas.

中国民族学学会 1980 年成立。原名"中国民族学研究会",1984 年改现名。会址设在北京。由中国社会科学院民族学与人类学研究所主管,是全国性的民族学群众性学术团体。主要任务是组织会员积极开展民族学研究,尤其重视对当前民族地区存在的现实问题的研究。

ཀྲུང་གོའི་མི་རིགས་རིག་པའི་སློབ་ཚོགས། ༡༩༨༠ལོར་ཀྲུང་གོའི་མི་རིགས་རིག་པའི་ཞིབ་འཇུག་ཚོགས་པ་བཙུགས། ༡༨་༤འཁོར་ད་ལྟའི་མིང་འདིར་བསྒྱུར་ཞིང་ཕེ་ཅིན་དུ་ཡོད། ཀྲུང་གོའི་སྤྱི་ཚོགས་ཚན་རིག་མི་རིགས་རིག་པ་དང་མིའི་རིགས་རིག་པའི་ཞིབ་འཇུག་ཁང་གིས་བདག་གཉེར་བྱེད། རྒྱལ་ཡོངས་རང་བཞིན་དང་མང་ཚོགས་རང་བཞིན་གྱི་མི་རིགས་རིག་པའི་རིག་གཞུང་ཚོགས་པ་ཞིག་ཡིན། ལས་འགན་གཙོ་བོ་ནི་ཚོགས་པར་ཚ་འདུགས་ཀྱིས་མི་རིགས་རིག་པའི་ཞིབ་འཇུག་བྱ་འགུལ་སྤེལ་བ་དང་། མི་རིགས་ས་ཁུལ་གྱི་ད་ལྟའི་གནས་བབ་དང་གནད་དོན་འབྱུང་བཞིན་པར་དངོས་ཐོག་གི་ཞིབ་འཇུག་བྱེད་པའོ། །

Association of Chinese Ethnology was founded in 1980, and changed its former name "Research Institute of Chinese Ethnology" to "Association of Chinese Ethnology" in 1984. It is located in Beijing and is under the administration of the Institute of Ethnology and Anthropology, Chinese Academy of Social Sciences. It is a national ethnology social organization which mainly aims to encourage the association members to actively conduct ethnology researches, especially the researches concerning the current practical problems in ethnic minority areas.

中国民族研究团体联合会 中国民族研究领域各群众性学术团体的联合组织。1979 年成立。原名"中国民族研究学会",1983 年改现名。会址设在北京。主要是通过自己的团体会员,分别进行学术活动,对其举行的学术会议等活动给予必要的资助。

ཀྲུང་གོའི་མི་རིགས་ཞིབ་འཇུག་ཚོགས་པའི་མཉམ་འབྲེལ་ཚོགས་པ། ཀྲུང་གོའི་མི་རིགས་ཞིབ་

འཇུག་ཁུལ་ཁོངས་ཀྱི་མང་ཚོགས་རང་བཞིན་གྱི་རིག་
གཞུང་ཚོགས་པ་སོ་སོའི་མཉམ་འབྲེལ་ཚོགས་པ།
༡༩༨༣ལོར་ཚོགས་པ།དང་ཐོག་གུང་གོའི་མི་རིགས་ཞིབ་
འཇུག་སློབ་ཚོགས་ཟེར། ༡༩༨༣ལོར་དེ་ཉིད་ཀྱི་མིང་
འདིར་བསྒྱུར། ཚོགས་གནས་པེ་ཅིན་དུ་ཡོད། གཙོ་བོ་
རང་ཚོགས་པའི་ཚོགས་མིར་བསྐུལ་ནས་རིག་གཞུང་
འགུལ་སྟེལ་བ་དང། དེ་ཚོས་རིག་གཞུང་གྱིས་ཚོགས་
མོགས་བྱ་འགུལ་སྤེལ་བར་རམ་འདེགས་བྱེད་པ་ཡིན།

China Federation of Societies of Ethnic Studies is a joint organization of various academic mass organizations on Chinese ethnic studies. Formerly known as "Research Institute of Chinese ethnic studies", the joint organization is located in Beijing. In 1983, it changed its official name to "China Federation of Societies of Ethnic Studies". And it mainly aims to encourage its organization members to hold academic activities and conferences, and offer some necessary assistance.

中国民族医药协会 民政部批准、国家民委主管的中国民族医药行业一级社团组织。2007年成立。会址设在北京。旨在团结各民族热爱民族医药事业的工作者，积极发掘、整理和推广民族医药，不断促进民族医药事业的繁荣发展。

ཀྲུང་གོའི་མི་རིགས་གསོ་རིག་མཐུན་ཚོགས།

དམངས་སྲིད་པུའུ་ཡིས་ཆོག་མཆན་བགོད་དེ། རྒྱལ་ཁབ་
མི་རིགས་དོན་གཅོད་ཨུ་ཡོན་ལྷན་ཁང་གིས་བདག་བྱས་
པའི་ཀྲུང་གོའི་མི་རིགས་གསོ་རིག་ལས་རིགས་ཀྱི་རིམ་
དང་པོའི་ཚོགས་པ་ཞིག །༢༠༠༧ལོར་ཚོགས་པ། གནས་
ཡུལ་པེ་ཅིན། དེས་རིགས་དོན་གསོའི་རིགས་གསོ་རིག་
ལས་དོན་ལ་དགའ་བའི་ལས་བྱེད་མི་སྣ་ཚོར་མཐུན་
སྦྱོར་བྱས་ནས། མི་རིགས་གསོ་རིག་སྟོན་འདོན་དང་
ཞིབ་སྒྲིག ཁྱབ་སྤེལ་བྱས་ཏེ། མི་རིགས་གསོ་རིག་ལས་
དོན་གོང་འཕེལ་སྐྱིལ་འདེག་བྱེད་པའོ། །

China Ethnic Medicine Association is a first-class social organization of Chinese ethnic pharmaceutical industry approved by the Ministry of Civil Affairs and supervised by the State Ethnic Affairs Commission. It was founded in 2007. Located in Beijing, the association aims to unite workers of all the ethnic groups who love ethnic medicines to discover, collate and promote ethnic medicine voluntarily, and to pursue the development and prosperity of ethnic medicine persistently.

中国民族语文翻译中心（局） 国家民委直属单位。1955年成立于北京。主要任务是用蒙古、藏、维吾尔、哈萨克、朝鲜、彝、壮等少数民族文字翻译国家的重要文件、法规，负责全国性重要会议文件少数民族语文的翻译和同传，为国内外有关会议和活动提供翻译服务等。主办有《民族翻译》杂志。

ཀྲུང་གོའི་མི་རིགས་སྐད་ཡིག་ཡིག་སྒྱུར་ལྟེ་གནས། （ཅུས།） རྒྱལ་ཁབ་མི་རིགས་དོན་གཅོད་ཨུ་ཡོན་ལྷན་ཁང་གི་ཐད་གཏོགས་ལས་ཁུངས། ༡༩༥༥ལོར་པེ་ཅིན་དུ་བཙུགས། དེའི་ལས་འགན་གཙོ་བོ་ནི་རྒྱལ་ཁབ་ཀྱི་ཡིག་ཆ་གལ་པོ་ཆེ་དང་ཁྲིམས་སྲོལ་རྣམས་སོག་པོ་དང་བོད་ཡུ་གུར་ཧ་སག་ཁོར་ཞེན་འབྲིས་རིགས་གྲོང་རིགས་སོགས་གྲངས་ཉུང་མི་རིགས་ཀྱི་སྐད་ཡིག་ཏུ་བསྒྱུར་བ་དང། རྒྱལ་ཡོངས་རང་བཞིན་གྱི་གྲོས་ཚོགས་གལ་ཆེན་གྱི་ཡིག་ཆ་གྲངས་ཉུང་མི་རིགས་ཀྱི་སྐད་ཡིག་ཏུ་བསྒྱུར་རྒྱུའི་ལས་འགན་ཁུར་བ། རྒྱལ་ཁབ་ཕྱི་ནང་གི

འབྲེལ་ཡོད་གྲོས་ཚོགས་དང་བྱ་འགུལ་ལ་ལོ་སྟོའི་ཞབས་ཞུ་མགོ་འདོན་བྱེད་པ་བཅས་ཡིན། 《མི་རིགས་ཡིག་སྒྱུར》ཞེས་པའི་དུས་དེབ་ཞིག་ཀྱང་གཙོ་སྒྲུབ་བྱེད་བཞིན་ཡོད།

China Ethnic Language Translation Center (Bureau) is directly subordinated to the State Ethnic Affairs Commission. Founded in 1955, it's main tasks include the translations of important national documents and regulations into Mongolian, Tibetan, Uyghur, Kazak, Korean, Yi, Zhuang and other ethnic minority languages; the translations and simultaneous interpretations of important national meeting documents into ethnic minority languages; and providing translation services for related conferences and activities at home and abroad.

中国民族语言 中国各民族语言的总称。中国民族语言约在80种以上。按语言谱系分类法，大体上分别属于汉藏、阿尔泰、南亚、南岛、印欧5个语系。

ཀྲུང་གོའི་མི་རིགས་སྐད་བརྡ། ཀྲུང་གོའི་མི་རིགས་སོ་སོའི་སྐད་བརྡའི་སྤྱི་མིང་། ཀྲུང་གོའི་མི་རིགས་སྐད་བརྡར་ཐལ་ཆེར་རིགས་ ༨༠ ལྷག་ཡོད་ཅིང་། སྐད་བརྡའི་རྒྱུད་ཁོངས་དབྱེའི་ཚུལ་ཚར་ན་བོད་རྒྱ་དང་ཨར་ཐའི། ཨེ་ཤེ་ཡ་ལྷོ་མ། གླིང་ཕྲན་ལྷོ་མ། ཉིན་ཏུ་དང་ཡོ་རོབ་བཅས་སྐད་རྒྱུད་ལྔ་འདུ།

Chinese ethnic language refers to the languages of all ethnics in China. There are over 80 ethnic languages in China. And according to the genealogical classification, Ethnic languages in China are generally classified into 5 language families, which are Sino-Tibetan, Altai, Austro-Asiatic, Austronesian, and Indo-European.

中国民族语言学会 中国研究民族语言文字的群众性学术团体。成立于1979年。在北京设有理事会。其宗旨是团结和组织中国民族语言研究工作者开展民族语文研究，推动学术交流。

ཀྲུང་གོའི་མི་རིགས་སྐད་བརྡའི་སློབ་ཚོགས། ཀྲུང་གོའི་མི་རིགས་སྐད་ཡིག་ལ་ཞིབ་འཇུག་བྱེད་པའི་མང་ཚོགས་རང་བཞིན་གྱི་རིག་གཞུང་ཚོགས་པ། ༡༩༧༩ལོར་ཚུགས། པེ་ཅིན་དུ་དོན་གཉེར་ཁང་བཙུགས་ཡོད། དེའི་རྩ་དོན་ནི་ཀྲུང་གོའི་མི་རིགས་སྐད་བརྡའི་ཞིབ་འཇུག་ལས་ཀ་གཉེར་མཁན་དག་ལ་མཐུན་སྒྲིལ་དང་སྒྲིག་འཇུག་བྱེད་ཐུས་ཏེ། མི་རིགས་སྐད་ཡིག་གི་ཞིབ་འཇུག་ལས་ཀ་སྤེལ་བ་དང་། རིག་གཞུང་བརྗེ་རེས་ལ་སྐུལ་བ་ཡིན།

Chinese Society of Ethnic Languages is an ethnic mass academic organization of studying Chinese ethnic languages and scripts. Founded in 1979, its council office is located in Beijing. It aims to unite and organize Chinese ethnic language professionals to conduct ethnic language researches and promote academic exchange and communication.

中国民族政策基本原则 民族平等和民族团结是中国民族政策的基本原则。

ཀྲུང་གོའི་མི་རིགས་སྲིད་ཇུས་ཀྱི་གཞི་རྩའི་རྩ་དོན། མི་རིགས་འདྲ་མཉམ་དང་མི་རིགས་མཐུན་སྒྲིལ་ནི་ཀྲུང་གོའི་མི་རིགས་སྲིད་ཇུས་ཀྱི་གཞི་རྩའི་རྩ་དོན་ཡིན།

Basic principle of ethnic policy refers to the principle of equality, unity for all the ethnic groups.

中国民族政策研究会 国家民委主管的国家级学术团体。成立于1996年。会址设在北京。主要开展民族理论和民族政策研究、有关少数民族的现实问题和发展问题的调查研究、世界各国民族问题和民族政策研究，为国家民委进而为党中央、国务院民族工作服务。

རྒྱང་གོའི་མི་རིགས་སྲིད་ཇུས་ཞིབ་འཇུག་ཚོགས་པ། རྒྱལ་ཁབ་མི་རིགས་དོན་གཅོད་ཨུ་ཡོན་ལྷན་ཁང་གིས་བདག་བྱས་པའི་རྒྱལ་ཁབ་རིམ་པའི་རིག་གཞུང་ཚོགས་པ། ១༩༩៦ལོར་ཚུགས། ཚོགས་གནས་ནི་ཆེན་དུ་ཡོད། གཙོ་བོ་མི་རིགས་གཞུང་ལུགས་དང་མི་རིགས་སྲིད་ཇུས་ཀྱི་ཞིབ་འཇུག་བྱེད་སྒོ་སྤེལ་བ་དང༌། གངས་ཉུང་མི་རིགས་ཀྱི་དངོས་ཡོད་གནད་དོན་དང་འཕེལ་རྒྱས་གནད་དོན་ལ་བརྟག་དཔྱད་ཞིབ་འཇུག འཛམ་གླིང་རྒྱལ་ཁབ་སོ་སོའི་མི་རིགས་ཀྱི་གནད་དོན་དང་སྲིད་ཇུས་ཞིབ་འཇུག་བྱས་ཏེ། རྒྱལ་ཁབ་མི་རིགས་དོན་གཅོད་ཨུ་ཡོན་ལྷན་ཁང་དང་ཐེང་གུང་དབང༌། རྒྱལ་སྲིད་སྤྱི་ཁྱབ་ཁང་གི་མི་རིགས་ལས་དོན་ལ་ཞབས་འདེགས་ཞུ་སྒྲུབ་པ་ཡིན།

Chinese Association for Ethnic Policy is a national level academic organization supervised by the State Ethnic Affairs Commission. It was founded in 1996. Located in Beijing, the association serves for the State Ethnic Affairs Commission, and thus further serves the Party Central Committee and the State Council. Its aims are to carry out researches of ethnic theories and policies, investigations that relate to the reality and development problems of ethnic minorities and studies on ethnic issues and policies around the world.

中国民族志 对中国各民族有关政治、经济、文化等方面情况的记述。

རྒྱང་གོའི་མི་རིགས་དེབ་ཐེར། རྒྱང་གོའི་མི་རིགས་སོ་སོའི་ཆབ་སྲིད་དང་དཔལ་འབྱོར། རིག་གནས་སོགས་ཀྱི་གནས་ཚུལ་བཀོད་ཡོད།

Chinese ethnography refers to the records and descriptions of politics, economy, culture and some other aspects of all the Chinese ethnic groups.

中国民族自治地方类型 主要有：1. 以一个少数民族聚居区为主建立的自治地方。2. 两个少数民族聚居区联合建立的自治地方。3. 多个少数民族聚居区联合建立的自治地方。4. 在一个大的少数民族自治地方内，人口较少的少数民族聚居区建立的自治地方。5. 一个民族在多处有聚居区的，建立多个自治地方。

རྒྱང་གོའི་མི་རིགས་རང་སྐྱོང་ས་ཁུལ་གྱི་རིགས། གཙོ་བོ་ལ། １ གངས་ཉུང་མི་རིགས་གཅིག་གི་འདུས་ཁུལ་གཙོས་བྱས་ཏེ་བཙུགས་པའི་རང་སྐྱོང་ས་ཁུལ། ２ གངས་ཉུང་མི་རིགས་གཉིས་ཀྱི་འདུས་ཁུལ་མཉམ་སྦྲེལ་གྱིས་བཙུགས་པའི་རང་སྐྱོང་ས་ཁུལ། ３ གངས་ཉུང་མི་རིགས་དུ་མའི་འདུས་ཁུལ་མཉམ་སྦྲེལ་གྱིས་བཙུགས་པའི་རང་སྐྱོང་ས་ཁུལ། ４ གངས་ཉུང་མི་རིགས་ཀྱི་རང་སྐྱོང་ས་ཁུལ་ཆེན་པོ་ཞིག་གི་ནང་དུ་མི་གངས་ཉུང་ཉུང་བའི་གངས་ཉུང་མི་རིགས་འདུས་ཁུལ་དུ་རང་སྐྱོང་ས་ཁུལ་བཙུགས་པ། ༥ མི་རིགས་ཤིག་འདུས་ཁུལ་དུ་མར་ཡོད་པས་རང་སྐྱོང་ས་ཁུལ་དུ་མ་བཙུགས་པ་བཅས་ཡོད།

Types of Chinese ethnic autonomous region mainly include: 1. Autonomous region established in the ethnic minority area where one major ethnic minority inhabits; 2. Autonomous region established in ethnic minority area where two ethnic minorities inhabit together and administrate the autonomous region jointly; 3. Autonomous region established in ethnic minority area where several ethnic minorities inhabit together and administrate the autonomous region jointly; 4. Autonomous region established in ethnic minority area where an ethnic minority with small population inhabits in a large autonomous region; 5. Multiple autonomous regions established for those ethnic minorities that inhabit in multiple ethnic minority areas.

中国民族宗教网 中国民族报社于2004年创办的一家以民族宗教为传播内容的大型公益性网站。迄2012年，设有20个专业频道，30余个专题，1000多个特色栏目。是为少数民族、民族地区、宗教界提供信息服务的综合平台，是发布民族宗教信息的权威媒体。

རྒྱང་གོའི་མི་རིགས་ཆོས་ལུགས་དྲ་བ། རྒྱང་གོའི་མི་རིགས་ཆོས་པར་ཁང་གིས་༢༠༠༤ལོར་གསར་དུ་སྐྲུབ་པའི་མི་རིགས་ཆོས་ལུགས་ཁྱབ་སྤེལ་གཙོར་བྱས་པའི་སྤྱི་ཕན་རང་བཞིན་གྱི་དྲ་ཆགས་ཤིག་ཡིན། ༢༠༡༢བར་ཆེད་ལས་འཆར་སྒྲིག་༢༠དང་ཆེད་དོན་ཚན་པ་༣༠ལྷག བྱེ་ཆོས་ཅན་གྱི་ཤིའུ་ཚན་༡༠༠༠ལྷག་ཡོད། དེའི་གྲངས་ཉུང་མི་རིགས་དང་མི་རིགས་ས་ཁུལ། ཆོས་ལུགས་པའི་སྟེ་བཅས་ལ་ཆ་འཕྲིན་ཞབས་ཞུ་འདོན་སྤྲོད་པའི་ཕྱོགས་བསྡུས་རང་བཞིན་གྱི་སྟེགས་བུ་ཞིག་ཡིན་ལ། མི་རིགས་དང་ཆོས་ལུགས་ཀྱི་ཆ་འཕྲིན་སྤྲོག་མཁན་ཡག་བོས་དེ་ཡིན།

The Website of Chinese Ethnic Religions Established by *Ethnic Post (Zhongguo Minzu Bao)* in 2004, it is a large-scale non-profitable public website whose purpose is to publicize ethnic religions. Up to 2012, the website has 20 specialized channels, over 30 topics and more than 1,000 special columns. It is an integrated platform of providing information service for ethnic minorities, ethnic minority areas, and religionists, and also a media authority of releasing ethnic religion information.

中国（青海）藏毯国际展览会 由中国藏毯协会主办的展览会。2004年开始，每年一届，在青海西宁举办。以藏毯展示、合同成交、现货交易为主，展销国内外各类手工地毯、机织地毯、原辅材料、藏文化艺术品等。

རྒྱང་གོའི་ (མཚོ་སྔོན་) བོད་གདན་རྒྱལ་སྤྱིའི་འགྲེམ་སྟོན་ཚོགས་འདུ། རྒྱང་གོའི་བོད་གདན་མཐུན་ཚོགས་ཀྱིས་གཙོ་སྐྲུབ་བྱས་པའི་འགྲེམ་སྟོན་ཚོགས་འདུ། ༢༠༠༤ལོ་ནས་ལོ་རེར་ཐེངས་རེ་བསྒྲུབས་ཞིང་མཚོ་སྔོན་ཟི་ལིང་དུ་གཏགས། བོད་གདན་འགྲེམ་སྟོན་དང་གན་རྒྱ་འཇོག་པ། ཚོང་དངོས་མཉམ་གཙོར་བྱས་ནས་རྒྱལ་ཁབ་ཕྱི་ནང་གི་ལག་བཟོས་ས་གདན་སྣ་ཚོགས་དང་འཕྲུལ་འཐག་ས་གདན། མ་བཅོས་རྒྱུ་ཆ་བོད་ཀྱི་རིག་གནས་སྒྱུ་རྩལ་ཐོན་སྐྱེས་འགྲེམ་ཚོང་བྱེད་པ་ཡིན།

China (Qinghai) Tibetan Carpet International Fair is hosted by China Tibetan Carpet Association in Xining of Qinghai province once a year since 2004. It provides with exhibition of carpets, concluding of contract and spot transaction, and the main exhibiting and selling goods are all kinds of manual carpets, machine-weaved carpets, raw and auxiliary materials and Tibetan artworks at home and abroad.

中国人口较少民族 中国民族事务中一个具有特定内涵的概念。根据我国编制的《扶持人口较少民族发展规划（2011—2015年）》界定，中国人口较少民族指总人口在30万人以下的28个民族。据第六次人口普查，28个人口较少民族总人口数为189.1万人。

གྲངས་ཉུང་མི་རིགས། གྲངས་ཉུང་མི་རིགས་ལས་དོན་བྱེད་ཀྱི་ཁྱད་དམིགས་ཅན་ཞིག །རང་རྒྱལ་གྱིས་བཟོས་པའི《མི་གྲངས་ཉུང་ཤོས་མི་རིགས་འཕེལ་རྒྱས་འཆར་འགོད་（༢༠༡༡—༢༠༡༥）》དུ་གཏན་འབེབས་ལྟར་ན། རྒྱལ་ཡོངས་སུ་སྐྱེའི་མི་གྲངས་ཁྲི་ ༣༠ མན་ན་ཡོད་པའི་མི་རིགས་༢༨་ཡོད་པ་དེར་བསྟན། མི་གྲངས་ཞིབ་བཤེར་ཐེངས་དྲུག་པའི་དཔྱད་འབྲས་ལྟར་ན། མི་རིགས་༢༨་པོའི་སྐྱེ་འབོར་སྟོར་པ་མི་གྲངས་ཁྲི་ ༡༨༩.༡ ཡོད།

Ethnic Groups with Small Population is a concept that contains specific connotation. According to the *Development Plan of Supporting Ethnic Groups with Small population (2011-2015)*, the definition of ethnic groups with small population refers to the 28 ethnic groups whose population is less than 300,000. In the 6th Population Census, the total population of these 28 ethnic groups with small population is 1,891,000.

中国人口较少民族经济社会发展研究课题组 2000年由国家民委领导，费孝通任学术顾问，由北京大学、中央民族大学和国家民委民族问题研究中心共同组成。旨在对我国人口较少民族的经济和社会发展问题进行专题调查研究，为国家帮助这些民族群众摆脱贫困的战略决策服务。

ཀྲུང་གོའི་མི་གྲངས་ཉུང་ཉུང་བའི་མི་རིགས་དཔལ་འབྱོར་སྤྱི་ཚོགས་སྐྱེལ་བའི་ཞིབ་འཇུག་བྱེས་གཞི་ཚོ་ཆུང་། ༢༠༠༠ལོ་ནས་བཟུང་རྒྱལ་ཁབ་མི་རིགས་དོན་གཅོད་ཨུ་ཡོན་ལྷན་ཁང་གིས་འགོ་ཁྲིད་བྱས་ཤིང༌། ཕེ་ཞའོ་ཐུང་གིས་རིག་གཞུང་སློབ་སྟོན་པ་འཁུར་ཡོད་པ་དང༌། པེ་ཅིན་སློབ་གྲྭ་ཆེན་མོ་དང་ཀྲུང་དབྱང་མི་རིགས་སློབ་གྲྭ་ཆེན་མོ། རྒྱལ་ཁབ་མི་རིགས་དོན་གཅོད་ཨུ་ཡོན་ལྷན་ཁང་གི་མི་རིགས་གནད་དོན་ཞིབ་འཇུག་གནས་བཅས་ཀྱིས་མཉམ་སྦྲེལ་བྱས་པ་ཞིག་ཡིན། རང་རྒྱལ་གྱི་མི་གྲངས་ཉུང་ཉུང་བའི་མི་རིགས་ཀྱི་དཔལ་འབྱོར་དང་སྤྱི་ཚོགས་འཕེལ་རྒྱས་ཀྱི་གནད་དོན་ལ་ཆེད་དུ་ཞིབ་འཇུག་བྱེད་པ་དང༌། རྒྱལ་ཁབ་ཀྱིས་མི་རིགས་འདི་དག་ཕྱུག་བསྒྱུར་གྱི་བྱེད་ཐབས་འདོན་པར་ཞབས་འདེགས་ཞུབ་ཞིག་ཡིན།

Economic and Social Development Research Team of Chinese Ethnic Groups with Small Population Under the leadership of SEAC and with Fei Xiaotong as the academic adviser, the research team was jointly established by Beijing University, Minzu University of China and the Ethnic Issues Research Centre of SEAC in 2000, which aims at carrying out special investigations and studies on the economic and social development of ethnic groups with small population in China, and providing strategic services for helping these ethnic groups out of poverty.

中国人类学民族学研究会 国家民委主管

的全国性人类学民族学研究机构。2007年成立于北京。由从事人类学、民族学、民族问题等相关研究的机构、学术研究团体、个人以及民族工作等相关领域的实际工作者自愿组成。

ཀྲུང་གོའི་མིའི་རིགས་རིག་པ་དང་མི་རིགས་རིག་པའི་ཞིབ་འཇུག་ཚོགས་པ། རྒྱལ་ཁབ་མི་རིགས་དོན་གཅོད་ཨུ་ཡོན་ལྷན་ཁང་གིས་བདག་བྱས་པའི་རྒྱལ་ཡོངས་རང་བཞིན་གྱི་མིའི་རིགས་རིག་པ་དང་མི་རིགས་རིག་པའི་ཞིབ་འཇུག་སྟེ་ཁང་། ༢༠༠༧ལོར་པེ་ཅིན་དུ་ཚུགས། མིའི་རིགས་རིག་པ་དང་མི་རིགས་རིག་པ། མི་རིགས་གནད་དོན་སོགས་དང་འབྲེལ་ཡོད་ཀྱི་ཞིབ་འཇུག་སྟེ་ཁང་དང་རིག་གཞུང་ཞིབ་འཇུག་ཚོགས་པ། མི་སྒེར། མི་རིགས་ལས་དོན་སོགས་འབྲེལ་ཡོད་ཁྱབ་ཁོངས་ཀྱི་དངོས་བྱ་བ་སྟབས་མཁན་དག་གིས་རང་མོས་ཀྱིས་གྲུབ་པ་ཞིག་ཡིན།

China Union of Anthropological and Ethnological Sciences is an anthropological and ethnological research organization which is under the supervision of SEAC. Founded in Beijing in 2007, the union is made up of related research institutions, academic organizations engaged in anthropology, ethnology, ethnic issues and other related research fields, individuals and volunteers who work in related ethnic fields.

中国人民政治协商会议全国委员会民族和宗教委员会 中国人民政治协商会议全国委员会设置的专门委员会之一。负责组织委员就民族、宗教方面的问题开展调研及其他活动。第一届全国政协委员会设民族事务组、宗教事务组，第七届设民族委员会、宗教委员会，1995年合并为民族和宗教委员会。

ཀྲུང་གོའི་མི་དམངས་ཆབ་སྲིད་གྲོས་མོལ་ཁང་འདུའི་རྒྱལ་ཡོངས་ཨུ་ཡོན་ལྷན་ཁང་གི་མི་རིགས་དང་ཆོས་ལུགས་ཨུ་ཡོན་ལྷན་ཚོགས།

ཀྲུང་གོའི་མི་དམངས་ཆབ་སྲིད་གྲོས་མོལ་ཚོགས་འདུའི་རྒྱལ་ཡོངས་ཨུ་ཡོན་ལྷན་ཁང་འགོད་གི་ཆེད་དོན་ཨུ་ཡོན་ལྷན་ཚོགས་ཤིག གཙོ་བོ་ཨུ་ཡོན་དག་གིས་མི་རིགས་དང་ཆོས་ལུགས་ཀྱི་གནད་དོན་ལ་ཞིབ་འཇུག་དང་བྱ་འགུལ་སྤེལ་བར་རྩ་འཛུགས་བྱེད་པ་ཡིན། སྐབས་དང་པོའི་རྒྱལ་ཡོངས་སྲིད་གྲོས་ཨུ་ཡོན་ལྷན་ཁང་དུ་མི་རིགས་ལས་དོན་ཚན་པ་དང་ཆོས་ལུགས་ལས་དོན་ཚན་པ་བཙུགས། སྐབས་བདུན་པར་མི་རིགས་དོན་གཅོད་ཨུ་ཡོན་ལྷན་ཚོགས་དང་ཆོས་ལུགས་ཨུ་ཡོན་ལྷན་ཚོགས་བཙུགས། ༡༩༩༥ལོར་དེ་གཉིས་པོ་མི་རིགས་དང་ཆོས་ལུགས་ཨུ་ཡོན་ལྷན་ཚོགས་སུ་གཅིག་སྒྲིལ་བྱས།

Subcommittee of Ethnic and Religious Affairs of National Committee of the CPPCC is one of the special committees of the Chinese People's Political Consultative Conference (CPPCC). It takes charge of researches and other activities concerning ethnic and religious problems. The first CPPCC established the Office of the Ethnic and Religious Affairs. The 7th established Committee of Ethnic Affairs and Committee of Religious Affairs. In 1995, the offices and committees merged into Committee for Ethnic and Religious Affairs.

《中国少数民族》 "民族问题五种丛书"之一。系一部专门介绍中国各少数民族的著作。该书综合叙述中国55个少数民族的形成、发展和现状，阐述中国共产党的民族政策，介绍各少数民族地区进行民主革命、社会主义革命和社会主义建设所取得的成就。

《གུང་གོའི་གྲངས་ཉུང་མི་རིགས》 《མི་རིགས་གནད་དོན་རིགས་ལྕུའི་དེབ་ཚོགས》ཞང་གི་གཅིག་ཡིན། དེ་ནི་གུང་གོའི་གྲངས་ཉུང་མི་རིགས་ཚོ་སོའི་བཅམས་ཚོམ་ཏོ་སྐྱེད་བྱེད་པའི་དེབ་ཞིག་ཡིན། དེབ་འདིར་གུང་གོའི་གྲངས་ཉུང་མི་རིགས་༥༥ཡི་གྲུབ་ཚུལ་དང་འཕེལ་རྒྱུས། ད་ལྟའི་གནས་ཚུལ་སོགས་བརྗོད་ཡོད་པ་དང་། གུང་གོ་གུང་ཁྲན་ཏང་གི་མི་རིགས་སྲིད་ཇུས་སྟོན་ཐུབ་ཡོད། གྲངས་ཉུང་མི་རིགས་ཁུལ་སོའི་དབངས་གཙོ་བཅོས་བསྒྱུར་དང་སྤྱི་ཚོགས་རིང་ལུགས་ཀྱི་བཅོས་བསྒྱུར། སྤྱི་ཚོགས་རིང་ལུགས་འཛུགས་སྐྲུན་གྱི་གྲུབ་འབྲས་བཅས་གུང་ཏོ་སྟོན་ཐུབ་ཡོད།

Ethnic Minorities in China is one of the *Five Collections of Books on Ethnic Issues*. *Ethnic Minorities in China* (one of the series) gives an introduction to all ethnic minorities in China. It provides a comprehensive account of the formation, development, and current state of the 55 ethnic minorities in China, expounds the CPC policies on ethnic affairs, and presents all achievements of all ethnic areas made in the specific phases of democratic revolution, socialist revolution and socialist construction.

中国少数民族DNA基因库　我国首座中国少数民族DNA基因库。2006年在云南大学建成。基因库采集了我国除高山族以外的54个少数民族的DNA样本，保存了8000余份少数民族DNA样品。

གུང་གོའི་གྲངས་ཉུང་མི་རིགས་ཀྱི་DNAགཞི་གངས་མཛོད། རང་རྒྱལ་གྱི་གུང་གོའི་གྲངས་ཉུང་མི་རིགས་ཀྱི་DNAགཞི་གངས་མཛོད་ཐོག་མ་ཡིན། ༢༠༠༦ལོར་ཡུན་ནན་སློབ་ཆེན་དུ་བཙུགས། གཞི་གངས་མཛོད་དུ་རང་རྒྱལ་གྱི་གའོ་ཧྲན་རིགས་ལས་གཞན་པའི་གྲངས་ཉུང་མི་རིགས་༥༤ཡི་DNAགཞི་གངས་མ་དཔེའི་བསླུས་ཡོད་ལ། གྲངས་ཉུང་མི་རིགས་ཀྱི་DNAདངོས་དངོས་༨༠༠༠ལྷག་གསོག་ཉར་བྱས་ཡོད།

Chinese Ethnic Minorities' DNA Gene Pool is the first DNA gene pool of ethnic minorities in China. It was built up in Yunnan University in 2006. The gene pool collected 54 ethnic minorities' DNA samples (except Gaoshan people) in our country, saved more than 8,000 copies of ethnic minorities' DNA samples.

中国少数民族（地区）经济学　研究中国少数民族的经济特点和经济问题的学科。属于狭义的民族经济学范畴。

གུང་གོའི་གྲངས་ཉུང་མི་རིགས་（ས་ཁུལ་）ཀྱི་དཔལ་འབྱོར་རིག་པ། གུང་གོའི་གྲངས་ཉུང་མི་རིགས་ཀྱི་དཔལ་འབྱོར་ཁྱད་ཆོས་དང་དཔལ་འབྱོར་གནད་དོན་ལ་ཞིབ་འཇུག་བྱེད་པའི་རིག་ཚན། དེ་ནི་དོག་འཇུག་གི་མི་རིགས་དཔལ་འབྱོར་རིག་པའི་ཁྱོངས་སུ་གཏོགས།

Chinese Ethnic Minorities (area) Economics is the subject that makes researches on the traits and economic issues of Chinese ethnic minorities' economy, which belongs to the narrowly defined Ethnic Economics.

中国少数民族对外交流协会　国家民委主管的全国性社会团体。成立于1992年。会址设在北京。协会通过友好往来、文化交流、引进资金项目、教育交流、参与和承办国际性会议等方面的工作，与世界有关方面进行了广泛的交流与合作，以配合中国的外交大局。

རྒྱ་གོའི་གྲངས་ཉུང་མི་རིགས་ཀྱི་ཕྱི་ཕྱོགས་འབྲེལ་བའི་མཐུན་ཚོགས། རྒྱལ་ཁབ་མི་རིགས་དོན་གཅོད་ཨུ་ཡོན་ལྷན་ཁང་གིས་བདག་བྱས་པའི་རྒྱལ་ཡོངས་རང་བཞིན་གྱི་སྤྱི་ཚོགས་ཚོགས་པ་ཞིག ༡༩༩༢ལོར་ཚུགས། ཚོགས་གནས་པེ་ཅིན་དུ་བཙུགས། ཚོགས་པས་མཛའ་མཐུན་འགྲོ་འོང་དང་རིག་གནས་བརྗེ་རེས། མ་དངུལ་རྣམ་གྲངས་ནང་འདྲེན། སློབ་གསོ་བརྗེ་རེས། རྒྱལ་སྤྱིའི་རང་བཞིན་གྱི་གྲོས་ཚོགས་ལ་ཞུགས་ཐག་གིས་ཞུགས་པ་དང་སྒྲུབ་པ་སོགས་ཀྱི་ཕྱོགས་ལུ་ཀ་སྒྲུབ་པ་དང་། འཛམ་གླིང་དེ་དང་འབྲེལ་ཡོད་དག་འབྲེལ་འདྲིས་དང་མཉམ་ལས་རྒྱ་ཆེན་པོ་བྱས་ཏེ། ཀྲུང་གོའི་ཕྱི་འབྲེལ་གྱི་གནས་བབས་ཆེན་པོར་གཟིགས་འདེགས་པ་ཞིག་ཡིན།

China Ethnic Minorities Association for External Exchanges is a national social organization which is under the administration of SEAC. Founded in Beijing in 1992, the association has conducted international extensive exchanges and cooperation through friendly exchanges, cultural exchanges, the introduction of capital projects, education exchanges, and participation and undertaking of international conferences, etc., to coordinate with the major Chinese diplomatic interests.

《中国少数民族分布图集》 国内第一部以中国各少数民族为专题的地图集。2002年由中国地图出版社出版。反映中国改革开放以来仅占我国人口总数 8.5% 左右，而分布地区面积却占全国陆地面积 60% 以上的 55 个少数民族的现实分布状况。

《ཀྲུང་གོའི་གྲངས་ཉུང་མི་རིགས་ཁྱབ་སྤྲངས་ཀྱི་རིས་འདུས།》 རྒྱལ་ནང་གི་ཀྲུང་གོའི་གྲངས་ཉུང་མི་རིགས་བརྗོད་བྱས་པའི་ས་འདྲུས་མ་ཕྱོག་མ་ཡིན། ༢༠༠༢ལོར་ཀྲུང་གོའི་ས་ཁྲའི་སྐྲུན་ཁང་གིས་པར་སྐྲུན་བྱས། དེར་ཀྲུང་གོའི་བཅོས་བསྒྱུར་སྒོ་འབྱེད་བྱས་ཚུན་ཅིག་གནས་ཐད་རང་རྒྱལ་སྤྱིའི་མི་གྲངས་ཀྱི༨.༥%ཡས་མས་ཟིན་པ་དང་། ཁྱབ་ཁོངས་ཐད་རྒྱལ་ཡོངས་སྐམ་ས་སྤྱི་ཁྱོན་གྱི༦༠%ཡན་ཟིན་པའི་གྲངས་ཉུང་མི་རིགས་༥༥དོན་དངོས་ཁྱབ་སྤྲངས་གནས་ཚུལ་གསལ་པོ་བྱས་ཡོད།

Atlas of Distribution of Ethnic Minorities in China is the first distribution atlas for ethnic minorities in China. Published by the China Cartographic Publishing House in 2002, the atlas reflect the distribution reality since China's reform and opening up. The population of the 55 ethnic minorities only accounts for 8.5% of the population of China, while the distribution area of the 55 ethnic minorities accounts for more than 60% of the total land area.

中国少数民族古籍总目提要编纂工程 国家民委组织实施的少数民族文化保护工程。1997 年开始立项，1998 年付诸实施。收录我国 55 个少数民族及古代民族文字的现存全部古籍的目录和内容提要。全套书目共 60 余卷，约 110 册，共收书目 30 余万条，每册收书目约 3000 条。

ཀྲུང་གོའི་གྲངས་ཉུང་མི་རིགས་ཀྱི་ཡིག་ཚང་དཀར་ཆག་གི་གནད་བསྡུས་ཕྱོགས་བསྒྲིགས་ལས་གཞི། རྒྱལ་ཁབ་མི་རིགས་དོན་གཅོད་ཨུ་ཡོན་

ཤུན་ཁང་གིས་རྩ་འཛུགས་ལག་བསྟར་བྱས་པའི་གྲངས་ཉུང་མི་རིགས་ཀྱི་རིག་གནས་སྲུང་སྐྱོབ་ལས་གཞི་ཞིག་ཡིན། ༡༩༩༧ལས་གཞིའི་འགོ་ཚུགས། ༡༩༩༨ར་དངོས་སུ་ལག་བསྟར་བྱས། དེར་རང་རྒྱལ་གྱི་གྲངས་ཉུང་མི་རིགས་༥༥དང་མི་རིགས་ཀྱི་གནའ་བོའི་ཡིག་ཆ་མིག་སྟོར་འགྲེ་ཆགས་ཡོད་ཆད་ཀྱི་དཀར་ཆག་དང་ནང་དོན་གནད་བསྡུས་འཚོལ་བསྡུ་བྱས་ཡོད། ཆ་ཚང་ལ་པོད་༦༠ལྷག་དང་། དེབ་༡༡༠། དཔེ་ཆུང་བྱེ་༣༠ལྷག་འདུས། དེབ་རེར་དཔེ་ཆུང་༣༠༠༠ལྷག་བསྡུས་ཡོད་དོ། །

Compilation Project on the catalogues and abstracts of the ancient books of the ethnic minorities is an ethnic minority's culture protection project conducted by the State Ethnic Affairs Commission. The project started in 1997, and was put into practice in 1998. It includes all the existing ancient books' catalogues and abstracts of the 55 ethnic minorities. The full set of these compilation books contains a total of more than 60 volumes, about 110 books, more than 300,000 catalogues, with 3,000 catalogues included in each book.

中国少数民族计划生育政策 中国在少数民族中也实行计划生育，具体规定由民族自治地方和有关省、自治区根据国家计划生育政策，结合本地实际制定。一般是一对夫妇生育两个孩子，有的可生育三或四个孩子。

རྒྱང་གོའི་གྲངས་ཉུང་མི་རིགས་འཆར་ལྡན་བུ་བཙའི་སྲིད་ཇུས། རྒྱང་གོར་གྲངས་ཉུང་མི་རིགས་ཁྱོད་དུ་འཆར་ལྡན་བུ་བཙའ་ལག་བསྟར་བྱས་ཏེ། ཞིབ་ཆའི་དེབ་གཏན་ནི་རང་སྐྱོང་ས་ཁུལ་དང་འབྲེལ་ཡོད་ཞིང་ཆེན། རང་སྐྱོང་ལྗོངས་བཅས་ཀྱིས་རྒྱལ་ཁབ་ཀྱི་འཆར་ལྡན་བུ་བཙའི་སྲིད་ཇུས་ལ་གཞིགས་ནས། རང་སའི་གནས་ཚུལ་དང་བསྟུན་ནས་གཏན་འབེབས་བྱེད་པ། སྤྱིར་བཏང་དུ་བཟའ་ཟླ་ཅིག་གིས་བྱིས་པ་གཉིས་བཙས་ཆོག་པ་དང་། འགའ་རེས་བྱིས་པ་གསུམ་ལམ་བཞིའི་བཙས་ཆོག

Family Planning Policy for Ethnic Minorities Family planning shall also be introduced to the ethnic minorities. Specific measures in this regard shall be formulated by autonomous regions, provinces, or municipalities, and implemented on the basis of Population and Family Planning Law of the People's Republic of China, with the considerations of local reality. Generally speaking, a couple can have two children, and some may even have three or four children.

"中国少数民族简史丛书" "民族问题五种丛书"之一。系一套分册介绍各少数民族历史的著作。分别论述各个民族的族源、族称、历史发展、社会经济形态、文化艺术、宗教信仰、风俗习惯，介绍各个民族的革命斗争传统，以及在历史上对缔造统一的伟大祖国作出的贡献。

《རྒྱང་གོའི་གྲངས་ཉུང་མི་རིགས་ལོ་རྒྱུས་བསྒྲགས་རིམ་གྱི་དཔེ་ཚོགས》《མི་རིགས་གནད་དོན་དཔེའི་ཚོགས་རིགས་ལྔ》ཡི་གནས་ཤིག དཔེ་ཚོགས་ཀྱི་དེབ་རེ་རེ་གྲངས་ཉུང་མི་རིགས་སོ་སོའི་ལོ་རྒྱུས་བཅམས་ཚོགས་ཡིན་པ་དང་། མི་རིགས་སོ་སོའི་རིགས་ཁུངས། རིགས་རྒྱུད། ལོ་རྒྱུས་འཕེལ་རིམ། སྤྱི་ཚོགས། དཔལ་འབྱོར་གནས་བབས། རིག་གནས་སྒྱུ་རྩལ། ཆོས་ལུགས་དད་མོས། སྲོལ་རྒྱུན་གོམས་གཤིས་བཅས་བྱས་

ཡོད། མི་རིགས་སོ་སོའི་གསར་བརྗེ་འཐབ་རྩོད་ཀྱི་སྲོལ་རྒྱུན་དང་ལོ་རྒྱུས་སྟེང་དུ་མཉམ་རྒྱལ་གྱི་རྒྱབས་ཆེན་གཅིག་གྱུར་ཐབ་ལ་བཞག་པའི་བྱས་རྗེས་ཡང་མཚམས་སྦྱོར་བྱས་ཡོད།

A Collection of Brief Histories of Ethnic Minorities in China (in 55 books) is one of the *Five Collections of Books on Ethnic Issues.* It is a set of works introducing the history of all ethnic minorities. Each of the 55 books makes an account of the origin, name, historical development, socio-economic form, culture, art, religious belief, customs, habits of a specific group, and also introduces its tradition of revolutionary struggles and its contribution to the creation of the great unified country in history.

中国少数民族经济研究会 1981年成立于北京。是在中国民政部注册的全国性不以营利为目的的学术组织。是研究少数民族与民族地区经济与社会发展，为少数民族和民族地区提供全面咨询服务的权威性学术组织之一。

ཀྲུང་གོའི་གྲངས་ཉུང་མི་རིགས་དཔལ་འབྱོར་ཞིབ་འཇུག་ཚོགས་པ། 1981ལོར་པེ་ཅིན་དུ་ཚུགས། ཀྲུང་གོ་དབང་སྲིད་ཕུའི་ཐོ་འགོད་བྱས་པའི་རྒྱལ་ཡོངས་རང་བཞིན་གྱི་ལེ་སྦྱོགས་དམིགས་སུ་མི་འཛིན་པའི་རིག་གཞུང་ཚ་འཛུགས་ཤིག་ གྲངས་ཉུང་མི་རིགས་དང་མི་རིགས་ས་ཁུལ་གྱི་དཔལ་འབྱོར་དང་སྤྱི་ཚོགས་འཕེལ་རྒྱས་ལ་ཞིབ་འཇུག་བྱས་ཏེ། གྲངས་ཉུང་མི་རིགས་དང་མི་རིགས་ས་ཁུལ་ལ་ཕྱོགས་ཡོངས་ནས་འདྲི་ཞབས་མགོ་འདོན་བྱེད་པའི་དབང་ཆ་ཅན་གྱི་རིག་གཞུང་ཚ་འཛུགས་ཤིག་གོ།

China Association of Ethic Economy is a nationwide non-profit academic organization registered in Ministry of Civil Affairs. Founded in Beijing in 1981, the association is one of the academic organizations that studies the ethnic minorities, economic and social development of ethnic regions, and provides comprehensive consulting service to ethnic minorities and ethnic regions.

中国少数民族聚居特点 主要体现在"聚、高、西、边"等几个特点上：聚，是指某一少数民族的人口分布相对集中。高，是指少数民族聚居地区海拔相对较高。西，是指少数民族主要聚居在西部地区。边，是指少数民族主要居住在边疆地区。

ཀྲུང་གོའི་གྲངས་ཉུང་མི་རིགས་འདུས་སྡོད་ཁྱད་ཆོས། གཙོ་འདུས། མཐོ་ ཉུང་། མཐའ་བཅས་ཀྱི་ཁྱད་ཆོས་ཐོག་ཏུ་མངོན་ཡོད་པ་སྟེ། འདུས་ནི་གྲངས་ཉུང་མི་རིགས་ཤིག་གི་མི་གྲངས་ཁྱབ་ཆུལ་སྟོར་བཙོག་གྱིས་མཐུན་དུ་འདུས་ཡོད་པ་དང་། མཐོ་ནི་གྲངས་ཉུང་མི་རིགས་འདུས་སྡོད་ཁུལ་མཚོ་ངོས་ལས་མཐོ་ཆོད་སྟོར་བཅས་ཀྱིས་ཆུང་མཐོ་བ། ཉུང་ནི་གྲངས་ཉུང་མི་རིགས་རྒྱམས་གཙོ་བོར་ནུང་ཕྱོགས་ས་ཁུལ་དུ་འདུས་སྡོད་བྱས་པ། མཐའ་ནི་གྲངས་ཉུང་མི་རིགས་འཚོ་སྡོད་བྱེད་ས་གཙོ་བོ་མཐའ་མཚམས་ས་ཁུལ་ཡིན་པ་བསྟན་ཡོད།

Characteristics of the ethnic minority's concentrated communities mainly embody the following four words "concentrated, high, west and border": concentrated, refers to the characteristic that the population distribution of a specific ethnic minority is relatively concentrated. High, refers to the characteristic that the altitude of the ethnic minority's concentrated communities is relatively high. West, refers to the characteristic that the location of ethnic minority's concentrated communities mainly distribute in the western regions. Border refers to the characteristic that the ethnic minorities mainly live in the border areas.

中国少数民族民间文学 指中国少数民族以本民族语言艺术地反映其社会生活，以口头创作、口头流传为特征的文学。

རྒྱང་གོའི་གྲངས་ཉུང་མི་རིགས་དམངས་ཁྲོད་རྩོམ་རིག གྲུང་གོའི་གྲངས་ཉུང་མི་རིགས་རྣམས་ཀྱིས་རང་མི་རིགས་ཀྱི་སྐད་ཆའི་སྒྱུ་རྩལ་གྱིས་སྟེ་ཚོགས་འཚོ་བ་མཚོན་པ་སྟེ། དག་ཐོག་ལས་བརྒྱུད་པ་བྱེད་ཚོས་ལྡན་པའི་རྩོམ་རིག་ལོ།

Chinese ethnic minority folk literature refers to the literature of the ethnic minorities who use their own ethnic languages to artistically reflect their social life, and it is characterized by its oral creation, oral transmission.

中国少数民族七大类节日 按主要活动内容分：1. 宗教节日，如"开斋节"。2. 农事节日，如"望果节"。3. 纪念性节日，如"西迁节"。4. 商贸性节日，如"靖西端午药市"。5. 文体娱乐节日，如"那达慕"。6. 庆贺性节日，如"米阔鲁节"。7. 生活社交类节日，如"姑娘节"。

རྒྱང་གོའི་གྲངས་ཉུང་མི་རིགས་དུས་ཆེན་རིགས་བདུན། བྱ་འགུལ་གྱི་ནང་དོན་གཙོར་བཟུང་ནས་དབྱེ། ༡ ཆོས་ལུགས་དུས་ཆེན། དཔེ་ཞི་ལེན་གྱི་དུས་ཆེན་ལྟ་བུ། ༢ ཞིང་ལས་དུས་ཆེན། འོང་སྐོར་དུས་ཆེན་ལྟ་བུ། ༣ རྗེས་དྲན་དུས་ཆེན། ནུབ་སྤོའི་དུས་ཆེན་ལྟ་བུ། ༤ ཚོང་ལས་དུས་ཆེན། ཅིན་ཞིས་རྟོའི་སྨན་འཚོང་དུས་ཆེན་ལྟ་བུ། ༥ རིག་རྩལ་རོལ་རྩེད་དུས་ཆེན་ན་ཏམ་སྒྲོ་ཆོགས་ལྟ་བུ། ༦ རྟེན་འབྲེལ་དུས་ཆེན། སྨུ་ཁོའུ་དུས་ཆེན་ལྟ་བུ། ༧ འཚོ་བ་འབྲེལ་འདྲིས་དུས་ཆེན། བུད་མེད་དུས་ཆེན་ལྟ་བུ་སོགས་སོ།

Seven types of festivals of the Chinese ethnic minorities Classified by the activities of the festivals: 1. Religious festivals, such as "Eid al-Fitr or Lesser Bairam". 2. Farming festivals, such as "Ongkor Festival". 3. Memorial festivals, such as "Memorial Day of Westward Migration". 4. Commercial festivals, such as "Jingxi Dragon-boat Medicine Fair". 5. Entertainment festivals, such as "Nadam Fair". 6. Celebration festivals, such as "Mikuolu Festival". 7. Social festivals, such as "Girl's Day".

中国少数民族人权 指在我国社会主义社会，少数民族每个人按其本质和尊严享有或应该享有的基本权利。在现今中国，少数民族公民既与汉族公民平等地享有宪法和法律规定的全部公民权利，又依法享有少数民族特有的各项权利。民族区域自治制度就是实现少数民族人权重要而有效的途径。

རྒྱང་གོའི་གྲངས་ཉུང་མི་རིགས་ཀྱི་མིའི་ཁེ་དབང་། རང་རྒྱལ་སྤྱི་ཚོགས་རིང་ལུགས་ལམ་ལུགས་ཀྱི་སྤྱི་ཚོགས་སུ་གྲངས་ཉུང་མི་རིགས་སོ་སོའི་མི་རེ་རེར་རང་གི་རང་གཤིས་དང་ལ་རྒྱ་ལ་གཞིགས་ཏེ་ཐོབ་དུང་བའི་རྩ་ཁྲིམས་ཁེ་དབང་ལ་བསྟན། དེང་གི་རྒྱ་ནག་གྲངས་ཉུང་མི་རིགས་

Human Rights of Ethnic Minorities refers to the basic rights enjoyed or ought to be enjoyed by ethnic minority individuals based on human nature and human dignity in our socialist society. In China today, ethnic minority and Han people equally enjoy all citizen rights stipulated in the Constitution and laws, and meanwhile enjoy the special rights of ethnic minorities. Regional ethnic autonomy system is an important and effective way to ensure the ethnic minority's human rights.

中国少数民族散居特点 体现在"广、多、杂"等几个特点上。广,即处于散居状态的少数民族居住地域很广。多,一方面是指散居少数民族人口众多,另一方面是指散居少数民族的民族成分多。杂,是指各民族交错杂居,形成"你中有我,我中有你"的分布格局。

Characteristics of the ethnic minority's scattered communities mainly embody the following three words "widespread, numerous and miscellaneous". Widespread, refers to the characteristic that the population distribution of scattered ethnic minorities is relatively widespread. Numerous, refers to the characteristic that the population of scattered ethnic minorities is big, and the ethnic compositions of scattered ethnic minorities are quite numerous. Miscellaneous, refers to the characteristic that ethnic groups inhabit in a mixed way and a distribution pattern of "inextricably interwoven with each other".

"中国少数民族社会历史调查资料丛刊" "民族问题五种丛书"之一。系一套分册汇集中国少数民族社会历史调查资料的专辑。分别按地区和民族辑录新中国成立后各有关单位调查、搜集、整理的少数民族社会历史调查资料。

བོ་རྒྱུས་བཏུག་ཞིབ་ཡིག་ཚ་ཞིག་གོ

A Collection of Reports on the Investigation of Socio-historical Condition of Ethnic Minorities in China (in 147 books) is one of the *Five Collections of Books on Ethnic Issues.* It is a collection of data which collects the reports, by area and ethnic group, of the investigation of the social-historical condition of ethnic minorities made after the founding of the new China.

中国少数民族双语教学研究会　全国少数民族双语教学和科研工作者以及民族语文、民族教育工作者的群众性学术团体。1979年成立。原名"全国民族院校汉语教学研究会"，1985年改为现名。主要开展双语问题的调查研究与理论探讨、交流双语教学经验与科研成果等活动。

རྒྱང་གོའི་གྲངས་ཉུང་མི་རིགས་སྐད་གཉིས་སློབ་ཁྲིད་ཞིབ་འཇུག་ཚོགས་པ། རྒྱལ་ཡོངས་གྲངས་ཉུང་མི་རིགས་སྐད་གཉིས་སློབ་ཁྲིད་དང་ཚན་ཞིབ་ལས་བྱེད་པ། མི་རིགས་སྐད་ཡིག་མི་རིགས་སློབ་གསོ་གཉེར་མཁན་གྱི་མང་ཚོགས་རང་བཞིན་གྱི་སློབ་རྩལ་ཚོགས་པ་ཞིག་ཡིན། ༡༩༧༩ལོར་ཚུགས། ཐོག་མའི་མིང་ལ་རྒྱལ་ཡོངས་མི་རིགས་སློབ་སྒྲིང་རྒྱ་ཡིག་སློབ་ཁྲིད་ཞིབ་འཇུག་ཚོགས་པ་ཟེར་ཞིང་། ༡༩༨༥ལོར་ད་ལྟའི་མིང་འདིར་བསྒྱུར། སྐད་གཉིས་གནད་དོན་གྱི་བཏུག་དཔྱད་ཞིབ་འཇུག་དང་གཞུང་ལུགས་རྩལ་བསྡུར། སྐད་གཉིས་སློབ་ཁྲིད་ཉམས་མྱོང་དང་ཚན་ཞིབ་འབྲས་བུ་བརྗེ་བོར་སོགས་ཀྱི་འགུལ་སྐྱོད་གཙོ་བོར་སྤེལ་བཞིན་ཡོད།

Research Center for Ethnic Minority Bilingual Teaching is a mass academic organization made up by ethnic minority bilingual teaching and the scientific research workers, ethnic language and ethnic education workers. Founded in 1979, formally known as "Research Center for Chinese Teaching in Ethnic Colleges and Universities", it was renamed as the present name in 1985. The research centre mainly carries out the bilingual researches and theory discussions, exchanges bilingual teaching experience and scientific achievements, and other activities.

中国少数民族文化呈现的四个鲜明特点　一是土生土长、源远流长。二是多种类型、各具特色。三是内容丰富、博大精深。四是多元一体、相互影响。

རྒྱང་གོའི་གྲངས་ཉུང་མི་རིགས་རིག་གནས་ཀྱི་ཁྱད་ཚོས་མཚོན་གསལ་བཞི། གཅིག་ཏུ་རང་ས་རང་བྱུང་སྦྱོང་བ་དང་། འཕེལ་ཡུན་རིང་བ། གཉིས་སུ་རིགས་སྣ་མང་བ་དང་། སོ་སོར་ཁྱད་ཆོས་ལྡན་པ། གསུམ་དུ་ནང་དོན་ཕྱུག་ཉམས་པ་དང་། རྒྱ་ཆེ་གཏིང་ཟབ་ཅན། བཞི་ནི་སྣ་མང་གཅིག་གྱུར་དང་། ཕན་ཚུན་བར་ཤུགས་རྐྱེན་ཐེབས་པ་བཅས་སོ།

Four distinct characteristics of Chinese ethnic minority culture: firstly, indigenous and ancient; secondly, various and distinctive; thirdly, content-rich and profound; fourthly, being pluralistic-integrated and interactive.

中国少数民族文化艺术促进会　2003年成立于北京。是经民政部批准成立的全国性民族文化社会团体。业务范围：学术研究、教育培训、演出展览、书刊出版、影视制作、信息咨询、国际合作。

ཀྲུང་གོའི་གྲངས་ཉུང་མི་རིགས་རིག་གནས་སྒྱུ་རྩལ་ཡར་སྐུལ་ཚོགས་པ། ༢༠༠༣ལོར་ཚུགས། དམངས་སྲིད་པུའི་ཡི་ཆོག་བགོད་འོག་བཙུགས་པའི་རྒྱལ་ཡོངས་རང་བཞིན་གྱི་མི་རིགས་རིག་གནས་སྐྱི་ཚོགས་པ་ཞིག་ཡིན། དེའི་ལས་འགན་གྱི་ཁྱབ་ཁོངས་སུ་སློབ་རྩལ་ཞིབ་འཇུག་དང་། སློབ་གསོ་སྦྱོང་བརྡར། འཁྲབ་སྟོན་འགྲེམ་སྟོན། དཔེ་དེབ་པར་འདེབས། བརྙན་རིས་བཟོ་བ། བརྡ་འཕྲིན་འདྲི་ཞུ། རྒྱལ་སྤྱིའི་མཉམ་འབྲེལ་སོགས་གཏོགས།

China Association for Promoting Ethnic Minority Culture and Art, founded in Beijing in 2003, is a national social group of ethnic culture approved by the Ministry of Civil Affairs. Its business includes academic researching, education training, performance and exhibition, publication of books, video production, information consulting and international cooperation.

中国少数民族文化艺术基金会 简称"中国民基会"。成立于1988年。是由文化部主管、民政部注册的全国公募型非营利组织。宗旨：振兴民族文化，保护民族艺术，抢救民族遗产，弘扬民族精神。业务范围：募集资金、国际合作、专项资助、文化艺术交流、展览展示、文艺演出、咨询服务。

ཀྲུང་གོའི་གྲངས་ཉུང་མི་རིགས་རིག་གནས་སྒྱུ་རྩལ་ཐེབས་རྩ་ཚོགས་པ། བསྡུས་མིང་ལ་ཀྲུང་གོའི་དམངས་ཐེབས་ཚོགས་པ་ཟེར། ༡༩༨༨ལོར་ཚུགས། རིག་གནས་པུའི་ཡིས་དབང་བྱས་པའི་རྒྱལ་ཡོངས་ཁྱབ་འདེབས་ལས་ཁེ་གཉེར་མིན་པའི་སྤྱི་ཚོགས་ཚོགས་པ་ཞིག དམིགས་ཡུལ་ནི་མི་རིགས་རིག་གནས་གོང་འཕེལ་དང་། མི་རིགས་སྒྱུ་རྩལ་སྲུང་སྐྱོབ། མི་རིགས་ཤུལ་བཞག་ལྗུང་སྐྱོབ། མི་རིགས་སྙིང་སྟོབས་དར་སྤེལ་བྱེད་པ་ཡིན། འགན་ཁུར་ཁོངས་ནི་ཞལ་འདེབས་དངུལ་བསྡུ་གསོག་དང་། རྒྱལ་སྤྱིའི་མཉམ་འབྲེལ། ཆེད་ཕྱོགས་རོགས་སྐྱོར། རིག་གནས་སྒྱུ་རྩལ་བརྗེ་ལེན། འགྲེམ་སྟོན་བཤམས་སྟོན། རིག་རྩལ་འཁྲབ་སྟོན། འདྲི་ཞུའི་ཞབས་ཞུ་སོགས་སོ།

China Ethnic Minority Culture and Art Fund, was founded in 1988. It is a national public-raising non-profit organization, administrated by the Ministry of Culture and registered in the Ministry of Civil Affairs, aiming to promote ethnic culture, protect ethnic art, rescue ethnic heritage and carry forward ethnic spirit. Its business includes fund raising, international cooperation, special funding, culture and art exchange, exhibition, artistic performance and consulting services.

中国少数民族文物保护协会 国家民委主管，在民政部登记注册的国家级非营利性社会团体。1993年成立于北京。宗旨是：保护和抢救我国珍稀的民族文物，继承和弘扬中华民族的优秀文化遗产。

ཀྲུང་གོའི་གྲངས་ཉུང་མི་རིགས་རིག་དངོས་སྲུང་སྐྱོབ་མཐུན་ཚོགས། རྒྱལ་ཁབ་མི་རིགས་དོན་གཅོད་ཨུ་ཡོན་ལྷན་ཁང་གིས་སྟེ་འགན་ཁུར་ཏེ། དམངས་སྲིད་པུའི་ཡིས་ཐོ་འགོད་བྱས་པའི་རྒྱལ་ཁབ་རིམ་པའི་གཉེར་མེད་པའི་སྤྱི་ཚོགས་ཚོགས་པ་ཞིག ༡༩༩༣ལོར་ཅིན་ཏུ་ཚུགས། དམིགས་ཡུལ་ནི་རང་རྒྱལ་གྱི་མི་རིགས་རིག་དངོས་རྩ་ཆེན་ལ་སྲུང་སྐྱོབ་བྱེད་དེ། ཀྲུང་ཧྭ་མི་རིགས་ཀྱི་རིག་གནས་ཤུལ་བཞག་རྒྱུན་འཛིན་དར་སྤེལ་

གཏོང་བའོ། །

China Association for Preservation of Ethnic Minorities' Relics, founded in Beijing in 1993, is a national non-profit organization, administrated by State Ethnic Affair Commission and registered in the Ministry of Civil Affairs. It aims to protect and rescue the rare ethnic relics, inherit and carry forward the excellent national relics.

中国少数民族文学学会 以中国少数民族文学为研究对象的全国性、非营利性的学术组织。成立于1979年。会址设在北京。宗旨：团结我国少数民族文学研究工作者，积极开展科学研究，进行学术交流，加强民族团结，促进少数民族文学事业的发展与繁荣。

ཀྲུང་གོའི་གྲངས་ཉུང་མི་རིགས་རྩོམ་རིག་ཚོགས་པ། ཀྲུང་གོའི་གྲངས་ཉུང་མི་རིགས་ཀྱི་རྩོམ་རིག་ཞིབ་འཇུག་གི་ཡུལ་གཙོ་བོར་བཟུང་བའི་རྒྱལ་ཡོངས་རང་བཞིན་དང་། ཁེ་གཉེར་མིན་པའི་སློབ་གྲྭའི་རྒྱུ་འདུགས་རིག (༡༩༧༩ལོར་ཚུགས) གནས་ཡུལ་པེ་ཅིང་དམིགས་ཡུལ་ནི་རང་རྒྱལ་གྲངས་ཉུང་མི་རིགས་རྩོམ་རིག་ཞིབ་འཇུག་པ་རྣམས་མཐུན་སྒྲིལ་བྱས་ཏེ། ཚན་རིག་ཞིབ་འཇུག་དང་། རིག་གཞུང་བརྒྱུ་སྤྲོད། མི་རིགས་མཐུན་སྒྲིལ་བཅས་སྒྲིལ་ནས་ཞིབ་འཇུག་ཏུ་གཤགས་གོང་འཕེལ་དར་རྒྱས་སུ་གཏོང་བར་སྐུལ་མ་བྱེད་པའོ། །

China Ethnic Literature Society, founded in Beijing in 1979, is a non-profit national academic organization that makes researches on China ethic literature. Its goals are to unite the researchers of China ethic literature, proactively organize scientific researches, launch academic exchanges, strengthen ethnic unity and promote the work of ethnic literature.

中国少数民族文学研究资料库课题 中国社会科学院重大A类课题。2000年立项，2005年完成。由中国社会科学院民族文学研究所承担建设。项目运用传统手段和现代数字技术，形成最终成果：声像资料2885件、图片资料9776张、文字资料约30879册。容纳了史诗、神话、叙事诗等20多项资料类型。

ཀྲུང་གོའི་གྲངས་ཉུང་མི་རིགས་ཀྱི་རྩོམ་རིག་ཞིབ་འཇུག་ཡིག་མཛོད་ཀྱི་ཁྲབ་གཞི། ཀྲུང་གོའི་སྤྱི་ཚོགས་ཚན་རིག་ཁང་གི་གཙོ་ཆེའི་A་རིགས་ཀྱི་ཁྲབ་གཞི། ༢༠༠༠ལོར་འགོ་བཙུགས་ནས་༢༠༠༥ལོར་མཇུག་སྒྲིལ། ཀྲུང་གོའི་སྤྱི་ཚོགས་ཚན་རིག་ཁང་གི་མི་རིགས་རྩོམ་རིག་ཞིབ་འཇུག་ཁང་གིས་སྐྲུན་འགན་ཁུར། རྒྱལ་གཅེས་རྟོལ་རྒྱུན་གྱི་ཐབས་དང་དེང་རབས་ཀྱི་གྲངས་ཚན་ལག་རྩལ་སྤྱད་དེ་མཇུག་གི་གྲུབ་འབྲས་བླངས། སྒྲ་བརྙན་ཡིག་ཆ་༢༢༨༥དང་པར་རིས་ཡིག་ཆ་༩༧༧༦། ཡི་གེའི་ཡིག་ཆ་ཐབས་ཆེར་དེབ་༣༠༨༧༩སོགས་ལེགས་འགྲུབ་བྱུང་། ལོ་རྒྱུས་དཔལ་དང་ལྷ་སྒྲུང་། དོན་བརྗོད་སྙན་ངག་སོགས་རིག་སྣ་༢༠ལྷག་གི་ཡིག་ཆ་འདུས་ཡོད།

Project of database on China ethnic literature research, an A-class important project of Chinese Academy of Social Science, started in 2000 and completed in 2005. It was undertaken and constructed by Institute of Ethnic Literature, Chinese Academy of Social Science. The project applied traditional methods and modern digital techniques to build its final achievements: 2,885 pieces of audio-visual materials, 9,776 pieces of photo materials, 30,879 books of written materials, which covers more than 20 kinds of materials like epics, mythologies and narrative poems.

中国少数民族舞蹈 中国各少数民族富有民族特色的传统舞蹈形式的总称。是各少数民族在不同的地理环境、社会生活、风俗习惯和各自的经济文化条件下，经过长期的历史发展过程而形成的。

རྒྱ་གར་གྱི་གྲངས་ཉུང་མི་རིགས་ཞབས་བྲོ།

China ethnic minority dance is a general term for the traditional dancing genres with the characteristics of the Chinese ethnic minorities. It is formed through a long history due to the different geographic environments, social life, customs and economic factors of each ethnic group.

中国少数民族戏剧 中国各少数民族特有的戏剧种类。主要有藏剧、白剧、壮剧、侗剧、傣剧、苗剧、彝剧、布依戏、毛南戏等。

རྒྱ་གར་གྱི་གྲངས་ཉུང་མི་རིགས་ཟློས་གར།

China ethnic minority dramas, specific dramas owned by the Chinese ethnic minorities, mainly include Tibet drama, Bai drama, Zhuang drama, Dong drama, Dai drama, Miao drama, Yi drama, Buyi drama and Maonan drama, etc.

中国少数民族现状与发展调查 是一个由全国人大民委、全国政协民宗委、中央统战部、国家民委和中国社科院联合于20世纪90年代初开始实施的国家哲学社会科学"九五"规划的国家级重大项目。其重要研究成果之一是《中国少数民族现状与发展调查研究丛书》。

རྒྱ་གར་གྱི་གྲངས་ཉུང་མི་རིགས་ཀྱི་ད་ལྟའི་གནས་བབས་དང་གོང་འཕེལ་བཏག་བཤེར།

Investigation on the current situation and development of the Chinese ethnic minorities, implemented at the beginning of 1990s by the Ethnic Affairs of National People's Congress, the Ethnic and Religious Committee of CPPCC, the United

Front Work Department, State Ethnic Affairs Commission and Chinese Academy of Social Science, is a major project of Chinese academy of philosophy and social science during the 9th Five-Year Plan Period. One of its significant research achievements is the publication of *A Series of Investigations on Present Situation and Development of Ethnic Minorities in China*.

中国少数民族音乐 中国各少数民族富有民族特色的传统音乐的总称。每个少数民族都有自己的发展历史和文化背景,在此基础上形成的各民族音乐文化,有着品种纷繁的音乐体裁。从表演形式可分为民间歌曲、民间器乐、民间歌舞、民间说唱艺术、民间戏曲音乐等。

རྒྱ་གོའི་གྲངས་ཉུང་མི་རིགས་རོལ་དབྱངས། རྒྱ་གོའི་གྲངས་ཉུང་མི་རིགས་སོ་སོའི་མི་རིགས་ཁྱད་ཆོས་ལྡན་པའི་སྲོལ་རྒྱུན་རོལ་དབྱངས་ཀྱི་སྤྱི་མིང་། མི་རིགས་རང་རང་ལ་རང་གི་འཕེལ་རིམ་འབྱུང་རིམ་དང་རིག་གནས་རྒྱབ་ལྗོངས་ཤིག་ཡོད་པས། དེའི་རྨང་གཞིའི་སྟེང་མི་རིགས་སོ་སོའི་རོལ་དབྱངས་རིག་གནས་གྲུབ་པ་དང་། དགུ་འཛོམས་པའི་རོལ་དབྱངས་ཡོད། འབུར་སྟོན་རྣམ་པའི་སྒོ་ནས་དབྱེ་ན་དམངས་ཁྲོད་གླུ་གཞས་དང་། དམངས་ཁྲོད་རོལ་ཆ། དམངས་ཁྲོད་གླུ་གར། དམངས་ཁྲོད་ཁ་བཤད་སྒྱུ་རྩལ། དམངས་ཁྲོད་ཟློས་གར་རོལ་ཆ་སོགས་ཡོད།

China ethnic minority music is a general term that describes the traditional music with the characteristics of Chinese ethnic minorities. Music culture of ethnic groups, forming on the basis of their own development history and cultural background appear in various musical genres. The performing styles can be divided into folk music, folk musical instrument, folk music and dance, folk rapping art and folk opera music, etc.

中国少数民族语言调查 现指通过实地调查,记录现实语言材料,搜集文字和口头的社会历史资料,对中国少数民族语言进行综合分析研究的一项科学研究工作。

རྒྱ་གོའི་གྲངས་ཉུང་མི་རིགས་སྐད་ཆར་བཏག་བཟེད། དངོས་ཞུགས་བཏག་བཤེར་བརྒྱུད་དེ་དངོས་ཐོག་གི་སྐད་ཆའི་ཡིག་ཆ་ཞིབ་བྲིས་སུ་བཏབ་པ་དང་། ཡི་གེ་དང་ཐོག་ནས་བཤད་པའི་སྤྱི་ཚོགས་ལོ་རྒྱུས་ཡིག་ཆ་འཚོལ་བསྡུ་བྱས་ནས། རྒྱ་གོའི་གྲངས་ཉུང་མི་རིགས་སྐད་ཆ་ལ་སྤྱི་ཆ་ནས་དཔྱེ་ཞིབ་བྱེད་པའི་ཚན་རིག་ཞིབ་འཇུག་ལས་ཀའི་རྣམ་གྲངས་ཤིག་ཡིན།

Ethno-linguistic Investigation in China refers to the scientific research which comprehensively analyzes languages of Chinese ethnic minorities by filed investigating, recording the real linguistic materials and collecting the social and historical materials in written and oral forms.

"中国少数民族语言简志丛书" "民族问题五种丛书"之一。系一套分册介绍各少数民族语言文字的著作。分别介绍各个民族语言的语音、词汇、语法的现状,论述各个民族语言方言的分布以及文字的使用、创制和改革等。

《རྒྱ་གོའི་གྲངས་ཉུང་མི་རིགས་སྐད་ཡིག་ལོ་རྒྱུས་བཀས་བསྡུས་དཔེའི་ཚོགས》《མི་རིགས་

གནད་དོན་དཔེ་ཚོགས་རིགས་ལྔ》ཡི་ནང་གི་གཅིག་
ཡིན། དཔེ་ཚོགས་ཕྱེལ་པོ་ལས་གྲངས་ཉུང་མི་རིགས་སོ་
སོའི་སྐད་ཡིག་ངོ་སྤྲོད་བྱེད་པའི་བརྩམས་ཆོས་ཤིག་ཡིན། མི་
རིགས་སོ་སོའི་སྐད་ཆའི་སྐད་གདངས། མིང་ཚིག་བརྡ་
སྤྲོད་ཀྱི་ད་ལྟའི་གནས་བབ་ངོ་སྤྲོད་དང་། མི་རིགས་སོ་
སོའི་ཡུལ་སྐད་ཀྱི་ཁྱབ་ཚུལ་དང་ཡི་གེའི་བཀོལ་སྤྱོད།
གསར་བཟོན་དང་བཅོས་བསྒྱུར་བསྐོར་ཀྱི་དཔྱད་བརྗོད་
སོགས་ཡོད།

A series of Collection of the Chinese Ethnic Languages, one of the *Five Collections of Books on Ethnic Issues*, is a work of separate volumes which introduces the languages of ethnic minorities. It respectively introduces the current situation of pronunciation, vocabulary and grammar of each ethic language, and discusses the distribution of every ethnic dialect and the usage, coinage and reformation of its written language.

《中国少数民族乐器志》 书名。由中央民族学院少数民族文艺研究所编撰，1986年出版。记录了我国少数民族流传和保存的500余种乐器，是第一部科学、系统、全面记述我国少数民族乐器的专著。

《ཀྲུང་གོའི་གྲངས་ཉུང་མི་རིགས་རོལ་ཆས་རྒྱས་བཤད》 དཔེ་ཆའི་མིང་། 1986ལོར་པར་བཏབ།
ཀྲུང་དབྱི་མི་རིགས་སློབ་ཆེན་གྲངས་ཉུང་མི་རིགས་རིག་
རྩལ་ཞིབ་འཇུག་ཁང་གིས་རྩོམ་སྒྲིག་བྱས། དེའི་ནང་དུ་
རང་རྒྱལ་གྱངས་ཉུང་མི་རིགས་ཀྱིས་བརྒྱུད་འཛིན་བྱས་པའི་
རོལ་ཆས་རིགས་ 500ལྷག་བཀོད་ཡོད། དེ་ནི་ཚན་རིག་
དང་གཞུང་ལུགས། འཐུས་ཚང་སྟོང་རང་རྒྱལ་གྱངས་
ཉུང་མི་རིགས་ཀྱི་རོལ་ཆས་བཀོད་ཡོད་པའི་བརྩམས་ཆོས་

ཐོག་མ་ཡིན་ནོ།
Annals of the Musical Instruments of the Chinese Ethnic Minorities, edited and compiled by the Research Institute of the Ethnic Arts of Minzu University of China, published in 1986, the book records more than 500 kinds of musical instruments that were handed down and saved by Chinese ethnic minorities. It is the first scientific, systematic and comprehensive monographs on Chinese ethnic minority's musical instruments.

中国少数民族哲学及社会思想史学会 国家民委的委属社团。由中国南、北方两个"少数民族哲学及社会思想史研究学会"于1992年合并组成。学会大大拓宽了我国学术研究的领域，填补了我国哲学及社会思想史研究的空白，改变了我国哲学及社会思想史研究过去只局限于汉族的局面。

ཀྲུང་གོའི་གྲངས་ཉུང་མི་རིགས་མཚན་ཉིད་རིག
པ་དང་སྤྱི་ཚོགས་བསམ་བློའི་ལོ་རྒྱུས་སློབ་
ཚོགས། རྒྱལ་ཁབ་མི་རིགས་དོན་གཅོད་ཨུ་ཡོན་ལྷན་
ཁང་གི་ཁོངས་གཏོགས་ཀྱི་ཚོགས་པ་ཞིག གྱུང་གོའི་ལྷོ་
བྱང་དང་བྱང་ཕྱོགས་གཉིས་ནས་སྐྱེལ་གྱི་གྱུང་གོའི་
གྱངས་ཉུང་མི་རིགས་མཚན་ཉིད་རིག་པ་དང་སྤྱི་ཚོགས་
བསམ་བློའི་ལོ་རྒྱུས་སློབ་ཚོགས་དེ་ 1992ལོར་ཚོགས་
སྟོན་ཚོགས་ཀྱི་རང་རྒྱལ་རིག་གཞུང་ཞིབ་འཇུག་གི་
ཁྱ་ཁོངས་རྟེ་ཆེར་བཏང་ས་བཟད། རང་རྒྱལ་གྱི་མཚན་
ཉིད་རིག་པ་དང་སྤྱི་ཚོགས་བསམ་བློའི་ལོ་རྒྱལ་ཞིབ་འཇུག་
གི་སྟོང་ཆ་བསྐངས་ཏེ། རང་རྒྱལ་གྱི་མཚན་ཉིད་རིག་པ་
དང་སྤྱི་ཚོགས་བསམ་བློའི་ལོ་རྒྱུས་ཞིབ་འཇུག་དེ་འདས་
པའི་དུས་སུ་རྒྱ་རིགས་གཞིག་གལ་ཙམ་མེད་པའི་རྣམ་པ་

བསྒྱུར་བའོ། །

The Academic Society of the History of Philosophical and Social Ideas in Chinese Ethnic Minorities is an affiliated organization of the State Ethnic Affairs Commission, formed on the basis of the merger of the southern and northern party of the Academic Society in 1992. The academic society dramatically broadens the field of academic research, fill the gap of the history of philosophical and social ideas and change the situation that the research of the history of philosophical and social ideas used to be limited only to the Han people.

"中国少数民族自治地方概况丛书" "民族问题五种丛书"之一。系一套分册介绍各民族自治地方基本情况的著作。主要包括各自治地方的行政区划、自然地理、民族成分、人口分布、地区沿革、社会经济结构、语言文字、风俗习惯、宗教信仰、名胜古迹、地区特点和民族特点等。

《ཀྲུང་གོའི་གྲངས་ཉུང་མི་རིགས་རང་སྐྱོང་ས་ཁུལ་གྱི་གནས་ཚུལ་མདོར་བསྡུས་དཔེ་ཚོགས》《མི་རིགས་གནད་དོན་དཔེ་ཚོགས་རིགས་ལྔ》ཡི་ནང་གི་གཅིག་ཡིན། དཔེ་ཚོགས་ཕྲེང་པོ་ལས་མི་རིགས་རང་སྐྱོང་ས་ཁུལ་སོ་སོའི་གཞི་རྩའི་གནས་ཚུལ་དོ་སྦྱོར་བྱས་བཅམས་ཚོས་ཡིན། དེའི་ནང་དུ་རང་སྐྱོང་ས་སོ་སོའི་སྲིད་ཁོངས་དབྱེ་མཚམས་དང་། རང་བྱུང་ས་ཁམས། མི་རིགས་གྲུབ་ཆ། མི་གྲངས་ཁྱབ་ཚུལ། ས་གནས་ཀྱི་འཕེལ་རིམ་དང་འགྱུར་ལྡོག སྤྱི་ཚོགས་དཔལ་འབྱོར་སྒྲིག་གཞི། སྐད་དང་ཡི་གེ ཡུལ་སྲོལ་གོམས་གཤིས། ཆོས་ལུགས་

དད་མོས། གནས་ཆེན་དང་གནའ་ཤུལ། ས་གནས་ཁྱད་ཆོས་དང་མི་རིགས་ཁྱད་ཆོས་སོགས་འདུས་ཡོད།

A Series of Collection of Surveys of Ethnic Autonomous Regions in China, one of the *Five Collections of Books on Ethnic Issues*, is a work with separate volumes to introduce the basic information of the ethnic autonomous regions, mainly including administrative division, natural geography, the composition of ethnic groups, the distribution of population, regional evolution, social economic structure, languages, customs, religion and belief, scenic spots and historical sites, regional and ethnic characteristics, etc. of the autonomous regions.

中国社会科学院民族文学研究所 成立于1980年。原名"中国社会科学院少数民族文学研究所",2002年更为现名。所址设在北京,隶属中国社会科学院。以研究中国各民族的文学传统、文化传承及其在现、当代文化语境中的文学创造力为主要使命。

ཀྲུང་གོའི་སྤྱི་ཚོགས་ཚན་རིག་ཁང་གི་མི་རིགས་རྩོམ་རིག་ཞིབ་འཇུག་ཁང་། ༡༩༨༠ལོར་ཚུགས། སྔར་མིང་ལ་ཀྲུང་གོའི་སྤྱི་ཚོགས་ཚན་རིག་ཁང་གི་གྲངས་ཉུང་མི་རིགས་རྩོམ་རིག་ཞིབ་འཇུག་ཁང་ཟེར། ༢༠༠༢ལོར་ད་ལྟའི་མིང་འདིར་བརྗེ། གནས་ཡུལ་པེ་ཅིན། ཀྲུང་གོའི་སྤྱི་ཚོགས་ཚན་རིག་ཁང་གི་ཁོངས་སུ་གཏོགས། ཀྲུང་གོའི་གྲངས་ཉུང་མི་རིགས་ཀྱི་སྒྱུ་རྩལ་རྩོམ་རིག་ཞིབ་འཇུག་དང་རིག་གནས་རྒྱུད་འཛིན་བྱས་ཏེ་རབས་དང་དེང་རབས་རིག་གནས་ཁྱོན་གྱི་རྩོམ་རིག་གསར་གཏོད་ནུས་པ་ནི་ལས་འགན་གཙོ་བོ་ཡིན་ནོ། །

Research Institute of the Ethnic Literature of Chinese Academy of Social Sciences, affiliated to Chinese Academy of Social Science, was founded in Beijing in 1980. It was originally named Institute of Ethnic Minority Literature of Chinese Academy of Social Sciences, and changed to the present name in 2002. Its main mission is to study the literature tradition and the culture inheritance of China's ethnic minorities and their literary innovation in the modern and contemporary cultural context.

中国社会科学院民族学与人类学研究所 多学科、综合性国家级研究机构。成立于1958年，2002年改为现名。以人类社会民族现象及其发展规律为研究对象，以民族学、人类学为平台，通过田野调查和文献搜集以及相关技术手段开展民族多学科和多专业方向的研究。

རྒྱ་གོའི་སྤྱི་ཚོགས་ཚན་རིག་ཁང་གི་མི་རིགས་རིག་པ་དང་མིའི་རིགས་རིག་པ་ཞིབ་འཇུག་ཁང་། བསྐྱར་ཚན་མང་ཞིག་རིགས་རྩ་འཛོམས་པའི་རང་བཞིན་གྱི་རྒྱལ་ཁབ་རིམ་པའི་ཞིབ་འཇུག་སྡེ་ཁག་ཅིག ༡༩༥༨ལོར་བཙུགས་པ་དང་༢༠༠༢ལོའི་སྤྱིའི་མིང་འདིར་བརྗེ། ཞིབ་འཇུག་གི་ཡུལ་མིའི་རིགས་སྤྱི་ཚོགས་ཀྱི་མི་རིགས་སྣང་ཚུལ་དང་དེའི་འཕེལ་རྒྱས་ཚོས་ཁྱུས་ཡིན། མི་རིགས་རིག་པ་དང་མིའི་རིགས་རིག་པ་བརྟེན་བྱས་ཏེ། ཡུལ་ཞུགས་བཤག་དཔྱད་དང་ཚན་ལུགས་ཡིག་ཆ་འཚོལ་བསྡུ། འབྲེལ་ཡོད་ལག་རྩལ་གྱི་ཐབས་བསམ་ལ་བརྟེན་ནས་མི་རིགས་ཀྱི་རིག་ཚན་མང་པོ་དང་ཆེད་ལས་ཁ་ཕྱོགས་མང་པོའི་ཞིབ་འཇུག་སྤྱེལ་བ།

The Research Institute of Ethnology and Anthropology of Chinese Academy of Social Sciences, founded in 1958 and changed to its present name in 2002, is a multi-disciplinary comprehensive research institution at national level. With the platform of ethnology and anthropology as the basis and the studying focus on human social and ethnic phenomenon and the law of its development, the institute does the research on multi-disciplinary and comprehensive ethnology by field work and documents collection.

中国社会主义民族关系的基本特征 "平等、团结、互助、和谐"是中国社会主义民族关系的基本特征。

རྒྱ་གོའི་སྤྱི་ཚོགས་རིང་ལུགས་མི་རིགས་འབྲེལ་བའི་རྩ་བའི་ཁྱད་ཆོས། འདྲ་མཉམ། མཐུན་སྒྲིལ། རོགས་སྐྱོར། ཞི་མཐུན་བཅས་ནི་ཀྲུང་གོའི་སྤྱི་ཚོགས་རིང་ལུགས་མི་རིགས་འབྲེལ་བའི་རྩ་བའི་ཁྱད་ཆོས་ཡིན།

The basic characteristics of China's socialistic ethnic relations refer to "equality, unity, mutual assistance and harmony".

中国社会主义时期的民族问题 指中国社会主义建设过程中，各民族在根本利益一致的情况下所产生的各种矛盾。

རྒྱ་གོའི་སྤྱི་ཚོགས་རིང་ལུགས་དུས་སྐབས་ཀྱི་མི་རིགས་གནད་དོན། ཀྲུང་གོའི་སྤྱི་ཚོགས་རིང་ལུགས་འཛུགས་སྐྲུན་གྱི་བརྒྱུད་རིམ་ཁྲོད་མི་རིགས་སོ་སོའི་རྩ་བའི་ཁེ་ཕན་གཅིག་འདྲའི་གནས་ཚུལ་འོག་ཏུ་བྱུང་བའི་འགལ་བ་སྣ་ཚོགས་ལ་སྟོན།

Ethnic issues of Socialist Period in China refer to the various contradictions occurred in the process of Chinese socialist construction with fundamental interests consistent among every ethnic group.

中国世界民族学会 成立于1979年。会址设在北京。原名"中国世界民族研究会",1983年改为现名。是以世界民族为研究对象的群众性学术团体,为增进世界各民族的交往服务。

གུང་གོའི་འཛམ་གླིང་མི་རིགས་སློབ་ཚོགས། ༡༩༧༩་ལོར་ཚུགས། ཚོགས་གནས་པེ་ཅིན། སྔར་མིང་ལ་གུང་གོ་འཛམ་གླིང་མི་རིགས་ཞིབ་འཇུག་ཚོགས་པ་ཟེར་ཞིང༌། ༡༩༨༣་ལོར་ད་ལྟའི་མིང་འདིར་བརྗེ། འཛམ་གླིང་མི་རིགས་ཞིབ་འཇུག་ཡུལ་དུ་བཟུང་བའི་མང་ཚོགས་རང་བཞིན་གྱི་སློབ་རྩལ་ཚོགས་པ་ཞིག་སྟེ། འཛམ་གླིང་མི་རིགས་སོ་སོའི་འབྲེལ་འདྲིས་ཏེ་ལེགས་སུ་གཏོང་བར་སྐུལ་མ་བྱེད།

Chinese Society of World Ethno-National Studies, founded in Beijing in 1979, was originally named Chinese Association for World Ethnic Studies and changed to the present name in 1983. It is an academic association of the masses with world ethnic groups as its research objects, which serves to promote the communication among world ethnic groups.

中国天主教爱国会 天主教在中国的最高权力机构。1957年成立于北京。宗旨:团结全国神长教友,发扬爱国主义精神,遵守国家政策法令,积极参加祖国社会主义现代化建设,促进国际天主教人士的友好往来,反对帝国主义、霸权主义,保卫世界和平,并协助政府贯彻宗教信仰自由政策。

གུང་གོའི་གཙམ་བདག་ཆོས་ལུགས་རྒྱལ་གཅེས་ཚོགས་པ། གུང་གོར་ཡོད་པའི་གཙམ་བདག་ཆོས་ལུགས་ཀྱི་ཆེས་མཐོའི་ལམ་ཁུངས་ཤིག ༡༩༥༧་ལོར་པེ་ཅིན་དུ་ཚུགས། དེའི་དགོས་དོན་ནི། རྒྱལ་ཡོངས་ཀྱི་སྤྱི་ཚོགས་ཆོས་དཔོན་དང་སྐྱིད། རྒྱལ་ཁབ་ཀྱི་སྲིད་ཇུས་དགོས་ཁྲིམས་ལ་བརྩི་སྲུང༌། སྤྱི་ཚོགས་རིང་ལུགས་རབས་ཅན་གྱི་འཛུགས་སྐྲུན་ལ་ཧུར་ཐག་གིས་ཞུགས་པ། རྒྱལ་སྤྱིའི་གནས་བདག་ཆོས་ལུགས་མི་སྣའི་འབྲེལ་འདྲིས་འགྲོ་འོང་ལ་ཤུགས་སྟོན། བཙན་རྒྱལ་རིང་ལུགས་དང་སྟོབས་གཅེས་རིང་ལུགས་ལ་ངོ་རྒོལ། འཛམ་གླིང་ཞི་བདེ་ལ་སྲུང་སྐྱོབ། སྲིད་གཞུང་གིས་ལམ་ལག་བསྟར་བྱ་བའི་ཆོས་ལུགས་དད་མོས་རང་དབང་ལ་མཐུན་སྦྱོར་བྱེད་པ་སོགས་སོ།

Chinese Catholic Patriotic Association, the superior Catholic organization in China, was founded in Beijing in 1957. Its goals are to unite the clergies and the churchgoers in the state, carry forward patriotism, obey the state policies and laws, actively participate in the construction of China's socialist modernization, promote friendly exchanges among global Catholics, protest imperialism and hegemonism, defend the peace of the world, and assist the government to implement the policy of free religious belief.

中国突厥语研究会 中国突厥语族语言研究者的群众性学术团体。成立于1980年。会址设在北京。宗旨:促进突厥语文工作的发展,加强会员的互相学习和协作,通过国内和国际的各种学术活动,互通情况,交流经验,提高中国突厥语文研究水平。

རྒྱད་གོའི་གྲུ་གུའི་སྐད་ཡིག་ཞིབ་འཇུག་ཚོགས་པ། རྒྱད་གོའི་གྲུ་གུའི་སྐད་ཡིག་ཞིབ་འཇུག་པའི་དབང་ཚོགས་རང་བཞིན་གྱི་རིག་གཞུང་ཚོགས་པ་ཞིག /༡༩༨༠ལོར་ཚུགས། གནས་ཡུལ་པེ་ཅིན། དམིགས་ཡུལ་ནི་གྲུ་གུའི་སྐད་ཡིག་ལས་དོན་གོང་སྤེལ་ལ་སྐུལ་མ་བཏང་སྟེ། ཚོགས་མིའི་སློབ་སྦྱོང་དང་འབྲེལ་བ་རྗེ་ལེགས་སུ་གཏོང་བ་དང་། རྒྱལ་ནང་དང་རྒྱལ་སྤྱིའི་རིག་གཞུང་དགུལ་རྟ་ཚོགས་བསྐྱེད་དེ་གནས་ཚུལ་རྒྱུད་སྤྲོད་དང་ཉམས་མྱོང་བརྗེ་རེས་སྦོགས་རྒྱད་གོའི་གྲུ་གུའི་སྐད་ཡིག་འཇུག་གི་ཚད་ཚོད་རྗེ་མཐོར་གཏོང་བའོ། །

Chinese Research Association of Turkic Languages, founded in Beijing in 1980 by the researchers of Turkic languages in China, is an academic society of masses. It aims to promote the work of Turkic text, strengthen the mutual study and cooperation among its members, and improve Chinese research level of Turkic text through various domestic and overseas academic activities during which they exchange information and experience.

中国西部研究与发展促进会 国家民委主管、民政部登记注册的全国性社会团体。成立于1995年。会址设在北京。宗旨：贯彻落实西部开发的战略部署，研究和促进西部的改革与发展，谋求西部与东中部的区域协调发展，实现地区之间、民族之间的共同繁荣富裕等。

རྒྱད་གོའི་ནུབ་ཁུལ་ཞིབ་འཇུག་དང་འཕེལ་རྒྱས་ཡར་སྐུལ་ཚོགས་པ། རྒྱལ་ཁབ་མི་རིགས་དོན་གཅོད་ཨུ་ཡོན་ལྷན་གསི་དགོན་བཞེས་པ་དང་དམངས་སྲིད་པུའི་རུ་ཐོ་འགོད་བྱས་པའི་རྒྱལ་ཁབ་རིམ་པའི་སྤྱི་ཚོགས་ཚོགས་པ། ༡༩༩༥ལོར་ཚོགས། གནས་པེ་ཅིན། དམིགས་ཡུལ་ནི་ནུབ་ཁུལ་ཕོན་འབྱེད་ཀྱི་འཕབ་རྟེས་དོན་ཕོག་ཏུ་ཕབས་ཏེ། ནུབ་ཁུལ་བཅོས་བསྒྱུར་གོང་སྤེལ་ལ་ཞིབ་འཇུག་དང་སྐུལ་འདེད་བྱས་ཏེ། ནུབ་ཁུལ་དང་ཤར་ཁུལ་བར་དང་། མི་རིགས་བར་མཉམ་དར་མཉམ་ཕྱུག་མཐོན་འགྱུར་ཡོང་བའོ། །

The Promotion Association Of Research and Development for West China, founded in Beijing in 1995, is a national social organization supervised by the State Ethnic Affairs Commission and registered in the Ministry of Civil Affairs. Its goals are to implement the strategies of western development, research and promote western reform and development, and seek coordinated development between western and eastern regions to achieve common prosperity and wealth among regions and ethnic groups.

中国西藏文化保护与发展协会 2004年由国内外人士成立的具有独立法人地位的全国性、非营利性社会团体。主要宗旨：广泛联系国际国内有关组织和人士，致力于保护和发展西藏文化，维护人权，促进西藏各民族的团结和睦和共同繁荣进步。

རྒྱད་གོའི་བོད་སྲོལས་རིག་གནས་སྲུང་སྐྱོབ་དང་དར་སྤེལ་ཚོགས་པ། ༢༠༠༤ལོར་རྒྱལ་ཁབ་ཕྱི་ནང་གི་མི་སྣས་བཙུགས་པ། དེ་ནི་མི་སྒེར་གྱི་ཁྲིམས་ཐོབ་ཡོད་པའི་རྒྱལ་ཡོངས་རང་བཞིན་ཡི་གཉེར་མིན་པའི་ཚོགས་ཚོགས་པ་ཞིག དམིགས་ཡུལ་ནི་རྒྱལ་སྤྱི་དང་རྒྱལ་ནང་གི་འབྲེལ་ཡོད་མི་སྣ་དང་རྩ་འཛུགས་ཡོངས་ལ་ཁྱབ་རྒྱ་ཆེན་པོས་འབྲེལ་འཛུགས་བྱས་ཏེ། ཧུར་ཐག་གིས་བོད་སྲོལས་རིག་གནས་སྲུང་སྐྱོབ་དང་དར་སྤེལ། མིའི་ཐོབ་དབང་

སུང་སྐྱོབ། བོད་སྟོངས་མི་རིགས་རོ་རོའི་ཞི་མཐུན་དང་མཐུན་སྦྱོར་ལ་ཤུགས་སྣོན་དང་ཐུན་མོང་ཕྱུག་འགྱུར་གཏོང་བའོ། །

China Association for Preservation and Development of Tibetan Culture, founded in 2004 by people at home and abroad, is a non-profit national organization with independent legal entity. Its goals are to widely connect domestic and overseas organizations and people to preserve and develop Tibetan culture, uphold human rights and promote the unity and common prosperity among Tibetan people.

中国西藏文化旅游创意园 又称"次角林文化园"。位于拉萨市城关区蔡公堂乡次角林村。规划可利用土地面积约合1.2万亩。2012年开工奠基。是以文化旅游为主导，集民俗文化展示、民族手工艺品产销、演艺娱乐、酒店休闲等为一体的文化旅游产业聚集区。

རྒྱ་གོའི་བོད་སྟོངས་རིག་གནས་ཡུལ་སྐོར་གསར་བཞེངས་གླིང་། མིང་གཞན་ལ་ཚེ་རྫོ་གླིང་རིག་གནས་གླིང་ཞེས་ཀྱང་བྲིད། ལྷ་ས་གྲོང་ཁྱེར་ཞིན་ཀོན་ཁུལ་ཚུན་ཀུང་ཐང་རྡོ་སྦྱིན་བར་ཡོད། འཆར་བཀོད་ཀྱི་ཀྱུ་བྱེད་ལ་མུའུ་ཕྲི 1.2དང་། 2012ལོར་སྨྲན་འགོ་བཙུགས། གླིང་ག་ནི་ཡུལ་སྐོར་གཙོ་བོ་བྱས་ཏེ། དམངས་སྲོལ་རིག་གནས་འགྲེམས་སྟོན་དང་། མི་རིགས་ལག་བཟོའི་ཐོན་རྫས་ཚོང་། ལས་གཟོའི་མགྲོན་ཁང་དང་བཅས་རིག་གནས་ཡུལ་སྐོར་གླིང་ལས་ཀུན་འདུས་ཀྱི་གླིང་ཞིག་ཡིན།

Tibet Cultural Tourism Creative Park, also named Tsejoling Cultural and Creative Park, situates in Tsejoling village, Cai Gongtang town, Chengguan district, Lhasa city. Land reserved for project planning is about 12,000 mu and the construction started in 2012. The park is a cultural tourism industry cluster dominated by cultural tourism, incorporating folk culture show, folk artifact production, entertainment, hotel and recreation.

中国西藏新闻网 2002年正式开通。是人民日报社、西藏日报社共同主办的以新闻报道为主体的门户网站。该站支持汉语、藏语和英语版本。

རྒྱ་གོའི་བོད་ལྗོངས་གསར་འགྱུར་དྲ་ཚིགས། ༢༠༠༢ལོར་དུས་ཚིགས་ཀྱི་སྒོ་དབྱིངས་སུ་ཕྱེ། དེ་ནི་མི་དམངས་ཞིན་རེའི་ཚགས་པར་ཁང་དང་བོད་ལྗོངས་ཞིན་རེའི་ཚགས་པར་ཁང་གཉིས་ཀས་མཉམ་སྦྱར་ཀྱི་གསར་འགྱུར་གཙོ་བོར་བཟུང་བའི་དྲ་ཚིགས་ཤིག་ཡིན། དྲ་ཚིགས་དེར་རྒྱ་ཡིག་དང་བོད་ཡིག་དབྱིན་ཡིག་བཅས་སྤྱོད་ཚོགས།

China Tibet News Web, officially opened in 2002 and sponsored by People's Daily and Tibet Daily, is a portal site leading by news report. The website has Chinese, Tibetan and English versions.

《中国西南的古纳西王国》 是研究中国纳西族史志的英文著作。美国人约瑟夫·洛克著，于1947年出版。它叙述的是云南西北部、西康、西藏和四川西南部的纳西人聚居地区的历史、地理情况。有一定参考价值。

《རྒྱ་གོའི་ལྷོ་ནུབ་ཀྱི་གནའ་བོའི་འཇང་རྒྱལ་ཁབ》 རྒྱ་གོའི་འཇང་མི་རིགས་ཀྱི་ལོ་རྒྱུས་ལ་ཞིབ་འཇུག་བྱེད་པའི་དབྱིན་ཡིག་བརྩམས་ཆོས། ཨ་རི་པ་པོ་ལ་

[Tibetan text]

The Ancient Na-Khi Kingdom of Southwestern China, written by an American author Rock and published in 1947, is an English work that studies the history of Na-khi in China. It narrates the history and geography of the northwest of Yunnan province, Xikang, Tibet and the southwest of Sichuan province where people of Nakhi live. The book is a valuable reference to some extent.

中国民族识别依据的具体原则 中国民族识别主要依据两个具体原则：一是依据民族特征；二是尊重民族意愿。

[Tibetan text]

Specific principles on ethnic identification in present China refer to the two following principles: based on the characteristics of the ethnic groups; and respect the wishes of the ethnic groups.

中国现今散居少数民族新变化 一是散居少数民族成分有不同程度增加；二是各民族人口在地域分布上进一步扩展；三是散居地区的少数民族人口比例均呈上升趋势；四是少数民族人口向城市和东南沿海经济相对发达地区流动趋势明显；五是人口相对较少的少数民族向外地流动的趋势比较明显。

[Tibetan text]

New changes of the present day scattered Chinese ethnic minorities include: 1. The components of scattered ethnic minorities have increased to different extent. 2. The regional distribution of ethnic population has been expanded. 3. The proportion of the population of scattered ethnic minorities is rising. 4. It is obvious that ethnic minorities are moving to cities and southeastern coastal districts whose economy is relatively prosperous. 5. It is obvious that the ethnic minorities with relatively small population tend to move to other places.

中国信仰伊斯兰教的少数民族 在我国，现有回、维吾尔、哈萨克、塔塔尔、塔吉克、柯尔克孜、乌孜别克、东乡、撒拉、保安10个民族信仰伊斯兰教。

གུང་གོའི་དབྱི་སི་ལན་གྱི་ཆོས་ལུགས་ལ་དད་པའི་གྲངས་ཉུང་མི་རིགས། རང་རྒྱལ་དུ་དབྱི་ཧུའི་དང་ཡུ་གུར། ཧ་སག་ཐ་ཐར། ཐ་ཅིག ཨོར་ལི་ཛི། སུའུ་ཛི་ཁེ། ཏུང་ཞང་། ས་ལར། པའོ་ཨན་སོགས་མི་རིགས་བཅུ་ནི་དབྱི་སི་ལན་གྱི་ཆོས་ལ་དད་པ་བྱེད།

Ethnic minorities that believe in Islam in China There are 10 ethnic minorities in China that believe in Islam, including the Hui, the Ugyhur, the Hazak, the Tatar, the Tajik, the Kyrgyz, the Uzbek, the Dongxiang, the Salar and the Baoan.

中国—亚欧博览会 1992年，中国—亚欧博览会的前身"乌洽会"在乌鲁木齐举行。2008年由商务部、中国贸促会和新疆维吾尔自治区政府共同主办，"乌洽会"升格为国家级区域性国际展会。2011年首届中国—亚欧博览会开幕，设国际、国内、新疆、专业及高新技术园区和开发区等展示板块。迄2013年共举办了3届。

གུང་གོ་—ཡ་ཨའི་འགྲེམ་སྟོན་ཚོགས་འདུ། ༡༩༩༢ལོར་གུང་གོ་—ཡ་ཨའི་འགྲེམ་སྟོན་ཚོགས་པའི་སྔར་མིང་ལ་སྨུའུ་ཆ་ཚོགས་འདུ་ཞེར་བ། ཞིན་ཅང་སྨུའུ་ལུའུ་མུའུ་ཆི་རུ་སྐོང་གོན་ཚོང་སྐོལ་ཚོགས་པ། ཞིན་ཅང་ཡུ་གུར་རང་སྐྱོང་ལྗོངས་ཀྱི་སྲིད་གཞུང་བཅས་ཀྱིས་མཉམ་སྐྱ་བྱས་ཏེ། སྨུའུ་ཚོགས་འདུ་དེ་རྒྱལ་ཁབ་རིམ་པའི་ཡུལ་ཕྱོགས་རང་བཞིན་གྱི་རྒྱལ་སྤྱིའི་འགྲེམ་སྟོན་ཞིག་ཏུ་རྗེ་མཐོར་བཏང་། ༢༠༡༡ལོར་སྐབས་དང་པོའི་གུང་གོ་—ཡ་ཨའི་འགྲེམ་སྟོན་ཚོགས་འདུའི་དབུ་བརྙེས་མས། རྒྱལ་སྤྱི་དང་རྒྱལ་ནང་། ཞིན་ཅང་། ཆེད་ལས་དང་ཚན་རྩལ་མཐོ་གསར་བའི་ཁུལ། འཕེལ་རྒྱས་ཁུལ་སོགས་འགྲེམ་སྟོན་གྱི་རིགས་མང་། ༢༠༡༣ལོའི་བར་དུ་སྐབས་གསུམ་ལ་འཚོགས་ཟིན།

China-Eurasian Expo was originated from the Urumqi Economic and Trade Fair which was held in Urumqi in 1992 and upgraded to be the regional international exposition of national level sponsored by the Ministry of Commerce, China Council for the Promotion of International Trade and the government of Xinjiang autonomous region in 2008. The first China-Eurasian Expo was opened in 2011 which had exhibiting sections such as the international, the domestics, Xinjiang, the professional and hi-tech area and development zone. So far it has been held for three times.

中国伊斯兰教解经 指在宪法、法律、法规等政策范围内，对当代中国穆斯林的宗教生活和社会生活中遇到的问题，依据伊斯兰教经训及其内涵，从教义和教规的角度作出既符合伊斯兰教信仰精神，又符合时代发展要求的解释。

གུང་གོའི་དབྱི་སི་ལན་གྱི་གསུང་རབ་བཀྲལ་འགྲེལ། རྩ་ཁྲིམས་དང་བཅའ་ཁྲིམས། ཁྲིམས་ལུགས་སོགས་སྲིད་ཇུས་ཀྱི་ཁོངས་ནས་དེང་དུས་གུང་གོའི་དབྱི་སི་ལན་གྱི་ཆོས་ལུགས་ཀྱི་འཚོ་བ་དང་སྤྱི་ཚོགས་འཚོ་བར་འཕྲད་པའི་གནད་དོན་ལ་གདང་། དབྱི་སི་ལན་གྱི་རབ་དང་དོན་གཞིར་བཟུང་སྟེ། ཆོས་ཀྱི་ཁྲིམས་དང་ཆོས་ཀྱི་བྱེད་སྟངས་ཟུར་ནས་དབྱི་སི་ལན་ཆོས་ལུགས་དང་བོས་དང་མཐུན་ཞིང་། དུས་རབས་ཀྱི་འཕེལ་འགྲོས་ལ་ཡང་མཐུན་པའི་བཀྲལ་འགྲེལ་ལ་གོ

China Islam allegorical interpretation

refers to, in the scope of constitution, laws and rules, the explanation of the problems that the contemporary Chinese Islams meet in their religious and social life according to Islamic precepts and their connotations, both in accordance with the Islamic belief and the developmental requirement of times in the perspective of doctrine and canon.

中国伊斯兰教经学院 中国伊斯兰教协会主办的全国性伊斯兰教高等专业学校。1955年成立于北京。建筑面积为9442平方米。主要培养爱国爱教的阿訇。1966年曾一度停办，1982年恢复招生。

རྒྱ་གོའི་ད་བྱི་སི་ལན་གྱི་གསུང་ཆོས་སློབ་སྡིང་།

གྲུང་གོའི་ད་བྱི་སི་ལན་གྱི་ཆོས་ལུགས་ཚུན་ཆོས་ཀྱིས་གཙོ་སྐྱོང་བྱས་པའི་རྒྱལ་ཡོངས་རང་བཞིན་གྱི་ད་བྱི་སི་ལན་གྱི་ཆོས་ལུགས་མཐོ་རིམ་ཆེད་ལས་སློབ་གྲྭ། ༡༩༥༥ལོར་པེ་ཅིན་དུ་བཙུགས། རྒྱ་ཚོན་སློ་གྲུ་བཞི་མ། ༩༤༤༢ཡོད། གཙོ་བོ་རྒྱལ་གཅེས་ཆོས་གཅེས་ཀྱི་ཨ་ཧུན་གསོ་སྐྱོང་བྱེད་པ་ཡིན། ༡༩༦༦ལོར་སློབ་མཚམས་བཞག༡༩༨༢ལོར་ཡང་བསྐྱར་སློབ་མ་བསྡུ་འགོ་བཙུགས།

China Islamic Institute, founded in Beijing in 1995, is a national Islamic specialty college sponsored by China Islamic Association, covering an area of 9,442 square meters. It mainly trains Imams to love their country and religion. It once discontinued in 1966 and resumed the recruitment again in 1982.

中国伊斯兰教协会 中国穆斯林全国性的宗教团体。1953年在北京成立。宗旨：协助人民政府贯彻宗教信仰自由政策，发扬中国伊斯兰教优良传统，爱护祖国，团结各族穆斯林积极参加社会主义建设，发展和加强同各国穆斯林的友好联系，维护世界和平。

རྒྱ་གོའི་ད་བྱི་སི་ལན་གྱི་ཆོས་ལུགས་མཐུན་ཚོགས། གྲུང་གོའི་མུསི་ལིན་རྒྱལ་ཡོངས་རང་བཞིན་གྱི་ཆོས་ལུགས་ཚོགས་པ་ཞིག ༡༩༥༣ལོར་པེ་ཅིན་དུ་བཙུགས། དེའི་རྩ་དོན་ནི་མི་དམངས་སྲིད་གཞུང་གིས་ཆོས་ལུགས་དད་མོས་རང་དབང་གྱི་སྲིད་ཇུས་ལག་པར་བསྟར་ནས། གྲུང་གོའི་ད་བྱི་སི་ལན་གྱི་ཆོས་ལུགས་ཀྱི་སྲོལ་རྒྱུན་གསོ་བཟང་དང་སྐྱོང་དང་། མི་རྒྱལ་ལ་དགའ་ཞེན། རིགས་མི་འདྲ་བའི་མུ་སི་ལིན་རིགས་ཀྱི་སྤུན་ཟླ་རྣམས་མཐུན་སྒྲིལ་བྱས་ཏེ། སྤྱི་ཚོགས་རིང་ལུགས་འཛུགས་སྐྲུན་ལ་འཕལ་ཤིན། རྒྱལ་ཁབ་ཡི་ནང་གི་མུའི་སི་ལིན་དང་འབྲེལ་ཡག་པོ་བཟུངས་ནས་འཛམ་གླིང་ཞི་བདེ་སྲུང་སྐྱོབ་ལ་རྒྱབ་སྐྱོར་གནང་བའོ། །

China Islamic Association, founded in Beijing in 1953, is a national religious organization of Islam. Its goals are to assist the government to implement the policy of free religious belief, carry forward the good tradition of China Islam, love the country, unite all the ethnic groups of Islam to participate in the socialist construction, promote and strengthen the friendly connection among all the Islamic countries, and uphold the world peace.

中国藏毯协会 是由青海、西藏两省区地毯协会联合发起，经国务院批准设立的全国性地毯行业民间组织。2006年在西宁成立。主要宗旨：发挥协调、指导、咨询、服务等职能，维护国家利益和会员单位的合法权益，开拓国际市场，促进本行业的繁荣与发展。

ཀྲུང་གོའི་བོད་གདན་མཐུན་ཚོགས། མཚོ་སྔོན་དང་བོད་ལྗོངས་ཀྱིས་གདན་མཐུན་ཚོགས་ཀྱིས་རྒྱལ་སྲིད་སྤྱི་ཁྱབ་ཁང་གི་ཆོག་མཆན་ལོན་བཙུགས་པའི་རྒྱལ་ཡོངས་རང་བཞིན་གྱི་དམངས་ཁྲོད་ས་གནས་ལས་རིགས་ཀྱི་རྩ་འཛུགས་ཤིག ༢༠༠༦ལོར་ཟི་ལིང་དུ་ཚུགས། སྐོམས་སྒྲིག་དང་སྟངས་སྟོན། སྡེབ་འདྲི། ཞབས་ཞུ་སོགས་ཀྱི་ནུས་པ་བཏོན་ནས་རྒྱལ་ཁབ་ཀྱི་ལེ་ཕན་དང་ཚོགས་ཞུགས་སྡེ་ཁག་གི་ཁྲིམས་མཐུན་ཞེ་ཕན་ལ་སྲུང་སྐྱོབ་བྱེད་རྒྱུ། རྒྱལ་སྤྱིའི་ཁྲོམ་ར་འཚུང་ཞིང་རང་ལས་རིགས་ཀྱི་དར་འཕེལ་སྐལ་འདེད་བྱེད་པ་བཅས་ནི་མཐུན་ཚོགས་འདིའི་རྩ་འཛིན་ཡིན།

China Tibetan Carpet Association was a nation-wide non-governmental organization set up by the Qinghai and Tibetan Carpet Associations jointly, under the approval of the State Council. It was founded in Xining in 2006, aiming at playing a role in coordinating, guiding, counseling and serving, maintaining the legal benefits of the state and units within the association, exploring international market and promoting the prosperity and development of the carpet industry.

《中国藏学》 中国藏学研究中心主办的藏学研究领域具有重要地位的季刊。创刊于1988年。以发展和繁荣中国的藏学研究事业为宗旨。涉及藏学研究的各个学科和众多领域，充分体现中国藏学界的最新研究成果，展示中国藏学研究工作的最新走向。

《ཀྲུང་གོའི་བོད་རིག་པ་》 ཀྲུང་གོའི་བོད་རིག་པའི་ཞིབ་འཇུག་ལྟེ་གནས་ཀྱིས་གཙོ་སྐྱོང་བྱས་པའི་བོད་རིག་པའི་ཞིབ་འཇུག་ཁྱབ་ཁོངས་ཀྱི་དུས་དེབ་གལ་ཆེན་ཞིག་ཡིན། ༡༩༨༨ལོར་བཏོན། ཀྲུང་གོའི་བོད་རིག་པའི་ཞིབ་འཇུག་བྱ་བཞག་དར་འཕེལ་རྒྱས་འཇུག་བྱེད་རྒྱུ་དེ་རྩ་འཛིན་བྱས་པའི་ཞིབ་འཇུག་གི་བསྐྱར་ཚན་ཁྱབ་ཁོངས་མང་པོ་འདུས་ལ། ཀྲུང་གོའི་བོད་རིག་པའི་ཞིབ་འཇུག་གི་གྲུབ་འབྲས་གསར་པ་མངོན་པ་མ་ཟད། ཞིབ་འཇུག་ལས་ཀའི་འཕོགས་གཤར་པའང་མངོན་ཡོད།

China Tibetology is a quarterly publication significant in the field of Tibetology study, sponsored by China Tibetology Research Center. It was created in 1988, with the principle of developing and prospering China's Tibetology research cause. It involves in various disciplines and fields of Tibetology study, fully demonstrates the latest achievements of China Tibetology study, and shows the latest trend of China Tibetology study.

中国藏学研究中心 以西藏和甘肃、青海、四川、云南四省区藏族聚居地区的历史、现状和未来发展为研究对象的国家级科研机构。1986年在北京成立。主要任务：组织协调全国藏学研究；开展科研活动，出版学术专著和刊物；培养、造就一批藏学家；掌握、研究国外藏学现状和动态。

ཀྲུང་གོའི་བོད་རིག་པའི་ཞིབ་འཇུག་ལྟེ་གནས། བོད་ལྗོངས་ཀྱི་ལོ་རྒྱུས་དང་ད་ལྟའི་གནས་བབ། འབྱུང་འགྱུར་གྱི་འཕེལ་རྒྱས་སོགས་ཞིབ་འཇུག་ཁ་ཕྱོགས་བྱ་བའི་རྒྱལ་ཁབ་རིམ་པའི་ཚན་རིག་ཞིབ་འཇུག་ལས་ཁུངས་ཤིག ༡༩༨༦ལོར་པེ་ཅིན་དུ་ཚུགས། ལས་འགན་གཙོ་བོ་ནི་རྒྱལ་ཡོངས་ཀྱི་བོད་རིག་པའི་ཞིབ་འཇུག་རྩ་འཛུགས་ལ་མཐུན་སྦྱོར་བྱེད་དེ། ཚན་རིག་ཞིབ་འཇུག་གི་བྱ་འགུལ་

ཞིབ་འཇུག་དང་། རིག་གཞུང་བརྩམས་ཆོས་དང་དུས་དེབ་པར་སྐྲུན་བྱེད་པ། བོད་རིག་པ་བ་སྐོར་ཞིག་གསོ་སྐྱོང་བྱེད་པ། ཕྱིའི་རྒྱལ་ཁབ་ཀྱི་བོད་རིག་པའི་ཞིབ་འཇུག་གནས་བབ་ལ་རྒྱུས་ལོན་དང་ཞིབ་འཇུག་བྱེད་པ་སོགས་ཡིན།

China Tibetology Research Center is a national scientific research institution, studying the history, status and future development of Tibet Autonomous Region and Tibetan areas in Gansu, Qinghai, Sichuan and Yunnan provinces. It was set up in 1986, the main task of which includes: organizing and coordinating the Tibetology study in the whole country, carrying out scientific research activities, publishing academic monographs and publications, cultivating a group of Tibetologists, and mastering and studying current situation and trends of overseas Tibetology.

中国藏学研究珠峰奖 中国藏学研究领域国家级奖项。设立于 2005 年。由中国藏学研究中心和中国西藏文化保护与发展协会共同主办，每 4 年举办一次。

ཀྲུང་གོའི་བོད་རིག་པའི་ཞིབ་འཇུག་གི་ཇོ་མོ་གླང་མའི་བྱ་དགའ། ཀྲུང་གོའི་བོད་རིག་པའི་ཞིབ་འཇུག་ཁྱབ་ཁོངས་ཀྱི་རྒྱལ་ཁབ་རིམ་པའི་བྱ་དགའ། ༢༠༠༥ལོར་ཚུགས། ཀྲུང་གོའི་བོད་རིག་པའི་ཞིབ་འཇུག་ལྟེ་གནས་དང་། ཀྲུང་གོའི་བོད་ཀྱི་རིག་གནས་སྲུང་སྐྱོབ་དང་འཕེལ་རྒྱས་མཐུན་ཚོགས་ཀྱིས་མཉམ་དུ་གཙོ་སྒྲུབ་བྱས། ལོ་བཞིའི་རིང་དུ་ཐེངས་རེ་སྤེལ།

The Qomolangma Award of China Tibetology Research is a national award in the field of China's Tibetology study. Set up in 2005, it is jointly held by China Tibetology Research Center and China Association for Preservation and Development of Tibetan Culture once every other four years.

中国藏医药文化博物馆 世界上唯一的藏医药专业博物馆。位于青海生物科技产业园区中心。2006 年建成，建筑面积 1.2 万平方米。开设药物标本、藏医医史、医学唐卡、医疗器械、古籍文献、天文历算、彩绘大观 7 个展厅。

ཀྲུང་གོའི་བོད་ལུགས་གསོ་རིག་རིག་གནས་ཀྱི་དངོས་མང་བཤམས་སྟོན་ཁང་། འཛམ་གླིང་སྟེང་གི་བོད་ལུགས་གསོ་རིག་གི་ཆེད་ལས་དངོས་མང་བཤམས་སྟོན་ཁང་གཅིག་པུ་ཡིན། མཚོ་སྔོན་གྱི་སྐྱེ་དངོས་ཚན་རྩལ་ར་བའི་ལྟེ་བར་ཆགས་ཡོད། ༢༠༠༦ལོར་བཙུགས་ཤིང་རྒྱ་ཁྱོན་སྨི་གྲུ་བཞི་མ༡༢༠༠༠ཟིན། སྨན་རྫས་དཔེར་བརྡར་བའི་དཔེ་བོད་ཀྱི་གསོ་རིག་ལོ་རྒྱུས། གསོ་རིག་ཐང་ག སྨན་བཅོས་ལག་ཆ ཡིག་རྙིང་། གནམ་རིག་སྐར་རྩིས། རྒྱུན་འབྱུང་ཚོན་ཐང་ཆེན་མོ་སོགས་འགྲེམ་ཁང་བདུན་ཡོད།

China Tibetan Medicine & Culture Museum is the only specialized museum on traditional Tibetan medicine in the world. Completely built in 2006, it is situated in the center of the Qinghai Biotechnological Industrial Park, covering an area of 12,000 square meters. There are seven exhibition halls, including medicine specimens, Tibetan medicine history, medical Thangkas, medical apparatus and instruments, ancient documents, astronomy and calendar and spectacles of colored drawing.

中国藏语系高级佛学院 中国藏传佛教的最高学府。成立于1987年，位于北京西黄寺。学员主要为西藏、青海、四川、甘肃、云南等藏族聚居地区和内蒙古、辽宁、新疆等蒙古族聚居地区的藏传佛教活佛，少数学员为学僧。

ཀྲུང་གོའི་བོད་བརྒྱུད་ནང་བསྟན་མཐོ་རིམ་སློབ་གླིང་། ཀྲུང་གོའི་བོད་བརྒྱུད་ནང་བསྟན་གྱི་ཆེས་མཐོའི་སློབ་གླིང་། ༡༩༨༧ལོར་པེ་ཅིན་ཧྭང་གི་དགོན་མེར་དགོན་པར་བཙུགས། སྟོབ་མ་གཙོ་བོ་བོད་ལྡོངས་དང་མཚོ་སྔོན། སི་ཁྲོན། ཀན་སུའུ། ཡུན་ནན་སོགས་བོད་ཁུལ་དང་ནང་སོག། ལིའོ་ཉིང་། ཞིན་ཅང་སོགས་སོག་རིགས་ཁུལ་གྱི་བོད་བརྒྱུད་ནང་བསྟན་གྱི་སྤྲུལ་སྐུ་དང་གྲྭ་པ་ཉུང་ཤས་ཡིན།

High-level Tibetan Buddhism College of China is the highest institution of higher learning of the Tibetan Buddhism of China. Founded in 1987, it is located in Xihuang Monastery (Western Yellow Temple) in Beijing. Students of the institute are reincarnated Living Buddhas (some being monk students) of Tibetan Buddhism from the Tibet Autonomous Region, the Tibetan-inhabited areas in the four provinces of Qinghai, Sichuan, Gansu and Yunnan, Inner Mongolia Autonomous Region, Liaoning province, and Xinjiang Uygur Autonomous Region.

《中华大藏经》 1982年开始编印出版的中国佛教典籍。汉文部分收录历代藏经中特有的经籍4200余种，2.3万余卷。是国家古籍整理重点项目，由任继愈先生主持，组织100多位专家学者，历时10余年得以完成。

《ཀྲུང་ཧྭའི་བཀའ་བསྟན》 ༡༩༨༢ལོར་སྒྲིག་འགོད་བཙམས་ཏེ་པར་དུ་བཏབ་པའི་ནན་པའི་ཆོས་གཞུང་ཕྱོགས་བསྒྲིགས། རྒྱ་ཡིག་གི་ལས་ནས་བསྡུ་གསོག་བྱས་པའི་གནའ་རབས་བཀའ་བསྟན་འགྱུར་ཁྲོད་ཀྱི་ཁྱད་ཆོས་གཞུང་དཔེ་ཆ་༤༢༠༠ལྷག་ཡོད། སྟོན་ཐོག་ཊིར་ཁྲི. ༢ལྷག་ཡོད། རྒྱལ་ཁབ་ཀྱི་གནའ་དེབ་བསྡུ་གསོག་གི་ལས་གཞི་གལ་ཆེན་དང་། ཨ་ཞེནས་ཐུན་ཅན་ཡིས་གཙོ་འཆང་བྱེད་ཏེ་ཆེད་མཁས་བརྒྱ་ལྷག་གི་མཚོ་བཅུ་ཕྲག་འདིའི་རིང་ལེགས་གྲུབ་བྱུང་།

Chinese Tripitaka, a classic book about China's Buddhism, began to be published from 1982. The Chinese parts include about 4,200 kinds of specific Tripitaka in successive ages with more than 23,000 volumes. It is the key national project of collating ancient works which was in the charge of Ren Jiyu, who organized more than one hundred experts to complete it in more than ten years.

中华回乡文化园 位于宁夏银川市永宁县。总体规划建设用地1000亩。是目前全国最大的回族、伊斯兰风情文化旅游景区。2002年始建。主体建筑有主体大门、中国回族博物馆、礼仪大殿、阿依莎宫等。

ཀྲུང་ཧྭ་ཧུའེའི་ཡུལ་རིག་གནས་གླིང་། ཉིང་ཞ་དབྱིན་ཁྲོན་གྲོང་ཁྱེར་ཡུང་ནིའུ་རྫོང་དུ་ཡོད། སྤྱིའི་འཆར་བཀོད་འཛུགས་སྐྲུན་གྱི་རྒྱ་ཁྱོན་ལ་མུའུ་༡༠༠༠དང་། ད་ལྟའི་བར་རང་རྒྱལ་གྱི་ཆེས་ཆེ་བའི་ཧུའེའི་རིགས་དང་། དབྱི་སི་ལན་གྱི་དམངས་སྲོལ་རིག་གནས་ཡུལ་བསྐོར་ལྗོངས་རྒྱུའི་གནས་ཡིན། ༢༠༠༢ལོར་སྐྲུན་འགོ་བཙམས། སྤུན་

གཞི་གལ་ཆེན་ལ་སྒྲོ་ཆེན་དང་གྱུང་གོའི་ཧུའི་རིགས་དངོས་མང་བཤམས་སྟོན་ཁང་། མཆོད་བཀུར་ཚང་ཁང་། ཨ་ཡིའི་ཕོ་བྲང་སོགས་ཡོད།

China Hui Culture Park, built in 2002 and situated in Yongning County, Yinchuan city, is the biggest tourism area of the Hui and Islamic culture in China with the planning construction land of 1,000 mu. The main buildings include the major gate, the museum of Chinese Hui people, etiquette hall and Aisha palace, etc.

中华民族团结进步协会　国家民委主管，具有社团法人资格的全国性、综合性社会团体。2002年成立于北京。以联络组织海内外各民族人士，促进少数民族和民族地区经济社会发展为宗旨。

ཀྲུང་ཧྭའི་མི་རིགས་མཐུན་སྒྲིལ་ཡར་ཐོན་མཐུན་ཚོགས། རྒྱལ་ཁབ་མི་རིགས་དོན་གཅོད་ཨུ་ཡོན་ལྷན་ཁང་གིས་སྤྱི་འགན་ཁུར་ཏེ། ཁྲིམས་ཐོབ་ལྡན་པའི་རྒྱལ་ཡོངས་རང་བཞིན་གྱི་ཚོགས་པ་དང་སྤྱོགས་བསྡུས་རང་བཞིན་གྱི་སྤྱི་ཚོགས་ཚོགས་པ་ཞིག་ཡིན། ༢༠༠༢ལོར་ཅིན་དུ་བཙུགས་པ་དང་། རྒྱལ་སྤྱིའི་དང་རྒྱལ་ནང་གི་འཛམ་གླིང་མི་རིགས་མི་སྣ་ལ་འབྲེལ་གཏུག་དང་གོ་སྒྲིག་བྱས་ནས། གྲངས་ཉུང་མི་རིགས་དང་མི་རིགས་ཁུལ་གྱི་དཔལ་འབྱོར་སྤྱི་ཚོགས་གོང་འཕེལ་རྒྱས་གཏོང་བ་དམིགས་ཡུལ་དུ་འཛིན་པའོ། །

Ethnic Unity and Progress Association of China, founded in Beijing and charged by State Ethnic Affairs Commission, is a national and comprehensive social community with legal personality. Its goal is to promote economic and social development of the ethnic areas by uniting people at home and abroad.

中华民族一家亲文化下基层活动　国家民委于2010年启动。旨在通过送戏、送书、送医等活动，加强各民族之间的了解和交流，增进对各民族文化的认同和理解，不断从民族地区挖掘素材，汲取营养，引导和创作出更多更好的精神文化产品，大力促进少数民族文化事业的繁荣发展。

ཀྲུང་ཧྭ་མི་རིགས་རིག་གནས་ཁྱིམ་ཚང་གཅིག་པ་གཞི་རིམ་དུ་ཞུགས་པའི་བྱ་འགུལ། རྒྱལ་ཁབ་མི་རིགས་དོན་གཅོད་ཨུ་ཡོན་ལྷན་ཁང་གིས་༢༠༡༠ལོར་འགོ་བཙུགས། ངོས་གཙོ་བོ་འཁྲབ་སྟོན་དང་། དཔེ་སྟེན། སྨན་བཅོས་སོགས་ཀྱི་བྱ་འགུལ་བྱེད་ནས་མི་རིགས་བར་གྱི་ཆ་རྒྱུས་དང་འབྲེལ་འདྲིས། རིག་གནས་ཀྱི་ངོས་འཛིན། གོ་ཕྲོད་བཅས་ཇེ་ཟབ་ཏུ་བཏང་ཞིང་། མི་རིགས་ས་ཁུལ་གྱི་ནས་སེམས་ཀྱི་རིག་གནས་ཐོན་དངོས་ཀྱི་སྐྱིང་བཅུད་བསྒྲགས་འདོན་སྐྱོང་གནས་ཤུགས་མི་རིགས་ཀྱི་རིག་གནས་ལ་ཁག་མི་ཉུང་བའི་གོ་སྐྱེལ་ལ་སྐུལ་མ་བྱེད་པའོ། །

Grassroots cultural activities in China was first held by State Ethnic Affairs Commission in 2010. Through performing dramas, sending books and offering medical aids, it aims to strengthen the understanding and communication among ethnic groups and promote the identity with and understanding of ethnic cultures, create more and better cultural products through collecting and absorbing the materials in ethnic regions and prosper the cultural work of ethnic minorities.

《中华人民共和国民族区域自治法》　我国

实施宪法规定的民族区域自治制度的基本法律。1984年六届全国人大二次会议通过。根据2001年《关于修改〈中华人民共和国民族区域自治法〉的决定》修正。共7章。对民族自治地方的建立和自治机关的组成、自治机关的自治权、民族自治地方的法院和检察院、民族自治地方内的民族关系、上级国家机关的职责等作出规定。

《ཀྲུང་དུ་མི་དམངས་སྤྱི་མཐུན་རྒྱལ་ཁབ་ཀྱི་མི་རིགས་ས་ཁོངས་རང་སྐྱོང་གི་ཁྲིམས》 རང་རྒྱལ་རྩ་ཁྲིམས་ཀྱིས་གཏན་འབེབས་བྱས་པའི་མི་རིགས་ཁོངས་རང་སྐྱོང་ལམ་ལུགས་ཀྱི་གཞི་རྩའི་ཁྲིམས་ལུགས། ༡༩༨༤ལོའི་སྐབས་དྲུག་པའི་རྒྱལ་ཡོངས་མི་དམངས་འཐུས་ཚོགས་ཐེངས་གཉིས་པའི་སྡེ་ཚན་གཏན་འབེབས་བྱས། ༢༠༠༡ལོའི་《〈ཀྲུང་དུ་མི་དམངས་སྤྱི་མཐུན་རྒྱལ་ཁབ་མི་རིགས་ས་ཁུལ་རང་སྐྱོང་གི་ཁྲིམས〉བཅོས་སྒྲིག་ཚད་ཡིག》དང་བཅས་ཡི་གེ་གཞིར་བཟུང་། སྟོན་པ་ཡིན་ཡོད། མི་རིགས་རང་སྐྱོང་ས་ཁུལ་གྱི་འཛུགས་སྐྲུན་འདྲུག རང་སྐྱོང་ལས་ཁུངས་ཀྱི་སྒྲིག་འཛུགས་རང་སྐྱོང་ལས་ཁུངས་ཀྱི་རང་སྐྱོང་ཆེད་དབང་། མི་རིགས་རང་སྐྱོང་ས་ཁུལ་གྱི་ཁྲིམས་ཁང་དང་བཅུགས་པའི་ཁང་། མི་རིགས་རང་སྐྱོང་ས་ཁུལ་ནང་གི་མི་རིགས་ཕན་ཚུན་གྱི་འབྲེལ་བ། གོང་རིམ་རྒྱལ་ཁབ་ཀྱི་ལས་ཁུངས་ཀྱི་འོས་འགན་སོགས་གཏན་འབེབས་བཟོས།

Law of the People's Republic of China on Regional Ethnic Autonomy is the basic law of regional ethnic autonomy stipulated in the Chinese Constitution, which was passed in the 6th session of the National People's Congress second conference in 1984. It was amended based on the Decision on Amendment of "Law of the People's Republic of China on Regional Ethnic Autonomy" in 2001. It covers seven chapters including the construction of regional ethnic autonomy and the constitution of autonomous organs, the rights of autonomous organs, the court and procuratorate in the ethnic autonomous regions, the ethnic relationship in the autonomous regions and the regulations on the duty of the superior state organs.

《中华人民共和国民族区域自治实施纲要》 中华人民共和国颁布的第一个关于实行民族区域自治的法规。1952年政务院第125次会议通过，同年中央人民政府第18次会议批准。共7章。涉及：自治区、自治机关、自治权利、自治区内的民族关系、上级人民政府的领导原则等内容。

《ཀྲུང་དུ་མི་དམངས་སྤྱི་མཐུན་རྒྱལ་ཁབ་མི་རིགས་ས་ཁོངས་རང་སྐྱོང་ལག་བསྟར་གྱི་རྩ་གནད》 ཀྲུང་དུ་མི་དམངས་སྤྱི་མཐུན་རྒྱལ་ཁབ་ཀྱིས་གཏན་འབེབས་བྱས་པའི་མི་རིགས་མི་ཁྱུལ་རང་སྐྱོང་གི་ཁྲིམས་ལུགས་ཐོག་མ་ཡིན། ༡༩༥༢ལོར་ཆབ་སྲིད་ཡོན་ཁང་གི་ཚོགས་འདུ་ཐེངས་༡༢༥པར་གྲོས་འཆམ་བྱུང་བ་དང་། ལོ་དེའི་ཀྲུང་དབྱུས་མི་དམངས་སྲིད་གཞུང་གི་ཚོགས་འདུ་ཐེངས་༡༨པར་ཆོག་བགོད་གནང་། སྟོན་པ་ལེ་ཚན་བདུན། རང་སྐྱོང་སྡིངས་དང་། རང་སྐྱོང་ལས་ཁུངས། རང་སྐྱོང་ཆེ་དབང་། རང་སྐྱོང་ཁོངས་ཀྱི་མི་རིགས་འབྲེལ་བ། གོང་རིམ་མི་དམངས་སྲིད་གཞུང་གི་འགོ་ཁྲིད་རྩ་དོན་སོགས་ཀྱི་ནང་དོན་འདུ།

The Program for the Implementation of Regional Ethnic Autonomy of the

People's Republic of China is the first regulation on implementing regional ethnic autonomy issued by the People's Republic of China. It was passed in the 125th conference of Government Administration Council of the Central People's Government in 1952 and was approved in the 18th conference of China's government conference in the same year. Is covers seven chapters including autonomous regions, the organs of autonomy, the rights of autonomy, the ethnic relationship in autonomous regions and the leading regulations of the superior government, etc.

中华苏维埃中央博巴自治政府 亦称"甘孜博巴政府"等。为长征途中的红四方面军协助成立的一个藏族自治政府。由博巴人民第一次代表大会于1936年在西康甘孜（今四川甘孜）建立，范围包括道孚、泰宁、炉霍、甘孜、瞻化（新龙）、雅江。多德任政府主席。

《བྱང་ཏུ་སུའུ་ཝེ་ཨེད་ཀྱང་དབུས་བོད་པ་རང་སྐྱོང་སྲིད་གཞུང་། ...》

Chinese Soviet Central Boba Government, also called Ganzi Boba Government, is a Tibetan autonomous government founded with the cooperation of the Fourth Red Army during the long march. It was founded in the first Boba people's congress in Xikang Ganzi in 1936, including the areas of Daofu, Taining, Luhuo, Ganzi, Zhanhua (Xinlong) and Yajiang. The chairman of the government was Duode.

《中华苏维埃中央政府对回族人民的宣言》 1936年中共中央发表于延安。宣布各民族一律平等，实行民族区域自治和宗教信仰自由等原则；提出"取消军阀、官僚和民团的一切苛捐杂税"，改善生活，发展回族文化教育等。

《ཀྲུང་ཧྭ་སུའུ་ཝེ་ཨེད་ཀྱང་དབང་སྲིད་གཞུང་གིས་ཧུའེ་རིགས་མི་དམངས་ལ་བཏོན་པའི་བསྒྲགས་གཏམ་》 ...

Declaration of the Chinese Soviet Central Government for the Hui people was issued in Yan'an by the Central Committee of the Communist Party of China in 1936. It declares that all ethnic groups are equal and should implement the principles of regional ethnic autonomy and freedom of religious belief; it proposes to abolish exorbitant taxes and miscellaneous levies of warlord, bureaucrat and civil corps, improve the quality of living and develop the education and culture of the Hui people, etc.

中南民族大学 是一所覆盖10大学科门类的综合性普通高等学校。国家民委直属。位于湖北武汉。1951年创建，前身为中南民族学院，2002年更为现名。现占地1446亩。

ཀྲུང་ནན་མི་རིགས་སློབ་གྲྭ་ཆེན་མོ། བསླབ་ཚན་རིགས་/༠འཛོམས་པའི་ཕྱོགས་ཡོངས་རང་བཞིན་ཅན་གྱི་སྤྱི་པའི་མཐོ་རིམ་སློབ་ཆེན་ཞིག་ཡིན། རྒྱལ་ཁབ་མི་རིགས་དོན་གཅོད་ཨུ་ཡོན་ལྷན་ཁང་གི་ཐེ་གཏོགས་གནས་ཡུལ་སྦྱུད་བཏུད། ༡༩༥༡འོར་ཚུགས། ཕྱག་མའི་གཞིའི་དུས་སློབ་མི་རིགས་སློབ་གླིང་དང་། ༢༠༠༢འོར་ད་ལྟའི་མིང་འདིར་བསྒྱུར། ད་ལྟ་རྒྱ་ཁྱོན་མུའུ་༡༤༤༦བཟུང་ཡོད།

South-central University for Nationalities is a comprehensive university under the direct administration of the State Ethnic Affairs Commission, covering 10 disciplines. It is founded in 1951 as a college for ethnic groups and locates in Wuhan. In 2002, it changed its original name "South-central College for Ethnic Groups" into the present one. Now it covers 1,446 mu of land.

中尼公路 西藏的国际直通公路。1967年建成通车。始于拉萨，止于尼泊尔首都加德满都。全长943公里，西藏境内829公里。路线翻越喜马拉雅山，蜿蜒在崇山峻岭之中。

ཀྲུང་བལ་གཞུང་ལམ། བོད་ལྗོངས་ཀྱི་རྒྱལ་སྤྱིའི་ཐད་གཏོང་གཞུང་ལམ། ༡༩༦༧འོར་ལེགས་འགྲུབ་བྱུང་། ལྷ་ས་ནས་བལ་པོའི་རྒྱལ་ས་ཀ་ཐ་མན་ཏུའུ་ཡི་བར་བཟོས། སྤྱིའི་རིང་ཚད་ལ་སྤྱི་ལེ་/༤༣དང་བོད་ལྗོངས་མངའ་ཁོངས་སུ་སྤྱི་ལེ་༧༢/ཡོད། ལམ་ཐིག་དེ་ཧི་མ་ལ་ཡའི་རྒྱུད་བརྒྱུད་དེ་གུག་གྱོག་རི་གཟར་ཁྲོད་དུ་བརྫེས་ཡོད།

China-Nepal Highway is a Tibetan international route completed and opened in 1967. It begins in Lhasa and ends in Kathmandu, the capital of Nepal, with a whole length of 943 kilometers and 829 kilometers in Tibet territory. The route passes across the Himalayas, winding through the mountains.

中小学少数民族文字教材 在我国，现指民族中小学用于课堂教学的民族文字教科书（含电子音像教材、图书），以及必要的教学辅助资料。

སློབ་གྲྭ་ཆུང་འབྲིང་གི་གྲངས་ཉུང་མི་རིགས་ཡི་གེའི་སློབ་དེབ། རང་རྒྱལ་དུ་དེང་མི་རིགས་སློབ་གྲྭ་ཆུང་འབྲིང་གིས་སློབ་ཁྲིད་ལ་སྤྱོད་པའི་མི་རིགས་སྐད་ཡིག་གི་སློབ་དེབ། (གློག་རྫས་སྒྲ་བརྙན་སློབ་དེབ་དང་དཔེ་དེབ་བཅས་འདུ) དང་། སློབ་ཁྲིད་ལ་ངེས་པར་དུ་དགོས་པའི་རམ་འདེགས་རྒྱུ་ཆ་བཅས་སོ།

Primary and Secondary School Textbooks in Ethnic Minority Languages refer to the textbooks in ethnic languages used in the class teaching in the ethnic primary and middle schools (including electronic audio-visual teaching materials, books), as well as the necessary supplemental teaching materials.

中央关于西藏工作的十条意见 1989年在

中央政治局常委会议上形成此"十条意见"。对西藏工作的成绩和问题、干部队伍建设、依靠对象、民族宗教工作、经济建设、边防建设、拉萨骚乱的性质和对策等问题,作了科学分析,提出了正确意见。

ཀྲུང་དབང་གི་བོད་སྐོངས་ལས་དོན་སྐོར་གྱི་བསམ་འཆར་བཅུ། ༡༩༨༩ལོའི་ཀྲུང་དབྱང་ཆབ་སྲིད་ཅུས་རྒྱུན་ལས་ཚོགས་འདུའི་སྟེང་ཕྱུང་བའི་བསམ་འཆར་བཅུའི། བོད་སྟོངས་ལས་དོན་གྱི་གྲུབ་འབྲས་དང་གནད་དོན། གཞུང་ཞབས་པའི་དཔུང་ཁག་གསོ་སྐྱོང། བརྟེན་སའི་ཡུལ། མི་རིགས་ཆོས་ལུགས་ལས་དོན། དཔལ་འབྱོར་འཛུགས་སྐྲུན། མཐའ་སྲུང་འཛུགས་སྐྲུན། ལྷ་སའི་ཟིང་ཆའི་ངོ་བོ་དང་ཐབས་ལམ་སོགས་ཀྱི་གནད་དོན་བཅས་ལ་ཚན་རིག་གི་སྒོ་ནས་བཤག་ཞིབ་བྱས་ཏེ་བསམ་འཆར་ཡང་དག་བཏོན་པའི།

Ten suggestions of the Party Central Committee on Tibet Work, was proposed in the Politburo Standing Committee conference in 1989. The suggestions scientifically analyze and correctly clarify the issues on the achievement and problems, constructions of cadres, people that can be relied on, the work of ethnic religions, economic construction, border defense construction and the nature and countermeasures of Lhasa riots, etc.

中央民族大学 是一所覆盖10个学科门类的全国重点大学。也是国家"211工程""985工程"双重点建设大学。前身是1941年在延安创办的民族学院。1951年在北京建立中央民族学院,1993年更为现名。现占地面积约为118万平方米,分新旧校区。

ཀྲུང་དབྱང་མི་རིགས་སློབ་གྲྭ་ཆེན་མོ། ཚན་རིགས་༡༠འཚོམས་པའི་རྒྱལ་ཡོངས་ཀྱི་གཙོ་གནད་སློབ་ཆེན་དང། རྒྱལ་ཁབ་ཀྱི་༢༡༡ལས་གཞི་དང་༩༨༥ལས་གཞིའི་བྱུང་གི་འཛུགས་སྐྲུན་གཙོ་གནད་ཀྱི་སློབ་ཆེན་ཡིན། ཕྱོག་མའི་གཞི་ནི་༡༩༤༡ལོར་ཡན་ཨན་དུ་བཙུགས་པའི་མི་རིགས་སློབ་གླིང་ཡིན། ༡༩༥༡ལོར་པེ་ཅིན་དུ་ཀྲུང་དབྱང་མི་རིགས་སློབ་གླིང་བཙུགས། ༡༩༩༣ལོར་ད་ལྟའི་མིང་འདིར་བསྒྱུར། ད་ལྟ་རྒྱ་ཁྱོན་སྤྱི་གྲུ་བཞི་མའི་ཁྲི་༡༡༤ལྷག་བཟུང་བ་དང། སློབ་ཁྱམས་གསར་རྙིང་གཉིས་སུ་བརྗེ་ཡོད།

Minzu University of China, a top university in China with 10 disciplines, is also the key university funding from Project 211 and Project 985. Its origin was a Nationalities Institute established in Yan'an in 1941. In 1951, the Central Institute of Nationalities was established and changed into the present name in 1993. MUC now covers an area of more than 11.8 million square meters with a new campus and an old campus.

中央民族大学少数民族经济研究所 我国第一个以研究少数民族经济为专门任务的科研和教学并重的机构。1981年成立。原属中央民族学院系所之一。自2000年起,中央民族大学进行体制改革,成立经济学院,该研究所归属于经济学院。

ཀྲུང་དབྱང་མི་རིགས་སློབ་ཆེན་གྱངས་ཉུང་མི་རིགས་དཔལ་འབྱོར་ཞིབ་འཇུག་ཁང། རང་རྒྱལ་གྱི་གྲངས་ཉུང་མི་རིགས་དཔལ་འབྱོར་ལ་ཆེད་དུ་ཞིབ་འཇུག་དང་སློབ་ཁྲིད་བྱེད་སྲོལ་གྱི་ལས་ཁུངས་ཡིན།

གུང་འབྱེར་གྱུང་དབྱངས་མི་རིགས་སློབ་ཆེན་གྱི་སློབ་གླིང་ཁོངས་སུ་གཏོགས་པའི་རྩེ་ཞིག ཡིན། ༢༠༠༠ལོ་ནས་བཟུང་གྱུང་དབྱེར་མི་རིགས་སློབ་ཆེན་གྱིས་ལམ་ལུགས་བཅོས་བསྒྱུར་བྱས་ཏེ་དཔལ་འབྱོར་སློབ་གླིང་གསར་དུ་བཙུགས། ཞིབ་འཇུག་ཁང་འདི་ནི་དཔལ་འབྱོར་སློབ་གླིང་གི་ཁོངས་སུ་གཏོགས།

Research Institute of Ethnic Minority Economy in Minzu University of China, founded in 1981, is the first Institute to take the ethnic minority economy as the specific task and emphasize the equal importance on scientific research and teaching. It was originally one of the affiliated colleges of MUC. Since 2000, MUC began to reform and set up the school of economics with the institute as its subunit.

中央民族访问团东北内蒙古访问团 1950年7月到1952年底，根据毛泽东的建议，中央向全国各民族地区派遣的访问团之一。在团长彭泽民率领下，前往内蒙古、绥远和东北等少数民族地区访问。历时两个多月，向60多万各族人民传达了中央人民政府的关怀和慰问。

གུང་དབྱང་མི་རིགས་འཚམས་འདྲི་ཚོགས་པ་བར་བྱང་ནང་སོག་འཚམས་འདྲི་ཚོགས་པ། ༡༩༥༠ལོའི་ཟླ་ ༧ པ་ནས་ ༡༩༥༢ལོའི་ལོ་མཇུག་བར་དུ་མའོ་ཙེ་ཏུང་གི་བསམ་འཆར་ལ་གཞིགས་ཏེ། གུང་དབྱང་གིས་རྒྱལ་ཡོངས་མི་རིགས་སོ་སོའི་ས་ཁུལ་དུ་མངགས་པའི་འཚམས་འདྲི་ཚོགས་པའི་ནང་གསེས་ཤིག ཚོགས་པ་གཙོ་ཟིན་ཙེ་མིན་གྱི་མགོ་ཁྲིད་འོག་ནང་སོག་དང་སུའེ། ཡོན་ཞར་བྱང་སོགས་གྱུར་ཉུང་མི་རིགས་ས་ཁུལ་དུ་འཚམས་འདྲི་གནང་། ཟླ་གཉིས་ཀྱི་རིང་ལ་གྲངས་ཉུང་མི་

Delegation sent by the central government to visit the ethnic minorities in the Northeast and Inner Mongolia, part of the program implemented from July, 1950 to the end of 1952, was one of the delegations the central government dispatched to the ethnic areas in China according to the proposal of Chairman Mao. With the leadership of Peng Zemin, the delegation went to visit the ethnic areas of Inner Mongolia, Suiyuan and northeastern districts in more than two months, and expressed the concern and greetings of the central government to 600,000 people of different ethnic groups.

中央民族访问团西北访问团 1950年7月到1952年底，根据毛泽东的建议，中央向全国各民族地区派遣的访问团之一。访问团一行50余人，在沈钧儒团长的率领下，前往新疆、甘肃、宁夏、青海等民族地区访问。历时两个半月，访问了西北地区17个少数民族。

གུང་དབྱང་མི་རིགས་འཚམས་འདྲི་ཚོགས་པ། ནུབ་བྱང་འཚམས་འདྲི་ཚོགས་པ། ༡༩༥༠ ལོའི་ཟླ་ ༧ པ་ནས་ ༡༩༥༢ལོའི་ལོ་མཇུག་བར་དུ་མའོ་ཙེ་ཏུང་གི་བསམ་འཆར་ལ་གཞིགས་ཏེ། གུང་དབྱང་གིས་རྒྱལ་ཡོངས་མི་རིགས་སོ་སོའི་ས་ཁུལ་དུ་མངགས་པའི་འཚམས་འདྲི་ཚོགས་པའི་ནང་གསེས་ཤིག ཚོགས་པ་དེར་མི་ ༥༠ ལྷག་དང་ཚོགས་གཙོ་ཤིན་ཅུན་ཞུའི་མགོ་ཁྲིད་འོག ཞིན་ཅང་། མཚོ་སྔོན་སོགས་མི་རིགས་ས་ཁུལ་དུ་འཚམས་འདྲི་ཞུས། ཟླ་

གཞིས་དང་ཉིད་གཞི་ནང་དུ་ཉུལ་ཞང་མ་ཁུལ་གྱི་གངས་
ཤུང་མི་རིགས་ ／７་ལ་འཚམས་འདྲི་གནང་།

Delegation sent by the central government to visit the ethnic minorities in the Northwest, part of the program implemented from July, 1950 to the end of 1952, was one of the delegations the government dispatched to the ethnic areas in China according to the proposal of Chairman Mao. With the leadership of Shen Junru, the delegation with about 50 members went to visit 17 ethnic minorities in the northwestern ethnic areas of Xinjiang, Gansu, Ningxia and Qinghai in two and a half months.

中央民族访问团西南访问团 1950年7月到1952年底，根据毛泽东的建议，中央向全国各民族地区派遣的访问团之一。由刘格平担任团长，团员120余人，分别深入川、康、滇、黔民族地区进行访问。历时7个月，极大地增强了各民族之间的凝聚力和向心力。

ཀྲུང་དབྱང་མི་རིགས་འཚམས་འདྲི་ཚོགས་པ་སྲོ་
ནུབ་འཚམས་འདྲི་ཚོགས་པ། ／９５０ལོའི་ཟླ་
７པ་ནས་／９５２ལོའི་ལོ་མཇུག་བར་དུ་མའོ་ཙེ་ཏུང་གི་བསམ་འཆར་ལ་གཞིགས་ཏེ། ཀྲུང་དབྱང་གིས་རྒྱལ་ཡོངས་མི་རིགས་སོ་སོའི་ས་ཁུལ་དུ་མངགས་པའི་འཚམས་འདྲི་ཚོགས་པའི་ནང་གསེས་ཤིག ཚོགས་གཙོ་ལྭུའི་གི་ ／２０ལྷག་ཡོད། བྱོན་དང་། ཁམས། ཏེན། ཆན་སོགས་ཀྱི་མི་རིགས་ས་ཁུལ་དུ་འཆམས་འདྲི་ལ་སོང་། ཟླ་བ་བདུན་གྱི་རིང་ལ་མི་རིགས་སོ་སོའི་སེམས་ཤུགས་གཅིག་ཏུ་འདྲིལ་བར་སྐུལ་མ་བཏང་།

中央民族访问团中南访问团 1950年7月到1952年底，根据毛泽东的建议，中央向全国各民族地区派遣的访问团之一。访问团一行70余人，由费孝通代理团长，历时三个多月，对广西、广东、湖南3省8市48县的少数民族进行了访问。

ཀྲུང་དབྱང་མི་རིགས་འཚམས་འདྲི་ཚོགས་པ་དབུས་ལྷོ་འཚམས་འདྲི་ཚོགས་པ། ／９５０ལོའི་ཟླ ７པ་ནས་／９５２ལོའི་ལོ་མཇུག་བར་དུ་མའོ་ཙེ་ཏུང་གི་བསམ་འཆར་ལ་གཞིགས་ཏེ། ཀྲུང་དབྱང་གིས་རྒྱལ་ཡོངས་མི་རིགས་སོ་སོའི་ས་ཁུལ་དུ་མངགས་པའི་འཚམས་འདྲི་ཚོགས་པའི་ནང་གསེས་ཤིག ཚོགས་པ་དེར་མི་ ７０ལྷག་ཡོད། ཚོགས་གཙོ་ཚབ་ཁོའི་ཧྲོའོ་ཐུང་གིས་བཟུང་། ཟླ་བ་གསུམ་གྱི་རིང་ཀོང་ཞི། ཀོང་ཏུང་། ཧུའུ་ནན་བཅས་ཞིང་ཆེན་ ３དང་གྲོང་ཁྱེར་ ８། རྫོང་ ４གི་གངས་ཉུང་མི་རིགས་ལ་འཚམས་འདྲི་གནང་།

Delegation sent by the central government to visit the ethnic minorities in the Southwest, part of the program implemented from July, 1950 to the end of 1952, was one of the delegations the government dispatched to the ethnic areas in China according to the proposal of Chairman Mao. Liu Geping was assigned as the leader of the group with about 120 members. They visited the ethnic areas of Chuan, Kang, Dian and Qian in seven months, which significantly promoted the connection and centripetal forces of all ethnic groups.

中央民族访问团中南访问团 1950年7月到1952年底，根据毛泽东的建议，中央向全国各民族地区派遣的访问团之一。访问团一行70余人，由费孝通代理团长，历时三个多月，对广西、广东、湖南3省8市48县的少数民族进行了访问。

Delegation sent by the central government to visit the ethnic minorities in

the Central-South, part of the program implemented from July, 1950 to the end of 1952, was one of the delegations the government dispatched to the ethnic areas in China according to the proposal of Chairman Mao. Fei Xiaotong was assigned as the head of the delegation with about 70 members. They visited ethnic minorities in 8 cities and 48 counties of Guangxi, Guangdong and Hunan province in 3 months.

中央民族干部学院 国家民委直属，培养中高级民族干部、提高民族干部素质和能力的重要基地。也是研讨民族问题与交流民族工作经验的平台和开展境外培训与交流合作的窗口。位于北京，占地150余亩。前身为成立于1983年的中国少数民族管理干部学院，2003年更为现名。

གུང་དབུང་མི་རིགས་གཞུང་ཞབས་པའི་སློབ་སྟིང་། རྒྱལ་ཁབ་མི་རིགས་དོན་གཅོད་ཨུ་ཡོན་ལྷན་ཁང་གི་བོད་གཏོགས། མཚོ་འབྲིང་རིམ་པའི་མི་རིགས་གཞུང་ཞབས་པའི་རྒྱུ་སྲུང་དང་ནུས་པ་ཇེ་མཐོར་གཏོང་བའི་བརྟེན་གཞི་གལ་ཆེན་ཞིག མི་རིགས་གནད་དོན་ཞིབ་བསྡུར་དང་མི་རིགས་ལས་དོན་གྱི་ཉམས་མྱོང་བརྗེ་རེས་བྱེད་པའི་གར་སྟེགས་དང་། ཕྱི་ཡུལ་གྱི་གསོ་སྦྱོང་སྟེལ་བ་དང་འབྲེལ་མཐུན་འབྱེད་བྱེད་པའི་སྐྱིན་ཁུང་ལྟ་བུ་ཞིག་ཀྱང་ཡིན། གནས་ཡུལ་པེ་ཅིན། རྒྱ་ཁྱོན་ལ་མུའུ་༡༥༠་ལྷག བཟུང་། ཐོག་མའི་གཞི་ནི་༡༩༨༣ལོར་བཙུགས་པའི་ཀྲུང་གོའི་གྲངས་ཉུང་མི་རིགས་སྟྲི་གཉེར་ལས་བྱེད་སློབ་སྟིང་ཡིན་པ་དང་། ༢༠༠༣ལོར་ད་ལྟའི་མིང་འདིར་བསྒྱུར།

Central Institute of Ethnic Administrators is a major base for cultivating middle and senior ethnic cadres and improving the quality and ability of ethnic cadres, which is subordinated to the State Ethnic Affairs Commission. The Institute is also a platform to discuss ethnic problems and exchange experience on ethnic work, and a window to promote overseas training and cooperation. It locates in Beijing, covering an area of over 150 mu. The Institute grew out of Institute for Management of Ethnic Minority Cadres founded in 1983 and changed into the present name in 2003.

中央民族歌舞团 国家民委直属，中国唯一的国家级少数民族艺术表演团体。成立于1952年。以继承、繁荣、发展少数民族文化艺术为宗旨。汇集了诸多少数民族艺术资源，拥有众多优秀少数民族艺术家，出访过100多个国家及地区。

གུང་དབུང་མི་རིགས་གླུ་གར་ཚོགས་པ། རྒྱལ་ཁབ་མི་རིགས་དོན་གཅོད་ཨུ་ཡོན་ལྷན་ཁང་གི་བོད་གཏོགས། ཀྲུང་གོའི་རྒྱལ་ཁབ་རིམ་པའི་གྲངས་ཉུང་མི་རིགས་རྩལ་འབྲལ་སྟོན་ཚོགས་པ་གཅིག་པུ་ཡིན། ༡༩༥༢ལོར་ཚོགས། གྲངས་ཉུང་མི་རིགས་ཀྱི་རིག་གནས་རྩལ་རྒྱུད་འཛིན་དང་དར་སྤེལ། འཕེལ་རྒྱས་གཏོང་དགོས་ཡུལ་དུ་བཟུང་སྟེ། གྲངས་ཉུང་མི་རིགས་ཀྱི་སྒྱུ་རྩལ་ཐོན་ཁུངས་མང་དང་། ཕུལ་དུ་བྱུང་བའི་གྲངས་ཉུང་མི་རིགས་ཀྱི་སྒྱུ་རྩལ་པ་མང་པོ་གཞི་གཅིག་ཏུ་བསྡུས་པས། རྒྱལ་ཁབ་དང་ཁུལ་བརྒྱ་ལྷག་ལ་འབེལ་སྟོན་འཚམས་འདྲི་སོང་།

Central Ethnic Song and Dance Ensemble, directly under the State Ethnic Affairs

Commission, is the only national-level performance group representing China's ethnic minorities. It was founded in 1952. It aims to inherit, flourish and promote the culture and arts of ethnic minorities. Today, with a great deal of artists representing ethnic groups and numerous art resources collected, it has performed in over 100 countries and regions.

中央新疆工作座谈会（首次） 2010年由中共中央、国务院主持在北京召开。会议深刻分析了新疆工作面临的形势和任务，进一步明确当前和今后一个时期做好新疆工作的指导思想、主要任务、工作要求，对推进新疆跨越式发展和长治久安作出了战略部署。确立全国对口支援新疆的政策。

ཀྲུང་དབྱིན་ཞིན་ཅང་ལས་ཀའི་བགྲོ་གླེང་ཚོགས་འདུ། (ཐོག་མ) ༢༠༡༠ལོར་ཀྲུང་གུང་གུང་དབྱང་དང་རྒྱལ་སྲིད་སྤྱི་ཁྱབ་ཁང་གིས་འགོ་བཙུགས་ཏེ་པེ་ཅིན་དུ་འཚོགས། ཚོགས་འདུའི་ཐོག་ཏུ་ཞིན་ཅང་གི་ལས་དོན་ལ་འཕྲད་པའི་གནས་ཚུལ་དང་འོས་འགན་ཞིབ་བརྗོད་བྱས་ཏེ། དེང་སྐབས་དང་མ་འོངས་པའི་ཞིན་ཅང་བྱ་གཞག་གི་མཛུབ་སྟོན་བསམ་བློ་དང་། འོས་འགན་གཙོ་བོ། བྱ་བའི་ཚད་གཞི། ཞིན་ཅང་གི་ཡར་ཐོན་འཕེལ་རྒྱས་དང་བདེ་འཇགས་ཡུན་ལ་ཐབས་རྒྱག་པ་གལ་ཆེན་བཏོན་ཞིང་། ཞིན་ཅང་རྒྱལ་ཡོངས་ཀྱི་རོགས་སྐྱོར་སྒྱུར་ཡུལ་དུ་གཏན་འཁེལ་བྱས་པའི་སྲིད་ཇུས་ཤིག་ཡིན།

The First Xinjiang Work Forum was held by the Central Committee of the Communist Party of China and State Council in Beijing in 2010. The forum gave an acute analysis on the situation and tasks of work in Xinjiang, and explicitly stated the guiding idea, major tasks and job requirements in present and future work in Xinjiang. The forum made strategic deployment in Xinjiang's leap-forward development and long-term peace and stability. The counterpart aid in Xinjiang was established nationwide.

《中英藏印条约》 英国强迫清政府订立的关于结束第一次侵藏战争的不平等条约。1888年英国发动第一次侵藏战争，清政府屈辱求和。1890年，双方在印度加尔各答签订该条约。主要内容：确认哲孟雄（今锡金）归英国保护，划定中国和哲孟雄边界，并规定通商、游牧等问题随后另议。

《ཀྲུང་དབྱིན་བོད་ཧིན་ཆིངས་ཡིག》 དབྱིན་ཇིའི་བཙན་གྱིས་ཆིང་རྒྱལ་རབས་ལ་བཟུག་པའི་བོད་སྐོངས་བཙན་འཛུལ་དམག་འཁྲུག་མཇུག་སྐྱེལ་བའི་ཆིངས་ཡིག་ཧིན་དང་པོ། ༡༨༨༨ལོར་དབྱིན་ཇིས་བོད་སྐོངས་བཙན་འཛུལ་དམག་འཁྲུག་དང་པོ་བསླངས་པར་ཆིང་རྒྱལ་རབས་ཀྱི་དོ་མཚོའི་མེད་འདིགས་མཐུན་གྱི་བཞེས། ༡༨༩༠ལོར་ཕྱོགས་གཉིས་ཀས་རྒྱ་གར་གྱི་ཀ་ཏར་ཆེས་ཡིག་འདི་བཞག་ནང་དོན་གཙོ་བོ་ནི། འབྲས་མོ་ལྗོངས་(དེང་གི་འབྲས་ལྗོངས་)དབྱིན་ཇིས་བདག་སྐྱོང་གཏན་འཁེལ་དང་། ཀྲུང་གོ་དང་འབྲས་ལྗོངས་ཀྱི་མཚམས་བགོས་པ་མ་ཟད། ཚོང་འབྲེལ་དང་ཡུལ་འཚོ་སོགས་ཀྱི་གནད་དོན་རྗེས་སུ་གྲོས་མོལ་བྱ་རྒྱུ་ཐག་བཅད།

Anglo-Chinese Convention of 1890 was an unequal treaty between the Great Britain and Qing Government signed under the duress of Britain, which would terminate the UK's first war of aggression in Tibet. In 1888, the Great Britain launched a war in Tibet and the Qing Government sued for peace. The two sides signed the convention in Calcutta of India in 1890. Issues involved: Drenjong (now Sikkim) was subordinated to the Great Britain; delimit the boundary between China and Drenjong; and commercial and nomadic affairs are open to negotiate.

《中英藏印续约》 英国根据《中英藏印条约》的规定强迫清政府续订的不平等条约。1893年在印度大吉岭签订。主要内容：开放亚东为商埠；准许英国在亚东设商务公所一处，派员驻扎；藏印来往贸易免税五年；限制中国西藏人在哲孟雄（今锡金）的传统游牧权利等。

《གྱང་དབྱིན་བོད་ཧིན་ཆེངས་ཡིག་གི་མཛུད་ཡིག》 དབྱིན་ཇིས《གྱང་དབྱིན་བོད་ཧིན་ཆེངས་ཡིག》གཞིར་བཟུང་སྟེ་ཆེད་རྒྱལ་རབས་དང་མུ་མཐུད་དུ་བཙན་གྱིས་བཀག་པའི་འདྲ་མཉམ་མིན་པའི་ཆེངས་ཡིག /༡༨༩༣ལོར་ཧིན་རྡུ་ཏ་ཅི་ལིང་ནས་བཞག་ནང་དོན་གཙོ་བོ་ནི་ཡ་སྦྱང་ཤར་དུ་ཚོང་ལས་ཀྱི་སྒོ་ཕྱེ་བ་དང་། དབྱིན་ཇིས་ཡ་སྦྱང་ཤར་དུ་ཚོང་ལས་སྐྱུ་གཉེར་ཁང་འཛུགས་ཆོག་པ། མི་སྣ་མངགས་ཏེ་བསྐྱོད་ཆོག་པ། བོད་ཧིན་གཉིས་ཀྱི་ཚོང་ལས་དཔྱ་ཁྲལ་ལོ་ལྔ་མེད་པར་གཏོང་བ། གྱང་གོའི་བོད་སྟོངས་མི་དམངས་ཀྱིས་འབྲས་ལྗོངས་ཀྱི་སྲོལ་རྒྱུན་འཚོག་ལུག་འཚོ་བའི་ཞི་དབང་མེད་པར་གཏོང་བ་བཅས་ཡིན།

Regulations regarding Trade, Communication, and Pasturage to be Appended to the Anglo-Chinese Convention of 1890 was an unequal treaty appended to the Anglo-Chinese Convention of 1890 between the Great Britain and Qing Government signed under duress in Darjeeling of India in 1893. Issues involved: open Yadong County (Dromo) to be a trading port; allow the Britain to establish a business office in Yadong with troops stationed; the trade between India and Tibet is free of tax for 5 years; restrict the rights of Tibetans to pasture in Drenjong (now Sikkim) and so on.

《中英续订藏印条约》 《拉萨条约》严重损害中国主权，清政府不予批准，并要求修改。1906年，双方签订《中英续订藏印条约》。主要内容：双方承认将《拉萨条约》附入本约，作为附约；英国应允不占并藏境及不干涉西藏一切政治，中国应允不准其他外国干涉藏境及其一切内治等。

《གྱང་དབྱིན་བསྐྱར་བཀོད་ཀྱི་བོད་ཧིན་ཆེངས་ཡིག》 《ལྷ་སའི་ཆེངས་ཡིག》གིས་གྱང་གོའི་བདག་དབང་ལ་གནོད་པ་ཚབས་ཆེན་ཐེབས་ཕྱིར་ཆེད་རྒྱལ་རབས་ཀྱིས་ཁས་མ་བླངས་པར་མ་ཟད། བསྐྱར་བཅོས་བྱེད་པའི་རེ་བ་བཏོན། ༡༩༠༦ལོར་ཕྱོགས་གཉིས་ཀྱིས《གྱང་དབྱིན་བསྐྱར་བཀོད་བོད་ཧིན་ཆེངས་ཡིག》བཞག ནང་དོན་གཙོ་བོ་ནི་ཕྱོགས་གཉིས་ཀྱིས་ཆེངས་ཡིག་འདི《ལྷ་སའི་ཆེངས་ཡིག》གི་ཁ་སྐོང་བྱར་བཀོད་ཞིག་ཏུ་ཁས་འཆམ། ཆེངས་ཡིག་གི་ཟུར་བཀོད་ཡིན་པའི་ཆ་ནས་དབྱིན་ཇིས་བོད་ཀྱི་ས་མཚམས་མི་བཟུལ་བ་དང་བོད་སྟོངས་ཀྱི་ཆབ་སྲིད་ལ་ཐེ་གཏོགས་མི་བྱེད་པ། ཡང་བོད་སྟོངས་ལ་ཕྱི་རྒྱལ་གཞན་པའི་བོད་སྟོངས་ནང་ཁུལ་ཀྱི་ཆབ་སྲིད་ཅང་ལ་ཐེ་གཏོགས་བྱས་མི་ཆོག་པ་ཁག་ཐེབ་བྱས།

Convention Between Great Britain and China Respecting Tibet was an treaty signed by Great Britain and China in 1906 to modify the *Lhasa Treaty* which seriously undermined China's sovereignty and was not approved by the Qing Government. Issues involved: both sides admit to enclose Lhasa Treaty in this convention as an accessory treaty; the Great Britain is not allowed to interfere in Tibet's politics; other countries are forbidden to intervene in affairs of Tibet's boundary and internal administration.

种畲 也叫"畲田"。旧时畲族人惯用的一种生产技术。畲民利用地力，烧山种植，地力一衰，即行弃去，周而复始。故而形成迁徙不定的生产及生活方式。

ཇེ་འདེབས། ཇེ་ཞིང་ཡང་ཟེར། གནའ་དུས་ཇེ་རིགས་ཚོས་བཀོལ་བའི་ཐོན་སྐྱེད་ལག་རྩལ་ཞིག ཇེ་རིགས་མི་དམངས་ཀྱིས་ས་ཤུན་བེད་སྤྱོད་དང་རི་བསྲེག་ཞིང་འདེབས། ས་ཤུན་ཉམས་རྗེས་འདོར་བ། དེ་ལྟར་དུ་མཐུད་དུ་བསྐྱར་ཟློས་བྱེད་པ། དེའི་ཕྱིར་ངེས་གཏན་མེད་པར་སྤོ་བསྐྱོད་ཀྱི་ཐོན་སྐྱེད་དང་འཚོ་བ་རོལ་སྟངས་ཞིག་གྲུབ་པ་ཡིན།

Zhongshe, also called "Shetian (land)", was a conventional production technology of the She people in old times. She people took advantage of the productivity of the land and planted by burning mountain. They abandoned the land once the soil fertility was lost and went round and round. They thus formed an unstable production and lifestyle.

种族隔离研究国际专家会议 1986 年在北京召开。由中国社科院、国家民委、中国教科文全国委员会等单位组织。12 个国家的专家和观察员出席会议。中国向与会者介绍了我们实行民族平等、促进民族团结和共同繁荣进步的基本实践和经验，阐明了反对种族主义和种族隔离的基本原则和立场。

རིགས་རྒྱུད་འབྱེད་གཅོད་ཞིབ་འཇུག་རྒྱལ་སྤྱིའི་ཆེད་མཁས་ཚོགས་འདུ། ༡༩༨༦ལོར་པེ་ཅིན་དུ་ཚོགས། ཀྲུང་གོའི་སྤྱི་ཚོགས་ཚན་རིག་ཁང་དང་། རྒྱལ་ཁབ་མི་རིགས་དོན་གཅོད་ཨུ་ཡོན་ལྷན་ཁང་། ཀྲུང་གོ་སློབ་གསོ་རིག་གནས་ཚན་རྒྱལ་ཡོངས་ཨུ་ཡོན་ལྷན་ཁང་སོགས་ལས་ཁུངས་ཀྱིས་བགོད་སྒྲིག་བྱས། རྒྱལ་ཁབ་ ༡༢ ཀྱི་ཆེད་མཁས་དང་ཞིབ་བཤེར་བ་ཚོས་འདུར་ཞུགས། ཀྲུང་གོས་ཚོགས་ཞུགས་མི་སྣ་རྣམས་ལ་ངེད་ཚོས་མི་རིགས་འདྲ་མཉམ་ལག་བསྟར་དང་། མི་རིགས་མཐུན་སྒྲིལ་དང་ཕུན་ཚོགས་འགྱུར་ཡར་ཐོན་གྱི་གཞི་རྩའི་ལག་ལེན་དང་ཉམས་མྱོང་ལ་སྒྲུལ་འདེད་བྱེད་པ་ལས། རིགས་རྒྱུད་རིང་ལུགས་དང་རིགས་རྒྱུད་འབྱེད་གཅོད་ལ་ངོ་རྒོལ་བྱེད་པའི་རྩ་དོན་དང་ལངས་ཕྱོགས་གསལ་པོ་བཟོ་གནང་།

The International Meeting of Experts on Racial Segregation Research was held in Beijing in 1986. It was jointly organized by the Chinese Academy of Social Sciences, State Ethnic Affairs Commission and Chinese National Commission for UNESCO. Experts and observers from 12 countries attended the meeting. Basic practice and experience of China to implement ethnic equality, to promote ethnic unity and coprosperity was introduced, and fundamental

仲译钦波 藏语音译，意为"大秘书"。原西藏地方政府译仓的主管官员。

བྱང་ཡིག་ཆེན་པོ། བྱང་ཡིག་པ་ཆེན་པོའི་དོན། སྔར་བོད་སྲོང་ས་གནས་སྲིད་གཞུང་གི་ཡིག་ཚང་སྐྱེ་གཉེར་དཔོན་པོ་ཡིན།

Trunyichemmo, transliterated from Tibetan, means "Secretary of the Council". Trunyichemmo was the officer-in-charge of Yigtsang, a former Tibetan local government.

周保中（1902—1964） 云南大理人。白族。早年从军参加"护法战争"和"北伐"。1927年加入中国共产党。1931年从苏联回国，赴东北参加抗联领导工作，曾任东北人民自卫军司令。解放后，历任云南省人民政府副主席、云南大学校长、西南政法学院院长等职。1964年在北京病逝。

ཀྲོའུ་པའོ་ཀྲུང་། （༡༩༠༢—༡༩༦༤） ཡུན་ནན་ཏ་ལིའི་མི་ཡིན། པའི་རིགས། ཕྱི་དུས་སུ་ཁྲིམས་སྲུང་ལས་འགུལ་དང་བྱང་འདུལ་དམག་ལ་ཞུགས། ༡༩༢༧ལོར་ཀྲུང་གོ་གུང་ཁྲན་ཏང་དུ་ཞུགས། ༡༩༣༡ལོར་སུའུ་ལན་ནས་ཕྱིར་ལོག་སྟེ། ཤར་བྱང་དུ་སོང་ནས་ཤར་འགོག་མཉམ་འབྲེལ་གྱི་འགོ་ཁྲིད་ལས་ཀ་ཞུགས། ཤར་བྱང་མིའི་དམངས་རང་སྲུང་དམག་གི་སྤྱི་ཤིག་བྱས། འགྲོལ་བཅིངས་འགྲོལ་བཏང་རྗེས་ཡུན་ནན་ཞིང་ཆེན་མི་དམངས་སྲིད་གཞུང་གི་ཀྲུའུ་ཞི་གཞོན་པ། ཡུན་ནན་སློབ་ཆེན་གྱི་སློབ་སྤྱི། སྲོ་ནུབ་སྲིད་ཁྲིམས་སློབ་གླིང་གི་སློབ་གཙོ་སོགས་ཀྱི་འགན་ཁུར། ༡༩༦༤ལོར་པེ་ཅིན་དུ་འདས།

Zhou Baozhong（1902-1964）, born in 1902, of Bai ethnic group, is a native of Dali, Yunnan. He was engaged in the campaign defending the Constitution and Northern Expedition in his early years. He joined the Chinese Community Party in 1927. In 1931, Zhou returned from the Soviet Union and went to northeast of China to lead the Counter-Japanese united forces. He was once the commander of the Self-defense Corps of Northeastern people. After liberation, he had successively served as vice-chairman of People's Government of Yunnan province, the President of Yunnan University and dean of Southwest University of Political Science and Law. He died of illness in Beijing in 1964.

朱德海（1911—1972） 朝鲜族。吉林延吉人。早年在黑龙江从事抗日斗争运动，后去苏联莫斯科东方劳动大学学习。1939年到延安八路军三五九旅任指导员，1945年回哈尔滨担任朝鲜义勇军第三支队政委。解放后，历任延边朝鲜民族自治区政府主席、延边大学校长、吉林省副省长等职。

ཀྲུའུ་ཏེ་ཧའི། （༡༩༡༡—༡༩༧༢） ཁྲོའོ་ཞེན་རིགས། ཅི་ལིན་ཡན་ཅིའི་མི་ཡིན། སྔ་དུས་སུ་ཧད་ལུང་ཅང་དུ་ཞར་འགོག་དམག་འཁྲུག་ལས་འགུལ་ལ་ཞུགས། ཕྱིས་སུ་སུའུ་ལེན་གྱི་མོའི་སི་ཁོའི་ཤར་ཕྱོགས་ངལ་རྩོལ་ཆེན་དུ་སློབ་སྦྱོང་བྱས། ༡༩༣༩ལོར་ཡན་ཨན་དམག་ཕྱོག་བརྒྱད་པའི་མགོ་གཙོས་འགན་འཛིན་བྱས། ༡༩༤༥ལོར་ཕྱིར་ཧར་པིན་དུ་ལོག་ནས་ཁྲོའོ་ཞེན་དང་བླངས་དམག་གི་གསུམ་པའི་ཚན་ཁག་གི་ཡུལ་སྲིད་ལ་བསྐོས།

བཅིངས་འགྲོལ་རྗེས་སུ་ཡན་པན་ཁྲོའོ་ཞེན་རིགས་རང་
སྐྱོང་སྲིད་གཞུང་གི་ཀྲུའུ་ཞི་དང་ཡན་པན་སློབ་ཆེན་གྱི་སློབ་
གཙོ་ཅེ་ལིན་ཞིང་ཆེན་གྱི་ཀྲིན་གཞོན་པ་སོགས་ཀྱི་
འགན་ཁུར།

Zhu Dehai（1911-1972）, born in 1911, of Chaoxian ethnic group, is a native of Yan-ji, Jilin province. He was engaged in Counter-Japanese War in Heilongjiang in his early years and went to Soviet Union to study in Communist University of the Toilers of the East. He was the political instructor of Brigade 359 of the Eighth Route Army in Yan'an in 1939 and served as political commissar of the third detachment of Korean volunteers in Harbin in 1945 then. After liberation, he had successively served as chairman of government of Yanbian Korean Autonomous Prefecture, president of Yanbian University and vice-governor of Jilin province. He died in 1972.

珠尔默特那木札勒（？—1750） 西藏贵族。颇罗鼐次子。乾隆十二年（1747）袭郡王爵，总理西藏事务。十五年谋叛，为驻藏大臣傅清、拉卜敦所诛。清廷从此废西藏王爵，立噶厦，置四噶伦（见"噶伦制"词条），禀承驻藏大臣及达赖喇嘛之命处理西藏地方行政事务。

འགྱུར་མེད་རྣམ་རྒྱལ（？—１７５０） པོད་ཀྱི་སྐུ་དྲག ཕོ་ལྷ་བའི་སྲས་འབྲིང་བ། ཆེན་རྒྱལ་རབས་ཆེན་ཡང་ཁྲིའོ་１ཪ་པར་（１７４７）པོ་ལྷ་པ་གཞིགས། རྗེས་རྗེན་པར་དུ་བསྐོས་ཏེ་པོད་ཀྱི་སྲིད་དབང་བཟུང་། བོ་བཅོལ་ལོ་ཆུ་གྱེན་ལོག་བྱས་པས་པོད་སྡོད་ཨམ་བན་

ཆེན་དང་ལ་ཡི་ཧུང་གཉིས་ཀྱིས་མེད་པར་བཏང་། ཆེན་རྒྱལ་རབས་ཀྱིས་དུ་དེ་ནས་བཟུང་བོད་རྗེན་ཕར་མེད་པར་བཟོས་ཏེ། བགའ་ཤག་བཙུགས་ནས་བགའ་བློན་བཞི་བསྐོས།（བགའ་བློན་ལམ་ལུགས་ལ་ལྟོས།）པོད་སྡོད་ཨམ་བན་བློན་ཆེན་དང་ཏཱ་ལེ་བླ་མའི་བགའ་ལུང་བོད་ཀྱི་སྲིད་དོན་བྱ་གཞག་སྒྲུབ་པའོ། །

Gyurme Namgyal（?-1750）, Tibetan nobility, is the second son of Pholhanas. He inherited the title to be the ruling prince to deal with Tibetan affairs in the 12th year of the reign of Emperor Qianlong (1747). He rebelled in the 15th year and was killed by Grand Minister Resident of Tibet Fu Qing and La Budun in 1750. The Qing Government abolished Tibetan prince since then and founded Kashag with 4 Kalons to deal with Tibetan local administrative affairs in obedience to the Grand Minister Resident of Tibet and Dalai Lama.

珠峰自然保护区 位于中国西藏与尼泊尔交界处，行政上属西藏的定日、吉隆、聂拉木、定结县所辖。1988年经西藏自治区人民政府批准建立，1994年晋升为国家级自然保护区。主要保护对象为高山、高原生态系统。面积约3.38万平方公里。

ཇོ་མོ་གླང་མའི་རང་བྱུང་སྲུང་སྐྱོབ་ཁུལ། རྒྱ་པོའི་པོད་སྟོངས་དང་བལ་པོའི་འབྲེལ་མཚམས་སུ་ཡོད། སྲིད་འཛིན་ཐད་ནས་པོད་སྟོངས་ཀྱི་དིང་རི། སྐྱིད་ལུང་། གཉམ་ལྷ། བདུད་རྒྱལ་རྫོང་སོགས་ཀྱི་ཁོངས་སུ་གཏོགས། １９８８ལོར་པོད་རང་སྐྱོང་ལྗོངས་མི་དམངས་སྲིད་གཞུང་གིས་ཐད་ལེན་བྱས་ཏེ་བཙུགས། １９９４ལོར་རྒྱལ་ཁབ་རིམ་པའི་རང་བྱུང་སྲུང་སྐྱོབ་ཁུལ་དུ་སྒྱུར། སྲུང་སྐྱོབ་བྱེད་

ཡུལ་གཅོ་བོ་ནི་རི་མཐོན་པོ་དང་མཐོ་སྒང་གི་སྐྱེ་ཁམས་
ཡིན། རྒྱ་ཁྱོན་ལ་སྤྱི་ལེ་གྲུ་བཞི་མ་ཁྲི་༣་རྩ་༨བརྒྱ་ཡོད།

Qomolangma Nature Reserve is located in the border of Tibet in China and Nepal, administratively subordinated to the Tibetan County of Dingri, Jilong, Nielamu and Dingjie. Approved by the People's Government of the Tibet Autonomous Region, the Qomolangma Nature Reserve was built in 1988 and in 1994 it was ascended to be the National Nature Reserve. Its main protection targets are high mountains and plateau ecosystem. Its area is now 33,800 square kilometers.

《主巴白莲教法史》 藏文佛教史籍。藏传佛教主巴噶举派活佛白玛噶布著。成书于明万历八年（1580）。拉萨木刻版共310页。前半部叙述佛教发展的一般历史，后半部记述10世纪末以来藏传佛教各大译师的事迹，较为详尽，还收录了一部分具参考价值的信札。

《འབྲུག་པ་བད་དཀར་ཆོས་འབྱུང་》 བོད་ཡིག་གི་ཆོས་འབྱུང་དེབ་ཐེར། ནང་བསྟན་ཆོས་ལུགས་འབྲུག་པ་བཀའ་བརྒྱུད་གྲུབ་མཐའི་སྐྱེས་མ་པད་མ་དཀར་པོས་བརྩམས། མིང་རྒྱལ་རབས་ཕན་ལེ་ཕྱི་ལོ་བཅུད་པར་（༡༥༨༠）པར་དུ་བཏབ། ལྷ་སའི་ཤིང་པར་མར་གོས། དོན་ར་༣༡༠ཡོད། སྟེགས་ཐབས་ཕྱེད་ཕྲ་མར་དང་བསྟུན་གོང་འཕེལ་གྱི་ལོ་རྒྱུས་དང་། ཕྱི་རྗེས་མར་དུས་རབས་༡༠་པའི་མཇུག་ནས་བྱོན་པའི་ནང་པའི་ལོ་ཙཱ་བ་ཆེན་མོའི་མཛད་འཕྲིན་རྒྱས་པར་བཀོད་ཡོད། གཞན་དུ་དཔྱད་ཡིག་ཁྱད་གཏགས་ཀྱི་རིན་ཐང་ལྡན་པའི་འཕྲིན་ཡིག་འགའ་ཞིག་ཀྱང་བཀོད་ཡོད།

A History of Drukpa White Lotus Buddhism is a Tibetan Buddhism historical record compiled by Pema Karpo, the Living Buddha of Drukpa Kagyu of Tibetan Buddhism in the 8th year of Wanli of the Ming Dynasty (1580). There are 310 pages in Lhasa woodblock; the first half part narrates the general history of the development of Buddhism and the latter part gives a detailed account of the achievements of Lotsawas of Tibetan Buddhism from the end of 10th century. Some letters of reference value are also included.

主巴噶举 藏传佛教塔布噶举派帕竹噶举分支之一。由林热·白玛多吉始创。后分为中、上、下、南四系。

འབྲུག་པ་བཀའ་བརྒྱུད། དགས་པོ་བཀའ་བརྒྱུད་མཐའི་ཕག་གྲུ་བཀའ་བརྒྱུད་ཀྱི་ནང་གསེས་ཤིག་ཡིན། གླིང་རས་པ་པདྨ་རྡོ་རྗེ་ཡིས་གསར་གཏོད་བྱས། རྗེས་སུ་བཟུང་སྟེ། འོག་སྟོད་བཅས་བཞིར་གྱེས།

Drukpa Kagyu is a branch of Phaktru Kagyu of Dakpo Kagyu of Tibetan Buddhism. It is founded by Lingrepa Pema Dorje. Later, its lineage subsequently divided into middle, upper, lower and southern branches.

主儿乞部 蒙古12世纪的一个部落。是铁木真曾祖父长子斡勤巴儿合黑的后裔。姓主儿乞氏。1197年，铁木真击败主儿乞部，将其并入蒙古部。

གྱུར་ཆེན་ཚོ་བ། སོག་པོའི་དུས་རབས་༡༢པའི་ཚོ་བ་ཞིག་གི་མིང་། ཐེམས་ཆེན་གྱི་ཡབ་མེས་ཆེ་བ་འབོད་ཆེན་པར་ཧུའུ་ཧུའི་ཡི་བ་རྒྱུད་ཡིན། རུས་གྱོར་ཆན། ༡༡༩༧ལོར་ཐེམ་ཆེན་གྱིས་གྱོར་ཆན་ཚོ་བ་ཕམ་པར་བཅུག་སྟེ་སོག་

པོའི་ཁྲོད་དུ་བསྡུས།

Jurkin tribe was a tribe of Mongolia in 12th century. Jurkin tribe was the descendent of Woqinbaerhehei, Temujin's great-grandfather's eldest son. Temujin defeated Jurkin tribe in 1197 and absorbed it into Mongolia tribe.

主麻日 "主麻"是阿拉伯语的音译，意为聚礼。因此，也称"聚礼拜"，即穆斯林每星期五正午过后会聚在清真寺举行的集体礼拜，包括礼拜、听念"呼图白"（教义演说词）和听讲"窝尔兹"（劝善讲演）等宗教仪式。主麻日是穆斯林认为一周中最吉庆、最贵重的日子。

ཀྱོན་མ་དུས་ཆེན། ཀྱོན་མ་ནི་ཨ་ལ་པའི་སྐད་ཀྱི་སྒྲ་བསྒྱུར། འདུས་མཆོད་ཀྱི་དོན། འདུས་ཚོགས་གྱུར་མཆོད་ཡང་ཟེར། ཁ་ཆེ་བ་རྣམས་འབྲང་རེ་རེ་གཟའ་པ་སངས་ཀྱི་གུང་ཇ་བར་རྗེས་དཔྱི་དགེ་མཆོད་ཁང་དུ་ཚོགས་མང་པོ་གུས་མཆོད་བྱེད་པ་ལ་བསྟན། དེར་གུས་མཆོད་བྱེད་ཕོན་ཆུའི་ཕྱུན་པའི་ལ་（ཚོས་མཆོད་འདོན་པ）ཞན་འདོན། བོར་ཚེ་（བཟང་སྤྱོད་སྒྲུབ་མཁན）ཞན་བཤད་སོགས་ཆོས་ལུགས་ཆོ་འགུལ། ཀྱོན་མ་དུས་ཆེན་ནི་ཁ་ཆེ་བ་རྣམས་འབྲང་རེ་ཡི་ནང་གི་ཆེས་རྒྱ་ཆེན་དང་ཆེས་བཀའ་བའི་དུས་ཆེན་ཞིག་ཏུ་འདོད།

Jumah, transliterated from Arabic, means "gathering worship". It is also called "pray in congregation", during which Muslims gather to pray in Mosque every Friday afternoon. Religious rites like prayer, listening to Khutbah (sermons) and speeches that encourage good deeds are normal in Jumah. Jumah is regarded as the most propitious and precious day of the week.

主体民族 就国家而言，通常指人数占该国人口绝对多数的民族。多民族国家一般都是以某个主体民族为基础，再加上一些少数民族建立起来的。

མི་རིགས་གཙོ་བོ། རྒྱལ་ཁབ་ཞིག་ལས་བཤད་ན། མི་གྲངས་ཀྱིས་རྒྱལ་ཁབ་མི་གྲངས་ཀྱི་གྲངས་ཚད་མང་པོར་ཟིན་པའི་མི་རིགས། མི་རིགས་མང་བའི་རྒྱལ་ཁབ་ཕྱུག་བདག་ཏུ་མི་རིགས་གཙོ་བོ་ནས་གཞིར་བྱས་ཏེ། གངས་ཉུང་མི་རིགས་གཞན་དག་ལ་བསྟོན་སྟོབས་གྱུབ་པ་ཞིག་ཡིན།

Major nationality refers to the nationality of which the population is of absolute majority as to the country. Multi-ethnic country is generally founded on certain major nationality and some ethnic groups.

驻藏大臣 清代中央政府派驻西藏地方的行政长官。全称"钦差驻藏办事大臣"。1727年至1911年置。代表中央政府会同达赖监理西藏地方事务，并专司监督有关达赖喇嘛、班禅及其他大呼图克图转世的金瓶掣签、拈定灵童、坐床典礼等事宜。

བོད་སྡོད་ཨམ་བན། ཆིང་རྒྱལ་རབས་གུང་དབང་སྲིད་གཞུང་གིས་བོད་ལྗོངས་ས་ཁུལ་མངགས་པའི་སྲིད་དོན་འགོ་དཔོན། སྤྱི་བྱིང་ལ་བོད་སྡོད་ཨམ་བན་ཆེ་མོ་ཟེར། ༡༧༢༧—༡༩༡༡འི་བར་དུ་གནས། ཀྲུང་དབྱང་སྲིད་གཞུང་གི་ཚབ་ཀྱིས་ཏཱ་ལའི་དང་མཉམ་དུ་བོད་ལྗོངས་ས་གནས་ཀྱི་ལས་དོན་སྤྱོད་རོགས་དང་། དེ་མིན་རྒྱལ་བ་ཧོ་ཐོགས་བླ་ཆེན་དག་ཡང་སྤྲུལ་བླ་བའི་གསེར་བུམ་དཀྲུགས་པ་དང་། ཡང་སྤྲུལ་དོན་འཛིན། ཁྲི་སྟོན་མཛད་སྒོགས་ལ་ཆེད་དུ་བཀྲུག་བྱེད་པའི།

Grand Minister Resident of Tibet was the administrator the Qing Government assigned to station in Tibet set from 1727 to 1911. The full name is "imperial envoy for Tibetan affairs". They represented the central government to supervise the Tibetan local affairs together with Dalai. They exclusively took charge of matters concerning lot-drawing from a gold urn (traditional practice for deciding on the final choice of the soul boy of Dalai or Panchen Lama in Tibet) to pick up reincarnation and enthronement ceremony of reincarnation of Dalai Lama, Panchen and other Hutukutu.

转经 藏传佛教等的一种宗教活动。即围绕着某一特定路线行走、祈祷。信众常手持转经筒（藏传佛教等信徒的宗教器物），口诵六字真言等经文。转经一圈为圆满，认为可修好来世。

བསྐོར་བ། ནང་ཆོས་ཀྱི་བྱེད་སྒོ་ཞིག ལྟ་ཁད་སོགས་དེས་གཏན་གྱི་ལམ་ཕྱོག་ཞིག་ལ་བསྐོར་བ་བྱས་ཏེ་དགེ་བ་སྒྲུབ་པ། དད་ལྡན་ཆོས་རྒྱུན་པར་ལག་ཏུ་ཕྱེད་བ（ནང་ཆོས་དད་མིའི་ཆོས་ལུགས་ལག་ཆ）ཕྱག་ཤིང་ཁ་ནས་མ་ཎི་ཡིག་དྲུག་སོགས་འདོན་བཞིན་དུ་བསྐོར་ཚད་གཅིག་ཚང་ན་ཚེ་རབས་ཕྱི་མར་དགེ་བོང་ལ་མི་ཕྱེད་པར་ཕན་པའི་ཀུན་སློང་འཆང་།

Zhuanjing is a religious activity of Tibetan Buddhists, which means walking along a certain routine and praying. The votary holds the prayer wheel (a religious apparatus of Tibetan Buddhism) in hand, and recites Six-word Mantra or other scriptures. Walking one round means completeness and a good next life.

转世灵童 灵童，即活佛转世继承人。活佛转世是藏传佛教特有的传承方式。13世纪，噶玛噶举派的黑帽系首领圆寂后，推举一幼童为转世继承人，从而创立活佛转世的办法。此后各教派效法，并逐渐形成达赖喇嘛和班禅额尔德尼等活佛转世系统。

སྤྲུལ་སྐུ་རོས་འཛིན། ཡང་སྤྲུལ་བླ་མའི་ཡང་སྤྲུལ་རོས་འཛིན་ནི་བོད་རྒྱུད་ནང་བསྟན་གྱི་ཐུན་མིན་ཡུལ་གྱི་སྔོལ་ཆིག་ཡིན། དུས་རབས་བཅུ་གསུམ་པར་ཀཾ་ཚང་རྒྱུད་ཀུན་མཁྱེན་ཞྭ་ནག་གི་ཡང་སྤྲུལ་དུ་རོས་འཛིན་བྱས། དེ་ནས་བཟུང་བླ་མའི་སྤྲུལ་སྐུ་རོས་འཛིན་བྱུང་། རྗེས་སུ་གྲུབ་མཐའ་སོ་སོས་ལད་ཟློས་བྱས་ནས་རིམ་གྱིས་ཏཱ་ལའི་བླ་མ་དང་པཎ་ཆེན་ཨེར་ཏེ་ནིའི་སོགས་སྤྲུལ་སྐུ་རོས་འཛིན་བྱུང་།

Soul boy is the inheritor of reincarnation of the Living Buddha. The reincarnation of Living Buddha is the unique mode of inheritance of Tibetan Buddhism. In 13th century, an infant was chosen as the inheritor of reincarnation when the leader of Black Hat of Karma Kagyu passed away. The reincarnation of Living Buddha was hence established and other sects followed, and the system of reincarnation of Living Buddha of Dalai Lama and Panchen Lama was gradually formed.

庄房 云南德宏等地傣族的佛寺。

བྲོང་ཁང་། ཡུན་ནན་ཏེ་ཧུང་ས་ཁུལ་སོགས་ཀྱི་ཏཱའི་རིགས་ཀྱི་ནང་པའི་དགོན་པ།

Zhuangfang refers to the Buddhist monastery of Dai people in Dehong and other places of Yunnan province.

壮傣语支 属汉藏语系壮侗语族。是壮侗语族中分布最广、使用人口最多的一个语支。包括中国的壮语、布依语、傣语和海南岛临高话。在国外，泰国的泰语、老挝的老挝语、缅甸的掸语、傣痕语，越南北部的岱语、侬语、土语，印度东北部的坎堤语和已消亡的阿含语等，都属这个语支。

ཀྲོང་ཏའི་སྐད་རིགས་ཡན་ལག ། རྒྱ་བོད་སྐད་རྒྱུད་བོད་གཏོགས་ཀྲོང་ཏུང་སྐད་རིགས། དེའི་གྲོང་ཏུང་སྐད་རིགས་བོད་ཀྱི་བྱ་ཆེ་ཞིང་བཀོལ་བའི་མི་གྲངས་ཆེས་མང་བའི་སྐད་ལག་ཅིག་ཡིན། བོད་གཏོགས་སུ་གུང་གོའི་གྲོང་རིགས་སྐད་དང་། ཕུའི་དབྲི་རིགས་ཀྱི་སྐད། ཏའི་རིགས་སྐད་དང་ཏའི་ནན་སྒྲིང་གི་ལིའི་གོ་སྐད་སོགས་འདུས་ཡོད་པ་དང་། ཕྱི་རྒྱལ་ཁག་ཏུ། ཐེ་ལེའི་ཐེ་སྐད། ལའོ་སོའི་ལའོ་སོ་སྐད། འབར་མའི་ཁྱེན་སྐད། ཏེའི་ཧུན་སྐད། སྦེ་ཧེ་ནམ་བྱང་ཕྱོགས་ཀྱི་ཏེ་སྐད། ནོང་སྐད། ཐུའི་སྐད། ཧིན་ཏུ་བྱང་ཤར་ཕྱོགས་ཀྱི་ཁན་ཏེ་སྐད། དང་། དེ་སྐབས་འཇིག་པའི་ཨ་ཧན་སྐད་སོགས་དེ་སྐད་ལག་འདིའི་ཁོངས་སུ་གཏོགས།

Zhuang-Dai language branch is a branch of Zhuang-Dong language in Sino-Tibetan language family. It is spoken by the largest number of people and is the most widely distributed language branch in Zhuang-Dong language, including Zhuang language, Bouyei language, Dai language and Lingao language of Hainan province. Besides, Thai of Thailand, Lao of Laos, Shan language and Dai language of Burma, Tay-Nung language of the northern of Vietnam, Kandi language of northeast of India and extinct Ahan language all belong to the Zhuang-Dai language branch.

壮侗语族 汉藏语系的语族之一。分3个语支：1. 壮傣语支。2. 侗水语支。3. 黎语支。壮侗语族分布在中国广西、云南、贵州、广东、海南和湖南南部，也通行于泰国、老挝、缅甸、越南北方和印度东北部的阿萨姆邦。

ཀྲོང་ཏུང་སྐད་རིགས། རྒྱ་བོད་སྐད་རྒྱུད་ཀྱི་ཁོངས་གཏོགས་སྐད་རིགས་ཤིག སྐད་རིགས་ཡན་ལག་གསུམ་དུ་དབྱེ་ཡོད་དེ། 1 ཀྲོང་ཏའི་སྐད་རིགས་ཡན་ལག 2 ཏུང་ཧྲུའི་སྐད་རིགས་ཡན་ལག 3 ལི་སྐད་རིགས་ཡན་ལག ཀྲོང་ཏུང་སྐད་རིགས་དེ་གུང་གོའི་ཀོང་ཞི། ཡུན་ནན། གུའི་གྲོའུ། ཀོང་ཏུང་། ཧའེ་ནན་དང་ཧུའུ་ནན་སྦྱོ་ཕྱོགས་སུ་ཁྱབ་ཡོད། ཐེ་ལའོ། ལའོ་བོ། འབར་མ། སྦེ་ཐེ་ནམ་བྱང་ཕྱོགས་དང་ཧིན་ཏུ་བར་བྱང་ཁྱོ་ཀྱི་ཨ་ས་མུའི་པང་སོགས་སུའང་བཀོལ་བཞིན་ཡོད།

Zhuang-Dong Language Group is one of the language groups of Sino-Tibetan language family. The Group includes 3 branches: Zhuang-Dong branch, Dong-Shui branch and Li branch, among which Zhuang-Dong languages are spoken in Guangxi, Yunnan, Guizhou, Guangdong and south of Hunan provinces; they are also used in Thailand, Laos, Burma, the north of Vietnam and Assam which locates in the northeast of India.

壮文 壮族使用的文字。南宋时期，壮族聚居地区就曾出现过在汉字基础上创造的"土俗字"，但使用范围不广。1955年制订《壮文方案》（草案）。1957年推行。以壮语北方方言为基础方言，以武鸣语音为标准音。1982年又作修订。采用26个拉丁字母。

ཀྲོང་ཡིག གྲོང་རིགས་ཀྱིས་བཀོལ་སྤྱོད་བྱེད་པའི་ཡི་གེ སྔོན་ཙམ་པའི་སྐབས་སུ་གྲོང་རིགས་ན་ཁུལ་དུ་བྱུང་སྨྱོང་བའི་རྒྱ་ཡིག་གི་རྨང་གཞིའི་སྟེང་གསར་དུ་གཏོད་པའི་ཕུའུ་སུན་ཡིག་ལོད་ཙོད། ཞེས་ཀུང་བཀོལ་སྤྱོད་ཀྱི་ཁྱབ་ཁོངས་མི་ཆེ། ༡༩༥༥ལོར《གྲོང་ཡིག་ཇུས་གཞི》（མ་ཕྱི）གཏན་འབེབས་བཟོས་ཏེ ༡༩༥༧ལོར་ཁྱབ་སྤེལ་བཏང་། གྲོང་ཡིག་གི་རྨང་གཞིའི་བྱེད་ཕྱོགས་སུ་སྐད་དང་སྐད་གདངས་ཚད་གཞི་ཕུའུ་མན་སྐད་བྱས། ༡༩༨༢ལོར་ཡང་བསྐྱར་དག་བཅོས་ལ་བརྟེན་ཡིག་འབྲུ་རེ་གཉེར་ཡོད།

Zhuang script is the script of Zhuang people. The sawndip scripts (means "immature scripts" in Chinese) were created on the basis of the Chinese characters in Zhuang area in the Southern Song Dynasty, but they were not widely used. The draft of *Zhuang Script Program* was made in 1955 and taken in practice in 1957. It stated that the north dialect of Zhuang was the basic dialect with Wuming accent as the standard pronunciation. The 26 Latin alphabets were adopted in the revised version in 1982.

壮语 壮族使用的语言。旧称"僮语"。属汉藏语系中壮侗语族壮傣语支。主要分布于中国广西和云南文山壮族苗族自治州。分南部和北部两个方言。

ཀྲོང་སྐད། གྲོང་རིགས་ཀྱིས་བཀོལ་སྤྱོད་བྱེད་པའི་སྐད། བརྫིད་དུ་ཐུང་སྐད་ཟེར། རྒྱ་བོད་སྐད་རྒྱུད་བོད། གཏོགས་གྲོང་སྐད་རིགས་ཀྱི་གྲོང་ཏའི་སྐད་ལག་ཡིན།

གཙོ་བོར་ཀུང་གིའི་ཀོན་ཞི་དང་ཡུན་ནན་བུན་ཧན་ཀྲི་གྲོང་རིགས་མུའུ་རིགས་རང་སྐྱོང་ཁུལ་དུ་ཁྱབ་ཡོད། ལྷོ་བྱང་གཉིས་ཀྱི་ཡུལ་སྐད་དུ་དབྱེ།

Zhuang language is the language of Zhuang people which was called "Tong language" in earlier times. It belongs to the Zhuang-Dai branch of Zhuang-Dong group of the Sino-Tibetan language family. It is mainly spoken by people in Guangxi and Wenshan Zhuang-Miao Autonomous Prefecture of Yunnan. It is divided into south dialect and north dialect.

壮族 中国少数民族中人口最多的民族。有16926381人（2010年）。主要聚居在广西、云南文山壮族苗族自治州，少数分布在广东、湖南、贵州、四川等省。其先民属古代百越族群。有本族的语言文字。信仰原始宗教，祭祀祖先，部分人信奉基督教。以农业为主，善种甘蔗等作物。

ཀྲོང་རིགས། ཀུང་གོའི་གྲངས་ཉུང་མི་རིགས་ལས་མི་གྲངས་ཆེས་མང་བའི་མི་རིགས། མི་༡༦༩༢༦༣༨༡ཡོད།（༢༠༡༠ལོ）གཙོ་བོར་ཀོན་ཞི་དང་ཡུན་ནན་བུན་ཧན་ཀྲི་གྲོང་རིགས་མུའུ་རིགས་རང་སྐྱོང་ཁུལ་དུ་འདུས་སྡོད་བྱས་ཡོད། ཁུ་ཏོང་། ཧུའུ་ནན། ཁུའེ་ཀྲོའུ། སི་ཁྲོན་སོགས་སུ་ཁྱབ་ཡོད། མེས་པོའི་གན་པའི་པེ་ཡུའི་རིགས་ལ་གཏོགས། རང་མི་རིགས་ཀྱི་སྐད་ཡིག་ཡོད་ཅིང་། གདོད་མའི་ཆོས་ལུགས་ལ་དད་མོས་བྱེད། དང་མེས་པོ་ལ་མཆོད་བྱེད། ཁ་ཤས་ཀྱིས་ཡེ་ཤུའི་ཆོས་ལུགས་ལ་དད་མོས་བྱེད། ཞིང་ལས་གཙོ་གཉེར་དང་། བུར་ཤིང་སོགས་འདེབས་པར་མཁས།

Zhuang people is the most populous people of Chinese ethnic groups. There were

16,926,381 Zhuang people in 2010, mainly inhabiting in Guangxi, Wenshan Zhuang-Miao Autonomous Prefecture of Yunnan, and a small part of the population scattered in Guangdong, Hunan, Guizhou and Sichuan provinces. Their ancestors were of Baiyue ethnic groups in ancient times. The Zhuang people have their own language and scripts, they believe in primitive religion and worship their forefathers, and some have faith in Christianity. They are agriculture-based and apt to plant crops such as sugarcane.

壮族医学 民族医学。萌芽于原始社会。骨刮等治疗技术已运用于先秦时期。唐宋以后，又吸收中医药的部分理论和方法，得以发展。阴阳为本、三气同步为壮医的天人自然观。对脏腑气血骨肉、谷道水道气道、龙路火路的认知是壮医的生理病理观。药线点灸疗法等为特色疗法。

གྲོང་རིགས་ཀྱི་གསོ་རིག །མི་རིགས་ཀྱི་གསོ་རིག གདོད་མའི་སྤྱི་ཚོགས་དུས་སུ་དེའི་ལྟུ་གུ་འབུས། དུས་གཞོན་སོགས་ཀྱི་སྨན་བཅོས་ལག་རྩལ་ཉི་ཆིན་སྔོན་མའི་དུས་སུའང་དར་ཡོད། ཐང་སུང་གི་ཇེས་སུ་རྒྱ་སྨན་གྱི་གཞུང་ལུགས་དང་ཐབས་བཀའ་ནད་འདྲེན་སྟོགས་འབྱེས་རྒྱས་བྱུང། ཡིན་ཡང་གཉིས་རྩ་བ་དང། དབུགས་གསུམ་མཉམ་འགྲོ་བའི་གྲོང་རིགས་སྨན་པའི་ནམ་དང་མི་ཆིག་ཏུ་སྦྱར་བའི་རང་བྱུང་ལྟ་བ་ཡིན། དོན་ལྔ་སྟོག་དུག་དགག་ཤ་རུས། ཙ་ལམ་ཆུ་ལམ་དབུགས་ལམ། སྨྱུ་ལམ་མེ་ལམ་བཅས་ཀྱི་གནས་ཚུལ་ལ་གྲོང་རིགས་སྨན་པའི་གསོ་དཔྱད་བདུན་སོགས་ཁྱད་ཆོས་ཀྱི་གསོ་དཔྱད་ཡིན། སྨན་སྐུད་མེ་བཙའ་སོགས་གྲོང་རིགས་སྨན་པའི་ཁྱད་ཆོས་ཀྱི་གསོ་རིག་སྨན་བཅོས་ཀྱི་ཐབས་ཤེས་ཡིན།

Zhuang ethnic medicine is an ethnomedicine germinated in primitive society. Rugine and other treatments were applied in Pre-Qin period. Zhuang ethnic medicine had developed by absorbing some theories and treatments of Chinese medicine after the Tang and Song Dynasty. Zhuang ethnic medicine believes in the natural part of yin and yang and the synchronization of the three conditions of qi movement in terms of the view on human-nature relation and conception of nature. The perception of Zhuang medicine on viscera, qi and blood, bone-flesh, anus, urethra, trachea, and the balance of water and fire is its physiological and pathological view. Thread moxibustion is one of its particular therapies.

准 景颇语音译，意为"奴隶"。亦称"木样"。特指旧时景颇族社会最低的等级。

ཀྲུན། ཅིང་པོ་སྐད་ཀྱི་སྒྲ་བསྒྱུར། ནང་དོན་ནི་ཁོལ་གཡོག ཡིན། མུའི་ལོག་ཡང་འབོད། གཞན་དུས་ཀྱི་ཅིང་པོ་མི་རིགས་ཀྱི་སྤྱི་ཚོགས་ཁྲོད་རིམ་པ་ཆེས་དམའ་བའི་རིགས་ལ་བསྟུན།

Zhun, transliterated from Jingpo language, means "slave". It is also called "Muyang". It refers in particular to the lowest social class in Jingpo people in old times.

准噶尔部 蒙古旧部名。准噶尔意为"左翼"。清代卫拉特蒙古四部之一。17至18世纪，准噶尔部控制天山南北，建立游牧帝国。在18世纪与清中央王朝的战争中灭亡。

ཇུན་གར་ཚོ་པ། སོག་པོའི་ཚོ་རྙིང་པ་ཞིག་ཡིན། ཇུན་གར་གྱི་དོན་དེ་གཡོན་གཤོག་ཆེན་རྒྱལ་རབས་པེ་ཐུ་སོག་པོའི་ཚོ་བཞིའི་ནང་གསེས་ཤིག ཇུན་གར་པས་ཐེན་ཧྲན་རིའི་པོའི་ལྟོ་བྱང་གཉིས་གར་དབང་བསྒྱུར་ཏེ་འབྲོག་པའི་རྒྱལ་ཁབ་བཙུགས། དུས་རབས་བཅུ་བདུན་པར་ཆེད་རྒྱལ་རབས་དང་དམག་འཐབ་ཀྱི་ཁྲོད་འཇིག

Dzungar tribe was an old tribe of Mongolia. Dzungar means "the left wing" and Dzungar tribe was one of the four tribes of Oirat Mongolia in the Qing Dynasty. The Dzungar tribe got command of Mount Tianshan from north to south and set up a nomadic empire that remained from 17th century to 18th century. The Dzungar tribe was destroyed in the war with Qing Empire in 18th century.

准噶尔军侵扰西藏事件 1717年蒙古准噶尔部策零敦多布率兵6000人，偷袭拉萨。次年清廷派兵自青海入藏平叛，不敌准噶尔军，清军覆没于藏北那曲。1720年清廷复派兵分青海、四川两路入藏，原拉藏汗政权的部分官员也在多地起义，配合清军平乱。同年8月准噶尔军被彻底击溃。

ཇུན་གར་དམག་གི་བཅའ་འཇུག་གི་བོད་རྒྱལ། ༡༧༡༧ལོར་སོག་པོའི་ཚོ་དཔོན་ཚེ་དབང་རབ་བརྟན་གྱིས་དམག་མི་དྲུག་སྟོང་དང་དེ་ལྷ་སར་འཐབ་རྐྱེན་བྱས། དེའི་ཕྱིར་ལོར་ཆེད་གོས་དམག་མཚོ་སྔོན་ནས་ལྷ་སར་དྲངས་ཏེ། ནག་ཆུ་ཞིག་འགུག་བསྒྲུབ་བ་ཙ་མེད་བཏང་། ༡༧༢༠ལོར་ཡང་བསྒྱུར་མཚོ་སྔོན་དང་སི་ཁྲོན་ལྷགས་གཉིས་ནས་དམག་པོད་དུ་བཏང་། ལྷ་བཟང་ཧན་གྱི་གཞུང་ཚབ་ཀྱི་ལས་བྱེད་ཀྱང་ཡུལ་མང་པོ་ཞིག་ཏུ་ཡར་ལངས་བྱས་ནས་ཆེད་དམག་ལ་ཟིང་འཁྲུག་གི་མགོ་གནོན་རོགས་བྱས། པོ་དེའི་ཟླ་བ་དབར་ཇུན་གར་བའི་དམག་ཚ་བ་ནས་མེད་པར་བཏང་།

Incident of Dzungar Invasion of Tibet was an incident happened when Tseren Dondub, head of the Dzungar tribe of Mongolia, led 6,000 soldiers to raid Lhasa in 1717. The Qing Government sent a troop to suppress the rebellion from Qinghai into Tibet. But the Qing troop lost to the Dzungar force and was completely annihilated in Nagqu of north Tibet in 1718. Another troop was sent from Qinghai and Sichuan to enter Tibet in 1720 and officials of the former Lhazangkhan Regime revolted in many places to cooperate with Qing troops to crush down the rebellion. The Dzungar force were completely destroyed in August the same year.

卓巴 基诺语音译。汉称"老火头"。旧时基诺族的村社长老。被视为"寨父"。

ཛོ་པ། ཅི་ནུའོ་སྐད་ཀྱི་སྒྲ་བསྒྱུར། རྒྱ་སྐད་ལ་ལའོ་ཧོ་ཐེར། གནའ་དུས་སུ་ཅི་ནུའོ་རིགས་ཀྱི་སྡེ་པའི་རྒན་རབས། སྡེ་པའི་གྱི་གོས་ཞེས།

Zhuoba, transliterated from Jinuo language, is called "Lao huotou" in Chinese. It refers to the elders of the village of Jinuo people in old times. They are viewed as the "fathers of the village".

卓尼 这里为藏语音译，意为"知宾""知客"。西藏三大领主宅邸中传事头人。专门负责传达主人指示、接待宾客及其他对外事务。

卓尼 བོ་དོན་མགྲོན་ཞུ་དང་མགྲོན་ཞེས། བོད་གཞུང་དཔོན་རིགས་གསུམ་པའི་ཁྱིམ་ཚང་གི། ཆེད་དུ་བདག་པོའི་མངགས་བཀོད་ལྟར་སྐད་འཕྲིན་གྱི་འགན་ཁུར་བ་དང་མགྲོན་པོ་བསུ་ཞིང་། ཕྱི་དོན་གྱི་ལས་འགན་གཞན་པ་འཁུར་མཁན་ཞིག་ཡིན།

Zhuoni, transliterated from Tibetan, means "receptionist". Zhuoni are the headmen in the houses of the three kinds of feudal lords in Tibet who are responsible for convening messages for the lords. They are in charge of delivering instructions from their masters, receiving guests and other external affairs.

卓生 基诺语音译。汉称"老菩萨"。旧时基诺族的村社长老。被视为"寨母"。

ཛོ་ཞུག ཅི་ནུའོ་སྐད་ཀྱི་སྒྲ་བསྒྱུར། རྒྱ་མིག་ལ་ལའོ་ཕུ་ཊ་ཟེར། གནའ་དུས་ཀྱི་ཅི་ནུའོ་རིགས་ཀྱི་སྡེ་པའི་རྒན་པ། "སྡེ་བའི་དཔོན་མོ་" ཡི་གོ་གནས་ཟིན།

Zhuosheng, transliterated from Jinuo language, is called "Lao pusa" in Chinese. It refers to the elders of the village of Jinuo people in old times. They are viewed as the "mothers of the village".

孜拉扎 藏语音译。原西藏地方政府的僧官学校。创建于清乾隆十九年（1754）。由译仓派僧官任师长。学生多来自贵族及亲信子弟。学制2至3年不等，毕业后即为僧官，由译仓任用。1959年撤销。

ཙེ་སློབ་གྲྭ བོད་སྟོངས་ས་གནས་སྲིད་གཞུང་གི་གྲྭ་དཔོན་སློབ་གྲྭ། ཆིང་རྒྱལ་རབས་ཆན་ལུང་ཁྲི་ལོའི་བཅུ་དགུ་པར (1754) བཙུགས། ཡིག་ཚང་གིས་གྲྭ་དཔོན་མངགས་ཏེ་སློབ་དཔོན་དུ་བསྐོ། སློབ་མ་མང་ཆེ་བ་སྐུ་དྲག་དང་སྡུག་གཉེན་གྱི་བུ་ཕྲུག་ཡིན། སློབ་ཡུན་ལོ་གཉིས་ནས་ལོ་གསུམ་སོགས་མི་འདྲ། མཕར་ཕྱིན་རྗེས་གྲྭ་དཔོན་ཏེ། ཡིག་ཚང་གིས་བཀོལ་སྤྱོད་བྱེད། (1959) ལོར་མེད་པར་བཏང་།

Zilazha, transliterated from Tibetan, was the former monk official school of Tibetan local government. It was built in the 19th year of the reign of Emperor Qianlong (1754) in the Qing Dynasty. The administration "Yigtsang" assigned the monk official as the teacher, and the students were mostly nobility or children of trusted followers. The education system varies from 2 years to 3 years. They graduate as monk officials and served for Yigtsang. It was abolished in 1959.

孜恰 藏语音译，意为"布达拉宫管事处"。负责管理布达拉宫内各项财务开支的机关。

ཙེ་ཕྱག དོན་ནི་པོ་ཏ་ལའི་སྦྱི་གཉེར་ཁག་ཡིན། པོ་བྲང་པོ་ཏ་ལའི་ནང་གི་མ་དངུལ་འགྲོ་གྲོན་སོགས་གཉེར་བའི་ལས་ཁུངས་ཞིག་ཡིན།

Ziqia, transliterated from Tibetan, means "office in charge of the Potala Palace". It is an institution responsible for presiding over all the financial expense of the palace.

孜仲 藏语音译。原西藏地方政府的僧官。凡在拉萨三大寺之一取得僧职，并在译仓附设的僧官学校"孜拉扎"受训后委官职者，称为孜仲。

ཙེ་དྲུང སྔར་བོད་ས་གནས་སྲིད་གཞུང་གི་གྲྭ་དཔོན།

ཕྱག་མཛོད་ཆེན་གསུམ་གྱི་གྲྭ་རིམ་ཐོབ་པའི་གྲྭ་གནས་སུ་བསྐོས་ཚེ་ཆེ་གུང་ཞེས་འབོད།

Zizhong, transliterated from Tibetan, was the monk official of former Tibetan local government. Zizhong is someone who gets the monk rank in one of the three main monasteries of Lhasa and was appointed an official position after receiving training in monk official school "Zilazha" which is attached to Yitsang.

兹莫 彝语意为"权力"。土司制度建立后，即指土司、土目、土舍之类统治者。历史上曾是凉山最高的统治等级，后来受封于封建王朝。新中国成立前，其人数仅占凉山总人口的0.1%，其统治的区域却占凉山总面积的10%。

ཙི་མོ། ...

Zimo, "power" in Yi language, refers to dominators such as Tusi, Tumu, Tushe after the chieftain system was established. Zimo was once the highest ruling class in Liangshan in history and was conferred by the Feudal Dynasty. Before the foundation of New China, its population accounted for only 0.1% of the total population of Liangshan, but its ruling regions accounted for 10% of the Liangshan area.

仔本 官名。藏语音译，意为"审计官"。原西藏地方政府仔康（审计处）的主管官员，掌管财政收支。员四人，四品，受噶伦（见"噶伦制"词条）一人管理。

ཚེ་འབུམ། ...

Tsipon was the name of an official position. It was the transliteration of Tibetan, meaning comptroller. It once referred to the officer-in-charge of tsikhang (audit department), the local government of Tibet, who were in charge of the revenue and expenses. It consisted of four people, who were the fourth rank and governed by Kalon (see the entry Kalon system).

仔康 藏语音译，意为"审计处"。原西藏地方政府所属机关名。主管班禅系统以外的全藏财政收支的审计，并负责贵族出身的俗官的培养、任免和调遣。

ཚིས་ཁང་ལས་ཁུངས། ...

ཁྱུར་ཡོད།

Tsikhang was the transliteration of Tibetan, meaning the audit department. It once was the name of an organ of Tibetan local government. It was in charge of auditing all Tibetan fiscal revenue and expenditure but the Panchen system, and the training, appointing and dismissing and assigning of secular officials born in a noble family.

仔康拉扎 藏语音译。原西藏地方政府俗官学校，专收西藏贵族子弟。受仔康（审计处）领导。

ཆེས་ཁང་སློབ་གྲྭ། ཡུར་པོད་ས་གནས་སྲིད་གཞུང་གི་མི་རྒྱུའི་དཔོན་པོའི་སློབ་གྲྭ། སྐུ་དྲག་གི་མི་རྒྱུད་ཞིག་ཆེས་ཁང་གིས་འགོ་འཛིན་བྱེད།

Tsikhang Laptra was the transliteration of Tibetan, which once was the school for the secular officials of Tibetan local government. It only enrolled Tibetan noble children. It was governed by the leader of Tsikhang (audit department).

自治旗 内蒙古自治区特有的民族自治地方，行政地位相当于自治县。根据实行区域自治的民族的大多数人的历史习惯而称为自治旗。目前中国有3个自治旗，分别为鄂伦春自治旗、鄂温克族自治旗和莫力达瓦达斡尔族自治旗。

རང་སྐྱོང་ཆེས། ནང་སོག་རང་སྐྱོང་ལྗོངས་ཀྱི་ཁྱད་ཕྱུག་མི་རིགས་རང་སྐྱོང་ས་ཁུལ་ཏེ། སྲིད་འཛིན་གོ་གནས་ནི་རང་སྐྱོང་རྫོང་དང་འདྲ། ས་ཁུལ་རང་སྐྱོང་མི་རིགས་ཀྱི་མི་གྲངས་མང་པོའི་ལོ་རྒྱུས་གོམས་སྲོལ་གཞིགས་ནས་ལག་བསྟར་པ་ལ་རང་སྐྱོང་ཆེས་ཟེར། ད་བར་དུ་ཀྲུང་གོར་རང་སྐྱོང་ཆེས་གསུམ་ཡོད་དེ། སོ་སོའི་མི་ཨུ་ལུན་ཁྱུན་རང་སྐྱོང་ཆེས། ཨོ་སྨུན་ཁི་རང་སྐྱོང་ཆེས་དང་མའོ་ལིས་ད་ཕུན་ཏཱ་ཧུར་རེགས་རང་སྐྱོང་ཆེས་བཅས་ཡིན།

Autonomous Banner is the specific minority autonomous areas of the Inner Mongolia, which is equivalent to autonomous county in terms of the administrative status. The title is kept by following traditional customs of most ethnic groups who practice regional autonomy. There are three autonomous banners in China so far, Oroqen autonomous banner, Evenk autonomous banner and Molidawa Daur autonomous banner.

自治区 我国行政区划名称。解放初期中国的民族自治地方统称为自治区。1954年《中华人民共和国宪法》规定，民族自治地方分自治区、自治州和自治县（自治旗）三级。自治区的行政地位相当于省。现有内蒙古、西藏、新疆、广西、宁夏5个自治区。

རང་སྐྱོང་ལྗོངས། རང་རྒྱལ་གྱི་སྲིད་འཛིན་དབྱེ་ཁོངས་ཀྱི་མིང་། བཅིངས་འགྲོལ་དུས་འགོར་གུང་གོའི་མི་རིགས་ས་ཁུལ་གྱི་སྤྱི་མིང་ལ་རང་སྐྱོང་ལྗོངས་ཟེར། ༡༩༥༤ལོར《ཀྲུང་ཧྭ་མི་དམངས་སྤྱི་མཐུན་རྒྱལ་ཁབ་ཀྱི་རྩ་ཁྲིམས》སུ་གཏན་འབེབས་བྱས་པར། མི་རིགས་རང་སྐྱོང་ས་རང་སྐྱོང་ལྗོངས་དང་རང་སྐྱོང་ཁུལ། རང་སྐྱོང་རྫོང་（རང་སྐྱོང་ཆེས）བཅས་རིམ་པ་གསུམ་ཡོད། རང་སྐྱོང་ལྗོངས་ཀྱི་སྲིད་འཛིན་གོ་གནས་ནི་ཞིང་ཆེན་དང་འདྲ། ད་ལྟ་ནང་སོག་དང་བོད་ལྗོངས། ཞིན་ཅང་ཡུ་གུར། གྭང་ཞིས། གྲོ་རེགས། ཉིང་ཞའི་རིགས་བཅས་རང་སྐྱོང་ལྗོངས་ལྔ་ཡོད།

Autonomous Region is the title of Chinese administrative division. The minority autonomous areas of China are collectively termed as autonomous region in the early years after the liberation. The Constitution of the People's Republic of China states that ethnic autonomous areas can be divided into three levels, autonomous region, autonomous prefecture and autonomous county (autonomous banner) in 1954. Autonomous region is equal to province in terms of administrative status. There are five autonomous regions in China, Inner Mongolia Autonomous Region, Tibet Autonomous Region, Xinjiang Uygur Autonomous Region, Guangxi Zhuang Autonomous Region and Ningxia Hui Autonomous Region.

自治区民族事务行政管理 在我国,现指自治区行政机关对本地域内属其职权范围内的民族事务进行管理的活动。

རང་སྐྱོང་ལྗོངས་མི་རིགས་ལས་དོན་གྱི་སྲིད་འཛིན་དོ་དམ། རང་རྒྱལ་དུ་དེང་རང་སྐྱོང་ལྗོངས་སྲིད་འཛིན་ལས་ཁུངས་ཀྱིས་རང་ཁོངས་སུ་དབང་ཚད་ཁྱབ་ཁོངས་ནང་དུ་མི་རིགས་ལས་དོན་སྒྲུབ་པར་དོ་དམ་བྱེད་པའི་འགུལ་ལ་བསྟར།

Administrative Management of Ethnic Affairs in Autonomous Region, in China, refers to the management the administrative organizations of autonomous region conduct on ethnic affairs within its authority.

自治区民族事务行政决策 在我国,现指自治区的行政领导机关或首长为完成实施高效管理的行政任务,想办法、做决定的行政管理行为。

རང་སྐྱོང་ལྗོངས་མི་རིགས་ལས་དོན་གྱི་སྲིད་འཛིན་ཐག་ཆོད། རང་རྒྱལ་དུ་དེང་རང་སྐྱོང་ལྗོངས་ཀྱི་སྲིད་འཛིན་འགོ་ཁྲིད་ལས་ཁུངས་སམ་མགོ་འཛིན་གྱིས་དོ་དམ་ཚན་མཐོའི་སྲིད་འཛིན་ལས་འགན་ལག་བསྟར་དུ་སྒྲུབ་ཆེད། ཐབས་ལམ་དྲན་པ་དང་། ཐག་གཅོད་བྱེད་པའི་སྲིད་འཛིན་དོ་དམ་གྱི་ལས་སྤྱོད་ཅིག་བསྒྲུབ།

Administrative Decision-Making of Ethnic Affairs in Autonomous Region, in China, refers to the administrative management behaviors of the administrative leading body or leading cadres by coming up with ideas and making decisions to complete administrative assignment efficiently.

自治区民族事务行政执行 在我国,现指从自治区民族事务行政决策形成起至决策目标实现为止的全部自治区民族事务行政管理行为。

རང་སྐྱོང་ལྗོངས་མི་རིགས་ལས་དོན་སྲིད་འཛིན་ལག་བསྟར། རང་རྒྱལ་དུ་དེང་རང་སྐྱོང་ལྗོངས་ཀྱི་མི་རིགས་ལས་དོན་ཧྲ་ཆོད་ཀྱི་རྣམ་པ་གྲུབ་པ་ནས་བཟུང་ཧྲ་ཆོད་ཀྱི་དམིགས་འབེན་འགྲུབ་རྒྱུས་བར་གྱི་རང་སྐྱོང་ལྗོངས་ཀྱི་མི་རིགས་ལས་དོན་གྱི་སྲིད་འཛིན་དོ་དམ་ལས་སྤྱོད་ཡོད་ཚད་ལ་བསྟར།

Administrative Execution of Ethnic Affairs in Autonomous Region, in China, refers to all the administrative management behaviors from the Administrative decision-making of ethnic affairs in autonomous region to the completion of the decision objectives.

自治区人民政府的地位 作为省级民族自治地方人民政府,是中国一级地方行政机关。除具有省级人民政府的一切属性和地位外,还具有组织和管理本自治区内各项行政事务的自治权。

རང་སྐྱོང་ལྗོངས་མི་དམངས་སྲིད་གཞུང་གི་གོ་གནས། ཞིང་ཆེན་རིམ་པའི་མི་རིགས་རང་སྐྱོང་ཁུལ་གྱི་མི་དམངས་སྲིད་གཞུང་ཡིན་པའི་ཆ་ནས། གུང་གོའི་རིམ་པ་དང་པོའི་ས་ཁུལ་སྲིད་འཛིན་ལས་ཁུངས་ཡིན། ཞིང་ཆེན་རིམ་པའི་མི་དམངས་སྲིད་གཞུང་རང་བཞིན་གྱི་གནས་ཡོད་ཚད་ཡོད་པ་མ་ཟད། རང་སྐྱོང་ལྗོངས་རང་ཁོངས་སུ་སྲིད་འཛིན་བྱ་གཞག་སོ་སོར་འཇུགས་དང་དོ་དམ་བྱེད་པའི་རང་སྐྱོང་དབང་ཆའང་ཡོད།

Status of Autonomous Regional People's Government As the people's government of minority autonomous areas at provincial level, autonomous regional people's government is the first class local administrative organs in China. In addition to all the properties and status of people's government at provincial level, it enjoys the autonomous right to organize and manage all the administrative affairs of the autonomous region.

自治区人民政府的人员组成与任期 我国的自治区人民政府由自治区主席、副主席和秘书长、厅长、局长、委员会主任等组成。正、副主席由自治区人民代表大会选举产生。其他组成人员根据自治区主席的提名，由自治区人大常委会决定，报国务院备案。自治区人民政府每届任期5年。

རང་སྐྱོང་ལྗོངས་མི་དམངས་སྲིད་གཞུང་གི་མི་སྣ་གྲུབ་ཚུལ་དང་ལས་འགན་ཁུར་ཡུན། རང་རྒྱལ་གྱི་རང་སྐྱོང་ལྗོངས་མི་དམངས་སྲིད་གཞུང་གི་རང་སྐྱོང་ལྗོངས་ཀྱི་གཙོ་འཛིན་དང་། གཞོན་གཙོ་དང་། ཆེ་མོ། ཐིང་གཙོ། ཅུའུ་གཙོ། ཨུ་ཡོན་ལྷན་ཚོགས་ཀྱི་གཙོ་འཛིན་སོགས་ཀྱིས་གྲུབ་པ་དང་། གཙོ་ཞི་གཙོ་བོ་དང་གཞོན་པའི་རང་སྐྱོང་ལྟོངས་མི་དམངས་འཐུས་མི་ཚོགས་ཆེན་འཚོགས་ཏེ་འདེམས་བསྐོ་དགོས། མི་སྣ་གཞན་པ་དག་ནི་རང་སྐྱོང་ལྟོངས་ཀྱི་ཞིའི་མིང་འགོད་ལ་གཞིགས་ཏེ། རང་སྐྱོང་ལྟོངས་དམངས་ཆེན་རྒྱུན་ལས་ཡུལ་ཡོན་ལྷན་གྱིས་ཐག་བཅད་ཅིང་། རྒྱལ་སྲིད་སྤྱི་ཁྱབ་ཁང་ལ་ཡར་ཞུ་དགོས། རང་སྐྱོང་ལྟོངས་མི་དམངས་སྲིད་གཞུང་གི་སྐབས་རེ་རེའི་ལས་འགན་ཁུར་ཡུན་ནི་ལོ་ལྔ་ཡིན།

Manning and Tenure of Autonomous Regional People's Government Chinese autonomous regional people's government is composed of chairman, vice-chairman, secretary general, director general, director and committee supervisor. Chairman and vice-chairman are elected by people's congress of autonomous region. Other members are elected by the nomination of chairman and determined by the standing committee of people's congress of autonomous region, and the approved list of members must be reported to the State Council. The term of office of the autonomous regional people's government shall be five years.

自治区人民政府的职权 根据我国宪法第115条和民族区域自治法第四条，自治区的自治机关行使宪法第三章第五节规定的地方国家机关的职权，同时依照宪法、民族区域自治法和其他法律规定的权限行使自治权，根据本地方实际情况贯彻执行国家的法律、政策。

རང་སྐྱོང་ལྟོངས་མི་དམངས་སྲིད་གཞུང་གི་འགན་དབང་། རང་རྒྱལ་རྩ་ཁྲིམས་ཀྱི་ཨང ༡༡༥

དང་མི་རིགས་ས་ཁུལ་རང་སྐྱོང་ཁྲིམས་ཀྱི་ཡན་ལག་པར་རང་སྐྱོང་ལྗོངས་ཀྱི་རང་སྐྱོང་ལས་ཁུངས་ཀྱིས་ལག་བསྟར་བྱེད་པའི་རྩ་ཁྲིམས་ཀྱི་ལེའུ་གསུམ་པའི་ས་བཅད་གསུམ་པར་གཏན་འཁེལ་གྱི་ས་གནས་རྒྱལ་ཁབ་ལས་ཁུངས་ཀྱི་འགན་དབང་གཞིར་འཛིན་དགོས་པ་དང་ཆབས་ཅིག་རྩ་ཁྲིམས་དང་མི་རིགས་ས་ཁོངས་རང་སྐྱོང་གི་བཅའ་ཁྲིམས། བཅའ་ཁྲིམས་གཞན་དུ་གཏན་འཁེལ་བྱས་པའི་དབང་མཚམས་ལྟར་རང་སྐྱོང་འགན་དབང་ལག་ལེན་བྱེད་ཅིང་། ས་གནས་རང་གི་གནས་ཚུལ་དངོས་གཞིར་བཟུང་ནས་རྒྱལ་ཁབ་ཀྱི་བཅའ་ཁྲིམས་དང་སྲིད་ཇུས་ལག་ལེན་མཐར་ཕྱིན་བྱེད་དགོས།

Function and Power of Autonomous Regional People's Government According to article 115 of Chinese Constitution and article 4 of *Law on Regional Ethnic Autonomy*, autonomous institution of autonomous region shall exercise the function and power of regional government stipulated in section five of chapter three in the Constitution, and the right of autonomy shall be exercised in accordance with the stipulation of Constitution, Law on Regional Ethnic Autonomy and other laws. Autonomous regional people's government shall implement laws and policies of the country in accordance with local conditions.

自治区政府的领导机构 我国自治区政府的领导机构由自治区主席和自治区政府常务会议、自治区政府全体会议组成。按照宪法规定，自治区人民政府实行自治区主席负责制，由自治区主席负责决定政府一切事务。

རང་སྐྱོང་ལྗོངས་སྲིད་གཞུང་གི་འགོ་ཁྲིད་སྒྲིག་གཞི། རང་རྒྱལ་གྱི་རང་སྐྱོང་ལྗོངས་སྲིད་གཞུང་གི་འགོ་ཁྲིད་སྒྲིག་གཞི་དེ་རང་སྐྱོང་ལྗོངས་གཙོ་འཛིན་དང་རང་སྐྱོང་ལྗོངས་སྲིད་གཞུང་རྒྱུན་ལས་ཚོགས་འདུ། རང་སྐྱོང་ལྗོངས་སྲིད་གཞུང་གི་ཚོགས་མི་ཡོངས་ཀྱིས་གྲུབ། རྩ་ཁྲིམས་སུ་གཏན་འབེབས་ལྟར་རང་སྐྱོང་ལྗོངས་མི་དམངས་སྲིད་གཞུང་གིས་རང་སྐྱོང་ལྗོངས་ཀྱི་ཞིའི་ལག་འགན་ལྷག་ལག་བསྟར་དུ་སྒྲུབ་པ་དང་། རང་སྐྱོང་ལྗོངས་གཙོ་འཛིན་གྱིས་སྲིད་གཞུང་གི་བྱ་གཞག་ཡོད་ཚད་ཐག་གཅོད་བྱེད་དགོས།

Leading Organs of the Autonomous Regional Government Chinese leading organs of the autonomous regional government is composed of chairman of autonomous region, executive meeting of autonomous regional government and plenary meeting of autonomous regional government. Constitution stipulates that chairman of autonomous region assumes overall responsibility for the work and affairs of autonomous regional people's government.

自治区主席 即中华人民共和国内的自治区人民政府首长，全面负责自治区人民政府的领导工作。《中华人民共和国民族区域自治法》第十七条规定：自治区主席由实行区域自治的民族的公民担任。

རང་སྐྱོང་ལྗོངས་ཀྱི་གཙོ་འཛིན། ཀྲུང་ཧྭ་མི་དམངས་སྤྱི་མཐུན་རྒྱལ་ཁབ་ཀྱི་རང་སྐྱོང་ལྗོངས་མི་དམངས་སྲིད་གཞུང་གི་འགོ་འཛིན། ཕྱོགས་ཡོངས་ནས་རང་སྐྱོང་ལྗོངས་མི་དམངས་སྲིད་གཞུང་གི་འགོ་ཁྲིད་བྱ་གཞག་གི་འགན་འཁུར། 《ཀྲུང་ཧྭ་མི་དམངས་སྤྱི་མཐུན་རྒྱལ་ཁབ་ཀྱི་མི་རིགས་ས་ཁོངས་རང་སྐྱོང་བཅའ་ཁྲིམས》ཀྱི་ཡན་ལག་བཅུ་བདུན་པའི་གཏན་འབེབས་ལྟར། རང་སྐྱོང་གི་ལྗོངས་ཀྱི

ཞི་དེ་ས་ཁོངས་རང་སྐྱོང་ལག་བསྟར་བྱེད་པའི་མི་རིགས་ཀྱི་སྤྱི་དམངས་ལས་བསྐོས་པ་ཡིན།

Chairman of Autonomous Region refers to the head of the autonomous regional people's government in the People's Republic of China. The chairman of the autonomous region assumes overall responsibility for the leading work of autonomous regional people's government. Article 17 of *Law on Regional Ethnic Autonomy of the People's Republic of China* stipulates that the chairman of the autonomous region must be citizens of the ethnic group that exercises regional autonomy.

自治县 我国行政区划名称。属于一级地方民族自治政权，行政地位与普通的县相同。但按照《中华人民共和国宪法》等的规定，自治县与一般县相比具有更多权限。中国现共有120个民族自治县。

རང་སྐྱོང་རྫོང་། རང་རྒྱལ་སྲིད་འཛིན་འབྱེ་བྱེའི་ཁོངས་ཀྱི་མིང་། རིམ་པ་དང་པོའི་ས་གནས་མི་རིགས་རང་སྐྱོང་སྲིད་དབང་ལ་གཏོགས། སྲིད་འཛིན་གོ་གནས་སྤྱིར་བཏང་གི་རྫོང་དང་འདྲ། 《ཀྲུང་ཧྭ་མི་དམངས་སྤྱི་མཐུན་རྒྱལ་ཁབ་ཀྱི་རྩ་ཁྲིམས》སོགས་སུ་གཏན་འབེབས་ལྟར། རང་སྐྱོང་རྫོང་སྤྱིར་བཏང་གི་རྫོང་དང་བསྡུར་ན་ཚོད་བཀག་དབང་ཆ་ཅུང་མང་། ཀྲུང་གོའི་སྐམ་ས་ཆེན་པོར་དེ་སྔོན་པས་མི་རིགས་རང་སྐྱོང་རྫོང་120ཡོད།

Autonomous County is a title of Chinese administrative division. It is the first level local ethnic administration in China and equal to county in terms of administrative status. The autonomous County enjoys more privileges than ordinary County according to the stipulation of *Constitution of the People's Republic of China*. There are 117 minority autonomous counties in Chinese Mainland.

自治县县长 即中华人民共和国内的自治县人民政府首长。全面负责自治县人民政府的领导工作。《中华人民共和国民族区域自治法》第十七条规定：自治县县长由实行区域自治的民族的公民担任。

རང་སྐྱོང་རྫོང་གི་རྫོང་དཔོན། ཀྲུང་ཧྭ་མི་དམངས་སྤྱི་མཐུན་རྒྱལ་ཁབ་ཀྱི་རང་སྐྱོང་རྫོང་མི་དམངས་སྲིད་གཞུང་གི་འགོ་འཛིན། ཕྱོགས་ཡོངས་ནས་རང་སྐྱོང་རྫོང་མི་དམངས་སྲིད་གཞུང་གི་འགོ་ཁྲིད་བྱ་གཞག་གི་འགན་ཁུར། 《ཀྲུང་ཧྭ་མི་དམངས་སྤྱི་མཐུན་རྒྱལ་ཁབ་ཀྱི་མི་རིགས་ས་ཁོངས་རང་སྐྱོང་བཅའ་ཁྲིམས》ཀྱི་ཡང་17པའི་གཏན་འབེབས་ལྟར། རང་སྐྱོང་རྫོང་གི་རྫོན་དཔོན་ནི་ས་ཁུལ་རང་སྐྱོང་ལག་བསྟར་བྱེད་པའི་མི་རིགས་ཀྱི་སྤྱི་དམངས་ལས་བསྐོས་པ་ཡིན།

County Magistrate of Autonomous County refers to the head of the autonomous county people's government. Article 17 of *Law on Regional Ethnic Autonomy of the People's Republic of China* stipulates that the head of the autonomous county people's government must be citizens of the ethnic group that exercises regional autonomy.

自治制 一个国家的某一地区依据国家宪法和法律的规定，自主地行使自治权，管理本地区事务的制度。自治制可分为地方行政自治和民族区域自治，中国实行的自治即民族区域自治。

རང་སྐྱོང་ལམ་ལུགས། རྒྱལ་ཁབ་གཅིག་གི་ས་ཁུལ་ག་གེ་མོ་ཞིག་ཏུ་རྒྱལ་ཁབ་ཀྱི་རྩ་ཁྲིམས་དང་ཁྲིམས་ལུགས་

ཀྱིས་གཏན་ལ་ཕབ་པར། རང་ཉིད་ཀྱིས་རང་སྐྱོང་
དབང་ཚད་སྤྱད་པ་དང་། རང་ཁོངས་ཀྱི་བྱ་གཞག་གི་ལས་
ལུགས་ལ་འདོ་དམ་བྱེད་པ་ཡིན། རང་སྐྱོང་ལས་ལུགས་ནི་
ས་ཁུལ་སྲིད་འཛིན་རང་སྐྱོང་དང་མི་རིགས་ས་ཁུལ་རང་
སྐྱོང་གཉིས་སུ་དབྱེ། རྒྱལ་གོས་ལག་བསྟར་བྱེད་པའི་རང་
སྐྱོང་ནམ་མི་རིགས་ས་ཁོངས་རང་སྐྱོང་ཡིན།

Autonomy system refers to a system where a certain region in one country, in accordance with the regulations of national constitution and laws, can independently wield the right of autonomy to address affairs of its region. Autonomy can be classified into local administrative autonomy and regional ethnic autonomy. The autonomy in China is the latter.

自治州 我国行政区划名称。在中华人民共和国内，自治州为民族自治地方，地位介于直属中央政府的省一级与县一级之间，所管辖的行政区域为县级行政区，包括县、自治县、县级市。中国现共有30个民族自治州。

རང་སྐྱོང་ཁུལ། རང་རྒྱལ་སྲིད་འཛིན་དབྱེ་ཁོངས་ཀྱི་མིང་། ཀྲུང་ཧྭ་མི་དམངས་སྤྱི་མཐུན་རྒྱལ་ཁབ་ནང་རང་སྐྱོང་ཁུལ་ནི་མི་རིགས་རང་སྐྱོང་ཁུལ་ཡིན། གོ་གནས་ཀྲུང་དབྱང་སྲིད་གཞུང་གི་ཁོངས་གཏོགས་ཞིང་ཆེན་རིམ་པ་དང་པོ་དང་རྫོང་རིམ་པ་དང་པོའི་བར་ཡིན། དེ་དག་ཁྲབ་ཁོངས་ཀྱི་སྲིད་འཛིན་ས་ཁུལ་ནི་རྫོང་རིམ་པའི་སྲིད་འཛིན་ཁུལ་ཡིན། རྫོང་དང་རང་སྐྱོང་རྫོང་། རྫོང་རིམ་པའི་གྲོང་ཁྱེར་སོགས་འདུས། རྒྱལ་པོའི་སྐམ་ས་ཆེན་པོར་དེང་སྐབས་མི་རིགས་རང་སྐྱོང་ཁུལ་༣༠ཡོད།

Autonomous prefecture is the name of administrative division of China. In the People's Republic of China, autonomous prefecture is the region of ethnic autonomy, whose status is between administration of province-level and county-level directly under the central government. And the administrative divisions governed by the autonomous prefecture are county-level districts, including county, autonomous county and county-level city. In the mainland of China, there are 30 ethnic autonomous prefectures.

自治州州长 即中华人民共和国内的自治州人民政府首长。全面负责自治州人民政府的领导工作。《中华人民共和国民族区域自治法》第十七条规定：自治州州长由实行区域自治的民族的公民担任。

རང་སྐྱོང་ཁུལ་གྱི་ཁུལ་དཔོན། ཀྲུང་ཧྭ་མི་དམངས་སྤྱི་མཐུན་རྒྱལ་ཁབ་ཀྱི་རང་སྐྱོང་ཁུལ་མི་དམངས་སྲིད་གཞུང་གི་འགོ་འཛིན། ཕྱོགས་ཡོངས་ནས་རང་སྐྱོང་ཁུལ་མི་དམངས་སྲིད་གཞུང་གི་འགོ་ཁྲིད་བྱ་གཞག་གི་འགན་ཁུར། 《ཀྲུང་ཧྭ་མི་དམངས་སྤྱི་མཐུན་རྒྱལ་ཁབ་ཀྱི་མི་རིགས་ས་ཁོངས་རང་སྐྱོང་བཅའ་ཁྲིམས》ཀྱི་དོན་ཚན་བཅུ་བདུན་པའི་གཏན་འབེབས་ལྟར། རང་སྐྱོང་ཁུལ་གྱི་ཁུལ་དཔོན་ནི་ས་ཁུལ་རང་སྐྱོང་ལག་བསྟར་བྱེད་པའི་མི་རིགས་ཀྱི་སྤྱི་དམངས་ལས་བསྐོས་པ་ཡིན།

Autonomous prefecture commissioner is the head of the people's government in the autonomous prefecture in the PRC, who comprehensively takes charge of the leading work of the people's government in the autonomous prefecture. Article 17 of the *Law on Regional Ethnic Autonomy of the People's Republic of China* stipulates that autonomous prefecture commissioner must be citizens of the ethnic group that exercises regional autonomy.

宗 原西藏地方政府下属地方行政机构。相当于县。"宗"为藏语音译，意为"城堡"。

རྫོང་། སྔར་བོད་ས་གནས་སྲིད་གཞུང་གི་འོག་གཏོགས་སྲིད་དོན་ལས་ཁུངས་ཀྱི་མིང་། རྫོང་ཁུལ་གྱི་རྫོང་དང་འདྲ། རྒྱ་ཡིག་ཏུ་བོད་སྐད་ཀྱི་རྫོང་སྒྲ་བསྒྱུར་བྱས་ཡོད། གོ་དོན་རྫོང་མཁར་ཡིན།

Zong was the name of the local administrative organization subordinated to the Tibetan regional government, equivalent to a county. Zong is the transliteration of "castle" from Tibetan language.

宗本 藏语音译。原西藏地方政权宗（相当于县）一级地方行政官员。一般由五品以下的僧俗官员充任。

རྫོང་དཔོན། སྔར་བོད་ས་གནས་སྲིད་གཞུང་གི་རྫོང་ (ནང་ཁུལ་གྱི་རྫོང་དང་འདྲ) རིམ་པ་དང་པོའི་ས་ཁུལ་སྲིད་འཛིན་དཔོན་པོ། སྤྱིར་བཏང་དུ་རིམ་པ་ལྔ་པའི་འོག་གི་སྐུ་མེད་དཔོན་པོས་འགན་ཁུར།

Zongben, transliteration from Tibetan language, is the first-level local administrative official of the former local authority Zong in Tibet, equivalent to a county. The post is often held by monks and laymen under Fifth Rank.

宗教 人类社会发展到一定历史阶段出现的一种文化现象，属于社会意识形态。主要特点为，相信现实世界之外存在着超自然的神秘力量或实体，该神秘力量等统摄万物而拥有绝对权威、主宰自然进化、决定人世命运，从而使人对该神秘力量等产生敬畏及崇拜，并由此引申出信仰认知及仪式活动。

ཆོས་ལུགས། མིའི་རིགས་ལོ་རྒྱུས་འཕེལ་རིམ་དུས་ཚན་བཅུད་ནས་བྱུང་བའི་རིག་གནས་སྣང་ཚུལ་ཞིག སྤྱི་ཚོགས་འདུ་ཤེས་རྣམ་པའི་ཁོངས་སུ་གཏོགས། བྱེད་ཆོས་གཙོ་བོའི་དངོས་ཡོད་འཇིག་རྟེན་གྱི་ཕྱི་རོལ་དུ་རང་བྱུང་ལས་བརྒལ་བའི་སྟོབས་ཤུགས་གསང་བ་མཚན་ཞིག་ཡོད་པ་ལ་ཡིད་ཆེས་བྱེད། དེས་སེམས་ཅན་ཐམས་ཅད་ལ་བསྟར་བགྱིད་དང་། རང་བྱུང་གི་འཕེལ་འགྱུར་ལ་བསྟར་བགྱིད། ལས་དབང་གཙོ་ཤེས་བྱེད་པ་དབང་ཆ་མཐའ་མེད་ཡོད། དེའི་ཕྱིར་མིའི་རིགས་ཀྱིས་དེར་ཡིད་ཆེས་དང་དད་པ་བསྐྱེད་བྱེད་པ་ཞིག་དང་། དད་པ་བསྐྱར་བ་དང་། པའི་ཆོག་ལྟ་ཚོགས་སྒྱུར་འཛིན།

Religion is a cultural phenomenon emerged when the human society evolves to a certain historical stage, which belongs to the social ideology. The main feature of religion is that it believes that beyond the real world there exists a supernatural mysterious power or entity that governs and controls all things and makes itself the absolute authority, dominating the natural evolution and deciding the destiny of the world. Thus, it makes people revere and worship this mysterious power and generates belief cognition and ceremonial activities.

宗教的民族性 是指所有的宗教都是民族的信仰，没有不具民族性的宗教。并且宗教与民族的产生、发展和消亡息息相关。

ཆོས་ལུགས་ཀྱི་མི་རིགས་དང་བཞིན། ཆོས་ལུགས་

ཡོད་ཚད་མི་རིགས་ཀྱི་དད་ཆོས་ཞིག་ཡིན་པ་ལས། མི་རིགས་དང་བཞིན་མི་ལྡན་པའི་ཆོས་ལུགས་མེད། དེ་དུང་ཆོས་ལུགས་དང་མི་རིགས་ཀྱི་བྱུང་ཚུལ་དང་། འཕེལ་རྒྱས། འཇིག་རིམ་བཅས་གཅིག་ལ་གཅིག་འབྲེལ་ཆགས་ཏུ་ཡོད་པར་བསྟན།

Religious ethnicity is that all the religions are the ethnic belief, and there is no one religion without ethnicity. In addition, religion is closely bound up with the emergence, the development and the demise of the ethnicity.

宗教活动 指宗教信徒举行的各种宗教与法事活动，是宗教信徒为表达自己的宗教信仰、宗教感情，独自或集体进行的一种较为固定或有规律的仪式或习俗行为。

ཆོས་ལུགས་བྱ་འགུལ། ཆོས་དད་ལྡན་པའི་ཆོས་དང་ཆོས་ཀྱི་ཆོ་ག་སྟ་ཚོགས་ལ་བསྟན། དེ་ནི་ཆོས་དད་པས་རང་གི་ཆོས་དད་དང་ཆོས་ཀྱི་དུང་བ་མཚོན་ཕྱིར་སྒེར་རམ་སྤྱིར་འཛུགས་བྱས་པའི་གཏན་འཇགས་ཅན་ནམ་ཆོས་ཞིད་ལྡན་པའི་ཚོགས་ཁྲམ་གོམས་སྲོལ་ཞིག་ཀྱང་ཡིན།

Religious activity refers to all kinds of religious and religious ritual activities held by religious believers. It is a relatively fixed or regular ceremony or habitual behavior that is held individually or collectively, in which religious believers express their religious belief and emotions.

宗教极端势力 在我国，现将"极端主义"进一步明确为"三股势力"之一的宗教极端势力。主要是指一股在宗教名义掩盖下，传播极端主义思想主张、从事恐怖活动或分裂活动的社会政治势力。

ཆོས་ལུགས་མཐའ་སྟོད་སྟོབས་ཤུགས། རང་རྒྱལ་དུ་ད་ཐལ་སྟོད་སྟོབས་ཤུགས་དེ་སྟོབས་ཤུགས་གསུམ་གྱི་ནང་ཚན་ཆོས་ལུགས་ཐལ་སྟོད་སྟོབས་ཤུགས་སུ་གཏན་འབེབས་བྱས། གཙོ་བོ་ཆོས་ལུགས་ཀྱི་མིང་ཐོག་ནས་སྦ་སྐུང་བྱས་ཏེ་ཐལ་སྟོད་རིང་ལུགས་ཀྱི་བསམ་བློ་བསྒྲགས་དང་། འཇིགས་སྐུལ་བྱ་འགུལ། ཡང་ན་དགྲག་བྱ་འགུལ་སྤྱིའི་སྤྱི་ཚོགས་ཆབ་སྲིད་སྟོབས་ཤུགས་ཤིག་ལ་བསྟན།

Religious extremist force In China, "extremism" is now further defined as one of the "three forces", namely, religious extremist force. It mainly refers to a social and political force that diffuses extremism thoughts and engages in terrorist activities or separatist activities.

宗教禁忌 是人们信仰、崇拜神秘力量和神圣对象的一种宗教行为。对神秘力量和神圣对象的敬畏感往往在行动上表现出来，在人与神秘力量和神圣对象的关系上，体现为对自己行为上的限制和禁戒规定。

ཆོས་ལུགས་འཛེམ་བྱ། མི་རྣམས་ཀྱིས་དད་པ་དང་ཡུལ་གཉེར་པོ་གསང་བའི་དགོངས་པ་ལས་མི་འགལ་བའི་ཆོས་ལུགས་ཀྱི་སྤྱོད་ལྟངས། གཉེན་པོ་གསང་བ་རྣམས་པ་དང་ཡུལ་བྱེད་པར་ཚན་ལ་མི་བྱེད་པའི་དད་པ་བརྟན་པོ་ལས་བྱུང་བས། མི་དང་ལྷའི་སྟོབས་དང་ཡུལ་བྱེད་པའི་འབྲེལ་བ་ལས། རང་གི་བྱ་སྤྱོད་ལ་བཀག་རྒྱམ་སྒོམ་པ་བཞག་པ་ཞིག་གོ

Religious taboo refers to a religious behavior that people believe in and worship mysterious force and divine objects. The sense of awe and reverence to mysterious forces and divine objects is often manifested by people's behaviors and actions. Between people and mysterious forces and divine objects, this sense is manifested on the limitation and inhibition of people's behaviors.

《**宗教事务条例**》 我国第一部宗教方面的综合性行政法规。以保障公民宗教信仰自由、维护宗教和睦与社会和谐、规范宗教事务管理为宗旨。2004年7月7日国务院第57次常务会议通过，自2005年3月1日起施行。

《ཆོས་ལུགས་བྱ་གཞག་ཁྲིམས་སྲོལ》 རང་རྒྱལ་ཆོས་ལུགས་སྐོར་གྱི་རྩ་འཛིན་ཅན་གྱི་སྲིད་འཛིན་ཁྲིམས་སྲོལ་དང་པོ། སྤྱི་དམངས་ཀྱི་ཆོས་དད་རང་དབང་ལ་ཁག་ཐེག་དང་། སྤྱི་ཚོགས་འཆམ་འཛུམ་ཞན་སྲུང་སྐྱོབ་བྱ་དེ། ཆོས་ལུགས་བྱ་གཞག་དོ་དམ་ཚད་དུ་གཏོང་དམིགས་སུ་འཛིན་པ། ༢༠༠༤ལོའི་ཟླ་༧པའི་ཚེས་༧ཉིན་རྒྱལ་སྲིད་སྦྱི་ཁྱབ་ཀྱི་སྐབས་༥༧པའི་རྒྱུན་ལས་ཚོགས་འདུར་གྲོས་འཆམ་བྱུང་སྟེ། ༢༠༠༥ལོའི་ཟླ་༣པའི་ཚེས་༡ཉིན་ནས་བཟུང་ལག་བསྟར་བྱས།

The Regulation on Religious Affairs is the first comprehensive administrative regulation on religion. It aims at guaranteeing citizen's freedom of religious belief, maintaining religious and social harmony, and stipulating the management of religious affairs. This regulation was passed by the 57th executive meeting of the State Council on July 7th, 2004, and was implemented since Mar. 1st, 2005.

宗教团体 泛指根据宗教信仰而产生的社会组织。在我国，现指在国家宪法和法律的保护下，独立地组织宗教活动，办理教务，开办宗教院校，培养年轻宗教职员的机构。

ཆོས་ལུགས་ཚོགས་པ། ཆོས་དད་པ་གཞིར་བཟུང་ནས་བྱུང་བའི་སྤྱི་ཚོགས་རྩ་འཛུགས་ཤིག་ལ་བསྟན། རང་རྒྱལ་དུ་རྒྱལ་ཁབ་ཀྱི་རྩ་ཁྲིམས་དང་ཁྲིམས་ལུགས་ཀྱི་སྲུང་སྐྱོབ་འོག རང་རྒྱུ་ཐུབ་པས་ཆོས་ལུགས་བྱ་འགུལ་དང་། ཆོས་དོན་སྒྲུབ་པ། ཆོས་ལུགས་སློབ་གླིང་འཛུགས་པ། ན་གཞོན་ཆོས་ལུགས་མི་སྣ་གསོ་སྐྱོང་བཅས་ལ་རྩ་འཛུགས་ཐུབ་པའི་ལས་ཁུངས་ཤིག་ཡིན།

Religious group generally refers to the social organization emerged on the basis of religious belief. In China, it refers to the organization that independently organizes religious activities, manages educational affairs, sets up religious academies, and cultivates young religious clerks.

宗教信仰自由 在我国，现指公民有信仰宗教的自由，也有不信仰宗教的自由；有信仰这种宗教的自由，也有信仰那种宗教的自由；在同一宗教里，有信仰这个教派的自由，也有信仰那个教派的自由；有过去不信教而现在信教的自由，也有过去信教而现在不信教的自由。

ཆོས་ལུགས་དད་པ་རང་མོས། རང་རྒྱལ་དུ་དེའི་སྒྲ་དམངས་ཀྱིས་ཆོས་ལུགས་ལ་དད་པ་བྱེད་མི་བྱེད་ཀྱི་རང་དབང་ཡོད་པ་དང་། ཆོས་ལུགས་གང་ལ་དད་པའང་རང་དབང་ཡོད་པ། ཆོས་ལུགས་གཅིག་གི་ནང་ནས་གྲུབ་མཐའ་གང་ལ་དད་པའང་རང་དབང་། སྔོན་ཆོས་ལུགས་དེར་མི་དད་ཀྱང་ད་ལྟ་དད་པ་དང་། སྔོན་ཆོས་ལུགས་དེར་དད་མོད་ད་ལྟ་མི་དད་པ་སོགས་ཀྱི་རང་དབང་ཡོད་པར་བསྟན།

Freedom of Religious Belief, in China, now means that citizens have the freedom of believing in religion and the freedom of not believing in religion. Citizens have the freedom of believing in one religion and also the freedom of believing in another religion. Citizens have the freedom of believing in one sect of a religion and also the freedom of believing in another sect of this religion. Citizens have the freedom of believing in religion at present, but not in the past and also have the freedom of believing in religion in the past, but not at present.

宗教院校 在我国，现指宗教团体举办的培养宗教教职人员和其他宗教专门人才的全日制院校。分高、中等。高等宗教院校学制 4 年以上，毕业学生学历为本科（含）以上；中等宗教院校学制 2 至 3 年，毕业学生学历为中专或大专。

ཆོས་ལུགས་སློབ་གྲྭ། རང་རྒྱལ་དུ་དེང་ཆོས་ལུགས་ཚོགས་པས་བཙུགས་པའི་ཆོས་ལུགས་མི་སྣ་དང་གཞན་པའི་ཆོས་ལུགས་ཆེད་མཁས་ཤེས་ལྡན་མི་སྣ་སྐྱོང་བའི་ཉིན་ཕྱེད་བོད་ལུགས་ཀྱི་སློབ་གྲྭ་ཞིག་ཡིན། མཐོ་རིམ་དང་འབྲིང་རིམ་གཉིས་སུ་དབྱེ། མཐོ་རིམ་ཆོས་ལུགས་སློབ་གྲྭའི་སློབ་ཡུན་ལོ་བཞིའི་ཕྱག་དང་མཐར་ཕྱིན་སློབ་མའི་སློབ་ཚད་དངོས་གཞིའི་ཡན་ཡིན། འབྲིང་རིམ་ཆོས་ལུགས་སློབ་གྲྭའི་སློབ་ཡུན་ལོ་གཉིས་ནས་ལོ་གསུམ་དང་། མཐར་ཕྱིན་སློབ་མའི་སློབ་ཚད་འབྲིང་རིམ་ཆེད་གཉེར་རམ་སློབ་ཆེན་ཆེད་གཉེར་ཡིན།

Religious academy, in China, now refers to the full-time academy, set up by religious group, which cultivates religious personnel and other specialized religious talents. Religious academy includes advanced and secondary one. The years of advanced religious academy are over four years, and the graduates have the bachelor degree or above. The years of secondary religious academy are two to three years, and the graduates have the technical secondary degree or the junior college degree.

宗喀巴（1357—1419） 藏传佛教格鲁派的创立者。青海湟中人，本名罗桑扎巴，因藏语称湟中为"宗喀"，故被尊称为"宗喀巴"。其幼年出家为僧，后拜各教派高僧为师，遂成为造诣深厚的佛教学者。1409 年，在拉萨发起大祈愿法会并修建甘丹寺作为主寺，正式建立格鲁派。

ཙོང་ཁ་པ།（1357—1419） བོད་བརྒྱུད་ནང་ཆོས་ལས་དགེ་ལུགས་པའི་(ནུ་སེར་)གྲུབ་མཐའི་སྲོལ་གཏོད་པ་པོ། མཚོ་སྔོན་ཚོང་ཁར་སྐྱེ་འཁྲུངས། དངོས་མིང་ལ་བློ་བཟང་གྲགས་པ། བོད་སྐད་ཅན་ལ། ཡུལ་དུ་སྐྱུ་འབགས་པར་བརྟེན་ཙོང་ཁ་ཞེས་པའི་མཚན་ཐོགས་པ། རང་ལོ་བདུན་པར་རབ་ཏུ་བྱུང་བ་དང་། རྗེས་སུ་དགག་དགུའི་སྒྲུབ་ཐོབ་དེ་བྱུང་མཐར་ཁག་གི་བླ་ཆེན་མང་པོ་བསྙེན་བསྟེན་ཞིང་། རིག་གནས་དང་བཀའ་པོད་ལྔ་སོགས་ལ་ཕོས་བསམ་སྒོམ་གསུམ་དང་མཐོ་ཤུགས་ཀྱི་བསྒྲུབས་པ་ལ་དག་ཐེར་ནན་ཏན་མཛད། 1409 ལོར་ལྷ་ལྡན་སྨོན་ལམ་ཆེན་མོ་བཙུགས། དགའ་ལྡན་བའི་ཆེན་གསང་སྲས་མཆོག་བཞུགས་ཏེ། དགེ་ལུགས་གྲུབ་མཐའི་སྲོལ་དངོས་སུ་གཏོད།

Tsongkhapa (1357-1419) is the founder of the Gelug school of the Gelug school of Tibetan Buddhism. Tsongkhapa was born in Huangzhong County of Qinghai province, whose original name is Losang Drakpa. In Tibetan, Huangzhong is also called "Tsongkha", so he is respectfully named Tsongkhapa. As a child, he became a monk of Buddhism, then learned from eminent monks of different sects, and at last became a Buddhist scholar with great attainments. In 1409, he initiated the Great Prayer in Lhasa, built Ganden Monastery as the main monastery, and officially founded the Gelug sect.

《宗喀巴大师传》 藏文书名。宗喀巴的主要弟子之一克主杰著。成书于15世纪初叶。叙述了藏传佛教格鲁派创立者宗喀巴一生的事迹。

《རྗེ་ཙོང་ཁ་པ་ཆེན་པོའི་རྣམ་ཐར》 བོད་ཡིག་གི་དཔེ་ཆའི་མིང་། ཙོང་ཁ་པའི་སློབ་མའི་གྲས་ཀྱི་གཙོ་བོ་མཁས་གྲུབ་རྗེ་ཡིས་བརྩམས། དུས་རབས་བཅོ་ལྔ་པའི་འགོར་པར་དུ་བདག་། དགེ་ལུགས་པའི་(ནུ་མེར་)གྲུབ་མཐའི་སྲོལ་འབྱེད་པ་རྗེ་ཙོང་ཁ་པའི་སྐུ་ཚེའི་བྱུང་བའི་མཛད་རྣམ་བྱིས་ཡོད།

The Biography of Master Tsongkhapa, the Tibetan book name, was written by Khedrubje, one of Tsongkhapa's main disciples. This book was completed in the early fifteenth century, which narrated the whole life of Tsongkhapa, the founder of the Gelug, one sect of Tibetan Buddhism.

宗主国 对殖民地和附属国行使宗主权并实行统治的国家。

བདག་དབང་རྒྱལ་ཁབ། མི་སེར་སྤྱེལ་ཡུལ་དང་ཁོངས་གཏོགས་རྒྱལ་ཁབ་ལ་བདག་དབང་སྤྱོད་དེ་དབང་བསྒྱུར་བྱེད་པའི་རྒྱལ་ཁབ།

Suzerain is the country that wields suzerainty power over the colonies and tributaries and governs them.

族群 在民族学中指地理上靠近、语言上相近、血统同源、文化同源的一些民族的集合体，也称"族团"。

རིགས་ཁྱུ། མིའི་རིགས་རིག་པར་ས་ཁམས་ཐད་ཐག་ཉེ་བ་དང་། སྐད་ཆ་འདྲ་ཆེ་བ། ཁྲག་རྒྱུད་དང་རིག་གནས་ཀྱི་ཁུངས་གཅིག་པའི་མི་རིགས་ཀྱི་ཚོགས་པ་སྟེ། རིགས་ཚོགས་ཀྱང་ཟེར།

Ethnic group, in Ethnology, refers to some ethnic assemblages that are close to each other in geographic position, similar to each other in language, and cognate in blood and culture. It is also called clan group.

左宝贵（1837—1894） 清末将领。回族。山东费城县（今属平邑县）人。1856年入江南军营，参与镇压太平军和捻军。光绪初任高州镇总兵，驻扎奉天（今沈阳）。1894年中日甲午战争爆发，率所部奉军进援朝鲜，在平壤保卫战中战死。为甲午战争中清军高级将领战死的第一人。

ཙུའོ་པའོ་ཀུའེ།（1837—1894） ཆིང་རྒྱལ་རབས་དུས་མཇུག་གི་དམག་དཔོན། ཧུའེ་རིགས། ཧྲན་ཏུང་ཧྲུའེ་ཁྲེང་རྫོང་（དེང་གི་ཕེང་ཡམ་རྫོང་）གཏོགས）གི་མི་ཡིན། 1846ལོར་ཅང་ནན་དམག་སྒར་དུ་ཞུགས། ཞི་བདེ་དམག་དང་ཉིན་དམག་དཔུང་གནོན་བྱེད་པར་ཞུགས། གོང་མ་གོང་ཞིའི་དུས་མགོར་ཀའོ་ཀྲོུའུ་ཟོང་སྲིའི་དམག་སྤྱི་ལ་བསྐོས། སྟོབ་གནས་ཕྱིན་ཞིང།（དེང་གི་ཆིན་ཡང་）1846ལོར

ཤེད་ཅུ་ལོའི་གུང་ལྟར་དམག་འཁྲུག་བསླང་ཞིང་དམག་དཔུང་ཁྲིད་ནས་ཁྲོའེ་ཞན་ལ་རོགས་སྐྱོར་དུ་སོང་། ཕིན་རང་རང་སྱུང་དམག་འཐབ་ཀྱི་ཁྲོད་ནས་བགྲོངས། ཤེད་ཅུ་ལོའི་དམག་འཐབ་ཏུ་རང་སྲོག་བློས་བཏང་བའི་ཆིང་དམག་གི་དམག་སྡེའི་ཕོག་མ་ཡིན།

Zuo Baogui (1837-1894), a military officer in late Qing Dynasty, is a Hui people and born in Feicheng County of Shangdong province, which now belongs to Pingyi county. In 1856, he was enrolled into the Jiangnan Military Camp and participated in the suppression of the Taiping Army and the Nian Army. In the early reign of Emperor Guangxu, he was appointed as the commander-in-chief of Gaozhou town, and stationed at Fengtian, which now is Shenyang. After the outbreak of the Sino-Japanese War in 1894, he led his troops to assist Korea from Fengtian and died in the Pyongyang Battle. He is the first man of the high-ranking military officers of Qing Dynasty Army who died in the Sino-Japanese War.

左抵 云南德宏一带傣族所信佛教教派之一。

ཙུའོ་ཏི། ཡུན་ནན་ཏེ་ཧུང་ས་ཁུལ་གྱི་ཏའི་རིགས་ནང་པའི་གྲུབ་མཐའི་ནང་གསེས་ཤིག

Zuodi is one of the Dai Buddhist sects in the region of Dehong Autonomous Prefecture in Yunnan province.

坐床典礼 藏传佛教的继位典礼。当小活佛被确定身份后，要进行隆重的坐床仪式。根据活佛地位的不同，分大、中、小规格。"坐床"是指举行仪式所坐的床，只能坐不能卧。该仪式表明小活佛此后能以前世活佛的地位公开与外界往来，正式成为有权的活佛。

ཁྲི་གསོལ་མཛད་སྒོ། བོད་བརྒྱུད་ནང་བསྟན་གྱི་གསོལ་མཛད་སྒོ། སྤྲུལ་སྐུའི་འཇོན་ཐུབ་རྟགས་རྒྱ་ཆེ་བའི་ཁྲི་གསོལ་མཛད་སྒོ་སྤེལ་བ་སྟེ། བླ་མའི་གོ་གནས་ཆེ་ཆུང་ལ་གཞིགས་ནས་རིམ་པ་ཆེ་འབྲིང་ཆུང་གསུམ་དུ་བགོས་ཡོད། ཁྲི་གསོལ་ནི་མཛད་སྒོ་སྤེལ་བའི་བཞུགས་ཁྲི་བསྟན། དེའི་སྟེང་ལ་བཞུགས་པ་ལས་ཉལ་ས་བྱེད་མི་ཆོག མཛད་སྒོ་དེས་སྤྲུལ་སྐུའི་གོ་གནས་སྔ་གོང་མ་དང་འདྲ་བར་བཟོས་པས་ཕྱི་ཡུལ་ལ་ཕེབས་བཞུགས་གནང་ཆོག་ཅིང་། དབང་དངོས་སུ་ཡོད་པའི་བླ་མར་གྱུར་པ་མཚོན།

The sitting-in-the-bed ceremony is the enthronement ceremony in Tibetan Buddhism. The junior Buddha will perform a grand and solemn sitting-in-the-bed ceremony after having been confirmed the identity. According to the difference of the living Buddha's status, there are three scales: large, medium and small. The enthronement bed is the bed in the ceremony which is just for sitting on, not for lying on. This ceremony indicates that the junior Buddha will be able to publicly make contact with the outside world with the status of the previous Buddha, and officially become a Buddha with power.

附 录
中国的5个自治区、30个自治州、120个自治县（旗）

རྒྱ་གོའི་རང་སྐྱོང་ལྗོངས་པ་དང་། རང་སྐྱོང་ཁུལ་ ༣༠ རང་སྐྱོང་རྫོང་ (ཆེ) ༡༢༠།

5 Autonomous Regions, 30 Autonomous Prefectures and 120 Autonomous Counties of China

A. 5个自治区

རང་སྐྱོང་ལྗོངས་པ།

5 Autonomous Regions

序号 ཨང་གྲངས། Number	名称 མིང་། Name	首府 རྫོང་གནས་གྲོང་ཁྱེར། Capital	位置 ས་གནས། Location	面积 རྒྱ་ཚད། Area	人口 (2010年) མི་གྲངས། (༢༠༡༠ལོ) Population (2010)	民族 མི་རིགས། Ethnic Group
1	新疆维吾尔自治区 ཞིན་ཅང་ཡུགུར་རང་སྐྱོང་ལྗོངས། Xinjiang Uyghur Autonomous Region 1955年成立，辖2个地级市、7个地区、5个自治州、11个市辖区、20个县级市、62个县、6个自治县 ༡༩༥༥ལོར་ཚུགས། ས་གནས་རིམ་པའི་གྲོང་ཁྱེར་ ༢ དང་། ས་ཁུལ་ ༧ རང་སྐྱོང་ཁུལ་ ༥ གྲོང་ཁྱེར་ལག་ཏོག་པའི་ཁུལ་ ༡༡ རྫོང་རིམ་པའི་གྲོང་ཁྱེར་ ༢༠ རྫོང་ ༦༢ རང་སྐྱོང་རྫོང་། ༦ Founded in 1955, it administers 2 prefecture-level cities, 7 districts, 5 autonomous prefectures, 11 municipal districts, 20 county-level cities, 62 counties and 6 autonomous counties	乌鲁木齐 ཝུ་ལུའི་མུའུ་ཆིའི་གྲོང་ཁྱེར་གྱི་མིང་ལགས། Urumqi	位于亚欧大陆中部，地处中国西北边陲，周边与8个国家接壤，地形特征为"三山夹两盆"，沙漠广布 ཡུ་གླིང་དང་རོར་གླིང་གི་ཐིག་ལེ་དང་རྒྱའི་ནུབ་བྱང་མཚམས་རྒྱལ་ཁབ་ ༨ དང་འབྲེལ། མདོགས་བྱད་ཆོས་ནི་གངས་རི་གསུམ་གྱིས་ས་དོང་གཉིས་བཟུང་བ་དང་། བྱེ་ཐང་། Located in the middle of the Eurasia, the northwest border area of China, it is adjacent to eight countries, with two basins surrounded by three mountains with vast desert as its topographic feature	166万平方公里 སྤྱི་ལེ་གྲུ་བཞི་མ་ཁྲི་ ༡༦༦ 1,660,000 square kilometers in total	2164万 ཁྲི་ ༢༡༦༤ 21,640,000	其中维吾尔族约占46% ཡུ་གུར་རིགས་ཀྱིས་བརྒྱ་ཆ་ ༤༦% ཟིན། Uyghur people account for about 46% in its total population

续表1

序号 Number	名称 Name	首府 Capital	位置 Location	面积 Area	人口（2010年） Population (2010)	民族 Ethnic Group
2	内蒙古自治区 Inner Mongolia Autonomous Region 1947年成立，辖9个地级市、3个盟、21个市辖区、11个县级市、17个县、49个旗、3个自治旗 Founded in 1947, it administers 9 prefecture-level cities, three unions, 21 municipal districts, 11 county-level cities, 17 counties, 49 Qi (Banners) and 3 autonomous Qi (Banners)	呼和浩特 Hohhot	位于中国北部边疆，西北紧邻蒙古和俄罗斯，地形由东北向西南斜伸，呈狭长形，东部草原辽阔，西部沙漠广布 Located in the north of China, it is adjacent to Mongolia and Russia at the northwest areas. With vast grasslands in the east and myriad deserts in the west, the land extends from the north-east to the southwest in the shape of narrowly long strip	118万平方公里 1,180,000 square kilometers in total	2453万 24,530,000	其中蒙古族约占17% Mongolian people account for about 17% in its total population
3	宁夏回族自治区 Ningxia Hui Antonomous Region (NHAR) 1958年成立，辖5个地级市、9个市辖区、2个县级市、11个县 Founded in 1958, it administers 5 prefecture-level cities, 9 municipal districts, 2 county-level cities and 11 counties	银川 Yinchuan	位于黄河上游地区，东部邻陕西，西部、北部接内蒙古，南部与甘肃相连 Located in the upper-stream regions along the Yellow River, NHAR is bounded by Shanxi to the east, and Inner Mongolia Autonomous Region to the west and north, and Gansu to the south	6.6万平方公里 66,000 square kilometers	643万 6,430,000	其中回族约占35% Hui people account for about 35% in its total population

续表2

序号 ཨང་ཀྲངས། Number	名称 མིང་། Name	首府 ཞི་གནས་གྲོང་ཁྱེར། Capital	位置 ས་གནས། Location	面积 རྒྱ་ཚོད། Area	人口（2010年） མི་གྲངས། (༢༠༡༠ལོ) Population (2010)	民族 མི་རིགས། Ethnic Group
4	广西壮族自治区 གོང་ཞི་གྲོང་རིགས་རང་སྐྱོང་ལྗོངས། Guangxi Zhuang Autonomous Region (GZAR) 1958年成立，辖14个地级市、34个市辖区、7个县级市、56个县、12个自治县 ༡༩༥༨་ལོར་འཛུགས། གྲོང་ཁྱེར་༡༤ གཞིས་ཁུལ་༣༤ རྫོང་རིམ་པའི་གྲོང་ཁྱེར་༧ རྫོང་༥༦ རང་སྐྱོང་རྫོང་༡༢ Founded in 1958, it administers 14 prefecture-level cities, 34 municipal districts, 7 county-level cities, 56 counties and 12 autonomous counties	南宁 ཉན་པའི་གྲོང་ཁྱེར་ཞེས་ཟེར། Nanning	位于中国华南地区西部，南濒北部湾，与越南接壤，有奇特的喀斯特地貌 ཀྲུང་གོའི་ལྷོ་ནུབ་ས་ཁུལ་གྱི་ནུབ་ཕྱོགས་སུ་ཆགས་ཡོད། ལྷོ་ཕྱོགས་བྱང་མཚོ་འཁྱམས་དང་། ཝེ་ནན་དང་འབྲེལ། ཁྱད་མཚར་གྱི་ཁེ་སི་ཏེ་བྱིས་ཡུལ་ཡོད། Located in the west of South China, GZAR is adjacent with the Gulf of Tonkin in the south and bordered by Vietnam. And it is characterized by specific karst formations	约24万平方公里 སྤྱིའི་རྒྱ་ཚོད་ལ་སྨི་གྲུ་བཞི་ཁྲི་༢༤ About 240,000 square kilometres	5331万 མི་གྲངས་ཁྲི་༥༣༣༡ 53,310,000	其中壮族约占31% དེའི་ནང་དུ་གྲོང་རིགས་ཀྱི་ཚད་༣༡%ཟིན། Zhuang people account for about 31% in its total population
5	西藏自治区 བོད་རང་སྐྱོང་ལྗོངས། Tibet Autonomous Region (TAR) 1965年成立，辖1个地级市、6个地区、1个市辖区、1个县级市、71个县 ༡༩༦༥་ལོར་འཛུགས། གྲོང་ཁྱེར་༡ གྲོང་གཞིས་ཁུལ་༦ གྲོང་གཞིས་ཁུལ་༡ རྫོང་རིམ་པའི་གྲོང་ཁྱེར་༡ རྫོང་༧༡ Founded in 1965, it administers 1 prefecture-level city, 6 districts, 1 municipal district, 1 county-level city and 71 counties	拉萨 ལྷ་སའི་གྲོང་ཁྱེར་ཞེས་ཟེར། Lhasa	位于中国西南边陲，地处世界海拔最高的青藏高原，南隔喜马拉雅山脉与印度、尼泊尔、不丹、缅甸等国接壤，北部和东部与新疆、青海、四川、云南等省区为邻 ཀྲུང་གོའི་ལྷོ་ནུབ་མཚམས་སུ་ཡོད། འཛམ་གླིང་གི་མཐོ་ཚད་ཆེ་ཤོས་མཚོ་བོད་མཐོ་སྒང་། ལྷོ་ཕྱོགས་སུ་གངས་རི་ཧི་མ་ལ་ཡས་རྒྱ་གར་དང་། བལ་ཡུལ། འབྲུག་ཡུལ། འབར་མ་སོགས་དང་འབྲེལ། བྱང་ཕྱོགས་དང་ཤར་ཕྱོགས་སུ་ཞིན་ཅང་དང་། མཚོ་སྔོན། སི་ཁྲོན། ཡུན་ནན་སོགས་དང་འབྲེལ། Situated in the southwest border of China, and located on the Tibetan Plateau, the highest region on earth, TAR is bordered by India, Nepal, Bhutan and Burma with Himalayas to the south, Xijiang, Qinghai, Sichuan, Yunnan to the north and east	约123万平方公里 སྤྱི་ཆེ་ས་སྨི་གྲུ་བཞི་ཁྲི་༡༢༣ཡོད། About 1,230,000 square kilometres	294万 མི་གྲངས་ཁྲི་༢༩༤ 2,940,000	其中藏族约占91% དེའི་ནང་དུ་བོད་རིགས་ཀྱིས་༩༡%ཟིན། Tibetan people account for about 91% in its total population

B. 30个自治州
དང་བཅུའི་རང་སྐྱོང་ཁུལ།
30 Autonomous Prefectures

序号 ཨང་གྲངས། Number	名称 མིང་། Name	成立时间 ཚོགས་འཛུགས་དུས། Time of Establishment	位置 གནས་ཡུལ། Location	面积 རྒྱ་ཁྱོན། Area	辖区 ཁོངས་གཏོགས་ས་ཁུལ། Areas under Administration	人口 (2010年) མི་འབོར། (༢༠༡༠) Population (2010)	民族 མི་རིགས། Ethnic Group	备注 ཟུར་བརྗོད། Notes
1	延边朝鲜族自治州 Yanbian Korean Autonomous Prefecture	1952年成立 In 1952	位于吉林省东部 Located in the northeast of Jilin province	4.35万平方公里 43,500 square kilometres	辖6市2县,州府延吉市 6 county-level cities, 2 counties; Yanji as the prefectural capital	219万 2,190,000	其中朝鲜族占36.5% Korean people account for 36.5% in its total population	是全国唯一的朝鲜族自治州和最大的朝鲜族聚居地区 It is the only one Korean autonomous prefecture and the largest habitat of Korean people in China
2	恩施土家族苗族自治州 Enshi Tujia and Miao Autonomous Prefecture	1983年成立 In 1983	位于湖北省西南部 Located in the southwest of Hubei province	2.4万平方公里 24,000 square kilometres	辖6县2市,州府恩施市 6 counties and 2 county-level cities; Enshi as its prefectural capital	398万 3,980,000	土家族约占46%,苗族约占6.5% Tujia people account for 46% and Miao people 6.5% in its total population	是中国最年轻的自治州 It is the youngest autonomous prefecture of China

续表 1

序号 Number	名称 Name	成立时间 Time of Establishment	位置 Location	面积 Area	辖区 Areas under Administration	人口（2010年） Population (2010)	民族 Ethnic Group	备注 Notes
3	湘西土家族苗族自治州 Xiangxi Tujia and Miao Autonomous Prefecture	1957年成立 In 1957	位于湖南省西北部，云贵高原东侧的武陵山区 Located in the northwest of Hunan province, the Wuling region of the east Yunnan-Guizhou Plateau	1.55万平方公里 15,500 square kilometres	现辖7县1市，州府吉首市 7 counties and 1 county-level city; Jishou as its prefectural capital	288万 2,880,000	其中土家族、苗族等少数民族占77% Tujia, Miao and other ethnic groups account for 77% in its total population	
4	阿坝藏族羌族自治州 Aba Tibetan and Qiang Autonomous Prefecture	1953年成立 In 1953	地处青藏高原东南缘，位于四川省西北部 Located in the northwest of Sichuan province, the southeast Tibet Plateau	8.42万平方公里 84,200 square kilometres	辖13县，州府马尔康县 13 counties; Maerkang as its prefectural capital	90万 900,000	其中藏族占56.6%，羌族占18.5% Tibetan people account for 56.6% and Qiang people 18.5% in its total population	是我国最大的羌族聚居地区 It is the largest habitat of Qiang people

· 953 ·

续表 2

序号 Number	名称 Name	成立时间 Time of Establishment	位置 Location	面积 Area	辖区 Areas under Administration	人口(2010年) Population (2010)	民族 Ethnic Group	备注 Notes
5	甘孜藏族自治州 Ganzi Tibetan Autonomous Prefecture	1950年成立 In 1950	地处青藏高原东南缘，分别与西藏、青海、云南等省区为邻 Located in the southeast of Tibet Plateau and bordered by Xizang, Qinghai and Yunnan	15.3万平方公里 153,000 square kilometres	辖18县，州府康定县 18 counties; Kangding as its prefectural capital	约 109.18万 1,091,800	其中藏族占78.3% Tibetan people account for 78.3% in its total population	是四川最大的藏族聚居地区 It is the largest Tibetan habitat in Sichuan
6	凉山彝族自治州 Liangshan Yi Autonomous Prefecture	1952年成立 In 1952	位于四川省西南部 Located in the southwest of Sichuan province	6.04万平方公里 60,400 square kilometres	辖17县市，州府西昌市 17 counties; Xichang as its prefectural capital	479万 4,790,000	其中彝族约占50% Yi people account for about 50% in its total population	是全国最大的彝族聚居地区，四川民族类别最多、少数民族人口最多的地区 It is the largest habitat of Yi people of China, and the region with the most nationalities and ethnic people of Sichuan

续表 3

序号 Number	名称 Name	成立时间 Time of Establishment	位置 Location	面积 Area	辖区 Areas under Administration	人口 (2010年) Population (2010)	民族 Ethnic Group	备注 Notes
7	黔东南苗族侗族自治州 Qiandongnan Miao and Dong Autonomous Prefecture	1956年成立 In 1956	位于贵州省东南部,地处云贵高原东南边缘 Located in the southeast of Guizhou province, the southeastern marginal area of Yunnan-Guizhou Plateau	3.03万平方公里 30,300 square kilometres	辖16个县市,州府凯里市 16 counties; Kaili as its prefectural capital	453万 4,530,000	其中苗族占42%,侗族占32% Miao people account for 42% and Dong people 32% in its total population	
8	黔南布依族苗族自治州 Qiannan Buyi and Miao Autonomous Prefecture	1956年成立 In 1956	位于贵州省中南部 Located in south-central Guizhou province	2.62万平方公里 26,200 square kilometres	辖2市10县,州府都匀市 2 county-level cities and 10 counties; Duyun as its prefectural capital	405万 4,050,000	其中布依族、苗族等少数民族占55% Buyi, Miao and other ethnic groups account for 55% in its total population	中国90%以上的水族居住在该州 More than 90% of Shui people live here

· 955 ·

续表 4

序号 Number	名称 Name	成立时间 Time of Establishment	位置 Location	面积 Area	辖区 Areas under Administration	人口 (2010年) Population (2010)	民族 Ethnic Group	备注 Notes
9	黔西南布依族苗族自治州 Qianxinan Buyi and Miao Autonomous Prefecture	1982年成立 In 1982	位于贵州省西南隅,云贵高原东南端 Located in the southwest of Guizhou province, or the southeastern area of Yunnan-Guizhou Plateau	1.68万平方公里 16,800 square kilometres	辖1市7县,州府兴义市 1 county-level city and 7 counties; Xingyi as its prefectural capital	340万 3,400,000	其中布依族、苗族等少数民族占42.5% Buyi, Miao and other ethnic groups account for 42.5% in its total	
10	西双版纳傣族自治州 Xishuangbanna Dai Autonomous Prefecture	1953年成立 In 1953	位于云南省西南端 Located in the southwestern area of Yunnan province	1.97万平方公里 19,700 square kilometres	辖1市2县,州府景洪市 1 county-level city and 2 counties; Jinghong as its prefectural capital	94万 940,000	其中傣族占35%左右 Dai people account for about 35% in its total population	我国最后确认的民族——基诺族聚居地区 Jino people, the last ethnic group to be identified, live in Xishuangbanna

序号 Number	名称 Name	成立时间 Time of Establishment	位置 Location	面积 Area	辖区 Areas under Administration	人口（2010年） Population (2010)	民族 Ethnic Group	备注 Notes
11	文山壮族苗族自治州 Wenshan Zhuang and Miao Autonomous Prefectur	1958年成立 In 1958	位于云南省东南部 Located in the southeast of Yunnan province	3.22万平方公里 32,200 square kilometres	辖1市7个县，州府文山市 1 county-level city and 7 counties; Wenshan as its prefectural capital	370万 3,700,000	少数民族占56.5%，其中壮族97万人 Ethnic groups account for 56.5% in its total population with 970,000 Zhuang people	
12	红河哈尼族彝族自治州 Honghe Hani and Yi Autonomous Prefecture	1957年成立 In 1957	位于云南省南部 Located in the south of Yunnan province	3.29万平方公里 32,900 square kilometres	辖13个市县，州府蒙自市 13 counties; Mengzi as its prefectural capital	441万人 4,410,000	主体民族中哈尼族、彝族分别占总人口的18%、23%左右 Hani and Yi, as main nationalities, account for about 18% and 23% in its total population respectively	

续表6

序号 Number	名称 Name	成立时间 Time of Establishment	位置 Location	面积 Area	辖区 Areas under Administration	人口（2010年）Population (2010)	民族 Ethnic Group	备注 Notes
13	德宏傣族景颇族自治州 Dehong Dai and Jingpo Autonomous Prefecture	1953年成立 In 1953	位于云南省西部 Located in the west of Yunnan province	1.15万平方公里 11,500 square kilometres	辖2市3县，州府芒市 2 county-level cities and 3 counties; Mang City as its prefectural capital	114万 1,140,000	少数民族人口占50%，其中傣族人口占少数民族的60% Ethnic groups account for 50% in its total population of which 60% are Dai people	是全国景颇族、德昂族和阿昌族的主要聚居地区 It is the main habitat of Jingpo, De'ang and Achang in China
14	怒江傈僳族自治州 Nujiang Lisu Autonomous Prefecture	1954年成立 In 1954	位于云南省西北部 Located in the northwest of Yunnan province	1.47万平方公里 14,700 square kilometres	辖4县，州府泸水县 4 counties; Lushui as its prefectural capital	51.8万 518,000	其中傈僳族占一半左右 Lisu people account for about 50% in its total population	是全国唯一的傈僳族自治州，其中独龙族、怒族属于怒江州独有的人口较少民族 It is the only one autonomous prefecture of Lisu people in China; and Dulong and Nu people live only in Nujiang

续表 7

序号 Number	名称 Name	成立时间 Time of Establishment	位置 Location	面积 Area	辖区 Areas under Administration	人口 (2010年) Population (2010)	民族 Ethnic Group	备注 Notes
15	迪庆藏族自治州 Diqing Tibetan Autonomous Prefecture	1957年成立 In 1957	位于云南省西北部, 地处世界自然遗产"三江并流"腹心区 Located in the northwest of Yunnan province, or the central region of the area of World Natural Heritance, the Three Parallel Rivers	2.39万平方公里 23,900 square kilometres	辖3县, 州府香格里拉县 3 counties; Shangri-La City as its prefectural capital	35万 350,000	其中藏族约占33% Tibetan people account for about 33% in its total population	是云南省唯一的藏族自治州 It the the only one autonomous prefecture of Tibetan people in Yunnan
16	大理白族自治州 Dali Bai Autonomous Prefecture	1956年成立 In 1956	位于云南省中部偏西 Located in the western area of centra Yunnan province	2.95万平方公里 29,500 square kilometres	辖1市11县, 州府大理市 1 county-level city and 11 counties; Dali as its prefectural capital	353万 3,530,000	少数民族约占50%, 其中白族人口最多 Ethnic groups account for about 50% in its total population among which Bai people are the majority	

续表8

序号 Number	名称 Name	成立时间 Time of Establishment	位置 Location	面积 Area	辖区 Areas under Administration	人口(2010年) Population (2010)	民族 Ethnic Group	备注 Notes
17	楚雄彝族自治州 Chuxiong Yi Autonomous Prefecture	1958年成立 In 1958	位于云南省中部偏北，属云贵高原部，滇中高原的主体部位 Located in the northern area of central Yunan province	2.93万平方公里 29,300 square kilometres	辖9县1市，州府楚雄市 9 counties and 1 county-level city; Chuxiong as its prefectural capital	262万 2,620,000	其中彝族约占27% Yi people account for 27% in its total population	
18	临夏回族自治州 Linxia Hui Autonomous Prefecture	1956年成立 In 1956	位于甘肃省中部西南面 Located in the southwestern area of central Gansu province	0.84万平方公里 8,400 square kilometres	辖7县1市，州府临夏市 7 counties and 1 county-level city; Linxia as its prefectural capital	209万 2,090,000	其中回族等少数民族约占56%，东乡族和保安族以该州为主要聚居地区 Hui people account for about 56% in its total population; Dongxiang and Bao'an people also live here	

续表 9

序号 ཨང་གྲངས། Number	名称 མིང་། Name	成立时间 གསར་འཛུགས་ཚེས་གྲངས། Time of Establishment	位置 གནས་ཡུལ། Location	面积 རྒྱ་ཁྱོན། Area	辖区 ཁོངས་གཏོགས་ས་ཁུལ། Areas under Administration	人口 (2010年) མི་འབོར། (༢༠༡༠) Population (2010)	民族 མི་རིགས། Ethnic Group	备注 དྲན་གསོའི་ཚིག Notes
19	甘南藏族自治州 ཀན་ལྷོ་བོད་རིགས་རང་སྐྱོང་ཁུལ། Gannan Tibetan Autonomous Prefecture	1953年成立 ༡༩༥༣ལོར་གསར་འཛུགས། In 1953	位于甘肃省南部，地处青藏高原东北边缘 ཀན་སུའུ་ཞིང་ཆེན་གྱི་ལྷོ་ཕྱོགས་ན་ཡོད་ལ། མཚོ་བོད་མཐོ་སྒང་གི་བྱང་ཤར་མཐའ་མཚམས་སུ་གནས་ཡོད། Located in the south of Gansu province, the northeastern area of the Tibet Plateau	面积4.02万平方公里 རྒྱ་ཁྱོན་ལ་སྤྱི་ལེ་གྲུ་བཞི་མ་ཁྲི་༤.༠༢ཡོད། 40,200 square kilometres	辖7县1市，州府合作市 རྫོང་༧དང་གྲོང་ཁྱེར་༡ཁོངས་གཏོགས་ཡོད་ལ། ཁུལ་མི་དམངས་སྲིད་གཞུང་ཧོ་ཙོ་གྲོང་ཁྱེར་དུ་ཡོད། 7 counties and 1 county-level city; Hezuo as its prefectural capital	73万 ཁྲི་༧༣ 730,000	其中藏族人口超过50% དེའི་ནང་བོད་རིགས་ཀྱི་མི་གྲངས་བརྒྱ་ཆ་༥༠ལྷག་ཡིན། Tibetan people account for more than 50% in its total population	
20	海北藏族自治州 མཚོ་བྱང་བོད་རིགས་རང་སྐྱོང་ཁུལ། Haibei Tibetan Autonomous Prefecture	1953年成立 ༡༩༥༣ལོར་གསར་འཛུགས། In 1953	位于青海省东北部 མཚོ་སྔོན་ཞིང་ཆེན་གྱི་བྱང་ཤར་ན་ཡོད། Located in the northeast of Qinghai province	3.94万平方公里 སྤྱི་ལེ་གྲུ་བཞི་མ་ཁྲི་༣.༩༤ 39,400 square kilometres	辖4个县，州府海晏县 རྫོང་༤ཁོངས་གཏོགས་ཡོད་ལ། ཁུལ་མི་དམངས་སྲིད་གཞུང་མཚོ་ཞབས་རྫོང་དུ་ཡོད། 4 counties; Haiyan as its prefectural capital	29万 ཁྲི་༢༩ 290,000	其中藏族约占24% དེའི་ནང་བོད་རིགས་ཀྱིས་བརྒྱ་ཆ་༢༤ཟིན། Tibetan people account for about 24% in its total population	
21	黄南藏族自治州 རྨ་ལྷོ་བོད་རིགས་རང་སྐྱོང་ཁུལ། Huangnan Tibetan Autonomous Prefecture	1953年成立 ༡༩༥༣ལོར་གསར་འཛུགས། In 1953	位于青海省东部，属"三江源自然保护区" མཚོ་སྔོན་ཞིང་ཆེན་གྱི་ཤར་ན་ཡོད་ལ། "ཆུ་བོ་གསུམ་གྱི་འབྱུང་ཁུངས་རང་བྱུང་སྲུང་སྐྱོབ་ཁུལ"་གྱི་ཁོངས་སུ་གཏོགས། Located in the east of Qinghai province, as a part of Sanjiangyuan National Nature Reserve	1.79万平方公里 སྤྱི་ལེ་གྲུ་བཞི་མ་ཁྲི་༡.༧༩ 17,900 square kilometres	辖4县，州府同仁县 རྫོང་༤ཁོངས་གཏོགས་ཡོད་ལ། ཁུལ་མི་དམངས་སྲིད་གཞུང་རྩེ་ཁོག་རྫོང་དུ་ཡོད། 4 counties; Tongren as its prefectural capital	26万 ཁྲི་༢༦ 260,000	其中藏族约占66% དེའི་ནང་བོད་རིགས་ཀྱིས་བརྒྱ་ཆ་༦༦ཟིན། Tibetan people account for about 66% in its total population	

续表 10

序号 Number	名称 Name	成立时间 Time of Establishment	位置 Location	面积 Area	辖区 Areas under Administration	人口（2010年）Population (2010)	民族 Ethnic Group	备注 Notes
22	海南藏族自治州 Hainan Tibetan Autonomous Prefecture	1953年成立 In 1953	位于青海省东部，是青藏高原的东门户 Located in the east of Qinghai province, as the east opening gate of the Tibet Plateau	4.59万平方公里 45,900 square kilometres	辖5个县，州府共和县 5 counties; Gonghe as its prefectural capita	45万 450,000	其中藏族占63% Tibetan people account for about 63% in its total population	
23	果洛藏族自治州 Guoluo Tibetan Autonomous Prefecture	1954年成立 In 1954	位于青海省东南部 Located in the southeast of Qinghai province	7.63万平方公里 76,300 square kilometres	辖6县，州府玛沁县 6 counties; Maqin as its prefectural capital	17万 170,000	其中藏族占91% Tibetan people account for 91% in its total population	

· 962 ·

续表 11

序号 ཨང་གྲངས། Number	名称 མིང་། Name	成立时间 ཚུགས་ལོ། Time of Establishment	位置 གནས་ས། Location	面积 རྒྱ་ཁྱོན། Area	辖区 གཞུང་སྐྱོང་ཁུལ། Areas under Administration	人口 (2010年) མི་གྲངས། (༢༠༡༠) Population (2010)	民族 མི་རིགས། Ethnic Group	备注 ཟུར་བརྗོད། Notes
24	玉树藏族自治州 ཡུལ་ཤུལ་བོད་རིགས་རང་སྐྱོང་ཁུལ། Yushu Tibetan Autonomous Prefecture	1951年成立 ༡༩༥༡ལོར་ཚུགས། In 1951	位于青海省西南部，藏高原腹地的三江源头 Located in the uppermost part of the Sanjiangyuan National Nature Reserve of southeastern Tibet Plateau in Qinghai province	18.88万平方公里 188,800 square kilometres	辖6县，州府玉树县 6 counties; Yushu as its prefectural capital	38万 380,000	其中藏族人口占绝大多数 Tibetan people are in the majority	
25	海西蒙古族藏族自治州 མཚོ་ནུབ་སོག་རིགས་བོད་རིགས་རང་སྐྱོང་ཁུལ། Haixi Mongol and Tibetan Autonomous Prefecture	1954年成立 ༡༩༥༤ལོར་ཚུགས། In 1954	位于青海西北部，柴达木盆地是该州的主体 Located in the northwest of Qinghai province, Chaidamu Basin as its main part	32.58万平方公里 325,800 square kilometres	辖2市3县，州府德令哈市 2 county-level cities and 3 counties; Delingha as its prefectural capital	39万 390,000	其中蒙古族约占7%，藏族约占11% Mongolian people account for about 7% and Tibetan people 11% in its total population	

续表 12

序号 Number	名称 Name	成立时间 Time of Establishment	位置 Location	面积 Area	辖区 Areas under Administration	人口（2010年）Population (2010)	民族 Ethnic Group	备注 Notes
26	昌吉回族自治州 Changji Hui Autonomous Prefecture	1954年成立 In 1954	地处天山北麓，准噶尔盆地东南缘，是古代"丝绸之路"新北道通往中亚、欧洲诸国的必经之路 Located in the northern foot of Tianshan Mountains, or the southeastern edge of Zhungeer Basin, is the only access to Central Asia and European countries from the New North Road of the Silk Road	7.37万平方公里 73,700 square kilometres	辖5县2市，州府昌吉市 5 counties and 2 county-level cities; Changji as its prefectural capital	142万 1,420,000	其中回族等少数民族占24.69% Hui and other ethnic groups account for about 24.69% in its total population	

续表 13

序号 Number	名称 Name	成立时间 Time of Establishment	位置 Location	面积 Area	辖区 Areas under Administration	人口（2010年）Population (2010)	民族 Ethnic Group	备注 Notes
27	巴音郭楞蒙古自治州 Bayingolin Mongol Autonomous Prefecture	1954年成立 In 1954	位于新疆东南部，是中国陆地地级行政区大的地面积最 Located in the southeast of Xinjiang Uygur Autonomous Region, it is a prefecture with the largest land area of China	47.25万平方公里 472,500 square kilometres	辖8县1市，州府库尔勒市 8 counties and 1 county-level city; Kuerle as its prefectural capital	131万 1,310,000	其中蒙古族等少数民族约占42% Mongolian and other ethnic groups account for about 42% in its total population	
28	克孜勒苏柯尔克孜自治州 Kezilesu Kirghiz Autonomous Prefecture	1954年成立 In 1954	位于新疆西部 Located in the west part of Xinjiang	7.09万平方公里 70,900 square kilometres	辖1市3县，州府阿图什市 1 county-level and 3 counties; Artux as its prefectural capital	54万 540,000	其中柯尔克孜族147955人 There are 147,955 Kirgiz people	是全国唯一以柯尔克孜族为主体民族的自治州 It is the only autonomous prefecture with Kirgiz as its main ethnic group

续表 14

序号 Number	名称 Name	成立时间 Time of Establishment	位置 Location	面积 Area	辖区 Areas under Administration	人口(2010年) Population (2010)	民族 Ethnic Group	备注 Notes
29	博尔塔拉蒙古自治州 Bortala Mongol Autonomous Prefecture	1954年成立 In 1954	位于新疆西北部 Located in the northwest of Xinjiang Uygur Autonomous Region	2.5万平方公里 25,000 square kilometres	辖1市2县,州府博乐市 1 county-level city and 2 counties; Bole as its prefectural capital	48万 480,000	其中蒙古族等少数民族占35%左右 Mongolian people and other ethnic groups account for about 35% in its total population	
30	伊犁哈萨克自治州 Ili Kazakh Autonomous Prefecture	1954年成立 In 1954	位于新疆的西北部 Located in the northwest of Xinjiang Uygur Autonomous Region	26.86万平方公里 268,600 square kilometres	辖2个地区和10个直属县市,州府伊宁市 2 districts and 10 counties under the direct control of the autonomous prefecture; Yining as its prefectural capital	449万 4,490,000	其中哈萨克族占25%左右 Kazak people account for about 25% in its total population	这里有中国陆路最大的通商口岸:霍尔果斯口岸 There is the largest treaty port of Chinese land; the Khorgas Port

· 966 ·

C. 120个自治县（旗）
རང་སྐྱོང་རྫོང་（ཆེ）༡༢༠
120 Autonomous Counties

序号 Number	名称 Name	成立时间 Time of Establishment	位置 Location	面积 Area	人口(2010) Population (2010)	民族 Ethnic Group	备注 Notes
1	围场满族蒙古族自治县 Weichang Manchu and Mongol Autonomous County	1990年成立 In 1990	位于河北省最北部 Located in the northern part of Chengde City in Hebei province	9219.7平方公里 9,219.7 square kilometres	53.3万 533,000	其中以满族、蒙古族为主的少数民族31万人 There are 310,000 Manchu and Mongolian people	
2	丰宁满族自治县 Fengning Manchu Autonomous County	1987年成立 In 1987	位于河北省北部 Located in the northwest of Chengde City in Hebei province	8765平方公里 8,765 square kilometres	39.7万 397,000	其中满族占63.9% Manchu people account for 63.9% in its total population	
3	宽城满族自治县 Kuancheng Manchu Autonomous County	1989年成立 In 1989	位于河北省东北部 Located in the northeast of Hebei province	1952平方公里 1,952 square kilometres	24.9万 249,000	其中满族占64.5% Manchu people account for 64.5% in its total population	

· 967 ·

续表 1

序号 གྲངས། Number	名称 མིང་། Name	成立时间 ཚོགས་འཛུགས་ཀྱི་དུས་ཚོད། Time of Establishment	位置 ས་གནས། Location	面积 རྒྱ་ཁྱོན། Area	人口（2010） མི་གྲངས།（༢༠༡༠） Population (2010)	民族 མི་རིགས། Ethnic Group	备注 ཟུར་མཆན། Notes
4	孟村回族自治县 མིན་ཚུན་ཧུའེའི་རིགས་རང་སྐྱོང་རྫོང་། Mengcun Hui Autonomous County	1955年成立 ༡༩༥༥ལོར་འཛུགས། In 1955	位于河北省北部 ཧོ་པེ་ཞིང་ཆེན་གྱི་བྱང་ཕྱོགས་སུ་ཡོད། Located in the north of Hebei province	387平方公里 རྒྱ་ཁྱོན་གྲུ་བཞི་སྤྱི་ལེ་387 387 square kilometres	22万 ཁྲི22 220,000	其中回族占24% དེའི་ནང་ཧུའེའི་རིགས་ཀྱིས་24%ཟིན། Hui people account for 24% in its total population	
5	大厂回族自治县 ཏ་ཁྲང་ཧུའེའི་རིགས་རང་སྐྱོང་རྫོང་། Dachang Hui Autonomous County	1955年成立 ༡༩༥༥ལོར་འཛུགས། In 1955	位于河北省中部 ཧོ་པེ་ཞིང་ཆེན་གྱི་དབུས་སུ་ཡོད། Located in central Hebei province	176平方公里 རྒྱ་ཁྱོན་གྲུ་བཞི་སྤྱི་ལེ་176 176 square kilometres	12万 ཁྲི12 120,000	其中回族占21.5% དེའི་ནང་ཧུའེའི་རིགས་ཀྱིས་21.5%ཟིན། Hui people account for 21.5% in its total population	
6	青龙满族自治县 ཚིང་ལུང་མན་ཇུའུ་རིགས་རང་སྐྱོང་རྫོང་། Qinglong Manchu Autonomous County	1987年成立 ༡༩༨༧ལོར་འཛུགས། In 1987	位于河北省东北部 ཧོ་པེ་ཞིང་ཆེན་གྱི་བྱང་ཤར་དུ་ཡོད། Located in the northeast of Hebei province	3510平方公里 རྒྱ་ཁྱོན་གྲུ་བཞི་སྤྱི་ལེ་3510 3,510 square kilometres	55万 ཁྲི55 550,000	其中满族占68.6% དེའི་ནང་མན་ཇུའུ་རིགས་ཀྱིས་68.6%ཟིན། Manchu people account for 68.6% in its total population	

续表 2

序号 Number	名称 Name	成立时间 Time of Establishment	位置 Location	面积 Area	人口 (2010) Population (2010)	民族 Ethnic Group	备注 Notes
7	喀喇沁左翼蒙古族自治县 Harqin Left Mongol Autonomous County	1958 年成立 In 1958	地处辽宁省西部 Located in the west of Liaoning province	2237.86 平方公里 2,237.86 square kilometres	43 万 430,000	其中蒙古族占 19.5% Mongolian people account for 19.5% in its total population	
8	阜新蒙古族自治县 Fuxin Mongol Autonomous County	1958 年成立 In 1958	位于辽宁省西北部 Located in the northwest of Liaoning province	6246 平方公里 6,246 square kilometres	73 万 730,000	其中蒙古族占 20% Mongolian people account for 20% in its total population	
9	本溪满族自治县 Benxi Manchu Autonomous County	1990 年成立 In 1990	位于辽宁省辽东半岛腹地 Located in central Liaodong Peninsula of Liaoning province	3363 平方公里 3,363 square kilometres	29 万 290,000	其中满族占 65% Manchu people account for 65% in its total population	

续表 3

序号 གྲངས། Number	名称 མིང་། Name	成立时间 གྲུབ་པའི་དུས། Time of Establishment	位置 གནས་ཡུལ། Location	面积 རྒྱ་ཁྱོན། Area	人口 (2010) མི་གྲངས། (༢༠༡༠) Population (2010)	民族 མི་རིགས། Ethnic Group	备注 ཟུར་བརྗོད། Notes
10	桓仁满族自治县 ཧོན་རེན་མན་ཛུའུ་རིགས་རང་སྐྱོང་རྫོང་། Huanren Manchu Autonomous County	1990 年成立 གཅིག་སྟོང་དགུ་བརྒྱ་དགུ་བཅུའི་ལོར་གྲུབ། In 1990	位于辽宁省东部山区 ལན་ཉིང་ཞིང་ཆེན་ཤར་ཕྱོགས་ཀྱི་རི་ཁུལ་དུ་ཡོད། Located in eastern mountainous area of Liaoning province	3547 平方公里 རྒྱ་ཁྱོན་གྲུ་བཞི་ཨར་སྤྱི་ལེ་༣༥༤༧ 3,547 square kilometres	30 万 ཁྲི༣༠ 300,000	少数民族占 50% 以上, 其中以满族和朝鲜族居多 གྲངས་ཉུང་མི་རིགས་ཀྱིས་བརྒྱ་ཆ་༥༠ཡན་ཟིན་ཞིང་དེའི་ནང་མན་ཛུའུ་དང་ཀོ་རི་ཡ་མི་རིགས་མང་བ་ཡོད། Ethnic groups account for more than 50% in its total population, and Manchu and Korean people in the majority	
11	宽甸满族自治县 ཁོན་དན་མན་ཛུའུ་རིགས་རང་སྐྱོང་རྫོང་། Kuandian Manchu Autonomous County	1990 年成立 གཅིག་སྟོང་དགུ་བརྒྱ་དགུ་བཅུའི་ལོར་གྲུབ། In 1990	位于辽宁省东部 ལན་ཉིང་ཞིང་ཆེན་ཤར་ཕྱོགས་སུ་ཡོད། Located in the east of Liaoning province	6186 平方公里 རྒྱ་ཁྱོན་གྲུ་བཞི་ཨར་སྤྱི་ལེ་༦༡༨༦ 6,186 square kilometres	43.4 万 ཁྲི༤༣.༤ 434,000	其中满族占 51% དེའི་ནང་མན་ཛུའུ་རིགས་ཀྱིས་བརྒྱ་ཆ་༥༡ཟིན། Manchu people account for 51% in its total population	
12	清原满族自治县 ཆིང་ཡོན་མན་ཛུའུ་རིགས་རང་སྐྱོང་རྫོང་། Qingyuan Manchu Autonomous County	1990 年成立 གཅིག་སྟོང་དགུ་བརྒྱ་དགུ་བཅུའི་ལོར་གྲུབ། In 1990	位于辽宁省东部 ལན་ཉིང་ཞིང་ཆེན་ཤར་ཕྱོགས་སུ་ཡོད། Located in the east of Liaoning province	3921 平方公里 རྒྱ་ཁྱོན་གྲུ་བཞི་ཨར་སྤྱི་ལེ་༣༩༢༡ 3,921 square kilometres	33.7 万 ཁྲི༣༣.༧ 337,000	其中满族占 64.4% དེའི་ནང་མན་ཛུའུ་རིགས་ཀྱིས་བརྒྱ་ཆ་༦༤.༤ཟིན། Manchu people account for 64.4% its total population	

续表 4

序号 གྲངས་ཀ། Number	名称 མིང་། Name	成立时间 ཚོགས་ཚེས། Time of Establishment	位置 ས་གནས། Location	面积 རྒྱ་ཁྱོན། Area	人口 (2010) མིའི་གྲངས། (༢༠༡༠) Population (2010)	民族 མི་རིགས། Ethnic Group	备注 ཟུར་བརྗོད། Notes
13	新宾满族自治县 Xinbin Manchu Autonomous County	1985 年成立 In 1985	位于辽宁省东部山区 Located in eastern mountainous area of Liaoning province	4287 平方公里 4,287 square kilometres	30 万 300,000	其中满族占 70%以上 Manchu people account for more than 70% in its total population	
14	岫岩满族自治县 Xiuyan Manchu Autonomous County	1985 年成立 In 1985	位于辽宁省辽东半岛的北部 Located in the north of Liaodong Peninsula of Liaoning province	4502 平方公里 4,502 square kilometres	52 万 520,000	其中满族占 90%以上 Manchu people account for more than 90% in its total population	
15	长白朝鲜族自治县 Changbai Korean Autonomous County	1958 年成立 In 1958	位于吉林省东南部 Located in the southeast of Jilin province	2496 平方公里 2,496 square kilometres	9 万 90,000	其中朝鲜族占 16.9% Korean people account for 16.9% in its total population	全国唯一的朝鲜族自治县 It is the only Korean autonomous county in China

续表 5

序号 Number	名称 Name	成立时间 Time of Establishment	位置 Location	面积 Area	人口 (2010) Population (2010)	民族 Ethnic Group	备注 Notes
16	伊通满族自治县 Yitong Manchu Autonomous County	1989 年成立 In 1989	位于吉林省中部 Located in the middle of Jilin province	2523 平方公里 2,523 square kilometres	48 万 480,000	其中满族占 38.7% Manchu people account for 38.7% in its total population	
17	前郭尔罗斯蒙古族自治县 Qian Gorlos Mongol Autonomous County	1956 年成立 In 1956	位于吉林省西北部 Located in the northwest of Jilin province	5085 平方公里 5,085 square kilometres	59 万 590,000	其中蒙古族占 11% Mongolian people account for 11% in its total population	
18	杜尔伯特蒙古族自治县 Dorbod Mongol Autonomous County	1956 年成立 In 1956	位于黑龙江省西南部 Located in the southwest of Heilongjiang province	6427 平方公里 6,427 square kilometres	26 万 260,000	其中蒙古族占 18.2% Mongolian people account for 18.2% in its total population	黑龙江省唯一的少数民族自治县 It is the only autonomous county in Heilongjiang province

续表6

序号 གྲངས། Number	名称 མིང་། Name	成立时间 གྲུབ་དུས། Time of Establishment	位置 གནས་ཡུལ། Location	面积 རྒྱ་ཁྱོན། Area	人口 (2010) མི་གྲངས། (༢༠༡༠) Population (2010)	民族 མི་རིགས། Ethnic Group	备注 དྲན་གསོ། Notes
19	景宁畲族自治县 ཅིན་ཉིན་ཞེ་རིགས་རང་སྐྱོང་རྫོང་། Jingning She Autonomous County	1984年成立 ༡༩༨༤ལོར་བཙུགས། In 1984	位于浙江省南部 ཀྲེའུ་ཅང་ཞིང་ཆེན་གྱི་ལྷོ་ཕྱོགས་སུ་ཡོད། Located in the south of Zhejiang province	1950平方公里 རྒྱ་ཁྱོན་གྲུ་བཞི་སྤྱི་ལེ་ ༡༩༥༠ 1,950 square kilometres	17万 ཁྲི་ ༡༧ 170,000	其中畲族占13.54% ཞེ་རིགས་ཀྱིས་བརྒྱ་ཆ་ ༡༣.༥༤% ཟིན། She people account for 13.54% in its total population	全国唯一的畲族自治县 རྒྱལ་ཡོངས་ཀྱི་ཞེ་རིགས་རང་སྐྱོང་རྫོང་གཅིག་པུ་ཡིན། It is the only She autonomous county in China
20	长阳土家族自治县 ཁྲང་ཡང་ཐུའུ་ཅ་རིགས་རང་སྐྱོང་རྫོང་། Changyang Tujia Autonomous County	1984年成立 ༡༩༨༤ལོར་བཙུགས། In 1984	位于湖北省西南部 ཧུའུ་པེ་ཞིང་ཆེན་གྱི་ལྷོ་ནུབ་ཕྱོགས་སུ་ཡོད། Located in southwestern mountainous area of Hubei province	3430平方公里 རྒྱ་ཁྱོན་གྲུ་བཞི་སྤྱི་ལེ་ ༣༤༣༠ 3,430 square kilometres	41万 ཁྲི་ ༤༡ 410,000	其中土家族约占51% ཐུའུ་ཅ་རིགས་ཀྱིས་བརྒྱ་ཆ་ ༥༡% ཟིན། Tujia people account for about 51% in its total population	
21	五峰土家族自治县 འུའུ་ཕུང་ཐུའུ་ཅ་རིགས་རང་སྐྱོང་རྫོང་། Wufeng Tujia Autonomous County	1984年成立 ༡༩༨༤ལོར་བཙུགས། In 1984	位于湖北省西南部 ཧུའུ་པེ་ཞིང་ཆེན་གྱི་ལྷོ་ནུབ་ཕྱོགས་སུ་ཡོད། Located in the southwest of Hubei province	2072平方公里 རྒྱ་ཁྱོན་གྲུ་བཞི་སྤྱི་ལེ་ ༢༠༧༢ 2,072 square kilometres	21万 ཁྲི་ ༢༡ 210,000	其中土家族占85% ཐུའུ་ཅ་རིགས་ཀྱིས་བརྒྱ་ཆ་ ༨༥% ཟིན། Tujia people account for 85% in its total population	

续表 7

序号 ཨང་གྲངས། Number	名称 མིང་། Name	成立时间 བཙུགས་དུས། Time of Establishment	位置 གནས་ཡུལ། Location	面积 རྒྱ་ཁྱོན། Area	人口 (2010) མི་གྲངས། (༢༠༡༠) Population (2010)	民族 མི་རིགས། Ethnic Group	备注 ཟུར་བརྗོད། Notes
22	新晃侗族自治县 ཞིན་ཧོང་ཏུང་རིགས་རང་སྐྱོང་རྫོང་། Xinhuang Dong Autonomous County	1956年成立 ༡༩༥༦་ལོར་བཙུགས། In 1956	位于湖南省最西部 ཧུའུ་ནན་ཞིང་ཆེན་གྱི་ཆེས་ནུབ་ཏུ་ཆགས་ཡོད་པ། Located in the west of Hunan province	1511 平方公里 རྒྱ་སྒོར་སྤྱི་ལེ་༡༥༡༡ 1,511 square kilometres	27 万 ཁྲི་༢༧ 270,000	其中侗族占 80% 以上 དང་དུ་ཏུང་རིགས་ཀྱིས་%༨༠ ཕྱེད་ཟིན། Dong people account for more than 80% in its total population	
23	芷江侗族自治县 གྲི་ཅང་ཏུང་རིགས་རང་སྐྱོང་རྫོང་། Zhijiang Dong Autonomous County	1987年成立 ༡༩༨༧་ལོར་བཙུགས། In 1987	位于湖南省西部 ཧུའུ་ནན་ཞིང་ཆེན་ནུབ་ཕྱོགས་སུ་ཡོད། Located in the west of Hunan province	2096 平方公里 རྒྱ་སྒོར་སྤྱི་ལེ་༢༠༩༦ 2,096 square kilometres	39.7 万 ཁྲི་༣༩,༧ 397,000	其中侗族人口占 58.9% དང་དུ་ཏུང་རིགས་ཀྱིས་%༥༨.༩ ཟིན། Dong people account for 58.9% in its total population	
24	靖州苗族侗族自治县 ཅིང་ཀྲོའུ་ཧམོའོ་རིགས་དང་ཏུང་རིགས་རང་སྐྱོང་རྫོང་། Jingzhou Miao and Dong Autonomous County	1987年成立 ༡༩༨༧་ལོར་བཙུགས། In 1987	位于湖南省西南部 ཧུའུ་ནན་ཞིང་ཆེན་ལྷོ་ནུབ་ཏུ་ཡོད། Located in the southwest of Hunan province	2211 平方公里 རྒྱ་སྒོར་སྤྱི་ལེ་༢༢༡༡ 2,211 square kilometres	27 万 ཁྲི་༢༧ 270,000	其中苗族、侗族占 52.8% དེའི་ནང་ཧམོའོ་རིགས་དང་ཏུང་རིགས་ཀྱིས་%༥༢.༨ ཟིན། Miao and Dong people account for 52.8% in its total population	

续表 8

序号 Number	名称 Name	成立时间 Time of Establishment	位置 Location	面积 Area	人口 (2010) Population (2010)	民族 Ethnic Group	备注 Notes
25	麻阳苗族自治县 Mayang Miao Autonomous County	1990 年成立 In 1990	位于湖南省西部 Located in the west of Hunan province	1561 平方公里 1,561 square kilometres	40 万 400,000	其中苗族占 79% Miao people account for 79% in its total population	
26	通道侗族自治县 Tongdao Dong Autonomous County	1954 年成立 In 1954	位于湖南省西南部 Located in the southwest of Hunan province	2225 平方公里 2,225 square kilometres	23 万 230,000	其中侗族占 78.3% Dong people account for 78.3% in its total population	
27	城步苗族自治县 Chengbu Miao Autonomous County	1956 年成立 In 1956	位于湖南省西南部 Located in the southwest of Hunan province	2620 平方公里 2,620 square kilometres	27 万 270,000	其中苗族占 57.56% Miao people account for 57.56% in its total population	

续表9

序号 Number	名称 Name	成立时间 Time of Establishment	位置 Location	面积 Area	人口 (2010) Population (2010)	民族 Ethnic Group	备注 Notes
28	江华瑶族自治县 Jianghua Yao Autonomous County	1955年成立 In 1955	位于湖南省南部 Located in the south of Hunan province	3216平方公里 3,216 square kilometres	50万 500,000	其中瑶族占59.2% Yao people account for 59.2% in its total population	全国瑶族人口最多、湖南省唯一的瑶族自治县 It is the largest habitat of Yao people of China, and the only Yao autonomous county in Hunan
29	连南瑶族自治县 Liannan Yao Autonomous County	1953年成立 In 1953	位于广东省西北部 Located in the northwest of Guangdong province	1303平方公里 1,303 square kilometres	16万 160,000	其中瑶族占50.73% Yao people account for 50.73% in its total population	

续表 10

序号 ཨང་གྲངས། Number	名称 མིང་། Name	成立时间 འཛུགས་དུས། Time of Establishment	位置 ས་གནས། Location	面积 རྒྱ་ཁྱོན། Area	人口（2010） མི་གྲངས། (2010) Population (2010)	民族 མི་རིགས། Ethnic Group	备注 ཟུར་བརྗོད། Notes
30	连山壮族瑶族自治县 Lianshan Zhuang and Yao Autonomous County	1962 年成立 In 1962	位于广东省西北部 Located in the northwest of Guangdong province	1218 平方公里 1,218 square kilometres	12 万 120,000	其中壮族、瑶族占 65% Zhuang and Yao people account for 65% in its total population	全国唯一以壮族、瑶族两个民族为主体的少数民族自治县 It is the only autonomous county consisted of Zhuang and Yao people in China
31	乳源瑶族自治县 Ruyuan Yao Autonomous County	1963 年成立 In 1963	位于广东省北部 Located in the north of Guangdong province	2299 平方公里 2,299 square kilometres	22 万 220,000	其中瑶族人口 2.4 万人 Yao people have a population of 24,000	

· 977 ·

续表 11

序号 གྲངས། Number	名称 མིང་། Name	成立时间 གཙུགས་ལོ། Time of Establishment	位置 གནས་ས། Location	面积 རྒྱ་ཁྱོན། Area	人口（2010）མི་གྲངས། (༢༠༡༠) Population (2010)	民族 མི་རིགས། Ethnic Group	备注 བརྗོད་བྱ། Notes
32	隆林各族自治县 ལུང་ལིན་ཡོངས་རྫོགས་མི་རིགས་རང་སྐྱོང་རྫོང་། Longlin Multi-ethnic Autonomous County	1953 年成立 ༡༩༥༣ལོར་ཚུགས། In 1953	位于广西西北部 ཀོང་ཞི་བྱང་ཤར་ཆ་ལ་གནས་ཡོད། Located in the northwest of Guangxi	3542 平方公里 རྒྱ་ཁྱོན་བཞི་ལྡབ་སྤྱི་ལེ་༣༥༤༢ 3,542 square kilometres	41万 ཁྲི༤༡ 410,000	其中少数民族人口占 81.2% གྲངས་ཉུང་མི་རིགས་མི་གྲངས་ཀྱིས་༨༡.༢% ཟིན། Ethnic groups account for 81.2% in its total population	
33	三江侗族自治县 གསུམ་གྱང་གྲུང་རིགས་རང་སྐྱོང་རྫོང་། Sanjiang Dong Autonomous County	1952 年成立 ༡༩༥༢ལོར་ཚུགས། In 1952	位于广西北部 ཀོང་ཞི་བྱང་ཆ་ལ་གནས་ཡོད། Located in the north of Guangxi	2455 平方公里 རྒྱ་ཁྱོན་བཞི་ལྡབ་སྤྱི་ལེ་༢༤༥༥ 2,455 square kilometres	38万 ཁྲི༣༨ 380,000	侗族占 50%以上 གྲུང་རིགས་ཀྱིས་༥༠%ལྷག་ཟིན། Dong people account for more than 50% in its total population	
34	巴马瑶族自治县 པ་མ་འཡོ་རིགས་རང་སྐྱོང་རྫོང་། Bama Yao Autonomous County	1956 年成立 ༡༩༥༦ལོར་ཚུགས། In 1956	位于广西西北部 ཀོང་ཞི་བྱང་ཤར་ཆ་ལ་གནས་ཡོད། Located in the northwest of Guangxi	1966 平方公里 རྒྱ་ཁྱོན་བཞི་ལྡབ་སྤྱི་ལེ་༡༩༦༦ 1,966 square kilometres	28万 ཁྲི༢༨ 280,000	其中瑶族占 24.58% འཡོ་རིགས་ཀྱིས་༢༤.༥༨% ཟིན། Yao people account for 24.58% in its total population	

续表 12

序号 Number	名称 Name	成立时间 Time of Establishment	位置 Location	面积 Area	人口 (2010) Population (2010)	民族 Ethnic Group	备注 Notes
35	都安瑶族自治县 Du'an Yao Autonomous County	1955年成立 In 1955	位于广西中部偏西处 Located in the west of middle Guangxi	4092平方公里 4,092 square kilometres	70.2万 702,000	其中壮族、瑶族占90%以上 Zhuang and Yao people account for more than 90% in its total population	
36	大化瑶族自治县 Dahua Yao Autonomous County	1987年成立 In 1987	位于广西中部偏西北处 Located in the northeast of middle Guangxi	2754平方公里 2,754 square kilometres	46万 460,000	其中瑶族占22% Yao people account for 22% in its total population	
37	环江毛南族自治县 Huanjiang Maonan Autonomous County	1987年成立 In 1987	位于广西西北部 Located in the northwest of Guangxi	4558平方公里 4,558 square kilometres	38万 380,000	其中毛南族占16.2% Maonan people account for 16.2% in its total population	全国唯一的毛南族自治县 It is the only Maonan autonomous county in China

续表 13

序号 Number	名称 Name	成立时间 Time of Establishment	位置 Location	面积 Area	人口 (2010) Population (2010)	民族 Ethnic Group	备注 Notes
38	罗城仫佬族自治县 Luocheng Mulao Autonomous County	1984 年成立 In 1984	位于广西北部 Located in the north of Guangxi	2639 平方公里 2,639 square kilometres	38 万 380,000	其中仫佬族约占 31% Mulao people account for about 31% in its total population	全国唯一的仫佬族自治县 It is the only Mulao autonomous county in China
39	融水苗族自治县 Rongshui Miao Autonomous County	1952 年成立 In 1952	位于广西东北部 Located in the northeast of Guangxi	4665 平方公里 4,665 square kilometres	51 万 510,000	其中苗族约占 41% Miao people account for about 41% in its total population	
40	龙胜各族自治县 Longsheng Multi-ethnic Autonomous County	1951 年成立 In 1951	位于广西东北部 Located in the northeast of Guangxi	2537 平方公里 2,537 square kilometres	18 万 180,000	其中少数民族约占 77% Ethnic groups account for about 77% in its total population	

续表 14

序号 ཨང་གྲངས། Number	名称 མིང་། Name	成立时间 ཚོགས་ཚེས། Time of Establishment	位置 གནས་ཡུལ། Location	面积 རྒྱ་ཁྱོན། Area	人口 (2010) མི་གྲངས། (༢༠༡༠) Population (2010)	民族 མི་རིགས། Ethnic Group	备注 དྲན་གསོ། Notes
41	恭城瑶族自治县 Gongcheng Yao Autonomous County	1990 年成立 In 1990	位于广西东北部 Located in the northeast of Guangxi	2149 平方公里 2,149 square kilometres	30 万 300,000	其中瑶族约占 57% Yao people account for about 57% in its total population	
42	富川瑶族自治县 Fuchuan Yao Autonomous County	1984 年成立 In 1984	位于广西东北边缘 Located in the northeast of Guangxi	1572 平方公里 1,572 square kilometres	32 万 320,000	其中瑶族占 47.5% Yao people account for 47.5% in its total population	
43	金秀瑶族自治县 Jinxiu Yao Autonomous County	1952 年成立 In 1952	位于广西中东部的大瑶山 Located at Dayao Mountains in mid-eastern of Guangxi	2517 平方公里 2,517 square kilometres	15 万 150,000	其中瑶族占 35% Yao people account for 35% in its total population	全国最早成立的瑶族自治县 It is the earliest Yao autonomous county in China

续表 15

序号 Number	名称 Name	成立时间 Time of Establishment	位置 Location	面积 Area	人口 (2010) Population (2010)	民族 Ethnic Group	备注 Notes
44	昌江黎族自治县 Changjiang Li Autonomous County	1987 年成立 In 1987	位于海南省西北偏西部 Located in west of the northwest of Hainan province	1596 平方公里 1,596 square kilometres	27 万 270,000	其中黎族占三分之一 Li people account for one third in its total population	
45	白沙黎族自治县 Baisha Li Autonomous County	1987 年成立 In 1987	位于海南省中西部 Located in central western of Hainan province	2117.3 平方公里 2,117.3 square kilometres	20.3 万 203,000	其中黎族占 60.1% Li people account for 60.1% in its total population	
46	乐东黎族自治县 Ledong Li Autonomous County	1987 年成立 In 1987	位于海南省西南部 Located in the southwest of Hainan province	2763.2 平方公里 2,763.2 square kilometres	54 万 540,000	其中黎族人口占 37% Li people account for 37% in its total population	

续表 16

序号 Number	名称 Name	成立时间 Time of Establishment	位置 Location	面积 Area	人口 (2010) Population (2010)	民族 Ethnic Group	备注 Notes
47	保亭黎族苗族自治县 Baoting Li and Miao Autonomous County	1987年成立 In 1987	位于海南省南部 Located in the south of Hainan province	1161 平方公里 1,161 square kilometres	17.03万 170,300	其中黎族占 59.9%、苗族占 4.1% Li people account for 59.9% and Miao people 4.1% in its total population	
48	陵水黎族自治县 Lingshui Li Autonomous County	1987年成立 In 1987	位于海南省的东南部 Located in the southeast of Hainan province	1128 平方公里 1,128 square kilometres	37万 370,000	其中黎族占 55% Li people account for 55% in its total population	
49	琼中黎族苗族自治县 Qiongzhong Li and Miao Autonomous County	1987年成立 In 1987	位于海南省中部 Located in central Hainan province	2704 平方公里 2,704 square kilometres	23万 230,000	其中黎族约占 48%、苗族约占 6% Li people account for 48% and Miao people about 6% in its total population	

续表17

序号 Number	名称 Name	成立时间 Time of Establishment	位置 Location	面积 Area	人口（2010） Population (2010)	民族 Ethnic Group	备注 Notes
50	石柱土家族自治县 Shizhu Tujia Autonomous County	1984年成立 In 1984	位于重庆市东部，三峡库区腹心地带 Located in eastern Chongqing, and central reservoir area of Three Gorges	3014平方公里 3,014 square kilometres	54万 540,000	其中土家族占70%以上 Tujia people account for more than 70% in its total population	
51	彭水苗族土家族自治县 Pengshui Miao and Tujia Autonomous County	1984年成立 In 1984	位于重庆市东南部 Located in the southeast of Chongqing	3897平方公里 3,897 square kilometres	68万 680,000	其中苗族、土家族占总人口的53%左右 Miao and Tujia people account for about 53% in its total population	

· 984 ·

续表 18

序号 Number	名称 Name	成立时间 Time of Establishment	位置 Location	面积 Area	人口 (2010) Population (2010)	民族 Ethnic Group	备注 Notes
52	酉阳土家族苗族自治县 Youyang Tujia and Miao Autonomous County	1983 年成立 In 1983	位于重庆市东南部 Located in the southeast of Chongqing	5168 平方公里 5,168 square kilometres	84 万人 840,000	其中土家族、苗族占 84% Miao and Tujia people account for 84% in its total population	重庆市目前面积最大、管理行政单元最多的县 It is the largest area with largest number of administrative units in Chongqing
53	秀山土家族苗族自治县 Xiushan Tujia and Miao Autonomous County	1983 年成立 In 1983	位于重庆市东南部 Located in the southeast of Chongqing	2453 平方公里 2,453 square kilometres	65 万 650,000	其中土家族、苗族等少数民族占 52% 以上 Miao, Tujia and other ethnic groups account for more than 52% in its total population	

· 985 ·

续表 19

序号 Number	名称 Name	成立时间 Time of Establishment	位置 Location	面积 Area	人口 (2010) Population (2010)	民族 Ethnic Group	备注 Notes
54	木里藏族自治县 Muli Tibetan Autonomous County	1953 年成立 In 1953	位于四川省的西南部 Located in the southwest of Sichuan province	13252 平方公里 13,252 square kilometres	13 万 130,000	其中藏族占 30% 以上 Tibetan people account for 30% in its total population	全国仅有的两个藏族自治县之一 It is one of the only two Tibetan autonomous counties in China
55	马边彝族自治县 Mabian Yi Autonomous County	1984 年成立 In 1984	位于四川省西南部的小凉山地区 Located in the Lesser Liangshan, the southwest of Sichuan province	2383.38 平方公里 2,383.38 square kilometres	20 万 200,000	其中彝族占 50% Yi people account for 50% in its total population	
56	峨边彝族自治县 Ebian Yi Autonomous County	1984 年成立 In 1984	位于四川省西南地区部的小凉山地区 Located in the Lesser Liangshan, the southwest of Sichuan province	2395.5 平方公里 2,395.5 square kilometres	15 万 150,000	其中彝族占 31% Yi people account for 31% in its total population	

续表 20

序号 གྲངས། Number	名称 མིང་། Name	成立时间 ཚུགས་དུས། Time of Establishment	位置 གནས་ཡུལ། Location	面积 རྒྱ་ཁྱོན། Area	人口（2010）མི་གྲངས། (༢༠༡༠) Population (2010)	民族 མི་རིགས། Ethnic Group	备注 ཟུར་བརྗོད། Notes
57	北川羌族自治县 Beichuan Qiang Autonomous County	2003 年成立 In 2003	位于四川省西北部 Located in the northwest of Sichuan province	3084 平方公里 3,084 square kilometres	24 万 240,000	少数民族占 50.5%，其中羌族占少数民族的 94.9% Ethnic groups account for 50.5% in its total population, among which Qiang people account for 94.9%	
58	威宁彝族回族苗族自治县 Weining Yi, Hui and Miao Autonomous County	1954 年成立 In 1954	位于贵州省西北高原 Located in the northwest of Guizhou province	6296.3 平方公里 6,296.3 square kilometres	139 万 1,390,000	其中彝族、回族、苗族等少数民族约占 24% Yi, Hui, Miao and other ethnic groups account for about 24% in its total population	

· 987 ·

续表 21

序号 གྲངས། Number	名称 མིང་། Name	成立时间 ཚུགས་དུས། Time of Establishment	位置 གནས་ཡུལ། Location	面积 རྒྱ་ཁྱོན། Area	人口 (2010) མི་གྲངས། (༢༠༡༠) Population (2010)	民族 མི་རིགས། Ethnic Group	备注 ཟུར་བརྗོད། Notes
59	关岭布依族苗族自治县 གཱན་ལིང་ཕུའུ་ཡིས་རིགས་དང་མིའོ་རིགས་རང་སྐྱོང་རྫོང་། Guanling Buyi and Miao Autonomous County	1981 年成立 ༡༩༨༡ལོར་འཛུགས། In 1981	位于贵州省中部 ཀོའུ་ཀྲོའུ་ཞིང་ཆེན་གྱི་དཀྱིལ་དུ་ཡོད། Located in central Guizhou province	1468 平方公里 རྒྱ་ལེབ་སྤྱི་ལེ་༡༤༦༨། 1,468 square kilometres	37 万 ཁྲི༣༧། 370,000	其中布依族、苗族等少数民族占60%以上 ཕུའུ་ཡིས་རིགས་དང་མིའོ་རིགས་སོགས་གྲངས་ཉུང་མི་རིགས་ཀྱིས་བརྒྱ་ཆ་༦༠ཡན་ཆགས། Buyi and Miao people account for more than 60% in its total population	
60	镇宁布依族苗族自治县 ཀྲན་ཉིང་ཕུའུ་ཡིས་རིགས་དང་མིའོ་རིགས་རང་སྐྱོང་རྫོང་། Zhenning Buyi and Miao Autonomous County	1963 年成立 ༡༩༦༣ལོར་འཛུགས། In 1963	位于贵州省西南部, 黄果树瀑布在该县域内 ཀོའུ་ཀྲོའུ་ཞིང་ཆེན་གྱི་ལྷོ་ནུབ་ཏུ་ཡོད་ལ་ཧོང་ཀོའོ་ཤུའུ་བབ་ཆུ་རྫོང་འདིའི་ཁོངས་སུ་ཡོད། Located in the southwest of Guizhou province, where Huangguoshu Waterfall locates	1721 平方公里 རྒྱ་ལེབ་སྤྱི་ལེ་༡༧༢༡། 1,721 square kilometres	38 万 ཁྲི༣༨། 380,000	其中布依族、苗族占60%以上 ཕུའུ་ཡིས་རིགས་དང་མིའོ་རིགས་ཀྱིས་བརྒྱ་ཆ་༦༠ཡན་ཆགས། Buyi and Miao people account for more than 60% in its total population	

续表 22

序号 Number	名称 Name	成立时间 Time of Establishment	位置 Location	面积 Area	人口 (2010) Population (2010)	民族 Ethnic Group	备注 Notes
61	紫云苗族布依族自治县 Ziyun Miao and Buyi Autonomous County	1966 年成立 In 1966	位于贵州省西南部 Located in the southwest of Guizhou province	2284 平方公里 2,284 square kilometres	37 万 370,000	其中苗族、布依族等少数民族约占 68% Buyi, Miao and other ethnic groups account for about 68% in its total population	
62	道真仡佬族苗族自治县 Daozhen Gelao and Miao Autonomous County	1987 年成立 In 1987	位于贵州省北部 Located in the north of Guizhou province	2156 平方公里 2,156 square kilometres	34 万 340,000	其中仡佬族、苗族约占 77% Gelao and Miao people account for about 77% in its total population	全国两个仡佬族苗族自治县之一 It is one of the two Gelao autonomous county in China

· 989 ·

续表 23

序号 གྲངས་ཀ། Number	名称 མིང་། Name	成立时间 ཚུགས་ལོ། Time of Establishment	位置 ས་གནས། Location	面积 རྒྱ་ཁྱོན། Area	人口 (2010) མི་གྲངས། (༢༠༡༠) Population (2010)	民族 མི་རིགས། Ethnic Group	备注 ཟུར་བརྗོད། Notes
63	务川仡佬族苗族自治县 Wuchuan Gelao and Miao Autonomous County	1987年成立 In 1987	位于贵州省东北边缘 Located in the northeast of Guizhou province	2773平方公里 2,773 square kilometres	45万 450,000	少数民族占96.56%，其中仡佬族、苗族约占总人口的85% Ethnic groups account for 96.56% in its total population, among which Gelao and Miao people account for about 85%	全国两个仡佬族苗族自治县之一 It is one of the two Gelao autonomous counties in China
64	印江土家族苗族自治县 Yinjiang Tujia and Miao Autonomous County	1987年成立 In 1987	位于贵州省东北部 Located in the northeast of Guizhou province	1961平方公里 1,961 square kilometres	43万 430,000	以土家族、苗族为主的少数民族约占71% Tujia and Miao people account for about 71% in its total population	

续表 24

序号 Number	名称 Name	成立时间 Time of Establishment	位置 Location	面积 Area	人口（2010）Population (2010)	民族 Ethnic Group	备注 Notes
65	松桃苗族自治县 Songtao Miao Autonomous County	1956 年成立 In 1956	位于贵州省东北部 Located in the northeast of Guizhou province	2861 平方公里 2,861 square kilometres	70 万 700,000	其中苗族等少数民族占总人口的近 50% Miao and other ethnic groups account for 50% in its total population	铜仁地区面积最大、人口最多的农业大县 It is the largest and most populous agriculture county in Tongren
66	沿河土家族自治县 Yanhe Tujia Autonomous County	1987 年成立 In 1987	位于贵州省东北角 Located in the northeast of Guizhou province	2469 平方公里 2,469 square kilometres	65 万 650,000	其中土家族占 61.2% Tujia people account for 61.2% in its total population	
67	玉屏侗族自治县 Yuping Dong Autonomous County	1984 年成立 In 1984	位于贵州省东部 Located in the east of Guizhou province	516 平方公里 516 square kilometres	15 万 150,000	其中侗族约占 89% Dong people account for about 89% in its total population	

续表 25

序号 Number	名称 Name	成立时间 Time of Establishment	位置 Location	面积 Area	人口(2010) Population (2010)	民族 Ethnic Group	备注 Notes
68	三都水族自治县 Sandu Shui Autonomous County	1957年成立 In 1957	位于贵州省东南部 Located in the southeast of Guizhou province	2384平方公里 2,384 square kilometres	36万 360,000	其中水族约占65% Shui people account for about 65% in its total population	全国唯一的水族自治县，全国60%以上的水族人口居住在三都 It is the only Shui autonomous county in China, and 60% of Shui people live in Sandu
69	金平苗族瑶族傣族自治县 Jinping Miao, Yao and Dai Autonomous County	1985年成立 In 1985	位于云南省东南部 Located in the southeast of Yunnan province	3677平方公里 3,677 square kilometres	38万 380,000	其中苗族、瑶族、傣族等少数民族约占87% Miao, Yao, Dai and other ethnic groups account for about 87% in its total population	

· 992 ·

续表 26

序号 Number	名称 Name	成立时间 Time of Establishment	位置 Location	面积 Area	人口（2010）Population (2010)	民族 Ethnic Group	备注 Notes
70	屏边苗族自治县 Pingbian Miao Autonomous County	1963 年成立 In 1963	位于云南省南部 Located in the south of Yunnan province	1905 平方公里 1,905 square kilometres	16 万 160,000	其中苗族等少数民族约占 64% Miao and other ethnic groups account for about 64% in its total population	
71	河口瑶族自治县 Hekou Yao Autonomous County	1963 年成立 In 1963	位于云南省东南端，与越南山水相连 Located in the southeast of Yunnan province, adjacent to Vietnam	1313 平方公里 1,313 square kilometres	9 万 90,000	其中瑶族等少数民族占 60% 以上 Yao and other ethnic groups account for more than 60% in its total population	
72	澜沧拉祜族自治县 Lancang Lahu Autonomous County	1953 年成立 In 1953	位于云南省西南部 Located in the southwest of Yunnan province	8807 平方公里 8,807 square kilometres	49 万 490,000	其中拉祜族约 42% Lahu people account for about 42% in its total population	全国唯一的拉祜族自治县 It is the only Lahu autonomous county in China

续表 27

序号 Number	名称 Name	成立时间 Time of Establishment	位置 Location	面积 Area	人口 (2010) Population (2010)	民族 Ethnic Group	备注 Notes
73	西盟佤族自治县 Ximeng Va Autonomous County	1965 年成立 In 1965	位于云南省西南部 Located in the southwest of Yunnan province	1391 平方公里 1,391 square kilometres	9 万 90,000	其中佤族约占 72% Va people account for about 72% in its total population	全国仅有的两个佤族自治县之一 It is one of the only two Va autonomous counties in China
74	孟连傣族拉祜族佤族自治县 Menglian Dai, Lahu and Va Autonomous County	1954 年成立 In 1954	位于云南省西南边陲 Located in the southwest of Yunnan province	1957 平方公里 1,957 square kilometres	13 万 130,000	其中傣族、拉祜族、佤等少数民族约占 85% Dai, Lahu, Va and other ethnic groups account for about 85% in its total population	

续表 28

序号 Number	名称 Name	成立时间 Time of Establishment	位置 Location	面积 Area	人口(2010) Population (2010)	民族 Ethnic Group	备注 Notes
75	江城哈尼族彝族自治县 Jiangcheng Hani and Yi Autonomous County	1954 年成立 In 1954	位于云南省南部 Located in the south of Yunnan province	3476 平方公里 3,476 square kilometres	11 万 110,000	其中哈尼族约占 52%,彝族约占 14% Hani people account for about 52% and Yi people about 14% in its total population	
76	墨江哈尼族自治县 Mojiang Hani Autonomous County	1979 年成立 In 1979	位于云南省南部 Located in the south of Yunnan province	5459 平方公里 5,459 square kilometres	37 万 370,000	其中哈尼族约占 59% Hani people account for about 59% in its total population	全国唯一的哈尼族自治县 It is the only Hani autonomous county in China
77	宁洱哈尼族彝族自治县 Ning'er Hani and Yi Autonomous County	1985 年成立 In 1985	位于云南省南部 Located in the south of Yunnan province	3670 平方公里 3,670 square kilometres	19 万 190,000	其中哈尼族占 23%,彝族占 18% Hani people account for 23% and Yi people 18% in its total population	

续表 29

序号 Number	名称 Name	成立时间 Time of Establishment	位置 Location	面积 Area	人口 (2010) Population (2010)	民族 Ethnic Group	备注 Notes
78	景谷傣族彝族自治县 Jinggu Dai and Yi Autonomous County	1985 年成立 In 1985	位于云南省西南部 Located in the southwest of Yunnan province	7777 平方公里 7,777 square kilometres	31 万 310,000	以傣族、彝族为主的少数民族约占 46% Dai, Yi and other ethnic groups account for about 46% in its total population	
79	镇沅彝族哈尼族拉祜族自治县 Zhenyuan Yi, Hani and Lahu Autonomous County	1990 年成立 In 1990	位于云南省西南部 Located in the southwest of Yunnan province	4223 平方公里 4,223 square kilometres	21 万 210,000	其中彝族、哈尼族、拉祜族等少数民族占 52% Yi, Hani, Lahu and other ethnic groups account for about 52% in its total population	

· 996 ·

续表 30

序号 གྲངས། Number	名称 མིང་། Name	成立时间 ཚུགས་ལོ། Time of Establishment	位置 གནས་ཡུལ། Location	面积 རྒྱ་ཁྱོན། Area	人口 (2010) མི་གྲངས། (༢༠༡༠) Population (2010)	民族 མི་རིགས། Ethnic Group	备注 དྲན་འཛིན། Notes
80	景东彝族自治县 Jingdong Yi Autonomous County	1985 年成立 In 1985	位于云南省西南中部 Located in the central southwest of Yunnan province	4532 平方公里 4,532 square kilometres	36 万 360,000	少数民族占总人口的 47.75%，其中彝族占 40.6% Ethnic groups account for 47.75% in its total population, among which Yi people account for 40.6%	
81	元江哈尼族彝族傣族自治县 Yuanjiang Hani, Yi and Dai Autonomous County	1980 年成立 In 1980	位于云南省中南部 Located in the southcentral Yunnan province	2858 平方公里 2,858 square kilometres	20 万 200,000	其中哈尼族、彝族、傣等少数民族占 80% Hani, Yi, Dai and other ethnic groups account for 80% in its total population	

续表 31

序号 ཨང་གྲངས། Number	名称 མིང་། Name	成立时间 བཙུགས་ལོ། Time of Establishment	位置 ས་གནས། Location	面积 རྒྱ་ཁྱོན། Area	人口 (2010) མི་གྲངས། (༢༠༡༠) Population (2010)	民族 མི་རིགས། Ethnic Group	备注 ཟུར་བརྗོད། Notes
82	新平彝族傣族自治县 ཞིན་ཕིང་ཡི་རིགས་དང་ད་ཡེ་རིགས་རང་སྐྱོང་རྫོང་། Xinping Yi and Dai Autonomous County	1980年成立 ༡༩༨༠ལོར་བཙུགས། In 1980	位于云南省中部偏西南 ཡུན་ནན་ཞིང་ཆེན་དབུས་ཀྱི་ནུབ་ལྷོར་གནས་ཡོད། Located in the southwest of central Yunnan province	4223平方公里 རྒྱ་ཁྱོན་སྤྱི་ལེ་གྲུ་བཞི་མ་༤༢༢༣ 4,223 square kilometres	27万 ཁྲི་༢༧ 270,000	其中彝族、傣族占64.8% དེའི་ནང་ཡི་རིགས་དང་ད་ཡེ་རིགས་ཀྱིས་བརྒྱ་ཆ་༦༤.༨ ཟིན། Yi and Dai people account for 64.8% in its total population	
83	峨山彝族自治县 ངའོ་ཧྲན་ཡི་རིགས་རང་སྐྱོང་རྫོང་། Eshan Yi Autonomous County	1951年成立 ༡༩༥༡ལོར་བཙུགས། In 1951	位于云南省中部 ཡུན་ནན་ཞིང་ཆེན་དབུས་སུ་གནས་ཡོད། Located in central Yunnan province	1972平方公里 རྒྱ་ཁྱོན་སྤྱི་ལེ་གྲུ་བཞི་མ་༡༩༧༢ 1,972 square kilometres	15万 ཁྲི་༡༥ 150,000	其中彝族占50%以上 དེའི་ནང་ཡི་རིགས་ཀྱིས་བརྒྱ་ཆ་༥༠ཡན་ཟིན། Yi people account for more than 50% in its total population	新中国第一个彝族自治县 ཀྲུང་གོ་གསར་པའི་ཡི་རིགས་རང་སྐྱོང་རྫོང་དང་པོ་ཡིན། It is the first Yi autonomous county in China
84	耿马傣族佤族自治县 ཀེང་མ་ད་ཡེ་རིགས་དང་ཝ་རིགས་རང་སྐྱོང་རྫོང་། Gengma Dai and Va Autonomous County	1955年成立 ༡༩༥༥ལོར་བཙུགས། In 1955	位于云南省西南部 ཡུན་ནན་ཞིང་ཆེན་ནུབ་ལྷོའི་ཆ་སུ་གནས་ཡོད། Located in the southwest of Yunnan province	3837平方公里 རྒྱ་ཁྱོན་སྤྱི་ལེ་གྲུ་བཞི་མ་༣༨༣༧ 3,837 square kilometres	28万 ཁྲི་༢༨ 280,000	其中傣族、佤族等少数民族占50%以上 དེའི་ནང་ད་ཡེ་རིགས་དང་ཝ་རིགས་སོགས་གྲངས་ཉུང་མི་རིགས་ཀྱིས་བརྒྱ་ཆ་༥༠ཡན་ཟིན། Dai, Va and other ethnic groups account for more than 50% in its total population	

续表 32

序号 གྲངས། Number	名称 མིང་། Name	成立时间 ཚོགས་ལོ། Time of Establishment	位置 གནས་ཡུལ། Location	面积 རྒྱ་ཁྱོན། Area	人口 (2010) མི་གྲངས། (༢༠༡༠) Population (2010)	民族 མི་རིགས། Ethnic Group	备注 ཟུར་བརྗོད། Notes
85	双江拉祜族佤族布朗族傣族自治县 Shuangjiang Lahu, Va, Blang and Dai Autonomous County	1985年成立 In 1985	位于云南省西南部 Located in the southwest of Yunnan province	2292平方公里 2,292 square kilometres	17万 170,000	其中拉祜族、佤族、布朗族、傣族等少数民族约占44% Lahu, Va, Bulang, Dai and other ethnic groups account for about 44% in its total population	
86	沧源佤族自治县 Cangyuan Va Autonomous County	1964年成立 In 1964	位于云南省西南部 Located in the southwest of Yunnan province	2539平方公里 2,539 square kilometres	17万 170,000	其中佤族占85.1%，占全国佤族人口的40%以上 Va people account for 85.1% in its total population, and make up 40% of the Va people nation-wide	全国仅有的两个佤族自治县之一 It is one of the two Va autonomous counties in China

· 999 ·

续表 33

序号 ཨང་གྲངས། Number	名称 མིང་། Name	成立时间 ཚོགས་ཚེས། Time of Establishment	位置 གནས་ཡུལ། Location	面积 རྒྱ་ཁྱོན། Area	人口（2010）མི་གྲངས། (2010) Population (2010)	民族 མི་རིགས། Ethnic Group	备注 ཟུར་བརྗོད། Notes
87	巍山彝族回族自治县 Weishan Yi and Hui Autonomous County	1956 年成立 In 1956	位于云南省西部 Located in the west of Yunnan province	2266 平方公里 2,266 square kilometres	31 万 310,000	其中彝族、回族等少数民族约占 46% Yi, Hui and other ethnic groups account for about 46% in its total population	
88	南涧彝族自治县 Nanjian Yi Autonomous County	1965 年成立 In 1965	位于云南省西部 Located in the west of Yunnan province	1802 平方公里 1,802 square kilometres	23 万 230,000	其中彝族约占 47% Yi people account for about 47% in its total population	
89	漾濞彝族自治县 Yangbi Yi Autonomous County	1985 年成立 In 1985	位于云南省西部 Located in the west of Yunnan province	1957 平方公里 1,957 square kilometres	10 万 100,000	其中彝族约占 45% Yi people account for about 45% in its total population	

续表 34

序号 Number	名称 Name	成立时间 Time of Establishment	位置 Location	面积 Area	人口 (2010) Population (2010)	民族 Ethnic Group	备注 Notes
90	兰坪白族普米族自治县 Lanping Bai and Pumi Autonomous County	1988 年成立 In 1988	位于云南省西北部，澜沧江、怒江、金沙江"三江并流"核心区 Located in where Nujiang River, Langcang River and Jinsha River in parallel	4455 平方公里 4,455 square kilometres	21 万 210,000	其中白族占 48.2%，普米族占 7.5% Bai people account for 48.2% and Pumi people account for 7.5% in its total population	全国唯一的白族普米族自治县 It is the only Bai and Pumi autonomous county in China
91	贡山独龙族怒族自治县 Gongshan Dulong and Nu Autonomous County	1956 年成立 In 1956	位于云南省西北部，怒江峡谷北端 Located in the northwest of Yunnan province	4506 平方公里 4,506 square kilometres	4 万 40,000	其中独龙族、怒族等少数民族约占 96% Dulong, Nu and other ethnic groups account for about 96% in its total population	

· 1001 ·

续表 35

序号 Number	名称 Name	成立时间 Time of Establishment	位置 Location	面积 Area	人口 (2010) Population (2010)	民族 Ethnic Group	备注 Notes
92	维西傈僳族自治县 Weixi Lisu Autonomous County	1985 年成立 In 1985	地处云南省西北部 Located in the northwest of Yunnan province	4661 平方公里 4,661 square kilometres	15 万 150,000	其中傈僳族占 56% Lisu people account for 56% in its total population	全国唯一的傈僳族自治县 It is the only Lisu autonomous county in China
93	玉龙纳西族自治县 Yulong Naxi Autonomous County	1961 年成立 In 1961	位于云南省西北部 Located in the northwest of Yunnan province	6521 平方公里 6,521 square kilometres	22 万 220,000	其中纳西族占 56% Naxi people account for 56% in its total population	全国唯一的纳西族自治县 It is the only Naxi autonomous county in China
94	宁蒗彝族自治县 Ninglang Yi Autonomous County	1956 年成立 In 1956	位于云南省西北部 Located in the northwest of Yunnan province	6206 平方公里 6,206 square kilometres	27 万 270,000	其中彝族约占 61% Yi people account for about 61% in its total population	

续表 36

序号 Number	名称 Name	成立时间 Time of Establishment	位置 Location	面积 Area	人口 (2010) Population (2010)	民族 Ethnic Group	备注 Notes
95	石林彝族自治县 Shilin Yi Autonomous County	1956年成立 In 1956	位于云南省东部 Located in the east of Yunnan province	1777平方公里 1,777 square kilometres	24万 240,000	少数民族占35%，其中彝族占少数民族人口的97% Ethnic groups account for 35% in its total population, among which Yi people account for 97%	
96	禄劝彝族苗族自治县 Luquan Yi and Miao Autonomous County	1985年成立 In 1985	地处云南省中北部 Located in the north-central Yunnan province	4378平方公里 4,378 square kilometres	47万 470,000	少数民族约占31%，其中彝族约占少数民族人口的73%，苗族约占少数民族人口的9.5% Ethnic groups account for about 31% in its total population, among which Yi people account for about 73%, Miao people account for about 9.5%	

· 1003 ·

续表 37

序号 Number	名称 Name	成立时间 Time of Establishment	位置 Location	面积 Area	人口 (2010) Population (2010)	民族 Ethnic Group	备注 Notes
97	寻甸回族彝族自治县 Xundian Hui and Yi Autonomous County	1979 年成立 In 1979	位于云南省东北部 Located in the northeast of Yunnan province	3966 平方公里 3,966 square kilometres	54 万 540,000	其中回族、彝族等少数民族占 23% Hui, Yi and other ethnic groups account for 23% in its total population	
98	阿克塞哈萨克族自治县 Aksai Kazak Autonomous County	1954 年成立 In 1954	位于甘肃省西北部，甘青新三省，区交界处，在河西走廊最西端 Located in the northwest of Gansu province	3.1 万平方公里 31,000 square kilometres	3 万 30,000	其中哈萨克族约占常住人口的 37% 左右 Kazak people account for about 37% in its total population	甘肃唯一的哈萨克族自治县 It is the only Kazak autonomous county in Gansu province

· 1004 ·

续表 38

序号 ཨང་གྲངས། Number	名称 མིང་། Name	成立时间 ཚུགས་ཚེས། Time of Establishment	位置 གནས་ཡུལ། Location	面积 རྒྱ་ཁྱོན། Area	人口（2010） མི་གྲངས། (༢༠༡༠) Population (2010)	民族 མི་རིགས། Ethnic Group	备注 ཟུར་བརྗོད། Notes
99	肃北蒙古族自治县 སུའུ་པེ་སོག་རིགས་རང་སྐྱོང་རྫོང་། Subei Mongol Autonomous County	1950年成立 ༡༩༥༠ལོར་ཚུགས། In 1950	位于甘肃省西北部，河西走廊西段的南北两侧 ཀན་སུའུ་ཞིང་ཆེན་གྱི་བྱང་ནུབ་དང་། ཧོ་ཞི་འགྲུལ་ལམ་གྱི་ནུབ་ཕྱོགས་ཀྱི་བྱང་ལྷོ་གཉིས་ཀར་ཆགས་ཡོད། Located in the northwest of Gansu province	5.5万平方公里 སྟོང་ཕྲག་ལྔ་དང་ཕྱེད་ཀའི་གྲུ་བཞི་སྤྱི་ལེ། 55,000 square kilometres	1万多 ཁྲི་ཕྲག་ལྷག 10,000	其中蒙古族约占39% སོག་རིགས་ཀྱིས་བརྒྱ་ཆ་༣༩ཙམ་ཟིན། Mongolian people account for about 39% in its total population	甘肃省唯一的边境县 ཀན་སུའུ་ཞིང་ཆེན་གྱི་ས་མཚམས་ཀྱི་རྫོང་གཅིག་པུ་ཡིན། It is the only border county in Gansu province
100	肃南裕固族自治县 སུའུ་ནན་ཡུའུ་གུའུ་རིགས་རང་སྐྱོང་རྫོང་། Sunan Yugur Autonomous County	1954年成立 ༡༩༥༤ལོར་ཚུགས། In 1954	位于甘肃省西北部，河西走廊中部 ཀན་སུའུ་ཞིང་ཆེན་གྱི་བྱང་ནུབ་དང་། ཧོ་ཞི་འགྲུལ་ལམ་གྱི་དཀྱིལ་དུ་ཆགས་ཡོད། Located in the northwest of Gansu province	2.05万平方公里 ཁྲི་གཉིས་དང་སྟོང་ལྔའི་གྲུ་བཞི་སྤྱི་ལེ། 20,500 square kilometres	4万 ཁྲི་བཞི། 40,000	其中裕固族占27% ཡུའུ་གུའུ་རིགས་ཀྱིས་བརྒྱ་ཆ་༢༧ཟིན། Yugur people account for 27% in its total population	中国唯一的裕固族自治县 ཀྲུང་གོའི་ཡུའུ་གུའུ་རིགས་ཀྱི་རང་སྐྱོང་རྫོང་གཅིག་པུ་ཡིན། It is the only Yugur autonomous county in China

续表39

序号 ཨང་གྲངས། Number	名称 མིང་། Name	成立时间 ཚུགས་ལོ། Time of Establishment	位置 ས་གནས། Location	面积 རྒྱ་ཁྱོན། Area	人口 (2010) མི་གྲངས། (༢༠༡༠) Population (2010)	民族 མི་རིགས། Ethnic Group	备注 ཟུར་བརྗོད། Notes
101	天祝藏族自治县 དཔའ་རིས་བོད་རིགས་རང་སྐྱོང་རྫོང་། Tianzhu Tibetan Autonomous County	1950年成立 ༡༩༥༠ལོར་ཚུགས། In 1950	位于甘肃省中部，青藏高原，黄土高原和内蒙古高原的交汇地带 ཀན་སུའུ་ཞིང་ཆེན་དབུས་ཕྱོགས་དང་མཚོ་བོད་མཐོ་སྒང་དང་ས་སེར་མཐོ་སྒང་དང་ཕྱི་སོག་མཐོ་སྒང་འཛོམས་ཚབས་ས་ཁུལ་དུ་ཡོད། Located in the central Gansu province where the Tibetan Plateau, the Loess Plateau and the Inner Mongolia Plateau meet	6865平方公里 རྒྱ་ཁྱོན་སྤྱི་ལེ་གྲུ་བཞི་མ་༦༨༦༥ 6,865 square kilometres	21万多 ཁྲི་༢༡ལྷག 210,000	其中藏族约占32% དེའི་ཁྲོད་བོད་རིགས་ཀྱིས་བརྒྱ་ཆ་༣༢ཙམ་ཟིན། Tibetan people account for about 32% in its total population	新中国成立后全国第一个实行民族区域自治的地区 ཀྲུང་གོ་གསར་པ་བཙུགས་རྗེས་རྒྱལ་ཁབ་ཡོངས་ཀྱི་མི་རིགས་ས་ཁུལ་རང་སྐྱོང་ལག་བསྟར་བྱས་པའི་ས་ཁུལ་ཐོག་མ་ཡིན། It is the first county implemented regional ethnic autonomy in China
102	张家川回族自治县 ཀྲང་ཅཱ་ཁྲོན་ཧུའི་རིགས་རང་སྐྱོང་རྫོང་། Zhangjiachuan Hui Autonomous County	1953年成立 ༡༩༥༣ལོར་ཚུགས། In 1953	位于甘肃省东南部 ཀན་སུའུ་ཞིང་ཆེན་ཤར་ལྷོའི་ཕྱོགས་སུ་ཡོད། Located in the southeast of Gansu province	1311平方公里 རྒྱ་ཁྱོན་སྤྱི་ལེ་གྲུ་བཞི་མ་༡༣༡༡ 1,311 square kilometres	35万 ཁྲི་༣༥ 350,000	其中回族约占69% དེའི་ཁྲོད་ཧུའི་རིགས་ཀྱིས་བརྒྱ་ཆ་༦༩ཙམ་ཟིན། Hui people account for about 69% in its total population	

续表 40

序号 Number	名称 Name	成立时间 Time of Establishment	位置 Location	面积 Area	人口 (2010) Population (2010)	民族 Ethnic Group	备注 Notes
103	东乡族自治县 Dongxiang Autonomous County	1950 年成立 In 1950	位于甘肃中部 Located in the central Gansu province	1467 平方公里 1,467 square kilometres	31 万 310,000	其中东乡族约占 87% Dongxiang people account for about 87% in its total population	
104	积石山保安族东乡族撒拉族自治县 Jishishan Bao'an, Dongxiang and Salar Autonomous County	1981 年成立 In 1981	位于甘肃省西南部 Located in the southwest of Gansu province	910 平方公里 910 square kilometres	23.86 万 238,600	少数民族人口占 53%，其中保安族人口 1.5 万多人，占全国保安族的 95% 以上 Ethnic groups account for 53% in its total population, and Bao'an people number 15,000 and make up 95% of the Bao'an people nation-wide	全国唯一的保安族聚居地区 It is the only Bao'an habitat in China

· 1007 ·

续表41

序号 ཨང་། Number	名称 མིང་། Name	成立时间 ཚུགས་དུས། Time of Establishment	位置 ས་གནས། Location	面积 རྒྱ་ཁྱོན། Area	人口 (2010) མི་གྲངས། (༢༠༡༠) Population (2010)	民族 མི་རིགས། Ethnic Group	备注 ཟུར་བརྗོད། Notes
105	门源回族自治县 Menyuan Hui Autonomous County	1953年成立 In 1953	位于青海省东北部，青藏高原的东北边缘 Located in the northeast of Qinghai province	6896平方公里 6,896 square kilometres	16万 160,000	其中回族约占41% Hui people account for about 41% in its total population	
106	大通回族土族自治县 Datong Hui and Tu Autonomous County	1986年成立 In 1986	位于青海省东北部 Located in the northeast of Qinghai province	3090平方公里 3,090 square kilometres	44.96万 449,600	其中回族13.5万人，土族4.6万人 There are 135,000 Hui people and 46,000 Tu people	
107	互助土族自治县 Huzhu Tu Autonomous County	1954年成立 In 1954	位于青海省东北部 Located in the northeast of Qinghai province	3321平方公里 3,321 square kilometres	38万 380,000	其中土族约占17% Tu people account for about 17% in its total population	

续表 42

序号 གྲངས། Number	名称 མིང། Name	成立时间 ཆགས་དུས། Time of Establishment	位置 ས་གནས། Location	面积 རྒྱ་ཁྱོན། Area	人口 (2010) མི་གྲངས། (༢༠༡༠) Population (2010)	民族 མི་རིགས། Ethnic Group	备注 ཟུར་བརྗོད། Notes
108	化隆回族自治县 དཔའ་ལུང་ཧུའི་རིགས་རང་སྐྱོང་རྫོང་། Hualong Hui Autonomous County	1954年成立 ༡༩༥༤ལོར་ཆགས། In 1954	位于青海省东部 མཚོ་སྔོན་ཞིང་ཆེན་གྱི་ཤར་ཕྱོགས་སུ་ཡོད། Located in the east of Qinghai province	2740平方公里 སྒྱི་ཁྱོན་སྤྱི་ལེ་གྲུ་བཞི་མ་༢༧༤༠ 2,740 square kilometres	28万 ཁྲི༢༨ 280,000	其中回族占50%以上 དེའི་ནང་ཧུའི་རིགས་ཀྱིས་བརྒྱ་ཆ་༥༠ཟིན། Hui people account for more than 50% in its total population	
109	民和回族土族自治县 མིན་ཧོ་ཧུའི་རིགས་ཐུའུ་རིགས་རང་སྐྱོང་རྫོང་། Minhe Hui and Tu Autonomous County	1986年成立 ༡༩༨༦ལོར་ཆགས། In 1986	位于青海省东部 མཚོ་སྔོན་ཞིང་ཆེན་གྱི་ཤར་ཕྱོགས་སུ་ཡོད། Located in the east of Qinghai province	1780平方公里 སྒྱི་ཁྱོན་སྤྱི་ལེ་གྲུ་བཞི་མ་༡༧༨༠ 1,780 square kilometres	42.13万 ཁྲི༤༢.༡༣ 421,300	其中回族占46% དེའི་ནང་ཧུའི་རིགས་ཀྱིས་བརྒྱ་ཆ་༤༦ཟིན། Hui people account for 46% in its total population	
110	循化撒拉族自治县 ཞུན་ཧུའ་ས་ལར་རིགས་རང་སྐྱོང་རྫོང་། Xunhua Salar Autonomous County	1954年成立 ༡༩༥༤ལོར་ཆགས། In 1954	位于青海省东部 མཚོ་སྔོན་ཞིང་ཆེན་གྱི་ཤར་ཕྱོགས་སུ་ཡོད། Located in the east of Qinghai province	约1749平方公里 སྒྱི་ཁྱོན་སྤྱི་ལེ་གྲུ་བཞི་མ་༡༧༤༩ 1,749 square kilometres	14万 ཁྲི༡༤ 140,000	其中撒拉族约占62% ས་ལར་རིགས་ཀྱིས་བརྒྱ་ཆ་༦༢ཟིན། Salar people account for about 62% in its total population	全国唯一的撒拉族自治县 རྒྱལ་ཡོངས་ཀྱི་ས་ལར་རིགས་རང་སྐྱོང་རྫོང་གཅིག་པོ་ཡིན། It is the only Salar autonomous county in China

续表 43

序号 གྲངས། Number	名称 མིང་། Name	成立时间 ཆགས་ཡུན། Time of Establishment	位置 ས་གནས། Location	面积 རྒྱ་ཁྱོན། Area	人口 (2010) མི་གྲངས། (༢༠༡༠) Population (2010)	民族 མི་རིགས། Ethnic Group	备注 ཟུར་བརྗོད། Notes
111	河南蒙古族自治县 Henan Mongol Autonomous County	1954年成立 ༡༩༥༤ལོར་ཆགས། In 1954	位于青海省东南部 Located in the southeast of Qinghai province	6250平方公里 6,250 square kilometres	4万 40,000	其中蒙古族占93% Mongolian people account for 93% in its total population	
112	塔什库尔干塔吉克自治县 Taxkorgan Tajik Autonomous County	1954年成立 ༡༩༥༤ལོར་ཆགས། In 1954	位于新疆南部 Located in the south of Xinjiang	2.4万平方公里 24,000 square kilometres	约4万 40,000	其中塔吉克等少数民族约占94% Tajik and other ethnic groups account for about 94% in its total population	县级行政单位唯一的塔吉克自治县，毗邻国境线最长，国家最多 Taxkorgan Tajik Autonomous County is the only county-level administrative unit with the longest border line and largest number of neighboring countries

续表 44

序号 Number	名称 Name	成立时间 Time of Establishment	位置 Location	面积 Area	人口 (2010) Population (2010)	民族 Ethnic Group	备注 Notes
113	焉耆回族自治县 Yanqi Hui Autonomous County	1954 年成立 In 1954	位于新疆中部，天山南麓焉耆盆地腹心 Located in the central Xinjiang	2429 平方公里 2,429 square kilometres	15 万 150,000	其中回族约占 21% Hui people account for about 21% in its total population	
114	察布查尔锡伯自治县 Qapqal Xibe Autonomous County	1954 年成立 In 1954	位于新疆西北部，西天山支脉乌孙山北麓 Located in the northwest of Xinjiang	4489 平方公里 4,489 square kilometres	19 万 190,000	其中锡伯等少数民族占 72% Xibe and other ethnic groups account for 72% in its total population	全国唯一以锡伯族为主体的多民族聚居的自治县 It is the only multi-ethnic autonomous county with Xibe people as the majority

续表 45

序号 ཨང་གྲངས། Number	名称 མིང་། Name	成立时间 བཙུགས་དུས། Time of Establishment	位置 ས་གནས། Location	面积 རྒྱ་ཁྱོན། Area	人口 (2010) མི་གྲངས། (༢༠༡༠) Population (2010)	民族 མི་རིགས། Ethnic Group	备注 ཟུར་བརྗོད། Notes
115	和布克赛尔蒙古自治县 Hoboksar Mongol Autonomous County	1954年成立 In 1954	位于新疆西北部，准噶尔盆地西北部 Located in the northwest of Xinjiang	2.88万平方公里 28,800 square kilometres	5万多 50,000	其中蒙古族约占30% Mongolian people account for about 30% in its total population	
116	巴里坤哈萨克自治县 Barkol Kazak Autonomous County	1954年成立 In 1954	位于新疆东北部 Located in the northeast of Xinjiang	37304平方公里 37,304 square kilometres	10.26万 102,600	其中哈萨克族占35% Kazak people account for 35% in its total population	
117	木垒哈萨克自治县 Mori Kazak Autonomous County	1954年成立 In 1954	位于新疆东北部，天山东段北麓，准噶尔盆地东南缘 Located in the northeast of Xinjiang	1.36万平方公里 13,600 square kilometres	9万 90,000	其中哈萨克族占26% Kazak people account for 26% in its total population	

续表 46

序号 ཨང་གྲངས། Number	名称 མིང་། Name	成立时间 གསར་འཛུགས། Time of Establishment	位置 ས་གནས། Location	面积 རྒྱ་ཁྱོན། Area	人口（2010）མི་གྲངས། (༢༠༡༠) Population (2010)	民族 མི་རིགས། Ethnic Group	备注 ཟུར་བརྗོད། Notes
118	鄂伦春自治旗 Oroqin Autonomous Banner	1951 年成立 In 1951	位于内蒙古东北部 Located in the northeast of Inner Mogolia	6 万平方公里 60,000 square kilometres	28 万 280,000	其中鄂伦春族占比不足 1% Oroqin people account for less than 1% in its total population	我国最早成立的少数民族自治旗 It is the first autonomous banner in China
119	莫力达瓦达斡尔族自治旗 Morin Dawa Daur Autonomous Banner	1958 年成立 In 1958	位于内蒙古东北部 Located in the northeast of Inner Mogolia	约 1.1 万平方公里 11,000 square kilometres	34 万 340,000	其中达斡尔族约占 9% Daur people account for about 9% in its total population	
120	鄂温克族自治旗 Evenki Autonomous Banner	1958 年成立 In 1958	位于内蒙古东北部 Locatd in the northeast of Inner Mogolia	19111 平方公里 19,111 square kilometres	14 万 140,000	其中鄂温克族占 7% Evenki people account for 7% in its total population	

资料来源于中华人民共和国民政部编:《中华人民共和国行政区划简册》(2013)，北京，中国地图出版社，2013。

中国民族乡镇数及其在各省、自治区、直辖市的分布

གྲུང་གོའི་མི་རིགས་ཞང་གྲོང་གི་གྲངས་དང་དེ་དག་ཞིང་ཆེན་དང་རང་སྐྱོང་ལྗོངས། ཐད་གཏོགས་གྲོང་ཁྱེར་ལོ་སོར་ཁྱབ་ཚུལ།

The Number of China's Ethnic Townships and Distribution

序号 Number	省（自治区、直辖市） Province (Municipality, Autonomous Region)	民族乡（镇） Number of Ethnic Townships
1	北京市 Beijing	5 个
2	天津 Tianjin	2 个
3	河北 Heibei	54 个
4	内蒙古自治区 Inner Mongolia	19 个
5	辽宁省 Liaoning	123 个，其中民族镇 27 个 123 (27 ethnic towns)
6	吉林省 Jilin	34 个，其中民族镇 5 个 34 (5 ethnic towns)
7	黑龙江省 Heilongjiang	69 个，其中民族镇 8 个 69 (8 ethnic towns)
8	江苏省 Jiangsu	1 个
9	浙江省 Zhejiang	18 个
10	安徽省 Anhui	9 个
11	福建省 Fujian	18 个
12	江西省 Jiangxi	5 个
13	山东省 Shandong	5 个，其中民族镇 3 个 5 (3 ethnic towns)
14	河南省 Henan	21 个，其中民族镇 9 个 21 (9 ethnic towns)
15	湖北省 Hubei	10 个，其中民族镇 1 个 10 (1 ethnic towns)

续表

序号 Number	省（自治区、直辖市） Province (Municipality, Autonomous Region)	民族乡（镇） Number of Ethnic Townships
16	湖南省 Hunan	99 个，其中民族镇 1 个 99 (1 ethnic towns)
17	广东省 Guangdong	7 个 7
18	广西壮族自治区 Guangxi	63 个 63
19	海南省 Hainan	12 个，其中民族镇 3 个 12 (3 ethnic towns)
20	重庆市 Chongqing	4 个 4
21	四川省 Sichuan	105 个 105
22	贵州省 Guizhou	253 个 253
23	云南省 Yunnan	188 个 188
24	西藏自治区 Tibet/Xizang	8 个 8
25	陕西省 Shaanxi	3 个，其中民族镇 2 个 3 (2 ethnic towns)
26	甘肃省 Gansu	39 个 39
27	青海省 Qinghai	31 个 31
28	新疆维吾尔自治区 Xinjiang	43 个 43
	合计 Total	1248 个，其中民族镇 59 个 1248 (59 ethnic towns)

资料来源于中华人民共和国民政部编：《中华人民共和国行政区划简册》(2013)，北京，中国地图出版社，2013。

注：全国合计共有民族乡（镇）1248 个（分布在 28 个省、自治区、直辖市），其中民族镇 59 个（分布在 9 个省）。全国建立民族乡的少数民族有 47 个。未建立民族乡的 8 个民族是景颇族、仫佬族、撒拉族、怒族、保安族、独龙族、高山族、京族。

Note: 1248 ethnic townships distribute in the 28 provinces / municipalities /autonomous regions, among which 59 ethnic towns distribute in 9 provinces. There are 47 ethnic groups established their ethnic townships. 8 ethnic groups do not establish their ethnic townships, and they are Jingpo, Mulao, Salar, Nu, Bonan, Derung, Gaoshan and Gin.

中国 28 个人口较少民族

རྒྱང་གོའི་མི་གྲངས་ཆུང་ཆུང་བའི་མི་རིགས་༢༨།

28 Ethnic Groups with a Population less than 300,000

珞巴族 ཀློ་པ་རིགས། Lhoba	高山族 གའོ་ཧྲན་རིགས། Gaoshan	赫哲族 ཧུ་ཀྲི་རིགས། Hezhen
塔塔尔族 ཐ་ཐར་རིགས། Tatar	独龙族 ཏུའུ་ལུང་རིགས། Derung	鄂伦春族 ཨོ་ལུན་ཆུན་རིགས། Oroqen
门巴族 མོན་པ་རིགས། Monba	乌孜别克族 སུའུ་ཙི་པེའི་ཁེ་རིགས། Uzbek	裕固族 ཡུ་གུར་རིགས། Yugur
俄罗斯族 ཨུ་རུ་སུ་རིགས། Russ	保安族 པའོ་འན་རིགས། Bonan	德昂族 ཏེ་ཨང་རིགས། Deang
基诺族 ཅི་ནུའོ་རིགས། Jino	京族 ཅིང་རིགས། Gin	怒族 ནུའུ་རིགས། Nu
鄂温克族 ཨོ་ཝུན་ཁེ་རིགས། Ewenki	普米族 པུའུ་སྨི་རིགས། Pumi	阿昌族 ཨ་ཁྲང་རིགས། Achang
塔吉克族 ཐ་ཅི་ཁེ་རིགས། Tajik	布朗族 པུའུ་ལང་རིགས། Blang	撒拉族 ས་ལར་རིགས། Salar
毛南族 མའོ་ནན་རིགས། Maonan	景颇族 ཅིང་ཕོའོ་རིགས། Jingpo	达斡尔族 ཏ་འོར་རིགས། Daur
柯尔克孜族 ཁིར་གྷི་ཙི་རིགས། Kirgiz	锡伯族 ཞི་པོ་རིགས། Xibe	仫佬族 མུའུ་ལའོ་རིགས། Mulao
土族 ཐུར་རིགས། Tu		

注：根据我国2011年编制印发的《扶持人口较少民族发展规划（2011—2015年）》的界定，总人口在30万人以下的民族为人口较少民族。

མཆན། རང་རྒྱལ་གྱིས་༢༠༡༡ལོར་སྒྲིག་པར་བྱས་པའི《མི་གྲངས་ཉུང་ཉུང་བའི་མི་རིགས་གོང་སྤེལ་རིགས་རམ་འཆར་གཞི་（2011—2015ལོར་）》ཞེས་ཆ་གཞིར་བཟུང་། རྒྱལ་ཡོངས་སུ་སྤྱིའི་མི་གྲངས་འབུམ་གསུམ་གྱི་འོག་མི་གྲངས་ཉུང་ཉུང་བའི་མི་རིགས་བྱས།

Note: The 28 ethnic groups with a population less than 300,000 is defined as the minorities with small populations based on the *Program to Support the Development of Minorities with Less Population in the 12th Five Year Plan (2011-2015)* made in 2011.

中国主要民族文字的类型

གྲངས་གོའི་མི་རིགས་གཙོ་བོའི་ཡི་གེའི་རིགས་རྣམ།

Major Ethnic Scripts in China

象形文字 འདྲ་གཟུགས་ཡི་གེ Pictographs	纳西族东巴文 འཇང་རིགས་ཀྱི་སྟོན་པ་ཡི་གེ Naxi Dongba script	
汉字及其变体 རྒྱ་ཡིག་དང་དེའི་གཟུགས་འགྱུར། Chinese Charaters and Variants	汉文、方块壮字、方块侗字、水书、白文 རྒྱ་ཡིག་དང་གྲོང་ཡིག་གྲུ་བཞི། དུང་ཡིག་གྲུ་བཞི། ཆུའུ་ཡིག པའེ་ཡིག Chinese charaters, Square Zhuang script, Square Dong script, Shui script, Bai script	
音节文字 ཚིག་བར་ཚན་གྱི་ཡི་གེ Syllabic Writing System	纳西族哥巴文、彝文 འཇང་རིགས་ཀྱི་ཀུའུ་པ་ཡི་གེ དབྱིས་ཡིག Naxi Geba script, Yi script	
拼音文字 སྒྲ་སྦྱོར་ཡི་གེ Phonetic scripts	（一）印度字母体系——藏文、傣文 གཅིག རྒྱ་གར་དབྱངས་གསལ་ཡི་གེའི་མ་ལག——བོད་ཡིག་དང་ཏའེ་ཡིག India Alphabet—Tibetan, Dai script	
	（二）阿拉伯字母体系——老维吾尔文、老哈萨克文以及乌孜别克文、柯尔克孜文、塔塔尔文 གཉིས། ཨ་རབ་དབྱངས་གསལ་ཡི་གེའི་མ་ལག——ཡུགུར་ཡིག་རྙིང་དང་། ཧ་སག་ཡིག་རྙིང་། ཨུབྷུ་ཙེའི་ཁེའི་ཡིག བོར་ཁེ་ཙེའི་ཡིག ཐ་ཐར་ཡིག Arabic Alphabet—Old Uygur script, old Kazak script, Uzbek script, Kirgiz script, Tatar script	
	（三）回鹘文字母体系——蒙古文、"托忒蒙古文"、锡伯文 གསུམ། ཧུའེ་ཧུའུ་ཡིག་གེའི་མ་ལག——སོག་ཡིག་དང་། ཐོར་ཕྱུར་སོག་ཡིག ཞི་པོ་ཡིག Huihu Alphabet-Mongolian, "Oirat Mongolian", Xibe script	
	（四）朝鲜文字母体系——朝鲜文 བཞི། ཁྲོའོ་ཞེན་དབྱངས་གསལ་ཡི་གེའི་མ་ལག——ཁྲོའོ་ཞེན་ཡི་གེ Korean Alphabet—Korean script	

· 1017 ·

续表

拼音文字 སྒྲ་སྦྱོར་ཡི་གེ Phonetic scripts	（五）拉丁字母体系——壮文、景颇文、拉祜文、佤文、傈僳文、新维吾尔文、新哈萨克文以及布依、苗、黎、纳西、侗、哈尼各族的文字方案 ལྔ། ལ་ཏིང་དབྱངས་གསལ་ཡི་གེའི་མ་ལག——གྲོང་ཡིག་དང་ཅིང་ཕོ་ཡིག གླ་ཧུའུ་ཡིག དབའ་ཡིག ལི་སུའུ་ཡིག ཡུགུར་ཡིག་གསར། ཧ་སག་ཡིག་གསར། ཕུའུ་ཡི་ཡིག འཛང་ཡིག ཧུང་ཡིག ན་ཞི་རིགས་ཀྱི་ཡི་གེ་སོགས་ཀྱི་གཞི་འཛིན་ས་ཡི་གེ། Latin Alphabet—Zhuang script, Jingpo scrip, Lahu script, Va script, Lisu script, New Uygur script, New Kazak script, and Scheme for the Scripts of Buyi, Miao, Li, Naxi, Dong, Hani
	（六）斯拉夫字母体系——俄罗斯族的俄文 དྲུག སུ་ལའ་ཧྥུ་དབྱངས་གསལ་ཡི་གེའི་མ་ལག——ཡུ་རུ་སུ་རིགས་ཀྱི་ཡུ་ཡིག Slavic Alphabet—Russian used by Russ

· 1018 ·

中国少数民族语言系属

རྒྱང་གོའི་གྲངས་ཉུང་མི་རིགས་སྐད་ཆའི་ཁོངས་གཏོགས།

The Language Family of China's Ethnic Languages

汉藏语系 རྒྱ་བོད་སྐད་རྒྱུད། Sino-Tibetan	藏缅语族 བོད་འབར་སྐད་རིགས། Tibeto-Burman	藏语、门巴语、珞巴语、彝语、哈尼语、白语、羌语、傈僳语、纳西语、拉祜语、景颇语、土家语、普米语、怒语、独龙语、阿昌语、基诺语 བོད་སྐད། མོན་པའི་སྐད། གློའི་སྐད། དབྱི་སྐད། ཧ་ནི་སྐད། པའི་སྐད། ཆཱང་སྐད། ལི་སུའུ་སྐད། འཇང་སྐད། ལ་ཧུའུ་སྐད། ཅིང་ཕོ་སྐད། ཐུའུ་ཅཱ་སྐད། པའུ་སྨི་སྐད། ནུའུ་སྐད། ཏུའུ་ལུང་སྐད། ཨ་ཁང་སྐད། ཅིའུ་སྐད། Tibetan, Monba, Lhoba, Yi, Hani, Bai, Qiang, Lisu, Naxi, Lahu, Jingpo, Tujia, Pumi, Nu, Derung, Achang, Jino
	壮侗语族 གྲོང་ཏུང་སྐད་རིགས། Zhuang-Dong	壮语、侗语、布依语、傣语、水语、黎语、毛南语、仫佬语 གྲོང་སྐད། ཏུང་སྐད། པུའུ་དབྱི་སྐད། ཏའེ་སྐད། ཧྲུའེ་སྐད། ལི་སྐད། མའོ་ནན་སྐད། མུའུ་ལའོ་སྐད། Zhuang, Dong, Buyi, Dai, Shui, Li, Maonan, Mulao
	苗瑶语族 མེའོ་ཡའོ་སྐད་རིགས། Miao-Yao	苗语、瑶语、畲语 མེའོ་སྐད། ཡའོ་སྐད། ཧྲེ་སྐད། Miao, Yao, She
	语族未定 སྐད་རིགས་གཏན་འཁེལ་མིན། Unclassified	仡佬语 ཀོ་ལའོ་སྐད། Gelao
阿尔泰语系 ཨར་ཐའེ་སྐད་རྒྱུད། Altaic languages	突厥语族 ཐུའུ་ཅུའེ་སྐད་རིགས། Turkic	维吾尔语、哈萨克语、柯尔克孜语、撒拉语、乌孜别克语、塔塔尔语、裕固（尧乎尔）语 ཡུགུར་སྐད། ཧ་ས་སྐད། ཁོར་ཁིའི་ཙིའི་སྐད། ས་ལར་སྐད། ཨུའུ་ཛིའི་པེ་ཁི་སྐད། ཐཱར་ཐར་སྐད། ཡུའུ་ཀོའུ་སྐད། Uygur, Kazak, Kirgiz, Salar, Uzbek, Tatar, Yugur
	蒙古语族 སོག་པོའི་སྐད་རིགས། Mongolic	蒙古语、达斡尔语、东乡语、土族语、保安语、裕固（恩格尔）语 སོག་སྐད། ཏ་ཝོར་སྐད། ཏུང་ཞང་སྐད། ཐོའུ་སྐད། པའོ་ཨན་སྐད། ཡུའུ་ཀོའུ་（ཨེན་གིར་）སྐད། Mongol, Daur, Dongxiang, Tu, Bonan, Yugur
	满-通古斯语族 མན་གུའུ་གུང་-ཟན་དུ་སྐད་རིགས། Man-Tungusic	满语、鄂温克语、鄂伦春语、锡伯语、赫哲语 མན་ཇུའུ་སྐད། ཨོ་ཝུན་ཁེ་སྐད། ཨོ་ལུན་ཆུན་སྐད། ཞིའི་པོ་སྐད། ཧོ་ཀྲེ་སྐད། Man, Ewenki, Oroqen, Xibe, Hezhen
	语族未定 སྐད་རིགས་གཏན་འཁེལ་མིན། Unclassified	朝鲜语 ཁྲའོ་ཞན་སྐད། Korean

续表

印欧语系 ཕྱིན་ཡོ་སྐད་རྒྱུད། Indo-European	斯拉夫语族 སླཝ་ལ་སྐྱུའི་སྐད་རིགས། Slavic	俄罗斯语 ཨུ་རུ་སུ་སྐད། Russ
	伊朗语族 དབྱི་ལང་སྐད་རིགས། Iranian	塔吉克语 ཐ་ཅི་ཞི་སྐད། Tajik
南亚语系 ནན་ཡ་སྐད་རྒྱུད། Austroasiatic	孟-高棉语族 མེང་གའོ་མེན་སྐད་རིགས། Mon-Khmer languages	佤语、德昂语、布朗语 དབའ་སྐད། དེ་ཨང་སྐད། པུའུ་ལང་སྐད། Va, Deang, Blang
南岛语系 ནན་ཏོའི་སྐད་རྒྱུད། Austronesian	印尼语族 ཡིན་ཉི་སྐད་རིགས། Indonesian	高山语 གའོ་ཧྲན་སྐད། Gaoshan

注：1. 京族语的系属尚未确定。2. 回族、满族大部通用汉语（满语只在极少数满族人口中使用）。

མཆན། 1. ཅིང་པོ་སྐད་ཀྱི་སྐད་ཁོངས་གཞན་འབེབས་བཟོས་མེད། 2. ཧུའེ་རིགས་དང་། མན་ཇུ་རིགས་ཕལ་མོ་ཆེས་རྒྱ་སྐད་སྤྱོད། (མན་ཇུ་རང་སྐད་སྦྱོང་མཁན་མན་ཇུ་རིགས་སུ་ཤས་མ་གཏོགས་མེད།)

Note: Gin language is not classified; Most Hui and Mancu use Chinese (Man language is used only by very few Manchu).

中国少数民族节日

རྒྱ་ནག་བོད་ཁུལ་གྱི་མི་རིགས་ཀྱི་དུས་ཆེན།

China's Ethnic Festivals

巴罗提节 塔吉克族传统节日。伊斯兰教历八月举行两天。节前每家用"卡乌日"草裹上棉花、涂以酥油做成灯烛。晚上全家团聚，按辈分依次插灯烛于沙土，尔后祈祷。后每家屋顶插燃一大灯烛，象征光明和幸福。次日晚，去家庭草地扫墓祭祖。然后共进晚餐。

པ་ལོ་ཐིའི་དུས་ཆེན། ཐ་ཅི་ཁེ་རིགས་ཀྱི་སྲོལ་རྒྱུན་དུས་ཆེན་ཞིག་ཡིན། དཔྱི་སི་ལན་ཆོས་ལུགས་ཀྱི་ལོ་ཟླ་བརྒྱད་པའི་ཚེས་གཉིས་ལ་སྲུང་། དུས་ཆེན་གྱི་སྔར་ཞིག་ཁྱིམ་ཚང་རེ་རེས་ལ་སོགས་དུ་ཞིས་པའི་རྩྭ་ཞིག་ལ་བལ་དཀྲིས་ཏེ། མར་ཁུ་སོགས་བཞུས་ནས་མཆོད་སྒྲོན་བཟོ་བ་དང། དུས་ཆེན་མཚན་མོར། མི་རེ་རེས་མཆོད་མེ་བཟུང་ཞིང་སྨོ་ནས་སྦྱང་ཡོད་པའི་བྱེ་སྐྱེད་དུ་བཙུགས་ཏེ་ཀུན་གཟིགས་པར། གསོལ་འདེབས་པ་དང། ཁང་ལྔ་དུ་ཡང་བའི་སྒྲོན་མེ་ཆེན་པོའི་སྟོན་མེ་བཙུགས་ཡོད། ཞིན་གཉིས་པར། གཟའ་མི་ཡོངས་ནས་རུ་རབ་སོར་ནས་མཆོད་དང་མེ། དོར་མཆོད་འདུལ་གྱི་ལྭ་འདུལ་བྱེད་ཇེས། མཚམས་དུ་དགོང་ཟས་ལ་རོལ་བའི་སྲོལ་ཡོད།

Baluoti Festival (Light Festival) is the traditional festival of the Tajik people, which is celebrated in the first two days of the eighth month every year in Islamic calendar. Before the festival, every family will make many small lamps and an extremely big one. The lamp uses the culm of a certain grass called Kawuri as the lampwick, and cotton to wrap around the lampwick. After being dipped into ghee or sheep fat, this torch-like lamp is ready for use. At festival night, the whole family sit in bed around a plate filled with sand. Then the householder will call every family member's name in the order of seniority and age, and they should reply respectively. The householder will place the big burning lamp on the roof of their house, which symbols good luck. The next night, the whole family will get out and stand solemnly, watching the light and praying silently, then, the whole family enjoys a rich dinner in the lamplight.

白来旦珍 藏族妇女的传统节日，意译为"仙女节"或"天母节"。时间为每年藏历十月十五。届时，各地都要举行宗教活动，拉萨的僧众要抬着大昭寺的吉祥天母像绕行八角街。妇女们认为仙女节是自己的节日，因此穿扮漂亮，表现积极。

དཔལ་ལྷ་རྟེན་འབྱེལ། བོད་རིགས་བུད་མེད་ཀྱི་དུས་ཆེན་ཞིག་སྟེ། དུས་ཆེན་བོད་ཟླ་བཅུ་པའི་ཚེས་བཅོ་ལྔ་ཉིན་ཡིན། ཉིན་འདིར་ལྷ་སའི་གཙུག་ལག་ཁང་གི་གྲྭ་རྣམས་ཀྱིས་དཔལ་ལྡན་ལྷ་མོའི་སྐུ་བརྙན་པར་སྐོར་བ་གདན་དྲངས་ནས་སྐོར་བ་བྱེད་པ་དང་། ས་གནས་གཞན་གྱི་དགོན་པ་ནས་ཡང་བྱེད་སྲོལ་ཡོད། བུད་མེད་རྣམས་ཀྱིས་གཟའ་འཁོར་སྲུང་ཞིང་དུས་ཆེན་ལ་རོལ།

Palden Lhamo Festival is a traditional festival for Tibetan women, and it means "Fairy Festival" or "Glorious Goddess Festival". It is celebrated on Oct 15th every year in Tibetan calendar. At that time, religious activities will be held in many parts in Tibet. Lhasa monks will carry the statue of Palden Lhamo (Glorious Goddess) of the Jokhang Monastery, and walked along the Barkhor Street. Women regard the Fairy Festival as their own festivals, and they dress beautifully and participate actively into it.

布依族三月三 布依族传统节日，时间为农历三月初三。贵阳乌当区新堡乡一带布依族将"三月三"又叫"祭地蚕"。传说古时一庄稼汉，为避春播幼苗遭受虫害，炒包谷花去喂天神放到大地的"天马"——地蚕。于是每年三月初三，人们都会以包谷花作供品，祈求天神保佑。

ཟླ་གསུམ་པའི་ཚེས་གསུམ། པུའུ་དབྱི་རིགས་ཀྱི་སྲོལ་རྒྱུན་དུས་ཆེན་ཞིག་སྟེ། དུས་ཚོད་ལུགས་རྙིང་གི་གསུམ་པའི་ཚེས་གསུམ་ཡིན། ཀུའེ་དབང་སྲོལ་དྲང་ཤང་ཁྱོར་ཞིག་པའི་ཕྱོགས་དེ་འདབས་ཀྱི་པུའུ་དབྱི་རིགས་ཀྱི་གསུམ་པའི་ཚེས་གསུམ་ལ་སའི་དར་འབུ་མཆོད་པ་ཡང་ཟེར། དགའ་རྒྱུར་ལྟར་ན་ཞིང་པ་ཞིག་གིས་འབུའི་གནོད་འགོག་ཆེད། མ་ཚོས་ལོ་ཏོག་གི་འབྲུ་དུ་བཟོས་ཏེ་དར་འབུར་མཆོད། ཁོ་ཚོས་དར་འབུའི་སྲས་མི་ཡུལ་དུ་འཚོལ་བའི་སྐྱོད་ཡིན་པར་འདོད། དེ་ནས་བཟུང་། མི་རྣམས་ཀྱིས་བཙོ་བའི་མེ་ཏོག་མཆོད་རྫས་བྱས་ཏེ་ལྷ་ལ་མཆོད་འབུལ་བྱེད་པའི་ལུགས་ཆགས།

March the Third Festival of the Buyi people, a traditional festival for the Buyi people, is celebrated on the 3rd day of the 3rd lunar month. The Buyi people in Xinpu Township Wudang District of Guiyang call it as "sacrifice to the harvest god". Legendary says that in ancient times in order to avoid the spring seedlings suffering from pests, a farmer cooked corn on the ground to feed the cutworms that were sent down to the earth by God. So on the third day of March each year, people will make cooked corn as offerings for praying god's blessing.

彩蛋节 傣族的儿童节。时间为每年农历二月初十。当天，傣家儿童的胸前都挎一个小兜，里面装几个染成黄、红、绿、紫等颜色的熟鸡蛋。然后到村旁的树荫下或小河边，一起游玩，之后聚餐，把各自的彩蛋蛋白吃掉，留下蛋黄带回家孝敬父母、兄长。

སྒོང་ཁ་དུས་ཆེན། ཏའེ་རིགས་ཀྱི་བྱིས་པའི་དུས་ཆེན་ཞིག ༽དུས་ཚོད་ལུགས་རྙིང་གི་ཟླ་གཉིས་པའི་ཚེས་བཅུའི་ཉིན་ཡིན། ཏའེ་རིགས་ཀྱི་བྱིས་པ་རྣམས་ཀྱིས་ཁ་དོག་མི་འདྲ་བ་ཇ་སྐྱོང་ལྗང་མ་ཆུང་ཆུང་ཞིག་གི་ནང་དུ་བཙུག་ནས་མགུལ་བར་བཏགས་ཏེ་སྟེ་འཛོམས་ཀྱི་སྐྱོང་གསེར་དང་

ཆུ་འགྲམ་དུ་སོང་ནས་རྩེ། ཉེད་མོ་མཇུག་རྫོགས་རྗེས། རང་རང་གིས་ཁྱེར་ཡོད་པའི་སྒོང་སྒྱི་ཟབ་རྗེས། སྒོང་དེ་མ་རིལ་ཕྱིར་རང་ཁྱིམ་ལ་ཕྱིར་ཡོངས་ནས་ཕ་མ་ཕུ་བོ་མཆེད་དག་ལ་ཕུལ་ནས་གུས་ཞབས་མཚོན་པའི་སྲོལ་ཡོད།

Colored Egg Festival is the Children's Day for the Dai people, which is held on February 10th of the lunar month each year. On that day, a small pocket will be put in front of the children's chest, where a few cooked eggs dyed in yellow, red, green, purple and other colors were placed. Then the children went to trees or a small river, playing together, dining together. They eat their own egg protein, and bring the egg yolk home to honor their parents and brothers.

查白歌节 贵州省西南兴义一带布依族的节日，每年农历六月二十一日至二十三日在兴义市的查白场举行节庆活动。该节是为纪念古时当地一对为民除害与抗暴殉情的男女青年查郎、白妹而得名。主要活动有：歌节赛歌、认亲访友、吃汤锅、赶表和祭山等。

ཁ་པེ་གླུ་རོལ། གུའེ་གྲུའུ་ཞིང་ཆེན་སྲོ་ནུབ་ཀྱི་ཞིན་དབྱི་ས་ཁུལ་དུ་གནས་པའི་ཕུའུ་དབྱིའི་རིགས་ཀྱི་དུས་ཆེན་ཞིག་ཡིན་ཅིང་། ལོ་རེར་ཟླ་དྲུག་པའི་ཚེས་གཉིས་ནས་ཉེར་གསུམ་བར་ཡིན། དེའི་གནས་སྟངས་སྨོས་ན། གནའ་དེ་བཞིན་པོ། ང་ཚོས་ནས་དྲག་ཤུགས་ལ་མགོ་མ་སྒུར་བར་རང་སྲོག་སྲི་བའི་མ་སྒྱོགས་སྒོར་ལྱུང་དང་པེ་གཞིས་རྗེས་དྲན་བྱེད་ཆེད་བརྩིགས་པ་ཡིན། ཞིན་འདིར་ཞིན་དུ་ཁྱིམ་གྱི་གླུ་ར་སྒྲུའུ་དུ་རིགས་ཀྱི་སོ་སོའི་རྒྱལ་གཞན་འཚོགས་ནས། སྟུ་དངས་འཁྲུལ་བསྲུང་དང་། ཉེན་འདྲིས་ཞིན་བྱི། ཁུལ་གྱི་ལྱུ་པེ་ར་བ་སྒྲུའུ་རིགས་ཀྱི་ཕོ་མོ་རྒྱལ། གཞིའི་འཚོགས་ནས། སྒྲུ་དངས་འགུག་བསྒུར་དང་། གཞིའི་སྒོར་རྒྱལ་ལ་གནས་བྲངས་ནས་མ་བཏང་སྒོགས།

Chabai Song Festival of Buyi people is held by the Buyi people at Xingyi in the southwest of Guizhou province, which is celebrated on June 21 to 23 of the lunar calendar in Chabai Fair of Xingyi City. The festival is to commemorate the ancient local couple Mr. Zha and Miss Bai who fought against violence and died as victims of love. The main activities are: song contest festival, visiting relatives and friends, eating soup pot, chanting musical dialogues showing mutual affection to each other and offering rites to the mountain.

吃虫节 仡佬族传统节日。相传为纪念以前一位叫甲娘的妇女消灭农作物害虫有功而立。每年六月初二，出嫁的姑娘都要回来，边走边捉虫子。寨里人要杀猪，吃油炸蝗虫等。还要在"吃虫庙"前唱歌跳舞，然后到田里游行、捉虫、插洒有鸡血的小白旗，向害虫"示威"。

འབུ་ཟ་དུས་ཆེན། མུན་ལའོ་རིགས་ཀྱི་སྲོལ་རྒྱུན་དུས་ཆེན་ཞིག བདག་ཆུན་སྔ་ན་ཞིང་ནང་གི་གནོད་འབུ་བར་བྱས་རྗེས་མོད་པོ་བཞག་ཡོད་པའི་བུད་མེད་ཅིག་ཇན་གསོ་བྱེད་ཆེན་ཡིན་ཟེར། ལོ་རེར་དྲུག་པའི་ཚེས་གཉིས་ཡིན། ཞིན་དེར་གཡས་ལ་སོང་བའི་བུད་མེད་དག་ར་ཡུལ་ལ་ལོག་དགོས། ཡོང་ཞོར་དུ་ཞིང་གི་འབུ་བཟུང་ནས་ཁྱེར་ཡོང་དགོས། གྲོང་སྡེ་ནང་གི་མིས་ཕག་བཤའ་ཞིང་། ཚག་པ་བསྒོགས་བཅས་ནས་ཟ་ཞིང་སྒྱུ་གར་ལ་རོལ་རྗེས། ཞིང་ནང་དུ་སོགས་འབུ་འཛིན། བྱའི་ཁྲག་གཏོར་ཡོད་པའི་དར་དཀར་བཙུགས་ནས་གནོད་འབུ་འགོག་པའི་ཆེད་སེམས་མཚོན་པར་བྱེད།

Eating Insects Festival is the traditional festival of the Gelao people. Legendary says that the festival is set up in order to commemorate a woman named Jia Niang who helped killing the crop pests. On the second day of the sixth month in the lunar calendar, married girls have to come home and on the way back they will catch insects while walking. People in the village will kill pigs, and eat fried locusts and so on. They will dance and sing in front of the Eating Insects Temple, and then parade in the fields, catching insects and putting small white flags with chicken blood, which is said to terrify the pests.

吃立节 壮族传统节日。流行于广西龙州县、凭祥市一带。时间为农历正月三十。"吃立"，壮语意为欢庆或补过春节。相传1894年春节之际，法国兵进犯边疆，当地青壮年参战抗法未能按时过节。战士们凯旋后补过春节，并相沿成俗。

ཁྲ་ལིའི་དུས་ཆེན། གོང་རིགས་ཀྱི་སྲོལ་རྒྱུན་དུས་ཆེན་ཞིག གོང་ཞི་ཞིང་ཆེན་ལོན་གྲོའི་རྫོང་དང་ཕིན་ཞང་གྲོང་སོགས་སུ་དར་ཁྱབ་ཆེ། དུས་ཚོད་ལགས་རྙེང་གི་ཟླ་དང་པོའི་ཚེས་30ཡིན། ཁྲ་ལི་ཞེས་པའི་དོན་ནི་དགའ་སྟོན་འམ་ལོ་གསར་ལ་གསར་དུས་པའི་དོན་ཡིན། ལོ་རྒྱུས་སུ་1894ལོའི་གསར་གྱི་སྐབས་སུ་ཧྥ་དམག་གིས་རང་རྒྱལ་གྱི་མཐའ་འཚམས་སུ་དཔུང་འཇུག་བྱས། གནའ་འདིའི་གཞོན་གསར་ཚོར་མ་སྟ་འགོག་དམག་འཁྲུག ཞུགས་ནས་དུས་སྐྱེར་ལོ་གསར་ལ་རོལ་མ་ཐུབ། འཐབ་མོ་རྒྱལ་རྒྱལ་འཆོས་དང་ཁྱེར་ཕེབས་ནས་ལོ་གསར་ལ་གསར་དུ་བསུས་ནས་རོལ་བས་རིམ་གྱིས་ས་གནས་འདིའི་ཕྱུན་མིན་གྱི་ཕྱུད་ཆོས་སུ་གྱུར།

Chili Festival is the traditional festival of the Zhuang people. It is popular in Longzhou County, Pingxiang City in Guangxi, which is held on the 30th day of the first lunar month. Chili means to to celebrate the Spring Festival. In 1894, French was invading the southern frontier area of China. Many Zhuang people joined the war and missed the celebration of the Spring festival. After they won the battle, the young people returned hometown merrily and celebrated the the Spring festival. And it becomes a custom for the local Zhuang people.

吃信节 贵州台江县包寨一带苗族的节日。农历七月"信"（戊）日（根据干支纪年计算）举行节庆活动，历时4天。期间，已出嫁的姑娘，梳妆打扮，带着礼品，回家探望父母乡亲。寨子要举行斗牛、跳芦笙等比赛。钟情的青年男女相邀到树林里、溪水边对歌，互诉爱慕之情。

ཁྲ་ཞིན་དུས་ཆེན། གུའི་གྲོའུ་ཏུ་ཅང་རྫོང་པའོ་ཀྲའེ་གྱི་མུའི་རིགས་ཀྱི་དུས་ཆེན་ཞིག ལགས་རྙེང་གི་ཟླ་བདུན་པའི་ཉིན་ཞིན་དུས་ཆེན་བཞིན་རིང་ཡོད། འདིའི་དུས་སུ་གནས་ལ་སོང་བའི་བུ་མོ་དག་གིས་གཟབ་འཆོར་སྤྲས་ཤིང་། ལགས་སྐྱེས་ཁྱེར་ནས་རང་ཁྱིམ་དུ་ཕ་མ་རྣམས་ལ་བལྟ་དགོ་ཡ གྲོང་སྡེའི་ནང་དུ་གླང་འཛིང་དང་ལུང་བུ་ཞབས་བྲོ་འགྲན་བསྡུར་སོགས་ཐེལ་བར་མ་ཟད། གཞོན་ནུ་ཕོ་མོ་རྣམས་ནགས་གསེང་དང་ཆུ་འགྲམ་སོགས་ན་ལ་གཞས་ལེན་པའི་སྒོ་ལ་ཡོད།

Chixin Festival is the festival celebrated by the Miao people in Baozhai, Hejiang

County, Guizhou province. It is celebrated in June 6th of the lunar calendar, which lasted 4 days. During the festival, married girls will go back home to visit their parents and folk fellows, dressing beautifully and taking gifts. There will be Bull Fighting Contest, Playing Lusheng Dances. Young ladies and lads will go to the woods and rivers, chanting musical dialogues showing mutual affection to each other.

达玛节 "达玛",藏语音译,意为"跑马射箭"。西藏江孜地区藏族的传统节日。传说第一个达玛节,是为庆祝江孜宗山的白居寺和八角塔落成而举行的跑马射箭比赛,沿袭至今。每年6月10日,人们便聚集在宗山脚下,进行各种体育表演和比赛。节期一般为一周。

ཏ་དམག་དུས་ཆེན། བོད་སྟོངས་རྒྱལ་རྩེ་ས་ཁུལ་གྱི་དུས་ཆེན་ཞིག བག་རྒྱུད་དུ་ཏ་དམག་དུས་ཆེན་ཞོག་མ་ནི་རྒྱལ་རྩེའི་དཔལ་འཁོར་དགོན་པ་དང་བར་བསྐོར་གཞིས་འགྲུབ་པའི་མཇལ་སྟོན་གྱི་ཆེད་དུ་རྒྱུག་མདའ་འཕེན་ཞིང་། མི་ཐམས་ཅད་རྡོལ་རྩེའི་འདབས་སུ་བྱུང་ནས་ལུས་རྩལ་འགྲན་སྟོན་དང་འགྲན་བསྡུར་སོགས་གཟར་འཁོར་གཅིག་ལ་བྱེད།

Darma Festival Darma, Tibetan transliteration, meaning "Horse-Racing Festival", is a traditional festival for Tibetans in the Gyangze Region. Legend has it that the first Darma Festival was held to celebrate the completion of the Baju Monastery and the Octagonal Tower of Gyangze Zongshan Mountain. On June 10th, people gathered at the foot of the mountain, holding a variety of sports performances and competitions. It lasts a period of seven days.

傣族泼水节 傣族最隆重的节日。傣族的新年,时间在公历4月中旬,即傣历正月。一般持续3至4天。第一天叫"宛多尚罕",意为除夕;中间一天或二天叫"宛恼",意为两年之间的空日;最后一天叫"宛叭宛玛",即岁首。活动有祭祀、拜祖、堆沙、泼水、丢沙包、赛龙船、放火花及歌舞狂欢等。

དའི་རིགས་ཀྱི་ཆུ་གཏོར་དུས་ཆེན། དའི་རིགས་ཀྱི་ལོ་གསར་དང་། ཆེས་གཟབ་རྒྱས་ཆེ་བའི་དུས་ཆེན་ཡང་ཡིན། ཞིང་དབྱར་བོད་བདུན་ཚིག་ཟླ་བ། དོན་ནི་གནམ་གང་ཡིན། བར་གྱི་ཉིན་གཞིས་བར་ཁོ་ཟེར་ལོ་གཉིས་བར་གྱི་སྟོང་ཉིན་ཞིག་ཟེར། བར་ཕན་ད་ཕན་མ་ཟེར། དེ་ནི་ལོ་མགོའི་དོན་ཡིན། དུས་ཆེན་གྱི་བྱེད་སྒོ་ལ་མཆོད་འབུལ་དང་། མེས་པོ་བརྡ། ཆུ་གཏོར་བ། སྒྱུ་གཟིགས་འཕུག་གཟུགས་མའི་འགུན་བསྡུར། ཐོག་ལྕག་བསྟོན་པ། གླུ་གར་ལ་རོལ་བ་སོགས་ཀྱི་བྱ་འགུལ་ཡོད།

Water Splashing Festival of the Dai people, the most important festival of the Dai people, is the New Year celebrations of the Dai Calendar, falling on the mid-April the Gregorian calendar, which is the first month of the Dai calendar. It generally lasts 3 to 4 days. The first day is called "Wanduoshanghan" in Dai, meaning the New Year's Eve. The second and third days, called "Wannao" in Dai, meaning the two empty days between the two years. The last day is "Wanbawanma" in Dai, meaning starting of a new year. Activities are sacrifice rites, worshiping ancestors, piling sands, splashing water, throwing sandbags, dragon boat racing, fireworks and dance carnivals and so on.

刀杆节 傈僳族的传统节日。农历二月初八举行。相传明代兵部尚书王骥，为保护边民，率部英勇作战，刀山敢上，火海敢下。傈僳族人为纪念他，将王骥遇害之日立为此节。届时，有"蹈火""上刀杆"仪式。还有跳三弦舞、荡秋千、对歌等活动。

གྲི་སྟོང་དུས་ཆེན། ལི་སུའི་རིགས་དང་མེའོ་རིགས་ཀྱི་སྲོལ་རྒྱུན་དུས་ཆེན། ཡུགས་ཟླེད་གི་ཟླ་གཉིས་པའི་ཚེས་བརྒྱད་ཡིན། དག་རྒྱུན་ལྟར་ན་མིང་རྒྱལ་རབས་ཀྱི་དམག་དཔོན་ཆེན་མོ་ཝང་ཅི་བུས་རྒྱལ་མཚམས་ཀྱི་འབངས་མི་སྲུང་སྐྱོབ་དུས་ཆེན་འདིའི་སྲོལ་བཏོད་པ། དེའི་སྐབས་སུ། མེ་བཀལ་བ་དང་། གྲི་རྩེར་མཆོངས་པ་སོགས་ཀྱི་ཆོ་ག་ཡོད། ཞབས་བྲོ་འཁྲབ་པ། སྒྲ་གསུམ་ལྡན་པ་སོགས་ཀྱང་ཡོད།

Sword-Ladder Festival is the traditional festival for the Lisu, Miao and other ethnic groups. It falls upon the eighth day of the second lunar month. It is said that Wang Ji, the frontier general in the Ming Dynasty led his troops fighting bravely at the border areas, going through the mountains with knives and fireflames. Lisu people honored him on the day of his death. At the festival, there are ceremonies of climbing the sword-ladder and crossing the fire flames. The activities like playing three stringed banjo, swinging, singing antiphonal songs are held.

洞更谷乳木节 珞巴族年节。西藏珞渝东部的珞巴族在藏历十二月十五日过此节。人们把年前宰杀的猪、牛剁成块，分送给同族人家。牛头盖骨要高高地悬挂在自家墙上，作为勤劳和富有的象征，世代相传。夜幕降临，人们点起篝火，一直狂欢到深夜。

དུང་གེན་གོ་རིགས་དུས་ཆེན། ཀློ་པའི་ལོ་གསར། ཀློ་ཡུལ་ཤར་ཕྱོགས་ཀྱི་ཀློ་པས་བོད་ཀྱི་ལོ་གསར་གྱི་ཟླ་བའི་ཆེས་བཅུ་ལྔའི་ཉིན་རོལ། མི་རྣམས་ཀྱིས་ལོ་སྟོན་མར་བསད་པའི་ཕག་དང་གླང་གི་ཤ་གསོག་ཅིང་ནང་རིགས་གཅིག་པའི་ཁྱིམ་མཚེས་རྣམས་བགོད་བྱ་གཏོང་། བོར་མགོའི་རུས་པ་གུང་དོའི་མཐོ་སར་བཀལ་དེ། ལས་བརྩོན་ཞིང་འབྱོར་ཕྱུག་རྒྱས་པའི་མཚོན་རྟགས་སུ་ཚེ་རབས་རབས་ལ་བརྒྱུད། མཚན་མོ་བསླེབས་ན་ཚེ་གུང་བར་དུ་རྩེད་འཛོ་བ་རོལ་བྱེད།

Donggeng Gurumu Festival is the New Year festival of Lhoba people. The Lhoba people in the eastern part of Luoyu celebrate this festival on December 15th in Tibetan calendar. People cut slain pigs and sheep into pieces, and send as gifts to the relatives and friends of kindred. They hang the cow skull on the wall of home, which is taken as the icon of the diligence and wealth pursued by generations. When the night comes, people get seated around the fire feasting all night long. Young men and girls express their affection via singing until the fire dies down.

端节 水族最盛大的传统节日,相当于汉族的春节。在水族历法年底、岁首的谷熟时节举行节庆活动。届时,分别在除夕夜和大年清晨举行祭祖仪式。走亲访友,共同宴饭,是节日的主要内容。赛马、跳铜鼓舞、舞火龙、展示马尾绣等活动相随进行。

སྟོད་རྒྱལ་དུས་ཆེན། ཆུའི་རིགས་ཀྱི་སྲོལ་རྒྱུན་དུས་ཆེན་ཞིག་ཡིན་ལ་ལོ་གསར་ཡང་ཡིན། ཆུའི་རིགས་ཀྱི་ལོ་ཐོ་ལྟར་ན་མཇུག་གསལ་མཚོའི་འབྲི་རིགས་སྨིན་པའི་དུས་ཡིན། གནམ་གང་གི་དགོང་མོ་དང་ལོ་གསར་གྱི་ཞོ་དོར་མེ་པོ་མཆོད་འབུལ་གྱི་ཚོགས་སྤྲེལ་བ་དང་། གཉེན་ཉེ་གར་དུ་འགྲོ་བ། མཉམ་དུ་གསོལ་ཆེན་བཟའས་པ་བཅས་ཀྱི་ནང་དོན་གཙོ་ཆེ་ཞིང་། རྟ་རྒྱུག་དང་། ཟོ་འཁྲོལ། རྟ་རྔ་ཚེམ་དྲུབས་བཅས་སྟོན་བཅུས་ཀྱི་འགུལ་སྐྱོད་པོའི་དུས་ཆེན་དང་བསྟུན་ནས་སྤྲེལ།

Duan Festival is the grandest one for the Shui people, which is equivalent to the Chinese traditional Spring Festival. The festival is held at the end month of the Shui calendar to celebrate the harvest, bid farewell to the past year, and welcome the New Year. At that time, ceremony of offering sacrifice to the ancestors will be held on the New Year's Eve and morning. Visiting relatives and friends and the common feast are the main content of the festival. Horse races, drums dance, dragon dance, the horse tail embroidery and other activities go hand in hand.

俄喜节 四川木里藏族自治县藏族的传统节日。相传以前西藏、云南的八个藏族支系,迁徙到木里一带,定居那天是腊月初七,夜晚七姊妹星闪亮,人们唱歌跳舞,纵情欢乐。相沿成俗,演变成今天的俄喜节了。届时,有对唱山歌、跳"锅庄"舞、赛马、转山等活动。

ཨུ་ཞི་དུས་ཆེན། སི་ཁྲོན་གྱི་ལི་བོད་རིགས་རང་སྐྱོང་རྫོང་གི་བོད་རིགས་ཁག་ཅིག་གི་སྲོལ་རྒྱུན་དུས་ཆེན་ཞིག་ཡིན། གནའ་སྔོན་བོད་དང་ཡུན་ནན་གྱི་བོད་རིགས་ཀྱི་རུ་ལག་བརྒྱད་མུ་ལི་ར་གནས་སྤོར་ཞིང་། གཏན་སྡོད་བྱས་པའི་ཉིན་ནི་ཟླ་བཅུ་གཉིས་པའི་ཚེས་བདུན་ཡིན། མཚན་མོ་དེར་གསས་ནམ་སྐར་མའི་བོད་མཆེད་བདུན། མི་རྣམས་དགའ་སྤྲོའི་དཔལ་ལ་རོལ་བའི་དགུའི་དུས་ཆེན་གྱི་སྤོས་ཆགས། དུས་ཆེན་སྐབས་སུ་ཅ་རྒྱུགས་དང་། གནས་རི་བསྐོར་བ། སྐོར་བྲོ། དབངས་སྒྱོགས་ཀྱི་རོལ་ཅེད་ཡོད།

Exi Festival is the traditional festival of Tibetans in Muli Tibetan Autonomous County of Sichuan. It is said that eight Tibetan branches from Tibet and Yunnan migrated to Muli. On the seventh day of the twelfth lunar month they settled down, and the stars of seven sisters shined. People sang and danced, happily enjoying themselves at the night. And the celebration evolves into today's Exi festival, at which people sing folk songs, dance "Guozhuang", horse racing, and offering sacrifice to the mountain and other activities.

干巴节 瑶族集体渔猎的节日,流行于云南河口瑶族自治县。每年农历三月三,成年男子手持弓弩、火枪,带上粑粑,于破晓时外出捕鱼打猎。妇女在家杀鸡、宰鸭,做糯米饭。渔猎归来,所获按户

· 1027 ·

分配。晚上人们聚于广场，男子敲铜鼓，女子舞蹁跹，共祝丰收。

གན་པ་དུས་ཆེན། ཡའོ་རིགས་མང་ཚོགས་ཀྱིས་ཐུན་མོང་གི་ཉ་འཛིན་དུས་ཆེན་ཞིག་ཡུན་ནན་དོ་ཁྲུ་ཡའོ་རིགས་རང་སྐྱོང་རྫོང་དུ་དར་ཁྱབ་ཆེ། བོད་ཀྱི་ཟླ་གྲངས་ཀྱི་ཟླ་གསུམ་པའི་ཚེས་གསུམ་ཉིན། གཞོན་སྐྱེས་ཆོས་མདའ་གཞུ་བཟུང་ནས་རི་དྭགས་རྟོག་པ་དང་། བུད་མེད་ཚོས་བྱ་གཤོལ་བཤས་ནས་ཟ་མ་སྐྱེག་བཞིན་ལོ་ཚོང་སྐྱག་པ། ལོ་ཚོང་རྟོན་ཡོང་བའི་ཀ་བགོ་བྱ་བརྒྱན་མ་ཐར། མཚན་མོར་ཐབ་ཆེན་དུ་འཚོགས་ནས་ར་བརྡུང་བོ་འཚམས་བྱས་ཏེ་དགའ་སྟོན་སྦོའི་དཔལ་ལ་རོལ་བ་ཡིན།

Ganba Festival is the festival for the Yao people to collectively fish and hunt, which is popular in Hekou Yao Autonomous County of Yunnan. On March 3rd of the lunar calendar each year, adult men will arm with crossbows and guns, and take Baba (steamed bun) at dawn to go out fishing and hunting. Women stay at home to kill chickens, ducks, and cook glutinous rice. At night, households will get the allocated prey after the fishing and hunting. People gathered in the square, the men knocking on drums, the women dancing, and celebrating a good harvest.

歌圩 中国壮族聚会唱歌的一种传统节日。"圩"意为集市。多在农闲或春节、中秋等时日于山林坡地举行。届时，男女老少盛装赴会，少者数百人，多者上万人。通常以青年男女对唱山歌为主。还举行抛绣球、碰彩蛋、放花炮等文娱活动。

གླུ་ཚོགས། ཀྲུང་གོ་ཀྲོང་རིགས་ཀྱི་གླུ་གར་རོལ་བའི་དུས་ཆེན། ཞིང་ལས་སྟོགས་ཀྱི་ཕུགས་ལ་བྱེལ་བ་ཆུང་དང་། ལོ་གསར། ཟླ་མཚོན་དུས་ཆེན་སྐབས་སུ་ནགས་ཚལ་དང་འཕྲེངས་ཞིང་། བོ་མོ་རྒན་གཞོན་ཚང་མ་གཟབ་འཚོར་སྟོམས་ནས་ཞུགས། ཉུང་ན་མི་བརྒྱ་དང་མང་ན་མི་ཁྲི་ལྷག་ཡོད། ནང་དོན་གཙོ་བོ་ནི་བོའི་བར་ལ་གཞས་ལེན་པ་དང་། དར་མཐུད་རྡོ་གུ་གཡུགས་པ། སྒོག་སྦུག་རྒྱག་པ་སོགས་ཀྱི་རྒྱ་འགུལ་ཡོད།

Gexu Festival is a traditional festival for the Zhuang people singing and dancing. Xu means fair. It is held in the slack season or the Spring Festival, Mid-autumn day at the slopes of the forests. At the day, men, women and children in beautiful clothes attended the fair. The number of people ranges from hundreds to ten thousands. Generally there are the folk songs sung in antiphonal style by the young men and women. Recreational activities like throwing the embroidered ball, smashing the painted egg, setting off fireworks, etc.

工布年 西藏工布地区的藏族节日。藏历十月初一日举行节庆活动。为纪念历史上支援友军抗击外国军队入侵的将士，每年此时，工布人都要献三牲，为将士们守夜。久之，工布年的传统形成。主要活动有赶鬼、请狗赴宴、吃结达、背水、祭丰收女神等。

ཀོང་བོའི་ལོ་གསར། བོད་ལྗོངས་ཀོང་པོའི་ས་ཁུལ་གྱི་བོད་རིགས་དུས་ཆེན་ཞིག་བོད་ཟླ་ཀྱི་ཟླ ༡༠ པའི་ཚེས ༡ ཉིན་ལོ་གསར་ལ་རོལ། འདིའི་ལོ་རྒྱུས་སྟེང་བཙན་འཛུལ་འགོག་པའི་ཐབ་བུས་རྗེས་བཞག་པའི་དམག་མི་རྣམས་རྗེས་དྲན་ཞུ་ཆེད་ཡིན། ལོ་རེའི་ཞིན་དེར། ཀོང་ཏུ་དོར་ལུག་གསུམ་ཀྱིས་དམར་མཆོད་འབུལ་ཞིན།

དམག་མི་ཚོས་རྗེད་དུ་མཚན་སྣང་བའི་སྐུལ་ཡོད། ཡུན་རིང་སོང་རྗེས་ཀོང་པོའི་ལོ་གསར་གྱི་རྒྱུན་པར་གྱུར། ནང་དོན་གཙོ་བོར་འདྲེ་བདའ་བ་དང་། སྤྱི་ཁྱི་མགྲོན་དུ་འབོད་པ། ཅུའི་འུར་བ། ནོར་སྐྱིན་ལྷ་མོར་མཆོད་འབུལ་བྱེད་པ་བཅས་སོ། །

Gongbu New Year, a festival for the Tibetans in Gongbu area of Tibet Autonomous Region, is held on the first day of the 10th month of Tibetan calendar. To commemorate the soldiers fighting against the invasion of foreign troops, every year people at Gongbu will offer three sacrifices, for the brave soldiers in the war. For a long time, the traditional Gongbu New Year is celebrated. The main activities include warding off the evil spirits, inviting the dog to attend the banquet, eating Jieda (a sort of food made of flour, ghee and milk), carrying water on one's back and sacrificing the Goddess of Harvest.

姑娘节 苗、瑶、侗、哈尼等族都有姑娘节。奕车人（哈尼族支系）的姑娘节时间为农历二月二日，是青年男女谈情说爱的节日。这天，姑娘要头戴尖顶巾，上身穿龟式服，下身穿紧身短裤，腰系精美银饰，在山间用歌、舞等形式寻找自己的伴侣。

བུད་མེད་དུས་ཆེན། སུན་དང་ཡོའོ། ཏུང་། ཧ་ནི་རིགས་བཅས་ལ་བུད་མེད་དུས་ཆེན་ཡོད། དབྱི་ཁྲེ་བའི་（ཧ་ནི་རིགས་ཀྱི་ཁོངས་གཏོགས） བུ་མོའི་དུས་ཆེན་ནི་ལོ་རེའི་ཟླ་གཉིས་པ་ཡིན། དེ་ནི་གཞོན་ནུ་ཕོ་མོ་མཛའ་གྲོགས་སྐྱིད་པའི་ཉིན་ཡིན། སྐབས་དེར་བུ་མོ་ཚོས་མགོ་

ལ་ནི་མགོ་ཁ་ཅན་གོན་ཞིང་སྟོད་ལ་སྦལ་དབྱིབས་ཅན་གྱི་གོན་པ། གོག་སྨད་དུ་དོར་མ་ཐུང་ཐུང་གྱོན་ཞིང་སྐེད་ལ་དངུལ་ཁྲ་བཏགས་ནས། ལ་གཞས་དང་སྟོང་བོའི་རྣམ་པ་ལ་བརྟེན་ནས་མཛའ་གྲོགས་འཚོལ་བྱེད།

Girl's Day is the festival celebrated by Miao, Yao, Dong, Hani and other ethnic groups. Girl's Day of the Yiche people (a branch of Hani people) falls on the 2nd day of the 2nd month of the lunar calendar, which is the day for the young men and women in love and affection. On the day, girls wear a spiky towel, a turtle-style costume, tight shorts, and exquisite silverware on the waist, singing songs and dancing in the mountains to look for their partners.

古尔邦节 伊斯兰教最重要的节日之一。"古尔邦"，阿拉伯语意为"献牲"。是为纪念安拉考验先知易卜拉欣，假命其杀子献祭的事件而立。时间为伊斯兰教历的十二月十日。主要包括聚礼、宰牲等内容。有些地方还举行叼羊、赛马、摔跤等活动。

གུར་བང་དུས་ཆེན། འབྲི་སི་ལན་ཆོས་ལུགས་པའི་ཆེས་གལ་ཆེ་བའི་དུས་ཆེན་ཞིག་ཡིན། གུར་པང་ཞེས་པ་ཨ་རབ་སྐད་དུ་ཕྱུགས་མཆོད་ཞེས་པའི་དོན་ཡིན། དེ་ནི་ཨན་ལ་ཡིས་སྔོན་ཤེས་ཅན་ཨེ་པོ་ལར་ཆོས་བཀའ་བྱེད། ཁོའི་བུ་བསད་དེ་མཆོད་འབུལ་དགོས་པའི་བཀའ་གནང་ཙན་མ་ཞིག་བཟོས་པར་རྗེས་དྲན་བྱེད་པའི་དོན་ལས་བྱུང་། འབྲི་སི་ལན་ཆོས་ལུགས་ཀྱི་ཟླ་12པའི་ཚེས་10ཉིན་ཡིན། ནང་དོན་གཙོ་བོའི་གྲས་སུ་འཚོགས་བ་དང་། དམར་མཆོད་བྱེད་པ། ས་ཁ་ཡར་ནས་སུ་ངང་ལུག་འཛིན་པ། ར་རྒྱག་རྒྱུག་པོ་འགྲེན་པ་སོགས་ཡོད།

1029

བྱ་འགལ་ཡང་ཡོད།

Corban Festival (Eid al-Adha) is an important festival in Islam. "Corban", Arabic means "sacrifice", which is to commemorate Prophet Ibrahim's willingness to sacrifice his young first-born and only son in obedience of a command from Allah. It falls on the 10th day of the 12th month of the Islamic lunar calendar. The activities include Gathering and Sacrificing. In some places the games of lamb tussling, horse racing and wrestling are held.

关门节 傣族、布朗族、德昂族和部分佤族的传统节日，时间在傣历九月十五日。节日源于古印度佛教雨季安居的习惯。关门节后，人们定下许多戒规，如禁止青年男女谈情说爱和嫁娶活动等。直到傣历十二月十五日"开门节"时，人们才恢复正常活动。

ཚལ་སྒྲུང་དུས་ཆེན། དཔེ་རིགས། པུའུ་ལང་རིགས། ཏེ་ཡང་རིགས་དང་དཔའ་རིགས་ལ་ཁ་ཤས་ཀྱི་དུས་ཆེན་ཞིག་དཔེའི་ལུགས་ཀྱི་ཟླ་བའི་ཚེས/༡༥ཉིན་ཡིན། དེའི་གཞི་པོའི་རྒྱ་གར་གྱི་སངས་རྒྱས་ཆོས་ལུགས་པས་ཆར་དུས་སྐོམ་རྒྱལ་པའི་གོམས་གཤིས་ལས་བྱུང་། དུས་ཆེན་ཞབས་དུ། གཞོན་ཏུ་ཕོ་མོའི་མཛའ་གྲོགས་སྒྲིག་མི་ཆུང་བ་དང་། གཉེན་སྒྲིག་གི་བྱ་འགུལ་སྤྱེལ་མི་ཆོས་པ་སོགས་ཡོད། དཔེའི་ལུགས་ཀྱི་ཟླ/༡༢པའི་ཚེས་བཅོ་ལྔའི་ཕྱེད་བགྲོལ་དུས་ཆེན་ལ་ཐོན་རྗེས་མི་རྣམས་ཀྱི་འཚོ་བ་སྤྱིར་ལྡར་རོག།

Close-Door Festival is the traditional festival of Dai, Bulang, De'ang and some Va people, which falls on the fifteenth day of the ninth month of the Dai calendar. It originated from living habits of the ancient Indian Buddhism in the rainy season. After the festival, people set a lot of rules: such as prohibition of young men and women in love and marriage activities. It was not until December 15th, when the Open-Door Festival was held that people resumed normal activities.

哈节 京族的传统歌节。"哈"或"唱哈"即唱歌的意思。主要流行于广西的京族聚居地区。相传是为纪念下凡歌仙，定期在"哈亭"（歌台）唱歌传歌，渐成节俗。农历六月或八月举行节庆活动，海边的一些村落则在正月举行节庆活动。届时，"哈哥"司琴，"哈妹"轮唱，通宵达旦。

ཧ་རོལ། ཅིན་རིགས་ཀྱི་སྲོལ་རྒྱུན་དུས་ཆེན་ཞིག་སྟེ། ཧ་ཞེས་པ་སྒྲ་དབྱངས་ལེན་པའི་དོན་ཡིན་ལ། ཀོན་ཞི་རིགས་འདས་སྲོད་ཁུལ་དུ་དར་ཁྱབ་ཆེ། དགའ་རྒྱལ་ལྟར་ན་མི་ཡུལ་དུ་བོན་པའི་ལྷ་མོ་རྗེས་དྲན་བྱེད་ཆེད་ཡིན། དེ་ལྟར་སྒྲ་སྙེགས་སྟེང་ནས་སྒྲ་དབྱངས་ལེན་པ་དེ་རིམ་གྱིས་སྲོལ་ཆགས། ལུགས་ཟླ་དྲུག་གི་ཟླ/༨པའི་ཚེས་ར་ཞིན་ཡིན། མཚོ་འགྲམས་ཀྱི་གྲོང་ཚོ་ཁ་ཤས་ཀྱིས་ཟླ/༡དབར་རོལ། སྐབས་དེར། སྒྲ་པ་ཧཱ་ཕོས་དཀྱོལ་བ་དང་། སྒྲ་མ་སྒྲུབ་ཡུར་བར་བརྒྱས་ནས་ཉིན་ཞག་ཁ་ཤས་བསྐྱེལ།

Ha Festival is the traditional festival of the Gin people. "Ha" or "Changha" means singing. It is popular in the Guangxi area where the Gin people live. It is said thatto commemorate the song fairies, singing fair is held regularly in the "Ha Ting" (singing platforms), and gradually turns into the festival. It is held in June or August of the lunar calendar, and some villages in the seaside hold it in the first lunar month. At that time, "Ha Ge (men)" play single-stringed harp, and "Ha Mei (women)" sing the songs, which will last all night long.

后生节 仫佬族传统节日。流行于广西罗城仫佬族自治县及附近的宜山、柳城、河池等地。一般在农历八月十五日举行节庆活动。这天，青年男女装扮漂亮，成群结队到野外"走坡"。以唱山歌为主，通过对歌寻找意中人。如双方有意，便约定下次会期，并赠送礼物。

གཞོན་སྐྱེས་དུས་ཆེན། མུའུ་ལའོ་རིགས་ཀྱི་སྲོལ་རྒྱུན་དུས་ཆེན་ཞིག གོང་ཞི་མུའུ་ལའོ་རིགས་རང་སྐྱོང་རྡོང་གི་ཉེ་འཁོར་གྱི་ཨི་ཧྲན་དང་། ལིའོ་ཀྲིན། ཧོ་ཁྲི་སོགས་སུ་དར་ཁྱབ་ཆེ། ལུགས་སྲོལ་ལྟར་ན་ཟླ་བ་བརྒྱད་པའི་ཚེས་ ༡༥ ཉིན་ཡིན། ཉིན་དེར། གཞོན་ནུ་ཕོ་མོ་རྣམས་ཀྱི་གཟབ་འཆོར་སྤྲོས་ནས་སྡུང་ཐབ་ཏུ་འགྲོ་བ་དང་། གཞས་བླངས་ནས་དགའ་རོགས་འཚོལ། གལ་ཏེ་ཕན་ཚུན་མཐུན་ཆོ་དུས་ཆད་བཅད་ནས་སྐྱེས་ལགས་སྐྱེས་སོགས་བརྗེས་བྱེད་དེ།

Mulao Youth's Day is the traditional festival for the Mulao people, and it is popular in Luocheng Mulao Autonomous County, Yishan, Liucheng, and Hechi in Guangxi. It is held on August 15th of the lunar calendar. On the day, girls and guys dressed beautifully, invite each other to "Zoupo", literally "walking on the slope" to sing the folk songs, looking for their loved ones. If a girl and a guy have a favorable feeling on each other, they will exchange gifts and agree on the next date.

会街 阿昌族传统节日。阿昌话称"熬露"。过去每年农历八九月间举行节庆活动，是迎接佛祖返回人间的日子。传说佛祖为母亲上天念经三日，返回人间时，佛光普照，青龙白象呈祥。因此，阿昌会街必耍青龙白象。现增加了群众娱乐、物资交流等内容，并改在国庆节前后的三天举行节庆活动。

ཁྱིམ་ཚོགས། ཨ་ཁྲང་རིགས་ཀྱི་སྲོལ་རྒྱུན་དུས་ཆེན་ཞིག ཨ་ཁྲང་སྐད་དུ་ཨའོ་ལོའུ་ཟེར། སྔོན་ཆད་ལུགས་ལྟར་གི་ཟླ་བ་བརྒྱད་པའི་ནང་འཁོངས། དེའི་སྲོལ་པ་ཕྱིར་མི་ཡུལ་དུ་ཡོངས་པའི་ཉིན་ཡིན་ཟེར། དཔག་རྒྱན་ལྟར་ན་སྟོན་པ་གནམ་འཕུར་ནས་ཨ་མར་ཞིན་གསུམ་ལ་གསུང་པ་དང་། ཕྱིར་མི་ཡུལ་དུ་ཡོངས་དུས། གཡུ་འབྲུག་དཀར་སྡོགས་ཀྱི་མཚན་བསུ་བྱས། ཨོན་ཀྱེར་གྱིས་ན་གསུམ་ཕྱལ་པར་བདག་དེར་བརྟེན། ཨོ་ཚོང་གཡུ་འབྲུག་དང་བློན་དགར་བསྟོང་བའི་རེ། དེ་མིན་ཚོགས་ཀྱི་སྐྱིད་རིགས་དང་རྫོངས་ལོགས་བརྒྱེ་རིགས་ཀྱི་ནང་དོན་ལ་བསྣན་ཡོད། རྒྱལ་སྟོན་དུས་ཆེན་ཉིན་གྱི་སྔ་གཞུག་གི་ཉིན་གསུམ་བར་ཚོགས་རྒྱུར་བསྒྱུར་ཡོད།

Huijie Festival is the traditional festival of the Achang people. It was held in the eighth and ninth month of the lunar calendar in the past. It was a day to welcome Buddha "Gedama" in Hinayana Buddhism. One legend said that Gedama went up to heaven and prayed for his mother. When he returned to earth, he came back with a white elephant and green dragon accompanying him. The people prayed for his blessing and perform the elephant/dragon dance ever since.

火把节 彝、白、纳西、基诺、拉祜、哈尼和普米等民族的传统节日。多在农历六月二十四或二十五日始举行三天节庆活动。有关"火把节"起源的记载与传说众多。活动有斗牛、歌舞表演、选美、篝火晚会等。现赋予了新的民俗功能，被称为"东方的狂欢节"。

དཔལ་འབར་དུས་ཆེན། དབྱིས་རིགས་དང་པའི་རིགས། འཚང༌། ཅི་ནོ། ཏ་ཧི་དང་ཁའུ་སྡེ་རིགས་ཀྱི་སྲོལ་རྒྱུན་དུས་ཆེན། མང་ཤོས་ལུགས་རྙིང་གི་ཟླ་དྲུག་པའི་ཚེས་ཉེར་བཞི་ཚེས་ཉེར་ལྔ་ཡི་སྐབས་ཤིན་གསུམ་ལ་རོལ་དགའ་རྒྱུ་མི་འདུ་བ་མང་པོ་ཡོད། དེའི་སྐབས། གླང་འཛོང་དང་གཞས་འཁམས་པ་སོགས་ཀྱི་བྱ་འགུལ་ཡོད། ད་ལྟ་དཔལ་འབར་དུས་ཆེན་ལ་ཤར་ཕྱོགས་ཀྱི་རབ་དགའི་རོལ་རྩེད་དུས་ཆེན་ཡང་ཟེར།

Torch Festival is the traditional festival for Yi, Bai, Naxi, Jino, Lahu, Hani and Pumi and other ethnic groups. It is usually held on June 24th or 25th in the lunar calendar, lasting three days. There are many records and legends about the origin of the Torch Festival. Activities are as follows: bullfighting, song and dance performances, beauty pageant, and bonfire parties. It is now given a new folk function, known as the "Carnival of the East".

祭鼓节 贵州黔东南苗族的祭祖节日。祭时因地而异。传说苗族女性始祖"妹榜妹留"是从枫树木蕊里孪生的，枫木、牛皮制成的木鼓就是祖先之灵的归宿，因而祭祖需用砍牛祭鼓的方式来表现。届时，大水牯牛竞斗是重头戏。然后要杀牛祭祖，酒肉待客。

རྔ་མཆོད་དུས་ཆེན། ཀུའི་གོའུ་ཤར་ལྷོའི་ཁྱུའི་མིའོ་རིགས་ཀྱི་མེས་པོ་མཆོད་འབུལ་བྱེད་པའི་དུས་ཆེན་ཞིག་དུས་ཚོད་གཏན་འཁེལ་མེད། ས་གནས་ལྟར་གཏན་འཁེལ་ཆེད། དག་རྒྱུན་ལྟར་ན། མིའོ་རིགས་ཀྱི་བུད་མེད་མེས་པོ་མི་པའོ་མི་ལིའོ་གཅན་ཤིང་ཏ་སྲེང་ནས་པོའི་ནང་དུ་འཁྲུངས། ཏ་སྟོང་དང་གླང་ཀོ་ཡིས་བཟོས་པའི་ཤིང་རྔའི་ནང་དུ་མེས་པོའི་རྣམ་ཤེས་གནས་པར་འདོད། དེས་རྒྱུ་ཀྱིས་མེས་པོ་མཆོད་འབུལ་བྱེད་པར་གླང་བསད་གསོད་པ་དང་། ཤིང་རྔ་བཏུང་། བཏང་བསྡུ་དེ་མིའོ་པོ་མཆོད་འབུལ་བྱེད་པ་སོགས་ཡོད།

Jigujie (Drum Worship Festival) is the festival for the Miao people to sacrifice to ancestors in southeast Guizhou. It is said that Mei Bang Mei Liu, the early ancestor of Miao people was the twins born from the maple wood and the wooden drum made from leather was the residence of the ancestral spirit. The ceremony of worshipping ancestors is done through the manner of killing the cattle to sacrifice drums. At the festival, the bullfighting is the highlight. And then, the cattle are killed to sacrifice to ancestors, and the guests will be treated by a grand feast.

祭老人房 布依族最隆重的祭祀节日。布依族旧时信奉原始的自然崇拜，每年节日都要进行祭祀活动，其中祭老人（寨神）房最为隆重。几乎每个村寨都建有专供祭祖的老人房。于农历二月选兔日或虎日开祭,各户要奉献鸡蛋和猪肉祭神,以祈望丰收,全寨平安。祭毕全寨人就地聚餐。

གནས་བདག་མཆོད་ཆེན། ཕུའི་དབྱི་རིགས་ཀྱི་ཆེས་གཟབ་རྒྱས་ཆེ་བའི་མཆོད་འཕལ་དུས་ཆེན། ཕུའི་དབྱི་རིགས་ཀྱིས་རང་བྱུང་ཁམས་ལ་དད་མོས་བྱེད། ལོ་རེའི་དུས་ཆེན་གྱི་སྐབས་སུ་མཆོད་འཕལ་གྱི་བྱེད་སྒོ་མང་ཞིག་སྤེལ། དེའི་ནང་ནས་གནས་བདག་ལ་མཆོད་འཕལ་བྱེད་པའི་དུས་ཆེན་ནི་ཞུང་གལ་ཆེ། ཕལ་ཆེར་སྡེ་བ་སོ་སོར་མི་པོ་མཆོད་འཕལ་བྱེད་པའི་མཆོད་ཁང་བཞུགས་ཡོད། ལུགས་སྲོལ་ལྟར་གྱི་ཟླ་གཉིས་པའི་ཉིན་གི་ཡོས་ཀྱི་ཞིན་ནམ་ཡང་ན་སྟག་གི་ཉིན་ཞིག་གདམས་ནས་མཆོད་འཕལ་བྱེད། དུད་ཚང་རེ་རེས་བུ་སྒོང་དང་ཕག་ཤ་སོགས་ཀྱི་མཆོད་རྫས་ཕུལ་ནས་ལོ་ཡག་དང་ཕྱིག་ལ་བདེ་སྐྱིད་ཡོང་བར་གསོལ་བ་འདེབས། མཆོད་འཕལ་གྱི་མཇུག་སྒྲིལ་ལ་རྗེས། སྡེ་མི་ཚོགས་མཉམ་དུ་ཟས་སྟོན་ལ་རོལ།

Sacrificing the God of the Village is the grandest festival for the Buyi people. Buyi people believe in the original worship of nature, and hold annual festival to carry out sacrificial activities, among which Sacrificing the God of the Village is the grandest. Almost every village has his God of Village. On the day of Rabbit or Tiger of the second month of the lunar calendar, every household will offer eggs and pork to the God to pray for a good harvest and the security of the whole village. After the ceremony, villagers have a dinner party on the spot.

祭山会和羌年节 羌族最隆重的民族节日。分别于春秋两季举行节庆活动。实际上是充满宗教色彩、春祷秋酬的农事活动。祭山会因地而异,大致分"神羊祭山""神牛祭山"和"吊狗祭山"三种。羌年节要还愿敬神,祭天神、山神和寨神。要吃团圆饭、喝咂酒、跳莎朗等。

ཆང་ལོའི་ལོ་གསར་དང་རི་མཆོད། ཆང་རིགས་ཀྱི་ཆེས་གཟབ་རྒྱས་ཆེ་བའི་དུས་ཆེན་ཞིག་སྟེ། དཔྱིད་དགུན་གཉིས་དུས་སུ་སྤེལ། དེའི་ཆོས་ལུགས་ཀྱི་ཁྱད་ཆོས་མངོན་གསལ་དོད་པའི་སོ་ནམ་སྦང་སྟོན་ཞིག་ཡིན། རི་མཆོད་ཀྱི་རྒྱལ་པ་དེ་ནི་གནས་ཀྱི་ཁྱད་པར་ལ་བརྟེན་ནས་རྣམ་པ་མི་འདྲ་བ་རིགས་གསུམ་མཆིས། ལུག་བཏགས་ནས་དཀར་མཆོད་དང་། ཕྱི་བགད་ནས་དཀར་མཆོད། གླང་བགད་དམར་མཆོད་བཅས་རེད། ཆང་ལོའི་གསར་གྱི་སྐབས་སུ་ཡུལ་ལྷ་གནའི་བདག་གསོལ་གྱང་མཆོད། བཟའ་བཏུང་སྒྲ་གར་སོགས་ལ་ཅི་དགར་རོལ།

Mountain Sacrifice Festival and Qiang's New Year are the most important festivals for the Qiang people. It is celebrated in spring and autumn respectively. It is actually full of religious color and a celebration of thanksgiving to the God of Heaven for his benevolence. Mountain Sacrifice Festival varies from place to place. Roughly there are Sacrificing Holy Sheep to the Mountain and Sacrificing Holy Cattle to the Mountain and Hanging Dog to Sacrifice the Mountain. Qiang's New Year is also a day to offer sacrifice to the Divine, worshiping God of Heaven, God of Mountain and God of Village. At the festival, there will be a grand family-reunion dinner, wine drinking and Shalang dances.

靖西端午药市 每年农历五月初三左右开

始，广西靖西及周边那坡、德保、大新等县的村医、药农将自种自采的中草药拿到靖西县城出售，上市种类达200多种，自发形成端午药市。五月初五端午节达到高潮，并持续到初七、初八。

ཅིན་རྒྱབ་ཀྱི་སྟོན་ཟླའི་སྨན་ཁྲོམ། སོ་རེའི་ལོ་རེའི་ཟླ་ལྔ་པའི་ཚེས་གསུམ་ཡར་མར་ནས་མགོ་ཚུགས། ཀོང་ཞི་ཅིན་ཞུའི་ཞི་འདབས་ཀྱི་ན་པོ་དང་། ཏི་པོ། ཏ་ཞིན་སོགས་ཀྱི་རྫོ་བའི་སྨན་པ་དང་སྨན་རྩྭ་འདེབས་པའི་ཞིང་པ་རྣམས་ཀྱིས་རང་ཉིད་ཀྱིས་བཏབ་པའི་སྨན་རྩྭ་ཅི་རིགས་རྫོང་དུ་ཁྱེར་ནས་བཙོངས། ཕལ་ཆེར་སྨན་རིགས་༢༠༠ལྷག་ཡོད། རིམ་བཞིན་སྟོན་ཟླའི་སྨན་ཁྲོམ་གྲུབ་ལ། ཁྲོམ་ཚོགས་ཆེས་བཅུན་བརྒྱུད་ཀྱི་བར་དུ་རྒྱུན་མཐུད་བྱེད་སྲིད།

Medicinal Market during Dragon-boat Festival in Jingxi starts every year around the third day of the fifth lunar month. The village doctors and medicine farmers in Jingxi and Napo, Debao, Daxin and other counties in Guangxi will sell all kinds of Chinese herbal medicine in the market, amounting to more than 200 kinds of species, which forms a medicinal market. It will reach a climax at the Dragon-boat Festival and will continue into the seventh and eighth day of May.

卡秋哇节 独龙族传统节日。"卡秋哇"，独龙语音译，意为"开始讲的几句话"。每年第一次大雪封山时举行节庆活动，三到五天。期间，各家互相邀请，携食物前往。客人入门，要与主人共饮水酒，同跳"牛锅庄"舞。有挂五色麻布、饮酒游戏、射猎庆典、"剽牛祭天"等活动。

ཁ་ཆུན་པ་དུས་ཆེན། ཧུའི་ལུང་རིགས་ཀྱི་སྲོལ་རྒྱུན་དུས་ཆེན་ཞིག ཁ་ཆུན་པ་ཞེས་པ་ཧུའི་ལུང་སྐད་ཀྱི་སྒྲ་བསྒྱུར་ཏེ། གོ་དོན་མགོ་ཚུགས་པའི་གཏམ་འགའ་ཞེས་པའོ། ལོ་རེའི་ཁ་ཆེན་ཁ་པོས་རི་ལམ་གཅོད་པའི་ཉིན་དང་པོར་དུས་ཆེན་སྲུང་ཞིང་། ཉིན་གསུམ་ནས་ལྔའི་བར་དུ་རྒྱུན་མཐུད་བྱེད། དུས་ཆེན་གྱི་སྐབས་སུ། ཁྱིམ་ཚང་སོ་སོར་ཟ་མ་ཁྱེར་ནས་ཕྱི་མ་མཚམས་འཕྲད་ཚོགས་ལ་འགྲོ། ཕྱིར་བདག་གིས་ཁང་འདིར་བཞིན། མགྲོན་པོ་དང་མཉམ་དུ་སྦྱར་གྱི་བསྐྱོར་བོ་འཐུང། དེ་དང་ཆབས་ཅིག་ལ་དང་། ཆང་མཆོད་བྱེད་དོ། དེ་དགས་རྟོགས་པའི་གསོལ་སྟོན། གླང་བསད་ནས་གནམ་མཆོད་སོགས་ཀྱི་བྱ་འགུལ་ཡོད།

Kaquewa Festival is the traditional festival for the Derung people. "Kaquewa", a transliteration of Derung language, means "the first few sentences to be spoken". It is held at the time when the snow covers the mountains the first time of the year, which usually lasts three to five days. During the festival, all the families will invite friends to celebrate together. They will visit friends with foods on their hands, drinking and dancing together. There are also activities like hanging colored linen cloth, drinking and hunting, and a special ox-slaughtering ceremony.

开斋节 伊斯兰教的节日。也称"肉孜节"。伊斯兰教历每年九月为斋戒月，每日从破晓至日落，凡成年健康的穆斯林都禁止饮食和房事等。封斋第29日傍晚如见新月，次日即为开斋节；如不见，则再封斋一日。主要活动内容有沐浴、会礼、讲经布道、宴宾客、互赠食品、游坟诵经纪念亡人等。

སྲུང་གནས་གྲོལ་བའི་དུས་ཆེན། དབྱི་སི་ལན་གྱི་དུས་ཆེན། གཙུ་དུས་ཆེན་ཡང་ཟེར། དབྱི་སི་ལན་ཚེས་ལུགས་ཀྱི་ལོ་ཕྱེར་ན་ཟླ་བའི་སྲུང་གནས་སྲུང་བའི་ཟླ་བ་ཡིན། ཟླ་དེའི་ནང་དུ་ནད་མེད་པའི་མི་ཆེན་མས་སྲུང་གནས་སྲུང་སྟེ། ཉི་ཤར་ནས་ཉི་ནུབ་པར་བཟའ་བཏུང་དང་འཁྲིག་སྤྱོད་འགོག་དགོས། སྲུང་གནས་སྲུང་བའི་ཟླ་བའི་ཚེས་ཉེར་དགུའི་དགོང་མོར་ཟླ་གསར་ཤར་ཚེ་གི་ཉིན་གཞིས་པར་སྲུང་གནས་གྲོལ། གལ་ཏེ་ཟླ་བ་མཐོང་མ་ཐུབ་ན་ཨུ་ཚུན་དུ་ཉིན་གཅིག་ལ་སྲུང་དགོས། དུས་ཆེན་སྐབས་ཀྱི་བྱ་བ་གཙོ་བོ་ནི། ཁྲུས་བྱེད་པ། ཆོས་འཆད་པ། ཟས་རིགས་བརྗེ་རེས་བྱེད་པ། དུར་ཁྲུག་དང་ཆོས་འདོན་བྱས་ནས་མེས་པོ་དྲན་གསོ་བྱེད་པ་བཅས་སོ།

End of Fasting Festival is an Islamic festival, and is also known as "Rouzi Festival". Every September of the Islamic calendar is the month of fasting, and adult healthy Muslims are prohibited from meat and wine and sexual life from dawn to sunset daily. On the evening of the 29th day of the fasting month, if a new moon is observed, the next day will be the End of Fasting Festival; if not, another fasting day. The main activities include taking a shower, greeting, preaching sermons, banqueting guests, inter-giving of gifts of food, visiting the grave and chanting memorial prayer for the dead people.

扩塔节 "扩塔",拉祜语音译,意为过年。时间与汉族春节同期,初一至初四叫过大年,初八、初九叫过小年。拉祜族人相信其祖先从葫芦而生,故把葫芦视为吉祥物,每逢扩塔节要跳芦笙舞。还有除夕晚上舂粑粑、初一凌晨抢新水等活动。

ཁོ་ཐ་དུས་ཆེན། ཁོ་ཐ་ལ་ཧུའུ་སྐད་ཀྱི་སྒྲ་བསྒྱུར་གོ་དོན་ལོ་གསར་ཞེས་པའོ། །རྒྱ་ལོའི་ལོ་གསར་དང་དུས་མཉམ་ཡིན། ཚེས་གཅིག་ནས་ཚེས་བཞིའི་བར་ལ་ལོ་ཆེན་ཟེར་བ་དང་། ཚེས་བརྒྱད་ནས་དགུའི་བར་ལ་ལོ་ཆུང་ཟེར། ལ་ཧུའུ་རིགས་ཀྱིས་རང་རིགས་ཀྱི་མེས་པོ་ནི་ག་བེད་ནས་འཁྲུངས་པར་འདོད་པས། ག་བེད་ནི་བཀྲ་ཤིས་པའི་རྟགས་ཡིན་པར་འདོད། ཁོ་ཐ་དུས་ཆེན་གྱི་སྐབས་སུ་ལོ་ཧུན་བྲོ་འཁྲབ་པ་དང་། གནམ་གང་དགོངས་མོར་ཞིབ་པ་པ་བསྲེག་ཅིང་། ཚེས་གཅིག་ནས་ལོའི་སྔ་རེངས་ཤར་བ་བསྟུན་ནས་ཆུ་མགོ་ལེན་པ་བཅས་ཀྱི་བྱ་འདོན་ཡོད།

Kuota Festival "Kuota", meaning Spring Festival in the Lahu language, is the most important festival to the Lahu people. It falls on the first day of January according to Chinese Lunar calendar, and the first to the fourth day of the first lunar month is called celebrating the big year, and eighth and ninth day is called celebrating the small year. Lahu people believe that their ancestors were born from the gourd, so the gourd is regarded as a mascot. There is Lusheng dance at Kuota Festival. People make Ciba (glutinous rice cake) on New Year's Eve and rush for "new water" on the early morning of the New Year.

郎扎热甲节 四川阿坝地区藏族牧民的传统节日。每年农历五月初四,以家庭或家族为单位,到鲜花盛开的草原上游玩。人们在野外搭起帐篷,熬上砖茶,做好酸奶,然后尽情歌舞。最壮观的场面是赛马、赛牦牛、赛驴等竞赛。

བླང་བཟའི་བཞི་རྒྱལ་གྱི་དུས་ཆེན། སོ་རིའི་ལྷ་བའི་ཆོས་བཞིའི་ཞིན། བོད་ཀྱི་ས་ཆ་ཐབས་མོ་ཆེར་ལྷ་གསང་གཏོང་བའི་དུས་ཆེན་བྱེད་པར་ཅན་ཞིག་ཡིན། སྐབས་དེར་བསྐྱེན་ནས་འགྲོ་སྟེ་རེ་འགྱུར་ཁྱིམ་ཆང་དང་ཆོ་པ་རེའི་ཆོས་དུས་ཏེ་རྩྭ་ཐང་དུ་སྐྱེད་མོ་གསོགས་ལ་རོལ། རས་གུར་ཕུབ་པ་དང་། ཇ་བསྐོལ་བ། ཞས་ནོར་གྱི་བྱེར་བཤམས་ཤེད། རོལ་རྩེད་སྟ་ཚོགས་རྩེས། དེའི་ནང་ནས་ཤྱེད་མོ་ཆེ་ཤོས་ནི་ཏ་རྒྱུག་དང་གཡག་རྒྱུག་བོང་རྒྱུག་བཅས་ཡིན།

Langzharejia Festival is the traditional festival of Tibetan herdsmen in Aba areas of Sichuan. On the fourth day of May every year, families and clans go to the grassland where flowers are in full blossom and put up tents, boiling brick tea, making yogurt, and enjoying themselves by singing and dancing. The most spectacular scene is horse racing, yak racing, donkey racing and other races.

里玛主节 哈尼族传统节日，时间为三月。"里玛主"，哈尼语音译，意为"春天的盛况"。传古时，布谷鸟受天神派遣，历尽艰辛，把春天的信息带到人间。为纪念之，人们每年在羊日（以十二生肖纪日）筹办美酒佳肴，献给布谷鸟。然后，会集在村坡寨头举行唱歌跳舞等活动。

ལི་མ་གྲོུ་དུས་ཆེན། ཧ་ཎི་རིགས་ཀྱི་སྲོལ་རྒྱུན་དུས་ཆེན་ཞིག དུས་ཚོད་ཟླ་གསུམ་པར་སླེབས། ལི་མ་གྲོུ་ནི་ཞིའི་སྐད་ཡིན། གོ་དོན་དཔྱིད་ཀའི་མཛེས་ཉམས་ཞེས་པའོ། གནའ་སྔ་མོར་ལྟ་བུ་བྱ་རྒྱུག་གིས་སྐྱེའི་མངག་བཅོལ་རྩད། དཀའ་བ་ཟད་པོ་བཀལ་ནས་བྱེད། དཔྱིད་ཀའི གནས་ཚུལ་མི་ལ་བསྐྱལ་བའི་དགའ་རྒྱལ་ལོན། དེ་

ལ་རྟེན་ནས་བྱེད་ཆེན་མི་རྣམས་ཀྱི་ལོ་རེའི་ལུག་གི་ཉིན་མོར་གསོལ་སྟོན་རྒྱ་ཆེར་བཤམས་པ་འཁྱུགས་ལ་ཕུལ་ཏེ་འགྲོ་བསུས་ནས་གྲྭ་གར་ཅེད་འཛོ་ལ་རོལ་བའི་འགུལ་སྟེལ།

Limazhu Festival is the traditional festival for the Hani people, and it is held in March. Limazhu, a transliteration from Hani language, means "spectacular events in spring". It is said that the cuckoo was sent by the gods to bring the information of the spring to the world, and the cuckoo went through many hardships during the whole journey. To commemorate it, people hold a feast with wine and food, dedicating to the cuckoo on the Sheep day (in Zodiac Day). Then, people will gather in the village slope and square singing and dancing.

罗让扎花节 盛行于青海一带的藏族节日，藏历十月二十五日举行节庆活动。"罗让扎花"是宗喀巴的原名，这天是他圆寂之日，后人为纪念他而设。白天请喇嘛念经，晚上各家点酥油灯，摆供品供佛。各地寺院也要燃灯供佛。此时也是深秋，正是人们品尝劳动果实之时。

བཙུ་བའི་ལྷ་མཆོད། བོད་ཀྱི་དུས་ཆེན་ཞིག་སོ་རིའི་བླ་བཙུན་པའི་ཆོས་ཉེར་ལྷ་ཡིན། བློ་བཟང་གྲགས་པ་ནི་རྗེ་ཙོང་ཁ་པ་མཚན་དངོས་ཡིན། ཉིན་འདིར་ནི་གོང་སྐུ་བཞགས་པའི་དུས་ཡིན། ཁོང་ལ་རྗེས་དྲན་བྱེད་ཆེད། ཉིན་འདིར་རི་བོ་སྒྲུབ་པ་དང། མཆན་མོར་མཆོད་མེ་སྤྱོན་པ། རྒྱ་ལ་མཆོད་པ་འབུལ་བ། དགོན་པ་སོ་སོར་མཆོད་མེ་འབུལ་བ་སོགས་ཀྱི་ཚོགས་ཀྱི་བྱེད་སྲོལ་ཡོད། དུས་དེའི་སྟོན་བླ་མ་མཐར་ཡིན་པས་མི་རྣམས་ཀྱི་དཔལ་རྫོག་

འབྲས་བུར་རོལ་བའི་དུས་ཡང་ཡིན་ནོ། །

Luorangzhahua Festival is popular for the Tibetans in Qinghai, and it is held on October 25th of the Tibetan calendar. Luorangzhahua is the original name of Tsongkhapa. The day is to commemorate him, because he passed away on October 25th. During the day each household will invite lamas chanting scriptures and light the butter lamps at night and put offerings for the Buddha. Monasteries will also light the lamps for the Buddha. At it is the time of late autumn, when people taste the fruits of labor.

马奶节 蒙古族传统节日。以喝马奶酒为主要内容。流行于内蒙古锡林郭勒盟和鄂尔多斯的部分牧区。通常在农历八月下旬举行节庆活动，为期一天。除马奶酒外，还以"手扒肉"款待宾客，并举行赛马、请民间歌手演唱祝词、向老蒙医献礼等活动。

རྟ་མའི་འོ་ཆང་དུས་ཆེན། སོག་པའི་སྲོལ་རྒྱུན་དུས་ཆེན་ཞིག་ཉན་སོག་ཞི་ཡིན་ཀྱི་ལམ་འདབ་དང་ཨུར་དོ་སི་ཁུལ་དུ་དར་ཁྱབ་ཆེ། ཟླ་བཅུད་པའི་དུས་སྟོད་ཀྱི་ཞིན་གཅིག་ཡིན། ལོ་ཆང་ལས་གཞན། དུང་ག་བཙོས་ནས་མགྲོན་བསུ་བ་དང་། དུས་མཚོངས་སུ་རྟ་རྒྱུག་དང་སྐྱེས་པར་ཞིག་སྒྲོལ་འབུལ་བ། དམངས་ཁྲོད་ཀྱི་གླུ་བ་ཚང་གཞས་ལེན་དུ་འཇུག་པ་བཅས་ཀྱི་ཉིན་མ་རེད་དོ། །

popular in parts of the pastoral area in Xilingol League and Erdos in Inner Mongolia. It is always held in the latter part of August on lunar calendar. And the festival lasts for only one day. In addition to drinking wine made of mare's milk, the Mongolian people will serve the guests with meat eaten with hands. Horse racing, folk singer singing, offerings to the elder Mongolian medical men and other activities will also be held.

卯节 水族民间节日。水族人认为水历的卯日是过节的吉日，故立此节，流行于贵州三都县和荔波县部分村寨。每年水历九、十月择一卯日举行节庆活动。当天，青年男女到卯坡歌舞和游玩。晚上，人们汇集村寨广场，击铜鼓、敲皮鼓、演出传统的花灯剧等。

ཡོས་རོལ། ཆུའི་རིགས་ཀྱི་དམངས་ཁྲོད་དུས་ཆེན་ཞིག ཆུའི་རིགས་ཀྱི་ཆུའི་ལུགས་ལོ་ཐོ་ལྟར་ན་ཡོས་ཞིན་མོ་ནི་དུས་ཆེན་རོལ་བའི་ཞིན་བཟང་ཡིན་པར་འདོད་པས་དུས་ཆེན་འདི་ཚུགས། དུས་ཆེན་འདི་ནི་གུའེ་གྲོའུ་ཏོའུ་རྡོང་དང་པོ་སྟོང་ཀྱི་ཁྱིམ་ཁ་ཤས་སུ་དར་ཡོད། ཆོ་རེའི་ཆུའི་ལུགས་ལོ་ཐོ་ལྟར་ཟླ་དགུ་པ་དང་། བཅུ་པའི་ནང་གི་ཡོས་ཀྱི་ཞིན་མོ་ཞིག་འདེམས་ནས་དུས་ཆེན་རོལ། ཞིན་དེར། གཞོན་ནུ་ཕོ་མོ་རྣམས་ཡོས་སྒང་དུ་གླུ་གར་སོགས་ལ་རོལ། མཚན་མོར། མི་རྣམས་ཐང་ཆེན་དུ་འཛོམས་ནས། ཟངས་རྔ་དང་ཀོ་ར་བརྡུངས་ཞིང་། སྲོལ་རྒྱུན་གྱི་སྐྱེད་བཞུ་ཚོན་ཅན་སྒྲོན་གར་སོགས་འཁྲབ་པའོ། །

Mare Milk Festival is the traditional Mongolian festival. As the name indicates, the main activity in the festival is drinking wine which is made of mare's milk. It is

Mao Festival is the folk festival for the Shui people. People believe that the Mao day of the Shui calendar is the auspicious day to celebrate a festival. It is popular in parts of the villages in Sandu County and Libo County in Guizhou. It falls on the Mao day in September or October every year. On the day, young men and women go to dance and play at the Mao slope. In the evening, people gathered in the village square, beating and knocking drums, performing traditional lantern plays and so on.

米阔鲁节 "米阔鲁"是鄂温克语音意合译，有"庆丰收"之意。该节流行于内蒙古陈巴尔虎旗。每年农历五月廿二，是鄂温克人统计当年产幼畜数量的日子，故立节庆贺。当天，人们给马烙印、除坏齿、剪耳记、剪鬃尾，给羊割羊势等。然后，人们互相拜访，举行宴饮、歌舞等活动。

སྨྱི་ཁོ་ལོའུ་དུས་ཆེན། སྨྱི་ཁོ་ལོའུ་ནི་ཨོ་ཝུན་ཁེའི་སྐད་ཀྱི་སྒྲ་བསྒྱུར་ཡིན། བོ་དོན་ལོ་ལེགས་ལ་རྟེན་འབྲེལ་ཞུ་བའི་དོན། ནང་སོག་ཀིན་པ་ཁྲེ་པར་ཧོའུ་མདའ་ནར་ཁྱབ་ཡོད། ལོ་རེའི་ཟླ་༥པའི་ཚེས་༢༢ཉིན། དེ་ནི་ཨོ་ཝུན་ཁེའི་རིགས་ཀྱི་ལོ་དེའི་ཕྱུགས་གསར་སྐྱེས་ཞིབ་བོ་ཡིན། ཉིན་དེར་མི་རྣམས་ཀྱིས་རྟ་ལ་རྟགས་ཤུགས་བཏབ། རྟོགས་མ་འབྲེག་པ་བཅས་ཀྱི་ལས་ཀ་འགྲུབ་རྗེས། ཕན་ཚུན་གྱི་ཁྱིམ་ལ་སོང་ནས་གསོལ་སྟོན་དང་གླུ་གར་རོལ་བ་སོགས་སོ།

Mi Kuolu Festival "Mikuolu", the transliteration of Ewenki language, means celebrating a good harvest. It is popular in Chenbaerhu Banner in Inner Mongolia. It falls on May 22nd every year of the lunar calendar, and it is the time when Ewenki people count the number of annual production of young animals, hence the name. On that day, people mark the horse, get rid of horse's bad teeth, cut horse ears, cut horse mane tail and cut sheep hair. Later, people visit each other, hold banquets, dance and so on.

抹黑节 锡伯族的节日。时间为每年农历正月十六。据传说，这天"五谷之神"要下凡巡视，人们互相往脸上抹黑，是为了祈求五谷之神不要把黑穗病传到人间，以确保小麦的丰收，保佑百姓平安。现今"抹黑节"已变成男女青年的一种娱乐性活动。

ནག་ཕྱིར་དུས་ཆེན། ཞི་པའི་རིགས་ཀྱི་དུས་ཆེན། ལོ་རེའི་ཟླ་༡དང་པའི་ཚེས་༡༦ཉིན་ཡིན། དགའ་རྒྱུན་ལྟར་ན། འདིའི་ཉིན་དགའ་མི་ཡུལ་དུ་བྱོན་ནས་འབྲུ་མཛོད་ལ་ཞིབ་གཞེར་བྱེད་པ་ཞིག་ཡིན། ཕན་ཚུན་གདོང་ལ་ཚོན་ནག་བྱབས་འབྲུ་བསྐྱེད་ལྷ་དབང་གིས་འབྲུ་ནད་མི་ཡུལ་དུ་འགྲེམ་པར་ཞུ་བ་བྱེད། ལོ་ལེགས་ཡོང་བའི་སྟོན་ལས་འདོད། དེ་ནག་ཕྱིར་དུས་ཆེན་དེ་གཞོན་ནུ་ཕོ་མོའི་རོལ་རྩེད་བྱ་འགུལ་ཞིག་ཏུ་གྱུར་པའི།

Black Ash Festival is the festival for the Xibe people, and it is held on the 16th day of the first lunar month. It is said that on the day the corn god would patrol on the Earth and people would use the ash from the bottom of the pan and applied to each other's face to pray for a harvest and pray to the corn god for free the plants of all the calamities. Today, the festival has become an entertaining activity for young men and women.

目脑纵歌 景颇语音译，意为"大伙跳

舞"。云南德宏景颇族传统节日。一般在农历正月十五日开始举行节庆活动，时间为三至五天。先在场子中央竖起"目脑柱"。届时，放炮，笙管、芒锣、鼓乐齐鸣，由两名身穿龙袍、头戴"啄木鸟帽"、手持长刀的老者领舞，众人排队跟舞。

མུ་ཅོན་ཟུང་། ཅིང་པོའི་སྐད་ཀྱི་སྒྲ་བསྒྱུར་ཏེ་ཚོང་མས་ཞབས་བྲོ་འཁྲབ་ཞེས་པའི་དོན་ཡིན། ཡུན་ནན་ཏེ་ཧོན་ཅིང་པོའི་སྐོལ་རྒྱུན་དུས་ཆེན་ཞིག དུས་ཚོད་ལུགས་ཀྲེའི་ཟླ་ ༡ ཚེས་ ༡༥ པའི་ཚེས་བཅོ་ལྔའི་ཉིན་འགོ་བཙུགས། དུས་ཆེན་ཞིག་གཟུགས་གསུམ་རེ་ལ་རོལ། དུས་ཆེན་སྟོད་ལ་ར་བ་ཆེན་པོ་ཞིག་གི་ནང་དུ་ནགས་ཤིང་ཤིང་དུམ་ཞིག་འཛུགས། དུས་ཆེན་སྐབས་སུ་མོག་སྒྲ་གཏོང་བ་དང་། ཧ་ཐུབས་སོགས་བརྡུང་སྟེ། རྒྱུན་ལ་འབྲུག་རིས་གོས་ལ་གྱོན་ཞིང་། མགོ་ལ་ཤིང་ཏ་མོའི་དབྱིབས་ཅན་གྱི་ཞྭ་མོ་གྱོན། ལག་ཏུ་གྲི་བོ་པའི་རྒན་པོ་གཉིས་ཀྱིས་འགོ་འཁྲིད་དེ་ཕོ་འཁྲབ་པའོ།།

Munao Zongge Festival, a transliteration from the Jingpo language, means "singing and dancing together". It is a traditional festival for the Jingpo people in Dehong. It is held on the 15th day of the first lunar month, lasting three to five days. Before the activity begins, four wooden poles are erected in the center of the dancing ground. On the day, people dance, set off firecrackers, play shengguan and beat drums and gongs, and people are led by two elders who wear long robes and hats with woodpecker form, holding a long knife in hand.

沐浴节 藏族传统节日。藏语叫"嘎玛日吉"。时间为藏历七月六日到十二日。当弃山星高照大地之时，人们便在河滩、草坪、树荫下搭起帐篷，围上帐幕，铺上卡垫，然后到附近的河水中洗浴，寓意以此来清洗自己的疾病和罪孽，求获重生。

ཁྲུས་ཞུགས་དུས་ཆེན། བོད་པའི་དུས་ཆེན་ཞིག སྐར་མ་རྒྱལ་གྱི་དུས་ཆེན་གྱང་ཟེར། བོད་ལུགས་ཀྱི་ཟླ་ ༧ པའི་ཚེས་ ༦-༡༢ པར་ཡིན། སྐར་མ་རྒྱལ་འཆར་བའི་དུས་སུ་མི་རྣམས་ཀྱིས་ཆུ་འགྲམ་དང་རྩྭ་ཐང་སྟེང་དུ་རས་གུར་ཕུབ་ཏེ། ཞེ་འགྲམ་གྱི་ཆུ་བོའི་ནང་དུ་ཁྲུས་བྱས་ནས། ནད་རིགས་དང་ཉེས་པ་སོགས་དག་པའི་སྙོན་ལས་འདའ་བས།

Bathing Festival is a traditional festival for the Tibetans. It is called "Gama Rije" in Tibetan language, and is held on the sixth day to twelfth day of the seventh Tibetan month, which just coincides with the appearance in the sky of Venus, a sacred star. People will go to the river, lawn and shade under the trees, setting up tents and preparing with mats. And then they go to the nearby river to wash themselves, hoping to get rid of their own diseases and sins, and seeking rebirth.

那达慕 "那达慕"，蒙古语译音，即"娱乐、游戏"之意。蒙古等族牧民的传统娱乐竞技活动（节日）。一般于每年7月至8月间举行节庆活动。过去的那达慕要进行大规模祭祀活动。现主要内容有摔跤、赛马、射箭、赛布鲁、套马、下蒙古棋等民族传统项目。锡林郭勒盟的那达慕颇具代表性。

ནཱ་དམ་རྩེ་ཚོགས་ཆེན་མོ། སོག་པོའི་སྐད་རྒྱུ་

· 1039 ·

འགུལ་ཞིག སོག་སྐད་བླ་བསྒྲུབ། དེ་ནི་རོལ་རྩེད་ཞེས་པའི་དོན་ཡིན། སོག་རིའི་རྟ་ཤལ་དང་དཔའ་བའི་ནང་སྟེག་གནའ་དུས་རྟ་ཇའི་དུས་ཆེན་སྐབས་མཆོད་འགུལ་བྱེད། མོད། ད་ལྟ་སྟེག་འགྲན་པ་དང་། རྟ་རྒྱུག་མདའ་འཕེན། སྦོ་ལོ་འགུལ་པ། ཞིག་མདས་རྩེ་བ་སོགས་གནའ་དོན་གཙོ་བོ་བྱེད་པའི་སྟོལ་རྒྱུན་དུས་ཆེན་ཞིག་ཏུ་གྱུར་ཡོད། ཞུ་ལིན་གོལ་མདའི་ནཱ་ཇའི་དུས་ཆེན་ནི་མཚོན་བྱེད་ཡིན།

Naadam Festival The Mongolian word naadam means "manly game or entertainment." It is the traditional entertainment sports activities (holiday) for Mongolian herdsmen, and is celebrated every year from July to August. Large-scale ritual activities were held at Naadam festival in the past. At present, traditional ethnic projects like wrestling, horse racing, archery, the game of Bururi, lassoing and Mongolian Chess. Naadam in Xilin Gol League is very typical and representative.

纳吾鲁孜节 维吾尔族、哈萨克族的节日。公历3月22日前后举行节庆活动。"纳吾鲁孜"有"辞旧迎新"之意。这天，人们欢聚一起，在"独他尔""热瓦甫""冬不拉"等乐器的伴奏声中翩翩起舞，辞旧迎新。主人们用自制食品款待来客。

ན་ཕུའུ་ལོའུ་ཚིའི་དུས་ཆེན། ཡུགུར་བ་དང་ཧ་སག་རིགས་ཀྱི་དུས་ཆེན་ཞིག སྤྱི་ལོ་ཟླ་བའི་ཚེས་འདའི་ཉིན་གྱི་སྔ་གཞུག་ཡིན། ད་སག་སྐད་ཀྱི་ན་ཕུའུ་ལོ་ཡུའུ་ཙི་ཞེས་པ་ཅིང་ཚབ་གསར་བསུ་ཞེས་པའི་དོན་ཡིན། ཉིན་འདིར་མི་རྣམས་མཉམ་དུ་འཛོམས་ནས། ཐུའུ་ཐར་དང་། རུ་ཝ་ཕུ། ཐུང་པུ་ལ་སོགས་རོལ་ཆས་ཀྱི་སྒྲ་དང་སྦྲགས་ཏུ་ཞབས་བྲོ་འཁྲབ། ཁྱིམ་ཚང་སོ་སོས་ཟས་རིགས་རྣ་སྣ་སོགས་གསར་བསྐྲུན་བྱས་ནས་མགྲོན་བསུ་བྱེད།

Nowruz Day, the festival of the Kazaks and Uyghurs, is held around March 22. Nowruz in Kazak language means "new year". On the day, people gather together, and dance with the accompaniment of dutaer, rewapu, dongbula, congratulating the safety of the current year and looking forward to a bumper harvest in the coming year. People entertain visitors with homemade food.

怒族仙女节 云南贡山一带怒族传统节日。时间为农历三月十五日。以村寨为单位选择有钟乳石的山洞为仙女洞，为"仙女"献上杜鹃花。祭祀时，要竖玉米、堆粮堆、点松烟，并由主祭者念祝辞，打鼓诵经。然后，设宴饮酒，歌舞娱乐。

ནུའུ་རིགས་ཀྱི་ལྷ་མོའི་དུས་ཆེན། ཡུན་ནན་གོན་ཧྲན་ཁུལ་གྱི་ནུའུ་རིགས་ཀྱི་དུས་ཆེན་ཞིག ལུགས་སྲོལ་གྱི་ཟླ་བའི་ཚེས་༡༥ཉིན་ཡིན། སྡེ་བ་རེ་རེ་བྱས་ཏེ་རྡོ་ཡོད་པའི་བྲག་ཕུག་ཅིག་ལྷ་མོ་བཞུགས་བའི་བྲག་ཕུག་ཏུ་འདེམས། ལྷ་མོར་སྟག་མའི་མེ་ཏོག་གི་མཆོད་འབུལ་བྱེད། མཆོད་འབུལ་སྐབས་ཉོས་ལོ་ཏོག་གཉེར་དུ་བཙུགས་ཏེ། འབྲུ་སྤུངས་པ་དང་། བསང་ཕུན་དང་ཆག་འཐེན་པ་སོགས་ཀྱི་གསོལ་མཆོད་བྱ། དེ་ནས་གསོལ་སྟོན་བཤམས་ཏེ་སྦྱར་ཆང་དང་གཞས་ལ་རོལ།

Fairy Festival is the traditional festival for the Nu people at Gongshan area in Yunan, and it is held on the fifteenth day of the third lunar month. The village is to choose a stalactite cave as a fairy cave, offering azaleas to the "fairy". During the sacrifice, people will put up vertical corn, heap piles of grain, light pine smoke, and the chief host will read the sacrificing words, drumming and chanting. Then, a feast of wine, dance entertainment will be held.

诺劳孜节 柯尔克孜族传统节日。按其历法，每年第一个月出现时过节。期间，人们要用小麦、青稞等7种以上的粮食做成一种名为"克缺"的食品，祝新年饭食丰盛。晚上，当畜群回归，每家毡房前用芨芨草生一堆火，人先跳过，后牲畜跳过，预示消灾解难，人畜两旺。

ནར་རར་ཙེ་དུས་ཆེན། བོར་ཁེ་ཙེ་རིགས་ཀྱི་སྲོལ་རྒྱུན་དུས་ཆེན། བོ་ཚོའི་ལོ་ཐོ་ལྟར་ལོ་རེའི་ཟླ་དང་པོར་རོལ། དུས་ཆེན་གྱི་སྐབས་སུ། མི་རྣམས་ཀྱིས་ནས་དང་གྲོ་སོགས་ཀྱི་ཟས་རིགས་སྣ་བདུན་གྱིས་ཁྱེན་འབྲེལ་ཞུ་བ་ཡིན། དགོང་མོར་ཕྱུགས་རིགས་སླར་ལ་འཛུལ་སྐབས། ཁྱིམ་ཚང་སོ་སོའི་སྒོ་མདུན་དུ་ཅི་ཅི་རྩྭའི་མེ་ཕུང་ཞིག་བསྐོན་ནས་མི་ཕྱུགས་གཉིས་ལ་བཀྲལ་ཏུ་འཇུག་དེ་ནི་གནོད་སེལ་གནོན་འགོག་གི་དོན་ཡོད་ལ། མི་ལ་ན་ཚ་མེད་པ་དང་ཕྱུགས་ལ་གོད་ཁ་མེད་པའི་རྟེན་འབྲེལ་མཚོན་པར་ཡིན།

Nuoruozi Festival, a traditional festival for the Kirgiz people. It is celebrated on the first month of each Kirgiz calendar. During the festival, people will make "keque" food that is made up of wheat, barley and other seven crops, and a rich New Year dinner. In the evening, when the herds return, a small bonfire is light in front of each yurt, people first jump over the fire, then the animals, indicating disaster relief and the thriving of human being and animals.

坡会 苗族、仫佬族节日。多在正月举行节庆活动。著名的地点有广西融水苗族自治县香粉乡古龙坡。届时，方圆数十里的人们穿着盛装，吹着芦笙，齐聚古龙坡。除了烧香鸣炮，还举行舞龙、耍狮、芦笙踩堂、斗马、斗鸟等活动。坡会是探亲访友的节日，更是恋人们以对歌等形式互诉衷情的时机。

ཕོའུ་ཚོགས། མུན་རིགས་མུའུ་ལའོ་རིགས་ཀྱི་དུས་ཆེན་ཞིག ཟླ་ དང་པོའི་ནང་དུ་སྤྱིར་ཚོགས་གནས་གྲགས་ཅན་ཀོང་ཞི་རུའུ་ཤུའི་མུན་རིགས་རང་སྐྱོང་རྫོང་ཞིན་ཞུན་ཞིང་གི་ཀུའུ་ལོང་ཕོ་ཡིན། དུས་ཆེན་སྐབས་སུ་མི་རྣམས་ཀྱིས་གཟབ་འཆོས་སྤྲས་ཤིང་། ཨུའུ་ཤུན་འབུད་བཞིན་བོན་པོར་འདུས་ནས་ཏ་འཇིང་དང་བུ་འཇིང་སོགས་ཀྱི་འཁྲབ་སྟོན། པོ་རྣམས་ཀྱིས་གཞན་ཉེ་ལ་སྐོར་རྒྱུག་དང་། མཛའ་གྲོགས་ཀྱིས་བཙེ་འདུན་སྒྱུ་ཏུ་གྱུར་བའི་དུས་བཟང་བསུ།

Pohui Festival is a festival for the Miao and Mulao people, and is held in the first lunar month. The well-known place to celebrate the festival is Gulongpo of Xiangfen Township of Rongshui Miao Autonomous County in Guangxi. At the day, people from tens of miles away gathered at Gulongpo, dressing in costumes, blowing Lusheng. In addition to burning incense and setting off gunfire, there are also the dragon dance, lion dance, Lusheng dance, horse fighting, birds fighting and other activities. Pohui fair is the festival to visit relatives and friends, and an opportunity to show true love to lovers in the form of antiphonal songs.

迄脱迄迪尔爱脱节 塔吉克人的传统节日。"迄脱迄迪尔",意为"清除烟尘"。三月份举行节庆活动。节前大扫除,家什搬到屋外,依次扫天窗、墙角和地面,后在墙上洒面粉。节日早晨,由小孩牵牛进屋喂馕并在它身上撒面粉牵出后,他人方可进屋。由一位长者到各家祝福后,各类活动开始。

ཆེ་ཐོང་ཆེ་ཏུར་དུས་ཆེན། ཐ་ཅིའི་རིགས་རྒྱུན་དུས་ཆེན་ཞིག རྒྱ་ཐོང་ཆེ་ཏུར་དུས་ཆེན་ནི་དུད་ཐལ་ཕྱགས་པའི་དོན་ཡིན། ཟླ་གསུམ་པའི་ནང་དུ་སྲོལ། དུས་ཆེན་སྔོན་དུ་ཁྱིམ་ཚང་གཙང་བཟོ་བྱེད་པ་དང་། གྱིང་ཆས་སྣ་ཚོགས་ཕྱིར་བཏོན་ནས་དུས་ཆེན་གྱི་ཞོགས་པར། བྱིས་པ་ཞིག་གིས་བ་ཕྱུགས་ཁྱིམ་ནས་ཁྱིམ་ནས་བག་ལེབ་ཟ་རུ་བཅུག་རྗེས། རྒྱལ་བ་ཞིག་གིས་ཁྱིམ་ཚང་སོ་སོའི་ནང་ནས་སྨོན་ལམ་བཏབས་ཚར་རྗེས་འགུལ་སྐྱོད་འགོ་ཚུགས།

Qituoqidier Festival is the traditional festival for the Tajik people. "Qituoqidier" means "cleaning the household". It is held in March. It is a pre-holiday cleaning: things are moved outside the house, skylights, walls and the ground are swept, following by sprinkling flour on the wall. The next morning, the child takes the cattle inside the house and feed it with Nang (local baked bun). And only after the flour is spread on the cattle's body and the cattle is led out of the house can others enter the room. After receiving the blessing at home from an elderly, the various activities began.

瓦尔俄足节 羌族民间节日。为祭祀歌舞女神莎朗姐,每年农历五月初五要举行"瓦尔俄足"活动,汉语俗称"歌仙节"或"领歌节"。因主要由羌族妇女主持和举办,当地人又称之为"妇女节"。它集歌舞、饮食、宗教、习俗、服饰、建筑等于一体,在羌族民间文化中占有重要地位。

བ་ཡར་ཨོ་ཙུའུ་དུས་ཆེན། ཆཱང་རིགས་ཀྱི་དམངས་ཁྲོད་དུས་ཆེན་ཞིག གླུ་གར་གྱི་ལྷ་མོ་ཧྲ་ལང་མཆོད་འབུལ་བྱེད་པའི་ཆེད་མོ། ལོ་རེའི་ཟླ་ལྔ་པའི་ཚེས་ལྔ་འཁེལ་བའི་ཉིན་བྱ་འགྱུར་ངེས་སྟེ། རྒྱ་སྐད་དུ་གླུ་སྒྲུབ་དུས་ཆེན་དུ་གྲགས། དུས་ཆེན་འདི་བདག་སྐྱོང་བྱེད་མཁན་རྣམས་ཀྱི་ཕྱག་འདོགས་བྱ་པ་ཡིན་པས་ཡུལ་མི་དུས་ཆེན་ཡང་ཟེར། གླུ་གར་དང་ཟེད་རིགས། ཡུལ་སྲོལ། བཟོ་བཀོད་སོགས་གཞི་གཅིག་ཏུ་འདུས། ཆཱང་རིགས་དམངས་ཁྲོད་རིག་གནས་ཁྲོད་གལ་ཆེན་ཡིན།

Waerezu Festival is the folk festival of the Qiang people. It is a festival dedicated to worshiping Sister Shalang, a fairy who is good at singing, and it is held on the fifth day of the fifth lunar month. It is commonly known as "Singing Goddess Festival" in Chinese. Because the festival is held by the women of the Qiang people, it is locally known as "Women's Day". It is an integration of singing, dancing, eating, religion, customs, costumes and architecture, and it plays an important role in Qiang folk culture.

绕三灵 云南大理白族的传统节日。时间为每年农历四月二十三至二十五日。期间,人们汇聚到大理古城南门的城隍庙,从这里出发，载歌载舞巡游三日。"三灵"指大理的"神都"圣源寺、"仙都"金奎寺、"佛都"崇圣寺。绕三灵主要是串游这三个寺庙。

དགོན་གསུམ་བསྐོར་བ། ཡུན་ནན་ཏ་ལིའི་པའེ་རིགས་ཀྱི་སྲོལ་རྒྱུན་དུས་ཆེན་ཞིག་ལུགས་རྙིང་གི་ཟླ་བཞིའི་ཚེས་༢༣ནས་༢༥པར་ཡིན། དུས་ཆེན་སྐབས་སུ་མི་རྣམས་མཁར་རྙིང་གི་ལྷོ་སྒོའི་ཡུལ་སྲུང་ལྷ་ཁང་དུ་འཛོམས་ཤིང་། དེ་ནས་འགོ་བཅམས་ཏེ་གླུ་གར་དང་འགྲོགས་ནས་ཞིག་གསུམ་ལ་སྐོར་བ་རྒྱག་སྲོལ་ཡོད། དགོན་གསུམ་ཞེས་པ་ནི་ཤིན་ཡོན་དགོན་དང་ཅིན་ཁྲོའུ་དགོན། ཁྲིན་ཧྲིན་དགོན་བཅས་ཡིན། དགོན་པ་འདི་གསུམ་བསྐོར་བ་ཡིན།

Raosanling Festival (Three-Temple Pilgrimaging Festival) is the traditional festival for the Bai people at Dali. It is held from April 23 to 25 of the lunar calendar every year. During the festival, people gather at the Chenghuang Temple of the South Gate of the ancient city Dali, and start a parade of singing and dancing for three days. "Three-Temple" refers to the Shengyuan Temple, Jikui Temple and Chongsheng Temple. Pilgrimaging is done around the three temples.

撒班节 塔塔尔族的民间节日。亦称"犁头节"。每年春耕农忙结束后举行节庆活动。届时，人们选择风景优美的地方聚会，相互祝贺，开展歌舞、摔跤、拔河、赛马等活动。最受欢迎的是"赛跳跑"，参加者将放有一个鸡蛋的匙衔于口中，鸡蛋不能落地，最先跑到终点者胜。

ཟན་པང་དུས་ཆེན། ཐ་ཐར་རིགས་ཀྱི་དུས་ཆེན་ཞིག

ཞོལ་མགོའི་དུས་ཆེན་ཡང་ཟེར། སོ་རིའི་དཔྱིད་ཀའི་སོ་ནམ་གྱི་བྱ་བ་མཚམས་བཞག་རྗེས་སྲེལ་གྱི་དུས་ཆེན་བསུ་དུས་མི་རྣམས་རྒྱན་ཡུལ་སྣོད་མཛེས་པའི་ས་གནས་ཤིག་གདམས་ནས་བཀའ་འཕྲོད་ལ་ཇ་འབྲེལ་ཞུ་བ་དང་། གླུ་གར་སྟེག་འཁྱེར་བ། ཇ་རྒྱག་སྤོགས་ཀྱི་བྱ་འགྲུལ་སྐྱེལ། དེའི་ཁྲོད་ཀྱི་ཆེས་དགའ་བསུ་ཐོབ་པ་ནི་མཆོངས་རྒྱུག་འགྲན་སྡུར་ཡིན། འགྲན་ཞུགས་མཁན་ཁ་ན་དུ་བྱ་སྒོང་བཅུག་ཡོད་པའི་ཞིབ་བུ་ཞིག་བཟུང་ནས་སུལ་བྱ་སྒོང་ས་ལ་མ་ལྷུང་བར་སྟོང་པར་རྒྱུག་ཚར་རྒྱལ་ཁ་ཐོབ་པ་ཡིན།

Saban Festival is the folk festival for the Tatars, and is also known as the Plowshare Festival. It is held each year after Tatars finish their plowing in the spring. At the festival, people choose the beautiful place and hold a party, and congratulate on each other, dancing, wrestling, horse racing, tug of war and many other sports. Jumping and running competitions are especially popular. In such a running competition, each competitor holds a spoon with an egg in it in his mouth and compete with the others, with the winner being the one who runs the fastest without dropping his or her egg.

萨嘎达瓦节 藏族传统节日。时间为藏历四月十五日。藏语称藏历四月为"萨嘎达瓦"，相传佛祖在藏历铁猴年四月七日降生，木马年四月十五日成道，铁龙年四月十五日圆寂。因此，人们把此月视作有造化和吉祥的月份，并以转经等佛事活动纪念。

ས་ག་ཟླ་བའི་དུས་ཆེན། བོད་རིགས་ཀྱི་སྲོལ་རྒྱུན་

· 1043 ·

དུས་ཆེན་ཞིག་ཡོད་དེ་ཟླ་བཞིའི་ཚེས་བཅོ་ལྔ་ཡིན། དགའ་རྒྱལ་ཕྱེད་སྟོན་པ་བོད་ལུགས་ཀྱི་ལུགས་སྲོལ་ལྟར་ན་བཞིའི་ཚེས་བཅུ་གཉིས་སྐུ་བལྟམས་ཤིང་། ཞིང་རྟ་ལོའི་ཟླ་བཞིའི་ཚེས་བཅོ་ལྔ་ཉིན་སངས་རྒྱས། ལྕགས་འབྲུག་ལོའི་ཟླ་བཞིའི་ཚེས་བཅོ་ལྔ་ཉིན་སྐྱུ་འདན་ལས་འདས། དེ་བརྟེན་མི་རྣམས་ཀྱི་ཟླ་བཞི་པའི་བསོད་ནམས་རྒྱ་ཆེ་བའི་དུས་ཚིགས་ཤིག་ཏུ་འདོད། བསྐོར་བར་འགྲོ་བ་སོགས་ཆོས་ལུགས་ཚོགས་སྟོ་ཚོགས་སྦྱིན་རྣམས་དགེ་སྦྱོར་བྱེད་ཅིང་། དགེ་བ་འཕུར་འགྱུར་དུ་གཏགས།

Saga Dawa Festival is the traditional festival for Tibetans. It is held on April 15th of the Tibetan calendar. The fourth month in Tibetan calendar is "Saga Dawa". According to legends, the Buddha Sakyamuni, born on the seventh day of Saga Dawa Month in the Iron Monkey Year in Tibetan Calendar, became Buddha on the fifteenth day of Saga Dawa Month in Wooden Horse Year in Tibetan Calendar and passed away on the fifteenth day of Saga Dawa Month in Iron Dragon Year in Tibetan Calendar. Hence, Tibetans regard the April in Tibetan Calendar as the month of good luck and celebrate it by chanting scripture and other activities.

三朵节 纳西族祭祀"三朵神"的节日。时间为农历二月初八。"三朵"是纳西族的本主神灵和最高保护神，也被认为是玉龙雪山的化身。唐代就建祠祭祀，木氏土司还拓修三朵神庙，铸大鼎和大钟详记三朵圣迹。节时，纳西族人要用全羊牺作祭祀，还要踏青游春赏花等。

སན་ཏུའི་དུས་ཆེན། འཛང་རིགས་ཀྱི་ལྷ་སན་ཏོའི་མཆོད་འབུལ་བྱེད་པའི་དུས་ཆེན་ཞིག་ཡུལ་སྐད་གི་ཟླ་བའི་ཚེས་བཞི་ཡིན། སན་ཏུའི་འཛང་རིགས་ཀྱི་ས་ཆེན་མཐོ་བའི་སྲུང་མ་ཞིག་ཡིན། ཁ་བ་དཀར་པོ་སྐྱུལ་པ་ཡིན་པར་འདོད། ཐང་རྒྱལ་རབས་ནས་བཟུང་ཁང་བཅུགས་ནས་མཆོད་འབུལ་བྱེད། མུའི་རྒྱལ་པོས་སན་ཏུའི་ལྷ་ཁང་བཞེངས་ཤིང་། མཆོད་ཀོང་ཆེན་པོ་དང་ཅོང་ཆེན། སན་ཏུའི་བཅུ་ལ་སྟོད་བྱུས་ཡོད། དུས་ཆེན་སྐབས་སུ་འཛང་རིགས་ཀྱིས་ལུག་བསད་དེ་དབར་མཆོད་བྱེད་པར་ཟད། སྤྲོས་ཏུ་ཅིང་མེ་ཏོག་ཏུ་འགྲོ།

Sanduo Festival is the day for the Naxi people to offer sacrifice to the Sanduo God. It is celebrated on lunar Feb 8th each year. Sanduo is the local and the highest protection God of Naxi people, and is also regarded as the embodiment of Yulong Snow Mountain. The Tang Dynasty built the temple to worship, and the Mu's Chieftain built the Sanduo Temple, casting holy stories of Sanduo on the large tripod and big clock. At the Festival, the Naxi people use a whole sheep as the sacrifice, and also enjoy the spring and flowers via tours.

三月街 白族盛大的节日和街期。每年夏历三月十五日始，在云南大理古城西的苍山脚下举行相关活动。盛传与南诏细奴逻（南诏国国王）时观音于该时日到大理传经有关。现已发展成滇西各族一年一度的物资交流、民族体育和文艺大会。

གསུམ་པའི་ཁྲོམ་ཚོགས། པའེ་རིགས་ཀྱི་དུས་ཆེན་ཞིག་ཡོར་ར་ཞ་ལུགས་ལྟར་ན་ཟླ་གསུམ་པའི་ཚེས་བཅོ་ལྔ་ནས་བཟུང་། ཧྲུའུ་ལིའི་མཁར་རྙིང་གྲོང་གི་ཚགས་ཅན་རི་བོའི་

འདབས་རོལ་ནས་ཟང་པོ་སྤེལ། དག་རྒྱུན་ལྟར་ན། འདྲ་རྒྱལ་ཞི་ནུའོ་ལོའི་སྐབས་སུ་སྒྲོལ་རིས་གཟིགས་ཏེ་ལིའི་རིར་ཕེབས་ནས་ཆོས་གསུངས་པ་དང་འབྲེལ་བ་ཡོད་པར་བཤད། དེ་ཁྲོན་ཡུན་ནུབ་མའི་མི་རིགས་སོ་སོའི་རིའི་ནང་གི་དངོས་ཟོག་བརྗེ་རེས་དང་མི་རིགས་ལུགས་ཆུལ་རིག་ཆལ་ཅུ་འགུལ་སོགས་སྤེལ་བའི་ཚོགས་ཆེན་ཞིག་ཏུ་གྱུར་ཡོད།

San Yue Jie (The third month Fair), is the grand festival and fair for the Bai people. It starts on the 15th of the third lunar month. It is celebrated at the foot of Mt. Cangshan in the ancient city of Dali for many days. It is said that at the reign of Nanzhao Xinuluo (Nanzhao King), the Goddess of Mercy passed Dali and taught scriptures there. Now it has developed into an annual fair of the exchange of goods, ethnic sports and art for western Yunnan ethnic groups.

上九节 四川夹金山藏族的传统节日。每年正月初九被称为"上九"的日子，藏族同胞要在夹金山下举行各种灯会，表演舞狮、舞龙等传统节目，以迎接万物萌生，祝愿新年吉祥。还可以看到男女对垒摔跤、走高跷、"天鹅抱蛋"等表演。

ཀྲུ་ལོའི་ཆེས་ད་ཤ། སི་ཁྲོན་ཅུ་ཅིན་རི་པོའི་པོ་པོའི་བོད་རིགས་ཀྱི་སྲོལ་རྒྱུན་དུས་ཆེན། ལོ་རེའི་རྒྱ་ལོའི་ཟླ་དང་པོའི་ཚེས་དགུའི་ཉིན་ཡིན་པས་མིང་དེ་ལྟར་ཐོགས། ཅུ་ཅིན་རི་པོའི་འདབས་ཀྱི་བོད་རིགས་སྤུན་ཟླ་རྣམས་ཀྱིས་མེས་པོ་མཚོན་པ་དང་། འབྲུག་དུས་ཆེ་མོ་སོགས་ཀྱི་འགུལ་སྟངས་སྤེལ་ཏེ་ལོ་གསར་ལ་བཀྲ་ཤིས་ཆེན་འབྱུང་ཞུ། དེ་སྐབས་སོ་སོ་སྒོ་ལ་འགྲན་པ་དང་། ཞིང་ཆང་རིང་པོར་འགྲོ་བ། དང

བའི་ཐུ་སྐྱོང་རིམ་པའི་འཁྲབ་སྟོན་སོགས་མང་པོ་ཡོད།

Shangjiu Festival is the traditional festival for the Tibetan in Mt. Jiajin. It is observed on the ninth day of the first lunar month, to celebrate good harvest of the past year and pray for auspiciousness of the New Year. People perform dragon and lion dances, lamp fairs on the day. And wrestling, walking on stilts, game of holding eggs and other performances are also held.

圣纪节 伊斯兰教三大节日之一。相传穆罕默德诞辰和逝世都在伊斯兰教历的三月十二日，穆斯林为纪念之，逊尼派要在这天（什叶派在三月十七日）过圣纪节。期间，穆斯林要穿戴整齐，到清真寺沐浴、更衣、礼拜，听阿訇们念经、述史等。然后休息、游玩一天。

ཆུན་ཅིའི་དུས་ཆེན། དཀྱི་སི་ལན་ཆོས་ལུགས་ཀྱི་དུས་ཆེན་ཆེན་པོ་གསུམ་གྱི་ཡ་གྱལ། དག་རྒྱུན་ལྟར་ན་མུའུ་ཧན་མོ་ཏའི་འཁྲུངས་སྐར་དང་འདས་སྐར་གཉིས་ཀ་དཀྱི་སི་ལན་ཆོས་ཐོ་ལྟར་གྱི་ཟླ་དཔའི་ཆེས་བཅུ་གཉིས་ཡིན་པར་བསྒྲུབས་པ་ལྟར་རྗེན་བྱེད་ཆེད། ཞོན་གྲུབ་མཐའ་ཞིག་འདོད་རྒྱུན་ཅིའི་དུས་ཆེན་རོལ། དུས་ཆེན་གྱི་སྐབས་སུ་མུའུ་སི་ལན་ཆོས་ཁང་ལ་ཡོང་སྟེ། ཁྲུས་གསོལ་དང་ལུབ་བརྗེ་བ། མཆོན་ཀྱིས་ལོ་རྒྱུས་བརྗོད་པ། དང་ཆོས་འདོན་པ་སོགས་བྱེད། དེ་ནས་ཉིན་གཅིག་ལྷག་གི་རིང་ལ་དལ་གསོ་བྱེད་པ་ཡིན།

Mawlid Festival is one of the three major festivals of Islam. It is said that the date of birth and death of the Islamic prophet Muhammad falls on the 12th day of the third month in the Islamic calendar. The

Sunni spend the festival on March 12 (the Shiite on March 17) to commemorate the prophet. During the festival, Muslims dress neatly, go bathing at the mosque, changing clothes, praying, listening to Ahongs' chanting scriptures and histories and so on. Then they take a rest and enjoy themselves for a day.

十月年 哈尼族传统节日。类似汉族的春节。哈尼族以十月为岁首，所以农历十月的第一个属龙日开始过十月年，历时五六天。期间，各家杀猪杀鸡、舂糯米粑、祭天地、祭祖先，进行陀螺比赛和摔跤游戏，跳铓鼓舞，跳"扭股舞"，荡秋千等。还举行资乌都活动。

བཅུ་པའི་ལོ་གསར། ཧ་ཉི་རིགས་ཀྱི་སྲོལ་རྒྱུན་དུས་ཆེན་ཡིན། རྒྱ་རིགས་ཀྱི་ལོ་གསར་དང་མཚུངས། ཧ་ཉི་རིགས་ཀྱི་ཟླ་10པར་ལོ་འགོ་བཙུགས་ལུགས་སྲིད་ཀྱི་ཟླ་10པའི་འབྲུག་གི་ཞིན་དང་པོ་ལོ་གསར་ཡིན། ཞིན་ལྔ་དྲུག་གི་རིང་ལ་རྒྱུན་མཐུད། དེར་རྣམས། ཁྱིམ་ཚང་སོ་སོགས་པག་དང་བྱ་སོགས་བཤས་ནས་གཞམ་ས་དང་མེས་པོ་སོགས་ལ་མཆོད་འབུལ་བྱེད། འཕང་ལོ་དང་སྦེ་པོ་སོགས་ཀྱི་འགྲན་བསྡུར་བྱེད། ཞབས་བྲོ་དང་མང་ཇ་སོགས་ཀྱི་ཆེད་མོ་བཅའ་བ་ཟད། དཔུང་ཐག་དང་ཙུ་ཧོ་སོགས་ཀྱི་བྱ་འགུལ་སྤེལ་བྱེད།

Shiyue Nian (Ten-month New Year Festival) is the traditional festival for the Hani people, which is similar to the Han Chinese New Year. Hani people regard October as the beginning of the year, so the first lunar day of dragon in October is the New Year, and the celebration will last five or six days. During the festival, every family will slaughter pigs and chickens, make glutinous rice cake, offer sacrifice to the heaven and earth, worship ancestors, play on swings and hold wrestling contests, and dance with drums and gongs and so on. A Long Street Banquet is also held.

苏宁喜节 水族民间节日。农历十二月丑日过节。相传是水族"生母娘娘"牙花散给人间送子嗣的日子。期间，孩童们提着特制的小竹箦，挨家逐户去讨象征长寿幸福的糯米饭、鸡蛋、肉片。同时，户户剪彩色纸人、缠竹条纸须，贴插在祭桌的墙头。祭典由妇女主持。

སོའི་ཉིན་ཞི་དུས་ཆེན། ཧྲུའེ་རིགས་ཀྱི་དམངས་ཁྲོད་དུས་ཆེན་ཞིག ལུགས་སྲིད་ཀྱི་ཟླ་12པའི་ཉིན་གི་ཞིན་ཞིག་ཡིན། དག་རྒྱུན་ལྟར་ན་ཧྲུའེ་རིགས་ཀྱི་སྐྱེས་ལྷ་ཕ་སན་གྱིས་མི་ཡུལ་ལ་བུ་རྒྱུད་སྐྱེལ་བའི་ཞིན་མོ་ཡིན། ཞིན་དེར་ཕྱིས་པ་ཚོས་སྟོང་ཆུང་ཆུང་ཞིག་ཁྱེར་ནས། ཁྱིམ་ཚང་སོ་སོའི་སྒྱིད་དང་ཚེ་རིང་མཆོག་པའི་འབྲས་དང་སྒོང་སོགས་སྒོར་དུ་འགྲོ། དུས་ཚོད་དེ་སོགས་སྐྱུག་མའི་ཁ་ལྕུ་བྱས་པའི་ཤོག་མི་ལ་མཆོད་འབུལ་བྱེད། དེའི་ཁྱད་ལ་ཇ་འཛུགས་ཤིག་ཡིན།

Suningxi Festival is a folk festival of the Shui people, which is celebrated on a day of December of the lunar calendar. It is said to be a day to plead for babies from the Earthly or Heavenly Goddess, to have a flourishing population. During the festival, children from the village will take with them special bamboo baskets, asking from door to door, in groups, for glutinous rice, egg and sliced meat, which are symbolic of happiness and longevity. At the same time, each family will cut some paper babies and put them upon the wall above the altar table. The ceremony was presided over by women.

塔尔寺灯节 青海塔尔寺传统节日。时间为藏历正月十五日。届时，工匠们用酥油和各种颜料，塑成花朵、珍禽异兽、亭台楼阁、佛经传说人物等形象的酥油花，用以展出。期间，塔尔寺要举行法事。讲经院要进行"跳神"，如意塔前要举行"高跷会"。

སྐུ་འབུམ་དགོན་པའི་མེ་ཏོག་མཆོད་མཇལ།

མཆོད་སྟོན་སྐུ་འབུམ་དགོན་པའི་དུས་ཆེན་ཞིག་ཡོད་ལྟ། ༡༥པའི་ཆོས་ ༡༥ཉིན་ཡིན། ལག་ཤེས་པ་རྣམས་ཀྱིས་ མར་ལ་མདོག་སྣ་ཚོགས་སྤྲུགས་ཏེ། མེ་ཏོག་གི་དབྱིབས་དང་། སྐྱོག་ཆགས། ཁང་བཟང་། ལྷ་སྐྱེང་ནད་གྲི་སྔ་ སྟེ་མི་སྐུ་མང་པོ་སོགས་ཀྱི་སྐུ་བརྙན་བཟོ་ནས་བཀྲམ་སྟོན་དང་མཆོད་མཇལ་བྱེད། གཞན་འཆམ་འཆམ་པ་སོགས་ཀྱི་འགུལ་སྐད་པོ་ཡོད།

Butter Lamp Festival is the traditional festival of Kumbum Monastery in Qinghai, and it is held on the fifteenth day of the first month in the Tibetan calendar. On the day the craftsmen use butter and a variety of pigments to make butter sculptures of flowers, rare birds and animals, pavilions, figures of the Buddhist legend for displaying. During the festival, the Kumbum Monastery will hold religious rites. There will be ceremonial dances performed by the Lamaists in front of the Debate College and the stilt fair in front of the Propitious Pagoda (Ruyi Baota).

特毛且 基诺语音译，意为"打铁节"。源自一出生就能打铁的神童传说。农历十二月，由寨父、母择日定节期。到时，每户出一人持弓箭、背火药枪，到山上猎两只黄嘴老鼠，孝敬寨父、母；猎两只竹鼠，送给打铁匠，作为新年备耕砍树仪式的礼物和使用铁器的纪念。

ཐུ་མོ་ཆེ། ཅིའུ་སྐད་དེ། ལྕགས་བརྡུང་བའི་ཞེན་མོ་ཞེས་པའི་དོན། འདིའི་འབྱུང་ཁུངས་དེ་སྐྱེས་མ་ཐག་པར་ལྕགས་བརྡུང་ཤེས་པའི་བྱིས་པ་དོ་མཚར་གྱི་གཏམ་རྒྱུད་ཅིག་ཡིན། ལུགས་རྙིང་གི་ཟླ་བཞི་གཉིས་པར། ཞེ་བའི་མ་རྣམས་ཀྱིས་ཉི་མ་ཡག་པོ་ཞིག་གདམས་ནས་དུས་ཚོད་རེའི་མི་གཅིག་གིས་མདའ་དང་གཞུ་གྱོན་ནས་བྱ་གསེར་གཉིས་རྫོང་དེ་ཕ་མར་བྱིན་ནས་བགུར་བཀུར་པ་དང་། སྨྱུག་གི་གཉེན་བཟང་ནས་ལྕགས་མགར་ལ་བྱིན་ནས་ལོ་གསར་གྱི་ཞིང་འདེབས་ཤིང་བཅོལ་ཆོ་གའི་སྐྱེས་དང་ལྕགས་ཆས་བཀོལ་སྤྱོད་བྱེད་པར་རྟེན་འབྲེལ་བྱེད་པ་ཡིན།

Temaoqie, a transliteration from the Jino language, means "Forging Iron Festival". Legend has it that a fairy baby was born in the posture of holding the pincers and hammer and pretending to forge iron. It is in December of the lunar calendar and the time is determined by the father or mother of the village. At the festival, every family will send a man to the mountain to catch a pair of squirrels with yellow mouths to offer to the father or mother of the village. A pair of bamboo squirrels is given to the blacksmith of the village as a gift, as the New Year's gift for preparing cultivation and cutting trees and a memorial of using the Iron ware.

跳公节 居住在广西那坡县桂滇交界地区彝族人的传统节日。源自彝族首领九公燃竹退敌人的传说，是彝族对击败外族侵略取得胜利的一种庆祝活动，历史至少有上千年。一般在农历四月上、中旬举行节庆活动，为期三天。以祭神和歌舞为主。

ཐོད་ཀོང་དུས་ཆེན། ཡོན་ཀུའི་འགྲེལ་འཆམས་ཀྱི་པོ་སྟོང་དུ་འདུས་སྡོད་བྱས་ཡོད་པའི་དབྱིས་རིགས་ཀྱི་སྲོལ་རྒྱུན་དུས་ཆེན་ཞིག དེའི་འབྱུང་ཁུངས་ནི་དབྱིས་རིགས་འགོ་དཔོན་ཅོའི་ཀུང་རན་གྱིས་བྱ་བས་དགྲ་འདུལ་བའི་གཏམ་རྒྱུད་ཅིག་ཡིན། དབྱིས་རིགས་ཀྱིས་ཕྱིའི་བཙན་འཛུལ་སྡོགས་ལ་རྒྱལ་ཁ་ཐོབ་པའི་རྟེན་འབྲེལ་དུས་ཆེན་ཡིན་ལ། དུས་ཆེན་འདིའི་ལ་ཞུས་མ་བཞར་ལོ་སྟོང་ཕྲག་གི་ལོ་རྒྱུས་ཡོད། དུས་ཆེན་འདིའི་རྩ་བའི་རྩ་སྟོད་དང་རྩ་དགྱིས་དུ་ཞིག་གསུམ་ལ་རོལ་ཞིང་། ལྷ་མཆོད་དང་གར་གློགས་ཀྱི་བྱ་འགུལ་ཡོད།

Tiaogong Festival is the traditional festival of the Yi people living in the border area between Gui and Dian in Napo County of Guangxi. It originated from the legend that Jiugong, the leader of the Yi people burnt bamboos to frighten back the enemy. It is a celebration of the victory of the Yi people to defeat foreign aggression, which has a history of at least a thousand year. It is generally held in the first or the middle ten days of the lunar April, lasting a period of three days. The activities are sacrifice rituals to Divine and songs and dances.

跳香会 湖南湘西苗族最具代表性的三大祭祀活动之一。大约在农历九十月间举行。主祭五谷神，同时敬奉傩公傩母（祖神），有的敬盘瓠辛女。一祝当年五谷丰登，感谢各方神灵庇佑；二求新年风调雨顺、人寿粮丰、六畜兴旺、驱邪祛灾。跳香的主角是武艺高强的老司。

ཕོད་ཞང་དུས་ཆེན། ཧུའུ་ནན་ཞང་ཞིའི་མྱོའོ་རིགས་ཀྱི་མཆོད་འབུལ་བྱས་ཆེན་གལ་ཆེན་ཞིག་ཡུགས་ཏེ་གི་ཟླ་བ་དང་ ༡༠ པའི་བར་སྤྱིལ། གཙོ་བོ་འབྲུ་ལྔའི་མཆོད་འབུལ་བྱེད་པ་དང་། བོར་དུ་མེར་པོར་མཆོད་པ་གོར་ཞིན་འོན་མཆོད་མཁན་ཡང་ཡོད། གཅིག་ཏུ་འབྲུ་ལྔའི་ལོ་ལེགས་འབྱུང་བར་སྟོང་ལམ་དང་ལྷ་ལ་གསོལ་བ། གཉིས་སུ་ལོ་གསར་པའི་ནམ་གྱུ་མཐུན་དུ་འགྱུར་སྐུལས་དང་སྐྱབས་འདུག་ཞུ་བའི་ཚོགས་ཞིག་ཡིན། ཕོ་ཞང་གི་གཙོ་བྱེད་ནི་རྩ་ནི་དྲག་རྩལ་བཟང་བའི་རྒན་རབས་པ་ཡིན།

Tiaoxiang (Incense Dancing) Festival is one of the most representative of the three major sacrificial activities for the Miao people in Xiangxi. It is held in the lunar ninth and tenth month. It is to offer sacrifice to the God of Grain, Nuo Father and Nuo Mother, or Panhu Xin Girl. It is a day to expect a bumper harvest and to express gratitude for the blessing of all Gods. It is also to express the desire for a good weather of the following year with better life and abundant harvest, and a thriving livestock and no diseases and evils. The protagonist of the Incense Dancing is the Laosi with high martial craftsmanship.

土王节 广西三江程阳一带侗族男女的社交节日。农历谷雨前两三天举行节庆活动。相传古时，有18对情侣为反抗旧婚姻习俗，于清明节前自缢身亡。为了纪念他们而演变成这个节日。届时，在村寨的土王坡上，有对歌、斗鸡、赛臂力、吃茶苞等活动。

བོའུ་ཝང་དུས་ཆེན། གོང་ཞི་སན་ཅང་ཁྲེང་དབྱང་ཁུལ་དུ་གནས་རིགས་པོ་མོ་ཕན་ཚུན་འབྲེལ་འདྲིས་ཀྱི་དུས་ཆེན་ཞིག་ཡིན། ལུགས་སྲོལ་གྱི་འབྱུ་ཆར་མ་བབས་གོང་ཞིན་གསུམ་ལ་འཚོགས་ཤིང་། སྔ་མཁས་དང་ཞབས་སོགས་ཡོད། དགའ་རྒྱུན་ལྟར་ན། མཛའ་གྲོགས་12ཀྱིས་གཉེན་སྒྲིག་གོམ་སྲོལ་རྙིང་པའི་ངོར་ཆེད་ཉིད་ཅན་དུས། གཡལ་དུས་ཚོགས་ཞིན་དང་སྔོག་བཅད། བོའུ་ཚེས་དུས་ལ་རིམ་འགྱུར་བྱུང་བ་ནས་དུས་ཆེན་ཞིག་ཏུ་གྱུར་པར་བགྲངས།

Tuwang Festival is the social festival for the men and women of the Dong people at Chengyang of Sanjiang in Guangxi. It is held two or three days before the lunar Grain Rain. Legend has it that in the ancient times, 18 couples resisted the old marriage customs and committed suicide before the Tomb-sweeping Day. It is to commemorate them, and gradually evolves into a festival. On the day, there are activities held at Tuwangpo in the village, including antiphonal singing, cockfighting, arm wrestling, tea-bud eating, etc.

蛙婆节 广西东兰、南丹、天峨等地壮族民间传统节日。节日里，以村寨为单位，自发举办以祈求新年风调雨顺、人寿粮丰、六畜兴旺为目的的隆重的传统文化活动。一般从正月初一开始，为时一个月左右。有"请蛙婆、唱蛙婆、孝蛙婆、葬蛙婆"等祭祀仪式。

ཕལ་མོའི་དུས་ཆེན། གོང་ཞི་ཏུང་ལན་དང་ནན་ཏན་ཐན་ཨེ་ས་ཁུལ་སོགས་ཀྱི་གྲོང་རིགས་ཀྱི་དུས་ཆེན་ཞིག་ཡིན། སྟེ་རེ་རེས་བྱ་འགུལ་འདྲོགས་བྱེད། ལོ་གསར་པའི་ནམ་ཞིན་ཆར་དྭངས་ཕྱུགས་ལ་གོལ་ཁ་མེད་པ། ཡག་འབྱུང་བ་སོགས་ཀྱི་སྨོན་ལམ་འདེབས། ཟླ༡༢པའི་ཚེས༡ནས་བཟུང་གཅིག་ཡས་མས་ལ་སྤེལ། ཕལ་མོ་གདན་འདྲེན་དང་སྦྱལ་མོར་གླུ་གར་འཁྲབ་པ། ཕལ་མོར་གུས་ཞབས་བྱེད་པ་སོགས་ཀྱི་མཆོད་འབུལ་གྱི་ཆོ་ག་ཡོད།

Wapo Festival (frog goddess festival) is the folk festival for the Zhuang people in Donglan, Nandan, Tian E and other places in Guangxi. It is the traditional cultural activities organized spontaneously by the villages to pray for a good weather, longevity, grain abundance and prosperous livestock. It starts from the first day of the first lunar month, lasting for about a month. There are sacrificial rites such as Inviting Frog Goddess, Chanting Frog Goddess, Showing Filial Piety to Frog Goddess and Burying Frog Goddess.

望果节 藏族预祝丰收的节日。主要流行于西藏雅鲁藏布江流域河谷地区。"望果"藏语意为转田垄。一般在秋收前择日举行。届时，人们或手持青稞穗，或背负梵策经书，或背箭跨马，或高擎旗幡，在鼓乐声中，绕行于田头地垄，集会于河坝林间，预祝丰年。民主改革后，增加了诸多游艺活动。

འོང་སྐོར་དུས་ཆེན། བོད་མིའི་ལོ་ལེགས་ཡོང་བར་

སྟོན་པའི་དུས་ཆེན། གཙོ་བོ་བོད་ལྗོངས་ཡར་ཀླུང་དུ་ཁྱབ་ཆེ། སྟོན་བསྡུའི་སྔོན་དུ་ཞིན་གཅིག་གདམས་ནས་རོལ། དུས་དེར་ལ་འདི་ལག་ཏུ་འཛིན་སྟེ་བཟུང་ཡོད་པ་དང་། ལས་ཚོགས་དཔེ་འཁུར་བ། ལ་ལས་རྟ་ཞོན་ནས་མདའ་གཞུང་དང་དར་ཆ་བཟུང་སྟེ་ཞིང་ཆོགས་ལ་བསྐོར་བ་བཅས་རྒྱ་གར་དང་ནགས་གསེབ་ཏུ་འཛོམས་ནས་ལོ་ལེགས་ཡོང་བར་ཁྱིན་འཕེལ་ཞུ། དཀའ་ངལ་གཙོ་བཅོམ་བཟུང་གྲིས་རྣམ་རིག་ལས་བྱུང་འགུལ་སྐད་པོ་སྟོན་དུས།

Onkor Festival (Fruit-Awaiting Festival) is a Tibetan festival of the peasants to celebrate the good harvests. It is popular in the valley area along the Yarlung Tsangpo River. Onkor in Tibetan means walking around land ridges. It is celebrated before the autumn harvest. Local farmers in Tibet, dressed in festival clothes, holding ear of Qingke in hands, or carrying scripture books, or riding horses, or holding high scripture flags. Among the sounds of drums and songs, people walk along the farm lands and rally at the forests along the river dam, celebrating the bumper harvest. Many new recreational activities are added after the democratic reform.

五年祭 亦称"迎神祭"。台湾排湾人（高山族的族群之一）的祭祀节日。农历九月择日举行。传说排湾人的祖灵每五年来探访子孙一次，为了感谢祖先，每隔五年要举行一次祭祀活动。主要活动有"迎灵""祈福""刺球""欢乐歌舞""送恶灵"等。

ལོ་ལྔའི་མཆོད་ཆེན། ལྔ་མཆོད་དུས་ཆེན་ཡང་ཟེར། ཕེ་ཝན་ཕེ་ཕན་པའི་（གའོ་ཧྲན་རིགས་ཀྱི་ནང་གསེས་ཤིག） མཆོད་བཀུར་དུས་ཆེན་ཞིག དཔའ་རྒྱལ་ལྟར། ཕེ་ཝན་རིགས་ཀྱི་མེས་པོའི་རྣམ་ཤེས་ལྷ་རེའི་ནང་ཕྱིར། འཁོར་ནས་བུ་རྒྱུད་ལ་བལྟ་དུ་ཡོང་བར་བཤད། མེས་པོ་ལ་བཀའ་དྲིན་ཞུ་ཆེད། ལོ་ལྔ་རེར་དུ་འགུལ་ཞེང་གཅིག་སྤེལ། རྒྱུ་འགུལ་རྣམ་གྲངས་ནི་རྣམ་ཤེས་བསུ་བ་དང་། སྨོན་ལམ་འདེབས་པ། ལྷུ་གར་རོལ་བ། གདོན་འགོག་པའི་རིམ་བཞས་ཡོད།

Five-Year Worship, also known as Festival of Welcoming the Spirits, is a very important ritual for the Paiwan people (one of the ethnic groups of the Gaoshan). It is held on a day selected in September of the lunar calendar. It is said that ancestral spirits will visit their descendants once every five years. In order to thank the ancestors, people hold a ritual every five years. The main activities are: "Welcoming the Spirits", "praying for good luck", "Spearing the Bliss Balls", "Singing, dancing and drinking: Celebrations through the night", "Seeing off the Evil Spirits" and so on.

西迁节 新疆锡伯族节日。乾隆二十九年（1764）的农历四月十八日，三千余名锡伯族官兵及眷属奉朝廷之命由盛京（今沈阳）出发，西迁新疆伊犁地区屯垦戍边。之后每逢这一天，人们都会欢聚一起，共进野餐，表演歌舞，以纪念之。

ནུབ་བསྐྱོད་དུས་ཆེན། ཞིན་ཅང་ཞི་པོ་རིགས་ཀྱི་དུས་ཆེན། ཁྲེན་རྒྱལ་རབས་ཆན་ལུང་གི་ལོ་ ༢༩པ（1764）ལུགས་རྒྱུད་ཀྱི་ཟླ་4པའི་ཚེས་ 18ཉིན་ཞི་

བོ་རིགས་ཀྱི་དམག་དཔུང་སུམ་སྟོང་ལྷག་གིས་གོང་མའི་བཀའ་ལྟར་ཕྱིན་ཅིན་ནས་ཡལ་ལ་ཁམས་ཏེ། ཞིན་ཅང་དབྱིལ་ཤོད་དུ་སོང་ནས་བཞད་སྤྱང་བྱས། ཕྱི་རབས་པ་རྣམས་ཀྱིས་དེར་རྟེན་དུས་བྱེད་ཅིང་། ཉིན་འདིར་མི་རྣམས་ཕྱི་རོལ་ཏུ་འཛོམས་ནས་རེ་སྐོལ་ཞིང་། གླུ་གར་སོགས་ཀྱིས་ཅེད་མོར་རོལ།

Westward Migration Festival is the festival of Xibe people in Xinjiang. According to the lunar calendar, on April 18 in the 29th reign of Emperor Qianlong (1764), more than 3,000 officers and relatives of the Xibe people were ordered to move westward from Mukden (present day Shenyang) to the Ili area. From that time on, every year on the same day, people will gather together, picnic together, and perform songs and dances to commemorate it.

响浪节 甘肃夏河县藏族传统节日。农历六月中旬举行节庆活动，为期三五天。"响浪"藏语意为"背着经书，在一个地方转，求神保佑"。各户带着行李到草地或山坡上，搭起帐篷，点燃炉火，摆上食物，互相串访帐篷。期间，要举行赛马、大象拔河等活动。

ཤིང་སློང་དུས་ཆེན། གན་སུའུ་ཞིང་ཆེན་བླ་བྲང་དགོན་པའི་དུས་ཆེན་ཞིག ལུགས་རྙིང་གི་ཟླ(༦པའི་ཟླ་དཀྱིལ་ནས་ཉིན་གསུམ་ལྔ་ལ་རོལ། དུད་ཚང་སོ་སོས་ཚོགས་བསྐུར་བཀྱག་ཚར་རྗེས། རྩྭ་ཐང་དང་རི་སྣེར་གུར་བརྡུང་ནས་རྔུར་ཕྱུང་སྟེ། གསོལ་ཚིགས་ལ་རོལ། བཞིན་པའི་ཚུལ་གྱིས་གུར་ནང་དུ་རྩེ་དུ་འགྲོ། དེ་རྟ་རྒྱུག་དང་སྤྱང་ཆེན་ས་གཏགས་སོགས་ཀྱི་འཁྲབ་སྟེན་ཡོད།

Xianglang Festival is the Tibetan traditional festival in Xiahe County, Gansu province, and it is celebrated in the middle ten days of the lunar sixth month, lasting from three to five days. Xianglang in Tibetan means "to carry a scripture book and walk along around a place, pleading Buddha's blessing". The families go to the grassland or hillside with luggage, putting up tents, lighting the fire and preparing food, and visiting each other. During the festival, horse racing, elephant tug-of-war and other activities are held.

雪顿节 西藏传统节日。时间为藏历六月底七月初。藏语中"雪"是酸奶子的意思，"顿"是吃、宴的意思，雪顿节就是吃酸奶子的节日。又因其间有藏戏演出和晒佛仪式，也称"藏戏节""晒佛节"。传统的雪顿节活动以展佛为序幕，以看藏戏、群众游园为主，同时还有赛牦牛和马术等表演。

ཞོ་སྟོན་དུས་ཆེན། བོད་པའི་སྲོལ་རྒྱུན་དུས་ཆེན་ཞིག བོད་ལུགས་ཀྱི་ཟླ(༦པའི་ཟླ་སྨད་དང་ཟླ་༧པའི་ཟླ་མགོ་ཡིན། ཞོ་འབྱུང་བའི་དུས་ཆེན། ཞེས་དེ་བྲོན་གར་དང་འབག་སྟོན། སྐུ་བཞུགས་སོགས་བྱེད། དེ་ལ་སྐུ་བཞུགས་དུས་ཆེན་ཡང་ཟེར། དུས་ཆེན་དེར་སྐུ་བཞུགས་ནས་མགོ་ཚུགས་པ་དང་། བྲོས་གར་ལ་བལྟ་བ་དང་སྤྱིང་སྐོར་སོགས་གཙོ་ཞིང་དོར་གཙོ་བོ་ཡིན། དེ་ཞོར་དུ་གཡག་རྒྱུག་དང་རྐུ་རྩལ་སོགས་ཡོད།

Shoton Festival is the traditional festival for Tibetans, and it is held in late June and early July of Tibetan calendar. Xue refers to yogurt and Dun means banquet and eating. Therefore, Shoton Festival is namely a feast day to have yogurt. During the festival, there will be Tibetan opera performances and Buddha painting (thangka) unveiling ceremony, so it is called Tibetan Opera Festival or Buddha Exhibition Festival. Along with the Tibetan operas and other religious activities, there are also yak races, horse races and dances.

娅拜节 云南富宁县者宁、索乌一带壮族的节日。四月兔日举行节庆活动。相传娅拜是壮族一个山寨的女头领，她率众与官兵打仗，被残杀。众人将其葬于高山之巅，此后这座山就名娅拜山。每年娅拜遇难这天，当地人就会宰牲到娅拜山去祭奠她，世代相承。

ཡ་པེ་དུས་ཆེན། ཡུན་ནན་བྲུ་ཉིང་རྫོང་གི་ཉིང་དང་སཽ་ཝུའུ་ཁུལ་གྱི་གྲོང་རིགས་དུས་ཆེན་ཡིན། དགའ་རྒྱལ་ཟླར་ན། ཡ་པེའི་གྲོང་རིགས་དུ་སྟེ་ཞིག་གི་དཔོན་མོ་ཡིན། བོ་སྨོས་དམངས་ཚོགས་ལ་འགོ་ཁྲིད་ནས་དཔོན་དམག་དང་འཐབ་རྩོད་བྱུལ་ནས་བསད། མི་རྣམས་ཀྱིས་མོ་པོའི་རོ་རིའི་རྩེ་བཏབས། རྗེས་སུ་ཡོད་ཡང་དེ་ལྟར་ཐོགས། བོ་རེར་ཡ་པའི་བཀོངས་བའི་ཉིན་དེར་ཡ་པའི་པོའི་འདབས་ནས་དམར་མཆོད་བྱས་ཏེ་རྗེས་དྲན་བྱེད་པ་ཡིན།

Yabai Festival is the festival for the Zhuang people at Zhening and Suowu areas of Guangxi, and it is celebrated on the Rabbit Day in April. Legend has it that Yabai, a female leader of a Zhuang village led the people to fight with the official army and was killed. People buried her at the top of the mountain, which was named Mt. Yabai. Every year on the day of Yabai's death, the locals will slaughter home-fed animals to sacrifice to Yabai, and the customs have been inherited from generation to generation.

依饭节 广西罗城仫佬族隆重的节日之一。"依饭"是仫佬语音译，有"庆丰收，保人畜兴旺"之意。一般三年举行一次节庆活动，立冬后择吉日举行。仪式分为请圣、占牲、劝圣、唱神、合兵、送圣6部分。

ཨོ་ལེགས་དུས་ཆེན། ཀོང་ཞི་ལུའུ་ཁྲོང་རྫོང་གི་མུའུ་ལའོ་རིགས་ཀྱི་དུས་ཆེན་གལ་ཆེན་ཞིག དེའི་དོན་ནི་ལེགས་ལ་ཇུས་འབབ་ལས་མི་ཕྱུགས་འཕེལ་བར་སྨོན་པའི་དོན་ཡིན། བོ་གསུམ་གྱི་ནང་དུ་དུས་ཆེན་ཐེངས་གཅིག་སྲོལ། ཕལ་ཆེ་བ་དགུན་དུས་ཀྱི་ཞིན་བཟང་སྐབས་བཟུང་གིས། མཆོད་ལ་གདན་འདྲེན་ཞུ་བ་དང་། སྒྲུབ་མཆོད་པ། ཕྱུགས་དུས་ཀྱི་མོ་འདེབས་པ། དགའ་བ། ལྷ་བསྐུལ་བ་སོགས་ཀྱི་ཆ་ཡོད།

Yifan Festival is one of the most solemn festivals for the Mulao people at Luocheng of Guangxi. Yifang, a transliteration from the Mulao language, means "celebrating bumper harvest and blessing for the security of people and livestock". It is held once every three years, an auspicious day after the Beginning of Winter. Ceremonies are divided into six parts, including inviting the holy, divining the livestock, persuading the holy, chanting the holy, integrating the soldiers, sending off the Holy.

插花节 彝族传统节日。以云南大姚县举办的插花节最为隆重。农历二月初八，当地彝族人把从山中采回的马樱花等鲜花，插在房门、农具等处及一些神位上。

人们欢聚一起唱歌跳舞，举行祭花活动，互相插戴鲜花。同时，怀念传说中抗暴除魔、勇敢献身的彝族姑娘咪依鲁。

མེ་ཏོག་མཆོད་འབུལ་དུས་ཆེན། དབྱིན་རིགས་ཀྱི་སྲོལ་རྒྱུན་དུས་ཆེན་ཞིག་ཡུན་ནན་ལོ་ཇོང་གི་མེ་ཏོག་མཆོད་འབུལ་དུས་ཆེན་གཟབ་རྒྱས་ཚེ་ཧོར་ཞིག་ཡིན། དུས་ལུགས་ཀྱིས་ཟླ་དགུ་པའི་ཚེས་བརྒྱད་ཉིན། ས་གནས་དེའི་དབྱིན་རིགས་ཚང་མས་མེ་ཏོག་དང་སྟོའི་རྱར་རྫས་ཞིང་ཆས་སྲེད་དུ་འཇོག་རྟེན། མེ་ཏོག་མཆོད་ཆེན་གྱི་འགུལ་སྐྱེལ་ནས་སྐྱར་ལ་རོལ། བཙན་གནོན་ལ་རྒོལ་ཞིང་ཆེད་རང་སྲོག་བློས་བཏང་བའི་བུ་མོ་སྨི་དབྲི་ལའོ་རྟེས་དྲན་བྱེད་ཆེད་ཀྱི་འགལ་སྟེ།

Chahua Festival is the traditional festival for the Yi people. The grand Chahua festival is held at Dayao County in Yunnan. It is held on the eighth day of the second lunar month. Local Yi people put flowers such as cherry blossoms taken from the mountains into the door, farm tools and some other places. People gathered together to sing and dance, and held flower sacrifice activities, wearing flowers in each other's costume. At the same time, it is a day to commemorate the legendary Miyilu, a Yi girl who rebelled against demons and dedicated her life.

彝族年 川、滇、黔彝族隆重的传统节日。彝语称"库斯"。各地过年时间不一，一般在每年农历十月至十一月中、下旬。第一天"迎请"祖先回家过年，逐户宰杀年猪，祭祖欢宴。第二天要新年，有"社日"仪式、拜年、唱歌、跳舞、摔跤等活动。第三天的活动主要围绕"送祖宗"举行。

དབྱིན་རིགས་ལོ་གསར། ཡིན་ཁྲིན། ཡུན་ནན། གུའེ་ཀྲོའུ་དབྱིན་རིགས་ཀྱི་ལོ་གསར། དབྱིན་སྐད་དུ་ཁུའུ་ཟེར། ས་གནས་སོ་སོར་ལོ་གསར་རོལ་བའི་དུས་ཚོད་འདྲ་མེད། ཕལ་ཆེ་བ་ལུགས་ཀྱི་ཟླ་བཅུ་པ་ནས་བཅུ་གཅིག་པར་ཡིན། ཞིན་དང་པོ་མེས་པོ་ཁྱིམ་དུ་བསུ་བའི་ཡིན། ཁྱིམ་ཚང་སོ་སོས་ཕག་བཤས་ནས་དགར་མཆོད་དང་སྟོན་མོ་བསམས། ཞིན་གཉིས་ལ་རོལ། གསར་དང་སྲེག་འགུན་པ་སོགས་ཡོད་ལ། གཙོ་བོ་མེས་པོ་བསྐྱལ་བའི་ཆོ་ག་ཡིན།

New Year Festival of Yi people is the grand traditional festival for the Yi people in Sichuan, Yunnan, Guizhou. It is "Kusi" in the Yi language. The time to spend New Year is different, and generally falls upon the lunar October or the middle and the last ten days of lunar November each year. The first day is to welcome the ancestors to go back home, and every family will slaughter pigs and hold a grand feast. The second day is to celebrate the New Year, and there are activities like ritual ceremony, paying New Year calls, singing, dancing, and wrestling. The third day is mainly "sending off ancestors".

迎新谷节 仡佬族传统节日。农历八月十五日开始举行节庆活动。为期两天。届时，人们聚集在空场，由壮汉带大牯牛入内，诵词、奏乐、鸣炮，后杀牛煮肉平分各户供祖灵。长老还要作三牲供祭。祭毕，大众聚餐、歌舞。次日，从田间采鲜作宴。宴后，妇女们携子去娘家送礼。

འབྲུ་གསར་བསྒྲུབ་པའི་དུས་ཆེན། མུའུ་ལའོ་རིགས་ཀྱི་དུས་ཆེན་ཞིག་ལགས་ཏེ་དྲི་ཟླ་བའི་ཚེས་བཅུ་ལྔ་ཉིན་ནས་འགོ་བཟུང་སྟེ་ཞིན་གཉིས་ལ་སྤེལ། མི་རྣམས་དུས་ཆེན་ལ་རོལ་ཞིང༌། དུས་དེར་གསར་དུ་ཞིག་གིས་མགོ་ཞིག་ཁྲིད་ཡོངས་ནས་ཚོགས་འདོན་པ། རོལ་ཆ་དགྲོལ་བ། མེ་བཙོན་ནས་ཁྲིམས་ཚོང་སོར་པོར་བགོས་ཏེ་མེས་པོར་འབུལ་དུ་འདྲེག་པའི། མཆོད་འབུལ་གྲོལ་རྗེས་མཐུག་སྤྱིལ་ཐེངས་གཅིག་མ་གསོལ་དྲང་རོལ། སྒྱི་ཉིན། ཞིང་ནས་ཀི་ཆོས་གསར་བཏུས་ནས་གསོལ་བྱེད། གསོལ་སྟོན་བྱེད། རྗེས་མ་སྨྲ་རྣམས་ཀྱིས་རང་གི་བུ་ཕྲུག་ཁྲིད་དེ་ཕྱིར་རང་ཁྱིམ་དུ་སོང་ནས་ལེགས་སྐྱེས་འབུལ།

Fresh Tasting Festival is the traditional festival of Gelao people, and it is held on the fifteenth day of the eighth month of the lunar calendar, lasting two days. At the festival, people gather at an empty field, and a big bull was led into the field. After reciting some words, playing some musics and sending off the firecrackers, they kill the bull and allocate the meat for the sacrifice to ancestral spirits. Elders do the three sacrifices. After the sacrifice, the public will have dinner, singing and dancing together. The next day, every family goes to the field to collect fresh corps and gets food ready for the worship. After that, women take their children to go back to their parents' home with gifts.

藏历年 藏族一年中最隆重的传统节日。节庆活动从藏历元月一日开始，十五日结束。因信仰佛教，节日活动充满宗教气氛，是一个娱神和娱人、庆祝和祈福兼具的民族节日。届时，要准备"切玛"，制作"卡赛"，吃"古突"，举行"固朵"驱鬼仪式等。还要演藏戏，举行角力、赛马和射箭等活动。

བོད་ལོའི་ལོ་གསར། བོད་མིའི་སྲོལ་རྒྱུན་དུས་ཆེན་ཞིག ། བོད་ལུགས་ཀྱི་ཟླ་དང་པོའི་ཚེས་གཅིག་ནས་བཅུ་ལྔར་ཡིན། བོད་རིགས་ཚང་མ་ནང་ཆོས་ལ་དད་པས། དུས་ཆེན་ཚོགས་ལུགས་ཀྱི་བྱེད་ཚོགས་མང་པོ་ཞུན། དེའི་སྐོར་ལས། འདེབས་པའི་དུས་ཆེན་ཞིག་ཡིན་པས། མཆོད་འབུལ་སོགས་ཀྱི་ཁ་གསལ་ལ་དགུ་ཐུག་དང༌། འདྲེ་གདོན་བསྟོན་པ་སོགས་ཀྱི་ཚོགས་ཡོད། ཏ་རྒྱགས་དང་རྟ་རྒྱགས་གར་མདའ་འཕེན་སོགས་ཀྱི་རྩེད་རིགས་བྱ་འགུལ་ཡང་སྤེལ།

Tibetan New Year is the grandest traditional festival for the Tibetans. It starts from the first day and ends on the fifteenth day the first month of Tibetan calendar. Because the people believe in Buddhism, the festival activity is full of religious atmosphere, and it is an ethnic festival of amusement and entertainment, celebrating and praying. At the festival, people make "Qiema" (a kind of food) and "kasai" (a kind of fried snack made of flour) eat a traditional noodle soup called Guthuk, and hold the ritual of driving off evil sprits "Guoduo". Tibetan opera, wrestling, horse racing and archery and other activities will be held.

藏族朝山节 西藏前藏地区佛教节日。藏语称朝山节为"珠巴泽西"。藏历六月初四举行节庆活动。据说这一天是释迦牟尼转四谛法轮之期。藏民们穿戴一新，带着食物前往附近山寺巡礼朝供，求神念经，以求佛祖保佑。然后在野外草坪上歌舞、畅饮。

བོད་རིགས་ཀྱི་གནམ་བསྐོར་དུས་ཆེན། བོད་ཕྱོགས་ཀྱི་ནང་པའི་དུས་ཆེན་ཞིག བོད་ལུགས་ཀྱི་ཟླ༦པའི་ཚེས་༦ཉིན། དེའི་སྐོར་པས་བདེན་བཞིའི་ཆོས་འཁོར་བསྐོར་བའི་ཉིན་མོ་ཡིན། སྐབས་དེར། བོད་པ་ཚོས་གཟབ་འཛོར་ཕྱུག་བྱེད། ཐས་རིགས་སྣ་ཚོགས་ཕྱིར་ནས་དེ་འགྲམ་གྱི་དགོན་པའི་ནང་དུ་མཆོད་འབུལ་བྱེད་པར་འགྲོ། མཆོད་འབུལ་ཧོགས་ཆར་རྗེས་ཕྱིར་རྩྭ་ཐང་སྟེང་དུ་ཡོང་ནས་གླུ་གར་སོགས་ཀྱིས་འཛོར་རོལ།

Buddha's Sermon Festival is the Buddhist Festival at the Front Tibet areas. It is "Zhuba Zexi" in Tibetan language and is held on June 6th of the Tibetan calendar. It is said that on this day the Buddha addressed the five people who had been his companions during the time spent with the forest yogins concerning the Four Noble Truths. On this day, Tibetan people wear new clothes, and make a pilgrimage to the nearby mountain temple, praying for Buddha's blessing. And then people enjoy singing, dancing, and drinking on the grassland.

祝著节 亦称"祖娘节"等。瑶族的传统节日。"祝著"是瑶语音译，有"老慈母"之意。传说农历五月二十九日是瑶族始母密洛陀的生日，故后人定该日为祝寿日。这天，各家杀猪宰羊，宴请宾客，还举行铜鼓舞、斗画眉、赛弓箭等活动。

ཀྲུའུ་ཀྲུའུ་དུས་ཆེན། ཡིང་གཞན་ལ་མེས་མོའི་དུས་ཆེན་ཡང་ཟེར། ཡའོ་རིགས་ཀྱི་སྲོལ་རྒྱུན་དུས་ཆེན། ཀྲུའུ་ཀྲུའུ་ནི་བྱས་པའི་ཡའོ་རིགས་ཞེས་པའི་དོན་ཡིན་ད་རྒྱུན་ལྡན། ལུགས་ཀྱི་ཟླ༥པའི་ཚེས་༢༩ཉིན་ཡའོ་རིགས་ཀྱི་མེས་མོ་སྨྲ་པོ་ཐོ་ཡི་སྐྱེས་སྐར་ཡིན། དེ་ཕྱིར་རྗེས་རབས་པ་དག་གིས་དུས་ཆེན་འདི་གཏན་འབེབས་བྱས། དུད་ཚང་སོ་སོས་ཕག་ལུག་བཤས་ནས་གསོལ་སྟོན་ཆེ་པོ་བཤམས། ཟངས་རྔའི་བྲོ་འཁྲབ་པ་དང་། མདའ་འཕེན་འགྲན་སྡུར་སོགས་ཡོད།

Zhuzhu Festival (Danu Festival), also called "Ancestral Mother's Day", is the traditional festival of the Yao people. Zhuzhu is the transliteration from the Yao language, meaning "old kind mother". It is said that the birthday of Miluotuo (the mother of Yao people) falls on the 29th day of the fifth month in the lunar calendar, so future generations of the Yao people regard it as the birthday for her. On the day, every family will slaughter pigs and sheep, feasting guests. The bronze drum dance, bird fighting, archery and other activities will also be held.

祖鲁节 新疆巴音郭楞蒙古族的传统节日。由佛教点灯仪式演变而来。每年农历十月二十五日举行节庆活动，认为过了此节，每人便长一岁。这天，大家首先要打扫房屋和畜圈；晚上把一定数量的酥油灯放到专制的灯盘上点然，磕头求菩萨保佑，祝人们长命百岁。礼仪毕后，共吃祖鲁饭。

ཙུའུ་ལྲུའུ་དུས་ཆེན། ཞིན་ཅང་གི་པ་དབྱིན་གཱོ་ལིང་སོག་རིགས་ཀྱི་སྲོལ་རྒྱུན་དུས་ཆེན་ཞིག་ནང་བསྟན་

· 1055 ·

མཆོད་སྟོན་དུས་ཆེན་ལས་རིམ་འགྱུར་བྱུང་བ་ཞིག་ཡིན། དུས་ཚོད་བོད་རིའི་ཟླ་༡༠པའི་ཚེས་༢༥ཉིན་དུས་ཆེན་སྲུང་། འདིར་མི་སོ་སོ་ཡོ་གཅིག་གིས་རྒས་པ་མཆོང་། ཞིན་འདིར་མི་རྣམས་ཀྱིས་སྡོ་ཁྱིམ་སོགས་གད་བདར་བྱེད་པ་དང་། མཆན་མོར་སྟོན་མེར་སྒྲར་བ། ཚོག་ཚར་རྗེས། བཟའ་མི་ཚང་མས་མཉམ་དུ་ཙའི་སྒྲོའི་གསོལ་སྟོན་རོལ་བྱེད།

Zulu Festival is the traditional festival for the Mongolians in Bayingolin. It originated from the Buddhist lighting ceremony. It is held on the 25th day of lunar October. people believe that after the festival they will get one year older. On the day, people firstly clean the houses and livestock pens; in the evening people light certain number of butter lamps on the lamp plate, and kowtow blessing, wishing a long life. After the ritual, people have a Zulu dinner.

中国少数民族乐器

རྒྱ་གོའི་གྲངས་ཉུང་མི་རིགས་ཀྱི་རོལ་ཆས་སྐོར།

China's Ethnic Musical Instuments

八角鼓 满族拍击膜鸣乐器。鼓身为八角形，框用木制，宽约17厘米，单面蒙皮，内装铜线，饰以丝穗。演奏时用指弹击鼓皮，或指搓鼓面震响铜线，还可摇动鼓身，发出有节奏的音响。后成为单弦八角鼓戏等的伴奏乐器。

ཟ་ཟུར་བརྒྱད་མ། མན་ཇུ་རིགས་ཀྱི་རོལ་ཆས་ཤིག ཟུར་བརྒྱད་ཡོད། མཚར་ཤིན་པ་དང་། ཞིང་ལ་ཡི་སྟེ་ཀྱ་ཡོད། རོ་ཆེན་པོས་རི་གོ་བས་གཡོགས། ནང་དུ་བགྲིས་པའི་ཟངས་སྐུད་ཡོད། རོལ་ཆས་དགོད་སྐབས་འཕུབ་མོས་ང་བརྡུངས་པ་དང་། ང་གོས་ཕར་ནས་འདར་འགུལ་བྱེད་དུ་འཇུག་པའམ། ཡང་ན་ང་འགུལ་ནས་སྐྱ་འབྲིད་དུ་འདུག་པ་བཅས་ཀྱི་ཐབས་ཡོད། རྗེས་སུ་རྒྱུན་གཅིག་ཟ་ཟུར་བརྒྱད་མའི་རས་དགོད་རོལ་ཆས་སུ་གྱུར།

Octagonal Drum is a percussion instrument of the Manchu. Its frame is octagonal, hence the name. It is made of high-quality wood inlaid together, with about 17cm wide. Only one side of the drum is covered with skin, commonly boa skin. With holes on seven sides, two brass strips are attached to each hole. It is decorated with tassels. When plucking the copper wires or shaking the drum, rhythmic sound can easily be made. The drum has been one of the accomplishments of musical instruments in manchu quyi (a general term for various local folk performing arts in which speech, chanting or both are used).

巴乌 簧管乐器。流行于云南彝、苗、哈尼等民族中。哈尼族称"各比"，彝族称"比鲁"或"乌勒"，侗族称"拜"，常用于独奏或为舞蹈和说唱伴奏。用竹管制成，单管（也有双管）巴乌有8个指孔（前7后1），在吹口处置一尖舌形铜制簧片，演奏时横吹上端，振动簧片发声。

བ་འོ། འབུད་གཏོང་རོལ་ཆས་ཤིག ཡུན་ནན་གྱི་དབྱིན་རིགས་དང་སྨྱུའི་རིགས། ཧ་ཉི་རིགས་བཅས་ལ་དར་ཁྱབ་ཆེ། ཧ་ཉི་རིགས་ཀྱིས་ཀི་པི་ཟེར། དབྱིན་རིགས་ཀྱིས་པིའུ་འམ་ཡང་ན་འོ་ལེའོ་ཞེས་ཟེར། རྒྱུན་པར་རོལ་དབྱངས་སྟོན་འབུད་དམ་ཞབས་བྲོ། བགད་ལེན་གྱིས་འདེགས་རོལ་ཆས་སོགས་སུ་བཀོལ། དེ་ནི་སྨྱུག་མས་བཟོས་ཤིང་སྒྲོམ་གཅིག་ཅན་དང་གཉིས་ཅན་ཡོད། འབུད་ཁུང་གི་ཁ་རུ་ལྕེ་སྦྱིབས་ཀྱི་ཟངས་ལེབ་

ཞིག་བཞག་ཡོད། འབུད་སྐབས་སྒྲིང་པོ་འཐེན་དུ་བཟུང་
ནས་ཁུང་བུ་དང་པོ་ནས་དབུགས་བཏང་ན་ཟངས་ལེབ་
འདར་འགུལ་གྱིས་སྒྲ་འབྱིན་པ་ཡིན།

Bawu, a Chinese wind instrument, is popular with Chinese ethnic minorities settling in Yunnan province such as Yi, Miao and Hani. Hani people call it "Gebi", Yi people call it "Bilu" or "Wule" and Dong people call it "Bai". Usually it is used for solo or for dance and rap. Made of bamboo tube, commonly, it is single reed. Seven or eight finger-holes are positioned on Bawu. With a piece of tongue tip-shaped bronze reed placing on the mouthpiece, when the instrument is blown, the airflow would vibrate the bronze reed, creating sound.

崩龙刻 吹奏类乐器。鄂温克族对本民族小乐器"口弦"的称呼。铁质，形似音叉，中间有一条薄片，靠口腔和手的颤动发出音响，可模拟各种鸟的叫声。

པང་ལོང་ཁོ། འབུད་གཏོང་རིགས་ཀྱི་རོལ་ཆས་ཤིག ཨོ་ཝོན་ཁེ་རིགས་ཀྱི་རོལ་ཆས་ཆུང་ཆུང་དེའི་འབོད་སྲངས་ཡིན། ལྕགས་ཀྱིས་བཟོས་ཤིང་དབྱིབས་ནི་སྒྲ་གདངས་དཔྱད་ཆས་དང་འདྲ་ལ། དཀྱིལ་དུ་ལྕགས་ལེབ་སྲབ་པོ་ཞིག་བཞག་ཡོད། ཁ་དང་ལག་པའི་འདར་འགུལ་ལ་བརྟེན་ནས་སྒྲ་འབྱིན་པ་ཡིན། བྱ་རིགས་སྣ་ཚོགས་ཀྱི་སྐད་ལ་འད་མོ་བྱེད་ཆོག

Benglongke, called by Ewenke people, is the name of a lamellophone instrument mouth harp. Made from iron, it looks like a tuning fork. There is a piece of wafer in the middle of the instrument. With the coadju-tant vibrating of airflow and hand, the player could imitate the sing of birds.

鼻笛 台湾高山族的一种边棱气鸣乐器。多为单管，管身竹制，长短各异；管上端留竹节，中间至下端通透；在上端竹节隔的中央开1个圆形吹孔，无膜孔，管身上开有3或4个按音孔。演奏时以鼻孔向上端的小孔送气，双手按管身各小孔调节音律。黎族也有类似的乐器。

སྣ་གླིང་། ཐའེ་ཝན་གོའོ་ཧྲན་རིགས་ཀྱི་རོལ་ཆས་ཤིག མང་ཆེ་བ་སྦུག་གཅིག་ཅན་ཡིན། སྦུག་ལམ་བཟོ་རྒྱུར་སྨྱུག་ཉུང་རིང་ཐུང་ཅི་རིགས་ཡོད། སྦུག་གོང་མའི་བར་ཚིགས་ཡོད་པ་དེའི་ལོག་སྟོང་ཡོད། དཀྱིལ་དུ་སྟོང་བཞིབས་ཀྱི་འབུང་ཞིག་གཏོད་ཡོད། སྐྱི་ཁུང་མེད། སྦུག་ཁུང་གསུམ་བཞི་ལྟག་ཡོད། འབུད་སྐབས། གོང་གི་འབུད་ཁུང་ལ་སྣ་ཡི་གཏད་དེའི་འབུད་ལ། འཕབ་མོའི་སྦུག་ཁུང་ཡོ་རེ་རེར་མཛུབ་མོ་དགངས་ལ་ཚོད་འཛིན་བྱེད་ཐུབ། ལི་རིགས་ཀྱི་རོལ་ཆས་ཡང་འདིའི་རིགས་ཡིན།

Nose flute, a category of edge-blown aerophones, is popular with Gaoshan people in Taiwan. With different length, generally, the flute is single bamboo tube. On the top side of the flute is a bamboo joint with a blowhole drilled in the middle. Except the upside, the rest part of the bamboo tube is hollow. There is no membrane hole, but three or four finger holes. When performing, the player should use his or her nostril to aspirate through the hole on the upper end and hands to control the finger holes in regulating rhythm. Li nationality has the similar instrument.

笔管 布依族单簧气鸣乐器。主要流行于贵州黔南布依族苗族自治州荔波、广西河池地区环江等地。常见者管长65厘米左右，管身竹制，上开3个音孔，管的一头刻一长方形簧片，另一头接小葫芦制喇叭。演奏时，口含管首簧片，吹气鼓簧发音，双手按管身各小孔调节音律。

སྦུག་སྦུག ཕུན་དབྱི་རིགས་ཀྱི་འབུད་རོལ་ཆས་ཤིག གུའི་གོན་ཅི་ནན་ཕུན་དབྱི་རིགས་མིའོ་རིགས་རང་སྐྱོང་ཁུལ་གྱི་ལི་པོ་དང་། གུང་ཞི་ཧུ་གས་ཁུལ་ཙོན་ཅེན་ས་ཁུལ་ སོགས་སུ་དར་ཆེ། ལི་སྟེ (༦༥)་ཡོད། སྦུག་མས་བཟོས་ཤིང་། སྟེང་དུ་སྒྲ་སྒྲུབས་གསུམ་ཡོད། སྦུག་ཆས་ཀྱི་སྟེ་གཅིག་ཏུ་དབྱིབས་ཀྱི་ལྕུག་ལེབ་བཏགས་ཤིང་། སྟེ་གཅིག་ཏུ་ཀ་པེད་དབྱིབས་ཀྱི་དུང་ཞིག་མཐུད་ཡོད། རོལ་ཆས་དགོལ་སྐབས། སྦུག་མགོའི་ལྕུག་ལེབ་འབུད་ནས། ཧ་བྱིས་ལ་དགོས་བཅངས་ཞིང་། ལག་པས་སྦུག་ཁུང་ལ་ཚོད་འཛིན་བྱས་ཏེ་སྒྲ་གཏོང་བ་ཡིན།

Pen-tube flute is a kind of edge-blown aerophone instruments played by Buyi people with single reed. It is popular in many places such as Libo county of Buyi and Miao Autonomous Prefecture of Qiannan in Guizhou province and Huanjiang county of Hechi in Guangxi. It is common that the flute is about 65cm long and made of bamboo. The flute has three finger holes, one end of which is carved with a piece of rectangular reed and the other end is connected with a trumpet made of gourd. To produce sound, the player should put the end with the reed in his or her mouth and then vibrate the reed by blowing, with the cooperation of hands controlling the finger holes to regulate rhythm.

边鼓 壮族混合击膜鸣乐器。流行于广西武鸣、东兰、巴马一带。一般鼓面直径在22～28厘米，鼓框竹制或用一整块木料雕凿而成，上口粗，下口细，上口单面蒙以牛皮、羊皮、猪皮或蛇皮。边鼓是主要的衬托乐器，常用于铜鼓乐合奏和师公歌舞伴奏。

ཟུར་རྔ། གྲོང་རིགས་ཀྱི་བརྡུང་གཏོང་འདྲེས་མའི་རོལ་ཆས་ཤིག གོང་ཞི་ཝུའུ་མིན་དང་ཏུང་ལན། པ་མ་ཁུལ་དུ་དར་ཆེ། རྔ་ངོའི་སྲིད་ལི་སྒྲིབ་དངས་དར་ཡོད། རྔའི་མཐའ་དེ་སྦུག་མས་བཟོས་པའམ་ཤིང་ཆས་བཏོས། ནས་བཟོས་པ་ཡིན། སྟེང་དུ་ཡག་པ་དང་ཁག་གོ། སྦལ་པགས་སོགས་ཀྱིས་གཡོགས་ཡོད། ཧ་འདིའི་དག་ངོ་རས་དགོལ་བྱེད་ཆས་ཡིན། རྒྱུན་པར་ཟངས་ཧ་དག་མཉམ་དགོལ་དང་ཏུ་གོན་གླུ་གར་གྱི་རམ་དགོལ་རོལ་ཆས་སུ་གཏོལ་བ་ཡིན།

Bian Drum, a percussion instrument of Zhuang people, is popular with Zhuang people who live in the areas like Wuming, Donglan and Bama in Guangxi. In general, the diameter of the drum is 22-28 cm and the frame is made of bamboo or carved from a block of wood. The upper side, covered with cowhide, sheepskin, pigskin or snakeskin, is larger than the lower. The drum used to serve as accompaniment for the ensemble of copper drum and Shigong dance (a kind of sacrificial dance of Zhuang).

草高 朝鲜语，意即"小鼓"。朝鲜族打击乐器。流行于延边朝鲜族自治州等地。形制小巧，扁圆形木制鼓框，涂以红漆，两面蒙皮，直径25厘米左右。鼓框底部有木把，左手握把，右手执槌击奏。多用于《农乐舞》及其他歌舞表演，由妇女击奏。

ཇ་ཅུང་། བོད་ཞེན་རིགས་ཀྱི་རོལ་ཆས་ཤིག་ཡན་པན་བོད་ཞེན་རིགས་རང་སྐྱོང་ཁུལ་དུ་དར་དབྱིབས་ཆུང་ཞིང་སྦམས་པའི་བ། ཞིང་ཆས་ཀྱི་ཇ་སྒྱུ་བཟོས་ཡོད། སྨྲེ་དུ་རྩི་དམར་པོ་བྱུགས་ཡོད། གཞོགས་གཉིས་ལ་ཀོ་བས་གཡོགས་པ་དང་། སྦེད་ལ་ལི་སྨྲེ་25ཡོད། ཇ་རྒྱུའི་དོག་ཏུ་ལག་ཇེན་ཆུང་ཆུང་ཞིག་ཡོད། རོལ་ཆས་དགོལ་སྐབས་སུ། ལག་གཡོན་པས་ལག་འཇེན་བཟུང་ཞིང་གཡས་པས་ཇ་རྡུང་། 《ཞིང་པའི་དགའ་བྲོ》 སོགས་ཀྱི་སྒྱུ་གར་འཁྱབ་སྟོན་དུ་བཀོལ་ཞིང་། བུད་མེད་ཚོས་བགྲོལ་རྡུང་བྱེད།

Caogao means a small drum for the Korean people. It is a percussion instrument, and is popular in places like Yanbian Korean Autonomous Prefecture. The frame of the small drum is made of ablate wood which is coated with red paint. Both ends of the drum is covered with leather and the diameter of the skin is about 25cm. At the end of the frame, there is a wooden handle. Holding the handle with left hand, the player could drum with a drumstick with the right hand. It used to be played by women as an accompaniment for Agricultural Dances and other songs and dances.

长鼓 拍击膜鸣乐器。鼓身木制，呈圆筒形，两端粗而中空，中段细而实。用于舞蹈伴奏。分两种：一是朝鲜族长鼓，二是瑶族长鼓。前者流行于延边朝鲜族自治州及其他朝鲜族聚居地区，又名"伏鼓"。后者流行于广西、广东等瑶族聚居地区，又名"花鼓"。

ཇ་རིང་། རྔབས་དཀྲོལ་རོལ་ཆས། དེ་ནི་ཤིང་གི་བཟོས་གྲུབ་མའི་དབྱིབས་ཡིན། སྟེ་གཉིས་སྟོང་ལ་ལོག་སྟོང་། དཀྱིལ་ཕྲ་ལ་འཁོག་སྟོང་མེད། སྦྲེ་རམ་དགོས་པར་བཀོལ་ཞིང་འདི་ལ་རིགས་གཉིས་ཏེ། བོད་ཞེན་རིགས་ཀྱི་ཇ་རིང་དང་ཡའོ་རིགས་ཀྱི་ཇ་རིང་ཡིན་པ་བོད་ཞེན་རང་སྐྱོང་ཁུལ་དང་བོད་ཞེན་རིགས་འདུས་སྡོད་ཁུལ་དུ་དར་ཁྱབ་ཆེ། གཞན་ལ་གཏེར་ཇ་ཡང་ཟེར། ཡའོ་རིགས་ཇ་རིང་ནི་གོང་ཞི་དང་ཀོང་ཏུང་གི་ཡའོ་རིགས་འདུས་སྡོད་ཁུལ་དུ་ཁྱབ་ཆེ། གཞན་ལ་ཇ་ཁྲ་ཟེར།

Long drum is a percussion instrument. The body of the drum is made of wood and is cylindrical. The two ends are thick and hollow while the midpiece is thin and solid. It is mainly used as accompaniment for dance. There are two kinds of long drums. One is Korean long drum or Fugu which is prevalent in Yanbian Korean Autonomous Prefecture and other Korean neighborhoods. The other is Yao Ethnic long drum or Huagu (Flower Drum) popular with Yao people settling in Guangxi and Guangdong provinces.

达甫 维吾尔族拍击乐器。也叫"手鼓"。木框，一面蒙皮，框内环列小铜圈。有大小数种。一般直径约44厘米。演奏时用手执鼓，拍击鼓面并摇动鼓身。常用于乐队或舞蹈伴奏。塔吉克族也有类似乐器。

ད་ཕོར། རེབས་རྡུང་རོལ་ཆས། ལག་ཇ་ཡང་ཟེར།

མཐའ་ཤེད་གིས་བཟོས་པ་དང་། རོས་གཅིག་གོ་བས་
གཡོགས་ཡོད། མཐའ་ཤེད་གི་ནང་དུ་ཟངས་སྒོར་ཆེ་ཆུང་
འགའ་བཞག་ཡོད། རྟའི་སྙིང་ལ་ཕི་སྟེ་རར་ཡོད། རོལ་ཆ
དགོལ་སྐབས། ལག་པ་ར་ཇ་བཟུང་ནས་བདུངས་ཤོར་དུ་
ཊ་ཇིགལ་དགོས། དུས་རྒྱུན་པར་རོལ་མོ་ཚོགས་པ་དང་
གིས་ཞབས་བྲོ་སོགས་ལ་རམ་དགོལ་བྱེད་པར་བཀོལ། ཐ
ཇེ་ཅེ་མེ་རིགས་ལ་ཡང་རོལ་ཆས་འདིའི་རིགས་ཡོད།

Dafu, a percussion instrument of Uyghur people, is also called as "hand drum". It is wooden-framed and one side of it is covered with leather. The inside of the frame is fixed with some copper rings of different sizes. The common one is about 44cm in diameter. When performing, the players need use one hand hold the drum and shake while the other hand struck it. It's usually used for accompanying dance and band. Tajik also has the similar instrument.

弹布尔 维吾尔族、乌孜别克族弹弦乐器。又译"丹不尔""弹波尔""丹布尔"等。琴身木制，成长瓢形，音箱较小。以丝弦缠成16～20余个品位。有钢丝弦5根，内二弦与外二弦调成同音，与中弦成五度关系。音域宽广，音色清脆。

ཐན་བོར། ཡུགུར་རིགས་དང་ཨུའུ་ཙིའི་རིགས་ཀྱི་
རྒྱུད་གཏོང་རོལ་ཆས། སྒྲ་སྙན་གྱི་ལུས་ཤིང་གིས་བཟོས་
པ་དང་། དབྱིབས་ནར་མོ། སྒྲ་སྙམ་ཆུང་ཆུང་ལ་རྒྱུད་
/༠ནས་༡༠ལྷག་གི་སྒྲ་ཉག་ཡོད་ཅིང་། ལྕགས་ཀྱི་རྒྱུད་སྐུད་
རྒྱུད་ལྔ་ཡོད། ནང་རྒྱུད་གཉིས་དང་ཕྱིའི་རྒྱུད་གཉིས་ཀ་སྐུད་
གདངས་གཅིག་ཏུ་སྒྲིགས་ཡོད། བར་རྒྱུད་དང་ངོས་
མཉམ་པ། སྒྲ་སྒྲོག་ཁྱབ་ཆེ་བ། སྒྲ་གདངས་ཤུགས་ཅན་
དུ་བཟོད།

Tanbur is a category of string instrument played by Uyghur and Uzbek people. The name is also transliterated as Tanbura, Tambura or Tanboor. It's made of wood and long gourd-shaped installed with little body. There is 16-20 freds made by silk strings. There are five steel strings, the first two strings and the last two strings should be tuned into harmony which is in a relationship of five degrees with the third string. The instrument is characteristic for its broad range, silvery tune.

冬不拉 哈萨克族民间流行的弹拨乐器。音箱用松木或桦木制成，或扁形或瓢形，琴杆细长，上面有8～10个品位，两根丝弦或钢丝弦，可奏出3～8度的和音。

ཏུང་བོ་ར། ཧ་ས་ཁག་རིགས་དམངས་ཁྲོད་ཀྱི་སོར་གཏོང་
རོལ་ཆས། སྒྲ་སྙམ་ནི་གསོམ་ཤིང་དང་སྟག་ཤིང་གིས་
བཟོས་པ་དང་། འཇོངས་དབྱིབས་སམ་གཟེ་དབྱིབས་
ཡིན། སྒྲ་སྟོང་ཕྲ་ཞིང་རིང་ལ། སྟེང་གི་སྒྲ་རྐགས་རྣམས་
/༠བར་ཡོད། རྒྱུད་གཉིས་སམ་ལྕགས་སྐུད་ཀྱི་རྒྱུད་
གཉིས་ཀྱིས་ཏུང་གསུམ་ནས་བརྒྱད་བར་གྱི་སྒྲིབ་སྦྱོར་
བྱེད་ཆོག

Dongbula, a kind of stringed instrument, is popular with Kazak people. Its body is made of pine or birch which is flat or gourd-shaped. On the lathy fretboard, there is 8-10 frets. Two silk strings or steel strings can produce three to eight degrees chord.

冬布尔 锡伯族的弹拨乐器。在满族"三大弦"和哈萨克族"冬不拉"的基础上改革而成。长约110厘米，共鸣箱扁平，无品位，琴头有两个弦轴，两条丝弦。演奏时，将琴抱于怀侧，用右手指弹拨。音色介于三弦和冬不拉之间。用于独奏、合奏和舞蹈伴奏。

ཅུང་བྷོར། ཞི་པོ་རིགས་ཀྱི་སོར་གཏོང་རོལ་ཆས། མན་ཇུ་རིགས་ཀྱི་རྒྱུད་ཆེན་གསུམ་དང་ཧ་སག་རིགས་ཀྱི་ཅུང་པོ་རའི་རྒྱུད་གཞིའི་སྟེང་ལེགས་སྒྲིག་བྱས་ནས་བཟོས་པ་ཡིན། རིང་ཚད་ལ་སི་སྨི་ ༡༡༠ ལྷག་ཡོད། མཉམ་གྲགས་ཆས་ལ་སྤུ་ཐག་མེད། སྤྱ་མགོའི་སྟེང་དུ་སྤྱ་པ་བཅུ་གཉིས་དང་རྒྱུད་གཉིས་ཡོད། དགོལ་སྐབས། སྤྱ་སྟོན་པས་བཟུང་ནས་ལག་པ་གཡས་པས་རྡུང་ནས་དགྲོལ་བ་ཡིན། སྐྱོའི་སྒྲས་ཆོད་རྒྱུད་གསུམ་དང་ཅུང་པོ་རའི་བར་ན་ཡོད། རོལ་ཆས་སྙེར་དགྲོལ་དང་མཉམ་དགྲོལ། ཞབས་བྲོའི་རམ་དགྲོལ་སོགས་སུ་བཀོལ་བ་ཡིན།

Dongbuer is a category of plucked instrument played by Xibe people. It is transformed on the basis of Manchu "three strings" and Kazak Dongbula. The instrument is about 110cm long. It has a flat resonator, but no fred. Two turning pegs are installed on the headstock and there are only two silk strings. When playing, the player should hold it and pluck with the right hand. Its tune sound like "three strings" and Dongbula. It can be used for solo and ensemble, and dance's accompaniment.

独他尔 维吾尔族二弦形制的弦乐器。桑木等制成，音箱背面用薄木条接合成瓢状，正面覆以面板，柄与音箱背面镶着骨饰花纹。有大、小两种，柄上分设17与14个品位。现代维吾尔族弦乐器中，唯有独他尔是用手指弹奏。

ཏུ་ཐིར། ཡུ་གུར་རིགས་ཀྱི་རྒྱུད་གཉིས་ལྷར་བཟོས་པའི་རོལ་ཆས། དར་ཤིང་གིས་བཟོས། སྒྲ་སྨད་རྒྱབ་ངོས་སུ་ཤིང་ཕྲ་ཀྱིས་བཟོས་པའི་གཟར་དབྱིབས་ཀྱི་སྟོང་ཡོད། མདུན་ངོས་སུ་ཤིང་ལེབ་སྦྱར་ཡོད། སྒྲ་ཏ་དང་སྒྲ་སྨད་རྒྱབ་རོལ་སྦུ་རུས་བཀོས་རི་མོ་ཡོད། རོལ་ཆས་ལ་ཆེ་ཆུང་གཉིས་ཡོད། སྦ་སྟའི་སྟེང་དུ་སོ་སོའི་སྤུ་ཐག་བཅུ་བདུན་དང་བཅུ་བཞི་ཡོད། ཡུ་གུར་གྱི་དེང་རབས་རོལ་ཆས་ནང་། ཏུའི་ཐིར་གཅིག་པུ་འཛུབ་མོས་བཏང་བ་ཡིན།

Dutaer is a category of stringed instrument with two strings played by the Uyghur people. It is made of wood, like mulberry wood. The back of the body is gourd shaped bonding by wooden splint. The top is covered with panel, and the stem and body is carved with decorative pattern. There are two kinds Dutares. They are different in size. The small one has 14 frets while the big 17 frets. Among modern Uyghur instruments, Dutaer is the only one that is played by fingers.

短箫 朝鲜族竖吹乐器。外形与洞箫相似。朝鲜语称"单扫"。流行于延边朝鲜族自治州。管身长35～37厘米，多为竹制。上端开一吹孔，管身上开有5个按音孔，下端有1个出音孔。只能吹奏五声音阶的曲调。改制后的加健短箫可以演奏七声音阶的乐曲。

གླིང་ཐུང་། ཁོའོ་ཞན་རིགས་ཀྱི་འབུད་གཏོང་རོལ་ཆས། དབྱིབས་གླིང་པུ་དང་འདྲ། ཁོའོ་ཞན་སྐད་དུ་འཁ་ཐན་ཞེར་ཟེར། ཡན་པན་ཁོའོ་ཞན་རིགས་རང་སྐྱོང་ཁུལ་དུ་དར་ཆེ། གླིང་པུའི་རིང་ཐུག་ལ་སི་སྨི ༣༥-༣༧ ཡོད། མང་ཤས་སྨྱུག་མས་བཟོས་པ་དང་། གླིང་པུའི་སྟེ་མོར་འབུད་ཁུང་གཅིག་གཏོད་ཡོད། གླིང་པའི་སྟེང་དུ་ལྷ་

ཡོད། སྦྱང་བུའི་གོང་དུ་འབུད་ཁུང་ཞིག་གཏོད་ཡོད་ལ་སྦྱད་དུའང་ཡོད། སྔ་རིམ་བདུན་པ་འབུད་ཐུབ་ཅིང་ལྷབ་འབུད་མི་ཐུབ་པ་རེད།

Short flute is a category of Korean flute that is similar to the vertical bamboo flute. It looks like a flute. It's called as Danshao in Korean and prevalent in Yanbian Korean Autonomous Prefecture. Commonly it's 35-37cm long and made of bamboo. There is a blowhole on the upper end and 5 finger holes on the tube and a hole to vent at the lower end. In the past times, the instrument can only be played pentatonic scale melody. But the transformed one can play seven-scale melody.

伽倻琴 又称"朝鲜筝"。朝鲜族弹拨弦鸣乐器。尤以延边朝鲜族自治州最为盛行。相传是伽倻国嘉悉王仿照中国汉筝制成。形制与筝差不多，也是一弦一柱。现已制成五声音阶18弦和七声音阶21弦伽倻琴。所用右弹左按的技法基本和筝一致。

ཅ་ཡེ་སྒྲ་སྙན། མིང་གཞན་ལ་ཁེན་སྒྲ་སྙན་ཟེར། ཁོའོ་ཞེན་རིགས་ཀྱི་སོར་གཏོད་རོལ་ཆས་ཡིན། ཡན་པན་ཁོའོ་ཞེན་རང་སྐྱོང་ཁུལ་དུ་དར་ཁྱབ་ཆེ། དཀའ་རྒྱལ་ལྟར་ན། ཅ་ཡེ་རྒྱལ་པོ་ཅ་ཞི་ཡིས་རྒྱ་སྒྲ་ལ་དཔེ་བློས་བྱས་པ་ཡིན་ཟེར། དབྱིབས་ཀྱི་སྒྲ་དང་འདྲ་ལ་ད་ལྟ་སྒྲ་སྙན་ཡོད། ༡༨རྒྱུད་དང་ རྒྱུད་༡༢༡ ཀྱི་ཅ་ཡེ་སྒྲ་སྙན་བཟོས་ཡོད། རྒྱུད་ཐབས་རྒྱ་སྒྲ་དང་འདྲ།

Gayageum, or Korean zither, a category of plucked instrument, is popular in Yanbian Korean Autonomous Prefecture. It's said that the instrument is modeled on Han zither by Jiaxi King of gaya country. Its shape and structure is similar to zither. One bridge control one string. There are 18-stringed Gayageum with pentatonic scale and 21-stringed one with heptatonic scale. The skill of plucking at right portion and pressing at left portion is same as that of zither.

高边锣 打击乐器。广西壮族聚居地区最为盛行。为锣面平坦无脐、锣边宽、质地厚、锣体不刮光的较大型铜锣。一般分大、小两种。以广西壮剧团乐队使用的高边锣为例：大者直径46.5厘米，小者直径32厘米。锣边一侧钻孔系绳。演奏时，左手提锣或将其悬挂于架上，右手执槌敲击锣面。

ཀོའོ་པེན་འཁར་ང་། རྡུང་དཀྲོལ་རོལ་ཆས། ཀོང་ཞི་གྲོང་རིགས་ས་ཁུལ་དུ་དར་ཁྱབ་ཆེ། འཁར་ང་འདིའི་པའི་ཞིང་སྟོང་པ། ཆེ་ཞིང་ཁོ་སྟོམ་ལ་ཐུམ་བཟང་བ་ཡིན། འཁར་རྟའི་ཕྱུ་འོད་མ་ཕྱུད་པའི་འཁར་ང་ཆེ་ཆོས་ཡིན། ཆེར་བཏང་དུ་ཆེ་ཆུང་རིགས་ཡོད། ཀོང་ཞི་རིགས་སྒྱུ་གར་ཚོགས་པས་གར་ཡེན་འཁར་ང་ལ་དཔེ་བཞག་ནས་ཆེ་བའི་ཚོངས་ཤིག་ལ་ལི་སྐྱེ་བཞི་བཅུ་དང་། རྒྱང་ལ་ལི་སྐྱོས་གཉིས་ཡོད། དཔལ་རྒྱས་སྐམ་རབ་ལག་གཡས་པས་འཁར་ང་བཟུང་ནས་སྐྱོལ་སྟེ་དུ་བཞག་སྟེ་ལག་པ་བཞིས་ནས་འཁར་ང་དེ་རྡུང་ངོ་།

Thick-fringed Gong, a kind of percussion instrument, is popular in Guangxi zhuang region. The surface of the Gong is flat and unpolished; the surrounding side is broad; and the material is thick. There are two sizes, large and small. Taking the Gong used by Guangxi Zhuang troupe band as example: the diameter of the large one is 46.5cm, that of the small one is 32cm. One hole is drilled and tied with string. The player could hold the string or hang it on a frame and knock it with a stick.

格楞当 德昂语音译，即水鼓。在云南古代民族中曾流行过此乐器，现仅德昂族还保存着它。水鼓是因使用时需注入一定的清水而得名。将圆木挖空，两头蒙以牛皮制成。主要用于舞蹈伴奏。

ཀོ་ལིན་དང་། ཀོ་ལིན་དང་ནི་ཏེ་ཨང་རིགས་ཀྱི་སྐད་ཀྱི་སྒྲ་བཞིན་པའི་དོན་ཡིན། གནའ་རབས་ཡུན་ནན་མི་རིགས་སོ་སོར་རོལ་ཆས་འདི་དར་ཁྱབ་བྱུང་། ད་ལྟ་ཨང་རིགས་ལས་གཏོགས་སྐྱག་མེད། ཀོ་ལིན་པ་ནི་དགོས་མཁོའམ་དུ་ཆོས་ཅན་གྱི་ཆུ་བླུགས་པས་པ་ལྟར་སྒོགས། ཤིང་དུམ་ལྗོང་སྟོང་དུ་བཟོས་ནས་སྣེ་གཉིས་ཀོ་བས་གཡོགས་ཏེ་བཟོས། གཙོ་བོ་ཞབས་བྲོའི་རམ་འདེགས་ལ་བཀོལ་བ་ཡིན།

Gelengdang, the transliteration of Deang language, is also a kind of water drum. It was once popular in ancient Yunnan, but now reserved by the Deang people. It is named as water drum because it needs to draw water into the hollowed wood which is covered by cowhide at the two ends. It's mainly used for the accompaniement of dances.

根卡 藏语音译。藏族拉弦乐器。起源于古代波斯的拉弦乐器。流行于西藏拉萨、日喀则等地。根卡的琴筒呈坛形，前口蒙皮，后口为一较大出音圆孔，外壳绘图案花纹。琴杆为上粗下细的圆锥体，无指板。有3根琴弦。琴筒底部有一铁柱支撑琴身，适于席地坐奏。

གེ་མ་ཁ། བོད་ཀྱི་རོལ་ཆས་ཤིག ཐོག་མར་གནའ་བོའི་ཕ་རེ་སི་ནས་བྱོན། ལྷ་ས་དང་གཞིས་ཀ་རྩེ་ཁུལ་དུ་དར་ཁྱབ་ཆེ། དབྱིབས་ནི་ར་བུམ་ལྟ་བུ་ཡིན། ཀོ་ཡིས་གཡོགས་ཡོད་ལ་སྐྲ་གདོང་ཁྱམས་སུ་སྐོར་དབྱིབས་ཅན། སྟེང་ངོ་སྦོམ་ལ་ཞབས་ནི་ཕྲ། དབྱིབས་ནི་སྐྱོང་གཟུགས་ཡིན། ཐག་རང་མེད། རྒྱུད་གསུམ་ཡོད། སྦའི་ཞབས་སུ་ལྕགས་དུམ་ཞིག་གིས་སྟེང་ཕྱོགས་ནས་དགོལ་བ་ཡིན།

Genka, transliteration of Tibetan language, is a category of bowed string instruments. Descended from the bowed string instrument of ancient Persia (the old name of Iran), now Genka prevails in such places like Lhasa and Xigaze. The tube of Genke is jar-shaped with a painted pattern, the front end of which is covered with leather and the back end is a large venting hole. Without fingerboard, the bar of Genka is cone-shaped whose upper side is wide and the down side is thin. There are three strings. At the end of the tube, there is a iron prop supporting the whole Genka. As a result, players can sit on the ground palying Genka.

弓琴 高山族弹拨弦鸣乐器。弓背多以竹制，将其弯成弓状，两端张以植物弦或金属弦而成。表演时，将琴的一端顶在嘴部牙间；用左手拇指按压琴弓下端，通过压、放的动作，改变琴弦的张力；用右手拇指、食指拨弹琴弦发音。

གན་འབུབས་སྒྲ་སྙན། གན་ཧན་རིགས་ཀྱི་སོར་གཏོང་ཆས་ཤིག རྒྱབ་གཞན་མང་ཆེ་བས་སྨྱུག་མ་ཡིན།

དབྱིབས་འཁྱོགས་ཏུ་བཅུག་སྟེ། སྦེ་གཞིས་ཤིང་ཁྲུད་དང་ཡང་ལྕགས་རྒྱུད་ཀྱིས་སྟོམ་ནས་བཟོས་པ་ཡིན། འཁབ་སྟོན་གྱི་སྐབས་སུ། སྦ་སྣེའི་སྦེ་གཅིག་ཁ་ནང་དུ་བཟུང་ནས། ལག་པ་གཡོན་པའི་གཞུ་སྟེ་གཉན་པ་བཟུང་སྟེ། སྟོན་གཏོང་སོགས་ཀྱི་ཐབས་ལ་བརྟེན་ནས་སྦ་གཞུའི་འཐེན་ཤུགས་བསྒྱུར། ལག་པ་གཡས་པའི་དགྱེ་འཛིན་གྱིས་བཟུང་ནས་སྣ་གཏོང་བ་ཡིན།

Bow-shaped fiddle is a category of plucked instruments popular with Gaoshan ethnic group. The bow is made of bamboo and the string is made of plant skin or metal. When playing, on one hand, the player should puts one end of the bow in his mouth and uses his left hand thumbs pressing the other end to control the tension of the string by pressing or loosing; on the other hand, he should pluck the string with his righ hand's thumb and index finger.

钩锣 土家族、布依族敲击体鸣乐器。响铜制成，外形如盘，锣面直径12～18厘米。锣边一侧钻孔系绳。演奏时，左手提锣绳，右手执槌击奏，或左手平托锣面，右手执槌敲击锣背。发音清脆，音色高亢。用掩音奏法。用于打击乐器合奏并居于指挥和领奏地位。

འཁར་རྔ། ཐུའུ་ཅ་རིགས་དང་པུའུ་དབྱེ་རིགས་ཀྱིས་བརྐོལ་བའི་དུང་དགྲོལ་རོལ་ཆས། ཟངས་ཀྱིས་བཟོས་པའི་ཕྱེར་དབྱིབས་ཞིག་ཡིན། འཁར་རྔའི་རོལ་ལེ་སྦེ་12ནས 18ཡོད། རྔའི་ཟུར་དུ་ཁུང་བུ་ཕུག་ནས་སྐུད་པ་དཔྱངས་ཡོད། དགྲོལ་སྐབས། ལག་པ་གཡོན་པས་རྔ་ཐག་བཟུང་ནས་ལག་པ་གཡས་པས་རྡུང་དགྲོལ་བྱེད། ཡང་ན་གཡོན་པས་རྔ་གདན་མ་བཏེགས་ནས་གཡས་པས་ཧྲུང་

ཆས་མཉམ་དགྲོལ་བྱེད་པ་མ་ཟད་སྨྲ་འགོ་འཁྲིད་པའི་གོ་ས་བཟུང་ཡོད།

Gou Gong is a kind of struck idiophones pravalent with Tujia and Buyi people. It is made of special copper. The Gong looks like a plate and the diameter is 12 to 18cm. There is a hole drilled on it, and tied with string. The player can hold the string with the left hand and strike it with a stick on the right hand, or he can support the Gong with one hand and strike it with the other hand. The sound is auphonious and reverating. It plays a leading role when accompanied by other percussion instruments.

鼓瓢琴 苗族的弓弦拉奏乐器。形似瓜瓢。用一段木头挖成瓢状，再用一块薄板封住瓢口，以牛筋作二弦，棕丝作弓。流行于贵州丹寨县等地。

གཟར་རྔའི་སྒྲ་སྙན། མུའེ་རིགས་ཀྱི་གཞུ་རྒྱུད་གཏོང་དགྲོལ་རོལ་ཆ་ཞིག དབྱིབས་ཀ་བེད་དང་འདྲ། ཤིང་གི་ཁོག་བཀོས་ནས་ནང་འཁྱོང་དབྱིབས་ལྟར་བཟོས་ཏེ། ལེབ་སྒྲུབ་བུ་ཞིག་གིས་ཁ་བཏུམས་ཤིང་ནོར་གྱི་ཚ་རྒྱུས་ཀྱིས་རྒྱུད་ཆུང་ཡོད། ཤིང་ཏུ་འབའི་སྐུད་པས་དགྲོལ་བྱེད། ཀུའེ་གྲོའུ་ཏན་ཀྲའི་རྫོང་ཁུལ་དུ་དར་ཁྱབ་ཆེ།

A bowed lute of the Miao people is a kind of stringed instrument popular with the Miao people. It looks like a gourd ladle. The ladle-shaped part is made of a piece of wood, and it is coverd with a piece of thin wooden board. The strings on the resonator body are made of ox tendon while the string on the bow of filament. It is prevalent in Danzhai County of Guizhou province.

果哈 即苗琴，形似小提琴。"果哈"的含义是"瓢一样的乐器"。全长 50～80 厘米，用泡桐木做琴身，棕丝为弦。演奏者边拉边唱，时而将弓毛放入口中，以唾液增加湿度，加强弓弦摩擦，使之发音。流行于广西和贵州东南部的苗族聚居地区。

ཀོ་ཧ། མུའོ་རིགས་ཀྱི་སྒྲ་སྙན། དབྱིབས་འོན་ལེན་ཆུང་བ་དང་འདྲ། ཀོ་ཧའི་གཟར་དང་འདྲ་བའི་རོལ་ཆས་ཞེས་པའི་དོན་ཡིན། རིང་ཚད་ལ་ལི་སྨེ་ ༥༠ ནས་ ༨༠ ཡོད། བགྲོད་ཅིང་སྦོང་པོའི་སྨྲ་བཟོས་པ་ཡིན། རོལ་ཆས་དཀྲོལ་མཁན་གྱིས་དཀྲོལ་བོར་ལེན་པ་དང། མཚམས་ལ་ལར་རྒྱུད་སྒྲོག་ཁ་ནང་དུ་བཅུག་ནས་ཁའི་བརྩོན་པ་བྱས་ཏེ་རྒྱུད་སྒྲོག་གཙུར་བདར་རྗེ་དྲག་ཏུ་བཏང་ནས་སྒྲ་འབྱིན་པ་རེད། ཀོང་ཞི་དང་ཀུའེ་ཀྲོའུ་ཤར་ལྷོའི་ཀྱི་མུའོ་རིགས་འདུས་སྡོད་ཁུལ་དུ་དར་ཁྱབ་ཆེ།

Guoha, a special fiddle played by Miao people. It looks like a violin. "Guoha" in Miao language means the instrument in gourd ladle-shaped. It is 50-80cm long, made of kiri and its strings is monafilament. When playing, the player would use his saliva to make the string on the bow of Guoha more fricative. The instrument is mainly popular with Miao people living in Guangxi Zhuang autonomous region and the southeastern region of Guizhou province.

葫芦丝 傣、彝、阿昌、德昂、佤、布朗等民族流行的吹奏乐器。常见者，以各自装有 1 片舌簧的 3 根长短不一的竹管插入作音箱的葫芦内制成，中间较长的主音管开有 7 个按音孔和 1 个出音孔。演奏时，口吹葫芦细端，指按主音管音孔，奏出旋律。同时，左右两管发出固定音响，与旋律构成和音。

ག་བེད་གླིང་བུ། ཏའི་རིགས་དང་དབྱིས་རིགས། ཨ་ཁུང་རིགས། ཏེ་ཨང་རིགས། ཝུའུ་ལུང་རིགས་སོགས་ཀྱི་དར་ཁྱབ་ཆེ་བའི་འབུད་གཏོང་རོལ་ཆས་ཤིག་ཡིན་པར། མཐོང་རྒྱུན་ཡོད་རིགས་ཡུལ་མི་འདྲ་བའི་སྦྲེང་སྒྲིག་གསུམ་གྱིས་གཅིག་གི་ནང་དུ་བཅུག་ཡོད། སྒྲོག་གླིང་བོ་ཧོར་ལྡེགས་ཡིག་བཞག་ཡོད། དབྱིས་ཀྱི་སྒྲོག་གླིང་གཙོ་བོར་སྣམ་སྒྲོ་བདུན་དང་སྒྲ་གཏོང་བུག་གཅིག་ཡོད། དགྲོལ་བ་ཡིན། སྐབས་ག་བེད་ཀྱི་ཕྲ་སྲེར་འབུད་པ། གླིང་བུ་གཙོ་བོའི་སྒྲོ་གི་ས་ཁུང་བསྟུན་ནས་དབྱངས་རྟ་དགྲོལ་བ་ཡིན། དེར་བསྟུན། གཡས་གཡོན་གྱི་སྒྲོག་གླིང་གཞན་གྱིས་ཀྱང་སྒྲ་བདེན་པ་འབྱུང་ཞིང་ཇ་དགྲོལ་བ་ཡིན། དེར་བསྟུན། གཡས་གཡོན་གྱི་སྒྲོག་གླིང་གཞན་གྱིས་ཀྱང་སྒྲ་མཉམ་དགྲོལ་བྱེད་སྲིད།

Cucurbit Flute, a category of wind instruments, is prevalent with the ethnic groups like Dai, Yi, Achang, Deang, Va, Blang and so on. Commonly, there are three bamboo pipes in different length inserting into the gourd windchest and each of them is equipped with a reed. The middle one, also the longest one, is the main sound pipe which has seven finger holes and one venting hole. The middle one is mainly responsable for melody while the other two pipes for the accord.

考姆兹 柯尔克孜语音译，即"三弦琴"。柯尔克孜族弹拨乐器。其形制近似冬不拉，但多一弦。用整块杏木做共鸣箱背框和琴杆，桐木为面板，核桃木为弦轴，梨木为琴马。无音品，面板上开有圆形音孔，张三弦。演奏时可出现三和音。

ཁོ་མུ་ཛི། རྒྱུད་གསུམ་སྒྲ་སྙན་ཏེ། ཁོར་ཀེ་ཙི་རིགས་ཀྱི་སོར་གཏོང་རོལ་ཆས། དབྱིབས་བྱང་པོ་ར་དང་འད་མོད། རྒྱུད་སྐུད་གཅིག་གིས་མང་། དེ་ནི་ཁམ་ཞིང་ཤིང་ལོ་བིགས་གིས་བཟོ་བ་ཡིན་ལ། བཀག་རྩེ་ཤིང་གིས་རོ་པ་བྱས་ཤིང་། ཁམ་ཤིང་གི་རྒྱུད་རྫེས་བྱས། ཤིང་ཏོག་ལྡི་སྒྲ་སྒྲ་བྱས་ནས་བཟོས་པ་ཡིན། སྐྲ་ཏགས་མེད་ལ་རོས་པ་སྟེང་སྒྲ་ཁུང་སྣོར་དབྱིབས་ཤིག་གཏོད་ཅིང་རྒྱུད་གསུམ་ཡོད། རོལ་དགོས་སྐབས་སྒྲ་མཐུན་པ་གསུམ་གྲགས་ཐུབ།

Kaomuzi, transliteration of Kirgiz, actually is a kind of "three-stringed fiddle". The plucked instrument looks like Dongbula, but it has one more string than Dongbula. The resonance box and the bar of it are all made of apricot wood; the board of candlenut; the tuning page of walnut; the brige of pearwood. It has no fred and on the board there are sound holes. It can play a triad chord.

唎咧 黎语音译，即"口箫"。黎族吹奏乐器。流行于海南岛各地。多由七八根从细至粗的竹管套接而成。嘴在内，全长约7寸，上细下粗，共6个按音孔。最上1节细竹管削劈出1片薄竹，作为吹奏竹簧，或在竹簧内插入麦秆片或树叶片以吹奏。

ལི་ལེ། ལི་རིགས་ཀྱི་སྐད་དེ། ལི་རིགས་ཀྱི་འབུད་གཏོང་རོལ་ཆས། ཧའི་ནན་གླིང་ཕྲན་གྱིས་གནས་སོ་སོར་དར། མང་ཤོས་སྒྲག་མ་ཁོག་སྟོང་བདུན་བརྒྱད་སྦོར་པ་ལྟར་བཀུགས་ཡོད། རིང་ཚད་ལ་ཚིག་བདུན་ཡོད། སྟེང་ཕྲ་བའི་ཚིགས་དང་པོའི་སྦོར་ནས་སྒྲ་ཞིབ་ཤིག་གཏོད་ནས་བུད་དུང་བྱེད། ཡང་ན་སྒྲ་ཞིབ་ཀྱི་ནང་དུ་སོ་བའི་རྩྭ་སྡོང་ངམ་ཤིང་ལོ་གིས་འབུད་དབྱེད་བྱེད།

Lilie, transliteration of Li language, is a kind of Xiao which is similar to a flute in shape. It is prevelent with Li people settled in Hainan province. The instrument is composed of seven or eight bamboo pipes in different lengths. It is about 90cm long. The upperside is thinner than the downside, and there are six finger holes on the pipe. The reed inserted in the upper end is made of bamboo, leaf or wheat straw.

芦笙 西南地区苗、瑶、侗、水、仡佬等民族的簧管乐器。常用的六管芦笙的构造，是用6根长短不一的竹管，分成两排插入木制的笙斗；每管的根部各装1个铜质簧片，管的下端各开1个小孔。演奏时，笙管竖置，双手捧持笙斗下部，指按音孔，嘴含笙斗吹口，吹吸均可发音。

ལུའུ་ཞིང་སྦྲེང་བ། སྟོ་ཆུབ་ས་ཁུལ་གྱི་མོར་དང་ཡའོ། ཏུང་། མུའུ། ལོ་རིགས་ཀྱི་སྒྲ་གཏོང་རོལ་ཆས་ཤིག་ཡིན། རིང་ཐུང་མི་འད་བའི་སྨྱུག་མ་དུག་གཉིས་ཕྱེད་སྒྲིག་གིས་བཟོས་པའི་རྩེར་འབར་ནར་དུ་བཀག་ཡོད། སྨྱུག་ཁམས་སུ་སྣུལ་ལེབ་བཅུག་ཡོད། ཁམས་སུ་ཁུང་ཞིག་བཏོད་ཡོད། རོལ་ཚེས་དགོས་སྐབས། ལག་པ་གཉིས་ཀྱིས་སྦྲེང་བའི་རྩེ་བོར་བཟུང། མཆུ་མོས་སྒྲ་ཁུང་མནན་ནས། དབུགས་འབྱིན་རྔུབ་ཀྱི་འགྲོས་དང་བསྟུན་ཏེ་སྒྲ་གཏོད་པ་ཡིན།

Lusheng ia a categoey of reed instrument prevailing with ethnic minorities like Miao, Yao, Dong, Shui, Gelao, etc. at the region of Southwest of China. The most commom Lusheng has six bamboo pipes in different length. They are divided into two groups when inserted into the wooden wind chest. Each pipe is equipped with a coppery reed and drilled a finger hole. When playing, the player should hold the wind chest and aspirate through the box, meanwhile he should press the holes with his fingers to change the melody.

马骨胡 壮族拉弦乐器。壮语称"冉列"。琴筒原用一段，现用多块马、骡或牛大腿骨拼粘制成，长10～12厘米，直径5厘米，呈椭圆形，前口蒙蛇等皮，后敞口。琴杆红木或红椿木制，长46～60厘米，顶端雕马头为饰，置两轴，张两弦。是八音乐队的主奏乐器，在壮剧乐队中也居领奏地位。

ཏ་དུས་པི་ལྷང་རྒྱུད་གཉིས་མ། གྲོང་རིགས་ཀྱི་རྒྱུད་གཏོང་རོལ་ཆས་ཤིག བོ་ཚོའི་སྐད་དུ་རན་ལེ་ཟེར། པི་ལྷང་གི་བར་སྟོང་ནི་ཏ་དོར་གྱི་དུར་པགས་སྦྱར་སྦྱོར་བྱས་ནས་བཟོས། ལི་སྨི་༡༠ནས་༡༢ཡོད། ཚོན་ཞེབ་ལི་སྨི་༥ཡོད། འདོང་དབྱིབས་ཡིན། སྒོའི་སྔར་སྦ་སྒྱུར་བཞོས་པ་ཡིན། རིང་ཚད་ལ་ལི་སྨི་༤༦ནས་༦༠ཡོད་ཅིང་ཏ་མགོ་ཡིན། སྦ་རྟེན་གཉིས་དང་རྒྱུད་གཉིས་ཡོད། གདངས་བརྒྱུད་རོལ་ཚོགས་ཀྱི་དགོལ་ཆས་གཙོ་ཆེ་ཡིན། གྲོང་རིགས་རོལ་ཚོགས་དབར་བཀོལ་ཁྱེད་ཡོད།

Maguhu, a category of stringed instrument played by the Zhuang people. In Zhuang language, it is called "Ranlie". Qin Tong (or resonator body) is made from horse bone, mule bone and cow bone, and it is about 11 cm long. Its diameter is about 5cm. One end of the resonator body is covered with snakeskin while the other end is open. The bar, made of Hong Mu (or Chinese redwood), is 46-60cm long. The scroll of the bar is carved into the shape of a horse head as decoration. There are two tuning pegs and two strings. The instrument plays a leading role in Zhuang opera performances.

马头琴 是一种两弦的弦乐器。蒙古语称"绰尔"。有梯形的琴身和雕刻成马头形状的琴柄；声音圆润，低回宛转，音量较弱。为蒙古族人喜爱的乐器。

ཕྲ་སྟེན་ཏ་མགོ་མ། རྒྱུད་གཉིས་ཅན་གྱི་པི་ལྷང་ཞིག བོག་སྒོར་དུ་ཁྲོ་ཨར་ཟེར། དབྱིབས་ནི་སྐས་དབྱིབས་དང་ཏ་མགོ་བཙོས་ཡོད། སྒྲ་གསལ་ཞིང་དབྱངས་སྙན། གདངས་ཅུང་ཞན་པའི་བྱེད་ཆས་ཡོད། དེ་ནི་སོག་རིགས་མི་དམངས་དགའ་ཚོས་ཡོད་པའི་རོལ་ཆས་ཤིག་གོ

Horse head-shaped fiddle, called as "Chuoer" in Mongolian, is a category of two-stringed instrument. The resonator body is trapezoid, and the scroll of the bar is carved into the shape of horse head. The sound made by the insrtument is mellow and soft. It is popular with Mongolia people.

芒筒 苗、侗、水、瑶等民族的单簧气鸣乐器。由簧管和共鸣筒组成，长短在40～200厘米之间。簧管是在一细竹管下端开孔，嵌铜簧片而成。共鸣筒毛竹制，底端留节。将簧管置于筒内，口吹簧管上端，振动簧片发音，通过共鸣筒扩大音量。芒筒以圆润雄厚的持续音加强主音。

附 录

མང་མདོང་། སྦུན་དང་། ཏུང་། ཤུའི་ཡོའོ་རིགས་
བཅས་ཀྱི་ཤུག་གཅིག་རོལ་ཆས། ཤུག་དང་སྒྲ་སྒྲོགས་ཆས་
གཉིས་ཀྱིས་གྲུབ། རིང་ཐུང་ལའི་སྨི་༤༠ནས་༢༠༠ཡོད།
ཤུག་གི་སྨྱུག་མ་ཕོ་བོས་བཟོས་ཤིང་ཞབས་སུ་ཤུང་པུ་ཞིག་
ཡོད། མཉམ་གླགས་ཆས་ཀྱང་སྨྱུག་མས་བཟོས་ཤིང་
ཚིགས་ཡོད། ཤུག་གི་གོང་ནས་དབུགས་བཏང་ན་སྒྲ
ཤུགས་འདར་འགྱུར་བྱེད་སྐབས་མཉམ་གླགས་ཆས་བརྒྱུད་
ནས་སྒྲ་སྒྲོགས་པ་ཡིན། མང་མདོང་གི་སྒྲ་གདངས་སྒྲ
མཐུན་སྦྱིའི་ཤུག་མས་སྨྱུག་ཧྲུག་ཏེ་དྲག་ཏུ་བཏང་བ་ཡིན།

Mangtong, a category of single-reed instrument, is popular with Chinese ethnic groups like Miao, Dong, Shui, and Yao people. It consist of a reed pipe and a resonance tube and is 40-200cm long. The reed pipe is made of bamboo at the downside of which is inserted with a reed. The resonance tube is made of bamboo, too. And the joint at the downside is reserved. Puting the reed pipe into the tube, the player just aspirate through the pipe with the tube enlarging the volume.

铓锣 民族打击乐器。因锣脐突起呈乳状，又有"乳锣"等称。铜制，形体圆厚，带卷边。左手提锣，右手执槌击奏，声音圆润低沉。也可四五面编为一组，大小不一，挂在架上敲击演奏。主要流行于傣、佤、壮、景颇、德昂等民族中。

མང་ཊ། ཧྲུང་དགྲོལ་རོལ་ཆས་ཤིག འབུར་ནས་ནུ་མའི་
དབྱིབས་སུ་གྱུར་པས་ནུ་ཊ་ཡང་ཟེར། དེའི་ཟངས་ཀྱིས་
བཟོ་པར་མ་ཟད། དབྱིབས་སྒོར་ཞིང་མཐུག་ལ་མཐའ་
གུག་ཡོད་པ་ཞིག་གོ

Mangluo, a category of percussion instrument.

Because the navel on it is in breast-shaped, it is also called "breast-shaped luo". The luo, round and thick, is made of copper. When played, it sounds round and resonant. Alternatively, four or five Mangluo could form a group to be played. Principlely, it is popular with Chinese minorities like Dai, Va, Zhuang, Jingpo, Deang people.

蒙古族绰尔 新疆蒙古族图瓦人的一种古老的竖吹管乐器。用当地生长的一种草本植物的茎秆制作，长60厘米，管身置3孔。演奏时，先从喉中呼出一气喉鼻长音，然后吹奏出旋律音，形成特殊音色。其历史悠久，被誉为中国音乐史上的"活化石"。

ཙོག་པོའི་ཁྲོད། ཞིན་ཅང་གི་སོག་རིགས་ཐུའུ་པའི་
ཤུག་འབུད་རོལ་ཆས་ཤིག ས་གནས་དེར་སྐྱེས་པའི་ཞོར་
གི་གཞུང་ནས་བཟོས་ཤིང་། རིང་ཚད་ལ་སྨི་༦༠ཡོད།
སྟེང་དུ་ཁུང་པུ་གསུམ་ཡོད། དགོལ་སྐབས། སྟོན་མར་
མགྲིན་པའི་ནང་ནས་མགྲིན་འབུད་རིང་མོ་ཞིག་ཕྱུང་
རྗེས་འབུད། དེའི་བྱོར་གྱི་དགྱེས་བསལ་སྒྲ་གདངས་
ཞིག་ཡིན། ལོ་རྒྱུས་ཡང་རིང་བར་གྱུར་གོའི་རོལ་མོའི་
ལོ་རྒྱུས་སྟེང་གི་འགྱུར་རྫ་གསོན་པོ་ཞེས་པའི་མཚན་བཟང་
ཡང་བཏགས་ཡོད།

Zhuoer is an ancient wind instrument blowing against the edge, and is popular with Mongolian Tuwa people living in Xinjiang. Made of the stem of some local herbal plant, it has three finger holes at the length of 60cm. Attentively, only when the player aspirate from his larynx, can he play the unique sound. The historic instru-

· 1069 ·

ment has been hailed as the "living fossil" in the history of Chinese music.

泥哇呜 回族边棱气鸣乐器。古称"埙"。流行于宁夏。器体用黄胶泥捏制而成，大如鹅卵，小如核桃，外形各异，音孔数量和位置各不相同。一般在上端正中开吹孔，在前、后开若干音孔，系丝穗或彩珠作装饰。吹奏时，双手托捧，手指压、放音孔，口对吹孔送气发音。音域较窄。

ཉི་ཝུ་ཟོུ། ཧུའི་རིགས་ཀྱི་གཟེ་དབྱིབས་རོལ་ཆ། གནའ་དུས་སུ་ཡོན་ཟེར། ཞིང་ཤ་ཁྲུ་དུ་དར་ཁྱབ་ཆེ། རོལ་ཆས་འདིའི་དབྱིབས་མི་འདྲ་བ་སྣ་ཚོགས་ཡོད། སྒ་གཞུག་གི་གནས་དང་གྲངས་ཡང་མི་འདྲ། མང་ཆེ་བ་དགྱིལ་ནས་འབུད་དགོས་མོད། ལ་ལ་མཐུན་རྒྱུན་ནས་འབུད་ཚོགས། དགོག་སྐབས། ལག་ཟུང་གིས་རོལ་ཆས་བཟུང་ནས་མཐེབ་མོའི་བསྐོར་གཏོང་བར་ནས་དབུགས་བཏང་སྟེ། དབྱངས་རྒྱ་དགོལ་མོད། དེའི་སྒྲ་ཁྱོན་དོག་པོ་ཡིན།

Niwawu, a kind of edge-blown aerophone, is popular with Hui people in Ningxia province. It used to be called as Chinese ocarina. It is traditionaly made from clay. Some are as big as a goose egg, while others are as small as a peach pit. So the number of finger hole is various with different Niwawus. At the center part of the upper front side it has a mouthpiece. The finger holes are neatly arranged at both sides. Some are decorated with silk fringe and colourful beads. The range of the instrument is narrow.

牛腿琴 侗族弓拉弦鸣乐器。因琴体细长形似牛大腿而得名。一般琴长50~85厘米，用杉木制成瓢状，面上装薄板构成共鸣箱，两根弦，五度定音。琴弓一般用二胡弓。演奏方法和姿态略似小提琴。音色柔细。主要用于侗族民歌和侗戏伴奏。

ཟོག་ཀང་སྒྲ་སྙན། ཏུང་རིགས་ཀྱི་རྒྱུད་དཀྲོལ་རོལ་ཆས། སྒྲ་སྙན་ཕོ་ཞིང་རིང་ལ་ཕྱུགས་ཀྱི་ཆིག་པ་དང་འདྲ་བས་མིང་དེ་ལྟར་ཐོགས། རིང་ཚད་ལ་ལི་སྨི་༥༠ནས་༨༠ཡོད། ཐང་གཟིར་གིས་གཟེ་དབྱིབས་བཟོས་ནས་སྟེང་དུ་ཤིང་ལེབ་ཀྱིས་གྲུབ་ཚད་བྱེད། སྒྲ་རྒྱུད་གཉིས་གཏན། འཁོན་བྱས། སྒྲ་གཞུ་སྤྱིར་བཏང་དུ་པི་ཝང་རྒྱུད་ཀྱི་གཞུ་བཀོལ་ཡོད། རོལ་ཆས་དཀྲོལ་སྟངས་དང་འཛིན་སྟངས་ཆོག་ཤེས་ཆུང་བ་དང་འདྲ། དེ་གཙོ་བོ་དབགས་སྒྲ་དང་ཀློང་གར་གྱི་རིམ་དཀྲོལ་རོལ་ཆས་སུ་བཀོལ་ཡོད།

Niutuiqin, a kind of bowed or plucked lute, belongs to Dong people. Owing to its shape which looks like the thigh of cow, people call it Niutuiqin. Generally, it is 50-85cm long. The resonance box is a piece of ladle-shaped spruce wood which is covered with a thin slad. The bow is just the same as the bow of Erhu. The play method of it is similiar to that of Violin. It sounds soft. It is mainly used for the accompaniement of the track of Dong's ballad and opera.

羌笛 竖吹气鸣乐器。由两根长约15~20厘米、筒孔大小一致的竹管并在一起，用丝线缠绕而成。两管头各插1置有竹簧的吹嘴，管身各有6个音孔。主要用于独奏，有10余首古老曲牌，乐曲内容广泛，已有2000多年历史，流行于四川羌族聚居地区。

ཚབ་གླིང་། འབུད་གཏོང་རོལ་ཆས་ཤིག ཆ་ཆུང་མི་འདྲ་བ་དང་། རིང་ཐུང་ལ་ལྟ་སྦྱོར་/༢ནས་/༠ཡོད་པའི་སྨྱུག་མ་གཉིས་གཞིག་ནས་དར་སྐུད་ཀྱིས་བསྡམས་ཤིང་། སྨྱུག་མགོར་སྒྲེག་ལེབ་ཀྱི་འབུད་ཁ་བཞག་ཡོད། སྨྱུག་ཡུལ་ལ་སྨྲ་ཞིང་དབུ་རེ་ཡོད། གཙོ་བོ་རོལ་མོ་ཞིག་འབུད་དུ་བཀོལ་ཅིང་དབུས་རིགས་/༠ལྷག་ཡོད། རོལ་མོ་འདི་ལོ་ངོ་༢༠༠༠ལྷག་གི་ལོ་རྒྱུས་ཡོད། སི་ཁྲོན་ཆབ་རིགས་ས་ཁུལ་དུ་དར་ཁྱབ་ཆེ།

Qiang flute is a category of aerophone. It is composed of two bamboos tied together by string. There are two mouthpieces inserted with two reeds respectively, and each pipe has six finger holes. The instrument with 2000 years history is used to play solo. A good many ancient Qupai (the name of the tune) has been performed with this instrument which is popular in the region of Sichuan province where Qiang people live.

热瓦甫 维吾尔族、乌孜别克族弹弦乐器。流行于新疆维吾尔自治区。产生于14世纪。多为木制，上部是细长的琴身，顶部弯曲，下部是一个半球形的蒙皮共鸣箱。琴杆上缠有20多个丝弦品位，张一根主奏弦和若干根共鸣弦。拨片弹拨琴弦发音。

ར་ཝ་ཕུ། ཡུ་གུར་རིགས་དང་སྦུའུ་ཙི་པིའི་ལེ་རིགས་ཀྱི་རྒྱུད་གཏོང་རོལ་ཆས་ཤིག ཞིན་ཅང་ཡུ་གུར་རང་སྐྱོང་ལྗོངས་སུ་དར་ཁྱབ་ཆེ། དུས་རབས་/༤པར་བྱུང་། མང་ཆེ་བ་ཤིང་གིས་བཟོས་ཡོད། དེ་ལྟར་སྟོད་དང་ལྕོག་སྟོད་ཀྱི་

ཡུས་ཞིག་དང་སྨྲ་མགོ་བཀུག་ཡོད། ཤོག་སྡེའི་སྟོར་ཁྲིད་དབྱིབས་ཀྱི་གཡས་ཆས་གཡོགས་པ་ཞིག་ཡིན། སྟ་སྟོང་སྟེང་དར་སྐུད་ཀྱིས་དགྱིས་པའི་སྐ་ཧགས་ཏེ་/༠ལྷག་ཡོད། གཙོ་པོ་རྒྱུད་གཅིག་དང་མཐའ་གནས་རྒྱུད་ལ་ནས་ཡོད། སྟ་སྦོར་ཐོས་གཏོང་བ་ཡིན།

Rewapu, a category of plucked instrument, is popular with the Uyghurs and the Uzbeks. Now, it is very commom in Xinjiang Uygur Autonomous region. Its history can date back as far as to 14th century. It is made of wood. It has a long and thin bar and a hemispheric resonance box covered with leather. On the bar, there are about 20 freds. There is one presided string cooporating with several accord strings. It should be played with a plectrum.

头钹 土家族互击体鸣乐器。流行于湖南的龙山、桑植、永顺、保靖和湖北的来凤等地。响铜制成，呈帽形。钹面面径20～25厘米，碗（钹面突出部分）径10～12.5厘米，碗高3～4厘米，碗顶钻孔系以绸布，两面为一副。演奏时，两手各执一面，互击发音。音色清脆明亮。

ཐབ་ཆལ། ཐུའུ་ཅ་རིགས་ཀྱི་རྡུང་དཀྲོལ་རོལ་ཆས་ཤིག ཧུའུ་ནན་གྱི་ལོང་ཧྲན་དང་ལང་ཀྱི་པའི་ཅིན་དང་ཧུའུ་པེའི་ལེ་ཧྥུན་ས་ཁུལ་དུ་དར་ཁྱབ་ཆེ། ཐངས་ཀྱིས་བཟོས་པའི་དབྱིབས་ཞྭ་བུ་ཡིན། སྨྱུག་ཆས་རིང་ཚད་ལི་སྨྲ་༢༠ནས་༢༥བར་ཡོད་ལ། ཆང་ཐིགས་ལ་ལི་སྨྲ་/༠ནས་/༢．པོད་པ་དང་། འབུར་རོས་ལ་ལི་སྨྲ་༣ནས་༤ཡོད། འབུར་མགོ་ནས་ཁུང་བུ་བཏོད་དེ་དར་སྐུད་བརྒྱུས་ཡོད། ངོས་གཉིས་ཆ་གཅིག་ཡིན། དཀྲོལ་སྐབས་ངོ་གཉིས་རེ་བཟུང་ནས་ཕན་ཚུན་བརྡུང་ན་གསལ་ཞིང་

སྣེན་པའི་སྒྲ་སྒྲོགས་པའོ། །

Cymbal is a kind of friction idophone and is popular with Tujia people living in Hunan and Hubei provinces. It is made of bell metal and made into hat-shape. The diameter of brim is 20-25cm while the diameter of the crown 10-12.5cm. The crown is about 4cm high. Two cymbal consist a couple and each of them has a hole drilled on the crown which is tied with a silk. When playing, the player needs to rub the two cymbals to make the sound clear and melodious.

土胡 民间又称"厚胡"等。壮族弓拉弦鸣乐器。形似二胡，常用桐木做琴筒，薄板做面，檍木为杆，置二轸，金属丝为弦，配马尾弓。以深沉洪亮的中音色而成为马骨胡、三弦的搭配乐器。流行于桂中、桂南等地。是壮剧中不可缺少的"三大件"伴奏乐器之一。

ཐུའུ་ཧུའུ་ཞེས་པ། དམངས་ཁྲོད་དུ་ཧོའུ་ཧུའུ་ཡང་ཟེར། གྲོང་རིགས་ཀྱི་རོལ་ཆས་ཤིག དབྱིབས་པོ་ཕྱང་རྒྱུད་གཉིས་དང་འདྲ། བཀྲུག་ཤིང་གིས་སྒྲ་མཛོད་བྱས་པ་དང་། དོ་ཤིང་ལེབ་ཡིན། དབྱུག་ཤིང་གིས་སྒྲ་ཧྲུང་བྱས་ཏེ་འཁོར་རྟེན་གཉིས་བཞག་ཡོད། ལྕགས་སྐུད་ཀྱི་རྒྱུད་བྱས་ནས་གཞུ་ཀྭ་ཚ་འཁྱིག་བྱས་ཡོད། གདངས་དབའ་ཞིང་གསལ་བའི་ཁྱད་ཆོས་ལྡན་པས། རྟ་རུས་པི་ཡང་དང་རྒྱུད་གསུམ་རོལ་ཆས་བཅས་ཀྱི་ཆ་འགྲིག་རོལ་ཆས་སུ་གྱུར། གུའི་གཞུའི་དང་གུའི་ཞན་བཅས་སུ་དར་ཁྱབ་ཆེ། དེའི་གྲོང་རིགས་ཀྱི་ཟློས་གར་རམ་དགྲོལ་རོལ་ཆས་གསུམ་གྱི་གྲས་ཡིན།

Local Erhu is a category of string instument which is similar to Erhu. Usually, the tube is made of paulownia wood; the cover of thin board; the bar of Xian wood; the string of metal wire. There are two axis on the bar, and the string on the bow is made of the hair of horsetail. Because its resonant sound, the instrument is the best choice to accompany for other two famous Zhuang's instruments, that is to say, this instrument is one of the three important instruments of Zhuang opera. It is mainly popular in the midlle and southern districts of Guangxi.

吐克修尔 蒙古族弹拨乐器。流行于新疆博尔塔拉蒙古自治州一带。其整体形似平底葫芦，长约90厘米。木质琴箱，蒙白松面板，边缘绘图案纹饰。琴颈较短，琴头上左右各置一轸，张两条丝质琴弦。演奏时，斜抱怀中，左手按弦，右手拨弦发音。

ཐུན་ཁེ་ཞོར། སོག་པོའི་སོར་གཏོང་རོལ་ཆས་ཤིག ཞིན་ཅང་པོར་ཐ་ལ་སོག་རིགས་རང་སྐྱོང་ཁུལ་གྱིས་ས་ཁོངས་སུ་དར་ཁྱབ་ཆེ། སྤྱིའི་དབྱིབས་དོག་སྟོང་པའི་ག་བེད་དང་མཚུངས། རིང་ཚད་ལ་སྤྱི་ལེ་༩༠ཙམ། རོལ་པོའི་སྒམ་ཤིང་རྒྱུ་དང་། དོར་མོང་བོའི་སོག་དཀར། མཐར་ཏེ་བཅུན་ཡོད། རོལ་མོའི་སྐྱེ་ཐུང་ཞིང་། མགོའི་གཡས་གཡོན་དུ་འཕྲེད་ཤིང་རེ་དང་གཡས་སྐྱེ་ཀྱི་རྒྱུད་གཉིས་ཡོད། དགྲོལ་སྐབས་པ་དུ་འཛེར་ཀྱིས་བཟུང་ནས། གཡོན་ལག་གིས་རྒྱུད་བསྣུན་པ་དང་གཡས་ལག་གིས་རྒྱུད་དགྲོལ་ན་སྒྲ་འབྱུང་།

Tukexiuer, a category of pluck instrument, prevails in Boertala Mongolia autonomous prefecture, Xinjiang Uygur Autonomous Region. It looks like a gourd with a flat bottom. It is about 90 cm long. The resonant box is made of wood and coverd with Spurce board which is decorated with patterns. The bar is a little bit short and an axis is installed on both sides of the head separately. The two strings is made from silk. When palying, the player needs to use his left hand to press the strings and the right hand to pluck them.

吐良 无簧哨管乐器。流行于云南景颇族聚居地区。用一根约长45厘米的细竹管，中间开一方型吹孔制成，也有用两三节竹管套接而成。管身无指孔，凭管筒泛音与管口两端的开闭而发出高低不同的音，音域可达两个八度。可以伴奏或独奏。

ཐུའུ་ལིཨང༌། འབུད་གཏོང་རོལ་ཆས་ཤིག་ཡིན་ཞིང་ ཅིང་པོ་རིགས་ཀྱི་ས་ཁུལ་དུ་དར་ཁྱབ་ཆེ། སྦག་རིལ་རིགས་ཆེ་ལོ་སྤྱད་པའི་ཙམ་གྱི་དབྱུག་ཏུ་འབུད་ཁུང་བཟོ་བཞི་ཁུང་ཞིག་དོར་ནས་བཟོས་པ་དང་། སྦུག་ཚིགས་གཉིས་གསུམ་སྦྱར་ནས་བཟོས་པའང་ཡོད། འབུད་ཁུང་ལས་ གཞན་མཛུབ་ཁུང་མེད། འབུད་མདོར་གོ་ཐུར་དང་རྩེ་གཉིས་ཀྱི་འབྱེད་བཙུམ་ལ་བརྟེན་ནས་སྒྲ་མཐོ་དམའ་མི་འདྲ་བ་སྒྲོག དབངས་གནས་ཚད་རིམ་བཀུད་ཚུན་གཉིས་ལ་སླེབས་ཐུབ། རས་དགོན་ལས་ཡིན་དགོས་ བྱས་ཆོག

Tuliang is popular with the Jingpo people settled in Yunnan province. Some are made of a thin piece of bamboo of 45cm long and on the middle there is a square hole. Others consist of 2 or 3 pieces of short bamboo. However, there is no finger hole. Owing to the vidration in the tube and the control of two ends, the instrument can make different sounds. Its range can reach two octaves. It is used in accompaniment or solo plays.

瓦琴 壮族拉弦乐器。形似一块扣瓦而得名。又因张七弦而称"七弦琴"。木质琴板长约65厘米，马尾弓拉奏，发音厚实、明亮，近似中胡。流传于广西东兰、凤山等地。

དབའ་ཆེན་སྒྲ་སྙན། གྲོང་རིགས་ཀྱི་གཞུ་འཐེན་རོལ་ ཆ། དབྱིབས་ཁོག་དབའ་ཆ་འདྲ་བས་མིང་དེ་ལྟར་ ཐོགས། རྒྱུད་སྐུད་བདུན་བཀྱུས་ཡོད་པས་རྒྱུད་བདུན་ རོལ་ཆ་ཞེས་ཟེར། རོལ་ཆའི་དོར་རྒྱུ་ཤིང་རིགས་ཆོས་ ལ་སྦྱར་ཡོད་ཚད། རྟ་རྔའི་གཞུ་ཡིས་འཐེན་དགྲོལ་བྱེད། སྒྲ་ གདངས་གསལ་བཞིན་དྭངས་ལ་ཕྱི་སྤུན་རྒྱུད་གཞིས་མ་དང་ འད། གོང་ཞི་བྱང་ལན་དང་སྟེང་ཤན་དུ་དར་ཁྱབ་ཆེ།

Va Lute is a kind of bowed string instrument popuplar with the Zhuang people. Because it has seven strings, it is also called "seven-stringed lute". The wooden plate is 65cm long. It sounds thick and clear just like Erhu. It is mainly popular at Donglan, and Fengshan in Guangxi.

象脚鼓 傣、佤、景颇、德昂、布郎、拉祜、哈尼等民族打击乐器。流行于云南西双版纳等地。木制。通体中空，上部是杯形共鸣体，顶端为蒙皮鼓面，鼓皮四周用细牛皮条勒紧，拴系于鼓腔下部。鼓身外表涂漆，鼓腰和鼓的下半部雕有装饰图案。

གླིང་ཆེན་རྐང་རྔ། བརྙན་དང་། དབའ། ཅིང་པོ། དེ་ཨང་། ཕུའུ་ལང་། ལ་ཧུའི། ཧ་ཉི་སོགས་མི་རིགས་ཀྱི་ རྔའི་རོལ་ཆ་ཞིག་ཡུན་ནན་ཞི་ཐོན་པ་ནན་སོགས་སུ་དར་

ཁྱབ་ཆེ། རྒྱ་ཤིང་། ལོག་སྟོང་ནང་མོ་དང་སྟོང་ནི་གཏོར་སྟོད་ཀྱི་དབྱིབས། ཐོག་ཀོ་ཡིས་བཏུམས་ཤིང་ཀོ་མཐའ་ཀོ་ཐག་གིས་འཆིང་ནས་སྒྲིག་སྡུད་དུ་འཇུག་ཡོད། རྡ་ཐོ་དུ་རྩི་བཏང་ཞིང་རྡ་སྐེད་དང་སྨད་ཕྱོགས་སུ་རྒྱན་སྤྲས་ཀྱི་རི་མོ་བཀོད་ཡོད།

Elephant-foot drum is a category of percussion instrument popular with several ethnic groups like Dai, Va, Jingpo, De'ang, Blang, Lahu and Hani. It is mainly popular in Xishuangbanna, Yunnan province. It is made of wood which is hollow. The upper part is cup-shaped resonace cavity. It is coverd by leather which is tighted by fine string of cowhide. The body of the drum is painted, while the waist and bottom half of the drum are carved with patterns.

箫筒　苗、瑶、彝等民族吹奏乐器。苗语叫"藏栽"，瑶语叫"步店"或"居昂列"，彝语叫"嘟噜"。以竹做箫管，全长30～40厘米，管上开5～7个按音孔。吹口部分各族不同，都以唇垫管口吹奏。音色轻柔、悠扬。主要用于青年男女的爱情生活。

ཕུགས་སྒྲོང་། སུའོ་དང་། ཡའོ། དབྱིས་རིགས་སོགས་ཀྱི་འབུད་དཀྲོལ་རོལ་ཆ་ཞིག སུའོ་སྐད་དུ་གཙང་ཚའི་དང་། ཡའོ་སྐད་དུ་པའོ་ཏུན་ནས་ཅུའུ་ཨང་ལེ། དབྱིས་སྐད་དུ་ཏུའི་ལུའུ་ཞེས་འབོད། སྨྱུག་མས་འབུད་མདོང་བྱེད་པ་དང་རིང་ཚད་ཆ་སྙོམས་ལ་ལྡེ་30ནས་40ཡོད། འབུད་མདོང་ཐོག་ཏུ་སྒྲ་ཤན་བདུན་ནས་བདུན་ཡོད། འབུད་མདོང་ནི་མི་རིགས་སོ་སོའི་འདོད་ལ་ཆོས་མ་མཚུངས། སྒྲ་སྙན་འབུད། སྙན་འཇེབས་འཇུབས་ཤིག གཏོང་སྒྲ་དང་ལྷང་། སྒྲོང་གི་འཚོ་བོ་ནི་གཞོན་པོ་ནར་སོན་པའི་བྱམས་བརྩེའི་འཚོ་བ་འཆོལ་ཆེད་ཡིན།

Xiaotong is a kind of wind instrument popular with Miao, Yao, and Yi people. Different ethnic groups have their own unique names. Miao people call it as "zangzai", Yao "Budian" or "Juanglie", and Yi "Dulu". The tube, made of bamboo, is about 35cm long. On the tube, there are 5 to 7 fingerholes. The position of blowhole depends on each natioality's preference. Its tone is gentle and melodious, so the young would like to employ this instrument to express their adoration.

彝族大三弦　彝族支系阿细人、撒尼人等喜爱的民间弹弦乐器。木质琴身，全长多为130～140厘米。琴面蒙以羊皮，有三轸，张三筋弦。弦下端挂有小铁片或小铁环，随弦振动发音。演奏时斜挎左肩，边弹边舞。

དབྱིས་རིགས་ཀྱི་རྒྱུད་གསུམ་ཆེན་པོ། དབྱིས་རིགས་ཀྱི་ཡན་ལག་ཨ་ཞི་མི་དང་བའི་ནི་མི་སོགས་དགའ་བའི་དམངས་ཁྲོད་ཀྱི་གཏོང་དཀྲོལ་རོལ་ཆ་ཞིག རྒྱུ་ཤིང་དང་རིད་ཚོན་ལ་ཡིན་སྟེ། 130 ནས 140 བར། རོལ་ཆས་ཀྱི་ལག་སྒོལ་ཀྱི་བཏུམས་ཤིང་འཁྲིད་ཤིང་གསུམ་གྱི་རྩ་སུ་ཀྲུར་གསུམ་བརྒྱུས་ཡོད། རྒྱུད་ལོ་དུ་ལྕགས་སྡར་བཏགས་ཀྱི་ཨ་ལོང་བཏེགས་ནས་རྒྱུད་ཀྱི་འདར་འགུལ་དང་བསྟུན་ཏེ་འབྱུང་། གཏོང་དཀྲོལ་སྐབས་ཕྲག་མགོན་གཡོན་མ་འཁྱུར་བྱས་ཏེ་དབྱང་དཀྲོལ་ཞོར་འཁབ་འཁོར་བྱེད།

Yi Three-Stringed Lute, a category of pluck instrument, is popular with Axi and Sani people who are two branchs of Yi people. The wooden instument, covered with goat skin, is about 135cm long. The instrument has three pegs and three strings tied with pieces of iron. Players carrying the instrument on his or her left shoulder can dance while playing.

鹰笛 气鸣乐器。因用鹰的翅膀骨制作而得名。流行于塔吉克族、柯尔克孜族和藏族聚居地区。管身一般全长 24～26 厘米，管径 1.5 厘米左右，管内空无簧哨，上下两端管口皆为通孔，管上开有多个按音孔。管身竖置吹奏。音色高亢明亮。

མཁའ་ལྡིང་། འབུད་དགོལ་རོལ་ཆ་ཞིག་ཁྱོན་གྱི་གཤོག་རུས་ཀྱིས་བཟོས་ཚུལ་མིད་དེ་ལྟར་ཐོགས། ཐ་ཅི་ཁེ་རིགས་དང་ཁོའི་ཚེ་རིགས། བོད་རིགས་ཀྱི་འདུ་སྡོད་ཁུལ་དུ་ཁྱབ་ཆེ། སྦུག་པའི་རིང་ཚད་ལ་སྤྱི་སྦྱར 24ཅིམ་ར་ཡབ་དང་། སྦུག་ལ་སྤྱི་སྦྱར 1ཆོད 5 པའི་ཅིམ་དུ་ཡོད། སྦུག་ཚེ་མེད་པའི་ཁོག་སྟོང་སྦུ་གུ་ཅན། སྟེང་དུ་བུ་ག་འགའ་ཡོད། ཅེན་དུ་བཟུང་ནས་འབུད་དགོས། སྒྲ་གསལ་ཞིང་དྭངས།

Hawk flute is a kind of aerophone. Because it is made of the bone of hawk's wing, it is called as Hawk flute. It mainly prevails in the Tajik, Kirgiz and Tibetan areas. The flute is commonly 25cm long. The diameter of the flute is about 1.5cm. Without reed inside, the holes on the two sides of the flute can interflow. Several fingerholes are driled on the flute. Holding it erectly, the player can creat sonorous and bright sounds.

札木聂 藏族弹弦乐器。藏语"扎木"是声音、"聂"为悦耳好听之意。木制，张六弦，长 100～110 厘米。音箱整体为半葫芦形，上部较小呈棱形，下部较大呈椭圆形，正面蒙皮。琴杆细长，指板无品。琴头向后半弧形弯曲，六轴分列两侧。演奏时，斜挎腰间，用拨子弹奏。

སྒྲ་སྙན། བོད་ཀྱི་རྒྱུད་དཀྲོལ་རོལ་ཆ་ཞིག སྦྲ་སྙན་པས་མིང་དེ་ལྟར་ཐོགས། ཤིང་གིས་བཟོས། རྒྱུད་དྲུག་ཅན། རིང་ཚད་ལ་སྤྱི 100 ནས 110 བར། ཕྱག་ལྟེབ་ཏོའི་དབྱིབས་ཁོད་དང་མཚུངས། སྦྱིན་ཕྱོགས་ལྕུང་ཕྲ། ལ་ཟུར་གསུམ་དབྱིབས་ཅན། འོག་ཕྱོགས་ཆུང་ཆེ་འཛིན་པོའི་དབྱིབས། དོང་ཁོ་ཡིས་བཏུམས་ཡོད། རྒྱུད་ཕ་ཞིང་རིང་ལ་རྒྱུད་གནས་མེད། སྒྲ་མགོ་ཕྱིར་གུ་དབྱིབས་ལྟ་བུར་གུག་པ་དང་རྒྱུད་ཏུ་དྲུག་སྒྲ་མགོའི་ཕྱོགས་གཉིས་སུ་བསྒྲུར་ཡོད། དཀྲོལ་སྐབས་འཁྱུར་གྱིས་དཀྲོལ། པར་བཏེགས་ནས་དཀྲོལ་ཆས་ཀྱིས་དཀྲོལ།

Zhamunie is a category of pluck instrument popular with Tibetan people. In Tibetan language, "Zhamu" means voice while "Nie" refers to euphony. It is a long-necked, gourd-shaped and fretless lute covered by skin on the front side. It is usually hollowed out of a single piece of wood and can vary in size from 100-120 cm in length. The six axises are installed on both sides. When playing, the player carries it on the waist and play with a plectrum.

竹枕琴 瑶族打击乐器。流行于广西大瑶山区。瑶语称"范间姆"，为枕头形竹琴之意。以毛竹制作，取琴身的竹外皮为弦，共 8 根，弦下支马，用竹筷大小的棒击弦发音。有大、小两种形制：小者长约 20 厘米，发音高，俗称"公琴"；大者长约 30 厘米，发音低，俗称

1075

"母琴"。

སྱག་ཟམ་ཆེན། ཡའོ་རིགས་ཀྱི་རྡུང་དཀྲོལ་རོལ་ཆ་ཞིག གོང་ཞི་ཡའོ་རིའི་ཁུལ་དུ་དར་ཁྱབ་ཆེ། ཡའོ་སྐད་དུ་སྒྲིག་ཙན་མའོ་ཟེར། ནང་དོན་ནི་མགོ་སྔས་དབྱིབས་ཀྱི་སྦྱུག་ཆེན་ཡིན། སྦྱུག་མས་བཟོས་ཤིང་སྦྱུག་ཤུབས་ཀྱིས་རྒྱུད་བྱེད། སོལ་བས་རྒྱུད་བརྒྱད་ཡོད། རྒྱུད་ལོག་ཏུ་སྐོར་ཏུ་ཤུན། ཆེ་ཆུང་སྱག་ཐུར་འདི་ཞིག་གིས་རྡུང་དཀྲོལ་བྱེད་ནས་སྒྲ་འབྱུང་། ཆེ་ཆུང་རྣམ་པ་གཉིས་ཡོད་དེ། ཆུང་བའི་རིང་ཚད་ལ་ལི་སྨི་༢༠་ཚམ། སྐྱ་མོའ། སྐྱོལ་རྒྱུད་དུ་བོ་ཆེན་ཟེར། ཆེ་བའི་རིང་ཚད་ལ་ལི་སྨི་༣༠་ཚམ། སྐྱ་དམར། སྒོལ་རྒྱུད་དུ་མོ་ཆེན་ཟེར།

Pillow-shaped fiddle is a kind of percussion instrument prevailing in Yao mountain areas of Guangxi. In Yao language, it is called as "Fan-jian-mu", which means that the instrument looks like a Chinese traditional pillow. Made of bamboo, the instrument has 8 strings made from bamboo rind. The stick is in Chopsticks size, by which the player can stick the strings to make sound. There are two different sizes. The small one called "Male fiddle" is about 20cm long with a high sounding; while the big one called "Female fiddle" is about 30cm long with low sounding.

壮族棒棒 壮族互击体鸣乐器。流行于广西西部地区和云南文山壮族苗族自治州广大农村。一说为民间歌舞娱乐所用；二说来自道公歌舞，以尺击板演化而来。棒长50厘米左右，直径4厘米左右，两根为一副。主要用于壮族民间歌舞《棒棒灯》的伴奏。

གྲོང་རིགས་ཀྱི་དབྱུ་ག། གྲོང་རིགས་ཀྱི་ཕན་ཚུན་རྡུང་དཀྲོལ་རོལ་ཆ་ཞིག གུའེ་ཞིས་ཁྱོལ་དང་ཡུན་ནན་ཐུན་གྱི་གྲོང་རིགས་དང་མུའེ་རིགས་རང་སྐྱོང་ཁུལ་གྱི་ཆེ་གྲོང་བྱེ་བྲག་ཏུ་དར་ཁྱབ་ཆེ། དར་ཚུལ་ལ་བགྲོལ་གཞིས་ཏེ། གཅིག་ནི་དམངས་ཁྲོད་གཞས་གཤོལ་ཆེད་འཛིན་རྒྱུ་དང་། གཉིས་ནི་ཏའོ་གོང་གཞས་གཤོལ་བྱེད་ལུགས་དགོལ་བྱེད་པའི་རོལ་ཆ་ཡི་འཕེལ་འགྱུར་ཡིན་ནས་བྱུང་བའོ། དབྱུག་གུའི་རིང་ཚད་ལི་སྨི་༥༠་ཡས་མས། སྒྲ་ལི་སྨི་༤་ཡས་མས། དབྱུ་གུ་གཉིས་ཆ་གཅིག གཙོ་གྲོང་རིགས་ཀྱི་དམངས་ཁྲོད་གཞས་པོ《དབྱུ་གུའི་སྒྲོན》གྱི་རོགས་དཀྲོལ་བྱེད་དོ།

Bangbang is a category of idiophone instrument. It is common in villages of the western area of Guangxi and in Wenshan Zhuang and Miao Autonomous Prefecture of Yunnan province. Some suggest that the instrument is used for folk dance and songs, while other insist that the instrument is used as an accompliment of Taoist dances. It is said that at first people just stuck the board with wooden ruler instead of thick sticks. The two sticks are about 50cm long and 4cm in diameter. The instrument is mainly used for the accompaniment of Zhuang's performance of "Bang Bang Deng".

壮族蜂鼓 壮族混合击膜鸣乐器。又以横置腹前演奏而有"横鼓"之称。流行于广西各地。长约60厘米，陶腔皮膜，以绳绷紧，腰细两头粗，酷似蜂体，故名。演奏时，左手拍击鼓面，右手执槌击奏。

གྲོང་རིགས་སྦྲང་ཟ། གྲོང་རིགས་ཀྱི་མཐམ་བསྲེས་རྡུང་དཀྲོལ་རོལ་ཆ་ཞིག འཕྲེད་ཀྱིས་གསུས་ཏོག་ཏུ་བཞག་ནས་བརྡུངས་བས་འཕྲེད་རྔ་ཞེས་ཀྱང་ཟེར། གོའེ་ཞིའི་

ས་ཁྱལ་བོ་སོར་བྱུག རིང་ཚད་ལའི་སྨི༼༦༠ཙམ༽ རྫ་སྒྲག་
སྐྱེ་ལྷགས་ཐབ་པས་འཁྱིན་ཞིང་ར་སྐྱེད་པ་ལ་སྟེ་གཉིས་
སྦོམ། སྟུག་མའི་ཡུས་དབྱིབས་དང་ཚ་འདུབས་མེད་པ་
ལྟར་ཕོགས། དགོལ་སྐབས་གཡོན་ལག་གིས་རྔའི་ངོས་
རྡུང་བ་དང་གཡས་ལག་གིས་ར་དབྱུག་བརྡུང་ནས་སྒྲ་
དགོལ་བྱོ། །

Bee-shaped drum is a category of struck membranophone created by Zhuang people in Guangxi. Because the instrument should be hung transversely in front of the player, it is also called "transverse drum". It is about 60cm long. The drum is made from pottery, at the two ends of which are coverd by cattlehide. In case of the crash caused by press, rope is used to increase the tension. Owing to its special shape (the two end parts of the instrument are thicker than the middle part), the instrument is called bee-shape drum. When playing, the player should use his right hand knocking on the drum and striking with a stick in his left hand.

姊妹箫 布依族、苗族吹奏乐器。布依语称"力勒歪练",苗语称"力布"。由于在演奏时两人各奏 1 只等音高的箫,或将两只等音高的箫并在一起演奏,故名。水竹制,长约 20 厘米,顶端封口,在靠近顶端处削制 1 个方舌形簧片。布依族姊妹箫开 8 个音孔,苗族姊妹箫开 7 个音孔。

སྲིང་སྲིང་ཕྱུག་གླིང་། ཕུའི་དབྱི་རིགས་དང་། མོན་རིགས་ཀྱི་འབུད་གླིང་ཞིག ཕུའི་དབྱི་སྐད་དུ་ལེ་ལུའི་ནའི་དང་མོན་སྐད་དུ་ལེ་པའི་ཟེར། འབུད་སྐབས་མི་གཉིས་ཀྱིས་གདངས་མཚོ་དབལ་འདུ་བའི་གླིང་བུ་རེ་འབུད་པའམ། གདངས་མཚོ་དབལ་འདུ་བའི་གླིང་བུ་གཉིས་མཉམ་ནས་འབུད་པས་མིང་དེ་ལྟར་ཐོགས། སྨྱུག་མས་བཟོས། རིང་ཚད་ལའི་སྨི༡༠ཙམ། སྟེ་མགོ་བཀུམ་ནས་ཉེ་འགྲམ་དུ་སྒྲིང་སྟེ་སྨྲ་གས་དབྱིབས་ཤིག་བཟོའོ། ཕུའི་དབྱི་རིགས་ཀྱི་མིང་སྲིང་ཕྱུག་གླིང་ལ་སྒྲ་བུག་བརྒྱད་ཡོད་པ་དང་། མོན་རིགས་ཀྱི་མིང་སྲིང་ཕྱུག་གླིང་ལ་སྒྲ་བུག་བདུན་ཡོད།

Zimei Xiao ("Sister" endblown flute) is a kind of wind instrument popular with Buyi and Miao people. In Buyi language, it is called "Li-lei-wai-lian"; in Miao language, it is called "Li-bu". When playing the instrument, sometimes two players play two same flute respectively or sometimes one player plays two flutes. one player plays two flute. For this reason, the instrument gets its name. Made of bamboo, it is about 20cm long with the upper end closed. Near the end, a reed is embeded. On the flute, Buyi people drill 8 fingerholes while Miao people drill 7 fingerholes.

中国少数民族传统体育、竞技、武术

ཀྲུང་གོའི་གྲངས་ཉུང་མི་རིགས་ཀྱི་སྲོལ་རྒྱུན་ལུས་རྩལ་དང་། རྩལ་འགྲན། དྲག་རྩལ་སོར།

China's Ethnic Traditional Sprots, Athletics, Martial Arts

八人秋 即"八人秋千"。流行于湖南湘西苗族聚居地区。每年立秋这天是苗族的"赶秋节",玩八人秋为重要项目。在形同巨大纺车圆鼓的秋千架上,分坐八人。架下站两位老人(秋公和秋婆),由他们念诗,唱"开秋歌",转动秋千。秋千停止,谁停在最高处谁就要唱歌。

མི་བརྒྱད་དཔྱང་ཐག དཔུའི་ནན་ཞང་ནན་གྱི་ཤར་རིགས་ས་ཁུལ་དུ་དར་ཁྱབ་ཆེ། བོ་རེའི་སྟོན་ཆོགས་ཞེས་མོ་མཚོའི་རིགས་ཀྱི་སྟོན་ཆོས་དུས་ཆེན་ཡིན། དུས་དེར་མི་བརྒྱད་དཔྱང་ཐག་རྩེ་བ་ཚན་པ་གལ་ཆེན་ཞིག་ཏུ་བརྩིས། དངོས་སུ་ཇོ་ཙ་ཀྱི་དཔྱང་ཐག་སྟེགས་སྒྲིག་འཁོར་འཁོར་ཆེན་པོའི་སྟེང་མི་བརྒྱད་སོ་སོར་འདུག་པ་དང་། སྟེགས་འོག་ཏུ་བགྲེས་པོ་གཉིས་ལངས།(སྟོན་པོ་སྟོན་མོ) ནས་ཁོང་ཚོས་སྙན་ངག་གྱེར་བ་དང་། སྟོན་ཚིགས་སྒྱུ་དབྱངས། བླངས་ཏེ། དཔྱང་ཐག་འཁོར་འགུལ་བྱེད། དཔྱང་ཐག་འཁོར་མཚམས་བཞག་རྗེས། མི་སུ་ཆེས་མཐོ་བར་གནས་ན་དེས་གླུ་ལེན་དགོས།

Eight-person Swinging gets its popularity in Miao ethnic area of western Hunan province. The day when autumn begins each year is the Autumn Festival Rush of the Miao people. That day playing Eight-person Swinging is an essential activity. Eight people sit separately on the swing whose shape is like a huge spinning wheel, under which two old people stand, reading poems and singing to start the festival and spin the swing. When the swing stops, whoever stays the highest will sing a song.

抱石头 藏族的一项技巧和力量相结合的体育活动。多在喜庆日子及集会时举行。有多种比赛形式和重量等级。其中一种是,先把重约100~150公斤的石头抱至肩头,然后从肩部向后抛,以抛得远者为胜。有的比赛还要在石头上涂抹酥油,使之腻滑,不易抱住。

འཁྱོག་རྡོ། བོད་རིགས་ཀྱི་རྩལ་དང་སྟོབས་ཤུགས་ཟུང་འབྲེལ་ཡུལ་རྩལ་བྱེད་སྒོ་ཞིག མང་ཆེ་བ་ནི་དགའ་སྟོན་ཉིན་འགྱེལ་གྱི་ཉིན་མོ་དང་འདུ་ཚོགས་སྐབས་སུ་སྤེལ་བ་རེད། འགྲན་བསྡུར་གྱི་རྣམ་ཁམས་པ་དང་ལྗིད་ཚད་ལེགས་ཤེས་བཅས་ཚད་ཡོད། དེའི་ནང་གི་གཅིག་ནི། སྟོང་ལྗིད་ཚད་སྒྲ་རྒྱ། ༡༠༠ནས་༡༥༠ཡི་རྡོ་དེ་པང་ནས་ཕག

· 1078 ·

པར་ལེན་པ་དང་། དེ་ནས་ཕྲག་པ་ནས་རྒྱབ་ཏུ་འཕངས་ཏེ་སུའི་འཕངས་ཐག་རིང་བ་དེ་རྒྱལ་བ་ཡིན། འགན་བསྡུར་འགའ་རེར་རྡོ་ཕོག་ཏུ་མར་བྱུག་ནས་འཛམ་པོ་བྱས་ཏེ་པར་ལེན་སླ་མོ་མིན་པར་བཟོ།

Lifting the Stone, combined with techniques and power, is a sports activity of Tibetan people. It is usually held in festive days or rallies and it has various ways of competitions with different grades of weight. One of the games is lifting a stone about 100 to 150kg to the shoulder, from where to throw it backwards. Whoever throws the farthest will be the winner. Besides, stones will be coated with butter in some other competitions, which makes the stone difficult to be held.

采珍珠 满语称"尼楚赫",满族民间球类比赛项目。通常参赛双方各六人,其中各有一名队员站在场子一端手持网捕捞"珍珠"(球),各有两名队员手持蚌型木拍,站在对方捕珠者前面拦截"珍珠"。剩下三名队员下"水"(场地)与对方队员争抢"珍珠"。捕珠者网中"珍珠"多方获胜。

མུ་ཏིག་བཏོག་པ། མན་ཇུའི་སྐད་དུ་ཉི་ཁྲུའུ་ཧེར་མན་ཇུ་རིགས་ཀྱི་དམངས་ཁྲོད་སྤོ་ལོ་རིགས་འགྲན་བསྡུར་རྣམ་གྲངས་ཤིག་ཡིན། རྒྱུན་པར་འགྲན་རྩོད་པ་ཕྱོགས་གཉིས་ལ་མི་དྲུག་རེ་འདིས། དེའི་ནང་གི་མི་གཅིག་རེ་འགྲན་རའི་སྣེ་གཅིག་ཏུ་ལག་ལ་མུ་ཏིག་(སྤོ་ལོ)འཛིན་རྩོད་ཀྱི་དྲ་མ་ཞིག་བཟུང། གཞན་མི་གཉིས་རེ་ཡིས་ལག་ཏུ་ཁ་པོའི་རྣམ་པའི་ཤིང་ལག་ཅིག་བཟུང་སྟེ། མུ་ཏིག་འཛིན་རྩོད་ཀྱི་ད་མ་ཞིག་བཟུང་། གཞན་མི་གཞན་གྱི་མདུན་ལ་འགགས་ནས་མུ་ཏིག་འཛིན་པར་བཀག་འགོག།

བཙོས། ལྷག་མའི་མི་གསུམ་གྱིས་ཆུ་ཏིག་འཛིན་པར་འགྲོག་རྩོད་བྱེད། སུ་ཞིག་གིས་མུ་ཏིག་དྲ་མའི་ནང་དུ་ཏིག་བཤག་པ་མང་ན་དེས་རྒྱལ་ཁ་ཐོབ་པ་ཡིན།

Grabbing Pearls is also called NiChuHe in the Manchu language and it is a ball game among the folk of the Manchu. There are often 6 people for each side. One person from each side stands at the end of his own field and holds a net to catch the pearls (balls). Besides, two persons from each side hold a wooden bat which is oyster-shaped and stand in front of the catchers from the other side and intercept the pearls. The other three players will dive (go to the match field) to grab the "pearls", competing with players from the other side. The catcher whose net has most "pearls" will win.

跳板 朝鲜族传统体育项目。参加者常为女子。跳板多用质地坚硬且具弹性的木板制成,中央置"板垫",使其两端可以上下活动。玩者分站跳板两端,交相蹬板,此起彼落。比赛分两种:"抽线"跳法,以腾空者脚上系线拉出长度定胜负;表演"跳法",比谁的跳腾动作难度大、姿势更优美。

མཆོང་པང་། ཁོར་ཞན་རིགས་ཀྱི་སྲོལ་རྒྱུན་ལུས་རྩལ་རྣམ་གྲངས་ཤིག ཞུགས་མཁན་ཕལ་ཆེ་བ་བུད་མེད་ཡིན། མཆོང་པང་མང་ཆེ་བ་རྒྱུ་སྲ་ལ་ཟིང་མཉེན་གྱི་ཤིང་གཞི་སླབ་པའི་ཞིབ་ཀྱིས་བཟོས་པ་མ་ཟད། དབུས་སུ་པང་སྟེན་བཙུགས་སྟེ་སྟེ་གཉིས་ཡར་མར་འགུལ་སྐྱོད་བྱེད། ཚོག་རྩེ་མཁན་མཆོང་པང་གི་སྟེ་གཉིས་སུ་བཞེངས་ནས། ཕན་ཚུན་རིམ་བོས་ཀྱིས་པང་ཕོག་ཏུ་མཆོང་སྟེ། གཅིག་

འཕར་གཞིག་སྒུང་བྱེད། འགྲན་བསྡུར་ལ་རིགས་གཉིས་ཡོད་དེ། སྒུང་འཐེན་མཚོན་རྒྱག། པར་སྒྲུང་དུ་མཚོན་མཁན་གྱི་ཀང་པར་རྒྱང་ཐིག་བརྒྱབ་ཏེ་སུས་ཡར་འཐེན་ཚད་རིང་བ་དེ་རྒྱལ་བའོ། །འཁྲབ་སྟོན་སྒོའི་མཚོན་རྒྱལ་སྐྱེ་པོ་སུས་ལུས་ཀྱི་འགུལ་སྐྱོད་ཀྱི་དཀའ་ཚད་ཆེ་བ་དང་ཁམས་འགྱུར་སུམས་མཛེས་པ་འགྲན་ནོ། །

Springboard is a tranditional sport of Korean people. The participants are often women. The board is made of wood with hard texture and flexibility, under the central position of which is a mat board which makes the both ends of the wood move up and down. Players stand at the two ends and take turns to tread the board after one another. There are two kinds of competition: one is "drawing the line" jump, the length of the line at the foot of the player who is in the air will determine who the winner is; the other is "performance jump", whoever has more difficult actions and beautiful postures will win.

搓麻线 苗族妇女的民间体育项目。要求参加者在跑步前进中将五根麻丝捻成一根能纳鞋底的麻线。比赛开始，参赛者立即拿起放置在起跑点的五根原麻，在奔跑中快速搓捻，跑到终点后交与裁判。裁判根据参赛者到达终点的时间和搓麻线的质量排定名次。

སོ་སྐུད་འཕར་བ། མུའོ་རིགས་བུད་མེད་ཀྱི་དམངས་ཁྲོད་ལུས་རྩལ་རྣམ་གྲངས་ཤིག དེར་ཞུགས་མཁན་ཚོས་འགྲན་རྒྱུགས་དུས་སོ་སྐུད་ལྔ་འཕང་ནས་ལྷམ་མཐིལ་གྱུར་ཕབ་བྱེད་ཆིག་བཟོ་དགོས། འགྲན་བསྡུར་འགོ་བརྩམས་ཏེ། འགྲན་ཞུགས་མཁན་ཆོས་འཕྲལ་མར་རྒྱག་སར་བཞག་པའི་སོ་སྐུད་སྣ་ལྔ་སྟེ། རྒྱག་ཁོར་དུ་སྒྱུར་བོས་སོ་སྐུད་འཕང་ནས་རྒྱག་ཐག་སླེབས་ཚེ་ཞག་འབྱེད་མཁན་གྱི་འགྲན་ཞུགས་མཁན་རྒྱག་ཐག་སླེབས་པའི་དུས་ཚོད་དང་སོ་སྐུད་འཕང་བའི་སྤུས་ཚད་ལ་གཞིགས་ནས་ཨང་རིམ་བགར་བ་ཡིན།

Twisting twine is a folk sport of women of Miao people. It requires participants to twist five pieces of threads into twine which can be used to sew soles for shoes. After the start of the race, racers immediately pick up the five original pieces of threads at the starting point and quickly twist them into a twine while running. Then, racers give the finished twine to the referee at the finish line and the referee rank the racers based on the time and the quality of the twine.

达瓦孜 维吾尔族传统杂技艺术。"达瓦孜"一词，是借用波斯语，意为"高空走大绳"。表演者手持长约6米的平衡杆，不系任何保险带，在维吾尔族民间乐曲的伴奏下在高空绳索上表演前后走动、盘腿端坐、蒙眼行走、踩碟行走、飞身跳跃等一系列惊险的动作。

ད་ཝ་ཙི། ཡུགུར་རིགས་ཀྱི་སྲོལ་རྒྱུན་རྩལ་རྩེད་སྒྱུ་རྩལ། ཞིག "ད་ཝ་ཙི"ཞེས་པའི་ཐ་སྙད་དེ་པར་སིག་གི་སྐད་གཡར་བ་ཡིན། ནང་དོན་བར་སྣང་དུ་ཐག་གྱུའི་ཐོག་ནས་བསྐྱོད་པ་ཞེས་པ་ཡིན། འཁྲབ་སྟོན་པས་རིང་ཚད་ལ་ཏུ་བཟུང་ནས་ཉེན་སྲུང་སྐུད་ཐག་ཅི་ཡང་མེད་པར། ཡུགུར་རིགས་ཀྱི་དམངས་ཁྲོད་རོལ་དབྱངས་ཀྱི་རམ་འདེགས་འོག་ཏུ་བར་

སྟེང་དུ་དཔྱངས་པའི་ཐག་པའི་ཐོག་ཏུ་མདུན་དང་ཤུལ་གཉིས་སུ་པར་འགྲོ་ཚུར་འགྲོ་དང་། སྐྱིལ་ཀྲུང་དུ་འདུག་པ། མིག་བཙུམ་ནས་འགྲོ། མཆོང་ནས་འགྲོ་བ་སོགས་ཞེན་ཁ་ཆེ་བའི་སྒྱུ་རྩལ་རྩེད་མོ་ཞིག་ཡིན།

Darwaz is a traditional acrobatics of Uyghur people and it is borrowed from Persian language and means "walking on a rope in the high air". Performers hold a 6-meter long balancing pole without any safety belts and perform those series of breathtaking actions on the high rope to the Uygur folk music, walking back and forth, sitting cross-legged, walking blindfolded, walking with dishes stepped and flying jumping.

打阿莫朵 拉祜族支系苦聪人的传统体育活动。"阿莫朵"是用棕叶扎制的鸡毛球，头大腰细，底部插有三根鸡毛，富有弹性，形似羽毛球。比赛时，选择一块平坦的场地，中间拴上一条藤，两人或多人分立两边用手拍击对打"阿莫朵"。接不到对方打来的"阿莫朵"就算输。

ཨ་མོ་ཏོའི་འཕེན་པ། འོའི་ཚུང་མིའི་སྲོལ་རྒྱུན་ལུས་རྩལ་བྱེད་སྲོལ་ཞིག འ་མོ་ཏོ་ནི་ཏ་ལའི་ལོ་མས་འཆིང་བཟོ་བྱས་པའི་བྱ་འི་བྱེའུ་སྒྲོ་སྒྲོ་མོ་ཡིན། མགོ་པ་མགོ་ཆེ་ལ་མཐིལ་དུ་བྱ་སྒྲོ་གསུམ་བཙུགས་ཡོད་དེ། ཕྱེད་ཤུགས་ལྡན། དབྱིབས་ནི་བྱ་སྒྲོའི་སྒྲོ་ལོ་དང་འདྲ། འགྲན་བསྡུར་སྐབས་ཡུལ་ཞིག་བདམས་ནས་དཀྱིལ་དུ་བུ་སྤུ་ཅིག་འདོགས་པར་བྱེད། མི་གཉིས་སམ་མང་པོ། གཡས་གཡོན་དུ་གྲལ་བསྒྲིགས་ནས་ལག་པས་ཨ་མོ་ཏོ་འཕེན་རེས་བྱེད། པ་རོལ་པོས་བརྒྱབ་པའི་སྒོ་ལོ་རྒྱག་མ་ཐུབ་ཚེ་ཕམ་མོ།

Playing AmoDuo is a traditional sports activity of Kucong people. Amoduo is a chicken feather ball which is made of palm leaves with its head big and its waist thin. Three chicken feathers stick at the bottom of the ball. The whole ball looks like a badminton. During the match, two or more people stand separately at the chosen flat field with a vine in the middle of the field. They use their hands to play the Amoduo. If one side cannot catch it, then the other side will be the winner.

打贝阔 "贝阔"是达斡尔语，曲棍球之意。达斡尔族传统体育活动。多在春季或节日举行。运球的木棍多取根部弯曲的柞树制成，长约4尺。用牛毛或骨、木制成球，如鸡蛋大小，少年打毛球，青壮年打骨球或木球。在半里长的场地内以攻入对方球门多者为胜。

པེ་ཁོ་རྒྱག ཡེ་ཁོའི་ཏ་ཧོར་སྐད་དེ། དབུག་གྱི་སྤོ་ཞེས་པའི་དོན། ཏ་ཧོར་རིགས་ཀྱི་སྲོལ་རྒྱུན་ལུས་རྩལ་སྤོ་ཞིག མང་ཆེ་བ་དཔྱིད་དུས་ཡང་ན་དུས་ཆེན་སྟེ། སྤོ་ལོ་ཚོད་འཛིན་དབུག་པ་མང་ཆེ་ཤོས་རྩ་བ་འཁྱོག་པོའི་ཤིང་གིས་བཟོས་པ་དང་། རིང་ཚད་ལ་ཚོ་ཞལ་ཡོད། ནོར་སྤུའམ་རུས་པ་སྨྱུང་དང་། ཤིང་གིས་ལྷང་ལི་བཟོས་པ། བྱ་སྒོང་དང་འདྲ། ན་ཆུང་ཚོ་ལྷང་འཕེན་པ་དང་། གཞོན་ནུ་དང་དར་མས་རུས་ལྷང་ངམ་ཤིང་ལྷང་འཕེན། སྒྱི་ཕྱེད་ཕྱེད་ཙམ་རིང་བའི་འགྲན་གནས་སུ་ཕར་ཕྱོགས་སུ་དྲུང་འཛུགས་བྱས་པ་མང་ན་རྒྱལ་བ་ཡིན།

Playing Beikuo Beikuo is Daur language which means hockey. Playing beikuo is a traditional sports activity of Daur people and it is usually held in spring or festivals. People play an egg-like ball which is made of oxen hair or bone or wood with an about 4-feet long stick from oak trees with curved roots. The junior play the ball made of oxen hair, and young adults play the other two types of balls, either balls made of bones or balls made of wood, whichever side scores more will be the winner.

打猎操 瑶族民间体育活动。流行于贵州荔波县瑶族聚居地区。以棍棒为道具，模拟打猎情景。常由 12 名青年男女演出。每人手持一根 6 尺长木棍，踏着细鼓的节拍，和着牛角发出的声音，进行多种形式的对打。棍棒交击，铿锵有力，激烈，高潮时棒声急响，齐声雷鸣，扣人心弦。

རྔོན་པའི་རྩལ་སྦྱོང་། ཡའོ་རིགས་ཀྱི་དམངས་ཁྲོད་ལུས་རྩལ་བྱེད་སྒོ་ཞིག གུའེ་ཀྲོའུ་ཞིའི་ལི་པའི་རྫོང་ཡའོ་རིགས་མཉམ་འདུ་དྲ་ཁྱབ་དབུག་པ་འབབ་ཆགས་བྱུང་སྟེ། རི་གདགས་རྔོན་པའི་རྣམ་པར་ལད་སློས་བྱེད། རྒྱུན་དུ་གཞོན་ནུ་ཕོ་མོ་ ༡༢ ཡིས་འབག་སློས་བྱེད། མི་རེ་རེ་ལག་ཏུ་ཁྲི་ཚེ་༦་རིང་ཚད་ཀྱི་དབྱུག་པ་གཅིག་བཟུང་ནས། ཕྲ་རྔའི་དབྱངས་རྟ་དང་། ར་ཅོའི་འབུད་སྒྲ་བཅས་ལ་བསྟུན་ཏེ། རྣམ་པ་སྣ་ཚོགས་ཀྱིས་གཉེན་རེས་བྱེད། དབྱུག་པ་ཕན་ཚུན་རྡེག་རེས་བྱས་པ་ཤུགས་ཆེ་ཞིང་། ཏ་དྲག་ལྡན་པ། མཐོ་སྒྲབས་སྐབས་དབྱུག་གུས་རྡེག་སྒྲ་མཉམ་དུ་གྲགས་པ་དེ་འདྲག་སྒྲ་དུས་གཅིག་ཏུ་སྦྱིར་བ་ལྟར་ཡིད་དབང་འཕྲོག

Doing hunting-like exercise is a folk sports activity of Yao people which gets its popularity in Yao regions of Libo County in Guizhou province. Twelve young men and women play the game with sticks by simulating the hunting scene. Holding wooden sticks in hands, the participants go on various forms of rallies with each other by following the beating of fine drums and the tooting sound of horns. The sticks strike with each other and release sonorous and intense sounds. When it comes the high tide, the sound becomes more sonorous like thunderous unison and is heart-thrilling.

打溜子 土家族聚居地区流传最广的一种古老的民间器乐合奏技艺。由溜子锣、头钹、二钹、马锣组成的打溜子乐队，能充分发挥每件乐器的演奏技巧。多由 3~4 人合奏演出。如是 5 人打溜子，需增配 1 只唢呐，将吹打结合，更能增添喜庆、欢乐的气氛。

ལེའུ་ཟུ་དཀྲོལ་རྒྱག ཐུའུ་ཅཱ་རིགས་ས་ཁུལ་དུ་དར་ཁྱབ་ཆེ་ཤོས་ཀྱི་གནའ་བོའི་དམངས་ཁྲོད་རོལ་ཆ་མཉམ་དཀྲོལ་རྩལ་ཞིག་ཡིན། ལེའུ་ཟུའི་འཁར་ཇ་དང་། ཤིལ་ཁྲོལ། སྤུན་ཆམ། ཤིག་རྟ་བཅས་ཀྱི་རོལ་དབྱུང་དུ་ཁལ་གྲུབ་པ། དེ་རོལ་ཆ་སོ་སོའི་འཁྲབ་སློབ་པ་འདོན་སྤེལ་ལེགས་བྱེད་ཐུབ། ཕལ་ཆེར་མི་ ༣ ནས་ ༤ ཡིས་མཉམ་དཀྲོལ་འཁྲབ་སྟོན་བྱ། གལ་ཏེ་མི་ལྔས་དཀྲོལ་ཚེ། ཤུག་གླིང་ཞིག་ཁ་སྐོང་བྱས་ནས་བཏུང་དང་འདོད་པ་ཟུང་འབྲེལ་བྱས་ཚེ། དེ་བས་ཀྱང་རྒྱང་སྟོན་གྱི་རྣམ་པས་བྱེད་པའོ།

Daliuzi (beating cymbals) is one of the most popular and ancient folk instrumental ensemble skills in Tujia regions. Its band composed of scraper-trough gong, primary cymbal, secondary cymbal and horse gong gives each instrument full play of their performance skills. The band usually includes 3-4 performers. If there are 5 people in it, then a suona should be included. In this way, the band combines fanfare with hit, which shows more festive and joyful atmosphere.

打麻由 苗语音译，意为"打手毽"。苗族、水族男女青年喜爱的体育活动之一。每年正月间，盛装的男女青年成双成对地聚集在毽塘上，双方相对而立，女方向男方抛出花毽，男方立即拍回，不使其落地。他们边打边对歌，飞舞的花毽常常把素不相识的男女青年联在一起。

མ་ཡོའུ་འཕེན་རེས། མྱོའུ་སྐད་བསྒྱུར། གནད་དོན་ལག་ཐེ་འཕེན་པ་ཞེས་པའི་དོན། དེ་ནི་མྱོའུ་རིགས་དང་ཧུའི་རིགས་ཀྱི་གཞོན་ནུ་ཕོ་མོ་རྣམས་ཀྱིས་དགའ་པོ་བྱེད་པའི་ལུས་རྩལ་བྱེད་སྒོའི་གྲས་ཤིག་ཡིན། ལོ་རེའི་ལུགས་ཁྲིག་གི་ཟླ་དུ་གཟབ་མཆོར་ཤིག་པར་སྤྲས་པའི་གཞོན་ནུ་ཕོ་མོ་ཆ་འགྲིག་ཉིས་འགྲིག་བྱས་ནས་ཐེ་ཡིད་ཐང་སྟེགས་སུ་འཛོམས་ཏེ། ཕྱོགས་གཉིས་ཁ་སྤྲོད་དུ་བཞུགས་ནས། བུད་མེད་ཕྱོགས་ཀྱི་ཕ་པའི་ཕྱོགས་སུ་ཐེ་མེ་ཏོག་འཕངས་ནས། འཕངས་རྗེས་ཕ་པ་ཚོས་སྐྱུར་བར་ཕྱིར་འཕངས་ནས། སར་ལྷུང་མི་དུག་ཁོ་ཚོས་འཕེན་བཞིན་དུ་གླུ་ལེན་རེས། འཕོ་བ་ལྟར་གྱི་ཐེ་ཁ་འཕེན་རེས་ཀྱིས་རྒྱུན་དུ་གཏན་ནས་མི་ཤེས་པའི་གཞོན་ནུ་ཕོ་མོའི་བར་འབྲེལ་འཚམས་སུ་འཇུག

Playing Mayou Mayou is the transliteration of Miao language and it means playing shuttlecock with hands. It is one of the beloved sports activities for both men and women of Miao people and Shui peo-

ple. In the first month of each lunar year, both men and women dressed themselves and gather in pairs on the playground for playing shuttlecock. For each pair, the woman first play shuttlecock towards the man and then the man should immediately shot it back without making the shuttlecock fall down to the earth. They often play it with singing and the shuttlecock flies continually in the air. In this way, young women and men often tied their heart together though they never know each other before.

大象拔河 藏族传统体育活动。藏语称"押加"等。因崇尚大象力大无穷，故名。先在地上划两条平行线作河界，在一条适度长的布带两端打结，相背参赛双方各自套在脖子上，再将赛绳经过腹部从裆下穿过，然后趴下，双手着地拔河。布带中间系标，将标拉过河界者为胜。

གླང་ཆེན་ལ་གཏགས། བོད་རིགས་ཀྱི་སྲོལ་རྒྱུན་ལུས་རྩལ་སྒོ་བིག མིང་གཞན་དུ་འཇེད་ཡང་ཟེར། གླང་ཆེན་གྱི་སྟོབས་ཤུགས་ལ་བཀུར་མཐོང་ཆེ་བའི་དབང་གིས་མིང་དེ་ལྟར་ཐོགས་པ་ཡིན། ཐབས་མར་ས་སྟེང་དུ་མཉམ་འགྲོའི་ཐིག་གཉིས་འཛེན་ནས་མཚམས་དབྱེ། རས་ཐགས་འཚམས་ཞིག་གི་སྟེ་གཉིས་སུ་མདུད་པ་བཅུག་རྗེས། འགྲན་བསྡུར་པ་གཉིས་རྒྱུད་གཏད་རེས་ཀྱིས་གྲོག་ནས་རང་རང་ཐགས་སྐེ་ལ་སྐོན་ཏེ། རྐང་པར་དུ་ལིན་དེ་ནས་ཤུགས་ཆེན་པོས་འཐེན་རེས་བྱ་དེ་སུ་ཞིག་གིས་མཚམས་ཐིག་ལས་བརྒལ་བར་འདྲུད་ཐུབ་ན་དེ་རྒྱལ་བ་ཡིན།

Elephant tug-of-war is a traditional sports

activity of Tibetan people and is also called Yajia in Tibetan language. It gets its name because of their admiration of the great strength of elephants. In the playfield two parallel lines were drawn on the ground to be the boundary. The two participants place a moderately long cloth belt knotted at both ends around their neck and then the belt goes towards the abdomen and goes across the crotch. Finally, the two lie face down on the ground and begin to tug with their hands touching the ground. At the middle of the cloth belt ties a mark-like stuff. Whoever pulls the marker over the boundary will be the winner.

德昂族武术 主要表现在拳术上。除拳术外还有棍术、刀术、剑术、叉术、勾镰术。拳有梅花拳、四门拳、白昼拳、簸箕拳、左拳、狗拳等；棍有德昂棍、十二步棍；刀有单刀、十二动双刀、十七步刀。其拳术和器械具有防守严密、出击利索、坚韧勇猛的特点。

དེ་ཨང་རིགས་ཀྱི་དྲག་རྩལ། དེ་ཨང་རིགས་དྲག་རྩལ་གྱི་མཚོན་ཆོས་གཙོ་བོའི་ཁྱད་ཆོས་རྩལ་ཡིན། ཁྱད་ཆོས་རྩལ་ལས་གཞན་དྲག་པ་དང་། རལ་གྲི། ཁ་གྲངས་རྩེ་གསུམ། བོར་བ་སོགས་ཡོད། ཁྱད་རྩལ་གྱི་རྩལ་ལ་མའེ་ཏུ་ཁྱད་རྩལ་དང་། སྒོ་བཞིའི་ཁྱད་རྩལ། ཉིན་མཚན་ཁྱད་རྩལ། སྐོམ་ཁྱད་རྩལ། ཁྱད་རྩལ་གཡོན་པ། ཁྱིའི་ཁྱད་རྩལ་སོགས་དང་། དྲག་པ་ལ་དེ་ཨང་དྲག་པ། གོམ་བཅུ་གཉིས་ཀྱི་དྲག་པ། གྲི་ལ་གྲི་གཅིག གཡུགས་སྲང་བཅུ་གཉིས་ཀྱི་གྲུ་ཟུར། གོམ་བཅུ་བདུན་གྱི་གྲུ་སྲགས་རིགས་མང་པོར་དབྱེ། ཁྱད་རྩལ་གྱི་རྩལ་དང་མཚོན་ཆའི་རྩལ་ཅན་མར་

འགོག་སྲུང་གི་གསང་རྒྱ་དལ་པོ་ཡོད་ཅིང་། འཁྲུག་རྩལ་དྲག་པོའི་བྱེད་ཚོས་ལྡན།

Martial art of the Deang people has arts of fists as its feature. Besides fists, sticks, knives, swords, forks, and sickle hook are also its specialties. Arts of fists contain various styles such as Plum, Simen, Day boxing, Dustpan boxing, Left boxing and boxing of Dog style. Sticks also have various categories such as De'ang- style and twelve-stance style. Knives have such categories as single-pole, twelve moving poles and seventeen-stance knife. The arts of fists and instruments have the characteristics of tight defense, agile of attack as well as toughness and braveness.

蹬棍 青海土族、甘肃天祝等地藏族在农闲时进行的一种传统体育活动。比赛时，两人相对坐于平地，腿伸直，脚底相抵，双手横握一根木棍。待预备停当，就开始拉棍，用脚、腰、臂的力量争取将对方拉起，臀部先离地者为负。

དབྱུག་འཐེན། མཚོ་སྔོན་ཧོར་རིགས་དང་། ཀན་སུའུ་ཡི་དཔལ་རིས་ས་ཁུལ་གྱི་བོད་རིགས་ཀྱིས་ཞིང་ལས་གསོའི་དུས་སུ་སྤྱེལ་བའི་སྲོལ་རྒྱུན་ལུས་རྩལ་བྱེད་སྒོ་ཞིག འགྲན་བསྡུར་སྐབས། མི་གཉིས་ཁ་གཏད་ཅིང་ས་བར་བསྡད་ནས། རྐང་པ་བརྒྱངས་ཏེ་རྐང་མཐིལ་ཕན་ཚུན་གཏུག་རེས་བྱ། ལག་པ་གཉིས་ཀྱིས་འཕྱེད་དུ་དབྱུག་པ་ཞིག་བཟུང་ནས། འགྲན་བཟོད་གྲབས་ཀུན་འཛིན་རེས་བྱ། རྐང་པ་དང་སྐེད་པ། དཔུང་གི་སྟོབས་ཤུགས་ལ་བརྟེན་ནས་ཕ་རོལ་པར་བསྒྲོན་པར་བརྩོན་ཤེས་བྱེད། ལུའི་ཨོང་ཤ་སོང་ན་ར་རོ་དང་བུ་ལ་མཁན་དེ་ཕམ་མོ།

Denggun is a traditional sports activity of Tibetan people in Tianzhu, Gansu province, as well as Tu people in Qinghai province when they are in the slack season. Two people sit face-to-face in a flat ground and put their soles against each other with hands holding a stick. With their preparation ready, they begin to pull the stick and try their best to pull the person on the other side up. The one whose buttock is the first to be off the ground will be the loser.

抵肩比赛 哈尼族的一种传统体育活动。参赛者自愿选择对手。比赛时，两人手撑地面，肩对肩互相抵撞，被抵出圈定的范围或被抵倒者为输。胜者休息片刻，又与另一新对手比赛，直到没有人挑战，才算是最后胜利。

ཕག་གདང་འགྲན་བསྡུར། ཧ་ཉི་རིགས་ཀྱི་སྲོལ་རྒྱུན་ལུས་རྩལ་བྱེད་སྒོ་ཞིག འགྲན་བསྡུར་བྱེད་ཁག་མཁན་གྱིས་རང་མོས་སུ་འགྲན་རོགས་བདམས་པ། འགྲན་བསྡུར་བྱེད་སྐབས། ལག་གཉིས་ས་དོས་སུ་རྒྱུན་ཞིང་དཔུང་པག་པའི་ཚོན་གཏད་རེས་བྱས་ནས་རྟགས་ཀྱི་ཕྱི་ཁོངས་ལམ་བཀལ་འབའ་བར་འགྱེལ་མཁན་དེ་ཕམ་མོ། རྒྱལ་མཁན་དེ་ངལ་གསོ་ཆུང་ཚོ་བྱས་རྗེས། ཡང་གཞན་ཞིག་དང་འགྲན་ནས་མཐར་འགྲན་སྟོང་བྱེད་མཁན་ཡང་ཚོན་ཐབ་མའི་རྒྱལ་ཁ་ཐོབ་པའོ།

Shoulder vs. shoulder butt game is a tradition sports activity of the Hani people. Participants voluntarily choose their opponents. Two people rest their hand on the ground and butt with each other by the way of shoulder vs. shoulder. Whoever is butted out of the fixed scope or is butted down to the ground will be the loser. At the same time, the winner will have a short break and then continue to compete against another opponent till no one dare to challenge will he or she be the final victor.

刁羊 哈萨克、柯尔克孜、蒙古、塔吉克、锡伯等民族的传统体育活动。比赛时，将去头、内脏的羊羔置于规定地点，双方骑手从起点迅速驱马抢夺，抢到羊者将羊夹抱或置于马背上，奔向终点，对方则施展技巧拦阻抢夺，以最后得羊并先到终点者为胜。多在夏季的节日和喜庆的日子举行。

ཡུག་རོ་འཕྲོག་འགྲན། ཧ་སག་དང་ཁོར་ཁེ་ཛི་སོག་པོ། ཐ་ཅི་ཁེ། ཞི་པོ་རིགས་སོགས་མི་རིགས་ཀྱི་སྲོལ་རྒྱུན་ལུས་རྩལ་བྱེད་སྒོ་ཞིག འགྲན་བསྡུར་སྐབས། མགོ་བཅད་ཅིང་ནང་ཁྲོལ་བླངས་པའི་ལུ་གུའི་རོ་ཞིག་གཏན་འབེབས་བྱས་པའི་བར་བཞག་ནས། ཕྱོགས་གཉིས་ཀྱི་པ་འགྲོ་འཇུག་ས་ནས་སྒྱུར་དུ་རྟར་ཞོན་ཏེ་འཕྲོག་རེས་བྱ། ལུག་རོ་ལོན་མཁན་ངེས་ལུག་རོ་བའམ་རྟ་ཐོག་བཞག་ནས་ཐ་མའི་ཐག་གནས་སུ་ཕྱོགས་སུ་སྐྱོད། ཕ་རོལ་གྱིས་རང་བྱེད་ཀྱི་ཐབས་རྩལ་ལ་བརྟེན་ནས་བྱེར་བཙན་འཕྲོག་བྱ། ཆེས་མཐུག་ཏུ་ལུག་རོ་ལག་ཏུ་ཡོན་མཁན་ཞུག་སྟོབས་མའི་ཐག་གནས་སུ་སླེབས་ན་དེ་རྒྱལ་ཁ་བླངས་པ་ཡིན། མང་ཆེ་བ་དེ་དབྱར་ཁའི་དུས་ཆེན་དང་བགྲ་ཤིས་པའི་ཉིན་མོར་སྤེལ།

Diaoyang (riders competing for a headless goat) is a traditional sports activity of Kazak, Kirgiz, Mongolian, Tajik and Xibe people. In the game, firstly a goat with its head and viscera cleared away is placed in the prescribed area. Then the riders of both sides ride quickly from the starting line and go to snatch it. The one who seizes the goat puts it on the horseback or holds it tightly and goes directly to the finishing line. At the same time, the other will try to block him or her and snatch the goat back by using some techniques. Finally, the one who gets the goat and first reaches the finishing line will be the winner. It is usually held in festive days and in summer festivals.

顶瓮竞走 朝鲜族传统体育活动。主要流行于吉林延边朝鲜族自治州。参加者均为女子，赛程通常为100~200米。参赛者头顶一盛水瓦瓮（重量5公斤左右），站在起跑线上，裁判发令后，立即快步疾走。以瓮不倒、水不溅出且又先到终点者为优胜。

ཁ་ཁོག་བསྐྱོར་རྒྱུག   ཁོའོ་ཞེན་རིགས་ཀྱི་སྲོལ་རྒྱུན་ལུས་རྩལ་བྱེད་སྒོ་ཞིག་ཅི་ལིན་ཡུལ་པན་ཁོའོ་ཞེན་རིགས་རང་སྐྱོང་ཁུལ་དུ་དར་ཁྱབ་ཆེ། དེ་ཞུགས་མཁན་ཚང་མ་བུད་མེད་དང་། འགྲན་བསྡུར་གྱི་ལམ་ཐག་སྤྱིར་བཏང་སྨི༡༠༠ནས་༢༠༠ཡིན། འགྲན་བསྡུར་ལ་ཞུགས་མཁན་གྱི་མགོར་ཉེན་དུ་ཆུ་བླུགས་ཡོད་པའི་ཛ་ཁོག་(ལྗིད་ཚད་སྐྱི་རྒྱ་༥ཡས་མས) གཞག་བཟུང་ཞིང་། རྒྱུག་ཐགས་ལས་ལངས་ཏེ། ཉེན་འབྱིད་མཁན་གྱིས་བག་བརྒྱབ་རྗེས་འཕྲལ་མར་གོམ་སྟབས་སྐྱུར་པོས་སྐྱོད་དགོས། ཛ་ཁོག་མི་དྲུད་ལ་ནང་གི་ཆུ་མི་བསྣོལ་པར་མ་ཟད། སྔ་ཤོས་སུ་ཞིག་མཐའ་མའི་ཐག་གནས་སུ་སླེབས་ལ་སྡེབས་ན་དེ་རྒྱལ་ཁ་བླངས་པ་ཡིན།

Racewalking with a jar on the head is a traditional sports activity of Korea people. It gets its popularity mainly in Yanbian Korean Autonomous Prefecture in Jilin province. Most participants are females and the race is usually 100-200 meters long. Racers stand on the starting line with a jar filled with 5 kg water on their heads and immediately walk in a rush. Whoever is the first one to reach the finishing line with the jar still on and without water spilt out of the jar will be the winner.

顶竹竿 基诺族一种竞力性运动。比赛竹竿长3米、直径10厘米左右。先在场地上划一条中线，双方将包头布解下围在腰上，两人相对，腹部各顶住竹竿的一端，竹竿的中点对正地面的中线。双手不得碰竿，成弓步站稳。一声号令，两人均用力将竹竿顶向对方，脚先踩上中线者为胜。

སྨྱུག་བཟུག་གཏད་རེས།   ཅི་ནུའོ་རིགས་ཀྱི་འགྲན་རྩོད་རང་བཞིན་གྱི་བྱ་འགུལ་ཞིག་འགྲན་བསྡུར་འབྱུག་གི་རིང་ཚད་སྨི༣དང་། ཆོས་ཐིག་ལ་སྨི༡༠ཡས་མས་ཡིན། སྔོན་ལ་འགྲན་རའི་ཐོག་དཀྱིལ་ཐིག་ཅིག་འཐེན་པ་དང་། ཕྱོགས་གཉིས་པོས་མགོ་དཀྲིས་དཀྲོལ་ནས་སྐེད་པར་འཆིངས་པ། ལྐོག་གཉིས་ཁ་སྤྲོད་ཀྱི་ལྟེབ་ཏུ། སྨྱུག་མའི་ཁ་གཉིས་སྦྱུག་དབུལ་རེ་འཛིན་པ་དང་། སྨྱུག་མའི་དཀྱིལ་ཚིགས་ཀྱི་དཀྱིལ་ཐིག་ཏུ་འཛོར་པ། ལག་ཟུང་དབྱུག་པར་ཕོག་མི་ཆོག གཞུ་སྟབས་སུ་བརྟན་པོར་ལངས་པ། འགྲན་སླ་སྐྱོག་ཀྱི། འགྲན་མཁན་གཉིས་པོས་ཤེད་ཀྱིས་སྨྱུག་དབྱུག་ཕ་སླར་ཀྱི་ཕྱོགས་སུ་གཏད་རེས་བྱ་ནས་ཀང་པ་བོང་ལ་དཀྱིལ་ཐིག་སྟེང་དུ་བོ་བྱུབ་མཁན་དེ་རྒྱལ་བའོ།

Pole pushing game is a sport of power

competion of Jinuo people. Usually the bamboo pole is 3 meters long and its diameter is about 10 centimeters. First, a center line is drawn on the competing site. And then the two competitors untie the cloth of their heads and tie them around the waist and stand face to face with each other with one end of the pole against the competitor's abdomen. What's more, the midpoint of the pole should be aligned with the center line. The competitors should never touch the pole and stand firmly with a lunge. Once getting the order, the two begin to push the pole against each other. And finally, whoever steps on the center line will be the winner.

独木滑水 瑶族传统体育活动。多在喜庆节日举行。参加者不分男女，赛程一般为 1000～2000 米。比赛时男女分组进行。每人各自站在一根长约 8 米的独木上，手持一竹竿保持平衡并作篙用，在江河中顺着急流左右滑行，以先到达终点者胜。

ཅིག་མིང་ཆུ་ཤུད། ཡའོ་རིགས་ཀྱི་སྲོལ་རྒྱུན་ལུས་རྩལ་བྱེད་སྟོ་ཞིག། མང་ཆེའི་བཀྲ་ཤིས་པའི་དུས་ཆེན་སྐབས་སུ་སྤྱོད། དེར་ཞུགས་མཁན་ལ་ཕོ་མོ་མི་དབྱེ། འགྲན་བསྡུར་ལས་ཐག་ལ་སྤྱིར་བཏང་དུ་སྨི་ ༡༠༠༠ ནས་ ༢༠༠༠བར་ཡོད། འགྲན་བསྡུར་བྱེད་སྐབས་སྐྱེས་པ་དང་བུད་མེད་ཚུང་བགྲོས། མི་རེ་རེས་རིང་ཚད་ལ་ཏུ་ལས་སྐྱུར་ཡོད་པའི་ཤིང་སྟོང་གཅིག་གི་སྟེང་དུ་ལངས་ཤིག ལག་ཏུ་སྨྱུག་འདབས་དབྱུག་གཅིག་བཟུང་ནས་མཉམ་བྱེད་དང་སྒོར་བྱེད་བྱེད་ཅིང་། ཆུ་བོའི་ཕོའི་ཆུའི་དྲག་རྒྱུག་གི་ཕྱོགས་དང་།

བསྟུན་ནས་ཡས་མས་སུ་ཤུད་དེ། སྣོན་པར་མཐར་གནས་སུ་སླེབས་མཁན་དེ་རྒྱལ་བ་ཡིན།

Canoe water-skiing is a traditional sports activity of Yao people and is held in festive days. Participants of both sexes with men's group and women's group compete with each other at a race distance of about 1000-2000 meters. Each participant stands on an about 8-meter-long canoe with his or her hands holding a bamboo pole to maintain balance and glides around the rapids along the river. Whoever reaches the destination first will be the winner.

对顶木杠 瑶族传统的体育项目。以广西龙胜县红瑶聚居地区最为流行。多在喜庆节日举行。比赛时，双方各以红布缠腹，分别用腹部顶住一根碗口粗、长约 3 米的木杠两端进行对抗。双方用手扶住木杠，奋力向前推顶，直至一方不支败下，再换一人与胜者较量。凡能连胜五人以上者，被誉为大力士。

མིང་རྒྱག་གདད་རིས། ཡའོ་རིགས་ཀྱི་སྲོལ་རྒྱུན་ལུས་རྩལ་རྣམས་གྲས་ཤིག་ཡིན། ཀོང་ཞིས་ལུང་ཅིན་རྫོང་ཏུང་ཡའོས་ཁྱུ་དུར་ཁྱབ་ཆེ། མང་ཆེ་བ་ནི་བཀྲ་ཤིས་པའི་དུས་ཆེན་དུ་སྤྱོད། འགྲན་བསྡུར་སྐབས། རས་དམར་པོ་གསུམ་ཁོག་འཆིངས་པ། གསུམ་གཏད་ས་སུ་མོ་བོས་སྟོན་ཏེ་ཁ་ཚོན་དང་། རིང་ཚོན་ཁ་ལ་སྨི་ ༣ ཅན་གྱི་ཤིང་རྒྱག་གཅིག་བཟུང་སྟེ་སྟེ་གཉིས་སུ་ཕན་ཚུན་གཏད། ཕྱོགས་གཉིས་ཀྱིས་ལག་པས་ཤིང་རྒྱག་བཟུང་ནས་ནུས་ཤུགས་ཡོད་རྒྱས་མཐུད་ཕྱོགས་སུ་འདེད། ཕྱོགས་གཅིག་གིས་གཏད་མ་ཐུབ་པར་ཕམ་ཚེ། མི་གཞན་ཞིག་བརྗེས་ནས་རྒྱལ་མཁན་དང་བསྡུར་བ་བྱེད། མི་ལྔ

བསྡད་མར་རྒྱལ་ཕུལ་བ་ཞིག་ཡིན་ཅིང་དེ་ལ་གྱད་མི་ཞེས་པའི་མཚན་གསོལ།

Wooden bar pushing game is a traditional sport of the Yao people. It gets its popularity in red Yao region of Longsheng County in Guangxi and is mostly held in festive days. In the game, the two competitors wrap their abdomens with a red cloth and compete with each other with an about 3 meters long wooden bar which is as thick as a bowl. The two put their hands on the bar and pushes it forward till one side fails because of exhaustion. Then the winner will continue to compete with the others. Whoever can win over 5 competitors will be honored as a Hercules.

蹲斗 彝族传统的竞技活动。彝语称"瓦布吉则",意为雄鸡斗架。参加比赛的两人相对,采取半蹲姿势,两手手掌合拢于胸前,似雄鸡昂首状;伴着芦笙,或手推,或撞肩,或跳起脚蹲斗;手、臀部先着地者为输。比赛要求选手脚步灵活,斗姿优美。

ཚོག་འཐབ། དབྱིས་རིགས་ཀྱི་སྲོལ་རྒྱུན་གྱི་འཐེན་བསྡུར་བྱེད་སྟོ་ཞིག དབྱིས་སྐད་དུ་ཕ་པུ་ཅུའི་ཙེ་ཟེར། དོན་དུ་ཕོ་དམར་འཛིང་ཞེས་པ་ཡིན། འགྲན་བསྡུར་ལ་ཞུགས་པའི་མི་གཉིས་པར་ཚུར་ཚོག་འདུག་གི་རྣམ་པ་བཟོ་ནས། ལག་མཐིལ་གཉིས་བྲང་ལ་སྦྱར་ཏེ་བྱ་ཕོ་རྒྱགས་ཉམས་སྟོན་པའི་བཟོ་ལྟ་བཟོ། ཞེའུ་ཅིན་རོལ་ཆས་ཀྱི་རམ་དགོལ་འོག ཡང་ན་ལག་འཛིང་དང་། ཡང་ན་དཔུང་བཤད་རྒྱག་རེས། ཡང་ན་ཚོག་ཕྱར་བར་སྟེང་ནས་འཛིང་རེ་སོགས་བྱས་ཏེ། སུ་ཞིག་གི་ལག་པའམ་དཔུང་པར་བསྣུན། འགྲན་བསྡུར་

Squat fighting is a traditional athletic activity of the Yi people. It means rooster fighting. Two participants half hunkering down with hands folded in front of the chest and the two is in the shape of rooster's perking head. Accompanied by the sound of Lusheng, the two hunker down and fight by pushing, shouldering and jumping. The one whose hands or hips touch the ground will be the loser. Besides, it requires players to have a flexible pace as well as a graceful fighting posture.

多高贝 侗族传统体育活动。汉语意为"打柴头"。每年农历九月进行。以寨子为单位烧一堆火,两个寨子隔河对峙。然后将烧着的柴火头投向对方,交织起火网。要把柴火头抛光,以求来年丰盛吉祥。一方可越过河界,乘胜追击,直到与对方相遇,然后拥抱。活动有严防伤人的戒律。

ད་ཞོ་གཞོ་བེ། ཏུང་རིགས་ཀྱི་སྲོལ་རྒྱུན་ལུས་རྩལ་བྱེད་སྒོ་ཞིག སྲར་འབར་སྟོང་པ་ཞེས་པའི་དོན་ཡིན། ལོ་རེའི་ཟླ་དགུ་པར་སྤྱོད། ཞེ་བ་རེ་ཚན་ལག་གཅིག་བྱེ་མེ་ཕུང་སྤྱར་བ་དང་། ཞེ་བ་གཉིས་གཙང་པོའི་བར་རོལ་དང་ཚུར་རོལ་བྱས་ཏེ། སྲར་འབར་ཟིན་བཞིན་ཞིག་བཟོ་ལ་འཆིལ་རེས་བྱས་ནས་མེའི་དྲ་ཞིག་བཟོ། བུད་ཤིང་གི་སྲར་འབར་འབའས་ཚང་བར་བྱས་ཏེ། ཕྱི་ལོར་ལོ་ལེགས་འབྱུར་བའི་བཀྲ་ཤིས་འབྲེལ་དུ་འདོད། ཕྱོགས་གཅིག་ཆུ་བོར་བརྒལ་ཏེ་རྒྱལ་ཁ་བརྙེས་པའི་རྗེས་སྣོན་ཆོག་པ་དང་། ཕར་གྱུར་ཚུར་ཕྱོགས་དང་འཕྲད་དེ་ཕན་ཚུན་པར་འཁྱུད་རེས་བྱེད།

བྱེད་སྟངས་གཞན་འཚེའི་རིགས་ནན་འགོག་བྱེད་པའི་སྲོལ་
ཁྲིམས་ཡོད།

Duogaobei bonfire is a traditional sports activity of Dong people and it means firewood throwing in Chinese. It is held in September of each lunar year. On that day, the villagers of one village will make a bonfire on one bank of a river to compete with another village on the opposite bank by throwing the burning firewood to each other. The burning firewood in the air is intertwined into a fire net. The firewood should be thrown out without leftovers to pray for good luck and abundance in the coming year. Besides, the victor can go across the river and follow up their victory till they encounter with each other and give them a hug. What's more, it has the precepts of no hurting others in the activity.

哆毽 侗语音译，意译为"毽子"。一种社交性的体育活动，也是侗族青年男女表达爱情的媒介。哆毽分四种，以鸡毛毽制作最为讲究。打法多样，常分两队对拍，中间站一截毽者为"寨工"，双方用手拍击，谁的毽子被截住就被罚为寨工。彩毽飞来传去，称为"飞花传情"。

དོའི་ཇེ། ཀྱང་རིགས་སྐད་ཀྱི་སྒྲ་བསྒྱུར། དོན་སྒྱུར་ལ་ཤེ་བེད་ཟེར། དེ་ནི་འཆལ་འཇོལ་རང་བཞིན་གྱི་ལུས་རྩལ་བྱེད་སྒོ་ཞིག་ཡིན་ལ། ཀྱང་རིགས་གཞོན་ནུ་ཕོ་མོའི་བརྩེ་དུང་མཚོན་པར་མཚམས་སྦྱོར་བྱེད་པ་ཞིག་ཀྱང་ཡིན། ཤེ་བེད་རིགས་བཞི་དཀར་ཞིང་། བྱ་སྤུའི་བསོས་པའི་ཤེ་བེད་བཟོ་བཀོད་ལ་ཧ་ཅང་མཆོག་དོ་སྣང་བྱེད་ཅིང་། རྩེ་རིགས་སྣ་མང་དང་། རྒྱུན་དུ།

ལག་གཞིས་སུ་བགོས་ནས་རྩེ། དཀྱིལ་དུ་འགོག་མཁན་ཞིག་ལངས་པ་ལ་སྟེ་འབྲོག་ཟེར། ཕྱོགས་གཉིས་ཀས་ལག་པས་རྡེག་པ་དང་། སུའི་ཤེ་བེད་བཀག་ཚོར་ཆད་པར་སྟེ་འབྲོག་བྱེད་དགོས། ཚོན་གྱིས་སྦྱས་པའི་ཤེ་བེད་བར་སྣང་དུ་འཕུར་སྐྱོད་བྱེད་པ་དེར་བཙེ་སེམས་མཚོན་པའི་སྤུ་རྟུལ་ཅེས་གྲགས།

Duojian comes from the transliteration of the Dong language and it means shuttlecock. It is a social sport as well as a carrier of expressing love for both young males and females of Dong people. It has four types, among which chicken feather shuttlecocks need to be fastidiously made. It has diverse ways to play and often two teams play it against each other. In the middle of the teams stands an interceptor called "barricade man". The two sides pat the shuttlecock with hands. No matter whose shuttlecock is intercepted he or she will be punished as the barricade man. The color shuttlecock flies back and forth and it was like flying for expressing amorous feelings of men and women.

俄多 用于吆喝牲畜、形似软鞭的放牧工具，藏语意为"用牧羊鞭甩石块"。一般用毛线、牛羊皮制作。使用时，将石头装在"俄多"的窝子里，然后绕头顶甩动两三次后，瞄准目标，用力甩动，石头即从小窝子中飞出，击向目标。"俄多"比赛现已纳入藏族传统体育运动项目，以丢得远或准者为胜。

ཨུར་རྡོ། དེ་ལ་ཕྱུར་ཆགས་ཟེར། ཕྱུགས་འཚོ་བར་རྫི་འཛིན་བྱེད་ཀྱི་ལག་ཆ་ཞིག་ཡིན། སྔར་བཏང་དུ་བོར་གྱི་

ཆུད་པ་དང་གོ་བའི་རྒྱུན་བུས་བཟོས། བེད་སྤྱོད་བྱེད་
སྐབས། རྡོ་རིལ་རིལ་ཞར་མཐིལ་དུ་བཞག་སྟེ། ཞར་ཆ་
གྲད་ལ་བསྐོར་ཞིངས་དགའ་བྱས་ནས་སྟེ་གཅིག་བཏང་ན།
ཞར་ཆའི་ནང་གི་ཞར་རྡོ་རྒྱང་ཐག་རིང་པོར་འཕེན་ཐུབ།
བོད་ཀྱི་སྲོལ་རྒྱུན་དུ་ཞར་ཆ་འགྱན་པའི་ལུས་རྩལ་ཡོད་
ཅིང་། ཞར་ཆ་འགྱན་པ་ལ་སུའི་ཞར་རྡོ་རྒྱང་ཐག་རིང་བོར་
འགྲོ་བ་དང་། ཡང་ན་གསལ་འབེན་ལ་ཕོག་ཐུབ་པ་
མགས་འགྲན།

Eduo means throwing stones with sheep whips in Tibetan. It is a soft whip-shaped tool for grazing and used by people to hurl at their livestock. It is made of wools and shins of sheep as well as oxen. When it is used, stones are put inside it and then swing it around the head for several times. After that, aiming at the target, it is swung hard, and then one can see the stones flying out and hitting the target. The competition has already been included in traditional sport of Tibetan people. Whoever throws the stones the farthest or to the point will be the winner.

二贵摔跤 满族民间道具体育表演。由"乔相扑"演化而来。表演时，一人穿戴上道具，在道具围子的隐藏下，用双臂双腿模拟二人摔跤动作。以抢、转、滚、翻、摔、扫、踢、挡、下绊、托举等摔跤技巧，"互相"扭摔。动作滑稽、幽默、逼真。表演中，还伴有锣鼓点，增加气氛。

ཨེར་དགུའི་འཇུ་རེས། མན་ཇུ་རིགས་ཀྱི་འབངས་ཁྲོམས་
བསྒྲུབས་པའི་དགངས་བྱོད་ལུས་རྩལ་འཁྲབ་སྟོན་ཞིག
ཆའི་འཐབ་འཁྱུག་ལས་རིམ་འགྱུར་བྱུང་བ་ཞིག་ཡིན།
འཁྲབ་སྟོན་བྱེད་སྐབས། མི་གཅིག་གིས་འཁྲབ་ཆས་གྱོན་
ནས་ལུ་ཤས་ཀྱི་བཅུལ་པའི་སྟོན་མི་གཉིས་ཀྱི་འདུ་
རེས་བྱེད་པའི་ལད་ལོ་བྱེད། དེ་ལ་ལག་རྩེ་འགྱུར་བ་དང་
བསྐོར་བ། འགུལ་བ། སྒོག་པ། གསིག་པ། འབུད་པ།
རྡོག་གཞུ། འགོག་པ། ཞུ་འགུལ། ཡར་འདེགས་སོགས་
འདུ་རེས་ཀྱི་ཐབས་རྩལ་བརྟེན་ནས་ཕན་ཚུན་གཅུ་
འཇུ་བྱེད། འགུལ་སྟངས་ཀྱིས་བཞད་གད་པོ་དང་།
ཁ་མཚར། བདེན་སྣང་ཤེར་བྱས་ཐུབ། འཁྲབ་སྟོན་ཏོ།
ཏ་ཆེ་ཆུང་རྡུང་ནས་སྟོབ་མཐོ་རུ་གཏོང་།

Ergui Wrestling is a folk performance with props of Manchu people and it is evolved from Joe sumo. During the performance, a man dressed props under the cover of which the man uses his arms and legs to simulate wrestling. The man twists himself and throws himself onto the ground with the wrestling skills of whirling, turning, rolling, throwing, sweeping, kicking, blocking, stumbling, lifting and others. The whole performance is funny, humorous as well as realistic and it is also accompanied by gongs and drums for the atmosphere.

风车秋千 阿昌族传统娱乐竞技活动。因秋千架如风车旋转，故名。场地中立两根高约3米的木柱，柱顶架一横梁，梁中央套一个宽约1米的木制十字形滚轴。滚轴上有各长约2米的四对平行足，足端系短绳，绳端挂一木板。玩时，四人各坐一木板上，使滚轴转动，上下升降。

ཐོགས། ཆེད་པའི་དགྱིལ་དུ་མཐོ་ཚད་ལ་སྨི་འཕྲག་ཡོད་པའི་ཤིང་གི་ཀ་བ་ཞིག་བསླངས། ཀ་བའི་རྩེར་འཕྱེང་གདུང་ཞིག་བཞག་ཅིང་། འཕར་གདུང་དེའི་དགྱིལ་དུ་ཞིང་གིས་བཟོས་པའི་རྒྱ་གྲམ་གྱི་འཁོར་ལྟེ་བཟོས། འཁོར་ལྟེ་དེའི་ཕྱོགས་སོ་སོའི་དཔུང་ཐག་གི་རིང་ཚད་ཁ་འཛོག་མའི་ཞིང་ལེབ་མོ་རེ་བཏགས་ཡོད། རྩེ་བའི་སྐབས་སུ་བའི་དཔུང་ཐག་སྟེ་མོའི་གཞིང་ལེབ་དེའི་ཐོག་ལ་བསྡད་ནས་འཁོར་ལོ་འཁོར་ཞོར་དུ་ཡར་འགྱོགས།

The Windmill Swinging is a traditional athletic entertainment of Achang people and it gets its name because the frame of the swing is like a whirling windmill. Two about 3-meter-high wooden pillars are placed on the playground, at the top of which a beam is laid across. A cross-type wooden roller of one meter wide is fixed to the middle of the beam. There are four frames on the roller each with its length of about 2 meters, at the end of which a short rope is tied and a plank is hung on the rope. When playing, four people sit separately on the plank and make the roller rotate and move up and down.

姑娘追 哈萨克族的马上体育、娱乐活动。哈萨克语叫"克孜库瓦尔"。多在喜庆之时举行。届时，一对青年男女，骑马并辔，向指定地点进发。小伙子可在途中与姑娘说笑甚至谈情说爱。到折返点，男青年先拍马疾回，姑娘随之纵马穷追，边追边用皮鞭抽打照例不得还手的男方。

བུ་མོ་བདའ་བ། ཧ་སག་རིགས་ཀྱི་རྟ་ཐོག་གི་ལུས་རྩལ་དང་རྩེད་མོའི་བྱ་འགུལ་ཞིག་ཧ་སག་སྐད་དུ་ཨར་ཟིའ་ཟེར། མང་ཚེ་བ་དགའ་སྟོན་གྱི་སྐབས་སུ་སྤྲེད། རོགཆེད་སྐབས་སུ། གཞོན་ནུ་ཕོ་མོ་གཉིས་ཀྱིས་རྟ་ཞོན་གྲབས་སྟོན་བྱས་ཏེ། གཏན་འཁེལ་བཟོས་པའི་གནས་ཞིག་ལ་བསྐྱོད། སྐྱེས་པས་ལམ་བར་དུ་བུ་མོ་ལ་དགོད་སློང་བའམ་ཐ་ན་བརྩེ་བའི་གཏམ་ཤོགས་སྨྲ་བ་ལ་ཆོག་མཆན་དེས་ཏ་ཕར་བཞུན་ན་སྟོན་ལ་འགྲོ་བ་དང་། བུ་མོས་སྐྱེས་པའི་རྟེས་བདའ་འཛིན་ལྗགས་གིས་བཞུན་བྱས་ཏེ་ཕྱིར་ལན་མི་བསྐྱོག་པའི་སྐྱེས་པ་དེ་བདས་ནས་ཡོང་།

Girl-chasing is an entertainment as well as sports activity of Kazak people. It is often held in festive days. On that day, a pair of young man and young woman ride horses neck and neck and goes towards the designated area. The guy is allowed to tease the girl in a playful way, kissing or hugging. Upon the return point, the young guy will immediately go back by patting the horse and then the girl will chase him with a whip beating the guy who cannot beat back in rituals.

挥杆套马 蒙古、鄂温克等民族的传统体育活动。多在节日举行。赛时，骑手以数十人为1组，各持一长约3米的木杆，杆顶扎一套马绳环。选一烈马，先令其疾奔，套马手们纵马飞驰，紧追不舍，到一定距离，即挥杆套马，以先套准并能束住烈马者为胜。

བཞུག་ཞགས་འཕེན་པ། སོག་པོ་དང་ཨོ་ཝོན་ཁེ་སོགས་མི་རིགས་ཀྱི་སྲོལ་རྒྱུན་ལུས་རྩལ་བྱ་བགལ་ཞིག ཕལ་ཆེ་བ་དུས་ཆེན་སྐབས་སུ་སྤྲེད། འགྲན་བསྡུར་སྐབས། རྟ་པ་མི་བཅུ་ཙམ་ཞིག་རུ་རེ་བྱས་ཏེ། རེ་རེ་ཡི་ལག་ཏུ་ཚུགས་དབྱིབས་རིང་ཐུང་སྦྲ་འཕྲག་ཡོད་པ། མགོར་རྟ་འཛིང་ཞགས་པའི་ཨ་ལོང་བཟོས་ཡོད་པ་ཞིག་བཟུང་། དེ་ནས་

རྟ་པོ་འགན་སྒུབ་ཕྱིར་མེད་པར་སྟོན་ལ་བཏང་རྗེས། རྟ་པ་རྣམས་ཀྱི་དགུག་ཁགས་བཟུང་ནས་རྟ་ཞུའི་རྗེས་བདས་ཏེ། སུ་ཞིག་གིས་རྟ་པོ་ཞིག་སྟོན་ལ་འཛིན་ཐུབ་སོང་ན་འགྲན་བསྡུར་ལ་རྒྱལ་ཁ་ཐོབ་པས་མཇུག་བསྡུས་པ་ཡིན།

Lassoing is a traditional sports activity of Mogolian and Ewenki people. It is often held in festivals. During the game, each rider holds an about 3 meters long bamboo pole, at the tip of which ties a rope ring used to harness the chosen horse. Dozens of riders form a group. A boisterous horse is often chosen. Riders then put their horses into a gallop and follow closely the boisterous horse. When the distance becomes right for those riders, they will swing the poles and try to noose the boisterous horse. Whoever becomes the first to noose the horse and make it calm down will be the winner.

回族掼牛 回族传统竞技运动。"掼"，扔、摔、掷的意思。表演者不用任何武器，面对暴怒的牛，跨步向前，双手紧握两只牛角，用力把牛头拧向一侧，然后用肩扛住牛下巴，把牛脖子使劲一别，牛前脚立刻跪下，随即用力压住牛的颈部，通过拧、扛、压等一系列动作把牛掼倒。

ཧུའེ་རིགས་ཀྱི་གླང་འཇུ། ཧུའེ་རིགས་ཀྱི་སྲོལ་རྒྱུན་རྩལ་འགྲན་ལུས་རྩལ་ཞིག ད་ལ་འཇུ་བ་དང་སྐྱུག་པ། རྩལ་བ་སོགས་ཀྱི་ནང་དོན་ཡོད། འཁྲབ་སྟོན་པ་མཚོན་ཆ་ཅི་ཡང་མ་འཛིན་པར། གླང་ཁྲོས་ཀྱི་སྤྱན་དུ་ལངས་ཏེ། གོམ་ཆེན་ཞིག་སྤོ་བ་དང་མཉམ་དུ་ལྒང་ར་གཉིས་བཟུང་ནས་ཤུགས་ཆེན་པོས་ཕྱོགས་གཅིག་ལ་ཀྱུག་སྟེ།

ནས་དཔུང་བ་བརྒོལ་ནས་སྒང་གི་སྨེ་གཤོར་དུ་སར་བསྐྱོག་པར་ཅོག་ལྒང་འཇུའི་ལུས་རྩལ་དེར་ཤུགས་ལ་བརྟེན་ནས་འཇུ་ཀྱོལ་མཚན་སོགས་ཀྱི་གོ་རིམ་བཀྱུད་དགོས།

Guan Niu is a traditional athletic sport of Hui people. Guan here it means throwing. Faced with a boisterous cattle, the performer strides forward without any weapons and holds the two horns tightly and at the same time try hard to twist the cattle's head to one side. Then he holds the chin of the cattle on his shoulders and strains to make the cattle's neck turn one side with its forefeet knelt down immediately. And at the same time, the performers presses the neck hard. The cattle is thrown down through a series of actions like twisting, shouldering and pressing.

吉韧 藏语音译，意为"手弹康乐球"。藏族体育活动。在一光滑的方形木盘四角各设1小洞，洞下连编织网；黑白两色扁圆形球子各9枚，另将1枚红子置于球台、球子中心，再备1枚母子供双方弹击时用。赛时，双方按一定规则用手指弹击母子，力争将自己的球子撞入网内。

གོ་རིམ། ལག་མའི་གོ་རིམ་ཡང་ཟེར། བོད་རིགས་ཀྱི་ལུས་རྩལ་བྱེད་སྟོ་ཞིག་ཡིན། རྡོ་འཇམ་པའི་ཤིང་ལེབ་གྲུ་བཞི་ཞིག་གི་ཟུར་བཞིར་ཁུང་བུ་ཆུང་རེ་དང་ཅིང་། ཁུང་བུའི་འོག་ཏུ་ད་བའི་དྲྭ་མ་སྦྲེལ་ཡོད། ཕྱོགས་གཉིས་ཀར་རེའུ་གོར་གོར་དཀར་ནག་རེ། གཞན་ཞིག་དམར་པོ༡དང་། རེའུ་གཞན་ཆོང་མ་སྟེགས་སྦུག་དགྲིས།

· 1092 ·

ད་བཞག དེ་ནས་མོ་རྡེའུ་གཅིག་ཕྱུགས་གཉིས་ཀ་
མདེལ་རྒྱུའི་རྡེའུ་ལ་སྦྱོད་དགོས། འགྲན་བསྡུར་སྐབས་
ཕྱུགས་གཉིས་ཀས་མཛུབ་མོས་མདེལ་རྡེའི་རྡེ་ནས་
རང་རང་གི་རྡེའུ་རྣམས་ཁུང་བུའི་ནང་དུ་འདེད་དགོས།

Jiren is the transliteration of Tibetan language and it means "playing recreational pinball with hands" and it is also called Tibetan snooker. In the game, a hole is made at the four corners of a smooth rectangular wooden tray. Under each it has a net connected. There are 18 balls with oblate shape in equally black and white. Besides, a red ball is set at the middle of the table as well as the balls. And a cue ball is used to flick other balls. The two players flick the cue ball with their fingers according to certain rules and try to hit their own balls in the game into the nets.

颈力比赛 达斡尔族民间体育活动。参加比赛的两人，相对而坐，将一粗绳圈套在两人头上，双脚相蹬，双手按在膝盖上。裁判一下令，双方都以脖颈用力，想方设法把对方拉向自己一侧，哪方臀部离地、绳圈中心线偏向对方就为失败。

སྨི་ཤུགས་འགྲན་པ། ད་བོར་རིགས་ཀྱི་དམངས་ཁྲོད་ཀྱི་ལུས་རྩལ་བྱེད་སྒོ་ཞིག་འགྲན་བསྡུར་ལ་ཞུགས་པའི་མི་གཉིས་ཁ་ཚུར་དུ་བསྡད་དེ། མགོར་ཐག་གས་རེ་དང་བ་གཉིས་ཀ་ཐུགས་རེ་དང་། ལག་པ་པུས་མོའི་ཐོག་ཏུ་བཞག ཞུན་འཇེད་པས་སྐད་བཏང་རྗེས། ཕྱུགས་གཉིས་ཀས་རང་གི་སྐེ་ཤུགས་ཆེ་ཤོས་ཕྱུང་ནས། ཕ་རོལ་པོ་རང་ཕྱོགས་ལ་འཐེན་པར་བརྩོན། ཤུགས་ནས། ཕ་རོལ་པོ་རང་ཕྱོགས་ལ་འཐེན་པར་བརྩོན། ཤུགས་ཞིག་གི་ཞོན་ཤ་ས་དང་ཁ་ཐག་དེ། ཐག་པའི་ཕྱོགས།

གཅིག་ཏུ་ཡོལ་བ་ན་ཕ་རོལ་པོ་ཕམ་པ་ཡིན།

Neck-Strength competition is a folk sport of Daur people. Two competitors sit face to face with a circle of thick rope tied around their heads. At the same time, their feet put against each other with their hands on the knees. Once getting the order of the referee, both use their neck and try their best to pull the other to their own side. Whoever is off the ground and the centerline of the rope turns to the other side will be the loser.

轮子秋 土族传统体育娱乐活动。流行于青海互助县。人们把卸掉车棚的大板车车轴连车轮竖立起来，稳固住重心，朝上的车轮上平绑一架长木梯，梯子两端系绳圈。两人相向推动木梯，使之旋转，然后乘着惯性分别坐或站在绳圈内，快速转动，并表演各种惊险动作。

འཁོར་ལོའི་རྩེད་མོ། ཏོར་རིགས་ཀྱི་སྲོལ་རྒྱུན་ལུས་རྩལ་རོལ་རྩེད་བྱེད་སྒོ་ཞིག མཚོ་སྔོན་དཀོན་ལུང་རྫོང་དུ་ཁྱབ་ཆེ། མི་ཚོས་འབོར་སྐམ་བྲགས་པའི་གཡུང་ཀ་དང་འཁོར་ལོ་གཅིག་ཏུ་སྦྲེལ་ཡོད་པ་ཆེ་གྲས་རིགས་ཤིག གོང་དིར་བསྒྲངས་ཏེ། སར་བཙན་པོར་བཞག་རྗེས། གོང་དིར་བསྒྲངས་པའི་འཁོར་ལོའི་ཐོག་ཏུ་ཤིང་སྐས་ རིང་མཐའ་དུ་བསྒྲངས་ཤིང་། སྐས་ཀྱི་སྟེ་གཉིས་སུ་ཐག་གུར་གོར་བཙུགས། མི་གཉིས་ཀྱིས་སྐས་གཉིས་དེ་འཁོར་དུ་བསྐུལ། དེ་ནས་གོམས་ལོག་ཅན་གྱིས་གཉིས་ཀྱི་འཁོར་ མགྱོགས་པའི་སྐས་སྟེའི་ཐ་གུའི་ལ་མོ་ར་དང་ལ་ཉེག་ཁ་བའི་རྩལ་སྣ་ཚོགས་སྟོན།

Lunziqiu (wheel-swinging) is a traditional sports and entertainment activity of Tu people and it is very popular in Huzhu

County of Qinghai province. People erect the axles of a large dray with its shelter got rid of, and stabilize its focus. And a long wooden ladder is tied flat on the upper wheel with circle of ropes tied its both ends. Two people push the ladder towards the same direction and make it rotate, then with inertia, the two people sit or stand in the ropes respectively and rotate quickly. And at the same time, the two do various kinds of breathtaking actions.

马上摔跤 哈萨克族传统体育活动。多在喜庆节日举行。比赛双方各骑在马上，待裁判员发令后，两马相接，骑手之间即展开激烈搏斗，但不允许拉扯对方衣服或用拳击，以把对手摔下马或把对手抱至自己马上者为胜。马上摔跤也是柯尔克孜族民间传统体育项目。

ཏ་ཐོག་འཛིང་རེས། ཏ་བག་རིགས་ཀྱི་སྲོལ་རྒྱུན་ལུས་རྩལ་བྱ་འགུལ་ཞིག ཕལ་མོ་ཆེ་དགའ་སྟོན་དུས་ཆེན་སྐབས་སུ་བྱེད། འགྲན་བསྡུར་དུ་ཕྱོགས་གཉིས་ཀ་རྟ་ཞོན་ཏེ། ཁྲིམས་འཛམ་དུ་བཅར་ནས་རྟ་པ་གཉིས་ཀ་ལག་འཇུ་དག་པོ་བྱེད། ཞོན་ཀྱང་པན་ཚུན་གྱི་ཤོན་པར་འཇུ་བཟམ་ལྷུ་ཚོན་བརྒྱབ་མི་ཆོག སུ་ཞིག་གིས་ལག་འཇུ་ལ་བཀྲེན་ནས་རོལ་པོ་ཧམ་འདང་པའམ་ཡང་ན། རྟ་ཐོག་ལས་རང་གི་འཕོང་སུ་ལེན་ཐུབ་པ་བྱུང་ན་དེས་རྒྱལ་ཁ་ཐོབ། རྟ་ཐོག་གི་འཛིང་རེས་ནི་ཁོར་གི་ཙི་རིགས་ཀྱི་སྲོལ་རྒྱུན་ལུས་རྩལ་ཞིག་ཀྱང་ཡིན།

Wrestling on the horseback is a traditional sport of Kazak people and it is most held in festive days. In the competition, two competitors ride on a horse respectively. Once they get the order from the referee, they begin to fight fiercely with their horses neck and neck. However, the riders are not allowed to pull the other's clothes or punch each other. Whoever makes the other fall from the horse or grab the other onto his own horseback will be the winner. It is also a folk sport of Kirgiz people.

蒙古式摔跤 蒙古族的传统体育活动。赛手身穿牛皮坎肩，脚蹬蒙古靴，腰系短彩裙，下身穿套裤，颈上系五彩帛编结的"姜嘎"（吉祥结）。出场时跳着鹰舞步，互致蒙古礼，然后开始比赛。不分等级淘汰制，不能抱腿，不准有反关节动作，不准扯裤子，膝盖以上任何部位着地者为输。

བོག་ཕྱགས་ཀྱི་འཛིང་རེས། བོག་རིགས་ཀྱི་སྲོལ་རྒྱུན་ལུས་རྩལ་བྱེད་སྒོ་ཞིག འགྲན་མཁན་གྱིས་ལུས་སུ་གོ་བའི་སྟོད་གོས་སྟེ་མོ་དང་། རྐང་ལ་བོག་ལྷམ་ཡུ་རིང་གྱོན། སྐེད་པར་ཚོས་ནར་དངས། བྲད་དུ་དོར་མ་ཆེན་པོ་གྱོན། སྐེ་ལ་མདོག་སྣ་ལྔའི་ཞིག་སོགས་སྒྲིག་དུ་སྦྲང་གུ (བཀྲ་ཤིས་པ) ཟེར་བ་ཞིག་བཏགས། སྒོར་འབྱུང་དུས་ཁྱུང་མཆོང་བྱེད་པའི་ཆོད་པོའི་རོ་འཁྲབ་བཞིན་འོང་ནས། ཕན་ཚུན་གྱིས་བོག་པོའི་གུས་བ་ཞིག་བྱས་རྗེས། འཛིང་རེས་དགོ་པོ་བྱེད། རིམ་པ་ལྟར་སྟོར་མི་ཕུད་པའི་ལུགས་མི་བགོས་པ་དང་། ཉེ་འཁུག་གཅོགས་ཆོག་འཁེར་བ་ཁྲ་མི་ཆོག་ལ། དོར་མའི་ཁ་ལང་འདྲུད་མི་ཆོག པུས་མོ་ཡར་ནས་གི་ཕུང་པོའི་ཐོག་གི་གང་རུང་ཞིག་འཛུབ་ནས་སར་བོག་མཁན་རྒྱལ་བ་ཡིན།

Mongolian-style wrestling is a traditional sport of Mongolian people. Wrestlers wear a leather waistcoat and Mongolian boots as well as chaps at the lower half of the body; a short skirt is tied respectively at their waist; a colorful silk knit called "Jiang Ga" (anauspicious knot) is tied to the neck. Wrestlers dance with their eagle step on the field and exchange with Mongolian rituals and then the game starts. During the competition, there are four nos: no knockout stage; no holding legs; no anti-joint movements; no pulling the pants. The one whose any part above the knee touches the ground will be the loser.

蒙古族赛骆驼　蒙古族体育运动项目。流行于内蒙古阿拉善盟一带。多在"那达慕"大会上举行。赛手们穿着蒙古族服装，骑手不分男女，赛程一般3～5公里，先到终点者为胜。获胜者常被人们抬起，并唱歌跳舞，以示敬佩。

ཇ་མོང་འགྲན་བསྡུར། སོག་རིགས་ཀྱི་ལུས་རྩལ་རྣམ་གྲངས་ཤིག ནང་སོག་གི་ཨ་ལ་ཧཱ་མོང་ཁྲུལ་ཁུལ་དུ་དར་བྱུང༌། དཔལ་མོ་ཆེ་ཧྟཱ་དྭམ་སྟོ་ཚོགས་ཆེན་གྱི་ཐོག་སྤྱི་ལེ། འཁྲིད་ཚོན་པ་ཚོས་སོག་ཁམས་གྱོན། ཞོན་མཁན་པོ་མོའི་དབྱེ་བ་མི་དབྱེ་པར། འགྲན་བསྡུར་རིང་ཚད་ལ་སྤྱིར་བཏང་དུ་སྤྱི་ལེ་ཉིས་པར་ཡོད། མཐའ་མའི་གནས་སུ་སྔ་སྒྲོལ་མ་སླེབས་ན་དེས་རྒྱལ་ཁ་བླངས། རྒྱལ་ཁ་བླངས་པའི་མི་དེ་མི་ཚོས་ཡར་འགྲེང་དུ་དང༌། གྲུ་ལེན་གར་ཚེན་གྱིས་ཞེན་འཕུལ།

Camel racing is a sport of Mongolian people and it gets its popularity in Alashan area of Mongolia. It is held in Naadam Fair. Both female and male racers wear Mongolian clothes and finish 3-5km racing distance. Who is the first one to reach the finishing line will be the winner. The winner is often lifted up by people, and people sing and dance to show their admiration.

扭棍子　羌族传统体育活动。取一根长约1米的结实木棍，两名游戏者各持棍的一端，发令后互相用双手朝相反方向使劲扭动，身体不准碰触木棍，先将木棍扭转一周者为胜。

པ་གཟུ་རེས་བརྒྱག ཆཱང་རིགས་ཀྱི་སྲོལ་རྒྱུན་ལུས་རྩལ་བྱེད་སྒོ་ཞིག རིང་ཚད་ལ་དར་སྨྱེ /ལས་གྲུབ་པའི་དབྱུག་པ་ར་མོ་ཞིག་བླངས་ཏེ། རྩེད་མོ་མཁན་གཉིས་དབྱུག་པའི་སྣེ་གཉིས་ལ་འཛིན་དུ་བཅུག འགྲན་འབྱེད་བཏང་འཕལ་ཕན་ཚུན་ཕྱོགས་གཉིས་ཀ་ལག་རྐང་ལ་བརྟེན་ནས་པར་ཆོས་ལ་གསུ་རེས་བྱ། དབྱུག་པ་དེ་ཕྱར་པོ་ཕྱག་མི་ཆོག་པར་སུ་ཞིག་གིས་གསུ་ཕྲན་པ་དེ་རྒྱལ་ཁ་ཐོབ།

Twisting a stick is a traditional sport of the Qiang people. Taking a solid stick with its length about one meter, two players hold each end of the stick respectively and twist it hard in an opposite direction after getting the order to start. Their body cannot touch the stick. Whoever is first to twist the stick in a degree of 360 will be the winner.

爬花杆　苗族"踩花山"活动内容之一。爬法多样，有在两三丈高的木柱（花杆）顶端置一张作奖金的钞票，由一男子双足夹花杆而上，头朝下再翻身头朝上，如此循环，到顶端用脚趾夹住钞票，伸足亮相，然后蛇行而下，如钞票掉落，则仍置杆顶，待后人领取。

· 1095 ·

ཀ་ར་ཁ་བར་འགོས་པ། མུའི་རིགས་ཀྱི་མེ་ཏོག་ཧྲཱ་རེ་བསྐོར་བའི་བྱེད་སྒོའི་ནང་གསེས་ཤིག འགོས་སྟངས་སྣ་ཚོགས་ཡོད། མཐོ་ཆད་གུང་ཉེར་ཉེར་ཡོད་པའི་ཀཱ་ར་(ཀར་ཕུང་)ཞིག་གི་རྩེ་མོར་བྱ་དགའི་དངུལ་འཇོག་པ་དང་། སྐྱེས་པ་ཚོའི་ཀང་པ་གཉིས་ཀྱིས་ཀཱ་ར་བཅོལ་ནས་མགོ་ཐུར་དུ་འགོས། མགོ་མར་བསྐུར་ཡར་བསྐུར་རེ་མོས་སུ་ཐེངས་འགའ་བཟོས་ཏེ། རྩེ་མོར་འགོའ་ཚེ་ཀང་མཛུབ་ཀྱིས་དངུལ་ལེན། ཀང་ཀྱོང་སྟོན་ནས་གཡོག་འགྲོ་བྱུན་བཞིན་མར་འབབ། གལ་ཏེ་དངུལ་མར་ལྷུང་ཚེ། སླར་འཇོག་པ་དང་མི་རྗེས་མས་ལེན་དགོས།

Hua Gan Climbing is one of the activities in Hua Shan festival of Miao people. There are various ways of climbing. For example, money for reward is placed at the top of a 7-10 meter high wooden column (Hua Gan), then a man uses his two feet to clasp the Hua Gan and climb up with his head towards the earth and then turns upside down. The man repeats the actions like that till he almost climbs the top. After that he uses his toes to grip the money and shows his foot with money in the toes and then he climbs down like a snake. If the money falls down on the way of his climbing down, then the money has to be replaced and only to leave other participants to get the money.

皮筏子渡黄河 黄河沿岸的东乡族、撒拉族、保安族，每年夏季，要在黄河上举行羊皮筏子比赛。一个筏子可坐8～10人，参加者多是小伙子。比赛令一下，皮筏子便冲向激流，要绕过旋涡，避开恶浪，安全地到达对岸。还有单人骑羊皮袋或牛皮袋渡河比赛的项目。

ཀོ་གྲུས་ཆུ་ཆེན་བརྒལ་བ། རྨ་ཆུའི་འགྲམ་རྒྱུད་ཀྱི་ཏུང་ཞང་རིགས་དང་ས་ལར་རིགས། པའོ་ཨན་རིགས་བཅས་ཀྱིས་ལོ་རེའི་དབྱར་དུས་སུ་ཆུའི་ཕོག་ཏུ་ཀོ་བའི་གྲུ་འཕུར་བསྐུར་བྱེད་པ་ཞིག་ཡིན། ཀོ་གྲུ་གཅིག་གི་ཏུ་མི་ ༨ ནས་ ༡༠ བར་བསྡད་ཆོག འགྲན་བསྡུར་དུ་ཞུགས་མཁན་མང་པོས་སྐྱེས་པ་ཡིན། འགྲན་བརྡ་བཏང་དུས་ཀོ་གྲུ་ཆུའི་འབབ་རྒྱུན་དུ་པོ་དང་བསྟུན་ནས་འགྲོ་འགོར་བསྐྱོད་ཀྱི་ཞིང་ཁ་ཆུ་ཆབས་དྲག་པོ་ལ་གཟུར་ཏེ་གཅན་པོའི་རོགས་སུ་ལེགས་པར་དང་ལོངས་པར་བྱེད། གཞན་མི་གཅིག་གིས་ལུག་ལྤགས་དང་ཀོ་བའི་རྐྱལ་བས་ཆུ་ཆེན་བརྒལ་བའི་འགྲན་བསྡུར་རྣམ་གྲངས་ཡོད།

Sailing across the Yellow River in a raft made of skins Each summer, people in Dongxiang, Salar, Bonan along the Yellow River will held the race of sailing across the Yellow River in a raft made of sheep skins. One raft can accommodate 8 to 10. Most participants are young fellows. Once getting the order, participants begin to sail in a raft made of skins and rush towards the current. At the same time, they have to avoid eddies and strong waves to reach the other side of the Yellow River. Besides, a single person can also sail across the River in a sack made of sheep as well as cattle skins.

骑马拔河 哈萨克族的一项传统体育活动。竞赛规则与拔河相似。先在场地上设两条平行线为"河界"，比赛时，两人骑马分别拉着一条长约两米的皮绳两端，皮绳正中扎一红标带垂直于"河"中央。一声令下，双方扬鞭策马，奋力向相反方向拉拽，将红标拉过河界者为胜方。

ཏུ་ཐོག་ཐག་འཐེན། ད་སོག་རིགས་ཀྱི་སྲོལ་རྒྱུན་ལུས་རྩལ་བྱེད་སྟངས་ཤིག འགྲན་བསྡུར་གྱི་སྒྲིག་ལུགས་ཐག་འཐེན་དང་འདྲ། ཐོག་མར་འགྲན་ཡར་གྱི་མཚམས་ཐིག་དུ་དྲོ་ཞིག་རྒྱག་འགྲན་བསྡུར་སྐབས། མི་གཉིས་ཏུར་ཞོན་ནས་སོ་སོའི་སྟེ་གཉིས་ཚོན་ཡོད་པའི་ཐག་པ་ཞིག་སྟེ་གཉིས་བཟུང། ཐག་པའི་དཀྱིལ་དུ་དམར་པོ་ཞིག་མཚམས་ཐིག་ལ་སྟོངས་ནས་མར་དཔུང་ཡོད། འགྲན་བཙུགས་པ་དང་། ཕྱོགས་གཉིས་ཀས་ཀྭ་ལ་ལྕག་གིས་བཞུས་ནས་ཐག་པ་འཐེན་རེས་བྱེད། སུ་ཞིག་གིས་རང་དགར་པོའི་རྟགས་དེ་མཚམས་ཐིག་ལས་རང་ཕྱོགས་སུ་བཀུག ཐུབ་པ་དེས་རྒྱལ་ཁ་བླངས་པ་ཡིན།

A tug of war by riding horses is a traditional sport of Kazak people. Its competing rules are like those of tug of war. First, two parallel lines are set on the match field as the boundary. During the game, two people ride on a horse respectively and pull the two ends of a leather rope about 2 meters long with a red label laced at the middle of the rope. And at the same time, the belt has a vertical position to the boundary. Once getting the order to start, the two begin to whip their horse and struggle to pull in an opposite direction. The party who pull the red label to their own side will be the winner.

羌族摔跤 羌族传统体育活动。可分两种形式。一种为双方互相交叉抱住对方的腰带，用力把对方摔倒为赢，这种摔法不得用脚踢、脚绊。另一种形式为"抱花肩"，即双方互相抱住对方肩膀，以用脚将对方绊倒者为胜。

ཅང་རིགས་ཀྱི་འཇུ་རེས། ཅང་རིགས་ཀྱི་སྲོལ་རྒྱུན་ལུས་རྩལ་བྱེད་སྟངས་ཤིག དེ་ལ་རིགས་གཉིས་སུ་དབྱེ་རིགས་གཅིག་ནི་འགྲན་ཟློད་པ་གཉིས་ཀྱིས་ཕན་ཚུན་གྱི་སྐ་རགས་ལ་བཟུང་ནས་འཇུ་རེས་བྱེད། འཇུ་རེས་བྱེད་སྐབས་རྐང་པ་ལ་ཨེ་པ་དང་ཀཾ་བར་འཇུ་བ་སོགས་པ་བྱེད་མི་ཆོག རིགས་གཞན་ཞིག་ནི་དཔུང་འཇུ་བྱེད་པ་དེ། ཕྱོགས་གཉིས་ཀས་ཕན་ཚུན་གྱི་དཔུང་བར་བཟུང་ནས་གཙོ་བོ་ཉུག་པ་ལ་ཨེ་པ་སོགས་ཀྱི་ཐབས་ཀྱིས་པ་རོལ་པོ་བསྒྱེལ་ཐུབ་རྒྱལ་ཡིན།

Wrestling of the Qiang people is a traditional sport of the Qiang people. It has two forms. One is that the two wrestlers clasp each other's belt and try their best to make the other fall to win. No kicking and no tripping. Another is Baohuajian, that is, the two put an arm around each other's shoulder and whoever trip the other over first will win.

抢花炮 侗族、壮族、仫佬族等民族传统体育活动。事先用竹篾或藤条编织3～5个茶杯口大小的圆圈，缠以红布，用红绿丝线扎牢。后将其放在铁炮口上，点燃火药放炮，红炮圈被射上高空后坠地，不论落在哪里，抢炮手都去追寻争抢，谓之抢花炮。抢到者须将其送到裁判台上才算获胜。

ཧོག་སྦག་འཕྲོག་རེས། ཏུང་རིགས་དང་ཀྲོང་རིགས་མུའུ་ལའོ་རིགས་སོགས་ཀྱི་སྲོལ་རྒྱུན་ལུས་རྩལ་བྱེད་སྟངས་ཤིག ཐོག་མར་སྨྱུག་ཕན་ནམ་ལྕུག་ཕྲན་གྱི་ལ་རེའི་ཚེ་རྒྱུད་ཇ་ཕོར་དང་འད་བ་ཞིག་བཟོས། དེའི་རྒྱུབ་ཏུ་རས་དམར་པོ་དཀྲིས། རས་སྐུད་དམར་པོ་དང་ལྗང་ཁུ་དག་པོར་བསྡམས། དེ་ནས་ལྕགས་སྒྱོག་གི་ཁ་རུ་བཞག་ནས།

· 1097 ·

ཧོག་སྒག་ལ་མེ་སྟོན་རྟེན་ཧོག་སྟོག་གི་ཤུགས་ཀྱིས་ཕྱུངས་དེ་བར་སྤྲུག་ཏུ་འཕུར་ནས་སར་ལྷུང་། གང་ཞིག་ཏུ་ལྷུང་ན་དེའི་རྟེན་སུ་རྒྱུག་ནས་འཕྲོག་ཅོད་བྱས་ཏེ། སུ་ཞིག་གིས་ཧོག་སྒག་ཤུགས་དེ་ཞན་འབྱེད་པའི་ཙར་བྱེར་འོར་ན་རྒྱལ་ཁ་ཐོབ་པ་ཡིན།

Firework-snatching is a traditional folk sport of Dong, Zhuang, Mulao people, etc. First, 3 to 5 circles of cup size are weaved by using bamboos or rattans and are wrapped in red cloth. At the same time, these circles are tied tight with red and green silk. After that, the circles are placed at the mouth of the fire gun, which at the same time is fired off. The red circles are shot up to the sky and fall down to the ground. The chasers follow them and try to get them regardless of wherever they fall. In this way, it is called Qianghuapao. Whoever grab the Huapao and send it to the referee will win.

赛布鲁 "布鲁",蒙古语为棒的意思。原是蒙古族狩猎和自卫的工具,形状像一把镖刀。后来也成为蒙古族儿童们的投掷器械,再后又逐渐演变为体育活动,分投远和投准两种比赛。新中国成立后,被列为民族体育项目。

པ་རུ་འགྲན་བསྡུར། པ་རུའི་གོག་སྐད་དེ། དབྱུག་རིང་སྦུང་གི་ཡོ་བྱད་ཅིག དབྱིབས་རལ་གྲི་དང་མཚུངས། པ་ཞིག་ཡིན། ཕྱིས་སུ་སོག་པོའི་བྱིས་པ་ཆེད་ཅེད་ཆམ་སུ་གྱུར་པ་དང་། དེའི་རྟེན་སུ་ཡང་ལུས་རྩལ་གྱི་བྱ་བར་གྱུར་ཏེ་འགྲན་བཟོད་རིང་བ་དང་འགྲན་བཟོད་འཕེན་པའི་རིགས་གཉིས་ཡོད་དོ།

གསར་པ་དབུ་བརྙེས་རྟེས་མི་རིགས་ཀྱི་ལུས་རྩལ་རྒྱུགས་སྤྲོ་བཞག

Bulu racing, here Bulu means sticks in the Mongolian language. Originally, it was the tool of hunting and self-defense for the Mongolian people. It was a dart-like knife. Later, it became a tool to throw for Mongolian children. Then still later, it gradually became a sport and involves such two types of competitions as throwing for distance and throwing with accuracy. It is considered to be an ethnic sport after the founding of New China.

赛牦牛 藏族的传统体育项目。多在雪顿节等节日举行。由经验丰富的牧民驾驭性情暴躁的牦牛进行赛跑比赛。赛前,骑手会将牦牛精心洗刷打扮,并在牛角上系彩绸等。赛时,发令后骑手即驾驭牦牛疾奔200~300米,以先到终点者为胜。获胜者将受到观众的祝贺并领取奖品。

གཡག་རྒྱུག བོད་ཀྱི་སྲོལ་རྒྱུན་ལུས་རྩལ་གྱི་རྣམ་གྲངས་ཤིག ཕལ་ཆེར་ཞོ་སྟོན་སོགས་དུས་ཆེན་དུ་སྤྱོད། ཉམས་མྱོང་ཕྱུན་སུམ་ཚོགས་པའི་འབྲོག་པ་སྟག་ལོ་བཏར་དགར་བའི་གཡག་ལ་ཞོན་ནས་རྒྱུག་འགྲན་བྱེད། འགྲན་རྒྱུག་སྟོན་དུ། གཡག་ཞོན་པ་རྣམས་ཀྱིས་རང་རང་གི་གཡག་གཙང་སྦྲ་ལེགས་པོ་ཞིག་བཏང་རྟེན། གཡག་གི་ར་རྩེར་དར་ཚོན་འདོགས། རྒྱུག་འགྲན་དུས་སུ། འགྲན་བཤེར་བ་བཅའ་ཁྲམས་གཡག་ཞོན་པ་ཚོར་དར་རང་རང་གི་གཡག་ལ་ལྡག་གིས་བཞུན་ནས་སྤྱི་ ༢༠༠ ནས་ ༣༠༠ བར་དུ་རྒྱུག་འགྲན་བྱེད། སུ་ཞིག་སྔོན་པར་བྱུན་ནེ་དེ་རྒྱལ་ཁ་བླངས་པ། དེ་ལ་ལྟད་མོ་བའི་བཀྲ་ཤིས་བར་མ་ཟེར་ཏུ་དགའ་བསུ་བྱེད།

Yak racing is a traditional sport of Tibetan people and it is held in "Shoton festival". Before the racing, the riders will wash the yaks and dress them carefully with colored silk tied on the horns. In the game, experienced herders ride on the irascible yaks and go on racing with each other. Once getting the order to go, riders gallop to finish 200 to 300 meter racing distance. The one who first reach the finishing line will win. The winner will be congratulated by the audience and get prizes.

畲拳 畲族武术以畲族拳最为著名。已有300多年的历史。创编者雷乌龙，被尊称为"乌龙公"。其主要动作有冲、扭、顶、摘、削、托、拨、踢、扫、跳等。进攻时多用拳肘，防守时常用前臂和掌。畲拳中有点穴绝招，一旦被点中穴位，便动弹不得。

ཛ་ཡི་ཁ་ཚུར། ཇེ་རིགས་དུག་རྩལ་དང་ཇེ་རིགས་ཁྱུར་ལ་སྐད་གྲགས་ཞིབ་ཏུ་ཆེ། དེ་ལ་ལོ་ངོ་༣༠༠ལྷག་གི་ལོ་རྒྱུས་ཡོད། གསར་གཏོད་པ་ལེ་སྦུ་ལུང་ཡིན། ཁོང་ནི་ཚིག་ཏུ་སྦྱུར་ལུང་གུང་ཞེས་འབོད། དེའི་འཕར་རྒྱག་གཙོ་བོ་ལ་གཞུ་བ་དང་གཞུབ་པ། རྒྱག་པ། བརྡུང་བ། བཟོ་བ། འཇའ་བ། གཏད་བ། མཆོང་བ། སོགས་མང་པོ་ཡོད་པར་འཇུག་སྐབས་སུ་པུར་ཆེ་བར་ཁུ་ཚུར་སྦྱོད། འགོག་སྲུང་སྐབས་སུ་རྒྱུན་པར་ཕྲག་པ་དང་ལག་མཐིལ་སྦྱོད། ཇེ་ཡི་ཁུར་ལ་ཐབས་རྩལ་ཟབ་དགུ་འཛོམས་པ་ཞིག་ཡོད།

Boxing of the She people, is the famous martial arts of She people. It has a history of more than 300 years. Its founder is Lei Wulong, who is honored as Sage Wulong. Its main actions contain punching, twisting, bunting, kicking, jumping and so on. When attacking, boxers use their elbows most; while when defending, they use their forearms and palms. It has the stunt of finger pointing manipulation. Once people are pointed, they cannot move.

射碧秀 "碧秀"即响箭。藏族传统体育活动。每逢望果节举行。碧秀长80厘米，箭杆竹制，尾部插羽毛，头部有一个木制机关，大如拳头，四侧有小孔数个，射出后，因空气进入小孔而发出哨响。比赛射程30米，靶场空中悬吊20厘米见方的靶标。射中靶标者受献哈达，失利则罚酒。

འབིགས་གཅུ་འབེན་པ། འབིགས་གཅུ་ལ་སྒྲ་ལྡན་མདའ་མོའང་ཟེར། བོད་ཀྱི་སྲོལ་རྒྱུན་ལུས་རྩལ་བྱེད་སྒོ་ཞིག །ལོ་རེའི་འོང་སྐོར་དུས་ཆེན་སྐབས་སུ་འཁྲུན་བསྒྲུབ་བྱེད། འབིགས་གཞུའི་རིང་ཚད་ལ་ལི་སྨི་༨༠་དང་མདའ་ལུས་སྨྱུག་མས་བཟོས་པ། མཇུག་མར་མདའ་སྒྲོ་དང་མགོར་ཤིང་གི་བཟོས་པའི་ཆེ་ཆུང་ཁུ་ཚུར་དང་མཉམ་པ། བུ་ག་བཞི་ཕྱུག་ཡོད་པ་ཞིག་ཡོད་པས། མདའ་འཕངས་རྗེས་རླུང་བུ་ག་དག་གི་ནང་རྒྱུན་མ་གྲགས། རྒྱང་ཚད་སྨི་༣༠ལྷག་ལ་འབེན་ཐུབ། སྨི་༣༠ལྷག་གི་བར་སྣང་དུ་འབེན་དཔྱངས་ཡོད་ཅིང་། སུ་ཞིག་གིས་འབེན་དེར་ཕོག་ན་ཁ་བཏགས་འབུལ་བ་དང་། འབེན་དེར་མ་ཕོག་ན་ཆང་གིས་ཆད་པ་གཅོད།

Shooting Bixiu, here Bixiu means arrows with whistling sound. It is a traditional sport of Tibetan people and is held in the Ongkor Festival. Bixiu is 80cm long and its shaft is made of bamboo. Its tail is inserted feathers and its head has a wooden trap which is as big as a fist. Its four sides have a few holes, which can emit whistling sound because of air's entering. The shooting distance is 30 meters and a 20-centimeter square target is hung in the air of the shooting field. The one who shoots the target will be given a hada. Otherwise, he will be fined to drink alcohol.

拾天灯 壮族、瑶族传统体育活动。流行于广东连山壮族瑶族自治县一带。天灯形如水桶，青竹为架，外糊以纸，底部置油灯，升降原理如同孔明灯。天灯象征吉祥和长寿。赛时，先鸣炮数响，天灯升空，各村寨派选手紧追争夺。拾到落地天灯者除获奖外，本人及其代表的村寨都会受到祝贺。

གནམ་སྒྲོན་འཛུ་བ། གོང་རིགས་དང་ཡའོ་རིགས་ཀྱི་སྲོལ་རྒྱུན་ལུས་རྩལ་བྱེད་སྒོ་ཞིག གོང་ཏུང་ལན་ཧྲན་གོང་རིགས་དང་ཡའོ་རིགས་རང་སྐྱོང་རྡོ་ཁོངས་སུ་དར་བྱུང་། གནམ་སྒྲོན་དབྱིབས་ཆུ་ཛོ་ལ་འདྲ་ཞིང་སྦོ་བའི་སྒྲོམ་གཞི་བཟོས་པ། ཕྱི་ངོས་སུ་ཤོག་བུས་དཀྲིས་ཞིང་མཐིལ་དུ་སྣུམ་སྒྲོན་བཞག་ཡོད་པར་མ་ཟད་འགྲོ་འོང་གི་གནས་ལུགས་ཀོང་མིང་སྒྲོན་མ་དང་འདྲ། གནམ་སྒྲོན་ནི་བཀྲ་ཤིས་དང་ཚེ་རིང་བའི་རྟགས་མཚོན་ཞིག་ཡིན། འགྲན་བསྡུར་སྐབས། ཐོག་མར་ཕོག་སྒྲ་མང་པོ་འདང་བའི་རྗེས་དང་། གནམ་སྒྲོན་གང་དུ་ལྡིང་བའི་ཕྱོགས་འབྱར་འགྲན་རྩོད་བྱེད། ས་ཞིག་གིས་གནམ་སྒྲོན་ཐོབ་པར་ལེན་ཐུབ་ཚེ། དེ་མི་སྒེར་དང་དེའི་སྡེ་བ་ཆེན་འབྱེལ་ལུ།

Picking up Sky Lantern is a traditional sport of the Zhuang and Yao people. It is very popular in the area of Lianshan Zhuang and Yao Autonomous County in Guangdong province. The sky lantern is like the shape of a bucket with bamboo as its frame. A piece of paper is pasted on the frame with an oil lamp set at its bottom. Its theory of lifting up is like Kongming lanterns. It symbols good fortune and longevity. In the game, it begins with a little cannon fire. When the lanterns fly up to the sky, they will be followed and snatched by players sent by each village. Those who pick up the lantern will get prizes. Besides, they together with their village will be congratulated.

耍白象 阿昌族娱乐性的体育活动，会街的一项主要内容。用木做架构，用竹篾编成象头、象身，裱以白纸，再用白布做成象鼻。整个白象犹如真象大小，并在其肚里装有供人操纵的机关。届时，四人藏在象肚里抬大象，另一人在里面操纵连着象鼻、带有滑轮的绳子，众人则绕着白象跳象脚鼓舞。

གླང་ཆེན་ཁལ་དཀར་རྩེ་བ། ཨ་ཁོན་རིགས་ཀྱི་རོལ་ཆེད་རང་བཞིན་གྱི་ལུས་རྩལ་འགུལ་ཞིག ཁྲོམ་ཚོགས་ཀྱི་ནང་དོན་གཙོ་བོ་ཞིག་ཀྱང་ཡིན། སྐམ་གཞི་ཤིང་གིས་བཟོས་ཏེ། དེའི་ཐོག་ལ་སྨྱུག་ཤུན་གྱིས་གླང་ཆེན་གྱི་མགོ་དང་ཕུང་པོ་བསྒྲིགས། རས་དཀར་པོས་སྣ་ཞིགས་བཟོས། ཚ་ཆུང་ལ་གླང་ཆེན་ལ་ཞིག་གི་ཆོ་ལོན་ཆོད། སྟོབས་ཀྱི་ནང་དུ་དངོས་ཁོ་བསྒྱུར་བའི་འཕྲུལ་ཆས་སོགས་ཡོད། རྩེ་བ་དུས་སུ་མི་བཞི་གླང་ཆེན་གྱི་ལྟོ་བའི་ནང་དུ་འཇུག་ནས་ཡར་བཀུགས་པ་དང་། མི་གཅིག་སྣ་ཞིགས་དང་འབྲེལ་བའི་ཐག་པར་ཁ་ལོ་བསྒྱུར། མི་མང་པོས་གླང་ཆེན་

ཆེའི་མ་ཐབ་བསྒྱུར་ཏེ་རྫོག་པོ་འབྱིད།

Playing the white elephants, a sport activity of Achang people with entertainment feaure, is a main activity in Huijie festival. The frame of the elephant is made of wood with the head weaved with bamboo strips and so is its body, and then the head and body is covered with white paper. Its nose is made of white cloth. The whole elephant is as big as a real one. A device controlled by people is equipped in its stomach. During the activity, four people hiding in its stomach lift it up and another person controls the rope with a pulley connected with the elephant's nose. People will dance with the accompaniement of the elephant drum.

踢枕头　苗族传统体育项目。多在春节举行。枕头稻草制，长约20厘米，宽约10厘米。赛时，两人相对而立，距3～4米，各置一枕头于脚前，每人轮流踢三次，以将枕头踢过对方头顶次数多者为胜。

སྔས་མགོར་རྫོག་བརྒྱབ། མུའི་རིགས་ཀྱི་སྲོལ་རྒྱུན་ལུས་རྩལ་རྩེད་མོ་ཞིག ཕལ་མོ་ཆེ་དཔྱིད་གསར་དུས་ཆེད་དུ་སྤྱོད། རྩེད་བཟོ་བའི་སྔས་མགོར་རིང་ཚད་ལི་མི་ 20 དང་། ཁ་ཞེང་ལི་མི་ 10 ཡོད་པ། འགྲན་བསྡུར་སྐབས། མི་གཉིས་ལི་སྤྱི་དུ་ལངས་ཏེ། བར་ཐག་རིང་ཚེ་རེ—༤བར་ཡོད། ཕྱོགས་གཉིས་ཀས་སྔས་མགོ་ཞིག་རང་རང་གི་རྫོག་སྟེར་བཞག མི་རེ་འབོར་རེས་ཀྱིས་མདུན་གྱི་སྲལ་མགོར་རྫོག་བཞི་བྱེད་ནས་གསུམ་རེ་བྱུར་ནས། སུ་ཞིག་གིས་སྔས་མགོ་རྫོག་ལ་ཕ་རོལ་པོའི་མགོར་འཕངས་པའི་གྲངས་ཀ་མང་ན་རྒྱལ་བ་ལྟར་བརྩི་པ་ཡིན།

Kicking pillows is a traditional sport of the Miao people and it is mostly held in the Spring Festival. The pillows are made of straw with 20cm length and 10cm width. During the game, two people stand face to face with a distance of 3-4m and each takes turns to kick the pillow placed in front of the feet for three times. Whoever kicks the pillow across the other's head most will be the winner.

跳火绳　四川凉山彝族传统体育游戏。节日夜晚举行。绳子是用藤条和浇有松油、桐油的布条拧成，点燃即为火绳。择一平地为赛场，划上起止线，赛者站于起点线上，手持火绳，比赛令下，各人将火绳点燃，像跳绳跑一样前进，先到终点者为胜。

མེ་ཐག་མཆོང་བ། སི་ཁྲོན་ལིང་ཧན་དབྱེས་རིགས་ཀྱི་སྲོལ་རྒྱུན་ལུས་རྩལ་རོལ་རྩེད་ཅིག དུས་ཆེན་གྱི་མཚན་མོར་སྤྱོད། ཐག་པ་ལ་ལྕགས་མ་དང་རང་སོགས་རྒྱས་པར་བསྐུས་ཤུགས་ནས་འབར་བླུགས་བར་བཟོས་ཏེ། མེ་སྦར་བས་མེ་ཐག་བྱུང་། འགྲན་བསྡུར་ཐང་བདེ་ཞིག མགོ་ཚུགས་མར་ཐིག་བརྒྱབ་ཡོད། འགྲན་རྩོད་པ་མགོ་ཚུགས་ས་ནས་ལག་ཏུ་མེ་ཐག་བཟུང་སྟེ། འགྲན་བདར་བརྒྱབ་ཐག་མི་སོ་མི་ཐག་སྦར་ནས་ཐག་མཆོང་བྱེད་བཞིན་མདུན་ཕྱོགས་སུ་རྒྱུག་འགྲན་བྱེད། སུ་ཞིག་སྔོན་མཐར་མའི་གནས་སུ་སླེབས་པ་དེ་རྒྱལ་ཁ་ལྡང་བ་ཡིན།

Skipping ropes on fire is a traditional game for the Yi people in Liangshan Sichuan province. It is held at festive nights. The rope is twisted out of rattans and cloth with pine oil and tung oil.

When it is lighted, it becomes the rope on fire. Racers stand at the starting line on a chosen match field with both starting and finishing line and hold the rope. Once getting the order to start, they ignite their own rope and run forwards like rope skipping. The one who first reach the finishing line will be the winner.

跳桌 壮族传统体育活动。喜庆节日举行。相传已有数百年历史。原为模仿猴子的跳跃动作，后经演变，加入传统民间武术动作，形成一套完整的舞步、舞姿表演形式。表演时，场地中摆一八仙桌，在鼓乐鞭炮声中，表演者在桌上模仿猴、鸡、青蛙等动物的动作。以轻捷、逼真者为佳。

ཅོག་ཙེར་མཆོང་འགྲན། གྲོང་རིགས་ཀྱི་སྲོལ་རྒྱུན་ལུས་རྩལ་ཞིག་དགའ་སྟོན་དུས་ཆེན་སྐབས་སུ་སྤྱིར་བཏང་རྒྱུད་དུ་ལོ་ལོ་བརྒྱ་ཕྲག་གི་ལོ་རྒྱུས་ཡོད། དང་ཐོག་སྤྲེའུ་མཆོང་སྐོངས་ལ་ཡང་མོ་བྱ་བ་ཞིག་ལས་རིམ་འགྱུར་བྱུང་། སྲོལ་རྒྱུན་གྱི་དམངས་ཁྲོད་དཔའ་རྩལ་སློབ་ཞིག་གི་བར་དུ་བཏུག་ཅིང་། ཆ་ཚང་བའི་གར་སྟབས་དང་པོའི་འཁྱེར་སྟངས་ཤིག་ཏུ་གྲུབ། འཁྲབ་སྟོན་སྐབས། འཁྲབ་པའི་དཀྱིལ་དུ་བརྒྱད་པོའི་ཅོག་ཙེ་ཞིག་བཀས། རྔ་དང་ཕོག་སྒྲོག་གི་སྒྲ་སྐད་པ་དང་དུས། གཅིག་ཏུ་འཁྲབ་སྟོན་པ་ཚོས་ཅེ་དེའི་སྟེང་དུ་མཆོང་ནས་སྤྲེའུ་དང་བྱིའུ། སྦལ་བ་སོགས་སྲོག་ཆགས་མང་པོའི་འགུལ་སྐྱོད་བྱེད། དེའི་སྟབས་བདེ་ཞིང་གསོན་ཉམས་ཀྱིས་ཕྱུག་པ་ཞིག་ཡིན།

Dancing on the square table is a traditional sport of Zhuang people and it is often held on festive days. It's said that it has a history of several hundred years. Originally, it just mimiced the jumps of monkeys and later it is evolved to form a complete dancing form by adding traditional folk martial arts. During the performance, an old-fashioned square table for eight people is put in the venue and performers imitate such animal's action as monkeys, chicks and frogs with the sound of drums and firecrackers. The one whose action is nimble and lifelike will be the best performer.

铁连极 朝鲜族武术，有500多年的历史。武术套路以器械为主，其中铁连极为著名器械。其形制类似中原传统武术器械中的大梢子。在一根齐肩高的棍端有一圆环，环上套连着三根并列成放射状的短节，长度尺余。双手握棍舞动，有砸、抢、扫、缠、盖、架、格等技法，配合多种身形，异常精彩。

ལྕགས་འབྲེལ་སྦྲེལ་མ། ཁོར་ཞེན་རིགས་ཀྱི་དཔའ་རྩལ་ལོ་༥༠༠ ཡན་གྱི་ལོ་རྒྱུས་དང་། དཔའ་རྩལ་དུ་མཚོན་ཆ་གཙོ་བོར་སྟོན། དེའི་ནང་གི་ལྕགས་འབྲེལ་སྦྲེལ་མ་མཚོན་ཆར་མིང་གྲགས་ཡོད་ཆེ། དེའི་བཟོ་དབྱིབས་ཀྲུང་ཡོན་སྲོལ་རྒྱུན་གྱི་དཔའ་རྩལ་མཚོན་ཆའི་ནང་གི་སྟོབས་གྲུགས་ཆེན་པོ་དང་ཤུན་འདྲ། གཞིག་གཉིས་མཐོ་བའི་དབྱུག་གཞིག་བུ་ཨ་ལོང་གཅིག་ཡོད་ཅིང་། ཨ་ལོང་གི་ཐོག་དབྱུག་གུ་གསུམ་གཤོམ་ལྟར་སྦྲེལ་ཡོད། རིང་ཚད་ཀྱི་ཚོ་གང་ལ་གཡུགས་པ་དང་བསྐོར་བ། རྡེག་པ། ཨེན་པ་སོགས་འཕབ་རྩལ་སྣ་ཚོགས་ཤིག་ཡོད། ལུས་ཕྱོགས་ལ་བསྒྱུར་ནས་གཡུག་སྟངས་མང་པོ་དང་ཕྱུག་མིན་ཀྱི་རྩལ་ཆོས་ཆེ།

Tielianji, a martial art of Korean people,

has a history of over 500 years. Its routines are mainly on its use of instruments with Tielianji as its foretype. Its shape is like a stick called Dashaozi in traditional instruments of Chinese martial arts. A ring is at the tip of a stick, which is high to reach a person's shoulder. Three short sticks with the length of a ruler juxtapose in the form of radiation and are attached to the ring. Performers hold and swing the stick and at the same time show such techniques as smashing, whirling, sweeping, wrapping, covering, racking and gridding and so on. Combined with various statures of performers, the whole performance is quite wonderful.

投绣球 壮、苗、瑶等民族传统体育活动。绣球由姑娘们用各色小绸布块亲手缝制，内装米、豆、沙子等物，重二三两，一般呈圆、方或八角形，上端系一根彩绳。游戏时，赛场上竖一高约10米的木杆，顶端钉一块凿有圆孔的木板。人数相等的男女分站一方，相对而投。以穿孔多者为胜。

Throwing silk balls is a traditional folk sport of Zhuang, Miao and Yao people and so on. The ball is hand-made by girls using small silk cloth with diverse color, within which things like rice, beans or sand is placed. It weighs 100 to 150 grams and generally it is cylindrical, square, and octagonal with a colored rope tied on its upper side. During the activity, an about 10 meters long wooden pole is placed vertically in the field, at the tip of which a wooden board with a round hole is nailed. At the same time, an equal number of males and females stand separately in each side and throw the ball face to face. The side with more balls going through the round hole will be the winner.

玩鸡㙡陀螺 "鸡㙡陀螺"是陀螺的一种。硬质木头制成，高约7~8厘米，直径约6厘米，头大身细，形似鸡㙡菌，故名。以细绳缠陀螺，猛抽绳的同时将其投放在地上使其旋转，能发出嗡嗡声。玩法多样。现已发展成佤族的竞技体育运动。

ཐབ། དབྱིབས་གི་ཙི་ཤ་མོ་དང་འདྲ་བས་མིང་དེ་ལྟར་
ཐོགས། ཐག་པ་ཕྲ་མོས་འཁོར་ལོར་ཤུགས་ཆེན་པོས་བྲབ་
ཅེ། འཕང་ལོའི་ས་ངོས་སུ་འཁོར་མོ་འཁོར། དེར་བརྟེན་
ནས་སྒྲ་སྒུང་ཞིག་པའི་སྐྱ་ཞིག་ཀྱང་གྲགས་འོང༌། དེ་ལ་
ཅེད་སྤྱད་རིགས་སྣ་ཚོགས་ཡོད། ད་ལྟ་དབའ་རིགས་ཀྱི་
འགྲན་ཚོད་ལུས་རྩལ་བྱ་འགུལ་ཞིག་ཏུ་ཆགས་ཡོད།

Playing Jizong-shaped spinning top, Jizong-shaped spinning top is a kind of spinning top. It gets its name because its shape is like Ji Zong Jun (a kind of wild mushroom) with its big head and small body. The top is made of hard wood and it is 7 to 8 centimeters high with its diameter about 6 centimeters. When playing it, the player should first wrap some thin strings around the top and then pull the strings hard meanwhile throw the top on the ground to make it spin fast. In this way, one can hear the humming sound. It has diverse ways to play. Now, it has developed into an athletic sport of the Va people.

雯基逆 赫哲语，"游艺大会"之意。"雯基逆"中有各种比赛。如：叉草球比赛，由六个壮健的小伙将系着红缨的钢叉投向空中的草球比输赢；撒网比赛，则是由选手将丝网奋力掷向空中，手臂划出弧形的同时撒手网出，渔网落地，形成一定的形状比优劣。另外，还有摔跤、划船比赛等。

ཕུན་ཆི་ནི། ཧོ་ཀྲིའི་སྐད། འགྲོ་རྩལ་ཚོགས་ཆེན་ཞིག་པའི་དོན། ཕུན་ཅི་ནི་ཡི་ནང་དུ་འགྲན་བསྡུར་སྣ་ཚོགས་ཡོད། དཔེར་ན། རྩྭ་སྦྲང་ཆེམས་འགྲན་པ་སྟེ། ལུས་

དར་གཞུགས་ཅན་གྱི་པོ་གར་དྲུག་གིས་རྩེ་ཤུགས་ཆེན་ཁམ་ཞིག་གིས་རྩྭ་སྦྲང་བར་སྣང་དུ་འཕེན་པའི་འགྲན་བསྡུར་དེ། ལག་གཡུགས་པའི་སྨྱུག་པ་འགྲན་དུ་རྒྱུ་གཟམ་ལ་འཕང་ནས། འཛིན་དུ་རྒྱུ་སར་འབབ་དུས་ལག་པའི་ཕྱག་རྒྱ་ལ་བརྟེན་ནས་བཟོ་དབྱིབས་ཡག་བཙོག་འགྲན་པ་ཞིག་ཡིན། གཞན་འདུ་རེས་དང༌། གྲུ་འགྲན་སོགས་ཡོད།

Wenjini is from the Hezhe language and it means "recreation assembly". It contains various kinds of games. For example, spearing grass ball game, during which, six stout guys throw a steel fork tied with a red string towards the grass ball in the air. Whoever spears the ball most will be the winner. Another example is casting nets game, during which players try their best to throw their own net up into the air. Players cast the net while their arms draw a curved line. The nets landed and each forms a certain shape, which will decide who the winner is according to its quality. Besides, it also includes wrestling and the boat racing and so on.

象步虎掌 仫佬族民间体育活动。农闲时举行。比赛方法是：在地上画出"楚河汉界"，参赛者相对而立两边，站稳马步；裁判令下，双方掌掌相合，各自发力妙用巧劲，使对方脚掌错位即可胜出。此活动谓"象步虎掌"。

བྱང་འགྲོས་སྟག་མཐིལ། མུལུའི་རིགས་ཀྱི་དམངས་ཁྲོད་ལུས་རྩལ་བྱེད་སྒོ་ཞིག ཞིང་པའི་དལ་གསོའི་སྐབས་སུ་སྤེལ། འགྲན་བསྡུར་གྱི་ཐབས་ཤེས་ནི། ས་ངོས་སུ་བར་ཐིག་ཚོད་ཕྱོགས་ཀྱི་མཚམས་ཐིག་དབྱེ་སྟེ། འགྲན་

ཞུགས་པ་རྣམས་ཕྱོགས་གཉིས་སུ་ཁ་སྤྲོད་དུ་ལངས་ནས། ཀང་བ་བཙན་པོར་བསྡད། གནད་འཛིན་པ་བརྟ་བཏང་བ་ཞིག་ཕྱོགས་གཉིས་ཀ་ལག་པའི་ཐལ་མོ་དང་གོམ་པའི་འདེགས་འཇོག་གི་གར་སྟབས་མང་པོ་བྱེད། ཤུལ་ཕྱོགས་ཀྱི་གར་སྟབས་བསྒྱུར་སྤྲོད་ནོར་འཁྲུལ་བྱོར་ན། ཕར་ཕྱོགས་ཀྱིས་རྒྱལ་ཁ་ཐོབ་པ་ཡིན། དེ་ལ་སྦྱད་འགྲོ་སྟག་སྡེར་ཐུས་པའི་ཡིད་ཕོགས།

Horse stance and tiger palm is a folk sport of the Mulao people. It is held in slack seasons. Here is the competition: a clear demarcation line is drawn on the ground and the competitors stand face to face at the two sides of the line and do a stable horse stance. Once getting the order from the referee, they put their palms against the palms of the competitor to force him to dislocate their feet to win. This is called horse stance and tiger palm.

藏族赛马 藏族传统体育项目。西藏当雄的"当吉仁术"、江孜的"达芒节"，青海的"盘坡草原盛会"及四川阿坝"草原赛马会"等，都是传统的赛马大会。届时，骑手着盛装，乘着用哈达、羽花及铜铃打扮的骏马参赛。项目有长跑、短跑及快马折腰、迅跑中拔旗、捡哈达、挥刀斩旗杆、马上射击等。

བོད་རིགས་ཀྱི་རྟ་རྒྱུག བོད་ཀྱི་སྲོལ་རྒྱུན་ལུས་རྩལ་རྣམ་གྲངས་ཤིག འདམ་གཞུང་གི་སྟག་འགྱིང་ཚལ་དང་། རྒྱལ་རྩེའི་རྟ་མང་དུས་ཆེན། མཚོ་སྔོན་ཏུ་ཕང་ཏ་ཐང་གི་འགྲུ་ཚོགས། སི་ཁྲོན་ཏ་པའི་རྟ་ཐང་གི་རྟ་རྒྱུག་སོགས་ཚང་མ་སྲོལ་རྒྱུན་ཏུ་རྒྱུག་འགྲན་ཚོགས་འདུ་ཚོགས་ཡིན། སྐབས་དེར་རྟ་ཏ་རྩལ་ཅན་གྱིས་གཟབ་མཚོར་སྤྲས་ཏེ། དར་ཚོན་དང་ཁ་བཏགས་སོགས་ཀྱིས་རྟ་པོ་རྒྱན། རྣམ་གྲངས་ལ་རྒྱུག་དང་ཐུང་རྒྱུག་སོགས་མགྱོགས་ཤུར་ཞིབ་པ་དང་། གཞན་ཡང་ཏོག་འཛིན། ལག་པས་འདྲུད། རྟ་ཐོག་མདའ་འཕེན། རྟ་ཐོག་གེར་ལངས་སོགས་རྟ་རྩལ་འགྲན་པ་སོགས་མང་པོ་ཡོད།

Horse racing of Tibetan people is a traditional sport of Tibetan people. Besides, Dangjirenshu in Dangxiong, Damang festival in Jiangzi, Grassland gathering in Panpo prairie of Qinghai and horse racing in prairie of Ganzi are all traditional events of horse racing. Riders dress carefully and join the competition by riding on an elegant horse which is decorated with Hada, feathers and bells. The competing events include long-distance running, sprinting, pulling the flag in fast running, picking up Hada, cutting the flagpole as well as shooting on the horseback.

中国少数民族舞蹈

རྒྱང་གོའི་གྲངས་ཉུང་མི་རིགས་ཀྱི་ཞབས་བྲོ།

China's Ethnic Dances

阿细跳月 亦作"阿西跳月"。彝族支系阿细人和撒尼人的民间舞蹈之一。流行于云南弥勒、路南、泸西等地。男舞者弹大三弦或吹笛子，女子则牵手围圈，合着节拍与男对舞。主要动作有三步一蹦跳、拍掌、跳转等。节奏鲜明，情绪欢快。又称"跳乐"。

ཨ་ཞིའི་བྲོ། དབྱིས་རིགས་ཀྱི་ཡན་ལག་དང་ཞེའི་དབངས་ཁྲོད་བྲོ་རིགས་ཤིག་ཡུན་ནན་མེར་ལེ་དང་ལོ་ཞིས་སོགས་ས་ཁུལ་དུ་དར་ཁྱབ་བྱུང་། བྲོ་པ་རྒྱུད་གསུམ་ཆེན་པོ་རྡུང་བ་དང་ཤུག་སྒྲིང་འབུད། བྲོ་མ་ལག་དང་སྦྲེལ་ནས་སྐོར་སྐོར་བྱས་ཏེ་སྐྱེས་པ་དང་མཉམ་དུ་བྲོ་འཁྲབ། གར་སྟབས་གཙོ་བོ་གོམ་པ་གསུམ་འཛུགས་མཆོང་བ་དང་། ལག་པས་ཐལ་མོ་རྡེབ་པ། འཁོར་བ་སོགས་ཡིན། རོལ་ཚིགས་གསལ་ཞིང་སྤྲོ་བ་བཅས་ལ་ཞིག་ཡོད། དེ་ལ་མཆོང་བྲོ་ཞེས་ཟེར།

Axi Tiaoyue is one of the folk dances of Axi people and Sani people of Yi people, popular in Mile, Lunan, Luxi of Yunnan province. The male dancers will play Dasanxian (the three-stringed plucked instrument) or the flute and the women will hold hands to make a circle, accompanying with the beats to do the pair dance with the men. The main dance moves include three steps followed by a bounce, hand-clapping, turning circle and so on. The dance is rhythmic and joyful, it is also called Tiaoyue.

安代舞 蒙古族的一种原生态舞蹈。至今已有400多年的传承历史，被称为蒙古族集体舞蹈的活化石，现已发展成为蒙古族的集体健身舞。传统安代以唱为主，伴以舞蹈动作。相传其原是一种用来治病的神秘民间舞蹈。

ཨན་ཏའི་བྲོ། སོག་པོ་རྒྱུལ་ཁྱབ་ཏུ་དར་བའི་གདོད་མའི་བྲོ་ཞིག་ད་ལྟའི་བར་ལོ་༤༠༠ ལྷག་གི་རྒྱུན་འཛིན་ལོ་རྒྱུས་ཡོད་ཅིང་། སོག་རིགས་ཀྱི་ཐུན་མོང་ཞབས་བྲོའི་འཚོར་རྫ་གསོན་པོ་ཞེས་འབོད་པ་དང་། ད་ཆ་སོག་རིགས་ཀྱི་ཐུན་མོང་ལུས་སྦྱོང་ཞབས་བྲོ་ཞིག་ཏུ་གྱུར་ཡོད། སྲོལ་རྒྱུན་གྱི་ཨན་ཏའི་ནི་པ་གཙོ་བོ་བྱས་ཏེ། བྲོ་ཡི་རང་འགུལ་བྱེད་པས། དེ་ནི་ཞབས་བྲོར་བརྟེན་ནས་ནད་བཅོས་ཀྱི་གསང་རྒྱུད་ཡོད་པའི་དམངས་ཁྲོད་ཞབས་བྲོ་ཞིག་ཏུ་གྲགས།

Andai Dance is the primitive dance popular for Mongolians. With a history of over 400 years, it is regarded as the living fossil of Mongolian group's dancing and has now evolved into a group fitness dance. Traditional Andai is mainly singing, along with dancing. According to the legend, it used to be a mysterious folk dance that can cure diseases.

巴郎鼓舞 藏语称"沙目",意为在广场上表演的祈祷平安的舞蹈,是一种融说、唱、跳为一体的藏族民间古老的歌舞形式,也称为一种古典锅庄舞。流行于甘肃甘南藏族自治州卓尼县的藏巴哇、洮砚、柏林三个乡。因其主要道具为一种颇似巴郎鼓的短把鼓而得名(汉称)。

འབབ་ཡུང་ཧ་རྡོ། བོད་སྐད་དུ་སར་མོ་ཟེར། ཐང་ཆེན་པོར་འབབ་སྟོན་བྱེད་པའི་བདེ་སྐྱིད་ལ་སྨོན་པའི་ཞིག་ཡིན། དེ་ནི་གཏམ་བཤད་དང་གླུ་ལེན། འཁབ་བཅས་མཉམ་འབྲེལ་བྱས་པའི་བོད་དམངས་ཁྲོད་ཀྱི་གནའ་སྔ་མོའི་གླུ་གར་ཏེ། གནའ་བོའི་བསྐོར་བོ་ཞིག་ཀྱང་ཡིན། ཀན་སུའུ་བོད་རིགས་རང་སྐྱོང་ཁུལ་ཅོ་ནེའི་རྫོང་གི་བཙན་པ་གཡོང་བཤལ་དང་། སྒྲ་བོ་གཉིས་ཞིང་། སྟོང་ལྗང་སྟེ་བཅས་གསུམ་དུ་དར་ཁྱབ་ཡོད། རྡོ་ཆས་གཙོ་བོར་འབབ་ཡུང་ཧ་ཟེར་བ་ཞིག་ཡིན་པས་རྡོའི་མིང་དུ། སྐད་དུ་འབབ་ཡུང་ཧ་རྡོ་ཞེས་སྐྱ་བསྒྱུར་བྱིས་བོགས།

Balang Drum Dance is called Shamu in Tibetan language. It is the kind of dance performed on the square to pray for peace. It is an ancient Tibetan folk dance form that combines talking, singing and dancing. It is also called traditional Guozhuang sometimes. This dance is popular in Zangbawa, Taoyan, Bolin of Zhuoni county, Gannan Tibetan Autonomous Prefecture. It is so named for its use of short bundle drum which resembles to Balang Drum (the Chinese name).

白鹇舞 哈尼族民间舞蹈。流传于云南元阳、元江等哈尼族地区。因模仿森林中美丽的白鹇鸟的觅食、飞翔、漫步等动作而得名。动作轻盈飘逸、舒缓优美。因表演者手持双扇模拟白鹇鸟的翅膀起舞,故民间又叫"扇子舞"。

དྲེ་སྦྱིའི་རྡོ། ད་ནི་རིགས་ཀྱི་དམངས་ཁྲོད་ཁབས་བོ་ཞིག་ཡིན་ཞིང་ཡོན་ནན་ཞིན་ཡང་དང་ཡོན་ཅང་སོགས་སུ་དར་ཁྱབ་བྱུང་། ནགས་ཀྱི་མཛེས་སྒྲ་ཕྲེན་པའི་བྱ་དེ་སྐྱིའི་རྒྱུ་འཚོལ་དང་འཕུར་སྐྱོད། འགྲོ་སྐྱོར་སོགས་ལ་ལད་བྱེད་པས་མིང་དེ་ལྟར་བཏགས། གར་སྟངས་སྟོང་བབས་ཤིང་དལ་བ་དང་། ལྡེ་ན་སྡུག་པ་ཞིག་ཡིན། འཁབ་སྟོན་པས་ལག་ཏུ་རླུང་གཡབ་གཉིས་བཟུང་ནས་བྱ་ཏེ་དྲེ་སྦྱིའི་གཤོག་སྟེང་ཀྱི་གར་འཁབ་ཕྱིར། དམངས་ཁྲོད་དུ་རླུང་གཡབ་ཀྱི་བོ་ཟེར།

Silver Pheasant Dance is the folk dance of the Hani people. It is popular in the districts of Hani people including Yuanyang, Yuanjiang of Yunnan. It is so named for its imitation of the bird's movement like foraging, flying, rambling of the beautiful silver pheasant in the forest. The dance moves are graceful and elegant, leisurely and melodious. It is also called Fan Dance in the folk, because the dancers dance with two fans in the hands to mimic the wings of silver pheasant.

扁担舞 壮族民间舞蹈形式。流行于广西一带。源于舂米的劳动生活,由"打砻舞"发展演变而来。初是用舂杵在舂米槽(壮族称为"砻")上敲打。因杵、槽过重,改用扁担和长条凳。人们在此起彼伏、错落有致的敲打动作中，表演插秧、车水、收割、打谷、舂米等劳动过程。

འཆར་ཀེང་འབམས་བྲོ། གོང་རིགས་ཀྱི་དམངས་ཁྲོད་བྲོ་ཞིག གོང་ཞིའི་བརྒྱུད་དུ་དར་ཁྱབ་བྱུང་། དཔྱིད་འབྲས་ཀྱི་ལག་རྩོམ་འཚོ་བ་ལས་བྱུང་། ལུངས（ལུངས་ནི་གོང་རིགས་ཀྱི་ཞིད་པའི་ལག་ཆ་ཞིག་ཡིན།）དང་བའི་བྲོ་གོང་འཐལ་ལས་རིམ་འགྱུར་བྱུང་བ་ཞིག་ཡིན། དཔྱིད་འབྲས་དང་བའི་རྣམ་པ་ཞིག་ཡིན་པས། དཔྱིད་འབྲས་ཟུང་བྱེད་ཀྱི་དགུག་པས་འབྲས་ཟུང་བ་དང་། བོ་ཆུ་འཚོར་འོ། བོ་འབྱེད་པ། བོ་ཟུང་བ་སོགས་ངལ་རྩོལ་གྱི་རྣམ་པ་མཚོན་པའི་བྲོ་ཞིག་ཡིན།

Shoulder pole Dance is the folk dance of Zhuang people, popular in Guangxi. It derives from the activity of pounding rice, and evolved from Dalong Dance. This dance first appeared in the form of pounding rice in the mortar (which is called long by Zhuang) with pestle. Then because of the weight, they changed the mortar and pestle into shoulder pole and long bench. People performed the labor work including rice transplanting, water-wheel irrigating, reaping, threshing and rice pounding and so on, following the striking moves going ups and downs orderly.

博巴森根 四川理县嘉绒藏族聚居地区甘堡藏寨所独有的民间大型叙事性锅庄舞蹈。"博巴""森根"藏语意分别为"藏人""狮子"。产生于19世纪中期，是为纪念战斗中牺牲的屯兵而作的祭祀舞蹈。每年农历五月初五端阳节时举行。众人群舞，气势宏大。

བོད་པ་སེང་གེ། སི་ཁྲོན་ལི་རྫོང་གི་རྒྱལ་རོང་བོད་རིགས་ཁུལ་གྱི་སྐམ་པོ་བྲེ་བར་ཐུན་མིན་དུ་ཡོད་པའི་དམངས་ཁྲོད་ཀྱི་དོན་བརྗོད་སྟོང་པོ་ཆེན་པོ་ཞིག་ཡིན། དུས་རབས༡༩པའི་དུས་དཀྱིལ་དུ་བྱུང་། ཡིད་གསོ་འདོན་པའི་འཐབ་མོའི་ནང་དུ་རང་སྲོག་བློས་བཏང་བའི་དཔའ་བོ་རྗེས་དྲན་དང་གདུང་མཆོད་བྱེད་པའི་བྲོ་ཞིག་ཡིན། བོ་རིའི་ཞིང་རྩིས་ཀྱི་ཟླ་བའི་ཚེས་ལྔ་ཞིང་སྐབས། མི་ཚོགས་ཆེན་པོའི་བྲོ་ཞིག་ཡིན་པས་རྒྱ་ཞིན་ཏུ་ཆེ།

Boba Sengen is the exclusively large folk narrative Guozhuang dance in Ganbao Tibetan Village of Tibetan Jiarong district, Li County, Sichuan province. In Tibetan Language, Boba and Senggen means Tibetan and lion respectively. Being produced in the mid-19th century, it is the sacrificial dance to memorize the station troops who died a martyr's deal in external battles. It is celebrated on the fifth day of the fifth lunar month in the form of group dance, being quite grand.

得荣学羌 民间自娱性歌舞。主要流行于四川的得荣县子庚乡一带。"学羌"在藏语里是"一起跳"的意思。"学羌"舞姿刚劲有力而古朴大方，下步有力，踏脚清脆。无论其唱词、韵调、舞步都具有浓郁的地方特色。

སྡེ་རོང་མཉམ་འཆམ། དམངས་ཁྲོད་ཀྱི་རང་མོས་རྣམ་པའི་གླུ་གར་ཞིག་ཡིན། སི་ཁྲོན་ཞི་རོང་རྫོང་གི་མཆུ་རྗེ་ཞིང་སོགས་སུ་གཙོ་བོར་དར། མཉམ་འཆམ་གྱི་གར་སྟབས་ལ་ཞིག་དང་གཞན་ཐུགས་རྡོ་པོ་ཡོད་ཅིང་། ཀུན་པར་རིག་བོའི་རྣམ་པ་འཁབ་པ་དང་། སྒྲ་ཆོག་དང་འགུག་ཏ། གར་སྟབས་གང་ཞིག་ཡིན་ཡང་། གནས་རང་བཞིན་གྱི་ཁྱད་ཆོས་གུ་ཙོས་པ་ཞིག་ཡོད།

Derong Xueqiang is the folk self-entertainment dance, popular in the district of Zigeng Village, Derong County, Sichuan province. Xueqiang means dance together in Tibetan language. The dance move of Xueqiang is powerful, simple and pretty. Touch Step is commonly seen in the dance, The steps are powerful with clear and melodious sound. This dance is of local features from the lyrics, rhythm to the dance steps.

佛鼓舞 德昂族人用佛鼓作伴奏乐器所跳之舞。佛鼓，意为"佛"之鼓，是佛爷（和尚）专管，并经佛爷批准才能使用的鼓。佛鼓舞以前只能在佛爷晋升或迎接缅寺的佛等重大宗教节日时方可击鼓并表演，表演者限于男子。现遇有重大节日也可表演。

ཚེས་ཪྒའི་བྲོ། དེ་ཨང་རིགས་ཀྱིས་ཚེས་ང་རོལ་ཆས་སུ་སྤྱད་དེ་དེའི་དབྱངས་འགྱུར་ལྟར་བྲོ་འཁྲབ་པའི་ཞིག་ཆེས་ཪྒའི་ནང་དོན་ཆོས་ཀྱི་ཪྒ་སྟེའི་དོན་དེ། ནན་པའི་ཪྒེ་འཛུག་པས་རྒྱུད་སྤྲིལ་བྱས། མ་ཟད་ནན་པའི་ཪྒེ་འཛུག་པས་ཚོགས་མཆན་འོགས་ཚེས་ང་བེད་སྤྱོད་བྱ་ཚེས་ཚེས་ཪྒའི་བོ་བྱོང་མ་ནན་པའི་ཪྒེ་འཛུག་པའམ་དགོན་པའི་སོགས་ཀྱིས་ཆེས་ལུགས་ཀྱི་ཚོ་གའི་མཛད་སྒོའི་དུས་ཆེན་སོགས་སུ་སྟོན་འགྲོས་པ་དང་། འཁྲབ་པ་པོ་སྐྱེས་པ་ཁོ་ན་ཡིན། ད་ལྟ་དུས་ཆེན་གལ་ཆེན་དག་ཏུ་འཁྲབ་ཆོག

The Buddha Drum Dance is the one that Deang people dance with the Buddha drum as the obbligato. Buddha drum means the drum of Buddha, administrated by the Buddha (the monk) and can only be used with the Buddha's permission. The Buddha drum dance was only performed during important religious holidays like the Buddha's promotion or the welcoming of the Buddha of Burmese Temple in the past times, and the performers are male-only. But it is also performed during important festivals nowadays.

东巴舞 东巴教进行宗教仪式的过程中，东巴祭司根据不同仪式、按照道场规则所跳的一种宗教舞蹈。不少动作是模仿老鹰等动物的动作来编排的，形象生动。是东巴文化的重要组成部分。东巴教经典中有专门记述东巴舞的舞谱。

སྟོན་པ་བྲོ། སྟོན་པ་ཆོས་ཀྱི་ཆོག་ལུགས་ཚོགས་གའི་གོ་རིམ་ཁྲོད་དུ། སྟོན་པ་མཆོད་འབུལ་གྱི་ཚོག་མི་འདྲ་བ་གཞིར་བཟུང་ནས། ཆོས་རར་བསྒྲུབ་པའི་སྒྲིག་ལུགས་ལྟར་འཁྲབ་པའི་ཆོས་བོ་ཞིག་ཡིན། བྲོའི་ཕྱག་རྒྱ་མང་པོ་ཞིག་གླག་གོད་སོགས་སྲོག་ཆགས་ཀྱི་ལད་སློབ་བྱས་པས་གསོ་ཟམ་དོད་པོ་ཡོད། དེའི་སྟོན་པ་རིག་གནས་ཀྱི་གྲུབ་ཆ་གཙོ་བོ་ཞིག་ཡིན། སྟོན་པ་ཆོས་གཞུང་ནང་དུ་སྟོན་པ་བོ་ཡི་བྲོ་ཧྲིལ་དུ་བྲིས་པ་ཡོད།

Dongba Dance is a kind of religious dance which is performed according to the type of the ceremony and the regulations of the Bodhimanda set by the priesthood during the religious ceremony of Dongba. Most of the dance moves are arranged to imitate the animals like eagle, being vivid and lively. This dance is a very important part of Dongba culture and its choreography is recorded in the specialized classics of Dongba.

堆谐 西藏西部地区的一种藏族民间圈舞。

"堆"为上或高地之意,藏族人把雅鲁藏布江上游的昂仁、定日、拉孜、萨迦及阿里一带叫做"堆"。"谐"有歌舞之意。因此,上述地区的农村歌舞就叫堆谐。后演变为在小型乐队伴奏下的脚下打点的踢踏舞形式。

སྟོད་གཞས། བོད་སྟོད་ཕྱོགས་ཞུབ་བརྒྱུད་ས་ཁུལ་གྱི་དགའ་ཁོད་སྐོར་བྲོ་ཞིག སྟོད་ནི་གོང་མ་དང་ཡར་ཕྱོགས་ཀྱི་དོན་ཡིན་པས། ཡར་ཀླུང་གཙང་པོའི་སྟོད་བརྒྱུད་ཀྱི་ངམ་རིང་དང་། དིང་རི། ལྷ་རྩེ། ས་སྐྱ། མངའ་རིས་ཕྱོགས་ལ་སྟོད་ཟེར་བ་ཡིན། གཞན་ནི་གླུ་གར་གྱི་དོན་ཡིན། དེའི་ཕྱིར་བོད་སྟོད་ས་ཁུལ་འདི་དག་གི་གྲོང་གི་དང་ཏུ་གླུ་གར་ལ་སྟོད་གཞས་ཞེས་འབོད། རྗེས་སུ་རོལ་མོ་ཚོགས་པ་ཆུང་ཆུང་རམ་འདེགས་ལོག་ཁང་པས་འཁྲབ་པའི་ཛོག་ཛོའི་རྣམ་པ་ཞིག་ལ་འཕེལ།

Dui Xie is a folk circle dance of Tibetans in Western Tibet. Dui means up or high land, and the Tibetans call the following ares as Dui, including Ang'ren, Dingri, Lazi, Sajia and A'li of the upstream of Yalu Tsangpo River. Xie means singing and dancing. Therefore, the rural dance of the above places is called Dui Xie. It later develops into a form of Tap Dance, accompanied by a small band.

多地舞 藏族独有的一种唱跳表演方式。伴随着生产活动和民俗活动产生,对民间习俗有着明显的依存性。主要分布在甘肃的舟曲县。在喜庆、丰收、祭祀、民俗等节日活动期间表演。有"赖萨多地""格班多地""贡边多地"等10余种之多,各有不同的表现形式和意义。

རྡོར་རྩེ་བྲོ། བོད་པ་སྒེར་ལྡོག་པའི་གླུ་གར་འཁྲབ་སྟོན་གྱི་རྣམ་ཞིག་ཡིན། ཐོན་སྐྱེད་བྱེད་སྒོ་དང་དགའ་སྲོལ་བྱ་འགུལ་དུ་བྱུང་། དམངས་ཁྲོད་ཀྱི་གོམས་སྲོལ་ལ་འབྲེལ་མཐོང་གསལ་དོད་པོ་ཡོད། ཁྱབ་ཡུལ་གཙོ་བོ་ཀན་སུའུ་འབྲུག་ཆུ་རྫོང་ཡིན། དེ་དགའ་སྟོན་དང་ལོ་ལེགས། མཆོད་འབུལ། དམངས་སྲོལ་སོགས་དུས་ཆེན་སྐབས་སུ་འཁྲབ་སྟོན་བྱེད། དེ་ལ་ལོ་སར་རྫོར་རྩེ་དང་གེར་པ་རྫོར་རྩེ། གོང་པ་རྫོར་རྩེ་སོགས་སྣ་བཅུ་ཕྲག་ལྷག་ཡོད། སོ་སོར་འཁྲབ་སྟོན་གྱི་རྣམ་པ་མི་འདྲ་བ་དང་དོན་སྙིང་མི་འདྲ་བ་ཡོད།

Duodi Dance is the unique dance of the Tibetans, performed in the way of singing and dancing. Developed with the emergence of productive and folk activities, it shows obvious dependency on folk customs. Mainly located in Zhouqu County, Gansu province, the dance is performed during festivals like joyous occasions, bumper harvest, sacrificial offerings, folk customs and so on. The dance has more than ten types, including Laisa Duodi, Geban Duodi, Gongbian Duodi and so on, each has its own performing form and significance.

锅庄 藏族民间舞蹈。藏语意为"圆圈歌舞"。亦称"果卓"等。舞蹈时,一般男女各排半圆拉手成圈,一人领头,男女一问一答,反复对唱,无乐器伴奏。由先慢后快的两段舞组成,有"悠颤跨腿""趋步辗转""跨腿踏步蹲"等动作,舞者手臂以撩、甩、晃为主变换舞姿,队伍按顺时针方向行进。

སྒོར་བྲོ། བོད་ཀྱི་དམངས་ཁྲོད་ཀྱི་བྲོ་ཞིག མིག་མང་པོ་སྟོར་བྱས་ཏེ་འཁོར་དགོས་པས་སྒོར་བྲོ་དང་། ཡང་ན་

འཁོར་ནས་འགྲོ་བས་བསྐོར་བྲོ་བད་ཞེར། སྐྱིར་བཏང་དུ།
བོ་མོ་ཚང་མ་ལག་དང་སྟག་ནས་སྐོར་མོགམ་སྐོར་ཤྱེད་
བྱས་ཏེ། མི་གཅིག་གིས་འགོ་དྲངས་ནས་འདི་གླུ་ཞིག་
བཞིན་འབུལ་བ་དང་། རོལ་ཆའི་རམ་འདེགས་མེད་
ཞིག་ཡིན། གར་སྟབས་ཕོག་མར་དལ་མོ་མོ་དེ་ཀྱིས་
རྗེ་མགྱོགས་སུ་གཏོང་། གོམ་པའི་འདེགས་འཇོག་རྣམ་
བ་དག་ལག་པ་ལག་དང་གཙོ་བོ་དང་། གཞན་ཡང་རྒྱུ་
སྐྱང་ཡོད། བསྐོར་བའི་སྐབས་སུ་འཁོར་བ་སོགས་བྲོ་
སྐྱབས་ཚོགས་ཀྱིས་དུས་བཏད་ལྟར་འཁྱབ་བ་ཞིག་ཡིན།

Guo Zhuang is the Tibetan folk dance, meaning singing and dancing in a circle in Tibetan language, also called Guozhuo and so on. During the dance, both men and women get into a circle, each form half the circle hand by hand. One person takes the lead and men always take the first lines of lyrics, then women reply, they do the musical dialogue repeatedly without the accompaniment of any musical instrument. The dance is made up of two pieces, begins with slow part and gradually turns fast. Some dance moves include slightly swinging while stepping lifting the leg then turning around, stepping, striding, squatting and so on. The moves of the dancer's arms mainly include exposing, spreading and waggling which are used to change the postures of dancing. The people in the circle move in a clockwise direction.

果谐 藏语音译，"果"意为圆圈，"谐"有歌舞之意，是流传于西藏农村的一种拉手成圈、分班唱和、载歌载舞、顿地为节、连臂踏歌的自娱性集体歌舞。而在西藏昌都、那曲，四川阿坝、甘孜，云南迪庆及青海、甘肃的藏族聚居地区，称与之相似的"圆圈舞"为"锅庄"。

སྐོར་གཞས། སྐོར་མོ་བྱས་ཏེ་གླུ་ཞིག་བོ་ཚེའི་རྣམ་པ་ཞིག་
ཡིན། བོད་སྟོངས་ཀྱི་གྲོང་གསེབ་ཏུ་དར་ཁྱབ་ཆེ་བའི་
ལག་དང་སྟག་ཞིག བྒླུ་གློ་མཉམ་འབྲེལ་གྱིས་འཁྱབ་པ་
ཞིག་སྟེ། དུས་སྐོར་སོགས་སུ་མི་མང་མཉམ་གཅིག་ཏུ་
འཚོགས་ནས་འཁྱབ་པ་ཞིག་ཡིན། བོད་སྟོངས་ཆབ་མདོ་
དང་ནག་ཆུ། སི་ཁྲོན་ཇ་བ། དཀར་མཛེས། ཡུན་ནན་
བདེ་ཆེན་སོགས་བོད་རིགས་ས་ཁུལ་དུ་འདི་དང་རིགས་
འདྲ་བ་ལ་བསྐོར་བྲོའམ་སྐོར་བྲོ་ཞེས་འབོད། འདིའི་སྐོར་
བྲོའི་མིང་རྒྱ་ཡིག་ཏུ་འབྲི་སྟངས་མ་འདྲ་ཞིག་ཀྱང་ཡིན།

Guo Xie is the transliteration of Tibetan language, Guo means circle and Xie means singing and dancing. It is the recreational group dance derived from the rural areas of Tibet. People hold their hands together to form a circle, doing the responsories in groups. People sing and dance with their arms holding each other's, and their feet stamping to do the beat. However, people in Changdu, Naqu of Tibet, A'ba, Ganzi of Sichuan, Diqing of Yunnan and the Tibetans living in compact communities in Qinghai and Gansu call the circle dance as Guozhuang dance.

挤奶舞 柯尔克孜族的民间舞。舞蹈表现了柯尔克孜族妇女挤奶、酿制酸奶等过程。主要动作有拍奶、挤奶、晃袋及"叉腰耸肩""抓袋耸肩""点步盘手"等。

བོ་མ་འཇོ་བའི་བྲོ། བོར་ཁི་ཚོགས་ཀྱི་དམངས་ཁྲོད་ཀྱི་བྲོ་ཞིག བྲོ་ཡིས་བོར་ཁི་ཚོགས་མོ་ཚོའི་མ་འཇོ་བ་དང་། ཞོ་བསྐོལ་བ་སོགས་ཀྱི་རྣམ་པ་མཚོན་པ་ཞིག་ཡིན། ཕྱག་རྒྱག་ཙོ་བོ་མ་འཇོ་བ་དང་ཕོ་མ་དགུགས་པ། བོ་མ་ལུད་པ་སོགས་སྤྲ་ཚོགས་ཡོད།

Milking Dance is the folk dance of Kirgiz. The dancers perform the process of milking, fermenting yoghurt and so on done by the Kirgiz women. The main dance moves include tapping milk, milking, shaking the cow's udders and shrugging the shoulders with arms akimbo, shrugging the shoulders with the act of holding the cow's udders and stepping with hands crossed.

铠甲舞 羌族祭祀风俗舞。又称"跳盔甲"。原是为有功将士举行大葬时跳的舞蹈，后一般葬礼也跳。表演时，男性舞者身着生牛皮铠甲，头戴插有野鸡毛或麦草的皮盔，手持兵器；先唱哀歌、祭歌，后挥兵器，抖铠甲，在"嗬哈、嗒哈"之声中起舞；最后，举双手，抖双肩，同时发出一阵大笑声。

གོ་ཁྲབ་བྲོ། ཆད་རིགས་ཀྱི་མཆོད་འབུལ་ཡུལ་སྲོལ་ཞིག ཁྲབ་རྐྱག་འཆལ་པའང་ཟེར། དང་ཐོག་དམག་དཔོན་དྲག་འདུག་བྱེད་སྐབས་འཁྲབ་པའི་བྲོ་ཞིག་ཡིན་མོད། རྗེས་སུ་སྤྱིར་བདང་བའི་དུར་འདུག་སྐབས་སུའང་བྲོའི་འཁབ་སྟོན་བྱེད། འཁབ་པའི་སྐབས་སུ་སྐྱེས་པའི་བྲོ་སྒྲོག་གོ་ཕྱུག་དང་། མགོ་ལ་བྱ་སྒོ་བཙུགས་པའི་ཀྲོག་ཕྱུར་བཏགས། ཡང་ན་སྟྲ་སྒྲོག་གི གཉེར་མགོ་ལ་མཆོང་ཕྱུག་ཕྱུགས་ཏེ། ཕྱག་མར་སྐྱེ་ལེན་དང་། སྒྲ་མཆོང་བྱེད་དེ་ནས་མཆོང་ཚ་དང་། ཁྲབ་སྒྲོག་རྗེག་ཅིང་གི་ལ་ལ་ཧི་ད། ཐ་བཞིན་དར་སྐུར་སྒྲོག་བཞིན་བྲོ་འཁྲབ་པ་དང་། མཐར་ལགས་པ་གཉིས་ཡར་བརྐྱགས་ཏེ། དཔུང་བ་འདར་ཞིག་ཤིག་བྱེད་བཞིན་དགོད་སྒྲ་སྒྲོག

Armour Dance is the sacrificial dance of the Qiang people, also called as jump armor. It used to be the dance performed during the solemn obsequies for generals and soldiers who had rendered great service, but later it is also performed in general funerals. During the performance, the male dancer wears raw-cowhide-made armor and the leather helmet with wild duck feather or wheat straw on the head and grabs a weapon in the hand. He first sings elegy and memorial song then brandishes the weapon and shakes his armor, in the sounds of heha and taha he begins to dance. At the end part, he raises his hands and shakes his shoulders and bursts into laughter at the same time.

孔雀舞 傣族传统舞蹈。流行于云南德宏傣族景颇族自治州的瑞丽、潞西及西双版纳、孟定、孟达、景谷、沧源等傣族聚居地区，其中以瑞丽的孔雀舞（傣语为"嘎洛勇"）最具代表性。相传1000多年前傣族领袖召麻栗杰数模仿孔雀的优美姿态而舞，后经历代民间艺人加工成型。

རྨ་བྱའི་བྲོ། ཏའི་རིགས་ཀྱི་སྲོལ་རྒྱུན་བྲོ་ཞིག་ཡུན་ནན་ཊེ་ཧུང་གི་ཏའི་རིགས་ཅིན་ཕོ་རིགས་རང་སྐྱོང་ཁུལ་རའི་ལིས་དང་། ལུའུ་ཞིག ཞི་སྲུང་པན་ན། མིན་ཏིང་། མིན་ཏ། ཅིན་གོ ཚང་དབྱང་སོགས་ཏའི་རིགས་འདུས་སྡོད་ཁུལ་དུ་དར་ཁྱབ། དེ་ལས་རའི་ལིས་ཀྱི་རྨ་བྱའི་བྲོ(ཏའི་སྐད་ལ་ཀ་ལོའོ་ཡུང་ཟེར)ནི་ཆེས་ཆབ

མཚོན་རང་བཞིན་ཞིག་ཡིན། བདད་རྒྱུད་ལ་ལོང་ཆག་
སྟོང་ལྷག་གི་ཡར་སྟོན་དུ་ཏའེ་རིགས་འགོ་དཔོན་ཀྲོའོ་མ་
ཞིས་ཆེ་ཡིས་རྨ་བྱའི་མཛེས་སྡུག་གི་བྱད་དབྱིབས་ལ་ཡང་
བྲོས་པའི་བྲོ་ཞིག་དང་། ཕྱིས་སུ་གློ་རབས་རེ་རེས་
དམངས་ཁྲོད་ཀྱི་སྒྱུ་རྩལ་བ་དག་གིས་ལས་སྟོན་སོགས་
ལས་གྲུབ་པ་ཞིག་ཡིན།

Peacock Dance is the ancient dance of Dai people. The dance is popular in Dai agglomerations like Ruili, Luxi of Dehong Dai and Jingpo Autonomous Prefecture, Yunnan province, Xishuangbanna, Mengding, Mengda, Jinggu, Cangyuan and so on, among which the peacock dance (called Galuoyong in the Dai language) of Ruili is the most representative one. Legend has it that more than 1,000 years ago, the chief of Dai people Zhao Masujieshu mimics the beautiful moves of peacock to dance. Later on, with the further development of ancient folk artists the dance came into being.

廓孜 "廓"，藏语意为牛皮船，"孜"，意为舞蹈，"廓孜"汉意即"牛皮船舞"，是西藏曲水县茶巴朗村独有的一种民间舞蹈。领舞者"阿热"手执"塔塔"（五彩旗杆）与身背牛皮船的船夫合作表演，击船发声，边跳边唱。整个舞蹈铿锵有力，粗犷朴实。

ཀོ་རྩེ། ཀོ་བའི་གྲུ་དང་འབྲེལ་བའི་བྲོ་ཞིག་ཡིན་པ་སྟེ་
དེ་ལྟར་ཕོགས། དེའི་བོད་སྟོངས་རྒྱ་ཤུག་སྟོང་ཚ་རགས་
ཤེ་བར་ཏུ་ཡོད་པའི་དམངས་ཁྲོད་ཀྱི་བྲོ་ཞིག་ཡིན།
དཔོན་མ་རེག་གིས་ལག་ཏུ་དར་མོ་(ཚོན་ལྔའི་དར་མོ་)
བཟུང་བ་ནས། རྒྱབ་ཏུ་ཀོ་གྲུ་ཞིག་ཁུར་བའི་གྲུ་ཞིག་
དང་མཉམ་དུ་འཁྲབ་སྟོན་བྱ། གྲུ་གཏར་ཆིག་ལ་
སྐྱེན་འཇོགས་ཤུང་ཞིང་གར་སྟབས་ཀྱིས་ཕྱུག་པ་ཞིག་ཡིན།

Kuo Zi In Tibetan language, Kuo means boat made of cowhide and Zi means dance, Kuo Zi means cowhide-boat dance in Chinese. It is the unique folk dance of Chabalang Village, Qushui County, Tibet. The leading dancer A're holds a Tata (multicolored flag) in the hand and acts together with a boatman who is having a cowhide-boat on his back. He will strike the boat while singing and he will also dance while singing. The dance is powerful and of rough vigor.

勒谐 藏语音译，也译为"勒谢"。为藏族的劳动歌舞。人们在劳动的同时，口中的歌与手中的工具及腿脚有节奏的动作相配合，使劳动成为边歌边舞的形式。在进行铲土、打夯、垛麦等强体力劳动时，"勒谐"具有很强的劳动号子味道。

ལས་གཞས། བོད་རིགས་ཀྱི་ངལ་རྩོལ་གླུ་གར་ཞིག་ཡིན་
མི་རྣམས་ཀྱིས་ངལ་རྩོལ་དང་ཆབས་ཅིག་ཏུ་ཁ་ནས་བཏང་
བའི་གཞས་དང་། ལག་འདི་གི་ཡོ་བྱད། རྐང་པའི་
འགུལས་འཇིག་ཚོམ་མཉམ་སྦྱོར་བྱས་ཏེ། ལས་ཀའང་
གར་གྱི་རྣམ་པར་བསྒྱུར་ནས་ཡུལ་སེམས་ཀྱི་དགའ་བར་
འགྱུར་དུ་བཅུག་པ་ཞིག་ཡིན། དེ་ལ་མཁར་རྡུང་བའི་སྟང་
ནས་རྡུང་བའི་སྟང་། བྱིང་བ་བརྡུན་པའི་སྟང་སོགས་ཤིན་ཏུ་
མང་། དེས་དཔལ་རྩོལ་གྱི་ཤུགས་ཤུགས་མཚོ་ཏུ་བཏང་བར་
ཕན་པ་ཆེན་པོ་ཡོད།

Lexie is the transliteration of Tibetan language. It is the labor songs and dances of Tibet. When people are doing labor work,

· 1113 ·

the songs they sing will be in accord with the rhythmical dance moves they do with the tools, legs and feet, which turns the labor work into a form of singing and dancing. When people are doing some tiring manual work like spadework, ramming, stacking wheat, and so on, Le Xie acts as the labor chant to some degree.

麦西来甫 维吾尔语意为"聚会",是维吾尔族人集取乐、品行教育、聚餐为一体的民间歌舞娱乐活动。源于古代的祭礼、庆典活动。内容包括舞蹈、音乐、歌唱、联句对歌、讲故事、说笑话、做游戏、即兴吟诵等。其内容、形式和规模因地而异,以新疆麦盖提县一带的"刀郎麦西来甫"最负盛名。

མའི་ཞི་ལའི་སྦུབ། ཡུ་གུར་སྐད་དེ་མཉམ་ཚོགས་ཀྱི་དོན་ཡིན། ཡུ་གུར་པས་མཉམ་དུ་འདུས་ནས་སྦྱོ་སྐྱིད་གཏོང་བ་དང་། སྤྱོད་གསོ་སྒྲིལ་བ། གསོལ་སྟོན་བཤམས་པ་བཅས་གཞི་གཅིག་ཏུ་བྱེད་པའི་དམངས་ཁྲོད་གླུ་གར་རོལ་རྩེད་ཀྱི་བྱེད་སྒོ་ཞིག་ཡིན། གནའ་རབས་ཀྱི་མཆོད་འབུལ་དང་། རྟེན་འབྲེལ་མཛད་སྒོ་ལས་བྱུང་བ་ཡིན། ནང་དོན་ལ་བྲོ་དང་། རོལ་དབྱངས། གཞས། ཤཱ་ཀ་གཏམ་རྒྱུད། ཁ་ཤག་བརྗོད་མོ། གྱེར་འདོན་སོགས་ཚོགས་འདུས། དེའི་ནང་དོན་དང་རྣམ་པ། ཆུ་ཚོད་སོགས་ལ་ས་གནས་སོ་སོའི་ཁྱད་ཚེས་ཐུན་མིན་ཡོད་ཞིང་ཅང་མཉེའི་གའི་ཐབས་རྟོང་གི་ཏུའུ་ལ་འདུ་མའི་ཞི་ལའི་སྦུབ་ཀྱི་སྐགས་ཆེས་ཆེ་བ་རེད།

Maixilaipu means "gathering" in Uyghur language. It is a folk recreational activity for the Uyghur people to entertain, educate and dine. It is derived from ancient sacrifice and celebration ceremony. It includes dancing, singing, singing in antiphonal style, story-telling, joke-telling, game-playing and impromptu chanting. Its contents, form and size varies from place to place, one of the most famous one is the *Daolang Maixilaipu* in the region of Maigaiti County of Xinjiang.

莽式舞 满族传统的筵宴歌舞。起舞时,舞者举一袖于额,反一袖于背,盘旋,曰"莽式"。分男莽式、女莽式、衬舞等表演形式,共9折18式。跳莽式舞必有歌唱和,一人领唱,众人以"空齐"之声相和,加强节奏。舞蹈粗犷有力,动作幅度较大,多是骑士步。

མང་ཇི་བྲོ། མན་ཇུའི་སྲོལ་རྒྱུན་གྱི་གསོལ་བཤམས་དོ་གར་ཞིག། བྲོ་འཁྲབ་དུས་བྲོ་པས་ཕུ་ཐུང་གཅིག་ཡར་བཀུགས་ནས་གདོང་བཀབ། ཕུ་ཐུང་གཅིག་རྒྱབ་ཏུ་བཞག་ནས་སྟེང་འཁོར་རྒྱུག་པར་མང་ཇི་ཞེས་བཤད། དེ་ལ་ཕོའི་མང་ཇི་དང་མོའི་མང་ཇི། གོག་ཀྱི་བྲོ་སོགས་སྟུ་དགུའི་འཁྲབ་སྟོན་རྣམ་པ་ཡོད། སྟོམས་ན་སྐུ་དགུ་ལུགས། མང་ཇི་འཁྲབ་དུ་དེས་པར་དུ་གླུ་ལེན་པ་མི་གཅིག་གིས་སྔ་དྲངས་ཆོས། མང་པོས་སྐད་ངན་གཅིག་མཉམ་དུ་ལེན་ཞིང་། རོལ་ཆགས་སྲ་ཞུགས་སྟོན་བྱེད། བྲོ་གར་ལ་འཛམས་ཀྱིས་ཕྱུག་ཅིང་ཤུགས་སོགས་དགག་མོ་ཡིན་པ་དང་། རྟ་མིའི་གོམ་འགྲོས་གཙོ་ཡིན།

Mangshi Dance is the traditional banquet dance of Manchu. When people dance, the dancer will raise one hand on his forehead and the other on his back, and then turn continuously, which is called Mangshi. The dance is divided into several performing forms like male Mangshi, female

Mangshi, Chenwu and so on, including 9 groups of dance moves and 18 postures. The dance is accompanied with singing, with one people does the lead, the rest do the harmony with the sound of "kongqi, kongqi" in order to strengthen the rhythm. The dance is powerful and the moves are of comparatively large extent, mainly knight steps.

茅古斯 土家族原始舞蹈。土家语称为"古司拨铺",大意为"浑身长毛的打猎人"。流行于湘西永顺、龙山、古丈等地。被誉为中国舞蹈及戏剧的活化石,既有舞蹈的雏形,又有戏剧的表演性。其服饰、道具、形式、内容,都真实地再现了父系社会至五代时期土家人的诸多习俗。

མའོ་ཀོ་སི། ཐུའུ་ཅ་རིགས་ཀྱི་གདོད་མའི་བྲོ་ཞིག ཐུའུ་ཅ་སྐད་དུ་ཀོ་སི་པའི་སྟོ་ཞེར་ཞིང་། གོ་དོན་པར་ཆེར་ལུས་པོ་སྤུ་ཡིས་ཁེབས་པའི་རྔོན་པ་ཞིག་ཅེས་པ་ཡིན། ཞང་ཞིའི་ཡོང་ཧྲུན་དང་ལུང་ཧྲན། ཀོ་ཀྲང་སོགས་ས་ཁུལ་དུ་དར་ཁྱབ་བྱུང་། དེ་ལ་ཀྲུང་གོའི་རྒྱའི་བྲོ་དང་ཟློས་གར་གྱི་འགྱུར་རྫོགས་གསོན་པོ་ཞིག་གི་མཚན་སྙན་ཐོབ་ཅིང་། བྲོ་ཡི་གར་སྟབས་ལྡན་ལ་ཟློས་གར་གྱི་འཁྲབ་སྟོན་ཡང་ཡོད། རྒྱུན་ཆས་དང་། རོལ་ཆ། རྣམ་པ། ནང་དོན་ཚང་མ་པ་རྒྱུད་སྤྱི་ཚོགས་ནས་རྒྱལ་རབས་ལྔ་པའི་བར་གྱི་ཐུའུ་ཅ་པའི་གོམས་སྲོལ་མང་པོ་དངོས་སུ་མངོན་ཡོད།

Maogusi is the primitive dance of Tujia people. It is called Gusibapu in Tujia language, meaning the hunter with hair all over the body. Popular in Yongshun, Longshan, Guzhang and some other places of Xiangxi, it is known as the living fossil of Chinese dance and drama which embodies both the embryonic form of dance and the performativity of drama. The dance has shown amounts of customs that the Tujia has preserved from the time of patriarchal society to that of the Five Dynasties through the costumes, stage property, form and contents.

农乐舞 朝鲜族喜庆丰收的传统舞蹈。俗称"农乐"。流行于朝鲜族聚居地区。届时,众人组成舞队、农乐队,伴以小锣、大锣、长鼓、法鼓、唢呐等乐器进行表演,队前有手持"农旗"(上书:"农为天下之本")者领衔引导。其音乐具有独特的多样旋律,称作"十二拍"。

ཞིང་པའི་རོལ་བྲོ། ཁོའོ་ཞན་རིགས་ཀྱིས་ལོ་ལེགས་དུས་སྟོན་གྱི་སྐོལ་རྒྱུན་བྲོ་ཞིག་ཡིན་པ། དགའ་རྒྱལ་དུ་ཞིང་རོལ་ཟེར། ཁོའོ་ཞན་རིགས་འདུས་སྡོད་ཡུལ་དུ་དར་ཁྱབ་བྱུང་། བྲོའི་མི་མང་པོ་བྲོའི་རོལ་མོ་ཚོགས་པ་གྲུབ་པ་སྟེ། ར་ཆུང་དང་ར་ཆེན། ཆ་ལང་ཤུགས་སྒྲིང་སོགས་རོལ་ཆས་མང་པོ་སྤྱད་ནས་ཆེད་འཁྲབ་ཀྱི་སྟོད་རིམ་པར། (སྔོན་དུ་ཞིང་བས་གཞམ་འོག་གི་བདེ་སྐྱིད་སྐྲུན་ཞེས་བྲིས་པ) འཛིན་མཁན་ཞིག་གིས་ཐོག་དྲངས་ཡོད། རོལ་དབྱངས་ཁྱད་མིན་གྱི་བྱད་ཚོགས་པ་ཡང་དང་བསྐྱར་དུ་ཧྲང་། (ཕྱེངས་བཅུ་གཉིས།) སུབ་གགས།

Nongle Dance, commonly known as "Nongle" and popular in the Korean agglomerations, is the traditional dance of the Korean people to celebrate the bumper harvest. When they dance, people will group into a dance team and a nongle team, accompanied by the instruments like gong, bass gong, long drum, dharma drum, suona and so on to do the performance and the one who leads the team will hold a Nongqi Flag (written: The world is based on agriculture). The music of the dance has a unique and diverse melody, which is called Twelve Beats.

羌姆 羌姆，藏语"跳"之意。这里泛指藏传佛教寺院宗教舞蹈，也有称之为法舞、跳神等。起源于西藏。因教派不同，寺庙的规模不一，羌姆的内容、形式各异，但都反映了人们娱神、破灾、图腾崇拜的一种心理。舞蹈多由"拟兽舞"和"法器舞"混杂而成。

འཆམ། འདིར་བསྟན་པ་ནི་བོད་རྒྱུད་ནང་བསྟན་གྱི་དགོན་སྡེའི་ཆོས་ལུགས་ཀྱི་བྱེད་སྟོ་ཞིག་འབྱུང་གནས་བོད་ཡིན། གྲུབ་མཐའ་མི་གཅིག་པ་དང་དགོན་སྡེའི་ཆེ་ཆུང་མི་འདྲ་བས། འཆམ་གྱི་ནང་དོན་དང་རྣམ་པའང་མི་གཅིག། བོན་ཀྱང་ཚང་མར་མི་རྣམས་ཀྱི་ལྷ་བཀུར་བ་དང་། དགོས་སེལ་བ། བླ་ཏགས་སོགས་བཀུར་བའི་སེམས་ཁམས་གཅིག་འདུ་ཡིན། འཆམ་ལ་གཙན་གཟན་རི་དྭགས་ཀྱི་འཆམ་དང་མཆོད་ཆས་ཀྱི་འཆམ་སོགས་མང་པོ་ཞིག་ཡོད།

Qiangmu means dance in Tibetan language. The word here refers to the religious dance in the monastery of Tibetan Buddhism. Derived from Tibet, Qiangmu has various contents and forms because of the different religious sects and the scale of monasteries, but it commonly reflects people's psychology of pleasing god, eliminating disasters and worshiping totem. The dance is mostly the blend of Animal-mimic Dance and Instrument Dance.

庆隆舞 在丰收年景和庆祝大典中进行的一种场面性舞蹈，是清朝宫廷舞蹈中最具满族特点的舞蹈。源于莽式舞。乾隆年间命此名，用于宫廷内元旦、万寿节、除夕及皇帝大婚等举行的盛大筵宴，多由王公大臣与司舞者共同表演。规模宏大。

ཆིན་ལུང་བྲོ། ལོ་ལེགས་བྱུང་བའི་ལོ་དང་དུས་ཆེན་སོགས་ཀྱི་སྐབས་སུ་འཁྲབ་པའི་འཁྲབ་རའི་རང་བཞིན་གྱི་བྲོ་ཞིག ཆིང་རྒྱལ་རབས་ཀྱི་གོང་མའི་ཕོ་བྲང་གི་བྲོ་ཆེས་མན་ཇུའི་ཁྱད་ཆོས་ལྡན་པའི་བྲོ་ཞིག་ཡིན། འབྱུང་ཁུངས་མང་ཤིའི་བྲོ་ཡིན་ལ། གོང་མ་ཆན་ལུང་གི་སྐབས་སུ་མིང་འདི་བཏགས་ཏེ། ཕོ་བྲང་ནང་གི་གསར་ལོའི་དུས་སྟོན། གོང་མའི་སྐྱེན་མོ་སོགས་དུས་ཆེན་དུ་ཚང་ཆེན་པོའི་གསོལ་བཞེས་སུ་འཁྲབ། རྒྱལ་པོའི་བློན་ཆེན་དང་བྲོ་གར་སྦྱོང་མཁན་སྟངས་ཀྱིས་འཁྲབ་སྟོན་བྱེད་པ་གཞི་ཁྱོན་ཞིབ་ཏུ་ཆེ།

Qinglong Dance is the spectacle dance performed in the year of bumper harvest and grand ceremony. The dance is of the most Manchu characteristics among all the court dances in the Qing Dynasty and originates from Mangshi Dance. The dance is named during the reign of Emperor Qianlong, performed in the grand banquets for New Year's Day, Emperor's birthday, New Year's Eve, Emperor's wedding and so on. It is a large-scale performance performed mainly by imperial princes and court ministers and dancers together.

热巴 是一种以铃鼓舞为主，包括弦子、锅庄、踢踏、说唱和杂耍在内的带有综合表演性质的藏族舞蹈艺术。相传为11世纪的流浪僧人米拉热巴所首创，距今已有900多年的历史。舞时，男执铜铃，女举手鼓，舞蹈由慢而快，常作"顶鼓翻身"等特技表演。从事这种表演的艺人也称为"热巴"。

རས་པ་བྲོ། དེ་ནི་བདག་ཉིད་གཅིག་བུས་པའི་བྲོ་ཞིག་ཡིན། གཞན་རྒྱུད་མང་དང་བསྟུན་བྲོ། རོལ་བྲོ། སློབ་གར་སོགས་མང་པོ་འདྲེས་པའི་འཁྲབ་སྟོན་རོ་པ་ཅན་གྱི་བོད་ཀྱི་ཞུ་རྩལ་ཞིག་སྟེ། བཀད་རྒྱུད་དུས་རབས་བཅུ་གཅིག་པའི་དུ་རྒྱལ་འགྲོ་དབང་ཕྱུག་མི་ལ་རས་པས་གསར་དུ་གཏོད་པས། དུས་དེའི་བར་དུ་ལོ་ངོ་༡༠༠ལྷག་གི་ལོ་རྒྱུས་ཡོད། སྐྱེས་པས་དྲིལ་བུ་དང་སྐྱེས་མས་ཧ་བཟུང་ནས་བྲོ་དལ་མོས་རིམ་གྱིས་རྗེ་མགྱོགས་སུ་འགྲོ་བ་དང་། ལག་གི་ར་གཡས་བསྐོར་གཡོན་བསྐོར་བྱེད་པའི་སྒྱུ་རྩལ་ཁྱད་པར་ཅན་གྱི་འཁྲབ་སྟོན་ཡིན། དེ་ནས་བཟུང་སྒྱུ་རྩལ་གྱི་འཁེལས་བོ་འདི་འཁྲབ་པ་པོ་ལའང་རས་པ་ཞེས་པའི་མིང་ཐོགས།

Reba is the Tibetan art of dance with integrated performing forms. With tambourine dance as its main form, Xianzi, Guozhuang, tap dance, rap and vaudeville are all integrated. According to the legend, the dance was first danced by a tramp monk Mila Reba of the 11th century, which has a history of 900 years till now. During the dance, the men will hold a copper bell and the women will take a hand drum. The dance is slow at first and fast afterwards, some stunts like turning the body with a drum as the support is always done. The artist who does this performance is also called Reba.

萨吾尔登 蒙古族民间一种古老乐舞的名称，发源于新疆巴音郭楞蒙古自治州。是以蒙古族乐器"托布秀尔"（弹拨乐器）为伴奏，表现劳动场景、日常生活和模仿马、鹰、羊等动物的动作，又可自由发挥的舞蹈形式。有"揉肩""轻抖肩"以及"下腰""扬手揉臂"等动作。

ས་ཨེར་དྷིན། སོག་པོའི་དམངས་ཁྲོད་ཀྱི་ཆེས་གནའ་བོའི་བྲོ་གར་ཞིག་གི་མིང་། འབྱུང་གནས་ཞིན་ཅང་པ་དབྱིན་གོ་ལིན་སོག་རིགས་རང་སྐྱོང་ཁུལ་ཡིན། དེའི་སོག་པོའི་ཆས་གནའ་བོའི་རོལ་ཆས་ཐབ་པའི་ཞེར་（སྒྲ་ཆས་རོལ་ཆ）གྱིས་རོལ་ཆས་བྱས་ཏེ། ངལ་རྩོལ་ལས་ཀ་དང་། རྒྱུན་ལྡན་གྱི་འཚོ་བ་མཚོན་པ། རྟ་དང་སྤྱག་གོང་ལུག་སོགས་སྲོག་ཆགས་ལ་ལད་མོ་བྱོས་པ། དབྱུང་རང་མོས་ཀྱིས་གར་སྟབས་བསྐྱར་ཆོག་པའི་བྲོ་ཞིག་ཡིན། དེ་ལ་ཕྲག་གོང་གཤིམ་པ་དང་ཕྲག་གོང་ནས་ཆེད་པའི་བར་འདར་བ། ལག་པ་རྒྱང་ཞིང་མཉེན་པ་སོགས་ཀྱི་ཕྱག་ཡོད།

Sawu'erdeng is the name of the ancient dance in the folk of Mongolian people, deriving from Bayinguoleng Mongolian Autonomous Prefecture of Xinjiang. Accompanied by the Mongolian music instrument Tuobuxiu'er (plucked stringed musical instruments), the dancers perform the scenes of work and daily life and the moves by mimicking animals like horse, eagle, sheep and so on. In addition, the dancers can also dance in free-style. The dance moves include rubbing the shoulders back and forward, shrugging the shoulders slightly and back bending, shrugging the arms back and forward with hands raised and so on.

赛乃姆 维吾尔族最普遍的一种民间舞蹈。其历史悠久,主要发源于南疆各绿洲。在维吾尔族十二木卡姆形成过程中,就吸收了早已在民间流传的赛乃姆,使其成为每个木卡姆中大乃格曼的组成部分,而赛乃姆仍以其独立的形式广泛流传。

མསའི་ནའི་མོ། ཡུ་གུར་རིགས་ཀྱི་ཆེས་ཁྱབ་བཀྲལ་གྱི་དམངས་ཁྲོད་བྲོ་ཞིག །དེའི་ལོ་རྒྱུས་ཀྱི་རྒྱུན་རིང་ཞིང་། འབྱུང་གནས་གཙོ་བོ་ཞིང་ཆབ་སྟོད་ལྷོ་ཕྱོགས་སོ་སོ་ཡིན། ཡུ་གུར་རིགས་ཀྱི་མོ་ཁ་མའི་བཅུ་གཉིས་གྲུབ་པའི་རིམ་པར། སྔར་ནས་ཡོད་པའི་དམངས་ཁྲོད་དུ་དར་བའི་ནའི་མོ་དང་ལེན་བྱས་པ། མོ་ཁ་མའི་ཆེ་རྒྱུའི་ཚོགས་མའི་གྲུབ་ཆ་ཞིག་ཏུ་གྱུར་ཡོད། འོན་ཀྱང་ནའི་མོ་སྟེ་ཕྱིར་རང་ཚུགས་ཀྱི་རྣམ་པས་ཁྱབ་བརྡལ་སོང་ཡོད།

Sainaimu is the most common folk dance of the Uyghur people. It owes a long history, deriving from the oasis in southern area of Xinjiang. During the forming of Twelve Mukamu, it has combined the Sainaimu that has long been popular in the folk and becomes the component of Danaigeman of Mukamu. However, Sainaimu itself as an independent form is very popular.

沙朗舞 羌语"沙朗",汉意为"载歌载舞",是一种由祭祀舞演变而来的羌族集体舞蹈。由能歌善舞者领头,男女各列一行或拉手围圈边跳边唱,下肢动作灵活,双臂前后摆动,所唱歌曲多是口头流传下来的古老民歌,用羌语演唱,同时伴以咂酒助兴。

ཤ་ལང་བྲོ། ཆང་སྐད་དུ་ཧ་ལང་ཞེ་བོ་གར་གཉིས་འཛོམས་ཀྱི་དོན་ཡིན། དེའི་མཚོན་འབུལ་གྱི་བྲོ་ལས་རིམ་འགྱུར་བྱུང་བའི་ཆང་རིགས་ཐུན་མོང་གིས་འཁྲབ་པའི་བྲོ་ཞིག །གླུ་ཤེས་མཁན་ཞིག་གིས་བྲོ་དཔོན་བྱས་ཏེ། ཕོ་མོ་ཁར་སོ་སོར་ལག་དང་ཞིང་བསྟར་བ་འཁོར། ལས་སྐྱག་ལེན་ཏུ་མཉེན་ཚན་ཡིན་ཞིང་། ཕག་པ་གཉིས་སྔ་རྗེས་སུ་འགུལ་སྐྱོད་བྱ་ནས་བརྒྱུད་དེ་བྱུང་བའི་ཆེས་གནའ་བོའི་དམངས་གླུ་ཡིན། ཆང་སྐད་ཀྱིས་ལེན། དེ་དང་ཆབས་ཅིག་ཏུ་ཆང་འཐུང་།

Shalang Dance is called Shalang in the Qiang language, which means singing and dancing in Chinese. It is the group dance of Qiang people that develops from sacrificial dance. With those who are good at singing and dancing to do the lead, men and women will stand in two lines separately or hold hands together to make a circle and then sing and dance. The lower limb is flexible and two arms will swing back and forward. All the songs people sing are the ancient folk songs handed down from the ancestors orally. The songs are performed in the Qiang language with the wine accompanied to add more joy.

水鼓舞 德昂族流行的民间舞蹈。每逢泼水节、开门节等,人们便聚集在一起跳这种舞蹈。舞者将水鼓(见"格楞当"词条)挎在脖子上,右手持鼓槌敲水鼓,边敲边跳,大碰、大钹伴奏。鼓声深沉、庄重。

ཆུ་རྔའི་བྲོ། དེ་འང་རིགས་ཀྱི་དར་ཁྱབ་ཆེ་བའི་དམངས་ཁྲོད་ཀྱི་བྲོ་ཞིག །ཆུ་བྲུག་པའི་དུས་ཆེན་དང་། སྒོ་འབྱེད་པའི་དུས་ཆེན་སོགས་སོའི་སྐབས་སུ་མི་ཚོགས་མ་མཉམ་

གཅིག་ཏུ་འདུས་ཏེ་བྲོ་འདི་འཁྲབ། བྲོ་བས་རྔ་ང་ (གོ་ལེན་ཏང་གི་མིང་ཚིག་ལ་ལྟོས།) སྙེ་ལ་བདགས་ནས་ལགཔ་གཡས་པས་རྔ་བསྐྱོར་ཞོར་དུང་ཞོར་འཁྲབ་ཞོར་དུ། མཁར་རྔ་ཆེན་པོ་དང་། སྒྲ་ཆལ་ཆེན་པོའི་རོལ་ཆས་ཀྱིས་རམ་འདེགས་བྱེད། རྔ་སྒྲ་ཆེན་པོ་གུགས།

Water Drum Dance is the popular folk dance of Deang people. On occasions like the Water-Sprinkling Festival, Open-door Day and so on, people will get together to do the performance. The dancer will carry the water drum (see Gelengdang) over his shoulder and hold a drumstick in the right hand to strike the water drum, dancing while striking and it is often accompanied by other instruments Damang and Dabo. The sound of the drum is deep, heavy and solemn.

铜鼓刷把舞 布依族舞蹈。主要流行于黔南独山、荔波一带。因表演时以击铜鼓为指挥和伴奏，舞者手持刷把起舞，故称为"铜鼓刷把舞"。多在春节、四月八、七月半等节日期间演出。

ཟངས་རྔ་དང་སྨྱུག་ཕྱགས་བྲོ། ཕུའི་དབྱི་རིགས་ཀྱི་བྲོ། ཆན་ནན་ཏའི་ཧྲན་དང་། ལིས་པའི་རྒྱུད་དུ་དར་ཁྱབ་གཙོ་བོར་བྱུང་། འཁྲབ་སྟོན་སྐབས་སུ་ཟངས་རྔ་ཞིག་གིས་བཀོད་འདོམས་དང་རོལ་ཆ་བྱེད་པ་དང་། བྲོ་བའི་ལག་ཏུ་སྨྱུག་ཕྱགས་ཤིག་བཟུང་ཡོད་པས། བྲོ་ཡི་མིང་དེ་ལྟར་ཐོགས། ལོ་གསར་དང་བཞི་པའི་བརྒྱད། བདུན་པའི་བྱེད་སོགས་དུས་ཆེན་རྣམས་སུ་འཁྲབ་པར་བྱེད།

Bronze Drum and Shuaba Dance is the dance of Buyi people, popular in Dushan, Libo of the southern Guizhou region. The dance is so named because during its performance the dancer will hold a Shuaba (a kind of broom) to dance with the drumming of bronze drum to do the conducting and obbligato. It is usually performed during some festivals including Spring Festival, April 8th of the lunar month Festival, the mid of the seventh lunar month, and so on.

撒叶儿嗬 湖北清江流域中游地区土家族的一种祭祀歌舞。亦称"跳丧"。在孝家所设灵堂进行。灵柩左侧放置牛皮大鼓，站击鼓的"掌鼓师"（并作领唱）。舞者兼唱和人（"歌师傅"）在堂前的空地上，每两人一组对舞并接歌合唱。一般为二人或四人同跳。俗规男跳女不跳。

ས་ཡེར་ཧུའུ། ཧུའུ་པེ་ཆིང་ཅང་གཙང་པོའི་འབབ་ཡུལ་དང་དེའི་དབུས་བཅུད་ཀྱི་ཐུའུ་ཅ་རིགས་འདུས་སྡོད་ཁུལ་གྱི་མཆོད་འབུལ་བྲོ་ཞིག་ཡིན། མིང་གཞན་ལ་སྐྱོ་ཟེར། དེའི་བགྱུར་བསྟོན་ཀྱི་ཕྱག་ཆར་རེས་གཞན་པའི་ཁྱིམ་ཚེས་ལ་མཆོད་པའི་གནས་ཤིག་བཙུགས། མཆོད་གནས་དེའི་གཡུ་གོའི་ཟ་ཆེན་པོ་ཞིག་བཞག་སྟེ། རྔ་དཔོན་ཡང་ལགས་ནས་རྔ་རྡུང་། (སྤུའི་མགོ་འདྲེན་བྱེད) བྲོ་བ་མཆོད་གནས་དེའི་མདུན་དུ་བྲོ་འཁྲབ་ཏུ་སྒྱུ་ལེན། མི་གཉིས་རེ་ཚོགས་པ་རེ་བྱུས་ནས་མཉམ་དུ་བྲོ་བསྒྱུར་ལ། སྤྱིར་བཏང་དུ་གཉིས་སམ་བཞི་མཉམ་དུ་སྟེ། སྲོལ་ལུགས་སུ་སྐྱེས་པས་འཁྲབ་པ་ལས་བུ་མོས་མི་འཁྲབ།

Saye'erhe is the sacrificial dance of Tujia people of the midstream districts of Qingjiang, Hubei province, also known as Tiaosang, danced in the mourninghall set in the dead's family. A cowhide drum will be put on the left side of the coffin with a drummer man (also works as the lead singer) standing beside. The dancer and responsory man will dance on the open space of the front of the hall. People form into a group of two to do the contra dance and song solitaire. The dance is usually performed by two or four people at the same time and it is the common rule that it is only danced by men, women are banned.

贝伦舞 锡伯族自娱性舞蹈的泛称，也是其民间舞蹈的第一大种类。起源于古代锡伯族人渔猎生活中模仿生活、生产姿势的一种古老舞蹈。贝伦舞中绕手、拍胸、揉肩和涮腰等20多种舞蹈动作造型独特，灵活多样。在婚姻嫁娶、朋友聚会等各种联欢场所，贝伦舞都极受欢迎。

པའི་ཡིན་བྲོ། ཞིབོ་རིགས་ཀྱི་རང་ཚོམས་ཀྱི་བྲོ་སྦྱིད་ཡི་མིང་། དམངས་ཁྲོད་བྲོ་རིགས་ལས་ཆེས་ཆེ་བའི་ཡིན། འབྱུང་ཁུངས་གནའ་བོའི་ཞིབོ་རིགས་ཀྱི་ཉ་དང་རི་དྭགས་རྔོན་པའི་འཚོ་བར་ལད་མོ་དང་། ཐོན་སྐྱེད་ཀྱི་བརྡ་སྣ་སོགས་ལ་གནའ་བོའི་བྲོ་རིགས་ཤིག་ཡིན། པའི་ཡིན་བྲོ་རུ་ལག་པ་བསྐོར་བ་དང་། བྲང་ལ་རྡེག་པ། དཔུང་པ་མཉེད་པ། རྐེད་པ་དཀྱོགས་པ་སོགས་གར་སྟབས་རིགས་༢༠ ལྷག་ཡོད་པས་ཐུན་མིན་གྱི་ཁྱད་ཆོས་ལྡན་ཞིང་གསོན་ཉམས་ཀྱི་ཕྱུག། གཉེན་སྟོན་དང་མཐུན་སྦྱོར་སོགས་སྟོན་རིགས་མང་པོའི་ཡིད་བྲོ་འབུལ་བར་དགའ་བསུ་ཐོབ།

Beilun Dance is the general term of the recreational dance of Xibe people, also known as the biggest kind of folk dance of its minority. It derives from an ancient dance which mimics the daily life and manufacturing process of the fishing and hunting life of the ancestors of Xibe people. Beilun dance has included over 20 dance moves that are unique and various, including hand-twining, chest-patting, rubbing the shoulders back, twirling the waist with back bending. The dance has a wide popularity in gathering occasions like weddings, friend's getting-together.

弦子舞 藏族民间歌舞。流行于川、滇等省藏族聚居地区及西藏昌都一带。在节庆、婚嫁、集会时举行。舞时围成圆圈，领舞者边歌边舞，拉着弦子（一种拉弦乐器）伴奏，余者随之，时而向圈内聚拢，时而散开，双手甩动长袖，动作优美。也有男拉弦子，女舞彩袖，分排歌舞。

འབབ་བྲོ། (རྒྱུད་སྣན་བྲོ) བོད་དམངས་ཁྲོད་ཀྱི་ཞབས་བྲོ་ཞིག ཟི་ཁྲོན་དང་ཡུན་ནན་སོགས་ཞིང་ཆེན་གྱི་བོད་ཁུལ་དང་ཆབ་མདོ་བཅས་སུ་དར་ཁྱབ་བྱུང་། དུས་ཆེན་དང་གཉེན་སྟོན། སློང་ཚོགས་སོགས་སུ་སྟེ། བྲོ་འཁྲབ་པའི་སྐབས་སུ་སྐོར་མོ་བྱས་ཏེ། བྲོ་དཔོན་གྱིས་ལག་ཏུ་རྒྱུད་སྣན་བཟུང་ནས་བྲོ་འཁྲབ་ཅིང་ལེན་འཁྱེར་བྱེད། གཞན་ལ་མ་ཡིན་རྣམས་དང་ཚོམས་ཀྱིས་བསྐོར་བའི་དབུས་སུ་ཡོན་སུ་ཕྱིང་རེས་བོ་གཡུང་ཡུལ་གཡིས་འཛུམ་ཀྱིས་ཕྱག་པའི་གར་སྟབས་བསྒྱུར། དེ་ལ་སྐྱེས་པ་རྒྱུད་སྣན་འཁྲིད་པ་དང་བུ་མོས་ཚོན་དར་གྱི་ཕུ་ཐུང་གཡུགས་ནས་རྩེ་བཞད་ཡོད།

Xianzi Dance is the folk singing and dancing of Tibet, popular in the Tibetan areas including Sichuan province, Yunnan province and Changdu, Tibet. It is performed during festivals, weddings and gatherings. During the dance, people will stand in a circle and the leading dancer will sing and dance accompanied by Xianzi (a string instrument), the rest follow his lead. Sometimes people gather to form a small circle, while sometimes they disperse to form a large circle. People toss their long sleeves which is quite graceful. The dance is also performed in another form: the men play the Xianzi and the women waggle the color sleeves, people stand in rows singing and dancing.

谐钦 流传于西藏拉萨、山南、日喀则、阿里等地区的古老仪式歌舞形式。"谐",藏语有歌舞之意,"钦",即盛况或隆重之意。一般由多首带有标题的歌舞曲组成,首尾乐曲分别称为"谐果"(引子)及"扎西"(吉祥),每首歌舞曲由慢板及快板,或由慢板、中板、快板组成,音乐古朴。

གཞས་ཆེན། ལྷ་ས་དང་ལྷོ་ཁ། གཙང་། མངའ་རིས་སོགས་ས་ཁུལ་དུ་དར་ཁྱབ་བྱུང་བའི་གཏེ་བོའི་སྐུ་གར་གཞིག གཞས་ནི་སྐུ་དང་དོན་འདི་ལ་ཆེན་ཞི་དར་བ་དང་ཆེ་བ་སོགས་ཀྱི་དོན་ཡོད་པས། གཞས་ཆེན་ནི་རྒྱུ་ཆེ་བའི་སྐུ་གར་ཞིག་ལ་གོ ། བྱིར་བཏང་དུ་གཞས་རྩ་མང་ཞིག་གིས་གྲུབ་པ་ཡིན་ཞིང་། མཇུག་མཐའི་གཞས་ཆེག་གཉིས་སོ་སོར་བཀྲ་ཤིས་བཞད་བརྗོད། སྐུ་གར་རེ་རེ་མོ་ནས་མཇུག་བར་རིམ་གྱིས་དེ་མགྱོགས་སུ་འགྲོ་བ་ཞིག་ཡིན་པས། དལ་བ་དང་སྟོད་པ། མགྱོགས་མོ་བཅས་ཀྱི་གྱུར་ཡོད་ལ། བྱུངས་རྟར་གནའ་ཉམས་ཀྱིས་ཕྱུག་ཞིག་ཡིན།

Xieqin is an ancient ceremonial form of singing and dancing popular in Lasa, Shannan, Rikaze, and A'li in Tibet Auton- omous Region. In Tibetan language, Xie means singing and dancing, and Qin means grand or solemn. It is often made up of several titled singing and dance, the opening and closing pieces are called Xieguo (introductory music) and Zhaxi (good fortune). Every piece of music has Adagio and Allegro or Adagio, Moderato and Allegro. The music is of primitive simplicity.

绣球舞 壮族民间歌舞。盛行于广西西南部。在歌圩进行到高潮时,姑娘载歌载舞,将自己亲手绣制的花球抛向意中人。小伙子接到绣球后,如感到满意,就在球上扎一手帕,也载歌载舞将球抛回给姑娘。抛绣球时,有转、摇、抛、接等动作。然后唱约公歌,相约谈情说爱。

འཆམ་བྲུབ་སྒང་བྲོ། གྲོང་རིགས་ཀྱི་དམངས་ཁྲོད་བྲོ་གར་ཞིག་ཡིན། ཀྭང་ཞིའི་ནུབ་ལྷོའི་ཕྱོགས་སུ་དར་ཁྱབ་བྱུང་། སྐྱ་གར་མཚོ་ཁྲབ་སུ་ཕེབ་དུས་དེ་ཞགས་པའི་སྒྱུར་འཁྲབ་མཆོག་ཏུ་འགྱུར་མཚམས་ཀྱི་བུ་མོ་ཆོས། རང་ཉིད་དངོས་ཀྱིས་འཚེམ་བྲུབ་བྱས་པའི་ཤུར་ལོ་ཞིག་རང་ཉིད་དགའ་སའི་མི་དེའི་ཕྱོགས་ལ་འཕེན། སྐྱེས་པ་དེས་འཚེམ་སྐུད་དེ་དང་ལེན་བྱས་ཚེ། རང་ཉིད་མོས་མཐུན་ཡོད་ན་འཚེམ་སྐུད་དེ་བུ་མོ་དེའི་སྟེང་ལ་ཕྱིར་འཕེན། བྱིར་འཕེན་པའི་སྐབས་སུ་ཁམས་འགྱུར། སྐུ་ཆོགས་སྟོན་པ་དང་། དེ་ནས་ཕྱོགས་གཉིས་ཀྱིས་བརྩེ་གླུ་ལེན།

Silk Ball Dance is the folk dance of Zhuang people, popular in the Southwest region of Guangxi. During the climax of the Song Fair, the girls will sing and dance and throw the silk ball made by herself to the one she is in love with. After the boy gets the silk ball, he will bind a handkerchief on the ball if he loves the girl and then sing and dance and throw the ball back to the girl. When people throw the silk ball, they will do some moves like swinging, swaying, throwing and catching and so on. Then the boy and the girl will sing together and then start to date.

羊皮鼓舞 羌族民间舞蹈。原是"释比"在法事活动中跳的一种祭祀舞蹈，称为"跳经"，羊皮鼓为法器。后演变为民间舞蹈，形式更为自由，舞蹈语言也更为丰富。众人手执羊皮鼓，在头戴猴皮帽、肩扛神棍、手执铜铃的领舞者带领下起舞。多为反时针方向围圈而跳。

ལུགས་ཇའི་རྔ། ཆཆང་རིགས་དམངས་ཁྲོད་ཀྱི་བྲོ་འཁྲབ་གནས་སྒྲིད་པའི་མཆོད་འབུལ་གྱི་ཚོགས་ཆེན་སྐོར། བྲོ་ཞིག་ཡིན། མིང་གཞན་ལ་མཆོད་འཆམ་ཡང་ཟེར། ལུག་ལྤགས་ཀྱི་རྔ་ཞིག་མཆོད་ཆས་བྱས་པ་ཡིན། ཕྱིས་སུ་དམངས་ཁྲོད་ཀྱི་བྲོ་ཞིག་ཏུ་རིམ་འགྱུར་བྱུང་ཞིང་། འཁབ་སྟངས་རང་དབང་ཡིན་ལ། བྲོ་གར་གྱི་སྐད་ཆ་ཕྱུག་ཆགས་པ་ཡོད། མི་མང་པོ་ལག་ཏུ་ལུག་ལྤགས་རྔ་བཟུང་བ་དང་། མགོ་ལ་སྤྲེའུ་ལྤགས་ཀྱི་ཞྭ་གྱོན། དཔུང་པ་ལ་དབྱུག་པ་བཀུར་བའི་བྲོ་དཔོན་གྱིས་ཁྲིད་དང་ནས་བྲོ་འཁྲབ། མང་ཆེ་བ་དུས་མཐའི་ཕྱོགས་ཕྱོགས་སུ་འཁོར་ནས་བསྐོར་བ་བྱེད་དོ། །

Sheepskin-drum Dance is the folk dance of the Qiang people. It used to be a sacrificial dance performed by Shibi in religious ceremonies, known as Tiaojing, and the sheepskin-drum is a kind of instrument. It turned into folk dance afterwards, with a much more free style and richer dance language. People hold sheepskin-drums in their hands and dance under the leadership of the leading dancer who wears a hat made of golden-monkey skin, carries a sacred stick on his shoulder, and holds in his hand a dishlike bell. People dance in a circle, mostly in counter-clockwise direction.

藏族螭鼓舞 藏族原始宗教祭祀舞蹈。以舞者左手握螭鼓（藏语称"拉阿"，意为神鼓），右手掌神鞭，一步一击，三步一击，边击边舞而得名。流传于青海循化地区。它以集体舞形式，表现请神、敬神、送神、降魔等场景，反映了当地藏族的宗教信仰、劳动和生活情趣及审美观念。

བོད་ཀྱི་ཀླུ་རྔའི་བྲོ། བོད་ཀྱི་གདོད་མའི་ཆོས་ལུགས་ཀྱི་མཆོད་པའི་བྲོ་ཞིག་སྟེ། བྲོ་བས་ལག་གཡོན་གྱིས་ཀླུ་རྔ་དང་། ལག་པ་གཡས་པས་ལྷ་ལྕག་བཟུང་ནས། གོམ་པ་རེ་རེར་རྡུང་བ་དང་། གོམ་པ་གསུམ་རེ་རྡུང་བ། འགྲོ་འཆོར་རྡུང་ཞོར་བྲོ་ཞིག་ཡིན། མཚོ་སྔོན་ཙོ་ཕྱིང་ནར་དྭངས་གྱི། དེའི་ཕུན་ཚོང་གི་བྲོ་ཞིག་ཡིན་པས། ལྷ་འབོད་པ་དང་ལྷ་ལ་བཀུར་བ། ལྷ་ལ་སྐྱེལ་མ། འདྲེ་འདུལ་སོགས་ཀྱི་རྣམ་པ་ཡོད་ཅིང་། ས་དེའི་བོད་པ་ཚོའི་ཆོས་ལུགས་དད་མོས་དང་། ངལ་རྩོལ། འཚོ་བ་སོགས་ཀྱི་བྲོ་བ་ལྷུག་པའི་བྲོ་ཞིག་ཡིན།

Tibetan Chigu Dance is the original religious sacrificial dance of Tibet. The dancer holds the Chigu (called La'a in Tibetan language, means sacred drum) in his left hand and the sacred whip in his right one, they make one strike with one step, one strike after three steps, striking while dancing, hence its name. It is widely spread in Xunhua district in Qinghai province. It is performed in the form of group dance, expressing the scenes of praying for gods, revering gods, sending gods, subduing devils and so on, which reflects the religious belief, the savor in labor works and life and the aesthetic ideas of local Tibetans.

盅碗舞 亦称"打盅子",是蒙古族打盅舞和顶碗舞结合的舞蹈艺术。传说起源于古代打仗时获胜利的人们在庆典宴会上拍掌击节,击酒盅助兴。演变至今,发展成为手持酒盅、头顶彩碗而舞。

དཀར་པོར་བྲོ། ཞེས་གཞན་ལ་ཆང་ཕོར་རྡུང་བཞེར། དེའི་སོག་རིགས་ཀྱིས་ཆང་ཕོར་རྡུང་བ་དང་ཕོར་བ་འདེགས་པ་མཉམ་འབྲེལ་བྱས་པའི་བྲོའི་སྒྱུ་རྩལ་ཞིག་ཡིན། བདེན་རྒྱུན་དུ་གནའ་བོའི་དམག་འཁྲུག་སྐབས་རྒྱལ་ཁ་ལངས་པའི་གསོལ་སྟོན། ཐལ་མོ་རྡེབ་པ་དང་ཆང་ཕོར་རྡུང་བའི་རྣམ་པ་ཞིག་ཡིན། རིམ་གྱིས་འགྱུར་བ་བྱུང་ནས་དེང་སང་ཆང་ཕོར་ལག་ཏུ་བཟུང་བ་དང་མགོ་ལ་ཚོན་ཤུན་ཕོར་བ་བཏེགས་པའི་བྲོ་ཞིག་ཡིན།

Zhongwan (Bowl) Dance is also called Dazhongzi. It is the dancing art that combines Dazhong Dance and Dingwan Dance of the Mongolian people. It is said that the dance derived from the ceremonies and banquets for the victorious battle in the ancient times. People would clap their hand to do the beats and also stroke very small wine bowls for entertainment. And it gradually evolves to be the dance with very small wine bowls in the hands and the color bowl is headed on the head.

竹竿舞 黎族、京族、佤族、瑶族、壮族、苗族、畲族等民族以竹竿为道具的一种娱乐性舞蹈。持竿者姿势有坐、蹲、站三种,变化多样。在有节奏、有规律的碰击声里,跳舞者要在竹竿分合的瞬间,敏捷地进退跳跃,而且要潇洒自然地做各种优美的动作。

སྨྱུག་དབྱུག་བྲོ། ལི་རིགས་དང་ཅིང་རིགས་དབའ་རིགས་ཡའོ་རིགས་ཀྲུང་རིགས་མུན་རིགས་ཅེ་རིགས་སོགས་མི་རིགས་ཀྱིས་སྨྱུག་དབྱུག་འཁོར་ཆས་བྱས་པའི་རོལ་རྩེད་རང་བཞིན་གྱི་བྲོ་ཞིག སྨྱུག་དབྱུག་འཛིན་པོའི་འདུག་སྟངས་ལ་སྡོད་པ་དང་ཙོག་པ། ལངས་པ་བཅས་རིགས་གསུམ་ཡོད་ཅིང་འགྱུར་བ་མང་པོ་ཡོད། ཞིག་ཡིན། རོལ་ཆོགས་ལྡན་པ་དང་ཁ་གཏུག་ཆུལ་ཆོས་ཞིབ་ལྡན་པའི་སྒྲ་གས་ནང་། བྲོ་བས་སྨྱུག་ཁ་གཏུག་པའི་བར་གསང་དུ་སྟངས་སྟབས་གྱུར་མོས་མཆོང་པོ་འཕལ། དེ་དང་རང་བྱུང་ལྟེག་ཉམས་ཀྱི་གར་སྟབས་སྣ་ཚོགས་རྩལ་དུ་བཏོན།

Bamboo Dance is the self-entertainment dance of the Li, Jing, Va, Yao, Zhuang, Miao and She people and so on by using banboo as the prop. The bamboo-holder has three postures with great variety: sitting, squatting and standing. The dancers should do the advancing and regressing and jumping quickly the moment when the bamboos separate or touch each other, accompanied by the rhythmical and regular clipping sound. All the dance movements should be done gracefully.

中国少数民族民歌（古歌）、曲调、曲艺、戏剧

རྒྱང་གོའི་གྲངས་ཉུང་མི་རིགས་ཀྱི་དམངས་གླུ（གནའ་གླུས）དང་།
དབྱངས་ཏུ། གཞས་མ་གཏམ། ཟློས་གར།

China's Ethnic Folk Songs, Melodies, Folk Art, Operas

阿里郎 朝鲜族民歌。已成为朝鲜民族具有代表性的经典曲牌。在不同地方有不同版本，最常听到的是流行于韩国京畿道一带的本调阿里郎。它曾是1926年同名电影的主题曲，2000年悉尼奥运会又被用作韩国与朝鲜代表团的进场音乐。

ཨ་ལི་ལང་། ཁྲོའི་ཞེན་རིགས་ཀྱི་དམངས་གཞས། ཁྲོའི་ཞེན་མི་རིགས་ཀྱི་མཚོན་བྱེད་རང་བཞིན་ལྡན་པའི་གཞས་གྲགས་ཆེན་ཞིག་ཏུ་གྱུར་ཡོད། ས་གནས་མི་འདྲ་བར་པར་གཞིས་མི་འདྲ་བ་ཡོད། རྒྱུན་པར་ཐོས་ཐུབ་པའི་ཁྲོའི་ཞེན་རྫོང་མའི་ཅིང་ཅི་ཏའོ་རྒྱུད་ཀྱི་མ་གཞས་ཨ་ལི་ལང་ཞེས་པ་དེ་ཡིན། དེ་ནི་༡༩༢༦ལོར་མིང་མཐུན་གློག་བརྙན་གྱི་བརྗོད་དོན་གླུ་གཞས་དང་། ༢༠༠༠ལོའི་ཞི་ཉི་ཨོ་རྒྱལ་འགྲན་ཚོགས་ཐོག་ཏུ་ཁྲོའི་ཞེན་རྫོང་མ་དང་བྱང་ཞེན་འཐུས་ཚབ་པ་རྣན་ཞུགས་རོལ་མོའི་ཡིན།

Arirang is the most representative folk song of Korean people. There are variant versions in different places. The original tone of arirang is widely accepted in Gyeonggido, South Korea. It was originally from a movie of the same name in 1926. More-

over, it was used as the processional music for South Korean and North Korean team in the 2000 Sydney Olympics.

阿依特斯 哈萨克族曲艺，是一种竞技式的对唱表演形式。没有固定的曲牌或相应的唱腔流传，多以冬布拉伴奏。表演者"阿肯"在歌唱中索求、争论，是智慧的较量。内容主要表现哈萨克民族的历史、文化和感情，从唱词到音乐都充满浓郁的哈萨克口头文学和音乐文化特点。

ཨ་དཱི་ཐེ་སི། ཧ་སག་རིགས་ཀྱི་གཞས་མ་གཏམ་དེ་ནི་གྲུབ་འབྲས་སྟོན་རྣམ་པའི་རྩལ་འགྲན་གྱི་རིགས་ཞིག་ཡིན། གཏན་ཞིག་གི་དབྱངས་དང་འོས་མཐུན་གྱི་ལེན་ལུགས་གཏན་ལེན་མེད་པར། མང་ཆེ་བ་སྟོང་ཏུ་པུའི་རོལ་དགོག་དགོག་འཁོལ་སྟོན་པ་ཞར། ཡེན་གྱིས་བླུ་དབྱངས་སྟོང་པ་དང་། ཚོད་པ་རྒྱག་པ། དེ་བློ་གྲོས་བསྡུར་བ་ཞིག་ཡིན། ནང་དོན་གཙོ་བོར་ཧ་སག་རིགས་ཀྱི་ལོ་རྒྱུས་དང་། རིག་གནས། བརྩེ་བ་བཅས་ཡིན། གཞས་ཚིག་ནས་རོལ་དབྱངས་ཚོན་མ་རུ་ཧ་སག་གི་ངག་ཐོག་རྩོམ་རིག་དང་རོལ་མོའི་རིག་གནས་ཟབ

མོ་ལྷན།

Ayitesi is the folk art of the Kazak people. It is played in the form of athletic antiphonal singing. Without a necessary tune or corresponding singing style, it is often accompanied by dongbula. The actors "Aken" explore and argue in singing, showing a battle of wits. The content mainly shows its history, culture and sentiment with a strong favor of its oral literature and musical culture from the libretto to the melody.

八音座唱 又叫"布依八音"，布依族的一种民间曲艺说唱形式。流传于贵州安顺关岭、镇宁至黔西南贞丰一带。演出队伍8~14人不等，不化妆。因用牛腿骨、竹筒琴、直箫、月琴、三弦、铓锣、葫芦、短笛等8种乐器合奏而得名。

རོལ་བརྒྱད་བཞུགས་གནས། མིད་གནན་ལ་ཕུལ་དཔྱིའི་དབངས་བརྒྱད་ཀྱང་འབོད། ཕུའི་དཔྱི་རིགས་ཀྱི་དམངས་ཁྲོད་ཀྱི་གསེར་མ་གཏམ་གྱི་རྣམ་པ་ཞིག་ཡིན། ཨན་ཧྲུན་ཀོན་ལིན་དང་། གྲེན་ཞིང་ནས་ཆན་ཧྲུན་སྐྱེའི་ཀྱི་སྐོང་བརྒྱད་བཅས་སུ་དར་ཁྱབ། འཁྲབ་སྟོན་པ་དགོས༌༢སོགས་མི་འདྲ། མཛེས་ལྗུགས་མི་བྱེད། དེ་ཕྱོག་ཀང་དང་། སྙུག་སྦུག་རོལ་ཆ། དྲང་སྦྱིད། ཡུའི་ཆིན། པི་ཕྲད། རྒྱུད་གསུམ། མང་ཟ། ཀ་པེད། སྙིད་བུ་ཕྲང་བཅས་རོལ་ཆ་བརྒྱད་དགོལ་བས་མིད་དེ་ལྟར་ཕོགས་པ་རེད།

Bayin Play (the Eight Instruments Play), also known as "the Buyi Eight Instruments", is a singing form of folk arts of the Buyi people. It is popular in an area from Guanling county of Anshun city, along Zhenning to Zhenfeng of southwestern Guizhou province. A playing team is composed of 8 to 14 persons without any makeup. It has become famous for the tutti of eight instruments, namely Bovine Femoral Bone, Bamboo Harp, Vertical Bamboo Flute, Moon Lute, San-Xian, Mang Gong, Calabash and Piccolo.

巴西古溜溜 撒拉族曲种，又称"撒拉曲"。因首句用撒拉语"巴西古溜溜"（意为"圆圆的头"）而得名。曲调结构为上、下句交替反复，句式为两句一段，四句一首。演唱形式一般为男子分节演唱，女子相间对白。通常无乐器伴奏。流行于青海循化撒拉族自治县。

པ་ཞི་ཀོ་ལུན་ལུན། ས་ལར་རིགས་གནས་མིད་གཞན་ལའང་གནས་ཀྱང་ཟེར། གནས་ཆོག་དང་པོར་ས་ལར་སྐད་ཀྱི་པ་ཞི་ཀོ་ལུན་ལུན་ཞེས་པའི་དབུས་ཏུ་ཞིག་ཡོད་པ་མིད་དེ་ལྟར་ཐོགས། དབངས་རྟའི་ཐད་ནས་ཚིག་དོག་མ་གཉིས་མཇུག་མ་བརྗེས་རེས་བྱེད་པ་དང་། ཚིག་གི་རྣམ་པ་ཚིག་གཉིས་ཀྱིས་ཚན་ཞིག་དང་ཚིག་བཞི་ཡིན། གནས་ཞིག་ལུགས་སྤྱིར་བཏང་སྐྱེས་པས་གནས་ཀྱི་འགྱུག་མཚམས་ཤིག་དང་བུ་མོས་ལ་རེས་བྱེད། རྒྱུན་ལྡན་དུ་རོལ་ཆ་ཀྱི་རྒྱབ་འདེགས་མེད། མཚོ་སྔོན་ཞིན་ཧྭ་ས་ལར་རིགས་རང་སྐྱོང་རྫོང་དུ་དར་ཁྱབ་ཆེ།

Baxiguliuliu, also "the Salar Song", is the folk art form of the Salar people. It got the name for its first Sala sentence "Baxiguliuliu (the round head)". The melody structure is to repeat the first and the following sentences. One piece of song is composed of 2 sections and 4 sentences (two sentences for one section). Generally the performing form is that each man sings a section in turn and a lady says the dialogue. Usually without any instrument, it is mainly popular in Xunhua Salar Autonomous County of Qinghai province.

白剧 白族戏曲剧种。原名"吹吹腔"。流行于云南云龙、洱源、鹤庆、大理等地。清乾隆年间已有演出。后吸收"大本曲"一些曲调，改今名。有严格的角色行当和程式化的动作。语言一般是半汉语半白语。有50多种唱腔，唱词多用白族民歌的"山花体"。伴以唢呐、鼓、钹、锣等。脸谱丰富。剧目有《血汗衫》等。

བའི་གར། བའི་རིགས་ཀྱི་ཟློས་གར་རིགས་ཤིག་ཡིན། དངོས་ལའང་འབའི་ཚང་བརྗོད་ཡུན་ནན་ཡུལ་དང་མེར་ཡོན། རོ་ཆིང་། ཏ་ལི་སོགས་སུ་དར་ཁྱབ་ཆེ། རྒྱལ་རབས་ཀྱི་གོང་མ་ཆན་ལུང་གི་རིང་ལ་འཁྲབ་སྟོན་འདི་བྱུང་ཞིན། རྗེས་སུ་རོལ་དབྱངས་ཆེན་མོའི་གདངས་དབྱངས་འགའ་ནས་བླངས་ཏེ། དེ་གི་མིང་འདིར་བསྒྱུར། འཁྲབ་སྟོན་གྱི་ཉམས་འགྱུར་དང་རིམ་པ་འགྱུར་སྟངས་བཅས་ལ་དགའ་འདིག་ནན་མོ་བྱེད། སྐད་ཆ་སྟོར་བདུན་དུ་རྒྱ་སྐད་ཀྱི་དང་བའི་སྐད་ཀྱི་ཡིན། གཞས་ལེན་སྟངས་50ལྷག་ཡོད་ཅིང་གཞས་ཚིག་མང་ཆེ་བ་བའི་རིགས་ཀྱི་དམངས་གཞས་ཧཱ་རེའི་མེ་ཏོག་ལུགས་ཞེས་པ་སྦྱོར། རོལ་ཆས་ལ་རྒྱ་གླིང་དང་ད། སྒྲག་ཆལ། འབར་ཇ་སོགས་ཡོད། དོ་འབག་ཕྱུག་སོགས་ཚོགས་པ་ཡོད། འཁྲབ་གཞུང་ལ《ཁྲག་རྔུལ་གྱི་སྟོད་གོས》སོགས་ཡོད།

Bai Opera, also called "chuichui tune", is a musical opera of the Bai people. It's popular in many regions such as Yunlong, Eryuan, Heqing and Dali in Yunnan. It started since the period of Emperor Qianlong in the Qing Dynasty, then assimilated some tunes of "Daben Music" and changed into its present name. It's strict in roles and actions. The language is half mandarin and half Bai language. Over 50 kinds of tunes and words are performed in the style of the folk song of "Shanhua" with the accompaniment of suona, drum, gong. It has abundant facial masks. The typical play is *Blood Shirt*.

白族调 白族民间最为普及的一种演唱艺术，是白族民歌中常用白语演唱的一种短调。其唱词已形成本民族所独有的诗歌格律，通称为"三七一五"体，即每节歌词以三个七字句和一个五字句构成。大多用三弦伴奏，内容主要是抒发纯真的爱情。

བའི་རིགས་ཀྱི་གཞས། བའི་རིགས་དམངས་ཁྲོད་དུ་ཆེས་ཁྱབ་གདལ་དུ་སོང་བའི་ཟློས་གར་སྣ་ཚོགས་ཀྱི་རིགས་ཤིག་ཡིན། དེ་ནི་བའི་རིགས་དམངས་གཞས་ཁྲོད་དུ་རྒྱུན་སྤྱོད་པའི་བའི་སྐད་ལེན་པའི་གདངས་ཐུང་ཞིག་ཡིན། དེའི་གླུ་ཚིག་ལ་རང་མི་རིགས་ཀྱི་ཁྱད་ཆོས་སྙན་ངག་བྱེད་སྟངས་ཏེ། ཡོངས་གྲགས་སུ་གསུམ་བདུན་ལྔ་ཡི་ལུགས་ཞེས་ཡོད། དེའི་སྙན་ཚིག་རེ་ཚིག་བདུན་མ་གསུམ་དང་། ཚིག་ལྔ་མ་གཅིག་གི་གྲུབ་པ་ལ་ཟེར། ཕལ་ཆེ་བར་རྒྱུད་གསུམ་སྙན་སྦྱར་གྱིས་རམ་འདེགས་བྱེད་ཅིང་ནང་དོན་གཙོ་བོ་བརྗོད་གཞུང་མའི་སྙོར་ཡིན།

The Bai Melody is the most popular folk art form of the Bai people. It is a short melody of its folk songs commonly sung in Bai language. The libretto has become the particular ethnic poetic rhythm, generally called "three seven and a five style", that means three seven-character sentences and a five-character sentence form a verse. It is mostly accompanied by a three-stringed plucked instrument, and its main content is to express pure love.

布依戏 布依族戏曲剧种。流行于贵州兴义布依族居住地区。清同治、光绪年间形成。曲调有长调、官扮调、二黄、二六等。乐器有尖子胡琴、朴子胡琴、短箫，兼用大锣、大钹等。剧目多取材于汉族历史故事和民间传说。

ཕུའ་འབྲིའི་གར། ཕུའ་འབྲིའི་རིགས་ཀྱི་སྒྱོས་གར། གུའི་གོན་ཞིན་འབྲིའི་ཕུའ་འབྲི་རིགས་འདུས་སྡོད་ལུ་དར་ཁྱབ་ཆེ། ཆིང་གོང་མ་ཐུང་གྱི་དང་གོང་ཞིའི་རིང་ལུ་བྱུང་། གཞས་གདངས་ལ་གདངས་རིང་དང་གོན་ཆུན་གཞས་ཡོད་གཉིས། གཉིས་དྲུག་སོགས་ཡོད། རོལ་ཆ་ལ་དབུ་ཆེན་རྩེ་ཕོ་དང་། པའི་ཙེ་ཧུའི་ཆིན། ཤུག་ཞིང་ཤུང་བ་དྲུང་འབར་ཇ་ཆེ་བ་དང་། སྦྲ་ཆམ་ཆེན་པོ་སོགས་ཀྱང་སྤྱོད། འབལ་ཞུན་དུ་རྒྱའི་ལོ་རྒྱུས་གཏམ་རྒྱུད་དང་དམངས་ཁྲོད་སྒྲུང་གར་དགའ་རྒྱུས་མང་པོའི་རྒྱུ་ཆ་ལེན།

Buyi Opera, is an opera of the Buyi people, which is popular in Buyi residence zone in Xingyi Guizhou. It is formed in the reign of Emperor Tongzhi to Guangxu in the Qing Dynasty. There are long tune, officer play tune and erhuang (one of the two chief types of music in traditional Chinese operas). It accompanies with huqin (a general term for certain two-stringed bowed instruments), xiao (a musical instruments) and big gong and cymbals. The plays are based on the historical stories and folklore of the Han.

彩调剧 壮族戏曲剧种。俗称"调子""彩调""彩灯"等，是广泛流传于广西城乡的主要剧种之一。属灯戏系统，源于桂林地区农村歌舞、说唱衍化而成的"对子调"。1955年，统一定名为彩调剧。其传统剧目约500余出。唱腔属联曲体，分板、腔、调三大类。

ཚོན་ལྡན་གཞས་གར། གོང་རིགས་ཀྱི་སྒྱོས་གར་རིགས་ཤིག བག་ཆུན་དུ་དབང་ཏུ་དང་། ཚོན་གར། ཚོན་སྒྱོན་སོགས་སུ་འབོད། ཀྲུང་ཤར་གུགས་པའི་གོང་ཞིན་མཁར་རོང་རྒྱ་ཁྱབ་ཀྱི་གཞས་གར་གཙོ་བོ་ཡིན། སྒྱོན་ཞུའི་རིགས་ཀྱི་གར་ལ་གཏོགས་ཤིང་འབྱུང་གཞིས་གུའི་ལིན་ཁུལ་གྱི་སྦྱི་བའི་གླུ་གར་དང་། བཤད་ལེན་རིམ་གྱིས་འགྱུར་ནས་གཞས་གར་གྱི་རྩལ་པར་གྲུབ་པ་ཡིན། １９５５ལོར་ཚོན་ལྡན་གཞས་གར་ཞེས་པའི་མིང་གཅིག་གྱུར་གྱིས་གཏན་ལ་ཕབ། སྔོན་རྒྱུན་གྱི་གཞས་གར་གཤལ་ཆེན་ལྔ་བརྒྱ་ཡོད། ལེན་ལུགས་ཀུན་བཏུས་ཀྱི་གཞས་ལུགས་ཤིག་ཡིན་པས། དབྱེ་ན་པར་དང་ཆམང་། དབྱེ་བཞི། དབྱངས་ཀྱི་འདེགས་འཇོག་རིགས་གསུམ་ཡོད།

Caidiao Opera is a kind of Zhuang's opera. It is also called "Diaozi", "Caidiao", "Colorful Latern" and so on. It is one of the main operas popular in towns and rural areas of Guangxi. This opera originated from "duizidiao" which is songs and dances and raps in countrysides of Guilin, belonging to a light show. In 1955, it is named Caidiao. There are about 500 traditional plays. And the style belongs to the joint music, including beat, tune style and melodic mode.

朝鲜族三老人 朝鲜族传统的民族曲艺形式。融合朝鲜族的曲艺唱谈、小丑戏、幕间剧等形式而成。主要流传于吉林省和龙市。由三个演员扮演三种类型的老人角色进行表演，以说为主，唱演为辅，运用延边地区的朝鲜语方言，互相争辩。对白朴实、风格幽默是其最大特色。

ཁོའི་ཞན་རིགས་ཀྱི་བགྲེས་པོ་གསུམ། ཁོའི་ཞན་རིགས་ཀྱི་སྲོལ་རྒྱུན་གྱི་མི་རིགས་གཞས་མ་གཏམ་སྒྲ་རྩལ་གྱི་རྣམ་པ་ཞིག་ཡིན། ཁོའི་ཞན་རིགས་ཀྱི་གཞས་མ་གཏམ་དང་བཅག་གར་ཆུང་བ། མོར་ཚན་སློང་གར་བཅས་མཉམ་འདྲེས་ཀྱི་ཐོག་ནས་གྲུབ་པ་ཞིག་ཡིན། ཇི་ལིན་ཞིང་ཆེན་དང་ལོང་ཇོའུ་གྲོང་ཁྱེར་གྱི་ཁོའི་ཞན་ཡུལ་སྐད་བཀོལ་དེ་ཕན་ཚུན་རྩོད་པ་བྱེད། མི་སྣའི་སྟེང་ལོང་བབ་ཆགས་དང་། ཞམས་འགྱུར་སྙན་པ། དགོད་པོ་བ་བཅས་ནི་དེའི་ཁྱད་ཆོས་ཆེ་ཤོས་ཞིག་གོ

Play of Three Aged, is the traditional ethnic folk art form of Korean people. Integrated with its art forms of singing and talking, a clown Play and Intermezzi, it is popular in Helong of Jilin province. Three actors, acting as three types of old people, argue with each other in the dialect of Yanbian Korean Autonomous Prefecture, in a form of speaking assisted with singing. The earthy dialogues and humor are its most prominent features.

大本曲 白族特有的一种唱词为主、辅之以道白的民间说唱艺术。广泛流行于云南大理洱海周围白族聚居地区。大约始于明代。唱词遵循白族诗歌"三七一五"的格律，常由一人手执花扇或手绢演唱，一人弹三弦伴奏。唱词用白族语，中间的夹白和韵诗多用汉语。大本曲已具戏剧雏形。

ད་པིན་གཞས། པའི་རིགས་ལ་ཁྱད་དུ་འཕགས་པའི་སྒྲུ་ཆོས་གཙོར་གྱུར་པ་དང་། གཏམ་བགད་ཐལ་བར་བཟུང་བའི་དམངས་ཁྲོད་ཀྱི་བགད་སྒྲུ་སྒྲུ་རྩལ་ཞིག་ཡིན། ཨེར་ཧའི་མཚོ་འཁོར་གྱི་པའི་རིགས་ཡུལ་དུ་རྒྱ་ཁྱབ་ཏུ་དར་བ། ཐལ་ཆེར་མིང་རྒྱལ་རབས་སྐབས་སུ་ཐོག་མར་བྱུང་། སྒྲུ་ཚིག་ཏུ་པའི་རིགས་ཀྱི་སྙན་ཚིག་གསུམ་བདུན་གཅིག་ལྔའི་ཚིགས་སློབ་ཅིག་འཛིན་ཞིང་། རྒྱུན་པར་མི་ཞིག་གིས་ལག་ཏུ་ལྕང་གཡབ་མ་ཏོག་མཛེས་དང་བ་སྲུང་བཟུང་ནས་ལེན་པ་དང་། གཞན་ཞིག་གིས་རྒྱུད་གསུམ་སྟ་སྟོན་གྱིས་རམ་འདེགས་བྱེད། སྒྲུ་ཆོས་པའི་རིགས་སྐད་དེ། ནང་རྒྱ་སྐད་ཀྱི་འགྲུག་ཏུ་ཤང་པོ་བགྲེས། ད་པིན་གཞས་ནི་ཟློས་གར་གྱི་རྣམ་པ་ཞིག་ཡིན།

Daben Qu (a type of verse for singing out long stories), is the typical folk art of talking and singing of the Bai people, with a main form of singing assisted by talking. It is widely spread in Bai-inhabited regions around the Erhai Lake. It originated around in the Ming Dynasty. The libretto keeps to the "three seven and a five style" of the Bai poems, usually sung by one, holding a flowers fan or a handkerchief, and accompanied by a three-stringed plucked instrument. The libretto is sung in Bai language, among which the dialogues and rhymed verse are frequently in Chinese. Daben Qu has developed to be a preliminary drama.

傣剧 傣族戏曲剧种。流行于云南德宏、保山、临沧等傣族聚居地区。一般认为形成于清嘉庆、道光年间，渊源于傣族民歌和"双白马"等民间歌舞。腔调基本为徵调式和羽调式。伴以二胡、象脚鼓、葫芦笙等。剧目有《千瓣莲花》《红莲宝》等。

ཏའེ་གར། ཏའེ་རིགས་ཀྱི་ཟློས་གར། ཡུན་ནན་ཏེ་ཧུང་དང་པའོ་ཧྲན་རི། ལིན་ཚང་སོགས་ཏའེ་རིགས་འདུས་སྡོད་ས་དར་ཁྱབ་ཆེ། ཡོངས་ཀྱི་ངོས་འཛིན་ལྟར་ཅིང་རྒྱལ་རབས་ཀྱི་ཅ་ཆེན་དང་ཏའོ་ཀོང་སྐབས་སུ་གྲུབ་པར་འདོད། འབྱུང་ཁུངས་ཏའེ་རིགས་དམངས་གླུ་དང་རྟ་དཀར། སྦུག་གཉིས་ཞེས་པའི་འཛམ་དང་སྟོད་ཡངས་ཀྱི་རྣམ་པ་ཡིན། རོལ་ཚལ་རྒྱུ་གཉིས་ཧུའུ་དང་ཀཱར་ཏེ། ག་ཧེད་འདུད་ཚ་སོགས་ཡོད། འཁྲབ་གཞུང་དུ《འདབ་སྟོང་པད་མ》དང《རིན་ཆེན་པད་དམར》སོགས་ཡོད།

Dai Opera is an opera of the Dai people and is popular in the areas of Dai habitation. It is formed in the reign of Emperor Jiaqing to Guangxu in the Qing Dynasty and originated from Dai folk songs as well as other folk songs and dances. The tunes are generally Huidiao type and Yudiao type with the accompaniment of erhu, Hulusheng and also other instruments as well, like the play *Thousand-petaled Lotus,* and *Red-Lotus Treasure,* etc.

东三巴 西藏墨脱门巴族中流传的一种古老曲调。曲调浑厚古朴，即兴填词。有喜歌和悲歌两类。常配以短笛，一人哼唱。

སྟོང་གསུམ་པ། བོད་ལྗོངས་མེ་ཏོག་མོན་པའི་ནང་དུ་དར་ཁྱབ་བའི་གནའ་བོའི་དབྱངས་རྟ། དབྱངས་རྟ་ལ་གཉན་ཞེས་དང་སྐྱོ་གླུ་བཞིས་པའི་ཞེས་ལྷུང་ཞིང་། སྒྲ་ཆོག་སྐབས་ཕོག་ཏུ་བསྟོན། དེ་ལ་སྟོ་གླུ་དང་སྐྱོ་རིགས་གཉིས་ཡོད། རྒྱུན་པར་གླིང་བུང་དང་མཉམ་སྦྱར་སློབ་ཞིག་ཉིད་བྱེད།

Dong sanba, an ancient melody, is popular among the Me-tog Monba people in Tibet. There are two types: happy songs and sad songs. The tone is rich and simple. They humming with a piccolo and like to compose lyrics spontaneously.

侗剧 侗族戏曲剧种。流行于黔、桂、湘侗族聚居地区。由民间说唱艺术"嘎锦"和"摆古"于清嘉庆、道光年间逐渐采用舞台演唱形式发展而成。传统剧目取材于侗族、汉族民间故事。曲调有"平调""哭板""仙腔"等。伴以二胡、铃、锣、铙、鼓、琵琶和牛腿琴。剧目有《珠郎娘娌》等。

ཏུང་གར། ཏུང་རིགས་ཀྱི་ཟློས་གར་རིགས་ཤིག་ཆན་དང་ཞེན་གྱི་ཏུང་རིགས་འདུས་སྡོད་ཁུལ་དུ་དར་ཁྱབ་ཆེ། དམངས་ཁྲོད་ཀྱི་འགྲེལ་བཤད་སྒྲུང་སྣ་ཞེས་དང་པའི་གར་ཞེས་པ། ཅིང་གོང་མ་ཅ་ཆེན་དང་ཏའོ་ཀོང་སྐབས་སུ་རིམ་གྱིས་གར་སྟེགས་སུ་འཁྲབ་པའི་རྣམ་པར་གྱུར་ནས་གྲུབ་པ་ཞིག་ཡིན། སྔོ་རྒྱུན་གྱི་ཟློས་གར་རྒྱུ་ཆའི་ཏུང་རིགས་དང་རྒྱ་རིགས་དམངས་ཁྲོད་ཀྱི་གཏམ་རྒྱུད་ལ་སྦྱར་བ་ཡིན། དབྱངས་རྣམ་ལ་སྟོམ་པ་དང་། དུ་བོག་སྣ། བོ་ཚེ་བའི་རྣམ་པ་སོགས་ཡོད། རམ་འགྱིག་ཀྱི་རོལ་ཆ་ལ་ཧུ་དང་དྲིལ་བུ་ཞིང་། ཅོང་། བོར་ཀར་སྒྲ་སྙན་སོགས་དང་། བློས་གར་ལ《ཀུའི་ལངང་ལིང་མའི》ཞེས་པ་སོགས་ཡོད།

Dong Drama (a kind of traditional opera of Dong people), is popular in Dong towns of Guizhou, Guangxi and Hunan. It is developed from the folk art forms including "Gajin" (narrative songs sung by one person with lute) and "Baigu" (sung by Dong minority) in Jiaqing and Daoguang period of the Qing Dynasty. The traditional contents mostly are folk stories about Dong and Han, and the tune includes level tone, kuban (musical tune) and xianqiang (singing tone), and accompanied by erhu, bells, gongs, cymbals, drums, lutes and bracket harps. The song named *Handsome Boy and Beautiful Girl* is a famous play.

侗族大歌 侗族传统民歌形式,是一种多声部自然声的演唱方式。流行于贵州的黎平、榕江、从江和广西的三江等侗族聚居地区。大歌的歌队由少则三人多则十数人组成,在侗寨鼓楼中演唱。种类有"叙事大歌""抒情大歌""说理大歌"及"声音大歌"等。

ཧུང་རིགས་ཀྱི་གཞས་ཆེན། ཧུང་རིགས་སྲོལ་རྒྱུན་དམངས་གཞས། དེའི་རང་བྱུང་སྐད་སྣང་པོའི་གཞས་གཏོང་སྟངས་ཞིག་ཡིན། ཀུའེ་གྲོའུ་ཡི་ལི་ཕིང་དང་རོང་ཅང་། ཚོང་ཅང་། ཀོང་ཞིའི་སན་ཅང་སོགས་ཧུང་རིགས་འདུས་སྡོད་ཡུལ་དུ་དར་ཁྱབ་ཆེ། སྐུ་ཆེན་གྱི་སྐུ་ཡིག་ཚོགས་པ་ཚུན་ན་གསུམ་དང་། མང་ན་མི་སུམ་ཅུ་ལྷག་གིས་གྲུབ་པ་ཞིག་སྟེ། ཧུང་རིགས་ཀྱི་ཧ་འཁུན་ཐོག་ཁང་དུ་མཉམ་ལེན་བྱེད། དེའི་རིགས་ལ་དོན་བརྗོད་སྒྲ་ཆེན་དང་། བརྩེ་མཚོན་སྒྲ་ཆེན། ལུགས་བརྗོད་སྒྲ་ཆེན། སྐད་ཆེན་སྒྲ་ཆེན་སོགས་ཡོད།

Grand Song of Dong people (a traditional balled form), is a way of multi-tone natural sound, which is popular in Liping, Rongjiang and Congjiang of Guizhou and Sanjiang of Guangxi. The team is singing in the drum-tower with three to ten persons. It has different kinds such as narrative, lyric, argument and natural voice.

二人台 戏曲剧种。流行于内蒙古及山西、陕西、河北三省北部地区。初称"蒙古曲儿",俗称"双玩意儿"等。因为其剧目大多采用一丑一旦二人演唱的形式,故名。由蒙古族、汉族多种艺术形式融合发展而成。各地的二人台,有不同的艺术风格,以内蒙古呼和浩特为界,分为东西两路。

མི་གཉིས་ཀྱི་ཟློས་གར། ཟློས་གར་གྱི་རིགས་ཤིག དབྱུག་གིས་ཁྱའཚོ་པོ་ནང་སོག་དང་དེ་ཡིན་ཞིན། ཧྲན་ཞི། ཧོ་པའི་བཅས་ཞིང་ཆེན་གསུམ་གྱི་བྱང་ཕྱོགས་ཡིན། ཐོག་མར་སོག་པོའི་གཞས་ཆུང་དང་། བསྐོ་རྒྱུན་ལ་གཉིས་རྩེ་དོན་ཆུང་སོགས་སུ་འབོད། རྒྱ་མཚོན་འཁུན་གཞུང་མང་ཆེ་བ་མི་སྣ་ཡག་གཅིག་གཉིས་ཀྱིས་འཁུབ་པའི་རྣམ་པ་ཞིག་ཡིན་པས་མིང་དེ་ལྟར་ཐོག་པ། དེ་སོག་པོ་དང་རྒྱ་སོག་གིས་རྩལ་རྩ་རྒྱལ་པ་སྣ་མང་འདྲེས་ལས་གྲུབ་པ་ཞིག་རེད། ས་གནས་ཁག་གི་མི་གཉིས་སྟེགས་སུ་ལ་སྒྱུ་རྩལ་གྱི་ཁྱད་ཆོས་འགྱུར་མི་འདྲ་བ་ཡོད། ནང་སོག་ཏུ་མ་བར་སྟོན་པོ་དབྱེ་མཚམས་བྱས་ཏེ་ཤར་ནུབ་ཀྱི་ལམ་ལམ་གཉིས་སུ་བགོས།

Errentai is mainly famous in Inner Mongolia and north area in Shanxi, Shaanxi and Hebei province. At first, it is called Mongolia songs, namely, double acting because of its form performed by two people, one is clown, the other is female. This drama is a mixture of various art forms of Mongolia and Han. It is divided into east and west distinguished by Hohhot, with different styles.

耕作戏 民族风俗表演活动。粤、桂、湘一带的部分瑶族，每到大年初一这一天，都要表演"耕作戏"。小伙子披上节日盛装，姑娘们穿上花衫、花裙，戴上银饰，聚到一起，每三人一组，一人扮牛，一人扶犁，一人荷锄，表示喜迎春耕，预兆丰年。

ཚོ་འདེབས་གར། མི་རིགས་སྲོལ་ལུགས་ཀྱི་འཁྲབ་སྟོན་བྱ་འགུལ་ཞིག་ཡིན། ཨོ་དང་ཀུའི། ཞང་བཅས་བརྒྱུད་ཀྱི་ཡོའོ་རིགས་ཁག་གཅིག་གིས་ལོ་རེའི་ལོ་གསར་ཚེས་གཅིག་ཉིན་ཚོ་འདེབས་གར་དེ་ཚོགས་ནས་འཁྲབ་སྟོན་བྱེད། སྐྱེས་པ་རྣམས་ཀྱིས་དུས་ཆེན་གྱི་གོས་ལུ་གྱོན་པ་དང་བུད་མེད་ཚོས་སྟོད་གོ་འབྲ་དང་། སྐེད་གཡོགས་གོལ་ཡང་། གྱོན་ཞིང་དངུལ་གྱི་རྒྱན་ཆ་བཏགས་ནས་མཉམ་དུ་འཛོམས། མི་གསུམ་ཚོ་ཆུང་རེ་བྱས་ཏེ། མི་གཅིག་གིས་གླང་འཁྲབ། མི་གཅིག་གིས་གཤོལ་བཟུང་། མི་གཅིག་གིས་ཏོག་བཟུང་ནས་ཞིང་ཚོའི་ཚེས་ཆགས་བྱས་ཏེ། ལོ་ལེགས་འབྱུང་བའི་རྟགས་སུ་བྱེད།

Farming Opera is a show of folk customs, and is popular among the Yao people in Guangdong, Guangxi and Hunan. It will be performed on the first day of the lunar new year. On the day, boys and girls all dress up and perform the opera for the good fortunes for next year in group of three people.

哈尼哈吧 哈尼族民间歌谣。"哈尼哈吧"，哈尼语意为哈尼古歌，是一种庄重、典雅的古老歌唱调式，有别于哈尼族山歌、情歌、儿歌等，是世代以梯田农耕生产生活为核心的哈尼人教化风俗、规范人生的"百科全书"，也是哈尼族民间文学的重要组成部分。

ཧ་ཉིའི་ཧ་པ། ཧ་ཉི་རིགས་ཀྱི་དམངས་གླུ། ཧ་པ་ཞེས་པ་ཧ་ཉི་རིགས་ཀྱི་སྐད་ཡིག ནང་དོན་ཧ་ཉིའི་གནའ་གླུ་ཞེས་པ། དེའི་ཆོག་སྐྱེམ་ཞིབ་དོན་ཞིག་པའི་གནའ་བོའི་གདངས་ཀྱི་གླུ་ཞིག་ཡིན། དེ་དང་ཧ་ཉིའི་རི་གླུ་དང་། མཛའ་གླུ། བྱིས་གླུ་སོགས་དང་ཁྱད་པར་ཡོད། དེའི་མི་རབས་ནས་མི་རབས་བར་སྐྱེད་རིམ་ཞིང་ལས་སོག་ཞིང་དུ་གྱུར་པའི་ཧ་ཉི་པའི་སྐྱོན་གསོལ་སྲོལ་ལུགས་དང་། མི་ཚེ་ལེགས་སྒྲིག་གི་ཀུན་འདུས་ཆེན་མོ་ཞིག་ཡིན་ལ། ཧ་ཉི་རིགས་ཀྱི་དམངས་ཁྲོད་རྩོམ་རིག་གི་ཆ་ཤས་ཆེན་ཞིག་ཀྱང་ཡིན།

Hani Haba is the folk song of the Hani people. Hani Haba implies the epic song in Hani language. With a solemn and graceful old tune, it is different from Mountain Song (a folk song, sung in the fields during or after work), love song and children's song. It is the "encyclopaedia" of the Hani people, who mainly farm on the terrace for a living from generation to generation, to cultivate their customs and govern their lives.

哈尼族多声部民歌 哈尼族民歌形式。其唱词结构以开腔用词、主题唱词、帮腔用词3部分构成一个小的基本段落；其音乐形态在歌节结构、调式音列、调式色彩、调式组合和多声部组成等方面都显现出鲜明的民族和地域特征。演唱方式分有乐器伴奏和无乐器伴奏人声帮腔两种。

ཧ་ཉེ་རིགས་ཀྱི་སྐད་བག་མང་པོའི་དབྱངས་གླུ།

ཧ་ཉེ་རིགས་ཀྱི་དབངས་གསུམ་རྣམ་པ་ཞིག་ཡིན། དེའི་གཞས་ཚིག་གི་གྲུབ་ཚུལ་མགོ་ཚོགས་པའི་ཚིག་དང་ཚིག་གི་ནང་དོན་གཙོ་བོ། རེ་འདེགས་ཀྱི་ཚིག་བཅས་གསུམ་གྱིས་གྲུབ་པའི་གཞིའི་རྩེའི་ཚན་ཁུང་ཁུང་ལས་གྲུབ་པ་ཞིག་ཡིན། རོལ་དབྱངས་ཀྱི་རྣམ་པར་སྒྲ་མཚམས་ཀྱི་སྡིག་གཞི་དང་། གདངས་ཀྱི་འགྱུར་རིམ། གདངས་ཀྱི་ཞམས། གདངས་འགྱུར་སྟེག་སྡིག་དང་སྐད་བག་མང་བའི་གྲུབ་ཚུལ་ཕྱོགས་སུ་རིགས་དང་ས་ཁུལ་གྱི་ཁྱད་ཆོས་མངོན་གསལ་དོད་པོ་ཡོད། ཞེན་སྦྱར་པའི་འབྲེལ་བ། རོལ་ཆས་རམ་དཀྱོག་ཡོད་མེད་སྐད་བག་གི་སྟོང་པར་བརྟེན་པ་རིགས་གཉིས་ཡོད།

Hani Multi-Voice Ballad is a song form of Hani people. It begins by saying words, expresses theme lyrics by singing words, and comes to an end by saying assisting words. The three parts form a basic paragraph. It shows obviously ethnic and regional features in music form like section structure, melodious tune, color mode, mode combination and multi-voice combination. The ways of singing are accompanied by instrument or accompanied by vocals.

哈萨克铁尔麦 "铁尔麦"在哈萨克语中意为"精选""集萃",是一种从哈萨克族谚语、格言、诗歌或其他文艺作品中撷取精华,配以曲调演唱的劝喻歌。其唱词富有哲理和智慧。单人弹唱,形式简练,所唱曲子较长,多是叙述历史事件。

ཧ་སཱག་གི་ཐེར་མའི། ཐེར་མའི་ནི་ཧ་སག་གི་སྐད་ལགས་འདེམས་དང་ཞིབ་བསྡུས་ཀྱི་དོན་སྨོན་ཡིན། དེ་ནི་ཧ་སག་རིགས་ཀྱི་གཏམ་དཔེ་དང་ལེགས་བཤད། སྔོན་ཚིག་ཙམ་རིགས་ཚལ་བསྐྲུངས་ཆོས་གཞན་དག་ནང་གི་ལེགས་ཆའི་ཉིང་བསྡུས་བསྡུ་བྱ་སྟེ། གཞས་གདངས་ཀྱི་ར་འདེགས་བྱས་ནས་གྱུར་བ་ཞིག་ཡིན། སྒྲ་ཚིག་མཚན་ཉིད་དང་ཤེས་རབ་ཀྱི་རང་བཞིན་ལྡན། མི་གཅིག་གིས་སླེར་རྡུང་སླེར་ལེན་བྱ་བས་རྣམ་པ་སྣ་མོ་ཡིན། གཞས་གཞུང་རིང་བ་དང་ལོ་རྒྱུས་ཀྱི་དོན་རྐྱེན་བརྗོད་པ་མང་ཆེས་པོས་ཡིན།

The Kazak Tie'ermai, Tie'ermai means selection or essence in Kazak language. The song is combined tune with proverbs, mottoes, poems or other literatures, which uses persuasive metaphor. And the words are meaningful and wise. The form is simple, sung by one person, and most songs are long to narrate historical events.

海菜腔 彝族特有的民歌品种。又称"石屏腔""曲子",俗称"倒搬桨"。流行于云南石屏地区。因为该地盛产一种称为"海菜"的草本水生植物而得名。由山歌发展衍变而来,用汉语演唱,歌词多为七字四句,以对唱为主,无伴奏。

མཚོ་རྩིའི་གླུ། དབྱིས་རིགས་ལ་དམིགས་བསལ་དུ་ཡོད་པའི་དམངས་གཞས། དེ་ལ་ཞི་ཕིན་གླུ་དང་། གཞས་སྐོགས་སུ་འབོད། དག་རྒྱུན་དུ་སྒྱུ་ཞིག་སྐྲོང་པར་ཟེར་ཡུན་ནན་ཞི་ཕིན་དུ་དར་ཁྱབ་ཆེ། ས་དེར་མཚོ་རྩི་ཟེར་བའི་ཆུ་སྲིན་རྩི་ཤིང་ལ་བརྟེན་བའི་རྒྱུ་མཚན་ལས་མིང་དེ་ཐོགས། གཞས་དུས་ཡུན་རིང་པོ་རིམ་འགྱུར་བྱུང་སྟེ་རྒྱ་སྐད་ཀྱིས་ལེན་པ་དང་། གཞས་ཚིག་ཕལ་མོ་ཆེ་འབྲུ་ཆིག་བཞི་ཡིན། ལན་རེས་གཙོ་བོ་བྱེད་ཅིང་རོལ་ཆས་མེད།

Haicai Qiang (Tune) is a particular folk

type of the Yi people, called Shiping, Quzi, Daobanjiang. It is popular in Shiping region of Yunan, which is famous for herb aquatic plants named seaweed. And the tune is developed from folk songs, sung in Mandarin, and its words are 7 characters, 4 sentences. Most are sung in an antiphonal way with no accompaniment.

好来宝 蒙古族曲艺曲种。蒙古语意为"联韵"。主要流行于内蒙古。原为一人自拉自唱，现已有对唱、重唱、合唱等形式。唱词一般四句一小段，要求押头韵。节奏明快，铿锵悦耳，可反复咏唱，可即兴演唱。伴奏多用马头琴、四胡等。曲调有数十种之多。

ཧའོ་ལའི་བའོ། སོག་པོའི་གནས་མ་གཏན་གནས་རིགས་ཤིག སོག་སྐད་དུ་དེའི་གོ་དོན་འགྲེལ་ཚུལ་མཚོན་མ་ཞེས་རེད། ནང་སོག་ཏུ་དར་ཁྱབ་ཆེ། ཐོག་མར་མི་གཅིག་གིས་རང་དགོས་ལེན་བྱེད་པ་ནས་ད་ལྟ་སྒྲ་ལེན་དང་བསྐྱར་ལེན་མཉམ་ལེན་སོགས་ཀྱི་རྣམ་པར་གྱུར་ཡོད། སྒྲ་ཆིག་སྦྱོར་བྱེད་དུ་ཚིག་ཁག་བཞིའི་ཚན་པ་རེ་ཡིན། ཚིག་མགོ་སྐྱ་རྒྱན་དང་། དབྱངས་འགྲོས་ཆེར་བ། སྐབས་ཞིག་འཇེབས་པ། བསྐྱར་སྟེས་ཀྱིས་ཞེན་ལེན། སྐབས་བབ་ཀྱི་ཞེན་པ་བཅས་ཀྱི་རེ་བ་ཡོད། རམ་དགོས་མང་དག་པོར། སྲང་རྒྱ་མགོ་མ་དང་། ཧུའུ་ཆེན་རྒྱུད་བཞིའི་སོགས་ཡིན། གདངས་རྟ་བཅུ་འཕྲག་བཅུ་ཕྲག་ལ་ཉེས་ཡོད།

Haolaibao is the folk art of the Mongolian people. It means "Lianyun (coupling rhyme)" in Mongolian language. And it is mainly popular in Inner Mongolia. The original performing form is sung by oneself while playing an instrument, and now there are antiphonal singing, ensemble, chorus and other forms. Generally in the libretto four sentences are a segment. It alliterates with a clear-cut rhythm and a sonorous and euphonious sound, and it can be chanted repeatedly and impromptu. It is usually accompanied by Mongol stringed instruments and Mongolian Hu. There are tens of tunes.

花儿 产生于甘肃临夏，流行于甘、青、宁、新等地区的一种山歌。因歌词中将青年女子比喻为花儿而得名。由于音乐特点、歌词格律和流传地区的不同，花儿的演唱又分河州型、洮岷型等流派。如河州花儿委婉动听，基本调式和旋律有数十种，变体甚多。每年各地要举办"花儿会"。

མེ་ཏོག་ལ་གནས། གན་སུའུ་ཡི་གཅུད་གསར་དུ་བྱུང་ནས། གན་སུའུ་དང་མཚོ་སྔོན། ཉིང་ཞ། ཞིན་ཅང་སོགས་སུ་དར་ཁྱབ་སོང་བའི་ལ་གཞས་ཤིག སྒྲ་ཚིག་ཏུ་སློབ་ཆུང་བུ་མོ་མེ་ཏོག་ཅེས་དང་མཚུངས་པའི་དཔེ་སྦྱར་བས་གཞས་ཀྱི་མིང་ལ་སྟོར་ཐོགས། རོ་དབྱངས་ཀྱི་ཡད་ཆོས་དང་། སྒྲ་ཚིག་གི་ཆིག་སྦྱོར་བྱེད་ཚུལ། སོགས་མི་འདྲ་བའི་དབང་གིས། མེ་ཏོག་གནས་ལུགས་ལེན་སྟངས་ལ་ཧོ་གྲོང་ཡི་རྣམ་པ་དང་ཐའོ་མིན་གྱི་རྣམ་པ་སོགས་སུ་བྱེ། དཔེར་ན། ཧོ་གྲོང་མེ་ཏོག་ཆེམ་འཚམ་ཞིང་འཇེབས་པ་ཞིག་ཡིན་ཞིང་། གདངས་ཀྱི་རྩ་བའི་པ་དང་སྐྱུར་སློབ་བསྡུས་ཕྲུག་ཡོད་ལ། ལུས་ལ་འགྱུར་བ་བཞིན་ཡོད། ལོ་རེ་རེས་གནས་སོ་སོར་མེ་ཏོག་གནས་ཚོགས་སྦྱེལ་བདོ།

Huar originated from Linxia in Gansu province, popular in Gansu, Qinghai, Ningxia and Xinjiang. It got its name because in the words of the songs the girls are com-

· 1133 ·

pared to flowers. According to the different features, metrical lyrics and regions, the performing styles include Hezhou, Taomin and others. For instance: Hezhou Huar is graceful and moving. There are tens of basic tones and melodies with different varieties. There will be "Huar Fair" each year.

回族宴席曲 回族人在婚礼、喜庆日子、伊斯兰教节日演唱的民歌形式之一。通常在宴席上演唱。又称"家曲儿""菜曲儿",与"花儿"一起被视为姐妹歌。分为表礼、叙事曲、五更曲、打莲花、散曲等五类。演唱内容涵盖了回族人数百年来生产、生活、爱情、婚姻等方面的历史。

ཧུའེ་རིགས་ཀྱི་གསོལ་བཤམས་གླུ། ཧུའེ་རིགས་ཀྱིས་གཉེན་སྟོན་དང་། དགའ་སྟོན་དུས་ཆེན་དབྱི་སི་ལན་དུས་ཆེན་དུ་ལེན་པའི་དམངས་གླུའི་རྣམ་པའི་རིགས་ཞིག་ཡིན། རྒྱུན་ལྡན་དུ་གསོལ་བཤམས་ཐོག་ཏུ་ལེན། འབོད་ཚུལ་གཞན་དུ་ཁྱིམ་གླུ་དང་ཟས་གླུ། མེ་ཏོག་གླུ་བཅས་ཚོང་མ་ལྷན་འཚོང་གླུ་སྤུན་ཟླར་བརྩིན། རྒྱབ་བཀག་གླུ་དང་། དོན་བརྗོད་སྒྱུར་གླུ། ཀང་ལྷ་དགུའི་གླུ་བཅས་རིགས་ལྔ་ཡོད། གླུ་ཡི་ནང་དོན་ཧུའེ་རིགས་ཚོའི་ལོ་ངོ་བརྒྱ་ཕྲག་རིང་གི་ཐོན་སྐྱེད་དང་འཚོ་བ། བརྩེ་དུང་། བག་སྟོན་སོགས་ཕྱོགས་བོའི་ལོ་རྒྱུས་ཡོད།

Banquet Music of Hui people is a folk music performed in weddings, festivals and Islam feasts, usually sung at banquets. It is regarded as sister songs with "Huar", and called "Family Songs" or "Meal Songs", including ritual songs, narrative songs, five night watches songs, lotus flower-picking songs, non-dramatic songs. The context involves the history of Hui people in production, daily life, love and marriage, etc.

活袍调 阿昌族巫师"活袍"在祭祀等仪式中吟唱的调式。已有1000多年历史。曲调朴素简单,大多由单一乐句的变化反复构成。组成曲调的音一般只有三四个。歌曲结构整齐,讲究音韵格律,频繁使用衬词以求押韵,叙唱起来音调铿锵、朗朗上口。

ཏོ་པའོ་ཡི་དབྱངས། ཨ་ཁྲང་རིགས་ཀྱི་ལྷ་བ་ཏོ་པའོ་ལྷ་མཆོད་སོགས་ཆོ་གའི་སྐབས་སུ་གྱེར་བའི་གདངས་ཤིག་ཡིན། ལོ་ངོ་ཆིག་སྟོང་ལྷག་གི་ལོ་རྒྱུས་ཡོད། གདངས་ཤམས་བབ་ཆགས་སྤྲབས་བདེ་ཞིང་པ། ཕལ་ཆེ་བ་དབྱངས་ཚིག་ཆིག་པའི་འགྱུར་བ་བསྐྱར་མ་གྱུབ་པ་ཞིག་ཡིན། དབྱངས་ནུ་རྒྱུབ་པའི་གདངས་སྒྱུར་བདུན་གསུམ་བཞི་ལས་མེད། གླུ་གདངས་ཀྱི་སྒྲིག་གུ་དག་པ། དང་། ཚིག་གི་འགྱིག་རྒྱའི་སྒྱོར་ཚུལ་ལ་དོ་སྣང་བྱེད་ཅིང་ཚིག་གཙོ་བོ་ལས་ཕྱུར་དུ་སྦྱོར་ཅིང་གི་འགྱིག་རྟུ་མཐར་རྒྱན་པ། ཉིར་བའི་གདངས་ཚིག་གསལ་ཞིང་འགུག་མཚམས་དོད་པ། བག་ལ་བྱབ་ཞིག་ཡིན།

Huo pao tune is the tune that wizards of Achang people sing in memorial ceremonies with a long history over one thousands years. It's constructed by repeating and changing sole phrase that is simple. It's neat in structures and tasteful in rhymes, and easy to sing along.

吉冬诺 瑶族民间叙事歌的一种。流行于广西金秀瑶族自治县。相传有瑶女被夫退回娘家,后两人邂逅,忽传吉冬诺

（即"鹌鹑"）的欢叫，妻子不禁放声唱出优美歌曲，感动了丈夫，夫妻又和好如初。歌曲流传下来，称为吉冬诺。曲调朴实流畅，用六声徵调式，四句，头尾各加一个"吉冬诺诺"的衬句。

ཅི་ཏུང་ནོ། ཡའོ་རིགས་ཀྱི་དམངས་གཞས་དོན་བཟོད་ཤིག གོང་ཞི་ཅིན་ཞོའོ་རིགས་རང་སྐྱོང་རྫོང་དུ་དར ཁྱབ་ཆེ། བཤད་ཚོགས་ལ་ཡའོ་རིགས་ཀྱི་མོ་ཁྱོ་གཉིས་ཨ ་མའི་ཚང་དུ་ཕྱིར་རྗེས། ཕྱིས་སུ་གོ་བཞིན་ལ་ཐུག་ནས་ཞིག་ཏུ་ཅི་ཏུང་ནོའི་(ཐེག་པའི་དོན) ཞེས་བོས་ཏེ། དུ་ཅོས་སྐྲ་འཇེབས་ཀྱི་གླུ་སྐད་ཀྱི་ཁོ་མོའི་སེམས་སྐུལ བར་མ་ཟད། ཁོ་ཕུག་གཉིས་དང་ཕོག་ཏེ་བའི་འགྱུར ་མཐུན་བྱེད། གླུ་དར་ཁྱབ་ཏུ་སོང་རྗེས་མིང་ཅི་ཏུང་ནོ་ཞེས་ཐོགས། དབྱངས་ཅ་བབ་ཆགས་ཤིང་ཁྱབ་ ལེགས། སྐད་གདངས་དྲུག་པའི་རྣམ་པ་དང་། ཚིག་བཞི ་མགོ་མཇུག་གཉིས་སུ་ཅི་ཏུང་ནོའི་ནོའོ་ཞེས་པའི་དབྱངས་ཚིག་སྣོན།

Jidongnuo is one of the Yao people's ballads. It is prevailing in Jinxiu Yao Autonomous County, Guangxi. According to the legend, the husband divorced with and sent her wife back to her home. Later they met unexpectedly and suddenly heard the cheering of Jidongnuo (quail). And his wife could not help singing beautiful songs. The husband was touched by her voice then became reconciled with her. The songs have been passed down and named Jidongnuo. The melody is smooth and simple.

靖州苗族歌鼟 苗族多声部民歌形式，是集山歌、款歌、嫁歌、担水歌、茶歌、酒歌、饭歌和三音歌为一体的苗族大歌。

歌词为七言四句或多句，曲调则为六句。有低、高两声部相互交替流动的演唱形式，也有一人"讲歌"，二人"和歌"、"领歌"和"拉腔"的形式，还有众人合唱的形式。

ཅིན་ཀྲོའུ་མྱོའོ་རིགས་ཀྱི་ཟ་གཞས། མྱོའོ་རིགས་ཀྱི་སྐད་གདངས་མང་པོའི་དམངས་གླུའི་རྣམ་པ་ཞིག་ཡིན དེའི་ལ་གནས་དང་བསྟུན་ན། བག་གླུ། ཆ་ལག་གླུ། ཇ་གླུ། ཆང་གླུ། ཟས་གླུ། གདངས་གསུམ་གླུ་བསྡུས་ཏེ་གཅིག ལུས་གཅིག་པའི་མྱོའོ་རིགས་ཀྱི་གཞས་ཆེན་ཡིན། གཞས་ཚིག་འབུར་བཞིའམ་ཚིག་མང་དང་། གཞས་གདངས་ཚིག་དྲུག་མ་ཡིན། སྐད་ལམ་མཐོ་དམའ་གཉིས་རེ་ ཤོས་ཀྱིས་ལེན་པའི་རྣམ་པ་ཞིག་ཡིན། མི་གཉིས་ཀྱིས བཤད་ལེན་དང་། མི་གཉིས་ཀྱི་མཐུན་གླུ་དང་འདྲེན་གླུ། ཤོས་ཀྱི་རྣམ་པ་ཡོད་ལ། དཔུང་མང་པོས་མཉམ་ལེན་ ཀྱི་རྣམ་པ་འང་ཡོད།

Geteng Song of Miao people in Jingzhou, is a multi-voice folk song of the Miao people. It is a combination of three-tone songs, folk songs, kuan style songs, wedding songs, carrying-water songs, tea, liquor and meal songs. The lyric has seven words, four sentences or more, and the tune has six sentences. There are different forms such as flow in turn by high and low voices, sung by one person, concord by two people, or lead the songs, laqiang (tone), and sung together by many people.

刻道 苗族酒歌的一种。其主要内容刻于圆形竹木之上，苗民们持棒而歌，故名。主要流传于贵州施秉县内的苗族村寨（高坡苗）。刻道本是居住在中国境内的苗族族群中，迄今唯一保留的一种古老的刻木记事符号。

བཀོ་གནས། མྱོའི་རིགས་ཀྱི་ཆང་གླུ་ཞིག ནང་དོན་གཙོ་བོ་དཔྱིབས་སླ་གུའི་སྒྲོག ཤིང་སྟེང་དུ་བཀོས་ཡོད་པ་དང་། མྱོའི་པ་ཚོས་ལ་ཏུ་བེར་ཀའི་ཐོགས་པས་མྱེད་དེ་ཐོགས། དར་ཁྱུལ་གྱི་ཡུལ་གཙོ་བོ་ཀུའི་ཀྲོའི་ཧུའི་ཞིང་རྫོང་གི་མྱོའི་རིགས་སྟེ་བ་ཡིན། (ཀའི་པོའི་མྱོའི) བཀོ་གནས་དེ་ནི་གྱུང་པོའི་ནང་ཁུལ་དུ་འདུག་པའི་མྱོའི་རིགས་མང་ཚོགས་ཁྲོད་དུ་ད་སྔར་འཁགས་བྱུས་ཡོད་པའི་གནའ་བོའི་བྱེད་བཀོས་ཟིན་བྱོའི་བརྡ་རྟགས་ཤིག་ཡིན།

Kedao is a sort of drinking song of the Miao people. The contents are carved on lumbers, so they called it Kedao (carving) songs. It's popular in Shibing of Guizhou (High slope Miao). Kedao script is the unique sign to record events from old times of the Miao people so far.

拦路歌 侗族民歌的一种。流传于黔、湘、桂的侗族聚居地区。每逢节日，人们便成群结队到外村"串寨"。主寨人会在寨门口牵手拦路，并用什物堵道，唱拦路歌。然后客方答唱开路歌，唱到主方满意，方可入寨。侗族人以此方式表示对客人的欢迎和敬重。

ལམ་འགོག་གླུ། ཏུང་རིགས་ཀྱི་དམངས་གནས། ཆའན་ཞང་། ཀུའི་ཡི་ཏུང་རིགས་ས་ཁུལ་དུ་དར་ཁྱབ་ཆེ། དུས་ཆེན་དེ་རེར་མི་རྣམས་ཀྱིས་ཚོགས་པ་ཚོགས་པ་བྱས་ཏེ་བྱེ་བ་གཞན་དུ་ཕྱིན་ནས་འགྲོ། གཙོ་སྐོར་པའི་ཡུལ་དང་སྟེང་བཅས་དོན་པོ་གར་ཞིག་གིས་འགྲོ་གནས་ཀྱི་སྒོ་བཀག་ནས་ལམ་འགོག་གླུ་ཞིག དེ་ནས་མགྲོན་པོས་ཞིག་སྒྲོག་ནས་གཙོ་སྐོར་གྱི་ཡིད་འགྱུར་དགོད་ནས་སོར་ཆོག་ཏུང་རིགས་ཚོས་བྱས་པ་དེ་འདྲར་བརྟེན་ནས་མགྲོན་པོ་ལ་དགའ་བ་དང་བཀུར།

བར་བྱེད།

Road Blocking Songs are popular in the Dong areas in Guizhou, Hunan and Guangxi. People group together to visit the outside village, which is called "making the rounds of visit to other stockaded village". The host villagers sing hand in hand in front of the stockade with some articles for daily use in order to block the way. The guests are required to respond well so that they can come into the village. The Dong people express their welcome and respect to the guests in such way.

满戏 满族戏曲剧种。由曲艺八角鼓发展而来。满族先民在骑射渔猎之暇围在篝火旁，边说边唱边舞，并叩击八角鼓相和，遂成说、唱、舞相结合的艺术形式。清入关后，八角鼓和扬琴、琵琶、四弦、锣鼓等配合，吸收诸宫调、杂剧及各地民歌、小曲，形成牌子曲剧。1955 年命名为满戏。

མན་གར། མན་ཇུ་རིགས་ཀྱི་སྒྲོས་གར་རིགས་ཤིག དེ་ནི་རྫ་བྲར་བརྒྱུད་མའི་གནས་མ་གཏམ་ལས་གོང་འཕེལ་བྱུང་བ་ཡིན། མན་ཇུ་རིགས་ཀྱི་མེས་པོ་ཚ་ཞོན་ནས་རི་དྭགས་འདོར་ཡམ་རྫོན་པར་གསོད་དུ་མེ་ཕུང་གི་མཐར་བསྐོར་བཞིན་གཏམ་བཤད་སླ་ཞིང་འཁྲབ། དང་མ་ཐད་ཇ་བྲར་བརྒྱུད་མ་དང་བ་སྟེ། གཏམ་སྒྱུ་གསུམ་མཉམ་དུ་སྦྱོར་བའི་སྒྱུ་རྩལ་གྱི་བྱེད་སྟོ་ཡིན། གིས་རྒྱལ་ས་བཟུང་རྗེས། ཇ་བྲར་བརྒྱུད་མ་དང་ཡང་ཆེན་པར་འགྲོ། བའི་རྒྱུད། འབར་ཇ་སོགས་བསྟེབས་ནས། པོང་ནན་གི་དབྱངས་རྟ་དང་། འཁྲུག་གར། ས་གནས་སོ་སོའི་དམངས་གླུ། རོལ་ཆས་སོགས་མཐའ་བསྟེབས་བྱས་ཏེ་རོལ་གར་གསར་པ་ཞིག་གྲུབ།

ༀ༡༦༤༤ལོར་མིང་ལམན་ཧུ་ཧྲུས་མའི་གར་ཞེས་བཏགས།

Manchu Opera is the traditional opera of the Manchu people. It has evolved from the art form of Octagonal Drum. The ancient Manchu people, surrounding a bonfire during the leisure time after riding, shooting, fishing and hunting, talked, sang and danced, accompanied by a small octagonal drum, thus forming the art form combined with talking, singing and dancing. After 1644 (the beginning of the Qing Dynasty ruling the whole China), a small octagonal drum together with a dulcimer, Pipa (the Chinese lute), four-stringed lute and a gong, absorbed the palace tunes, poetic dramas, folk songs and opusculums, to form Paizi Opera (opera derived from ballad singing). In 1955 it got the name Manchu Opera.

满族说部 由满族民间艺人创作并传唱的、旨在反映历史上满族人征战生活与情感世界的一种长篇散文体叙事文学。以说唱（以说为主）艺术的形式表现。因其体式与汉族的"说书"比较接近，每部书可独立讲述，故称"说部"。满语称"乌勒本"。

མན་ཇུ་རིགས་ཀྱི་ཚར་གཏམ། མན་ཇུ་རིགས་ཀྱི་དམངས་ཁྲོད་ཀྱི་སྒྱུ་རྩལ་པས་གཏོད་དང་རྒྱུད་ལེན་བྱས་པ་དང་། ལོ་རྒྱུས་ཐོག་གི་མན་ཇུའི་གཡུལ་བཤད་ཀྱི་འཚོ་བ་དང་། འདིག་བརྗོད་བརྗེ་བཤེས་མཚོན་པའི་སྒྲུང་རིང་མོའི་ལུས་ཀྱི་དོན་བརྗོད་སྒྲུང་རིག་ཅིག་ཡིན། བཤད་ལེན་ (བཤད་པ་གཙོ་འཛིན་) སྒྱུ་རྩལ་གྱི་རྣམ་པ་ཞིག་ཡིན། དེའི་ལུགས་ཀྱི་གཅུས་གཙུགས་དང་

ཞིན་ཏུ་ཉེ། དེབ་རེ་མགོ་ནས་མཇུག་ཏུ་བཤད་ཆོག་པས་མིང་ལ་ཚར་གཏམ་ཞེས་ཐོགས། མན་ཇུའི་སྐད་དུ་ཨུ་ལེའུ་ཕིན་ཟེར།

Manchu Shuobu is produced and sung by folk artists of the Manchu people. It's supposed to express Manchu people's military life and emotions in a prose narration literature. It's a style of telling and singing and it's called "Shuobu" for the similarity to "Shuoshu" (telling a story) of Han people, also called "uleben" in Manchu language.

毛南戏 毛南族戏曲剧种。流行于广西毛南族聚居地区。相传有百余年历史。表演时载歌载舞，有简单的行当划分。唱腔分腔、板、调三类，大部分来自民歌。伴奏乐器有蜂鼓、大鼓、小鼓、铜鼓，饶和钹。主要剧目有《鲁班仙》《莫一大王》《谭三娘》等。

མའོ་ནན་གར། མའོ་ནན་རིགས་ཀྱི་བྲོས་གར། གོང་ཞིའི་མའོ་ནན་རིགས་འདུས་སྡོད་ཁུལ་དུ་དར་ཁྱབ་ཆེ། བགད་རྒྱུན་ལ་ལོ་ངོ་བརྒྱ་ལྷག་གི་ལོ་རྒྱུས་འཁབ་སྟོན་སྐབས་སུ་གཞས་གར་གཞིས་ག་ལྷན་ཞིག། སྤྲོད་པའི་བྱེ་བྲག་མཚམས་ཡོད། དབྱངས་ཀྱི་འདེགས་འཇོག་ལ་ཁྲེ་ན་པར་དང་ཆབས། ཧྲེའི་བཅས་རིགས་གསུམ་ཡོད་ལ། ཕལ་ཆེར་དམངས་ཁྲོད་ནས་བྱུང་བ་ཡིན། རོལ་ཆས་ལ་སྦྲང་ང་དང་། ང་ཆེན་། ང་ཆུན། ཟངས་ང་། སྒྲག་ཆལ། སིལ་སྙན་སོགས་ཡོད། འཁབ་གཞུང་གཙོ་བོར། 《དུང་སྦོས་འཕུལ་པ》 དང་ 《མའོ་ཨི་རྒྱལ་པོ》 《ཡུམ་ཆེན་ཐན་སན》 སོགས་ཡོད།

Maonan Opera, an opera of the Maonan people, is prevalent in Maonan residence zones in Guangxi with a long history over one hundred years. There are singing and dancing in performance and brief divisions of roles. With most parts originated from folk songs, it has three types of singing tunes, such as qiang (tone), ban (tempo) and diao (melody). The bee drum, big drum, small drum, bronze drum and cymbals are used as accompaniment instruments. The main plays are *Luban Fairy*, *Moyi King* and *Tansan Lady*.

蒙古族长调 蒙古语称"乌日图道",意即长歌。其特点为字少腔长、高亢悠远、舒缓自由,宜于叙事,又长于抒情;歌词一般为上、下各两句,内容多描写草原、骏马、牛羊、蓝天、白云等。被称为"草原音乐活化石"。

ཚོག་པོའི་གདངས་རིང་། ཚོག་སྐད་དུ་ཕུའུ་དུ་ཐའོ་ཧྲེར་ཞིང་། གོ་དོན་སྒྲ་རིང་པ་ཡིན། དེའི་ཁྱད་ཆོས་ནི་འབྲུ་ཚུང་ཞིང་གདངས་རིང་བ། སྐད་མཐོ་ཞིང་སར་སང་དུ་གགས་པ། ཡང་ཡང་བསྐྱར་ཞིང་རང་དབང་ཕྱུག་པ། དོན་བརྗོད་པ་ལྟ་རིང་ཞིང་བརྗེ་བ་ལྷུར་ཏེ། གཞས་ཚིག་སྤྱིར་བཏུ་དུ་ཕྱོག་འོག་ཚིག་གཉིས་རེ་དང་། ནང་དོན་ཙ་ཐང་གི་རྒྱམ་དང་། རྟ་མཚོག་ནོར་ལུག གནམ་པོ་སྔོ་ཞིང་སྤྲིན་དཀར་པོ་སོགས་ཞིབ་འབྲི་བྱེད་པ་ཞིག་ཡིན། དེ་ལ་རྩྭ་ཐང་གི་འགྱུར་རྩོ་གསོན་པོའི་རོལ་དབྱངས་ཞེས་པའི་མཚན་སྙན་ཐོབ།

Mongolian long tune, called "Urtin Duu" in Mongolian, means long songs. Its characterizations are less words and lengthy vocalization, loud and profound, slow and free, which is suitable for narration and lyric; the words are composed of the first two lines and the following two lines,

whose contexts are about grasslands, fine horses, cow and sheep, blue sky and white cloud. Therefore, the songs are also called "living fossil of grassland's music".

苗剧 苗族戏曲剧种。新中国成立后形成于湖南湘西土家族苗族自治州花垣县。以苗族民歌"高腔""平腔"和巫师音乐为主要唱腔。表演采用一些苗族武术、巫师舞蹈及苗族鼓舞的步法。伴奏偶用木叶、笛子或唢呐。剧目有《谎江山》《团结灭妖》《龙宫三姐》等。

སྨྱོའི་གར། སྨྱོན་རིགས་ཀྱི་སྒྲུང་གར་རིགས་ཤིག ཀྲུང་གོ་གསར་པ་དབུ་བརྙེས་རྗེས་ཞིན་ཞུའུ་ཀྱི་ཐུའུ་རིགས་དང་སྨྱོན་རིགས་རང་སྐྱོང་ཁུལ་གྱི་ཧྭ་ཡོན་རྫོང་དུ་ཐོག་མར་བྱུང་། སྨྱོན་རིགས་ཀྱི་དམངས་གླུ་གདངས་མཐོ་བ་དང་སྐྱེམས་པ། ལྷ་པའི་གདངས་བཅས་ལེན་སྟངས་ཀྱི་ཡིན། འཁྲབ་སྟོན་དུ་སྨྱོན་རིགས་ཀྱི་དག་རྩལ་དང་། ལྷ་པའི་བྲོ། སྨྱོན་རིགས་ཀྱི་རྔ་བྲོ་སོགས་ཀྱི་གར་སྟབས་སྤྱོད། རོལ་ཆ་ལ་ཤིང་ལོ་དང་། གླིང་བུའམ་ཤུག་གླིང་ཡིན། 《རྫོང་ཅང་རིའོ》 དང་ 《མཐུན་སྒྲིལ་གྱིས་འདྲེ་འདུལ་བ》《ཀླུའི་ཕོ་བྲང་གི་བུ་མོ་སྤུན་གསུམ》 སོགས་ཡོད།

Miao Opera, an opera of the Miao people, is formed in Huayuan County, Xiangxi Tujia and Miao Autonomous Prefecture after the founding of new China. The major tunes are "high tune" "flat tune" and the music of wizards. It adopts footwork from the martial arts of the Miao, dances of wizards and dances of the drum. Occasionally, it is accompanied by muye (tree leaf used as a wind instrument), flute or suona. The plays include *Deceiving the world*, *Destroying the monster* and *Three* *sisters in dragon palace*, etc.

苗族古歌 黔东南苗族聚居地区对苗族神话与迁徙史诗歌联唱形式的通称。共12首，分为4部分：开天辟地歌、枫木歌、洪水滔天歌、跋山涉水歌，总长达1.5万余行。是研究苗族历史、风俗的宝贵史料。

མོའི་རིགས་གཏན་གླུ། དེ་ནི་ཆན་ཤར་སྟོའི་མོའི་རིགས་འདུས་སྟོང་ཡུལ་གྱི་མོའི་རིགས་ལྷ་སྐྱེད་དང་གནས་སྤོའི་ལོ་རྒྱུས་སྐྱོན་ཚོམ་མཉམ་དུ་བགྲོ་བའི་རྣམ་པ་ཡི་སྤྱི་མིང་ཡིན། ཁྱོན་བསྡོམས་པར་དང་། ཁག་བཞི་ར་བགོས་ཡོད། དེ་དག་ནི་གནམ་ས་དབྱེ་བའི་གླུ་དང་། སྲིན་མུན་ཤིང་གི་གླུ། ཆུ་ལོག་ཡུར་འདྲུག་གི་གླུ། དེ་འདྲའི་ཆུ་བཀག་ཀྱི་བཅས་ཡིན། སྦྱིའི་རིང་ཐུད་ལོ་ཆིག་ཁྲི་ཀྲི་ཆིག་བྱི་ལྷ་སྟོང་ཡོད། དེ་ནི་མོའི་རིགས་ཀྱི་ལོ་རྒྱུས་དང་གོམས་སྲོལ་བཅས་ཞིབ་འཇུག་བྱེད་པའི་རྩ་ཆེའི་ལོ་རྒྱུས་ཞིག་ཡིན།

The Miao Epic Song is the general term of the joint art form of Miao myth and the epic poem about its migration history. The whole 12 songs are made up of four parts: Epoch-making Songs, Maple Song, Hongshuitaotian (a legend of deluge) Song and Song of Arduous Journeys. More than 15 thousand lines are the valuable historical data about the Miao history and customs.

摩苏昆 黑龙江大小兴安岭鄂伦春族聚居地区的一种曲艺说书形式。形成于清代末期。"摩苏昆"是鄂伦春语，意为"讲唱故事"。演出形式多为一个人清口表演，没有乐器伴奏，说一段，唱一段，说唱结合。曲调多不固定，因地而异。

མོའོ་མོའོ་ཀུན། དེ་ཡུང་ཅན་ཞིན་ཞན་ལིན་ཆེ་ཆུང་གི་ཨོ་ལུན་ཁྲུན་རིགས་འདུས་སྟོའི་ཀྱི་གནས་ས་གཁམས་ཀྱི་རྣམ་པ་ཞིག་ཡིན། ཆིན་རྒྱལ་རབས་ཀྱི་དུས་མཇུག་ཙམ་ན་གྲུབ། མོའོ་མོའོ་ཞིའི་ཨོ་ལུན་ཁྲུན་གྱི་སྐད་ཡིན། ནང་དོན་གནས་མ་གཏམ་གྱི་གཏམ་རྒྱུད་ཅེས་པ་འབྲེལ་གྱི་རྣམ་པ་མང་པོ་མི་གཅིག་གིས་དགག་ལ་བརྟེན་པ་ཞིག་ཡིན། རོལ་མོའི་རས་འདེགས་སོགས་ཆེ་ཡང་མེད་པར། རེ་ཞིག་བཤད་རེ་ནས་བེན་པར་བཤད་བཀྱགས་མ་ཞིག་ཡིན། ལེན་ལུགས་ལ་གཏན་འཁེལ་མེད་པར་སྐབས་དང་བསྟུན་ནས་བསྒྱུར་ཆོག

Mosukun, is an art form of storytelling of Oroqen people inhabited in Greater and Lesser Khingan Mountains in Heilongjiang province. Mosukun means telling and singing stories in Oroqen language. The main performance is done by only one person in the form of alternative singing and talking without the accompany of any musical instruments. The tune varies by regions.

木卡姆 阿拉伯语，意为"规范""聚会"等意，这里转意为"大曲"。集歌、舞、乐于一体。新疆的木卡姆种类最多，结构形式也最完整。

མུན་ཁམ། དེ་ནི་ཨ་རབ་ཀྱི་སྐད་དེ། གོ་དོན་ཚང་མཐུན་དང་། མཉམ་འཛོམས་ཞེས་པ་ཡིན། སྐབས་འདིར་སྒྱུར་ཆེན་ལ་གོ་དགོས། གླུ་དང་བྲོ་གར་རོལ་མོ་བཅས་གསུམ་འཛོམས་ཤིག་ཀྱིན། ཞིན་ཅང་གི་མུའུ་ཁའུའུ་རིགས་ཤིན་ཏུ་མང་བ་དང་སྒྲིག་གཞིའི་རྣམ་པའང་ཆེ་འཕྲོས་ཚང་ཞིག་ཡིན།

Mukam, in Arabic means standard and gathering. But now it means majestic songs. It is an integration of songs, dances and instruments. There are various kinds of Mukam in Xinjiang, and the structure is the most completed.

仫佬族民歌 仫佬族民间传统歌曲。可分为"随口答""古条"和"口风"三种。"随口答"是即兴而作的短歌,多是男女青年谈情说爱时随问随答的对歌;"古条"是一种传统叙事长歌,内容多是流行于民间的神话、传说和历史人物故事;"口风"是一种讽刺性歌谣,有"正口风"和"烂口风"之分,机智、幽默、诙谐。

མུའུ་ལའོ་རིགས་ཀྱི་དམངས་གླུ། མུའུ་ལའོ་རིགས་ཀྱི་དམངས་ཁྲོད་ཀྱི་སྲོལ་རྒྱུན་གཞས་ཤིག་རེད་ལ་འདི་ནི་གང་དྲན་དུ་འདེབས་པ་དང་། གཞན་སྲོལ། དགའ་སྲོལ་བཅས་རིགས་གསུམ་ཡོད། གང་དྲན་དུ་འདེབས་པ་ནི་ཐོལ་བྱུང་གི་གཞས་ཐུང་ཞིག་སྟེ། ཕལ་ཆེར་ཕོ་མོ་བར་རོགས་མཛའ་ཕོགས་རེས་མོས་ཀྱིས་ཅེ་བསལ་ཞེན་རེ་བྱེད་པ་ཞིག་ཡིན། གཞན་སྲོལ་གྱི་སྲོལ་རྒྱུན་གྱི་གཞས་ཚོགས་བཟོད་པའི་རིགས་པོ་སྟེ། ནང་དོན་མང་ཆེ་བ་དམངས་ཁྲོད་ཀྱི་ལྷ་སྒྲུང་དང་། དགའ་རྒྱུ་པོ་རྒྱུ། པོ་རྒྱུ་མི་སྐྱོན་འཛོམས་ཀྱི་གཞས་ཏེ། དེ་ལ་ཡང་མ་བཟོད་པའི་རིགས་ཀྱི་གཞས་དེ། དེ་ལ་ཡོ་མ་བཟོད་དང་སྐྱོ་བཞགས་ནས་བཟོད་པ་གཉིས་སུ་དབྱེ། སྨད་དང་བསྟན་ནས་དགོད་སློང་བ་དང་འཚོང་འཛོག་འདུག་སོགས་ཡོད།

Mulao folk songs, a traditional folk song among the Mulao people, can be divided into three kinds, including "answering freely" "old rules" and "koufeng". "answering freely" is short songs of improvisation for lovers. "old rules" are traditional long songs for narrations with most of the content from fairy tales, legends and historical histories. "koufeng" is a kind of sarcastic ballads, which is wise and humorous.

那坡壮族民歌 广西黑衣壮(壮族支系)历代传唱的民歌。那坡(地名)壮族也称"黑衣壮"。该民歌按不同的声调可分为"虽敏""论""哎的呀""春牛调""请仙歌"和"盘锐"六大种类约160多套。代表性曲目有《虽待客》《论造》《酒歌》《盘歌》《祭祖歌》等。

ན་པོའི་ཀྲུང་རིགས་ཀྱི་དམངས་གླུ། དེ་ནི་ཀོང་ཤི་ནག་གྱོན་པའི་ཀྲུང་རིགས་(ཀྲུང་རིགས་ཀྱི་མ་ལག་ཅིག)ཀྱིས་མི་རབས་ནས་རབས་སུ་ལེན་པའི་དམངས་གླུ་ཞིག་ཡིན། ན་པོ་(ས་ཆ་ཞིག)ཀྲུང་རིགས་ལ་ཡང་ནག་གྱོན་པའི་ཀྲུང་རིགས་ཀྱང་ཟེར། དམངས་གླུ་དེ་སྐད་གདངས་མི་འདྲ་བའི་ཐོག་ནས་འདི་ཡ། ཁྲོ་ནོ་ཏོ། ཆེན་ཞན་ཀའུ། ཕན་རེ་བཅས་རིགས་ཆེ་བ་དྲུག་དང་ཆུང་བ་བརྒྱ་དང་དྲུག་ཅུ་ལྷག་ཡོད། མཚོན་བྱེད་རྣམ་པའི་འཁྲབ་གཞུང་ལ《འགྲོན་པོ་བསུ》དང《དཔྱད་པ་བཟོ》《ཆང་གླུ》《སྙེ་གླུ》《མེས་པོ་མཆོད་གླུ》སོགས་ཡོད།

The folk song of Napo Zhuang people is the folk song of Dark Cloth Zhuang (a branch of Zhuang) from generation to generation. Napo (place name) also known as "dark cloth Zhuang". According to the different tones, the folk songs can be divided into six major types of about 160 sets, which include "Suimin", "Lun", "Aideya", "Chunniudiao", "Qingxiange" and "Panrui". There are some representative songs, such as Sui daike, Lunzao, Jiuge, Pange and Jizuge, etc.

奶幼畜的歌 流行于裕固、蒙古等民族中的劳动歌。春季接羔育羔时，有母畜不许幼畜吃奶，牧民便将幼畜偎在母畜乳下，一边抚摸母畜，一边唱歌，母畜慢慢地就会让幼畜吃奶。这类歌曲分奶羊羔、奶牛犊等歌。奶羊羔歌节奏工整，起伏不大；奶牛犊歌则较自由，起伏较大。

ཞོ་ཕྱུད་ཕྱུགས་གླུ། ཡུ་གོར་དང་སོག་པོ། བོད་སོགས་མི་རིགས་ཁྲོད་ཀྱི་འབྲོག་ལས་ཀྱི་གླུ་ཞིག དཔྱིད་ཀར་ག་ར་ལུག དང་བེའུ་སོགས་བཙས་ནས་རྗེས་ནོར་ལུག་གི་མ་རེ་འགའ་ཕྱུགས་ཕྲུག་ལ་ཨོ་མ་ཟུར་མི་འཇུག་པས། འབྲོག་པ་མང་ཚོགས་ཀྱིས་འཇུ་མོ་སོགས་ཀྱི་རྒྱན་ལ་ཕྱུག་ཕྲུག་གཏོད་བཞིན། སྐྱ་ལེན་བོར་དུ་བེའུ་སོགས་ལའང་ཉུག་སྦྱད་ཐབས་བྱེད་པའི་སྐུ་ཞིག་ཡིན། དེ་ལ་ལུ་གུ་དང་བེའུ་སོགས་ཀྱི་དུ་དབྱེ། ལུ་གུའི་གླུ་གཞས་ཀྱི་སྒྲ་མཚངས་གྲུ་དག་ཡིན་པས་མ་མཛའ་དཔའ་ཆེ་པོ་མེད་ཅིང་། བེའུ་ཡི་གླུ་ཆུང་དང་བོས་ཡིན་པས་མཛའ་དཔའ་འཕར་ཁྱད་ཆེ།

Little Livestock Feeding Songs are the labor songs popular in Yugu, Mongolia and other ethnic groups. In spring, some maternal livestock do not feed their babies, so the herdsman would put the little livestock at the position of their mother's udder, touching them slightly and singing, then their mothers would nurse the babies. These songs also includes different types like feeding on lamb or calf. The songs about lamb is orderly and placid; while feeding on calf is more free and full of ups and downs.

排歌 壮歌的一种形式。壮语称"欢排"，流行于广西百色地区。唱词属自由体诗，特点是句不定字，段不定行（句），首不定段（章），押韵宽松，中间也可变韵。一排接一排连唱，颇有气势。

འཕྲེང་གླུ། གྲོང་སྲུང་རིགས་པ་ཞིག་ཡིན། གྲོང་སྐད་དུ་ཧྭན་ཕྲེ་ཟེར། རང་རོས་ལུགས་ཀྱི་སྙན་ཚིག་ཞིག་ཡིན། གོང་ཞི་པའི་སེ་ལོག་ཏུ་དར་ཁྱབ་ཆེ། ཁྱད་ཆོས་ནི་ཡི་གེ་མང་ཉུང་དང་། ཚིག་ཕྲེང་ངེས་མེད། (དུམ་པ) མགོ་ཚིགས་ངེས་མེད། (ལེའུ་དང་པོ) ཚིག་མཐའི་འགུག་རྟགས་ཡངས་པ་དང་། དབུས་སུ་ཚིག་གི་འགུག་རྟགས་འགྱུར་ཚུལ། འཕྲེང་བ་ལྟར་གཅིག་ལ་གཅིག་མཐུད་དེ་ལེན་པ་ཞིག་ཡིན།

Pai Song (a pai means a line), an art form of the Zhuang song. It is called "Huan Pai (joyous pai)" in the Zhuang language. In the style of free verse, it is popular in Baise of Guangxi. Its feature is the flexible content of the song with a loose and changeable rhyme, sung line by line vigorously.

陪楼歌 风俗民歌。流行于广西恭城县莲花乡九甲河源头的瑶族、壮族地区。每逢当地姑娘出嫁，都要邀别的姑娘陪伴和一起唱陪楼歌（男女对歌）。届时，后生们都会赶来围在闺楼四周，主方经一番优选后开唱，对歌内容广泛，但不许唱庸俗民歌。一连唱几夜，直到新娘出嫁过门。

ཁང་གནས། གོམས་སྲོལ་དམངས་གླུ་ཞིག གོང་ཞི་གོང་ཁྱེང་རྫོང་ལན་ཧྭ་ཞིང་ཅི་ཆེ་ཆུའི་སྲོང་བཅུད་ཀྱི་ཡོ་རིགས་དང་གྲོང་རིགས་ས་ཁུལ་དུ་དར་ཁྱབ་ཆེ། བག་སྟོང་བྱེད་དུ་བག་མ་དང་ས་གནས་དེ་གའི་བུ་མོ་གཞན་དག་

ཐོག་ཁང་དུ་མཉམ་པོར་བསྡད་ནས་མཉམ་གཅིག་ཏུ་
ཁང་གནས་ལེན། (ཕོ་མོ་མཉམ་ལེན།) །སྐབས་ཐོག་
དེར་ཆུང་སྐྱེས་ཚོགས་གནས་དེར་འཛོམས་ནས་ཁང་པའི་
མཐར་དུ་རུབ་ཚེ། ཁྱིམ་བདག་ཚོགས་གིས་སྒྲུ་སྟུ་དང་ནས་
སྒྲུ་སྟོ་འབྱེད། བོན་ཀྱང་དེའི་ཐོག་ཏུ་དགའ་དབྱ་སྦྱོར་
བདང་བ་ལེན་མི་ཚོགས་ཐན་ཚོགས་སྒྲ་ཤགས་ཀྱིས་ཞེན་
མཚོན་ཁ་ནས་སྤྱོད་དེ་བག་གསར་ལ་བསྐྱེལ་བྱེད།

Antiphonic songs are popular in the Yao and the Zhuang people who settle in the source of Jiujia River of Lianhua Township, Gongcheng county of Guangxi. The local girl will invite her girlfriends to stay together and sing antiphonally before the marriage. Then, many young men will come and gather around the girl's "pole-railing" style house. After the host's selection, the antiphonic songs begin. The songs are rich in content but the vulgar content is not allowed. This activity will continue for a few nights until the bride get married.

琵琶歌 侗族的一种单声部民歌。因以琵琶伴奏而得名。多由一位男歌手自弹自唱，曲调含蓄轻柔。唱词的格律受汉语律诗影响，对平仄、韵律要求严格。唱词一般为七字、九字句，开头往往用三字、五字句。一对唱句押尾韵时叫"外韵"，另还有"内韵""腰韵"。曲调因地而异。

པི་ཕང་གཞས། དུང་རིགས་ཀྱི་ཁྱེར་ལེན་དམངས་
གཞས། པི་ཕང་གི་རོལ་ཆ་བརྟེན་པའི་དབང་གིས་མིང་
དེ་ལྟར་ཐོགས། ཕལ་ཆེ་བ་སྒྲུ་བ་ཚོས་ཁེར་འཁྱེར་ཁྱེར་
ལེན་བྱེད། དབྱངས་རྟ་འཇམ་སྣུམ་སྙུག །གཞས་ཚིག་གི་

ཚིག་སྦྱོར་ལ་རྒྱ་སྐད་ཚིག་སྦྱོར་གྱི་ཤུགས་རྐྱེན་ཕེབས། ཡིན་
རིས་ཀྱི་གནས་ཚོགས་ལ་དང་འབྱོང་དང་འཁུག་རྟའི་ཚོ་
ཞིབ་ལ་རེ་བ་ཞན་མོ་ཡོད། གནས་ཚིག་ཕལ་ཆེ་བ་འདུ་
བདུན་མ་དང་འབྲུ་དགུ་མ་ཡིན་ཞིང། མགོ་ལེན་དུ་
རྒྱུན་པར་འབྲུ་གསུམ་དང་ལྔ་སྦྱོང། མཉམ་ལེན་གནས་
ཚིག་གི་མཐར་མ་ལ་མཐུག་གི་འགུག་ཚིག་ཞེས་འབོད།
གཞན་དང་གི་འགུག་ཏུ་དང་སྐེད་ཀྱི་འགུག་ཏུ་བཅས་
ཡོད། དབྱངས་རྟ་གནས་དང་བསྟུན་ནས་མི་འདྲ།

Pipa Song is a monophonic folk song of the Dong people. It is named for the accompaniment of pipa (Chinese lute) . The song is mostly sang by a male singer with a pipa in an implicit and gentle melody. The rhymed verse of libretto has been affected by Chinese lvshi (a poem of eight lines) . The level, oblique tones and rhythms is strictly applied. The libretto are about the seven or nine basic words with the start of three or five basic words. The tones have varied from place to place.

山南门巴戏 戏曲剧种。源自宗教仪式活动，流行于西藏山南地区错那县勒布区。也称"门巴藏戏"。因其剧本直接使用藏戏的藏文剧本，故名。演出者戴假面，在锣钹伴奏下，说、唱、舞错落穿插，交替配合。唱词采用散体歌谣形式，曲调随内容和情节的变化而变化。

ལྷོ་ཁའི་མོན་པའི་གར། བྲོས་གར་གྱི་རིགས་ཤིག་
འབྱུང་གནས་ཆོས་ལུགས་ཀྱི་ཚོགས་ལས་ཡིན། བོད་ལྷོ་སྟོད་
ཁའི་མཚོ་སྣ་རྫོང་སྤྲུལ་པོ་ཁུལ་དུ་ཁྱབ་ཆེ། མིང་གཞན་
ལ་མོན་པའི་ལྷ་མོ་ཟེར། བོད་ཀྱི་འཁྲབ་གཞུང་དང་ལྷ་མོའི་
འཁྲབ་གཞུང་ལས་ཐད་ཀར་སྤྱད་པ་ཡིན་པ་བྱེད་དེ་
ལྟར་ཐོགས། འཁྲབ་པོས་དོ་འབག་གྱོན་ཏེ། ཊ་སྦུག་

རམ་དགོལ་འོག་བཏད་ལེན་འཁྱབ་བཅས་མཉམ་དུ་སྤྱོད་ནས་རྩེ། གཞས་ཚིག་ཤུག་པའི་ལུས་ཅན་དང་། གཞས་གདངས་ནད་དོན་དང་གཞས་ཚིག་ལྟར་འགྱུར་བ་ཞིག་ཡིན།

Shannan Monba Opera, derived from ritual activities, and popular in Lebu area, Cuona county of Shannan in Tibet. It is also called Monba Tibetan Opera since the script is in Tibetan language. The performers with masks are talking, singing and dancing along with accompaniment of gongs and cymbals. Words are in a ballad form, while tunes change as contents and plots go.

畲族小说歌 畲族人创造的文学样式和文化载体。发源于福建霞浦县侯南镇白露坑村。最初畲族歌手将章回小说和评话唱本改编为山歌口头唱本和手抄唱本，后逐渐在流传的英雄人物事迹的基础上，结合本民族生活、心理、语言特点创作出《白蛇传》等作品，于是形成小说歌，广泛传唱。

ཤེའུ་རིགས་ཀྱི་བརྩམས་གླུང་གླུ། ཤེའུ་རིགས་ཀྱིས་གསར་གཏོད་བྱས་པའི་རྩོམ་རིག་གི་རྣམ་པ་དང་རྩོམ་རིག་ཅན་གྱི་ལུས་རྟེན་ཞིག་ཡིན། འབྱུང་གཞིའི་ཁུལ་ཅན་ཞི་ཕུའི་རྫོང་ཧོའི་ནན་གྲོང་རྡལ་པའི་ཚེ་ཧུའི་ནན་སྒོར་རྒྱའི་ཁང་སྡེ་ཡིན་པ་ཡིན། ཆེས་ཐོག་མར་ཤེའུ་རིགས་ཀྱི་གླུ་པས་བརྩམས་སྒྲུང་དང་དཔྱད་གཏམ་སྒྲུ་དུ་བཙོས་ནས་དག་ཐོག་ཁ་གླུ་གྲ་ལྡོང་དུ་བསྒྱུར། རིམ་བཞིན་རྒྱུན་གྱི་མི་སྣ་དཔའ་བོའི་མཛད་རྗེས་ཀྱི་སྐྱོར་གའོའི་ཐོག་དང་རིགས་འདིའི་ཐོབ་ར། སེམས་ཁམས། སྐད་ཆ་སོགས་ཀྱི་ཁྱད་ཆོས་ཀྱི་གསར་དུ་རྩོམ་པའི《སྦྲུལ་དཀར་གྱུ་མོའི་གཏམ་རྒྱུད》སོགས་བརྩམས་ཆོས་བྱུང་། དེ་ནས་བརྩམས་སྒྲུང་གླུ་གྲུབ།

དང་གནས་གཏོང་བ་རྒྱ་ཁྱབ་ཏུ་སྦོང་།

Novel Songs of She People, a creative literary form and carrier of culture, is originated in the countryside of Bai Lu Keng in Hounan Township Xiapu county of Fujian province. At first, the singers adapted the novels with each chapter and popular stories to oral folk songs and hand-written songs, then based on the historical hero's stories, combined the local life, mentality and language features, created *Lady White Snake*. Finally, it became novel songs to be sung widely.

师公戏 壮族戏曲剧种之一。流行于广西的河池、武鸣、贵县等地。源于宋代"桂林傩舞"，用壮语演唱。师公身穿红袍，头戴假面，踏鼓声起舞，表示祈神驱鬼、祛病消灾等。至清同治年间，吸取粤剧、彩调（见"彩调剧"词条）的形式和表演技巧，增用乐器伴奏形成师公戏。

ཟུའུ་གུང་གར། གྲོང་རིགས་ཀྱི་ཟློས་གར་རིགས་ཤིག གོའང་ཞིའི་ཧུའུ་ཁྱུའུ་དང་ཝུའུ་མིང་། གུའེ་ཞན་སོགས་ཡུལ་དེ་ཁུལ་ཆ་ཚང་དུ་དར། སུང་རྒྱལ་རབས་སྐབས་ཀྱི་གུའེ་ལིན་ཐན་ཕོ་ཡིན་ཞིང་། གོང་སྐད་ཀྱིས་ལེན། ཟུའུ་གུང་གིས་ལུས་ལ་སྡུར་དམར་དང་གདོང་ལ་འདྲ་གདོང་གྱོན། རྔའི་ཁ་དང་བསྟུན་ནས་བྲོ་འཁྲབ། དེས་ལྷ་མཆོད་འགོག་སྦྱོར་དང་། ནད་ཕབ་པར་ཞལ་འདེབས་པའི་མཚོན། ཆགས་བྱེད། ཆིང་ཕྱུག་གིའི་སྐབས་སུ་ཨོན་གར་དང་ཚོན་གར（ཚོན་ལྡན་གཞས་གར་ཆེས་ལ་ལྟོས）ཀྱི་རྣམ་དང་འཁྲབ་རྩལ་ནས་དུ་བླངས་ཞིང་། རོལ་ཆས་ཀྱི་རས་འཁུག་ཡོད་པ་ཟུའུ་གུང་གར་གྱི་རྣམ་པ་གྲུབ།

Shigong Opera, one of the operas of the

Zhuang people, is popular in Hechi, Wuming and Guixian of Guangxi. It is originated from "Nuo dances of Guilin" in the Song Dynasty, sung in the local language of Zhuang. The Shigong is in red robe, with mask, dancing with the drum, which means praying to God and driving off the evil. Until Tongzhi Period in the Qing Dynasty, it became the Shigong opera by adopting the forms and skills from Yue opera and Caidiao, adding the accompaniment of instruments.

十二木卡姆 木卡姆的一种，是维吾尔族音乐中最为著名的音乐套曲，含有 12 个大曲，故称十二木卡姆。它是阿拉伯木卡姆经典音乐调式与维吾尔族本土民歌的融合艺术。维吾尔族木卡姆的故乡在新疆西南部的莎车县。

ཐུན་ཁུན་བཅུ་གཉིས། མུན་ཁམུའུ་རོལ་ཆས་ཀྱི་རིགས་ཤིག དེ་ཡུ་གུར་གྱི་རོལ་ཆས་ཁྲོད་སྒྲགས་གྲགས་ཆེ་ཤོས་ཡིན། དབྱངས་རྟ་བཅུ་གཉིས་ཡོད་པས། མིའི་མུའུ་མུའུ་བཅུ་གཉིས་ཞེས་ཐོགས། དེའི་ཨ་རབ་ཀྱི་མུའུ་ཁམུན་རོལ་དབྱངས་གྲགས་ཅན་གྱི་གདངས་འགྱུར་དང་ཡུ་གུར་རང་གི་དམངས་གཞས་མཉམ་འདྲེས་ཀྱི་སྒྱུ་ཁམུའུ་ཡིན། ཞིན་ཅང་ཡུ་གུར་རིགས་ཀྱི་མུའུ་ཁམུའུ་ཡི་ཕ་ཡུལ་ནི་ཤིན་ཅང་ལྷོ་ནུབ་ཀྱི་ཧྲའི་ཁྲོད་རྫོང་རེད།

Twelve Muqam, is one type of Muqam. As the most well-known divertimento of Uyghur music, it contains twelve compositions, so it is also called Twelve Muqam. It is a mixed art of Arabic Muqam classic music with Uygur local ballad. Yarkant/Shache County of southwestern Xinjiang is the home of Uyghur Muqam.

双条落 又称"双音"。畲族的一种独特的二声部民歌演唱形式。有同声重唱和混声重唱两种形式。在同声重唱中，自由运用真、假声。在混声重唱中，男声多用假嗓，其实际音高比女声低八度。

སྒྲགས་མའི་གླུ། ཡང་ན་གདངས་ཟུང་ཡང་ཟེར། རིགས་ཀྱི་ཁུན་མིན་གདངས་གཉིས་ཀྱི་དབྱངས་གཞས་དེ་ལ་མཚན་ཉིད་བསྐུར་བ་དང་འདྲེ་ལེན་བསྐུར་བའི་རྣམ་པ་གཉིས་ཡོད། མཉམ་ལེན་བསྐུར་བའི་ནང་དུ་རང་ཆོས་ཀྱི་རང་སྐད་བཅས་དང་བརྫུས་མ་གཉིས་སྟོད་དང་། འདྲེ་ལེན་བསྐུར་བའི་ནང་དུ་སྐྱེས་པས་སྐད་བརྫུས་མ་མང་པོ་སྤྱོད་ཅིང་། གདངས་ཀྱི་མཐོ་དམའ་ཕོ་སྐད་ལས་རིམ་པ་བརྒྱད་ཀྱིས་དམའ་བ་ཡིན།

Shuang Tiao Luo is also called dual tone. It is a special singing form that uses the dual voice of the She people. It consists of same voice sung repeatedly and mix voices sung repeatedly. In the first form, the singer can use real voice or falsetto freely. While in the second, men mainly use falsetto, because the pitch is eight degree lower than women's voice.

土家族哭嫁歌 土家族抒情性歌谣，是在哭嫁仪式中由新娘哭诉、亲人们劝慰开导的一种以哭伴歌的口头文学形式。有固定曲牌及固定词章。其音调大都来源于土家族山歌。它是在特定历史时期女性出嫁时宣泄心中真情实感的一种演唱。曲调低沉，哀婉动人。

ཐུན་ཅ་རིགས་ཀྱི་གཉེན་འགྲོ་ངུ་གླུ། ཐུན་ཅ་རིགས་ཀྱི་སྙིང་ཁམས་བཏོད་པའི་གླུ་ཞིག་ཡིན། གཉེན་འགྲོ་དུས་སུའི་མཛད་སྒོའི་སྐབས་སུ་བག་མ་དུ་བ་དང་། བཞག་

མི་ཚོས་སེམས་གསོའི་རྣམ་པ་སྒྲ་ལ་དངས་ནས་ཞེན་པའི་
དགའ་ཐོབ་ཚོར་རིག་གི་རྣམ་པ་ཞིག་ཡིན། དེ་ལ་གཏན་
འཁེལ་གྱི་སྒྲ་དང་གཏན་འཁེལ་གྱི་གདངས་ཡོད།
གདངས་ཀྱི་ཡོང་ཁུངས་མང་ཆེབ་ཐུའུ་ཅཱ་རིགས་ཀྱི་དེ་སྒྲ་
ཡིན། དེའི་ལོ་རྒྱུས་ཀྱི་དམིགས་བསལ་དུས་སྐབས་སུ་
བོ་གནས་ལ་འགྲོ་དུས་ཀྱི་སྐྱོ་སེམས་སྐྱིད་པའི་རྣམ་པས་བརྡར་
པ་ཞིག་ཡིན། གཞས་གདངས་དབའ་ཞིང་སྐྱོ་ཞམས་ཀྱིས་
ཕྱུག་པའོ། །

Tujia Wedding Songs are lyric songs of Tujia people. In the wedding ceremony, the brides are crying and relatives are soothing. It is a form of crying accompanied by singing. It also has fixed tune and prose and verse. The tones are from Tujia folk songs, which express the emotions of women in a particular period. And the tones are low, painful and moving.

梯玛歌 土家族梯玛活动中一种用土家语演唱的古歌。"梯玛"是土家语,意为敬神的人,俗称"土老司"。它以梯玛祭祀仪式为传承载体,世代心口相传。其篇幅浩繁,长达数万行,记述了土家族的起源、繁衍、战争、生产、生活等内容,融合了音乐、舞蹈、文学等多种艺术形式。

ཐི་མ་གཞས། ཐུའུ་ཅ་རིགས་ཐི་མ་བྱ་བའི་འགུལ་ཤུགས་ཀྱི་
ཆ་སྐྱེད་ཀྱིས་ལེན་པའི་གཞན་གཞས། ཐི་མ་ནི་ཐུའུ་སྐད་
དེ། དོན་དུ་ལྷ་མཆོད་པའི་མི་ཞིག་ཡིན། དགའ་རྒྱུན་
ཐུའུ་ལའོ་སིའང་ཟེར། དེའི་ཐི་མ་མཆོད་འབུལ་ཆོ་ག་རྒྱུན་
འཛིན་བྱེད་པའི་རྣམ་པ་ཞིག་སྟེ། མི་རབས་མི་རབས་བར་
རང་བཞིན་ཕེབས་ཕྱེད་སྐད་ཡོད་ཅིང་། ཐུའུ་ཅ་རིགས་ཀྱི་
བྱུང་བ་དང་དར། དམག་འཁྲུག ཐོན་སྐྱེད། འཚོ་
བོགས་ཀྱི་ནང་དོན་ཡོད་པ་དང་། རོལ་ཆ་དང་བྲོ། ཚེམ་
རིག་སོགས་སྒྱུ་རྩལ་རིགས་མང་པོ་མཉམ་སྦྱོར་གྱི་རྣམ་
ཞིག་ཡིན།

Tima is an ancient song sang in Tujia language in Tima activity. "Tima" means people who shows the godliness in Tujia langugage and is known as "Tu Laosi". In the fariy songs of Tima, the sacrificial offering ceremony is the main inheritance through word of mouth from generation to generation. Tens of thousands of verses of poetry merge together with music, dance, literature and other artistic forms, which recorded the origin production, war, labor, and life of the Tujia people.

佤族清戏 遗存于腾冲县荷花乡甘蔗寨的佤族剧种。属高腔系统,男女不同台,角色有类似生、旦、净、末的区分。用一种叫"红药"的染料涂脸,显示人物身份。表演时,台上有角色,幕后有帮腔,乐队也有一定规模。声腔有"九腔十三板"。剧目有《姜姑刁嫂》等数十折。

དབའ་རིགས་ཀྱི་ཆིང་གར། ཐེང་ཁྱུང་རྫོང་ཧུའུ་ཧྭ་
ཞང་གན་གྱི་དབའ་རིགས་ཀྱི་གར་ཞིག་གདངས་མཐོན་
པོའི་ལུགས་སྲོལ་གཏོགས། ཕོ་མོ་གཞིས་ཀྱི་སྟེགས་ཁ་མི་
འདྲ་ཞིང་། ཞམས་འགྱུར་གྱི་རིགས་ལ་ཐིག་དག ཚིག
མའོ་ཞིས་ཕོ་མོའི་ཞམས་འགྱུར་མི་འཆིག་པ་བཞི་དང་།
སྨན་དམར་ཞེས་པའི་ཚོན་རྩི་ཞིག་གདོང་ལ་ཕྱུགས་ཏེ་མི་
སྣའི་ཐོབ་ཀྱི་ཁྱད་པར་གསལ་པོར་འདོན། འཁྲབ་སྟོན་
སྐབས་སུ། གར་སྟེགས་ཀྱི་ཞམས་སུན་ཞིག་དང་། སྒེར་
གདངས་ལ་རས་འདེབས་པ་ཡོད་པ་དང་། རོལ་མོ་ཚོགས་

Qing Opera of Va people exists in Ganzhe village, Hehua township, Tengchong county. It belongs to high tune system with men and women performing in different stages. Characters can be divided into sheng, dan, jing, and mo. They display different roles by coloring their faces with a local medical herd dying material. In a performance, there will be players on stage, vocal accompaniment behind the stage with a band of certain scales. There are various melodic styles and beat tunes. There are over ten plays, such as *Jianggu Diaosao*.

维吾尔族达斯坦 维吾尔族历史悠久的一种曲艺形式。"达斯坦"为维吾尔语，意为叙事长诗。作为曲种的"达斯坦"，以说唱长篇韵文故事为基本特征。叙事长诗之所以成为说唱表演的曲艺形式，是由于维吾尔族借用本民族的大型音乐套曲"木卡姆"中的曲调选段来歌唱表演。

Uyghur Dastan is an art form of Uyghur people with a long history. "Dastan" in Uyghur language means long narrative poems. As a form of Chinese folk art, its essential characteristic is the long verse stories to be talked and sung. The reason why long narrative poems became the art form of the play is that the Uyghur people use the selected melody from their ethnic divertimento Mukam to perform.

谐 藏语音译。流传于西藏地区的藏族民歌，也称"谐体"。一般六言四句，也有六句和八句的。无韵，节奏性很强。仓央嘉措曾以谐体写下《仓央嘉措情歌集》。西藏和平解放后，其内容和形式有新发展。

Xie, the transliteration from Tibetan language, is a folk song distributed in Tibet region. A piece of Xie is composed of four, six or eight lines. And each line is composed of six words. They are rhymeless but rhythmic. Tsangyang Gyatso wrote the love poems in Xie style. After the peaceful liberation of Tibet, its content and forms have been further developed.

信歌 流传于自称"勉"和"金门"的瑶族中的一种歌体。又名"寄歌""放歌""传歌"。因以歌代信而得名。每首数十行，长的上百行，不分章节，意尽歌止。基本形式为七言体，也有三、五言的句子。以民族迁徙、寻找亲族、求援救急、诉说苦情、传递爱情思念等为主要内容。

འཕྲིན་གླུ། རང་གིས་རང་ལ་མན་དང་ཅིན་མོན་དུ་འབོད་པའི་ཡོའུ་རིགས་ཁྲོད་ཀྱི་གླུ་ལུས་ཤིག་ཡིན། མིང་གཞན་ལ་བསྐུར་གླུ་དང་། འཕངས་གླུ། སྐྱེལ་གླུ་སོགས་དང་། འབོད། གླུ་ཡིས་འཕྲིན་པ་བསྐུར་བས་མིང་དེ་ལྟར་ཐོགས། གླུ་རེ་རེ་ཐིག་ཕྲེང་བཅུའམ། དེའི་གོང་ལ་ཐིག་ཕྲེང་བརྒྱ་ལྷག་ཡོད། ལེའུ་ཚན་མེད་པར་མཐུག་གླུ་ཡིས་བསྟན། གཞི་རྩའི་རྣམ་པ་ཚིག་བདུན་མ་ཡིན་ཞིང་། ཚིག་གསུམ་མ་དང་ཚིག་ལྔ་མའང་ཡོད། མི་རིགས་ཀྱི་གནས་སྤོས་དང་ཉེ་རིང་འཚོལ་བ། རོགས་འཚོལ་སྐྱབས་བཙོལ། སྡུག་བསྔལ་བརྗོད་པ། བརྩེ་སེམས་སྦྱིན་པ་སོགས་ཁ་དོན་གཙོ་བོ་ཡིན།

Xin Song (the Letter Song) is an art form of the Yao people who call themselves "Mian" and "Jinmen". It has other names as "Ji Song (Sending Song)", "Fang Song (Flying Song)" and "Chuan Song (Transmitting Song)". It got the name for its function as letters. In one song there are tens of lines, some more than one hundred, without any limit in format or lines till what one wants to express is completed. The sentences are basically in a heptasyllabic form, some of three or five-character. The main content contains national migration, tracing family members, asking for help, pouring out sufferings and conveying love and care.

伊玛堪 赫哲族曲艺。其形式有说有唱，无乐器伴奏。语言古朴平实，讲究合辙押韵。唱腔高亢嘹亮。常见的曲调有"赫尼那调""赫里勒调""苏苏调""喜调""悲伤调"和"下江打渔调"等。所呈现的故事一般较长，一唱就连续好几天。现有50多部典籍。

དབྱི་མ་ཁན། ཧོ་ཀྲི་རིགས་ཀྱི་གནས་མ་གཏམ། དེའི་རྣམ་པ་གཏམ་དང་གླུ་གཉིས་ལྡན་ཞིག་ཡིན། རོལ་ཆས་ཀྱི་རམ་དགོས་མེད། སྐད་ཆར་གནའ་ཤས་དང་། ཚིག་མཐར་སྒྲ་རྒྱུན་ཀྱི་དབྱངས་ཆོག་ལ་དོ་སྣང་གལ་ཆེན་བྱེད། སྐད་གདངས་མཐོན་པོ་སང་སང་དུ་ཡོད། རྒྱུན་དུ་མཐོང་བའི་གདངས་ནར་ཧོ་ཉི་ན་དང་། ཧེ་ལི་ལེ། སུའུ་སུའུ། ཞེས་དབྱངས་རྟ་དང་། དགའ་བའི་ཞམས། སྐྱོ་བའི་ཞམས་སོགས་ཡོད། གཏམ་རྒྱུད་བརྗོད་པ་རིང་བས་ཞིན་ལ་ཉིན་ལ་གླུ་མཐུན་དུ་ལེན་དགོས། ད་ཡོད་ཀྱི་རོ་དབང་ཁག་༥༠་ལྷག་ཡོད།

Yimakan is the folk art form of the Hezhe people. Its performing form involves storytelling and singing, without any instrument. The dialogues are simple and unadorned, emphasizing the rhymes. It requires a sonorous and euphonious sound. The popular melodies are of "Henina", "Helilei", "Susu", "Joy", "Sadness" and "Xiajiangdayu (fishing in a river boat)". The stories it presents are long and sometimes a piece of it can be sung for days. There exists over 500 pieces nowadays.

彝剧 彝族戏曲剧种。新中国成立后形成于云南楚雄彝族自治州的大姚县。主要腔调有梅葛调、马莫喏、多西调等，并吸收了彝族民间的生活小调、舞曲和乐曲。伴奏主要用芦笙、笛子、唢呐和月琴。剧目有《半夜羊叫》《曼嫫与玛若》等。

དབྱིས་གར། དབྱིས་རིགས་ཀྱི་ཟློས་གར། གུང་གོ་གསར་པ་དབུ་བརྙེས་རྗེས་ཡུན་ནན་ཞུའེ་ཞུན་དབྱིས་རིགས་རང་སྐྱོང་ཁུལ་གྱི་ཏ་ཡའོ་རྫོང་དུ་ཐོག་མར་བྱུང་། དབྱངས་ཀྱི་གཙོ་བོ་ནི་ཀ་འབྲས་ཀྱུ་དང་མ་མོའི་རོ། ཕོའི་ཞི་སོགས་མང་པོ་ཡོད། མ་ཟད་དབྱིས་རིགས་དམངས་ཁྲོད་ཀྱི་འཚོ་བའི་དབྱངས་ཇུ་དང་བྲོ་གར། རོལ་དབྱངས་བཅས་ཀྱང་དང་ལེན་བྱས། རོལ་ཆ་གཙོ་བོར་ཀ་ཡེན་འབུད་ཆས་དང་གླིང་བུ། ཡའེ་ཆེན་བཅས་ཡིན། འཁྲབ་གཞུང་ལ《ནམ་གུང་གི་ལུག་འབའ》དང《མན་མོའ་དང་མ་རོ》སོགས་ཡོད།

Yi Opera, a musical opera of the Yi people, is formed at Dayao county of Chuxiong Yi Autonomous prefecture in Yunnan after the founding of the People's Republic of China. The major tune of Yi opera are meige tune, mamonuo, duoxi tune and so on, which also absorbs life folk songs and dance music. It is accompanied with lusheng, flute, suona and yueqin (a lute). The plays, *Calls of goats in the middle night* and *Manmo and Maruo* are on the list.

酉阳古歌 巫傩师在祭祖、祈求丰产和祛邪还愿等活动中吟诵或唱诵的文辞，是劳动人民长期积累的自然知识和社会知识的总汇。流传于重庆东南部的酉阳土家族苗族自治县。多为四言七言句式，有双句押尾韵的自由体和两句一节、四句一节句尾押韵的格律体，间或高腔，时又平腔。

ཡའོ་དབྱང་གནའ་གླུ། ལྷ་པས་ལྷ་མཆོད་བྱེད་པའི་བོ་ལེགས་དགོས་སེམ་ཡོངས་བའི་ཆོ་གའི་ཁྲོད་དུ་གྱེར་བའམ་ལེན་པའི་ཚིག་རིག་གི་ཆིག་ཆིག་ཊེ་ནི་དཔལ་བསོད་མི་དམངས་ཀྱིས་དུས་ཡུན་རིང་པོར་རང་བྱུང་ཁམས་ཀྱི་ཤེས་བྱ་དང་སྤྱི་ཚོགས་ཀྱི་ཤེས་བྱ་སྲ་ཚོགས་བསགས་པའི་ཞར་བྱུང་ཡིན། ཁུང་ཆིན་ཤར་ལྷོའི་ཡའོ་ཐུང་ཙུ་རིགས་མིའོ་རིགས་རང་སྐྱོང་རྫོང་དུ་དར་ཁྱབ་ཆེ། ཕལ་ཆེ་བ་ཚིག་བཞི་ཚིག་བདུན་ཅན་གྱི་ཚིག་པ་སྟེ། མཐའ་མའི་བྱང་ཚིག་གི་འགྱུར་ཁུ་དང་ཕོར་ལྱན་དང་ཚིག་གཉིས་རེ་ཚོན་པ་དང་། ཚིག་བཞིའི་པའི་ཚན་པ་དང་པོའི་མཐའ་མ་ཚིག་འགྱུར་ཅན་གྱི་སྟོགས་ལུགས་དང་། བར་དུ་སྐད་ཕྱུང་བ་དང་ཡང་སྐད་སྟོང་པོར་ཞེན་པ་ཞིག་ཡིན།

Youyang Epic Song is the song chanted or sung by a wizard sacrifice master in an ancestor worship, to earnestly pray for a harvest, a votive exorcism and other activities. It is popular in Youyang Tujia and Miao Autonomous County of southeastern Chongqing. Most of the lines are four-character and seven-character sentences, in which there are free verse with end rhyme in even-numbered sentences and metrical form with end rhythm in each verse of two or four sentences, sung in either high tune or flat tune.

裕固族民歌 裕固族民间传统歌曲。与回鹘、蒙古民歌有渊源，歌词格律有相似之处，还具有许多古代语言的共性。依题材内容分为"叙事歌""情歌""劳动歌"等。依体裁、功能分成"小曲"

"号子""小调""宴席曲""酒曲""擀毡歌""奶幼畜歌"等。

ཡུ་གུར་རིགས་ཀྱི་དམངས་གཞས། ཡུ་གུར་རིགས་ཀྱི་དམངས་གཞས་བོད་སྐྱོ་རྒྱལ་གྱི་སྐྱེ་གཞས་ཤིག་ཧུའེ་ཧུའེ་དང་སོག་རིགས་ཀྱི་དམངས་གཞས་འགྱུར་ཁྱད་ཡིན་ཞིང་། གཞས་ཚིག་གི་ཚིག་སྦྱོར་ལ་འདྲ་ཡོད་པར་མ་ཟད། དཔྱད་གཞན་པོའི་སྐད་ཆའི་ཐུན་མོང་རྣམ་པ་ཡོད། རྒྱུ་ཆའི་ནང་དོན་གྱི་སྒོ་ནས་དབྱེ་ན་བོད་བརྗོད་གཞས་དང་། མཛའ་གཞས། ངལ་རྩོལ་གྱི་གཞས་སོགས་ཡོད། གཞས་ལུགས་ནུས་པར་ལྟར་དབྱེ་ན། གཞས་ཆུང་དང་མཚོ་ཐག་གཞས། གདངས་ཆུང་གཞས། གསོལ་སྟོན་གཞས། ཆང་གཞས། ཕྱིད་བརྐྱན་གཞས། དོ་བཀྲུན་གཞས་སོགས་ཡོད།

Yugu folk songs are associated with Huihe and Mongolian traditional songs. All of them not only have the similar lyrics and melodies, but also have many same ancient language features. According to the contents, Yugu folk songs are divided into narrative poems, love songs, labor songs and so on. While in accordance with the styles or functions, they are divided into ditties, work songs, feast songs, drinking songs, polishing-felt songs, songs of feeding small animal, etc.

赞哈 流行于云南西双版纳的傣族民歌形式之一。"赞哈"为傣语民间歌手之意。演出时一人一笛或两人合作，多在吉庆时日演出。曲调具朗诵风格。传统曲目多为民间传说，也有即兴编词歌唱。

ཙན་ཧ། ཡུན་ནན་གྱི་ཞི་སྲོང་པན་ན་ཏུ་དར་ཁྱབ་སོང་བའི་ཐའེ་རིགས་ཀྱི་དམངས་གཞས་ཙན་ཧ་ནི་ཐའེ་རིགས་སྐད་དེ་དམངས་ཁྲོད་གཞས་པ་ཞིག་པ་དང་དོན། གཅིག་ཡིན། འབུལ་སྟོན་བྱེད་སྐབས། མི་གཅིག་གླིང་བུ་གཅིག་གཡང་ན་མི་གཉིས་ཀྱིས་མཉམ་ལེན་བྱེད། མང་ཆེ་བ་དུས་ཆེན་སྐབས་སུ་འབུལ་སྟོན་བྱེད། གདངས་ལ་ཀློག་པའི་ཁྱད་འཛུར་ལྡན། སྲོལ་རྒྱུན་གྱི་གཞས་གདངས་ཆེ་བ་དམངས་ཁྲོད་ཀྱི་གཏམ་རྒྱུད་དང། གཞས་དུ་སྐྱུག་པའི་གཞས་ཚིག་ཀྱང་ཡོད།

Zanha, one of the folk songs, is popular in Xishuangbanna Dai Automonous Prefecture of Yunnan. "Zanha" means a folk singer in Dai language. A person uses a flute or two people cooperate during the show on festivals or auspicious days. The tone is similar to recitation. Most of the traditional contents are about the folk legends, some of which are also improvisational.

藏歌 藏歌可分为三大类：古典宫廷乐歌、寺院宗教咏经调和民歌系列。其演唱风格因其所处的地理环境、语言、文化背景、劳动条件、年代等而各有差异。藏族民歌旋律优美、热烈朴实、婉转动听。

བོད་གླུ། བོད་གླུ་ལ་རིགས་ཆེན་པོ་གསུམ་ཡོད་པ་སྟེ། གནའ་བོའི་ལྷ་ཁང་ནང་གི་གླུ་གཞས་དང་། དགོན་པའི་ཆོས་དཔངས་སྒྲ་བཅས་ཡིན། གཞས་ཀྱི་གཏོང་ལུགས་ལས་ཁོངས་དང་། ཡུལ་སྐད། རིག་གནས་རྒྱབ་ལྗོངས། ངལ་རྩོལ་ཆ་རྐྱེན། པོ་རབས་མི་འདྲ་བ་སོགས་ཀྱིས་ཁྱད་པར་སྣ་ཚོགས་ཡོད། རྒྱུན་པར་ཕོལ་བའི་བོད་གླུ་གདངས་མཐོ་ཞིང་འཛེགས་པ། འགྱུར་ལྷུག་པ་བཅས་ཀྱི་ཡིད་འཕྲོག་ཡོད།

Tibetan songs can be divided into three types: classical court songs, monastery songs and folk songs. The style of singing varies according to the geographical environment, language diversity, cultural background, working condition and time. The melody of Tibetan songs is graceful and grand, warm and earthy, tactful and moving.

藏戏 藏族歌舞剧。相传起源于15世纪初，17世纪普遍流行。原系广场剧，连台演出中穿插歌舞。其曲调高昂，伴以打击乐器和帮腔，用简单化妆和道具区别人物性格。表演程式一般分"温白顿"（出场式）、"雄"（正戏）、"扎西"（剧终祝愿形式和受捐）3部分。

ཞ་མོའི་གློག་གར། བོད་རིགས་ཀྱི་གློག་གར། བགད་རྒྱན་ལྡར་ན་དུས་རབས་བཅོ་ལྔ་པའི་མགོར་ཐོག་མར་བྱུང་ཞིང་། དུས་རབས་བཅུ་བདུན་པར་ཡོངས་ཁྱབ་ཏུ་དར། ཐོག་མར་ཐང་གི་རིགས་ཡིན་པ་དང་། གར་སྟེགས་ཀྱི་འཁྲབ་སྟོན་ནང་དུ་གླུ་གར་བསྲེས་ཡོད། དབྱངས་རྟ་མཐོ་ཞིང་རོལ་ཆ་ཡི་རམ་དགོང་ཡོད། མཛེས་རྒྱགས་སླབ་ཡོལ་བདེ་ཡིག་མི་སྣའི་ཁམས་ཕོད་དུ་འདུག་འབུབ་སྟོན་གྱི་རིག་པ་སྤྱིར་བཏང་དུ་འབྱུང་སྟོན་དང་གཞུང་། བགྲ་ཤིས་བཅས་རིག་པ་གསུམ་གྱིས་མཇུག་བསྡུ།

Tibetan Opera, a musical opera in Tibet, originates from the early 15th century, and becomes popular in 17th century. It used to be a square opera with dances and singing performed alternately. The tune is high and characters are differed from make-up to properties. Generally, the patterns of performance can be split into three parts: "Wenbaidun" (opening scene), "Xiong" (formal performance), and "Zhaxi" (the end wish and donation acceptance).

藏族婚宴十八说 青海东部农业区藏族聚居地区的一种民间口头文学。伴随着藏族婚俗产生和发展而形成。婚宴十八说始终贯穿于婚礼之中，大多为说唱，语言通俗易懂、妙趣横生，都是即兴表演，一般由十几人分阶段完成。在藏族历史学、民俗学、民族学、语言文学方面的研究价值很高。

བོད་པའི་སྟོན་བགད་བཅོ་བརྒྱད། མཚོ་སྔོན་ཤར་རྒྱུད་ཀྱི་རོང་དུ་འདུས་སྡོད་བྱས་པའི་བོད་ཀྱི་གནས་བོད་ཀྱི་བག་སྟོན་རིགས་ཅིག བོད་ཀྱི་བག་སྟོན་གོམས་སྲོལ་ལས་འཕེལ་ཞིག་ཡིན། སྟོན་བགད་བཅོ་བརྒྱད་ནས་བག་སྟོན་གྱི་ཐོག་མཐར་བར་གསུམ་དུ་ཁྱབ་ཅིང་ཐབས་ཚིག་ལ་པ་དང་གཏམ་བགད་གཞིས་ལ་བརྟེན་སྟོད་ཆོག་དང་སྟོང་ཆོག་གི་འབལ་སྟོན་ཁོ་མཚོར་བ་ཞིག་ཡིན། སྦྱོར་བཏང་དུ་མི་བཅུ་ཕྲག་འགའ་རེ་པ་ལྟར་སྒྲུབ་ནས་འགྲུབ་པ་ཡིན། དེར་བོད་ཀྱི་ལོ་རྒྱུས་རིག་པ་དང་དམངས་སྲོལ་རིག་པ། མི་རིགས་རིག་པ། སྐད་ཡིག་རྩོམ་རིག་བཅས་ལ་ཞིབ་འཇུག་གི་རིན་ཐང་ཆེན་པོ་ཡོད་པའོ། །

Tibetan wedding reception 18 sayings is an oral folk literature in Tibetan area in eastern Qinghai agricultural region, which evolved from the Tibetan wedding customs. And the eighteen sayings mostly are rap from the beginning to the end, easy to understand and full of humor. All of those are songs performed impromptu, and completed by dozens of people at stages. The songs has high research value in Tibetan history, folklore, ethnology and language and literature.

藏族拉伊 一种源于藏族山歌，流传在安多方言藏族聚居地区，专门表现爱情内容的山歌艺术。其种类、数量丰富浩繁；完整的对歌设有一定的程序，如引歌、问候歌、相恋歌、相爱歌、相思歌、相违歌、相离歌和尾歌等；曲调因地而异。历史悠久，承载着民族的创造力和灵感。

ལ་གཞས། བོད་ཀྱི་གླུ་རིགས་ཤིག་ཨ་མདོ་ཡུལ་དུ་དར་ཁྱབ་བྱུང་བའི་བོ་མོ་བར་གྱི་བརྩེ་བ་མཚོན་པའི་ལ་གཞས་སྣ་ཚོགས་ཞིག་ཡིན། རིགས་དང་གྲངས་འབོར་ཞིབ་ཏུ་བྱེ་པོ་ཡོད། བོ་མོ་བར་དུ་པར་ལེན་ཚོན་ལེན་ཚ་ཚང་བའི་གླུ་གཞས་ཏེ། དཔེར་ན། མགོ་ལེན་གླུ། འཛི་གླུ། བརྩེ་གླུ། ཆགས་གླུ། དབེན་གླུ། བསྡོད་གླུ། གྱེས་གླུ། མཇུག་གླུ་སོགས་ཡོད། དབྱངས་རྟ་གཞན་སོ་སོར་མི་འདུ་ཡོད། ལ་གཞས་ཀྱི་ལོ་རྒྱུས་རྒྱུན་རིང་ཞིང་། མི་རིགས་ཀྱི་གསར་གཏོད་ནུས་པ་དང་ཞེན་རབ་མཚོན་ནུས་པ་ཞིག་ཡིན།

Tibetan Layi is a love-focused folksong form popular in Amdo Tibetan areas like Qinghai, Gansu and Sichuan. There are a great variety of and a large number of layi songs which touch upon every aspect of a love relationship. A complete antiphonal song follows set procedures, such as prelude song, greeting song, fall-in-love song, longing song, parting song, epilogue song, etc. There are also various styles of layi tunes in different areas. Layi enjoys a long history and is the carrier of the innovative capability and inspiration of the people.

壮剧 壮族戏曲剧种。流行于广西西部和云南富宁、广南一带。清同治、光绪年间已有演出。可分为北南两路壮剧。北路的主要唱腔有"正调""平调"，剧目有《卜牙》等。南路的主要唱腔有"平板""采花调""马隘调"，剧目有《解白》等。

ཀྲོང་གར། ཀྲོང་རིགས་ཀྱི་ཟློས་གར་རིགས་ཤིག་གོ་ཞིའི་ནུབ་ཕྱོགས་དང་ཡུན་ནན་ཞུའུ་ཉིང་། གོང་ནན་བཅས་དུ་དར་ཁྱབ་ཡོད། ཆིང་ཐུང་ཀྲི་དང་གོང་ཞིའི་སྐབས་སུ་བྱུང་ཡོད། དེ་ལྟོ་བྱང་གཞིས་ཀྱི་གྲང་དུ་དབྱེ་བ་སྟེ་བྱང་ཀྱི་འཁམས་འགྱུར་གཙོ་བོ་ལ་དག་མ་དང་སྟོང་པའི་རྣམ་པ་ཡོད། འཁྲབ་གཞུང་ལ《བོ་བསྙེག》སོགས་ཡོད། ལྷོ་ལམ་གྱི་འཁམས་འགྱུར་གཙོ་བོ་ལ་པབ་ཆགས་དང་། ཚོན་མདོག་བགྲ་བ་སོགས་ཡོད། འཁྲབ་གཞུང་ལ《དགར་འགྱེལ》སོགས་ཡོད།

Zhuang Opera, the opera of the Zhuang people, is popular in western Guangxi and Funing, Guangnan in Yunnan. It started to be performed since the reign of Emperor Tongzhi and Guangxu in the Qing Dynasty, and it is divided into North and South opera. The primary singing of the North opera have "Zhengdiao" and "Pingdiao" (two types of tunes), while the South opera has tunes like "Pingban", "Caihuadiao", "Maaidiao".

子弟书 清代的一种曲艺形式。约乾隆年间开始流传，曾盛行于北京、沈阳等地。因其创始于八旗子弟并为八旗子弟所擅长，故名。分东、西两调，东调类似戏曲里花部的高腔，西调类似戏曲里雅部的昆腔。

ཟི་དི་ཟུའུ། (པ་སྲུན་ཡི་གེ) ཆིང་རྒྱལ་རབས་ཀྱི་གཞས་མ་གཏམ་གྱི་རྣམ་པ་ཞིག་ཡིན། ཐལ་ཆེན་གོང་མ་ཆན་ལུང་ནུས་སུ་བྱུང་འགོ་ཚུགས། དེ་ཕྱི་ཅིན་དང་ཇིན་དབྱང་སོགས་ཁུལ་དུ་དར་ཁྱབ། དར་བརྒྱུད་པ་སྲུན་ཀྱི་གསར་དུ་གཏོད་པ་དང་དར་ཆོ་བཀྱུད་པ་རྒྱུད་ཀྱི་ནུས་ཤུགས་ཀྱང་ཡིན་པས་མིང་དེ་ལྟར་ཐོགས།

· 1151 ·

དབངས་རྟར་ཤར་ཆུབ་གཞིས་སུ་དབྱེ་ཞིང༌། ཤར་གྱི་དབངས་ནི་རྫོ་གར་གྱི་ནང་དུ་སྐད་གསང་མཐོ་བ་དང་། ནུབ་ཀྱི་དབངས་ནི་རྫོགས་གར་གྱི་ནང་དུ་སྐད་གདངས་སྟེར་བར་བྱེད།

Dizishu (the Youth Book) is the folk art form of the Qing Dynasty. It emerged in the reign of Emperor Qianlong in Qing Dynasty, once being popular in Beijing and Shenyang. It was named after the Eight Banner Youth (youth is called Zidi in Chinese) who were the authors and adepts of the art. It consists of east tone, similar with the high tune in the local opera, and west tone, like the Kun tone in the Kunqu Opera.

中国少数民族习俗

རྒྱང་གོའི་གྲངས་ཉུང་མི་རིགས་ཀྱི་ཡུལ་སྲོལ་གོམས་གཤིས།

China's Ethnic Customs

拔雉毛 苗族民俗。苗族小伙子向意中人求爱时，要在芦笙上插一支美丽的野鸡毛，对着姑娘吹起动听的曲子。随着芦笙的舞动，野鸡毛轻拂过姑娘的脸颊。假如姑娘有意，就随手拔下芦笙上的野鸡毛；反之，不拔而转身走开。

སྦྲ་ཟུར། མོའི་རིགས་ཀྱི་དམངས་སྲོལ། མོའི་ཡི་སྐྱེས་པ་ཚོས་རང་ཉིད་དགའ་བའི་ལ་རོགས་སྟེགས་དུ་སོང་། ཁྲེད་སྒྲིག་བྱེད་པའི་ཕོག་ཏུ་བྱ་སྒྲ་ཡག་པ་ཞིག་བཙུགས་ནས། བུ་མོ་དང་ཁ་སྤྲད་དེ་འཛུད་ཚམ་དེས་སེམས་སྐུལ་བའི་དབྱངས་གཏོང་། དེ་དང་བསྟུན་ནས་འཕུལ་སྒྲིག་གི་ཕོག་གི་སྐྲ་ཉེས་བུ་མོའི་གདོང་དོར་ཡང་ཡོར་རེག་གལ་ཏེ་བུ་མོ་དེར་འདོད་པ་ཡོད་ཚེ་འཕྲུལ་སྒྲིག་གི་སྐྲ་དེ་བླངས་ནས་འགྲོ། དེ་ལས་སྟོབ་ན་མི་ལེན་པར་ཕར་འཁོར་ནས་འགྲོ།

Pheasant Plucking is the folk custom of the Miao people. Young man of the Miao people needs to insert a beautiful pheasant feather into the Lusheng to court to a girl he loves very much. Then he blows beautiful melodies to the girl. With Lusheng dancing, the feather touches the girl's cheek. If the girl loves him too, she will pluck it; but if not, she will not pluck and turn away.

白石崇拜 羌族信仰习俗。羌族信仰的神灵很多，但均无具象神像，通常以白石为象征，供于屋顶的塔子上，屋里的神龛上、火塘旁、村外的山头上和神林中等。屋顶、山头的白石代表天神，火塘旁的白石代表火神，田地里的白石代表青苗土地神等。

རྡོ་དཀར་དད་པ། ཆང་རིགས་ཀྱི་དད་མོས་གོམས་སྲོལ། ཆང་རིགས་དད་པའི་ལྷ་རིགས་ཞེན་ཏུ་མང་། འོན་ཀྱང་ལྷའི་བཟུགས་གཟུགས་ཀྱི་འདྲ་སྨད་མེད་པར། རྒྱུན་པར་རྡོ་དཀར་པོ་དར་མཚོན་པར་བྱེད། དེ་དག་ཁང་པའི་མཆོང་རྩེ་ཀྱི་ཐོག་དང་། ཁང་པའི་ནང་གི་ལྷ་སྒྲོམ་འདུག་སྟེགས་ནང་། ཐབ་ཀའི་འགྲམ། སྡེ་བའི་སྒྲུང་དང་དེ་མཐའི་རི་དགར་གྱི་ནགས་དང་། ཐབ་ཀའི་འགྲམ་གྱི་རྡོ་དཀར་གྱིས་མེ་ལྷ། ཞིང་ནང་གི་རྡོ་དཀར་གྱིས་ས་བདག་གི་ལྷ་སོགས་མཚོན་པར་བྱེད།

Worshiping White-stone is a belief custom of the Qiang people. The Qiang people believe in lots of spirits, but with no spe-

· 1153 ·

cific god. They usually set white stones as a symbol at the tower of the roof, on the shrine room, next to the fireplace, on the hills outside the village and in the forest. White stones on the roof or mountaintop represent the Heavenly Divine; Those next to the fireplace represent the God of Fire; White stones in the fields represent the God of Land.

半路抓亲 苗族风俗。姑娘结婚时，由六个姑娘和一个大嫂组成送亲队，由六个小伙子和两个姑娘组成迎亲队。两队五更相向出发，相会后，交换糯米饭和盛新娘用品的竹篮，然后分食糯米饭。这时，迎亲的一个姑娘说："谁是我家嫂嫂啊？"话音刚落，送亲的姑娘便将新娘围护起来。最终新娘还是被"抓"走。

གཞན་ལམ་བར་དུ་འཕྲོག་པ། མུའོ་རིགས་གོམས་སྲོལ། བུ་མོ་གཞན་སློང་སྐབས། བུ་མོ་དྲུག་དང་ཨ་སྲུ་ཆེན་པོ་གཅིག་གིས་བག་སྐྱེལ་ཕྱོགས་དང་། སྐྱེས་པ་དྲུག་དང་བུ་མོ་གཉིས་ཀྱིས་བག་བསུའི་ཕྱོགས་གྲུབ། ཕྱོགས་གཉིས་ནམ་གུ་དུ་ལམ་བུ་ཡུད་དེ་ཕན་ཚུན་འཕྲད་ཚེ་སོ་སོའི་ལག་གི་འབྲུ་ཆང་གི་ཟས་དང་བག་མའི་ཀྱི་སྤྱད་པའི་སྨྱུག་སྦེ་རེས་བྱེད། དེ་ནས་འབྲུ་ཆང་གི་ཁ་ཟས་བགོད། སྐབས་དེར། བག་བསུའི་ཕྱོགས་ཀྱི་བུ་མོ་ཞིག་གིས་དེ་ཚང་གི་ཨ་སྲུ་སུ་ཡིན་ཞེས་བཀད། སྐབས་ཁྲ་མཐུག་ཚིག་མ་ཚོགས་ཀྱི་མཚམས་སུ་བག་སྐྱེལ་ཕྱོགས་ཀྱི་བག་གསར་དེའི་མཐར་བསྐོར་ནས་སྲུང་འགོག་བྱེད། མཐའ་མཐར་བག་གསར་འཕྲོག་ཏུ་འགྲོ།

Catching the Bride halfway is the folk custom of the Miao people. When a girl marries, six girls and one sister-in-law accompany the bride to go to the bridegroom's home and six young men and two girls go to welcome the bride. Then, two processions set out towards each other at the fifth watch of the night. After meeting, they exchange glutinous rice and bamboo baskets with the bride's things. After that, they share and eat the glutinous rice. At this time, a girl from bridegroom's procession asks, "Who is our sister-in-law". As soon as she stops, the girls accompanying the bride will surround the bride. But finally, the bride is still "caught".

背字 壮族风俗。"背字"是壮话译音，实际上背的不是"字"，而是一条长1.4丈、宽1尺多的宽布带，由女方母亲用自织自染或买来的深黑色（以此色为最优）土布缝制而成。女儿出嫁那天，让男方指派"背字"人把布带"背"回新郎家，以备外甥出世作襁褓之用。

རྒྱབ་ཡིག གྲོང་རིགས་ཀྱི་གོམས་སྲོལ། རྒྱབ་ཡིག་ནི་གྲོང་རིགས་སྐད་ཀྱི་དོན་བསྒྱུར་ཞིག་ཡིན། དོན་དོ་མར་རྒྱབ་ཏུ་ཐོགས་པ་དེ་ཡི་གེ་མིན། དེའི་རིང་ཐུར་ལ་འཁྲི་ཚེ་བཞི་དང་ཞེང་ལ་ཁྲི་ཚོ་གང་ལྷག་ཡོད་པའི་རས་ཁྲུག་ཞིག་སྟེ། བུ་མོའི་ཕྱོགས་ཀྱི་ཨ་མ་རང་གིས་སྐུད་ཅིང་ཚོས་བཏང་བ་དགམ། ཡང་ན་ཉོས་ཏེ་ཡོང་བའི་རང་ཡུལ་ལས་ཐོན་པའི་རས་མདོག་ནག་པོ་ (མདོག་དེ་ཆེས་ལེགས་པོར་འཛིན) ཞིག་གིས་འཚེམ་ནས་གྲུབ་པ་ཡིན། བུ་མོ་བག་ཏུ་ཡོང་བའི་ཉིན་མོ་དེར། ཁྱོ་ག་ཕྱོགས་ཀྱི་མི་མངགས་ནས་རྒྱབ་ཡིག་དེ་པའི་ཁྲིམ་དུ་ཕྱིར་སྐྱེལ་དུ་བཅུག་ནས་རང་གི་ཡང་ཚབ་ཚར་བའི་བཅུད་ཕྱུག་ཏུ་བྲ་སྐྱིལ་ལ་འཛོག

Carrying Zi is the custom of the Zhuang people. Carrying Zi is transliterated from Zhuang language. As a matter of fact, it is not to carry the "character". It is a piece of wide cotton belt which is about 4.67m in length and 33.34cm in width. It is woven by dark blue (which is considered to be the best color) homespun or bought by the bride's mom or woven and dyed by girl's mom herself. On the day of daughter's marrying, the bridegroom will be required to carry Zi to his home, using as swaddling clothes for the baby ready to be born in the following days.

辫发 旧时满族男子习俗之一。通常将头的四周头发剃光，再将留发像女子一般结成长辫垂于脑后，故称。清军入关后曾在汉族男子中强制推行辫发。辛亥革命后始废。

རལ་བ། གནའ་བོའི་མན་ཧུ་རིགས་ཀྱི་སྐྱེས་པའི་གོམས་ལུགས་ཤིག །སྐྲ་པའི་སྒྱིག་ཚོགས་སུ་རལ་བ་དེ་བོ་ཞིག་འཇོག་པ་ལས། དེའི་མཐའ་འཁོར་གྱི་སྐྲ་རྒྱན་པར་གཞན། ཆེད་དུ་ནགས་གོས་དབང་བསྒྱུར་ནས་རྒྱའི་སྐྱེ་པ་ཚང་མར་རལ་བ་བཞག་པོར་འཇོག་ཏུ་བཅུག་ཤིང་། ཕག་ལོའི་གསར་བརྗེས་རྗེས་སུ་ལུགས་དེ་མེད་པར་བཏང་།

Plaiting hair is one of the customs for Manchu's men in the old days. Men usually shave their hair around the head, and plait their long hair on the back of head like girls. That is why it is called plaiting hair. After the Qing army entered the Shan Haiguan, they imposed the custom of plaiting hair among men of Han people. It was abolished after the Xinhai Revolution.

布朗族染齿 旧时布朗族传统齿饰。流行于今云南西双版纳傣族自治州。青年男女到15岁时，男青年集体到女青年聚会的地方，把当地一种叫"吉"的树木烧黑，互相涂染牙齿，使其变成黑色。经过染齿的青年男女，即被视为成年人，取得恋爱、结婚和社交的权利。

བྲུའུ་ལང་རིགས་ཀྱི་སོ་ཚོས། གནའ་བོའི་བྲུའུ་ལང་རིགས་ཀྱི་སྲོལ་རྒྱུན་སོ་རྒྱན། ཡུན་ནན་ཞིང་པ་ནའི་ཐའི་རིགས་རང་སྐྱོང་ཁུལ་དུ་དར་ཆེ། ན་གཞོན་ཕོ་མོ་ཉིས་པོ་ 15 ལོན་སྐབས། སྐྱེས་པ་མང་དུ་འདུས་ནས་སྐྱེས་མ་འཛོམས་སར་སོང་སྟེ། ས་དེར་ཅའི་ཟེར་བའི་ཤིང་ཞིག་མེར་སྲེག་ནས་ཕན་ཚུན་སོར་བྱུགས་ཏེ་སོ་ནག་པོ་བཟོ་བར་བྱེད། དགའ་རོགས་འཚོལ་པ་དང་བཟའ་ཚང་བྱེད་ཆོག་པའི་ཐོབ་ཐང་ཡོད།

Dyeing Teeth is a traditional dentil of Blang people in the old days. It is popular in Xishuangbanna Dai Autonomous Prefecture, Yunnan. When young girls and boys are 15 years old, group of boys will go to the place where the girls gather, and use a kind of local tree "Ji" (that is lucky or auspicious), which is burned to be black, to dye their teeth into black with each other. After dyeing, they are considered as adults. Then they get the right to love, marry and contact socially.

踩脚 也叫"踩妹脚"。广西北部大苗山一带苗族男女青年示爱的一种方式，经过踩脚确定恋情。节日里，男女青年通过对歌等活动选择了意中人，但当众难以启口，男青年便趁人不注意时，脚尖轻踩女青年的脚，以试其态度。若女青年也如法回应，就表示接受求爱；否则，被拒。

རྐང་བརྫི། སྐྱེས་མར་རྐང་བརྫི་ཡང་ཟེར། གོང་ཞིའི་བྱང་ཁུལ་གྱི་ཏ་མེའོ་རི་བརྒྱུད་ཀྱི་མུའེ་རིགས་ན་གཞོན་པོ་མོ་ཚོའི་རིགས་མཐུན་བསྐྱིག་པའི་ཐབས་ཤེས་ཏེ། རྐང་བརྫི་བརྒྱུད་དེ་དགའ་རོགས་ན་གཏན་འབེབས་བྱེད། དུས་སྟོན་སྐབས་སུ་གཞོན་པོ་མོ་ཚོ་ལ་བཞས་རོགས་བྱ་འགྱུར་ཁོད་སེམས་པ་སོང་བའི་མི་ཞིག་དང་འཕྲད་རྒྱུ་མི་མང་པོའི་ཁྲོད་དུ་སྨྲ་ཚ་མི་ཐོད་ན། གོ་སྐབས་བཙལ་ནས་གཞན་པ་ཞག་འགྲོ་མི་བྱེད་པའི་དུས་སུ་རྐང་ཞེ་ཡིས་བུ་མོའི་རྐང་ཐོག་ཏུ་བརྫི། གལ་ཏེ་བུ་མོ་དེ་འཐབས་བྱུང་སྟར་སྟར་བང་བཏང་ནས་ཕན་ཚུན་བར་དགའ་ཆུར་མཐུན་བྱུང་བ་མཚོན་པ་དང་། དེ་ལྟར་བྱ་བ་བཏང་ཅེ་དང་ལེན་མ་བྱས་པ་ཡིན།

Stepping on foot is also called stepping on the girl's foot. In the Damiao Mountain of northern Guangxi, the youth of the Miao people use this way to express their love and settle in a relationship. At the festival, a young man encounters a girl he favors through singing in antiphonal style or other activities. However, it is a little difficult for him to tell her in public. If other people weren't looking, he would step on the girl's foot lightly with his tiptoes so that he could sound out her attitude. If the girl has responded in the same action, it means that she will accept the courtship willingly.

产翁俗 妻子生产后由丈夫上床坐褥的习俗。始于父权制确立之际。中国历史上越（见"百越"词条）、僚、傣、仡佬等族中曾流行。

བཅའ་སྟོན་ཁྱོ་སྲོལ། ཆུང་མར་བུ་བཙའ་རྗེས་རང་གི་ཁྱོ་པོའི་ཉལ་གདན་བྱ་དགོས་པའི་གོམས་སྲོལ་ཞིག ད་བར་ལུགས་སུ་འགྲོ་ཚུགས་པ་ཞིག་ཡིན། གུང་གོའི་ལོ་རྒྱུས་སུ་ཡི་དང་། ལིའའོ། ཏའི། མྱུལ་ལའོ་སོགས་མི་རིགས་ཁོད་དུ་དར་དར་བྱུང་ཚེ།

Couvade began with the establishment of patiarchal system. After the wife giving birth, the husband experiences the ritual of "abor" in which he takes to his bed, and undergoes periods like a woman who just gave birth to a baby. This custom was popular in some ethnic groups such as Yue, Liao, Thai, Gelao people in Chinese history.

船棺葬 中国南方古代一些少数民族的葬俗。因以船形棺为葬具，故名。船棺葬分露天葬和土葬两种。船棺露天葬流行于古越人所在地，主要是福建及江西的武夷山区。船棺土葬系四川古代巴族的葬俗，流行于公元前4世纪末至公元前1世纪末。

གྲུ་ཕུར། གུང་གོའི་ལྷོ་ཕྱོགས་ཀྱི་གནའ་བོའི་གྲངས་ཉུང་མི་རིགས་འགའི་ཕུར་འདུགས་ལུགས་སྲོལ། ཕུར་སྒམ་གྱི་དབྱིབས་སུར་བཟོས་ཕྱིར་མིང་དེ་ལྟར་ཐོགས། གྲུ་ཕུར་མཚོན་དུ་དང་ས་དུར་རིགས་གཉིས་སུ་དབྱེ། གྲུ་ཕུར་མཚོན་དུ་གཙོ་བོ་གནའ་བོའི་ཡི་པ་འཚོ་སྡོད་བྱེད་པའི་ཁུལ་དུ་དབང་ཆེ་བ་སྟེ། གཙོ་བོ་ཧྥུ་ཅན་དང་ཅང་ཞིའི་མུའུ་དབྱེས་རི་ཁུལ་ཡིན། གྲུ་ཕུར་ས་དུར་ནི་སིའི་ཁྲུན་གྱི་གནའ་བོའི་པ་རིགས་ཀྱི་ཕུར་འདུགས་ལུགས་སྲོལ་ཡིན་ཅིང་། སྤྱི་ལོ་སྔོན་གྱི་དུས་རབས་བཞི་པའི་མཇུག་ནས་སྤྱི་ལོ་སྔོན་གྱི་དུས་རབས་དང་པོའི་བར་དར་བྱུང་།

Boat-coffin Burial is some ethnic minorities' burial customs in the ancient time in the south area of China. It used the boat-shaped coffin as burial utensil. That is why it is called so. Boat-coffin burial consisted of outdoor burial and inhumation. Outdoor burial is popular in the area of ancient Yue people in the southeastern part of China, mainly in Fujian and Wuyi Mountain in Jiangxi. Inhumation is the funeral custom of ancient Ba tribe in Sichuan, and it is popular from late 4th century BC to late 1st century BC.

聪明卡 苗族民俗。苗乡男女青年聚集在路边、树林、小溪旁对歌，见有过路客就以对歌进行考问，谓之"卡"。被卡住人要以歌还歌，比聪明。如客方赢，主方赔礼送行；反之，客方要承认自己输了才被放行。如不分胜负，主方要款待客方，然后再对歌分出胜负，或另约时间再较量。

རིག་འགྲན་ཀ། སྨྱོའི་རིགས་ཀྱི་དམངས་སྲོལ། སྨྱོའི་སྡེ་བའི་གནའ་དུས་གཞོན་ཕོ་མོ་ཚོ་མཉམ་འདུས་ཏེ། ལམ་ཁ་དང་། ནགས་གསེབ། ཆུ་ཕྱུར་གྱི་འགྲམ་དུ་པར་འཚོར་འདོར་སློབ་བར་ནས་ཁྲི་སྟེ་ལན་ཐོབ་ཅེས་འདོར་ཞིང་། གཞན་པ་དེའི་སློ་ལ་ལན་བརྒྱབས་ནས་རིག་པ་འགྲན་པ་ཞིག་ཡིན། གལ་ཏེ་ཕར་ཕྱོགས་རྒྱལ་ན་གཙོ་ཕྱོགས་ཀྱིས་ལེགས་སྐྱེས་བྱིན་པ། གཙང་ལྟར་ཡང་ནར་ཕྱོགས་ཀྱིས་ཕམ་ཁ་ཁས་ལེན་ན་ད་གཟོད་མ་འགྲོར་འཇུག གཏེ་རྒྱལ་ཕམ་ཐག་མ་ཆོད་ན། གཙོ་ཕྱོགས་ཀྱིས་ཕར་ཕྱོགས་ལ་མགྲོན་བསུ་ལེགས་པོ་བྱེད་པའམ། ཡང་ན་སླར་འགྲན་བྱེད་པར་དུས་གདབ།

A test of brightness is the custom of the Miao people. The young men and women gather together to sing antiphonally along the road, in the forest or nearby stream. If they see a passerby, they will test him or her through antiphonal singing. That test is called "turning point". That means the passerby would be required to sing another song. If he or she won, the host would give a ceremonial send-off. If he or she couldn't pass the test and admit the lost, the host would let him or her go. Or if the result came out even, the host would entertain the passerby. Then they will make it some other time to decide the winner.

戴头面 裕固族的婚俗仪式。"头面"指新娘戴在胸前、背后的饰物，用珊瑚、玛瑙、海贝、珍珠等镶织而成。婚日清晨，将"头面"系在新娘头发上，由舅父和邻居前来唱歌祝贺。歌毕，送新娘到男方家完婚。

མགོར་རྒྱན། ཡུ་གུར་རིགས་ཀྱི་བག་རྒྱན་ལུགས་སྲོལ་ཞིག མགོར་རྒྱན་ནི་བག་གསར་གྱི་བྱང་དང་རྒྱབ་ཏུ་འདོགས་པའི་རྒྱན་ཆས་ཤིག་ཡིན། དེ་ལ་བྱུ་རུ་དང་གཡང་ཏི། དུང་དཀར། མུ་ཏིག་སོགས་ཀྱིས་ལྷ་བཏབ་ནས་གྲུབ་པ་ཞིག་ཡིན། བག་གསར་གྱིས་ཁོགས་པ་ལྟ་ཚོར་མགོར་རྒྱན་མགོར་བཏོན་ཏེ། ཨ་ཞང་དང་ཁྱིམ་མཚེས་སོགས་ཀྱི་སྟ་དུ་ཏེན་འབྲེལ་གྱི་གླུ་ལེན། གླུ་ལ་བརྟེན་ནས་བག་གསར་ཕོ་གཅོང་དུ་བག་སྟོལ་བྱེད།

Wearing Woman's Ornaments is the marriage ceremony for Yugu people. "Woman's Ornaments" refers to the ornaments worn before the bride's chest and on the back of her back. It is made of coral, agate, seashell and pearl and so on. On the early morning of the wedding day, Woman's Ornaments will be tied to the hair of the bride. In addition, uncles and neighbors come to sing for benediction. After the songs end, the bride will be sent to the bridegroom's home to attend the wedding.

丢花包 布依族的一项交际活动。绣有各式图案的花包大小不一，内装棉花籽、米糠等物。一般在节日举行。到时，青年男女各站一排，相距10余米，互向异性投掷。逐渐，花包只向自己爱慕对象投去，若对方也愿多向自己投掷，就是有情意的表示。丢花包后，情投意合的双方可以相邀幽会。

ཁུག་ཁ་འཕེན་པ། སྤུའི་རིགས་ཀྱི་འབྲེལ་འདྲིས་ཀྱི་བྱ་འགུལ་ཞིག ཕོག་ལ་རྒྱན་རིས་སྣ་ཚོགས་འཚེམ་དྲུབ་བྱས་ཡོད་པའི་ཁུག་མ་ཆེ་ཆུང་གི་ནང་དུ་སྲིང་བལ་དང་ཞིབ་པོ་སོགས་བླུགས་ཡོད་པ་ཞིག་ཡིན། སྤྱིར་བཏང་དུ་དུས་ཆེན་སྐབས་སུ་སྤྲོ། དེའི་སྐབས་སུ། ན་གཞོན་ཕོ་མོ་ཚོ་རང་རང་གི་གྲལ་དུ་བསྡད་དེ། བར་ཐག་ལ་སྨྱི་བཅུ་ཕྲག་ཨ་བཞག་ནས་ཕ་གས་མོ་མཐུན་པའི་ཕན་ཚུན་བར་འཕེན། རིམ་གྱིས་ཁུག་ཁ་དེ་རང་གི་དགའ་ས་མོའི་སྟེང་དུ་འཕེན། ཕ་རོལ་པོས་ཀྱང་ལ་འཕངས་བྱུང་ན་ཕན་ཚུན་པར་དགའ་ཞེན་དགའ་ཡོད་པའི་མཚོན་རྟགས་ཡིན། ཁུག་ཁ་འཕངས་རྗེས་ཕན་ཚུན་བར་ཁ་ཆད་འདེབས།

Throwing flower bags is a social activity of the Buyi people. Bags are varied in embroidery patterns and size with cotton seeds and tikitikis filled inside. The activity is usually held in festivals. Young men and women stand in two rows separately, ten meters of distance between the rows, and throw bags to the opposite sex. Gradually, flower bags are thrown just to the adored ones; if he or she throws many bags back either, it is an indication of love. When the activity finished, the young man and woman can go for a date if they find each other congenial.

独龙族剽牛 独龙族祭祀风俗。通常在年节"卡雀哇"上举行。届时，祭牛被牵入场内，祭师面向东方祭祀山神，人们则以牛为中心，敲起铓锣，围圈跳跃。然后由男子持矛将牛剽倒至死，祭师身背牛头，率众围绕祭牛跳舞。最后，参与者平均分得一份牛肉，喝酒聚餐。

ཏུའུ་ལུང་རིགས་ཀྱི་གླང་མཆོད། ཏུའུ་ལུང་རིགས་ཀྱི་དམར་མཆོད་གོམས་སྲོལ་ཞིག་ཡིན། རེའི་ཉུས་ཆེན་ཆེ་བ་དུ་སྟེལ། སྐབས་ཕོག་ཏུ་མཆོད་འདུལ་གྱི་གླང་མཆོད་དེའི་ནང་དུ་ཁྲིད་ཡོང་ནས། ལྷ་པའི་ཁ་ཕྱོགས་ཀྱི་མཆོད་གནས་གཞི་བདག་ལ་འབུལ། མི་ཚོས་གླང་སྟེང་བར་བཟུང་སྟེ། ཧ་ཏུང་ལྕགས་འཁར་གྱི་ཆོ་གར་རོལ། དེ་ནས་ནི་སྐྱེས་པ་ཞིག་གིས་མདུང་གིས་གླང་དེ་རུ་རྟེས་བདབ་ནས་བསྲུན། སྐྱབས་མགོ་ལྡང་བའི་རྒྱབ་ཏུ་ཁུར་ཞིང། མི་ཚོགས་ཀྱིས་དེའི་མཐའ་བསྐོར་ནས་སྟབ་མཆོད་ཀྱི་བྲོ་འཁྲབ། མཐའ་མཐར། དེ་ཞུགས་མཁན་ཡོངས་ལ་སྟབ་ཤ་རོག་རོག་བགོས་ནས་ཆང་འཐུང་གསོལ་སྟོན་གསོལ་བ་ཞིག་ཡིན།

Banquet of Butchering Cattle is a sacrificial ceremony of Derung people. It's usually held at yearly festival "Kaquewa". After the sacrificial, the cattle is pulled into the field, and the priest offers sacrifice to the mountain god, facing to the east, while other people beat the Mang Drum and dance in circle around the cattle. Then a man will slice the cattle with spear until it died. The priest carries the cattle head on his back and lead people to dance around the cattle. At last, every participant can be allocated a portion of beef and dine together.

对委奥依纳 撒拉语音译，意为"玩骆驼戏"。撒拉族民间婚姻风俗。流行于青海、甘肃等地。一般由四人扮演，其中二人穿翻皮袄扮骆驼，一人扮蒙古人，另一人身着长袍、缠头巾、手持拐杖，扮撒拉人先民。表演时，演员边说边舞，反映先民迁徙的艰辛。一般在婚礼中举行。

ཏའེ་ཝེ་ཨོ་དབྲི་ན། ས་ལར་སྐད་ཀྱི་སྒྲ་བསྒྱུར་ཡིན། དོན་ཧ་ཅོང་གི་གར་ཚེད་ཅེས་པ་ཡིན། ས་ལར་རིགས་ཀྱི་དམངས་ཁྲོད་གཉེན་སྒྲིག་ལུགས་སྲོལ་ཞིག མཚོ་སྔོན་དང་ཀན་སུའུ་སོགས་སུ་དར་ཁྱབ་ཆེ། སྤྱིར་བཏང་དུ་མི་བཞིའི་འཁྲབ་འགྲོ། དེའི་ནང་གི་མི་གཉིས་ཀྱིས་སྒོག་ཕྱིར་སློག་ཆས་གྱོན་ནས་རྔ་མོང་བྱེད། མི་གཅིག་གི་སོག་པོ་བྱེད། མི་གཞན་པ་དེས་ཤན་ལ་ཤུན་ཞིང་མགོར་ལྭ་རས་དཀྲིས། ལག་ཏུ་བེར་ཀ་བཟུང་ནས་ས་ལར་གྱི་སྔོན་རབས་པའི་རྣམ་པ་བྱེད། འཁྲབ་པའི་སྐབས་སུ་འཁྲབ་མཁན་གྱིས་གློག་གར་གྱི་སྒོ་ནས་ས་ལར་བའི་སྔ་རབས་པ་ཚོ་གནས་སྤོས་པའི་དཀའ་སྡུག་བརྗོད། སྤྱིར་བཏང་དུ་གཉེན་སྒྲིག་སྐབས་འཁྲབ།

Duiweiaoyina, transliterations of Salar words, means "Playing Camel Show". And it's the folk wedding customs of Salar people, popular in Qinghai, Gansu and other places. The show generally consists of four players: two of them play the role of camel, dressing in a sheepskin coat with the inside out, one person plays Mongols, and another man play Salar's ancestors in a robe, turban and a cane. During the performance, the actors talk and dance to express the hardship of their ancestors in the process of migrating. It is usually held in the wedding.

夺床 土家族婚俗。婚礼时，新人拜完天地后要尽快入洞房，抢先去坐床，谓之"夺床"。规则是：男左女右，以床正中为界。有心计的新娘常常坐在界线上。新郎也不让步，用身子尽力把新娘挤到界线外。最后，新郎揭开新娘的盖头巾结束夺床活动。据说，谁夺床获胜，将来就由谁当家。

མལ་ཁྲི་འཕྲོག ཐུའུ་ཅ་རིགས་ཀྱི་གཉེན་སྒྲིག་ལུགས་སྲོལ། གཉེན་སྟོན་སྐབས། བག་གསར་མག་གསར་གཉིས་གནམ་ས་ལ་མཆོད་འབུལ་ཚར་རྗེས་མྱུར་མོར་ཕྱིར་ཁྱིམ་དུ་ལོག་ནས། མལ་ཁྲི་འཕྲོག་རེས་བྱེད། དེ་ལ་མལ་ཁྲིའི་དབུས་སུ་མཚམས་ཐིག་ཡོད། སེམས་ན་འཆར་གཞི་ཡོད་པའི་བག་མ་ཚོས་རྒྱུན་པར་མཚམས་ཐིག་བརྒྱལ་སྟེང་། མག་པས་ཀྱང་གོམ་གང་མི་བསྒྱུར་པར་ཕུང་པོའི་ཤུགས་ལ་བརྟེན་ནས་བག་མ་ཕར་འདེད། མཐའ་མ་ཐར་མག་པས་བག་མའི་མགོ་རས་བླངས་ཏེ་མལ་ཁྲི་འཕྲོག་པའི་བྱ་འགུལ་མཇུག་རྫོགས་པ་ཡིན། བརྡ་ཚོལ་ལ་སུ་ཞིག་གིས་མ་དུག་ས་འཕྲོག་ཐུབ་ན་དེ་ཁྲིམ་དབང་འཛིན་པར་བཤད།

"Seizing the bed" is a marriage custom of Tujia people. At the wedding, the couple bow to Heaven and Earth and then enter the bridal chamber as soon as possible. They both try their best to sit on the bridal bed first, called "seizing the bed". The rule is that with the middle of the bed as the boundary and the bridegroom on the left and the bride on the right. Smart bride often sits on the boundary. The groom does not compromise, trying to use his body to push the bride outside the boundary. Finally, the groom lifts up the bride's veil. It is said that the one who wins will run the family in the future.

放高升 傣族民间节日娱乐风俗。流行于云南傣族聚居地区。"高升",寓意步步高升,是一种用火药、竹筒、竹竿等制成的土火箭。大的重数十斤、长七八米;小的重几两,长一米多。放时,将高升缚于发射架上,点燃导火线,即飞上高空。高升上装有竹笛,飞升时能发出响声。

གནམ་འཕུར་གཏོང་། དཔེའི་རིགས་དམངས་ཁྲོད་དུས་ཆེན་གྱི་རྩེད་མོའི་གོམས་སྲོལ་ཞིག ཡུན་ནན་དཔེའི་རིགས་ས་ཁུལ་དུ་དར་ཁྱབ་ཆེ། གནམ་འཕུར་ཞེས་པའི་མཚོན་དོན་ནི་གོམ་པ་རེ་རེ་བྱས་ཏེ་ཡར་འཕགས་པའི་དོན་ཡིན། དེ་ནི་མེ་རྫས་རིགས་ཤིག་དང་སྨྱུག་མ་དང་སྨྱུག་ཕྲན་གྱི་རྣམ་དུ་སྒྲུབ་པའི་ཡུལ་ཐོན་མེ་མདའ་ཞིག་ཡིན། ཆེ་བའི་ལྗིད་ཚད་ལ་རྒྱ་མ་བཅུ་ཕྲག་སྒྲུབ་དང་རིང་ཐུང་ལ་སྨི་བདུན་བརྒྱད་ཙམ། ཆུང་བའི་ལྗིད་ཚད་ལ་སྲང་གཉིས་ཙམ་དང་རིང་ཐུང་ལ་སྨི་གཅིག་ཙམ་ཡོད། འཕེན་སྐབས། གནམ་འཕུར་དེ་མེར་མེ་སྦྱར་རྟེན་གནམ་ལ་གཏོང་། གནམ་འཕུར་སྦྱར་བའི་སྐྱེ་དུ་སྨྱུག་གླིང་ཞིག་བཏགས་ཡོད་པར་ཕུར་སྒྲ་སྒྲོག

Launching Gao Sheng, or Dai rockets, is recreational custom for Dai people in folk festivals. It is popular in Dai ethnic areas of Yunnan province. "Gao Sheng" means rising step by step. It is a kind of indigenous rockets made of gunpowder, bamboo pipe and bamboo pole and so on. Large ones weigh dozens of Jin and is 7 or 8 meters long; Small ones weigh several taels and is over one meter long. When launching, fasten Gao Sheng to the launcher and light the blasting fuse, then it will fly into the high sky. If the Gao Sheng is equipped with bamboo flute, it will utter sounds after launching.

分鸡心 贵州苗岭山区苗族的习俗。每逢佳节吃饭时,家长或同族中最有威望的老人就会把鸡心或鸭心敬给客人。但客人不能独享,须与在座的老人同享。苗家以鸡、鸭为待客佳品,而鸡心、鸭心是最贵重部分,把"心"让给了你,也等着你交"心"给他们,互为朋友。

བྱ་སྙིང་བགོ་བ། གུའེ་གོའུ་མྱའོ་ལིངས་རི་ཁུལ་གྱི་མྱའོ་རིགས་ཡུལ་གྱི་སྲོལ། དུས་ཆེན་པོ་སོར་ཟ་མ་ཟ་སྐབས་ཁྱིམ་བདག་དང་རིགས་གཅིག་ནང་གི་ཆེས་དབང་ཤུགས་ཡོད་པའི་རྒན་པོ་ཚོས་བྱའི་སྙིང་དང་ངང་སྙིང་མགྲོན་པོར་ཕུལ། འོན་ཀྱང་མགྲོན་པོ་ཚོས་སྒེར་གཅིག་པུར་རོལ་ན་མི་ཆོག་པར་དེར་བཞུགས་པའི་རྒན་པོ་ཚོ་དང་མཉམ་དུ་རོལ་དགོས། མྱའོ་ཁྱིམ་གྱིས་བྱ་དང་ཆུ་བྱ་མགྲོན་བསུའི་བྱེད་པ་ཆེས་ཆེ་དུ་འཛིན་ཞིང་བྱ་ཆུའི་སྙིང་དང་ངང་སྙིང་ནི་དེ་ལས་ཀྱང་རྩ་ཆེན་དུ་བརྩི། སྙིང་སྟེར་བའི་གྲོགས་པོ་བློས་ཐུབ་ཅིག་ཡིན་ཀྱུའི་ཡིད།

Dividing chicken's hearts is a custom of Miao people in Miaoling mountainous area in Guizhou province. On a festival dinner, the most prestigious elders of parents or the homogeneous relatives will give the chicken or duck hearts to the guests. But the guests must share with all of the elderly. The Miao people prepare chicken and duck as excellent dishes to entertain the guests. The chichen and duck heart are the most precious part. They give "heart" to you, and are also waiting for you to give the "heart" to them, being mutual friends.

赶表 布依语叫"浪冒浪哨"，是布依族青年男女寻觅配偶、交流感情的一种社交活动。赶表时，男女青年可以通过对歌、吹木叶和勒尤（乐器）来表达自己的爱慕之情。

རོགས་མཐུན་སྟེབ། ཕུའི་དབྱིའི་སྐད་དུ་ལངས་མའོ་ལངས་ཞའོ་ཞེས་བརྗོད། དེ་ནི་ན་ཆུང་ཕོ་མོས་རོགས་མཐུན་སྒྲིག་པ་སྟེ། ཕན་ཚུན་བར་བརྗེ་སེམས་སྟོད་པའི་སྤྱི་ཚོགས་ཀྱི་བྱ་འགུལ་ཞིག་ཡིན། རོགས་མཐུན་སྟེབ་དུས་ན་ཆུང་ཕོ་མོས་ཕན་ཚུན་བར་ལ་གླུ་ལེན་པ་དང་། ཤོ་མ་དང་ཡི་ཡོའུ། (རོལ་ཆས) བུས་ཏེ་རང་རང་གི་སེམས་ནང་གི་བརྩེ་སེམས་མཚོན་པར་བྱེད།

Go Courting, called "Lang Mao and Lang Shao" in Buyi language, is a kind of social activity to exchange feelings for Buyi's young men and women. At that time, young men and women express their love by singing antiphonally, blowing tree leaves and Le You (suona).

古代树葬 葬俗。也称"风葬""挂葬""木葬""空葬"等。旧时东北和西南少数民族地区常见。主要形式是把死者置于深山或野外的大树上，任其风化；后来，有作改进的方式是将死者陈放于特制的棚架等装置上（里）。树葬是树居的反映，也是原始生活在葬俗上的遗存。

གནའ་བོའི་སྟོང་དུར། དུར་སྲོལ། ཡང་ན་རླུང་དུར་དང་འབེད་དུར། སྟོང་དུར་སོགས་སུ་འབོད། གནའ་བོའི་དུས་སུ་བྱང་ཤར་དང་ནུབ་ལྷོའི་གྲོགས་ཀྱི་གྲངས་ཉུང་རིགས་ཁུལ་དུ་ཆུན་པར་མཐོང༌། རྣམ་པ་གཙོ་བོ་ནི་ཤས་གསོན་དང་རི་ཡུག་གི་ཤིང་ཆེན་པོའི་ཕུར་བོར་སྐྱེ་ལ་དུར་དུ་བཞག་ནས། རྒྱུད་བུས་སྐམ་དུ་འཇུག རྗེས་སུ་བྱེད་ཐབས་ཀྱང་བཅོས་ནས་གཤིན་པོའི་རོ་དེ་ལྷག་པར་འཛུག་སྟོང་བཟོས་ཏེ་སྟོང་མགོར་འཇོག་སྟོང་དུར་ནི་ནགས་འདབ་ཏུ་སྡོད་པའི་ཚུལ་མཚོན་ཞིག་ཡིན་ལ། གདོད་མའི་འཚོ་བའི་དུར་སྲོལ་གྱི་ཤུལ་བཞག་ཅིག་ཀྱང་ཡིན།

Ancient Tree Burial is a burial custom, also called "wind burial", "hanging burial", "wooden funeral", and "air funeral" and so on. It's common in old northeastern and southwestern minority areas. The main form is to place the dead on the trees of the mountains or the field, letting it weather. Later, the improved way is to lay the dead on (in) a special shelf or other apparatus. "Tree burial" reflects the tree-dwelling, also remains of primitive life on the funeral rites.

逛林卡 藏族传统的休闲娱乐风俗。流行于西藏拉萨、日喀则及昌都等地。通常在藏历五月初一至五月十五进行。其间，人们着盛装，三五成群到附近林卡搭起帐篷，铺上坐垫，野餐叙谈，歌舞游乐。旧时还伴有宗教祭祀等活动。

སྐྱིད་ཀ་གཏོང་བ། བོད་ཀྱི་སྲོལ་རྒྱུན་སྐྱོ་གསེང་རོལ་ཆེད་ཀྱི་གོམས་སྲོལ། ལྷ་ས་དང་གཞིས་རྩེ། ཆབ་མདོ་སོགས་སུ་དར་ཁྱབ་ཆེ། རྒྱལ་པར་བོད་ཟླ་ལྔ་པའི་ཚེས་མགོན་ནས་ཚེས་བཅོ་ལྔའི་བར་དུ་འཚམས་འཛོམ་ལ་འགྲོ། དེའི་རིང་དུ་མི་རྣམས་ཀྱིས་གཟབ་མཆོར་ལེགས་པར་སྤྲས་ཏེ། མི་ལྔ་གསུམ་རེ་ལྔན་དུ་སྐྱིད་ཀའི་ཉེན་དུ་གུར་ཕུབ་ཅིང་སྟན་དུ་གདན་བཏིང་། དེ་ནས་རི་ཟ་ར་གཏམ་འཆད་པ། གླུ་ལེན་སྟོགས་སོགས་ལ་རོལ། གནའ་བོར་དད་ཆོས་ལུགས་ཀྱི་ཚོགས་འཆར་ཡང་སྐྱིལ།

Strolling around Ling Ka is the traditional recreation custom of Tibetans. It is popular among Lhasa, Shigatse and Changdu in Tibet. It is held in Tibetan calendar from May 1st to May 15th. During this time, people dress up, gather near Ling Ka, put up the tents and lay down the cushion. They have a picnic, talking, dancing, singing and playing happily. In the old days, there were religious rites and other activities.

行歌坐月 侗族、苗族、壮族等民族青年男女的交际和恋爱方式。侗语称"鸟蓊"。青年男女三五成群，相约在坡上、树下对唱情歌。或者，姑娘们结伴在房中纺纱、做针线，小伙子们则携带乐器前来对唱。通过唱歌，互相倾吐爱情。情深时，男女换记（送礼物）定情，约为夫妻。

གླུ་ཡིས་རྣ་བ་ཕུག ཏུང་དང་མུའོ། གྲོང་རིགས་སོགས་ཀྱི་ན་གཞོན་པོ་མོའི་བར་གྱི་འབྲེལ་འདྲིས་དང་རོགས་སྐྱིག་ཐབས་ཤིག ཏུང་སྐད་ལ་ཞུའི་ཞེས་བཤད། ན་གཞོན་པོ་མོ་གསུམ་གསུམ་ལྔ་ལྔའི་འཛུར་ཐོག བསངས་སྟོང་པའི་ཆུ་བཞལ་དང་ཤོ་བོར་བ་གདའ་འབྱར་དགོས། དེ་ན་བའི་ཞིང་མི་སྐྱིད་མི་འབྱུང་བ་སྟེ། མི་ཇེ་ཁྱེར་བོར་ན་བས་མི་སྟན་པ་མི་གོ་བའི་སྐྱོན་འདུན་ཡིན། ཁང་དེ་ཁྱེར་བར་བ་ཞིག་ཡིན་མི་དགོས་པར། རྒྱལ་དང་པོའི

Xing Ge Zuo Yue is a way for Dong, Miao and Zhuang young men and women to communicate and develop a relationship. It's called "Niaowong" in Dong language. Young men and women gather on the slope or under the tree to sing love songs; girls spinning or sewing together in the room while young men carrying musical instruments to sing in antiphonal style with the girls. Their affection is expressed through singing. When the two fall in love, they can give each other gifts for love-promise and engagement.

喝耳明酒 朝鲜族风俗。正月十五的早晨，空腹喝一杯没有烫过的清酒，以祝耳聪，不会得耳疾，一年都能听到好消息。此酒并非特制，凡是在正月十五早晨喝的酒，都叫耳明酒。

རྣ་ཆང་འཐུང་བ། ཁོའེ་ཞན་རིགས་ཀྱི་ལུགས་སྲོལ། ཟླ་དང་པོའི་ཚེས་བཅོ་ལྔའི་ཞོགས་པར། ཁོག་སྟོང་ལ་དོལ་པོ་བཅལ་པའི་ཆང་བསིལ་དངས་མོ་བོར་བ་གང་འཐུང་དགོས། དེ་ནི་བའི་ཞིང་མི་སྐྱིད་མི་འབྱུང་བ་སྟེ། མི་ཇེ་བོར་ན་བས་མི་སྟན་པ་མི་གོ་བའི་སྐྱོན་འདུན་ཡིན། ཁང་དེ་ཁྱེར་བར་བ་ཞིག་ཡིན་མི་དགོས་པར། ཟླ་དང་པོའི

ཆེས་བཅོ་ལྔར་འཐུང་བའི་ཆང་ཆང་མར་རྣ་ཆང་འཐུང་བ་ཞེས་འབོད།

Drinking Erming Liquor is a custom of Korean people. Drinking a cup of liquor on the morning of the fifteenth day of the first lunar month is to wish good wishes for people so that they will not have ear diseases and can hear the good news the whole year. This wine is not specially made. All alcoholic drinks people drink in that morning are called Erming Liquor.

蝴蝶会　白族民间娱乐风俗。流行于云南大理地区。每年农历四月十五日前后，是苍山脚下蝴蝶泉边彩蝶最多的时节，蝴蝶大如手掌，小似钱币，五彩缤纷。附近群众纷纷前去观赏，并举行野餐，弹演洞经古乐，祈祷风调雨顺，年轻人还借此谈情说爱。民间称"蝴蝶会"。

ཕྱི་ལེབ་འདུ་ཚོགས། པའི་རིགས་ཀྱི་དམངས་ཁྲོད་ཆེད་མོའི་གོམས་སྲོལ་ཞིག ཡུན་ནན་ཏུ་ལིའི་ཁུལ་དུ་དར་ཁྱབ་ཆེ། ལོ་རེའི་ཞླ་བ་བཞིའི་པའི་བཅོ་ལྔར་ཙམ་གྱི་སྒང་ཚེས་ཚུན་རིའི་འདབ་ཀྱི་བྱེ་ལེག་གཙང་པོའི་འགྲམ་དུ་ཕྱི་ལེབ་ཆེས་མང་བའི་དུས་སྐབས་དེར། ཕྱི་ལེབ་ཆེ་བ་ལག་མཐིལ་ཚད་ཡོད་པ་དང་ཆུང་བར་སྒྱགས་སྒོར། ཙམ་ཕྱེ་ལེབ་ལ་འབུམ་ཞིག་ལང་ལོང་དུ་ཡོད་དེ། འབོར་གྱི་མི་ཚོགས་རྟག་པ་དེར་ལྟ་རུ་རིག་རིག་ཏུ་འགྲོ་ཏེ། རི་ཟས་ཟ་ཞིང་གཏམ་དང་ག སྐུ་མགོས་ཇེད་འཁྲབ་ལ་རོལ་བ་དང། སྐབས་སྐབས་དེར་གཞོན་ནུ་ཕོ་མོས་དགའ་སྒོས་འཚོ་ཆགས་གཏམ་གྲོལ་དམངས་ཁྲོད་དུ་ག་ལེབ་འདུ་ཚོགས་ཞེས་བརྗོད།

Butterfly Party is the folk recreation custom for the Bai people. It is popular in Dali, Yunnan. Before or after lunar April 15th every year, it is a time that most butterflies gather near the Butterfly Spring on the foot of Cangshan Mountain. Those colorful butterflies are of different sizes, some as big as a palm, some as small as a coin. The crowd nearby go to the Butterfly Spring, having a picnic, playing ancient Dongjing music and praying for good harvest. Young people make dates at this time. It is called "Butterfly Party" by folks.

花甲宴　朝鲜族人为60岁老人举行的生日宴席。按古历法天干地支推算法，60年作为一个循环单元，因此，将60周岁看成周甲或还甲。朝鲜族把60岁看成是人生道路上的分水岭，因此对花甲礼特别讲究。

ལོ་རན་དྲུག་ཅུའི་གསོལ་བཤམས། ཁྲོ་ཞེན་རིགས་ཀྱིས་བགྲེས་པོ་ལོ་༦༠ཡན་དུས་སྟོན་སྤེལ་བའི་སྐྱེས་སྟོན་གྱི་གསོལ་བཤམས་ཞིག་ཡིན། གནའ་བའི་ལོ་ཁམས་རྩིས་སྟངས་ལྟར་ན། ལོ་༦༠ནི་ལོ་འཁོར་གཅིག་ཕྱིར་བའི་བགོ་ཡིན། དེར་བརྟེན་ཁྲོ་ཞེན་རིགས་ཀྱིས་ལོ་༦༠ལ་སྐྱེས་པའི་མི་ཚེའི་ལམ་བུའི་ཕོག་གི་དགོངས་མཚམས་ཞིག་ཏུ་ངག་སེམས་པ་ས། ལོ་རན་དྲུག་ཅུའི་གསོལ་བཤམས་དེ་ཉིད་ཏུ་རྩིས་ཆེ་ཏུ་འཛིན།

Sixty-year-old Feast is the birthday party held for sixty-year-old seniors of Korean people. According to the ancient calendar (Korean) of ten Heavenly Stems and twelve Earthly Branches, 60 year is a circulation unit. Thus, sixty-year-old is regarded as the completion of a circulation. Korean people view the sixty year old as the watershed in one's life, so, they are particularly elaborated with sixty-year-old birthday.

祭敖包 蒙古族祭祀风俗。"敖包"是蒙古语，意为堆子或鼓包。常设于高山或丘陵上，用石头堆成一座圆锥形的实心塔，顶端插杆，杆头系各色经文布条、纸旗等；敖包上还要插树枝，旁边摆供品。祭祀时，由喇嘛焚香点火，颂词念经，牧民们则要从左向右绕敖包三周，求神降福。

ལབ་རྩེ་མཆོད། སོག་པོའི་མཆོད་བགྱུར་ཡུགས་སྲོལ། སོག་སྐད་དུ་ཨོ་པོའི་ཟེར། དེའི་དོན་ནི་སྤུངས་པའམ་འབུར་བའི་དོན་ཡིན། རྒྱུན་པར་རི་མཐོན་པོ་དང་དེའུ་འབུར་གྱི་མགོར་འཛུགས། དེའི་རྫེའི་འབུམ་སྤུངས་ཏེ་དེའི་དབུས་སུ་དར་སྟོང་རྒྱག་པ་ཞིག་ཡིན། མཆོད་པའི་ཐོག་ཏུ་དུང་ཡག་གི་བཞུགས་ནས་དེའི་འགྲམ་དུ་མཆོད་པ་བཤམས། མཆོད་བགྱུར་སྐབས་སུ། བླ་མ་ཞིག་གིས་གསང་སྤོས་དང་གསོལ་ཁ་འདོན། འབྲོག་པ་རྣམས་ཀྱིས་གཡས་བསྐོར་གསུམ་བརྒྱབ་ནས་ལྷ་ལ་མཆོད།

Worshiping Ao Bao is the Mongolian ritual customs. "Ao Bao" is Mongolian, and it means heaping or humps. It is always set in the mountains or hills and piled a solid conical tower with stones. A pole is installed on the top, in whose head are festooned with colored scriptures cloth, paper flags and so on. Also, it's necessary to stick the branches on Ao Bao and put offerings by Ao Bao. At the ritual, the Lama burns incense, sets fire, chants hymns and scriptures; Herders go around the Ao Bao three times from left to right to ask God to bless them.

祭腾格里 "腾格里"是蒙古语音译，意为"天帝"，蒙古人萨满教观念之一，指上层世界，即天上；又指主宰一切自然现象的"先主"；还包含"命运"的意思。祭腾格里是蒙古族人的重要祭典之一，东部盟旗多在农历七月初七或初八进行。有供奉奶制品的"白祭"和宰牲的"红祭"。

གནམ་བདག་མཆོད། སོག་སྐད་དུ་ཐུན་གུ་ལི་ཟེར། དེའི་དོན་གནམ་གྱི་རྒྱལ་པོ་ཞེས་པ་ཡིན། སོག་པོའི་བོན་ཆོས་འདོད་ཚུལ་ཞིག་ཡིན། གོང་མ་ལྷའི་རྒྱལ་པོ་བཞུགས་ཡིན། དེའི་རང་བྱུང་གི་སྣང་ཚུལ་ཡོངས་ཀྱི་བདག་པོ་ཡིན་པར་སྟོན། གཞན་དེ་ལ་ལས་དབང་གི་བོན་ཆོད་ཡོད། ཐུན་གུ་ལི་མཆོད་པ་དེ་སོག་པོའི་མཆོད་བགྱུར་ལ་གལ་ཆེན་ཞིག་ཡིན། ཤར་ཁུལ་གྱི་མཉམ་འབྲེལ་ཆེས་མང་ཆེ་བོ་ཀྱིས་ཟླ་བདུན་པའི་ཚེས་བདུན་བརྒྱུད་མཆོད་བསྟོད་བྱེད། དེ་ལ་འོ་མའི་རིགས་ཀྱི་མཆོད་པའི་དཀར་མཆོད་དང་། སེམས་ཅན་བསད་དེ་མཆོད་པའི་དམར་མཆོད་དེ་རིགས་གཉིས་སུ་ཕྱེ།

Worshiping Tengri, Tengri is a Mongolian transliteration, and it means "the God in Heaven". It's one of the Mongols Shamanism concepts. Tengri refers to the upper world: heaven; It also refers to "first master" dominating all natural phenomena; It also means the "destiny". Tengri Sacrifice is an important festival of Mongolian people, and the eastern Banners mostly hold it in the seventh or eighth day of the seventh month of lunar calendar. There are also "White Sacrifice" offering with dairy products, and "Red Sacrifice" with slaughtering animals.

龙潭祭 普米族农业祭祀风俗。流行于云南兰坪、宁蒗等地。两地分别在农历正月、二月间和三月、七月间举行。祭日，各家到自家龙潭（也称"龙泉"）边搭"龙塔"（龙宫），以酒、牛奶、鸡蛋等祭于塔上，巫师登坛念经，祈求龙神保佑风调雨顺。

སྨུ་མཚོ་མཆོད་པ། ཕུའི་སྟེ་རིགས་ཀྱི་ཞིང་ལས་མཆོད་འབུལ་གོམས་སྲོལ། ཡུན་ནན་ལན་ཕིང་དང་། ཉིང་ལངས་སོགས་ས་ཁུལ་དུ་དར་ཁྱབ་ཆེ། ས་ཁུལ་གཉིས་པོ་སོར་ལུགས་རྗེས་ཀྱི་ཟླ་བ་དང་པོ་དང་ཟླ་གཉིས་པའི་དགུལ་དང་། ཟླ་གསུམ་པ་དང་ཟླ་བདུན་པའི་དགུལ་དུ། མཆོད་འབུལ་སྐྱབ། མཆོད་འབུལ་ཞིན་མོར། ཁྱིམ་ཁག་རེ་རེས་སྐྱུ་མཚོ་（སྐྱུ་ཆུ་ཡང་ཟེར） ཡི་སྐྱུའི་མཆོད་རྟེན་（སྐྱུའི་ཕོ་བྲང་） གས་དུ་སོང་ནས། ཆང་དང་འོ་མ། སྒོ་ང་བཅས་མཆོད་རྟེན་སྟེང་དུ་མཆོད་འབུལ། ལྷ་པ་ཞིག་བྱེད་འཛིན་ཏུ་ཚོག་ག་སྐྱབ་ནས་སྐྱུའི་ལྷ་ཆར་ཆུ་ཡག་ཤོས་ཡོང་བའི་སྐྱབས་འཇུག་ཞུ།

Worshiping Long Tan is an agricultural ritual custom of Pumi people. It's popular in Lanping, Ninglang and other places of Yunnan province. The sacrifices are respectively held in the first lunar month, between February and March, and in July. At the Memorial Day, each family go to their own Long Tan (also called "Dragon spring") and build "Dragon Tower" (also called Dragon Palace). With wine, milk, eggs and other offerings offered to the tower, witches come up to the altar, and chant and bless the God of Dragon to pray for the good weather.

苗族草标 苗族信息标志民俗，是其习惯法中重要的文化符号。主要流行于湘西、黔东南等地。"草标"通常用芭茅草制成，形式各异，却很讲究。如青年男女传递爱情用草标作标志：有的用几根小草，表示几天后相会；有的将草扎成圆圈，表示团圆有望；有的青草夹黄，表示秋场再相会。

སྨྱོ་རིགས་ཀྱི་རྩྭ་བྲོ། སྨྱོ་རིགས་ཀྱི་བརྡ་རྟགས་དཔངས་སྲོལ། དེ་ནི་ཡུལ་ཁྲིམས་ཁྲོད་ཀྱི་རིག་གནས་བརྡ་རྟགས་གལ་ཆེན་ཞིག་ཡིན། ཞང་ཞུབ་དང་ཆན་མར་སྟོའི་ཡུལ་སོགས་སུ་དར་ཁྱབ་ཆེ། རྩྭ་བྲོ་ནི་རྒྱུན་པར་རྩྭ་ཡིས་བཟོས་པ་སྟེ། རྣམ་པ་འདུ་མིན་ཡོད་ཅིང་མཐོང་ཆེན་ཞིག་ཏུ་བྱེད། དཔེར་ན། ན་གཞོན་ཕོ་མོ་གཉིས་ཀྱི་བརྩེ་བ་མཚོན་པའི་རྩྭ་ཕོར་ཚ་གཟའ་ནམ། རེ་འགའ་རྩྭ་ཕོ་ལ་ཤས་བཟོས་ཏེ། ཞིན་འགའ་རྗེས་སུ་དོ་ཕྲག་པའི་མཚོན་རྟགས་ཡིན། རེ་འགའ་རྩྭ་ཕྱུང་དུམ་དུམ་ཞིག་བཟོས་ཏེ། མཐུན་པའི་རེ་སྐུལ་ཡོད་པར་མཚོན་པ་དང་། རེ་འགའ་རྩྭ་ལྗང་གི་གསེང་དུ་སེར་པོ་བཅུག་ནས་སྟོན་གྱི་དུས་སུ་ཕྲག་པར་མཚོན་པ་ལྟ་བུ་ཡིན།

Grass Mark of the Miao people is a custom of identifying information. It's is an important cultural symbol in their customs, mainly popular in western Hunan, southeast Guizhou and other places. "Grass mark" is usually made of a special grass, in different forms, but very informative. Young men and women show love by using grass mark as identification: a few grass symbolizing to meet in a

· 1165 ·

few days; some grass in the form of a circle representing expected reunion; some green and yellow grass showing meet again in autumn.

摩梭人走婚 摩梭人的传统婚俗。也是其母系家庭中繁衍后裔的途径。男性称女情人为"阿夏",女性称男情人为"阿注"。双方若有意,男子会在半夜到女子的"花楼"幽会,并爬窗而入;清早女方家长起床前,男子须离开,可走正门。双方所生子女属母家,男方一般不承担抚养责任。

མོ་སོའི་པའི་འགྲོ་སྟོན། མོ་སོ་པའི་གཉེན་སྟོན་ལུགས་སྲོལ། དེ་ནི་མ་རྒྱུད་ཁྱིམ་ཚང་དུ་བུ་རབས་ཚ་རྒྱུད་རིང་དར་འཕེལ་བྱུང་བ་ཞིག་ཀྱང་ཡིན། སྐྱེས་པས་བུད་མེད་དགའ་རོགས་ལ་ཨ་ཞེས་འབོད། བུད་མེད་ཀྱིས་སྐྱེས་པ་དགའ་རོགས་ལ་ཨ་གྲོ་ཞེས་འབོད། གལ་སྲིད་ཕྱོགས་གཉིས་ཀར་འཆད་པ་བྱུང་ན། སྐྱེས་པ་མཚན་གོར་དུ་བུད་མེད་ཀྱི་ཕོག་ཁང་སྐྱེའི་ཐོག་ལས་འཛུལ་ནས་འོང་། ནང་སྟོར་མོར་བུད་མེད་ཚང་གི་ཁྱིམ་བདག་ཡར་མ་ལངས་པའི་སྟོང་དུ། སྐྱེས་པ་དེ་པར་དུ་སྟོར་འགྲོ་དགོས། བོན་ཀྱང་སྒོ་ཆེན་ལས་འགྲོ། ཕོ་གཉིས་ལ་བཙའ་བའི་བུ་ཕྲུག་བོའི་ཨ་མ་ཚང་ལ་དབང་། སྐྱེས་པ་ཕྱོགས་ཀྱི་བུ་གསོ་བའི་འགན་ཅི་ཡང་མི་འཁུར།

Mosuo Walking Marriage is the marriage custom of the Mosuo people. It's the way to have descendants in maternal families. The men call his lover "Axia" while the women call her lover "Azhu". If a young couple falls in love, the young man will climb into the girl's "Flower Chamber" (the girl's bedroom) through windows in the late night to have a date and will have to leave in the next morning through front door before the girl's parents get up. Their children are raised by the girl's family and generally, the man is not necessarily responsible for raising children.

日真崩 普米语音译,意为"祭山神"。旧时普米族最为隆重的自然崇拜风俗。每个村寨要在附近的山林中认定某棵大麻栗树(或松树)为全村的山神树,由村寨成员集体祭祀。各氏族又分别认定一棵树为自己祭祀的山神树。一年祭两次。

རི་ཀྱེན་ཡིན། ཕུའུ་སྨི་སྐད་ཀྱི་སྒྲ་བསྒྱུར། དོན་ནི་རི་མཆོད་པ་ཞེས་པ་ཡིན། གདོད་མའི་ཕུའུ་སྨི་རིགས་ཀྱི་ཆེས་གཟབ་རྒྱས་ཀྱི་རང་བྱུང་ལ་དད་བཀུར་བྱེད་པའི་གོམས་སྲོལ་ཞིག་ཡིན། གྲོང་ཚོའི་རེས་ནེ་འཁོར་ཀྱི་ནགས་ཚལ་ཁྲོད་དུ་སོམ་ར་ཚའི་ཤིང་སྡོང་(ཡང་ན་ཐང་ཤིང་)ཞིག་གྲོང་ཚོ་ཡོངས་ཀྱི་གཞི་བདག་གི་སྡོང་པོར་བགྲང་བྱེད་དེ། གྲོང་ཚོའི་མི་ཡིས་ཐུན་མོང་དུ་མཆོད་བགྱུར་བྱེད། རུས་རྒྱུད་སོ་སོར་རང་གིས་མཆོད་བགྱུར་བྱེད་སའི་སྡོང་མི་མཐུན་པ་རེ་ཡོད་ཅིང་། ལོ་རེར་རེ་ཕྱག་གཉིས་རེར་མཆོད་བགྱུར་བྱེད་པ་ཡང་ཡོད།

Ri Zhen Beng, the transliteration of Pumi language, means sacrifice to the mountain god. It's the most ceremonious worship custom of ancient Pumi people. Every village should choose a hemp chestnut or pine tree in a forest nearby to be the Mountain God Tree of their village and villagers should sacrifice to the tree collectively. Every clan should also choose a tree to be their Mountain God Tree. The sacrifice is held twice a year.

水葬 即将死者遗体投于江河湖海的葬俗。中国藏族、门巴族的部分人有实行水葬的习俗，其水葬有固定的场所，多设在江河急流处。人死后，在家停放一至三日，点酥油灯，请喇嘛念经，然后将遗体运至水葬场，由司葬者采用将遗体屈肢捆扎、缚石等传统方法打理后入水。

ཆུ་དུར། འདས་པོའི་ཞིམ་པོ་གཙང་པོ་དང་མཚོ། མཚོ་ཡིན་དུ་འཕེན་པའི་གོམས་སྲོལ་ཞིག ཀྲུང་གོའི་བོད་དང་མོན་པའི་མི་ས་ཆ་ཁག་སུ་ཆུ་དུར་བྱེད་པའི་སྲོལ་དང་། ཆུ་དུར་བྱེད་པར་གཏན་འཁེལ་གྱི་གནས་ཡོད་ཅིང་། ཕལ་ཆེ་བ་གཙང་པོ་བཞུར་བྲེལ་ཞིབ་ཟབ་པའི་གནས་ཡིན། མི་ཞིག་ཤི་རྗེས་སྐར་མར་མ་ཕྱུག་པར་ཁྱིམ་དུ་བཞག་སྟེ་མཆོད་མེ་སྦར་པ་དང་བླ་མ་གདན་འདྲེན་ཞུས་ནས་དགེ་ཙ་སྒྲུབ། སྐར་མར་ཕྱུག་ཚེས་ཞིམ་པོ་ཐགས་པས་བཅིངས་ནས་ཆུ་ལ་བསྐྱུར་བར་བྱེད།

Water Burial is a custom of casting dead body in rivers and lakes. Some people of Tibetan and Monba people follow this convention. There are fixed places, mostly situated in the river rapids. After death, the corpse lay at home 1 to 3 days. After lighting butter lamps, and chanting scriptures by the monks, the dead body was carried to the water grave field, the burial master will sink the remains into the water by wrapping up the remains, tying stones and other traditional methods.

塔葬 又称"灵塔葬"。佛教活佛和高僧处理遗体的一种方法，为高规格的一种葬俗。许多藏传佛教大寺院施行此葬法。葬法常有三：1. 将火化骨灰葬于砖塔。2. 将骨灰盒或部分遗骸放入灵塔的塔瓶内。3. 将药物处理过的整个遗体和部分遗物放入塔瓶中。

སྐུ་གདུང་། དེ་ལ་སྐུ་གདུང་མཆོད་རྟེན་ཡང་ཟེར། ནང་ཆོས་ཚོགས་ལུགས་སུ་སྤྲུལ་སྐུ་དང་བླ་མ་ཆེན་གྱི་གདུང་ཐག་གཏོང་བྱེད་ཐབས་ཏེ། རིམ་པ་མཐོ་བའི་དུར་ལུགས་ཞིག་ཡིན། རྒྱའི་བོད་ཀྱི་དགོན་སྡེ་ཆེ་གྲས་ལ་ཡོད་དུ་བཟུར། རྒྱུན་ལྡན་དུ་སྐུ་གདུང་འབུལ་ལུགས་གསུམ་ཡོད་པ་སྟེ། ༡. གདུང་བཞུས་པའི་གདུང་ཐལ་གྱི་བོ་ཐག་གི་མཆོད་རྟེན་བཞེངས་པ་དང་། ༢. གདུང་ཐལ་ལྷག་གཅིག་གམ་གདུང་རུས་ལྷག་མཆོད་རྟེན་གྱི་བུམ་པའི་ནང་དུ་བཞུགས་པ། ༣. གདུང་ལ་སྨན་རྫས་ཀྱིས་བཟོ་བཅོས་མ་བྱས་ཀྱི་སྐུ་དངོས་གདུངས་ཚ་ལྷག་དུར་ཞིག་མཆོད་རྟེན་གྱི་བུམ་པའི་ནང་དུ་བཞུགས་པ་བཅས་སོ།

Pagoda Burial also called "Soul Pagoda Funeral", is a high-standard funeral custom in Buddhism to deal with the remains of Living Buddha and eminent monks. This funeral custom is adopted by many big Tibetan Buddhism monasteries. It generally includes three ways: 1. Bury the cremated bone ash in brick pagodas. 2. Put cremation urns or part of remains in pagoda-shaped porcelains in Soul Pagodas. 3. Put the whole and parts of medicated remains in pagoda-shaped porcelains.

台葬 云南勐海布朗山地区布朗族残存的葬俗形式。葬地分台而设，族人遗体按年龄长幼和辈分依次自上而下埋葬。凶死者葬于远离公墓的地方。

སྟེགས་དུར། ཡུན་ནན་མོང་ཧའེ་པུའུ་ལང་རི་ཁུལ་གྱི་པུའུ་ལང་རིགས་ཀྱི་དུར་ལུགས་རྣམ་པ་ཤུལ་ལུས་ཤིག དུར་ས་སྟེགས་བུར་བཟོས་ཏེ་བོ་ཡི་བགྲེས་རིམ་མ་མགོ།

· 1167 ·

རྐྱང་རྦས་སྤྱི་བྱི་ལྷར་ཕུར་མཐོས་ནས་དགའ་དུ་འཇོག
གི་ཤི་པ་ཡི་དུར་དེ་དགའ་མཉམ་དུ་འཇོག་མི་ཆོག་པར་ཐག
རིང་སར་དུར་སྒྲིགས་བཟོ་དགོས།

Tableland Burial is funeral custom reserved by the Blang people in Blang Mountain of Menghai county, Yunnan province. Burial place is set by tablelands and the remains of a clan are buried on tablelands from above to below in order of age and seniority. The one died from violence is buried far away from the public cemetery.

天葬 即将死者遗体置于露天让飞鸟啄食的葬俗，故亦称"鸟葬"。被认为与灵魂不灭、生死轮回及布施等宗教观念有关。葬时通常有：喇嘛焚香诵经、肢解遗体、碎骨、和拌糌粑、烧柏枝升烟等程序。藏族、部分裕固族和少数门巴族有此葬俗。蒙古族牧区旧时的"野葬"也属天葬。

བྱ་དུར། འདས་པོའི་ཞེས་པོ་དུར་ཁྲོད་དུ་བསྐྱལ་ནས་ཆོས་ལ་སྙིང་བའི་ལུགས་སྲོལ་ཞིག མི་རིགས་གཞན་པ་ལ་གནམ་དུར་གྱུང་ཟེར། དེའི་ཆོས་ལུགས་མཐའ་དག་པོ་ལ་ཆོག་སྒྲིག་གི་དག་པར་བའི་ཆེད་ཡིན་ཞིང་། རྣམ་ཤེས་ཀྱི་རྒྱུན་མི་ཆད་པར་འཁོར་བ་རིགས་དྲུག་ཏུ་ཡང་ཡང་འཁོར་བའི་ཆོས་ལུགས་ལྟ་ཚུལ་དང་འགྲེལ་བ་ཡོད། ཞེས་པོ་དུར་ཁྲོད་དུ་བསྐྱལ་རྗེས་བླ་མ་དག་གིས་འདུན་པ་འདྲེན་ཞུས་ནས་ཚོག་དང་ཚོ་གསུར་སོགས་ཀྱི་བྱ་བའི་པར་བྱེད། པོ་དང་ཡི་གོར་རིགས་ལགས་ལ་ཕྲག ཞིག་དང་མོན་པ་ཡིས་ཀྱང་ལུགས་འདི་ལྟར་བསྲུང་བྱེད། སོག་པོའི་གཞན་ཕྱོགས་ཐང་དུར་ཟེར་བ་ཞིག་ཡོད་པ་དང་འདིའི་རིགས་སུ་གཏོགས།

Sky Burial is a burial custom of placing the remains in the open air to let the birds peck, which is also known as "bird burial". It's thought to be relevant to to religious ideas such as the transmigration of spirits, the reincarnation and the act of generosity. Funerals usually are as follows: Lamas burn incense and chant scriptures, dismember remains, crush bones, mix Zanba, light cypress and so on. Tibetans, part of Yugur and a few Monba nationality also have this funeral rites. The old "Wild funeral" in Mongolian pastoral areas also belongs to "Sky Burial".

佤族串姑娘 佤族谈情说爱的社交娱乐风俗。姑娘们三五（也可独个进行）相邀于一家，等候小伙子们到来"串"。如一小伙子爱上某姑娘，此后便托人或亲自给姑娘送去求婚礼物，姑娘如收下，就算答应男方求婚。再经提亲、"和翁"（即把婚事进一步定下来）、请客等过程，最后订婚。

དབའ་རིགས་བུ་མོའི་ཕྱེད་སྲུག དབའ་རིགས་ཀྱི་དགའ་རོགས་སྙིག་པའི་སྤྱི་ཚོགས་འབྲེལ་འགྲོས་ཀྱི་ཞེད་སྲོལ་ཞིག བུ་མོ་གསུམ་བའི་ལྷ་དྲུག (གཅིག་པུས་སྒྲུབ་ནའང་ཆོག) ཁྱིམ་ཚང་གཅིག་ཏུ་འདུས་ཏེ། གཞོན་ནུ་ཚོ་ཕྱེད་རིག་པར་ཡོང་བ་སྒུག་ནས་འདུག གལ་སྲིད་དེ་དག་ལས་གསར་དུ་ཞིག་གི་ཐོལ་པར་སེམས་སོར་ན། དེ་མཐུད་དུ་བར་མི་མངག་པར་རང་ཉིད་ཐད་ཀར་སོང་ནས་ལགས་སྐྱེས་སོགས་ཕུལ་ཏེ་གཞིས་སྦྱོང་བར་བྱེད། ཞིག་སྐྱེས་བུ་མོ་དེས་བླངས་ན་གསར་བུ་དེ་དང་མཉམ་དུ་འདུག་རྒྱུ་དང་ལེན་ཕྱིར་ཡིན་པས། སླ་མཐུད་དུ་གཉེན་སྟོན་རྒྱག་དང་འགྲུལ

འབོད་སྒྲགས་ཀྱི་རིམ་པ་ཐག་བཅད་བྱེད།

Courting Cutoms of Va People is a social recreational custom for Va people. Several girls (sometimes just one girl) are invited to one girl's house, waiting the young guys to come for date. For example, if a guy falls in love with one girl, he will send proposal gifts to the girl or ask others to help sending. Then, if the girl accepts, it means she agrees. After proposing a marriage, "He Weng" (that is to further confirm the marriage) and entertaining the guests and so on, they get engaged.

文身 一种纹饰肤体的习俗。就是以针刺、着色图形于身体的某一部分，以示族别、吉祥、崇拜、美观、勇敢等。我国南方若干少数民族及世界各原始部落皆有流行。现代文身又衍生出一种不分种族的时尚。

ལུས་བཅགས་རིས། ལུས་ལ་རི་མོ་བཅགས་ཏེ་རྒྱན་རིས་བྱེད་པའི་ལུགས་སྲོལ། དེའི་ཁག་གཅིགས་ཏེ། ཚོན་རིས་ལུས་ཕུང་སྟེང་གི་ག་གེ་མོར་ཐབ་ནས། བརྒྱ་ཞིག་དང་དཔའ་པོ། དད་མོས། མཛེས་རྟོགས། རིགས་རྒྱུད་སོགས་མཚོན་པར་བྱེད་པ། རང་རྒྱལ་ལྷོ་ཕྱོགས་ཀྱི་གྲངས་ཉུང་མི་རིགས་ཁ་ཤས་ཤིག་དང་། འཛམ་གླིང་གི་གདོད་མའི་ཚོ་པ་མང་པོ་ཞིག་ཏུ་དར་ཁྱབ་ཆེ། དེ་རབས་ལུས་བཅགས་རིས་ནི་མི་རིགས་མི་དབྱེ་བར་དུས་སྲོལ་ཞིག་ཡིན།

Tattoo is a custom of ornamenting skin. It shows the family clan, good luck, worship, aesthetics, braveness and so on by means of acupuncturing and coloring graphs in a certain part of the body. Several ethnic minorities in southern China and various tribes of the world like the tattoo. Modern tattoo has derived into a kind of fashion, regardless of race.

崖葬 风葬的一种，是在崖穴或崖壁上安葬人的遗体的一种葬俗，包括悬棺葬和崖洞葬。人们将棺材或置于凿出的山崖平台上，或放入天然岩洞，或搁在打入峭壁的木楔上，使之自然风化。并在岩壁上雕刻各种图案，铭文等以示纪念。古代西南少数民族地区流行这种葬法。

སྨེ་དུར། རླུང་སྨེ་ཀྱི་རིགས་ཤིག་ཡིན། བྲག་ཕུག་དང་གཡང་ཉིལ་གྱི་ཕོག་ཏུ་ཤིན་པོ་དུར་འཇུག་གི་གོམས་སྲོལ་ཞིག་སྟེ། དེ་ལ་སྨས་ནང་དུ་དཔུང་བ་དང་བྲག་ཁུང་དུ་འཇོག་པའི་དུར་འཇུག་གཉིས་ཡོད། མི་ཚོས་ཕུར་སྐམ་མམ་བྲག་སྟེགས། ཡང་ན་རང་བྱུང་གི་བྲག་ཁུང་དུ་ཤིན་འཚོལ་ཁན་གྱི་སྟེང་དུ་ཞིམ་པོ་བཞག་སྟེ། རླུང་གིས་རིམ་གྱིས་སྐྱེ་པར་བྱེད། མ་ཟད་བྲག་རྡོ་སྒོ་རྒྱན་རིས་སྣ་ཚོགས་བཀོད་ནས་མཚོན་ཆགས་བཟོ། གནའ་བོའི་ཉུན་ལྷོའི་གྲངས་ཉུང་མི་རིགས་ཁུལ་དུ་དར་སྲོལ་ཆེ།

Cliff Burial, a category of Wind burial. It's a funeral tradition to lay remains in cliff caves or on the precipice. It includes hanging coffin burial and cave burial. people lay the coffins on carved platform on cliffs or in the natural-formed caves or to put them on the chucks stucked in cliffs and have it worn away naturally. Besides, various patterns and inscriptions will be carved on crags for commemoration. This funeral ceremony is prevalent in the ethnic groups of the southwestern regions of ancient China.

月也 侗乡社交习俗，意为"集体游乡做客"。在村寨之间、族姓之间互相走访过程中，要举行赛芦笙、对歌、侗戏班表演等活动。春节期间的"月也"（也称"也哼年"）最为隆重。期间，芦笙队要走村串寨并吹奏过寨曲、通报曲、进寨曲、拦路歌、开路歌、祝福歌、告别曲等曲目。

ཟླ་མགྲོན་ལ་འགྲོ་བ། གྲོང་ཚོའི་སྤྱི་འབྲེལ་གོམས་སྲོལ་ཞིག གོ་དོན་མཚམ་དུ་ཡུལ་གཞན་ལ་མགྲོན་པོར་འགྲོ་བ་ཞེས་པ། སྟེ་བ་སྟེ་བའི་བར་དང་། རིགས་རུས་བར་དུ་ཕན་ཚུན་མཆམས་འདྲི་ལ་འགྲོ་བའི་རིམ་པར། ཨུའུ་ཀྲིའུ་འབུད་ཚེས་དང་། གླུ་གཤགས། ཏུང་གར་སོགས་རྩེ་བའི་འགྲན་བསྡུར་སྤེལ་བ། ལོ་གསར་ཉིན་གྱི་ཟླ་ཡའི་ (དེ་ལ་ཡའི་ཞེང་ལོ་ཡང་ཟེར) གྲུ་རྒྱས་ཆེས་ཆེ་ཤོས་ཡིན། དེའི་རིང་ལུགྱིས་ཀྲིའུ་སྒྲིག་པའི་དུ་ཁགས་སྟེ་བ་རེ་རེ་བྱུ་འགྲིམ་ཏེ་སྟོང་ནས་ཆེད་འབུད་པ་དང་། འགྲན་པའི་རོལ་མོ། བདའ་ཤུ་རོལ་མོ། སྐྱལ་འདུན་རོལ་མོ། ལམ་འགོག་རོལ་མོ། ལམ་ཕྱེ་རོལ་མོ། སྨོན་འདུན་རོལ་མོ། གྱེས་བའི་རོལ་མོ། སོགས་རོལ་མོ་འདྲ་མིན་འདུ་བ་རེ་རེ་བཞིན་གཏོང་།

Yue Ye, the social tradition of the Dong people, means collective visiting and dropping around. During mutual visiting between villages and families, Lusheng blowing contest, antiphonal singing, Dong theatrical troupe show and so on will be held. Yue Ye during the Spring Festival (also called Yeheng Year) is the most grand one. During this period, Lusheng blowing team will parade through villages and play village-crossing song, announcement song, village entrance song, road-barring song, blessing song and farewell song, etc.

藏族放风筝 藏族风筝的外形多为正方形或菱形。青少年放风筝不仅要比高远，还要看谁能把对方风筝"打"下来；赛时，筝线多涂有掺着玻璃渣子的胶水，用以割断对方筝线。而老人们放风筝时，在筝和线的接头处插一炷香，到一定高度，香火将筝线烧断，筝飘得越远，越预示自己能健康长寿。

བོད་ཀྱི་ཤོག་བྱ། བོད་པས་བཟོས་པའི་ཤོག་བྱའི་དབྱིབས་ནི་གྲུ་བཞིའམ་ཟུར་གསུམ་མང་ཤོས་ཡིན། ན་ཆུང་ཚོས་ཤོག་བྱ་གཏོང་སྐབས་འཕུར་སུ་མཐོ་བ་འགྲན་པར་མ་ཟད། སུའི་ཤོག་བྱ་ཞིག་མར་འཐེན་ཐུབ་མིན་ལའང་ལྟ། འགྲན་བསྡུར་སྐབས་ཤོག་བྱའི་སྐུད་པ་རོ་སུ་ཤེལ་ཚག་སོགས་སྦྱར་ཏེ་ཕ་རོལ་པོའི་ཤོག་བྱའི་སྐུད་པ་གཅོད་ཁག་བྱེད། རྒན་པ་རྣམས་ཀྱིས་ཤོག་བྱ་གཏོང་སྐབས་སྐུད་མགོར་སྤོས་སྦྱར་ནས་ཤོག་བྱ་དགུང་མཐོན་པོར་བཏང་རྗེས། སྤོས་ཀྱིས་སྐུད་པ་བསྲེགས་ནས་ཤོག་བྱ་དེ་བས་གྱང་དུ་འཕུར་ཇི་ཕྱིན་གྱིས་ཤོག་བྱ་གཏོང་མཁན་གཙོ་བོར་འཕུར་ཐུབ་ན་རང་གི་ཚེ་ཐག་རིང་བར་རྟེན་འབྲེལ་བརྒྱ།

Tibetan Kiteflying Tibetan kites are mostly square or rhombus. When the youth are flying kites, they not only compare the kite's heights but also beat other's kites down. In a contest, glue mixed with glass slags is smeared on the kite string to cut off other's strings. When the seniors fly kites, they stick an incense in the joint of kite and string. With the burning of incense, string will be burnout and the kite flies away. The further the kite flies, the longer the senior is supposed to live.

凿齿 也称"折齿""打牙""拔齿"，产生于古代原始部落民族中的习俗。即凿去人的上颌两侧牙齿。或谓为美观，或谓区分族别与身份，或谓成丁成婚仪式，或谓中毒后便于饮药。中国越（见"百越"词条）、僚、濮等古民族以及今仡佬、高山等族曾有此俗。

སོ་ཕུག ཡང་ན་སོ་བྲེག་དང་། "སོ་བཅག་དང་། སོ་འབལ་སོགས།" ཟེར། གནའ་བོའི་གདོད་མའི་ཚོ་མི་རིགས་ཀྱི་ནང་དུ་བྱུང་བའི་གོམས་སྲོལ་ཞིག མིའི་མགལ་གཡས་གཡོན་གྱི་སོ་གཉིས་འབལ། དེ་ནི་མཛེས་སྡུག་ཞིག་གམ། ཡང་ན་རིགས་རྒྱུད་བགར་བའི་རྟགས་ཞིག་གམ། གཉེན་སྒྲིག་བྱེད་པའམ། དུག་ཕོག་རྗེས་སྨན་བླུགས་བདེ་བའི་སོགས་ཀྱི་ཆེད་དུ་ཡིན། གྱུང་བོའི་ཡུའེ（བའི་ཡུའི་སྒོར་ལྟོས）ལིཡའོ། ཕུའུ་སོགས་གནའ་བོའི་མི་རིགས་དང་། དེ་ཀིའི་མྱུའི་ལའོ་དང་། གའོ་ཧྲན་རིགས་སོགས་སུ་ད་ར་བའི་གོམས་སྲོལ་ཞིག་ཡིན།

Zao Chi（Tooth Notching） also called Zhechi, Daya or Bachi. It's a custom originated from ancient primitive tribe which means to cut off a person's maxillary teeth on both sides for beauty or for distinguishing community and identities or for coming-of-age ceremony and wedding or for the convenience of taking drugs after poisoning. Chinese ancient ethnic groups such as Yue, Liao and Pu as well as today's Gelao and Gaoshan people had this custom.

帐房戴头婚　旧时裕固族聚居地区的一种母权制婚姻残余风俗。当姑娘在奇数15或17岁时，由家长做主择日请年长妇女前来戴头面，近亲、邻居前来唱歌祝贺。以后姑娘居于新立帐房，与男子同居不受非议。若男女双方意合，经父母同意可召赘入室，所生子女随母姓。

ཁྱིམ་གསར་གཉེན་སྟོན། གཞན་བོའི་ཡུ་ཧོར་རིགས་ས་ཁུལ་གྱི་དབང་རིང་ལུགས་གཉེན་སྟོན་གྱི་ལྷག་སྲོལ་ཞིག བུ་མོ་ཚོ་ལོ་བཅུ་ལྔ་དང་བཅུ་བདུན་ལོན་ཚེ། བཟའ་ཕོ་གྱིས་འགོ་བཟུང་ནས་བུ་གཉེར་ལོ་ཆེན་པོ་ཞིག་བོས་ཡོང་ནས་མགོ་རྒྱན་བསྐོན་འཇུག དེ་ནས་ཉེ་རིགས་དང་ཁྱིམ་མཚེས་སོགས་ཀྱི་ཀྱེས་འཁྲེལ་གྱི་གླུ་སོགས་ལེན། དེ་ནས་བཟུང་བུ་མོས་གྱིས་ཁྱིམ་གསར་བ། སྐྱེས་པ་ཚོ་དང་མཉམ་འདུག་བྱས་ན་མི་ཤེད། གལ་ཏེ་ཕ་མ་གཉིས་གྲོས་བྱས་ཏེ། ཕ་མ་འཐུན་བྱུན་འབྱོར་བ་སོགས་སུ་བཟུང་ཆོག ཅིན་ཀྱང་དུ་བུ་མོ་ཚོ་ཨ་མ་ཕྱོགས་ལ་དབང་།

Putting on the Ornaments and Living in the New Tent is a remaining mother-right wedding custom of old Yugurs region. When a girl is in her odd 15 or 17, the parents fix a day and get older women to put on the ornaments for their daughter. Many close relatives and neighbors come to sing for congratulations. After that, the girl lives in the new tent with men together, and receives no criticism. If both men and women agree, men may be adopted into the women's family by parental consent, then their born children will take mother's surname.

煮米　旧时景颇族社会中对疑难案件所采用的一种与原始宗教信仰密切联系的"神判"方式。争执双方请山官（见"景颇族山官制度"词条）、寨头作证，各出同样大小的一包米，经巫师念鬼仪式，将米包入锅煮一定时间取出检看，全熟为有理，有生米则无理。

འབས་བཀོལ། གནའ་བོའི་ཅིང་པོ་རིགས་ཀྱི་སྒྲུ་ཚོགས་ཀྱི་ཁྱད་ཆོས་དང་འབྲེལ་བའི་དཀར་ནག་གི་བྱེ་བྲག་འབྱེད་པའི་བྱེད་ཐབས་ཤིག །ཁྱད་ལ་གཉིས་ཀས་རེ་རེ་དཔོན་ (ཅིང་པོ་རིགས་ཀྱི་རེ་དཔོན་ལས་ལུགས་ཀྱི་ཕ་སྤྲས་སོ།) གནས་དངས་ནས་སྟེ་དཔོན་གྱིས་བདེན་དཔང་བྱེ་སྟེ། ཆེ་ཆུང་མཉམ་པའི་འབས་ཁུག་མ་གང་ཕྱགས་གཉིས་ཀས་ཁྱེར་ཡོང་། ལྷགས་པས་འདྲེ་མཆོད་ཀྱི་ཆོ་ག་སྤེལ་ཏེ་འབས་སྐྱ་བའི་ནང་དུ་བཀོལ་ནས་དུས་ཚོད་རིང་ཅིག་འགོར་ཚེ་སྐྱོར་ལྔག་ཏེ་བལྟ། འབས་ཚོགས་མ་ཚོགས་ཡོད་ཚེ་གནས་ལུགས་ཡོད་པ་དང་། ནང་དུ་འབས་མི་ཚོགས་པ་ཡོད་ཚེ་གནས་ལུགས་མེད་པར་བཞི།

Boiling Rice is one divine judge method closely related to the original religious belief, which was used by ancient Jingpo people to deal with complicated cases. Both contradicted parties needed to ask Shan-official and head of the village to testify, and both parties gave a same bag of rice separately. After the sorcerer's raising ghost rite, bags of rice were put into the pot and boiled for some time. Then, rice bags were checked. The well cooked rice meant they were justified, but rice bag with the uncooked rice meant they were unjustified.

资乌都 哈尼族人过节民俗。意为"全寨人会饮欢乐、幸福酒"。期间，当太阳偏西，在一片欢乐的铓鼓声中，人们将烹制好的各种佳肴和焖锅酒，用筛子端到"街心"，顺序摆在早已铺垫好的篾垫上。宴席长达百十米，场面壮观。

ཅི་ཝུ་ཏུ། ཧ་ཉི་རིགས་ཀྱི་དགའ་སྟོན་སྲོལ་རྒྱུན་ཞིག །གཙོ་བོའི་དོན་སྙིང་ནི། སྤྱི་སྡིང་དང་ཁྱིམ་ཚང་ལ་རོལ་ཞེས་པ་ཡིན། དེའི་རིང་། ཉི་ཞུར་ལ་ཡོལ་ཚེ། སྒྲ་སྙན་གྱི་སྐད་བྱིད་དུ་མི་རྣམས་ཀྱིས་བདུད་རྩི་ཅན་དང་སྲེག་ཚོགས་བཟས་མ་དང་། སྲ་ནས་ག་བཟིག་བཟོས་པའི་ས་གནོན་རིན་པོ་བཏིང་སྟེ། གོ་རིམ་ལྟར་གནམ་གཟབ་རྒྱས་ཀྱིས་ཚོར་ལ་རོལ་བར་བྱེད། བཀྲས་སྟོན་དེའི་རྟ་སྐྱི་བརྒྱ་ལྷག་ཡོད་ཅིང་བཟོད་འགྲུམས་ཤིན་ཏུ་ཆེ།

Ziwudu, a festive custom of Hani people, means happy drinking and gathering for the whole village. During this period, when late afternoon is approaching, accompanied by bustling tunes from Mang Drum, people hold griddles with delicious meals and home-brewed wine on it to the street and put them on the already-laid long bamboo mats. The feast extends to hundreds of miles and the scene is pretty grand.

坐福 满族结婚仪式之一。流行于东北地区。结婚时新娘穿红衣，用红绸蒙面，在男家南炕坐帐一个白天，称为"坐福"。坐时不准动，据说动则娘家要受穷。坐福式后即举行婚礼。

སྐྱིད་འདུག མན་ཇུ་རིགས་ཀྱི་གཉེན་སྒྲིག་མཛད་སྒོ་ཞིག་ཡིན་ནས་ཁུལ་དུ་དར་ཁྱབ་ཆེ། གཉེན་སྒྲིག་སྐབས་བག་གསར་གྱིས་གོན་ཆས་དམར་པོ་གོན་ཞིང་། དར་རས་དམར་པོ་གདོང་གཡོགས་ཏེ། ཕོ་ཁྱིམ་གྱི་ཁྲབ་ལྷོ་རུ་ཞག་ཉིན་གང་བོར་འདུག་པས། དེ་ལ་སྐྱིད་འདུག་ཟེར། སྐྱིད་པའི་སྐབས་སུ་འགུལ་མི་ཆོག་གལ་ཏེ་འགུལ་ན་ཞང་ཚང་དབུལ་པོར་འགྱུར་རབས་བཤད། སྐྱིད་འདུག་ཆོས་རྗེས་གཉེན་སྟོན་སྤྱི།

Sitting for Happiness is one of the wedding ceremonies for the Manchu people. It is popular in northeastern area of China. When they get married, the bride wears red clothes and red veil of silk and sits inside the tent at the south kang of the bridegroom (kang, a heated brick bed), which is called "Sitting for Happiness". It is said that the bride should not move, or else the bride's parents will be in poverty. After it, the wedding ceremony will be held.

中国少数民族巫师的称谓

རྒྱང་གོའི་གྲངས་ཉུང་མི་རིགས་ཀྱི་ལྷ་པའི་འབོད་སྲངས།

China's Ethnic Sorcerers

把窝 藏语音译，意为"勇士"或"半人半神"的人。门巴族和藏族本教的巫师之一。

དཔའ་བོ། སྙིང་སྟོབས་ཅན་པའམ་ཞེས་པ་ཅན་གྱི་དོན་དུ་གོ་དགོས། ཡུལ་ལུང་རེ་འགར་མི་གཞན་ལ་རོགས་རམ་དང་ལྷ་འབབ་མཁན་ལའང་གོ། མོན་པ་དང་བོད་ཀྱི་བོན་པོའི་ཆོས་ལུགས་ཀྱི་ལྷ་པའི་རིགས་ཤིག

Bawo, a Tibetan transliteration, means "warrior" or "demi-gods", who is one of the sorcerers of the religion of Monba people and Tibetan.

白蜡包 基诺族男性巫师。

པའི་ལ་པའོ། ཅི་ནུའོ་རིགས་ཀྱི་སྐྱེས་པའི་ལྷ་པ་ཞིག

Bailabao is the sorcerer of the Jinuo people.

白莫 白马藏族中的宗教职业者。限于男性，共分三级。

པད་མོ། བོད་དམག་བོད་རིགས་ནང་གི་ཆོས་ལུགས་སྐྱོར་མཁན་ཞིག སྐྱེས་པ་བོ་ཁོན་ཡིན་དགོས། རིམ་པ་གསུམ་དུ་བགར།

Baimo is the priest of the Baima Tibetan, whose role is performed only by male, and is divided into three levels.

毕摩 彝语音译，"毕"为念经之意，"摩"为有知识的长者。毕摩是一种专门替人礼赞、祈祷、祭祀的祭师。主要职能有作毕、司祭、行医、占卜等。

པའི་མོ། དབྱིས་སྐད་ཀྱི་སྒྲ་བསྒྱུར། པའི་ནི་འདོན་པའི་དོན། མོ་ནི་ཤེས་བྱ་མང་པའི་རྒན་པོ། དེ་ནི་ཆེད་གཉིས་ཀྱི་ལྷ་མཆོད་པ་དང་བསྟོ་སྟོན་པ། མཆོད་བགྱུར་བ་ཞིག་ཡིན། ལས་འགན་གཙོ་བོ་ལྷ་འབབ་པ་དང་མཆོད་བགྱུར། སྨན་པ། མོ་ཅེས་འདེབས་པ་སོགས་ཡིན།

Bimo is the transliteration of Yi language. "Bi" means reciting sutras, and "mo" means the elderly sages. The role of Bimo is to serve as a doctor, to offer sacrifices to ancestors, to do divination, as a prayer or priest.

吹忠 藏语音译，意为"护法"。旧时藏族对专事作法降神的宗教职业者（即护法喇嘛、降神巫师）的称呼。

ཆོས་སྐྱོང་། ཆོས་སྐྱོང་ནི་སྲུང་མའི་རིགས་ཤིག རྒྱབས་འདི་ཆོས་སྐྱོང་སྐུ་རྟེན་ཞེས་པའི་ལྷ་འབབ་ཞིག་བསྒྱུར་བའི་དོན་ཡིན་པ་འདུག དེའི་གནའ་བོར་བོད་ཀྱི་ལས་དོན་ལ་ཡུང་བསྐལ་ཞུས་པའི་ལྷ་པ་ཞིག་ཡིན།

Chuizhong, the Tibetan transliteration, means

"Guardian for the Buddha Dharma". It referred to the religious staff who performed Buddhist ceremonies.

达巴 纳西族达巴教（纳西族原始宗教之一）的男性巫师。

ད་བ། འདང་རིགས་ཏ་པ་ཆོས་ལུགས་（འདང་རིགས་ཀྱི་གདོད་མའི་ཆོས་ལུགས་རིགས་ཤིག）ཀྱི་ཕོ་བ་ཞིག

Daba is the sorcerer of the Naxi primitive religion Daba.

道公 亦称"师公"等，是活跃于壮族民间的神职人员（巫师）。

ད་བོ་གུང་། ཡང་ན་རྒྱུང་ཡང་ཟེར། དེ་ནི་གྲོང་རིགས་དམངས་ཁྲོད་དུ་བྱུང་བའི་ལྷའི་ལས་སྐུལ་པ་ཞིག་ཡིན།（ལྷ་པ）

Daogong, also named "shigong", is the priests who are active in the folk lives of the Zhuang people.

东巴 纳西族的智者，也是纳西族民间宗教东巴教的巫师和祭司。

སྟོན་པ། འདང་རིགས་ཀྱི་མཁན་པོ་དང་། ཡང་ན་ལྷ་པའམ་ལྷ་བགྱུར་བ་ཞིག

Dongba is the sage of Naxi people, also the sorcerer and the priest of Dongba religion.

董萨 景颇语音译。是景颇族原始宗教的祭师。除了主持部落、村社的祭祀外，还兼为社会成员驱鬼医病，因此又是巫师。董萨有大、中、小之别。他们还是景颇族文化的主要传播者和继承者。

དུང་ས། ཅིང་པོ་སྐད་ཀྱི་སྒྲ་བསྒྱུར། ཅིང་པོ་རིགས་ཀྱི་གདོད་མའི་ཆོས་ལུགས་བཅས་ཀྱི་ལྷ་མཆོད་པ། དེས་ཚོ་པ་དང་སྡེ་བའི་ལྷ་མཆོད་ཀྱི་མགོ་ཁྲིད་བྱེད་པ་དང་སྦྲེལ། ཚོགས་ཁྲོད་གསུམ་དུ་དབྱེ། ཅིང་པོ་རིགས་ཀྱི་རིག་གནས་རྒྱུན་སྤེལ་བ་དང་རྒྱུན་འཛིན་པ་གཙོ་བོ་ཡིན།

Dongsa is the transliteration of the Jingpo language. Dongsa is the primitive religious priests of the Jingpo people, who host the sacrificial rituals for the tribe and village, besides, he also does the work of expelling the evil spirit and curing the illness, so he is also a sorcerer. Dongsa is classified into three levels: beginner level, intermediate level, and advanced level. They are the disseminator and inheritor of Jingpo culture.

夺木萨 独龙语音译。解放前独龙族中专事杀牲驱鬼的巫师。

ད་བོ་མོ་ས། དུའུ་ལུང་སྐད་ཀྱི་སྒྲ་བསྒྱུར། བཅིངས་འགྲོལ་སྔོན་དུའུ་ལུང་རིགས་ཀྱི་འདི་གདོན་གྱི་སྲོག་བཅོམ་ཉེས་པའི་ལྷ་པ་ཞིག

Duomusa is the transliteration of the Derung language, referring to the sorcerers who slaughter animals and drive off ghosts before the liberation of China.

弗力兰 赫哲语音译。赫哲族专主祈祷或向神说情的萨满。

ཕུ་ལི་ལན། ཧོ་གྲེའི་སྐད་ཀྱི་སྒྲ་བསྒྱུར། ཧོ་གྲེ་རིགས་ཀྱི་ལྷ་མཆོད་པའམ་ལྷ་འབབ་པའི་སྨྱན་ཞིག

Fulilan, the transliteration of Hezhe language, refers to the Shaman who makes prayer and does the tasks assigned by the Divine Being.

嘎钦 鄂伦春族对占卜者的称谓。

ཀ་ཆེན། ཨོ་ལུན་ཁྲུན་རིགས་ཀྱིས་མོ་རྩིས་བྱེད་མཁན་

ཀྱི་མིང་།

Gaqin is a name of the diviner of the Oroqen people.

鬼师 水族称谓。指那些能看懂水书，所谓"能与鬼神对话的人"。亦被称为"水书先生"或"师人"。人们以"先生"冠之，表明对他们的尊敬。

འདྲེ་བླ། ཆུའི་རིགས་ཀྱི་ལྷ་པའི་འབོད་སྒྲངས། ཆུའི་ཡིག་ཆོག་ཤེས་པ་དག་ལ་བསྒྲུབ་པ་སྟེ། ལྷ་འདྲེ་བར་ལ་སྐད་འཁྱེར་བའི་མི་ལ་སྟོན། ཆུའི་ཡིག་མཁས་པ་དང་ཡང་དགེ་རྒན་གྱི་མིང་ཡང་འབོད། མི་རྣམས་ཀྱིས་སྔ་ཞབས་མིང་གིས་བོས་ཏེ། དེ་དག་ལ་བཀུར་བཀུར་གྱི་རྣམ་སྟོན།

Guishi is the name of the Shui people, referring to those who can read the Shui Book and can communicate with the God and ghost. They are also called Master of Shui Book or Master, an honourable name given by the people.

鬼主 唐宋两代汉文史籍对分布于今云南东部、贵州西部、四川南部的乌蛮及两爨首领（实际上也是巫师）的称号。

འདྲེ་བདག ཐང་སུང་རྒྱལ་རབས་གཉིས་སུ་རྒྱའི་ཡིག་ཆང་དུ་དེང་གི་ཡུན་ནན་ཤར་ཁུལ་དང་། གཱུའི་ཀྲོའུ་ཞུབ་ཁུལ། སི་ཁྲོན་གྱི་ལྷོ་ཁུལ་བཅས་སུ་ཁྱབ་པའི་ཨུའུ་མཱན་དང་ཡིན་ཚོན་（དེ་ཞན་ལྷ་པ་དང་འདྲ་）གྱི་མཁན་པོའི་སྙི་མིང་།

Guizhu is the name of the chieftain (who actually was the sorcerer) who lives in the east of Yunnan, the west of Guizhou, and the south of Sichuan. They were the leaders of Wuman and Cuan clans and were named as Guizhu in the historical record from the Tang to Song Dynasties.

活袍 阿昌族巫师的称谓。

ཧའོ་པའོ། ཨ་ཁྱང་རིགས་ཀྱི་ལྷ་པའི་འབོད་སྒྲངས།

Huopao is the sorcerer of the Achang people.

觉母 藏语音译。西藏门巴族本教巫师之一，自称是女神的化身。

ཇོ་མོ། སྦྱིར་བཏང་མིང་རབ་བྱུང་བའི་མིང་ཡིན་མོད། བོད་ལྗོངས་མོན་པ་དང་བོན་ཆོས་ཀྱི་ནང་དུ་ལྷ་པའི་རིགས་ཤིག་ཡང་གོ རང་གིས་རང་ལ་ལྷ་མོའི་སྤྲུལ་པ་ཞིག་ཏུ་འབོད།

Juemu, the Tibetan transliteration, is one of the sorcerers of the religion of Monba in Tibet, who claim to be an incarnation of the goddess.

尼扒 傈僳族男巫师。

ཉེ་པ། ལི་སུའུ་རིགས་ཀྱི་ལྷ་པ་ཞིག

Nipa is the sorcerer of the Lisu people.

纽布 珞巴语音译。珞巴族对巫师的称谓。被认为是人神之间的特殊"使者"。以祭神跳鬼、卜卦、巫术等方式，为人祛危求安。非世袭。

ཉེའུ་བུ། ལོའོ་པའི་སྐད་དུ་ལྷ་པ་ལ་དེ་ལྟར་འབོད། ལོའོ་པའི་མིའི་རིགས་ཀྱི་བོན་ཆུབ་པར་བ་ཞིག་ཏུ་འདོད། ལྷ་མཆོད་འདྲེ་འདུལ། ཆོས་རྒྱག ལྷ་འབབ་བོགས་ཀྱི་ཐབས་སྒྲུབ་དེ། མི་གཞན་པའི་དཀའ་ངལ་དང་བར་ཆད་སེལ་བར་བྱེད། རྒྱུད་པ་མི་འཛིན། སྦྱིར་བཏུང་དུ་དབང་ཆ་འཕྲོགས་པ་དང་ཡང་ན་གནད་ཆོས་ཆེན་པོའི་བོ་མོ་ནན་གདོན་ཆོས་ཆེན་གྱིས་བཟུང་བར་སྲུང་བ་བྱེད།

Niubu, the Lhoba transliteration, is the sorcerer of the Lhoba poeple, who is regarded as the angel of God for exorcizing evil spirits by sacrificing to God, dancing for clearing the evils, divinations, and sorcery.

萨满 亦作"萨吗""萨蛮"等。通古斯语，原意为"狂舞的人"。萨满教巫师的通称，也被理解为氏族中萨满之神的代理人和化身。原流行于中国北方满族、蒙古族、达斡尔族、鄂温克族、鄂伦春族、赫哲族等地区和西伯利亚通古斯人地区。

སྲུ་མན། ཡང་ས་མ་དང་ས་ཤན་ཡང་ཟེར། པར་ཤིག་སྐད་དང་མཚུངས། ནང་དོན་གར་ཆེན་པ་ཞིག་པ། སྲུ་མན་ཆོས་ལུགས་སུ་ལྷ་པ་སྤྱིའི་མིང་དང་། རུས་རྒྱུད་ནང་དུ་སྲུ་མན་ལྷ་ཡི་འཐུས་ཚབ་པ་དང་དེའི་སྐུ་ལུས་འདོད། བོད་མཐའ་དང་ཁྱུངས་ཆེས་ཀྱུ་པོའི་བྱང་ཕྱོགས་ཀྱི་མན་ཇུ་དང་། སོག་པོ། ད་པོར། ཨེ་ཝན་ཁེ། ཨོ་ལུན་ཁྱུན། ཧོ་གྲེ་རིགས་སོགས་ས་ཁུལ་དང་ཞི་པོ་ལ་ཡ་པར་ཤིག་པའི་ས་ཁུལ་ཡིན།

Shaman derives from Tungusic language. The original meaning of the "Shaman" means people dance rapturously, also is generally called sorcerers of Shamanism. They are regarded as agent and embodiment of God. It was prevalent for the Manchu, the Mongol, the Daur, the Ewenki, the Oroqen, Hezhen in the north of China, and the Tungus region in Siberian and so on.

师西毕 普米族男性巫师。

ཊི་ཞི་པི། ཕུའུ་སྨྲི་རིགས་ཀྱི་ལྷ་པ་ཞིག

Shixibi is the sorcerer of the Pumi people.

释比 对羌族民间巫师的一种称呼。释比是羌族社会里一种集社会祭司、占卜求事、民间说唱、歌舞乃至戏剧表演等为一体的民间巫师，其往往被尊奉为是可以连接生死界、直通神灵的人。

ཤིད་པ། ཆཱང་རིགས་དམངས་ཁྲོད་ཀྱི་ལྷ་པའི་འབོད་ཚུལ་ཞིག དེའི་ཆཱང་རིགས་སྤྱི་ཚོགས་ནང་དུ་ཚོགས་པའི་ལྷ་མཆོད་དང་མོ་རྩིས། ཤིད་པའི་གཏམ་བཤད། སྒར་གར་བློ་བཟོས་ཀྱི་འཁྲབ་སྟོན་སོགས་གཅིག་ལྕོགས་བྱེད་པའི་ལྷ་པ་ཞིག་ཡིན། དེ་ནི་གསོན་གཤིན་གཉིས་ཀྱི་མཚམས་བཀྱུར་གྱི་ཡུལ་དུ་བརྩུང་སྟེ། ལྷས་གཟུགས་བཅུགས་མི་རུ་ཤར་བ་ཞིག་ཏུ་སེམས།

Shibi is a name for folk sorcerers of the Qiang people, who practice sacrifice, divination, folk talking and singing, dancing and opera performing. They act as a medium between the visible world and an invisible spirit world, communicating with the Deity.

梯玛 土家族从事祭神驱鬼巫术的人。土家语称梯玛。

ཐའེ་མ། ཐུའུ་ཅཱ་རིགས་སུ་ལྷ་མཆོད་པ་དང་གདོན་ཕྱུད་པའི་ལྷ་པ་ཞིག ཐུའུ་ཅཱ་སྐད་དུ་ཁོལ་ཐའེ་མ་ཞེས་འབོད།

Tima is the people who exorcize evil spirits and sacrifice to God of the Tujia people.

斋瓦 景颇语音译。云南景颇族社会中威望最高的巫师。董萨中最高一级。

ཀྲའེ་ཝཱ། ཅིང་པོ་རིགས་སྐད་ཀྱི་སྒྲ་བསྒྱུར། ཡུན་ནན་གྱི་ཅིང་པོ་རིགས་སྤྱི་ཚོགས་ཁྲོད་ཀྱི་སྙན་གྲགས་ཆེས་ཆེ་བའི་ལྷ་པ། ཏུང་ས་ནང་གི་རིམ་པ་མཐོ་ཤོས་ཡིན།

Zhaiwa is the transliteration of the Jingpo language. Zhaiwa is the sorcerer with high prestige (at the highest levels in Dongsa) of Jingpo society in Yunnan.

中国少数民族传统工艺及工艺品

རྒྱང་བོའི་གྲངས་ཉུང་མི་རིགས་ཀྱི་སྲོལ་རྒྱུན་བཟོ་རྩལ་དང་བཟོ་རྩལ་ཐོན་རྫས།

China's Ethnic Crafts and Craftworks

阿昌刀 又称"户撒刀"。因多产于阿昌族聚居地区的云南陇川县户撒、腊撒地区而得名。据载明洪武年间，明将沐英率兵屯垦户撒，将铸制刀剑技术传给了阿昌同胞，后发展出这种"制炼极精纯，柔可绕指，剁铁如泥"的传统刀具。其用木、皮、银等材料配制的刀鞘也极为精美。

ཨ་ཁང་གྲི། ཡང་ན་ཧོ་སྲི་གྲི་ཡང་ཟེར། ཨ་ཁང་རིགས་ཀྱི་འདུས་སྡོད་གནས་ཡུལ་ཡུན་ནན་ལུང་ཁྲོན་རྫོང་ཧོ་སྲི་དང་ལ་སི་ཁུལ་དུ་ཟང་པོ་ཐོན་པས་མིང་དེ་ལྟར་ཐོགས། མིང་རྒྱལ་རབས་ཧོང་ཝུའུ་ཡི་ལོར། མིང་གི་དམག་དཔོན་མའུ་དབྱིན་ལས་དམ་དམག་དྲངས་ནས་ཧོ་ས་བརྔས། གྲི་རལ་བཟོའི་ལག་རྩལ་ཨ་ཁང་པ་ཚོར་སྦྱིན། ཕྱིས་སུ་བཟོ་རྩལ་ཤུགས་ལེགས། སྲ་གྱི་དང་། དར་ཤུགས། ཤེལ་གཙོད་བཅས་ཀྱི་ཁྱད་ཆོས་ལྡན་པའི་སྲོལ་རྒྱུན་གྱི་གྲི་ལག་ཅེས་འདིའི་ཕྱག་སྲོལ་དུ་འབྱུང་བ། གཞན་ཤིང་དང་ཀོ་བ། དངུལ་སོགས་ཀྱིས་ལག་རྩལ་སྦྱོར་སྒྲིག་བྱས་ཡོད།

Achang knife, also called Husa knife. Because of its producing place in Husa and Lasa region of Longchuan County, Yunnan province, hence the name. During the Hongwu years in Ming Dynasty (1368-1398), the general Muying stationed troops to open up wasteland in Husa region. He imparted the skill of casting knife and sword to the people in Achang region, and later developed into the traditional knives which are smelted purely, soft and sharp. Its sheath made of wood, fur and silver is extremely exquisite.

白族扎染技艺 古称"绞缬"。古老的纺织品染色技艺。因主产地云南大理，染布者多是白族，故称白族扎染。以棉白布或棉麻混纺白布为原料，染料主要是植物蓝靛。制作步骤有：画刷图案、绞扎、浸泡、染布、蒸煮、晒干、拆线、碾布等。白族扎染品种多样，图案多为分布均匀、自然形的小纹样。

པའི་རིགས་ཚོས་རྒྱ་ལག་རྩལ། དེ་ལ་ཚོས་བྱུག་གཤིན་ཟེར། གནའ་བོའི་འཐག་འཛིན་ཚོས་རྒྱག་ལག་རྩལ་ཞིག ཐོན་ཡུལ་གཙོ་བོ་ཡུན་ནན་ཏ་ལིའི་ཟིང་ཆོས་པ་མང་ཆེས་པའི་རིགས་ཡིན་པས། པའི་རིགས་ཀྱི་ཚོས་ཞེས་མིང་བཏགས། སྲིན་དཀར་པོའམ་སྲིན་སོ་བཞལ་གྱི་འདྲེས་རས་དཀར་པོ་རྒྱུ་ཆ་བྱས་ཏེ། ཚོས་རྩི་གཙོ་

སྐྱེས་དངོས་ཀྱི་རམས་ཡིན། བཟོ་རིམ་ནི། རི་མོ་འགོད་པ་
དང་། སྦྲེག་པ། ཆུ་སྦྱངས། ཚོས་རྒྱག། སྐོལ་བཙོ་
སྐམ་སྲེག། སྦུད་ལེན་སོགས་ཡིན། པའི་རིགས་ཚོས་རྫ་
རིགས་རྫ་ཚོགས་ཡོད་པ་དང་། རྒྱུན་རིང་བགོས་པ་ཆ་
སྙོམས་ཡིན་ཞིང་རང་བཞིན་གྱི་ཁྱད་ཆོས་ཆུང་ཆུང་མང་པོ་
འབབ་པ་ཞིག་ཡིན།

Tie-dyeing Technique of the Bai people, also known as "jiaoxie", is an ancient skill of textile dyeing. Because Dali is the main producing area and the Bai people master the skill, it is called Tie-dyeing Technique of the Bai people. It uses white cotton cloth and white linen and cotton fabrics as raw materials, and uses indigo as dyestuff. The production steps includes: making a design, wringing and pricking the fabrics, soaking, cloth dyeing, boiling, drying, taking out stitches, flattening and so on. There are varieties of tie-dyeing cloth, all of which are usually decorated with uniform distribution of natural patterns.

保安刀 保安族传统的手工艺制品。主要产于甘肃积石山保安族东乡族撒拉族自治县大河家镇、刘集乡及周边地区。制作时先将生铁炽热锻打，成雏形后劈开加钢，最后淬火。成品刀口异常锋利，刀身刚柔相济，刀把多用黄铜或牛角等垒叠而成（上刻精美图案）。

པའོ་ཨན་གྲི། པའོ་ཨན་རིགས་ཀྱི་སྲོལ་རྒྱུན་གྱི་ལག་ཤེས་
བཟོ་ཚལ་ཐོན་རྫས་ཤིག གསུ་ཡུལ་གཙོ་བོ་ཀན་སུའུ་ཅི་ཏི་
རི་པོའི་པའོ་ཨན་རིགས་དང་། ཏུང་ཞང་རིགས། ས་ལར་
རིགས་རང་སྐྱོང་རྫོང་ཏ་ཧུའུ་གྱོ་ཀྲན་དང་ལིའུ་ཅི་ཞང་

དང་དེའི་མཐའ་འཁོར་སོགས་ཡིན། རྡུང་བའི་དུས་ཐོག་
མར་ལྕགས་གསོན་པོ་མེར་བར་ནས་རྡུང་བ་དང་། གྱི་
རྡུང་ཆར་རྟེན་ནར་སླེབས། གྱི་དེ་ཁ་ཕྲེ་ཞིང་གྱི་ཚོ་
མཉམ་པ། གྱི་ཡུ་ཐལ་མོ་ཆེ་ཟབས་དང་ནོར་གྱི་རྭས་
བཟོས་པ་ཡིན། (ཐོག་ཏུ་ཡིད་ཏུ་འོང་བའི་རྒྱན་རིས་
ཡོད།)

Bonan Knife, a traditional handicraft of Bonan people living in Gansu, is mainly produced in Dahejia, Liuji Township and surrounding areas in Jishishan Bonan, Dongxiang and Salar Autonomous County. The whole process is to heat and forge the iron, then split it up to add the steel when it is made into the embryonic form; finally, to quench it. The finished product has the exceptional sharp knife edge, the tough and gentle blade, and the hilt (carved with exquisite patterns) is mainly stacked with the brass or the ox horn.

傣族银腰带 银质手工艺品。多由银丝编织成蛇纹或结成连环扣，再一一衔接而成，且在带钩处镶上花卉图案。通常重约500克。傣族银腰带不仅是一件美丽的饰物，也有表明身份的作用，通过它可以表明自己的婚姻状况。它也是傣族青年男女的爱情信物。据传还有避邪祛毒之功效。

ཏའེ་རིགས་ཀྱི་དངུལ་གྱི་ཆབ་མ། དངུལ་གྱི་ལག་
ཤེས་བཟོ་ཚལ་ཐོན་རྫས་ཤིག མང་ཆེས་དངུལ་སྐུད་
གཅིག་ལ་གཅིག་བཀྲུན་པ་ལ་བརྟེན་ནས་བཟོས་པ་ཞིག་
ཡིན་ཞིང་། དངུལ་སྐུད་ཀྱིས་སྦྲུལ་རིས་སོགས་རྒྱན་རིས་གྱུར་
བཟོས་ཡོད། ལྷགས་ཀྱུ་ཡོད་སར་མེ་ཏོག་རི་མོ་ཡོད། སྤྱིར་
བཏང་གི་ལྗིད་ཚད་ཐལ་ཆེར་ཁེ་༥༠༠ཙམ་ཡོད། ཏའེ་

རིགས་ཀྱི་དངུལ་ཆལ་ལ་ཕོལ་གྱི་རྒྱན་ཆའི་ཉེས་པ་ཡོད་པར་མ་ཟད། ཕོལ་ཐང་མཚོན་པའི་ཉམས་པའང་ཡོད་ཅིང་། དེའི་ཕོག་ནས་རང་ཉིད་ཀྱི་གཉེན་སྒྲིག་གནས་བབ་ཀྱང་སྟོན་ཐུབ། དེ་མ་ཟད་དེའི་རིགས་པོ་མོ་གཞིས་ཀྱི་བཟང་དུ་གི་དཔང་རྟགས་ཀྱང་ཡིན། བགད་སྒྲོལ་ལྷར་གཏོར་དགག་ལས་སྒྲོལ་བ་དང་དུག་སེལ་གྱི་ནུས་པ་ལྡན་པའོ། །

The Dai Silver Belt is a kind of silver handicraft, which is usually weaved by the silver wires, or knotted by the interlocks, then linked up one by one and tumbled flower patterns on every hook. It usually weighs about 500 grams. The Dai Silver Belt is not only a beautiful ornamentation, it also can indicate the identification of the women, which means that it can show your marital status. Besides that, it's also the love token for the Dai young people. It is said that it has the function of counteracting evil force and getting rid of poison.

得里相比 独龙语音译，即用藤竹加工编制成的手工艺品。形似傣族筬篓，精美别致，装东西可以防腐、防虫，是独龙族女子的必备之物。按独龙族的风俗，只有尊敬的远方客人或是至亲好友，才能得到这种赠品。

ཏིའུ་ལིས་ཞང་པའི། ཏུའུ་ལུང་སྐད་ཀྱི་སྒྲ་བསྒྱུར། སྒྲུག་ཨམ་སྲུས་པའི་ལག་ཤེས་བཟོ་རྩལ་ཕོལ་ཧྲ་ཞིག་ཡིན། དབྱིས་ཏུའི་རིགས་ཀྱི་སྒྲུག་སྙེ་དང་ཆུང་འདྲ་ཞིང་། བཟོ་སྦྱངས་ཏུ་ཆངས་ལེགས་པོ་ཞིག་ཡིན། དེ་ནང་དུ་ཅ་ལག་བཞག་ན་རུལ་འགོག་དང་། འབུ་མི་ཞུགས་པ་སོགས་ཀྱི་ཉམས་པ་ལྡན། དེའི་ཏུའུ་ལུང་རིགས་ཀྱི་བྱུང་མེད་ཆོས་རིགས་པར་དུ་ཚོགས་དགོས་པའི་ཅ་ལག་ཅིག་ཡིན། ཏུའུ་ལུང་

རིགས་ཀྱི་གོམས་སྲོལ་ལྟར་ན་ཐག་རིང་གི་མགྲོན་པོ་ཚ་ཆེན་ནམ་རང་གི་ཉེ་མི་ཚོར་ཤག་སྐྱེས་སུ་འདི་ཕུལ་བ་ཡིན།

Delixiangbi, the transliteration of the Derung language, is a kind of handicraft woven by the bamboo strips. It looks like the Dai bamboo basket, elegant and unique, which is the utensil of Derung women to contain things for it is anti-corrosive and insect-resistant. By the customs of Derung that only the distinguished guests from afar, relatives and friends can be offered this gift.

顶卡花 毛南族传统编织工艺品。汉称"花竹帽"。用当地出产的金竹、黑竹，破成竹篾精心编织而成。经过选篾、制篾、上模、结形、编织、填衬到定型、整合、勒边、护顶，到最后涂刷油料，方可编好。小伙子送一顶花竹帽给姑娘作爱情的信物，已成为毛南族的传统习惯。

ཏེན་ཁ་ཧོག མའོ་ནན་རིགས་ཀྱི་སྲོལ་རྒྱུན་སྲས་བཏགས་ལག་རྩལ་ཐོན་ཧྲས་ཤིག རྒྱ་སྐད་དུ་མེ་ཏོག་སྨྱུག་ཞྭ་ཟེར་བ་ཚེའི་གནས་ཐོན་པའི་གསེར་སྨྱུག་དང་སྨྱུག་ནག་སྨྱུག་ཤུན་སོགས་ཀྱིས་ཞིབ་ཚོགས་སུ་བྱས་ཏེ་གྱུར་པ་ཞིག་ཡིན། དེའི་སྒྲུག་ཤུན་འདེམ་པ་དང་། སྒྲུག་ཤུན་བཟོ་བ། དབྱི་བཟོ། མདུད་པ། སྲས་པ། བཟོ་དབྱིབས་གཏན་འབེབས། ཤགས་སྒྲིག ཡི་བདར་དང་ཁུག སྦུགས་སོགས་བཀུག་གྱུར་པ་ཞིག་ཡིན། པོ་གསར་ཞིག་གིས་ཏེན་ཁ་མེ་ཏོག་ཅིག་བུད་མེད་ཀྱི་ཚོར་སྙེར་པ་ཡིན་ན་བཀྱེ་དུ་བ་ལགས་སྐྱེས་སུ་འདོད་པ་མའོ་ནན་རིགས་ཀྱི་གོམས་སྲོལ་ཞིག་ཏུ་ཆགས་ཡོད།

Dingkahua, named as the "flower and bamboo hat" by the Han people, is a kind of traditional weaving handicraft of the Maonan people, which is meticulously woven by bamboo strips of the local golden bamboo and black bamboo. The hat is done by choosing bamboo, fabricating, molding, shaping, weaving, lining, styling, integrating, back siding, retaining the top, to the last oil painting. It has become a traditional practice of the Maonan people for a young guy to send the Maonan bamboo hat to a girl as a love token.

侗锦 侗族民间工艺品。有"素锦"和"彩锦"之分。素锦,用黑白棉纱经纬交织而成,正反两面起花,巧妙织出黑、白、灰三色图案。彩锦,用红、绿、紫、黄、蓝丝为纬,青、蓝棉纱为经交织成五彩纷呈之图案。经轧棉、纺纱、排纱、织锦等十多道工序,集挑、绣、雕补工艺于一体。

ཏུང་གི་འཐག་དར། ཏུང་རིགས་ཀྱི་དམངས་ཁྲོད་བཟོ་རྩལ་ཐོན་རྫས་ཤིག ལ་རྒྱ་དར་དང་ཚོན་དར་གཉིས་སུ་བྱེད། རྒྱ་དར་ནི། སྲིང་སྲབ་དཀར་ནག་གཉིས་བཞིས་ནས་འཐག་སྟེ་གྱུབ་ཤིག་སྟེ། མདུན་རྒྱབ་གཉིས་སུ་མེ་ཏོག་འབུར་མ་ཡོད་པ་དང་། དཀར་ནག་སྐྱ་གསུམ་མདོག་གིས་ཀྱང་བཟོའི་འཕག་ཚུལ་དུ་བྱུང་བ་ཞིག་ཡིན། ཚོན་དར་ནི། དམར་པོ་དང་། ལྗང་ཁུ་དམར་སྐྱ། སེར་པོ། སྔོན་པོ་བཅས་ཀྱི་དཔྱང་སྐུད་བྱས་ཏེ་ཚོན་མདོག་སྣ་ལྔའི་རྒྱ་རིས་འབུར་བའི་འཐག་དར་ཞིག་ཡིན། སྲིང་སྐུད་དང་འཐག་པ། སྒྲིག་པ། སྣས་པ་སོགས་མཉམ་བཟོའི་ཚར་རིམ་པ་༡༠་ལྷག་རྒྱུད་དེ། བཀྲེགས་འབུར་གྱི་བྱེད་ཚུལ་མཛེས་པར་བཀོད་པའི་བཟོ་རྩལ་ཞིག་ཡིན།

Dong Jin, the folk craft of the Dong people, can be divided into "Su Jin" (the silk brocade) and "Cai Jin" (the colored brocade). Su Jin, is interwoven by the black and white cotton yarns with jacquard weave; and black, white and gray patterns can be woven. Cai Jin, makes use of the red, green, purple, yellow and blue silks as the weft and the green, blue cotton yarns as the warp to interweave the colored patterns. The whole process needs over 10 procedures of ginning, spinning, rowing yarns, brocading and so on. The crafts of embossing, embroidering, carving and stitching are integrated into one.

噶乌 藏语音译。藏传佛教信徒随身佩戴的佛盒,也是工艺品。一般为银或铜制,小巧,外表雕饰精美,还有镶嵌宝石、松石、珍珠的。内装小佛像、藏药丹丸、活佛照片等。用以祈佛保佑。

ག་ཨུ། ལུས་ལ་བཏགས་ནས་སྲུང་ཆས་སོགས་ཀྱི་ཉེར་པ་ཡོད་པའི་མཆོད་ཆས་ཏེ། བཟོ་རྩལ་ཐོན་རྫས་ཤིག་ཀྱང་ཡིན། སྤྱིར་བཏང་དུ་དངུལ་དང་ཟངས་ལས་བཟོས་པ་ཞིག་སྟེ། བོ་ཆུང་ཞིང་དོས་སུ་འབབ་ཅིང་གི་རྒྱན་རིས་ཇུས་ཏུ་འཐགས་པ་དང་། ད་དུང་རིན་པོ་ཆེ་གཡུ་བྱུར་སྦོན་ཤེལ་སོགས་ཀྱི་ཕྲ་རྒྱན་ཀྱང་བཏང་ཡོད། ནང་དུ་རྩ་ཆེ་བའི་སྐུ་འདྲ་དང་། བསྐུལ་གསུམ། ན་བཟའ་སོགས་བཞུས། དེ་ལུས་ལ་ཡོད་ན་སངས་རྒྱས་སོགས་ཀྱི་བྱིན་རླབས་ཐོབ།

Gawu, the transliteration of Tibetan, is the Buddha box that is always carried by the Tibetan Buddhism believers and also is a handicraft. Usually, it is made of silver or copper and looks small with exquisite carving decorations; some of them are embellished by the gems, turquoise, pearls. It contains little Buddha statue, Tibetan medicines and Dan pills, the pictures of the living Buddha and is used for praying for the bless of the Buddha.

蜡染 古称"蜡缬"。传统印染工艺。在苗、布依、瑶、仡佬等民族中仍甚流行。用于制作服装服饰和各种生活实用品。主要方法是用蜡刀蘸蜡液,在白布上描绘几何图案或花、鸟、虫、鱼等纹样,然后将画布浸入靛缸,最后用水煮脱布上的蜡即现花纹。其图样结构严谨,线条流畅,装饰效果很强。

པ་ཚལ་རྒྱག རྒྱའི་གནའ་ཡིག་ཏུ་ལྭ་ཞེས་ཟེར། སྲོལ་རྒྱུན་ཚོས་རྒྱག་བཟོ་ལས་ཤིག དེའི་མྱོར་དང་། པུའུ་དུའི། ཡའོ། ཀོ་ལའོ་རིགས་སོགས་མི་རིགས་ཀྱི་ཁྲོད་དུ་ཤུར་བཞིན་དར་ཁྱབ་ཆེ། བེད་སྤྱོད་བྱ་ཡུལ་རྒྱུན་གོས་དང་འཚོ་བའི་ཉེར་སྤྱོད་ཅ་ལག་སྣ་ཚོགས་ལ་ཡིན། བྱེད་ཐབས་གཙོ་བོ་ནི་པྲ་ཚལ་བཞུས་ནས་གཞིར་ཁུར་བཟོས་ཏེ། རས་དཀར་པོའི་ཐོག་ཏུ་དབྱིབས་འབྲི་མིག་སོགས་སམ་རྒྱན་རིས་སྣ་ཚོགས་ཀྱི་རི་མོ་བཀོད། དེ་ནས་རེ་མོ་བཀོད་པའི་རས་སྔགས་རྫའི་ནང་དུ་བཞག མཇུག་མཐར་རས་དཀར་པོའི་སྟེང་གི་པྲ་ཚལ་དང་རྒྱུན་རིས་རྒྱ་ཉན་དུ་བཙོས་ནས་གྱུར་པ་ཞིག་ཡིན། དེ་མོ་དེའི་རྒྱུན་རིས་དང་སྐྱ་ཐིགས་ཤིན་ཏུ་དོར་པོ་ཡོད་པས་རྒྱན་ཚའི་གྲུབ་རིས་མཛེན་གསལ་ཡིན།

Batik, as a kind of traditional dyeing, is originally known as "La Xie" which is popular in the Miao, Buyi, Yao, Gelao people. It is used for making clothes and various living practical articles. The main method of making Batik is to use the wax knife to dip into the wax liquid, and draw geometric patterns or the pictures of the flower, bird, worm and fish on the white cloth, then immerse the cloth into indigo vat and use water to boil waxes on the cloth. When the wax on the cloth melts, the patterns shows through. It has highly structured patterns, flowing lines and the great decorative effects.

黎锦 黎族民间织锦。历史悠久。通常以棉线为主,麻线、丝线和金银线为辅交织而成。有纺、织、染、绣四大工艺。制作精巧,图案花纹精美,富有夸张和浪漫色彩。多用于妇女筒裙、摇兜、被子(古称"崖州被")等生活用品。

ལི་གོས། ལི་རིགས་ཀྱི་དམངས་ཁྲོད་དར་གོས་འཐག་མ་ཞིག ལོ་རྒྱུས་ཡུན་རིང་ལྡན། རྒྱུན་པར་སྲིང་སྨྱུག་གཙོ་བོ་དང་། རྩྭས་སྐུད་པ། དར་སྐུད། གསེར་དངུལ་གྱི་སྐུད་པ་སོགས་བསླུས་ཏེ་གྱུབ་པ་ཞིག་ཡིན། དེ་ལ་སྟེ་པ་དང་འཐག་པ། ཚོས་རྒྱག་འཚེམས་དྲུབ་བཅས་བཟོ་རྩལ་ཆེན་པོ་བཞི་ཡོད། བཟོ་རྒྱུ་སྦྱུམ་དག་ཅིང་། རྒྱན་རིས་མཛེས་གསུ་དོད་པ། ཟུར་སྐྱོང་དང་འཆར་སྣང་གིས་ཕྱུག་པའི་ཚོན་མདངས་བཀྲ། སྐད་ཆེ་ཤོས་བུད་མེད་སྐྱོང་གཡོགས་སྨུག་མ་དང་། ལག་ཁུག ཉལ་ཐུལ་(གནའ་དོར་ཡ་གྲོའུ་ཉལ་ཐུལ་ཞེས་གྲགས།) སོགས་འཚོ་བའི་མཁོ་ཆས་ཡིན།

Li Jin, with a long history, is the folk brocade of Li people. Usually, Li Jin is mainly interwoven by the cotton thread, supplemented with the flaxen thread, silk thread, gold and silver thread. The whole production includes four processes: spinning, weaving, dyeing and embroidering. It is delicate with exquisite patterns and designs, which is full of exaggerated and romantic colors. Li Jin is chiefly used in the articles for daily use, such as the women's pleated skirts, Yaodou, quilts (it was called Yazhou quilt in ancient times).

黎族树皮布制作技艺 树皮布又称"纳布""楮皮布""谷皮布"等。产地主要在海南岛黎族聚居地区，是一种以植物树皮为原料，经拍打技术加工制成无纺织布料的技术。古时黎族人用此术制成的树皮布来做蔽体的衣物、垫单、腰带等。

ལི་རིགས་ཀྱི་ཤིང་ཤུན་རས་བཟོ་ལག་རྩལ། ཤིང་ཤུན་གྱི་རས་ལ་ན་རས་དང་ཏྱེའུ་ཤུན་རས། གའོ་ཤུན་རས་སོགས་ཡོད། ཐོན་ཡུལ་གཙོ་བོ་ཧའེ་ནན་གླིང་གི་ལི་རིགས་འདུས་སྡོད་ཡུལ་ཡིན། དེའི་སྐྱེས་དངོས་ཀྱི་ཤུན་པགས་རྒྱུ་བྱས་ཏེ། བརྡུང་བའི་ལག་རྩལ་ལ་བརྟེན་ནས་ཀྱི་ལག་རྩལ་ཞིག་ཡིན། གནའ་བོའི་ལི་རིགས་ཚོས་ཤིང་ཤུན་གྱིས་བཟོས་པའི་རས་ཀྱིས་གྱོན་ཆས་དང་འལ་ཆས། སྐེ་རགས་སོགས་བཟོས་པ་ཡིན།

Bark Cloth Making Techniques of the Li people, also called "nabu", "mulberry bark cloth", "grain husk cloth" and so on. It originates in Li people's settlement of Hainan Island. Li people used the technique of beating to make the barks into a kind of cloth without using the process of spinning and weaving. In ancient times, Li people used the bark cloth to make clothes, sheet, belts and so on.

马尾绣 水族的一种以马尾为重要原材料（马尾为芯制绣线）的刺绣技艺。其制作过程繁琐复杂，成品古色古香，华美精致，结实耐用。所绣图案古朴、典雅、抽象，并具有固定的架构和模式。绣法有三丝、五丝、七丝三种。主要用于制作背带、翘尖绣花鞋、女性的围腰等。

རྟ་རྔའི་འཚེམ་དྲུབ། ཆུའི་རིགས་ཀྱི་རྟ་རྔའི་རྒྱུ་ཆ་གཙོ་བོ་བྱས་པའི་(རྟ་རྔའི་འཕོན་དྲུབ་ཀྱི་སྙིང་པ་གཙོ་བོར་བྱས་པ།) འཚེམ་དྲུབ་ལག་རྩལ་ཞིག་ཡིན། དེ་བཟོ་བའི་རིམ་པ་ཟིང་ཆ་ཆེ་བ་དང་། ཐོན་རྫས་ཀྱི་མདངས་ལེགས་ཤིང་ཉེར་ཁོམས་པ། སྲུངས་ཀ་ལེགས་ཤིང་མཛེས་པ། སྦྱོར་ཡུན་རིང་ཞིང་སྲབ་ཞིག་ཡིན། རྒྱུན་རིས་ཡོད་དོ་ཅོག་གྱུར་བཅོས་ཆགས་ཤིང་ཞམས་ཐོན་པ། ཇོག་བཟོས་ཕྱོགས་པར་ན་རག གཅན་འཇིལ་གྱི་སྐྱོམ་གནའ་དང་རྣམ་པ་ཡོད། འཚེམ་དྲུབ་བྱེད་སྟངས་གོས་སྐུད་གསུམ་ཅན་དང་། ལྔ་ཅན། བདུན་ཅན་བཅས་རིགས་གསུམ་ཡོད། སྦྱོད་སྟོ་གཙོ་བོ་རྒྱབ་འགེལ་དང་ལྷམ། བུད་མེད་ཚོའི་སྐུ་རགས་སོགས་ཡིན།

The horsetail embroidery is a kind of embroidery technique that uses horsetail as raw materials (horsetail used as the core of embroidery threads) of the Shui people. Its processes are complicated. The finished products are antique, delicate and durable. The embroidered patterns possess a fixed framework and mode. There are lots of embroidery techniques like using 3 kinds of threads, 5 kinds of threads and 7 kinds of threads. It is mainly used as wrap sling, embroidered shoes and corset.

满族补绣 满族民间工艺。或称"钉线"，主要流行于东北地区农村。以家织布和棉线为原料剪缝而成，黑白色为主调，间用他色。纹饰以榴开百子、吉庆有余、葫芦盘长、福寿长春、八宝等吉祥图案为主，多配以较粗重的黑色边饰，常绣于枕顶、荷包、幔帐、坐垫之上。

མན་རྗུ་རིགས་ཀྱི་འཚེམ་དྲུབ། མན་རྗུ་རིགས་ཀྱི་དམངས་ཁྲོད་བཟོ་རྩལ་ཞིག་ཡང་ན་ཁབ་སྐུད་ཀྱང་འབོད། གཙོ་བོ་བྱང་ཤར་ཁྱོང་གྱོང་གནས་པའི་ཉུ་དར་ཡོད། ཕྱིམ་རང་བཟུག་མ་དང་སྲིན་སྐུད་ཀྱིས་རྒྱུ་ཆ་བོ་བྱས་ཏེ། ཨ་གཞི་དཀར་པོ་ནག་ཚོན་མགོན་གནས་ཏེ། ཁ་མདོག་གཞན་པ་སློང་། རྒྱན་རིས་ནི་བུ་མང་བུ་བཅུ། བཀྲ་ཤིས་བརྒྱད། ག་བེད་ཕྱིར་རིད། ཚེ་རིང་པོ་བརྒྱ། བཀྲ་ཤིས་རྟགས་བརྒྱད་སོགས་གཙོ་བོ་བྱེད། མང་ཆེ་ཤོས་ལ་མཐར་རྒྱན་ནག་པོ་འཇོག་ཅིང་། རྒྱན་སྲུས་མགོ་དང་ཁུག་མ། འདུག་གདན་སོགས་སུ་འཚེམ་དྲུབ་བྱེད།

Manchu stitch embroidery, can also be called "nail line", is a folk craft of the Manchu and popular in the countryside of the northeast of China. It is made by tailoring the home-made cloth and sewing with the cotton threads. The dominant color is black and white, mingled with other colors. The ornamentations are mainly for auspicious patterns of Liu Kai Bai Zi (for more children), Ji Qing You Yu (more auspicious), Hu Lu Pan Chang (the guard tied up an auspicious knot, which means good luck), and Fu Shou Chang Chun (longevity), Babao (Eight Treasure) and so on. The Manchu Stitched Embroidery is always decorated by the heavy black edgings, and often sewed upon the pillows, the Hebao (a small embroidery pocket as a kind of ornament carried by people), curtains and cushions.

蒙古族银器 早在元朝以前，蒙古族即以使用银器闻名。蒙古族银器品种有银碗、蒙古刀、蒙古银壶、饮酒器皿、头饰银簪、各种马具鞍花等。其特点是大方淳朴，精巧细致，色彩纹样古雅。其中的桦木镶银蒙古碗是常获奖产品。

སོག་རིགས་ཀྱི་དངུལ་ཆས། སྔ་བར་ཡོན་རྒྱལ་རབས་སྔོན་ལ། སོག་རིགས་ཀྱི་དངུལ་ཆས་བཀོལ་སྤྱོད་སྐོར་གྲགས་ཡོད། སོག་རིགས་ཀྱི་དངུལ་ཆས་རིགས་ལ་དངུལ་ཕོར་དང་། སོག་པོའི་གྲི། སོག་པོའི་དངུལ་དེབ། ཆང་སྣོད། མགོ་རྒྱན། དངུལ་གྱི་ཚོམ་བུ། སྣ་སྦྲགས་རྟ་ཆས་སོགས་ཡོད། དེའི་ཁྱད་ཆོས་ནི་སྦྱང་གླེགས་ཤིང་ཆོག་ཤེས། ཞིབ་ལ་དང་། རི་མོ་བཀོད་པ་མཛེས་ཤིང་ཚོན་མདངས་ལེགས་པ་སོགས་ཡིན། དེ་དག་ལས་སོག་པོའི་ཕོར་དངུལ་ཤན་མ་ཞིག་མིང་གྲགས་ཡོངས་ལ་ཁྱབ་པ་ཞིག་ཡིན།

Mongolian silver ware The Mongolia is famous for its use of silver wares before the Yuan Dynasty. Great variety of Mongolian silver wares include silver bowls, Mongolian knives, Mongolian silver kettles, drinking vessels, head wares and silver hairpins, various harnesses and so on. The Mongolian silver wares are decent and simple, delicate and exquisite, with classical and elegant colors and patterns. Among them, the birch silver Mongolian bowl won many awards.

苗绣 苗族刺绣技艺。以五色彩线制作，图形主要由规则的若干基本几何图形（方形、菱形、螺形、十字形、之字形等）组成。针法有平绣、辫绣、结绣、缠绣、绉绣、贴花等10来种。主要用来镶嵌服装的衣领、衣襟、衣袖、帕边、裙脚等部位,亦可用来缝制挎包、钱包等。

མཽ་རིགས་ཀྱི་འཚེམ་དྲུབ། མཽ་རིགས་ཀྱི་འཚེམ་དྲུབ་ལག་རྩལ་ཞིག་ཡིན། ཚོན་མདོག་སྣ་ལྔ་གྱུར་ཅིང་རྒྱན་རིས་གཙོ་བོར་ཚོས་ཞེན་ཤུལ་པའི་གཞི་ཚིའི་དབྱིབས་ཆེས་རིས། (གྲུ་བཞི་དང་ཟུར་གསུམ་དབྱིབས། དུ་དབྱིབས། རྒྱ་གྲམ་དབྱིབས། ཡི་གེའི་དབྱིབས་སོགས།) ལས་གྱུར་པ་ཞིག་ཡིན། འཚེམ་དྲུབ་བྱེད་ཐབས་ལ་སྨར་མའི་འཚེམ་དྲུབ་དང་། མདུད་པའི་འཚེམ་དྲུབ། དཀྲིས་པའི་འཚེམ་དྲུབ། གཉེར་མའི་འཚེམ་དྲུབ། རིས་སྣ་འཚེམ་དྲུབ་སོགས་རིགས་བཅུ་ཕྲག་འགའ་ཡོད། སྐྱོར་ཡུག་གཙོ་བོ་སྟོན་གོས་ཀྱི་གོན་བ་དང་དང་། ཕུ་ཐུང་། འདབ་ཁ། སྨད་གཡོགས་ཀྱི་འདབ་ཁའི་རྒྱན་རིས་སོགས་དང་། འཚེམ་དྲུབ་ཀྱི་སྒོར་ཁུག་སོགས་བཟོ།

Miao embroidery (Miao embroidery technique), is weaved by five-color threads. The patterns consist of regular geometric figure (square, rhombus, spiral, cross, zigzag, etc.). There are a great variety of stitch patterns such as flat stitch, plaited stitch, knot stitch, twined stitch, crepe stitch and are used to embellish the collar, lapel, sleeves, hem and bags, etc.

苗族挑花 苗族妇女擅长的手工艺。也有称"十字挑花"等。在棉布或麻布的经纬线上用彩色的线挑出许多小十字,构成各种图案(多呈几何图形)。且多是背面挑,正面看。一般挑在枕头、桌布、服装等上面,作为装饰。

མཽ་རིགས་ཀྱི་ཁམ་བུའི་མེ་ཏོག མཽ་རིགས་བུད་མེད་ཚོའི་ལག་ཤེས་བཟོ་རྩལ་ཞིག དེ་ལ་རྒྱ་གྲམ་བུའི་

མེ་ཏོག་ཀྱང་འབོད། ཤིང་རས་སམ་སོབའི་རས་ཀྱི་འབྱེད་ཕྱོར་ཐིག་ཏུ་ཚོན་ཤུག་གི་སྐུད་པས་རྒྱ་གྲམ་ཆུང་ཆུང་མང་པོ་བཀོད་དེ། རྒྱན་རིས་སྣ་ཚོགས་གྲུབ། (དབྱིབས་རྩེ་ཀྱི་རིས་མང་པོ་མཆིན།) པ་ཡིན། མང་ཆེ་རྒྱབ་ངོས་སུ་དུབས་ཏེ། མདུན་ངོས་མཐོང་ཐུབ། སྤྱིར་བཏང་དུ་སྔས་མགོ་དང་མདུན་ཅོག་གི་རས། གྱོན་པ་སོགས་ཀྱི་སྟེང་དུ་བཀོད་དེ་རྒྱན་རིས་བྱེད།

The cross-stitch work of the Miao people is the adept handicraft of the Miao women. It is also called "the cross of peach blossom". Using the technique of cross-stitching, the Miao people embroider a lot of small crosses with colored threads on the cotton and linen cloth to make various patterns (most of them are geometric patterns). Most of them are cross-stitched on the back and seen on the front. As decorations, it is cross-stitched upon pillows, table clothes, clothes and so on.

苗族银饰 苗族最喜爱的传统饰物。主要用于妇女装饰。苗族银饰从头到脚,可谓无处不饰,且有以大、重、多为好的独特审美观。寓含巫术、信仰的图案居多。皆为手工完成。已形成铸炼、捶打、编织、洗涤等一整套制作流程。

མཽ་རིགས་ཀྱི་དངུལ་རྒྱན། མཽ་རིགས་དགའ་པོས་ཀྱི་སྲོལ་རྒྱུན་གྱི་རྒྱན་ཆ་ཞིག་ཡིན། གཙོ་བོ་བུད་མེད་ཚོས་རྒྱན་དུ་སྒྲོན། མཽ་རིགས་ཀྱི་དངུལ་རྒྱན་དེ་མགོ་ནས་རྐང་དུ་རྒྱན་ཆས་ཀྱིས་བླས་ཡོད་པ། རྒྱན་ཆ་མེད་ས་ཞིག་མེད། དེ་ལ་ཆེ། ལྗིད། མང་བཅས་ཀྱི་ཕུལ་མིག་མཛོས་ཚོན་ལྡན། ཐོག་ཏུ་སྦྱངས་པ་དང་དང་དོན་སྙིང་གི་རྒྱན་རིས་ཞིག་ཏུ་མང་པོ་བཀོད་ཡོད། རྒྱན་ཆ་ཐམས་ཅ

ཚེ་ལག་ཧྲང་གིས་གྲུབ་པ་སྟེ། ཧྲང་འབུར་བརྒྱ་གསུམ་
སོགས་ལག་རྩལ་རིམ་པ་བརྒྱུད་དེ་བཟོས་པ་ཞིག་ཡིན།

The Miao silver work is the most-favored traditional ornaments of the Miao people, which is mainly used for women to decorate. The Miao silver works are decorated on Miao people's bodies, from head to foot, and people have the unique aesthetic taste of "large, heavy, and many". Among them, most patterns suggest the meaning of the witchcraft and belief. All of them are hand-made. The complete process includes casting, beating, weaving and washing.

羌族刺绣 羌族手工技艺。羌绣在传统手工技法和色彩运用上有着鲜明的地域特点和民族风格，用于服饰的刺绣图案就有一百多种，色彩绮丽纯美。表现手法主要有挑绣、纳花绣、纤花绣、链子扣、扎花、提花、拼花、勾花和手绣等。其中，挑绣为羌族妇女的最爱。

ཆའང་རིགས་ཀྱི་འཚེམ་དྲུབ། ཆའང་རིགས་ཀྱི་ལག་ཤེས་བཟོ་རྩལ། ཆའང་རིགས་ལ་སྲོལ་རྒྱུན་ལག་ཤེས་དང་ཚོན་མདངས་བཀོལ་སྟོད་ཐད་མངོན་གསལ་ལྡན་པའི་ཁྱད་ཆོས་དང་མི་རིགས་ཀྱི་སྲོལ་ལུགས་པ་ཞིག་ཡོད་ལ། གྱོན་ཆས་ལ་སྦྱོང་པའི་འཚེམ་དྲུབ་རྒྱན་རིས་རིགས་༡༠༠ལྷག་ཙམ་ཡོད་པ་དང་། ཚོན་མདངས་བཀྲ་ཞིང་མཛེས་སྡུག་ལྡན་པ་ཞིག་ཡིན། ལག་རྩལ་གཙོ་བོར་ཁབ་བུའི་མེ་ཏོག་འཚེམ་དྲུབ་དང་། ན་ཐུ་མེ་ཏོག་འཚེམ་དྲུབ། ཚ་ཧུ་མེ་ཏོག་འཚེམ་དྲུབ་སོགས་ཡོད། དེ་དག་ལས་ལྷག་བུའི་མེ་ཏོག་འཚེམ་དྲུབ་ནི་ཆའང་རིགས་ཀྱི་བུ་མོའི་ཚོ་ཆེས་དགའ་ས་ཡིན།

Qiang embroidery, the handicraft of the Qiang people, has distinct geographical characteristics and ethnic style in the aspect of traditional techniques and color application. There are almost 100 embroidery designs for costumes, which are expressed by cross-stitching, zhahua (making decorations with a needle), hooked needle embroidery and hand embroidery, etc. And cross-stitching is the most popular choice for Qiang women.

彝族漆器 彝族传统手工艺品。用酸枝木、樟木等做胎，野生土漆和各种矿物颜料作髹饰（一种工艺。用漆漆物，谓"髹"，"饰"寓纹饰之意），经过40多道工序而成。具有图案幽雅、造型朴实、色泽艳丽、经久耐用等特色。明、清两朝彝族漆器就被选作"贡品"。

དབྱིས་རིགས་ཀྱི་བཀག་ཚི། དབྱིས་རིགས་ཀྱི་སྲོལ་རྒྱུན་ལག་ཤེས་བཟོ་ཚལ་ཐོན་ཟོག་ཅིག་སྟེར་ཤིང་དང་། བུར་ཤིང་སོགས་ཀྱི་རི་སྙིང་རྩི་དང་གངས་ར་ཐང་རྩ་ཚོགས་ཀྱི་ཚོན་སྦྱང་ནས་རྒྱན་ཚའི་ཐོག་ལ་བྱུགས་ཡོད། (བཟོ་རྩལ་རིགས་ཞིག ཚོན་རྩ་རྒྱན་རིས་ཐོག་ཏུ་བྱུགས་པ།) ལག་རྩལ་རིམ་པ་བཞི་བཅུ་ལྷག་བརྒྱུད་དེ་ལེགས་གྲུབ་བྱུང་བ་ཞིག་ཡིན། རི་མོ་འཛུམ་དགར་བ་དང་རྣམ་པ་བཅགས། ཚོན་མདོག་མཛེས་གཟུགས་ལ་དགོད་པ། ཡུན་ཐུབ་པ་སོགས་ཀྱི་ཁྱད་ཆོས་ལྡན། མིང་དང་ཆིང་རྒྱལ་རབས་སྐབས་སུ་དབྱིས་རིགས་ཀྱི་བཀག་ཚི་འབུལ་དངོས་སུ་འདེམས་པ་ཡིན།

The lacquer ware of the Yi people is the traditional handicraft of the Yi people. The Yi people choose the rosewood, camphorwood and other woods as the body of the lacquer ware, the wild Chinese lacquer and kinds of mineral pigments as the lacquer (a kind of craftwork. "xiu" in Chinese means painting things with lacquer, and "shi" in Chinese means the ornamentation). More than 40 production processes are needed to finish the work. It possesses the features of elegant pattern, simple modeling, brighter color and durable service and so on. Besides that, the lacquer ware of the Yi people was chosen as the "Tribute" (something given or done as an expression of esteem) in the Ming and Qing Dynasty.

英吉沙小刀 维吾尔族传统手工艺品。因原产地为新疆的英吉沙县而得名。约有400多年的历史。以其精美的造型、秀丽的纹饰和锋利的刃口而闻名。有弯式、直式、箭式、鸽式等10多个品种，几十个花色。其中又以民族欣赏习惯的不同，分维吾尔、哈萨克、蒙古、汉、藏等不同形式。

དབྱིན་ཅི་ཤ་གྲི་ཆུང་། ཡུ་གུར་རིགས་ཀྱི་སྲོལ་རྒྱུན་ལག་ཤེས་བཟོ་རྩལ་ཞིག་ཡིན། བཟོ་ཡུལ་ཞིན་ཅང་གི་དབྱིན་ཅི་ཤ་རྫོང་ཡིན་པས་མིང་དེ་ཐོགས་པ་རེད། ད་ལྟའི་རིང་ལ་༤༠༠ལྷག་གི་ལོ་རྒྱུས་ཡོད། བཟོ་ལྟ་ལེགས་ཞིང་རྒྱན་རིས་མཛེས་པ། རྣོ་ངར་ཡོད་པའི་ཆུང་མིང་གྲགས་ཆེ་ཞིག་ཡིན། དེ་ལ་དབྱིབས་གུག་མ་དང་། དྲང་པོ། མདའ་དབྱིབས། ཕུག་རོན་དབྱིབས་སོགས་རིགས་དང་རྒྱུན་རིས་བཅུ་ཕྲག་ལྷག་ཡོད། དེ་ལས་མི་རིགས་མཛེས་རྟོགས་གོམས་སྲོལ་མི་འདྲ་བས་ཡུ་གུར་དང་ཧ་སག་སོག་པོ། རྒྱ། བོད་སོགས་ཀྱི་དབྱིབས་མི་འདྲ་བ་བྱེད།

Yengisar knife is the traditional handicraft of the Uyghur people. Because of its producing place in the Yengisar county of Xinjiang Uygur Autonomous Region, hence the name. With the history of over 400 years, the Yengisar knife is well known for its fine shapes, elegant ornamentation and sharp cutting edge. It has more than one dozen of types, such as forms of bent, straight, rocket, pigeon and so on, and several dozens of designs and colors. Among them, they can be divided into several kinds such as the Uygur, Kazak, Mongolia, Han, Tibet and so on according to the different ethnic aesthetic tastes.

藏刀 亦谓"折刀"。有长短不同规格，多为腰刀，藏语称"结刺"。现刀身为钢制，刀柄多用牛角、牛骨、白铜、原木，刀鞘有木质、铜质、铁质或银皮镶包等。饰以龙、凤、卷草纹、几何回旋纹等，常点缀宝石，表现形式有浮雕、镂空及掐丝镶嵌。

བོད་གྲི། དེའི་མིང་གཞན་གྱི་འདུག རིང་ཐུང་མི་འདྲ་བ་མང་པོ་ཡོད། མང་ཆེ་བ་སྐེད་གྲིའི་རྣམ་པ་ཡིན། གྲི་གྲོས་ཙོ་ལྫགས་ཀྱི་བྱས་པ་དང་། གྲི་ཡུ་མང་ཆེ་བ་ནོར་གྱི་རྭ་དང་། རུས་པ། རག་སྐྱ། ཞིང་སོགས་ཡིན། གྲི་ཤུབས་ཤིང་དང་། ཟངས། ལྕགས། དངུལ་པགས་པ་དངུལ་གདན་སོགས་ཡོད། རྒྱན་རིས་གཙོ་བོ་འབྲུག་རིས་དང་ཆུ་རིས། རྒྱ་བུ་སོགས་ཡོད་ཅིང་། སྐྱེ་ཏུ་གཡུ་བྱུར་སོགས་རིན་པོ་ཆེའི་ཕྲ་རྒྱན་བཏབ་ཡོད།

Tibetan Knife, also called "Zhe Knife" and "Jieci" in Tibetan language, has different sizes and many of them are waist daggers. The blade is made of steel, and the hilt is mainly made of ox horn, ox bone, cupronickel, log and the sheath is coated with the wood, copper, iron and silver. With the decorations of the patterns of dragon, phoenix, rosette designs and geometric stripes, the Tibetan Knife is always embellished with gems to present the forms of relief, hollow and pinch mosaic patterns.

壮锦 壮族传统手工织锦。以棉、麻线作地经、地纬平纹交织成底，再用真丝作彩纬织入起花，在织物正反面形成对称花纹，并将底面完全覆盖而成。其色彩对比强烈，纹样多为菱形几何图案。用于制作衣裙、巾被、背包、台布等。以结实耐用、技艺精巧、图案别致、花纹精美著称。

རྐྱང་གོས། གྲོང་རིགས་སྲོལ་རྒྱུན་ལག་ཤེས་ཀྱི་འཐག་གོས་ཤིག་ཡིན། སྲིང་བལ་དང་སོ་མའི་སྐུད་པས་དབྱུང་སྐུད་དང་སྒྲུན་བྱས་ཏེ་འཐག་པ་དང་། གོས་སྐུད་དགུ་ མར་འཚོན་སྐུད་བྱས་ཏེ་མེ་ཏོག་ཐབ་ནས་འཐག་པ་ཞིག་ཡིན། དེ་ལྟར་མཐུན་རྟོས་སུ་མེ་ཏོག་དང་རྒྱུན་རིས་སྲ་ཚགས་དོད་ཡོད་པ་དང་། རྒྱབ་རིས་ཆེན་མ་སྐྱོད་པས་གབ་ནས་ཀུན་པ་ཞིག་ཡིན། ཚོན་མདོག་སྲུབ་པ་དོ་མཉམ་ཞིང་དུག་པ་དང་། རྒྱན་རིས་མང་ཆེ་བ་ཟུར་གསུམ་དབྱིབས་ཅེས་རིས་ཡིན། བེད་སྤྱོད་བྱ་ཡུལ་གྱི་གོས་དང་། ཤ་ཁམས། རྒྱབ་ལྭག་མདུན་ཙོག་གི་ཡོལ་བ་སོགས་ཡིན། ཚགས་དམ་ཞིང་སྲ་ཐུབ་པ་དང་། བཟོ་རྩལ་ལེགས་པ། རྒྱན་རིས་ཁྱད་པར་བ། མེ་ཏོག་མཛེས་པ་སོགས་ཀྱི་མིང་ཐོབ།

Zhuang brocade, the traditional hand-made brocade of the Zhuang people, knits the background with cotton and twine and covered with the double-sided symmetrical patterns that is woven with silk. The contrast of colors is striking. It always chooses diamond patterns to make clothes, quilt, bags and tablecloth and so on. It is famous for its durable, exquisite and unique feature.

中国少数民族传统服饰及织造品

ཀྲུང་གོའི་གྲངས་ཉུང་མི་རིགས་ཀྱི་སྲོལ་རྒྱུན་གྱོན་ཆས་དང་འབག་སྟེ་བོན་རྣམས།

China's Ethnic Traditional Costumes and Weaving Articles

巴珠 藏语音译。藏族妇女特有的发饰。过去戴它有严格的等级限制。西藏拉萨等地较流行。呈三枝状或三角状,上缀珠玉、珊瑚等。盛装时佩于头顶发际,两枝前翘,分梳两边的发辫盘于其侧。

དཔལ་སྒྲོག བོད་པའི་བུད་མེད་ཅིའི་དམིགས་བསལ་གྱི་མགོ་རྒྱན་ཞིག གནའ་དུས་མོར་དེ་མགོ་ལ་འདོགས་པར་རིམ་པ་མི་འདྲ་བའི་ཆད་བཀག་ཤིན་ཏུ་ཡོད། རྫ་ས་སོགས་སུ་ཆུང་དར་ཁྱབ་ཆེ། ཚོ་ཁ་གསུམ་གུ་གསུམ་རྣམ་པས་བཟོས་ཤིང་། དེའི་ཐོག་ལ་གཡུ་བྱུར་སོགས་རིན་པོའི་ཆེའི་ཕྲ་རྒྱན་འདོགས། བུ་མོ་ཚོན་ཆོད་སྟེ་ཚེ་ལྷ་གཉིས་སྟེ་བྱས་ཏེ་མགོ་རྒྱན་པར་བྱེད།

Bazhu is kind of hair accessory peculiar to Tibetan women. There is a strict hierarchy to wear in the old times and it prevails in Lhasa area. Bazhu is designed as triangular-shaped and ornamented with jewel and coral. When dressed up, Tibetan women wear Bazhu on the top of their heads and tie their hair into a bun on each side.

帮典 藏语音译,意为"围裙"。藏族妇女的毛织围裙。多用羊毛纺线、染色、制成条状,再缝合成长方形,加里子,上端两侧加带而成。最突出的特点是色彩上大胆使用对比色与同类色,而且处理得十分巧妙和谐。西藏山南贡嘎县姐德秀地区产的"帮典"最著名。

པང་གདན། བོད་པའི་བུད་མེད་ཀྱི་པང་ཁེབ་ཅིག ཡིན། ཆེ་བ་བལ་སྐུད་ལ་ཚོས་བཀྲུན་ནས། ཐིག་ཤར་བབ་པའི་སྤོན་བསྡོས་པའི་གྲུ་བཞི། སྲོག་ཀྱི་སྟེ་གཟིས་སུ་འདོགས་པོང་བགགས་ཡོད་པ་ཞིག་ཡིན། ཆེས་འཆུར་དུ་ཐོན་པའི་ཁྱད་ཆོས་ནི་པང་གདན་གྱི་ཚོན་རིས་འཐག་ལུགས་དང་འཛར་སྤུས་བྱེན་ཏུ་ལེགས་པ་དེ་ཡིན་ཞིང་། ལྷོ་གདས་དགར་རྫོང་གི་པང་གདན་ལ་མིང་གྲགས་ཡོད།

Bangdian, a Tibetan transliteration, is a kind of woolen apron for Tibetan women. First the wool is woven into long thin strings and dyed into different colors, then these thin strings were woven into long strips and sewed together to rectangular shapes with colorful linings. Finally, two cloth strips are sewed on both upper sides of the robe. The topmost characteristic of Bangdian is the bold and harmonious use of the contrast colors and the same colors. And the most outstanding Bangdian comes from Jiedexiu area, Gongga county in Shannan.

贝衣 高山族特有的传统服装。过去通常为酋长或族长所穿的一种礼服。里衬一层麻布，外面用贝壳磨成的数以万计的小贝珠连成的珠串，横一排，竖一排，组合成方块，然后缝制成贝衣。对襟无领、无袖、无纽扣，背有小铜铃。

ཉ་ཕྱིབས་གྱོན་གོས། གའེ་ཧུན་རིགས་ལ་དམིགས་བསལ་དུ་ཡོད་པའི་སྲོལ་རྒྱུན་གྱོན་ཆས། སྔོན་རྒྱུན་ཡུལ་སྡེ་དཔོན་ནམ་ཚོ་དཔོན་གྱི་གཟབ་མཆོར་གྱོན་གོས་ཞིག་ཡིན། ནང་དུ་ཟར་ནས་དང་། ཕྱིའི་གཡོགས་སུ་ཉ་ཕྱིབས་དང་གྲི་ཁོག་ཕྱི་མ་འབུམ་གཞུང་དང་འཕྱུར་དུ་གོ་རིམ་བཞིན་བསྒྲིགས་ལ་རྒྱུས་གྱོན་ཆས་བཟོས་ཡོད། དེ་ལ་གོང་བ་དང་པུ་ཐུང་སྦོག་གི་སོད་པ་མེད་པ་དང་། རྒྱབ་ཏུ་ཟངས་ཀྱི་གཡེར་ཁ་བཏགས་ཡོད།

Beiyi, is a particular traditional costume of the Gaoshan people. It used to be the formal dress of the chieftains. The apparel with shell sets are made by linen lining and beaded by shell sets crosswise. Without collar, sleeves and buttons, the Beiyi is decorated only with some little brass bells on the back.

擦尔瓦 彝语音译，意为"披毡"。彝族传统服饰。流行于四川、云南大小凉山。用羊毛纺线织成，有较好的保温避水性能。无领无袖，形似斗篷，下端缀长穗，长到膝下。颜色多为黑色。昼可为衣，夜可作被。

ཚར་ཝ། དབྱི་རིགས་སྐད་ཀྱི་སྒྲ་བསྒྱུར། དོན་ཕྱིང་བའི་གྱོན་པ་ཞིག་པ། དབྱི་རིགས་ཀྱི་སྲོལ་རྒྱུན་གྱོན་གོས་ཞིག དར་ཁྱབ་ཆེ་ས་ནི་ཁྲོན་དང་། ཡུན་ནན་ལྱིང་ཧུན་ཆེ་ཆུང་ཡིན། ལུག་བལ་འཐགས་མས་བཟོས་པ་ཡིན་པས་དྲོང་བསྲུང་དང་ཆར་ཆུ་འགོགས་པའི་ནུས་པ་ལྡན། གོང་བ་དང་པུ་ཐུང་མེད་པར། དབྱིབས་རྟ་གགས། སྟོད་པ་ཞིག་སྣང་། རིང་ཐུང་ཡས་མའི་ཚད་དུ་སླེབས་པ། མདོག་ནག་པོ་རྒྱགས་ཆེ། ཉིན་མོར་གྱོན་ཆས་དང་མཚན་མོར་ཉལ་གོས་ཀྱི་ཚབ་བྱས་ཆོག

Caerwa, the transliteration of Yi language, means "felt cloak". It is prevalent in Liangshan region of Sichuan province and Yunnan province. It is woven by wool which can better keep warm and waterproof. The cloak is sewed with long ear at the bottom and stretches below the knee with no collar and sleeves. The color is always black. It is also used as quilt at night.

凤凰帽 云南洱源县凤羽、邓川一带白族姑娘所戴的帽子。因形似凤凰鸟而得名。用两片鱼尾形的帽帮缝合成帽身，后帽檐有两寸来长、稍稍上翘的帽尾，前帽檐正中饰以缀有银、玉的帽花，帽花上还常插着一朵五彩丝绸花。

རྒྱ་བྱའི་ཞྭ། ཡུན་ནན་ཨེར་ཡོན་རྫོང་གི་ཕྱུང་ཡུས་དང་ཏེང་ཁྲོན་རྒྱུད་ཀྱི་པའི་རིགས་བུད་མེད་ཡོངས་ཀྱིས་གྱོན་པའི་ཞྭ་མོ། བཟོ་དབྱིབས་རྒྱ་བྱ་དང་འདྲ་བས་མིང་དེ་ལྟར་ཐོགས། ཉའི་མཇུག་མ་དང་འདྲ་བའི་ཞྭ་འདབས་གཉིས་ཀྱིས་ཞྭ་མོའི་ལུས་གྲུབ། ཞྭ་མོའི་ལྟག་རྒྱབ་ཏུ་ཚོན་གཞི་བཞི་ཙམ་རིང་ཞིང་ཕར་ཡར་ལ་འགྱོག་པའི་མཇུག་མ་ཞིག་ཡོད། ཞྭ་མོའི་གདོང་དུ་གཡུ་དངུལ་གྱིས་མེ་ཏོག་དང་དགོད་ཅིང་། ཞྭ་མོའི་མེ་ཏོག་ཐོག་ཏུ་རྒྱུན་པར་མཆོར་མདོག་སྣ་ལྔའི་མེ་ཏོག་ཅིག་མས་ཞོག་ཆོག

ཀྱུན་པའོ།]

The Phoenix Hat, is a kind of hat worn by the Bai girls from the area of Fengyu, Dengchuan of Eryuan county, Yunnan province, so named for it looks like the phoenix. The body part of the hat is made by sewing two pieces of fishtail-shaped cloth together. The back brim of the hat is about two inches long with a little upward hat tail; and the front part of the hat is decorated with the flower ornamentations that embellished with silver or jade, and a colorful silk flower is always tied on it as well.

古休 一译"古秀"。藏语音译。藏族服饰之一。西藏塔布工布地区人们普遍穿着的套头式罩衣。

མགོ་ཕུབས། བོད་རིགས་ཀྱི་རྒྱན་གོས་ཤིག བོད་སྟོངས་མདའ་པ་དང་ཀོང་པོ་ས་ཁུལ་གྱི་བོད་པས་རྒྱལ་ཤུན་ཏུ་གྱོན་པའི་མགོ་ནས་མར་གྱོན་དགོས་པའི་ཕུ་མེད་ལྭ་བ་ཞིག་ཡིན།

Guxiu, the transliteration of Tibetan, is one of the Tibetan costumes. It is a pullover outerwear in Tabugongbu region of Tibet.

回回帽 也称"礼拜帽"。回族的民间传统男帽。流行于全国各回族聚居地区，是一种以白、黑色为主的无檐小圆帽。白色帽多在春夏季戴用，用棉布或白线制作。黑色帽多在秋冬季戴用，用呢绒或毛线制成。

ཧུ་ཧུ་ཞྭ། དེ་ལ་མཆོད་ཞྭ་ཡང་ཟེར། ཧུའི་རིགས་དམངས་ཁྲོད་ཀྱི་སྲོལ་རྒྱུན་པོ་ཞྭ་ཞིག་ཡིན། རྒྱལ་ཡོངས་ཀྱི་ཧུའི་རིགས་འདུས་སྡོད་ས་གནས་དག་ཏུ་ཁྱབ། དེ་ནི་དཀར་པོ་དང་ནག་པོ་གཙོ་བོར་བྱས་པའི་ཞྭ་འདབས་མེད་པའི་ཞྭ་མོ་སྟོངས་གཞི་ནུ་ནུ་ཞིག་ཡིན། དཔྱིད་དབྱར་གཉིས་སུ་ནུ་མོ་དཀར་པོ་སྟོང་། དེའི་རས་མར་རས་སྐུད་དཀར་པོས་བཟོས་པ་ཞིག་ཡིན། སྟོན་དགུན་གཉིས་སུ་ནུ་མོ་ནག་པོ་སྟོང་། དེའི་བལ་དང་ཁྱུང་གྱིས་བཟོས་པ་ཞིག་ཡིན།

Hui Hat, also called Muslim's hat, is the traditional hat that prevails in the Muslim areas. The hat has white and black color. The white hat is made of cotton and white thread, which is worn in spring and summer; while the black hat made of woolen cloth is worn in the autumn and winter.

袷袢 新疆维吾尔族男子的长袍。右衽斜领，长及膝盖，无旁衩，无纽扣，用长方丝巾或布巾扎束腰间。喜用白色、黑色和条花的衣料。

ཆ་ཕན། ཞིན་ཅང་གི་ཡུ་གུར་རིགས་ཀྱི་སྐྱེས་པ་ཚོའི་ཕྱུ་རིང་པོ་ཞིག གོན་ཁ་གཡས་སུ་གཤིག་ཅིང་རིང་ཕྱང་ཚོའི་པར་ཕོན། བྲམ་ཁྱི་མེད་ཅིང་སྡོག་གི་མེད། དར་ཀྱི་ཁ་རགས་སུ་བཞི་རིང་པོ་ཞིག་སྐྱེད་པར་དགྱེས་ཡོད། སྟོན་མོའི་སྐབས་སུ་དཀར་པོ་དང་ནག་པོ་མེ་ཏོག་གི་རིས་ཡོད་པའི་རས་རྒྱུ་བགོལ་བ་བྱོན།

Qiapan is a men's robe of Xinjiang Uyghurs. The robe is designed with no buttons, right lapel and skew collar, and its length can stretch to the knees. Local people are accustomed to wearing scarves or a piece of strip of cloth around their waist and love to use the white, black or strips cloth.

江孜卡垫 "卡垫"是藏语小型藏毯的意思，因产于西藏江孜县而得名，故亦称

"江孜地毯"。为西藏的一种传统织造品。常作为床上用品。其图案、织造、染色、剪毯等方面颇具特色。

རྒྱལ་རྩེའི་ཁ་གདན། ལགས་གདན་ཞིག་གི་མཚན་གྱིས་གདན་ཆུང་གྲགས་ཅན་ཞིག་གི་དོན་ཡིན། དེ་རྒྱལ་རྩེའི་རྫོང་ནས་ཐོན་པ་ཡིན་པས་མིང་དེ་ལྟར་ཐོགས། རྒྱལ་རྩེའི་ས་གདན་ཀྱང་ཟེར། བོད་ཀྱི་སྲོལ་རྒྱུན་འཐག་བཟོ་ལག་རྩལ་གྱི་གྲས་ཞིག་ཡིན། རྒྱུ་དུ་མ་ལ་ཆམ་སྙེ་དུ་བེད་སྤྱོད་བྱེད། དེའི་རྒྱུ་རིས་དང་། འཐག་བཟོ། ཚོས་རྒྱག་པ། འདུ་གཏུབ་སོགས་ཀྱི་ཐད་ལ་ཁྱད་ཆོས་ལྡན།

Jiangzi Tibetan Carpet is noted for its producing place, Jiangzi county, and is a traditional Tibetan weaving product. That carpet is full of distinctive features in its pattern, weaving, dyeing and shearing.

杰斯 彝语音译。川、滇大小凉山彝族人披身的披毡。用原色羊毛擀制而成。上部用羊毛绳收口。套在擦尔瓦内，披在身上可以抵御严寒。

ཆེ་སི། དབྱིས་སྐད་སྒྲ་བསྒྱུར། སི་ཁྲོན་དང་ཡུན་ནན་ཞིང་ཆེན་ཆེ་ཆུང་གི་དབྱིས་རིགས་ཀྱི་ལྗིགས་ལ་གྱོན་པའི་ཕྱིར་བལ་གྱོན་གོས། ལུག་བལ་གྱི་རང་མདོག་གིས་བཟོ་བ་ཞིག་ཡིན། གོང་སྒང་དུ་བལ་གྱིས་སྒྲོག་གི་ཞིག་བརྒྱབ་ཡོད། ལྭ་བའི་རྒྱབ་ཏུ་གྱོན་ན་ཡང་ལ་དོག་སྙེར་བར་བཟོ་བ་ལྟའོ།

Jiesi, the transliteration of Yi language, is a felt cloak of Yi people in Greater and Lesser Liangshan region of Sichuan province and Yunnan province, which is made of unbleached wool with a woolen string sewed onto the upper brim. It can overcome the freezing temperatures when dressing under the Caerwa.

金花帽 亦称"金宝顶帽"。我国藏、门巴、珞巴等民族喜用的一种适用于高寒地区的帽子。用金丝缎、银丝缎、皮毛、氆氇等材料制作。分"霞旄加赛""桑玲霞旄"和"贡霞"三种。帽上有花纹、图案，十分美观。

ཞྭ་མོ་ཅེ་རིང་སྐྱིད་ཞེས། ཡང་ན་ཞོར་ཏོག་ཅན་ཡང་འབོད། རང་རྒྱལ་གྱི་བོད་དང་། མོན་པ། ལྷོ་རིགས་སོགས་ཀྱི་མཚེར་སྟང་གྲང་ངར་དུ་སྤྱོད་པའི་ཞྭ་ཞིག་ཡིན། དེ་གསེར་སྲང་འདབས་རྒྱན་ཅན་དང་། དངུལ་སྲང་འདབས་རྒྱན་ཅན། པགས་པ། ཕྲུག་སོགས་རྒྱ་ཆགས་ཏེ་བཟོས་པ་ཡིན། དབྱེ་ན་ཞྭ་མོ་ནན་ཅན་དང་། སང་ལིང་ཞྭ་མོ། དགུང་ཞྭ་བཅས་རིགས་གསུམ་ཡོད། ཞྭ་མོའི་ཐོག་ཏུ་རི་མོ་དང་རྒྱ་རིས་སྣ་ཚོགས་ཡོད་པས་མཛེས་ཤིན་ཏུ་མཛེས་པོ་ཡོད།

Golden Flower Hat, is a traditional hat for Tibetan, Lhoba and Monba people, with beautiful pattern and suitable for the cold region. It is made of silk satin, fur and woolen fabric. It is generally divided into three kinds, all of which are of beautiful patterns and designs.

砍刀布 基诺族的传统织布。织布时，妇女席地而坐，经线的一头拴在自己的腰上，另一头拴在对面的两根木棒上，纬线绕在竹木梭上，用双手持梭来回穿行，每穿行一次就用砍刀式的木板将纬线推紧，如此周而复始，织成一块漂亮的砍刀布。

གྲི་འཐག་རས། ཅི་ནུའི་རིགས་ཀྱི་སྲོལ་རྒྱུན་གྱི་རས་འཐག་ཆེན་རས་འཐག་སྐབས། བུད་མེད་ས་སྟེང་ཚོགས་པར་བསྡད་དེ། དཔུང་སྐྱོགས་ཀྱི་སྟེ་གཅིག་རང་གི་ཆེར་པ་དགྲིས། སྟེ་གཞན་པ་མདུན་གྱི་ཀ་བ་གཉིས་

བདགས་ནས། སྲུན་སྐུད་མའི་འཕང་ལོ་ཞིག་གི་སྟེང་དུ་
རིལ་རིལ་བྱས་ཏེ་ལག་པ་གཉིས་ཀྱིས་དཔུང་སྐྱད་གསེར་
ལས་བཟས་ཤིན་ཆུར་ཤིག་བྱེད། ཤིག་ཐེངས་རེར་འཐག་
ཤིང་གི་དང་འདུ་བ་ཞིག་གིས་སྲུན་ནས་པོ་གཏོང་བ།
ཤིན་དུ་མཛེས་པའི་འཐག་ཤིང་གི་དང་འདུ་བ་ཞིག་གིས་
ཡང་ཡང་བདགས་ནས་རས་འཐག་པ་ཡིན་ཕྱིར་མིང་དེ་
ལྟར་ཐོགས།

Machete cloth is the traditional weaving cloth of the Jinuo people. Tying one side of the threads on waist and the other side on two sticks, the Jinuo women use the wooden shuttles to weave the threads and then push the threads with machete-like plank. After weaving round and round in such a way, a nice cloth is made.

马褂 原为清代满族男子骑马时常穿的一种褂子，故名。立领，对襟，平袖，身长至腰，前襟缀扣襻，多以绸缎缝制，套在旗袍或称满式长衫的外面穿用，有些类似背心或外套。后逐渐成为日常穿用的便服。

མ་ཀྲི་ཅེ། དང་ཐོག་ཆིང་རྒྱལ་རབས་སྐབས་མན་ཇུ་
རིགས་ཀྱི་ཊ་ཞོན་དུས་གྱོན་པའི་ལྭ་རིགས་ཡིན་པས་
མིང་དེ་ལྟར་ཐོགས། གོན་བ་ཡོང་ཅིང་ཕུ་ཐུང་དོ་མཉམ་
པ། རུམ་ལ་མཐུན་ནས་ཐོད་གཏུག་པ། ཤ་རིང་ཞིག་
སྐེད་སྦྱར་བ། མདུན་དུ་སྒྲོག་གུ་ཡོད་པ། ཡང་ཆེ་བ་དང་
གོས་ཀྱིས་འཚོམས། དར་གོས་སམ་མན་ཇུ་རིགས་ཀྱི་ཤ་
ལྭའི་སྟེང་དུ་གྱོན་པ་དང་། ནང་ལྭ་དང་ཕྱི་ལྭ་གཉིས་ཡོད་
ཕྱིས་སུ་རིམ་གྱིས་རྒྱུན་སྤྱོད་གྱོན་པ་ཞིག་ཏུ་གྱུར།

Mandarin jacket, a short gown, was dressed by Manchu men when they rode on a horse in the Qing Dynasty. With a stand collar and front opening, the Mandarin jacket stretches to the waist. Button loops made of silks and satins are sewed on the front part. It is similar to waistcoat or coats that people wear outside the cheongsam or gown. Later it evolves into a casual wear.

蒙古袍 蒙古族传统服式。蒙古语称"特尔力克"。特点为：宽大、袖长、高领、右衽、镶边、下摆多不开衩；以布、棉、绸、缎、皮、革等为材，颜色因地因人而异；男袍较肥大，女袍较紧身；有单袍、夹袍、棉袍、皮袍之分；可防寒护膝，防虫叮咬，防暴晒；行可当衣，卧可作被。

སོག་པོའི་ཕྱུ་པ། སོག་རིགས་ཀྱི་སྲོལ་རྒྱུན་གྱོན་ཆས་
སོག་སྐད་དུ་ཏེ་ཨེར་ལིའེ་ཁེར་ཟེར། ཕྱད་ཚད་ཞིབས་ཆེ་
བ། ཕུ་ཐུང་རིང་བ། གོང་བ་མཐོ་བ། རུམ་ཁ་གཡས་
བསྐོར། འདབ་རྒྱན། ག་ཡིན་གཞིན་ཕོད་མི་གཏུག་པ་
སོགས་སོ། །རྒྱུ་ཆ་རས་དང་ཤིན་བལ། ཟྡོའི། གོས་
ཆེན། པགས་པ་སོགས་ཡིན། ཁ་མདོག་ས་ཆ་མི་འདྲ་བར་
བརྟེན་ནས་བཟོ། ཕོའི་ཕྱུ་པ་ཞུང་ཞིབས་ཆེ་བ་དང་། མོའི་
ཕྱུ་པ་ཞིབས་ཆུང་བ་བཟོ། ནན་མ་ཡོད་མེད་ཀྱི་རིགས་
དང་། བལ་དང་པགས་པ་སྲབ་ནུར་ལ་དབྱེ་བ་འབྱེད།
བཙག་འགོག་ཅིང་ཕུས་མོ་སྲུང་བ་དང་། འབུ་དང་ཉི་ཟེར་
འགོག་པ་སོགས་ཀྱི་ནུས་པ་ལྡན། གྱོན་ཆས་སུ་ཆོག་
ཞལ་གོས་ཀྱང་ཏུ་ཆོག

Mongolian gown, the traditional costume of Mongolians, also called "Teerlike" in Mogolian language. It is characterized by baggy size, long sleeves, high collar, right label, embroidery and no split at the hem. It uses fabric, cotton, silks, satins, fur and leather as materials. There are varieties of colors according to the region and people. Men's are fat while women's are tight. It can be divided into single-layer gown, lined gown, cotton gown and fur gown. It can protect against cold, mosquito and solarization. It also can be used as quilt.

蒙古族靴 蒙古族传统皮靴。靴体宽大，以便在靴内套裹腿毡、棉袜、毡袜、包脚布等。靴头尖而上翘。靴面不同部位，以贴花、缝缀、刺绣等工艺装饰各种花纹、图案。骑乘时，能护腿护踝，勾踏马蹬。便于行走，能踏沙踏雪，又可防虫防露。适应牧区的自然环境。

སོག་ལྷམ། སོག་རིགས་ཀྱི་སྲོལ་རྒྱུན་ཀོ་ལྷམ་ཞིག་སྟེ། ལྷམ་པོ་ཆེན་དུ་ཆེན་པོ་ཡོད་པས། ལྷམ་ཀྱི་ནང་དུ་ཉུག་གྱིས་དང༌། སྙིང་བལ་འབོག། སྣམ་བུའི་འབོག། ཅམ་ཕྲུག་སོགས་མཐུག་པོ་བོན་ཚོང༌། ལྷམ་རྩེ་ཡར་ལ་རྟེ་བ། ལྷམ་ཀྱི་ཡུ་བའི་ཏོག་སུ་རྒྱན་རིས་སྣ་ཚོགས་འཆོལ་དུབ་དང་བཤགས་བྱུན་བྱུབ་ཡོད། ཏུ་ཞོན་དུས་བུའི་བར་བླང་ཐུབ་པ་དང༌། ལོབ་དུ་འཇུག་བདེ་བ། ཅམ་ཧར་འགྲོ་བདེ་བ། བྱེ་མ་དང་ཁ་བ་འགུ། སད་སོགས་འགོག་ནུས་པའི་འབྲོག་པའི་རང་བྱུང་འཁོར་ཡུག་དང་ཧ་ཅང་མཐུན་པོ་ཡོད།

Mongolian Boots, the traditional boots of Mogolians with a large boot body, is convenient for people to wear leg-wrapping cloth, cotton or felt stockings, or foot-wrappings, etc. inside. With the toe cap of the boot pointing upward, the upper part of the boot are decorated various patterns or designs with applique embroidery. The boots can protect legs and anklebone, making it easy for the horse rider to put his feet onto the stirrup when riding a horse. It also helps to resis insects and is frost-proof. Wearing the boots, people can walk on the sands and in the snow. They are quite adaptable to the natural environment of pastoral areas.

毪子 藏语称"囊普"。四川西部藏族聚居地区常见的毛织衣料。氆氇中较粗的一种，用未加分梳的羊毛织造。甘孜一带藏族人多用以缝制衣着。

སྣམ་བུ། སི་ཁྲོན་ནུབ་རྒྱུད་ཀྱི་བོད་རིགས་ས་ཁུལ་དུ་རྒྱུན་མཐོང་གི་བལ་འཐག་རྒྱུ་ཆ་ཞིག་ཡིན། ཕྲུག་གི་ནང་ནས་སོམ་ཀ་སྨི་ཞིབ་པའི་རིགས་ཤིག་ཡིན། ལུག་བལ་ལ་གསེག་གསེག་ཡག་པོ་མ་བཏང་བར་འཐག་པ་ཞིག་སྟེ། དཀར་མཛེས་ས་ཁུལ་གྱི་བོད་པས་གྱོན་ཆས་འཆོལ་པར་བེད་སྤྱོད་མང་ཚམ་བྱེད་པ་ཞིག་ཡིན།

Muzi, a common woolen fabric made in the westen Tibetan areas in Sichuan, is often used to make clothes in Ganzi, Sichuan province.

穆斯林盖头 穆斯林妇女的遮面护发头巾。既有防沙保洁作用，又是装饰品。从头顶直垂肩部，多用纱、绸、绒等料制作。其颜色的使用，因年龄和地区略有不同。

སུའུ་སི་ལིན་གྱི་མགོ་དགས། སུའུ་སི་ལིན་གྱི་བུད་མེད་ཚོའི་གདོང་སྲུང་བྱེད་ཀྱི་ལག་རས་ཤིག་དེ་ལ་འགོག་དང་གཙང་སྲ་བྱེད་པའི་ནུས་པ་ཡོད་ཅིང༌། རྒྱན་ཆར་ཡིན། མགོའི་ག་ཙོད་ནས་ཕྲག་པའི་བར་ཁེབས་ཡོད། པལ་ཚ་བ་སོགས་དར་དང་སི་ལུ་ཡུག་གི་རྒྱུ་ཆས་བཟོས་པ། ཚོན་མདོག་གི་སྤྱོད་སྟངས་ཐད། ན་ཚོད་དང་ཡུལ་ཁོངས་སོ་སོར་མི་འདྲ་བ་ཡོད།

The Muslim Headscarf, is the headscarf worn by Muslim women to cover their head and face. As a kind of ornament for women, the head scarfs hang down to the shoulders and help the women to keep clean and prevent dust. Most of the head scarfs are made of yarn, silk, velvet, etc. The colors of the scarfs are different according to the different tastes of the people in different regions.

扭达 土族语音译，意为"头饰"。土族妇女的头部装饰。

ནུའ་ཌ། ཏོར་སྐད་སྒྲ་བསྒྱུར། ཉན་དོན་མགོ་རྒྱན་ཞེས་པ། ཏོར་རིགས་བུད་མེད་ཀྱི་མགོ་རྒྱན་ཞིག་ཡིན།

Niuda, the transliteration of Tu language, is a "headwear" for the women of the Tu people.

氆氇 藏族传统毛织物的统称。也叫藏毛呢。产生于7世纪吐蕃时期的"拂庐"。以西宁羊毛等为原料，经纺纱、染色、织造、整理等工序制成，是加工藏装、藏靴、金花帽的主要材料，举行仪礼时也作为礼物赠人。

སྤུག ཕྱུགས་ཀྱི་བོད་ཀྱི་སྲོལ་རྒྱུན་བལ་འཐག་གི་སྤྱི་མིང་ཞིག་ཡིན། དེ་ལ་བོད་ཕྱུག་ཀྱང་འབོད། སྤྱི་ལོ་དུས་རབས་བདུན་པར་ཧུ་སྟོད་དུས་སྐབས་ཀྱི་སྤྲུལ་ཕྱུག་ལས་བྱུང་། དེའི་བོད་ལུགས་ཀྱི་བལ་སོགས་ཀྱི་རྒྱུ་ཆ་བྱས་ཏེ། བལ་སྐུད་འཁལ་བ་དང་། ཚོས་རྒྱག་པ། བལ་འཐག་ཞིབ། བཅོས་སོགས་ཀྱི་ལས་རིགས་བརྒྱུད་དེ་བཟོ་བ་ཡིན། དེ་བོད་ལུ་དང་། ཞྭ་མོ། ཨུ་མོ་མཚོ་རིང་སྒྲིག་ཞྭབས་སོགས་ཀྱི་ཆ་གཙོ་བོ་བྱེད། ད་དུང་མཛད་སྒོ་སོགས་སྐྱེལ་སྐབས་ལེགས་སྐྱེས་སུ་འབུལ།

Pulu, a woolen fabric made by Tibetans, is originated from the temples in the period of the reign of Songtsen Gampo in the 7th century. It used Xining wool as raw material and takes many procedures to make it, such as spinning, dyeing, weaving and tidying. Pulu can be used as a gift to guest and it also is the main material of Tibetan cloak and boot and golden flower hat.

旗头 满族妇女的头饰。满语称"答拉赤"。是以铁丝或竹藤为帽架，用青素缎、青绒或青纱为面，蒙裹成的长约30多厘米、宽约10多厘米的扇形头饰。佩戴时固定在发髻之上即可。上面还常绣图案，镶珠宝或插饰各种花朵，缀挂长长的缨穗。

དར་མགོ། མན་ཇུ་རིགས་ཀྱི་བུད་མེད་ཚོའི་མགོ་རྒྱན་ཞིག མན་ཇུའི་སྐད་དུ་ལ་འཕུར་ཟེར། དེའི་ལྕགས་སྐུད་དམ་སྨྱུག་ཤུན་གྱིས་སྐོར་དང་། གོས་འཛལ་པོ་སོགས་ཀྱི་དྲ་བའི་རིང་ཚུར་ལ་ཡེ་སྟྲི་སུམས་རྒྱ་ལྷག་དང་། ཞེང་སྲི་བའི་རྒྱ་ལྷན་པོའི་ཀླུང་གཡལ་དབྱིབས་ཀྱི་མགོ་རྒྱན་ཞིག་ཡིན། འདོག་བའི་སྐབས་སུ་སྐྲ་སྒྲལ་མའི་ཐོག་ལ་གཏན་འཁེལ་བྱེད། སྟེང་དུ་རྒྱུན་རིང་འཚོང་དྲུབས་དང་རིན་པོ་ཆེ་སོགས་ཀྱི་རྒྱན་ཚངས་རྒྱན་རིག་གི་མེ་ཏོག་སྣ་ཚོགས་འདོགས།

Qi Tou, also called Dalachi, is a traditional headwear for Manchu women. It used iron wire or bamboo as frame and wrapped with black velvet or silks to form into a fan-shaped headdress with various decorations, such as embroidery, jewelry, flowers and so on.

旗鞋 旧时满族妇女的鞋，俗称旗鞋。主

· 1195 ·

要分两种：一种叫"花盆底"鞋；另一种叫"马蹄底"鞋。以木为底，鞋跟起于中央，木底高跟一般在 5～10 厘米。鞋面料常为绸缎，鞋帮上饰有刺绣纹样、装饰片或串珠。有的鞋尖处还饰以丝穗子。

དར་སྣམ། གནའ་བོའི་མན་ཇུའི་བུད་མེད་ཚོའི་ལྷམ་ཞིག དགའ་རྒྱུན་དུ་དར་ལྷམ་ཞེས་འབོད། རིགས་གཙོ་བོ་གཉིས་དབྱེ་སྟེ། མེ་ཏོག་བུམ་པ་མཐིལ་ལྷམ་དང་། རྟ་རྨིག་མཐིལ་ལྷམ་ཞེས་པ་གཉིས་ཡོད། ལྷམ་མཐིལ་ཤིང་དང་ཡིན་ཞིང་མཐེབ་པོ་མཐིལ་གྱི་དཀྱིལ་དུ་བཟོས་ཤིང་། མཐེབ་ཚད་ལ་སྤྱིར་བཏང་སྐེད་ ༥–༡༠ བར་ཡོད། ལྷམ་ཡུ་དང་ལྷམ་གོས་ཀྱིས་བྱས་ཏེ་དེའི་སྟེང་དུ་རྒྱན་རིས་འཚེམ་འདྲུབ་དང་རིན་པོ་ཆེའི་ཕྲ་རྒྱན་བཏབ་ཡོད། ལྷམ་འཁར་རེའི་རྩེ་མོ་ལ་དར་ཕྲུན་བཏབ་ཡོད།

Flower Pot Bottom Shoe, also called horsehoof shape shoe, is a popular shoe style among Manchu women in the Qing Dynasty. The heels of shoes, height from 5-10cm, is on the middle of sole and made of wood. The fabric of the shoes is generally silk and decorated with embroidery and beads on the uppers of the shoes.

筒帕 傣语，意为"挂包"。流行于傣、彝、哈尼、景颇、佤、傈僳等民族。其中以历史悠久、制作精美的傣族筒帕为代表。是傣族织锦中的一种表现形式，材质从最初的麻、棉发展到现在的丝、毛和棉混纺。既是生活必需品，又是工艺美术品，还是男女表达爱慕之情的信物。

ཐུང་པ། དབའི་སྐད། གོ་དོན་རྒྱལ་ཁུག་ཡིན། དབའི་དང་དབྲིས། ཧ་ཎི། ཅིང་པོ། དབའ་རིགས། ལི་སུའི་རིགས་བོགས་སུ་དར་ཁྱབ་ཆེ། དེ་ལས་ཏའེ་རིགས་ཀྱི་ཐུང་པ་ཡིན་ནོ་རྒྱམས་ཡུན་རིང་ཞིང་། རྒྱ་སྲུབ་ལེགས་པའི་དཔེ་མཚོན་ཞིག་ཡིན། དེ་ནི་ཏའེ་རིགས་ཀྱི་དར་གོས་འཐག་འབྲེལ་གྱི་མཚོན་ཚུལ་ཞིག་སྟེ། རྒྱུ་ཚ་ཚེས་ཐོག་མའི་སོ་མའི་རས་དང་། སྲིང་བལ་ནས་དར་གོས་དང་བལ། སྲིང་བསྲེས་མའི་ཕྱོགས་སུ་འཕེལ་རྒྱས་བྱུང་། དེའི་འཛོའི་མགོ་མཆམས་དང་། བཟོ་ཚུལ་སྲུས་ལེགས། བོ་མོ་བར་གྱི་བརྩེ་དུངས་ཤན་ཆགས་ལ་སྟེར་བའི་ཡེགས་ལྟེར་བོགས་བྱེད།

Tongpa, the transliteration of Dai language, is a kind of bag with beautiful colors and patterns with a long history. The delicately made Dai bag is the representative. Tongpa is popular among the Dai, Yi, Haini, Jinpo, Va and Lisu people. It is made of cotton, wool, silk, or lined thread, which is not only the article for use in the daily life, but also a token of lovepromise.

西兰卡普 即土花铺盖，是一种土家族传统的手工艺纺织品，土家人称西兰卡普。是以各种彩色丝线作经纬，通过手织后再用机械挑打交织而成。主要用作被面、床罩、窗帘、桌布、椅垫、艺术壁挂、锦袋等。醒目的特征是丰富的纹样和鲜明的色彩。

ཞི་ལན་ཁ་པའོ། ཡང་ན་ཐུའུ་ཇཱ་མེ་ཏོག་འཐག་རས་ཀྱང་ཟེར། ཐུའུ་ཅཱ་རིགས་ཀྱི་སྲོལ་རྒྱུན་གྱི་ལག་ཤེས་ཁ་ལག་འཐག་བཟོ་ཚོན་ཐོན་རྫས་ཞིག ཐུའུ་ཅཱ་པར་ཞི་ལན་ཁ་པའོ་ཞེས་འབོད། དེ་ནི་ཚོན་སྣ་ཚོགས་ལྡན་པའི་དར་སྐུད་འཐག་བཟོས་པ་དང་། དེ་ནས་འཕྲུལ་ཆས་ཀྱིས་མཐར་བཟོས་ཏེ་གྱོན་པ་ཞིག་ཡིན། བེད་སྤྱོད་ཆུ་ཡུ་གཙོ་བོ་ལག་ཡིན་དང་། ཉལ་རས་ཡོལ།

རས། སྟོག་རས། རྒྱུ་ཆ་ཀྱི་གྱུང་འགོལ། ཕྱུག་མ་སོགས་
ཡིན། མཛེན་གསལ་དོད་པའི་ཁྱད་ཚུལ་ནི་རྒྱན་རིས་ཀྱི་
ནོན་པ་དང་ཚོན་མདངས་རྣམ་པར་བཀྲ་བ་ཡོད།

Xilankapu, a flower brocaded bedspread, is a traditional handicraft made by Tujia people, which uses a variety of colored woven silk as the basic structure, and is made first by hand-weaving and then machine-weaving. It is used as the cover of a quilt, bedspread, curtain, cushion, art wall hanging, embroidered purse and so on. The prominent feature is its colorful decorative patterns.

英雄结 川、滇大小凉山彝族男子的一种头饰。即用青布或蓝布缠头，包裹时必缠一根成锥形的缠束立于前方，被称作英雄结，用来表示彝族男人英勇威武的气概。

དཔའ་མདུད། སི་ཁྲོན་དང་ཡུན་ནན་གྱི་ལིང་ཧྲན་ཆེ་ཆུང་གི་དབྲིས་རིགས་སྐྱེས་པའི་མགོ་རྒྱན་ཞིག་རས་སྔོན་ཁྱམས་སྟོང་པོ་མགོ་ལ་དཀྲིས་མ་དུད་རྒྱག་པ། དགྲི་བའི་སྐབས་སུ་དེར་དུ་ཕོ་བའི་དབྱིབས་སྤྱར་ཕོད་པའི་ཕོག་ཏུ་མདུད་དགོས། དེ་ལ་དཔའ་བོའི་མདུད་པ་ཞེས་འབོད་ཅིང་། དབྲིས་རིགས་ཀྱི་སྐྱེས་པ་ཚོའི་དཔའ་བོའི་མཚོན་དོན་ཞིག་ཡིན།

Hero Knot, the head accessory for the men of Liangshan Yi people in Sichuan and Yunnan, uses black or blue cloth to twist round their head and make it into cone-shaped in front of the head to show the heroic spirit of Yi people.

藏被 藏族的毛织卧具。筒状。用羊毛粗线机织。历史悠久，发源于西藏羊卓雍湖西面的浪卡子县。传统产品有爱尼、爱松、爱西和足介四种。具有柔软、保暖、密度紧、质地厚等特性，是藏族人普遍使用的床上用品。

བོད་པའི་ཉལ་ཐུལ། བོད་ཀྱི་བལ་འཐག་ཉལ་ཆས་ཤིག སྦུག་གུ་ལུ། ལུག་བལ་འཐག་མས་བཟོས་པ་ཞིག་སྟེ། ལོ་རྒྱུས་ཡུན་རིང་ལྡན། དེའི་ཁུངས་ནི་ཡར་འབྲོག་གཡུ་མཚོའི་ནུབ་ངོས་ཀྱི་སྣང་དཀར་རྫེ་རྫོང་ཡིན། སྔོལ་རྒྱུན་གྱི་ཐོན་ལས་ཨེ་གཉིས་དང་། ཨེ་གསུམ། ཨེ་བཞི། མཚོ་རྒྱལ་བཅས་རིགས་བཞི་ཡོད། འཇམ་མཉེན་དྲོན་པ་དང་། དོད་འཛིན་པ། ཆོས་དཀར་པ། རྒྱ་སྦུག་མ་ཐུག་པ་སོགས་ཀྱི་ཁྱད་ཆོས་ལྡན། བོད་པ་ཡོངས་ཀྱིས་བེད་སྤྱོད་བྱེད་པའི་མལ་ཆས་ཤིག་ཡིན།

Tibetan quilt, cylindrical and made of woven fabric of carded wool, is the woolen bedding of Tibetans, having the qualities of being soft, warm, dense and thick. The quilt was originated in Langkazi County, to the west of Yangzhuoyong Lake. And traditional quilts can be divided into four categories: aini, aisong, aixi and zujie. Now, its widely used by ordinary people in Tibet.

藏袍 藏族的传统服式。亦译"褚巴"等。其特点是宽领敞口，肥腰广袖，右侧掩襟，缝缀扣襻或襟带，长可着地。藏袍讲究边饰，衣边往往镶上贵重的毛皮和丝绸滚边。用毛皮、氆氇以及各种呢、绒、绸、缎、棉布等为衣料。行可当衣，卧可作被。

བོད་ལྭ། བོད་རིགས་ཀྱི་སྲོལ་རྒྱུན་གྱི་ཕྱོད་རྣམས་ཞིག པགས་ཆག་སོགས་རིགས་མང་པོ་ཡོད། དེའི་ཁྱད་ཆོས་ནི་ཞེང་ཆེ་ཞིང་། ཀེད་པ་མི་སྒྲལ་བ་དང་ཕུ་ཐུང་རིང་བ། དཔུང་

གཡམ་ཅ་སྟེང་དུ་གཞུན་པ། སྐྱོག་གུ་མཆན་ཟོག་ཏུ་མདུད་པ། ཤག་ལུ་རིང་པོ་བཅས་ཡིན། བོད་ལུ་ལ་འདབས་རྒྱན་གཙོས་སུ་འཛིན་པ་དེ། ཡ་བགས་རིགས་རྩ་ཆེན་དང་། གོས་ཆེན། ཞགས་རི་སོགས་ཀྱི་འདབས་རྒྱན་འཛོག་རྒྱ་ཆད་བགས་པ་དང་ཕུག་གོས། སྐྱེ་བུ་སོགས་མང་པོ་བྱེད། གྱོན་ཆས་དང་ཞལ་གོས་གཉིས་གོ་ཆོད་པ་ཞིག་ཡིན།

Tibetan Robe is the traditional costume of Tibetans. With a wide and open collar, the robe is designed loose, and the length almost reaches the ground. Most of the hem of clothes are decorated with fur or silk, and the clothing is made of diverse materials, like Pulu, silk, woolen or cotton cloth. The topmost feature is that it can be used as quilts at night.

藏毯 西藏传统织造品。藏语称"仲丝"。以其织法独特、毯面柔软、经久耐用及明快艳丽的传统图案而闻名。历经2000多年的衍变过程，由"溜"到"尺不戒"，到"旺丹仲丝"，再到"江孜卡垫"。现在的藏毯主要是仿古藏毯。藏毯和土耳其地毯、波斯地毯并称为世界三大名毯。

བོད་གདན། བོད་ཀྱི་སྲོལ་རྒྱུན་འཕག་རིགས་ཤིག་སྟེ། ཞིག་ཡུལ་སྐད་དུ་ཞིས་སུ་དང་སོག་གདན་སོགས་སུ་འབོད། དེའི་འཕག་རྩལ་ཁྱད་པར་བ་ཞིག་ཡིན་པས། རོས་འཇམ་ཞིང་བེད་སྤྱོད་ཀྱི་དུས་རིང་པོ་ཐུབ་པ་དང་། རོས་གུ་སྲོལ་རྒྱུན་གྱི་རྒྱན་རིས་རྣམ་པར་བཀྲ་ཡོང་བ། མིག་གསལ་ཆེ། པོ་ཞིས་སྲོང་སྐྱོག་ལྡེན་རིང་འགྱུར་བྱུང་བ་བརྒྱུད། འཕོ་ནས་འཕོ་བ་སྤངས་སྐྱོག དེ་ནས་དབང་ལྡན་ཞིག་ཡིན། དེ་ནས་རྒྱལ་རྩེའི་ཁ་གདན་ཆེས་སོགས་སུ་གྱུར་བ།

བ་ཞིག་ཡིན། དེང་གི་བོད་གདན་གཙོ་བོ་ནི་གནའ་བོའི་བོད་གདན་ལ་ལད་ཟློས་ཀྱིས་བྱུང་བ་ཞིག་ཡིན་ཞིང་། བོད་གདན་དང་ཐུར་ཁེའི་ས་གདན། འབྲི་ལན་ས་གདན་བཅས་ལ་འཛམ་གླིང་གི་ས་གདན་གྲགས་ཆེན་གསུམ་ཟེར།

Tibetan Carpet is a traditional woven products in Tibet and it is called Zhongsi in Tibetan language. This carpet has a history of over 2,000 years and noted for its durability bright colors and unusual stitching style, which is also one of the three most famous blankets in the world.

藏靴 藏语称"杭果"。藏族长筒靴鞋的统称。卫藏地区典型样式是用黑色氆氇缝制的长筒，配以缝纳的厚底，帮面和靴腰镶衬红色和彩色横条的毛巾。藏北和西藏东部，则用白色氆氇作筒，单层牛皮包底。川西、西藏昌都和拉萨市区有黑色革面或绒面、厚皮绸底的带脸皮靴。

བོད་ལྷམ། ཡུལ་སྐད་དུ་འབོ་ལི་ཡང་ཟེར། བོད་ཀྱི་སྲོལ་རྒྱུན་ཡིན་རིང་ལྷམ་གྱི་སྤྱི་མིང་། དབུས་གཙང་ས་ཁུལ་གྱི་མཚོན་དོན་བཟོ་དབྱིབས་ནི་སྣམ་དུ་ནག་པོས་ཡུལ་བ་ལྷམ་མཐིལ་བརྟེགས་པ། ལྷམ་ཡུའི་དོ་དང་སྟེང་པར་རྒྱན་དམར་པོ་བྱེད་ཅིང་། ལྷམ་སྒྲོག་ཚོན་ཁ་འཕག་ནས་བྱེད། བོད་བྱང་དང་ཤར་ཀྱིས་ཁུལ་དུ་སྣམ་དུ་དཀར་པོས་ལྷམ་ཡུ་དང་། ཀོ་བ་སྤྲས་སྤྲས་ཅིག་སྣམ་མཐིལ་བྱེད། ཁྲོ་ཆུང་དང་ཆབ་མདོ། ལྷ་ས་གྲོང་བཅུས་སུ་ལྷམ་ཡུ་ནག་པོ་དང་སྣམ་མཐིལ་ཀོ་བ་ཐུག་པོས་བཟོ།

Tibetan Boots, a general term for several types of Tibetan boots. The typical style of boots in Central-Tibet is made of black Pulu with thick soles, and the colorful designs are embroidered on the uppers or leg part of the boots. In north and east of Tibet, local people love to use white Pulu to make the leg part and single-layered cowhide as the soles, while in western Sichuan, Changdu, Lhasa and adjacent regions, the boots are made of balck cowhide or velvet with feature belts.

扎扎服饰 西藏措美县内独具藏民族特色的服饰。传说起源于效仿文成公主的衣着。特点是：身着用花氆氇缝制成的色彩艳丽、搭配考究的藏袍，脚蹬彩靴"甲黔"。其文化底蕴，可追溯到7世纪吐蕃王朝与中原地区的频繁交流。

བྲག་རྩ་བོད་ཀྱི་རྒྱན་གོས། མཚོ་སྨད་རྫོང་ཁོངས་ཀྱི་བོད་མིའི་ཁྱད་ཆོས་ལྡན་པའི་རྒྱན་གོས་ཤིག་ཡིན། དབ་རྒྱན་དུ་འུན་ཁེང་ཀོང་རྗེའི་ཆོས་ཆས་ལ་ལད་མོ་བྱས་ནས་བཟོས་པར་བཤད། ཁྱད་ཆོས་ནི་རང་གི་ལུས་པོར་བསྐུན་ནས་ཕྲུག་ཁྱིམ་འཚོས་པའི་བཀྲག་མདངས་རྒྱལ་པར་བགྲོ་བ་དང་། ཐོག་ལུ་རིང་བོ་ཕྲུས་ལེགས་ཀྱིས་ཐོག་རྒྱུ་པ་དང་། གང་པར་འཇའ་ཆེན་བཅས་གྱོན། དེའི་རིག་གནས་ཀྱི་ཁུངས་སྟེ་བོད་དུས་རབས་བདུན་པར་ཧུ་བྲོང་རྒྱལ་རབས་དང་ཀྲུང་ཡོན་ས་ཁུལ་གྱི་སྦྱེལ་རེས་ལ་འདེད་ཆོག

Zhazha costume, the Tibetan traditional costume in Cuomei County of Tibet, originated in imitating costumes of Princess Wencheng. The feature is like this: people dress in the colorful and delicately made Tibetan robe to go with the beautiful Tibetan boots "Jiaqian". Its cultural connotation starts from the frequent communication between Tubo Dynasty and Tang Dynasty in the 7th century.

中国少数民族传统食品、饮品

གྲུང་གོའི་གྲངས་ཉུང་མི་རིགས་ཀྱི་སྲོལ་རྒྱུན་བཟའ་ཆས་དང་བཏུང་ཆས།

China's Ethnic Traditional Foods and Drinks

白旺 哈尼族人用动物生鲜血加工的凉拌菜。做法：先以适量的椒盐放于瓦盆中，然后用瓦盆接杀牲血，使其血盐交融，并用筷搅拌。食用时，以姜汁、苤菜根、蒜汁、炒肝和炒花生米面等作佐料，冲一碗冷开水进血盆，并将各种佐料匀撒其中，再加一红火炭"去毒"，待血凝固即可。

པའི་སྦྱང་། ཧ་ཉི་རིགས་ཀྱིས་སྲོག་ཆགས་ཀྱི་ཁྲག་གསར་པས་ལས་སྟོན་བྱས་པའི་གྲང་ཚལ་ཞིག་ལས་སྟངས་ནི། ཐོག་མར་སི་པན་དང་ཚྭ་ཚོན་མཚམས་ཤིག་གཟུང་དའི་ནང་དུ་བཅུག་སྟེ། གསོད་པའི་གསལ་ཁྲག་གཟུང་དའི་ནང་དུ་བླུགས་ཏེ་ཐུར་མས་དཀྲུགས་ནས་ཁྲག་དང་ཚྭ་འདྲེས་པར་བྱས་པ་དགོས། བཟའ་སྐབས་སྒ་ཆུ་དང་སྲོལ་དང་སྒོག་པ་དང་གཉན་སྙིང་བསྲེགས་པའི་རྫ་སྒོར་ཡོལ་གང་གི་ནང་དུ་དགུགས་ནས་ཁག་གི་ནང་དུ་བླུགས། དེ་ནས་སོལ་བ་དམར་པོ་ཞིག་དུ་འཚོར་དུ་བཙུགས། དེ་ནས་ཁྲག་དཀར་པོ་བསྡམས་ན་འགྲུབ་པ་ཡིན།

Baiwang, the salad of the Hani people, is made of fresh animal blood. The following is the recipe: first, add appropriate salt in the earthen pot. Secondly, get the fresh animal blood directly with the pot and stir it quickly to make the blood blended with the salt. When eating the Baiwang, people put a bowl of cool boiled water into the food. Finally, put the dressings or sauces into the blood (consisting of ginger juice, rhizome of alliums hookier thwaites, garlic juice, stir-fried liver and peanut flakes, etc.) and add the charcoal fire to detoxify the food. When the blood solidifies, it can be enjoyed.

白族三道茶 云南白族的一种茶品及招待贵宾时的一种饮茶方式。白族称之"绍道兆"。一道为纯烤茶，二道加乳扇（见"邓川乳扇"词条）、红糖等，三道加蜂蜜、花椒等。以其独特的"头苦、二甜、三回味"的茶道，早在明代时就已成为白族待客交友的一种礼仪。

པའི་རིགས་ཀྱི་ཇ་གསུམ་ཏེ། ཡུན་ནན་པའི་རིགས་ཀྱི་ཇ་རིགས་ཤིག་དང་མགྲོན་པོ་རྩེ་ལེན་བྱེད་པའི་བཏུང་ཇ་ཞིག་ཡིན། པའི་རིགས་ཀྱིས་དེ་ལ་ཧུའོ་ཏའོ་གྲོའུ་ཞེས་འབོད། གཅིག་པ་ནི་ཇ་སྔང་མེད་པའི་ཇ་བརྩོས་མ་དང་། གཉིས་པར་འོ་སྣམ་དང་(ཏེང་ཁྲོན་གྱི་འོ་སྣམ་ཐ་སྦྱོར་ལ་སྟོན་) བུར་དཀར་སྩོལ་བ། གསུམ་པར་སྦྲང་རྩི་དང་

གཡེར་མ་སོགས་སྟོན་པ། དེ་ལ་ཐོག་མར་ཁ་བ་དང་གཉིས་པར་མངར་བ། གསུམ་པར་མཚན་པ་བཅས་དོ༑ གསུམ་གྱི་ཁྱད་ཆོས་ཕུན་སུམ་ཚོགས། ཞེས་ལྟ་མོར་མེད་རྒྱུ༑ རབས་སྐབས་སུ་པའི་རིགས་ཀྱི་མགྲོན་པོ་སྟེ་ཞེན་དང་ལག་རྟགས་སུ་སྦྱིན་པར་སྤྱོད་ཡོད།

Three Course Tea is one kind of tea of the Bai people of Yunnan province and a way to entertain guests. Bai people call it as "Shao Daozhao". For the first course of tea, the tea needs to be put into a small pottery jar first and roasted on fire until the tealeaves become yellow and give off a charred smell. After added with boiled water, the tea is ready for drinking in small cups. By adding new water into the jar, boiling and pouring the tea into a bowl with brown sugar and walnuts, the second course of tea is done. The third course is made through pouring boiled tea into a bowl with honey and Sichuan pepper. The tea is bitter, sweet, and spicy with great aftertaste, which became the etiquette of Bai people to welcome guests as early as the Ming Dynasty.

边茶 在我国，指专供边疆少数民族饮用的特种茶。多为黑茶类紧压茶。一般是以老茶和三叶以下的粗茶，经发酵、蒸制消毒和放入模具加工压制而成。具有体积小、易保存、有效成分含量高的特点。在历史上由官府严格控制，又称"官茶"等，用于茶马互市。

མཐའ་ཇ། རང་རྒྱལ་མཐའ་མཚམས་ཀྱི་གྲངས་ཉུང་མི་རིགས་ཀྱིས་འཐུང་པའི་དམིགས་བསལ་གྱི་ཇ། མང་ཆེན་ནི་ཇ་ནག་རིགས་དམ་སྡོང་བྱས་པའི་ཇ་ཡིན། སྤྱིར་བཏང་དུ་ཇ་རྙིང་དང་ལོ་མ་གསུམ་མན་གྱི་རྩིང་ཇ་བཙལ་པ་དང་བརྔས་བཙོས་དུག་སེལ་བྱས་ཏེ་ཇ་སྟོང་འཁྱིལ་ཆས་ཀྱིས་ལས་སྟོན་བྱས་ནས་གྲུབ་པ། དེའི་བོང་ཚད་ཆུང་བ་དང་ཉར་ཚགས་སླ་བ། ཕན་ནུས་ལྡན་པའི་གྲུབ་ཆ་འདུས་ཚད་ཆེ་བ་བཅས་ཀྱི་ཁྱད་ཆོས་ལྡན་ཡོད། ལོ་རྒྱུས་ཐོག་སྲིད་གཞུང་གིས་ཚོད་འཛིན་ནན་པོ་བྱས་པས། མིང་ལ་དཔོན་གྱི་ཇ་ཡང་འབོད་ཅིང་། ཇ་རྟའི་ཚོང་རར་བེད་སྤྱོད་བཏང་།

Frontier tea refers to a special kind of tea drunk only by the frontier ethnic minorities. It belongs to the compressed tea of the dark tea. It's made up of age-tea and under-three-leaf cruel tea after the process of fermentation, steaming to disinfect and repression in a mould. It has the following features: small in size, easy to preserve and high in content of effective ingredients. It was strictly controlled by the government in history, and it was called "official tea", which was used for the teahorse trade.

布朗族翡翠酒 布朗族以糯米为原料酿造的水酒。其制作方法与其他民族酿造水酒的方法大体相同。所不同的是，糯米发酵成酒后，在出酒时用一种叫"悬钩子"的植物叶片将糟与汁滤开，酒色很像翡翠的颜色，故名，是布朗山寨接待亲朋好友的上等饮料。

བྲུའུ་ལའང་རིགས་ཀྱི་གཡུ་ཆང་། བྲུའུ་ལའང་པས་འབྲས་ཆུང་རྒྱུ་ཆ་བྱས་ཏེ་བསྐོལ་བའི་ཆང་། ཆང་བསྐོལ་བཏང་མི་རིགས་གཞན་གྱི་ཆང་བསྐོལ་སྟངས་དང་ཆེ་ཕོགས་ནས་གཅིག་མཚུངས་ཡིན། མི་འདྲ་ས་ནི་འབྲས་

ཆང་བསྐལ་ནས་ཆང་བཟོའི་རྫས། ཆང་ཞིག་སྐབས་ནན་
གཉེར་ཚ་ཟེར་བའི་སྐྱེ་དངོས་ཤིག་གི་ལོ་མ་དང་དེའི་ཁུ་
བྱུང་ནས་ཤེལ་པ་ས། ཆང་གི་མདོག་གཡུ་དང་མཚུངས་
པས་གཡུ་ཆང་ཞེས་མིང་ཐོགས། དེའི་ཕྱིར་ལྭ་ང་རིགས་
ཀྱིས་མགྲོན་པོ་བསུ་བར་མཆོག་ཏུ་བཟུང་བའི་བཏུང་བ་
ཞིག་ཡིན།

Blang Home-made Liquor is a kind of liquor brewed by the Blang people with glutinous rice. The producing method is generally the same with other ethnic method of brewing liquor. Something different is that after the glutinous rice fermented, filter and separate the grains and juice with a plant called "Xuangouzi". The color of liquor is like the color of jade so it was named as "Jade Liquor". It is the classy drink of the Blang people to entertain their relatives and friends.

布缩结 满语，指酸菜。是满族人的主要素菜。秋天将新鲜的青菜在缸中发酵而成，味酸。炖、炒、生拌凉菜、做汤、做馅，皆可。

པའོ་སའོ་ཅེ། མན་ཇུའི་སྐད་ཀྱི་སྒྲ་སྒྱུར། དེ་ནི་མན་ཇུ་
རིགས་ཀྱི་སྒོ་ཚལ་གཙོ་བོ་ཞིག་ཡིན། དེ་སྟོན་ཁར་སྟོ་ཚལ་
སོམ་རྟ་མའི་ནང་དུ་བསྐལ་ནས་གྱུར་པ་ཞིག་ཡིན། རོ་སྐྱུར་
བ། ཚས་རིགས་གདུས་མ་དང་། བཙོས་མ། འཁྲུག
ཟས་ཚོད་སོགས་གང་པོ་ཞིག་ཏུ་སྦྱར་ཆོག

Busuojie refers to Chinese sauerkraut in Manchu language. It's made by fermenting fresh green vegetables in a jar in autumn and it tastes sour. There are various ways of cooking: stewing, stir frying, making cold dish, soup or stuffing.

朝鲜冷面 朝鲜族的传统食品，是用荞麦面（或小麦面、高粱米面、榆树皮面等）加淀粉加水拌匀，压成圆面条，煮熟后浸以冷水，再去冷水拌牛肉片、辣椒、泡菜、梨或苹果片、酱油、醋、香油等佐料，最后加入牛肉汤即成。其面质韧条细，汤汁凉爽，酸辣适口。

ཁོའོ་ཞེན་གྱི་ཕྱི་འབག ཁོའོ་རིགས་ཀྱི་སྲོལ་རྒྱུན་
གྱི་ཟས་རིགས། དེ་ནི་གྲོ་ཕྱེ་ལ་（ཡང་ན་གྲོ་ཕྱེ་དང་
འབྲས་ཕྱེ། ཡང་ཧུའུ་ཤིང་ཤུན་གྱི་ཕྱེ་སོགས）ཐན་ཕན་
དང་ཆུ་སྦྱོར་བྱེ་ཕོ་རིང་དུ་བརྫོས་ཏེ་བཙོས། བཙོས་རྗེ་
གྲང་ཆུའི་ནང་དུ་སྦྲུབ། ཆུ་གྲང་མོའི་ནང་ག་ཧ་དང་།
པ། སྤྱོལ་བསྐལ་མ། ཀུ་ཤུ་དང་ཚང་བ། སྦྱར་
སྨག་བྲོ་རྩེ་སྣ་ཚོགས་ནན་ཕུལ། དེའི་སྐྱེད་ག་ཧའི་
ཁུག་ནས་གཏུབ་པ་ཞིག་ཡིན་ཞིང་། ཕྱེ་ཕོ་ཕྲ་རིང་བ་
དང་། ཁུ་བཤལ་ག ཚ་སྐྱུར་གྱི་བྲོ་ཞེན་པ་ཞིག་ཡིན།

Korean cold noodles, the traditional food of Korean people, are made by mixing with buckwheat flour (or wheat flour, sorghum rice, flour made of elm bark, etc.), and water and starch. After mixing, press it into round noodles, cook it and then soak with cold water, and remove the cold water and add beef, peppers, pickles, pears or apple slices, sauce, vinegar, sesame oil and other condiments. Finally, add beef soup with it. The noodle is thin and has a good chewy texture, and its soup is cool, sour and spicy.

达眯妈拜 珞巴语音译，就是鸡爪谷（谷类作物）饭坨。将鸡爪谷粉在沸水中边撒边搅，使其成黏坨状，稍凉后抓食。西藏墨脱、察隅及珞渝地区珞巴族喜爱的食品。门巴族等也有相同食品。

དར་མོག་མ་པོ། སྟོ་པའི་སྐད། བྱ་ཀང་དང་ལོ་ཏོག་བསྲེས་པའི་(སྟེ་མ་ཅན་གྱི་ལོ་ཏོག) ཞེས་ཞིག་བྱ་ཀང་ལོ་ཏོག་ཕྱེ་མ་ཆུ་འཁོལ་ནང་དུ་བསྐྲུན་ནས་གྱུར་པ་ཞིག་ཡིན། གྲང་མོར་གྱུར་རྗེས་བཟའ། བོད་སྤོང་མེ་ཏོག་དང་། རྫ་ཡུལ། ཀློ་པ་མོགས་ཀྱིས་བཟའ་བར་མོས་པའི་ཁ་ཟས། མོན་པ་སོགས་ལའང་ཟས་རིགས་འདི་ཡོད།

Damimabai, the transliteration from Lhoba language, also known as rice lump of jizhua cereals (a Tibetan cereals). Sprinkle the jizhua cereals powder while stirring in boiling water to make it into a sticky lump. When it gets cooler one can eat it. It is the beloved food of Lhoba people of Tibet's Motuo, Chayu and Luoyu region. Menba, also have the same food.

傣家苦凉菜 苦凉菜是一种可食用的野生植物。以其为主要原料，多用于素炒和凉拌菜；用其尖叶烹饪的菜肴，有清热解毒、抑菌之功用；用这种野菜烹饪的苦凉菜蛋酥，深受花腰傣人的喜爱。

ཏའེ་ཁྱིམ་གྱི་ཁ་བའི་གྱང་ཚལ། རོ་ཁ་བའི་གྱང་ཚལ་ནི་ཟོས་ཆོག་པའི་རི་སྐྱེས་ཀྱི་ཤིང་སྡོང་ཞིག་ཡིན། གཙོ་ཚོར་དེ་མང་ཆེ་བ་དཀར་ཟས་བཟོས་མ་གྱུར་ཚལ་བཟོ་བར་སྤྱོད། མ་པ་མོའི་ལོ་མའི་ལྡུམ་ཚལ་དེ་ཚ་བ་སེལ་བ་དང་སྙིའུ་འགོག་པའི་ནུས་པ་ལྡན། འདི་ལྟ་བུའི་ཁ་བའི་རི་སྐྱེས་གྱང་ཚལ་ཏའི་རིགས་རྣམས་ཟ་བར་ཤིན་ཏུ་མོས།

Kuliangcai is a kind of edible wild plants of the Dai people. As the main raw material, it is always stir fried or cooked as cold dish. It has the function of bacteriostasis and heat-clearing and detoxifying effects. The pastry made with it is the favorite of the Huayao Dai people.

德昂族酸茶 史书称为"谷（沽）茶"。制酸茶时，在茶叶中加入少许槟榔，放入大竹筒中压实，密封筒口，存放一至两月发酵糖化后取出即可入嘴咀嚼。其味酸涩，略带甘甜，有解暑清热、消食的功效。

དེ་ཨང་རིགས་ཀྱི་སྐྱུར་ཇ། ལོ་རྒྱུས་ཡིག་ཆར་གུ（གུའུ）ཇ་ཅེས་བཀོད་ཡོད། ཇ་བཟོ་སྐབས་ཇའི་ནང་དུ་གོའེ་ཡིན་ཞིང་ཐུང་དུ་ཞིག་བསྲེས་ཏེ། སྨྱུག་མ་སྦོམ་པའི་ནང་དུ་བཅུན་ནས་སྒྲག་མའི་ཁ་དམ་པོར་བཅུམ་སྟེ། ཟླ་གཅིག་ནས་གཉིས་པར་བཞག་ནས་སྐྱུར་ཉ་ལྡང་རྗེས་སྤྱད་ནས་ཟ་ཆོག རོ་སྐྱུར་ཞིང་མངར་མོ་ཅུང་འདུག འདི་དག་ཚ་བ་དང་ཟ་བའི་ཕན་ནུས་ལྡན།

Deang Sour Tea is called gucha in historical records. The Deang put few betel nuts in the tea, then push the mixture into the bamboo tube and seal the tube. After one to two months, the tea ferments and saccharifies with acid and sweet taste. It has the effects of clearing summer-heat and improving digestion.

侗族腌鱼 侗族代表性腌酸制品。腌鱼时去内脏、上盐，渍过三四天，再用糯米饭、辣椒粉、姜末、花椒、蒜泥、料酒、食碱加水拌成糟料，填充鱼腹，然后将鱼置放于腌桶内，上盖芭蕉叶或棕叶，最后密封腌制。一般40天后即可食用。

ཏུང་རིགས་ཀྱི་ཉ་བསྐལ་མ། བསྐལ་སྐྱུར་ནི་ཏུང་རིགས་ཀྱི་མཚོན་བྱེད་རང་བཞིན་གྱི་ཐོན་རྫས་ཞིག་ཡིན། ཉ་བསྐལ་སྐབས་ཉའི་ནང་ཁྲོག་བླངས་ནས་རྒྱུ་ཏུ་ཚོ

· 1203 ·

ཕྱུགས་ནས་ཞིབ་གསུམ་བཞིའི་བར་བཙག་ དེ་ནས་འབྲས་ཆང་དང་། སེ་པར་ཕྱེ་མ། བཙན་སྐ། གཡེར་མ། སྒོག་པ། ར་ཁྲ། ཟས་ཚོ་སྨོགས་ཆུ་དང་མཉམ་དུ་ཉའི་རྒྱབ་ཁོག་ཚང་མར་བསྣུབས་རྗེས། བསྣལ་བོད་ཉོན་དུ་ཐོག་པ། ཆུ་ཞིང་གི་ལོ་མ་དང་ཏ་ལའི་ལོ་མ་སོགས་བཀབ་ནས་དམ་པོར་བྲུབ་ནས་འཇོག ཕྱིར་བཏང་དུ་ཞིན་ཤ་ལྷག་བསྐལ་རྗེས་ཟ་ཆོག།

Pickled Fish is the representative pickled food of the Dong people. First, remove the fish viscera and pickle the fish for three or four days; then put the stuffing which is the mixture of glutinous rice, paprika, and ginger, mashed garlic, cooking wine, soda and water into the fish belly; finally lay the fish in the bucket with banana leaves or palm leaves covering and seal the tub. Forty days later, the people can enjoy the fish.

风莫饭 壮族食品。"风莫"是一种特大的粽粑。用糯米加食盐、五香、生姜、胡椒等调料搅拌调匀，外包冬精叶制成。

ཕྱུང་མོའི་ཁ་ཟས། གྲོང་རིགས་ཀྱི་བཟའ་བཅའ་ཞིག ཕྱུང་མོ་ནི་བཏུམ་ཟས་ཆེས་ཆེན་པོ་ཞིག་ཡིན། དེ་འབྲས་ཆང་ལ་ཚྭ་དང་པོ་སྣ་ལྔ། བཙན་སྐ་གསོན་པོ། སེ་པན་སྡུག་སོགས་བསྲེས་ནས་བཟོས་རྗེས། ལོ་མ་ཆེན་པོ་བཏུམ་ནས་གྲུབ་པ་ཞིག་ཡིན།

Fengmo Rice is the food of the Zhuang people. Fengmo is a kind of large-sized glutinous rice dumplings. It is made of glutinous rice mixed with salt, the five spices, ginger, pepper, and needs to be wrapped up with dongjing leaves.

姑娘茶 布依族特色饮品。由未出嫁的姑娘在清明节前采摘的嫩茶尖制成。采回来的茶尖通过热炒，使之达到一定的温度后，把一片一片的茶叶叠整成圆锥体，然后拿出去晒干，再经过一定的技术处理即可。此茶只作为礼品赠送给亲朋好友，或在谈恋爱或订亲时作为信物送给情人。

བུ་མོའི་ཇ། ཕུའུ་ཨི་རིགས་ཀྱི་ཁྱད་ཆོས་ལྡན་པའི་ཞིག་ བག་ཏུ་མ་སོང་བའི་བུ་མོས་དྭགས་གསལ་དུས་ཆོགས་ཀྱི་སྔོན་ལ་བཏུས་ཡོང་བའི་ཇ་ལོ་བཙོས་པ། བཏུས་ཡོང་བའི་ཇ་ལོ་བཟོས་ཏེ་དྲོད་ཚད་ངེས་ཅན་ལ་སླེབས་རྗེས། ལོ་རེ་རེ་བྱས་ཏེ་རྩེ་མདུད་ཅན་དུ་སྤེལ་ཆགས་བཟོས། དེ་ནས་ཉི་མར་སྐམས། ཡང་ལག་རྩལ་ཐར་བ་སྒྲུབ་དེ་བཟོས་པ་ཞིག་ཡིན། ཇ་དེ་ཉེ་རིང་གྲོགས་པོ་ཚོར་ལེགས་སྐྱེས་སུ་ཕུལ་བའམ། ཡང་ན་གཉེན་རྒྱགས་ཀྱི་ལེགས་སྐྱེས་སུ་ཕུལ་བ་ཞིག་ཡིན།

Girl's Tea is the specialty drink of the Buyi people made by the maiden. Girls pick up the tender tip of the tea leaves before the Tomb-sweeping Day. First, stir fry the tea leaves until they reach a certain temperature, then, fold the tea leaves into the shape of cone and dry up; finally, process the tea leaves with some special techniques. It can be presented as gifts for relatives and friends, as tokens for the sweetheart when they fall in love or are engaged.

古拜底埃 塔塔尔族传统食品。是将大米洗净后晾干，上覆奶油、杏干、葡萄干等，再放在火炉中烤制而成的一种饼。其味香甜可口。

གུ་པའི་དི་ཨེའི། ཐ་ཐར་རིགས་ཀྱི་སྲོལ་རྒྱུན་ཟས་

རིགས། དེའི་འབྲས་བགྲུམས་རྟེས་ཤིལ་སྐྱམ་ཆུས་ཏེ། ཐོག་ཏུ་མར་དང་ལམ་བུ། རྒུན་འབྲུམ་སྐྱམ་པོ་སོགས་ལྷུན་ཏེ། ནས་མེ་ཐབ་ནང་དུ་བསྲེགས་ཏེ། གོར་ཞིག་བཟོས་ནས་གྱུབ་ལ་ཞིབ་ཡིན། རོ་ཞིབ་ཏུ་མངར་བའི་ཟོ་ཤུད།

Gubaidiai is a traditional food of Tatar. After the rice have been cleaned and dried, put some butter, dried apricots, raisins, etc. on top of the rice, and then bake it in the stove. It tastes sweet and delicious.

互助大曲 青海省互助土族聚居地区所产的一种具有地方特色和风味的曲酒。约200年的历史。以青稞为主要原料，采用固体发酵等一整套较完整的工艺酿成。

ཧུའུ་གྲུའུ་ཆན་ཆེན། མཚོ་སྔོན་ཞིང་ཆེན་ཧུའུ་གྲུའུ་ཏོར་རིགས་ས་ཁུལ་དུ་ཐོན་པའི་ས་གནས་ཀྱི་ཁྱད་ཆོས་དང་བྲོ་བ་ལྡན་པའི་ཆང་ཞིག ལོ་༢༠༠ཙམ་གྱི་ལོ་རྒྱུས་ཡོད། རྒྱ་ཚགས་པོ་ནས་བྱས་ཏེ། སྲ་གཟུགས་ཀྱི་སྔོ་གཡུར་སོགས་ལག་རྩལ་ཐབས་ཤེས་ཚང་བ་རིམ་པ་བྱས་ཏེ་བསྐྲུན་པའི་ནས་ཆང་ཞིག་ཡིན།

Huzhu Daqu is a yeast liquor with local flavor. It's produced by Tu ethnic group in Huzhu, Qinghai province. It has a history of about 200 years. Highland barley is its main ingredient. It's brewed by taking a system of brewing techniques, such as solid fermentation.

回族八宝茶 回族人待客的传统饮料。以茶叶为底，掺有白糖（或冰糖）、枸杞、红枣、核桃仁、桂圆肉、芝麻、葡萄干、苹果片等。喝起来香甜可口，滋味独特，有滋阴润肺、清嗓利喉之功效。

ཧུའི་རིགས་ཀྱི་རིན་ཆེན་སྣ་བརྒྱད་ཇ། ཧུའི་རིགས་ཀྱིས་མགྲོན་ལ་སྟེ་ལེན་ཞུ་དུས་བཏུང་བའི་སྲོལ་རྒྱུན་ཇ་ཞིག་ཡིན། རྒྱ་ཇ་གཞིར་བྱས་ཐོག་རིན་ཆེན་སྣ་བརྒྱད་དུ་བྱེ་མ་ཀཱ་ར (ཡང་ན་རྫོ་ཀཱ་ར) དང་འབྲང་འཛམ། ཁུར་དམར་པོ། སྟར་སྒིང་། འབྲུ་མིག་ག ཊིལ། རྒུན་འབྲུམ་སྐྱམ་པོ་ཀུ་ཧུ་སོགས་ཡོད། བཏུང་བའི་སྐབས་སུ་ཞིམ་མངར་ཀྱི་བྲོ་བ་དགེགས་བསལ་བ་ཡོད། མ་ཟད་སྙོ་བ་དང་མྱུར་པ་སོགས་ལ་བསོད་ཆེར་བའི་ཕན་ནུས་ཀྱང་ཡོད།

Eight-treasure tea is a traditional drink for the Hui people to entertain guests. It is based on tea, mixed with sugar, goji, red dates, walnut kernels, longan pulp, sesame, raisins, apple slices and so on. It tastes sweet, delicious and unique. It can nourish yin and moisturize the lung and also good for throat.

鸡生 苗族特色食品。制作方法是：将母鸡肉连骨带杂一起剁碎，把小米辣、香菇、鲜笋、生姜和大蒜等佐料剁细，准备用以烹饪；炒时火要旺，油要烫，先将剁细了的鸡骨肉炒七成熟，后把剁细的佐料拌在一起炒熟，再加适量的酱油、味精和盐即可。

ཁྱ་བ་གསོན་པོ། མུའེ་རིགས་ཀྱི་ཁྱད་ཆོས་ལྡན་པའི་ཟས་རིགས་ཤིག ལས་སྟངས་ནི། བྱ་མོའི་ཤ་ཧོག་ཆའང་ཞིག་གི་རུས་པ་དང་ཕོག་གི་ནང་ཁོག་ཡང་མ་ལྷགས་པར་བཏུབས་པ་དེའི་ཐོག་ལ་སིབ་ཆུང་ཚ་དང་། ཤ་མོ། སྨྱུག་གསར། བཙན་སྐ། སྒོག་པ་སོགས་ཆུང་དུར་བཙན་ནས་སྐྱུ་བྱས་ཏེ། གཡོས་སྦྱོར་བྱེད་སྐབས་མེ་ལྷགས་ཆེ་པོར་དགོས་པ་དང་། སྙུམ་ཞིག་ཏུ་ཚོར་གྱུར་ཚེ། ཐོག་མར་ཆུང་དུར་བཙན་པའི་ག་སྨུན་ཟན་དུ་བཙོས་ནས་ཚོ་ལ་འཁོག་ཏུ་སློག་བྱས་པའི་བྱ་རུས་ཤ་གནར་པ་སྣུམ་ནང་དུ་

· 1205 ·

མཆམ་དུ་གཡོས། དེའི་སྦྱོར་ཚུལ་སྔོན་བྱོ་ཧོངས། རྩ་
སོགས་བཏབ་ནས་གྲུབ་པ་ཡིན།

Jisheng is the specialty food of the Miao people. The recipe is as the following: First, mince the meat of hen, hen's bones and giblets. And then chop the spices (consisting of spicy chilli, mushroom, fresh bamboo shoot, ginger and garlic) into small particles. Stir fry the meat to medium well with the big fire and hot oil. Finally, put the spices in to stir fry together with the meat and add soy sauce, aginomoto and salt.

结达 藏语音译，意为"可用舌头舔着吃的食品"。是用酥油、细奶渣和糖或盐调和的奶酪。

སྦེ་ལྡག སྦེ་ལྡག་ཅེས་རྒྱའི་བཞད་བཤད། དེའི་མར་དང་། ཆུར་བྱེ། ཀ་རམ་ཚྭ་བསྲེས་ནས་བཟོ་བའི་ལོ་ཐུར་ཞིག་ཡིན།

Jieda, in the Tibetan language, means "food available to eat by licking". It is the cheese mixed with butter, cottage cheese and fine sugar or salt.

九阡酒 水族传统保健饮品。按民间传统药方，采集多种地产药材制成酒曲，选用当地优质糯米为原料，配以山中泉水酿制而成。色泽棕黄，酒性平和，有强身健骨、滋阴壮阳等功效。其传统工艺独特，端午采药，六月六制曲，九月九烤酒。

ཅུའུ་ཆན་ཆང་། ཆུའི་རིགས་སོལ་རྒྱུན་གྱི་ལུས་ཁམས་བདེ་སྐྱོང་གི་བཏུང་བྱའི་རིགས་ཤིག དེའི་དམངས་ཁྲོད་ཀྱི་སོལ་རྒྱུན་སྨན་སྦྱོར་ཞིག་སྟེ། ས་གནས་རང་གི་སོ་སྐྲུན་མང་པོ་ཞིག་བཏུས་ཏེ། ཕོག་མར་རྒྱུ་སྦྱོར་ལགས་པའི་འབྲས་ཆུང་གིས་རྒྱུ་དང་། དེའི་ནང་དུ་རྫ་ཆུ་བཞིས་མ་ལྡེན་ནས་ཆང་བསྐོལ་ཏེ་གྲུབ་པ། ཁ་མདོག་ཁམ་སེར་དང་ཆང་བཙན་ཆེན་སྐྱོམ་པོ། ལུས་པ་གསོ་བ་དང་ཕུང་ཁམས་སྟོབས་ཕྱུག་དུ་གྱུར་བ་ཞིག་ཡིན། ཟླ་དྲུག་པར་སྨན་འཛུག་དང་། དྲུག་པའི་དྲུག་ཚེས་དགུ་པའི་དགུ་ཚེས་བསྐལ།

Jiuqian Liquor is a traditional healthy drink of the Shui people. According to the traditional folk prescription, it is made of distiller's yeast which is made from medicinal herbs. With the selected local high quality glutinous rice as raw materials, the mountain spring water and the distiller's yeast are put into the rice to brew to produce the Jiuqian Liquor. The color is brown and the taste is light. It's really good for bodies. Its unique traditional techniques include gathering herbs on the Dragon Boat Festival, making the yeast on 6th, June of the lunar calendar and making the liquor on 9th, September of the lunar calendar.

卡不赛 藏语音译。藏族的油炸食品。以面粉和水制成长栅或其他形状，用菜油或酥油炸成。

ཁ་ཟས། བོད་རིགས་ཀྱི་སྐམ་ནད་དུ་བཟིག་པའི་ཟས། ཕྱེ་བྱེ་ཆུས་བསྲུབས་ནས་དབྱིབས་རིང་པོའམ་གཞན་དག་བཟོས་རྗེས། ལོ་ཏོག་གི་སྐམ་མམ་མར་ཁུའི་ནང་བཞག་ནས་བཟོས་པ་ཡིན།

Kabusai, the transliteration of Tibetan, is a Tibetan fried food. It is made by mixing flour with water to make a square or other shapes, deep frying with vegetable oil or butter.

罗婆粥 东乡族传统食品。多用羊头、羊蹄、羊杂熬汤，再加上青稞、小麦、豆子等粮食，放入适量花椒、盐混煮而成。制作时，讲究要将食物煮熟煮烂，这样方才可口。

ལའི་པའི་ཁུ། ཧུང་ཞང་རིགས་ཀྱི་སྲོལ་རྒྱུན་ཟས་རིགས་ཤིག ལུག་མགོ་དང་། ལུག་གི་རྨིག་པ། ལུག་གི་ནང་ཁྲོལ་མང་པོ་གདུས་ནས། དེའི་ཐོག་ཏུ་ནས་དང་། གྲོ། སྲན་མ་སོགས་འབྲུ་རིགས་དང་། གཡེར་མ་ཚྭ་རན་ཚོད་བསྲེས་ནས་བཙོས་ཏེ་གྲུབ་པ་ཞིག་ཡིན། བཙོ་བའི་དུས་ཚོད་དུ་ཅེས་ནས་ཉུར་འབད་དུ་འདུག་པར་གསོལ་སུ་འཛིན་ཞིང་། དེ་ལྟར་བཙོས་ན་ཁ་ཟ་དུ་ཞིམ་པོ་འབྱུང་།

Luopo Porridge, is the traditional food of the Dongxiang people. The Dongxiang people put the grain such as highland barely, wheat and beans, etc. into the soup which is cooked with sheephead, goat feet and haggis. Then they add pepper and salt into the porridge. When the porridge is boiled thoroughly, it is delicious.

马奶子 蒙古、哈萨克等族最喜欢的传统饮料。用马奶发酵酿制而成，略带咸酸、微含酒香。做法：将刚挤出的马奶装入皮口袋或其他容器内，加以陈奶酒曲发酵；每天以木杵搅动数次，数天即成。它不仅有助于消化肉食，对胃病等也有一定疗效。

རྟ་མའི་འོ་ཆུར། སོག་པོ་དང་ཧ་ས་ཁེ་རིགས་སོགས་ཀྱིས་ཆེས་འཁྱུད་རྒྱུར་སྤྲོ་བའི་སྲོལ་རྒྱུ་ཡི་བཏུང་བྱ། རྟ་མའི་འོ་མ་བསྐྱལ་ནས་བཙོས་པ། ཞུང་སྐྱུར་ལ་ཆང་རྩི་དྲི། བཟོ་སྟངས། བཞིན་མ་ཐག་པའི་རྟ་མའི་ནུ་མའི་ནོ་མ་གོ་བའི་ཀོ་བའི་ཁོག་དང་ཁོག་ཆས་གཞན་པའི་ནང་དུ་བླུགས་རྗེས་སྔར་བསྲུན་ནས་སྣུར་ལྡངས་སུ་བཅུག ཞིན་རེ་རེར་ཤིང་ཟིག་གིས་དཀྲུགས་ན་ཞིན་འགའ་འགོར་རྗེས་འགྲུབ། དེས་ཕོའི་ནང་དུ་གསོགས་ཤུ་དགར་བ་དག་ལ་དང་། ཕོའི་ནད་ལམ་ཕན།

Mare's milk is a kind of favorite traditional drink of Mongolian, Kazak and some other ethnic groups, which is made of mare's milk by fermenting and brewing. It tastes a little salty and acid, a light liquor flavor. The method of producing: put the fresh mare's milk into the leather pocket or other containers and then ferment it with milk yeast and stir it with wooden pestle several times a day. It will be done after several days. It not only helps to digest meat, but also have certain curative effects on stomach illness.

玛仁糖 俗称"切糕"。在新疆和田地区已经有几百年历史，是一种采用传统特色工艺，选用核桃仁、玉米饴、葡萄干、葡萄饴、玫瑰花、巴旦木、蜂蜜、奶油、麝香等原料熬制黏合而成的民族特色食品。口味纯正，酸甜适度，营养丰富。当地维吾尔族人善制。

མ་རིན་ཀ་ར། སྤྱིར་བཏུབ་གོར་ཟེག ཞེས་ཟུང་དོ་ཐན་ས་ཁུལ་དུ་ལོ་བརྒྱ་ཕྲག་ལྔག་གི་ལོ་རྒྱུས་སྙན། དེ་ནི་སྲོལ་རྒྱུན་གྱི་ཁྱད་ཆོས་ལྡན་པའི་བཟོ་རྩལ་སྤྱད་པ་སྟེ། ཐོག་མ་སྦྲང་སྟོང་དང་། མ་ཆོས་ལོ་ཐོག་ཞིག་པོ། རྒུན་འབྲུམ་སྐམ་པོ། རྒུན་འབྲུམ་ཞིམ་པོ། རྒུ་མེའི་མེ་ཏོག་པ་དན་ཤིང་། སྦྲང་རྩི། འོ་མར་སྔ་ཅེ། སོགས་ཀྱི་རྒྱུ་ཆ་མཉམ་བསྲེས་ཀྱིས་བཙོས་པའི་རིགས་མི་རིགས་ཀྱི་ཁྱད་ལྡན་ཟས་རིགས

ཡིན། རོ་དང་བྲོ་བ་ཞིམ་ཞིང་བཅུད་དང་ལྡན་པ་ཞིག་ཡིན། ས་དེ་གའི་ཡུ་གུར་རིགས་ཀྱི་སྲོལ་བཟང་པོ་ཞིག་ཡིན།

Xinjiang nut cake, also called "qiegao", with a history of hundreds of years in Hetian (Xinjiang). It is an special ethnic food made by a unique traditional technique. The ingredients include walnut, corn syrup, raisins, grape jelly, roses, almond, honey, butter, musk and other raw materials. It tastes pure, moderately sweet and sour, nutrient-rich. Local Uyghurs are good at making it.

毛南饭 毛南族传统食品。用糯玉米粉加竹笋及其他蔬菜和佐料混合煮熟后制成。制作时，先把玉米磨碎去糠，再舂成玉米粉，煮熟加菜、油、盐等，搅成糊状即成。这种饭吃起来很可口，有一种特别清新的香味。

མའོ་ནན་ཟས། མའོ་ནན་རིགས་ཀྱི་སྲོལ་རྒྱུན་གྱི་ཟས་རིགས་ཤིག མ་ཆོས་ལོ་ཏོག་ཕྱེ་ལྷུགས་པའི་ཆུ་གུ་སྩོན་དང་། དེ་མིན་ཚོ་ཚལ་དང་བྲོ་སྣ་མཉམ་དུ་བསྲེས་ཏེ་བཙོས་ནས་བཟོས་པ་ཡིན། ལས་པའི་སྐབས་སུ། ཐོག་མར་མ་ཆོས་ལོ་ཏོག་གི་འབྲུ་བུ་བཏོགས་ནས་མཚོག་གུན་འཐག་ནས་མ་ཆོས་ལོ་ཏོག་ཕྱེ་རུ་བཏང་། བཙོས་པའི་ཐོག་ཏུ་བྲོ་ཚལ་དང་སྣུམ། ཚྭ་སོགས་བསྣན། དེ་དག་མཉམ་བསྲེས་བྱས་ནས་གྱུར་པ་ཞིག་ཡིན། ཁ་ཟས་འདི་ལ་ཟོས་ན་ཞིམ་ཞིང་བྲོ་བ་གཏུར་བར་བ་ཞིག་ཡོད།

Maonan Rice is the traditional food of the Maonan people. It is made from corn flour, bamboo shoot, vegetables and spices, etc. The recipe is like this: first grind the corn into small pieces and get rid of the rice bran; secondly, crush the corn into flour; thirdly, cook the corn flour thoroughly; and finally, add vegetables, oil and salt, etc. and stir it into paste. The fresh fragrant Maonan Rice is tasty.

蒙古族炒米 蒙古族传统食品。"炒米"，蒙古语称"蒙古勒巴达"。是用糜子米经过蒸、炒、碾等多道工序加工而成。可加酸奶和白糖等搅拌食用，解饿又解渴，清香爽口，别具风味。

སོག་རིགས་ཀྱི་ཁྲེ་བཙོས་མ། སོག་རིགས་སྲོལ་རྒྱུན་གྱི་ཟས་རིགས། ཁྲེ་བཙོས་མ་ལ་སོག་སྐད་དུ་སོག་པོའི་ལེ་པ་ཏ་ཟེར། དེའི་བྱེད་སྟངས་བཙོ་དང་། བཙོ་བ། སྟོ་སོགས་བརྒྱུད་དེ་བཟོས་པ་ཞིག་ཡིན། དེའི་ནང་ཞོ་དང་བྱེ་མ་ཀ་ར་སོགས་ལ་སྦྱོར་ཚོད་ཅིང་། ལྟོགས་སྐོམ་གཞིས་སེལ་བར་བྱེད། རོ་དང་བྲོ་ཞིམ་པོའི་ཁ་བས་མཆོག་ཏུ་གྱུར་བ་ཞིག་ཡིན།

Mongolian Fried Rice is the traditional food of Mongolians. "Fried rice" is called "Lebada" in Mongolian. It is made with millet rice steamed, fried, grinded and so on. Yogurt and sugar can be added. It can relieve hunger and quench thirst, with refreshing fragrance and unique flavor.

纳仁 新疆牧区的一种佳肴，也叫手抓肉或手抓羊肉面。做法：先将煮熟的羊肉切碎，然后把肉块、"皮牙子"（即葱头）、胡椒、酸奶等放在面条上，搅拌混合，浇以肉汤。食用时盛于盘中抓食。

ན་རིན། ཞིན་ཅང་འབྲོག་ཁུལ་གྱི་ཕྱུག་པ་ཚ་ཆེན་ཞིག་ལགས། མཁན་ཡང་ན་ལག་འཛིན་ལུག་ཤའི་ཕྱག་པའང་ཟེར། ལས་སྟངས་ནི། ཐོག་མར་ལུག་ཤ་བཙོས་མ་བཅད། དེ་ནས་གཏད་པ་ལས་མཚེའི་（ཙོང་གི་མགོ） སེ་པར་ལྕུང་

ཁ། ཞོ་སོགས་ཕྱུག་པའི་ཕོག་ཏུ་ལྡུད་ནས་མཉམ་བསྲེས་བྱས་རྗེས། ཤུའུ་ལྔགས། བཟའ་བའི་སྣམས་སུ་སྦྱོར་བའི་ནང་དུ་བླུགས་ནས་ལག་པས་ཟ།

Naren (noodle with mutton and soup) in Xinjiang, also called meat or mutton noodles eaten with hands. One recipe is: firstly chop the cooked mutton, then put the meat, "Piyazi" (namely onion), pepper, yogurt, etc. into the noodles, stirring and mixing them, pouring in soup. It is served in the plate to be enjoyed by hands.

奶豆腐 蒙古族奶食品之一。牛奶、羊奶、马奶等经凝固、发酵而成。形似普通豆腐。味道有的微酸，有的微甜，乳香浓郁。常泡在奶茶中食用，或出远门当干粮，既解渴又充饥。

ོ་མའི་སྲུན་གཡོས། སོག་རིགས་ཀྱི་ོ་མའི་ཟས་རིགས་གྲས་ཤིག་ཡིན། བ་མོའི་ོ་མ་དང་མོའི་ོ་མ། ཆེད་མའི་ོ་མ་སོགས་ལ་སྐྱུར་ཤུར་འབབ་དུ་བཅུག་ནས་བཟོས་པ། དབྱིབས་ནི་སྤྱིར་བཏང་གི་སྲུན་མའི་ལེ་དང་འདྲ། ོ་བ་ལ་སྐྱུར་བ་དང་། ལ་ལར་མངར་བའི་ཆ་ཡོད་ཅིང་། ོ་སྤྲི་དྲི་དགར་པོ་མ་པོ་ལྡན། ུན་དུ་ོ་ཇའི་ནང་དུ་བླུགས་ནས་ཟ་བ་དང་། ཡང་ན་ཐག་རིང་དུ་བསྐྱོད་པའི་རིམ་ོ།ར། ོགས་སྐོམ་གཉིས་སེལ་བར་ཐན་པོ།

Dried milk cake is one of the milk food of the Mongolians, which is made by clotting and fermenting milk, ewe's milk and mare's milk. The shape is just as common tofu. Some of them taste a little bit sour and others taste a little bit sweet, with strong milk flavor. They are usually eaten by dipping in milk tea or as rations for a journey which can relieve one's hunger and quench one's thirst.

奶皮子 蒙古、鄂温克等族奶食品之一。蒙古语称"乌如木"等，意为白色的食品。把马、羊、牛或骆驼鲜乳倒入锅中慢火微煮，等其表面凝结一层腊脂肪，用筷子挑起挂通风处晾干即可。味纯香，常加上奶茶、奶果子、炒米食用。

ོ་ི། སོག་པོ་དང་ཨི་ཝུན་ཁེ་རིགས་སོགས་ཀྱི་ཟས་རིགས་ཤིག་ཡིན། སོག་སྐད་དུ་ཤུའུ་རེན་མུའུ་སོགས་ུ་འབོད་ཅིང་། ཟས་དཀར་པོ་ཞེས་པའི་དོན་ཡིན། དེའི་ཆེད་མ་དང་། མ་མོ། ནོར། ་མོའི་སོག་ཀྱི་ོ་ོ་གསར་པ་ྔ་བའི་ནང་དུ་བླུགས་ནས་མེ་ལྷོད་མོར་ུས། ནས་ོར་དུ་བཅུག་ཐེངས། ེང་དུ་ོ་ི་ཆགས་པར་སྐྱང་ནས། ོ་ི་ཐུར་མས་བླངས་ཏེ་སྐམ་དུ་བཅུག་ན་ཟ། དེའི་ིར་ཞིམ་པོ་ཡོད་པས། ྒྱུན་པར་ོ་ཇ་དང་འབུག་སོགས་ཟས་རིགས་གཞན་པའི་ཕོག་ཏུ་ྱུད་ནས་ཟ་བདོ།

Milk Skin is one kind of milk food of Mongolians and Ewenkis. It is called "wurumu" in Mongolian, which means white food. People pour the mare's milk, ewe's milk, cow's milk and camel's milk into a pot to cook with a gentle fire. When the fat is coagulating, people take out the fat with chopsticks. They hang it at good ventilation for drying. People usually enjoy it with milk tea, naiguozi (fried food is made of flour, fresh milk and sweets) and millet stir-fried in butter.

奶渣 1. 藏族地区所产干奶酪的泛称。用乳酪或制取酥油后的残汁熬煮、过滤、晾晒而成，以绿奶渣为上品。藏族人民喜爱的食物，牧区则为粮食的重要补充。2. 指蒙古、鄂温克等族的传统奶制品。味酸，亦称"酸奶渣"。

ཡུར་བ། １.དེ་ནི་བོད་རིགས་ས་ཁུལ་ཡོངས་སུ་ཐོན་བསྐྱེད་བྱེད། ཕོ་མར་ཡང་ན། མར་བླགས་པའི་ཤུལ་གྱི་དར་བ་ཞུར་ཏུ་བཀོལ་ནས། ནང་གི་ཞུར་ཁུ་བཙགས་རྗེས་ཞིམ་མངར་ཞེ་ནས་ཞུར་བ་སྐམ་པོ་བཟོ། དེ་བོད་པ་རྣམས་ཞིན་ཏུ་དགའ་བའི་ལ་ཐབས་དང་། འབྲོག་ཕྱུགས་ཏུ་འཛིན་རིགས་ཀྱི་ཚོན་གལ་ཆེན་ཞིག་ཡིན། ２.སོག་པོ་དང་ཨེའི་ཝུན་ཁེ་སོགས་མི་རིགས་ཀྱི་སྲོལ་རྒྱུན་འོ་མའི་ཐོན་རྫས་ཏེ། རོ་སྐྱུར་ནས་བསྐྱུར་ཞུར་དུ་འབོད།

Milk dregs 1. It refers to the general term of fromage made of cheese or remains of butter by boiling, filtrating and airing in Tibetan region, among which the green milk dregs are of the top grade. It's the Tibetan people's favourite food and the important supplement for food at pastoral areas. 2. It refers to daily products of Mongolian and Ewenki people. With sour flavor, it is also called "yogurt dregs".

馕 一种圆形面饼。先以麦面或玉米面发酵，揉成面坯，再在特制的火坑（俗称馕坑）中烤制而成。新疆维吾尔、哈萨克、柯尔克孜等民族的主要食物之一。已有2000多年的历史。

བག་བསྒོགས། འབྲུས་གོར་གོར་གྱི་བག་ལེབ་ཤིག མར་གྲོ་ཕྱེའམ་ཀྲོས་ལོ་ཏོག་གི་ཕྱེ་བསྐོལ་ལེབ་ལེབ་བཟོས་རྗེས་ཆེད་བཀོལ་གྱི་བསྲེག་ཐབ(བག་ལེབ་བསྲེག་ཐབ་ཏུ་འབོད)ནང་དུ་བསྲེགས་ནས་གྲུབ་པ་ཞིག་ཡིན། དེ་ནི་ཞིན་ཅང་ཡུགུར་དང་། ཧ་སག་ཁོའེར་ཁེ་ཛི་རིགས་སོགས་ཀྱི་ཟ་རྒྱུ་གཙོ་བོ་ཞིག་ཡིན་ཞིང་། ལོ་ངོ་ སྟོང་ཕྲག་རེའི་ཀི་ལོ་རྒྱུས་ཡོད།

Nang is a kind of round bread made of wheat flour or corn flour. First, people make dough and let it ferment, then make the dough into flat and round shape and bake it in a kang (commonly known as Kang Nang). It is one of the main foods of Uyghur, Kazak, Kirgiz people. It has a history of more than two thousand years.

怒族咕嘟酒 用"咕嘟饭"（玉米面和荞麦面制成，似年糕）酿制。做法：将咕嘟饭晾凉，拌上酒曲装入竹篾箩里捂好，几天后发出酒味或渗出酒液，便可装罐密封，十几天就成了。吃时先用笊篱过滤，再兑上一点冷开水，加一点蜂蜜或甜味剂，略等几分钟，即可饮用。

ནུའུ་རིགས་ཀྱི་ཀུའོ་ཏུའོ་ཆང་། ཀུའོ་ཏུའོ་ཟས(མ་ཁྲོས་ལོ་ཏོག་ཕྱེ་དང་བྲའི་ཕྱེ་ཡིས་བཟོས་པའི་ཟས་རིགས་ཤིག)སྤྱད་དེ་བསྐྲུན་པ་ཡིན། ལག་ལེན་ནི། ཀུའོ་ཏུའོ་ཟས་འཁྱགས་ཐོག་ཏུ་ཆང་རྩི་ཕྱུགས་ནས་སྨྱུག་མའི་སློབ་དུ་བསྡུས་ན། ཞིན་འགའི་རྗེས་སུ་ཆང་དངས་ནས་ཆང་ཏུ་འཁྱལ་ཡོང་བས། དེ་ལྟ་སྟོང་དུ་བཅུག་ན། ཞིན་བཅུ་ཕྲག་ལ་གྲུབ་ལ་བསྐལ་ནས་ཆང་གྲུབ་པ་ཡིན། བཏུང་བའི་སྐབས་ཐོག་མར་ཚགས་ཀྱིས་བཙགས་པ་དང་། དེ་ནས་ཆུ་འཁོལ་མ་འཁྱགས་པོ་ཅུང་ཟད་དང་། དེའི་སྟེང་ལ་སྦྲང་རྩི་འམ་མངར་མོ་ཅུང་བཏབ་ནས་སྐར་མ་འགའ་བཞག་ཚེ་བཏུང་ཆོག་པ་ཡིན།

Gudu Wine of the Nu people, is brewed from corn flour and buckwheat flour. First, put the yeast in the cool gudu rice and store the rice in the bamboo basket. Secondly, muffle the bamboo basket. Several days later the rice sends out the vinosity or exudes the wine, so that it can be installed in the sealed pot. More or less ten days later, the gudu wine is done finally. Before drinking, people should use the colander to filter and add cool boiled water and honey or sweetener. Waiting for a few minutes, people can enjoy the wine.

青稞酒 青稞制成的酒。选上等青稞，淘洗干净，用水浸泡一夜，再将其放在锅中加水烧煮两小时，捞出晾去水气后，加入发酵曲饼粉并搅动，最后装进坛子封存。如果气温高，一两天即可取出饮用。

ནས་ཆང་། ནས་ཡིག་བསྐལ་པའི་ཆང་། ནས་འབྲུ་ལེགས་ཤགས་པོ་བསལ་ནས་ཆུ་འཁྲུགས་དང་སེམས་བཀྲུས། དེ་ནས་ཞིག་ཞག་གཅིག་ལ་ཆུ་དུས་མོའི་ནང་དུ་སྦང་། དེ་ནས་སྣུམ་པའི་ནང་དུ་ཆུ་དང་མཉམ་དུ་དུས་ཚོད་གཉིས་གསུམ་ཙམ་ལ་བཙོས་རྗེས་སྐྲོང་ཆུ་བསགས་ནས་ཞན་དུ་བཞག་ཏེ་བདག་གས། མཐུག་མཐར་ཆང་རྫིའི་དཔོར་བཅུད་དེ་བསྐལ་བ། གལ་ཏེ་དྲོད་ཆོད་མཐོ་ཞིན་ཞག་གཉིས་ཀྱི་རྗེས་སུ་བླངས་ནས་བཏུང་ཆོག

Highland barley wine is made from the highland barley. First, choose the best highland barley, clean it, and soak it in the water for the whole night. Then put it into the pot with water and wait for it to boil for two hours. After taking it out of pot and waiting for it to cool down it, then put in yeast powder and stir. At last, put it into the jar and seal up for storing. If the temperature is high, it could be drunk in two days.

青麦包子 甘肃临夏地区保安族的特色食品。将刚灌浆的麦穗捆成小把儿，煮熟，碾碎，晒干，在羊肉汤中泡涨，拌以羊肉泥和调料为馅，制成包子。

གྲོའི་མོག་མོག གན་སུའུ་གཙོས་ཁུལ་པའི་ཞན་རིགས་ཀྱི་བྱད་ཆོས་ཟུན་པའི་ཟས་རིགས་ཤིག་ཡིན། གསར་དུ་བཏུས་པའི་གྲོའི་སྙེ་མ་དུག་པ་དུམ་པ་བྱས་ཏེ་ཚན་ནས་བཙོས་པ་དང་། རྡུང་བ། སྐམ་པ་སོགས་བཙོས་ནས་ལུག་ཤའི་ཁུ་བ་ནང་དུ་བརྒྱངས་ཏེ་ལུག་ཤའི་དུམ་བུ་དང་རོའི་སྒྱུང་ནས་བསྲེས་ནས། དེ་ནས་སྲ་སྒོ་དང་ལྡན་པ་མཉམ་དུ་བསྲེས་ཏེ་མོག་མོག་བཟོ་བའི།

Green Wheat Bun is the specialty food of the Bonan people in Linxia, Gansu province. The Bonan people boil the ears of wheat, grind, and dry it. Then they put it into the mutton soup, with the minced mutton and spices as stuffing, and make it into bun.

山兰酒 黎族传统饮品。因采用所居山区的一种旱糯稻——山兰稻酿制而得名。取当地山中特有的山兰稻，运用传统自然发酵的办法制成。酿好的酒储藏在陶坛中，饮时常"以竹筒吸之"。一般逢贵客来临或重大节庆才拿出来饮。

ཧན་ལན་ཆང་། ལི་རིགས་ཀྱི་སྲོལ་རྒྱུན་བཏུང་བྱའི་རིགས་ཡིན། དེ་ཁུལ་གྱི་འབྲས་ཆང་སྲོལ་པོའི་རིགས་ཤིག་སྟེ། ཧན་ལན་ཕོ་ཏོག་གིས་བསྐལ་བ་ཡིན་ཕྱིར་མིང་དེ་ཕྱར་ཐོགས། ས་གནས་དེ་གའི་རི་བོར་ཁྱད་དུ་ཡོད་པའི་ཧན་ལན་དང་། སྲོལ་རྒྱུན་གྱི་རང་བྱུང་དུ་ལངས་པའི་ཐབས་ལུགས་དེ་བཟོས་པ་ཡིན། བསྐལ་ནས་ལགས་པའི་ཆང་དེ་ནས་བཟོས་པའི་སྒྲོ་སྣོད་ནང་དུ་བཅུག་པ་ཡིན། འཐུང་བའི་སྐབས་སུ་རྒྱུན་པར་སྨྱུག་མའི་འཇིབ་པར་བྱེད། ཕྱིར་བཏུང་དུ་མགྲོན་པོ་ཆེན་དང་དུས་ཆེན་གལ་གནད་ནས་བཏུང་

བདོ། །

Shanlan rice wine is the traditional drink for the Li people. It's so named because it is brewed from the Shanlan rice, a kind of dry glutinous rice in the mountains area. It's brewed in a traditional and natural way by adding in the peculiar herbs in their local area. The wine is stored in the pottery jars. People often drink it by sucking with a bamboo tube. Generally when there comes respected guests or at important festivals they will drink it.

畲族绿曲酒 畲族传统饮品。其与众不同的酿造方法是采用二次重酿技术，即将米酿白酒回窖加入深山花草二次重酿，并经过长时间的日晒和低温洞藏，使酒体充分吸收、蕴藏了深山天然作物的自然色泽和芬芳后，再多次过滤，自然陈化而成。酒体在色泽上呈现出自然纯净的金黄兼翠绿。

ཤེ་རིགས་ཀྱི་ཆང་ལྗང་། ཤེ་རིགས་ཀྱི་སྲོལ་རྒྱུན་བཏུང་བྱའི་རིགས། ཁྱད་མཚར་ཡིན་པའི་ཆང་བསྐོལ་ཐབས་ནི་བསྐལ་ཞིབས་གཉིས་ཀྱི་ལག་རྩལ་སྤྱོད་པ་སྟེ། བསྒྲུབས་ཨ་རག་ཏུ་འགྱུར་རུན་པའི་བདུད་རྩི་སྦྱེལ་བ། ཧོག་བསྟུན་ནས་སླར་ཡང་བསྐོལ་བ་སྟེ། དུས་ཚོད་རིང་པོར་ཉི་བོད་པ་དང་དོད་ཚོད་དམའ་བའི་དོང་ནང་ལ་ཉར། ཚོགས་བྱས་ནས། ཆང་གི་ནུས་ཏུ་རང་གི་བཅུད་དང་ཁམ་དོག་ཕུན་སུམ་ཚོགས་པ་ལ་ཞིག་རང་བཞིན་གྱིས་འགྱུར་དུ་བཅུག་སྟེ་གྲུལ་པ་ཡིན། དེའི་བཟའེན་ཆང་གི་ཁམ་དོག་ལ་རང་བྱུང་དུ་གྱུར་པའི་གསེར་མདངས་མས་ལྗང་མདོག་མཛོན་པའོ། །

Green Wine is the traditional drinks for the She people. What makes it different from others is its peculiar brewing techniques. It is brewed two times. People take the rice wine and brew it with some special plants from the mountains for the second time. After basking it in the sun and keeping in the low-temperature cellar, the wine fully intakes the plant's luster and aroma. Ultimately, it's brewed by filtrating many times. The wine presents the pure quality with yellows and greens.

石板粑粑 云南贡山独龙族、怒族的古老食品。烙制时，将面浆（由多种食材和制）摊入烧热的一种特制石板锅上，随烙随食，风味独具。制锅的材料为当地出产的一种石料，其材质光滑细腻，韧性极强，骤热暴冷不裂不变形。

རྡོ་གཡམ་མའི་བག་ལེབ། ཡུན་ནན་ཀྲུང་ཧྲན་ཏུའུ་ལུང་རིགས་དང་ནུའུ་རིགས་ཀྱི་གནའ་བོའི་བཟའ་ཆས་ཞིག ཨེས་སྒྲིག་བྱེད་སྐབས། བྱེ་ཞུ་（ཟ་མའི་རྒྱུ་ཆ་རིགས་སྣ་ཚོགས）བསྒྲིགས་ནས་ཚ་ལྕངས་པའི་རྡོ་གཡམ་མའི་སྟེང་དུ་བླུགས་ཏེ། ནམ་ཚོམ་ནས་ཟས་ཚོགས་པའི་རོ་བ་བྱུང་པར་ཚུན་ཞིག་ཡིན། སླང་བཟོ་བྱེད་ཀྱི་རྒྱུ་ཆ་གནས་དེར་ཐོན་པའི་རྡོ་ཞིག་སྟེ། དེའི་རྒྱུ་ཆའི་སྤུས་ཚོད་འཇམ་ཞིང་འཚམས་པ་དང་། ཞེན་ཏུ་སྲ་མོ་ཡིན་པས་ཚ་གང་དང་འཕྱང་གྱི་གས་མི་སྲིད་པ་ཞིག་ཡིན།

Shiban Baba (pancake on stone plate), is an ancient food of the Derung and Nu people in Gongshan of Yunnan province. People fry the flour batter (made of several ingredients) in a thin layer on the special stone plate. One can eat the food while frying. The material of the stone pot is from the local place. The stone is exquisite and smooth. And for its strong toughness, it never changes the shape whether the temperature is sudden high or cold.

手抓羊肉 西北等地少数民族的传统食物。因以手抓食而得名。吃法因地而异，有热吃、冷吃、煎吃等。做法之一：将羊肋骨剁成段，煮去血，再放入砂锅，加各种佐料用微火煮至八成熟，捞出加入原汤，上锅蒸烂，扣在大盘中，以葱、姜、蒜、香菜、辣椒、胡椒等蘸食。

ལག་འཇུའི་ལུག་ཤ། ནུབ་བྱང་སོགས་གྲངས་ཉུང་མི་རིགས་ཁག་གི་སྲོལ་རྒྱུན་ཁ་ཟས་ཤིག ལག་པས་འཇུས་ནས་ཟ་རྒྱུ་སྟེ་ད་དག་ཆགས་པ་མིན་དེ་ལྟར་ཕོགས། ཟ་སྟངས་ལ་གནས་མི་འདྲ་བའི་བྱེད་པ་ཡོད་པ་སྟེ། ལ་ལས་དྲོན་པོར་ཟ་བ་དང་། ལ་ལས་འཁྱགས་ཟ། ལ་ལས་རྔོ་ནས་བཙོས་ནས་ཟ། ལས་སྟངས་ལ་ལུག་གི་རུམ་ཕུར་བཅུག་ནས་ཕོག་མར་བཙོས་ནས་ཁྲག་ཕྱུད། དེ་ནས་སྡེར་ཆུན་ནང་དུ་རྫ་སྣོད་ཚོས་བླུགས་ཏེ་ཕྱེ་བཙོས་དེ་ཆོས་མ་ཚོས་མཚམས་སུ་ལངས་ནས། སྙེད་དུ་ག་ཡུབ་དེ་ལྡོག་ཕོག་ཏུ་སྣུམ་ཡང་བླངས་བཅུག་བྱེད། དེ་ནས་སྟེར་མའི་ནང་དུ་བླུགས་ནས་ཙོང་དང་། བཅའ་སྐ། སྒོག་པ། ཤེ་པར་སོགས་ལ་སྦྱར་ནས་ཟ།

Mutton eaten with hand is a traditional food for ethnic minorities in the Northwest China. It is so named because people usually grasp the mutton directly with their fingers and eat. The ways to eat varies from place to place, such as hot food, cold food, fried food and the like. One recipe is: chop the sheep rib into segments, boil the blood out, and then put it into the casserole, add a variety of condiments and cook to medium well, remove it into the original soup, steaming rotten. Served with the bigger flat plate, people eat it with the sauce made of onions, ginger, garlic, coriander, and chili.

苏子粑 阿昌族传统食品。也叫"苏子汤圆"。将糯米磨粉，用水调匀，搓成圆球状投入开水中煮熟之后，捞起放入装有苏子（一种草本植物）面的盛盆中滚动裹匀即可食用。吃的时候可以蘸糖，也可和酸腌菜配着吃。

སུའི་ཙི་པ། ཨ་ཁང་རིགས་ཀྱི་སྲོལ་རྒྱུན་ཁ་ཟས་ཤིག ཡང་ན་སུའི་ཙི་རིལ་ཁྱང་ཟེར། དེའི་འཐབ་ཚུལ་ནི་འབྲས་ཧྲེག་རྣམ་རྡིག་རིལ་བཟོས་རྗེས་རྒྱུ། ནང་དུ་བཅུག བདེའི་ནང་དུ་སོའི་ཙི (རྩི་ཤིང་གི་རིགས་ཤིག) ཕྱེ་བཅུག་ཏེ་བཟའ་ཆོག་བ་སྐྲངས་གར་བཏབ་ཆོག་ལ། སྡུར་རོ་དང་སྤྲིན་ནས་ཟ་ཡང་ཆོག

酥油 藏族的主要食品之一。似黄油的一种乳制品，是从牛奶、羊奶中提炼出的脂肪。

མར། བོད་རིགས་ཀྱི་བཟའ་བཅའ་གཙོ་བོའི་གྲས་ཤིག འབྲི་དང་མ་མོ་བཞོས་པའི་འོ་མ་དཀྲུག་ནས་མར་བླངས་

པ་ཡིན།

Tibetan butter is one of the main food for Tibetans. It's a kind of dairy products refined from the milk or goat milk.

酥油茶 藏族的主要饮料。用酥油和浓茶加工而成。先将适量酥油放入特制的桶中，佐以食盐，再注入熬煮的浓茶汁，用木杵反复捣拌，使酥油与茶汁融为一体，呈乳状即成。

དགུག་ཐག བོད་རིགས་ཀྱི་བཏུང་བྱ་གཙོ་བོ་ཞིག་ཨིན། མར་དང་ཇ་ཆོད་ལས་སྦྱོར་བྱས་ཏེ་གྲུབ་པ། ཐོག་མར་ཚད་དང་རན་པའི་མར་ཆེན་དུ་བཟོ་པའི་ཛོ་བའི་ནང་དུ་བླུགས། དེ་ནས་ཇ་ཆོད་གཞུག་མ་བླུགས་ནས་ཇ་མར་གཉིས་གཅིག་འདྲེས་པར་ལོ་མའི་རང་མདངས་ལྟ་བུར་གྱུར་ཚེ་ལེགས་འགྲུབ་བྱུང་བ་ཡིན།

Butter tea is regarded as the main Tibetan drinks and is made with yak butter and brick tea. Firstly, put moderate butter with salt into a special bucket, and put the boiled brick tea into the bucket. Stir repeatedly with wooden handle and mix butter and tea together till it become well-mixed.

图巴 藏语音译。藏族用糌粑煮成的粥。通常与元根、肉类等合煮。

ཐུག་པ བོད་པས་རྩམ་ཁུ་གདུས་ནས་བྱུབ་པ་ཞིག་ཡིན། རྒྱུན་ལྡན་དུ་ཡུང་མ་དང་ཤ་ཚམ་པ་བཅས་བསྲེས་ནས་བཙོ།

Tuba, the transliteration of Tibetan, is the porridge cooked by Tibetan people from tsampa, and it is usually boiled with turnip and meat together.

坨坨肉 彝族传统菜肴。彝语称"乌色色脚"，意思是猪肉块块。因其每一块肉的重量均在二三两上下，成坨状而得名。通常将猪肉砍成块，煮熟后捞起，再撒木姜子根粉、精盐、辣椒粉、花椒粉、味精、蒜泥水等和拌食用。也可加适量精盐后直接食用。

པ་ཙོག་ཙོག དབྱིས་རིགས་ཀྱི་སྲོལ་རྒྱུན་ལ་ཟས། དབྱིས་སྐད་དུ་ཕུག་སུག་སུག་ཅན་ཞེས་འབོད། གོ་དོན་ཕག་ཤ་ཙོག་ཙོག་གི་དོན་ཡིན། ཕག་ཤ་ཙོག་ཙོག་རེའི་ལྗིད་ཚད་ལ་སྲང་གཉིས་དང་གསུམ་ཙམ་ཡིན་པས། ཙོག་ཙོག་ཆས་པའི་མིང་དེ་ཐོགས། རྒྱུན་ལྡན་དུ་ཕག་ཤ་ཙོག་ཙོག་བྱས་ཏེ་བཙོས་ཙེས། དེའི་ནང་དུ་ཚོ་སྨུག་གཡེར། གསུམ་སོགས་རྡོ་བ་སྲ་ཚོགས་བཏབ་ནས་བཟར་བཞམ། ཡང་ན་ཚྭ་ལ་སྦྱགས་ནས་ཟ་ཆོག

Tuotuorou, meat chunks, is the traditional dish for the Yi people. In Yi language, it's called "wu se se jiao", which means pieces of pork. It's known for its chunk shape of each one that is about 100 grams or 150 grams. Cut pork into pieces and boil them, then add with mujiangzi root powder, refined salt, chilli powder, pepper powder, monosodium glutamate, and mashed garlic, and then mix them. Also you can eat it directly by adding moderate refined salt.

新疆烤羊肉串 维吾尔等族传统小吃。在特制的烤肉铁槽上烤炙而成。铁槽分上下两层，中间隔板成多孔状，用木炭、无烟煤等作燃料。通常制法是将精羊肉切成薄片，依次穿钎，然后置放在烤肉槽上，一边用火烤，一边撒精盐、辣椒粉、孜然粉等佐料，不断翻烤，几分钟后即可食用。

ཞིན་ཅང་གི་ག་བསྲེག་རྒྱུན་མ། ཡུ་གུར་རིགས་སོགས་ཤིན་ཅང་རིགས་ཀྱི་སྲོལ་རྒྱུན་ཞིབ་ཟས་ཤིག ཁྱད་དུ་བཟོས་པའི་ག་བསྲེག་ཐབ་གའི་ཕོར་དུ་བསྲེག་ནས་བཟོས་པ། ཐབ་ཆས་དེ་སྟེང་འོག་གཉིས་སུ་བགོས་ཏེ་བར་ཤུགས་ལག་ཀྱིས་བཅད་ཡོད། དེའི་ནང་དུ་ཤིང་གི་སོལ་བ་དང་མེད་རྡོ་སོལ་སོགས་འབུད། རྒྱུན་ལྡན་གྱི་ལས་སྡངས་ནི་ལུག་ལིགས་བྱས་ཏེ་བཅད་རྟེགས་ལྷུགས་ཐུར་རོས་སུ་རྒྱུ། དེ་ནས་བསྲེག་ཐབ་སྟེང་དུ་ཕོག་ལ་ཚྭ་དང་སྦེ་པ་གི་སྟོང་སོགས་བཏབ་ནས་སྐར་མ་ཁ་ཤས་ལ་བསྲེག་རྗེས་ཟ་ཆོག

Xinjiang Mutton Kebabs is traditional snack of Uyghurs and other people in Xinjiang. It is roasted on a special iron grills. The iron grills is divided into two layers, and the middle partition shaped into holes. The meat is roasted with charcoal, anthracite and other fuels. One recipe is: Slice the mutton into thin pieces. String the mutton slices on skewers. Mix together the salt, pepper, soy sauce, scallion, ginger to the mutton, roast over a charcoal fire until cooked through and it can be served in a few minutes.

油香 回族面点食品。被看作是真主赐予穆斯林的圣洁、佳美的食品，只有在红白喜事或逢年过节时才炸制油香，相互赠送，以示祝福和纪念。油香炸制简单，只需把加碱、盐等发酵好的面粉做成圆饼，下锅用油炸熟即成。但炸制之前需洗手、焚香，以示虔诚。

ཙམ་བསྲེག ཧུའེ་རིགས་ཀྱི་ཞིའི་བཟའ་ཆས་ཤིག་ཡིན། དེ་ནི་དགོན་མཆོག་གིས་མུསུ་ལིམ་ལ་གནང་བའི་དང་དུ་འདོད། མཚོན་དུ་གྱུར་བའི་བཟའ་བཅའ་ཞིག་ཏུ་འདོད། སྐྱེས་བསྲེག་དེ་དགར་དམར་གྱི་སྟོན་མཆོད་ལོ་གསར་སོགས་དུས་ཆེན་གྱི་སྐབས་ལོ་ན་ཕན་ཚུན་གྱི་ལག་སྐྱེས་དང་རྗེན་འབྲེལ་སོགས་ཀྱི་ཆེད་དུ་སྦྱོད། སྐྱེས་བསྲེག་བཟོ་སྟངས་སྤྲབས་བདེ་ཡིན། དེ་ལ་ཇོ་ཁ་དང་ཚྭ་སོགས་སྦྱར་བའི་ཕྱེ་བསླངས་པའི་ནང་དུ་བསྲེག་པ་ཡིན། འོན་ཏེ་བསྲེག་པའི་སྔོན་དུ་ལ་ལག་བཀྲུས་ནས་བསང་དུ་གཏང་ མ་བྱེད་དགོས། དེའི་དད་པ་ཞིག་ཀྱང་ཡིན།

Fried Flour Cakes is a flour-made food and regarded as the holy and beautiful food given by Muslim Allah. Only at weddings and funerals or festivals and holidays would they fry flour cakes, which would be given mutually to show their blessing and memorial. Frying flour cakes is simple, all you need to do is to make a round cake from the dough mixed with alkali, salt and other things. Then deep fry it in the boiling oil. But you need to wash your hands and burn incense before frying to show your piety.

糌粑 藏族牧民传统食品之一。糌粑是炒面的藏语译音，是藏族人民天天必吃的主食。是由青稞或豌豆炒熟后磨制并不经过筛滤而成的炒面。

ཙམ་པ། བོད་རིགས་ཀྱི་སྲོལ་རྒྱུན་ཟས་རིགས་ཤིག དེ་ནི་བོད་པ་རྣམས་ཀྱི་རྒྱུན་ལྡན་དུ་ཟ་བའི་ཁ་ཟས་གཙོ་བོ་ཞིག་ཡིན། དེ་ལ་ནས་རྩམ་དང་སྲན་རྩམ་སོགས་སུ་དབྱེ། ནས་དང་སྲན་མ་སོགས་བརྡོས་ནས་འཐག་རྟེན་མར་རྐྱང་དང་མཚལ་དུ་བཟོས་ཏེ་ཟ།

Tsampa is one of the traditional food for Tibetan herdsmen. Tsampa is the Tibetan

· 1215 ·

transliteration for parched flour. It is Tibetan's staple food since they eat it every day. It's made by grinding the highland barley or peas into powder without filtering and then stir frying.

藏茶 典型的黑茶，又是全发酵茶。藏族人主要生活饮品。唐朝已有记录。又被称为大茶、马茶、乌茶、黑茶、粗茶、南路边茶、砖茶、条茶、紧压茶、团茶等。多摘于海拔1000米以上高山，当年生成熟茶叶和红苔，经过特殊工艺精制而成。

བོད་ཇ། ཇ་ནག་དང་བསྐྱལ་ཇའི་དཔེ་མཚོན་ཡིན། བོད་པ་ཚོའི་བཏུང་བྱའི་རིགས་གཙོ་བོ་ཞིག ཐང་རྒྱལ་རབས་སྐབས་ཀྱི་ཞིབ་ཕོར་ཡོད། མིང་གཞན་དུ་ཇ་ཆེན་དང་ཊ་ཇ། དབུས་ཇ། ཇ་ནག་ཅིང་ཇ། སྲོ་ལམ་ཇ། ཇ་བག་ཀྱུང་། ཇ་བག་ཆེན། ཚོགས་དལ་བའི་ཇ། མཐུན་ཇ་སོགས་ཟེར། རྒྱ་མཚོའི་ངོས་ལས་མཐོ་ཚད་སྐྱེ 1000 ཡན་ཡོད་པའི་རི་མཐོས་ལས་བཏུས་པ་ཡིན། ད་ལྟའི་བཟོ་མ་དང་དམར་ཇའི་ལག་ཐབས་ཁྱད་པར་བྱུང་དེ་བཟོས་པ་ཡིན།

Tibetan Tea is a typical sort of black tea as well as a fully fermented tea, which is Tibetan's main drinks. The Tang Dynasty has recorded the tea. It is also known as big tea, Horse tea, dark tea, black tea, coarse tea, south road tea, brick tea, strip tea, compressed tea, ball tea, etc. People pick the tea leaves from mountains more than 1,000 meter above the altitude, and make it via special processes.

中国少数民族传统居住形式

རྒྱང་གོའི་གྲངས་ཉུང་མི་རིགས་ཀྱི་སྲོལ་རྒྱུན་སྡོད་ཁང་རྣམ་པ།

China's Ethnic Traditional Houses

阿以旺式民居 "阿以旺"是一种带有天窗的夏室（大厅），该民居即由阿以旺厅而得名，是新疆维吾尔族民居的建筑形式。多为土木结构，密梁平顶，房屋连片，中留井空，四周庭院，廊檐彩画，门窗口多拱形。前屋称"夏室"，有起居会客等多种功能；后屋称"冬室"，作卧房，一般不开窗。

ཨ་ཡི་ཝང་ལུགས་ཀྱི་སྡོད་ཁང་། ཨ་ཡི་ཝང་ནི་སྒོ་ཁྱུང་ལྡན་པའི་དབྱར་ཁང་འདུག་ཁང་། (ཚོམས་ཁང་།) ཡུལ་དེའི་མིའི་སྡོད་ཁང་ལ་ཨ་ཡི་ཝང་གི་མིང་ཐོགས་པ། དེའི་ཞིན་ཅང་ཡུ་གུར་རིགས་ཀྱི་ཡུལ་མིའི་སྡོད་ཁང་བཟོ་བཀོད་ལུགས་ཤིག་ཡིན། མང་པོས་ས་ཤིང་གི་སྒྲིག་གཞི་དང་། གདུང་མང་སྟེངས་སྙོམས། ཁང་མིག་མཉམ་འབྲེལ། རྒྱུས་སྲོང་བར་བཀལ་ནས། མཁར་བཞིར་བྱུགས་ར། དང་། ད་འདུལ་ཆོས་རིས། སྒོ་སྒྱེད་མང་ཞིང་འཛར་དབྱིབས་ཅན་གྱི་ཚོས་སྣ་ཡི་རིས་ཤིག །མདུན་གྱི་ཁང་པར་དབྱར་གྱི་སྡོད་ཁང་ལ་བརྗོད་དེ་མཐར་བཞིན་བྱུགས་མར། དང་། མགྲོན་པོ་བསུ་ཞུ་སོགས་ཉན་པ་ཚོགས་ཤོད། ཡུལ་གྱི་ཁང་པར་དགུན་ཁང་ཟེར་དེའི་ནང་མཉལ་བྱེད། སྤྱིར་བཏང་དུ་སྐྱེད་ཁུང་མི་སྲིད།

Ayiwang house Ayiwang is a kind of residency with skylight, and it got its name because of its big living room which is called Ayiwang. As the traditional dwelling for the Uyghur, most of them are made of mud and wood with multiple girders and plain roof. The building is also surrounded by yards with colored paints on the eaves. Most windows and doors take the form of arch. Front rooms are called "summer rooms" which are used as living rooms. Back rooms are called "winter rooms" which are used as bedrooms.

白族住宅 山区的白族人多居住单间或两间相连的"垛木房"或"竹篱笆房"。坝区则为土木结构的瓦房。布局采取"三房一照壁""一正两耳"或"四合五天井"等形式。照壁题写"万紫千红"等词句。四周山墙彩画讲究。门楼大都斗拱重叠。门扇、窗扇多刻镂空浮雕图案。

པའི་རིགས་ཀྱི་སྡོད་ཁང་། རི་ཁུལ་གྱི་པའི་རིགས་མང་ཆེ་བ་ཁང་མིག་གཅིག་ཅན་གཉིས་གཅིག་ལ་གཡོར་ན་གཉིས་སྦྲེལ་ཡོད་པའི་ཤིང་ལང་ས་རྒྱབ་མའི་ཁང་པ་ནང་དུ་འདུག་རྒྱུ་རགས་ཁུལ་དུ་ས་ཤིང་གཉིས་ཇ་གཡམ་ཁང་པ་གཙོ

· 1217 ·

བོར་བཟོས། བཀོད་ལེགས་ཚ་ཚིགས་སྒྲུབ་པ་སྟེ། ཁང་པ་
གསུམ་ལ་ཆེག་སྒོར་གཅིག་དང་། གཙོ་བོ་གཅིག་ལ་ཟུར་
འདོགས། ཡང་ན། བཞིའདུས་དཀར་ཁྲང་ལྷ་ཤོགས་ཀྱི་
རྣམ་པ་ཡོད། ཆེག་པའི་རོ་སུ་བཀུགས་མདངས་ཁྲི་མ་
འབམ་ཤོགས་ཀྱི་རྒྱན་ཚོག་བྱེས་ཡོད། མཐར་བཞིའི་གུང་
དོ་རིའོ་འབྲི་བར་ག་ཚོགས་ཆེན་དང་། སློ་ཚེས་སྙེད་དུ་
བརྒྱེས་རིམ་མང་བ། སློ་དང་སློའི་ཀོས་དོས་རྒྱན་རིས་
རུ་ཚོགས་བཀོས་ཡོད།

Dwellings for Bai people Bai people in the mountain areas always live in the single or double housing that is named as timber house or bamboo housing. People in the flat areas always live in the tile-roofed houses. The structure of housing adopts such forms as three rooms with one screen wall, one main room with two wing rooms. The words such as "colorful spring" is written on the screen wall with authentic color paints surrounding the wall. Most of the gateway towers form multiple eaves. Windows and doors are often carved as hollow texture.

朝鲜矮屋 朝鲜族传统民居。因矮得名。在冬天，低矮的空间可以提高热效率。室内净高 2.2～2.4 米，再加上地面起火坑，人们活动的空间就更加低矮。建筑外部有一偏廊，以方便家人和客人在此脱鞋之用；夏天，偏廊又成了一处歇息和乘凉的场所。

ཁོར་ཞིན་གྱི་ཁང་དམའ། ཁོར་ཞིན་རིགས་ཀྱི་སྲོལ་
རྒྱུན་འདུག་ཁང་། དམའ་བས་མིང་དེ་ལྟར་ཐོགས། ཁང་
པའི་ནང་དམའ་བ་དེ་དགུན་ཁར་དྲོ་རྐྱེན་བར་པར་
པ་ཐོན་ཁང་པའི་ནང་གི་མཐོ་ཚོད་སྨི་༢～༢.༤བར་
ཡིན་ཞིང་། དེའི་ཁར་ཐོག་ནས་ཚ་ཐབ་ཡར་བཀྱགས་
པས། མིས་བྱེད་སྒྱུལ་ཡུལ་གྱི་བར་སྟོང་སྔར་བས་དམའ་
བཏང་ཡོད། ཁྱི་དུ་ཁྱིམས་ར་ཞིག་བཏགས་ཡོད་ལ། དེ་
ཁྱིམ་མི་དང་འགྲོན་པོ་ཚོས་ལྷམ་ཕུད་པར་སྟབས་བདེ་
བཟོས་པ་དང་། ཡང་དབྱར་ཁར་དེར་དལ་གསོའི་བཟོ་
གནས་དང་ཚ་ཡོལ་བྱེད་སའང་བྱུང་ཚོག

The Low Korean house is the traditional residence for the Korean people. It got the name because it is with low roofs. In winter, the low space can improve the thermal efficiency. The indoor net height is between 2.2-2.4 meters and there are fire pits on the ground, so people's living space is lower. There is a corridor outside the building for the family and guests to take off shoes; in summer, it becomes a lounge for people to enjoy the cool air.

傣家竹楼 傣族传统的干栏式住宅。因以竹为主要建材而得名。楼为长方形，壁多无窗。下层无墙，用以堆放杂物、拴养牲畜。上层近梯处有一露台，转进为大房，用竹篱隔出主人卧室，其余为一大敞间，内设火塘。顶为双斜面，覆以茅草所编之草排。

ཏའེ་ཡི་སྤྲག་ཁང་། ཏའེ་རིགས་ཀྱི་སྲོལ་རྒྱུན་འདུག་
གནས་ལ་ཀན་ཅན་ཞིག་ཡིན། སྤྲག་མ་ལ་བརྟེན་ནས་
བཟོས་པས་མིང་དེ་ལྟར་ཐོགས། ཐོག་ཁང་གི་དབྱིབས་
ནར་མོ་ཡིན་ལ། རྩིག་པ་མང་བ་དང་སྒེའུ་ཁུང་མེད།
འོག་མར་བརྩིག་པ་མེད་པར་ཅ་ལག་འཇོག་ས་དང་སྲོག་
ཆགས་གསོ་ས་ཡིན། ཐོག་མར་འགྲོ་བའི་སྐས་འཛེགས་
ཁྱམས་ཞིག་ཡོད་པ་དེ་ཁང་ཆེན་གྱི་འབར་བསྐོར་ཡོད་པ་
དང་། སྤྲག་མས་བར་བཅད་དེ་ཁྱིམ་བདག་གི་ཉལ་ཁང་
བཟོས་དང་། གཞན་ཚང་མ་ཡངས་ཆིག་ཏུ་འབྲེལ་ནས་

ཚ་ཐབས་བཙོས་ཡོད། །ཁང་པའི་ཀླད་གསེག་ཡོད་ཅིང་སྟེང་དུ་རྩྭ་བཀབ་ཡོད།

Dai ethnic bamboo buildings are the traditional pile-dwelling for the Dai people, famous for its building materials. The appearance of the building looks like a rectangle with many walls and fewer windows. There is no wall in the bottom part of the building owing to its function of storage and livestock. There is terrace beside the ladder of the upper part. Owner's bedroom is separated from others by bamboo fence. The rest of the rooms is a whole room with a hearth (a kind of Chinese fireplace which is used for cooking). The roof contains two slopes covered with rows of grasses.

吊脚楼 也叫吊楼，苗、壮、布依、侗、水、土家等民族的传统民居。流行于桂北、湘西、鄂西、黔东南、渝东南等地区。所建房屋多为木结构，小青瓦，花格窗，司檐悬空，木栏扶手，走马转角。且多依山就势而建，讲究屋场位置与朝向。

ཀ་བརྒྱགས་ཁང་པ། མིའོ་དང་ཀྲོང་། པུའི་དབྱི་ཏུང་། ཐིའེ། ཐུའུ་ཅ་རིགས་སོགས་མི་རིགས་ཀྱི་སྲོལ་རྒྱུན་འདུག་ཁང་། དར་ཁྱབ་ཀྱི་ཡུལ་ཚོ་བོ་གཱང་ཞི་བྱང་དང་ཧུའུ་ནན་ནུབ། ཧུའུ་པེ་ནུབ། ཆུའུ་ཀྲོའུ་ཤར་ལྷོ་དང་ཁང་ཆིང་ཤར་གྱི་ས་བཀོད་གཞི་གཙོ་བྱས་ཏེ་བཟོས་པ་དང་། ཧྲ་གྱི་ལྗང་ཁྲ་ཕིབས། མེ་ཏོག་དྲ་བའི་སྐར་ཁུང་། བྱ་འདབ་ཕུར་དུ་དཔྱང་། ཤིང་གི་ལན་ཀན། རྟ་ཆེ་ལ་རྒྱུག་རིའི་ལ་བརྗེན་ནས་སྐུལ་པ་དང་། སྲག་འདུག་པའི་བྱེད་ཕྱོགས་ལ་

Stilt houses, the traditional dwelling of the Miao, Zhuang, Buyi, Dong, Shui, and Tujia people, are popular in northern Guangxi, western Hunan, western Hubei, southeastern Guzhou, southeastern Chongqing, etc. They are usually made of woods, grey tiles, lattice windows, hanging eaves, palisade handrails and cursory corners. Almost all of them are built on or around mountains. People are particularly caring about the position and orientation of the stilt houses.

冬房 特指四川西北草地藏族牧民冬天定居放牧所居住的房屋。为木架结构的固定木板房。外形似牛毛帐篷，房顶上铺泥土，四壁墙有的为木板，里外用牛粪敷严，有的以草泥饼堆砌而成。房内地上铺木板，中央设土灶。

དགུན་ཁང་། ཁྱད་པར་དུ་སི་ཁྲོན་ནུབ་བྱང་རྩྭ་ཐང་དུ་གནས་འབོར་རིགས་འཚོ་བའི་འབྲོག་པའི་ནུབ་ཁང་བསྡད། ཤིང་སྐྱོགས་ཀྱིས་བརྩིགས་པའི་ཤིང་ཁང་གཙོ་བོར་ཡིན། དབྱིབས་སུ་རྔ་ནག་དང་འདྲ་ཞིང་སྟེང་དུ་བཀབ། ཚིགས་བཞིའི་བརྩིགས་པ་ཤིང་ལེབ་ཀྱི་ཡན་སློབ་བརྒྱབ་པ་དང་། ཕྱི་ནང་ཀུན་ཏུ་འདུད་ཁང་བསྡམ། ཁང་པའི་ཆིག་པ་སྨན་མ་སོགས་ཀྱི་སྦྱི་བྱེད་སྟེང་དུ་འདམ་སྦྱར་ཡོད། ཁང་པའི་ནང་དུ་མཐིལ་བཅལ་བཏིང་ཞིང་དཀྱིལ་དུ་ཐབ་ཀ་བཙུགས་ཡོད།

Winter housing, refers in particular to the Tibetan nomads dwelling in winter in the northwest Sichuan province. The appearance of the dwelling looks like a tent made of ox hair. The roof is covered by mud. Some have wooden walls covered by cow dung inside and outside, and others have walls built with the mixture of mud and grass. The inside of the house is covered with wooden floor, with a hearth in the center of the room.

哈萨克毡房 以游牧为主的哈萨克族，其传统民居形式是一种易于支撑和拆卸的毡房（与蒙古包近似）。毡房上部为穹形，下部为圆柱形，四壁以网状的木条搭成整个毡房的骨架，再用芨芨草制成的席子围住，外包白毡。房内靠门的前半部分放物品，中间置火塘，后半部分住人和待客。

ཧ་སག་གི་ཕྱིང་གུར། འབྲོག་པ་གཙོ་བོའི་ཧ་སག་རིགས་ཀྱི་སྲོལ་རྒྱུན་འདུག་ཁང་དེ་ཕྱག་ཕྱིད་སླབས་བདེའི་ཕྱིང་གུར། (སོག་པོའི་གུར་དང་འདྲ།) ཕྱིང་གུར་སྐྱེད་གཞུ་དབྱིབས་དང་། འགག་ཀ་སྒྲོམ་དབྱིབས་གཙོར་བཟུང་། མཐའ་འཁོར་དུ་ཤིང་ཕྱར་གྱིས་ཏུ་མ་པོ་བཟོས་པར་ཏེ་ཕྱིའི་གྱི་སྟམ་པའི་དོང་སུ་གཡོགས། དེའི་དུ་ཚུ་འཛམ་པོ་བཞག་ནས་དང་ཕྱི་ཕྱེད་ཀ་དགར། པོར་གཡོགས། ནང་གི་སྒོ་འགྲམ་ཅ་ལག་འཇོག་ས་དང་། དབུས་སུ་ཐབ་ཀ། ཕྱུག་མི་འདུག་ས་དང་འགྱུལ་བ་སྟེ་བྱེད་ས་ཡིན།

Yurts for Kazak is the traditional dwelling for Kazak people, which is easy to establish and dismantle (similar to Mongolian Yurt). The upper of the room is in the shape of a dome while the lower a column. Walls made of wooden bars become the framework of the buildings, and then covered by the grass and the white felts outside. The place which is close to the door is used for storage, the middle part is for the hearth and the rest of the room is for living and entertaining guests.

黑帐房 即"牛毛帐篷"。藏语称"巴纳"，亦可泛称"巴骨尔"（帐篷）。藏族牧民的住室。用牦牛毛捻成的帐篷料缝制。大小不一，架设和搬迁便利。

སྦྲ་ནག ནོར་གནག་གི་ཁུལ་ཙིད་ཀྱིས་བཟོས་པ། བོད་པས་འབྲོག་ཁུལ་དུ་བཀོལ་བའི་ཐུན་མོང་མིན་པའི་འདུག་གནས་ཤིག་ཡིན། ཆེ་ཆུང་མང་པོ་ཡོད་པ་དང་གནས་སྤོ་བར་སླབས་བདེའི་ཞིང་ཕུང་འཚག་གི་ཁར་སླ་མཐིགས་ཡུལ།

Black Tent refers to the tent made of ox hair. It is called Bana in Tibetan or widely called Baguer (tent). Tibetan nomads often adopt that form of buildings. The tent is tiled by materials made by Yark hair. It is convenient for establishing and migrating with different size of tents.

黎族船形屋 黎族古老的民居。其外形像一条被高架起来的船篷，门外有船头（晒台），室内间隔像船舱。整座房子用木柱支撑，离地面1.5～2米左右，用竹片和藤条编成架空地板。分两层结构，沿梯上下，上层住人，下层可用于饲养家畜。

ལི་རིགས་ཀྱི་གྲུ་དབྱིབས་ཁང་པ། ལི་རིགས་ཀྱི་གནའ་བོའི་འདུག་ཁང་། ཕྱིའི་རྣམ་པ་གྲུ་གཟིངས་མཐོན་པོ་ཞིག་ལྟར་བཟོས་ཤིང་། སྒོའི་ཕྱིར་གྲུ་མགོ་(སྤྲོ་སྟེགས) དང་། ཁང་པའི་ནང་གི་བར་ཚད་གྲུ་ཆེད་དང་། གུ་ལྷར་བཟོས་ཡོད། ཁང་པ་རྩིག་པོ་ཤིང་གི་ཀ་བས་བཞིངས་ནས། ས་ངོས་དང་མཚོ་ཚད་ལ་སྤྱི 1. 5~2 དཔངས་མས་ཡོད། སྨྱུག་ཤིག་སོགས་ཤིང་ནས་མཐིགས་

གཅལ་བཟོས་ཡོད། །ཁང་བཅེགས་གཉིས་བཟོས་ཤིང་ཡར་མར་དུ་སྐས་ལ་བརྟེན་ནས་འབབ་འགོས་པ་དང་། ཐོག་མ་མི་འདུག་གནས། འོག་མ་སྐྱེ་ཕྱུགས་སོགས་གསོ་ས་ཡིན།

Boat-shaped House is the ancient dwellings for the Li people. It looks like a boat which is elevated up. There is bow outside and the indoor space is like cabins. The whole house is supported with timbers, 1.5-2 meters above the ground. The floor is raised off the ground and is woven by bamboo and vines. It is a two-storey house. People live on the upper floor and animals are fed on the lower one.

蒙古包 蒙古族牧民居住的毡房。是草原上一种呈圆形尖顶的天穹式住屋，由木栅、撑杆、包门、顶圈、衬毡、套毡及皮绳、鬃绳等部件构成。但这类住房形式不仅限于蒙古族，在中亚地区游牧民族中常见。汉语中的蒙古包一词始于清代。"包"，满语是家、屋的意思。

བོག་གུར། སོག་རིགས་ཀྱི་འབྲོག་པའི་སྡོད་གནས་ཀྱི་ཕྱིང་གུར་ཡིན། དེ་ནི་རྩྭ་ཐང་དུ་དབྱིབས་ཟླུམ་མོ་ཚེ་མདུང་ཅན་དཀར་ཁྱུང་དང་སྤུན་པ་ཞིག་ཡིན། དེ་ཀར་དང་སྐལ་ཤིང་། སྦོ་ཕྲམ། སྒྲོ་ཀོར། ཕྱིང་རྒྱན། ཕྱིང་བ་དང་ཀོ་ཐག རྫག་ཐག་སོགས་ཀྱིས་གྲུབ། འོན་ཀྱང་གུར་དེའི་རིགས་སོག་པོ་ཁོན་ཡོད་པ་ཚམ་མ་ཡིན་པར། ཨེ་ཤ་དབུས་མའི་ཁྱུལ་གྱི་འབྲོག་པ་ཡོངས་སུ་རྒྱུན་དུ་མཐོང་བ་ཞིག་ཡིན། རྒྱ་ཡིག་ནང་གི་སོག་གུར་ཞེས་པའི་ཐ་སྙད་འདི་ཐོག་མར་ཆིང་རྒྱལ་རབས་སྐབས་སུ་བྱུང་། དེ་ལས་པའོ་ཞེས་པ་ནི་མན་ཇུའི་སྐད་ཀྱི་ཁྱིམ་དང་ཁང་པའི་དོན་ཡིན།

Mongolian yurt is the yurt in which Mongolian herdsmen live, and it is a vaulted house with a round shape and a pointed spire on the grasslands. It is made up of palisade, pole, yurt door, head ring, lining felt, outer felt, leather rope, mane rope and so on. Nevertheless, the yurts do not only exist in the Mongolian region but also in other nomadic areas of Central Asia. The Menggubao in Chinese originated in the Qing Dynasty, and bao in Manchu stands for home and house.

蘑菇房 哈尼族传统民居。因外形似蘑菇，故名。墙基用石料或砖块砌成，其上用夹板将土春实，一段段上垒成墙，屋顶用多重茅草遮盖成四斜面。房子底层关牛马，堆放家具等；中层用木板铺设，隔成数间，中间设有火塘；顶层则用泥土覆盖，既可防火，又可堆放物品。

ཤ་མོ་ཁང་པ། ཧ་ནི་རིགས་ཀྱི་སྲོལ་རྒྱུན་མིའི་སྡོད་ཁྱིམ། འདུག་ཤིག་དབྱིབས་ཤ་མོ་དང་འདྲ་བས་མིང་དེ་ལྟར་ཐོགས། དེའི་རྩིག་པའི་རྨང་རྡོ་རྒྱུའམ་སོ་ཕག་རྫིག་དང་། དེའི་སྟེང་དུ་མཁར་བཏུང་བ། ཁང་སྐྱག་དུ་རྩྭ་བཀབ་ནས་ཟུར་བཞིའི་གསེག་ཡོ་བྱེད། ཁང་འོག་ཏུ་རྟ་ཕྱུགས་འཇོག་ས་དང་། ཁྱིམ་ཆས་སོགས་འཇོག་སྡོད་བྱེད། ཡིན་ཞིག་ཀྱིས་བར་བཅད་ནས་ཁང་མིག་བཟོས། ཁང་པའི་དབུས་སུ་ཐབས་བཟོས་ཡོད་དང་། ཁང་པའི་ཐོག་འདས་འབོག་གིས་བཀབ་པས། མེ་འགོག་པ་དང་དངོས་ཟོག་འཇོག་ས་བྱེད་པར་ཕན།

Mushroom house is the Hani traditional dwellings, they are named due to their resemblance to mushroom. The base of walls are built by aggregated rocks and bricks, on which people pound the soil with splints, and people build the wall part by part. The four sloping roofs are covered with layers of thatches in all directions. The bottom floor of house is used to keep livestock and store furniture, the middle floor are made up of wooden plank and separated into several rooms with a hearth (Chinese fireplace) in the middle, the top floor are covered with mud and soil which can prevent fire and store things.

木刻楞　俄罗斯族传统民居。主要用木材建造。房屋呈方形，有棱有角，规范、整齐，故名木刻楞房。一般选用石料做基础；中间用圆木叠罗或用长条木板钉就成墙壁；房顶倾斜，有的上面还覆有彩色铁皮；上部房檐、门檐、窗檐是装饰重点，运用木雕和彩绘等工艺制作而成。

ཤིང་བཀོས་བྱར་ཁང་། ཨུ་རུ་སུ་རིགས་ཀྱི་སྲོལ་རྒྱུན་གྱི་སྡོད་མིའི་འདུག་ཁང་ཞིག། ཤིང་ཆ་གཙོ་བོར་སྤྱད་དང་། ཁང་པའི་དབྱིབས་ལ་གྲུ་བཞི། ཁྱམས་ར་དང་ར་ཅོ་ཡོད་པ། སྲོལ་ལུགས་ཡོད་པ། གུ་དག་པ། ཤིང་བཀོས་ལ་མིང་གསས་ཞུན་པའི་ཁང་པ་ཞིག་ཡིན། སྒྱུར་བཤད་དུ་རྡོའི་ཀྲུང་གཞི་གཏིང་བ་དང་། དགྱིལ་དུ་ཤིང་རིལ་རིམ་ལས་ཁོལ་ཞིང་ཡང་ན་པར་ཤོག་བཅང་ཡོད། ཁང་ལྗུད་གཤེག་ལོ་བྱུར་ཞིང་། ཁང་པ་རེ་འགའི་སྟེང་དུ་ལགས་ལེབ་མཚོན་ཁྲ་ཅན་བཀབ་ཡོད། ཁང་པའི་སྟོང་མདའ་གཡས་དང་། སྒོ་ཡིབས། སྒེའུ་ཁུང་ཁང་རྒྱུ་རྒྱན་ཚོགས་པོའི་ཆེད་དུ་བཟོས་པ། ཤིང་བཀོས་ཚོན་རིས་དང་བེད་སྤྱོད་སོགས་བྱ་བ་ཚུལ་མང་པོས་གྲུབ་པ་ཞིག་ཡིན།

Mukeleng is the traditional dwellings of Russian, which are mainly made up of wood. The house is in a square shape with four right angles. Hence the name. Its foundation is always made up of stones. The wall consists of wood and long planks. The sloping roof is covered with colorful sheet iron. Woodcarving and color drawing are largely used to decorate eaves, door eaves, and the sunblind.

邛笼　也称"碉楼"。羌族的传统民居。流行于四川茂县。一般平面呈四方形，用石块砌造。分三层，上层放粮食，中层住人，下层饲养牲畜。有门，层与层之间有独木梯上下。外形雄伟，建造坚固，具有居住和防卫等用途。

ཆོ་ཁང་། དེ་ལ་རྟ་ཁང་ཟེར་འབོད། ཆངས་རིགས་ཀྱི་སྲོལ་རྒྱུན་འདུག་ཁང་། སི་ཁྲོན་མའོ་རྫོང་ཁུལ་དུ་དར་ཁྱབ་ཆེ། སྤྱིར་བཏང་གི་ཁང་པ་དབྱིབས་སྒོར་ཞིང་དབྱིབས་སུ་བཞི་སྟེ། རྡོ་བརྩིགས་ནས་བཟོས་པ་ཡིན། ཐང་རིམ་གསུམ་དུ་བགོས་ནས། མཐོ་བར་འབྲུ་རིགས་དང་། འབྲིང་བར་མི་སྡོད་པ། དོག་ཏུ་ཕྱུགས་གསོ་ཡིན། སྒོ་ཡོད་ཅིང་བརྩེགས་རིམ་རེ་རེ་བར་དུ་ཤིང་གི་སྐས་བཙུགས་ཡོད། ཕྱིའི་བཟོ་དབྱིབས་བརྗིད་ཆགས་ཅིང་བཙན་པོ་ཡིན་པས་འདུག་གནས་དང་འགོག་སྲུང་གི་གོ་གནས་ཆེན་ཡིན།

Qiong long, also called fortification, is the traditional dwelling for the Qiang people and is popular in Maoxian county in Sichuan province. The square basement is made up of stones. It could be divided into three floors. The upper one is for food storage, the middle for the families to live in, and the bottom for livestock. It has doors and every floor is connected by single wood ladders. Qiong long owns splendid appearance and solid foundation with functions as living and defense.

石板房 贵州安顺及六盘水一带布依族传统民居。当地石多土少，因此形成此特色民居形式。房墙用石板拼装垒砌，外表层不作任何加工处理；房顶用薄石板覆盖成鱼鳞状，牢固美观，不怕雨雹，不藏鸟虫。甚至家用的桌、凳、灶、钵等都是石造。房屋冬暖夏凉，防潮防火，只是采光较差。

རྡོ་གཅལ་ཁང་པ། གུའི་གྲོའུ་ཨན་ཐུན་ཞིག་ནས་ཧྲུའི་བརྒྱུད་ཀྱི་ཕུའུ་དབྱི་རིགས་ཀྱི་སྲོལ་རྒྱུན་འདུག་ཁང་། ས་གནས་དེར་གར་རྡོ་མང་ས་ཉུང་བའི་རྐྱེན་གྱིས། ཁང་དེར་ཁྱད་ཆོས་ལྡན་པའི་བཟོ་ལུགས་དེ་ཆགས་པ་རེད། ཁང་པའི་གྱང་རྡོ་ལེབ་བརྩེགས་དང་། ཕྱིའི་ཁང་རིམ་ལ་སྟོན་ཅིག་ཀྱང་མི་བྱེད། ཁང་པའི་ཐོག་ཏུ་རྡོ་བཅལ་གནས་ན་ཉ་ཤར་ལྟར་བཟོས་པས། སྲ་ཞིང་མཛེས་པ་དང་། ཆར་སེར་ལ་སྐྲག་པ་དང་། འདབ་མི་འཁོར་བའི་ནུས་པ་ཡོད། ཐབ་ཕྱིའི་སྒྱེད་ཀྱི་ཚོག་ཅོག་དང་། རྒྱབ་སྟེགས། ཐབ་ཀ །ཞུང་བཟེད་སོགས་ཀུན་རྡོས་བཟོས་པ་རེད། ཁང་པ་དགུན་དྲོ་དབྱར་བསིལ་དང་། བརླན་དང་མེ་འགོག་ཐོག་སོགས་ཀྱི་ནུས་པ་ལྡན། འོན་ཀྱང་དཀར་ཆ་ཆུང་ཞན་པ་ཡིན།

The Slate House is the traditional residence for the Buyi people in Anshun and Liupanshui area of Guizhou province. There are more stones, compared with soil, thus the distinctive inhabitancy style is formed. The walls are built with slates, with no processing on the outer layer; the roof is covered with layers of slates which look like the beautiful fish scales, strong and beautiful, immune to the rain, hail, and birds. Even the domestic desks, stools, stoves, pots, etc. are all made of the slate. In this kind of house, it is warm in winter and cool in summer. It is moisture-proof and fire-proof, just poor in lighting.

土掌房 云南南部一带彝、哈尼等民族居住的一种掌式平顶土房。以石为基，用土坯或夯土筑墙，墙上架梁（有的大梁架在木柱上），梁上铺以木或竹，上覆草，再铺一层素土，经洒水抿捶而成。房顶既是晒场又是凉台。多为平房，部分为二层或三层。层层叠落，相互连通。

མཐིལ་དབྱིབས་ས་ཁང་། ཡུན་ནན་ལྷོ་རྒྱུད་ས་ཁུལ་གྱི་དབྱིས་རིགས་དང་། ཧ་ཉི་སོགས་མི་རིགས་འདུག་སའི་ལག་པའི་མཐིལ་དབྱིབས་ལྟ་བུའི་ས་ཁང་ཞིག རྡོ་ཡིས་རྨང་ཏིང་བྱས་ཏེ། དེའི་ཐོག་ཏུ་ས་ཕག་བརྩེགས་པའམ་གདུང་མ་དང་རྒྱུག་གི་བཏེན་བྱས། དེའི་ཐོག་དང་སྤུངས་མའམ་འཁོགས་དང་། དེའི་ཐོག་ལ་ཚ་བཏིང་ནས་རྒྱགས་ཤིང་། ས་ཐོག་ལ་ཚ་གཏོར་ནས་བཅག་བཙོས་ཏེ་གྲུབ་པ་ཞིག་ཡིན། ཁང་ཐོག་ནི་ཡང་སྐྱེ་ཨིན་ལ་བསིལ་བའི་ཉམས་པའང་ཐོབ། ཁང་པ་ཕལ་མོ་ཆེ་བརྩེགས་གཅིག་ཡིན་ལ། བརྩེགས་གཉིས་དང་གསུམ་ཅན་ཡང་རེ་འགའ་ཡོད་ཅིང་། དེ་དག་བརྩེགས་རེ་རེ་བཞིན་གཅིག་གཅིག་ལ་སྦྲེལ་ཡོད།

Tu-Zhang House is a kind of mud house with flat roof for the Yi and Hani people in the southern Yunnan. The foundation of dwelling is stones and the wall is made up of rammed earth or cob bricks. Local people put girders on the walls and then put wood or bamboo on those girders. Finally, workers put grasses on the roof with a layer of mud on top, which will become strong and solid by watering and pounding. People treat the roof as bleachery and balcony. Most of the houses are bungalow. Few of them have two or three floors. All the dwellings connect with each other.

仙人柱 定居前鄂温克猎民居住的圆锥形帐篷。以桦木杆等搭成框架，夏、秋季外面覆以干草、芦苇或桦树皮，冬、春季围盖兽皮。大小因人口和季节而异，夏大而冬小。柱中央为燃篝火处，用以做饭取暖。以芦苇、兽皮等席地为床。门多东向或南向。数个仙人柱只能排成一字形或弧形。

དབང་ལག་ཀ་བ། བོད་གནས་གཏན་འཇགས་མ་བྱས་གོང་ཚོ་ཞུན་ཞི་ཡི་རྔོན་པ་འདུག་གནས་ཀྱི་སྦྲག་སྟུང་དབྱིབས་ཀྱི་གུར་ཞིག་ཡིན། དེའི་ཤིང་སྐྱ་པ་དང་གར་སོགས་ཀྱིས་གྱང་ཅིང་། དབྱར་དང་སྟོན་གྱི་དུས་སུ་ཕྱི་ལ་རྩྭ་སྐམ་དང་སྨྱུག་མའི་ཤུན་པའམ་འདམ་རྩ་དགབ། དགུན་དང་དབྱིད་ཀྱི་དུས་སུ་ཕྱོགས་རིགས་སྟེར། འདེབས། མི་གྲངས་དང་དུས་ཚིགས་ལ་བསྟུན་ནས་ཆ་བགོས། ཆུང་རྡོ་བ་སྟེ། དབྱར་ཁ་ཆེ་ཞིང་དགུན་ཁ་ཆུང་བ་རེད། གུར་གྱི་དབུས་སུ་འབུད་པ་བཙོས་ནས་ཇ་བསྐོལ། དང་རྡོར་བྱེད་པར་སྤྱོད། འདམ་རྩ་དང་པགས་པ་སོགས་ས་ལ་འབོར་མོར་བཏིང་ནས་ཉལ་ས་བྱེད། སྒོ་མང་ཆེ་བ་ཤར་རམ་ལྷོར་སྟོང་སྒོ་བསྒྲུག། དབང་ལག་ཀ་བའི་ཀ་བ་མང་པོ་བསྒྲུགས་ལ་སྒྲིག་པ་ཡན་གཉུག་དབྱིབས་ལྟ་བུའམ་གུག་དབྱིབས་སུ་བཀུགས་ནས་ཡོད།

Xianrenzhu (house supported by wooden poles) is the coniform tents in which Ewenki huntsmen live before they settle down, and are framed by birch and covered with hay, reeds or birch-bark, and in summer and autumn covered with hides. Their sizes vary according to the sizes of the families and the different seasons, they are always bigger in summer while smaller in winter. There are bonfires in the center of the tent serving as cooking or heating, and beds set on the ground made up by reeds or hides, doors opening eastwards or southwards. Several houses can only be queued in "one line" or in a curved shape.

藏式碉房 藏族代表性的居住建筑形式。因其外形像碉堡，故名。一般分两层（高至三四层），多为石木结构，外墙向上收缩，以柱计算房间数。城市与乡村的楼层的功能分布有所不同。以用途分有：经堂、堂屋、卧室、厨房、储藏室、晒台、牲畜圈（乡村）等。

བོད་ལུགས་མཁར་རྫོང་། བོད་རིགས་ཀྱི་མཚོན་བྱེད་རང་བཞིན་གྱི་སྡོད་གནས་བཟོ་སྐྲུན་གྱི་རྣམ་པ་ཞིག་ཡིན། ཁྱིའི་བཟོ་ལུགས་མོ་ཁང་འདྲ་མི་རིགས་གཞན་པ་ཡོད་པས་སོ་ཁོང་འདོད། སྤྱིར་བཏང་དུ་བརྩེགས་གཉིས་སུ་བྱེ་བ་དང་། (མཐོ་བར་གསུམ་དང་བཞི་ཡོད།) མང་ཆེ་བ་རྡོ་ཤིང་ལས་གྲུབ་ཅིང་། ཕྱིའི་གྱང་དངོས་སྟེང་ལ་ནུར་དུ་བགྲུམས་ཡོད། ཁང་པའི་ཁང་ལས་ཁ་ཤས་ཀྱི་གྲངས་གྲངས། གྲོང་ཁྱེར་དང་གྲོང་གསེབ་གཉིས་སུ་ཐོག་བརྩེགས་ཀྱི་བྱ་ཚུལ་མི་མཚུངས། སྤྱོད་སྒོ་ལས་འབྱེད་ན། འདུ་ཁང་། ཁང་པ་དཀྱིལ་ལམ། ཉལ་ཁང་། ཇ་ཁང་། གཉེར་ཚང་། ཉིམ་ར། ཕྱུགས་ར། (གྲོང་གསེབ) སོགས་ཡོད།

Tibetan blockhouse, the typical Tibetan architecture of residence, with generally two floors, are usually made of stones or woods, the outer walls of which shrink upwards and the number of rooms can be counted by their pillars. The categories of floor's functions vary from cities to countrysides, such as scripture hall, central room, bedroom, kitchen, storage room, terrace, and livestock shed (in countryside) etc. People name them after their resemblance to blockhouses.

掌楼 拉祜族传统住房。一般是用33根柱子、7根或9根横梁、若干根椽子和竹片穿接、铺搭而成。通常筑成正方形，象征房主地位稳固，生活安定。分上下两层：上层为寝室和客房，客房中央有火塘；下层不筑围墙，用来堆放杂物、拴养牲畜。楼外设一阳台，用以晾晒谷物或纳凉。

མཐིལ་ཁང་། ལ་ཧུའི་རིགས་ཀྱི་སྲོལ་རྒྱུན་འདུག་ཁང་ཞིག་ཡིན། སྤྱིར་བཏང་དུ་ཀ་བ་༣༣དང་རྒྱག་༧ ༼དང་ཀ་ར་དང་སྨུག་མ་གཅིག་གཅིག་གི་ནང་དུ་དང་ནས་སྒྲུབ་པ་ཞིག་ཡིན། རྒྱུན་ལྡན་དུ་དབྱིབས་གྲུ་བཞི་བཟོས་ཤིང་དེས་བཅུན་བདག་དང་འཚོ་བའི་སྤྱོད་ཀྱི་མཚོན་དོན་དུ་བྱེད། སྟེང་འོག་གཉིས་སུ་བྱེ་སྟེ། ཐོག་ཁང་དུ་ཉལ་ཁང་དང་འདུག་ཁང་། འདུག་ཁང་དཀྱིལ་དུ་ཐབ་ཀ་ལས་ཡོད། འོག་མའི་མཐར་བཅུགས་པ་མི་བཟོ་པར་ཚ་ལག་འཇོག་ས་དང་། སྟོ་ཕྱུགས་གསོ་བྱེད། ཐོག་ཁང་གི་ཕྱི་རུ་ཁམས་ར་བཟོ་སྟེ་ཞིང་ར་ཞེ་ས་དང་འབྲུ་རིགས་སྐམ་ས་བྱེད།

Zhang building is the traditional dwelling for the Lahu people. It is made up of 33 pillars, 7 or 9 beams and several rafter and some bamboos. The building looks like a square, and the solid foundation symbolizes that the owner will have a prosperous life. It could be divided into two floors. The upper is for bedrooms, and guest rooms with the fire place in the central. The bottom part is for storage and livestock. There is a balcony outside for airing and drying the grains in the sun or for people to enjoy the fresh air.

中国少数民族民间文学

རྒྱང་གོའི་གྲངས་ཉུང་མི་རིགས་ཀྱི་དམངས་ཁྲོད་རྩོམ་རིག

China's Ethnic Folk Literature

《阿凡提故事》 中国维吾尔、哈萨克、柯尔克孜等民族民间广为流传的故事。"阿凡提"系维吾尔语音译，意为"先生"，是故事的主人公。其内容以讽刺和批评为特点，丰富多彩。在维吾尔等族民间文学史上占有重要地位。

《ཨ་ཕྲན་བའི་ཡི་གཏམ་བརྒྱུད》 རྒྱང་གོའི་ཡུ་གུར་དང་། ཧ་སག་ཁོ་ཨེར་ཁེ་ཙོའི་རིགས་སོགས་ཀྱི་དམངས་ཁྲོད་དུ་དར་ཁྱབ་བྱུང་བའི་གཏམ་རྒྱུད་ཅིག ཨ་ཕྲན་ཟེར་བ་ནི་ཡུ་གུར་སྐད་ཀྱི་སྒྲ་བསྒྱུར་ཡིན། ནང་དོན་སྐབས་ཞུས་པ་སྟེ། གཏམ་རྒྱུད་ཀྱི་མི་སྣ་གཙོ་བོ་ཞིག་ཡིན། དེའི་ནང་དུ་ཟུར་ཟ་དང་སྐྱོན་བརྗོད་བྱེད་ཆོས་འགྱུར་དུ་གཏོད་པས་རྣམ་པ་ཕྱུག་སུམ་ཚོགས་པ་ལྷུག་ཡུ་གུར་སོགས་མི་རིགས་ཀྱི་དམངས་ཁྲོད་རྩོམ་རིག་རྒྱུས་ཡིག་ཏུ་གོ་གནས་གལ་ཆེན་ཞིག་ཡོད།

Tales of Avanti, is a popular story among the Uygur, Kazakh and Kirgiz people in China. "Avanti" is a transliteration of Uygur language, which means "gentleman". With Avanti as the hero, the rich content of the book is characterized by satire and criticism. It plays an essential role in the folk literature of Uyghur people.

《阿诗玛》 长篇叙事诗。在云南彝族支系撒尼人中广泛流传。由云南省人民文工团搜集、整理，于1954年首发于《云南日报》。内容叙述了聪明、美丽的姑娘阿诗玛，为追求自由幸福生活，反抗压迫婚姻，与勤劳、勇敢的阿黑哥一起，同有钱有势的热布巴拉作斗争的故事。

《ཨ་ཙི་མ》 དོན་བརྗོད་སྙན་ཚིག་རིང་མོ། ཡུན་ནན་གྱི་དབྱིས་རིགས་རྒྱུད་ལག་སུ་ཉི་པ་ཡི་ནན་དུ་དར་ཁྱབ་ཆེན་པོ་བྱུང་། ཡུན་ནན་ཞིང་ཆེན་གྱི་མི་དམངས་རིག་རྩལ་ཚོགས་པས་འཚོལ་བསྡུ་དང་། དག་སྒྲིག་བཟོས་ཏེ། ༡༩༥༤ལོར་《ཡུན་ནན་ཉིན་རེའི་ཚགས་པར》ཐོག་ཏུ་འགྲེམས་སྤེལ་བྱས། དེའི་ནང་དུ་སྤྱང་གྲུང་མ་ལྡན་ཤུན་པའི་བུ་མོ་ཨ་ཙི་མ་ཡིས། རང་དབང་སྐྱིད་ཀྱི་འཚོ་བ་འཚོལ་སྙེག་བྱས་ཏེ། བཙན་པོར་གཉེན་སྒྲིག་ལ་ངོལ་རྒོལ་བྱས་ཤིང་། ལས་ལ་བརྩོན་ཞིང་ཆེ་བའི་ཨ་ཧེ་གི་དང་མཉམ་དུ། སྟོབས་འབྱོར་མངའ་ཐང་ལྡན་པའི་རེ་བོ་པ་ལ་འཐབ་རྩོད་བྱས་པའི་གཏམ་རྒྱུད་ཡིན།

Ashima, a long narrative verse, is widespread in Sani people in Yunnan. The story first appeared in the *Yunnan Daily* in 1954 after collecting and collating by the Yunnan People's Art Troupe. The story describes a smart and beautiful girl Ashima who fights against arranged marriage to pursue a happy life and freedom. She struggles against the rich and powerful Rebubala together with brave and industrious Ahei.

《阿细的先基》 彝族支系阿细人的创世史诗。用固定的先基调传唱。"先基",阿细话意为"歌曲"。全诗分两部分。一部是"最古的时候",叙述天地万物的起源和人类早期的生活习俗。一部是"男女说合成一家",记叙阿细人独特的婚姻和风俗习惯。

《ཨ་ཞི་ཡི་སྒྲ་བཞས》 དབྱིས་རིགས་ཀྱི་ཡན་ལག་ཨ་ཞི་པ་ཡི་འཛིག་རྟེན་ཆགས་རབས་ཀྱི་བོ་རྒྱས་སྙན་ཚིག་ཞིག་ཡིན། གཏན་ཞིམས་ཀྱི་ཞན་ཚེ་སྒྱུ་དབྱངས་ཏིན་ལུགས་ལྟར་བརྒྱགས་བྱེད། ཞན་ཚེ་ནི་ཨ་ཞིས་ཀྱི་སྐད་དེ། སྒྱུའི་དོན་ཡིན། སྐྱན་ཚིག་ཚང་མ་ཁག་གཉིས་སུ་བགོས་ཡོད། ཁག་གཅིག་ནི་གདོད་མའི་དུས་སྐབས་ཞེས་གནས་ན་བུ་དངོས་ཀྱི་བྱུང་རབས་དང་མིའི་རིགས་ཀྱི་སྔ་དུས་ཀྱི་འཚོ་བའི་གོམས་ཀྱི་གཞིག་བརྗོད་དང་། ཁག་གཉིས་པ་ནི་ཕོ་མོས་ཁྱིམ་གཅིག་གྱུར་བའི་རབས་ཡིན། དེའི་ནང་དུ་ཨ་ཞི་པ་ཡི་ཁྱད་ཆོས་མ་ཡིན་པའི་གཉེན་སྒྲིག་དང་ཡུལ་སྲོལ་གོམས་གཤིས་ཡོད།

Ancestors of the Axi people is the creation epic of the Axi people who is one branch of the Yi people. It is sung in a fixed tone. Xianji means "songs" in the Axi language. The poem is divided into two parts. One part is "the most ancient times", describing the origin of the universe and the customs of the early human life. The other part is "men and women", narrating unique marriage customs and practice of the Axi people.

《百鸟衣》 壮族民间故事。内容叙述了青年古卡和美丽的姑娘依俚相爱,可是蛮横的土司抢走了依俚。古卡爬过九十九座山,射百鸟,用鸟的羽毛做了一件神奇的"百鸟衣"。古卡借献衣之机杀死了土司,救出了依俚,两人终于幸福地生活在一起。

《སྒྲོ་དཀར་བརྒྱན་ཆས》 གྲོང་རིགས་དམངས་ཁྲོད་ཀྱི་གཏམ་རྒྱུད། ནར་སོན་ཏུ་གོན་ཁ་དང་ཁ་མོ་མཛེས་ཡེ་གཞིས་ཕན་ཚུན་པར་དགའ་ཆུང་དགའི་རྣམ་པ་བྱིན་བཟོད་བྱས་ཡོད། འོན་ཀྱང་རྟིང་སྟོང་ཅན་གྱི་ཡུལ་དཔོན་ཡི་ལི་འཕྲོག་པ། གཀའ་ཁ་ཡི་རི་དགུ་བཅུ་གོ་དགུ་བརྒལ་ཏེ་བྱ་དཀར་པོ་བརྒྱ་བསད་ཡིས་བསད། བྱ་སྒྲོ་ཡིས་རོ་མཚར་བའི་སྒྲོ་དཀར་བརྒྱན་པ་ཞིག་བཟོས། གཀའི་ཁ་གྱོན་པ་འབུལ་བའི་གོ་སྐབས་དང་བསྟུན་ནས་ཡུལ་དཔོན་དེ་བསད་དེ་ཡི་ལི་བསྐྱབ་པ་དང་། ཁོ་གཉིས་གས་མཐའ་དུ་སྐྱིད་པའི་འཚོ་བ་རོལ།

A Hundred-Bird Dress is folk stories of the Zhuang people. A young man called Guka and a beautiful girl named Yili fell in love with each other, but a chieftain snatched Yili. Guka climbed ninety-nine mountains, and shot hundreds of birds and made a marvelous "hundred-bird dress" with the bird feathers. Guka, in the excuse of offering the garment to the chieftain, killed him and rescued Yili. Finally, the two people lived a happy life together.

《布洛陀》 壮族创世史诗。长达万行。"布洛陀"是壮语音译，引申意为"始祖公"。他是壮族口头文学中的神话人物，是创世神和道德神。作品描述了布洛陀造天地、造日月星辰、造火、造谷米、造牛等的"造化"过程，歌颂其创造人类自然的伟大功绩。

《བུའི་ལོའི་ཐོད》 གྲོང་རིགས་འཇིག་རྟེན་ཆགས་རབས་ཀྱི་སྒྲུང་རྐང་ཆེན། ཤིག་སྟོང་ཕྲི་ལྷག་ཡོད། བུའི་ལོའི་ཐུའི་ནི་གྲོང་རིགས་ཀྱི་སྐད་ནས། ཨེས་པོ་ཨ་ཕོ་ཞེས་པའི་དོན་ཡིན། བོད་ནི་གྲོང་རིགས་ཀྱི་ངག་ཐོག་རྩོམ་རིག་ནང་གི་ལྷ་སྒྲུང་མི་སྣ་སྟེ། འཇིག་རྟེན་སྐྲུན་པའི་ལྷ་དང་ཀུན་སྤྱོད་ཀྱི་ལྷ་ཞིག་ཡིན། བརྩམས་ཆོས་དེར་བུའི་ལོའི་ཐུའི་ཡིས་གནམ་ས་དང་། ཉི་ཟླ་སྐར་གསུམ། མེ། འབྲུ་རིགས། ནོར་སོགས་གསར་དུ་བཟོ་བའི་བཀྱུར་རིམ་ཡིན། མིའི་རིགས་ཀྱི་རང་བྱུང་གསར་གཏོད་ཀྱི་མཛད་རྗེས་རླབས་པོ་ཆེར་བསྟོད་བསྔགས་བྱས་པ་ཞིག་ཀྱང་ཡིན།

Buluotuo is the creation epic of the Zhuang people. It is up to ten thousand lines. "Buluotuo" is a transliteration of the Zhuang language, meaning "the ancestor" who is a mythical figure in Zhuang oral literature. He is the god of creation and the god of morality. The epic describes the process of creating heaven and earth, the moon and stars, fire, rice, cattle, and other objects by Buluotuo. It praises its great achievement of creating human and nature.

《查姆》 彝族押韵诗体史诗。用老彝文记载并流传于云南楚雄彝族自治州、红河哈尼族彝族自治州等地。分6章11节，描述了彝族传说中万物的起源。"查姆"即意为万物的起源，彝族把叙述天地间一件事物的起源叫一个"查"，《查姆》共有120多个查。

《ཁ་སྨྲོ》 དབྱིས་རིགས་ཀྱི་ཚིགས་མཐུན་སློ་རྒྱུན་ཅན་གྱི་རྒྱུས་སྟོན་ཆེན་ཅིག་ཡིན། དབྱིས་ཡིག་རྙིང་པར་བཀོད་ཡོད་ཅིང། ཡུན་ནན་ཁུལ་གྱི་ཁྲུའུ་ཞུང་དབྱིས་རིགས་རང་སྐྱོང་ཁུལ་དང་། ཧུང་ཧོ་ཡི་ཏ་ཉི་རིགས་དང་དབྱིས་རིགས་རང་སྐྱོང་ཁུལ་སོགས་ས་གནས་སུ་དར་ཁྱབ་སོང་། ༼དང་ས་བཅད་ ༡༡ ཡོད།༽ དབྱིས་རིགས་ཀྱི་རྒྱུ་པ་དངོས་ཡོད་ཚོ་གི་འབྱུང་གནས་ནི་ཟེར་ཞིག་ཡིན་པ་ཞིག་བརྗོད་བྱུང་བྱས་ཡོད། 《ཁ་སྨྲོ》 ཡིན་ན་དུ་ཁ་ཞིས་བཀུ་ཞི་ཀུ་ལྷག་ཅིག་ལྷག་བརྗོད་ཡོད།

Chamu is a rhyming epic of Yi people written in old Yi language and circulates in Chuxiong Yi Autonomous Prefecture and Honghe Hani and Yi Autonomous Prefecture in Yunnan. The whole book has 6 chapters and 11 stanzas, and describes a legendary about the origin of things. "Chamu" refers to the origin of all things. The Yi people name the origin of one thing as one "cha", and there are over 120 cha's in the book of Chamu.

《达古达楞格莱标》 "达古达楞格莱标"意为先祖的传说。德昂族迄今发掘、整理并出版的唯一一部创世史诗。长1000多行。情节单纯，始终以万物之源——茶叶为主线，集中地描写了这一人类和大地上万物的"始祖"如何化育世界、繁衍人类的神迹，并以奇妙的幻想将茶拟人化。

《དགུ་ད་ལེན་གྱི་ལའི་བའོ་》 ད་གུ་ད་ལེན་གྱི་ལའི་
བའོ་ཞེས་པ་ནི་མེས་པོའི་དག་རྒྱུན་གྱི་གཏམ་ཡིན། མིག་
ལྟར་ཏེ་ཡང་རིགས་འཇིག་རྟེན་ཆགས་རབས་ཀྱི་ཚིགས་རྒྱུན་
སྐྱེལ་ཆོག་ཏོང་འདོན་དང་། བསྡུ་སྒྲིག་པར་སྐྲུན་བྱས་
པའི་རིག་གཞུང་པོ་ཡིན་ཞིང་། རིང་ཐུང་ལ་ཐིག་ཕྲེང་
ཆིག་སྟོང་ལྷག་ཡོད། བྱུང་རིམ་ཆིག་རྐྱང་དང་།
དངོས་ཀྱི་ཀྱི་འབྱུང་ཁུངས་མ་ཐོག་མ་ཐབས་པར་གསུམ་
དུ་བོ་གཙོ་གནད་དུ་བཟུང་ཞིང་། མིའི་རིགས་དང་
གཞི་ཆེན་པོའི་སྟེ་དུ་དངོས་པོ་ཐམས་ཅད་ཀྱི་མེས་པོ་
འཇིག་རྟེན་འདིའི་ཇི་ལྟར་ཆགས་པ་དང་། མིའི་རིགས་
ཀྱི་མཚོན་པའི་བྱུང་རབས་ཏེ། ཇ་ནས་མི་རུ་འགྱུར་
བའི་ཡ་མཚན་གྱི་ཀྲོག་བཟོ་དག་ཕྱོགས་བསྡུས་སྟོན་ཞིང་
འབྲི་བྱས་ཡོད།

Dagudalenggelaibiao means the legend of the ancestors. It is the only creation epic explored, collated and published by Deang people. There are more than one thousand lines. The plot is simple and the main line is always tea leaves, the source of all the things. It mainly describes how the tea leaves, as the original ancestor of human beings and nature, educated the world, bred the human beings and it personifies the tea leaves with wonderful fantasy.

《格萨尔》 系《格萨尔王传》的简称，是一部活形态的英雄史诗。在中国主要流传于藏、蒙古以及土、撒拉、普米、纳西、白等民族中。一般认为始出于 11 世纪。从目前已经搜集到的资料看，有 2000 多万字，堪称世界史诗之最。主人公格萨尔王，一生降妖伏魔，除暴安良，弘扬佛法，统一了大小 150 多个部落。

《གེ་སར་》 《གེ་སར་རྒྱལ་པོའི་སྒྲུང་》 གི་བསྡུས་མིང་
དེ་ནི་གསོན་ཤུགས་དོན་པའི་དཔའ་བོའི་ལོ་རྒྱུས་སྙན་
ཚིག་ཆིག་ཡིན། རྒྱུར་གོར་གཙོ་བོ་བོད་དང་། སོག་པོ་
ཐོར་སོ་ལར་ཕུལ་སྨྱི་འཇང་། པའི་རིགས་སོགས་
ཀྱི་ཁྲོད་ཆེ། ཡོངས་གྲགས་སུ་དུས་རབས་བཅུ་
གཅིག་པར་བྱུང་བར་གྲགས། མིག་ཤར་ཚོམ་བྲི་ཆོ་
༢༠༠༠ ལྷག་ཡོད་པར་འཛམ་གླིང་ཐོག་ཆེས་རིང་བའི་
ལོ་རྒྱུས་སྙན་དག་ཡིན། མི་སྣ་གཙོ་བོ་གེ་སར་རྒྱལ་པོ་
མི་ཚེ་གར་པོར་བདུད་བཏུལ་བ་དང་། བཙན་པོ་གཞན་
གནོན་ཚུལ། ནང་བསྟན་སྤེལ་ཚུལ། ཚོ་ཁག་ཆེ་ཆུང་
༡༥༠ ལྷག་ཅིག་གཅིག་གྱུར་བྱས་ཚུལ་བརྗོད་ཡོད།

Gesar, the short form for "the biography of king gesar", is a living hero-epic. In China, it is mainly spread among the Tibetan, Mongolia, Tu, Sala, Pumi, Naxi, and Bai people. It is a common view that it was originated in the 11th century. From the current data, we know that the epic contains 20 million words which could be seen as the longest epic in the world. The protagonist, Gesar, spent his whole life subduing demons and monsters, getting rid of the cruel and pacifying the good people. He carried forward the dharma and unified more than 150 tribes of different sizes.

《江格尔》 蒙古族民间英雄史诗。中国少数民族三大史诗之一。长期在民间口头流传，经历代加工，到明代基本定型。迄今国内外已搜集到的有 60 多部，长达 10 万行左右。史诗塑造了以江格尔为首的 12 名英雄，并讲述他们同芒奈汗等进行抗争,建立起一个强盛国家的故事。

《江格尔》 སོག་རིགས་དམངས་ཁྲོད་ཀྱི་དཔའ་བོའི་ལོ་རྒྱུས་སྙན་ཚིག་ཅིག གུང་གོའི་གྲངས་ཉུང་མི་རིགས་ཀྱི་ལོ་རྒྱུས་སྙན་ཚིག་ཆེན་པོ་གསུམ་གྱི་གྲས་ཤིག་ཡིན། དེའི་ཡུན་རིང་བོར་དམངས་ཁྲོད་དཔག་ཐོག་ནས་བྱུང་ཞིང༌། ལོ་རབས་རིམ་བྱུང་ནས་བསྐྱོན་དང༌། མིང་རྒྱལ་རབས་སྐབས་སུ་གཤའ་ཚུའི་ཐོག་གཏན་འཁེལ་བྱུང༌། ད་བར་རྒྱལ་ཁབ་ཕྱི་ནང་དུ་འཆལ་བསྡུད་བྱས་པ་ཡོངས་ལ་ཁག་/༦༠ལྷག་ཟིན་ཅིང༌། ཐིག་ཕྲེང་རི་ཆོ་ཁྲི/༡༠ལྷས་མས་ཟིན། ལོ་རྒྱུས་སྙན་ཚིག་དེར་ཇང་གིར་རྒྱལ་པོར་གཙོར་གྱུར་པའི་དཔའ་བོ་/༡༢བཞིན་པ་སྙན་བརྒྱད། གཞན་ཡོང་ཉི་ཉིན་སོགས་ཀྱི་འཇབ་རྩོད་དང་། རྒྱལ་ཁབ་སྟོབས་ཆེན་ཞིག་སྐྲུན་པའི་གཏམ་རྒྱུད་བརྗོད་ཡོད།

Jangar is a folk hero epic for the Mongolian people, one of the three most popular epics of ethnic minorities in China. It has been spread in the oral form for a long time. After generations of creation and refinement, it was fixed in the Ming Dynasty. So far at home and abroad, a total of more than 60 versions, about 100,000 lines have been collected. This epic shapes 12 heroes led by Jangar, and tells stories about their struggle against Mannai khan to build a strong country.

《考孜库尔帕西与巴彦苏鲁》 哈萨克族古代叙事长诗。3万多行,10多种异文变体。约为9—10世纪时的作品。长诗男女主人公考孜库尔帕西与巴彦苏鲁,是一对爱情忠贞、以死反抗压迫、争取自由的典型。

《ཁའོ་ཙེ་ཁོར་པ་ཞིས་དང་པ་ཡན་སུའོ་ལུའུ》 ཧ་སགས་རིགས་ཀྱི་གནའ་རབས་དོན་བརྗོད་སྙན་ཚིག་རིང་མོ། ཐིག་ཕྲེང་ཁྲི་ཞླག་དང་། ཡིག་རིགས་མི་འདྲ་བ་/༡༠ལྷག་གིས་ཕྲིས་ཡོད། ད་ལས་དུས་རབས་/༡༠པའི་ནང་བཙམས། སྙན་ཚིག་རིང་བོ་ཁོའི་ཙེ་ཁོར་བའི་དང་པ་ཡན་སུའོ་གཉིས་ནི་ཕན་ཚུན་བརྩལ་མེད་ཀྱི་བརྩེ་དུང་ལྡན་ཞིང༌། འཆར་མི་སྲག་པར་གནའ་གནོན་ལ་འགོག་རྒོལ་དང༌། རང་དབང་བརྩོན་ལེན་བྱེད་པའི་དཔེ་མཚོན་ཞིག་ཡིན།

Kaozikuer Paxi and Bayan Sulu is an ancient narrative poem of the Kazak people. There are more than 30,000 lines and more than 10 kinds of different variants. It is a work of about the 9th-10th century. The hero, Kaozikuer Paxi and the heroine, Bayan Sulu are a pair of examples who are loyal to love and fight against oppression and for freedom.

《拉仁布与吉门索》 土族民间叙事长诗。300多行,用土族口语创作并演唱,以口耳相传的方式在群众中相沿传袭,至今仍为活态的口头文学形式。作品用生动的形象、深沉悲壮的语言及讲唱的形式记述了穷人拉仁布和牧主的妹妹吉门索的爱情悲剧。

《ལ་རིན་པའོ་དང་ཅིན་སྨུན་སའོ》 ཐོར་རིགས་དམངས་ཁྲོད་ཀྱི་དོན་བརྗོད་སྙན་ཚིག་རིང་མོ། ཐིག་ཕྲེང་༣༠༠ལྷག་ཡོད། ཐོར་རིགས་ཀྱི་ཁ་སྐད་ཀྱི་ཐོག་ནས་ཚིག་སྦྱར་ཟིན་སླད་ཡལ། དབང་དང་རྣ་བཅུད་དེ་མང་ཚོགས་ཁྲོད་སྙིང་བརྟན་བྱེད། ད་ལྟའང་བར་དག་ཐོག་གི་རྩོམ་རིག་གི་གཟུགས་པོའི་རྣམ་པར་གནས།

བརྩམས་ཚེས་དེར་གསོན་ཉམས་དོད་པའི་མི་སྐྱའི་
གཟུགས་བརྙན་དང་། ཡིད་སྐྱོ་ཞིང་བཞིད་ཉམས་ལྡན་
པའི་སྐད་ཆ་དང་གཞས་མ་གཏམ་གྱི་རྣམ་པར་བརྗེད་
ནས། དབུལ་པོ་ལ་རིན་པོའི་དང་ཕྱུགས་བདག་གཙང་
མོ་ཆིང་སྨྲིན་མའོ་ཡི་བརྩེ་དུང་སྐོར་གར་ཡིན།

Larenbu and Jimensuo is a folk narrative poem of the Tu people. There are more than 300 lines. It is created and sung in Tu language and passed down orally among the masses and it is still an alive oral literature form. It tells a tragedy love story between a poor man called Larenbu and a herd owner's sister named Jimensuo with vivid image, deep and solemn diction and in the form of talking and singing.

《勒俄特依》 彝族具哲学思想的创世史诗。流传于川、滇大、小凉山地区。"勒俄"是彝语音译，意为"历史真相"，"特依"为"书"。成书年代及作者均不详。体裁为押韵之五、七言诗。史诗叙述了万物的形成，人类社会的产生、发展及彝族先民迁徙的历史等内容。

《ལེ་ཨེ་ཐེ་ཡི》 དབྱིས་རིགས་མཚན་ཉིད་རིག་པའི་
བསམ་བློའི་འཁྱེར་ཚུལ་ཆགས་རབས་ཀྱི་ལོ་རྒྱུས་སྙན་
ཚིག་ཡིན་ཞིང་ཆེ་ཆུང་གི་ས་ཆར་དར་ཁྱབ་ཏུ་སོང་།
ལེ་ཨེ་ནི་དབྱིས་རིགས་སྐད་ཀྱི་སྒྲ་སྒྱུར་ཡིན། དོན་ལ་ལོ་
རྒྱུས་དོན་མ་དང་། ཐེ་དབྱིས་ནི་དཔེ་ཆའི་དོན་ཡིན། དེ་
འདི་བརྩམས་པའི་ལོ་རབས་དང་རྩོམ་པ་པོ་གསལ་པོ་
མེད། ཚིག་ལྔ་ཚིག་མཐར་སྒྲ་རྒྱན་གྱི་ཚིག་ལྔ་དང་།
ཚིག་བདུན་ཚིག་མཐར་སྒྲ་རྒྱན་གྱི་ཚིག་བདུན་ལ་ཡིན།
དེར་དངོས་པོ་ཚགས་རབས་དང་། མིའི་རིགས་ཀྱི་སྤྱི་
ཚོགས་ཀྱི་བྱུང་སྐྱེད། དབྱིས་རིགས་ཀྱི་མེས་པོ་གནས་སྤོ་
བའི་ལོ་རྒྱུས་སོགས་ཀྱི་ནང་དོན་ཞིབ་བརྗོད་བྱས་ཡོད།

Le'e Teyi is a creation epic with philosophical thoughts of the Yi people. It is spread in the Greater and Lesser Liangshan region. Le'e is a transliteration of the Yi language, meaning "historical truth". Teyi means "book". When it was written and who wrote it are unknown. The genre is rhyme verse with 5 or 7 characters. This epic describes the formation of the universe, the generation and development of human society, the history of the migrating of the Yi people, etc.

《鲁般鲁饶》 纳西族悲剧叙事长诗，为"东巴文学的三颗明珠"之一。"鲁般鲁饶"是古纳西语的音译，意为"放牧的儿女迁徙下来"。长诗主人公羽勒排和久命姑娘与同伴一起决定迁徙到美好的地方去，但半路被父母挡回，并被拆散，最后选择了殉情的路。

《ལུན་པན་ལུན་རའོ》 འཇང་རིགས་སྐྱོ་གར་གྱི་དོན་
བརྗོད་སྙན་ཚིག་རིང་མོ། སྟོན་པའི་ཚོམ་རིག་གི་མུ་ཏིག་
གསུམ་གྱི་གྲས་ཡིན། ལུན་པན་ལུན་རའོ་ནི་གནའ་བོའི་
འཇང་གི་སྐད་ཀྱི་སྒྲ་བསྒྱུར་ཏེ། དོན་ལ་འཚོ་བའི་དོན་
ཕྱུགས་གནས་སྤོ་ཞེས་པ། སྙན་ཚིག་རིང་མོའི་གཙོ་གི་མི་
སྣ་གཙོ་བོ་སྐྱེས་པ་ཡི་ལེའི་དང་བུ་མོ་ཅིག་མིན་གཉིས་
གཞན་དང་མཉམ་དུ་མཛེས་སྡུག་ལྡན་པའི་ཡུལ་ཞིག་ཏུ་
གནས་སྤོ་རྒྱག་ཐག་བཅད། ཕོ་ཀྱང་ལམ་བར་དུ་ཨ་མ་
ཨ་ཕས་འགོག་བཀག་པར་མ་ཟད་ཁ་སྤྲོད་བས། མཐར་
ཕོ་ཚོས་དུང་སེམས་སྲོག་དང་བདོས་ནས་ལམ་ཞིག་
བདམས་པ་བརྗོད་ཡོད།

Lubanlurao, a tragic narrative poem of the

· 1231 ·

Naxi people, is one of the three pearls of the Dongba literature. Lubanlurao is a transliteration of the Naxi language, meaning "the migration of youth". The protagonists Yulepai and the girl named Jiuming and their partners decided to move to a nice place but they were stopped and separated by their parents. Finally, they chose to die.

《玛纳斯》 柯尔克孜族英雄史诗。《玛纳斯》广义指整部史诗，狭义指其第一部。作品并非一位主人公，而是一家子孙八代。整部史诗以第一部中的主人公之名得名。讲述了柯尔克孜族人创造美好生活、追求伟大爱情的故事。共分八大部。

《མ་ན་སི》 བོར་ཁེ་ཙེ་རིགས་ཀྱི་དཔའ་བོའི་བོ་རྒྱུས་སྙན་ཚིག《མ་ན་སི》ཞེས་པ་སྤྱ་ཡངས་འཇུག་ཏུ་རྒྱུས་སྙན་ཚིག་ཧྲིལ་པོ་ཆིག་དང་། སྒ་དོག་འཇུག་ཏུ་དེའི་ནང་གི་ཚན་པ་དང་པོར་འདོད། བརྩམས་ཚོས་ཀྱི་མི་སྣ་གཙོ་བོ་གཅིག་མ་ཡིན་པར། ཁྱིམ་ཚང་གཅིག་གི་མི་རབས་བརྒྱུད་ཀྱི་རབས་ཚོང་ཡིན། བོ་རྒྱུས་སྙན་ཚིག་ཧྲིལ་པོ་ཚོས་དེབ་དང་པོའི་བོར་ཁེ་ཙེ་རིགས་ཀྱི་མི་སྣ་གཙོ་བོའི་མིང་ལས་ཐོགས། དེའི་ནང་དུ་བོར་ཁེ་ཙེ་རིགས་ཀྱིས་བརྩི་སྲུང་ཕུན་པའི་འཚོ་བ་སྐྲུན་ཚུལ་དང་། བརྩེ་དུངས་གཞིར་བྱས་པའི་གཏམ་རྒྱུད་བརྗོད་ཡོད། ཡོངས་ལ་དུམ་ཚན་བརྒྱད་དུ་ཕྱེ་འདུག།

Manas is a heroic epic for the Kirgiz people. Manas refers to the whole epic in a broad sense. While in a narrow sense, it refers to the first book. The protagonist is not one person but eight generations of the family. The whole epic got its fame for the protagonist of the first book. It tells the story of creating a better life and pursuing love of the Kirgiz people. It is divided into eight sections.

《梅葛》 彝族长篇史诗。流传于云南楚雄彝族自治州姚安、大姚、盐丰等地。"梅葛"一词是彝语的音译，本是一种曲调的名称，史诗用此梅葛调演唱，故名。没有文字记载，全凭口耳相传。彝族人把其看成是彝家的"根谱"和古代社会生活的"百科全书"。

《མེ་ཀོའུ》 དབྱིས་རིགས་ཀྱི་བོ་རྒྱུས་སྙན་ཚིག་རིང་བོ། ཡུན་ནན་ཁུལ་ཆུའུ་ཞུང་དབྱིས་རིགས་རང་སྐྱོང་ཁུལ་གྱི་ཡའན་དང་། ཏ་ཡའོ། ཡན་ཕུང་སོགས་ས་ཁུལ་དུ་ཁྱབ་བྱུང་། མེ་ཀོའུ་ཞེས་པ་དབྱིས་རིགས་སྐད་ཀྱི་སྒྲ་བསྒྱུར་ཏེ། མ་གཞི་གདངས་ཤིག་གི་མིང་ཡིན། བོ་རྒྱུས་སྙན་ཚིག་དེ་མེ་ཀོའུ་ཞེས་པའི་གཞས་གདངས་དེ་སྒྲུབས་གཏོང་བས་མིང་དེ་ཐོགས། ཡིག་ཐོག་ཏུ་བགོད་པ་མེད་པར་ཚང་མ་ངག་ཐོག་ནས་བརྒྱུད་ཡོད། དབྱིས་རིགས་པ་ཡིས་དེ་ནི་དབྱིས་རིགས་ཁྱིམ་རྒྱུད་ཀྱི་རྩ་བ་དང་གནའ་རབས་སྤྱི་ཚོགས་འཚོ་བའི་ཤེས་བྱ་ཀུན་ཁྱབ་ཚིག་ཏུ་འདོད།

Meige is a long epic of the Yi people. It circulates among Yaoan, Dayao, and Yanfeng in Chuxiong Yi Autonomous Prefecture of Yunnan province. The word "Meige" is a transliteration of Yi language and a name of tune. The ethnic epic is sung in this tune, hence the name. It has no written records but has been passed down orally. The Yi people regard it as the "root spectrum" of Yi people and "encyclopedia" of ancient social life.

《密洛陀》 瑶族创世史诗。流传于广西自称"布努"的瑶族民间,多在婚庆佳节时吟唱。描述了密洛陀开天辟地、创造人类的壮烈业绩。密洛陀即"老祖母"或"老母亲"。她被"布努"瑶民尊为人类的女始祖、创世之母,是一位创造万物的女神。

《སྨྲ་ཡིའི་རྒྱལ་པོ་》 ཡའོ་རིགས་འཇིག་རྟེན་ཆགས་རབས་ཀྱི་གློ་རྒྱུས་སྙན་ཚིག །ཀོང་ཞིའི་རང་སྐྱོང་ལྗོངས་ཞེས་འབོད་པའི་རིགས་དངས་བྲོད་དུ་རང་ལ་ཕུ་ནུའུ་ཞེས་བརྗོད་པའི་ཡའོ་རིགས་དམངས་ཁྲོད་དུ་དར་ཆེན་བྱུང་། སྨྲ་ཡིའི་ཐུའོ་ཡིན་གཞན་ས་གོ་འབྱེད་ཚུལ་དང་། མིའི་རིགས་སྐྲུན་པའི་མཛད་རྗེས་ཞིབ་བརྗོད་བྱས་ཡོད། སྨྲ་ཡིའི་ཐུའོ་འམ་ཨ་ཕེའི་གོང་སྐུ་ཡང་ན་ཨ་མ་གོང་སྐུ་ཡང་ཟེར། དེ་ལ་ཕུའུ་ནའོ་ཞེས་ཡའོ་རིགས་ཀྱི་མིས་འཇིག་རྟེན་ཆགས་ཚུལ་སོགས་སྐྱེ་དགོས་བགུར་བ་དང་། དེའི་ཕ་དགོས་ཡོད་དོ་ཚོགས་གསར་སྐྲུན་མཛད་པའི་ལྷ་མོ་ཞིག་ཡིན།

Miluotuo is a Genesis epic of the Yao people. It is popular among the Yao people who call themselves "Bunu" in Guangxi, and it is mostly sung at weddings and festivals. It describes a heroic feat of Miluotuo, who create the world and human beings. Miluotuo means "Grandmother" or "Old Mother". She was venerated as the human ancestor, the mother of creation, and the goddess who made all things by "Bunu" people.

《莫一大王》 壮族英雄史诗。作品长达数千行,以七言腰脚韵体的手抄本形式流传于广西河池、南丹、宜山、柳城等壮族聚居地区。歌颂了壮族氏族领袖莫一大王反抗中原封建王朝的英勇事迹。除以传说的形式流传外,还曾以戏剧、舞蹈等形式流传。

《མོའི་ཡི་རྒྱལ་པོ་》 ཀྲོང་རིགས་ཀྱི་དཔའ་བོའི་གློ་རྒྱུས་སྙན་ཚིག་བརྩམས་ཚིགས་ཀྱི་རིང་ཐུང་ལ་ཐིག་ཤར་སྟོང་ཕྲག་ལྷག་ཡོད། དེའི་ཚིགས་བཅད་ཚིགས་བདུན་པ་དང་བར་བླུ་རྒྱུན་རྣམ་པའི་ལགས་བྲིས་ཞིག་སྟེ། ཀུའུ་ཤིའུ་དང་གནན་ཏན། དབྱིས་ཧྲན། ལེའུ་ཁྲེང་སོགས་གྲོང་རིགས་ཁྱིམ་ཚང་འདུས་བྱུང་། ཀྲོང་རིགས་རུས་རྒྱུད་ཀྱི་གཙོ་འཛིན་མོའི་ཡི་རྒྱལ་པོས་དབུས་ཁུལ་བཀོད་བཀོད་རྒྱུད་འཛིན་རྒྱལ་རབས་ལ་ཏོ་རྒོལ་བྱས་པར་བསྟོད་བསྔགས་འཇེས་པའི་དཔའ་བོའི་མཛད་རྗེས་བརྗོད་པ་ཞིག་ཡིན། དཔའ་རྒྱུས་ཀྱི་རྣམ་པ་ལས་གཞན་དུ་ཉོས་གར་དང་། ཞབས་བྲོ་སོགས་ཀྱི་རྣམ་པ་བརྒྱུད་དེ་དར་ཁྱབ་སོང་།

King Moyi is a heroic epic of Zhuang people. It has more than thousands of lines, and each line has seven characters based on alliteration and end rhyme. It is popular in Zhuang-inhabited areas such as Hechi, Nandan, Yishan, and Liucheng in a manuscript form. The epic eulogizes the heroic things done by King Moyi, the leader of Zhuang, who fights against the Central feudal Dynasty. It not only circulates in legendary form but aslo in drama and dance form.

《牡帕密帕》 拉祜族民间流传最广的一部长篇诗体创世神话,属拉祜族口述文学。流传于云南澜沧拉祜族自治县内。"牡帕密帕"是拉祜语音译,意为"开天辟地"。全诗共17个篇章,2300行,叙述了造天地日月、造万物和人类以及人类初始阶段的生存状况等。

《མུ་པ་མི་པ》 ལ་ཧུའུ་རིགས་ཀྱི་དམངས་ཁྲོད་དུ་དར་ཁྱབ་བྱུང་བའི་སྲིད་ཚིག་རྣམ་པའི་འཇིག་རྟེན་ཆགས་རབས་ཞིག་ཏེ། ལ་ཧུའུ་རིགས་ཀྱི་ངག་ཐོག་གི་རྩོམ་རིགས་ཅིག་ཡིན། ཡུན་ནན་ཞིང་ཆེན་ལ་ཧུའུ་རིགས་རང་སྐྱོང་རྫོང་ཁུལ་དུ་དར་ཁྱབ་བྱུང་། མུ་པ་མི་པ་ནི་ལ་ཧུའུ་སྐད་ཀྱི་སྒྲ་བསྒྱུར་ཡིན། དོན་དུ་གནས་མ་ནི་ཊ་འབྱེད་ཞེས་པ། སྐྱེན་ཚིག་ཐིག་པོ་ཞེ་བདུན་དང་། ཐིག་ཕར་༢༣༠༠ཡོད། ནང་དོན་དུ་གནམ་ས་ནི་ཇ་དང་། བྱ་དངོས། མིའི་རིགས་ཀྱི་ཐོག་མའི་གནས་ཚུལ་གསར་སྐྲུན་བྱས་རབས་ཡིན།

Mupamipa is a long verse about creation myths that is popular among the Lahu people, and is an oral literature of Lahu people. It circulates in Lancang Lahu Autonomous Prefecture of Yunnan province. Mipalapa is a transliteration of Lahu language, which means "the creation of world". This poem has 17 chapters, 2300 lines, and narrates the process to create the world and humans, and the living condition of human beings from its very start.

纳西族《创世纪》 纳西族创世史诗。口头流传的是散文体的神话。以东巴文载入《东巴经》的为诗体《创世纪》，长2000余行。主要描写人类的代表从忍利恩如何与恶神、与洪水灾难斗争，重建人间的过程，并歌颂了他与仙女衬红褒白的伟大爱情。

《འཇང་རིགས་ཀྱི《འཇིག་རྟེན་ཆགས་ཚུལ》》 འཇང་རིགས་འཇིག་རྟེན་ཆགས་རབས་ཀྱི་གློ་རྒྱལ་སྙན་ཚིག དཀར་ཕྱོག་ཏུ་དར་ཁྱབ་བའི་སྐྱེན་ཚིག་རྣམ་པའི་ལུ་སྒྲུང་ཞིག་ཡིན། སྟོན་པའི་ཡིག་ཐོག་ཏུ་བཀོད་པ་ལ《སྟོན་པའི་གསུང་རབ》དུ་སྐྱེན་ཚིག་ཡུར《འཇིག་རྟེན་ཆགས་རབས》བཀོད་ཡོད། དེའི་རིང་ཐུང་ལ་ཐིག་ཕར་༢༠༠༠ལྷག་ཙམ་ཡོད། ནང་དོན་གཙོ་བོ་མིའི་རིགས་ཀྱི་འཐུས་ཚབ་པ་རིན་ལིས་ཨེན་གྱིས་ཇི་ལྟར་འདྲེ་གདོན་དང་། ཆུ་ལོག་གི་གནོད་འཚོ་འཐབ་རྩོད་བྱས་ཏེ། མི་ཡུལ་བསྐྱར་སྐྲུན་བྱས་པའི་བརྒྱུད་རིམ་ཞིག་འབྲི་བྱས་ཡོད། མ་ཟད་ལྷོ་དང་ལྷ་མོ་སྟོད་དམར་སྐྲུད་དཀར་མའི་བར་གྱི་བརྩེ་དུང་ལ་བསྟོད་དབངས་ཕུལ་ཡོད།

The Naxi Genesis is a creation epic of the Naxi people. It is transmitted orally in prose form, but written into the Dongba *Scripture* in dongba scripts in poem style, which has more than 2,000 lines. It mainly describes how Congrenlien, the representiva of human, fights against evil gods and natural disasters to rebuild the world, and it also praises the great love between him and fairy Chenhongbaobai.

《尼山萨满》 用满文纪录的满族民间故事。描写尼山萨满帮助意外身亡的员外之子复活的过程。具体内容和名称有多种版本。1908年俄国学者格列边希科夫收集到的来自黑龙江齐齐哈尔东北的手写本，为现存最早的文字记录。

《ནི་ཞན་ལྷ་མཁན》 མན་ཇུའི་ཡི་གེ་སྤྱད་ནས་མན་ཇུ་རིགས་ཀྱི་དམངས་ཁྲོད་གཏམ་རྒྱུད་བཀོད་པ། ནི་ཞན་ལྷ་མཁན་གྱིས་སྐྱབས་མ་ལེགས་པར་འདས་རྒྱུ་དུ་སོང་བའི་ཡབ་ཡི་བུ་སྐྱར་གསོན་པར་རོགས་རམ་བྱས་པའི་རིམ་པ་ཞིབ་འབྲི་བྱས་ཡོད། ཅི་བྱན་དོན་དང་

ཡིད་སྐྲ་ཚོགས་ཀྱི་དཔར་གཞི་ཡོད། ༡༩༠༨ལོར་ཨུ་རུ
སུའི་མཁས་དབང་གའེ་པེན་ཞིར་སྒྲོ་ཡིས་ཚེ་ཆེས་དར་
བྱང་ཤར་དུ་འཚོལ་བསྡུ་བྱས་ཡོད་པའི་ཡིག་བྲིས་མ་དེའི་
ད་ཡོད་ཀྱི་ཆེས་སྔ་བའི་ཡིག་ཐོག་གི་ཞིབ་ཕོ་ཡིན།

Nishan Shaman records the folk tale of the Manchus in Manchurian language. It writes about the story of Nishan Shaman who brought the dead son of a landlord back to life, but its specific content and name have multiple versions. The oldest written record is from a Russian scholar Grebenshchikov who collected the manuscripts from Northeast Qiqihar in 1908.

《盘王歌》 瑶族古典歌谣集。其最晚于宋代就流传于自称"勉"的瑶族民间。是祭祀盘王的主要唱本，篇目繁多，内容包罗万象，其中也间杂有宗教的成分。全集700余首3000多行。虽是祭祖歌集，但却保存了有关瑶族文学、历史及民间音乐的珍贵史料。

《པན་ཝང་གླུ》 ཡོའོ་རིགས་ཀྱི་གནའ་བོའི་དབངས་གླུ་ཕྱོགས་བསྒྲིགས། ཆེས་མཐུག་ནའང་སུང་རྒྱལ་རབས་སྐབས་སུ་རང་ལ་མན་ཞེས་པའི་ཡོའོ་རིགས་དབང་ཕྱོགས་བོད་དཀར་བྱུང། དེའི་གཙོ་བོའི་གཞན་ཁག་ལ་མཆོད་པ་འབུལ་བའི་གཞས་གཙོ་ཞིག་ཡིན་ཞིང་། ཚན་པ་མང་དུ་ཆ་ཕོ་དང་ནང་དོན་སྣ་ཚོགས་ལྡན། དེའི་ནང་དུ་ཆོས་ལུགས་ཀྱི་སྐོར་ཡང་འདྲེས་ཡོད། ཚན་པར་གཞས་ཚིག ༧༠༠ལྷག་དང་ཐིག་ཕར་༣༠༠༠ལྷག་ཚང་ཡོད། 《པན་ཝང་གླུ》 ནི་མཆོད་གཞས་ཕྱོགས་བསྒྲིགས་ཞིག་ཡིན་མོད། འོན་ཀྱང་དེའི་ནང་དུ་ཡོའོ་རིགས་སྐྱོར་གྱི་རྩོམ་རིག་དང་། ལོ་རྒྱུས། དེ་བཞིན་དབངས་ཕྱོགས་དམངས་ཁྲོད་རོལ་དབྱངས་ཀྱི་རྩ་ཆེའི་

ལོ་རྒྱུས་ཀྱི་དཔྱད་གཞི་ཉར་ཚགས་བྱས་ཡོད།

Song of King Pan is a collective classical ballad book of the Yao people. It is spread in the Song Dynasty among the Yao people who claimed themselves Mian. It is the main singing script to worship the King Pan. There are many chapters and the content covers and contains everything, including religious belief. There are more than 700 songs with more than 3,000 lines in the book. Although it is for worshiping the King, it has preserved the historical material about the literature, history and folk music of the Yao people.

《坡芽歌书》 古代民歌集。用原始的81个图案将壮族民歌记录于土布上，每一个图案代表一首诗歌。整部歌集记录了一对青年男女从相遇到相识、相知、相恋并相约白头到老的情感历程，生动地反映了壮族人民的劳动生活及多姿多彩的民风民俗。2006年在云南富宁县发现。

《པོའི་ཡ་གླུ་ཡིག》 གནའ་བོའི་དམངས་གླུ་ཕྱོགས་བསྒྲིགས། གདོད་མའི་དཔེ་རིས་༨༡བྱུད་དེ་གྲོང་རིགས་ཀྱི་དམངས་གཞས་རྣམས་ཀྱི་ཐོག་ཏུ་བྲིས་ཡོད་ཅིང་། དཔེ་རིས་རེ་རེས་སྙན་ཚིག་ཅིག་མཚོན་ཡོད། གླུ་རིས་པོ་གཞོན་ནུ་ཕོ་མོ་གཉིས་པར་འཕྲད་ཏོ་ཤེས་དང་། ཆ་རྒྱུས་ཡོང་བ། དེ་ནས་བརྩེ་འདུད་ཆགས་ནས་རྒྱས་མགོར་དཀར་བར་གྱི་བརྒྱུད་རིམས་བཀོད་དེ། གྲོང་རིགས་ཀྱི་དལ་ཕོལ་ཚོང་དང་འཚོ་བ་དང་སྣ་ཚོགས་སྣ་མང་གྱུར་པའི་དམངས་སྲོལ་གསོན་ཉམས་ཤུགས་པར་མཚོན་ཡོད། ༢༠༠༦ལོར་ཡུན་ནན་ཞིན་ཏོང་དུ་བརྙེད་པའོ།

Poya Song Book is a collection of ancient folk. It records the Zhuang's folk songs on the hand-woven cloth using 81 original graphic patterns, and each pattern represents a poem. The whole album describe the emotional journey of a young couple from acquaintance, falling in love to growing old together, which vividly reflects the Zhuang people's working life and colorful folk customs. It is found in Funing County in Yunnan province in 2006.

《羌戈大战》 羌族民间史诗中最为著名的一部。它讲述了远古时候，羌民的祖先由西北辗转迁徙并定居岷江上游的历程。其时，羌人与凶悍的戈基人（羌族传说中生活于岷江河谷的一个民族）频频争战。后在天神的帮助下，羌人战胜了敌人，安居乐业，繁衍生息。

《ཆབས་ཀོའུ་གཡུལ་འགྱེད་》 ཆབས་རིགས་དམངས་ཁྲོད་ཀྱི་བོ་རྒྱུས་སྙན་ཆིགས་ལས་གྲགས་ཆེ་ཤོས་དེས་གནའ་བོའི་ཆབས་ཀྱི་མེས་པོ་ནུབ་བྱང་དུ་གནས་སྤོས་པ་དང་སླར་ཡང་གཙང་པོའི་སྟོད་རྒྱུད་དུ་གཞིས་ཆགས་པའི་རིམ་པ་བཀོད་ཡོད། སྐབས་དེར། ཆབས་པ་དང་གཏུམ་དྲག་ཅན་གྱི་ཀོའུ་ཅི་པ་（གྱུང་པོའི་ཆབས་རིགས་དགའ་རྒྱུན་དུ་སྙིང་ཅང་གཙང་པོའི་ལུང་པར་འཚོ་བ་རོལ་བའི་མི་རིགས་ཤིག）གཉིས་འཐབ་འཁྲུག་ཡང་ཡང་བྱུང། རྗེས་སུ་སྤྲེའི་རོགས་རམ་འོག ཆབས་པ་དགྲ་བོ་ལས་རྒྱལ་བར་རྒྱལ་ནས་བདེ་འཇགས་ཀྱི་འཚོ་བ་བསྐྱལ་རབས་ཤིག་ཡིན།

The Great Qiang-Ge Wars is the most famous one of the Qiang's epics. It tells the story about the ancestor of Qiang people who migrated from the northwest to settle down in the upstream of Minjiang River. At that time, the Qiang people frequently went to wars against the aggressive Geji people who live in the valley of Minjiang River in the legend of the Qiangs. Later with the help of the Heavenly Divinity, the Qiang defeated Geji people, then lived and thrived in the valley.

《亚鲁王》 苗族第一部长篇英雄史诗。其创作年代与《诗经》处于同一个时代。通常在苗族送灵仪式上唱诵，仅靠口头流传，没有文字记录。传唱的是西部苗人创世与迁徙征战的历史，其主人公苗人首领亚鲁王是被世代颂扬的民族英雄。

《ཡ་ལིའུ་རྒྱལ་པོ་》 མུའི་རིགས་ཀྱི་དཔའ་བོའི་བོ་རྒྱུད་སྙན་ཆིགས་རིང་མོ་དང་པོ། དེ་གསར་དུ་རྩོམ་པའི་དུས་རབས་《སྙན་ཆིགས་ཀྱི་བསྟན་བཅོས་》དང་གཅིག་ཏུ་སོང་ཡོད། རྒྱུན་པར་མུའི་རིགས་ཀྱིས་གཤིན་པོའི་སྡུར་མཆོད་སྐབས་སུ་ལེན་པས་དག་ཐོག་ལོ་ནས་བརྒྱུད་པ་ལས་ཡིག་ཐོག་ཏུ་བཀོད་པ་མེད་པའི་ནང་དོན་ནི་ནུབ་རྒྱུད་ཀྱི་མུའི་རིགས་ཀྱིས་འཇིག་རྟེན་སྲུབ་རབས་དང་གནས་སྤོས་གཡུལ་འགྱེད་ཀྱི་བོ་རྒྱུས་ཡིན་ལ། དེའི་ནང་དུ་མུའི་རིགས་ཀྱི་མགོ་དཔོན་ཡ་ལིའུ་རྒྱལ་པོའི་བསྟོད་བསྔགས་བྱ་ཡུལ་གྱི་མི་རིགས་དཔའ་བོ་ཞིག་ཏུ་གྱུར་ཡོད།

King Yalu is the first long epic of Miao people. Its creation is in the same era with *The Book of Songs*. It is usually chanted in funerals of the Miao people, and it was passed down orally, without scripts. The content is about the creation and migration history of western Miao people, and the protagonist is the ethnic hero and the leader of Miao people, King Yalu.

《召树屯与喃木诺娜》 傣族古代叙事长诗。描述了勐板加国的王子召树屯与勐董板孔雀国的公主喃木诺娜纯朴而又曲折的爱情故事。有口头韵文体和书面韵文体两种形式。在傣族地区流传了千余年。20世纪80年代初，曾改编成电影《孔雀公主》。

《ཀྲོའུ་ཤུའུ་ཐུན་དང་ནན་མོ་ནོའོ་ན》 དཔེའི་རིགས་ཀྱི་གནའ་བོའི་དོན་བརྗོད་སྙན་ཚིག་རིང་མོ། དེར་སྨྲན་པན་ཅ་རྒྱལ་ཁབ་ཀྱི་རྒྱལ་སྲས་ཀྲོའུ་ཧུན་དང་སྨྲན་ཏུང་པན་རྨ་བྱ་རྒྱལ་ཁབ་ཀྱི་གུང་ཙོན་ནན་མོའོ་ནོའོན་གཉིས་པར་དུ་བྱུང་བའི་བརྩེ་དུང་གི་གཏམ་རྒྱུད་ཞིག་བརྗོད་ཡོད། དག་ཕོག་གི་ཚིགས་བཅད་རྣམ་པ་དང་ཡིག་ཕོག་གི་ཚིགས་བཅད་རྣམ་པ་གཉིས་ཡོད། ཏའེ་རིགས་ས་ཁུལ་དུ་དར་ཁྱབ་བྱུང་ནས་ལོ་དོ་སྟོང་ཕྲག་སོང་། ལོ་རབས་༨༠པའི་སྟོད་དུ《རྨ་བྱའི་གུས་མོ》ཞེས་པའི་གློག་བརྙན་དུ་ཕབ་བཟོ་བྱས།

Zhaoshutun and Nanmunuona is a narrative poem of Dai people. It describes a pure and tortuous love story between the prince Zhaoshutun of Mengbanjia kingdom and the princess Nanmunuona of Mengdongban Peacock kingdom. With two rhyme poem styles, an oral one and a written one, it has spread in the region more than a thousand years. In the early 1980s, it has been adapted into a movie "Peacock Princess".

《遮帕麻和遮咪麻》 阿昌族创世纪神话史诗。主要流传于云南德宏傣族景颇族自治州梁河县的阿昌族中，以唱诗和口头白话两种形式传承至今。故事讲述了阿昌族始祖遮帕麻和遮咪麻，造天织地、制服洪荒、创造人类、智斗邪魔腊訇而使宇宙恢复和平景象的过程。

《ཀྲེ་པ་མ་དང་ཀྲེ་མི་མ》 འཇིག་རྟེན་ཆགས་རབས་ཀྱི་ལྷ་སྒྲུང་བོ་རྒྱས། དར་ཁྱབ་ཀྱི་གནས་གཙོ་བོ་ཡུན་ནན་ཏེ་ཧུང་ཏའི་རིགས་དང་ཅིང་པོ་རིགས་རང་སྐྱོང་ཁུལ་གྱི་ལིའང་ཧོའི་རྫོང་གི་ཨ་ཁྲང་རིགས་དབངས་བློར་ཡིན། དག་ཕོག་གི་སྒྲུང་དཔལ་སྙན་རྣམ་པ་གཉིས་ཀྱིས་འཛིན་བྱས་ཡོད། གཏམ་རྒྱུད་ནང་དུ་ཨ་ཁྲང་རིགས་ཀྱི་མེས་པོ་ཀྲེ་པ་མ་དང་ཀྲེ་མི་མ་ཡིས་གནམ་དང་ས་བཟོས་པ། ཆུ་ལོག་རེ་ཞུམ་བཀག་པ། མིའི་རིགས་སྐྲུན་པ་དང་། ཐབས་ཤེས་ལ་བརྟེན་ནས་འདྲེ་གདོན་མེད་པར་བཏང་ནས་འཇིག་རྟེན་བདེ་ལ་བསྐོར་ཚུལ་ཞིག་བརྗོད་ཡོད།

Zhepama and Zhemima is a Genesis myth epic of Achang people. It circulates among the Achang people in Lianghe county of Dehong Dai and Jingpo Autonomous Prefecture of Yunnan province. It hands down by singing and oral talking. The story tells about how Zhepama and Zhemima, the ancestors of the Achang people, create the world and human, rule the chaotic world, and drive out evils for restoring peace.